1,000,000 Books

are available to read at

---◆---

www.ForgottenBooks.com

---◆---

Read online
Download PDF
Purchase in print

ISBN 978-0-656-96762-9
PIBN 11033832

This book is a reproduction of an important historical work. Forgotten Books uses
state-of-the-art technology to digitally reconstruct the work, preserving the original format
whilst repairing imperfections present in the aged copy. In rare cases, an imperfection in
the original, such as a blemish or missing page, may be replicated in our edition. We do,
however, repair the vast majority of imperfections successfully; any imperfections that
remain are intentionally left to preserve the state of such historical works.

Forgotten Books is a registered trademark of FB &c Ltd.
Copyright © 2018 FB &c Ltd.
FB &c Ltd, Dalton House, 60 Windsor Avenue, London, SW19 2RR.
Company number 08720141. Registered in England and Wales.

For support please visit www.forgottenbooks.com

1 MONTH OF
FREE
READING

at
www.ForgottenBooks.com

By purchasing this book you are eligible for one month membership to ForgottenBooks.com, giving you unlimited access to our entire collection of over 1,000,000 titles via our web site and mobile apps.

To claim your free month visit:
www.forgottenbooks.com/free1033832

* Offer is valid for 45 days from date of purchase. Terms and conditions apply.

English
Français
Deutsche
Italiano
Español
Português

www.forgottenbooks.com

Mythology Photography **Fiction**
Fishing Christianity **Art** Cooking
Essays Buddhism Freemasonry
Medicine **Biology** Music **Ancient
Egypt** Evolution Carpentry Physics
Dance Geology **Mathematics** Fitness
Shakespeare **Folklore** Yoga Marketing
Confidence Immortality Biographies
Poetry **Psychology** Witchcraft
Electronics Chemistry History **Law**
Accounting **Philosophy** Anthropology
Alchemy Drama Quantum Mechanics
Atheism Sexual Health **Ancient History**
Entrepreneurship Languages Sport
Paleontology Needlework Islam
Metaphysics Investment Archaeology
Parenting Statistics Criminology
Motivational

18866

Allgemeine
Weltgeschichte

mit besonderer Berücksichtigung

des

Geistes- und Culturlebens der Völker und mit Benutzung der neueren
geschichtlichen Forschungen

für die gebildeten Stände bearbeitet

von

Dr. Georg Weber.

Zehnter Band.

Leipzig,
Verlag von Wilhelm Engelmann.
1873.

Das Zeitalter

der

Reformation.

Von

Dr. Georg Weber.

GENERAL LIBRARY
University of
MICHIGAN

Leipzig,
Verlag von Wilhelm Engelmann.
1873.

Inhaltsverzeichniß.

Das Zeitalter der Reformation.

A. Begründung neuer Zustände und Lebensordnungen unter Kaiser Karl V.

Literatur. — 1. Ueber Karl V. und seine Zeit im Allgemeinen. Wie die Geschichte selbst, so zeigt auch die Geschichtsliteratur vom 16. Jahrhundert an einen von der früheren Periode verschiedenen Charakter. Wenn die mittelalterlichen Zeitbücher aus der Allgemeinen Weltgeschichte einige Bausteine zur Aufführung eines weiten Rahmens und Grundrisses herbeischafften, um die Begebenheiten des eigenen Landes, der eigenen Stadt, des Klosters, worin der Verfasser lebte, oder auch die biographischen Erlebnisse einzelner Fürsten und hervorragender Persönlichkeiten darin unterzubringen; so sehen wir dieses Verfahren in der Art sich erweitern, daß einerseits die Specialgeschichtschreibung einen größeren Raum mit umfassenderer Detailforschung einnimmt, deren wir daher auch in den einzelnen Abschnitten genauere Erwähnung thun müssen, andererseits die Landesgeschichtschreibung einen, wenn nicht gerade universellen, so doch mehr internationalen Charakter an sich trägt. Bei der Erweiterung der politischen Gesichtskreise, bei der Verflechtung der Ereignisse des einen Landes in die der übrigen Staaten, bei dem Hervortreten eines europäischen Gesammtlebens in allen wichtigen Erscheinungen war es eine nothwendige Folge, daß auch die Historiographie weitere Kreise zog, umfassendere Aufgaben sich stellte, ihre Gemälde figurenreicher und mannichfaltiger entwarf und ausführte. So mußte es kommen, daß die Geschichtswerke, welche das Leben und die Thaten Kaiser Karls V. zum Inhalt haben oder die Verwickelungen und Ereignisse der Zeit beschreiben, in welche seine Persönlichkeit verflochten war, die er durch seine Kriege oder politischen Transactionen zu lösen und zu ordnen suchte, zu einer allgemeineren Darstellung dieses Zeitraumes sich erheben. Dahin gehören die beiden größeren Geschichtswerke über Karl V. von Sepulveda (Historia Caroli V. imperatoris, Madrid 1780) und von Sandoval (Historia de la Vida y Hechos del Emperadör Carlos V., Antwerpen 1681, 2 vol. fol.), so wie das Werk von W. Robertson (The history of the reign of the Emperor Charles V., t. IV—VII in the works of Will. Robertson, London 1824), auch in deutscher Uebersetzung (Geschichte der Regierung Kaiser Karls V., Kempten 1781, 3 Bde.) und die Briefe und Urkundensammlungen zur Geschichte Karls V. aus den Archiven von Brüssel und Simancas von Lanz, (Correspondenz Karls V., Leipzig 1844 ff., 3 Bde.; und Staatspapiere zur Geschichte Karls V., Stuttgart 1845), von Heine (Briefe Karls V. an seinen Beichtvater, Berlin 1848), von Kervyn de Lettenhove, (Commentaires de Charles Quint, Bruxelles 1862), von Th. Juste, (Charles Quint et Margarite d'Autriche, Brux. 1858); ferner das uns schon bekannte große Werk von Guicciardini (IX, p. 702), die Geschichtsbücher von Paulus Jovius (P. Giovio) (Historiarum sui temporis libri XLV vom Jahr 1494 bis 1547), die in Verbindung mit einigen Biographien und Landesbeschreibungen eine umfassende Geschichte der ersten Hälfte des

16. Jahrhunderts darbieten. Mit dem Tode Königs Franz I. beginnt der französische Historiker de Thou (Thuani historia sui temporis, Lond. 1733, 7 vol. fol.; sonst öfters, auch
in französischer und deutscher Uebersetzung) seine Zeitgeschichte in universalhistorischer Anlage
in der Form und Sprache des classischen Alterthums. Auch die Landesgeschichten, deren wir
schon früher Erwähnung gethan, wie die Histoire de France par H. Martin, par Michelet,
par Dareste u. A., die Historia general de España von Lafuente, die Geschichte Spaniens
von Mariana, Zurita, Ferreras u. a., die englischen Geschichtswerke von Rapin de Thoyras,
Hume, Lingard, Macintosh u. a. m., nehmen vom 16. Jahrhundert an einen universelleren
Charakter. — In Deutschland ist die Geschichte Europa's vom Ende des 15. bis über das
16. Jahrhundert hinaus in mehreren Werken behandelt worden, bald mehr übersichtlich in Form
von Vorträgen, wie das schon erwähnte Buch von Kortüm, herausgegeben von Reichlin-
Meldegg (VIII, S. 790) und von L. Häusser, herausgegeben von Wilh. Oncken (Geschichte des Zeitalters der Reformation, Berlin 1868), bald in ausführlicheren Darstellungen:
wie I. Gottfr. Eichhorn, Geschichte der drei letzten Jahrhunderte, 6 Bde. Hannover 1817 f.,
3. Aufl.; Fr. v. Raumer, Geschichte Europa's seit dem Ende des 15. Jahrhunderts, Leipzig
1832 ff., 7 Bde. und von Leop. Ranke. Der Letzte hat in einer Reihe von Geschichtswerken,
die zusammen als eine Universalgeschichte des Reformationsjahrhunderts mit den vorausgehenden und nachfolgenden Jahrzehnten betrachtet werden können, diese wichtige Geschichtsperiode
nach allen Seiten eingehend behandelt. Dahin gehört das einleitende Buch: Geschichten der
romanischen und germanischen Völker von 1494 bis 1535. Leipzig u. Berlin 1824. Fürsten
und Völker von Süd-Europa im 16. und 17. Jahrhundert. Hamburg 1827. Deutsche Geschichte im Zeitalter der Reformation, 6 Bde., Berlin 1839 und seitdem in wiederholten
Auflagen. Die römischen Päpste, ihre Kirche und ihr Staat, Leipz. 1867, in 5. Aufl., 3 Bde.
— Französische Geschichte vornehmlich im 16. und 17. Jahrh. Stuttgart 1856—61, 5 Bde.
Englische Geschichte, vornehmlich im 16. und 17. Jahrh. Berlin 1859—69, 7 Bde.

I. Ueberschau und Vorblick.

1. Politische Verhältnisse.

Karl V.
1519—56
† 1558.

In der ersten Hälfte des sechzehnten Jahrhunderts war das burgundisch-
habsburgische Regentenhaus im Besitz eines Reiches, wie seit Karls des Großen
Tagen keins bestanden. Das Haupt des Hauses war Karl V., geboren zu Gent
in den Niederlanden am 24. Februar 1500, ein Mann von seltener Klugheit,
feinem, verschlagenem Wesen und unermüdlicher Thatkraft; groß im Cabinet als
kluger Ordner der Staatsgeschäfte, tapfer im Feld als Führer der Heerschaaren
und ein gläubiger Anhänger der überlieferten katholischen Kirchenlehre. Alle
Fäden der Politik hielt er in seiner Hand und lenkte sie nach seinen in schweig-
samer Seele verschlossenen Plänen, bei deren Ausführung ihm jedes Mittel, selbst
Falschheit und Wortbrüchigkeit dienen mußte. Von schwächlichem Körper, welchen Krankheit und Gichtleiden vor der Zeit abzehrten, und mit einem melancholischen Ausdruck auf dem blassen Gesichte, gab er nicht auf den ersten Anblick den
raschen schnell fassenden Geist kund, der in ihm lebte. In minderjährigem Alter
war er schon Herr der reichen Niederlande, die ihm als väterliches Erbe zugefallen und die er zu mehren und abzurunden beflissen war; als Jüngling gelangte
er nach dem Tode seines mütterlichen Großvaters Ferdinand des Katholischen zu

Besitz der vereinigten spanischen Monarchie mit dem reizenden Königreich und Sicilien, den fruchtbaren Inseln Westindiens und den neuentdeckten Amerika's, und als angehender Mann erbte er die habsburgisch-österreichischen Staaten mit ihrem großen Völkergemisch, die er jedoch frühzeitig seinem jüngern Bruder, dem Erzherzog und König Ferdinand zur Verwaltung und dann zum dauernden Besitz zuwies, und durch die Wahl der Kurfürsten wurde er der Nachfolger seines Großvaters Maximilian auf dem deutschen Kaiserthron. Mit Recht konnte er sagen, daß die Sonne in seinem Reiche nie untergehe. — In den diesen Ländern standen dem Monarchen feindliche Mächte gegenüber, zu deren Niederhaltung und Bewältigung verschiedene Kräfte und Mittel erforderlich waren. In den Niederlanden bewachte ein mißtrauischer, von stolzem Zunft- und Handelsgeist durchdrungener Bürgerstand jede Handlung des Landesherrn, damit kein Eingriff in seine überkommenen Gerechtsame geschehe, und war stets bereit, nach der Sitte der Väter sich bei jeder Gelegenheit um die Fahne des Aufruhrs zu schaaren und mit Schwert und Armbrust zu streiten; in Spanien konnte der hochfahrende Sinn des mächtigen Feudaladels und die trotzige Kraft freier Bürgerschaften nur mit Gewalt unterdrückt werden und auch nach Verminderung und Abschwächung der ständischen Rechte und Freiheiten forderte der nationalstolze Geist der Spanier noch umsichtige Behandlung und Ueberwachung; in Unteritalien und Sicilien wurden nicht selten die schönen Fluren und Gestade von den Osmanen und den muhamedanischen Corsaren Nordafrika's bedroht und feindlich angefallen, welche Handel und Wandel störten und gefangene Christen in Sclaverei schleppten; an der Grenze der österreichischen Staaten wüthete das Schwert der Türken und die ungestümen Janitscharen brannten vor Verlangen, den Halbmond auf den Zinnen von Wien aufzupflanzen; in Deutschland fürchteten die zahlreichen Fürsten und Reichsritter die Rückkehr eines kräftigen Kaiserregiments, wodurch sie ihrer angemaßten oder erworbenen Besitzungen und Rechte verlustig gehen konnten, daher die Kurfürsten bei der Wahl ihm durch einen beschränkenden Vertrag (Capitulation) die Hände zu binden suchten. Die größten Oct. 1520. Verwickelungen jedoch führte die religiöse Spaltung herbei, wobei Karls Pläne und Interessen den Wünschen der Völker und den Ansichten und Vortheilen der Fürsten entgegentraten. Aber allen Schwierigkeiten bot der Kaiser die Stirn, und konnte er nicht alle überwinden, so widerstand er ihnen doch mit Haltung und Würde; nur sein Plan, dem vielgegliederten deutschen Reichskörper und der getrennten Kirche Einheit zu geben, den verblichenen Glanz der Kaiserkrone und die alte Schutzvogtei über den päpstlichen Stuhl wieder herzustellen, scheiterte an Ereignissen, die eine höhere Macht geschaffen und die aller menschlichen Klugheit und Berechnung spotteten. Nächst der Spaltung der Kirche waren ihm republikanische Verfassungen und ständische und municipale Rechte besonders verhaßt, aber für eine absolute Universalmonarchie mit religiöser Gleichförmigkeit, wie er sie anstrebte, war kein Raum mehr in Europa.

Das Zeitalter der Reformation.

Franz I.
v. Frankreich
1515—47.
Heinrich
VIII. von
England
1509—47.Die bedeutendsten gleichzeitigen Regenten waren Franz I. von Frankreich und Heinrich VIII. von England, zwei einander ähnliche Fürsten, die ihrem ritterlichen Wesen nach dem scheidenden Mittelalter angehörten, während ihre Liebe für Kunst und Wissenschaft, ihre weichliche Genußsucht und ihre Despotie sie an die Spitze der neuen, unter Italiens Einflüssen entstandenen Zeit stellten. Franz und Heinrich bildeten in vielen Dingen einen Gegensatz zu Karl; sie waren eben so leichtsinnig, unbesonnen und rasch, wie dieser klug, umsichtig und bedächtig; der Wollust und der Frauenliebe waren alle drei ergeben, während aber die beiden ersteren sich in den wichtigsten Angelegenheiten von weiblichem Einflusse leiten ließen, Franz zu dem verfeinerten Hofstaate und zu dem fortan zum Nachtheile des Landes herrschend gebliebenen Mätressen-Regiment den Grund legte und Heinrich sich durch seine Leidenschaft für Anna Boleyn zur Trennung der englischen Kirche von Rom fortreißen ließ, folgte Karl den Rathschlägen kluger Staatsmänner, besonders des gebildeten, klugen und umsichtigen Cardinals Granvella und seinem eigenen hohen Verstand, und bediente sich weiblicher Einwirkung nur da, wo er dadurch schneller zum Ziele kam. Für die Freiheit der Völker war es ein großes Glück, daß diese drei Fürsten, vor deren despotischem Sinn und gewaltigen Herrscherwillen weder Volks- noch Menschenrechte Geltung fanden, durch Verschiedenheit der Interessen von einer Vereinigung abgehalten, ja zu gegenseitiger Bekämpfung bestimmt wurden.

Zwischen Franz und Karl bestand eine unvertilgbare, durch die Gleichheit ihrer Bestrebungen erzeugte Eifersucht. Im stolzen Gefühl ihrer Größe und gestachelt von Ehrgeiz und Ruhmsucht, wollten beide die ersten Fürsten Europa's sein und bewarben sich daher eifrig um die deutsche Kaiserkrone, die diesen Vorzug allein verleihen konnte. Karl siegte, und seitdem suchte Franz die Macht desselben zu schwächen, indem er stets auf die Seite der Feinde trat und sie gegen den Kaiser unterstützte. Zu diesen Feinden gehörte in erster Linie Heinrich von Albret, der Sohn jenes Königs Jean, dem Ferdinand der Katholische Ober-Navarra entrissen und mit Castilien vereinigt hatte (IX, 846 f.); Heinrich, mit Franzens Schwester Margaretha vermählt, besaß nur Nieder-Navarra sammt dem Ländchen Béarn im Norden der Pyrenäen; mit Hülfe seines Schwagers wollte er nun wieder zum Besitz des ganzen Königreichs gelangen; dahin gehörten ferner die niederländischen Dynasten Karl von Egmont, welcher Geldern gegen die Vergrößerungssucht Burgunds vertheidigte, Robert von der Mark, der, um eine Verletzung seiner Gerichtsbarkeit durch den Kanzler von Brabant zu rächen, im Luxemburgischen zu Gewaltthätigkeiten schritt, und Wilhelm von Cleve, der über den Besitz von Geldern mit dem Kaiser in Streit lag; endlich die protestantischen Fürsten Deutschlands. Ja selbst mit den Türken verband sich der „allerchristlichste" König gegen seinen verhaßten Nebenbuhler, der ihm überall den Rang ablief, und bei den aufständischen Communen in Castilien glaubte der Habsburger die Hände des französischen Monarchen zu entdecken. Bei dieser Stimmung mußte das von den Franzosen besetzte, aber von dem Kaiser als deutsches Reichslehen angesprochene Herzogthum Mailand (IX, 879 ff.), so wie Karls Bestreben, das von Ludwig XI. seinem elterlichen Hause entrissene Burgund VIII, 866 ff.) wieder zu erwerben, bald Kriege herbeiführen. Wäre Heinrich VIII. ein staatskluger Fürst gewesen, so hätte er aus diesen Umständen leicht Vortheil ziehen können; da er aber nur seinen Launen folgte und sich ohne politische Beweggründe bald auf die eine, bald auf die andere Seite neigte, so hatte er auf die Gestaltung der Dinge wenig Einfluß. Durch seine Ehescheidung von Katharina von Aragonien zerfiel er mit dem Kaiser, ihrem Neffen, und schloß sich daher seit dieser Zeit enger an Franz an.

Während in der pyrenäischen Halbinsel, in Frankreich, in England nach vielen inneren Kämpfen die monarchische Staatsform über die feudalen Gewalten den Sieg erlangte und die Königsmacht mehr und mehr die ständischen Beschränkungen niederwarf; haben im deutschen Reiche die großen Reformbewegungen, die wir im vorigen Bande dargestellt, die öffentliche Autorität nur wenig zu stärken, selbst den Landfrieden nicht fest zu begründen vermocht. Die gesammte Reichsregierung war an die Zustimmung der auf den Reichstagen vereinigten Fürsten und Stände gebunden, die in den meisten Fällen mehr ihre Sonderinteressen als das Gesammtwohl im Auge hatten und mit Eifersucht jede Mehrung der Kaisermacht zu verhindern strebten, und der Landfriede wurde noch häufig genug durch Thaten gewaffneter Selbsthülfe durchbrochen. Nicht nur, daß um die Zeit der neuen Kaiserwahl der Norden durch die Hildesheimer Stiftsfehde, der Süden durch die kriegerischen Vorgänge in Würtemberg beunruhigt ward, die Reichsritterschaft am Rheine und in Franken übte das Faustrecht nach wie vor; in Niedersachsen lag der Herzog von Lauenburg mit dem Bischof von Bremen in blutigem Kampf und die Schilderhebung Sickingens war das Vorspiel des Bauernkriegs. Dagegen gewannen die landesherrlichen Gewalten der Territorialfürsten immer größere Bedeutung; sie bildeten eine Mittelstufe zwischen der kaiserlichen Reichsregierung und dem vielgegliederten deutschen Volke. Die Idee von Kaiser und Reich dauerte noch unerschüttert fort; aber je mehr das Habsburgische Haus über seinen weltbeherrschenden Plänen und unermeßlichen Besitzungen den deutschen Angelegenheiten entzogen ward, desto mehr überwucherten die Landesherren das kaiserliche Regiment, so daß sie fast zu selbständiger Macht emporstiegen, die inneren Anliegen ihrer Staaten mit ihren Räthen und Landständen ordneten (IX, 117 ff.) und jede Einmischung von Oben, wie jedes eigenmächtige Vorgehen des Lehnadels und der untergeordneteren Elemente niederzuhalten bemüht waren. Da und dort suchten die landesherrlichen Dynastien durch Hausgesetze oder Erbeinigungen der allzugroßen Länderzersplitterung entgegenzuwirken (IX, 121); kleinere Fürsten, Prälaten und städtische Gemeinwesen stärkten sich zeitweise durch Ver-

Das deutsche Reich.

träge zu gegenseitiger Unterstützung und zu gemeinsamem Vorgehen in gemeinsamen Interessen.

Der schwäbische Bund.
Wir haben oben der Entstehung des großen schwäbischen Bundes gedacht, der die Aufrichtung des ewigen Landfriedens unter Maximilian vorbereitete (IX, 177 ff.). Von Zeit zu Zeit verlängert und durch neue Mitglieder verstärkt, bildete er ein staatliches Ganze mit eigener Bundesverfassung und Bundesrath, eigenem Gerichtswesen, eigener Heerorganisation unter einem obersten Feldhauptmann, eigenen Vollziehungsgewalten. Mittelpunkt und Sitz seiner politischen und gerichtlichen Thätigkeit war Augsburg. Wenn auch vielfach gespalten und durch Sonderzwecke gelähmt und abgelenkt, hat der Bund doch in mehreren wichtigen Angelegenheiten entscheidend eingegriffen und das schwache Reichsregiment unterstützt oder ersetzt. Anfangs begünstigt von den Habsburgern, die als Grafen von Tirol zu den Mitgliedern gehörten, und für die österreichische Politik benutzt, wurde derselbe nach der Besitznahme des Herzogthums Würtemberg durch Oesterreich mehr im Sinne Baierns gelenkt, als Herzog Wilhelm von München die Feldhauptmannschaft führte und der gewandte bairische Staatsmann Leonhard von Eck das Amt eines Bundeskanzlers verwaltete. — Unter den deutschen Fürstenhäusern nahmen nach den Habsburgern die Wettiner in Sachsen, die Wittelsbacher in der Rheinpfalz und in Baiern, die Hohenzollern in den beiden Brandenburg die erste Stelle ein. Viele Bisthümer waren zugleich von Gliedern dieser Häuser besetzt. Wir haben die Geschichte dieser Territorialgeschlechter bis zu Anfang des sechzehnten Jahrhunderts im

Sachsen.
neunten Bande dieses Werkes kennen gelernt (S. 117—146). Als Kaiser Maximilian aus dem Leben schied, regierte Friedrich der Weise, das Haupt der Ernestinischen Linie, in dem Theil von Sachsen-Thüringen, auf welchem die Kurwürde ruhte, indeß sein Verwandter Georg von der Albertinischen Linie den Meißnischen Theil als Herzogthum Sachsen beherrschte (IX, 146). Jener hatte seinen Sitz in Wittenberg, wo die welterschütternde religiöse Bewegung ihren Ausgang nahm; und sowohl in ihm und seinem Bruder Johannes, der in Liebe und Herzensgemeinschaft ihm zur Seite stand und dann sein Nachfolger ward, als in dem Sohne des letzteren Johann Friedrich hatte Luther standhafte Beschützer und die Kirchenreformation eifrige Anhänger und Förderer, indeß Herzog Georg in Dresden sein ganzes Leben lang ein Verfechter der römisch-katholischen

Pfalz u. Baiern.
Religionsform blieb. — In dem Wittelsbacher Regentenhaus entstand mit der Zeit eine ähnliche confessionelle Spaltung, welche die in diesem Fürstengeschlecht seit alten Tagen herrschende Feindseligkeit und Zwietracht von Neuem anfachen sollte. Ludwig V. von der Pfalz, welcher während der ersten Hälfte des sechzehnten Jahrhunderts im Schlosse zu Heidelberg kräftig und verständig regierte, hielt sich mit kluger Mäßigung von jeder entschiedenen Parteistellung fern, bewirkte aber durch diese Haltung, daß der Boden zur Aufnahme der neuen Lehre bestellt werden konnte, die dann unter seinen Nachfolgern mächtig aufblühte;

dagegen nahmen die beiden baierischen Herzoge, sowohl Wilhelm von München als sein Bruder Ludwig von Landshut, welche der Papst durch Verleihung von Hoheitsrechten über die Geistlichkeit und von Einkünften über die kirchlichen Institute ihres Landes zu gewinnen wußte, ihre Stellung auf der römisch-papistischen Seite, so daß sie in Verbindung mit dem dritten Bruder Ernst, welcher den Bischofsitz von Passau im Laufe der Zeit mit dem erzbischöflichen Stuhle von Salzburg vertauschte, der Verbreitung der Reformation am schärfsten sich entgegenstellten, an Eifer nicht selten das Habsburgische Brüderpaar übertreffend. Es gab eine Zeit, da die Wittelsbacher sogar der Hoffnung lebten, mit Hülfe der Papisten und Malcontenten die deutsche Kaiserkrone für sich zu erlangen. Die baierische Universität Ingolstadt war eine der thätigsten Pflanzstätten des alten Glaubens. Das allmähliche Wachsen des Hauses Hohenzollern haben wir im Branden-
nunten Band dargestellt (S. 21—26). Zu der neuen Lehre nahmen die einzelnen burg. Glieder des Hauses verschiedene Stellung. Denn während Kurfürst Joachim I. bis an seinen Tod zu der römisch-katholischen Kirche hielt, sein Bruder Erzbischof Albrecht von Mainz den Hauptanstoß zu dem folgenschweren Ablaßstreit gab; zeigte die jüngere fränkische Linie des Hauses frühzeitig eine Hinneigung zu der neuen Lehre. Schon Casimir, der älteste der drei Söhne des Markgrafen Friedrich, Nachfolgers von Albrecht Achilles (S. 25), war der reformatorischen Bestrebung nicht abgeneigt, wenn gleich Politik und Krieg ihm näher lagen als die geistigen Interessen und sein früher Tod in Ofen auf einem Feldzug gegen die Türken (1524) eine entschiedene Kundgebung seiner Ansichten abschnitt; dagegen trat sein zweiter Bruder und Nachfolger Georg, welcher Anfangs die Herrschaft Jägerdorf in Schlesien inne hatte, offen auf die Seite der Protestanten, und der dritte Sohn Albrecht führte den Ordensstaat Preußen, zu dessen Groß-meister er gewählt worden, der Reformation zu und wurde der erste weltliche Herzog (IX, 66). Unter den kleineren deutschen Fürstenthümern haben nur Braun-
Würtemberg durch die Vertreibung und Wiederherstellung des Herzogs Ulrich, schweig. und Braunschweig auf den Gang der deutschen Angelegenheiten einen vorüber-gehenden Einfluß geübt: Wir haben oben (IX, 138 ff.) gesehen, daß das Haus der Welfen in verschiedene Linien getheilt war, die weit entfernt von einem ein-trächtigen Zusammengehen und gemeinsamer Hauspolitik, vielfach unter einander in Hader lagen und nach verschiedenen Richtungen steuerten. Neben den Haupt-linien Braunschweig-Lüneburg und Braunschweig-Wolfenbüttel, von welcher letzteren wieder Kalenberg mit Göttingen als besonderes Landesgebiet abgezweigt war, bestand auch noch in Grubenhagen eine welfische Herrschaft, und mehrere norddeutsche Bisthümer (Paderborn, Osnabrück, Münster, Minden, Bremen, Verden), waren in den Händen von Geschlechtsgenossen. Die Reformation mehrte noch die Spaltung. Denn während in Kalenberg durch Erich I., in Grubenhagen durch die Herzöge Philipp und Ernst, in Lüneburg durch Heinrichs des Mittleren Sohn Ernst den Bekenner die evangelische Lehre allmählich zur Herrschaft gelangte,

nachdem sie gleich zu Anfang in der mit großen Rechten und Freiheiten ausgestat-
teten Hauptstadt Braunschweig unter der Leitung von Bugenhagen aus Pommern
Eingang gefunden; blieb Heinrich II. von Wolfenbüttel einer der schärfsten
Widersacher der Reformation. Erst unter seinem Sohne Julius wurde auch in
diesem Theil des Braunschweiger Landes die neue Kirchenform eingeführt.

2. Zug der Reformation durch Europa.

Die luthe-
rische Kirche. Von der sächsischen Universität Wittenberg ging von kleinen Anfängen
die geistige Bewegung aus, die dem Bau der mittelalterlichen Hierarchie den gewaltigsten Stoß versetzte. Von Sachsen und Hessen, die zuerst die neue
Kirchenform einführten, verbreitete sich die lutherische Reformation, unter
mancherlei Kämpfen, allmählich über die benachbarten Länder, gelangte im nördlichen Deutschland zur Herrschaft, machte in Franken und Schwaben, am Rhein
und an der Donau siegreiche Fortschritte und brach sich von Straßburg aus
Bahn nach dem Elsaß und nach Lothringen. Die vielen blühenden Reichsstädte
mit ihrem gebildeten Bürgerstand waren der Hauptsitz der evangelischen Lehre.
— Frühe drangen Luthers Grundsätze an die Weichsel, wo der Großmeister
1525. des Deutschordens (IX, 66), Albrecht von Brandenburg, gedrängt von
den Polen und dem streitbaren Bürgerstand von Danzig und Elbing und
verlassen von Kaiser und Reich, der evangelischen Kirche beitrat, Preußen in
ein Erbherzogthum verwandelte und die Oberlehnsherrlichkeit der polnischen
Krone anerkannte. Dasselbe geschah einige Jahrzehnte später in Kurland und
Livland von dem Heermeister der Schwertritter. Die beiden, durch freiwilligen Austritt der Mitglieder fast veröedeten Orden, bei denen die Kriegslust,
der Religionseifer und die Ritterehre, die sie früher zu Großthaten begeistert,
längst verschwunden waren, wurden aufgelöst, ihre Güter säcularisirt und die
noch übrigen Ordensglieder der Welt zurückgegeben. Ohne diese Veränderung
wären jene bedrängten und hülflosen Staaten wahrscheinlich eine Beute der slavi-
schen Nachbarvölker geworden und ihrer Nationalität verlustig gegangen. Die
kirchliche Umgestaltung hatte also hier die Erhaltung des germanischen Wesens
1527. zur Folge. — Auch über die Ostsee drang Luthers Lehre. In Schweden änderte Gustav Wasa die bisherige Staatsverfassung und Kirche; er schuf ein unabhängiges Erbkönigreich, führte die Augsburgische Confession ein und verlieh
dem neugegründeten Thron einen Theil der kirchlichen Einkünfte. In Dänemark,
Norwegen und Island war der Sieg des evangelischen Glaubens an
den Ausgang des Thronstreits geknüpft, durch den der lutherische König Chri-
1536. stian III. zur Herrschaft gelangte. — In Böhmen wachte der alte Hussiten-
geist wieder auf und erleichterte dem Evangelium den Eingang; aber weder hier
noch in Ungarn und Siebenbürgen errang die neue Lehre einen vollständigen Sieg, weil das Habsburger Regentenhaus in allen seinen Staaten die
alte Kirche begünstigte. Doch erwarben sich die zahlreichen Bekenner der luthe-

rischen Confession in diesen Ländern Religionsfreiheit und Rechtsgleichheit.
— Auch die geistlichen Reichsstände blieben größtentheils bei der katholischen
Kirche, da sie Bedenken trugen, ihre Einkünfte und ihre unabhängige Stellung
als Fürstbischöfe aufs Spiel zu setzen. Nur in Köln begann der 76jährige ehrwürdige Erzbischof Hermann von Wied eine Reformation in gemäßigtem Sinne,
aber des Kaisers Sieg bei Mühlberg hatte seine Absetzung und die Unterdrückung 1547.
seiner Versuche zur Folge.

    Unterdessen hatte Huldrich Zwingli in Zürich die Reformation der Die refor-
Schweiz begonnen. Während der tiefsinnige, durch harte Seelenkämpfe und mirte Kirche.
das überwältigende Gefühl von der Hülflosigkeit der Menschen durch die Sünde
gepeinigte Luther in seiner monarchischen Gesinnung von dem Bestehenden ausging und durch Reinigung des Glaubens, auf dem allein unsere Rechtfertigung
vor Gott beruhe, auf Sitte und Leben zu wirken suchte, ging Zwingli, ein freier,
lebensmuthiger Republikaner, auf den Urzustand des Christenthums zurück und
suchte in seiner den Bedürfnissen des praktischen Lebens zugewandten Gesinnung
zunächst Sitte und Leben zu bessern und der Eidgenossenschaft in moralischer,
kirchlicher und politischer Beziehung eine neue Gestalt zu geben. Leider führte
die verschiedene Auffassung der Lehre vom Abendmahl eine frühe Spaltung
der neuen Kirche herbei. Zwingli's durchgreifende Reformation schlug Wurzel
in Zürich und Bern, im Rheinthale und in den östlichen Cantonen und wäre
wahrscheinlich durch die ganze Eidgenossenschaft gedrungen, hätte nicht die Schlacht
von Kappel, wo Zwingli und der Kern der protestantischen Bürgerschaft Zü- 1531.
richs den Heldentod starben, ihrer Verbreitung Einhalt gethan. — Von größerer
Ausdehnung und Wirksamkeit war die reformirte Kirche Calvin's, der in seiner
streng Augustinischen Prädestinationslehre mit Luther übereinstimmte, in Kirchenverfassung und Kirchenzucht sich zu Zwingli hielt und in der Auffassung
des Abendmahls eine mittlere Stellung zwischen Beiden einnahm. Das auf der
Grenze von Savoyen und Frankreich lieblich gelegene Genf, das durch den kräftigen Reformator Calvin seiner politischen und kirchlichen Freiheit entgegengeführt
wurde, ward die Pflanzschule jenes demokratischen Calvinismus, der in der
wälschen Schweiz raschen Eingang fand, der in die nördlichen Provinzen der
Niederlande mit der politischen Unabhängigkeit siegend einzog, zu dem sich im
Süden von Frankreich über zweitausend Gemeinden bekannten, der in Italien und Spanien, in der Nähe des Papstes und des Kaisers Anhänger zählte
und der in seiner äußersten Strenge als presbyterianische Kirche in Schottland
auf den Trümmern der Klöster und Kathedralen sein Panier aufpflanzte.
Auch nach Deutschland drangen Calvins Grundsätze und vergrößerten die
Spaltung und Zerrissenheit. In der Rheinpfalz gelangte der im Heidelberger
Katechismus niedergelegte calvinische Lehrbegriff zur Herrschaft, was bei den
lutherischen Fürsten eine solche Erbitterung hervorrief, daß sich der Kurfürst durch
ein Bündniß mit auswärtigen Staaten (Niederlande, England und Frankreich)

gegen Angriffe sichern zu müssen glaubte. In Frankreich rang die neue Kirche lange mit der alten um den Sieg. Franz I., im Bunde mit den protestantischen Fürsten Deutschlands und mit dem schismatischen König von England, hatte manche Aufforderungen zum Abfall von Rom. Auch ging er mehrmals mi⁴ dem Gedanken einer Reformation um und ließ an Melanchthon dringende Einladungen ergehen. Aber theils seine Verbindung mit dem Papst, der in einem besonderen Concordat der französischen Krone bei Besetzung der geistlichen Stellen große Rechte und Vortheile einräumte und dem König zur Wiedererlangung des Herzogthums Mailand unentbehrlich schien, theils sein despotischer Sinn, der jede freie Volksbewegung haßte, hielten ihn bei der alten Kirche fest. Am Hofe selbst dachte man über Religion so gleichgültig wie in Italien; aber wie hätten wollüstige und genußsüchtige Hofleute an der calvinschen Sittenstrenge Gefallen finden sollen? Bald ergingen daher Verbote gegen das Einbringen calvinischer und lutherischer Schriften; die verwegensten Reformations-Prediger starben in den Flammen, und die Zerstörung mehrerer von Waldensern bewohnten Ortschaften in der Provence bewies die ernste Absicht des Hofes, die alte Kirche bei ihrem Ansehen zu erhalten.

„Nach Spanien kamen die Gedanken der Reformation in des Kaisers Gefolge, umgaben vielleicht noch sein Sterbebett und wurden von Einzelnen mit hoher Begeisterung aufgenommen. Aber der Katholicismus, besonders die Heiligenverehrung, ist tief verwachsen in dem zähen Volkscharakter; Reinheit des Glaubens galt dem Spanier so hoch als Reinheit des Blutes, und der Bruder erschlug den abtrünnigen Bruder" (Diaz). Bald machte die Inquisition dem Protestantismus in Spanien ein Ende; die Verdächtigen starben theils in grausenhaften Kerkern, theils auf den Scheiterhaufen „im volksbeliebten Gepränge der Autos da fé" (IX, 466 f.). — In Italien begrüßten die Humanisten und die Feinde der Hierarchie mit Freuden die neue Bewegung. In allen größeren Städten gewann die evangelische Lehre Bekenner, besonders in Ferrara unter dem Schutze der Herzogin von Este. „Aber die Geistigkeit des deutschen und französischen Protestantismus konnte bei einer so sinnlich künstlerischen Nation nicht Volkssache werden. Als man daher in Rom die Gefahr erkannte und ein Inquisitionstribunal mit furchtbaren Vollmachten niedersetzte, entflohen Viele über die Alpen, Andere widerriefen und gingen unter in Leichtsinn, Gleichgültigkeit oder Wahnsinn. Scheu vor der Beredsamkeit des Märtyrerthums schreckte die Inquisition mehr durch Kerker, Galeeren und geheimen Tod. Nur in Calabrien wurden einige Gemeinden Waldenser wie wilde Thiere gejagt. Gegen Ende des Jahrhunderts verschwinden die Spuren jeder protestantischen Gemeinschaft. Unter den Flüchtigen waren hochgeehrte Theologen und Prälaten (Peter Martyr, Ochino, Vergerio u. A.). Sie sind mit wenig Ausnahmen im Auslande verkümmert." In Spanien und Italien, wo jede von der Kirchenlehre abweichende Ansicht mit gleicher Strenge verfolgt ward, geriethen Einige auf

Grundſätze, die ſelbſt von den Reformatoren als häretiſch verworfen wurden, wie die beiden Italiener Socinus, welche die Gottheit Chriſti und die Trinitätslehre leugneten und die in Polen weit verbreitete Secte der Soci-nianer (in England Unitarier genannt) ſtifteten, und der Spanier Mi-chael Servet, der wegen ſchwärmeriſcher Anſichten über die Dreieinigkeit auf Calvins Antrag von der weltlichen Obrigkeit in Genf verbrannt wurde (1533). — In England wurden die Anhänger Luthers wie die alten Lollarden (VIII, 71) anfangs blutig verfolgt, bis Heinrich VIII. wegen ſeiner Che-ſcheidung mit dem Papſte zerfiel, durch Parlamentsbeſchluß die engliſche Kirche von Rom trennen und ſich zum Oberhaupte derſelben erklären ließ. Aber außer der Auflöſung der Klöſter und Vertilgung der Heiligenbilder geſchah unter ihm wenig für die Reinigung der Kirche. Lutheraner und Papiſten ſtarben an dem-ſelben Galgen. Erſt unter ſeinem Sohne Eduard VI. wurde durch Cranmer, Erzbiſchof von Canterbury, die engliſche Kirche begründet. Seine Nach-folgerin Maria glaubte mit der Verbrennung des Reformators auch ſein Werk vernichten und den Katholicismus wiederherſtellen zu können; aber die Uni-formitätsakte ihrer Schweſter Eliſabeth verſchaffte der anglikaniſchen Reli-gionsform den Sieg. Dagegen wurden die eine Reinigung der Kirche nach Calvins Grundſätzen anſtrebenden Puritaner blutig verfolgt und zur Flucht nach Nordamerika's freiem Boden getrieben, wo ſie, in zahlreiche Secten geſpalten, das demokratiſche Syſtem jenes Reformators der vollendetſten Ausbildung entgegenführten. In Irland blieb der alte Glaube die Religion des Volks, wenn gleich Englands Machthaber durch tyranniſche Geſetze und Gewaltſchritte den Religionsbeſchlüſſen des Parlaments auch dort Geltung zu verſchaffen bemüht waren und das ganze iriſche Kirchenvermögen der engliſchen Hierarchie und Ariſtokratie zutheilten. Das iriſche Volk, von der neuen Lehre ſchlecht unterrichtet und für die geiſtige Auffaſſung des Chriſtenthums nicht reif, folgte lieber den Worten ſeiner Prieſter als den Geboten des verhaßten Nachbar-volks, zumal da ihm das Evangelium in der engliſchen Sprache eben ſo unver-ſtändlich war als die lateiniſche Meſſe.

II. Niederlande und Spanien.

1. Karl's V. Jugendzeit.

Das zarte Kind, welches die Infantin Iohanna ihrem geliebten Gemahl, dem Erzherzog Philipp von Oeſterreich, am 24. Februar 1500 zu Gent geboren und das in der Taufe den Namen Karl erhalten hatte, war vom Schickſal zur Erneuerung einer Weltherrſchaft beſtimmt, wie ſie einſt der große Frankenkaiſer gleichen Namens aufgerichtet hatte. Jene niederländiſchen Landſchaften und Städte, vor Allen Flandern und Brabant, welche die burgundiſchen Herzoge allmählich in Einer Hand vereinigt hatten (VIII, 790 ff.), ragten durch Reich-

(marginal notes)
Lälius und Fauſtus So-cinus.

Eduard VI. 1547—53.
Maria 1553—58.

Die burgun-diſchen Nie-derlande.

thum, Kunstfleiß, Bildung und Freiheitsliebe mächtig hervor. Wir wissen ja,
welchen Glanz Philipp der Gute und sein Sohn Karl der Kühne an ihrem Hofe
entfalteten. Die Gemälde der Brüder Johannes und Hubert von Eyk erregen
noch heute die Bewunderung der Welt; des letzteren Schüler Johann von Brügge
hat die Oelmalerei zu großer Vollkommenheit geführt; noch jetzt prangen die
Rathhäuser von Löwen und Brüssel, die Domkirchen von Gent und Antwerpen
als stolze Werke der Baukunst; und welche bedeutende Stelle die Städte von
Flandern, Brabant und Holland auf den Handels- und Geldmärkten, in der
Industrie- und Fabrikthätigkeit einnahmen, haben wir in den früheren Blättern
zur Genüge kennen gelernt. Ein heiterer, lebensfroher Sinn, gehoben durch freie
Institutionen und verbriefte Rechte, war über die ganze Bevölkerung ausgegossen
und gab sich kund in fröhlichen Festen, in Spiel und Lustbarkeit. Die niederländischen Provinzen waren allerdings nur unvollständig zu einem Ganzen verbunden, bemerkt Motley, allein es herrschte zwischen ihnen eine natürliche Verwandtschaft in Charakter, Geschichte, politischer und socialer Lage. Hier war
überall Leben, Bewegung, die regste Thätigkeit. Eine thatkräftige Bevölkerung
schwärmte in all den blühenden Städten, mit welchen das kleine aber hochculti-
virte Land dicht bedeckt war. Ihre Schiffe waren die Träger des Weltverkehrs;
ihre Kaufleute, wenn sie in ihren Rechten gekränkt wurden, schafften sich selbst
Recht durch kraftvolle Kriegführung mit ihren eigenen Mitteln und ihren eigenen
Fregatten; ihre Fabriken genossen großen Rufes auf der ganzen Erde, ihre Bürger
besaßen fürstlichen Reichthum, lebten mit königlichem Luxus und übten ausgedehnten politischen Einfluß. Liebe zur Freiheit war ihre vorherrschende Leidenschaft.

Karls Ge-
burt und
Erziehung. Die Geburt des Erbprinzen Karl wurde im ganzen Lande mit unendlichem
Jubel begrüßt; denn der Erzherzog Philipp, der Sohn der gefeierten Maria und
des ritterlichen Maximilian, war beliebt bei den Flamändern, in deren Mitte er
am liebsten weilte. Aber es ist uns bereits bekannt, wie bald der junge Fürst aus
dem Leben schied. Als er, fern von der Heimath, zu Valladolid ins Grab stieg,
zählte sein Sohn erst sechs Jahre. Er selbst hatte den Wilhelm von Croy, Herrn
von Chièvres, aus einem der ersten flandrischen Adelsgeschlechter zum Oberhof-
meister ernannt, auf daß derselbe den künftigen Herzog in die Regierungsgeschäfte,
in das Kriegswesen und die Staatenkunde einweihe und an die Umgangsformen
eines Cavaliers gewöhne. In den anderen Wissenschaften unterrichtete ihn der
Utrechter Priester Hadrian Floriszoon, ein Mann von geringer Herkunft aber
von großer Gelehrsamkeit und strengen Sitten. Beiden blieb Karl stets mit dank-
barer Liebe zugethan, wie wenig auch die trockne scholastische Lehrweise und das
pedantische Wesen des mit der Welt unbekannten Theologen Hadrian geeignet
war, Liebe und Interesse für tiefere Studien in der jugendlichen Brust zu wecken.
Um so eifriger lernte er neuere Sprachen und Alles, was mit der Politik und
Kriegskunst zusammenhing.

Wie einst nach dem frühen Tode Maria's von Burgundien übernahm nun- Die Regent-
mehr Maximilian abermals die vormundschaftliche Regierung, ohne bei den schaft.
Ständen auf Widerstand zu stoßen. Da ihn aber die Angelegenheiten des Reiches
und die kriegerischen Vorgänge in Italien und anderwärts allzu sehr beschäftigten,
so setzte er seine Tochter Margaretha, Wittwe des Herzogs von Savoyen, zur
Statthalterin ein, eine verständige Fürstin, die neben der Fähigkeit zu Staatsgeschäften auch Sinn und Liebe für Künste und Wissenschaften besaß und die
Interessen des Hauses sorgfältig und umsichtig zu wahren verstand.

Diese Jahre der Regentschaft waren für die Niederlande unheilvoll. Wir wissen, Geldern.
daß das Herzogthum Geldern von Karl dem Kühnen mit den übrigen burgundischen
Besitzungen vereinigt worden (VIII, 823); aber Karl von Egmont, der Sohn des
früher erwähnten Herzogs Arnold, welcher bald nach seiner Befreiung in den bürgerlichen Unruhen seinen Tod gefunden, suchte das verlorne Erbland seines Hauses wieder
an sich zu bringen. In diesen Bemühungen erlangte er nachdrückliche Unterstützung bei
dem französischen Hofe, mit dem er durch seine Mutter Katharina von Bourbon in verwandtschaftlichen Beziehungen stand und sein ganzes Leben lang durch innere
Sympathien sich verbunden fühlte. Alle Widersacher Oesterreichs fanden in ihm
einen allzeit fertigen Beschützer. Mit Hülfe von Soldknechten, die er in seine Dienste
genommen, und begünstigt durch eine starke Partei im Lande selbst, hatte er schon zu
Lebzeiten des Erzherzogs Philipp einen großen Theil des Landes wieder in seine Gewalt
gebracht und sich lange gegen Maximilian und seinen Sohn behauptet. Endlich war ein
Vergleich zu Stande gekommen. Karl von Egmont sollte die Oberlehnsherrlichkeit des
Erzherzogs über Geldern anerkennen und denselben nach Spanien begleiten. Aber schon
in Antwerpen war der ränkesüchtige Mann entflohen und verkleidet in sein Land zurückgekehrt, um sich den eingegangenen Verpflichtungen wieder zu entziehen. Philipps Tod
und das weibliche Regiment Margaretha's begünstigten die Pläne Karls von Egmont.
Er sagte sich von dem österreichischen Hofe los und begann aufs Neue einen Verheerungskrieg gegen den Nachbarstaat. In Verbindung mit dem gefürchteten friesischen Seeräuber,
dem „großen Peter" (Groote Pier) fügte er den holländischen Kaufmannsschiffen empfindlichen Schaden zu. Die Wirrnisse und Waffenbündnisse in Italien (IX, 863) kamen
dem trotzigen Fürsten und seinen rohen Banden zu Statten: Frankreich hatte ein Interesse,
seinen habsburger Gegner im nordwestlichen Winkel des Reichs zu beschäftigen und zu beunruhigen. Der Herzog fand daher in Paris stets Hülfe und Vorschub, und um Geld waren
in den Niederlanden eben so leicht Kriegsschaaren zu beschaffen, wie in Italien. Mit dem
Erfolg mehrte sich sein Anhang im Lande; er drang bis in die Nähe von Amsterdam vor;
er bemächtigte sich der Stadt Arnheim; selbst er bedrängte das Bisthum Utrecht. Selbst in
Friesland und Groeningen, wo man zu Kaiser und Reich geschworen, faßte der unruhige und verwegene Mann Fuß und suchte Frankreichs Lehnshoheit an der Nordsee zu
begründen.

Maximilian hatte gegen Ende der neunziger Jahre seinen Feldherrn, den kriegskundigen Friesland.
Herzog Albrecht den Beherzten von Sachsen, zum Erbstatthalter von Friesland eingesetzt
(IX, 146). Das auf seine Freiheit und Unabhängigkeit eifersüchtige Volk widersetzte sich Anfangs der Anstellung und wählte einen Eingeborenen zum Landvogt (Podesta). Aber Parteiung
und Uneinigkeit brachen die Opposition; der kaiserliche Statthalter, welcher Klugheit mit Festigkeit vereinigte, wurde zuletzt doch anerkannt und mit hohen Machtbefugnissen ausgestattet. Nur
die Stadt Gröningen versagte den Gehorsam und hielt zu dem Bischof von Utrecht. Bald 1498.
darauf riefen die deutschen Reformbewegungen den Herzog an den Rhein: da machten die über

die neue Besteuerung empörten friesischen Bauern einen Aufstand gegen dessen Sohn und Stellvertreter Heinrich. Aber Albrecht eilte mit deutschen Landsknechten herbei und wurde bald
Meister über die ungeordneten Kriegshaufen der Friesen. Unter Verwüstung und Grausamkeit
wurde das kaiserlich-sächsische Regiment von Neuem in Friesland aufgerichtet. Selbst die Stadt
Leuwarden, die sich während des Kampfes neutral gehalten, wurde hart mitgenommen. So
lange Albrecht lebte, fügten sich die Friesen dem strengen Herrn; als er aber zu Anfang des

12. Sept.
1500.
1506. 16. Jahrhunderts in Emden starb, regte sich das friesische Freiheitsgefühl von Neuem. Graf
Edzard von Ostfriesland stellte sich an die Spitze der Unzufriedenen und bemächtigte sich der
Stadt Gröningen. Nun rief aber Albrechts zweiter Sohn, Georg von Sachsen, auf den der
Vater die friesische Statthalterwürde übertragen hatte, aus Norddeutschland Kriegsvolk herbei.
Zahlreiche Heerhaufen, von ihrer Rüstung „die schwarze Bande" genannt, zogen unter Heinrich
von Braunschweig, einem erfahrenen Feldhauptmann, dem bedrängten Reichsstatthalter zu
Hülfe. Die geistlichen und weltlichen Herren des Nordens, von Pommern bis Oldenburg, von
Grubenhagen bis Bentheim, begünstigten alle den Kriegszug gegen die friesischen Bauern, deren
demokratischen Trotz- und Freiheitssinn sie haßten. Verheerend durchzogen die Soldknechte das
ganze Land, bis in das Bisthum Utrecht hinein, bis über die Grenzen von Holland. Gröningen wurde mit harter Belagerung bedrängt. Um nicht den verwilderten Landsknechten zur
Beute zu werden, rief die Bürgerschaft auf Edzards Rath den Herzog von Geldern zu Hülfe.
Karl von Egmont folgte dem Ruf; er rückte in Friesland ein, entsetzte Gröningen und stellte
Land und Stadt unter Frankreichs Lehnshoheit. Aber das abenteuerliche Beginnen hatte keinen
rechten Fortgang. Wenn auch die Friesen und Gröninger aus Furcht vor der schwarzen Bande
dem kaiserlichen Statthalter Widerstand leisteten, so wollten sie darum doch nicht als französische
Vorposten in alle Kriege gegen das Reich verflochten sein. Es war daher ganz nach ihrem Sinn,
als Herzog Georg, der die Söldnerhaufen nicht länger zu unterhalten vermochte, mit dem Hof

1515. in Brüssel einen Vergleich abschloß, kraft dessen er gegen eine Abfindungssumme von 350,000
rhein. Gulden seine Ansprüche auf Friesland an den fünfzehnjährigen Erzherzog Karl, dem der
Kaiser, sein Großvater, bereits die Regierung in den Niederlanden übertragen hatte, abtrat und
das Land verließ. Darauf löste sich der schwarze Soldhaufen auf; ein Theil trat in die Dienste
des Habsburgers und vertheidigte die Städte und Landschaften, welche, wie Leuwarden und
Harlingen, dem Erzherzog Treue schwuren, wider den von Frankreich unterstützten Karl von
Egmont, ein anderer Theil zog nach dem Kriegsschauplatz in Italien, wo für tapfere Männer
und erfahrene Hauptleute ein ergiebiges Kampfesfeld in Aussicht stand.

Geldern und
Holland. Auch der Herzog von Geldern begab sich nach Abschluß eines Waffenstillstandes
mit Karl zu seinem Gönner, dem neuen König Franz I. und begleitete ihn nach dem
Kampfplatze von Marignano. Aber nur zu bald erschien er wieder an der Yssel und
eröffnete mit einer Abtheilung der schwarzen Bande, die er aus der Lombardei zurück-

1517. gebracht, aufs Neue den Krieg gegen Holland und Friesland. Die Stadt Medenblik
wurde in Brand gesetzt, Alkmaar acht Tage lang geplündert, bis nach Haarlem und in
das Stadtgebiet von Amsterdam dehnten sich die verheerenden Streifzüge aus. Nur
dem tapfern Arm Heinrichs von Nassau, den der Erzherzog zum Statthalter von
Holland ernannt hatte, nachdem derselbe die Erbtochter von Oranien, die Schwester des
in den italienischen Kriegen vielgenannten französischen Feudalherrn Philibert von
Chalons, als Gemahlin heimgeführt, gelang es, den ruhelosen Herzog von Geldern zur
Räumung von Friesland und zur Abtretung seiner Ansprüche darauf um den Preis
von 100,000 Reichsthalern zu bringen. Dagegen blieb Geldern noch etliche Jahre im
Besitze Karls von Egmont, eine fruchtbare Stätte für französische Intriguen in allen
Kriegen und Streithändeln zwischen den beiden Monarchen Karl und Franz. Nach dem
Tode Philiberts von Chalons vor Florenz kam der Sohn seiner Schwester Claudia und
des erwähnten Grafen Heinrich, Renatus von Nassau, in den Besitz des Fürstenthums

Oranien an der Rhone und legte, indem er auch seinem Vater in der Statthalterschaft von Holland und Seeland folgte, den Grund zu der Größe des Hauses Nassau-Oranien.

Als im Jahre 1525 das Hochstift U t r e c h t , das bisher meistens in den Händen burgundischer Familienglieder gewesen, in Erledigung kam, suchte der Herzog von Gel-dern einen seiner Verwandten an die Stelle zu bringen. Erzürnt, daß das Capitel einen Kölner Domherrn, Heinrich aus dem baierischen Fürstenhaus wählte, bedrängte er das Bisthum so sehr, daß der neue Kirchenfürst der weltlichen Herrschaft entsagte und Stadt und Gebiet gegen eine Leibrente an Karl V. abtrat. Dafür ließ der Herzog durch seinen Feldherrn Martin van Rossum Südholland verwüsten und die reiche Stadt Haag, „die Vorrathskammer der holländischen Schätze" plündern. So dauerte der Kampf in den burgundischen Erbstaaten fort. Erst als der italienische Krieg zwischen dem Kaiser und Frankreich sich dem Ende zuneigte, entsagte auch Herzog Karl von Egmont in dem Ver-trage von Gorkum dem französischen Bündniß und erkannte die Lehnshoheit des Kai-sers für Geldern und Zütphen an. Doch blieb der ränkesüchtige Fürst auch jetzt noch ein unzuverlässiger Vasall, der seine französische Gesinnung nie verleugnete. Als Burgund und Frankreich von Neuem in Krieg geriethen, übertrug er sein Land durch förmliche Schenkung an König Franz, und nur dem Widerspruch der Ritterschaft und Städte auf dem Landtag von Nymwegen war es zuzuschreiben, daß nicht im Herzen der nieder-ländischen Provinzen eine französische Suzeränität entstand. Diese hätte um so drohen-der werden müssen als Karl von Egmont alt und kinderlos war. Die Stände kamen daher mit dem Herzog überein, daß die Länder Zütphen und Geldern vertragsweise mit Cleve verbunden werden sollten, dessen Herzog gewisse Ansprüche geltend zu machen hatte. So unangenehm dem kaiserlichen Hofe dieser Zwischenfall war, er konnte nicht verhindern, daß ein Vertrag geschlossen ward, kraft dessen Herzog Wilhelm von Cleve und Jülich die Provinzen Geldern und Zütphen mit seinen übrigen Landschaften vereinigte „nun und auf ewige Tage". Diese Verbindung dauerte jedoch nur einige Jahre. Wir werden an einem andern Orte die politischen und kriegerischen Verwickelungen kennen lernen, in deren Folge die streitigen Landschaften unter die burgundische Oberherrschaft kamen. Von der Zeit an waren die sämmtlichen Niederlande unter dem Scepter des österreichisch-spanischen Hauses vereinigt.

Marginal notes: Geldern und Zütphen und das Bisthum Utrecht, mit Burgund vereinigt. / 1527. / 5. Oct. 1528. / 1534. / 1538. / 1539. / 1543.

2. Spanien bei Karls Regierungsantritt.

Karl V., wie wir den Erzherzog von Burgund von nun an nennen werden, hatte die Beilegung der Streitigkeiten mit dem Herzog von Geldern beschleunigt, um durch die inneren Angelegenheiten nicht länger von der beabsichtigten Reise nach Spanien abgehalten zu werden. Denn ein Jahr nachdem er für mündig erklärt worden und die niederländischen Landschaften und Städte ihm als ihrem rechtmäßigen Oberherrn ihre freudige Huldigung dargebracht hatten, starb sein mütterlicher Großvater Ferdinand der Katholische und hinterließ ihm die Krone des vereinigten Königreichs Spanien mit den dazu eroberten Nebenländern Neapel und Navarra und der neuen Welt jenseits des Oceans. Allerdings lebte noch seine Mutter Johanna, die eigentliche Erbin Castiliens. Allein wir wissen ja, daß sie seit dem Tode ihres Gemahls als gemüthskranke Frau in Tordesillas unter strenge Aufsicht gestellt und von aller Welt abgeschlossen war. Sie wurde als unfähig zur Regierung betrachtet und von allen Staatshandlungen fern gehalten;

Marginal notes: Karl und seine Mutter Johanna. / 23. Januar 1516.

es war nur ein Ehrentitel, wenn sie als Königin in öffentlichen Aktenstücken genannt ward. Man hat in neuerer Zeit nachzuweisen gesucht, daß die Infantin
der Staatsraison zum Opfer gefallen, daß sie von Vater, Gemahl und Sohn als
Irrsinnige ausgegeben und mit großer Grausamkeit behandelt worden, damit die
Union von Castilien und Aragonien nicht wieder gelöst würde und der Traum
einer Universalmonarchie sich erfüllen möchte; auch der Cardinal Limenez, der
in der Zwischenzeit von Ferdinands Tod und Karls Ankunft und Krönung die
Regentschaft führte, sei in dieselbe Politik eingeweiht gewesen. Dagegen hat es
auch nicht an Gegenstimmen gefehlt, welche diese Behauptung zu widerlegen und
zu entkräften sich bemühten und die alte Ansicht aufrecht erhielten. Wir haben
in den früheren Blättern zur Genüge dargethan, daß die Erzherzogin von jeher
als eine zu Ueberspanntheiten und excentrischen Geistesrichtungen zuneigende
Fürstin sich gezeigt und daß bei und seit dem Tode ihres Gemahls Symptome
von einem gestörten Seelenleben in ihrer Haltung hervorgetreten, welche ein thätiges Eingreifen in die Regierung und Staatsgeschäfte als eine Unmöglichkeit erscheinen ließen. In wie weit diese melancholische Gemüthsstimmung an die Grenze
des Wahnsinns streifte und ob nicht hie und da längere Intervallen eines richtigen Verstandes, einer gesunden Geisteskraft sich eingestellt, wer möchte es wagen,
den Schleier von diesem düstern Bilde zu heben, in die Geheimnisse eines abgeschlossenen Fürstenlebens einzudringen! Genug, die Infantin galt als unfähig
zum Regieren und so gebührte die Herrschaft in Castilien und Aragonien nach
Recht und Gesetz wie nach der letztwilligen Anordnung des heimgegangenen
Königs dem jungen Beherrscher der burgundisch-niederländischen Staaten aus
habsburgisch-österreichischem Geschlechte.

Der Regie-
rungsantritt
des Königs. Wir haben früher gesehen (IX, 852 ff.), daß Dank der staatsklugen und
energischen Haltung des Cardinal-Regenten Limenez die Anerkennung des Königs
Karl I. von Spanien durchgeführt ward, wie sehr auch gleich Anfangs die Anmaßung, Habgier und Ueberhebung der flamändischen Rathgeber und Günstlinge
des jungen unerfahrenen Monarchen Anstoß gaben. Aber kaum war der große
8. Nov.
1517. Staatsmann kurz nach der Ankunft Karls am gebrochenen Herzen aus der Welt
gegangen, so trat die Verstimmung schärfer hervor. Die Spanier sahen mit Unmuth, daß das Erzbisthum Toledo, die Perle der vaterländischen Kirche, einem
jungen Neffen des Herrn von Chièvres, Wilhelm von Croy übertragen wurde,
daß Karl seinen Bruder, den in Spanien geborenen Infanten Ferdinand, den
der verstorbene König so sehr bevorzugt hatte und der im ganzen Lande allgemein
beliebt war, sofort nach Belgien entsandte, daß die Niederländer im Rath des
Königs und in den hohen Staatsämtern die ersten Stellen einnahmen und den
eingebornen Edlen vorgezogen wurden, daß der einflußreiche Chièvres um schnöden Gewinnes willen die Vermählung der jungen schönen Infantin Leonore,
Karls Schwester, mit dem bejahrten verwachsenen König Emanuel von Portugal
in dritter Ehe bewirkte und dessen Gemahlin nicht ruhte, bis ihr sämmtliche

unlängst aus der neuen Welt angelangten Perlen zugesprochen und in ihre Heimath gesandt wurden, daß, wie man mit Unwillen aussprach, „Flamänder und Franzosen das Land bis auf Mark und Knochen aussaugten." Allein so fest war durch das katholische Königspaar und den staatsklugen Cardinal die monarchische Autorität begründet worden, daß troß vielfacher Verstimmung und Unzufriedenheit die Uebernahme der Regierung durch Karl im Namen seiner Mutter bis zu deren Genesung nicht ernstlich angefochten ward. Zwar verlangten in der castilischen Ständeversammlung zu Valladolid viele Stimmen, der König solle vor _{Jan. u. Febr. 1518.} dem Huldigungsakte die Rechte und Geseße des Reiches beschwören und sich verpflichten, keine Fremden in den Sißungen zuzulassen; allein man kam endlich doch überein, daß die beiderseitigen Eide gleichzeitig in der Paulskirche abgelegt würden, und die Cortes unterdrückten auch die Bedenklichkeiten, daß in dem königlichen Eidschwur die Entfernung der Fremden nicht in bestimmten Worten ausgesprochen war. Der Eindruck, den der in jugendlicher Schönheit und Kraft blühende König, der sich bemühte, in castilischer Sprache zu reden, auf die Gemüther hervorbrachte, war so überwältigend, daß jede Opposition verstummte. Die Stände leisteten die Huldigung und bewilligten 600,000 spanische Ducaten für drei Jahre, eine Summe, wie sie keinem früheren König zu Theil geworden war. Auch die aragonischen Cortes in Zaragossa und die catalonischen in Barcelona leisteten gegen Zusicherung der alten Rechte und Freiheiten ihrer Länder _{Mai 1518 u. Febr. 1519.} feierlich Huldigung und Treue und gewährten Hülfsgelder, wenn auch mit geringerer Liberalität. Bald trat jedoch ein Umschlag ein. In Barcelona empfing _{Unzufriedenheit des Volks.} Karl die feierliche Gesandtschaft, die ihm die Nachricht der Kaiserwahl von Frankfurt überbrachte. Die Freude, womit der König die Botschaft vernahm, erweckte in den Spaniern die Befürchtung und den Verdacht, daß die Angelegenheiten der Halbinsel dem Monarchen fortan weniger am Herzen liegen würden, als die größeren Aufgaben des römischen Kaiserthums, daß das castilische Königreich als ein Nebenland behandelt, für fremde Zwecke ausgebeutet, dem Ehrgeize und der Habsucht fremder Günstlinge aufgeopfert werden möchte. Eine unruhige gährende Stimmung trat in verschiedenen Städten zu Tage. Toledo, erbittert, daß der erzbischöfliche Stuhl einem jungen Ausländer übertragen worden, hatte sich schon im vorigen Jahre mit Avila und Segovia zu gemeinsamen Vorstellungen geeinigt: jeßt erschienen Toledanische Gesandte in Barcelona mit der Bitte, der König möge das Land nicht verlassen, keine Ausländer anstellen, Niemandem die Ausfuhr von Gold und Silber gestatten. Karl gab eine höfliche aber ausweichende Antwort; er wollte keinen dieser Wünsche erfüllen, am wenigsten den leßten. Konnte er doch nicht mit leeren Händen bei seinem ersten Besuche in Deutschland und bei der beabsichtigten Kaiserkrönung in Aachen auftreten! Und wo sollte er die Geldmittel zu dieser Reise aufbringen, wenn nicht in dem reichen Castilien? Grade zu diesem Zweck entbot er jeßt die Cortes nach der heiligen Stadt S. Jago di Compostella; und grade zu dem Zwecke ließ er sich von Papst Leo X. unter dem Vorwande eines Türkenkrieges den Zehnten von den geistlichen Gütern in Spanien ertheilen, eine Maßregel, die unter dem Klerus große Unzufriedenheit hervorrief und viele Glieder des Prälatenstandes der Opposition der Stadtgemein-

März 1520. den zuführte. So aufgeregt waren bereits die Gemüther, daß als in Valladolid ein Mann aus dem Handwerkerstand die große Glocke zog, mehrere tausend bewaffnete Bürger auf die Straße stürzten mit dem Rufe, man solle den König nicht fortlassen und seine schlimmen Rathgeber todtschlagen. Die lautesten Schreier wurden verhaftet, aber bald wieder in Freiheit gesetzt.

Abreise des Königs. 1. Apr. 1520. Der Mißmuth stieg noch höher, als bei Eröffnung der Cortes, deren Berufung nach einer galizischen Stadt ohnedies den Stolz der Castilianer verletzt hatte, der Versammlung die bevorstehende Abreise des Kaisers mitgetheilt und die nothwendigen Geldbewilligungen verlangt wurden. Die Abgeordneten von Toledo erhoben so scharfen Widerspruch, daß zwei derselben, Pedro Lasso und Alonso Suarez, auf Befehl des Kanzlers Gatinara zurückgewiesen und die Bürgerschaft zur Vornahme neuer Wahlen aufgefordert wurde. Darüber gerieth die Stadt in große Bewegung: vergebens hoffte der König dieselbe niederzuschlagen, indem er die Führer und Häupter Fernando Avalos und Juan Padilla an den Hof berief; die Geladenen wurden auf ihr eigenes Zuthun von Volkshaufen zurückgehalten und die städtischen Aemter an ihre Gesinnungsgenossen übertragen. Als man in Coruña, wohin die Cortesversammlung von S. Jago mit dem Hof gezogen war, diese Vorfälle vernahm, wurde im königlichen Rath erwogen, ob es nicht zweckmäßiger sei, sofort nach Toledo zu eilen und mit Ernst den gesetzwidrigen Auftritten entgegenzutreten; allein man hielt die Störung der Ordnung nicht für so bedeutend, um deshalb die Abreise Karls zu verschieben. Die Spannung, die in Folge der Kaiserwahl mit dem französischen Hofe eingetreten, die steigende Aufregung in Deutschland, die Nothwendigkeit, mit Heinrich VIII. von England, dem Gemahle einer Tante des spanischen Monarchen, bei Zeiten in freundschaftliche Beziehung zu treten, diese und andere Gründe entschieden für die Reise. Eine Verzögerung konnte den Anschein geben, als lege man der Bewegung in Toledo und einigen anderen Communen ein zu großes Gewicht bei. So schiffte sich denn Karl, nachdem er seinen Lehrer Hadrian von Utrecht zum Vicekönig und Oberstatthalter von Castilien eingesetzt, in Coruña auf der flandri-

20. Mai 1520. schen Flotte im Angesicht der murrenden und mißvergnügten Castilianer ein und kam nach einem kurzen Aufenthalt in England glücklich in den Niederlanden an.

3. Aufstände der Communeros.

Volks- erhebungen in Castilien Die Abfahrt des Königs gab das Zeichen zu einer allgemeinen Bewegung. Man zürnte den Cortes, daß sie die Geldforderungen bewilligt, ohne daß die eingereichten Gesuche und Beschwerden Beachtung gefunden; man fühlte sich verletzt, daß ein fremder Prälat von pedantischem Wesen, der spanischen Sitten un-

Gesetze wenig kundig, an die Spitze der Verwaltung gestellt und den eingebornen Großen vorgezogen worden; man sah mit Entrüstung das spanische Gold nach den Niederlanden wandern, denn das Beispiel des Herrn von Chièvres wurde von dem ganzen Beamtenschwarm nachgeahmt; Spanien war für Alle das reiche Erntefeld zur Befriedigung ihrer Habsucht. Auch die unbarmherzige Strenge, womit die Inquisition und ihre Häscher unter dem glaubenseifrigen Cardinal ihr düsteres Amt verwalteten, erregte Aerger und Mißstimmung. Die Gährung stieg mit jedem Tage. In Zamora schleifte man Strohmänner durch die Stadt, welche die Reichstagsabgeordneten darstellen sollten; in Segovia wurde ein Be-²⁹·ᵐᵃⁱ amter, als er die frechen Reden eines Volkshaufens rügte, durch die Straßen zu¹⁵²⁰· Tode gemartert und nebst einem Dienstgenossen mit den Beinen an den Galgen geknüpft. Aufgeregt durch diese Vorgänge vergriff sich am andern Tage die Menge, voran die Wollarbeiter, an dem Vorsteher der Stadt, Tordesillas, und bereitete ihm dasselbe Schicksal, weil er in Coruña als Abgeordneter dem König die Beisteuer bewilligt. Sein Haus wurde geplündert und angezündet, seine Wittwe verjagt, jeder königliche Beamte abgesetzt. Auch in Madrid, in Burgos,ᴶᵘˡⁱ· in Siguenza brachen Unruhen aus, begleitet von blutigen Gewaltthaten.* Selbst in Aragonien gab sich eine Gährung kund; doch waren hier die conservativen Elemente und die freiere und festere Verfassung mächtig genug, die revolutionären Zuckungen niederzuhalten.

Gleichzeitig war eine noch drohendere Bewegung im „Königreich" Valenzia aus-ᴰⁱᵉ ⱽᵒʳ⁻ gebrochen, dessen Hauptstadt von jeher zu unruhigen und tumultuarischen Auftritten am ᵍᵃⁿᵍᵉ ⁱⁿ ⱽᵃ⁻ meisten Neigung gezeigt. Hier hatte sich mit Einwilligung des Königs Ferdinand eineˡᵉⁿᶻⁱᵃ· Landwehr aus bürgerlichen Elementen gebildet, zunächst als Schutzmannschaft gegen feindliche Ueberfälle durch Mauren und Piraten, zugleich aber auch als Gegenmacht gegen den kriegerischen Adel, der das Waffenrecht für sich allein in Anspruch nahm, alle Aemter und Ehren in Händen hatte und die Gemeinen mit Härte und Uebermuth behandelte. Der langjährige erbitterte Kampf gegen die Moslemen, der gerade in dieser vorgeschobenen Landschaft am längsten und hartnäckigsten andauerte, hatte den aus allen Ländern daselbst angesiedelten Waffenadel mehr als anderwärts verwildert und mit rohem Stolz erfüllt. Mit Verachtung blickte er auf die städtische und ländliche Be-völkerung, die zum Theil von maurischer Abstammung war, und gab diese Gesinnung auch in seinen Handlungen und in seinem Betragen kund. Sein Einfluß war mächtig genug so lange Ferdinand regierte, die bürgerliche Landwehr niederzuhalten, obwohl diese sich bereit erklärte, nur Adelige als Hauptleute und Anführer zu wählen. Auch das städtische und zünftige Genossenschaftswesen wurde in der Entwickelung gehemmt, die Handwerker der gewerbthätigen Handels- und Seestadt fast wie Leibeigene behandelt. Nun geschah es, daß der Herrenstand auch mit der neuen Regierung in Hader gerieth. Trotzig verweigerten die Cortes die Huldigung und Beisteuer, bevor der König persön-lich in der Hauptstadt die alten Rechte und Freiheiten beschworen. Karl aber trug Be-denken, die von der Pest schwer heimgesuchte Stadt zu betreten. Ein Bevollmächtigter sollte seine Stelle einnehmen; dem widersetzten sich aber die Stände. Die Einwohner-schaft von Valenzia war in großer Aufregung; zu der Krankheit hatte sich noch Hungersnoth gesellt in Folge der Stockung von Handel und Gewerbe; Volksaufläufe und tumultarische Auftritte gaben Zeugniß von der inneren Gährung. Da trat Juan

2*

Lorenzo, ein verständiger, redlicher Wollkämmer von populärer Beredsamkeit auf und sprach zu seinen versammelten Freunden: „Sollen die Einwohner einer so herrlichen Stadt wie Valenzia länger in Sclaverei bleiben? Schnell bereichern sich die Beamten, während die Bürger darben; nirgends wird unparteiische Rechtspflege geübt; alle Rechte besitzt der Adel, alle Pflichten und Lasten werden uns aufgelegt." Er machte den Vor=

21. Aug. 1519.

schlag, man solle die alten Brüderschaften oder Germanias zu je hundert Mann auf ein Fähnlein wieder ins Leben rufen, gleiches Recht für alle Stände einführen und den König durch eine Abordnung der Zünfte um Bestätigung angehen. Der Vorschlag fand Beifall. Eine Gesandtschaft erschien in Barcelona und erhielt auf Betreiben Hadrians von dem über den unfügsamen Adel erzürnten Monarchen eine zusagende Antwort. Mit Jubel wurden die zurückkehrenden Boten in Valenzia empfangen, und sofort bil= dete man aus den Zünften Wehrmannschaften mit Hauptleuten und Fahnen, die sich an Sonn= und Feiertagen in den Waffen übten und bald durch ihre Haltung zeigten, daß sie sich fürder die Tyrannei der Herren nicht mehr würden gefallen lassen. Als gleichberechtigter Stand traten die Gemeinen der stolzen Ritterschaft gegenüber. Darüber führten die Edelleute Klage. Da man aber die Cardinal, den der König zur Verständigung absandte, Eid und Huldigung versagte und auf Karls persönlicher Anwesenheit bestand, so wurden ihre Beschwerden zurückgewiesen und die Brüderschaf= ten aufs Neue bestätigt. Aus Verdruß über das wachsende Selbstvertrauen der Ge= meinen, die den Herren öfters mit Uebermacht entgegentraten, bei manchen Gelegen= heiten wohl auch sich für die früher erlittenen Kränkungen und Verletzungen rächten, verließen viele Barone und Prälaten die Stadt und zogen sich auf ihre Güter, mit Un= willen und Uebermuth jede Verständigung von der Hand weisend und den Hof um die Auflösung der Brüderschaften und die Herstellung ihrer früheren Gerechtsame be= stürmend. Dieser böser Wille der privilegirten Stände reizte auch die Gegner zu hefti= gerem Widerstand, mehrte die Ausschreitungen und stärkte die demokratischen Elemente. Die Zwietracht der Parteien und die Unzufriedenheit der Gemeinen nahm zu, als Diego von Mendoza, Graf von Melito, den Karl vor seiner Abreise zum Gouverneur und Vicekönig von Valenzia ernannt, bei seinem Einzug deutlich zu erkennen gab, daß er mehr die Sache seiner Standesgenossen, der Ritter und Prälaten, zu vertreten als eine billige Ausgleichung zu bewirken gesonnen sei. Er verlangte, daß die Wehrmann=

Mai 1520

schaften aufgelöst und wie ehedem die Geschwornen, denen die Verwaltung und das Richteramt in der Stadt zukam, ausschließlich aus dem Herrenstande gewählt werden sollten. Das von den Demokraten absichtlich ausgestreute Gerücht, einer der lautesten Straßendemagogen, Sorolla, sei verhaftet und zur Folterung abgeführt worden, hatte einen Volksauflauf gegen den Palast des Vicekönigs und Straßentumulte zur Folge, die

Juni.

vorübergehend durch das persönliche Erscheinen des angeblich Gefangenen gestillt, zwei Tage nachher, aus Anlaß eines gerichtlichen Verhörs, mit erneuerter Heftigkeit sich wie= derholten und zu einem so wilden Aufruhr sich steigerten, daß der Vicekönig und viele Adelige und Vornehme aus der Stadt flohen und Plünderung und Frevelthaten von der zuchtlosen Volksmenge verübt wurden. Vergebens suchte der redliche Lorenzo solchem Unfug zu wehren: geschmäht und verhöhnt kehrte er in seine Wohnung zurück, wo er vor Kummer und Schmerz vom Schlag gerührt zur Erde niedersank und seinen Geist aufgab.

Aufstände in Valenzia u. Majorca.

Von Valenzia verbreitete sich der Aufruhr rasch auch über die andern Städte und erzeugte ähnliche Auftritte. Die unteren Volksklassen, fortgerissen von zungenfertigen Demagogen, wie Sorolla und Vincenz Periz oder von kühnen Straßenkämpfern, wie Johann Caro dem Zuckerbäcker, bemächtigten

sich des Regiments, stellten dreizehn Vorsteher auf und begründeten eine Herrschaft des Schreckens und der Pöbeltyrannei, besonders seitdem der schlaue und
gewandte Abenteurer Johann von Bilbao, Sohn eines castilischen Juden, der
den vornehmen Namen Don Enriquez Manrique de Ribera annahm und sich
für einen Enkel der katholischen Könige ausgab, zuerst in Xativa, dann in
Valenzia selbst bei dem Volke zu großem Ansehen gelangte und mit allen Mitteln
der Täuschung, des Betrugs, des Aberglaubens die Gemüther an sich zu fesseln
verstand. An der Spitze der Dreizehn, die den Befehlen der Demokratenhäupter
willenlos folgten, übte der geheimnißvolle Mann in Verbindung mit Sorolla
und andern Gesinnungsgenossen in allen Orten des Königreiches eine dictatorische
Gewalt über das untere Volk und die Gemeindeleute. Alle Versuche des Statthalters, Valenzia zum Gehorsam zurückzuführen, waren fruchtlos. Nur Morella,
durch Mauern, Thürme und Berge geschützt, hielt sich von den Brüderschaften
fern. Eher würden sie Weib und Kind tödten, erklärten die Einwohner, als die
Treue gegen König und Gesetz brechen. Bald trat auch die Insel Majorca in
die Bewegung ein und ließ sich durch den Tuchmacher Juan Crespino zu dem
Ruf nach Freiheit und Gleichheit und zur Verfolgung des Adels und der gesetzmäßigen Obrigkeiten fortreißen.

 Sowohl in Valenzia als in Castilien gingen die Excesse von den unteren **Junta von Avila. Juan Padilla.**
Volksklassen aus; diese übten aber einen solchen Terrorismus, daß die andern
Bürger sich nicht zu widersetzen wagten. Alles wurde von nationalem Schwindel
und von unklaren Freiheitsideen fortgerissen. Der Widerstand wurde zur gemeinsamen Angelegenheit aller Communen, die städtischen Waffen boten die
Mittel zur Abwehr und Vertheidigung. Als der Alkalde Ronquillo im Auftrage
des Statthalters und Raths mit einer kleinen Mannschaft in Segovia einziehen
und eine gerichtliche Untersuchung vornehmen wollte, wurde er zurückgeschlagen.
Denn bereits hatten mehrere castilische Städte unter der Leitung von Toledo, wo
zuerst die Fahne des Aufruhrs erhoben worden, in Avila eine Junta zu gemein- **29. Juli 1520.**
samem Widerstand gebildet und eine Wehrmannschaft aufgerichtet. Bei den Berathungen führte jener Abgeordnete Don Pedro Lasso, der aus der Cortesversammlung von San Jago verwiesen worden war, den Vorsitz, aber das Haupt
der Bewegungspartei war Don Juan Padilla von Toledo, Sohn des Groß-
jägermeschalls von Castilien, ein lebhafter, erregbarer und von edler Freiheitsliebe
erfüllter Mann von sechsunddreißig Jahren, auf den seine schöne Gemahlin
Maria Pacheco, geborne Gräfin von Tendilla, eine Frau von kühnem Muthe,
von schwärmerischem Freiheitssinn und von höherer geistiger Begabung als der
Gatte, den größten Einfluß übte. Vaterlandsliebe und Ehrgeiz vereinigten sich
in ihrem Busen, erzeugten den heißen Wunsch, das Reich von der Herrschaft der
verhaßten Fremdlinge zu befreien und weckten zugleich die stolze Hoffnung, bei einer
Neugestaltung der Dinge eine hervorragende Machtstellung zu gewinnen. Mehr
von Phantasie und antikem Freiheitsgefühl als von politischem Verstande beseelt,

betraten sie und einige gleichgesinnte Anhänger einen Weg, der nothwendig zum Abgrund führen mußte. Für Freiheitshelden im Geiste des Alterthums war die Zeit, war das spanische Volk, waren die politischen Verhältnisse und Staatsordnungen nicht angethan.

Ausbreitung u. Charakter der Bewegung. Der demokratische ja plebejische Charakter der ganzen Bewegung hatte zur Folge, daß sich nicht nur, mit geringen Ausnahmen, der Adel und die Beamtenwelt fern hielt, sondern auch die höhere Bürgerschaft. „Die unteren Volksschichten, in der Tiefe ihres leidenschaftlichen Hasses aufgeregt, strebten nach Oben; wer zu dem Aeußersten Rath und Anleitung gab, kam leicht empor; Mäßigung und Friedensliebe wurden verachtet. Der alte Ernst und Gehorsam schienen wie gebrochen; man redete Böses vom König, verfluchte seine flamändischen Diener, rottete sich in größeren und kleineren Gesellschaften zusammen, deren Redner die Genossenschaft unaufhörlich bearbeiteten und erhitzten." Nach und nach wurden alle castilischen Städte von dem aufrührerischen Geist ergriffen; überall entstanden Vereine, die mit Toledo und Segovia Verbindungen unterhielten. Die schwankende und unsichere Haltung des Statthalters und der Zwiespalt der Meinungen unter den Räthen über die zu ergreifenden Maßregeln erhöhten den Muth der Communeros und nährten den Geist des Widerstandes und die Neigung zu tumultuarischen Auftritten.

Als der castilische Feldhauptmann Antonio de Fonseca aus der Stadt Medina del Campo schweres Geschütz herausziehen wollte, um das aufrührerische Segovia zu belagern, widersetzte sich die Bürgerschaft der Abführung; da ließ der Befehlshaber, um sie zu schrecken, einige 12. Aug. 1520. Feuerkugeln abschießen; diese trafen so unglücklich, daß die ganze Stadt in Brand gerieth und gegen neunhundert Häuser nebst den zur bevorstehenden Messe aufgehäuften Waarenlagern ein Raub der Flammen wurden. Eine furchtbare Wuth erfaßte jetzt die Gemüther. Vergebens bezeugte der Statthalter Schmerz und Theilnahme über das von ihm nicht beabsichtigte Strafgericht und löste die Kriegsmannschaft auf; vergebens suchten Ronquillo und Fonseca durch die Flucht nach Portugal und von da nach Flandern die Aufregung und den Haß des Volkes abzulenken; in Medina wurden alle Freunde der Regierung verfolgt, mißhandelt, gemordet, der Stadtvogt von einem Wollspinner niedergeschlagen und sein Leichnam zum Fenster hinabgestürzt. Auch in Valladolid entstanden unruhige Auftritte.

Nach und nach traten alle castilischen Communen der heiligen Junta von Avila bei, dem Bunde zu Schutz und Trutz für die Beschirmung ihrer Rechte und Freiheiten. Man solle die Regentschaft auflösen, lauteten ihre Forderungen, alle Fremden von Staats- und Kirchenämtern entfernen, den Adel und die Geistlichkeit zur Besteuerung beiziehen, alle drei Jahre regelmäßig Cortes feiern und den Abgeordneten Freiheit der Rede und der Person zusichern. Auch bei der Geistlichkeit zählte die Junta manche Anhänger. Antonio de Acuña, Bischof von Zamora, früher Gesandter in Frankreich und Navarra, ein Mann von fünfundsechzig Jahren aber voll Jugendkraft und Feuer, kriegerisch, tapfer und ein gewandter Reiter, führte vierhundert bewaffnete Priester und Laien ins Feld und nahm persönlich an den Gefechten Theil.

Mit der Zeit kam mehr Plan und Ueberlegung in die Unternehmungen. Die Abgeordneten der Communen verlegten ihren Sitz nach Tordesillas und traten mit der gefangenen Königin Johanna in Verbindung. Sie entfernten den Marquis von Denia von seinem Wächteramte, entließen die Kammerfrauen, welche ihre Gebieterin bisher von allem Verkehr mit der Außenwelt abgeschloffen, und erklärten, daß die Infantin mit Unrecht für geisteskrank ausgegeben worden, daß sie regierungsfähig sei und ihr daher nach Recht und Gesetz die Krone gebühre. Einige Abgeordnete hatten eine Unterredung mit ihr im Schlosse, und Alles, was von derselben in die Oeffentlichkeit drang, schien die Aussage zu bestätigen, daß Johanna bei vollem Bewußtsein sei. Ihr Name gab den Vertretern der Junta eine gesetzmäßige Autorität: Padilla, zum Oberfeldherrn ernannt und mit dictatorischer Macht ausgerüstet, untersagte der Regentschaft alle ferneren Regierungshandlungen, lud den Cardinal vor den Bundesrath zur Rechenschaft und stellte ihn, als er der Ladung nicht Folge leistete, in Valladolid unter Aufsicht. Hadrian entkam jedoch durch nächtliche Flucht nach Medina de Rio secco, wo er die verjagten Räthe wieder um sich sammelte, und im Namen des abwesenden Monarchen beruhigende Proclamationen erließ. Kein Ausländer sollte ferner ein Amt oder eine Pfründe erlangen, die Besteuerung auf dem Fuß erhalten werden, wie unter Ferdinand, Don Inigo Fernandez de Velasco der Connetable und Don Fedrique Enriquez Herzog von Medina, zwei verständige und angesehene Edelleute dem Vicekönig zur Seite treten. Der Strom der revolutionären Volkserhebung war jedoch schon zu mächtig angeschwollen. Die Junta der Communen hatte bereits ihre Abgeordnete gewählt, welche in Tordesillas zu einem Reichstag zusammentraten, dem Kaiser in einem ausführlichen Schreiben ihre Wünsche und Beschwerden vortrugen und zugleich in Berathung gingen über die künftige Gesetzgebung und Staatseinrichtung. Es liegt in der Natur aller populären Ausschreitungen, daß man den momentanen Sieg auszunutzen sucht, ehe der Feind überwunden ist; daß man Verfügungen trifft, Verordnungen erläßt, Gesetze discutirt, als ob man bereits im sicheren Besitze der Staatsgewalt wäre. So ging es auch diesmal. Die Vertreter der Communen trafen Bestimmungen über die Zusammensetzung, die Befugnisse, die Pflichten und Rechte der Cortes, über Besteuerung, gegen die Ausfuhr von Geld und inländischen Erzeugnissen in das Ausland, über Rechtspflege und Verwaltung, gegen fremde Beamten, gegen kirchliche Mißbräuche, gegen Geschenke, Adelsbriefe und Anwartschaften, die seit dem Tode der Isabella verliehen worden.

Während aber die Communeros Beschlüsse faßten, die den ganzen bestehenden Staatsorganismus zu verändern und den Herrenstand aus seinen ererbten Rechten und Privilegien zu verdrängen drohten, während das Volk jubelnd das goldene Zeitalter begrüßte, das durch die Kraft und Weisheit der Junta nunmehr in Spanien anbrechen würde; vereinigten sich die Edelleute und die königlich Gesinnten zu energischen Gegenmaßregeln. Sie hatten erkannt, wohin die Ab-

Die Communeros in Tordesillas u. die Königin Johanna.

Sept. 1520.

Sept. 1520.

Octbr. 1520.

Widerstand des Adels.

fichten der Gemeinen zielten, daß man ihre Vorrechte verkürzen, die königlichen Gnaden und Güter, die sie von der Krone besaßen, zurückfordern wolle; diesem Vorhaben widersetzten sie sich aus allen Kräften. Es gelang dem Connetable Velasco, einem schönen, ehrwürdigen Greis voll Feuer und Leben, die Stadt Burgos durch Beweise von Vertrauen, durch freundliche Worte und Versprechungen von der allgemeinen Junta abwendig zu machen und dadurch den *Nov. 1520.* ersten Keil in den heiligen Bund zu treiben. Wäre es den Communeros gelungen, die Königin Johanna zum Anschluß an ihre Sache zu bringen, so möchte Karl's Herrschaft in Castilien einen bedenklichen Stoß erhalten haben. Aber die Infantin war den weltlichen Dingen zu lange entfremdet gewesen, als daß sie sich in die gegenwärtige Lage hätte finden können, auch zugegeben, daß ihr Geist während dieser Vorgänge nicht gestört war. Es beunruhigte sie, daß die Granden sich von den Cortes fernhielten; die Unordnungen und Frevelthaten, die da und dort vorgefallen, erfüllten sie mit Unmuth und Entsetzen. Diese Stimmung wußte der Adel zu seinem Vortheil zu benutzen. Er verständigte sich mit der Regentschaft, er verstärkte das königliche Heer, an dessen Spitze Pedro de Velasco, Graf von Haro, der Sohn des Connetable trat. Abgesandte des Adels und der Regierung warnten die Königin vor den Plänen der Communeros: man wolle ihren Namen mißbrauchen, um die gesetzmäßigen Autoritäten zu untergraben, um die legale Ordnung umzustürzen. Vergebens flehten die Bevollmächtigten der Junta auf den Knieen, Johanna möge den ihr überreichten Aufruf an das Volk unterzeichnen und ihr Herrscherrecht an sich nehmen; die bedrängte Fürstin erklärte: „Die Großen und der Adel sind meine loyalen Diener" und wies die Zudringlichen zurück. Damit war der Junta ihr mächtigster Hebel aus den Händen gewunden. Ihre Vorstellungen und Proclamationen verloren ihre Wirkung, Zwietracht und Hader brachen und lähmten die innere Kraft; selbst der Oberbefehlshaber Juan de Padilla, der aufrichtigste und redlichste Kämpe für nationale Freiheit, legte aus Verdruß sein hohes Amt nieder und räumte den Platz dem Don Pedro Giron, einem Edelmann von zweideutigem Charakter, der aus Ehrgeiz und selbstsüchtigen Motiven sich der demokratischen *Tordesillas* Bewegung angeschlossen. Immer mehr sank nun die Wagschale der Verbündeten, *erstürmt.* so daß das königliche Heer einen Angriff auf Tordesillas, das Hauptlager der Junta wagte. Und wie beträchtlich auch die Truppenzahl war, welche das Bollwerk ihres Bundes zu vertheidigen entschlossen war, der unfähige Feldherr vermochte die Stadt nicht zu behaupten. Trotz der tapfersten Gegenwehr von Seiten der Gemeinen erstürmten die Edelleute und das königliche Heer in der Nacht Tordesillas. Johanna *5. Dec. 1520.* empfing die Granden und Würdenträger des Reichs mit Freuden in ihrem Palaste. Unter ihnen war auch der Marquis von Denia, der nun wieder sein altes Wächteramt übernahm. „Hierdurch verlor die Junta Vorwände und Ansehen, Don Pedro Giron aber alles Vertrauen. Viele nannten ihn Verräther und er entfernte sich von dem Heere, sei es im Gefühle seiner Schuld, oder des Aufruhrs überdrüssig."

Nun wurde der Oberbefehl über die Truppen der Junta von Neuem dem Der Tag von
Villalar.
Padilla's
Ausgang. ritterlichen Padilla übertragen; aber er so wenig wie sein Heergenosse Pedro Laffo hatten großes Vertrauen auf einen glücklichen Ausgang. In Andalusien hatten sich auf Betreiben der Mutter und der Gemahlin des kranken Herzogs von Medina Sidonia die Städte Sevilla, Cordova, Granada, Jerez, Cadiz u. a. zu einem bewaffneten Gegenbund für Erhaltung des Friedens, der bestehenden Obrigkeiten und der königlichen Autorität geeinigt. Auch in Castilien wäre es wohl der vermittelnden Thätigkeit des Königs von Portugal und mehrerer wohlgesinnten und vaterlandsliebenden Männer gelungen, die Führer der Junta zur Einstellung der Feindseligkeiten zu bringen. Briefe des Kaisers ließen eine billige und gerechte Ausgleichung erhoffen. Padilla hatte aus der Feste Torrelobaton unweit Tordesillas, deren er sich bemächtigt, die Hand zu einem Waffen- 20. Febr.
1521. stillstand geboten. Aber Maria Pacheco, seine Gattin, die eigentliche Seele des Bundes wirkte von Toledo aus jeder Verständigung entgegen. Der Einfluß der bedeutenden, von Ruhm- und Ehrliebe glühenden Frau auf ihren Gemahl und auf die übrigen Führer des Bundes war so gewaltig, daß man ihr geheime Zauberkünste zutraute. Von ihr angeregt erlangten die Häupter der Actionspartei mehr und mehr die Oberhand über die Gemäßigten und Versöhnlichen: nur durch siegreichen Kampf, hieß es, könne für die Communen eine gerechte und würdige Theilnahme am öffentlichen Leben, unparteiisches Gericht und eine gleichmäßige Besteuerung, für die spanische Nation Befreiung von der unwürdigen Fremdherrschaft errungen werden. So rüsteten sich beide Theile zum Entscheidungskampf. Der Waffenstillstand, ohnedies wenig beobachtet, wurde auf feierliche Weise in Valladolid gekündigt; dabei wurden die Großbeamten ?. März
1521. geächtet, die Gegner der Communen für Volksverräther erklärt. Nun war keine friedliche Ausgleichung mehr möglich. Die Königlichgesinnten hatten ihre Reihen verstärkt und drangen bereits von allen Seiten nach Torrelobaton, dem Sammelplatz der Aufständischen, wo der Oberfeldherr Padilla sein Hauptquartier aufgeschlagen hatte. Der Zahl nach waren die Communeros im Uebergewicht und auch an Kriegsmuth gebrach es dem Heere keineswegs; aber die Gegner hatten den Vortheil der besseren Führung, der geübteren Kriegs- und Waffenkunst und der Ueberlegenheit an Reiterei. Als Padilla seine gefährdete Lage erkannte, beschloß er nach dem festen Toro zu ziehen und sich dort bis zur Ankunft neuer Mannschaften zu verschanzen. Aber kaum war das Kriegsvolk unter herab- 21. Apr.
1521. strömendem Regen in die Gegend von Villalar gelangt, wo der aufgeweichte Boden das Weiterziehen fast unmöglich machte, so wurde die Nachhut von den heransprengenden Reiterei angegriffen. Bald wurden auch die Uebrigen in den Kampf verwickelt. „S. Jago und Freiheit!" lautete der Schlachtruf auf der einen Seite; „Heilige Maria und Karl" auf der anderen. Eine Zeit lang ward in beiden Heerlagern tapfer gestritten. Aber es währte nicht lange, so neigte sich die Schlacht gegen die durch das ungünstige

Terrain vielfach gehinderten Insurgenten. Die Glieder löſten ſich und die
Flucht wurde allgemein. Juan de Padilla hielt mannhaft Stand; er kämpfte
ritterlich, bis er verwundet zu Boden ſtürzte und ſich ergeben mußte. Etwa
tauſend Gemeine und mehrere Hauptleute geriethen gleichfalls in Gefangenſchaft;
gegen achthundert lagen todt oder verwundet auf der Wahlſtatt, während die
Edelleute faſt keine Einbuße zu beklagen hatten. Um ſo unwürdiger war die
Rachgier und Härte, mit der ſie die Ueberwundenen behandelten. Als der gelöſte
Helm den Feldherrn Padilla kenntlich machte, ſprang ein Ritter, Don Juan
de Ulloa, herbei und ſchlug ihn ins Angeſicht. Auch zögerte man nicht lange
mit der Beſtrafung der Gefangenen. Nachdem einige Hofrichter (Alkalden)
nach kurzem Verhör ſie für Unruhſtifter, Empörer und Verräther erklärt, wurden ſie zum Tode verurtheilt. „Du lügſt“, ſchrie Juan Bravo, der Hauptmann der Segovier, dem das Schriftſtück verleſenden Beamten zu: „wir
waren Vertheidiger der Rechte und Freiheiten des Reichs“. Padilla, im leßten Augenblick ganz von dem Gedanken an ſein Weib, ſeine Vaterſtadt und
ſein Seelenheil erfüllt, benahm ſich ruhiger und gefaßter. „Geſtern war es
Zeit, zu kämpfen wie ein Ritter“, ſagte er, „heut’ zu ſterben wie ein Chriſt“.
Er nahm in einem zärtlichen Briefe Abſchied von ſeiner Gattin, richtete ein
Schreiben voll patriotiſchen Hochgefühls an ſeine Vaterſtadt Toledo, worin
er die ſtolze Verſicherung gab, daß er als kein unwürdiger Sohn der ruhm-
reichſten Stadt, der Krone Caſtiliens, für die Freiheit ſterbe, und die Hoffnung ausſprach, es werde dereinſt ein Rächer aus ihrer Mitte hervorgehen,
und beſtieg dann, nachdem er gebeichtet, das Blutgerüſte. „Seid ihr hier, guter
Ritter“, ſprach er ſcherzend zu dem in ſeinem Blute daliegenden Juan Bravo und
empfing mit großer Standhaftigkeit den Todesſtreich. Auch Franz Maldonado,
der Hauptmann von Salamanca, ſtarb mit großer Unerſchrockenheit. Ihre Köpfe
wurden an dem Baum befeſtigt, unter welchem das blutige Todtengerüſt errichtet war.

24. April
1521.

4. Unterdrückung der Aufſtände und Erhöhung der Königsmacht.

Die Gräfin
Padilla in
Toledo. Einige Tage nach dem Treffen bei Villalar zogen die Sieger mit kriege-
riſchem Gepränge in Valladolid ein. Sie fanden keine Feinde mehr vor. So
entmuthigend wirkte die Kunde von dem Ausgang der Schlacht, daß ſich die
Junta raſch auflöſte und die bewaffneten Haufen ſich verliefen. Der Triumph
war ſo leicht und ſo vollſtändig errungen, daß die Königlichgeſinnten keine Ver-
anlaſſung hatten, durch Rachethaten das Andenken an das unglückliche Jahr des
Aufſtandes in den Communeros wach zu halten und die Herſtellung der gewohnten Ordnung zu erſchweren. Nachdem man einige der Schuldigſten der
Strafgerechtigkeit überantwortet, bedeckte man das Geſchehene mit dem Schleier
der Vergeſſenheit und Vergebung und führte dadurch in den meiſten Städten

Friede und Ruhe in die Gemüther zurück. Nur Toledo war durch die Hinrichtung Padilla's zu tief ins Herz getroffen, als daß die Gemeinde, wo die Frei-
heitsbewegung ihren Ausgang genommen, in deren Mitte Padilla's helden-
müthige und hochsinnige Wittwe Maria Pacheco weilte und mit beredten Worten
die Gemüther des Volks entflammte, nicht einen letzten energischen Widerstand
hätte wagen sollen. Es hätte auf den Namen der altberühmten Stadt einen zu
dunkeln Flecken geworfen, wenn nicht die Bürgerschaft eingetreten wäre für den
Edelmann, der sich von Vater und Bruder losgesagt, um für die Freiheiten der
Commune einzustehen mit seiner Kraft und seinem Leben, der bei seinem Tode
die Vaterstadt und die Gattin zu Erben seines Strebens, Leidens und Sterbens
eingesetzt hatte. Und so gelang es denn der Gräfin und ihren Anhängern, sechs
Monate lang die Toledaner unter den Waffen zu halten. Man sah die Wittwe
in tiefster Trauer vor den Altären knieen, um den Beistand des Himmels anzu-
flehen, dann wieder die Reihen der Männer durchwandern, um sie zum Kampfe
anzufeuern, und in den Hospitälern unermüdlich beschäftigt, die Kranken und Verwundeten zu pflegen. Allein die Geistlichkeit wirkte ihr entgegen: sie hatte Hand
an das Kirchenvermögen gelegt, um Mittel zur Vertheidigung zu schaffen; auch
machte die Aussicht auf einen eingeborenen Kirchenfürsten an der Stelle des im
Januar 1531 verstorbenen Wilhelm de Croy die Gemüther ruhiger. Aber als
sich der Widerstand in der Stadt schon zu legen begann, hielt sich die Gräfin mit
einem Haufen Getreuer noch standhaft in der festen Burg. Mehr und mehr erlangten jedoch die Feinde das Uebergewicht: die Geistlichen streuten aus, die Gattin Padilla's sei eine Zauberin und habe sich durch eine maurische Wahrsagerin mit der thörichten Hoffnung erfüllen lassen, sie würde dereinst mit ihrem Manne den Königsthron besteigen. Nur mit der größten Anstrengung und heldenmüthigsten Tapferkeit gelang es ihr, die wankelmüthige Volksmasse, die der Bischof von Leon
wider sie aufgereizt, von der Burg zurückzuschlagen. Endlich waren ihre Wider-
standskräfte erschöpft. Da schlich sie sich als Bäuerin verkleidet und Hühner im Febr. 1522.
Korbe tragend durch die Wachen und entkam unter mannichfachen Gefahren und
Abenteuern mit ihrem Sohne nach Portugal. Ihr Haus in Toledo wurde niedergerissen und auf der öden Stätte eine Schandsäule mit einer entehrenden Inschrift errichtet. Noch neun Jahre verlebte „die tapfere Frau" in dem Nachbarlande in Kummer und Elend, aber ungebeugten Sinnes, ihr Dasein von fremder
Unterstützung kümmerlich fristend. Nicht einmal ihr letzter Wunsch, daß ihre
Gebeine in heimischer Erde neben dem Grabe ihres Gatten eine Ruhestätte erlangen möchten, fand Gewährung. Die von Adel und Geistlichkeit geschmähte
Zauberin sollte nicht den heiligen Boden Spaniens entweihen, den sie doch so
sehr geliebt. Der kriegerische Bischof von Zamora wurde auf der Flucht nach
Frankreich ergriffen und in Simancas unter Schloß und Riegel gesetzt. Nach
einiger Zeit erschlug er einen Wächter, um sich zu befreien, wurde aber ergriffen
und zum Tode verurtheilt (1526).

Dem Sieg des Adels und der königlich Gesinnten in Castilien folgte die Unterdrückung des Aufstandes in Valenzia und Majorca auf dem Fuße. In diesem aufgeregten und beweglichen See- und Insellande hatten die Unruhen einen gewaltthätigeren Charakter angenommen. Unter der Leitung von Sorolla, Periz und dem Betrüger Juan de Bilbao hatten die unteren Volksklassen in Valenzia und Xativa die Oberhand gewonnen, den Statthalter und alle königlichen Beamten verjagt, die Steuerregister vernichtet und wiederholt im Felde den Kriegshaufen der Ritterschaft widerstanden. Auch in Majorca wurde jede obrigkeitliche Autorität niedergeworfen und das Regiment in die Hände von Crespino und einigen anderen Volksführern gelegt. Die Bande der gesellschaftlichen Ordnung lösten sich auf; die heißblütige Bevölkerung, von Leidenschaft, Noth und Uebermuth vorwärts gedrängt, rächte sich an dem Adel für die Unterdrückung und Zurücksetzung früherer Jahre; selbst die gutshörigen Unterthanen der Herren, großentheils von maurischer Abkunft, litten unter der Geißel blutiger Verfolgung. Die dreizehn Vorsteher der verbrüderten Wehrgenossenschaften vermochten der vorstürmenden revolutionären Menge keinen Halt zu gebieten; der wild aufbrausende Strom tobte mit verheerender Gewalt über Stadt und Land. Kampf, Mord und Verwüstung lagerte sich über die unglückliche Gegend. Beide Parteien, der demokratische Volkshaufen, von communistischer Begehrlichkeit erfüllt, und der Herrenstand, für seine Güter und Privilegien besorgt, stritten mit derselben Leidenschaftlichkeit, mit derselben Wuth und Rachsucht. Ueber zwei Jahre raste der zerstörende Bürger- und Bauernkrieg in Valenzia. Der Sieg, den Ritter

und Königliche bei Murviedro, dem alten Sagunt, über den zuchtlosen Feind davon trugen, blieb auf die Hauptstadt ohne Wirkung. Erst als sich die gleichfalls in Besitz und Habe bedrohte gemäßigtere Bürgerschaft mit dem Adel und den Beamten wider die Zerstörer der gesellschaftlichen und staatlichen Ordnung vereinigte, gelang es allmählich, der popularen Bewegung Meister zu werden. Periz, der gleich einem Dictator im königlichen Palaste zu Valenzia seine Macht-

gebote ergehen ließ, wurde in einem Straßenkampf erschlagen und mit acht Hauptleuten des Volksheeres an den Galgen geknüpft. Bald erfüllte sich auch das Schicksal des Demagogen von Xativa. Als der „Verhüllte" im Begriff stand, mit einer Schaar Verschworner in die Hauptstadt einzudringen und das erlöschende Feuer des Aufruhrs aufs Neue zu entflammen, wurde er verrathen und mit mehreren seiner Genossen dem Henker übergeben. Noch immer hielten jedoch bewaffnete Volkshaufen in einzelnen Orten die Fahne der Empörung aufrecht. Aber nach der Niederlage bei Belluz war die Kraft der Gemeinen gebrochen.

Xativa wurde nach hartnäckiger Vertheidigung erstürmt, worauf Sorolla und drei seiner heftigsten Gefährten der Strafgerechtigkeit anheim fielen. Sie wurden zum Richtplatz geschleift, gehängt und geviertheilt. Auch auf Majorca siegten die Gemäßigten über die zuchtlose Masse der Verwüster und Terroristen. Der Hauptführer Crespin wurde ins Gefängniß geworfen und hingerichtet, worauf die nach Ruhe und Ordnung sich sehnenden Bürger den vertriebenen Statthalter 7. März 1523. Gurrea von Iviza zurückriefen und die königliche Autorität wieder aufrichteten.

Als die Bewohner von Valenzia und Majorca erschöpft zum Gehorsam Karl V. in Spanien. zurückkehrten, stand Kaiser Karl bereits auf spanischem Boden. Er war im Juli 16. Juli 1522. in Santander mit etlichen tausend deutschen Landsknechten gelandet, entschlossen, Lohn und Strafe mit gerechtem Maße zu vertheilen. Wenn auch immer noch den Jünglingsjahren kaum entwachsen, trat er doch in Urtheil und Verstand als gereifter Mann und selbständiger Herrscher auf. Sein ehemaliger Vormund, der Herr von Chièvres, der ihn bisher geleitet, war vor Kurzem aus der Welt gegangen; die zwei tiefbewegten Jahre, die der junge Fürst in Deutschland und Nie-derland zugebracht, hatten sein Auge geschärft, seinen Geist für die großen Fragen der Zeit, für Politik und Staatsleben empfänglich gemacht. Er sah sich hohe Ziele und Aufgaben gesetzt und suchte daher vor Allem das spanische Reich, das ihm als Kern und Stützpunkt seiner Herrschaft dienen sollte, in geordnete und ruhige Verfassung zu bringen. Der Kaiser wurde bald gewahr, mit welchen Hoffnungen und Befürchtungen man seiner Ankunft entgegen sah, daß die getreuen Edelleute und Granden unermeßliche Belohnung, die überwundenen Communen schwere Bestrafung erwarteten. Diese Stimmung wußte er mit staatsklugem Geiste zur Stärkung der königlichen Gewalt, wie zur Befestigung gesetzlicher monarchischer Ordnung und loyaler Gesinnung zu benutzen, indem er am geeigneten Orte bald Strenge, bald Milde walten ließ, aber im Ganzen durch Großmuth und Ge-rechtigkeit Vertrauen und Dankbarkeit in den Gemüthern erzeugte. Er vergönnte der Justiz freien Lauf, so daß, während er mit dem Hof langsamen Ganges gen Palencia reiste, das Gericht seine Untersuchungen nach Gesetz und Recht fort-führte und mehrere angesehene Gefangene, wie Peter Maldonad-Pimentel, den Licenziaten Bernardino, Franz von Mercado, wegen Hochverraths auf das Blut-gerüst schickte; als er aber gegen Ende Octobers in Valladolid eintraf und mitt-lerweile die schuldigsten Rädelsführer ihre Strafe gefunden, ließ er bei einer auf dem Marktplatze dieser Stadt veranstalteten, vom ganzen Glanze der Hoheit um- Nov. 1522. strahlten feierlichen Handlung eine allgemeine Begnadigung an Leib, Leben und Gut verkündigen, von der nur wenige Namen von Bedeutung und Einige aus dem geringen Volke ausgeschlossen sein sollten. Wohl noch niemals ist nach einem bürgerlichen Aufruhr die Strafgerechtigkeit des Siegers so schonend und milde aufgetreten, als nach der Niederwerfung der spanischen Communeros in Castilien. Als ein wohldienerischer Höfling anzeigte, wo sich Don Avalos, einer der Verurtheilten aus Toledo, verborgen hielt, antwortete der Kaiser un-gnädig: „Ihr hättet besser gethan, ihm zu rathen, wie er sich sichern möge, als mir, wo ich ihn greifen könne"; und einen anderen Angeber wies er mit den Worten ab: „es ist Blut genug geflossen". Auch in Valenzia legten sich die Fluthen der Volksbewegung, als Karl die Königin Germaine, die Wittwe seines Großvaters Ferdinand, die eine zweite Ehe mit Johann von Brandenburg geschlossen, zur Statthalterin ernannte. Die schuldigsten Häupter wurden gefällt, die Communen mit Geldbußen zum Schadenersatz belegt.

Am meisten hatte die maurische Bevölkerung in Folge des Aufstandes zu leiden. In Valenzia hatte das gedrückte Landvolk, großentheils schwach bekehrte Mohammedaner, an der Bewegung Theil genommen. Dies diente dem König zum willkommenen Vorwand, sie unter strengere Aufsicht zu stellen, zur Zahlung des Zehnten anzuhalten, der Inquisition ungehemmten Lauf zu lassen. Schon im Jahre 1524 ließ er sich durch den Papst von der Verpflichtung entbinden, die Morisken der Krone Aragon zu schonen; im nächsten Jahre gebrauchte er den Madrider Frieden, worin er sich mit König Franz zur gemeinsamen Bekämpfung aller Feinde des Christenthums verband, als Grund, gegen die Ungläubigen im eigenen Lande die alten Bedrückungen und Verfolgungen zu verhängen. So wurde in Spanien die Intoleranz und Glaubenswuth zum Nationalcharakter ausgeprägt und stets lebendig erhalten.

Charakter u. Resultate der Bewegung. Karls Politik der Mäßigung und Besonnenheit gegenüber den Aufständischen trug gute Früchte und stärkte die Königsmacht in der pyrenäischen Halbinsel. In der popularen Bewegung lag ein gesunder Kern, der Haß der Nation gegen die Herrschaft und die brutale Habgier und Willkür der Fremden. In diesem Gefühle stimmten alle Stände überein, daher auch Anfangs der Widerstand einen nationalen Charakter hatte. Geistlichkeit und Adel schauten dem Vorgehen der Communeros mit Theilnahme zu. Als diese aber über das nationale Ziel hinausgehend auch die innere Lage ins Auge faßten, die Privilegien des Herrenstandes antasteten, die Lehensgüter und Lehensrechte, die er von der Krone erhalten, mit neidischem Blick betrachteten und auf Ausgleichung und Theilung lossteuerten; als die unteren Volksklassen der Handwerker und Bauern, den wilden Trieben einer entfesselten Natur folgend, sich mit Verbrechen und Blutschuld befleckten, da flüchteten sich die höheren Stände unter den Schutz des Thrones und stritten für die Aufrechthaltung der monarchischen Autorität und ihrer überlieferten Rechte und Vorzüge. Auf diesen Zwiespalt der Interessen wurde jetzt der Bau des absoluten Königthums gegründet und das von Ferdinand und Isabella begonnene Werk vollendet. Von dem Adel, den die populare Erhebung aus seiner Sicherheit aufgeschreckt, war für die Zukunft kaum eine ernste Opposition zu befürchten, sein eigenes Heil und Wohl war zu innig mit der Autorität der Krone verknüpft. So bildete sich denn unter den Granden und Hidalgos jene übermäßige Loyalität aus, welche in den Dichtungen eines Lope de Vega, eines Calderon als die höchste Pflicht, als die erste Tugend des ehrliebenden Edelmannes gefeiert wird. Aber auch die Communen konnten des Schutzes der Krone gegen die ihnen von Oben und Unten drohenden Gefahren nicht entbehren; ohne diesen Schutz waren sie wehrlos der richterlichen Willkür, der Bedrückung und Verachtung der Großen oder der ungestümen Gewaltthätigkeit der gierigen Vollendung der monarchischen Staatsverfassung in Spanien. aufstürmenden Volksmenge preisgegeben.

Diese Stimmung und die in allen Ständen herrschende Furcht vor Umsturz und Empörung benutzte nunmehr Karl V. zu Reformen der ständischen und städtischen Verhältnisse, welche die Macht der Regierung erhöhten, ohne doch die überlieferten Einrichtungen umzustoßen oder das Freiheits- und Rechtsgefühl der Nation zu verletzen. Er ließ die Formen und Institute, in denen sich bisher das spanische Staats- und Rechtsleben bewegt hatte, im Allgemeinen bestehen, umgab sie aber mit enggemessenen Schranken und Begränzungen, so daß sich keine freie gemeinsame Thätigkeit entwickeln konnte. Viele Städte verloren einen Theil ihrer Municipalrechte, und die Cortes wurden an eine Geschäftsordnung und Verhandlungsform gebunden, welche eine nationale Opposition schwer aufkommen ließen. Nicht nur daß die Versammlung in erster Linie die begehrten Hülfsgelder genehmigen mußte und dann erst ihre Beschwerden und Forderungen vorbringen durfte; die einzelnen Stände hielten gesonderte Sitzungen und Berathungen, ohne zu gemeinschaftlichen Besprechungen oder Beschlußfassungen zusammenzutreten. Dadurch war es der Regierung möglich, bei den getrennten Zweigen der Volks- vertretung wirksame Hebel einzusetzen und die politischen und staatsrechtlichen Fragen und Verhandlungen nach ihrem Sinne zu lenken. Die städtischen Bevoll- mächtigten, durch eine beschränkte Wahlordnung berufen, zeigten nicht mehr die Widerstandskraft, nicht mehr den Muth der alten Communalvertreter; bei dem Herrenstand konnte man durch Ehren- und Gnadenerweisungen, durch Geschenke und Bestechung zum Ziel kommen, und die Geistlichkeit machte man fügsam durch das enge Bündniß mit dem Papste, durch die heiligen Kriege gegen Türken, Mauren und Ketzer. So wurde in Spanien von Karl V. auf Grund des alten schon durch seine Großeltern eingedämmten Staatslebens das monarchische Gebäude aufgerichtet, das in der Folge nach demselben Geist und Sinne weiter entwickelt und schärfer ausgebildet, allmählich zu dem Regierungssystem führte, das „aus Abneigung vor den Bewegungen des Lebens die Erstarrung des Todes erzeugte." Karl V. war ein zu staatskluger und einsichtsvoller Fürst, als daß er die nieder- geworfenen Geister der Opposition durch schroffes Eingreifen zu neuem Leben hätte erwecken mögen; er ließ die öffentlichen Organe, wie sie sich in den ver- schiedenen Landschaften des vereinigten Reiches entwickelt hatten, in den bis- herigen Formen und Thätigkeiten fortbestehen, selbst auf die Gefahr hin, daß dadurch mit der Zeit seiner monarchischen Allmacht neuer Widerstand erwachsen könnte; und so kam es denn auch, daß nach der feierlichen Erneuerung des Casti- lischen Staatsgrundgesetzes auf dem Reichstage zu Valladolid die Cortes noch 1523 öfters Widerspruch gegen seine Geldforderungen und seine Politik einlegten; allein in mehrere Körperschaften und Sectionen geschieden, mit getheilten Interessen und ohne gegenseitiges Vertrauen vermochten sie in politischen und staatsrechtlichen Fragen keine selbständige Stellung zu gewinnen. Gerade die Schonung und Wahrung aller Sonderrechte in den Communen und Reichstheilen wie bei den einzelnen Ständen, eine Schonung, die in Catalonien noch das Fehde- recht und die Blutrache der Geschlechtsverwandten bestehen ließ, hat die Zer- setzung des Staatsorganismus, die Lockerung des öffentlichen Lebens befördert,

die Aufrechterhaltung der nationalen Freiheit mit gemeinsamer Arbeit und Anstrengung unmöglich gemacht und dadurch dem Streben der Herrscher nach un-
umschränkter Machtfülle Vorschub geleistet.

Ausgang der
Königin Jo-
hanna. Und wie hätte das ritterliche und loyale spanische Volk einem jugendlichen
Monarchen widerstehen sollen, der dem spanisch-habsburgischen Namen solchen
Glanz verlieh, der die gesellschaftliche Ordnung wieder aufrichtete, der die Ueberwundenen mit großherziger Milde behandelte und die Sonne der Gnade über Alle
leuchten ließ, der sich der castilischen Sprache mit Vorliebe und correctem Ausdruck
bediente und nun auch jede Gelegenheit benützte, die Staats- und Kirchenämter den
Eingebornen zu übertragen? Mit diesem Zeitpunkte beginnt der welthistorische Re-
gentenlauf Karls V. Von seiner Mutter, der unglücklichen Johanna war keine Rede
mehr. Sie überlebte den Aufstand der Communeros in Tordesillas noch über
dreißig Jahre, auf das Schloß, auf ihr Zimmer, endlich auf ihr Bett beschränkt.
Wenn in früheren Jahren noch gesundes Leben, noch geistige Klarheit in längeren
oder kürzeren Intervallen sich bei ihr eingestellt und sie die Lage der Welt und
das Treiben der Menschen noch mit richtigem Blick, mit Verständniß und Bewußtsein betrachten und erkennen mochte, so sank sie später zu thierischer Stumpf-
heit herab und gerieth in einen Zustand, in dem nur noch die äußerliche Körper-
gestalt den Menschen verrieth. Erst am 12. April 1555 wurde die Stammmutter
des spanisch-habsburgischen Hauses durch den Tod von einem Leben befreit, dessen
letzte Hälfte in Kerkerhaft und unter den Leiden eines kranken Geistes, eines
melancholischen Gemüthes verflossen war.

Navarra
1521. Zu Karls vorsichtiger Politik trug ohne Zweifel auch die Furcht vor einer Einmischung Frankreichs bei. Wir werden die feindlichen Berührungen kennen lernen, in
welche die beiden Monarchen seit der Kaiserwahl mit einander geriethen. Der Habsburger entdeckte bald, daß sein Rivale mit den Aufständischen Verbindungen angeknüpft
hatte, um den Bürgerkrieg im Nachbarlande zu seinem Vortheil auszubeuten und das
Königreich Navarra wieder von Spanien loszureißen. Wir wissen, daß Ferdinand der
Katholische den größten Theil des Landes an sich gebracht und mit Castilien vereinigt
hatte (IX, 846 f.), dem unfähigen Herrscher Jean d'Albret nur die im Norden des
pyrenäischen Grenzwalles gelegenen Landschaften nebst der Grafschaft Béarn überlassend.
Johann d'Albret und seine Gemahlin Katharina standen mit dem französischen Königshause in nahen verwandtschaftlichen Beziehungen; es lag daher nahe, daß Franz I.
nach dem Tode Ferdinands versuchte, ihrem Sohne Heinrich das mütterliche Erbe wieder
zu verschaffen, und denselben aus einem Titularkönig zu wirklichen Herrn von Navarra
zu erheben. Die bürgerlichen Unruhen im Nachbarlande boten ihm dazu eine günstige
Mai 1521. Gelegenheit. Lautrec's Bruder, Lesparre, rückte daher mit einer französischen Armee
über die Pyrenäen, um den König Heinrich wieder in Navarra einzusetzen. Pampelona
leistete nur einen kurzen Widerstand; bei der Vertheidigung der Citadelle erhielt Ignaz
von Loyola, der im spanischen Heere diente, eine Wunde, die ihm fernerhin die Kriegs-
laufbahn verschloß und ihn auf andere Wege führte; in einem Zeitraum von wenigen
Wochen war ganz Navarra in den Händen der Franzosen und Lesparre überschritt die
Grenze von Castilien, um den Insurgenten die Hand zu reichen. Die tapfere Vertheidigung der Stadt Logroño und die rasche Unterdrückung der aufständischen Communeros

vereitelten fein Vorhaben. Bei der Annäherung eines beträchtlichen feindlichen Heeres mußte er die Belagerung aufheben; er zog nach Pampelona zurück, aber von den nachrückenden Spaniern verfolgt, erlitt er eine Niederlage und gerieth in Gefangenschaft; worauf die zersprengten Mannschaften das Land Navarra nach kurzem Besitz wieder räumten. Einige Jahre nachher vermählte sich König Heinrich von Nieder-Navarra und Béarn mit Margaretha von Valois, der Schwester des französischen Königs. Ihre Tochter war jene Johanna d'Albret, die als Gemahlin Antons von Bourbon und als Mutter Heinrichs IV. in der Geschichte der Religionskriege Frankreichs eine bedeutende Rolle zu spielen berufen war. 11. Juni 1521.

5. Cultur und Literatur in der pyrenäischen Halbinsel.

Literatur. Die spanische und portugiesische Literatur hat sich in allen Ländern einer großen Theilnahme zu erfreuen. Besonders hat die romantische Schule nach dem Vorgange von A. B. Schlegel (Vorlesungen über dramatische Kunst und Literatur. Heidelberg 1811. 3 Bde.) den Kunstleistungen in der pyrenäischen Halbinsel ihr Interesse zugewendet und die in dem englischen Werk von Hallam (Introduction to the literature of Europe in the 15th, 16th, and 17th centuries. Paris 1837. 4 voll.) enthaltenen Angaben nach allen Seiten ergänzt und erweitert. So wurden nicht nur die Schriften von Cervantes, viele Dramen von Lope de Vega, die meisten Stücke von Calderon, die schönsten Volkslieder aus den Romanzeros und Cancioneros, die Lusiaden und Sonette von Camoens von kunstgeübten Händen ins Deutsche übersetzt; auch die Literaturgeschichte wurde fleißig bearbeitet, sowohl im Ganzen, wie in der „historia critica de la literatura Española" von de los Rios (7 Bde. Madrid 1861—67), in der „history of Spanish literature" von dem Americaner Georg Ticknor 3 Bde. London 1849, deutsch mit Zusätzen herausgegeben von Nic. Heinr. Julius in 2 Bdn. Leipzig 1852; vermehrt mit einem Nachtrag von A. Wolf 1866; in Lemcke's „Handbuch der spanischen Literatur" (3 Bde. Leipzig 1855. 56.) und in den ältern Werken von Bouterwek, Gräße, Rosenkranz, Sismondi u. a. deren wir schon früher Erwähnung gethan (VII, 413, IX, 307); als in einzelnen Perioden und Parthien, wie „Darstellung der spanischen Literatur im Mittelalter" von L. Clarus (2 Bde. Mainz 1846.), „Geschichte der dramatischen Literatur und Kunst in Spanien" von A.F. v. Schack (Berlin 1845. 46. 3 Bde.), wie die Schriften und Abhandlungen von Ferd. Wolf theils in besonderen Publicationen, theils in Beiträgen zu den „Wiener Jahrbüchern" und zu dem „Jahrbuch für romanische und englische Literatur." Zur portugiesischen Literatur konnten wir außerdem noch von mehrern Aufsätzen Gebrauch machen, die uns L. von Arentschild, der Uebersetzer der „Sonette von Camoens" (Leipzig 1852) mitgetheilt hat. Die Werke von Hammer-Purgstall über die mohammedanische Literatur und v. Schack über die Kunst und Poesie der Araber in Spanien und Sicilien wurden früher erwähnt. (V, 1. VI, 460.)

I. Die spanische Literatur im Mittelalter.

1. Volksromanzen und religiöse Dichtungen.

Die Regierungszeit Ferdinands und Isabella's hat nicht nur die bis dahin getrennten Reiche vereinigt und die spanische Monarchie und Nation geschaffen; sie ist auch der Boden und Mutterschooß der klassischen Literatur der pyrenäischen Halbinsel geworden. Unter der hochsinnigen Königin nahm das von der Anarchie gerettete Castilien einen mächtigen Aufschwung: durch die Eroberung von Castiliens Aufschwung; unter Isabella.

Granada und Malaga dehnte es seine Grenzen bis an die Küste des Mittelmeers, und castilianische Hidalgos wurden die ersten Ansiedler der Neuen Welt. Dieser Aufschwung gab sich auch auf dem geistigen Gebiete kund, die castilianische Sprache erhob sich siegreich über die anderen spanischen Mundarten und wurde die Schriftsprache für alle literarischen Erzeugnisse in der Dichtkunst wie in der Prosa. Die östliche Küstensprache, in welcher einst die Troubadours zu Valenzia und Barcelona in provençalischer und limousinischer Mundart ihre Minnelieder gesungen und der Dichterverein „der heiteren Kunst" seine Wett- und Preisgesänge vorgetragen (VIII, 87), wurde verscheucht und starb ab. Der letzte bedeutende Dichter im catalonischen Idiom war Ausias March, einer angesehenen valencianischen Familie entstammt, ein treuer Freund des unglücklichen Prinzen von Viana (IX, 451), der sich durch seine „Lieder" in Stanzen einen nachhaltigen Ruf als Lyriker und Sänger der Liebe im Geiste Petrarca's erwarb. Wir haben gesehen, wie die castilianische und andalusische Ritterschaft in dem Kampf gegen das maurische Königreich Granada das letzte Feuer der „heiligen Kriege" früherer Jahrhunderte auflodern ließ, zum letzten Male im Geiste der Vorfahren wider die Ungläubigen stritt. Mit dem Ende dieses Krieges wurde ein tiefer Schnitt in die historische Vergangenheit der Halbinsel geführt; neue Anschauungen rangen nach Geltung, neue Interessen wurden geweckt; auf der Lagerstätte, aus welcher sich die „Stadt des heiligen Glaubens" (Santa Fé) erhob, unterzeichnete Isabella den berühmten Vertrag mit dem Genuesen Cristobal Colon, dem Entdecker Amerikas; und schon hatte von Italien aus die neue Bildung, die das „menschliche Wissen" im Gegensatz zu der alten Gottesgelahrtheit auf ihre Fahne schrieb, den Lauf durch das Abendland begonnen und auch bereits die Pyrenäen überstiegen, eine „Wiedergeburt" (Renaissance) des guten Geschmacks und der echten Kunst verheißend. Schon unter Isabella's Vater, dem Freunde der Wissenschaft und Poesie, hatten Villena und Santillana die italienische Kunstdichtung empfohlen und nachgebildet, die nun bald über den nationalen Volksgesang, die altberühmte Romanze, den Sieg davon tragen sollte. Damals hat Alfonso von Baena, ein getaufter Jude, der bei König Johann II. das Amt eines Schreibers versah, das erste „Cancionero" zusammengestellt, indem er die Lieder von mehr als fünfzig Redondillensängern sammelte, „zum Zeitvertreib und zur Unterhaltung des Königs, wenn er sich von Staatssorgen schwer bedrückt fühlen sollte". Man mußte den alten Liederschatz der Nation zu bergen suchen, ehe er, der mündlichen Tradition entzogen, der Vergessenheit anheimfiel. Bald entstanden noch andere „Cancioneros" und „Romanceros" oder Sammlungen der in der freien Ueberlieferung des Volkes umherflatternden epischen Lieder. Die elegischen Gesänge aus dem Kriege vor Granada, deren wir früher Erwähnung gethan, waren der letzte Nachklang der reichen romantischen Volksdichtung, die aus geschichtlichen Erinnerungen und Eindrücken wie wilde Blumen auf der spanischen Erde emporgeblüht waren und Jahrhunderte lang Gemüth und Phansaffe der Castilianer erfüllt, das Dasein bereichert und ausgeschmückt und in allen Volksgenossen das Gefühl der Zusammengehörigkeit, das Bewußtsein der nationalen, geschichtlichen und religiösen Gemeinschaft geweckt hatten. Nun entwickelte sich an der Hand der italienischen Kunstdichtung und des klassischen Alterthums eine neue Poesie, welche die alte Natur und Einfachheit durch gelehrten Prunk und fremde Nachbildungen verdrängte und auf kunstmäßige Formen und Versmaße großen Werth legte. Es war die Zeit der Verwesung und Auferstehung auf allen Gebieten des Lebens, ein Verjüngungsprozeß, dem manches Schöne und Gute der alten Zeit zum Opfer fiel, aus dem aber für die späteren Geschlechter eine neue reichere Ernte entsprießen sollte.

Seitdem Herder der deutschen Nation den Cid gegeben, ist die Poesie des *Romanzen-* mittelalterigen Spaniens ein Lieblingsgegenstand der literar-historischen Forschung *dichtung.* und der Uebersetzungskunst in Deutschland geworden. Besonders fühlten sich die Anhänger der neuromantischen Schule zu jenen Liedern hingezogen, worin Ritterthum und Religion den Hauptinhalt bildeten, der Volksgesang (Romanze) einen christlich-romantischen Charakter trug. Es war natürlich, daß in einem Lande, wo der streitbare Mann stets zur Schlacht bereit sein mußte, selbst bei nächtlicher Ruhe seine Waffen an der Seite hatte, kriegerische Gesänge entstehen, zum Schwert die Leier sich gesellen mußte, und es war nicht minder natürlich, daß diese Gesänge, entsprechend dem Charakter des Krieges selbst, eine christlich-religiöse Färbung trugen. Wir wissen ja, wie sehr das ganze geschichtliche Leben des mittelalterigen Spaniens von den „heiligen" Kämpfen erfüllt war, daß die Kreuzzugsideen, von denen das übrige Europa zwei Jahrhunderte lang durchdrungen war, in der pyrenäischen Halbinsel bis ins 16. Jahrhundert fortlebten. Auf diesem Boden wuchsen die Romanzen, die episch-lyrischen Volksgesänge empor, welche an die Begebenheiten der Zeit, an die Thaten und Schicksale einzelner hervorragenden Streiter sich anlehnend, der Phantasie und dem Gedächtnisse des Volkes sich einprägten und trotz des verschiedenartigen Inhalts, der veränderten Begebenheiten und Personen nach Form, Gedankengang und Färbung einander ähnlich und von denselben Gefühlen und Ideen durchzogen sind. Aus der Mitte des Volkes hervorgegangen und die Stimme der Natur, die Eindrücke des Gemüthes unmittelbar aushauchend, sind die Romanzen eine reiche Quelle zur Erkenntniß des äußern und innern Lebens. Manche derselben, wie die Romanze vom Grafen Alarcos, der seine geliebte Gattin mit eigenen Händen tödtet, um die Ehre seines Königs zu retten und dessen Befehlen zu gehorchen, sind in alle Sprachen übergegangen. „Es sind Naturgewächse, diese alten edlen Erzeugnisse eines poetisch befruchteten Gemüths, das sich seiner eigenen Productionskraft nur wenig bewußt war." Da mit der arabischen Invasion das gesammte frühere Geschichtsleben der Spanier ausgelöscht ward, keine Mythengestalten, keine Traditionen aus den Urzeiten der Väter sich fortpflanzten, so wurzelte die ganze epische Dichtung in dem Zeitraum, der sich von den Tagen

3*

Pelayo's bis auf den Fall von Granada in der pyrenäischen Insel abspielte und das farbenreiche Leben der heiligen Kriege hauptsächlich zum Inhalt hatte.

Die ältesten Kriegslieder, von dem einfachen trochäischen Rhythmus in gereimter Strophenform, "Redondillas oder Rundreime" genannt, trugen einen eigenthümlichen echt nationalen Charakter. Sie erwuchsen aus der Zeit und lehnten sich an bestimmte Ereignisse und Waffenhelden an. "Als der poetische Geist seine ersten Blüthen trieb und in den Stamm emporwuchs, sagt Clarus, nahm er die Wirklichkeit zur Grundlage seiner Schöpfungen, und sein nächster Hervortrieb, das Epische, ging wie von selbst in die Darstellung der eigenen Geschichte aus, aus welcher er sich vorzugsweise die Gegenwart oder nähere Vergangenheit aneignete. Die Frische der Wirklichkeit lag daher als duftender Thau auf diesen Hervorbringungen, welche den poetischen Abglanz des heroischen Lebens der Gegenwart reflectirten. — Oft vielleicht auf frischester That aus dem Stegreif componirt, unter dem Geräusche der Waffen entsprungen, in den Feldlagern und am Friedensheerde hinterher ausgeschmückt, wurden die wenigsten dieser Gesänge aufgezeichnet, sondern gingen, wenn sie das poetische Gemüth rührten und Interesse erweckten, von Mund zu Munde. Aus dem Volke hervorgegangen, erhielt sich das Lied ungeschrieben im Volke mit Hülfe des Gedächtnisses als lebendiger Volksgesang, freilich mit der dadurch gegebenen Möglichkeit der beständigen Schwankung und Modulation, je nach der Sinnesart des Recitirenden, woburch die Form in einem immerwährenden Flusse erhalten wurde." Die Leichtigkeit des Versmaßes, bald auf regelmäßigen Endreim, bald auf An- oder Einklang (Assonanz) gestützt, beförderte die Verbreitung.

Die Romanzen vom Cid.

Zu der ältesten Gattung gehören die Romanzen vom Cid (VI, 539), wohl hundert an Zahl, die entweder von Mund zu Mund fortlebten oder in fliegenden Blättern sich verbreiteten, bis sie im 16. Jahrhundert in mehreren Romanzensammlungen zusammengefaßt wurden (silva de varios Romances; Cancionero de Romances; Primavera y flor de Romances u. a.), denen dann in der Folge sich noch neue Zusammenstellungen anschlossen (Romancero general u. a.). In diesen Cidromanzen ist Wahrheit mit Dichtung gemischt. Die Thaten und Lebensschicksale des Helden tragen ein zu bestimmtes Gepräge, als daß man an der Existenz einer solchen Persönlichkeit zweifeln könnte. Auch haben neuere Forschungen mit Sicherheit dargethan, daß der Held Rodrigo, Ruy Dias, genannt Compeador, "der Vorkämpfer", und Cid "der Herr", aus einem edlen castilischen Geschlechte geboren, zuerst unter Ferdinand I. von Leon (1064), dann unter dessen Söhnen Sancho II. und Alfons VI. sich durch Kriegsthaten hervorgethan hat. Auch die Erzählung, daß er nach Sancho's Ermordung vor Zamora dem aus dem Maurenlande heimgekehrten Alfonso einen feierlichen Eid abgenommen, an dem Tod des Bruders keinen Theil gehabt zu haben, und deshalb einige Zeit darauf, nachdem er sich mit Ximena, einer Verwandten des königlichen Hauses, vermählt, von dem grollenden und durch Verleumder aufgereizten Gebieter in die Verbannung geschickt worden (1081), ist geschichtlich begründet. Er führte nun auf eigene Hand mit freiwilligen Kampfgefährten einen ritterlichen Guerillakrieg gegen die Moslemen, gegen den Grafen von Barcelona u. a., wurde zurückgerufen, dann wieder verbannt und erlangte den höchsten Kriegsruhm durch die Eroberung Valencia's, wobei er aber seinen Namen durch Treubruch und Grausamkeit gegen die überwundenen Saracenen befleckte. Fünf Jahre lang behauptete sich der Cid in Valencia gegen die Uebermacht der Marabethen und eroberte noch Almenara und Murviedro (1098). Aber im Juli 1099 starb er aus Verdruß über die Niederlage, die seine Truppen unter seinem Verwandten und Kampfgenossen Alvar Fañez bei Cuenza von den Moslemen erlitten. Seine Gemahlin Ximene behauptete Valencia noch zwei Jahre; erst als der König Alfons erklärte, ohne den Arm Rodrigo's könne die Stadt nicht gegen die Uebermacht vertheidigt werden, zog sie mit dem Leichnam des Cid ab. Im Jahr 1104 starb auch sie und wurde neben ihrem Gemahl im Kloster San Pedro de Cardeña begraben. Rodrigo hinterließ zwei Töchter, wovon die eine, Christina, mit dem Infanten Ramiro von Navarra, die andere, Maria, mit Ramon Berengar III., Grafen von Barcelona vermählt ward. Durch die letztere wurde der Cid Ahnherr der spanischen Königsgeschlechter. Diese historischen Elemente wurden bald nach dem Tode Rodrigo's durch Sage und Dichtung erweitert und ausgeschmückt, so daß der Cid Campeador schon im 12. Jahrhundert als volksthümlicher Held und Träger des castilischen Nationalcharakters wie als Ahnherr der Könige in Volksliedern gefeiert ward, die dann im Laufe der Zeit durch neue Züge und Ansätze vermehrt, in den erwähnten Romanzenbüchern zusammengestellt und geordnet und in die meisten europäischen Sprachen übertragen wurden.

Neben diesen Volksromanzen in Redondillos besitzt die spanische Literatur noch Das Poema andere Werke, in denen „der zu guter Stunde geborne" Nationalheld verherrlicht wird. bel Cib. Das berühmteste ist das „Poema del Cid", ein Gedicht von mehr als 3000 Langzeilen, dessen Alter in die Mitte oder wenigstens an das Ende des 12. Jahrhunderts hinaufgerückt wird, ein schönes Denkmal castilischer Poesie, einfach und kunstlos in Form und Versmaß und noch ungelenk in Sprache und Metrik, aber reich an malerischen Zügen aus dem Ritter- und Kriegsleben Spaniens. Auch in diesem Gedicht wird der Cid als Held und Streiter im heiligen Krieg gefeiert; doch liegt der größte Nachdruck auf seiner Eigenschaft als Ahnherr des Königsgeschlechts; daher hauptsächlich seine Treue und Loyalität gegen seinen Herrn auch in ungerechter Verbannung, mit deren Leiden und Elend das Gedicht beginnt, gerühmt und besonders die Geschichte seiner Töchter ausführlich dargestellt wird.

Aus Gehorsam gegen den König hat der Cid seine Töchter Donna Elvira und Donna Sol mit den Grafen von Carrion vermählt, die sich aber so feig benehmen, daß sie in der Umgebung ihres Schwiegervaters allgemein verspottet werden. Um sich für die Schmach zu rächen, mißhandeln sie auf der Heimreise in einer Waldschlucht die Frauen auf empörende Weise und verlassen sie in ihrem Blute schwimmend. Der Cid fordert von dem König Genugthuung und dieser entbietet zu dem Zweck die Reichsstände nach Toledo. Die Hergänge bei dieser Cortesversammlung, die Zurücknahme der Waffen und Mitgift, welche die Grafen vom Cid empfangen, die Vorbereitung zu dem großen Zweikampf, durch welchen drei Vasallen des Cid gegen die gleiche Zahl von Kämpfern aus dem Gefolge der Grafen von Carrion ein Gottesgericht herbeiführen wollen, die Reden bei der Herausforderung und bei Oeffnung der Schranken bilden den lebendigsten Theil des Gedichtes. Ehe der Zweikampf zum Vollzug kommt, treten Abgesandte der Infanten von Navarra und Aragonien in die Versammlung und begehren für ihre Herren die Töchter des Cid zu Gemahlinnen. Rodrigo geht nach Valencia, seine zurückgelassenen Kämpfer besiegen in einem weitläufig beschriebenen Waffengang die Infanten, die ehrlos und schmachbedeckt nach Carrion zurückkehren; dann erst findet die Vermählung statt. Der Tod des Helden wird nur mit wenigen Worten berührt. „Offenbar ist die erste Abtheilung des Gedichts nur als Einleitung zu der zweiten anzusehen, worin der Dichter mit steigender Wirkung seine Hauptabsicht entwickelt, wie aus der anfänglichen Demüthigung des Cid, welche seine Feinde und Neider bezwecken, gerade sein Ruhm und die Ehre seines Geschlechts am Ende nur um so glänzender hervorging, indem selbst Königssöhne durch eine Verbindung mit dem unerschütterlich treuen Vasallen und unbezwingbaren Kämpfer sich geehrt finden und so das Hauptziel im Streben des Helden durch dessen eigenes Verdienst über alle Erwartung glücklich erreicht wurde." Das Poema del Cid ist der Anfang der castilischen Kunstdichtung, im Gegensatz zu den Volksliedern oder Romanzen.

Andere
Werke über
den Cid.

Damit ist indessen die Cidliteratur noch nicht geschlossen. Es giebt nicht nur eine Crónica del Cid, wohl eine Ueberarbeitung des diesen Helden behandelnden Theils der von Alfons X. veranstalteten „Allgemeinen Chronik von Spanien", und lateinische Zeitbücher, in denen derselbe je nach dem Standpunkt des Verfassers, bald mehr als Ahnherr des Königshauses, bald mehr als Gottesstreiter und Wunderthäter mit legendenartigem Anstrich gefeiert wird; man besitzt auch noch eine Reimchronik (Cronica rimada del Cid), mit manchen neuen abweichenden Erzählungen in der Lebensgeschichte des Helden und seiner Familie, wahrscheinlich im 15. Jahrhundert nach alten Sagen zusammengestellt.

Die Ciddich-
tungen im
Allgemeinen.

Aus diesem Allen ergiebt sich das Resultat, daß vom 12. bis 15. Jahrhundert im spanischen Volke der Cid Campeador als Ideal eines Nationalhelden lebte, welcher die Hauptzüge des castilischen Edelmanns, hohe Geburt, Tapferkeit und Frömmigkeit, Ehre und Treue in sich vereinigte. An eine geschichtliche Persönlichkeit, an den tapfern Maurenbezwinger Rodrigo, Ruy Dias, anknüpfend, hat die dichterische Volksphantasie im Laufe des Mittelalters das historische Lebensbild mit vielen Zuthaten im Geiste der Zeit und der herrschenden Anschauungen erweitert, bald durch Vermehrung der Volksromanzen, welche, unmittelbar nach dem Tode des Helden beginnend, durch lebendige Tradition sich von Geschlecht zu Geschlecht fortpflanzten, bis sie durch Schrift und Druck in feste Gestalt gebracht und der wuchernden Thätigkeit der Phantasie entzogen wurden; bald durch dichterische Verarbeitung des vorhandenen Geschichts- und Sagenschatzes nach dem Vorbild der französischen „Chansons de Geste" oder der bei allen Völkern des Mittelalters beliebten „Reimchroniken" in der noch wenig ausgebildeten Landessprache, mitunter auch in Latein. Bei dieser literarischen Bearbeitung des geschichtlich-epischen Stoffes, wobei die formale Seite, die ungelenke Versification und Metrik, der unvollkommene, mitunter in Assonanz übergehende Reim, gegen den gediegenen poetischen Inhalt weit zurücksteht, trat bald mehr die persönliche Seite des edlen Ritters im Schlachtfelde wie im Kreise seiner Kampfgenossen und seiner Familie, bald mehr seine Treue und Loyalität gegen den, wenn auch ungerecht handelnden König in Vordergrund; bald mußte sein Name zur Verherrlichung des castilischen Herrschergeschlechts oder der Kirche dienen, in welchem Falle die ritterliche Gestalt mit genealogischen Vorzügen oder mit legendenartigen Elementen ausgeschmückt ward. Die letzteren wurden unter geistlichen Händen mit der Zeit so sehr zur Hauptsache, daß König Philipp II. am päpstlichen Hof die Heiligsprechung des christlichen Nationalhelden nachsuchte.

Andere
historische
Romanzen.

Die Sagen vom Cid bildeten den wichtigsten, doch nicht den einzigen Stoff der Volksromanzen: bei dem Zudrang ritterlicher Abenteurer und Kreuzfahrer nach der pyrenäischen Halbinsel konnte es nicht fehlen, daß auch fremde Sagenstoffe auf der spanischen Erde Wurzel schlugen. Besonders werden die Streiter, die aus der Provence, aus allen Theilen Frankreichs, aus den Niederlanden und aus England zu den Heidenkämpfen herbeiströmten, auch ihre Lieder mitgebracht haben. Und so finden wir neben den Cidromanzen auch viele Volksdichtungen aus der Karlssage, wie Graf Irlos, wie Don Gayferos und Melisendra, wie den Mauren Calaynos u. a., und selbst die späteren Ritterromanzen, die auf spanischer Erde emporwuchsen und spanische Helden besangen, verrathen den fremden Einfluß sowohl der abendländischen Sagenwelt als insbesondere der arabischen Erzählungen und Dichtungen. Wir wissen ja, wie tief der Verkehr und die Wechselverhältnisse mit der Maurenwelt in das ganze Leben der spanischen Ritterschaft eingriffen.

Solche fremdartige Einflüsse treten schon in den Romanzen von Bernardo del Carpio hervor, einer zweiten Lieblingsfigur der castilianischen Volksdichtung, dem Gegenstand vieler Lieder, Schauspiele und Erzählungen. Bei ihm spielt bereits die verbotene Liebe herein, die in der Karls- und Artussage ein so wesentliches Element der Ritterdichtung bildet, während im Eid die Liebe noch ganz den keuschen ehrbaren Charakter des Ehestandes bewahrt. Auch in den Romanzen vom Grafen Fernan Gonsalez, dem eigentlichen Stifter des Königreichs Castilien VI, 560. 566.) nimmt die Ritterminne eine wesentliche Stelle ein. Das größere Gedicht vom Grafen Fernan Gonsalez dagegen, das an der Hand der Volkssage und der historischen Ueberlieferung die spanische Geschichte vom Einbruch der Gothen bis zum Jahr 967 erzählt und die Großthaten feiert, die dieser Nationalheld unter dem Beistande der Heiligen Pelayo, Millan, Iago verrichtete, scheint erst dem vierzehnten Jahrhundert anzugehören, als schon die Chroniken, auf welchen die fabelhaften Thaten des Grafen aufgebaut sind, ausgebildet und verbreitet waren. In der rührenden Geschichte der sieben Kinder von Lara sind christliche und arabische Sagen verflochten. Solche Verflechtungen mehrten sich mit dem zunehmenden Verkehr der beiden Nationen, als das Kriegsleben durch längere Friedenspausen unterbrochen ward und die Poesie und gesellschaftlichen Formen der Araber des Südens Eingang zu den christlichen Spaniern fanden. Nachdem der strenge Castilianer den zierlichen Maurenhelden in der Galanterie sich zum Vorbild genommen, war der Geschmack für die maurische Romanze entschieden und der Spanier fand ein Vergnügen darin, das Gebiet seiner Poesie mit jener Romanze zu vermehren. Was diese dabei an Nerv und Kraft einbüßte, gewann sie an Geschmeidigkeit und Zierde. Dem würdevollen Ernste, welchen die historische Romanze repräsentirte, stellt sich ja holder Gesellschaft das weiche, zärtliche Gefühl der maurischen Romanze an die Seite, in welcher leicht die größere Erregbarkeit und Süße des Südens sich zu erkennen gibt." Wir haben an einem andern Orte bemerkt, wie in dem Kriege vor Granada in den „maurischen Balladen" diese Poesie ihre letzten elegischen Töne aushauchte (IX, 471 ff.) „Die maurischen Balladen, sagt Prescott, stellen eine höchst merkwürdige Vereinigung des europäischen Ritterthums in Form und Geist mit dem Glanze und der weichlichen Ueppigkeit des Morgenlandes dar. Sie sind kurz, fassen einzelne Verhältnisse von der höchsten dichterischen Eigenthümlichkeit auf und überraschen das Auge des Lesers mit einer so glänzenden und dabei scheinbar so kunstlosen Darstellung, daß diese mehr den Eindruck eines zufälligen als mühsamen Entstehens macht. Wir werden in den heiteren Sitz maurischer Pracht versetzt und erblicken das lebhafte Gewühl, ihren Aufwand und ihre rauschenden Lustbarkeiten, die bis zur letzten Stunde ihres Bestehens fortdauerten. Das Stiergefecht in der Vivarambla, das anmuthig Schilfzelt, die verliebten Ritter mit ihren zierlichen, bedeutungsvollen Sinnbildern, der dunkle Bayris oder Gomeres und die königlichen, sich selbst aufopfernden Abenceragen, die maurische Jungfrau strahlend bei dem Waffenspiele, die Abendmusik im Mondschein, die heimliche Zusammenkunft, wobei der Liebhaber dem ganzen Rausche der Leidenschaft in der glühenden Sprache arabischer Gleichnisse und Uebertreibungen Luft macht; diese und tausend ähnliche Auftritte werden in einer Folge rascher und lebendiger Züge, gleich dem Licht und Schatten einer Landschaft, dem Auge vorübergeführt. Der leichte trochäische Bau der Redondilla, die über ihre anmuthig nachlässige Assonanz dahinrollt, deren fortgesetzte Wiederholung durch ihren eintönigen Klang das ursprünglich davon erregte Gefühl zu verlängern scheint, paßt durch ihre Biegsamkeit vortrefflich zum verschiedenartigsten und entgegengesetztesten Ausdruck; ein Umstand, der sie als gewöhnliches Versmaß dramatischer Zwiegespräche sehr brauchbar gemacht hat." Die meisten rühren wohl von Castilianern her; doch mögen auch maurische Dichter sich in der ihnen geläufigen Sprache versucht haben.

Die Volkslyrik beschränkte sich indessen nicht auf die historischen Romanzen, sie **Mannichfaltigkeit der Volkslieder.** verbreitete sich auch über das ganze innere und äußere Leben, über die Welt des Gemüths, über Natur und Haus, über Volkssitte und Volkslust. Manche dieser Lieder wurden mit Tanz begleitet. „Ein alter Nationaltanz, bei welchem Couplets gesungen wurden, war die Sarabanda. Daher stammt ein spanisches Sprichwort, um altmodische Reimerei zu bezeichnen." Der Born, aus dem der Naturgesang hervorquillt, floß reichlich in der pyrenäischen Halbinsel bei Christen und Arabern, das leichte Versmaß und die

durch lange Uebung erlangte Fertigkeit in gebundener Rede kam der angebornen Sänger-
lust fördernd zu Hülfe. Die Cancioneros, in welchen später die Lieder gemischten Inhalts gesammelt wurden, zeugen von der Mannichfaltigkeit dieser Naturgedichte und
Empfindungsgemälde. „Viele, ja vielleicht die meisten, sind Liebesergüsse; viele sind
Schäferlieder, viele scherzhaft, satirisch, ja sogar Bettlerromanzen. Viele von ihnen
heißen Briefchen (Letrillas), haben aber nichts Briefliches an sich, als den Namen;
viele sind in ihrer Haltung, wenn auch nicht in ihrer Gestaltung lyrisch, viele beschreiben
die Sitten und Belustigungen des Volks. Ein Kennzeichen aber tragen sie alle an sich,
sie sind treue Darstellungen des spanischen Lebens."

Religiöse
Dichtungen.   In Spanien war das Ritterthum auf's Innigste mit der Religion verbunden.
Trugen doch die Kämpfe mit den Mohammedanern von Anfang an den Charak-
ter der Kreuzzüge; war doch der ununterbrochene Krieg gegen die Moslemen zugleich ein Race- und Religionskrieg. Was war daher natürlicher, als daß sich
neben der geschichtlichen und ritterlichen Epik gleichzeitig eine kirchliche Dichtung
entwickelte! Wenn jene darauf ausging, „menschliches Streben zu verherrlichen,
und das Göttliche nur hineinleuchtet in den Schauplatz der Dichtung, um die
irdische Verklärung des Helden und der Seinen herbeizuführen, so zeigt sich in
den Poesien, welche der Geist der Kirche hervortrieb, ein aufrichtiges Ringen des
Menschlichen nach dem Göttlichen, und die menschlichen Verhältnisse erscheinen
hier als der Rahmen, in dem die Gebilde der Ewigkeit, so wie die Herrlichkeit
Gottes und seiner Kirche den Menschen zur Schau dargestellt werden, zum Vorbilde überirdischer Hoheit und menschlicher Demuth gegen den Willen Gottes."
In der religiösen Poesie konnten die spanischen Dichter aus dem reichen Schatze
der Legenden und Heiligengeschichten schöpfen, den die Kirche in allen Ländern
hervorbrachte, der als Gemeingut der gesammten Christenheit gelten mochte.
Man wählte dabei außer den allgemeinen Gegenständen, die das Fundament des
Glaubens bildeten, hauptsächlich solche Stoffe, die zu diesem oder jenem Volke
oder Lande, zu dieser oder jener Kirche oder Klosteranstalt in besonderer Beziehung standen, in der nationalen Gläubigkeit den weitesten Raum einnahmen.
Wie die Kirchenlehre selbst, trotz einzelner nationaler Eigenthümlichkeiten, im
Großen und Ganzen ein einheitliches Gepräge trug, so hatte auch die religiöse
Dichtung aller Völker einen gemeinsamen oder ähnlichen Charakter, wobei aber
gewisse Besonderheiten und Eigenthümlichkeiten je nach dem Charakter oder der
historischen Stellung eines Volkes nicht ausgeschlossen waren, und in den Legen-
den nahmen immer solche Heilige den breitesten Rahmen ein, welche zu dem
Lande oder zu der Oertlichkeit in näherer unmittelbarer Beziehung standen. „In
Spanien entwickelte sich durch den scharfen Contrast des Christlichen mit dem
Mohammedanischen das Wunderbare und Mystische der Legendendichtung mit
einem Glanze, der im späteren Drama die höchste Vollendung feierte."

Berceo.   So verherrlichte der älteste geistliche Dichter in castilianischer Volkssprache, der Benedic-
tiner Gonzalo, gewöhnlich von seinem Geburtsort de Berceo genannt, in der ersten Hälfte des
dreizehnten Jahrhunderts die beiden Heiligen San Domingo und San Millan (Aemi-

Loans), die von jeher in Spanien der größten Verehrung theilhaftig waren. Das vierzigjährige Einsiedlerleben des lehtern in den Schluchten und Einöden seiner heimischen Berge, sein Gehorsam gegen den Bischof Didimus von Tarragona, der ihn gegen seinen Willen in den Dienst der streitenden Kirche zwingt, seine Wunderthaten und sein Widerstand gegen alle Versuchungen des Teufels und endlich die Hülfeleistung des verklärten Heiligen, die er den Castilianern im Kampfe gegen den Maurenkönig Abderrahman auf ihr flehentliches Anrufen bringt, bilden ein kirchliches Seitenstück zu den weltlichen Gedichten vom Cid. Auch das Martirio de San Lorenzo aus Cordova und das Leben der heiligen Oria (Aurea) sind auf spanischen Legenden aufgebaut. Dahingegen wird in drei anderen Gedichten, die gleichfalls dem Gonzalo de Berceo zugeschrieben werden, ein tiefsinnigerer Stoff behandelt: In dem Gedicht vom Meßopfer sucht der Dichter die mystische Bedeutung des Opfers des A. T. und der katholischen Kirche nebst der Symbolik der dabei beobachteten Ceremonien zu enthüllen; in dem Schmerz der Jungfrau am Leidenstage ihres Sohnes wird die Passionsgeschichte nach der Bibel „mit tiefer Innigkeit und rührender Einfalt" erzählt; in den Zeichen des jüngsten Gerichtes werden die wunderbaren Begebenheiten und Naturerscheinungen geschildert, welche den jüngsten Tage vorangehen, so wie die Abhaltung des Gerichtes selbst und die Strafen der Bösen und die Freuden der Frommen. In einem größeren Gedichte von 911 vierzeiligen Strophen beschreibt Berceo fünf und zwanzig Wunder Unserer lieben Frau. „In der metrischen Form ist Berceo dadurch merkwürdig, daß er zuerst vollkommene Strophen von vier durch denselben Reim gebundenen Alexandrinern hat. Daß in den vielen und langen Gedichten auch Strophen von fünf Versen und bloße Assonanzen statt der Reime mitunterlaufen, ist nicht zu verwundern." Wenn auch in der Sprache ein merklicher Fortschritt seit den Tagen der Abfassung des Gedichts vom Cid wahrnehmbar ist, urtheilt Ticknor, so fehlt doch die Kraft und die Lebendigkeit jener merkwürdigen Sage den Versen des sorgfältigen Geistlichen ganz und gar. Nach dem Vorbilde Berceo's dichtete ein anderer Geistlicher, der Beneficiat von Ubeda, ein Leben des heil. Ildefonso in Alexandrinern und der heil. Magdalena.

2. Prosaliteratur und Lehrdichtung.

Die Einflüsse des Auslandes auf das spanische Cultur- und Literaturleben machten sich besonders geltend seit der Regierung jenes Königs Alfons X. von Castilien, dem die Zeitgenossen den Beinamen des Weisen oder Gelehrten beilegten und dem der Papst den römischen Kaisertitel verlieh. Wir haben die großen Verdienste dieses Fürsten um die Ausbildung der castilischen Sprache, um die Geschichtschreibung und Geseheskunde des Landes, um Astronomie und andere Wissenschaften im siebenten Bande dieses Werkes S. 538 und anderwärts kennen gelernt. Eine Menge Schriften, die unter seinem Namen gehen; wie der „Schah" (Tesoro), eine Abhandlung in Versen über die Verwandlung unedler Metalle in Gold und das in Versbau, Sprache und Anordnung vortreffliche „Buch der Klagen" über die Untreue der Vasallen, geben Zeugniß, wie tief sich seine geistige Thätigkeit dem Bewußtsein des spanischen Volkes eingeprägt haben muß. Unter ihm trat die pyrenäische Halbinsel mit Frankreich und Italien in größeren Verkehr und es erklärt sich daher auf natürliche Weise, daß von der Zeit an die Poesiestoffe und Dichtungsarten, die in anderen Ländern zur Ausbildung gekommen, auch in Spanien Eingang fanden. Alfons selbst hat nach provençalischen Vorbildern Gesänge (cantigas) von sechs- bis zwölffüßigen Ver-

Alfons der Weise. Ausbildung der Prosa.

sen gedichtet, von denen noch vierhundert vorhanden sind. Sie sind dem Lobe und den Wundern der Mutter Gottes gewidmet, zu deren Ehren er im J. 1279 einen religiösen Ritterorden gestiftet, und in der altgalizischen Mundart verfaßt, aus der in der Folge das portugiesische Idiom großentheils hervorging. Wahrscheinlich war ihm dieser Dialekt von seiner Jugendzeit her geläufiger als die castilische Sprache, für deren Ausbildung er sonst so eifrig bemüht war. Ließ er doch die Bibel in die castilische Volkssprache übertragen und sowohl in dem von ihm veranstalteten großen Gesetzbuch der „Sieben Abtheilungen", jener Fundgrube spanischer Alterthümer und spanischer Rechtswissenschaft, als bei den Gerichtsverhandlungen kam die altcastilische Sprache zur Anwendung. Dadurch wurde bewirkt, daß in Spanien ähnlich wie in Deutschland durch die „Spiegel" (VII, 324) auch die Prosasprache in würdiger Weise als Schriftsprache ausgebildet ward. Nur so war es möglich, daß schon zu seiner Zeit oder kurz nachher „die große überseeische Eroberung" in ungebundener Rede bearbeitet werden konnte, eine Geschichte der Kreuzzüge nach einer altfranzösischen Uebersetzung des Wilhelm von Tyrus mit vielen Zusätzen aus der gleichzeitigen Romandichtung, z. B. der Sagengeschichte vom Schwanenritter, dem angeblichen Ahnherrn Gottfrieds von Bouillon. Auch zu den zahlreichen Chroniken, die von der Zeit an bald in Prosa, bald in gereimten Versen zu Tage traten, hat Alfonso X. durch die Veranstaltung der Crónica general Anstoß und Vorbild gegeben.

Segura's
Alexandreis. Zeugt schon die Gran conquista de Ultramar, die im J. 1503 zu Salamanca im Druck erschien, von der allgemeinen Theilnahme, mit der man auch in Spanien den Vorgängen im syrischen Lande folgte, so tritt dieses Interesse für das Morgenland auch noch in einem andern großen Gedichte der Zeit zu Tage — in dem Alexanderlied des Weltpriesters Juan Lorenzo Segura. Es wurde früher erwähnt, wie sehr die Aufmerksamkeit des christlichen Abendlandes durch die Kreuzzüge auf den macedonischen Heldenkönig gelenkt ward, der zuerst mit europäischen Waffen das Morgenland bezwungen, Syrien und Palästina bis nach Aegypten siegreich durchzogen und Jerusalem und die heiligen Stätten betreten hat. In allen Ländern, besonders in Frankreich, wurde die Alexandersage zum Gegenstand der Dichtkunst gewählt. Hier konnten die Geistlichen dem Geschmack und Interesse der abendländischen Menschheit genügen, ohne zu der für ihren Stand unpassenden Liebesverherrlichung zu greifen (VII, 458. 464). Wie der deutsche Dichter Lambrecht hat auch der spanische aus französischen Quellen geschöpft, aus dem lateinischen Epos Walter's von Chatillon und einem französischen Alexanderlied; aber wie weit steht das spanische Gedicht, das man lange dem König Alfons selbst zugeschrieben hat, hinter dem deutschen zurück. Während der Pfaffe Lambrecht eine Menge Fabeln und Entstellungen, die sich durch eine überwuchernde Phantasie an das Leben des Helden von seiner Geburt bis zu seinem Ende angeheftet, fortstieß und den König im Geiste des Alterthums vorführte, erzählt der Priester von Astorga in einem Gedichte von 10,000 langen Versen allen Unsinn, alle fabelhaften Abenteuer, welche seit Dares und Dictys in die Sagengeschichte des Macedoniers eingewebt worden sind, und behandelt Personen und Sachen ganz im Charakter seiner Zeit ohne alle Kenntniß des Alterthums, ohne alle Rücksicht auf die Widersprüche von Chronologie und Ortskunde, ohne alles Verständniß der Verhältnisse und Wechselbeziehung von Geschichte und Mythe, von Wahrheit und Fabel, ohne einen Begriff des Unterschieds von Dichtung und Phantastik, von Tradition und Märchen. Wir wollen den Inhalt des langen mit feltſamen Abſchweifungen und mit all den wunderlichen Zauber- und Feengeſchichten einer überſchwenglichen Romantik angefüllten Gedichtes nicht verfolgen. Auf dem Felde von Troja wird als Epiſode von 400 Strophen die Geſchichte des Trojanerkriegs eingeſchaltet, indem Alexander ſeinen Pairs von dem Zorne des Achilles erzählt, den ſeine Mutter vergebens in einem Nonnenkloſter verborgen hatte, und von der Liſt des Ulyſſes und ſeinem hölzernen Pferd. In Babylon wird des Thurms von Babel und der Sprachverwirrung gedacht; unter den 72 Sprachen, die man daſelbſt hörte, kommt auch deutſch, engliſch, irländiſch, ſchottiſch, britaniſch u. ſ. w. vor. In den ſpäteren Geſängen läßt der Dichter ſeinen Helden mit zwei Dienern in einer gläſernen Kufe in die Tiefe des Meeres hinabſteigen, wo er mehrere Tage verweilt und die Wunder der Gewäſſer beſchaut. Die Schaaren des Meeres kommen herbei, um ihm zu huldigen; er findet in ihnen Abbilder und Gegenſtücke aller Creaturen des feſten Landes, und auch dort haben die Schwächeren von den Mächtigen zu leiden. Die Natur verklagt den kühnen Sterblichen bei dem Schöpfer, daß er in alle ihre Geheimniſſe eindringe. Sie ſteigt in die Hölle hinab, um die dämoniſchen Mächte gegen den Eroberer aufzubieten, was dem Dichter Gelegenheit gibt, auch die Unterwelt in 150 Strophen zu beſchreiben; wobei einige Züge wohl mit den Dante'ſchen Bildern verglichen werden mögen. Um die ganze Lage der Welt zu überſehen, läßt ſich Alexander von zwei Greifen in die Lüfte tragen, wo er Land und Meer tief unter ſich erblickt. Mit dem Tode des Helden durch Vergiftung, mit der Anordnung ſeines Reichs und mit der tiefen Trauer um den Hingegangenen ſchließt das Gedicht, dem es trotz der Häufung phantaſtiſcher Gebilde aus dem großen Vorrathshauſe der mittelalterigen Sage nicht an einzelnen maleriſchen Situationen und ſchönen Zügen gebricht. Den Anhang bilden zwei Troſtbriefe Alexanders an ſeine Mutter bei ſeinem zunahenden Tode in ungebundener Rede, ausgezeichnet durch Adel der Geſinnung, durch erhabene treffende Bilder und durch Kraft und Zierlichkeit der Sprache. Die Alexandreis des Prieſters Juan Lorenzo de Segura von Aſtorga nimmt unter den epiſchen Gedichten Spaniens eine hervorragende Stelle ein und ſcheint weit verbreitet und viel geleſen worden zu ſein. Wollte man doch den alexandriniſchen Vers, der in der ſpaniſchen Heldendichtung allgemein in Anwendung kam, von dieſem Gedicht herleiten. Auch daß noch Cervantes dem Alexander eine Stelle unter den irrenden Rittern anweiſt, zeugt von der Verbreitung des Alexanderliedes und von ſeinem Einfluß auf das Gemüthsleben der Spanier. Das von Santillana erwähnte Gedicht „Das Pfauengelübde", das ſich jedoch nicht erhalten hat, ſcheint die Fortführung der Thaten Alexanders in demſelben Versmaße geweſen zu ſein.

Segura's Alexandreis gibt den ſicherſten Beweis, daß im 13. und 14. Jahr- Ritter-
bücher. hundert die bis dahin mehr abgeſchloſſene und auf ſich ſelbſt gewieſene ſpaniſche Halbinſel in dieſelbe geiſtige Atmoſphäre eingetreten war, die damals das ganze chriſtliche Abendland überzogen hatte, daß ein idealiſirtes Ritterthum mit religiöſer Weihe, wie es in den geiſtlichen Ritterorden ſeinen vollkommenſten Ausdruck fand, und mit einem Frauencult, der durch den Reflex der mohammedaniſchen Anſchauungen ſich noch ſchärfer und ſinnlicher ausbildete als anderwärts, die Phantaſiewelt und das träumeriſche Seelenleben der oberen Schichten der Geſellſchaft durchdrungen hatte. Rechnen wir dazu noch das ſüdliche Naturel, die fremdartigen Elemente, die durch die ſteten Berührungen mit der orientaliſchen Menſchheit fortwährend zugeführt wurden, die Entdeckungsfahrten, die im fünfzehnten Jahrhundert die Einbildungskraft mit ſo vielen wunderbaren Eindrücken füllten; ſo werden wir es nicht wunderbar finden, wenn auf dem vagen und phantaſtiſchen Boden der Alexanderdichtung eine Fülle romantiſcher Ritterbücher emporwuchs, die endlich, begünstigt durch äußere Verhältniffe und Bedingungen, zu den wunderlichen Gebilden der Amadisromane sich entwickelte, die wir im vorigen Bande kennen gelernt haben (IX, 346 ff.). Die Ausbildung der Prosasprache in Castilien durch die zahlreichen Chroniken und andere Werke erleichterte den Uebergang von der epischen Dichtung in Versen zu der breiten Erzählung und Schilderei der Ritterromane in ungebundener Redeform.

Lehrdich-
tung. Im 14. Jahrhundert trat in allen Ländern neben die Ritterbücher die lehrhafte Dichtung, meistens in der Gestalt von kurzen Erzählungen und Beispielen. Es war die natürliche Reaction des Verstandes und der Lebenserfahrung gegen die überwuchernde Welt der Phantasie und der Fiction. Und auch diese Wandlung des Geisteslebens hat Spanien getheilt, nur daß hier die Lehrdichtung nicht wie anderwärts in Versen, sondern in der schon lange zur Schriftsprache ausgebildeten castilianischen Prosa einherschreitet, und daß zugleich reicher als in den übrigen Ländern die morgenländische Märchenwelt hereinspielt. Das berühmteste, am weitesten verbreitete Buch solcher erzählenden Didaktik ist „der Graf Graf
Lucanor. Lucanor" des Don Juan Manuel, deffelben Infanten, deffen unruhiges Treiben und aufrührerische parteisüchtige Natur unter den Königen Ferdinand IV. und Alfons XI. wir früher kennen gelernt haben (VII, 540 ff.). In diesem wechselvollen Leben mag der Infant oft in solche schwierige Lagen gekommen sein, wie sie der „Graf Lucanor", unter welchem Namen wir uns den Autor selbst zu denken haben werden, mit eben so viel Anmuth und Geschick als geistreicher Natürlichkeit vorträgt. Es ist ein Fürstenspiegel voll nutzreicher Lehren in Erzählungen.

Graf Lucanor findet sich oft in schwierige Verhältniffe bald moralischer, bald politischer Art verfetzt. In solchen Verlegenheiten fragt er seinen Freund Patronio um Rath. Dieser antwortet ihm durch den Vortrag einer kleinen Geschichte, zuweilen einer Fabel, deren Nutzanwendung jedesmal zum Schluffe treffend in ein Versechen gebracht wird. Solcher Novellen sind neunundvierzig. „Die Geschichten, welche die Einkleidung des Falles bilden, sind gelungene Erfindungen, anmuthig erzählt, nicht selten an das Poetische streifend, eine schmucke Gallerie frischer Lebensbilder des spanischen Mittelalters." Manche der Geschichten und Beispiele waren Gemeingut des gesammten westlichen Europa, wie die Erzählung von der bezähmten Widerbellerin und die äsopischen Fabeln; die meisten aber sind der spanischen Geschichte oder Volkssage entnommen und verrathen zum Theil einen orientalischen Ursprung. Allenthalben erkennt man in den Erzählungen wie in den daraus gefolgerten Nutzlehren einen erfahrenen Mann voll Welt- und Menschenkenntniß, der in seinen Anschauungen nicht selten über seiner Zeit steht. Das Buch, das ein Mittelglied zwischen abendländischer und morgenländischer Novellistik bildet, ist von späteren Schriftstellern häufig benutzt und ausgeschrieben worden.

Der Erz-
priester von
Hita. † 1351. Zu den merkwürdigsten Erscheinungen auf dem Gebiete der didaktischen und satirischen Poesie des 14. Jahrhunderts gehört Juan Ruiz, Erzpriester in dem Flecken Hita, fünf Meilen von Guadalajara. Zwischen 1337 und 1350 auf Befehl des Erzbischofs von Toledo in gefängliche Haft gebracht, vielleicht weniger auf Grund falschen Zeugniffes, wie er angibt, als eines unkirchlichen Charakters

oder Wandels, hat er diese unfreiwillige Muße zur Abfassung von Gedichten
benutzt, bei denen verschiedene Liebesabenteuer, die der Dichter erlebt haben will,
den äußern Rahmen und das lockere Band bilden für eine Reihe von Erzählungen, Fabeln, Schwänken, Lebensregeln, häufig mit satirischer und humoristischer
Färbung, mit einem muthwilligen ironischen Hintergrund. Ticknor vergleicht
ihn mit Chaucer. Wenigstens hat der Erzpriester von Hita das Verdienst, wie
der englische Dichter neue metrische Formen eingeführt und ältere verbessert zu
haben. In den lyrischen Theilen bedient er sich meistens der sechs- und acht-
sylbigen größeren und kleineren Redondillenverse, die in kurze Strophen abgetheilt und durch den vollständigen Reim gebunden sind, wogegen er sich bei den
erzählenden und belehrenden Stellen der Alexandrinerstrophe bedient.

Die Liebesverhältnisse, die der Dichter bald durch die Klosterbotin (Trotaconventos) Urraca,
bald durch andere Zwischenträger mit verschiedenen Schönen anknüpft und unterhält, sind wohl
nur erfunden, um als Rahmen für seine Schwänke, Fabeln, Erzählungen und Lieder zu dienen,
die er theils aus lateinischen, mehr noch aus französischen Quellen schöpfte, denen er aber mit
großem Geschicke und Takt ein eigenthümliches nationales oder lokales Gepräge zu geben verstand. Solche fingirte Liebesbande ohne Realität waren ja in den Zeiten Petrarca's und
der Minnesänger nichts Ungewöhnliches. Ein Theil der poetischen Erzählungen, die meistens mit
großer dramatischer Lebendigkeit vorgeführt werden, bewegt sich in Allegorien; viele sind aus
dem Fabel- und Märchenschatz des Alterthums und des Mittelalters entlehnt. Die aus einer
lateinischen Komödie des Mittelalters stammende Erzählung, wie der Dichter als Don Meton
de la Huerta auf Rath der Doña Venus und unter Vermittelung der alten Trotaconventos um
die Hand der Wittwe Endrina wirbt und sie endlich erhält, trägt noch Spuren ihres dramatischen
Ursprungs. Satirische Ausfälle und Anspielungen, wie im Reinecke Fuchs und unzüchtige
Situationen, wie bei Chaucer und Boccaccio sind nicht selten und werden durch die voraus-
geschickten Prologe über den moralischen Zweck nur mit einem leichten Flor verhüllt.

Wie sehr die didaktische Poesie im Geschmack des Zeitalters war, geht noch
aus anderen gleichzeitigen Schriften hervor, die, wenn auch verschieden in Haltung und Form, doch alle einen lehrhaften Zweck verfolgen. Dahin gehören die
„Rathschläge und Lehren des Juden Rabbi de Santob von Carrion"
an Pedro IV., den grausamen König, den wir in Bd. VIII, S. 90 ff. kennen
gelernt haben, den aber die spanischen Dichter, besonders die Dramatiker um seiner
strengen Gerechtigkeit willen in einem günstigeren Lichte zeigen. Das Gedicht trägt
im Versmaß des alten leichten Rundreims (Redondilla) in 476 Strophen weise
Lehren und Rathschläge vor, die der neue König beherzigen möge und nicht gering achten, weil sie von einem Juden ausgehen. Mit Unrecht hat man auch
das „Lehrgedicht über den christlichen Glauben" demselben Verfasser zugeschrieben,
weil es sich in der nämlichen Handschrift befindet. Die „Doctrina Christiana"
erklärt, nach einem Prolog in Prosa mit einem reumüthigen Sündenbekenntniß
des Verfassers in 157 vierzeiligen Strophen (drei achtfüßige gereimte und eine vier-
füßige reimlose Zeile) den Glauben, die zehn Gebote, die sieben Haupttugenden,
die vierzehn Werke der Barmherzigkeit, die sieben Todsünden, die fünf Sinne
und die heil. Sacramente. Zum Schluß schildert das Gedicht die Gefahren der

(Randnoten:) Andere Lehr-gedichte. Santob. Doctrina Christiana.

Welt und ertheilt Rathschläge zu einem christlichen Leben. Verwandt damit ist ein anderes größeres Lehrgedicht von neunundsiebenzig achtzeiligen Stanzen aus

Der Todten-
tanz. zwölfsilbigen gereimten Versen: „Der Todtentanz" (la Danza general de la muerte), eine lebendige und ergreifende Schilderung des unvermeidlich rasch eintretenden Menschengeschickes. Wir wissen, wie sehr das Mittelalter es liebte, die Wechselfälle und Contraste des Erdenlebens unter dem Bilde eines Tanzes darzustellen, worin der Tod als Gerippe alle Stände und Lebensalter dahinrafft, eine Vorstellung, die besonders um die Mitte des 15. Jahrhunderts, als der „schwarze Tod" seinen Lauf durch die Welt machte, die Phantasie der Völker fesselte (VIII, 205).

> Dieser Vorstellung giebt auch das vorliegende Lehrgedicht Ausdruck. „Nach einer kurzen prosaischen Einleitung, die eine summarische Exposition des Ganzen enthält, eröffnet der Tod den Reigen, indem er allen Sterblichen das unvermeidliche Loos, das er ihnen bereite, zuruft. Dann tritt ein Prediger auf, der zu tugendhaftem Lebenswandel, als der besten Vorbereitung zum Sterben ermahnt, worauf der Tod Alle, die geboren wurden, abermals zum unabweis-lichen Tanz einladet und diesen sogleich mit ein paar holden Jungfrauen in voller Jugend-blüthe beginnt. Dann kommen alle Stände nach der Stufenfolge des Mittelalters an die Reihe, indem der Tod in der einen Octave immer sein zunächst ausersehenes Schlachtopfer zum Tanz einladet und in der anderen der Angerufene sein bitteres Loos bejammert. Die letzte Strophe enthält die Resignation und die frommen Vorsätze der Sterblichen."

Das Gedicht
auf Joseph. Auch das Gedicht auf Joseph, das in spanischer Sprache aber mit arabischen Buchstaben geschrieben ist und sich weniger an das Alte Testament als an den Koran hält, kann der didaktisch-epischen Literatur dieser Zeit beigezählt werden. Entweder von einem zum Christenthum übergetretenen Mauren oder von einem unter den Arabern des Südens lebenden Spanier gedichtet, ist das Werk ein merkwürdiges Beispiel von dem großen Wechselverkehr beider Nationen im Mittelalter.

Lopez de
Ayala. Am Ausgange des 14. Jahrhunderts begegnen wir einem Manne, der in der Staatsverwaltung und im Krieg, in der Dichtkunst wie auf dem Felde der Wis-senschaft, namentlich der Historiographie eine hervorragende Stellung errungen hat — Pero Lopez de Ayala. Einem der ältesten und vornehmsten Häuser des castilischen Adels entstammt, hat er unter vier Königen in Würden und Ehren gestanden und eine schwere wechselvolle Lebensschule durchgemacht. Obwohl ein tapferer Kriegsmann hatte er doch das Unglück, zweimal in Gefangenschaft zu gerathen, einmal in der Schlacht bei Nareja im J. 1367 in englische, das zweite Mal bei Aljubarrotta in portugiesische (VIII, 99. 114). In England ver-brachte er die trübe Zeit in einem Kerker, dessen Dunkelheit und Qualen er in einem seiner Gedichte beschreibt. Ayala starb 1407 zu Calahorra.

> Ayala's Schwestersohn Fernan Perez de Guzman gibt folgende Charakteristik von seinem Oheim: „Er hatte ein sanftes, gesprächiges Wesen und war höchst gewissenhaft und gottes-fürchtig. Die Gelehrsamkeit liebte er sehr; mit Büchern und Geschichten gab er sich viel ab, so daß, wie tapfer als Ritter und wie klug als praktischer Weltmann er auch war, er doch einen natürlichen Hang zu den Wissenschaften hatte. Deßhalb verbrachte er auch einen großen Theil

seiner Zeit mit Lesen und Studiren sowohl von Rechtsbüchern als von Philosophie und Geschichte. Den Frauen war er überaus ergeben, mehr als sich für einen so gelehrten Ritter geziemte."

Ayala's didaktisches Werk, „Hofreime" (Rimado de Palacio) genannt, von dem er einen Rimado de
Palacio. großen Theil in der englischen Gefangenschaft verfaßt haben soll, ist ein Spiegel der Zeit. Mit Anweisungen und Rathschlägen über die Einrichtung eines wohlgeordneten Hofstaates und mit Lehren über die Regierungskunst und die Pflichten für die Könige und die Großen des Reichs verbindet es satirische Schilderungen des damaligen Zustandes in Staat und Kirche, der Laster und Thorheiten der verschiedenen Stände, insbesondere der in Castilien herrschenden Mißbräuche und Gebrechen voll Freimüthigkeit und gesunden Urtheils. Allenthalben erkennt man den einsichtsvollen Mann, der als hoher Staatsbeamter und Gesandter Gelegenheit hatte, wichtige Erfahrungen über Welt und Menschen zu sammeln. „Das Werk beginnt mit einem reuigen Berichte des Verfassers, geht darauf über zur Erörterung der zehn Gebote, der sieben Todsünden, der vierzehn Werke der Barmherzigkeit und zu verschiedenen anderen religiösen Gegenständen. Alsdann handelt es von der Verwaltung des Staats, von königlichen Räthen, von Kaufleuten, von Gelehrten, Steuereinnehmern u. a. und schließt wie es anfing mit Gebetsübungen." Neben den Lehren und Rathschlägen gehen lyrische Ergüsse von dichterischem Schwung einher, meistens religiösen und moralischen Inhalts, und Bitt- und Lobgesänge auf die Jungfrau Maria. Sowohl in den lehrhaften als in den lyrischen Parthien seines Buches hat Ayala den Erzpriester von Hita vor Augen gehabt, nur daß er sich mehr objectiv verhält und nicht mit leichter Ironie, sondern mit ernster Rüge und scharfer Satire die Laster und Mißstände, die Thorheiten und Fehler darlegt und geißelt. Mit dem Erzpriester stimmt er auch in der metrischen Form dahin überein, daß er den eigentlich satirisch-didaktischen Theil seines Werkes in der bekannten Alexandrinerstrophe, die lyrischen Parthieen dagegen vorzugsweise in acht- und sechssilbigen Versen abfaßte.

Und nicht blos als Staatsmann und Dichter hat Ayala seinen Namen bei Ayala's Zeit-
geschichte. Mit- und Nachwelt berühmt gemacht; ihm gebührt auch die Ehre, die Geschichtschreibung aus dem Bereiche der Chroniken auf eine höhere Stufe gehoben, von den zum Theil dürren und trockenen, zum Theil aus Volkssagen und Romanzen ausgeschmückten Zeitbüchern zum Anfang einer pragmatischen Historiographie sich aufgeschwungen zu haben. Die ereignißvolle, an Gräuelthaten und Schicksalswechseln so reiche Zeit, als Pedro der Grausame mit seinem Halbbruder Heinrich von Trastamara im Kriege lag und Franzosen und Engländer unter den gefeiertsten Rittern Bertrand Duguesclin und dem schwarzen Prinzen das castilische Land durchzogen, gab dem patriotischen Ayala von selbst den Griffel in die Hand. Er stand auf Seiten Heinrichs, daher auch das lastervolle Tyrannenleben Pedro's, das wir im achten Bande dieses Werkes S. 90—100 dargestellt haben, mit schonungsloser, ergreifender Schärfe gezeichnet wird. Die Erzählung seiner Ermordung durch den Bruder im Zelte Duguesclin's schließt er mit der kurzen Bemerkung: „Er hatte viele Menschen in seinem Reiche umgebracht, daher widerfuhr ihm dies ganze Unglück." Unter Heinrich II. erlangte Ayala zum Lohne seiner Treue die Würde eines Großkanzlers und erwarb sich in dieser wichtigen Stellung solches Ansehen und solchen Einfluß, daß er auch unter dessen beiden Nachfolgern Juan I. und Heinrich III. das hohe Staatsamt fortführte.

Ayala's Werk beginnt mit dem Jahre 1350, wo die Chronik Alfons' XI. endigt, und führt den Faden der Geschichte fort bis zum Jahre 1396. Es enthält also die Zeitgeschichte, die er selbst durchlebt, bei der er selbst mitgewirkt hat. Ein Bewunderer und Nachahmer des Livius, dessen Werk er ins Castilische übersetzt hat, schaltet er gleich diesem römischen Historiographen in den Lauf seiner Erzählung Reden und Briefe ein, aus denen man die Ansichten, die Gedanken, den Charakter der Handelnden besser erkennen kann, als aus den bloßen Thatsachen. „Verglichen mit der älteren Chronik Alfons des Weisen", urtheilt Ticknor, „entbehrt Ayala's Geschichtsbuch den Reiz jener dichterischen Leichtgläubigkeit, die sich an zweifelhaften Ueberlieferungen des Ruhmes mehr ergötzt, als an den zuverlässigen Thatsachen, welche oft weder dem Rufe des Volkes noch dem der Menschlichkeit ehrenvoll sind. Im Vergleich mit der Chronik Froissart's, seines Zeitgenossen, vermissen wir die ehrliche, aber etwas kindische Begeisterung, die mit ungemischtem Ergötzen und mit Bewunderung auf alle glänzenden Traumbilder des Ritterthums schaut, und finden statt dieser die durchdringende Umsicht eines erfahrenen Staatsmannes, der durch das Thun der Menschen hindurchblickt und wie Comines, es durchaus nicht der Mühe werth hält, die großen Verbrechen zu verhehlen, mit denen er bekannt geworden ist, wenn sie nur verständig und mit Erfolg ins Licht gestellt werden können." Die ruhige objective Darstellung und der einfache Stil bilden einen merkwürdigen Contrast zu den blutigen, schrecklichen Begebenheiten, die in der Erzählung vorgeführt werden, ein Contrast, der den Eindruck und die Wirkung des Inhalts erhöht.

Königs-
chronik von
Perez de
Guzman. Ayala's Geschichtswerk galt den Chronisten der Folgezeit als Muster und Vorbild. Dies erkennt man vor Allem an den von verschiedenen Händen bearbeiteten, zuletzt von Fernan Perez de Guzman zum Abschluß geführten Jahrbüchern über die Regierungszeit der Könige Heinrich III. und Johann II. (VIII, 102—104). Auch hier wird die Geschichtserzählung öfters durch eingeschaltete Briefe und Reden unterbrochen; doch geht durch das Ganze eine wohlgeordnete urkundliche Erzählung der Vorgänge, welche, wenn auch gefärbt von einigen Vorurtheilen und Leidenschaften der unruhigen Zeiten, doch stets Anspruch machen darf auf genaue annalistische Relation und auf das Streben, den ernsten und würdigen Stil zu erreichen, der sich für die höheren Zwecke der Geschichte eignet. Die Königschronik Guzman's enthält eine Menge Originalbriefe und Urkunden und wirft bei Gelegenheit der Beschreibung der Feste, Turniere und Feierlichkeiten, an denen der Hof Johann's II. so reich war, viele interessante Streiflichter auf die Sittengeschichte der Zeit.

3. Rückblick auf die mohammedanische Literatur.

Charakter
der späteren
morgenlän-
dischen Lite-
ratur. In demselben Jahre 1492, da mit dem Falle von Granada dem Islam im Abendlande der letzte Stützpunkt seiner Herrschaft zusammenbrach, starb auch der letzte namhafte Dichter der mohammedanischen Welt, Dschami. Wir haben in früheren Blättern (VI, 515 ff.) das Cultur- und Poesieleben dargestellt, wie es sich an den Chalifensitzen des Morgenlandes und an den glänzenden Fürstenhöfen Andalusiens entwickelte und ausbildete. Wenn wir hier den abgebrochenen Faden noch einmal anknüpfen, so geschieht es in der Absicht, die arabisch-persische Dichtkunst, die auch in der pyrenäischen Halbinsel ihre duftenden Blumen in den üppigen Boden pflanzte, noch einmal in ihrem letzten Glanze und in dem erbleichenden

Schimmer ihrer Productionskraft zu belauſchen, die mohammedaniſche Menſchheit, die einſt ſo einflußreich in das geſchichtliche Leben und in den Bildungsgang
des chriſtlichen Abendlandes eingegriffen, vor ihrem Ausſcheiden aus der europäiſchen Culturwelt, noch mit einem Blick der Theilnahme für ihre geiſtigen und
künſtleriſchen Beſtrebungen und Erzeugniſſe zu begleiten. Denn wenn gleich die
Berührungen der chriſtlichen und mohammedaniſchen Völker noch lange andauerten
und zeitweiſe noch lebhafter ſich geſtalteten, als in dem Zeitalter der Kreuzzüge,
ſo waren ſie doch ſeit der Mitte des 15. Jahrhunderts nur feindſeliger, nur zer-
ſtörender Art, während in früheren Perioden neben dem Kampfe mit den
Waffen auch eine geiſtige Wechſelbeziehung in die Erſcheinung getreten war,
auch die Künſte des Friedens, die Güter der Seelen- und Phantaſiethätigkeit
ausgetauſcht wurden. Mit der Herrſchaft der Osmanen, die faſt gleichzeitig mit
dem Untergang des Maurenreiches von Granada den Höhenpunkt ihrer Macht
erſtieg, verwelkte auch im Islam am geiſtigen Lebensbaum die naturwüchſige
Frucht und Blüthe; türkiſche Gewaltherrſchaft konnte nur die fremden Cultur-
elemente zerſtören, was aus dem eigenen Schooß hervorging, war entlehntes oder
nachgemachtes Gut ohne eigene Schöpferkraft. Die mohammedaniſche Dichtung,
in der ſich die plaſtiſch-poetiſche Anlage der Perſer und die muſikaliſch-lyriſche
Natur der Araber Ausdruck und Formen ſchufen, war wie das ganze nationale
Daſein, von raſchem Entwicklungsgang und hervortretender Energie, aber von
geringer Abwechſelung. Der Born der dichteriſchen Begeiſterung war lebendig und
kräftig emporſprudelnd, aber das Feld, das er befruchtete, war weder weit noch
mannichfaltig; es glich einem von Zierpflanzen und duftigen Kunſtgewächſen reich
geſchmückten Blumengarten, worin eine begrenzte Flora in unendlichen Variationen
und im ſchönſten Farbenglanze prangte, aber weder Natur und Boden, noch Künſt-
lerhand einen Pflanzenwuchs zu erzeugen vermochten, der auch durch die Verſchieden-
artigkeit ſeiner Gattungen und die Höhe und Kraft des Wachsthums Entzücken
und Bewunderung erregt hätte.

Wir haben den Charakter dieſer mohammedaniſchen Dichtung, wie er in den
Culturſtätten Aſiens und Afrika's und in den Herrſcherſitzen Andaluſiens zu Tage trat,
nach Inhalt und Formen kennen gelernt, jene duftigen Genien und anmuthigen Erzählungen, die ſo ſehr mit der Natur und dem nationalen Leben übereinſtimmten. Dieſen
Charakter bewahrte die mohammedaniſche Dichtung auch im 14. und 15. Jahrhundert.
Perſien war der fruchtbare Mutterſchooß der lyriſch-myſtiſchen Poeſie, die ſich dann über
die ganze weitzerſtreute Welt der Verehrer des Propheten ausbreitete und allen Erzeug-
niſſen der Phantaſie und Kunſt ein gleichartiges Gepräge verlieh. In den Roſengärten
von Schiras erwuchſen die dichteriſchen Blumen, welche die alten Chaliſenſtädte, die
Sitze des Luxus, der Ueppigkeit, des Lebensgenuſſes ſchmückten und entzückten. Schiras
war die Geburtsort des gefeierteſten Dichters des Orients, Schemſeddin Mohammed
Hafis, und ſein Grab in der Vorſtadt Moßella, an den Ufern des von ihm viel-
beſungenen Roknabad, blieb Jahrhunderte lang eine Wallfahrtsſtätte für die frommen
Moslemen. Denn Hafis, der feurige und liebliche Sänger der Liebe, des Weines und
der ſinnlichen Genüſſe, lebte als Derwiſch in freiwilliger Armuth in der anmuthigen

Die perſiſche
Poeſie im
14. Jahr-
hundert.

Hafis
zwiſchen
1389 u. 1394.

Gegend seines Heimathlandes, vorziehend das Schwelgen in mystischer nd pantheistischer Beschaulichkeit und Schwärmerei dem Freudenleben am Hofe von Bagdad, wohin der Sultan Achmed-Jlchani ihn einlud; daher nannten ihn seine Verehrer die „mystische Zunge", und fromme „Wortgelehrte" legten seinen von Sinnlichkeit übersprudelnden lyrischen Gedichten einen geheimnißvollen mystischen Sinn unter und deuteten, wie die Bibelerklärer das Hohe Lied, seine Aussprüche allegorisch, wäh end die strenggläubigen Religionsgenossen ihn als Freigeist schmähten, „der Aergernisse schaffet", und ihm ein ehrenvolles Begräbniß verweigern wollten. Hafis durchlebte die ganze Regierung der Familie Mosaffer als Lobredner derselben; seine Geburt und sein Tod fallen mit der Gründung und dem Erlöschen dieser Dynastie zusammen. Auch Timur bezeigte dem „Dichterkönig" seine Hochachtung (VIII, 643 f.). Erst nach seinem Tode wurden seine in lieblicher Sprache und leichter Metrik dahinfließenden Oden und Elegien in einen „Divan" gesammelt, der viele Commentatoren gefunden hat. „Hafis war eine durchaus lyrische Natur, mit einer heitern, leichten und überströmenden Phantasie begabt, jedoch schlechterdings auf die Anerkennung und den Genuß der endlichen Wirklichkeit gerichtet. Wenn in einigen seiner Gaselen mystischer Anstrich aufgetragen ist, wenn aus seinem Buch des Schenken wirklich mystischer Hauch weht, so ist doch die Gesammtheit seiner Gedichte nichts als ein lauter Aufruf zu Liebe und Wein und der höchste Ausbruch erotischer und bacchantischer Begeisterung."

Mohammed Schems-ed-din, genannt Hafis, d. i. die Glaubenssonne, der Preiswürdige, führte auch den Beinamen „Bewahrer des Korans", weil er den ganzen Koran auswendig wußte. Er selbst sagte: „Durch den Koran hab' ich Alles, was mir je gelang, gemacht." Er beschäftigte sich mit theologischen und grammatischen Arbeiten und versammelte eine große Anzahl Schüler um sich. „Mit solchen ernsten Studien", bemerkt Goethe im westöstlichen Divan, „mit einem wirklichen Lehramte stehen seine Gedichte völlig im Widerspruch, der sich wohl dadurch heben läßt, wenn man sagt: daß der Dichter nicht geradezu Alles denken und leben müsse, was er ausspricht. — Aus seinen Liedern strömt eine fortquellende, mäßige Lebendigkeit. Im Engen genügsam, froh und klug, von der Fülle der Welt seinen Theil dahin nehmend, in die Geheimnisse der Gottheit von fern hineinblickend, dagegen aber auch einmal Religionsübung und Sinnenlust ablehnend, eins wie das andere; wie denn überhaupt diese Dichtart, was sie auch zu befördern und zu lehren scheint, durchaus eine skeptische Beweglichkeit behalten muß. — Hafis ist ein großes heiteres Talent, das sich begnügt, Alles abzuweisen, wonach die Menschen begehren, Alles bei Seite zu schieben, was sie nicht entbehren mögen, und dabei immer als lustiger Bruder ihres Gleichen erscheint. Er läßt sich nur in seinem National- und Zeitkreise richtig anerkennen. Sobald man ihn aber gefaßt hat, bleibt er ein lieblicher Lebensbegleiter. Wie ihn denn auch noch jetzt, unbewußt mehr als bewußt, Kameel- und Maulthiertreiber fortsingen, keineswegs um des Sinnes halber, den er selbst muthwillig zerstückelt, sondern der Stimmung wegen, die er ewig rein und erfreulich verbreitet." In dem angeführten Buch von Hammer heißt es: „Alles athmet bei Hafis nur Wein und Liebe, vollkommene Gleichgültigkeit gegen alle äußeren Religionspflichten und offenen Hohn der Klosterdisciplin, wiewohl er selbst nicht nur durch Kutte und Stab, sondern auch durch Verachtung aller Güter der Welt und freien, unabhängigen Sinn ganz eigentlich Derwisch war."

Joseph v. Hammer setzt in seiner „Geschichte der schönen Redekünste Persiens" Hafis an den Schluß des vierten Zeitraumes, den er als die Blüthezeit persischer Poesie und Rhetorik bezeichnet, für jene den Sänger von Schiraz, für diese den Chodja Wasaf. Abdallah Wasaf als Reigenführer darstellend. Wasaf erhielt den Beinamen al Hasret d. i. der Lobredner der Majestät, weil er seine Talente zum Preise des Sultans Abusaid aus der Familie Dschengischans verwendete. Sein Hauptwerk ist eine Geschicht der Nachkommen dieses großen Eroberers in dichterischer Ausschmückung, die troß der Dunkelheiten und Unverständlichkeiten von den Orientalen als Muster rhetorischer Kunst gepriesen wird. „Die Sprache desselben ist ein reichgesticktes Gewebe der gesuchtesten Bilder und seltensten Allegorien, der mannichfaltigsten astronomischen und mythologischen Anspielungen, der künstlichsten Alliterationen und Wortspiele." Neben diesen beiden glänzte noch im vierzehnten Jahrhundert Emir Chosru, der, aus Turkestan stammend, den größten Theil seines Lebens in Delhi als angesehener Beamter des Sultans verbrachte. Gegen das Ende seines Lebens zog er sich jedoch vom Hof zurück und vertilgte aus seinem Divan mehrere Gedichte, die nichts als Fürstenlob enthielten. „Nisami und Saadi waren seine großen Vorbilder auf der Bahn des beschaulichen Lebens und der Dichtkunst, der inneren und der äußeren Wissenschaft." Chosru war ein fruchtbarer Schriftsteller; außer seinen lyrischen Gedichten, die er selbst nach den Perioden seines Lebens in vier Bücher theilte, hat er auch geschichtliche und wissenschaftliche Werke verfaßt und einen „Fünfer".nach dem Vorgange von Nisami (VI, 528) und zum Theil desselben Inhalts.

Chosru.

Den fünften Zeitraum persischer Poesie und Redekunst, das 15. Jahrhundert umfassend, bezeichnet Hammer als die Periode des Stillstands, begrenzt durch Dschami, den letzten Dichter erster Größe, der jedoch mehr durch Correctheit und Glätte des Stils und durch nachahmendes Talent, als durch schöpferisches Genie ausgezeichnet ist. Nach ihm ist die Dichtkunst ein Jahrhundert ruhig stehen geblieben, so sehr auch die Fürsten aus dem Geschlechte Timurs sich den Wissenschaften und schönen Künsten geneigt zeigten und Dichter und Gelehrte oft über Verdienst ehrten und belohnten. Hat doch Emiranschah für ein bombastisches Distichon einst tausend Ducaten hingegeben. Und nicht blos Gönner und Beförderer literarischer Thätigkeit waren diese Herrscher; mehrere derselben, insbesondere Ulugbeg, waren auch selbst Gelehrte und Schriftsteller. Bei solcher Aufmunterung von den Höfen konnte es nicht fehlen, daß sich Viele der Dichtkunst und den Wissenschaften widmeten und daß namentlich in Samarkand eine Menge von Gelehrten, Geschichtschreibern und Dichtern lebten. Aber die schöpferische Geisteskraft war ermattet, der Genius schlaff geworden. Statt neue Richtungen und Wege zu versuchen und frische Geistesfrüchte hervorzubringen, hielten sich die Dichter dieser Periode lediglich an die früheren Werke, die sie nachahmten, paraphrasirten und erweiterten, und legten den Hauptwerth auf Correctheit und Glätte der Form, auf äußerliche Vorzüge. Man prunkte mit gelehrtem Wissen, man mühte sich ab, unpoetische Gegenstände in Verse zu bringen, man zwang die Muse in den Dienst der Religion und verfaßte andächtige und erbauliche Lieder, man schrieb allegorische Romane, worin metaphysische und moralische Wahrheiten im Gewande sinnlicher Liebesgeschichte auftraten. Auch die Prosa, in vielen historiographischen Schriften eifrig gepflegt, setzte mehr Werth in rhetorischen Schmuck als in Natur, in Kraft und einfache Klarheit. Selbst der größte und fruchtbarste Dichter und Schriftsteller des Jahrhunderts, Mewlana Dschami, dessen Vater, aus Ißfahan stammend, sich in dem Flecken Sardschard in der Landschaft Dscham niedergelassen hatte, hat sich an ältere Vorbilder angeschlossen, an Nisami in einem „Fünfer", den er später durch Hinzufügung zweier neuen Stücke zu einem „Siebner" erweiterte, an Saadi in seinem „Frühlingsgarten" (Beharistan), worin Verse und Prosa, Betrachtungen und Erzählungen abwechseln.

Das 15. Jahrhundert.

Dschami. † 1492.

„Dschami", sagt Goethe, „faßt die ganze Ernte der bisherigen Bemühungen zusammen und zieht die Summe der religiösen, philosophischen, wissenschaftlichen, prosaisch-poetischen Cultur. Er hat einen großen Vortheil, dreiundzwanzig Jahre nach Hafis' Tode geboren zu werden und als Jüngling abermals ein ganz freies Feld vor sich zu finden. Die größte Klarheit

4 *

und Besonnenheit ist sein Eigenthum. Nun versucht und leistet er Alles, erscheint sinnlich und übersinnlich zugleich; die Herrlichkeit der wirklichen und Dichterwelt liegt vor ihm, er bewegt sich zwischen beiden. Die Mystik konnte ihn nicht anmuthen; weil er aber ohne dieselbe den Kreis des Rationalinteresse's nicht ausgefüllt hätte, so gibt er historisch Rechenschaft von allen den Thorheiten, durch welche, stufenweis, der in seinem irdischen Wesen befangene Mensch sich der Gottheit unmittelbar anzunähern und sich zuletzt mit ihr zu vereinigen gedenkt."

Dschami wußte das Realistische und Idealistische in sich zu trennen, versichert Hammer, und huldigte so der äußeren als inneren Anschauung nach Zeit und Ort mit Abwechselung von einer zur andern. Er gehört weder unter die ganz sinnlichen, noch ganz übersinnlichen Dichter. Die Mannichfaltigkeit seiner Werke bietet Nahrung für jeglichen Geschmack. Er war Meister des Worts in gebundener wie in ungebundener Rede. Seine Briefe gelten noch heute als Muster in dieser Gattung; von seinen historischen Arbeiten sind die "Biographien der Sofis" am berühmtesten. Am meisten gefeiert aber waren seine lyrischen und romantischen Dichtungen, welche der gesammten Osmanischen Poesie zum Vorbild dienten. Hochgeehrt von den Sultanen Abusaid und Hossein starb Dschami in dem hohen Alter von 82 Jahren.

Dschami's gesammelte Werke zerfallen in drei Klassen, in poetische, gemischte und prosaische. 1) Unter seinen Dichtungen nehmen die lyrischen, in Sammlungen oder Divane getheilt, und die romantischen Erzählungen seines "Fünfer" oder Chamse die erste Stelle ein. In den Divanen hat er die Früchte seiner vier Lebensalter niedergelegt; sie beweisen, daß auch in seinem Alter "das Herz und Geist erwärmende Feuer" noch nicht erloschen war. Sein dem Nisami nachgebildeter "Fünfer" ist theils aus romantisch erzählenden, theils aus didaktisch moralischen Geschichten zusammengesetzt. An der Spitze steht das religiöse Lehrgedicht Tohfet-ebrar d. h. Geschenk der Gerechten. Beginnend mit der Erschaffung der Welt, als des Spiegels der Vollkommenheit des Schöpfers, und des Menschen als des Ebenbildes der Einheit Gottes, handelt es von den Eigenschaften und Tugenden der Menschen, von den religiösen Pflichten, von den Seelenzuständen und Affekten der verschiedenen Lebensalter, von Fürsten, Wesiren und Weisen. Der zweite Theil, Susbetal-ebrar, "der Rosenkranz der Gerechten", ein Seitenstück zu dem ersten, ist wie ein Rosenkranz in Knoten oder Abschnitte eingetheilt, von denen jeder aus drei Theilen besteht: aus der Erklärung (Scherh), der Anwendung derselben durch eine Geschichte (Hikajet) und einer Anrufung (Munadschat), welche gewöhnlich den Uebergang zum folgenden Knoten bildet. Solcher Knoten oder Abschnitte sind vierzig, von der göttlichen Eingebung und der Sprache, dem als dem höchsten Unterscheidungszeichen des Menschen vom Thiere, durch alle Zustände, Stimmungen und Wesenheiten der Seele, nebst Ermahnungen und Lebensregeln. Der dritte Theil enthält die schöne Erzählung "Jussuf und Suleicha", die durch den Koran geheiligte göttliche Liebe des keuschen Joseph und der Frau Putifars, unter den romantischen Liebesgeschichten des Orients neben "Leila und Medschnun" und "Chosru und Schirin" die beliebteste und von den Dichtern am meisten gefeierte. "Chosru und Schirin" ist das Gemälde glücklicher Liebe und des höchsten weiblichen Ideals in Schirin; "Leila und Medschnun" die Geschichte unglücklicher Liebe und des daraus entstehenden Wahnsinns, der für Medschnun das höchste Interesse erweckt, während Leila als ruhige Schönheit auch den Leser ruhig läßt; in "Jussuf und Suleicha" ist das Ideal der höchsten Schönheit in Jussuf, das Ideal der feurigsten Liebe in Suleicha, "die Macht der Schönheit und der Liebe, die Herrschaft des Gemüths und der Sinne, der besiegende Geist des Prophetenthums und die unterliegende Schwäche sich selbst überlassener Weiblichkeit" in scharfen Contrasten einander gegenübergestellt. Zum rechten Glauben bekehrt wird endlich Suleicha durch göttliche Gnade als reine Jungfrau mit Jussuf vermählt. Nachdem er ihr ein Bethaus gebaut, stirbt er und bald darauf auch Suleicha aus Schmerz. Der vierte Theil enthält "Medschnun und Leila", der fünfte

Dschami's Werke. Divane.

Fünfer.

„Iskendername", das Buch von Alexander, dem makedonischen Heldenkönig, dessen Leben
und Thaten im Morgenlande nicht minder zum Inhalte epischer und didaktischer Gedichte gewählt wurden als im Abendlande. Bei Dschami dient übrigens die Geschichte Alexanders nur
als der „Haspel, um daran den Faden allgemeiner Weisheitslehren abzuwinden", die bei jeder
Gelegenheit den persischen und indischen Philosophen in den Mund gelegt werden. Zu diesen
fünf Erzählungen fügte Dschami in seinem Alter noch zwei weitere moralisch-romantische Ge- **Beharistan.**
dichte: „die goldene Kette" und „Abfal und Selman". — Unter den aus Versen
und Prosa gemischten Schriften ist der dem Saadi nachgebildete „Beharistan" oder Fruchtgarten am berühmtesten. Er ist nach dem Vorbilde der acht Paradiese in acht Gärten eingetheilt:
1) Wohlriechende Kräuter aus dem Leben des Scheich Dschoneid und andere Anekdoten von
frommen Scheichen. 2) Philosophische Anemonen, d. i. Anekdoten von Philosophen. 3) Der
Flor der Reiche durch Weisheit und Gerechtigkeit. 4) Fruchttragende Baumschule der Großmuth und Freigebigkeit. 5) Von den Nachtigallen des Gartens der Liebe. 6) Sanfte Winde
von Scherzen und lustigen Einfällen. 7) Von den Singvögeln der Rede und den Papageien
der Dichtkunst, d. i. kurze Notizen von den vorzüglichsten persischen Dichtern. 8) Natürliche
Sprache sprachloser Wesen, d. i. Fabeln und Apologen. Von Dschami's Prosawerken ist seine **Geschichte**
Geschichte des Mysticismus mit Biographien der berühmtesten Sofis, ein Spiegel **des Mysticis-**
orientalischer Contemplation und Theosophie, das hervorragendste. **mus.**

Das 16. Jahrhundert wird von Hammer als das Zeitalter der „Abnahme der **Das**
Poesie" bezeichnet. Wohl dauerte an den Fürstenhöfen, bei Sultanen und Westren, die **16. Jahr-**
Liebe zur Literatur und zu den Wissenschaften noch fort, und jener Usunhasan, den wir **hundert.**
in den früheren Blättern kennen gelernt (IX, 255 ff.), war Kenner und Gönner der
Gelehrsamkeit und schriftstellerischer Thätigkeit; aber die großen Schicksalsschläge, welche
durch die Osmanen seinem Reiche zugefügt wurden, und der eherne Schritt, mit dem
Sultan Selim die alten Culturstätten durchzog (IX, 290 ff.), vernichteten die Blüthe des
Orients. Dschami's Schwestersohn Hatifi, der in einem Garten des Dorfes Charbschard **Hatifi.**
in der Landschaft Dscham lebte und begraben ward, bearbeitete noch mit einigem Erfolg den Fruchtgarten der Poesie im Geiste der Vorgänger, indem er in einem Fünfer oder
Chamse die heimischen Sagen von Chosru und Schirin, von Leila und Medschnun u. s. w.
in zarten und reinen Tönen behandelte und mit manchem schönen Zug vermehrte. Bei ihm
erscheint die Liebe platonisch verklärt. Nach ihm erlahmte die dichterische Kraft des Orients
mehr und mehr. „Geschichte, Poesie, Philosophie, Kanzlei- und Briefstil, Alles wird auf
gleiche Weise vorgetragen". Während Mirchond und sein Sohn Chondemir das Feld der Geschichte bebauten, um die Thaten und Schicksale der Vorfahren der Vergessenheit zu entreißen, traten die Dichter ganz in die Fußstapfen der älteren Meister, nur daß sie an
die Stelle des lyrischen Schwunges glatte Verse und witzelnde Gedanken- und Phantasie-
spiele setzten, oder sie bearbeiteten indische Sagen im heimischen Idiom. Es fehlte nicht
an reichen Gedichtsammlungen oder Divanen, an elegischen Kaßiden und an Gaselen
erotischen und mystischen Inhalts; aber es waren nur Wiederholungen der alten Vorbilder in gezierter Form; und wenn sie für epische Gedichte Stoffe aus der eigenen Geschichte nahmen, wie Hatifi die Siege Timurs, so geriethen sie in die trockene Erzählungsweise der Reimchroniken des abendländischen Mittelalters. Von den 46 Dichternamen, welche v. Hammer nach Hatifi noch anführt mit Uebersetzungsproben aus ihren
Werken, verdienen nur wenige eine Erwähnung: Mirsa Kassim aus einem vornehmen Geschlechte in Chorasan, epischer und romantischer Dichter nach Firdusi und
Dschami, und Saib, ein philosophischer Dichter, „welcher weder wie Hafis und die
Legion seiner Vorgänger und Nachahmer, die epicuräische Philosophie des Lebens unter
Blumen und Bechern zu nieder von der Erde leicht weghascht; noch wie Dschelaleddin

Rumi und die Herrschaar der Myſtiker, das höchſte Gut des Lebens blos mit über-
ſinnlichen Schwingen innerer Offenbarung zu hoch erfliegen will."

Faſl und Feiſt. Ein leztes Abendroth erlebte die perſiſche Literatur und Dichtkunſt am Ende des
16. Jahrhunderts unter dem großen und weiſen Herrſcher Akbar in Hindoſtan, als
deſſen Weſir Abul-Faſl in dem „Akbarname" die Regierung ſeines Gebieters dar-
ſtellte und beleuchtete, und des Weſirs Bruder Feiſt durch ſeine günſtige Darſtellung der
Bramalehre den Sultan von der beabſichtigten Verfolgung der Hindureligion abbrachte
und zugleich in einer myſtiſch-philoſophiſchen Dichtung, genannt „Sonnenſtäubchen"
(Serre), die altperſiſche Lichtreligion an dem Faden des Sonnenlaufes durch den Thier-
kreis mit ſchwärmeriſcher Begeiſterung verherrlichte.

Entartung der Poeſie. „Mit Schah Akbar (1555—1605) und Schah Abbas (1586—1629), den größten Fürſten
auf dem Throne Indiens und Perſiens, erloſch der Glanz der perſiſchen Literatur und beſonders
der Dichtkunſt. Kein Dichter der lezten zwei Jahrhunderte hat ſich einen großen Namen erworben; kein Geſchichtſchreiber iſt aufgetreten, der mit den Meiſtern der vorhergehenden Zeitalter
eine Vergleichung aushielte. Statt der Poeſie und Hiſtorie erhob ſich nun die Epiſtolographik.
Es ward ungemein viel Mühe und Künſtelei verwendet auf den ſchönen Stil und die ſchöne
Schrift der öffentlichen und Privatſchreiben. Beſonders wetteiferten die Staatsſekretäre benach-
barter Höfe, ſich in den Credentialien ihrer Botſchafter den Rang der Beredſamkeit abzugewinnen. Auch wurden meiſtens zu Botſchaftern nur ſehr gebildete, geiſtreiche und gelehrte
Männer ernannt, welche, vielbeleſen in perſiſchen Dichtern, die berühmteſten Stellen derſelben
bei Gelegenheit herzuſagen und anzuwenden wußten. Ihr Wiz und ihr mit ſchönen Kennt-
niſſen geſchmückter Geiſt ſollte dem Sultan und dem Weſire des Reiches, wohin ſie geſendet
wurden, einen hohen Begriff beibringen von der Bildung der Geſchäftsleute ihres Herrn, ſo
wie der ſchöne Stil und die Kalligraphie der Beglaubigungsſchreiben von der Geſchicklichkeit
ſeiner Secretäre. Unter ſolchen Umſtänden mußte ſich die Epiſtolographik zu einem hohen
Grade der Vollkommenheit ausbilden. Freilich daß auch hier der ganze Saft der Rede in Blättern und Schößlingen aufwucherte und nur wenig erfreuliche Früchte guten Geſchmackes trug."

Osmaniſche Dichtkunſt. Mit dieſen Worten des Orientaliſten v. Hammer wollen wir dieſen Rückblick auf die morgenländiſche Poeſie ſchließen. Zwar iſt auch der Osmaniſche
Stamm der mohammedaniſchen Völkerfamilie nicht ohne Pflege der Wiſſenſchaften
und Poeſie geblieben, wie derſelbe Gelehrte in ſeiner vierbändigen „Geſchichte der
Osmaniſchen Dichtkunſt" dargethan hat; aber wenn wir die „Blüthenleſe aus
zweitauſend zweihundert Dichtern" mit den Proben der perſiſchen Poeſie vergleichen, ſo erkennen wir ſofort, daß die Osmaniſchen Dichter durchaus dieſelben
Wege wandeln, welche die großen Vorgänger des Islam im Oriente angebahnt
haben, daß ſie in lyriſchen Kaßiden und Ghaſelen mit dem Preiſe der Liebe und
des Weins myſtiſche Phantaſien und religiöſe Sprüche und Lehren verbunden
haben, nur daß die leztere Seite, dem mehr hervortretenden fanatiſchen Volkscharakter entſprechend, häufiger und fleißiger gepflegt ward; daß ſie in doppelt
gereimten Mesnevi die alten Sagenſtoffe, die ihnen als Erbtheil zugefallen, mit
mehr oder weniger Abwechſelung immer wieder behandelten und nur in den
größeren epiſchen Gedichten, gleichfalls nach perſiſchen Vorgängern, ſtatt der überlieferten Iskanderſage häufig die Thaten der großen Sultane zum Gegenſtande
ihrer Muſe wählten. Hammer beklagt ſich zwar, daß die türkiſche Dichtkunſt im Abendlande ſo wenig Beachtung gefunden, rühmt ihren Reichthum

und meint, der große Lyriker Baki verdiene einen Platz neben Hafis und
Motanebbi; aber er selbst gesteht doch zugleich ein, daß die Türken von keinem
ursprünglichen und eigenthümlichen poetischen Genius wie die Araber und Perser
beseelt gewesen, daß sie sich aber alle Schätze der Cultur dieser beiden Völker
angeeignet hätten. „Vieles, was heute weder im Arabischen noch Persischen mehr
aufzufinden, hat sich hier in Uebersetzung oder Nachahmung erhalten, nicht etwa
wie vertrocknete Blumen in Kräuterbüchern, mit verwischten Farben und Glanze,
sondern wie Wassertropfen und Blüthenstaub in durchsichtigem Bernsteine unversehrt bewahrt." Die persische Literatur wurde im 15. und 16. Jahrhundert so
sehr das Vorbild der Osmanischen, das man sich in Constantinopel nicht selten
des Persischen als Schriftsprache bediente. „Die größten Meisterwerke Osma-
nischer Lyrik, Romantik, Brief- und Geschichtschreibekunst sind von der persischen
nur Zurückspiegelungen, Nebensonnen, zweite Regenbogen und Mondhof."

Während die mohammedanische Poesie im Schatten des mächtigen Ausgang der arabischen Poesie in Andalusien.
Osmanenreiches sich zu großem äußeren Reichthum entfaltete und die geistigen
Errungenschaften der früheren Geschlechter in reinen Gefäßen bewahrte, ver-
schwand sie allmählich vom Boden Andalusiens, aus den alten Maurenstädten
Toledo, Cordova, Sevilla. Wenn gleich aus den Schriften des Erzpriesters
von Hita und aus den alten Liederbüchern hervorgeht, daß die maurische
Poesie, wie wir sie früher kennen gelernt (VI, 525), auch noch im 14. und 15.
Jahrhundert fortlebte und ein gegenseitiger Einfluß der castilianischen und
arabischen Dichtkunst wenigstens in den Volksgesängen aus vielen Spuren nachgewiesen werden kann; so erlosch doch mit dem Glanze der Chalifenhöfe auch die
Begeisterung und Lust zum Gesang; die gehobene Stimmung eines stolzen, sieges-
frohen und selbstzufriedenen Herzens, welche die Muse der Dichtkunst weckt und
anregt, wich mehr und mehr einem elegischen Gefühle über die Hinfälligkeit des
ehemaligen Glücks, der alten Herrlichkeit; die heiligen Kriege, von dem ritterlichen Zuge früherer Jahrhunderte entkleidet und mehr von geistlichem Fanatismus
gefärbt, nahmen den Character religiöser Verfolgungskämpfe an, welche nur
düstere und feindselige Gefühle erzeugen konnten. Ehedem hatten die Mauren
Liebes- und Trinklieder, Elegien und Satiren, wie die Orientalen; „sie besangen
Blumen und Früchte, Rosse und Schwerter, die Reize Andalusiens, seine Städte,
Gärten und Schlösser, verherrlichten Festgelage und nächtliche Fahrten beim Mond-
licht, strömten jede Empfindung in Lieder aus, suchten jedem denkwürdigen Creig-
niß durch Verse Dauer zu verleihen;" seit dem Falle von Granada verstummte die
Leier des erotischen Gesanges und der Lebenslust. In elegischen Kriegsliedern
beklagten die Mauren den Untergang ihres Reiches und das traurige Loos ihrer
Kämpfer. Die Herrschaft der Moslemen in Andalusien, die Herrlichkeit der
alten Chalifensitze lebte nur noch in der geschichtlichen Erinnerung fort und die
Gesänge von ehedem, die fröhliche Geselligkeit früherer Tage, gehoben durch
Saitenspiel und Tanz, strahlte nur noch im Reflex der spanischen Romanzen und

Volkslieder. „Von den Hunderttausenden der Werke ihrer Gelehrten und Dichter haben Zeit und Zerstörungswuth die meisten vernichtet, die übrigen liegen zerstreut in den Bibliotheken des Orients und Europa's, und ihr Verständniß ruht bei ihnen im Staube. Sie selbst aber, unsere Lehrmeister in so vielen Wissenschaften, irren verwildert als Nomaden in der afrikanischen Wüste umher. Wohl lebt noch bei ihnen als eine dunkle Sage die Erinnerung an das schöne Andalusien und vom Vater zum Sohn bewahren sie die Schlüssel zu ihren Häusern, um dort einzuziehen, wenn die Fahne des Propheten wieder auf die Kathedrale von Granada gepflanzt werden wird; diese Zeit kommt jedoch nie, fort und fort kreisen im Auf- und Niedergehen die Gestirne, allein erbleichend hängt der Halbmond Mohammeds über dem Horizont, um nie wieder aufzuleuchten."

II. Die Jahre des literarischen Aufschwungs.

1. Der geistige und nationale Aufschwung Spaniens im 15. Jahrhundert.

Der dichterische Hofkreis König Johanns II.
Die spanischen Gelehrten führen den kräftigen Aufschwung der castilianischen Poesie und Literatur auf den Vater Isabella's, den König Johann II. zurück. Wir haben die Regierung dieses im Ganzen schwachen, unselbständigen und machtlosen Fürsten im vorigen Bande kennen gelernt (IX, 445). Ein Freund der Wissenschaften und der Dichtkunst, suchte Johann durch Studien und den Dienst der Musen die Widerwärtigkeiten zu verdecken und zu vergessen, die ihm aus der Unbotmäßigkeit des Adels und den anarchischen Zuständen seines Reiches erwuchsen; und er hatte die Freude, seine Bestrebungen durch einige gleichgesinnte Edelleute von Talent und Einfluß getheilt und gefördert zu sehen.

Villena † 1434.
Heinrich, Marquis von Villena, der von den königlichen Geschlechtern von Castilien und Aragon abstammte und dessen Güter auf der Grenze von Valencia lagen, war durch seine Stellung wie durch seine Bildung besonders geeignet, geistige Interessen zu wecken. Wenn auch die Wiederbelebung des „Vereins der fröhlichen Wissenschaft", der einst in Barcelona und Valencia geblüht, nicht von Dauer noch von großer Wirkung war, (obwohl die von ihm über die „gaya sciencia" verfaßte Abhandlung als erster Versuch einer Poetik gelten kann); so hat Villena doch sowohl durch seine eigenen wissenschaftlichen Arbeiten als durch seine Uebersetzung des Virgil und Dante seinen Standesgenossen ein anregendes Beispiel gegeben. Wie tief aber die Bildung damals noch in Castilien stand, lehrt die Erzählung, daß Lope de Bartientos, nachmals Bischof von Cuenca, der im Auftrag des Königs die Büchersammlung des verstorbenen Marquis untersuchte, über hundert Bände zu den Flammen verurtheilte, weil sie stark nach Zauberei und schwarzer Kunst schmeckten. Der ironische Ton, in *Mena 1412 —1456.* welchem der Leibarzt des Königs diesen Vorfall dem Dichter Juan de Mena meldet, und die satirischen Verse, mit denen dieser in seinem Gedicht „Laberinto"

des Auto da Fe gedenkt, geben aber zugleich den Beweis, daß der wissenschaftliche Kreis bereits über Aberglauben und Vorurtheil erhaben war und freiere Ansichten in sich aufgenommen hatte.

Uebrigens ist das Gedicht „Das Labyrinth" oder die „dreihundert Stanzen" (la Tro-cientas) des sonst sehr verdienstvollen Juan de Mena, der „Blume der Wissenschaft und des Ritterthums", den der König in seinen literarischen Kreis aufgenommen und zum Historiographen der Landeschronik ernannt hatte, eine frostige Nachahmung Dante's, ein allegorisch-historisch-didaktisches Gedicht in alten daktylischen Versen (versos de arte mayor), worin am Rade einer Zeitmaschine die menschlichen Lebensschicksale versinnbildlicht werden, mit Anwendung großer historischer und mythologischer Gelehrsamkeit und mit patriotischer Wärme, so oft im Umschwung der Planeten Namen bedeutender Männer aus der spanischen Geschichte zum Vorschein kommen. Daß auch König Johann, Mena's Gönner und der damals noch allmächtige Minister und Günstling Alvaro de Luna gepriesen werden, ist nicht zu verwundern. Dafür schätzte und ehrte der König den Dichter so sehr, daß er, nach dem Zeugniß des erwähnten Beibarytes, dessen Werke neben seinem Gebetbuch beständig auf seinem Tische liegen hatte. Wie Dante sich der Leitung Beatrice's überläßt, so führt uns der spanische Dichter in Begleitung einer persönlich dargestellten Vorsehung die bedeutendsten Erscheinungen aus der Menschenwelt vor, die der Geschichte oder der Fabel angehören, und da sie sich um das Rad des Schicksals drehen, geben sie zwar Gelegenheit zu manchem lebensvollen Bilde, aber auch zu vielen langweiligen, steifen Erörterungen. In diesen Umrissen finden wir hier und da Pinselstriche, welche wegen ihrer Einfachheit und Kraft wirklich Dantisch genannt werden können." Trotz der Unförmlichkeit der Composition, der künstlichen Allegorien und mancher phantastischen Uebertreibung besitzt das Labyrinth als allegorisches Gemälde des ganzen menschlichen Lebens viele Schönheiten und erhabene Gedanken und Schilderungen. In seinen letzten Jahren arbeitete Juan de Mena noch an einem moralisch-allegorischen Gedicht, das er Tractat von Lastern und Tugenden nannte. Diese Epopöe sollte den „mehr als bürgerlichen Krieg" darstellen, den der Wille gereizt von den Leidenschaften wider die Vernunft führt. Aber vor Beendigung des Werkes starb er.

Juan de Mena verfaßte auch ein vielbewundertes Gedicht zur poetischen Krönung des Marquis von Santillana, seines hohen Gönners, des eigentlichen Mäcen und Oberhauptes in dem gelehrten Kreise am Hofe Johanns. Inigo Lopez de Mendoza, Marquis von Santillana, gleich ausgezeichnet als Mensch und Dichter, als Staatsmann und Krieger, war der Stolz und die Freude des castilianischen Adels. Santillana's Ruhm ging so weit, daß Fremde aus entfernten Theilen Europa's nach Spanien gereist sein sollen, um ihn zu sehen. Sein Haus war eine Schule ritterlicher und edler Sitte, ein Sammelplatz gebildeter, durch Geist und Kenntnisse ausgezeichneter Männer. „Eine sokratische Philosophie des Lebens war das Element seiner intellectuellen Cultur;" und war er auch kein Dichtertalent erster Größe, so hatte er doch hohe Verdienste um die Literatur. Er suchte der Poesie seines Zeitalters eine moralische Tendenz zu geben, ihr Gebiet durch allegorische Dichtungen zu erweitern und die poetische Darstellung durch Gelehrsamkeit auszuschmücken.

Santillana's „Trauergesang auf den Tod des Marquis von Villena" erinnert in der Anlage an den Anfang von Dante's Hölle. Der Verfasser verirrt sich in einen dichten Wald, wo er klagende Nymphen die Verdienste des Verstorbenen preisen hört. Das

„Lehrgedicht für Privatmänner" (El doctrinal de Privados) enthält eine Reihe moralischer Betrachtungen, veranlaßt durch das unglückliche Ende des Alvaro de Luna (IX, 445).
Sein kritisch-historisches Sendschreiben über die älteste Geschichte der spanischen Poesie ist von
den Literarhistorikern fleißig benützt worden. „Santillana's Geschmack, urtheilt Prescott, war
auf die Dichtkunst gerichtet", worin er einige fleißige Proben hinterlassen hat. Diese waren
vorzüglich moralischer und belehrender Art; doch obgleich sie voll edler Gefühle und in einem
gefeilten, weit regelrechteren Stil als die aus der vorhergehenden Zeit geschrieben sind, so stößt
man darin doch auf zu viel Götterlehre und blumenreiche Zierrei, als daß sie dem Geschmack
unserer Zeit zusagen könnten. Er hatte indeß eine Dichterseele, und wenn er sich in seinen
vaterländischen „Redondillas" gehen läßt, drückt er seine Gefühle mit unnachahmlicher Süßigkeit und Anmuth aus. Ihm muß das Verdienst zugeschrieben werden (wenn es eins ist), das
italienische Sonett in Castilien einheimisch gemacht zu haben, das Boscan viele Jahre später
mit keinem geringen Grad von Selbstlob für sich in Anspruch nahm. Sein Sendschreiben über
die ursprüngliche Geschichte der spanischen Dichtung, obgleich es recht merkwürdige Nachrichten
aus dem Zeitalter und den Quellen, woraus sie stammen, enthält, hat der Wissenschaft vielleicht noch mehr durch die werthvollen Erläuterungen genützt, zu denen es den gelehrten Herausgeber Sanchez veranlaßt hat."

Aus Nacht
zum Licht.   Das geistige Leben und die literarischen Beschäftigungen, die unter dem Schutze
des kunstliebenden Königs Johann II. und seines Hofes bei den höheren Ständen
Eingang gefunden, sanken unter der Regierung des unwürdigen, sinnlichen und
verachteten Heinrich IV. in das Dunkel der Vergessenheit zurück. Wohin sind
die Turniere und Ritterspiele, ruft der Dichter Jorge Manrique aus, wohin
der Gesang der Troubadours und ihre wohlstimmige Musik? Wohin sind jene
Tänze und die schön gewählten Trachten derer, die sie aufführten? Ist es ihnen
anders ergangen als dem Grün der Felder? Wir haben diese traurige Zeit der
Anarchie und Verwilderung früher kennen gelernt (IX, 445 ff.); es schien, als ob
das castilische Reich einem allgemeinen Ruin verfallen sollte. Die Erziehung des
Adels wurde vernachlässigt; von dem Aufschwung der Wissenschaften und des
Kunstlebens, der damals sich in allen Ländern kund gab, war in Castilien keine
Spur zu finden. Aber diese dunkeln Schatten sollten bald verschwinden, als
Isabella das Scepter in fester und sicherer Hand hielt. Hatte auch ihre eigene
Erziehung unter den Stürmen ihrer Jugend gelitten, so daß sie erst als Königin
Latein lernte; so hatte sie doch einen wißbegierigen Geist und eine für die Gaben
der Musen empfängliche Seele, und ihr Einfluß war mächtig genug, auch ihren
auf diesem Gebiete wenig erfahrenen Gemahl Ferdinand zur Mitwirkung an der
Erweckung wissenschaftlicher und literarischer Studien in dem vereinigten Reiche
fortzureißen. In einer nach menschlicher Cultur so sehnsüchtig verlangenden Zeit,
wie die Uebergangsperiode der beiden Weltalter, bedurfte es nur eines guten
Beispiels und ernsten Willens von Oben, um rasch einen Wetteifer in der Arena
des Geistes zu erzeugen: Isabella's Bemühung, mit Hülfe italienischer Gelehrten einen besseren Unterricht unter dem jungen Adel zu begründen, trug bald die
schönsten Früchte: jener Peter Martyr, den wir im vorigen Bande als vielseitigen Schriftsteller kennen gelernt, wurde durch den spanischen Gesanden in

Rom, den hochgebildeten Grafen von Tendilla, Neffen des Cardinals Mendoza, bewogen, nach Castilien überzusiedeln, wo er in Verbindung mit seinem gelehrten Landsmann Marineo Siculo auf die Hebung des Schulwesens und den Gang der klassischen Bildung erfolgreich einwirkte. Auch aus andern Ländern ließen sich gelehrte Männer in Spanien nieder und fanden Aufmunterung und Unterstützung; so der Portugiese Arias Barbosa, der um die Verbreitung des Griechischen große Verdienste hatte und geschätzte Werke über Metrik und andere Zweige der Alterthumskunde geschrieben hat; so mehrere Deutsche, welche in verschiedenen Städten Buchdruckereien errichteten und inländische und ausländische Bücher verkauften. Noch häufiger aber war der Besuch italienischer Lehranstalten durch wißbegierige Spanier, welche zu den Füßen der weltberühmten Häupter des Humanismus die neue Menschenbildung schöpften, die, auf dem Boden des klassischen Alterthums emporgewachsen, damals ihren Triumphzug durch das gesammte Abendland hielt. Unter diesen hat sich vor Allen der erwähnte Antonio de Lebrija (Nebrissensis) als Lehrer und Schriftsteller eines großen Rufes erfreut. Durch diese Bestrebungen und durch die Begünstigung von Oben wurden die Studien in der pyrenäischen Halbinsel auf eine solche Höhe geführt, daß die spanischen Universitäten, insbesondere Salamanca und etwas später Alcala mit den berühmtesten Hochschulen in Italien, Deutschland und Frankreich einen Vergleich aushalten konnten; daß viele spanische Gelehrte, wie die Brüder Vergara, wie Ruñez de Guzman und besonders Joh. Lud. Vives, den Erasmus zu den ersten Gelehrten seines Zeitalters rechnete, einen europäischen Ruf erwarben, daß der Geschichtschreiber Giovio (Jovius) in seiner Lobrede auf Lebrija rühmen konnte, kein Spanier werde für adelig gehalten, der gegen die Wissenschaften gleichgültig sei; daß Marineo in einem seiner Briefe die Stadt Salamanca „die Mutter aller freien Künste und aller Tugenden" nennen konnte, „eben so berühmt wegen ihrer edlen Ritter wie wegen ihrer gelehrten Männer". Die Zahl der Studirenden wird auf 7000 angegeben, alle beseelt vom größten Eifer zur Wissenschaft. Als einst Peter Martyr seine Vorlesungen über Juvenals Satiren eröffnete, war der Hörsaal bis auf die Eingänge so besetzt, daß der Professor auf den Schultern der Zuhörer hineingetragen werden mußte. Ein Sohn dieser Musenstadt Juan de la Encina, den wir später als Dichter geistlicher Schauspiele kennen lernen werden, übersetzte Birgils Hirtengedichte in solcher Umgestaltung, daß er sie den Hauptereignissen der Regierung Ferdinands und Isabella's anpaßte. Und nicht blos der Alterthumskunde galt dieser Eifer; auch die Jurisprudenz, die Medicin, die Mathematik, Geschichte, Erdkunde und alle übrigen Gebiete menschlicher Wissenschaft wurden angebaut und bereichert. Die Bibliotheken in Toledo und Escorial verdanken ihren Ursprung dem wissenschaftlichen Sinne Isabella's; in Simancas wurde ein Reichsarchiv, in Burgos ein Amt der öffentlichen Urkunden errichtet, Vergleicht man dieses allgemeine Interesse für Wissenschaft, für Kunst und geistigen Fortschritt mit den gleichzeitigen Judenver-

folgungen und Inquisitionsgräueln, so kann man sich nicht genug über die Gegensätze wundern, die in jener gährenden Zeit zur Erscheinung kamen. Mit naiver
Unbefangenheit öffnete man dem Geist der Forschung, der prüfenden Kritik, der
wissenschaftlichen Aufklärung weit die Pforten, während man durch Ketzergerichte und Autos da Fe jede Abweichung von der schmalen Linie des Autoritäts-
glaubens als todeswürdiges Verbrechen bestrafte und den finstersten Fanatismus
walten ließ.

Geistliche Censur. Mit der Zeit erkannte man denn auch diese Widersprüche. Schon im Jahre 1502
erging eine Verordnung, daß ohne besondere königliche oder obrigkeitliche Erlaubniß kein
Buch eingeführt, gedruckt oder verkauft werden dürfe; und bald wurde ein geistliches
Censurgericht unter Vorsitz des Großinquisitors aufgestellt, das dem menschlichen Für-
witz starke Schranken setzte und dem Fluge des freien Geistes die Schwingen zerschnitt;
Schauspiele, wie die berühmte „Celestina", um die das Ausland die spanische
Dichtkunst beneidete, erschienen bald den geistlichen Censoren und Sittenwächtern
frivol, als daß man ihr Fortbestehen hätte dulden mögen. So trug die Zeit der
geistigen Auferstehung zugleich neue Todeskeime in ihrem Schooß.

Ritterbücher und das Allgemeine Liederbuch. Zu den ersten Erzeugnissen der spanischen Buchdruckerkunst gehörten von schön-
geistiger Literatur das Ritterbuch „Amadis von Gallien", der Vater einer großen Nach-
kommenschaft, „Tirante der Weiße", worin der Versuch gemacht ist, aus der phantastischen Zauberwelt in eine mehr begreifliche Bahn einzulenken (IX, S. 346 ff.),
eine Sammlung von Liedern in limousinischer und valencianischer Mundart zu Ehren
der heil. Jungfrau, und das Allgemeine Liederbuch (Cancionero general) des
Castillo. Fernando del Castillo (1511). Ohne jene wunderbare Kunst würde wohl ein großer
Theil dieser überschwenglichen Ritterromane nicht auf die Nachwelt gekommen und dem
humoristischen Griffel eines Cervantes die wichtigste Unterlage entzogen worden seyn,
und die Lieder von einhundertsechsunddreißig Dichtern aus dem 15. Jahrhundert, besonders die maurischen Romanzen, „die gleich dem Widerhall entschwundenen Ruhmes
sich rings um die Trümmer von Granada zu ziehen scheinen", wären gleich so manchen
ihrer älteren und vielleicht vorzüglicheren Genossen der Vergessenheit anheimgefallen
oder in verderbter Gestalt den Nachgebornen überliefert worden. Das Allgemeine Liederbuch ist willkürlich nach dem Inhalt, nach den besungenen Gegenständen eingetheilt.
An der Spitze stehen geistliche Lieder oder „Andachtsübungen", wohl der schwächste Theil,
ohne alle religiöse Begeisterung oder dichterische Inbrunst; sie sind ein Spiegelbild des
orthodoxen Dogmenglaubens, der in der Brust des Spaniers durch den Religions- und
Racekampf wider die Araber entzündet und genährt worden. Auch die „moralischen"
Lieder erheben sich selten auf einen höheren ethischen Standpunkt oder zu wahrer poeti-
Gomez und Jorge Man-rique. scher Herzenswärme. Die Wahrheiten und guten Rathschläge, welche Gomez Man-
rique, aus einem vornehmen castilischen Geschlechte, in seinem allegorisch-didaktischen
„Regentenspiegel" dem Königspaar über die Regierungskunst ertheilt, sind wohlgemeint,
aber ohne dichterischen Geist. Berühmter sind die „Coplas" seines Neffen Jorge
Manrique auf den Tod seines Vaters, des im Jahre 1474 verstorbenen Grafen von
Paredes, ein Trauergedicht von edler sittlicher Haltung, worin uns der Dichter über die
Vergänglichkeit des irdischen Daseins emporhebt zu der ewigen Welt jenseits des Grabes.
Zu den schönsten und lieblichsten gehören die „Lieder der Liebe", romantische Herzens-
ergießungen in Redondilien, wenn gleich auch viele von ihnen durch gezierte Künstelei
und Wortspiele einen frostigen Eindruck machen. In einem langen Gedichte von Diego
Lopez de Haro, „dem Spiegel der feinen Lebensart", unterhalten sich die Vernunft

und der Gedanke über den Werth der Herzensangelegenheiten. Eine besondere Abtheilung bilden 156 kürzere Lieder von zwölf Zeilen mit sententiösen oder epigrammatischen
Wendungen, „liebliche Blüthen des altromantischen Geistes". Verwandt damit sind
die „Villancicos", in welchen der Gedanke in zwei oder drei Zeilen vorangesetzt wird,
worauf die Ausführung in einer oder mehreren siebenzeiligen Stanzen folgt. Sie bilden
die Grundlage der in Spanien und Portugal beliebten poetischen Spielerei der „Glosse",
welche ein Thema in mehrfachen Wendungen variirt und darein die ursprünglichen
Worte desselben verflicht. So mannichfaltig übrigens die Gedichte des „Allgemeinen
Liederbuchs" nach Form und Inhalt sein mögen, überall giebt sich der spanische Nationalcharakter, der Hang zu ernsten Betrachtungen, zum Sittenpredigen kund. Dies tritt
besonders hervor in „des Glückes Verachtung" von Diego de San Pedro, ein reu-
müthiges Bekenntniß über die eigenen Verirrungen mit moralischen Betrachtungen
über die Wechselfälle und Eitelkeiten des Lebens.

Wie erwähnt, wurde in Castilien früher als in andern Ländern neben der poeti- Geschicht-
schen Sprache auch die Prosa ausgebildet und bei der Gesetzgebung und Aufzeichnung schreibung.
geschichtlicher Begebenheiten angewendet. Seitdem König Alfons X. „der Weise"
nicht nur in dem Gesetzbuch der „Sieben Abtheilungen" einen „Spiegel aller
Rechte" aufgestellt, sondern auch auf Grund der historischen Romanzen und
Volksüberlieferungen eine „Allgemeine Chronik von Spanien" hatte anfertigen
lassen, hat die historiographische Thätigkeit in der Landessprache keine Unterbrechung erlitten. Seit Alfons XI. gab es ein eigenes Hofamt, dem die Abfassung königlicher Annalen überwiesen war, eine Einrichtung, die nicht nur der
offiziellen Geschichtaufzeichnung und der Ausbildung der Sprache zu gute kam,
sondern auch die Opposition und das Partei- oder Privatinteresse herausforderte
und zu einer freimüthigeren Auffassung der Zeitgeschichte führte. Freilich konnte
die letztere Richtung nur in Zeiten bürgerlicher Parteikämpfe hervortreten, wie bei
Lopez de Ayala, welcher, wie wir gesehen haben, die Jahre der Anarchie und
inneren Zerrüttung unter den feindlichen Brüdern durchlebte und nach Livianischem
Vorbild beschrieb; in den Tagen kräftiger und glanzvoller Regierungen war die
Hofgeschichte auch zugleich die Landesgeschichte, das Urtheil des amtlichen Ge-
schichtschreibers zugleich die Ansicht der Nation. Daher spiegeln unter Isabella
und Ferdinand die lateinischen und spanischen Geschichtsbücher des gelehrten
Alonso de Palencia und die auf altklassischen Studien aufgebaute Chronik
des Geheimschreibers und Hofhistoriographen Fernando del Pulgar eben so
treu die öffentliche Meinung und Volksanschauung als, wie die des „Pfarrers
von Los Palacios", Andreas Bernaldez. Nur in einigen monographischen
Geschichtswerken, zu deren Abfassung der Ruhm einzelner Begebenheiten und
Persönlichkeiten oder der Glanz der Thaten anregte, wie in der Geschichte des
Grafen Alvaro de Luna von einem unbekannten Verehrer des mächtigen Günst-
lings Johanns II., wie in der mit alterthümlicher Treuherzigkeit geschriebenen
Chronik des Don Pero Niños Grafen von Buelna von dem ritterlichen Fahnenträger
desselben Gutierre Diaz de Gomez, wie in der Chronik Gonsalvo's de Cordova,
des „Großen Feldherrn" von einem andern del Pulgar (Hernan Perez) oder von

einem unbekannten Verfasser, konnte sich das geschichtliche Urtheil auf einem unbefangenen, mehr allgemeinen und menschlichen Standpunkt halten. Doch muß
auch hier die panegyristische Tendenz häufig viele historiographische Mängel zu-
decken. Das berühmteste Geschichtswerk aus der Feder eines spanischen Staats-
Historiographen sind „die Jahrbücher der Krone von Aragon" von Geronimo
Zurita **Zurita**, eine pragmatische Geschichte Aragoniens von den ältesten Zeiten bis auf
1512—1580. Ferdinand den Katholischen, unparteiisch und gemäßigt im Urtheil, auf gründlichen archivalischen Studien und kritischen Forschungen in den alten Chroniken
aufgebaut und in Form und Stil würdig und dem Gegenstande angemessen. Ein
Freund der alten freien Verfassung Aragoniens, deren Entstehung und Ausbildung klar nachzuweisen sein Hauptbestreben war, mußte Zurita nicht selten seine
wahre Gesinnung verhüllen oder errathen lassen, um dem despotischen Monarchen,
unter dem er schrieb, keinen Anstoß zu geben. Die Fortsetzung des Werks wurde
den beiden Brüdern Argensola, berühmt als lyrische Dichter im Geiste und in
den Formen des Horaz, übertragen. Zurita's Zeitgenosse, Don Diego Hurtado
de Mendoza, ein als Dichter und Gelehrter, als Staatsmann, Diplomat
und gewandter Cavalier vielgenannter Edelmann aus Granada, hat sich durch
seine „Geschichte des Krieges von Granada" den Beinamen des spanischen Sallust
erworben. Wenn auch die Eleganz des Stils und die rhetorische Darstellung mitunter allzusehr die Nachahmung des Sallust und Tacitus verräth, so hat das
Werk, in welchem Ortskunde, Familientraditionen und arabisches Quellenstudium
den soliden Unterbau bildeten und die Empfänglichkeit des Autors für die großen
menschlichen Anliegen und die hohen Zwecke den Griffel zur würdigen Darstellung lenkte, so viele Vorzüge hinsichtlich des historischen Urtheils, gesunden
Pragmatismus und der Zuverlässigkeit der Thatsachen, daß es mit den besten Ge-
schichtsbüchern des klassischen Alterthums in eine Linie gestellt zu werden verdient.
Im Herzen entrüstet über das treulose und gewaltthätige Verfahren des Hofes
und Klerus gegen die Moriskos, weiß Mendoza mit gewandter Feder diese Gesinnung doch mit der unter der Tyrannei Philipps II. gebotenen Zurückhaltung,
Sepulveda Mäßigung und loyalen Färbung zu vereinigen. Sein Zeitgenosse Juan Ginez
1490—1574. Sepulveda, der heftige Gegner des Schutzredners der Indianer Las Casas
(IX, 695 ff.), ein mit dem klassischen Alterthum, wie mit der Literatur der
Italiener vertrauter Gelehrter, hat als Reichshistoriograph Karls V. die spanische
Geschichte in mehreren gründlichen lateinischen Werken nach Livianischem Muster
bearbeitet; aber wie wichtig auch seine „Geschichte Karls V." durch den reichen
Inhalt und die ausführliche Behandlung der Politik und Kriegsthaten dieses
Kaisers als Quelle für die Geschichtsforschung erscheinen muß, der panegyristische
Charakter der Darstellung läßt nur einen behutsamen Gebrauch zu.

Alonso de Alonso de Palencia genoß eine sorgfältige Erziehung. Während eines länge-
Palencia, ren Aufenthalts in Italien erwarb er sich im Umgange mit Cardinal Bessarion und
geb. 1423, dem gelehrten Griechen Trapezuntios tiefere Kenntniß der alten Sprachen, so daß er die
† nach 1492.

freie Zeit, die ihm seine spätere Staatslaufbahn übrig ließ, neben seinen historischen
Studien und Arbeiten großentheils auf Uebersetzungen griechischer und römischer Schriftsteller verwandte. Mit seiner Uebersetzung des Josephus wurde er erst 1492 fertig.
Von der Königin Isabella, der er in ihrer bedrängten Jugendzeit mit Treue angehangen,
zum Landesgeschichtschreiber ernannt, hat er „die Geschichte Heinrichs IV." in castilianischer, und die „Decades", eine Weiterführung derselben über die erste Regierungszeit
Isabella's bis zum Jahre 1489, in lateinischer Sprache verfaßt. „Sein Geschichtstil
ist weit entfernt von gelehrter Schulsteifheit", bemerkt Prescott, „und zeigt die geschäfts-
kundige Weise eines Weltmannes. Seine Geschichte, in castilianischer Sprache geschrieben,
ist wahrscheinlich zum Gebrauche des Volks bestimmt gewesen, sie hat keinen künstlich
angelegten Plan und enthält so weitläufige, genaue Einzelheiten, daß sie keinen Zweifel
über den großen Antheil aufkommen läßt, den er an den Begebenheiten nimmt, die er
beschreibt und worin er selbst thätig aufgetreten ist. Seine Meinungen sind mit Kühnheit ausgesprochen, zuweilen mit der Bitterkeit von Parteigefühlen." Doch ist seine
Wahrhaftigkeit von allen spanischen Schriftstellern rühmend anerkannt worden. Seine
Werke sind nur handschriftlich vorhanden. Glücklicher in dieser Hinsicht war sein Zeitgenosse
und Mitstrebender **Enriquez de Castillo**, Kaplan und Geschichtschreiber Heinrichs IV., **Castillo.**
dessen Werk in einer schönen Ausgabe erschienen ist. Trotz seiner Ergebenheit für den König
ist er doch nicht blind gegen dessen Fehler und gegen die am Hofe und in der Regierung
herrschenden Mißbräuche, und sein Unwille gibt sich oft in beredten Worten kund.

Fernando del Pulgar (wahrscheinlich von seinem Geburtsort Pulgar bei **Fernando del**
Toledo so genannt) war Geheimschreiber bei Heinrich IV., welches Amt er auch nach **Pulgar.**
Isabella's Thronbesteigung fortgeführt zu haben scheint. Mit diesem Amte war die
Würde eines Zeitgeschichtschreibers verbunden, und als solcher pflegte Pulgar stets im
Gefolge der Königin zu sein; er war somit Augenzeuge all' der kriegerischen Vorfälle,
die er beschreibt, und hatte zugleich Einsicht in die wichtigsten Aktenstücke. Wahrschein-
lich hat er die Einnahme von Granada nicht überlebt, da seine „Geschichte der
katholischen Könige" nicht darüber hinausgeht. „In dem Theile, der einen
Rückblick auf die Ereignisse von 1482 enthält, trifft Pulgar's Zeitgeschichte der
Vorwurf großer Ungenauigkeit; in den späteren Zeiträumen dagegen kann man
sie als vollkommen zuverlässig betrachten, und trägt sie alle Spuren der Unparteilichkeit.
Jeder die Kriegführung betreffende Umstand ist mit gleicher Vollständigkeit und Genauigkeit entwickelt. Seine Erzählungsweise ist, wenngleich weitläufig, doch verständlich und zeichnet sich vortheilhaft vor der anderer gleichzeitiger Schriftsteller aus." Ein
Bewunderer der großen Zeit, die er zu beschreiben hat, blickt er mit Stolz auf die
erhabene Regentin, die diese Größe der Nation herbeigeführt hat. Als Ergänzung seines
Geschichtswerkes können seine „Briefe" und die Schrift Claros varones oder Lebens-
abrisse berühmter Männer seiner Zeit betrachtet werden. — Nach Pulgar's Werk hat
der erwähnte **Antonio de Lebrija** (Nebrissensis) aus der Landschaft Andalusien, **Antonio de**
ein mit klassischer Gelehrsamkeit ausgestatteter Kleriker, der nach langjährigen Studien **Lebrija, geb.**
in Italien zu Sevilla, Salamanca und Alcála de Henarez vielbesuchte Vorlesungen **1444.**
über klassische Sprachen und Literatur hielt und eine vorzügliche castilianische Grammatik
nach dem Muster der Alten schrieb, seine Zeitgeschichte in lateinischer Sprache bearbeitet,
ohne seines Gewährsmanns zu gedenken, von dem er doch in vielen Stücken nur eine
Uebersetzung gibt. Da das lateinische Werk Lebrija's vor dem spanischen gedruckt ward,
so galt er lange für den Originalschriftsteller, bis in der Folge das wahre Verhältniß
zu Tage trat und den Ruf und das Ansehen Antonio's de Lebrija nicht wenig bein-
trächtigte.

2. Das spanische Schauspiel in seiner ersten Entwickelungsperiode.

Geistliche u. weltliche Grundlage.

Das fünfzehnte Jahrhundert gab auch der Gattung von Poesie, die in Spanien die größten Triumphe feiern sollte, ihre Entstehung: der dramatischen Dichtung. Wir haben im vorigen Band (S. 349 ff.) nachgewiesen, wie auf dem Boden der Kirche das geistliche Schauspiel erwachsen ist. Auch die Lieder der Troubadours, die von Jongleurs mit Musik, Geberdenspiel, rhythmischen Bewegungen vorgetragen wurden, trugen dramatische Elemente in sich. Die lebhafte Natur des schaulustigen südländischen Volkes führte diese Keime einer raschen Entwicklung entgegen. Aus einer merkwürdigen Verordnung in den „sieben Abtheilungen" des Königs Alfons X. erfahren wir, daß in der zweiten Hälfte des 13. Jahrhunderts Vorstellungen von geistlichen und weltlichen Schauspielen innerhalb und außerhalb der Kirchen stattfanden, die von Klerikern und Laien mit Pantomimen und Worten aufgeführt wurden. Es wird dabei ausdrücklich unterschieden zwischen Vorstellungen zur Belustigung des Volks, die umherziehende Leute um des Erwerbes willen unternehmen, und den an den Kirchenfesten zur Erhöhung der Andacht aufgeführten Schauspielen; von jenen sollten sich die Geistlichen fern halten, diese in würdiger Weise in den geweihten Räumen fördern und pflegen. Auch sollten Possenspieler keine Priester- oder Ordensgewänder anlegen. Diese Elemente zweier Richtungen, die viele Keime der Entwicklung in sich trugen, erhielten im 14. Jahrhundert größere Verbreitung: die volksthümliche heitere Seite der mimischen Darstellung durch die wachsende Bedeutung der Jongleurs- und Sängerkunst, die ihre limousinische Volksdichtung und Mundart von Catalonien und Aragonien aus weiter nach Westen und Süden trug, und das kirchliche Schauspiel, die Mysterien mit Pantomimen, Gesängen und Zwischenhandlungen (Entremeses) durch die Einführung des Fronleichnamfestes, das in Spanien bald mit großem kirchlichen Pomp, mit Prozessionen und glänzenden Aufzügen gefeiert ward und die Schaulust des Volks zugleich anregte und zu befriedigen suchte.

Schon um 1360 werden biblische Darstellungen als ein Theil der Festlichkeit erwähnt. Bald zeigten sich übrigens dabei dieselben Uebelstände, welche schon in der Alfonsinischen Verordnung gerügt worden waren, so daß das Concil von Aranda (1473) von Neuem gegen die Entweihung der Gotteshäuser durch unpassende Schauaufzüge und unanständige Figuren, Gedichte und Spottreden eiferte. Vielleicht ist der Todtentanz, von dem früher die Rede war, behufs eines mimischen Kirchenaufzugs verfaßt worden. „Die Beschaffenheit des Stückes läßt vermuthen, daß bei der Darstellung Gesang, Rede, Tanz und Instrumentalmusik mit einander verbunden waren. Die Verse sind zwölfsilbige, in achtzeilige Stanzen abgetheilt." Im 15. Jahrhundert waren, wie in Frankreich, mit großen Hoffesten nicht selten dramatische Aufführungen verbunden. So wurde im Jahre 1414 bei Ferdinands Thronbesteigung (VIII, 90) ein allegorisches Schauspiel von Villena dargestellt, wobei Gerechtigkeit, Wahrheit, Friede und Barmherzigkeit als handelnde Personen auftraten. Auch an dem kunstliebenden Hofe Johanns II. kamen mimische Darstellungen bei feierlichen Gelegenheiten in Anwendung;

aber Santillana's Gedicht auf die Seeschlacht bei Ponza (1435), worin die Könige von Aragon und Navarra von den Genuesen gefangen genommen wurden, ist trotz seines Titels „Comedieta" nur eine Dichtung in dialogischer Form ohne dramatische Anlage. Auch die unter dem Titel „Mingo Revulgo" bekannten Strophen, in denen ein Dichter aus Toledo, Rodrigo de Cota, eine satirische Schilderung der Mißstände am Hofe Heinrichs IV. entwirft, haben kaum etwas anderes als die dialogische Form mit dem Drama gemein. Mehr scenischen Apparat als jenes „seltsame Zwitterding von Satire und Schäfergedicht" zeigt ein demselben Verfasser Rodrigo Cota zugeschriebenes versificirtes Gespräch im Allgemeinen Liederbuch, ein Streit zwischen Amor und einem Greis, wobei dieser zuletzt unterliegt, und ein Gedicht vom Comthur Escriva, worin der Verfasser sich selbst, seine Geliebte, den Amor, die Hoffnung und das Herz redend einführt, verdient den Namen eines kleinen allegorischen Drama's voll Freimuth und leichter Diction.

Die Entstehung der eigentlichen dramatischen Kunst war dem Zeitalter Isabella's vorbehalten. Es wird als wichtiges Ereigniß erwähnt, daß in demselben Jahre 1492, welches den Fall von Granada und die Entdeckung der Neuen Welt gesehen, auch die Gesellschaften anfingen, „öffentliche Comödien von Juan del Encina darzustellen, einem Dichter von großer Anmuth, Scherzhaftigkeit und Unterhaltungsgabe". Uebrigens gingen seine dramatisirten Schäferstücke, welche in Spanien und später in Rom vor den hohen Gönnern, zur Aufführung kamen, nicht weit über die Grenze der geistlichen Schauspiele hinaus. Seine Hirtengedichte und Dialoge dienten zur Verherrlichung der Kirchenfeste, daher sie auch mit den im Cultus gebräuchlichen Villanciccos schließen, und nur in den Carnevalsspielen schlägt er einen freieren scherzhaften Ton an. Einen größeren Einfluß auf den Entwickelungsgang der dramatischen Poesie legt man dem Stücke „Celestina, Tragicomödie von Calisto und Melibea" bei, einem Gedicht, halb Drama, halb Roman, dessen Anfang dem erwähnten Rodrigo Cota zugeschrieben wird, während die Fortsetzung von einem Baccalaureus Fernando de Rojas herrührt. Der dramatische Roman besteht aus ein und zwanzig Akten und es geht sowohl aus dieser Länge als aus der Derbheit mancher Scenen hervor, daß das Stück niemals zur Aufführung bestimmt war. Aber ihre Absicht, „ein Gemälde von den Verirrungen der Leidenschaften zur Warnung für Jedermann" zu entwerfen, wußten die Verfasser in einer so trefflichen dialogischen Form auszuführen, und an so kraftvoll gezeichneten Charakteren deutlich zu machen, daß sie die Vorbilder vieler Dramatiker des 16. Jahrhunderts wurden.

„Calisto, ein Jüngling von vornehmer Herkunft, hat eine heftige Leidenschaft für die schöne Melibea gefaßt, kann aber nicht zum Ziel seiner Wünsche gelangen. Er wendet sich an eine listige Unterhändlerin. Diese, die Celestina, welche dem Stücke den Namen gibt, bietet Alles auf, um ihm zu zärtlichen Zusammenkünften mit der Geliebten zu verhelfen. Durch Liebestränke und Zaubereien, durch Ränke und Kniffe aller Art gelingt es ihr endlich, das Herz der Schönen zu bethören. Während Calisto in den Armen Melibea's ruht, ergötzen sich seine Diener im Hause der Celestina auf ihre Art; aber hier entsteht Zank, die alte Kupplerin wird umgebracht, die Justiz kommt herbei, verhaftet die Thäter und verurtheilt sie zum Galgen.

Die saubere Genossenschaft der Ermordeten schwört nun, die That der Diener auch an dem Herrn zu rächen. Die Liebenden, deren Leidenschaft seit der ersten Zusammenkunft nur gestiegen ist, feiern eben eine schöne Stunde, als sie eine Schaar von Wüthenden herandringen sehen, welche das Haus zu stürmen droht. Calisto, der sich dem Angriff entgegenstellt, findet alsbald seinen Tod. Melibea, voll Schmerz und Verzweiflung, beschließt, dem Geliebten zu folgen, ersteigt die Spitze eines Thurms, bekennt den Eltern ihren Fehltritt, erzählt ihnen den Tod des Geliebten und stürzt sich von der Höhe hinab."

Die „Celestina" hat trotz der zweifelhaften und schwankenden Kunstform eine große Verbreitung im In- und Auslande gefunden und wurde in alle Sprachen übersetzt, so daß sie neben dem fast gleichzeitigen „Orfeo" Politians von vielen Literarhistorikern an die Schwelle der neueren Bühnendichtung gestellt wird. Nur das französische Lustspiel „Pathelin" (IX, 354 f.) macht der „Celestina" die Priorität streitig. Als die spanische „Tragicomödie" in der Heimath wegen ihrer unsittlichen Richtung verboten ward, wurde sie in Italien häufig abgedruckt. „Ein solch allgemeiner, sich über Jahrhunderte und Völker erstreckender Beifall zeigt, wie sehr das Stück auf den Grundlagen der menschlichen Natur gebaut ist." Ist auch der poetische Werth nicht hoch anzuschlagen, bemerkt v. Schack, so verräth doch das Ganze ein seltenes Darstellungstalent. „Die Verkehrtheiten und Lächerlichkeiten des Lebens sind in der „Celestina" mit großer Wahrheit und Laune zur Schau gestellt, die Charaktere zwar nur nach der gemeinen Natur copirt, aber mit sicherer Hand gezeichnet und scharf von einander geschieden; die Sprache der Liebenden wird mitunter von Feuer und Leidenschaft belebt, und die Leichtigkeit des Dialogs, dem es auch an poetischem Schmuck nicht gänzlich fehlt, ist zum Theil unübertrefflich. Ganz vorzüglich aber gebührt der treuen und lebensvollen Schilderung der nationalen Sitten Anerkennung, und diese, im Verein mit den angedeuteten Vorzügen, gewährt solche Befriedigung, daß man stellenweise das Dürre, ja Widerwärtige der zu Grunde liegenden Geschichte ganz vergißt. In allen den erwähnten Eigenschaften sind die zahlreichen Nachahmungen, welche die „Celestina" hervorrief, weit hinter ihrem Vorbilde zurück geblieben; und man kann zweifeln, ob der große Lope de Vega, der sie bei seiner Dorothea zum Muster nahm, sie in allen Stücken erreicht hat."

Gil Vincente
† 1557.

Einen wesentlichen Einfluß auf die Entwicklung des spanischen Drama's hatte der Portugiese Gil Vincente, ein fruchtbarer Dichter, der nicht nur in seinem vaterländischen Idiom schrieb, sondern auch in castilianischer Sprache, und dessen Werke von den späteren spanischen Dichtern vielfach nachgeahmt wurden. Bei der Aufführung hat er als Schauspieler selbst mitgewirkt. Sein erstes Stück zur Feier des Geburtsfestes des Infanten brachte er noch unter Manuel zur Aufführung; die glänzendste Periode seiner Thätigkeit aber fällt in die Regierungszeit Johanns III., der so großes Gefallen an den Schauspielen des Vincente fand, daß er selbst bei ihrer Darstellung Rollen übernahm.

Autos.

Die Stücke Gil Vincente's, meist in vierfüßigen Trochäen mit verschiedener Reimordnung geschrieben, werden je nach dem Gegenstande in verschiedene Abtheilungen gebracht. Die erste umfaßt die sogenannten Autos, Dramen religiösen Inhalts, die an Weihnachten und andern Festtagen zur Aufführung kamen und aus den mittelalterigen Mysterien und Moralitäten hervorgingen. „Die Dogmen des katholischen Glaubens für Jedermann faßlich darzustellen, zugleich aber auch, unbeschadet der Andacht, möglichst für die Unterhaltung seines Publikums zu sorgen, war der Zweck, über den Gil Vincente nicht hinausging. Zur Erreichung desselben ließ er das Komische mit dem Ernsten und Erbaulichen wechseln, zog die irdische wie die überirdische Welt in den Kreis seiner Dichtung und suchte die Verbindung zwischen beiden durch eine ziemlich derbe und handfeste Allegorie sinnlich darzustellen." Wie verworren und seltsam meistens die Composition war, wie roh und nachlässig in Sprache und Anlage seine gewöhnlich der Schäferwelt entnomneuen Schauspiele uns erscheinen, so verstand er es doch, das Ganze "mit poetischer Harmonie zu umkleiden, den abstrakten Gedanken Worte zu leihen und ein Scheinleben einzuhauchen." Zu den berühmtesten Stücken dieser Gattung gehört das Auto da Feyra (Jahrmarktstück), das "Summarium der Geschichte Gottes", Auto da alma u. a. m. Die drei andern Klassen enthalten die weltlichen Stücke in Komödien, Tragikomödien und Farcen abgetheilt. Die Ko= Komödien mödien sind an Gehalt und Charakter sehr verschieden. "Einige sind dialogisirte Novellen, die das ganze Leben eines Menschen begreifen und die Ereignisse nur lose, ohne Verschlingung eines Knotens an einander knüpfen. An einzelnen unterhaltenden Scenen ist dabei kein Mangel, wohl aber an jener Gluth der Phantasie, jener Gabe der zugleich sinnreichen und kühnen Erfindung, welche romantische Abenteuer in unerschöpflicher Fülle hervorbringt und die Theilnahme selbst in einem Gewirr wechselnder Ereignisse nicht ermatten läßt." Dahin gehören "Rubena", "Der Wald des Trugs", "Die Comedia des Wittwers". Die Tragi= Tragi= comödien und Festspiele waren bestimmt, "bei feierlichen Gelegenheiten am Hofe aufgeführt komödien. zu werden und durch reichlichen Aufwand von Allegorie, Mythologie und Zauberei auf eine äußerlich glänzende Darstellung berechnet." Eines der schmeichelhaftesten für die Königsfamilie war "Der Sturm oder die Aufforderung zum Krieg"; das bunteste unter allen ist "Der Triumph des Winters"; der "Amadis von Gallien" behandelt die Liebesgeschichte dieses irrenden Ritters und seiner Herrin Oriana. Den größten Ruhm erwarb Gil Vincente durch seine Farcen, Farcen. ein Name, womit man übrigens damals alle Schauspiele bezeichnete; doch sind die meisten dieser Gattung auch Farcen in unserem Sinne. "Es sind keck hingeworfene Schwänke voll burlesker Kraft und dramatischer Lebendigkeit. Ungemeine Kraft der Komik, sprudelnde Fülle des Witzes und ein wahrhaft dichterisches Vermögen, das selbst die derbsten Ausbrüche des Volkshumors mit genialer Grazie umkleidet und überall verborgene Quellen der Poesie hervorsprudeln läßt, machen einige dieser Stücke zu Mustern ihrer Gattung." (Ein Anderes von Ebendemselben", "Inez Pereira", geschickt in Anlage und Ausführung, "Der Klerifer von Beira", "Die Zigeunerfarce" u. a.)

Einen bedeutenden Schritt in der Entwicklung der dramatischen Kunstpoesie der Spanier machte Bartolomé de Torres Naharro, ein Geistlicher und Ge= Naharro. lehrter aus angesehener Familie unweit Badajoz. Der Vater des spanischen Nationaltheaters, wie man ihn nannte, hatte ein bewegtes Jugendleben: er gerieth in Algier'sche Gefangenschaft, hielt sich dann längere Zeit in Rom auf unter dem Pontificat Leo's X., bis er vielleicht in Folge satirischer Bemerkungen vor seinen zahlreichen Feinden sich nach Neapel flüchtete. Die letzten Lebensjahre scheint er in Spanien verbracht zu haben. In Rom gab er im Jahre 1517 eine Sammlung dramatischer Dichtungen unter dem Titel "Propaladia" heraus, die rasch viele Auflagen erlebten und in Neapel, wo die vornehme Gesellschaft spanisch verstand, häufig zur Aufführung kamen, während sie in Spanien selbst bald verboten bald erlaubt wurden, je nach der Laune des heiligen Amtes, und vielleicht nie auf den Brettern erschienen. Die Propaladia brachte nicht nur eine Reihe theoretischer Bemerkungen über Dramaturgie, durch welche die Gattungsunterschiede zwischen Tragödie und Komödie festgestellt und das Wesen jeder Gattung mit richtigem ästhetischen Urtheil entwickelt und begrenzt ward; sie enthielt auch acht Lustspiele, die durch ihre äußere Einrichtung, durch Sprache und Versmaß, wie durch andere Vorzüge eine neue Epoche in der Bühnendichtung begründeten. Sie gaben das früheste Beispiel von der Eintheilung in Jornadas (Tagreisen oder

5 *

Stationen), wie man fortan in Spanien die Akte bezeichnete, und von dem
Introito oder Prolog, worin der Verfasser durch einige feine Wendungen und
Witze die Gunst der Zuhörer zum voraus zu gewinnen suchte und zugleich eine
Uebersicht von dem Inhalte und Zweck des Stückes gab.

Die metrischen Formen, in denen sich Naharro bewegt, bestehen durchgehends aus gereimten trochäischen Versen, meist von acht Sylben, aber mit eingemischten halben Füßen. Es ist
das bekannte vaterländische Redondillametrum, das fortan als das passende Versmaß für das
Schauspiel galt. Manche seiner Stücke, wie die „Comedia Imenna", die „Jacinta" u. a. sind
durch Anlage, durch Verwickelung und Lösung der Intrigue anziehend und spannend; in dem
letzten Stück hat eine Schilderung des römischen Lebens, wie sie Martin der Affe im Reinete
Fuchs gibt, bald die Aufmerksamkeit der Inquisition und ein Verbot hervorgerufen; in der
„Serafina" wird die Vermischung von vier Sprachen getadelt, dagegen die Charakterzeichnung
und die graziösen Wendungen des Gespräche gerühmt. Hier findet man auch bereits ein Beispiel jener in späteren Stücken so häufigen zweiten Liebhaber, welche immer bereit sind, sich mit
der Dame zu verheirathen, die der erste hat sitzen lassen. Ueberhaupt enthalten die Dramen
Naharro's viele Züge, welche der spanischen Bühnendichtung auch in ihrer Blüthezeit charakteristisch geblieben sind. Dahin gehören z. B. die verliebte Eifersucht, die ausgespitzten Vorstellungen von Ehre, die Begriffsverwirrung, die Verbrechen mit dem Eifer für Religion zu
rechtfertigen sucht u. dgl. m. Der Dialog ist leicht und fehlerfrei, ohne Ziererei und gesuchten rhetorischen Schmuck. „Die Unterredungen, besonders in den untergeordneten Rollen, werden mit
großer komischer Lebendigkeit geführt; Naharro scheint auch wirklich eine bessere Auffassungs-
gabe für Charaktere aus den niederen Ständen besessen zu haben als aus den höheren; und
mehr als eins seiner Stücke ist ausschließlich zur Darstellung derselben bestimmt. Bei einigen
Gelegenheiten nimmt indeß der Verfasser einen höheren Schwung, und seine Verse erheben sich
dann zu einem Grade von dichterischer Schönheit, welche durch die den Spaniern eigenthümliche moralische Betrachtung noch gesteigert wird."

Theater-
wesen.   Während der ganzen ersten Hälfte des 16. Jahrhunderts machte die Schauspielkunst in Spanien geringe Fortschritte. Bei den großen Kirchenfesten hielt man
sich an die herkömmlichen biblischen Stoffe, meistens dialogisirte Erzählungen
ohne dramatische Anlage oder Verknüpfungen; Befriedigung der Schaulust des
Volkes schien der Hauptzweck. Daß dabei mitunter unschickliche, dem Gegenstand wenig entsprechende Scenen vorkamen, geht aus verschiedenen Verwarnungen
und Verboten hervor. Bei hohen Festtagen kamen meistens prunkvolle allegorische
Darstellungen zur Aufführung; da aber unter dem beweglichen, fortwährend
umherziehenden Karl V. der Hof keine feste Stätte hatte, auch meistens Fremde
die Umgebung des Kaisers bildeten, so war zu solchen Schauspielen wenig
Gelegenheit. Wohl gab es in den größeren spanischen Städten, namentlich in
Sevilla und Valencia, schon frühe stehende Theater; aber die Einrichtungen
müssen, wenn die Beschreibung des Cervantes zutreffend ist, noch sehr primitiv
gewesen sein.

„Der ganze Kleidervorrath eines Schauspielunternehmers jener Zeit, sagt Cervantes, war
in einem einzigen Sack enthalten und belief sich meistens auf vier Anzüge von weißem Pelz-
werk mit vergoldetem Leder besetzt, vier Bärte, vier Perrücken und vier Hirtenstäbe; da gab es
keine Versenkungen, bewegliche Wolken oder Maschinenwerk irgend einer Art. Die Bühne selbst
bestand aus vier oder sechs Brettern, quer über eben so viele Bänke gelegt, in Form eines Vier-

eckt, und nur vier Handbreiten hoch von der Erde. Der einzige Bühnenzierrath war eine Bett-
decke, von einer Seite zur andern mit Stricken gezogen, hinter welcher die Musiker irgend
eine alte Romanze ohne Guitarre sangen." In der That, bemerkt Prescott, bediente man sich
auch keiner weiteren Vorrichtung als solcher, welche die Darstellung von Mysterien oder Schäfer-
gesprächen, die auf jene folgten, erheischte. Obgleich die Spanier in Vergleich zu den meisten
andern europäischen Völkern, am frühzeitigsten die dramatische Kunst trieben, waren sie doch
unerklärlich zurück in allen diesen theatralischen Beiwerken. Die Zuhörerschaft zeigte sich zufrieden mit solchen armseligen Mummereien, wie sie herumziehende Schauspieler und Markt-
schreier zu Stande bringen konnten. In Madrid gab es erst am Ausgange des 16. Jahrhunderts ein stehendes Theater; und dies bestand aus einem Hofe mit einem bloßen Schußdache,
während die Zuschauer auf Bänken rund umher oder an den Fenstern der umliegenden Häuser
saßen."

Zu diesem Verfall der vaterländischen Bühnendichtung trug nicht wenig die
Uebertragung der antiken Dramen durch die Humanisten bei. Wie in Italien
und anderen Ländern wurde auch in Spanien der Versuch gemacht, die Tragödien
von Sophokles und Euripides, die Comödien von Plautus und Terentius einzubürgern. Man verfuhr aber dabei mit solcher Freiheit und Willkür, indem
man Vieles wegließ, Anderes einschaltete, daß die Originale kaum mehr zu
erkennen waren. Auch scheinen solche Bearbeitungen kaum je zur Aufführung
bestimmt gewesen zu sein. Am bekanntesten waren die Stücke des Fernan Perez
de Oliva, eines jungen Gelehrten der Hochschule Salamanca, welcher die
Elektra des Sophokles und die Hekuba des Euripides in ungebundener Rede
übersetzte, zwar mit großer Gewandtheit der Sprache, aber mit Veränderungen
der eigenmächtigsten Art. Diese Versuche mit dem klassischen Drama hatten
weder Dauer noch großen Erfolg, und blieben dem Volke stets fremd. Die
pyrenäische Halbinsel war bestimmt, das romantische Drama, das in den nationalen Sitten, Gewohnheiten und Geschmacksrichtungen wurzelte, zur Ausbildung
zu führen; und dies geschah am Ende des Jahrhunderts durch hervorragende
Dichtergeister. Den Anfang machte Lope de Rueda, ein Handwerker aus
Sevilla, der von unwiderstehlicher Neigung zur Schauspielkunst getrieben unter
eine Komödiantentruppe ging, an deren Spitze er dann mit einem nothdürftigen
Apparat im Lande umherzog und seine selbstverfertigten Lustspiele in ungebundener Rede zur Aufführung brachte. Dabei entwickelte er eine solche scenische
Kunst und mimische Virtuosität, daß man ihn als den Begründer der neueren
spanischen Bühnendichtung und Schauspielkunst ansehen darf. Und so sicher
traf er den Geschmack seiner Landsleute, daß ein Gelehrter aus Sevilla, Juan
de la Cueva, vielleicht ohne dessen Lustspiele zu kennen, eine dramaturgische
Theorie aufstellte, welche entsprechend den Stücken Rueda's, die Mischung des
Tragischen mit dem Komischen als die nothwendigen Grundgesetze der spanischen
Bühne darzuthun suchte.

Die dramatischen Arbeiten Rueda's zerfallen in drei Classen: Komödien, Pastoral-
gespräche und sogenannte Pasos. „In allen diesen Stücken, sagt Schack, zeigt sich der Verfasser
als Mann von offenem Sinn und klarem Blick für die Erscheinungen des Lebens, die er treu

[margin: Das antike Drama in Spanien.]

[margin: Lope de Rueda, † vor 1567.]

und in anziehender Natürlichkeit darzustellen weiß, aber von sehr geringer Dichtergabe. Daher ist er überall da am glücklichsten, wo er sich in der ihm angemessenen Sphäre bewegend die gemeine Wirklichkeit in der Sprache des gewöhnlichen Lebens schildert. In diesem beschränkten Kreise konnte er mit seiner scharfen Beobachtungsgabe, seiner Laune und Schalkheit sehr zu seinem Vortheil auftreten; hier stört kein Conflikt zwischen Stoff und Behandlung, und der Ausdruck ist dem Gegenstand vollkommen angemessen. Die meiste Befriedigung gewähren daher seine Pasos. So nämlich nannte er eine Art von kleinen burlesken Spielen, die er vor dem Beginne der größeren Stücke oder zwischen den Abtheilungen derselben aufzuführen pflegte, die Entremeses der damaligen Zeit." Seine Prosasprache ist leicht und von natürlicher Eleganz. Die meisten seiner Stücke sind aus Novellen genommen und wieder in andere Schauspiele übergegangen. Zu den bekanntesten gehören die Comedia de los Engaños (aus derselben Novelle von Bandello, wie Shakespeare's „Was ihr wollt"), „Eufemia", das Zauber- und Spectakelstück „Armelina". Rueda war auch der erste, welcher gleich den Italienern gewisse Figuren als stehende Rollen in das Schauspiel eingeführt hat. „Dergleichen Figuren, die sich unter denselben allgemeinen Charakterformen in fast allen seinen Stücken wiederholen, sind der zanksüchtige Alte, die gutmüthige und geschwäßige Regerin, die verschmißte Zigeunerin und der Tölpel oder Einfaltspinsel."

Das romantische Schauspiel. Mit den volksthümlichen Lustspielen Rueda's und seiner Nachahmer Alonso de la Vega und Juan de Timoneda waren die verschiedenen Gattungen dramatischer Vorstellungen erschöpft, aus deren Verbindungen die reiche Dramaturgie der nächsten Generation hervorging und zu hoher Vollendung gelangte: die historischen Darstellungen der heiligen Geschichten, die an die kirchlichen Feste gebundenen Mysterien und Moralitäten, aus denen sich die Comedias divinas und die Autos entwickelten; die antiken Stücke des klassischen Alterthums, die mehr und mehr den Originalen sich anschließend zum ernsten Kunstdrama mit regelmäßiger Metrik führten; und das Hirten- und Volksschauspiel mit gemischten Stoffen und freierer Behandlung in Sprache und Action. Diese letzte Gattung wurde meistens von wandernden Truppen aufgeführt, die sich keines guten Leumundes erfreuten, daher auch öfters obrigkeitliche Erlasse gegen sie ergingen; Frauenrollen mußten von Knaben oder Jünglingen gespielt werden. Erst als in Madrid durch die Brüderschaften zweier Hospitäler Plätze zur Aufführung von Schauspielen zum Besten ihrer Anstalten hergerichtet wurden, brach eine neue Zeit an. Nun bildeten sich Schulen von Schauspielern und Bühnendichtern, die ihre Kunst fortpflanzten und Repertorien von älteren und neuen, von fremden und einheimischen Stücken anlegten. Das große Interesse des spanischen Volkes für dramatische Darstellungen reizte den Wetteifer und die Productionslust, und

Juan de la Cueva 1550 – c 1607. seitdem der erwähnte La Cueva theoretisch und praktisch die Scheidewand zwischen Tragödie und Komödie niedergerissen hatte und Personen aller Stände in demselben Stücke auftraten, war dem romantischen Drama ein weites Feld erschlossen. Nun galt es zunächst Maß zu halten und eine gewisse Begrenzung durch poetische Gesetze und Tradition zu schaffen, damit die Dramatik nicht verwildere und ins Ungeheuerliche ausarte, wozu das Beispiel Cueva's selbst leicht Anlaß geben konnte. Denn so reich auch seine Dramen an fesselnden Scenen und

Situationen sind, besonders die historischen Stücke aus der alten wie aus der spanischen Geschichte, so ließ er sich doch allzu häufig durch seine Erfindungslust und seine rasche Compositionsgabe auf Irrwege führen.

„Durch den glänzenden Vortrag dieser Schauspiele wurde das Ohr des Publicums in Beziehung auf Form so verwöhnt, daß es fortan keinem Stück mehr Geschmack abgewinnen konnte, das nicht durch den Wechsel mannichfaltiger Versarten und durch Einmischung epischer und lyrischer Töne reizte. Die bunte Belebtheit der Scenen, mit diesem Glanz der Darstellung vereint, blendete zugleich dergestalt, daß man sich gewöhnte, ein bunt-romantisches Allerlei, eine Folge überraschender Situationen schon für ein Drama zu halten und im historischen Schauspiel dieselbe Umständlichkeit und Detailmalerei zu dulden, wie in der epischen Dichtung.“

Daß man diesen Irrweg einsah und zu vermeiden suchte, beweist das schöne Drama des Andres Rey de Artieda, eines Schülers von La Cueva, „die Liebenden“, worin das Streben nach mehr Regelmäßigkeit und größerer Reinheit der tragischen Form sichtbar ist. Weniger klar tritt dieses Streben hervor in den Tragödien des Dichters Cristoval de Virues aus Valencia, der trotz seines bewegten Kriegslebens noch Muße zum Dichten gefunden. Wohl hatte auch er die Absicht, „das Beste des antiken Stils mit dem Besten des modernen zu verschmelzen“; aber da er aus dem Alterthum die übertriebenen Tragödien Seneca's mit ihren Gräueln und Verbrechen wählte und auch den Charakter der „modernen Kunst“ in der Häufung von verwickelten Scenen, Intriguen und „Theaterspectakel“ erblickte, so führte diese Mischung zu einem Wirrwarr, zu einer Ueberladung von Personal und Vorfällen, worunter die spanische Bühne zu verwildern und auszuarten drohte.

Der „Attila Furioso“ ist ein mit Gräueln aller Art überladenes Schreckensspiel, in welchem mehr als fünfzig Personen, meist vor den Augen der Zuschauer und auf die gräßlichste Weise umkommen. Nicht viel besser geht es in der „großen Semiramis“ und in der „grausamen Casandra“ zu. Und doch liegen darin die Keime für die gleichnamigen Stücke Calderons verborgen, wie denn überhaupt unter dem Uebertriebenen und Phantastischen sich nicht nur Stellen voll lyrischen Schwunges und feuriger Beredsamkeit finden, sondern auch ganze Scenen voll hoher drastischer Wirksamkeit. In „Dido“, einem der besten Trauerspiele von Virues, wird der Versuch mit dem antiken Chor gemacht.

So war das Feld der dramatischen Poesie bereits reich bestellt, ja hie und da durch üppigen Pflanzenwuchs überwuchert, als die Heroen der spanischen Dichtkunst ihr Talent dieser Gattung zuwendeten und sie zu einer Blüthe emportrieben, die nur von wenigen andern Völkern erreicht ward. Ihnen kam es zu Statten, daß sich die Bühnendichtung bereits nach allen Richtungen versucht hatte, von dem Copiren der gemeinen Wirklichkeit, wie es in den Prosastücken des Lope de Rueda zu Tage trat, bis zu Nachbildungen des feierlichen antiken Dramas selbst mit dem Chor der Alten, daß im Cultus, in den traditionellen Volks- und Religionsfesten ein reicher Stoff von Drama und Schauspiel ausgebreitet lag, daß die geistliche Censur, die hie und da mit rigoroser Ascetik auf die lasciven Ausschreitungen der Theatervorstellungen blickte, aus Rücksicht für die religiösen Komödien und dramatisirten Heiligengeschichten in der

Artieda.

Virues 1550—1610.

Die Elemente des Volksschauspiels.

Volkssitte und im Volksleben eine mildere Praxis einhielt, daß endlich Tanz, Saitenspiel und Gesang, die starken Hebel und Stützen der Schaustücke, in der Natur des spanischen Volkes eine breite Unterlage hatten. Vor Allem waren die charakteristischen Nationaltänze, begleitet vom Schall der Castagnetten und von ausdrucksvoller, bald feuriger und lebhafter, bald schwermüthiger Musik, von jeher in der pyrenäischen Halbinsel heimisch, in den Tagen der Väter die herausfordernde Sarabande, heut zu Tage der Fandango und Bolero, wobei das Lascive und Wollüstige durch graziöse Bewegungen und Geberdenspiele gezügelt erscheint. Auch die Lust an Volksfesten und Volksspielen, die dem Südländer so tief innewohnt, die Hof- und Kirchenfeste mit Pomp und allegorischen Aufzügen, das anmuthige, von den Mauren ererbte Ringstechen oder Rohrspiel, selbst die düstern Autos da Fé der Inquisition und die Stierkämpfe, so wenig diese auch mit einer geistigen Erhebung und Seelenreinigung, wie sie die tragische Kunst bezweckt, gemein haben mochten, dienten der dramatischen Poesie und hielten das Interesse für Schauspielwesen lebendig.

3. Die lyrische und bukolische Dichtung und Mendoza's Lazarillo.

Die italienische Dichtkunst in Spanien nachgebildet. Hatten schon die Dichter am Hofe Johanns II., Mena und Santillana, ihre Vorbilder in Italien gesucht und Dante's mystische Allegorie in ihrem Vaterlande einzubürgern sich bemüht, hatte schon der letzte Troubadour in der wohllautenden Mundart Valencia's, Ausias March, Petrarca's Liebessonette nachgeahmt; so wurde im sechzehnten Jahrhundert, als der Verkehr zwischen den beiden romanischen Halbinseln sich aufs Lebhafteste entwickelte und durch Kaiser Karl V. eine spanisch-habsburgische Vorherrschaft sich über das ganze Land ausdehnte, die italienische Kunstpoesie, die wir bald näher kennen lernen werden, der Mutterschooß, aus dem die spanische Lyrik ihre Motive und Formen schöpfte.

Boscan † 1543. Juan Boscàn Almogavèr, einer angesehenen Bürgerfamilie in Barcelona entstammt und durch gute Erziehung, durch Kriegszüge und Reisen in seiner Jugend in weitere Gedankenkreise geführt, vertauschte den heimischen Liederstil, in dem er seine ersten Gedichte („das Meer der Liebe") verfaßt, mit dem Sonette Petrarca's und anderer italienischer Sänger, auf deren Vorzüge und Wohllaut er durch Andrea Navagiero, den venetianischen Gesandten bei Karl V. in Granada, aufmerksam gemacht worden. Dem Sohne der catalonischen Hauptstadt, wo einst die provenzalische Poesie geblüht und die „fröhliche Kunst" ihren Sitz gehabt, erschien nunmehr die volksthümliche Dichtung der spanischen Zunge als roh und ungebildet und er wandte seine Muse den weichen Tönen und künstlichen Formen der Sonette und Canzonen zu, denen er jedoch die Gluth und Leidenschaftlichkeit seines südlicheren Himmels einhauchte und den Ernst moralischer Betrachtungen, wie sie dem spanischen Charakter zusagten.

Das dritte Buch von Boscans, erst nach seinem Tode vollständig herausgegebenen Werken umfaßt die gewöhnlich dem Musäus zugeschriebene bekannte Erzählung „Hero und Leander" in den reimlosen Versen der Italiener (versi sciolti), eine fast auf 3000 Versezeilen ausgesponnene Dichtung, die aber trotz ihrer Länge wegen vieler anmuthigen Beschreibungen sehr beliebt war. Darauf folgt unter dem Namen „Capitolo" eine Elegie der Liebe, reich an lieblichen Gedanken und Bildern, aber gedehnt und voll künstlicher Spiele des Verstandes und Witzes, und einige poetische Episteln in Terzinen, darunter ein Lehrbrief an Diego Hurtado de Mendoza nach Horazischem Vorbilde, scharfsinnig, geistreich und voll Lebensweisheit. Den Schluß bildet eine allegorische Beschreibung des Reichs der Liebe in Ottave Rime, unbedeutend in der Erfindung, aber kunstreich und vollendet in Sprache und Versbau. Dieselben Vorzüge besitzt auch Boscàns größtes Werk, die freie Uebersetzung der italienischen Schrift des Grafen Castiglione „Der Höfling" (Il Cortegiano), welches die Zeitgenossen für ein Muster castilischer Prosa erklärten.

Die Studien und literarischen Beschäftigungen nahmen Boscàns ganzes Leben in Anspruch; wohl bewegte er sich in den vornehmsten Gesellschaftskreisen, und soll auch eine Zeit lang die Erziehung des in der Folge so berühmt gewordenen Herzogs von Alba geleitet haben, aber in seinen späteren Jahren zog er ein Leben voll wissenschaftlicher Muße im Umgange mit gleichgesinnten Freunden jeder Ehrenstelle und Auszeichnung vor. Ganz anders verfloß das Leben seines Freundes **Garcilaso de la Vega**, aus einer alten, angesehenen Familie *Garcilaso de la Vega, 1503—1536.* Castiliens, in Toledo geboren. Kaum in die männlichen Jahre eingetreten und mit einer vornehmen Dame verheirathet, nahm er an allen Kriegszügen Karls V. Theil. Bei der Belagerung Wiens durch Sultan Suleiman im J. 1532 begünstigte er die Intriguen eines seiner Neffen mit einer kaiserlichen Hofdame und wurde deshalb einige Zeit auf einer Donauinsel in Gefangenschaft gehalten, ein Mißgeschick, das den Inhalt einer seiner schönsten Canzonen bildet. Nach seiner Freilassung zu höherer Gunst aufsteigend, begleitete er den Kaiser auf dem Feldzug gegen Tunis und kehrte an Kopf und Arm verwundet über Sicilien und Neapel in die Heimath zurück, wie er uns in einer am Fuße des Aetna gedichteten Elegie belehrt. Im nächsten Jahr 1536 stand er mit dem kaiserlichen Heer in der Provence. Da erhielt er bei dem Angriff auf einen Thurm unweit Frejus an den Kopf einen Steinwurf, der nach einigen Tagen seinen Tod in Nizza herbeiführte, in einem Alter von 33 Jahren. Während dieses kurzen vielbewegten Lebens fand der hochbegabte Kriegsmann und Dichter noch Muße zu poetischen Arbeiten im Geiste der Italiener, eines Petrarca, Bembo, Sannazaro u. a., zu Sonetten, Canzonen, Elegien, welche die süßeste Weichheit der Empfindung mit dem reinsten Wohlklang der Sprache verbinden.

Unter seinen Gedichten, welche Boscàns Wittwe den Werken ihres Gemahls beifügte, steht in erster Linie die dem Herzog von Alba, Vicekönig von Neapel, gewidmete Ekloge, worin zwei Hirten Salicio und Nemoroso, jener die Untreue, dieser den Tod seiner Geliebten beklagen, eine Trauercanzone, in welcher der romantische Reiz Sannazaro's mit der klassischen Correctheit Virgils gepaart erscheint. Garcilaso gehört zu den beliebtesten und bewundertsten Lyrikern des spanischen Volkes. „Seine Gedichte drangen von Anfang an tief in die Gemüther seiner Landsleute; seine Sonette erschollen allenthalben und seine Eklogen wurden wie beliebte Schauspiele aufgeführt. Die größten Geister seines Volkes bezeugen eine Hochachtung für ihn, wie für keinen seiner Vorgänger." Und diese Vorliebe, die dem Lebenden zu Theil ward, ist dem Todten bis zur Stunde geblieben.

Acuña,
† 1580.
Ein dritter Mitstreiter um den Dichterlorbeer war Fernando de Acuña, von einem edlen portugiesischen Geschlechte aber in Madrid geboren und erzogen, ein Freund und Gesinnungsgenosse von Boscán und Garcilaso und mit letzterem auch noch durch die gleiche militärische Laufbahn verbunden. Wenn er ein französisches Ritterbuch über die Thaten und Lebensschicksale Karls des Kühnen: „der entschlossene Ritter" in altspanischem Versmaße übersetzte, so folgte er hierin nur dem Auftrage und den Wünschen des Kaisers; denn sein Sinn und Geschmack war ganz der italienischen Poesie zugewendet. Er dichtete Sonette und Canzonen, doch in kürzeren Strophen, besang in reimlosen Versen den „Streit des Ajax und Ulysses" mit homerischer Einfachheit und übersetzte italienische Dichter ins Spanische.

Niemand hat mehr zum Siege des italienischen Geschmacks in Spanien
Mendoza,
1503—1575.
beigetragen als Diego Hurtado de Mendoza, den wir schon oben als Geschichtschreiber kennen gelernt, ein Mann, der den von seinen erlauchten Ahnen ererbten Ruhm durch eigene Thaten, Verdienste und hervorragende Eigenschaften bedeutend vermehrt hat, von dem es streitig bleibt, ob er mehr als gewandter Staatsmann, Diplomat und Krieger oder mehr als Gelehrter, Dichter und Historiker ausgezeichnet war. Der jüngste von fünf Brüdern wurde Mendoza dem geistlichen Stande bestimmt und erhielt eine gelehrte Erziehung in Salamanca. Aber schon hier bewies er, daß seine Natur nicht für die Kirche angelegt war. Seine berühmte Jugendarbeit „Lazarillo de Tormes", noch in Salamanca ausgearbeitet, verräth nach keiner Seite einen geistlichen Autor.

Der Roman Lazarillo de Tormes ist ein angeblich selbstgeschriebenes Leben eines armen Knaben, der in einer Mühle an den Ufern des Tormes bei Salamanca geboren, von seiner rohen Mutter verlassen, die Höhlen des Elends und Lasters, der Schelmerei und Schurkerei durchwandert, im Dienste bei verschiedenen Herren Hunger und Noth aussteht, alle Fehler, Thorheiten und Verbrechen kennen lernt, selbst alle Arten von Lüge und Verschlagenheit, von Hinterlist und Betrügerei sich aneignet, bis er sich zuletzt mit der Haushälterin eines Domcapitulars verheirathet und häuslich niederläßt. Der Lazarillo, eine satirische Schilderung aller Stände und Lebensverhältnisse des castilischen Volks, gab den Anstoß zu jener Gattung von Romanen, die unter dem Namen picarilesche oder Schelmenromane (del Gusto picaresco) ihren Lauf durch die Weltliteratur machten. „Das Buch ist in sehr kühnem, reichem und echt castilischem Stile geschrieben, der uns oft an die Celestina erinnert. Einige Schilderungen gehören zu den frischesten und anschaulichsten, welche man unter allen prosaischen Dichtungen finden kann, so frei und lebendig, daß zwei davon, die vom Mönch und vom Ablaßkrämer, bald von der Kirche gerügt und in den mit ihrer Genehmigung gedruckten Ausgaben ausgelassen wurden. Der ganze Roman ist kurz; aber dessen leichte geistreiche Haltung, die treue Beobachtung spanischen Lebens und spanischer Sitten, und der Gegensatz der leichten, heiteren und biegsamen Frechheit Lazarillo's selbst, eine dem Dichter ganz eigenthümliche Schöpfung, zu der feierlichen, unbeugsamen Haltung alter castilischer Naturen, machten ihn gleich von Anfang an äußerst beliebt." Das Buch wurde nicht nur durch viele Ausgaben in Spanien selbst rasch verbreitet, es wurde auch im Auslande vielfach übersetzt und nachgeahmt und im Laufe der Jahre erschienen mehrere Seitenstücke und Fortführungen. Die bekannteste darunter ist der zweite Theil des Lazarillo von Juan de Luna.

Eine bedeutende Laufbahn öffnete sich dem talentvollen jungen Manne in Italien, wo er bald im Heere Karls V., bald als Gesandter in Venedig und Rom, bald als Gouverneur von Siena und als kaiserlicher Abgesandter auf dem Tridentiner Concil mit Geschick und Auszeichnung diente und sich die Gunst und das Vertrauen seines Herrn erwarb. Dabei fand er noch Zeit, sich mit der alt-klassischen Literatur eingehend zu beschäftigen, Manuscripte anzukaufen, die Schriften der Italiener zu studiren und durch poetische Episteln im Geiste des Horaz wie durch Sonette und Canzonen die schöne Literatur seines Vaterlandes zu mehren und die Bestrebungen seiner Freunde Boscàn und Garcilaso zu fördern.

Uebrigens war Mendoza, trotz seiner Vorliebe für die italienische Poesie und seiner Bewunderung der klassischen Schriftsteller des Alterthums nicht blind für die guten Seiten der volksthümlichen Dichtungen seiner castilischen Heimath. Wenn er auch in seinen größeren Gedichten die italienischen Formen und Versmaße anwandte und in seinen vielbewunderten „poetischen Briefen" den Humor und die feine Ironie seines römischen Vorbildes Horaz mit Glück und Grazie wiedergab, so zeigen doch seine kleineren Gedichte im altcastilischen Stile, daß sein Gemüth auch an dieser volksthümlichen leichten Gattung lebhaftes Interesse nahm. Unter dem strengen Philipp II. verlor Mendoza die Hofgunst; ein Streit mit einem Höfling im Palaste führte seine Verbannung herbei. Er begab sich nach seiner Vaterstadt Granada, wo er seine Muße zur Abfassung des treff-lichen Geschichtswerks verwendete, dessen wir oben Erwähnung gethan. Bei seinem Tode im 72. Lebensjahre übermachte er seine Sammlung von Büchern und Hand-schriften, darunter viele arabische Werke, dem König für die Bibliothek in Escurial.

Wenn sich der klassisch und italienisch gebildete Mendoza mit einiger Liebe Gegensätze. und Theilnahme der alt-spanischen Liederdichtung zuwandte, so darf man darin vielleicht den Einfluß einer nationalen Reaction erkennen, welche das Erbgut des Volkes vor der Ueberfluthung des fremdländischen zu bergen suchte. Einer der geschicktesten und thätigsten Vorkämpfer dieses patriotischen Strebens war Chri-stóval de Castillejo, ein Edelmann aus Ciudad Rodrigo, der den größten Castillejo, Theil seines Lebens als Sekretär des Erzherzogs, nachmals Kaisers Ferdinand † 1556. in Wien verbrachte, wo er die Geliebte seines Herzens, Anna von Schaumburg, später mit Erasmus von Stahremberg vermählt, in zarten und anmuthigen Lie-dern besang. Des Weltlebens und der Galanterie müde kehrte er nach Spanien zurück, um dort seine letzten Jahre als Cisterziensermönch zu beschließen. Castillejo war ein Dichter von Talent und hoher Begabung; viele seiner Gedichte sind Er-güsse wahrer und warmer Empfindungen und dabei lebensvolle Zeichnungen der Volkssitten und Volksgefühle; aber im Eifer gegen die „Petrarchisten" folgte er mehr und mehr seiner Neigung zu Spott und Satire und schlug mitunter einen so muthwilligen Ton an, daß manche seiner Lieder von der Inquisition verboten wurden. Die plebejisch gefärbte castilianische Volkspoesie sollte den vornehmen, gespreizten Sonetten und Canzonen ein Gegengewicht bieten. Aber bei allem Witz, bei aller geistigen Beweglichkeit waren Castillejo und einige Gesinnungs-genossen, wie Antonio de Villegas, wie der Portugiese Gregorio Silvestre,

nicht vermögend, die altkaſtiliſchen Dichtungsformen gegenüber der italieniſchen
Kunſtpoeſie aufrecht zu erhalten. Silveſtre ſelbſt wandte ſich zuletzt der neuen
fremden Kunſt zu, die im Laufe der Zeit mehr und mehr das Feld behauptete.

Sieg der ita-
lieniſchen
Kunſtpoeſie.
Wie das kleine Königreich Caſtilien allmählich in dem ſpaniſchen Weltreich, ſo ging auch die altkaſtiliſche Lyrik, die volksthümliche Romanzen-
und Liederdichtung, in der Weltliteratur auf, die vom Ende des ſechzehn-
ten Jahrhunderts an ſich über ganz Europa ausbreitete. Und wie in der Geſellſchaft und im geſammten Leben alles Nationale, alle naturwüchſigen und
urſprünglichen Bildungselemente unter der Macht der Convention, einer erklügel-
ten und erkünſtelten Geſchmacksrichtung erlagen, ſo ganz beſonders auf dem Gebiete der Dichtung und Literatur. Für die verſchiedenen Nationalitäten, die in
der ſpaniſchen Weltmonarchie Aufnahme gefunden, konnten nur Dichtungsformen
und Kunſtrichtungen zur allgemeinen Geltung gelangen, welche den Vorzug der
Tradition, das übereinſtimmende Urtheil aller Gebildeten für ſich hatten. Dieſe
Eigenſchaften kamen aber nur der klaſſiſchen Literatur des Alterthums und den
darauf gegründeten und daraus abgeleiteten italieniſchen Kunſtformen und Kunſt-
regeln zu. Nach dieſen Muſtern und Beiſpielen richtete ſich daher auch die ge-
ſammte Lyrik und ein großer Theil der übrigen Poeſie Spaniens ſo wie des in
das Staats- und Geiſtesleben des größeren Volkes mehr und mehr eintretenden
Königreichs Portugal. Dieſe Vorherrſchaft des Klaſſiſchen über die mittelalterige
Romantik, über das nationale Geiſteserbe der einzelnen Stämme und Völker-
ſchaften trat um ſo mächtiger hervor, je mehr die überlieferten Eigenthümlichkeiten, die Producte eines freien Volksthums unter dem Einfluß einer überwältigenden Uniformität verſchwanden oder zuſammenbrachen. Was noch im alten
Stile hervorgebracht wurde, flüchtete ſich, meiſtens namenlos, in die Romanzen-
und Liederbücher, die von Zeit zu Zeit angelegt oder erweitert wurden. Es kann
nicht unſer Zweck ſein, die große Schaar der ſpaniſchen Dichter und Sänger aufzuführen, die in dem regſamen bewegten Jahrhundert der Reformation ſich zum
Parnaß drängten, um im allgemeinen Wetteifer und gemeinſamen Chor die Höhe
zu erklimmen; die Bewohner der pyrenäiſchen Halbinſel ernteten die Früchte der
Anſtrengungen ihrer Vorfahren und das Selbſtgefühl, das dadurch in ihrer
Seele emporwuchs, ſprach ſich in einer überſtrömenden poetiſchen Productivität
aus. Je mehr das öffentliche und praktiſche Leben unter der Todeshand der
Tyrannei, unter dem Gifthauche des Despotismus erſtarrte und abſtarb,
deſto rückhaltloſer warfen ſich die Geiſter auf das Feld der Kunſt und Poeſie,
deſto emſiger flüchtete ſich Alles in das Reich der Ideale, „wo die ſchönen Formen
wohnen".

Idylliſche
u. bukoliſche
Dichtung.
Es iſt eine alte hiſtoriſche Erfahrung, daß in Zeiten politiſchen Stillſtandes
und Todes die idylliſche und bukoliſche Poeſie mit beſonderer Liebe gepflegt wird;
aus der unerfreulichen, abſtoßenden Wirklichkeit birgt ſich das Gemüthsleben gern
in eine Traumwelt, welche die Phantaſie mit Gebilden willkürlich bevölkern kann.

So war es auch in den späteren Jahrzehnten des sechzehnten Jahrhunderts in den beiden romanischen Halbinseln: Das alexandrinische und augusteische Zeitalter schien zurückgekehrt, Theokrit und Virgil thronten aufs Neue auf dem Helikon.

Saa de Miranda verfaßte theils in castilischer Sprache, theils in seinem heimischen Portugiesisch bukolische Gedichte voll sinniger Vertiefung in die Reize der Landschaften am Mondego und voll liebevoller Theilnahme für das ländliche Treiben der Bewohner, Gedichte, worin Naivetät und Grazie innig gepaart sind. Sein Landsmann, nach seinem Geburtsort bei Coimbra gewöhnlich Jorge de Montemayor genannt, der als Sänger der Hofkapelle in Madrid seine geringe Bildung in Spanien erwarb und durch Reisen nach verschiedenen Theilen der Monarchie erweiterte, hat in dem vielgelesenen und vielbewunderten Schäferromane „die verliebte Diana" seine eigene unglückliche Liebe zu einer Castilianerin, Marfida, in anmuthiger Sprache und in lieblichen Bildern geschildert und in den eingestreuten lyrischen Gedichten theils im italienischen, theils im altcastilischen Stil seine Empfindungen für die Ungetreue, die während seiner Abwesenheit einem andern ihre Hand gereicht, mit seinem Erfindungsgeist und graziöser Einfachheit ausgehaucht, ein Buch, das trotz seiner lockeren und verwirrten Composition und trotz der phantastischen Erdkunde, der Vermischung von Heidenthum und Christenthum durch die reizende Scenerie eine ungemeine Verbreitung erlangte. Montemayors romantische Prosa blieb fortan das Muster für alle Schäferromane, deren die nächsten Jahrzehnte noch mehrere brachten, bald Fortsetzungen, bald Seitenstücke. Unter diesen fand „die liebende Diana" des Valencianers Gil Polo, besonders in dem metrischen Theile der Erzählung die meiste Anerkennung und wurde auch von Cervantes gerühmt. Die übrigen lyrischen Gedichte Montemayors wurden in einem eigenen „Liederbuch" gesammelt. Seinen Tod soll er bei einem Zweikampf in Turin gefunden haben.

Es war sehr begreiflich, daß sich in der Zeit der weltlichen Zwingherrschaft und des geistlichen Drucks die lyrische Poesie in das Reich der Träume und der idyllischen Hirtenwelt flüchtete, wenn nicht einmal ein so reines und unschuldiges Gemüth wie Luis Ponce de Leon, aus einem der vornehmsten andalusischen Geschlechter in Granada, welcher aus Liebe zu einem religiösen beschaulichen Leben in den Augustinerorden zu Salamanca eintrat, den Krallen der Fanatiker entging! In geistliche und weltliche Gelehrsamkeit eingeweiht und auf den Lehrstuhl der biblischen Theologie erhoben, wagte es Luis de Leon gegen das Verbot der Kirche das Hohe Lied Salomo's in die Landessprache zu übersetzen und gleich einer Ekloge des klassischen Alterthums zu behandeln. Darin erblickte die spanische Geistlichkeit Spuren religiöser Neuerungssucht und da seine Familie im Verdacht stand, daß jüdisches Blut sich unter den Vorfahren mit christlichem vermischt habe, so wurde er vor den Gerichtshof der Inquisition in Valladolid geladen, fünf Jahre lang in strenger Gefangenschaft gehalten und mehr als fünfzig

[Marginalien: Saa de Miranba, 1495—1558. — Montemayor, † 1561. — Gil Polo. — Ponce de Leon, 1528—1591.]

peinlichen Verhören unterworfen. Geduldig beugte sich der sanfte Mann unter
das geistliche Strafgericht und versicherte in beredten Worten, daß er nie von
der Rechtgläubigkeit gewichen und sich den Geboten der Kirche in Allem unterwerfe. Endlich wurde er durch das höchste Glaubensgericht in Madrid unter
strenger Verwarnung in Freiheit gesetzt, und seiner Lehrkanzel zurückgegeben,
sein Werk aber unterdrückt. Erst im J. 1806 kam dasselbe zur Veröffentlichung
durch die Presse. Im Gefängniß verfaßte er die schöne Schrift „die Namen
Christi", worin er nach Art der Tusculanischen Untersuchungen Cicero's in Gesprächsform an den verschiedenen Benennungen des Heilands als Gottessohn
und Friedensfürst, als Hirte und König u. s. w. den Charakter des Welterlösers
zu entwickeln und in den Lesern andächtige Gefühle zu erwecken suchte. Mit
gleicher religiöser Begeisterung und in derselben blühenden und correcten Sprache
sind auch seine andern Werke in ungebundener Redeform „die vollkommene Hausfrau" und die „Erklärung des Hiob" verfaßt. Die Schrift „von der heiligen
Theresia" blieb unvollendet. Die Leiden der Inquisitionsverfolgung hinterließen
tiefe Furchen in seinem leiblichen und geistigen Leben; und wenn er schon vorher
das Dichten nur als Nebenbeschäftigung betrieben hatte, so erlahmten von der
Zeit an seine Schwingen noch mehr. Die meisten seiner Gedichte, sowohl die
„geistlichen Lieder" als die „Eklogen" und „Oden", die er frei nach Virgil und
Horaz, und die „Psalmen", die er nach alttestamentlichen Vorbildern bearbeitet,
stammen aus der Zeit vor und während seiner Gefangenschaft. Aber Alles, was
von ihm herrührt, mag es Nachbildung oder freie Schöpfung sein, trägt so sehr
den Stempel der Correctheit und Vollendung, daß er von Mit- und Nachwelt zu den ersten spanischen Lyrikern gerechnet wird. Seine Gedichte, fast
sämmtlich Oden in altcastilischen Versmaßen voll seelenvoller Innigkeit, sind von
klassischer Reinheit und sorgfältigster Kunstvollendung.

<blockquote>
Die Ode „Das Leben im Himmel" ist ein reizendes lyrisches Gemälde, „wie von einer
Glorie umgeben"; die „Prophezeiung des Tajo", worin der Flußgott dem König Roderich den
Fall seines Reichs durch die Saracenen verkündet, ist eine höchst gelungene Nachbildung einer
Horazischen Ode; die Gedichte „auf den gestirnten Himmel", „die heitere Nacht", „auf die Un-
sterblichkeit" waren das Entzücken der Spanier.
</blockquote>

Neben Luis de Leon ist der gefeiertste Odendichter Fernando de Herrera
aus Sevilla, ein mit gründlichen wissenschaftlichen Kenntnissen ausgerüsteter
Mann, der sich erst in späteren Jahren dem geistlichen Stande gewidmet zu
haben scheint. Vielleicht, daß die unter verschiedenen Namen von ihm so sehr
gefeierte Dame mehr als ein idealer Gegenstand seiner Zärtlichkeit war. Den
Beinamen „der Göttliche", womit ihn seine Landsleute belegten, hat er sich hauptsächlich erworben durch die formale Vollendung seiner Oden oder Canzonen, in
denen er mit Pindar zu wetteifern suchte, durch die gefeilte Dichtersprache mit
neuen Wortbildungen und Wortstellungen, durch die Harmonie seiner Verse,
durch die gewählte Diction, durch die tadellose Ausführung seiner poetischen Er-

Herrera, gest.
gegen 1589.

zeugnisse. Neben diesen formalen künstlerischen Vorzügen, die in jenen Tagen am meisten geschätzt wurden, muß man dem Dichter auch nachrühmen, daß er sein Herz nicht gegen die Zeitereignisse verschlossen hielt, ja daß zwei seiner schönsten und wirksamsten Oden den wichtigsten historischen Erscheinungen des Tages, der Seeschlacht bei Lepanto und dem tragischen Ende des portugiesischen Königs Sebastian, gewidmet waren. Die erstere ist eine aufjauchzende Siegeshymne mit alttestamentlichem Psalmenschwung, die letztere ein Trauergesang aus tiefster Seele hervorquellend. Am meisten Bewunderung erregte seine liebliche Ode „an den Schlaf".

Aber wie sehr auch immer Herrera's formale Vollendung, seine metrische *Gongora u. der Estilo culto.* und sprachliche Glätte gefeiert werden mögen, so tragen doch seine Gedichte schon die Merkmale des Gekünstelten an sich; so grenzen sie doch schon an die Scheidelinie, welche die Schönheit und Manierirtheit trennt. Diese überschritt Gongora de Argote, ein Mann von angebornem Talent aber wegen Mangels an Anerkennung gegen die Welt verbittert. Nachdem er viele Jahre vergebens um die Hofgunst gebuhlt, kehrte er in seine Vaterstadt Cordova zurück und trat um der Noth zu entgehen in den geistlichen Stand. Diese verbitterte Stimmung war die Quelle seiner „satirischen Sonette" und seiner „burlesken Satire in Romanzen und Liedern", voll kaustischer Schärfe. Seinen größten Ruhm aber erlangte er durch den Versuch, einen „höher gebildeten Stil" (estilo culto) für die ernsthafte Poesie zu begründen.

Zu dem Zweck bildete er mit dem peinlichsten Kunstfleiß eine eigene künstliche Dichtersprache voll wunderlicher Wortschöpfungen und Wortstellungen, gehäufter Bilder und Gleichnisse, gesuchter Gelehrsamkeit und dunkler Andeutungen. Diese sonderbare Manier war von solchem Erfolg gekrönt, daß Gongora der Stifter einer eigenen Poetenschule der „Culturisten" ward, welche, wie die Marinisten Neapels, eine affectirte Dichtersprache ohne alle Natur und Wahrheit in die Poesie einführten und mit pedantischem Hochmuth diesen verkehrten Geschmack zur allgemeinen Geltung zu bringen suchten. Sie schieden sich mit der Zeit in zwei Zungen, die eigentlichen Gongoristen oder Culturisten, die sich strenge an das Vorbild des bei aller Wunderlichkeit und Verkehrtheit immerhin geistreichen und begabten Meisters hielten, und in Conceptisten, welche weniger Werth auf die Form legten als auf das Außerordentliche der Gedanken, der Concetti und diese in der gezierten Sprache Gongora's vortrugen, wie Alonso de Ladesma, Feliz de Arteaga u. A. Viele von Gongora's Gedichten sind ohne Erklärungen nicht zu verstehen. Unter seinen größeren Arbeiten sind am bekanntesten „die Einsamkeiten", „Polyphem", Pyramus und Thisbe".

4. Die portugiesische Literatur und das Epos.

Die altgalicische Mundart, die in Spanien der kräftigeren castilianischen *Die Volkspoesie.* erlag, erhielt sich in den südwestlichen Theilen der Halbinsel und gelangte zu nationaler Selbständigkeit, seitdem sich aus den Kämpfen mit den Mauren ein eigenes Königreich mit dem Namen Portugal bildete (VI, 571). Die portugiesische Sprache nahm einen weicheren Charakter an, der den Ausdruck schmelzender Gefühle, süßer einschmeichelnder Gedanken begünstigte, und führte im

Laufe der Zeit eine von Spanien getrennte und in manchen Beziehungen abweichende Literaturentwicklung und Poesie herbei. Lissabon, die schöne und
günstig gelegene Handels- und Seestadt, trug die romanische Bildung, die durch
die zahlreiche Einwanderung französischer Barone einen feineren Strich erhielt,
über den ganzen Süden, indeß die von König Diniz (VII, 549) gegründete
Universität Coimbra für die nördlichen Landschaften eine Pflanzstätte geistigen
Lebens ward. Diniz, selbst Dichter und Troubadour, war wie sein Zeitgenosse,
der gelehrte Alfonso von Castilien, ein Freund und Förderer der Poesie und
literarischer Beschäftigung, und seine Nachfolger Alfonso IV. und Pedro I. (VIII,
106 ff.) traten in seine Fußstapfen. Ein altes Sonett auf Vasco de Lobeira,
den Verfasser des Amadis, soll von Alfons selbst oder einem seiner Söhne
herrühren. Demnach wären Petrarca's Dichtungen schon im 15. Jahrhundert
in Lissabon bekannt und nachgeahmt worden, eine Annahme, für die auch noch
andere Zeugnisse und der rege Verkehr der Weltstadt am Tajo mit Italien sprechen.
Doch war die fremde Kunstform nicht im Stande, die einheimische Romanzen-
poesie, die bei den Portugiesen noch lebhafter und früher blühte als in Castilien,
zu verdrängen. In weichen melodischen Tönen sang man im westlichen Küsten-
land eben so eifrig von Ehre und Liebe und von den Waffenthaten mit den
Mauren diesseits und jenseits der Meerenge, wie in dem benachbarten Berg-
und Hügellande. Die feurigen Liebeslieder, die der galicische Ritter und Sänger
Macias, „der Verliebte", auf eine Dame aus der Umgebung des Markgrafen
von Villena dichtete, dienten den Portugiesen lange als Vorbild und zierten die
ältesten „Liederbücher" (Cancioneiros), welche wie in Spanien den überlieferten
Schatz der Volkspoesie des 15. und 16. Jahrhunderts einschlossen und bewahrten.
Das tragische Schicksal des verliebten Dichters, der in der Gefangenschaft von
dem eifersüchtigen Gatten der Besungenen getödtet ward, verlieh den überschwenglichen Erzeugnissen seiner Phantasie und Liebesgluth erhöhten Reiz. Fortan blieb
Macias der Reigenführer der portugiesischen Liederpoesie, die daher stets mehr
die lyrischen Ergüsse des inneren Gefühlslebens, die Sehnsucht des ungestillten
Menschenherzens aussprach, als die castilische Romanzendichtung, welche sich
mehr in epischen Gesängen erging. So fruchtbar erwies sich diese Lyrik, daß
schon unter König Emanuel dem Großen Garcia de Rezende ein umfassendes
„Liederbuch" anlegen konnte, dem dann einige Jahrzehnte später Pedro Ribeyro
ein zweites hinzufügte.

    Die Zeit der Renaissance und des Humanismus erzeugte auch in Portugal Lust und
Interesse für lateinische Gedichte im Geiste des klassischen Alterthums und Wohlgefallen an den
Kunstformen Italiens. Dadurch wurde die Volkspoesie aus den Kreisen der gebildeten Gesellschaft mehr und mehr verdrängt, um der Kunstdichtung den Platz zu räumen. Aber vom Volke
wurden darum die überlieferten Liebesromanzen in der wohlklingenden elegischen Sprache des
Herzens nicht vergessen. „Der Liebe Lust und Leid, die alten Sagen und Legenden, die großen
historischen Ereignisse, welche die Seele des Volkes bewegten, die Thaten ihrer großen Männer,
die Klagen abgeschiedener Geister, wie sie die Stätten umschweben, die sie im Leben lieb gehabt,

den Ort, wo ein ungesühntes Verbrechen begangen, alle diese Stimmungen und Empfindungen fordern ihren Ausdruck in den alten, so wohl bekannten, so lieb gehegten Versen, in den leichtfließenden Formen der Redondilien." Mündlich von Geschlecht zu Geschlecht fortgepflanzt, hie und da aufgeschrieben oder in Schauspielen und Novellen zerstreut, wurden sie in unseren Tagen durch Almeida Garrett mit Fleiß und Umsicht gesammelt und geordnet.

Ueberhaupt vermochte der neue Geschmack in Portugal nicht so schnell Wurzeln zu schlagen, als in Spanien. Die lateinischen Gedichte des Henrique Cayado, des Verehrers von Angelo Poliziano, wurden nur den Gelehrten bekannt, und Bernardio Ribeyro, ein Edelmann am Hofe Emanuels des Großen, welcher an den Ufern des Tajo und Mondego und an den Felsen von Cintra seine elegischen Liebesschwärmereien für eine unbekannte und unerreichbare Schöne ertönen ließ, hat in seinen Eklogen die Klagen und Leiden verliebter Schäfer in der alten Redondilienform mit neun- oder zehn- zeiligen Strophen redselig doch nicht ohne naive Grazie besungen und in einem unvollendeten Roman „Ein kleines und unschuldiges Mädchen" (Menina e Moça) die Herrlichkeit des Ritterthums und Minnelebens der Vergangenheit mit sentimentaler Gefühlsamkeit aus dem eigenen Leben gefeiert, und in den Schau- spielen des Gil Vincente, den wir bei den spanischen Theaterdichtern kennen gelernt, finden sich manche Volkslieder eingeflochten, die nicht wenig zum Reiz der Scenen beitragen. Aber in Ribeyro und seinem Zeitgenossen Christovaõ Falcaõ, der gleichfalls in einer langen Ecloge seine Liebe zu einer Hirtin be- sungen und aus der Gefangenschaft an seine Geliebte eine Romanze in Form einer poetischen Epistel gerichtet hat, ist auch der Uebergang von der Natur- und Volksdichtung zur Kunstpoesie bezeichnet: von da an wurde Portugal „das wahre Vaterland der Schäferpoesie". Sannazaro's Dichtungsweise erlangte die Herrschaft und wurde von zwei Portugiesen, Saa de Miranda und Monte- mayor nach Spanien verpflanzt. Eine Fluth von Schäfergedichten brach über die Halbinsel herein und schwemmte die alten Heldenromanzen vom Boden weg: „der Hirtenstab trat an die Stelle der Ritterlanze, an die Stelle des Kampfrosses das Lämmlein, geschmückt mit Rosen und Bändern". Doch im Volke lebten die alten Lieder fort und erhielten Stütze und Anhalt an den Cancioneros der Castilianer.

Im 16. Jahrhundert war der geistige Verkehr Portugals mit dem mächti- geren Nachbarstaat sehr rege und Geschmack und Bildung in beiden Ländern gleich. Wenn auch zwischen den Höfen, trotz mancher verwandtschaftlichen Be- ziehungen eine gewisse Eifersucht und Rivalität obwaltete und in den Pflanz- staaten oder Seeunternehmungen manche Reibungen und Feindseligkeiten vor- kamen; so fühlten sich doch die Völker verwandt und huldigten denselben Kunst- regeln und dichterischen Neigungen. Ja mehrere der hervorragendsten Dichter, wie Gil Vincente und Saa de Miranda haben, wie oben erwähnt, in beiden Sprachen geschrieben; und der letztere, ein Edelmann aus angesehener Familie

Margin notes:
Uebergang zur Kunst- dichtung.

Der klassische Stil.

Saa de Mi- randa, 1490 —1558.

in Coimbra, der zuerst als Rechtsgelehrter in seiner Vaterstadt wirkte, dann
nach mehrjährigem Aufenthalt in verschiedenen Städten Italiens am Hofe in
Lissabon lebte und endlich seine letzten Lebensjahre in glücklicher Muße auf seinem
Landgute Topada zwischen Minho und Duero verbrachte, hat sich den größten
Ruhm durch seine castilischen Schäfergedichte erworben. Die stolzen Castilianer
sahen in der portugiesischen Sprache nur eine verweichlichte und verstümmelte
Form ihres eigenen kräftigern Idioms, daher auch Miranda seine ernsteren Eklogen
im Geiste Theokrits in castilischer Mundart verfaßte, in welcher die italienischen
Dichtungsformen, die ja in beiden Ländern als mustergültige Vorbilder galten,
bereits eingebürgert waren. Nur seine leichteren, mehr zur Unterhaltung und
Belehrung bestimmten Gedichte, wie die „poetischen Briefe", die „Cantigas",
die „Hymnen an die heil. Jungfrau" sind in das vaterländische Idiom gekleidet,
welches für leichte Conversation, wie für den Ausdruck erregter Gefühle, schwärmerischer Inbrunst und leidenschaftlicher Stimmung mehr geeignet schien. Auch zwei
Lustspiele in ungebundener Rede in der Manier des Plautus und Terenz, welche sich
der Gunst des Cardinal-Infanten Heinrich erfreuten, sind in der Landessprache
verfaßt. Aber in Portugal war Drama und Bühne nicht so sehr in das National-
leben eingedrungen wie in Spanien, und die Stücke Miranda's mit fremden
Sitten und fremden Interessen waren nicht geschaffen, das Volk für die Genüsse
des Theaters zu begeistern. Davon abgesehen kann man Miranda den ersten
klassischen Dichter seiner Nation nennen.

„Saa de Miranda gab das erste Beispiel, wie das poetische Genie, das nach dem höchsten
Ziele der Kunst strebt, den Dichtern des Alterthums die Klarheit der poetischen Anschauung, den
soliden Verstand in der Erfindung und in Sprache und Darstellung die Präcision, Eleganz und
geistreiche Simplicität ablernen soll, ohne seine individuelle Natur, sein Zeitalter und sein
Vaterland zu verleugnen." — Das Verdienst, in Portugal Sinn für dramatische Kunst und
Schauspielwesen geweckt zu haben, gebührt dem Gil Vincente, dessen Theaterstücke, wie wir gesehen haben, unter Emanuel und Johann III. vor dem Hofe mit großem Beifall aufgeführt
wurden. Aber auch er stand, wie sein Zeitgenosse Miranda, unter dem Einfluß der Schäferpoesie, daher er, trotz seiner großen Anlage zum Volksdichter, das portugiesische Nationaltheater nicht zu der Höhe bringen konnte, auf der das spanische, großentheils durch seine eigene
Bemühungen sich bewegte.

Wenn Saa de Miranda und Gil Vincente sich beider Sprachen bedienten,
so war Antonio Ferreira, der „portugiesische Horaz" genannt, von größerem
Nationalgefühl beseelt. Er schrieb seine, dem Petrarca nachgebildeten „Sonette"
und „Elegien", sowie seine „Oden" und „Episteln" im Geiste und in der correcten
Form des römischen Dichters, nur in portugiesischer Sprache. Wie Miranda
aus einer vornehmen Adelsfamilie stammend, in Coimbra der Rechtswissenschaft
eine Zeitlang obliegend, bewegte sich Ferreira in den höchsten Hof- und Gesellschaftskreisen, war Mitglied des königlichen Raths und Kammerherr, starb aber
schon in seinem einundvierzigsten Jahre an der Pest. Man rühmt an Ferreira's
Gedichten die klassische Form, die correcte Sprache, den leichten, anmuthigen

Ferreira,
1528—1569.

Versbau, die Eleganz und Würde im Ausdruck, den Adel der Gesinnungen und Gedanken; aber seine Phantasie ist ohne Schwung, seine dichterische Anlage ohne Genialität.

Außer seinen zahlreichen lyrischen Gedichten, unter denen die reizende „Elegie an den Mai" als klassisches Meisterwerk gilt, hat Ferreira auch eine Erzählung zur Verherrlichung einer portugiesischen Heiligen, Colomba oder Comba, und mehrere dramatische Stücke gedichtet. Durch diese, eine Tragödie „Inez de Castro" mit schönen lyrischen Stellen und Chorgesängen, und zwei Lustspiele „Bristo", nach dem Namen eines Kupplers, der Hauptperson, und „der Eifersüchtige", beide aus seiner Jugendzeit, wollte er den klassischen Stil auf der portugiesischen Bühne einführen, ein Versuch, welcher nicht wenig beitrug, die Ausbildung eines Nationaltheaters in seinem Vaterlande zu hindern. Denn nun gingen die beiden Gattungen, das romantische Volksdrama von Gil Vincente und das klassische neben einander her, wodurch beide an Bedeutung und Wirksamkeit verloren.

Damals war die bukolische Dichtung die Modepoesie in der pyrenäischen Halbinsel; sie war das Friedenskleid, das häusliche Familienleben inmitten einer bewegten Außenwelt. Die zierlichen idyllischen Bilder eines Miranda, eines Montemayor, eines Ferreira ergötzten die Menschen und erzeugten viele Nachahmer unter den höheren Ständen. Der Kammerherr Pedro de Andrade Caminha nahm sich in seinen Eklogen seinen verehrten Freund Ferreira ganz und gar zum Vorbild und in seinen Elegien, Epigrammen und Grabinschriften folgte er den von den Schriftstellern des Alterthums aufgestellten Beispielen; und Diego Bernardes hat in der marokkanischen Gefangenschaft, in die er als Kampfgenosse des Königs Sebastian nach der Schlacht von Alcassar gerathen war, durch geistliche und weltliche Lieder, durch Eklogen und Episteln im Geiste Ferreira's seine Sorgen und Kümmernisse zu zerstreuen gesucht und nach seiner Rückkehr in Elegien seine Empfindungen unter der spanischen Herrschaft ausgehaucht. Auch Rodriguez Lobo, den wir später als epischen Dichter kennen lernen werden, hat den größten dichterischen Ruhm durch seine Schäferromane erlangt („der Frühling"; „der Hirt in der Fremde"; „der Entzauberte"), die trotz ihrer Länge durch Anmuth der Schilderungen und der Sprache, wie durch die Abwechselung in den Versarten sich vielen Beifalls erfreuten.

„Nur Ein Dichter hat in Portugal den unmittelbaren Realismus der Volkspoesie, wie er in Gil Vincente sich gestaltet hatte, und den reflectirenden Idealismus der Kunstpoesie, wie er durch Miranda und besonders durch Ferreira sich festsetzte, zur wirklichen Einheit vermittelt. Er ist der Inbegriff der ganzen portugiesischen Poesie; er hat seine Nation verewigt und alles Große derselben, Alles, was je von Begeisterung in ihr lebte, in seinem tiefen Gemüthe concentrirt." Dieser Dichter ist Luis de Camoens, 1524 zu Lissabon geboren. Camoens stammte aus einer alten Familie, die aber in ihrem Vermögen heruntergekommen war. Doch erhielt er eine sorgfältige Erziehung. Er besuchte die Universität Coimbra, und sammelte dort die reichen Schätze des classischen Alter-

6*

thums, von denen er in seinen Gedichten so häufig Gebrauch machte. Das Andenken an diese Jugendzeit blieb stets lebendig in seiner Seele und gern verweilt
seine Erinnerung an den Ufern des Mondego, als auf der einzig grünen Stelle
seines Daseins, wo, wie er in einem Abschiedssonett singt, „im Arm die Hoffnung ihn getragen, ein froher Jugendmuth ihn getäuscht". Nach Lissabon zurückgekehrt, faßte er eine heftige Liebe zu einer Hofdame, Catharina de Attayde,
die entscheidend für sein ganzes Leben werden sollte. Er wurde nach Santarem
verwiesen und nahm dann, sei es aus Schmerz über die Trennung von der Geliebten oder aus Kummer über deren frühen Tod, Dienste auf der portugiesischen
Flotte. An der Seite seines Vaters, eines verdienten Marineofficiers, wohnte
er einer Seeschlacht gegen die Mauren vor Ceuta bei, wobei er sein rechtes Auge
verlor. Er kehrte nach Lissabon zurück, aber alle seine Bemühungen, sich eine
ehrenvolle Laufbahn zu eröffnen, schlugen fehl, und so entschloß er sich 1553
sein Glück in Indien zu suchen. Von vier Schiffen, die zu gleicher Zeit von
Lissabon absegelten, erreichte nur das eine, auf welchem sich unser Dichter befand,
den Hafen von Goa. Die andern gingen in einem Sturm zu Grunde. Dort
schloß er sich einem Truppencorps an, das der Vicekönig einem indischen Fürsten
zu Hülfe sandte. Während seiner Abwesenheit kam ein neuer Statthalter nach
Indien. Camoens, nach Goa zurückgekehrt, zog sich dessen Ungnade zu, wie es
heißt, durch eine Satire und durch seine Witzreden. Er wurde von Goa verbannt und schiffte sich nun zu einem Feldzug gegen arabische Corsaren nach dem
rothen Meere ein. Hier überwinterte er und schrieb die berühmte zehnte Canzone, welche uns einen Blick in die vom tiefsten Leid zerrissene Seele des
Dichters thun läßt. Von der Küste Afrika's führte den Verbannten sein Schicksal
nach Ternate, wo er einige Jahre verweilte, kämpfte und verwundet ward, wie
er in seiner sechsten Canzone andeutet. Einige Zeit nachher finden wir ihn in
Macao. Hier lebte er von der kleinen Einnahme, welche ihm die Stelle eines
Sterbevogtes oder Administrators der Verstorbenen abwarf. „Aber wo er auch
war, und welches Leid ihn auch traf, stets war seine Seele größer als sein
Schicksal, und die Poesie hielt ihn hoch empor über den Druck der Verhältnisse."
Zu Macao verfaßte er die Lusiaden, denen er seinen Dichterruhm hauptsächlich
zu danken hat. Eine Grotte auf jenem „Eiland im fernen Ost gelegen" trägt
noch jetzt seinen Namen. Mittlerweile war ein anderer Vicekönig nach Goa gekommen. Camoens beschloß daher 1558, nach der Hauptstadt der portugiesischen
Handelsniederlassungen zurückzukehren. Aber an der Küste von Cambadja, nahe
der Mündung des Macom, strandete das Schiff an einem Felsen; der Dichter
schwamm ans Ufer, nichts rettend als sein Leben und sein vom Seewasser durch-
nässtes Heldengedicht. Camoens verstand es nicht, sich die Gunst der Großen zu
erschmeicheln. Auch der neue Vicekönig war ihm wenig hold, und unter dessen
Nachfolger wurde er, auf Grund einer Anklage seiner Feinde wegen treuloser
Amtsverwaltung in Macao, ins Gefängniß geworfen. Obwohl es ihm gelang,

sich völlig zu rechtfertigen, ward er noch lange um seiner Schulden willen in Haft gehalten. Einem humoristischen Gedicht an den Gouverneur verdankte er endlich seine Befreiung. Mit vernichteter Hoffnung und gebrochener Kraft kehrte der Dichter nach seinem Vaterlande zurück. Freunde und Gönner mußten die Reisekosten decken. So kam er nach einer Abwesenheit von beinahe sechzehn Jahren im Jahre 1569 aus dem reichen Indien bettelarm im Hafen von Lissabon an. Das Elend hatte er hinter sich gelassen, um es in seiner Heimath in verdoppeltem Grade wieder zu finden. Ueber der Pest, die gerade in der Stadt wüthete, und über den Zurüstungen zu dem afrikanischen Feldzuge, den bald darauf der unglückliche König Sebastian unternahm, um nie wieder zurückzukehren, gedachte Niemand des armen Dichters, der in seinem bitteren Unmuth die entartete Gesinnung und das sittenlose Leben der Hauptstadt so scharf geißelte. Der König, dem er seine Lusiaden widmete, gewährte ihm eine kleine Leibrente von etwa 25 Thalern, die aber selbst für die mäßigsten Lebensansprüche nicht hinreichend war. Es wird berichtet, ein treuer Sclave, Antonio, den er von Java mitgebracht, habe des Nachts in den Straßen von Lissabon Almosen gesammelt, um den Dichter, dessen Gesänge bereits in Aller Mund waren, vom Hungertode zu schützen. Ein Schmerz blieb dem patriotischen Gemüthe des Sängers erspart — er erlebte nicht den Untergang der Freiheit und Selbständigkeit seines Vaterlandes. Ein Jahr nach dem tragischen Geschick seines Königs auf der Ebene von Alcassar starb Camoens, im 55. Jahr seines Alters, wahrscheinlich in einem Armenhause. Er wurde in der Franciscanerkirche St. Anna in aller Stille begraben. Sechzehn Jahre später ließ Gonzalo Coutinho eine Marmorplatte auf seine Gruft legen. Erst in unserem Jahrhundert wurde das Andenken des großen Dichters durch ein würdiges Denkmal geehrt.

Kein Dichter hat so erfolgreich mit den großen Italienern seiner Zeit, die ihm als Vorbild dienten, um die Palme gerungen als Camoens, sowohl als Lyriker, wie als Epiker. Seine Sonette, worin er seine Liebe besang und Alles, was sein Herz bewegte, sind der Ausdruck der wahrsten und wärmsten Empfindung in der vollendetsten Form. „Seine Liebe ist der glänzendste Stern", sagt v. Arentsschild, „der sein dunkles Leben verklärt, der ihm entgegenflammt über den starren Felsen von Socotora, über den Küsten Indiens, der ihn begeistert in der Felsenhöhle zu Macao, wo er die Lusiaden schrieb. Obgleich sein Vaterland ihm nichts gab als das Almosen eines Bettlers, kämpfte er wie ein Held für dessen Ruhm, den er in seinen schönsten Gesängen verewigte; und nur selten zuckt eine leise Klage auf seinen Lippen und klingt wehmüthig in seinen Liedern, die sein ganzes Volk mit Begeisterung erfüllen, während der Dichter verhungert.*) Seine Canzonen, Terzinen und Sonette, gedankentief und formvollendet, sind in ihrer Art das Schönste, auf welches irgend ein Volk Ursache hat, stolz zu sein. Selbständig und

Margin note: Camoens als Lyriker und Dramatiker. Sonette.

---

*) So oft ich auf die Zeit schau, die vergangen,
Hab' Reue des Geschehnen ich empfunden;
Ich sah, daß all' die Zeit umsonst entschwunden,
Daß thöricht war mein Hoffen und mein Bangen.

dem eigenen Genius gehorsam, reiht er sich den Wenigen an, die über allen Wechsel des Geschmacks und der Laune erhaben, Vollendetes schufen und als Muster des Schö-

Canzonen. nen und Wahren, für alle Zeit Geltung und Anerkennung finden müssen." — Außer den Sonetten sind es hauptsächlich seine siebenzehn Canzonen, die uns mit lebendiger Gegenwart berühren; in ihnen fühlen wir den vollen Pulsschlag des Dichters, aus

Elegien u. A. ihnen lernen wir sein eigenstes Wesen am besten kennen und verstehen. Ferner schrieb er zwölf Elegien in Terzinen, vier Sextinen, vier Episteln, drei Ottaven, zwölf Oden und zwei Briefe. Allenthalben herrscht ein prächtiger Rhythmus „und auf die Sprache drückt er sein Gepräge". Besonders wohllautend und reizend sind seine Redondilien im altportugiesischen Volkston. Auch Eklogen im Stil von Saa de Miranda und Ferreira

Komödien. und drei Komödien („König Seleucus"; „Amphitryo", eine freie Bearbeitung des Plau- tinischen Stückes, und „Filodemo", eine dramatisirte Novelle) sind von Camoens erhal- ten, in denen er sich den Gil Vincente zum Vorbild nahm, doch mit Verfeinerung des Dialogs und der Darstellung.

Die Lusia- den. Wenn Camoens sich keinen Platz neben Lope de Vega und Calderon erwarb, so glänzt sein Name um so heller unter den epischen Dichtern, so steht er ebenbürtig neben Ariosto und Tasso; ja er hat vor diesen den bedeutenden Vorzug, daß seine Muse sich nicht in die mythischen Zeiten der Romantik verstieg, sondern daß er mit patriotischem Herzen die große Heldenzeit seines Vaterlandes besang, die Großthaten der Portugiesen (Lusitanier) zum Inhalte seines epischen Nationalgemäldes machte, das er nach dem alten Volksnamen „die Lusiaden" nannte. In achtzeiligen eleganten Stanzen verherr- licht das erzählende Gedicht des Camoens durch zehn Gesänge in melodischen Versen und weichen Tönen die Großthaten der Portugiesen, wie sie unter Vasco de Gama den Seeweg nach Ostindien entdeckten und ihren Ruhm nach dem fernen Osten trugen. Der Name Vasco de Gama bildet den Rahmen zu dem Gemälde, in welchem der portu- giesische Dichter die Heldenthaten seiner Volksgenossen uns vorführt. Neben diesen Groß- thaten der „Lusitaner", die Camoens mit patriotischer Wärme und mit der Frische persön- licher Anschauung und Erfahrung darstellt, treten seine eigenen Leiden zurück, lassen sich aber doch in dem wehmüthigen Zuge erkennen, der selbst über den reizendsten Schil- derungen schwebt. Nicht nur die Entdeckung Indiens und die nachfolgenden Groß- thaten werden in dem Gedichte vorgeführt, sondern Alles, was die ältere Geschichte des Volks Schönes, Edles und Herrliches aufzuweisen hat, ist hineinverflochten; es umfaßt die ganze Poesie der Nation und ist darum auch vor allen anderen Epopöen national geworden. Eine hohe vaterländische Gesinnung durchweht die „Lusiade", die als der Schwanengesang eines untergegangenen Heldengeschlechts betrachtet werden kann. „Durch die Geschichte ist das Werk gewissermaßen zum Trauerspiel geworden", denn mit dem- selben König Sebastian, den der Dichter am Anfang und am Ende seines Epos mit so

---

Nach meinem Leid nur trug ich heiß Verlangen!
Was ich erreicht, schlug stets mir tiefste Wunden;
Wenn ich des Glückes wärmsten Kuß empfunden,
War auch die letzte Hoffnung schon vergangen.

Die Schlösser, die die Phantasie erhoben,
Im Augenblick, da ich den Giebel kränzte,
Sah ich sie wie ein Morgentraum zerstoben.

Wie manchen Trug hat diese mir gewoben!
Ein leerer Hauch ist, was so golden glänzte,
Weh Dem, der hofft! weh, wer vertraut auf Oben!

viel Liebe und Begeisterung anredet, ihn zugleich ermahnend und warnend, ist Portugal von der glänzenden Höhe des Ruhmes herabgestiegen, die Camoens mit vaterländischem Hochgefühl der Nation vor die Seele geführt.

Wenn der Eingang der Lusiaden an Virgils Aeneis erinnert, so verläßt der Dichter doch bald sein classisches Vorbild, indem er die fremdartige Welt, die mohammedanischen Völker Afrika's, das indische Land in seinem Zaubergewande schildert; und wie sonderbar es sich auch ausnimmt, wenn er in das geschichtliche Leben seiner Seefahrer mit prunkender Gelehrsamkeit die olympischen Götter einführt, die Venus, welche den neuen Römern hold und hülfreich sich zeigt, den Bacchus, der den kühnen Männern zürnt, die seinen indischen Zug zu verdunkeln drohen, und ihr Mühen und Streben zu vereiteln sucht; die herrlichen Schilderungen, der Ausdruck unmittelbarer Anschauungen und Lebenseindrücke, die episodischen Auszüge aus der portugiesischen Geschichte, wie die Erzählung von der unglücklichen Ignez de Castro, von dem siegreichen Kampf bei Aljubarrota und dem Nationalhelden Alvarez Pereira (VIII, 114) führen wieder in das wirkliche Leben zurück und beweisen, daß er die alten Götternamen nur als überlieferte Figuren, als eine schöne „Bildersprache für sinnreiche Allegorie" betrachtet und anwendet; und in der Beschreibung des Zauberfestes, welches Venus den heimsegelnden Seefahrern und ihrem Führer zum Lohne ihrer Thaten und Mühen auf der Liebesinsel bereitet, wo Thetis selbst das hochzeitliche Lager mit dem hohen Gama besteigt, „die glorreichste Besiegung und Beherrschung des Meeres zu feiern", da erkennt man den Einfluß italienischer Kunstschilderung, wie sie die Zaubergärten Ariosts und Tasso's wiederspiegeln. Und als er im zehnten Gesang, nach dem rührenden Eingang über sein eigenes baldiges Dahingehen, die göttliche Wahrsagerin in prophetischen Gesichten die nächste Zukunft nach der Umschiffung entrollen läßt, da zeigt sich das patriotische Hochgefühl des Dichters über das große geschichtliche Zeitalter seines Volkes.

Durch Camoens wurde neben der bukolischen Dichtung, die sich noch immer auf der Höhe hielt, auch Eifer und Interesse für die epische Poesie geweckt. So hat der talentvolle Jeronymo Cortereal, der gleich den meisten spanischen und portugiesischen Dichtern ein vielbewegtes Leben führte, seine Jugend in Indien verbrachte, dann an der Seite seines Königs Sebastian gegen die Ungläubigen in Afrika stritt und gefangen ward, nach seiner Befreiung seine Muße auf seinem Stammgute bei Evora benutzt, um theils in heimathlichen Lauten, theils in der Sprache der herrschenden Castilianer die Thaten beider Völker zu besingen. Die vielgefeierte Schlacht bei Lepanto bildet den Inhalt eines historischen Heldengedichts in 15 Gesängen, das Cortereal in spanischer Sprache verfaßte, während in portugiesischer die Belagerung der Festung Diu in Indien und das traurige Geschick jenes Manuel de Souza Sepulveda und seiner Gattin Leonore de Sá darstellte, die nach einem Schiffbruch am Cap der guten Hoffnung auf dem Weg durch die Wüsten Afrika's ihren Tod bei den Wilden fanden, ein Ereigniß, das auch Camoens in einer rührenden Episode des 5. Gesanges erwähnt. Trotz einer großen Naturwahrheit und einer leichten Diction ist Cortereal doch nur ein Dichter untergeordneten Ranges. Dasselbe Urtheil gilt auch von Rodriguez Lobo, der, nicht zufrieden mit dem verdienten Ruhm eines lyrischen und bukolischen Dichters, auch nach der Ehre eines Epikers geizte, indem er alle Begebenheiten und Anekdoten aus dem Leben des portugiesischen Großfeldherrn Nuño Alvarez Pereira zu einem Gedicht von 20 Gesängen in artigen Octaven nach der Zeitfolge geordnet aneinanderreihte. Ganz andere Verdienste erwarb sich dagegen Lobo durch die in prosaische Gesprächsform mit historischen Einleitungen gekleidete Schrift „der Hof auf dem Lande oder die Winternächte", Unterhaltungen in ciceronischem Geiste über die Bildung eines wahren Staatsmannes mit vielen eingestreuten Novellen und Anekdoten, ein Buch, das sowohl durch den reichen belehrenden Inhalt auf dem Gebiet der Literatur, der gesellschaftlichen Bil-

[Randbemerkungen:]
Beurtheilung und Inhalt.

Andere epische Gesänge. Cortereal.

Lobo.

dung, des Geschmacks u. s. w., als durch die anmuthige Erzählungskunst und die Charakteristik der die Unterredung führenden Personen große Vorzüge hat. Lobo, der den größten Theil seiner Muße dem Landleben widmete, ertrank bei einer Ueberfahrt über den Tajo. — Wie Comoens durch die Thaten seiner Landsleute in Indien zu seinem vaterländischen Epos begeistert ward, so schöpften spanische Dichter aus der Entdeckung und Eroberung der Neuen Welt Stoffe für Heldengedichte, die aber mehr oder minder nichts als versificirte Darstellungen geschichtlicher Begebenheiten und Abenteuer waren Ercilla's und bald der Vergessenheit anheimfielen. Nur die „Araucana" des Alonso de Ercilla, Araucana. der in den dreißiger Jahren des 16. Jahrhunderts in Madrid geboren, an dem Feldzug zur Unterdrückung des Aufstandes der Einwohner von Arauco, einem Landstrich an der Küste von Chile, im Jahre 1554 Theil nahm und denselben beschrieb, hat durch die Lebendigkeit der Schilderungen einige Berühmtheit erlangt.

Voll Bewunderung über den Heldenkampf des wilden Volksstammes hat der Dichter unter den Schlachten und Gefechten, denen er selbst beiwohnte, den Gedanken gefaßt, die Erlebnisse zum Gegenstand eines epischen Gedichtes zu machen, an das er auch während des Krieges Hand anlegte. Das Begonnene wurde dann nach seiner Rückkehr in der Heimath bis zum 37. Gesang in Stanzen weiter geführt. Aber verstimmt über die geringe Beachtung, ließ er es unvollendet, worauf ein gewisser Diego de Santiste von Osorio noch in weiteren 33 Gesängen die Beendigung des Kampfes bis zur gänzlichen Unterwerfung des Landes und zur Ausrottung der Kaziken in derselben Weise behandelte. Obwohl auch die Araucana der Anlage nach mehr eine metrische Kriegsgeschichte und Reisebeschreibung in chronologischer Ordnung, als ein Epos genannt werden kann, so enthält sie doch viele poetische Schönheiten, die ihr einen größeren Werth verleihen, als den übrigen erzählenden Gedichten beiwohnt. „Die Beschaffenheit des fremden Landes und seiner Bewohner, Bildnisse und Naturerscheinungen, Kämpfe und Schlachten sind mit einer Wahrheit geschildert, bei der man überall fühlt, daß der Dichter dies Alles als Augenzeuge sah und miterlebte." Die historische Erzählung wird in den späteren Gesängen durch eingestreute Episoden und romantische Liebesscenen unterbrochen.

III. Deutschland und die Anfänge der Reformation.

Literatur. Deutschland in der Reformationszeit: Goldast, collectio constitutionum imperialium Francof. 1713, 4 voll. Fol. — Hortleder, Fr. Handlungen und Ausschreiben, Sendbriefe ꝛc. a. 1546—58 Bd. 1—3, 2. Ausg., Gotha 1645 Fol. — Luthers sämmtliche Schriften in der Ausgabe von Walch, besonders Bd. XV und XVI, welche die zur Reformationshistorie gehörigen Documente enthalten. Halle 1737—53, 24 Bde., Erlanger Ausgabe 1826—57, 67 Bde. Sleidanus, de statu religionis et reipubl. Carolo V Caesare Argent. 1555. Ed. Am Ende Francof. 1785. Auch mehrmals ins Deutsche übersetzt, so von Joh. Sal. Semler, Halle 1771, 4 Thle. — Spalatini Annales Reform. Herausg. von Cyprian, Leipz. 1718 und als Gegenstück Cochlaeus, commentar. de actis et scriptis Mart. Lutheri. Mogunt. 1549 fol. — Buchholz, Geschichte der Regierung Ferdinands I., Wien 1831—38, 9 Bde. — Die Werke von Ranke (siehe oben), K. A. Menzel (Neuere Geschichte der Deutschen seit der Reformation. Zweite Aufl. Breslau 1854.), C. F. Souchay (Deutschland während der Reformation, Frankfurt a. M. 1868), das schon früher erwähnte Buch von K. Hagen (Deutschlands literarische und religiöse Verhältnisse im Reformationszeitalter. Zweite Ausgabe. Frankfurt a. M. 1868, 3 Bde.). — Die in dem letzten Werk besonders beachtete Volksliteratur wurde nach allen Seiten erweitert und vervollständigt von Oskar Schade, Satiren und Pasquille aus der Reformationszeit. Hannover 1856—58, 3 Bde. Eine Zusammenstellung und Paraphrasirung dieser von Hagen und Schade publicirten und erläuterten Volksschriften mit einigen Zusätzen findet man bei August Baut, Deutschland in den Jahren 1517—1525, betrachtet im Lichte gleichzeitiger anonymer und pseudonymer deutscher Volks- und Flugschriften. Ulm 1872. Auch die schon oben (IX, 308) angeführte Sammlung historischer Volkslieder von Liliencron gewährt nach dieser Seite hin manchen wichtigen Beitrag. Zur Geschichte Luthers und der deutschen Reformation: Löscher, vollständige Reformations-Acta und Documenta. Leipzig 1720 ff., 3 Bde. C. G. Neudecker, Urkunden aus der Reformationszeit. Caff. 1836. Aktenstücke, Nürnberg 1838. Neue Beiträge, Leipzig 1841. C. E. Förstemann, Neues Urkundenbuch zur Geschichte der evangel. Kirchen-Reformation. Hamburg 1842. 4. — C. A. Salig, vollständige Historie der Augsb. Confession und derselben Apologie. Halle 1730 ff., 3 Bde. — Im Gegensatz zu den französischen Schriften von Bossuet (Histoire des variations des Eglises prot.) und L. Maimbourg (Histoire du Lutheranisme), welche historisch ohne Werth sind, schrieb V. L. de Seckendorf Commentar. hist. et apolog. de Lutheranismo. Francof. 1688, auch mehrmals deutsch überseßt und bearbeitet (von Frick, Junius, Roos). — G. J. Planck, Geschichte der Entstehung, der Veränderungen und der Bildung unseres protest. Lehrbegriffs von Anfang der Reformation bis zu der Einführung der Concordienformel. Leipzig 1791—1800, 7 Bde. — Woltmann, Geschichte der Reformation in Deutschland. Altenb. 1817, 3 Bde. — Ph. Marheineke, Geschichte der teutschen Reformation. 2. Aufl. Leipzig 1831—34, 4 Bde. — Neudecker, Gesch. der deutschen Reformation von 1517—1532. Leipzig 1843. — W. Maurenbrecher, Karl V. und die deutschen Protestanten. Nebst Aktenstücken. Düsseldorf 1865. — De Wette, Dr. Martin Luthers Briefe, Sendschreiben und Bedenken. Berlin 1825—28, 5 Bde. nebst einem spätern 6. Bd. von Seidemann, und zur Ergänzung und Berichtigung: C. A. H. Burkhardt, Dr. Martin Luthers Briefwechsel, nebst vielen unbekannten Briefen, Leipzig 1866. — Das Leben Luthers ist seit den Tagen Melanchthons (Historia de vita et actis Luth. Vit. 1546, übersetzt von Zimmermann mit Anm. von Villers. Göttingen 1816) vielfach nach verschiedenen Gesichtspunkten und zu verschiedenen Zwecken behandelt worden (m. vgl. Vogel, Bibliotheca biographica Lutherana 1851). Zu den älteren Werken von Gust. Pfizer, Luth. Leben. Stuttg. 1836; von M. Meurer, Luth. Leben aus den Quellen erzählt. Dresden 1843 ff., 3 Bde. in zweiter Auflage 1852, von Schottmüller (in der deutschen Nationalbibl.) und von K. Jürgens, Luthers Leben, I. Abth. Luther von seiner Geburt bis zum Ablaßstreit, 3 Bde. Leipzig 1846. 47, kamen in neuerer Zeit: Heinrich Lang, Martin Luther, ein religiöses Characterbild. Berlin 1870. D. Schenkel, Luther in Worms und in Wittenberg. Elberfeld 1870. O. Walß, der Wormser Reichstag im Jahre 1521 (Forschungen zur deutschen Geschichte VIII), Gust. Freytag, aus dem Jahrh. der Reformation (Bilder aus der deutschen Vergangenheit II, 2). Leipzig 1867, 5. Aufl. — H. Schott, Geschichte der Bibelübersetzung Luthers. Leipzig 1835. — Melanchthons Werke und Briefe finden sich am vollständigsten im Corpus Reformatorum, welches Bretschneider im Jahre 1834 begonnen und nach dessen Tod Bindseil fortgesetzt hat, Braunschweig und Halle 1834—60, 28 Bde. Unter den zahlreichen Biographien sind hervorzuheben: Galle, Versuch einer Characteristik. Mel. als Theologe. Halle 1840 und Matthes, Ph. Mel., sein Leben und Wirken. Altenburg 1841.

1. Deutschland und Rom am Wendepunkt zweier Zeitalter und die Lehre vom Ablaß.

Es ist eine historische Wahrheit, durch die ganze Weltgeschichte bewährt, daß alle großen auf sittlichen Grundlagen ruhenden Institute, wenn sie im Laufe ihrer Entwicklung vom ursprünglichen Geiste abgewichen sind und fremdartige oder un-

Der Entwicklungsproceß in der sittlichen Weltordnung.

gesunde Elemente in sich aufgenommen haben, einen inneren Regenerationsprozeß erleiden, durch welchen die späteren Ansätze abgestoßen werden und mittelst einer Rückkehr zu der alten Basis eine neue Entwickelung versucht wird. Man mag diese Wahrheit Naturgesetz oder göttliche Vorsehung nennen, immerhin gibt sie Zeugniß von der in der Menschheit lebenden geistigen Kraft, die nach Erfüllung ihrer Aufgabe ringt, die das heilige Feuer der Seele ohne Unterlaß hütet und nährt, die den guten und edlen Theil zum Sieg und zur Herrschaft zu führen bestrebt ist. Im irdischen Dasein ist die geistige Kraft in Körperschranken gebannt, an materielle Fesseln geknüpft, die sie vielfach hemmen und ablenken, die sie oft falsche Mittel und Wege ergreifen lassen. Dadurch werden die Ideen im Laufe der Zeit so mannichfaltig umrankt, verdunkelt, entstellt, daß das Nebenwerk die ursprüngliche Gestalt und sittliche Bedeutung kaum mehr erkennen läßt und ein Reinigungs- und Versöhnungsakt als nothwendige Selbsthülfe von dem Lenker der Menschengeschicke zugelassen oder hervorgerufen wird. Daß auch bei diesem Prozeß wieder dieselben guten und schlimmen Mächte mitwirken und mitstreiten, liegt in der Unvollkommenheit alles Irdischen und Creatürlichen; aber wer an einen, wenn auch mitunter verdunkelten und unterbrochenen, Fortschritt der Menschheit zum Guten und Vollkommenen glaubt, wird in allen diesen inneren und äußeren Lebenskämpfen, in diesem ewigen Conflikte der Werdelust gegen das Bestehende den nothwendigen, naturgemäßen und darum von der Vorsehung gewollten Entwickelungsgang in der Erziehung des Menschengeschlechts erblicken. Bei dem mangelhaften, unvollkommenen Zustand alles Bestehenden und Gewordenen ist ein Ankämpfen, ein Widerstreit der individuellen Freiheit und menschlichen Willenskraft gegen die auf Macht und Autorität gegründeten Ordnungen gerechtfertigt und geboten, soll nicht das geistige Ringen und Streben in eine stabile Form gepreßt, das Seelenleben zu einem starren Dasein krystallisirt werden. Das Gesetz der Selbsterhaltung, der Kampf um das Dasein, wird dann aus diesen Conflikten für die menschliche Gesellschaft einen Zustand herbeiführen, worin die Gegensätze von Autorität und Freiheit entweder ausgeglichen oder zu einem nothwendigen Compromiß gebracht werden. Dieser Widerstreit der geistigen und sittlichen Kräfte ist in dieser Welt der Unvollkommenheiten für das Seelenleben so unerläßlich wie dem Körper das Athmen; aber es gibt in der Weltgeschichte Momente der Erregung, wo Alles zu erhöhter Thätigkeit drängt. Solche Momente brechen nicht plötzlich hervor, sie sind nur das Ueberschäumen des Gefäßes, in dem allmählich der flüssige Stoff gesammelt worden war. Sie bedürfen zu ihrem Hervortreten oft nur eines kleinen Anstoßes; aber sie müssen, sollen sie anders zu fruchtbringenden Resultaten führen, eine vorbereitete Zeit, ein empfängliches Geschlecht und eine geschickte leitende Hand vorfinden. Wenn die Zeit erfüllet ist, dann wird die Arbeit der Regeneration unter der Führung einer mächtigen Persönlichkeit stets zu einer durchgreifenden Verjüngung und Lebenserneuerung gelangen.

Diese Worte sollen den Gesichtspunkt geben, die Richtung andeuten, wie wir die in die Menschengeschichte so tief eingreifende Erscheinung, die man als „Reformation" bezeichnet, in den folgenden Blättern zu behandeln gedenken und betrachtet zu sehen wünschen. Die kirchliche Bewegung ist nur einer der Factoren in dem allgemeinen Auferstehungsprozeß dieser gewaltigen Zeitperiode: wir haben gesehen, welche Veränderungen auch das Staatsleben erfahren, wie in dem westlichen Europa die ungebundenen Zustände der Feudalherrschaft gebrochen und zersetzt worden sind, wie selbst in dem vielgestaltigen deutschen Reich eine Rechts- und Verfassungsform geschaffen ward, die wenigstens das fürstliche und ritterliche Fehderecht unter ein Landfriedensgesetz beugte; wir haben gesehen, welche Eroberungen der Geist auf dem Gebiete der Wissenschaft und Kunst machte, und welche Regionen der Entdeckungsmuth kühner Seefahrer der menschlichen Thätigkeit und Regsamkeit eröffnete. Und dennoch wird diese ganze mächtige Zeit mit richtigem instinctiven Takt und Verständniß als das „Zeitalter der Reformation" bezeichnet und keine klügelnde Kritik und Kleinmeisterei hat diese Benennung aus der Weltgeschichte zu verbannen vermocht. Die kirchliche Reformation bildet den Heerd, auf dem die ganze Gluth des heiligen Feuers gesammelt ward, auf dem sich alle Strahlen der Begeisterung und des Seelenlebens concentrirten, wo alle Bestrebungen und Kräfte, welche die neue Zeit begründeten, ihren Ausgang nahmen, ihre Impulse erhielten. Auch in dem Reformationswerke treten die Licht- und Schattenseiten deutlich genug hervor, ringen die guten und schlimmen Mächte um den Sieg, sind reine und unreine Elemente, lautere und unlautere Triebe und Motive vielfach vermischt und verschlungen, und wir werden mit unparteiischem Sinn und Gerechtigkeitsgefühl beide zu würdigen und darzustellen bestrebt sein; aber dennoch ist die Reformation die große That, aus der das moderne Staats- und Gesellschaftsleben hervorgegangen, der reiche gährende Mutterschooß, der die neue Zeit geboren und ihr alle Keime zur fruchtbaren Fortpflanzung, zur mannichfaltigsten Gestaltung eingesenkt hat. Die Arbeit der Reformation, der Versuch Luthers und seiner Mitstreiter, die Kirche auf dem Grunde, den Christus und seine Apostel gelegt haben, einfacher und geistiger zu gestalten und von den menschlichen Zusätzen späterer Jahrhunderte zu reinigen, das lateinische Kirchenwesen zu einer freieren, minder hierarchischen, mit den ursprünglichen Tendenzen des Christenthums wieder in Uebereinstimmung gesetzten Erscheinungsform umzubilden: dies ist somit der Anfang der neueren Culturentwickelung, die Grundsteinlegung zum modernen Rechtsstaat. Nur Vorurtheil und Befangenheit können verkennen oder leugnen, daß mit der Reformation ein menschenwürdigeres Dasein in die Welt eingezogen ist.

Am elften April des Jahres 1513 feierte Rom ein Prachtfest, wie noch niemals ein ähnliches gesehen worden. Es war der Tag, an welchem der neugewählte Papst Giovanni de' Medici, der den ruhmreichen Namen Leo wieder der Vergessenheit entriß, seinen prunkvollen Einzug durch die reichgeschmückten Straßen der ewigen

Stadt hielt, umgeben und begleitet von den Häuptern und Gliedern der berühmtesten Adelsgeschlechter des Kirchenstaats und der florentinischen Republik. Bildliche Darstellungen, Triumphbogen und Inschriften im antiken Geiste prangten
in den Straßen und Plätzen, vor den Kirchen und Palästen, auf welchen die
Götter des Olymp neben den Schutzheiligen ihre Stelle hatten und die Götternamen der griechischen und römischen Heidenwelt als allegorische Begriffswesen
angebracht waren. Denn die vornehme Welt in Italien, und in erster Linie die
Mediceer, hatte sich so sehr in die hellenische Anschauung, Denk- und Vorstellungsweise eingelebt, daß daran Niemand Anstoß nahm. Wir kennen ja die
Atmosphäre, in welcher Leo X., der hochgebildete Sohn Lorenzo's des Erlauchten, seine Jugend verbracht. Diese Geistesrichtung, diese Kunstliebe, diese Hingebung an die Schätze der Musen führte der Mediceer als das schönste Erbtheil
seines Hauses in den päpstlichen Palast ein. Aber auch die Vergnügungssucht
und das Wohlgefallen an Glanz und üppigem Leben hatte er geerbt und demselben oft in Leichtsinn über seine Mittel gefröhnt: Schon als Cardinal verpfändete er einst sein silbernes Tafelgeschirr, um das Geld für ein Gastmahl aufzubringen. Gelehrte und Künstler fanden in ihm stets einen freigebigen Gönner.
Solche Eigenschaften gefielen dem römischen Volke, daher der Jubel, womit es
die Wahl des achtunddreißigjährigen Herrn begrüßte! Nur daß sich so viele
Florentiner, besonders die zahlreiche Verwandtschaft des mediceischen Geschlechtes in allen Graden, an den Hof drängten und Stellen und Einfluß erlangten, erregte Mißfallen. Unter diesen nahm des Papstes Vetter Giulio, der
Sohn des von den Pazzi ermordeten Mediceers Giuliano, den ersten Rang ein.
Er wurde Cardinal und Erzbischof von Florenz, lebte aber meistens in Rom und
leistete dem um drei Jahre ältern Kirchenfürsten manchen wichtigen Dienst durch
seine Geschäftskunde und seinen Rath. Ihm am nächsten stand Cardinal Bernardo
Dovizi von Bibbiena, ein geistreicher literarisch gewandter Mann, der von Jugend
auf dem mediceischen Hause und insonderheit dem jetzigen Papste befreundet gewesen, ein eleganter witziger Geist, aber nicht ohne Frivolität und profane Neigungen.

Leo's Ponti-   Glänzend und glückverheißend trat das Pontificat Leo's ins Leben. Wir
ficat. wissen, daß König Ludwig XII., in Oberitalien bedrängt, sich von dem schismatischen „Conciliabulum" in Lyon lossagte, daß die wenigen Prälaten, die bisher
standhaft ausgehalten, reumüthig die Gnade des heiligen Vaters anflehten, daß
das päpstliche Concil im Lateran als gültiges und rechtmäßiges anerkannt ward.
Von Außen erhielt das kirchliche Oberhaupt viele Beweise von Ehrfurcht: Eine
portugiesische Gesandtschaft legte ihm die seltensten Producte des fernen Ostens zu
Füßen. Mit König Franz I., dem Sieger von Marignano, schloß Leo auf einer
14. Decbr. persönlichen Zusammenkunft in Bologna das berühmte Concordat, welches der
1515. französischen Krone die Ernennung zu den Bisthümern bewilligte, dem h. Stuhl
die Annaten und einen Theil der Reserven zuerkannte, eine Uebereinkunft, durch
welche die alte „pragmatische Sanction" abgeschafft ward und König und Papst

in die Herrschaft über die gallicanische Kirche und den französischen Klerus sich theilten. Und als der Mediceer, in die Bahn der Borgia und Julius' II. einlenkend, dem seinem Hause stets befreundeten und wohlgesinnten Dynastengeschlechte von Urbino die Besitzungen in der Romagna und in den Marken zu entreißen und dem Kirchenstaate beizufügen unternahm, war er auch hierbei vom Glück begleitet. Francesco Maria della Rovere wurde der Felonie gegen den h. Stuhl beschuldigt und nach einem achtmonatlichen blutigen Kampfe, wobei ein anderes Glied der florentinischen Familie, der wilde, verwegene und streitbare Giovanni de'Medici, Hauptmann der „Schwarzen Banden", sich durch Tapferkeit und Kriegsgeschick hervorthat, zur Flucht genöthigt. Darauf gab der Papst das Herzogthum seinem Neffen Lorenzo de'Medici zu Lehen und führte ihm zugleich eine Verwandte des fanzösischen Königshauses als Gemahlin zu. 1516.

Drei Jahre nachher starb die Herzogin, fast gleichzeitig mit Lorenzo, nachdem sie 1519. noch die Taufe ihrer neugebornen Tochter Catarina de' Medici erlebt. Nach ihrem Hinscheiden verband Leo das Gebiet von Urbino sammt Pesaro und Senigallia mit dem Kirchenstaat. Auch Perugia kam unter die unmittelbare Herrschaft des Papstes, nachdem der kriegerische Gian Paolo Baglioni nach Rom gelockt und in nächtlicher Stunde im Castell enthauptet worden. So wurde die Herrschaft des apostolischen Stuhles in den Marken begründet; auch der Herzog von Ferrara, der seine Lehnspflichten gegen Rom nur zu sehr außer Acht ließ, hatte alle Ursache, für seine fürstliche Stellung besorgt zu sein. Bei dem plötzlichen Hingang Leo's ließ er eine Münze schlagen mit der Ueberschrift: „Das Lamm aus dem Rachen des Löwen errettet". Nie war der Mediceische Name glänzender und gefürchteter als in diesen Tagen, nie die pontificale Macht und das Ansehen des apostolischen Stuhles größer. Das Lateranische Concil bewilligte vor seinem Schluß dem heil. Vater einen Zehnten von den Kirchengütern in der gesammten Christenheit, wie es hieß, behufs eines Türkenkriegs, der aber noch in weiter Ferne stand.

Und dieses glänzende Pontificat sollte auf dem Gipfel seiner Macht einen Stoß erleiden, der von geringer Hand geführt den ganzen stolzen Bau zum Wanken brachte. In demselben Jahre, da das römische Volk in Schrecken gesetzt ward durch eine Verschwörung gegen das Leben des Papstes, deren Fäden in das Cardinalcollegium hinaufreichten und deren Haupturheber Alfonso Petrucci als unbußfertiger Verbrecher ohne Beichte im Castell unter der Hand des Scharfrichters starb, begann in Deutschland die Bewegung, welche einen großen Theil des christlichen Abendlandes von der römischen Autorität losriß und die Idee einer geistlichen Weltherrschaft für immer zerrinnen ließ. Papst Leo X. war sehr häufig in Geldnoth: er liebte ein elegantes vornehmes Hofleben, prunkende Feste, eine reichbesetzte Tafel; er hatte Gefallen an Kunst und Wissenschaft, er unterstützte und belohnte mit freigebiger Hand die Diener der Musen, die Gelehrten, Dichter und Künstler, die sich in zahlreicher Menge nach dem Vatican drängten; zu seinen Jagden, denen er mit Leidenschaft zugethan war, versammelte er die ganze vornehme Welt geistlichen und weltlichen Standes und bewirthete sie fürstlich. Seine Kunstliebe verursachte ihm unermeßliche

Leo's Lebensweise und Charakter.

23. Juni 1517.

Ausgaben; welche Summen verschlangen nicht allein die Bauten im Vatican, besonders die Peterskirche, die er im großartigsten Maßstabe fortführen ließ! Ein echter Mediceer, prachtliebend, leichtsinnig, verschwenderisch, lebte er nur dem Einen Gedanken, sein Dasein möglichst zu verschönern, die ästhetischen Genüsse der Künste, der Literatur, der Musik, die er mit Begeisterung liebte, im Kreise gleichgesinnter Hofleute und junger Cardinäle, die er durch eine großartige Creation in Menge um sich vereinigte, an sich herantreten zu lassen, die feinere Sinnlichkeit und heitere Weltlust mit geistiger Erhebung nach Art des hellenischen Alterthums zu verbinden. Den Herbst verbrachte er in reizenden Landhäusern, den Winter in der Stadt. „Nie war der Hof belebter, anmuthiger, geistreicher gewesen: kein Aufwand für geistliche und weltliche Feste, Spiel und Theater, Geschenke und Gunstbezeugungen war zu groß: nichts ward gespart. Mit Freuden vernahm man, daß Guliano de'Medici mit seiner jungen Gemahlin seinen Wohnsitz in Rom zu nehmen gedenke. Gelobt sei Gott, schreibt ihm Cardinal Bibbiena, denn hier fehlt uns Nichts als ein Hof von Damen." Im persönlichen Umgang war Leo leutselig, von angenehmen Formen und wo seine Politik nicht ins Spiel kam, gutartig und menschenfreundlich; auch gab er durch seinen Lebenswandel kein Aergerniß, wenn man absah von dem weltlichen Charakter seiner Hofhaltung, von seiner Gleichgültigkeit und seinem geringen Interesse für religiöse Dinge. In den kirchlichen und literarischen Streithändeln stellte er sich gerne auf die Seite der Bildung und Wissenschaft. Er hatte Reuchlin in Schutz genommen und meinte Anfangs, Luther sei ein guter Kopf. Die schwächste Seite war sein Haushalt; keine Geldmittel waren für seine Ausgaben hinreichend. „Leo war eben so wenig im Stande tausend Ducaten zusammenzuhalten", sagt der Geschichtschreiber Vettori, „als ein Stein von selbst in die Luft fliegen kann." Was war daher natürlicher, als daß er sein geistliches Amt möglichst einträglich zu machen suchte. Die Verlängerung der Vacanzen, die gesteigerten Annaten und Palliengelder, die Mehrung und Erhöhung der Taxen, Pfründenhandel, Simonieverträge, Zehnten und alle die vielbeklagten alten Uebel des Kirchenregiments kamen im reichlichsten Maße in Anwendung. Vor Allem aber war die Ertheilung von Sündenerlaß eine Quelle großer Einnahmen. Dieser Mißbrauch der Schlüsselgewalt gab den ersten Anstoß zur Reformation.

Die Lehre vom Ablaß.   Schon längst war von der Kirche die Lehre ausgebildet worden, die Verdienste, welche der Heiland durch sein Blut erworben, die Heiligen durch ihre guten Werke vermehrt hätten, seien mehr als hinreichend zur Versöhnung der Menschheit mit Gott, seien zu einem überströmenden Schatze angewachsen, dessen Verwahrung und Verwaltung dem Statthalter Christi auf Erden zustehe. Vermöge dieser Lehre sollte dem Oberhaupt der Kirche die Macht zustehen, dem nach der Taufe aus der Gnade gefallenen Sünder nicht nur die kirchlichen Strafen zu erlassen, sondern auch den zur Reinigung im Fegefeuer sich befindenden Seelen der Verstorbenen eine Befreiung oder Verkürzung ihrer Strafzeit zu gewähren. Diese der päpstlichen Autorität so förderſame Glaubenslehre, „daß die Kirche eine Himmel und Erde, Lebendige und Todte umfaſſende Gemeinſchaft bilde, in der alle Verſchuldung der Einzelnen aufgehoben werde durch das Verdienſt und die Gnade der Geſammtheit", war zu einem dogmatiſchen Syſtem ausgebildet worden, kraft deſſen man durch gewiſſe fromme Leiſtungen oder Handlungen einen in den Indulgenzbullen näher beſtimmten Ablaß von Sünden erwerben konnte. Wir wiſſen, wie die Päpſte die Wallfahrten der Gläubigen zu den Apoſtelgräbern in den Jubeljahren zum Vortheil der ewigen Stadt ausnußten! Aber wie leicht man es auch mit den Pönitenzen nahm, immerhin war doch noch eine gewiſſe Anſtrengung der Seelenkräfte, eine Thätigkeit zu Ehre und Rußen der Kirche, ein Schatten von einer innerlichen Ausgleichung zwiſchen Schuld und Verſöhnung feſtgehalten. Bei der Verweltlichung des päpſtlichen Hofes und den wachſenden Bedürfniſſen geſtaltete ſich aber mit der Zeit die Idee von den Indulgenzen zu einer Strafrechtstheorie, die ſich mit dem Wehrgeld des Mittelalters vergleichen läßt; jede Verſchuldung gegen die göttlichen Gebote ſollte durch Geldbußen an den Verwalter des Gnadenſchatzes gebüßt werden können; das Pönitentiarſyſtem wurde zur Finanzſpeculation. Schon unter Innocenz VIII. hatte ein Kämmerling die Schriftworte in frivoler Weiſe in dieſem Sinne verkehrt: „Gott will nicht den Tod des Sünders, ſondern daß er z a h l e und lebe". Der fromme Zweck, den man dabei noch vorhielt, war eine durchſichtige Verhüllung. Unter Leo X. Der deutſche Ablaßhandel. diente der Bau der vaticaniſchen Baſilica, um einen weitangelegten Feldzugsplan zur Beitreibung von Geldſummen ins Werk zu ſetzen. Das nördliche und ſüdliche Deutſchland und die Schweiz wurden zu dem Behuf in drei Regionen unter Ablaßkommiſſären mit Unterbeamten getheilt. Im Norden übernahm der erſte geiſtliche Reichsfürſt ſelbſt die Oberleitung gegen die Hälfte vom Ertrag, Albrecht von Brandenburg, Erzbiſchof von Magdeburg und Kurfürſt von Mainz, ein in Prachtliebe, Verſchwendung und Kunſtſchwärmerei mit Leo verwandter Prälat. Er hatte zur Beſtreitung der Palliengelder von dem Hauſe der Fugger in Augsburg hohe Summen aufgenommen, zu deren Abtragung der Erlös aus den Ablaßbriefen verwendet werden ſollte, daher auch mit dem Mönch, der die Gnade ausbot, Agenten des Bankhauſes einherzogen, um die Einnahmen für die Vorſchüſſe einzuthun. Nicht blos Vergebung der Sünden, Losſprechung von Gelübden, Theilnahme an allen guten Werken der geſammten Chriſtenheit konnte um Geld erlangt werden, auch die Seelen der Verſtorbenen ſollten aus dem Ort der Läuterung erlöſt werden können, um gereinigt vor der Pforte des Himmels zu erſcheinen. „Marktſchreieriſche Commiſſarien, welche gern berechneten, wie viel Geld ſie ſchon dem päpſtlichen Stuhl verſchafft, ſich dabei eine bedeutende Quote vorbehielten und gute Tage zu machen wußten, übertrieben ihre Befugniſſe mit blasphemiſcher Beredſamkeit." Dem Dominicanermönch Johann Tezel aus Pirna, dem bekannteſten und verrufenſten dieſer Ablaßverläufer, der früher in Innsbruck, wegen Verführung einer Eheſrau, zum Tode verurtheilt, dann aber

begnadigt worden, schrieb man die Aussprüche zu, daß der Ablaß mehr Macht
habe, von Sünde zu reinigen als die Taufe, und von Reue und Buße entbinde,
daß das Ablaßkreuz gleiche Kraft wie das Kreuz Christi besitze und von vergangenen und künftigen Sünden befreie, daß sobald das Geld im Kasten klinge,
die Seele aus dem Fegefeuer entrinne, und andere anstößige Uebertreibungen.
Der Preis richtete sich nach dem Grade der Verschuldung oder nach der Stellung
und dem Range des Sünders.

Stimmung   Wie groß und augenfällig übrigens solche Mißbräuche erscheinen mochten,
der Zeit. das Ansehen des Papstes und der Kirche hätten sie nicht zu erschüttern vermocht,
wäre nicht „die Zeit erfüllet" gewesen, hätte nicht Alles zu einer „Reformation
an Haupt und Gliedern" gedrängt. Oft war schon in früheren Jahrhunderten
derselbe Ruf erklungen und wieder verhallt, und keine Opposition war stark und
nachhaltig genug gewesen, das Gebäude der scholastischen Kirchenlehre zu beschä-
digen; man mochte gegen die Anwendung in bestimmten Fällen ankämpfen,
mochte einzelnen Ueberschreitungen entgegentreten, an die Dogmen selbst, an die
Quelle, woraus die kirchlichen Erscheinungen, wenn auch getrübt, herflossen,
hatte man nicht zu tasten gewagt. Nun waren aber in der Uebergangszeit so
viele Richtungen und Regungen zu Tage getreten, so viele Factoren der inneren
und äußeren Lebensthätigkeit auf dem Ringplatze erschienen, so viele Anschauungen
und Bestrebungen zum Bewußtsein ihrer Wahrheit und Berechtigung gelangt,
daß, sofern ein gemeinsamer Angriffsplan gegen das Bestehende zur Ausführung
kam, die alten Ordnungen, Denkweisen und Erscheinungsformen den wuchtigen
Stoß nicht mehr auszuhalten im Stande waren. Wir dürfen nur auf die Verfassung der Geister und Gemüther hinweisen, die wir in früheren Blättern angedeutet haben. Seitdem die Hoffnungen, die man auf die großen Concilien in Constanz und Basel gesetzt, verschwunden waren, herrschte namentlich in Deutschland
unter allen Ständen Verstimmung und Unzufriedenheit über die kirchlichen Zustände. Auf allen Reichstagen wurden die Beschwerden der deutschen Nation, die
oft erwähnten hundert Gravamina, gegen den römischen Stuhl zur Verhandlung
gebracht, und nur der mangelhaften Reichsverfassung war es zuzuschreiben, daß
die nationale Opposition nicht noch in größerer Stärke auftrat. Die Fürsten und
Stände zürnten, daß alle Mahnungen an die Päpste zu einer freiwilligen Selbsterneuerung unbeachtet blieben, daß die geistliche Gerichtsbarkeit den weltlichen
Rechtsgang hemmte, daß der päpstliche Hof durch Ausdehnung seiner Dispen-
sationsrechte, seiner Bestätigungsvorbehalte und anderer Befugnisse Alles an
sich reiße, daß durch die Annaten, die Pfründenvergebung an auswärtige Cardinäle, die Zehnten, die Sportelerhebungen und die mannichfache Besteuerung
und Belastung der Landeskirchen das Geld aus dem Reiche gehe. Die deutschen
Prälaten, meistens jüngere Söhne aus fürstlichen Häusern oder aus angesehenen
Adelsgeschlechtern, mehr nach Familieninteressen als nach geistlichen Verdiensten
gewählt, waren ungehalten über die Eingriffe der römischen Curie in ihre Rechte;

die niedere Geistlichkeit sah mit Neid auf die Bettelmönche, die, von dem päpstlichen Stuhl mit hohen Vorrechten begabt, jene um allen Einfluß bei dem Volke
brachten. Die Frommen nahmen Aergerniß an dem weltlichen Treiben der Prälaten und an der Sittenlosigkeit des gemeinen Klerus; die Aufgeklärten waren
empört über den im Volke genährten Aberglauben, der sich in dem übertriebenen
Bilder - und Reliquiendienst und in der überwuchernden Verehrung der Heiligen
kund gab; die Gelehrten sahen mit Verachtung auf die Unwissenheit, den Stumpf-
sinn und die Geistesträgheit so vieler Mönche und Priester herab, während sie
zugleich den künstlichen Bau der Scholastik und Kirchenlehre erschütterten, theils
mit den philosophischen Waffen des klassischen Alterthums, theils durch Erforschung und richtige Auslegung der den Laien gänzlich entzogenen heiligen
Schrift und der ersten Kirchenväter. Durch sie wurde auch auf einigen Universitäten der Geist der Opposition gegen das dogmatische Lehrgebäude der Dominicaner genährt, wie denn Johann von Wesel in Erfurt die Verbindlichkeit priesterlicher Satzungen und die Kraft des Ablasses bestritt und in der Idee einer unsichtbaren Kirche lebte. Seine Bedeutung für die Nation wurde dadurch nicht erschüttert,
daß der hochbetagte Greis an seinem Stabe schleichend vor der Inquisition erscheinen mußte, in deren Kerker er denn auch gestorben ist. Von gleichem Geiste und
Muth beseelt waren Johann von Goch und Johann Wessel. Die Städte sahen
sich durch die Befreiung der Geistlichen von ihren Gesetzen und Einrichtungen vielfach beeinträchtigt; ihre Zunftrechte wurden häufig verletzt, das Asylrecht hemmte
die Handhabung der städtischen Justiz und Polizei, die Klöster und die vielen Feiertage begünstigten Bettelei und Vagabundenleben, dem der ehrsame Bürgerstand
vor Allem gram war, das Anwachsen der geistlichen Güter minderte den nationalen Wohlstand; — kein Wunder also, daß die Volksliteratur, die damals in den Städten blühte, ihre Angriffe und ihren Spott gegen Mönche und
Geistlichkeit richtete und hierin mit dem Streben der Humanisten zusammentraf.
Im Reinecke Fuchs, in Brant's Narrenschiff, im Eulenspiegel bilden die Sünden und Laster des geistlichen Standes eine breite Unterlage zu Spott und Satire.
Der gesunde Menschenverstand, die gemeine Moral, die nackte Regel des gewöhnlichen Lebens ringen darin nach Geltung gegen die Mißbräuche und die Verderbniß der Zeit. Und wie sehr die Häupter des Humanismus, insbesondere
Erasmus und Reuchlin dazu beigetragen haben, den Geist des Jahrhunderts in
seiner antiklerikalen Richtung zu befestigen, haben wir in den früheren Blättern
gesehen. Auch von den alten Häresien, die einst durch die Welt gegangen, hatten
sich Spuren erhalten. Noch war in Sachsen und den Nachbarländern der
Same der hussitischen Ketzerei nicht ganz untergegangen und nährte in dem
gemeinen Mann, dem die hohen Stolgebühren oft wehe thaten, während er in
Zeiten der Trübsal umsonst sich um Hülfe und Trost an den gleichgültigen Seelsorger wandte, den Geist der Opposition, der in dem Grundsatz wurzelte, daß

Christus selbst der Fels sei, auf dem die Kirche gegründet, nicht Petrus noch dessen Nachfolger.

Johann von Goch, Prior eines Nonnenklosters in Mecheln († 1475) hat erklärt, die heil. Schrift sei die einzige Autorität des Glaubens, die Kirchenväter hätten nur in so weit Geltung, als sie mit jener übereinstimmten, die Werke der späteren Theologen, namentlich der Bettelmönche, seien ohne allen Werth und verdunkelten die einfache Lehre des Christenthums, indem sie die Seligkeit von Gesetzesdienst und äußeren Gebräuchen abhängig machten, statt von der Gnade Gottes. Mönchsgelübde seien nur verdienstlich, wenn sie als Mittel zu einem christlichen Leben dienten; sie schützten aber nicht gegen Sünden und Laster. Johann Wessel, aus der Brüderschaft des gemeinsamen Lebens hervorgegangen (VIII, 209), ein männlicher freimüthiger Charakter, hatte das Element der kirchlichen Opposition, das in der Mystik verborgen lag, zum freien Bewußtsein, die Glaubensinnigkeit zu wissenschaftlicher Klarheit zu führen gesucht, das Evangelium als die Quelle der christlichen Religion erklärt, das tiefere Gottesbewußtsein oder den Glauben über fromme Werke und Gebräuche gesetzt. Schon ihm war die Kirche eine Gemeinschaft von Gläubigen nach Heiligung strebend, in Liebe verbunden unter ihrem Haupte Christus, das Priesterthum nur ein Amt zur Erhaltung der äußeren Ordnung ohne einen inwohnenden Charakter höherer Heiligkeit.

2. Doctor Martin Luther.

a) Die Jahre der Prüfung.

Das Elternhaus. „Ich bin eines Bauern Sohn. Mein Vater, Großvater, Ahn sind rechte Bauern gewest; darauf ist mein Vater nach Mansfeld gezogen, und allda Berghauer geworden; daher bin ich." Mit diesem Ausspruch des Reformators in den Tischreden beginnen in der Regel die Lebensgeschichten Luthers. Das Geschlecht war in Möhra seßhaft, einem Dorfe an der Höhe des Thüringer Waldgebirges; nach dem Wormser Reichstag suchte Martin Luther seine Verwandten daselbst auf. Sie waren zahlreich und freuten sich über den berühmten Vetter. „Ich bin zu meinem Fleisch über den Wald gereist" schrieb er damals, „denn sie haben fast das ganze Land inne." Der väterliche Hof ging auf den Erstgebornen über, darum wanderte der zweite Sohn, Hans Luther, aus, um sich eine andere Wohnstätte zu gründen. Er ließ sich eine Zeitlang in Eisleben nieder; dort wurde ihm am 10. Nov. 1483 von seiner Ehefrau Margaretha ein Sohn geboren, der den Namen Martin erhielt. Von Eisleben siedelte er im nächsten Jahr nach Mansfeld über, wo er durch Arbeit in den Bergwerken seine Familie ernährte. Eine alte Ueberlieferung, nach welcher die Mutter von Mansfeld auf den Jahrmarkt nach Eisleben gewandert und dort den Knaben zur Welt gebracht, verdient wenig Glauben. Sie mag aus der Absicht hervorgegangen sein, die Aehnlichkeit zwischen dem thüringer Bergmannssohn und dem Zimmermannssohn von Nazareth schon in der Geburt nachzuweisen. Ein hartes Leben wartete ihrer in Mansfeld, im Schweiße seines Angesichts mußte Hans Luther sein Brod gewinnen. „Meine Eltern sind erstlich recht arm gewesen", sagt der Sohn Martin an einer andern Stelle. „Mein Vater war ein armer Hauer und die Mutter hat ihr Holz auf dem Rücken getragen, damit sie uns Kinder erzogen haben. Sie

University of MICHIGAN

haben's sich lassen blutsauer werden; jetzt thäten es die Leute fürwahr nimmer." Aber sie arbeiteten sich empor. Hans Luther war ein Mann von „kurz gedrungener Kraft", unternehmend, strebsam und von großer Willensstärke. Er wurde wohlhabend, erwarb ein Haus und zwei Schmelzöfen und stand als Stadtrath in allgemeiner Achtung; ein eisenfester Mann von praktischem Verstand und unbeugsamem Charakter. Auch die Mutter war eine strenge, ernste Natur, die, wie Melanchthon versichert, berühmt gewesen ob ihrer Zucht, Gottesfurcht und fleißigen Gebetes; sie erblickte in der Erfüllung ihrer Pflichten, in harter Arbeit, in Gehorsam gegen Gott und ihren Eheherrn ihre Lebensaufgabe, aber die Milde und Sanftmuth, die sonst dem Mutterherzen innezuwohnen pflegt, war nicht in ihr. „Sie wird uns vorgeführt, wie sie, den kleinen Martin barfuß neben sich, im Winter Holz trägt über den gefrornen Schnee von den Mansfelder Bergen herab, oder wie sie das zarte Kind um einer geringen Nuß willen so hart schlägt, daß das Blut fließt. Sie meinte es freilich herzlich gut, rühmte ihr der Reformator später nach." Aber er gestand auch: „ihr ernst und gestreng Leben, das sie führte, das verursachte, daß ich hernach in ein Kloster lief und Mönch wurde". Dennoch hat die harte Zucht die Liebe und Ehrfurcht zu den Eltern in dem Herzen des Sohnes nicht zu ersticken vermocht. Noch haben wir von seiner Hand einige Trostbriefe an die von Alter und Krankheit gebeugten Eltern, in welchen sich sein kindliches Gemüth abspiegelt. Als in dem für ihn so wichtigen Jahre 1530 der Tod seines Vaters ihm gemeldet ward, „nahm er flugs seinen Psalter, ging in die Kammer und weinte genug, daß ihm der Kopf des andern Tages ungeschickt war". Viele Züge sind vom Vater auf den Sohn übergegangen: „Der unbeugsame Wille bei starkem und raschem Wechsel der Gefühlsstimmungen, das heftige Auflodern des Zornes bei großer, bald wieder versöhnter Herzensgüte, die unbestechliche Aufrichtigkeit, welche das Herz auf der Zunge hat, bei vielem die Umstände wohl berechnenden Menschenverstand sind eben so sehr Charakterzüge des Sohnes, als des Vaters."

Der Härte im Elternhaus entsprach die Behandlung in der Schule zu Mansfeld, die Luther vom vierzehnten Jahre an besuchte: Er erzählt, einst sei er an einem einzigen Vormittag fünfzehn Mal nach einander „wacker gestrichen worden"; die Schulen seien rechte Kerker und Höllen, die Schulmeister Tyrannen und Stockmeister gewesen. Er mußte mit Musiciren vor den Thüren, mit Neujahrsingen auf den Dörfern seinen Unterhalt verdienen; oft hat er gehungert, oft mit Thränen sein Brod gegessen. Wie Hutten ist auch Luther durch eine freudlose, harte Jugend hindurchgegangen, „die beiden größten Geister der Zeit mußten sich in der Noth des Lebens stählen für den Kampf, der sie erwartete". Und wie schlecht war der Unterricht bestellt! Der größte Theil der Zeit ging mit geistlosen Andachtsübungen, mit todter Werkheiligkeit verloren! Auch in der Stiftsschule der Franciscaner zu Magdeburg, die er kurze Zeit besuchte, war er arm und freudenleer. „Manche Herbheit seines Wesens und Thuns, die Anfälle von Trübsinn, Schwermuth

Das Schulleben.

7*

und Verzweiflung, die ihn späterhin so oft überkamen, das Alles war zum wesentlichen Theil Wirkung seiner harten, freudlosen Kindheit und Jugend, in deren Nacht allein die Kirche mit ihren hellen Sternen hineinglänzte, ihn tröstete, erquickte und selbst ängstend fesselte." — Erst in Eisenach, wo ihm mütterliche Verwandten lebten, fing ein besseres Dasein für ihn an. Er fand eine Gönnerin in Frau Ursula Cotta, welche, gerührt von dem inbrünstigen Singen und Beten des verlassenen Knaben, ihn in ihr Haus aufnahm. Drei oder vier Jahre lang besuchte er dort die Lateinschule der Georgenkirche, und stets blieb ihm Eisenach „seine liebe Stadt". Hatte sich im Elternhause, in der Bergmannshütte die Phantasie des Knaben beschäftigt mit verdunkelten Traditionen des heidnischen Götterglaubens, „mit den Geistern des Fichtenwaldes und der finstern Erdspalte", welche in ihm mit der Zeit die Gestalt des biblischen Teufels annahmen, so traten ihm hier die alten Sagen und Mährchen aus germanischer Vorzeit entgegen und weckten den Sinn für Volksleben und vaterländische Eigenthümlichkeit.

Die Studienzeit in Erfurt. Am 17. Juli 1501 verließ der achtzehnjährige Luther Eisenach, um die Universität Erfurt zu beziehen. Sein Vater wünschte, er sollte ein Rechtsgelehrter werden, sich anständig verheirathen und ihm Ehre machen in weltlichen Aemtern und Würden. Darum hielt er ihn auch besser, seitdem er selbst wohlhabender geworden war. Erfurt war zu jener Zeit der Sitz der freieren Denkart; dort hatte kurz zuvor Johann von Wesel gelehrt, dort war der Mittelpunkt des deutschen Humanismus; man hätte denken sollen, der strebsame Jüngling, der so eifrig den Studien oblag, würde in die geistreichen Kreise eingetreten sein, an ihren polemischen Künsten Theil genommen haben; aber seine Natur war nicht nach der Weltseite gekehrt; die finstere Ansicht von dem richtenden und strafenden Gott, der dem Sünder mit Höllenqualen droht, den man nur mit geistlichen Uebungen, mit stetem Ringen wider das Fleisch versöhnen könne, beherrschte seinen Geist. Jener Fürst Wilhelm von Anhalt, den er als Schüler in Magdeburg bleich und abgezehrt von Kasteiungen und Fasten als Barfüßermönch mit dem Bettelsack die Stadt durchziehen sah, „wie ein Todtenbild, eitel Bein und Haut", machte auf Luther einen tieferen Eindruck, als der wegen seines Kampfes gegen die Mißbräuche der Kirche im Kerker zu Eisenach gestorbene Johann von Wesel; die Buß- und Sündenlehre der Scholastiker beschäftigte ihn mehr als die witzigen und ästhetischen Arbeiten der humanistischen Schöngeister; die Seele zu retten, nicht sich des Lebens zu freuen war seine Hauptsorge. Mit Gebet und Andachtsübungen begann er seine Studien; und wenn er sich dem Nominalismus, der freieren Richtung der scholastischen Speculation (VII, 92) zuwandte, so lag der Grund davon in seiner mehr innerlichen Natur, nicht in einer skeptischen Neigung gegenüber der Kirchenlehre. Er mußte Alles durch eigene Entwickelung erobern. „Das ist ein Zeugniß für die Tiefe und Ursprünglichkeit dieses Geistes, daß die Wahrheiten, welche er berufen war, einst der Welt zu verkündigen, an ihm abgleiteten, als sie von Anderen an ihn herandrangen; er ging an ihnen

vorüber seinen eigenen Weg, bis er auf diesem Weg selber sie wie neu und nie
dagewesen entdeckte." Vier Jahre lang widmete er sich der Philosophie und
Rechtswissenschaft mit allem Fleiß. Er wurde Baccalaureus und stand um seiner
gelehrten Kenntnisse willen in Ansehen; aber es fehlte ihm die innere Befriedigung. Fortwährend quälte ihn die Sorge um sein Seelenheil; durch Buße,
durch Ertödtung des Fleisches, durch harten Dienst suchte er den zürnenden Gott
zu versöhnen. Eine Pest, die Viele mitten in der Sünde dahinraffte, Andere
zur Flucht trieb, erhöhte seine Angst und Schwermuth; er selbst wurde krank
und glaubte zu sterben; ein lieber Freund wurde ihm durch ein plötzliches Hinscheiden von der Seite gerissen. Da erzeugte ein Vorfall, der ihn mit den **Der Eintritt ins Kloster.**
Schrecken des Todes umgab, in ihm den Entschluß, ins Kloster zu gehen; wie
Paulus auf dem Weg nach Damascus wurde er von einer Erleuchtung erfaßt,
der er nicht zu widerstehen vermochte. Als er einst an einem schwülen Julitage
des Jahres 1505 auf einsamem Fußweg dahinwandelte und wahrscheinlich das
Bild des in der Blüthe der Jahre so unerwartet weggerafften Freundes vor
seiner Seele schwebte, ereilte ihn zwischen Erfurt und dem Dorf Stotterheim ein
heftiger Gewittersturm. Ein starker Donnerschlag betäubte seine Sinne, der
Blitz schlug nicht fern von ihm ein, in seiner Bestürzung rief er: „Hilf liebe
heilige Anna! so will ich alsbald ein Mönch werden!" Es war ein Augenblick
der höchsten Seelennoth, der ihn zu dem plötzlichen Entschluß brachte, „alles
Irdische dahin zu geben und nichts mehr zu achten, um die christliche Vollkommenheit zu finden, durch klösterliche Heiligkeit den zürnenden Himmel zu versöhnen
und die göttlichen Strafgerichte abzuwenden". „Ich ward," sagt er in einer Zuschrift an seinen Vater, „ja nicht gern und willig ein Mönch, sondern als ich
mit Schrecken und Angst des Todes elend umgeben, gelobte ich ein gezwungenes
und gedrungenes Gelübde." Noch einmal ergötzte er sich mit seinen Freunden
bei heiterem Gesang, Saitenspiel und Wein; dann verabschiedete er sich mit den
Worten: „Hinfort seht ihr mich nicht mehr". Mit Thränen geleiteten ihn die Gefährten bis an die Pforte des Augustinerklosters, wo er als Mönch eintrat. Sein
Vater zürnte heftig über den Schritt des Sohnes, und es vergingen Jahre, ehe
er sich mit ihm versöhnte. Noch bei der glänzenden Priesterweihe, der er anwohnte, rief er den versammelten Herren zu: „Habt ihr nicht gelesen, daß man
Vater und Mutter ehren soll?" Der Sohn erschrack und verstummte.

　　Luther gelobte beim Eintritt in die Zelle, „ein frommer, andächtiger und **Das Kloster- leben.**
gottfürchtiger Mönch zu werden", und er hat seinen Vorsatz treu ausgeführt. **1. Seine Ascetik.**
Im Kloster verachtete man Gelehrsamkeit und Wissenschaft. Das Mönchsleben
stand in den Augen der Brüder so hoch in der Heiligkeit, daß alle andere Gabe
dagegen werthlos erschien. Es geschah daher wohl nicht ohne Absicht, daß man
dem neuen Bruder die niedrigsten Beschäftigungen auftrug; wie zu Magdeburg
bei dem Fürsten von Anhalt sollte jedes Gefühl einer menschlichen Bevorzugung,
jede Art von Selbstschätzung und Eigendünkel mit der Wurzel ausgerottet, ein

knechtischer Gehorsam erzeugt werden. Er mußte den Bettelsack schleppen und in
der Stadt, wo er noch kurz zuvor als Student und Baccalaureus in Ehren gestanden, und auf den umliegenden Dörfern Almosen sammeln; er mußte die Thüre
hüten, die Uhr stellen, die Kirche reinigen, die geheimen Gemächer ausräumen.
Aber wie hart und niedrig auch die Dienste waren, die man dem Novizen auferlegte, er unterzog sich denselben mit der größten Hingebung; denn es galt,
durch Demuth einen gnädigen Gott zu gewinnen. „Ein frommer Mönch bin ich
gewest", gestand er später, „und so streng habe ich meinen Orden gehalten, daß
ich sagen darf: ist je ein Mönch gen Himmel kommen durch Möncherei, so wollt'
ich auch hineingekommen sein; das werden mir bezeugen alle meine Klostergesellen;
denn ich hätt' mich, wo es länger gewährt, zu Tode gemartert mit Wachen,
Beten, Lesen und anderer Arbeit." Wie kaum ein anderer hat Luther sich abge-
müht, durch Ertödtung des sinnlichen Menschen, durch Erfüllung der Kirchengebote,
durch Büßung und Kasteiung, durch Werke der Andacht und Frömmigkeit den
Himmel zu verdienen, das Bewußtsein zu gewinnen, daß er dermaleinst der
Seligkeit theilhaftig werde, daß er in der Gnade sei; wie kaum ein anderer hat
er mit Gott gerungen, oder wie er sich ausdrückte, mit dem Teufel sich gerauft;
wenn er später von Qualen des Fegefeuers redete, die auch der Lebende schon
erdulde, so bezeichnete er damit die eigenen Seelenkämpfe im Erfurter Augustinerkloster. Mit casuistischem Scharfsinn hatte die Kirche die Sünde so genau eingetheilt, in Klassen und Ordnungen gebracht, daß sich ein ängstliches Gewissen nie
genug thun, nie zur inneren Befriedigung gelangen konnte. Fortwährend nagte
der Zweifel an der Seele des Bruders Martin, ob er in die Zahl derer gehöre,
die Gott in seiner Gnade zur Seligkeit berufen, oder die er in seinem Zorn zur
Verdammniß bestimmt. Er wollte durch unablässiges Gebet, durch die Gnadenmittel der Kirche, durch klösterliche Werkheiligkeit den Himmel an sich reißen und
sank dann doch wieder zurück in Angst und Unruhe. Er beichtete und empfing
die Absolution und rief dann doch wieder verzweiflungsvoll aus: „O meine
Sünde! meine Sünde".

„Wenn ich am andächtigsten war", sagte er später, „so ging ich ein Zweifler zum Altar,
ein Zweifler ging ich wieder davon; hatte ich meine Buße gesprochen, so zweifelte ich doch, hatte
ich sie nicht gebetet, so verzweifelte ich abermal, denn wir waren in dem Wahn, wir könnten
nicht beten und würden nicht erhöret, wir wären denn ganz rein und ohne Sünde, wie die
Heiligen im Himmel." „Den Fehl und Mangel haben alle Werke, die man vornimmt, Gottes
Zorn damit zu versöhnen: sie bringen das Herz in größern Zweifel und Angst, als worin es
zuvor war. Sie gleichen der Speise, die den Hunger nicht stillt, sondern reizt und größer
macht." „Als ich noch ein Mönch im Kloster war," sagt er in einer seiner Schriften, „war ich
äußerlich viel heiliger als jetzt, betete mehr, wachte, fastete, kasteiete mein Fleisch, mein Leben
hatte vor der Leute Augen einen großen Schein; doch vor meinen eigenen Augen nicht, denn ich
hatte einen zerbrochenen Geist und war immer betrübt." „Da ich ein Mönch war, meinte ich,
ich müßte verloren sein, wenn ich eine fleischliche Begierde fühlte, das ist: Unkeuschheit, Zorn,
Haß, Neid und dergleichen wider einen Bruder. Da versuchte ich Mancherlei, beichtete alle
Tage, und half mir doch Nichts; denn diese Begierden kommen immerdar wieder. Darum

konnte ich nicht zufrieden sein, sondern marterte mich für und für mit solchen Gedanken: Siehe, da hast du die und die Sünde gethan, darum hilft dir Nichts, daß du den heiligen Orden angenommen hast, alle deine guten Werke sind verloren."

Suchte Luther auf solche Weise durch kirchliche Werke, durch Erfüllung der mönchischen Vorschriften sich zur Heiligkeit emporzuarbeiten; so war er nicht minder eifrig, durch Studien und Schriftforschung zur Wahrheit zu gelangen, den Willen Gottes zu ergründen. Wenn die Mönche Anfangs den neuen Klosterbruder von den Büchern fern hielten und meinten: „Mit Betteln, nicht mit Studiren mehrt man das Klostergut", so änderte sich das mit der Zeit. Die Universität verwandte sich für ihren Zögling und der Oberaufseher der Augustinerklöster, Johann Staupitz, der frühe auf Luther aufmerksam geworden war, bewirkte, daß ihm Zeit zum Studiren gewährt wurde. „Die Oede der kalten und mechanischen Klosterwerke wurde nun doch unterbrochen durch eine Beschäftigung, die den Geist abzog von der Selbstquälerei und dem einsamen Grübeln über sich und auf einen Stoff hinlenkte, an dem er seine Kräfte üben und entfalten sollte, wenn auch dieser Stoff dem größten Theile nach nur in den Schriften der Scholastik bestand." Mit einem wahren Heißhunger warf er sich auf die theologischen Wissenschaften. Zuweilen studirte er Tag und Nacht und versäumte darüber seine canonischen Horen; dann holte er diese wieder mit reuigem Eifer nach, ebenfalls ganze Nächte lang. Er nahm so dürftige Nahrung, daß er ganz abmagerte. „Zuweilen ging er, nicht ohne sein Mittagsbrod mitzunehmen, auf ein Dorf hinaus, predigte den Hirten und Bauern und erquickte sich dafür an ihrer ländlichen Musik; dann kam er wieder und schloß sich Tage lang in seine Zelle ein, ohne Jemand sehen zu wollen." Vor Allem beschäftigte er sich mit der Bibel, der lateinischen Vulgata. „Kein anderes Studium gefiel mir, als das der h. Schrift", sagte er später. „Ich las eifrigst darin, prägte sie meinem Gedächtniß ein. Manchmal lag mir ein einziger sinnschwerer Spruch den ganzen Tag in Gedanken." Aber auch hier stieß er auf Stellen, die ihm Grauen erregten. Wenn er mit dem Psalmisten betete: „Errette mich in deiner Gerechtigkeit!" so grübelte er über die „Versehung", wie man damals die Vorherbestimmung oder Gnadenwahl nannte, denn er dachte, „Gerechtigkeit wäre der grimmige Zorn Gottes, womit er die Sünder straft." Dann tröstete ihn wieder die Verheißung: „Ich will den Tod nicht des Sünders". Neben der Bibel las er am eifrigsten die Schriften des heil. Augustinus, dessen Lehre vom unfreien Willen des Menschen und der Alles wirkenden Gnade Gottes auf sein theologisches Denken einen bestimmenden Einfluß hatte. Aber die Zweifel und Aengsten kehrten immer wieder: „Täglich habe ich Messe gelesen und den Psalter gebetet, daß ich ihn auswendig wußte. Und nie konnte ichs dahin bringen mit allen meinen Messen, Beten, Wachen, daß ich hätte können sagen: nun bin ichs gewiß, daß Gott mir gnädig sei". So war sein Leben im Kloster zu Erfurt während des Probejahres wie nach dem Empfang der Priesterweihe, ein unauf-

2. Sein Forschen in der Schrift.

hörliches Ringen und Kämpfen wider die Sünde, ein Leidensgang auf dem Wege der sittlichen Entwickelung. „Es war die Sehnsucht der Creatur nach der Reinheit ihres Schöpfers, der sie sich in der Tiefe verwandt, von der sie sich doch wieder durch eine unermeßliche Kluft entfernt fühlt." Ein Vorfall, wenn er gleich einer späteren Zeit angehört, bezeichnet die Größe und den Ernst dieser Seelenkämpfe. Als er einst von Schwermuth befallen, sich mehrere Tage einschloß und Niemand zu sich ließ, erbrachen einige Freunde die Zelle. Da fanden sie ihn ohnmächtig am Boden liegen; erst als sie das Saitenspiel anschlugen, erweckte die Harmonie der Töne ihn wieder zum gesunden Bewußtsein.

Durch Leiden zum Sieg. Wer so eifrig nach Gotteserkenntniß und Seligkeit ringt, der findet auch Heilung. Ein alter Klosterbruder, dem Luther seine Anfechtungen mittheilte, wies den Zweifelnden auf die Vergebung Gottes durch den Glauben an den Erlöser. „Weißt du nicht, daß der Herr selbst uns befohlen hat, auf seine vergebende Gnade zu hoffen? und hast du nicht gelesen im Brief Pauli an die Römer, daß der Mensch gerecht werde ohne des Gesetzes Werke, allein durch den Glauben?" Diese Trostesworte waren ein Lichtstrahl in der Seele des Geängstigten. Sie wurden unterstützt durch das Bekenntniß seines Freundes und Gewissenrathes Staupitz, daß auch er tausendmal Gott gelobt habe, fromm zu sein und es nicht habe halten können; so wolle er nun Gott bitten um ein selig Stündlein. „Wo mir Gott nicht gnädig sein will um Christi willen, werde ich mit meinen Gelübden und guten Werken nicht bestehen, sondern verloren gehen müssen." So fand Luther allmählich Beruhigung in der Lehre von der „Rechtfertigung aus dem Glauben", die fortan den Kern und Mittelpunkt seiner religiösen Anschauung bildete. „Da sann ich Tag und Nacht nach, was doch Paulus im Römerbrief unter der Gerechtigkeit Gottes verstünde, wo ich denn zuletzt erkannte, sie sei so zu fassen: durch das Evangelium wird die Gerechtigkeit geoffenbart, in welcher uns Gott aus Gnaden und Barmherzigkeit rechtfertigt, wie geschrieben steht: der Gerechte wird seines Glaubens leben. Hiebei fühlte ich mich alsbald wie ganz neugeboren, als hätte ich eine weit geöffnete Thür ins Paradies gefunden. Nun sah mich auch die liebe heilige Schrift ganz anders an, denn zuvor geschehen war. Wie ich nun zuvor dieses Wörtlein „Gottes Gerechtigkeit" mit rechtem Ernst faßte, so achtete ich es nun theuer und hoch als mein allerliebstes und tröstliches Wort und war nun derselbige Ort in St. Paulo die rechte Pforte des Paradieses." Nach langem Irren und Grübeln hatte nun Luther gefunden, was allein seiner Seele Ruhe zu geben vermochte: Nicht durch seine Werke kann der Mensch die Seligkeit erwerben, sondern durch den Glauben an die Barmherzigkeit Gottes in Christo. „Wenn sich ein Gewissen auf sein Werk soll setzen und bauen," hat er später treffend gesagt, „so sitzt es auf einem losen Sande, der reitet und rieselt immer fort und muß Werk suchen, immer eines nach dem andern, je länger, je mehr, bis man zuletzt den Todten Mönchskappen anzog, darin sie sollten gen Himmel fahren."

So war Luther bereits zu einer tieferen und innigeren Auffassung der Die ersten
Christenlehre gelangt, als er im Jahre 1508 auf die Empfehlung des Ordens- Jahre in
vorstehers Staupitz auf die von Friedrich dem Weisen neu gestiftete Universität
Wittenberg berufen ward, um als Licentiat Vorlesungen über aristotelische Philosophie zu halten. Mit der Uebersiedelung von Erfurt in das Augustinerstift zu
Wittenberg that Luther einen bedeutenden Schritt zu seiner wissenschaftlichen Aus-
bildung. Die Bibel, insbesondere die Paulinischen Briefe, die Bücher des
Augustinus, die Schriften der Mystiker (VIII, 209), Tauler und Suso, „die
Nachfolge Christi" und „die deutsche Theologie", waren der Gegenstand seiner
eifrigen Studien. Mit fremdartiger Literatur befaßte er sich nicht viel. In der
deutschen Mystik fand er ein seiner Richtung verwandtes Streben „nach des
Lebens Bächen, nach des Lebens Quelle", ein Bedürfniß nach unmittelbarem
Verkehr mit dem Ewigen und Heiligen, den seligen Frieden in Gott, nach dem
er so eifrig gerungen. Dabei hatte er in der regsamen Universitätswelt einen
Wirkungskreis, der seiner kräftigen Natur und seinem Geschick zu praktischer
Thätigkeit als Sporn diente. „Das Geben aus eigener Fülle und das Empfangen von andern — das war wieder ein Stück gesunder Welt, farbiger und
wohlthuender, als der graue Himmel, unter welchem sein Wesen sich vorher verdüstert hatte." Er wartete seines Amtes als Prediger und Seelsorger; er hielt
Vorlesungen und goß sein Geistes- und Gemüthsleben in die Herzen der empfänglichen Jugend, die in großer Menge aus allen Gegenden Deutschlands nach der
Elbestadt strömte; er befaßte sich mit Studien und wissenschaftlichen Arbeiten,
die theils die Auslegung der heil. Schrift, theils die Entwickelung der Kirchenlehre nach den Schriften der Väter zum Gegenstand hatten; er bekümmerte sich
um die Angelegenheiten des Klosters. Im Jahre 1511 unternahm er eine Reise Luther in
nach Rom, sei es, daß ein Auftrag des Ordens die Veranlassung war, oder daß Rom.
er ein altes Gelübde erfüllen wollte, Ruhe und Trost für sein Gewissen suchte.
Er betrat die heilige Stadt mit der größten Ehrfurcht; er versäumte keine Pilger-
andacht; er las Messen, um die Seelen seiner Freunde aus dem Fegefeuer zu
erlösen und es war ihm „schier leid, daß sein Vater und seine Mutter noch lebten", so gerne hätte er auch sie erlöst durch seine Werke und Gebete; er lief „durch
alle Kirchen und Klüfte". Auf den Knien erklomm er die heilige Treppe, den
hohen Ablaß zu erlangen, der an diese mühevolle Andacht geknüpft war. „Doch
indem er es that, war ihm zu Muth, als ob ihm eine Donnerstimme mit großem
Schrecken zugerufen hätte: der Gerechte lebt seines Glaubens." Luther nahm in
Rom schlimme Eindrücke in sich auf. Das leichtfertige, sündige und lastervolle
Leben, das sich allenthalben seinen Blicken darbot, wich nie aus seinem Gedächtniß. In seinen späteren Schriften tritt es sattsam zu Tage, daß ihm damals schon Rom als eine „Hölle" erschien, „wo der Teufel leibhaftig wohnet";
sein Herz empörte sich über die Unsittlichkeit, die sich so nackt zeigte, über den

Hochmuth der höheren Geistlichkeit, über das Aussaugen der Christenwelt, besonders der Deutschen durch die Hierarchie und die „Curtisanen".

**Luther als
Prediger u.
Akademiker.** Bereichert mit Erfahrungen, aber krank im Herzen kehrte Luther nach
Wittenberg zurück. Im Kreise seiner alten Freunde und Amtsgenossen fand er
den inneren Frieden wieder. Im Jahre 1512 wurde er Doctor der Theologie,
und seitdem erweiterte sich seine Thätigkeit sowohl auf dem Lehrstuhl und der
Kanzel, als in wissenschaftlichen und praktischen Arbeiten. Als Verweser des
Ordens während einer Reise des Vorstehers Staupitz besorgte er nicht nur die
Angelegenheiten des eigenen Klosters bis ins Einzelste, er machte auch Visitations-
reisen durch die sächsischen Ordenshäuser, setzte Prioren ein und ab, verpflanzte
Mönche und zeigte Strenge und Milde am rechten Ort. Er entfaltete eine
wunderbare Arbeitskraft. Seine größten Erfolge erntete er aber als Prediger.
Seit Geiler von Kaisersberg, der kurz zuvor (1510) aus der Welt gegangen,
gab es keinen so gefeierten und beliebten Kanzelredner als Luther. Durch die
Predigt begann er sein volksmäßiges Wirken. Er redete stets, wie ihm zu Muth
war, wußte stets für jeden Gedanken das rechte Wort zu finden, suchte keinen „ge-
fränzten und gekränzten" Ausdruck, scheute sich aber auch nie, den rechten Namen für
alle Dinge herauszusagen. Frank und frei war der Mann, so seine Rede. Voll
und reich waren ihm Gemüth und Geist, seine Predigten die treuen Wieder-
spiegelungen davon. Auch der Kurfürst hörte ihn gern; seine spätere Anhänglichkeit an den Reformator rührte zum Theil daher. In einer Reihe von Predigten über die zehn Gebote suchte Luther das ganze Leben von dem gesetzlichen
auf den evangelischen Standpunkt zurückzuführen, den wahren Glauben als den
Grundpfeiler aller Sittlichkeit aufzustellen. Nicht minder erfolgreich wirkte er
durch seine Lehrvorträge. Nach Melanchthons Zeugniß erläuterte er den Römerbrief und dann die Psalmen so, „daß nach dem Urtheil aller Frommen und Einsichtsvollen ein neuer Tag über die Lehre aufzugehen schien. Er zeigte den
Unterschied zwischen Gesetz und Evangelium, bestritt die Ansicht, daß Vergebung
der Sünden durch eigene Werke sollte erlangt werden können oder der Mensch
gerecht sein vor Gott durch äußerliche Frömmigkeit". An den Kämpfen der Humanisten nahm Luther keinen thätigen Antheil, so sehr er auch mit seinem Herzen
für die Sache Reuchlins war. Er fühlte, daß ihre Wege und Anschauungen
geschieden seien.

**Lehrentwicke-
lung.** Wie Luther in seinen Predigten im Geiste der Mystik auf die Reinigung der Seele,
auf die Innigkeit des Glaubens im Gegensatz der frommen Werke drang, so kam er
auch in seinen Vorlesungen und Studien mehr und mehr von den scholastischen Anschauungen ab. „Nur der ist gerecht, der sich selbst verleugnet und sein Glauben und
Hoffen auf Gott richtet." Schon auf seiner Visitationsreise nahm er Aergerniß an
dem Mißbrauch des Ablasses. Als der Propst von Leitzkau zum lateranensischen Concil
reiste, arbeitete er für denselben eine Rede aus, worin geklagt wird, daß die Welt über-
strömt sei von einer Fluth zahlloser und mannichfacher Lehrbefleckungen, daß aus der
Menge von Satzungen, Menschenwitz und abergläubigen Dingen, womit das Volk über-

laden werde, das Wort der Wahrheit kaum matt hervorschimmere, an vielen Orten
gänzlich erloschen sei, daß die Liebe erkalte, der Glaube schwinde, die Hoffnung verloren gehe. Wiederholt eiferte er gegen die fabelhaften Legenden und Heiligengeschichten; die Schlaffheit und Unsittlichkeit so vieler Priester erschien ihm als eine der Haupt-
ursachen der religiösen Verderbniß. Immer mehr kommt er zu dem Satz, daß die
heilige Schrift die einzige Lebensquelle, der einzige Weg zur Seligkeit sei. Christus
hatte ihm den Zugang zum Vater wieder geöffnet, den ihm die Kirchenwerke verborgen,
und seiner Seele den Frieden zurückgegeben; seinen Dank trug er ihm dadurch ab,
daß er sein Leben lang fest zu den Worten des Evangeliums stand. „Darum die Augen
zugethan und gesagt: was Christus spricht muß wahr sein, ob's kein Mensch begreifen
kann." Dieser unwandelbare Schriftglaube ließ ihn siegreich die inneren Kämpfe bestehen, die ihm die Lehre von der Rechtfertigung fortwährend verursachte. Er vertiefte
sich in die Ansichten des Augustinus, daß der Wille des Menschen von Natur unfrei sei
und Alles von der Gnade Gottes abhänge; „der Glaube erlange, was das Gesetz verlange"; er bekämpfte den Pelaglanismus, der in abgeschwächter Form in der mittelalterigen Kirche sich behauptet hatte. Einer seiner Schüler, Bernhardi, vertheidigte im
September 1516 in feierlicher Disputation die aus Luthers Vorträgen geschöpfte Lehre,
daß ohne Gnade und Glauben der menschliche Wille nicht frei sei, sondern im Irdischen,
im Sündigen geknechtet, daß alle guten Werke unzulänglich seien zur Seligkeit, und
Vergebung der Sünden nur durch den Glauben des Menschen und das Erbarmen
Gottes erlangt werden könne. „Wir werden nicht, wie Aristoteles meint, dadurch gerecht,
daß wir recht handeln", schreibt Luther im Jahre 1516 an Spalatin, „sondern handeln
recht, wenn wir zuvor recht geworden sind. Erst muß der Mensch umgewandelt werden, dann folgen die Werke nach. Abel gefällt Gott eher als sein Opfer."

  Wenn im Anfang die augustinischen und nominalistischen Lehren, die **Luther's
Stellung in
Wittenberg.** Luther vortrug, manchen Widerspruch an der Universität erfuhren; wenn seine
rigoristischen Weltanschauungen und asketischen Forderungen, die er in seinen
Predigten entwickelte, in der Gemeinde und in der Studentenschaft hie und da
mißbilligt wurden; so verstummten solche Stimmen mehr und mehr gegenüber
der mächtigen Persönlichkeit, die mit so tiefem sittlichen Ernst, mit so großer
Gelehrsamkeit, mit so viel christlicher Begeisterung aus der umnebelten Luft der
Scholastik in das Sonnenlicht der heiligen Schrift führte. Seine Collegen, vor
Allen Andreas Karlstadt, traten seinen Ansichten bei; Wittenberg wurde die
Schule einer neuen Theologie, welche zu der herrschenden thomistisch-dominicani-
schen in scharfer Opposition stand, welche durch tiefere Auffassung der christlichen
Grundlehren, durch Innerlichkeit und durch eine freiere Stellung zu den Satzungen
der Kirche eine anziehende Kraft auf die nach Heiligung und Wahrheit dürstende
Menschheit übte. Der mächtige Aufschwung der Universität war der hohen
Persönlichkeit Luthers zu danken, dem armen Augustinermönch, der sich abmühte
wie kein andrer, der ein enthaltsames, sittlich strenges Leben führte, voll treuer
Hingebung an die Freunde; der fort und fort nach eigener Veredlung, nach Erforschung des göttlichen Willens, nach Erkenntniß der Wahrheit strebte und während er den Stachel der Buße und Lebenserneuerung tief in das Menschenherz
bohrte, zugleich an die eigene Brust schlug, unablässig dem Problem der göttlichen

„Versehung" der Augustinischen Prädestinationslehre nachsann und sich niemals selbst genug that; der bei aller Bescheidenheit und Demuth, bei aller Ehrfurcht gegen jede von Gott bestellte Obrigkeit einen kühnen Muth in sich trug,
wo es sich um das Heil der Seele, um das Verhältniß der Rechtfertigung und
Versöhnung mit Gott handelte, den der in seiner Brust wohnende göttliche Genius
nicht ruhen und rasten ließ, bis er die Wahrheit ergriffen, bis er die höchsten
Güter des Menschen sicher gestellt. Frei von Eigenliebe, von Selbstsucht, von
menschlichen Begierden hat er muthig und voll Hingebung seine innere Ueberzeugung, die er sich durch Studien und Nachtwachen erarbeitet, der Welt mit-
zutheilen sich gedrungen gefühlt, ohne nach den Folgen zu fragen. Rücksichten
auf sich selbst, Liebe zum Leben, haben ihn nie geleitet; Gunst und Haß der
Menschen waren ihm eben so gleichgültig wie die Eitelkeiten der Welt, wie die
Gefahren, von denen er sich umgeben sah; den Frieden der Seele, den er mühsam aus den Netzen und Fallstricken einer werkheiligen Selbstgerechtigkeit errungen,
wollte er auch Andern mittheilen, den Armen und Verirrten ein Führer und Ge-
wissensrath werden. So war die Lage in Wittenberg, so war der Mann beschaffen, den jetzt das Schicksal auf die große Schaubühne des öffentlichen Lebens
führte, um es in seinen innersten Fugen zu erschüttern, zu durchdringen, zu
erneuern.

b) Die Jahre des Widerstreits und der Versuchung.

Luther's
Thesen wider
den Ablaß. Da der Ablaß bei den deutschen Fürsten und Ständen auf Widerspruch
stieß, so ließ Albrecht von Mainz denselben zunächst nur in Norddeutschland verkünden, im Magdeburgischen und Halberstädtschen, seinen eigenen Gebieten,
und in Brandenburg, wo sein Bruder Joachim keine Hindernisse in den Weg
legte. Bald fanden jedoch die Unterhändler auch ihren Weg in die sächsischen
Lande. Tezel schlug sein Standlager in Jüterbogk auf. Die Menge strömte von
allen Seiten dorthin. Unter den Ablaßkäufern waren auch Leute aus Wittenberg; Luther sah dadurch die wahre Buße, das Ansehen des Beichtstuhls gefährdet, die Wirksamkeit seiner eigenen Seelsorge durchbrochen; was er selbst in
einem vieljährigen inneren Kampfe, unter tiefer Angst und Noth errungen, das
wurde hier um Geld ausgeboten. Es war der Drang des Gewissens, der ihn
31. October
1517. antrieb, am Vorabend vor Allerheiligen, an welchem die Stiftskirche den an
ihre Reliquien gebundenen Schatz des Sündenerlasses auszutheilen pflegte, an
der Schloßkirche die 95 Streitsätze oder Theses zu einer Disputation über die
Kraft des Ablasses anzuschlagen, mit der Aufforderung, daß Jeder, der da wollte
oder könnte, mündlich oder schriftlich seine Einwürfe dawider vorbringen sollte.
Weit entfernt durch diesen Schritt einen Angriff gegen die Kirchenlehre zu bezwecken, hoffte er durch eine solche öffentliche Disputation sich und Andern mehr
Klarheit über das Wesen der Indulgenzien zu verschaffen. Wenn er in den
Thesen die Wirksamkeit des Ablasses ohne Reue bestritt, wenn er dem Papste

das Recht abspricht, Andern als Bußfertigen die Absolution zu ertheilen; wenn er behauptet, der Ablaß könne nur von Kirchenstrafen entbinden, nicht aber die Gnade Gottes erwerben, oder zweifelt, daß die vom Papst den Lebenden auferlegten Bußungen über das Grab hinaus Geltung hätten; so glaubte er doch ganz und gar in Uebereinstimmung mit der Kirchenlehre zu handeln. Während er die Mißbräuche und Verirrungen der Ablaßlehre verwarf, bestritt er doch keineswegs den Glauben, daß dem Papst das Recht zukomme, aus dem Ueberschuß der Verdienste und guten Werke die Sünden der Andern zu decken, und seine Bedenken, ob die Gewalt des Papstes auch auf die im Fegefeuer Schmachtenden sich erstrecke, berührten weder das Dogma vom Fegefeuer selbst noch die Machtfülle des kirchlichen Oberhaupts. Aufs Entschiedenste verwahrte er sich gegen den Vorwurf der Herabsetzung der päpstlichen oder kirchlichen Autorität.

Und dennoch waren diese Thesen das erste Feuerzeichen der neuen Zeit; das Volk fühlte mit richtigem Instincte den kühnen, festen Geist heraus, der in den Sätzen verborgen lag, wie der Funken im Stein. Indem Luther in die schwächste Stelle der Kirchenlehre den Hebel einsetzte, deutete er zugleich den Unterschied an zwischen falschen Bußübungen und wahrer Buße, zwischen äußerlichen Glaubensmeinungen und innerem Glauben, zwischen todter Werkheiligkeit und echten guten Werken, die aus dem Herzen kommen, betonte er zugleich die Nothwendigkeit, daß das Leben des Gläubigen eine stete ununterbrochene Buße sein müsse, daß in Sachen des Heils der Mensch nur unmittelbar an Gott gebunden sei. In diese 95 Sätze hatte Luther sein Herz gelegt, „wie es war in dieser Zeit, mit Allem, was darin gährte und stürmte, schwankte und feststand, mit seinen Schmerzen und seinem jubelnden Empfinden, seinem Zorn und seiner Liebe, seinen Zweifeln und Aengsten, seinem Glauben und Frieden“. Darum drangen auch die Worte so rasch in die Welt, aus den theologischen Kreisen in die Oeffentlichkeit. Luther erschrak fast selbst über die Wirkung seines Auftretens: in Kurzem war der Name des Augustinermönchs in Aller Mund, Aller Augen waren nach Wittenberg gerichtet, aus allen Kreisen und Ständen erhoben sich Stimmen, die ihn als den Streiter Gottes, als den Vorkämpfer einer neuen Zeit feierten. Es ging ein frischer Luftzug durch die Welt, man ahnte den Anbruch eines neuen Tages, die Einen mit freudiger Erhebung, die Andern mit geheimer Furcht. Von dem an war Martin Luther der Mund des deutschen Volks. „Hätte ich da ich anfing zu schreiben, gewußt, was ich jetzt erfahren habe“, äußerte er sich später über dieses erste Auftreten, „so wäre ich nimmermehr so kühn gewesen, den Papst und schier alle Menschen anzugreifen und zu erzürnen. Ich meinte, sie sündigten nur aus Unwissenheit und menschlichen Gebrechen. Aber Gott hat mich hinangeführt, wie einen Gaul, dem die Augen geblendet sind. Selten wird ein gutes Werk aus Weisheit oder Vorsichtigkeit unternommen, es muß Alles in Unwissenheit geschehen.“ Die Thesen waren der Aufschrei eines nach Wahrheit ringenden Gewissens, das zuerst für sich nach dem Wasser des Lebens dürstete,

das jede beſſere Belehrung willig hinzunehmen ſich bereit erklärte. Aber gerade
durch die Aufrichtigkeit ſeines Strebens und Verlangens wurde der Auguſtiner-
mönch zugleich der Prophet und der Fahnenträger ſeines Volks. Der religiöſe
Ernſt, der aus den gedankenreichen Sätzen hervorleuchtete, wirkte wie ein elektri-
ſcher Funken auf die empfänglichen Gemüther. Alles blickte mit geſpannter Erwartung nach der Univerſitätsſtadt an der Elbe; die Ausſprüche, welche die geſchichtliche Tradition dem Kaiſer und mehreren namhaften Perſönlichkeiten zu-
ſchreibt, gaben Zeugniß, daß man die Bedeutung dieſes Auftretens richtig erkannte.

Luther und
ſeine Gegner. Nur Luther ſelbſt wurde zu keiner übereilten Oppoſition fortgeriſſen. Er
ſandte die Theſen dem Erzbiſchof von Mainz zu und bat in einem ehrerbietigen
Schreiben, der hohe Kirchenfürſt möge den Ablaßverkauf einſtellen, weil er den
Geiſt der Reue und Buße lähme, das Evangelium gefährde und das Anſehen
der Kirche und ihrer Würdenträger untergrabe. Er erhielt keine Antwort. Er
richtete dieſelbe Bitte an den Biſchof von Brandenburg, Hieronymus Scultetus;
der tadelte ſein Auftreten gegen Tezel als einen Angriff gegen die kirchliche Autorität. Luther ließ ſich weder abſchrecken noch fortreißen. Noch in dem „Sermon
vom Ablaß“, den er in der Faſtenzeit des nächſten Jahres durch den Druck bekannt machte, meinte er, der Ablaß könne „um der faulen Chriſten willen“ in
manchen Fällen zuläſſig erſcheinen, größeren Werth aber habe das ſittliche Handeln. Seinen Freunden widerrieth er jedes ſtürmiſche Vorgehen. Der beſchei-
dene Mann dachte noch nicht von ferne daran, „aus dem Winkel ſeiner Zelle
heraus“ einen Sturm gegen die römiſche Kirchengewalt zu wagen. Allein die
Gegner trieben ihn vorwärts. Die Theologen der Univerſität Frankfurt an der
Oder blickten ſchon lange mit Neid auf den emporblühenden Glanz Wittenbergs,
auf den wachſenden Ruhm der dortigen Lehrer, der die lernbegierige Jugend mächtig
anlockte. Unter Beihülfe des Konrad Wimpina, ſeines ehemaligen Lehrers, verfaßte daher Tezel, nachdem er ſich die Doctorwürde verſchafft, eine Gegenſchrift
gegen Luthers Theſen, worin er die Unumſchränktheit der päpſtlichen Gewaltfülle
zu begründen ſuchte und die Anſicht verfocht, daß der Ablaß zur Löſung aller
Sündenſtrafen in dieſer und jener Welt vollkommen genüge; in Rom ſelbſt er-
ſchien bald darauf aus der nächſten Umgebung der Curie eine Schrift von einem
hochgeſtellten Dominicaner, dem päpſtlichen Haus- und Hofmeiſter und Bücher-
Obercenſor Sylveſter Mazolini. Von ſeiner Vaterſtadt Prierio Prierias genannt,
in welcher unter Anderm behauptet war, „daß die Lehre der römiſchen Kirche und
des römiſchen Biſchofs die untrügliche Regel des Glaubens ſei, von welcher die
Heil. Schrift ſelber ihre Stärke und ihr Anſehn empfange“; wer dies nicht glaube,
mache ſich der Ketzerei ſchuldig. Und ſchon damals trat ein Mann in den Streit
ein, deſſen Name fortan mit der Entſtehungsgeſchichte der Reformation aufs
Innigſte verflochten blieb, Johannes Maier, gewöhnlich nach ſeinem Geburtsort
Eck in Schwaben Johannes Eck genannt, Prokanzler der Univerſität Ingol-
ſtadt, Domherr im Hochſtift Eichſtädt, Ketzermeiſter in Bayern und Franken, „ein

Theologe von umfassender Gelehrsamkeit, ungemeiner Gedächtnißkraft, spitzfindigem Scharfsinn und brennendem Ehrgeiz". Auch Eck war der Sohn eines Bauern, der dann lange Zeit Ammann in Eck gewesen, wie Luthers Vater Rathsherr in Mansfeld. Zwei Bauernsöhne setzten damals die Welt in Bewegung; aber um sittlichen Wandel stand der Süddeutsche hinter dem Norddeutschen weit zurück. Obwohl mit Luther seit einiger Zeit persönlich bekannt und befreundet, griff Eck in einer an den Bischof von Eichstädt gerichteten bald aber unter dem Titel „Obelisken" durch den Druck verbreiteten Schrift die in den Thesen ausgesprochenen Behauptungen an und sprach von „böhmischem Gift", eine Anspielung auf hussitische Ketzereien, die geeignet war in Sachsen Besorgnisse zu erregen. Auch Hochstraten in Köln, der schon in der Fehde gegen Reuchlin die Fahne der Dunkelmänner vorangetragen, erhob die Stimme gegen den neuen Ketzer, der den Feuertod verdient habe. Luther blieb die Antwort nicht schuldig. Seinen Obern, die ihn ängstlich baten, den Orden nicht in üblen Ruf zu bringen, sagte er: „Lieben Väter, ist es nicht in Gottes Namen angefangen, so ist es bald gefallen, ist es aber in seinem Namen angefangen, so laßt's denselbigen machen." Es war ihm eine Sache des Gewissens und des christlichen Muthes, den begonnenen Kampf fortzuführen; und doch erfahren wir aus seinen eigenen späteren Geständnissen, wie viel er während dieser ersten Zeit der Anfechtung in seinem Innern gelitten, sich geprüft und mit sich gerungen habe. Nicht eigene Streitlust führte ihn auf den Kampfplatz; er hatte ihn aus religiöser Ueberzeugung betreten, nun hielt er es für seine Pflicht, die Waffen der Gegenwehr nicht aus der Hand zu geben.

Und wie gemäßigt und bescheiden trat er auch jetzt noch in die Schranken! Behandelte er auch Tezels „Widerlegung" mit einer derben Gegenschrift, betonte er auch in seiner Erwiederung gegen Eck mit scharfen Worten den Unterschied zwischen Kirchenlehre und Bibel, zwischen der Autorität des Papstes und Christi; so war dagegen seine Haltung in Beziehung zu Rom voll Ehrerbietung und Mäßigung. Im April wohnte **April 1518.** Luther einem Convent des Augustinerordens in Heidelberg bei; die Ablaßfrage kam hier nicht zur Sprache, wohl aber stellte er in vierzig Thesen die Rechtfertigung durch den Glauben über die Gesetzesgerechtigkeit und die guten Werke. Lange erhielt sich im Pfälzer Volke die Erinnerung an diese Anwesenheit des Reformators in der Musenstadt am Neckar, wo er bei seinen Ordensbrüdern freundliche Herberge und bei dem Kurfürsten wohlwollende Aufnahme gefunden. Kaum war er nach Wittenberg zurückgekehrt, so verfaßte er eine Rechtfertigungsschrift seiner Thesen über den Ablaß, „Resolutionen" **Mai.** genannt, und übergab sie seinem Ordensvorsteher Staupitz zur Uebermittelung nach Rom nebst einem Schreiben, worin er sich aufs Feierlichste gegen den Vorwurf verwahrte, als wolle er die päpstliche Autorität herabsetzen. „Wäre ich ein so schädlicher und giftiger Mensch, wie meine Widersacher mich beschuldigen, so würde ein so frommer Herr, wie Kurfürst Friedrich von Sachsen mich nicht auf seiner Universität dulden." Er spricht von sich selbst in den demüthigsten Ausdrücken, preist die Tugenden und Vorzüge des dermaligen kirchlichen Oberhauptes Leo, wobei ihm freilich gegen Rom die Bezeichnung „Babel" entschlüpft, und schließt mit der Versicherung, daß er sich ganz dessen Entscheidung unterwerfe. „Bei Ew. Heiligkeit steht es, meiner Sache ab- oder zu-

zufallen, mir Recht oder Unrecht zu geben, mir das Leben zu schenken oder zu nehmen. Es gerathe nun, wie es wolle, so will ich nicht anders wissen, denn daß Ew. Heiligkeit Stimme Christi Stimme sei, der durch sie handle und rede. Hab' ich den Tod verschuldet, so weigere ich mich nicht zu sterben; denn die Erde ist des Herrn und was drinnen ist." Und auch in seiner Erwiederung auf die Streitschrift Silvesters von Prierio, wie scharf er auch hervorhebt, daß die Autorität der kanonischen Bücher den Aussprüchen von Papst und Concilien weit vorangehe, bleibt er auf dem Boden wissenschaftlicher Beweisführung. Und doch hatte er bereits eine Stellung genommen, die einen Bruch mit der scholastischen Kirchenlehre herbeiführen mußte: er hatte es gewagt, unmittelbar an die heilige Schrift zu appelliren, über die päpstlichen Decrete weg an die höhere Autorität der Offenbarung zu weisen. „Er hatte innerlich schon mit der römisch-katholischen Anschauung gebrochen; aber die Macht des Herkommens lähmte noch seine Schritte und der Glanz der Hierarchie blendete noch sein Auge."

Luther's Stellung und der Kurfürst Friedrich von Sachsen. Daß der Mensch mit seinen höheren Zwecken wachse, bewährte sich auch bei Luther: Das Aufsehen, das der gelehrte Streit in ganz Deutschland verursachte, drängte ihn mehr und mehr aus seiner anfänglichen Scheu und Betroffenheit heraus. Nicht nur die theologische Welt war in Aufregung, auch bei den Laien und insbesondere bei der studirenden Jugend stieg das Interesse für die religiöse Streitfrage mit jedem Tag. Wenn Hutten, das Haupt der deutschen Humanisten, sich Anfangs ironisch und verächtlich über das „Mönchsgezänk" äußerte, so erkannte er bald die größere Tragweite. Schon auf der Reise nach Heidelberg konnte Luther aus der Haltung der Freunde wie der Feinde die Wahrnehmung schöpfen, daß sein Auftreten großen Eindruck in allen Kreisen hervorgerufen. Diese Wahrnehmung mußte auch sein Selbstvertrauen stärken. In seiner Vertheidigungsschrift gegen Tezel schleuderte er seinen Gegnern bereits eine kühne Herausforderung ins Angesicht: „Hie bin ich zu Wittenberg, Doctor Martinus Luther, und ist etwa ein Ketzermeister, der sich Eisen zu fressen und Felsen zu reißen bedünkt, dem lasse ich wissen, daß er habe sicheres Geleit, offene Thore, frei Herberg und Kost darin, durch gnädige Zusage des löblichen und christlichen Fürsten Herzog Friedrich Kurfürsten zu Sachsen." Man erkennt daraus, daß Luthers Vertrauen in seine Sache wesentlich gehoben wurde durch das Bewußtsein, daß sein Landesfürst auf seiner Seite stehe und sein Vorgehen billige. Gehörte doch Georg Spalatinus, der einflußreiche Hofprediger und Geheimschreiber, zu seinen Gönnern. Friedrich von Sachsen hatte schon seit Jahren mit Unwillen auf die römischen Gelderpressungen geblickt und sie zu verhindern gesucht. Besonders aber verdroß ihn der Tezel'sche Ablaßhandel, der dem Kurfürsten von Mainz, mit welchem Friedrich wegen der Erfurter Streitigkeiten auf gespanntem Fuß lebte, zu gute kommen sollte. „Nicht aus dem Beutel der Sachsen sollte Albrecht sein Pallium bezahlen." Auch freute es ihn, daß seine Universität so sehr in Flor kam. Dennoch mag auch manche Sorge sein Gemüth beschlichen haben. In seinem Schloß zu Schweinitz, so wird erzählt, hatte er in der Nacht auf Allerheiligen einen Traum: er sah, wie ein Mönch an der Kapelle zu Wittenberg einige Sätze anschrieb mit so großen Buchstaben, daß er sie im

Schloß erkennen konnte; die Feder wuchs und wuchs, sie reichte bis nach Rom, sie stieß an die dreifache Krone des Papstes und machte sie wanken. Als er ihr Einhalt thun wollte, erwachte er. Der Traum war ein Abbild der Wirklichkeit.

Es herrschte damals auch noch sonst große Aufregung im Abendland. Wir haben gesehen (IX, 296 f.) wie eifrig man die Türkenfrage erwog: Versammlungen wurden gehalten, Auflagen ausgeschrieben, Aushebungen zum Kriegsdienst angeordnet. Leo X. wollte hinter seinen Vorgängern nicht zurückbleiben, sein Legat Thomas de Vio von Gaëta erschien mit auffallender Pracht in Deutschland, um dem Kaiser Maximilian einen geweihten Hut und Degen zu überbringen und ihn zur thätigen Mitwirkung bei dem beabsichtigten Kreuzzug zu bereden. Auf einem Reichstag in Augsburg wurde eifrig über die Beiträge und das Aufgebot verhandelt. Aber waren schon früher die Stände schwierig in ihren Bewilligungen, so wagte sich jetzt die Opposition, angefeuert von der herrschenden Aufregung noch schärfer hervor: die Sitzungen widerhallten von Klagen über die zunehmenden Forderungen, erst müßten die gerechten Beschwerden der deutschen Nation erledigt werden; in Flugschriften wurde offen ausgesprochen, der Türkenzehnte werde in Rom zu ganz andern Dingen verwendet. Auch dem Kaiser trug man wenig guten Willen. In Beziehung auf die Reichssteuer stellten die Fürsten und Stände den Grundsatz auf, sie müßten darüber zuvor mit ihren Unterthanen und Auftraggebern Rücksprache nehmen. Auf allen Gebieten zeigte das nationale Leben die Tendenz, „sich von seinem bisherigen Mittelpunkt zurückzuziehen, und in den einzelnen Landschaften eine sich selber genügende, autonome Gewalt zu erschaffen". Dem Kaiser selbst war es bei dem engen Bunde mit dem Papste weniger um die allgemeine Wohlfahrt und Sicherheit zu thun, als um seine eigenen Anliegen und die Interessen seiner Familie. Er fühlte, daß es mit seinem Leben zu Ende gehe und wollte vor seinem Abscheiden die Nachfolge im Reiche seinem Hause sicher stellen. Dazu bedurfte er des Beistandes des Papstes. Er wußte, daß Leo X. die Erhebung des kaiserlichen Enkels zum römischen König zu hintertreiben suche. Als Grund wurde in Rom geltend gemacht: neben einem Kaiser, der selbst nicht gekrönt worden, könne kein römischer König stehen und ein König von Neapel könne nicht zugleich die römische Kaiserkrone tragen. Um diese Einwendungen wegzuräumen, trug sich Maximilian mit allerlei Gedanken: er wollte sich selbst noch krönen lassen, dann seine Kaiserwürde gegen das Königreich Neapel vertauschen und den Rest seiner Tage in jenem südlichen Klima zubringen, das, wie ihn seine Aerzte versicherten, ohnedies seiner Gesundheit zuträglicher sein würde. Aus allen diesen Ursachen suchte er mit dem Papste in gutem Einvernehmen zu stehen; aber während er mit dem Legaten Hand in Hand ging, ließ er doch zugleich dem Kurfürsten Friedrich sagen, er möge den Mönch „fleißig bewahren". Sollte der Papst die politischen Absichten des Habsburgers durchkreuzen, so könnte man die deutsche Reformbewegung gegen ihn als Hebel gebrauchen.

Stellung des sächsischen Fürstenhauses.

Ueberhaupt war der Kaiser bemüht, das sächsische Fürstenhaus in guter Stimmung zu erhalten, da ohne dessen Beistand das Kaiserthum der Habsburger für die Zukunft nicht sicher gestellt werden konnte. Denn die Wettiner Dynastie hatte damals eine Machtstellung erlangt, die das Haupt derselben zum einflußreichsten Gliede des Kurfürstencollegiums erhob. Wir wissen, daß die Besitzungen des Hauses zwischen der Ernestinischen und Albertinischen Linie getheilt waren (IX, 146). Sowohl in dem thüringisch-sächsischen Landestheil, auf welchem die kurfürstliche Würde ruhte, als in dem Meißnischen Gebiet, dessen Regent nur den herzoglichen Titel führte, herrschten bedeutende Fürsten, dort Friedrich der Weise, hervorragend durch Bildung, Frömmigkeit und christliche Tugenden, wie durch geistige Ueberlegenheit und politischen Verstand, und getragen durch die Liebe und Verehrung seines Volkes und durch das hohe Ansehen, in dem sein Name bei der gesammten deutschen Nation stand; hier Georg der Bärtige oder Reiche, der Sohn jenes Albrecht des Beherzten, dem einst Maximilian die Erbstatthalterschaft in Friesland übertragen (S. 13). Ein Bruder von Friedrich war bis zum Jahr 1513 Erzbischof von Magdeburg gewesen und hatte durch seine treffliche Regierung den Ruhm des Hauses gemehrt; einen Vetter von ihm haben wir früher (IX, 63 f.) als Hochmeister in Preußen kennen gelernt; seine Schwester Margaretha, Herzogin von Braunschweig-Lüneburg, war die Stammmutter des Lüneburgischen Hauses (IX, 141); in Hessen hatten die Stände während der Minderjährigkeit Philipps die obervormundschaftliche Regierung dem Kurfürsten und dem gesammten Hause Sachsen übertragen; erst die herrische Verwaltung des stolzen Landhofmeisters Ludwig von Boyneburg, der ganz unter sächsischem Einfluß stand, führte einen Umschwung herbei (1514), in Folge dessen die Landgräfin Anna von Mecklenburg die Pflegschaft übernahm, bis Kaiser Maximilian ihren Sohn Philipp schon mit vierzehn Jahren für volljährig erklärte (1518). Hatten die Habsburger bisher wesentlich zu dieser Machtentwickelung der Wettiner beigetragen, so bewies schon dieses Eingreifen in die hessischen Angelegenheiten, daß man in Wien zu anderen Ansichten gekommen, daß man am Kaiserhof Bedenken trug, den sächsischen Einfluß noch mehr zu stärken. Daß dem so sei, ging noch deutlicher aus der Haltung Maximilians in den niederrheinischen Landen hervor. Das Fürstenhaus von Sachsen hatte dem Erzherzog in den niederländischen Händeln einst manchen wichtigen Dienst geleistet. Zum Dank hatte er demselben schon im J. 1486 die Anwartschaft auf Jülich und Berg verliehen, für den Fall, daß diese Landschaften durch den Abgang männlicher Seiten- und Lehnserben erledigt würden, und neun Jahre nachher die Zusage für sich und alle seine Nachfolger im Reich aufs Neue bestätigt. Da Herzog Wilhelm VII. von Jülich nur eine Tochter hatte, so stand für das sächsische Haus eine bedeutende Machtvergrößerung in Aussicht. Denn um dieselbe Zeit war der jüngeren Linie die Erbstatthalterwürde in Friesland übertragen worden. Es machte daher in Wittenberg einen verletzenden Eindruck, als man vernahm, der Kaiser habe diese Anwartschaft aufgehoben und, den Wünschen der Fürsten und Stände jener niederrheinischen Landschaften entsprechend, den Heirathsvertrag bestätigt, kraft dessen die Tochter Wilhelms mit dem Erben von Cleve vermählt und dadurch die Vereinigung der drei Herrschaften Cleve, Jülich, Berg zu Einem Herzogthum herbeigeführt werden sollte. Die Gutheißung dieses von Adel und Volk eifrig gewünschten Abkommens geschah hauptsächlich in der Absicht, dadurch eine Vereinigung dieser Fürsten mit dem unruhigen, der österreichischen Herrschaft so feindlich gesinnten Herzog von Geldern zu verhindern, eine Absicht, die auch in der That erreicht ward. Aber in Sachsen ertrug man es mit großem Unmuth, daß bei dem Tode Wilhelms VII. sein Eidam Johann von Cleve allen Einsprachen zum Troß, von Jülich-Berg Besitz nahm. Es war nicht zu verkennen, daß die kaiserliche Gunst sich von den Wettinern abgewendet habe. Die dadurch hervorgerufene Spannung trat bei verschiedenen Gelegenheiten zu Tage: auf dem Reichstag in Augsburg ging die Opposition gegen die kaiserlich-päpstlichen Forderungen in erster Linie von dem Kurfürsten Friedrich aus, und daß sich die Tochter seiner

Schwester Margaretha von Lüneburg mit jenem fehbeluftigen Karl von Geldern vermählte, lenkte sein Interesse auch dort auf die Gegenseite Oesterreichs.

So wirkten weltliche und geistliche Motive und Zwecke zusammen, um die deutsche Kirche von Rom frei zu machen. Jener Bio de Gaëta, der auf der Lateransynode unter den Verfechtern der päpstlichen Allgewalt geglänzt, hatte neben seiner politischen Mission auch den Auftrag, gegen den sächsischen Mönch vorzugehen. Denn bereits hatte die Curie, gestützt auf den Urtheilspruch eines geistlichen Gerichts, bei welchem Silvester von Prierio die entscheidende Stimme führte, den Beschluß gefaßt, den Augustinermönch nach Rom vorzuladen und falls er nicht Folge leiste, ihn mit dem Banne zu belegen. „Da ich des Segens erwartete," sagte Luther später, „kam Blitz und Donner über mich." Zugleich wurde Friedrich in einem päpstlichen Schreiben aufgefordert, „das Kind der Bosheit, Martin Luther, als einen der Ketzerei Ueberführten an das Tribunal des römischen Stuhles auszuliefern". Beide Schriftstücke brachte Bio de Gaëta nach Augsburg mit. Luther mochte von dem Vorgehen Kunde erhalten haben; wenigstens deutete er in einer Predigt über den Bann an, daß er sich durch keine Strafe zu einem Schritt gegen Gewissen und Ueberzeugung bestimmen lassen würde. Der Beschluß der Curie kam nicht zur Ausführung. Bewogen durch die Fürsprache Spalatins und anderer Freunde des Reformators, verwendete sich der Kurfürst während seiner Anwesenheit in Augsburg persönlich bei dem Legaten, daß er selbst mit Luther ein Verhör vornehme und zunächst von der Veröffentlichung des Breve und der befohlenen Stellung in Rom absehe. Dem Verlangen des hohen Herrn, den der päpstliche Stuhl bei guter Stimmung zu erhalten wünschte, wagte Cajetan nicht zu widerstreben. Der stolze Kirchenfürst mochte hoffen, mit dem Augustinermönch allein fertig zu werden. Und welchen Ruhm würde es ihm, dem strengen Thomisten, eintragen, wenn es ihm gelang, den Nominalisten Luther zum Widerruf zu bringen. So wurde denn der Wittenberger Prediger nach Augsburg zur Verantwortung geladen, und er säumte nicht, der Ladung Folge zu leisten. Zu Fuß von Kloster zu Kloster wandernd reiste er im Spätherbst über Weimar und Nürnberg nach der berühmten Reichsstadt. Drei Meilen vor derselben war er so erschöpft, daß er sich einen Wagen miethen mußte. Er ließ dem Cardinallegaten seine Ankunft vermelden; aber erst als ihm der Schutz des Stadtraths und des Kaisers zugesichert war, erschien er vor demselben. Es war am 12. Oct. des Jahres 1518, daß Luther in einer neuen Mönchskutte, die ihm der Nürnberger Augustinerprior Wenceslaus Link geborgt, vor dem vornehmen Italiener erschien. Demüthig begrüßte er den Kirchenfürsten auf den Knien; dieser hielt ihm einige Sätze vor, die gegen die kirchliche Allgewalt verstießen, und forderte Widerruf; Luther weigerte sich, sofern er nicht aus der hl. Schrift, die er über die Entscheidungen von Papst und Kirche stellte, des Irrthums überführt würde. Vergebens versuchte Cajetan, während des dreitägigen Verhöres bald durch seines gewinnendes Wesen gegen den „geliebten Sohn", bald durch drohendes Vorhalten

[margin note:] Luther vor Cajetan in Augsburg. Oct. 1518.

[margin note:] 12.—14. Oct.

8*

der ihm bevorstehenden Strafen den Augustiner zur Unterwerfung zu bringen: der deutsche Theologe, der mehr Schriftgelehrsamkeit und religiöse Tiefe zeigt, als der Schüler des Thomas von Aquino ihm zugetraut, beharrte bei seiner Berufung auf die Offenbarung, ohne jedoch die Autorität der Kirche in ihren Glaubenssätzen anzutasten. Er sei sich keines Widerspruchs gegen die römische Kirchenlehre bewußt, versicherte er. Als der Unterhändler des Legaten in einer besonderen Unterredung die drohende Frage an ihn richtete: „Meinst du, dein Kurfürst werde um Deinetwillen sein Land aufs Spiel setzen?" erwiederte der Angeredete: „Das will ich nicht!" und auf dessen weitere Frage: „Wo willst du dann bleiben?" erfolgte die Antwort: „Unter dem Himmel!" Dem Cardinal machte der deutsche Mönch „mit den tiefen glitzernden Augen" und den wunderlichen Speculationen, Grauen. Nach der dritten Unterredung befahl er demselben fortzugehen und nicht wieder vor sein Angesicht zu treten, bis er widerrufe. Vergebens suchte Luther an den folgenden Tagen durch zwei unterwürfige Briefe, worin er dem Prälaten in den ehrerbietigsten Worten für seine freundlichen Bemühungen dankte und nochmals seine Uebereinstimmung mit der Kirche aufrecht hielt, den strengen Mann zu begütigen; er bekam keine Antwort, und zu dem verlangten Widerruf konnte sich sein Gewissen nicht aufschwingen. Die Luft wurde bedenklich unheimlich in Augsburg; Cajetan war durch das päpstliche Breve vom 23. August, das Luther erst auf der Rückreise in Nürnberg zu Gesicht bekam, bevollmächtigt, den der Ketzerei Angeklagten, sofern er nicht widerrufe und sich unterwerfe, verhaften und nach Rom schaffen zu lassen; die Fürsprecher des Reformators, Staupitz und Link verließen eilig die Stadt. Da beschloß auch Luther, die unsichere Stätte

18. Octbr. 1518. zu räumen. Nach Abfassung einer „Appellation von dem schlechtunterrichteten Papst an den besser zu unterrichtenden", die dem Cardinal nach seiner Abreise übergeben werden sollte, entfloh er in großer Hast aus Augsburg unter dem Bei-

20. Octbr. stande einiger Freunde, geschützt durch das Dunkel der Nacht. „Dr. Staupitz hatte mir ein Pferd verschafft", so erzählt er selbst seine Flucht, „und gab mir den Rath, einen alten Ausreiter zu nehmen, der die Wege wüßte, und Langemantel (ein Augsburger Rathsherr) half mir des Nachts durch ein klein Pförtlein aus der Stadt, da eilte ich ohne Hosen, Stiefel, Sporn und Schwert und kam bis gen Wittenberg. Den ersten Tag ritt ich acht Meilen, als ich des Abends in die Herberge kam, war ich so müde, stieg im Stalle ab, konnte nicht stehen, fiel stracks in die Streue." Der Cardinal „hat nun den Aal beim Schwanz" meinte er.

Luther und Kurfürst Friedrich. So sicher war jedoch Luthers Stellung keineswegs. Aengstliche und zaghafte Gemüther wurden zurückhaltender; Staupitz, den er so sehr liebte und ehrte, mit dem er sich so innig verwandt fühlte in der mystischen Liebe zu dem Gottessohn, verließ Sachsen und nahm von dem Erzbischof von Salzburg die Würde eines Abtes von St. Peter an, wo er sechs Jahre nachher starb, ein Verlust, der dem Herzen des Freundes sehr nahe ging. Der Kurfürst selbst gerieth in Unruhe: das Schreiben des über Luthers Entweichen höchst aufgebrachten Cardinallegaten, worin er auf die Abführung des ungehorsamen Mönchs vor das Glaubensgericht in Rom drang, blieb nicht ohne Eindruck am Hofe. Luther trug sich mit dem Gedanken, nach den Niederlanden oder nach Frankreich zu gehen, und es schien, als ob der Kurfürst den Plan billigte. Bald verzog sich jedoch der drohende Sturm. Eine Vertheidigungsschrift gegen die römischen Anklagen machte auf den wahrhaft frommen und gläubigen Fürsten einen guten Eindruck. Die Ansicht, daß die Autorität Christi, wie sie sich in der hl. Schrift klar und verständlich darlege, höher stehe als die Entscheidung des Papstes, leuchtete ihm mehr ein als die gebieterische Forderung der Hierarchie. Denn für die heilige Schrift hegte er dieselbe unbedingte Verehrung wie Luther, er fand, „alles Andere, so scharfsinnig es auch laute, lasse sich am Ende widerlegen, nur das göttliche Wort sei heilig, majestätisch und die Wahrheit selbst; er sagte dies Wort solle rein sein wie ein Auge". Die Berufung Luthers an ein allgemeines Concil schien ihm ganz in der Ordnung. Denselben vor ein Glaubensgericht zu zwingen, das schon zum voraus das Urtheil der Ketzerei ausgesprochen, hieß ihn zum Tode verdammen. Der Kurfürst erwiederte also dem Cardinallegaten: nach dem Urtheil vieler schriftkundiger Männer sei es keineswegs erwiesen, daß Luthers Sätze Irrlehren seien; das Begehren, vor ein unparteiisches Gericht gestellt zu werden, dünke ihm daher gerecht und billig. Theils das Wohlgefallen an dem evangelischen Sinn und religiösen Ernst des Reformators, theils die Rücksicht für den Flor der immer mehr aufblühenden Universität und für die öffentliche Meinung, die sich in allen Gauen des Vaterlandes kund gab, bestimmten den trefflichen Fürsten, sich des Bedrohten anzunehmen und alle Bedenken niederzukämpfen. Er war ja überhaupt kein Freund von durchgreifenden Maßregeln, sondern liebte, die Dinge sich selbst entwickeln zu lassen.

Am Schlusse des wichtigen Jahres 1518 war der kirchliche Streit bereits so weit zur Klärung gelangt, daß man erkannte, über die Fundamentallehre des Christenthums von der Rechtfertigung und Versöhnung bestehe eine prinzipielle Verschiedenheit zwischen scholastischer und evangelischer Auffassung, von denen jede nach Geltung und Sieg ringe. Die Predigt „vom Sacrament der Buße", welche man in diese Zeit verlegt, läßt erkennen, daß Luther sich dieses Gegensatzes mehr und mehr bewußt ward und der Gedanke einer Unterwerfung unter die päpstliche Autorität immer ferner rückte. Daß nach Christi Lehre das Leben der Gläubigen eine stete und unaufhörliche Buße sein solle, und daß nur das in gläubiger Hingebung mit Gott versöhnte Menschenherz Vergebung seiner Schuld erhoffen dürfe, blieb fortan die Grundlehre des lutherischen Glaubensbegriffes.

Aber noch einmal sollte die Versuchung an den Gottesstreiter herantreten. Karl von Miltiz, ein geborner Sachse, der am römischen Hofe die Würde eines Kammerherrn bekleidete, ein feiner und gewandter Weltmann, war in den letzten Wochen des Jahres 1518 über die Alpen gekommen, um als päpstlicher Botschafter dem Kurfürsten die geweihte goldene Rose, ein Zeichen besonderer Huld

Luther und Miltiz 1519

und Gnade, und Indulgenzen für die reliquienreiche Wittenberger Stiftskirche
anzukündigen. Beides sollte überreicht werden, wenn der Cardinallegat Cajetan,
dem er als Nuntius untergeordnet war, den Augenblick dazu bestimmt haben
würde. Der eigentliche Zweck der Mission war, dem Ablaßstreit ein Ende zu
machen, vielleicht auch die Auslieferung Luthers nach Rom zu erwirken. Was
Cajetan nicht gelungen war, sollte der sächsische Edelmann mit glimpflicheren
Mitteln versuchen. Zu dem Behuf war Miltiz nicht nur mit einem gnädigen
Schreiben des Papstes an Friedrich versehen, worin dieser an die Großthaten
seiner Ahnen wider die Ketzer erinnert ward, er führte auch noch andere Breven
mit sich, die er an Spalatin, an den kurfürstlichen Rath von Pfeffinger, an einflußreiche Personen in Wittenberg übergeben sollte. Miltiz ging mit Klugheit zu
Werke: er ertheilte dem Ablaßhändler Tezel, der durch seine Unverschämtheit wie
durch sein anstößiges Leben fortwährend großes Aergerniß gab, einen so scharfen
Verweis, daß derselbe bald nachher vor Aerger starb. Darauf entbot er Luther
3. Jan. 1519. zu einer Zusammenkunft in Altenburg. Er redete ihn an mit Vertrauen er-
weckenden Worten: „Ich hatte geglaubt, du seiest ein alter Theologus, der hinter
dem Ofen sitzend also mit sich selbst disputire. Nun sehe ich, du bist noch ein
rüstiger Mann in den besten Jahren. Wenn ich 25,000 Bewaffnete hätte, ge-
traute ich mir nicht, dich nach Rom zu führen; denn ich habe auf dem ganzen
Weg geforscht in der Leute Herzen, was sie von dir dächten, und siehe da, wo
ich Einen fand auf des Papstes Seite, waren Drei auf deiner“. Er gab ihm
Recht in Betreff der Mißbräuche des Ablasses, den er unverhohlen tadelte, und
erlangte, indem er sorgfältig alle theologischen Erörterungen vermied, in eindringlicher Weise die Nachtheile einer kirchlichen Spaltung hervorhob und dem
Reformator vorstellte, wie schweren Kummer er dem Herzen des heil. Vaters
bereitet habe und wie wenig es dem Einzelnen anstehe, so gegen die gesammte
Kirche vorzugehen, daß Luther bewegt wurde und mehr Nachgiebigkeit zeigte,
als man von dem festen Mann erwarten durfte. Miltiz schlug die gemüthliche
Saite an, die ihres Nachklanges nicht verfehlte. Luther versprach dem Nuntius,
er wolle den Streit über den Ablaß aufgeben, den Handel „sich zu Tode bluten
lassen“, wenn auch seinen Gegnern Stillschweigen auferlegt würde; er gab ihm
weiter die Zusage, er wolle in einer Schrift Jedermann zum Gehorsam und zur
Ehrerbietung gegen die römische Kirche auffordern und in einem Schreiben den
heil. Vater versichern, daß er nie die Absicht gehabt, des Papstes Recht und Gewalt anzutasten oder zu verkleinern. Mit Thränen im Auge und mit einem
Friedenskuß verabschiedete sich Miltiz von Luther. Und dieser schrieb die Ermahnung an das Volk und den Brief an den Papst offen und ehrlich, wie er gelobt.
In dem „Unterricht auf etliche Artikel, so ihm von seinen Abgönnern aufgelegt
und zugemessen worden“, straft er die bösen Zungen, die da behaupten, er habe
Uebles geredet „von der lieben Heiligen Fürbitte, vom Fegefeuer, von guten
Werken, von Fasten, Beten u. s. w., von der römischen Kirche Gewalt, als

sollte das Alles nichts sein". Und in dem Schreiben an den heil. Vater nennt vom 3. März 1519. er sich „Hefe und Staub" gegenüber der „päpstlichen Majestät", ein „demüthiges blöckendes Schäflein im Schaafstalle der römischen Heerde". Niemals sei ihm der Gedanke gekommen, die römische Kirche herabzusetzen; im Himmel und auf Erden gehe nichts über ihre Gewalt denn allein der Herr Jesus Christus; mit seinem Auftreten gegen den Ablaßhandel habe er nur die Lästerer ihrer Ehre zurückweisen wollen. Darum könne er auch nicht widerrufen, was er ausgesprochen, weil sonst die Kirche selbst Schaden an ihrer Ehre nehmen würde. Auch der Kurfürst gab die Zusicherung, daß Luther den Handel ruhen lassen werde. Miltiz hatte den glänzendsten Erfolg errungen; die schwellenden Wogen schienen sich zu verlaufen. Cajetan ertheilte nun dem Nuntius die Erlaubniß, dem glaubenstreuen kurfürstlichen Schirmherrn in Sachsen die päpstliche Gnadengabe zu überreichen. Sollte wider Erwarten „die Sache nicht in sich selbst vergehen", so waren die Bischöfe zu Trier, zu Salzburg und zu Naumburg als Schiedsrichter in Aussicht genommen.

„Wie vor dem Sturm, der Alles vor sich hinfegt, noch einmal Stille Luther und Eck. 1519. eintritt und kein Blatt sich regt und Alles Friede athmet, als hielte die Natur ihren Odem an, um sich zu sammeln zu der furchtbaren Kraft", so war damals die geistige Weltstimmung. Wenn die Zeit reif ist, so reicht der Stoß eines Einzelnen hin, eine mächtige Bewegung zu erzeugen; aber dieser Bewegung wieder Einhalt zu thun, liegt dann nicht mehr in der Macht eines Einzelnen; sie muß ihren Lauf vollenden. Die Gegner selbst führten Luther wieder auf den Kampfplatz. Wir kennen bereits den Ingolstädter Professor Johannes Eck. Durch seine Belesenheit in den Kirchenvätern und Kanonisten, durch seine Fertigkeit im lateinischen Ausdruck, durch seine Gewandtheit in den Künsten der Rhetorik, Gaben, die durch seine stattliche Gestalt und seine starke wohllautende Stimme unterstützt wurden, hatte er, wie er sich rühmte, schon an acht Universitäten in den gelehrten Turnieren öffentlicher Disputationen den Sieg davon getragen. Nun verlangte es ihn, auch über die Wittenberger Theologen Triumphe zu feiern und seinen Ruhm zu mehren. Er hatte schon vor Monaten mit Andreas Bodenstein von Karlstadt eine Disputation verabredet, die in Leipzig abgehalten werden sollte. Aber welche Lorbeeren konnte dem gefeierten und gefürchteten Disputationshelden ein Sieg über einen Theologen eintragen, der ihm in den gelehrten Fechterkünsten weit nachstand? Darum stellte er solche Thesen auf, bei denen man auf den ersten Blick erkennen konnte, daß sie gegen Luther gerichtet waren. „Der ungesalzene Querkopf wüthet gegen mich und meine Schriften", sagte der Augustiner; „einen andern ruft er auf als Kämpfer und einen andern packt er an, aber es wird diese Disputation, so Christus will, übel ausschlagen für die römischen Rechte und Herkommen, auf welche Stecken Eck sich stützt." Luther hielt es daher für eine Ehrensache, mit seinem Amtsbruder sich bei dem Religionsgespräch einzufinden. Nur zögernd ertheilte ihm der Kurfürst den erbetenen Urlaub. Auch Philipp Melanchthon, der kurz zuvor auf die Empfehlung seines „geſippten Freundes" Reuchlin als Lehrer der griechiſchen Sprache von Tübingen nach Wittenberg gerufen worden, ſowie der Herzog Barnim von Pommern, damals Rector der Univerſität, und wohl zweihundert Studenten begleiteten die beiden Streiter zu der großen Action, die gegen Ende Juni im herzoglichen Schloſſe zu Leipzig vor ſich gehen ſollte.

Leipzig und Wittenberg. Mancherlei Intereſſen und Motive vereinigten ſich, um der Leipziger Diſputation eine größere Bedeutung zu geben, als ſolchen Wortgefechten gewöhnlich beizuwohnen pflegte. Die Leipziger Profeſſoren blickten ſchon lange mit Reid und Eiferſucht auf den ſteigenden Ruhm der benachbarten Univerſität. Sie hatten vernommen, daß Luther in ſeinen Lehrvorträgen geäußert habe, der päpſtliche Primat ruhe auf menſchlichem, nicht aber auf göttlichem Rechtstitel, und einer von ihnen, Dungersheim, hatte bereits in einem Schreiben nähere Aufklärung von ihm begehrt. Die Diſputation geſtaltete ſich ſomit zu einem Zweikampf zwiſchen den beiden rivaliſirenden Hochſchulen ſächſiſcher Lande, und die verfängliche Frage, ob das Papſtthum von Gott eingeſetzt ſei oder eine menſchliche Einrichtung, die man auch wieder abſchaffen könne, war auf die Fahne geſchrieben; ſie ſollte die Schlinge für Luther werden; Eck war der erkorne Vorkämpfer und Schildhalter der Leipziger. Ein echter Sohn der verweltlichten Kirche der Zeit nahm er an der Frohnleichnamsprozeſſion Theil „ſehr devot in ſeinem Meß⸗ gewand", verglich aber doch auch, wie wir in ſeinen Briefen leſen, das ſächſiſche Bier mit dem baieriſchen und „ließ die ſchönen Sünderinnen in Leipzig nicht unbemerkt." Stadt, Hof und Univerſität waren in größter Spannung und Aufregung. In allen Gemüthern herrſchte das Gefühl, daß zwei prinzipielle Gegenſätze zur Entſcheidungs⸗ ſchlacht geführt würden. In den Herbergen mußten Wächter mit Partiſanen aufgeſtellt werden, um Studenten und Bürger von blutigen Raufhändeln abzuhalten. Die An⸗ ſchlag des Biſchofs von Merſeburg, zu deſſen Sprengel Leipzig gehörte, daß die Diſ⸗ putation nicht abgehalten werden ſollte, fand keine Beachtung.

Die Leipziger Diſputation. Juni und Juli 1519. Es war am 27. Juni des Jahres 1519, daß in dem feſtlich geſchmückten, von Zuhörern gefüllten Saale der alten Pleißenburg, welche Herzog Georg zu dem geiſtlichen Wettkampf hatte herrichten laſſen, die Leipziger Diſputation ihren Anfang nahm. Der Herzog ſelbſt mit ſeinem ganzen Hofe und vielen vornehmen Perſonen wohnte dem Schauſpiel bei und folgte neunzehn Tage hindurch dem Gange der Verhandlungen mit der geſpannteſten Aufmerkſamkeit.

Das viertägige „Wortgezänke" zwiſchen Karlſtadt und Eck über den freien Willen, wobei der erſtere mit ſeiner Auguſtiniſchen Auffaſſung ſtark ins Gedränge gerieth, diente nur als Vorgefecht. Karlſtadt trug wenig Ruhm davon. „Er brachte Bücher mit, las daraus vor, ſchlug weiter nach und las wieder vor; auf die Einwendungen, die ſein Gegner heute äußerte, antwortete er erſt am andern Morgen. Welch ein ganz an⸗ derer Diſputator war da Johann Eck: — er beſaß ſeine Wiſſenſchaft zu augenblick⸗ lichem Gebrauch. Er ſtudirte nicht lange: unmittelbar von einem Spazierritt beſtieg er das Katheder; ein großer Mann von ſtarkem Gliederbau, lauter, durchdringender Stimme; indem er ſprach ging er hin und her: auf jedes Argument hatte er eine Ein⸗ rede in Vorrath; ſein Gedächtniß, ſeine Gewandtheit blendeten die Zuhörer." Am 4. Juli trat Luther ſelbſt in die Schranken. „Er war von mittlerer Geſtalt, ſo ſchil⸗ dert ihn Ranke nach einem zeitgenöſſiſchen Bericht, damals noch ſehr hager, Haut und Knochen; er beſaß nicht jenes donnernde Organ ſeines Widerſachers, noch ſein in

mancherlei Wissen fertiges Gedächtniß, noch seine Uebung und Gewandtheit in den
Kämpfen der Schule. Aber auch er stand in der Blüthe des männlichen Alters, seinem
36. Lebensjahre, der Fülle der Kraft; seine Stimme war wohllautend und deutlich;
er war in der Bibel vollkommen zu Hause und die treffendsten Sprüche stellten sich ihm
von selber dar; — vor Allem, er flößte das Gefühl ein, daß er die Wahrheit suche.
Zu Hause war er immer heiter, ein vergnügter, scherzhafter Tischgenosse: auch auf das
Katheder nahm er wohl einen Blumenstrauß mit; hier aber entwickelte er den kühnsten,
selbstvergessenen Ernst: aus der Tiefe einer bisher noch nicht vollkommen zum Bewußtsein gediehenen Ueberzeugung erhob er neue Gedanken und stellte sie im Feuer des
Kampfes mit einer Entschlossenheit fest, die keine Rücksicht mehr kannte; in seinen Zügen
las man die Macht der Stürme, welche seine Seele bestanden, den Muth, mit denen
sie anderen noch entgegenging: sein ganzes Wesen athmete Tiefsinn, Freudigkeit und
Zukunft."

Zwei Tage lang stritt man über Rechtfertigung und gute Werke, ohne sich
näher zu kommen. „Das pelagianische und das augustinische Christenthum
standen sich hier schroff gegenüber, das waren Weltgegensätze, zwischen denen an
Versöhnung nicht zu denken war." Da spielte Eck die Disputation auf die Frage
über den Ursprung des päpstlichen Primats, den eigentlichen Kernpunkt des
ganzen Religionsgesprächs. Im Gegensatz zu dem Ingolstadter Professor, welcher
in seiner dreizehnten These behauptet hatte, daß die römische Kirche schon vor den
Zeiten Sylvesters I. (d. h. vor 314) im Besitz des Primats gewesen und daß
der Papst immerdar als Nachfolger Petri und Statthalter Christi gegolten habe,
hatte Luther den kühnen Satz aufgestellt, „die päpstliche Autorität sei als göttliche
Institution erst seit vier Jahrhunderten durch die Decretalen zur Geltung gelangt.
Beide Ansichten gingen über das wahre Verhältniß hinaus und waren anfecht-
bar. Eck vermochte daher wohl seines Gegners Behauptung zu widerlegen, aber
nicht seine eigene gegenüber den von Luther vorgeführten historischen Zeugnissen
aufrecht zu halten. Schlau und gewandt flüchtete er sich daher unter den Schirm
der Kirchenautorität, indem er sich auf die Concilien berief. Er hielt dem Gegner
vor, er stehe auf Einer Linie mit Wycliffe und Hus, deren Lehren über das
Papstthum in Constanz verurtheilt worden seien; ob er denn die Autorität der
Concilien verwerfen wolle? Es war ein Fechterstreich würdig eines so geübten
Streiters. Luther, der noch kurz zuvor den Vorwurf, daß er die Autorität des
Papstes und der Kirche gefährden wolle, mit Entrüstung von sich gewiesen, sah
sich an den Scheideweg gedrängt, wo er zwischen traditioneller Kirchenlehre und
freier Schriftforschung die Wahl treffen mußte. Eck wußte die Falle offen zu
halten. Es war ihm bekannt, welchen üblen Eindruck das Hussitenthum in
Sachsen machen mußte. Als daher Luther im Verlaufe der Disputation sich zu
dem kühnen Ausspruch fortreißen ließ: In den durch das Costnitzer Concil verdammten Sätzen von Hus fänden sich viele gottselige und echt evangelische Lehren,
entstand im Saale eine große Aufregung. Der Herzog, der als Sohn von Georg
Podiebrads Tochter Sidonia noch die Leiden seines Stammes im Böhmenkrieg in
guter Erinnerung hatte, rief kopfschüttelnd und die Arme in die Hüfte gestemmt

mit lauter Stimme: „Das walt die Sucht". Eck aber sagte: „Ehrwürdiger
Vater, wenn ihr glaubt, daß ein rechtmäßig versammeltes Concilium irren könne,
so seid ihr mir wie ein Heide und Zöllner". Im weiteren Verlauf der Disputation räumte Luther dem Nachfolger Petri den Primat der Ehre ein, den Christus
dem Apostelfürsten verliehen habe, nicht aber den Primat der Macht und Regierung, der allen Jüngern gemeinschaftlich zugestanden, und beharrte bei dem
Satze, Gewalt und Prinzipat des römischen Stuhles seien blos aus menschlichem
Rechte entsprungen, nicht durch göttliche Einsetzung angeordnet. Damit hatte er
den Boden der Kirche verlassen. „Als ihm einst im Kloster zu Erfurt eine Schrift
von Hus in die Hände gefallen war und er beim Lesen mit Staunen gewahrte,
daß er mit dem verbrannten Ketzer in manchen Dingen Einer Meinung sei, da
hatte er, von plötzlicher Seelenangst ergriffen, das Buch zugeschlagen und war
„mit verwundetem Herzen" davon geeilt, weil er meinte, bei dem bloßen Gedanken,
daß der „gräulich Verdammte" doch Recht gehabt, müßten „die Wände schwarz
werden und die Sonne ihren Schein verlieren"; und jetzt hatte er sich muthig für
ihn bekannt und selbst die letzte der geltenden Kirchenautoritäten, Papst und
Concilien, verworfen." Fortan erkannte er nur noch die heil. Schrift als Leit-
stern des Glaubens und Christus als den Grund- und Eckstein seiner Kirche an.

Fortgang u.
Ende.   Nachdem so der prinzipielle Gegensatz vor Aller Augen gestellt war, hatte der
weitere Verlauf des Religionsgespräches wenig Reiz mehr. Es war von untergeordneter
Bedeutung, daß Eck in der Lehre von der Rechtfertigung und Sündenvergebung gegen
Luther selbst die herkömmliche Auffassung verfocht und die mitwirkende Kraft der kirchlichen Gnadenmittel zur Versöhnung des Menschen mit Gott hervorhob; daß er gegen
Karlstadt, der am Ende der Disputation wieder eintrat, die mildere Auffassung von
der Erbsünde und dem freien Willen gegen die Augustinische Strenge seines Opponenten geltend machte; die Anfechtung der Unfehlbarkeit der höchsten Kirchenautoritäten
durch Luther hatte das ganze kirchliche Lehrgebäude in seinen Fundamenten erschüttert;
was konnte es nun ferner nützen, einzelne Theile als fehlerhaft darzustellen? Mochten
auch die Leipziger ihren Vorkämpfer Johannes Eck als Sieger verherrlichen und mit
Ehrengaben und Auszeichnung überschütten, die Welt fühlte, daß mit den Julitagen
des Jahres 1519 eine neue Periode in der inneren Menschengeschichte angebrochen,
neue Anschauungen, neue Aufgaben und Lebensziele an's Licht getreten seien. Luther
kehrte noch vor dem Schluß mit einem Theil seiner Begleiter nach Wittenberg zurück,
nachdem man übereingekommen, daß die Acten des Religionsgespräches den Universitäten Erfurt und Paris zur Entscheidung vorgelegt werden sollten.

Bedeutung u.
Wirkung der
Leipziger
Disputation.   Mit der Leipziger Disputation wurde eine Bewegung erzeugt, welche ihre
Wellenkreise über die ganze Christenheit ausdehnte. Aus den Räumen der
Pleißenburg zog sich der Kampf in die Literatur und in das Volksleben. Noch
von Leipzig aus richtete Eck ein Schreiben an Friedrich von Sachsen, worin
unter höflichen Entschuldigungen, daß er nicht früher über die Streithändel Bericht erstattet, die Ansichten Luthers und Karlstadts als höchst gefährlich, irrig und
ketzerisch dargestellt waren und dem Kurfürsten zu bedenken gegeben wurde, was er
dem christliche Glauben, was er Land und Leuten schuldig sei. Die Angegriffenen

verfaßten eine Vertheidigungsschrift gegen die Denunciation, die wieder eine Menge anderer Schriften für und wider hervorrief.

Auf einen offenen Brief des Leipziger Professors Emser, der unter der Maske eines Vertheidigers des Reformators gegen den Vorwurf hussitischer Ketzerei denselben am Schluß als einen Zerstörer aller überlieferten Rechtsordnungen bezeichnete, betonte Luther in einem scharfen Sendschreiben „an den Emser'schen Steinbock" (mit Anspielung auf das Wappen des Verfassers, das er seiner Schrift vorgesetzt) mit Entschiedenheit, daß das Wort Gottes über dem Papste stehe. Besonders fühlten sich die böhmischen Brüder freudig erregt durch das zustimmende Zeugniß, das Luther über Hus gefällt. Der Propst derselben, Wenzeslaus Rosdialovinus, übersandte ihm eine Schrift „über die Kirche", welche Hus kurz vor seinem tragischen Ende verfaßt hatte. In dieser war die unsichtbare Kirche Christi als die von Gott selbst gestiftete Gemeinde der Erwählten von der sichtbaren Kirchengemeinschaft als einer von Menschen aufgerichteten Anstalt scharf unterschieden und nur jene als die wahre und seligmachende erklärt. Diese Schrift zeigte dem Wittenberger Reformator den böhmischen Märtyrer in einem neuen Lichte und erschloß ihm neue Gesichtspunkte. Er vertiefte sich mehr und mehr in die Werke seines Vorläufers und wurde überrascht, wie sehr er unbewußt mit dessen Ansichten in Uebereinstimmung stand: „Wir alle sind Hussiten", schrieb er an Spalatin, „ohne es zu wissen, Paulus und Augustin sind Hussiten; ich weiß vor Erstaunen nicht, was ich denken soll."

Bald war die ganze Opposition, die sich jemals gegen das römische Kirchensystem erhoben, in Luther vereinigt, wodurch der Kampf eine großartigere Gestalt und Bedeutung gewann. Hatte der Augustinermönch bisher ehrlich geglaubt, er stehe trotz seines Ankämpfens gegen einzelne Lehrsatzungen noch auf dem Boden der Kirche, so erkannte er jetzt, daß er mit derselben längst im Innern gebrochen hatte. Er gelangte zu der Ueberzeugung, daß die Schrift und das Papstthum in unversöhnlichem Widerspruch ständen. Und wie viele Mühe und Anstrengung es ihm machte, die alte Ehrfurcht aus seinem Herzen zu reißen, der Unterschied zwischen Curie und römischer Kirche, womit er den Bruch zu verhüllen suchte, war nur eine Selbsttäuschung. „Unter quälenden inneren Bedrängnissen", wie er an Spalatin schrieb, kam er mehr und mehr zu der Meinung, daß der Papst jener Antichrist sei, der nach alten chiliastischen Vorstellungen die christliche Welt durch falsche Lehren zu verderben trachte. Seine fortgesetzten Studien führten ihn immer weiter in der Opposition gegen den scholastischen Kirchenbau. In der Erklärung des Galaterbriefs that er den ersten Schritt, die „Theologie des Aristoteles" durch die „Theologie Christi" zu überwinden. Fortan gab es für ihn nur Eine Autorität — die heilige Schrift, und je emsiger er in derselben forschte, desto mehr stürzten die Dogmen der Scholastiker vor seinen Augen zusammen. Im December hielt er eine „Abendmahlspredigt", worin er zu beweisen suchte, daß der Kern des Sacraments im Glauben liege; dieser führe zur Liebe Christi und seiner Gemeinde „und die Liebe erfüllet dann alle Gebote". Diese Handlung der Liebe könne aber nur würdig vollzogen werden durch die Austheilung des Abendmahls in beiderlei Gestalt. Die Predigt, die bald im Druck erschien und durch

geschäftige Hände dem Herzog Georg mitgetheilt wurde, trieb die Gegner zu
neuen Anstrengungen: die Universitäten von Köln und Löwen, durch Eck angefeuert, erklärten Luther für einen „Irrlehrer", der die Autorität der Kirche umzustürzen trachte, und forderten Widerruf und Verbrennung seiner Schriften.
Bei Kurfürst Friedrich wurden alle Hebel in Bewegung gesetzt, um ihn von
Luther abzuziehen: Miltiz, der mit großem Verdruß die Erfolge zerrinnen sah,
die ihm das Zwiegespräch eingetragen, versuchte aufs Neue seine diplomatischen
Künste; Herzog Georg warnte seinen Vetter vor Luthers Lehren, die „fast pra-
gisch" lauteten und „viel Ketzerei und Aergerniß" enthielten. Allein der Kurfürst
blieb standhaft. Er meinte, Luther, dessen Lehren und Sätze viele gelehrte und
kluge Leute für christlich hielten, sollte „mit rechtschaffenen und beständigen Argu-
menten und Gründen und mit öffentlichen und hellen Zeugnissen der Schrift
widerleget, nicht aber durch die Schrecken der Kirchengewalt unterdrückt werden.
Habe sich derselbe doch jederzeit bereit erklärt, so er eines Besseren überwiesen
würde, seine Meinung gern fahren zu lassen".

Die Huma-
nisten und
Melanch-
thon. Mit diesem Urtheil des Kurfürsten stimmte die öffentliche Meinung des aufgeklärten Deutschlands überein. Die Humanisten, so wenig ihnen die kirchlichen
und religiösen Dinge am Herzen lagen, stellten sich zum großen Theil auf Luthers
Seite. Hatte einst Hutten sich über das „Mönchsgezänk" nur deshalb gefreut,
weil es für die Welt ein Glück sei, wenn die Feinde der echten Menschenbildung
sich gegenseitig aufrieben; so bewunderte er jetzt die Macht der deutschen Rede, wodurch der Wittenberger Professor die Nation für höhere Ideen entzündete. Er
schrieb an Luther: „All meinen Dichterruhm will ich ablegen, um Dir, o Mönch,
treu nachzufolgen wie ein Schildknappe". Wir wissen, wie sehr seine satirischen
Gespräche und Gedichte in vaterländischer Sprache die Reformation und die politische Freiheit gefördert haben, bis er als Flüchtling auf fremder Erde seine Feuer-
seele aushauchte. Selbst Erasmus nahm sich damals bei dem Kurfürsten mit
Wärme des Augustinermönchs an. Luthers ganzes Verbrechen sei, sagte er,
„daß er die Krone des Papstes und die Bäuche der Mönche angegriffen". Auch
Melanch-
thon, 1470—
1560. Philipp Melanchthon, (Schwarzert) aus Bretten, der so aufmerksam der Disputation in Leipzig beigewohnt und einen so klaren und wahrheitgetreuen Bericht
davon gegeben hat, ist aus den Kreisen der Humanisten hervorgegangen und hat
die neue Bildung und gründliche Sprachforschung als Waffe und Rüstzeug in
den geistigen Kampf getragen. Dieser vielbegabte Mann, der schon als zwanzig-
jähriger Jüngling alle Tiefen der Wissenschaft durchforscht hatte, und auf dem
die Hoffnungen aller Humanisten und namentlich seines Verwandten und Lehrers
Reuchlin ruhten, schloß sich mit aller Wärme an Luther an, für dessen Charakterstärke und schöpferische Begeisterung er eine tiefe Verehrung fühlte, und
suchte als Rathgeber, Freund und Vermittler die Unternehmungen desselben zu
fördern. Kein Freundschaftsbund konnte fruchtbringender sein! Wie viele neue
Anschauungen verdankte der Reformator der tieferen Sprachkunde und wissen-

schaftlichen Auslegungskunſt des jüngeren Genoſſen! Beide ergänzten ſich und arbeiteten einander in die Hände. Luthers heftige und ungeſtüme Kraft war zum Niederreißen geſchaffen, während Melanchthons ſanfte und nachgiebige Natur zum Aufbauen geſchickt war. „Ich bin dazu geboren“, ſchrieb einſt Luther, „daß ich mit den Rotten und Teufeln muß kriegen und zu Felde liegen, darum meine Bücher viel ſtürmiſch und kriegeriſch ſind. Ich muß die Klötze und Stämme aus- reuten, Dornen und Hecken weghauen, die Pfützen ausfüllen und bin der grobe Waldrechter, der Bahn brechen und zurichten muß. Aber Magiſter Philipp fähret ſäuberlich und ſtille daher, bauet und pflanzet, ſäet und begeußt mit Luſt, nachdem ihm Gott gegeben ſeine Gaben reichlich.“ Durch Melanchthon kam das ſächſiſche Schul- und Kirchenweſen in Flor und der Humanismus wie die pro- teſtantiſche Theologie ehren in ihm einen ihrer größten Förderer. Sein Ruf als praeceptor Germaniae war ein europäiſcher. Mit ſeiner Ankunft begann ein neues Leben an der Wittenberger Univerſität. „Man dachte darauf, zunächſt die Methode zu reformiren: mit Beiſtimmung des Hofes ſtellte man Vorleſungen ab, die nur für das ſcholaſtiſche Syſtem Bedeutung hatten, und ſuchte andere auf die klaſſiſchen Studien gerichtete dafür in Gang zu bringen.“ Bald nach der Leipziger Disputation bewies Melanchthon in zwei Abhandlungen, „daß man nicht die Schrift nach den Kirchenvätern auslegen müſſe, ſondern dieſe nach dem Sinne der heiligen Schrift verſtehen“ und „daß die Autorität der Concilien dem Anſehen der Schrift gegenüber nichts bedeute“. Im Laufe ſeiner theologiſchen Studien kam er zu denſelben Reſultaten wie Luther. Schon erhob er Zweifel gegen die Transſubſtantiation; „ſchon ſieht er in den ſieben Sakramenten ein Nachbild jüdiſcher Ceremonien, in der Lehre von der Unfehlbarkeit des Papſtes eine An- maßung, die gegen Schrift und geſunden Menſchenverſtand laufe.“

3. Deutſchlands politiſche Lage und die neue Kaiſerwahl.

a) Machtſtellung des Habsburger Herrſcherhauſes und Wahlumtriebe.

Mittlerweile hatte auch das politiſche Leben in Deutſchland große Ver- änderungen erfahren. Kaiſer Maximilian fühlte ſich unwohl, als er den Reichs- tag von Augsburg verließ. Er war ſtets geſund geweſen, Unpäßlichkeiten, die hie und da eingetreten, hatte er durch ſtarke Leibesübungen und anhaltendes Waſſertrinken zu überwinden geſucht. Dieſer Gewohnheit gemäß ſuchte er auch jetzt die Berge von Tirol und Niederöſterreich auf, um durch Jagen ſich zu ſtärken. Aber in Wels erkrankte er und ſchon am 11. Januar 1519 ſchied er aus dem Leben. Seine Leiche wurde nach Wien gebracht und in der Neuſtadt, der Stätte ſeiner Geburt, beigeſetzt. Die früher beabſichtigte Beerdigung unter dem pracht- vollen Grabmal zu Innsbruck kam nicht zur Ausführung. — Seinem Charakter und Weſen nach gehörte der Habsburger Herrſcher, welcher mehrere Jahrzehnte lang im Mittelpunkt des geſchichtlichen Lebens geſtanden, mehr dem ſcheidenden

Maximi- lians Tod und Charak- ter.

Mittelalter als der Neuzeit an. Er hatte für die treibenden Ideen in Staat und
Kirche, für die Interessen und Ziele des modernen Gesellschaftslebens kein Verständniß; und so war es eine glückliche Fügung, daß er in dem Augenblick dahin-
schied, als gerade die Keime einer neuen Weltanschauung in die Erde gesenkt
wurden. Man hat Maximilian den „letzten Ritter" genannt und kein bezeichnen-
derer Beiname konnte ihm gegeben werden. Von den Tagen der burgundischen
Brautfahrt, die er stets als den Anfang seines Glücks betrachtet, die er dichterisch
verherrlicht hat, bis auf die Kriegsereignisse in Italien glich er in seinem ganzen
Leben einem fahrenden Ritter. Die planlose Vielgeschäftigkeit, die Unternehmungslust, welche weit über seine Mittel und Kräfte hinausging, das Gefallen
an Jagd, an Turnieren, an rauschenden Festlichkeiten, die lebhafte Phantasie,
die ohne Berücksichtigung der Hindernisse und Schwierigkeiten entlegene, selbst
abenteuerliche Ziele verfolgte: Dieses und Anderes weist auf die Sitten und
Lebensgewohnheiten, auf die Gedanken und Empfindungsweise eines vergangenen
Ritterthums hin. In der Schlacht, im Einzelgefecht, in den kühnen Bären- und
Eberjagden ragte er durch Tapferkeit, Kraft und Gewandtheit vor Allen hervor.
Wie vielen Stoff zu romantischen Geschichten hat er als verwegener Waidmann
in Tirol, in Oesterreich, im Ardennerwald gegeben; mit welcher Theilnahme und
Bewunderung erzählte man sich in den Kreisen der Landsknechte, wie er mitten
im Kampfgewühl als tapferer Kriegsmann es mit mehreren Gegnern aufnahm,
wie er in jeder Noth und Gefahr ein treuer Waffengefährte war; und wenn die
Soldknechte oft über das Ausbleiben der Löhnung murrten, sie folgten doch
immer wieder seinem Ruf. Sein freundliches, leutseliges Wesen, seine höflichen
ritterlichen Manieren gewannen ihm die Zuneigung der Kriegsmänner; selbst
die Fürsten wußte er im persönlichen Umgang für sich einzunehmen und die
Bürger der Reichsstädte, an deren Schützenfesten und Freudengelagen er so
gerne Theil nahm, in deren Kreisen er sich so frei und ungezwungen bewegte,
waren dem leutseligen Herrn zugethan. „Alles was wir von ihm lesen, zeigt
eine frische Unmittelbarkeit der geistigen Auffassung, Offenheit und Ingenuität
des Gemüthes. Er war ein tapferer Soldat, ein gutmüthiger Mensch; man
liebte und fürchtete ihn." Mit diesen persönlichen Vorzügen standen seine fürstlichen Talente nicht auf gleicher Höhe; als Feldherr, Staatsmann und Regent
glänzte er nicht in demselben Grade, wie als Ritter. Wenn man ihm auch manche
Verbesserung in der Strategik, manche neue Erfindung im Geschütz und in der
Kriegführung zuschrieb, so hat er sich doch nirgends als bedeutenden Heerführer
gezeigt und die unzureichenden Mittel, die er weder zu mehren, noch richtig zu benutzen verstand, haben den Fortgang seiner Kriegsoperationen häufig gehemmt.
Nur mit Widerstreben ist er auf die neue Reichsordnung eingegangen, und daß
in Deutschland das Reichskammergericht seit seinem ersten Bestehen nie zu einer
kräftigen Thätigkeit kam, war großentheils dem Widerwillen Maximilians an
diesem von der kaiserlichen Autorität so wenig berührten Reichstribunal zuzu-

schreiben. Selbst der Landfriede, an dessen Begründung er das meiste Interesse hatte, wurde weniger durch das kaiserliche Regiment aufrecht erhalten, als durch das Bedürfniß der Zeit, durch die öffentliche Meinung, durch die gegenseitige Eifersucht der Landesfürsten, durch die Bündnisse der schwächeren Reichsstände.

Als Maximilian aus der Welt ging, war die deutsche Nation so gespalten *Die öster-reichische* und zerrissen, wie zur Zeit seines Vaters; sein ganzer Sinn war auf die Hebung *Hausmacht.* und Machtvergrößerung seines Hauses gerichtet gewesen; diesen Gesichtspunkt hatte er lediglich im Auge sowohl in seinen Beziehungen zu den geistlichen und welt-lichen Fürstenhöfen Deutschlands, als in seiner auswärtigen Politik. Das Haus Habsburg zu einer Universalmacht zu erheben war das Ziel seines Strebens und Wirkens. Und wie sehr er bei diesem Streben vom Glück begünstigt war, haben wir in den früheren Blättern gesehen. Hat er auch selbst das Ziel nicht voll-ständig erreicht, so waren doch bei seinem Tode so sichere Grundlagen gelegt, so zweckmäßige Vorbereitungen getroffen, daß die Erfüllung in naher Aussicht stand. Welche Stellung hatte das Habsburgisch-Oesterreichische Herrscherhaus erlangt seit den Tagen, da Kaiser Friedrich aus Wien fliehen mußte und Maximilian selbst in Brügge gefangen war! Durch glückliche Heirathen waren die Niederlande, waren Spanien und die italienischen Nebenländer Habsburgische Besitzungen ge-worden, durch glückliche Heirathen war die Verbindung der böhmisch-ungarischen Königreiche mit Oesterreich angebahnt. Den Habsburgern war durch Maximi-lian eine Weltstellung erworben, wie sie Karl der Große nicht besessen; und wie wenig hervorragend an geistigen und materiellen Kräften war der Gründer dieser Herrschaft! Für Deutschland war diese Weltstellung des österreichischen Hauses nicht von Segen. Warf es auch einen Schimmer von äußerer Ehre und Macht auf das Reich, daß demselben die alten Lehnstaaten zurückgewonnen oder in Aus-sicht gestellt waren; so wurde andererseits Oesterreich durch die universellen Inte-ressen den deutschen Angelegenheiten mehr und mehr entfremdet. Deutschland war nur der Schemel des Habsburger Herrscherthrones; nicht die Wohlfahrt, nicht die Größe und Macht des deutschen Reiches war fortan das Ziel der Oesterreichi-schen Regenten, sondern der Vortheil des Hauses, der Ruhm und der Glanz der Familie.

Maximilian hätte seine Mission unvollendet gelassen, wäre nicht das deutsch-*Parteistel-* römische Kaiserthum seinem Stamme zu Theil geworden. Welche Hindernisse *lung bei der* dabei zu überwinden waren und welche Mittel und Wege er zu deren Beseitigung *Kaiserwahl.* eingeschlagen, ist früher an verschiedenen Orten erwähnt worden. Als er aus dem Leben schied, waren fünf Stimmen im Kurfürstencollegium für seinen Enkel Karl, der kurz zuvor sein mütterliches Erbreich in Spanien angetreten hatte, ge-wonnen. Nur die Kurfürsten von Sachsen und von Trier hatten mit ihrer Zu-sage zurückgehalten. Aber auch die andern hatten sich nur zu der Wahl eines Königs neben dem Kaiser verpflichtet; mit dem unerwarteten Hingange Maximi-lians war die Sachlage geändert. Nun konnte man die Stimmen, für die der

Kaiser schon manche Opfer gebracht hatte, aufs Neue vortheilhaft verwerthen. Die Dinge standen nicht gerade günstig für die Habsburger. Die jungen Fürsten Karl und Ferdinand waren fern und Niemand kannte noch ihren Charakter und ihre Fähigkeiten; Margaretha, Maximilians Tochter, welche die Unterhandlungen mit den Kurfürsten leitete, konnte kein großes Gewicht in die Wagschale legen; in Oesterreich und Tirol regte sich die alte Opposition der Stände; in Deutschland waren die Fürsten gespalten und nicht wenige richteten ihre Blicke auf den ritterlichen König Franz I., den Sieger von Marignano, der für die hohe Ehre der römischen Kaiserkrone reichlichen Lohn zu spenden bereit war, der sich der Begünstigung des Papstes Leo X. zu erfreuen hatte, der als der geschickteste Führer in einem bevorstehenden Türkenkriege erschien. Schon das Mittelalter hatte ja Beispiele geliefert, daß fremde Herrscher mit der Kaiserwürde geziert wurden. Sank das Kaiserthum zu einem bloßen Titel herab, so hatte der Ehrgeiz und die particularistische Autonomie der kleineren Fürsten um so weiteren Spielraum. Sogar von dem König Heinrich VIII. von England war die Rede und an König Ludwig von Ungarn hatte selbst Maximilian in früheren Jahren gedacht. Bei so getheilten Interessen war auf eine schnelle Erledigung der Wahlhandlung nicht zu rechnen. Man mußte zur Besorgung der laufenden Geschäfte eine provisorische Anordnung treffen. So kam denn die Reichsverwesung im Norden und Osten an den Kurfürsten Friedrich von Sachsen, im Süden an den Pfalzgrafen bei Rhein, zwei Fürsten, die für Oesterreich nicht gerade wohlgesinnt waren. Man überlegte ernstlich, ob man nicht die Wahl auf den weisen Fürsten von Sachsen selbst lenken sollte; aber dieser lehnte den Antrag ab: „Er war zu alt, zu kalt und nüchtern, um seine behäbige Stellung an diese Dornenkrone zu wagen." Kurfürst Joachim von Brandenburg hätte wohl den Ehrgeiz gehabt, das kaiserliche Ehrenamt an sich zu nehmen, aber seine eigenen Verwandten widerstrebten ihm. Auch von den andern Bewerbern war bald keine Rede mehr. Heinrich VIII. fand, die Kaiserkrone sei eine zu theure Waare für ihren Werth und Nutzen. Desto heftiger entbrannte nun aber der Kampf zwischen der französischen und österreichischen Partei. Ueber fünf Monate wurden alle Hebel in Bewegung gesetzt, um die Entscheidung nach der einen oder nach der anderen Seite zu lenken. Wenn Franz seinen Vertrauten, den Admiral Bonnivet mit großen Geldsummen über den Rhein sandte, um in der Pfalz, in Köln, in Trier eine günstige Stimmung zu erwecken und durch Versprechungen aller Art Freunde zu werben; so waren mehrere Räthe Maximilians, die sich in Augsburg sammelten und mit der klugen Statthalterin der Niederlande einen regen Verkehr unterhielten, nicht minder thätig, die Partei des Habsburger Bewerbers zu mehren und anzufeuern. Durch den Beistand des Hauses Fugger standen auch ihnen große Geldmittel zur Verfügung, und der gewandte Zevenberghen knüpfte allenthalben seine Fäden an. Die kriegerischen Vorgänge, die gleichzeitig in einigen deutschen Ländern eingetreten waren, mehrten die Schwierigkeiten und die schwankende Haltung der Stimmführer. In den Welfischen Landen wüthete die „Hildesheimer Stiftsfehde", welche zwei Linien des Braunschweig'schen Hauses wider einander ins Feld führte. In Würtemberg war bereits zwischen Herzog Ulrich und dem schwäbischen Bunde ein folgenschwerer Kampf entbrannt, den wir sogleich kennen lernen werden. Aber dank der Thätigkeit des Bischofs Skinner von Sitten, des alten Verbündeten von Oesterreich, wurden die helveti-schen Reisläufer, welche der Herzog mit französischem Geld angeworben, von der Tagsatzung in Zürich am Ausmarsch gehindert oder zurückgerufen und da-durch die Würtemberger Streithändel zu Gunsten Oesterreichs und des Bundes entschieden. Auch Pfalz und Köln wurden durch Zugeständnisse gewonnen, Mainz durch Versprechungen in der Treue erhalten; Ludwig von Böhmen und Ungarn trat von der eigenen Bewerbung zurück und wirkte für den Habsburger; endlich wurde auch Sachsen durch die Aussicht einer Vermählung des künftigen Erben der Kurwürde, Johann Friedrich, mit Karls Schwester, der Erzherzogin Katharina, und durch geschickte Unterhandlungen auf die österreichische Seite ge-zogen. Zu dieser Wendung trugen wohl auch nationale und patriotische Rück-sichten bei. Frankreich war ein zu starker Nachbar und der despotische und kriegerische Franz I. ein zu gefährliches Haupt für die Freiheit und Selbständig-keit des Reiches, für die „uralte deutsche Libertät." Auch die Einmischung der päpstlichen Legaten zu Gunsten des fremden Monarchen erregte Besorgnisse. Das Habsburger Geschlecht hatte in so manchen wichtigen Momenten das Reichs-banner geführt, sollte man es jetzt, da so viele große Entscheidungen zu treffen waren, aufgeben und eine neue Dynastie herbeirufen? Und war denn die uner-meßliche Ländermasse, über welche der Habsburger zu gebieten hatte, die ihn bald dahin, bald dorthin führen mußte, nicht der Entwicklung und Ausbildung der fürstlichen Landeshoheit förderlich? So kam es, daß auf dem Wahltage zu Frankfurt am 28. Juni 1519 Erzherzog Karl von Oesterreich und Burgund, 28. Juni 1519. König von Spanien von allen Kurfürsten zum deutschen Kaiser gewählt ward. König Franz hatte nicht eine einzige Stimme. Doch war man zugleich bedacht, in einer Wahlcapitulation oder Handfeste der Kaisermacht bestimmte Schranken zu ziehen und die Rechte des Reichs und die Mitwirkung der Fürsten im Regi-mente sicher zu stellen.

Kraft dieser Wahlcapitulation „darf der Kaiser bei Reichskriegen kein fremdes vom 3. Juli. Kriegsvolk ins Land ziehen ohne Bewilligung des Reichs und keinen Reichstag außer-halb des Reichs ausschreiben, die Reichs- und Hofämter darf er blos mit geborenen Deutschen besetzen, in Reichsgeschäften keine andere Sprache als die deutsche oder latei-nische anwenden; die Reichsstände können vor kein Gericht außerhalb des Reichs gestellt werden. Der Kaiser soll Schirmvogt der Kirche sein, aber Alles, was der römische Hof gegen die Concordate deutscher Nation vorgenommen, abschaffen; er soll endlich die fürstlichen Hoheitsrechte bestätigen und ein Reichsregiment aufrichten, Nichts vom Reich veräußern, keine Achtserklärung ohne Verhör erlassen, Zölle und Gerechtsame er-halten, die Bündnisse der Ritter und Unterthanen abthun u. s. w."

b) Die Vorgänge in Würtemberg.

1. Würtemberg unter den beiden Eberharden.

Literatur: Sattler, Geschichte des Herzogthums Würtemberg unter der Regierung der Herzoge. Tübingen 1769—76, 8 Bde. 4. Spittler, Geschichte Wirtembergs unter der Regierung der Grafen und Herzoge. Gött. 1783 und in den Gesammtwerken, herausgegeben von Wächter. Stuttg. 1827 ff. K. Pfaff, Gesch. des Fürstenhauses und Landes Würtemb. 1—4, Stuttg. 1839. Pfister, Gesch. von Schwaben. Heilbronn 1803—27, 2 Bde. Die schon mehrfach erwähnte Würtemberg. Geschichte von Stälin, Bd. 4. Stuttg. 1870. Kugler, Herzog Ulr. v. Würtemberg. Stuttg. 1865. Ulmann, Fünf Jahre Würtemb. Gesch. unter H. Ulrich 1515—19. Leipz. 1867. — Spittler, Gesch. des Fürstenth. Hannover seit den Zeiten der Reformation. Gött. 1786 und in dessen „Werke". Havemann, Gesch. der Lande Braunschweig und Lüneburg. Gött. 1853—57, 3 Bde. Schaumann, Handb. der Gesch. der Lande Hannover und Braunschweig. Hannover 1864 u. a. B.

Graf Eberhard im Bart, 1459—1496. In Würtemberg hatte Graf Eberhard im Bart (VIII, 147) nach einer wildverlebten Jugend manche seinem Volke segensreiche Einrichtung geschaffen und seinem Lande den Rang eines Herzogthums erworben. Seine Achtung für höhere Bildung hatte er durch die Gründung der Universität Tübingen, wozu der Papst die Verwendung geistlicher Güter gestattete, und durch seine Freundschaft für Reuchlin und die Bergenhanse (Raucleri) bewiesen (IX, 912); nach langen Bemühungen war es ihm gelungen, durch die Verträge von Munsingen (1482) und Eßlingen (1492) die Untheilbarkeit des Landes und die Erbfolge nach dem Rechte der Erstgeburt zu begründen; und seine Verdienste um Kaiser und Reich hatten Maximilian I. bewogen, auf dem Reichstage zu Worms (1495) aus eigenem Antrieb die Grafschaft Würtemberg zu einem Herzogthum zu erheben und den neuen Herzog zugleich mit dem Reichsehrenamte der Sturmfahne zu belehnen, welches seine Vorfahren besessen.

Mit dieser Rangerhöhung begann eine neue Epoche der würtembergischen Geschichte, welche im Anfang viele düstere Seiten hervorkehrte. War es schon bei der schwachen männlichen Erbfolgelinie des Herrschergeschlechts ein bedenklicher Zusatz zu der Herzogswürde, daß zugleich alle Allodien, welche die Würtemberger Grafen besaßen, zu einem großen Reichslehen gesammelt wurden, das im Falle des Aussterbens des Mannesstammes nicht auf die weiblichen Zweige übergehen, sondern als kaiserliches Kammergut dem Reiche anheimfallen und unter eine besondere Administration gestellt werden sollte, gebildet aus einem Vorsitzenden und zwölf Räthen von Prälaten, Ritterschaft und Städten; so erwuchsen dem würtembergischen Volke neue ungewohnte Lasten und Leiden, die theils in dem Charakter der nächstfolgenden Regenten, theils in dem vermehrten Kosten der Hofhaltung und dem dadurch herbeigeführten Steuerdruck, theils in dem Frevelmuth selbstsüchtiger Räthe, Amtsleute und Richter ihre Quelle hatten. Auf den Eberhard II. 1496—98, † 1504. kinderlosen Eberhard im Bart folgte sein Vetter gleichen Namens, ein fast fünfzigjähriger Fürst von beschränkter Einsicht und lasterhaften despotischen Neigungen. Durch den Eßlinger Vertrag vom 2. September 1492 hatte ihn der Vorgänger „wie einen Mündel" unter ein „Regiment" gestellt, bestehend aus einem Landhofmeister und zwölf Räthen der drei Stände. Dieß hielt jedoch den zweiten Eberhard nicht von Willkürhandlungen ab, die ihm bald den Haß und die Verachtung des Volkes zuzogen. Es erregte allgemeines Aergerniß, daß er Männer in sein Vertrauen zog, die, wie der verlaufene Augustinermönch Konrad Holzinger, wegen Ausschweifung und Sittenlosigkeit im schlimmsten Rufe standen, und sich durch deren Rathschläge leiten ließ, daß er seine Gemahlin Elisabeth, die Tochter des Kurfürsten Albrecht Achilles von Brandenburg, mit einem Jahrgeld von tausend Gulden aus dem Lande schicken, die Kanzlei von Stuttgart verlegen, die herkömmlichen Bezüge der Amtleute verkürzen wollte. Die angeblichen Ersparungen, die dadurch erzielt werden sollten, mußten in Anbetracht der großen Summen, welche der Herzog für seine eigenen Freuden, für seine Faßnachtspiele und lustigen Schwänke, für seine Jagdpartien vergeudete, als ein nichtiger Vorwand erscheinen. Johannes Reuchlin wanderte nach Heidelberg aus, um nicht neben einem Holzinger im Rathe sitzen zu müssen, „da es schwer sei, bei der Viper ruhig zu schlafen". Andere folgten seinem Beispiel, erschreckt durch die willkürlichen Verhaftungen und Gewaltthaten, die mit der wachsenden Unzufriedenheit gleichen Schritt hielten. Bald erreichte der Unmuth solche Höhe, daß der Herzog den laut geforderten Landtag nicht länger verweigern konnte. Die in Stuttgart zusammentretenden Stände drangen auf [März 1498.] Abstellung der „schweren Händel", welche aus unordentlichem Wesen und Regierung entsprungen und durch leichtfertige Leute herbeigeführt worden", und auf „Aufrichtung eines löblichen Regiments". Der Herzog, der sich während der Verhandlungen in Kirchheim aufhielt, hatte so wenig Halt im Volke, daß er Alles über sich ergehen lassen mußte. Holzinger wurde nach Constanz geschafft, der Truchseß Hans von Stetten, dem man die Hauptschuld an dem Ehestreit in dem herzoglichen Hause beimaß, nebst einigen schlimmen Gesellen in einen Thurm gesperrt und auf Grund des Eßlinger Vertrags eine „Regimentsordnung" eingesetzt, worin neben einigen älteren Räthen auch die [30. März 1498.] Rechtsgelehrten Konrad Breuning und Gregor Lamparter Sitz und Stimme hatten.

Dieses scharfe Vorgehen des Landtags setzte den Herzog in solchen Schrecken, daß er eilig mit seinen Kostbarkeiten und seinem Silberzeug nach Ulm entwich. Es hatte [1. April 1498.] sich ein Gerücht verbreitet, seine Gegner wollten ihn auf Lebenszeit einkerkern. Diesem Schicksal suchte er zuvorzukommen. Er mochte auf den Beistand des Kaisers hoffen; aber der schlaue Habsburger erkannte in dem Streite der Landstände mit den Fürsten das beste Mittel, eine österreichische Schutzherrschaft in Würtemberg zu begründen, vielleicht das günstig gelegene Land ganz oder zum Theil den übrigen Besitzungen seines Hauses beizufügen. Kaum hatte Eberhard die Grenzen überschritten, so erließ der Landtag ein Ausschreiben an alle Fürsten und Stände des Reichs, in welchem er sein Verfahren [9. April 1498.] gegen das „untaugliche Regiment" rechtfertigte und kündigte in einem Absagebrief, den der Landhofmeister, die Prälaten, Ritter, Vögte und alle herzoglichen Amtleute und Diener bis zum Trompeter und Küchenmeister herab unterzeichneten, dem Herzog den [10. April.] Gehorsam auf. Es half nichts, daß Eberhard gegen die „gefährliche, eigennützige Conspiration" eine gedruckte Verwahrung ausgehen ließ; als der Kaiser bald nachher auf seiner Reise zu dem Freiburger Reichstag durch Würtemberg kam, brachten es die Regimentsräthe und mehrere Herren vom Adel dahin, daß er das Verfahren der Stände guthieß, dem flüchtig gewordenen Eberhard das Fürstenthum Würtemberg abnahm und dem Sohne seines blödsinnigen Bruders Heinrich, dem elfjährigen Ulrich, übertrug, [28. Mai.] unter Vormundschaft der Häupter der Opposition. Auf diese Weise glaubte Maximilian das würtembergische Land, dessen Beistand ihm in dem bevorstehenden Schweizerkriege (IX, 187) von besonderer Wichtigkeit war, ganz auf seine Seite zu bringen. Und so schwach und charakterlos zeigte sich Eberhard, daß er sich durch den Kaiser zu dem Vertrag von Horb bringen ließ, in welchem er „wegen Alters und Leibesblödigkeit" sich selbst [10. Juni.] für unfähig zur Regierung bekannte und gegen ein Jahrgeld von 6000 Gulden das Land für immer zu meiden versprach. Ein späteres Gesuch um Milderung dieser Bedingungen blieb ohne Wirkung, und so begab er sich denn zu seinem Verwandten, dem Pfalzgrafen Philipp nach Heidelberg. Auf dem einsamen Schloß Lindenfels im Odenwald verbrachte Eberhard die letzten Jahre seines Lebens gleich einem Gefangenen, und als er am 17. Febr. 1504 starb, fand er seine Grabstätte in der Heilig-Geistkirche zu Heidelberg.

9*

2. Herzog Ulrich in den Tagen des Glanzes.

Ulrich,
1498—1550.
Nachdem der junge „Herzog mit geordnetem Regiment" seinen Einritt in Stutt=
gart gehalten, war Kaiser Maximilian bedacht, ihn durch Verlobung mit seiner
Schwestertochter Sabina, der sechsjährigen Tochter Herzog Albrechts von Baiern=
München, an sein Haus zu fesseln. Der Ehevertrag wurde in aller Form abgeschlossen,
und die Verbindung im Jahre 1511 vollzogen. Die Heirath war die Ursache großen
Unheils. Der junge Fürst hätte lieber die anmuthige Elisabeth, Tochter des Mark=
grafen Friedrich von Anspach, die er bei ihrer Muhme, der verwittweten Herzogin in
Rürtingen kennen gelernt, zu seiner Gemahlin erkoren. Man erzählte sich, daß er
manchen Abend mit einem Zinkenbläser nach Rürtingen geritten sei, um der Geliebten
ein Nachtständchen zu bringen, wozu er das Lied gedichtet: „Ich schell mein Horn in
Jammers Ton, mein Freud' ist mir verschwunden". Sechs Jahre dauerte die vormund=
schaftliche Regierung; da erklärte Kaiser Maximilian, gegen das Eßlinger Hausgesetz,
den sechzehnjährigen Jüngling, „der ihm zeither am Hof getreulich gedient und sich als
Juni 1503. gehorsamer Fürst wohlgehalten habe", für volljährig, übertrug ihm persönlich zu Frei=
burg i. B. „Lehen und Regalia" des Fürstenthums und Landes und wies die „Regen=
ten und Räthe" an, die Regierung und Verwaltung in des Herzogs Hände zu legen.
Es geschah ohne Widerrede; schon am 19. Juli trat Ulrich die selbständige Regierung
an; das Volk freute sich, denn der jugendliche Fürst hatte noch keinen Anlaß zu Be=
sorgnissen gegeben. Sein wilder Sinn und seine heftige Natur hatte sich bis jetzt nur
in dem leidenschaftlichen Hang zum Jagen und Reiten gezeigt; und wenn er auch in
Folge seiner vernachlässigten Erziehung nur geringe Kenntnisse in Sprachen und Wissen=
schaften besaß, so hatte er bei verschiedenen Gelegenheiten Verstand und natürliche Be=
redsamkeit dargelegt. An Körperkraft und ritterlichen Fertigkeiten ragte er vor allen
seinen Altersgenossen hervor.

Ulrich's Re=
gierung und
Hofhaltung.
Die ersten Jahre der Regierung Ulrichs waren glänzend und ruhmvoll. Wir
kennen den Landshuter Erbfolgestreit, in welchem der Würtemberger als Verbündeter
des Kaisers und des Herzogs Albrecht von München ins Feld zog (IX, 129 ff.).
Ulrich trug gegen das Pfälzer Kurhaus tiefen Groll im Herzen. Noch war die Schmach
und der Schaden nicht vergessen, die einst die Schlacht von Seckenheim über seinen Vor=
fahren Ulrich den Vielgeliebten gebracht (IX, 113); Philipp hatte sich von Eber=
hard II. die Ansprüche auf sein verlornes Land abtreten und die mitgebrachten
Kleinodien schenken lassen. Gern nahm daher der junge Herzog an einem Kriege Theil,
der ihm Rache, Vortheile, Waffenruhm und die Gunst des Kaisers eintragen konnte.
Und in der That war der Gewinn beträchtlich. Nach einem siegreichen Feldzug am
Neckar und an der Bergstraße wurden fünf Städte und Aemter, darunter Heidenheim
und Weinsberg und das reiche Kloster Maulbronn, von der Pfalz an Würtemberg ab=
getreten und einige lästige Lehnsverpflichtungen abgelöst. Solche Erfolge erhöhten
Ulrichs Stolz und steigerten seinen Hang zu Pracht und Verschwendung. Um sich dem
Kaiser gefällig zu zeigen, erschien er auf dem Reichstage zu Constanz mit einem Ge=
folge von dreihundert Rittern in glänzender Waffenrüstung, für die er die Kosten bestritt,
und an seiner reichen Tafel ergötzten sich die vornehmen Gäste an den köstlichsten Gerichten,
an den Sängern und Musikern, die er zur Erhöhung der Lust herbeizog. Er fehlte
bei keinem Turnier und Armbrustschießen; und wenn er selbst die Fürsten und Ritter
nach Stuttgart zum Freischießen oder Ringelrennen einlud, so drängte eine Festlich=
keit die andere, und Spiel und Gelage wollten kein Ende nehmen. Mit Erstaunen er=
zählten sich noch lange die Leute von der Pracht, womit der stattlich aufgewachsene feu=
2. März
1511. rige Herzog sein Vermählungsfest mit der ihm als Kind verlobten baierischen Herzogs=

Tochter Sabina feierte. Man hatte noch kaum eine ähnliche Prachtentfaltung erlebt. Aus der Näße und Ferne erschienen Fürsten, Herren und Prälaten, und manche Reichs- städte sandten Abgeordnete. Etliche Tage lang wurden 16000 Menschen hier und dort bewirthet; die Tafeln im Schlosse erglänzten von kunstreichem Silbergeschirr. Aber die Worte des Geistlichen, als er der knieenden Braut den köstlichen Ring an den Finger steckte: „Wie dieser Ring rund und von lauterem Golde, so soll auch die Liebe kein Ende haben und die eheliche Treue unverfälscht bleiben", gingen nicht in Erfüllung. Mit der Hochzeit nahmen die guten Zeiten für den Herzog und das Land ein Ende.

Die Kriege und Reichssteuern, die Güterkäufe und Entschädigungen, die ver- Der Tübin-
ger Vertrag.
1514. schwenderische Hofhaltung mit ihren Festlichkeiten, Ritterspielen und Jagdfreuden hatten die Schuldenlast des Herzogs auf eine „überschwengliche" Höhe gesteigert; man schäßte sie auf eine Million Gulden. Von Einschränkung des Aufwandes wollte Ulrich nichts hören; vielmehr errichtete er zur Erhöhung seines Hofstaats vier Erbämter als Mann- lehen, und seine Jagdpartien, wozu er aus Spanien, Frankreich, England Hunde zu- sammenkaufte, wurden immer zahlreicher und kostspieliger. Und während er selbst nur seinen Vergnügungen nachging, überließ er die Regierung einigen Räthen, die vor Allem ihren eigenen Vortheil verfolgten. Wir werden bald erfahren, welche unheimliche Gährung damals im südlichen Deutschland die unteren Volksklassen erfaßt hatte: in den Städten grollten die Zünfte und Gemeinen gegen die Geschlechter, aus denen die „Ehrbarkeit" ausschließlich zusammengesetzt war; auf dem Lande drohten Aufstände der Bauern gegen die Gutsherrschaften. Unter diesen Umständen war es eine gewagte Maßregel, als der Herzog, ohne bei den Ständen anzufragen, eine Nahrungssteuer durch Verringerung der Maße und Gewichte einführte. Wir werden den Schorndorfer 1514. Volksaufstand vom „armen Konrad" im Zusammenhang mit dem späteren Bauern- krieg kennen lernen, zu dem er das Vorspiel bildete. Die Bewegung gewann eine so drohende Gestalt, daß Ulrich sich zur Einberufung eines Landtages entschloß. Es kam ihm hart an; er wußte, welche Folgen dieser Schritt unter seinem Vorgänger Eber- hard II. herbeigeführt, und jeßt waren der Klagen und Beschwerden nicht weniger als damals. Aber der Ausgang war befriedigender. Der Landtag zu Tübingen, aus Juli 1514. Rittern, Prälaten und städtischen Abgeordneten zusammengesetzt, sah die Nothwendig- keit ein, gegenüber der drohenden Bauernschaft, die ihre eigenen Vertreter verlangte und der man wenigstens die Einreichung einer besonderen Beschwerdeschrift gewähren mußte, sich mit der Regierung zu verständigen. So kam der „Tübinger Vertrag" sammt „Nebenabschied" zu Stande, die Grundsäule der würtembergischen Landesfreiheiten. Darin übernahmen die Stände die Schulden des Herzogs im Belauf von 910000 Gul- den und ließen sich dafür das Recht zusichern, daß derselbe ohne Willen der Landschaft keinen Krieg anfangen, kein Stück vom Lande verpfänden, keine Schaßung ausschreiben, und Jedermann Freizügigkeit gestatten wolle. In peinlichen Sachen sollte in Zukunft Niemand ohne Urtheil und Recht gestraft werden und jeder neue Landesherr gehalten sein, ehe die Landschaft huldige, durch Brief und Siegel diese Freiheiten zu bestätigen. Auch wurde die Abfassung eines gemeinen Landrechts in Aussicht genommen, die Ab- stellung der erhobenen Beschwerden zugesagt und den Stadträthen von Tübingen und Stuttgart das Recht ertheilt, den Herzog an Abhaltung eines Landtags zu erinnern. Auf Grund dieser wichtigen Freiheiten, die besonders „der Landschaft", d. h. dem Bürgerstand zu gute kamen, wurde der Friede hergestellt und der Huldigungseid in den Städten und Aemtern geleistet. Nur die aufständischen Bauern zögerten mit der An- nahme der „papiernen Handfeste", zogen aber dadurch schwere Strafgerichte auf sich herab, wie wir später erfahren werden.

3. Die Huttenschen Händel.

Ulrich's
Stellung zu
K. Maximi-
lian. Kaum war der Friede im Lande hergestellt, so traten am Hofe selbst Ereignisse
ein, die Würtemberg auf Jahrzehnte verwirrten. Das gute Einvernehmen zwischen dem
Herzog und dem Kaiser Maximilian hatte die erste Störung erlitten, als Ulrich bei Erneuerung des schwäbischen Bundes im Jahre 1512 seinen Beitritt versagte. Er glaubte
seine fürstliche Ehre und Machtvollkommenheit beeinträchtigt, da im Bundesrath von
den einundzwanzig Stimmen vierzehn den niederen Ständen, den Prälaten, Grafen,
Rittern und vor Allen den Städten angehörten, also daß „sein Wille und Vermögen
in fremden Händen stehe". Er war mit dem Pfalzgrafen Ludwig und mit dem Bischof
von Würzburg zu einem „Contrabund" zusammengetreten, der zwar denselben Zweck,
Erhaltung des Landfriedens, verfolgte, dennoch aber eine mißtrauische und eifersüchtige
Stellung zu dem mächtigeren Verein behauptete. Dadurch hatte Ulrich nicht nur den
Kaiser, der diese Absonderung mißbilligte, und die Mitglieder des schwäbischen Bundes
beleidigt, sondern auch seinen eigenen Ständen Aergerniß gegeben. Der Tübinger Vertrag war zum Theil aus dieser Stimmung hervorgegangen. Nun kamen noch neue

Eifersucht u.
Rache. Irrungen hinzu. Er lebte mit seiner baierischen Gemahlin, des Kaisers Nichte, in Unfrieden. Sie war ein hoffärtiges, zänkisches und störrisches Weib von strengem Charakter,
die ihren Gemahl, wie dieser selbst aussagte, „bittermalen mit ihrem überschwenglich,
zornig, üppig heißen Reden so sehr erregte, daß er oft vom Ehebett aufstehen mußte,
was er aber immer ohne Streich, Fluch oder Scheltung gethan; außer ein einzigmal,
da sie ihn gar übermäßig bewegt, schlug er sie mit der Hand und das nicht hart". Es
wurden aber noch schlimmere Mißhandlungen erzählt, zu denen sich der heftige Ulrich
habe hinreißen lassen. Eifersucht steigerte die Verbitterung. Der schöne, wohlgebaute
junge Ritter Hans von Hutten, aus einem angesehenen fränkischen Adelsgeschlecht,
hatte sich die Gunst des Herzogs und der Herzogin in hohem Grade erworben. Er
war der unzertrennliche Genosse Ulrichs bei allen ritterlichen Uebungen, bei seinen Jagd-
zügen und Lustbarkeiten; er soll sogar manche Nacht dasselbe Lager getheilt haben.
Der Herzog erhob ihn zu seinem Stallmeister und führte ihm die reizende Ursula Thumb,
einzige Tochter des einflußreichen Erbmarschalls, als Gattin zu. Für diese aber faßte
Ulrich selbst eine heftige Leidenschaft. Wie Hans von Hutten aussagte, habe der Herzog
ihn einst fußfällig und mit ausgespannten Armen um Gotteswillen gebeten, er möge
gestatten, daß er Ursula liebhaben dürfe, denn er könne und wolle es nicht lassen.
Dem Herzog kam die Rede zu Ohren und reizte seinen Zorn; er war ohnedies schon
erbittert und eifersüchtig, weil die Herzogin dem schönen Hofjunker ungewöhnliche Gunst
zeigte, die ein zärtliches Verhältniß argwohnen ließ. Glaubte doch der Herzog an dem
Finger des Ritters den Trauring seiner Gemahlin zu erkennen! Bittere Worte waren bereits
gefallen, so daß der Vater Hutten dem Sohne rieth, sich mit seiner Gemahlin vom Hof
zu entfernen. Aber sei es, daß Hans von Hutten den Groll des Herzogs nicht für so
tief begründet hielt, sei es „in Trutz und Hoch", er verzögerte die Abreise und ließ sich
bewegen, an einem Jagdritt in den Böblinger Wald Theil zu nehmen. Hier entfernte

7. Mai 1515. Ulrich die übrigen Begleiter, und nachdem er sich von einem Leibdiener Sattelgurt und
Sporen hatte fester schnallen lassen, wendete er sich, von glühendem Haß erfüllt, gegen
seinen früheren Liebling, warf ihm Treulosigkeit vor und griff, vollständig gerüstet, den
nur mit einem kleinen Degen bewaffneten Ritter an. Hans von Hutten, mehrmals um ein
Gebüsch gejagt, flehte vergebens um Gnade; vorn und im Rücken mit mehreren Wunden bedeckt, stürzte er todt nieder. „Dem auf den Boden gestreckten Leichnam schlang
der Herzog um den Hals einen Gürtel und befestigte letzteren um ein Schwert, welches
er neben dem todten Haupte in die Erde stieß; mit diesem sinnbildlichen Hänger

wollte er der Tödtung den Schein eines vollstreckten Vehmspruchs geben, da das Vehmgericht mit dem schimpflichen Tod des Hängens an einen Baum, in welchen ein Messer gesteckt wurde, strafte." Die Jagdgenossen fanden den Leichnam; einer derselben, Herzog Heinrich von Braunschweig, ließ ihn auf einer Besitzung des Schwiegervaters Konrad Thumb in Köngen beisetzen, bis er in die Familiengruft nach Franken gebracht wurde.

Die Ermordung eines Edelmanns aus einem der angesehensten Geschlechter wurde Flucht der Herzogin. für Ulrich verhängnißvoll. Achtzehn Ritter sagten ihm sofort den Dienst auf, und wie 1515. sehr er selbst und seine Schutzredner sich bemühten, die dunkle That zu entschuldigen; die Pfeile, welche Ulrich von Hutten, des Ermordeten Vetter, aus seiner scharfen Feder wider den Herzog richtete, wirkten so durchschlagend, daß der Name des Getroffenen bei den Zeitgenossen zum sprichwörtlichen Ausdruck für einen Tyrannen ward (IX, 924). Die beleidigte Familie setzte bei Kaiser Maximilian alle Hebel in Bewegung, um ein schweres Grafgericht auszuwirken; die würtembergischen Stände, ohnedies gereizt durch die fortdauernde Verschwendung des Landesherrn, gingen mit dem Plane einer Regierungsveränderung um. Der Kaiser ließ den ersten Sturm vorübergehen, er entzog dem Verklagten, der persönlich in Augsburg seine Verzeihung suchte, nicht sofort die alte Gunst, er lud denselben zu dem glänzenden Hoffeste ein, das er zu dem Doppelverlöbniß seiner Enkel Ferdinand und Marie in Wien veranstaltete, er begünstigte die Ausgleichsversuche, welche Ulrichs Freunde mit den Hutten einleiteten. Bald verschlimmerte sich aber Ulrichs Stellung durch die Flucht der Herzogin. Sabina, welche fünf Tage 12. Mai nach dem blutigen Ereigniß im Böblinger Walde im unteren Schlosse zu Urach ihr 1515. zweites Kind, den nachherigen Herzog Christoph geboren hatte, zeigte seit dieser Begebenheit die größte Abneigung gegen ihren Gemahl. Wie viel dabei Eifersucht auf Huttens Wittwe, die sich nicht aus dem Lande entfernt hatte, im Spiele war, oder ob der Ermordete ihrem Herzen so nahe gestanden, wer kann das wissen? Sie hat in der Folge ihrem Gemahl arge Mißhandlungen Schuld gegeben; er sollte sie mit Sporen geritten, Hunde an sie gehetzt, ihr das Schwert, womit er Hutten erschlagen, vorgehalten haben; er sollte mit dem Gedanken umgegangen sein, ein „verheimet und versperrtes Gemach" für sie einrichten zu lassen. Sie wollte sogar Klage bei dem nächsten Landtag führen. Aber noch ehe dieser zusammentrat, bewerkstelligte sie ihre Flucht. Anstatt, wie der Gemahl ihr geboten, ihren Aufenthalt von Urach wieder nach Stuttgart zu verlegen, entfloh sie, mit Zurücklassung ihrer beiden Kinder, von Nürtingen nach 24. Novbr. München zu ihrer Mutter und ihren Brüdern, mit deren Hülfe sie den Kaiser zur Be- 1515. strafung des verhaßten, ruchlosen Mannes zu bestimmen suchte. Zornvolle Flugschriften von Seiten der Hutten-baierischen Partei, begleitet von bildlichen Darstellungen der verbrecherischen Scene in Holzschnitten steigerten die Erbitterung und machten die Streitsache zu einem Anliegen der ganzen Nation. Der Herzog verfehlte nicht, durch Gegenschriften die Anklagen als verleumderisch zurückweisen zu lassen und die That als ein im Volksrecht begründetes Vehmgericht zu rechtfertigen, so wenig auch der ganze Hergang mit den gesetzlichen Formen dieses damals schon im Untergange begriffenen Instituts sich vertrug. Schon wurden kriegerische Rüstungen gemacht und beide Theile sahen sich nach Bundesgenossen um; alle Vermittelungsversuche zerschlugen sich.

Noch hatte der Kaiser sein Urtheil nicht gesprochen, aber dem stürmischen Drängen Verhandlungen der Verwandten und der Hutten'schen Partei vermochte er nicht länger zu widerstehen. gen u. Acht. Es wurde ein Gerichtstag in Augsburg „zum gütlichen Verhör und zur Einigung" an- Sept. 1516. geordnet; allein Ulrich leistete der Vorladung nicht Folge, er schickte einige Sachwalter, unter ihnen seinen Kanzler Lamparter und den Windsberger Vogt Sebastian Breuning. Er setzte sein Vertrauen auf die ihm nicht ungünstige Stimmung seiner Landstände, welche er durch neue Zugeständnisse zu beschwichtigen gewußt. Sein Vertrauen betrog ihn nicht; als in Augsburg das Ansinnen gestellt ward, Ulrich sollte sechs Jahre lang auf die Regierung verzichten, an einem von dem Kaiser zu bestimmenden Orte sich aufhalten und nur mit dessen besonderer Erlaubniß Würtemberg besuchen dürfen, während ein „verordnetes Regiment" von zehn Räthen den öffentlichen Angelegenheiten vorstehe, sprach sich der größte Theil des Volkes mit Unwillen gegen diese Entehrung seines Fürsten aus und erbot sich, Leib, Leben und Gut für ihn einzusetzen. Man sang auf den Straßen: „Wir wollen bei Dir bleiben, bis wir waten in unserem Blut"; und „Die Bauern sind erwacht, verlassen nit ihren Herrn, wir kommen mit ganzer Macht". Es war ein Nachklang des „armen Konrad", der von dem zehnköpfigen Herrenregiment schlimmere Tage fürchtete, als unter dem Herzog. Auf diese Volksstimmung bauend,

11. Octbr.
1516. verwarf Ulrich den kaiserlichen Spruch, worauf Maximilian die Acht und Aberacht über den Herzog aussprach, die Prälaten, Ritter und Landschaft ihres Eides entband und Jedermann untersagte, dem Geächteten Hülfe und Beistand zu gewähren. Jetzt schien der Krieg unvermeidlich; in Baiern, Franken und Schwaben wurden Reiter und Fußvolk unter die Waffen gerufen. Dem Kaiser kam jedoch die Sache ungelegen; ein gütlicher Vergleich wäre ihm lieber gewesen; deswegen verschob er die „Schärfe" der Acht und knüpfte durch den gewandten Cardinal Matthäus Lang, Bischof von Gurk, eine uns wohlbekannte Persönlichkeit, neue Verhandlungen an, die zu dem Vertrage von Blaubeuren führten. Der Herzog sollte im Lande bleiben dürfen, sich aber aller Regierungshandlungen enthalten, welche von acht durch den Kaiser und die Stände gemeinschaftlich zu bestellenden Statthaltern und Räthen besorgt würden. Eine an den Kaiser zu zahlende Summe sollte von diesem als Sühnegeld an die Hutten und zu Seelenmessen verwendet, der Herzogin Sabina ein standesmäßiger Unterhalt ausgesetzt werden.

Ulrich
wüthet gegen
seine Wider-
sacher. So schien sich das Ungewitter zu verziehen. Aber Ulrich von Hutten hörte nicht auf, seine scharfen Geschosse gegen den neuen „Phalaris" zu schleudern und hielt die Gemüther in steter Aufregung. Selbst die Wittwe des Ermordeten, die ihre Thränen bald getrocknet hatte, wurde nun als „Helena" und „Buhlerin" gebrandmarkt. Was der ritterliche Dichter bezweckte, wurde durch den Herzog selbst gefördert. Erbittert über die Angriffe und Beleidigungen, die von allen Seiten auf ihn einstürmten, ließ sich Ulrich zu grausamen und widerrechtlichen Handlungen hinreißen. Alle, welche bei dem Augsburger Untersuchungsgericht thätig gewesen, wurden, so weit er ihrer habhaft werden konnte, unerbittlich verfolgt. Die Räthe, welche seine Sache geführt, mußten, weil sie den Vorschlag eines provisorischen Landesregiments nicht unbedingt von der Hand gewiesen oder als Mitglieder desselben ausersehen waren, in den Kerker wandern, wurden gefoltert und zum Theil, wie die beiden Brüder Konrad und Sebastian Breuning und der Canstatter Vogt Konrad Baut, grausam hingerichtet. Lamparter entging nur durch die Flucht und den Eintritt in österreichische Dienste einem ähnlichen Geschick. Die Burg Ulrichs von Helfenstein, der sich zum kaiserlichen Hoflager in Augsburg eingestellt, wurde zerstört; dem Ritter Dietrich Spät, welcher die Herzogin Sabina bei ihrer Flucht begleitet hatte, wurden vier Schlösser sammt Flecken und Dörfern niedergebrannt. Ambrosius Bolland, ein entschlossener, schlauer und schmiegsamer Mann von zweifelhafter Redlichkeit, früher Rechtsgelehrter in Tübingen, war jetzt die rechte Hand des Herzogs und riß ihn auf der abschüssigen Bahn fort. Die Tyrannei wurde unerträglich; Wilderer sollten mit Ausstechung der Augen bestraft werden.

Ulrich mit
der Reichs-
acht belegt. Der Kaiser gerieth in heftigen Zorn. Er warf dem Herzog vor, er sei wortbrüchig, handle gegen Kaiser und Reich, indem er sich mit dem „armen Kunz", mit der Eidgenossenschaft, mit Frankreich in Verbindungen eingelassen, der Reichstag in Mainz und der schwäbische Bund wurden um Kriegshülfe angegangen; Ulrich von Hutten erhielt in Augsburg aus des Kaisers Händen den Lorbeerkranz des Dichters. Der Herzog ließ sich nicht einschüchtern; er kannte die Vielgeschäftigkeit Maximilians, die Abneigung der Reichsstände und der schwäbischen Bundesverwandten gegen jedes kriegerische Vorgehen. Er widerlegte die Anschuldigungen und erklärte, daß er bereit sei, sich an einem unparteiischen Ort zum Verhör zu stellen. So verging über ein Jahr, ohne daß die Streitsache einen Schritt weiter rückte. Endlich erfolgte eine zweite Vorladung. Auf dem berühmten Reichstag in Augsburg sollte unter vielen anderen Angelegenheiten auch die Würtembergische Frage gelöst werden. Aber Ulrich, der seine Streitkräfte ansehnlich gemehrt hatte, trotzte abermals der Vorladung. Da sprach der Kaiser zum zweitenmal die große Reichsacht über den ungehorsamen, wegen unleidlicher Tyrannei verklagten Fürsten aus und ertheilte dem Feldhauptmann Franz von Sickingen, den er in seine Dienste berufen, den Befehl zu kriegerischem Vorgehen. Aber ehe die Vermittlung, die von Ulrichs Freunden noch einmal versucht ward, abgebrochen und das letzte Wort gesprochen war, schied Kaiser Maximilian aus dem Leben.

(Randnotizen: 12. Juli 1517. — Juli 1518. — 12. Jan. 1519.)

4. Vertreibung des Herzogs.

Nichts konnte dem Herzog erwünschter kommen. Der kaiserlose Zustand ließ keine Execution befürchten; und wenn, wie alle Aussicht vorhanden war, der ihm befreundete und verbündete König von Frankreich Maximilians Nachfolger ward, welche günstige Wendung trat dann für ihn ein. In diesem Hochgefühl beging er am 19. Januar mit seinen Priestern in Stuttgart die Todtenfeier des Kaisers, als er die Nachricht erhielt, zwei Papiermacher von Reutlingen hätten in einem Wirthshaus seinen Achalmer Burgvogt im Streit erstochen. Schon lange trug er dieser Reichsstadt, die dem schwäbischen Bunde angehörte und im Schirmvertrag mit ihm stand, bösen Sinn. Reutlinger Bürger hatten manchmal in seinen Forsten gejagt, in seinen Weihern gefischt. Jetzt schien die Stunde der Rache geschlagen zu haben; die Stadt wurde ohne jegliche Untersuchung für den Frevel zweier ihrer Bürger verantwortlich gemacht. Alsbald ward zum Aufbruch geblasen; nach achttägiger Belagerung und Beschießung mußte sich die Stadt ergeben. Auf dem Markte nahm der Herzog die Huldigung der Bürgerschaft entgegen, verwandelte die kaiserliche Reichsstadt in eine würtembergische Landstadt unter einem Obervogt und sicherte die neue Erwerbung durch eine starke Besatzung.

(Randnotizen: Reutlingen überfallen u erobert. 1519. — 28. Jan.)

Durch diese Vergewaltigung einer Reichs- und Bundesstadt hatte Ulrich in ein „Wespennest" gestochen. Die Worte, die sein blödsinniger, dem Grabe zuwankender Vater, Graf Heinrich, bei der Kunde von dem Landfriedensbruch seines Sohnes ausstieß: „O er wird aus dem Lande ziehen", wurden zur Weissagung. Der schwäbische Bund wurde durch Ulrichs schwerbeleidigten Schwager, Herzog Wilhelm von Baiern-München, aus seiner Saumseligkeit aufgerüttelt; die Reichsstädte erkannten in Reutlingen ihre eigene Sache und waren thätig und opferwillig; die fränkische und schwäbische Ritterschaft dürstete schon lange nach Rache und Sühne für den hingemordeten Standesgenossen. So kam in Kurzem ein beträchtliches Bundesheer zusammen, dem unter Oberleitung des Herzogs von Baiern berühmte kriegskundige Führer vorstanden, wie Georg von Frundsberg, „der Vater der Landsknechte", wie Georg Truchseß von Waldburg, wie Johann von Schwarzenberg, gleich ausgezeichnet als Staatsmann, Humanist und Rechtsgelehrter. Bald zog auch Franz von Sickingen als kaiserlicher Feldhauptmann vom Rhein her den Bündischen zu Hülfe, begleitet von Ulrich von Hutten, der begierig sich dem Rachezug gegen den „Tyrannen" anschloß. Aber auch der Herzog war wohl gerüstet. Zu seinen eigenen Kriegsmannschaften hatte er 12000 Schweizer

(Randnotiz: Der schwäbische Bund in Würtemberg.)

Soldknechte in Dienst genommen, so daß er über 26000 Mann Reiterei und Fußvolk mit trefflichem Geschütz ins Feld führen konnte. Andere Zuzüge erwartete er von Hessen, von der Pfalz, von Frankreich. Aber seine Hoffnungen sollten bald zerrinnen. Die Schweizer verliehen massenweise seine Fahne, als die Eidgenossenschaft auf die Vorstellungen Oesterreichs und des Bundes die Reisläufer abrief; der Pfalzgraf bei Rhein war durch seine Reichsstellung abgehalten, dem Geächteten beizustehen; König Franz wollte nicht durch offene Parteinahme seine Bewerbung um die Kaiserkrone in Gefahr setzen. So trat bald ein Umschlag ein. In einem bekannten Volkslied „das Würtemberger Vaterunser", hatten die Anhänger Ulrichs im stolzen Selbstgefühl die Einnahme der übrigen schwäbischen Reichsstädte verkündet und gesungen „wir wollen bald Kaiser werden"; aber als im März und April das Bundesheer über Heidenheim, Göppingen, Urach in das würtembergische Land einrückte, die Städte und Burgen zur Ergebung zwang, da sank ihr Muth. Am 7. April capitulirte Stuttgart; am 13. ergab sich Reutlingen sammt der Achalm; in allen eroberten Städten wurden die baierischen und bündischen Wappen aufgeheftet, der baierische Hofrichter Christoph von Schwarzenberg, Sohn des erwähnten Rechtsgelehrten, zum Statthalter von Würtemberg eingesetzt.

Ulrich's Flucht. — Im Tübinger Schloß vernahm Herzog Ulrich mit Bestürzung die raschen Erfolge seiner Gegner; er wollte seine Sache „auf eine Schlacht und ein Glück in Gottes Namen" setzen; aber sein Kriegsrath warnte ihn, sein ungeübtes Bauernheer den erprobten bündischen Truppen entgegenzustellen. Da empfahl er seine zwei Kinder der Obhut seiner Getreuen und ritt, von 20 Reisigen begleitet, aus der Beste weg, überlaut singend: „Kehr' wieder Glück mit Freuden". Er begab sich nach der Pfalz, um unter Beihülfe des Kurfürsten bei seinen Freunden und früheren Bundesgenossen Unterstützung oder Vermittelung zu suchen. Schon um Ostern huldigte Stadt und Universität Tübingen, worauf auch die Burg, welche Ludwig von Stadion *25. April 1519.* mit 400 kräftigen Streitern einige Zeit vertheidigt hatte, sich vertragsweise ergab. Ueber die herzoglichen Kinder übernahmen die nächstgesippten Freunde die Vormundschaft. Nie vergaß Ulrich den würtembergischen Edlen die schnelle Uebergabe der festen Burg

Unterwerfung des Herzogthums. — mit trefflichem Geschütz und werthvoller Beute. In den ersten Tagen des Mai fiel auch Tuttlingen und das würtembergische Schwarzwaldgebiet in die Hände der Bündischen; und am Neckar und an der Jaxt wagte nur Götz von Berlichingen, der als herzoglicher Amtmann das Schloß Möckmühl besetzt hielt, einen entschlossenen Widerstand, bis er *11. Mai.* bei einem Ausfall verwundet und als Gefangener nach Heilbronn gebracht ward. Am nächsten Tage wurde auch die Burg Weinsberg „durch Thädigung erobert". Länger hielt sich Hohenasperg unter dem entschlossenen Befehlshaber Lienhart von Reischach; aber durch das Geschütz und die Brandkugeln Georgs von Frundsberg wurde auch *26. Mai.* dieser Widerstand gebrochen. Den Besatzungsmannschaften von Hohenasperg, Hohenneifen und Hohentübingen wurde freier Abzug gewährt. Ende Mai war das ganze würtemberger Land in den Händen der Bündischen. Die Herzogin Sabina nahm ihren Wohnsitz wieder in Urach unter dem Schutze ihres „Paladin" Dietrich von Spät und suchte das Fürstenthum als ungetheiltes Erblehn ihrem Sohne Christoph gegen Entschädigung der Kriegskosten an den Bund zu erhalten.

Ulrichs Rückkehr. — Aber es sollte anders kommen. Während in Eßlingen zwischen dem Bund, den Landständen und der Herzogin unterhandelt ward, vollzog sich in Frankfurt die Kaiserwahl Karls V., auf deren Ausgang die Vorgänge in Würtemberg nicht ohne Einfluß waren. Denn der schwäbische Bund stand damals ganz auf Seite Habsburgs; Karl selbst hatte bereits seinen Beitritt erklärt; die bündischen Kriegsmannschaften, die Franz von Sickingen in der Nähe Frankfurts in einem Lager gesammelt, wirkten nicht minder nachdrücklich auf die Kurfürsten als die Geldsummen des Fugger'schen Bankhauses.

Mit dieser Wahl war die Aussicht Ulrichs auf französische Unterstützung zerronnen; er beschloß daher noch einmal auf eigene Hand vorzugehen. Ohne von dem Kurfürsten von der Pfalz gehindert zu werden, nahm er etliche tausend verabschiedete Landsknechte in Sold und rückte über die würtemberger Grenze. Er erwartete, daß bei seinem Erscheinen das Landvolk sich in Masse erheben würde, denn bei den Bauern hatte er großen Anhang. Mitte August zog er in Stuttgart ein, freudig empfangen von den Einwohnern, von denen manche das Osterlied anstimmten: „Christ ist erstanden". In der zweiten Septemberwoche erschien er vor Kirchheim, welches gleichfalls seine Thore öffnete und unter die Hut des treuen Max Stumpf von Schweinsberg gestellt ward. Damit endigte aber des Herzogs Glück. Der erwartete Zuzug war nicht erfolgt. Es hatte Anstoß erregt, daß er gleich nach seinem Einzug in Stuttgart den Tübinger Vertrag für erloschen erklärte, und im Falle der Wiedereroberung eine neue Erbhuldigung und ein Regiment der Rache und Willkür in Aussicht stellte. Ein Angriff auf Eßlingen scheiterte und hielt ihn so lange auf, bis die Bündischen herbeikamen. Da verließ der Herzog nach einigen unbedeutenden Gefechten zum zweitenmal als Flüchtling das Land seiner Väter, um bald da, bald dort, meistens in der Schweiz und in der burgundischen Grafschaft Mömpelgard, nach neuen Gelegenheiten zur Rückkehr zu spähen, während die Bündischen abermals in Stuttgart einzogen und über Stadt und Land schwere Kriegsleiden verhängten. Nun war Würtemberg ein Besitzthum des schwäbischen Bundes, welcher einstweilen ein neues Regiment anordnete unter dem Truchseß Wilhelm von Waldburg als Statthalter und sechs Räthen. Aber wie sollte der vielköpfige Bund, dem es zunächst nur um Wiedererstattung seiner Kriegskosten und seines Aufwandes zu thun war, das eroberte Land verwalten und sichern können? Es war daher für den gewandten Staatsmann Maximilian von Zevenbergen, den die Statthalterin Margaretha von Niederland zur Wahrung der Habsburger Interessen nach Schwaben gesandt und Karl als „obersten Botschafter in Deutschland" bestellt hatte, und für den ehemaligen Kanzler Lamparter keine schwere Aufgabe, bei dem Bundesrathe zu bewirken, daß er dem neugewählten Kaiser Karl V., der bereits seinen Beitritt zu dem Bunde erklärt und neben Baiern die größte Entschädigung anzusprechen hatte, das mit gemeinschaftlicher Arbeit eroberte Herzogthum durch einen in Augsburg aufgerichteten Vertrag vom 6. Februar zur Verwaltung und freien Verfügung überließ, wogegen derselbe versprach, die Glieder des Bundes für die aufgelaufenen Kriegskosten mit einer Summe von 210000 Gulden zu entschädigen, die verbrieften Schulden und Beschwerden des Landes auf sich zu nehmen, der Herzogin und ihren Kindern, sowie den übrigen Angehörigen des herzoglichen Hauses einen anständigen Unterhalt anzuweisen und die Hutten'schen, sowie alle andern durch Ulrich zu Schaden gekommenen Edlen zufriedenzustellen. So kam Würtemberg an das Haus Oesterreich. Christoph wurde zur Erziehung nach Innsbruck gebracht und unter die Aufsicht eines Hofmeisters gestellt. Da Kaiser Karl den Tübinger Vertrag herstellte und alle Freiheiten und Rechte bestätigte, so fand die Huldigung, die Herr von Zevenbergen als „Gubernator des Fürstenthums Würtemberg" entgegennahm, nirgends Widerstand. Oesterreichs Uebergewicht in Oberdeutschland war damit auf lange Zeit entschieden. Eine Gesandtschaft unter der Führung von Zevenbergen richtete an den in den Niederlanden weilenden Kaiser das Ersuchen, „er möge das Land Würtemberg durch schriftliche Urkunde auf ewig seinem Hause einverleiben". Karl willfahrte der Bitte. Er nahm als „Herzog" und „Erbherr des Fürstenthums" Besitz von der Landschaft Würtemberg und fügte sie dem schwäbischen Bunde bei. Die Anhänger des Herzogs wurden streng überwacht, dagegen die landständischen Freiheiten erweitert und geachtet. Die Ritterschaft blieb der neuen Ordnung fremd und spröde; Prälaten und Landschaft dagegen suchten nach Kräften die neuen Verhältnisse zum Besten des Landes,

15. Aug. 1519.

15. Oct. Ulrichs zweite Flucht.

Würtemberg dem Hause Oesterreich übergeben. 1520.

6. Febr. 1520

Aug. 1520.

Erzherzog
Ferdinand
Gubernator
und Statt-
halter.
15. Febr.
1522.
H. Ulrich
flüchtig und
geächtet.zur Abtragung der Schulden, zur Wiedervereinigung der entfremdeten Gebietsstücke, zur Aufrichtung guter Ordnung in Verwaltung und Gericht zu benutzen. Bei der Erb-theilung der Habsburger Lande auf dem Wormser Reichstage wurde das Herzogthum Würtemberg mit den übrigen deutschen Besitzungen Oesterreichs dem Erzherzog Fer-dinand als „Gubernator und Statthalter" überwiesen, eine Anordnung, die vier Jahre nachher in Madrid dahin erweitert ward, daß diese Lande von der übrigen Monarchie ausgeschieden und dem Bruder zu eigen gegeben wurden. Ueber Ulrich, welcher von der käuflich erworbenen Burg Hohentwiel aus nicht nur die deutschen Fürsten und Reichsversammlungen mit Beschwerden und Bitten um Wiedereinsetzung bestürmte, sondern auch stets auf Mittel und Wege zur Rückkehr sann, bei Solothurn und Luzern um Kriegshülfe nachsuchte, mit König Franz von Frankreich Verbindungen unterhielt, erneuerte Kaiser Karl nach seinem Abzug von Worms, wo er von den erklärten Fein-den Ulrichs, Lamparter, nunmehr Herrn von Greifenstein, und Graf Eitelfritz von Zollern umgeben war, die Reichsacht. Von der Zeit an verschlimmerte sich Ulrichs Lage immer mehr. Von Geldnoth gedrängt, sah er sich zur Beschränkung seines Haushalts gezwungen; seine adeligen Begleiter, selbst Marx Stumpf und sein Kanzler Boland, verließen ihn. Als Erzherzog Ferdinand im Frühjahr 1522 an der Spitze des schwä-bischen Adels seinen feierlichen Einzug in die bekränzte und geschmückte Hauptstadt

April und
Mai 1522.Stuttgart hielt, von der Bürgerschaft im Festgewand empfangen und mit dem Rufe begrüßt: „Hie Oesterreich Grund und Boden", und nach Bestätigung der Landesrechte von Prälaten und Landschaft die Huldigung geleistet ward, da schien in Erfüllung zu gehen, was Karl in Worms ausgesprochen: „Es sei gänzlich sein Will und Meinung, Würtemberg bei dem Hause Oesterreich zu behalten."

c) Die Hildesheimer Stiftsfehde.

Ursprung der
Fehde.Die Macht des Braunschweiger Hauses, deren wir oben gedacht haben, erhielt einen heftigen Stoß durch die „Hildesheimer Stiftsfehde". Herzog Johann, ein Glied des in Lauenburg regierenden sächsisch-askanischen Hauses, gelangte im Jahre 1504 durch Resignation seines älteren Bruders, der nachher das Bisthum Münster erhielt, zum Besitz des Stiftes Hildesheim. Aber die Güter und Aemter, woraus die Ein-künfte des Bischofs fließen sollten, waren größtentheils in den Händen des Adels, dem sie um geringe Summen in früheren Jahren verpfändet worden waren. Johann mehrte nun durch Sparsamkeit, durch Verminderung der Hofstellen, durch umsichtigen Haushalt sein Einkommen, so daß er zur Einlösung oder Einziehung der verpfändeten Stiftsgüter schreiten konnte. Darüber geriethen die adeligen Familien, welche geglaubt hatten, daß diese Güter nie wieder zurückgefordert werden würden, in große Aufregung. Sie sprachen außer der Pfandsumme allerlei Entschädigungen für Verbesserungen oder Auslagen an und weigerten die Räumung der Schlösser. An der Spitze der Unzufrie-denen standen die Herren von Saldern, die im Besitze einiger der größten Stiftsgüter

1516.waren. Auf ihr Betreiben schlossen fünfundsechzig ritterschaftliche Gutsbesitzer des Bis-thums Hildesheim einen Bund, um jeder Beeinträchtigung mit den Waffen entgegenzu-treten, und stellten sich unter den Schutz der Herzoge von Braunschweig-Wolfenbüttel und Kalenberg und des kriegerischen, gewaltthätigen Bischofs Franz von Minden. Dadurch lebte das Faustrecht, das trotz des gebotenen Landfriedens am Rhein und in Franken in ununterbrochener Uebung war, auch in Norddeutschland wieder auf. Um den zahl-reichen Gegnern gewachsen zu sein, sah sich Bischof Johann auch seinerseits nach einem Bundesgenossen um. Er fand einen solchen in Herzog Heinrich von Lüneburg, dessen

Schutzbefohlener, Graf Friedrich von Diepholz, von dem Mindener Bischof schwer bedrängt wurde. Theils das Interesse für seinen Vasallen, theils die von dem Hildesheimer Bischof ihm eröffnete Aussicht, daß sein damals erst zehnjähriger Sohn zum Coadjutor ernannt und dadurch zum Nachfolger auf dem Bischoffstuhl bestimmt werden sollte, bewogen den Lüneburger, sich des geistlichen Herrn gegen seine eigenen Verwandten anzunehmen. Er kündigte den Familienvertrag auf, wodurch sich sechs **1518.** Jahre vorher das Lüneburgische und Braunschweig'sche Haus vereinigt hatten, und fiel, ohne zuvor einen Absage- oder Fehdebrief ausgehen zu lassen, ohne Recht zu fordern oder Austräge zu versuchen, verheerend in das Deisterland ein, trieb den Bischof Franz aus dem Lande und besetzte das Kalenbergische Gebiet. Diese Vorgänge fielen gerade **Parteistellung und Krists.** in die Zeit, als nach Maximilians Tod zu einer neuen Kaiserwahl geschritten werden sollte. Der Lüneburger, der mit dem König von Frankreich in Verbindung stand, erklärte sich nun offen für Franz, von dem er Beistand erwartete: „sein Glück ist mir lieb", sagte er in einem Briefe, „sein Unglück ist mir leid, er liege oben oder unten, so bin ich der seine". Dagegen stand die Wolfenbüttel-Kalenbergische Linie fest auf Oesterreichs Seite; wir wissen ja, wie rühmlich Herzog Erich I. sich in den Kriegszügen Maximilians hervorgethan (IX, 140). Alle Vermittelungen blieben erfolglos; der Krieg dehnte sich immer weiter aus; für die Verwüstungen im Kalenbergischen übten Erich und seine Verbündeten Vergeltung in den Besitzungen der Gegner. Nach der wilden Sitte der Zeit gingen sie grausam zu Werke: „Auf ihrem Weg sah man auf einmal fünfzig Dörfer brennen, sie schonten keine Kirche; an ihres Vetters Schloß zerstörten sie das eigene Welfische Wappen; reiche Beute führten sie mit sich fort. Sie waren von stolzem Muthe, sagt ein gleichzeitiges Lied, sie hatten Silber und rothes Gold, gingen in Sammt mit goldenen Ketten, sie führten zweitausend Wagen mit sich." Der Wolfenbüttler und der Lüneburger forderten einander zur Schlacht heraus. „Sie sollten ihr Geschütz zurücklassen", ließ der Lüneburger dem Herzog Heinrich von Wolfenbüttel vermelden, „damit man sehen könne, wer durch seine Mannhaftigkeit das Feld behaupte". Die Entscheidung zog sich hinaus, weil Heinrich von Lüneburg berittene hülfsmannschaft vom Herzog von Geldern, seinem Verwandten, erwartete. Diese traf endlich ein und nun kam es an dem Tage der Kaiserwahl in Frankfurt zu der **Schlacht an der Soltauer Halde,** in welcher die Lüneburger und Hildesheimer **1519.** durch die Ueberlegenheit der Reiterei einen vollständigen Sieg davontrugen. Wie tapfer auch Erich von Kalenberg, kenntlich an seinem weißen Federbusch, in den Reihen der Feinde sich umhertummelte und seinen alten Kriegsruhm aufs Neue glänzend bewährte, er mußte sich endlich einem geldern'schen Reiter ergeben und wurde nebst seinem Vetter Wilhelm von Wolfenbüttel und 120 Rittern in Gefangenschaft abgeführt. Dem waffengeübten Erich, der in zwölf Schlachten gekämpft und zwanzig Burgen erstürmt hatte, ging dieser Unfall tief zu Herzen. Er schaute mit seinem siegreichen Gegner zum Fenster heraus, als seine eroberte Fahne vorbeigetragen ward. Schadenfroh fragte Heinrich, wem nun das Banner gehöre? da brach der Gefangene in helle Thränen aus.

  Wäre die Frankfurter Kaiserwahl zu Gunsten des französischen Königs ausgefallen, **Ausgang und Entscheidung.** so hätte dieser Ausgang dem Wolfenbüttel-Kalenbergischen Fürstenhause schlimme Früchte getragen. Durch einen schiedsrichterlichen Austrag, bei dem mehrere gegnerisch gesinnte Fürsten die entscheidende Stimme führten, wurde Erich zur Abtretung seiner besten Schlösser und zu andern schweren Verpflichtungen verurtheilt. Aber nach seiner **24. Juli.** Freilassung wandte er sich an den neugewählten Kaiser Karl V., daß er den ungerechten Schiedsspruch durch sein Machtwort niederschlage. Zugleich griff der kriegerische Herzog Heinrich II. von Wolfenbüttel von Neuem zu den Waffen und richtete im Hildesheimschen einen furchtbaren Schaden an. Umsonst suchten mehrere benachbarte Fürsten zu vermitteln; er ritt nächtlicher Weile von Zerbst weg und erklärte, daß er die Streitsache allein der kaiserlichen Entscheidung unterwerfe.

Zu diesem Behuf reiste er in Begleitung von Erichs Gemahlin nach Brüssel und erwirkte ein kaiserliches Mandat, kraft dessen die Gefangenen sofort „betagt", d.-h. vorläufig in Freiheit gesetzt und der ganze Streithandel auf dem nächsten Reichstag entschieden werden sollte. Dagegen legte die andere Partei Verwahrung ein und bestand auf der Ausführung des schiedsrichterlichen Spruchs; als der Kaiser zu dem Wormser Reichstag nach Deutschland zog, suchten der Herzog von Lüneburg und sein Verbündeter, der Bischof von Hildesheim, persönlich die kaiserliche Bestätigung des fürstlichen Schiedsspruchs zu erlangen. Aber Karl vergaß ihnen nie ihre franzö- sischen Sympathien; er änderte nichts an seinem ersten Befehl. Vergebens drangen in Worms die Bevollmächtigten von Lüneburg auf rasche Erledigung; sie wurden mehrere Wochen hingehalten, so daß Herzog Heinrich die Regierung seinen beiden Söhnen Otto und Ernst übertrug und sich nach Frankreich begab, um dort gegen Habsburg zu wirken, oder was wahrscheinlicher ist, weil ihn Anna von Campen dazu beredete, denn „der gute Fürst war mit der leichtfertigen Plage der Beischläferinnen behaftet". Durch diese Kundgebung seiner französischen Gesinnung erbitterte der Lüneburger Fürst den Kaiser
27. Mai noch mehr. Gegen Ende des Wormser Reichstags ließ er daher ein strenges Mandat
1521. ausgehen, worin beiden Theilen bei Verlust ihrer Regalien und Reichslehen und unter Androhung der Acht und Aberacht geboten war, „alle eroberten Städte, Schlösser, Flecken und Güter innerhalb eines Monats in des Kaisers Hand zu geben, alle Ge- fangenen loszulassen und sich in Betreff des Lösegelds und anderer Forderungen dem Urtheile der vom Kaiser ernannten Commissarien zu fügen". Als solche wurden ernannt: die Grafen Philipp von Hanau und Eberhard von Königstein, denen noch der Offizial von Trier beigeordnet ward. Diesem Befehl kamen aber weder die Lüneburger Fürsten noch der Hildesheimer Bischof nach, vielmehr schlossen sie die „eingemahnten" Gefange- nen, die das Lösegeld nicht zahlten, in feste Kerkermauern ein. Der Kaiser sprach da-
24. Juli her die Acht über die Ungehorsamen aus und übertrug die Vollziehung derselben dem
1521. König Christian II. von Dänemark-Holstein und den Herzögen von Wolfenbüttel und Kalenberg. Nun nahm die Hildesheimer Stiftsfehde einen schärferen Charakter an. Die beiden Herzoge, denen bei der Vielgeschäftigkeit des Dänenkönigs die Bestrafung der Geächteten hauptsächlich überlassen war, verfehlten nicht, an ihren Gegnern blutige Rache zu nehmen. Sie fielen sengend und brennend über die Länder her, und da ihnen weder das Reichsregiment noch die benachbarten Fürsten Einhalt zu thun wagten, so er- oberten sie einen Landestheil nach dem andern, bis durch sächsische Vermittelung zwischen den hadernden Linien des stammverwandten Hauses eine Aussöhnung zu Stande kam. Die Gefangenen wurden ohne Lösegeld in Freiheit gesetzt, die Kriegsschäden aus- geglichen, die Erbverträge erneuert. Länger dauerte der Kampf im Hildesheimischen. Unterstützt von Geldern und von Münster, setzte Bischof Johann den Kampf fort, bis
1523. Kapitel und Landstände ohne sein Zuthun sich endlich in dem Quedlinburger Vertrag mit den Herzögen von Wolfenbüttel und Kalenberg dahin verglichen, daß der größere Theil des eroberten Landes den Vollstreckern der Acht überlassen ward und nur noch die Stadt Hildesheim nebst den drei Aemtern Peine, Steuerwald, Marienburg Stiftsland blieb. Kaiser Karl bestätigte das Uebereinkommen von Quedlinburg und belehnte die Herzoge mit den gewonnenen Territorien. Auch der Papst gab seine Zustimmung. Fortan hieß das Bischofland von Hildesheim „das kleine Stift". Ein späterer Versuch des Bischofs, auf Grund einer streitigen Auslegung der Vertragsworte und mit Hülfe des Papstes die verlorenen Territorien wiederzugewinnen, scheiterte an der Unthätigkeit des Reichskammergerichts. Wie gern auch später, als Wolfenbüttel und Kalenberg der

evangelischen Lehre beitraten, der Kaiser dem Ausspruch des Papstes Folge gegeben hätte, so könnte er doch nicht durchdringen, da die Entschädigungskosten für die Acht= vollstreckung, die den Herzogen nicht verweigert werden konnten, auf drei Millionen berechnet wurden. So blieben die Stiftsländer bei Braunschweig, bis der dreißigjährige Krieg auch in dieser Sache eine neue Wandlung schuf.

4. Luther im Bann und die öffentliche Meinung.

Unter vielen inneren Kämpfen, unter Schwankungen und Widersprüchen war Luther, von Stufe zu Stufe fortschreitend, zu dem Standpunkte ge= langt, daß er sagen konnte: „Ich glaube ein christlicher Theologe zu sein und im Reiche der Wahrheit zu leben; daher lasse ich mich von keiner Autorität gefangen nehmen, das auszusprechen, was ich als Wahrheit erkannt habe, nämlich die Offenbarung Gottes, die ich in der Bibel finde". Auf diesem Standpunkte be= wegte er sich schon, als er noch auf dem Boden der katholischen Kirche zu stehen vermeinte; es kam ihm schwer an, mit seiner Vergangenheit zu brechen, die Vor= stellungen und Gedankenkreise, in denen er von Jugend auf gläubigen Herzens gewandelt, wurzelten tief in seiner Seele. Sie erfaßten ihn immer da am leb= haftesten, wo ihm im persönlichen Gespräch die alten Anschauungen vorgeführt, die Folgen eines Heraustretens aus den gesetzlichen Schranken nahe gebracht wurden. Er hat mit sich selbst gerungen wie ein Held und Märtyrer, und gerade diese Scheu, den entscheidenden Schritt zu thun, den kirchlichen Autoritäten öffent= lich zu entsagen, hat seinem Streben und Thun das Gepräge der Aufrichtigkeit und Wahrhaftigkeit verliehen, muß sein Arbeiten und Fortschreiten als einen ehrlichen Kampf des Gewissens und der Ueberzeugung gegen Gewohnheit und Ueberlieferung erscheinen lassen. Er hatte sorgfältig vermieden, die Brücke der Verständigung und Ausgleichung niederzureißen, und in den Verhandlungen mit Miltiz hatte er mehr Entgegenkommen bewiesen, als er vor sich selbst rechtfer= tigen konnte; es waren seine Gegner, die, indem sie das herrschende System mit allen seinen Gebrechen und Mißbräuchen aufrecht erhalten wollten, ihn immer weiter trieben, von einer Consequenz zur andern, bis er zu den Prinzipien kam, wo die Wege sich auf immer schieden, wo ein neuer Aufbau im Gegensatz zu der überladenen scholastischen Kirche begonnen werden mußte. Und auch zu die= sem kühnen Unternehmen wurde der Wittenberger Augustinermönch weniger durch den eigenen Reformationstrieb, als durch die rastlose Thätigkeit seiner Gegner gedrängt.

Dr. Eck hatte nach seiner Rückkehr von Leipzig eine Schrift „über den päpstlichen Primat" verfaßt, worin er Luthers Ansichten über Papst und Con= cilien bekämpfte und zu widerlegen suchte. Mit dieser Abhandlung und mit Auszügen aus den bisher erschienenen Schriften des Wittenberger Reformators eilte er mitten im Winter nach Rom, um dem Papst sein Buch zu überreichen und die Verurtheilung des Gegners persönlich zu betreiben. Er fand eine gute

(Marginalien:) Luther's Standpunkt.

Eck in Rom und die Wit= tenberger Theologen.

Aufnahme am römischen Hof und bei den Cardinälen. Zur Prüfung wurde ein eigenes Glaubensgericht von fünf Mitgliedern niedergesetzt, unter denen sich Cajetan und Eck selbst befanden. Schon am 3. Mai konnte der Ingolstädter Theologe seinen Freunden triumphirend melden, daß die Sache in gutem Gange sei. Die Freunde Luthers geriethen in Sorge und suchten ihn durch Vorstellungen zu größerer Mäßigung und Behutsamkeit zu bewegen. Er antwortete: „Der Krieg, der da kommt, ist ein Krieg des Herrn, Gottes Wort das Schwert." Er schrieb an den Erzbischof von Mainz und an den Bischof von Merseburg, so er irre, solle man ihn seiner Irrthümer überweisen, aber nicht ungehört verdammen; er vertheidigte gegen Johann von Schleiniz, Bischof von Meißen, der ein strenges Verbot gegen die Abendmahlspredigt erlassen hatte, seine Ansichten in einer eigenen Schrift. Sein Muth und seine Kampflust wuchsen mit der Menge der Widersacher, mit der Größe der Anfechtungen. In einer „Trostschrift für die Mühseligen und Beladenen", die er seinem Kurfürsten widmete, weht ein poetisch-mystischer Hauch voll Gottvertrauen und christlicher Ergebenheit in äußeren Leiden und Widerwärtigkeiten. In einer Predigt „von guten Werken" bezeichnet er den Glauben als das höchste und erste gute Werk, als das Gewissen zu Gott, aus dem die wahren guten Werke hervorgehen, im Gegensatz zu der von der Kirche vorgeschriebenen Werkheiligkeit. Den theologischen Facultäten von Löwen und Köln, die vom Cardinal Hadrian, dem nachherigen Papst, ein Belobigungsschreiben empfingen, weil sie die „verpestenden Irrthümer" Luthers verdammt hatten, hält er ihr leichtsinniges und ungerechtes Verfahren vor und ruft ihnen zu: „Christus wird richten, er ist lebendig!" Gegen einen Leipziger Franciscaner, Augustin von Alveld, der ein Sendschreiben über das göttliche Recht des Papstthums an ihn gerichtet, führt er aus, welche Mißhandlungen die Christenheit, insbesondere Deutschland, seit Jahrhunderten von Rom erlitten, und deutet an, wohl von Hussitischen Schriften angeregt, daß von einer Obergewalt oder Vorsteherschaft des Petrus im Apostelcollegium im neuen Testament keine Spur sich finde, daß die Kirche als eine Versammlung aller Gläubigen auf Erden zu betrachten sei, die auch ohne monarchische Spitze gedacht werden könne. Das Reich Gottes bestehe in der Gemeinschaft mit Christus durch den Glauben. Wohl sei das Papstthum nicht ohne Gottes Zulassung in der Welt, aber „weniger aus einem gnädigen, als aus einem zornigen Rathschluß Gottes, zur Plage der Welt". Man solle sich daher demselben unterwerfen, seine Gewalt in Ehren halten und es mit Geduld tragen, „gleich als wenn der Türk über uns wäre"; in Glaubenssachen jedoch „soll der Papst unter Christo bleiben und sich lassen richten durch die heilige Schrift". Auch Melanchthon trat für den von allen Seiten angegriffenen Amtsgenossen in die Schranken in einer vortrefflichen Apologie Luthers gegen eine lateinische Schrift, die einen italienischen Gelehrten als Verfasser angab, die aber von Vielen dem Leipziger Professor Emser zugeschrieben ward. Er weist darin geschichtlich den Ursprung des Papstthums nach und

vindicirt den Deutschen das Recht, sich eine eigene von Rom unabhängige Kirchenverfassung zu geben.

Unter solchen geistigen und literarischen Kämpfen, an denen das ganze ge- Die Bann-
bildete Deutschland das regste Interesse nahm, wurde in Rom der Schlag geführt, bulle. 1520
der den Wittenberger Mönch zermalmen sollte. Durch das Schreiben eines sächsischen Edelmanns, Valentin Teutleben, der sich in Rom befand, war der kurfürstliche Hof von der in der päpstlichen Umgebung herrschenden Stimmung und
von der bevorstehenden Excommunication Luthers unterrichtet worden. Anstatt
aber dadurch auf anderen Sinn gebracht zu werden, nahm Friedrich in seinem
Antwortschreiben ganz die Partei des Bedrohten, und bemerkte am Schluß, daß
Luthers Sache bereits die Sache der deutschen Nation geworden sei und daß ein
gewaltthätiges und übereiltes Vorgehen ein allgemeines Aergerniß geben und
Bewegungen hervorrufen möchte, welche dem römischen Stuhle und Anderen
verderblich werden könnten. Auch Luther erhielt Kunde von dem Vorhaben;
aber aus einem Brief an Spalatin vom 9. Juli ersieht man, daß er muthig und
standhaft dem Sturme entgegensah.

„Statt der besseren Unterweisung, die ich stets begehret, hat man mich verlästert,
und als ich bereit war, zu schweigen, hat man mich mit Gewalt in den Streit gezogen.
Nun aber will ich meines Lehramts treu und fleißig warten. Ich bin genug mit Sünden beladen, aber ich will nicht noch die unverzeihliche Sünde zu den andern hinzuzufügen,
daß ich, ein Diener der Wahrheit, stumm zusehe, wie dieselbe verachtet und zum Schaden so vieler tausend Seelen elendiglich entstellt wird. Ich bin allezeit bereit, innezuhalten und stille zu stehen, nur daß sie nicht verbieten, göttliche Wahrheit öffentlich
zu lehren und zu bekennen. Und weil mein Gemüth also steht, kann ich mich nicht
weder vor Dräuungen fürchten, noch mich durch gute Worte und Verheißungen bewegen lassen."

Als Luther diese Worte an den Freund schrieb, war die berühmte Bannbulle vom 15. Juni 1520, zu deren Erlassung Papst Leo X. nur mit Mühe
gebracht wurde, bereits ausgefertigt. Nach einem pomphaften Eingang, in welchem Christus selbst, Petrus, Paulus und alle Heiligen zum Schutze der an-
gefochtenen Kirche sich zu erheben angerufen werden, zählt sie einundvierzig
Sätze aus Luthers Schriften, insbesondere die Aussprüche über die Autorität des
Papstthums und der Kirche als kezerische Irrthümer auf, welche zu lehren oder
anzunehmen bei Strafe des höchsten Bannes, des Verlustes aller Würden und
Aemter, des Acht und Aberacht verboten wird. Die Schriften, worin diese Sätze
enthalten sind, sollen verbrannt werden. Luther selbst und diejenigen seiner
Freunde, die in der Bulle mit eingeschlossen waren, sollten innerhalb 60 Tagen
sich entweder in Person in Rom zum Widerruf einstellen, oder denselben in gehö-
riger Form schriftlich einsenden. Würde diese Frist versäumt, so sollte Luther
als ein hartnäckiger Ketzer, ein verdorrter Ast, von der Christenheit abgehauen
werden und alle geistlichen und weltlichen Obrigkeiten sollten gehalten sein, ihn
und seine Anhänger gefänglich einzuziehen und auf Verlangen nach Rom zu

liefern. Alle Orte, wo er und seine Mitschuldigen sich aufhalten würden, wurden mit dem Interdict bedroht. In allen Domkirchen sollte die Bulle verlesen und an den Thüren angeschlagen werden.

Aufnahme u. Wirkung der Bulle. Triumphirend kehrte Eck nach Deutschland zurück, begleitet von dem Legaten Hieronymus Aleander, einem klugen, weltgewandten Prälaten, dem seine humanistische Bildung die Stelle eines Oberaufsehers der vaticanischen Bibliothek verschafft hatte. Sie hatten den Auftrag, die Publication der Bannbulle zu bewirken. Aleander begab sich zum Erzbischof von Mainz, und Dank seiner Thätigkeit wurde in den Rheingegenden und im Niederland, vorab in Köln, Mainz und Löwen, die Excommunication gegen Luther verkündigt und die Verbrennung seiner Schriften angeordnet. Eck selbst, zum päpstlichen Bevollmächtigten erhoben, wandte sich nach Sachsen, um den Feind im eigenen Lager aufzusuchen. In den Domkirchen zu Brandenburg, Meißen und Merseburg wurde die Bulle angeschlagen. Aber er konnte bald gewahr werden, daß in den sächsischen Landen, daß in ganz Mitteldeutschland kein Boden für seine Wirksamkeit sei. Nicht nur daß Miltiz, daß die meisten Bischöfe den übermüthigen Eindringling in ihre Gerechtsame mit Aerger betrachteten und ihm entgegenarbeiteten; in vielen Städten wurde die Bulle nicht zugelassen oder wo sie angeheftet war, beschimpft und abgerissen, Eck selbst mit Insulten überhäuft, mit Schmähschriften und Spottliedern verfolgt und oft in solche Gefahr gebracht, daß er sich in Klosterräumen verbarg oder bei nächtlicher Weile den Ort wechselte. Die Universität Wittenberg, wohin er von Leipzig aus die päpstliche Urkunde sandte, verweigerte die Bekanntmachung. Man ließ Luther und Karlstadt an den Sitzungen Theil nehmen, in denen über die Bulle Beschluß gefaßt ward. Allenthalben erhob sich ein Schrei des Zornes und der Entrüstung über das parteiische Verfahren des römischen Hofes, der ein Verdammungsurtheil gefällt, ohne den Angeklagten gehört zu haben, und den ausgesprochenen Gegner zum Vollstrecker ersehen. Das Rechtsgefühl der Nation war verletzt; das Volk sah in der Excommunication nur das Erzeugniß persönlicher Rache, zu der die Curie ihren Arm geboten. Diese Stimmung, die sich unter allen Ständen kundgab, stärkte in Luther die Ueberzeugung, daß die deutsche Nation auf seiner Seite stehe, daß er eine prophetische Mission zu erfüllen habe. Wir werden sogleich die Flugschriftenliteratur kennen lernen, in denen sich die in den deutschen Gauen herrschende Gesinnung aussprach. Nach dem Beispiel des Reformators wandte sich die gesammte oppositionelle Presse an das Volk, indem sie in einer Menge populärer Flugblätter, oft mit charakteristischen Holzschnitten ausgestattet, in Pamphleten, satirischen Gesprächen, Gedichten die Gebrechen der Curie, die Laster der Geistlichen, den Verfall der Lehre und christlichen Sitte schilderte, Luthers Vorgehen rechtfertigte, seine Gegner mit der Geißel des Spottes und der Invective verfolgte und dem Haß und der Verachtung preisgab. Aus allen Kreisen erhielt der Gebannte Beweise der Theilnahme und Zustimmung. Von Huttens literarischer Thätigkeit ist schon früher die Rede gewesen. Jetzt schrieb er Glossen zu der Bannbulle und trat mit Luther in brieflichen Verkehr. Sylvester von Schaumburg, ein trefflicher frommer Rittersmann, sagte dem Reformator, falls er verfolgt würde, den Schutz und Beistand von hundert Rittern zu; Franz von Sickingen bot ihm auf der Ebernburg eine sichere Zufluchtsstätte an; von allen Seiten trafen ähnliche Anerbietungen in Wittenberg ein. So gehoben und getragen von dem Geiste der Nation ging Luther kühner voran. Je bestimmter sich die öffentliche Meinung für ihn aussprach, desto mehr befestigte sich in dem Kurfürsten der Entschluß, den Universitätslehrer nicht durch die Schrecken der Kirchengewalt unterdrücken zu lassen. Luther aber schrieb an Spalatin: das Evangelium soll nicht mit Gewalt und Blutvergießen verfochten werden, sondern durch das Wort, und dieses Wort gebrauchte er jetzt mit einer Kraft, daß es in seiner Hand zu einem scharfen schneidigen Schwert wurde. In drei Schriften, die vom Juni bis zum October aufeinander folgten, legte er „die Grundzüge zu einer neuen Gesellschaftsordnung, zu einer neuen Ethik, zu einem neuen Cultus".

In der Flugschrift: „An den Kaiser und den christlichen Adel deutscher Nation" wird in meisterhafter Sprache und mit zündender Beredsamkeit dargelegt, daß man die Mauern, hinter welche der Romanismus sich verschanzt habe, niederreißen und eine neue deutsche Kirche aufbauen müsse; jetzt, da Gott dem Reich ein junges edles Blut zum Haupte gesetzt, sei für die deutsche Ritterschaft der Zeitpunkt gekommen, diesen christlichen Kampf auszufechten. Um jede Kirchenreform unmöglich zu machen, behaupte die Curie, die geistliche Gewalt gehe über die weltliche, nur dem Papst stehe das Recht der Schriftauslegung und die Einberufung der Concilien zu. Gegen diese Sätze zieht Luther zu Felde. Nachdem er Gott angefleht, daß er ihm eine der Posaunen gebe, womit einst die Mauern Jerichos umgeworfen worden, „damit wir diese stroherne und papierne Mauern auch umblasen", widerlegt er die drei Behauptungen nach einander: Er spricht dem Klerus die höhere Weihe ab; alle Christen seien geistlichen Standes, das Priesterthum eine Amtsführung. „Alle Christen sind wahrhaft geistlichen Standes, und ist unter ihnen kein Unterschied denn des Amtes halber allein, daß wir allesammt ein Körper sind, doch ein jegliches Glied sein eigenes Werk hat, womit es dem andern dient. Das macht Alles, daß wir Eine Taufe, Ein Evangelium, Einen Glauben haben und sind gleiche Christen." Der Priester ist ihm nur ein Beamter, wie das Staatsangestellter, er besitzt keinen „unauslöschlichen Charakter"; der Standesunterschied zwischen „Geistlichen" und „Weltlichen" ist eine Erfindung. Gegen Mißbrauch des geistlichen Amtes hat die bürgerliche Obrigkeit Recht und Pflicht einzuschreiten; wenn Geistliche, Bischöfe und Päpste Unrecht thun, sind sie zu bestrafen und abzusetzen. Die zweite Mauer, welche die Romanisten um sich gezogen, daß der Papst allein befugt und befähigt sei, die h. Schrift gültig auszulegen, wird als „freventlich erdichtete Fabel" erklärt und jedem Christen, der den gläubigen Verstand zur Schriftauslegung besitzt, diese Befugniß zugesprochen. „Ist nicht die Eselin Bileams klüger gewesen als der Prophet selbst? Hat Gott da durch eine Eselin geredet gegen einen Propheten, warum sollte er nicht noch reden können durch einen frommen Menschen gegen den Papst?" Auch die dritte Mauer, „Niemand möge ein Concilium berufen, als der Papst", fällt unter den Kolbenschlägen Luthers zusammen. Zu einem rechten und freien Concil gehört nach ihm die Mitwirkung der Laien, insbesondere der Fürsten als der Vorsteher der christlichen Gemeinde. Er fordert ein von dem Kaiser in Verbindung mit den Landesfürsten angeordnetes allgemeines und freies Concil, das die in der Kirche herrschenden Gebrechen und Mißbräuche abstellen und einen neuen dem Evangelium entsprechenden Kirchenbau aufführen sollte. Anhebend von dem Papste, dem er Krone

An den christl. Adel d. Nation.

10*

und Schlüssel und alle weltlichen Güter abnehmen und dafür Bibel und Gebetbuch in die Hand
geben will, entwirft er ein langes Sündenregister von den zahllosen Uebelständen, Erpressungen, unchristlichen Handlungen und Einrichtungen, die das freie Concil abschaffen möge. Der
päpstliche Hofstaat solle beseitigt, das Cardinalcollegium aufgelöst, die Legaten aus dem Lande
gejagt werden, das Abgabesystem mit den Annaten, Palliengeldern, Papstmonaten, Türken-
zehnten und wie die Erpressungsmittel alle heißen, sollte aufhören. „Bischof und Pfarrer ist bei
S. Paul Ein Ding; von Bischöfen, wie sie jetzt sind, weiß die Schrift Nichts. Jede Gemeinde
habe einen Bischof oder Pfarrer. Der Priestercölibat soll fallen. Die wilden Kapellen und
Feldkirchen, wohin die Wallfahrten gehen, sollen zu Boden verstört werden; die Feste soll
man alle abthun mit Ausnahme des Sonntags, denn sie sind, wie auch die Kirchweihe, Jahr-
tage, Seelmessen nur Anlässe zu allerlei Sünde." Auch die Klostergelübde sollen aufgehoben,
die Klöster und Stifter in Erziehungs- und Lehranstalten verwandelt, der Unterricht von der
Universität bis zur Volksschule verbessert und der Vernunft und Bibel mehr angepaßt werden.
Zum Schluß nimmt die agitatorische Schrift einen patriotischen Schwung gleich Huttens Reden
und Gedichten. Es beleidigt sein Nationalgefühl, daß die Romanen sich rühmten, das römische
Reich auf die Deutschen gebracht zu haben: „Ja Namen und Titel haben sie uns gegeben, um
uns zu Knechten der allerlistigsten Tyrannen zu machen. Der Papst frißt den Kern und wir
spielen mit den ledigen Schalen. Sie haben allezeit unsere Einfalt mißbraucht zu ihrem Uebermuth und Tyrannei. Hat der Papst uns das Kaiserthum verliehen, wohlan, so gebe er heraus
Rom und was er hat vom Kaiserthum, er gebe uns wieder unsere Freiheit, Gewalt, Gut, Ehre,
Leib und Seele und laß ein Kaiserthum sein, wie einem Kaiserthum gebührt." „Ach Christe,
mein Herr", ruft er zum Schluß aus, „sieh herab, laß herbrechen Deinen jüngsten Tag und
zerstöre des Teufels Nest zu Rom. Hier sitzt der Mensch, davon Paulus gesagt hat, der sich
soll über Dich erheben und in Deiner Kirche sitzen, sich stellen als einen Gott: der Mensch der
Sünden und der Sohn der Verdammniß." Der Eindruck der Schrift war ein überwältigender;
„sie wirkte wie das Wetterleuchten, das ein neues Zeitalter ankündigt". Wenige Wochen nach
ihrer Ausgabe, am 18. August, waren bereits viertausend Exemplare vergriffen. „Niemals
vorher ist die deutsche Sprache mit dieser Freiheit, mit so viel Fülle, mit solcher Gewalt über
den Ausdruck, mit dieser Meisterschaft über alle Töne des Zorns und der Liebe gehandhabt
worden. Das Bibelwort gehorcht dieser Feder, wie das derbe Volkssprichwort."

„Von der
Freiheit des
Christen-
menschen" u.
„Von der
babyloni-
schen Gefan-
genschaft der
Kirche".

Hatte Luther in dem feurigen Aufruf an den deutschen Adel die schadhaften Seiten der
römischen Kirche dargelegt, und die Grundzüge einer neuen Gesellschaft, eines neuen evangelischen Gottesreiches gezeichnet; so suchte er in dem Büchlein „von der Freiheit des Christenmenschen" eine neue Sittenlehre aufzubauen, kraft deren nicht die Uebung der guten Kirchenwerke den Menschen gerecht und fromm macht, sondern die guten Werke aus einem gläubigen
Herzen hervorgehen, und in der Schrift „von der babylonischen Gefangenschaft der Kirche" entwarf er eine neue Ordnung des Gottesdienstes gegenüber den scholastischen Cultusgebräuchen.
Wenn er dort mit mystischer Vertiefung den Glauben, d. h. den inneren Wechselverkehr zwischen
Gott und dem Menschen, und die Liebe, durch welche er sich der Welt dienstbar macht, als die
Quelle echter Frömmigkeit und Sittlichkeit ohne Rücksicht auf künftige Belohnung darstellt, die
in dem Spruche wurzeln: „wenn ich nur Dich habe, so frage ich nichts nach Himmel und Erde";
zeigt er hier, daß das neue Babel das Volk des neuen Bundes durch einen von Menschensatzung
herrührenden erdichteten Gottesdienst in einer ähnlichen Knechtschaft halte, wie das alte Babylon
das Volk des alten Bundes. Schon am Schlusse seines Aufrufs an Kaiser und Adel hatte
Luther eine Schrift in Aussicht gestellt, die noch tiefer ins Fleisch einschneiden werde: „Wohlan!
ich weiß noch ein Liedlein von Rom und von meinen Widersachern. Jucket sie das Ohr, so will
ichs ihnen auch sagen und die Noten aufs Höchste stimmen". Und in that hat er sie aufs
Höchste gestimmt. Indem er in dieser Schrift nicht nur die Messe, die Wandlungslehre, die
sieben Sacramente an der Hand der Bibel einer vernichtenden Untersuchung unterwirft, nur zwei

Sacramente, Taufe und Abendmahl bestehen läßt und wie in dem Büchlein von der Freiheit des Christen, den Werth und die Wirksamkeit jeder religiösen Handlung von dem Glauben des Thuenden oder Empfangenden an das Wort Gottes abhängig macht, zerstört er den ganzen kirchlichen Organismus, wie er seit Jahrhunderten durch die Thätigkeit der Scholastiker war ausgebildet worden. Die Sacramente sind für Luther äußere Zeichen, dazu bestimmt, den Glauben zu reizen, weil wir „arme Menschen, die wir in den fünf Sinnen leben, ein äußeres Zeichen neben den Worten nöthig haben, daran wir uns halten können". Aber das Wesen der Religion ist an diese Aeußerlichkeiten nicht gebunden. In seiner Antwort auf die Bannbulle sagt er: „Die Sacramente mag man uns nehmen, versagen und verbieten, aber die Kraft und Gnade der Sacramente müssen sie uns ungebunden und unbenommen lassen. Gott hat nicht in ihre Gewalt und Muthwillen, sondern in unsern Glauben gestellet unser Heil und seine Gnade."

Miltiz gab auch jetzt noch nicht alle Hoffnung auf. Man hatte einst seine Vereitelte Unterhand-lungen. diplomatische Geschicklichkeit so hoch gepriesen, und nun sollten ihm durch das taktlose Verfahren des zelotischen Wortfechters Eck alle Früchte seiner Bemühungen entrissen werden! Er hatte Luther zu einem Brief bewogen, der, wenn er auch nicht den gewünschten Widerruf enthielt, doch den Schreiber immer noch als treuen Sohn der Kirche erkennen ließ. Wenn es ihm gelang, vor der offiziellen Bekanntmachung der Bannbulle in dem Augustinermönch noch einmal die alte Ehrfurcht gegen Papst und Kirche zu wecken, ihn noch einmal zu einem ähnlichen Sendschreiben an den heil. Vater zu vermögen, so könnte vielleicht der Bruch noch immer vermieden, so könnte vielleicht die Bulle noch zurückgehalten werden. Die Hochachtung und Ehrerbietung, welche Luther stets gegen die Person Leo's X. an den Tag gelegt, konnte als Zeichen der Unterwürfigkeit und des Gehorsams günstig ausgelegt werden. Auch der kurfürstliche Hof sah es gern, wenn die äußersten Schritte vermieden würden. So wurden nun aufs Neue mit Luther Unterhandlungen eingeleitet. Wir wissen, daß Miltiz Eck's Auftreten in Sachsen als eine persönliche Zurücksetzung betrachtete; er stellte daher dessen Thätigkeit bei Verbreitung der Bulle als eigenmächtige Anmaßung, als Ueberschreitung seiner Befugnisse dar. So schrieb denn Luther den dritten Brief an den Papst; für den Vermittler Miltiz sollte er die letzte Brücke einer friedlichen Ausgleichung werden, deswegen wurde er auf den 6. September 1520 vordatirt, damit die Bannbulle noch ignorirt werden konnte. Aber in der That wurde das Schreiben zum Scheidebrief. Was Luther bereits durch die erwähnten Schriften innerlich vollzogen, das bekundete sein letzter Brief an den Papst äußerlich.

Indem Luther dem Papst sein Büchlein von der Freiheit des Christen zusendet, Luther's Absagebrief an den Papst. gleichsam als Resultat des dreijährigen Kampfes, auf dessen Entstehung und Gang er zurückweist, spricht er mit der größten Freimüthigkeit, wenn auch schonend und voll Ehrerbietung gegen die Person des gegenwärtigen Papstes, von der Entartung der Kirche und des römischen Stuhls, nicht um eine Besserung herbeizuführen, sondern um die Gründe anzudeuten, die ihn zur Ausscheidung bewogen. Die römische Kirche, die vor Zeiten die allerheiligste gewesen, sei zur Mördergrube, zum Bubenhaus, zum Haupt und Reich aller Sünde geworden: vergebens habe er mit dem Salze der alten Propheten die Gräuel aufgedeckt; nach wie vor sei von Rom aus die Welt betrogen und geschädigt worden. „Es sollte wohl dein und deiner Cardinäle Werk sein, daß ihr dem Jammer wehret; aber die Krankheit spottet der Arznei, Pferd und Wagen geben nichts auf den Fuhrmann. Das ist die Ursach, warum es mir allezeit ist leid gewesen, du frommer Leo, daß du ein Papst worden bist in dieser Zeit. Der römische Stuhl ist Deiner und Deines Gleichen nicht werth, sondern der böse Geist soll Papst sein, der auch gewißlich mehr denn du in den Babylonen regieret. Ists nicht wahr, daß unterm weiten Himmel nichts ist Aergeres, Vergifteteres, Gehässigeres als der römische Hof, der da weit übertritt der Türken Untugend, daß es wahr ist, Rom sei vor Zeiten gewesen eine Pforte des Himmels und ist nun ein weit aufgesperrter Rache der Hölle!" „Dieweil ich nun sehe, daß dem römischen Stuhl nicht zu helfen, Kost und Mühe verloren war, hab ich ihn verachtet, einen Urlaubbrief gegeben und gesagt: Ade, liebs Rom, stinke fortan und bleibe unrein für und für." Als er ausgesprochen, was ihn die heilige Schrift gelehrt, da habe der böse Geist den Johann Eck wider ihn ausgesandt, der habe ein Wörtlein vom Papstthum, das ihm von ungefähr in der Disputation entfallen, aufgegriffen, um sich an demselben den Ruhm eines Gottesstreiters und Kirchenhelden zu erfechten. „Ich bin dem Hader feind", heißt es gegen den Schluß, „will Niemand anregen noch reizen; ich will aber auch ungereizet sein. Werde ich aber gereizet, will ich, ob Gott will, nicht sprachlos noch schriftlos sein." Es ist der Ausdruck des klaren Bewußtseins, daß der Wittenberger Doctor auf immer mit der römischen Kirche gebrochen habe, und des festen Entschlusses, auf dem betretenen Weg fortzuwandeln. „Daß ich sollte widerrufen meine Lehre, da wird nichts daraus; das Wort Gottes, das alle Freiheit lehret, soll und darf nicht gefangen sein." So trennt sich ein Mann von dem, was er einst geliebt und als unwürdig erkannt hat."

Das Feuerzeichen vor dem Elsterthor. Nach diesem Schreiben und nach den gleichzeitigen Flugschriften war kein Raum mehr zu Compromissen und Versöhnungsmitteln. Und Luther selbst schnitt durch das Feuerzeichen in Wittenberg für immer das Tafeltuch entzwei zwischen Romanismus und Lutherthum, oder wie er sich bereits ausdrückte, zwischen dem Reiche Christi und dem Reiche des Antichrists. Ermuthigt durch den lauten Ruf der Freiheit, der durch die deutschen Gaue schallte und der gerade damals in dem gleichfalls gebannten Hutten seinen beredtesten Wortführer hatte, und empört über das Verbrennen seiner Schriften in einigen Gegenden und über das freche Auftreten des Ingolstadter Theologen, der mehrere angesehene Männer, unter ihnen die Nürnberger Patrizier Willibald Pirkheimer und Lazarus Spengler, als Gesinnungsgenossen des Wittenberger Ketzers mit der Excommunication belegte, und mit Beihülfe des ängstlichen Stadtraths zur Unterzeichnung einer Absagungsformel brachte, ließ Luther eine heftige Schrift ausgehen „wider die Bulle des Antichrists", worin er seine angegriffenen Sätze vertheidigte und die Ungerechtigkeit der Gegner scharf darlegte, und unternahm dann einen Schritt, der ihn und seine Anhänger durch eine unübersteigliche Kluft von der römischen Kirche trennte. Nach einer Einladung der akademischen Jugend am schwarzen Brett zog er an der Spitze der ganzen Studentenschaft und vieler Bürger vor das Elsterthor, wo ein Holzstoß errichtet und angezündet war, und warf die Bannbulle nebst dem kanonischen Rechtsbuch in die Flammen mit den Worten: „Weil du den Heiligen des Herrn betrübt hast, so verzehre dich das ewige Feuer!"

10. Decbr. 1520.

Das Flammenfignal vor dem Elfterthor bezeichnete den Anbruch eines Zur Signa-
tur der Zeit. neuen Tages in der Entwicklung des religiösen Lebens der chriftlichen Menschheit. Es leuchtete wie die Feuerfäule Mofis dem gesammten deutschen Volke auf den dunkeln Pfaden zu dem verheißnen Lande, zu der Heimath und Ruheftätte der Seele. Ein mächtiger Zug von Begeisterung durchwehte damals die deutschen Lande. Die Begriffe von Vaterland und Nationalität kamen den deutschen Stämmen und Städten im Norden und Süden znm erftenmale zum Bewußtfein, neue Gefühle und Hoffnungen von Freiheit durchzuckten die Herzen, alle idealen Güter, alle hohen Beftrebungen vereinigten fich in dem Rufe nach einer Refor= mation der Kirche, nach einer Rechtfertigung des Menschen vor Gott durch innere Seelenthätigkeit, durch Erfaffen des Ewigen in gläubiger Hingebung. Wo man hinblickte, regte fich frisches Leben: von jenseits des Meeres empfing man wunder= bare Botschaften von neuen Welten und Menschen; aus der Schale der griechi= schen und hebräischen Sprache drang der göttliche Geift der heil. Schrift in die Kreise der Gelehrten und Gebildeten, unter das Volk; ein junger König war im Anzug, um die glänzendfte Krone der Welt fich aufs Haupt zu setzen. Sollte jetzt nicht der rechte Zeitpunkt gekommen sein, in Staat und Kirche eine neue Ordnung zu gründen, aus dem Nebel des Mittelalters in das Sonnenlicht des jungen Tages zu treten? Aus den Brieffammlungen jener Jahre kann man er= sehen, von welchen Hoffnungen und Erwartungen die Zeitgenoffen erfüllt waren, mit welcher Begierde man die literarischen Erscheinungen, besonders die religiösen Schriften der Wittenberger aufgriff, „wie fich Kreise von Freunden bildeten, die fie einander mittheilten, fie wieder drucken und dann durch Herumträger aus= breiten ließen: um die Käufer nicht zu zerftreuen, gab man denselben nur diese und keine andere Schriften mit; man empfahl fie von den Kanzeln". Besonders eifrig druckte man in Bafel und Straßburg. Der Absatz war unglaublich. Wir wiffen, wie viele bedeutende Männer neben Hutten auf der Ebernburg bei Franz von Sickingen ein- und ausgingen. „Am gaftlichen Tische fitzen in den Winterraben= den zwei deutsche Ritter in Gesprächen über die deutschefte Angelegenheit. Der Eine Flüchtling, der Andere sein mächtiger Beschützer: aber der Flüchtling, der Jüngere, ift der Lehrer, der Aeltere schämt fich des Lernens nicht, wie der ritterliche Lehrer selbft neiblos dem größern Meifter, dem Mönch zu Wittenberg, fich unterordnet." Selbft solche Männer, die wie der berühmte Jurift Ulrich Zafius von Freiburg nicht ohne Bedenken auf das ftürmische Vorgehen blickten und fich später abwandten, bekannten fich damals zu den Lehren Luthers über Ablaß, Beichte und Buße, zu seinen Schriften über die zehn Gebote, über den Galaterbrief. Ein großer Theil der deutschen Juriften erklärte fich wider die geiftlichen Rechte; ein kaiserlicher Rath, Hieronymus von Endorf, sah es als einen Eingriff der geiftlichen in die weltliche Gewalt an, daß der Papft die Anordnungen seiner Bulle einschärfte „bei dem Makel des Verbrechens der beleidigten Majeftät, bei Verluft der Erb= rechte und Lehen"; er rief den Kaiser auf, das nicht zu dulden. Mit Verdruß bemerkte Aleander, daß selbst die Geistlichkeit den kirchlichen Reformen zugethan war, daß der niedere Klerus aus Aerger über den hierarchischen Druck, daß die Augustiner und andere Ordensbrüder aus Reid über die Herrschsucht und den Uebermuth der Dominicaner sich nach Erlösung von dem römischen Joche sehnten. Was Luther und Hutten gegen den geistlichen Druck, gegen die Bullen und Breven, gegen die Eingriffe Roms in die Rechte der deutschen Kirche ausgehen ließen, fand in Aller Herzen Wiederhall. Eine Fülle von neuen Gedanken und Vorschlägen drängte in die Oeffentlichkeit. Alles Bestehende und Herkömmliche wurde einer scharfen Kritik unterworfen. „Ja die Idee erhebt sich, durch Gottes besondere Veranstaltung werde sich jetzt ein christliches Wesen von der deutschen Nation nach aller Welt hin ausbreiten, wie einst aus Judäa." Was seit Jahrzehnten die mystische und freisinnige Theologie eines Wessel und Kaisersberg in Schriften und Predigten gelehrt, was die Humanisten mit Ernst und Spott in Reden und Gedichten vorgeführt, das Alles vereinigte sich jetzt zu einer gewaltigen bewußten Opposition wider Rom und die scholastische Kirchenlehre. Luther war der Mund des Volkes geworden, die Reformation der Kirche war die Losung aller Parteien; in ihr vereinigten sich alle Richtungen der neuen Bildung, alle nationalen und freiheitlichen Bestrebungen, alle innerlichen religiösen Naturen, alle auf sittliche und geistige Erhebung gerichteten Gemüther, Alles was sich nach Erlösung von der Knechtschaft des Mittelalters, von den Banden der Hierarchie und des Gesetzesdienstes sehnte. Wie sehr sich auch in der Folge die Wege schieden, wie sehr auch die Humanistenkreise sich trennten und auflösten; in diesen Tagen der Hoffnung waren alle liberalen Geister, alle Streiter gegen Finsterniß, Aberglauben und Möncherei einig. Los von Rom, von den Fesseln des Papstthums, von dem düstern Bau der Scholastik, der den himmlischen Flug der Seele zu ihrer göttlichen Heimath hemmte und brach, war der Schlachtruf aller freisinnigen, nach Bildung strebenden Männer.

Der Zeitgeist in der Volksliteratur. Diese gehobene und angeregte Stimmung drang in die weitesten Kreise und gab sich in Schriften und Reden, in Satiren und Flugblättern kund. Wenn in den „Facetien" des Humanisten Bebel Anekdoten erzählt werden, in denen das Dogma von der Dreifaltigkeit in profaner Weise berührt ist oder von Petrus gesagt wird, er habe das Fasten so dringend empfohlen, um seine Fische besser verkaufen zu können; wenn in der deutschen Volksliteratur, die wir bald näher werden kennen lernen, die Stachelreden und ironischen Ausfälle über Kirche und Klerus einen breiten Raum einnehmen, so kann man darin noch Nachklänge des Volksmuthwillens erkennen, wie er schon im Mittelalter in den Narrenfesten und Schauspielen mitunter hervortrat: aber neben diesen Erzeugnissen lief eine Menge von „Pasquillen und Satiren" durch die Welt, die unter der Hand verbreitet für die unteren Volksklassen berechnet waren und in heftigen Invectiven gegen Rom, gegen die kirchlichen Mißbräuche, gegen Klerus und Mönchthum sich Luft machten. Indem sie die materiellen Nothstände des Volks mit den Erpressungen

und Bedrückungen der Hierarchie in Zusammenhang brachten, setzten sie weltliche
und geistliche Interessen in Bewegung, gaben sie mächtige Impulse zu aufregenden Willensäußerungen, riefen sie Geister wach, die nicht leicht mehr zu bannen
waren. Das Volk wurde belehrt, daß es sowohl um sein äußeres Glück als um
seine Seligkeit betrogen werde. Zum erstenmale trat damals in Deutschland die
geheimnißvolle Volkskraft zu Tage, die man als öffentliche Meinung bezeichnen
darf. Und standen ihr auch noch nicht die Organe zu Gebote, die heute das Volksleben durchdringen und beherrschen, so dienten Blätter und Flugschriften, Spottgedichte, sprichwörtliche Reden, satirische Ausfälle, meistens mit Holzschnitten
illustrirt, zur Fortpflanzung und Verbreitung der Ansichten und Grundsätze,
von denen die Gemüther erfüllt waren.

Gerade diese energische Betheiligung der Massen war entscheidend, bemerkt Oskar
von Schade, ohne ihre Ausdauer wären die Führer erlegen, der Rachsucht ihrer Gegner zum Opfer gefallen und unsere Nation um die Glorie der schönsten That betrogen
gewesen. Was nun die Massen damals alles bewegte, wie man sie für und wider an-
spornte, wie sie über das Ganze der Bewegung, über einzelne Erscheinungen, Ereignisse
und Persönlichkeiten dachten, ihre religiösen, nationalen und socialen Wünsche in all'
ihrer Mannigfaltigkeit, — darüber erhalten wir die beste Auskunft in den zahllosen
Flugschriften, die damals wie eine Fluth über's Land fuhren. Sie kennzeichnen sich fast
alle (sofern sie nicht bloße Zeitungen sind) durch ein scharfes satirisches Element, beispiellosen Freimuth, mitunter durch große Derbheit und Leidenschaftlichkeit: denn wo
eben die Massen frei eintreten und Massen in so sinnlicher Kraft, wie unsere Vorfahren
damaliger Zeit, da kann von einem Ueberwiegen umsichtiger, leidenschaftsloser Ruhe
keine Rede mehr sein. Diese Flugschriften behandeln die Zeitfragen in volksthümlicher,
allgemein verständlicher Sprache, mit derbem Witze, kurz und bündig auf wenigen
Blättern, höchstens wenigen Bogen, in Prosa und in Versen, als Lieder, Sprüche, in
dialogischer oder dramatisirender Form mit interessanten redenden oder handelnden Personen, bald roh, bald geschickt, je nach dem Bildungsstande und der Uebung des Verfassers, oft mit scharfem Blick, gesundem Verstande und sittlichem Ernste, in sieges-
gewisser Gesinnung; fast alle sind dazu mit Holzschnitten ausgeziert, welche die redenden
Personen darstellen, oder den Inhalt der Schrift versinnlichen oder carrikiren; — mußten sie nicht reißenden Absatz und Verbreitung finden, nicht von der aufgeregten Menge,
die auf den unausbleiblichen Schlag immer begieriger wurde, mit Heißhunger verschlungen werden? Es bilden also die Satiren und Schmähschriften die ganze Reformationszeit hindurch einen eigenen breiten Zweig der Literatur, der neben seiner praktischen, unmittelbar ins Leben eingreifenden Bedeutung auch in literarischer und sprach-
licher Beziehung erkannt sein will.

Zu den ältesten Flugblättern aus der Periode, die man als „Deutschlands Noth und
Hoffnung auf Erlösung" bezeichnet hat, gehört „Der Curtisan und Pfründenfresser"
ein gereimtes Pamphlet über die unwürdige Aemterbesetzung in der Kirche. Schon in Bebels
„Facetien" heißt es: „Es ist bejammernswerth, daß heutzutage Pfründen und Kirchenämter
gerade den Unwissendsten übergeben werden, besonders den Curtisanen (Höflingen), welche
nichts gelernt haben, aber nach Rom reisen und dort mit vielen Beneficien und Stellen versehen zur Verachtung wissenschaftlich gebildeter Leute wieder nach Hause zurückkehren, wahrhaftig zum größten Schaden der Kirche und der Seelen, da sie nichts lernen wollten und konnten, als Esel zu besorgen oder, wie sie selbst sagen, die Praxis der Kanzlei." Dieses Thema

Curtisan und
Pfründen-
fresser.

bildet auch den Inhalt des obigen Flugblattes. Es enthält zunächst eine Schilderung von dem ärgerlichen Leben der „Pfründenfresser", die das Land vergiften mit bösen Exempeln, unersättlich praffen und prunken, während die armen Pfaffen auf dem Lande, welche ihre Stellen versehen, mit der bitterften Noth kämpfen. Aber Gottes Zorn wird hereinbrechen und dem Unfug ein Ende machen; die Fürsten follen die Reformation in die Hand nehmen und sich des armen Volks erbarmen:

> O ir fürsten und herren, lonts euch zu herzen gon!
> Dann unrecht zu strafen hant ir gefchworen,
> Do ir zu herren feint erkoren!

Eine andere Flugschrift aus diefer Zeit wendet sich gegen die Uneinigkeit, die Streitfucht

Gegen die Ordensleut.

und die Sittenlofigkeit der Ordensleute und meint, fie würden bald um ihrer Lafter willen ausgerottet werden. Gott felbst habe ja den rechten Orden geftiftet:

> Do er nemlich fpricht alfo:
> Du folt deinen nächften lieben und auch Gott,
> Das ift das höchst und öberft gebot.
> Darzu der chriftliche orden,
> Der felbs von Gott geftift ist worden:
> Denn er ficht an das herz und nit das kleid.

Um diefen Orden herzuftellen, follte von Kaifer und Papst ein Concilium berufen werden. In diefer Schrift ist des Papftes Recht und Gewalt noch anerkannt, wie in Luthers erftem Auftreten, darum auch feine Mitwirkung bei der Berufung des Concils gefordert, und doch ist thatfächlich durch den Hinweis auf das einfache allen Chriften geltende Ordensgefetz des Evangeliums „der bindende Gehorfam der Chriften gegen das Evangelium allein ausgefprochen und jede andere Gewalt, welche diefe Freiheit gefangen nehmen will, als unberechtigt abgewiefen".

Clag u. Bitt der deutfchen Nation.

Ein Schritt weiter in der Emancipation von der alten Kirche wird in einem Gedicht von 178 Langzeilen gethan, das folgende Ueberfchrift führt: „Ein clag und bitt der deutfchen nation an den allmechtigen got umb erlofung aus dem gefenknus des Antichrifts".

> Erlös uns von dem antichrist zu Rom,
> Der deine fchäflein nit weidet, funder beftrickt,
> Mit feinen Gefetzen und tyrannei die unterdrückt.
> Dein gebot und fchrift er ganz veracht
> Und erhebet feine gefetze mit grofer pracht,
> Dafz wir nit dorfen glauben, hoffen und lieben dich,
> Dringet uns zu feinem gedichte unchriftlich,
> Bil die heilige fchrift ganz unterdrucken,
> Deine fcheflein alfo füret zur hellifchen brucken.

Zwar haben wir mit unferen Sünden folches verfchuldet, aber um Chrifti willen möge Gott nicht länger zulaffen, „dafz der Antichrift mit Deinem heiligen Namen fein geiz und bofzheit ausricht". Die Chriften follen blutige Thränen weinen, dafz die heil. Schrift unterdrückt ist und des Antichrifts Gefetze und heidnifche Kunst ihr vorgezogen. Darauf folgt eine Rüge gegen Ablafz und Heiligenverehrung, gegen das finnliche Leben der Geistlichen, „die ärger feien denn die braminen, die zu Calicut offentlich dem teufel dienen", gegen den Uebermuth des Papftes, der über alle Bifchöfe gebieten wolle und „mit eiden fie beftricken dafz fie feint feine buttel und knecht", und doch habe das Papftthum gar keine Berechtigung. Man foll als heiligen Vater verehren

> Der zu Rom fant Peters fuccefsor wird genannt,
> Wie wol fant Peter in der weife Rom ist unbekannt:
> Denn fie konen nimmer mer in der fchrift beweren,
> Dafz fant Peter je fei komen auf die römifche Erden.

Es sind die Resultate der Leipziger Disputation, in populärer Form unter das Volk Ein klaglich aus der Schweiz.
gebracht. Auch in dem aus der Schweiz stammenden Gedicht:

> „Ich kan nit vil neues erdenken
> Ich muß der katzen b'schellen anhenken"

wird Klage geführt über das Treiben des Antichrist („Endechrist") und den Ablaßhandel. Es
sei großer Zweifel, „daß wir unsern Herrn Jesum Christ und sein Reich um Geld sollen taufen",
freilich käme den Schweizern die Auslage wieder auf anderem Wege ein, indem der Legat ab-
laufe „Seel, Ehr und Leben", indem er für den Papst Söldner werbe. Das Gedicht schließt
mit einer Ermahnung zum Austritt aus den Klöstern:

> Die jungen sollen die kutten abziehen
> Und weit von dem kloster fliehen
> Solten sich neren mit ir hand arbeit,
> Wie Got der vater hat geseit.
> Die alten sol man lassen bleiben
> In Gottes Dienst ir Zeit vertreiben
> Biß daß sich endet ir leben.

Eine Flugschrift in prosaischer Form „das Wolfgesang" läßt den Eindruck erkennen, Der Wolf-gesang.
welchen der über Luther ausgesprochene Bann hervorbrachte; es gehe dem frommen Mann,
wie es den heiligen Propheten ergangen, aber die Anfeindung seiner Lehre sei ein Beweis, daß
sie der heil. Schrift gemäß sei: „wan der from man Lutherus der welt wol gefel, war ein
gewiß zeichen, daß sin leer nit uß got war; wan das wort gottes ist ain feurig schwert, ein
hammer, der die felsen zerknischt und nit ein fuchßschwanz oder ein ror das sich jchiren lat
nach unserem gefallen". Die Gefahren, die der Christenheit von Papst und Klerisei drohen,
werden dann an verschiedenen Eigenschaften des Wolfs verdeutlicht. Von der schlimmsten
Wolfsart sei es, wenn die Geistlichen die weltliche Gewalt anrufen, um Blut zu verlangen.
Den Schluß bildet ein Ausfall gegen „Doctor Geck mit den lustigen prediger-münchen und andern schmeichler, murnarren (Murner) und flohhärten" (Laienbrüdern). Ueberhaupt waren
die drei Gegner Luthers: Eck, Murner und Emser der Gegenstand vieler satirischer Angriffe in Murner Le-viathan, der gehobelte Eck, der triumphi-rende Hog-straten.
lateinischer und deutscher Sprache. Der Murnarus Leviathan und noch mehr Eccius de-
dolatus der „gehobelte Eck" gingen von Hand zu Hand. In der letzteren Satire werden
alle Fehler und Laster, deren man Eck beschuldigte, witzig in einer Krankheitsgeschichte vorgeführt: seine geschlechtlichen Ausschweifungen, seine Liebe zu Wein und Bier, seine Disputir-
lust, die ihn verleitet, gleich einem gewissenlosen Advocaten selbst den Wucher der Reichen zu
vertheidigen. Die Krankheit sitze im Herzen und unter dem Schädel und könne nur durch eine
scharfe Cur gehoben werden. Ehe sich Eck derselben unterzieht, soll er beichten. Er beginnt
mit Aufzählung aller seiner Titel und Aemter, worauf ihn der Beichtvater anfährt: „Das ist
ja geprahlt und nicht gebeichtet", er solle seine Sünden und Laster bekennen und was ihn gegen
Luther so aufgebracht habe. Nun folgt das Geständniß, daß er nur aus Neid und Ruhmsucht
und durch die Aussicht auf einen Cardinalshut und auf Gewinn wider ihn aufgetreten sei, daß
er im Herzen mit Luther übereinstimme, aber die alte Regel befolgt habe, daß man anders
reden als handeln müsse. Durch Prügel wird er dann von seinen Ecken und Unebenheiten
gehobelt; das Haar wird ihm geschoren, um die Sophismen, Syllogismen, Propositionen,
Corollaria, Porismata und dergleichen dummes Zeug aus dem Kopf zu verjagen. Ein Pur-
girmittel bringt dann seine Schriften, das empfangene Geld und ein Heer von Lastern zum
Vorschein. Hagen schreibt die Satire dem Wilibald Pirkheimer zu, woraus sich der Haß des Angegriffenen gegen den Nürnberger erklären würde. Von der Zeit an, da Pirkheimer die erwähnte
Unterwerfungsformel unterzeichnete, ging der treffliche Mann, der so thätig für die neue Wissenschaft gewirkt hatte, für die Reformation verloren. Verwandt. mit dem „gehobelten Eck"

war eine andere satirische Flugschrift: „Der triumphirende Hogstraten", worin die Mittel angegeben werden, wie man die neuen Lehren und die verderblichen Bücher unterdrücken könne:
Verbrennen, Censur, Schließen der Buchdruckereien, Bannfluch u. A. — Das Uebel, unter
welchem der gemeine Mann in jener Zeit furchtbar zu leiden hatte, war der Wucher. Auch von
diesem hoffte er durch die Reformation befreit zu werden. Das Haus Fugger stand in dieser
Beziehung nicht im besten Ruf; und es blieb unvergessen, daß einst Dr. Eck, um den Geld-
herren zu gefallen und zugleich seine Disputirkunst zu zeigen, in Bologna den Wucher öffentlich in Schutz genommen. Wenn nun Luther und seine Freunde dieses Uebel bekämpften, so
zeigt sich auch hier ein Gegensatz der alten scholastischen und der neuen evangelischen Richtung.

Von der Gült. Diese Parteistellung tritt besonders zu Tage in einem Gespräch aus dem Jahr 1520: „Von der
Gült. Die kompt ein beuerlein zu einem reichen burger. So kompt ein pfaff auch dazu und
ein münch. Gar kurzweilig zu lesen". Der Bauer meint, die Gült (der hohe Geldzins gegen
Unterpfand) sei ein „subtiler name" für Wucher, der nur dem Juden zieme, nicht dem Christen.
Der Bürger rechtfertigt sein Verfahren und wird dabei von den Pfaffen unterstützt; der Bauer
aber meint: „ir hapt einen andern got dann wir armen; wir haben unsern Herrn Jesum
Christum, der hat solichs gelt leihen verboten umb genuß". Der Mönch will ihn auch eines
Besseren belehren; aber der Bauer bleibt dabei, daß das Geldleihen auf Pfand eine betrüge-
rische Uebervortheilung sei und daß „Gült immer mer wucher bleibt". „So war denn auch in
dieser Beziehung durch die Geistlichen das Evangelium der Nächstenliebe umgestoßen worden zu
Gunsten des mühelosen, faulen, trägen Reichthums und zum Schaden des ökonomisch und
social immer tiefer sinkenden Landvolks; also auch von der rein socialen Seite aus Grund
genug, mit dem mittelalterigen Wesen zu brechen, und hinlänglich angehäuftes Material des
Hasses und der Verachtung gegen die Pfaffenwelt, die weder für die geistlichen Bedürfnisse des
Volkes ein Herz hatte, noch die materiellen Lasten desselben erleichterte, sondern vielmehr die
Unterdrückung begünstigte und vermehrte. Was Wunder, wenn das Volk dem Manne, der die
Axt an die Wurzel des faulen Baumes legte und wacker drauf los hieb, bald lauten Beifall
zollte und seine Gegner mit furchtbarem Spott übergoß!"

Dialogus von der zwie-
trachtung des Glaubens.
Als die Verbrennung der Bannbulle die Parteiung schärfte, wird in einem Gespräch das
Volk belehrt, daß die Bibel die einzige Quelle der Wahrheit sei: „Dialogus von der zwitrach-
tung des heiligen christlichen glaubens neulich entstanden, darin der mensch unterricht wirt,
wie er sich in denen und andern irthumben halten soll". In einem andern Gespräch: „Ain
schöner Dialogus von zweien guten gesellen genannt Hans Toll und Claus Lang, sagent vom
Antechrist und seinen jungern" wird der Gedanke ausgeführt und an der heil. Schrift nachgewiesen, daß der Papst der Antichrist oder „Endechrist" sei, daß in ihm die Worte in Erfüllung
gehen 2. Thess. 2, 4: „Der Sohn der Verdammniß, der da ist widerwärtig dem Evangelio
und sich überhebet über alles, das Gott oder Gottesdienst heißet, also daß er sich setzet in den
Tempel Gottes und läßt sich anbeten, als sei er Gott". Luther habe dies aufgedeckt, darum

Die göttliche Müle. erheben sie ein solch Geschrei wider ihn. In einem Schriftstück vom J. 1521 „Die göttliche
Müle" wird ausgeführt, wie Gott in Luther und Erasmus von Rotterdam den rechten Müller
und rechten Bäcker nach Deutschland gesendet habe, um die Mühle der wahren Lehre „zu erfol-
gung ewiger saeligkeit" wieder in Gang zu setzen. Eine andere Schrift zur Hälfte in Prosa,

Anred an die Mißgun-
stigen Lu-
ther's.
zur Hälfte in Reimzeilen: „Ain kurze anred zu allen mißgunstigen Doctor Luthers und der
christlichen freiheit" sagt von Luthers Gegnern, sie seien durch Teufels Zuthun und Zauberei
in Thiere verwandelt worden. Murner in einen Drachen, Wedel in ein Schwein, Emser in
einen Bock, Aleander in einen Löwen, zur Strafe für den Widerstand, den sie der himmlischen
und evangelischen Lehre des Reformators geleistet. „Ain schöner Dialogus oder gespräch so ain
predigermünch Bembus genannt und ain burger Silenus und sein narr mit ainander haben"
spricht die Ansichten des Bürgerthums über die lutherische Neuerung aus, die als Strafgericht
Gottes über den Geiz und die Habsucht der Mönche dargestellt wird. Zu den verbreitesten

Volksschriften aus dem J. 1520 gehört der „Karsthans" gegen Murner. Dieser wankelmüthige **Der Karst-** **hans.** Mann, dem wir noch auf dem Gebiete der deutschen Literatur begegnen werden, hatte sich nach der Leipziger Disputation gegen Luther erklärt und mehrere Schriften wider ihn geschrieben. „Eine christliche und brüderliche Ermanung zu dem hochgelarten Doctor Martino Luter" ist gegen Luthers Schrift an den Franciskaner Alveld „vom Papstthum zu Rom" gerichtet. In der Flugschrift „An den großmechtigsten und durchlüchtigsten abel tütscher nation daß sie den christlichen glauben beschirmen wyder den zerstörer des glaubens Christi, Martinum Luther" sucht er mit der Schrift „An den christlichen Adel" zu rivalisiren. Auf diese und andere Werke ist der „Karst-Hanns" die satirische Entgegnung. In dem beigefügten Holzschnitt erscheint Murner in der Mönchskutte mit einem Katerkopf, Karsthans in Bauerntracht, hat den Karst auf der Schulter. Auch im Gespräch selbst wird Murner mit einer Katze verglichen, die voll Falschheit und Tücke aus dem Hinterhalt ihre Sprünge mache. Karsthans meint, Murner wolle wohl auch wie Eck durch seine Angriffe gegen Luther sich „fünfhundert Ducaten erschmarozen". Der Dichter führt alle seine Schriften an, die er gegen Luther geschrieben, „darin wird er wol merken, woran es gefressen hat, daß ims der teufel in hals gesegnen müß". Als Luther eintritt, macht sich Murner davon. Der Sohn, ein Student, ermahnt den Vater, Luther kein Gehör zu geben, denn die Dominicaner in Köln hätten ihn für einen Ketzer erklärt und seine Bücher verbrannt. Darüber geräth Karsthans in Zorn und droht jedem „Gauch von Rom", der Gewalt vor Recht gehen läßt, mit dem Flegel. Die Päpste und Bischöfe seien das Widerspiel von Christus und seinen Jüngern. Er fordert Luther auf, deutsch zu schreiben für den gemeinen Mann, dann wollten sie ihn schon erretten von der Gewalt des Papstes und der breiten Hüttrager; aber Luther lehnt solche Hülfe ab; um seinetwillen soll Niemand fechten noch todtschlagen, man solle die Wahrheit erforschen und annehmen. Nach Luthers Abgang läßt sich Karsthans von dem Studenten Murners Buch vom Papstthum vorlesen, aber schon bei dem Titel, der den Papst die „höchste Oberkait des christlich glaubens" nennt, meint der Bauer, Christus sei die einzig „Oberkeit", der rechte Bräutigam der Kirche, an ihn und sein Wort müsse man sich halten. Der Student hält ihm entgegen, Christus habe der Braut ein leiblich Haupt gegeben, und zählt dann alle „geheime Stücke" auf, welche die Kirchenlehrer dem Papst beigelegt. Der Bauer aber meint, Christus habe nicht blos Einen, sondern alle Apostel zu dem Lehramt berufen; „über und außerhalb der götlichen geschrift hat weder bapst noch bischof ein gwalt als wenig als ain stain". Luther habe die Unwissenheit der einfältigen Laien aufgehellt und als einer der „läutert" führe er seinen Namen mit Recht. Am Ende des Gesprächs sucht der Student Murner nochmals zu rechtfertigen; Karsthans sagt jedoch, „er sei eine böse Katze, die vorne lecke und hinten kratze". — Die Kaiserwahl Karls V. erzeugte in den nationalen Kreisen zugleich Hoffnung und Furcht. Friedrich der Weise hatte für dieselbe, Papst Leo X. dagegen gearbeitet. Sollte diese Haltung nicht auf die Regierung des jungen Monarchen Einfluß haben? Eine Flugschrift unter dem Titel: „Ain neuer sendbrief von den bösen gaistlichen, **Ein neuer** geschickt zu irem rechten herrn" und „Ain antwort von ihrem erbherrn fast lustig zu lesen" gibt **Sendbrief.** Zeugniß von dieser Stimmung. Der Papst wendet sich an den „großmechtigsten fürsten und herrn, herrn Lucifer, sampt ganzer hellischer versammlung" um Beistand, daß Kaiser Karl von seinem Vorhaben, die Kirche zu reformiren und ein Concilium einzuberufen, abgebracht werde. Beelzebub beruhigt ihn, er werde mit seinen Räthen den Plan des „Hispaniers östreichisch geblüts" die Geistlichkeit zu reformiren „und von unsern Diensten in ain gaistliches erbares Wesen zu bringen" schon vereiteln. In den ersten Zeiten des Christenthums bis auf Papst Sylvester sei ihr „hellisch reich" sehr geschmälert gewesen und in Spott und Verachtung gesunken; jetzt aber, da die Geistlichkeit aufgeblasen und hoffärtig geworden und auch die weltliche Herrschaft an sich gerissen, sei ihr Reich gemehrt worden und er und seine Gehülfen „gedenken bald euch zu hilf und zu rat zu senden den Entchrist, dem ir den weg gar wol bereiten." Darauf gibt er den Geistlichen allerlei Rathschläge zur Erhaltung ihrer Gewalt. Sie sollten Krieg und Zwietracht ausstreuen: „denn so si friden hetten, würden sie sich sterken und möchten euren hochmut unterdrucken und von euch nemen die schäß, die wir bei euch hintangelegt haben, dem Endechrist zu warten". Ferner sollten sie unter allerlei Namen Geld und Gut sammeln, und so einer dagegen spräche, den sollten sie für einen Keßer und Ungläubigen erklären; auch sollten sie fortfahren, durch schändliches, unkeusches und lockeres Leben und böses Beispiel Schaaren von armen Seelen in den finstern Saal der Hölle zu treiben „dadurch sich unser hellisch reich großlichen wieder merel und heufet". Unter den satirischen Ausfällen gegen Rom erheben sich auch Stimmen von Furcht und Besorgniß für Luthers Sicherheit. So in einer Flugschrift bei Schade:

> O we o we des großen mort,
> Daß du des bapsts Derretel hast verprent!

Du wirst geächtet werden, heißt es darin weiter, Niemand hat die Apostel Christi beherbergt, aber der Papst hat viele Leute bekehrt (auf Karl V.). Der heilige Geist in Rom wird dich strafen, das römische Reich wird dich verlassen. Darauf werden die zwölf Glaubensartikel der Curtisanen aufgeführt, so daß jeder von einer bestimmten Person vertreten ist, und der Kaiser vor ihren Rathschlägen gewarnt.

IV. Der Reichstag in Worms und die Wartburgszeit.

1. Der Wormser Reichstag.

a) Stimmung und Vorspiel.

Karl V. und die nationale Partei.

23. Octbr. 1520.

So war die öffentliche Meinung in Deutschland, als Karl V. von den Niederlanden aus zum erstenmal das Reich besuchte, zu dessen Oberherrn er gewählt war. Nachdem er in der alten Kaiserstadt Aachen unter höchster Prachtentfaltung mit der Krone Karls des Großen geschmückt worden, zog er an den Rhein, um in Worms, wohin er die Fürsten und Stände auf den 6. Januar zu einem Reichstag entboten hatte, die deutschen Angelegenheiten in Ordnung zu bringen und zugleich die religiösen Streitigkeiten auszugleichen. Aller Augen waren auf den jungen Monarchen, den Herrscher so vieler Länder und Völker gerichtet, in dessen Hand das Schicksal der deutschen Nation gelegt war, und die Herzen der Patrioten schlugen ihm hoffnungsvoll entgegen, als er am Ende des Jahres den Rhein heraufzog.

Wir haben gesehen, welche feurige Ermahnungen die Vorkämpfer der nationalen Freiheit an Karl ausgehen ließen. „Tag und Nacht will ich dir dienen ohne Lohn", rief ihm Hutten zu; „manchen stolzen Helden will ich Dir aufwecken, Du sollst der Hauptmann sein, Anfänger und Vollender, es fehlt allein an Deinem Gebot." Er rieth ihm, die geistlichen Rathgeber zu entfernen, die römische Zwingherrschaft zu zerbrechen, Deutschlands Recht und Freiheit herzustellen. Hatte ja doch der Papst seine Wahl zu hintertreiben gesucht, die Friedrich von Sachsen so eifrig gefördert, für die Franz von Sickingen so thätig gewirkt! Sollten jetzt nicht beide, Kaiser und Nation, vereint gegen den gemeinsamen Feind

auftreten, Deutſchlands Unabhängigkeit und Freiheit auf kirchlichem Boden begründen? Wie ganz anders hätten ſich die Geſchicke der deutſchen Nation entwickelt, wäre der Habsburger der Mann geweſen, die große Aufgabe zu faſſen,
eine welthiſtoriſche Miſſion mit kühner Entſchloſſenheit anzutreten? Aber „ſolche
verwegene Glücksſpiele, die zwiſchen Unſterblichkeit und jähem Verderben hin-
führen, liebte Karl nicht. Seine Stärke lag in der ausharrenden Geduld, in
der zähen Energie, womit er verwickelte Verhältniſſe allmählich zu entwirren
ſuchte, er hatte nicht den kecken Wagemuth, der Alles an Einen Wurf ſetzt.“
Der ideale Aufſchwung der Deutſchen war ihm unverſtändlich. Sein Geiſt bewegte ſich in den herkömmlichen Formen und Gewohnheiten und ſtand damals
noch unter dem Einfluß ſeiner Umgebung, insbeſondere des Oberkammerherrn
Wilhelm von Croy, der ihm ſchon in Spanien die Herzen entfremdet hatte. Er
kannte nicht einmal die Sprache des Volks, zu deſſen Haupt und Führer er erkoren worden, und wie ſollte der Enkel Ferdinands und Iſabella's ein Chriſtenthum begreifen, losgelöſt von der päpſtlichen Autorität und der kirchlichen
Hierarchie! Die Regierungskunſt beſtand nach ſeiner Auffaſſung in der klugen Benutzung der realen Verhältniſſe; er rechnete nur mit den gegebenen Factoren, mit
den beſtehenden Mächten; ſeine Politik verſtieg ſich nicht in Regionen, die der diplo-
matiſche Verſtand nicht mehr zu beherrſchen vermag. Er ſah voraus, daß er
mit dem König von Frankreich manchen harten Kampf zu beſtehen haben würde.
Denn wenn auch durch den Vertrag von Noyon, den er gleich nach ſeinem Re- Aug. 1516.
gierungsantritt mit Franz I. abgeſchloſſen, der Friede auf einige Jahre geſichert
war, ſo ſtanden doch in Mailand, in Neapel, in Navarra und Burgund die
beiderſeitigen Anſprüche noch unausgeglichen einander gegenüber und harrten über
kurz oder lang der Entſcheidung durch das Schwert; und dieſer Moment war
jetzt durch die Kaiſerwahl näher gerückt. Franz konnte es nicht verſchmerzen,
daß der burgundiſche Herzog, der ehemalige Vaſall Frankreichs, ihm den Rang
unter den europäiſchen Potentaten abgewinnen ſollte. Es war zu erwarten, daß
er ſeine Niederlage und den verletzten Nationalſtolz bald an dem glücklicheren
Rivalen zu rächen ſuchen werde. Dabei aber war dem Kaiſer die Bundes-
genoſſenſchaft des Papſtes von hohem Werthe.

Doch ſuchte Karl die Lage der Dinge zu ſeinem Vortheil zu kehren. Die Curie Zuwartende
hatte ſich ihm nicht geneigt erwieſen: nicht nur bei der Kaiſerwahl war ſie ihm entgegen Haltung des
geweſen; ſie hatte auch dem Andrängen der aragoniſchen Cortes gegen den Druck der Kaiſers.
Inquiſition Gehör geſchenkt und dem Glaubensgericht, das mehr dem politiſchen Ab-
ſolutismus als der kirchlichen Rechtgläubigkeit diente, Einhalt zu thun geſucht. Die
ganze Verfaſſung dieſes Tribunals ſollte abgeändert und den Formen des gemeinen
Rechts genähert werden. Dafür hielt Karl die Curie eine Zeit lang zwiſchen Hoffnung
und Furcht in der Schwebe, um ſie für ſeine Zwecke zu gewinnen. Wenn er einerſeits
den beiden päpſtlichen Bevollmächtigten Caracciolli und Aleander, die ihm nach
Aachen entgegengeeilt waren, ſich gnädig erwies und die Verbrennung der Lutheriſchen
Schriften geſtattete, ſo ertheilte er andererſeits dem Kurfürſten von Sachſen das Auf-

trag, Luther auf den Reichstag mitzubringen „zum Verhör vor gelehrten und sachkundigen Personen". Auf die Vorstellung der Legaten, daß dadurch die Bannbulle entkräftet werde, daß es dem weltlichen Oberhaupte nicht zukomme, eine vom Papste getroffene Entscheidung nochmals zur Verhandlung zu bringen, sondern den Spruch einfach zu vollziehen, änderte er den Auftrag dahin, daß Luther in Frankfurt die Entscheidung des Reichstags abwarten sollte. Doch bedeutete er zugleich dem Botschafter: „der Kaiser werde sich dem Papst gefällig zeigen, wenn dieser auch ihm gefällig sei und seine Feinde nicht unterstütze".

Die ersten Verhandlungen des Reichstags. 1521.

Am 28. Januar wurde die stattliche Versammlung eröffnet. Die Eingangsrede verherrlichte die Macht und Ehre des römischen Reiches, dem keine andere Monarchie zu vergleichen sei und daß der jetzige Kaiser, dessen Vorfahren stets in deutschen Landen gewaltet, wieder zur alten Glorie und Würde zu erheben gedenke. Die Worte fanden bei den Ständen eine gute Aufnahme. Sie erklärten, „auf Erden nichts Lieberes zu sehen, als wenn S. Majestät allen andern christlichen Gewalten an Pracht und Wohlfahrt voranleuchte". Man begann mit den weltlichen Anliegen. Zunächst wurden die Kurfürsten und alle, die sich der Habsburgischen Sache günstig gezeigt, für ihre gute Gesinnung belohnt, die Gegner ungnädig abgewiesen. Der Erzherzog Ferdinand, Karls Bruder, empfing die österreichischen Herzogthümer als Erbland. „Einer der denkwürdigsten Tage für die deutsche Geschichte ist der, an welchem die Urkunde über diese Abkunft ausgefertigt wurde, der 28. April 1521. Dadurch wurde die deutsche Linie des Hauses Burgund-Oesterreich gegründet, der eine so große Stellung in Deutschland und dem ganzen östlichen Europa aufbehalten war." Wir wissen, daß dem Erzherzog bald nachher auch die Verwaltung des Herzogthums Würtemberg über-

Das Reichsregiment.

tragen ward. Darauf verhandelte man über die Errichtung eines ständischen Reichsregiments, wie es in der Wahlcapitulation vorgesehen. Hier gingen die Bestrebungen der Stände, welche die wichtigsten Befugnisse der Regierung einer aus Abgeordneten der Kurfürsten und der verschiedenen Kreise gebildeten repräsentativen Behörde unter einem kaiserlichen Statthalter übertragen wissen wollten, und die des Kaisers, der eine solche Regimentsordnung als eine allzu große Beeinträchtigung seiner monarchischen Macht und Ehre ansah, weit auseinander. Es war das Nachspiel der deutschen Reformbewegung, die wir im neunten Bande dieses Werkes kennen gelernt (179. 189 ff.). Zwei von einander abweichende Entwürfe hatten sehr aufgeregte Verhandlungen zur Folge.

Schließlich einigte man sich zu einer vermittelnden Aufstellung: Die auf zweiundzwanzig Mitglieder festgesetzte Behörde sollte den Titel „Kaiserlicher Majestät Regiment im Reich" führen, dem Kaiser allein den Treueid schwören, doch mit dem Zusatz, „die Ehre und den Nutzen des Heiligen Reiches wahrzunehmen", nur für die Zeit seiner Abwesenheit die Regierungsgeschäfte besorgen und in wichtigen Lehensachen und in Bündnissen mit Auswärtigen an seine Zustimmung gewiesen sein. „Dem Kaiser gelang es also, seine Ehre und Autorität (ein Punkt, in dem er sich sehr empfindlich zeigte) aufrecht zu erhalten; aber zugleich setzten doch die Stände ihren alten Gedanken durch und brachten es zu einem Antheil an der Reichsregierung, den ihnen Maximilian nach dem ersten Versuch niemals wieder hatte gestatten wollen. Die Kurfürsten von Sachsen und von Trier ließen sich die Sachen besonders angelegen sein."

Zu einem ähnlichen Resultat führten die Verhandlungen über die so noth- *Das Reichs-kammer-gericht.* wendige und so laut geforderte Reformation des Reichskammergerichts. Auch hier ging man auf die alte Ordnung vom Jahr 1495 zurück (IX, 181 f.), nur daß man die Zahl der rechtsgelehrten und der rittermäßigen Beisitzer um einige vermehrte, da man gegen 3000 unerledigte Prozesse zählte, und dem Kaiser bei der Anstellung der Richter eine ausgedehntere Mitwirkung einräumte: „Seinem Wesen nach blieb das Gericht ein ständisches. Dieser Charakter sprach sich um so unzweifelhafter aus, da es mit dem ebenfalls so entschieden ständischen Regi- ment an demselben Orte gehalten werden und der Aufsicht desselben unterworfen sein sollte". Zur Bestreitung der Kosten beider Institute wurde ein Matrikular- *Matrikel.* beitrag den einzelnen Ständen auferlegt, auf Grund des Constanzer Abkommens (IX, 192) aber in größerem Betrag für die reicheren Städte. Nach längeren Verhandlungen wurde auch die Kriegsmacht festgesetzt, welche das Reich dem *Kriegs-macht.* Kaiser an Reiterei und Fußmannschaft zu stellen habe, wenn er nach Italien ziehen würde, „um dasjenige so dem Reiche entwandt, wieder zu erlangen". Dabei machte man jedoch die Bedingung, daß die deutschen Truppen keiner frem- den Führung unterstellt werden, sondern unter ihren eigenen Hauptleuten ins Feld rücken sollten; nur die Oberanführer sollte der Kaiser zu setzen haben und auch diese aus deutscher Nation. Nach der Norm, die damals in Worms fest- gestellt ward, hat sich das deutsche Reich Jahrhunderte lang bewaffnet.

So wenig auch diese Abmachungen des Wormser Reichstags, welche die *Karls Stel-lung zur Kir-chenfrage.* Fürstenmacht auf Kosten des Adels und der Städte mehrten, die politischen und rechtlichen Zustände des Reichs in befriedigender Weise ordneten, so legten sie doch den Grund zu einem ständischen Reichsregiment mit Matrikularumlagen, so enthielten sie doch die Anfänge einer Reichs- und Gerichtsverfassung und einer festen Heeresorganisation. Wie sehr aber wurden die Hoffnungen der deutschen Patrioten auf die kirchliche Wiedergeburt der Nation getäuscht! Denn während der drei Monate, welche über dem Ordnen der Reichsangelegenheiten verflossen, waren die Gemüther tief erregt durch die religiösen Fragen. Wie viele Briefe liefen damals von Worms nach Wittenberg, auf die Ebernburg, nach Rom, in die ganze Welt; wie viele geheime Unterredungen gingen neben den öffentlichen Verhandlungen einher; wie viele Intriguen wurden eingeleitet, wie viele persön- lichen Interessen angeregt und zu eigennützigen Zwecken verwerthet! Karl war wohl nie ernstlich gesonnen, Luther in Schutz zu nehmen: aber er wollte nicht eher offen für die Curie Partei ergreifen, bis er ihrer ganz versichert war; auch mußte er behutsam auftreten, damit nicht die Aufregung einen drohenden Cha- rakter annehme. Welche Bewegungen hätte nicht ein Aufruf Luthers oder Huttens zum Widerstande, zur Selbstvertheidigung hervorrufen können.

8. Jan. 1521. Die Erneuerung des Bannfluches nach der abgelaufenen Frist von sechzig Tagen in verschärfter Form steigerte die Erregung und erschwerte jede Ausgleichung. Immer energischer drangen die Romanisten auf den Vollzug der Excommunication, während die Freunde der Reformation eine freie und unparteiische Behandlung des Streits, sei es durch ein nationales Concil oder durch eine öffentliche Disputation vor dem Reichstag verlangten. Karl ließ sich aus seiner zuwartenden Haltung nicht herausdrängen; er wollte die Reichsstände nicht verletzen, die, wenn sie auch nicht alle zu Luther hielten, wenigstens darin einig waren, daß dem römischen Erpressungssystem Schranken gesetzt und einige der schreiendsten Mißbräuche abgestellt werden sollten; aber noch weniger wollte er sich den päpstlichen Hof verfeinden und denselben in das Heerlager des Gegners treiben. So wurde die Entscheidung hinausgezogen.

Verhandlungen über Luther. 1521. Am 18. Januar forderte Leo X., „da es seines Amtes sei, den Weinberg des Herrn von allem Dornengesträuch zu säubern", den Kaiser auf, er möge durch ein Generaledict der Bannbulle gegen Luther und dessen Schriften gesetzliche Kraft verleihen. „Jetzt könne er zeigen, daß ihm die Einheit der Kirche am Herzen liege, wie den alten Kaisern. Vergeblich würde er mit dem Schwerte gegürtet sein, wenn er es nicht wie gegen die Ungläubigen, so gegen die Ketzer, die noch viel schlimmer seien als die Ungläubigen, brauchen wolle." Der Kaiser gab dieser Ermahnung in so weit nach, daß er im Februar dem Reichstag den Entwurf eines Edicts vorlegen ließ, kraft dessen Luther, weil er sich gegen „päpstliche Heiligkeit und gemeine Priesterschaft, die doch von Gott verordnet sei, ja wider alle Obrigkeit und Ehrbarkeit aufgelehnt", in kaiserliche Haft gebracht und seine Anhänger mit der Acht belegt werden sollten. Leo hatte kurz zuvor erlaubt, daß man die Breven gegen die Inquisition unterdrücke und sich auch in andern Dingen willfährig gezeigt. Dafür erwies sich nun auch der Kaiser entgegenkommend.

13. Febr. In ähnlicher Weise sprach sich Aleander in der dreistündigen „Aschermittwochsrede" bei Eröffnung der Versammlung aus, erinnerte an Hus und Hieronymus und verlangte im Interesse der kirchlichen Einheit unbedingten Vollzug der Verdammungsbulle. Aber die Reichsstände wiesen die schroffe Vorlage zurück; die Aufregung des Volkes sei so groß, daß ein solches Verfahren die öffentliche Ruhe gefährden könne, man solle Luther unter sicherem Geleite kommen lassen und verhören. Dieses Verlangen wurde so einmüthig gestellt, daß der Kaiser und die Römischgesinnten es nicht von der Hand weisen konnten. Während aber die Vorladung nach Wittenberg abging, sollte noch einmal eine Ausgleichung und Vermittlung versucht werden. Der kaiserliche Beichtvater, der schlaue und gewandte Franciscaner Glapio, trat in Unterhandlungen mit dem sächsischen Kanzler Brück, ja selbst mit den Häuptern der nationalen Partei auf der Ebernburg. „Er hätte nicht ungern die Lorbeern eingeerntet, nach denen Miltiz erfolglos die Hände ausgestreckt."

Glapio's Vermittelungsversuche. Die Stände hatten unterschieden zwischen den Sätzen, die Luther gegen die kirchliche Verfassung und denen, die er gegen Glauben und Lehre aufgestellt; in Bezug auf jene, meinten sie, sollte man glimpflich mit ihm verfahren, auch wenn er nicht widerrufe; (denn sie selbst hatten ja in den „hundert Gravamina" eine Menge von Beschwerden gegen die Mißbräuche in der Kirche, gegen die Erpressungen und Eingriffe der Curie und ihrer „Curtisanen" in den schärfsten Ausdrücken eingebracht, das Verfahren des römischen Hofes gegen Deutschland in Worten gerügt, die an die Ausfälle Huttens und Luthers gemahnten;) in Bezug auf den Glauben aber erklärten sie, bei den Lehren beharren zu wollen, „die sie, ihre Väter und Vorfahren bisher gehalten", und falls Luther sich zu widerrufen weigere, in das kaiserliche Mandat zu willigen, „den bisherigen Glauben ohne weitere Disputation zu handhaben". Darauf gründete Glapio sein Vermittelungswerk. „Wenn Luther zu bewegen wäre, meinte er, in irgend einer Form eine Anzahl seiner verwegensten und gefährlichsten Meinungen zurückzunehmen, dann würde sich der Papst schon zufrieden geben und auch für Abstellung der schreiendsten Mißbräuche in den deutschen Sprengeln sorgen, die in den Beschwerden der weltlichen Reichsstände ungeschminkt ans Licht der Oeffentlichkeit gezogen worden." In Förstemanns Urkundenbuch sind eine Reihe von Sätzen aus Luthers Schrift „von der babylonischen Gefangenschaft" aufgeführt, deren Widerruf verlangt ward. Es waren vor Allem die Aussprüche über das allgemeine Priesterthum aller Christen, über die evangelische Freiheit und über die Unabhängigkeit von der Kirchengewalt. Mit diesen Sätzen, meinte er, wälze sich Luther selbst einen Stein in den Weg: „er werde machen, daß die übrige kostbare Waare, die er sonst in den Port bringen könne, versinke".

Aber wie klug auch der Franciscaner vorging, wie rücksichtsvoll und anerkennend er sich über die Person Luthers aussprach, der Kurfürst beobachtete große Mäßigung und Zurückhaltung, nicht einmal eine persönliche Audienz konnte Glapio bei ihm erlangen. Auch der Vorschlag eines Schiedsgerichts wurde zurückgewiesen. Nicht erfolgreicher waren seine Bemühungen auf der Ebernburg. So glatt und entgegenkommend wußte er seine Worte zu setzen, daß Hutten und Sickingen glaubten, er sei eines Sinnes mit ihnen. Sie sollten eine Zusammenkunft zwischen ihm und Luther vermitteln; und Sickingen sandte dem Reformator durch Bucer eine Einladung, er möge auf dem Wege nach Worms die Ebernburg besuchen, dieser antwortete jedoch ablehnend.

Drei Monate lang bewegte sich damals das öffentliche Leben in Deutschland um Luthers Person. Es war begreiflich, daß man auch in Wittenberg während dieser Zeit in großer Aufregung lebte. Durch Spalatin, der den Kurfürsten nach Worms begleitet hatte, wurden die Freunde von Allem, was vorging und was zu erwarten oder zu befürchten stand, unterrichtet. Am 21. December, als zum erstenmal die Vorladung Luthers in Erwägung gezogen ward, schrieb der Reformator: „Wenn ihn der Kaiser rufe, werde er nach Worms kommen, er vertraue auf den, der die drei Männer im Feuerofen erhalten. Auf sein Leben und seine Wohlfahrt komme es nicht an, sondern darauf, daß das Evangelium den Gottlosen nicht zum Spotte werde, daß sie nicht sagen sollen, wir wagten nicht zu bekennen, was wir lehrten, und scheuten uns, unser Blut zu vergießen. Er wolle gerne den Tod erleiden, so schmerzlich es ihm auch sei, wenn der jugendliche Kaiser den Anfang seiner Regierung mit Blut zur Vertheidigung der Gottlosigkeit beflecken würde. „Verschet euch zu mir Alles, nur nicht, daß ich fliehen oder widerrufen werde. Fliehen will ich nicht, widerrufen aber viel weniger, so wahr mich mein Herr Jesus stärket: denn ich kann keines ohne Gefahr der Gottseligkeit und Vieler Seligkeit thun." Es war ihm leid, daß die Vorladung nicht sofort zur Ausführung kam; als

Luthers Haltung in Wittenberg.

11 *

man ihm später meldete, daß er nun doch nach Worms berufen werden sollte und daß
19. März. Glapio mit Vermittelungsvorschlägen umgehe, schrieb er abermals an Spalatin:
„Denket nur nicht, daß ich etwas widerrufen werde. Will aber Seine Kaiserliche Majestät mich vorfordern, daß ich soll umgebracht werden und von wegen dieser meiner
Antwort mich für des Reiches Feind halten, so erbiete ich mich zu kommen. Denn ich
gedenke nicht zu fliehen, noch das Wort in Gefahr stecken zu lassen, sondern es zu bekennen bis in den Tod, sofern mir Christus gnädig ist und beistehet. Ich bin aber gewiß, daß die Bluthunde nicht eher ruhen werden, als bis sie mich hingerichtet haben;
gern wollt ich, wenns bei mir stünde, daß Niemand sich an meinem Blute vergriffe,
denn allein die Papisten".

b) Luther's Vorladung und Verhör.

Vorladung nach Worms. Mit solchem standhaften Muthe erwartete Luther die Entscheidung. Als er
die obigen Worte schrieb, war bereits das kaiserliche Citationsschreiben ausgefertigt,
das den „ehrsamen, lieben, andächtigen M. Luther vom Augustinerorden", wie
die Ueberschrift lautete, nach Worms entbot. „Wir haben beschlossen", heißt es
darin, „wir und des heil. Röm. Reichs Stände, der Lehre und Bücher halben,
so von Dir ausgegangen, von Dir Erkundigung zu empfahen." Ein kaiserlicher
Geleitsbrief war beigefügt und ein eigener Herold zur Begleitung ernannt. Auch
der Kurfürst von Sachsen und die andern Fürsten, durch deren Gebiet der Weg
führte, hatten sicheres Geleit zugesagt.

Eindruck der Vorladung. Die Nachricht von der Vorladung Luthers erzeugte allenthalben die größte
Aufregung. In Rom war man höchst unangenehm berührt: die Wiederholung
der Excommunication am Gründonnerstag konnte als Antwort gelten. Auch
Aleander und die papistische Cohorte, die den Kaiser stets umschwärmte, waren
unzufrieden und verstimmt. Man hatte Alles zu einem Bündnisse zwischen dem
burgundischen und römischen Hofe vorbereitet, und nun sollten in Sachen des
Glaubens vor einer weltlichen Versammlung Verhandlungen gepflogen, ein mit
dem Bannfluch Belasteter nicht zum Widerruf, sondern zur Untersuchung vorgeladen werden. Um sie zu beruhigen, ließ Karl aufs Neue ein Mandat ausgehen, daß Luthers Schriften an die Obrigkeit abgeliefert werden sollten. Auch
in Wittenberg war man in großer Aufregung. Es blieb nicht unbemerkt, daß
die papistischen Parteigänger mehr und mehr bei dem Kaiser an Einfluß und
Gnade gewannen; die Häupter der Opposition, vor Allen Hutten, hatten schon
längst ihre Hoffnungen herabgestimmt; sie meinten, das römische Babel müsse
mit dem Schwerte zu Fall gebracht werden. Die Wittenberger Freunde fürchteten
für Luthers Sicherheit; der Geleitsbrief könnte eben so leicht verletzt werden, wie
bei Hus. Aber in dieser kritischen Lage zeigte Luther seinen standhaften Muth
und sein festes Gottvertrauen. Wenn Hutten in flammenden Worten zu Schwert
und Gewalt rief, so antwortete der Reformator in einem Brief an Spalatin:
„Durch das Wort ist die Welt überwunden, die Kirche erhalten worden, durch
das Wort wird sie wieder hergestellt, und auch der Antichrist wird durch das

Wort niedergeschmettert werden", und zu den besorgten Freunden sagte er: „Ist schon Hus zu Asche worden, so ist doch die Wahrheit nicht verbrannt". So Luthers Reise und Einzug in Worms. machte sich denn Luther auf den Weg gen Worms, begleitet von dem kaiserlichen Ehrenherold Kaspar Sturm, von Justus Jonas, Amsdorf und einigen andern Genossen und Anhängern, auf einem Wagen, den der Stadtrath von Wittenberg gestellt und mit Reisegeld, das Herzog Johannes zu Weimar gespendet. Die Reise war ein Triumphzug. In den größeren Städten, durch die der Weg führte, bereiteten ihm die Bürger einen festlichen Empfang; die Erfurter ritten dem ehemaligen Insassen ihres Augustinerklosters zwei Meilen entgegen. Eoban Heffus feierte ihn in einem lateinischen Gedicht. An verschiedenen Orten predigte er. In Thüringen fand er das Mandat des Kaisers zur Ablieferung seiner Schriften angeschlagen; seine Freunde geriethen in neue Besorgniß, selbst der Herold rieth zur Umkehr. Aber Nichts vermochte den Muth des Mannes in der Kutte zu beugen. „Christus lebet," schrieb er an Spalatin, „derohalben wollen wir hinein in Worms zu Trotz allen höllischen Pforten und denen, die in der Luft herrschen. Ich habe mir fürgesetzt, den Satan zu schrecken und zu verachten." In Eisenach wurde er krank; er wartete kaum seine Genesung ab, um weiter zu reisen. Auf die Einladung Sickingens zu einer Unterredung mit Glapio antwortete er: „Habe der kaiserliche Beichtvater mit ihm zu reden, so werde er ihn in Worms treffen, er halte sich an das Geleite des Kaisers". Noch in Oppenheim ließ ihm Spalatin sagen, er möge nicht in die Stadt kommen, es könnte ihm ergehen wie Hus. Da sprach er, wie er später selbst erzählte, die denkwürdigen Worte: „Ich will hineingehen, wenn auch so viele Teufel in Worms wären, als Ziegeln auf den Dächern". Am 16. April gegen Mittag fuhr er in dem offenen Rollwagen in Worms ein, voran der Herold im Wappenrock mit dem Reichsadler. Viele vom Adel waren ihm entgegengezogen, in den Straßen bewegte sich die neugierige, gaffende Volksmenge, theilnehmend den kühnen Mönch begleitend. Ihr Anblick erhöhte seinen Muth. „Gott wird mit uns sein", sagte er. Seine Herberge war in einem Hause, das der Kurfürst von der Pfalz, der Reichsmarschall Ulrich von Pappenheim und zwei sächsische Räthe bewohnten.

Schon am folgenden Tag wurde Luther von dem Herold zum Verhör in Erstes Verhör. den Bischofshof geführt. Das Gedränge war so groß, daß Viele auf die Dächer stiegen und man einen Umweg durch Häuser und Gärten nehmen mußte. Um vier Uhr des Nachmittags trat er in den Versammlungssaal ein. Beim Eintritt soll ihm Georg von Frundsberg, der tapfere Feldhauptmann auf die Schultern geklopft und gesagt haben: „Mönchlein, du gehest einen schweren Gang. Bist du deiner Sache gewiß, so fahre in Gottes Namen fort, er wird dich nicht verlassen". Der Kaiser saß in der Mitte, ihm zur Seite die Kurfürsten; viele geistliche und weltliche Herren, unter ihnen auch der päpstliche Botschafter Aleander, saßen und standen umher; eine große Zahl von Grafen, Rittern und Prälaten, berühmte Heerführer, Abgeordnete von Städten, Freunde und Gegner des Reformators füllten den Saal. Die glänzende Versammlung blendete den Mann in der Kutte, der aus seiner ärmlichen Jugend und aus der Klosterzelle stets einige Schüchternheit im Umgang mit der vornehmen Welt bewahrt hatte; es wird berichtet, er habe leise und unvernehmlich gesprochen. Auf einem Tisch lag eine Anzahl von Druckschriften. Der kurtrier'sche Offizial Johannes von Eck las die Titel vor und fragte, ob er sich als Verfasser bekenne und ob er sie widerrufen wolle. Die erste Frage bejahte Luther; in Betreff der andern bat er sich Bedenkzeit aus; denn es gelte Gottes Wort und der Seele Seligkeit. Der Kaiser besprach sich mit seinen Räthen; als die Mehrheit für den Aufschub stimmte, wurde dem Verlangen willfahrt.

Das zweite
Verhör.
Am andern Tag, dem 18. April, als es schon Abend ward, erschien Luther abermals in der Versammlung, die noch zahlreicher und glänzender war, als die vorhergehende. Jetzt hatte er seine ganze Kraft und Entschlossenheit wiedergewonnen; die erwartungsvolle Theilnahme der Versammlung belebte ihn; laut und deutlich war seine Rede. Auf die Frage des Official, ob er seine Bücher alle vertheidigen wolle, oder aber etwas widerrufen, hielt er eine längere Rede. Zunächst bat er um Nachsicht, wenn er nicht die rechte Form finden sollte, da er, ein Klosterbruder, der Hofgebräuche unkundig sei, der Kaiser möge ein gnädig Urtheil fällen, denn bei Allem, was er bisher geschrieben und gelehrt, habe er allein Gottes Ehre und der Christgläubigen Nutzen und Seligkeit bezweckt. Darauf sagte er, seine Bücher seien dreierlei Art, die einen handelten vom Glauben und von christlichen Werken, die hätten selbst seine Widersacher und die päpstliche Bulle nicht verworfen, er müßte also die Wahrheit verdammen, wenn er sie widerriefe. Sodann habe er in mehreren Schriften das Papstthum und die Papisten angegriffen, die mit ihrer falschen Lehre und bösem Exempel die Christenheit an Leib und Seele verwüstet hätten, diese könne er gleichfalls nicht widerrufen, weil er sonst ihre Tyrannei und Bosheit stärken würde; eine dritte Art seien Streitschriften gegen einige Personen, welche die römische Tyrannei vertheidigt und seine eigene gottselige Lehre zu fälschen und zu unterdrücken gesucht. Darin sei er wohl manchmal heftiger gewesen, als es sich für sein Amt geziemte; aber auch sie könne er nicht widerrufen, weil dadurch seine Gegner ermuntert würden, noch gräulicher zu wüthen wider Gottes Volk. Doch sei er ein Mensch, der irren könne; er wolle also nach dem Beispiel des Heilandes handeln, der, als er von dem Knechte des Hohenpriesters Hannas einen Backenstreich wegen seiner Antwort beim Verhör empfangen, sagte: „Habe ich übel geredet, so beweise es, daß es böse ist". Und so bitte auch er, man möge ihn mit prophetischen und apostolischen Schriften überweisen, daß er geirrt habe; dann sei er willig und bereit, seine Bücher selbst ins Feuer zu werfen. Er beklage es, wenn darüber Zwietracht und Uneinigkeit entstehe, aber es sei dies des göttlichen Wortes Art und Lauf; werde die Wahrheit jetzt unterdrückt, so würde viel Unheil und Gefahr über die Welt hereinbrechen und es würde die Regierung des

jungen gnädigen Kaisers mit einem so bösen unseligen Anfang auch ein schlimmes
Ende gewinnen, wie das Beispiel Pharao's und des Königs von Babel darthue.
Der Official unterbrach ihn und ermahnte ihn, bei der Ordnung zu bleiben.
Nach einer kurzen Besprechung der Räthe forderte er dann den Redner auf, seine
irrigen Bücher zu widerrufen, um die guten zu retten. „Wären Arius und die
Nestorianer von ihrem Irrthum abgestanden, so hätte man nicht mit den schlech-
ten Büchern auch ihre guten vertilgt. Nehme er nicht einmal zurück, was schon
das Constanzer Concil verdammt, so werde man gegen ihn als Ketzer erkennen.“
Darauf sagte Luther: „Weil denn Kaiserliche Majestät und Kur- und Fürstliche
Gnaden eine schlichte und klare Antwort begehren, so will ich die geben, so weder
Hörner noch Zähne haben soll: Es sei denn, daß ich mit Zeugnissen der Heiligen
Schrift oder mit einleuchtenden Gründen überwiesen werde (denn ich glaube
weder dem Papst noch den Concilien allein, weil sie oft geirrt haben und mit sich
selbst im Widerspruch gewesen sind), so kann und will ich Nichts widerrufen,
weil mein Gewissen in Gottes Wort gefangen ist“. Nach einer alten Ueberlieferung
schloß er seine Rede mit dem Spruch: „Hier stehe ich, ich kann nicht anders,
Gott helfe mir. Amen“. Ueber dem Geräusch und Gedränge, das sich im Saale
bei dem Schlusse seiner Rede erhob, mag die letzte Aeußerung nicht allgemein
gehört worden sein, daher die abweichenden Angaben. Aber im Herzen des deutschen Volkes blieben die Worte tief eingegraben. Sie geben Zeugniß von der
Ueberzeugungstreue und dem Gottvertrauen des Reformators und werden bei
der Nachwelt Glauben und Geltung finden wie der berühmte Ausspruch Galilei's
E pur si muove.

Unter großer Aufregung der Anwesenden wurde Luther nach seiner Her- Eindrücke u.
berge geführt. Die Deutschen freuten sich seiner Reden; manche Ritter fragten, Urtheil.
ob er in das Gefängniß gebracht werde, und legten die Hand an ihr Schwert;
der tapfere Erich von Braunschweig soll ihm einen Trunk Eimbecker Biers in
silberner Kanne in die Herberge geschickt haben; auch Friedrich von Sachsen sprach
zu Spalatin: „O wie gut hat Martin Luther vor Kaiser und Reich gesprochen“.
Die Spanier dagegen höhnten den ketzerischen Mönch, und man sah, wie sie
Schriften von Luther und Hutten vom Bücherladen rissen und mit Füßen traten.
Auf den Kaiser machten die Vorgänge im Reichstage einen ungünstigen Eindruck. Es wird ihm der Ausspruch in den Mund gelegt: „Der soll mich nicht
zum Ketzer machen“. Aleander stand damals hoch in seiner Gunst. Der Bund
mit dem Papste war abgeschlossen und wurde bald darauf (8. Mai) durch einen
Vertrag besiegelt. Er zögerte auch nicht, seine Gesinnung kundzugeben. Schon am
nächsten Tag ließ er die Stände zu Hof entbieten, um ihnen den Abschied mit- 19. April.
zutheilen, den er Luther zu geben gedächte. Er hatte ihn selbst französisch abgefaßt und ins Lateinische übersetzen lassen, auch der Curie in Rom wurde er
durch den Gesandten zugestellt, wofür Leo in einem huldvollen Breve dem Kaiser
dankte.

In dem Abschied hieß es: „Luther sollte nicht weiter gehört, sondern sofort nach Hause geleitet und als Ketzer behandelt werden. Für den Nachfolger der christlichen Kaiser und der katholischen Könige Spaniens, dessen erbliche Pflicht es sei, den alten Glauben zu beschirmen und die Beschlüsse der Concilien in ihrem Ansehen zu erhalten, wie für sie, die Stände Deutschlands, würde es eine ewige Schande sein, wenn eine Ketzerei, ja wenn nur der Schein eines Irrthums in ihren Herzen haftete. Darum wolle er Leib und Leben, ja die Seele selbst einsetzen, um Luthers gottlosem Thun zu wehren. Sie aber möchten beschließen, was guten Christen gebührt und sie zu thun versprochen".

Vermitte-
lungsver-
suche Als die Reichsstände die strengen Worte vernahmen, geriethen sie in Unruhe; man sah manches Angesicht erblassen. Es traten so viele Symptome einer aufgeregten Volksstimmung zu Tage, daß ruhestörende Auftritte zu erwarten standen. In der kaiserlichen Wohnung fand man einen Zettel mit dem Bibelspruch: Wehe dem Lande, dessen König ein Kind ist; ein Anschlag am Rathhaus zu Worms rief zu den Waffen gegen die Papisten; von der Ebernburg aus, wo man von Allem, was in der benachbarten Stadt vorging, aufs Genaueste und Schnellste unterrichtet ward, ermahnte Hutten seinen „heiligen Freund" zum standhaften Ausharren und stellte Hülfe in Aussicht. Die drohende Nähe der Sickingen'schen Burg mit bewaffneten Kriegsknechten und die feindselige Haltung der gährenden kampflustigen Bevölkerung in Stadt und Land machten alle Widersacher Luthers um ihre Sicherheit besorgt. So wurde denn trotz Aleanders Widerspruch noch einmal der Versuch gemacht, den Wittenberger Mönch zu einer milderen Erklärung zu bringen; der Kaiser gewährte den Ständen eine dreitägige Frist, um in Güte mit ihm zu verhandeln. Zu dem Behufe trat in der Herberge des Erzbischofs von Trier und unter dessen Vorsitz ein Ausschuß zusammen. Der badische Kanzler Hieronymus Veuß (Vehus) forderte den Vorgeladenen auf, Kaiser und Reich über seine Schriften und Lehren entscheiden zu lassen. Luther erklärte sich bereit, sofern sie es nach Gottes Wort thäten. „Du gedenkst", fiel der Kurfürst von Brandenburg ein, „nur mit der Schrift dich weisen zu lassen?" „Ja", erwiderte der Angeredete, „oder mit einleuchtenden Gründen." Der Ausschuß gerieth darüber in Verlegenheit; er schickte einige Mitglieder nach dem Ständehaus, um sich Raths zu erholen. Während ihrer Abwesenheit berief der Erzbischof den Mönch in sein Gemach, um in Gegenwart seines Offizials und des bekannten Cochläus aus Frankfurt, eines papistischen Spähers, eine Vermittelung und Ausgleichung zu erwirken. Er sollte um der kirchlichen Einheit willen die Beschlüsse des Costnitzer Concils gelten lassen, denn durch freies Forschen und Auslegen der Schrift seien allzeit Ketzereien entstanden; Luther aber blieb dabei, Hus sei zu Constanz mit Unrecht verdammt worden. Eben so wenig wollte er sich der Bedingung fügen, sich alles Schreibens und Lehrens zu enthalten, denn dadurch hätte er der Reformation Stillstand geboten. Aber auch damit waren die Ausgleichungsversuche noch nicht zu Ende. Der Kaiser bewilligte eine Verlängerung der Frist um zwei Tage. Der badische

Kanzler wiederholte seine Bitte, Luther möge Kaiser und Reich zu Richter nehmen; dieser gab jedoch zur Antwort, er wolle nicht Menschen über Gottes Wort erkennen und richten lassen. Konrad Peutinger, der Abgesandte von Augsburg, schlug ihm vor, die Entscheidung einem Concil zu übertragen; Luther knüpfte daran die Bedingung, daß die für irrig erklärten Artikel nur mit der Heiligen Schrift widerlegt und ihm zuvor übergeben würden. Und als ihn noch zum Schluß der Erzbischof in einer vertraulichen Unterredung aufforderte, er möge selbst ein Mittel angeben, wie der Sache zu rathen und zu helfen sei, und ihm, falls Furcht vor den Sachsen seine freie Entschließung hindern sollte, ein Priorat in seinem eigenen Sprengel anbot, sprach der unbeugsame Mann: Er kenne keinen andern Rath, als den, welchen einst Gamaliel gegeben. „Ist meine Sache nicht aus Gott, so wird sie in Bälde untergehen; ist sie aber aus Gott, so wird man sie nicht können dämpfen.“ Damit endigten die Unterhandlungen mit Luther in Worms. An eine Vermittelung war nun nicht mehr zu denken.

Man könnte sich fast zu dem Wunsche versucht fühlen, bemerkt Ranke, Luther hätte sich für's Erste genügen lassen, im Verein mit Kaiser und Reichsständen die Herrschaft des Pontificats über Deutschland abzuwerfen. „Es würde die Nation in ihrer Einheit befestigt, zu einem Bewußtsein derselben erst vollkommen geführt haben, wenn sie einen gemeinschaftlichen Kampf wider die weltliche Herrschaft von Rom unter des Kaisers Anführung bestanden hätte. Jedoch die Antwort ist: die Kraft dieses Geistes würde gebrochen gewesen sein, wenn eine Rücksicht ihn gefesselt hätte von einem nicht durchaus religiösen Inhalt. Nicht von den Bedürfnissen der Nation, sondern von religiösen Ueberzeugungen war er ausgegangen, ohne die er nie etwas gemacht hätte und die ihn nun freilich weiter geführt hatten, als es zu jenem politischen Kampfe nöthig oder auch nützlich war. Der ewig freie Geist bewegt sich in seinen eigenen Bahnen.“

c) Ausgang und Eindrücke des Reichstags.

Es fehlte nicht an Stimmen, welche dem Kaiser riethen, das Beispiel seines Vorgängers Sigmund in Constanz nachzuahmen. Selbst Cardinal Adrian, sein einstiger Lehrer und neben dem Herrn von Chièvres sein einflußreichster Rathgeber, richtete die dringende Bitte an ihn, durch Anwendung der Kirchengesetze gegen den verstockten Ketzer der Welt darzuthun, daß er ein Feind der Freunde Christi sei. Auch der König von England gab den Rath, die häretischen Bücher zugleich mit ihrem Urheber von Grund aus zu vertilgen. Karl fürchtete aber, ein Gewaltstreich gegen die Person Luthers, dem die Theilnahme und Begeisterung der Nation in allen Ständen so offen und allgemein zugewandt war, möchte eine gefährliche Bewegung unter dem Volke und bei der Ritterschaft hervorrufen. Er hielt also das Geleit, sein Herold sollte den Geladenen nach Wittenberg zurückführen. Aber schon in Friedberg entließ Luther den Begleiter mit zwei Schreiben an die Reichsstände und an den Kaiser voll Betheuerungen seiner Treue und seines Gehorsams in Allem, was nicht seine religiöse Ueberzeugung betreffe. Man hatte ihm bei der Abreise unter der Hand einen Wink gegeben, daß er auf einige Zeit in eine sichere Zufluchtsstätte gebracht würde. Den Ort wußte er nicht.

Am 30. April ging Karl noch einmal mit den Ständen zu Rathe, wie
man gegen Luther verfahren solle, der ohne jeden Widerruf, mit bösem und ver-
stocktem Sinn von Worms weggezogen sei.   Die Reichstagsmitglieder gaben
den Widerstand auf und überließen dem Kaiser, das Mandat zu entwerfen. Am
4. Mai schrieb Friedrich von Sachsen: „Mit Martins Sache steht es schlimm,
man wird ihn verfolgen; nicht allein Annas und Kaiphas, auch Pilatus
und Herodes sind wider ihn." Er selbst blieb seiner Gesinnung gegen Luther
treu, dem Kaiser sagte er, „er werde sich zu halten wissen als ein christlicher
Fürst". Vier Tage nachher wurde das erwähnte Bündniß in Rom abgeschlossen,
worin Leo dem Burgunder seine Hülfe zur Vertreibung der Franzosen aus
Italien zusagte, dieser dagegen versprach, er werde mit seiner ganzen Macht die
Feinde des katholischen Glaubens verfolgen und das Unrecht, das dem apostolischen Stuhle zugefügt würde, rächen und bestrafen gleich als sei es ihm selbst
widerfahren.   Nun erhielt Aleander den Auftrag, das Mandat zu entwerfen.
Dieser legte sofort Hand an's Werk und er selbst war mit seiner Arbeit so wohl
zufrieden, daß er eine Abschrift davon nach Rom schickte. Auch das kaiserliche
Rathscollegium gab seine Zustimmung dazu. Mit jedem Tage erwartete man
nun, daß es dem Reichstag vorgelegt werden würde: aber es geschah nicht. Endlich, am 25. Mai, als die Kurfürsten von Sachsen und von der Pfalz und mehrere andere Mitglieder die Stadt bereits verlassen hatten, erschien Karl im Stände-
saal, sprach der Versammlung seinen Dank aus für die Aufrichtung des Regiments, des Kammergerichts, der Matrikel, und bat dann, sie möchten noch drei
Tage bleiben, um einige „ungeschiedene" Sachen zu Ende zu bringen. Als er
nach seiner Wohnung zurückkehrte, gaben ihm die vier noch anwesenden Kurfürsten und mehrere Fürsten das Geleite. Er bat sie, einzutreten. In den Gemächern befanden sich mehrere italienische und spanische Granden und die beiden
Nuntien.   Aleander überreichte dem Kaiser und den Kurfürsten die päpstlichen
Breven, die kurz zuvor eingetroffen und in huldvollem Tone abgefaßt waren.
Darauf sprach Karl, daß er in Sachen Luthers ein Edict auf Grund des alten
Beschlusses der Stände habe abfassen lassen, und gab Aleander Befehl, es vor-
zulesen. Es erwähnte die falschen Lehren und Verleumdungen, die Martin
Luther, in dessen Person der böse Feind die Gestalt eines Menschen in der
Mönchskutte angenommen, wider die katholische Kirche habe ausgehen lassen;
bemerkte, daß, da alle friedlichen Mittel erschöpft seien und Luther als hart-
näckiger Ketzer die Stadt verlassen habe, der Kaiser als Schirmherr des wahren
katholischen Glaubens einzuschreiten verpflichtet sei, und sprach am Schluß die
Acht und Aberacht über Luther und alle seine Gönner und Anhänger aus; seine
Schriften sollten verbrannt, und zur Verhütung künftiger Irrsal keine Bücher
mehr ohne geistliche Censur gedruckt werden. „Von einer Begutachtung des
Reichsraths war nun keine Rede mehr. Man hielt es für genügend, daß Kurfürst Joachim von Brandenburg im Namen der Geladenen sagte, sie seien damit

einverstanden, auch entspreche das Edict der Ansicht aller Stände." Sofort ließ
Aleander zwei Reinschriften anfertigen, eine deutsche und eine lateinische, setzte
aber eine falsche Zeitangabe darunter, indem er sie auf den 8. Mai zurückdatirte,
damit man glauben sollte, die Aechtungsurkunde sei mit der Stände „einhelligem
Rath und Willen" erlassen worden. Am andern Morgen, es war ein Sonntag,
eilte er mit dem Schriftstück zum Kaiser; dieser befand sich gerade in der Kirche
und dort setzte er seine Unterschrift bei. Ein weiterer Erlaß gebot jeder Obrigkeit
unter Androhung strengster Strafen, das Edict zu vollziehen. So zerrannen die
Hoffnungen der deutschen Patrioten. Statt die Lehre Luthers zu prüfen, verdammte man ihn ungehört. „Ich schäme mich allmählich meines Vaterlandes",
schrieb damals Hutten.

Aus ganz Deutschland waren Anhänger der nationalen und kirchlichen Reform nach **Stimmen der**
Worms geströmt; in Briefen, in Berichten, in volksthümlichen Darstellungen wurden die Ver- **Zeitgenossen.**
handlungen und Stimmungen, die Hoffnungen und Befürchtungen an Ort und Stelle sogleich
niedergeschrieben. Dahin gehört der alte Zeitungsbericht: „Warhafftige Anzaigung wie Doctor
Martinus Luther zu Wurms auf dem reichstag eingefaren ist, durch K. M. in aigner person
verhört und mit im darauf gehandelt ist". Außer dieser schlichten Darstellung ist besonders **Luthers**
merkwürdig „Doctor Martin Luther's Passion". Schon während des Reichstags hatte der **Passion.**
Frankfurter Gesandte geschrieben: „Der Mönch macht viel Arbeit: ein Theil möchte ihn ans
Kreuz schlagen, und ich fürchte, er wird ihnen schwerlich entrinnen: nur ist zu besorgen, daß er
am dritten Tag wieder aufersteht". Ebenso wird auch in der Volksschrift das Verfahren gegen
Luther mit Christi Leidensgeschichte verglichen. Entsprechend dem Einzug Jesu in Jerusalem
wird Luthers Einzug in Worms kurz angeführt und darauf die Versammlung und Berathung
der Bischöfe unter dem Vorsitz des Erzbischofs von Mainz als „Kaiphas" berichtet. Diener
des Papstes werden als versuchende Pharisäer dargestellt, die Luther zu einem Gespräch ein-
laden sollen, dieser will aber nur öffentlich disputiren. Unter den Pharisäern sind in erster
Linie die beiden Nuntien zu verstehen, Carraccioli (mit dem Schimpfnamen „Judico" eingeführt)
und Hieron. Aleander (der „Jud" genannt, weil man behauptete, er sei von jüdischer Herkunft). Neben dem „Kaiphas" erscheint „Annas" in der Person des Cardinals von Gurk, der
den Rath gibt, es sei nütze, daß ein Mensch sterbe für die Päpstlichen, „daß ir buberei nit offenbar werd und daß nit die römisch schalkheit abneme". Der Kurfürst von Sachsen tritt als
„Petrus" auf, der seinen Herrn verleugnet; Johannes Sabula (Cochläus?) und der triersche
Official Johannes von Eck legen falsch Zeugniß ab. Bei der Verhandlung am zweiten Tag
tritt der Bischof von Trier als „Pilatus" auf, er will Luther freigeben, aber die Papisten verhindern es, obschon die deutsche Nation als das „Weib des Pilatus" Fürbitte einlegt. Die
Papisten rufen aus: „er werde verbrant, er werde verbrant! merk du: lassest du den ledig, so
bist du nit ain Freund des römischen Bischofs; er wirt dir hilf thun wider Frankreich!"
Darauf übergibt Pilatus Luther's Bücher und Bildniß den Papisten. Ein Dominicanermönch
verbrennt die Schriften und die Bilder von Luther, Hutten und Karlstadt. Aber Luther's Bildniß wollte nicht Feuer fangen, bis man es in einem verpichten Faß in die Flammen warf.
Die das mit ansahen, riefen verwundert: „fürwar, das ist ain christ".

Von der innern Gemüthsstimmung des deutschen Volks gibt ein allegorisches Gespräch **Gespräch der**
Zeugniß: „Dialogus oder gespräch des Apostolicums, Angelica und anderer spezerei der **Apotheker-**
apoteken antreffen Doctor M. Luther ler und sein Anhank". In der Unterredung der **pflanzen.**
Apothekerpflanzen über die alte und neue Lehre wird in humoristischer Weise dargethan,
daß „die neue wohlriechende, tiefgegründete, tiefgewurzelte Bewegung durch die zwingende

Macht der Gründe einen vollkommenen Sieg erringen müsse über die alte abgestandene, übel-
riechende Kirche, die einer Erneuerung und Erfrischung bedarf". Wenn hier die Erneuerung
der Lehre und des Glaubens den Hauptgesichtspunkt bildet, so wird in einem andern Gespräch mehr die praktische Seite, die Organisation eines neuen kirchlichen Lebens in der
Gemeinde, die Ordnung des Cultus, die Stellung der Geistlichen zu und in der Gemeinde
u. A. in Betracht gezogen. Der Titel lautet: „Ain schöner Dialogus und strafred von dem
schultheiß von Gaißdorff mit seinem Schüler wider den Pfarrer daselbst und seinen helfer, in
beiwesen der sterer und etlich nachbauern des Dorfs, antreffend allen mangel und geiz geistlich
und weltlich standes". — Unter den früheren Flugschriften war der erwähnte „Karsthans" am
bekanntesten bei dem Volke. Aus diesem Grunde wählte der Verfasser einer andern Flugschrift,
die wohl von dem Hutten'schen Kreise ausging, den Titel „Neukarsthans" für ein Gespräch
zwischen Franz von Sickingen und einem Bauer. Sickingen fragt den Karsthans um die Ursache seines ernsten Aussehens, worauf ihm dieser sagt, er sei wegen einer Kleinigkeit von dem
geistlichen Sendgericht gebüßt und mit dem Banne belegt worden. Es müßte mit dem Pfaffen
zur Abrechnung kommen, hätten sie nur einen Hauptmann, so würde es schon gehen. Sickingen mahnt zur Ruhe: man solle es auf friedlichem Wege durch Gütigkeit versuchen, denn noch
gebe es unter den Geistlichen viele redliche Leute. Versuche man es aber mit Gewalt, so sei
Gefahr, daß der Unschuldige mit dem Schuldigen leide: „denn du und dein hauf schlahent mit
unvernunft drein". Beide stimmen aber darin überein, daß der Hochmuth der Geistlichen noch
zu einem Einschreiten mit Gewalt zwingen werde; und Karsthans meint, Sickingen werde
ihr Anführer sein; auf ihn setzen alle Bauern ihr Vertrauen, da er fest zu Luther halte und
auch den Hutten vor Vergewaltigung des Papstes und der Geistlichen schütze. Sickingen gesteht,
daß er Luther's Schriften gelesen und sie nicht anders als christlich erkenne, sollte demselben nun
um der göttlichen Gerechtigkeit und Wahrheit Gewalt und Unrecht widerfahren, so würde er
ihm beistehen; auch von Hutten, den er für seinen guten Freund halte und in seiner Roth Zuflucht gegeben, wisse er nicht anders, als daß er die lautere Wahrheit geschrieben, indem er dem
ärgerlichen Leben des römischen und geistlichen Regiments entgegengetreten. Die Geistlichen
gäben sich für die Nachfolger der Apostel aus, seien aber vielmehr reißende Wölfe; er wisse aus
der Bibel, die ihm Hutten erklärt, und aus den älteren Kirchenvätern, wie die Geistlichkeit das
Gegentheil von dem thue, was ihnen Christus befohlen. „Da sollte man ja mit Flegeln und
Karsten drein schlagen" meint der Bauer. Sickingen ermahnt zur Geduld, fährt aber fort, die
Entartung der Geistlichen zu schildern und tadelt den Cölibat und die Fasten als ungöttlich.
Der Karsthans drückt seine Verwunderung aus, daß der Ritter „so gründlich pflegt uß der heiligen geschrifft zu reden"; Sickingen erklärt ihm, daß er mit Hutten im vorigen Winter die
lutherischen Bücher gelesen und sich mit ihm über die Heil. Schr. besprochen. „Ich danke dem
almechtigen got, der mich hat erleben lassen die zeit, da sein heilig teur wort und göttliche war-
heit, die lang durch die falschen geistlichen vertruckt gewesen, wieder herfür und zu liecht komen."
Er stimmt mit Karsthans überein, daß die Zeit ihrer Züchtigung nicht mehr fern sei. Wolle
ihn Gott dazu gebrauchen, so sei er bereit, sein göttlich Gebot zu erfüllen. Sickingens Vertrauen auf den Kaiser vermag der Bauer nicht zu theilen, seitdem er gehört, daß er Luthers
Bücher habe verbrennen lassen, ihn selbst mit einem grimmigen scharfen Mandat in die Acht
gethan und nun auch Hutten verfolge. Er wird dann durch Sickingen über die Gewalt des
Papstes belehrt: in der alten Kirche sei derselbe Bischof wie andere gewesen, seit er sich aber
allerheiligster Vater nennen lasse, habe er seinen Stuhl über Gottes Stuhl gerückt und müsse
darum Lucifer nachfallen. „So fall er", ruft Karsthans, „in aller teufel namen und der teufel
helf ihm darnach wiederumb auf!" Es könne keinen größeren Gegensatz geben, meint Sickingen, als zwischen dem Papst und Christus. So habe der Papst am Gründonnerstag, dem Ein-
setzungstage des Liebesmahles, die abscheuliche Ketzerbulle verlesen lassen, worin die göttliche
Barmherzigkeit in menschlichen Zorn, die brüderliche Liebe in feindliche Verfolgung, der Frie-

den in Krieg, der Segen in Fluch verwandelt sei. Solchen Uebelständen könne nur abgeholfen werden mit der freien Wahl der Geistlichen durch die Gemeinde. „Wir seind all die kirch und keiner mer denn der ander." Er hofft bessere Tage, wenn nach Ausreutung der bösen gute Hirten kommen werden, denn die Welt dürste nach dem Evangelium. Kniebeugen, Ceremonien, Kirchenschmuck, Orgelmusik und Glockengeläut, gepußte Madonnen und Heilige seien zur Andacht nichts nüße. „Das unverständig volk zu betriegen, machen sie den leuten ein spiegelfechtens vor augen mit ihren cerimonien und gauklerei; jeßund soll man got im geist dienen und uferlich gar nichts anders dann gute werk, darvon andere beispiel nemen." Um Geld mache der Papst Heilige; um tausend Ducaten habe er den heil. Rock in Trier für das echte Kleid Christi erklärt und nun zögen die trierischen Pfaffen von den einfältigen Laien, die dahin wallfahrteten, reichen Gewinn ein. Der wahre Tempel Christi sei die Seele des gläubigen Menschen, nicht die geschmückte Kirche von Stein und Holz. Solle die Religion gründlich gebessert werden, so müsse man in Deutschland verfahren wie Zisla in Böhmen; man müsse von den Kirchen den größten Theil abbrechen und alle Mönche vertreiben; nur die Zerstörung der Klöster könne Abhülfe bringen: „und wo die nit bald kompt, muß die christenlich welt durch sie verarmen". Auch die adeligen Stifter müßten fallen; denn diese kämen nur den verrätherischen Curtisanen und Romanisten zu gute, durch welche das Geld nach Rom ginge. Um dieser Stifter willen und um der Bischoffiße seien übrigens Adel und Fürsten großentheils den kirchlichen Neuerungen abgeneigt, da ihre Vettern und Brüder dort ihre Versorgung fänden. Karsthans meint, die gemeine Sache sollte Allem vorgehen; „keinem sollte sein freund oder eigennuß lieber sein, denn das ganz vaterland und gemeine wolfart". Nach dem Gespräch folgen dreißig Artikel, welche Junker Helferich, Reiter Heinz und Karsthans mit sammt ihrem Anhang hart und fest zu halten geschworen haben. „Dieselben beziehen sich theils auf das Verhalten zum Papstthum, in welchem die Verbündeten das Reich des Antichrist erkennen, insbesondere aber im päpstlichen Legaten einen Verräther des deutschen Nation und gemeinen Feind des Vaterlandes halten, auf die Verwerfung aller päpstlichen Rechte, Weihen, Gebote, Sazungen, Cultusgebräuche, auf die energische Abweisung aller Bettelmönche, aller Pedelle, welche Bannbriefe bringen, auf die Anstellung evangelischer Pfarrer, auf Abschaffung aller Festtage mit Ausnahme des Sonntags, auf Beraubung in Betreff alles unrechten Erwerbs und endlich auf festen Anschluß an Hutten und Luther." — In die Wartburgzeit Luther's fällt das Gespräch „Kunz und Friß", eine Volksschrift voll derben Humors, in welcher die Lehrer der scholastischen Theologie in beißenden Ausfällen gescholten und die Anhänger Luther's, Erasmus, Oecolampadius, Urbanus Rhegius, den die Pfaffen aus dem Carmeliterkloster getrieben, gerühmt werden. Ein Tübinger Professor „Fezenlump" wolle den Paulus nicht mehr lesen lassen, weil sich Luther auf ihn berufe. Dr. Ed oder Ged wird „Ablaßnarr" und „Christusverläufer" genannt, dem der Papst Ducaten geschenkt. Jeßt müßten sie noch „Sparmund" machen, wegen der geheimen Späherei; aber bald würden die schwarzen Wolken vorüberziehen: „Dann wann die recht Zeit kumen wirt und der frum christlich gewalt das schwert recht ergreift, glaub mir, es wirt anderst gon". Unterdessen wollen sie mit einander gute Christen bleiben und die Buben Buben sein lassen. Die Ueberschrift lautet:

Ain schöner Dialogus.
Kunz und Friß, Die brauchent wenig wiß,
Es gilt umb sie ein klains, So seinds der sach schon ains,
Sie redent gar on trauren, Und seind gut luthrisch bauren.

Aus derselben Zeit (Sept. 1521) stammt auch die Schrift: „Von dem Pfründenmarkt der Curtisanen und Tempelknechte", worin wie in dem früher erwähnten Gespräch mit ähnlichem Titel die Mißbräuche dargelegt werden, daß unwürdige Geistliche, um ein „geil ful üppig leben" führen zu können, durch Bestechung in Rom mehrere Pfründen erwerben; diesem Geläufe nach Rom sollte die weltliche Obrigkeit wehren und sich nichts um Decretalen und Bann kümmern. Mit starken Ausdrücken werden dann die Uebel gezeichnet, die aus der Pfründenhäufung entspringen und ein furchtbares Sündenregister der hoffärtigen sittenlosen Prälaten, besonders ihrer geschlechtlichen Ausschweifungen und Weiberverführungen entrollt. Es wäre tausendmal göttlicher, die Pfaffen hätten Eheweiber und dienten Gott in der Ehe, ohne den Leuten ein Aergerniß zu geben. Schließlich werden die weltlichen Stände ermahnt, zur Abstellung solcher Mißbräuche mitzuwirken und wenn die Geistlichen blind seien, die Führung zu übernehmen, unbekümmert um Bann oder geistliche Strafe. In einer Volksschrift „Die Lutherische Strebkatz" werden in der prosaischen Einleitung und in dem beigefügten Holzschnitt die Gegner Luthers und der Reformation als Thiere aufgeführt, die mit dem Papst an dem Kreuz zerren, das Luther herabzuziehen sucht. Luther sagt:

Ulf meiner seiten nit mer hab
Dann, herr, dein leiden für ein stab:
So hat er gar ein teuflisch her:
Soll ichs hin ziehen, wirt mir schwer,
Schau, wie der eber wetz die zen,
Der bock thut auch herzu her steen,
Der kochlöffel mit seiner sauf,
Dem thut der pabst vil grieben drauf.
Der Murnar mit seim katzen gschrei,
Der Lemp mit belln tritt auch an rei;
Der rattenkönig, genant Hochstrat
Den auch der pabst gekrönet hat;
So wil der schmitt von Costenz dran,
Noch steh ich gar ein dapfren man,
Wolt sich gern mengen in die klei,
Mich dunkt, wie es ein eichhorn sei.   (Kretz oder Usingen?)

2. Luther auf der Wartburg und die Vorgänge in Wittenberg.

a) Geistige Aufregung in Deutschland.

Als das Wormser Edict bekannt gemacht wurde, war Luther in sicherem Gewahrsam. Als er über Hersfeld, wo er von dem gefürsteten Reichsabt ehrenvoll aufgenommen und bewirthet ward und auf Ersuchen gegen das Verbot eine Predigt hielt, nach dem Thüringer Lande fuhr, wurde auf der bewaldeten Straße zwischen Möra, wo er bei Verwandten eingesprochen hatte, und dem Städtchen Waltershausen in einem Hohlwege unweit vom Schlosse Altenstein sein Wagen angehalten. „Befreundete sächsische Edelleute mit ihrem Gefolge rissen ihn anscheinend gewaltsam heraus, setzten ihn auf ein Pferd und brachten ihn, in einen Reitermantel gehüllt, nach der Wartburg, wo er erst gegen Mitternacht sehr ermüdet eintraf. Er war jetzt kurfürstlicher Staatsgefangener unter der Hut des Schloßhauptmanns v. Berlepsch. Wenige Personen nur waren in das Geheimniß eingeweiht. Im Reiterkleid, mit langem Haar und herabwallendem Bart war er selbst den nächsten Freunden unkenntlich geworden. So hauste er in Berges- und Waldeinsamkeit unter dem Namen eines Ritters Georg, und ruhte aus von den gewaltigen Kämpfen, die soeben noch sein Dasein zu zertrümmern drohten." Unter den Anhängern der Reformation erregte sein Verschwinden Triumph der Gegner. große Bestürzung; die Gegner trugen das Haupt höher, in den niederländischen Städten bemerkte der zurückkehrende Kaiser mit Lächeln, wie eifrig man Luthers Bücher auf dem Markt trug und verbrannte; Johann Eck veröffentlichte das Urtheil der Pariser Theologen vom 15. April, worin die Lehren des Wittenberger Mönchs in den schärfsten Ausdrücken verdammt waren, er selbst als der gefährlichste Irrlehrer dargestellt. Auch in Deutschland wurde an manchen Orten die Reichsacht in Vollzug gesetzt, in der Mark Brandenburg, in den Landen Georgs von Sachsen, der Herzoge von Baiern, mehrerer geistlichen Fürsten; man spähte den Anhängern Luthers nach, man forschte, wer verdächtige Bücher las; schüchterne Gemüther fielen ab, andere zwang man zum Widerruf. Selbst der Gefangene auf der Wartburg war in der ersten Zeit seines Aufenthaltes „in der Wüste" von schweren Sorgen heimgesucht. Als er durch Spalatin von der Achtserklärung Kunde erhielt, schrieb er an Melanchthon: „Laß uns die Last gemeinsam tragen. Wir stehen jetzt noch allein im Kampfe, nach mir werden sie auch an Dich gehen". Die Einsamkeit in der wilden Gebirgsgegend trübte seine Trübe Stimmung; körperliche Leiden, verbunden mit schlaflosen Nächten, erhöhten seine Schwermuth. Häufig klagt er in seinen Briefen über Anfechtung des Satans; der alte Glaube an die Versuchungen des Teufels unter allerlei Gestalt kehrte lebhafter zurück. Die Volkstraditionen, die sich davon erhalten haben, geben Zeugniß von den inneren Kämpfen, die seine Seele zerrissen. Mitunter quälte ihn auch der Gedanke, daß er seinem Wirthe zur Last falle, daß er zu gut und reichlich mit Essen und Trinken versehen werde. Zuweilen geht er in die Erdbeeren am Schloßberg; wenn er an den Jagden Theil nimmt, kommen ihm theologische Gedanken: das gejagte und verfolgte Wild ist ihm ein Abbild der einfältigen gläubigen Seelen, denen die Bischöfe und Theologen heimlich nachstellen.

Aber noch schärfer trat die entgegengesetzte Wirkung der Achtserklärung zu Thätigkeit der Opposition. Tage, ein allgemeiner Unwille ergriff die Gemüther und stärkte die Kraft der Opposition. Daß man Luther ungehört verdammt hatte, verletzte das Rechtsgefühl des Volks. Und als nun die Kunde durch's Land lief, der Geächtete sei verschwunden, tauchte der Verdacht auf, er sei von den Papisten aus dem Wege geräumt worden. Von Antwerpen aus klagte Albrecht Dürer, nun Luther todt ist, wer wird uns hinfüro das heilige Evangelium so klar vortragen? und rief Erasmus zu, er möge die Wahrheit beschützen gegen die Macht der Finsterniß, die ungerechte Thrannei der weltlichen Gewalt. Eine mächtige Aufregung durchzog die deutschen Gaue; von der Ausführung des Reichsmandats war bald keine Rede mehr. Noch sei die Tinte kaum trocken, womit der Kaiser das Edict unterzeichnet, eiferten die Legaten, und schon werde es allenthalben gebrochen; und Zasius schrieb: „Je mehr man Luthers Lehre einschränkt, desto mehr breitet sie sich aus". Hätte damals Sickingen den aufreizenden Reden

Huttens Gehör gegeben und zum Schwerte gegriffen, so war es um die Autorität des Papstes und der Hierarchie in Deutschland geschehen. Aber der deutsche Rittersmann wollte es nicht mit dem Kaiser verderben, der ihn für den bevorstehenden Krieg gegen Frankreich zum Feldhauptmann, Rath und Kämmerer ernannt hatte. So blieb denn dem streitbaren Hutten nichts übrig, als seine spitze Feder, und die gebrauchte er denn auch mit seiner ganzen Meisterschaft gegen die Römlinge. Er fragte den Legaten Aleander, „ob er denn glaube, mit einem einzigen Ediktchen, das er einem jungen Fürsten listig abgepreßt, Religion und Freiheit zu unterdrücken", und kündigte ihm an, er werde thun, was in seinen Kräften stehe, daß derselbe nicht lebendig aus Deutschland komme.

Einen ähnlichen Geist athmete die Flugschriftenliteratur, die seit dem Wormser Reichstag einen schärferen und entschiedeneren Ton annahm. Wir haben oben die berühmte Volksschrift „Neukarsthans" kennen gelernt. Mag auch Huttens Autorschaft zweifelhaft sein, so standen doch die literarischen Gäste der Ebernburg der Abfassung des Gesprächs nicht fern. In ihm wird schon die Wahl evangelischer Geistlichen durch die Gemeinde, die Abstellung der kirchlichen Gebräuche, die Aufhebung der Klöster und Stifter angerathen. Würde ein Feldhauptmann wie Sickingen die Führerschaft übernehmen, so könnte durch das deutsche Volk das Reich des römischen Antichrists zerstört werden.

Luther faßt Muth. Luther billigte nicht den stürmischen Weg; er hatte sich von jeher gegen alles gewaltsame Vorgehen erklärt, und bei dieser Gesinnung blieb er auch jetzt. Als in Erfurt die Studenten die Wohnung eines römisch gesinnten Priesters zerstörten, drückte er seinen tiefen Unwillen aus. Aber die Wahrnehmung, daß das deutsche Volk so warm seine Sache erfaßte, flößte ihm Muth ein. Er unterhielt mit seinen Vertrauten, mit Spalatin, Melanchthon, Amsdorf, Justus Jonas einen lebhaften Briefwechsel, und erfuhr von ihnen Alles, was in Wittenberg und anderwärts vorging. Schon am 26. Mai schrieb er an Melanchthon: „Ich habe die Hoffnung nicht aufgegeben zu euch zurückzukehren. Wenn der Papst alle angreifen will, welche meiner Ansicht sind, wird Deutschland nicht ohne Aufruhr bleiben. Gott erregt die Geister Vieler, sogar die Herzen des gemeinen Volks, so daß mir sehr unwahrscheinlich ist, die Sache könne mit Gewalt unterdrückt werden, oder wenn man es versucht, wird sie noch zweimal ärger;" und bald darauf schreibt er an Spalatin, es sei gut, daß er auf der Wartburg sitze, ohne daß Jemand etwas davon wisse. „Die Priester und Mönche, welche wütheten so lange ich frei war, fürchten sich jetzt, da ich gefangen bin, und beginnen milder zu werden. Sie können vor der Masse des ihnen drohenden Volkes nicht bestehen und wissen nicht, auf welche Weise sie loskommen mögen." Seine Feinde, fügte er scherzend hinzu, würden ihn jetzt gern mit Fackeln in der Hand aufsuchen, um ihn nach Wittenberg zurückzubringen.

Verbreitung der reformatorischen Ideen. Man kann sich die Theilnahme und Aufregung des Volkes seit dem Wormser Reichstag kaum lebhaft genug vorstellen. Durch Flugschriften, Holzschnitte, Carricaturen, durch Wanderprediger, durch Schauspiele wurden die unteren Volksklassen, die Bauern und Handwerker gegen Papstthum und Hierarchie aufgereizt, über die religiösen Streitfragen unterrichtet, zur Parteinahme für Luther und das Evangelium gewonnen. Da erschien Flugschrift auf Flugschrift, worin in derber volksthümlicher Sprache die Verderbniß der Kirche und die Entartung

des Klerus gezeichnet war; sie gingen von Hand zu Hand und wurden in der
Schenke, an öffentlichen Versammlungsorten, in den Häusern vorgelesen und
herumgereicht. „Kein Buchhändler", schreibt Erasmus an König Heinrich VIII.
von England, „wagt es, ein Wörtchen gegen Luther zu drucken; aber gegen den
Papst darf man schreiben was man will." Wir haben die namhaftesten Volksschriften kennen gelernt, die der Reformation den Boden bereiteten. Die deutsche
Schriftsprache ist in dieser Periode geschaffen worden. Hatte doch Luther den
Ton angegeben, „den ungelehrten Leuten zu predigen und zu schreiben", und
Hutten war ihm nachgefolgt. Die deutsche Prosa ist mit der Reformationsgeschichte aufs Innigste verflochten; auch in den Formen, in denen die Gedanken
und Anschauungen sich kundgaben, sollte der Gegensatz der neuen und alten Zeit,
der früheren und jetzigen Generation zu Tage treten. Von großer Wichtigkeit
für die Verbreitung der reformatorischen Ideen unter dem Volke war es auch,
daß sich ein großer Theil der niedern Geistlichkeit und selbst viele Klosterleute denselben zuwandten. Wir wissen, wie tief die Kluft war, welche die Häupter und
die unteren Glieder der hierarchischen Kette trennte, und wie ungleich die Güter
und Lebensgenüsse vertheilt, wie ungerecht Arbeit und Lohn zugewogen waren.
Der Landgeistliche, der Klosterbruder, der Vicar fühlte sich dem Bauer und
Handwerker näher gestellt, als dem vornehmen Standesgenossen. Man sah
Wanderprediger von populärer Beredsamkeit und begeisterter Ueberzeugungstreue, wie Johann Eberlin von Günzburg, Jacob Strauß, Paul von Spretten
(Speratus) in Süddeutschland von Ort zu Ort ziehen, um in baierischen und
österreichischen Landen für die lutherischen Lehren zu wirken. Wurden sie in einer
Stadt durch die papistischen Obrigkeiten vertrieben, so schüttelten sie, wie die
Apostel, den Staub von den Füßen und wanderten weiter. Aus dem Carmeliterkloster von Augsburg, wo Urbanus Rhegius weilte, gewann Luther mehrere feurige Anhänger; in Bern führten Bürgersöhne ein von Niclaus Manuel verfaßtes Fastnachtspiel auf, worin „die narheit in schimpfs Wyß vom papst und
siner priesterschaft gemeldet würd". In demselben rühmt sich der Papst frohlockend, daß er mit Hülfe der Bischöfe und Cardinäle, deren Namenbildung, wie
im Reineke Fuchs, ihre Laster und schlimmen Eigenschaften andeutet, so hohe
Macht über das einfältige Volk und so viel Geld erworben. Johann Stiefel
von Eßlingen erblickt in Luther den Engel der Offenbarung, „der mitten durch
den Himmel fliegt und ein ewiges Evangelium in der Hand hält" und widmet
dem kühnen Streiter von Worms ein mystisch-heroisches Lobgedicht. So gab sich
in allen Landen und Ständen eine volksthümliche Bewegung kund, die von keiner weltlichen und geistlichen Obrigkeit niedergedrückt werden konnte. Bald erhob
auch Hans Sachs von Nürnberg, der populärste Meistersänger, seine Stimme,
um die „Scheinwerke der Geistlichen und ihre Gelübden" humoristisch zu geißeln
und die „Wittenberger Nachtigall" zu feiern, welche der in Wüsteneien irre-
gegangenen Menschheit das Licht des Tages ankündigt.

Luther's
literarische
Thätigkeit
auf der
Wartburg.
Und auch Luther saß nicht lange müßig auf der Wartburg. Schon am 1. Juni sandte er an Franz von Sickingen seine Schrift „von der Beichte, ob die der Papst Macht habe zu gebieten" als Dankeszeichen. Eine „Wüste", ein „Pathmos" nennt er in der Zueignung seine Bergfeste. Mit den heftigsten Ausfällen gegen Rom und das Papstthum fordert er darin die Abstellung der Ohrenbeichte, des Haupthebels und Bollwerks der Hierarchie. Die Annahme, daß die Concilien unter der Leitung des Heiligen Geistes ständen, geißelt er als „schändlichen verdammten Wahn". Gegen Jacob Latomus, den Vertheidiger der Löwener Bannbulle, und gegen die Pariser Theologen richtete er Streitschriften, die seine leidenschaftliche Erregung kennzeichnen. Und wenn er bisher meistens in lateinischer Sprache geschrieben hatte, so bediente er sich von nun an mehr der Muttersprache. Der Streit mit den Gelehrten trat zurück; als Reformator wollte er fortan wirken, in das Herz des Volkes wollte er einbringen; an die Mühseligen und Beladenen richtete er seine Worte der Tröstung und der religiösen Lebenserneuerung. Damals legte er die erste Hand an die Bibelübersetzung, die ein weltgeschichtliches Ereigniß werden und ihm auf Jahrhunderte den größten Einfluß auf das Gemüthsleben der Nation verschaffen sollte. Mit unermüdlichem Fleiß arbeitete er sich in die griechische und hebräische Sprache, in die Denk- und Ausdrucksweise der heiligen Bücher, in den Geist der Bibel ein. Es war ein Riesenwerk, das er mit geringen Mitteln unternahm, das er in der Folge zu Wittenberg im Freundeskreise vollendete. Wir werden der deutschen Bibelübersetzung später in eingehenderer Weise gedenken; sie brachte alle bisherigen deutschen Uebersetzungen in Vergessenheit und ist für alle Zeiten ein Schatz für Haus und Familie geblieben. Ein Meisterwerk deutscher Sprache und deutschen Gemüths ist sie „die Grundlage der bibelfesten Sprache und Gesinnung vieler Menschenalter" geworden. Auch die deutsche Postille arbeitete er damals aus, „jene unübertreffliche Sammlung von Jahrgangspredigten, mit welcher er das Gemüth seines Volkes so tief angefaßt und so mächtig für das Evangelium begeistert hat". Und als der Kurfürst von Mainz das Verschwinden Luthers benutzte, um in Halle von Neuem seine Ablaßbude aufschlagen zu lassen, richtete der Reformator ein strafendes Schreiben an den Kirchenfürsten: „wie er es wagen könne, den Abgott, der die armen, einfältigen Christen um Geld und Seele bringe, nochmals aufzurichten? Das heiße nicht sich als ein Hirt seiner Heerde erzeigen, sondern als ein Wolf. Gott lebe noch, der die hohen Cedern bricht und die hoffärtigen Pharaonen demüthigt." Mache er dem Unfug kein Ende, so werde er gegen ihn verfahren, wie gegen Tezel. Der Erzbischof ging in sich und stellte den Ablaß ein. Der gewaltige Kirchenfürst beugte sich vor dem Geächteten und schrieb eine demüthige Antwort.

b) Dr. Karlstadt und die Wiedertäufer.

Aus dieser wissenschaftlichen Thätigkeit wurde Luther aufgeschreckt durch beunruhigende Nachrichten aus Wittenberg. Das Wormser Edict und die Verborgenheit des Reformators hatte im Anfang auf die junge Universität keinen nachtheiligen Einfluß geübt: nach wie vor strömte die deutsche Jugend herbei, und die Hörsäle blieben gefüllt. Die Professoren kümmerten sich so wenig um das Aechtungsmandat, wie früher um die Bannbulle, und die kurfürstliche Regierung übte keinen Druck. Mit Luther standen die Freunde in ununterbrochener Verbindung und sahen seiner baldigen Rückkehr entgegen. Besonders war Melanchthon der treue Gefährte des Abwesenden, den er wie einen „Vater" verehrte, um den er schmerzlich trauerte, wenn er hörte, daß er leidend oder krank sei, den er für den Elias hielt, „der allein dem Herrn den Weg zu bereiten vermöge". Für ihn trat der junge Gelehrte, der noch im Anfang der zwanziger Jahre stand, in die Schranken gegen die Pariser Universität, welche Jahrhunderte lang als die Mutterschule der theologischen Wissenschaft gegolten, und beschuldigte sie des Abfalls vom wahren Christenthum. Als er hörte, daß man in Rom Luthers Bildniß verbrannt habe, zweifelte er nicht, der Geächtete werde wie ein Phönig verjüngt aus der Asche erstehen.

Aber bald machten sich andere Einflüsse geltend. Der schüchterne Mann mit dem weichen Charakter und dem abwägenden Urtheil war nur an der Seite des muthig vortretenden Meisters eine stützende Kraft, zum Führer in einer so tiefbewegten, stürmischen Zeit war er nicht geeignet. Da gewann denn jener Dr. Karlstadt, der zu Leipzig mit Luther gegen Eck gestritten und dann als dessen Anhänger vom Bann getroffen worden, allmählich die Oberhand. Ein ehrgeiziger, streitfertiger, aber in seinen Ansichten unklarer und wandelbarer Charakter, wollte er die Stelle einnehmen, um die er den Gefährten längst beneidet hatte. Er befand sich während des Wormser Reichstages in Kopenhagen, wohin ihn der dänische König Christian II. berufen hatte, um an einem neuen Gesetzbuch mitzuwirken, kehrte aber bald nach Wittenberg zurück, wo er in Luthers Abwesenheit das Reformationswerk zu vollenden hoffte. Er meinte, daß man zunächst mit den kirchlichen Mißbräuchen aufräumen, die unchristlichen Satzungen und Gebräuche entfernen müßte, und richtete in erster Linie seine Angriffe gegen die Ehelosigkeit der Geistlichen und gegen die Ordensgelübde der Klostergenossen. „Der Cölibat war diejenige Einrichtung der Hierarchie, die wegen der natürlichen Neigung der Deutschen zu einem traulichen Familienleben bei dem deutschen Klerus von Anfang den meisten Widerspruch gefunden, und in ihren Folgen die Moral der Nation am tiefsten verletzt hatte." Wir wissen, wie scharf die Volksliteratur gerade gegen dieses Gesetz ihre satirische Geißel richtete. Wirklich sagten sich auch zwei sächsische Geistliche von dem Cölibat los, da es weder dem Papst noch einer Synode zugestanden, „die Kirche mit einer Satzung

Marginalien:

Die Universität Wittenberg.

Karlstadt u. die Reformstürmer.

zu beschweren, welche Leib und Seele gefährde". Der eine, Jacob Seidler, dessen
Pfarrstelle im Gebiete des Herzogs Georg gelegen war, wurde von der geistlichen
Gewalt in Anspruch genommen und starb im Gefängniß, den andern schützte
Kurfürst Friedrich gegen den Erzbischof von Magdeburg; „er wollte sich nicht
zum Schergen gebrauchen lassen", sagte Spalatin. Um dieselbe Zeit erhob sich
im Augustinerkloster, dem Luther angehört hatte, ein heftiger Streit über die
Gültigkeit der Klostergelübde. Gabriel Zwilling (Didymus), ein jüngerer Mönch
von heftigem Temperament, erklärte, „in der Kutte könne man nicht selig werden"
und schied aus. Dreizehn andere Brüder folgten ihm; sie nahmen Wohnung
bei den Bürgern oder Studenten und reizten das Volk gegen die Zurückgebliebennen und den Prior auf. Zugleich eiferte Zwilling gegen den Meßopferdienst: die
Privatmesse mit der Erhebung der Hostie sollte abgeschafft und das Abendmahl
unter beiderlei Gestalt nach apostolischem Vorbild eingeführt werden. In der
Klosterkirche mußte der Meßgottesdienst unterbleiben. Vergebens ermahnte der
Kurfürst zum Frieden und zur Vermeidung öffentlicher Aergernisse; vergebens
suchte auf seine Veranlassung die Universität zu vermitteln; die Partei der Reformeiferer gewann immer mehr Boden und wurde von den Bürgern und Studenten begünstigt. Das Kloster mußte durch eine Wache geschützt werden. Bald
nahm die Opposition gegen Klostergelübde und Messe einen aufrührerischen
Charakter an. Als am 3. December die Frühmesse in der Wittenberger Pfarrkirche gefeiert ward, drangen Studenten mit Messern unter den Mänteln und
Bürger in den heiligen Raum, entrissen den Priestern die Meßbücher und trieben
dieselben unter Drohungen von den Altären. Als der Rath einige der Schuldigsten in Haft setzte, erzwang das Volk die Freilassung. Die Klosterleute wurden
verhöhnt, wo sie sich blicken ließen. Hatte doch der sächsische Augustinerconvent,
dessen Gutachten der Kurfürst einholte, in einer Sitzung sich gegen die gesetzliche
Verbindlichkeit der Klostergelübde ausgesprochen und erklärt, es stehe Jedermann
frei, die Zelle zu verlassen oder darin zu bleiben. Die Universität war gespalten,
die weltlichen Mitglieder fanden sich nicht mehr bei den Sitzungen ein. Der
Kurfürst rieth, die Sache erst reiflicher zu prüfen und mittlerweile sich an die
bisherige Ordnung zu halten. Allein die Geister waren schon zu erregt, aufreizende Flugschriften hielten das Volk in Athem; selbst Melanchthon war für
Abschaffung der Messe; von dem milden und langmüthigen Fürsten fürchtete
man kein ernstliches Einschreiten. So wagte denn Karlstadt den entscheidenden
Schritt. Am Christtag hielt er in der Pfarrkirche eine Predigt, daß man von
dem bisherigen Meßgottesdienst abgehen müsse, und theilte dann das Abendmahl
mit Brod und Wein an die Gemeinde aus. An Neujahr wiederholte er die
Handlung. Mit Begeisterung hielt die Gemeinde zu ihm. „Mit der feurigsten
Beredsamkeit entwickelte der kleine, schwarzbraune, sonnverbrannte Mann, der
sich sonst nur undeutlich ausdrückte, eine Fülle tiefsinniger, extravaganter, eine
neue Welt athmender Ideen, mit denen er Jedermann hinriß."

Jetzt trat in das aufgeregte Wittenberger Leben noch ein neues Element ein, Die Zwickauer Propheten.
das bald eine tragische Rolle in dem großen Reformationsdrama durchführen
sollte — die wiedertäuferische Religionsschwärmerei. Wir wissen, daß im sächsischen Erzgebirg noch hussitische Regungen nachzitterten; in der gewerbreichen
Stadt Zwickau hatten sie ihren Mittelpunkt. Diese wurden durch Luthers Auftreten zu neuem Leben erweckt. Ein Tuchmacher, Claus Storch, verlieh den
schlummernden Ideen Worte und sammelte eine Sekte um sich. „Ohne höhere
Bildung verstand er die Menge anzulocken, die Phantasie zu beschäftigen, die
Begehrlichkeit durch überschwengliche Hoffnungsbilder in Flammen zu setzen.“
Schon längst war in Flugschriften der Gedanke aufgetaucht, die Glaubenserneuerung müsse vom Volke, von den Laien ausgehen; in Storch erhielt diese
Ansicht einen schwärmerischen Wortführer. Nicht aus der Bibel, wie Luther
wolle, sondern aus dem „Geiste“ müsse die wahre Christuslehre geschöpft wer-
den, durch himmlische „Offenbarungen“ gebe sich der Wille Gottes kund; was
sie in ihren Versammlungen verkündigten, das sei Gottes Stimme. Von diesem
Grundsatze ausgehend legten die „Zwickauer Propheten“ Hand an die Aufrichtung
einer neuen Kirche, die losgelöst von Geschichte und Ueberlieferung bald ins
Schrankenlose ausschweifte. Vor Allem verwarfen sie die Kindertaufe, weil Un-
mündige keinen Glauben haben könnten. Davon erhielten sie in der Folge den
Namen „Wiedertäufer“ (Anabaptisten). Bald schlossen sich der schwärmerischen
Sekte zwei Prediger an, Markus Stübner, ein Zögling der theologischen Facul-
tät zu Wittenberg, und Thomas Münzer, ein agitatorischer Vorkämpfer mit
demagogischer Begabung. Wie Savonarola verkündigten sie den bevorstehenden
Untergang der verderbten Welt, worauf das Reich Gottes eintreten, Eine Taufe,
Ein Glaube sein werde. Endlich schritt auf Anregung des gemäßigten Predigers
Hausmann der Stadtrath ein. Die Versammlungen der Inspirirten wurden verboten, die Häupter aus der Stadt gewiesen. Thomas Münzer versuchte sein Glück
in Prag, Storch und Stübner begaben sich mit einigen Anhängern nach Wittenberg. Sie fanden in der aufgeregten Stadt, wo sie in kriegerischer Rüstung einzogen, einen ergiebigen Boden für ihre umstürzende Thätigkeit. Selbst Melanchthon und Amsdorf verwandten sich bei dem Kurfürsten, daß man sie ihre Lehren
vortragen lasse, und Karlstadt trat in die engste Beziehung zu denselben. Bald
hatten die „Propheten“ einen großen Anhang bei der Bürgerschaft und der Jugend. Das Wort Gottes sollte „frei gelassen“ werden, lautete die Losung: man
ließ sie predigen und Reden halten.

Und nun ging auch Karlstadt weiter; das Meßgewand und die Ohrenbeichte Neuerungen und Bilder- stürmerei in Wittenberg.
wurden abgeschafft, das Abendmahl ohne Vorbereitung ausgetheilt, die Fasten
vernachläßigt. Er selbst verheirathete sich und lud viele angesehene Leute zu dem
Hochzeitsfest. Zugleich richtete er seine Angriffe gegen die Verehrung der Bilder,
„des Teufels Samen und Unkraut“. Keine Kirche war so reich mit Schätzen der
Anbetung versehen, als die Pfarrkirche in Wittenberg, der fromme Kurfürst hatte

sein ganzes Leben keine Mühe und Kosten gescheut, um den Vorrath von Bildern, Reliquien und heiligen Gegenständen fort und fort zu mehren. Und nun mußte er erleben, daß die Volksmenge, aufgereizt durch die agitatorischen Reden Karlstadts und der Zwickauer, in die Gotteshäuser einbrach, die Bilder und „abgöttischen Klötze" hinwegriß und sie auf einen Haufen zusammentragend zerschlug und verbrannte. Selbst die Crucifixe, vor denen man bisher andächtig die Knie gebeugt, fanden keine Gnade. Dem Rath wurde der Entwurf einer neuen Gemeindeordnung vorgelegt, worin neben der Abstellung der bisherigen gottesdienstlichen Gebräuche auch auf bürgerliche Reformen gedrungen war: man solle die Kircheneinkünfte in einen „gemeinen Kasten" sammeln, die Klosterstiftungen zur Unterstützung der Armen, Waisen und Kranken verwenden, allen Bettel abschaffen, die Verpflichtung zur Arbeit gesetzlich feststellen, alle Häuser öffentlicher Vergnügungen schließen, Landstreicherei und wilde Ehen verbieten, die Steuern gerechter und billiger ordnen. Selbst gegen Gelehrsamkeit und Unterricht wendete sich der Eifer der Zeloten. Es stehe geschrieben: „du sollst im Schweiße deines Angesichts dein Brod essen"; M. Mohr, Rector einer Knabenschule, ein blinder Verehrer Karlstadts, forderte die Eltern auf, ihre Kinder aus der Schule zu nehmen, da die Wissenschaft unnütz sei. Bald leerten sich auch die Hörsäle der Universität; Georg von Sachsen verbot den Besuch der Wittenberger Hochschule; Aehnliches stand auch anderwärts zu erwarten; die Reichsgewalt in Nürnberg, bei welcher sich gerade Herzog Georg befand, ließ eine Ermahnung an die sächsischen Bischöfe ergehen, gegen die Wittenberger Unruhen einzuschreiten.

Dem Kurfürsten gingen diese Störungen zu Herzen und machten ihm schwere Sorgen. Aber mild und friedfertig konnte er sich nicht zu gewaltsamen Maßregeln entschließen: seine Ehrfurcht vor der heil. Schrift, auf die sich ja die Schwärmer stets beriefen, hielt sein Gewissen gebunden. So widerwärtig ihm die Neuerungen der „Zwickauer Propheten" waren, er wagte doch nicht, sie zu verdammen. Wie Melanchthon sagte er, er verstehe sich nicht auf die Prüfung der Geister. Hatte doch auch Luther von der Wartburg aus sich gegen Mönchsgelübde und Cölibat ausgesprochen, die Privatmesse für eine schriftwidrige Einrichtung erklärt und seinem Vater in einem Briefe seinen Austritt aus dem Augustinerorden angekündigt. Bei einer kurzen heimlichen Anwesenheit in Wittenberg, im Ritterkleid und Bart, hatte er die von Karlstadt vorgenommene Reform des Gottesdienstes nicht mißbilligt, doch zur Mäßigung und Schonung der Schwachen gerathen. Erst das stürmische Vorgehen seit der Einmischung der Zwickauer verdroß ihn; er tadelte in scharfen Worten, daß man durch rücksichtslose Neuerungen die Gewissensfreiheit beeinträchtige. Im December 1521 schrieb er: „Nun hat man diesen Handel schnell, gurbi, gurbi angefangen und mit Fäusten hineingetrieben; das gefällt mir gar nicht, daß Ihrs wisset und wenns dazu kömmet, so will ich in diesem Handel auch nicht bei Euch stehen. Ihr habts ohne mich angefangen, so seht, wie Ihrs ohne mich hinausführen mögt. Glaubet mir, ich kenne den Teufel wohl und fast wohl; er hats allein darum angefangen, daß er das begonnene Werk schänden wollt." Zuvor müsse der Glaube festgestellt werden, ehe man die Außenwerke einreiße. Auch die Angriffe der Zwickauer gegen die Kindertaufe verwarf er als Anfechtungen des bösen Feindes; doch widerrieth er dem Kurfürsten jedes gewaltsame Einschreiten und suchte dessen gesunkenes Vertrauen zu stärken. „Wer Gottes Wort haben wolle, dürfe Kampf und Unruhe nicht scheuen; wo wahre Christen sind, da tobt auch Annas nnd Kaiphas, unter den Aposteln wüthet auch ein Judas, und Satan drängt sich unter die Kinder Gottes."

c) Luther in Wittenberg. Die Bibelübersetzung.

Mehrmals hatte Luther schon um die Erlaubniß gebeten, nach Wittenberg zurückkehren zu dürfen; aber der Kurfürst fürchtete unangenehme Verwicklungen mit dem Reichsregiment und der Kirchengewalt; er suchte ihn abzuhalten, ihn auf den bevorstehenden Nürnberger Reichstag vertröstend, wo seine Sache noch einmal zu rechtlichem Verhör kommen werde. Doch Luthers Entschluß war bereits gefaßt; er hatte keine Ruhe mehr in seinem Versteck. Am 1. März brach er auf; von Borna aus schrieb er dem Kurfürsten, daß sein Gewissen ihn zur Rückkehr zwinge, der Glauben werde ihm helfen; sein Landesherr möge sich nicht um ihn kümmern; er stehe unter einem höhern Schuß. „Dieser Sachen soll noch kann kein Schwert rathen oder helfen, Gott muß sie allein schaffen ohn' alles menschliche Zuthun und Rathen. Darum wer am meisten gläubt, der wird sie am meisten schützen." Wolle das Reichsregiment ihn gefangen nehmen oder tödten, so möge der Kurfürst es nur geschehen lassen. Er war in der gehobensten Stimmung, und so widersetzte sich denn auch Friedrich nicht länger seinem Vorhaben. Auf sein Zuthun schrieb Luther einen Brief zur Rechtfertigung seines Schrittes. Es sei lediglich die Sorge um das Wohl der Wittenberger Kirche, die ihn zur Rückkehr treibe; man dürfe darin keinen Mangel an Ehrerbietung gegen Kaiser und Reich erblicken; ein guter Hirte müsse sein Leben für die Heerde einsetzen. Man hat noch die Aufzeichnung, wie er zu Jena im schwarzen Bären als unbekannter Reitersmann einige junge Schweizer, welche die Universität besuchen wollten, zu sich an Tisch lud, freundlich und scherzend mit ihnen sprach und ihnen beim Abschied Grüße auftrug an ihren Landsmann Hieronymus Schurf in Wittenberg „von dem, der da kommen wird."

Freitag den 7. März langte er an. Er unterrichtete sich schnell über den Stand der Dinge, sprach den Freunden seine Ansicht aus, daß die Reformen allein durch das Wort, nicht mit Gewalt durchgeführt werden müßten, und bestieg schon am Sonntag die Kanzel. Mit großer Schonung gegen die Personen, ja mit lobender Anerkennung, daß die evangelische Lehre während seiner Abwesenheit in Wittenberg so erfreuliche Fortschritte gemacht, sprach er doch mit Entschiedenheit gegen die lieblose Neuerungssucht, durch welche Aergerniß in der Ge-

Rückkehr nach Wittenberg.

1522.

Luther predigt gegen die lieblosen Neuerungen.

meinde bereitet werde, und indem er nicht verbarg, daß auch er die Messe, den
Bilderdienst, die Ohrenbeichte verwerfe, die man abgestellt, rügte er doch das
gewaltsame Vorgehen, wodurch den Schwachen Anstoß gegeben werde, empfahl
das Gebot der Liebe, ohne welche der Glaube todt sei, und Geduld um des
Nächsten willen. „Allhie muß nicht ein Jeglicher thun, was er Recht hat, sondern muß sich auch seines Rechtes verzeihen und sehen, was seinem Bruder nützlich und förderlich ist." Er betonte den Unterschied zwischen Glaubenswahr-
heiten und kirchlichen Satzungen, deren Beobachtung oder Verwerfung zum
Seelenheil indifferent sei und mißbilligte jeden Zwang in Sachen der Religion.
„Macht mir nicht aus dem Freisein ein Mußsein, wie ihr jetzt gethan habt, auf
daß ihr nicht vor diejenigen, so ihr durch eure lieblose Freiheit verleitet habt,
Rechenschaft müßt geben." Acht Tage hindurch predigte er mit wunderbarer
Kraft, und es gelang ihm, die Gemeinde zu gewinnen, zu überzeugen. Der
Zwang sei nach beiden Seiten hin verwerflich, nach der Seite der Autorität, wie
nach der Seite der Freiheit. „Das Wort hat Himmel und Erde und alle Dinge
geschaffen, dasselbige Wort muß es auch hier thun, nicht wir armen Sünder.
Summa Summarum, predigen will ichs; sagen will ichs; schreiben will ichs;
aber zwingen und dringen mit Gewalt will ich Niemand; denn der Glaube will
willig und ungenöthigt sein und ohne Zwang angenommen werden." Auf dem
Wege ruhiger Entwickelung solle das Neue und Wahre zur Reife gelangen und in
den Gemüthern sich befestigen. Es waren goldene Worte von weltgeschichtlicher Bedeutung. Fortan war Luther wieder das anerkannte Haupt der reformatorischen
Partei in Wittenberg. Karlstadt verlor sein Ansehen; zum zweitenmal war er dem
größeren Gefährten unterlegen; von diesem Schlage erholte er sich nie mehr. Eine
unter der Presse befindliche Schrift von ihm wurde von der Universität unterdrückt.

Wirkungen seiner Predigten.

Bald darauf bezog Karlstadt ein Landgut, wo er als „evangelischer Laie" mit den
Bauern verkehrte, sich aber dabei immer mehr einer mystisch-religiösen Richtung hingab,
bis er als Pastor nach Orlamünde übersiedelte, wo wir ihm später wieder begegnen werden. Die Zwickauer verließen die Stadt. In einer Unterredung, die sie noch mit Luther
hatten, wollten sie zum Beweis ihrer göttlichen Sendung ihm sagen, was er in dem
Augenblick denke. Als er es gestattete, sprachen sie: „er fühle jetzt in seiner Seele eine
Hinneigung zu ihnen." Da brach er in die Worte aus: „Strafe dich Gott Satan!"
„Er hat später gestanden, das sei in der That in ihm vorgegangen, aber eben, daß
sie es getroffen, hielt er für ein Zeichen satanischer, nicht göttlicher Kräfte: er entließ
sie, indem er gleichsam ihren Geist gegen seinen Gott herausforderte."

Entwickelung u. Ausbau der Reformationslehre.

Dieses gemäßigte Auftreten Luthers gegen die stürmischen Neuerer erhielt die
Reformationsbewegung in dem Gange einer mehr innerlichen Entwickelung. In
Wittenberg wurde die Messe hergestellt, jedoch mit Auslassung des die Idee eines
Opfers in sich tragenden Theiles, daneben auch das Abendmahl in beiden Ge-
stalten ausgetheilt; keinerlei Zwang sollte in Anwendung kommen; Mönche und
Nonnen konnten im Kloster bleiben oder austreten; der Reformator selbst trug
nach wie vor seine Augustinerkutte. Was nicht gegen die „ganz klare und gründ-

liche Schrift" verstieß, ließ man bestehen, ohne auf strenge Beobachtung zu halten; die Gewissensfreiheit innerhalb der biblischen Glaubenslehren wurde als Recht des Christen anerkannt. Aber diese Unbestimmtheit der Formen konnte immer wieder zu Streitigkeiten und Spaltungen führen, zumal da die in Wittenberg zurückgewiesenen Schwarmgeister ihre destructiven Tendenzen an andern Orten zu verbreiten bemüht waren. Daher ging das Streben der Häupter der Reformation zunächst auf Entwicklung und Begründung der Lehre, wie sie in der heil. Schrift enthalten ist, um auf ihrem Grund zu einer religiösen, sittlichen und socialen Gesellschaftsordnung emporzusteigen. Zu dem Ende verfaßte Melanchthon sein berühmtes Lehrbuch der Theologie, die loci communes, worin er, mit Ausscheidung aller scholastischen Doctrinen, zum erstenmal ein System der Christenlehre allein aus den Büchern des Neuen Testaments aufstellte, und Luther empfahl in seinen Predigten neben der Kraft des Glaubens auch gute Sitten, brüderliche Liebe, Zucht und Ordnung und arbeitete mit Fleiß an der auf der Wartburg begonnenen Bibelübersetzung, um der Nation die echte Urkunde des Christenthums in verständlicher volksthümlicher Sprache in die Hände zu geben und sie zum unmittelbaren Verkehr mit Gottes Wort anzuregen.

Schon im Jahre 1523 erschien das Neue Testament, das die Seelenverwandt- *Luther's deutsche Bibel.* schaft des Uebersetzers mit den apostolischen Verfassern an der Stirn trägt. Mehr Mühe verursachte das Alte Testament. Im Kreise gelehrter Freunde, die „gleich ein eigen Sanhedrin wöchentlich etliche Stunden vor dem Abendessen in des Doctors Kloster zusammen kamen" wurde das Einzelne berathen und besprochen und von Luther in das deutsche Idiom gebracht, das, eine Verschmelzung der ober- und niederdeutschen Mundart, fortan als Muster und Gesetz der hochdeutschen Schriftsprache galt. Keiner seiner Zeitgenossen verstand wie Luther durch das deutsche Wort Herz und Verstand der Leser zu fesseln, und in keinem seiner Werke tritt diese Eigenschaft klarer zu Tage als in seiner Bibel. „Ein echter Sohn seines eigenen Volks, begabt mit allem Reichthum und aller Tiefe deutscher Gemüthsart, hatte er sich in jene Culturepoche schlichten Volksglaubens hineingelebt, ihren Geist, ihre Sprache sich zu eigen gemacht und sich so die Meisterschaft ausgebildet, die religiös-poetische und poetisch-religiöse Weise ihres Ausdrucks in deutscher Sprache zu verdolmetschen. „Nur keine Schloß- und Hofwörter", schrieb er an Spalatin. „Dies Buch will nur auf einfältige und gemeine Art erklärt sein." Und welche Mühe hat er sich gegeben, diese Aufgabe zu lösen! „Wenige seiner Leser wissen, wie viel saure Arbeit dies Werk zu Stande gebracht hat", sagt Häusser. „Wir haben noch einzelne Manuscripte seiner Uebersetzung; da ist oft fünfzehnmal durchgestrichen, bis er endlich die rechte Wendung fand; das kommt vor, wo er nur mit seiner eigenen Sprache ringt, aber welche Schwierigkeiten bereiteten ihm erst das Griechische und Hebräische in einer Zeit, wo es für beide noch an den nöthigsten Vorarbeiten fehlte und wo das Letztere meist noch bei Juden erlernt werden mußte. Dabei überzeugte er sich rasch, daß es ihm, dem Mönch und Buchgelehrten, an einer Menge von Anschauungen fehle, die dieser alten Welt geläufig waren, daß ihm viele Bezeichnungen ganz unbekannt waren, die er brauchte und die sich aus Büchern nicht schöpfen ließen. Da schreibt er das eine Mal an Spalatin und läßt sich die Namen der Edelsteine, Offenb. 21, sagen und ihre Gestalten beschreiben. Das andere Mal läßt er sich, um das Schlachten der Opferthiere beschreiben zu können, von einem Fleischer „etliche Schöps abstechen", damit er erfahre, „wie man ein Jedes vom Schaaf benennete".

Wirkung und Bedeutung der lutherischen Bibel. Ueber zehn Jahre arbeitete der Mann an dem Riesenwerke; von Zeit zu Zeit erschienen einzelne Theile; sie drangen rasch in das Volk ein und trugen, indem sie die Schranken zwischen Klerus und Laien durchbrachen und die religiösen Fragen zum eigenen Anliegen eines Jeden machten, dazu bei, die Idee des allgemeinen Priesterthums aller Christen zu verwirklichen. Zum erstenmal fühlten sich die Deutschen aller Gaue und Himmelsstriche berufen und in Stand gesetzt, die höchsten Güter der Seele an der ältesten Urkunde in der eigenen Muttersprache zu erforschen und zu erkennen; das ausschließliche Recht der Deutung und Auslegung der heil. Schrift, das sich die Kirche beigelegt, war mit einem Schlag vernichtet. Eine nationale Einheit in Sprache und Religion war im Gestalten begriffen; aber sie sollte nicht zur Vollendung kommen. Im Jahre 1534 war das Meisterwerk zu Ende geführt, das die Grundlage der bibelfesten Sprache und Gesinnung für viele Menschenalter werden sollte, das im Volk den vaterländischen Geist, die Errungenschaften der Väter aufrecht erhielt in den schlimmen Tagen, die der Glaubenserneuerung auf dem Fuße nachfolgten. Nur eine von apostolischem Geiste durchwehte Natur, die sich die naive, treuherzige Ursprünglichkeit eines unverbildeten Volkes bewahrt hatte, war im Stande, „die patriarchalische Einfalt, die durchaus schlichte, kindliche Art des alten und neuen Testaments zu treffen, den poetischen Schwung der Propheten und der Psalmen, und wieder die volksmäßige Unmittelbarkeit der Evangelien treu nachzubilden"; und diese Gemüthstiefe, diese religiöse Innerlichkeit, die unmittelbar von Herzen zu Herzen geht, machte die lutherische Bibel zum Hausschatz und Familiengut des deutschen Volkes, zum Schrein und Archiv für die traurigen und frohen Erlebnisse in der Bürger- und Bauernwelt, das Palladium in den Zeiten religiöser Drangsal und Verfolgung.

V. Fortgang der Reformation und Ursprung der Religionsspaltung in Deutschland.

1. Verbreitung der evangelischen Lehre.

Das Reichsregiment in Nürnberg. Die besonnene Haltung Luthers hatte auch auf das Reichsregiment eine heilsame Wirkung. Nach der Abreise des Kaisers von Worms waren nämlich die Kurfürsten und Kreise zur Wahl der Abgeordneten geschritten, welche in Nürnberg in Abwesenheit Karls V. die Regierung führen und die Wohlfahrt des Reiches wahren sollten; auch das Kammergericht verlegte seinen Sitz nach der fränkischen Stadt. Zum erstenmal erfreute sich Deutschland einer nationalen Regierung, auf welche der entfernte mit so vielen andern Anliegen beschäftigte

Kaiser wenig Einfluß übte. Und in der That zeigten sich Symptome einer öffentlichen Thätigkeit, die eine Erstarkung des nationalen Lebens erwarten ließen. Während das Kammergericht an der Erledigung der schwebenden Prozesse arbeitete, suchte das Regierungscollegium den Staatshaushalt in geordneteren Zustand zu bringen, den Landfrieden in Gang zu halten, die kirchlichen Mißstände zu beseitigen. Zum erstenmal wurde die Begründung eines deutschen Zollvereins durch Feststellung bestimmter Reichsgrenzen und Reichszölle in Aussicht genommen. Aber die brennende Frage des Tages bildeten die kirchlichen Angelegenheiten. Wir wissen, daß Herzog Georg, welcher im ersten Vierteljahr persönlich in Nürnberg anwesend war, auf eine Intervention in Wittenberg hinwirkte; als die Unruhen beigelegt waren, beschwerte er sich, daß die Reichsacht gegen Luther nicht ausgeführt würde. Allein in dem wechselnden Collegium fand er wenig Anklang mit seinen Klagen, viele Mitglieder waren der Reformation der Kirche zugeneigt und wollten die günstige Gelegenheit zur Abstellung alter Mißbräuche nicht unbenutzt vorübergehen lassen. Die hundert Gravamina der deutschen Nation tauchten von Neuem auf. Diese Stimmung gewann noch mehr Boden, als im zweiten Vierteljahr die Reihe der persönlichen Anwesenheit den Kurfürsten Friedrich traf. Statt das Wormser Mandat auszuführen, nahm das Regiment den Geächteten in Schutz.

Mittlerweile war Leo X. aus der Welt gegangen und jener Hadrian von Löwen, den wir früher als Lehrer Karls von Burgund und als Statthalter in Spanien kennen gelernt, hatte den römischen Stuhl bestiegen. Ein Mann von strengen Sitten und dominicanischer Rechtgläubigkeit, wollte er zugleich die Mißstände des Klerus reformiren und die Kirchenlehre vor den ketzerischen Neuerungen bewahren. „Er habe seinen Nacken nur darum unter das Joch der päpstlichen Würde gebeugt", erklärte er, „um die verunstaltete Braut Christi in ihrer Reinheit wieder herzustellen." Bald nach seiner Ankunft in Rom schickte er einen Botschafter nach Deutschland, welcher der Reichsregierung seine reformatorischen Absichten kund thun, zugleich aber auf den Vollzug des Wormser Achtsedicts und auf Abstellung der lutherischen Lehrmeinungen dringen sollte. „Wir wissen" lautete seine Instruction an den Nuntius Chieregato, „daß seit geraumer Zeit viel Verabscheuungswürdiges bei dem heil. Stuhle stattgefunden hat: Mißbräuche in geistlichen Dingen, Ueberschreitung der Befugnisse, Alles ist zum Bösen verkehrt worden; wir sind alle abgewichen, es ist Keiner der Gutes gethan, auch nicht Einer". Er versprach die Uebelstände nach Kräften zu heilen und stellte eine Reformation an Haupt und Gliedern, wie man sie so oft verlangt hatte, in Aussicht. Aber die Autorität der Kirche müsse hergestellt und aufrecht erhalten werden. Ein von der Reichsregierung ernannter Ausschuß, in welchem der rechtskundige Landhofmeister von Bamberg, Johann von Schwarzenberg, das entscheidende Wort führte und der in seiner Mehrheit aus reformatorisch gesinnten Männern bestand, entwarf die merkwürdige Antwort, welche alsdann

Papst
Hadrian VI.
1522—23.

9. Jan. 1522

Der Nuntius
und der
Nürnberger
Reichstag.

12. Jan.
1523. den in Nürnberg sich versammelnden Ständen zur Berathung und Beschlußfassung vorgelegt ward.

Darin hieß es, man nehme die Verheißung kirchlicher Reformen dankbar an,
müsse aber die Verfolgung Luthers ablehnen, um nicht den Schein zu erwecken, „man
wolle durch Tyrannei evangelische Wahrheit unterdrücken und unchristliche Mißbräuche
behaupten, woraus dann nur Widerstand gegen Obrigkeit, Empörung und Abfall hervorgehen könne". Zuvor sollte die Curie die öfters vorgebrachten Beschwerden der
deutschen Nation abstellen, die Concordate einhalten, die Uebelstände im Kirchenwesen
und bei der Geistlichkeit beseitigen, den Gelderpressungen durch Annaten, Zehnten, Ablaß, Gerichtsurtel, Pfründenhandel und dergleichen mehr ein Ende machen. Zu dem
Zweck sollte wo möglich binnen Jahresfrist in einer geeigneten deutschen Stadt ein allgemeines, freies Concil versammelt werden, an dem auch den Weltlichen Sitz und
Stimme zukäme. Bis dahin hoffe man bei Kurfürst Friedrich und bei Luther auszuwirken, „daß weder von diesem noch von seinen Anhängern etwas geschrieben oder gelehrt werde, was zu Aergerniß und Aufruhr Anlaß geben könne: nur das heilige
Evangelium und bewährte Schrift nach rechtem christlichen Verstand solle man lehren".
Zum Schluß hieß es, wenn diese Uebelstände nicht bei Zeiten abgestellt würden, so seien
die Stände genöthigt, „für sich selbst auf ander füglich Mittel und Weg zu gedenken,
wie sie solcher Beschwerung und Drangsal von den Geistlichen abkommen und entladen
werden mögen".   -

Die Vorlage des Ausschusses erregte im Reichstag heftige Debatten. Besonders erhoben die geistlichen Mitglieder starken Widerspruch; sie drangen darauf, daß wenigstens die vier großen lateinischen Kirchenväter als Richtschnur des
Glaubens neben die heil. Schrift aufgeführt würden. Aber außer einigen Modi-
ficationen und Milderungen im Ausdruck vermochten sie nichts zu erreichen.
Die Fassung, über die man in dem letzten Punkt sich einigte: „es solle nichts
gelehrt werden, als das rechte reine lautere Evangelium, gütig, sanftmüthig und
christlich, nach der Lehre und Auslegung der bewährten und von der christlichen
Kirche angenommenen Schriften", war nur eine Bestätigung des Ausschuß-An-
trags in unbestimmten vieldeutigen Worten. Mit Mißfallen empfing der päpstliche Botschafter den Reichstagsabschied. Statt das kaiserliche Aechtungsmandat
gegen Luther auszuführen, hatten Reichsregiment und Stände einen Beschluß
gefaßt, in dem man eine Zurücknahme des Wormser Edicts erkennen mußte;
statt der Verbreitung der lutherischen Lehrmeinungen entgegenzutreten, sprachen
sich die Vertreter der Nation für die unbedingte Durchführung der Kirchen- und
Glaubensreform aus. Der päpstliche Botschafter hatte nicht einmal erlangen
können, daß während des Reichstags die lutherischen Predigten eingestellt wurden.

Anhänger
Luthers.
1. Unter den
Ordensgeist-
lichen. Nicht alle, die für diesen Beschluß stimmten, waren lutherisch gesinnt;
Viele widerriethen strenge Maßregeln aus Furcht vor den hochgehenden Fluthen
der öffentlichen Meinung; selbst die Herzöge von Baiern fürchteten, ein scharfes
Vorgehen gegen Luther würde Aufruhr und Empörung zur Folge haben. Denn
wunderbar rasch verbreiteten sich die neuen Ansichten unter allen Ständen und
in allen Gauen. Wir wissen, wie viele Anhänger Luther gleich Anfangs unter

den Ordensbrüdern zählte; nicht nur die Augustiner nahmen eifrig Partei für
den großen Theologen, der aus ihrer Gemeinschaft hervorgegangen; auch aus
den Franciscaner- und Dominicanerklöstern bekannten sich viele zu seiner Lehre,
und darunter manche jüngere strebsame Männer, die sich im Fortgange der Reformation als eifrige Verkünder des Evangeliums einen Namen erworben haben.
Als Friedrich Mykonius (Metum) am 14. Juli 1510 in das Franciscaner- **Mykonius.**
kloster zu Annaberg eingetreten, hatte er in der ersten Nacht einen Traum, der
sein Abmühen unter dem papistischen Joche, sein Erwachen zum evangelischen
Leben und sein späteres Arbeiten auf dem Felde der Reformation wie im Spiegel
eines sinnreichen Gleichnisses ihm zeigte. Nach einigen Jahren entfloh er aus
seiner Zelle und wirkte zu Gotha als Prediger und Seelsorger „mit evangelischer
Einfalt und Redlichkeit" im Geiste Luthers. Aus den Kreisen der Humanisten
traten Oecolampadius und Buzer, die wir schon als Gefährten Huttens und **Oecolampa-**
Sickingens kennen gelernt, offen für die neue Lehre auf. Der erstere, Johannes **dius.**
Hußgen, war nach einem vielbewegten Leben in das Brigittenkloster Altenmünster
bei Augsburg eingetreten, um mehr Muße zu seinen Studien zu finden, hatte
aber dasselbe nach zwei Jahren wieder verlassen und erhielt jetzt durch seine Berufung nach Basel, wo er schon früher an der Seite des befreundeten Erasmus
wissenschaftlich thätig gewesen, ein Arbeitsfeld, auf dem er eine bedeutende Wirksamkeit für die evangelische Lehre entwickelte. Martin Buzer aus Schlettstadt, **Buzer.**
der längere Zeit zu Heidelberg Theologie gelehrt, entsagte dem Dominicanerorden,
in den er schon als fünfzehnjähriger Jüngling aufgenommen worden war, und
fand, nachdem er durch Sickingens Tod die Pfarrei Landstuhl verloren, zuerst
in Weißenburg, dann in Straßburg einen günstigen Boden für seine reformatorische Thätigkeit, die weithin im Elsaß die segensreichsten Früchte trug. Am- **Ambr. Blau-**
brosius Blaurer aus Constanz, ein Studiengenosse Melanchthons in Tübingen, **rer.**
entfloh aus dem Benedictinerkloster zu Alpirsbach und trat als Reformator in
seiner Vaterstadt auf. Als der Propst von Waldkirch das Wormser Edict verkündigen wollte, verhinderten es die Bürger. Von Urbanus Rhegius aus **Urbanus**
Langenargen bei Lindau am Bodensee, ist schon früher die Rede gewesen. Als **Rhegius.**
Professor in Ingolstadt mit Dr. Eck lange befreundet, zerriß er den Bund und
wirkte, aus dem Carmeliterkloster in Augsburg ausscheidend, als Prediger an
der Domkirche dieser Stadt für das Evangelium, bis er im Braunschweiger
Lande einen weiten Wirkungskreis für seinen reformatorischen Eifer erlangte.
Sein Gefährte bei diesem Werk war Johann Bugenhagen, der Reformator **Bugen-**
und Geschichtschreiber Pommerns, seines Heimathlandes. Als Schulvorstand in **hagen.**
Treptow hatte er Luthers Schrift „von der babylonischen Gefangenschaft" in die
Hände bekommen und war dann nach Wittenberg gezogen, um die neue Lehre
an der Quelle und aus dem Munde ihrer Verkündiger kennen zu lernen. Jahre
lang ein intimer Gefährte des Freundeskreises, der sich um Luther gebildet, zog
er später aus, um im nördlichen Deutschland und bis nach Dänemark den

Samen des Evangeliums auszustreuen. In Nürnberg waren in allen Klöstern Anhänger der Wittenberger Neuerung und wurden vom Stadtrath geschützt. Andreas Osiander aus Gunzenhausen, Professor des Hebräischen bei den Augustinern, dann Prediger bei S. Lorenzo, war ein rüstiges Werkzeug der lutherischen Lehre im Frankenlande. Das stille Kloster- und Ordensleben erfuhr einen heftigen Stoß; wo es anging, traten die Mönche und Nonnen einzeln oder in größerer Menge aus den düstern Mauern und kehrten in die Welt zurück. Es half nicht viel, daß man da und dort durch strenge Strafen die alten Ordnungen festzuhalten suchte, daß man in Antwerpen zwei Augustiner den Märtyrertod sterben ließ, daß man in Eisenach einen Klosterbruder einmauerte, in Halberstadt den Valentin Mustäus im Klosterkeller grausam verstümmelte, daß man in Baiern alle Verdächtigen einschloß oder mit Argusaugen bewachte; die Bewegung ließ sich nicht mehr zurückdrängen; an manchen Orten standen die Oberen selbst zu der neuen Lehre. Wie früher eine weltmüde Stimmung die Menschen zur Flucht in die Zelle trieb, so erfaßte jetzt die Eingeschlossenen eine Sehnsucht nach dem Leben, nach der Freiheit.

„Bei näherer Betrachtung", sagt Ranke, „finde ich doch nicht, daß Weltlust, unordentliche Begierde, sich dem Klosterzwange zu entziehen, hier viel gewirkt habe, wenigstens bei den Bedeutenderen nicht, deren Motive die Zeitgenossen aufbewahrt haben: da ist es immer eine tiefere Ueberzeugung, sei es, daß sie sich allmählich entwickelt, oder daß sie auch plötzlich, etwa beim Anblick einer schlagenden Bibelstelle entspringt; — Viele gingen nun selbst, sie wurden verjagt, anderen, an und für sich friedfertigen Gemüthern, verleideten doch die entstehenden Zwistigkeiten den Aufenthalt in den engen Mauern; die Bettelmönche ekelte selbst vor ihrem Gewerbe: einen Franciscaner, der mit seiner Büchse in eine Schmiede zu Nürnberg tritt, fragt der Meister, warum er sich nicht lieber sein Brod mit seiner Hände Arbeit verdiene: der starke Mensch wirft den Habit von sich und tritt als Schmiedeknecht an, Kutte und Büchse schickt man an sein Kloster." Schon seit Jahren waren die Ordenshäuser der Gegenstand der heftigsten Angriffe gewesen; die Humanisten wie die Volksliteratur hatten die Pfeile des Witzes, der Satire, des Spottes gegen sie gerichtet; die Volksprediger hatten sie dem Volke als die Sitze aller Laster und Verderbniß geschildert; es war daher natürlich, daß sie am ersten in den Stürmen und Wellen der reformatorischen Bewegung Schiffbruch litten, daß das eigene Gefühl ihrer Nichtigkeit und unnatürlichen Lebensaufgabe wie der Haß und Spott der Welt sie dem Untergange zuführten.

Aehnliche Symptome einer Hinneigung zu der Wittenberger Neuerung gaben sich auch bei den Weltpriestern kund. Am zurückhaltendsten benahm sich die höhere Geistlichkeit: die sächsischen Bischöfe verlangten, daß alle Kleriker, die sich verheiratheten, die das Abendmahl unter beiderlei Gestalt austheilten, die aus dem Ordensverband ausschieden, ihnen ausgeliefert würden; allein der Kurfürst versagte seine Beihülfe: man solle dem Worte mit dem Worte begegnen, dem Gewissen keinen Zwang anthun. Dadurch wurde Sachsen und insonderheit Wittenberg eine Zufluchtsstätte für alle Bedrängten und Verfolgten. Doch dachten nicht alle Bischöfe gleich: mit großer Zufriedenheit vernahm Luther, daß Georg von Polenz, Bischof von Samland, „nachdem er vormals sich gehalten,

wie einem frommen Pfaffen von Adel zustand" am Christtage 1523 im Dome
zu Königsberg die große Freude verkündete, „daß der Heiland seinem Volke von
Neuem geboren sei" und sich an die Spitze der Bewegung im Ordenslande Preußen stellte; auch den Bischöfen von Augsburg, von Bamberg, von Basel, von
Merseburg sagte man nach, daß sie gegen die Anhänger Luthers freundliche Gesinnungen hegten und mit reformatorischen Gedanken umgingen. Wenigstens
verhielten sie sich zuwartend und schritten nicht mit Strafen ein. In Bamberg ging unter den Augen des Bischofs eine Menge Flugschriften im Sinne der
religiösen Neuerung aus der Officin des Buchdruckers Erlinger hervor. Selbst
der Erzbischof von Mainz war ein mildes Kirchenhaupt.

Die eifrigsten Bekenner und Verbreiter fand die neue Lehre bei der Pfarr- b. Evange-
geistlichkeit in den Städten; ihrer Thätigkeit war das Wachsthum der reforma- liſche Pre-
torischen Bewegung im Süden wie im Norden vorzugsweise zuzuschreiben. In
Ulm, wo Eberlin von Günzburg und Heinrich von Kettenbach ihre populäre In Schwa-
Beredsamkeit gegen Möncherei und Papstthum richteten, fanden die neuen Ideen ben.
rasch Eingang. Als man den lutherischen Predigern die Kirchen verschloß, versammelte sich die andächtige Menge im Felde und auf freien Plätzen. Die
Pfaffen wurden verspottet und insultirt, wenn sie das Sacrament über die
Straße trugen. Endlich berief der Rath den Conrad Sam als evangelischen
Lehrer nach Ulm. In Schwäbisch-Hall, wo Johann Brenz, ein junger feuriger
Prediger wirkte, wurde das Barfüßer-Kloster aufgelöst und in eine Schule ver-
wandelt. In Wimpfen und im Kraichgau wirkte unter dem Schutze der Gem-
mingen Erhard Schnepf für das Evangelium; in Memmingen wurde Christoph
Schappeler aus St. Gallen, ein Freund Zwingli's an die Hauptkirche berufen.
Auch in Reutlingen, Heilbron, Eßlingen und andern Städten Schwabens regten
sich die Anhänger Luthers. Selbst in Würtemberg, obwohl unter österreichische
Verwaltung gestellt, brachen sich die neuen Ansichten breite Bahn. In Franken In Franken.
wurde Nürnberg, wo der Stadtrath auf Anregung von Lazarus Spengler die
Geistlichen dahin brachte, daß sie sich sämmtlich in Verpflichtung und Gehorsam
der bürgerlichen Obrigkeit begaben, und den kleinen Zehnten abschaffte, eine
fruchtbare Pflanzschule der evangelischen Lehre: in Windsheim, in Rothenburg,
in Schwabach, in Baireuth, in Kulmbach u. a. O. wurden die lutherischen
Ansichten gepredigt; der Pfarrer von Kronach trat in den Ehestand. Sein Beispiel wurde da und dort nachgeahmt, mancher fühlte sich in seinem Gewissen getrieben, ein unzüchtiges Verhältniß in ein gesetzliches und ehrbares zu verwandeln.
Mit den Bürgerschaften hielt der fränkische Adel gleichen Schritt: Die Schaumburg, die Rothenhan, die Seckendorf, die Schwarzenberg, die Guttenberg, die
Waldenfels, die Grafen von Henneberg, von Castell, von Werthheim waren
ganz für die Neuerung. Wie rasch sich gleich Anfangs die reformatorischen An- In der
sichten in der Schweiz Bahn brachen, werden wir später erfahren. In Basel, Schweiz.
dem Sitze humanistischer Bildung, sah man den Pfarrer von St. Gallen Wilhelm

Räubli, den Nachfolger Hedio's, bei einer Procession statt der Hostie eine Bibel in prächtigem Einband tragen; in Zürich, wo Ulrich Zwingli ein Bannerträger der neuen Richtung predigte, in Schaffhausen, in St. Gallen, wo seine Freunde Hofmeister und Vadianus wirkten, in Bern, wo der Propst Niclaus von Wattenwyl die Bestrebungen Manuels unterstützte, brachen die reformatorischen Ideen mit Macht hervor und drangen bis in das hohe Gebirg. Noch war keine Spaltung eingetreten und ins Volksbewußtsein war auch die politische Trennung nicht gedrungen. Sehr frühe regten sich die neuen Doctrinen im Elsaß, in Schlettstadt, wo Beatus Rhenanus und Sapidus für sie wirkten, und in Straßburg, wo die Prediger Zell, Gerbellius und Wigram bald rüstige Gehülfen und Werkmeister in Capito, Hedio und Bucer bekamen, welche die Rheinstadt mit dem ehrwürdigen Münster zu einer Pflanzschule des Evangeliums erhoben. In Pforzheim arbeitete Johann Schwebel für Erneuerung des religiösen Lebens und als er nach Zweibrücken berufen ward, trat Hans Greiffenberger in seine Fußstapfen. Den Kurfürsten Ludwig von der Pfalz suchte der Ritter Hans von Landschaden zu Neckarsteinach in einer eigenen Schrift für Luther's Ansichten zu gewinnen, in Heidelberg huldigten die Lehrer der alten Sprachen und Literatur Simon Grynäus und der feurige Hermann vom Busche, der freien Richtung. Bei der lebhaften Bevölkerung der Rheinlande drangen die neuen Lehren rasch ein. In Worms, wo das Auftreten des Wittenberger Mönchs vor Kaiser und Reich einen mächtigen Eindruck machte, predigte Heinrich Stolo in Luthers Geist vor andächtigen Zuhörern. Da die Kirche versagt war, stellte man eine tragbare Kanzel im Freien auf. In der Umgebung des leutseligen Kurfürsten Albrecht von Mainz wurde auch nach dem Abgang Huttens und Capito's große Toleranz geübt, die Miltenberger durften den eifrigen Verehrer Luthers, Draconites von Erfurt als Prediger berufen. In Frankfurt gewann Nesenus, ein Anhänger der neuen Lehre, Eingang bei einigen Patrizierfamilien und der Wanderprediger Hartmann Ibach bewirkte durch seine Kanzelreden große Aufregung bei der Bürgerschaft. Bis nach Köln hin, wo der Erzbischof Hermann von Wied viel Toleranz und Nachsicht zeigte, erstreckte sich die reformatorische Bewegung. In den niederländischen Städten, dem Heimathlande des Kaisers, herrschte große religiöse Erregung. Als die Regierung mit Hinrichtungen einschritt, kam es vor, daß Inquisitoren und Ketzermeister in Holland erschlagen wurden. In Emden bestritt Georg von der Darn (Aportanus) die päpstlichen Dogmen und Gebräuche; als ihm die Geistlichkeit die Kirche verschloß, predigte er unter freiem Himmel, bis die Einwohner mit Gewalt seine Rückkehr erzwangen; bald faßte die lutherische Lehre Wurzel in ganz Ostfriesland. In Bremen ließ der Rath aus Wittenberg reformatorische Bücher zusammenkaufen und lud Heinrich von Zütphen zum Predigen ein; die Hamburger sandten nach langen Streitigkeiten zu Luther, daß er ihnen evangelische Geistliche empfehle und trieben den Offizial des Erzbischofs von Bremen aus der Stadt. In Schleswig-Holstein trat Hermann Tast als Reformator auf: „zu Husum auf dem Kirchhof standen zwei Linden, genannt die Mutter und die Tochter: unter der größeren, der Mutter, pflegte Tast zu predigen; seine Zuhörer holten ihn bewaffnet aus seinem Hause ab und führten ihn bewaffnet dahin zurück". Auch in Goslar wurde die neue Lehre auf einem Lindenplan gepredigt, daher man die Neuerer „Lindenbrüder" nannte. In Pommern mußte Bugenhagen vor der Priesterschaft, die sich der Gunst des Herzogs Bogislav X. erfreute, entfliehen; als aber die Stettiner sich von Wittenberg einen evangelischen Prediger erbaten, schlug die Stimmung bald um; einige herzogliche Räthe neigten sich dem neuen Glauben zu. Peter Schwane wurde der erste Verkündiger der lutherischen Lehre an der Ostsee. Aus Aerger über die Neuerung löste Bogislav den reformatorisch gesinnten Klosterverein auf und zog die Güter desselben ein, ein Beispiel für die Andersgesinnten, das in der Folge nicht unbenutzt geblieben ist. Einer der Lehrer, Andreas Knoph von Küstrin, zog darauf mit jungen Livländern, die in Belbuck ihren Studien oblagen, nach Riga und streute den Samen evangelischer Doctrinen in jenen entfernten Ländern deutscher Zunge aus. Der feurige Johann Amandus forderte in Stolpe die Mönche zu einer Disputation heraus: „man solle einen Scheiterhaufen errichten und ihn darauf verbrennen, wenn er unterliege; siege er aber, so solle die Strafe der Gegner sein, sich bekehren zu müssen". In Danzig predigte Jacob Hegge auf dem Hagelsberg oder auf dem Gertrudenkirchhof unter dem Schatten einer großen Linde vor der massenhaft herbeiströmenden Bevölkerung in lutherischem Sinne. Zum Prediger der großen Marienkirche ernannt, holte er sich in Wittenberg einige Gehülfen, trat in den Ehestand und wirkte für die Ausbreitung der Reformation in Westpreußen. Die Einsprache des Polenkönigs blieb erfolglos. In Elbing und Thorn gewann die neue Lehre immer mehr Boden; die Klöster entvölkerten sich durch freiwilligen Austritt. In Schlesien hatte sich schon lange eine Opposition gegen den zuchtlosen Klerus kund gegeben. Die Laienwelt war daher für die Aufnahme der Reformation günstig gestimmt. Schon im Jahre 1522 verkündeten in Liegnitz zwei Prediger die Wittenberger Lehre; das Gleiche geschah in Breslau durch Johann Heß; die Schriften Luthers wurden mit Begierde gelesen und verbreitet; Mönche und Nonnen kehrten in die Welt zurück. Wie groß die Theilnahme in Böhmen für die Wittenberger Bewegung war, wurde schon früher erwähnt. Im J. 1523 ließ Graf Schlick, dem Luther seine Schrift gegen Heinrich von England gewidmet, eine evangelische Kirchenordnung anfertigen. In Joachimsthal wirkte Philipp Eberbach, einst ein Gefährte des Erfurter Gelehrtenkreises, im Sinne der kirchlichen Opposition. Selbst in den österreichischen Erbstaaten machten die neuen Ideen Fortschritte; und wenn auch Johann Strauß und Paul von Spretten, welche in Wien, in Salzburg, im Innthale die evangelische Lehre verkündeten, von der geistlichen und weltlichen Obrigkeit vertrieben wurden, es fanden sich allenthalben Männer, welche die ausgestreute Saat weiter pflegten. Als Stephan Agricola ins Gefängniß abgeführt wurde, erzwangen die

Salzburger seine Freilassung. Noch größer war die Zahl der Neuerer im
österreichischen Breisgau, wo die Einwirkung von Basel und Straßburg sich
In Baiern. immer fühlbarer machte. In Baiern war die herzogliche Regierung für das alte
System; dennoch konnte sie nicht verhindern, daß selbst in Ingolstadt, dem Bollwerk des Papismus, unter Klerikern und Laien die neuen Lehren Bekenner und
Verkündiger fanden. Als Arsacius Seehofer aus München, welcher in Wittenberg sich einige Zeit aufgehalten, wegen seiner Neuerungen von der Ingolstadter
Geistlichkeit verklagt und in das Kloster Ettal eingesperrt wurde, erlangte er nach
glücklich vollbrachter Flucht Schutz und Aufnahme bei Argula von Staufen, der
ritterlichen und muthigen Gemahlin des in Franken und Baiern begüterten Frei-
herrn Friedrich von Grumbach, welche in Schrift und Wort für ihren Schützling
eintrat, sich sogar zu einer Disputation mit den Ingolstadter Gelehrten erbot und
den Herzog Wilhelm zu bekehren suchte. Dieser verwies sie aber aus seinem
Lande. In Altenötting eiferte Wolfgang Ruß heftig gegen die Wallfahrten und
papistischen Mißbräuche. Da und dort traten auch Laien als reformatorische
Prediger in Straßen und Märkten oder vor den Thoren der Städte auf. In
Ingolstadt las ein Webergeselle lutherische Schriften dem versammelten Volke
Im Herzog- vor; in München wurde deshalb ein Bäcker enthauptet. Im Meißnischen Sachsen
thum Sach-
fen. drangen trotz der Strenge, mit welcher Herzog Georg die Neuerungen niederzuhalten suchte, die reformatorischen Ansichten der benachbarten Universität in alle
Kreise ein. Zwar war der Herzog wie die meisten andern deutschen Fürsten mit
der Bekämpfung der päpstlichen Anmaßungen einverstanden und forderte Abstellung der Mißbräuche in Kirche und Klerus; aber er wollte eine Reformation
auf katholischem Grunde durch die legitimen Behörden, „nicht durch einen Mönch
In Hessen. aus seinem Winkel". Dagegen zeigte sich sein Schwiegersohn Landgraf Philipp
von Hessen, wie wir bald des Weiteren erfahren werden, der Reformation günstig
und schuf den Evangelischen ein zweites Asyl.

Bedeutung
der Universi- Welchen Aufschwung hatte die öffentliche Meinung in Deutschland zu Gun-
tät Witten- sten der neuen Lehre in wenigen Jahren genommen! Mitten aus dem Volke
berg. heraus war eine mächtige Bewegung hervorgegangen, welche die geistlichen und
weltlichen Obrigkeiten nicht mehr zu bemeistern vermochten, der die Fürsten und
Bischöfe meistens rathlos und zuwartend gegenüberstanden, für die sich der
Reichstag in einem Beschluß erklärte, den man als zustimmend ansehen mußte.
Der Kurfürst Friedrich konnte nun in seinen Staaten der Wirksamkeit Luthers
und seiner Freunde ihren freien Lauf lassen, ohne wider das Reichsregiment zu
verstoßen. Und so kam es denn, daß Wittenberg der eigentliche Heerd und Mittelpunkt der reformatorischen Arbeit wurde. Hier suchten die Prediger, die in
der Heimath um des Evangeliums willen Verfolgungen zu erdulden hatten, eine
Freistätte und ließen sich, gründlicher belehrt, von Luther den Ort anweisen, wo
sie in seinem Geiste wirken sollten; hieher strömte die deutsche Jugend aus allen
Ländern, um an dem Born die evangelischen Wahrheiten zu schöpfen, die man

bekennen und verbreiten wollte; hier holten sich Städte, Körperschaften und Einzelne Rath und Unterweisung in zweifelhaften Fällen. Damals war Wittenberg der Sitz und Brennpunkt der deutschen Bildung, die mehr und mehr ihre ausschließliche Richtung auf das Religiöse nahm. Luther, der Urheber der kirchlichen Reformation, war ja auch zugleich der Schöpfer der deutschen Sprache, der Förderer der deutschen Literatur, der Urheber einer neuen Lyrik, die, auf volksthümlichem Boden erwachsen, das Gemüth des Volkes in den gewohnten Klängen zur Andacht und unmittelbaren Verbindung mit Gott zu erheben suchte. Denn schon im Jahre 1524 veranstaltete Luther mit Beihülfe seines begeisterten *Das Kirchenlied.* Anhängers Paul von Spretten (Speratus), der in Iglau dem drohenden Feuertode entflohen, sich damals in Wittenberg aufhielt, die erste Sammlung deutscher religiöser Lieder zum Gebrauch bei dem neuen Gottesdienst, der an die Stelle der lateinischen Messe treten sollte: „Etliche christliche Lieder, Lobgesänge und Psalmen". Wir werden im nächsten Abschnitt des evangelischen Kirchenlieds gedenken, das, an die von Luther übersetzten biblischen Psalmen sich anlehnend und die ernsten Tonarten des alten Kirchengesangs mit den anmuthigen Weisen des Volkslieds verbindend, die Gemüther so mächtig ergriff und mit echter Religiosität und Glaubenskraft durchdrang. Das Lied des feurigen Sperat: „Es ist das Heil uns kommen her" blieb fortan das Schlacht- und Fahnenlied der lutherisch gesinnten Gläubigen. Und wie mehrten sich die deutschen Druckschriften! Während vor dem Jahre 1517 kaum vierzig oder fünfzig deutsche Drucke jährlich aus den Officinen hervorgingen, belief sich jetzt die Zahl auf nahezu fünfhundert.

Luther selbst entwickelte eine solche Productivität, daß im Jahre 1522 hundert *Luthers* und dreißig, im folgenden sogar hundert drei und achtzig deutsche Druckschriften von *literarische* ihm ausgingen. „Riesengroß war die schriftstellerische Thätigkeit, welche er von dieser *Thätigkeit.* Zeit entwickelte", bemerkt Freytag. „Bis zum J. 1517 hatte er wenig drucken lassen, von da wurde er auf einmal nur der fruchtbarste, auch der größte populäre Schriftsteller der Deutschen. Die Energie seines Stils, die Kraft seiner Beweisführung, Feuer und Leidenschaft seiner Ueberzeugung wirkten hinreißend. So hatte noch keiner zum Volk gesprochen. Jeder Stimmung, allen Tonarten fügte sich seine Sprache; bald knapp und gedrungen und scharf wie Stahl, bald in reichlicher Breite und mächtiger Strom drangen die Worte ins Volk, ein bildlicher Ausdruck, ein schlagender Vergleich machte das Schwerste verständlich. Es war eine wundervoll schöpferische Kraft. Mit souveräner Leichtigkeit gebrauchte er die Sprache; sobald er die Feder ergriff, arbeitete sein Geist mit höchster Freiheit, man sieht seinen Sätzen die heitere Wärme an, die ihn erfüllte, der volle Zauber eines herzlichen Schaffens ist über sie ausgegossen." „Es gibt nicht leicht eine Seite des menschlichen Herzens" urtheilt ein Anderer (H. Lang) „für die Luther nicht den Ton gefunden hat. Er hat für Alles ein klassisches Wort geschaffen. Seine Aussprüche werden heute noch auf allen Gebieten angeführt und ihr Klang hat Nichts von seiner ersten Frische und Ursprünglichkeit verloren."

Damals war Luther mehr als je der Mund des Volkes; er lenkte die öffent- *Luther der* liche Meinung, wie er auch seinerseits wieder von dem Hauche angeweht wurde, *Vorkämpfer der neuen Zeitbildung.*

13*

der durch die Nation zog. Das alte System hatte sich losgelöst von der Vernunft, von der Natur, von der heiligen Schrift; es hatte einen Spiritualismus ausgebildet, der über und außerhalb der Welt stand. Dieses unnatürliche Verhältniß auszugleichen, das geistige Leben mit Vernunft und Natur in Uebereinstimmung zu setzen, die kirchlichen Lehren und Gebräuche nach der Bibel zu ordnen, die Gewissensfreiheit von dem Drucke der Autorität zu befreien, die Kluft zwischen Klerus und Laien zu ebnen, war die Aufgabe der reformatorischen Bestrebungen dieser Periode. Darum richtete Luther im Jahre 1524 ein Sendschreiben „an die Bürgermeister und Rathsherren aller Städte deutschen Landes, daß sie christliche Schulen aufrichten sollten", damit Bildung und Erkenntniß weiter ins Volk bringe, ein weltlicher Gelehrtenstand sich entwickele, das ganze Leben und die ganze menschliche Gesellschaft einer neuen christlichen Erleuchtung und Durchbringung entgegengeführt würden.

Nationaler
Aufschwung
in Deutsch-
land. Mit dem religiösen und geistigen Aufschwung verband sich ein nationaler. Wurde das pontificale Joch von Deutschland abgeworfen, das hierarchische Band mit Rom zerrissen, so mußte eine nationale Kirche entstehen auf dem Grund, den Christus gelegt, befreit von den Traditionen, von den Lehrsätzen der Scholastik, von den sogenannten frommen Werken, gegründet auf die unmittelbare Gottesverehrung, auf den Schriftglauben, auf christliche Tugend und Liebe, auf eine Gemeinschaft aller Gläubigen. Es war ein hohes religiöses und nationales Ziel, dem damals die Gemüther mit mehr oder weniger Klarheit zustrebten. Die Begeisterung für eine neue Religionsgestaltung hatte das gesammte Volk, hatte alle Stände ergriffen. Wir haben gesehen, wie reißende Fortschritte die reformatorische Bewegung machte; daß selbst in den süddeutschen Ländern die Neuerung nicht abgehalten werden konnte; daß sich vor Allem die Bürgerschaften der deutschen Städte an Eifer hervorthaten, daß, wo man den evangelischen Predigern die Kirchen verschloß, sie ihre Anhänger im Freien, auf Friedhöfen, auf Feldern und Wiesen, unter Lindenbäumen um sich sammelten; daß die Klosterbewohner in großer Menge in die Welt zurückkehrten, daß die Weltpriester eifrige Verkündiger der reformatorischen Ansichten wurden, daß selbst unter dem Adel und Fürstenstand sich Viele mit den neuen Ideen und Ordnungen vertraut machten. Wer wollte zweifeln, daß ein freier reformatorischer Geist durch die ganze deutsche Nation zog, daß dieser Geist von religiösen Impulsen ausging, von der Sehnsucht des Gewissens nach unmittelbarer Vereinigung mit Gott? Wenn man von gegnerischer Seite äußerliche, zeitliche Hebel und Motive in den Vordergrund stellt, wenn man hervorhebt: „den Fürsten wurden Kirchengüter, den Priestern Weiber, den Völkern Freiheit geboten", so ist dies für den Zeitraum, den wir soeben beleuchtet haben, nicht zutreffend. In der Folge mögen auch solche Beweggründe und Triebfedern mitgewirkt haben; denn bei allen großen Ereignissen der Weltgeschichte sind in der Menschenbrust selbstlose und selbstische Triebe thätig; aber in diesen ersten Jahren des reformatorischen Lebens gingen die

Impulſe aus einem religiöſen Grunde hervor, aus einem gläubigen, nach Wahrheit ringenden, um ſein Seelenheil bekümmerten Herzen. Nicht Lohn und Welt-
luſt erwartete die Neuerer, ſondern Verfolgung, Elend und Mühſal, und wie
mancher mußte die Aufrichtigkeit ſeiner Geſinnung mit Tod und Kerkerhaft bezeugen!

Es wurde ſchon erwähnt, daß der von Luther begründete evangeliſche Kir- *Das Kirchen-*
lid chengeſang auf den Fortgang der Reformation einen weſentlichen Einfluß geübt
hat. Nichts vermag ſo ſehr eine begeiſterte Stimmung für eine ideale Sache im
Gemüthe zu erwecken, als ein ergreifender Volksgeſang, in welchem der Inhalt
durch die Melodie ſeinen gefühlvollen Ausdruck erhält. Es mag daher nicht un-
paſſend erſcheinen, ſchon an dieſer Stelle die muſikaliſche Seite des neuen kirchlichen Lebens ins Auge zu faſſen und vor- und rückwärts blickend anzudeuten,
wie tief die Tonkunſt in allen erregten Momenten unmittelbar in die Erſcheinungen und Stimmungen des Tages eingriff und dem Seelenleben des Volkes
Impuls und Richtung gab. Wir verdanken die folgende überſichtliche Darſtellung der Feder des Dr. Chryſander.

2. Der religiöſe Volksgeſang.

Der Volks- oder Liedergeſang (vgl. Bd. VII S. 429) bildet im *Volkslieder.*
Mittelalter die eigentliche Kunſtform von bleibendem Werth und unvergänglicher
Dauer. An ſeiner Ausbildung haben ſich auch bereits alle Hauptnationen betheiligt, welche Europa bewohnen, und wir finden in Folge deſſen bei allen dieſen Völkern noch heute zahlreiche Lieder, in denen die nationalen Züge oft ſehr
markirt hervortreten. Beſonders bemerkenswerth iſt dies bei denjenigen Völker-
gruppen, welche über dieſe erſte Periode der Tonkunſt nicht hinausgekommen ſind
und in muſikaliſcher Hinſicht nichts Höheres zu erzeugen vermöcht haben, als
ſolche Lieder. Es iſt auffallend, obwohl mit dem Gange der Tonkunſt über-
einſtimmend, daß diejenigen Nationen, deren muſikaliſches Vermögen ſich
auf dieſer erſten Stufe der Entwickelung gleichſam erſchöpfte, ſämmtliche
Außenländer Europa's bewohnen. Namentlich gilt dies von Oſt- und Weſt-
Europa; aber auch der Norden hat an Muſik eigentlich nichts aufzuweiſen, als
derartige Geſänge, deren Grundſtock zwar in eine heidniſche Vorzeit hinaufreicht,
die aber ihre feſte muſikaliſche Geſtalt ſämmtlich erſt im Mittelalter erlangt haben.
Desgleichen iſt der eigentliche Süden und Südoſten Europa's trotz der Einwirkung der Italiener von den höheren Zweigen der Tonkunſt faſt ganz unberührt
geblieben.

Von den hier erwähnten Völkern ſind die Slaven diejenigen, bei welchen der
Reichthum allbekannter Geſänge ebenſo bemerkenswerth iſt, wie das Verharren des
zahlreichen Volkes auf dieſer Stufe der muſikaliſchen Bildung; die ſlawiſchen Geſänge
ſind daher in einem beſonderen Maße national geſtaltet und voll von charakteriſtiſchen
Zügen. Unter ihnen ſtechen die Lieder der Serben durch poetiſchen, die der Polen,

Mähren und Böhmen durch musikalischen Reiz hervor. Einen gleich hohen Werth bean-
spruchen die Gesänge der Skandinavier, unter denen viele nach Wort und Weise
von einer großen Tiefe des Ausdrucks sind. Die griechischen Länder im Südosten
sind musikalisch steril; es scheint, daß die altgriechische Musik und darauf der liturgische
Gesang der christlichen Kirche alle Kräfte aufgesogen und die natürlichen poetisch-musi-
kalischen Lebensäußerungen auf ein Minimum beschränkt hat. Zahlreich sind die Gesänge der lateinischen Völker in Südeuropa und reizvoll, aber auch kurzlebig, da
sie fast sämmtlich in den Kunstformen der italienischen Musik einen schnellen Untergang,
freilich auch eine zu höheren künstlerischen Gebilden verklärte Auferstehung fanden. Den
Preis von allen aber verdienen die Lieder der keltischen Race, und unter ihnen sind
es die Iren und namentlich die Schotten, welche auf diesem Gebiete das Höchste erreicht und dem Volksliedergesange gleichsam den Stempel klassischer Vollendung aufgedrückt haben. Bei den Schotten wird man auch des vorwiegend musikalischen
Werthes dieser Gesänge inne als des gestaltenden und selber im Gange der Zeiten fast
unwandelbaren Grundelementes; denn obwohl die erhaltenen schriftlichen Quellen der
schottischen Musik nicht über das sechzehnte Jahrhundert hinausreichen, ist das hohe
Alter ihrer Melodien doch ein so augenscheinliches, daß einer der besten Kenner derselben,
der Schotte Charles Gray, mit Recht sagen durfte: „Unsere nationalen Melodien sehen
wir als unzerstörbar an. Wie Keiner ihren Ursprung zu ergründen vermag, so würde
es gleichfalls vergeblich sein, ihr Ende bestimmen zu wollen. Ihr Grundwesen ist
himmlischer als die Sprache, mit welcher sie vermählt sind". Die beste Bestätigung dieser
Worte liefert die Geschichte der schottischen Dichtung; denn während man bei den Poesien anderer Völker nur in einzelnen Theilen einen mehr oder weniger innigen Zusammenhang mit der Musik nachweisen kann, sind die schottischen Poeten (und unter ihnen ein
Dichter allerersten Ranges wie Burns) wenig mehr als die Verfasser der Texte zu ihren
Melodien, — ein merkwürdiger Beweis, wie tief solche einfachen Gesänge eine Nation
durchdringen können und welche herrliche Früchte sie auf dem verwandten Gebiete der
Dichtung erzeugen. Die Eigenthümlichkeit der schottischen Melodien, namentlich ihre
Vermeidung gewisser Stufen unserer Tonleiter, erklärt sich hauptsächlich aus dem Gebrauche von starktönenden Instrumenten mit einfachen harmonischen Grundtönen, die
noch jetzt als die national schottischen bekannt und allgemein beliebt sind. Im Ausdrucke sind diese Melodien vielfach der besten neueren Musik gewachsen, und alles in
allem genommen muß man sie als die vollkommenste Nationalmusik bezeichnen, welche
überhaupt vorhanden ist. Die germanische Race, auf den britischen Inseln mit der
keltischen eng verschmolzen, hat einen großen Antheil an dieser Bildung, denn was
von dem schottischen Gesange gesagt ist, gilt im Wesentlichen nicht nur von dem irischen,
sondern auch von dem englischen. Bei Erasmus lesen wir die merkwürdige Worte:
„Die Engländer haben vor andern den Vorzug der schönsten Frauen, der leckersten Gastmähler und der besten Musik". Einen sonderbaren Beweis ihrer Richtigkeit lieferte zur
selben Zeit Papst Julius II., denn als Thomas Cromwell, der spätere Graf von Essex,
1510 nach Rom ging, um für die Stadt Boston den kleinen wie den großen Ablaß
zu erwirken, gewährte der Papst beides sofort, nachdem die Engländer ihn mit ihren
Speisen und mit ihrer Musik regalirt hatten. Dieses Lob der englischen Musik galt
zwar keineswegs allein den einstimmigen Weisen oder dem was wir Volksgesang nennen,
denn es wird ausdrücklich gesagt, daß es „Dreimänner-Gesänge" (auch „Freimänner-
Gesänge' genannt) d. h. dreistimmige Kanons (catches) gewesen seien; aber diese
harmonischen Erzeugnisse waren dennoch in ihrem melodischen Gewebe ganz national
gestaltet und sind auch bis auf unsre Zeit eine von keinem andern Volke erreichte Eigenthümlichkeit der Engländer geblieben. — Der Reichthum der Deutschen an solchen

Gesängen war schon im Mittelalter ebenso außerordentlich groß wie in der Neuzeit. Zudem besitzen wir mancherlei Nachrichten hierüber, so namentlich aus der besten Zeit, dem 14. Jahrhundert, den Bericht der Limburger Chronik, welche alle Ereignisse und Wandlungen des deutschen Liedergesanges ihrer Zeit, soweit sie das Limburger Weichbild berührten, treu und hübsch beschrieben hat.

Der liebenswürdige Chronist, „Schreiber Johann", erzählt uns da von Spott-, Liebes- und geistlichen Liedern, von Rittern gemacht, und um 1349 von den Fahrten der Geißelbrüder und ihren Gesängen. Diese religiöse Bewegung wurde bekanntlich durch die Pest, den sogenannten schwarzen Tod, veranlaßt und der Grundstock dieser Lieder stammt schon aus dem 13. Jahrhundert, und zwar aus Oberitalien, wo damals der schwarze Tod zuerst auftrat. Den „Laisen" der Geißler lagen wahrscheinlich größtentheils weltliche Gesänge zu Grunde, und sie waren an Wort und Weise zum Theil so kernhaft, daß sie bei Wallfahrten und anderen Gelegenheiten dauernd im Gebrauche blieben, aber auch von dem muthwilligen Volke, als der verkündete Weltuntergang nicht eintrat, zu Tänzen und Spottliedern benutzt wurden, denn aus Closeners Straßburger und Justingers Berner Chronik erfahren wir, daß die Geißler sangen „also man zu Tanze noch singet". Nachdem der schwarze Tod abgezogen war, sang man wieder heitere Lieder „von Weis und Worten durch ganz Teutschland", die waren „gemein zu pfeifen und zu trommeten und zu allen Freuden". Das Leben pulsirte rasch in diesen Liedern und brach sich heftig eine Bahn in neuen Formen. Unser Limburger Chronist hat, in Uebereinstimmung mit andern Zeitgenossen, diese große Veränderung zum Jahre 1360 in merkwürdigen Worten notirt: „In denselbigen Jahren verwandelten sich die Carmina und Gedichte in teutschen Landen. Dann man bishero lange Lieder gesungen hatte, mit fünf oder mit sechs Gesetzen. Da machten die Meister neue Lieder, das hießet Widersang mit drei Gesetzen. Auch hatte es sich also verwandelt mit dem Pfeifenspiel, und hatten aufgestiegen in der Musika, daß die nicht also gut war bishero, als nun angangen ist. Denn wer vor fünf oder sechs Jahren ein guter Pfeifer war im Land, der dauchte ihn itzund nit ein Flizen". Die Aenderung trat also sehr schnell ein und zwar gleichzeitig in der Dichtung wie in der Musik. Alle Zeugnisse lehren, daß es lediglich eine musikalische Revolution war, die auch das ganze Gebiet der weltlichen Musik, der vocalen wie der instrumentalen, durchdrang und von den nachhaltigsten Folgen gewesen ist. Hiermit zuerst kam die Form der Rundstrophe, eine wesentlich musikalische Form, in der Kunstübung zu ihrem Rechte; die Lieder wurden kürzer, die Melodien größer. Gleich merkwürdig in Johanns Chronik ist das, was er zehn Jahre später von den dichterischen und musikalischen Talenten eines aussätzigen Barfüßermönchs berichtet: „Zu disser Zeit war auf dem Main ein Mönch Barfüßer Ordens, der ward von den Leuten aussätzig, und war nit rein. Der machte die besten Lieder und Reihen in der Welt von Gedicht und Melodeien, daß ihm niemand uff Rheinesstrom oder in dissen Landen wol gleichen mochte. Und was er sung, das sungen die Leut alle gern, und alle Meister pfiffen, und andere Spielleut führten den Gesang und das Gedicht. Er sang diß Lied: Ich bin ausgezählet, Man weiset mich Armen vor die Thür 2c. Item sang er: Mai, Mai, Mai die wunnigliche Zeit 2c. Item sang er: Der Unzen ist mit mir gespielt 2c. Deren Lied und Widersang machte er gar viel, und was das alles lustiglich zu hören".

Man hat diese Periode des 14. Jahrhunderts als die erste eigentliche Erntezeit desjenigen volksmäßigen Liedergesangs anzusehen, welcher sich damit in seiner bleibenden Form festgesetzt und gleichmäßig auf dem weltlichen wie auf dem geistlichen Gebiete als das wahre Grundmuster alle späteren Wandlungen überdauert hat.

Die Verwendung der Musik in den Dramen des Mittelalters war eine sehr ausgedehnte, wenn man die Menge der Worte in Betracht zieht, welche bei den Aufführungen wirklich gesungen wurden, und eine sehr geringfügige, wenn man den inneren Gehalt prüft und nach den Folgen einer solchen Benutzung der Musik sich umblickt. Gesungen wurden ganze Scenen, oft fast ganze Stücke (besonders die Marienklagen in den Passionen u. dgl.), und obwohl nicht zu bezweifeln ist, daß die Tonsetzer sich bei diesen Gelegenheiten besonders anstrengten, enthalten dennoch sämmtliche Stücke an Musik durchaus nichts, was nicht einestheils in dem weltlichen Lieder-, anderntheils in dem liturgischen Kirchengesange vorkäme oder denselben direct nachgebildet wäre. Gleich den Worten ist auch die Musik zwiespältig, theils weltlich, theils geistlich, wie die Worte theils dem Kirchenlatein und theils den Vulgarsprachen der einzelnen Länder entnommen sind; und durch dieses unvermittelte Nebeneinander sind die mittelalterlichen Dramen nach keiner Seite hin zu einer wirklichen Selbständigkeit gelangt.

Der religiöse Gesang. Die religiöse Seite des Volksgesanges oder der geistliche Liedergesang verdient eine ganz besondere Beachtung, nicht nur wegen seiner Wichtigkeit an sich, sondern auch als Schatzkammer des mittelalterlichen Gesanges überhaupt, da in seinen Weisen uns zugleich ein sehr großer Theil des weltlichen Gesanges mit erhalten ist. Der religiöse Gesang der Abendländer entstand immer aus dem weltlichen. Die ersten Lieder dieser Art, welche allgemeine Verbreitung fanden, wurden durch die Kreuzzüge veranlaßt. Später kamen diejenigen Gesänge hinzu, welche der schwarze Tod und andere schreckenvolle Plagen hervorriefen. Ihren Ursprung hatten alle solche Lieder außerhalb der Kirche, wenn sie auch zum Theil liturgische Melodien benutzten, und da sie auf ein unabhängiges religiöses Leben abzielten, waren sie mehr oder weniger gegen dieselbe gerichtet. Völlig deutlich wird dies erst durch die nationalen religiösen Bewegungen zur Zeit des Verfalls der Kirche. Die Waldenser gaben den Anstoß zu einer solchen Lawine, welche zu Anfang des 15. Jahrhunderts die Revolution unter den Hussiten veranlaßte. Der Liedergesang war jetzt nach Inhalt und Form vollständig ausgebildet und allgemeines Volkseigenthum geworden; für Hus und die Seinen war es daher ein leichtes, sich hieraus eine starke Waffe zu schmieden. Die Lieder der Hussiten sind als die der Böhmischen Brüder dauernd im Kirchengesange erhalten und im Reformationszeitalter in besonderen Sammlungen gedruckt.

Lieder der Hussiten. Das erste Gesangbuch der böhmischen Brüder erschien 1531, „in Böhmen" gedruckt, aber durch Michael Weiß in deutscher Sprache herausgegeben als „Ein New Gesengbuchlen". Es enthält 157 Lieder, deren Singweisen bei 111 Nummern in Noten angegeben sind, bei den übrigen durch Hinweisungen auf die Melodien anderer Lieder, von denen über 40 älteren lateinischen Hymnen angehören. Hus selber widmete sich der Umdichtung älterer lateinischer Gesänge, wie u. a. das Lied „Jesus Christus unser Heiland" beweist, welches später einfach „Huffens Lied" genannt und als solches 1524 von Luther „gebessert" wurde. Von mehr als dem dritten Theile sämmtlicher Melodien dieses Gesangbuches ist der Ursprung nicht weiter angegeben und auch im lateinischen oder deutschen Kirchengesange nicht nachzuweisen; diese Melodien tragen alle Kennzeichen eines nationalen Gepräges und sind unzweifelhaft böhmischen Ursprunges. Die selbständige Bedeutung und das hohe Alter ihres Gesanges bezeugen die

Brüder auch in der Zuschrift an Kaiser Maximilian II., mit welcher sie ihm 1566 eine neue Ausgabe überreichten: Es haben auch, sagen sie, die alten Lehrer „schöne geistliche Lieder gedichtet in ihren Sprachen, welche unsere Väter in die Böhmische Sprach gebracht haben, daneben auch selbs viel tröstliche Gesänge gemacht, welche in den Kirchenversammlungen nu mehr über die hundert Jahr, nicht ohne Frucht, zu Gottes Ehren gesungen worden". In der Zuschrift „an die evangelischen Kirchen deutscher Nation", welche der genannten Ausgabe ebenfalls vorgesetzt ist, heißt es näher: „Nu hat Johannes Hus in der christlichen Reformation unter andern auch den Kirchengesang angefangen in behemischer Sprachen: denselbigen haben hernach seine Nachkommen so gemehret und so schöne geistliche Lieder gedichtet, daß dergleichen nie gesehen worden, wie sie denn solch Zeugniß von jedermann haben. Sie haben aber die alten Kirchenmelodien, Weis und Noten, beibehalten, weil sie köstlich sind und bei der Christenheit in Brauch kamen, auch viele dieselben gern hören und singen". Ausgaben in böhmischer Sprache erschienen 1541 und 1576. Letztere ist die vollständigste von allen, sie enthält 743 Gesänge mit 447 Melodien; und dennoch berichtet Rudiger, daß in dieses Gesangbuch oder „Cantional" noch nicht der dritte Theil der damals vorhanden gewesenen böhmischen Gesänge, die er in einem geschriebenen Codex gesammelt gesehen, aufgenommen sei, so ungemein groß war die Fruchtbarkeit und die Zahl der im lebendigen Gebrauche befindlichen Lieder. Die Menge der geistlichen Lieder entsprach der der weltlichen, denn noch jetzt sind in böhmischen und mährischen Volkskreisen die Gesänge in üppigster Fülle vorhanden.

Durch Johannes Hus hat Gott, wie die böhmischen Brüder 1566 in ihrer Zuschrift an die evangelischen Kirchen deutscher Nation sagen, „das Feuer aufgeschlagen", durch Luther aber „das Licht angezündet, welches nun ganz hell wie der Sonnen Schein durch die Welt leuchtet". So auch kann man sich ausdrücken, wenn das erwogen wird, was beide Männer für die Musik, für den nationalen kirchlichen Liedergesang geleistet haben. Erst der gewaltige Luther rief auch auf musikalischem Gebiete das Dauernde hervor, welches, allgemeinhin sich verbreitend, in die Zeit wahrhaft einging und in einer fernen Zukunft erst zu seiner vollen Größe auswuchs. Dieses Eindringen des lutherischen Chorals in die musikalische Kunst, seine Besitzergreifung von ganzen großen Gebieten derselben und die allgemein bewunderten Kunstgebilde, welche in der Folge daraus hervorgingen, haben auch auf die Gestalt Luthers ihr Licht zurückgeworfen. Der große Reformator erscheint uns musikalisch in einem solchen Glanze, daß er in der Bildungsgeschichte der Tonkunst den wirksamsten Factoren beigezählt werden muß. Dieser Reflex von Kunstwerken der Folgezeit hat sogar eine gewisse geschichtliche Uebertreibung veranlaßt, nach welcher Luther lange Zeit als der unmittelbare Urheber der meisten und besten aller Lieder und Melodien angesehen wurde, deren sich die Seinen in den ersten Jahrzehnten der Reformation bedienten. Wie die Forschung der neueren Zeit festgestellt hat, sind aber nur einige wenige Stücke von ihm selber nach Wort und Weise erfunden; diese freilich können als genügende Beweise gelten, daß er bei seiner Geistesstärke ganz der Mann war, auch auf musikalischem Gebiete eine große Wirkung zu verursachen. Alle übrigen Lieder kamen aus zwei Quellen: aus dem Gesange der Vorzeit, und von dichterisch oder musikalisch begabten Zeitgenossen. Die Vorzeit wurde von Luther unbefangensten Sinnes nach allen Seiten hin ausgebeutet, viel mehr und viel freier, als von Hus und den Seinen; die Liturgien der Kirche, der Hymnengesang, die Lieder der Hussiten und anderer frommen Kreise, die Gesänge des Volkes: alles dieses wurde zusammengeleitet, theils von „papisti= scher Irrlehre gereinigt", theils von „unflätigen Texten gesäubert", den Melodien nach aber möglichst treu beibehalten, nur bei den gregorianischen Weisen eine mehr liedförmig geschlossene Gestalt erstrebt, und bei den Volksliedern statt der weltlichen Ueppigkeit sprungweiser beweglicher Tonfolgen das einfachere geistliche Gewand umgelegt, wie es dem Charakter der Worte und den gesanglichen Fähig= keiten einer gemeinsam singenden Menge angemessen war.   Durch das Ganze, sei es dem Kirchen= oder dem Volksgesange entnommen, geht der Pulsschlag des weltlichen Gesanges, und bei vielen Hinweisungen geistlicher Lieder auf welt= liche Melodien sieht man sofort, daß das weltliche Lied eben so sehr seinem In= halte nach das geistliche veranlaßt, wie seiner Melodie nach dasselbe geformt hat, und daß daher mehr oder minder eine gegenseitige Beziehung hergestellt ist.

So z. B. wenn in einer 1527 zu Nürnberg erschienenen Liedersammlung die Christen= heit in einem der Lieder ermahnt wird, „zu erwachen und den süßen Klang des reinen Gottes= wortes zu vernehmen, das ihr nun lauter gepredigt werde; es geschieht in den Tönen einer alten Tageweise: Wach auf meins Herzens Schöne. Ein anderes Lied fragt, wo Christi Ge= stalt gewesen, als Sylvester durch Constantins Geschenk Gewalt bekommen habe über Rom; es soll gesungen werden in der Weise des Gesanges: Rosina, wo war dein Gestalt bei König Paris Leben. Gegen die Anrufung der Heiligen wird geeifert in einem dritten Liede, dem die Melodie: Es geht ein frischer Sommer daher, angeeignet ist. In dergleichen volksmäßigen Tönen vorgetragen, erhielt dasjenige, was man dem Volke an das Herz legen, womit man ihm deuten wollte, was ohnehin die Gemüther Aller bereits beschäftigte, eine große Eindringlichkeit und verbreitete sich mit unglaublicher Schnelle" (Winterfeld). Diese Lieder stehen in einem Buche, betitelt „Die evangelisch Meß teutsch" und wurden „am Sonntag oder Feyertag im Ampt der Meß, desgleichen vor und nach der Predigt in der christlichen Versammlung im neuen Spi= tal zu Nürnberg gesungen".

Wenn man den prachtvollen, in sich geschlossenen Bau der römischen Messe erwägt, so muß dergleichen freilich als ein dürftiges, von dem weltlichen Lieder= gesange abhängiges Surrogat erscheinen.   In dieser Beziehung, in der Ge= staltung einer neuen Cultusform, ist es den Reformatoren denn auch nicht ge= lungen, die Kirche, von der sie sich trennten, zu erreichen oder gar verbessernd zu überbieten; die „deutsche Messe" der Evangelischen ist ein unvollkommenes Werk geblieben. Sie wäre noch unvollkommener und von geringerer Dauer gewesen, wenn ihr nicht von Seiten der Tonkunst eine mächtige Hülfe gewährt und zu= gleich die Verbindung mit der verfeindeten katholischen Kirche durch unzerreißbare Bande erhalten wäre. In der Musik nahm der große Reformator den denkbar unbefangensten, weitherzigsten Standpunkt ein und war von Anfang an bemüht, den Evangelischen ihr ganzes Gebiet in voller kunstmäßiger Ausbildung zu sichern, wie er denn auch die besten Musiker zu seinem Werke heranzog und mit ihnen in persönlicher Verbindung blieb. „Auch daß ich nicht der Meinung bin", schreibt Luther von Walther's vierstimmigem Gesangbüchlein 1524, „daß durchs Evan=

gelion sollten alle Künste zu Boden geschlagen werden und vergehen, wie etliche
Abergeistlichen fürgeben, sondern ich wollt alle Künste, sonderlich die Musika,
gerne sehen im Dienst deß, der sie geben und geschaffen hat." Die ganze folgende Entwicklung ist gleichsam ein Beleg zu diesen Worten, denn die Musik
blieb die einzige Kunst, welche im Bereiche der evangelischen Kirchen wahrhaft
Großes leistete; sie ist das Band, durch welches das ganze Werk der Reformation überhaupt mit der Kunst zusammenhängt.

Die ersten Lieder, welche Luther ausgehen ließ, erschienen 1524 zu Wittenberg als „Etlich Der luthe-
Christlich Lieder, Lobgesang und Psalm, dem reinen Wort Gottes gemäß, aus der heiligen rische Kir-
Schrift durch mancherlei Hochgelehrten gemacht, in der Kirchen zu singen, wie es dann zum chengesang.
Theil bereit zu Wittenberg in Uebung ist". Das Büchlein enthält nur 8 Lieder (von denen
Paul Speratus zwei beisteuerte) mit 4 Melodien in Noten, und zeigt in seinen Quellen, die
theils dem geistlichen, theils dem weltlichen Gesange der Vorzeit, theils dem eignen poetisch-
musikalischen Vermögen entsprangen, schon ganz die Entstehungsart aller Kirchengesänge der
Lutheraner, wie auch ihre lehrhafte, bibel-buchstäbliche Tendenz. Diese Tendenz verursachte
mit der Zeit die ungeheure Menge der Reimereien, die, in vollständiger Unklarheit hinsichtlich
der künstlerischen Anforderungen, an einer schriftmäßigen Gläubigkeit ihr Genüge fanden, so
daß die Quellen der Kunst mit der Zeit versiegten. Luther selber war dieser Tendenz ergeben,
da es die der Reformation war; aber eine hohe freudige Begeisterung behielt bei seinen besten
Erzeugnissen doch immer die Oberhand. Gleich das erste Lied, mit welchem er die genannte
Sammlung eröffnete, ist bezeichnend für den Grundton seines ganzen Wesens: „Nun freut
euch lieben Christen gmein und laßt uns fröhlich singen". Dieser freudige Geist, der über
alle Zwecke und Berechnungen weit hinausging, verließ ihn nie, und darin lag das Poetische,
das Musikalische, das voll Künstlerische seiner Erscheinung und seiner Thaten. Luther war
vom tiefsten Musiksinne erfüllt und ein inniger Verehrer der mehrstimmigen Kunstmusik, die
zur Zeit seiner Jugend einen glänzenden Aufschwung nahm. So lag es nahe, daß er die
neuen Lieder durch mehrstimmige Tonsätze für die Schuljugend bildsam zu machen und überhaupt der edlen Musika hier eine Heimath zu gründen strebte. Zu diesen Zwecken, zur Ordnung der Musik beim Gottesdienste (der sogenannten „Messe") und in der Schule verband er
sich mit dem churfächsischen Kapellmeister Johann Walther († nach 1566), an welchem er
einen ebenso geschickten als treuen Genossen fand, und gab mit ihm bereits in demselben Jahre
1524 zu Wittenberg das „Geistliche Gesangbüchlein" in vier Stimmen heraus, 43 Tonsätze mit
38 deutschen und 5 lateinischen Liedern enthaltend. „Und sind dazu auch in vier Stimmen
bracht", sagt Luther in der Vorrede, „nicht aus anderer Ursach, denn daß ich gerne wollte, die
Jugend, die doch sonst soll und muß in der Musika und andern rechten Künsten erzogen werden,
etwas hätte, damit sie der Buhllieder und fleischlichen Gesänge los werde, und an derselben
Statt etwas heilsames lernete und also das gute mit Lust, wie den Jungen gebührt, eingienge".
Walther hat über sein musikalisches Zusammenwirken mit dem großen Manne in seinen alten
Tagen einige Worte niedergeschrieben, welche ein beredtes Zeugniß von Luthers musikalischer
Begabung enthalten. „So weiß und zeuge ich wahrhaftig, daß der heilige Mann Gottes
Lutherus, welcher deutscher Nation Prophet und Apostel gewest, zu der Musika im Choral- und
Figuralgesange große Lust hatte, mit welchem ich gar manche liebe Stunde gesungen, und oft-
mals gesehen, wie der theure Mann vom Singen so lustig und fröhlich im Geist ward, daß er
des Singens schier nicht könnte müde und satt werden und von der Musik so herrlich zu reden
wußte. Denn da er die deutsche Messe zu Wittenberg anrichten wollte, hat er den alten Sang-
meister Ehren Conrad Rupff und mich gen Wittenberg erfordern lassen, dazumahlen von den
Choralnoten und Art der acht Ton (Kirchentöne oder Tonleitern) Unterredung mit uns gehalten

und beschließlich hat er von ihm selbst die Choralnoten Octavi Toni der Epistel zugeeignet und Sextum Tonum dem Evangelium geordnet und sprach also: Christus ist ein freundlicher Herr und seine Reden sind lieblich, darum wollen wir Sextum Tonam zum Evangelio nehmen; und weil St. Paulus ein ernster Apostel ist, wollen wir Octavum Tonum zur Epistel ordnen. Hat auch die Noten über die Episteln, Evangelia und über die Wort der Einsetzung des wahren Leibes und Bluts Christi selbst gemacht, mir vorgesungen und mein Bedenken darüber hören wollen. Er hat mich die Zeit drei Wochen lang zu Wittenberg aufgehalten, die Choralnoten über etliche Evangelia und Episteln ordentlich zu schreiben, bis die erste deutsche Meß in der Pfarrkirchen gesungen ward. Denn er auch die Vesper, so die Zeit an vielen Orten gefallen, mit kurzen reinen Choralgesängen für die Schüler und Jugend wiederum anzurichten befohlen. Deßgleichen, daß die arme Schüler, so nach Brot laufen, für den Thüren lateinische Gesänge, Antiphonas und Responsoria, nach Gelegenheit der Zeit, singen sollten: und hatte keinen Gefallen daran, daß die Schüler für den Thüren nichts denn deutsche Lieder sungen. Daher seind diejenigen auch nicht zu loben, die alle lateinische christliche Gesänge aus der Kirchen stoßen, lassen sich dünken, es sei nicht evangelisch oder lutherisch, wenn sie einen lateinischen Choralgesang in der Kirchen singen oder hören sollten: Wiederum ist's auch unrecht, wenn man nichts denn lateinische Gesänge vor der Gemeine singet, daraus das gemeine Volk nichts gebessert wird. Derowegen seind die deutsche geistliche reine, alte und lutherische Lieder und Psalmen für den gemeinen Haufen am nützlichsten: die lateinischen aber zur Uebung der Jugend und für die Gelehrten. Und siehet, höret und greifet man augenscheinlich, wie der heilige Geist sowohl in denen Autoribus, welche die lateinischen, als auch im Herrn Luthero, welcher jetzo die deutschen Choralgesänge meistens gedichtet und zur Melodei bracht, selbst mitgewirket: Wie dann unter andern aus dem deutschen Sanctus ("Jesaia dem Propheten das geschah ꝛc.") zu ersehen, wie er alle Noten auf den Text nach dem rechten Accent und Concent so meisterlich und wohl gerichtet hat, und ich auch die Zeit Seine Ehrwürden zu fragen verursachet ward, woraus oder woher sie doch diß Stück oder Unterricht hätten. Darauf der theure Mann meiner Einfalt lachte und sprach: Der Poet Virgilius hat mir solches gelehret, der also seine Carmina und Wort auf die Geschichte, die er beschreibet, so künstlich appliciren kann: also soll auch die Musika alle ihre Noten und Gesänge auf den Text richten." Es ist unmöglich, den ganzen Sinn und Betrieb der musikalischen Cultusangelegenheit Luthers eindringlicher zu schildern, als in diesem einfachen Berichte geschehen ist.

Die Reihe der vielen Harmonisirungen lutherischer Choräle wird mit Walther's Gesangbüchlein ebenso eröffnet, wie die der noch zahlreicheren Kirchengesangbücher für den Gemeindegebrauch durch die bescheidenen 8 Lieder, welche zu Anfang des J. 1524 ausflogen. Weil das Bedürfniß groß, der Vorrath aber noch gering war, "bitte derhalben", sagt Luther in der Vorrede zu Walthers Gesangbüchlein, "ein iglicher frumer Christ wollt solches ihm lassen gefallen, und wo ihm Gott mehr oder desgleichen verleihet, helfen fördern", bekennend, daß er selber sammt etlichen Andern solche geistliche Lieder nur zusammen gebracht "zum guten Anfang, und Ursach zu geben denen, die es besser vermögen". Weil aber urplötzlich alle Welt in Folge des ungeheuern Anklanges in geistlichen Liedern sich versuchte und dem Volke "deutsche Messen" vorlegte, Thomas Münzer "ein Knecht Gottes" so gut wie alle Andern, und weil dabei viel Kraut und Unkraut durcheinander oder, wie Luther sagt, Mäusemist unter den Pfeffer kam, schrieb er zu dem Wittenberger Gesangbuche von 1529 "eine neue Vorrede": "Nu haben sich Etliche wol beweiset und die Lieder gemehret, also daß sie mich weit übertreffen und in dem wol meine Meister sind. Aber daneben auch die Andern wenig Guts dazu gethan. Und weil ich sehe, daß des täglichen Zuthuns, ohn alle Unterscheid, wie einem jeglichen gut dünkt, will keine Maaße werden, über das, daß auch die ersten unser Lieder je länger je fälscher gedruckt werden, hab ich Sorge, es werde diesem Büchlin die Läng gehen, wie es alle Zeit guten Büchern gangen ist, daß sie durch ungeschickter Köpfe Zusetzen so gar überschüttet und verwüstet sind, daß man das Gute darunter verloren und alleine das Unnütze im Brauch behalten hat. Damit nu das, so viel wir mügen, verkumen werde, habe ich dis Büchlin wiederumb aufs neu übersehen und der Unfern Lieder zusammen nach einander mit ausgedrucktem Namen gesetzt, damit nicht unter unserm Namen frembde, untüchtige Gesänge verkauft würden. Darnach die andern hinnach gesetzt, so wir die besten und nütze achten." Die Wittenberger hatten es jetzt auf etwa 50 Gesänge gebracht. Dem lutherischen Kirchengesange im engsten, nur auf ein kleines Stadt- oder Landgebiet beschränkten Sinne war mit den angeführten Worten die Richtung gewiesen und eine Scheidung von andern reformatorischen Kreisen eingeleitet. So bestätigte sich auch hier wieder, daß der durch eine heftige aber ungeordnete Theilnahme veranlaßte Mißbrauch einer neuen Sache das Beste auf sich selbst zurückdrängt. Manche einseitige Erstarrung wurde dadurch bewirkt, manche fruchtbare Idee zur Weiterentwicklung im Keime erstickt. Thomas Münzers großer Gedanke, den bisherigen römisch-lateinischen Gottesdienst möglichst einfach in's Evangelisch-Deutsche zu übertragen, „der armen zerfallenden Christenheit also zu helfen mit deutschen Ämptern, es sei Messen, Metten oder Vesper" (Vorrede zu s. deutsch evangel. Messe, 1524), fand nirgends eine rechte Heimath, am wenigsten in seinem eigenen, unlauter revolutionären Gemüthe, und doch wäre eine würdige Ausführung dieses Gedankens allein im Stande gewesen, unter den Evangelischen die Grundlagen eines festen Cultusbaues zu schaffen. Luthers anscheinende Freisinnigkeit, in diesen Dingen Jedermann schalten und walten zu lassen, erklärt sich zum Theil aus seiner Verkennung der kirchenbildenden Macht, welche einer festen, bis in's Einzelnste genau geregelten Cultusordnung innewohnt. Er meinte, das Credo, das Dogma an sich bilde die Kirche, während doch nur das im Cultus voll ausgeprägte Dogma solches zu thun im Stande ist; als Kirchenbildner würde er weiser gehandelt haben, mehr Freiheit in der Auslegung der Abendmahlsworte zu gewähren und mehr Einheit in dem evangelischen Cultus zu erzwingen. Er unterschätzte die Bedeutung einer wohlgefugten Sangordnung für die neuen Kirchen; in den vielen Briefen erwähnt er seiner Gesänge niemals, scheint also auf einige der größten und bleibendsten Erzeugnisse seines Geistes nur geringen Werth gelegt zu haben. Für die Evangelischen wurde es verhängnißvoll, daß sie die anfängliche Unordnung nie überwanden; auch war die in den Choralgesängen zum Ausdruck gelangte Gemeindefreiheit zum Theil nur eine scheinbare, da der jeweilige Prediger jeden Sonntag bestimmte, was gesungen werden sollte und in seiner Omnipotenz gleichsam jeden Gottesdienst gestaltete. So blieb der Cultus der katholischen Kirche trotz aller „Irrlehren" als ein stolzer glänzender Bau bestehen, der selbst manche der Evangelischen mit der Zeit so blendete, daß sie in jene Kirche zurückkehrten. Ob die wirklichen Elemente zu einem neuen Cultusbaue von ähnlicher oder überragender Größe überhaupt unter den reformatorischen Gemeinden vorhanden waren, ist eine Frage, die wir nicht weiter erörtern wollen; hier soll nur betont werden, daß Luther die einzige Gestalt war, welche das für lange Zeit Entscheidende zu bewirken vermochte. Solches bewies er noch in demselben Jahre, in welchem er jene neue Vorrede schrieb; denn man darf als gewiß annehmen, daß der größte Gesang der Reformationszeit, das gewaltige Psalmlied „Ein feste Burg ist unser Gott" während der bedrängten Zeit des Reichstages zu Speier im April 1529 von ihm in Wittenberg geschaffen wurde und nicht, wie Weller und Sleidan berichten, 1530 zu Coburg während des Augsburger Reichstages. Dieser Gesang ist der leibhaftige Luther; er überragt alles Uebrige und ist von unerschöpflichem Gehalte.

Was den Lutheranern bei ihrem Liederreichthum abging, eine feste Cultusordnung, wurde von den französischen Calvinisten wie auch von der englischen Hochkirche mit mehr Erfolg in's Werk gesetzt. Beide Kirchengruppen haben auch das gemein, daß sie in dem Psalter nicht nur, wie die Lutheraner, eine Anregung zu neuen Liedern suchten, sondern ihn ganz einfach als ihr kirchliches Gesangbuch betrachteten und demgemäß benutzten. Diese Benutzung war verschieden je nach der Stellung, die sie mit ihrem neuen Gottesdienste zu dem der alten katholischen Kirche überhaupt einnahmen.

(Marginalie:) Der calvinistische und der anglikanische Kirchengesang.

Die Calvinisten gestalteten ihre Psalmlieder unter Anregung des bereits eingebürgerten lutherischen Choralgesanges um 1540, also zu einer Zeit, wo durch die weltlichen Melodien angepaßten Psalmlieder (Souter liedekens, seit 1540 zu Antwerpen gedruckt) in den Niederlanden und durch mehrere deutsch-lutherische liederartige Behandlungen des ganzen Psalters, besonders das tief in die Oeffentlichkeit eindringende Psalmbuch von Burchard Waldis (1553), eine allgemeine Bewegung nach dieser Richtung hin stattfand. Die kunstfeindliche Ansicht Zwingli's, der mit den Bildern auch die Orgeln aus den Kirchen beseitigte und dem Gesange in der Kirche überhaupt gram war, hatte gegen 1540, als Johannes Zwick in Constanz zu dem Züricher „Gesangbüchle" die Vorrede schrieb, bereits einer milderen Auffassung Raum gemacht. Welches Schicksal aber selbst nach dieser fortgeschrittenen Ansicht dem eigentlichen Kunstgesange in der Kirchengemeinschaft der Reformirten bevorstand, ersehen wir aus Zwicks Vorrede, in welcher der mehrstimmige Gesang kunstgebildeter Sänger als papistischer Gräuel schlechterdings verworfen wird, denn nur die Gemeinde solle in der Kirche singen, nicht aber Einer für den Andern oder zur Ergötzung des Andern um Tagelohn, weshalb man auch geschulte Musiker, die von ihrem Gesange leben, nicht dingen solle u. s. w. Auch Calvin theilte diese traurig engherzigen Ansichten, ja die seinigen waren in Sachen des Kirchengesanges noch um vieles strenger, da er auch dem Gemeindegesange die letzte Freiheit zu nehmen, nämlich ihn auf die engen Grenzen einer bestimmten Anzahl von Liedern und Melodien zu beschränken bemüht war. In der Einleitung zu dem seit 1542 wiederholt gedruckten französischen Psalmenbuche von Marot und Beza rechnet er den Gesang zu dem Gebete und argumentirt so: „Nun kann man, nach dem Ausspruche des heiligen Augustinus, nichts Gott Würdiges singen, man habe es denn zuvor von ihm empfangen. So wird man denn auch keine würdigeren Gesänge finden können als die Psalmen Davids, die der heilige Geist selber ihrem Sänger eingegeben, durch ihn gemacht hat. Singen wir diese, so dürfen wir sicher sein, daß Gott uns die Worte in den Mund gelegt hat, daß es sei, als sänge Er selber in uns, um seinen Ruhm zu erhöhen. Darum ermahnet der heilige Chrysostomus so Männer als Frauen und Kinder zu deren Gebrauch, um dadurch der Gemeinschaft der Engel theilhaft zu werden". Ueber die Melodien begnügt er sich zu sagen, daß es das beste geschienen habe sie so zu moderiren oder zu gestalten, damit sie dem Gegenstande Majestät und Nachdruck verliehen und geeignet seien, selbst in der Kirche gesungen zu werden — Worte, deren eigentlicher Sinn nur verständlich wird, wenn man die Art der Entstehung dieser Psalmlieder beachtet. Keineswegs liegt hier ein originales, aus den Quellen tiefster Begeisterung für das wiedergefundene reine Evangelium geschöpftes Erzeugniß vor, wie bei den Lutheranern, sondern vielmehr ein Product, welches ursprünglich für die französischen Hoftkreise bestimmt war und durch deren lebhafteste Mitbetheiligung gleichsam seine Gestalt empfing, ja anfangs überall gutgeheißen, sogar auf Befehl des Papstes 1542 in Rom gedruckt und sodann erst, unter Mitwirkung besonderer Umstände, durch die Calvinisten der Genfer Kirche zugeeignet wurde. Der Lutor Clement Marot überreichte auf Wunsch des Königs Franz I. schon 1540 einen Theil seiner Psalmenübertragungen dem Kaiser Karl V., als dieser zu Anfang jenes Jahres nach Paris kam, fand gnädigste Aufnahme und druckte jene 30 Lieder 1542 in großer Auflage, worauf sie dann von Tonkünstlern, namentlich denen des französischen Hofes, wetteifernd in Musik gesetzt wurden. Es wurde in einem seltenen Maaße das Lieblingsbuch des ganzen Hofes. Katharina Medici, die Gemahlin des Dauphins Heinrich, tröstete sich damit über die Unfruchtbarkeit ihrer Ehe; ihr Gemahl, der nochmalige König Heinrich, sang den 42. Psalm »Ainsi qu'on oyt le cerf bruire« (Wie der Hirsch schreiet nach frischem Wasser) nach der Weise eines Jagdliedes, nach welcher auch später im Deutschen dieser Psalm als „Wie nach einer Wasserquelle ein Hirsch schreiet mit Begier" gesungen wurde; es ist dieselbe Melodie, welche jetzt meistens zu dem lutherischen Kirchenliede „Freu dich sehr o meine Seele" angewandt wird. Für einen andern Psalm, den 128., soll Heinrich selber in Angoulème eine Melodie erfunden haben, nachdem er dort von schwerer

Krankheit genesen war. Auch er ersehnte Kinder, namentlich einen Thronerben, und in Wunsch und Hoffnung trällerte er von diesem seinem Lieblingsliede namentlich die zweite Strophe »Quand à l'heur de la tigne« („Dein Weib wird sein wie ein fruchtbarer Weinstock"). Hier in Angoulême ließ er sich die Psalmen von seinen Sängern zur Ergötzung vortragen, begleitet von Violen, Lauten, Spinetten und Flöten; als Villemaudon, der Abgesandte der Margaretha von Navarra, seiner Tante, ihn besuchte, gab er ihm die mehrstimmig ausgesetzten Weisen für die Königin mit. Diese Margaretha, die Schwester des Königs, pflegte zu sagen, sie habe durch jene Psalmen die Gnade des Herrn und Fruchtbarkeit vom Himmel für sich herabgefleht. König Franz selber fand noch auf dem Todtenbette an ihnen Stärkung und Trost. Nicht nur der Dauphin, sondern alle diese Hofpsalmisten und -Psalmistinnen waren bemüht, ihre bisherigen weltlichen Lieblingsstücklein, seien es nun Tänze oder Gesänge, in das neue religiöse Modewild einzuschmuggeln. Diana von Poitiers wählte als Leibpsalm den 130. »Du fonds de ma penseé« („Aus der Tiefe rufe ich, Herr, zu dir") und vermählte ihn mit der Melodie einer Volte, eines Tanzliedes; die Königin zog den sechsten „Herr straf mich nicht in deinem Zorn" allen übrigen vor und nahm für ihn eine Melodie aus den Gesängen der Bouffonisten oder Possenreißer; Anton von Navarra sang sich den 43. „Richte mich Gott und führe meine Sache" nach einer Branle de Poitou, einem volksthümlichen Tanze. Dergleichen Vermengung war seit langen Zeiten bräuchlich und während der Reformation überall geübt, durch die flämischen Souter liedekens dann unlängst auf die Psalmen noch im Großen zur Anwendung gekommen, konnte also an sich keinen Anstoß erregen, wenn dieselbe auch bei der modischen Verliebtheit des französischen Hofes einen komischen Anstrich erhält, namentlich durch den schnellen Wechsel. Denn wie rauchartig flüchtig die Vergötterung war, welche Marot zu Theil wurde, erfuhr dieser schon in der nächsten Zeit, da er, calvinistischer Irrlehren verdächtig, genöthigt war, nach Genf zu flüchten. In seinen Psalmliedern trug er dem Calvinisten den Grundstock ihres Kirchengesangbuches zu. Eine feste Gestalt erhielt dasselbe durch einen zweiten französischen Ketzer, den Theodor Beza oder Bèze, Calvins Jugendfreund, der 1549 mit sieben anderen französischen Edelleuten als Flüchtling in Genf anlangte. 1553 war der ganze Psalter fertig und wurde in den calvinischen Gottesdienst als ein integrirender Theil desselben eingeführt. Beza hatte einen wesentlichen Antheil an den Worten, die Ausgaben führen daher auch immer die Namen beider Autoren vereinigt auf. Dieser Psalter gewann durch die Uebersetzung von Ambrosius Lobwasser zu Königsberg, die 1573 zuerst gedruckt erschien, in Deutschland eine ungeahnte Verbreitung und wurde das allgemein anerkannte Gesangbuch der deutschen und holländischen Calvinisten. Beza scheint es auch gewesen zu sein, welcher den musikalischen Theil überwachte, damit in den vielfachen fremden Weisen aller Art und aus aller Herren Ländern, welche gewohnheitsmäßig zu den neuen Psalmliedern verwandt wurden, eine dem Gegenstande entsprechende Majestät bewahrt blieb, wie Calvin sagt. Hierauf bezieht sich auch, was Calvin in jener Vorrede über das „Moderiren" der Melodien äußert. Als Verfasser der zuerst gebrauchten Melodien bezeichnet Beza einen sonst unbekannten Tonkünstler Namens Guillaume Franc, doch war dieser gewiß vielfach nur der Ordner derselben, der frühere Melodien oder Melodietheile den neuen Versmaßen des französischen Psalters anpaßte. Unter den mehrstimmigen Behandlungen, welche diesen Franc'schen Weisen zu Theil wurden, erlangte der vierstimmige Satz von dem Lehrer Palestrina's, dem Hugenotten Claude Goudimel († 1572 in der Bartholomäusnacht) das meiste Ansehen; er erschien 1565, war auch Lobwassers deutscher Uebersetzung beigedruckt und wurde durch zahlreiche Auflagen allgemein verbreitet und gesungen, erhielt sich auch länger im Gebrauche als irgend eine der vielen Sammlungen lutherischer Choräle. Eine nennenswerthe Selbständigkeit hinsichtlich der Melodieschöpfung ist dem calvinischen Psalter nicht nachzurühmen; der großen Anzahl durchschlagender, herrlicher, weitberühmter Melodien der Lutheraner hat er wenig entgegen zu setzen. Erwägt man dabei, daß in Calvins Kirche der kunstvoll mehrstimmige Hymnus, die Motette, das Anthem verstummt war, so muß dieselbe musikalisch in einem ärmlichen Lichte erscheinen. Diese Psalmenlieder mit vier und sechs Zeilen hatten aber eine Faßlichkeit und durch die gegensätzlichen Melodiezeilen einen lebhaften Gang, welcher für die Erbauung weit anregender war, als die oftmalige Wiederholung der größeren Strophen des lutherischen Kirchengesanges. Unter den Melodien der Calvinisten befindet sich eigentlich nur eine einzige, welche es gleich „Ein feste Burg" zu hohem Ruhme und allgemeinem bleibenden Ansehen über die Grenzen ihrer Confession hinaus gebracht hat, nämlich die des 134. Psalms. Diese Melodie veranschaulicht uns zugleich wie ein Goldfaden den Zusammenhang des calvinistischen mit dem anglikanischen Psalter, denn in England ist dieselbe dem 100. Psalm, dem bekannten Jubilate, zugeeignet und als „Der alte hunderiste" (»the old hundredth«) weitaus die berühmteste aller Psalmweisen geworden. Ihr Ursprung ist unbekannt; vergleicht man sie aber mit der 1540 publicirten lutherischen Choralmelodie von Hans Kugelmann „Nun lob mein Seel den Herren", so zeigt sich, daß sie aus einer verkürzenden Bearbeitung dieser reichen Melodie entstanden sein wird, und zugleich auch, daß sie bei aller Kürze ein weit geschlosseneres, dauernderes und selbst machtvoller wirkendes Gebilde zu erzeugen vermocht hat.

Die anglikanische Reformation war, auf den Cultus gesehen, die beste von allen, wie sie auch die späteste war. „Die religiöse Stimme Englands (in welche Europa eingestimmt haben würde, wenn es sich für eine katholische Form der Reformation entschieden hätte) bewahrte die alten Züge des Choralgesanges: das Recitativ, die Ruhezeichen, den Wechselgesang. Ungleich Genf, erfand sie keine neue Methode, sondern leitete die unlängst eröffneten neuen Quellen der Harmonie und Melodie in die alten Canäle. Und ferner: sie brachte nicht nur zu der alten Kirchenmusik neue hinzu, sondern erhielt sich auch die erstere, hierin das Alterthum würdiger behandelnd als Jene, welche das Alte zerstörten, indem sie Neues ersannen. Die einfacheren Weisen der alten Kirche wurden noch immer gehört, während ihre Zahl anwuchs durch solche Melodien von Farrant, Bird und Morley, welche sicherlich Thränen in den Augen des heiligen Augustin hervorgerufen haben und vom heiligen Ambrosius an alle Kirchen des Abendlandes vermacht sein würden." (Webb, Choral Service.) Die in glücklicher Mitte getroffene fruchtbringende Vereinigung des Alten und Neuen ist es aber, was die englische Kirche auszeichnet und ihren Gottesdienst so dauernd und so verbreitungsfähig gemacht hat. Die einfachsten Formen und Gesangweisen der alten Kirche sind beibehalten und doch ist der weit und breit entfalteten musikalischen Kunst im Chorgesange, und selbst in der Mitwirkung der Instrumente, voller Raum gelassen. Dieser Weg fand sich in England aber keineswegs mühelos von selbst; denn daß auch dort Anfangs Zwinglianische Gesinnungen stark verbreitet waren, beweist die Protestation gegen 78 Mißbräuche, welche die niedere Geistlichkeit der Provinz Canterbury 1536 dem Könige überreichte und in welcher erklärt wird, daß „Singen, Messelesen, Matutinen oder Vespern bloßes Gebrüll, Geheul, Gesumme, Gemumme, Schau- und Taschenspielerei und das Spielen auf den Orgeln eine närrische Eitelkeit" sei. Die Antwort auf diese sonderbare Eingabe lesen wir drei Jahre später in einem vom Könige Heinrich VIII. approbirten Buche über kirchliche Ceremonien, wo es heißt: „Der lautere, bescheidene und andächtige Gesang nebst Musik und Orgelspiel, in den Kirchen beim Gottesdienste gebraucht, sind geeignet, das Volk zu bewegen und ihre Herzen die Süßigkeit des Wortes Gottes empfinden zu lassen, durch süße Harmonie sie zur Andacht und zum Gebete zu erheben, und sie zu erinnern an die himmlische triumphirende Kirche, wo ewige Freude, unaufhörliches Lob und Preis Gottes ist." Heinrich VIII. hatte ebenfalls, wie Franz I., einen Hofpoeten, der die Psalmen in der Landessprache metrisch bearbeitete, Thomas Sternhold, welcher im Verein mit John Hopkins u. A. ein calvinischem Psalter ähnliches Werk für die englische Kirche zu Stande brachte. Gedruckt wurde es erst 1549, in dem Todesjahre Sternholds, unter dem König Eduard VI., und mit calvinischen und sonstigen Melodien erst 1562. Die Einführung war einstweilen keine durchgreifende, denn mit diesem König, welcher selber treu protestantisch blieb, begann in England die Reihe der Schwantungen zwischen der alten und der neuen gottesdienstlichen Form, welche erst unter Elisabeth ihren Abschluß fand. Auf Eduard folgte 1553 Maria, welche mit dem Katholicismus den Gottesdienst nebst Gesang in lateinischer Sprache wieder herstellte. Endlich kam die neue Landeskirche und mit ihr die Landessprache bauernd zur Herrschaft. Diese gereimten Psalmen fanden längere Zeit außer dem Hause noch keine rechte Heimath; beim Gottesdienste wurden sie mehr geduldet als empfohlen und nur vor und nach dem eigentlichen Hauptgottesdienste gesungen. Ihre wahre Heimath waren die Parochialkirchen, denen die Pracht und Mittel einer zahlreichen Priesterschaft, kunstgeübte Sängerchöre ꝛc. abgingen, die daher an dieser leichtfaßlichen Form der Psalmenlieder für ihre Gemeinden eine erwünschte Belebung und Bereicherung fanden, und man muß gestehen, daß England, indem es in diese die neue metrische Psalmodie einführte, völlig den Kern des Reformationsgedankens erfaßte, welcher auf Nationalrechte, Landessprache, Befreiung der niederen Geistlichkeit und selbständige Ausbildung der Gemeindekirchen ging im Gegensatze zur Universalkirche, zur allgemeinen lateinischen Sprache, zur regierenden Priesterschaft und zum Kathedralgottesdienste. In England bewahrte aber der Gottesdienst in den Kathedralkirchen beim Psalmenvortrage die uralte recitativische Weise der neun Töne mit ihren Absätzen und Schlußformeln, und die anglikanische Kirche war hiermit die einzige, welche die echte kirchliche Psalmodie in lebendigem Gebrauche erhielt. Gerade hierin liegt die Kraft und die zähe Lebensdauer dieses Cultus. Derjenige der reformirten Gottesdienste, welcher das Alte am treuesten conservirte, veraltete am wenigsten. Kein lutherisches Choralbuch, keine der mehrstimmigen Bearbeitungen war länger im Gebrauche, als höchstens fünfzig Jahre; des Calvinisten Goudimel vierstimmige Harmonisirungen hielten sich zwei Jahrhunderte. Gerade der gleich alte Satz des Engländers Thomas Tallis (†1585) über verschiedene Kirchenmusiken (Services) lebt bis auf den heutigen Tag, wird fort und fort gesungen und ist gleich bewundernswerth durch treue Bewahrung des Alten, durch künstlerische Freiheit in der Neugestaltung desselben und durch eine Frische und Unmittelbarkeit der Wirkung, welche ihn wie der Gegenwart entsprossen erscheinen läßt. Ganz ähnlicher Art sind die weltlichen Gesänge der Engländer aus dieser Zeit, die einstimmigen (Ballads) wie die kunstvoll mehrstimmigen (Madrigals); Melodie und Harmonie scheinen in glücklicher Ehe hier schon den Culminationspunkt erreicht zu haben. Der musikalische Theil der altkirchlichen Liturgie wurde von John Marbeck revidirt und in diejenige Fassung gebracht, welche mit geringen Abweichungen bis jetzt in den Kirchen gebräuchlich gewesen ist. Die Arbeit kam 1550 unter dem einfachen Titel: „The book of Common Prayer noted" zum Druck und bildet das Grundbuch der gesammten späteren englischen Kirchenmusik. Die gelehrte Arbeit dagegen, welche der Lutheraner Lucas Lossius über den kirchlichen Gesang zu Stande brachte (Psalmodia, Wittenberg, 1561), ist zwar ein sehr umfangreiches und wichtiges lateinisches Opus, blieb indeß mehr in den musikalisch gelehrten, als in den kirchlich gottesdienstlichen Kreisen.

Die große kirchliche Bewegung im Zeitalter der Reformation ist hiermit von derjenigen Seite geschildert, welche eine der nachhaltigsten war, der liturgisch-musikalischen. Daß wir die Anfänge dieser Aenderung ziemlich eingehend besprochen haben, liegt in der Natur der Sache, denn diese Anfänge bilden die Norm für die ganze Folgezeit. Und zugleich handelt es sich um einen Gegenstand, welcher damals für die Menschen überhaupt einer der allerwichtigsten war; denn Millionen und aber Millionen haben ihren Sinn erfüllt, ihr Herz erhoben, ihre Gedanken gelenkt und gerichtet durch diese Weisen und Cultusformen, so sehr, daß selbst das, was von höherer Kunst ihnen nahe trat, der überwiegenden Mehrzahl allein auf solcher Grundlage verständlich und eingänglich wurde, wie es in alter Zeit ähnlich bei dem Tempeldienst der Hebräer und Griechen der Fall

war. Die außerordentliche Fruchtbarkeit der Kirchenmusik des 16.—18. Jahrhunderts wäre nicht möglich gewesen, wenn ihr dieser natürliche Untergrund
eines musikalisch festen Cultus, eines freien und innigen christlichen Gemeinde-
lebens gefehlt hätte. Dies ist ein Moment von weltgeschichtlicher Bedeutung und
mußte auch demgemäß behandelt werden. Was aber die weitere Geschichte der
Ausbildung und Modification des kirchlichen Gesanges von der Reformation bis
auf die Gegenwart betrifft, so fällt dieselbe rein in das Gebiet der Hymnologie,
und wird daher nicht mehr in unseren Gesichtskreis kommen. Die nach dem Reformationsjahrhundert mit der musikalischen Liturgie und dem Choralgesange
vorgenommenen Veränderungen sind für die musikalische Kunst als solche nicht
ohne Bedeutung gewesen und werden auch in der Folge von dieser Seite gewürdigt werden; aber für die Sache selbst, für den Cultus, sind sie gleichbedeutend
mit Verfall und Verirrung.

3. Die Sickinger Fehde.

Franz
v. Sickingen,
1481—1523.   Wir haben den Reichsritter Franz von Sickingen schon bei verschiedenen
Gelegenheiten kennen gelernt. Einem pfälzischen Adelsgeschlecht angehörend, hatte
er durch sein militärisches Organisationstalent, womit er aus Waffenknechten,
aus Rittersleuten, aus Wildfangen und losem Volk eine Heerschaar zu bilden
verstand, und bald im Solde dieses oder jenes Potentaten, bald auf eigene
Hand in den Krieg zog, ein fürstliches Ansehen gewonnen. Kaiser Maximilian
und sein Enkel hatten ihm ihre Gunst zugewandt, der Pfalzgraf bei Rhein sich
öfters seiner Waffen und seines Namens bedient, selbst König Franz von Frankreich durch Jahrgelder seine Dienste zu erkaufen gesucht. Aber durch sein wildes
Fehdeleben gegen die Reichsstädte, besonders Worms und Metz, gegen den Herzog von Lothringen und den Landgrafen von Hessen hatte er sich viele Feinde
zugezogen und war mehrere Jahre unter der Reichsacht gestanden. Reich an
Land und Burgen und im Besitze einer beträchtlichen Streitmacht von Landsknechten, die dem tapfern Haudegen gerne dienten, mit Waffen und Geschütz
aller Art versehen, trotzte er jedem Landfriedensgebot.

Die Reichs-
ritterschaft
und ihre
Ziele.   Die Reichsritterschaft, als deren kühnster und entschlossenster Repräsentant
Sickingen gelten darf, konnte sich an die neue Ordnung, an eine friedliche Be-
schäftigung nicht gewöhnen. Im Götz von Berlichingen hat Goethe das wilde
Treiben dieses Ritterthums gezeichnet, welches die aufstrebende Fürstengewalt
und die durch Handel und Verkehr zu Reichthum und Macht sich emporschwingen-
den Bürgerschaften der Städte haßte, jeder staatlichen und gerichtlichen Ordnung
widerstrebte und trotz aller Landfriedenssatzungen stets zu Fehden und zur Selbsthülfe geneigt war, ihre Raubzüge und ihr Wegelagern oft mit einem Schein von
Nothwehr und gerechter Vergeltung rechtfertigend oder beschönigend.

So bieder und rechtschaffen, wie Goethe den Ritter mit der eisernen Hand nach dessen eigener Lebensgeschichte darstellt, war auch der Berlichingen nicht. Doch trieb er es nicht so arg, wie Hans Thomas von Abtsberg bei Gunzenhausen, welcher den Nürnberger Bürgern, die er gefangen nahm, die Rechte abhieb und ihnen in den Busen steckte; Götz gab den gefangenen Kaufleuten blos Ohrfeigen und Tritte und nahm ihnen ihr Gut weg; und um sich „ein wenig zu rächen" brannte er nur drei Orte ab.

So wenig kümmerte sich die Ritterschaft um die neue Reichsordnung, um das Kammergericht, um den öffentlichen Frieden, daß sie oft die kaiserlichen Räthe, wenn sie zum Regiment oder zum Gerichtshof zogen, überfiel und gefangen hielt, daß zur Zeit des Nürnberger Reichstags die ganze Umgegend von bewaffneten Rittersmännern und raublustigen Gesellen durchstreift wurde, daß kein Kaufmannszug ohne starke Bedeckung sich nach einer andern Stadt zu begeben wagte. „Es war ein Unglück für Deutschland, daß es für die Ritterschaft keine gesunde, naturgemäße Stellung im Reiche gab, aber es war ein großer Irrthum, wenn sie glaubte, durch blindes Ankämpfen gegen die neuen Dinge sich wieder empor helfen zu können, das konnte ihren Untergang nur beschleunigen; die neue Ordnung machte ihren Weg durch die Welt und was sich ihr widerstrebend entgegenwerfen wollte, wurde von ihr zermalmt." „Denn nur in lebendigem und wahrem Einverständniß mit dem Fortgang der Weltentwickelung wird sich etwas Haltbares gründen lassen."

Es ist ein Zeichen der großen Zerfahrenheit der öffentlichen Zustände und der Ungebundenheit der Geister, daß in dem Augenblick, da die Reichsregierung gegenüber dem Kaiser und Papst eine nationale Politik einschlug, für die Freiheit des Gewissens und für das deutsche Recht eintrat, gerade von dem Manne eine Störung der sich bildenden Staatsordnung ausging, der sich der neuen Lehre so eifrig zugewandt und die Ebernburg zu einer „Herberge der Gerechtigkeit" erhoben hatte, von Franz von Sickingen. Mancherlei mochte in den stillen Abenden auf der Burg an der Nahe zwischen Hutten, dem ritterlichen Volksschriftsteller und seinem Freunde, dem unternehmenden Feldhauptmann, besprochen und berathen worden sein: ein frischer Luftzug wehte durch die Welt; alle Gemüther waren in Gährung; man redete viel von den alten Hussitenkriegen, durch welche Böhmen unter Ziska sich eine freie nationale Stellung erstritten; in den Flugschriften der Zeit war die Hoffnung ausgesprochen, es möchte ein geschickter Führer sich an die Spitze des freiheitdürstenden Volkes stellen. Ein kriegerischer Anstoß konnte in jenen Tagen der Aufregung eine Umgestaltung der öffentlichen Zustände herbeiführen, die noch im Werden und Bilden begriffen waren. „Herstellung der Ordnung, d. h. der alten Freiheit im Reiche mit dem Kaiser an der Spitze und den Rittern ihm zur Seite, Abstellung der kaufmännischen Monopole, Abschaffung des fremden Rechtes und der fremden Sachwalter, Verminderung der Geistlichen und Mönche, Gesetze gegen fremde Sitte, Aufhören der Ausschleppung des deutschen Geldes durch die Fugger und andere Banquiers, durch den Ablaß und all die andern Kirchensteuern, mit denen Rom die Deutschen brandschatzte:

14*

das ungefähr waren die Hauptgrundzüge ihres Programms, nationale und sittliche, wirthschaftliche und kirchliche Elemente durcheinander." Die Fürstengewalt mit ihren Gerichten, Zöllen und Lehnseinrichtungen sollte niedergeworfen, eine freie selbstherrliche Reichsritterschaft als Hüterin der Gesetze und der Reichsgrenzen zwischen Kaiser und Unterthanen aufgestellt, die neue Kirche durchgeführt und damit der weltlichen Herrschaft der Bischöfe ein Ende gemacht werden. Auf einer Versammlung der oberrheinischen Ritterschaft zu Landau wurde Frühjahr 1522. eine Verbrüderung geschlossen die ihre Verzweigungen weit über die Pfalz bis nach Franken und Schwaben hatte, und Sickingen zum Oberhaupt erkoren. Jetzt schien für ihn der Moment gekommen, an der Spitze seiner Standesgenossen als Vorfechter der neuen Religionsmeinungen gegen die Fürstengewalt loszugehen.

Sickingens Zug gegen Trier. 1522. Am 27. August kündigte Sickingen dem Erzbischof von Trier Richard von Greiffenklau Fehde an. Er hatte schon seit dem Augsburger Reichstag allerlei Streithändel mit dem geistlichen Herrn gehabt, der als eifriger Verfechter der altkirchlichen Ordnungen bekannt war. Eine unerhebliche Geldforderung diente zum Vorwand. Franz hatte zwei trierische Amtleute aus der Haft eines seiner ritterlichen Raufgesellen losgekauft und verlangte nun von dem Erzbischof das Lösegeld zurück, welches dieser verweigerte. Ein Manifest an die Trierer, worin er versprach, „sie von dem schweren antichristlichen Gesetz der Pfaffen zu erlösen und sie zu evangelischer Freiheit zu bringen", ließ die weitreichenden Pläne errathen. Auch in den bürgerlichen Kreisen des Erzstifts hatte die Reformation viele Anhänger; aus ihnen ist Caspar Olevianus hervorgegangen, den wir später als einen der Begründer der reformirten Kirche der Pfalz werden kennen lernen. Auf diese setzte Sickingen seine Hoffnung, als er mit 5000 Mann Fußvolk und 1500 Reitern nebst zahlreichem Geschütz über St. Wendel auf die kurfürstliche Hauptstadt loszog. Schon am 7. September stand er vor den Mauern von Trier. Aller Augen waren damals nach der Rhein- und Moselgegend gerichtet; es war der Anfang einer Bewegung, die, wenn sie gelang, unberechenbare Folgen haben mußte. Dem Regimente der geistlichen Fürsten sollte ein Ende bereitet werden; durch einen Handstreich gedachte sich Sickingen des Trierischen Landes zu bemächtigen, die Reformation durchzuführen, sich selbst zum Herrscher aufzuschwingen; in seinem Lager sprach man davon, „er werde in Kurzem Kurfürst sein, ja noch mehr als das." Von Mainz und Köln hatte er nichts zu fürchten; der bestimmbare, haltungslose Erzbischof Albrecht war ihm von jeher befreundet; Hermann von Wied in Köln war ein friedliebender Prälat, allen kriegerischen Bewegungen abgeneigt und nur mit religiösen Dingen beschäftigt. Von dem Pfälzer Kurfürsten, seinem alten Gönner, hoffte er, daß er sich wenigstens neutral halten würde. Von Wittenberg erwartete er geistige Unterstützung durch die Reformationspartei. Die Abmahnungen des Reichsregiments schlug er in den Wind, das Reichskammergericht verachtete er. Eine neue Ordnung der Dinge in Staat

und Kirche, wie er und Hutten sie ausgedacht, sollte mit Waffengewalt ins Leben
geführt werden.

Wäre Alles so rasch von Statten gegangen, wie beide in ihrem kühnen *Das Unternehmen*
Muthe es sich vorgestellt, wer kann sagen, wohin bei der herrschenden Aufregung *schlägt fehl.*
die Bewegung geführt hätte. Aber Sickingens Berechnung traf nicht ein, der
beabsichtigte Handstreich schlug fehl. Während er vergebens auf den Zuzug der
ritterlichen Fähnlein wartete, traf Richard von Greiffenklau energische Vertheidigungsanstalten. Mit eigener Hand trug er die Fackel voran, um das Kloster
St. Maximin, auf dessen Vorräthe der Gegner gezählt, in Brand zu stecken;
die Lehnsritterschaft des ganzen Landes war aufgeboten worden, die Bürger
standen bewaffnet auf dem Markt, die Mauern und Zinnen wurden von Söldnern vertheidigt. So stieß der rheinische Feldhauptmann auf einen unerwarteten
Widerstand, den er um so weniger zu überwältigen vermochte, als die Hülfsmannschaften, die er im Kölnischen, Clevischen, Braunschweigischen und andern
Gegenden hatte anwerben lassen, von den Landesherren am Abzug oder Durchzug gehindert wurden. Denn wie verschieden auch die deutschen Fürsten gesinnt
sein mochten; darin waren alle einig, daß man das turbulente Ritterthum nicht
Meister im Reich werden lassen dürfe. Und während seine Verbündeten und
die geworbenen Söldner ausblieben, rüsteten der Pfalzgraf bei Rhein und Philipp
von Hessen, Sickingens alter Gegner, Truppen aus, um dem bedrängten Kurfürsten zu Hülfe zu ziehen. Da wagte der Ritter nicht länger das Feld zu behaupten; er räumte das Gebiet von Trier und schloß sich mit seinen Freunden *14. Sept.*
1522.
und Soldknechten in seine Burg Landstuhl ein. Damit waren die hochfliegenden
Pläne zerronnen, die nur durch einen überraschenden Erfolg hätten durchgeführt
werden können. Die beiden Kurfürsten und der Landgraf richteten zunächst ihre
Angriffe wider Sickingens Verbündete: Hartmuth von Kronenberg wurde in
seiner Burg bei Frankfurt belagert; er selbst konnte entfliehen, aber seine Veste *16. Oct.*
mußte sich ergeben und die Stadt blieb längere Zeit im Besitz Philipps. Auch
Froben von Hutten, ein Verwandter Ulrichs, wurde bekriegt, „weil er sich des
Aufruhrs theilhaftig gemacht und erklärte Aechter bei sich aufgenommen“, und
seine Burg Saalmünster erobert. Aehnlich erging es andern Bundesgenossen.
Der Kurfürst von Mainz mußte Sühngeld zahlen für seine zweideutige Haltung.
Der schwäbische Bund rückte gegen die fränkische Ritterschaft, die sich zwar nicht
unmittelbar an dem Unternehmen betheiligt hatte, aber bei gutem Fortgang sich
der Bewegung angeschlossen haben würde. Das Reichsregiment untersagte das
Vorgehen; allein die Bündischen kümmerten sich eben so wenig um das Verbot
wie vorher die Rittersmänner.

Nun reifte auch Sickingens Schicksal der Entscheidung entgegen. Während *Sickingens
Ausgang.*
des Winters hatte er noch immer auf die Hülfe der lutherischen Parteigenossen *1523.*
gerechnet; aber der Reformator hatte von jeher alle Vermischung religiöser und
politischer Zwecke verworfen, von jeher alle Gewalt und Waffenhülfe abgelehnt.

Die Worte, womit Melanchthon in einem Brief an Camerarius der Schilderhebung gedenkt und an Cäsars Beispiel erinnert, können als Beweis gelten, wie
besorgt man in den Wittenberger Kreisen auf das gewagte Unternehmen blickte.
Es regte sich kein Arm zum Schutze des bedrängten Ritters, als die vereinigten
April Kriegshaufen der drei Fürsten wider Landstuhl rückten. Das alte Gemäuer der
1523. schlecht gerüsteten Burg vermochte dem feindlichen Geschütz nicht lange zu widerstehen. Gleich die ersten Schüsse hatten eine zerstörende Wirkung; aber sie waren
auch entscheidend für den Mann selber, welcher, hülflos und von der Reichsobrig-
keit geächtet, sich mit gewohnter Tapferkeit vertheidigte. Das Schicksal gewährte
ihm einen rühmlichen Soldatentod. Eine Kugel aus einer feindlichen Feldschlange
traf ihn in die Seite; schwer verwundet übergab er die Burg; vor den Augen
8. Mai 1523. der einrückenden Sieger verschied Sickingen im Burggewölbe zu Landstuhl, der
bedeutendste und unternehmendste deutsche Ritter, der nach Art eines italienischen Condottiere den Krieg auf eigene Hand geführt. „Wie er in Zeit seines
Lebens sein männlich, ehrlich und treuherzig Gemüth gehabt", heißt es in
der Flersheimer Chronik, „das hat er auch bis in die Stunde seines Todes
behalten".

Sickingens Fall entschied die Niederlage des deutschen Reichsadels, den
Sieg der Fürstenmacht. Seine Burgen wurden nach und nach alle erobert; die
Besitzungen auf der rechten Rheinseite fielen dem Landgrafen von Hessen zu, die
linksrheinischen dem Erzbischof und dem Pfalzgrafen. Am längsten behauptete
sich die Ebernburg; aber auch sie sank nach einigen Wochen. Die Sieger theilten
die werthvolle Beute, darunter 36 Stück Geschütz. Das größte, „die Nachtigall",
von Meister Stephan in Frankfurt, ein Wunder der Gießkunst, erhielt der Landgraf. Ulrich von Hutten suchte ein Asyl und fand ein Grab in der Schweiz
(IX, 928). Zu gleicher Zeit wurden die festen Burgen der fränkischen Ritter
durch die Kriegsmannschaften des schwäbischen Bundes unter dem Feldhauptmann Georg Truchseß gebrochen und dem Fehdeleben und Wegelagern auf
längere Zeit ein Ende gemacht. Man zählte über zwanzig zerstörte Burgen im
Frankenlande.

Die Sickin- Es ist nicht anzunehmen, daß die Bewegung der Ritterschaft unter Sickingen und der
ger Fehde u. Bauernkrieg, der zwei Jahre nachher dieselben Gegenden durchtobte, durch einen inneren
der Bauern-
krieg. Faden verbunden gewesen. Wenn auch beide Erhebungen einzelne gemeinsame Züge besaßen,
wenn auch in beiden ein kirchenreformatorischer Zweck die edle, ideale Unterlage bildete, so
gingen doch die übrigen Interessen beider Stände zu weit auseinander, als daß ein Einverständniß, ein gemeinsamer Plan vorausgesetzt werden dürfte. Ulrich von Hutten
hätte vielleicht einem solchen revolutionären Bund beistimmen mögen, nimmermehr
aber die gesammte Ritterschaft. War ja doch das wilde Gebahren des Waffenadels und
seiner Kriegsknechte dem Bauer nicht minder zur Pein und Plage als dem Bürger; und
wir werden bald erfahren, wie gerade der Stand der Ritter und Grundherren in erster
Linie von den Kolbenschlägen der empörten Bauern getroffen ward. Wenn bei längerer
Dauer der Sickinger Fehde die verwandten Seiten und Ziele, die bei aller Verschiedenheit
der Interessen dennoch in beiden Bewegungen nicht zu verkennen sind, zum Bewußtsein

und zur Vereinigung gekommen wären, dann erfuhr damals Deutschland eine Umgestaltung aller Lebens- und Staatsformen, wie Frankreich am Ende des achtzehnten Jahrhunderts. So aber ging jeder Stand seinen Weg für sich und fand jeder allein seinen Untergang, „die Ritterschaft wie ein Heer von Offizieren ohne Soldaten, die Bauern wie ein Heer von Gemeinen ohne Führer."

Daß die Sickingische Unternehmung nicht viel Sympathie in der Nation hatte, geht aus *Die Sickin-* der Volksliteratur der Zeit hervor: In dem „Dialogus", so Franziskus von Sickingen vor des *ger Fehde in* himels pforten mit sant Peter und dem ritter sant Jörgen gehalten zuvor und ehe dann er in- *literatur.* gelassen ist worden" kann Sickingen weder den Apostel noch den Heiligen von der Gerechtigkeit seines Thuns und Treibens überzeugen. Jörg kann sich des Verdachtes nicht erwehren, „Franz habe nur aus Eigennuß, aus Ruhmsucht gehandelt, viele arme Leute beschädigt, Wittwen und Waisen gemacht, Straßenräuber erhalten und andere böse Stücke unter gutem Schein geübt, die der brüderlichen Liebe zuwider seien." Wenn er schließlich Einlaß erhält, damit er selig ruhe bis zur Auferstehung, so geschieht es, weil er sich bei seinem Abscheiden seine Sünde habe leid sein lassen und sein Vertrauen auf Gott gestellt. In einer andern Flugschrift: „Ein gesprech zwischen einem edlen, münch und curtisan" werfen sich Mönch, Edelmann und Curtisan gegenseitig ihre Schandthaten vor, womit sie das deutsche Volk heimsuchten. Der Edelmann verspottet die Klosterleute wegen der Ordensregeln, welche sie äußerlich zur Schau trügen, während sie ein unsittliches, schandbares, faules Leben führten; der Mönch meint, die Ritterschaft sei ein Privilegium zu Büberei, Räuberei, Mord und aller Schande, er rügt ihre Treulosigkeit im Geleitswesen, ihre Härte gegen die Bauern, ihre Ueberfälle gegen Kaufleute, ihre Erpressungen durch Zölle und Steuern. Der Curtisan gesteht selbst: „Wenn man mir und einem jeglichen pfaffen nach unsern verdiensten wölt geben, müßt man uns an den höchsten galgen henken." Da sie aber alle drei von der Noth der Zeit betroffen sind und bittern Mangel leiden, so vereinigen sie sich schließlich zu einem gemeinsamen Streich, um die von der Frankfurter Messe kommenden Kaufleute zu berauben. Die Lehre des Gesprächs ist, daß das deutsche Volk nicht minder von der Ritterschaft als von dem Klerus, besonders von den Bettelmönchen, betrogen und gepeinigt wird und beide ihren privilegirten Stand nur als Maske zu Laster, Heuchelei und Bosheit mißbrauchen. Noch schärfer wird das schädliche Treiben der Stegreifritter in einem Dialog vom Jahre 1524 gezeichnet: „Ein gesprech eines fuchs und wolfs, so die andern fuchs und wölf auf dem Staigerwald zusammengeschickt sich zu unterreden, wo und wie die beide partei den winter sich halten und neren soll." Wolf und Fuchs, die echten Repräsentanten des Raubadels, klagen über die schlechten Zeiten, die seit dem Bündniß des Adels zu Landau und Sickingens Handstreich über die ganze Ritterschaft hereingebrochen seien. Ein frommer Waldbruder, erzählt der Wolf, hätte ihm gesagt, sie hätten es also um Gott verdient, daß er ihnen solchen Jammer zugeschickt, und aus einem alten Buch, das er die heilige Geschrift und sittliche Lehr genannt, es bewiesen; er habe sich aber nie darum bekümmert und allzeit gedacht: „Schaff her, schaff her!" Sie seien von ihren Vätern her gewohnt gewesen, Alles, was auf dem Felde sichtbar sei, als einen Raub wie ein Lehen des Kaisers anzusehen. So lange sie mit Löwen und Adlern, Falken und Habichten zusammen freie Feldjagd gemacht, habe es ihnen nichts geschadet; seit sie aber „über das Böglein" gehauen und diese selbst angefallen, habe sich Alles gewendet; ihre Brüder in Franken hätten sie im Stich gelassen. Endlich schlägt der Fuchs vor, um aus dieser Noth und Verlegenheit zu kommen, sollten sie sich in alle Länder und an alle Straßen vertheilen, zu drei und zwei reiten, durch Büsche und Hecken streifen und fleißig darauf achten, wie man die Unterthanen der Fürsten und die Bauern verführe.

4. Der Regensburger Convent und seine Folgen.

Beginnende Reaction. Der unglückliche Ausgang der Sickinger Unternehmung war für die politische und kirchliche Entwickelung Deutschlands von schlimmer Wirkung: er rief eine Reaction hervor, welche die nationale Lebenserneuerung mit allen Kräften zu hemmen suchte. Mochten immerhin die Wittenberger der Bewegung fern geblieben sein, mochte immerhin Luther offen seine Mißbilligung ausgesprochen haben: die kirchliche Neuerung wurde als der Heerd und Mutterschooß aller Umsturzversuche dargestellt. Zunächst gab sich diese rückschreitende Richtung gegen das Reichsregiment kund. Die Städte trugen von Anfang an demselben keinen guten Willen: die Zölle, die Beschränkung der Monopolien, die Forderung, daß die Stände für die Reichskosten mehr in Anspruch genommen werden sollten, hatten Widerspruch gefunden; jetzt warf man ihm vor, es habe den Landfrieden nicht zu handhaben vermocht, es habe Sympathien für die Ritterschaft gezeigt; die drei Fürsten, welche die Sickingische Erhebung niedergeschlagen, der schwäbische Bund, welcher den fehdelustigen Adel zur Ruhe gebracht, erhoben gleichfalls ihre Stimme wider die Reichsregierung und das Kammergericht, das sich schwach und parteiisch gegen die Uebelthäter zeige und jeder Auflehnung gegen die Ordnung Vorschub leiste. Auch der Bischof von Würzburg und andere der Reformation feindlich gesinnte Kirchenfürsten erklärten sich gegen die Nürnberger Beschlüsse und traten den Neuerungen in ihren Territorien mit Strenge entgegen. Wir wissen, daß die Genossen der Ebernburg, Oecolampadius, Bucer, Schwebel, Otto Brunfels, sich nur durch schleunige Flucht vor Verfolgung zu schützen vermochten; in Tirol, in Oesterreich, in Baiern, im Erzstift Mainz wurden die evangelischen Prediger vertrieben. Die Städte schickten eine eigene Deputation an den Kaiser nach Spanien und bewirkten durch Klagen und Verdächtigungen, denen sie mit Geschenken und Versprechungen Nachdruck zu geben wußten, daß Karl einen Gesandten nach Deutschland abordnete, welcher dem Vorgehen des Reichsregiments Einhalt thun und eine neue Zusammensetzung herbeiführen sollte. Die Sympathien mehrerer Reichsstädte für Luther stellten die Gesandten in Abrede; um des äußern Vortheils willen verleugneten sie die wahre Gesinnung. So kam es, als auch Erzherzog Ferdinand für die Opposition gewonnen, daß das Reichsregiment mit **Febr. 1524.** neuen Leuten besetzt und auch das Kammergericht durch frische Elemente „gereinigt" ward. Mißmuthig verließ Friedrich von Sachsen Nürnberg. Er hat nie wieder einen Reichstag besucht.

Das neue Pontificat. Zu diesem Resultate hat die Anwesenheit des Legaten Lorenzo Campeggi in Nürnberg unstreitig das Meiste beigetragen. Jener Papst Hadrian VI., der die kirchliche Reform, wie er sie anstrebte, zunächst an dem päpstlichen Hof, in seinem eigenen Haushalt, in der Abstellung verschiedener Mißbräuche bei den Priesterämtern begonnen, der das strenge, einfache Leben eines Dominicanermönchs auch im Vatican fortgesetzt und von seiner Umgebung die gleiche

Entsagung und Selbstverleugnung verlangt hatte, war nach kurzer Re- 14. Sept. gierung aus der Welt geschieden, zur Freude der Römer, welche den Glanz 1523. eines päpstlichen Hofes nicht entbehren wollten. Ein Prälat von ganz verschiedener Natur und Gewohnheit wurde sein Nachfolger, jener Giulio de' Medici aus Florenz, den wir schon bei seinem Verwandten Leo X. als klugen Rathgeber kennen gelernt. Er nannte sich Clemens VII. und die Gelehrten und Künstler hatten bald Ursache, den Wechsel freudig zu begrüßen. Denn der neue Papst trat ganz in die Traditionen seines Hauses ein: fürstlicher Glanz, gehoben durch die Gaben der Musen, Erhöhung der Macht der Medici, Einfluß des Pontificats auf die Staatsangelegenheiten Europa's, insbesondere Italiens, auf den Gang der Politik und Diplomatie der Höfe waren neben der Vergrößerung und Sicherstellung des Kirchenstaats die wichtigsten Anliegen des neuen Oberhauptes.

Da war nun sein Legat Campeggi sehr erstaunt, daß er in den deutschen Der Legat Campeggi u. Städten in einer Weise empfangen ward, die so sehr mit den Ueberlieferungen die deutsche in Widerspruch stand. Nirgends gewahrte er die ehrfurchtsvolle Haltung, die Reichsvertretung. anderwärts einem so hohen kirchlichen Würdenträger entgegenkam: man ließ seine Gegenspendung unbeachtet; vor seinen Augen wurde das Abendmahl in beiderlei Gestalt gereicht; viele Gebräuche und Ceremonien unterblieben. Selbst die Schwester des Erzherzogs und des Kaisers, Isabella von Dänemark, betheiligte sich an der neuen Form. Bei solchen Wahrnehmungen mußte der Legat behutsam vorgehen und er besaß Gewandtheit genug, die Verhältnisse in einen möglichst günstigen Gang zu setzen. Ferdinand, im Herzen den religiösen Neuerungen so wenig zugethan als sein kaiserlicher Bruder, wurde durch ihn von der freisinnigen Bahn, auf der er zu wandeln begonnen, abgebracht und auch bei dem neuen Reichsregiment fand der Cardinal mehr Sympathie, als sein Vorgänger im vorhergehenden Jahr. Dagegen war der Reichstag keineswegs so entgegenkommend, als der Legat erwartet haben mochte. Als er des Wormser Edicts gedachte, mußte er die Bemerkung hören, an dessen Ausführung sei nicht zu denken, im ganzen Reich würde Aufruhr entstehen, vielmehr meinte man, es sei an der Zeit, die hundert Beschwerdepunkte, die man nach Rom gesandt, in Erledigung zu bringen. Alles was er erlangen konnte, war die unbestimmte Versicherung, daß man das Edict ausführen wolle, „so viel als möglich", eine Modification von so weitem Umfang, bemerkt Ranke, daß doch einem Jeden überlassen blieb, was er thun wolle. Zugleich wurde die Forderung erneuert, daß der Papst mit kaiserlicher Bewilligung ein Concilium in deutscher Nation ausschreiben möge; bis zu dessen Einberufung sollte das Evangelium und Gottes Wort verkündet werden, wie im vorigen Jahre beschlossen worden, und im November zu Speyer ein neuer Reichstag stattfinden, welcher endgültig sowohl über die religiösen Dinge, als über die Beschwerden Entscheidung treffen möge und zwar mit Beiziehung von Räthen und Gelehrten, welche mittlerweile die Streitpunkte prüfen sollten. Es war ein Versuch, die kirchlichen Fragen zum Frommen der deutschen Nation durch

die legitime Gewalt der Fürsten und Stände zu lösen, die in der Kirche bestehenden Mißstände, die sogar Papst Hadrian anerkannt und die Anhänger der römischen Autorität in Deutschland nicht geleugnet hatten, zu entfernen und zugleich
die Glaubenslehren im Geiste der Zeit und an der Hand der heil. Schrift zu reformiren und zu vereinfachen. Die große Zahl von Gutachten, die zu dem Zweck
allenthalben ausgearbeitet und der Oeffentlichkeit übergeben wurden, zeugt von dem
Ernst, womit man in ganz Deutschland die Sache behandelte und welche Bedeutung man der Entschließung beilegte. Selbst Luther, welcher mit dem Reichstagsabschied wenig zufrieden war, versöhnte sich mit dem Gedanken einer Entscheidung durch Reichstag und Concil.

Römische
Politik. Allein in Rom war man anderer Meinung: eine nationale Kirchenreform
in der beabsichtigten Weise, auch wenn durch die Mitwirkung der legitimen Vertreter des Reichs und der Kirche mehr Mäßigung beobachtet, vielleicht auch der
päpstliche Primat aufrecht erhalten worden wäre, hätte die Herrschaft des Pontificats, die Allmacht der Curie schwächen müssen; das Vorhaben zu hintertreiben,
die Vereinigung der deutschen Stände zu einem gemeinsamen Vorgehen in den
religiösen und kirchlichen Dingen zu vereiteln, war daher das Hauptanliegen des
mediceischen Papstes: mit diplomatischen Künsten und kluger Politik hoffte er die
reformatorische Bewegung zu bemeistern. Zu dem Zweck suchte er einige Fürsten
auf seine Seite zu ziehen, auf daß sie ihren einer nationalen Kirchenverbesserung
zustrebenden Mitständen Widerstand leisteten; und wenn auch der Zweck nicht vollständig erreicht ward, so gelang ihm doch der große Wurf, eine Spaltung in der
deutschen Nation zu erzeugen und dadurch das reformatorische Werk zu schwächen
und zu lähmen. Auch bei diesem Plan war Johannes Eck thätig. Er hatte sich
abermals nach Rom begeben und auf seinen Rath wurde dort beschlossen, die
Herzöge von Baiern durch gewisse Zugeständnisse an den päpstlichen Stuhl zu
knüpfen. Wir haben gesehen, daß auch an der Isar und an der Donau die reformatorischen Ansichten Verbreiter und Verkündiger gefunden, daß selbst in
Ingolstadt Spuren evangelischer Lehrmeinungen zu Tage getreten, nicht wenige
Klöster von ketzerischen Doctrinen erfüllt waren. Dies schrieb man der Nachsicht,
vielleicht auch der Hinneigung des Episcopats für die Neuerung zu. Durch Ausdehnung der landesherrlichen Befugnisse auf das kirchenrechtliche Gebiet und durch
Zuwendung eines Antheils an den geistlichen Einkünften wurden die baierischen
Herzöge mit festen Banden an den päpstlichen Stuhl geknüpft, auch der Universität Ingolstadt wurden größere Rechte eingeräumt. Dieselben Hebel setzte man
bei dem Fürstbischof von Salzburg und bei dem Erzherzog von Oesterreich
ein. Schon hatte man sich hier über ein gemeinsames Vorgehen „wider die
lutherische Sekte" verständigt, als der Legat Campeggi die süddeutschen Fürsten
Ende Juni
1524. und Bischöfe zu einer Versammlung nach Regensburg beschied, wo im Gegensatz
zu dem beabsichtigten Speyerer Reichstag über die kirchlichen Dinge im Sinne
der päpstlichen Auffassung und der hierarchischen Autorität Beschluß gefaßt und

ein gemeinsames Verfahren festgestellt werden sollte. Nach sechzehntägigen Con- ferenzen auf dem Rathhaus unter dem Vorsitz des Legaten wurde auf diesem „Convent von Regensburg" eine Uebereinkunft geschlossen, kraft deren einige kirchliche Mißbräuche abgestellt, der weltlichen Gewalt einige Zugeständnisse eingeräumt, dafür aber die lutherischen Lehrmeinungen fern gehalten werden sollten. Nachdem die süddeutschen Bischöfe, welche theils persönlich zugegen, theils durch Bevollmächtigte vertreten waren, sich herbeigelassen hatten, die baierischen den fünften, die österreichischen den vierten Pfennig ihrer Einkünfte an die weltliche Herrschaft zu zahlen, wurde festgestellt, daß der Gottesdienst nach der Väter Weise unverändert aufrecht erhalten, die lutherischen Schriften verboten, für die Glaubenslehre und Predigt neben der heiligen Schrift die vier großen lateinischen Kirchenväter Ambrosius, Hieronymus, Gregor und Augustin als Norm und Richtschnur angewendet werden sollten. Damit es aber nicht den Schein haben möchte, als sei man in Rom ganz taub gegen die so oft erhobenen Beschwerden der deutschen Nation, so machte man einige Zugeständnisse. So sollten die Besetzungen der geistlichen Stellen mehr nach persönlicher Würdigkeit erfolgen, ein Theil der kirchlichen Erpressungen wegfallen, der Ablaßhandel aufhören, die Verhältnisse der Geistlichen zu den Gemeinden besser geordnet werden u. A.

Mit Recht hebt Ranke hervor, daß der Convent von Regensburg, bei dem auch Eck und Faber von Constanz zugegen waren, als der erste Rückschlag der deutschen Reformationsbewegung auf die katholische Kirche gelten kann. Man gab in einigen unwesentlichen Punkten nach, um das System im Ganzen, in seinem Kern zu erhalten, eine Politik, die später auf dem Tridentiner Concil ihren Abschluß fand. „Allein kein Mensch dürfte diese Versuche doch in Tiefe der religiösen Anschauung oder weltumfassender, in den Lauf der Jahrhunderte eingreifender Genialität, in Kraft und Innerlichkeit des Antriebs mit den Bewegungen vergleichen, denen Luther den Namen gab, die um ihn her ihren Mittelpunkt hatten. Man eignete sich nur die Analogien der letzteren an: damit dachte man sich ihnen gegenüber zu halten. Es ist Alles ungefähr wie Doctor Eck auf Campeggi's Veranlassung dem Buche loci communes von Melanchthon ein ähnliches Handbuch (Enchiridion contra haereticos), wie Emser Luthern die Bibelübersetzung entgegenstellte. Die Arbeiten der Wittenberger Lehrer waren in dem naturgemäßen Laufe ihrer inneren Entwickelung, aus dem Bedürfniß ihres auf eigener Bahn vorwärts schreitenden Geistes hervorgegangen, voll ursprünglicher, die Gemüther hinreißender Kraft: diese katholischen Werke verdankten ihre Entstehung äußern Veranlassungen, Berechnungen einer nach allen Mitteln des Widerstandes greifenden gefährdeten Existenz. Eben damit riß man sich von der großen freien Entwickelung los, in der die deutsche Nation begriffen war."

Durch den Regensburger Convent gelang es der Curie vermittelst der par- ticularistischen Interessen einiger Fürsten eine Spaltung in der deutschen Nation zu erzeugen, den Speierer Reichstag, der möglicher Weise auf dem Wege der Opposition fortschreiten konnte, im Voraus zu lähmen. Es fiel dem päpstlichen Stuhl nicht schwer, auch den Kaiser, der während des italienischen Krieges den Kirchenfürsten in guter Stimmung halten wollte, in diese Richtung zu treiben.

27. Juli 1524. Ein scharfes Mandat tadelte das Vorgehen der Stände, untersagte den angeordneten Reichstag und bestand auf der Ausführung des Wormser Edicts gegen Luther, der mit Mohammed verglichen ward. Auch in andern Dingen zeigte Karl seine ungünstige Gesinnung gegen Deutschland. Seine Schwester Katharina, die er einst dem kurfürstlichen Thronerben von Sachsen zugesagt, vermählte er mit dem König Johann III. von Portugal und beleidigte dadurch den sächsischen Hof auf das Empfindlichste. Eine tiefe Verstimmung ging durch die deutschen Lande; man fand, daß die Wahlcapitulation nicht gehalten werde; das neue Reichsregiment, das in Eßlingen zusammentrat, war nur der „Schatten einer Regierung." Die Curie aber erblickte in dem Regensburger Convent den Abschluß der Bewegung, die mit dem Ablaßstreit begonnen; im sicheren Gefühl ihres Sieges ordnete sie für das nächste Jahr ein neues Jubelfest an. Wir werden sehen, welche Antwort die reformatorischen Prediger der Anordnung entgegensetzten. Denn trotz dieser Gegenströmung hielt das deutsche Volk den Glauben an den endlichen Sieg der Reformation aufrecht. Gerade damals erschien das Volksgedicht: „Triumphus veritatis oder Sieg der Wahrheit", worin mit Beziehung auf den Regensburger Convent der Gedanke ausgesprochen ist, daß ohne einen vollständigen Bruch mit Rom jede vermeintliche Verbesserung nur eine Verdeckung alter Schäden bedeute.

Ketzerverfolgungen. Bald zeigten sich die Wirkungen des Regensburger Convents in der grausamen Verfolgung der Lutherischgesinnten. In den österreichischen Landen, im Salzburgischen, in Baiern wetteiferten die Gerichtshöfe in entehrenden und schmerzlichen Strafen. Oft wurden vertrieben oder eingekerkert; wer reformatorische Ansichten kund gab, wurde zum Widerruf verurtheilt oder hingerichtet; der Erzbischof von Salzburg ließ einige Bauernsöhne, die einem Priester der neuen Richtung zur Flucht verholfen, auf einer Wiese vor der Stadt enthaupten; in Wien starb ein Bürgersmann, Kaspar Tauber, auf dem Schaffot mit dem standhaften Muth eines Märtyrers. Es kam vor, daß man einem lutherischen Prediger die Zunge an den Pranger nagelte. Die Regierungen von Innsbruck, Stuttgart und Ensisheim setzten einen Ausschuß zu Engen nieder, der die religiöse Neuerung in ihren Gebieten unterdrücken sollte. Manche Orte, wie Waldshut, Kenzingen wurden mit bewaffneten Mannschaften bedroht, wenn sie die lutherischen Predigten nicht beseitigen würden. Auch in andern Gegenden trat eine reactionäre Strömung zu Tage. Zu Meldorf in Dithmarschen zerrte ein von Dominicanern und Minoriten aufgereizter Volkshaufen jenen Heinrich von Zütphen, den die Evangelischgesinnten von Bremen in ihre Stadt gerufen hatten, aus seinem Hause nach dem Richtplatz und ermordete ihn auf die martervollste Weise, „weil er gegen die Mutter Gottes gepredigt".

Haltung der reformatorisch Gesinnten. Der Zelotismus der Romanisten trieb die reformatorische Partei an, nun auch ihrerseits auf Sicherung ihrer Gewissensfreiheit bedacht zu sein. Alles was man seit Luthers Auftreten in Deutschland auf religiösem Gebiet errungen hatte, war gefährdet, wenn nicht die Anhänger der neuen Lehre sich zur Gegenwehr rüsteten. Zunächst einigten sich die rheinischen und süddeutschen Städte auf einem Städtetag in Ulm dahin, daß bei ihnen nichts als das Evangelium, die prophetische und apostolische Schrift gepredigt werden sollte. Bald trat auch ein Theil des rheinischen Adels bei; und bei mehreren Fürsten war es kaum mehr zweifelhaft, daß sie dahin neigten, wohin der nationale Zug, das Streben des deutschen Volkes ging. So traf der Markgraf Casimir von Brandenburg, der mit seinem Bruder Georg gemeinschaftlich die fränkischen Territorien des Hauses beherrschte, eine Uebereinkunft mit seinen Ständen, „daß daselbst nur das heil. Evangelium und Gotteswort alten und neuen Testaments nach rechtem wahren Verstand lauter und rein gepredigt werden sollte". Ihr Bruder, der Hochmeister des deutschen Ordens, empfing, als er auf seiner Heimreise vom Nürnberger Reichstag durch Wittenberg kam, von Luther den Rath, „die Ordensregel zu verlassen, sich zu vermählen und Preußen in ein erbliches Fürstenthum zu verwandeln". Wir wissen, daß er ihn zu Herzen nahm und bald zur Ausführung brachte. Auch Herzog Ernst von Braunschweig = Lüneburg, Neffe Friedrichs von Sachsen, der die Universität in Wittenberg besucht hatte, wandte sich der neuen Lehre zu und ließ in Celle dem Evangelium freien Lauf und in Schleswig = Holstein erging von dem Herzog und Dänenkönig Friedrich eine Verordnung, „daß Niemand um der Religion willen verfolgt werden solle, und Jeder sich verhalten möge, wie er es gegen Gott den Allmächtigen verantworten könne". Den bedeutendsten Schirmherrn aber gewann die neue Lehre um diese Zeit in Landgraf Philipp von Hessen, demselben jungen Fürsten, der noch kurz zuvor in der Sickinger Fehde so entschlossen den Umsturzversuchen, welche doch die Durchführung der Reformation auf ihre Fahne geschrieben, entgegengetreten war. Er hatte sich schon seit einiger Zeit ernstlich mit religiösen Dingen beschäftigt; jetzt wurde er von Melanchthon, den er von jeher hochgeschätzt, zuerst in einer persönlichen Unterredung, dann durch eine Schrift, worin die Grundzüge der neuen Lehre klar und überzeugend dargelegt waren, für die Reformation gewonnen, deren standhafter Vorfechter er sein Leben lang geblieben ist. Ein fester Charakter voll Muth und Ueberzeugungstreue, dabei kriegserfahren und staatsklug hat Philipp der Großmüthige die neue Lehre, die er durch fleißiges Lesen in der heil. Schrift immer mehr in sich ausbildete, mit der ganzen Energie einer von Gottesfurcht erfüllten Seele bekannt und gefördert.

Als Anna von Mecklenburg am 13. Nov. 1504 im Schlosse zu Marburg ihrem Gemahl, dem Landgrafen Wilhelm, den ersten Sohn gebar, der in der Taufe den Namen Philipp erhielt und in der Folge der „Großmüthige" genannt ward, weissagten die Sterndeuter aus der Stellung der Gestirne dem Neugebornen ungewöhnliche Schicksale und große Eigenschaften. Im sechsten Jahre verlor er seinen Vater; während der Streitigkeiten seiner Mutter mit der hessischen Ritterschaft über die vormundschaftliche Regierung, die wir oben berührt haben, wurde seine Erziehung vernachlässigt; dennoch zeigte er frühe einen starken, wißbegierigen Geist und ein für die Freuden und Leiden

Landgraf Philipp von Hessen, 1504 —1567.

feines Volkes empfängliches und theilnehmendes Gemüth; und in feinem kleinen Körper wohnte Kraft und Gewandtheit. Wir wiffen, daß er durch kaiferlichen Spruch fchon 1518. mit vierzehn Jahren für mündig und regierungsfähig erklärt ward. Es war eine der letzten Handlungen Maximilians. Als er auf dem Sterbebette lag, überfiel Franz von Sickingen in Verbindung mit feinem Schwager Göß von Berlichingen und vielen rheinischen und heffifchen Rittern das Land des jungen Fürsten um geringfügiger Klagen und Forderungen willen und erpreßte durch den Vertrag von Darmstadt hohe Geld-fummen. Auf die Bemerkung eines Beamten, daß Philipp diefen unverantwortlichen Ueberfall feines Landes rächen werde, antwortete Sickingen: „einen Knaben verfößnt man mit einem Apfel." Philipp vergaß diefe Rede niemals. Als er auf der Vefte Landftuhl am Lager des verwundeten Reichsritters ftand, fragte er den Sterbenden: warum haft du in meinen unmündigen Jahren mein Land überzogen? Diefer aber er-wiederte: ich habe jetzt einem größern Herrn Rede zu ftehen. Noch in demfelben Jahr 1523 vermählte fich Philipp mit Chriftina, der Tochter Herzog Georgs von Sachfen, die von ihrem Vater die Strenge und Feftigkeit des Gemüths, aber nicht den Haß gegen das Lutherthum geerbt hatte. Und für diefes wurde nun auch der Landgraf gewonnen. Bald nach dem Regensburger Convent wurde ein Armbruftfchießen in Heidelberg abge-halten, bei dem fich mehrere oberländifche Fürsten und Ritter, unter ihnen auch Philipp von Heffen, einfanden. Man befprach fich dafelbft über die Lage des deutfchen Reichs und über die religiöfen Dinge und faßte Befchlüffe, wie das Volk in guter Zucht und im Gehorfam gegen Gott und die Obrigkeit zu erhalten fei; man nahm fich vor, die Lehre Chrifti „rein und lauter" lehren zu laffen. Auf der Reife dahin begegnete der Landgraf dem Melanchthon, welcher in der Pfalz gewefen und Freunde befucht hatte. Philipp ließ den Gelehrten eine Strecke Wegs neben fich herreiten und richtete einige Fragen über Religion an ihn, die diefer kurz beantwortete. Beim Abfchied erfuchte Philipp feinen Begleiter um ein Gutachten über die großen Anliegen der Zeit. Bald nachher fandte ihm Melanchthon einen „kurzen Begriff der erneuten chriftlichen Lehre", würdig des Mannes, der von fich rühmen konnte, er habe die Theologie nie zu einem andern Zweck ftudirt, als um beffer zu werden. Hierin zeigte er ihm das Wefentliche der lutherifchen Lehre, die Mißbräuche des Papismus, empfahl ihm die Sache des Glaubens und rieth ihm, das Evangelium nicht zu hindern, nicht gewaltfam noch mit plötzlicher Abfchaffung aller kirchlichen Ceremonien zu verfahren, dem Ungeftüm des Volkes zu wehren. Die Schrift machte großen Eindruck auf den jungen Fürsten. Wür-dig wies er die Vorstellungen des päpftlich gefinnten Ferber aus Herborn, Guardian der Franciscaner zu Marburg, und feiner Mutter zurück, ließ ein Gebot ausgehen, das Evangelium rein und lauter zu lehren, und fchrieb im März des folgenden Jahres an Johann Friedrich von Sachfen, „er wolle eher Leib und Leben, Land und Leute laffen, denn von Gottes Wort weichen".

VI. Der Bauernkrieg.

Literatur. Der deutfche Bauernkrieg hat das Intereffe der Gefchichtfchreiber und Gefchichts-forfcher in neuerer Zeit in hohem Grade angeregt, fo daß viele Bearbeitungen und Samm-lungen von Aktenftücken und Beiträgen in die Oeffentlichkeit gelangt find. Zu den zeitgenöffi-fchen Aufzeichnungen von Pet. Haarer „Eigentliche wahrhaftige Befchreibung des Bawren-kriegs", Frankfurt 1625, und Lorenz Fries „Gefchichte des Bauernkriegs", in Auszügen ge-druckt, und den älteren Werken von G. Th. Strobel, Leben, Schriften und Lehren Thomä Münzers, des Urhebers des Bauernaufruhrs in Thüringen, Nürnberg und Altdorf 1795, von

Sartorius, Geschichte des Bauernkriegs, Goettingen 1795, von W. Wachsmuth, der deutsche Bauernkrieg zur Zeit der Reformation, Leipzig 1834, von Oechsle, Beiträge zu der Geschichte des Bauernkriegs, Heilbronn 1830 und 1844, kamen in den letzten Jahrzehnten: W. Zimmermann, Allgemeine Geschichte des großen Bauernkriegs, Stuttgart 1844 und 1854, 3 Bde., H. W. Bensen, Geschichte des Bauernkriegs in Ostfranken, Erlangen 1840, Dieterich, Der Bauernkrieg im Jahre 1525, Ulm 1844, H. Schreiber, Der deutsche Bauernkrieg, mit Urkunden, Freiburg 1863—66, 3 Bdchn., Alf. Stern, Ueber die zwölf Artikel der Bauern und einige andere Aktenstücke aus der Bewegung von 1525, Leipzig 1868, und als Ergänzung: Fr. L. Baumann, die oberschwäbischen Bauern im März 1525 und die zwölf Artikel, Kempten 1871, J. Edm. Jörg, Deutschland in der Revolutionsperiode von 1522 bis 1526, Freiburg i. Br. 1851, C. Hegel, Zur Geschichte und Beurtheilung des deutschen Bauernkrieges (Allg. Monatschr. für Wissensch. u. Lit., 1852), u. a. W.

1. Karlstadt und Münzer.

Durch den Regensburger Sonderbund wurden die nationalen Bestrebungen, die mit einer Kirchenreform auf Grund der Heil. Schrift zugleich freiere staats- rechtliche Ordnungen zu erzielen suchten, in ihrem naturgemäßen Fortgang ge- hemmt. Das Reichsregiment, durch das Ausscheiden mehrerer geistlichen und weltlichen Fürsten in der gemeinschaftlichen Arbeit gelähmt, durch das kaiserliche Mandat in Macht und Autorität gebrochen, konnte die Regierungsgewalt nicht mit Nachdruck handhaben, die aufgeregten Geister nicht unter Gesetz und Obrig- keit beugen. Und auch die Autorität der Wittenberger Reformatoren wurde durch den papistisch-particularistischen Bund geschwächt. Hatte Luther gegen Karlstadt und die Zwickauer aus Rücksicht für den Frieden und aus Schonung für die Schwachen dem Herkommen in den gottesdienstlichen Formen mehr Rech- nung getragen, als mit seiner innersten Ueberzeugung sich vereinigen ließ und die Verbesserung der Kirche und des Lebens allein durch das Wort, durch Schrift und Belehrung auszuführen gesucht; so hatte diese Mäßigung doch die Papisten nicht abgehalten, ihn als Ketzer zu brandmarken und seine Anhänger zu verfolgen. Dadurch bekam die radicale Partei frische Kräfte. Karlstadt regte sich aufs Neue. Er hatte sich auf den Wunsch der Gemeinde Orlamünde in den Besitz der Pfarr- stelle gesetzt, die er früher als Archidiakon der Stiftskirche von Wittenberg ver- waltet und durch einen Stellvertreter hatte versehen lassen. Die Regierung legte ihm keine Hindernisse in den Weg, obschon er das Amt nicht ganz in der gesetz- lichen Weise antrat. Nun schlug der unruhige Mann dieselbe stürmische Bahn ein, die wir schon früher in Wittenberg kennen gelernt. Die Bilder und Altäre wurden aus der Kirche entfernt, die Beichte, die Elevation der Hostie, die latei- nische Sprache im Gottesdienst abgeschafft. In einer Flugschrift: „Ob man ge- mach fahren und das Aergerniß der Schwachen verschonen soll in Sachen so Gottes Willen angehen" rechtfertigte er sich, daß er nicht warte, „bis unsere Nach- barn, die Schlemmer in Wittenberg, nachfolgen". Wie Thomas Münzer im nahen Allstädt erklärte er sich gegen die Kindertaufe: „das Wasserbad sei nur ein

äußerliches Ding; wer die Taufe recht nehmen wolle, müsse Buße thun, das
alte Leben verlassen und ein neues beginnen". Aus Vernunft- und Schriftgründen
bewies er, daß im Abendmahl der Leib Christi nicht gegenwärtig sei, daß Christus
bei der Einsetzung nur auf seinen eigenen lebendigen Leib hingewiesen habe, die
Handlung sei nur zum Gedächtniß des Todes Jesu eingesetzt und der begehe sie
würdig, der mit gläubigem Gemüthe, "mit hitziger Andacht" sich in diesen Tod
versenke und seinem alten Wesen absterbe. Ein Mann, in dem Gelehrsamkeit,
Verstand und phantastisches Wesen in trüber Mischung verbunden waren, gerieth
Karlstadt auf eine Menge excentrischer Folgerungen. Seine Bilderstürmerei begründete er auf das Alte Testament und gerieth darüber immer mehr in Abhängigkeit von dem judäischen Gesetz. Er gestattete einem Bürger in Orlamünde
zwei Frauen zu nehmen, wie Abraham. Bald wird man auch die Beschneidung
einführen, meinte Luther.

Diese unklare Vermischung des nationalen und religiösen Elements in den alttestamentlichen Schriften trat auch bei Johann Strauß in Eisenach hervor, der im
Gegensatz zu dem ausgeschriebenen römischen Jubiläum die Rückführung des mosaischen
Jubeljahres empfahl, "in welchem jeder wieder zugelassen werden soll zu seinen verkauften Erbgütern" und die Sitte verdammte, Zinsen von Darlehn zu nehmen. Aehnliche Ansichten wurden auch in Würtemberg und anderwärts geäußert. "O lieber Mensch",
predigte Doctor Mantel an St. Leonhard in Stuttgart, "o armer frommer Mann,
wann die Jubeljahre kommen, das wären die rechten Jahr." Um auch äußerlich jeden
Unterschied zwischen Geistlichen und Weltlichen zu verwischen, legte Karlstadt die Priester-
kleidung ab und trug grauen Rock und Filzhut; jede Gemeinde, lehrte er, sollte das
Recht haben, ihren Pfarrer und Seelsorger frei zu wählen, ohne sich um die Regierung
zu kümmern. Manche dieser Ansichten sind in der Folge zur Geltung gelangt; aber in
jenen Tagen der Gährung, da die Gegensätze so hart auf einander stießen, mußten sie
den Wittenbergern als gefährliche Neuerung erscheinen. Dabei entfaltete Karlstadt eine
literarische Productivität, die in Erstaunen setzt. Um nicht durch die Censur gehindert
zu werden, errichtete er eine eigene Druckerei in Jena. "Achtzehn Schriften stehen von
ihm in Aussicht" hieß es.

Luther und
Karlstadt.
    Da glaubte Luther nicht länger zusehen zu dürfen. Er reiste ins Thü-
ringische, um den erhitzten Volksgeist zu dämpfen, wie einst in Wittenberg. In
Jena hielt er eine Predigt gegen die Schwärmerei und den Aufruhrgeist, der mit
Bildersturm und Verachtung der Sacramente beginne und mit Mord und Gewaltthat endige. Auch Karlstadt wohnte der Rede bei. Da ist es im Bären, wo
Luther wiederum Herberge genommen, zu einem heftigen Wortwechsel zwischen
beiden gekommen. Als der Angegriffene sich beschwerte, daß ihm der Gegner
durch Verbot seiner Schriften die Vertheidigung abgeschnitten, soll ihm Luther
einen "Goldgulden" zum Pfand gegeben haben, daß er wider ihn schreiben dürfe,
was er wolle. Als Luther in Kahla die Kanzel bestieg, mußte man zuvor die
zerbrochenen Crucifixe auf die Seite schieben, die man ihm in den Weg gelegt.
Am 24. August predigte er in Orlamünde; er wurde unfreundlich empfangen.
Nach der Predigt sagte ein Handwerker zu ihm, er habe das Evangelium unter

die Bank gestoßen, denn dort sage Christus: „ich will meine Braut nackt haben und ihr das Hemde nicht anlassen; also muß man die Bilder all abbrechen, daß wir der Kreaturen los und rein werden." Da ließ Luther einspannen und fuhr zum Thor hinaus. Die Orlamünder wünschten Karlstadt als Pfarrer zu behalten, aber er wurde abgesetzt und des Landes verwiesen. Zwei Briefe unterzeichnet: „Andreas Bodenstein, unverhört und unüberwunden vertrieben durch Martinum Lutherum", wurden vor seiner Gemeinde, die unter Glockengeläute sich versammelte, vorgelesen und mit tiefer Rührung angehört. Er wandte sich gen Süden, nach Basel, Straßburg, Rotenburg an der Tauber, seine Abendmahlslehre gegen Luther in Schrift und Rede vertheidigend. Weib und Kind mußte er im Elend zurücklassen. In Rotenburg, wo die neue Lehre Eingang gefunden, ohne daß die Deutschherren, denen die geistliche Pflege der regsamen lebhaften Reichsstadt anvertraut war, dawider aufkommen konnten, gerieth Karlstadt in bedenkliche Berührung mit den aufständischen Bauern der Umgegend; doch scheint es nicht, daß er thätigen Antheil an der Bewegung genommen, wenn auch die Prädicanten, die im Lande vom Anbruch des tausendjährigen Reichs, von Gleichheit aller Stände und von der Bruderschaft der Menschen predigten, manche Anregungen aus seinen Reden und Vorträgen geschöpft haben mögen. Das Brod der Verbannung war bitter, aber noch bitterer war Luthers Schrift „wider die himmlischen Propheten", worin der Reformator „mit jener souveränen Gewalt der Rede, die ihm in Scherz und Ernst, in Humor und Sarcasmus zu Gebote stand", das ganze Treiben Karlstadts und der ihm verwandten Geister beleuchtete. Die Schrift war vernichtend für den unruhigen Mann. Sie fiel in eine Zeit, da in Folge der Niederlagen der Bauern durch den Truchseß von Waldburg in der Bürgerschaft Rotenburgs ein Umschwung eintrat, wodurch der agitatorische Prediger, der sogar kurze Zeit bei dem Belagerungsheer vor Würzburg gewesen, zur heimlichen Flucht aus der Tauberstadt sich genöthigt sah, wie schon vor ihm sein Freund und Beschützer Ehrenfried Kumpf gethan. Sein anderer Gönner Stephan von Menzingen wurde ins Gefängniß geworfen. Da beugte sich Karlstadt vor dem alten Collegen, den er so oft und so scharf angegriffen hatte, und bot ihm Versöhnung an. Seiner „Entschuldigung" daß man ihm mit Unrecht den Namen eines Aufrührers gegeben, konnte man Glauben beimessen; aber Luther verlangte auch einen Widerruf seiner Abendmahlslehre. Dieser schmachvollen Zumuthung hat nun Karlstadt nicht ganz entsprochen, doch erklärte er in einer eigenen Schrift, daß er mit seiner Lehre nichts Sicheres habe aufstellen wollen. Damit begnügte sich Luther und legte bei dem Kurfürsten Fürbitte für den Flüchtigen ein, daß ihm der Aufenthalt in Sachsen wieder gestattet ward.

So durfte denn Karlstadt durch Luthers Vermittelung wieder in die Kurlande zurückkehren. Aber wenn er als Preis seiner Unterwerfung die Wiedereinsetzung in sein früheres Lehramt erwartete, täuschte er sich. Nur unter der Bedingung, daß er in Bukunft nicht mehr predige, auch nichts mehr schreibe, sondern „ewiglich schweige und sich von seiner Arbeit nähre", gestattete man ihm den Aufenthalt in einem Dorfe bei Wittenberg. Von dort siedelte er nach dem Städtchen Kemberg über, wo er, unter geistliche und weltliche Aufsicht gestellt, zwei Jahre lang durch einen Handel mit Lebensmitteln kümmerlich seinen Unterhalt verdiente. Hier gerieth der Mann, der unter den Trägern der kirchlichen Reform in Deutschland ohne Zweifel einer der bedeutendsten und selbständigsten war, in solche Armuth, daß er Betten und Hausrath verkaufen und zuletzt sogar seine hebräische Bibel hergeben mußte. Unterdessen wurde die Ansicht Karlstadts über das Abendmahl, von den Schweizer Reformatoren neu und besser begründet in die theologische Welt eingeführt. Da trat auch er wieder auf den Kampfplatz. Als der Kurfürst ihm die erbetene Erlaubniß ertheilte, seine Ansichten darlegen zu dürfen, überbrachte er dem Kanzler Brück nach Torgau eine Schrift über die Abendmahlslehre. Luther, dem dieselbe zur Begutachtung vorgelegt ward, antwortete in einem heftigen Schreiben. Darüber entbrannte ein neuer Streit, und da es herauskam, daß Karlstadt gegen das Verbot mit gleichgesinnten Freunden, namentlich mit dem Schlesier Kaspar Schwenkfeld, heimliche Briefe wechselte, in denen er sich über Luthers Tyrannei beklagte, wurde er unter strengere Aufsicht gestellt und das frühere Verbot des Schweigens wiederholt. Da entfloh er aus Sachsen. In Ostfriesland, wo sich eine Freistatt für alle religiösen Parteien aufgethan und auch Wiedertäufer sich zahlreich eingefunden hatten, gewann er großen Anhang bei Adel und Volk. Seine Bitte, an dem Religionsgespräch in Marburg theilnehmen zu dürfen, wurde nicht gewährt; und da nun auch in Ostfriesland strenge Maßregeln gegen alle Sektirer ergriffen wurden, so mußte auch Karlstadt im Anfang des Jahres 1530 das Land wieder verlassen. Nun wandte er sich zuerst nach Straßburg und dann nach der Schweiz. Hier wirkte er, von Zwingli freundlich aufgenommen, mehrere Jahre lang als Prediger in Altstätten und Zürich, bis er im J. 1534 als Professor der Theologie und Pfarrer bei St. Peter nach Basel berufen ward, wo er im J. 1541 an der Pest starb, nachdem er auch hier noch durch viele Streithändel seinen ruhelosen Geist kund gegeben. Er war ein Mann von großer Begabung, voll Scharfsinn und Gelehrsamkeit, aber ein unlauterer, wandelbarer Charakter, dessen Ehrgeiz größer war als seine sittliche Kraft. Aber die drei Grundsätze, die er zuerst aufgestellt: das Recht der Gemeinde, den Gottesdienst selbstständig einzurichten und den Geistlichen frei zu wählen; die geistige Erfassung des Göttlichen gegenüber dem Bibelwort, und die Unterordnung alles Kirchenwerks, selbst der Sacramente unter den Glauben d. h. „ein thatkräftiges energisches Ergreifen aller göttlichen Schätze und Güter, welche in Christus dem Glaubenden angeboten werden" sind trotz Luthers Schrift wider „die himmlischen Propheten" nicht aus der Welt verschwunden. Und es fehlte schon damals nicht an Stimmen, die das harte Verfahren Luthers gegen Karlstadt scharf rügten und meinten, „Der Luther schmecke nach dem Papst".

Thomas Münzer.   Wenn Karlstadt bei allem Hang zu extravaganten und mystischen Vorstellungen doch immer noch festen Boden unter den Füßen zu halten wußte, so gerieth dagegen der Mann, der nicht fern von Orlamünde, zu Allstädt einen neuen Wirkungskreis gefunden hatte, bald auf die abschüssige Bahn eines schwärmerischen Revolutionspredigers. Wir haben Thomas Münzer, als er etwa zwei und dreißig Jahre zählte, schon unter den Zwickauer Propheten gesehen. Eine von Leidenschaft beherrschte Natur, klein, schwarzen Haares, dunkler Hautfarbe, feurigen Blickes, nicht ohne eine hervortretende Neigung zur Sinnlichkeit, war er ganz geschaffen, in einer so vielfach erregten und durchwühlten Zeit eine Rolle zu spielen. Geboren zu Stolberg am Harz wurde er nach vollendeten Studien zu Wittenberg und Leipzig Lehrer zu Aschersleben und Halle u. a. O. Dort stiftete er einen Geheimbund gegen den Erzbischof Ernst II. von Magdeburg, wodurch er in jungen Jahren schon den in ihm wohnenden agitatorischen Trieb verrieth. Man erzählte sich später, die Grafen von Stolberg hätten seinen Vater am Galgen sterben lassen, darum habe der Sohn den tiefsten Haß gegen den Adel gefaßt. Nicht minder hervortretend war in ihm ein Hang zum Wanderleben, zu abenteuerlichen hochfliegenden Plänen. Nachdem er einige Zeit als Kaplan und Beichtvater in einem vor Weißenfels gelegenen Nonnenkloster zugebracht, eine Stellung, die ganz geeignet war, die sinnlichen leidenschaftlichen Triebe des jungen Mannes noch mehr aufzustacheln, wurde er Prediger an der Hauptkirche zu Zwickau. Hier war er bald der einflußreichste Führer jener schwärmerischen Sekte, die von Zwickau vertrieben sich nach allen Richtungen zerstreute. Wir kennen das Schicksal der „Propheten" in Wittenberg. Münzer versuchte sein Glück in Prag, aber ein Maueranschlag voll demagogischer Gluth bei Gelegenheit einer Priesterwahl, worin es hieß: „die Ernte reift heran. Ich bin vom Himmel gedungen um einen Groschen zum Tagelohne und schärfe meine Sichel, die Ernte zu schneiden" hatte seine Vertreibung aus Böhmen zur Folge. Ein vorübergehender Aufenthalt in Wittenberg brachte ihn in nähere Verbindung mit Karlstadt. Als dieser in Orlamünde seine reformatorische Thätigkeit in stürmischer Weise begann, fand er im nahen Allstädt, wo Münzer eine Predigerstelle erlangt hatte, die kräftigste Unterstützung. Nicht nur, daß an beiden Orten die Bilder zerstört, die Beichte und Messe abgeschafft wurden; die Gesinnungsgenossen verbanden sich auch zu gemeinschaftlichen Angriffen gegen Luther. Aus den Winkelpressen von Eilenburg, Jena, Allstädt ging eine Menge polemischer Flugschriften gegen den Wittenberger Reformator in die Welt, die durch gleichgesinnte Genossen nach allen Richtungen verbreitet wurden. Bald überholte aber Münzer seinen Gefährten im destructiven Reformeifer. Er gründete eine geheime Gesellschaft „zur Verwirklichung des Reiches Gottes in Freiheit, Gleichheit und Lauterkeit", deren Genossen sich durch eigene Tracht und lange Bärte auszeichneten, und erneuerte die Zwickauer Lehre „von der göttlichen Eingebung und himmlischen Erleuchtung", doch mit einer eigenthümlich düstern Färbung. Es soll nämlich ein Geist tiefer Betrübniß, innerer Angst und Zerknirschung in der Seele sein, wenn sie die Offenbarung empfängt. Nur wenn die Seele von aller fleischlichen Lust losgebunden ist, kann sie zur rechten Furcht Gottes kommen und der Gnade von Oben theilhaftig werden. Luther lud ihn zu einer Unterredung nach Wittenberg ein, allein Münzer weigerte sich zu erscheinen. Nun sollte Spalatin bei dem Kurfürsten auf die Entfernung des Schwärmers dringen. Friedrich wollte ihn aber zuerst hören. Als er zu Anfang des Jahres 1524 sich mit seinem Bruder Johann auf dem Schloß in Allstädt befand, mußte Münzer, wohl um sich „prüfen zu lassen" eine Predigt vor ihnen halten. Wenn sie wirklich so lautete, wie er sie

(Marginalie am rechten Rand:) Münzer in Allstädt. 1524.

Predigt über
Daniel. in seiner „Außlegung deß andren unterscheydß Danielis deß propheten" hat drucken
lassen, so ist sie ein merkwürdiges Zeugniß, wie weit die lutherische Reformation
bereits von der revolutionären Richtung überflügelt war. Nicht die Bibel, nicht
das geschriebene Wort oder „gedichtete Evangelium" soll den Glauben bestimmen,
sondern die unmittelbare Gemeinschaft des Menschen mit Gott, die unvermittelte
Offenbarung, „das klare Wort Gottes, das der Mensch in der eigenen Seele vernommen hat". Gott verkünde sein „Gezeugniß" durch „Figuren, Gleichniß, Gesichte und Träume", diese müsse der Mensch in seinem Leben erforschen. Um
diese auszulegen, müsse „ein neuer David kommen mit dem Bluteifer des Königs
Jehu". Von dem Satze ausgehend: „Ich bin nicht gekommen, Frieden zu
bringen, sondern das Schwert" forderte er die anwesenden Fürsten auf, die Gottlosen, die das Evangelium verhinderten, wegzuthun und abzusondern, wo nicht
so werde ihnen Gott ihr Schwert nehmen. Christus hat befohlen: Nehmet meine
Feinde und würget mir sie vor meinen Augen. Christus sagt: Ein jeglicher
Baum, der keine guten Früchte trägt, soll ausgerottet und ins Feuer geworfen
werden. Darum lasset die Uebelthäter nicht länger leben, die uns von Gott abwenden. Die Gottlosen haben kein Recht zu leben, allein was ihnen die Auserwählten wollen gönnen. Gott hat durch Moses befohlen: Ihr sollt euch nicht
erbarmen über die Abgöttischen, zerbrecht ihre Altäre, zerschmeißt ihre Bilder,
verbrennet sie, auf daß ich euch nicht zürne. Diese Lehre hat Christus nicht aufgehoben, sondern er will uns helfen sie erfüllen. Mögen auch „Bruder Mast-
schwein und Bruder Sanftleben" solche Ansichten verwerfen; „ich weiß fürwahr,
daß der Geist Gottes jetzt vielen auserwählten frommen Menschen offenbart eine
treffliche, unüberwindliche zukünftige Reformation, die wird von großen Nöthen
sein, und es muß vollführt werden, es wehre sich gleich ein jeglicher wie er will."
Spalatin schickte die Rede an Luther; dieser sandte die „Allstädter Raserei" zurück
und meinte: „da wir unwürdig sind, das was Gottes ist, zu erkennen und zu
bewahren, so müssen wir das, was des Teufels ist, stets hegen und pflegen."
Bald schritt Münzer vom Wort zur That: unter seiner Führung zogen die Allstädter nach der Kapelle Malderbach und zerstörten das Heiligthum sammt dem
wunderthätigen Marienbild, die viel besuchte Andachtstätte zahlreicher Wallfahrer.
Nun wurde er zur Verantwortung nach Weimar geladen. Darf man einer alten
Nachricht trauen, so bestand er das Verhör vor den kurfürstlichen Räthen „mit
zitterndem Herzen und stockender Zunge".

Münzer auf
der Wander-
schaft.   Am 16. August wurde seine Ausweisung beschlossen; aber schon Tags
zuvor hatte er Allstädt verlassen, nachdem er im Harnisch von seinen Freunden
umgeben durch die Stadt gezogen, „wie zur Gegenwehr bereit". Er begab sich
zunächst nach Mühlhausen, wo kurz zuvor unter der Leitung eines aus-
getretenen Mönchs Heinrich Pfeifer eine politische und kirchliche Reform in
demokratischem Geiste eingeführt worden war. Hier ließ er einige heftige
Flugschriften ausgehen, worin er Luther mit den ärgsten Schmähungen

überschüttete. Aber auch Mühlhausen sollte den unruhigen Mann nicht lange
in seinen Mauern beherbergen. Die Erscheinung Münzers hatte eine Spaltung
in der Reformpartei zur Folge, durch welche es der „Ehrbarkeit" dem patrizischen
Stadtrath gelang, das Zunftregiment zu stürzen und die Häupter der Reformpartei zu vertreiben. Unter ihnen war auch Münzer. Er wandte sich nach Nürnberg. Dort veröffentlichte er in Erwiederung auf Luthers Schreiben an die
sächsischen Fürsten, sich dem aufrührerischen Geist zu widersetzen, die fulminante
Schrift: „Hochverursachte Schutzrede und Antwort wider das geistlose, sanft-
lebende Fleisch zu Wittenberg, welches mit erklärter Weise durch den Diebstahl
der heil. Schrift die erbärmliche Christenheit also ganz jämmerlich besudelt hat",
worin er nicht nur den „Doctor Lügner", den „Wittenberger Papst", den „Vater
Leisetritt", der die Kleinen ausschelte und die Großen gewähren lasse, aufs Gif-
tigste angriff, sondern auch gegen die Dieberei und Räuberei der Herren und
Fürsten, die den gemeinen Mann schinden und plagen, im Tone des Aufruhrs
loszog. Ein neuer David müsse kommen, um auszuführen, was Saul begonnen.
Es war begreiflich, daß nach solchem Auftreten der Nürnberger Rath den leidenschaftlichen Mann nicht lange bei sich duldete. Münzer begab sich nach Basel,
wo sich Oecolampadius seiner annahm. Schon gährte es im Kletgau, im Hegau,
in Stühlingen, wo vor Jahren der Karsthans seine aufreizenden Reden gehalten, ein Laie, der von sich selbst sagte, daß er durch Christi Blut so gut wie ein
Priester geweiht sei; schon entfaltete Balthasar Hubmaier in Waldshut seine
demagogische Thätigkeit; große Ereignisse bereiteten sich im Schwarzwald und in
Oberschwaben vor; sollte da nicht der Volksmann aus Thüringen mitwirken?
Mehrere Monate hielt er sich in der aufgeregten Gegend auf; es ist nicht mit
Sicherheit anzugeben, welchen Antheil er an der Volkserhebung hatte, die kurz
nachher wie ein verheerende Strom jene Gegend durchtobte. Als Fremder
konnte er nicht hoffen bei einer Bevölkerung, deren Sitten, Zustände und Mundart er nicht kannte, eine Rolle zu spielen, wie sie sein Ehrgeiz und seine Herrschsucht anstrebte; er eilte zurück nach Mühlhausen, um dort dieselbe Bewegung in
Scene zu setzen, die bereits im Süden im Ausbruch begriffen war.

2. Die Vorzeichen.

Die Schwächung des Reichsregiments durch den Regensburger Receß brachte Die Sage des
auch die große Bewegung, die unter dem Namen „Bauernkrieg" mit blutigen Bauernstan-
Zügen in die Jahrbücher der deutschen Geschichte verzeichnet ist, zur Reife und
erleichterte ihre Verbreitung und Ausdehnung. Viele Ursachen wirkten zusammen,
um die schon lange in der Tiefe des Volkslebens gehäuften Zündstoffe zu einem
gewaltigen verzehrenden Brande zu entflammen. Den mächtigsten Impuls zu
der revolutionären Erhebung gaben die socialen Uebelstände, die Noth und das
Elend der ländlichen Bevölkerung, das Mißverhältniß der überkommenen Lebens-

formen zu ben neuen, großentheils noch im Gestalten und Werden begriffenen
Ordnungen. In Leibeigenschaft und Hörigkeit gehalten, oder wo er ein verkümmertes Eigenthum besaß, von Frohndiensten, Zehnten, Todfällen, Zinsen und
Abgaben aller Art schwer gedrückt, bei dem zunehmenden Luxus des Herrenstandes mehr und mehr mit Steuern und neuen Auflagen belastet, in allen Kriegen
und Fehden hart mitgenommen und mißhandelt, war der deutsche Bauernstand
in der traurigsten Lage, in einem rechtlosen, verzweiflungsvollen Zustande. Ohne
Schutz und Vertretung im Reich, auf den Landtagen, im Gericht war er der
Willkür des rohen Adels und den Uebervortheilungen und Betrügereien habgieriger Amtleute, Juristen und Schreiber ausgesetzt. Auf Besserung seiner Lage
durch Gesetzgebung und Reformen war bei der Ohnmacht der Obrigkeit, bei dem
Uebermuth und der Herzenshärtigkeit der Herren und Ritter, bei der lieblosen
Selbstsucht und Geringschätzung, womit die höheren Stände, die reichen Kaufherrn und Stadtbürger ihm begegneten, kaum zu hoffen, daher der Gedanke
nahe lag, durch gewaltsame und eigenmächtige Schritte die versagten Menschenrechte zu erringen, das elende Dasein durch Selbsthülfe zu erleichtern, die unerträglichen Lasten und den drückenden Knechtsdienst, die dem Leben jeden Reiz,
jedes freudige Aufathmen raubten, mit nerviger Faust abzuwerfen. Einzelne
Versuche der Art durchziehen das ganze Mittelalter, sie mußten sich aber steigern
nnd mehren, als die Lehensverbände sich lockerten, von den alten Feudalverhältnissen die sittlichen Elemente der Pietät und Christenliebe sich loslösten, die Kluft
zwischen Herrschaft und Untergebenen immer weiter und klaffender wurde. Der
Herrenstand verarmte, seitdem das ritterliche Raub- und Fehdeleben durch die
Landfriedensordnungen und durch den Zeitgeist unterdrückt oder beschränkt ward
und doch die ganze Lebensweise des Adels sich anspruchsvoller und kostspieliger gestaltete. Denn die Ritter und Edelfrauen wollten an Pracht, an Wohlleben, an
prunkenden Gewändern, Einrichtungen und Aufzügen nicht hinter dem reichgewordenen Kaufmann zurückstehen. Die geistliche Herrschaft unterschied sich gegenüber dem Bauernstand nicht wesentlich von der weltlichen. Wir wissen ja,
wie sehr die Verderbniß des Klerus, das Aussaugen des Volks unter tausenderlei Vorwänden und kirchlichen Praktiken, durch Zehnten, Ablaß, Sendgerichte,
durch gezwungene Almosen und hohe Stolgebühren in den Flugschriften, in der
Volksliteratur fort und fort gerügt und geschmäht wurde. Auch in den Reichsstädten bestand eine weite Kluft zwischen den Kleinbürgern und den patrizischen
Geschlechtern; die gedrückten und verarmten Handwerker und Hintersassen standen
daher mit ihren Sympathien auf Seiten der Bauern.

Vereinzelte   Seit Jahrzehnten ging ein finsterer Geist der Unzufriedenheit, der Oppo-
Aufstände. sition gegen Ritter und Pfaffen, gegen Privilegirte und Reiche, durch alle Volksschichten, durch alle Lande; einzelne Aufstände, wenn auch niedergeworfen und
blutig unterdrückt, hielten denselben wach und stärkten ihn; zu der Verstimmung
über den fortdauernden Druck gesellte sich noch das Gefühl der Rache, der Ver-

zweiflung. Immer drohender und zahlreicher wurden die Symptome dieses fin-
steren Revolutionsgeistes unter dem Landvolke. Die Veranlassungen waren verschieden, aber die tiefe Quelle, aus der die einzelnen Ausbrüche hervordrangen,
war dieselbe. Es war ein „Kampf um das Dasein", bald hervorgerufen durch
die materielle Noth, bald getragen von politischen oder religiösen Ideen. Schon
in den neunziger Jahren des 15. Jahrhunderts, als Erzherzog Maximilian von
Oesterreich in den Niederlanden waltete, erhoben sich Schaaren von Bauern, die
„Käse und Brod" in ihrer Fahne führten; sie wurden nach heftigen Kämpfen
durch Herzog Albrecht von Sachsen überwunden, ihre Hauptleute hingerichtet,
die Entrechtung und Entfreiung der friesischen Bauernschaften weiter ausgedehnt.
Um dieselbe Zeit erhoben sich die Unterthanen des Abtes von Kempten wider ihren
ungerechten Herrn, der ihnen durch falsches Gericht den letzten Rest ihrer Gerechtsame zu entreißen trachtete, und schon damals traten im Elsaß bedenkliche Bauern-
forderungen von weit tragender Bedeutung zu Tage. Mächtiger und einschnei-
dender aber zeigte sich die Volksgährung im 16. Jahrhundert. Es war eine
Uebergangszeit, die auf allen Lebensgebieten die überlieferten Einrichtungen und
Traditionen, Satzungen und Formen wegzufegen strebte, um Raum zu schaffen
für neue Gebilde. In den ersten Jahren entstand im Bruchrain im Gebiete des Der Bund-
Bischofs von Speier, die große Bauernverbrüderung, bekannt unter dem Namen schuh.
„Bundschuh" von dem Zeichen in ihrer Fahne. Die Theilnehmer erklärten,
weil sie so beschwert seien, daß die vierte Stunde der Arbeit ihnen nicht
mehr gehöre, so wollten sie die Dienstbarkeit mit dem Schwerte abwerfen.
Die Erkennungsworte lauteten: „Loset, was ist nun für ein Wesen"? die
Antwort: „wir mögen vor Pfaffen und Adel nit genesen". Zweck des Bundes war: Befreiung von aller Herrschaft, den Kaiser ausgenommen, und von
allen fremden Gerichten, Abschaffung des Grundzinses, des Zehnten, der Zölle
und Schatzungen, Einziehung der Klostergüter. Auf beiden Seiten des Mittel-
rheins bis zum Neckar hin erstreckten sich die Fäden der geheimen Bauernverbin-
dung. Ihr Plan war, nach Erhebung des Aufruhrs niemals länger als vierundzwanzig Stunden an demselben Orte zu weilen und unaufhaltsam vorwärts
zu dringen. Das Vorhaben wurde im Beichtstuhl verrathen. Die erschrockenen
Fürsten eilten, durch gerichtliche Untersuchungen der Erhebung vor dem Ausbruch
Meister zu werden. In Schlettstadt tagte die Commission: einige der Schuldigen
wurden hingerichtet; aber die Hauptführer fanden Gelegenheit zur Flucht. Der
Bundschuh blieb fortan den Bauern tief im Gedächtniß. Daß das Beispiel der
Schweiz, mit welcher der Oberrhein in so vielfachem Verkehr war, deren Reisläufer
mit den deutschen Landsknechten so oft in kameradschaftliche Berührung kamen, auf
diese Einigung rückgewirkt habe, ist höchst wahrscheinlich. Eine Erneuerung des 1513.
Bundes durch Joseph Fritz, einen der entflohenen Führer in Breisgau, endete
auf ähnliche Weise. In Freiburg schlug man den gefangenen Theilnehmern den

Kopf oder die Schwurfinger ab; Joſt Friz aber entkam abermals und rettete
ſich nach der Schweiz.

Die Brüder-
ſchaft vom
armen Kon-
rad.
Auch in Würtemberg hatte der Bundſchuh ſeine Verzweigungen. Da der
Name gefährlich war, ſo nannten ſich die Glieder im Reinsthale nach einem muntern Geſellen des Vereins, Konrad oder Kunz, bei dem „kein Rath“ verfangen
wollte, vom „armen Konrad“. Unter dieſem Namen bildeten die Bauern eine
ſtille Gemeinde, „in welcher ſich unter der Maske luſtiger Schwänke und Poſſen
die Tendenzen der früheren Bauernverbindungen fort erhielten und dem öffentlichen Auge entzogen“. Kein Reicher wurde aufgenommen, aber auch kein Bettler oder Landſtreicher, nur fleißige Arbeiter oder redliche Tagelöhner. Ihr Hauptmann ſchritt in zerfetztem Mantel und grauem Filzhut einher und geberdete ſich
wie ein kaiſerlicher Feldhauptmann. Auf dem Fähnlein kniete ein Bauer vor
dem Crucifix mit der Ueberſchrift „der arme Konrad“. In dieſer harmloſen
Form unter Scherz und Spiel dauerte der Bund Jahrelang fort und entzog ſich
den Blicken der Späher. Aber die Zahl der Theilnehmer mehrte ſich im ganzen
Lande; und die Pläne des alten Bundſchuh blieben den Eingeweihten kein Geheimniß. Aus der Schweiz kam der alte Joſt Friz nach Beutelsbach und Schorndorf, wo die Führer des Bundes zu tagen pflegten. Er wollte nicht ſterben, „der
Bundſchuh hätte denn zuvor ſeinen Fürgang erlangt“. Wir kennen das deſpo-
tiſche Regiment des Herzogs Ulrich: keine Leiden, die durch eine verſchwenderiſche
Hofhaltung, durch Beamtendruck, Rechtsverdrehung, gewiſſenloſe Habgier der
Mächtigen über ein Land kommen können, wurden dem Würtembergiſchen Volke
erſpart. Steuern, Auflagen, falſches Gewicht mehrten die alten Laſten. Da
trat endlich der arme Konrad aus ſeiner Verborgenheit. Seiner bisherigen Farbe
getreu ging er auch hier mit Ironie, mit einem „Schwabenſtreich und Volkswitz“
vor. „Als das falſche Gewicht kam, die Daumſchraube der Fleiſch-, Wein- und
Brodſteuer, da zogen die Verbündeten mit Trommeln und Pfeifen hinaus an die
Rems, ſtellten über dem Waſſer eine ſcherzhafte Probe mit dem Gewichte an und
Oſtern 1514. das Gewicht des Herzogs ward zu leicht befunden.“ Dies war der Anfang eines
allgemeinen Bauernaufſtandes, der ſich raſch über die Umgegend von Schorndorf
verbreitete. Die Aemter Markgröningen, Waiblingen, Vaihingen, Untertürk-
heim, Marbach, Urach wurden in die Bewegung hineingezogen. Der Herzog
ſuchte ſie durch Unterhandlungen zu beſchwichtigen; er verſprach Aufhebung der
neuen Schatzung und Einberufung des Landtages zur Unterſuchung ihrer Be-
ſchwerden. Die Bauern hatten noch immer einiges Vertrauen zu ihrem „gnädigen Herrn“; ſie ſchrieben alles Unheil ſeinen Räthen und Vögten zu. Aber
bald merkten ſie, daß er ſie nur hinzuhalten gedächte, bis er „fremde Kriegsvölker“ ins Land gerufen. Da brach der Sturm von Neuem los; bald verbreitete ſich der Aufruhr auch nach den Schwarzwaldgegenden, wo er in Leon-
berg ſeinen Mittelpunkt hatte. Bis Maulbronn, bis ins Badiſche zogen ſich die
Verbindungen. Der Herzog ſelbſt meinte, daß das Auftreten der Bauern „ein

seltsam bundschühlich Ansehen habe". Er und seine Räthe, Kanzler Lamparter, Erbmarschall von Thumb, Landschreiber Lorcher wandten sich an Oesterreich um Hülfe. Aber es fehlte dem „armen Konrad" an geschickter Leitung; die Lokalinteressen überwogen die allgemeinen. Als daher Ulrich, wie früher berichtet, auf dem Landtag zu Tübingen mit den Ständen sich über einen „Vertrag und Abschied" geeinigt und darin die Zusage gegeben, die Beschwerden des Volks gewissenhaft zu untersuchen, zu bessern und abzustellen; so lösten sich die aufständischen Haufen großentheils auf und zogen heim. Eine neue Erbhuldigung wurde verlangt und von den meisten geleistet. Nur im Remsthal hielten die Häupter des „armen Konrad" die Bauern noch unter den Waffen und bei der Fahne. Umsonst hoffte der Herzog selbst durch sein persönliches Erscheinen Juli 1514. die Widerspenstigen zur Unterwerfung zu bringen, der Anblick der verhaßten Räthe, die sich in seinem Gefolge befanden, reizte die Bauern; er selbst kam in Lebensgefahr und rettete sich nur durch die Schnelligkeit seines Pferdes. Die Aufständischen besetzten den Kappelberg bei Beutelspach und erzwangen sich von den Prälaten und Klöstern der Umgegend die nöthigen Lebensbedürfnisse. Da erschienen Bevollmächtigte des Herzogs und der in Stuttgart versammelten Landschaft und versprachen ihnen freies Geleit, wenn sie in Frieden sich entfernen und 27. Juli. den Huldigungsvertrag annehmen wollten. Man ging auf das Anerbieten ein; aber während die Bauern in Abzug begriffen waren, fielen die Reisigen des Herzogs über sie her und nahmen die Häupter und alle, die man ihnen als Schuldige oder „Verschworne" bezeichnete, gefangen; Schorndorf und andere Orte wurden der Plünderung übergeben. Peinliche Verhöre, Folterungen und Bluturtheile vollendeten die Rache, nach welcher der Herzog wie die Landstände dürsteten. Noch mehrere Wochen lang wüthete das Richtbeil unter den Führern und Genossen des armen Konrad. Die Entflohenen wurden mit der Acht, die minder Schuldigen mit Geldstrafen belegt. — Auch in andern Ländern gährte es unter dem Bauernstand. Einige Monate nach den Remsthaler Gräueln raste in Steier- Ju den Ostmark, Kärnthen und Krain der Windische Bauernbund gegen den grundherrlichen landen. 1515. Adel und forderte die alte Gerechtigkeit und Freiheit, und in Ungarn führten Leibeigene und Hörige unter der Kreuzesfahne einen Vertilgungskrieg gegen die parteisüchtigen und gewaltthätigen Edelleute (IX, 226). Es waren vereinzelte Aufstände, hervorgerufen durch lokale Nothstände und ohne inneren Zusammenhang, daher wurden sie auch nach kurzen Kämpfen und Verheerungen durch die bewaffnete Macht niedergeworfen und die Theilnehmer gezüchtigt. Denn wie weit auch in andern Dingen die Wege der Fürsten, des Herrenstandes und der Bürgerschaften auseinandergingen, im Widerstand gegen den verachteten Bauer waren sie einig. Aber Einen Schluß konnte der aufmerksame Beobachter aus diesen Erschei- Rothstände. nungen ziehen: es waren Kundgebungen einer weitgehenden verbitterten Stimmung unter dem Volke, Vorboten eines gewaltigen Kampfes der gedrückten Menschenklasse gegen ihre Dränger und Blutsauger, die Rothwehr der verzweifelnden Armuth, der Schmerzensschrei der unteren Stände über unerträgliche Belastung, über das „rothwelsche" Recht der Juristen, über Schutz- und Rechtlosigkeit von Seiten der geistlichen und weltlichen Obrigkeit. Mit jedem Jahre mehrte sich der Druck, und woher sollte der geringe Mann Abhülfe erwarten? Die Obrigkeit war ohnmächtig; auf den Landtagen hatte nur der Herren- und Prälatenstand und die Bürgerschaft Sitz und Stimme, bei den Gerichten war das alte volksthümliche Landrecht durch das römische Recht verdrängt, das den gemeinen Mann den Schlangenwegen jeder Rechtsverdrehung, den Ränken und Praktiken gewinnsüchtiger Juristen und Advokaten schutzlos preisgab. „Es gab kein Recht für diese Leute und was im Mittelalter den Druck gemildert hatte, die Fürsorge des Kaisers und der Kirche, das war jetzt auch weggefallen."

3. Aufstände im Schwarzwald und in Oberschwaben.
Die zwölf Artikel.

Einwirkung der Reformation. Die Erinnerungen an den „Bundschuh" und den „armen Konrad" waren noch nicht verwischt, als der Ruf der Freiheit und Unabhängigkeit, der seit Luthers Auftreten durch die deutschen Lande zog, auch den Bauernstand mit neuen Wünschen und Hoffnungen erfüllte. Die „evangelische Freiheit", von der ihm gesprochen und gepredigt wurde, war ihm gleichbedeutend mit der Abschüttelung aller drückenden Lasten und Einrichtungen, die ihm das Leben zur Qual machten. Die Reformation hat den Bauernkrieg nicht erzeugt, wie ihr von gegnerischer Seite nachgesagt wird; aber sie hat der Bewegung einen mächtigen Impuls, eine neue Richtung gegeben; sie hat den zeitlichen Rothständen geistliche Elemente beigefügt, sie hat die lokalen und persönlichen Interessen durch höhere und allgemeine Zwecke, durch nationale und religiöse Ideen gehoben, sie hat den gemeinen Trieben einen sittlichen Halt verliehen, das Streben nach Abstellung des materiellen Elends, das zu den bisherigen Aufständen geführt, mit edleren Zielen, mit göttlichen Geboten in Verbindung gesetzt. Die Reformation war das große Zeitereigniß, welches das Volksgemüth in seinen untersten Tiefen aufregte, neue Anschauungen und Kräfte hervorrief, eine neue Auffassung vom Wesen des Staats und der menschlichen Gesellschaft schuf. Alles was die Zeit auf dem Herzen hatte, legte sich daher naturgemäß in die Eine große That. Man lauschte den Predigern, die am lautesten und entschiedensten von der evangelischen Freiheit redeten; man forschte in der hl. Schrift, die Luther in der Muttersprache dem Volke in die Hand gegeben. „Und da fand man denn Nichts von der Hierarchie, von der strengen Scheidung des geistlichen und weltlichen Standes, Nichts von der kastenartigen Trennung, welche die mittelalterliche Welt überall durchzog, Nichts von der Pflicht der Armen und Geringen, die maßlose Belastung durch geistliche und weltliche Herren in alle Ewigkeit zu tragen: nein, der Stifter dieses Glaubens wandte sich gerade an die Armen, die Mühseligen und Beladenen, gerade im

Gegensatz zu der ganzen herrschenden, gebietenden Welt der vornehmen Pharisäer schien er seine Lehre zu predigen." Luther las die Bibel nur von ihrer religiösen Seite, die Reformatoren nahmen die evangelische Freiheit und Gleichheit
nur im geistlichen Sinn; das Volk dagegen faßte die Lehren und Aussprüche von
einer andern Seite und gab ihnen eine seiner Lage und seinen Bedürfnissen zusagende praktische Deutung. Zum erstenmal durchzuckte die Herzen eine Ahnung
von Menschenrechten. Hatte denn nicht Christus durch sein heiliges Blut alle Menschen frei gemacht? Heißt es denn nicht im Evangelium, daß Alle Brüder seien,
daß zwar in der Welt die Herren herrschen und die Großen Gewalt üben, daß
es aber in der christlichen Gesellschaft nicht so gehalten werden solle, in welcher
vielmehr einer dem andern zu dienen verpflichtet sei? Zum erstenmale berief man
sich auf ein „göttliches Recht", wie es in der heil. Schrift, nicht wie es auf Gesetz und Herkommen beruhte. Wir wissen ja, wie man auf der Kanzel vom alttestamentlichen Jubeljahr sprach; es wurde laut verkündigt, daß es gegen Gottes
Wort sei, Zehnten zu geben oder zu nehmen.

Es wurde schon früher angedeutet, daß kaum ein Zusammenhang zwischen der Sickingi- *Kein Zusam-*
schen Fehde und den Bauernaufständen anzunehmen sei. Wohl mochte in Huttens energischer *menhang mit*
Seele der Gedanke geschlummert haben, die Schilderhebung der Ritterschaft könnte das Signal *der Sickinger*
zu einem Nationalkrieg geben, aus dem die kirchliche und politische Umgestaltung Deutschlands *Fehde.*
hervorgehen würde; unter der Fahne des Reichsritters könnten die aufgeregten Bauernschaften
gegen Fürsten und Prälaten ins Feld gerufen werden. Was bei längerer Dauer der Fehde geschehen wäre, kann jetzt nicht mehr mit Sicherheit angegeben werden. Merkwürdig bleibt es
immerhin, daß gleichzeitig der Rath von Ueberlingen an die Regierung von Würtemberg be-
richtete: die Bauern im Hegau und in den benachbarten Landschaften begönnen einen Bundschuh zu bilden. Eine damastene Fahne sei aufgeworfen worden, worin eine Sonne mit einem
güldenen Bauernschuh sich befände mit der Aufschrift: „welcher frei will sein, der zieh zu diesem
Sonnenschein". Die würtembergischen Räthe erschraken; leicht konnte der vertriebene Herzog Ulrich
sich mit den Bauern verbinden; sie wendeten sich daher an den Erzherzog Ferdinand um Hülfe.
In ihrem Bericht hieß es: „daß der gemeine arme Mann jetziger Zeit allenthalben begierig sei,
frei zu werden, mit andern zu theilen und keine Schuld mehr zu bezahlen". Die Sache hatte
damals keinen Fortgang; ein engerer Zusammenhang kann also nicht bestanden haben. Die
Interessen gingen zu weit auseinander, als daß ein solcher unnatürlicher Bund hätte von Dauer
sein können. Ein tiefes Mißtrauen gegen Adel und Ritterschaft durchzog die Brust des Bauern;
denn gerade von dem grundherrlichen Edelmann, von dem ritterlichen Burgherrn und seinen
Soldknechten hatte ja der gemeine Mann am meisten zu leiden, gerade gegen sie richtete sich daher in der ersten Aufwallung die Wuth des Volkes.

Zwei Jahre waren seit Sickingens Schilderhebung verflossen, als der Bauern- *Aufstand im*
krieg ausbrach und ohne geheime conspiratorische Aufwiegelung, nur in Folge *obern Rhein-*
der gleichartigen Elemente, der gemeinsamen Interessen und Ziele mit instinetiver *thal und an*
Naturkraft sich über alle Länder des südlichen und mittleren Deutschland verbrei- *den Ufern*
tete. Die ersten Regungen zeigten sich im südlichen Schwarzwald, da wo die *des Boden-*
Waldbäche sich zur Donau vereinigen und die Wutach in einem Bogen sich dem *sees. 1524.*
Rhein zuwendet, im Hegau und Klettgau, die sich im Norden des Bodensees und
des Oberrheins hinziehen, und weiter ostwärts im Allgäu, wo ein kräftiges Bauern-

geschlecht großentheils die Freiheit seiner allemannischen Vorfahren ins sechzehnte
Jahrhundert gerettet hatte. Wir wissen, daß sich Thomas Münzer eine Zeitlang dort aufgehalten. Aufreizende Flugschriften waren im Umlauf, worin es
hieß: „Es wird nicht mehr so gehen, wie bisher; des Spiels ist zu viel, Bürger
und Bauern sind desselben überdrüssig; Alles muß sich ändern". Schwärmerische
Wanderprediger, von wiedertäuferischen Ideen erfüllt, sprachen von Abstellung
geistlicher und weltlicher Gewalt, von Aufrichtung eines himmlischen Reiches, wo
alle Menschen gleich sein und jeder Unterschied zwischen Arm und Reich, Vornehm und Gering verschwinden sollte. Das Beispiel der benachbarten Schweiz,
wo ein mannhaftes Volk durch eigene Kraft die fremde Zwingherrschaft und die
Macht des Adels gebrochen und nun in einem freien Staatswesen sich bewegte,
reizte zur Nachahmung. Und gerade dort hielt die österreichische Regierung das
Alte mit äußerster Strenge fest und unterdrückte und verfolgte die neuen Lehren,
und gerade dort scheint der Adel seine Herrenrechte mit Uebermuth geübt zu haben.
Erzählte man sich doch von der Gräfin von Lupfen, deren Stammschloß oberhalb Stühlingen im österreichischen Hauenstein lag, sie habe zur Erntezeit den
Bauern geboten, Schneckenhäuslein zum Garnwinden für sie zu sammeln und
an Feiertagen Erdbeeren und Schlehen zu suchen. In Stühlingen, in Bonndorf
1524. und einigen benachbarten Dörfern kündigten um Johanni die Bauerschaften ihren
Herrn Frohndienst und Lehnpflicht auf und schaarten sich um Hans Müller von
Bulgenbach, einen stattlichen Mann von guter Rede, der früher als Landsknecht
die Kriege wider Frankreich mitgemacht hatte. Sie schwuren, mit einander brüderlich Lieb und Leid zu tragen. Schon am 24. August zog Müller, „Hauptmann
der großen christlichen Bruderschaft im Schwarzwalde", an der Spitze von 1200
Mann mit einem schwarz-roth-gelben Fähnlein in Waldshut ein, als man gerade Kirchweih feierte. Die Einwohner des Städtchens, wo kurz zuvor Balthasar Hubmaier als Prediger gewirkt, schlossen aus Haß gegen Oesterreich mit
den Bauern einen Bund, „die evangelische Brüderschaft" genannt. Jeder Ein-
tretende hatte einen Batzen die Woche zu entrichten; damit sollten die Kosten für
die geheimen Botschaften bestritten werden, die man ins Breisgau und Sundgau,
nach Elsaß, Schwaben und Franken sandte. Auch ins Kleitgau kamen die Boten. Da fragten die Bauern von Sulz, deren Herr in Zürich verburgrechtet war,
bei dem Rath der Schweizerstadt an. Die Antwort war, wenn der Graf die
evangelische Lehre nicht hindere, sollten sie gehorsam sein. Schon im Herbst war
die Aufregung so groß, daß der Erzherzog und der schwäbische Bund seine Kriegsmannschaften musterte; die Bauern waren größtentheils nur mit ländlichen Waffen
versehen, mit Aexten, Gabeln, Sensen. Deshalb wagte Hans Müller den
Kampf nicht aufzunehmen. Unter Vermittlung von Schaffhausen und dem Bischof von Constanz wurde daher ein Abkommen getroffen, in Folge dessen die
Aufständischen bei Anbruch des Winters größtentheils heimzogen. Als aber die
Gutsherren in keinerlei Erleichterungen willigten, und die drohende Sprache der

österreichischen Amtleute, verbunden mit den Kriegsrüstungen des schwäbischen Bundeshauptmanns, Truchseß von Waldburg, den Führern und Theilnehmern des Aufstandes strenge Bestrafung in Aussicht stellten; da brach mit Anfang des Jahres die Bewegung mit größerer Heftigkeit von Neuem los.

Mittlerweile hatten die ausgesandten Botschaften auch an andern Orten ihre Wirkung gethan; und durch Aufstellung der zwölf Artikel war mehr Klarheit geschaffen, ein Programm, ein religiös-politisches Glaubensbekenntniß erzielt worden. Es ist nicht mit Gewißheit anzugeben, wer der Verfasser dieses berühmten Manifestes war, das bald seinen Lauf durch das südliche und westliche Deutschland machte. Wahrscheinlich haben mehrere Hände daran gearbeitet; vielleicht war auch Thomas Münzer bei dem ersten Entwurf betheiligt; die schließliche Abfassung soll von dem ehemaligen pfalzgräflichen Kanzler Fuchssteiner herrühren, der wegen seiner Verbindung mit Sickingen auf flüchtigem Fuß lebte und einige Zeit die rechte Hand des Herzogs Ulrich von Würtemberg war. Andere, wie Sartorius, halten Christoph Schappeler von Memmingen, einen gebornen Schweizer, für den Verfasser. Wenigstens hat dieser das Manifest überarbeitet und mit Marginalien versehen. Schon im März gingen gedruckte Exemplare der „gründlichen und rechten Hauptartikel aller Bauerschaft und Hintersassen der geistlichen und weltlichen Obrigkeiten, von welchen sie sich beschwert vermeinen" in die Welt aus und wurden als „Manifest des gemeinen Mannes" angenommen. Sie enthielten billige und mäßige Forderungen: kirchliche Freiheit und Predigt des Evangeliums, Beseitigung der drückendsten Feudallasten, Abschaffung einiger neuaufgelegter Beschwerungen, Rechte und Strafen. Nur von Abstellung harter Vorrechte der privilegirten Stände, nicht von Umsturz gesellschaftlicher Ordnung war die Rede und die religiöse Freiheit wurde als Christenrecht in Anspruch genommen. Man berief sich auf Luther und das Evangelium.

Gegenüber den verläumderischen Nachreden, als ob die Früchte des neuen Evangeliums Umsturz und Empörung seien, heißt es in der Einleitung, daß Christus, der verheißene Messias, Liebe und Friede, Geduld und Einigkeit lehre nicht aber Gewalt und Aufruhr; wenn sie nun verlangten, was in dem Evangelium begründet sei, so seien sie darum keine Aufrührer und Empörer, vielmehr handelten jene Widerchristen, die sich gegen solches Anmuthen und Begehren auflehnten und ihnen die durch die heil. Schrift gewährleisteten Rechte versagten, gegen Gottes Gebot und folgten den Eingebungen des Teufels. Daraus folge klar, „daß die Bauern, die in ihren Artikeln solches Evangelium zur Lehre und zum Leben begehren, nicht mögen ungehorsam, aufrührisch genannt werden. Ob aber Gott die Bauern, die da nach seinem Wort zu leben ängstlich rufen, erhören will, wer will den Willen Gottes tadeln (Röm. 11.)? Wer will in sein Gericht greifen (Jes. 40.)? Ja wer will seiner Majestät widerstreben (Röm. 8.)? Hat er die Kinder Israel, als sie zu ihm schrieen, erhört und aus der Hand Pharao's erledigt, mag er nicht noch heute die Seinen erretten? Ja wird sie erretten und in einer Kürze (2. Mos. 3, 14., Luc. 18, 8.). Darum, christlicher Leser, lies die nachfolgenden Artikel mit Fleiß und nachmals urtheile".

Marginal notes: Die zwölf Artikel. Die zwölf Artikel.

Zum Ersten ist unsere demüthige Bitte und Begehr, daß wir fürhin Gewalt und Macht haben wollen, eine ganze Gemeinde soll einen Pfarrer selbst erwählen und kiesen (1. Tim. 3), auch Gewalt haben, denselben wieder zu entsetzen, wenn er sich ungebührlich hielte (Tit. 1). Der erwählte Pfarrer soll uns das Evangelium lauter und klar predigen, ohne allen menschlichen Zusatz, Menschenlehr und Gebot (Apost. 14).

Zum Andern, nachdem der rechte Zehent aufgesetzt ist im Alten Testament und im neuen als erfüllt, wollen wir den rechten Kornzehent gern geben, doch wie es sich gebührt. Nachdem für das Auskommen des von der Gemeinde gewählten Pfarrers genügend gesorgt sei, solle der Ueberschuß den Dorfarmen zu gute kommen und ein Sparpfennig für Kriegszeiten zurückgelegt werden. Den kleinen Zehent aber wollen sie nicht mehr geben, weder Geistlichen noch Weltlichen.   Denn Gott der Herr hat das Vieh frei dem Menschen erschaffen (1. Mos. 1). Diesen Zehent schätzen wir für einen unziemlichen Zehent, den die Menschen erdichtet haben, darum wollen wir ihn nicht weiter geben.

Zum Dritten ist der Brauch bisher gewesen, daß man uns für Eigenleute gehalten hat, welches zum Erbarmen ist, angesehen daß uns Christus alle mit seinem kostbaren, vergossenen Blut erlöst und erkauft hat. Darum erfindet sich in der Schrift, daß wir frei sind und wir wollen frei sein (Weish. 6., 1. Petr. 2). Nicht daß wir gar frei sein, keine Obrigkeit haben wollen, das lehret uns Gott nicht. Wir sollen in Geboten leben, nicht in freiem, fleischlichen Muthwillen, und wollen unserer erwählten und von Gott gesetzten Obrigkeit in allen ziemlichen und christlichen Sachen gehorsam sein.

Zum Vierten ist es bisher im Brauch gewesen, daß kein armer Mann Gewalt gehabt hat, das Wildpret, Geflügel oder Fische in fließenden Wasser zu fangen, was uns ganz unziemlich und unbrüderlich dünkt, eigennützig und dem Wort Gottes nicht gemäß. Auch liegt in etlichen Orten die Obrigkeit das Gewild uns zu Trutz und mächtigem Schaden, weil wir leiden müssen, daß uns das Unsere, was Gott dem Menschen zu Nutz hat wachsen lassen, die unvernünftigen Thiere zu Unnutz muthwillig verfressen.   Gott habe dem Menschen Gewalt gegeben über alle Thiere, Vögel und Fische.

Zum Fünften haben sich die Herrschaften alle Hölzer allein zugeeignet. Unsere Meinung ist, was für Hölzer Geistliche oder Weltliche, die sie inne haben, nicht erkauft haben, die sollen einer ganzen Gemeinde wieder anheim fallen, und einem jeglichen aus der Gemeinde soll ziemlicher Weise frei sein, daraus seine Nothdurft ins Haus umsonst zu nehmen, auch zum Zimmern, doch mit Wissen derer, die von der Gemeinde dazu erwählt werden, wodurch die Ausreutung des Holzes verhütet werden wird.

Zum Sechsten soll die harte Beschwerung mit Diensten ermäßigt werden.

Zum Siebenten soll überhaupt die Herrschaft den Bauer zu nicht mehr Leistungen zwingen, als wozu er „laut der Vereinigung des Herrn und des Bauern" verpflichtet ist. Was darüber hinaus geht, soll „um einen ziemlichen Pfennig" geleistet werden.

Zum Achten wird über die hohe Gült geklagt, die auf viele Güter gelegt und unerschwinglich sei. Die Güter sollen durch ehrbare Leute besichtigt und die Gült „nach der Billigkeit" festgesetzt werden.

Zum Neunten sollen die willkürlichen Strafen und stets neue Ansätze aufhören und die Strafen nach altem geschriebenen Recht unparteiisch aufgelegt werden.

Zum Zehnten sind wir beschwert, daß Etliche sich haben zugeeignet Wiesen und Aecker, die doch einer Gemeinde zugehören. Selbige werden wir wieder zu unserer Gemeinden Handen nehmen, oder im Fall, daß man sie redlich erkauft hätte, wollen wir uns gütlich und brüderlich vergleichen.

Zum Eilften wollen wir den Brauch, genannt der Todfall, ganz und gar abgethan haben und nimmer leiden, daß man Wittwen und Waisen das Ihrige wider Gott und Ehren also schändlich nehme, wie es an vielen Orten in mancherlei Gestalt geschehen ist.

Zum Zwölften sagen sie, man solle ihre Artikel an der heiligen Schrift prüfen, und wenn sie daraus als unziemlich nachgewiesen würden, wollten sie davon abstehen, aber auch nur in diesem Falle.

Im Allgäu, in der Gegend von Kempten, wo schon dreißig Jahre früher die Unterthanen des Fürstabtes gegen die Verkürzung ihrer Rechte und Freiheiten sich männlich gewehrt, nahm auch jetzt die Volkserhebung ihren Ausgang. Die Menge kleiner geistlicher und weltlicher Herrschaften auf beschränktem Raum machte dort die Bedrückung besonders fühlbar und gegen den fürstlichen Klosterherrn von Kempten bestand eine ererbte Feindschaft unter den Bauern. Auf der Malstatt zu Luibas, seit uralten Zeiten der Versammlungs- und Gerichtsort des Allgäu's, war eine „christliche Vereinigung" geschlossen worden zur Durchführung der Forderungen, die in dem Manifest der zwölf Artikel aufgeführt waren. An der Spitze der Landschaft stand Jörg Schmid, genannt der Knopf, ein Mann von geringer Herkunft, aber voll Energie und Verstand. Schon sein Vater war Fürsprecher der Bauern gegen den Fürstabt gewesen, und in einem Verließe des Stifts verschollen. Nach jener Gegend Oberschwabens weisen auch die ersten Spuren der Flugschrift, welcher dann noch die Sonderbeschlüsse der Kemptner Bundesversammlung, „die Handlung und Instruction", ein Schutz- und Trutzbündniß zum gemeinsamen Vorgehen beigefügt wurden. Von Fastnacht an, „wo die Bauern zu rasen pflegten", reihte sich dann im südöstlichen Schwaben eine Empörung an die andere. „Es waren dies lauter Lawinen, welche je nach Umständen durch das Gefühl des Druckes, reine Sehnsucht nach der Lehre des Evangeliums, gefährliche Religionsschwärmerei, ansteckendes Beispiel, Lust zu ausschweifendem, diebischem Leben oder durch erzwungenen Beitritt anwuchsen. „Ein Mensch solle nicht über dem anderen sein" war ein verbreiteter Ruf, welchen man mit dem Evangelium zu beweisen versuchte. Wer den Beitritt verweigerte, vor dessen Haus wurde ein Pfahl aufgerichtet, zum Zeichen, daß er ein öffentlicher Feind sei.

Der schwäbische Bund, vor allem der baierische Kanzler desselben, Leonhard von Eck, sah mit Unruhe auf die Bewegung. Denn der flüchtige Herzog Ulrich setzte sich von der Schweiz aus mit den Allgäuer Bauern in Verbindung und nahm Reisläufer in Sold, wozu ihm König Franz das Geld vorstreckte. Ihm sei es gleichgültig, sprach er, wer ihm die Oesterreicher aus seinem Land vertreiben helfe „ob Schuh oder Stiefel", Bauer oder Ritter. Er unterschrieb wohl seine Briefe mit „Ulz Bur". In derselben Absicht war er auch früher mit mehreren Edlen aus Sickingens Nähe in Verbindung getreten. Landsknechte waren für den Bund schwer zu haben, da die namhaftesten Rottenführer in Italien standen; die Städte, besonders Memmingen, wo der erwähnte Christoph Schappeler als Prediger für die christliche Vereinigung wirkte, begünstigten insgeheim die Bauern; das Reichsregiment in Eßlingen arbeitete durch seine Abgesandten Pistorius und Sturm im Sinne einer friedlichen Verständigung; der

Bundeshauptmann selbst, Graf Georg Truchseß von Waldburg, war mehr für Unterhandlungen als für Gewalt. So wurde mit den Allgäuern ein „Anstand" geschlossen, während dessen ein schiedsrichterlicher Ausgleich auf Grund des „göttlichen Rechts" getroffen werden sollte. Die Kemptner hielten den Abt in Gefangenschaft und brachten ihn dahin, daß er um eine Geldsumme auf alle Rechte in der Stadt verzichtete. — Aber es fanden sich bei den Aufständischen viele Hetzer und Treiber, welche zum weiteren Vorgehen aufstachelten. Da und dort erhoben sich einzelne Haufen und begannen ihr wildes Geschäft mit Sengen und Brennen, mit Rauben und Plündern. Ein Edelsitz und drei Dörfer des Grafen von Waldburg gingen in Flammen auf, seine Schlösser Waldsee und Wolfegg wurden bedroht; in Ulm sah man die „schwäbischen Feuer" emporlodern, welche die Bauernhaufen, die sich um Leipheim gesammelt, entzündeten. Der Truchseß, hart von Natur und durch die Zerstörung seines Schlosses persönlich gereizt, gerieth in Zorn und zog mit Reisigen und Geschütz gegen die Aufständischen zu

4. April 1525. Feld. Er schlug die schlechtbewehrten Bauernhaufen, zwang die Städte Leipheim und Günzburg, die sich denselben günstig gezeigt, zur Uebergabe auf Gnade und Ungnade und ließ Jacob Wehe, den feurigen Prediger von Leipheim und einige andere Gefangene enthaupten. Aber bereits drohten neue Feinde da und dort. In Raithenau schaarte sich eine andere Abtheilung um den Hauptmann Dietrich Hurlewagen von Lindau; ihnen zunächst standen die Bauern vom Bodensee unter Eitelhans von Theuringen, der in Bermatingen neben dem Pfarrhof seinen Sitz aufschlug. Tapfer und kriegstüchtig ergriffen die „Seebauern" Morgenstern und Hellebarde, um durch Waffengewalt sich von ihren Lasten zu erlösen. Die Hauptleute wählten zwölf „Trabanten" als Leibwache und umgaben sich mit einem „Bauernrath". Die Klöster und Schlösser wurden hart mitgenommen.

14. April. Es bedeutete wenig, daß Graf Truchseß bei Wurzach den „Baltringer Haufen" in die Flucht schlug und etliche tausend niederstoßen ließ; täglich wuchs die „christliche Vereinigung" im Ober- und Niederallgäu und im Ried, Alles „was Stab und Stangen tragen konnte", vom Bodensee bis nach Augsburg und Ulm sammelte sich in Schaaren. Selbst in Würtemberg waren die Bauern zu einem „christlichen Haufen" zusammengetreten und forderte ihren Hauptmann Matern Feuerbacher auf, sie gen Stuttgart zu führen. Als die Regierung ihre Sache vor den Landtag zu bringen versprach, antwortete der Führer: „Auf Landtagen erreiche man nichts, als daß man Geld geben müsse." Das Kloster Lorch, die Grabstätte der Hohenstaufen, wurde ausgeplündert und zerstört, wobei der Abt Sebastian seinen Tod fand; auch die alte Kaiserburg wurde den Flammen übergeben. Alles war in wilder Gährung. Wo man die Glocken läutete, galt es als Sturmsignal, das die wehrhafte Mannschaft unter die Waffen rief; die Landsknechte, die der Truchseß den Schaaren entgegenstellte, zeigten gegen die Bauern geringe Kampflust. Hätte nicht die Schweiz und Mangel an Geld den Werbungen des Herzogs Schwierigkeiten bereitet, so würde seine Verbindung mit

den Allgäuer Bauernsöhnen dem Schwäbischen Bunde, der österreichischen und
baierischen Herrschaft schlimme Tage gebracht haben. Er war mit Soldknechten
und Geschütz über die Grenze eingebrochen und im Anmarsch auf Stuttgart begriffen; auch war es kein Geheimniß, daß er noch vielen Anhang im Lande
zählte. Darum betrat Georg von Waldburg noch einmal den Weg der Vermittlung. „Als ein verstendiger Haubtmann bedacht er die merkliche Fehrlichkeit,
schimpf und spott, so daraus erwachsen möchte, wenn die Bündischen geschlagen
würden." Der „Weingarter Vertrag" sollte Raum für eine Ausgleichung und 22. April.
Verständigung schaffen. Er versprach den Aufständischen Abstellung ihrer Beschwerden durch die Stände. Aber auf beiden Seiten herrschte wenig Vertrauen
und die Nachrichten aus andern Gegenden mußten die Verbitterung steigern, die
Kluft erweitern. Denn bereits war es auch im Hegau und Klettgau wieder leben- Im Hegau
u. Klettgau
dig geworden. Im April sammelte sich alles Volk des Schwarzwaldes, vom 1525.
Wutachthal bis zum Dreisamthal um jenen Hans Müller von Bulgenbach, den
alten Landsknecht. „Glänzend anzusehen, mit rothem Mantel und rothem Barett,
an der Spitze seiner Anhänger zog er von Flecken zu Flecken; auf einem mit Laub
und Bändern geschmückten Wagen ward die Haupt- und Sturmfahne hinter ihm
hergefahren." Ein „Artikelbrief" ging voraus, worin Alle aufgefordert wurden, der
christlichen Vereinigung und Bruderschaft beizutreten und die Bürden und Beschwerden, die man ihnen auferlegt, nicht länger zu tragen. Ob sie denn warten wollten, bis man sie selbst, ihre Kinder und Kindeskinder an den Bettelstab gebracht
habe? wer den Beitritt weigere, der sollte in den Bann erklärt und aller bürgerlichen und nachbarlichen Hülfe beraubt werden. Allenthalben wurden die zwölf
Artikel verlesen. Auch an die Bewohner von Schlössern und Klöstern erging der
Ruf. „Wenn sie sich in gewöhnliche Häuser, wie andere fromme Leute, begeben
und in die christliche Vereinigung eingehen wollten, so sollten sie mit ihrem Hab
und Gut freundlich und tugendlich angenommen werden und man soll ihnen alles
das, was ihnen von göttlichen Rechten gebührt und zugehört, getreulich und ehr-
barlich ohne allen Eintrag folgen lassen." Das Volk war überall in größter
Aufregung; man hatte Wunderzeichen am Himmel gesehen, die man auf ungewöhnliche Ereignisse deutete. Die kleineren Städte traten freiwillig oder gezwungen der Verbrüderung bei. Die Ritterschaft des Hegau wurde in der Stadt Zell
am Untersee belagert.

4. Der Bauernkrieg in Franken.

Während in den südlichen Grenzlanden der Aufruhr täglich wuchs und Volksauf-
stände an der
Tauber u. im
Odenwald.
Dorf um Dorf in die wilde Bewegung hineingerissen ward, griffen auch in
anderen Gegenden Deutschlands die Bauern zu den Waffen. Schon im März
erhob sich das Volk in Ohrenbach, zwei Stunden von der reichsfreien Stadt

Rotenburg an der Tauber, in dem wiesenreichen Schüpfergrund, einem Thale
des Odenwalds und im Hohenloh'schen. Sie ordneten sich in hellen Haufen und
wählten sich Hauptleute, jeder Trupp besonders. Im Hohenloh'schen war Wendel
Hippler, früher Kanzler des Grafen, der Führer, „ein feiner, geschickter Mann
und Schreiber, als man ungefährlich einen im Reich finden sollt", wie ihn Göz von
Berlichingen bezeichnet. Die Odenwälder gehorchten dem Georg Mezler aus dem
mainzischen Flecken Ballenberg, einem verwegenen Manne, der ein vielbesuchtes
Wirthshaus hielt, in welchem er seine Tage in Spiel und Trunkenheit mit gleich-
gearteten Gesellen verbracht hatte, ein Todfeind des Adels, seitdem Göz von
Berlichingen Ballenberg niedergebrannt hatte. Er war mit einer Trommel und
einem Schuh auf einer Stange ausgezogen und wurde zum obersten Hauptmann
des „evangelischen Heeres" erwählt. Bald folgten auch die Bauernschaften von
Mergentheim, von Böckingen bei Heilbronn, wo Jäcklein Rohrbach, ein wilder
verkommener Raufbold, Spieler und Trinker aus einer alten reichsfreien Familie
sich an die Spize stellte, von vielen Ortschaften am Neckar, Kocher und Jazt.
Sie sammelten sich „zu sturmlichen Haufen, gleich wie die Bienen wann sie
stoßen". Die zwölf Artikel, die sie mit sich führten, wurden mit neuen Forderungen vermehrt: sie wollten ganz frei sein, keine Zehnten und Gülten mehr
zahlen; alle Schulden sollten verglichen werden. Die Klöster wurden überfallen,
die Weinkeller und Vorrathshäuser geplündert, die Fasten verachtet, die Tage in
Saus und Braus verbracht. Da den Insurgenten hier keine Streitmacht von
militärischer Organisation wie der schwäbische Bund hemmend in den Weg trat,
so machte die Erhebung reißende Fortschritte: Die geistlichen Besizungen, die
unter dem Krummstab von Mainz, Würzburg, Bamberg in schlaffer Zucht
und Autorität gehalten wurden, die kleinen Herrschaften der Grafen von Hohenlohe und Löwenstein, des Comthur des Deutschordens von Mergentheim, des
Junkers von Rosenberg, der zahllosen Ritter und Burgherren in herunterge-
kommenen Vermögensverhältnissen vermochten dem Andrang der wachsenden
Schaaren keinen erfolgreichen Widerstand entgegenzusezen. In den ansehnlicheren
Städten war die untere Bürgerschaft für die Bauern günstig gestimmt. In Rotenburg, wo damals Karlstadt weilte und ein blinder Mönch aufreizende Reden
hielt, erreichte die schon lange vorbereitete Parteiung und Zwietracht zwischen den
alten rathsherrlichen Geschlechtern, den „Ehrbaren" und den kleinen Leuten, den
Handwerkern und Hintersassen, eine solche Höhe, daß die alte Verfassung umgestürzt und statt des bisherigen Stadtraths eine Verwaltung ins Leben gerufen
ward, welche das Gemeinwesen im Sinne der „evangelischen Verbrüderung" einzurichten unternahm. Stephan von Menzingen aus einem ritterbürtigen Geschlechte in Schwaben, ein verschlagener, ränkesüchtiger Mann von zweideutigem
Charakter, der ein Vertrauter Ulrichs von Würtemberg gewesen, war die Seele
der städtischen Umtriebe und Wirrnisse in Rotenburg. Er und seine Gesinnungsgenossen brachten es endlich dahin, daß die Bürgerschaft in einer feierlichen Ver-

Rotenburg.

sammlung in der Stadtkirche auf hundert und ein Jahr in den Bund der Bauern 16. Mai. trat. Nur in Schwäbisch-Hall, wo Johann Brenz in evangelischem Geiste „von Gehorsam der unterthan gegen irer Oberkeit" predigte, stand Rath und Bürgerschaft einträchtig gegen die Empörung. Der „schwarze Haufen" aus dem Rotenburgischen und die wilde Schaar der Odenwälder verwüsteten das lieblich gelegene Cisterzienserkloster Schönthal im Jagtgrund, zündeten mehrere Höfe an und „erwiesen den geistlichen Herren ihre brüderliche Liebe auf türkische Art." In Oehringen, einem hohenlohenschen Städtchen, erhielten die Aufständischen die In Oehringen. Oberhand. Auf Anstiften Wendel Hipplers, der „etwan ein Hohenlohischer Kanzler gewest" dann von dem Grafen wegen gewinnsüchtiger Handlungen und Ränke scharf hergenommen und aus dem Dienste entlassen worden war und sich nun zu rächen suchte, zwangen die Bauern die beiden Grafen Albrecht und Georg die zwölf Artikel anzunehmen und feierlich zu beschwören. „Bruder Albrecht und Bruder Georg", rief ein Bauer aus, „kommet her und gelobet den Bauern bei ihnen als Brüder zu bleiben und Nichts wider sie zu thun. Denn ihr seid nun nicht mehr Herren, sondern Bauern." Als sie die Handgelübde ablegten, mußten sie die Handschuhe auszuziehen, während die Bauern die ihrigen anbehielten. Darauf zogen die Aufständischen „in hellen Haufen" dem Neckar zu. Neben Georg Metzler und Jäcklein Rohrbach war Florian von Geier, ein ritterlicher Mann aus einem edlen Geschlecht, das zu Gibelstadt seinen Stammsitz hatte, der angesehenste Führer; Wendelin Hippler folgte als Schreiber. Die Grafen Ludwig und Friedrich von Löwenstein, die man zur Annahme der zwölf Artikel und zur Verbrüderung genöthigt, mußten den Zug mit weißen Stäben in den Händen begleiten und waren jedem rohen Uebermuth blosgestellt. In Lauda steckten die Bauern das Schloß der Deutschherren in Brand und führten die Ritter und Amtleute mit auf den Rücken gebundenen Händen durch das Lager in den Thurm von Mergentheim. Aehnlich erging es dem würzburgischen Schloß Raigetsberg bei Aub, das die erschrockne Besatzung beim Heranrücken der Bauern eilig verließ. Weithin loderten die Flammen der angezündeten Herrschaftshäuser und Ritterburgen; die Klöster wurden ausgeplündert, die Keller und Kornspeicher geleert, die Kirchen ihres Schmuckes, ihrer Kostbarkeiten und ihrer heiligen Gefäße und Gewänder beraubt. Gegen Menschenleben war man bisher schonend verfahren. Man scheute sich die Blutrache zu wecken. Aber es sollte bald anders kommen. Zu den tapfersten Rittern, die im Dienste Oesterreichs gegen Herzog Das Blutgericht zu Weinsberg. Ulrich gestritten, gehörte Graf Ludwig von Helfenstein; er hatte eine natürliche Tochter des Kaisers Maximilian zur Gattin erhalten und war Ferdinands Liebling. Damals hielt er mit etwa achtzig Reisigen das feste Schloß von Weinsberg besetzt und verhinderte die Bauern der Umgegend, sich an die Aufständischen anzuschließen; vereinzelte Schaaren wurden überfallen, niedergemacht, zersprengt. Er erwartete Zuzug von Stuttgart und war daher zum äußersten Widerstand entschlossen. Auf zwei Herolde der Bauern, die wegen Uebergabe unterhandeln

sollten, wurde vom Schloß aus geschossen. Da rückten die „hellen christlichen
Haufen" von ihrem Lager vor Neckarsulm gegen Weinsberg. Das Schloß, die
altberühmte „Weibertreu" wurde erstürmt, und Alles, was sich nicht in die Stadt
zu retten vermochte, niedergemacht. Selbst des Burgpfaffen schonten die Rasenden nicht. Dietrich von Weiler, der stärkste und schönste Ritter, erreichte den
Kirchthurm und rief um Erbarmen. Hohnlachend schlugen die Bauern ihre
Büchsen anf ihn an und schrieen: „Rache! Rache! für die siebentausend bei
Burzach Gefallenen." Er stürzte nach Innen. Da rannten sie den Thurm
hinauf und warfen den Sterbenden von der Höhe hinab. Darauf wurde die
Stadt nach heftiger Gegenwehr unter Beihülfe einiger Gesinnungsgenossen eingenommen. Die Ritter und Knechte, die in der Kirche Schutz gesucht, wurden
niedergestoßen; denn die Bauern hatten geschworen, was Stiefel und Sporen
trage, müsse sterben. Noch schlimmer war das Loos derer, die man beim Durch-
suchen der Häuser gefangen nahm. Vor Weinsberg liegt ein freier Platz, damals eine Wiese, jetzt Gartenland. Dorthin brachten die Bauern am andern
Tag um Sonnenaufgang den Grafen von Helfenstein mit den Rittern und Knechten. Vor ihm her ging Melchior Nunnenmacher, sein ehemaliger Pfeifer, und
spielte lustig auf der Sackpfeife, indem er höhnisch sagte: „hab ich dir einst so
oft zur Tafel gepfiffen, so spiel ich dir nun billig zu einem andern Tanze auf".
Nach dem Verlesen des Todesurtheils bildete sich eine Gasse von Bewaffneten.
Ein gräulicher Lärm von Trompeten und Schalmeien erhob sich. Hans, der
Knecht des Konrad von Winterstetten, begann den Reigen durch die Spieße. Ihm
folgte sein Herr. Nun kam die Reihe an den Grafen von Helfenstein. Vergebens
bot er 30,000 Gulden Lösegeld. „Und wenn du uns zwo Tonnen Goldes geben
würdest, du müßtest doch sterben", war die Antwort. Vergebens warf sich seine
Gemahlin, die nebst ihren Frauen auf die Richtstätte gefolgt war, den Hauptleuten zu Füßen und flehte um das Leben des Gatten, ihr zweijähriges Knäblein
in die Höhe haltend. Die Wüthenden mißhandelten sie und das Kind. Wie der
Graf kein Erbarmen sah, stürzte er in die Spieße und wurde mit vielen Wunden
getödtet. Ihm folgten die übrigen. Noch mit den Leichen trieben die Rasenden
ihren Muthwillen. Jäcklein von Rohrbach nahm den Koller. Die Gräfin wurde
auf einem Bauernwagen gen Heilbronn gefahren, begleitet von schreienden Weibern
und Männern, welche hohnlachend ausriefen: „in einem goldenen Wagen bist
du zu uns gekommen, in einem Mistwagen fährst du weg!" Was sich an Gold
und Kostbarkeiten im Schloß und in den öffentlichen Kassen vorfand, wurde vertheilt. Florian von Geier meinte, man solle alle Burgen verbrennen und abbrechen, ein Edelmann brauche nicht mehr als eine Thür zu haben gleich einem
Bauer. Der Vorschlag gefiel der Menge. Vorerst aber beschloß man, die Stadt
Heilbronn in die christliche Brüderschaft aufzunehmen, dann nach dem Würzburgischen aufzubrechen.

Wie ein Todesschrei drang die Kunde von dem Weinsberger Gräuel durch Deutschland. Im ersten Schrecken beugte sich Alles vor den furchtbaren Rotten. Die Grafen von Hohenlohe sandten ihr Geschütz, das sie Anfangs verweigert hatten, und wiederholten das Versprechen, nichts feindliches zu unternehmen; der ganze Adel vom Odenwald bis an die schwäbische Grenze nahm die Gesetze der Bauern an: die Winterstetten, Zobel, Gemmingen, Stettenfels, Frauenberg, die Grafen von Wertheim und Rheineck. Auch die Städte wagten keinen Widerstand. Als das Bauernheer unter Jäcklein, Metzler und Florian Geier vor Heilbronn erschien, wurde von den unteren Volksklassen, trotz des Verbots der Rathsherren, das Stadtthor geöffnet, worauf die Bauern eindrangen, das deutsche Haus und die Klöster plünderten, die darin vorgefundenen Schuldbriefe und Rechnungen vernichteten und die Beute unter sich theilten. Auch Neidenau und Wimpfen vertrugen sich; Schloß Horneck bei Gundelsheim, welches der Deutschmeister mit den Ordensrittern und Knechten verlassen hatte, wurde geplündert und abgebrannt. Götz von Berlichingen fürchtete für Hornberg, seinen Stammsitz, ein ähnliches Schicksal. Er trat daher mit den Bauern in Unterhandlung und wurde in die Bruderschaft aufgenommen. Weithin berühmt wegen seines Muthes und seiner Tapferkeit und trotz seiner Fehden und Raubfahrten, die hauptsächlich gegen die Fürsten, gegen Geistlichkeit und Kaufmannschaft gerichtet waren, bei dem Landvolk wegen seiner Biederkeit und Geradheit nicht unbeliebt, schien er der geeignete Mann zum Oberanführer zu sein. Denn es fehlte im Bauernheere an aller Zucht und militärischen Ordnung und keiner der bisherigen Führer besaß die nöthige Autorität. Auf Wendel Hipplers Vorschlag wurde daher im Kriegsrath der Beschluß gefaßt, den Ritter mit der eisernen Hand zum Feldhauptmann zn wählen. Götz sträubte sich Anfangs; aber theils die Furcht, die Bauern möchten ihm und seinem Weib und Kind ein ähnliches Schicksal bereiten, wie dem Helfenfteiner, theils das Zureden des kurpfälzischen Amtmanns Marx Stumpf, die Wahl zum Besten des gesammten Adels anzunehmen, brachen seinen Widerstand. Auch wünschte er sich an dem schwäbischen Bund zu rächen, der ihn zwei Jahre lang im Gefängniß gehalten hatte. So ritt er gen Buchen, wo die Aufständischen gelagert waren, obgleich er oftmals wünschte, „lieber in dem bösesten Thurm zu liegen, der in der Türkei wäre". Aber auch die Bauern waren nicht alle mit der Wahl einverstanden: namentlich trug ihm Metzler noch immer tiefen Groll im Herzen. Als er verlangte, sie sollten der Obrigkeit gehorsam sein und Zinsen, Gülten und Frohnden wie vordem leisten, stieß er auf Hohn und Spott. Dennoch kam unter Vermittelung Hipplers ein Vertrag zu Stande, kraft dessen der Ritter sich verpflichtete, einen Monat lang ihr oberster Feldhauptmann zu sein. Fest erklärte er aber, er werde nie in eine so „tyrannische Handlung" willigen wie bei Weinsberg, worauf man ihm erwiederte: „Wäre sie nicht geschehen, so geschehe sie nimmer".

Götz von Berlichingen zum Hauptmann gewählt.

5. Mai.

Zug nach Würzburg. Nun ging der Zug auf das kurmainzische Städtchen Amorbach los, wo das Benedictinerkloster ausgeplündert ward. Die Edelleute der Umgegend eilten durch Annahme der zwölf Artikel die Zerstörer von ihren Besitzungen fern zu halten. Am 7. Mai erschien der „helle Haufen" unter Götz und Metzler und die Rotenburger „schwarze Schaar" im Angesicht von Würzburg. Sie fanden bereits das ganze Land in Gährung und Aufruhr gegen den bischöflichen Lehnsadel, gegen die Amtleute und die „Pfaffheit"; und selbst in der Stadt war die Mehrzahl der Bürger den Aufständischen zugethan. Der Bischofstuhl von Würzburg, mit dem das Amt und der Titel eines Herzogs von Franken verknüpft war, hatte sich durch Gewalt und List zu hoher Macht aufgeschwungen. Die alten Stadtrechte waren unterdrückt worden, und die Chroniken wußten von vielen Gräueln und Gewaltthaten der geistlichen Herrschaft zu erzählen. Jetzt glaubte man in Stadt und Land die Stunde gekommen, da man das erlittene Unrecht abthun, die verlorne Freiheit wieder gewinnen könne. Mit Neid blickte man auf Nürnberg, das unter dem Schirm des Reichs so herrlich emporblühte. Auch die Würzburger wollten reichsfreie Bürger werden. Der Bischof Konrad von Thüngen, von seinem Lehnsadel verlassen, von den Bürgern und Bauern bedrängt, entfloh aus seiner Hauptstadt, die Vertheidigung des festen Schlosses Frauenberg seinen Rittern und Reisigen überlassend, an deren Spitze der tapfere Sebastian von Rotenhahn und der Dompropst Markgraf Friedrich von Brandenburg standen. Diese Veste, auf welcher die letzte Kraft des Fürstenthums und Herrenstandes in Franken ruhte, suchte jetzt das Bauernheer im Verein mit den Würzburgern in seine Gewalt zu bringen. Götz widerrieth den Angriff; aber sein Ansehen war schon lange geschwunden. Verwegenere Leute führten das entscheidende Wort.

Bamberg. Diese Vorgänge im Würzburgischen riefen auch im Bisthum Bamberg, wo auf den aufgeklärten, wohlmeinenden Bischof Georg von Limburg im J. 1522 der römisch gesinnte Weigand von Redwitz gefolgt war, den Bauernaufstand zu neuem Leben. Die festen Rittersitze, mehr als fünfzig an Zahl, wurden gebrochen, die Klöster mit Raub und Verwüstung heimgesucht, die Landstädte ohne sonderliche Mühe zum Beitritt bewogen. Der Bischof flüchtete sich in die feste Babenburg und schloß von da aus mit den Aufständischen einen Vertrag, worin er ihnen geistliche und weltliche Reformen zusagte.

5. Volkserhebungen aller Orten.

Bewegungen im Erzstift Mainz. Auch in andern Gegenden Deutschlands galt damals die Losung: „Das Volk steht auf, der Sturm bricht los!" Im Erzstift Mainz gährte es allenthalben. Der kurfürstliche Statthalter von Aschaffenburg, Bischof Wilhelm von Straßburg, ein verständiger gemäßigter Mann, einigte sich mit dem Bauernhaufen, der ihn zu belagern begann, auf Grund der zwölf Artikel, denen noch einige Forderungen localer Natur beigefügt waren. Mainz selber forderte die reichsstädtischen Rechte

zurück, die der Stadt bei einem früheren Aufruhr entzogen worden, und die Einwohner des Rheingau ahmten das Beispiel nach. Sie versammelten sich bei
ihrer uralten Malstatt auf der Lützelau zu St. Bartholomä, um ihre alte
Freiheit und Gauverfassung, die man ihnen entrissen oder verkürzt hatte,
wieder zu erlangen. Sie entwarfen eine Beschwerdeschrift von 31 Artikeln, die
sie dem Vicedom Brömser von Rüdesheim überreichten. Darin forderten sie
unter Anderm, daß die Haingerichte nach dem alten Rechte wieder hergestellt,
Adel und Geistlichkeit zu den Abgaben und Gemeindelasten herangezogen, die
Klostergüter zum Nutzen der Landschaft verwendet, die Befestigungswerke oder
Gebicke, durch welche die Ostseite gedeckt war, gesichert werden sollten. Als das
Domkapitel zögerte, traten die Rheingauer in Wehr und Waffen auf dem Wachholder, einer flachen Landstrecke bei dem Kloster Erbach zusammen und forderten
den Adel zum Beitritt auf. Dieser wagte nicht zu widerstehen, · er beschwur die
Artikel, die dann auch der Statthalter Wilhelm annahm. So ging im Rheingau die Volksbewegung ohne Gewaltthätigkeit vor sich; nur die Klöster mußten
Wein und Früchte liefern. Ein altes Volkslied rühmt, daß die Bauern auf
dem Wachholder ein großes Klosterfaß von Erbach geleert. Ritter und Gemeine
errichteten ein Lager und setzten Friedrich von Greifenklau, Bruder des Erzbischofs von Trier als obersten Hauptmann ein. Auch in diesem alten Metropo-
litansitz an der Mosel verlangte der Stadtrath, daß die Geistlichen zu den bürgerlichen Lasten herangezogen und daß von den Gefällen, welche die Reliquien des
Domes einbrächten, ein Theil der Stadt zugewiesen werden sollte. In Frankfurt sah sich der Rath genöthigt, die von den Gemeinen verlangten Reformen
anzunehmen; bis nach Hessen und Westfalen erstreckte sich die Bewegung. In
Münster stellte die Stadt an das Kapitel dieselben Forderungen wie Trier; der
Bischof fürchtete, in Kurzem werde er das ganze Land in Aufruhr sehen. In
Hersfeld unterschrieb der Abt Krato die zwölf Artikel; der Coadjutor von Fulda
erklärte den Bauern der buchonischen Landschaft, er habe den weltlichen Stand
angenommen, und ließ sich als „Fürst von den Buchen" begrüßen; sein Bruder
der Graf von Henneberg versprach „Alles frei zu lassen, was Gott der Allmächtige gefreiet in Christo seinem Sohn." Ihrem Beispiele folgten die meisten Ritter
und Herren, so wie die Städte Schmalkalden, Salzungen, Meiningen und
Wasungen.

In diesen stürmischen Frühlingstagen sah man in Heidelberg viele erlauchte In der Pfalz.
Gäste, die an dem kurfürstlichen Hofe Hülfe und Schutz suchten. Nicht nur der
Meister des Deutschordens und der Bischof von Würzburg hatten sich in die
Neckarstadt geflüchtet, auch der Bischof von Speier, Bruder des Pfalzgrafen
Ludwig V., der Kurfürst von Trier und viele Herren vom Adel hatten sich
eingefunden. Denn bereits waren die Bauern auch im Bruchrain und in den
Territorien auf beiden Stromufern aufgestanden, hatten Bruchsal, Wiesloch und
die badischen Orte Durlach und Gottesau in ihre Gewalt gebracht, den Mark-

grafen Ernst von Baden, der die Bedingungen nicht eingehen wollte, in die Flucht gejagt, den Bischof von Speier zu einem Vertrag gezwungen und ihre Macht zu Raub und zuchtlosen Handlungen mißbraucht. Von der Kirchweih in Ruß-dorf bei Landau war ein Haufen leichtfertiger Gesellen nach dem Stift Klingen-münster aufgebrochen und hatte dort und in der ganzen Haardt seinen zerstörenden und ausschweifenden Muthwillen an Klöstern und Burgen ausgelassen; in Neu-stadt öffnete ihnen die Bürgerschaft die Thore. Die Grafen von Leiningen und andere Edelleute nahmen das weiße Kreuz und traten in den Bund. Aehnliche Auftritte zeigten sich in den fruchtbaren weinreichen Gegenden von Worms und an der Bergstraße. Der Kurfürst trug Bedenken „das Blut seines eigenen Volkes zu vergießen“. Er holte den Rath Melanchthons ein, der ihn in seinem milden Verfahren bestärkte. Er entschloß sich sogar zu einer Zusammenkunft. Mit dreißig Begleitern näherte er sich in dem Dorfe Forst dem in trotziger Schlachtreihe mit fliegenden Fahnen aufgestellten Bauernheere und versprach Erledigung der Be-schwerden auf Grund der zwölf Artikel. Aber die Zerstörung der schönen Maden-burg bei Landau, die Plünderungen und Verheerungen, welche die Bauern in Deidesheim, Winzingen und Rupertsberg, in den Schlössern Scharfeneck und Trifels verübten, gaben Beweis, wie wenig Eindruck die Langmuth des Kurfürsten hervorgebracht. Auch im Stift Sinzheim und im Kraichgau, wo Anton Eisen-stuck im Geiste Schappelers predigte, traten ähnliche Scenen zu Tage. In der Burg Steinsberg, die dem Junker Hans von Venningen gehörte, „machten sie ein Lustfeuerlein, das allenthalber in der ganzen Revier gerings herumb schein-barlich zu sehen war“.

Im Elsaß.   Bereits war auch in andern Gegenden der Sturm losgebrochen. Im Elsaß, wo einst der Bundschuh seine weiteste Verbreitung und Verzweigung gehabt, regten die Vorgänge in den östlichen Nachbarlanden, in Oberschwaben und Franken während der Frühlingstage 1525 das Volksleben in seiner Tiefe auf. „In wenigen geschichtlichen Ereignissen des Elsaß drückt sich so sehr das innere Zusammenleben des Volkes mit seinen deutschen Nachbarstämmen aus, wie in der Revolution des sechzehnten Jahrhunderts. Während der Bauernkrieg an der französischen Grenze Halt macht, ist Anfang und Endpunkt desselben gerade im Elsaß zu suchen.“ Im Sundgau predigte Johannes Berner im Geiste Münzers und Hubmaiers; die zwölf Artikel fanden daher einen fruchtbaren Boden; auf den Herrschaften der österreichischen Landvogtei fanden Zusammenrottungen statt; in Ensisheim traf die Regierung alle Anstalten zur Vertheidigung der Stadt. Als man die Bauern aufforderte auseinander zu gehen, antworteten sie: „Man drückt uns zu hart, wir wollen selbst Meister sein und ohne Herrschaft leben.“ Sie wußten, daß es auch in den Städten Leute gab, die zu ihnen hielten. In Mühlhausen, wo schon früher sich die Bürger gegen Klöster und Geistlichkeit er-hoben, erwartete ein Theil des Volkes sehnsüchtig die Ankunft der Bauern, die das wahre Evangelium angenommen. In Wort und Lied richtete man sich gegen den Adel und gegen die reichen Leute, „welche auf stolzen Hengsten reiten und in Uebermuth daher gefahren kommen, das Gut der Armen ohn' Unterlaß verzehren". „Der Arme bleibt doch ungespeist", hieß es in einem Lied, „soll das evangelisch sein?" Im April standen im obern Elsaß an 13000 bewaffnete Bauern zu einer Armee vereinigt unter zehn Hauptleuten; zum Obersten hatten sie Wolf Wagner von Rhinau gewählt. Wie in Franken hatten besonders die reichen Klöster unter ihren Streichen zu leiden. Die kleineren Städte setzten ihnen keinen erheblichen Widerstand entgegen; „sie hätten keine Spieße, um die Bauern zu stechen;" ein Haufen, den der gewaltige Erasmus Gerber führte, bemächtigte sich der Stadt Zabern; die große und reiche Abtei Weißenburg, der Stolz des elsassischen Landes, wurde ausgeplündert und zerstört, die Reichsstadt selbst von den Bauern besetzt. Mit dem Erfolge steigerte sich der Uebermuth der Aufständischen; als Buzer von Straßburg sich in ihr Lager begab und in evangelischer Weise vom Gehorsam gegen die Obrigkeit predigte, fand er taube Ohren. „Sie hatten ganz und gar keine Ruh", heißt es in einer alten Aufzeichnung, „sie trugen den Wein in Fässern zu; der Wein machte sie allesammt rasen". Die zwölf Artikel genügten ihnen nicht mehr, sie stellten neue weiter gehende Forderungen. Die Vermittelungsversuche des Straßburger Bischofs und Stadtraths blieben ohne Erfolg. Schon stand Erasmus Gerber mit seinen wilden Schaaren in Mutzig und sandte eine Aufforderung gen Straßburg, daß die Bürger zu den Bauern schwören sollten. Da sahen sich die Straßburger nach fremder Hülfe um.

Selbst die österreichischen Alpenländer wurden in die allgemeine Bewegung In den östlichen Alpenländern. hineingerissen. Dem Regensburger Convent zum Trotz erschallten im Salzkammergut, in Tirol, in den fünf Herzogthümern die evangelischen Lieder, die von Wittenberg aus durch alle Lande gingen. Jener Kardinal Matthäus Lang, Bischof von Gurk, den wir als einflußreichen Rath Maximilians in den italienischen Angelegenheiten kennen gelernt haben, ein Mann von Klugheit und wissenschaftlicher Bildung aber von selbstsüchtigem, unlauterem Charakter, hatte den fürstbischöflichen Stuhl von Salzburg erlangt und war, wie wir früher gesehen, einer der heftigsten Feinde der neuen Lehre. Empört über die Verfolgungen erregten die Bauern von Gastein einen Aufruhr, der sich bald über das ganze Salzkammergut verbreitete und noch in voller Stärke wüthete, als am Main und Neckar die Bewegung bereits niedergeschlagen war. Sie belagerten den Kardinal in seiner Beste Hohensalzburg und brachten dem Feldhauptmann Dietrichstein, den Erzherzog Ferdinand dem bedrängten Kirchenfürsten zu Hülfe geschickt, bei Schladmingen eine Niederlage bei. Die Blüthe des kärnthischen und steirischen 5. Juli. Adels deckte das Schlachtfeld. Zur Vergeltung für die Hinrichtung von zwei und dreißig Bauern mußten eben so viele vom Herrenstand bluten. In Tirol herrschte große Aufregung. In Brixen hatte sich Michael Geißmayr, der Schreiber des Bischofs, an die Spitze des Aufruhrs gestellt; in den nördlichen Thälern reichten die Landleute ihre kirchlichen und weltlichen Beschwerden in neunzehn

Artikeln ein und Ferdinand sah sich genöthigt zu gestatten, „daß fromme Prediger das lautere klare Wort Gottes nach dem Text dem gemeinen Manne verkünden sollten". Sogar im Erzherzogthum Oesterreich, in der Umgebung von Wien entdeckten die Amtleute einen evangelischen Bund, von solcher Ausdehnung, daß in acht Stunden 10,000 Bauerknechte versammelt sein könnten.

6. Thomas Münzer in Thüringen. Friedrichs des Weisen Tod.

Mühl-
hausen. Als Thomas Münzer aus dem Schwarzwald nach Mühlhausen zurück-kehrte, fand er die Verhältnisse der Stadt wesentlich verändert. Durch das Einverständniß des Landvolkes mit den unteren Bürgerklassen hatte die demo-kratische Partei unter der Leitung Heinrich Pfeifers gesiegt und die Verfassung umgestaltet. An die Stelle der patrizischen „Ehrbarkeit" war ein „ewiger Rath" getreten. Münzer traf daher auf einen günstigen Boden für seine agitatorische Wirksamkeit. Hatte er schon früher gelehrt, „man müsse das Unkraut ausreuten aus dem Weingarten Gottes zur Zeit der Ernte" und Luthers Ansicht bekämpft, „daß der Widerchrist zerstört werden müsse durch das Wort allein, ohne Gewalt", so rechtfertigte er jetzt in der Schrift: „An die Versammlung gemeiner Bauer-schaft" die Aufstände des Volks und bewies, „daß jede Landschaft oder Gemeinde Macht habe, ihre schädlichen Herren zu entsetzen". Er ermahnte die Bauern zur Ausdauer, sonst komme Wehe und ein gräuliches Morden über sie. „Ihr werdet Nichts mehr eigen haben", sagte er, „weder Leib noch Gut; ganz nach türkischer Art wird man Euch verkaufen wie das Vieh', Roß und Ochsen." Im Verein mit Pfeifer gründete er einen Bund von Eingeweihten, bei dem er das Ansehen eines Herrn und Propheten erlangte. In dem „ewigen Rath", der ganz aus seinen Anhängern zusammengesetzt war, führte er die entscheidende Stimme. Nur der inneren Offenbarung wollte er Recht zuerkennen, er forderte die Reichen auf, nach apostolischer Weise mit den Aermeren ihre Güter zu theilen, und rüstete zum heiligen Krieg. Immer mehr steigerte sich in ihm die schwärmerische Auf-regung: die bestehenden Ordnungen und Einrichtungen müßten untergehen und eine neue Zeit mit der Herrschaft eines Propheten erstehen. Im Prunkgewande und mit langem Barte, wie die Erzväter, trat er einher und sprach Recht nach Der Auszug.
Mai 1525. dem mosaischen Gesetze. Vom Worte ging es zur That. Als Münzer zögerte, machte Pfeifer den Anfang. Er war schon längst eifersüchtig auf den Gefährten und wollte ihn überbieten. Angefeuert durch ein Traumgesicht, in dem er einen siegreichen Ausgang zu erkennen vermeinte, zog er mit seinem Anhange nach dem Eichsfeld, plünderte Kirchen, Klöster und Edelhöfe und führte reiche Beute heim. Jetzt konnte auch Münzer nicht mehr zurückbleiben. Er hatte Geschütz von gewaltigem Kaliber gießen lassen und zog nun aus an der Spitze seiner Getreuen und unter einer weißen Fahne, darin ein Regenbogen stand, gegen die Behausungen des „Baal und Nimrod". „Fahet an und streitet den

Streit des Herrn, es ist hohe Zeit", rief er den Mansfeld'schen Bergleuten zu. "Haltet eure Brüder alle dazu, daß sie göttliches Zeugniß nicht verspotten, sonst müssen sie alle verderben. Das ganze Deutsch-, Französisch- und Welschland ist wach, der Meister will ein Spiel machen, die Bösewichter müssen dran." Die Verträge, welche die Bauern des Südens auf Grund verheißener Reformen abgeschlossen, sind nicht nach seinem Sinn. Er will, daß ganze Arbeit gemacht werde. "Nun dran, dran, dran! Lasset euch nicht erbarmen, ob euch der Esau gute Worte vorschlägt. Sehet nicht an den Jammer der Gottlosen, laßt euch nicht erbarmen ihr Flehen. Lasset euer Schwert nicht kalt werden vom Blut, schmiedet Pinkepank auf dem Amboß Nimrod, werft ihm den Thurm zu Boden. Dran, dran, dran, dieweil ihr Tag habt, Gott geht euch vor, folget." Dieser Aufruf Münzers hatte die erwartete Wirkung. In der ersten Maiwoche wurden alle Klöster der Umgegend erstürmt und beraubt: am Harz Walkenried, Michelstein, Ilsenburg; in der "gülbenen Au" Memleben, Kelbra, Donndorf, Roßleben; bis in den Thüringer Wald und an die Mündung der Unstrut wütheten die fanatischen Kriegsschaaren. In Reinhardsbrunn wurden die Denkmale der Landgrafen verwüstet, die Büchersammlung zerstört. In der Grafschaft Mansfeld wurden die Klöster Sittichenbach, Rhode, Wimmelburg und das zu Eisleben heimgesucht, Holzzella verbrannt. An den Grafen Albrecht von Mansfeld, der die Bergleute zu beruhigen suchte, schrieb Münzer: "Hast du nicht gelesen in der Schrift, wie Gott alle Vögel des Himmels fordert, daß sie sollen fressen das Fleisch der Fürsten, und die unvernünftigen Thiere sollen saufen das Blut der großen Hansen? Meinst du, daß Gott nicht mehr an seinem Volk, denn an euch Tyrannen gelegen?" und dem Grafen Ernst in Heldrungen rief er zu: "Der ewige lebendige Gott hat es geheißen, dich mit der Gewalt, die uns gegeben, vom Stuhl zu stoßen. Denn du bist der Christenheit nichts nütz, du bist ein schädlicher Staubbesen der Freunde Gottes." Er unterzeichnete sich "Thomas Münzer mit dem Schwert Gideonis", und wandte die Prophezeiungen Ezechiels und der Apokalypse auf seine Zeit an. Als sich unter dem Bauernhaufen, der in Frankenhausen Schloß und Rathhaus gestürmt und die Klöster geplündert, einige Furcht zeigte, feuerte er ihren Muth an: "Seid keck, und lasset Euer Herz nicht entsinken, wir müssen das Nest der Adler angreifen". An seine Freunde in Erfurt schrieb er: "Machet euch mit uns an den Reigen; wir wollen den Gotteslästerern bezahlen, wie sie der armen Christenheit mitgespielt haben." Furchtbar zündeten die Worte des Schwärmers in den Herzen des Landvolks. Auf den Trümmern der alten Welt wollte der fanatische Demagog ein neues christliches Reich gründen.

Unter solchen Eindrücken in seiner Nähe schied Kurfürst Friedrich von Sachsen aus dem Leben. Selbst die bitteren Erfahrungen konnten sein Vertrauen auf Gottes weise Fügung nicht erschüttern. Ist es nicht der Wille des Herrn, sagte er zu Spalatin, so wird das gemeine Volk nicht obsiegen. So

Tod Friedrichs des Weisen. 5. Mai 1525.

friedlich wie er gelebt, ist er verschieden. Sein Bruder Johann übernahm nun die Regierung allein.

„So war denn endlich zu Tage getreten, was sich schon lange angekündigt: nachdem die Gewalten, welche den deutschen Staat constituirten, an einander und unter sich selber irre geworden, erhoben sich die elementaren Kräfte, auf denen er beruhte. Aus dem Boden zuckten die Blitze auf; die Strömungen des öffentlichen Lebens wichen aus ihrem gewohnten Laufe; das Ungewitter der Tiefe, das man so lange brausen gehört, entlud sich gegen die oberen Regionen: es schien sich alles zu einer vollkommenen Umkehr anzulassen."

7. Der Heilbronner Verfassungsentwurf.

Der Bauern-
convent in
Heilbronn.
Mai 1525.

So allgemein war die Bewegung im ganzen Reiche, daß einige Männer von umfassenderem politischen Blick auf den Gedanken kommen konnten, durch planmäßiges Vorgehen eine Gesammtreform der staatlichen, gesellschaftlichen und kirchlichen Verhältnisse zu erzielen. Wenn es gelang, die revolutionären Erhebungen der einzelnen Landschaften zu einer gemeinsamen Action zu vereinigen, den Ausschreitungen und Gewaltthätigkeiten Zügel anzulegen, die zwölf Artikel der Bauernschaft durch Bestimmungen von weiterer Tragweite zu ergänzen, so konnte man hoffen, aus der Mitte des Volks eine Reichsreform hervorgehen zu sehen, nach welcher die Fürsten und Stände bisher vergebens gestrebt. Die obrigkeitlichen Gewalten lagen gebrochen und ohnmächtig darnieder; die Reichsstädte erwehrten sich nur theilweise und mühsam des Andrangs der demokratischen Elemente, die geistlichen Herren hatten großentheils den stürmischen Forderungen nachgeben müssen. Sollten nicht die öffentlichen Gewalten, die privilegirten Stände freudig nach einem Ausgleich greifen, der sie vor gänzlichem Ruin bewahrte? Und wenn aus dem revolutionären Boden eine Regierung emporwüchse, die, zwischen die gährenden Volkskräfte und die constituirten Obrigkeiten gestellt, die Interessen der Gesammtheit verträte, neben den gesetzmäßigen Gewalten und überkommenen oder angemaßten Rechten auch die natürlichen und menschlichen Rechte und Freiheiten zur Geltung brächte, könnte nicht eine solche Macht die Reformen erzeugen, nach denen die Welt Verlangen trug, nach denen die deutsche Nation so eifrig gerungen, so sehnsüchtig getrachtet? Mit solchen Plänen und Absichten sollte sich das „Bauernparlament" befassen, welches aus Bevollmächtigten der Insurgentenhaufen von Würzburg, von Oberschwaben, von Elsaß und Rheinfranken in der ersten Hälfte des Mai zu Heilbronn in Berathung trat. Der merkwürdige Reformationsentwurf, der bei dieser Gelegenheit zum Vorschein kam, wird zwei Männern zugeschrieben, die, mitten in der Bewegung stehend, über dem Umsturz zugleich den Neubau ins Auge faßten, dem ehemaligen Hohenlohe'schen Kanzler Wendelin Hippler, den wir als „Feldschreiber" der Odenwälder kennen gelernt, und Friedrich Weigand von Miltenberg. Sie bildeten die Seele der Kanzlei, welche von Heilbronn aus das Ganze leiten sollte.

In diesem Verfassungsentwurf war im Gegensatz zu den zwölf Artikeln das größte *Entwurf zur* Gewicht auf die Ordnung der staatlichen, gerichtlichen und socialen Verhältnisse gelegt, *Reformation des Reichs.* während die kirchlichen nur eine untergeordnete Beachtung fanden. An der Spitze stand die Reform des geistlichen Standes in Bezug auf dessen weltlichen Besitz. Demgemäß sollten die Einkünfte der Geistlichkeit auf „ziemliche Nothdurft“ beschränkt und ihre Güter dem allgemeinen Nutzen zugewiesen werden. Durch diese Säcularisation konnte man die Mittel gewinnen, den weltlichen Fürsten, Grafen, Herren, Rittern und Edlen ein „ehrliches Einkommen“ zu sichern und sie zu entschädigen für die Verluste, die ihnen für die Ablösung der Feudalrechte und aller Bodenzinse an die Gemeinen erwachsen würden. Auch für die öffentlichen Bedürfnisse des Reichs könnte dadurch gesorgt werden, so daß alle Zölle und beschwerenden Auflagen und Abgaben in Wegfall kommen müßten. Nur alle zehn Jahre sollte eine Steuer für den römischen Kaiser erhoben werden, dessen Schirm und Gewalt fernhin allein im Reich zu gelten hätte mit Ausschluß aller Sonderbündnisse von Fürsten, Herren und Städten. Alle Doctoren des römischen Rechts und alle kirchlich Geweihten sollten von Gerichten, von Aemtern, aus dem Reichsrathe und Fürstenrathe ausgeschlossen sein. Nur an den Universitäten möchten drei Doctoren des kaiserlichen Rechts angestellt sein, damit man sich in bringenden Fällen Raths bei ihnen erholen könne. Das Volk sollte sein altes heimisches und natürliches Recht und Gericht wieder erhalten. Zu dem Ende war eine neue Gerichtsordnung in Vorschlag gebracht: die unterste Grundlage hätten die bestehenden Stadt- und Dorfgerichte zu bilden; über diesen sollten vier und sechzig Freigerichte mit Beisitzern aus allen Ständen eingesetzt werden und für höhere Fälle sechzehn Landgerichte und vier Hofgerichte; endlich ein kaiserliches Kammergericht deutscher Nation, gleichfalls mit Beisitzern aus den verschiedenen Ständen, Fürsten, Grafen und Ritterschaft, Reichsstädten, fürstlichen Städten und Landgemeinden. Auch Einheit der Münze, gleiches Maaß und Gewicht, Sicherheit des Handels, aber auch Schutz gegen Wucher und Uebervortheilung durch die großen Wechsler- und Kaufmannshäuser wurde verlangt. Die Städte und Gemeinden sollten eine Reform erfahren „nach göttlichem und natürlichem Recht und christlicher Freiheit“, die Geistlichen „Hüter ihrer Gemeine“ sein, Fürsten und Ritter Frieden halten und die Schwachen beschützen. Ueber die Ausführung war ein Schiedsgericht in Aussicht genommen, in welchem neben dem Erzherzog Ferdinand und dem Kurfürsten von Sachsen auch Luther, Melanchthon, Bugenhagen u. A. sitzen und rathen möchten.

Dieser Entwurf einer Reichsreform durch den Bauernconvent in Heilbronn würde, wäre er zur Ausführung gekommen, der deutschen Nation einen Staats- und Rechtsboden geschaffen haben, auf dem das öffentliche Leben einer glücklichen Entwickelung hätte entgegengeführt werden können. Die kaiserliche Gewalt wäre gestärkt, den unzähligen kleinen Particular- und Patrimonialherrschaften der Boden zu weiterer Existenz und Entwickelung entzogen, das deutsche Reich zu einer staatlichen Einheit geführt worden. Aber der Sturm der Ereignisse warf die guten wie die schlimmen Elemente in denselben Abgrund. Zum ruhigen Schaffen und Ausbauen war in der gährungsvollen Gegenwart kein Raum. Dennoch gingen die ausgesprochenen Ideen nicht ganz unter; der Heilbronner Reformplan „wirft seinen Schatten weit in die Zukunft und ist auf lange hinaus ein theils erfülltes, theils versagtes Begehren der Nation geblieben“.

Wie einst in Worms bot sich auch diesmal wieder dem Kaiser eine günstige Gelegenheit dar, an der Spitze der deutschen Nation zu einer Macht emporzusteigen, die ihn in dem Augenblick, da auch Frankreich gebeugt zu seinen Füßen lag, zum Gebieter und Schiedsrichter von Europa gemacht hätte. Sein Kanzler Granvella soll ihm auch einen dahin zielenden Rath gegeben haben. Aber wie schlau die Fürsten Oesterreichs stets jede politische Conjunctur zur Erweiterung ihrer Hausmacht durch Landerwerb und zur Stärkung ihres kaiserlichen Ansehens im Reich zu benutzen wußten, so schraken sie doch immer davor zurück, den Vortheil ihres Hauses zu wahren, wenn dieser einmal mit einem nationalen freiheitlichen Ziel zusammenfiel.

8. Luthers Haltung.

Ermahnung
zum Frieden. In diesen sturmvollen Tagen waren Aller Augen auf Luther gerichtet. In seiner Hand lag damals das Schicksal Deutschlands. Stellte er sich auf die Seite des Aufstandes, wer hätte den Strom der Volksbewegung, der so mächtig einherbrauste, zu hemmen vermocht? Die Bauern in Oberschwaben hatten ihm die zwölf Artikel zugeschickt, und er zögerte nicht, in einer „Ermahnung zum Frieden" seine Antwort zu geben. Er wandte seine Strafrede zunächst gegen die Fürsten und Herren. Niemanden anders habe man diesen Unrath und Aufruhr zu danken, als ihnen, sonderlich den blinden Bischöfen und tollen Pfaffen und Mönchen, die noch heutiges Tags verstockt nicht aufhören zu toben wider das heilige Evangelium und auch im weltlichen Regiment nichts anders thun als schinden und schätzen, Pracht und Hochmuth führen, bis der arme, gemeine Mann es nicht länger kann noch mag ertragen. „Gott schafft's also, daß man nicht kann, noch will, noch soll eure Wütherei die Länge dulden. Ihr müßt anders werden und Gottes Wort weichen." Er räth den Herren, ihr Toben und störrische Tyrannei zu lassen und an den Bauern mit Vernunft zu handeln. Die meisten ihrer Artikel seien billig und recht und könnten nicht zurückgewiesen werden. „Wenn ich Lust hätte, mich an Euch zu rächen, so möcht' ich jetzt in die Faust lachen und den Bauern zusehen, oder mich zu ihnen schlagen und die Sachen helfen ärger machen, aber da soll mich mein Gott vor hüten, wie bisher." Dies war die Antwort auf das Geschrei der Papisten: „Dieser Bauernhandel hat seinen Ursprung aus lutherischer Lehre." Nachdem er so den Fürsten und Herren ihr Unrecht vorgehalten und sie zur Besserung ermahnt, richtete er eine noch schärfere Strafrede an die Bauern: „Es steht geschrieben: eine jegliche Seele soll der Obrigkeit unterthan sein mit Furcht und Ehren, gegen natürliches Recht, denn es ist klar, daß Niemand kann sein eigner Richter sein. Wenn zwei streiten, muß ein dritter da sein, der entscheidet. Wenn ein König sich mit Eiden seinen Unterthanen verpflichtet, nach vorgestellten Artikeln zu regieren und hält sie nicht, solltest du ihn darum angreifen und solches rächen? Da wäre

eitel Mord und Blutvergießen." Es sei Christenpflicht, nur nach dem Evangelium zu trachten, und zeitliche Güter und Leben hintanzusetzen, in ihren Artikeln aber redeten sie nur von weltlichen Sachen, „daß sie Gewalt und Gut
haben wollen, so doch das Evangelium sich weltlicher Sachen gar nichts an-
nimmt und das äußerliche Leben allein in Leiden, Unrecht, Kreuz, Geduld und
Verachtung zeitlicher Güter und Lebens setzt". Sie sollen den christlichen Namen
nicht zum Schanddeckel ihres ungeduldigen, unchristlichen Fürnehmens machen.
„Wenn die Fürsten und kirchlichen Machthaber das Evangelium wehren, dann
verlasset Land und Stadt und ziehet dahin, wo das Evangelium frei bekannt
werden darf". Schließlich gibt er ihnen den Rath, daß man aus dem Adel etliche
Grafen und Herren, aus den Städten etliche Rathsherrn erwähle, welche nach
beiden Seiten das Billige feststellen möchten. Strenge scheidet er Geistliches und
Weltliches und schärft den Herren und den Bauern das Gewissen; sie sollten in
sich gehen und die Sachen mit Recht, nicht mit Gewalt angreifen; jene sollten die
ungerechte Bedrückung des gemeinen Mannes abstellen, diese von der „Rotterei",
von jeder Selbsthülfe ablassen. So stellte sich Luther mitten in dem wildesten
Parteigetriebe der Zeit, unter dem Toben roher Leidenschaften auf einen erhabenen
christlichen Standpunkt, unbekümmert um die Nachreden und Schmähungen der
Einen wie der Andern. Trachtet vor Allem nach dem Reiche Gottes und seiner
Gerechtigkeit, war der Inhalt seiner Schrift. „Aber es ist ein gutmüthiger Traum,
zu glauben, daß große und wohlthätige Umgestaltungen auf friedlichem gesetzlichen Wege sich bewerkstelligen lassen."

Luthers „Ermanung zum Frieden auf die zwölf Artikel der Bauerschaft Wider die räuberischen und mörderi-schen Bauern.
in Schwaben" hatte keinen Erfolg. Bald darauf brauste der Sturm über die
deutschen Lande: in einigen Monaten waren anderthalbtausend Klöster und
Ritterburgen weggefegt; die Weinsberger That erfüllte die Welt mit Entsetzen;
vom Harz bis zum Thüringer Wald wüthete Münzer mit dem Schwert Gideons;
wilde Leidenschaft tobte unter religiöser Hülle; der Aufruhr drohte das göttliche
Gesetz umzustürzen; die „Rottengeister und Mordpropheten" schienen zu trium-
phiren. Da tauchte Luther seine Feder in Blut und schrieb die schreckliche Schrift
„wider die räuberischen und mörderischen Bauern". Dreierlei greuliche Sünden,
heißt es darin, laden diese Leute auf sich, daran sie den Tod verdient haben an
Leib und Seele mannichfaltig: Treubruch gegen ihre Obrigkeit, Raub und Plünderung und zum dritten, „daß sie solche schreckliche, greuliche Sünden mit dem
Evangelium decken und sich christliche Brüder nennen, während sie dem Teufel
dienen". Mit zornigen Worten forderte er die Fürsten auf, das Schwert zu ergreifen gegen die Mordpropheten und Rottengeister und keine Barmherzigkeit zu
üben. „Steche, schlage, würge wer da kann." „So soll nun die Obrigkeit getrost vordringen und mit gutem Gewissen drein schlagen, so lange sie eine Ader
regen kann. Wer auf dieser Seite erschlagen wird, ist ein rechter Märtyrer vor
Gott, wer auf der Bauern Seite umkommt, ist ein ewiger Höllenbrand." „Solch

wunderliche Zeiten sind jetzt, daß ein Fürst den Himmel mit Blutvergießen verdienen kann besser als Andere mit Beten." „Dünkt das Jemand zu hart, der denke, daß unerträglich ist Aufruhr und alle Stund der Welt Verstörung zu warten sei."

Diejenigen, welche in der Haltung des Reformators gegenüber dem Bauernkrieg eine Anbequemung an die Zeitereignisse voraussetzen, haben kein Verständniß für einen Charakter, in welchem der größte Heldenmuth eines Gottesstreiters mit der demüthigen Gehorsamspflicht eines Klosterbruders vereinigt war, der um Christi willen stündlich Tod und Marter zu erdulden bereit stand, aber in zeitlichen Dingen stumme Resignation und Ertragung für ein göttliches Gebot hielt. Von der casuistischen Berechnung, die in kleinlichen Motiven und Erwägungen den Schlüssel der Handlungen sucht, war in Luthers Seele keine Spur. Indem er von einer idealen Höhe auf die streitende Welt herabsah und das Unrecht auf beiden Seiten mit ernster Rüge strafte, that er Keinem Genüge und verfeindete sich alle Parteien. Auflehnung gegen die gesetzliche Obrigkeit war in Luthers Augen stets das größte Verbrechen. Wir wissen ja, wie schwer ihm der Abfall vom Papstthum geworden ist; nur die noch höhere Pflicht für der Seele Seligkeit, für das gefährdete Evangelium Christi ließ ihn den inneren Widerstand überwinden. Er durfte den Gegnern, die ihm sein eigenes Verhalten vorwarfen, zurufen: „Ich habe nie ein Schwert gezuckt noch Rache begehrt; ich habe keine Rotterei noch Aufruhr angefangen, sondern der weltlichen Oberkeit, auch der, so das Evangelium und mich verfolget, ihre Gewalt und Ehre helfen vertheidigen, so viel ich vermocht." Und weit entfernt, diese strenge Ansicht von Gehorsam und Unterwürfigkeit in weltlichen Dingen zu mäßigen, hat er in der Folge, als man ihm Vorwürfe wegen seiner Heftigkeit machte, in einem Sendschreiben an den Mansfeldschen Kanzler Müller seine Schrift wider die Bauern in einer Weise gerechtfertigt, welche die Härten derselben noch überbot: „Ein Aufrührerischer sei nicht werth, daß man ihm mit Vernunft antworte; mit der Faust müsse man antworten, daß der Schweiß zur Nasen ausgehe. Die Bauern wollten nicht hören, da mußte man ihnen die Ohren aufknäufeln mit Büchsensteinen, daß die Köpfe in die Luft gesprungen. Wer Gottes Wort nicht hören wolle mit Güte, der müsse den Henker hören mit der Schärfe."

9. Unterdrückung des Bauernkriegs.

Aufbruch des Landgrafen. Dem Sturmruf von Wittenberg kamen die Fürsten und Herren bereitwillig nach. Einen Augenblick vergaßen die evangelischen und katholischen Herrscher ihre Streitigkeiten und reichten sich die Hände zum Kriegsbund wider die Empörung. Landgraf Philipp von Hessen zeigte auch diesmal wieder die Energie und Thatkraft, die er in der Sickinger Fehde kund gegeben. Als er hörte, daß die Bauernhaufen Fulda und Hersfeld bezwungen und Einladungen zum Beitritt an alle hessischen Städte gesandt, rief er seine Ritter und Getreuen zu einer Versammlung nach Alsfeld. Er erwähnte in einer kurzen Ansprache der bewährten Treue der Hessen zu ihren Landesfürsten, und als alle Anwesende mit den emporgereckten zwei Fingern ihrer Hand erklärten, daß sie zu ihm stehen wollten mit Leib, Gut und Leben, zog er gegen Hersfeld und Fulda, um zunächst sein Land zu sichern. Die Aufständischen wurden zurückgetrieben und einige

Rädelsführer enthauptet. Darauf brachte er Schmalkalden, Eisenach und Langen-
salza zur Unterwerfung, wodurch die Vereinigung der thüringischen und fränkischen
Bauernhaufen verhindert ward, und verband sich mit seinen sächsischen Verwandten,
dem Kurfürsten Johann und den Herzogen Georg und Heinrich, mit dem Herzog
Heinrich von Braunschweig und dem Grafen Albrecht von Mansfeld. Vereint
zogen nun diese Fürsten mit Reisigen und Fußvolk und mit zahlreichem Geschütz Die Schlacht
gen Frankenhausen, wo sich Münzers Bauernhaufen auf einer Anhöhe über haufen.
einem Thale aufgestellt und mit einer Wagenburg geschützt hatten. Ohne kriegs- 15. Mai
kundige Anführer, ohne Mannszucht und Erfahrung und mit elenden Waffen
versehen, waren sie in der traurigsten Lage. Es wurden Unterhandlungen über
eine Capitulation angeknüpft, aber Münzer vereitelte sie, indem er den Seinen
in feuriger Rede die Hülfe Gottes verhieß, der ihm mündlich geboten habe,
gegen die Feinde des Evangeliums auszuziehen. „Lasset Euch nicht erschrecken
das schwache Fleisch", rief er, „und greift die Feinde kühnlich an, Ihr dürft das
Geschütz nicht fürchten, denn Ihr sollt sehen, daß ich alle Büchsensteine in den
Aermel fassen will, die sie gegen uns schießen, ja Ihr sehet, daß Gott auf unserer Seite ist, denn er gibt uns jetzund ein Zeichen, sehet Ihr nicht den Regenbogen am Himmel, der bedeutet, daß Gott uns, die wir den Regenbogen im
Panier führen, helfen will, und dräuet den mörderischen Fürsten Gericht und
Strafe, darum seid unerschrocken und tröstet Euch göttlicher Hülfe, und stellt
Euch zur Wehre, es will Gott nicht, daß Ihr mit den gottlosen Fürsten Friede
machet." So mußte denn das Schwert entscheiden. Nach einer kräftigen Anrede
des Landgrafen an seine Reisigen, ritterlich anzugreifen, wurden die Feldstücke
abgefeuert. Das fürstliche Kriegsheer erlangte einen leichten Sieg über die schlecht-
bewehrten ungeordneten Bauernhaufen, die singend und betend die himmlischen
Heerschaaren erwarteten. Eine Zeitlang standen sie unbeweglich. Als aber die
Geschütze ihre zerschmetternde Wirkung thaten, die Reisigen von allen Seiten die
schwache Wagenburg durchbrachen, da stürzte Alles, was nicht sogleich von den
Lanzen durchbohrt wurde, in wilder Flucht nach der Stadt Frankenhausen; von
den nacheilenden Reitern und Kriegsknechten überholt, wurden die bethörten
Bauern, von denen sich nur wenige in einer Steinkluft zur Wehre setzten, massenweise niedergemacht. Frankenhausen wurde erstürmt; ein durch die Stadt fließen-
der Bach färbte sich roth von Blut. 5000 Erschlagene lagen in den Feldern und
Straßen umher, 300 wurden vor dem Rathhause enthauptet. Alle Städte unterwarfen sich ohne Widerstand.

Am Himmelfahrtstag zog das siegreiche Heer in Mühlhausen ein, von der Das Blut-
angsterfüllten Bevölkerung mit weißen Stäben in der Hand empfangen. Vor hausen.
der Stadt wurde das Hochgericht aufgeschlagen, bei dem der „Prophet" von Thüringen nach martervollen Folterqualen sein blutiges Ende nahm. Er war iu Frankenhausen aus seinem Versteck hervorgeholt und dem Grafen Ernst von Mansfeld,
dem er einige Tage zuvor geschrieben, „ich fahre daher, dein Rest soll ausgerissen

und zerschmettert werden" als Beutepfennig übergeben worden. Die Aufregungen und Torturen hatten ihn um alle Besinnung gebracht: Heinrich von Braunschweig mußte ihm das Glaubensbekenntniß vorsagen. Als ihm Herzog Georg vorhielt, daß er so viele arme Menschen ins Verderben gestürzt, antwortete er unter den Folterschmerzen lachend: „sie haben es nicht anders haben wollen." Auch Pfeifer wurde enthauptet; er starb ohne ein Zeichen der Reue. Ihre Köpfe wurden auf dem Rieseberg und am Schadeberg aufgepflanzt. Ueber Mühlhausen erging ein schweres Strafgericht. Die Entschädigungs = und Schutzgelder an die Fürsten und Edelleute und eine dreifache Schirmherrschaft vernichteten den Wohlstand der alten Reichsstadt.

Bauernmord vor Elsaß-Zabern. 19. Mai 1525. Einen ähnlichen Ausgang nahm der Bauernkrieg an den andern Orten. Am Schlachttage von Frankenhausen war Herzog Anton von Lothringen, an den sich die Straßburger in ihrer Bedrängniß um Hülfe gewandt, nebst seinen Brüdern Claudius von Guise und Ludwig von Baudemont und der gesammten Ritterschaft des Landes mit einem Heer von Soldknechten aus allen Herren Ländern gen Zabern aufgebrochen, wo die aufständischen Bauern, 30,000 an der Zahl, ein verschanztes Lager bezogen hatten. Die blutige Vernichtung einer getrennten Schaar in dem angezündeten Dorf Lupfstein erfüllte ihre Brüder mit Schrecken. Sie baten um Gnade und man gewährte ihnen freien Abzug. „Am 19. Mai sollte der Ausmarsch der Bauern waffenlos erfolgen; die Lothringer standen in langer Reihe zu beiden Seiten vom Stadtthor an bis in ihr Lager. Da entstand ein Streit zwischen einem Landsknecht und einem der Bauern, die vorbeizogen, und sofort fiel ein verhängnißvolles Wort: „Schlagt drauf, es ist uns erlaubt!" Die Bauern, die sich verrathen sahen, riefen nach Waffen, wollten zur Stadt zurück, um ihre Hellebarden zu holen, aber die geldrischen und lothringischen Landsknechte stürzten wüthend über die Wehrlosen her und bald war das Thor durch die Leichen gesperrt. Ein furchtbares Gemetzel ist geschehen. 18,000 Bauern, versichern einige Berichte, seien erschlagen worden." Erasmus Gerber wurde an einem Weidenbaum den Strick um den Hals festgebunden und erdrosselt, die Leidenschaft seiner Seele bis zum letzten Athemzug bewahrend. Mit einem blutigen Nachspiel bei Weißenburg und mit Strafgerichten und Bußgeldern ging auch in Elsaß-Lothringen die sociale Revolution zu Ende.

Der Truchseß von Waldburg in Sindelfingen. 12. Mai. In Würtemberg war Spaltung und Unordnung im Bauernheer ausgebrochen, die durch die Unterhandlungen des Truchseß genährt wurden. Feuerbachers Ansehen war geschwunden. Da überraschte der Bundeshauptmann das Heer der Aufständischen bei Böblingen und brachte demselben, trotz ihrer Ueberlegenheit an Zahl, durch sein Feldgeschütz eine vernichtende Niederlage bei. Neuntausend sollen in der Schlacht und auf der Flucht erschlagen worden sein. Am Abend hörte Graf Georg, daß der Pfeifer, welcher einst bei der „Weinsberger That" aufgespielt, in Sindelfingen verborgen sei. Da ritt er vor die Stadt und forderte mit Drohen die Auslieferung. Der Unglückliche wurde in das bündi-

sche Lager geführt. Dort band man ihn mit einer anderthalb Klafter langen
Kette an einen Pfahl „daß er möchte umlaufen"; dann legte man im Kreise Holz
um ihn herum; der Truchseß selbst und etliche andere vom Adel sollen Scheiter
hinzugetragen haben. Endlich wurde der Holzkranz angezündet; der Pfeifer
machte allerhand Sprünge „zur wahren Kurzweil der Herren", bis die Gluth so
stark wurde, daß er „langsam gebraten" niederstürzte. Und doch galt Graf
Georg von Waldburg für einen humanen leutseligen Ritter, der die harten und
grausamen Befehle der Herzoge von Baiern stets zu mildern gesucht.

Von dem Heilbronner Bauernconvent eilte Wendel Hippler in das Lager Belagerung
des Frauen-
bergs.
vor Würzburg mit der Schreckensbotschaft, Truchseß von Waldburg habe bei
Böblingen die Schlacht gewonnen und sei im Anmarsch gen Franken. Wir wissen,
daß das gesammte fränkische Bauernheer nach der reichen Bischofsstadt gezogen
war und im Verein mit der Bürgerschaft die Belagerung des festen Schlosses auf
dem Frauenberg unternommen hatte. Ueber zwei Wochen waren seitdem verflossen, und noch war man mit der Belagerung nicht weiter gekommen. Der Befehlshaber Sebastian von Rotenhan hatte treffliche Anstalten getroffen, Lebensmittel, Geschütz und Kriegsbedarf waren reichlich vorhanden und die Besatzung
zum kühnsten Widerstand entschlossen; selbst die Domherrn, die Mönche und
Geistlichen, die bischöflichen Amtleute und Diener, die sich nach dem Abzug ihres
Herrn alle in die Festung geworfen, nahmen an der Vertheidigung Theil. Freilich waren die vereinigten Haufen der Bauern, wobei auch einige kriegskundige
Ritter sich befanden, wie Graf Georg von Wertheim, Götz von Berlichingen u. a.
sehr zahlreich und mit schwerem und leichtem Geschütz aufs Beste ausgerüstet:
darum versuchte der Schloßhauptmann Anfangs durch Unterhandlungen die Aufständischen zum Abzug zu bringen. Er erbot sich, die zwölf Artikel anzunehmen,
wozu der in Heidelberg weilende Bischof bereits seine Zustimmung gegeben, und
Führer und Gemeine mit Geld und Soldzahlungen abzufinden; allein die Würzburger glaubten nicht sicher zu sein, so lange das Schloß drohend auf die Stadt
herniederschaue. Bürger und Bauern hatten geschworen, einander brüderlich beizustehen und nicht abzulassen, bis die Frauenburg eingenommen und zerstört
wäre. Die Bauernführer verlangten also vor Allem Uebergabe des Schlosses in
ihre Hände; dazu hatte Rotenhan keine Vollmacht und noch weniger Reigung,
und die ganze Besatzung war Eines Sinnes. So begann denn die Belagerung
des Frauenbergs, die merkwürdigste und zugleich entscheidende Begebenheit des
Bauernkrieges. Es fehlte den Heerhaufen weder an Muth und Kriegslust, noch
an Kartaunen, Büchsen und Rothschlangen: fast täglich wurden Angriffe und
Stürme versucht und weithin hörte man fortwährend Kriegsgeschrei und Geschütz-
donner, sah man Feuerkugeln und Brandgeschosse aller Art; aber die Festigkeit
des hochgelegenen Schlosses und die tapfere und umsichtige Vertheidigung vereitelte alle Anstrengungen. Je mehr sich die Belagerung hinzog, desto mehr stieg
der Muth der Besatzung, desto schlaffer wurden die Bande der Mannszucht und

18. Mai
1525. Einigkeit unter den Bauernhaufen. Am Tage der Frankenhäuser Schlacht versuchten sie den Hauptsturm; Angriff und Abwehr waren gleich energisch. Bis in die Graben gelangten die Stürmenden und legten schon die Leitern an die Mauern des Schlosses, aber die aus nächster Nähe von den Belagerten abgefeuerten schweren Geschütze rissen furchtbare Lücken in die Reihen der Angreifer und die Pechkränze, Feuerkugeln und Schwefelkrüge, die aus allen Fenstern der Burg auf sie herabgeschleudert wurden, blendeten und verbrannten sie dermaßen, daß sie die erreichten Vortheile aufgaben und sich um zwei Uhr nach Mitternacht zurückzogen. Von der Stadt aus gesehen, schien das Schloß in Flammen zu stehen, ringsum erscholl das Donnern der Geschütze, das Knattern des Büchsenfeuers, Waffenklirren und wildes Geschrei durch die finstere Nacht und fand ein furchtbares Echo in den engen Windungen des Thalgrundes. Ein Grauen und Entsetzen überfiel die Bürger Würzburgs, die in zitternder Erwartung auf den Straßen und Plätzen der Stadt standen, den Verlauf des Kampfes zu beobachten. Ein zweiter Sturm hatte keinen günstigeren Erfolg. Die Schloßgraben und Schanzen waren von Leichenhaufen gefüllt.

Tagsatzung
in Schwein=
furt. Immer bedrohlicher wurde jetzt die Lage der Aufständischen. Gerne hätten sie sich mit der Besatzung des Frauenbergs auf Grund der zwölf Artikel vertragen, sie wurden aber abgewiesen, weil man die Fassung einiger Punkte zu unbestimmt fand. Auch der Versuch der fränkischen Bauernschaft, auf einer Tagsatzung zu Schweinfurt, das sich der evangelischen Verbrüderung angeschlossen, eine Verständigung und Ausgleichung zu erzielen, war erfolglos. Nachdem sie in einem Manifest an alle Fürsten, Herren, Stadträthe und Gemeindevorsteher ihre gegründeten Beschwerden dargelegt und ihre Absichten gerechtfertigt, „daß sie zur Erhaltung des Evangeliums und zur Handhabung des Friedens und Rechts sich in eine brüderliche Vereinigung zusammengethan und verbunden", 26. Mai. luden sie alle Herren und Stände ein, persönlich oder durch Bevollmächtigte der Versammlung beizutreten, „zur Aufrichtung des Wortes Gottes, Friedens und Rechtens und sonderlich auch der Obrigkeit". Es war zu spät. Nur wenige Abgeordnete fanden sich ein und schon war der Hauptmann des schwäbischen Bundes mit einer beträchtlichen Kriegsmacht aufgebrochen, um den Aufstand, den er in Oberschwaben niedergeworfen, nun auch in Franken zu erdrücken. Vergebens suchte Wendel Hippler die Bauernführer vor Würzburg zu bestimmen, Mannschaft und Geschütz nach Weinsberg zu senden; die Uneinigkeit ließ sie zu keiner Entscheidung kommen; bittere Worte wurden gewechselt, und als man sich endlich entschloß, bei Krautheim an einem günstig gelegenen Ort, ein festes Lager zu schlagen, war Graf Wald=
burg vor
Weinsberg.
19—21.
Mai. es zu spät. Denn unterdessen rückte der Truchseß immer näher. Am 19. Mai überfiel er bei Neckargartach einen bewaffneten Haufen unter Jäcklin Rohrbach und schlug ihn in die Flucht. Dem Führer bereitete er dasselbe Schicksal wie bei Sindelfingen dem Pfeifer Melchior Nonnenmacher. An einen Weidenbaum gebunden, wurde der verwegene Bandenführer lebendig gebraten. Zwei Tage später stand der

Truchseß vor dem zitternden Weinsberg. Die Stadt wurde in Asche gelegt und sollte fürder nur noch als Dorf bestehen, die Einwohner wurden an Gut und Habe schwer geschädigt. Das Ansuchen der Bauernführer, ihnen eine Zusammenkunft zu Friedensunterhandlungen zu bestimmen, ließ er unbeantwortet. Und schon war auch der Pfalzgraf Ludwig mit einem stattlichen Heer und ansehnlichem Geschütz gegen die aufständischen Bauern des Bruchrain aufgebrochen. Malsch und Kislau wurden von Wilhelm von Habern erstürmt, die Gefangenen durch ihren eigenen Henker enthauptet. Erschrocken öffnete Bruchsal seine Thore, lieferte die Rädelsführer aus und schwur Gehorsam. Dasselbe geschah auch in den andern Orten. Darauf zog der Kurfürst an den obern Neckar, um sich mit dem Truchseß zu verbinden; auch der Erzbischof von Trier war mit Bewaffneten zu ihm gestoßen. Zu Fürfeld zwischen Hilspach und Neckarsulm fand die Vereinigung statt. Mit einem Heer von dritthalbtausend Reisigen und 8000 Mann Fußvolk, auf Brust oder Helm ein rothes Kreuz, rückten sie nun in Franken ein. Als sie sich der Tauber näherten, vernahmen sie, daß der Odenwälder Haufen, nach einigen Angaben 8000 Mann stark, bei Königshofen eine Anhöhe besetzt und sich durch Geschütz und eine Wagenburg gedeckt habe. Metzler war der Hauptführer, da Götz von Berlichingen kurz zuvor mit zehn Begleitern weggeritten war, weil seine Vertragszeit abgelaufen sei. Beim Heranrücken des Fürstenheers überkam die Aufständischen ein panischer Schrecken; sie fürchteten, von den Feinden eingeschlossen zu werden, und suchten sich daher durch einen schnellen Rückzug nach einem nahen Wald zu retten. Als nun aber die Reiter in die offene Flanke einbrachen, löste sich bald jede Ordnung; in wilder Flucht stürzten sie fort, von den Nachjagenden „wie auf einer Schweinshatz" verfolgt und niedergemacht. Unter den ersten Fliehenden war Georg Metzler; man sah ihn auf raschem Pferde über die Haide sprengen; seitdem hat man nichts mehr von ihm gehört. Noch nach einem Jahrhundert fand man in dem Gehölz ganze Haufen von menschlichen Gebeinen und gebleichten Schädeln.

Nicht besser erging es einer andern Schaar, die sich gleichfalls von dem Würzburger Heer getrennt und, nach dem Städtchen Heidingsfeld im Taubergrund sich wendend, bei den Dörfern Sulzdorf und Ingolstadt ein Lager geschlagen und mit einer Wagenburg befestigt hatte. Im Bündischen Heer war eine Meuterei ausgebrochen; die Landsknechte, meistens Bauernsöhne, fochten nicht gerne gegen die Standesgenossen, zudem hatte ihnen der Truchseß den Schlachtsold verweigert, weil sie bei Königshofen nicht viel geleistet hätten. Deshalb wurden die Reisigen aufgeboten. Der Pfalzgraf führte zum Angriff und wiederum ergossen sich die Bauernhaufen durch die geöffnete Wagenburg über Wiesen und Felder, verfolgt und niedergemacht von den feindlichen Reitern. In einer Stunde wurden über Dreitausend erschlagen. Mitten in dem rasenden Getümmel sah man eine kleine Schaar von etwa 600 Mann wohlgerüstet mit Büchsen, langen Spießen und Hellebarden in guter Ordnung auf den schwachansteigenden Höhen gegen

Vereinigung der Kurfürsten von Pfalz und Trier mit dem Bundesheer.

23.—25. Mai.

29. Mai.

Treffen bei Königshofen.

Treffen bei dem Dorfe Ingolstadt. 4. Juni.

Schloß und Dorf Ingolstadt sich bewegen; es war der Rest des Rotenburger „schwarzen Haufens" unter Florian von Geier. Von dem Pfalzgrafen Ludwig mit 1200 Rittern und Reisigen angegriffen, leisteten sie die heldenmüthigste Gegenwehr. Als ihr Pulver verschossen war, vertheidigten sie sich mit Steinen, die sie aus den Schloßruinen ausbrachen. Sie kämpften und fielen bis auf den letzten Mann. Auch Florian fand einen ehrlichen Soldatentod. Er hatte sich mit einigen Begleitern nach Limpurg durchgeschlagen, um dort den Aufstand zu erneuern, wurde aber in der Nähe des Schlosses, auf dem „Speltich" überfallen und mit den letzten Anhängern erstochen. Das war das Ende der schwarzen Heerschaar.

10. Ausgang und Folgen.

Einnahme von Würz-burg. Nun näherte sich das siegreiche Fürstenheer dem Würzburger Lager. Als ein Reiter durch ein kühnes Wagstück der eingeschlossenen Burgmannschaft die frohe Botschaft zurief, entstand große Freude; denn man hätte die Belagerung nur noch wenige Tage aushalten können. Der Thürmer blies das Lied: „Hat dich der Schimpf gereut, so zeuch du wieder heim" und gab damit den Bauern die gehobene Stimmung kund. Und schnell genug trat der Umschwung ein. Als das vereinigte Fürstenheer der Würzburgischen Gemarkung nahe kam, zogen die Bauernhaufen massenweise ab und warfen sich in die Berge. Die Stadt 7. Juni. mußte sich auf Gnade und Ungnade ergeben. Aus dem Munde des Truchseß hörten die alten Herren vom Rathe und die Viertelsmeister, welche entblößten Hauptes auf dem Markt aufgestellt waren, scharfe Drohworte, wie sie alle meineidig und treulos geworden und sämmtlich den Tod verdient hätten. Vier Nachrichter, die mit ihren breiten Schwertern bereit standen, gaben der Rede einen fürchterlichen Nachdruck. Alle fielen auf die Knie und flehten um Barmherzigkeit. Einige Schuldige wurden sogleich enthauptet, eine große Zahl in die Gefängnisse abgeführt, um an den folgenden Tagen dasselbe Schicksal zu erleiden. Alle Waffen mußten abgeliefert, schwere Bußgelder entrichtet und neue Verpflichtungen gegen die geistliche Herrschaft eingegangen werden. Der Bischof kehrte zurück, stellte die alten Kirchengebräuche wieder her und unternahm dann eine „Blutreise" durch das Land; noch viele Wochen wüthete das Richtbeil in der Stadt und im ganzen Bisthum. Mehrere Hundert wurden hingerichtet und die Brandschatzungen, Gütereinziehungen und Bedrückungen wollten kein Ende nehmen. Noch nach drei Jahren mußte Pater Ambrosius in den Flammen sterben. — Bald gesellte sich auch Markgraf Casimir von Ansbach zu den Rächern. Auch sein Land war großentheils dem Bauernbunde beigetreten; nur mit Mühe war das Reichsstädtchen Windsheim durch die Nürnberger vom Anschluß abgehalten worden. Er selbst hatte der verhaßten Bauernschaft viele Zugeständnisse machen müssen. Jetzt war auch für ihn die Stunde der Rache gekommen, und er hat an grausamen Strafgerichten Alle übertroffen. Die Kitzinger hatten einst gerufen, sie wollten keinen Markgrafen mehr sehen, nun ließ er siebenundfünfzig Bürgern die Augen ausstechen. Hand in Hand mit dem Truchseß von Waldburg und vielen vom Adel durchzog er Oberfranken; sie führten den Bischof von Bamberg zurück und wiederholten dort die Würzburger Auftritte; der Schrecken ging vor ihnen her; Richtschwert, Brandfackel und Strafgelder verbreiteten Entsetzen und Verzweiflung; an Widerstand wurde im Frankenlande nirgends mehr gedacht, seitdem auch Rotenburg, von wo der Aufstand ausgegangen, durch ein furchtbares Blutgericht tief im Herzen getroffen war.

Es wäre unnütz, die blutigen Scenen im Einzelnen zu verfolgen, von denen die Unterdrückung des Aufstandes in allen Gegenden begleitet war. Von Würzburg war Pfalzgraf Ludwig den Main hinabgezogen, um in Verbindung mit dem Erzbischof von Trier, seinem alten Gefährten in der Sickinger Fehde, die empörten Bauern, welche sich raubend und verwüstend in den linksrheinischen Gegenden bis nach Worms und Oppenheim umhertrieben, in die Schranken der Ordnung und des Gesetzes zu weisen. Bei Pfeddersheim erlagen die schlechtbewehrten Schaaren dem kurfürstlichen Kriegsheer; 4000 wurden niedergehauen, die übrigen ergriffen die Flucht, von der nacheilenden Reiterei heftig verfolgt; man sah den geistlichen Herrn von Trier die Fliehenden mit eigener Hand niederstoßen. Bis nach Weißenburg durchzog das siegreiche Heer die Fruchtgefilde an der Haardt und verhängte Strafgerichte über die Schuldigen. Mit großen Geldsummen, durch Brandschatzungen aufgebracht, kehrte der Kurfürst im Juli nach Heidelberg zurück. Doch dachte er billig genug, seinen Unterthanen einige Erleichterung zu gewähren; auch sollte die „freie Lehre des Evangeliums" kein Hinderniß erfahren. Dagegen wurden den Mainzern und Rheingauern die ihnen kurz zuvor in der Noth bewilligten Rechte und Zugeständnisse wieder entzogen, sie mußten aufs Neue huldigen und Strafgelder entrichten; der kurfürstliche Feldhauptmann Frowin von Hutten ließ einige der Schuldigen hinrichten. In Trier hörte man nichts mehr von den früheren Forderungen.

Wendel Hippler wurde, als er vor dem Reichstag in Speier eine Klage gegen die Grafen von Hohenlohe auf Rückgabe seines eingezogenen Vermögens erhob, überfallen und starb in einem pfalzgräflichen Gefängniß. Götz von Berlichingen, mehrmals gerichtlich belangt und zwei Jahre in Augsburg gefangen gehalten, wurde endlich, nachdem er Urfehde geschworen und sechzehn Jahre auf die Gemarkung seines Schlosses Hornberg beschränkt verlebt hatte, von Kaiser Karl begnadigt und starb „ein erlebter betagter Mann" am 23. Juni 1562. Von Metzlers späteren Lebensschicksalen ist nichts bekannt. Endres Wittich wurde auf der Straße in der Nähe von Nürnberg ermordet und beraubt gefunden.

Am längsten dauerte der Kampf in Oberschwaben, seiner Geburtsstätte. In der Gegend von Memmingen stand ein Bauernheer, dem sich viele von Pavia zurückgekehrte Landsknechte angeschlossen hatten. Erzherzog Ferdinand, der sich bereits des Städtchens Füßen bemächtigt, wollte durch Unterhandlungen den

Unterdrückung des Aufruhrs.

a) In den Rheinlanden.

24. Juni.

12. Juli.

b) In Oberschwaben.

Frieden herstellen, um das Land unter österreichische Herrschaft zu bringen, und untersagte dem Truchseß jedes weitere kriegerische Vorgehen. Dieser kümmerte sich aber nicht um das Verbot und rückte im Verein mit dem tapfern Rottenführer Georg von Frundsberg gegen die Aufständischen vor, die Dörfer niederbrennend. Auch die Bauern des Allgäu hielten nicht lange Stand. Es heißt, Frundsberg habe die Landsknechte, die unter ihm in Italien gedient, auf seine Seite gebracht und dadurch Verwirrung und Flucht unter den feindlichen Haufen erzeugt. In Kurzem war auch Oberschwaben beruhigt. Der tapfere Bundeshauptmann wurde vom Kaiser zum Landesstatthalter von Würtemberg und zum Erbtruchseß des Reichs erhoben und mit der Herrschaft Zeil beschenkt. Auch im Hegau und Klettgau, wo im Mai in der Gegend von Zell der Aufstand sich mit erneuter Heftigkeit erhoben hatte, wurde theils durch die österreichischen und reichsstädtischen Waffen, theils durch die Vermittelung der Schweizer die Ruhe hergestellt. Eine kleine Schaar entrann nach Hohentwiel zu Herzog Ulrich. Am längsten und hartnäckigsten wüthete der Bauernkrieg in Salzburg und Tirol.

e) In Salzburg und Tirol. Schlamingen, so verhängnißvoll für den österreichischen Adel, wurde von Niclas von Sulm überfallen und angezündet; aber es gelang demselben nicht, die Belagerung des erzbischöflichen Schlosses in Salzburg aufzuheben. Erst als Georg von Frundsberg und Herzog Ludwig von Baiern im Auftrag des schwäbischen Bundes den Kampf gegen die Insurgenten aufnahmen, wurde auch hier mehr durch Austrag und Vergleich, als durch Waffengewalt die Ordnung hergestellt. Nur in der Gegend von Brixen hielt Geißmaier die Bauern noch länger bei der Fahne. Und als auch hier die Reihen seiner Anhänger sich mehr und mehr lichteten, trat er mit dem Reste seiner Getreuen in den Dienst der Venetianer, fand aber bald darauf seinen Tod durch Meuchelmörder. So gereizt war jedoch die Stimmung des Landvolks in dem südöstlichen Alpenlande, daß sowohl der Erzbischof von Salzburg, als Ferdinand von Oesterreich sich zu wichtigen Zugeständnissen herbeiließen. Die Roboten wurden ermäßigt, einige der drückendsten Feudalrechte ausgeglichen und sogar gestattet, „daß das Evangelium nach dem Buchstaben gelehrt werde". In den meisten andern Reichslanden dagegen wurden den Bauern wieder alle früheren Lasten aufgebürdet und hartherzige Edelleute sprachen wie einst Rehabeam: „Unsere Väter haben Euch mit Peitschen gezüchtigt, wir aber wollen Euch mit Scorpionen züchtigen".

Gesammturtheil. Wie der Anfang des Bauernkrieges rohe Gewaltthat war, so war sein Ende ein Act der blutigsten Rache, ein ruhmloser Sieg der staatlichen Ordnung ohne innere Heilung. Aus der Zerstörung entkeimte kein neues Leben. Nur wenige Fürsten und Grundherren waren so billig, einige Erleichterungen zu gewähren. Ganze Landschaften waren veröbet; die Spaltung der Nation war vergrößert, die Reformbewegung geknickt, das politische Leben lahm gelegt, eine reiche Saat des Mißtrauens und der Verdächtigung gestreut. Nicht ohne manche fruchtbare Keime und Elemente in seinem Ursprung und Entstehen scheiterte der Völkersturm des Bauernkriegs an der eigenen Ausschweifung und Zerfahrenheit und an dem Mangel verständiger und geachteter Führer, welche die losgebundenen Kräfte unter die Autorität des Gesetzes zu beugen und nach einem bestimmten Plan und Ziel zu lenken vermocht hätten. Wenn man absieht von dem Bauernausschuß in Heilbronn, der aber nicht mehr Zeit hatte, sich allgemeine Anerkennung zu verschaffen, war nirgends ein klarer einheitlicher Zweck, nirgends eine durchgreifende Leitung der Bewegung, sogar nur in geringem Maße ein gemeinschaftliches Interesse hervorgetreten. Es hatte sich zu vielerlei Fremdes und Verschiedenartiges in die Sache des Landmannes gemischt, als daß man Mittel und Wege hätte ausfindig machen können, die tolle Gährung in eine geregelte Strömung zu leiten. Jener Bauer, der bei seiner Hinrichtung erklärte, er habe sich in seinem ganzen Leben noch nie satt an Brod gegessen, und jener lustige Haufen im Rheingau, der auf dem Wachholder das große Klosterfaß austrank, hatten ganz andere Motive und Zwecke als der Herzog Ulrich von Würtemberg, dem es gleich war, ob er durch den Schuh oder den Stiefel wieder zu seinem Lande käme, als Graf Wilhelm von Henneberg, welcher die Säcularisation des Bisthums Würzburg zu Gunsten seines Vetters, des Markgrafen Georg von Brandenburg, wünschte, als Götz von Berlichingen. Und welche Bande der Gemeinsamkeit konnten bestehen zwischen dem blutdürstigen Haufen vor Weinsberg, welcher den Grafen Ludwig von Helfenstein und zwölf andere Ritter durch die Spieße laufen ließ, oder dem schwärmerischen Thomas Münzer, dem furchtbaren Apostel der Freiheit und Gleichheit, und den Reichsstädten, wo Aristokraten und Demokraten um die Herrschaft des Gemeinwesens rangen, die Einen mit Hülfe der empörten Bauern, die Andern durch Anlehnung an die obrigkeitlichen Autoritäten!

VII. Die Kämpfe in und um Italien.

1. Vertreibung der Franzosen aus Mailand.

Durch die „Riesenschlacht" von Marignano war Franz I. Herr von Mailand, Genua und einem Theil der Lombardei geworden (IX, 880 f.). Der älteste Sohn Ludwigs des Mohren genoß in Frankreich das Gnadenbrod, das ihm der neue Herrscher reichte, der jüngere Francesco Sforza lebte als Flüchtling am Hofe seines kaiserlichen Verwandten Maximilian; Papst Leo X. hatte mit dem siegreichen König in Bologna sich verständigt. Selbst der Kaiser und sein Enkel Karl gaben in dem erwähnten Vertrag von Noyon ihre Einwilligung, daß die Verhältnisse, wie sie durch Waffen und Unterhandlungen sich gebildet, ungestört fortbestehen sollten, und die Schweizer wurden auf einer Tagfahrt zu Freiburg mit leichter Mühe dahin gebracht, die alten Verträge mit der französischen Krone zu erneuern, die ihnen reiche Jahrgelder eintrugen. Benedig stand mit

[Marginalien:] Frankreichs Stellung in Italien. — 13. Aug. 1516. — 29. Novbr. 1516.

Frankreich im Bund und König Heinrich VIII. von England gab, trotz seiner
Verwandtschaft mit dem spanischen Herrscherhaus, keine Veranlassung zu Mißtrauen oder Befürchtungen, zumal, da es dem französischen Monarchen gelang,
Juni 1520. auf einer glänzenden Zusammenkunft zwischen Ardres und Guines ein Freundschaftsbündniß mit dem überseeischen Nachbar abzuschließen. So konnte es geschehen, daß Franz mehrere Jahre im ungestörten Besitz des italienischen Herzogthums blieb, auf das er vermöge seiner Abstammung von Valentine Visconti
erbliche Ansprüche geltend machte. Aber im österreichischen Kaiserhaus war man
nicht gesonnen, diese Ansprüche anzuerkennen und den französischen Monarchen
als legitimen Herrn der Lombardei gewähren zu lassen. Das Herzogthum Mailand war stets als ein Reichslehn betrachtet worden, und die Visconti wie die
Sforza hatten ihre Berechtigung nur auf kaiserliche Belehnung gründen können.
Selbst Lodovico Moro, dessen reiche Nichte Bianca Maximilians Gemahlin gewesen, hatte nur kraft dieses Lehnsrechts seine Herzogskrone getragen. Kaum
hatte daher Karl V. die Kaiserwürde erlangt, so erneuerte er die Lehensansprüche
des Reichs über die Lombardei. Wir wissen, welchen Einfluß diese politischen
Pläne, zu deren Ausführung ihm die Freundschaft Leo's X. von großer Wichtigkeit war, auf seine Haltung gegenüber dem Wormser Reichstag geübt haben.
8. Mai 1521. Kraft des Vertrags zwischen Kaiser und Papst sollte den Franzosen Mailand
entrissen und an Francesco Sforza zurückerstattet, Parma und Piacenza der
Kirche übergeben werden. Um dieselbe Zeit hatte Franz Versuche gemacht,
während der bürgerlichen Unruhen in Spanien das Königreich Hochnavarra
von Castilien loszureißen und seinem Schützling Heinrich von Albret zuzuwenden.
Ein Krieg zwischen den beiden Herrschern stand somit in nächster Aussicht. Beide
Parteien waren bemüht, sich der Hülfe der Eidgenossen zu versichern, aber wie
sehr auch der Cardinalbischof von Sitten im Interesse des heiligen Vaters wirkte:
als Franz die früheren Jahrgelder um die Hälfte zu erhöhen versprach, brachte
er die Mehrzahl der Schweizer auf seine Seite. In Luzern kam zwischen Frankreich und der Eidgenossenschaft ein Bündniß zu Stande, kraft dessen Franz I.
die Erlaubniß erhielt, nach Bedarf von 6000 bis zu 16,000 Mann in den Kantonen anwerben zu lassen.

Hein-
richs VIII.
Haltung.
August 1521. Vergebens versuchte der englische König, der mit Franz und Karl Freundschafts-
bündnisse geschlossen und sich verpflichtet hatte, sich gegen denjenigen zu erklären, der
den Frieden zuerst brechen würde, durch Wolsey eine Vermittelung zu bewirken; die
Forderungen des Kaisers waren so hoch gestellt, daß der Andere unmöglich darauf eingehen konnte: der französische König sollte das Reichslehn Mailand und Genua räumen, sollte die Ansprüche auf Neapel aufgeben, sollte das Herzogthum Burgund abtreten, das durch Ludwig XI. Karl dem Kühnen, des Kaisers Urgroßvater, widerrechtlich entrissen worden, und sollte auf die Oberlehnshoheit der Krone Frankreich
über Flandern und Artois Verzicht leisten, denn es stehe einem Kaiser nicht an, der
Vasall eines andern Königs zu sein. Diese Forderungen kamen einer Kriegserklärung
gleich; Heinrich VIII. fand aber, daß Franz I. die Schuld trage, und da ihm von dem

Kaiser überdies größere Vortheile in Aussicht gestellt wurden, so wandte er sich auf dessen Seite. In Brügge schloß Wolsey im Namen seines Königs mit Karl ein enges Freundschaftsbündniß.

Die Unterstützung, welche der französische König dem Grafen von der Mark gewährte, gab den ersten Anstoß zum Krieg, der daher auch zunächst in den französisch-niederländischen Grenzlanden entbrannte. Unter der Führung von Nassau, Frundsberg u. A. rückte ein kaiserliches Heer über die Grenze, nöthigte Mouzon zur Uebergabe und belagerte Mezières. Diese Stadt wurde jedoch trotz ihrer geringen Festigkeit durch Montmorency und Bayard so lange vertheidigt, bis der König mit Heeresmacht herbeikam und den Feind zum Abzug nöthigte. Einmal hatte es den Anschein, als würde es zwischen Cambrai und Valenciennes zur entscheidenden Schlacht kommen; aber das Jahr ging mit der Wegnahme einiger befestigten Grenzorte zu Ende. Auch der Versuch Bonnivets, noch einmal nach Navarra vorzudringen, hatte keine andere Wirkung, als daß Fuentarabia von den Franzosen besetzt ward. *(Die Waffen-gänge an den Grenzen. Oct. 1521.)*

Es waren dies nur Nebengefechte, bis man die Kräfte zum Hauptkampf gesammelt hatte, der in Italien ausgefochten werden sollte. Hier war der Krieg bereits ausgebrochen. Ein päpstlich-neapolitanisches Heer, bestehend aus Spaniern, Deutschen, Schweizern und italienischen Söldnern war in das Gebiet von Parma eingerückt. Prospero Colonna und Ferrante d'Avalos von Pescara theilten sich in den Oberbefehl; Federigo Gonzaga von Mantua war Bannerträger der Kirche; auch der Geschichtschreiber Guicciardini befand sich als päpstlicher Commissar bei dem Heer. Aber im Anfang standen die Sachen nicht günstig. Frankreich hatte weitaus die Uebermacht: außer den Besatzungstruppen von Mailand unter Marschall Lautrec waren die Venetianer ins Feld gerückt, der Herzog von Ferrara, der sich durch den Bund mit Frankreich gegen die Eroberungslust des Medicäers in Rom sichern wollte, war in das päpstliche Gebiet eingefallen, zu vielen Tausenden zogen die Berner und die übrigen Reisläufer die Berge herab, im kaiserlich-päpstlichen Heer herrschte wenig Eintracht und Ordnung. Aber Dank der Saumseligkeit des französischen Marschalls gewannen die Dinge bald eine andere Gestalt. Es war dem Cardinal von Sitten gelungen, einen Theil der Eidgenossenschaft, vorab die Züricher, für den päpstlichen Dienst zu gewinnen; zugleich hatte Julius Medici, der von Florenz mit dreizehn beladenen Saumthieren sich im Lager eingefunden, die unzufriedenen Heerführer durch reiche Gaben willig gestimmt. So konnte Prospero Colonna über den Po setzen und zum Oglio vorrücken. Umsonst ermahnten die Führer den Oberbefehlshaber Lautrec zu einem Angriff wider Colonna, der bei Rebecca ein wenig vortheilhaftes Lager bezogen hatte, ehe die helvetischen Bundesgenossen sich alle eingefunden hätten; dem französischen Marschall fehlte Entschlossenheit und kriegerisches Geschick; er zog es vor, eine feste Stellung hinter der Abda zu nehmen. Die französischen Schweizer, unwillig, daß ihnen der Schlachtsold entgangen und von Lautrec überdies nicht *(Der Krieg in Oberitalien. 1521.)*

bezahlt, kehrten in großen Haufen in ihre Heimath zurück, während ihre für den
Oct. 1521. Papst geworbenen Landsleute sich mit Colonna am Oglio vereinigten, oder gegen
Reggio zogen, um Parma und Piacenza für den Kirchenstaat zu gewinnen.
Vergebens suchte Lautrec bei Cassano die Feinde an der Abda festzuhalten;
seine Vertheidigungsanstalten waren so mangelhaft, daß die Verbündeten den
Mailand von Uebergang erzwangen und auf Mailand losrückten. Das Land war von Regen-
den Kaiser-
lichen einge- güssen überschwemmt, so daß Lautrec der Meinung war, die Feinde würden ihr
nommen. Geschütz nicht fortschaffen können, er begnügte sich daher mit der Aufwerfung
einiger schwachen Verschanzungen um die Stadt. Aber der Muth der kaiserlich-
päpstlichen Truppen wurde gehoben durch die Sympathien, die ihnen allenthalben
entgegengebracht wurden. Die Franzosen hatten sich durch Druck und Uebermuth
so verhaßt gemacht, daß man die heranziehenden Kriegsmannschaften als Erlöser
von allem Elend begrüßte. Die verbannten und flüchtigen Ghibellinen strömten
von allen Seiten herbei, selbst die Guelfen wünschten die Rückkehr des Francesco
Sforza, dessen Proclamationen Milde und Versöhnlichkeit athmeten. Umsonst
suchte Lautrec durch Schrecken zu wirken, indem er den alten Christoph Pallavicini, einen nahen Verwandten der Medici und eifriges Ghibellinenhaupt, im
Castell enthaupten ließ; er steigerte durch diese Grausamkeit die Erbitterung. In
19. Novbr. einer dunkeln stürmischen Herbstnacht erschienen die Verbündeten vor Mailand.
1521. Der Marchese von Pescara, Befehlshaber des spanischen Fußvolks, drang an
der Spitze von einigen Schützen und Landsknechten durch die Porta Romana in
die Vorstadt ein. Dies kühne Beispiel feuerte die andern zur Nacheiferung an:
die Verschanzungen wurden erstürmt, da und dort schritten die Kriegsvölker zum
Angriff, Spanier, Italiener, Deutsche und Schweizer wetteiferten in kriegerischem
Muthe, bis an den Gürtel sah man die Landsknechte im Wasser waten. Da die
ganze französische Streitmacht in der Stadt lag, war das Gelingen des Unternehmens immer noch zweifelhaft, und schon überlegte man im Kriegsrath, ob
man nicht zum Rückzug blasen solle. Da erscholl in den Straßen der Ruf: „der
Herzog, das Reich, nieder mit den Franzosen!" wie Ein Mann erhob sich die
ganze städtische Bevölkerung. Nun ordnete Lautrec den Rückzug nach Como an
und nahm dann eine feste Stellung in Cremona. Mailand aber empfing die
Befreier mit Jubel. Die Straßen wurden festlich beleuchtet, als das päpstlich-
kaiserliche Heer in die innere Stadt einzog. Im Namen des angestammten Herzogs Francesco Sforza übernahm nun dessen vertrauter Rath Hieronymus
Morone, der die Verbindung der ghibellinischen Familien unterhalten und das
Meiste zum Gelingen des Unternehmens beigetragen hatte, die Verwaltung der
Stadt, ein verschlagener Parteigänger von staatsmännischen Talenten, aber ohne
Charakter und Ueberzeugungstreue. Einem angesehenen Mailändischen Hause
entsprossen, unter den Intriguen, Wirren und Wechseln der Sforza'schen Herrschaft herangewachsen, übte er als Unterhändler, Gesandter, Berather des Fran-
cesco eine vielseitige Thätigkeit, doch ohne feste Grundsätze. Ursprünglich ein

Streiter für Italiens Unabhängigkeit, war er später ein eifriges Werkzeug zur Begründung der kaiserlichen Herrschaft.

Dem Beispiele Mailands folgten Lodi und Pavia und jenseits des Po Parma und Piacenza. Como wurde mit Gewalt zur Uebergabe gezwungen. Schon hoffte man, die Franzosen auch aus Cremona und den übrigen Castellen und festen Plätzen, die sie noch besetzt hielten, in Kurzem zu verdrängen, als der unerwartete Tod Leo's X. die Lage der Dinge änderte. Der neue Papst Hadrian, obwohl dem Kaiser, seinem Zögling, von Herzen zugethan, theilte weder den Ehrgeiz noch die politischen Interessen der Medieer und war ein sparsamer Haushalter. Ihm lag es mehr am Herzen, die christlichen Monarchen zu versöhnen, damit sie ihre Waffen wider die Türken vor Rhodus kehren möchten, als ein Söldnerheer zu unterhalten, durch das Leo eine große Schuldenlast auf sein Pontificat geladen hatte. So kam es, daß der größte Theil der Schweizer nach Hause zog. Ohnedieß war in den Kantonen wieder ein Umschlag der Stimmung zu Gunsten Frankreichs erfolgt: neue Heerhaufen stiegen in den ersten Monaten des Jahres die Alpen hinab, um das hauptsächlich durch ihre eigene Schuld verlorene Mailand dem französischen Marschall zurückerobern zu helfen, denn noch war die Citadelle in der Gewalt seiner Besatzung. Aber auch im kaiserlichen Heere langten neue Mannschaften an, welche den Abgang der helvetischen Hülfsschaaren ersetzten: es waren deutsche Landsknechte, welche in Schwaben und Tirol geworben worden und weder durch die feindselige Haltung der Graubündtner, die ihnen den Durchzug durch das Valtellin verwehrten, noch durch die Ungunst der Jahreszeit von dem Feldzug nach Oberitalien sich abhalten ließen. Zwölf Fähnlein, welche die Werbetrommel zusammengerufen, zogen im Februar unter dem tapfern Rottenführer Georg von Frundsberg über das Wormser Joch nach dem Iseosee, um den dem Feldhauptmann persönlich befreundeten Franz Sforza nach Mailand zurückzuführen. Es gelang auch wirklich dem Herzog, sich an der Spitze von 6000 deutschen Landsknechten mit Prospero Colonna, der den ganzen Winter über seine Stellung sowohl gegen die Besatzungsmannschaft in der Citadelle, als nach Außen mit Umsicht und Erfolg behauptet hatte, zu verbinden. Mit Jubel wurde er von der Bevölkerung empfangen und Alles wetteiferte in Opferwilligkeit, um seinen Bedürfnissen abzuhelfen. „Vornehme und Geringe brachten Geld und Geldeswerth, ein Jeder wünschte ihm Liebe zu beweisen, seine Gnade zu verdienen. Ein Augustiner, Fra Andrea da Ferrara erhielt das Volk durch feurige Predigten in dieser Stimmung, er stellte die Franzosen als Feinde Gottes dar."

Jetzt fühlte sich Colonna stark genug, um mit dem größten Theil seiner Truppen aus der Stadt auszurücken und bei Bicocca, dem Landsitz eines Edelmanns zwischen Mailand und Monza, ein Lager zu beziehen, wo er, durch Graben, Sumpf und Schanzen geschützt, jedem feindlichen Angriff Trotz bieten konnte. Marschall Lautrec war heftig getadelt worden, daß er im vorigen Jahr

Sforza zieht in Mailand ein. 1521.

1. Dec. 1521.

1522.

4. Apr. 1522.

Schlacht bei Bicocca. 1522.

bei Rebecca zu schlagen versäumte, dadurch seien die Unfälle über das französische
Heer gekommen. Diesen Vorwurf wollte er nicht noch einmal auf sich laden; als
die Schweizer, die großes Verlangen trugen, sich mit ihren alten Gegnern und
Rivalen, den Landsknechten, zu messen und den Sturmsold zu verdienen, auf
eine Schlacht drangen, willigte er in ihre Forderung und gab das Zeichen zum
Angriff. In ihrer Kampflust achteten die Schweizer wenig auf den Schlachtplan,
den Lautrec entworfen; ungestüm drangen sie gegen die Verschanzungen vor, von
welchen die Landsknechte aus Geschütz und Hakenbüchsen ein furchtbares Feuer
gegen die Anstürmenden richteten; und als es zum Handgemenge kam, fochten die
deutschen und helvetischen Krieger Mann gegen Mann mit wunderbarer Tapferkeit,
jeder Theil wollte seine Waffenehre wahren; sein Fußvolk kam damals den Söhnen des Alpenlandes und der schwäbischen Erde an Kraft und Muth gleich.
Frundsberg, der in den Reihen seiner Landsknechte stand und stritt, erhielt einen
Stich in den Schenkel, sein Gegner, Arnold von Winkelried aus dem Unterwaldner
Heldengeschlecht, fiel von einer Kugel. Noch lange gedachte man in Geschichten
und Kriegsliedern der tapfern Männer, die bei Bicocca im kühnen Ringen
kämpften und bluteten. Gleichzeitig machte die französische Reiterei einen Angriff auf eine von Franz Sforza vertheidigte Brücke, um von der Seite her einen
Zugang ins Lager zu gewinnen; sie wurden zurückgeschlagen und rissen die hin-
teren Reihen des Fußvolks in die Flucht mit sich. Da ließen die Schweizer vom
Kampf ab und traten den Rückzug nach Monza an, etliche tausend Todte und
Verwundete auf dem Schlachtfeld zurücklassend. Sie wurden nur schwach verfolgt, denn auch die Sieger waren erschöpft.

*Oberitalien
von den Kai-
serlichen be-
setzt.* An den folgenden Tagen zogen die Schweizer, denen Lautrec den Sold
nicht mehr bezahlen konnte, in einzelnen Haufen über die Berge ihrer Heimath
zu, auch die Venetianer hielten nicht länger aus. Bald war die ganze Lombardei bis auf die Burgen von Cremona und Mailand und einige Castelle in den
Händen der Kaiserlichen. Lautrec eilte an den französischen Hof, um sich zu
rechtfertigen, seinem Bruder Lescun anheimgebend, sich durch Verträge mit dem
Feinde abzufinden. Nun konnte sich auch Genua, wo der Doge Ottaviano Fregoso an der Spitze der französisch gesinnten Partei das Regiment führte, nicht
mehr halten. Als Georg Frundsberg vor den Mauern erschien, um die Adorni,
die Verbündeten des Kaisers, wieder in ihre Ehren und Rechte einzusetzen, erhob
sich ein kurzer Kampf, der mit der Eroberung und Plünderung der Seerepublik
endigte. „Die Landsknechte maßen das Tuch mit ihren Spießen; sie kleideten sich
in Sammt und Seide; eine Anzahl reicher Familien kaufte die Plünderung mit
Geld ab.“ Fregoso und Pietro Navarro, welchen König Franz zu seiner Hülfe
geschickt hatte, geriethen in Gefangenschaft. So kamen die schönen Besitzungen
im obern Italien wieder unter die Hoheit des Reiches; Franz Sforza zog in
Mailand ein und erkannte den Kaiser als Lehnsherrn an. Im nächsten Frühjahr räumten die Franzosen auch die Citadelle der Hauptstadt, so daß ihnen

27. April
1522.

14. April
1523.

nichts weiter verblieb, als die Festung Cremona, die sich noch bis in das nächste Jahr hielt. Die Venetianer und der Herzog von Ferrara sagten sich nach einiger Zeit von Frankreich los und schlossen mit dem Kaiser Frieden und Bündniß.

Der glückliche Waffengang in Italien erfüllte den Kaiser mit der Hoffnung, auch die alten Reichslande an der Rhone und das seinem Hause entrissene Herzogthum Burgund von Frankreich loszureißen. Die Erinnerung, daß das arelatensische Gebiet einst ein Reichslehen gewesen, das die französischen Könige widerrechtlich an sich gebracht, ohne sich um die kaiserliche Lehnshoheit zu kümmern, war noch nicht erloschen. Und zu gleicher Zeit hatte sich auch Heinrich VIII. von England, Karls Bundesgenosse, erinnert, daß einst die Provinzen des westlichen Frankreich seinen Vorfahren gehört hatten; noch war ja Calais von jenen Zeiten her im englischem Besitz geblieben. Als er am 29. Mai 1522 durch einen Herold dem französischen König den Krieg ankündigen ließ, trug er sich mit der stolzen Hoffnung, er könne die Rolle Heinrichs V. erneuern. Ein englisch-niederländisches Heer rückte in die Picardie ein, während Lord Surrey, zugleich Admiral des Kaisers und des Königs, mit einer Flotte vor Cherbourg erschien. Eine Zeit lang hatte es den Anschein, als ob die französische Krone Alles wieder einbüßen sollte, was ihr die Staatsklugheit Ludwigs XI. errungen hatte. Denn zugleich erhob sich auch im Lande selbst, in dem eigenen Königshaus ein Gegner, der mit gefährlicheren Anschlägen umging, als von dem unkriegerischen leichtsinnigen König von England zu befürchten stand, dessen Heere und Schiffe nirgends etwas Namhaftes auszuführen vermochten.

Dieser Gegner war Herzog Karl von Bourbon. Sein Vater Gisbert, welcher 1496 als Statthalter von Neapel gestorben war, hatte ihm nur die Grafschaft Montpensier hinterlassen, aber durch seine Vermählung mit Susanne, der einzigen Tochter des Herzogs von Bourbon-Beaujeu, war er mit Einwilligung Ludwigs XII. in das Erbe der älteren Linie seines Hauses eingetreten und der reichste und mächtigste Herr in Frankreich nach dem König geworden. Er vereinigte mit seinen bisherigen Stammgütern die Herzogthümer Bourbon und Auvergne, die Grafschaften Clermont, La Marche und Forez und mehrere andere bedeutende Herrschaften; seine Jahreseinkünfte waren größer als die irgend eines deutschen Fürsten; seine Hofhaltung wetteiferte in Glanz mit der königlichen und durch seine Tapferkeit hatte er sich von Franz die Würde eines Connetable erworben. Er war leutselig und freigebig und sein Ehrgeiz spiegelte ihm vor, da der König noch keinen Erben hatte, er könne wohl selbst den französischen Thron gewinnen. Diese glänzende Stellung erfuhr jedoch bald einen heftigen Stoß. Andere Einflüsse untergruben die Hofgunst; er wurde bei mehreren Gelegenheiten zurückgesetzt, die oberste Heerführung Anderen übertragen. Er trat an die Spitze der Malcontenten, deren Zahl in Folge des Despotismus und der Willkürhandlungen des Königs von Jahr zu Jahr wuchs. Aber er sollte noch tiefer verletzt werden. Am 28. April 1521 starb seine Gattin Susanna kinderlos; und ob-

Frankreich bedroht.

Der Connetable von Bourbon.

wohl sie den Gemahl zum Erben ihrer Güter einsetzte, so erhoben sich doch Bedenken, ob nicht die lehnsherrlichen Rechte der Krone allen andern Abmachungen
vorangingen. Und auch die Königin Mutter Louise von Savoyen, eine Schwestertochter Peters von Beaujeu, trat mit Ansprüchen hervor. Ihr Einfluß auf
den Sohn war damals überwiegend, und wenn sie schon aus Habgier dem Herzog entgegenwirkte, so wurde sie noch durch Leidenschaft und gekränkten Stolz
zur Rache entflammt, als derselbe, wie es heißt, den ihm angebotenen Ehebund
mit Unwillen zurückwies. Schon war bei dem Parlamente der Rechtshandel
eingeleitet, der ihm seine Besitzungen absprechen sollte, und bei der Stimmung
in den hohen Kreisen war wenig Aussicht, daß er ihn gewinnen werde. Er stand
auf dem Punkte, wieder zum geringen Grafen von Montpensier herabzusinken.

Coalition
gegen Frank-
reich. Da beschloß der stolze Feudalherr, in dessen Busen Zorn, Rachgier und
Ehrgeiz zusammenwirkten, bei den Feinden seines Vaterlandes Hülfe zu suchen.
Ein junger Edelmann, Adrian von Beaurain, unterhandelte in seinem Namen
am burgundischen und englischen Hofe. Man kam überein, daß kaiserliche Heere
von den Niederlanden aus in Burgund, von Spanien aus in Languedoc ein-
fallen und die Engländer die Picardie überziehen sollten, während gleichzeitig
der Herzog eine Kriegsmacht von 500 schwergerüsteten Reitern und 10,000
Mann zu Fuß ins Feld führen würde. Der Kaiser versprach, ihn mit seiner
Aug. 1523. Schwester, der verwittweten Königin Eleonore von Portugal, zu vermählen und
auf den Thron Frankreichs zu erheben; dafür machte sich Bourbon verbindlich,
falls der Kaiser einwillige, den König von England als seinen Lehnsherrn anzuerkennen. Ein Feldzug nach Italien, zu dem Franz gerade damals Anstalten
getroffen, erschien als der günstigste Zeitpunkt zur Ausführung des verabredeten
Planes. Entweder konnte man sich seiner Person bemächtigen oder ihm den
Rückzug durch die Alpenpässe abschneiden. Der Anschlag wurde jedoch dem
König durch zwei normannische Edelleute verrathen. Er stellte den Herzog zur
Rede und forderte ihn zur Theilnahme an dem italienischen Feldzuge auf. Bourbon suchte Ausflüchte; doch hielt er es für gerathen, sich aus Frankreich zu entfernen. Von einigen getreuen Edelleuten begleitet entkam er unter allerlei Fährlichkeiten verkleidet über Besançon nach der Grafschaft Pfirt. Von dort aus
gedachte er sich mit den englisch-niederländischen Heerhaufen zu verbinden, welche
nach der Picardie und Champagne vordrangen; als aber diese Unternehmung,
obwohl die Feinde bis an die Oise gelangten und Paris bedrohten, keinen
Fortgang hatte, begab er sich nach Italien, wohin der Admiral Bonnivet mit
einem stattlichen Heere aufgebrochen war. Franz hatte dahin folgen wollen, allein
unter so schwierigen Umständen hielt er es für gerathener, im Lande zu bleiben.
Die Bischöfe und Edelleute, welche im Verdacht standen, mit dem Herzog im
Einvernehmen zu sein, wurden unter Aufsicht gestellt, gegen ihn selbst eine gerichtliche Klage wegen Aufruhr und Felonie eingeleitet.

Im Herbst setzte Bonnivet über den Tessin und rückte auf Mailand los. *Bonnivet vor Mailand.* Aber hier fand er kräftigen Widerstand. Durch Prospero Colonna waren die Festungswerke in guten Stand gesetzt und reichliche Bedürfnisse herbeigeschafft worden; die Mailänder zeigten sich entschlossen, für ihren Herzog Leben und Gut einzusetzen; nirgends regten sich französische Sympathien. So hatte die Belagerung, zu welcher sich Bonnivet in später Jahreszeit entschloß, keinen Fortgang. Durch häufige Ausfälle aus der Stadt beunruhigt, durch Schnee und Unwetter belästigt, mußte er die Blokade aufheben und an den Tessin zurückkehren.

Mit dem neuen Jahr gestalteten sich die Verhältnisse für die Kaiserlichen *Abzug der Franzosen aus Italien.* noch günstiger. Um die Zeit, als Prospero Colonna aus der Welt ging, trafen *Bayards Tod. 1524.* von allen Seiten neue Zuzüge ein: Aus Neapel führte der Vicekönig Karl von Lannoy schwere und leichte Reiterei herbei; venetianische und päpstliche Hülfstruppen zogen unter dem Herzog von Urbino und dem Proveditore Pesaro ins Feld; von den Alpen stiegen 7000 Landsknechte, die der Erzherzog Ferdinand zusammengebracht und denen sich Schärtlin von Burtenbach mit einem eigenen Fähnlein angeschlossen, nach Bergamo herab; der Marchese von Pescara befehligte das spanische Fußvolk, das ihm mit größter Hingebung gehorchte. Und nun erschien auch der Connetable von Bourbon, den der Kaiser zum Statthalter ernannt. Wohl waren auch Berner und Graubündtner Mannschaften auf dem Marsch, um sich dem französischen Heer anzuschließen, aber von den Feinden am Vorrücken gehindert, konnten sie Bonnivets Heer lange nicht erreichen. Umsonst bot der französische Feldherr den Verbündeten eine Schlacht an, diese hofften auch ohne solche durch strategische Kunst zu siegen. Und wirklich gelang es ihnen durch einige geschickte Operationen und durch den Beistand, den ihnen die ghibellinisch gesinnten Einwohner allenthalben gewährten, den Feind über den Tessin und die kleineren Flüsse Piemonts bis an die obere Sesia zurückzudrängen. Und als Bonnivet bei Gatinara auch diesen Fluß überschritt, um sich mit den in Ivrea stehenden Schweizern zu vereinigen, gerieth das von Pescara verfolgte *30. April 1524.* und angegriffene Heer in große Unordnung: die Brücke brach ein, *Gatinara* ging in Feuer auf, viele Krieger fanden ihren Tod. Bonnivet, im Arm verwundet, hatte den Oberbefehl an Bayard, den uns wohlbekannten „guten Ritter", abgegeben. Aber auch dieser Tapfere, der bei Freund und Feind in Ehren stand, fand auf dem Rückzug seinen Tod. Von der Kugel eines deutschen Hakenschützen getroffen, ließ er sich vom Pferde heben und unter einen Baum niedersetzen. Das Angesicht gegen den Feind gerichtet, den Griff seines Schwertes wie ein Kreuz vor sich haltend, erwartete er betend als christlicher Rittersmann sein Ende. Zu dem Connetable von Bourbon, der theilnehmend vor ihn trat, soll er gesagt haben: „Beklagt nicht mich, denn ich sterbe in Erfüllung meiner Pflicht; wohl aber sind diejenigen zu beklagen, welche gegen ihren König, ihren Eid und ihr Vaterland fechten". So schied

Bayard, „der Ritter ohne Furcht und Tadel", in einem Alter von achtund-vierzig Jahren aus dem Leben. Nach solchen Unfällen konnten sich die Fran-zosen nicht länger in Italien halten. Sie zogen über die Alpen zurück und auch die Schweizer suchten ihre Heimath wieder auf. Lodi, Novara, Alessandria ergaben sich den kaiserlichen Heerführern ohne Schwertstreich. Dem König von Frankreich verblieb kein Fuß breit Land in Italien.

2. Die Schlacht bei Pavia und der Friede von Madrid.

Bourbon im südlichen Frankreich.
Es war zu erwarten, daß der König von Frankreich diese Niederlage nicht ruhig hinnehmen werde. Deßhalb wurde im kaiserlichen Heere beschlossen, den-selben in seinem eigenen Lande zu beschäftigen. Der Connetable brannte vor Verlangen, den Gegner in Frankreich selbst zu bekämpfen; er hoffte in der Pro-vence, wo er viele Anhänger zählte, als König anerkannt zu werden. Hein-rich VIII. versprach Geldunterstützung; von Spanien aus sollte gleichzeitig ein

Juli 1524. Heer die Pyrenäen überschreiten. So erfolgte denn der Uebergang Bourbons über den Bar. Deutsche Landsknechte unter Ludwig von Lodron und Eitel-fritz von Zollern bildeten den Kern des Kriegsvolks, dem sich die Spanier unter Pescara und einige italienische Mannschaften anschlossen. Die Venetianer und der neue Papst Clemens VII. wollten sich nicht betheiligen. Die Städte Anti-

9. August. bes, Frejus, Toulon ergaben sich ohne Widerstand; am 9. August nahm Bour-bon Aix, die Hauptstadt des Landes; zehn Tage später stand er vor Marseille. Er nannte sich Graf von Provence und leistete dem englischen König den Lehns-eid. Nun trat aber eine Wendung ein. Wie viele Unzufriedenheit die despo-tische Regierung des Königs Franz erregt hatte, die Nation hing ihm dennoch mit Begeisterung an, während der abgefallene Connetable überall auf Abneigung und Feindschaft stieß. Dank der Consolidationspolitik Ludwigs XI. war das Gefühl der Nationalität in Frankreich mächtig erstarkt und zum Bewußtsein des gesammten Volkes gekommen. Alle Stände wetteiferten in patriotischer Hin-gebung und Opferwilligkeit. Eine außerordentliche Kriegssteuer von drei auf einander folgenden Tailles wurde von den „guten Städten" freiwillig, vom Klerus und Adel nothgedrungen gewährt und trug die hohe Summe von fünf Millionen ein. Zugleich leistete die Bürgerschaft von Marseille im Verein mit der tapfern Besatzung einen so entschlossenen Widerstand, daß die Belagerung der gut befestigten Stadt keinen Fortgang hatte, zumal als die Zahlungen zu stocken begannen. Unterdessen sammelte der König beträchtliche Streitkräfte in Avignon: die kriegerischen Bauern des Delfinats eilten mit Kampflust zu den Fahnen; der reiche Sold, den Franz bot, lockte Schweizer und selbst deutsche Landsknechte herbei. Bald stand dem König ein Heer zur Verfügung, das auf 2000 schwergerüstete Reiter und 30,000 Mann Fußvolk gezählt ward. Es war zu befürchten, daß der Rückzug nach Italien abgeschnitten werde. Bis in

die zweite Hälfte Septembers hatten die kaiserlichen Truppen alle Kräfte angestrengt, die Stadt Marseille zur Uebergabe zu zwingen; schon hatte ihr Geschütz
eine Bresche in die Mauer gerissen; Pescara, durch seine auffallende Tracht und
seinen großen Landsknechtshut mit wehendem Federbusch Allen kenntlich, feuerte
unermüdlich zum Angriff an; aber das Vertheidigungsheer, bei welchem ein
Italiener von der orsinischen Faction durch Tapferkeit und Geschicklichkeit hervorragte, leistete den entschlossensten Widerstand und hielt die Stürmenden durch
treffliche Gegenanstalten vom Eindringen ab. Da erkannte Pescara das Gefährliche seiner Lage und ordnete den Rückzug an. Mit innerem Widerstreben 28. Sept.
1524.
folgte ihm Bourbon; seine stolzesten Hoffnungen sah er durch diesen Entschluß
zerrinnen. Sein Abfall hatte seinen Gegner in den Herzen des Volks gestärkt.

Franz folgte den Abziehenden auf dem Fuße. Er wollte die günstigen Beide Ar-
meen ziehen
über die
Alpen.
Umstände zur Wiedereroberung des schönen Herzogthums benutzen, das ihm so
theuer war. Mit wetteifernder Eile überstiegen beide Heere auf verschiedenen
Wegen die Alpen, die Kaiserlichen über Nizza, Bentimiglia, die Seealpen, in
guter Ordnung und keineswegs entmuthigt, wenn auch die Mannschaften sich
nicht von ferne vergleichen ließen mit der glänzenden Kriegsmacht, welche Franz
selbst über die Oberalpen nach der Lombardei führte. An einem und demselben
Tage sollen beide Armeen den Tessin überschritten haben, die Franzosen bei
Abbiategrasso, die Kaiserlichen bei Pavia. Auf diese treue Ghibellinenstadt, wo
Antonio de Leyva, ein trefflicher Feldherr und Soldat, den Oberbefehl führte,
stützte sich jetzt das kaiserliche Heer, da in Mailand die Pest war und fast die
ganze Lombardei in Kurzem in die Gewalt des Feindes gerieth. Während
Bourbon nach Deutschland eilte, um frische Landsknechte zu werben, rückte das
französische Heer vor Pavia. Man hoffte, die Festung würde dem Angriff nicht Ende Octo-
ber 1524.
lange zu widerstehen vermögen, Mangel an Geld und Lebensmitteln würde bei Belagerung
von Pavia.
1524.
den deutschen Landsknechten bald die Kampflust dämpfen und sie zum Abfall
bringen; man hatte ja schon so oft die Erfahrung gemacht, daß die Söldnerhaufen nur so lange bei einer Fahne aushielten, als Sieg und Beute bei derselben winkten, daß Anstrengungen ohne Aussicht auf Erfolg, daß Entbehrun-
gen und Gefahren die Treue zum Wanken gebracht. Aber diesmal trog die
Berechnung: es waren biedere deutsche Soldatenherzen in der Stadt, welche
dem Kaiserhaus ergeben blieben, und der Eifer der ghibellinischen Stadtbevölke-
rung, welche aus allen Kräften die Vertheidigung unterstützte, die Streitlust der
Landsknechte anfeuerte, für „weißes Brod und kühlen Wein" sorgte, selbst als
bereits bei den geringen Leuten der Hunger sich einstellte, und die entschlossene
Haltung des Befehlshabers Antonio de Leyva, der aus Kirchengefäßen Geld
prägen ließ und wohl auch seine eigene goldene Kette in die Münze trug, wirkten
ermuthigend und erhebend auf die Besatzung. Es half dem französischen König
nicht viel, daß er einen Sturm nach dem andern anordnete; wo eine Bresche in
die Mauer geschossen ward, sah man hinter derselben neue Wälle und Befestigun-

gen sich erheben und die umliegenden Häuser mit Schießscharten versehen und
mit Hakenschützen besetzt, die den muthigsten Widerstand leisteten; auch der Versuch, den Tessin abzuleiten und dadurch einen Zugang zu der Stadt zu gewin-
Jan. 1525. nen, schlug fehl. Im Januar wurde der Plan, Pavia mit Gewalt zu nehmen,
aufgegeben; man schritt zu einer engen Einschließung, um durch Aushungern die
Uebergabe zu erzwingen. Und um nicht von Außen gestört zu werden, schickte
der König den Johann Stuart, Herzog von Albany, mit einigen Mannschaften
nach Neapel, in der Hoffnung, die in der Lombardei an verschiedenen Orten aufgestellten Truppen Pescara's würden nachziehen. Diese ließen aber zunächst den
Vicekönig Lannoy für sich selbst sorgen, denn nicht im Neapolitanischen, sondern
im Mailändischen mußte der Krieg seine Entscheidung finden. An sie schlossen
sich nun die frischgeworbenen Landsknechte an, welche Bourbon unter dem Beistand
des Erzherzogs in Augsburg und Innsbruck zusammengebracht. Er hatte seine
eigenen Juwelen verkauft, um das Hand- und Laufgeld herbeizuschaffen. Unter
ihnen war der alte Georg Frundsberg, dessen Sohn Kaspar sich durch seine
Tapferkeit in Pavia den Hauptmannsrang verdient hatte; zu seiner Befreiung
zog nun der alte Haudegen noch einmal über die Alpen. Bei Lodi vereinigten
sich die beiden Heerhaufen und rückten sofort auf Pavia los; man mußte eilen,
da das Geld zur Soldzahlung bereits auf die Neige ging. Bald kamen sie in
die Nähe der französischen Armee, die auf dem linken Ufer des Tessin in einem
gut verschanzten Lager eine feste Stellung genommen hatte und mit allen Bedürfnissen aufs Reichlichste versehen war. Vergebens boten die kaiserlichen Obersten eine Schlacht an; im königlichen Kriegsrath hielt man dieselbe für über-
flüssig, da das feindliche Heer ohne Geld und Lebensmittel sich ja doch von selbst
auflösen mußte. Wohl bemerkten einige erfahrene Hauptleute, es sei bedenklich,
im Angesicht zweier feindlichen Heere sich zu behaupten, und riethen zu einer Verlegung des Lagers; aber Bonnivet meinte, ein Abzug vertrüge sich nicht mit des
Königs Ehre.
Schlacht bei   Und in der That gerieth auch das Heer der Verbündeten, das dem könig-
Pavia. 1525. lichen gegenüber gelagert war, bald in die höchste Noth, während die Gegner in
Ueberfluß lebten und zuversichtlich einem siegreichen Ausgang entgegensahen.
Die Lage war unerträglich und nöthigte die Feldherren Bourbon, Pescara und
Frundsberg Alles zu wagen, um sich selbst vom Untergang und die Landsleute
in der Stadt von der Bedrängniß zu retten. Der Nothstand selbst diente ihnen
als Stachel und Sporn, die Söldnerhaufen zu einem stürmenden Angriff wider
24. Febr. das reiche Lager der Feinde zu reizen. Aus einem nächtlichen Ueberfall auf
den Park und das Jagdschloß Mirabello, an das sich die linke Seite des
französischen Lagers anlehnte, entspann sich nach Tagesanbruch eine blutige
Schlacht, die trotz der günstigen Stellung und der Tapferkeit der Franzosen
gegen sie entschied. Es war eine Völkerschlacht im Kleinen: auf beiden Seiten kämpften deutsche Landsknechte, bei den Franzosen die „schwarzen Fähn-

lein", Mannschaften aus Geldern und Lothringen, bei den Kaiserlichen die
Schaaren von Frundsberg und Marx Sittich und 200 Pferde, die mit Nicolaus
von Salm über die Alpen gekommen, alle gleich tapfer und von großem Haß
gegen einander erfüllt; ferner Franzosen zu Roß und zu Fuß und Schweizer in
28 Kriegshaufen geordnet, ihnen gegenüber die spanischen und italienischen Soldknechte, welche Pescara und der Vicekönig von Neapel ins Feld führten; als
sich die Schlacht dem Ende zuneigte, machte auch noch die Besatzung von Pavia,
gleichfalls ein buntes Völkergemisch, einen Ausfall. Nicht ganz zwei Stunden
dauerte die Feldschlacht, welche durch Mißverständnisse und schlechte Anordnung,
durch die ungünstige Stellung zwischen zwei feindlichen Heeren, wie durch die
besonnene und muthige Haltung der Deutschen mit einer vollständigen Niederlage der Franzosen und ihrer helvetischen Verbündeten endigte. König Franz
glänzte vor Allen durch ritterliche Tapferkeit; als auf dem rechten Flügel, wo er
sein Schlachtroß tummelte, die Glieder zu weichen begannen, sprengte er hinzu,
um wenigstens die Schweizer zum Stehen zu bringen; da wurde ihm das Pferd
von Nicolaus von Salm unter dem Leibe erschossen, er stürzte zu Boden und
schwebte in der größten Lebensgefahr, bis ihn der herbeieilende Vicekönig von
Neapel erkannte und ihm ehrfurchtsvoll die Hand reichte. Ihm übergab sich der
König als Gefangenen. Wenn es auch nur eine spätere Sage ist, daß er seiner
Mutter den Unfall mit den lakonischen Worten gemeldet habe: „Alles ist verloren, nur die Ehre nicht!", in Wahrheit verhielt es sich doch so: Nicht blos
Franz selbst hatte die größte persönliche Tapferkeit gezeigt, auch die übrigen französischen Führer und Kriegsmannen hatten muthig dem Tod ins Angesicht ge-
schaut. Auf zehntausend wird die Zahl der schmucken Leute gerechnet, welche
auf dem Schlachtfelde umherlagen oder in den Wellen des Tessin ertranken. Unter
den Gefallenen war Bonnivet, welcher das Nationalunglück, das er zum Theil
durch seinen Rath verschuldet, nicht überleben wollte, war der 75jährige La Tre-
mouille, waren die Marschälle La Palisse und Lescuns und viele Herren vom
hohen Adel. Andere angesehene Häupter, wie König Heinrich von Navarra,
wie die Grafen St. Pol, Montmorency, Brion, Fleuranges, theilten mit Franz
das Loos der Gefangenschaft. Nur zersprengte Heerhaufen kehrten über die
Alpen zurück.

Niederlage der Franzosen. Der König gefangen.

Der kriegerische Ruhm, dessen sich die Schweizer von den Burgunderkriegen
her erfreut, ist seit dem Tage von Pavia von den Alpensöhnen gewichen; von
der Zeit an galten die deutschen Landsknechte als die ersten Männer des Schwertes und anstatt des Siegers von Marignano wurde jetzt Kaiser Karl V. als
Kriegsheld und Schlachtengewinner von den Zeitgenossen gefeiert. Die Beute,
die im französischen Lager den Landsknechten in die Hände fiel, war unermeßlich. Auch der Sold wurde reichlich entrichtet, da die italienischen Staaten und
Fürsten eilten, durch pünktliche Bezahlung der Subsidiengelder die Gunst des
neuen Gebieters im oberen Italien zu erkaufen. Denn wer sollte jetzt dem mäch-

Wirkung des Sieges. König Franz nach Madrid gebracht.

tigen Kaiser, dem Herrn so vieler Reiche und Länder, die Oberherrschaft streitig machen? Nun war er nicht mehr der unbedeutende burgundische Prinz, von dem man bisher gesagt hatte, daß ihm Schicksal und Geburt eine unverdiente Stellung angewiesen; „er war jetzt hineingewachsen in das weite Gewand eines Weltreichs, das ihm vorher nur die Laune eines seltsamen Zufalls umgelegt zu haben schien". Und Karl fühlte die ganze Bedeutung des Ereignisses. Er lag fieberkrank in Castilien, von schweren Sorgen gedrückt, als ein Eilbote ihm die Nachricht brachte, daß bei Pavia das feindliche Heer vernichtet worden, der König selbst sein Gefangener sei. So überwältigend war der Eindruck, daß er einige Augenblicke stumm vor sich hinschaute. Dann kniete er vor einem Marienbild nieder, sprach ein Dankgebet und flehte um ferneren Beistand zur Bekämpfung der Ungläubigen und zur Herstellung des Friedens in der Christenheit. Bald sollte er den Nebenbuhler als Gefangenen in seinem eigenen Lande sehen. Franz I. wurde von Pizzighettone, wohin er von dem Schlachtfelde gebracht worden, durch Lannoy zur See nach Madrid geführt und unter strenge Aufsicht gestellt.

Pläne gegen Frankreich. In Frankreich vernahm man die erschütternden Ereignisse mit der größten Bestürzung. Man erwartete, daß die siegreiche Armee über die Grenzen hereinbrechen und die Zeiten des Königs Johann wiederkehren möchten. Und in der That trug sich Heinrich VIII. von England mit solchen Plänen. So wenig auch der überseeische Bundesgenosse zu den Erfolgen in Italien beigetragen, so meinte er doch, daß ihm der schönste Theil des französischen Reiches zufallen sollte. Der Kaiser, so war sein Vorschlag, sollte über die Pyrenäen in Frankreich eindringen, während seine Heere die westlichen Landschaften in Besitz nähmen; in Paris könnten beide Monarchen sich begegnen und die weiteren Verabredungen treffen. Alles was die Franzosen in früheren Jahren dem Reich und dem burgundischen Hause entrissen, sollte dem Kaiser zurückgestellt werden, die Krone von Frankreich aber an den englischen König fallen. Eine Vermählung zwischen Karl und Maria Tudor sollte das Bündniß noch enger knüpfen. Mit solchen verwegenen Vorschlägen war jedoch Karl keineswegs einverstanden. Wenn er auch entschlossen war, das Herzogthum Burgund für Oesterreich zurückzufordern, auf die Dauphiné und die Provence die alten Reichsrechte wieder geltend zu machen und die letztere Landschaft als Königreich dem Herzog von Bourbon zu verleihen, so gedachte er doch alles Uebrige dem gefangenen König zu lassen und ihm gegen ein Friedensbündniß die Freiheit zurückzugeben. Den hochmüthigen, von Launen und augenblicklichen Stimmungen beherrschten Tudor ärgerte es, daß seine Entwürfe keine Billigung fanden, und man konnte bald wahrnehmen, daß seine Freundschaft für den Kaiser mehr und mehr erkaltete und er sich wieder dem französischen Hofe zu nähern suchte. Und auch in Italien stiegen bald düstere Wolken auf. In Venedig und Rom und an den kleineren Höfen blickte man mit Besorgniß auf die wachsende Macht der Habsburger. Die Vereinigung der Lombardei und Unteritaliens in Einer Hand, welche so weit reichte, war für die Selbstän-

bigkeit der Halbinsel doch allzu gefährlich. Eine unabhängige Politik im eigenen
Interesse schien dabei für die übrigen Staaten und Territorialherren unverträglich.
Dem Kaiser entging die Stimmung nicht; er hielt es daher für rathsam, jeden
Einfall in Frankreich aufzugeben und zunächst auf Befestigung seiner Herrschaft
im Mailändischen und auf ein friedliches Abkommen mit König Franz zu denken.
Die energischen Vertheidigungsanstalten, welche auf Anregung der Königin
Mutter Louise von Adel und Communen getroffen wurden, ließen ohnedies einen
Angriff auf die Grenzlande sehr bedenklich erscheinen.

Niemand hegte tiefere Besorgnisse vor der Habsburgischen Uebermacht in Der Papst
u. die natio=
nale Partei
in Italien.
Italien, als Papst Clemens VII., der Mediceer. Die nationalen Bestrebungen,
die einst Julius II. in seiner Seele getragen, fanden in ihm einen neuen eifrigen
Bekenner: nicht nur die Herrschaft Frankreichs, auch die des Hauses Oesterreich
sollte aus der Halbinsel verschwinden, Mailand dem Franz Sforza als unabhän=
giges Herzogthum zu Theil werden, das neapolitanische Königreich unter die Lehns=
herrschaft des Papstes zurückkehren. Es verdroß den ehrgeizigen Oberpriester, daß
er für seine, dem Kaiser geleisteten Dienste keine Erweiterung des Kirchenstaates
erlangt hatte, daß der Herzog von Ferrara sogar im Besitz des Fürstenthums Ro=
vigo belassen ward. Von weiter Hand wurde der Umschwung vorbereitet: der König
von Frankreich sollte, wenn er die Freiheit wieder erlangt haben würde, für immer
seine italienischen Ansprüche aufgeben, mit den Schweizern wurden die alten Bünd=
nisse erneuert, mit Heinrich VIII. vertrauliche Unterhandlungen gepflogen. Und da
man an dem Beispiele des Connetable von Bourbon die Erfahrung gemacht, wie
viel der Abfall und Verrath eines mächtigen Edelmanns der gegnerischen Partei
Nutzen schaffen könne, so wollte man versuchen, den Feldherrn Pescara für die
italienische Sache zu gewinnen. Man wußte, daß er trotz seiner großen Ver=
dienste von dem Kaiser zurückgesetzt ward, daß der viel unbedeutendere Graf Lan=
noy ihm in der Gunst des Monarchen voranging, daß sein ehrgeiziges Herz die
Kränkung bitter empfand. Wenn man ihm die Krone von Neapel, seinem Ge=
burtslande, unter päpstlicher Oberlehnsherrschaft in Aussicht stellte, sollte es nicht
gelingen, ihn herüberzuziehen? Welches Gewicht würde der Beitritt eines solchen
Mannes, dem das spanische Fußvolk unbedingt ergeben war, in die Wagschale
der italienischen Liga legen! Franz Sforza ging auf den Plan ein; sein ge=
wandter Staatsmann Morone, dem er vorzugsweise die Wiedererlangung des
Herzogthums verdankte, sollte nun sein Werk vollenden, indem er ihm auch die
Souveränität verschaffte. Durch ihn erhielt Pescara die ersten vertraulichen Er=
öffnungen. Er nahm sie scheinbar günstig auf, aber nur, um das ganze Com=
plot seinem Herrn zu verrathen. In dem Lande Machiavelli's hatte man kein
Verständniß für die Treue und Loyalität eines spanischen Grande. In der pyre=
näischen Halbinsel, wo die ritterliche Romantik noch nicht erloschen war, galt
Abfall und Felonie für das schwärzeste Verbrechen, das in der Brust eines Edel=
manns entkeimen konnte. Lehnstreue und Hingebung für den König, auch wo

dieser Unrecht thut, war seit den Tagen des Cid Campeador in den Augen des
Spaniers die erste aller Tugenden. Wie sollte ein Feldherr und Ritter von Pescara's Charakter diese gepriesene Eigenschaft, das stolzeste Gefühl einer spanischen
Seele verleugnen! Während man sich in Italien in den Träumen einer nationalen Wiedergeburt wiegte, und Ghiberti frohlockend ausrief: „Ich sehe die Welt
sich umwandeln, Italien wird aus dem tiefsten Elend zum höchsten Glück aufsteigen", wurde der Kaiser durch Pescara und Leyva von Allem unterrichtet und
ertheilte seinen Freunden die Vollmacht, zu verfahren, wie sie es für zweckmäßig
hielten. Der Marchese zögerte nicht. Er ließ Morone nach einer geheimen Unterredung in Haft setzen und forderte von dem Herzog die Uebergabe sämmtlicher
Festungen. Zugleich klagte er ihn wegen Felonie an; und als der Sforza mit der
Auslieferung der Citadelle von Mailand zögerte, schritt er zur Gewalt. Er sollte
jedoch den Ausgang nicht erleben: inmitten der Gährung, welche diese Vorgänge,
verbunden mit dem Drucke der fremden Kriegsvölker, in der italienischen Bevölkerung erzeugt, schied Pescara aus dem Leben, der bedeutendste spanische Feldherr seit Gonsalvo de Cordova.

14. Octbr.
1525.

30. Novbr.
1525.

    Bald trat eine neue Wendung der Dinge ein. Um den drohenden Sturm
zu beschwören, suchte sich Karl mit seinem gefangenen Gegner auszusöhnen. Es
wäre ihm nicht schwer geworden, den König zu einem aufrichtigen Frieden und
zur Verzichtleistung seiner italienischen Ansprüche zu bewegen, hätte er einige Billigkeit und Großmuth walten lassen. Denn dem lebensfrohen Fürsten war die
Gefangenschaft in Madrid, war die Entfernung von seinem Hofe unerträglich.
Er verfiel in eine Krankheit. Um ihn zu pflegen, seinen Unmuth zu zerstreuen und
die Unterhandlungen mit dem Kaiser zu führen, eilte seine Schwester Margaretha
nach Madrid. Aber hochherzige Gefühle wohnten nicht in des Kaisers Seele. Er
wollte die Gelegenheit, die ihm das Glück so unerwartet in den Schooß geworfen, aufs Aeußerste ausnutzen. Nicht nur Mailand sollte Franz herausgeben,
nicht nur seinen Ansprüchen auf Neapel für immer entsagen, auch Burgund, das
Stammland der kaiserlichen Voreltern, sollte von Frankreich losgerissen werden
und Flandern und Artois wieder unter die burgundische Oberherrlichkeit zurückkehren. Eine Heirath zwischen Franz, dessen Gemahlin Claudia im J. 1524
gestorben war, und Karls Schwester sollte das Bündniß besiegeln. Wäre es für
den Kaiser rühmlicher und verständiger gewesen, weniger harte und unerträgliche
Bedingungen aufzustellen, so hätte es auch dem französischen König mehr Ehre
gebracht, lieber noch länger in der Gefangenschaft auszuharren, als in ein
Uebereinkommen zu willigen, das Schande oder Wortbruch auf ihn laden mußte.
Aber Franz war ein leichtsinniger Fürst und der Sohn einer gewissenlosen Zeit.
Um seine Freiheit zu erlangen, unterzeichnete er den Frieden von Madrid, worin
er die erwähnten Bestimmungen sämmtlich beschwor, alle seine Verbindungen
mit den Gegnern des Kaisers in Deutschland, in den Niederlanden, in Navarra
aufzulösen versprach und sich mit der verwittweten Königin von Portugal ver-

Vertrag von
Madrid
1526.

14. Jan.
1526.

lobte. Aber kurz zuvor hatte er unter seinen Freunden eine Urkunde aufgesetzt, worin er erklärte, daß er den Vertrag als erzwungen ansehe, daß Alles, was derselbe enthalte, null und nichtig sei, und daß er alle Rechte seiner Krone zu behaupten gedenke. Und doch machte er sich kein Gewissen daraus, bei einem feierlichen Hochamte, die Hand auf das Evangelienbuch, zu schwören, daß er den Vertrag niemals brechen werde. Und er wiederholte das Versprechen dem Kaiser selbst, als er sich in Illescas von demselben trennte, um in sein Reich zurückzukehren. Nachdem seine beiden Söhne sich als Geißeln gestellt, fuhr er auf einer Barke über den Grenzfluß Bidassoa und sprengte dann auf einem bereit-stehenden Pferde dem schönen Frankreich zu, indem er ausrief: „Ich bin der König, ich bin der König!" Mit der Luft der Freiheit zog auch das Gefühl der wiedergewonnenen Macht in seine Brust ein.

10. März 1526.

3. Der päpstliche Kriegsbund und die Erstürmung von Rom. 1526.27.

Man hatte in des Kaisers Umgebung sich nicht des Mißtrauens erwehren kön-nen, ob der Vertrag auch wirklich gehalten werden würde. Karl schlug sich die Be-sorgniß aus dem Sinn: er ernannte einen Gouverneur für Burgund und seine Schwester Eleonore harrte bereits in Vittoria der Stunde, da sie als Königin nach Paris abgeholt werden sollte. Aber wie ganz anders gestalteten sich die Dinge. Hatten sich die beiden Monarchen noch vor Kurzem als „Brüder" umarmt, so tra-ten sie bald als die erbittertsten Feinde einander gegenüber. Von der Abtretung Bur-gunds konnte keine Rede sein, da die eilends einberufenen Stände die Erklärung ab-gaben, es stehe nicht in der Macht des Königs, eine Provinz des Reiches von dem Ganzen loszureißen, ein abgezwungener Schwur könne die Rechte der Mon-archie nicht beeinträchtigen. Erst seit einem halben Jahrhundert gehörte das Herzogthum zu Frankreich, und schon hatte das Nationalgefühl so feste Wurzeln geschlagen. Aehnlich sprach sich auch die Notabelnversammlung aus, die Franz im December nach Paris berief. Burgund sei als erste Pairie Frankreichs ein integrirender Bestandtheil des Reichs; zu einer Geldentschädigung für die Be-freiung der Prinzen, wozu sich der König bereit erklärt hatte, oder für die Fort-führung des Kriegs, zeigten sich Adel und Geistlichkeit opferwillig. Karl ließ dem König sagen, wenn er den Vertrag nicht ausführen könne, so möge er in die Gefangenschaft zurückkehren. Aber über solche Vorstellungen aus der Ritter-zeit war man damals längst hinaus. Auch die späteren Herausforderungen zum Zweikampf, welche die Monarchen einander zusandten, waren nur eine bedeu-tungslose Reminiscenz untergegangener Formen.

Der Vertrag gebrochen.

Und auch von Italien aus wurde Franz zum Wortbruch aufgemuntert. Wir wissen, welche Hoffnungen und Bestrebungen dort durch den Papst

Die Heil. Liga. 1526.

Clemens VII. geweckt worden waren und in welcher Gährung sich Alles befand. Kaum war Franz in sein Reich zurückgekehrt, so entband ihn der oberste Kirchenfürst seines Eides und ließ ihn auffordern, zur Befreiung Italiens und seiner Söhne das Schwert zu ergreifen; in Italien sei Alles zu seiner Hülfe bereit, Waffen und Mannschaften in gutem Stand. Auch die Venetianer schickten Gesandte; und Heinrich VIII. und Cardinal Wolsey ermahnten den französischen Monarchen, die Verpflichtungen zu zerreißen, die ihn zu einem Knecht von Spanien machen würden. Den König von England verdroß es, daß Karl so wenig auf seine Wünsche eingegangen war und die verabredete Vermählung mit seiner Tochter Maria nicht zu vollziehen Willens schien, und Cardinal Wolsey, der allmächtige Günstling, dessen Erhebung auf den päpstlichen Stuhl Karl einst zu befördern versprach, und dann seinem Versprechen nicht nachgekommen war, schürte die Flamme. Solchen Ber-

22. Mai 1526. lockungen setzte Franz keinen langen Widerstand entgegen. Schon im Mai wurde zwischen Frankreich und Italien der Bund von Cognac geschlossen, der des Kaisers Uebermacht brechen, die Halbinsel von der fremden Herrschaft befreien, ein gewisses Gleichgewicht unter den Völkern Europa's herstellen sollte. Man nannte ihn die „heilige Liga", weil der Papst der Stifter war, und hoffte, der König von England werde sich an die Spitze stellen. Francesco Sforza sollte das Herzogthum Mailand als unabhängiges Fürstenthum beherrschen, der französische König sich mit der Grafschaft Asti und mit dem Seestaat Genua begnügen und die Freilassung seiner Söhne aus der spanischen Geiselschaft erhalten. Neapel sollte als päpstliches Lehen einem Italiener zu Theil werden. Die Beiträge an Mannschaft, Geld und Schiffen waren im Einzelnen bestimmt;

Neuer Krieg in Italien.   So war denn die Losung zu einem neuen Waffengang gegeben; abermals **Juni 1526.** brach der Kriegssturm in Italien los. Ein päpstlich-venetianisches Heer, von den Florentinern unterstützt, rückte wieder in das Gebiet von Parma vor, und der Herzog von Urbino, der als Feldhauptmann der Republik Benedig den Oberbefehl führte, brachte Cremona und Lodi in seine Gewalt. Man erwartete den Zuzug der Schweizer, der langsam heranrückte, und setzte große Zuversicht in die über die Bedrückung der spanischen Kriegsvölker aufs Aeußerste erbitterte Bevölkerung des obern Italiens, insbesondere Mailands, wo Antonio de Leyva und der Marchese del Guasto, Pescara's Verwandter, noch immer die Citadelle belagert hielten. Wirklich griffen auch die ergrimmten Mailänder zu den Waffen; aber ehe ihnen die Verbündeten zu Hülfe ziehen konnten, wurde die Empörung mit Gewalt unterdrückt und schwere Strafe der Stadt auferlegt. Wohl rückte der Herzog von Urbino näher heran; da er sich aber nicht stark genug fühlte, um einen Angriff zu wagen, mußte Francesco Sforza, durch Mangel an Lebens-

24. Juli. mitteln gedrängt, das Castell den Belagerern übergeben. Er erhielt freien Abzug und begab sich zu den Ligisten. Bald trafen auch Schweizer und Franzosen ein, so daß die kaiserliche Besatzungsmannschaft in Mailand sehr ins Gedränge kam. Zugleich kreuzte eine päpstlich-venetianische Flotte unter dem Geruesen Andreas Doria im Mittelmeer und suchte die Annäherung der spanischen Schiffe an der ligurischen und neapolitanischen Küste zu verhindern.

Es war ein Glück für den Kaiser, daß der Herzog von Urbino wenig Entschlossenheit und Kriegsmuth besaß, und daß er selbst in Rom und in andern Orten viele Parteigänger hatte, welche den Ligisten entgegenarbeiteten. Gelang es doch im September seinem Bevollmächtigten Ugo Moncada in Verbindung mit einigen Gliedern der Familie Colonna und dem spanischen Botschafter, Herzog von Sessa, in die Stadt Rom einzuziehen, ohne daß das Volk einen Arm rührte. Bis zum Batican drangen die Colonnesen vor, bemächtigten sich aller Schätze und hätten dem Mediceischen Papst ein ähnliches Schicksal bereitet, wie einst die Verbündeten des französischen Kanzlers Rogaret dem damaligen Kirchenfürsten Bonifacius VIII. (VII, 733 f.), wäre nicht Clemens in die Engelsburg geflüchtet. Erst als er sich zu einem Waffenstillstand von vier Monaten verstand, zog Moncada mit den Colonnas ab, 300,000 Ducaten als Beute wegführend. So hatte sich der Papst thatsächlich von der Liga losgesagt, aber wie Guicciardini, sein Bevollmächtigter im Lager von Cremona, ihm schrieb, daß seine Verpflichtungen gegen die Bundesgenossen heiliger seien, als ein erzwungener Vertrag, so war auch er nicht gemeint, den Waffenstillstand zu halten. Hatte er ja doch den französischen König von seinem feierlichen Eide entbunden, sollte er gegen Empörer mehr Treue bewahren? Geldsendungen von Frankreich und England setzten ihn bald in Stand, ein Heer auszurüsten, welches Renzo da Ceri, der tapfere Vertheidiger von Marseille, in die Abruzzen führte, um einen feindlichen Einfall von Neapel her zu verhindern.

Der Ueberfall Moncada's und der Colonnesen war für Rom und den Papst das Vorspiel einer weit schrecklicheren Katastrophe: „die Stimme hatte sich hören lassen, die im Schneegefild der Alpen die nahende Lawine verkündigt“. In seinem Schloß zu Mindelhein in Schwaben saß der alte Georg Frundsberg, „oberster Hauptmann der Grafschaft Tirol und General-Capitän des kaiserlichen Fußvolks in Italia“. Da erhielt er von seinem Sohn Kaspar, der mit zehn Fähnlein deutscher Landsknechte in Mailand stand, und von den kaiserlichen Feldherren Bourbon und Leyva die Nachricht, daß sie in der bedrängtesten Lage seien und unrettbar verloren, wenn nicht schnelle Hülfe käme; denn das ligistische Heer halte die Stadt eingeschlossen. Ebenso dringende Ermahnungen ließ Erzherzog Ferdinand an ihn ergehen; er bevollmächtigte ihn, auf Pfandschaft zu leihen, was er aufzubringen vermöchte, und war bereit, seine Kleinodien in Augsburg zu versetzen. Da rüstete sich der alte Rittersmann zu seinem letzten Gange. Er nahm Geld auf, wo er Credit fand, er verpfändete seine Herrschaft, das Silberzeug und Geschmeide seiner Gemahlin. Darauf wurde in den deutschen Städten die Trommel gerührt zur Anwerbung von Landsknechten. Da es gegen den Papst ging, so eilten die lutherisch Gesinnten schaarenweise herbei; Frundsbergs Name galt als Bürgschaft des Sieges, und der Kaiser selbst führte ja damals

in seinen Ausschreiben eine Sprache, wie man sie nur aus dem reformatorischen
Heerlager zu vernehmen gewohnt war; er forderte ein allgemeines Concil, wolle
Clemens nicht darauf eingehen, so sollten es die Cardinäle auf eigene Hand einberufen. Auch Frundsberg hatte sein Herz der neuen Lehre geöffnet und hegte
tiefen Groll gegen den Papst; sein Schreiber Jacob Ziegler hat eine Lebensbeschreibung von Clemens VII. verfaßt, in welcher alle schlimmen Eigenschaften
desselben in grellen Farben gezeichnet sind.

Meuterei   Obwohl nur ein geringer Sold gereicht werden konnte, so vermochte doch
im kaiser-
lichen Heer. Frundsberg von den Musterplätzen Meran und Bozen ein auserlesenes Heer
1527.
von 12,000 Mann, fünf und dreißig Fähnlein rüstiger und tapferer Landsknechte
nach Trient und von da auf einem steilen schwierigen Bergpfad nach der Lombardei hinabzuführen. Zu einem Angriff auf das feindliche Heer, um eine Vereinigung mit den Mailändischen Besatzungstruppen zu erzwingen, fühlte er sich
nicht stark genug, zumal da er keine Pferde hatte; er wandte sich also südwärts
nach dem Po. Es gelang ihm unter steten Angriffen von Seiten der Verbündeten, wobei Johann Medici, der tapferste und beliebteste italienische Führer, auf
den Tod verwundet wurde, und unter großen Fährlichkeiten, diesen Fluß zu
29. Decbr. überschreiten und in die Umgegend von Piacenza vorzubringen. Von da aus
1526.
meldete er dem Connetable nach Mailand: „Ueber die hohen Berge und tiefen
Wasser, mitten durch die Feinde in Hunger und Mangel und Armuth sind wir
glücklich hier angelangt. Was sollen wir thun?" Die Deutschen mußten noch
mehrere Wochen zuwarten, bis Bourbon mit einem Theil des Mailändischen
12. Febr. Heeres zu ihnen stoßen konnte. Erst im Februar geschah die Vereinigung in
1527.
Firenzuola. Man beschloß nun, auf Rom loszugehen, den Urheber des Kriegs
in seiner eigenen Burg aufzusuchen, in der reichen Stadt den Sold zu holen, den
der Kaiser nicht zu zahlen vermochte. Der Herzog von Ferrara, im Haß gegen
den Papst mit Bourbon und Frundsberg übereinstimmend, sollte den Weg bereiten. Der Plan wurde ausgeführt, aber nicht im Sinne der Feldherren. Mangel und Noth trieb die Miethlinge zur Verzweiflung. Acht Monate war der
Sold ausgeblieben und keine Aussicht auf Besserung. Da erhob sich ein Aufruhr
der gefährlichsten Art. Die Spanier machten den Anfang; nur mit Mühe entging Bourbon einem gewaltsamen Tod; sein Zelt wurde geplündert. Bald wurden auch die Deutschen von der Aufregung ergriffen. Vergebens suchte der
Feldhauptmann, der in seinem langen Soldatenleben so viele Gefahren und
Schwierigkeiten durch seinen entschlossenen Muth und seinen kräftigen mannhaften
Geist überwunden, durch vernünftige Vorstellungen und beruhigende Reden den
Dämon der Empörung in den rauhen Herzen zu ersticken: mit wildem Toben
forderten sie Geld, ihre Spieße waren gegen die eigenen Hauptleute gerichtet,
verworrene Töne aufgeregter Leidenschaft überschallten seine Worte. Der Eindruck dieser stürmischen Scene, einer in Aufruhr gerathenen Naturgewalt vergleichbar, machte auf den Feldobersten einen solchen Eindruck, daß er sprachlos

zusammensank und bald darauf sein Leben aushauchte. Dieser tragische Ausgang des alten Heerführers hatte eine so erschütternde Wirkung auf die deutschen
Landsknechte, daß sie von ihrem Toben abließen und zum Gehorsam zurückkehrten. Frundsbergs Stellvertreter wurde Konrad von Bemelberg, Ritter von
Boyneburg, genannt „der kleine Heß".

Nun stellten die Truppen an den Connetable die Forderung, er solle sie nach
Rom führen. Dieser willfahrte ihrem Verlangen. Da die größeren Städte wohl
befestigt waren, so wählte er den Weg über die Berge und Thalungen der
Apenninen, in den Quellgebieten des Arno und der Tiber die Bedürfnisse durch
Plünderungen und Requisitionen beschaffend. Wer hätte dem Zug der nach den
Schätzen und Reichthümern der ewigen Stadt lüsternen Söldnerhaufen Einhalt
gebieten können! Auch hat es Niemand ernstlich versucht; selbst der Kaiser, wie
freigebig er auch mit Versicherungen seiner kindlichen Ergebenheit gegen den heil.
Vater in öffentlichen Schreiben war, hat doch keine Schritte gethan, das bevorstehende Ereigniß abzuwenden: man sah seinen Vicekönig Lannoy mit Bourbon
im Lager vertraulich zusammen leben, an derselben Tafel speisen. Der Gedanke,
daß der Papst eine Züchtigung für seine treulose Politik erleide, und daß das
Heer sich in Rom selbst bezahlt mache, schien den Kaiser nicht sehr zu beunruhigen.
Als Bourbon in den letzten Tagen des April in Toscana erschien, um auf der alten Römerstraße nach der Tiberstadt vorzurücken, fand er an den Sienesen, die mit
den Florentinern und Mediceern stets im Kampfe lagen, Vorschub und Unterstützung. Ja in Florenz selbst erregte die mit der mediceischen Herrschaft unzu-
friedene Partei einen Aufstand und zwang die Signoria zu einem Staatsbeschluß,
kraft dessen die Soderinische Staatsordnung wieder hergestellt und die mediceische
Familie auf ewig aus der Stadt verbannt werden sollte. Ohne auf Widerstand
zu stoßen, wohl aber im Rücken von nachziehenden ligistischen Truppen bedroht,
gelangte Bourbon nach Viterbo und durchzog dann die Campagna. Am Abend
des 5. Mai sah man die deutschen und spanischen Söldnerhaufen vom Monte
Mario her bis an die Mauern des Baticans vordringen. Clemens verlor den
Muth nicht. Die ligistischen Truppen standen bereits in Toscana, wo die republikanische Erhebung in Florenz schnell ihr Ende nahm und das Regiment Ippolito's de' Medici unter dem Cardinal Cortona wieder aufgerichtet ward; in Rom
selbst dienten 5000 geworbene Hakenschützen unter dem bewährten Kriegsobersten
Lorenzo da Ceri, auf den Mauern war zahlreiches Geschütz aufgepflanzt.

Aber die Sache nahm einen andern Verlauf, als der Papst gehofft haben
mochte. Es war an einem nebeligen Morgen des 6. Mai, als die spanischen Söldner und deutschen Landsknechte mittelst zusammengebundener Leitern die Mauern
und Wälle Roms ohne große Mühe und bedeutenden Widerstand erstiegen.
Unter den ersten Gefallenen war der Connetable von Bourbon. Sein Verhalten
gegen seinen König, meint Vettori, verdiente einen so ehrlichen Tod nicht, aber
im Sterben hatte er den Schmerz, dem von ihm so heiß ersehnten und mit Trug

Zug des
Söldner-
heers nach
Rom.
April 1527.

20. April.

2. Mai.

Erstürmung
und Plünde-
rung Roms.
6. Mai 1527.

verfolgten Siege ins Gesicht zu schauen und doch zu wissen, daß er ihn nicht genießen konnte. Der Tod des Oberfeldherrn vermochte den Sturm nicht zu hemmen: die Landsknechte, voran Claus Seidensticker, sein großes Schlachtschwert schwingend, und Michael Hartmann überwältigten die Verschanzungen und drangen vor, die andern folgten ihren Spuren. Bald war das transtiberinische Viertel und die Brücke in ihrer Gewalt. Noch einmal boten die Hauptleute dem in die Engelsburg geflüchteten Papste einen Vertrag an; Clemens, in sicherer Erwartung der nahen Bundeshülfe, verwarf ihre Forderungen und führte dadurch Rom einem schweren Schicksale entgegen. Von Habgier getrieben ergossen sich nun die wilden Schaaren über die Straßen der Stadt und wiederholten die Auftritte der Vandalenzeit. Die reichen Paläste und Wohnhäuser wurden geplündert, die Kirchen ihres Schmucks und ihrer Gefäße beraubt, die Klöster ausgeleert, kostbare Kunstwerke vernichtet; die Beute soll sich auf mehr als eine Million Ducaten belaufen haben. Im Vatican zündeten die Hauptleute ihr Wachfeuer an; mit Mummereien und lächerlichen Aufzügen höhnten die Deutschen Papst und Cardinäle; sie riefen unter den Mauern des Castells Luther als Papst aus. An Zuchtlosigkeit und frevelhaften Ausschweifungen aber thaten es ihnen die spanischen Söldner weit zuvor. Auf dem Campofiore, wo die Deutschen ihr Lager aufschlugen, und auf der Piazza Navona, dem Hauptquartier der Spanier und Neapolitaner, wurden die Tage unter Spiel, Schwelgerei und Lustbarkeit verpraßt und die Beute fast eben so schnell verjubelt, als sie gewonnen worden. Immer noch hoffte Clemens auf die Ankunft der Ligisten, allein der Herzog von Urbino, der einst von den Mediceern seiner Herrschaft beraubt worden, zeigte keine Eile, den Papst zu befreien, er mochte sich vor der tapfern Gegenwehr der Landsknechte fürchten. So mußte denn Clemens mit den Hauptleuten einen
6. Juni 1527. Vertrag schließen, worin er sich zur Zahlung einer hohen Geldsumme und zur Uebergabe der Engelsburg verpflichtete. Darauf besetzten die Deutschen das Castell und wählten 200 der schönsten und stärksten Landsknechte unter Sebastian Schärtlin für den Dienst des heiligen Vaters aus, während Alarcon, Oberst des spanischen Fußvolks, den Oberbefehl über die Burg übernahm. Sie dachten, daß es mit der päpstlichen Herrschaft zu Ende sei, und gaben der Hoffnung Raum, „daß der junge theure Kaiser Carolus durch seine milde Tugend nach dem einigen Worte unseres Seligmachers regieren werde". Zugleich erhob sich auch in Florenz die republikanische Partei wieder ihr Haupt. Der Cardinal Cortona, der im Auftrag des Papstes das Regiment führte, mußte mit den beiden jungen Mediceern Ippolito und Alessandro die Stadt verlassen, worauf Niccolo de' Capponi an die Spitze der Verwaltung trat und den florentinischen Staat nach republikanischen Formen regierte. Nochmals kam der Name Savonarola's zu Ehren bei den freien Bürgern der Arnostadt. — So endete die „Plünderung Roms", ein Ereigniß, „welches in die Stadt Leo's X. die Brandfackel geschleudert, auf lange ihren Wohlstand vernichtet, ihrem heitern Leben ein Ende gemacht,

ihre Künstlerwelt zerstreut, über eine Unzahl ihrer Familien Schmach und
Elend gebracht hat. Ein Unglück, wie es kaum irgend eine große Stadt in solchem Maaße betroffen, zugleich aber ein furchtbares göttliches Strafgericht für
eine Verweltlichung, die ihren Gipfel erreicht hatte, eine entsetzliche Mahnung zur
Rückkehr auf andere Bahnen, auf welche die blutige Hand des Geschicks die in
langjährigem Sinnenrausch Taumelnden hinwies".

Was den Händen der fremden Soldaten entging, fiel den Vasallen der Colonna
anheim, welche, etwa zweihundert Reiter und eine Menge Fußvolk, am achten Tage
nach der Erstürmung in Rom einrückten. Wüstes, halbverhungertes Volk, das die kaiserlichen Truppen an Indisciplin noch übertraf und sich mit dem Raube der traurigen
Ueberbleibsel von den Opfern spanischer und deutscher Habsucht belud. Der Cardinal
Pompeo, Ascan und Vespasian waren an ihrer Spitze. Pompeo ließ des Papstes
Villa am Monte Mario, die berühmte Villa Madonna, anzünden. Vom Castell aus
sah Clemens VII. die Flammen, er sagte: „Das ist Pompeo's Rache für seine verbrannten Schlösser".

4. Siege der Kaiserlichen.

Der Kaiser bezeigte Schmerz und Unwillen über das Mißgeschick, welches das Haltung des
Haupt der Christenheit erfahren, und entschuldigte sich bei allen Fürsten, an deren Kaisers.
Ansicht ihm etwas gelegen war. Dennoch freute er sich im Herzen über die Demüthigung des Gegners und suchte aus der Lage der Dinge den besten Nutzen zu
ziehen. Während er für die Befreiung des heil. Vaters in den Kirchen beten
ließ, schrieb er an den Vicekönig von Neapel, die Freiheit sollte demselben nur
unter solchen Bedingungen gewährt werden, daß wenn er jemals wieder den Willen haben sollte, dem Kaiser zu schaden, er nicht das Vermögen dazu hätte. Am
liebsten möchte er ihn nach Spanien oder Neapel gebracht sehen; in jedem Falle
aber wünschte er alle festen Orte des Kirchenstaats, Ostia und Civitavecchia, Parma
und Piacenza, Bologna und Ravenna in seiner Gewalt zu haben. Er überlegte, ob nicht die alten dynastischen Lehnsherrschaften wieder hergestellt werden
sollten; er wünschte die Einberufung eines Concilums zur Begründung kirchlicher Reformen. Man lebte in der Zeit der Säcularisationen; so manche Rechte
wurden damals in katholischen wie in evangelischen Ländern den Bisthümern
entzogen und den weltlichen Regierungen übertragen; könnte nicht auch im Kirchenstaat das weltliche Regiment an den Kaiser gelangen, nicht auch in Rom eine
kaiserliche Vogtei, wie in alten Zeiten eingerichtet werden, an welche die wichtigsten Befugnisse der landesherrlichen Gewalt abgegeben werden möchten? Dem
spanischen Obersten Alarcon, dem die Hut des Papstes in der Engelsburg übertragen war, wurde von Neapel die Anmuthung gestellt, Clemens nach Gaeta zu
entführen, dieser weigerte sich aber, „den Leib Gottes" aus der heiligen Stätte
wegzubringen.

Die Heer-gemeinde. Der Bevölkerung war der Gedanke eines kaiserlichen Regiments in Rom kein widerwärtiger. Thatsächlich war ja damals der Kaiser Herr im Lande: in der Stadt und deren Umgegend lag eine spanisch-deutsche Armee unter Oranien, Bemelberg und andern Hauptleuten, die, wie nur je in den Zeiten der Völkerwanderung eine Heervereinigung, das Regiment führte, das Staatsoberhaupt sammt dem Gebiete in ihrer Gewalt hatte und in den Colonnas und an Reapel einen starken Hinterhalt besaß. Sie warteten ab, bis der Papst die vertragsmäßige Summe von 400,000 Goldkronen vollständig bezahlt haben würde. In Roca del Papa constituirten sie sich zu einer Heergemeinde. Sie erwählten einen Ausschuß von zwanzig Männern, welcher nicht nur ihren Schwur des Gehorsams entgegennahm, sondern auch noch ein großes Verbrüderungsfest mit den spanischen und italischen Soldaten veranstaltete, wobei sie in erregter Stimmung sich treues Zusammenhalten in guten und bösen Tagen gelobten.

Unfälle der kaiserlichen Truppen. Aber die bösen Tage waren bereits angebrochen. Das wüste unordentliche Leben brachte die Landsknechte massenhaft unter die Erde. Eine Pest wüthete von Reapel bis nach Rom und hielt eine furchtbare Todesernte. Auch der Vice-**23. Septbr. 1527.** könig Lannoy fiel ihr zum Opfer. An seine Stelle trat durch kaiserliche Bestallung jener Hugo de Moncada, der einst mit den Colonnesen den Batican überfallen hatte. Bon den 30,000 Landsknechten, welche unter Frundsberg und Bourbon ausgezogen, waren am Ende des Jahres noch 13,000 vorhanden. Auch der Hauptmann Wähinger, der wälschen Sprache und Sitten kundig und ein fähiger Führer, mußte fieberkrank abziehen. Dabei herrschten Zwietracht, Eifersucht und Streit unter dem gemischten zuchtlosen Kriegsvolk. Und bereits war auch ein großes französisches Heer unter Lautrec in Italien eingerückt, um in Verbindung mit den Italienern und Schweizern die Kaiserlichen aus der Halbinsel zu vertreiben und den Papst zu befreien.

Heinrich VIII. von England hatte sich mit Frankreich wegen der alten Ansprüche verständigt und sich zur Zahlung beträchtlicher Hülfsgelder verpflichtet. Wir wissen, daß er schon längere Zeit dem Kaiser wegen verschiedener Ursachen grollte; jetzt meinte er, es sei eine Ehrensache aller christlichen Fürsten, die dem kirchlichen Oberhaupte widerfahrene Kränkung und Schmach zu rächen und ihn aus den Händen räuberischer und gewaltthätiger Soldknechte zu befreien.

Schwierige Tage. Aug. 1527. Im August eroberte Lautrec Pavia und verhängte zur Vergeltung der unglücklichen Begebenheit, die sich vor ihren Mauern zugetragen, ein schweres Strafgericht über die Ghibellinenstadt. Acht Tage lang durften die Soldaten plündern und alle Grausamkeiten verüben. Zugleich wurde Genua durch Andreas Doria, der in französische Dienste getreten war, und durch Cäsar Fregoso zu Wasser und zu Land belagert und zur Rückkehr unter Frankreichs Hoheit gezwungen. Der Marschall Theodor Tribulzio zog als Gouverneur ein. Im Oktober überschritt Lautrec den Po, um in den Kirchenstaat vorzudringen. Da suchte der Kaiser den Papst zu einem Friedensvertrag zu bewegen, ehe die ligistischen Truppen dessen Befreiung mit Gewalt erwirkten. In Spanien zeigte Adel und Geistlichkeit Betrübniß und Unwillen, daß das kirchliche Oberhaupt so unwürdig behandelt worden sei und ihm durch die kaiserlichen Truppen noch fortwährend Zwang und Gewalt angethan werde; auch hörte Karl, daß König Heinrich mit dem Gedanken umgehe, sich von seiner spanischen Gemahlin Katharina von Aragonien, einer Tante des Kaisers, scheiden zu lassen, daß Wolsey, um den Bruch zwischen den beiden Monarchen unheilbar zu machen, das Vorhaben begünstige, und daß Clemens nicht abgeneigt sei, seinem Verbündeten jede Gefälligkeit zu erweisen. Aus allen diesen Gründen wünschte Karl mit dem Papst ein Abkommen zu treffen. Er begnügte sich mit der Ueberlassung einiger wenigen festen Plätze wie Ostia, Civitavecchia, Civitacastellana, wogegen der gefangene Kirchenfürst versprach, die Geldforderungen des Kriegsvolks nach Möglichkeit zu befriedigen und ein Concilium zur Einigung und Reformirung der Kirche einzuberufen. So kam denn am 26. November ein Vertrag zu Stande, kraft dessen der Papst die Freiheit erlangte und die Engelsburg von seinen eigenen Truppen bewachen, von seinen eigenen Beamten verwalten ließ. Aber er hielt sich nicht für sicher, so lange er im Bereiche der kaiserlichen Söldnerhaufen und ihrer Führer war. Deswegen entschloß er sich zur Flucht. In einer Nacht entwich er verkleidet durch die Pforte des vaticanischen Gartens und gelangte am 10. December nach Orvieto. Aber auch hier befand er sich in schlimmer Lage. Das kaiserliche Kriegsvolk hielt noch immer Rom und das umliegende Land besetzt und fuhr in seinen Gewaltthätigkeiten fort, und auch die Ligisten zeigten wenig Eifer für die Sache des Kirchenstaats und seines Oberhauptes. Die Florentiner, welche, wie erwähnt, die Herrschaft der Mediceer abgeschafft, sich eine republikanische Form im Geiste Savonarola's gegeben und Capponi zum Gonfaloniere eingesetzt, fanden bei Frankreich Schutz und wurden in die Bundesgenossenschaft aufgenommen; die Venetianer bemächtigten sich der Städte Ravenna und Cervia, die einst Julius II. dem Erblande Petri gewonnen; der Herzog von Ferrara, der gleichfalls der Liga beigetreten, ließ darum nicht von den alten Feindseligkeiten gegen das päpstliche Gebiet ab. Clemens war mit keiner Partei zufrieden. Darum weigerte er sich auch, wie gegnerische Stimmen, vor Allen Wolsey, riethen, wider den Kaiser geistliche Waffen in Anwendung zu bringen, etwa durch Excommunication eine neue Kaiserwahl hervorzurufen, oder das Ränkespiel des französischen Königs bei den deutschen Fürsten zu unterstützen.

Mittlerweile war Lautrec durch die Romagna und über Ancona in das Königreich Neapel eingerückt und machte rasche Fortschritte in Apulien. Um ihm Einhalt zu gebieten, führte Fürst Philibert von Oranien im Auftrage Karls das deutsch-spanische Kriegsvolk aus dem Kirchenstaat nach Unteritalien und richtete sich in Neapel zur Vertheidigung ein. Dort erschien auch bald das französische Heer unter Lautrec. Die alten Sympathien der Angiovinen lebten wieder auf, die Städte Capua, Nola, Aversa ergaben sich, fast das ganze Königreich fiel dem

Marginal notes: Vertrag und Flucht des Papstes. 1527. — 10. Decbr. 1527. — Der Kampf um Neapel. — April 1528.

Marschall zu. Die Eroberung Neapels sollte den Schlußstein bilden; man ge-
dachte, einen Verwandten des Königshauses, den Herzog von Vaudemont, auf
den Thron von Neapel zu erheben. In dieser Aussicht eröffnete im Frühjahr
Lautrec die Belagerung der Hauptstadt von der Landseite, während die franzö-
sisch-italienische Flotte unter Andreas Doria und seinem Neffen Filippino die
Stadt von der Seeseite einschloß. Vor Neapel mußte nunmehr der Krieg seine
Entscheidung finden und von Innen und Außen wurden alle Kräfte angestrengt.
Wenn die Belagerten bald an Nahrungsmitteln und gesundem Wasser litten, so
wurden die Belagerer von dem Sommerfieber heimgesucht, welches in jenen Gegenden seine Wohnstätte hat und damals um so verderblicher wirkte, als in Folge
der zerstörten Wasserleitungen die Felder weit und breit überschwemmt wurden
und versumpften. Durch Ausfälle suchten die Kaiserlichen die Blokade zu durch-
brechen. Bei Amalfi gewann Filippino Doria ein Seetreffen, wobei der Vicekönig Moncada den Tod fand. Der deutsche Hauptmann Konrad von Glürns,
den Bemelberg mit einem Fähnlein Landsknechte zur Schiffsmannschaft gestellt,
entrann glücklich mit seiner Galeere.

28. Mai
1528.

Abfall des
Andreas
Doria. Dieser kleine Triumph wurde indessen bald aufgewogen durch große Verluste, welche die Franzosen zur See und zu Lande erlitten. Während Filippino
Doria die kaiserliche Flotte bekriegte, war sein Oheim Andreas bereits mit Karl
übereingekommen, daß er dem Dienst Frankreichs entsage, in seiner Vaterstadt
die Fahne der republikanischen Freiheit aufpflanze und die genuesischen Galeeren
mit der spanisch-sicilischen Seemacht vereinige. Theils persönliche Beweggründe,
indem er von Franz mehrfach zurückgesetzt und gekränkt worden, während Karl
ihn durch große Gnadenerweisungen zu gewinnen bemüht war, theils Rücksichten
auf das Wohl seiner Vaterstadt führten den Seehelden zu diesem Schritt.
Die Franzosen hatten sich der Stadt Savona bemächtigt, auf welche Genua alte
Ansprüche geltend machte, und anstatt diese zu befriedigen, suchten sie die Stadt
zu einem Hauptpunkt des Handels im Mittelmeer zu erheben und der Seerepublik, der man nie recht traute, eine gefährliche Rivalität zu schaffen. Ein
französischer Edelmann, Barbesieux de la Rochefoucauld, war zum Admiral der
gesammten Mittelmeerflotte ernannt worden und sollte diese See- und Handels-
politik seines Hofes dem Ziele zuführen. Vergebens war der ligurische Seemann
für Genua's Recht eingetreten; seine Forderungen wurden abgewiesen. Da beschloß Doria, die günstige Stimmung des Kaisers zum Vortheil seiner Vaterstadt zu benutzen. Als am Ende Juni's der Soldvertrag mit Frankreich ablief,
unterließ er die Erneuerung und gebot seinem Neffen, die genuesischen Galeeren,
die bei Amalfi den Ausschlag gegeben, mit der kaiserlichen Flotte zu vereinigen.
Dafür erkannte Karl die Seerepublik als freien unabhängigen Staat an und
dehnte ihre Hoheit über Savona und die ganze ligurische Küste aus. Nach einigen Wochen sahen sich die Franzosen gezwungen, Savona und die Burg von
Genua zu räumen.

Nun schritten die Genuesen unter Doria's Leitung und Einfluß zu durchgreifenden Reformen ihres Gemeinwesens Um der Zwietracht und Parteiung einen Riegel vorzuschieben, lösten sie die alten Adelsverbindungen auf und gründeten neue Bürgervereine oder „Zechen" (Casali), in welchen Adorni und Fregosi, Guelfen und Ghibellinen, Adelige und Popolare gemischt neben einander bestehen und nur die gemeine Wohlfahrt der Republik, nicht das Interesse einer Partei oder Faction verfolgen sollten. Aus diesen Zechen oder Herbergen, achtundzwanzig an der Zahl, sollte ein Senat von 400, und ein engerer Rath von 100 Mitgliedern gewählt werden, welche der Regierung, bestehend aus einem Dogen, einer Signorie, aus Procuratoren der Commune und aus fünf Syndici oder Censoren, alle von zwei- oder vierjähriger Amtsdauer und durch ausgedehntes Wahlrecht gewählt, zur Seite stehen sollten. Die Republik wollte den Wiederhersteller ihrer Freiheit zum Dogen auf Lebenszeit ernennen, aber Doria lehnte diese Auszeichnung ab, wie er vorher des Kaisers Anerbieten, ihm fürstliche Gewalt in Genua zu verschaffen, ausgeschlagen hatte. Aber so groß war sein Ansehen und seine Macht in der Vaterstadt, daß er, wie einst Cosimo de' Medici in Florenz, eine fürstliche Stellung hatte und die Regierung ganz nach seinem Willen geführt wurde.

Herstellung der Republik Genua und Doria's Machtstellung.

Diesem Abfall eines wichtigen Bundesgenossen folgten bald noch empfindlichere Schläge in Neapel selbst. Mit der wachsenden Sommerhitze steigerte sich das Lagerfieber zur verderblichen Pestilenz; ein furchtbares Sterben raffte Mannschaften und Führer dahin. Am 2. August waren von den 25,000 Soldaten, die einige Monate zuvor voll Siegeshoffnung das schöne Campanien betreten, noch 4000 im Stande, die Waffen zu führen. Der Herzog von Vaudemont starb vor den Thoren der Stadt, in die er als König hatte einziehen sollen, endlich erlag auch der Marschall Lautrec selbst. Aus militärischem Stolz hatte er sich trotzig jedem Vorschlag, die Belagerung aufzugeben, widersetzt. Jetzt kam man um so rascher zu dem Entschluß. Die Ankunft einiger frischen Truppen, welche Lorenzo da Ceri aus den Abruzzen herbeigeführt, konnte den Abzug decken. In einer stillen Augustnacht brachen die drei Hauptführer, der Markgraf von Saluzzo, Guido de' Rangoni und Pedro Navarro, aus dem verpesteten Lager auf, um mit Zurücklassung alles entbehrlichen Gepäcks und des ganzen Belagerungsgeschützes nordwärts in der Richtung von Capua zu ziehen. Bei Anbruch des Tages merkten die kaiserlichen Besatzungstruppen der Stadt den Abzug der Feinde. Oranien, Vemelberg und die andern Hauptleute setzten sofort nach, und da die kranken und ermatteten Krieger nur langsam vorzurücken vermochten, so wurde die Nachhut und das Mitteltreffen bald erreicht und zersprengt, die Führer gefangen. Nur die Vorhut gelangte nach Aversa. Als aber die Verfolgenden auch vor dieser Stadt erschienen und das erbeutete Geschütz auf die Mauern richteten, mußten die Feldherrn eine Capitulation schließen, wie die Sieger sie vorschrieben. Hauptleute und Offiziere kamen in Kriegsgefangenschaft; die Gemeinen wurden nach Ablieferung der Waffen und des Gepäcks ihrem Schicksal überlassen. Sie gingen größtentheils zu Grunde. „Gott und die Bauern haben sie fast alle erschlagen." Auch der Markgraf von Saluzzo erlag der Wunde, die er bei Aversa erhalten, und Navarro, als abgefallener Spanier der Felonie angeklagt, starb im Ge-

Untergang des französischen Belagerungsheeres.

15. Aug. 1528.

29. Aug. 1528.

19*

fängniß eines gewaltsamen Todes. Von dem Heer, welches Neapel hatte erobern sollen, war keine Spur mehr vorhanden. Alle Städte kehrten, bis auf einige kleine Festungen, die noch von den Franzosen besetzt blieben, unter das spanische Regiment zurück. Mehr denn je war der Kaiser Herr des Landes. Durch Einziehung des Vermögens abgefallener Edelleute und Communen verschaffte sich Oranien die Mittel zur Bezahlung der Söldner.

Kriegsnoth in Italien. Der Papst bedauerte die Unfälle des französischen Heeres, freute sich aber, daß er seine neutrale Stellung behauptet hatte. Er kehrte im October nach Rom zurück, setzte jedoch seine Verbindungen mit den Königen von Frankreich und England ununterbrochen fort. Er fürchtete, wenn der Kaiser Sieger bliebe, werde derselbe „Herr aller Dinge" in Italien sein. Es waren schlimme Zeiten über die Halbinsel gekommen: zu der Pest, die im untern und mittleren Italien und insbesondere in Florenz die Bürgerreihen lichtete, so daß, wie in den Tagen Savonarola's Bußfertigkeit in die Herzen einkehrte und das Volk massenhaft den Strafpredigten des Fra Bartolommeo von Faenza zuströmte, gesellte sich in den oberen Landschaften Kriegsnoth, Hunger und Feindeswuth. In Mailand hielt Leyva durch den furchtbarsten Terrorismus das kaiserliche Regiment aufrecht; seine meist aus Deutschen bestehende Besatzung wurde im September durch einige tausend spanische Söldner verstärkt, die ihm über Genua zuzogen, Leute vom schlechtesten Aussehn, „ohne Schuhe, halbnackt, schwarz und verhungert", aber brauchbare und willige Peiniger der unzuverlässigen Mailänder; neue Schaaren von Landsknechten zogen unter Heinrich von Braunschweig und Marx Sittich zu seiner Hülfe herbei, vermochten aber, gehemmt durch Mangel und Krankheit, durch fremde und heimische Kriegsvölker und durch die Nachstellungen des zur Verzweiflung gebrachten Landvolkes, nichts Nachdrückliches auszurichten.

Niederlage der Franzosen. Auch die französischen Kriegshaufen erhielten Verstärkungen; der Marschall St. Pol, der an Lautrec's Stelle getreten, ließ Pavia, das zum Kaiser abgefallen war, nach der Wiedereroberung zum zweitenmal plündern und mißhandeln; er besetzte Parma und Piacenza und dachte auf einen Zug nach Süden, um Neapel wieder zu gewinnen. Die Florentiner, die noch immer am französisch-ligistischen Bündniß festhielten, sollten ihm dabei behülflich sein. Aber es kam anders. Als er in Folge schlimmer Witterung längere Zeit in Landriano *21. Juni 1529.* zurückgehalten ward, gelang es Leyva, ihn durch einen geschickt ausgeführten Ueberfall zu überraschen. „Bei Nacht, ohne Trompeten und Trommeln setzten sich seine Leute, weiße Hemden über dem Harnisch, in Bewegung; er selbst, so sehr ihn das Podagra plagte, wollte nicht fehlen; in voller Rüstung, an der man einen wallenden Helmbusch nicht vermißte, ließ er sich auf einer Sänfte dahertragen." St. Pol wurde überfallen, als er gerade zum Aufbruch schreiten wollte, und mit seinen ausgezeichnetsten Hauptleuten nach Mailand in Kriegsgefangenschaft geführt. Die Uebrigen kehrten in zersprengten Haufen nach Frankreich zurück. So waren die Kaiserlichen auch Herren von Oberitalien.

5. Friedensschlüsse und Kaiserkrönung.

Die Niederlage der Franzosen beschleunigte den Abschluß der Friedensunter- ^{Papst und} handlungen, welche der Kaiser schon seit einiger Zeit mit Clemens VII. eingeleitet ^{Kaiser wün-} hatte. Wie schwer es dem Papst auch ankommen mochte, die Vorherrschaft des ^{ben.} Habsburgers in der Halbinsel nicht blos zu dulden, sondern durch Verträge gutzu- heißen; sein Herz wurde von so viel Unmuth und Verdruß beschwert, daß ihm kaum ein anderer Ausweg blieb: noch immer bedrängten kaiserliche Soldknechte Rom und den Kirchenstaat, er war in seiner eigenen Stadt wie ein Gefangeuer; in Florenz hatte eine demokratisch-republikanische Partei die gemäßigte Regierung Capponi's gestürzt und ein Regiment aufgerichtet, das durch harte und gehässige Maßregeln wider die Mediceer und ihren Anhang die feindliche Gesinnung gegen jedes mon- archische Prinzipat kund gab; die alten Zweifel über die Echtheit der Geburt des Papstes wurden wieder laut ausgesprochen. Clemens glühte von Zorn und Rachsucht. Noch größer war das Verlangen des Kaisers nach einer Beilegung des Krieges, der seine Kräfte und Interessen so sehr in Anspruch nahm und von andern wichtigen Angelegenheiten abzog. Schon seit Wochen war seine Tante Mar- garetha, damals Statthalterin der Niederlande, mit Louise von Savoyen, der Mutter des französischen Königs, zu Cambrai mit Unterhandlungen über einen Ausgleich der Streitigkeiten beschäftigt. Mehr aber noch lag ihm die Versöhnung mit dem Papst am Herzen. Wir wissen, wie sehr es in den Augen der Spanier und aller katholischen Christen seinem Ansehen schadete, daß die ewige Stadt und der Statthalter Petri von kaiserlichen Truppen so schmachvoll behandelt worden; selbst der Sultan Suleiman führte die Feindschaft des Kaisers wider den heil. Vater in Rom und die Republik Venedig als Grund an, daß er dem Ehrgeiz und den Gewaltthätigkeiten des habsburgischen Hauses in Ungarn entgegentreten müsse. Karl fühlte sich in seinem katholischen Bewußtsein beunruhigt, daß, wäh- rend er mit dem kirchlichen Oberhaupte im Haber lag, die Reformation, die er auf die Abstellung einiger Mißbräuche beschränkt wissen wollte, auch auf die Gebiete des Glaubens übergriff, daß in Deutschland und in der Schweiz der Abfall von den religiösen Satzungen und Traditionen immer mehr wuchs, daß in Dänemark sein eigener Schwager Christian II. seiner Herrschaft beraubt wor- den. Er ließ dem Papst möglichst günstige Anerbietungen, insbesondere in allen persönlichen Angelegenheiten stellen.

So kam denn in Barcelona am 29. Juni 1529 der Frieden zwischen den ^{Die Frie-} höchsten Häuptern der Christenheit zu Stande. Clemens ertheilte dem spanischen ^{densschlüsse} Monarchen aufs Neue die Belehnung mit Unteritalien und erließ ihm den herkömm- ^{lona und} lichen Zins; nur die Darbringung eines weißen Zelters sollte den Fortbestand des ^{1529.} alten Rechtsverhältnisses in Zukunft symbolisch andeuten. Ueber die Besetzung des herzoglichen Stuhles in Mailand wurde keine entscheidende Bestimmung getroffen; der Ausgang des gegen Franz Sforza wegen Felonie eingeleiteten Prozesses sollte

abgewartet werden, doch versprach Karl, nicht ohne die Zustimmung des Papstes vorgehen zu wollen. Ferner machte sich der Kaiser verbindlich, den Kirchenstaat zu räumen, dem römischen Stuhle zur Wiedererlangung der ihm von Venedig und Ferrara entrissenen Landschaften behülflich zu sein, jedoch unter Vorbehalt der Reichsrechte, und die mediceische Familie in der Herrschaft von Florenz
herzustellen. Alessandro Medici, das damalige Familienhaupt, da der ältere
Bruder Ippolito in den geistlichen Stand getreten und Cardinal geworden war,
sollte des Kaisers natürliche Tochter Margaretha in die Ehe erhalten. Auch noch
über andere wichtige Punkte wurden zwischen dem Hause Habsburg und der
Curie in Barcelona Vereinbarungen getroffen. Die englische Ehescheidung sollte
nicht gestattet, Johann Zapolya wegen seines Anschlusses an die Türken mit kirchlichen Censuren belegt, gegen die Religionsneuerung in Deutschland mit Strenge
5. Aug. 1529. eingeschritten werden. Sechs Wochen nachher wurde in Cambrai durch die
fürstlichen Frauen eine Vereinbarung zwischen Karl und Franz getroffen, die zu
dem sogenannten „Damenfrieden" führte. Beide Monarchen brachten Opfer,
die ihrem Herzen schwer ankamen, da sie auf Länder verzichteten, mit deren Besitz sie die Ehre ihrer Kronen und ihrer Reiche verbunden glaubten: Karl ließ Burgund, Franz Mailand und die Lehnsherrschaft über Flandern und Artois fahren.
Für die Freilassung der französischen Königssöhne aus der Geißelschaft sollten
zwei Millionen Kronen an den Kaiser entrichtet werden. König Franz erhob
auch gegen diese Ermäßigung des Madrider Friedens Einsprache; aber er widersetzte sich nicht der Ausführung: die Protestation sollte nur ein Vorbehalt für die
Zukunft sein, sollte nur bezeugen, daß er für jetzt der Gewalt der Umstände
weiche, seine Rechte auf Asti, Mailand und Genua aber aufrecht halte. Niemand empfand größere Freude über den Abschluß des Friedens als Clemens.
Denn wie einst in Madrid wurde auch in Cambrai von beiden Monarchen ein
gemeinschaftliches Vorgehen gegen alle Feinde der Kirche gelobt. Die Ketzereien,
welche die Christenheit befleckten, sollten ausgerottet und die Kirche und der apostolische Stuhl in ihrer Würde und Ehre bewahrt werden.

Kaiser und
Papst in
Bologna. Noch war die Liga in Italien nicht ganz aufgelöst. Venedig hatte noch ein
stattliches Heer im Feld und seine Flotte beherrschte noch immer die Adria; Franz
Sforza gebot noch über die stärksten Festungen des oberen Italiens, Cremona,
Lodi, Alessandria; die Florentiner waren entschlossen, ihre republikanische Freiheit mannhaft zu vertheidigen; sie hatten sich mit Siena ausgesöhnt, mit Perugia
einen Bund aufgerichtet; eine Landwehr stand bereit, Gewalt mit Gewalt zu
vertreiben, Michelangelo Buonarotti hatte die Stadt vortrefflich befestigt; auch
der Herzog von Ferrara war nicht gesonnen, sein Gebiet schmälern zu lassen.
Aber so sicher war Karl V. seines vollständigen Sieges, daß er im Herbst dieses
ereignißvollen Jahres selbst nach Italien sich begab, fast ohne Mannschaften, nur
umgeben von den Häuptern des spanischen und niederländischen Adels, die den
Weltgebieter wie zu einem Triumphzug begleiteten. Und einem Triumph glich

auch sein ganzes Auftreten. Wie einst in Spanien nach der Niederwerfung
der Communeros, gedachte er auch hier durch Milde und Versöhnlichkeit die
spröden Elemente fügsam zu machen. In dieser Gesinnung wurde er durch Andreas Doria und durch den Papst bestärkt. Auf den Rath des ersteren brachte
der Herzog von Ferrara, als der Kaiser auf seinem Wege nach Bologna vor
Modena erschien, ihm die Schlüssel der Stadt entgegen und zeigte sich unterwürfig und gefällig. Am 5. November hielt Karl seinen Einzug in Bologna, *Nov. 1529.*
wo ihn Clemens erwartete. Hier wurde das Schicksal Italiens auf Jahrzehnte
entschieden. Wie einst die königlichen Damen in Cambrai wohnten Kaiser und
Papst in zwei an einander stoßenden Häusern, die durch eine innere Thür verbunden waren, zu der Beide den Schlüssel hatten. In geheimen Zusammenkünften
wurden häufige Berathungen gepflogen und Beschlüsse gefaßt. Zuerst wurde über
Mailand und Benedig verhandelt. Franz Sforza, der krank auf einen Stab
gestützt in Gegenwart des heiligen Vaters seine Sache führte, erzeugte durch
geschickte Reden vor dem Kaiser und durch Gunsterweisungen an die Großen
einen so guten Eindruck, daß er wieder zu Gnaden aufgenommen wurde; auch
die venetianischen Gesandten wußten ihre Anliegen in vortheilhaftem Licht
erscheinen zu lassen. Beide zeigten sich bereit, die Summen, welche der Kaiser *23. Decbr.*
theils als Kostenentschädigung, theils als rückständige Hülfsgelder von ihnen for- *1529.*
derte, zu entrichten und ein Bündniß zu Schutz und Trutz mit demselben einzugehen. Franz Sforza erhielt darauf das Herzogthum Mailand als Reichslehn
zurück mit Ausnahme von Pavia, womit Leyva auf Lebenszeit belehnt ward,
die Venetianer gaben Ravenna nnd Cervia an den Kirchenstaat ab und räumten
die Eroberungen auf der neapolitanischen Küste.

Schwieriger war es, den Papst zu befriedigen. Wenn Clemens auch ein- *Die italieni-*
willigte, daß sein Streit mit dem Herzog von Ferrara von dem Kaiser in schieds- *schen Fürsten*
richterlicher Weise ausgeglichen werden sollte; so war er um so unversöhnlicher *u. die Repu-*
gegen die Florentiner. Während alle Fürsten und hohen Personen, welche in Bo- *blik Florenz.*
logna zur Huldigung und Aufwartung erschienen, eine freundliche und wohlwollende Aufnahme fanden, der Markgraf von Mantua den herzoglichen Rang
erhielt, der Herzog von Savoyen Asti, der von Ferrara Carpi als Gnadenge-
schenk davontrug, wurden allein die Gesandten der Arnostadt mürrisch empfangen, von dem Papst mit Vorwürfen überhäuft, die Unterwerfung auf Gnade
und Ungnade verlangt. Es war sichtbar, daß der Kaiser sich die Gunst und
Freundschaft des mediceischen Kirchenfürsten auf Kosten der Republik zu erwerben
und zu erhalten gedachte: denn schon längst waren Perugia, Arezzo, Cortona
von kaiserlichen Truppen besetzt und Philibert von Chalons, Prinz von Oranien,
hatte sein Lager, das er in der Nähe der Hauptstadt bezogen, auch während der
Anwesenheit seines Herrn nicht aufgegeben. In demselben befand sich auch jener
Mailändische Staatsmann Girolamo Morone, der einst so eifrig für die Unabhängigkeit Italiens gewirkt, jetzt aber dem Kaiser Rathschläge im entgegengesetzten

Sinne ertheilte und ihm zur Unterwerfung von Florenz behülflich war. Er sollte den Ausgang nicht erleben. Am 29. Septbr. starb er im kaiserlichen Heerlager.

Die Kaiser-
krönung in
Bologna.
1530.
Ehe es jedoch zum Entscheidungskampf wider die Arnostadt kam, sollte die denkwürdige Zusammenkunft der beiden Oberhäupter in Bologna mit einer feierlichen Handlung beschlossen, sollte Karl V. von der Hand des Papstes mit der lombardischen und römischen Krone geschmückt werden. Der Kaiser bestimmte 24. Febr.
1530. dazu den 24. Februar, den Tag, an welchem er vor dreißig Jahren in Gent das Licht der Welt erblickt und vor fünf Jahren die Schlacht bei Pavia gewonnen. Gerne hätte er die Ceremonie in Rom vollziehen lassen, aber Briefe von dem Erzherzog mahnten dringend zur Rückkehr nach Deutschland. So mußte denn die St. Petronio in Bologna die Hauptkirche der Christenheit vorstellen. Es war das Bild des ganzen Akts, die Wiederholung einer symbolischen Handlung aus entschwundenen Zeiten, die in der Gegenwart nicht mehr die rechte Stätte, noch die rechte Bedeutung fand. Nicht die Kurfürsten, nicht geistliche und weltliche Fürsten und Herren trugen die Reichsinsignien und bildeten das Krönungsgefolge, sondern spanische Granden und italienische Lehnsfürsten, nur Philipp von der Pfalz, der am Tag zuvor von Wien angelangt war, schloß sich mit dem Reichsapfel dem Zug an; die 3000 deutschen Landsknechte, die auf dem Platz hielten, standen unter dem Oberbefehl Antonio's de Leyva, eines Spaniers. In der Kirche setzte mit unzufriedener Miene der Statthalter Petri dem fünften Karl die Krone auf, womit einst einer seiner Vorgänger den großen Frankenkönig gleichen Namens in Rom zum Kaiser des Abendlandes, zum Haupt der Christenheit erhoben; aber der tiefere Sinn der symbolischen Handlung war in der Gegenwart verschwunden; die letzte Kaiserkrönung war nur noch das Schattenbild der ersten, wie die Petroniuskirche in Bologna nur ein schwaches Abbild der Peterskirche in Rom; auch der Schwur, den einst das kirchliche Oberhaupt in den Zeiten der Macht und des Glanzes dem weltlichen Herrscher auferlegt, „daß er den Papst und die römische Kirche, alle ihre Besitzthümer, Ehren und Rechte vertheidigen wolle", konnte von dem Nachfolger nicht mehr erfüllt werden. Wenn Karl in diesem Augenblick der Siege sich dem Gedanken hingeben mochte, er könne die Idee einer abendländischen Gesammtkirche unter Roms Autorität noch einmal verwirklichen, so war es ein täuschender Traum, der bald vor der Macht der realen Verhältnisse zerrinnen sollte.

6. Fall der Republik Florenz.

Die Lage in
Florenz.
Bald nach der Krönung begab sich Karl V. nach Deutschland, die Beendigung des Krieges gegen die Florentiner seinem Feldherrn Philibert von Oranien überlassend. Vergebens hatten wohlmeinende Freunde, wie Andreas Doria, der Republik den Rath gegeben, dem Bündniß mit Frankreich zu entsagen und sich an die Gnade des Kaisers zu wenden: die Gegner der Medici

und die Anhänger Savonarola's, voran die Mönche von San Marco, hintertrieben jedes friedliche Abkommen, welches die Herstellung der mediceischen Herrschaft zur Folge gehabt hätte. Wie ehedem wirkten religiöse und politische Gefühle zusammen, um einen überspannten Patriotismus und Freiheitssinn zu erzeugen. Die republikanische Partei bekam die Oberhand, besonders als Capponi in den Tagen der Aufregung aus dem Leben schied und Raffaelo de Girolami zum Gonfaloniere ernannt ward. Die Anhänger der Mediceer waren mancherlei Verfolgungen ausgesetzt, viele zogen weg, unter ihnen der Historiker Guicciardini; mit Besteuerung und Gütereinziehungen wurden die Kriegskosten gedeckt. Aber für republikanische Einrichtungen und demokratisches Staatsleben war die Zeit vorüber: wie sehr sich die Florentiner anstrengten, ihre Land- und Bürgerwehr zu stärken, ihre Festungswerke in guten Stand zu setzen, fremde Soldknechte und Condottieri heranzuziehen; bürgerliche Zwietracht, schlechte Bewaffnung und Disciplin, Mißtrauen gegen die Führer, unter denen mehrere wie Malatesta de' Baglioni zu der Gegenpartei neigten, untergruben die moralische Kraft der Vertheidiger. Nicht als ob es den Republikanern an Muth gefehlt hätte; Francesco de' Ferrucci, ein junger Mann von edler aber verarmter Familie, verstand es, seine Schaaren an den kleinen Krieg zu gewöhnen und durch Ausfälle und unerwartete Angriffe dem Feinde manchen Unfall zu bereiten. Der Prinz von Oranien selbst fand seinen Tod in dem Belagerungskrieg. Aber auch Ferrucci empfing die Todeswunde; und da das kaiserliche Heer durch Italiener und deutsche Landsknechte wiederholt verstärkt wurde, erlahmte endlich die Widerstandskraft der Republikaner. Es mußte eine Capitulation geschlossen werden. Aber auch bei dieser Gelegenheit verleugnete Karl nicht den Geist der Versöhnung und Ausgleichung. In dem Mandat, worin er den Alessandro de' Medici zum erblichen Herzog in Florenz einsetzte, ließ er zum großen Verdruß des Papstes und der mediceischen Parteigänger der Stadt noch einen Schatten von Autonomie und republikanischer Selbstverwaltung.

Erst in Folge einer neuen Verfassungsform, welche die eifrigsten Anhänger des Hauses, unter ihnen Francesco de' Guicciardini, zwei Jahre nachher durchführten, erlangte der Herzog Alessandro monarchische Fürstengewalt, indem er als lebenslänglicher erblicher Doge die Staatsgeschäfte frei nach seinem Willen leitete, wenn auch ein Rath von Zweihundert und ein Senat von Achtundvierzig als gewählte Stadtbehörde fortbestanden. Eine starke Leibwache von Hellebardenträgern unter einem zuverlässigen Befehlshaber hielt alle Volksbewegungen nieder und erdrückte den alten republikanischen Geist der Bürgerschaft. Bei Todesstrafe wurde die Ablieferung der Waffen geboten. Als der Kaiser im Februar 1532 eine zweite Zusammenkunft mit Clemens VII. in Bologna hatte, lag Italien besiegt zu seinen Füßen und fügte sich seinem Protectorat. Die Venetianer bedurften seiner Hülfe und Unterstützung gegen die Osmanen; in Genua leitete Doria das Gemeinwesen ganz in Karls Interesse; in Pavia stand Antonio de Leyva als kaiserlicher Feld-

Unterwerfung der Florentiner.

4. Aug. 1530.

21. Octbr. 1530.

Das herzogliche Principat der Medici hergestellt.

hauptmann an der Spitze einer Kriegsmannschaft, die jede feindselige Bewegung niederhalten konnte; in Florenz war Alessandro de' Medici, dem er einige Zeit nachher seine natürliche Tochter Margaretha nach langem Hinhalten in die Ehe gab, sein ergebener Diener, da er wegen seiner Tyrannei und seines ausschweifenden wollüstigen Lebens sehr viele Feinde hatte und die ausgewanderten Republikaner, an ihrer Spitze Filippo de' Strozzi, fortwährend an seinem Sturze arbeiteten. In Neapel einigten sich alle Parteien unter dem spanischen Vicekönig, um den Angriffen der Osmanen und Corsaren Widerstand zu leisten. Und wie viele Gefahren der kaiserlichen Herrschaft in den folgenden Jahren drohend in den Weg traten; das spanisch-habsburgische Haus behielt das Uebergewicht und die dominirende Autorität in der apenninischen Halbinsel. Am sprödesten zeigte sich noch einige Zeit Florenz. Alessandro de' Medici, des Kaisers unwürdiger

Alessandro ermordet. 5. Jan. 1537. Schwiegersohn, fiel durch den Mordstahl seines Verwandten, des Lorenzino de'

Cosimo de' Medici Herzog von Toscana. Medici, eines ruchlosen leidenschaftlichen Mannes von dämonischer Natur und intriguantem Charakter; aber während er selbst von den Furien gepeitscht sich nach seiner schwarzen That nach Venedig flüchtete, gelang es den Freunden des Hauses, ein anderes Glied der Familie, den jungen Cosimo de' Medici, den Sohn des Führers der „schwarzen Bande", der auf seinem Landgute im Mugello wohnte, auf den fürstlichen Stuhl zu heben und Karl zu bewegen, daß er die

28. Febr. 1537. Wahl guthieß und bestätigte. Durch ein kaiserliches Mandat vom 28. Februar wurde Cosimo de' Medici zum Herzog und rechtmäßigen Erben der Herrschaft

Untergang der politischen Freiheit. von Florenz ernannt. Zwei Jahrhunderte blieb nun das mediceische Haus im Besitze der herzoglichen Würde von Florenz. Der republikanische Geist verlor sich mit der Zeit: die Ausgewanderten starben weg oder suchten sich neue Heimathsstätten; die städtischen Einwohner lebten sich mehr und mehr in die monarchischen Formen ein und vergaßen im Schatten des Thrones der republikanischen Tugend und Freiheitsliebe der Ahnen. Mit der Umwandlung der florentinischen Republik in ein erbliches Herzogthum unter dem Scepter der Medici beginnt in der Geschichte Italiens eine neue Epoche. Während die Blüthen des Geistes, die wir nunmehr in ihrer reichen Fülle und Mannichfaltigkeit zusammenfassend darstellen wollen, noch einige Zeit fortdauerten, Kunst und Literatur noch manche edle Frucht trieb, die Keime, welche die reiche Vergangenheit in den Boden gesenkt, sorgfältig gepflegt und ausgebildet wurden, erstarb das politische Leben. Italien war mit seinen Kräften zu verschwenderisch umgegangen.

VIII. Cultur und Geistesleben in Italien. *)

Literatur. Die italienische Literaturgeschichte hat sich besonders in Italien selbst einer reichen Pflege erfreut. Schon im 16. Jahrhundert begannen damit in freilich wenig bedeutenden Werken Giammaria Barbieri und Francesco Doni; dagegen traten in den

*) Der folgende Abschnitt ist von Professor Dr. H. Holtzmann bearbeitet. Nach dem Plane der „Allg. Weltgeschichte" sollte eine geschichtliche Darstellung der italienischen Musik in der Zeit der Renaissance den Schluß bilden. Allein Herr Dr. Chrysander, welcher die Bearbeitung dieser Seite des

folgenden Jahrhunderten Rossi und Cinelli, Fontanini, Gimma, Crescimbeni, Quadrio, Mazuchelli und vor Allen die schon früher erwähnte (VII, 857) Literaturgeschichte von Tiraboschi mit hervorragenden Leistungen auf. An Letztgenannten schließen sich alle späteren Arbeiten an, so namentlich die Fortsetzungen von Lombardi (Storia della letteratura italiana nel secolo XVIII, 4 Bde. Modena 1827—30) und Levati (Saggio sulla storia della letteratura italiana ne' primi 25 anni del secolo XIX. Mailand 1831). Seither haben Gelehrte wie Corniani, Ticozzi, Ugoni, Maffei, EmilianiGiudici, Rovani, Ambrosoli die Forschungen fortgesetzt. In Deutschland wußten die Romantiker, namentlich Friedrich Schlegel in seiner „Geschichte der alten und neuen Literatur" (Wien 1815) Interesse an der italienischen Dichtung zu erwecken, und so haben nicht blos die Sonderdarstellungen von Ruth (Geschichte der italienischen Poesie, 2 Bde. Leipzig 1844—47) und Ebert (Handbuch der italienischen Nationalliteratur. Marburg 1863) den Gegenstand bearbeitet, sondern derselbe hat auch schon in den älteren Werken über allgemeine Literaturgeschichte eingehende Berücksichtigung erfahren. So in F. Bouterwek's „Geschichte der Poesie und Beredsamkeit" (die beiden ersten, Göttingen 1801—2 herausgekommenen Bände), in Rosenkranz's „Handbuch einer allgemeinen Geschichte der Poesie" (Bd. II. Halle 1832, S. 214 f.) u. s. w. Der Einzelarbeiten über Bojardo, Ariosto, Vittoria Colonna, Michelangelo u. A., besonders aber über Tasso und Machiavelli (vgl. über diesen besonders Knies in den Preußischen Jahrbüchern, XXVII, S. 1 f.) ist geradezu Legion. Die französischen Werke von Ginguené (Histoire littéraire d'Italie) mit seinen Fortsetzern, in zweiter Auflage durch Daunou in 14 Bdn. Paris 1824—35, besorgt; und von Sismondi (Littérature du Midi), so wie das englische Werk von Hallam sind schon früher erwähnt worden (VII, 857. IX, 307).

A. Die Blüthezeit der italienischen Poesie.

I. Bedeutung und Beschaffenheit.

Italien war gleichsam diejenige Spitze des alten Europa's, welche zuerst vom vollen Lichte der neuen Sonne beschienen wurde, die seit vierhundert Jahren über den Culturvölkern der Erde aufgegangen ist. Das italienische Volk ist der erstgeborene Sohn der neuen Menschheit; es genoß zuerst die ruhige klare Tageshelle der modernen Zeit. Wunderbar und wahrhaft großartig ist das Bild des kraftvollen Lebens, welches hier allenthalben auf dem Gebiete des Geistes aufkeimt und nach dem Lichte dieses jungen Tages sich drängt. Wir werden später sehen, wie die bildenden Künste schon zu Anfang des 16. Jahrhunderts eine classische Vollendung erreicht haben, die nur mit den Blüthezeiten der antiken Kunst zu vergleichen ist. Hier wenden wir unsere Aufmerksamkeit zunächst der italienischen Poesie zu, die gleichzeitig in einer so üppigen Fruchtbarkeit erblühte, daß ihre Producte geradezu unübersehbar sind. Die Neigung zur Poesie war fast zur epidemischen Krankheit geworden. Alles dichtete und sang, und der Sonette und Canzonen, welche diese Zeit hervorgebracht hat, ist kein Ende. Aber verhältnißmäßig gering ist allerdings die Zahl der Meister ersten Ranges, die sich einen dauernden Namen erworben haben. Und auch sie wären nicht in diesem Maaße der Stolz des Vaterlandes geworden, wären sie nicht getragen gewesen von dem ästhetischen Zug und der Geschmacksrichtung der ganzen Nation, welche sich für die Opfer, die ihr Ehrgefühl in allen Staatsverhältnissen den ausländischen Herrschern bringen mußte, in den Freuden der Kunst schadlos zu halten

Allgemeiner Charakter dieser Literatur.

Kunstlebens übernommen hat, ist der Ansicht, „daß musikalisch das 16. und 17. Jahrhundert durchaus zusammen gehören", mithin ein geschichtlicher Gesammtabriß der musikalischen Leistungen erst im nächsten Band Platz finden könne.

strebte, ohne übrigens, wie das in Deutschland der Fall war, in den kirchlichen
Kämpfen der Zeit irgend welche Anstrengung zu wagen. Wäre es etwa unter
der Führung eines Savonarola zu einer Reformation in Italien gekommen, so
würde man die Pflege des künstlerischen Geschmackes mindestens als eine sehr
entbehrliche Nebensache angesehen haben. Dagegen bewährte sich der Katholicismus mit seinem phantasievollen Reize als die natürliche Religion der Italiener,
und dieser Umstand beförderte wenigstens den Flor der schönen Künste. Freilich
kam die Kirche den Dichtern nicht so unmittelbar entgegen wie den Malern, Bildhauern, Architekten. Wenn gleichwohl selbst die bildende Kunst, wenigstens im Moment ihrer höchsten Blüthe, sich von der kirchlichen Tradition zu entfernen wagt,
so scheint es auf den ersten Anblick, als wollte sich die poetische Nationalliteratur
in demselben Augenblicke, da auch sie einen neuen Aufschwung nahm, geradezu
von den Grundlagen alles kirchlichen Dogma's emancipiren.

Es fällt überhaupt auf, wie die Italiener, obgleich unmittelbar von der
christlichen Kirche beherrscht, in dem ganzen phantastischen Gewebe der Legenden
und Wunder auferzogen, doch so wenig von dem Geiste des Mittelalters in ihre
Literatur aufgenommen, so wenig für Entwickelung der Poesie in ihrer christlich-
mittelalterlichen Gestalt gethan haben. Diese Erscheinung findet wohl darin ihre
Erklärung, daß sie als Erben einer überreifen Cultur der frischen Kindheit und
kräftigen Jugend verlustig gingen, in deren Genuß die Völker Deutschlands,
Englands, Frankreichs, Spaniens sangen und dichteten. Die Italiener waren
früher als alle Nationen Europa's verfeinert, durch blühenden Handel und Luxus
verweichlicht. Schnell entwachsen den beseligenden und anfeuernden Illusionen
einer jugendlichen Glaubenszeit, lernten sie von der Kirche nicht moralische Erhebung, sondern schlaue Benutzung der Thatkraft anderer Völker und Verspottung ihres Enthusiasmus. So ging das ganze Leben und der eigenthümliche
Geist des Ritterthums fast spurlos an ihnen vorüber; sie träumten diesen Traum
nicht mit. Ihre Dichter nahmen keinen ehrlichen Antheil an der allgemeinen
Ausbildung der großen epischen Cykeln des Mittelalters. Mehr um der Unterhaltung und des ästhetischen Genusses willen entlehnten sie diese Stoffe von den
Nachbarvölkern; sie behielten die fremden Charaktere, Personen, Situationen,
auch den fremden Schauplatz bei. Italienisch aber wurde diese importirte Waare
dadurch, daß sich der ihrem Zauber schon entwachsene Geist darüber stellte und
nach eigenster Laune sie behandelte. Daher der ironische und zuweilen auch burleske Zug, welcher in den großen romantischen Epopöen dieser Zeit vor Allen
den Sagenkreis von Karl dem Großen und Roland durchdrang. Und zwar
bildet diese ironische Stimmung den Grundton sowohl bei Bojardo, wie bei
Pulci und Ariost, nur daß sie bei Ersterem noch verhältnißmäßig zurücktritt
gegen das ehrliche Interesse am Stoff, während sie beim Zweiten fast ganz allein
auf dem Plan ist und im Dritten endlich eine harmonische Durchdringung von
Stoff und Form eintritt. So beraubte der Italiener, den der romantische Trieb

Pulci,
Bojardo,
Ariosto.

im ungünstigsten Zeitpunkte überfiel, in den Tagen fortgeschrittener philosophischer Bildung und abgeschlossener Verstandescultur, die in das Land verpflanzten Stoffe ihrer schönsten Eigenschaft, der Kindlichkeit, um sie dafür mit skeptischem Lächeln aus kühler Wolkenhöhe spielend umzugestalten. Dies vor Allem charakterisirt Ariosto's vielgepriesenen „rasenden Roland", der, stückweise aus dem planlosen Dichterübermuth eines reichen Geistes hervorgegangen, die glänzenden, freigeistigen und verdorbenen Fürstenhöfe Italiens ergötzt hat. Sobald aber dieses Publikum seinen Geschmack und später auch seine Existenz verlor, offenbarte sich auch der boden- und wurzellose Zustand dieser ganzen Dichtungsart, die heute in Italien nur noch Gegenstand antiquarischen Interesses ist. Der staunenswerthe Aufwand von Geist und Talent, dem wir bei diesen Dichtern, vor Allen wieder bei Ariost begegnen, erwies sich schließlich wirkungslos. Denn es gibt nun einmal kein anderes, im Leben des Volkes lebendig wiederhallendes Epos, als das, aus demselben Volksleben hervorgegangene, auf der einheimischen Nationalsage ruhende. Während nun aber der „verliebte" und der „rasende Roland" wenigstens sich noch als echte Sagengestalt, wenn auch nicht gerade als einheimisch italienische darstellt, so steht dagegen Tasso's Gedicht vom „befreiten Jerusalem", an sich gleichfalls mehr einen allgemein christlichen, als einen italienisch nationalen Stoff behandelnd, schon dadurch im Nachtheil, daß es einem großen geschichtlichen Ereignisse gilt, welches, um episch behandelt werden zu können, zuvor erst künstlich mußte in Sage umgesetzt werden. Am wenigsten aus eigentlicher Begeisterung oder auch nur aus Laune hervorgegangen, ist dieses Epos die Frucht eines langen, mühsamen Studiums der Regeln der Dichtkunst überhaupt, der Erfordernisse zum Rittergedicht insonderheit. Es kann als Muster eines Kunstepos gelten, zugleich aber auch als reiner Gegensatz zu der Iliade, den Nibelungen, den Romanzen vom Cid und Allem, was aus dem Boden einer lebendigen Volksüberlieferung hervorgegangen ist. Einen Markstein aber bezeichnet es auch insofern, als hier der ironische und frivole Ton der früheren Poetengeneration erloschen ist. Dafür ist der Hauch dieser Poesie ein durchaus schwärmerischer, inniger, ja geradezu sentimentaler, getragen von der süßen, weichen Sprache, über die Tasso wie kein Anderer gebot. Ist schon in Bojard und Ariost der italienischen Epik das plastische Element abhanden gekommen und an seine Stelle das malerische getreten, so steigert sich letzteres jetzt in Tasso zum musikalischen. Dabei ist seine Stellung zum behandelten Stoff eine vollkommen veränderte. Fromm und gläubig schmiegt sich der Geist des Dichters seinem Stoffe an, und mit Verherrlichung der Kirche und Frömmigkeit ist es ihm Ernst. Der selbstständige Aufschwung, welcher der italienischen Literatur dieses Jahrhunderts bisher den Charakter des Modernen verliehen hatte, ist erlahmt und der Bund zwischen Kirche und Kunst, der scheinbar zu Gunsten eines neu aufgegangenen menschheitlichen Ideals gelockert schien, ist auf's Neue und für die Dauer geschlossen. Eben damit ist aber auch der Anfang zum Ende gemacht.

Die Fürsten-
höfe. Diese Entwickelung der Poesie läuft also im Allgemeinen parallel mit den
Stadien, welche das Verhältniß der Päpste zu der neuen Geistesrichtung selbst
durchmachte. Leo X. hatte Interesse und Würde der Kirche dem Kunstgeschmack
geopfert. An seiner Tafel strömten zu den köstlichsten Weinen die lustigen Verse
der Reimer und Spaßmacher, von denen er umgeben war. Selbst Cardinäle
dichteten die Lustspiele, an welchen er sich ergötzte. Am Hofe Clemens VII.
standen Sannazar und Berni in Ansehen. Nachdem die Eroberung Roms
durch die Deutschen (1527) diesem künstlerischen Treiben im Vatican den ersten
nachhaltigen Stoß gegeben hatte, welcher namentlich auch der römischen Akademie
ein Ende bereitet zu haben scheint, setzte der Cardinal Hippolyt von Medici,
in Rom wohnhaft, die Bestrebungen seines Hauses daselbst fort, und noch unter
Paul III. sehen wir den auch als Dichter auftretenden Bembo mit dem Cardinalshut begabt (vgl. Bd. IX, S. 899), wie denn überhaupt dem gänzlichen Umschlag in den Jahren 1535—40 eine Zeit voranging, wo die unbekümmerte Freiheit der Tage Leo's X. wiedergekehrt schien. Dann hat freilich eine unbarmherzige
Reaction edle classische Bildung und dichterische Productionskraft zugleich erstickt.

Wenn aber auch der geistliche Herr Italiens, seiner kirchlichen Pflichten
eingedenk, den weltlichen und schriftstellerischen Interessen den Rücken wandte,
so wetteiferten doch eine Zeit lang noch die größeren und kleineren Fürstenhöfe
in der Pflege der Poesie. In Florenz geschah das besonders, seitdem das Haus
der Medici zur großherzoglichen Würde erhoben worden war. In Ferrara ließ
Alfons I. von Este, der Mäcenas Ariosto's, das prächtigste Schauspielhaus
bauen, welches die Zeit kannte; hier vor Allem gedieh das italienische Theater.
Sein Sohn Herkules II. machte selbst Verse, indessen seine Gemahlin Renata,
Ludwigs XII. von Frankreich Tochter, classische Studien trieb. In denselben
Spuren gingen die Kinder dieses Ehepaars. Alfons II. und seine aus Tasso's
Lebensgeschichte bekannten Schwestern. Zu diesen beiden Familien gesellt sich als
dritte im Bunde die der Gonzaga, welche theils mit herzoglichem Titel in Mantua, theils in Sabionetta und in Guastalla herrschte. Nicht minder theilte der
Adel den Enthusiasmus für Kunst, Dichtung und Wissenschaft. Berühmte Dichter wie Bojardo und dichtende Frauen wie Vittoria Colonna gehörten hoch-
adeligen Familien an.

Das Drama. Unter der Pflege dieser höheren Schichten der Gesellschaft gedieh ganz vorzüglich das Theater. Würde die Menge der Mitbewerber um den Preis die
Höhe einer Leistung bestimmen, so müßte die dramatische Dichtung dieser Zeit
in einem fast wunderbaren Flor gestanden haben, und wäre es namentlich möglich, die komische Kraft, welche auf eine Unzahl von Lustspielen vertheilt ist, in
einige wenige Stücke zusammenzudrängen, so hätte keine Nation Aehnliches zu
bieten. In Wirklichkeit aber leidet diese Seite der italienischen Literatur noch
mehr an Zerfahrenheit als das Epos. Neue Schauspiele drängten sich fast noch
mehr als neue Epen. Eine Fülle von Witz und guter Laune ist in den Lust-

spielen ausgeschüttet; aber nicht eines von allen hat sich auf die Dauer als Meisterwerk erwiesen und erhalten. Weit unter dem komischen Schauspiele stand
jedenfalls das tragische oder gar die dramatische Allegorik, an welcher man
gleichfalls auf den fürstlichen Theatern Geschmack fand.

Während sich so der Adel am Epos und Schauspiel ergötzte, überhaupt die Satire.
Sache auch von der ernsteren Seite auffaßte, sprach sich die im italienischen Nationalcharakter liegende Lust an Spaß, Satire und Schlüpfrigkeit am liebsten
in burlesken und satirischen Gedichten, namentlich in den sog. Capiteln (Capitoli)
aus. Fast alle Dichter und viele ernste Gelehrte und Staatsmänner der Zeit
haben zu dieser scherzhaften Poesie, die man nach einem ihrer ausgezeichnetsten
Vertreter Berni benannte, Beiträge geliefert, und hier vor Allem offenbart sich
die den Gebildeten dieser Epoche mehr als Tasso's schwärmerischer Ernst zusagende
Frivolität und Verspottung alles Heiligen.

Schließlich muß, um das allgemeine Bild der literarischen Zustände zu voll- Die Akade-
enden, noch der zahlreichen literarischen Gesellschaften oder Akademien Erwäh- mien.
nung geschehen, von denen ganz Italien bedeckt war. Wir haben gesehen, wie
schon im 15. Jahrhundert unter dem Einflusse des Humanismus zuerst in Florenz eine platonische, dann am Sitze der Päpste eine römische Akademie Entstehung fand (Bd. IX, S. 897. 902). Schon hier war des Spielens und
Tändelns mit altgriechischen und altrömischen Formen, Namen, Einrichtungen
viel gewesen. Allmählich bildete sich daraus ein eigenthümliches Club- und
Cliquenwesen zur Beherrschung des Geschmacks und der Literatur, an welchem
sich der Italiener allerorts leidenschaftlich betheiligte. Keine Erscheinung ist so
bezeichnend für die Art von literarisch-ästhetischem Gemeingeist, wie er damals
in Italien herrschte, als diese Organisation des gesammten lesenden Publikums in
kritisirenden Gesellschaften und Verbrüderungen. Wie kläglich freilich der Witz der
Italiener noch im Jahrhundert Ariosto's und Tasso's sich verirren konnte, ersieht
man aus den unglaublichen Pedantereien und läppischen Witzeleien, wie sie in diesen
Akademien zu Hause waren. Schon die Namen sind bezeichnend. Am berühmtesten wurden die Akademien der „Ungeschlachten" (Rozzi), welche in Siena ihren
Sitz hatten und von Leo X. zur Belebung des komischen Theaters nach Rom
gezogen wurden, und „von der Kleie" (della crusca), zu Florenz etwa ein Jahrhundert nach der platonischen Akademie entstanden. Außerdem gab es „Hitzige"
in Bologna, „Ungestalte" und „Wilde" in Ravenna, „Verirrte" in Faenza, „Ein-
tönige" und „Unsinnige" in Perugia, „Stumpfe" in Spoleto, „Betäubte" in
Urbino, und so hatte schließlich fast jedes Winkelstädtchen in seinen Mauern eine
oder mehrere solcher Verbrüderungen, die einander in der Ehre eines sinnlosen
und abgeschmackten Aushängeschildes nichts nachgaben. Von welcher Bedeutung
für das Schicksal eines Schriftstellers sie gleichwohl werden können, wird sich aus
der Lebensgeschichte Tasso's ergeben.

2. Aufschwung der Nationalliteratur am mediceischen Hof.

Nachwir-
kungen Dan-
te's, Petrar-
ca's, Boccac-
cio's.
Wir haben früher (Bd. VII, S. 857 ff.) gesehen, wie während der ersten Hälfte des 14. Jahrhunderts die italienische Nationalliteratur unter dem fruchtbaren Segen des Dreigestirns Dante, Petrarca, Boccaccio begründet worden ist. Einen neuen Aufschwung nahm dieselbe im 16. Jahrhundert. Die Zwischenzeit bietet für eine allgemeinere Betrachtung wenig Interesse, oder es wird letzteres vielmehr verschlungen von jener, auf dieselben drei großen Geister zurückreichenden Bewegung, welche der wiedererstehenden Sprache und Cultur des klassischen Alterthums galt (Bd. IX, S. 885 ff.).

Matteo
Palmieri,
† 1475.
Unter den drei Genannten war es weniger Dante, an welchen sich die nationale Dichtung anlehnte, als Petrarca und vor Allen Boccaccio. Dante, den letzten Zeiten der Kraft angehörend, war den späteren Geschlechtern entfremdet, mehr ein Gegenstand der Bewunderung, als ein Quell productiver Anregung. Als ein Nachklang seiner Poesie mag höchstens Matteo Palmieri's „Stadt des Lebens" (Città di vita) genannt werden, deren Druck später die Inquisition verhindert wurde. Aber auch die schöne und durchsichtige Klarheit Petrarca's fand eigentlich erst im 16. Jahrhundert Würdigung und Nachahmung. Fluthen von Sonetten sind freilich schon vorher nach seinem Beispiel allenthalben gedichtet, und als darin die lyrische Kunst zur leeren Form und Harmonie des Sprachklanges herabgedrückt worden. Zunächst aber war es Boccaccio, der die Folgezeit beherrschte. In seiner Nachfolge fanden vor Allem die Novellen und volksthümlichen Satiren eifrige Bearbeitung und großen Anklang. Freilich hatte schon er seine Natur und die Nahrung für seine ganze Thätigkeit aus der Zeit der Schwäche und des inneren Verfalls des Vaterlandes gezogen. Dieser Verfall machte seither mit jedem Jahrhundert Fortschritte. Es waren äußere und innere Uebel, die ihn herbeiführten: die durch die Hierarchie genährte Eifersucht der einzelnen Städte gegeneinander, die dadurch entzündeten niedern Leidenschaften, die angefachten Bürgerkriege, der Untergang der Republiken, die stufenweise fortschreitende politische Schwächung des Bürgerstandes, die Entstehung von Aristokratien und Despotien, welche letztere die traurige Gattung der Hofdichter hervorriefen. Aber erst mit dem im Verlaufe des 16. Jahrhunderts auftretenden Untergang der politischen Freiheit verschwindet auch der freie schöpferische Geist, so daß Blüthezeit und Verfall hier hart neben einander stehen. Das hauptsächlichste, bis unmittelbar in das Reformationsjahrhundert hineinwirkende innere Uebel aber war die Unwahrheit und Unsittlichkeit in der Kirche, wodurch die moralische Kraft und Religion unterging und sich der Hauptzug in dem Charakter der Poesie, die Frivolität, die Ironie und der Spott, mächtig entwickelte. Geistiger und politischer Druck kam dazu, und so wurden nur diejenigen Dichtarten ganz national, welche das satirische, frivole und burleske Element in sich aufnahmen. Viel Frische und Kühnheit besaß immerhin diese dichterische Richtung, welche ihren Namen (die burleske) einem Florentiner Barbier, Burchiello, verdankt, der eine Menge ebenso launiger wie frecher Sonette verfaßt hat. Von solchem Stoff nährten sich die zahlreichen Bänkelsänger, denen schon damals die Italiener mit Leidenschaft Gehör schenkten, um sich an den schmutzigen Spottgedichten oder boshaften persönlichen Angriffen zu ergötzen. Dagegen brachte es die neben der nationalen gepflegte gelehrte oder klassische Satire nicht weiter, als zur frostigen Nachahmung des Horaz oder Juvenal. Was die Novellen betrifft, als deren Meister in dieser Zwischenperiode Sacchetti und Ser Giovanni im 14., Massuccio im 15. Jahrhundert auftreten, so waren freilich die meisten nicht ursprünglich italienisch, sondern stammten aus dem Orient und waren in verschiedenen Formen über Sicilien, Spanien und Frankreich eingewandert. Aber gerade das Schlüpfrige und Leichtfertige darin begünstigte ihre Einbürgerung, und man brauchte nur Personen- und

Domenico
Burchiello,
† 1448.

Novellisten.

Ortsnamen zu verändern, so waren die Geschichten ganz italienisch. Nur zuweilen macht das große Hauptthema, der leichtfertige Spott über die Geistlichkeit, deren sittenloses Leben oft in sehr derben Bildern geschildert wird, sowie über eheliche und bürgerliche Verhältnisse einer ernsten Schilderung von großherzigen Thaten und Gesinnungen oder einer redlich gemeinten frommen Legende Platz.

In einem seltsamen Gegensatze hierzu stand die d r a m a t i s c h e P o e s i e, wo sie sich Ausbildung der Komödie. dauernd an die Mysterien des Glaubens, an die Feierlichkeiten der Kirche anlehnte. Schon im Jahre 1264 finden wir zu Rom die Gesellschaft des Gonfalone, welche die Leidensgeschichte Christi aufführte. Andere scenische Darstellungen wurden von Pilgern und Klosterbrüdern gegeben (vangelii, istorie spirituali). Bald aber zweigte sich eine weltliche Richtung ab und tauchte die Farce als Hauptelement des italienischen Volkstheaters auf, welches nun durch die Gestaltung der Masken ein ganz eigenthümliches Gepräge gewann. Dieselben, Zanni genannt, stellten nämlich in der Nachfolge des altrömischen Mimus gewisse stehende Charaktere dar, welche zugleich die Verschiedenheit der italienischen Volksarten in Tracht, Sprechart und komischen Manieren abbildeten und zur Ausführung jener beliebten Neckereien dienten, wie sie sich in Italien Provinz gegen Provinz, Stadt gegen Stadt erlaubte. Die älteste Maske war der Dottore, auch Gratiano genannt, von Bologna, die Personification eines pedantischen und langweiligen Wortmachers. Venetianischen Ursprungs dagegen war der Pantalone, eigentlich Kaufmann, von Charakter ein bis zur Einfalt gutmüthiges, aber zuweilen auch noch zu jugendlichen Streichen aufgelegtes Familienhaupt. Bei beiden spielten der Arlechino von Bergamo mit seiner Geliebten Colombina und der Scapin die Rolle der listigen und drolligen Bedienten. Der Pulcinello war der geschmeidige, possenreißerische Schmarotzer, der lustige Bruder aus Apulien, Spaviento der spanisch-neapolitanische Renommist, Gelsomino der römische Stutzer, der Kuppler Brighella von Carrara der verschlagene trotzige Mann aus dem Volk. Dazu treten der mailändische Querkopf Beltrame, der durch sein Stottern und Stammeln ergötzende Tartaglia und zwei calabresische Lümmel mit Namen Giangurgulo und Coriello. Diese Masken improvisirten ihre Stücke und bereiteten sich dazu höchstens durch eine Skizze des Planes vor. Die lustige phantastische Ausführung blieb der Eingebung des Augenblicks überlassen. Den Gegensatz zu diesem aus dem Stegreif sich entwickelnden Volksschauspiel (commedia dell' arte) bildete das gelehrte Schauspiel (commedia erudita), wie es erst seit 1470 aufkam, als die römische Akademie der Gelehrten und Dichter unternahm, einige Lustspiele des Plautus lateinisch aufzuführen. Solche Darstellungen, später in italienische Sprache umgesetzt, wurden bald zu Festen der gebildeten Welt, und die der oft fast kindischen Freude, die man ob der Nachahmung des Alterthums empfand, übersah man gänzlich das Leere der Handlung, überhörte man das hohle Pathos des Ausdrucks. Weil aber keine Stadt der anderen in der Manier dieser Aufführungen einen entschiedenen Vorrang abgewinnen konnte, so vermochte sich auch kein so allgemein herrschendes System der dramatischen Kunst wie in Frankreich zu gestalten, und so blieb der Gegensatz der älteren volksthümlichen Posse und des antiken Vorbildern nachstrebenden Drama's bestehen. Dieser Absonderung der nur für das vornehme Publikum arbeitenden Dichter ist es vorzugsweise zuzuschreiben, daß die Italiener sich nie zur Höhe der echten Tragödie erheben konnten, während sie in der Komödie dem Geschmack der niedern Volksklassen huldigten.

Dagegen war es für die l y r i s c h e P o e s i e ein günstiger und verheißungsreicher Um- Lyrik. stand, daß sie ihre Pflege an demselben Hofe zu Florenz und vielfach auch von denselben Händen finden sollte, welche sich um das Wiederaufleben der alten Culturwelt so große Lorenzo de' Verdienste erworben hatten. Lorenzo de' Medici war zu vielseitig gebildet und zu Medici, † 1492.

realistisch in seinem ganzen Wesen, als daß ihm mit steifer Nachahmung der Antike gedient gewesen wäre. Vielmehr steht er zugleich an der Spitze der neu anbrechenden klassischen Zeit nationaler Dichtung. Schon oben (Bd. IX, S. 761 f.) lernten wir ihn als Vertreter einer mehr im Volk wurzelnden Dichtungsart kennen. Leichtere lyrische Waare, namentlich auch Liebesgedichte, hat er in großer Anzahl hervorgebracht. In seinen Sonetten und Canzonen, die er zur Verherrlichung der Lucrezia dei Donati und anderer Damen verfaßte, schloß er sich an Petrarca an. Hat er auch die rhythmische Harmonie und glanzvolle Sprache seines Meisters nicht erreicht, so ist er ihm doch viel näher gekommen, als das phantastische Pathos, die fast sinnlose Phraseologie, worin
Antonio
Tebaldeo,
† 1537.
die bisherigen Petrarchisten sich gefallen hatten. Unter diesen sind besonders Tebaldeo aus Ferrara, nicht minder auch Serafino Aquilano aus dem Neapolitanischen und Bernardo Accolti aus Arezzo zu nennen. Lorenzo aber versuchte sich auch in anderen Gattungen neben dem beliebten Sonett. So besingt sein Gedicht Ambra in Ottaven die anmuthigen Gärten, die er auf einer Insel im Ambrone angepflanzt hatte; die Nencia di Barberino preist in der naiven Sprache des toscanischen Dialekts die Schönheit eines Landmädchens; in den Altercazione dagegen, einem Lehrgedicht, vertritt er den Platonismus; die „Trinker" (i beoni) sind eine geistreiche Satire gegen die Trunkenheit, zugleich der Form nach eine Travestie der göttlichen Comödie. Am volksthümlichsten aber sind seine Carnevalsgedichte gehalten (canti carnascialschi), Couplets voll fröhlichen Scherzes, welche die prächtigen Umzüge und andere Lustbarkeiten begleiteten, die er dem Volke gab und mit ihm theilte. Endlich hat er Rondo's, die er selbst bei den Tänzen auf öffentlichem Markte sang, und — geistliche Hymnen hinterlassen.

Aber der fürstliche Dichter war auch wieder Freund und Beförderer von Dichtern.
Angelo
Poliziano,
1454—94.
Wir haben in seinem Hause bereits jenen gelehrten und geistreichen Angelo kennen gelernt (Bd. IX, S. 762, 898), der auf dem Schlosse Monte Pulciano (daher Poliziano) geboren, in lateinischen und italienischen Versen gleich hervorragte. Seine „Stanzen" (auch Giostra) bilden den Eingang zu einem unvollendeten Rittergedichte, das den Giuliano de' Medici und seine Liebe zur schönen Simonetta feiert. Die Sprache ist bilderreich und der Bau der gereimten Achtzeilen (Ottave rime) in diesem Gedicht gilt geradezu als klassisch. Er hat zuerst gezeigt, welcher Anmuth diese Form fähig sei. Ein Gelegenheitsgedicht, wie diese zur Feier eines Turniers 1468 geschriebenen Stanzen, war auch der Orpheus (Favola d'Orfeo), innerhalb von zwei Tagen verfertigt und 1483 zu Mantua zur Feier der Rückkehr des Cardinals Gonzaga mit großem Aufwand von Decorationen und Musik aufgeführt: ein fünfactiges Drama mit Chören, der Form nach von den hergebrachten geistlichen Mysterien nicht so sehr verschieden, aber mit einem der altgriechischen Mythologie entnommenen Inhalt. Man hat darin auch schon eine Oper sehen wollen, aber nur die Chöre wurden gesungen und von Musik begleitet. Ein kurzer Dialog setzt nämlich die von einem Act zum andern vorgefallenen Ereignisse auseinander und führt so eine Ode, einen Gesang oder eine Klage herbei. Abwechselnde Sylbenmaaße, die Terza rima, die Ottave, selbst die kunstreichen Strophen der Canzone dienen zum Dialog, und die lyrischen Stücke sind fast immer durch einen Refrain gehoben. Bei dieser Gelegenheit mag, als für das italienische Theater von Bedeutung, auch noch eine 1486 in Ferrara zur Aufführung gekommene Uebersetzung der Menächmen des Plautus Erwähnung finden.

Beitaus am erfolgreichsten wirkte aber unter den Dichtern am Hofe Lorenzo's Luigi Pulci. Er lenkte zuerst entschieden ein auf die Wege, welche dann die italienischen Dichter auf Akademien und an Höfen während des ganzen 16. Jahrhunderts mit unglaublicher Regsamkeit verfolgten, indem er eine den epischen Gedichten des Mittelalters nachgebildete Nationaldichtung anstrebte. Schon seit Jahrhunderten war nämlich die französisch-bretonische Karlssage (Bd. VII, S. 446 ff.) in Italien bekannt. Verschiedene Volksbücher, wie I reali di Francia, und Gedichte (Buovo d'Antona und la Spagna an der Spitze) hatten diese Stoffe eingebürgert; eine ganze Reihe alter, volksthümlicher Romanzisten ging den eigentlichen Kunstdichtern voran. So z. B. Durante da Gualto in seiner Leandra und Francesco Cieco von Ferrara in seiner Mambriana. Aber sie alle verdunkelte ein Werk, welches die glänzende Reihe der romantischen Rittergedichte Italiens eröffnete, indem darin das Historische der Karlssage schon ganz zurücktritt hinter der Willkür der Phantasie und des Hohnes.

Der Florentiner Luigi Pulci verfaßte auf Verlangen der Lucrezia Tornabuona, Luigi Pulci, 1431—87. Lorenzo's Mutter, das Epos von den Abenteuern des von Roland bekehrten Riesen Morgante (Morgante maggiore), ganz im Geschmack und Sinn der nihilistischen, Der Morgante Maggiore. skeptischen und frivolen Richtung des damaligen vornehmen und gebildeten Florenz. In Stanzen geschrieben, erschien es zuerst in Venedig 1481 (23, später 28 Gesänge umfassend). Es sind die bekannten Gestalten, die Verhältnisse Karls und seiner Paladine, die Feindschaften der edeln Häuser, die Beziehungen des Kaisers zum Volk und zu seinen Vasallen, vorzüglich aber das Christenthum mit seinen Glaubenslehren und Heilsmitteln, welche für die echt italienische, ebenso empfängliche wie bewegliche Phantasie des Dichters, in deren Zauberspiegel sich der tiefste Ernst unversehens zum Mittel des derbsten Spottes umsetzt, die Puppen und Decorationen abgeben müssen, mit deren Hülfe er die tollsten Karrikaturen schafft, die wunderlichsten Schauspiele aufführt. Hier hat die ältere Manier der Romanzisten, welche die fremden Sagen im Sinne der Kirchenherrlichkeit gläubig nachahmte, fast ganz dem italienischen Geschmack an Burleske und Satire Platz machen müssen. Die Sprache der Helden, Priester und Prinzessinnen ist durchweg mit Redensarten des niedrigsten Florentiner Pöbels versetzt. Der Kaiser und seine Paladine zanken sich wie Hökerweiber des Marktes; bei den Kämpfen giebt es mehr Schimpfreden als Schläge und Todte. Lactanz, Alcuin, Turpin werden citirt, um die Wahrheit der Sage zu verspotten, und die Anrufungen der Trinität, der heiligen Jungfrau und anderer göttlichen Mächte im Anfang der Gesänge ist nur der Triumph des religionsspötterischen, durchaus gegen Kirche und Geistlichkeit gerichteten, Humors, der den Ganzen seine volle Abrundung giebt. Pulci gehörte zu den zahlreichen Personen am florentinischen Hofe, welche, während die andern für die neuplatonische Mystik schwärmten oder ihre ganze Kraft in wüthenden Bänkereien um die neuerworbenen Güter des Alterthums einsetzten, nur Auge für die negative Seite am Treiben dieser Welt, das auf Dummheit oder Schlechtigkeit zurückzuführen Niedrige in derselben hatten. Religion, Staat und Familie erschienen auf diesem ironischen Standpunkte nur als eitle und leere Uebereinkunftsformen, die ihr Dasein halb der Berechnung, halb der Beschränktheit verdankten. Selbst der im Ganzen ernsthaft gehaltene biedere Charakter des Morgante ist kein Hinderniß, daß seine Reden zuweilen in's Komische, seine Thaten in's Ungeschlachte überspringen. Das Gedicht hat seines Gleichen mehr in der Zukunft als in der Vergangenheit. Es sieht aus wie eine zum Voraus unternommene Parodie der Rolande Bojardo's und Ariosto's, zuweilen erinnert es sogar an Don Quixote, ja selbst z. B. in der skandalösen Episode von Olivier und Meridiana an La Pucelle. Nur ist Alles mit fester Hand und plastischer Lebendigkeit geschildert; Pulci bleibt der originellste unter den italienischen Epikern.

3. Bojardo und Ariost.

Matteo Maria Bojardo stammte aus einem alten, fast stets in den Reihen Matteo Maria Bojardo, 1434—1494. der Anhängerschaft des Hauses Este erscheinenden Geschlechte, welchem seit 1423 als

Efte'fches Lehen die Grafschaft Scandiano am Fuße des Apennin verliehen worden war. Der junge Graf machte seine Studien in Ferrara, wo er namentlich eine gründliche Kenntniß beider klassischen Sprachen, außerdem auch die philosophische und juristische Doctorwürde erlangte.   Hochgeehrt von den ersten Herzogen von Ferrara (vgl. Bd. IX, S. 859) vermählte er sich mit einer Tochter aus dem Hause Gonzaga.   Seit 1478 bekleidete er mit geringer Unterbrechung bis zu seinem Tode die Statthalterschaft von Reggio in der Lombardei, von den Juristen seiner Zeit der übergroßen Milde und Gutmüthigkeit geziehen: z. B. er habe sich gegen die Todesstrafe ausgesprochen, sei geschickter gewesen Verse zu machen, als Verbrechen zu bestrafen.   Außer seinem großen Epos hat er eine beträchtliche Anzahl kleinerer Gedichte in italienischer Sprache hinterlassen, Sonette und Canzonen, in welchen er eine gewisse Antonia Capraca feiert, ferner ein fünfactiges Lustspiel Timon, dem bekannten Dialoge Lucians nachgebildet, wie er denn überhaupt einen guten Theil seiner Muße auf Uebersetzung klassischer Schriftsteller, des Herodot, Xenophon, Apulejus u. a. verwendet hat,

Der verliebte Roland.   Alle gedruckten Werke des bescheidenen Mannes sind erst nach seinem Tode erschienen, mit einziger Ausnahme der beiden ersten Bücher des „Verliebten Roland" (Orlando innamorato), welche 1481 vollendet, 1486 in Venedig an's Licht traten; auch sie wahrscheinlich ohne des Verfassers Wissen und Willen.   Nach seinem Tode erschien, von seinem Sohn Camillo besorgt, das ganze Gedicht, soweit es fertig geworden war.   Das erste Buch besingt in 29 Gesängen die Ursachen von Rolands Liebe zur Fürstin Angelica, die Belagerung ihrer Stadt Albracca und die Abenteuer der vertheidigenden und angreifenden Helden, das zweite in 31 Gesängen die Unternehmung der afrikanischen Mächte gegen Karl den Großen und die Auffindung Ruggiero's, des Stammvaters des Hauses Este.   Vom dritten Buche sind blos 9 Gesänge zur Vollendung gediehen; auch sie sind nur langsam (1484—94) entstanden, und schließlich wurde der Verfasser durch die, im letzten Vers des Ganzen erwähnte französische Invasion gestört, der sein Tod am 21. December 1494 auf dem Fuße folgte.   Verhängnißvoller Weise hat Bojardo dieses große Gedicht, darauf sein Nachruhm fast ganz beruhen sollte, nicht in der rein toscanischen Sprache geschrieben, wie sie durch die drei großen Florentiner schon im 14. Jahrhundert zur allgemeinen Schriftsprache Italiens erhoben worden war.   Seine kleineren Gedichte beweisen zwar, daß er derselben vollständig mächtig war.   Gleichwohl wimmelt der „verliebte Roland" von veralteten und provinziellen, namentlich lombardischen Ausdrücken, so daß man vermuthet hat, das Ganze liege überhaupt nur im ersten schriftstellerischen Entwurfe vor.   In Wahrheit hat sich der Dichter nur der zu seiner Zeit am Hofe zu Ferrara herrschenden Sprache bedient, daher aber auch spätere Zeiten mannigfache Versuche aufzuweisen haben, das Werk sprachrichtig umzuarbeiten und dadurch lesbarer zu machen.

Wie sämmtliche italienische Romanzisten, so ist auch Bojardo von älteren Quellen abhängig.   Namentlich folgt er seinen Vorgängern in der Berufung auf den fabelhaften Erzbischof Turpin, dessen angebliches Werk „über die Thaten Karls des Großen und Rolands" schon Papst Calixt II. 1122 für echt erklärt hatte.   Bojardo selbst wird schwerlich an die Echtheit geglaubt haben, da er, ähnlich wie nachher Ariost, diesen Augenzeugen weist bei solchen Dingen anruft, von welchen er nichts sagt und nichts sagen kann, nicht selten ihn aber auch geradezu ironisch behandelt, wie wenn er ihn für die Geschichte Alexanders des Großen als Autorität citirt.   Im Uebrigen nahm Bojardo die Erzählungen dieses Sagenkreises so wie er sie fand zur Grundlage seines Gedichtes. Es fällt ihm nicht ein, sie zu veredeln.   Kaiser Karl ist auch hier wie bei allen andern Bearbeitern dieses Stoffes stets ein hochbejahrter Herr, polternd, jähzornig, seine Paladine bald schimpfend, bald, wenn er ihrer bedarf, sie umwerbend.   Einmal, da sie ihm nicht gehorchen, ergreift er den Stock „und schlägt wohl mehr als dreißig Köpf' entzwei". Dann wieder belügt er Roland und Rinald, indem er jedem Angelica's Hand verspricht, um so seine Paladine zum Wetteifer in der Tapferkeit anzuspornen.

Während aber die früheren Dichtungen der Rolandssage ihren Helden nur als Vorkämpfer der Christenheit auffaßten, suchte Bojardo, vertraut mit der Romanwelt anderer Völker und besonders mit der Artussage, dem vorhandenen Stoffe durch Einführung der ritterlichen Frauenliebe einen neuen Reiz zu verleihen. Die Eigenthümlichkeit dieser neuen Wendung betrifft vor Allem den Haupthelden Roland selbst. Diesen hatten die früheren Dichter als für die Liebe unempfänglich und selbst mit seiner Gemahlin Alda in blos geschwisterlichem Verhältnisse stehend geschildert. Bojardo erwähnt zwar dieser Alda sofort, nimmt aber keinen Anstand, seinen Helden sich alsbald in die an Karls Hofe erscheinende chinesische Prinzessin Angelica verlieben und darob ernste Besorgnisse sogar für seinen Verstand äußern, ja auch im Kampfe mit seinem Nebenbuhler Ferragu zornwüthig und toll werden zu lassen — ein Umstand, den wohl Ariost aufgegriffen hat, als er aus dem „verliebten" sogar einen „verrückten Roland" machte. Denn „wo Liebe ist, da kann Vernunft nicht sein" sagt schon bei Bojardo jene Angelica, welche dann allerdings den Hauptmagnet bildet, davon Roland durch das ganze Gedicht hin und hergezogen wird. Aber so fein und listig sie ist, die stets zu entwischen weiß, während ihre Anbeter sich um sie zanken, so plump ist er in der Liebe. Er heißt nicht bloß der „dümmste Frauenknecht", „im Lieben roh und unerfahren", er weiß auch selbst um diese seine Schwäche Bescheid zu geben. Noch schlimmere Erfahrungen als mit Angelica sind ihm aufbehalten in seinem Verhältniß zu der Zauberin Origilla. Von Angelica, die seiner los zu werden wünscht, auf die Wanderschaft geschickt, begegnet er dieser Nebensonne seiner Gedanken. Sie nimmt ihm sofort mit frecher Lüge sein Pferd. Er muß zu Fuß gehen und schilt alle Frauen treulos. Bald aber besinnt er sich seiner Ritterpflichten gegen Angelica und schlägt sich auf den Mund. In dieser Stimmung findet er die Origilla gefangen, befreit sie und verzeiht ihr, um sofort abermals von ihr einem Andern gröblich hintangesetzt, ja aufs Neue um Roß und Schwert gebracht zu werden. Trotzdem darf er ihr nur wieder begegnen, um zum drittenmal von ihr, die auf seinem eigenen Pferde sitzt, betrogen und in die größte Noth gebracht zu werden. Bojardo's Stellung zur früheren Auffassung Rolands gibt sich klar da zu erkennen, wo er dieselbe lediglich auf Turpin zurückführt, der mehr dergleichen gesagt habe, was Bojardo keineswegs vertreten möchte. Aus diesen Thatsachen erhellt zur Genüge, was von der früher oft gehörten Meinung zu halten, als stelle sein Roland den in der göttlichen Gnade lebenden Menschen im Gegensatz zu Rinald dar, welcher die Kraft und Schwäche des natürlichen Menschen vertreten soll. Im Gegentheil ist Bojardo schon ganz in dem Geleise Ariost's, nur daß sich die Ironie noch nicht so bewußt des gesammten Stoffes bemächtigt, sondern der wirklichen Begeisterung für die Ritterwelt, deren Ideale im Großen und Ganzen Rettung erfahren, einiger Raum gelassen wird. Gleichwohl tritt seine Meinung von Roland deutlich genug hervor, wenn dieser beispielsweise in die Lage kommt, das Räthsel der Sphinx lösen zu sollen. Dasselbe erweist sich nämlich als zu hoch für seinen Verstand. Dafür aber weiß er das Unthier um so tüchtiger und besser als Oedipus zu hauen, und erfreut sich dann später der Lösung des Räthsels, die er in einem Zauberbuche findet. Was endlich insonderheit die Frömmigkeit des großen Helden betrifft, so wird er auch in diesem Stücke ganz ebenso behandelt, wie in der Liebe. Als ihm Origilla zum erstenmal sein Pferd stiehlt, läßt sie den frommen Grafen in einen Brunnen hinabsehen, unter dem Vorgeben, er werde dort Gott und den Teufel erblicken, worauf es heißt: „allein sich selber schuldig nennt der Graf und schilt sich einen Dummkopf und ein Schaf". Aber auch von seinem Vetter

Rinald muß er Vorwürfe wegen des thörichten Aberglaubens hinnehmen, wenn er jeden Morgen den Himmel mit Kreuzschlagen und Gebetsformeln für sich einzunehmen sucht. Davon hält Bojardo selbst freilich nicht viel; in einer frivolen Aeußerung über den Teufel tröstet er sich damit, daß dieser, falls existirend, ja doch vor dem Kreuz- schlagen davonlaufen müsse, während andrerseits vor des Heiden Ruggiero Schwert keine Messe, kein Paternoster schützt. So ist Rolands Religiosität durchaus nur in dem be- kannten italienischen Styl gehalten, und wie sehen z. B. den Grafen das Heer seines Kaisers verlassen und Gott fußfällig bitten, er möge dasselbe nur vollständig aufreiben, damit sich zeige, wie wenig die übrigen Paladine neben ihm zu bedeuten haben. Hin- gegen finden die Märtyrergeschichten, womit ihn ein Mönch zum Tode vorbereiten will, wenig Eingang bei ihm. Ueberhaupt fehlt es nicht ganz an Seitenhieben auf Priester, Mönche, Kirche, und wenn Pulci mit dem Prolog des Johannes-Evangeliums seine Geschichte eröffnet, so verschmäht Bojardo, sich an ein lombardisches Wortspiel anschlie- ßend, nicht den schlechten Witz: „Im Anfang war die Gans“. Auch die Anrufungen der göttlichen Gnade am Schlusse der Gesänge erinnern an Pulci und treffen einmal sogar wörtlich mit diesem zusammen.

Aber zum durchschlagenden Ton sind diese Spöttereien gleichwohl nicht geworden. Der Verfasser nimmt für das Christenthum Partei. Jedweder christliche Ritter hat, wie seine Dame, so auch seine Religion, deren er mindestens morgens eingedenk ist, wie der Herzog Astolf, sobald er im Sattel sitzt. Die Heiden dagegen sind nicht einmal ihrem Gotte treu, und insonderheit thut sich Rodomont als frecher Spötter und Gottesleugner hervor. Zwei Gesänge des ersten Buches sind der verschiedenen Stellung gewidmet, welche Christen und Mohammedaner zur Gottheit einnehmen. Hier erscheinen dann aller- dings Roland und Rinaldo ebenso tief fromm, wie andererseits Agrican und Marfisa ihren Mahomet bald ignoriren, bald frech lästern, wenn er ihnen nicht den Willen thut. Endlich aber läßt sich der sterbende Agrican taufen und verscheidet mit der Hoffnung auf die göttliche Gnade. Auch sonst ist der Dichter sehr darauf bedacht, daß seine heid- nischen Helden und Damen sich rechtzeitig bekehren, und nicht blos Roland, der im Kerker alle Psalmen und Gebete hersagt, darüber sein Gedächtniß gebietet, und damit den Saracenen Brandimart für das Christenthum gewinnt, auch Rinald erweist sich unter Umständen als ein gewaltiger Prediger, und die Damen Fleurdelys und Dori- stella bekehren sogar alle ihre Landsleute binnen kürzester Frist zum Kreuz. Ueberall wird der Rücksicht auf das Seelenheil ihr Recht, und Rinald wie Gryphon beten ange- legentlichst vor der Schlacht; ganz insonderheit aber gilt der Paladin Dudo, von wel- chem Gleiches erzählt wird, als Muster von Gottesfurcht und Glauben, weshalb er denn auch später heilig gesprochen worden sein soll.

Indessen weiß der Verfasser dafür zu sorgen, daß man das Ganze nicht zu ernst nehme. Gilt doch das furchtbare Ringen der Asiaten mit den Europäern nicht etwa, wie doch noch bei Homer, einem Weibe, sondern dem Schwerte Hektors, welches Mandricard haben will, während Roland es besitzt, und Rinaldo's Roß Bayard, nach dessen Besitze Gradaß strebt; über all' dem furchtbaren Toben, Stechen und Hauen, da- von Bojardo's Gesänge wiederhallen, kann man doch nicht umhin, sich zu erinnern, daß die ersten Leser nur an den ganz unblutigen Lärm denken konnten, welchen damals die auf ihre gegenseitige Wohlerhaltung bedachten Söldnerschaaren in Italien aufführ- ten, bis endlich Bojardo's Todesjahr den wirklichen Krieg brachte. In jedem Kampfe werden den Haupthelden die Waffen gänzlich zerstört und zerhauen, und in jedem folgen- den Zusammentreffen sind sie wieder ganz vorhanden und glänzen, wie eben aus der Waffenschmiede hervorgegangen. So darf man sich nichts zu gefährlich vorstellen, und wenn fortwährend abgehauene Arme und Beine in die Luft fliegen, so geschieht das nur

zur Augenweide, nicht im Ernste; denn sonst wäre es thöricht, daß Agrican sich solchem Vergnügen mitten in der Schlacht auch gegenüber den eigenen Leuten hingibt.
Wie auf dem Theater, wo dasselbe Dutzend Statisten immer wieder auf die Bühne erscheint, um neue Heeresmassen vorzustellen, so geschieht auch hier. „Wenn sie auch
schon einmal getödtet worden, so drängen auf dem Schlachtfeld sich die Horden".

Die eigentliche Virtuosität Bojardo's aber, der Punkt, mit welchem er in der
That alle Epiker Italiens überragt, liegt in der Kunst, womit die individuellen und
charakteristischen Züge seiner Helden gemalt und festgehalten sind. Nicht allein Agrican,
Brandimart, Brunell, Martasin und so viele andere Personen sind mehr als bloße Namen: auch die beiden kriegerischen Damen Marfisa und Bradamante unterscheiden sich
sehr merklich, jene durch tapferes, aber durchaus unweibliches Benehmen, diese durch
Seelenadel und wirklichen Reiz. Ja selbst die bei Ariosto nur als Puppe auftretende
Angelica wird im glücklichsten Moment, da sie neben Marfisa steht, aufgenommen
und recht artig gezeichnet.* Meisterhaft ist der individuelle Gegensatz zwischen Roland
und Rinald gehalten. Jener ist der vornehme Herr, der Graf von Brava, Erbherr
von Anglant, Senator von Rom, dem es nie an Geschenken gebricht, die ihm Kaiser
und Papst darbringen; dieser, seines Zeichens eigentlich ein mittelalterlicher Raubritter,
der sich sein unehrliches Gewerbe nicht selten muß vorwerfen lassen. Jener ganz Haut
und Sehne, ein schlechter Bissen für Menschenfresser, schielend, überhaupt furchtbaren
Angesichtes, zumal da er, wenn er zum Kampfe geht, Grimassen macht, davor die
Leute davon laufen, und mit den Zähnen knirscht, daß man es stundenweit hört; selbst
im Schlafe schrecken seine Geberden, und ehe er den Feind bekämpft, wüthet er auf
seinem Zimmer zur Probe. Im Gegensatz dazu ist Rinald der gewürfelte, vorurtheils-
losere, auch dreistere, keinesfalls so auf Schritt und Tritt von dem inneren Spiegelbilde
der eigenen Größe begleitet, wie es unablässig dem Roland vorschwebt. Dagegen ist
der englische Herzog Astolf die Eitelkeit selbst. Alles lebt und schimmert an diesem
Prachtexemplar eines italienischen Phantasieproductes. Er ist immer gleich ergötzlich von
seinem ersten Auftreten an. Stets ist er prachtliebend, strahlend, wortreich, eitel, prah-
lerisch, gern witzend und plaudernd mit den Damen, denen er seine Vorzüge
vor Roland und Rinald auseinandersetzt; in der That auch immer verwegen und
tollkühn, aggressiv im höchsten Grade, aber auch stets zieht er den Kürzeren, wenn es
zum Klappen kommt, und wird unbarmherzig auf den Sand gesetzt. Nur so lange
geht das anders, als er sich zufällig im Besitze jener unbesiegbaren goldenen Lanze befindet, welche nachher bei Ariost in Bradamante's Händen Wunder thut. Aber nicht
blos er weiß von dieser Wunderkraft nichts, auch der Verfasser hat vergessen, sie dem
Leser rechtzeitig zu verrathen, so daß die komische Wirkung der ersten Siege Astolfs im
Turnier und des Umstandes, daß er, wiewohl Geck und Schwätzer, dann vor Paris
„Kaiser und Christenheit" rettet, verloren geht. Später freilich macht er um so schlechtere
Geschäfte, und schließlich nimmt ihn ein Zauberer dadurch, daß er in Mädchengestalt
erscheint, mit leichter Mühe gefangen.

Unter den Helden ist es besonders Rodomont (bei unserem Verfasser eigentlich
noch Rodamont genannt), welcher durch die Darstellung Bojardo's zu einer typischen
Gestalt geworden ist. Seine übermüthigen Reden, Drohungen und Schwüre, als Ro-
domontaden in allen Sprachen Europa's berüchtigt, dienen insonderheit seinem grund-
sätzmäßigen Atheismus zur Ausstaffirung. Nur der Pöbel glaubt an Gott und zagt
vor ihm; Rodomont dagegen glaubt nur an physische Kraft und die eigene Stärke;
mitten im gräulichen Seesturm flucht und droht er dem Himmel. Dem Wind zum Trotz
hat er die Fahrt nach Frankreich unternommen, das er in drei Tagen zu erobern
verspricht.

Wie Rodomont, so sind auch andere abenteuerliche Personen von Bojardo's eigenster Erfindung, Namen wie Gradaß, Mandricard, Sobrin, nach Ansicht Castelvetro's ursprünglich getragen von Landleuten in Scandiano. Ihnen Allen aber ist sofort mehr oder minder individuelles Leben eingehaucht, und ihr fortgesetztes Hauen und Stechen ermüdet nicht, zumal es auch beständig von homerischen Zorn- und Schimpfreden begleitet ist. Kaum wird man bei Tasso oder Ariost so lebhafte Schlachtenbilder entdecken, wie hier die Kämpfe vor Paris, Albracca und Aiguesmortes dargestellt sind. Dafür sprechen jene aber von Turnieren und Duellen auch nur vom Hörensagen, während man bei Bojardo, dem adeligen Dichter, immer vom Gefühl selbstgeführter und selbstempfangener Hiebe begleitet ist.

Schließlich darf nicht unerwähnt bleiben, daß schon dieses Gedicht in einer Weise angelegt war, daß bei seiner weiteren Fortführung nothwendig hätte Ruggiero (Roger, Rüdiger) als Haupthelb an die Stelle Rolands treten müssen, wie denn bei Ariost wirklich geschehen ist. Wie das ganze Mittelalter, durch Birgil mit dem trojanischen Krieg bekannt geworden, für Hektor Partei nahm, so erscheint auch hier dessen Tod durch Achill nur als Folge gemeinen Verraths. Ausführlich wird mitgetheilt, wie von ihm abstammt Ruggiero, der spätere Paladin und fabelhafte Stammvater des Hauses Este. Schon sein Pflegevater, der Zauberer Atlas, setzt ihm die künftige Geschichte dieser Dynastie bis auf Herkules I., Bojardo's Herrn, auseinander. Auch Bilder erscheinen, welche die Vorausdarstellung der Herrlichkeit von Este enthalten. Selbst Herkules' I. Gemahlin wird in ihren Ahnen, den zwölf Alfonsen von Aragonien, verherrlicht. Als Plan des Gedichtes wird zu Anfang des dritten Gesanges die Geschichte Ruggiero's bis zu seinem Tode durch den Verrath des Hauses von Mainz angekündigt. Aber nicht einmal Bojardo's Fortsetzer Ariosto ist so weit gediehen, sondern schließt mit der Vermählung Ruggiero's und Bradamante's und dem Tode Rodomonts.

So ist bei Bojardo in jeder Beziehung der Grundton angeschlagen, welchen dann Ariost weiter führt. Schon hier kommen alle Völker Europa's, Asiens und Afrika's an und unter einander. Der Schauplatz ist die ganze damals bekannte Welt. Die Helden irren beständig auf dem ganzen Erdboden umher, finden sich aber und begegnen sich dennoch auf Schritt und Tritt, wie wenn sie sich in einem Irrgarten von wenigen Stunden Ausdehnung bewegten. Und neben ihnen sind es wieder ihre Pferde und Waffen, die gleichfalls ihre besonderen Schicksale haben und erst nach mancherlei Irrfahrten wieder zu ihrem ursprünglichen Besitzer zurückgelangen: so Rolands Briglibdor, Rinaldos Bayard, die Rosse Rabican, Frontalatte, Batold, ferner Rolands Schwert Durandana, Rinaldos Fusberta, Agricans Altachiara, Oliviers Altachiara, Ruggiero's Balisard, Ogiers Curtana, das Horn Bondin u. s. w. Schon hier auch, wie dann bei Ariost, große Abwechslung, gleichzeitiges Abspinnen verschiedener, aber von Zeit zu Zeit sich stets wieder durchkreuzender Fäden, die Abschnitte freilich noch nicht so geschickt und symmetrisch getroffen, wie dies beim Nachfolger der Fall ist. Auch die mitgetheilten Abenteuer, die Episoden und Liebesgeschichten sind im Allgemeinen schon von der durch Ariost bekannten Art, hier und da allerdings roher, bizarrer, unschöner, zuweilen aber auch feiner und keuscher. Derbheiten und Anstößigkeiten sind verhältnißmäßig selten, raffinirte Lüsternheit begegnet nirgends. Die Eingänge bewegen sich besonders in den späteren Theilen des Gedichts in der Form allgemeiner Reflexionen, zuweilen auch schon, wie dann gewöhnlich bei Ariost, philosophischer Betrachtungen. Auch inmitten der Erzählung liebt es der Verfasser, Resultate seiner Welt- und Menschenbeobachtung mit leichtem Humor einzuflechten, wie wenn Agramant seinen Reichsverweser vor den Amtleuten, Richtern, Notaren und besonders Advocaten im Interesse der Rechtsverwaltung warnt, oder wenn der Räuber Barigaz auf die Mahnung, er solle sein unehrliches

Handwerk aufgeben, sich entschuldigt, er thue nur im Kleinen, was die Mächtigen auf
Erden im Großen. Aber auch an schönen und gefälligen, an großartigen und ergreifenden Einzelbildern ist dieses Gedicht reich. So gleich die glanzvolle Eingangsscene,
wie Angelica am Hofe Karls des Großen erscheint, so das erste Auftreten Ruggiero's
am Hofe Agramants, eine poesiereiche Erneuerung der Jugendgeschichte Achills, so seine
Begegnung mit Bradamante, so die herrliche Beschreibung der Landung Rodomonts bei
Monaco, so die Löwenjagd in Afrika u. s. w. Unter den Episoden verdient besonders
die Geschichte der Freundschaft Irold's und Prasilds Erwähnung, die den Rinald so
bewegt, daß er fast mit den Worten des Dionysios bei Schiller als Dritter im Bunde
aufgenommen zu sein wünscht. Durch ihren in den allgemeinen Sprachgebrauch gedrungenen Ruf ist bekannt geworden die Geschichte von der Glücksfee Morgane, die man
an der Stirnlocke fassen muß, um glücklich zu werden. Daß er dieses Sprichwort wahr
gemacht, läßt sich von einem Manne sagen, welcher sachlich nur Fortsetzer des Bojardo
war, ihn aber gleichwohl weit überflügelt hat: von Ariosto.

       L o d o v i c o A r i o s t o war in Reggio geboren, wo sein Vater kurz vor Bojardo Lodovico
Ariosto.
1474—1533.
Statthalter war. Dieser wollte aus dem Sohne einen gelehrten Juristen machen. Der
aber ging seine eigenen Wege. Nachdem er sich in Rom mit der alten Literatur, vorzüglich mit den Dichtern beschäftigt hatte, verfaßte er nach dem Muster des Plautus
und Terenz Lustspiele ("Cassaria", "Die Verwechslungen"). Mehr durch Kenntnisse 1503.
und Gewandtheit, als durch dichterisches Genie empfahl er sich dem Cardinal Hippolyt
von Este, dem Bruder des Herzogs Alfonso I. von Ferrara, in dessen Diensten er
zu diplomatischen Sendungen verwendet, ja sogar auf Feldzüge geschickt wurde — Alles
nicht zu seinem Vergnügen. Da er aber weder eigenes Vermögen besaß, noch einen bestimmten Beruf ergreifen wollte, noch auch den Genüssen und Annehmlichkeiten des
Lebens zu Gunsten der Kunst und Wissenschaft zu entsagen vermochte, so befand er sich
in der Lage, dasjenige immer sein zu müssen, als was man ihn haben wollte. Er
befand sich sein ganzes Leben hindurch in einer fast traurigen Abhängigkeit von der herzoglichen Familie. Um so erpichter war er darauf, sich in ihrer Gunst zu erhalten.
Davon zeugt fast jeder Gesang seines, dem Cardinal gewidmeten und ihn, dessen Maro
Ariost zu sein vorgab, beständig anredenden Hauptwerks, des in erster Bearbeitung
1516 in 40 Gesängen erschienenen "rasenden Roland".

       Dasselbe stellt sich sogleich als Fortsetzung (man kann bei der Endlosigkeit dieser
Stoffe nicht sagen: Schluß) des "verliebten Roland" dar. Die fabelhaften Thaten dieses
Paladins waren Modethema der erzählenden Poesie geworden, und so konnte auch Ariost,
wenn er dem Hofe von Ferrara gefällig sein wollte, kaum lange zweifelhaft über die
Wahl seines Stoffes sein. Das Labyrinth, in welches der erfinderische Bojardo Rolands
Abenteuer hineingeführt hatte, gab den besten Tummelplatz ab für neue Spiele der
Phantasie. So trug Ariosto kein Bedenken, die Erfindungen Bojardo's einfach als Thatsachen vorauszusetzen und gerade da fortzufahren, wo dieser aufgehört hatte. Und zwar
that er das, nachdem ihm ein Versuch in der Terza rima, dem Versmaße Dante's,
mißlungen war, in der für die romantische Erzählung Italiens bereits zur stehenden
Form gewordenen, der schwatzhaften und breiten, aber auch pittoresken Schilderung
so günstigen achtzeiligen Stanze, die kaum Einer anmuthiger behandelt hat, als er.

       Genauer angesehen ist übrigens der "rasende Roland" doch wieder ein Ganzes für
sich, auch inhaltlich von dem "verliebten" verschieden. Nur dem Namen nach ist Roland
überhaupt noch der Held der Erzählung. Manchmal wird er sogar in den Kämpfen,
in die er sich stürzt, schlimm genug heimgeschickt. Neben ihm treten Rinaldo, Brandimart, Gryphon, Astolf, Marfisa, Zerbin, Mandrikart mindestens als gleichberechtigte
Mittelpunkte des Gedichtes auf. Auch die Raserei, in welche "der Graf" Angelica's

wegen verfällt, füllt nur wenige Gesänge, und er erscheint in diesem Zustande nicht eben
besonders interessant, eher grotesk. Nicht blos reißt er Bäume aus der Erde, sondern
verfolgt auch Hirten, die er zu komischen Figuren zurechtschneidet, indem er Einem
z. B. den Kopf abreißt, wie man Feigen vom Baume bricht, dann den Rumpf am
Beine faßt und als Keule gebraucht, um die Anderen damit zu erschlagen. Der eigentliche Held ist offenbar Ruggiero, den auch Ariost von Hektor abstammen und Vater des
Ariost und Hauses Este werden läßt. Der einzige Zweck, der sich durch die bunte Reihe der
das Haus Abenteuer verfolgen läßt, ist die endliche Heirath des zum Christenthum bekehrten
Este. Ruggiero mit Bradamante, Rinaldo's Schwester. So nämlich wird dem erlauchten Geschlechte Entstehung verliehen, dessen einzelne männliche und weibliche Glieder abgeschmack-
ter Weise selbst schon, und zwar im Zustande der Präexistenz, mitspielen. Nicht blos geschichtlichen Personen kommt diese anachronistische Behandlungsweise zugute, sogar in
die Gärten von Belriguardo eröffnet sich bereits die Aussicht. Wie Bojardo, so bedient
sich nämlich auch Ariosto des von Apokalyptikern und Epikern aller Art ausgebrauchten
Kunststücks, die unmittelbare Gegenwart in der Form von allerhand Weissagungs-
bildern und prophetischen Gestalten zu besingen. Selbst das künftige, noch sieben Jahre
über den Schluß des Gedichts hinausragende Leben Ruggiero's wird diesem zum voraus
bekannt. Seinem Sohne aber werde Kaiser Karl die Umgegend der euganeischen Berge
schenken und sagen: „Hier seid Herren" (hic este domini — daher der Name Este).
Aber auch Bradamante freut sich der Stickereien, in welchen die Fee Melissa die zu-
künftigen Geschicke dieses Hauses, namentlich auch die Geburt des Cardinals Hippolyt
abgebildet hat, dessen Lebensgeschichte ausführlich erzählt und dem allerlei Rühmliches
nachgesagt wird, wie daß er als Richter stets auch den andern Theil zu Worte kommen
lasse, und Aehnliches.

1517.			Gleichwohl zerriß gerade um die Zeit, als Ariost den Lohn seiner Arbeit in dem
Beifall des Cardinals zu finden hoffte, das Band zwischen beiden. Hippolyt war mehr
Gelehrter als Dichterfreund; wie er nur auf alle diese Possen verfallen sei, gab er dem
nach Lob und Lohn dürstenden Künstler zur Antwort. Die Gunst des Cardinals verwandelte sich sogar in Haß, als Ariosto sich aus Gesundheitsrücksichten weigerte, ihn
auf einer zweiten Reise nach Ungarn zu begleiten. Er versuchte jetzt sein Glück am Hofe
des Herzogs, der ihn nunmehr dazu benutzte, die Banditen und Aufrührer der
1521—24. Garfagna zu Paaren zu treiben. Dem Dichter blieb nichts übrig, als seinem Unwillen
in Satiren Luft zu machen. Häufig klagt er über die Laune und Undankbarkeit seiner
Gönner. Bedenkt man aber die Schmeicheleien, mit denen er sie in seinem Epos um-
worben hatte, so kann man sich nicht wundern, wenn kein reines Verhältniß gegenseitiger Achtung bestehen konnte. Gleichwohl gelangte er zu Würden und Ehren, besonders als zu Ferrara ein prächtiges Schauspielhaus erbaut wurde, wofür nun Ariost
fleißig Lustspiele schrieb, die von den hohen Herren selbst aufgeführt wurden. Namentlich
1532. aber ließ er jetzt den Roland in derjenigen Gestalt erscheinen, wie er sich in der Nachwelt erhalten hat. Zu diesen 40 Gesängen kommen noch 5 weitere, die sein Sohn Vir-
6. Juli 1533. ginio nach Ariosto's Tode mittheilte, die sich aber neben dem vom Dichter selbst vollendeten Werke nicht als ebenbürtige Producte erhalten konnten.

Noch zeigt man sein Haus in Ferrara; ob er aber mit der Mutter seiner Kinder
verheirathet gewesen, läßt sich nicht ausmachen. Ein anderweitiges Verhältniß seinerseits ist nie ruchbar geworden, obgleich er nach der Weise der Zeit in Canzonen und
Sonetten viel schmachtete und seufzte. Möglich, daß er in der That immer nur dieselbe meinte, die er auch an einer Stelle des zweiundvierzigsten Gesanges, wenngleich
ohne ihren oder seinen eigenen Namen zu nennen, mit hoher Auszeichnung zu behandeln scheint. Er war als Mensch durchaus weltklug und kühl, ja prosaisch. Die

Phantasie in ihm lebte und arbeitete ganz für sich. Sein Verstand aber bewegte sich durchaus in der wirklichen Welt, deren Verhältnissen er sich anzupassen, deren Bedürfnissen er schließlich doch auch als Dichter zu dienen wußte. Und gerade diese verständige Klarheit, von welcher alle Eingebungen der üppigen Phantasie stets bemeistert erscheinen, hat ihn in Italien zum Lieblingsdichter seines Jahrhunderts erhoben.

Für den Inhalt seines Epos hat er außer den Romanzisten vornehmlich die latei- Der rasende Roland. nischen Dichter benutzt, die er wohl kannte, während er das Griechische nicht verstand. Ganz insonderheit ist es Ovid, dem er, wie theilweise schon Bojard gethan hatte, viele seiner Erzählungen entnommen hat. Aber schon eine Vergleichung z. B. der Reproduction, welche die Andromedasage beiderorts erfährt, zeigt die dichterische Ueberlegenheit Ariost's über Bojardo. Gelegentlich entnimmt er seine Episoden auch dem Lucan und noch mehr der Aeneide des Virgil. Schließt doch Virgils Gedicht ganz ebenso mit dem Tode des Turnus, wie Ariost mit dem endlichen Untergang des Rodomont. Außerdem hat Ariost in seinem Gedicht zugleich seine ganze geographische und ethnographische Wissenschaft niedergelegt. Denn der Schauplatz der Handlung ist nur in ganz wenigen Stellen Italien, gewöhnlich Frankreich, Spanien, England, Schottland, Holland, auch das Innere von Asien wird nach Marco Polo's Bericht in abenteuerlicher Weise geschildert, ebenso ist Afrika schon durch die Fabel selbst bedacht, ja sogar die Entdeckung Amerika's wird gepriesen, und als wäre dem Dichter auf der Erde zu eng, verlegt er einen Theil der Handlung auf den Mond, wo Astolf den Verstand der auf Erden toll Gewordenen in Fläschchen vorfindet, nicht blos den gesammten Spiritus des „rasenden Roland", sondern zu seiner Verwunderung auch einen Theil von seinem eigenen. Endlich sind es auch die politischen Erfahrungen des Dichters, welche Stoff zu seinen Versen liefern. Er klagt, daß Italien der Raub nordischer Barbaren geworden, die man zur übeln Stunde herbeigerufen habe, um die inneren Händel zu schlichten; viel besser würden die christlichen Völker ihrem Namen Genüge thun, wenn sie alle vereint die Türken aus Europa schlagen und das heilige Grab befreien würden. Statt dessen sei unter Päpsten, Kaisern, Königen und Republiken die Lüge zum amtlichen Verkehrsmittel geworden; nie werde ein wahres Wort zwischen ihnen gewechselt.

Wir wenden uns nunmehr zu den poetischen Vorzügen, welche dieses Gedicht, das noch im 16. Jahrhundert über 80 Ausgaben fand, mit unverwelklichem Reize schmücken und den Namen seines Verfassers schon bei den Zeitgenossen zum gefeiertsten aller Dichternamen machten. Schon die ausgefeilte Eleganz der gleichwohl durchaus populären Sprache verschaffte ihm einen raschen Sieg über den Vorgänger Bojardo. Die Abenteuer sind nicht minder mannichfach, aber mit mehr Behagen und Geschmack ausgeführt. Als ob sie wie Blumen und Früchte aus einem Füllhorn fielen, drängen sich die Naturscenen, Ritterthaten Liebesgeschichten, Leidenschaften, und jedes dieser Gemälde lebt in jedem Zuge. Eine rege, stets neu und jugendlich anstrebende Phantasie athmet durch das ganze Werk, und mit ihrer Kraft und Verwegenheit verbindet sich eine Zartheit des Gefühls, die zugleich den Erfolg, den Ariosto bei der Frauenwelt fand, rechtfertigt. So wunderschöne Bilder, wie sie ihm zu Gebote stehen, finden sich bei Bojardo nicht. Aber auch seinem größten Nachfolger, dem Tasso, ist er unzweifelhaft überlegen an Bildung, poetischer Gestaltungskraft und malerischem Genie. Auch gewagte Scenen, die er liebt, zeichnet seine ebenso ruhige wie kecke Hand mit unübertrefflicher Grazie; verschwenderisch vertheilt er glühende und gedämpfte Farben, und duftig schwebt über dem Ganzen eine kühle, aber heitere, dem, der sie nicht merkt, niemals sich aufdrängende Ironie, die das Positive des altromantischen Stoffes trefflich mit der erstarkten Reflexion und Verständigkeit des modernen Italiens zu vereinigen weiß. Es ist besonders der Geschmack der höheren Stände, den er dabei befriedigt. Geschäfts- und Hofleute

Fürsten, Maler, Frauen, in alle Verwickelungen der Eitelkeit und Intrigue verstrickte Menschen — sie verlangten eben nach einer so leichten, glänzenden und anmuthigen Unterhaltung, wie dieses sorgfältig geglättete Gedicht sie bot, da Alles nur lose und flüchtig aneinanderhängt, ja nur zufällig nebeneinandersteht. Die verschiedenen Fäden, die in diesem unendlichen Gewinde von Ritter-, Räuber- und Liebesgeschichten nebeneinander herlaufen, um sich von Zeit zu Zeit zu kreuzen und zu verschlingen, werden der Reihe nach ebenso muthwillig und leichtsinnig fallen gelassen als plötzlich wieder aufgenommen; und zwar hat, wie dies schon bei Bojardo der Fall war, der Einschnitt zur nicht geringen Ueberraschung oft da statt, wo die Aufmerksamkeit und Neugierde des Lesers aufs höchste gesteigert, oder auch, wo sie eben in Gefahr kommen könnte, zu erlahmen. Der Dichter weiß, wann es genug ist. Ein leichter Druck an der Maschinerie, und statt Roland steht Ruggiero, statt Angelica Bradamante vor uns. Ebenso klug vertheilt sind Länge und Kürze der einzelnen, in sich selbst wieder so schön abgerundeten Gesänge. Auch der Geschäftsmann behielt nach einem Tagwerk von ernsterem Inhalte immer noch so viel Kraft und Interesse, um sich den blühenden Wahnsinn dieser Märchenwelt in solchen kleinen, zierlich zubereiteten Dosen gefallen zu lassen und vor dem Schlummer eines der leichten, flüssigen und einschmeichelnden Kapitel zu lesen. Wenn die Augen zufallen, ist der Gesang aus und das Traumleben hat schon angefangen. Hatte er den Zusammenhang über Nacht vergessen, so that das keinen Schaden, da eben dies mit ein Vorzug dieses lockeren Gedichts ist, daß man, mit den auftretenden Personen und ihren Interessen einmal bekannt, anfangen kann zu lesen, wo man will. Die müßige Welt der schöngeistigen und kunstliebenden Kreise ihrerseits vertrieb sich des Tages lange Weile mit dieser Lectüre, in welcher gerade so viel Ernst steckt, um die Aufmerksamkeit zu fesseln, und reichlich so viel Scherz und Ironie, um dem geistreichen und genußsüchtigen Hofleben eine spielende Beschäftigung, ja auch den einfältigeren Bestandtheilen dieser Gesellschaft das richtige Lesefutter zu liefern. Es fehlt daher, wenigstens in den früheren Gesängen, auch nicht an frivolen Zügen und schlimmen Zweideutigkeiten, vor Allem nicht an Spott und Hohn gegen Kirche und Geistlichkeit, was dann in frommen Familien der Hauscaplan mit Papier zu überkleben pflegte, wie um es desto kenntlicher zu machen. Braucht man etwa unter den allegorischen Gestalten, die nach dem Vorbilde Bojardo's, freilich häufiger als bei ihm, der nur die Reue allegorisirte, zu Hülfe gezogen sind, den Hochmuth, so sucht man ihn an den, der Andacht und Entsagung geweihten Orten am sichersten; da kann man ihn holen, und „so lang er fern blieb von der Klosterschwelle, ließ die Heuchelei an seiner Stelle". Ebendaselbst wird ein andermal die Zwietracht angetroffen, wie sie eben die Mönche anleitet, sich die Breviere um die Ohren zu schlagen. Vergeblich dagegen suchte einst ein Engel den Genius des Schweigens in denselben Klöstern, während doch das Wort Schweigen überall angeschrieben zu lesen war. Gleichwohl ist es nicht bitterer, bösartiger Spott, sondern mehr nur Humor und Scherz, was solche Striche ins Gemälde bringt. Wenn Bradamante ihren Geliebten auffordert, sich taufen zu lassen, so hat er gute Gründe, zu willfahren. „Nicht blos ins Wasser, spricht er, ohne Schrecken will ich den Kopf für dich ins Feuer stecken". Oder wenn der fromme Waldbruder dem Rodomont geistliche Nahrung für seine Seele anbietet: „Doch kaum gekostet, ekelt sie den Mohren, er war mit kläglichem Geschmack geboren". Nur dieser humoristische Zug läßt es erträglich erscheinen, wenn in jedem Gesang, und in manchem Gesang oft wieder in jedem Verse, unablässig gehauen, gefochten, gestochen und geschlagen wird. Gerade hier tritt fast immer eine burleske Wendung ein. Man meint oft, über einem Felde von papiernen Figuren zu stehen, die plötzlich belebt einander in ergötzlichster Weise Kopf, Arme oder Beine abreißen. Dabei entstehen die drolligsten Bilder. Der Eine

reitet ohne Kopf daher, dem Andern fliegen die Arme in die Luft. Auch kommt es
vor, daß Einer zu ſeinem äußerſten Leidweſen im Waſſer umkommt, der ſich ſein Leben
lang Mühe gegeben, um am Weine zu ſterben, oder daß der Tod über Einen mitten im
Weingenuß ſein kaltes Bad ausſchüttet.

Aber auch an Früchten der Welt- und Menſchenkenntniß, des Forſchens und
Philoſophirens fehlt es nicht, wie denn überhaupt, abgeſehen von der Religion, für
alle Momente geſorgt iſt, für ſehnſüchtige und empfindſame ſo gut wie für reflexions-
artige und nachdenkliche. Wie die modernen Eſſays, ſo beginnen die Geſänge gewöhnlich mit allgemeinen Betrachtungen oder ſpeciellen Beobachtungen überraſchender Art,
z. B. der achtzehnte über den Gegenſatz des inſtinctiven Genies, womit die Frauen,
und des bedachtſam abwägenden Urtheils, womit die Männer das Rechte zu finden
pflegen, der dreiundvierzigſte über die Macht, welche Habſucht und Geiz oft gerade über die
univerſalſten, alles Wiſſen umfaſſenden Geiſter üben u. dgl. Ueberhaupt bricht der welt-
männiſche, ſcharf beobachtende Blick des Verfaſſers nicht ſelten durch die Gewinde von
Traum und Nebel, die er ſich um das Haupt ſchlingt. Sein Alfons von Eſte iſt ein
Ideal von Fürſten, weil „er ſtets in dem den größten Thoren ſchaute, der andern mehr
als eignen Kräften traute"; und nicht minder machiavelliſtiſch iſt die andere Beobachtung:
„Denn es gehorchen ſtets die großen Maſſen am meiſten dem, den ſie am meiſten haſſen".

Aber trotz aller dieſer Vorzüge iſt das Geſchick, welchem der vielbewunderte Roland Arioſts im Laufe der Jahrhunderte erlag, doch wohl begründet. Es fehlt dieſer
labyrinthiſchen Compoſition, dieſer athemloſen Phantaſtik, die den Leſer toll mit ſich
fortwirbelt, nicht blos an aller Einheit und Ueberſichtlichkeit, ſondern auch den auftretenden Perſonen an jeder individuellen Bezeichnung. Sie unterſcheiden ſich nur dadurch, daß Einige gutmüthig und ſanft, Andere unbändig und wild ſind. Nicht eine
Charaktergruppe, eine bloße Namengruppe füllt dieſes ſonſt ſo reiche und bunte Bild
aus. Kaum daß der tollkühne Rodomont unter den Herren, die romantiſche Kriegerin
Bradamante unter den Damen einiges individuelle Intereſſe erwecken. Die übrigen ſind
Marionetten, die faſt nur vom Drahte der Sinnlichkeit gelenkt werden. Hier iſt der
Punkt, auf welchem Bojardo ſeinem Nachfolger unſtreitig überlegen iſt. So hat, um
nur dieſes eine Beiſpiel zu erwähnen, der engliſche Herzog Aſtolf bei Arioſto auch nicht
einen einzigen Zug in ſeiner Sinnesart, an dem man ihn kennen könnte.

In der That ſind ihm, während ſein Werk um der unterhaltenden Mannigfaltigkeit
des Inhalts, der bezaubernden Schalkhaftigkeit der Behandlung und der ebenſo anmuthigen Leichtigkeit wie durchſichtigen Correctheit der Form willen das beliebteſte Leſe-
buch wurde, doch ſchon früh Fehler und Schwächen vorgeworfen worden, als da ſind
Mangel an genialer Erfindung und origineller Schöpfungskraft, rückſichtsloſe Aneignung fremder Erzeugniſſe, Benutzung poetiſcher Phantaſieproducte einer Menge
von Dichtern von Ovid bis Bojard. Bei ſeinen Naturſchilderungen hatte er die älteren
italieniſchen und franzöſiſchen Dichter vor Augen, und faſt alle Epiſoden ſind urſprüng-
lich ſpaniſche oder provenzaliſche Romanzen, ältere Novellen oder Scenen aus den alten
Dichtern. Aber während es Arioſt nicht vergönnt war, die bewegenden Kräfte ſeiner
Zeit in ſich anzuſammeln und in einer großartigen Schilderung voll Leben und Handlung zum poetiſchen Genuſſe auszuſtellen, bewährte er ein unübertroffenes Talent in der
maleriſchen Darſtellung einzelner Momente, in der correcten Ausführung der einzelnen Bilder bis ins Kleinſte, in der Ausmalung der Situationen, die er mit meiſter-
hafter Lebendigkeit und unerſchöpflicher Geſtaltungskraft vor die Augen zaubert. Sein
ganzes Gedicht iſt eine Reihe von prächtigen Bildern, die den Leſer nicht nur an ſich
entzücken, indem er mehr ſchaut als lieſt, ſondern auch dadurch, daß das Behagen und
die Heiterkeit, womit ſie gemalt ſind, in ihn ſelbſt übergeht. Dieſes maleriſche Talent

theilt sich auch seiner Sprache mit, die durch ihre Weichheit, Eleganz und Harmonie allen seinen Schöpfungen noch einen ganz besonderen, unnachahmlichen und unübertragbaren Ton, ein reizendes Colorit verleiht und durch Grazie und Naivetät so hinreißt, daß man über der schimmernden Oberfläche gern vergißt, nach der Tiefe zu suchen.

Der kühne
Rinald. Noch muß erwähnt werden, daß sich von Ariost vielleicht auch ein zweites Heldengedicht unter dem Titel „Der kühne Rinald" (Rinaldo ardito) erhalten hat, welches gleichfalls den Kampf Karls des Großen gegen die Saracenen behandelt. Eine Notiz davon gibt der Florentiner Doni in einem Bücherverzeichnisse von 1551, und das Manuscript selbst wollte Baruffaldi im vorigen Jahrhundert gesehen haben, während die übrigen Biographen Ariosts davon schweigen. In der That fand der florentinische Bibliothekar Giampieri zu Argenta bei Florenz eine angeblich von Ariost herrührende, aber nicht vollständige Handschrift des „Kühnen Rinald" in zwölf Gesängen. Er machte das Werk 1846 bekannt. Aber die Kritik vermochte weder die Ebenbürtigkeit desselben mit dem „rasenden Roland", noch seine Unechtheit darzuthun.

Lateinische
Dichter. Indem wir nun zu den Sternen zweiter Größe übergehen, mag zunächst daran erinnert werden, daß in den ersten Zeiten des Jahrhunderts noch vielfach die ausgezeichnetsten Dichter es verschmähten, sich ihrer Muttersprache zu bedienen. Nicht blos der gleich zu nennende Sannazar war ein lateinischer Dichter, sondern auch Sadoletus, Vida, Navagerus, Faernus, Marcantonius Flaminius, Marcellus Palingenius Stellatus, Aonius Palearius, Girolamo Fracostoro und manche Andere. Auch dramatische Werke, wie der „Goldregen" des Antonio Tilesio und der „Christus" des Angelo Martirano, erschienen in lateinischer Sprache. Ja selbst ein lateinisches episches Gedicht, die „Syrias" des Angello da Barga trat ungefähr gleichzeitig mit Tasso's „Jerusalem" an's Licht. Vor Allem aber ist es eine reiche Auswahl italienischer Dichter, welche den Raum zwischen letztgenanntem Werk und den beiden Rolanden ausfüllt.

4. Die gleichzeitige Didaktik, Lyrik und Epik.

Zwischen Bojardo und Ariosto in die Mitte fällt die Blüthezeit einiger Dichter, welche das Studium der Alten nicht blos, wie jene gethan hatten, formell auf sich einwirken ließen, sondern sich ihren Mustern mit so sclavischer Treue hingaben, daß sie darüber ihre Nationalität völlig vergaßen. Sie bilden demnach gleichsam den Uebergang von dem philologischen und philosophischen Enthusiasmus der lateinisch schreiben-
Giovanni
Ruccellai,
1476—1525. den Humanisten zur italienischen Poesie. Es sind die beiden Florentiner Giovanni Ruccellai, dessen Leben sonst staatsmännischen Geschäften gewidmet war, und Luigi Luigi Ala-
manni, 1495
—1556. Alamanni, den seine politische Opposition gegen die Medici nach Frankreich verschlug, wo er diplomatische Dienste bei Franz I. versah und u. A. zu Gunsten Benvenuto Giorgio
Trissino,
1478—1550. Cellini's thätig war; ferner Giovan Giorgio Trissino aus Vicenza, der als päpstlicher Gesandter am Hofe von Max und Karl V. erschien und als Ritter des goldenen Vließes zu Rom starb. Wie der äußere Lebensgang dieser dichterischen Staatsmänner, so weist auch ihre poetische Begabung und Richtung eine gewisse Aehnlichkeit auf. Einfache, durchsichtige, aber auch mehr oder weniger oberflächliche Gedanken, klassische Correctheit der Diction, elegante Behandlung der Sprache, harmonischer Versbau, reiner Geschmack, klarer Verstand, beschränktes Talent, Mangel an Phantasie und Erfindungskraft — das Alles kennzeichnet bei geringer Nuancirung des Mischungsverhältnisses jeden dieser Dichter. Dazu kommt, daß sie alle drei in ihrer Nachahmung der Alten so weit gehen, den Reim fallen zu lassen und endlose Reihen von reimlosen fünffüßigen Jamben (versi sciolti) zu schaffen. So thut zuerst Ruccellai in dem ersten Lehrgedichte, welches die neue Literatur aufzuweisen hat. Dasselbe besingt unter dem Titel „die Bienen" (le api) die Geschichte eines Bienenstaates und der Honigernte in anmuthigen Versen und feiert mit besonderem Eifer die Keuschheit dieser „Jungfräulein" und „Engelein" unter den Insekten. Erschien der Dichter hier nicht ohne poetische Ader, so fielen dagegen seine Tragödien Rosamunde (die bekannte Geschichte vom Ende Alboin's, vgl. Bd. IV, S. 807) und Orest (nach des Euripides zweiter Iphigenie) um so unglücklicher aus. Namentlich bewegen sich die in Canzonenform geschriebenen Chöre in trivialen Gemeinplätzen. Ebenfalls an Virgil, wie Ruccellai in den „Bienen", aber nur mit noch minderer Selbständigkeit, schließt sich Trissino in seinem, der Befreiung Italiens von den Gothen durch Belisar gewidmeten, ganz den antiken Stil affectirenden Epos (Italia liberata da' Gotti). Es sind 27 Bücher voll versificirter Prosa, die aber um ihrer Correctheit willen bei den italienischen Philologen in hoher Achtung stand. Die Belagerung Roms ist mit topographischer Genauigkeit erzählt; eine unendliche Zahl von Helden wird erfunden, die sich aber nur durch Stammbaum und Wappen von einander unterscheiden. Das Ganze ist eine stroherne Hof- und Staatsaction mit frostig prunkenden Schilderungen und langweiligen Redeübungen der auftretenden Personen. Zum Ueberfluß wird auch noch eine himmlische Mythologie aufgeboten; neben dem Gott der Christen erscheinen die altklassischen Gottheiten als Sterngötter. Daß aber schließlich doch Alles von jenem abhänge, wird im Schlußverse als Moral des Ganzen dem ermüdeten Leser zu Gemüthe geführt. Mehr Glück machte der Verfasser mit seinem nach Plautus und Terenz geschaffenen Lustspiel „die Zwillinge" und besonders mit seinem Trauerspiel „Sophonisbe", in welchem er aus der tragischen Geschichte der Karthagerin (Bd. III, S. 473) alle Poesie möglichst vertrieb. Dafür treten auch hier Weiber, Canzonen singend, als Chor auf, um schließlich ganz nach Euripides, sogar mit Wiederholung des griechischen Klaglautes Oimoi, die Wechsel- und Unfälle des menschlichen Lebens zu bejammern. Ebenso hat endlich auch Alamanni bald Lust- und Trauerspiele (Flora, Antigone), bald Epen und Lehrgedichte geschrieben. Das Epos „Giron der Edle" (Girone il cortese) ward auf Anregen des Königs Franz I. unternommen, welcher den, diesen Helden feiernden, französischen Roman in italienische Stanzen übertragen sehen wollte. Dieses, aber weiter nichts, ist denn auch geschehen. Dagegen stellt die „Avarchide", eine ernsthaft gemeinte, aber komisch wirkende Umsetzung der Iliade aus dem Klassisch-Antiken ins Romantisch-Ritterliche dar. Alamanni verlegt die Handlung, ganz wie sie bei Homer sich findet, in die Gegend der französischen Stadt Bourges, ehemals Avaricum genannt. Achilles heißt Lancelot, Agamemnon Artus, die schöne Sclavin Briseis wird zur Prinzessin Claudiana, mit welcher Lancelot eine Liebschaft nach den Regeln des Ritterthums unterhält. Sonst blieb Alles beim Alten. Mehr Ruhm hat sich der Dichter durch sein, mit Höflichkeiten gegen Franz I. gewürztes Gedicht über den Landbau (della coltivazione) erworben, wobei er die vier Bücher der Georgica Virgils durch ihrer sechs überbot und überhaupt an die Stelle der geschmackvollen Auswahl, wie sie das Original kennzeichnet, pedantische und systematische Ordnung setzte. Einige dieser sechs Bücher haben nahe an, andere über tausend reimlose Verse und ermüden bei aller Eleganz der Sprache und Bilder eben durch ihre erschöpfende Vollständigkeit.

Die vielen Lyriker dieser Frühzeit des 16. Jahrhunderts schlossen sich sämmtlich an Die Lyrik. Petrarca an, dessen Nachahmung durchaus Modesache geworden war. Dahin gehört schon Benivieni, ein trefflicher Schüler Savonarola's, welcher in seiner berühm- Girolamo Benivieni, † 1542. ten Canzone über „die göttliche Liebe" den Platonismus in's Christliche zu übersetzen suchte, ferner Cornazzano, Guidiccioni, Broccardo, Capello,

Fracostoro, Beniero, Cariteo, Angelo di Costanzo, Beccuti genannt Coppetta, der Graf Baldassare Castiglione, den Karl V. als „einen der besten Ritter der Welt" schätzte, der Cardinal Pietro Bembo, ein durch liberale Denkart und umfassende Gelehrsamkeit ausgezeichneter Prälat, dessen prosaische Schriften nicht minder geachtet wurden als seine Sonette, vor Allen aber Francesco Maria Molza, der, wiewohl in Modena verheirathet und Vater von vier Kindern, doch fast sein ganzes Leben in den Genüssen der geistlichen Hauptstadt Italiens verbrachte und schon den Zeitgenossen als ein Don Juan gefährlichster Art galt. Hätte er nicht durch fortgesetztes Studium der Römer und Griechen seinen Geschmack stetig gebildet, so würde seinen, mit dem Roman seines Lebens zusammenhängenden Sonetten zwar nicht die feurige Energie selbstempfundenen Gefühls, seinen Bildern auch nicht der excentrische orientalische Schwung, wohl aber dem Ganzen jene Eleganz und Grazie mangeln, ohne welche es keinen ästhetischen Genuß gibt. Im Allgemeinen kann man nicht sagen, daß dem Sonette diese Häufigkeit der Anwendung gut bekommen wäre. Es wurde allmählich wieder zu dem, was es vor Petrarca gewesen, zur leeren metrischen Form, die jeden beliebigen Inhalt in sich bergen konnte, so daß man die auch inhaltlich der ursprünglichen Manier treugebliebenen Sonette (Petrarcheschi) von den satirischen, burlesken, pastoralen, dithyrambischen, polyphemischen, maritimen und geistlichen zu unterscheiden anfing. Am meisten erinnert in seinen Sonetten und Canzonen, nicht minder aber durch Leben und Begabung an Petrarca der Reapolitaner Jacopo Sannazaro, dem es gelungen ist, auch im Urtheile der Nachwelt einen bleibenden Ehrenplatz einzunehmen. Wiewohl ohne Vermögen, war er von Jugend auf den klassischen Studien ergeben und besonders der Schäferpoesie zugethan gewesen. Eine Laura sollte er in der schönen Reapolitanerin Carmosina Bonifacia finden, die ihn zu dem Gedichte, welches seinen Namen in der italienischen Literatur vorzugsweise verewigt, begeistert hat. Er dichtete diese "Arkadien" während einer selbstgewählten Verbannung von der Geliebten. Die zwölf Bücher, eine jugendlich liebliche Dichtung, theils in Versen, theils in romantischer Prosa, schließen sich zunächst an den von Boccaccio in seinem Admet bearbeiteten Schäferroman an. Aber erst durch Sannazaro ist diese Art von Poesie geworden, was sie ihrer Natur nach werden kann, und er hat das Signal zur gesammten Eklogendichterei des Jahrhunderts gegeben. Mit seiner empfindsamen, zärtlichen Sinnesart fühlte er auch das Wesen der idyllischen und bukolischen Schwärmerei reiner als die sinnliche, leidenschaftliche Vorgänger. Wie die Gedanken, so sind auch die Bilder einfach und gefällig, die Sprache natürlich und prunklos. Mehrere der Gesänge, welche die Hirten zur Aufführung bringen, werden den schönsten italienischen Canzonen beigerechnet. Uebrigens tritt er selbst mit seiner Liebe unter diesem harmlosen Hirtenvolke persönlich auf, um endlich zu entschlummern und bei seinem Erwachen sich wieder in Reapel vorzufinden. Dort wußte er die Gunst der Könige Ferdinand, Alfons und Friedrich in hohem Grade zu erwerben. Dem Letzteren folgte er in die Verbannung und kehrte erst nach dessen Tode nach Reapel zurück. Indessen hatte er die Poesie in der Muttersprache schon seit Carmosina's Tode aufgegeben, um sich zur lateinischen Dichtung zu wenden. Hier gehören seine Leistungen zu den schönsten Nachahmungen der Antike, und namentlich hat ihm eine in Hexametern geschriebene Darstellung der evangelischen Geschichte („Die Geburt der Jungfrau") auch in der religiösen Welt großen Ruhm eingetragen.

Eine besondere Erwähnung verdienen bei dieser Gelegenheit noch die dichtenden italienischen Damen. Ihrer zählt Lodovico Domenichi um 1560 schon ein halbes Hundert. Dahin gehören Tullia d'Aragona, Gaspara Stampa, Veronica Gambara und vor Allen die vielbewunderte und in der That fast einzig in ihrer

Art und Zeit dastehende **Vittoria Colonna**, die Tochter des tapfern Fabricio Colonna und Wittwe des trefflichen Ritters Fernando d'Avalos, Marchese von Pescara, der, noch nicht dreißig Jahre alt, nach der Schlacht von Pavia an seinen Wunden gestorben war (vgl. S. 277). Fast ist kein Dichter dieser Zeit, der nicht auf irgend eine Weise seine Huldigung dem Marchese oder seiner schönen, geistreichen Gemahlin dargebracht hätte. Auch Ariost, der freilich selbst für Lucretia Borgia Worte höchsten Ruhmes hat, gedenkt ihrer aufs ehrerbietigste. Schon in der Wiege waren beide Gatten für einander bestimmt worden. Den frühen Tod des ritterlichen Marchese, mit dem sie auf der Insel Ischia so glückliche Jahre verlebt hatte, beklagt die in schwärmerischer Verehrung an seinem Andenken hängende Gattin in tiefempfundenen, rührenden Sonetten. Er war „die Sonne ihrer Gedanken". Seitdem lebte sie fast abgeschieden von der Welt, aber in Verbindung mit den Dichtern und Gelehrten der Zeit, vor Allem mit jenen Männern, welche die reformatorische Partei am römischen Hofe vertraten. Schon in Neapel hatte sie den frühern Mönch Ochino kennen gelernt; dort trafen sich in ihrem und der schönen Julia Gonzaga Palast die Gesinnungsgenossen des Spaniers Valdes. Nach Rom übergesiedelt trat sie, die als Tochter und Wittwe zweier der ersten Feldherren der Zeit dem höchsten Adel beigezählt wurde und den Besuch des Kaisers Karl V. empfing, mit den Cardinälen Polo und Contarini in Verbindung. Der zufällig erhaltene Bericht eines portugiesischen Malers erzählt uns, wie sie des Sonntags in der Kirche San Silvestro auf dem Monte Cavallo mit Colomei, Michelangelo und Anderen sich die paulinischen Briefe erklären ließ, und anregende Gespräche daran sich knüpften; „die Marchesa konnte niemals reden, ohne diejenigen, mit denen sie sprach, und den Ort selbst, wo sie sich befand, zu adeln". Bald darauf wurden ihre Gedichte zum erstenmale gedruckt. Man verschlang sie damals in Italien. In sanften Wendungen umschreiben sie das Gefühl der Harmonie mit sich selbst und der Versöhnung mit Gott, wie solches den Grundton der Stimmung bei den religiös Angeregten des Jahrhunderts bildete.

*(Randnotiz: **Vittoria Colonna, 1490—1547.**)*

(Randnotiz: 1536.)

(Randnotiz: 1538.)

Sie pflegte ihre Gedichte von Viterbo zunächst an **Michelangelo Buonaroti** zu senden, welchen selbst sie dadurch in einem Alter, da der Liederborn sonst versiegt zu sein pflegt, zu einer Reihe von Sonetten begeisterte, die zu den schönsten Denkmälern der seit Petrarca herrschenden neuplatonischen Theorie der Liebe gehören. Eines seiner beliebtesten Bilder vergleicht den Menschen in seinen Anlagen im Verhältniß zu dem Ideal seiner Vollkommenheit mit dem bescheidenen Modell gegenüber dem vollendeten Marmorbild. Derjenige, den die Liebe geadelt hat, erinnert ihn an einen Stein, dem die Kunst ihr Mal eingegraben, oder an ein Blatt Papier, das der Träger eines schönen Bildes oder Gedichts ist. Das sehnende Herz ist der hohlen Form vergleichbar, die das flüssige Erz erwartet. Außer dem Cultus der Liebe und Schönheit sind die Sonette und Canzonen des alternden Malers noch religiösen Interessen zugewendet; sie bewegen sich dann meist zwischen den tiefempfundenen Gedanken der Eitelkeit und Sündhaftigkeit auf der einen, der freien Gnade Gottes auf der andern Seite. Die besten geistlichen Sonette aber werden dem Bischof **Gabriello Fiamma** von Chioggia zugeschrieben, welchen gleichfalls das Beispiel der Vittoria Colonna zu dieser Art von Poesie begeistert hatte.

*(Randnotiz: **Michelangelo, 1475 —1564.**)*

Neben den Sonetten fanden auch die Canzonen Pflege. Vor Allem aber ist es die Form der sog. Stanzen, welche für das italienische Nationalbedürfniß lieblicher Geschwätzigkeit recht eigentlich erfunden schien und jeglichen Inhalt in sich aufnahm. So hatte sich der poetisch begabte, auch als Lehrdichter genannte, Neapolitaner Luigi **Tansillo** durch ein ärgerliches Gedicht „der Winzer" auf den Index gebracht und schrieb jetzt zur Buße eine Epopöe, „die Thränen des heiligen Petrus" (le lagrime di

*(Randnotiz: **Luigi Tansillo, † 1570.**)*

San-Pietro). Dies führt uns wieder auf das Epos, als weitaus das interessanteste Kapitel aus der italienischen Literaturgeschichte.

Die Epit. 　　Hier hatten Pulci, Bojardo und Ariosto durchschlagend gewirkt. Neben dem Ersten war sein Bruder Luca Pulci aufgetreten, der das „Turnier des Lorenzo" beschrieben hatte, dabei aber in das Dürre eines rein historischen Berichtes über die Kämpfer, Kampfrichter, Kampfbedingungen u. s. f. verfallen war. Ein anderes Werk, welches in sieben Büchern unter dem Titel „Ciritto Calvaneo" erschien, enthält die abenteuerliche Geschichte zweier Ritter und mengt das Heitere und Ernste, Naive und Sentimentale, Komische und Feierliche, Heidnische und Christliche, wie es sich dann auch bei Ariost findet, noch chaotischer durcheinander ohne die Feinheit des ironischen Tones, der dem „rasenden Roland" sein reizendes Colorit verleiht.

　　Dagegen ist neben Bojardo und Ariost ein Dritter zu nennen, welchem es, obwohl an dichterischem Genius und Adel ihnen entschieden nachstehend, doch gelungen ist, eine gewisse ebenbürtige Stellung dadurch zu erringen, daß er das Gedicht Bojardo's in der Manier Ariost's umarbeitete und auf diese Weise das Original selbst dem Bewußtsein seiner Landsleute fast ganz entfremdete. Noch heute lesen die Italiener Bojardo's Gedicht fast nur in der Travestie, die ihm ein witziger und witzelnder Sonderling angedeihen ließ, welcher zugleich eine neue Periode der, den Italienern so sehr zu Kopfe gestiegenen burlesken Poesie (poesia bernesca) bezeichnet. Dieser Dichter, zu Lamporecchio in **Francesco** Toscana geboren, mit Namen Berni, Bernia oder Berna, hat von Bojardo nur **Berni, 1490** den Stoff genommen; die Form gehört ihm ganz, soweit er darin nicht den Ariost **—1536.** nachzuahmen sucht. Zu diesen, dem Ariost abgelernten Zügen gehört namentlich die Manier, jedem Gesang einen philosophirenden Eingang zu geben. Aber diese Eingänge sind meist sehr armselig und stehen tief unter der geistreichen Art seines Vorgängers. Außer diesen Eingängen finden sich nur zwei größere Zusätze, die Beschreibung der Einnahme von Rom durch die Truppen Karls V. (Einnahme von Albracca bei Bojardo I, 14) und die Schilderung seines eigenen Lebens und Charakters (bei Bojardo III, 7). Hiernach ist er, einer adeligen, aber armen Familie entsprossen, neunzehn Jahre alt nach • Rom zu seinem Verwandten, dem Cardinal Bibbiena, Rafaels Freund, gekommen, der ihm **1520.** „weder Gutes noch Böses that". Nach dessen Tode wird er Secretär beim „Statthalter Gottes", wo er, je schlechter er arbeitet, desto mehr zu thun hat, aber selten seinen Lohn bekommt. Seine Neigungen aber gehörten nicht der Arbeit, sondern, wie er selbst sagt, den Pferden und dem Lotterbett. Es ist daher begreiflich, wenn seine Feinde ihm mit mancher übeln Nachrede zusetzten. Zu diesen gehört namentlich Pietro Aretino, der den Titel seines Gedichts also wiedergab: „Roland der Verliebte, verpfuscht von Berni". Das italienische Volk freilich dachte anders. Der Grund lag nur theilweise in der reineren Sprache, vorzugsweise aber darin, daß der nur ganz leichte Hauch von Ironie, der über dem Gemälde Bojardo's lagert, hier zur Hauptsache gemacht, die ernsthafte Seite dagegen mehr in den Hintergrund getreten ist. Auch Ariosto's Witz war für die Mehrzahl seiner Leser noch zu sein. Berni näherte daher nicht blos Bojardo's Darstellung so sehr als möglich der Ariost'schen, sondern ging auch über die letztere noch durch unaufhörliche Witzelei und Erfindung komischer Situationen hinaus. Was Ariost mit männlichem Verstand aus der Fülle seiner Phantasie hervorgehoben hatte, das suchte jener durch Muthwillen, Wortspiele und andere Possen zu ersetzen, wobei er zugleich den einfachen, ungeschmückten Stil Bojardo's arg entstellte. Diese leichtsinnige Manier, verbunden mit einer sehr gebildeten Sprache und fließendem Versbau, behagte den Italienern und begründete das Glück des Verfassers. Dagegen hat der alte Vorwurf, Berni habe Bojardo's Erzählung mit schlüpfrigen und gottlosen Redensarten gewürzt, genügende Widerlegung gefunden. Eher hat er umgekehrt derbe Natürlichkeiten gemildert und die wenigen höchst bescheidenen Scherze, die sich der Graf von Scandiano über Papst und Geistlichkeit erlaubt, getilgt. Höchstens die acht Stanzen zum Lobe des Ehestandes, mit denen er den siebenten Gesang des dritten Buches eröffnete, hätten durch die Wahrheiten, die darin den Priestern und Mönchen gesagt sind, Anstoß erregen können, allein an solches waren diese damals gewöhnt. Gleichwohl soll die römische Curie den Druck des Werkes verboten haben, und auffällig genug ist, daß nach den drei 1541—45. ersten Auflagen das Gedicht in 180 Jahren nicht mehr gedruckt worden ist. Wahr-scheinlich hat dazu der Umstand Veranlassung gegeben, daß italienische Protestanten, wie dem Petrarca drei Sonette, so diesem Berni achtzehn Stanzen (Anfang von I, 20) voll leidenschaftlicher Invectiven gegen das Papstthum untergeschoben hatten.

Berni hatte bei der Plünderung Roms alle seine Habe eingebüßt, nur nicht seine 1527. Laune. Er schloß sich der Akademie lustiger Freunde an, welche sich unter der Führung des Mantuaners Strozzi damals in Rom aufgethan hatte. Später kehrte er nach Florenz 1533. zurück, wo er in der Gunst des Herzogs Alexander von Medici und des Cardinals Hippolyt lebte. Erst nach seinem frühzeitigen Tode ist seine Umarbeitung Bojardo's 26. Juli belannt geworden. Noch mehr Ruf hatten ihm schon bei Lebzeiten seine vielen Sonette 1536. und Capitel (komische Lobreden in terza rima auf Aristoteles, die Disteln u. s. w.) verschafft. Bedürfen dieselben für uns um ihrer zahllosen persönlichen Beziehungen willen auch der schwerfälligen Beihülfe von Commentaren, so ist doch die fröhliche Possenreißerei, die treffende Satire nicht zu mißkennen. Die komische Porträtirung hat in ihm ihren Meister gefunden. So wurde durch ihn die burleske Poesie zur sog. ber-nesken Poesie veredelt und in dieser Form erst klassisch in der italienischen Literatur. An die Stelle der sprudelnden Naturwüchsigkeit Burchiello's war hier ein durch das Studium der Alten geläuterter Geschmack getreten. „Selbst wo er nur witzelt, haben seine Späße so viel Natur und komische Wahrheit, daß auch die strengere Kritik den Enthusiasmus seiner Verehrer wenigstens entschuldigen kann."

Auch später noch fand Bojardo's Gedicht Umarbeitungen und Fortsetzungen, be- Fortsetzer sonders durch den Venetianer Niccolo degli Agostini, welcher außerdem noch ein Bojardo's. schlechtes Heldengedicht, „die glücklichen Kriegsthaten" (i successi bellici) und eine metrische Uebersetzung von Ovid's Metamorphosen verfaßt hat; ferner durch Rafaello Balcieco aus Verona u. A. Das Beste in dieser Hinsicht hat geleistet Lodovico Domenichi Domenichi aus Piacenza, welcher Bojardo's Gedicht in einer von allen Archaismen † 1564. und Provincialismen durchaus gesäuberten Gestalt gab, ohne am Inhalt irgend etwas 1545. zu ändern. Das Publikum aber zog Berni's lustigen Roland dem feierlichen des Do-menichi vor. In dieselbe Classe der spöttischen Epopöe gehören auch die Giganten von Benedetto Arrighi und ähnliche Machwerke.

In dem Schweife von romantisch sein sollenden Epen, welche, meist alle an Einem Faden fortlaufend, Ariost's rasender Roland nach sich zog, muß wenigstens der Amadis des Bernardo Tasso genannt werden. Zu Bergamo geboren war dieser Bernardo Schriftsteller als Diplomat in päpstlichen, este'schen und venetianischen Diensten thätig 1493—1569. gewesen, war dann Geheimschreiber des Fürsten Ferrante Sanseverino von Salerno ge- 1531. worden und hatte mit diesem den Zug Karls V. nach Tunis mitgenommen. Dann ließ er sich häuslich in Salerno nieder, heirathete die an Geist, Schönheit und Gütern reiche 1539. Porzia de' Rossi, wurde aber, als die spanische Inquisition eingeführt wurde, flüchtig 1547. und starb nach einem unruhigen Leben zu Ostiglia bei Mantua. Sein Amadis ist das längste aller italienischen Epen (100 Gesänge, über 7000 Stanzen), eine poetische Umformung des vielgelesenen Ritterromans „Amadis aus Gallia" mit Hinzuthat eigner Erfindungen; der Eingang verspricht die Thaten und Liebschaften des Fürsten Amadis und der Prinzessin Oriana „in so sonorem Style" zu singen, „daß Ebro, Hydaspes,

21*

Bactrien und Thule es hören". Dann werden in correcter und gefeilter Sprache, aber auch ebenso langweilig und monoton zahllose Abenteuer und Wunder von der hülfreichen Fee Urgande, von der tugendhaften Oriana und dem großmüthigen Amadis erzählt, welcher den König Perion von Gallien, sogar ohne ihn zu kennen, aus tausend Gefahren befreit und überall, in Wäldern, auf festen Schlössern und Inseln, als Rächer von Unbilden und Beleidigungen auftritt. Aber auch da, wo des Dichters Muse den stärksten Anlauf nimmt, um in lyrischer Ekstase die Schönheit der Prinzessin zu feiern, vernehmen wir nur wohlbekannte Gedanken und abgenutzte Phrasen. Tasso war übrigens mit diesen seinen 100 Gesängen noch nicht zufrieden, und dichtete unter dem Titel Floridant einen Nachtrag zum Amadis in 19 Gesängen.

5. Torquato Tasso.

Torquato
Tasso, 1544
—1595. Erst Bernardo Tasso's Sohn Torquato war berufen, auf dem italienischen Parnasse die zweite Stelle neben Ariost, dem man allgemein den ersten Preis zuerkannte, einzunehmen. Beide lebten unter ähnlichen Verhältnissen, wenn auch zu verschiedenen Zeiten, an demselben Hofe. Aber Ariost war zwar in der Poesie pittoresk und ausschweifend, im Leben dagegen praktisch und weltklug. Tasso blieb auch da, wo es praktischen Verstand galt, ein Dichter. Immer nach dem Höchsten strebend, jedem Gefühle mit leidenschaftlicher Schwärmerei sich hingebend, mit seinem naiven Kindersinn, der ihn ganz in seiner Phantasiewelt heimisch werden ließ, einsam dastehend unter dem zweideutigen, lüsternen Geschlechte der zeitgenössischen Dichter, dabei aber zugleich auch wieder mit starkem Selbstgefühl begabt, so ehrgeizig, anspruchsvoll und empfindlich, wie je ein Künstler, erscheint er zu einem tragischen Loose fast wie prädestinirt. Nichtsdestoweniger beginnt seine Lebensgeschichte glänzend und verheißungsreich. Gerade die frühe Verwöhnung durch das Glück hat neben seinem zarten und reizbaren Nervensystem seinen Untergang verschuldet. Geboren zu Sorrent, erzogen im Jesuitencollegium zu Neapel, später in Rom und Bergamo, in Pesaro und Venedig, begab er sich in seinem dreizehnten Jahre auf die Universität Padua, um nach vier Jahren in drei Facultäten zugleich zu promoviren: in der Theologie, Jurisprudenz und Philosophie. Noch nicht 19 Jahre 1562. alt, trat er mit seinem ersten Epos in die Oeffentlichkeit. Den Stoff für diese zwölf Gesänge entlehnte er dem Karolingischen Sagenkreise. Aber er besaß dafür weder die Einfachheit der alten Volkssänger, noch die reiche Phantasie Bojardo's, noch die frivole Leichtigkeit und Behendigkeit Ariost's, so daß fast nur die Namen der alten Romantik geblieben sind. Schon der Held selbst, Rinald, erinnert an Ariost, den zu übertreffen der leitende Gedanke von Tasso's Leben war. Er hatte, auch darin in Ariosts Fährte wandelnd, dieses Gedicht dem Cardinal Ludwig von Este, dem Bruder des Herzogs Alfons II. von Ferrara, zugeeignet. Der letztere berief den Dichter, der unterdessen zu Bologna, Modena und Padua seine Studien fortgesetzt und namentlich der platonischen 1565. Philosophie zugewandt hatte, nach Ferrara und ernannte ihn zum Hofcavalier. Lucrezia, nachmalige Herzogin von Urbino, und Leonore, Alfons' Schwestern, begegneten dem Dichter, in welchem sie einen zweiten Ariost heranzubilden hofften, mit Wohlwollen. Im Schloß zu Ferrara fand er das er wünschte: ein anständiges Auskommen und nichts zu thun. So lebte er unter ritterlichen Vergnügungen, glänzenden und luxuriösen Festen, auch unter ehrgeizigen Bestrebungen und Hofcabalen aller Art. Längst beschäftigte er sich mit dem Plane eines zweiten Heldengedichts, welches, langsam heranreifend, den Roman seines Lebens bis zur Katastrophe begleiten sollte. Um die romantischen Ideen von Liebe und Jugend bewegte sich seine ganze Vorstellungs- und Dichtungskraft. Jeder Zug nicht blos von Ironie und Spott war ihm fremd, sondern ebenso sehr auch

jene ariostische Unbefangenheit, die mit der Natur scherzen konnte, ohne sie zu beleidigen. Alles sah er von der moralisch ernsthaften Seite an, vor Allem das lächerlich
werdende Ritterthum, dessen poetischer Todtengräber bereits in Cervantes herangereift
war, als Tasso mit seinem „befreiten Jerusalem" fertig wurde. Zu den sonderlichen
Eigenschaften des Menschen und Künstlers traten nun aber noch die Liebhabereien des
Gelehrten. Was er in seinem Homer und Virgil gelesen, was er aus seinem Petrarca
sich angeeignet hatte, konnte er nicht vergessen noch verleugnen, und so fehlt allen seinen
Werken die höhere Originalität. Stets schwankte er zwischen seiner Vorliebe für antike
Muster, denen er sich unselbständig anschmiegte, und eigener romantischer Neigung.
So warm die Quellen des Gefühls sprudeln, so kalt und bleich sind bei ihm alle
Lichter des Geistes, des Humors und des Witzes geblieben. Seine Werke leiden an Ge-
danken- und Erfindungslosigkeit. Zum Lyriker geboren, suchte er durch Studien vergeblich zu ersetzen, was ihm an epischer Schöpfungskraft abging. Dagegen ist er der
erste Lyriker der Zeit, viel näher mit Petrarca, als mit Ariost verwandt. Zart und
lebendig sprechen aus seinen Sonetten, Madrigalen, Canzonen, wie er von seinem
Knabenalter an ihrer unzählige gedichtet hat, alle Gefühle der Liebe; Wort und Gedanke vereinigen sich zu einem zauberhaften Seelengemälde. Er ist der vollendetste, ja
man kann fast sagen der einzige, wahre Petrarchist seiner Zeit. Ganz insonderheit hat
er die Gattung des Madrigals über das Niveau eines geistlosen Reimwerks, auf dem
sie bisher beharrt hatte, erhoben. Durch Tasso wurde das Madrigal, was es sein soll:
„ein zarter und inniger, in wenigen kurzen Zeilen, wie ein Blüthenblatt, leicht hin-
schwebender Gedanke".

Berühmt, wie selten ein junger Mann in diesem Alter gewesen ist, begleitete Tasso 1570.
den Cardinal von Este auf dessen Reise nach Paris, um auch da verherrlicht und gepriesen zu werden. Aber eine unvorsichtige Aeußerung zu Gunsten der Hugenotten brachte
ihn um den Dienst beim Cardinal, worauf er nach seiner Rückkehr vom Herzog aufgenommen wurde. Durch dessen Wohlwollen sah er sein Schäferspiel Amyntas mit
rauschendem Beifall vor dem Hofe zu Ferrara aufgeführt, und dadurch auch den Ruhm 1572.
Beccari's verdunkelt. Erst Tasso hat Geist und Reiz in das Schäferdrama gebracht,
indem er in der Darstellung der Empfindungen aus der Erfahrung des eigenen Lebens
schöpfte und wirkliche Erlebnisse in schönere Möglichkeiten umwandelte. Nach langer
unglücklicher Liebe stürzt sich der schäferliche Held des Gedichtes von einem Felsen herab,
um dann unter den Küssen der endlich erweichten Geliebten wieder aufzuleben. Die
ganze Fabel dient der Idee eines goldenen Zeitalters, einer idealen Naturwelt, darin
statt aller Gesetze nur Neigungen, statt aller Pflichten nur tadellose Triebe gelten. So
lebt und webt Tasso mit seiner zärtlich idealisirenden und romantisch schwärmenden
Phantasie in dem ganzen Gedichte. Das Sylbenmaaß wechselt, wie die Wahrheit des
Ausdrucks es verlangt. Die Hirten vertreten den Chor, und schon ihr erster Gesang
gilt dem berühmten Wahlspruch: Erlaubt ist was gefällt. „Da strahlt — urtheilt
Bouterwek — die schäferliche Vorstellung von der Bestimmung des Menschen im hellsten
Lichte, und die weiche Vertheilung dieses Lichtes durch das ganze Gemälde gibt, mit dem
üppig-naiven Colorit, allen Partien ein ästhetisches Leben und einen Charakter, durch
den dieses Schäferdrama einzig in seiner Art ist."

Aber während Tasso seine ganze Seele so in sein Schäfergedicht ergoß, verfolgte
er mit Fleiß und Leidenschaft das eigentliche Ziel seines Lebens, das Epos der Zukunft.
Laut verkündigte er, daß er mehr zu leisten gesonnen sei, als der vergötterte Ariost,
an dem er nicht blos die unschickliche Composition, sondern auch die ganze Manier
tadelte. Zunächst ließ er, um seine kritischen Grundsätze zu veröffentlichen, ein Werk
drucken unter dem Titel: „Gonzaga, ein Gespräch über die anständigen Freuden". Hier

fordert er, was die Form betrifft, an Stelle der ungebundenen Freiheit, womit die früheren Abenteuer auf Abenteuer häuften, Gesänge an Gesänge knüpften, Geschlossenheit und Regelmäßigkeit, und sucht an die Stelle des leichten Spottes als einen der Würde des Epos allein entsprechenden Inhalt seinen schwärmerisch moralischen Ernst zu setzen, der in seinem eigenen Wesen begründet lag. Aber eben damit verstieß er gegen den Geist der Zeit und forderte geradezu den Spott der Verehrer Ariost's heraus, die ihn jetzt nicht mehr blos als einen verzogenen Günstling des Glücks beneideten, sondern auch als Phantasten und Pedanten verlachten. Noch lächelte ihm indessen die Sonne der Hofgunst ungetrübt. Nachdem er mehrere Monate in dem reizenden Castell Durante bei Urbino in vertrauter Freundschaft mit seiner Gönnerin, der Herzogin Lucrezia von Urbino, verlebt, begleitete er sie, die sich von ihrem Gemahle getrennt und wieder zu ihrem Bruder zurückbegeben hatte, und diesen auf sein Lustschloß Belriguardo. Kaum
1575. ließ man ihn vorübergehend nach Rom ziehen, um dort sein Gedicht einer geistlichen Prüfung zu unterlegen. In Rom trat er in Unterhandlung mit dem Cardinal Ferdinand von Medici, nachmaligem Großherzog von Toscana. Seither bildete er sich ein, in Ferrara als Verräther angesehen und von der Inquisition verfolgt zu werden. Ueberall glaubte seine melancholische Reizbarkeit Feinde und Neider zu entdecken, die auf seinen Sturz hinarbeiteten. Sein Bild, wie es ihm im Spiegel der Auffassung seiner Umgebung entgegentrat, hatte wenig Aehnlichkeit mit dem Ideal seiner Seele, und so regte sich in seinem Innern der erste krankhafte Zerstörungstrieb, der sich naturgemäß eben gegen jenen
1577. so mißliebige Eindrücke verursachenden Spiegel kehrte. Eines Tags sah man ihn gegen einen Höfling, welcher sich nach Tasso's Auffassung verrätherisch gegen ihn betragen hatte, in den fürstlichen Zimmern den Dolch ziehen. Der Herzog, obgleich damals dem Dichter noch sehr gewogen, konnte diese Verletzung des Hausfriedens und Anstands nicht ungeahndet hingehen lassen und gab ihm für einige Zeit Arrest in Franciscaner-Kloster zu Ferrara. Tasso aber empfand die gelinde Strafe als die tödtlichste Beleidigung und meinte, der Entehrung durch Flucht sich entziehen zu sollen. Damit hatte er eine Bahn betreten, die für einen gewandten und gewissenlosen Abenteurer verlockend und verheißend hätte sein können; für ihn war sie trotz des Rufes, der seinem Namen voranging, unmittelbar verderblich: schon dadurch, daß er sich mit seinem anspruchsvollen und gezierten Flüchtlingsnamen „Homer, der den Streit entflieht" (Omero fuggiguerra) lächerlich machte; noch mehr durch seinen unpraktischen Sinn, durch seine Unfähigkeit, mit dem Geld umzugehen oder sich den Launen des Geschicks irgend anzupassen. Unstät und flüchtig finden wir ihn zuletzt bei seiner in Sorrent verheiratheten Schwester Cornelia.

Das befreite Jerusalem.
1579. So war eben der erste schwere Schatten auf die Laufbahn des Dichters in einem Augenblick gefallen, als sein Ruhm den Zenith erstiegen hatte. Denn gerade jetzt erschien als Probe des Ganzen der vierte Gesang des „befreiten Jerusalem" (Gerusalemme liberata) in einer Sammlung von Gedichten. Das Ganze geht freilich aus einem weit anderen Tone als der verliebte und der rasende Roland, wie auch gleich der Stoff ein ganz anderer ist. Schon seine theoretischen Voraussetzungen, wonach ein Epos der christlichen Welt angehören müsse, aber auch nicht ruchloser Weise die göttliche Ursprungszeit des Christenthums und ebensowenig die prosaische Neuzeit berühren dürfe, verwiesen ihn auf das Mittelalter, und offenbar glaubte er den glücklichsten Wurf gethan zu haben, als er eine große ritterliche und religiöse Unternehmung zum Gegenstand seiner Dichtung machte. Zu Tasso's Lebzeiten hatte der Kampf wider den mohammedanischen Orient durch die in Europa kürzlich eingedrungenen Türken noch mehr Interesse als heutzutage; noch kein mittelalterlicher Dichter hatte den Stoff in irgendwie poetisch hervorragender Weise behandelt, und Tasso ist der Ruhm geblieben, jene Zeit des begeisterten Glaubens in klassischer Form zur Darstellung gebracht zu haben. Sein Werk läßt sich auffassen als ein christlicher Argonautenzug, ein trojanischer Krieg aus dem Mittelalter. Es eröffnete sich ihm so die Aussicht auf eine neue, auf eine romantische Ilias, wie denn der Plan des homerischen Gedichts ersichtlich das Vorbild ist. Schon Alamanni's Avarchide lag eine derartige Idee zu Grunde; aber wie ganz anders hat Tasso die Aufgabe gelöst! Nicht eine unbekannte Stadt in Frankreich, Jerusalem selbst war das neue Troja, und damit der Schauplatz verlegt in das Vaterland aller christlichen Wunder, die Wiege der Sagenwelt. Auch die Zeit war richtig getroffen: die Tage, da der Rittergeist im höchsten Schwunge seiner Kraft Gottes und der Damen Sache als die höchste Einheit zu begreifen und zu vertheidigen begann. Religion, Heroismus und die Schwärmerei der Liebe, die drei höchsten Triebe des Ritterthums, wurden auch die Elemente des Gedichtes, wie sie die Factoren der gesammten Gemüths- und Vorstellungswelt des Dichters waren. Zugleich handelt es sich um den höchsten Preis, dabei Gott selbst unmittelbar interessirt ist, um die Wiedergewinnung des heiligen Grabes. Welch ein Anlaß, zugleich die übernatürlichen Kräfte in Mitwirkung zu ziehen und Himmel und Hölle als die feindlichen Lager erscheinen zu lassen, deren Sache durch die Schwerter der Christen und Heiden ausgefochten wird. Es sind daher nicht blos die Engel und die Geister der erschlagenen Helden des Christenheeres, welche unsichtbar über den Reihen der Belagerer schweben und sie im Kampf unterstützen, sondern der christliche Gott selbst ergreift entschieden Partei. So erscheint er gleich von Anfang an wie er „vom erhabenen Sitze aus herniedersieht und in Einem Augenblick, in Einem Bilde vereint Alles erschaut, was die Welt bietet", und dann auch später, als die Christenheit nahe daran ist, in Sonnenbrand vor Durst zu verschmachten, wie er den Entschluß zur Rettung faßt und mit einer ganz dem homerischen Zeus nachgedichteten Bewegung auch sogleich ausführt:

> Und er bewegt sein Haupt; die Himmel alle
> Erzittern rings, ehrfürchtig bebt die Luft;
> Der Sterne Schaar erbebt, die tiefe Halle
> Des Oceans; es zittert Berg und Gruft.
> Zur Linken flammt der Blitz; mit lautem Schalle
> Empfangen Donner ihn aus ihrer Kluft.
> Das Volk begleitet Blitz und Donnerdröhnen
> Mit heller Stimm und lauten Jubeltönen.

Andererseits ersetzten der Fürst der Finsterniß, Pluto genannt, der den irdischen Gegnern des Himmels mit Rath und That beisteht, seine Dämonen und Furien, Zauberer und Feen, die feindlichen Götter Homers. Und man muß gestehen: auch dieser Teufel handelt und redet wie ein König, er ist kein enormes Scheusal, wie bei Dante, keine lächerliche Figur, wie in der nordischen Sage. Sein mächtigstes Organ, durch das er wirkt, ist eine schöne Zauberin Armida, und es ist bezeichnend, daß unser Dichter zum erstenmal den ganzen Reichthum der ihm zu Gebote stehenden Mittel in jenem vierten Gesang entfaltet, welcher dem ersten Auftreten Armida's gewidmet ist. Auf dieselbe Höhe erhebt sich seine Poesie erst dort wieder, wo sie sich zu Rinald wendet, den man dem Christenheere untreu gemacht hat und auf einer Insel mit Zauberkünsten und üppigen Freuden umstrickt hält. Schon Bojardo hatte seinen Rinald bald auf die Freudeninsel, bald seinen Roland in den Garten der Morgana, auch wohl seinen Mandricard an den Born der Fee geführt; weiter war Ariost gegangen, wo er seinen Rüdiger in die Netze der schönen Alcina gerathen läßt. Aber die Schilderung, die Tasso von dem italienischen Tannhäuser und seinem verzauberten Aufenthalt auf den Inseln Elysiums gibt, übertrifft noch alle Farbenpracht Ariost's und stellt die klassische

Vollendung dieses vielversuchten Themas dar; selbst der grämlichste Kritiker gibt willig zu, daß das Ende des fünfzehnten und der Anfang des sechszehnten Gesangs in der Geschichte der Poesie so einzig dastehen, wie die berühmtesten Prachtepisoden Homer's, Virgil's und Dante's. Hier, wo Tasso's geheimnißvolle Gewalt, das Musikalische, sich entfalten kann (man denke nur an den Gesang des Vogels in jenem Paradiese), ist er ganz in seinem Element; hier leistet er Mustergiltiges, und selbst ein an sich schlüpfriger Inhalt wird immer mit Anstand und einer Art von schwärmerischem Ernste, nie mit der kecken Frivolität Ariost's ausgemalt. Neben Stellen dieser Art ragen besonders diejenigen Schilderungen hervor, an welchen irgend ein Interesse der Rührung und des Gefühls haftet. Sie vor allen fesseln uns an Tasso, aber gerade sie würden auch einzeln oder als Episoden in jedem andern Werke schön sein und gehören nicht wesentlich zum Gegenstande. So im zweiten Gesange die berühmte Episode von Olind und Sophronia, die freilich viel zu früh angebracht ist, ehe noch die Theilnahme des Lesers fest an die Haupthandlung geknüpft war, daher in der späteren Umarbeitung ganz gestrichen wurde; so im dritten Gesang der erste Anblick Jerusalems, so namentlich im fünften das Abenteuer Erminia's, ein Gesang voll von liebesüßen Tönen, gleich den Melodien Mozarts; so im achten Gesang der Tod des jungen Dänenfürsten Sven; so ganz insonderheit im zwölften das berühmte Nachtbild, wie Tankred seine geliebte Clorinde erschlägt. Endlich dürfte aber auch die Beschreibung der großen Dürre und des endlich vom Himmel gewährten Regens im dreizehnten Gesang zu dem Ergreifendsten und Gewaltigsten gehören, was in italienischer Sprache gedichtet worden ist. Diese Sprache stand dem Dichter mit ihrem ganzen Reichthum und ihrer ganzen Harmonie in wunderbarer Weise zu Gebote. Es ist über seine Verse ein Zauber musikalischer Schönheit ausgegossen, der am meisten dazu beigetragen hat, ihn zum Lieblingsdichter des Volkes zu erheben, dessen Sprache er die süßesten Töne entlockt hat. Es ist durchaus begreiflich, wenn einzelne Stanzen seines Gedichts zu Volksgesängen geworden sind, die noch lange im Munde der Gondoliere von Venedig fortlebten. Damit nun Versuch fehle, das Gedicht der Nation in jeder Form ans Herz zu legen, übertrug man es sogar in die verschiedenen Dialekte. Aber auch bei allen cultivirten Nationen Europa's hat kaum ein anderes episches Gedicht der christlichen Zeit solches Glück gemacht, als das durch Uebersetzungen in die meisten Sprachen übertragene, befreite Jerusalem.

Indessen läßt sich nicht leugnen, daß neben so viel Licht auch nicht wenig Schatten und vor Allem auch zahlreiche matte, farblose Stellen treten. Aengstlichkeit in der Anlage, Dürftigkeit in der Ausführung machen sich oft genug bemerkbar, und das Vorbild der Iliade ist, schon was Plan und Composition betrifft, keineswegs erreicht. In dieser wächst das Interesse mit jedem Gesange, bei Tasso nimmt es ab. Prachtvoll ist der Eingang. Die Schaaren der Kreuzfahrer weilen schon im sechsten Jahre im Morgenland. Obwohl nur noch wenige Meilen von Jerusalem entfernt, hemmt doch die Uneinigkeit der Fürsten entscheidende Fortschritte. Da blickt der Herr des Himmels auf sie herab und bewirkt den Entschluß, Gottfried zum souveränen Führer zu wählen. Neu beseelt rückt die Armee bis vor Jerusalem, und schon im dritten Gesang soll ein Wald umgehauen werden, um die Maschinen zur Bestürmung der Stadt zu verfertigen. Schon sieht man sich unmittelbar vor das Ende gerückt, da bewaffnet sich die Hölle wider den Himmel, und ein mit verführerischen Reizen geschmücktes Weib bringt neue Zwietracht in das christliche Lager. Rinaldo, ohne den kein entscheidender Sieg erfochten werden kann, wird Armida's Beute, nachdem Gottfried ihn wegen eines in der Leidenschaft begangenen Mordes vom Lager verbannt. Die Zwischenzeit bis zu seiner Wiedereinholung wird mit allerhand Kämpfen und Abenteuern ausgefüllt, die kein rechtes Verhältniß der Steigerung erkennen lassen, und die drei letzten Gesänge fallen geradezu ab gegen die übrigen.

In diesem Rinald tritt uns übrigens eine freie Schöpfung des Dichters entgegen, eine nicht unglückliche Mischung des Haimonssohnes, welchen Bojard und Ariost besangen, mit dem Achill Homer's, dessen Rolle er hier spielt. Weniger schön ist man von dem Stellvertreter Agamemnons erbaut, dem ursprünglichen Helden des Gedichts, Gottfried von Bouillon. Von ihm gilt Alles, was frühere Kritiker sehr mit Unrecht im Roland Bojardo's haben finden wollen. Er ist durchaus ein Held im mittelalterlich romantischen Styl, ein frommer Beter und Beschützer der Kirche, die christliche Erneuerung des „frommen Aeneas", aber um nichts ästhetischer als dieser. Ueberhaupt gewinnt man über der Lesung des Gedichts den entschiedenen Eindruck von der poetischen Ueberlegenheit der antiken Religion über den mittelalterlichen Katholicismus, wiewohl Tasso als Theoretiker das gerade Gegentheil versichert. Die schöne Objectivität, womit Homer auch dem Feind gerecht wird, sucht man hier vergeblich. Schon die Taufe Clorindens durch Tankred ist nicht mehr mit der naiven Kindlichkeit dargestellt, wie die Bekehrungsscenen bei Bojardo. Die Schilderung, wie im achtzehnten Gesang Rinaldo von der sündlichen Befleckung seiner Liebesabenteuer durch Sakrament und Segen der Kirche gereinigt wird, wirkt unangenehm. Ihm folgt das ganze Heer, nachdem dasselbe schon im elften Gesange eine Procession veranstaltet hat, deren Weihrauchduft in den Geruchsnerven des Lesers bis zur Reise auf die Zauberinsel haften bleibt.

Nächst Gottfried und Rinald, den eigentlichen Helden des Gedichts, nimmt unser Interesse zumeist in Anspruch Tankred, der Führer einer campanischen Reiterschaar, der Held der unglücklichen Liebe, das echteste Geschöpf der Phantasie des Dichters: sanft und melancholisch, aber zugleich gewandt und unerschrocken im Kampf wie Einer, endlich aber edel und großmüthig wie Keiner. In seiner Geliebten Clorinde hat Tasso die Bradamante und Marfisa seiner Vorgänger copirt, jedoch nicht ohne daß auch hier sein Herz schöpferisch thätig gewesen wäre. Mit geschmackvoller Zartheit hat er die Farben vertheilt in den wenigen Bildern, welche das Geschick dieser Liebe von der ersten Begegnung beim Wüstenquell bis zum letzten schauerlichen Zusammentreffen vor den Mauern Jerusalems schildern. Daß Clorinde schon im zwölften Gesang fällt, geschieht vielleicht so sehr zum Nachtheil des Ganzen, wie daß die rührende Schönheit der Episode von Olget und Sophrinia schon den zweiten Gesang füllt. Ganz besonders aber hat Tasso in Armidas Geschichte die Liebe auf allen ihren glücklichen und gefährlichen Wegen verfolgt. Offenbar ist er selbst in diese Gestalt seiner Einbildungskraft gewissermaßen verliebt, und in der That steht sie hoch über den verschiedenen Feen, Hexen und Zauberinnen, die dem Dichter aus Bojard und Ariost vorschwebten. Sind auch durchweg die Charaktere bei Tasso nicht viel bestimmter gezeichnet als bei Ariost, so weiß doch die lyrische Virtuosität Tasso's seinen Bildern durchweg mehr Ausdruck und Seele einzuhauchen, so daß sie sich viel unverwischbarer dem Gemüth des Lesers einprägen. Tasso gehört ganz zu den Dichtern, welche nur sich selbst und ihr schönes Gefühl darstellen, nicht aber eine Welt und ihren Geist klar auffassen und sich darin vergessen können. Während daher die Contraste edlerer Leidenschaften mit Pflicht und Ehre, das ganze romantische Wechselspiel des Heldensinns und der Liebe von Tasso ohne Zweifel mustergültig durchgeführt werden, erscheint namentlich der Heroismus selbst monotoner, nicht etwa blos im Vergleich mit Homer, sondern auch vor Allem mit Bojardo. Wo er den ersten Zweikampf schildert zwischen Tankred und Argand, ruft er zwar die Muse an, um das Stück gelingen und den Waffenklang nicht unter Melodien ersterben zu lassen; aber sofort macht sich auch die Wahrheit dieses unwillkürlichen Geständnisses der Schwäche bemerklich. Während der Leser Bojard's die Gewalt der Liebe, Stiche und Schläge recht unmittelbar aus den Gliedern der Kämpfenden selbst heraussühlt, weiß Tasso solche Dinge nur von Hörensagen zu erzählen und nimmt daher charakteristisch genug seinen Standpunkt sofort in den Herzen der Zuschauer, deren Zittern er beschreibt, wo Bojardo das Dröhnen der Schädel seiner Helden beschrieben haben würde.

So fühlt man sich schließlich doch beständig wie auf dem Theater, und dieses Bewußtsein wird fast mit Nothwendigkeit geweckt und festgehalten durch den Doppelcharakter des Gedichts, welches stets zwischen einer historischen Genauigkeit des Berichts und der wunderbaren Märchenhaftigkeit phantastischer Romantik hin und her schwebt. Auf der einen Seite merkt man dem Dichter wohl seine mühsamen historischen Studien überall an. So gleich bei der langweiligen Ueberschau des ersten Gesangs, die es etwa auf 11,000 Reiter und 22,000 Mann zu Fuß bringt, allerdings eine Masse fast doppelt so groß, als die in Wahrheit vor Jerusalem erschienen ist (vgl. Bd. VI, S. 597), aber doch von der beliebten Fabelhaftigkeit der Zahlen Bojardo's und Ariosto's nach der geschichtlichen Wirklichkeit gravitirend. Sein Gottfried ist sich seiner ganzen politischen Vergangenheit, namentlich auch im siebenten Gesang der an König Rudolph verübten Heldenthat bewußt (vgl. Bd. VI, S. 353). Nicht minder eingehend sind des Dichters geographische Studien. Beweis dessen nicht blos die Topographie Jerusalems im dritten, die Beschreibung der südlichen Küste des Mittelmeers im fünfzehnten Gesang, der eine Verherrlichung des Columbus enthält, sondern namentlich auch der siebenzehnte Gesang, wo der Verfasser behufs einer Zusammenstellung seiner geographischen und ethnographischen Kenntnisse abermals die Muse anruft. Durch diese daneben stehenden Heroen der Geschichte werden nun aber die Geschöpfe der dichterischen Phantasie nothwendig stets ihres leichten Daseins Lügen gestraft; sie gewinnen nirgends Wirklichkeit in unserer Vorstellung und Armida's melodische Klage um ihre getäuschte Liebe verhallt wirkungslos in unserm Ohr. Das Phantastische übt in der unmittelbaren Nähe des Geschichtlichen keine Illusion mehr aus. Wie Wasser und Oel heben beide Bestandtheile sich von einander ab, und die übernatürlichen Gestalten bewerben sich vergeblich um Glauben und Theilnahme der Leser.

Endlich gibt es auch hier einen Punkt, da „man die Absicht merkt und wird verstimmt". Es ist nämlich nicht blos die Muse, an die sich Tasso's Gedicht wendet, sondern es geht in Ariost's Fährte auch durch tendenziöse Verherrlichung des Hauses Este einher. Ein schon abgegriffenes Kunststück erneuernd, preist der zehnte Gesang den Rinald als Ahnherrn dieser künftigen Dynastie und läßt uns der sechzehnte geradezu die Gestalt jenes Alfons II. in prophetischer Vorausdarstellung erblicken, welchen der Dichter gleich in den ersten Versen des Ganzen als seinen Retter angerufen hat, der den irren Wanderer aus dem Wogendrang in den sichern Hafen geleitet habe.

Tasso's Ende.

Dies führt uns nochmals auf die persönlichen Geschicke des Dichters, den wir bereits aus diesem sichern Hafen verschlagen fanden, als sein großer Epos in die Oeffentlichkeit trat. Durch die Sorgfalt der Schwester hatte er wieder innere Ruhe erlangt, und sein Herz zog ihn nach Ferrara zurück. Er erbittet und erhält Verzeihung. Seine Wiederankunft in Ferrara wird als ein Fest gefeiert. Bald jedoch ist er abermals entflohen. Er hat in den festlichen Angesichtern nur Mitleid, in den höfischen Reden nur lauernden Spott entdeckt. Krankhaft empfindlich, weich und keines festen Entschlusses fähig, flieht er abermals und sucht seine Zuflucht in Mantua, Padua und Venedig; auch in Urbino und Turin, wo er die wohlwollendste Aufnahme fand, verließ ihn seine Unruhe nicht. Er sehnte sich nach Ferrara zurück und erschien bei der Vermählung des Herzogs mit Margaretha Gonzaga. Aber diesmal fand er die alte Freundschaft und Aufmerksamkeit nicht wieder, und jetzt ereignete sich der räthselhafte Vorfall, welcher seinem Leben vollends die traurigste Wendung geben sollte. Da Tasso selbst in seinen Briefen die

Ursache der großen Demüthigung, die er erlitt, nicht enthüllt, bildete sich eine Sage, welche dann der gelehrte Muratori auch in der literarischen Welt in Umlauf setzte. Hiernach wäre Tasso das Opfer der leidenschaftlichen und hoffnungslosen Liebe geworden, die er für die Schwester seines Fürsten, die Prinzessin Leonore von Este, längst gefühlt und vergeblich bekämpft hätte. Um ihren Namen in seinen Gedichten ertönen zu lassen, ohne sich zu verrathen, habe er zum Scheine einer Hofdame mit Namen Leonore Sanvitale gehuldigt. Als er nunmehr die Prinzessin wieder erblickt, soll er wie ein Wahnsinniger sich in Gegenwart des Hofes an ihre Brust geworfen und sie in seine Arme geschlossen haben. Indessen erklären sein unzurechnungsfähiges Betragen, seine unberechenbaren Launen und die Unvorsichtigkeit, womit der Enttäuschte sich in lauten Schmähungen gegen Alfons und seinen Hof ergoß, dessen strenge Maßregeln hinlänglich. Gewiß ist, daß der Herzog ihn als einen Wahnsinnigen behandelte. Auf seinen Befehl wurde ihm eine Wohnung im Hospital der heiligen Anna zu Ferrara angewiesen, wenn auch 1579. nicht das dunkle Loch, welches man jetzt dem Fremden zu zeigen pflegt, so doch immer ein Gefängniß, in welchem er über sieben Jahre schmachten sollte. Während dieser langen Schmerzenszeit wechselte sein Zustand oft. Er litt seither an Anfällen wirklicher Wahnsinns, aber er fand auch ruhige Augenblicke, in denen er sich bald in Versen, bald in philosophischen Betrachtungen ganz seiner würdig aussprechen konnte. Nachdem er sich bereits im Lustspiel versucht hatte, in den „Liebesintriguen" (gli intrighi d'amore), schrieb er jetzt auch ein Trauerspiel, Torrismondo, eine in die Gothenzeit verlegte Nachbildung des sophokleischen Oedipus und gleich diesem die tiefe Empfindung und freiwillige Selbstbestrafung der beleidigten Natur darstellend. Aber so tragisch und zugleich auch romantisch der Stoff sein mochte, so wenig sagt er dem modern gebildeten Geschmack zu. Bei Tasso war es eine entschiedene Verirrung, daß er sich darauf warf, und die peinliche Nachahmung der Formen der antiken Tragödie, davon er sich so wenig zu emancipiren vermochte, wie seine übrigen Zeitgenossen, lähmte die Flügel seines Geistes vollends. In der That nahte sich nun die Zeit, da er an sich selbst irre werden sollte. Ein Schlag für ihn war schon die Nachricht, daß sein Gedicht in verstümmelter Gestalt zu Venedig im Druck erschienen war; sechszehn Gesänge unter dem Titel „Gott-1580. fried" (il Goffredo). Ein Jahr später erschien es in zwanzig Gesängen zu Parma 1581. und Ferrara. Unternehmer und Herausgeber bereicherten sich, während der verarmte Dichter im Irrenhospital saß und vergeblich Briefe in alle Welt schrieb, um zu beweisen, daß er nicht verrückt sei. Aber noch mehr! Kaum hatte einer seiner Verehrer, Camillo Pellegrini, ein Buch erscheinen lassen, in welchem Tasso's Lieblings-1584. gedanke, seine Erhabenheit über Ariost, ausgeführt wurde, so entzündete sich ein erbitterter Federkrieg, und die florentinische Akademie der Crusca unternahm einen maßlos heftigen Angriff auf Tasso. Ein widerwärtiger Streit füllte ganz Italien; die meisten Stimmen, selbst die des großen Galileo Galilei, erklärten sich gegen den Dichter, der sich von der Höhe seines poetischen Ruhmes herabgerissen und der Lächerlichkeit Preis gegeben sah. So würdig und beredt er sich auch von seinem Gefängnisse aus vertheidigen mochte, in seinem eigenen Geiste blieb der Stachel haften, und er beschäftigte sich seither mit dem Gedanken einer Umarbeitung seines Gedichts.

Aber auch an Mitleid fehlte es dem an Leib und Seele zerrütteten Gefangenen von St. Anna nicht. Der Papst Gregor XIII., der Cardinal Albani, der Großherzog von Toscana, der Herzog und die Herzögin von Urbino, die Herzogin von Mantua, die Fürsten des Hauses Gonzaga, die Stadt Bergamo — Alles arbeitete an Alfons, um ihn zur Gnade zu stimmen. Dieser aber blieb lange unerbittlich. Endlich überließ er die Person des Dichters seinem Schwager, dem Fürsten Vincenzo Gonzaga von Man-1586. tua, welcher ihn so zu bewachen versprach, daß Alfons nie mehr etwas von ihm sollte

zu befürchten haben. In Mantua fand der Tiefgebeugte die freundlichste und ehrenvollste Aufnahme. Aber sein Herz war gebrochen, und es lebte nicht wieder auf. Auch sein Talent verließ ihn. Er suchte seines Vaters Floridante hervor und vollendete ihn;
1587. er arbeitete den Torrismondo um und gab ihn heraus. Dann wandte er sich nach Bergamo, welche Stadt als eigentliche Vaterstadt des Dichters zu gelten wünschte. Dann setzt er den Pilgerstab weiter nach Rom und faßt, von der Gunst Scipione Gonzaga's und mehrerer Cardinäle gehoben, neue Hoffnungen. Aber nichts ging in Erfüllung.
1588. Er wandte sich nach Neapel, um das eingezogene Vermögen seiner Eltern wieder zu erlangen und die Umarbeitung seines großen Gedichtes zu beginnen. Dies war nun freilich sein unglücklichstes Unternehmen, an sich schon ein Zeichen gänzlich geschwundener Zuversicht und Glaubens an sich selbst. Mit kalter Bedachtsamkeit wollte er Fehler verbessern, die von der Kritik angemerkt, aber mit den Vorzügen des Gedichts so verwebt waren, daß er jene nicht aufheben konnte, ohne diese zu entstellen. So erschien endlich
1593. „das eroberte Jerusalem" (Gerusalemme conquistata), um vier Gesänge reicher als „das befreite" und insofern, aber auch nur insofern, der Iliade ähnlicher: das Werk eines Hypochondristen, der sich selbst nicht mehr verstand und den Geschmack an der eigenen Begeisterung verloren hatte. Zum Ueberflusse ließ er auch noch eine theoretische Abhandlung „über das Heldengedicht" folgen, darin er nicht weniger als 126 Autoren als Bundesgenossen und Vertreter seiner Ansichten aufführte. Ueberhaupt schmälert man seine schriftstellerische Ehre nicht, wenn man seine prosaischen Werke, Abhandlungen und Dialoge, so viele ihrer auch sind, ignorirt. Er verstand sich nicht auf die Prosa. Aber auch seine letzte poetische Arbeit, eine Paraphrase der mosaischen Schöpfungsgeschichte in reimlosen Versen (Le sette giornate del mondo creato), ist durch scholastische Gelehrsamkeit fast ungenießbar. Die letzten traurigen Jahre seines Lebens brachte er bald in Neapel und Rom, bald in Florenz und Mantua zu, unstet und unruhig, sich und andern mißtrauend, stets auch krank und vor Allem bitter arm. Um ihn nach so vielen
Nov. 1594. Leiden vor seinem Tode noch einmal zu erquicken, lud ihn der Neffe des Papstes Clemens VIII., der Cardinal Cinzio Aldobrandini, nach Rom ein, wo er ihn auf dem Capitol mit dem Lorbeer krönen lassen wollte. Aber während des Winters schwanden seine Kräfte. Als er sein Ende herannahen fühlte, ließ er sich nach dem Hieronymitenkloster San Onofrio auf dem Janiculus bringen, von wo man den herrlichen Blick herab auf Rom und St. Peter bis hinüber nach den Sabiner- und Albanerbergen genießt. Als
25. April der Frühling kam, der die feierliche Krönung bringen sollte, sank der arme müde
1595. Dichter in's Grab und fand in der Gruft des Klosters die lang entbehrte Ruhe.

6. Drama und Satire.

Das Lustspiel. Derselbe Hof von Ferrara, an welchem der epische Dichter einen so tragischen Schiffbruch erlitt, wandte schon längst seine Gunst auch dem Theater zu, und nicht wenige andere Fürsten folgten seinem Beispiele. Aber das dramatische Genie blieb aus, die Stücke bewegten sich in Nachahmung der Alten, und zu einem Nationaltheater ist es nirgends gekommen. Die Komödie diente nur zur Erheiterung der vornehmen Gesellschaft. Wenigstens gilt dies von der höhern, der s. g. gelehrten Komödie, welche streng nach dem Muster der Stücke des Plautus und Terenz behandelt und den Regeln des Aristoteles unterworfen wurde.

Unter den Lustspieldichtern hatten Ariost und der Cardinal Bibbiena die komische Behandlung des Dialogs eingeführt, wie sie dann bei Machiavelli, Pietro Aretino und Anton Francesco Grazzini (genannt il Lasca) geblieben ist, welche trotz ihrer Obscönitäten, in denen sie von Lodovico Dolce noch überboten wurden, als die vorzüglichsten Lustspieldichter galten und alle darnach strebten, die Sitten und Charaktere ihrer eigenen Zeit nach der Natur zu zeichnen. Ebenso that der gelehrte Strumpfwirker **Giambattista Gelli** von Florenz, während sein Landsmann **Giammaria Cecchi** philologisch und moralisch correcter, aber auch inhaltsloser und pedantischer auftrat. Selbst von dem Philosophen **Giordano Bruno** hat sich ein derb komisches Stück erhalten unter dem Titel „der Lichtzieher" (il candelajo). Der volksmäßigen Kunstkomödie (vgl. S. 305) endlich nahm sich unter großem Beifall der Menge **Angelo Beolco Ruzzante** an, welcher zuerst sechs Schauspiele von diesem 1531. Genre drucken zu lassen wagte. Wie er aber damit der literarischen Veredlung des Lustspieles entgegen wirkte, so hob sich auf der komischen Bühne Italiens überhaupt die gute Wirkung der Naturwahrheit immer wieder auf gegenüber der schlimmen, die von der anschaulichen Frivolität dieser Kunstleistungen ausging. Denn in fast allen diesen von Unzucht strotzenden Stücken wird ein Knäuel von zügelloser Frechheit, bodenloser Gemeinheit und raffinirter Lasterhaftigkeit abgewickelt, der fast nur in den furchtbaren Schilderungen Juvenal's über das heidnische Rom der Kaiserzeit sein Gegenbild findet.

Immerhin wurde doch auf diesem Gebiete etwas geleistet, wogegen sich der ita- *Die Tragö-* lienische Genius auf demjenigen der Tragik absolut unfruchtbar erwies. Nirgends brachte *die.* man es über ein declamatorisches Gewebe in der Weise Seneca's, über frostigen Pomp, der als Nachahmung des Sophokles und Euripides verzollt wurde, hinaus. Ueberall verfiel man in solch sclavischer Arbeit zugleich in die furchtbarste Unnatur und Uebertreibung. Es war den Dichtern dieser Epoche eine Unmöglichkeit, sich im geringsten von den Fesseln der dramatischen Weisungen des Aristoteles zu emancipiren. Ja selbst das wagte man nicht, den Schauplatz der tragischen Handlung in das Mittelalter oder gar in die eigene Gegenwart zu verlegen. Gegenstände dieser Dramen sind meist Mord, Verrath, Laster und empörende Schandthaten, die dann durch wortreiche Sentenzen und ausgeschmückte Tiraden einen erhabenen Anstrich erhalten sollen. Die berühmtesten tragischen Leistungen der Zeit sind und bleiben daher alle gleich ungenießbar: **Trissino's** Sophonisbe, **Ruccellai's** Rosmunde, **Martelli's** Tullia, **Aretin's** Orazia, **Speron Speroni's** Canace (der übrigens die Chöre fehlen), **Dolce's** Dido u. s. w. **Giambattista Giraldi** verdient wenigstens insofern Erwähnung, als er zuerst selbsterfundene Fabeln bearbeitete. Ein natürlicheres Nationalproduct war immerhin das romantische Schäferdrama, welches, schon seit Anfang des Jahrhunderts vielfach behandelt wurde; 1554. namentlich durch ein zu Ferrara aufgeführtes Schäferspiel des **Agostino Beccari** (il *Agostino* sacrificio), welcher der herkömmlichen Langweiligkeit des Schäferlebens mit Nymphen *Beccari, 1510* und Satyren aufhelfen wollte, und durch den Amynt Tasso's ist diese Gattung in *—1590.* Aufnahme gekommen.

Wie als Dramatiker, so hat Ariost anregend auch in der gelehrten Satire (im *Die Satire.* Gegensatz zur burlesken und populären Form) gewirkt. Aber schon ihm fehlte, um die Heiterkeit der Satiren des Horaz zu erreichen, die erforderliche Unbefangenheit und Originalität, seinen Nachfolgern, die sich streng in seiner Manier hielten, sogar das Talent und der Gedanke; haben sie gute Laune, so ist dieselbe zu unwitzig, um dichterisch zu sein; werden sie aber witzig, so werden sie leicht auch derb und unfein. Dahin gehören **Ercole Bentivoglio** aus der verbannten Dynastie von Bologna, der *Ercole Ben-* zuerst nach Ariost in den Ruf eines correcten Satirikers kam, ferner der schon erwähnte *tivoglio,* **Luigi Alamanni**, der sie Alle übertreffende **Pietro Nelli** und viele Andere, deren *† 1573.* Namen längst vergessen sind hinter der echt nationalen, libertinischen und pasquillistischen Satire, die in **Pietro Aretino** ihren seiner Zeit über Alles gefeierten Meister besaß, aber auch in seinem Todfeinde, dem fast gleich berüchtigten **Niccolo Franco**, der seinen Tod *Niccolo* am Galgen fand, ferner in **Giovanni Mauro**, **Giovanni della Casa**, **Agnolo** *Franco,* *† 1569.*

Firenzuola mehr oder minder verwildernde Bearbeiter erhielt. Zum Oberhaupt der ganzen Sorte der frechen Spott- und Possenreimer wußte sich der schon als Lustspieldichter genannte Florentiner **Grazzini**, genannt **Lasca** (Plötzfisch) aufzuschwingen. Endlich brachte ein origineller Mönch noch die s. g. macaronische Poesie in die Mode, ein halb lateinisches, halb italienisches Kauderwelsch, welches schon durch seinen bloßen Klang Lachen erregte.

Antonio Francesco Grazzini, † 1583.

Teofilo Folengo, auch genannt **Merlino Coccajo**, bei Padua geboren, zeigt in seinem ganzen Thun und Treiben den Trieb, die entgegengesetztesten Gestalten des Lebens durcheinander zu mischen. Auf weltlichen Irrfahrten, die er als vagabundirender Abenteurer anstellte, sammelte er den Stoff, den er dann in der Abgeschiedenheit der Zelle, als fleißiger Klosterbruder, verarbeitet und formt; eine Erscheinung, die sich wenigstens bis auf einen gewissen Grad mit dem Franzosen Rabelais und dem Deutschen Fischart vergleichen läßt. Das Princip der von ihm vertretenen Dichtung war humoristische Willkür, welche die von dem Leben gebotenen Formen nur anerkennt, soweit sie der verwandelnde Zauberstab der Kunst mit dem Stempel des individuellen Launenspiels bezeichnet hat. Daher muß selbst die Sprache diesen ungebundenen Wesen weichen, das sich in arabeskenhaften Compositionen und abenteuerlichen Mischungen gefällt und alles durch das Herkommen Gebotene neu und willkürlich umformt. Folengo selbst zeichnet sich bei aller Kühnheit durch große Zierlichkeit aus. In der Manier Berni's dichtete er sein „Rolandchen“ (Orlandino), worin er den Helden als einen munteren Bettelbuben darstellt. Wirklich macaronische Gedichte sind sein . der Batrachomyomachie nachgeahmter Krieg der Mücken und Ameisen (Moschea) in drei Büchern, sowie Zanitonella, eine komische Idylle, und vor Allem sein satirisches Epos Baldo da Cipada in 25 Büchern, worin er den Virgil parodirt. Im Alter wurde er grämlich und schrieb religiöse Gedichte von untergeordneter Art.

Teofilo Folengo, 1491—1544.

In diesen verschiedenen Richtungen des burlesken, bernesken und macaronischen Tons traten verschiedene Dichter auf. Unter Allen ragt hervor der dämonische Mensch, welcher überhaupt schließlich als persönlicher Vertreter der ganzen Vielseitigkeit der damaligen italienischen Literatur, freilich zugleich auch als ihr böser Genius gelten darf. Sofern Pietro der Aretiner über Alles und für Jedermann schrieb und nicht bloß ein schwunghaftes Gewerbe aus dieser Beschäftigung mit der Feder machte, sondern damit auch auf die öffentliche Meinung die eindringendste Wirkung ausübte, hat man ihn zugleich als den Stammvater des modernen Literatenthums bezeichnet. Gegen Ende des fünfzehnten Jahrhunderts in Arezzo geboren, ein unehelicher Sohn ohne Namen, ohne Familie und Erziehung, war er bei einem Buchbinder in Perugia in die Lehre gegangen und hatte hier Gelegenheit zu reichlicher Lectüre gefunden. Im Vertrauen auf sein gutes Glück wanderte er nach Rom und wußte es durch Keckheit, Laune und Talent in der That dahin zu bringen, daß ihn Leo X. seines Witzes und Uebermuthes wegen schätzte und sogar Rafael, wenigstens nach Pietro's eigenen Versicherungen, auf seinen Rath hörte. Sebastian del Piombo gehörte zu seinen genauen Freunden. Auch unter Clemens VII. stand er in päpstlichen Diensten. Trotzdem ließ er sich dazu herbei, in 16 Sonetten für den Kupferstecher Marcanton nach den Zeichnungen Giulio Romano's den Text zu einer Reihe von Darstellungen so unzüchtiger Art zu dichten, daß sie den Kupferstecher selbst trotz aller Protection hoher Cardinäle ins Gefängniß brachten. Aus Rom gewiesen, wandte sich Aretin zunächst nach seiner Vaterstadt. Schon damals stand er auf der Höhe seines Einflusses, welcher in seiner Weise ein ganz einziger war und selbst heutiges Tages nicht leicht von irgend einem Zeitungsblatt erreicht wird, sofern Aretin's Flugblätter ohne alle Concurrenz wirkten und die öffentliche Meinung Italiens mit einer Sicherheit bestimmten, die selbst Kaisern und Königen imponirte. So schlagend

Pietro Aretino, 1492— 1557.

war sein Witz, so schneidend seine Schärfe, so lästerlich giftig seine Zunge, so spitz seine
Feder, daß nicht blos gleichzeitige Künstler, Tizian voran, seiner Oberherrschaft anheimfielen, sondern auch fast alle Fürsten und Edelleute Italiens abhängig von ihm wurden.
Es war am gerathensten, ihn durch Geschenke bei gutem Willen zu erhalten. Wehe dem,
der hierin seine Pflicht versäumte! Er selbst nannte sich die Geißel der Fürsten (il flagello
de' principi) und war stolz auf diesen Beinamen. Bald nach seiner Entfernung von
Rom erschien er als ein Mann, dem Achtung gebührt, am mediceischen Hofe und wurde
durch dessen Vermittlung dem König Franz von Frankreich bekannt. Je nachdem es der 1524.
Augenblick verlangte, war er schamloser Pamphletist und anständiger Hofmann. Mit
einer goldenen Kette geschmückt, die ihm der König schenkte, wagte er es wieder in
Rom aufzutreten. Aber ein Liebesabenteuer, bei welchem er einen Nebenbuhler durch
giftige Verse gereizt hatte, zog ihm einen meuchelmörderischen Ueberfall zu. Man trug
ihn für todt nach Hause und seine zahlreichen Feinde rächten sich durch die bösartigsten
Grabschriften, die sie ihm freilich zu frühe setzten. Denn seine starke Natur überwand
die Krankheit. Er zog sich nach Florenz, später zu seinen Freunden Tizian und San- 1526.
sovino nach Benedig zurück, wo er wie eine giftige Kröte frei in unnahbaren Sümpfen
saß. Auch hier wußte er sich sofort in solches Ansehen zu setzen, daß ihn die Benetianer
einer feierlichen Gesandtschaft mitgaben, welche sie an Karl V. schickten. Auch von
diesem mächtigsten Fürsten der Christenheit geehrt und beschenkt, von Papst Julius III.
mit dem päpstlichen Petrusorden geschmückt, trug er sich sogar mit dem Gedanken, Cardinal zu werden. Es schien ihm Alles möglich, die Natur hatte ihn trefflich ausgestattet.
Geschmack und Kunstsinn waren ihm angeboren. Hat doch selbst eine Frau wie Vittoria
Colonna Briefe von ihm empfangen, und hat er doch in ihrem Auftrage ein Andachts-
buch geschrieben. Als ein ganz vorzügliches Erbauungsbuch wurden seine Paraphrasen
der sieben Bußpsalmen betrachtet und oft gedruckt. Wie er es überhaupt verstanden hat,
fromm zu sein, wo es ihm dienlich war, so hat er es auch nicht verschmäht, den alten
Michelangelo, der ihn nicht respectvoll genug behandelt und mehrere schmeichelhafte
Briefe von ihm unbeantwortet gelassen hatte, in einem Sendschreiben von der ausgesuchtesten Infamie als einen Feind des Christenthums darzustellen, dessen jüngstes Gericht aller Schamhaftigkeit Hohn spreche und eher in ein üppiges Badezimmer, als in
den Chor der höchsten Kapelle passe. Schließlich bezüchtigte er den Meister des Dieb-
stahls an der Familie Rovere, sofern er sich das Grabmal Julius' II. habe bezahlen
lassen, ohne es auszuführen; und in der That ist es ihm gelungen, dem großen Namen
Michelangelo's einen Makel anzuhängen, der bis in dessen letzte Tage an ihm haften
blieb. Nicht minder gröblich behandelte er aber auch dessen florentinischen Nebenbuhler
Bandinelli, als dieser sich in Einsendung des geforderten Tributs säumig erwies. An
ihm geißelt man Aretino die unverschämte Anmaßung, Michelangelo übertreffen zu wollen,
mit Worten, deren jedes den eitlen Mann im Innersten verwunden mußte. Was aber
derartige Angriffe so gefährlich machte, war der Umstand, daß Aretino seine Briefe
nicht etwa blos denjenigen, an welche sie gerichtet waren, zustellte, sondern sie als offene
Sendschreiben behandelte und abschriftsweise über ganz Italien verbreitete. Leider schrieb
er so pikant und unterhaltend, daß man überall begierigst darnach griff. Keiner konnte
gegen ihn aufkommen. Ungestraft schickte er seine Pfeile nach allen Seiten aus und traf
meist den Nagel auf den Kopf. Dabei verstand er es, die Sprache beständig zu seltsamen Zuckungen zu bringen und Wortspiele aller Art zu veranstalten. „Wenn ihr göttlich (di vino) seid, so bin ich doch auch nicht von Wasser (dell' acqua)"
schreibt er in jenem Briefe an Michelangelo. Ließ er sich doch selbst von seinen Ver-
ehrern den Göttlichen (il divino) nennen. Manche Fürsten bezahlten das Stillschweigen seiner Lästerzunge geradezu mit regelmäßigen Pensionen, und es wird erzählt, Karl V.

habe, als er von dem schlecht ausgeführten Unternehmen gegen Algier zurückkehrte, vor Allem 100 Scudi an Aretino gesandt, um zum Schaden nicht auch den Spott zu haben. Jedenfalls hat es niemals eine frivole ruchlose Wüstlingsnatur so weit gebracht, so große Summen mit ihrer Vielschreiberei verdient. Je nachdem er bezahlt wurde, schrieb er schlüpfrige Sonette, Bußpsalmen, glatte Zoten, die Bücher von der Menschheit Christi, schamlose Dialoge, Lustspiele, Trauerspiele, Erklärung der Genesis, Epopöen u. s. f. Er selbst rühmt sich, um jährlich 1000 Scudi zu verdienen, bedürfe er nichts, als ein Tintenfaß, eine Feder und ein Buch Papier.

Seine Schriften gehörten fast alle zu den verbotenen Büchern in Italien. Heutzutage freilich ist ein solches Verbot unnüß, da sie meistens nur für den Tag geschrieben, nur für Zeitgenossen interessant und verständlich sind. Was damals einschnitt und bald Enthusiasmus, bald Schrecken verbreitete, erscheint heute matt und werthlos. Blos als Lustspieldichter zählt er zu den Autoren ersten Rangs. Zwar war es ihm nicht der Mühe werth, den klassischen Adel des komischen Styls zu erreichen, wie auch seine Verse stets nachlässig und obenhin gearbeitet sind. Sein zügelloser Geist übersprang die Schranken der Kunst so leicht, wie die des Anstandes. Rohe Possenreißerei gilt ihm, wenn sie nur augenblicklich wirkt, so viel wie seiner Wiß. Aber die Leichtigkeit seines Dialogs, die komische Wahrheit der gezeichneten Situationen, die Birtuosität, allen Verhältnissen des Lebens eine lächerliche, freilich zugleich gewöhnlich auch schlechte Seite abzugewinnen — das Alles mußte ihm gerade auf der komischen Bühne große und dauernde Erfolge sichern. Aretino nahm übrigens ein seiner würdiges Ende, als er, bei einem zu Venedig veranstalteten Gelage, über die Liebesabenteuer seiner Schwester lachend rücklings zur Erde fiel, um nicht wieder aufzustehen.

B. Die klassische Prosa.

Allgemeiner Charakter der Prosa. Nicht blos die Poesie, auch die italienische Prosa — so vernachlässigt noch im 15. Jahrhundert, da höchstens einige Historiker, Novellisten und Künstler aufzuführen wären — feierte im 16. Jahrhundert ihr goldenes Zeitalter. Allerdings haften die breite Geschwäßigkeit, wie sie seit Boccaccio in der immer noch so beliebten Novellenliteratur eingebürgert war, einerseits, die immer etwas unfreie Nachahmung antiker Muster andererseits nicht wenigen Prosaisten dieser Epoche als stehende Fehler an. Man merkt dies selbst an den Reden, Briefen und philosophischen Abhandlungen dieser Zeit. Die verhältnißmäßig solidesten Werke lieferte die Geschichtschreibung. Auch hier bildet Florenz noch immer den **Machiavelli's Verdienst.** Mittelpunkt. Hier lebte und schrieb Riccolo Machiavelli, als Staatsmann, Historiker, Dichter immer derselbe: ein Mann von eminentem Scharfsinn des Geistes, unerschütterlichem Charakter und eiserner Consequenz, ein Talent erster Größe, das sich in den verschiedensten Zweigen, in Kriegs- und Staatskunst, in Diplomatie und Poesie immer in Einer Richtung bis zur Einseitigkeit thätig zeigt. In ihm verehrt Italien seinen ersten Stylisten, der das Gold, welches die Landessprache birgt, ebenso für die prosaische Darstellung auszubeuten wußte, wie es Dante für die dichterische verstanden hatte. In jeder Zeile, die er schreibt, herrscht ein Geist der Sache, nicht der Phrase, und doch ist

Sorgfalt auf den Ausdruck verwandt. Seine politischen Werke laſſen ſich ein-
theilen in ſolche, die er als Freund ariſtokratiſch-republikaniſcher Verfaſſungen,
und in ſolche, die er als ein in den Staatsgeſchäften einer gottvergeſſenen
und treuloſen politiſchen Geſellſchaft herangereifter Diplomat abfaßte. Unter
jenen ſind am berühmteſten ſeine Geſpräche über die römiſche Geſchichte des Titus
Livius, zwangloſe Betrachtungen, in welchen der Verfaſſer aus der älteren Geſchichte Roms eine Reihe von allgemeinen Regeln und politiſchen Maximen abzuleiten und dabei nachzuweiſen ſucht, wie die Verfaſſung des alten Rom vorzüglicher geweſen ſei, als alle ſpäteren, heidniſche und chriſtliche, ein Werk voll
der feinſten und treffendſten Wahrnehmungen auf dem Gebiete der Politik; und
ſeine florentiniſche Geſchichte, in welcher er die chronikartige Darſtellung ſeiner
Vorgänger durchbrach und, ohne den Reiz der Erzählung einzubüßen, vor Allem
auf den Zuſammenhang der Thatſachen und die leitenden Beweggründe der
Ereigniſſe hinwies, eine mit großer Welt- und Menſchenkenntniß entworfene
Schilderung der Verfaſſungskämpfe des kleinen Freiſtaats. Unter ſeinen politiſchen Schriften iſt „der Fürſt" am berühmteſten, um nicht zu ſagen berüchtigtſten
geworden, ſofern man in dieſem Buche, ohne ſeinen nächſten Zweck zu er-
faſſen, eine Anleitung fand, wie Freiheit und Bürgerglück, Treue und Recht
der raffinirten und conſequenten Politik des rückſichtsloſeſten Despotismus auf-
zuopfern und nur von verkehrten Maßregeln, nicht von laſterhafter Praxis überhaupt Gefahren für den Thron zu befürchten ſeien. In Wahrheit wollte der
Verfaſſer mit dieſer Schrift den Weg bezeichnen, auf welchem ein kräftiger Empor-
kömmling zur Einigung und Befreiung Italiens vorzuſchreiten habe, wie denn
ein glühender, über ſeine Ziele alles Andere vergeſſender Patriotismus die
herrſchende Idee war, von welcher Machiavelli in allen Lagen ſeines wechſelvollen
Lebens getrieben ward. In dieſer Beziehung iſt es geradezu die antike Welt-
anſchauung, die in ihm wieder zu kräftigem Leben erwacht iſt; aber unvermittelt
in die chriſtlichen Jahrhunderte hineingeſtellt, bietet ſie freilich vielfach eine geradezu abſtoßende Erſcheinung dar. Von Jugend auf mit Livius, Tacitus,
Cäſar, Salluſt vertraut, lernte er das römiſche Staatsideal als das höchſte
ſchätzen, was die Welt aufzuweiſen hat. Den griechiſchen Schönheitsſinn dagegen
hat er nie zu würdigen gewußt, und vom Chriſtenthum beſaß er nur den verbitterten Geſchmack der Zeit. So entging ihm eigentlich der Sinn für alle Kunſt und
Wiſſenſchaft, welche außerhalb des Bereiches der Politik gelegen iſt. Gleichwohl
nimmt er auch als Luſtſpieldichter und Novelliſt eine bedeutende Stelle ein.
Fern von der Glätte und conventiönellen Form der neueren italieniſchen Schule,
übertrifft er doch die Späteren durch Originalität der Erfindung, geniale Cha-
rakteriſtik und einen freilich oft cyniſchen Witz. Endlich war er auch der Erſte,
welcher dem didaktiſchen Styl in der italieniſchen Sprache nach antiken Muſtern,
beſonders nach Cicero's Vorbild, die dialogiſche Form gegeben hat in ſeinen
ſieben Büchern von der Kriegskunſt. An ihn lehnen ſich die übrigen Proſaiker

der Zeit mehr oder weniger an oder hängen auch geschichtlich mit seinem Lebensschicksale zusammen, wie vor Allen der florentinische Staatsmann und Geschichtschreiber Guicciardini.

1. Verschiedene Gattungen von Prosa.

Novellisten.   An die Poesie schließt sich in der Prosa zunächst an der Roman, welcher bei den
Italienern lange, und so auch noch in der Periode, mit welcher wir es zu thun haben,
durch die Novelle ersetzt worden ist. Die italienische Novellenprosa blieb im Ganzen,
was sie seit Boccaccio gewesen war, wenn auch keiner die Frische und Anmuth des
Meisters erreicht hat. Die berühmtesten Novellisten des 16. Jahrhunderts sind
Matteo Ban- Matteo Bandello, ein Geistlicher, der meist wirkliche Begebenheiten nachlässig in
dello † 1562. der Sprache, aber nicht ohne Anmuth und Geschicklichkeit zu erzählen wußte, wobei
Angelo Fi- Kirche, Religion und Sittlichkeit oft schlecht fuhren; Angelo Firenzuolo, ein
renzuolo Mönch, der nicht blos den „goldenen Esel" des Appulejus übersetzte, sondern auch
1480—1548. schmutzige Novellen nach eigener Erfindung verfaßte; Giambattista Giraldi,
Giambat-
tista Giraldi, genannt Cinzio, von dessen Schriften seine unter dem Titel „Hundert Mythen" (Eca-
† 1573. tommiti) gesammelten Novellen sich am meisten in Ruf erhalten haben, obwohl zu sehr
den gelehrten Philosophen und moralisirenden Schulmeister von Ferrara verrathend;
Gian Fran- Gian Francesco Straparola von Cararaggio, welcher in seinen „dreizehn aller-
cesco Stra- liebsten Nächten" (tredeci piacevolissime notti) stofflich aus früheren Dichtern,
parola,
† 1550. namentlich aus Girolamo Morino geschöpft hat, während er sich formell dem
phraseologischen Stil des Boccaccio so eng als möglich anschließt; der schon genannte
Lasca, der eine vortrefflich geschriebene, aber unzüchtige Novelle (Cena) hinterlassen
hat; ferner Girolamo Parabosco (Diporti), Sebastiano Crizzo (sei
giornate), Luigi da Porta, Giovanni Brevio, Machiavelli und viele Andere. Als Sammler machte sich Sansovino bekannt.

Dialoge.   Ernstere Gegenstände liebte man nach dem Vorbilde der Alten in dialogischer Form
zu behandeln. Derart sind namentlich die sog. asolanischen Untersuchungen (gli Aso-
lani) des Cardinals Bembo, Gespräche über das Wesen der Liebe, die zwischen dem
romantischen Stil des Boccaccio und dem ciceronianischen der Tusculanen schweben und
daher früher noch zu den Novellen gerechnet wurden. Nachahmer der rein didaktischen
Giovanni Prosa des Cicero war Giovanni della Casa, Erzbischof von Benevent, in seinem
della Casa,
1503—1556. „Galateo, oder über das gute Betragen in Gesellschaften". Sie alle überragte Spe-
Sperone rone Speroni von Padua, ein Schüler des Philosophen Pomponatius und schon zu
Speroni,
1500—1588. Lebzeiten mit Ehren überhäuft. Kein italienischer Schriftsteller hat den Stil der antiken
Prosa, ohne ihn ängstlich zu copiren, mit so viel Natur, Verstand, Feinheit und Leichtigkeit nachgeahmt. Entschiedene Abneigung gegen die Künstelei und den sonoren,
ciceronianisch sein sollenden Phrasenpomp der damaligen Nachahmer antiker Beredsamkeit
war ein Hauptzug im literarischen Charakter des geschmackvollen Mannes. Zum eigentlichen Philosophen fehlte ihm der Tiefsinn; er behandelte daher philosophische Gegenstände gern in der Manier eines Dilettanten, bald in Dialogen, wie über die Liebe,
über die Würde der Frauen, über das Studium der Geschichte, bald in Abhandlungen
(Discorsi), z. B. über den fürstlichen Vorrang. Eben dahin gehören noch Lodovico Dolce, Muzio und ganz besonders Giambattista Gelli aus Florenz,
dessen geistreich geschriebene Circe, sowie die von der Inquisition verbotenen „Einfälle
eines Faßbinders" (icapricci del bottajo) als Muster der ganzen Gattung gelten.
Berühmt zu seiner Zeit war endlich „der Hofmann" (il cortigiano) des oben genann-

ten Grafen Castiglione, ein Werk, welches, hätten nicht andere Zeiten neue Verhältnisse geschaffen, noch jetzt ein würdiges Handbuch der höheren Stände sein würde.

Das Studium der alten Klassiker mußte die literarisch gebildeten Köpfe anregen; Reden und
auch im eigentlich oratorischen Stil mit den Alten zu wetteifern. Unzählige Reden, Briefe.
größtentheils wo nicht in der Manier des Cicero, doch in seinen Phrasen einhergehend,
wurden gehalten oder doch wenigstens geschrieben. Freilich war für eigentlich politische
Reden die Zeit dahin. Als berühmte Staatsredner galten der schon genannte Sperone Speroni und Alberto Lollio; als Advokat hatte Pietro Bavoaro in
Benedig den meisten Ruf. Eine weitere Folge der Nachahmung Cicero's machte sich in
einem Uebermaß von eleganten Versuchen im Briefstil bemerklich, als dessen Muster Annibale
Annibale Caro galt. Es gab nur noch einen Ort, wo man abgeschmackt, formlos Caro,1507—
und barbarisch reden durfte und redete: die Kanzel. 1566.

2. Machiavell.

Sämmtliche literarische Bestrebungen der klassischen Prosa sind vertreten durch den Niccolo
Namen Machiavelli, welcher lange zu den zweideutigsten gehört hat, die in der Ge- Machiavelli,
schichte genannt werden. „Kein Lob ist seiner würdig" — steht heute auf dem Grab- 1469—1527.
male des Mannes in Santa Croce zu Florenz zu lesen, und schon der glühende, hin-
gebende und uneigennützige Patriotismus, den der vielverkannte und mit Undank belohnte Mann mit dem schärfsten praktischen Verstande verband, läßt eine solche Inschrift
begreiflich erscheinen. Dennoch bedarf es nur einer Erinnerung an Friedrich des Großen
Antimachiavell, um sich desselben Namens zugleich als Inbegriffs aller Falschheit, Hinterlist und kalt berechnender Grausamkeit bewußt zu werden: ein Räthsel, mit dessen
Lösung sich bis auf unsere Tage herab tausend Köpfe beschäftigt haben, und das nur
demjenigen sich erschließt, welcher zugleich den ganzen Zeithintergrund in Rechnung zieht,
von dem sich die Gestalt des „Staatssecretärs und Bürgers von Florenz" in so
scharf gezeichneten Umrissen abhebt. Indem wir also in dieser Beziehung auf das oben
(S. 304) Gesagte verweisen, erinnern wir im Allgemeinen an den wüsten Kampf
der weltlichen und geistlichen Staaten Italiens, an die abenteuerlichen Züge der fürstlichen Condottieren, an die fremden Invasionen, kurz an das ganze Elend alter und
neuer Parteiung, daran das damalige Italien, in welchem der Krieg mit allen seinen
Schrecken sein Standquartier aufgeschlagen zu haben schien, darniederlag. Kaiser und
Papst, Deutschland, Frankreich und Spanien, Benedig und die Eidgenossen kämpften
hier ihre europäischen Conflicte aus. Die Kriege brachen aus, ohne angekündigt zu
sein. Bündnisse wurden nur bis auf Weiteres, Friede nur geschlossen, um Zeit für
neue Unternehmungen zu gewinnen. Treue und Glauben waren im Grundsatze vernichtet. Durchaus also sind es die bittersten, verzehrendsten Erlebnisse, die ein Bolk
durchmachen kann, unter deren Eindruck Machiavelli's Weltanschauung und politische
Grundsätze sich gebildet haben. Sie waren „unter dem Zeichen des Mars geboren".
Ueberall bieten diese politischen Wechselfälle Italiens in Machiavelli's Staatsschriften
das Material für seine Untersuchungen, den Anschauungsstoff für seine Belehrungen.
Ein Wunder ist es eben nicht zu nennen, wenn Einem, der inmitten aller dieser Wirren
steht und die Aufgabe hat, das Staatsschifflein über so vielerlei sich kreuzenden Wellen-
schlag hinüberzuleiten, alle Begriffe von Recht und Treue verloren gehen. Sein „Fürst"
ist, was Hegel von jedem bedeutenden System sagt: das ausgesprochene Geheimniß
der Zeit.

Sprößling eines vornehmen aber verarmten toscanischen Geschlechts, benutzte der
junge Machiavelli die Bildungsmittel der Periode Lorenzo's, in welche seine Jugend

22*

fiel, auf's Fleißigste. Sein ganzes Leben hindurch blieb er ein begeisterter, lernbegieriger Jünger der klaſſiſchen Meiſter. Er las die Alten freilich nicht mit dem Intereſſe des Gelehrten oder des Kunſtkenners, wie die Meiſten seiner Zeitgenoſſen, sondern mit den Augen eines praktiſchen Diplomaten einerseits, eines Staatstheoretikers andrerseits. So vollkommen lebte er in ihnen, daß ihre Auffaſſung der menschlichen Verhältniſſe ganz von selbſt zu der seinigen wurde, ja daß er für die zwischen seinen und den Zeiten des republikanischen und kaiserlichen Rom zwischen inne liegende staatliche, und kirchliche Entwicklung wenig Sinn und Verſtändniß besaß. Wohl aber gab ihm das Studium der Alten jenen offenen Blick, der ihn über die Kirchthurmspolitik seiner nur kaufmänniſch interessirten Mitbürger wegsehen und seine Gedanken troß aller Ergebenheit gegen die Vaterstadt immer nur auf die Zukunft und das Heil Italiens richten ließ. Wohl hat er gern die Gelegenheit ergriffen, das, was er Großes und Rühmliches aus alter und neuer Zeit von Florenz zu sagen wußte, vor der Welt auszustellen. Aber Niemand hat auch eine schärfere Kritik bereit für die ewigen Parteiungen innerhalb derselben Stadtmauern, für die Unfähigkeit, zu einer klar durchgebildeten und dauerhaften Regierungsform zu gelangen, für den Verderb, welchen die überwuchernden Geldinteressen in die Politik brachten, überhaupt für die ganz unter kaufmänniſche Gesichtspunkte gerathende Regierungspolitik, wie sie in der zwischen der Vertreibung der Medici und ihrer Wiederherstellung mitten inne liegenden Zeit zu Florenz an der Tagesordnung war. „Es ist die Natur der Florentiner, daß jede Regierung ihnen widerwärtig ist und jeder Unfall sie spaltet."

Die staatsmänniſche Laufbahn, innerhalb welcher derartige Erfahrungen zu sammeln waren, hatte sich dem dreißigjährigen Manne bald nach der Vertreibung Piero's eröffnet. Er wurde in die zweite Kanzlei der Signoria berufen und bald darauf zum Staatssecretär ernannt, also zu einer Würde befördert, in welcher bisher Männer von literariſchem Namen, wie Lionardo Aretino, Poggio und Scala thätig gewesen waren. 1498—1512. Ueber vierzehn Jahre bekleidete er dieses wichtige Amt, in welchem er nicht allein die Protokolle der Verhandlungen der Zehnmänner aufzunehmen, sondern auch die gesammte innere und auswärtige Correspondenz des Staates zu führen und alle Verträge mit fremden Mächten abzufaſſen hatte. Außer diesen laufenden Geschäften hat er aber noch zahlreiche Commiſſionen im Innern und nicht weniger als einundzwanzig auswärtige Gesandtschaften übernommen, meist in verwickelten Angelegenheiten und mit bestem Erfolg. Seinem Einfluſſe im Innern war es namentlich zu verdanken, wenn an die Stelle des bisher, wie überall in Italien, so auch in Florenz üblich gewesenen Söldnerheeres ein mehr nationales Heer trat, wodurch die Widerstandskraft des Staates wesentlich erhöht wurde. Eine solche Maßregel war nicht ohne Bedeutung zu einer Zeit, da Florenz große Politik treiben und fortwährend diplomatische Geschäfte an den Höfen Europa's zu unterhalten hatte. Viermal wurde Machiavelli an den König von Frankreich gesandt, zweimal an den Kaiser, zweimal an den Papst, öfter nach Pisa, Siena, Forli u. s. w. Die Depeschen, die er von diesen Miſſionen nach Hause sandte, zeigen ihn nicht blos als einen höchst umsichtigen und geschmeidigen Geschäftsmann, sondern sind auch eine unschäßbare Quelle für die Kenntniß der politischen Geschichte jener Jahre. Scharf und bündig beurtheilt er hier und in späteren Werken die Mächte und Nationen, welche im Vordergrunde der damaligen europäischen Politik stehen. Die drei großen romanischen Nationen seien das Verderben der Welt; wenn es aber besser in Frankreich aussehe als in Spanien und Italien, so führe das von der dort durchgeführten monarchiſchen Einheit her. „Die Natur der Franzosen ist es begehrlich zu sein nach dem Besiß Anderer und vortrefflich zu stehlen." Dennoch schlägt er für Italien die Hülfe Frankreichs entschieden höher an, als die des deutschen Kaisers, den, wenn er Truppen und Geld will, „die Deutschen mit Reichstagen bezahlen". „Deutschlands Macht ist groß, aber so, daß man sie nicht gebrauchen kann." Gleichwohl gesteht er in seinen Erörterungen über Livius Deutschland den Ruhm zu, fast ein Universalerbe der Einfachheit und Redlichkeit des Alterthums geworden zu sein. Italien endlich leidet an dem selbstverschuldeten Weh gänzlicher Zersplitterung in eine Menge Republiken und Fürstenthümer, welche insgesammt „ehrgeizig, aber arm an Kraft und feig" sind. „Niemals wird es unter ihnen Einigkeit geben zu einem guten Zwecke." Ursache dieser Spaltung sei das Christenthum, oder, was ihm gleichbedeutend damit ist, „die Kirche, und die Kirche allein", welche, „da sie in Italien ihren Sitz nahm und eine weltliche Herrschaft aufrichtete, doch nicht so mächtig, nicht so tapfer und nicht so verdienstreich war, daß sie das übrige Italien hätte erobern und sich zur Fürstin desselben machen können." „Indem sie also weder selbst Italien erobern konnte, noch es von einem Andern erobern ließ, war sie Ursache, daß Italien nicht unter Ein Haupt kommen konnte." Alle seine politischen Ideale aber faßt er zusammen in dem Worte: „Niemals war ein Land einig und glücklich, wenn nicht das ganze Land Einer Republik oder Einem Fürsten gehorchte, wie z. B. Frankreich." So hat er den Italienern auf Jahrhunderte hinaus die beiden Endziele ihrer sämmtlichen politischen Interessen aufgestellt: Vernichtung der weltlichen Papstgewalt und einheitlicher Nationalstaat.

Es scheint, daß Machiavelli, indem er nach einer Persönlichkeit aussah, welche die Verwirklichung seiner Ideen übernehmen sollte, zunächst den Herzog Cesare Borgia, dem er längere Zeit beobachtend und prüfend nahe gestanden hat (vgl. Bd. IX, S. 805), für befähigt hielt, als Retter Italiens aufzutreten. In ihm nahm er nicht blos seltene Thatkraft und politische Begabung wahr, sondern fand auch, daß sich diese Eigenschaften in einer Richtung bewegten, von der das Heil des Vaterlandes zu erwarten stand. Wiewohl von Haus aus und grundsätzlich Republikaner, knüpfte Machiavelli doch seine Hoffnung an eine kräftige, einheitliche Monarchie, und indem er sich nach einem fähigen Träger derselben umsah, fielen seine Augen naturgemäß auf den „Herzog von Valentinois". Nach dem tragischen Ausgange desselben war für Machiavelli die Stelle eines Königs von Italien gleichsam vacant geworden. Erst für den neuen Prätendenten, welchem er dreizehn Jahre nach Borgia's Sturz sein Buch vom Fürsten 1516. widmete, war eine ähnliche Gunst der Lage wiedergekehrt. Einstweilen hatte Machiavelli freilich durch den Verfassungswechsel in Florenz Amt und Würde verloren (vgl. Bd. IX, S. 875). Wie er diese Dinge beurtheilte, konnte der Uebergang der Republik in ein Fürstenthum für ihn durchaus keine fundamentale Bedeutung haben. Gewohnt, nur das jeweils Erreichbare in's Auge zu fassen, gebot er der republikanischen Grundstimmung seiner Seele Schweigen. Gern wäre er zu einer berufsmäßigen politischen Thätigkeit zurückgekehrt. Aber sie blieb ihm versagt. Ja als bald darauf eine Verschwörung gegen den Cardinal Medici, nachmaligen Papst Leo X., entdeckt worden war, 1513. wurde auch Machiavelli, zweifellos unschuldig, in dieselbe verwickelt. Die Folter wurde angewendet. Er „litt, was man nur leiden kann, ohne gerade das Leben zu lassen". Aber kein Wort ließ er sich auspressen. Aus dem Gefängniß befreite ihn die Begnadigung des auf den päpstlichen Stuhl erhobenen Cardinals. Seitdem lebte er mit den Seinigen in höchst dürftigen Verhältnissen auf seinem Landgute La Strada bei Florenz, voll Sehnsucht nach dem Wiederbeginn politischer Arbeiten in einem öffentlichen Amte. Um sein Leid zu vergessen, konnte man ihn Tags über mit den Bauern in der Schenke um einen Quattrino spielen sehen, man konnte ihn streiten und laut schreien hören. Er selbst erzählt dies in den Briefen, die er an seinen ehemaligen Mitgesandten und fortwährenden Freund Vettori nach Rom ergehen ließ. „In diese Gemeinheit eingehüllt, hebe ich den Kopf aus dem Moder hervor und verhöhne mein tückisches Geschick. Es ist mir recht, daß es mich auf diese Weise tritt, weil ich sehen will, ob es sich dessen nicht schämen wird." Dann aber, wenn der Abend gekommen, zog er sich in sein Zimmer zurück, legte Staatskleider an und begab sich an seine Studien oder, wie er sich ausdrückt, „an die ehrwürdigen Höfe der großen Alten". „Vier Stunden lang fühle ich keinen Kummer, vergesse alle Leiden, fürchte nicht die Armuth; es schreckt mich nicht der Tod; ganz versenke ich mich in sie."

Das Buch vom Fürsten.
Unter solchen Verhältnissen schrieb er außer seinen größeren Werken, der Theorie vom Staate, die er Erörterungen über die erste Dekade des Livius (Discorsi sopra la prima decade di Tito Livio) betitelt, den Büchern von der Kriegskunst und der florentinischen Geschichte, auch, und zwar gleichzeitig mit den Discorsi, das verrufene Buch vom Fürsten, gewidmet jenem Herzoge von Urbino, dem am Schlusse (Kap. 26) die glühende Aufforderung gilt, Italien von den Barbaren zu befreien. Während alles Vorhergehende mit einer Leidenschaftslosigkeit, Kälte und Objectivität geschrieben ist, die immer wieder zu der Frage Anlaß bietet, ob es denn dem Verfasser mit seinen oft so abstoßenden Aeußerungen Ernst sein könne, schlägt hier der trockene Ton plötzlich in eine Sprache um, die zu den ergreifendsten Producten wahrer Beredsamkeit gehört, über welche die italienische Literatur gebietet. Jetzt oder nie sei die Zeit gekommen, da ein kluger und thatkräftiger Mann die höchste Aufgabe, die einem Fürsten sich stellt, zu lösen vermag. Deutlich giebt er zu erkennen, daß er sich in früheren Hoffnungen getäuscht habe. Jetzt aber siehe Italien, „mehr Sclave als einst die Hebräer", um einen Moses, um einen Befreier und Gesetzgeber. „Man sieht es gewärtig und bereit, einer Fahne zu folgen, wenn nur Einer aufsteht, der sie ergreift." Dann ergeht eine directe Aufforderung an den kriegerischen Fürsten. Er möge sich durch keine moralischen Bedenken abhalten lassen. „Hier ist volle Gerechtigkeit, denn der Krieg ist gerecht, welcher nothwendig ist, und die Waffen sind fromm, außer denen man keine Hoffnung mehr hat." Dazu aber bedürfe es einer vollkommenen militärischen Reorganisation in der Richtung, in welcher Machiavelli auch schon praktisch thätig gewesen war. Die Miethsund Hülfstruppen sind durchaus unnütz und gefährlich (Kap. 12), bewaffnete Bürger ihnen jedenfalls vorzuziehen (Kap. 20). Ein Volksheer auf Grund allgemeiner Wehrpflicht — dies ist die Voraussetzung, auf welche hin Machiavelli an ein Wiedererstehen Italiens glaubt.

Das Buch vom Fürsten aber versteht sich erst dann recht, wenn man es als eine Anleitung betrachtet, welche Machiavelli demjenigen in die Hand giebt, der zur Begründung eines neuen Italiens aufruft. Und diese Anleitung läuft allerdings und vor Allem auf Erwerb physischer Macht hinaus. Kriegerische Tüchtigkeit muß des Fürsten erster und letzter Gedanke sein (Kap. 14). Denn „alle bewaffneten Propheten siegten und die unbewaffneten gingen zu Grunde", wie man an Savonarola sehen könne (Kap. 6). Dagegen weist er am Beispiele Ferdinands von Aragonien nach, wie gute Dienste die Religion als Vorwand leiste, wo die Hauptsache, die physische Macht, da ist (Kap. 21). In der That war Ferdinand der Katholische ein Machiavellist vor Machiavelli, wie ja letzterer überhaupt nur die Praxis, die er allgemein befolgt und sich erfolgreich bewährt sah, als Lehre formulirt hat. Unter allen diesen Praktikern und Realpolitikern, denen er seine Theorie abgelernt hat, ist es aber immer Cesare Borgia, der ihm als klassisches Muster eines neu aufkommenden Fürsten vorschwebt. Verschmäht es doch Machiavelli nicht (Kap. 7), sogar die bekannte Tragödie von Senigallia als ein Meisterstück der Politik zu preisen (vgl. Bd. IX, S. 732). „Ich wüßte — heißt es, nachdem die leitenden Gedanken der Politik Borgia's dargestellt sind — ihm keinen Vorwurf zu machen, vielmehr bin ich der Ansicht, ihn zur Nachahmung für alle diejenigen aufzustellen, welche durch Glück und mit den Waffen Anderer zur

Herrschaft emporgestiegen sind; denn bei dem hohen Geist, den er hatte, und bei seinen großen Entwürfen konnte er nicht anders verfahren, und seinen Plänen widersetzte sich nur die Kürze von Alexander's Leben und sein eigenes Siechthum." Ebenso offen preist er als zweckmäßig und erfolgreich die Praxis von Cesare's Vater an. „Alexander VI. that nie etwas Anderes, als daß er die Menschen hinterging, und dachte nie an etwas Anderes und fand immer Gelegenheit, es thun zu können; nie gab es einen Menschen, der größeren Nachdruck im Betheuern besaß und mit stärkeren Eiden etwas versicherte, und der es weniger hielt; und doch glückten ihm seine Täuschungen stets nach Wunsch (Kap. 18).

Dies führt den Verfasser dazu, überhaupt jedwede Art des Vorgehens zu empfehlen, welche zur Erreichung des äußeren Ergebnisses dienlich sein kann, also zu jener Kunst des Erfolges, welche als „Machiavellismus" verschrien ist und als das Seitenstück zum Jesuitismus gilt. Bei ihm beruht nun aber die Sache insofern auf einem ganz anderen Boden, als sie theilweise wenigstens der treuen Anhänglichkeit an die antike Auffassung vom Verhältnisse des Staates zu dem Einzelnen entstammt, wonach bekanntlich die Rechte des Letzteren im Fall eines Staatsinteresses durchgängig Nichtbeachtung erfahren. Der Fürst darf getrost Einzelne verletzen, wenn seine Grausamkeit gegen sie Mitleid mit dem Ganzen bedeutet (Kap. 17). Auf der anderen Seite aber bildet die in der Tiefe wurzelnde Ueberzeugung von der Werthlosigkeit und Schlechtigkeit der menschlichen Individuen einen Hintergrund, auf welchem auch die schnödesten Unthaten, da sie ja doch nur niederträchtigen Pöbel betreffen, in milderem Lichte erscheinen. Offen spricht er es aus, daß „ein Mensch, der in allen Lagen aus dem Guten seinen Beruf macht, unter so Vielen, die nicht gut sind, zu Grunde gehen muß" (Kap. 15). „Von den Menschen im Allgemeinen kann man sagen, daß sie undankbar, wankelmüthig, heuchlerisch, feig und gewinnsüchtig sind." Es ist daher sicherer, von ihnen gefürchtet, als geliebt zu sein (Kap. 17), nichts aber unter allen Umständen schädlicher, als verachtet zu erscheinen (Kap. 19). „Denn der Pöbel läßt sich immer durch den Schein und den Erfolg der Sache fangen; in der Welt aber gibt es nur Pöbel" (Kap. 18).

Nichtsdestoweniger würde man Unrecht thun, den Machiavellismus in einer grundsätzlichen Verwendung schlechter Mittel zur Erreichung begehrter Erfolge zu suchen. Machiavelli kennt nur Ein Gebot, das ist die Noth. Gut nennt er den Verrath, die Grausamkeit, die Heuchelei, wenn die Nothwendigkeit, sich in der Herrschaft zu sichern, auf solche Mittel führt. Dann aber müssen alle nothwendig fallenden Mittel der Verletzung auch möglichst mit Einem Schlage in Wirksamkeit treten. „Die Unbillen müssen alle zugleich geschehen, damit sie weniger geschmeckt werden und weniger verletzen. Die Wohlthaten müssen nach und nach geschehen, damit sie besser geschmeckt werden" (Kap. 8). Das Richtige liegt somit in der planmäßig gleichen Bereitschaft zu bösen und zu guten Handlungen je nach Bedarf der Situation (Kap. 15), also z. B. freigebig zu sein, wenn es gilt, Macht zu erwerben, zusammenhaltend und sparsam, wenn es gilt, sie zu erhalten (Kap. 16). Darin, daß Hannibal, wo es am Platze war, unmenschlich sein konnte, Scipio dagegen, wo es nicht am Platze war, Milde zeigte, findet er die Ursache, daß gegen diesen sich seine spanischen Legionen empörten, wogegen nie von einem Zwiespalt im karthagischen Lager die Rede war (Kap. 17.) Wie Achill dem Chiron, der halb Mensch, halb Thier war, zur Unterweisung übergeben worden, so muß jeder Fürst lernen, der einen, wie der anderen Natur sich zu bedienen. Wird er aber zum Thier, so muß er wieder je nach Bedarf, wie Septimius Severus, den Löwen oder den Fuchs spielen können, d. h. gewaltthätig und grausam oder listig und falsch sein. „Es kann und darf mithin ein kluger Gebieter nicht Wort halten, wenn dieses Worthalten zu seinem Schaden umschlagen würde, und wenn die Gründe verschwunden sind, die ihn bewogen haben, es zu geben" (Kap. 18). Andrerseits aber muß er auch menschlich sein und sich vor Allem nie an dem Vermögen seiner Unterthanen vergreifen (Kap. 19), weil die Menschen eher den Tod ihres Vaters als den Verlust ihres Erbes vergessen (Kap. 17). „Die beste Festung, die es gibt, ist, nicht vom Volke gehaßt zu sein" (Kap. 20). Schmeichler muß ein Fürst fliehen, aber er darf auch nicht dulden, daß ihm ein Anderer die Wahrheit sagt, als der, den er darnach gefragt hat (Kap. 23). Stets muß bei ihm die Initiative sein; stets muß er als die handelnde Person erscheinen; nie darf er, wo Streit in seiner Umgebung entsteht, neutral bleiben wollen (Kap. 21). Schließlich faßt sich dieses ganze Signalement des von Machiavelli geforderten Fürsten in folgenden unzweideutigen Worten zusammen: „Man muß einsehen, daß ein Fürst, und zumal ein neuer Fürst, nicht alle die Dinge beobachten kann, wegen deren die Menschen für gut gehalten werden, da er oft genöthigt ist, um die Herrschaft zu behaupten, gegen die Treue, gegen die Nächstenliebe, gegen die Menschlichkeit, gegen die Frömmigkeit zu handeln. Und darum muß er ein Gemüth haben, das fähig ist, sich zu wenden, wie die Winde und die Schwankungen des Glückes ihm gebieten, und sich vom Guten nicht trennen, wenn er kann, aber auf das Ueble einzugehen wissen, wenn er genöthigt wird. Ein Fürst muß also große Sorge tragen, daß nie etwas aus seinem Munde gehe, was nicht voll von den oben genannten Eigenschaften wäre, und daß er, wo man ihn sieht und hört, ganz Mitleid, ganz Treue, ganz Menschlichkeit, ganz Redlichkeit, ganz Frömmigkeit scheine. Und es gibt nichts, was zu besitzen zu scheinen nöthiger wäre, als diese letzte Eigenschaft. Denn die Menschen urtheilen im Allgemeinen mehr nach den Augen, als nach den Händen, weil zu sehen jedem gegeben ist, zu fühlen nur wenigen. Was du schauest, sieht jeder; was du bist, fühlen wenige" (Kap. 18).

Ist dies das Ideal eines Fürsten nach Machiavelli's Ansichten, wie Einige meinten? Oder ist es eine bittere Parodie und Karrikatur, wie Andere vorgeben? Keines von beiden! Jenes nicht, weil der Verfasser in den gleichzeitig geschriebenen Erörterungen über Livius und in der späteren Geschichte von Florenz Zeugniß genug ablegt von seiner Liebe zur Wahrheit, seinem Sinn für Gesetz und Recht, seiner Bewunderung für wahrhaft edle Fürsten, seinem Interesse für ein geordnetes und freies Staatsleben. Dieses nicht, weil der ganze Ton der Auseinandersetzung, frei von aller Ironie und Satire, vielmehr den Eindruck der rücksichtslosesten Geradheit, ja fast der cynischen Offenheit macht. Es sind lediglich zwei Motive, die in ein Buch von solchem Inhalt, aus Machiavelli's Feder geflossen, begreiflich erscheinen lassen. Einmal die Lage des Verfassers, den es mächtig drängte, wieder zu einer praktischen Thätigkeit zu gelangen. Es mußte einem Manne, der in Staatsgeschäften nicht mit Unrecht seine eigentliche Lebensaufgabe erblickte, rein unerträglich erscheinen, in den reifsten Jahren denselben entsagen und in Unthätigkeit seine Tage hinbringen zu sollen. Und wenn außerdem seine äußeren Verhältnisse so gebieterisch darauf hinwiesen, daß er einmal sagt, er werde nächstens genöthigt sein, irgendwo Schreiber oder Schulmeister zu werden, so ist es begreiflich, wenn er die sich darbietenden Mittel ergreift, um in die ehedem erfolgreich beschrittene staatsmännische Laufbahn wieder einzulenken. Daher der Schluß der Widmung an Lorenzo: „Wenn Eure Herrlichkeit von dem Gipfel Ihrer Höhe einmal den Blick in diese Thäler lenkt, so wird sie erkennen, wie unverdient ich eine große, fortdauernde Mißgunst des Schicksals erdulde." Das Zweite ist der Blick auf die Lage des Vaterlandes. Diese hat Machiavelli immer vor Augen, wenn er in seiner unfreiwilligen Muße Betrachtungen darüber anstellt, wie Fürstenthümer erworben, vergrößert und in dauernden Besitz gebracht werden können. Da galt es, mit eiserner Hand und mit

Mitteln, wie Cesare Borgia sie benutzte, erst Ruhe im Innern zu schaffen, dann mit der gesammten Kraft des Landes die Fremdlinge hinauswerfen. Nicht also einen Fürsten, wie er an sich sein soll, sondern wie er unter so abnormen Verhältnissen handeln muß, um etwas fertig zu bringen, will Machiavelli zeichnen: einen „neuen Fürsten", wie Italien ihn damals brauchte, der, um ein leidenschaftlich umfaßtes Ziel zu erreichen, mit kaltem Blute diejenigen Mittel und Wege wählt, die den schnellsten und sichersten Erfolg versprachen. Sein „Fürst" ist nur für eine vorübergehende, außerordentliche Rolle geschaffen; er soll mit scharfer Pflugschaar den widerstrebenden Boden urbar machen für eine Saat von Zucht und Ordnung, aus welcher neue Freiheit und neues Glück gedeihen werden. Da darf er freilich nicht vergessen, daß es sich zunächst lediglich darum handelt, im Kampfe der Staaten um Dasein und Wachsthum Hammer anstatt Ambos zu sein. Machiavelli selbst bleibt sich dabei der sittlichen Bedeutung solcher Vorschriften vollkommen bewußt. Er weiß, daß es Gift ist, was er dem kranken Leib des damaligen Italiens verordnet. Sein Herz hört nicht auf zu schlagen, während seine Hand die Recepte niederschreibt. „Das sind grausame Mittel — sagen die Discorsi — und wer ein Mensch ist, soll sie fliehen und lieber im Dunkel des Bürgerstandes leben, als die Krone tragen zum Verderben so vieler ihm gleichgeschaffener Wesen." Gleichwohl war es eine Verirrung, wenn Machiavelli solche Handlungen, die er selbst verwirft und schändlich nennt, lediglich nach der Seite ihrer Verwendbarkeit als Werkzeug anempfehlen und über solcher Erwägung der guten Wirkungen, welche bittere Arzneien unter Umständen hervorrufen können, die zerstörerischen Einflüsse übersehen konnte, welche das Gift in allen Fällen nebenhergehend ausübt. Auf die Dauer zur Geltung gelangt, haben seine Grundsätze bisher jeden Staat, wo solches der Fall war, das Spanien Philipp's II. voran, zu Grunde gerichtet.

Aber nicht blos Staatsschriften waren die Früchte jener langen und unfreiwilligen Muße, zu der sich Machiavelli durch die Wiedereinsetzung der Medici verdammt sah. Auch Gedichte schrieb er, wie die s. g. Capitel, in denen er den Einen Gedanken seines Lebens in Verse bringt. Besonders berühmt geworden ist sein „goldener Esel". „Er flicht in eine Allegorie die höchsten Resultate seiner Studien und die Erfahrungen seines Lebens, die Lage seines engeren und weiteren Vaterlands, die Charakterlosigkeit und Niederträchtigkeit seines Jahrhunderts, die Schwächen und Fehler der Regierungen, die Charakterzüge, die Tugenden und Laster der Fürsten und Menschen, seine eigene Stellung seiner Zeit gegenüber in seinen Bemühungen als Staatsmann und Schriftsteller, die Fruchtlosigkeit seiner Anstrengungen und die daraus fließende Trostlosigkeit neben den Erwartungen, die ihn aufrecht halten, und den menschlichen Genüssen, deren Reize die Qualen der Seele vergessen machen." Als ein Beispiel seiner Denk- und Ausdrucksweise möge hier eine, seinen politischen Erfahrungen entstammte Betrachtung über den Werth der Religion für das Staatsleben mitgetheilt sein.

Wohl glaub' ich stets, daß Gift des Todes ruhte
In Zins und Wucher, und daß Fleischessünde
Der Erdenreiche Geißel sei und Ruthe;
Und daß sich ihrer Größe Ursach finde
Im Wohlthun und im Beten und Enthalten,
Und daß sich hierauf ihre Macht begründe:
Doch denkt, wer tiefern Sinn weiß zu entfalten,
Dies Uebel gnüge nicht, sie zu vernichten,
Noch gnüge dieses Gut, sie zu erhalten.
Der Wahn, Gott werde Wunderwerk verrichten
An uns, dieweil wir faul die Kniee beugen,

Machiavelli als Dichter.

Muß Reich und Staaten gar zu Grunde richten.
Wohl noth ist's, vom Gebete nicht zu weichen,
Und sinnlos sind, die sich zu stören freuen
Ein Volk in seinen heiligen Gebräuchen.
Denn wahrhaft scheint's, daß sie die Gründer seien
Von Zucht und Eintracht, und mit diesen war
Stets gutes Glück und fröhliches Gedeihen.
Doch keiner sei so hirnlos ganz und gar
Zu harren, wenn sein Haus den Einfall droht,
Ob ihn ein Wunder rette vor Gefahr:
Ihn hascht in der Ruinen Sturz der Tod.

Lustspiele.　Ferner schrieb Machiavelli zwei Lustspiele in Prosa, Clytia und Mandragola betitelt, das erste eine Nachahmung der Casia des Plautus, das zweite ganz original. Er traf darin sowohl was den reinen und leichten Dialog, als was Feinheit der Beobachtung und Schärfe der Satire anlangt, den wahren Geist des Lustspiels. Die Charaktere sind mit der pikantesten Wahrheit aus dem wirklichen Leben herausgehoben. Nur verletzt die unedle Intrigue und die geringe Meinung von den Frauen, welcher der Verfasser auch in einer eigenen Novelle ein Denkmal setzt. Darin wird der Erzteufel Belfagor auf die Oberwelt geschickt, um die Richtigkeit der Klagen, welche die Männer vor dem Todtenrichter über ihre Frauen führen, zu untersuchen, flüchtet aber, um der Verfolgung eines Weibes zu entgehen, schließlich wieder in die Hölle zurück. Außerdem versteht es sich von selbst, daß auch er, wie alle Zeitgenossen, welche eine Feder angerührt haben, Sonette und Stanzen schrieb.

Die florentinische Geschichte.　Das einzige unter seinen Werken, welches nie eine Anfechtung erfahren hat, ist Machiavelli's florentinische Geschichte in acht Büchern. Oben (vgl. Bd. VII, S. 862) wurde schon darauf hingewiesen, wie im fünfzehnten Jahrhundert die florentinische Geschichtschreibung in Gino Capponi und Giovanni Cavalcanti wieder auflebte. Beide gehörten zu Machiavelli's Hauptgewährsmännern. Jener, ein kräftiger Ehrenmann, hatte einen kleinen Aufsatz über den s. g. Tumult der Ciompi (vgl. Bd. VIII, S. 404 f.) hinterlassen, dieser, im Gegensatze zu ihm ein Anhänger der Medici, die Vertreibung und Wiederkehr des Cosimo geschildert (vgl. Bd. IX, Seite 737 fg.). Viel unbedeutender war der Ansatz zu einer umfassenden florentinischen Geschichte, den der Staatssecretär Bartolommeo Scala lieferte. Ein wirkliches Verdienst dagegen hatte sich der als Humanist bekannte Lionardo Aretino (vgl. Bd. IX, S. 896) durch Säuberung der älteren Stadtgeschichte von unnützen Volksfabeln erworben. Die florentinischen Kriege zwischen 1350 und 1455 hatte Poggio, den Zug Karl's VIII. nach Neapel der Staatsmann Bernardo Ruccelai vortrefflich beschrieben. Auf diese Vorgänger stützt sich das größte und beste der Werke Machiavelli's, in welchem mit bewundernswerthem Takt zwischen wissenschaftlicher Geschichte, Tagesbegebenheit und politischem Raisonnement unterschieden und zugleich ein Gefühl für Unparteilichkeit an den Tag gelegt ist, wie es bisher nur selten einem Geschichtschreiber zu Gebote gestanden. Er beginnt mit dem Zerfall des abendländischen Kaiserreichs und erzählt dann die Geschichte seiner Vaterstadt, besondere Ausführlichkeit der Periode von 1434 bis 1492 widmend, bis zum Tode Lorenzo des Prächtigen. Nachdem schon einzelne Proben aus diesem Werke mitgetheilt worden sind (Bd. IX, S. 744 fg. 753 fg.), mag hier blos noch die durchschlagende Idee Erwähnung finden, daß Florenz nur durch seinen unheilbaren Parteigeist verhindert worden sei, in Italien die Stelle Roms zu übernehmen.

Heute als Urbild eines echten Italianissimo bei seinen Landsleuten gefeiert, hat *Machiavel-*
Machiavelli während seines Lebens mit seinem Patriotismus kaum irgend welchen An- *li's Aus-*
klang gefunden, weder bei den Medici, noch bei der Volksmenge in Florenz. Keine *gang.*
Empfehlung brachte jene über die Linie einer kühlen Gewogenheit hinaus. Man holte
zuweilen durch einen befreundeten Mittelsmann seinen politischen Rath ein; man regte
ihn zu historischer Schriftstellerthätigkeit an, man setzte ihm einen Jahresgehalt für
seine florentinische Geschichte aus und beauftragte ihn mit einer Denkschrift über die
Umgestaltung der Verfassung von Florenz. Aber sein eigentlicher Wunsch, an der *1520.*
Staatsleitung Theil zu nehmen, blieb unerfüllt. Ohne Beschäftigung mit politischen
Dingen kam er sich wie im Innersten gelähmt vor, ein lebendiger Protest gegen den
Spruch des Horaz von der Seligkeit des den Geschäften fern Gerückten. Da er Größeres
nicht zu erreichen vermochte, verschmähte er es nicht, eine Sendung an das Capitel der *1521.*
Franciscaner zu übernehmen, um die Constituirung der in Toscana lebenden Mitglieder
des Ordens zu einer eigenen Provinz zu erwirken und zugleich der Florentiner Wollzunft
einen Fastenprediger zu bestellen. Im Auftrag derselben Zunft ging er einige Jahre
später nach Venedig. So sah sich der Mann, der früher gewohnt gewesen, mit Kaisern
und Päpsten, Königen und Fürsten zu unterhandeln, am Ende seiner Laufbahn genöthigt, mit Bettelmönche und Spießbürger Reisen zu unternehmen. Endlich verjagen
die Florentiner noch einmal die Medici. Jetzt wachen alle Hoffnungen in Machiavelli
auf, er eilt voll Zuversicht auf eine Fortsetzung früherer Thätigkeit nach der Stadt,
aber nur um seitens der republikanischen Partei eben so kühl abwehrend aufgenommen
zu werden, wie zuvor von den Medici. Eben war Italien auf's Neue der unglückliche *22. Juni*
Schauplatz der Kämpfe zwischen Frankreich und Spanien geworden, da sank einer seiner *1527.*
glühendsten Patrioten verkannt und unbeachtet in's Grab, um zunächst ein seiner nicht
eben würdiges Nachleben zu feiern. Denn der erst nach seinen Tode gedruckte, dann *1532.*
aber in fast alle europäischen Sprachen übersetzte „Fürst" hat zweifelsohne verderblich
gewirkt, wie wenige Bücher. Zwar das Privilegium der Kirche, mit dem er erschien,
wich bald entschiedener Ungunst, und zuletzt kam das Buch des Florentiner Heiden, der *1564.*
die Religion wesentlich nach den Grundsätzen des Alterthums beurtheilte, auf den
Index. Einstweilen aber hatte die Gesellschaft Jesu dem Machiavellismus nicht blos
raffinirteste Ausbildung, sondern auch eine Anwendung auf Kirche und Religion gegeben, vermöge welcher er zu einem der fressendsten Gifte geworden ist, das am Leben
der modernen Völker nagte. Die Tochter jenes Lorenzo, welchem Machiavelli seinen
„Fürsten" gewidmet hatte, Katharina von Medici, las das Werk ihres gefeierten Landsmannes ihren Söhnen vor und fand gelehrige Schüler an ihnen. Das blutige Schauspiel der Religionskriege in Frankreich, die vollendete Despotie Ludwig's XIV. athmen
den Geist des Florentiner Staatsmanns, der bei fast allen Regenten und Ministern der
folgenden zwei Jahrhunderte in außerordentlichem Ansehen stand. Jeder kleine Despot
glaubte sich berechtigt und verpflichtet, die im „Fürsten" gegebenen Lehren sorgfältigst zu
studiren und genau zu befolgen; das letzte Kapitel betrachtete er dann freilich als eine
leere Tirade. Und wie gerade solche Fürsten, für welche Machiavelli nicht geschrieben
hatte, ihn priesen, so begegnete ihm das noch größere Unglück, daß ein Fürst, der
wie Wenige in der Lage und von der Begabung war, wie Machiavelli voraussetzt,
und der ihm in Bezug auf Beurtheilung von Welt und Menschen nahe genug stand,
den Namen Machiavelli durch eine, die geschichtlichen Verhältnisse, unter welchen der
„Fürst" entstanden ist, freilich ignorirende Kritik der sittlichen und politischen Grundsätze
dieses Werkes gleichsam an den öffentlichen Schandpfahl anschlug. Dies geschah be- *1740.*
kanntlich in Friedrich's des Großen (beziehungsweise Voltaire's) Antimachiavell, dessen
Geißelschläge freilich fast nur jenen Machiavelli treffen, welcher die Autorität der kleinen

und großen Souveräne der damaligen Gegenwart war, nicht aber den Machiavelli der
Geschichte. Richtsdestoweniger haftete in Folge des Antimachiavelli lange Zeit der
schwerste Bann auf dem Andenken des Staatssecretärs von Florenz und Manche verdammten vielfach den Meister nur um sich nicht als gelehrige Schüler zu verrathen.

Sittlicher Charakter. Noch ist einer Erwähnung werth eine andere Art von Kritik, welche man im Namen von Religion und Kirche an Machiavelli ausgeübt hat. Erinnert Manches in den
Schicksalen und Bestrebungen desselben an seinen großen Landsmann Dante, so darf
in der That nicht verschwiegen werden, daß er ihm an Adel der innersten Gesinnung
nicht gleich kommt. Mit Geistesgröße wußte auch er allerdings sein Mißgeschick zu
tragen:

>   Wenn Unglück kommt — und wohl kommt's jede Stunde —
>   Schling es hinab wie bittre Arzeneien!
>   Ein Thor ist, wer es kostet in dem Munde!

Aber daneben waren es doch oft unedle, ja gemeine Vergnügen, in denen er Erholung und Entschädigung suchte. Die religiöse Tiefe und der ideale Schwung Dante's
gehen ihm ab. Geboren und gebildet in einer tief verderbten Zeit, welcher die Kirche
wie ein jedes Inhaltes entleertes Gefäß erschien, hat er sich bei der Schmiegsamkeit und
Beweglichkeit seines Geistes den ihn berührenden giftigen Einflüssen nicht entzogen, ohne
darum ganz unempfindlich zu sein für den tieferen Gehalt des Christenthums. Zuweilen
versucht er sogar, dieses wie eine leichte Hülle um sich zu werfen, aber nur, um sich
des unpassenden Kostüms baldigst wieder zu entledigen. Wie er ein offenes Auge für
Alles hat, verschließt er sich auch nicht gegen eine ihm so völlig fremde Geistesrichtung,
wie diejenige Savonarola's war. Ob die Weissagungen dieses Propheten, dessen Katastrophe Machiavelli in seiner Jugend erlebt hatte, übernatürlicher Art gewesen seien,
wolle er nicht beurtheilen, weil man über einen solchen Mann nur mit Ehrfurcht reden
solle. Bei einem religiösen Exercitium, dem man sich, ohne den Anstand zu verletzen,
nicht wohl entziehen konnte, hielt er eine Ansprache an seine Mitgenossen, die ganz im
Tone der Bußpsalmen David's geht. Damit indessen Niemand mehr darauf gebe, als
wohl gethan ist, steht in manchen Ausgaben Machiavelli's gleich hinter diesem Discurs
das von ihm ausgearbeitete Statut für eine lustige Gesellschaft, wobei unter Anderm be-
dungen wird, kein Mitglied dürfe über ein anderes je etwas Gutes sagen. Daß er nicht
ohne Beichte aus der Welt ging, hat er auch mit andern Freigeistern gemein.

Religiöse Stellung. Man hat schon Machiavelli und Luther als die beiden Räder am Triumphwagen
des modernen Genius bezeichnet. In der That zwei sehr ungleich geartete Räder, auf
denen schwer zu fahren sein dürfte! Nur in Einem stimmen sie gegenüber der mittelalterlichen Ansicht überein. Beide leiten den Staat nicht von hierarchischer Autorität
der Kirche ab, sondern fassen ihn in seiner selbständigen Berechtigung und Souveränität.
Beide sind daher auch von der Unhaltbarkeit eines geistlichen Regiments tief durchdrungen. Nicht wenige Stellen in den „Gesprächen" und in der florentinischen Geschichte gehören zu dem Bittersten, was über die römische Curie geschrieben ist. Durch das schlechte
Beispiel, das von hier ausging, habe Italien Gottesfurcht und Sittlichkeit verloren,
was ein unendliches Uebel für ein Volk sei: „Denn wie man bei Erhaltung der Religiosität jedes Gut voraussetzen darf, so wo sie mangelt jegliches Uebel. Das also haben
wir unserer Kirche und Geistlichkeit zu danken, daß wir entartet und gottlos geworden
sind." Auch sonst erkennt Machiavelli den innersten Grund der Größe des alten Rom
in der Religiosität und selbst die Einsicht in die innere Unwahrheit, ja in den späteren
heuchlerischen Mißbrauch mit der Staatsreligion verschlägt bei ihm nichts. Das Christenthum aber scheint ihm schon an sich der politischen Kraft und Brauchbarkeit der alten

Religion zu entbehren. „Der alte Glaube hat Niemanden heilig gesprochen, als Feldherrn und Fürsten und wer sonst sich weltlichen Ruhm gegründet, während das Christenthum beschauliches Leben und Demuth verherrlicht. Das Christenthum hat das
höchste Gut in Selbsterniedrigung, in Geringschätzung und Verachtung der irdischen
Dinge gesetzt, jene dagegen in Geistesgröße und Körperkraft und was sonst den Menschen stark macht. Und wenn unser Glaube verlangt, daß man Stärke besitzen soll, so
ist's mehr eine negative als eine active, mehr Duldsamkeit als Thatkraft." Dann lenkt
er freilich ein und schiebt alle Schuld auf die falsche Auslegung, welche das Christenthum gefunden habe. „Obgleich die Religion selbst die Menschheit entmannt und den Himmel entwaffnet zu haben scheint, so rührt doch dies Alles vielmehr von der Verworfen-
heit jener her, die diesen Glauben mehr der Unthätigkeit als der kraftvollen Thätigkeit
zu Gunsten gedeutet haben." „Daher also kommt es, daß jetzt weniger Republiken sind
und weniger Freiheit herrscht als in der alten Welt." Gleich darauf aber heißt es wieder: „Eine Lehre von allgemeiner Bruderliebe unter den Menschen macht die Ratio-na-
lität der Völker lockerer, auf der die Staats- und Volkskraft beruht, die das Alterthum
weit vor der neueren Zeit auszeichnet." In der That liegt der ganze Gegensatz Machiavelli's zu den Reformatoren darin, daß er praktisch keinen Unterschied kennt zwischen
Christenthum und Papstthum, so daß sachlich das erstere immer in Mitleidenschaft geräth bei den Streichen, welche gegen das letztere geführt werden. Und diese Streiche
waren derb und fielen dicht. In der florentinischen Geschichte spricht er offen von den
Ressen der Päpste und den Anstrengungen der ersten Priester der Christenheit, nicht die
Kirche, sondern ihre Familien zu erheben (Nepotismus). Aus diesen Ressen seien jetzt
sogar Söhne geworden, und es bleibe den Päpsten blos noch übrig, das Papstthum
erblich zu machen. Der Hohn, den diese Worte athmen, wird freilich noch dadurch
überboten, daß ein Papst (Clemens VII.) es war, der dieses Buch bestellt hatte, und
der es sich zueignen ließ.

3. Die Geschichtschreibung.

An Machiavelli schlossen sich eine ganze Menge von untergeordneten Schriftstellern an. So an seine „Abhandlungen über Livius" die „Abhandlungen über
Tacitus" von Scipione Ammirato, der auch eine Geschichte von Florenz geschrieben **Scipione Ammirato, † 1601.**
hat, die „politischen Abhandlungen" (Discorsi politici) von Paolo Paruta und das
weniger bekannte Werk über Staatskunst von Giovanni Bottero (Della ragione **Giovanni Bottero, † 1617.**
di stato e relazioni universali). Ueberhaupt hat kein anderes Volk im sechszehnten
Jahrhundert eine so große Anzahl politischer Schriftsteller und Geschichtschreiber aufzuweisen, als die Italiener. Die allgemeine Geschichte ihrer Zeit haben lateinisch geschrieben Paolo Giovio, Bernardo Ruccellai, Galeazzo Capra und Giorgio **Paolo Gio-vio, † 1552.**
Florio. Unter den italienisch schreibenden Historikern aber nimmt neben Machiavelli
den zweiten Platz der berühmte, wenn auch nicht allzu zuverlässige Francesco **Francesco Guicciar-dini, 1482—1540.**
Guicciardini ein, gleichfalls ein Florentiner und von Stand ein Jurist. In die
Staatsgeschäfte trat er erst nach Machiavelli's Sturz ein und erwies sich im Gegensatz
zu diesem als ein unveränderlicher Anhänger des Hauses Medici. Später trat er in
die Dienste der Päpste Leo X. und Clemens VII., welche ihn zum Statthalter nördlicher
Provinzen, ja sogar zum General machten. Als solcher half er die Schlacht von Pavia
verlieren. Später wurde er eines der thätigsten Werkzeuge zum Untergange der Freiheit
seiner Vaterstadt; bei Seite geschoben, zog er sich auf sein Landgut Arcetri bei Florenz
zurück und schrieb in den letzten fünf Jahren seines Lebens die erst nach seinem Tode
veröffentlichte „Geschichte Italiens" (istoria d' Italia). Dieselbe behandelt die Zeit 1491—44.

von 1494 bis 1534; von demselben Patriotismus eingegeben wie Machiavelli's Schriften will sie gleich diesem ein Spiegel wahrer Politik sein. Sein Stil ist harmonischer, auch breiter und geschwätziger, als derjenige Machiavelli's, mit welchem er übrigens in Livius dasselbe Vorbild gemein hat. Der Affect spielt eine bei Weitem größere Rolle, und der Stellen, da er die Farben stark aufträgt, sind nicht wenige. Bis zum Uebermaße endlich ist seine Geschichtserzählung von Prunkreden überladen, die er nach dem Vorbilde der Alten den Häuptern der Staaten und Armeen in den Mund legt. Aber scharfsinnige Beobachtung der Verhältnisse, Kenntniß der Menschen und eine edle, humane Gesinnung zeichnen sein Werk immer noch vortheilhaft genug vor vielen gleichzeitigen Erscheinungen aus. Fortgesetzt wurde es auf Verlangen des Groß- herzogs Cosimo in **Giambattista Adriani's** „Geschichte seiner Zeit" (Istoria de' suoi tempi).

Giambat-
tista Adriani,
† 1579.

Auch an Specialgeschichten einzelner Städte und Zeiträume fehlt es nicht und besonders erscheint in dieser Beziehung Florenz nach wie vor reich gesegnet. Viele, zum Theil selbst dabei betheiligte Männer haben den Untergang der Freiheit und Republik beschrieben. Die vorzüglichsten sind **Jacopo Nardi, Filippo Neri, Giovanni Cavalcanti, Bernardo Segni,** die beiden **Capponi, Gino** der Vater und **Neri** der Sohn, endlich auch **Benedetto Varchi,** der sich überdies durch seine in verschiedenen Akademien gehaltenen „Vorlesungen" (lezioni) bekannt gemacht hat. Die Geschichte Venedigs stellte zuerst in einem größeren Werke der Cardinal **Bembo** dar, oder ohne inneren Beruf und mit fast lächerlicher Nachahmung antiker Muster; er sowie vor ihm **Andrea Navagiero** und nach ihm **Paolo Paruta** arbeiteten im Auftrage der Republik. Für Neapel ist die mehr poetische, als geschichtlich treue und durch unangemessene Parteinahme für die Sache des Papstes gekennzeichnete Arbeit des Lyrikers **Angelo di Costanzo** und die ungleich bessere des **Gianantonio Summonte** zu nennen. Genua hatte an **Jacopo Bonfadio** und **Uberto Foglietta,** Ferrara an **Giraldi Cinzio** und **Giambattista Pigna** ausgezeichnete Geschichtschreiber. In allgemeinere europäische Verhältnisse ließen sich ein der als Sprachpurist bekannte **Bernardo Davanzati** (lo scisma d'Inghilterra) und **Lodovico Guicciardini** (Commentari delle cose d'Europa). Die Arbeiten der deutschen Reformation zwangen die katholische Kirche, auch ihrerseits an die Darstellung ihrer Vergangenheit zu denken. Dies geschah vor Allem in dem lateinisch geschriebenen Werk des Cardinals **Cesare Baronio.** Unmittelbar der italienischen Literatur zu Gute aber kamen die theoretischen und geschichtlichen Untersuchungen, zu welchen die hohe Blüthe der Kunst Veranlassung gab. Dahin gehören die architektonischen Schriften von **Bignola, Palladio** und **Scamozzi,** deren Tendenz noch gelegentlich der Kunst zur Sprache kommen wird; ferner **Rafael Borghini's** Gespräch über Malerei und Sculptur (il riposo) und des ihm genannten **Lodovico Dolce** Dialog über Malerei. Letzteres Werk erschien eben, als die kunstliebende Welt Italiens nichts kennen und anerkennen wollte außer Michelangelo, während Dolce auch den Rafael und die Meister von Venedig zu ihrem Recht kommen läßt. Merkwürdig ist, daß dieses unparteiische und als endgültig erscheinende Urtheil dem Pietro Aretino in den Mund gelegt wird, nach welchem auch das ganze Gespräch benannt ist. Um dieselbe Zeit erschien auch die erste Ausgabe der berühmten Sammlung von Künstlerbiographien von **Vasari** (Vite de' più eccellenti pittori, scultori ed architetti), eine seltsame Mischung von Wahrheit und Dichtung, und doch für viele der darin behandelten Namen fast die einzige Quelle, die uns zu Gebote steht. Man muß diese Lebensbeschreibungen lesen mit dem Gedanken, daß der Verfasser selbst Künstler war und das Bedürfniß fühlte, seinem Buch eine gewisse gleichmäßige Durchführung zu geben. Er hielt sich gewöhn-

Jacopo
Nardi,
† 1555.
Giovanni
Cavalcanti,
† 1556.
Bernardo
Segni,
† 1559.
Benedetto
Varchi, 1502
—1565.
Angelo di
Costanzo,
1507—1590.
Gianantonio
Summonte,
† 1602.

Cäsare Baro-
nius, † 1607.

1557.

1550.
Vasari, 1512
—1574.

lich nur an das Verzeichniß der Werke eines Künstlers und an vage Traditionen; die Lücken aber füllte er, indem er den allgemeinen Dunst solcher Notizen zu Wolken ballte, lieber mit eigener Phantasie aus, als daß er dies dem Leser überlassen hätte. So brachte er z. B. eine Biographie Michelangelo's noch bei dessen Lebzeiten zu Stande, in welcher so gut wie keine einzige genaue Angabe sich findet. Aber eine gewisse Kunst und Methode liegt in diesem fabulirenden Wesen, wodurch die Biographien zu kleinen Novellen wurden, die ihres Publikums sicher waren. An ihn, wiewohl seiner darin nicht eben rühmlich gedacht ist, schließt sich endlich noch die berühmte Selbstbiographie des Benvenuto Cellini an, eines der unterhaltendsten und belehrendsten Lebens-bilder, sofern sich darin der Verfasser als echtesten Sohn seines Volkes und seiner Zeit offenbart: von Anfang bis zu Ende nichts als Reisen, Kunstunternehmungen, vor-nehme Beziehungen zu den Großen und Mächtigen der Erde, niedere Händel mit Kunstgenossen und Nebenbuhlern, Liebesangelegenheiten, Intriguen, Zweikämpfe und Raufereien aller Art, die aber stets mehr große Worte als blutige Resultate herbei-führen, es sei denn, daß der rachsüchtige und leidenschaftliche Meister Benvenuto sich auf's Meucheln legt. Nichtsdestoweniger widerfahren ihm himmlische Gesichte, geschehen Wunder zu seinen Gunsten und erzeugt sich ein Heiligenschein um sein Haupt. Mit besonders naiver Sorgfalt sind aber vornehmlich alle Complimente gesammelt, die dem Verfasser jemals in Wort und Schrift gemacht worden sind, und nichts versäumt, um ihn als das erscheinen zu lassen, was sein Vater aus ihm hatte wollen werden sehen: der anschlägigste und erfindungsreichste Kopf seiner Zeit.

Benvenuto Cellini 1500—72.

C. Der Verfall.

In den späteren Geistesproducten des 16. Jahrhunderts spiegeln sich bereits Mattigkeit, Uebertreibung, Weichlichkeit und knechtischer Sinn. Die absolute Fürstengewalt auf der einen, die Inquisition und geistliche Reaction auf der andern Seite hatten die schöpferische Kraft auf allen Gebieten erstickt. Schon daß nach der mehr oder weniger ironischen Behandlung, welche die Ritterwelt durch Bojard und Tasso, durch Folengo und Grazzini erfahren hatte, Tasso die-selbe wieder von der ernsten Seite fassen und im strengen Dienst der christlichen Hierarchie darstellen konnte, war ein Zeichen der Zeit. Noch zu seinen Lebzeiten wurde der Sieg der römischen Hierarchie über die reformirenden Bestrebungen, die von Deutschland und der Schweiz eingedrungen waren, entschieden. Dem philosophirenden Genius hatte der flammende Holzstoß die Fittige gänzlich ver-sengt; Galilei's große Entdeckungen mußten sich in's Ausland flüchten, um Ver-ständniß und Pflege zu finden. Dagegen wucherten im Schatten des bequemen Glaubens, der das Gute wie das Wahre nach Dogmen und Gebräuchen der Kirche schätzte, alle Laster und weichlicher, gedankenloser Lebensgenuß wurde immer mehr das Ziel aller Wünsche. Die allgemeine Schwächlichkeit, die seither eintrat, gibt sich sofort an der Vorliebe für das durch Tasso's Amint eingeführte, an überfeinerten Höfen stets begünstigte Hirtendrama zu erkennen. Diese Art von Schauspielen war in jener erschöpften und überreizten Zeit sehr beliebt; die Auf-führungen vollzogen sich mit großem Pomp und Luxus. Die Dialoge waren

Allgemeiner Charakter der Epigo-nenzeit.

Hirtendra-ma und Opern.

mit Gesangstücken durchwebt, was bei der gleichzeitigen Ausbildung der vielstim-
migen Musik rasch zur Oper führen mußte, welche dann im 17. Jahrhundert
das italienische Theater beherrscht. Als eine Art Uebergang dazu können die
Leistungen von Battista Guarini gelten, welcher, gleichfalls am Hofe von
Ferrara lebend, Tasso's Amynt nachahmte und übertraf im „treuen Hirten"
Das Epos. (Pastor fido). Daneben fand auch das romantische Epos noch Bearbeiter,
unter deren Händen es aber nur immer flacher und gehaltloser werden mußte, da
der Gegenstand, das Ritterthum, den Menschen dieser Zeit immer fremder, die
Gläubigkeit immer äußerlicher wurde und auch die ironische Behandlung bereits
zu sehr verbraucht erschien. Der Uebergang zur eigentlichen komischen Epopöe
war daher ein natürlicher und naheliegender; er vollzog sich in dem „geraubten
Eimer" von Alessandro Tassoni. Der Letzte, welcher in der epischen Literatur ein ungewöhnliches Aufsehen erregte, aber durch seinen Einfluß auch diesen
Zweig der Dichtung ganz zum Untergange brachte, war der Neapolitaner Marini in seinem kolossalen, halb idyllischen, halb epischen und mythologischen
Gedicht Adonis. Alles, was lebhafte Phantasie, melodische Sprache und üppiges
Colorit leisten können, findet sich bei ihm und theilweise auch noch in seiner
Schule. Aber Energie und Männlichkeit der Empfindung, Kraft und Gedrängt-
heit der Diction, Kühnheit und Feuer der Ausbildung war dahin. Im 17. Jahrhundert erschlaffte während eines fast ungestörten Friedens die Nation, die sich
noch immer einbildete, im Reiche des Schönen die tonangebende zu sein, zu-
sehends und der schöne Funke der künstlerischen Begeisterung und des Geschmacks
erlosch zuletzt vollends. Auch der italienischen Fürsten, die Sinn für literarische
Bestrebungen hatten, wurden immer weniger. Nur das Haus Medici verleugnete bis auf den letzten Abkömmling des großen Cosimo seine Ahnentugend nicht.
Was die Herzöge von Parma thaten, kam mehr der Oper, was die Fürsten von
Savoyen leisteten, mehr der Wissenschaft als der Poesie zu Gute. Die unzähligen Akademien verhandelten fort und fort mit subtiler, oft abgeschmackt wer-
dender Pedanterie belletristische Kleinigkeiten, bis diese Institute selbst allmählich
eingingen. Ein Verdienst erwarb sich wenigstens die Crusca dadurch, daß sie
1612. anfing, ein italienisches Wörterbuch zu bearbeiten und dadurch der Sprache
mehr Festigkeit zu verleihen.

I. Die Dichter.

Die Zeit nach Tasso liefert einige Lehrgedichte, wie über die Seefahrerkunst von
Bernardino dem auch als Idyllendichter bekannten Bernardino Baldi (Nautica), vornehm-
Baldi
† 1617. lich aber Pastoraldichtungen, unter denen das Werk des neben Tasso am ferrari-
Battista schen Hof wirksamen, gewandten Weltmannes und Proceßkrämers Battista Gua-
Guarini.
1537—1612. rini bei den Italienern als klassisch gilt. Der „treue Hirt" des damaligen ferrarischen
1585. Staatssecretärs wurde aufgeführt, als Tasso für wahnsinnig galt und trug nicht wenig
dazu bei, ihn in Hintergrund zu drängen. In der That bietet er mehr Handlung und
Verwickelung, als der Amynt; es handelt sich um die freiwillige Aufopferung, zu wel-

her ein Hirt, Myrtill, für seine Geliebte, Amaryllis, sich entschließt. Aber sowohl Amynt wie Myrtill sind, wie alle ihre zahlreichen Nachahmungen, nur Karikaturen menschlicher Leidenschaften, Tugenden und Fehler in der Form eines empfindsamen Hirtenlebens. Guarini's Knaben und Mädchen erheben sich hoch über die Natur der von ihnen bewachten Heerde und führen, gleichsam als Beisitzer eines romantischen Gerichtshofes der Liebe, stets hochweise und vortreffliche Sentenzen im Munde. Die Thöre in solchen Pastoralen wurden gewöhnlich gesungen, und daraus entstand der Gedanke, ganze Stücke mit Musik zu begleiten. Die ersten Versuche machte Ottavio Rinuc- cini, der sich zu diesem Behufe mit dem Musiker Jacopo Peri verband. So ent- stand die erste Oper (Opera per musica) in Gestalt der in Florenz inscenirten Daphne. Bald darauf führte man eben daselbst zur Feier der Vermählung Heinrich's IV. mit Maria von Medici die Eurydice auf mit Text von Rinuccini, Musik von Peri, Corsi und Caccini. Als nächste Leistung schloß sich desselben Dichters Ariadne an, welche ein großer Componist Monteverde in Musik gesetzt hat. Kaum war so die ernsthafte Oper vorhanden, so trat ihr auch schon die komische an die Seite, indem Orazio Vecchi in seinem „Amphiparnaß" die gesammte Kunstkomödie mit allen ihren Masken in Musik brachte. Der große Anklang, welchen diese Erzeugnisse fanden, hat die Oper schon im 17. Jahrhundert zum eigentlichen Lieblingsdrama der Italiener ge- macht und die Ausbildung der Tragödie auf lange Zeit behindert. Denn die Oper be- darf nur Situationen und Empfindungen, sie kann der höhern Menschenkenntniß, die das Drama voraussetzt, entbehren. Aber nicht blos die Tragödie, auch das Lustspiel sank außerordentlich, und nur ein einziges Stück aus dieser Epoche hat klassischen Werth be- halten, die Tancia des jüngeren Michelangelo, eines Enkels des Malers, eine länd- liche Comödie im florentinischen Bauerndialekt. Dagegen galt der „treue Hirt" Guarini's auch dem ganzen folgenden Jahrhundert als eines der größten Meisterwerke der Kunst.

Der nächste bedeutende, ja im Grunde der einzige wirkliche Dichter dieser Zeit des Verfalls ist Giambattista Marini, der eine Vergötterung gefunden hat, wie sie weder Ariost noch Tasso zu Theil geworden. Ein beweglicher, erfindungsreicher Nea- politaner, fand er zuerst in Rom an dem Cardinal Aldobrandini, dann in Turin am Herzog Karl Immanuel, endlich in Paris an der Königin Maria von Medici, schließ- lich wieder in Rom an Papst Urban VIII. freigebige Gönner und Mäcenate. Er ist der eigentliche Tausendkünstler unter den italienischen Dichtern. Mit allen ihren Mängeln behaftet, erhebt er sich doch durch Phantasie und melodische Fülle des Ausdrucks hoch über alle Zeitgenossen und drückt der ganzen schönen Literatur der Folgezeit einen eigen- thümlichen Charakter auf. Kein Dichter hat es so sehr verstanden, von sich reden zu machen. Ueberall, wohin er kömmt, entzündet sich für und wider ihn ein Federkrieg und entsteht schriftstellerischer Skandal. Aber am Ende lief Alles in immer neue Triumphe des übermüthigen Geistes aus, der, voll Vertrauen auf seine Kraft, der Ver- nunft zu gehorchen unter seiner Würde fand, jedes Gesetz des Geschmackes übertrat und doch, wo ihn sein guter Genius leitete, wie im Fluge die wahrhafte Schönheit zu treffen verstand. Es ist, als ob die bezaubernde Fülle der üppigen Natur seines Vaterlands in seine Gedanken und Bilder übergegangen wäre. Den einem verfeinerten Zeitalter eigen- thümlichen Verfall aber stellt Marini besonders in der Unnatur der Reflexion dar, welche, den prunklosen Ausdruck des Gefühls verschmähend, stets auf irgend etwas Außer- ordentliches, auf excentrische Einfälle, weithergeholte Bilder und pikante Vergleichungen bedacht ist. Schon in Tasso's Madrigalen und in Guarini's Hirtenspiel macht sich eine gewisse Liebhaberei für das Spielende und Geschraubte in den Gegensätzen der Gedanken und Bilder bemerkbar. Auf Marini aber führt sich jenes förmliche Haschen nach brillan- ten Contrasten und überraschenden Vergleichungen, die man jetzt vorzugsweise „Se-

Marginal notes:
Ottavio Rinuccini † 1621.

1594.

1600.

1608.

1597.

1615.

Giambat- tista Marini 1569—1625.

danken" (concetti) nannte, zurück. Er ist, entsprechend den gleichzeitigen Malern, der eigentliche Führer wie der Marinisten, so auch der Manieristen, zugleich auch der Fa Presto in der Literatur. Er behandelte Alles mit demselben bald natürlichen, bald erkünstelten Enthusiasmus; er wurde mit Allem gleich schnell fertig, mit Sonetten, Idyllen, Canzonen, Epithalamien, panegyrischen, epischen, satirisch-polemischen Gedichten, und so lange ein Gegenstand noch irgend eine poetische Seite hatte, ließ er ihn auch nicht los. Sogar das wilde Schwein macht, ehe es dazu übergeht, den Adonis zu zerreissen, einige Augenblicke poetischer Rührung durch. Nie sann Marini auf gedrängte und energische Darstellung. Dafür aber war er an Wendungen und Bildern, wie an melodischen Reimen unerschöpflich, besonders wenn er sich dabei auf schlüpfrigem Boden bewegen konnte. Entnervende sinnliche Zustände und Genüsse bilden sein eigentliches Element. Und diesem entspricht auch ganz die Form. Einen Bilderpomp, so überladen und unendlich, Metaphern so übertrieben und falsch, wie Marini, hatte noch kein italienischer Dichter aufzubieten vermocht. Zugleich liebt es sein spitzer Verstand, mit blendender Sophistik, Widersprüchen und Gegensätzen aller Art zu spielen. Nur darauf kam es ihm auch schließlich an. Der Inhalt war ihm völlig gleichgültig. Hat er sich doch selbst gegen seine Natur an fromme Stoffe herangemacht und bald die Zerstörung Jerusalems (Gerusalemme distrutta), bald, und zwar in sechs Gesängen, den bethlehemitischen Kindermord (Strage degli innocenti) besungen. Sein berühmtestes, größtes und zugleich auch für seine Manier bezeichnendstes Gedicht ist die halb epische, halb idyllische Dichtung Adonis mit ihren zahllosen Metaphern, Antithesen, Wortspielen, Schlüpfrigkeiten, Zauberfesten und Wunderdingen. In nicht weniger als zwanzig langen Gesängen behandelt er hier am Beispiele der Venus und ihres Lieblings das Thema der Liebe. Fruchtbare und schwelgerisch üppige Phantasie, lebendige Erzählung, leichter und weicher Redefluß, ein unnachahmlich harmonischer Versbau, eine sich einschmeichelnde Sprache bewirkten, daß dieses Gedicht mit unbegrenztem Beifall in Italien und Frankreich aufgenommen und für die Geschmacksrichtung des siebzehnten Jahrhunderts entscheidend, der Dichter aber der Abgott eines Heers von Bewunderern, Lobrednern und Nachahmern wurde. Das tonangebende Publikum in den romanischen Ländern Europa's war in moralischer Haltung schon tief genug gesunken, um den gänzlichen Mangel an erhebenden Gedanken und kraftvollen Thaten bei Marini zu übersehen. In jeder Beziehung hatte er den Ton der Zeit getroffen; aber bis zu dem äußersten von Unsinn und Geschmacklosigkeit zu gelangen, welches seine Nachbeter Claudio Achillini, Girolamo Preti, und wie sie alle heißen mögen, erreichten, hinderte ihn die wahrhaft poetische Ader, die stets in ihm pulsirte. Auch als Lyriker leistete er, besonders im Sonett, Vorzügliches, übte aber trotzdem einen sehr nachtheiligen Einfluß, sofern er der erste italienische Dichter von Talent und Ruf war, welcher die rein käufliche Gelegenheitspoesie pflegte und deren Spielarten, als da sind Lob-, Hochzeits- und Leichengedichte, als gleichberechtigt mit der freien Kunstschöpfung im Reiche der Dichtkunst einbürgerte. Auch hier haben dann die Schüler nur die schlechten Seiten überboten, in den Lob- und Leichengedichten die Kriecherei, in den Hochzeitgedichten die Frivolität.

Während heute die Werke der s. g. Marinisten längst verschollen sind, haben einige andere Dichter, die sich entweder ganz oder doch theilweise von dieser Schule fern hielten, ihren Ruf bis auf die Gegenwart bewahrt. Unstreitig der erste unter ihnen ist der Hofcavalier des Großherzogs von Toskana, Alessandro Tassoni, dessen „Eimerraub" (la secchia rapita) den reinen Stil und die Laune Ariosto's aber ohne dessen Phantasie erkennen läßt. In ihm verbinden sich volksmäßige Satire und romantische Epik. Klarheit der Gedanken und Bilder, Präcision des Ausdrucks und Eleganz der

Alessandro Tassoni, 1545—1635.

Sprache bilden die Form für einen scherzhaften Inhalt, dessen Einzelheiten wir heute ohne Commentar nicht mehr verstehen. Der Knoten der Fabel ist historisch und betrifft einen Eimer, den die Modenesen von den Bolognesen erbeutet hatten und der jetzt noch als Trophäe in Modena zu sehen ist. Die Bolognesen machen nun allerhand lächerliche und vergebliche Anstrengungen, den Eimer wieder zurückzuerlangen. Das Ganze ist also ein Karicaturbild der oft um Kleinigkeiten entbrannten italienischen Städtekriege des Mittelalters. Im Gedicht selbst heißt es, der Eimer sei hier, was die Helena bei Homer; auch mischen sich die griechischen Götter in den Streit. Sie fahren in Staatskutschen vor Jupiter's Palast an und steigen zur Erde herab, um Hülfstruppen für die streitenden Mächte zu werben, wobei Bacchus unter den Deutschen Rekruten sammelt — ein stehender Witz der Italiener. Die Priorität in Erfindung des komischen Epos machte ihm übrigens Francesco Braccolini streitig, der zuerst ein ernstes Epos „das wiedereroberte Kreuz" (la croce racquistata), und, als dieses entschieden in's butterfiel, die „Verspottung der Götter" (lo scherno degli dei) schrieb, in butterlester Weise die Rache der Venus darstellend dafür, daß Vulcan sie sammt dem Mars in ein Netz eingesponnen und dem Gelächter der übrigen Götter preisgegeben hatte. Ein ähnliches possenhaftes Reimwerk schrieb der Florentiner Lorenzo Lippi, von seinen Landsleuten hoch gepriesen, nicht sowohl um seiner Witze, als um der florentinischen Provincialismen willen, die er in seinem „eroberten Tischtuch" (il malmantile racquistato) untergebracht und verewigt hatte. Ueberhaupt überwucherte jetzt die komische Epopöe ebenso wie im Jahrhundert zuvor die romantische, und mögen als hervorragende Producte noch „der Eselskrieg" von Carlo de'Dottori, die „Narrheiten der Gelehrten" von Bartolommeo Bochini, das „Leben des Mäcenas" von Cesare Caporali und vor Allem der populäre „Bertoldo" von Giulio Cesare Crocce genannt sein.

Zu den selbständigsten Dichtern der ersten Hälfte des siebzehnten Jahrhunderts und zu den fruchtbarsten aller Zeiten gehört Gabriello Chiabrera aus Savona, der zuerst in Rom humanistischen Studien ergeben, fast die ganze spätere Hälfte seines langen Lebens der Poesie widmete, sich in allen Gattungen derselben versuchte und wenigstens in sofern das Ziel seines Ehrgeizes, ein poetischer Columbus zu werden, erreichte, als er für die Lyrik anstatt Petrarca's neue Vorbilder in Pindar und Anakreon aufstellte, jenen für die Ode, diesen für das leichte Lied. Während er aber die Weichlichkeit seiner marinistischen Zeitgenossen vermied, verfiel er in Schwulst und hochtrabendes Wesen, besonders in seinen, alle Potentaten der Gegenwart besingenden, Hymnen. Seine Schüler, die Pindaristen, erhoben sich nicht über die Nachahmung des Meisters, bildeten aber doch immer eine Art von Gegengewicht gegen den Marinismus, ohne übrigens immer gegen dessen Versuchungen gesichert zu sein. Neben Chiabrera schlug unter den Lyrikern von Bedeutung nur der Graf Fulvio Testi aus Modena einen eigenen Weg ein, insofern er sein Vorbild in Horaz suchte, dessen praktische Lebensweisheit er in italienische Canzonenform zu stecken suchte; außerdem hat er Opern und Trauerspiele und hätte noch mehr geschrieben, wäre er nicht ein Opfer der Despotenlaune der kleinen Tyrannen von Modena geworden. Die meisten übrigen Lyriker waren nur Gelegenheitsdichter, Marinisten in des Wortes übelster Bedeutung.

Auf dem Gebiete der Satire zeichneten sich, so reichlichen Stoff auch die Zeit darbot, nur wenige Dichter aus, wie Trajano Boccalini und vor Allem der Maler Salvator Rosa, der keck und spöttisch, zugleich voll tiefer Empfindung für die Unarten und das Unedle in der menschlichen Gesellschaft, die Geißel geschickt schwang und vielleicht noch größere Erfolge erzielt hätte, wenn seine Herzenserleichterungen nicht ebenso bissig in der Form wie wahr in der Sache ausgefallen wären.

Fr. Braccolini, 1566—1645.

Gabriello Chiabrera, 1552—1637.

Fulvio Testi, 1593—1646.

Trajano Boccalini, † 1615.

Salvator Rosa, 1615—1673.

23*

2. Die Profaiker.

Die Prosa endlich theilte vollkommen den Verfall der Poeste. Der Ruhm des Roman- und Novellenschreibers Francesco Loredano starb mit seinem Zeitalter ab. Der „Pentamerone" des Giambattista Basile, ein phantastisches Märchenbuch, spricht den neapolitanischen Dialekt. Was Heroen der Naturwissenschaften schrieben, wie Galileo Galilei, Vincenzo Viviani, Giambattista Riccioli und Andre, gehört in die Geschichte der Physik, der Astronomie und der Naturforschung, Tilesio's, Cardano's, Vanini's, Campanella's Werke in die der Philosophie. Die Geschichte fand zwar trotz der Ungunst der Zeit viele Bearbeiter, aber darunter wenige, welche Selbsterlebtes schilderten. Zu diesen letzteren gehört Arrigo Caterino Davila, ein am französischen Hofe und im Heere thätig gewesener Italiener, der dann in Venedig zu hohem Ansehen stieg und wegen seines Degens nicht minder gefürchtet war als wegen seiner Feder. Er starb durch Meuchelmord. Ein Jahr vor seinem Tode gab er die Geschichte der französischen Bürgerkriege (Storia delle guerre civili di Francia) heraus, den Zeitraum von 1559 bis 1598 umschließend. Der Verfasser war mit den handelnden Personen, mit den Sitten und dem Charakter des Volkes und mit den Intriguen des ränkesüchtigen Hofes auf's Genaueste bekannt, daher seine Schilderungen höchst lebendig und anziehend sind. Durch genaue Erforschung und Darstellung der Triebfedern und Beweggründe, von denen die handelnden Personen bestimmt wurden, führte er den geschichtlichen Pragmatismus auf eine oft geradezu gefährliche Spitze. Er geht von der Ansicht aus, daß es sich bei jenen Kriegen im Grunde nur um den Kampf zweier entgegengesetzter Factoren und den Versuch einer schwachen Regierung gehandelt habe, beide im Zaume zu halten und über sie Herr zu werden. So sieht er in der ganzen Geschichte nichts als ein Getriebe von selbständig gegen einander kämpfenden Intriguen, und es geht ihm das Verständniß der geistigen und religiösen Elemente, die dabei zuletzt entscheidend im Spiele waren, verloren. Selbst in religiösen Dingen glaubte er Alles auf egoistische Antriebe zurückführen zu dürfen, so daß von dem Gottverwandten der menschlichen Natur im Spiegel seiner Darstellung zuletzt wenig genug übrig bleibt.

Eine Erwähnung verdient ferner der Cardinal Guido Bentivoglio, der als päpstlicher Nuntius lange in den Niederlanden gewesen war und eine Geschichte des niederländisch-spanischen Krieges (Storia delle guerre di Fiandra) verfaßte. Die übrigen Geschichtswerke dieses Zeitraums sind ohne Ausnahme nur Früchte gelehrten Forschens und Sammelns. Dahin gehören die lateinischen Schriften des Jesuiten Famiano Strada über denselben Gegenstand, ferner die italienisch geschriebene Geschichte Venedigs von Battista Nani, die Geschichte Neapels von Francesco Capecelatro, die Geschichte seiner Zeit von Pietro Giovanni Capriata aus Genua und die zahlreichen, aber ungründlichen Arbeiten des Gregorio Leti. Ein wahrhaft ausgezeichnetes Werk ist nur noch auf dem Gebiete der Kirchengeschichte hervorgetreten, die „Geschichte des Tridentiner Concils" (Istoria del concilio Tridentino) von dem Venetianer Paolo Sarpi, einem Manne, der die verschiedensten Wissenschaften, Physik, Chemie, Mathematik, mit gleicher Gründlichkeit durchdrungen hatte und namentlich ein tiefer Kenner des Kirchenrechts war. Wiewohl Mitglied des Servitenordens, vertheidigte er im Interesse des venetianischen Senats als Consulent der Republik die Freiheit der weltlichen Regierungen gegen die päpstliche Gewalt so tapfer, daß Paul V. ihn in den Bann that. Seine Geschichte des Tridentinums, deren Sprache und Darstellung ebenso ernst und würdig wie die Charakterzeichnung treffend und tiefgehend ist, erschien zu London unter dem Namen Pietro Soave Polano. Weniger glatt in der Form, aber tiefer und

Arrigo Caterino Davila, 1576—1631.

Guido Bentivoglio, 1579—1644.

Famiano Strada, † 1649.

Battista Nani, † 1678.

Francesco Capecelatro, † 1670.

Paolo Sarpi, 1552 —1623.

gehaltvoller, als Davila's Werk, dient sie ganz der Durchführung eines Grundsatzes. Sie will nachweisen, daß die Kirchenspaltung hätte können verhütet werden, wenn nur der römische Hof sich hätte bescheiden und seine widerrechtliche Hoheit in weltlichen Dingen rechtzeitig aufgeben können. Die freisinnige und unparteiische Darstellung der auf dem Concil spielenden Intriguen Roms schadete natürlich dem päpstlichen Ansehen entschieden. Der Verfasser entging auch nur mit Mühe den Streichen der wider ihn ausgesandten Banditen. „Dies ist der Griffel der römischen Curie" rief er, als ihn ein Dolchstich an den Rand des Grabes gebracht hatte.

An Geist und Kraft steht der Geschichte Sarpi's weit nach die gegen ihn, im päpstlichen Interesse geschriebene Geschichte des Tridentiner Concils von dem Cardinal Pallavicini (Istoria del concilio di Trento, 1656. 57). *Sforza Pallavicini, 1607—1667.*

Ein ganz anders gearteter Mann aus derselben angesehenen Familie war Ferrante Pallavicini, welcher um seiner in Prosa geschriebenen Satire, genannt „die himmlische Ehescheidung" (il divorzio celeste) willen, zu Avignon enthauptet worden ist. Im himmlischen Ehestandsgericht wird auf Scheidung Christi von seiner Braut, der Kirche auf Erden, erkannt wegen des lästerlichen Lebens, das diese führt. Nun melden sich die lutherische und reformirte Kirche als Bräute; der himmlische Bräutigam aber will forthin im Cölibat leben. *Ferrante Pallavicini, † 1644.*

Endlich sei noch der Kunstgeschichte Erwähnung gethan, welche sowohl in zusammenhängender Darstellung, als in einzelnen Untersuchungen vielfältig bearbeitet worden ist. So hat Filippo Baldinucci den Vasari berichtigt und vervollständigt, und auf demselben Gebiete waren noch Carlo Dati und Giovanni Baglione thätig. Für Kunstkritik hat diese Epoche trotz aller Anstrengungen nichts geleistet. Es ist nur die geistlose Oede der ganzen Zeit, welche sich in den Streitigkeiten der Akademien kund gab, z. B. ob Tassoni oder Bracciolini das komische Epos erfunden habe. Ebenso verräth sich die geistige Armuth in dem Schwulst und Bombast, dessen die einzelnen Parteien zur Vergötterung ihrer Patrone bedurften. So fand allmählich ein geistiger Stillstand statt, der, wenigstens nach der Behauptung italienischer Geschichtschreiber, bereits in der zweiten Hälfte des siebzehnten Jahrhunderts, in Wahrheit erst viel später, einem neuen Lebenszuge Platz machte. *Kunstgeschichte u. Kritik. Filippo Baldinucci, † 1696. Carlo Dati, † 1675.*

D. Die bildende Kunst in Italien.

Literatur. Außer den umfassenderen Werken über die Geschichte der Kunst im Allgemeinen, der Malerei und der Architektur insonderheit von Kugler, Lübke, Förster u. A. wurden die zahlreichen Monographien über einzelne Künstler, ganz besonders Hermann Grimm's „Leben Michelangelo's" (3. Aufl. 1868) und „Leben Rafaels von Urbino" (1872 f.) und Julius Meyer's „Correggio" (1871) benutzt; dazu Burckhardt's lehrreiches Werk „Der Cicerone" (2. Aufl. 1869 mit Erweiterungen von Zündler).

I. Die Heroen der höchsten Kunstblüthe.

Es war eine Folge der allgemeinen, gerade für Italien äußerst günstig sich gestaltenden Culturverhältnisse, daß derselbe Zeitraum, den wir als den Höhepunkt der schönen Literatur kennen lernten, das 16. Jahrhundert in seinen ersten Decennien, auch den Gipfelpunkt der Entfaltung der bildenden Künste, wie er bezeichnet wird durch die großen Namen Lionardo, Rafael, Michel *Uebergang von der Literatur zur Kunst.*

angelo, in sich schließt. Es kann sogar kein Zweifel darüber bestehen, daß dieser Gipfelpunkt im allgemeinen menschlichen Culturleben eine noch ätherischere Höhe bezeichnet, als das Ziel, welches der Aufschwung der Literatur in Poeten wie Ariosto und in Prosaikern wie Machiavelli erreicht hatte.

Im Allgemeinen zwar besteht ein deutlich wahrnehmbares Wechselverhältniß zwischen der Dichtkunst und der Malerei Italiens. Einerseits sind die größten Maler zugleich nebenher auch Dichter, andererseits verweilen Bojardo, Ariosto und Tasso in Schilderung ihrer Fürsten- und Feenschlösser mit besonderer Vorliebe bei der Beschreibung der sie schmückenden Gemälde. Im Anfang seines dreiunddreißigsten Gesanges rühmt Ariost die noch lebenden oder jüngst verstorbenen Maler, Mantegna, Lionardo, Giambellin, die beiden Dossi und Michelangelo. Auffallend erscheint es auf den ersten Anblick, daß keiner dieser berühmten Künstler den in späteren Jahrhunderten malerisch so gern behandelten Inhalt jener großen Heldengedichte zum Gegenstande seiner Darstellung gemacht hat. Man malte eben durchweg auf Bestellung, und die Besteller forderten Verherrlichungen der Religion und Kirche, Porträts u. dergl. Aber der Gedanke, etwa ein gleichzeitig viel gelesenes Dichterwerk zu illustriren, lag durchaus fern. Ueberhaupt hatten die großen Namen, welche auf dem Gebiete der bildenden Kunst auftraten, nicht eben Ursache, mit derselben Bewunderung auf die Dichter hinüberzublicken, wie diese auf jene. Schon die einfache Erwägung des Erfolgs genügt, um den ganz erheblichen Unterschied der künstlerischen Kraft gewahren zu lassen, über welche man beiderseits verfügt. Was sind uns heute Ariost und Tasso? Was dagegen Rafael und Michelangelo? Wie wenig Dichter ersten Ranges überhaupt gegenüber der großen Zahl unsterblicher Malernamen! Auf seinem Parnasse weiß Rafael verhältnißmäßig nur wenig Gestalten von Poeten aus der Gegenwart und unmittelbaren Vergangenheit anzubringen. Und doch versuchte sich am Dichten damals fast Jeder. Auch die großen Maler selbst sorgten so zu sagen für ihre poetischen Bedürfnisse. Lionardo war ein Meister des Saitenspiels, Rafael und Michelangelo dichteten Sonette. Der Geist der Poesie war über Alle ausgegossen; eine aristokratische Gnadengabe aber waren und blieben die Kränze auf dem Haupte dieser drei Heroen der bildenden Kunst, die sich als allen übrigen Offenbarungen des Geistes weit überlegen erwies. Aus Vasari's Malerbiographien geht hervor, daß man ein schönes Bild damals als ein gutes Werk im theologischen Sinne betrachtete, dadurch selbst Sünden gesühnt werden können. Auf die Schöpfungen dieser Kunst blickten die Uebrigen als auf außergewöhnliche Leistungen; zu ihrer Feier diente auch die Dichtkunst. Wie Benvenuto Cellini erzählt, hat sich eine Fluth von Sonetten ergossen, als Michelangelo's Sakristei von San Lorenzo und sein eigener Perseus zuerst gezeigt wurden, ein poetischer Sturm der Verachtung dagegen sich erhoben wider Bandinelli's Werke. Erst im Verlaufe des 17. Jahrhunderts bereitet sich auch in Italien wie allenthalben die Oberherrschaft der

Literatur vor. Bis zu diesem Wendepunkt gilt es nun, die Entwickelung der bildenden Kunst zunächst zu verfolgen.

Wir haben die Geschichte der italienischen Sculptur und Malerei (Bd. IX, S. 407 f.) bis in jene Tage fortgeführt, da die Kunst nicht blos der realen Elemente der Darstellung Herr geworden war, sondern auch der einzelne Künstler nicht mehr sich abmühen mußte, wie gut oder schlecht er etwa mit den überkommenen Gegenständen der heiligen Geschichte fertig werde. Im Laufe des 15. Jahrhunderts sind diese vielmehr Stoffe geworden, mit welchen der schaffende Wille des Künstlers frei schaltet, über denen sein gestaltender Genius fessellos schwebt und waltet. Die Natur soll freilich nachgeahmt werden, aber alle Herbigkeit der Form wird doch nicht minder folgerichtig vermieden. Der Wiederschein des mächtig erwachten Schönheitsbedürfnisses offenbart sich überall in Anmuth und Ebenmaß. Das Studium der Antike hatte den Geschmack gebildet und geläutert, so daß man, mit einer hohen und freien Anschauung der Welt und des Lebens begabt, nunmehr im Stande war, den großen Ueberlieferungen der Vergangenheit aufs Würdigste zu entsprechen. Alle körperliche Erscheinung soll zugleich ein erhabenes Geistesleben bekunden, und ein blos sinnlicher Naturalismus kann jetzt nicht mehr aufkommen. Aber so durchgreifende Veränderungen sind freilich nicht denkbar, ohne daß sofort jene althergebrachten biblischen und legendarischen Stoffe selbst die gewaltigste Metamorphose erleiden. Wir werden alsbald an Lionardo da Vinci's Abendmahl, Rafael's Verlöbniß Maria's, Michelangelo's Menschenschöpfung typischen Mustern dieser durchgreifenden Veränderung der Auffassung begegnen.

Aber obgleich die Mehrzahl der künstlerischen Kräfte sich der Malerei zuwandte, so fanden doch gerade während der Blüthezeit stets die lebhaftesten Wechselbeziehungen dieser Kunst mit der Sculptur und der Architektur, und fast noch mehr zwischen diesen beiden letztgenannten Künsten selbst statt. Schon die drei großen Namen, die wir eben genannt haben, bezeugen in glänzendster Weise die Allseitigkeit dieses Strebens.

Noch ist zu Beginn dieser Periode Florenz der Mittel- und Ausgangspunkt alles künstlerischen Lebens. Hier sah der Herbst 1504 die drei größten Meister Italiens zufällig beisammen, Lionardo da Vinci und Michelangelo Buonarroti im Begriffe, einen künstlerischen Zweikampf einzugehen, in welchem es sich um eine ungeheure Beute von Ruhm handelte; zwischen beiden als erste Meister ihrer Zeit bereits anerkannten Größen der jugendliche, achtzehnjährige Rafael Santi, noch ohne feste Pläne und eigene Gedanken, nur erst mit der Ahnung der großen Zukunft im Herzen, welcher er entgegenging. Während aber Lionardo's Wirksamkeit schon damals längst Mailand angehörte, wo er die eigenthümliche Richtung der bereits bestehenden lombardischen Schule zu ihrer schönsten Entfaltung brachte und in seinem Abendmahl das erste im großen Stil der Neuzeit gehaltene Werk schuf, sollte der vorzüglichere Theil des Wirkens der beiden Andern dem römischen Boden vorbehalten bleiben. Schon das nächste Jahr berief den Einen von ihnen an die Seite des kühnen Papstes, der zuerst die ganze Größe dieser Männer zu würdigen verstand und mehr denn Leo X. verdient, als eigentlicher Schöpfer der römischen Kunstblüthe gefeiert zu werden, an die Seite Julius II. Kaum hatte er den Thron bestiegen, so ließ er den Baumeister Sangallo nach Rom kommen, der ihn seinerseits auf Michelangelo aufmerksam machte. Zugleich mit ihm erschien ebendaselbst Italiens größter Architekt, Bramante. Diese Männer waren es, welche den Plan faßten, die ganze Petersbasilika am Batican, einen Bau aus den ältesten Zeiten der römischen Kirche, umzustürzen und an ihre Stelle den Riesentempel zu setzen, welcher heute Roms ersten Schmuck bildet. Bramante lieferte den Plan, während Michelangelo den Auftrag zu einem großen Grabmonument erhielt, welches sich der Papst selbst darin errichten lassen wollte. Gleichsam um die neue Kunstblüthe im Namen der alten zu begrüßen und ihr die richtigen Wege zu weisen, stieg im Jahre 1506 eine der berühmtesten Gruppen antiker Sculptur, der Laokoon (Bd. II, S. 731), in den Ruinen des Tituspalastes aufgefunden, aus der Erde hervor. Die größte Zeit war für Rom angebrochen, als seit 1508 Michelangelo und Rafael, in nur geringer räumlicher Entfernung arbeitend, aber doch stolz neben einander hergehend, ohne sich zu berühren, die großen Gemälde im Batican schufen: jener scharf und finster, mit unerbittlicher Strenge richtend und scheidend, dieser liebenswürdig heiter, mit dem Zauber siegreicher Ueberlegenheit umgeben. Gehörten Michelangelo's Ideale gleichsam einer höheren stärkeren Generation an, waren es immer ernste, großartige Gestalten, ja Halbgötter und Titanen, die er schuf, überhaupt übermenschliche Urbilder, an deren Verwirklichung er sich zerarbeitete, so war es dafür Rafael gegeben, zu schaffen, wie die Natur schafft, Gestalten, die auf's Genaueste dem Durchschnittsmaaße des menschlichen Geistes entsprechen, so daß sich die Beschauenden bei aller Bewunderung doch entzückt als ihres Gleichen fühlen. „Michelangelo — sagt H. Grimm — arbeitete stoßweise; zu Zeiten mit ungemeiner Anstrengung, dann wieder lange brach liegend, in Bücher und philosophische Gedanken vertieft. Rafael kannte keine Jahreszeiten; immer Blüthen und Früchte zu gleicher Zeit tragend, scheint er eine unerschöpfliche Fülle von Lebenskraft in sich gefühlt und auf Alles um sich her ausgeströmt zu haben." So schaarten sich in Rom die jungen Künstler wie ein Hofhalt um den glänzenden Genius, während dem ernsten, in sich gekehrten Manne damals fast nur Sebastian del Piombo zur Seite stand. Es war vor Allem der Zauber der Farbe, womit Rafael wirkte, so daß neben den seinigen Michelangelo's Gemälde fast nur wie gefärbte Zeichnuugen erschienen. Und während die herbe Gewalt dieses Künstlers zu jeder Zeit vielen Menschen nicht recht zusagen wollte, überwand Rafael jeden Widerstand, und Niemand konnte sich je der beglückenden Gewalt seiner Werke verschließen.

Persönliche Gegensätze.

Die Ursache dieses beispiellosen Erfolges liegt keineswegs etwa blos in der zufälligen Begabung eines Individuums; es sind große weltgeschichtliche Gegensätze, welche sich hier finden und zu ebenso kraftvoller, wie harmonischer Einheit zusammenfügen. Rafael selbst hatte sich in seiner Jugend mit aller Innigkeit des Gemüths an die schwärmerisch-gläubige Auffassung der umbrischen Schule angeschlossen. Als er aber das abgeschiedene Bergland seiner Heimath mit Florenz vertauscht hatte, und ihm das äußere Leben in seiner heitersten Kraft und Frische entgegengetreten war, da regte auch der Genius, der in ihm war, seine Schwingen mächtiger, und rüstigen Sinnes wandte er sich dem zu, was in anderen Richtungen die großen Meister der Kunst vorgearbeitet hatten, was namentlich das classische Alterthum an künstlerischer Vollendung darbot. Aber zu noch höherer Kraft entwickelte er, von den günstigsten Verhältnissen emporgetragen, sich in seiner späteren römischen Zeit, da es ihm gelang, die beiden Richtungen, zwischen welche seine Jugend getheilt erschien, zu verschmelzen und die göttlichste Schönheit, wie sie seiner inneren Anschauung vorschwebte, der Menschheit zu offenbaren. In diesem Streben thut sich Rafael nie genug, wird nie fertig; mit seltenster moralischer Kraft vermeidet er jede Versuchung zu einer lediglich auf die äußere Schau berechneten Behandlungsweise. Was ihn davor bewahrt, ist jene ungetrübte Ruhe des Gemüthes, die den eigentlichen Grundzug in seinen Werken bildet und ihnen das Gepräge der gediegensten Vollendung verleiht. So zeigen sie das tief sinnige Streben des Christenthums zur klarsten, klassischen Ruhe durchgearbeitet. Dies eben bezeichnet Rafael als den modernen, Antikes und Christliches gemeinsam vertretenden Künstler, daß er kühn auch in die himmlischen Wolken hinein die unverkürzte, aber auch ganz rein gehaltene Schönheit der Erde malt und dabei nicht daran zweifelt, daß er auf diesem Wege auch das Göttliche selbst finden wird.

In der Architektur, welcher auch Rafael zu Ende seines Lebens sich zugewendet hatte, war zu Anfang des 16. Jahrhunderts alles Handwerkmäßige auf's Höchste ausgebildet, alle Hülfskräfte zur vielfältigsten Mitwirkung herangezogen. Jetzt konnte auch hier der Genius ungehemmt schalten, zumal als nunmehr auch der Aufwand an Raum und Baumaterial ein ganz allgemeiner wird. Von Rafael's großem Landsmanne Bramante datirt jene, die spielende Zierlust des bisherigen Engbaues verdrängende Richtung auf das Einfach-Große, welche die erste Hälfte des 16. Jahrhunderts auszeichnet. Anmuthigeres und Edleres als seine in Rom erbauten Paläste hat diese ganze Zeit nichts aufzuweisen. Michelangelo's Stärke dagegen liegt auch hier in den Verhältnissen, die er höchstens hier und da einmal, wie im Palast Farnese, von den antiken Bauten copirt, gewöhnlich aber aus eigener Machtfülle erschafft, wie sie der Gegenstand gestattet. Er ist der im Großen rechnende Componist, sein erster Gedanke immer das Gegeneinanderwirken von Licht- und Schattenmassen, von einwärts- und auswärtstretenden Partien. Vom Detail verlangt er nichts als scharfe, wirksame Bildung. Zugleich aber beginnt schon er, die klassischen Formen vielfach nach Laune und Willkür zu gestalten und somit den Ausartungen der Folgezeit Thür und Thor zu öffnen.

Blüthezeit der Sculptur in Michelangelo. Die Sculptur dieser Epoche bleibt hinter dem Vorsprunge, welchen die Malerei den übrigen Künsten abgelaufen hatte, vielleicht am weitesten zurück; wenigstens entspricht sie nicht den Erwartungen, mit welchen man aus dem 14. und 15. Jahrhundert an sie herantritt. Doch wird sie in Bezug auf Zweck, Mittel und Typus eine freiere Kunst, als sie je zuvor gewesen ist, und in dem Einen Michelangelo wenigstens ist sie ganz zum individuellen Ausdruck eines hochgewaltigen Geistes geworden, dessen Gestalten uns anmuthen wie Personificationen der elementarischen Kräfte, welche die Welt halten und bewegen. Die geistige Signatur der Neuzeit, der Subjectivismus, tritt hier in Gestalt eines absolut schrankenlosen Schaffens auf, welches, sobald es nachgeahmt sein wollte, den sofortigen Verfall nach sich ziehen mußte.

a) Lionardo da Vinci.

Lionardo da Vinci, 1452 —1519. Eine der glänzendsten Gestalten jener an allseitig gebildeten, harmonischen Menschen so reichen Zeit, führte Lionardo ein Leben, welches selbst umspielt ist vom Reize des Kunstwerks. Vieles von dem, was Vasari über ihn erzählt, muthet uns an wie eine Reihe liebenswürdiger Anekdoten, wie sie sich auf Rechnung eines berühmten Mannes von selbst bilden. Dazu war er eine Natur, die zur Dichtung einlud und aufforderte, wie wenige. „Schön von Antlitz, stark wie ein Titan, freigebig, mit zahlreichen Dienern und Pferden und phantastischem Hausrath umgeben, ein perfecter Musiker, bezaubernd liebenswürdig gegen Hoch und Niedrig, Dichter, Bildhauer, Anatom, Architekt, Ingenieur, Mechaniker, ein Freund von Fürsten und Königen." Dabei verband er mit den ernstesten, tiefsten Arbeiten seines spürsamen, forschenden Geistes den Trieb zu märchenhaften Ausschreitungen, launenhaftem, kindischem Spiele und Sonderbarkeiten der überraschendsten Art. Viele seiner Zeichnungen sehen aus wie Versuche, das Häßliche so weit als möglich zu treiben. Von Jugend an war sein Sinn auf außerordentliche und schwierige Unternehmungen gerichtet, auf Erfindung von künstlichen Mühlwerken, Fliegapparaten, Bohrmaschinen, Tunnels und dergleichen. In den Naturwissenschaften war er bewandert; sie führten ihn auf Ansichten, wie sie Vasari im Auge hat, wenn er in der ersten Auflage seines Werkes — später wagte er das nicht mehr — berichtet, Jedermann habe ihn eher für einen Heiden als für einen Christen gehalten. Dabei malte, meißelte und goß der junge Lionardo in der Werkstätte des Andrea Verrochio (Bd. IX, S. 406). Bald hatte er seinen Meister übertroffen. Auf einem Bilde, welches dieser für die Mönche von Vallombrosa malt, machte sich ein von Lionardo's Hand herrührender Engel so bemerklich, daß Verrochio seither das Malen ganz aufgegeben haben soll. So wenigstens lautet eine der Anekdoten Vasari's. Leider waltete von früh an ein ungünstiges Geschick über seinen Werken; viele sind spurlos verloren gegangen. So namentlich seine Reiterstatue des Francesco Sforza, ein kolossales Werk. In Rom hat sich nur eine von jenen zarten, anmuthvoll lächelnden Madonnen mit den Wellenlinien im Haar erhalten, im Kloster Onofrio. Auch sein Leben verlief vielfach in einem gewissen Dämmerlicht. Er mochte 1482. etwas über dreißig Jahre zählen, als ihn Lodovico Moro, der in Mailand herrschte, um seines Saitenspieles willen an seinen Hof rief. Dort entfaltete er in der Folge die glänzendsten Seiten seines Talentes. Bei allen künstlerischen Unternehmungen zu Rathe gezogen, als Baumeister am Dom angestellt, als Gründer einer Maleralademie, als Ingenieur für Wasserbauten und Kriegswesen hochgeehrt, malt er zugleich Bild auf Bild, um endlich Alles, was er geleistet, durch sein Abendmahl zu krönen — ein mit 1499. Oel auf die feuchte Wand des Speisesaales im Kloster Santa Maria delle Grazie hingeworfenes Riesengemälde, das noch heute, da es fast ganz abgeblättert ist und wehmüthig an die Vergänglichkeit auch des Schönsten mahnt, zu dem Größten zu rechnen ist, was die Kunst je hervorgebracht hat.

Zunächst ist es die Behandlung, welche schon rein geschichtliches Interesse im höchsten Maße darbietet. Bisher hatten die Künstler das letzte Mahl des Herrn im Kreise der Seinen nur darstellen dürfen, indem sie sich an der Versinnlichung des übersinnlichen Meßwunders zerarbeiteten. Es sollte gemalt werden, wie ein leibhaftig Anwesender ein Stück Brod in seiner Hand in seinen eigenen Leib verwandelt und den Jüngern zu essen gibt. So wollte es die Kirche, der die Kunst zu dienen hatte. Da entsteht auf dem Wendepunkt des 15. zum 16. Jahrhundert zu Mailand dieses merkwürdige Gemälde, auf welchem plötzlich Alles ganz anders geworden ist. Es ist der menschlich ergreifende Augenblick geschildert, da Christus spricht: „Unter Euch also ist Einer, der mich verräth"; und in zwölffach verschieden klingendem Echo tönt dieses Wort auf den Gesichtern der Jünger wieder. Mitten im religiösen Genusse fühlten sich im Anschauen eines solchen Bildes die Menschen doch losgesprochen von dem gesammten officiellen und traditionellen Kirchenglauben. Dazu kommt nun aber noch die wunderbare, in solcher Vollendung in der That ganz und gar einzige Architektonik, mit welcher diese vier Gruppen von je drei Personen zur Rechten und Linken Jesu vertheilt sind, um zusammen die interessanteste und fesselndste Gesprächsscene von der Welt zu bilden. Daß so, nur die eine Seite einer langgestreckten Tafel einnehmend, blos um dem Beschauer nicht den Rücken zu wenden, nie eine Gesellschaft sich zusammengefunden, vergißt man über der fesselnden Totalwirkung. Während die bisherigen Darsteller, in dieser Beziehung natürlicher verfahrend, doch allzu ausschließlich mit der Erfindung des Einzelnen beschäftigt waren und in beschränktem Sinn individuell arbeiteten, hat nunmehr jeder dieser Apostel zwar eine selbständige Bewegung, jeden regt ein anderes Interesse, das sich so zu sagen bis in die Fingerspitzen verfolgen läßt; aber jeder muß so handeln, wenn er im Verein mit seinen beiden Nachbarn die Gruppe bilden soll, und die vier Gruppen sind eben in dieser Symmetrie absolut erforderlich, wenn schließlich doch der Redende im Mittelpunkt der wirklich Bewegende, alles Andere nur das Bewegte sein soll.

Als zu Anfang des neuen Jahrhunderts das Glück Lodovico Moro untreu und Mailand von den Franzosen erobert ward, wandte sich Lionardo, jetzt der erste Maler 1500. Italiens, wieder nach seiner Vaterstadt, wo er das berühmteste aller Porträts, die Frau des Francesco del Gioconda, genannt Mona Lisa, malte, welches dann Franz I. nach Frankreich brachte, wo es noch heute im Louvre zu sehen ist. In dieselbe Zeit fällt die jetzt in der Londoner Akademie befindliche heilige Familie. Bald darauf trat Lionardo in die Dienste Cäsar Borgia's als Architekt und Generalingenieur der Romagna. 1502. Zwei Jahre später, als Michelangelo's David vor dem Palast aufgestellt wird, finden 1504. wir ihn wieder in Florenz, wo er den Auftrag erhält, eine Wand des großen Rathssaales auszumalen. Sowohl Gemälde als Carton sind längst verschwunden; eine Copie im Poggio Imperiale, gestochen von Gerhard Edelink, stellt einen Reiterkampf dar, die entfesselten Leidenschaften wüthender Krieger. Indessen bereitete ihm theils die Wettbewerbung Michelangelo's, theils allerhand Mißgeschick, welches seine Malereien und

1807. Ingenieurarbeiten verfolgte, so viel Verdruß, daß er bald Florenz für immer verließ und
als „Maler seiner allerchristlichsten Majestät" nach Mailand ging, wo er bis zur Ver-
1812. treibung der Franzosen blieb. Nach einem Zwischenaufenthalt in Rom schloß er sich an
1815. den, siegreich im Mailändischen eindringenden König Franz I. an, welcher ihn nach
Frankreich berief. Dort starb er, ohne daß seine Thätigkeit den großartigen Abschluß,
den man erwarten konnte, gefunden hätte.

Lionardo besaß einen männlichen, kräftigen Geist, der gleichwohl offen war für
die Eindrücke, welche von der weichen und süßen Anmuth und der gemessenen Durchbildung der lombardischen Kunst ausgingen. Aber erst seine Originalität hat dieser
Kunstrichtung die hohe Weihe gegeben, jenen eigenthümlichen Reiz, den bei aller Fülle
des Lebens der Hauch zarter und tiefsinniger Schwärmerei hervorbringt, der auf allen
Gestalten dieses wunderbaren Meisters ruht. Gleich entwickelt war in ihm das Gefühl
für harmonische Schönheit der Form wie für innerliche Beseelung, und so führt er
würdig den Reigen der größten Maler, welche die Welt sah.

b) Rafael.

Während so in Siena und Florenz eine Vielseitigkeit und Virtuosität der Kunst
erreicht war, welche dem Gipfel der Vollendung ganz nahe führte, war doch der höchste
Genius selbst einer andern Schule entstammt, welche sich in stiller Abgeschiedenheit von
den übrigen Sitzen der Kunst entfaltet hatte, der sog. umbrischen, die in Assisi, Perugia, Bologna, Urbino Pflege fand — eine zunächst ganz und gar andächtige, fromme
Malerei, der Darstellung zarter Schönheit, lieblicher Naivetät und demüthigen Glaubens zugewandt (Bd. IX, S. 406). Selbst der Sohn eines Malers mit Namen

Giovanni
Santi,
† 1494.
Giovanni Santi, lehnte sich der zu Urbino geborene Rafael als Maler anfangs
nur an Andere an. Während Lionardo und Michelangelo, mit durchdringender Genauigkeit arbeitend, allen ihren Werken den Stempel ihres Geistes aufdrückten, erkennt
man Rafael's erste Bilder fast nur an einem gewissen Liebreiz. So tritt er zunächst als
Rafael
Santi, 1484
—1520.
Perugino's Schüler und Mitarbeiter auf und zeichnet noch zu Anfang des neuen Jahrhunderts die herkömmlichen Gestalten der umbrischen Kunst in die Gemälde des Meisters hinein. Als Abschluß dieser Epoche gilt Maria's Vermählung (1504 — jetzt in
Mailand), die an die Stelle der Scheinheirath mit dem abgelebten Greise, welche man
bisher gemalt hatte, das Verlöbniß einer Jungfrau mit einem in der Vollkraft der Jahre
stehenden Manne setzte. Nachdem so die Blüthe seines Gemüths sich im Dufte der
frommen Begeisterung der heimischen Schule entfaltet hatte, durchbrach er die Schranken
der letzteren in Folge der Anregungen, welche er in Florenz (dahin läßt ihn Vasari
schon 1504 einmal kommen, die Einwirkungen sind freilich erst seit 1506 nachweisbar)
besonders von Lionardo und später von Fra Bartolommeo erfuhr. Jetzt verschwindet der zur schwärmerischen Sentimentalität neigende Zug, wie er das Eigenthum
der umbrischen Schule ist, aus seinen Bildern; die letzte Spur Perugino's ist aus-
gewischt auf der Grablegung (heute im Palast Borghese zu Rom). Dafür entstehen
schon in Florenz jene vielbewunderten Madonnen, welche nicht mehr das peruginische
fromme Mädchen, sondern die schöne, holdselige und beglückte Mutter darstellend, den
Schmuck der berühmtesten Gallerien Europa's ausmachen und als die beliebtesten aller
Familienbilder durch zahllose Copien und Stiche, wie z. B. die florentiner Madonna
della sedia, sich mit der Zeit einer gewissen Allgegenwart erfreuen. Rafael's Maria
will in erster Linie nicht sowohl jene, ihr eigenes Kind anbetende Mutter Gottes sein,
nach deren Darstellung die gesammte bisherige Malerei gerungen hatte, als vielmehr die
künstlerisch verklärte Vertreterin aller mütterlichen Schönheit und Seligkeit auf Erden.
Erst in der Madonna von Foligno (im Vatican) begegnet uns ein eigentliches Andachts-

bild, und als Göttin gedacht ist die Madonna Sistina (so genannt von dem heiligen Sixtus zu ihren Füßen). Die letztgenannten Bilder fallen schon in die römische Epoche. Von Papst Julius II. nach Rom berufen und in höchster Gunst bei ihm und seinem 1507. Nachfolger stehend, nimmt Rafael nun vor Allem Einwirkungen, wie sie von Michelangelo ausgehen, in sich auf und schafft Werke, die hoch über allen früheren Arbeiten stehen. Zunächst malt er im inneren Hofe, den sog. Loggien des Vatikans, seine Bilder aus der biblischen Geschichte, später die großen Fresken, mit welchen er die Wände von drei Sälen des Vatikans bedeckte (die sog. Stanzen) — Gruppengemälde von unerreichter Kunst großartiger und symmetrischer Composition, wie namentlich die sog. Disputa und die Schule von Athen. Zugleich gewinnen unter dem dämonischen Reiz, der von Michelangelo's Gestalten ausgeht, seine Gestalten merklich an Gewalt und Macht der Lebensäußerung, seine Darstellung an Größe imposanter Contraste. Unter Leo X. war er in Rom allmächtig geworden, er konnte Cardinal werden. Jetzt gelang es ihm auch, in die sixtinische Kapelle, Michelangelo's Revier, einzudringen, deren untere Wände mit Teppichen bekleidet werden sollten. Zu diesen lieferte Rafael die Cartons, unter welchen einige wie der Fischzug des Petrus, Paulus in Athen, vielleicht den Höhepunkt von Rafael's Schöpferkraft bezeichnen. „Es ist ein heroischer Stil, den sich Rafael für diese Bilder des Hervorzeitalters der Kirche geschaffen hat." Und doch war dieser Geist so reich und vielseitig, daß er gleichzeitig die heiteren Götterbilder in dem von Baldassare Peruzzi erbauten Gartenhause Chigi's, der sogenannten Farnesina, die Fabel des Apulejus von der Psyche darstellend, schaffen konnte — die freiste, reizendste Ausgeburt des olympischen Lebens im damaligen, das wiedergeborene Griechen- und Römerthum genießenden Rom. Scheint er in manchem, der Beherrschung des päpstlichen Glaubens, Betens und Segnens gewidmeten Ceremonienbilde den Vatikans den irdischen Beschützern seiner Kunst den Tribut der Sterblichkeit entrichtet zu haben, so gehören doch einzelne dieser Gemälde, wie die Messe von Bolsena, Heliodor im Tempel, Leo und Attila, die Befreiung des Petrus, zu den prachtvollsten Spiegelbildern, welche gewaltige Zeiterreignisse, die Kriege Julius' II., in der Kunst gefunden haben. Aber einen völlig freien Flügelschlag konnte sein Genius erst wieder wagen in den letzten Meisterwerken seiner Hand, seinen „Inspirationsbildern". Dahin gehört schon der Prophet Jesaia in Santa Agostino in Rom, noch mehr die Sibyllen in Maria della Pace („die volle Kraft und Schönheit, die aus der Vermählung Michel- 1514. angelo'schen Geistes und Rafael'scher Phantasie entsprungen ist"); ganz besonders aber die heilige Cäcilia, jetzt in Bologna: ein Bild, darauf gleichsam Alles tönt, wie ein 1515. schwingender Resonanzboden. Nur von oben herab, vom Chor der Engel fließen himmlische Harmonien nieder. Die Instrumente der irdischen Musik liegen zerbrochen am Boden, und selbst die Heilige senkt ihre Harfe zur Erde. Johannes drückt mit Blick und Geberde aus, wie wonnig es ihm um's Herz; Paulus steht festgebannt, mit gesenktem Antlitz und angestrengt lauschend, wie ein Denker, der eines überreichen, ihn selbst überwältigenden Eindrucks Meister zu werden sucht. Er empfindet den Unterschied von Menschen- und Engelzungen. Die Heilige aber, im fürstlichen Gewand, steht in der Mitte, erhobenen Blicks auf die Gesänge der Engel lauschend, wie auf vertraute Freundesstimmen, die tief bewegen und beseligen, ohne irgend zu überraschen. Aber seine höchste religiöse Inspiration hat Rafael auch in diesem außerordentlich bezeichnenden Werke noch nicht niedergelegt. Nachdem er die Weiblichkeit in der heiligen Cäcilia und in der Madonna di San Sisto gen Himmel gehoben, setzte er diesen Bestrebungen ein Ziel, um in den letzten Jahren seines kurzen Lebens der Welt eine Reihe von Christusbildern zu schenken, über welche hinaus man billiger Weise von der Malerei nichts erwarten kann. Schon früher war das Tapetenbild „Weide meine Schafe" entstanden.

Ein mildes Licht strömt von dem Auferstandenen aus, das mit steigender Macht die umgebenden Jünger an ihn heranzieht, bis endlich der vorderste, Petrus, auf die Knie niedersinkt. In diese Reihe gehört auch der Christus auf dem berühmten Bilde der Kreuztragung (lo spasimo di Sicilia). Endlich aber stellt Rafael in der Verklärung Christi die höchste Erhebung und die seligste Wonne dar, die sich in der Berührung des Göttlichen und Menschlichen erzeugt. Die Lichtregion, in welcher der Verherrlichte schwebt, seine eigene Bewegung den beiden Seitengestalten gleichsam mittheilend, hat Rafael selbst noch ausgeführt und darin dasjenige Christusbild geschaffen, in welchem das künstlerische Ringen von mehr denn einem Jahrtausend seinen Ruhepunkt finden sollte. Ueber der Vollendung des Ganzen ist der Meister, in der Blüthe der Jahre aufgerieben durch das Leben, das er führte, hinweggestorben, nachdem ihn eben ein mächtiges Interesse für Architektur und die, damals zu Rom wieder in herrlichen Resten aus dem Boden erstehende, Antike erfaßt hatte. Ohne je als Nachahmer der Antike aufzutreten, ist doch die hohe ungetrübte Ruhe des Gemüthes, das harmonische Gleichmaaß der inneren und äußeren Existenz, mit Einem Worte die wahre, unerschaffbare Schönheit seiner Schöpfungen dem griechischen Ideal entsprechender, als Alles, was vor und nach ihm die christliche Kunst hervorgebracht hat. Er besaß einen in seiner Art einzig gebliebenen Farbensinn, und wo er in Oel malte, und hier und da selbst in Fresko, stehen ihm alle Wirkungen der Kraft, der Zartheit und der Harmonie zu Gebote; aber der Schwerpunkt seiner Werke liegt immer in der Reinheit der Zeichnung, in der gerundeten und geschlossenen Configuration, in der genialen Einfalt, welche die höchste Bewegung des Lebens mit der durchgehends gewahrten Architektonik der Gruppirung und der Harmonie der Linien in Einklang zu setzen weiß. So ist er verständlich in jeder Bewegung, schmiegt sich dem Schönheitsgefühle der Menschen an mit seinen Linien, als sei es unmöglich, sie anders zu ziehen, und gießt über Alles jenen Schimmer glückseliger Vollkommenheit, der überall nur die hellste Mittagshöhe der Kunstentfaltung auszeichnet hat. Uebrigens hat man dem vielseitigen Künstler auch ein Sculpturwerk, die Statue des Jonas in Maria del Popolo (auch wohl einen vom Delphin gezogenen Knaben in Petersburg) zugeschrieben, und wenigstens mittelbar förderte er auch die Kupferstecher- und Holzschneidekunst durch Marc Antonio Raimondi, welcher eine Menge Blätter nach seinen Zeichnungen in Kupfer gestochen hat.

c) Michelangelo.

Michelangelo, 1475—1564.

Der Name Michelangelo ist Symbol für eine wunderbar umfassende Thätigkeit geworden. Wie sich in Dante's Persönlichkeit die Wende des dreizehnten Jahrhunderts zum vierzehnten spiegelt, so in ihm die des fünfzehnten zum sechszehnten; sein langes Leben gehörte beiden an. Aehnlich wie Göthe durfte er im Alter die Unsterblichkeit der eigenen Jugend genießen. Von früh an hatte er das Malen im Kopfe und mußte seinem Vater, Lodovico Buonarroti, der ihn zum Gelehrten bestimmt, die Erlaubniß zum Künstlerberuf erst abringen (1488). Als Ghirlandajo's Schüler und Granaccio's Busenfreund erlangte der junge Michelangelo Zutritt zum Garten von San Marco, wo die Kunstschätze der Mediceer aufgestellt waren. Die Statuen, die er hier sah, gaben seinen Gedanken eine andere Richtung, während zugleich der große Lorenzo auf ihn aufmerksam wurde und ihn als Tischgenossen in seinen Palast zog. Hier nahm er Theil an der reichen, anregenden Geselligkeit, aber auch an den Arbeiten Poliziano's, an den Studien der Humanisten. In dem Alter, da der Geist des Menschen der tiefsten und fruchtbarsten Eindrücke fähig ist, genoß er eine Erziehung, die kaum in bessere Zeiten hätte fallen können. Es wurde ihm, wie wenig Künstlern, die Wohlthat einer glücklichen Jugend zu Theil. Fast wie eine Erinnerung daran erscheint noch heute die jugendliche, liebliche Engelsgestalt, womit er nach dem Sturze der Medici nach Bologna geflohen, den Marmorsarg des heiligen Domenicus daselbst verziert hat. Es ist bezeichnend, daß gerade eine Sculpturarbeit die Reihe seiner Leistungen eröffnet. Er selbst sagte einmal, er sei kein Maler, ein andermal, die Baukunst sei nicht seine Sache; aber als Bildhauer hat er sich jederzeit gern bekannt, und als Bildhauer hörten wir ihn auch in seinen Gedichten sich aussprechen (S. 321).

Aus Bologna nach Florenz zurückgekehrt, wird der ehemalige Zögling der Medicäer, seine wahre Natur an den Tag legend, zum puritanischen Republikaner, zum begeisterten Zuhörer der Predigten Savonarola's. Als das tragische Geschick des Propheten sich erfüllte, der, verlassen von der Menge, die ihn einst vergöttert, verlassen von der Wunderkraft, die ihn über sich selbst erhoben hatte, am Galgen endete, befand sich Michelangelo schon seit Jahren in Rom, wo er den Florentiner Künstler Antonio Pollajuolo und die Werke antraf, welche kurz vorher Mantegna und Melozzo da Forli daselbst geschaffen hatten. Die Arbeit, die ihn selbst damals beschäftigte, und in die er die Schwermuth seiner Seele bannte, ist weltberühmt geworden. Niemand hat die St. Peterskirche gesehen, ohne die rührende Gewalt jenes s. g. Vesperbildes, gewöhnlich Pietà genannt, empfunden zu haben. Vor diesem weltgeschichtlichen Mutterschmerze tritt fast zurück, was er gerade vorher und gleich nachher erschaffen, der Bacchus der Uffizien, in Rom entstanden, dann als Erstlingswerk des neuen Aufenthalts zu Florenz (seit 1500) der David vor dem Palazzo Vecchio. Hier trifft er nun mit Lionardo da Vinci zusammen, es entwickelt sich zwischen dem alten und dem neuen Meister sofort ein eifersüchtiger Wettstreit. Aber sein Carton, die badenden Soldaten, welchen er Lionardi's Reiterbild entgegenstellte, hat dasselbe Schicksal mit diesem gehabt; es existirt heute davon nur noch eine Copie geringen Umfangs. Immerhin hat ihn diese Wettbewerbung wieder dauernder der Malerei zugeführt, deren Jünger er ja ursprünglich in Ghirlandajo's Werkstätte gewesen war. Wenn man dies nicht zuverlässig wüßte, würde Niemand es vermuthen können. Ein Blick auf des Lehrers Fresken in Maria novella und auf des Schülers Gemälde in der sixtinischen Kapelle läßt sofort des Letzteren vollständige Unabhängigkeit von der Manier des Ersteren erkennen. Selbst das einzige Staffeleibild, das von ihm existirt, die aus derselben Zeit herrührende heilige Familie in der Tribuna in Florenz, ist durchaus originell, frei von allem Conventionellen und Traditionellen, in der schwierig zu reproducirenden Situation ganz dieselbe Erfindung verrathend, wie die Gestalten auf der Altarwand der sixtinischen oder der Inhalt der mediceischen Kapelle. Bald darauf fertigte er ein kolossales Standbild Julius II. auf Befehl der Letzteren zu Bologna, welches über dem Hauptportal von St. Petronio aufgestellt, aber bei der Erhebung Bologna's gegen Rom wieder vernichtet wurde. Wir beschränken uns hier auf die berühmten Deckengemälde, welche er in der von Sixtus IV. erbauten Kapelle am Vatican, darin schon Botticelli, Signorelli, Ghirlandajo und Perugino gemalt hatten, ausführte. Sie stellen so zu sagen das typische Product seines Genius dar. Dieser von Engeln durch die gährende Masse der Elemente getragene Gott, wie er spricht, und es geschieht, ist Michelangelo's eigenste That. Nicht was im Entferntesten ein Vorbild heißen könnte, ist vorhanden; aber selbst Rafael liefert Nachbilder. Der Schöpfungsgedanke allein scheint ein ebenbürtiger Stoff für des Künstlers Schöpfergeist; und zwar der Schöpfungsgedanke, wie er aus dem uranfänglichen Rauschen und Gähren der Elemente sich durchringt und steigert bis zum Wohllaute des Menschenbildes. Auch hier offenbart sich sofort die vollkommenste Freiheit gegenüber der herkömmlichen Auffassung.

Letztere besagte, daß der Mensch aus Körper und Seele bestehe; jenen habe Gott aus
einem Erdenkloß gebildet, diese habe er ihm als lebendigen Odem in die Nase gehaucht.
So hatten die Scholastiker die naive Erzählung der Genesis wissenschaftlich verwerthet, indem sie dabei von jenem rein äußerlich gefaßten Verhältniß von Geist und Leib ausgingen,
welches alle organische Einheit vermissen läßt und unserer heutigen Auffassung so direct
zuwiderläuft, als möglich. Denselben kühnen Griff, mit welchem einst Lionardo das
Abendmahl darstellbar gemacht hat, nur wieder in ganz anderer Anwendung, erlaubt
sich nun Michelangelo, um das einzig würdige Bild einer Menschenschöpfung hervor-
vorzurufen. Auf einer einsamen Klippe liegt der Mensch hingestreckt, eine vollendet
schöne Gestalt, im Gesichte noch einen traumhaften willenlosen Zug. Da naht ihm
der Schöpfer, Engel umschweben ihn, von demselben Nebelgewande, das ihn trägt,
umschlungen. Er reckt den Arm aus, und der Zeigefinger seiner Rechten berührt schon
fast die linke Hand, die Adam, der sich aus dem Schlaf des unbewußten Daseins eben
aufrafft, ihm entgegenstreckt. Magnetisch ist diese sich aufrichtende Gestalt von der
Nähe des schöpferischen Geistes angezogen; elektrisch wird sie vom Leben, das in sie
übersprüht, durchzuckt. Fast als hätte es ihn selbst einen Kampf gekostet, aus dem
Nichts in das Sein umgeschaffen zu werden, hebt Adam sein Haupt empor und schlägt
die Augen auf. Und wenn neben aller Erhabenheit auch ein Hauch von Schönheit schon
dieses Gemälde berührt, so ist dies noch mehr der Fall bei dem folgenden, wo Eva an-
betend ins Dasein tritt. Und vor ihr ebenso milden, wie majestätischen Blicks der
Schöpfer, der nunmehr auch selbst ganz menschlich geworden ist, während er auf den
ersten Bildern noch unendlicher Elementargeist ist, den ein Sturmwind durch die öden
Räume der Schöpfung führt. Ohne Frage ist das Urweltliche in der Schöpfungsgeschichte nie so glücklich dargestellt worden, wie hier. Die weiteren Bilder der Decke,
namentlich die den Noah betreffenden, halten mit den ersten den Vergleich nicht aus.
Um so gewaltiger wirkt die gedankenreiche Umrahmung, welche diese Bilder mit den
Seitenwänden verbindet, namentlich jene zwölf kolossalen Gestalten, die fast mehr vom
Bildhauer als vom Maler zeugen — Propheten und Sibyllen, bald im Studium der
Schriften, bald in sinnender Betrachtung, bald in Ekstase und Vision verharrend, über
die Vergangenheit brütend, in die Zukunft starrend, selbst über alle Zeitlichkeit hinaus-
gehoben.

In den nächsten Jahren führt Michelangelo ein unstätes, zwischen den Marmor-
brüchen Carrara's, Bologna, Florenz und Rom getheiltes Leben. In letzterem Orte
1517—18. arbeitet er mit Sebastian del Piombo zusammen (Kapelle von San Pietro in Montorio); in Florenz trug er sich mit eigenen und fremden Projecten, die nicht zur Ausführung gelangen sollten. Als Rafael starb, war Michelangelo wieder fast ganz Bildhauer
geworden. Fast zwanzig Jahre lang hat er kaum einen Pinsel angerührt. Nur in der
Sculptur konnte er seine ganze Eigenthümlichkeit offenbaren. „Michelangelo's Kraft
— sagt H. Grimm — beruht in seiner Kenntniß der Anatomie. Er secirte Körper
oder zeichnete sie nach dem Leben in jeder nur denkbaren Lage, bis ihm die Bewegung
der Muskeln durchaus geläufig war. Verkürzungen, welche die Meister vor ihm kaum
zu denken gewagt, brachte er zur Anschauung. Er hob das alte steife Exercierreglement
auf und erlaubte den Figuren, frei ihre Glieder zu brauchen. In der Sculptur trat
seine Meisterschaft durch die Richtigkeit zu Tage, mit der er bei jeder Wendung die durch-
schimmernde Muskellage erscheinen ließ." Manchmal geht diese Eigenthümlichkeit etwas
weit, und es erscheint im Gegensatz zu der die Menschengestalt von außen, in der
Schönheit ihrer Form erfassenden Antike das dargestellte Bild so sehr von innen, aus
dem Gedanken, den es verkörpern soll, heraus geschaffen, daß die Haut fast nur
wie eine Tapete darüber ausgespannt erscheint und die anatomischen Studien, die

besonders durch Michelangelo in die Kunst eingeführt worden sind, allzu deutlich hervortreten. Er stellt die Leiber nicht, wie die Griechen, in den Lagen dar, welche sie im Leben unwillkürlich annehmen, sondern construirt sich Form und Bewegung nach seiner Kenntniß von der Mechanik der Knochen und Muskeln. Daher die ungemein complicirte Situation, in welcher Michelangelo's Steingestalten nicht minder, wie seine gemalten Bilder, erscheinen.

Dieß gilt theilweise auch von seinen herrlichsten Schöpfungen, den Denkmälern der mediceischen Herzöge Giuliano (von Nemours) und Lorenzo (von Urbino) Er hatte im Auftrage der mediceischen Päpste Leo X. und Clemens VII. den Ausbau ihres Familientempels, der Kirche San Lorenzo übernommen und mußte dieser Pflicht in keineswegs beneidenswerther Stimmung Genüge leisten. Denn die Arbeit fiel gerade in die Jahre, als der Künstler auch militärisch thätig war, um die untergehende Freiheit seines Vaterlandes wo möglich zu erhalten (vgl. S. 297). In den Wirren jener Jahre ist es zur Herstellung der Façade von San Lorenzo nicht gekommen, wohl aber erscheint die s. g. Capelle ganz als Werk des Baumeisters und des Bildhauers zugleich. Die sieben Marmorwerke hier gehören zu den würdigsten Repräsentanten seiner überaus originalen, ganz aus dem Nichts in's großartigste Dasein überwachsenden Gedankenwelt. Die beiden Medicëer sind freilich keine Porträtstatuen. Michelangelo schafft seine Menschen neu, sie nehmen unter seinen Händen sofort einen allgemeinen, in's Titanenhafte übergreifenden Charakter an. Als solche ungeheuere Geburten haben von jeher besonders die allegorischen Figuren der Capelle gegolten, allen voran die „Nacht" und die „Morgenröthe". Nur daß mehr oder weniger Alles, am stärksten der Tag und die Madonna, das Gepräge des Unvollendeten trägt! Sobald der Gedanke einmal durchsichtig aus dem harten Stoffe herausgearbeitet war, scheint das Werk für den Meister an Interesse verloren zu haben. Im Verdrusse über den Untergang der Freiheit von Florenz sagte er 1534 seiner einst so geliebten Vaterstadt Lebewohl für immer, um nach Rom überzusiedeln.

Dort wollte er zunächst einer längst drückenden Pflicht sich entledigen. Er meißelte am Grabmale Julius II. Als Paul III. ihn einst auf seinem Atelier besuchte, um ihn zu bewegen, die Malereien in der sixtinischen Kapelle wieder aufzunehmen, arbeitete er gerade am Moses. „Diese Eine Statue genügt — rief ein begleitender Cardinal — um für Papst Julius ein würdiges Grabmal zu sein." Vergleichen wir freilich das jetzige Monument, wie es in der Kirche San Pietro in vincoli zu sehen, mit dem ursprünglichen, kolossalen Plane, so haben wir nur eine Façade von vieren, in der Gestalt des Moses einen in's Uebermächtige angewachsenen versteinerten Schatten jenes gewaltigen Papstes. Wie ein gezacktes Silberhorn ragt der Kopf aus den Schultern hervor; wie Eisbäche und Gletscher fließt der lange Bart herab. Aber unter dem Schutze der Stirnfeste liegen die Augen Blitze schießend über eine unabsehbare Volksmenge hin. Die ganze Gestalt ist das verkörperte Selbstgefühl, die verklärte Leidenschaft eines heroischen Volksführers, ein religiöser Herkules, der eben gegen die zu seinen Füßen wahrgenommene Empörung sich erheben und Worte reden will, die wie ein Sturmwind durch die dürren Zweige der Verschwörung fahren werden. Außer dieser Gestalt voll unbändiger Kraft und unnahbarer Hoheit waren für dasselbe Grabmal auch die beiden gefesselten Jünglinge bestimmt, die heute im Louvre zu Paris gesehen werden, „die Verklärung des höchsten und letzten menschlichen Kampfes in einer eben erblühenden Männergestalt". Nicht minder eigenthümlich und überraschend sind Michelangelo's Christusbilder. Es sind die entlegensten Gegensätze vereinigt, wenn er den Heiland der Welt bald darstellt, wie in der Marmorstatue mit dem Kreuz in der Kirche Maria sopra Minerva zu Rom, bald wie auf der Höhe des jüngsten Gerichts, seinem größten, in

1532—41. achtjähriger Arbeit entstandenen Gemälde auf der Altarwand der sixtinischen Kapelle:
beidemal durchaus originell, aber dort ein Angesicht von mildem Blick und hellenischem
Adel, hier ein zürnender Heros mit schrecklichen Augen und fliegendem Haar, ein Rache-
gott, zu dessen rechter Hand Selige empor sich ringen, unten sich loswinden von der
Erde, je höher, desto leichter schweben und entzückt dem Lichte zufliegen, während der
Unwiderstehliche selbst nach Links sich wendet, um noch einen letzten, vernichtenden
Schlag zu führen, dessen Wirkung aus den jammervollen Augen der Verdammten spricht,
die je tiefer auf dem Bilde gestellt, desto entschiedener in den Abgrund gezogen werden,
zuletzt kopfüber hineinstürzen. Leider läßt sich das Gemälde, da die Macht der Farbe
beinahe erloschen ist, mit Einem Blick nicht mehr zusammenfassen und macht heute fast
den Eindruck eines Gewitterhimmels mit ineinandergeschobenem Wolkenwerk. Daß aber
den himmlischen Schaaren jeder Hauch der Verklärung fehlt, läßt sich freilich sicher genug feststellen, und in dieser Beziehung steht das jüngste Gericht den dreißig Jahre früher
gemalten Deckenbildern der Kapelle entschieden nach.

So wandelte Michelangelo, rastlos thätig, zugleich aber auch mit den Jahren
immer mehr vereinsamend, aus und ein am Hofe von acht Päpsten. Den spätern
unter diesen stand er als eine fremde, aber unantastbare Größe gegenüber. Die Heimath
seiner Gedanken war das Rom Julius II. und Leo's X., nicht aber die Papststadt, wie
sie ein halbes Jahrhundert nachher sich ausnahm, als die fanatische Reaction eine graue
Tünche über den heitern Glanz der freien Renaissance warf und selbst den überwältigenden Gestalten des jüngsten Gerichtes noch zu Michelangelo's Lebzeiten Kleider angezogen
wurden, damit sie anständiger ausfähen. Der sonst tüchtige Künstler, welcher mit diesem Geschäfte beauftragt war, Daniele da Volterra, hat sich damit den Beinamen des Hosenverfertigers (il braghettone) verdient. Außer ihm schlossen sich damals an Michelangelo eine Reihe von jungen Künstlern an, wie Vasari, Guglielmo della Porta, Marcello Venusti und andere. Der greise Meister übte,
ähnlich wie in ihrem Alter Göthe oder Humboldt, eine ausgebreitete Protection aus,
die sich über alles erstreckte, was arbeiten wollte und Talent besaß. Seine eigenen
Schöpfungen auf dem Gebiete der Malerei gingen zu Ende mit den zwei großen Wand-
gemälden, womit er unter Paul III. die paulinische Kapelle des Vaticans zierte — des
Paulus Bekehrung und des Petrus Kreuzigung darstellend. Wenigstens in ihrem heutigen Zustande kommen sie freilich neben Früherem kaum noch in Betracht.

d) Bramante, Michelangelo und die Peterskirche.

Auch in der Architektur bezeichnet Michelangelo's Name einen Höhe- und
Wendepunkt, nur daß ihm, wie in der Malerei Rafael, so hier Bramante voran-
steht. Wir haben gesehen (Bd. IX, S. 400), wie der Geist der Renaissance auf diesem Gebiete sich ganz neue charakteristische Formen schuf. Aber schon die sog. Früh-
renaissance blieb nicht auf Florenz beschränkt. Hier allerdings, in den burgähnlichen
Palästen, in deren mächtigem, aus festen Quadern gebildeten Mauerwerk die altrömische
Kraft nachgeahmt, aber in den oberen Stockwerken bereits mit Freiheit und Anmuth
gepaart erscheint, ist sie recht eigentlich zu Hause. Von hier gingen auch die Einwirkungen der Familie Robbia aus, welche in ihren Marmor- und Metallarbeiten
dem neuen Stil das reichste und edelste decorative Leben schufen. Aber schon im fünfzehnten Jahrhundert baute zu Verona Fra Giocondo den Palazzo del consiglio und
trug Giuliano da Majano den neuen Gedanken nach Rom (Palazzo di Venezia)
und sogar nach Neapel, wo an Stelle der vom Haus Anjou gepflegten Gothik die
aragonesischen Könige die Renaissance begünstigten. Zu den frühesten Werken derselben

gehören der Triumphbogen des Alfons im Caſtell nuovo und die Porta Capuana. Beides von Giuliano.

Die Frührenaiſſance in das Alter der Reiſe überzuleiten wär die Aufgabe von Raſael's großem Landsmann Donato Lazzari, genannt Bramante aus Urbino. Doch laſſen ſeine früheren Werke, namentlich die im Auftrag des Lodovico Moro, der ihn nach Mailand berief, gearbeiteten, noch mehr die ältere Behandlungsweiſe erkennen. Eine ſeiner anmuthigſten Leiſtungen ſtellt namentlich der Chor von Maria delle grazie dar. Erſt in Rom, wo die unmittelbare Nähe der alten Monumente ihn zu einem ſtrengeren Studium derſelben veranlaſſte, macht ſich ein neuer, für die Blüthezeit der Renaiſſance charakteriſtiſcher Zug geltend, der gleichzeitig von verfeinertem Geſchmack und erkältetem Gefühl zeugt. Die Gliederung des Aeußern, Pilaſter, Simſe, Fenſter, Giebel u. ſ. w., werden auf den einfachſten Ausdruck zurückgeführt, um lediglich große maleriſche Maſſenwirkung zu erzielen, während alle Pracht der Decoration dem Innern vorbehalten bleibt. Zugleich beginnt jetzt die Zeit der allgemeinen Großräumigkeit ſelbſt an Privatgebäuden, die Zeit des großartigen Hochbaues der Kirchen und Hallen. Den Mittelpunkt dieſer neuen Architektur bildet das Rom Julius' und Leo's X. Hier erſt entledigen ſich die neuen Gedanken der Laſt, welche ihnen der ſchwere, mittelalterliche Caſtelltypus aufgezwungen hatte, völlig, um zur durchſichtigſten Klarheit und Heiterkeit zu gedeihen, ohne etwas von der edelſten Einfachheit aufzugeben. Noch jetzt legen der Kloſterhof von Maria della Pace, der Palaſt Giraud (Torlonia), die Kirche San Lorenzo und vor Allem die Cancelleria, deren Hof den prächtigſten aller Säulengänge enthält, Zeugniß ab von der Umwälzung, die ſich gleichzeitig mit dem Triumphe der Malerei auch in der Baukunſt vollzogen hat. Dies Alles ſind Meiſterwerke Bramante's, welchem auch der vaticaniſche Palaſt manche ſeiner reizendſten Theile verdankt, ſo vor Allem den ſ. g. Cortile di Belvedere, einen mit Brunnen, Reliefs und koſtbaren Statuen geſchmückten Arcadenhof. Namentlich aber war es ein Rieſenwerk, welches die Geiſter und Hände der berühmteſten Architekten um ſich verſammeln ſollte: der Bau der neuen Peterskirche, welche an die Stelle der alten Baſilika neben dem Vatican treten ſollte. Ueber ein Jahrhundert iſt daran gearbeitet worden. Bramante legte den Grundſtein und richtete jene vier koloſſalen Säulen auf, auf deren Höhe Michelangelo ſpäter die Kuppel ſetzte. Das vordere Ende der ältern Kirche blieb einſtweilen noch im Gebrauch. Nach Bramante's Tod wurde Raſael oberſter Baumeiſter an St. Peter. Von ihm hat ſich eine Palaſtfaçade in Rom (jetzt Vidoni), freilich in mannichfacher Verbauung, erhalten, und ein Haus, das nach ſeinen Angaben in Florenz erbaut wurde (Pandolfini, jetzt Neneini), beides in vollendet großem Geſchmack. Wäre er nicht zu früh geſtorben, ſo hätte er an der Peterskirche gezeigt, was er vermocht. Zunächſt veränderte er den Grundplan, den Bramante in Form eines griechiſchen (gleicharmigen) Kreuzes gedacht hatte, durch Verlängerung des nach vorn liegenden Theils, ſo daß ein lateiniſches Kreuz daraus ward. Baldaſſare Peruzzi, von deſſen architektoniſchem Genie vor Allem die Stadt Siena aber auch Rom (Farneſina und Palaſt Maſſimi alle Colonne) Proben liefern, erhielt nun die Hauptleitung; nicht blos er, ſondern auch ſein Nachfolger Antonio da San Gallo, ein ungemein fruchtbarer Künſtler, brachten abermals neue Pläne. Aber auch der letztere ſtarb, ohne daß der Bau über die gewaltigen Bogenſpannungen, welche jene vier Säulen zu einem Viereck verbinden, hinausgeführt worden wäre. Nun war es der bereits ein und ſiebzigjährige Michelangelo, welchen Paul III. zum ſouveränen Bauherrn der Peterskirche beſtellte, und noch vier folgende Päpſte haben ihn in dieſer Stellung beſtätigt. So hat er denn, nachdem aus dem größten Kuppelbau des Alterthums, dem Pantheon, die berühmte Kuppel von Santa Maria bei Fiore in Florenz hervorgegangen war, dieſes florentiniſche Weltwunder wieder nach Rom zurückgetragen, indem er zunächst auf die Bogen den thurmartigen Bau, Tambour genannt, aufsetzte, auf welchem dann die freilich erst nach seinem Tode zur Vollendung geführte Doppelkuppel sich erhebt, deren Miniaturnachbilder in unzähligen Kirchen des ganzen Erdkreises entgegentreten. Im übrigen war er wieder auf Bramante's Plan zurückgekommen, bei dessen Durchführung die Kuppel jedenfalls ganz anders hervorgetreten wäre, als die im folgenden Jahrhundert hinzugefügte Façade erlaubt. Auch die den Petersplatz umfassenden Säulengänge hatte Michelangelo noch nicht projectirt, und der Obelisk sammt den Fontänen wurden gleichfalls erst von späteren Architekten in die Mitte des Platzes gestellt. Dagegen ist der Platz des Capitols in seiner jetzigen Gestalt

1536—38. Michelangelo's Schöpfung. Er hat die zweiseitige Treppe angelegt, welche zum alten Senatorenpalaste aufführt, die Reiterstatue Marc Aurel's aufstellen lassen und die herrliche Doppeltreppe des Senatorenpalastes gebaut. Ein letztes Werk des unerschöpflichen Künstlers stellt das große Hauptgesims und der prachtvolle, mit drei übereinander liegenden, dem Marcellustheater nachgebildeten, Säulenreihen eingeschlossene Hof des von San Gallo in kolossalen Verhältnissen erbauten, aber durch kleine, eng aneinander gerückte Fenster entstellten Palastes Farnese dar.

2. Gleichzeitige Größen und nächste Nachfolger.

Die großen
Maler. Um den wunderbaren Reichthum der Kunstblüthe Italiens einigermaßen zu überschauen und zu würdigen, muß neben den genannten hervorragenden Künstlergestalten auch noch des gleichzeitigen Wirkens einer außerordentlich reichen Anzahl von Meistern zweiten und dritten Ranges, ja auch einiger solcher, die als vollkommen selbständige Größen ganz nahe an die höchste Linie der Kunstleistung heranreichen, gedacht werden. In die letztgenannte Classe sind vornehmlich Fra Bartolommeo, Andrea del Sarto und Sodoma zu stellen. Der Erste ist unerreicht im eigentlichen Altarwerk, ein Meister klassisch großer Gewandung und ruhig zusammengestellter Gruppen. Der Zweite, ein merkwürdig, aber einseitig begabter Geist ohne umfassenden Gesichtskreis, gilt vermöge des weichen und warmen Schmelzes seiner Farben als einer der größten Coloristen dieser Zeit. Der Dritte, welchem die Schule von Siena einen neuen Aufschwung verdankt, wußte wenigstens den Werken, welche der Zeit seiner schönsten Kraft angehören, das Gepräge einer überaus anmuthvollen, aber auch eben so hohen und selbst ernsten Süßigkeit zu geben. Dagegen gelingt es ihm nicht immer, die Massen zu beherrschen und einfache Klarheit in die Composition zu bringen.

Aber auch die Schulen, welche sich um die großen Meister bilden, bringen noch manchen hervorragenden Geist hervor. So schließen sich an Lionardo würdig Luini und Ferrari an. Rafael hat keine eigentliche Malerschule begründet, und der talentvollste aller seiner Mitarbeiter, Giulio Romano, nähert sich schon stark dem Manierismus. Selbständiger steht neben der römischen Schule die zwischen Rafael und Venedig vermittelnde Richtung von Ferrara da, vertreten durch Garofalo und Dossi. Von Michelangelo angeregt schufen Daniel da Volterra und Sebastian del Piombo sogar einzelne, des großen Meisters selbst würdige, Werke.

Ihren höchsten Ausdruck hat der durchaus malerischen Anschauung und Correggio. Behandlung nach Einer bestimmten Seite Correggio gegeben, indem er den ganzen Reiz der Erscheinung in jenem Spiele des Lichtes erfaßt, welches die Welt der Formen zugleich heraushebt und doch wieder in seinem eigenen Schimmer auflöst. Schon Fra Bartolommeo und Lionardo verstanden sich trefflich auf die Abstufung der Töne, auf den allmäligen Uebergang des Lichtes durch die Halbtöne in den Schatten. Aber erst Correggio ist der eigentliche Meister des Helldunkels, zugleich aber auch der Darstellung lichtgetränkter Formen, deren Seligkeit nur in der sinnlichen Schönheit besteht. In dieser, von keiner Strenge mehr gebundenen, gänzlich nur den Moment ausdrückenden Bewegtheit der Erscheinung, die im Lichte ihr ganzes Wesen dahingibt und offenbart, ist er vielleicht der modernste unter allen Malern des sechzehnten Jahrhunderts zu nennen; er hat daher auch der Malerei der nachfolgenden Jahrhunderte mehr als irgend einer der großen Meister seinen Charakter aufgeprägt, wie sich denn sein Studium vor Allem die Caracci angelegen sein ließen. Ja selbst die Kunst des Rokoko hat zum malerischen Schmuck der Kirchen und Paläste das Muster ganz direkt von ihm empfangen. Es ist der Zauber einer mit reichster Fülle des Lebens verbundenen sinnlichen, aber unbefangenen Schönheit, welcher diese enorme Wirkung ausübt. In dieser Beleuchtung war ihm das Leben aufgegangen, und in ihr tritt es in allen seinen Bildern fast gleichmäßig vor das Auge des Betrachters und gibt sich noch auf tausend andächtigen oder fröhlichen Bildern zu erkennen, womit Künstlerhände der folgenden Jahrhunderte Paläste wie Dorfkirchen geziert haben. Aber über dieser zwingenden und überzeugenden Gewalt, womit der Naturmoment in seinen Bildern auf uns wirkt, kommt das sittlich Erhebende vollständig zu kurz. Ueberhaupt ist der Gesichtskreis dieses Künstlers, verglichen mit Lionardo, Rafael, Michelangelo, ein beschränkter zu nennen, und die neuen, verführerischen Reize, womit seine fast lyrisch tönenden Bilder auftreten, entschädigen kaum für die Einbuße, welche schon hier die Kunst an geistigem Gehalt erlitten hat.

Das in Raum und Licht wirklich werdende Sinnliche, welches den Hauptreiz Die Schule
von Benedig. der Bilder Correggio's ausmacht, ist nicht ohne Einwirkung auf diejenige Malerschule geblieben, deren technische Vorzüge geradezu in einer Ausbildung des Colorits bestehen, vermöge welcher sie die höchste Augenlust bei verhältnißmäßig geringem Gedankengehalte erzielte. Venedig, überhaupt einzig in Italien mit seinem Meeresspiegel, darin sich orientalische Lichter brechen, ist auch etwas für sich in Baukunst und Malerei, und an keinem anderen Orte erkennt man so deutlich die unenträthsamen Voraussetzungen der Kunstentwickelung, die freilich auch in tausend Fällen vorhanden sein können, ohne daß eine Spur von letzterer sich einstellt. Durch ihren Welthandel reich und üppig geworden, wollen die Venetianer schön und herrlich wohnen; so kommt es zum Palastbau, wie ihn in reichster Auswahl die breite Wasserstraße des Canal grande darbietet: byzantinische, gothische, lombardische und renaissanceartige Bauten, meist mit kunst-

vollen Fensterverschlingungen und Bogenstellungen. Dazu der Marcusplatz mit
seiner von Sansovino erbauten Bibliothek, einem einzigartigen Prachtwerke
der Renaissance, und zwar der Blüthezeit, während der von Alessi zur Vollendung gebrachte Palastbau von Genua, der stolzen Rivalin Venedigs, schon
der Mitte und zweiten Hälfte des Jahrhunderts angehört und an Formenreich-
thum, Gliederung und ornamentaler Kunst zurücksteht. Mit Vicenza wetteifert
Venedig in Bezug auf die antike Einfachheit und imposante Größe der Bauten
Palladio's, der dort seine großartigen Paläste, hier Kirchen, wie Giorgio
Maggiore und Redentore, geschaffen hat. In solchen gewaltigen Kirchenbauten
wollen aber die Venetianer mit der Zeit auch ihre abgesonderten Ehrenplätze im
Leben, ihre Grabstätten im Tode. So kommt es zu jener großen Fertigkeit in
der Holzschneidekunst, die man an den Kirchstühlen, und in der Sculptur, die
man an den Sarkophagen bewundert. Sie wollen aber auch sich selbst künstlerisch verherrlicht und auf die Nachwelt gebracht sehen. So bildete das Porträt
immer eine Hauptstärke der venetianischen Malerei, besonders Tizian's. Hier
also haben wir eine wirkliche Schule, und das Gemeinsame dieser sehr zahlreichen Meister, die sich um die Nachfolger Giambellin's, um Giorgione
und die beiden Palma, um Tintoretto, um Paolo Veronese und Tizian sammeln, stellt sich auf den ersten Anblick heraus, ohne daß Individualität
und Mannichfaltigkeit Roth litten. Ihre Hauptstärke liegt auf einem ganz bestimmten Gebiete. Sie bringen zur großartigsten, breitesten Darstellung das
Leben des damaligen Venedig, „wo — wie Aretin schrieb — alle Tage Festtag
ist, wo Niemand an das Ende der Dinge denkt, und wohin das Reich der Venus
und des Amor verlegt werden sollte". Diese Unerschöpflichkeit des Naturalismus
und die fortdauernde Praxis der Reizmittel des Colorites bewirken, daß die
venetianische Schule auch noch in der zweiten Hälfte des 16. Jahrhunderts, wo
alle anderen Richtungen sich bereits dem tiefsten Verfall zuneigen, sich in bedeutender Höhe hielt. Aus dieser Zeit stammt die Ausmalung des Dogenpalastes,
ein Werk der gesammten Schule. Paolo Veronese's Name ist unabtrennbar
verbunden mit großen, prachtvollen Umzügen (Anbetung der Könige), mit
üppigen Banketten (Christus im Hause Levi's, die Sünderin im Hause Simon's)
u. dgl. Ein Hauptlieblingsstück bildet die Hochzeit von Kana, der auch Tintoretto und andere ihren Pinsel widmen. Die Hauptsache bei diesen Darstellungen
sind nicht Christus, Maria und die biblischen Personen, sondern die kostbar
gekleideten Gäste, die Bedienten, die Mohren und Sclaven, die Hunde, die Speisen, die prächtige Decoration und Architektur. Der biblische Gegenstand ist alle-
mal nur ein Vorwand, um den ganzen Reichthum des damaligen Venedigs zu
entfalten, wie ihn die grandiosen Bilder im Dogenpalast, historischen und allegorischen Inhalts, von einer anderen Seite her erfassen.

a) Lombarden, Florentiner, Sienesen.

An Lionardo schließen sich zunächst die Künstler der Mailänder Schule an, unter ihnen manche persönliche Schüler des Meisters. Als der anziehendste unter ihnen dürfte **Bernardino Luini** zu nennen sein, welcher ihn am treuesten copirt hat. Ueber manche Bilder, wie die Enthauptung des Täufers in den Ufficien, oder Christus mit den vier Schriftgelehrten in der Londoner Nationalgallerie, könnte man streiten, ob sie von Lionardo oder Luini herrührten. Unter denen, welche nicht unmittelbar Lionardo's Schüler waren und mit seinen Traditionen am meisten fremdartige Einwirkungen verbanden, verdient hier wenigstens **Gaudenzio Ferrari** Erwähnung, welcher später auch bei Perugino und Rafael thätig war und alle diese verschiedenen Anregungen jedesmal mit großer Kraft zu verarbeiten wußte. Ein hochgesteigerter Seelenausdruck erhebt seine Bilder über die Durchschnittshöhe der gleichzeitigen lombardischen Künstler.

Wenn Lionardo in Florenz nicht, wie in Mailand, eine eigene Schule gegründet hat, so ist doch gleichwohl auch hier ein bedeutender Einfluß seiner Persönlichkeit und der durch ihn mächtig gehobenen technischen Ausbildung nicht zu verkennen. Als Zeuge hierfür darf selbst einer der größten und selbständigsten Maler, über welche Florenz um die Wende der Jahrhunderte zu gebieten hatte, angerufen werden, der mit Lionardo gleichzeitige **Baccio della Porta**, als Mönch genannt **Fra Bartolommeo**. Seine Blüthezeit fällt erst in die letzten Decennien seines Lebens. Es sind imposante Gestalten, ruhige und würdige Compositionen, anstatt der bloßen Symmetrie architektonisch aufgebaute Gruppen, was in seinen, die florentinischen Sammlungen, Klöster und Kirchen füllenden Gemälden auffällt. Bei großartigen Hinwegsehen über das Detail hat er sein Absehen auf die beruhigende Wirkung des Ganzen, auf theatralische Anordnung und effektvolle Vertheilung von Licht und Schatten in größeren Partien gerichtet. Die einzelnen Personen beruhen fest auf sich, die Scenen präsentiren sich im günstigsten Moment. Sein "Jüngstes Gericht" bei Santa Maria Nuova ist das Vorbild für Rafael's Fresken in S. Severo zu Perugia, sowie für die obere Gruppe der Disputa geworden.

Andrea Vanucchi, genannt **del Sarto**, ein Florentiner, bildete sich in einer ähnlichen Richtung aus, und seine Werke bewegen sich zum großen Theil in denselben Gegenständen. Auch als Künstler hat er viel von Fra Bartolommeo gelernt, ohne ihn immer zu erreichen. Auch er strebt nach streng architektonischem Bau, kann aber das Gerüste nicht immer so geistreich ausfüllen. Der Typus seiner Madonnen ist ein ganz eigenthümlicher, auf einem bestimmten Schädelbau beruhender, daher aus Hunderten sofort zu erkennen, aber von der idealen Schönheit fernstehend. Seine Köpfe sind überhaupt Charakterköpfe, die, wo sie zum Gegenstande passen, allerdings erhaben wirken können; so bei einem jugendlichen Johannes im Palast Pitti. Im Allgemeinen zeichnen sich seine heiligen Familien durch eine heitere und erfreuliche Naivetät aus, die mehr an den Realismus der alten florentiner Schule erinnert. Als historischer Maler (die Geschichte des Philippus Benizzi in der Vorhalle von St. Annunziata in Florenz) weiß er gleichfalls schlichte Lebensäußerungen in der reinsten und vollkommensten Form, in edler Abwägung gegeneinander, in weiter Räumlichkeit schön vertheilt zur Anschauung zu bringen. Namentlich hat er im Refectorium des ehemaligen Klosters San Salvi bei Florenz das einzige Abendmahl geschaffen, welches sich demjenigen Lionardo's wenigstens von Ferne nähern darf. Auch die französischen Sammlungen besitzen manches Meisterwerk dieses Künstlers, seitdem ihn König Franz I. nach Frankreich berief, von wo ihn seine Frau, nicht zu seinem Glück, bestimmte, wieder nach Italien zurückzugehen. Gleichfalls im Dienste Franz' I. war **Rosso de' Rossi**.

(Marginalien:)
Bernardino Luini, † 1530. — Gaudenzio Ferrari, 1484—1549. — Fra Bartolommeo, 1475—1517. — 1499. — Andrea del Sarto, 1487—1531. — 1527. — 1518. — Rosso Rossi, 1496—1541.

(bei den Franzosen Maitre Roux) thätig, welcher schon sehr frühe den Weg zeigte, auf welchem die Bilder Andrea's zu großen Farbenmassen verschwimmen und entarten mußten.

Wieder als ein ganz selbständiger Geist tritt Gianantonio Bazzi, genannt il Sodoma, auf. Von Geburt zwar ein Lombarde, aus Vercelli, war er berufen, dem Geiste der herabgekommenen Schule von Siena eine neue, auf mehr als ein Jahrhundert hin fruchtbare Richtung zu geben. Es waren Lionardo's Nachwirkungen, welche Sodoma auf's Glücklichste mit den Einflüssen Rafael's, die er in Rom aufnahm, zu verbinden wußte. Veranstaltet er auch in großen Bildern, wie z. B. der Anbetung der Könige in S. Agostino zu Siena, zu viel unübersichtliches Durcheinander, so gerathen ihm dafür einzelne Gestalten, wie das Eccehomobild in der florentiner Akademie, der Sebastian in den Uffizien, um so vorzüglicher, und namentlich hat er in San Domenico zu Siena das Leben der heiligen Katharina auf eine wunderbar ergreifende
Weise dargestellt. Das ihrem Tod gewidmete Bild, unten eine Nonnengruppe, oben Christus, kann sich ähnlichen Schöpfungen Rafael's ohne Zweifel zur Seite stellen. Aber dieselbe zarte Schönheit, derselbe tiefsinnige Ernst kehren keineswegs auf allen seinen Bildern wieder, und Sodoma scheint etwas ungleichmäßig gearbeitet zu haben. Unter seinen Schülern machte Domenico Beccafumi, genannt il Meccherino, in seinem langen Leben alle die Stile mit, die in seiner Umgebung herrschten: zuerst
Peruginer, dann Nachahmer Sodoma's, endlich unter dem Bann der ausartenden römischen Schule. Auch in Verona ist die goldene Zeit würdig repräsentirt, und zwar durch Gianfrancesco Carotto, einen Schüler Mantegna's.

b) Correggio.

Ueber keinen der großen Meister dieses Zeitalters sind wir dürftiger unterrichtet, als über Antonio Allegri, von seinem zwischen Modena und Reggio gelegenen Geburtsorte genannt Correggio, dessen Dasein abseits von den großen Kunststätten in einförmiger Ruhe verfloß. Schon Vasari hat, da er vom wirklichen Verlaufe dieses Lebens nichts zu erzählen wußte, die bekannten Fabeln von der großen Armuth und dem noch größeren Geize des Meisters in Umlauf gesetzt, welcher sich endlich an sechzig Scudi, die ihm in Kupfermünze ausbezahlt wurden, zu Tode geschleppt habe. Ohne persönliche Bekanntschaft mit den gleichzeitig lebenden großen Heroen der Kunst, von keinem Fürsten beschützt, nur von den Nonnen und Mönchen Parma's zu monumentalen Arbeiten berufen — und dennoch ein einzigartiges Talent, aus neuer Anschauung Neues schaffend, nie abweichend von seiner Eigenthümlichkeit und dem ihm gesteckten Ziele: solche Mißverhältnisse waren und wirkten zu stark, als daß nicht sein Andenken im Bewußtsein der Zeitgenossen unwillkürlich eine melancholische Färbung hätte annehmen müssen, wie ihm denn auch, als angeblich angesichts der Cäcilia Rafael's gesprochen, das stolz unglückliche Wort in den Mund gelegt worden ist: „Auch ich bin ein Maler". Ganz anders freilich tritt uns sein Charakterbild aus seinen eigenen Schöpfungen entgegen, denen jede Spur des gewaltsam Erkämpften mangelt. Immer stellen sie den spielenden unverkümmerten Erguß einer offenen Natur dar, der es leicht wird, die ganze Tonleiter der fröhlichen Empfindungen durchzulaufen, von der stillen Heiterkeit eines gleichmäßigen Glücks und dem holden Zauber sinnlichen Entzückens bis zu Lust und Jubel einer ausgelassenen paradiesischen Seligkeit.

Unter den großen Meistern der unmittelbar vorhergehenden Zeit haben sicher Lionardo und Mantegna den bedeutendsten, letzterer wahrscheinlich einen directen Einfluß auf die Bildung des Künstlers, der ihn in Mantua gesehen haben soll, ausgeübt. Der Schmelz der Modellirung, welcher bei Lionardo sichtbar wird, ist bei

Correggio ausgebildet zu einer Kunst des Hellbunkels, in welcher seine technische Meisterschaft beruht. Von Mantegna dagegen hat er die Vorliebe für Verkürzung der Figuren
vom Augenpunkt des Beschauers aus. Mit größter Virtuosität hat er diese Darstellung
in der Kuppel von San Giovanni und in der Domkuppel zu Parma angewandt, zugleich überhaupt den ersten Beispielen einer solchen ganz vom Gesichtspunkte des unten
stehenden Betrachters ausgeführten Gesammtkomposition. Dort ist es ein gen Himmel
fahrender Christus, hier eine jubilirend aufwärts schwebende Maria, die von einem leidenschaftlich alle Himmel durchströmenden und seine Tiefen aufwühlenden Jubel empfangen werden. Hier wie dort ist die Verkürzung der Hauptgestalten zu stark gerathen,
und verschwindet überhaupt das ideale Moment völlig hinter der Verherrlichung frei
bewegter, von den Fesseln der Schwere gelöster, leiblicher Schönheit. Musicirende Him-
melschöre schwingen sich in freiesten Körperwindungen durch die Luft; aber eben in
dieser unbefangenen Darstellung der vollen Lebenslust ist das letzte Band des kirchlichen
Uebereinkommens gesprengt. Diese auf den Wolken reitenden, sich dahinter versteckenden,
damit balgenden Genien besagen deutlich, daß das gesammte religiös-ekstatische Wesen
nur noch Schein und Spiel ist. Fast noch mehr als irgend ein anderer Führer der
Kunstentwickelung zeigt sich gerade der im engsten Kreise aufgewachsene Correggio, der
seine Vaterstadt nur auf zwölf Jahre einmal mit dem Aufenthalte in Parma ver- 1518—30.
tauschte, von der althergebrachten Macht kirchlicher Vorstellungen losgelöst; er behandelt ihre Stoffe wie rein menschliche, in natürlicher Erscheinung, deren ideale Bedeutung lediglich in jener lebenswarmen Mischung von Seele und Sinnlichkeit beruht,
wie sie namentlich seine, von Buße und Schmerz freilich nichts verrathenden, Magda-
lenenbilder auszeichnet. Die Magdalena mit der zu Parma befindlichen Madonna des
h. Hieronymus gilt für eine der gereiftesten, überwältigendsten Schöpfungen des ganzen
Jahrhunderts. Einen kaum minder dankbaren Stoff bot indessen dem geborenen
Heiden die alte Mythologie. Gleich sein erstes Bild, um deßwillen er von der gleichfalls
weltlich gesinnten Aebtissin Giovanna des Nonnenklosters San Paolo nach Parma berufen
wurde, stellt eine jagende Diana dar, und die letzten Werke, die wir von seiner Hand
besitzen, sind den Liebesabenteuern Jupiter's mit Jo, Leda, Danae gewidmet.

Bei keinem Meister sind die Schüler übler daran gewesen, als bei Correggio. Er
nahm ihnen das, was auch untergeordnete Geister leisten können, die einfachen Linien
und den architektonischen Ernst der Composition; was ihm aber eigen war, das führte
die Schüler, das es in sich aufzunehmen strebten, mit Nothwendigkeit zum affectirten
Wesen und zur Koketterie. Gleichwohl erzeugte die Schule in Francesco Mazzola,
genannt Parmegianino, einen talentvollen und wenigstens im Porträt höchst beden- Parmegia-
tenden Künstler. Uebrigens hatte die Unmöglichkeit, gerade Correggio's Bestes nach- nino, 1503—
zuahmen, zur Folge, daß seine Jünger sich mit einer gewissen Verzweiflung der römischen Schule in die Arme warfen.

o) Nachfolger Rafael's und Michelangelo's.

Als Begründer der römischen Schule ist weniger Rafael, dessen allumfassende Nachwirkung in keiner Schule aufgeht, als vielmehr Giulio Pippi, genannt Romano, zu Giulio Ro-
nennen, dessen sich Rafael zur Ausführung der Constantinsschlacht und anderer schwie- mano, 1492
riger Aufgaben bedient hatte. Aber die Grazie und der keusche Sinn des Meisters —1546.
fehlten ihm, und seine leichte, unermüdliche Phantasie trieb ihn mehr in das kecke,
frische Naturleben, als zur kirchlichen Malerei. Er hat im Grunde sogar schädlich gewirkt, indem er die von Rafael und fast noch mehr von Michelangelo gelernte Formen-
bildung, ohne die Natur weiter zu befragen und ohne Gefühl für Wahrheit, übertrieb

und zu oberflächlichen Effecten verwerthete: das erste große Beispiel seelenloser Decorationsmalerei, der gerade Uebergang zum Manierismus. Uebrigens ist Giulio auch als Architekt bedeutend; er hat, an Bramante anknüpfend, die Villa Madama in Rom 1524. und in Mantua, wohin er bald nach Rafael's Tod berufen worden, den Palazzo del Te gebaut und sowohl diesen (Sala dei Giganti), sowie den Palazzo Ducale daselbst mit Fresken geschmückt (Sala di Troja).

Ein schwächeres Seitenstück zu Giulio Romano bietet ein zweiter Schüler Rafael's, **Pierino del Pierino Buonaccorsi**, genannt **del Vaga**. In einzelnen Fällen erfreuend (im **Vaga, 1499** Dom zu Pisa und im Palast Doria zu Genua), verfällt er doch bald in handwerks-**—1547.** mäßige Manier und renommistisches Wesen. Am meisten von Rafael's Geist weist wohl **Andrea da Andrea Sabbatini**, genannt **da Salerno**, auf, dessen Pinsel das Geistvollste, **Salerno, was** Neapel aus der goldenen Zeit besitzt, hervorgebracht hat (z. B. im Hof von Gen-**1480—1545.** naro de' Poderi). Auch **Polidoro Caldara**, genannt **da Carabaggio**, kam aus Rafael's Schule nach Neapel, wo er indessen schon eine an seinen großen Namens-vetter erinnernde, derb naturalistische Richtung einschlug. In Rafael's Fährten traten **Timoteo** ferner auch mehrere durch Francesco Francia gebildete Künstler hinüber, wie **Timoteo della Vite, Viti** oder **della Vite** aus Urbino, welcher in S. Maria della Pace die Propheten **1467—1523.** über Rafael's Sibyllen malte. Ebendaselbst war auch **Bartolommeo Ramenghi**, **Bartolom-** genannt **Bagnacavallo**, thätig, während die Werke des **Innocenzo Francucci** **meo Bagna-** da Imola, der oft ganze Gruppen aus Rafael's Bildern entlehnt, meist in Bologna zu **cavallo, 1484** suchen sind. Auch die Ferraresen geriethen unter den Einfluß Rafael's, wiewohl sie **—1542.** daneben eine Neigung zum Phantastischen, überhaupt immer noch genug Selbständig-keit behielten, um ein Gegengewicht in die Wagschale werfen zu können. Dahin gehört **Benvenuto** der mehrfach auch venetianische Farbenpracht aufbietende **Benvenuto Tisio**, ge-**Garofalo,** nannt **Garofalo**, und der gleichfalls an Venedig erinnernde **Dosso Dossi**. Der **1481—1559.** venetianischen Schule ursprünglich angehörig, war der berühmte Thier- und Pflanzen-**Dosso Dossi,** maler **Giovanni Ranni de' Ricamatori**, genannt **da Udine**, dessen sich **1474—1560.** Rafael bei den Decorationen der Loggien des Vaticans bediente, und der überhaupt in **Giovanni da** **Udine, 1487** der zierlichsten Behandlung der decorativen Malerei unerreicht ist. **—1564.**

Michelangelo endlich hat auch in der Malerei großartige Anregungen gegeben. **Daniel da Daniele Ricciarelli**, genannt **da Volterra**, ist dem Meister nahe gestanden, **Volterra,** und seine Kreuzabnahme in Trinità de' Monti zu Rom wäre dessen selbst würdig. **1509—1566.** Ferner hatte Michelangelo einen Venetianer und Schüler Giorgione's, **Fra Seba-** **Sebastian** **stiano del Piombo**, herangezogen, um durch seine großartige Compositionen im **del Piombo,** schönen malerischen Colorit fertigen zu lassen. Seine Auferweckung des Lazarus (in **1485—1547.** der Nationalgallerie zu London) und Geißelung Christi (auf Pietro in Montorio zu Rom) sind ohne Zweifel geradezu unter Betheiligung des Meisters entstanden. Von floren-**Angelo** tinischen Künstlern, die sich nach Michelangelo bildeten, sind besonders **Angelo Allori**, **Bronzino,** genannt **il Bronzino**, und sein Neffe **Alessandro**, der zuweilen denselben Bei-**1502—1572.** namen führt, zu nennen. Jener, der Porträtmaler der Familie Medici, hatte, ähnlich **Alessandro** **Allori, 1535** dem Meister, das Unglück, wegen seiner nackten Figuren Anstoß am päpstlichen Hofe zu **—1607.** erregen. Seine Vorhölle, jetzt in den Uffizien, wurde sogar mit dem Bann belegt. Der Andere, dessen Bildern man in verschiedenen Kirchen zu Florenz, Pisa, Lucca begegnet, hat u. a. ein Abendmahl geschaffen, welches schon den Uebergang zum Genrebild macht (Akademie zu Florenz).

d) Sculptur und Architektur.

Während Michelangelo's Nachwirkungen in der Malerei bald verschwinden oder den beginnenden Verfall und Verderb verrathen, beherrscht er die gleichzeitige

Sculptur vollständig. Nicht blos der Vatican und das Capitol zu Rom legen davon Zeugniß ab, sondern auch Genua, wo ein Gehülfe und Schüler des Meisters, Giovanni Angelo Foggibonzo, genannt Montorsoli, den Andrea Doria nach Genua brachte, dessen Palast mit seinen luftigen Hallen und Altanen baute und in der Kirche St. Matteo ein ganzes Museum michelangelesker Gestalten schuf; ferner der Signorenplatz in Florenz, wo Michelangelo's und Benvenuto Cellini's unedler Nebenbuhler, Baccio Bandinelli, dessen Apostel und Propheten unter der Domkuppel vielfach gut ausgefallen sind, in seinem Herkules sich als unwillkürlichen, aber freilich auch unglücklichen Nachahmer Michelangelo's zeigt. Kaum besser gerathen ist der große Neptun auf dem Brunnen jenes Platzes, ein Werk des als Baumeister so bedeutenden Bartolommeo Ammanati, der u. a. die herrliche Dreieinigkeitsbrücke über den Arno geschwungen hat. Auch er zehrt als Bildhauer von Michelangelo. Um so imponirender stehen da die Werke des Flamänders Giovanni da Bologna (Jean de Boulogne), welcher das Gesetz des Contrastes, wie es Michelangelo befolgte und oft quälerisch durchführte, mit großer Formenschönheit zu paaren und erhabene Gruppen prächtig in die Höhe zu bauen verstand. Seinen Ruhm verkündigen vor Allen die Reiterstatue Cosimo's I. auf dem Signorenplatze, Herkules mit Nessus und der Raub der Sabinerin in der Loggia dei Lanzi.

Dagegen stellt der eben daselbst befindliche prachtvolle Perseus aus Bronze die einzige Statue jener Zeit dar, welche unabhängig von Michelangelo's Einfluß geschaffen worden ist und eher an den Naturalismus Donatello's erinnert. Die mühe- und schmerzensreiche Entstehungsgeschichte derselben hat ihr Schöpfer, Benvenuto Cellini, selbst erzählt: ein Künstler, der sich stets hoch erhaben wußte über die Vasari, Bandinelli, Ammanati und die andern „Bestien" seiner Umgebung und auch in der That durch seine Originalität über dieselben ebenso hervorragt, wie er an Kraft tief unter Michelangelo steht, der übrigens große Stücke auf ihn hielt. Noch höher dachte er freilich selbst von sich, wie aus seiner selbstverfaßten Lebensbeschreibung erhellt, die ihn fast noch berühmter gemacht hat, als seine künstlerischen Arbeiten (vgl. S. 351). Streng an die Natur sich haltend im Einzelnen, weiß er den Gesammteindruck scharf wiederzugeben. Eine große Menge seiner Vasen, Schalen und anderen Prachtgeräthe zeigt man in den Sammlungen zu Florenz und Neapel. In der Anordnung wie im Stil haben sie alle einen mehr decorativen Charakter. Von Beruf war Benvenuto Goldarbeiter. Er schnitt aber auch die schönsten Stempel für Münzen, fertigte Schmucksachen aller Art, Panzer und Degenklingen. Unter Umständen wußte er selbst als Architekt zu dienen. Nur in der Malerei hat er nichts geleistet, abgesehen von den Entwürfen, die er für seine Kunstsachen zeichnete, und etwa noch dem Gott Vater, den er an die Wand seines Gefängnisses malte und anbetete, wenn es ihm übel erging.

Unter den Bildhauern und Architekten der Epoche sind neben Michelangelo noch zu nennen: der Schüler Verocchio's Giovanni Francesco Rustici, von welchem die Predigt des Täufers Johannes über der nördlichen Thür des Baptisteriums zu Florenz herrührt, und Andrea Contucci da Monte Sansovino, welcher über dem Ostportal desselben Gebäudes die Taufe Christi dargestellt, außerdem aber noch mancherlei höchst bedeutsame Arbeiten in Rom geliefert hat, so die heilige Anna in St. Agostino und zwei Grabmonumente in Maria del Popolo, die herrlichsten, die Rom überhaupt hat. Ein Florentiner von Geburt war Niccolo Pericoli, genannt il Tribolo, von dessen eigener Heiterkeit und Grazie die Seitenthüren der Façade von St. Petronio in Bologna und das Grabmal Hadrian's VI. in Maria dell' anima zu Rom zeugen (letzteres von ihm nach dem Entwurfe von Baldassare Peruzzi ausgeführt).

Lebhafte und anziehende Denkmäler der Sculpturentwickelung finden sich auch in

Montorsoli, 1506—1563.

Baccio Bandinelli, 1493—1560.

Bartolommeo Ammanati, 1511—1592.

Giovanni da Bologna, 1524—1608.

Benvenuto Cellini, 1500—1572.

Giovanni Francesco Rustici, 1474—1554.

Andrea Sansovino, 1460—1529.

Tribolo, 1485—1550.

Oberitalien, namentlich im Gebiete von Padua und Venedig, wo uns abermals die Familie der Lombardi begegnet. Zu den schon früher (Bd. IX, S. 407) genannten Trägern dieses Namens tritt jetzt **Alfonso Cittadella** aus Ferrara, genannt **Lombardo**, dem die Kirchen von Bologna den mannigfachsten Schmuck verdanken. Bedeutender noch wirkte in Venedig der Florentiner **Jacopo Tatti**, nach seinem Meister **Sansovino** gewöhnlich ebenso genannt, der die Richtung Michelangelo's nach Venedig verpflanzte, wo er St. Marco und andere Kirchen mit Bronzethüren, Statuen und anderem Sculpturwerk (Denkmal des Dogen Venier zu St. Salvatore) versah. Größeren Ruhm hat er sich freilich als Baumeister erworben. Nachdem er die erste Hälfte seines Lebens unter den unmittelbaren Eindrücken der erhabenen Architektur von Rom und Florenz verbracht hatte, wurde er zuletzt das bauliche Factotum von Venedig. Die Bibliothek, welche er dort auf der Piazetta errichtete, gehört fraglos zu dem Schönsten, was Italien jetzt noch bietet. An diesen prachtvollen Doppelhallen erfuhren die Venetianer zuerst, welche Fortschritte das übrige Italien einstweilen in Neuanwendung der römischen Säulenordnung gemacht hatte. Das Motiv des Baues wiederholte dann später **Vincenzio Scamozzi** in seinen „neuen Procuratien" am Marcusplatze. In Padua war **Andrea Riccio**, genannt **Briosco**, thätig, wie als Sculpturarbeiter (im Chor von St. Antonio), so auch als Architekt (St. Giustina mit den aus Venedig und dem Orient nach Padua importirten, an der genannten Kirche zuerst in subordinirter Stellung angebrachten Kuppeln). Blos als Bildhauer wirkte in Modena **Antonio Begarelli**, blos als Baumeister, insonderheit Festungsbaumeister, **Michele Sanmicheli**, der Paläste in Verona und Venedig (Grimani, jetzt Post) nicht ohne eine gewisse Vorliebe für derbe Formen aufgeführt hat. Doch rechnet man alle diese Gebäude noch zu jener Hochrenaissance, welche ihren Hauptsitz in Rom hatte.

Die mittleren Decennien des sechzehnten Jahrhunderts sahen die großen Theoretiker auf dem Gebiete der Architektur erstehen, welche in mehr rechnender und combinirender Art, aber gleichwohl mit Geist und Originalität, eine schärfere und kältere Ausdrucksweise vertraten und, von der wo möglich noch mehr als bisher auf Großräumigkeit zielenden Gesinnung der Bauherrn begünstigt, dem italienischen Palastbau seine endgültige Ausbildung verliehen. Dahin gehört nicht blos der Erbauer der Uffizien (Bureaux) in Florenz, **Giorgio Vasari**, sondern auch **Giacomo Barozzi da Vignola**, welcher strenger als Michelangelo an dem Studium des classischen Alterthums festhielt, in diesem Sinne über Säulenordnungen schrieb und viele Paläste in Rom (Caprarola, Vigna di Papa Giulio, Architektonik der farnesischen Gärten, auch das Gesù) und anderswo baute. Beim Bau der Porta del popolo hielt er sich an die Zeichnungen Michelangelo's; diesem war außerdem bei der Vollendung des farnesischen Palastes **Guglielmo della Porta** zu Hand gewesen, welcher auch das Grabdenkmal Paul's III. in St. Peter geschaffen hat, eine theilweise Nachahmung der Medicermonumente. Sein Bruder, **Giacomo della Porta**, war gleichfalls als Architekt wie als Bildhauer thätig.

Erst in der zweiten Hälfte des sechzehnten Jahrhunderts stellte sich auch der Typus der genuesischen Paläste fest, zunächst durch oberitalienische Baumeister, wie den genannten Montorsoli, den Erbauer des Palazzo Doria. Die obgenannten Schlösser sind meist auf Hochbau in engen Straßen berechnet, wie der Dogenpalast (Palazzo Ducale) von Pennone. Lombarden waren Lurago, der den Palast Doria-Tursi (jetzt Municipio), und **Bianco**, der die Universität baute. Seine eigentliche Vollendung aber erhielt dieser Stil durch **Galeazzo Alessi** aus Perugia, welcher den genuesischen Palästen jene malerische Anordnung der inneren Räume verlieh, die für sie ebenso charakteristisch ist wie für die venetianischen die Fagade; etwas nüchterner ist die von ihm erbaute Kirche Maria da Carignano ausgefallen, herrlich auf einem steilen Vorsprung

Marginalien:
Alfonso Lombardo, † 1537.
Jacopo Sansovino, 1477—1570.
1534
Vincenzio Scamozzi, 1552—1616.
Andrea Riccio, 1480—1532.
Antonio Begarelli, 1498—1554.
Sanmicheli, 1484—1559.
Giorgio Vasari, 1512—1579.
Vignola, 1507—73.
Guglielmo della Porta, † 1577.
Galeazzo Alessi, 1500—1572.

über der Stadt gelegen, „ein Bau der rein ästhetischen Begeisterung für die Bauformen als solche und für jede andere ideale Bestimmung ebenso geeignet, als für den Gottesdienst".

Aber der einflußreichste Meister der modernen Architektur ist neben Michelangelo **Andrea Palladio,** auf dessen frühere Ueberschätzung eine noch unbilligere Unterschätzung gefolgt ist, seitdem sein Lehrbuch die Baukunst nicht mehr beherrscht. Kein Anderer hat die antiken Denkmäler so tief ergründet. Mit Michelangelo gemein hat er die Verachtung des Einzeleffects, das ausschließliche Halten an der Disposition, die Organisation der Bauten vom Gefühle der Verhältnisse aus. Dabei steht er aber nicht, wie jener zuweilen, unter der Botmäßigkeit seiner eigenen Grillen, sondern arbeitet immer gesetzmäßig. In all' seinen Gebäuden prägt sich der entschiedenste künstlerische Wille aus, ohne Schranken und Unsicherheit. Er ist der letzte und größte der berühmten Architekten, die in der Kunst der Proportion und Disposition groß geworden sind; das Gepräge von Würde, welches seine Werke charakterisirt, liegt nicht blos in den antiken Formen, sondern hat die Schönheit der Verhältnisse und der Disposition zum Grunde. Seine Kirchenbauten in Venedig nähern sich der antiken Tempelfronte. So San Giorgio Maggiore in größerem, il Redentore in kleinerem Maßstabe, letzter wohl sein vollkommenster Kirchenbau, weniger durch die nüchterne Façade, als durch die ebenso strenge wie malerische Durchführung des Innern ausgezeichnet. Seine Paläste sind im unteren Geschoß mit Rustica, in den oberen mit Pilastern oder Colonnaden bekleidet. So das Stadthaus (die sog. Basilica) und zahlreiche Privatgebäude in Vicenza, der Vaterstadt des Meisters, die durch ihn längere Zeit ebenso gegen die Excesse des Barockstils gesichert blieb, wie das in Florenz in Folge der Wirksamkeit der Vasari Ammanati und der an sie sich anschließenden tüchtigen Künstlerschule der Fall war.

(margin: Andrea Palladio, 1518—1580.)
(margin: 1560.)
(margin: 1576.)

e) Die Venetianer.

Endlich wenden wir uns noch einmal zur Malerei zurück, um diejenige Erscheinung nicht dahinzenzulassen, welche am meisten unter allen großen Richtungen und Gruppen des sechzehnten Jahrhunderts auf den Namen einer Schule Anspruch machen kann. Während Rafael Bewunderer und Nachahmer, aber keine selbständig schaffenden Geister, Correggio zunächst nur aus der Art schlagende Schüler hinter sich hat und die Nachfolger Michelangelo's sich vollends nur an die äußersten Spitzen seiner Eigenthümlichkeit halten und damit die Kunst direct dem Verfall entgegenführen, bemerken wir in Venedig einen zusammenhängenden Verlauf von Kunstbildung, welcher zugleich gesetzmäßige Steigerung und Vollendung ist. Denn sowohl Giorgio Barbarelli von Castelfranco, genannt **Giorgione,** dessen Bilder sehr selten geworden sind (das beste und beglaubigtste ein Altarbild in seiner Vaterstadt), und Jacopo **Palma der Aeltere** (il vecchio), dem die kirchlichen Bilder besser gelangen (St. Barbara in Maria formosa zu Venedig), als auch Tizian selbst waren noch in Giambellin's Schule (vgl. Bd. IX, S. 405) gebildet worden. Auch **Sebastian del Piombo,** von dem schon oben die Rede war, und der erfindungsreiche und unerschöpfliche Lorenzo Lotto, halb Lombarde, halb Venetianer, gehören hierher. In der Mitte der Schule aber steht die gewaltige Gestalt des **Tiziano Becellio,** welchem, wenigstens nach hergebrachter Meinung, ein fast hundertjähriges Leben beschieden war; wahrscheinlich ist jedoch seine Geburt etwa zehn Jahre zu früh angenommen, da er, nach Dolce's Mittheilung, die Malereien im Kaufhause der Deutschen zu Venedig „kaum zwanzigjährig" begonnen hat. An der Grenze der Frühperiode steht sein berühmter „Christus mit dem Zinsgroschen" (Dresden), welcher die alterthümliche Strenge

(margin: Giorgione, 1477—1511.)
(margin: Palma vecchio, 1480—1528.)
(margin: Tizian, 1477 —1576.)
(margin: 1507.)

der Behandlung Bellini's bereits zur liebevoll zartesten Durchbildung verklärt. In den Zeiten seiner glücklichsten Kraft hat er die große Aufgabe der Kunst, ganz, glückselig und frei darzustellen, was in der Wirklichkeit zerfällt, zerstreut und bedingt erscheint, mit einer Ruhe und Anspruchslosigkeit, aber auch mit einem Ausdrucke der Nothwendigkeit gelöst, wie kaum je ein anderer Künstler. Namentlich erscheint auf Tizian's Ge= mälden in seiner umfassendsten Bedeutung, was den Charakter und Werth der venezia= nischen Schule überhaupt ausmacht: die Behandlung der Farbe. Erst Tizian wandelt die noch etwas herbe Gluth des Giorgione zum heitersten, lichtvoll harmonischen Colorit um. Sein lebensvoller Natursinn läßt ihn zuvörderst groß, ja unerreichbar erscheinen im Porträt (Tochter Lavinia in Berlin und Madrid, Paul III. und Philipp II. in Neapel) ; daran schließen sich die bekannten Frauenbilder in den Uffizien und im Pitti zu Florenz, die zwischen Wirklichkeit und Ideal in einer wahrhaft glückseligen Mitte schweben. Dagegen gehen wenige seiner heiligen Gestalten in ihrer geschichtlichen Be= deutung auf (Magdalena, Johannes), und die kirchlichen Bilder spiegeln großentheils mehr jene hohe, der Antike verwandte Ruhe des Daseins, als den specifisch christlichen Geist wieder. Aber Stücke wie die Madonna der Familie Pesaro in der Frarikirche zu Venedig oder das Votivgemälde in Dresden berühren noch jetzt den Beschauer mit einem ganz unergründlichen Zauber. Von den reicheren Compositionen nehmen die Himmelfahrt der Maria (Akademie zu Venedig), ein in prachtvollste Farbengluth ge= tauchtes Bild des, die letzten irdischen Schranken überwindenden, Entzückens, und die Grablegung Christi (Louvre), ein Ausdruck der tiefsten Erschütterung des Seelenlebens, die erste Stelle ein. Selbst Gräßliches weiß er mit Erfolg zu bemeistern, wie das Mar= tyrium des Einsiedlers Petrus (Giovanni e Paolo in Venedig, seit 1867 zerstört) und dasjenige des Laurentius (Jesuitenkirche daselbst) beweisen; und nicht minder ist er einer der ersten Meister seines Jahrhunderts in landschaftlicher Behandlung.

In Tizian vereinigen sich alle Eigenschaften und Kräfte der venetianischen Schule, welcher selbst Rafael und die Größten es überlassen mußten, die letzten Consequenzen der Hülfsmittel zu ziehen, welche die Farbe für die Composition bietet. Was Michel= angelo und die Römer darstellten, war die Harmonie der Linien in den Bewegungen menschlicher Gestalten ; sie gelangten von den Linien zu den Farben, während Tizian in den Dingen zuerst die Stellung der Farben zu einander erblickte und von hier aus erst zu den Linien gelangte. Es sind farbige Massen, welche zu einander in das rich= tige Verhältniß gesetzt und zu einer gluthvollen Harmonie vereinigt werden, in der die Wirkung des Ganzen liegt.

Unter den vielen Nachfolgern Tizian's muß vor Allen Alessandro Bonvicin, genannt il Moretto, von Brescia, wo seine Hauptwerke zu suchen, aufgeführt wer= den, eine zarte, tiefangelegte Natur, an Adel und Würde, auch an Gedankentiefe der Auffassung fast allen Venetianern überlegen. Sein Schüler Giovanni Battista Moroni von Bergamo ist als Porträtmaler eine höchst eigenthümliche Erscheinung. Die Gemälde eines anderen bedeutenden Meisters aus der Schule von Brescia mit Namen Girolamo Romanino cursiren meist unter dem Namen Giorgione. Ein Neben=

Porbenone, buhler Tizian's war der Venetianer Giovanantonio Licinio Regillo, genannt Por=
1484—1539. denone, dessen vorzüglichste Werke sich in Friaul erhalten haben (sonst Christus mit
der Ehebrecherin in Berlin besonders berühmt), ein rückhaltloser Nachahmer dagegen
Bordone, Paris Bordone (Doge und Fischer in der Akademie zu Venedig). Von Tizian
1500—70. ausgehend drängte Jacopo Robusti, genannt il Tintoretto, auf eine leiden=
Tintoretto, schaftlich bewegte, dramatische Historienmalerei hin; er zuerst gestaltet die heilige Ge=
1512—94. schichte von Anfang bis Ende im Sinne des absoluten Naturalismus um (Scuola di
S. Rocco in Venedig). Im Gegensatze zu Tizian erstrebt er eine wirkungsreiche Schatten=

gebung und bildet das venetianische Colorit in's Dunkle aus, wie Tizian in's Helle. Noch höher steht **Paolo Caliari**, genannt **Veronese**, der die Natur mit freiester Unmittelbarkeit auffassend, zugleich aber gehoben von jener classischen Größe des Sinnes, welche der Schule überhaupt zu Gebote stand, eine festliche Stimmung des Gefühls zum Ausdrucke bringt, die wie auf heiter erregten Wellen sicher und genußreich dahinfluthet. Seine in bunter Farbenlust schillernde und doch edel gehaltene, vom klarsten, sonnigsten Tageslichte umfangenen Gastmähler (in Venedig, Dresden, besonders im Louvre) sind in dieser Beziehung classisch geworden. Aber wie hier die heiligen Personen und Geschichten blos noch Vorwand sind, so ist das in den bäurischen Idyllen und kleinbürgerlichen Genrebildern des **Jacopo da Ponte**, genannt **Bassano**, und seiner vier Söhne noch mehr der Fall. Gleichzeitig sinkt die venetianische Schule rasch ins Handwerkmäßige herab und weist blos noch Einen talentvollen, aber um so leichtfertigeren Künstler in **Jacopo Palma il Giovane** auf.

Paolo Vero-nese, 1528—88.

Jacopo Bassano, 1510—92.

Palma Giovane, 1544—1628.

3. Der Verfall.

Als Höhepunkt der bildenden Kunst in Italien mögen ungefähr die drei ersten Decennien des 16. Jahrhunderts bezeichnet werden. Fast alle großen Namen fallen mit dem besten Theil ihres Lebens und Wirkens in diesen Zeitraum. Dann aber mehren sich rasch die Anzeichen einer sinkenden Productivität und eines unsicher gewordenen Geschmacks. Die äußeren Verhältnisse trugen trotzdem, daß sie sich scheinbar günstig in nie dagewesener Weise darstellen, das Ihre dazu bei, diese Entwickelung bergab zu beschleunigen. Früher hatten die Maler meist auf Bestellung der Klöster und Kirchen oder des wohlhabenden bürgerlichen Mittelstandes gearbeitet. So fanden wir es noch ganz bei Correggio. Dagegen lieferte schon Rafael unter Leo X. das erste Beispiel eines Künstlers, der zu einem Theil des päpstlichen Hofhaltes geworden ist, und auch Michelangelo's Laufbahn führt aus der freien Kunst hinüber in die Stellung eines päpstlichen Hofarchitekten. Benvenuto Cellini hat in Rom, Ferrara, Paris und Florenz alle Bitterkeiten des Hoflebens und Herrendienstes erfahren. Tizian endet fast als fürstlicher Hofmaler. Seither bestimmt in steigendem Maaße die Prachtliebe fürstlicher Herren sowohl Ideale wie Ausführung, und was Großes geschaffen wird, entsteht, um ihren Bestellungen zu genügen. Religiöse Bilder werden gemalt auf den Wink geistlicher, weltliche auf den weltlicher Herren. Immer kolossaler sind die Räumlichkeiten, immer genressener die zeitlichen Bedingungen, die zu Gebote stehen. Aufgaben von ungeheuerstem Umfang und größtem Styl, zu deren Bewältigung Rafael oder Michelangelo alle Kräfte hätten aufbieten müssen, können jetzt jedem ehrgeizigen Streber zufallen. Künstler beginnen daher sich auszubilden, welche viel und schnell schaffen mußten, um ihren Auftraggebern, die rasch und billig bedient sein wollten, zu genügen und sich selbst wohl zu fühlen. Immer noch sind es energische, talentvolle Männer, die Alles gesehen hatten und zu benutzen wußten, aber nicht mehr Zeit und Ruhe behielten, um in künstlerischer Einfalt die Natur zu belauschen. Jetzt galt es ja, großartige

Aeußere Bedingungen des Manierismus.

Arrangements zu treffen, bisher unbekannte technische Griffe zu ersinnen, augenblickliche Ueberraschungen zu feiern. Aber die Werke dieser Epigonenzeit sind
keine selbständigen und selbsteigenen Schöpfungen mehr; sie geben nur noch conventionellen Gefühlen Ausdruck. Die Periode der kindlichen Einfalt und Unbefangenheit, da die Kunst um die Reize, die sie entfaltet, fast nicht zu wissen
scheint, ist vorüber, und es wird immer bewußter abgesehen auf das Urtheil des
Beobachters. Es beginnt die Zeit der Koketterie und Ostentation, die Zeit des
Manierismus. Kaum daß noch hier und da ein mit Liebe gemaltes Porträt
das Herz des Malers durch die Farben schimmern läßt. Mit der reflexionslosen
Unschuld kommt aber auch der frühere Stolz und Adel abhanden. Die großen
Meister aus dem Anfang des Jahrhunderts haben den am Ende desselben wir-
kenden Epigonen die Mühe, eigene Ideen zu besitzen, fast ganz abgenommen.
Man studirt jetzt jene mit dem vorwiegenden Bestreben, ihnen die Kunstgriffe
abzulernen, auf welchen ihre Bedeutung und Wirkung beruhte, und so zieht das
Auftreten der größten Heroen auch hier mit einer gewissen Naturnothwendigkeit
den Verfall nach sich. Namentlich ist es Tizian, der durch seine Technik im
Farbengebrauch in der Malerei, Michelangelo, der durch die Reichhaltigkeit
seiner Stellungen in der Sculptur, durch seine grandiose Peterskuppel in der
Architektur einen dominirenden Einfluß ausübt. Fast Alles, was bis gegen
Ende des 16. Jahrhunderts geschieht, läßt sich auf ihre Wirkung zurückführen.
Dann aber taucht auch wieder Correggio auf, den besonders die Caracci der
Vergessenheit entrissen, als sie der Verwilderung, welche die Kunst unter den
Händen der Manieristen erfahren hatte, mit einem ernsten und gründlichen Stu-
dium der großen Meister begegneten und die zum Theil treffliche Leistungen hervor-
bringende Schule der Eklektiker (Domenichino, Guido Reni, Guercino)
stifteten, welcher die direct aus dem Strom des Lebens, aber freilich nicht da,
wo er am tiefsten ist, schöpfende Schule der Naturalisten (Caravaggio,
Ribera) gegenübersteht.

In der Architektur repräsentirt sich der Geist der Zeit in dem weiträumi-
gen und prachtvollen Barockstyl, der sich auf eine besonders bedeutsame Weise
im Palastbau ausdrückt. Die römischen Paläste sind vorzugsweise Innen-
bauten; wenigstens empfängt man einen vollen Begriff von ihrem Glanze erst in
den geräumigen Höfen, die gewöhnlich mit einfachen oder doppelten Bogen-
gängen in mehreren Stockwerken umgeben sind. Aus der eigentlichen Barockzeit
stammen der kolossale, aber doch verhältnißmäßig kraft- und gedankenlose Bau
des Palazzo Corsini mit seinen eigenthümlichen Treppen und Arkaden und der
Palast Borghese mit seinen leichten und doch imponirenden Bogenhallen. Große,
bequeme Treppen werden überhaupt der Stolz dieser Bauten, an denen je länger
je mehr alles Geradlinige im Grund- und Aufriß durch Curven der verschiedensten Art ersetzt und dadurch die völlige Auflösung des architektonischen Sinnes
herbeigeführt wird. In der gleichen Richtung entwickelte sich die Sculptur,

gleichfalls in erster Linie vertreten durch Bernini, welcher dem heutigen Rom seine Gestalt gegeben hat. Naturalismus in den Formen wie in der ganzen Auffassung des Geschehenden einerseits, Anwendung des Affectes um jeden Preis andererseits sind die allerorts sich einstellenden Kennzeichen der Erzeugnisse dieses sinkenden Geschmackes.

a) Die Maler.

Unter den eigentlichen Manieristen mögen hier nur die Gebrüder Zuccaro, Taddeo und Federigo, Giuseppe Cesari, genannt der Cavaliere d'Arpino und Simone Papa il giovane Erwähnung finden. Ihre Zahl ist Legion und ganz Italien, namentlich Rom, von ihren Werken bedeckt. Meist abseits, in seiner Heimath Urbino, lebte Federigo Baroccio, dessen Bilder (z. B. in den Domen von Genua und Perugia) sich beträchtlich über den gewöhnlichen Manierismus erheben. Ein neuer, bestimmterer Stil geht aus dieser letzteren Kunstrichtung erst in den letzten Decennien des 16. Jahrhunderts hervor. Um die unwahren, blos conventionellen Ausdrucksweisen zu beseitigen, wurde eine doppelte Anstrengung versucht. Auf der einen Seite geht man bewußt und absichtlich auf die Meister der goldenen Zeit zurück, man studirt emsig die Eigenthümlichkeiten eines Michelangelo, Rafael, Tizian und besonders auch des Correggio, um dieselben wo möglich auf Einem Bilde zu vereinigen. Auf der anderen Seite versucht man es mit völliger Hingebung an die äußere Erscheinung, wie die Natur sie bietet, und erzielt eine derbe und rücksichtslose Auffassung der gemeinen Wirklichkeit. Dies die beiden um die Wende der Jahrhunderte dominirenden und vielfach in einander übergehenden Richtungen der Eklektiker und der Naturalisten. Beide sind nicht ohne Verdienste. Besonders ist es den Stiftern der Schule von Bologna, die in den Eklekticismus recht eigentlich Methode und System brachte, zu verdanken, wenn der Kunst abermals für ein halbes Jahrhundert ein einigermaßen gefestigter und gesicherter Boden und sittlicher Halt gegeben wird. Der Gründer dieser Schule, Lodovico Caracci, war bedeutender als Lehrer, denn als ausübender Künstler; unter seinen beiden Neffen erlangte Agostino mehr durch Kupferstiche als durch Gemälde Einfluß und Bedeutung. Bei Weitem das vorzüglichste und werthvollste Mitglied der Familie war Annibale Caracci, der mit frischem Sinne und rührigem Geist die Vorzüge der großen Meister sich anzueignen wußte und namentlich das Verdienst hat, Correggio's Malereien in Parma gleichsam auf's Neue entdeckt zu haben. Unter seinen eigenen Werken sind die der antiken Mythe entnommenen Fresken im Palast Farnese zu Rom die bedeutendsten. Der moderne Naturalismus dagegen beginnt in kräftigster und zugleich grellster Weise mit Michelangelo Amerighi da Caravaggio, welcher mit seinen scharfen Lichtern und dunkeln Schatten einen großen Einfluß auf Rom und Neapel ausübte. „Seine Freude besteht darin, dem Beschauer zu beweisen, daß es bei all' den heiligen Ereignissen der Urzeit eigentlich ganz so ordinär zugegangen sei wie auf den Gassen der südlichen Städte gegen Ende des 16. Jahrhundert; er ehrt gar nichts als die Leidenschaft, für deren wahrhaft vulkanische Auffassung er ein großes Talent besaß." Die gemeinen, aber energischen Figuren, wie seine Hand sie schuf und wie sie im Gedächtniß des Beschauers gleichsam als Felsblöcke liegen bleiben (z. B. Grablegung in der Gallerie des Vaticans), sind in seiner Schule viel nachgeahmt worden; der eigentliche geistige Erbe Caravaggio's aber ist ein in Neapel wirkender Spanier geworden, Giuseppe Ribera von Valencia, genannt lo Spagnoletto, welcher mit den aus seiner Heimath mitgebrachten Eindrücken auch das Studium des Correggio und der Venetianer verband. Einzelne seiner Bilder, wie die Kreuzabnahme in der Sakristei von St. Martino bei Neapel, gehören zu den reinsten und edelsten Erzeugnissen der Zeit. Später gab er sich um so rückhaltloser der naturalistischen Richtung hin. Die Kraft seiner Technik, besonders der däm-

Marginal notes (right column):

Taddeo Zuccaro, 1529—1569.

Federigo Zuccaro, †1609.

Il Cavaliere d'Arpino.

1560—1640.

Federigo Baroccio. 1528 —1612.

Eklekticismus u. Naturalismus.

Die Caracci. Lodovico, 1555—1619.

Agostino, 1558—1601.

Annibale, 1560—1609.

Caravaggio, 1569—1609.

Spagnoletto, 1593—1656.

mernde, an's Unheimliche streifende Schimmer seines Hellbunkels giebt manchem dieser Gemälde trotzdem eine ergreifende Wirkung, die freilich nicht selten durch die raffinirte Lust, womit der Künstler sich an Scenen des Entsetzens und körperlichen Schmerzes weidet, auf eine nicht eben wohlthuende Weise gesteigert wird.

Ueberhaupt stehen wir jetzt in der Zeit, da die christliche Kunst, auf eine ihrer ersten Liebhabereien zurückgehend, mit Vorliebe Marterscenen und Gräuel zur Darstellung bringt. Es werden massenhaft Bilder producirt von jener Art, die Göthe in der italienischen Reise beschrieben hat: „Man ist immer auf der Anatomie, dem Rabenstein, dem Schindanger. Immer Leiden des Helden, niemals Handlung, nie gegenwärtiges Interesse." Sogar Correggio hatte dazu in seiner Marter des Placidus und der Flavia eine verhängnißvolle Anleitung gegeben. und der Kindermord von Bethlehem, an dem selbst Rafael nicht vorbeigehen konnte, beschäftigt alle diese Künstler fast in erster Linie. Dazu Bartholomäus, der geschunden wird — so recht ein Lieblingsstück für die Naturalisten, ferner die unzähligen pfeildurchbohrten Sebastiane, gebratenen Laurenze und noch viel scheußlicher Gegenstände. Es ist unglaublich, in welchen Gedanken sich diese zu Henkern und Mördern werdenden Kunstjünger ergehen. Und mit der Henkermalerei geht zum Ueberfluß Hand in Hand die verbuhlte und lüsterne Malerei, die büßenden Hieronymen und Magdalenen, deren man nie genug sehen konnte. Die Sünderin ist zweideutig, der Sünder erbärmlich. Aber so wollte es die Kirche, und die Kunst, die sich wieder in ihren Dienst stellte und lediglich ihre Winke befolgte, anstatt die von den zwei großen Heroen deutlich gezogene Linie zu beschreiten, hat sich, indem sie einen Anachronismus der ungeschicktesten Art beging, auch selbst gerichtet. Sie verzichtete auf Darstellung des im Individuum perlenden Thautropfens der Religiosität; sie zerfloß in den breiten Gewässern der conventionellen Frömmigkeit. Für das sofort ersichtlich werdende Deficit an wahrer Erhebung bieten nur wenige Künstler der Epigonenzeit einen wohlthätigen Ersatz. Sie stammen meist aus der tüchtigen und strebsamen Schule der Caracci, wie namentlich Domenico Zampieri, genannt Domenichino, dessen jugendlicher Johannes weltbekannt ist. Auch er zwar widmet sich unter Umständen dem Schlächteramt, wie z. B. in seinem Sebastian in Maria degli angeli. Aber berühmter sind mit Recht so edel durchgebildete Gestalten geworden, wie die vier Evangelisten in der Kuppel von Santo Andrea della Balle.

Domenichino, 1581—1641.

Der begabteste unter allen Epigonen der italienischen Kunstblüthe ist ohne Frage Guido Reni, dessen Gemälde eine gewisse Anmuth und Eleganz, auch belebtere Phantasie nie vermissen lassen. Hätte den ritterlichen Lebemann seine Spielleidenschaft nicht so viel Geld gekostet, so würden wir ohne Zweifel weniger Bilder von ihm haben, ohne daß sein Ruhm Einbuße erlitte. Was diese Kunst hätte hervorbringen können, wenn sie den gebahnten Weg ins Freie kühn verfolgt hätte, beweist sein herrlichstes Werk, das große Deckengemälde "Aurora" im Palazzo Rospigliosi zu Rom, dem Zauber des Momentes gewidmet, da über der tiefblauen Meeresfluth die hellen, feurigen Rosser des Tages eben aufstrahlen. Bald aber geht er zu einem abstrakteren Schönheitsideal über, und seine Eigenthümlichkeit verliert sich zuletzt in eine leere, abgeschwächte Manier. Ein dritter bedeutender Anhänger der Caracci war Gianfrancesco Barbieri, genannt Guercino, der von einer anfangs mehr naturalistischen Auffassung auf das Zarte und Anmuthige überlenkt — einer von den wenigen Künstlern der Zeit, die noch hier und da wirkliche Andachtsbilder schaffen, weil ihm nicht bloß kirchliches Chauffement, sondern ungetäuschte Frömmigkeit den Pinsel führt. Ein mittelbarer Schüler der Caracci, wahrscheinlich durch Domenichino, ist Giambattista Salvi, genannt Sassoferrato, der, ohne sonderliche Energie des Gefühls, doch mit liebenswürdigem Sinne Arbeiten schafft, die am meisten an Rafael's Jugendzeit erinnern; so namentlich seine, einen eigenen Typus darstellenden, graziösen und gemüthvollen Madonnen. Unmittelbar an die Caracci schließt sich in seinen kirchlichen Bildern an Francesco Albani, dessen Sinn für Anmuth sich besonders in idyllischen, halb der Landschaft angehörigen Darstellungen gefällt.

Guido Reni, 1575—1642.

Guercino, 1590—1666.

Sassoferrato, 1605—1685.

Albani, 1578—1660.

Unter seinen Jüngern ist Andrea Sacchi zu nennen, der in der zweiten Hälfte des 17. Jahrhunderts die letzte römische Schule gründete, in welcher als letzter großer Zeichner Carlo Maratta, ein Nachahmer des Guido Reni, wirkte. *Maratta, 1625 1713.*

Von den andern Schulen Italiens ist keine ganz unberührt geblieben von der Einwirkung Bologna's, so sehr man sich z. B. in Florenz dagegen wehrte. Immerhin hat die florentinische Richtung noch am meisten Selbständigkeit gerettet. Man war der gehäuften, mit anatomischer Härte ausgesprochenen, in gewaltsamer Bewegtheit sich vordrängenden Form überdrüssig geworden, und das Hauptstreben ging jetzt auf sinnliche Schönheit ohne Affect. Ein Hauptbild dieser Richtung ist die gefeierte Judith im Palast Pitti von Cristofano Allori, dem Sohn des oben genannten Alessandro. In Wirklichkeit stellt dasselbe wie auch die büßende Magdalena *Cristofano Allori, 1577 —1621.* in den Uffizien eine berüchtigte Curtisane von Florenz mit Namen Mazzafirra dar, welche den ihr leidenschaftlich ergebenen Künstler nach und nach dahin brachte, daß er in Schulden unterging. Eben dahin gehört Lodovico Cardi, genannt Cigoli, und dessen mittelbarer *Cigoli, 1559—1613.* Schüler, der auch als Baumeister wirksame Pietro Berettini da Cortona, in des- *Pietro da Cortona, 1596—1669.* sen großräumigen Wandmalereien sich die Verflachung des Eklekticismus zur gefälligen Decoration ankündigt. Mehr dem Domenichino verwandt erscheint der Florentiner Matteo Rosselli, dessen Triumph des David im Pitti gleichfalls zu den interessantesten Leistungen *Rosselli, 1578—1650.* der Zeit gehört. Unter seinen zahlreichen Schülern folgte besonders Carlo Dolci (Dolce) einer *Dolce, 1616* weicheren, bis auf die äußerste Spitze der Sentimentalität gesteigerten Richtung. Heimathsorte —1686. dieser ganzen nachclassischen Kunstepoche sind jetzt besonders die den Namen Farnese, Borghese, Colonna, Corsini u. s. w. tragenden Paläste in Rom und die Gallerie Corsini in Florenz.

Unter den Malern der zweiten Hälfte des 17. Jahrhunderts ist eigentlich nur Salva- *Salvatore Rosa, 1615—* tore Rosa von originaler Kraft. Er ist aus der Schule des Spagnoletto hervorgegangen; 1673. seine Bedeutung liegt übrigens mehr auf dem Gebiete der Landschaft und des Genrebildes, als der historischen Darstellung. Einzelne gelungene Schöpfungen letzterer Art (Verschwörung des Catilina in Florenz) treten in den Hintergrund neben den zahlreichen Landschaftsbildern, die ihn vorzüglich bekannt gemacht haben. "Insgemein erscheint hier die Natur von einer düstern Seite, fast mit leidenschaftlichem Ungestüm aufgefaßt. Wilde Gebirgsschluchten, durch welche der Zugwind der Sturmes hinzieht, drohende Gewitterlüfte, die Staffage von Räubern oder einsamen Eremiten geben diesen Bildern oft einen eigenen phantastischen Reiz." Gleichfalls zur neapolitanischen Schule gehörte Luca Giordano, der in seiner Art große Schnell- *Luca Giordano, 1632* maler, dessen Beinamen "Mach rasch" (Fa presto), wie gezeigt, für die ganze Manier dieser 1705. extemporirenden Verfallsperiode charakteristisch ist.

b) Architektur und Sculptur.

Der seit etwa 1580 aufkommende Barockstil ist vorzugsweise repräsentirt durch den schon genannten Giacomo della Porta, durch die Gebrüder Fontana und ihren Neffen den Carlo Maderna, welcher das große, aber inhaltslose und die Kuppel verdeckende Prachtstück der Fa- *Carlo Maderna, 1556 —1629.* çade von St. Peter in Rom erbaute (1605—14). Aber der eigentliche Vollender dieses Riesenbaues und zugleich der Hauptrepräsentant und erfolgreichste Patron des genannten Stils in Architektur und Sculptur ist Giovanni Lorenzo Bernini, ein Neapolitaner, welcher als *Bernini, 1598—1680.* Günstling vieler Päpste zum Baumeister an St. Peter angestellt, dieser Kirche schließlich in den weltberühmten Colonnaden ein in der That würdiges Atrium verlieh (1667), von dem aus die Kuppel wieder sichtbar wird. So war noch zur rechten Zeit aus der Noth eine Tugend gemacht. Um so verunstaltender hat er freilich im Innern der Kirche gewirthschaftet, namentlich durch den abscheulichen Tabernakel, ein affectirtes Decorationswerk, um so mehr zu beklagen, als das dazu nöthige Material durch die Plünderung der antiken Bronzewerke, welche die Decke der Vorhalle des Pantheons bildeten, gewonnen werden mußte. Dafür stattete er das Pantheon

25 *

mit zwei Glockenthürmen aus, welche nicht mit Unrecht „die Eselsohren Bernini's" heißen. Noch verrufener ist Bernini als Bildhauer; seine prahlerische Muskulatur macht aus der menschlichen Gestalt einen aufgedunsenen Balg. In ihm, der die äußere Stellung und den Ruf des größten Künstlers seines Jahrhunderts besaß, vollzieht sich ganz dieselbe Wendung, welche ein halbes Jahrhundert vorher schon das Geschick der Malerei entschieden hatte. Auch er strebt vor Allem darnach, seine Gestalten im Momente des Affectes zu zeigen; lebhafte Geberden sollen den Gefühlsausdruck versinnbildlichen, und die ideale Gewandung verschlingt den Körper gleichsam in ihren weiten fliegenden Massen und flatternden Enden. So galten seine Engelstatuen auf dem Ponte Santo Angelo als Wunderwerke der Zeit; heute beachtet man sie nicht mehr! Besser sind seine Papstgräber in St. Peter (Urban VIII. und Alexander VII.) und vor Allem seine Pietà im Grabgewölbe Gregor's XII. in der Lateransbasilika. Aber eben diese Grabmonumente zeigen auch, wie die Allegorik bereits zur einzigen Gedankenquelle der Zeit geworden ist; ein Zustand gänzlicher Verwilderung begegnet uns dann in den Wandsculpturen der venetianischen Dogengräber.

Francesco
Borromini
1599—1667.

Der eifrigste Nebenbuhler Bernini's auf dem Gebiete der Architektur war Francesco Borromini, welcher aber vollends von allem inneren und äußeren Formengesetz abweicht und durch die abenteuerlichsten und launenhaftesten Combinationen zu wirken strebt. So ist überhaupt der gesammte Barockstil als eine Verwilderung der Renaissance zu bezeichnen. Fast wie es den festen Gestalten im Traume zu ergehen pflegt, so kommen hier die Bauglieder sämmtlich in Bewegung und erzeugen die seltsamsten Brechungen und Schneckenlinien. Namentlich fangen die Säulen an einzelnen Prachtstücken wie Hochaltären u. s. w. an sich zu winden, die Giebel werden gebrochen und schwingen sich in allen Richtungen; Volute verbinden das untere Stockwerk mit den oberen; Pilaster und Halbsäulen werden mit zwei oder drei zurücktretenden Nebenpfeilern ergänzt, um eine scheinbare perspectivische Vertiefung zu erzeugen. Manchmal machen solche Beiwerke ganz den Eindruck marmorner Schreinerarbeit. Mehrere der in diesem Stil erbauten Kirchen sehen innen aus wie ein Arrangement von Coulissen. Die Jesuiten sind durch derartige geschmacklose Ueberladung an polychromatischer Decoration berühmt geworden (Jesuitenkirche zu Venedig), und insonderheit hat der genannte Borromini, der Meister der Schnörkel, Curven und Schnecken, gerade die untergeordneten, nur mehr für Decoration bestimmten Nebenformen mit völliger Willkür als die vorzüglich wichtigen Theile des Ganzen behandelt. Während so sich eine völlige Ausartung des Kirchen- und Palastbaues bemächtigte, bildete sich um so üppiger das System der italienischen Villen- und Gartenanlagen aus, davon die Umgebung von Rom und Florenz zeugt mit ihren Prunkgärten, Terrassen, Rampentreppen, Abstufungen, Grotten und Fontainen.

IX. Die Reformation der Schweiz durch Ulrich Zwingli.

Literatur: J. v. Müller's und Glutz-Blotzheims Geschichte schweiz. Eidgenossenschaft, fortgesetzt von J. J. Hottinger, 6. 7. Bd. Zürich 1825 ff. Bluntschli, Geschichte der Republik Zürich, 2. Ausg. Zürich 1856, 3 Bde. und: Staats- und Rechtsgeschichte der Stadt und Landschaft Zürich. 1838, 2 Bde. — Huldr. Zwingli's Werke durch Melch. Schuler und Joh. Schulthes. Zürich 1828—42 mit den Briefen 8 Bde. Ein Auszug, systematisch geordnet von Leonh. Usteri und Sal. Vögelin. Zürich, 1819, 2 Bde. Osw. Myconius de Huldr. Zwingl. vita et obitu. Basel 1536. Heinr. Bullinger's Reformationsgeschichte, herausgegeben von Hottinger und Vögeli. Frauenfeld 1838, 3 Bde. Zur Lebensgeschichte Zwingli's: die Biographien von Rüscheler (Zürich 1776); J. C. Heß, ins Deutsche übersetzt und mit einem literar-historischen Anhang versehen von Leonh. Usteri,

Zürich 1811; von G. B. Roeder (der Schweizer Reformator H. Zwingli). St. Gallen und
Bern 1855; von Christoffel (Huldr. Zwingli's Leben und ausgewählte Schriften. Elberf.
1857 in „Väter der reform. Kirche"). Zoller, das theolog. System Zwingli's. Tübingen
1853. Sigwart, Ulr. Zwingli, der Charakter seiner Theologie mit besonderer Rücksicht auf
Picus von Mirandula. Stuttg. und Hamb. 1855. Hundeshagen, Zur Charakteristik
U. Zwingli's und seines Reformationswerks (Theol. Studien und Kritiken 1862) und Des-
selben: Beiträge zur Kirchenverfassungsgeschichte und Kirchenpolitik. Wiesbaden 1864.
Güder in Herzogs Real-Encyklopädie der prot. Theol. und Kirche, Bd. 18. Mörikofer,
Ulrich Zwingli nach den urkundlichen Quellen. Leipzig 1867.69, 2 Bde. J. J. Herzog,
Das Leben J. Oecolampads und die Reformation zu Basel. Basel 1843, 2 Bde. und andere
Schriften in dem erwähnten Sammelwerk „Väter der reformirten Kirche".

1. Stellung der Eidgenossenschaft und Zwingli's Jugendzeit.

Ging auch die Schweiz seit ihrer faktischen Trennung von Deutschland *Beziehungen*
(IX, 188) in politischen Dingen ihre eigenen gesonderten Wege, so nahm sie doch *der Schweiz*
zu Deutsch-
an der geistigen Bewegung stets den innigsten Antheil. Nicht nur der Humanis- *land.*
mus, für welchen Erasmus in Basel das verbindende Mittelglied bildete, auch die
reformatorischen Bestrebungen waren in beiden Ländern gleichzeitig thätig: junge
Schweizer machten ihre Studien in Wittenberg, deutsche Wanderprediger durchzogen die helvetischen Städte; in Bern nahm man an dem Fortgang der kirchlichen
Entwickelung den regsten Antheil, von Basel aus verbreiteten sich Luthers Schriften bis tief in die Alpenorte. Bei diesem Wechselverkehr ist es besonders merkwürdig, „daß alle die Reformkräfte, welche in Deutschland an ihrer natürlichen Entwickelung gehemmt waren und dort ungenutzt verloren gingen, ihre
Zuflucht in der Schweiz suchten", an den Mann sich anlehnten, welcher „mit der
humanistischen Geistesweite den reformatorischen Willensdrang vereinigte" und
das Werk in neue Bahnen lenkte, an Ulrich Zwingli in Zürich.

Wie Luther stammte auch Huldreich Zwingli aus dem Bauernstand und *Huldreich*
athmete in seiner Kindheit die freie Luft der Berge ein. Geboren am 1. Januar *Zwingli*
1484—1531.
1484 zu Wildhausen in der Grafschaft Toggenburg am Fuße des Säntis, „in
einer Höhe, wo keine Feldfrüchte noch Obstbäume mehr fortkommen, zwischen
grünen Wäldern und Alpenwiesen, über welche die kahlen, kühnen Firnen empor-
streben" verbrachte er seine Jugend unter einem Hirtenvolke, das sich mit Hülfe
der Eidgenossenschaft allmählich von den feudalen Belastungen befreite, womit
der Abt von St. Gallen das Land bedrückte. Bei diesen Bemühungen war
Zwinglis Vater der muthige Wortführer des Volks, ein wohlhabender Bauer,
der viele Wiesen und Alpen eigenthümlich besaß und den die Gemeinde zu ihrem
Landammann bestellt hatte. Wie ein patriarchalischer Hausvater waltete er in
seiner Familie unter seinen acht Söhnen; die derbe naturwüchsige Weise, die nüchterne praktische Verständigkeit, der muntere Witz schlichter Gebirgssöhne durchzog
wie erfrischende Alpenluft Dorf und Gehöfte. „Von dem mystischen Hang, der
sich Luther so früh auf die Seele legte, ist dem jungen Zwingli nie etwas nahe

getreten." Dagegen theilte er mit dem Mansfelder Bergmannsohn die Liebe zu
Gesang und Musik, die in Toggenburg ebenso heimisch war wie in Thüringen.
Auf gar manchem Instrument war er Meister, so daß ihn später seine Gegner
spöttisch "den Lautenschläger und evangelischen Pfeifer" nannten. Die guten Anlagen des Knaben bestimmten den Vater, ihn dem geistlichen Stande zu widmen.
Von einem Oheim, den die Wildenhauser sich einst selbst zum Pfarrer gewählt und
der damals in Wesen stand, empfing er den ersten vorbereitenden Unterricht;
dann besuchte er die hohen Schulen in Basel und Bern und widmete sich dort den
humanistischen Studien mit dem größten Eifer und Erfolg. An den klassischen
Werken des Alterthums nährte er seinen strebsamen Geist. Heinrich Wölflin oder
Lupulus, einer der hervorragendsten Humanisten der Schweiz war in Bern sein
Lehrer; in Basel hörte er den muthigen Theologen Thomas Wyttenbach, der
öffentlich zu lehren wagte: "die Schlüsselgewalt der Kirche ist eitel Blendwerk,
Christus allein hat das Lösegeld für die Sünden der Menschheit geleistet; nur
der Glaube an ihn öffnet den Schrein der Gnade Gottes." Um den Jüngling den
Verlockungen der Berner Dominicaner zu entziehen, die ihn seiner schönen Stimme
wegen für ihren Orden gewinnen wollten, sandte ihn der Vater nach Wien, wo
er seine klassischen und philosophischen Studien fortsetzte. Bald kehrte er nach
Basel zurück, um sich ganz der Theologie zu widmen. Aus dem griechischen Testamente des Erasmus schrieb er die Paulinischen Briefe eigenhändig ab, lernte sie
auswendig und versah sie mit Bemerkungen. Zwingli war bereits Magister der
freien Künste und eingeweiht in den ganzen Umfang der klassischen Bildung der
Humanisten, als ihn die Gemeinde Glarus zum Prediger und Seelsorger wählte
(1506). Mit Bezug hierauf äußerte er später: "Alle Achtung vor Martin
Luther, aber was wir mit ihm gemein haben, das war schon unsere Ueberzeugung,
ehe wir seinen Namen kannten."

Indessen würde man irren, wollte man Zwingli als den ersten Begründer der
Reformation ansehen. Allerdings war er wie alle Humanisten schon vor Luthers Auf-
treten der herrschenden Kirche innerlich entfremdet; aber den äußeren Kampf gegen das
Papstthum, der zur Reformation führte, hat der sächsische Mönch begonnen. Während
Luther nur durch die tiefsten Seelenkämpfe zur Losreißung von der Gemeinschaft der
katholischen Kirche gelangte, kostete dem humanistisch gebildeten Schweizer dieser ent-
scheidende Bruch keine gewaltsame und schmerzliche Anstrengung, und während der
Wittenberger Reformator bereits unter dem Banne des Papstes lag, bezog Zwingli noch
Jahrgelder von Rom. Auch in den Tagen der höchsten Entzweiung hat der Züricher
Leutpriester selbst nie bestritten, daß sein dogmatischer Gegner der Führer und Bannerherr der Reformation gewesen. Mit Recht hält es übrigens Mörikofer, der neueste
Biograph seines großen Landsmanns, für eine Ehre und einen Gewinn deutscher Wissenschaft "den Beweis zu leisten, daß Deutschland in seiner glorreichsten Zeit zwei Männer
hervorgebracht, welche, jeder auf seine Weise, das deutsche Volk von geistiger Abhängigkeit befreit, der Kraft und dem Geschick des deutschen Volksgeistes den bleibenden Anstoß zur vielseitigsten Entfaltung gegeben, und dem kirchlichen und häuslichen Leben die
sittliche und religiöse Weihe verliehen".

Zehn Jahre lang waltete Zwingli als „Kilchherr von Glarus" seines geist- Zwingli in Glarus u. der Schweizer Klerus. 1506—1517.
lichen Amtes; und wenn er während dieser Zeit auch seine theologischen Studien
keineswegs vernachläffigte, fich fogar in die mittelalterige Scholaftik vertiefte, fo
weilte doch fein Herz vorzugsweise bei den Geiftern des Alterthums; er las die
klaffifchen Schriftfteller und verfaßte fogar ein politifch - fatirifches Gedicht „Labyrinth" in deutfcher Sprache mit allegorifchen Beziehungen auf die Zeitgefchichte
und ein „Fabelgedicht vom Ochfen und etlichen Thieren, den Lauf der Dinge be-
greifend"; er nahm an den humaniftifchen Bewegungen Deutfchlands und Italiens
den regften Antheil, er ftand mit mehreren ihrer hervorragenden Häupter, insbefondere mit Erasmus in Briefwechfel, er ftudirte eifrig das Griechifche, „damit
er die Lehre Chrifti aus ihrem eigenen Urfprung erlernen möchte." Am Texte
der echten Ueberlieferung prüfte er dann die kirchlichen Schriftfteller; felbft in die
Werke der Häretiker, eines Wycliffe, Hus verfenkte er fich; er meinte „auch auf
einer mit Unkraut bewachfenen Haide gedeihe bisweilen eine nahrhafte Pflanze."
Von befonderem Einfluß auf feinen theologifchen Ideengang waren die Schriften
Pico's von Mirandola (IX, 898), denen er große Aufmerkfamkeit widmete. So
bildete Zwingli fich allmählich ein Syftem unabhängig gewonnener Ueberzeugungen.
Wie erhaben ftand er über der Menge der Schweizer Geiftlichen, von denen fich
bei einer Verfammlung herausftellte, daß nur drei in der Bibel bewandert waren
und von den übrigen keiner das Neue Teftament ganz gelefen hatte. Der Klerus
war auch hier völlig verfumpft, theils in Ueppigkeit, theils in Gleisnerei, die
Predigt der Ungebildeten war Kanzelgefchwätz nach fremden Heften, die der Ge-
bildeteren war trockne Scholaftik. Nirgends war die Kirchenzucht fchlaffer, die
Privilegien und Befreiungen der kirchlichen Geftifte größer als in der Schweiz,
weil der päpftliche Hof behufs feiner Werbungen fich den guten Willen des Klerus
zu bewahren fuchen mußte.

Aber in der Schweiz war der Prediger nicht blos auf das Geiftliche ge- Zwingli als Seelforger und Feld- prediger.
wiefen; er war auch ein thätiges Glied des bürgerlichen Gemeinwefens, er nahm
auch Theil an dem politifchen und kriegerifchen Leben. Und Zwingli war ein zu
eifriger Republikaner, als daß er nicht auch die weltliche Seite des Volks- und
Staatslebens in den Bereich feines Amtes gezogen, als daß er über Studien und
geiftlichen Befchäftigungen die äußeren Angelegenheiten der Eidgenoffen verfäumt
hätte. Er war der echte Seelforger der Gemeinde zu Haus und im Felde, in
Friedens- wie in Kriegszeiten, der Theilnehmer an ihren Freuden und Leiden.
„Von Natur mit einem lebensfrohen Sinn begabt, gefellig, in der Wahl feines
Lebensweges weder kleinlich noch mißtrauifch, doch durch Bildung und fittliches
Gefühl vor jeder Gemeinheit und Unmaß bewahrt, nahm er auch als Geiftlicher
an unfchuldigen landesüblichen Freuden gerne Antheil. Durch Geift, Wiß, Unterhaltungsgabe und befonders durch feine Fertigkeit und Liebe für die Tonkunft war
er allenthalben im gebildeten Familienkreife ein willkommener Gaft und Gefellfchaf-
ter. Den Umgang mit Frauen mied er fo wenig, daß ihm von feindlichen Amts-

brüdern und politischen Gegnern daraus ein Vorwurf gemacht wurde." Er selbst gesteht mit der ganzen Aufrichtigkeit seines Wesens, daß er sich nicht frei gehalten von
Sünden und Vergehungen; aber er versichert auch, daß er durch ernstes Studium
der alten Schriftsteller bei Tag und Nacht die Regungen der sinnlichen Natur überwunden, die unkeuschen Begierden, wenn nicht ausgelöscht doch gezähmt habe, nie
„von den Ketten der Venus gefesselt, worden", und bei der Wahrhaftigkeit, die von
Jugend auf den hervorragenden Grundzug seines Charakters bildete, darf man
an diesem Bekenntniß nicht zweifeln. Er kämpfte siegreich wider das Fleisch;
sein späteres Leben war frei von jedem Vorwurf und Tadel. — Mehr als einmal
hat er die Söldnerhaufen des Kantons als Feldprediger nach Oberitalien begleitet, auch lange Zeit einen Jahrgehalt von dem Papst gezogen. Er war Zeuge
des Triumphs der Eidgenossen bei Novara (IX, 876) und ihrer Niederlage bei
Marignano. Bei diesen Kriegszügen erkannte er aber bald die großen Schäden,
welche dadurch dem Volke erwuchsen. In den trostlosen Tagen, die der letzteren
Schlacht vorangingen, redete der junge Feldprediger den Kriegsleuten scharf ins
Gewissen; er schalt über den Fluch der heimathlosen Reisläuferei, die Entartung
der alten Zucht, den Verfall der Schweizer Waffenehre. Seitdem war er ein
entschiedener Gegner des Söldnerdienstes; er wies später das päpstliche Jahrgeld
zurück.

Die Söldne-
rei und ihre
Wirkungen.   Wir wissen, wie sehr sich die Fürsten jener Tage um die Hülfe der
Eidgenossen in ihren Kriegen bemühten; die Könige von Frankreich, die
Päpste, der deutsche Kaiser, die italienischen Fürsten und Republiken suchten
die tapferen Alpensöhne in ihre Dienste zu locken; sie schlossen Verträge mit einzelnen Kantonen und Gemeinden; sie erkauften durch Jahrgelder und Ehrengaben
einflußreiche Volkshäupter und Rathsherren, damit sie dem Werbungen Vorschub
leisteten, sie übten Bestechung aller Art. In Folge dieser Umtriebe und Söldnerei entstand Unfriede und Parteiung in der ganzen Eidgenossenschaft, die Spaltung drang vom Gemeinwesen in das Leben der Stadt, des Dorfes, der Familie
ein. „Man haßte und liebte, man haderte und stritt für den fremden Soldherrn;
aber das eidgenössische Vaterland stand verwaist, denn seine Söhne hatten Herz
und Gedanken an fremde Zwecke und Banner vereidet." Die Heimziehenden
brachten Geld und Beute mit; dies lockte Andere zur Nachahmung; die Reisläuferei wurde zur Volkssitte, der Solddienst zum beliebten Gewerbe; ein verderblicher Miethlingssinn riß ein. Wir haben gesehen, wie oft die Kriegsschaaren
ihre Treue brachen; das Gefühl der militärischen Ehre und Disciplin wurde ab-
gestumpft, Gewinnsucht und Habgier zerrissen die Bande der Rechtschaffenheit,
lockerten Tugend und Manneswort; Rohheit, Schwelgerei, Leidenschaftlichkeit
und schlimme Gewohnheiten und Laster drangen in die einst so tapferen Männer-
herzen ein. Zuweilen erwachte das bessere Volksbewußtsein, wenn man mit Sorge
gewahr wurde, welchen Schaden die Sittlichkeit, die Zucht, die bürgerliche Eintracht nahmen; dann gingen von Obrigkeiten, Tagsatzungen, Volksgemeinden

Verbote aus gegen die Reisläuferei und die Werbungen; man schwur den fremden Herrendienst „Mieth und Gaben" ab. Aber Eigennutz und Gewinnsucht waren mächtigere Hebel: „die Eide und Verbote wurden vergessen oder durch listige Auslegungen umgangen und das alte Sündengeld, der französische Kronensack, die geistlichen Gnadenschätze der römischen Legaten warfen neue Fesseln über die Nacken und Herzen." Wie oft standen Bürger desselben Volks einander feindlich gegenüber; wie oft sah man dieselben Leute heute für morgen gegen eine Sache sich schlagen! Es war ein unwürdiges Treiben, das Ehre und Treue in der Eidgenossenschaft untergrub und jeden redlichen Freund des Vaterlandes mit Schmerz erfüllen mußte. Niemand fühlte das Schmachvolle dieser Söldnerei tiefer als Zwingli. War sein Herz Anfangs mit Stolz erfüllt über die bedeutsame Stellung, welche die Eidgenossen durch ihre Tapferkeit in den Kriegen der Mächtigen sich erworben, so suchte er in der Folge mit dem heiligen Zorn und Eifer eines Elias die fremden Götzen und Altäre durch die Stimme des göttlichen Wortes umzustürzen und das Gefühl für wahre Ehre und Schweizersinn zu wecken. Aber seine Strafpredigten verhallten vor den Lockungen des Auslandes. Da er die Herzen verstockt fand, flüchtete er sich mit seinen Hoffnungen in die Zukunft; „auf dem Acker der Jugend wollte er neue Brunnen graben und Fruchtbäume pflanzen." Er errichtete eine Lateinschule, um in den Söhnen der angesehensten Familien den Sinn für Bildung, Wissenschaft und Vaterlandsliebe zu entwickeln. Aus dieser Schule sind die Männer hervorgegangen, die wie Valentin Tschudi, Heer, Brunner in der Folge für die Reformation des Kantons thätig waren. Und auch solche, die der neuen Lehre widerstrebten, wie der Geschichtschreiber Aegidius Tschudi, haben doch dem Meister stets Dankbarkeit und Verehrung gezollt.

Die Anfeindung der französischen Partei, die Zwingli aufs Eifrigste bekämpfte, und der Neid lichtscheuer Amtsgenossen, die seine freie Richtung verdächtigten, verleideten ihm den Aufenthalt in Glarus. Er nahm daher die Stelle eines Pfarrhelfers in Einsiedeln an, um in der berühmten Benedictinerabtei, die aus der dürftigen Zelle des heil. Meinrad emporgewachsen war, ein ruhigeres Leben und Muße zu wissenschaftlichen Studien zu erlangen. Denn an der Spitze der Klosterbrüderschaft standen damals freisinnig gebildete Männer, wie der Fürstabt Konrad von Rechberg und der Klostervogt Diebold von Geroldseck. Aber schon damals war das wunderthätige Marienbild der Gegenstand der höchsten Verehrung und versammelte alljährlich Tausende von Pilgern an dem heiligen Ort auf der rauhen von Fichtenwäldern umgebenen Berghöhe wo man am Tage der „Engelweihe" Schaaren von Büßern Heilung und Sündenvergebung durch Opfer und Gebet, durch Darbringungen und Handlungen andächtiger Werkheiligkeit suchen sah. Zwingli, der schon lange die Ueberzeugung hegte, alles äußere Kirchenwerk ohne inneren Gottesdienst sei unfruchtbar, Christi Opfertod und der lebendige Glaube an ihn allein unsere Rechtfertigung, nahm bald Anstoß

Zwingli in Einsiedeln. 1516—1518.

an diesem Cultus des Aberglaubens. Er selbst sagte später, daß er in Einsiedeln angefangen habe, das Evangelium zu predigen. Im Gegensatz zu den Festreden der Mönche sprach er zu der hülfesuchenden Menge „von einer Sündenvergebung, die nicht durch Wallfahrten und eitle Gelübde, nicht durch Berührung heiliger Altäre und Gnadenbilder erworben werde, sondern durch Besserung des Herzens und Wandels, durch wahre Buße und sittliche Umkehr."

In einer Predigt aus dem J. 1518, von welcher Bullinger ein Bruchstück aufbewahrt hat, rief er den Pilgern zu: „Diese Auserwählten Gottes, zu deren Füßen ihr herströmt, sind sie wohl durch fremdes Verdienst in des Himmels Herrlichkeit eingegangen? Nein, durch Ausharren auf dem Fußsteige des Gesetzes, durch Unterwerfung unter des Höchsten Willen, durch eine todesverachtende Ergebenheit gegen ihren Erlöser. Ihres Wandels Heiligkeit bleibe euch Muster, tretet in ihre Fußstapfen; weder Gefahr noch Verführung lenke euch ab; auf solche Weise ehret ihr sie würdig. Aber am Tage des Bedrängnisses setzet einzig auf Gott euere Zuversicht, auf ihn, der den Himmel und die Erde hervorrief. In der Todesstunde ruft einzig Jesum Christum an, der mit seinem Blute euch erkauft hat, ihn den einzigen Mittler zwischen Gott und Menschen."

Es war begreiflich, daß eine solche Sprache, so neu in jenen Räumen, großes Aufsehen erregte. Während die Freisinnigen Zwingli als Mitstreiter und Vorkämpfer begrüßten und ihm ermunternd zuriefen, fortzufahren in dem zum Segen des Volkes begonnenen Werke; wurden die Altgläubigen bedenklich über die neuen Predigten; man wollte schon eine Abnahme in den Einkünften des Klosters vermerken. Auch in Rom war man aufmerksam; denn Luther hatte ja bereits seine Thesen angeschlagen. Man wünschte in dem Lande, wo der große Markt für den römischen Waffendienst war, kirchliche Aufregungen zu vermeiden. Darum suchte der päpstliche Legat den ehemaligen Feldprediger durch freundliche Anerbietungen und Gnadenerweisungen in das Interesse seines Hofes zu ziehen. Dem Mann, der wie er selbst sagt, „Licht in das Irrsal der Finsterniß" tragen wollte und Hülfe der leidenden Kirche bringen, bot man Titel, Einkünfte, Ehren als Fesseln für Geist und Herz. Noch stand der Pfarrhelfer Zwingli auf dem Boden der Kirche; aber er war überzeugt von der Nothwendigkeit einer Reformation. Eine solche durch die gesetzlichen Autoritäten herbeizuführen war sein eifrigstes Bestreben, und darin wurde er unterstützt von einigen gleichgesinnten Freunden. Er selbst hat später in einem Briefe dargelegt, welche Mühe er sich gegeben, den Cardinal Schinner, den Legaten Pucci, den Bischof von Constanz zu bewegen, daß sie ihren Einfluß in Rom zur Beseitigung der Irrthümer und Mißbräuche anwenden möchten, „sonst würden sie mit großer Unruhe von selber umfallen." Als seine Mahnungen wirkungslos blieben und er dann selbst Hand anlegte, durfte er mit gutem Gewissen sagen, „daß er niemals in Winkeln und wie die Diebe etwas fürgenommen, sondern allweg zeitig genug gewarnt und allen Menschen Antwort gegeben habe." Schon in Einsiedeln warf er in einem Brief an Capito den Gedanken hin, man müsse dem Papstthum ein Ende machen.

2. Zwingli in Zürich.

Bereits war Zwingli's Name in der Schweiz allgemein bekannt; aber die
Abgeschiedenheit des Klosters in der Waldeinsamkeit war kein geeignetes Ackerfeld
für reformatorische Thätigkeit. Ein solches fand er im J. 1518 durch die Berufung als Leutpriester am Großmünster in Zürich. Nun legte er die Pfarrstelle
in Glarus, die er bisher noch immer beibehalten und durch einen Stellvertreter
hatte versehen laffen, nieder und vertauschte den Aufenthalt in Einsiedeln, „die lieb-
lichste Idylle seines kampfbereiten Lebens", wie er ihn nannte, mit Zürich, dem
„vorderſten und oberſten Ort der Eidgenoſſenſchaft." Am Neujahrstag 1519, seinem
36. Geburtstage, hielt er seine Antrittsrede, worin er der Gemeinde verkündigte,
daß er sich bei der Auslegung der Lehre Christi nicht durch menschliche Autoritäten
sondern vom Geiſte der heiligen Schrift werde leiten laffen. „Er war von Leib und
Geſtalt ein schöner Mann", berichtet Bullinger, „von blühender Gesichtsfarbe, von
mehr als mittlerer Größe, begabt mit einer sehr starken Stimme, welche aber zu
Herzen ging, weil Geist und Leben aus ihm sprach, und weil er von der Größe seiner
Aufgabe erfüllt war." Wie Luther begann auch Zwingli seine reformatorische Laufbahn mit der Bekämpfung des Ablaßhandels. Bernhardin Samson, Guardian
des Barfüßerklosters in Mailand, wetteiferte mit Tezel. Von den Waldstätten aus
durchwanderte er die Schweiz, um den Leichtgläubigen die Sündenvergebung zu
verkaufen. Auch in Zürich wollte er seinen Einzug halten. Aber der neue Prediger
bewirkte, daß der Rath ihn vor dem Thore abwies. Samson kehrte mit seiner Beute
über die Alpen zurück, Zwingli aber wurde von dem Bischof von Conſtanz, der
dem Ablaßhandel nicht hold war, belobt, „daß er den fremden Wolf von der Weide
vertrieben". Die Freiheiten der Züricher Münſterkirche rechtfertigten die Aus-
weiſung und auch die Curie nahm die Sache ruhig hin. Wir wiſſen ja, welch
großen Werth man in Rom auf das gute Einvernehmen mit der Schweiz legte,
man wollte nicht durch ein Aergerniß die Werbungen stören. Gegen Zwingli erging keine Bannbrohung wie gegen Luther; er hatte vielmehr Noth, sich der zu-
bringlichen Artigkeiten des römischen Hofes zu erwehren.

Als Prediger erregte Zwingli bald das größte Aufsehen, und als Seelsorger in den schweren Tagen der Heimsuchung durch die Peſt, die ihn na-
selbst an den Rand des Grabes brachte, gewann er sich die Herzen der Bevölkerung. Schon am Ende des erſten Jahres konnte er seinem Freund Oswald
Mykonius damals in Luzern, schreiben: über zweitausend Seelen seien mit der
Milch des Evangeliums so weit genährt, daß sie bald feſtere Speise zu vertragen
vermöchten. Er selbst gibt in der Schrift „Archeteles" Rechenschaft, wie er an der
Hand des heiligen Wortes, „das Gott durch seinen Sohn den Menschen entboten
und dargethan" die Lehre von der Rechtfertigung des Menschen im Sinne des
Apoſtels Paulus vorgetragen, „in einfältiger Schweizersprache" ohne Ab-
schweifungen und künſtliche Wendungen. Aber den größten Nachdruck legte er

Zwingli Leutpriester in Zürich. 1519.

Der Ablaß-prediger Samson 1519.

Zwingli als Sittenpre-diger.

gleich Anfangs auf die Verbesserung der Sitten und des Lebens. Denn in
Zürich, wo sich stets viele Fürsten, Herren und Gesandten aufhielten und „Trinken,
Spielen, Hofiren" an der Tagesordnung war, herrschte damals „viel Ueppigkeit,
Rohheit und Lockerheit". Heftig hub er an wider die Mißbräuche, den Aberglauben und die Gleißnerei zu reden, schreibt sein Amtsnachfolger Bullinger.
„Die Buße oder Besserung des Lebens, christliche Liebe und Treue trieb er
mächtig. Die Laster, als Müßiggang, Unmaß im Essen und Trinken, in
Kleidern, Unterdrückung der Armen, Pensionen und Kriege strafte er strenge; er
drang mit Ernst darauf, daß die Obrigkeit Gericht und Recht halte, die Wittwen
und Waisen schirme, und daß man die eidgenössische Freiheit sich zu behalten
fleiße, der Fürsten und Herren Bullen ausschlage." Seine Worte machten einen
gewaltigen Eindruck. „Das ist ein rechter Prediger der Wahrheit", sprachen die
Leute, „der wird sagen, wie die Sachen stehen." Gar mancher Zuhörer fühlte sich
getroffen und meinte, er deute auf ihn. Da pflegte er dann wohl tröstend zu
sagen: „Frommer Mann, nimm dir's nicht an!" „Er sprach gar ländlich," versichert Bullinger, „und war der als der Fremde angenommenen Klapperrede,
dem Sprachgemengsel der Kanzeleien und dem Prunk müßiger Worte abgeneigt.
Das Gebet vor der Kirche hielt er mit großem Ernst." Seine Ermahnungen
drangen tief ins Herz; als er einst über die Stelle predigte: „Ich bin ein guter
Hirte", erzählt Plater, „wähnte ich, es zöge mich Einer bei den Haaren über
sich." Und wie er auf der Kanzel gewaltig wirkte, so machte er auch im Leben
durch seine Persönlichkeit einen bedeutenden Eindruck. Meister Ulrich Zwingli,
sagt derselbe Bullinger, „war im Essen und Trinken ein gar mäßiger Mann, und
sonst auch von starkem gesundem Körper; nicht schwermüthig, sondern eines
freien, fröhlichen Gemüthes, so daß er seine große und vielfältige Arbeit mit
Gottes Gnade und besonderer Hülfe wohl hat aushalten mögen: zudem er die
Musik gebraucht zur Erlabung und Ergötzung des beschwerten Gemüths. Ferner
hatte er zu diesem Ende hin seine auserlesene Gesellschaft mit gottseligen und
freundlichen Leuten und zuweilen ergötzliche und lehrreiche Gespräche. Sonst aber
hielt er seine Stunden aufs Allerfleißigste zu Rathe, damit er sie wohl anwende
und gebrauche, so daß ihm auch nicht eine ohne Nutzen dahin und verloren ging.
Früh stand er auf; Viel hat er bei Nacht ausgerichtet, mit Schreiben namentlich,
doch auch nur dann, wenn er mit Geschäften überladen war, die keinen Verzug
litten. Sonst genoß er immer der regelmäßigen nothwendigen Ruhe." Rath-
suchenden Leuten war er immer zugänglich.

Er bekämpft
die Söldnerei
u. die kirch-
lichen Miß-
bräuche.

Wie in Glarus, so eiferte Zwingli auch in dem neuen Wirkungskreis
gegen das Söldnerwesen und gegen jede Einmischung in fremde Angelegenheiten. Im Anfang der zwanziger Jahre kam wieder der französische
„Kronensack" nach der Schweiz, um Waffenknechte für den lombardischen
Krieg zu werben. Aus allen Kantonen strömten Miethlinge zu den Fahnen
des Königs Franz I. Nur Zürich lehnte den Vertrag ab. Als aber

der Papst und der Kaiser mit ähnlichen Anträgen auftraten, vermochte er _{10. Mai} _{1522.}
mit seiner „Vermahnung an die zu Schwyz, daß sie sich vor fremden Herren
hüten" nicht durchzubringen. Damals sprach Zwingli, durch die Zurückweisung
des bisher bezogenen Jahrgehalts frei geworden, zum erstenmale bittere Worte
gegen Rom und den päpstlichen Parteiführer Schinner: „Ich wollte, man hätte
durch des Papstes Bundesbrief ein Loch gestoßen und seinen Boten auf den
Rücken gehängt ihn heimzutragen. Wenn sich im Lande ein Wolf blicken läßt,
so läutet ihr Sturm ihn zu verfolgen; aber den Wölfen, so der Menschen Leib
und Seele verderben, wollet ihr nicht wehren. Mit Recht tragen die Cardinäle
rothe Hüte und Mäntel. Schüttelt man sie, so fallen Dukaten und Kronen
heraus; windet man sie aber, so rinnet daraus das Blut eurer Söhne, Brüder,
Väter und guten Freunde." Durch dieses scharfe Auftreten machte sich Zwingli
viele Feinde. Die Söldnerei mit den Jahrgeldern war ein zu einträglicher Erwerb, als daß man demselben hätte entsagen mögen. Der Haß der gesammten
französischen Partei fiel auf den Prediger. Zu den politischen Gegnern gesellten
sich die kirchlichen; man beschuldigte ihn der Ketzerei: er sei ein „anderer Luther,"
dem gegenüber man den alten Glauben wahren müsse. Man stiftete das Volk
gegen ihn auf; der Rath stellte eine Wache vor sein Haus; wenn er Abends
ausging, begleiteten ihn junge Leute von seiner Partei. Der muthige Mann
ließ sich jedoch nicht abschrecken. In einer Rede über die Fastengebote sagte er
„Fleischessen sei keine Sünde, wohl aber Menschenfleisch verkaufen und zu Tode
schlagen." Sein Tractat „von Erkiesen und Fryheit der Spysen" kann als seine _{April 1522.}
erste Reformationsschrift betrachtet werden. Fasten oder Fleischessen, führt er
aus, muß dem Christen freigestellt sein. An die Landsgemeinde in Schwyz
richtete er „Eine göttliche Ermahnung", gegen die Söldnerei mit ihren schlimmen Folgen, eine Schrift voll edler vaterländischer Gesinnung und schwung-
voller Beredtsamkeit, die aber ohne nachhaltige Wirkung blieb. Vielmehr erging
eine Warnung gegen die neuen Predigten, aus welchen dem gemeinen Volke
Unwillen und Zwietracht und Irrung im christlichen Glauben erwachse.

Schon ein Jahr nach dem Auftreten Zwingli's hatte der Rath von Zürich _{Der Zürcher} _{Rath u. der}
den Predigern die Erlaubniß ertheilt, „daß sie alle insgemein frei, wie dieses _{Bischof von} _{Constanz.}
auch die päpstlichen Rechte zugeben, die heiligen Evangelia und Epistel der _{1522.}
Apostel gleichförmig nach dem Geiste Gottes und der rechten göttlichen Schrift
Alten und Neuen Testamentes predigen und was sie mit gemeldeter Schrift erhalten und bewähren mögen, verkündigen und von anderen zufälligen Neuerungen und Satzungen schweigen sollten". Damals hatte der Bischof von Constanz,
zu dessen Sprengel Zürich gehörte, nichts wider den Erlaß unternommen. Zu
einer Zeit, da gegen Luther schon der Bannstrahl geschleudert war, behandelte
die Hierarchie die Schweiz noch mit der größten Nachsicht und Schonung. Jetzt
aber, als man anfing, sich hie und da der Fasten zu enthalten und sich über
manche Gebräuche wegzusetzen, ließ der Bischof den Rath auffordern, die bis-

herigen Ceremonien aufrecht zu halten. Die lutherischen Schriften waren mittlerweile in alle Welt ausgegangen; die Zeit der Unbefangenheit und Nachsicht
war vorbei. Bei dem Verhöre, das darauf der Rath mit Zwingli und zwei
andern Predigern vornahm, bewies jener aus den Worten des Apostels Paulus, **6. Apr. 1522.**
daß die Enthaltung vom Genuß des Fleisches zu gewissen Zeiten kein göttliches
Gebot sei. Die Rathsversammlung unter dem Vorsitz des Bürgermeisters Marx
Röust war getheilter Ansicht. Um jedoch den Bischof nicht zu beleidigen, wurde
ein ausweichender Beschluß gefaßt: „Es sollte Niemand „ohne merkliche Ursach“
die Fasten brechen, der Bischof aber ersucht werden, bei den kirchlichen Gewalten
oder bei den Gelehrten eine Erläuterung auszubringen, wie man sich in Hinsicht
der Ceremonien zu verhalten habe, ohne gegen die Satzungen Christi zu verstoßen“. Auf diesen Beschluß folgte ein bischöflicher Hirtenbrief, worin Propst
und Kapitel in Zürich zum eifrigsten Widerstand gegen Neuerungen aufgefordert
wurden. Es war darin zugegeben, daß sich manches Schriftwidrige in die Kirche
eingeschlichen habe, aber „der gemeinschaftliche Irrthum bilde ein Recht“; gegen
den Kirchengebrauch dürfe Niemand handeln. Schon vorher hatten mehrere
römisch gesinnte Chorherren, darunter Zwingli's ehemaliger Gönner Hofmann,
wider die „lutherischen“ Neuerungen geeifert, so daß der Leutpriester einmal erzürnt ausrief: „mit Gott werde er sie so schütteln, wie der muthige Stier mit
seinen Hörnern einen Spreuersack“. Jetzt ließ er gegen den bischöflichen Hirtenbrief die Vertheidigungsschrift ausgehen: „Archeteles d. i. Anfang und Ende“,
worin er seine bisherigen Lehren rechtfertigte, den Bischof ermahnte, sich nicht
zur Unterdrückung der Wahrheit verleiten zu lassen und sich zu einer Disputation
erbot.

Lambert von
Avignon in
Zürich.
Damals geschah es, daß eines Tags ein fremder Barfüßermönch in seiner Kutte
auf einem Esel in Zürich einritt. Es war jener Franz Lambert von Avignon, dem wir
auf der Homberger Synode wieder begegnen werden. Er war durch Luthers Schriften
von der Verwerflichkeit des Klosterlebens überzeugt worden, hing aber noch immer den
katholischen Kirchensatzungen an. In Zürich hielt er Vorträge und vertheidigte die
Fürbitte der Heiligen. Da fiel ihm Zwingli ins Wort mit dem Ausruf: „Bruder du
irrst.“ In der Disputation, die darauf in der Trinkstube der Chorherrn statt fand,
wurde Lambert durch die Schriftbeweise seines Gegners überzeugt, daß jene Ansicht unhaltbar sei. Er blieb fortan ein treuer Anhänger Zwingli's.
Zwingli's
Sendschrei-
ben an Tag-
satzung und
Bischof gegen
den Cölibat.
Um dieselbe Zeit erhielt
der Zürcher Leutpriester eine Einladung, bei Gelegenheit der Engelweihe die Festrede in
Einsiedeln zu halten. Er führte darin aus, daß man Maria, die holdselige gott-
gebene Magd um ihres Sohnes willen verehren aber nicht anbeten solle. Bei dieser
Gelegenheit war es auch, daß er mit mehreren gleichgesinnten Geistlichen an den Bischof
von Constanz und an die eidgenössische Tagsatzung eine „freundliche Bitte und Ermahnung“ ausgehen ließ, daß man die freie Predigt des Evangeliums gestatte und den
Geistlichen nicht verwehre in den Ehestand zu treten. Darin hieß es: „wollet ihr
uns vor der Gewalt des Papstes und der Geistlichen schirmen, so wollen wir uns wohl
selber beschirmen mit der Schrift.“ In der Zuschrift an den Bischof sagten sie „Gott
habe beschlossen, nach langer Verdunkelung die durch seinen Sohn geoffenbarte Wahrheit wieder in ihrem ursprünglichen Bestande herzustellen; sie nun hätten sich die Be-

tanntmachung seines Evangeliums in ununterbrochenem Fortgang vorgesetzt, er möge, ein zweiter Moses, sich an die Spitze der Bewegung stellen und die Hindernisse beseitigen, welche den Sieg der Wahrheit aufhalten". Gegen die gezwungene Chelosigkeit wurde geltend gemacht, dieselbe sei nicht in der heiligen Schrift geboten, sondern durch widernatürliche Kirchengesetze dem Gewissen der Geistlichen aufgezwungen worden, und gebe Anlaß zu großem Aergerniß. Wir wissen, welche bedeutende Stelle der Cölibat in der deutschen Oppositionsliteratur einnahm. In der Schweiz hatte man noch schlimmere Erfahrungen gemacht. Es kam vor, daß Gemeinden bei Einsetzung eines neuen Geistlichen demselben auferlegten, sich eine eigene Concubine im Hause zu halten, damit die Frauen des Orts vor seinen Gelüsten sicher seien. Gegen solche Uebelstände, wurde hervorgehoben, sei die Gestattung der Priesterehe das einzige dem göttlichen Gesetz entsprechende Heilmittel.

Von dem Bischof traf der verlangte Bescheid nicht ein; in der Stadt herrschte große *Zwingli und die Kloster-* Aufregung, indem die Altgläubigen, gestützt auf die Klostergeistlichkeit jede Abweichung *geistlichkeit.* von der bisherigen Cultus- und Predigtweise bekämpften, der Anhang Zwingli's aber und seiner Gesinnungsgenossen sich mit jedem Tag mehrte. Da führte Zwingli vor dem Rathe aus, daß ihm als Leutpriester die bischöfliche Gewalt in Zürich zustehe, er somit auch berechtigt sei, in den Klöstern und Stifthäusern zu predigen. Nach einigem Widerspruch erklärte der Bürgermeister im Namen des Rathes, „daß das reine Wort Gottes und nichts anders in der Stadt gepredigt werde". Darauf ordnete Zwingli in Gemeinschaft mit seinem Amtsgenossen Leo Judä regelmäßige Vorträge an. Bald zeigten sich die Wirkungen: im Frauenkloster am Oedenbach traten viele Nonnen aus und wählten einen andern Lebensberuf. Von der Zeit an stand „der Leu", Prediger bei der Laienkirche zu St. Peter, dem Gefährten zur Seite, wie Melanchthon dem Wittenberger Reformator.

Mittlerweile hatte Hadrian VI. den päpstlichen Stuhl bestiegen. Wir *Anfang der kirchlichen* haben früher gesehen, welche Mühe er sich gab, die Reformationsbewegung zu *Neuerungen* hemmen, indem er die Abstellung der herrschenden Mißbräuche verhieß. Zwingli *in Zürich* warnte in einem „Rathschlag" vor den Versprechungen, an deren Erfüllung er *1522.* nicht glaubte. Noch verwahrt er sich, daß man ihn mit Luther zusammenstelle: „Nicht Luthers Sache führe er, sondern die des Evangeliums". In Rom versuchte man noch einmal den Weg der Güte. Zürich sollte bei dem kaiserlichpäpstlichen Bündniß erhalten werden. Der Legat übersandte an den Rath und an den Leutpriester Sendschreiben voll freundlicher Worte und Versprechungen. Aber es gelang nicht, den Züricher Prediger „umzukuppeln". Vielmehr drängte dieser jetzt selbst zur Entscheidung. Müde der Angriffe und Verleumdungen, die von gegnerischer Seite wider ihn erhoben wurden, brachte er bei dem Rathe den Antrag ein: „Es möchte ihm gestattet werden, in einem öffentlichen Religionsgespräch vor dem Rath, dem Bischof oder seinen Commissarien, vor Gelehrten und Ungelehrten über seine Lehre Rechenschaft zu geben; wo er dann Unrecht habe, wolle er sich nicht nur weisen, sondern auch strafen lassen; habe er aber Recht, so solle man nicht fürder das Recht als Unrecht schelten lassen, sondern die Wahrheit des göttlichen Worts schirmen und fördern". Der Rath ging auf den Antrag ein und erließ ein öffentliches Ausschreiben zu einer Disputation auf den 29. Januar. „Der Herr, so hoffen wir, wird diejenigen, welche mit so

großem Eifer die Wahrheit suchen, dahin erleuchten, daß wir als Kinder des
Lichts auch künftig im Licht wandeln mögen." Zwingli stellte darauf in 67
„Schlußreden" oder Thesen ein Glaubensbekenntniß auf, das seine reformato-
rischen Ansichten über Glauben, Cultus und Verfassung wie in einem Rah-
men zusammenfaßte und das er gegen Jedermann zu vertheidigen sich erbot.
In scharfen Schlußfolgerungen suchte er von der Kirche und Glaubenslehre Alles
fern zu halten, was nicht durch den Schriftbeweis sich rechtfertigen läßt, während
Luther auf dem Boden der Kirche blieb und nur abstellte, was den Worten der
Schrift widersprach.

Zwingli's
Thesen oder
Schluß-
reden".
    Die in diesen Thesen aufgestellten Ansichten enthalten gleichsam das Programm
für das verjüngte Kirchengebäude, das aus den reformatorischen Schöpfungen Zwingli's
hervorgehen sollte. Nicht auf analytischem Wege durch allmähliche Beseitigung der
Mißbräuche und Auswüchse, sondern synthetisch auf den biblischen Grundlehren auf-
bauend gelangte der Züricher Leutpriester zu einer christlichen Weltordnung, die alle
Seiten des menschlichen Daseins durchdringen und bestimmen, das innere und äußere
Leben, das Verhältniß zu Gott wie zu der weltlichen Obrigkeit in einer neuen Form
und Gestaltung zusammenfassen sollte. Indem er das Evangelium als das einzige
Grundgesetz und Christus als das alleinige Haupt aller Gläubigen hinstellt, erscheint
ihm die Kirche als eine Gemeinschaft „der Glieder und Kinder Gottes", als „die Gemeinsame der Frommen", welche die volle souveräne Gewalt und Autonomie besitzt, sie
aber nicht direkt in Volksversammlungen ausübt, sondern durch Repräsentanten, in der
Weise, daß jede Gemeinde unter ihrer weltlichen Obrigkeit, sofern diese eine christliche ist,
ein selbständiges Ganze bildet, welches sich seine Gesetze und seine Regierung in religiösen
wie in bürgerlichen Sachen selbst gibt und keinen fremden Willen über sich erkennt. Die
Vorsteher dieser christlichen Gemeinschaft, die durch das Vertrauen der Gesammtheit zur
Leitung der weltlichen und geistlichen Dinge berufen sind, haben ihren Rechtstitel in der
souveränen Kirchen- und Staatsgenossenschaft, in der alle religiösen und politischen
Verhältnisse einheitlich in sich zusammenfassenden christlichen Gemeinde. Diese Vorsteher
werden unter der Voraussetzung gewählt und berufen, daß sie die Gebote Gottes ausführen und jede Uebertretung derselben verhindern und strafen, und können auch, wenn
sie dieser Aufgabe nicht nachkommen, „wenn sie untreulich und wider Christi Gebote verfahren sollten", entsetzt werden. In die Hand dieser weltlichen und geistlichen Obrigkeit
ist kraft der ihr übertragenen bischöflichen Gewalt die Organisation der Kirche nach
Lehre und Cultus gelegt, wobei nur die Heilige Schrift als alleinige Richtschnur genommen und alle Doctrinen, Gebräuche und Einrichtungen, welche nicht in derselben
ausdrücklich geboten, nicht darin ihre Quelle und klaren Ausgangsgrund haben, mithin die gesammte Traditionslehre und alle Concilienbeschlüsse, Decrete und Kirchen-
sätze als Menschensatzungen ausgeschieden werden. Damit war dem ganzen hierarchischen und scholastischen Kirchengebäude mit dem Papstthum, mit der geweihten Prie-
ster- und Ordensgeistlichkeit und dem Cölibat, mit der Messe und den kirchlichen Gnadenmitteln und Mysterien, mit allen werkthätigen Verdiensten, mit der Anrufung der vermittelnden Heiligen die Axt an die Wurzel gelegt. Bann oder Ausschließung aus der
Gemeinschaft der Frommen steht der Gemeinde selbst und ihrem Bischof oder Pfarrer zu.

Das erste
Religions-
gespräch in
Zürich.
29. Jan.
1523.
    An dem festgesetzten Tag versammelten sich die Mitglieder der beiden Räthe,
die Geistlichkeit aus Stadt und Land, viele Gelehrte und Bürger, etwa sechshundert Personen an Zahl, im Rathhaussaal zu Zürich. Die Eidgenossenschaft

hatte die officielle Betheiligung abgelehnt, mit Ausnahme des Cantons Schaffhausen; aber sehr viele hatten sich aus eigenem Antrieb eingefunden. Auch
Bischof Hugo von Constanz hatte vier Abgeordnete gesandt, darunter den gelehrten und gewandten Generalvicar Johann Faber, nicht um zu disputiren, sondern
„zu losen, zu hören, zu scheiden, zu Fried und Einigkeit zu ermahnen". Der
Bürgermeister Röust führte den Vorsitz. In der Mitte des Saales an einem
abgesonderten Tische saß Meister Ulrich Zwingli, die Bibel in hebräischer, griechischer und lateinischer Schrift vor sich. In einer kurzen Ansprache sagte er,
daß er seit fünf Jahren bemüht gewesen, das wahrhaftige lautere Gotteswort zu
verkündigen; dennoch werde er Ketzer, Lügner, Verführer genannt. Darum habe
er seine Ansichten aufgestellt, die er zu vertheidigen bereit sei. „Nun wohler im
Namen Gottes! Hie bin ich!" Da Niemand sich zum Widerspruch erhob, so
trat Faber auf. Eine Disputation über Glaubenssachen, meinte er, gehöre vor
ein allgemeines Concil oder vor eine Versammlung von Bischöfen oder Gelehrten. Zwingli bemerkte: „es seien viele gelehrte Männer und christliche Herzen
da, die redlichen Verstandes nach dem Geiste Gottes mögen urtheilen und erkennen, welche Partei die Schrift auf ihre Meinung recht oder unrecht darthut;
die göttliche Geschrift aber kann nicht lügen noch betrügen". Als unter den Anwesenden sich einige Stimmen mißbilligend über das Schweigen vernehmen ließen
und meinten, dem Pfarrer von Füßlibach, den man ins Gefängniß geworfen,
sei wohl großes Unrecht geschehen, da glaubte Faber diesen Vorwurf nicht unbeantwortet lassen zu dürfen. „Er selbst habe den Gefangenen besucht und dessen
Zweifel über die Anrufung der Heiligen widerlegt, so daß derselbe zum Widerruf bereit sei." Das war kein glückliches Feld zum Angriff; er konnte der Aufforderung des Gegners, mit Worten der Schrift zu beweisen, daß man die
Heiligen als Fürbitter anrufen solle, nicht Genüge leisten; und als er nochmals
auf die Autorität der Kirche hinwies und dabei auch den Cölibat rechtfertigte,
da sprach selbst ein Rathsherr seine Mißbilligung aus. Es wäre wohl dem
tapfersten Streiter schwer gefallen, auf Grund der heiligen Schrift, welche
Zwingli, wie einst Luther, als einzige Erkenntnißquelle aufstellte, die vorgetragenen Thesen zu widerlegen; aber einen so kläglichen Eindruck wie Faber hatte
noch kein Verfechter der katholischen Sache hervorgebracht. Auch die übrigen
Redner, die noch auftraten, konnten die Niederlage der römischen Partei nicht
verhindern. Zwingli ging als Sieger hervor. „Im Disputiren hatte er besondere Gnade", versichert Bullinger, „denn er ließ seine Widersacher nicht hin- und
herschweifen und allerlei hineinziehen, sondern hielt sie bei der Sache, verwarf
unnöthige Reden, verstand es, ihre Beweisgründe wider sie selbst zu richten,
drang stets fort auf die Schrift und machte Alles kurz". Er hatte den Triumph,
daß ein Rathsbeschluß ihn aufforderte, „er solle fortfahren, wie er bisher gethan,
die Heilige Lehre des Evangeliums und die Aussprüche der Heiligen Schrift nach
dem Geiste Gottes zu verkünden und zu predigen; und also sollen auch die

andern Diener des göttlichen Worts zu Stadt und Land nichts anderes lehren, als was sie mit dem Zeugniß heiliger Schrift beweisen können. Alles Schmähen und Lästern solle bei Strafe verboten sein". Voll Ingrimm verließ Faber die Stadt und war fortan der heftigste Feind und Ankläger aller reformatorisch Gesinnten. Die Züricher aber verspotteten ihn durch die satirische Schrift „Ehrenrupfen", die an die „groben Scherze" der deutschen Volksliteratur erinnerte.

3. Die Einführung der Reformation in Zürich und in anderen Cantonen.

Die ersten Abänderungen im Kirchenwesen. Nachdem die oberste Staatsgewalt des Cantons sich für die Reformation der Kirche nach Zwingli's Grundsätzen ausgesprochen, ging man an die praktische Ausführung, wobei sich der Rath auf „die besonnene Lenkung der Bewegung und die weise Gewährung der gestellten Forderungen" beschränkte. Gewalt sollte auch hier möglichst vermieden werden. Zu dem Zweck verfaßte Zwingli die Schrift: „Auslegung und Begründung der Schlußreden oder Artikel", die als Norm und gesetzliche Grundlage bei den vorzunehmenden Reformen dienen sollte. Bei Taufen und Trauungen kam die deutsche Sprache in Anwendung; die Klöster, durch freiwilligen Austritt großentheils schon verödet, wurden allmählich aufgehoben, das Chorherrnstift am Münster durch Uebereinkunft umgewandelt und säcularisirt. Die Einkünfte wurden zur Gründung einer Gelehrtenschule für die Heranbildung von Geistlichen und zu Anstalten für Armen- und Krankenpflege verwendet, das Volk durch Minderung der Stolgebühren erleichtert. Die Züricher Lehranstalt war wesentlich die Schöpfung Zwingli's. An ihr wirkte der junge Bullinger, später Zwingli's Amtsnachfolger, eine starke Säule der Reformation in seiner Heimath. Der kirchlichen Eheschließung der Geistlichen legte man kein Hinderniß in den Weg; Zwingli selbst verheirathete sich im April 1524 mit einer adeligen Wittwe, Anna Reinhard, nachdem er schon zwei Jahre zuvor eine Gewissensehe mit ihr geschlossen. Sie gebar ihm zwei Söhne und zwei Töchter.

Der Bilderstreit. Aber auch in Zürich sollte es nicht an stürmischen Auftritten fehlen. Wie ein Jahr zuvor in Wittenberg durch Karlstadt und seine Anhänger gegen Messe und Bilderdienst geeifert und gewüthet wurde, so drangen auch in der Schweizerstadt einige reformatorische Heißsporne auf Abstellung des „Götzendienstes". Hie und da wurden Kruzifixe und geweihte Gegenstände zerstört. Zwingli selbst hatte nicht nur in seinen Artikeln die Lehre vom Meßopfer verworfen, er hatte auch in einer Schrift „über den Meßkanon" die Ersetzung dieses Centrums aller cultischen Handlungen durch eine schriftgemäße Abendmahlsfeier empfohlen und vertheidigte seine Ansicht in einer Gegenschrift wider Emser. Er befand sich somit in einer ähnlichen Lage wie Luther gegenüber der Karlstadter Partei; doch trat er den Eiferern minder schroff entgegen. Vielmehr veranlaßte er den Rath, ein neues Religionsgespräch abhalten zu lassen, auf welchem die Frage über Messe und Bilderverehrung entschieden werden sollte. Dabei wollte er noch seine kirchenrechtliche Auffassung von der Autonomie der Gemeinde und Landesobrigkeit in religiösen wie in weltlichen Dingen zum endgültigen Austrag bringen. Demgemäß ließ der Rath eine Einladung ergehen an alle Bischöfe und Stände, an alle Geistlichen und Gelehrten der gesammten Eidgenossenschaft, der Abhaltung eines Religionsgesprächs am 26. October beizuwohnen. Die Bischöfe lehnten ab, ebenso die eidgenössischen Stände mit Ausnahme von Schaffhausen und St. Gallen. Dagegen nahmen etwa fünfhundert Priester und viele angesehene Laien Theil, so daß die Versammlung neunhundert Personen zählte. Eine vortreffliche Rede Zwingli's über den geistlichen Stand, die er später unter dem Titel „der Hirt" herausgegeben hat, bildete die würdige Einleitung. Um dem Vorwurf der Gegner, der Rath sei incompetent in Glaubenssachen, zum voraus zu begegnen, griff Zwingli auf die alte Idee von der unsichtbaren und sichtbaren Kirche zurück, um darzuthun, daß die Versammlung als die in der allgemeinen unsichtbaren Kirche eingeordnete sichtbare Gemeindekirche, die „Kilchhöri" vollkommen berechtigt sei, über ihre religiösen Angelegenheiten frei und selbständig zu beschließen. Als diese Auffassung trotz der Einsprache des Chorherrn Konrad Hofmann angenommen war, stellte Meister Leu (Leo Judä) den Satz auf, „daß die Bilder im Gottesdienst durch die Heilige Schrift verboten seien". Es fehlte nicht an Verfechtern der Ansicht, bildliche Darstellungen seien zur Erweckung der Andacht und zur Belebung christlicher Tugend im Volke von Nutzen; aber die Meinung derer, die in Christo den gnadenvollen Sündentilger und einigen Mittler erkannten, trug den Sieg davon. Ein gegnerisch gesinnter Kaplan verzichtete auf das Wort, „sein Stecheisen sei ihm im Heft zerbrochen". Stärker trat die Opposition an den beiden folgenden Tagen hervor, als über den Satz verhandelt wurde, „daß die Messe kein Opfer und bisher im Widerspruch zu der Einsetzung Christi mit vielen Mißbräuchen gehalten worden sei". Es war Manchem schmerzlich, daß „das Heiligste im Gottesdienst" angegriffen wurde, und es fielen tadelnde Worte über die unwürdige Weise, womit in Rede und Predigt dieser ehrwürdigen Einrichtung oft gedacht werde. Damals äußerte Zwingli sein Mißfallen, „daß gar Viele dem wohlgelehrten Mann Martino Luther nichts ablernen wollten in seinen Büchern als die Schärfe seiner Worte, die er oft aus entzündeter inbrünstiger Liebe redet. Aber das fromme treue Herz, so er zu klarer göttlicher Wahrheit und zu dem Worte Gottes hat, das will ihm Keiner ablernen". Auch aus seinen eigenen Predigten würden nur die strengen Ausfälle behalten. Um jeder falschen Nachrede zu steuern, wurden die Aebte, Prälaten und Priester mit Namen zum Abgeben ihres Urtheils aufgerufen. Manche schwiegen, die übrigen gaben zu, daß die Messe kein Opfer sei und daß sie bisher im Irrthum gewesen Damit fiel auch die Lehre vom Fegefeuer.

Zwingli's
Confessions-
schrift. Das Religionsgespräch verlief ganz zu Gunsten der reformatorischen Lehr-
anschauungen; doch herrschte während der Verhandlungen ein ernster christlicher Geist, den vor Allen der fromme und gemäßigte Johanniter-Comthur
Konrad Schmied von Küßnacht durch Worte der Liebe und Versöhnung zu erwecken verstand. In seinem milden Gemüthe voll mystischer Wärme meinte er,
neben dem starken Stab, Jesus Christus, dem wahren Tröster und Helfer, könne
man dem Schwachen und Wankenden wohl noch ein Rohr gönnen. Auch Zwingli
vermied jeden Anstoß. Als einige ungestüme Fortschrittsmänner auf sofortige
Beseitigung aller Gegenstände und Einrichtungen des Aberglaubens drangen,
wies er die Stürmer zurück und empfahl den Weg der Entwickelung und Belehrung. Ein besonderer Reformationsrath, aus weltlichen und geistlichen Mitgliedern zusammengesetzt, wurde mit der Einführung der neuen Lehr- und
Cultusordnung betraut, und den Geistlichen befohlen, nicht wider die Artikel zu
predigen, die in der Disputation angenommen worden. Um dem Werk, das
nunmehr in Gang gesetzt werden sollte, Plan und Einheit zu geben, verfaßte
Zwingli „eine kurze christliche Einleitung", die von dem Rath allen Geistlichen des
Kantons zugesandt wurde, „damit sie die evangelische Wahrheit einhellig forthin
verkündigten", und für deren Verbreitung in der ganzen Eidgenossenschaft man
Sorge trug. Auch den Bischöfen von Constanz, Basel und Chur und den Universitäten wurde diese erste „Confessionsschrift" zugestellt. Diese Anleitung war
im Kanton Zürich die Grundlage „für die Einigung der einzelnen Kirchengemeinden des Landesgebiets zu einer organisirten, in sich einheitlichen Kirche, welche in
der weltlichen Obrigkeit ihre Spitze erhielt." Und damit jeder Schein von Gewalt vermieden würde, wurde in der Stadt wie auf dem Lande Geistlichkeit und
Volk aufgefordert, ihre Willensmeinung abzugeben. Die Zustimmungen, die
von allen Seiten eingingen, galten dem Rath und der Commission als Rechtstitel, Stadt und Kanton Zürich von dem Bisthum Constanz zu lösen und der
Landeskirche allmählich die Lehr- und Cultusverfassung zu geben, die Zwingli
Beginnende
Spaltung in
der Eidgenos-
senschaft.
26. Jan.
1524. und seine Amtsbrüder als schriftgemäß darstellten. Vergebens schickten die eidgenössischen Stände von zwölf Kantonen, nachdem die Waldstätte und ihre Nachbarn auf einer Tagsatzung in Beckenried sich für die Erhaltung der bisherigen
Glaubenslehren und kirchlichen Einrichtungen erklärt, und die Lucerner zum Beweis ihrer Gesinnung einen flüchtigen Bilderstürmer, Namens Hottinger, hingerichtet hatten, eine Gesandtschaft an Zürich, mit der Aufforderung bei dem
alten Bund, Glauben und Herkommen zu verharren: der Rath gab zur Ant-
21. März. wort, er wolle die alte Freundschaft und Bundesgenossenschaft ehren, aber was
das Wort Gottes und das Heil der Seelen und Gewissen betreffe, da könne man
nicht weichen. Damit war der Samen einer tiefen Spaltung in der Eidgenossenschaft ausgestreut. Zuerst trat dieselbe in den gemeinen Herrschaften hervor. Als
im Thurgau, wo Vögte verschiedener Kantone die Hoheitsrechte übten, tumultuarische Auftritte gegen Heiligenbilder und Messe vorkamen, wobei das Kloster

Ittingen in Brand aufging, wurden drei reformatorisch gesinnte Amtleute durch das Gericht von Baden zum Tode verurtheilt und enthauptet. Je mehr die religiöse Neuerung auch in andern Orten, in Schaffhausen, Bern, Glarus, Basel Eingang fand, desto schroffer schlossen sich die Orte am Vierwaldstätter-See dagegen ab. Wir werden sehen, wie politische Sonderinteressen mit den religiösen Meinungsverschiedenheiten zusammen wirkten, um die Zwietracht und den Haß zur bittersten Feindschaft zu steigern. In Lucern, wo sich einige Neigung zeigte, mit den größeren Bürgerstädten zusammenzugehen, wurde durch den Einfluß der Pensionsbezieher jede Neuerung unterdrückt; mehrere reformatorisch gesinnte Männer wie Mykonius, Collin, Kilchmeier sahen sich zur Auswanderung genöthigt. Mykonius erhielt durch Zwingli's Verwendung eine Schulstelle in Zürich.

Die eigenartige Natur und Geistesrichtung des Reformators Zwingli prägte sich auch in den Formen aus, welche er der Züricher Gemeindekirche zu verleihen suchte. Wie Karlstadt und seine Anhänger, aber unabhängig und selbständig kam Zwingli durch folgerichtige Anwendung seiner Prinzipien zu reformatorischen Grundsätzen und Anordnungen, welche mit Luther's Lehren und Handlungsweise vielfach in Widerspruch standen. Dies zeigte sich gleich bei der Entfernung des Bilder- und Meßdienstes. Nicht nur, daß unter Leitung einiger geistlicher und weltlicher Aufseher alle Cruzifixe, alle Marien- und Heiligenbilder, alle geweihten Gegenstände, Reliquien und Symbole aus den Kirchen, von den Straßen und Plätzen weggeschafft und zum großen Theil vernichtet wurden, auch die Altäre, Kerzen und Orgeln wurden beseitigt, alle Processionen untersagt, alle religiösen Handlungen, welche dem Aberglauben Vorschub leisten konnten, eingestellt; ja selbst der Kirchengesang, der bisher nur in lateinischen Chorgesängen bestanden, wurde unterlassen, bis mit der Zeit das deutsche Kirchenlied bei der Gemeinde Eingang fand. Und anstatt sich wie Luther genügen zu lassen, daß von der Messe die Worte der Opferlehre wegfielen und der Kelch gereicht ward, ordnete Zwingli das Abendmahl, nach Art der urchristlichen Liebesmahle ein, wie er es in einer eigenen Liturgie „das verdienstvolle Leiden und Sterben des Herrn zum Heile der Welt" vorgeschrieben. „Die Communicanten saßen, in einer besonderen Abtheilung der Stühle, zwischen Chor und Durchgang, rechts die Männer, links die Frauen; das Brod wurde in breiten hölzernen Schüsseln herumgetragen: ein jeder brach sich einen Bissen ab; dann trug man den Wein in hölzernen Bechern umher. So glaubte man sich der ursprünglichen Einsetzung am meisten anzunähern." Eine von Faber im Auftrage der drei Schweizer Bischöfe verfaßte Vorstellung an die Tagsatzung „christliche Unterrichtung, die Bilder und Messe betreffend", wurde von Zwingli in einer Gegenschrift zurückgewiesen.

Hatte schon der Eifer Zwingli's gegen die Bilder Anstoß erregt, hatte man schon vielfach Aergerniß genommen, daß der sonst so musikliebende Mann die Wirkung der Tonkunst und jeder heiligen Kunstthätigkeit auf das menschliche Ge-

Die Zwingli'sche Kircheneinrichtung.

Ostern 1525.

Die Abendmahlslehre der Schweizer.

müth so sehr verkannte; so erregte seine Auffassung des Nachtmahls als eines
bloßen Mahles der Liebe und des Gedächtnisses an das Leiden und Sterben des
Erlösers, einen Widerstand, welcher der jungen Kirche sehr verhängnißvoll wer-
den sollte. Der Rigorismus gegen die Bilderverehrung und Alles was damit
im Zusammenhang stand, mochte seinen Grund in den zu Einsiedeln gemachten
Erfahrungen haben: An den Bilderdienst knüpfte sich ja jene ganze Summe von
Aberglauben, Betrug und Werkdienst, deren volksverderbende Wirkungen
Zwingli dort aus längerer Anschauung beobachtet hatte. Seine Auffassung vom
Abendmahl aber ging hervor aus seiner vorherrschenden Verstandesrichtung, aus
seinem Streben, die christliche Urgemeinde in allen religiösen Functionen wieder
herzustellen und aus dem kritisch-exegetischen Geist, mit dem er bei der Auslegung
von Schriftstellen zu Werke zu gehen pflegte. Wir wissen, daß Karlstadt's Auffassung der Eucharistie, wenn sie auch in Sachsen nicht durchzudringen vermochte,
hie und da Anhänger gefunden. Die eifrige Bekämpfung seiner Ansicht durch
Luther, die eigene Unfähigkeit des unklaren Mannes, sie mit durchschlagenden
Gründen zu verfechten, und sein wenn auch mit einer gewissen Reservation und
in unbestimmter Fassung abgegebener Widerruf hatte manchen heimlichen Bekenner abgehalten, offen mit seiner zustimmenden Meinung hervorzutreten. Erst
als Zwingli muthig dieselbe Auffassung, zu der er schon bei der Aufstellung
seiner „Schlußreden" durch eigenes Forschen und Nachdenken gelangt war, aussprach und in Anwendung brachte, faßte sich auch Oecolampadius in Basel ein
Herz, „den Sinn der geheimnißreichen Einsetzungsworte, wie er ihn verstand,
nicht länger zu verläugnen," und „im Brod als Leib des Leibes Sinnbild zu
sehen." Auch Bullinger kam durch das Studium der Akten über den Streit des
Berengarius von Tours betreffend das Mysterium der Substanzverwandlung zu
der gleichen Meinung. Sie erklärten die Einsetzungsworte „das ist mein Leib"
als bildlichen Ausdruck für „das bedeutet meinen Leib" und suchten die Richtigkeit dieser Auffassung mit sprachlichen und sachlichen Gründen zu beweisen. In
einer lateinischen Schrift „von der wahren und falschen Religion", dem apologetischen Seitenstück zu der „Auslegung der Schlußreden" trat Zwingli im Frühjahr 1525 zum erstenmal offen und entschieden mit der Erklärung hervor, daß
der Leib Christi nicht wirklich im Abendmahl genossen werde, daß die Elemente
ihre Natur nicht veränderten, die heilige Handlung nur ein Zeichen sei „der Gemeinschaft, die in Christus ihren Heiland erkenne, in der alle Christen Ein Leib
seien; das sei die Gemeinschaft des Blutes Christi." Darüber geriethen die
Schweizer Reformatoren mit den Wittenbergern in den heftigsten Streit. Luther,
welcher zwar mit dem Priesterthum auch die scholastische Lehre von der Transsubstantiation verwarf, dessen mystischer Tiefsinn aber eine geistig-leibliche Gegenwart des göttlichen Heilandes bei dem heiligen Akt, eine sacramentale Einheit
des Leibes und Blutes Christi mit dem Brod und Wein nicht entbehren mochte,
wollte die Erklärung des „ist" in den Einsetzungsworten durch „bedeutet" nicht

gelten lassen. Er stützte sich mit unbedingter Gläubigkeit auf den Wortlaut der Schrift, während Zwingli auf den Sinn des göttlichen Wortes hinwies und nur ein geistiges Aufnehmen Christi beim Genießen der symbolischen Zeichen gelten lassen wollte; und wenn der Züricher Reformator sich auf die Natur eines Leibes berief, der nicht zugleich im Himmel und auf Erden sein könne; so suchte der andere eine mögliche Allgegenwart des Leibes Christi darzuthun aus der unzertrennlichen Einigung der göttlichen und menschlichen Natur in dem Gottessohne. In der Behauptung der Gegner sah er eine Verleugnung Christi.

Wenn durch den Abendmahlsstreit mit Luther, den wir später berühren werden, die doctrinelle Seite der Zwingli'schen Reformation besonders in den Vorgrund gerückt ward, so lag dies nicht in der Absicht ihres Urhebers. Es wurde schon früher hervorgehoben, daß dem Schweizer Republikaner Luthers religiöser Tiefsinn und mystisches Gemüthsleben eben so fremd waren wie dessen Seelenkämpfe und Sündenangst; darum war bei ihm nicht die Verbesserung der Lehre und des Glaubens das wichtigste Anliegen, sondern die Verbesserung der Sitte und des Wandels, die kirchliche Verfassung und Zucht der Gemeinde, ein Anliegen, das mit seinem praktischen verständigen Sinn und seiner nüchternen Lebensanschauung mehr im Einklang stand. Zu dem Zweck trug er als „Schulherr" Sorge für die Heranbildung tüchtiger Geistlichen, indem er durch Einführung der „Prophezey" die gelehrte Schrifterklärung mit praktischer Anwendung zur Grundlage des theologischen Studiums machte. Zu dem Zweck wurde nach seinen Entwürfen ein eigenes Chor- und Ehegericht aus weltlichen und geistlichen Mitgliedern aufgestellt, dem die Pflege guter Sitten, eines ehrbaren christlichen Hausstandes, religiöser Lebensgewohnheiten oblag, das die Fehlenden zur Besserung ermahnte, die Aergerniß Gebenden und Unbußfertigen zeitweilig vom Abendmahl ausschloß oder der Obrigkeit zur Bestrafung zuwies.

Die Verschiedenheiten der lutherischen und reformirten Kirchenreformation faßt ein neuerer Theologe (Ullmann) in folgenden Sätzen zusammen: Während von beiden Seiten die Herstellung der alleinigen Ehre Gottes im Gegensatze gegen alles Menschliche angestrebt wird, haben die Lutheraner dabei mehr die Gnade, die Reformirten mehr das Wort Gottes im Sinne; jenen wird daher das Evangelium mehr eine Rechtfertigung des Sünders, die man im Glauben ergreifen, diesen mehr eine Lehre, die man im Gehorsam befolgen soll. Während beide eine Belebung und Verinnerlichung des Christenthums, ein Christenthum des Geistes und der Wahrheit wollen, geht die deutsche Reformation mehr von innen heraus, vom rechten Glauben zur kirchlichen Institution, die schweizerische mehr von außen hinein, von der kirchlichen Institution zum rechten Glauben. Jene bekämpft mehr das Innerliche, die Werkheiligkeit des Judaismus, den Gesetzlichkeitsgeist der alten Kirche und setzt demselben das paulinische Glaubensprincip entgegen; diese bekämpft mehr das Aeußerliche, die Vergötterung des Creatürlichen, den Paganismus der alten Kirche und setzt ihm den inneren Dienst Gottes entgegen. Jene gründet sich mehr auf das materielle Princip, die Rechtfertigung durch den Glauben, und ist specifischer paulinisch, diese mehr auf das formelle, die Schriftmäßigkeit der Lehre und des Lebens, und ist mehr allgemein christlich. Bei der lutherischen Reformation überwiegt das religiöse Interesse, sie ist mehr Glaubensreformation; bei der zwinglischen das ethische, sie ist mehr Lebens- und Sittenreformation; die lutherische schafft daher mehr eine neue Theologie und hat in der Theologie eine vorwaltende Neigung zum Dogmatischen; die zwinglische dagegen schafft mehr einen neuen Kirchen- und Sittenzustand und bildet frühe und mit Vorliebe auch eine christliche Sittenlehre aus. — Luther und die Seinigen wenden das Schriftprincip, auf das sie erst im Verlaufe des Kampfes selbst geführt werden, mit mehr Pietät gegen das Bestehende an und gehen daher einen mehr allmählichen historischen Gang; Zwingli geht sogleich viel bestimmter vom Schriftprincip aus und macht davon einen viel abstracteren, rücksichtsloseren, durchgreifenderen Gebrauch; der Erstere verwirft nur, was gegen die Schrift ist, der Andere scheidet Alles aus, was nicht ausdrücklich in der Schrift enthalten ist; dort wird mehr eine Umbildung der Kirche, hier eine vollständige Erneuerung des Christenthums gefordert. Die lutherische Reformation hat mehr einen objectiven Charakter, sie will neben der Freiheit und fast noch mehr als diese die Einheit; die zwinglische hat mehr einen subjectiven Charakter, duldet Mannichfaltigkeit und strebt vorzugsweise nach Freiheit; die aus jener hervorgegangene Kirche ist daher compacter, die aus dieser hervorgegangene formenreicher; ja der Lutheraner hat überhaupt das Christenthum wesentlich unter der Form der Kirche, während der Reformirte nur nach einem schriftgemäßen christlichen Lebenszustande verlangt. Endlich hat auch das Lutherthum von seinen Grundlagen und Anfängen her mehr mystische und gemüthliche Elemente, ist poetischer und überschwenglicher, während der Zwinglianismus einen Grundzug der Nüchternheit, des klaren, praktischen Verstandes hat. Mit einem Worte, die deutsche Reformation ist die mehr objective und historische, die schweizerische die mehr subjective und radicale; jene die Reformation des innigen, pietätsreichen Gemüthes, diese des hellen, durchgreifenden Verstandes. Beide waren unter den gegebenen Verhältnissen nothwendig; beide ergänzen sich; und sintemal der Mensch ewig aus beiden besteht, aus Gemüth und Verstand, so werden wir sagen müssen, daß beide Formen der Reformation nur integrirende Theile eines wesentlich Zusammengehörigen sind, welche, weil alle menschliche Entwicklung etwas Beschränktes und Einseitiges hat, wohl auseinander gehen und unter dem Einflusse leidenschaftlichen Eifers sich sogar befehden konnten, aber auch wieder in freier Liebe zusammengehen müssen, sobald erkannt wird, daß sie doch eigentlich das Nämliche wollten und auf gemeinsamer Grundlage des apostolisch-christlichen Glaubens ruhen. — „Wie der sächsische Bergmannssohn in die Tiefe steigt", urtheilt ein anderer neuer Schriftsteller (Mörikofer), „um in der eigenen Seelennoth durch die rechtfertigende Erlösung Trost zu finden; so steigt der schweizerische Hirtensohn in die Höhe, um mit weitem, freiem Blick über Menschenland und Menschenerfindung hinwegzuschauen und sich allein auf die göttliche Gnade zu gründen. Wie jener unter harter Zucht und herber Mühsal heranwuchs, aber in der äußern Gebundenheit innerlich um so mehr gestärkt und gestählt wurde: so reifte dieser in glücklichen, freien und fördernden Verhältnissen heran und faßte das Leben und seine Aufgaben weit, fröhlich und muthig. Wie Jener sein Auge an die Ergründung der mystischen Tiefen gewöhnt hatte und darin heimisch war, dagegen aber im steten Kampf mit den Mächten der Finsterniß sich geübt hatte und immer fester und siegreicher wurde; so bürgerte sich dieser in den heitern, lebevollen Gefilden der alten Welt ein und lernte durch sie über die wilde, rohe Gegenwart hinwegschauen und mit weltumfassendem Blicke sich an der bessern Zukunft erfreuen, indem er an der Hand des Gotteswortes den Grundstein dafür legte."

Schwärmereien. 1525. Wenn gleich Zwingli bei seiner Reformation viel durchgreifender zu Werke ging, als Luther, so erhob sich doch auch gegen ihn eine Partei, die gleich den Wiedertäufern in Sachsen und mit denselben im Einvernehmen, auf eine weiter gehende Lebenserneuerung mit mystischer Schriftdeutung und demokratischen Gemeindebildungen drang. Konrad Grebel, ein Gesinnungsgenosse Münzers und mehrere andere Geistliche wie Stumpf, Manz, Hätzer sammelten Anhänger un sich und gründeten eine Gemeinschaft von Erweckten, die mit der Verwerfung der Kindertaufe auch die übrigen Ansichten der deutschen Schwarmgeister theilten und das „innere Wort“ höher stellten als das geschriebene. Nach ihren Grund-sätzen sollte die kirchliche Neugestaltung vor sich gehen und nicht der große Rath, sondern die Gesammtgemeinde in Volksversammlungen das religiöse und poli-tische Leben bestimmen und leiten. Zwingli wies die Schwärmer zurück: weder wollte er gestatten, daß sie eine eigene Gemeinde von Heiligen bildeten, indem er ironisch bemerkte: „man könne doch den Himmel nicht auf Erden einführen; Christus habe gelehrt, man solle das Unkraut mit dem Weizen aufwachsen lassen“; noch wollte er turbulenten Volksversammlungen, worin agitatorische Volksführer leicht die Oberhand gewinnen könnten, die höchste obrigkeitliche Ge-walt zuerkennen. Er blieb seiner schon in den Schlußreden ausgesprochenen An-sicht treu, daß die christliche Gemeinde in ihren geistlichen und weltlichen Vor-stehern, die sie aus ihrer Mitte gewählt, repräsentirt sei und daß der Obrigkeit die Leitung und Ordnung der kirchlichen Angelegenheiten zukommen müsse. Auch der Zehntenverweigerung, die sich da und dort trotzig hervorwagte, trat er scharf entgegen und widerlegte solche Forderungen mit Gründen der Vernunft und der heil. Schrift. Die Zehnten seien eine durch bürgerliche Rechtsverträge festgesetzte Anordnung und zur Erhaltung gemeinnütziger Anstalten unentbehrlich. So sah sich auch Zwingli genöthigt, zur Aufrechthaltung von Gesetz und Obrigkeit wider die Schwarmgeister zu Felde zu ziehen. Erinnern wir uns der religiösen und socialen Bewegung, welche um dieselbe Zeit in den deutschen Grenzlanden, in Oberschwaben und in den Gegenden des Schwarzwaldes das Volksleben so tief erschütterte und unterwühlte. Die wiedertäuferischen Lehren eines Münzer und Hubmaier, welche dort so aufregend gewirkt, nahmen auch nach der benachbarten Schweiz ihren Weg und fanden, da sie den irdischen Trieben und Leidenschaften eine religiöse Hülle umwarfen, die Lehre brüderlicher Gleichheit aus dem Evan-gelium ableiteten, in der gährenden Volksmasse einen fruchtbaren Boden. Ein unheimlicher Geist ging auch hier um. Lärmende Volksversammlungen wurden abgehalten; in Töß schrie die Menge: heute seien sie nun einmal Herren gewor-den und wollten reiten; die Herren aber müßten zu Fuße gehen; man sah Schaaren von Menschen in Sack und Asche mit Stricken umgürtet vor die Stadt rücken, welche ein lautes „Wehe“ über Zürich ausriefen; in St. Gallen waren die Wiedertäufer achthundert Mann stark. Alle jene Ausschreitungen, denen wir später in Deutschland begegnen werden, traten schon hier zu Tage. Die „Brüder“ sprachen von der Gemeinschaft der Güter, von der Aufrichtung eines Reiches, worin die „Auserwählten Gottes“ das Regiment besitzen würden, sie hatten Visionen und prophetische Ekstasen. Zwingli gerieth in Verlegenheit; sein verständiger Sinn sagte ihm, daß ihre Lehren unhaltbar und phantastisch seien, und doch beriefen sie sich auf Aussprüche der heil. Schrift. Er hatte manche Unterredungen mit den Führern und suchte sie in Wort und Schrift („von der

Taufe, der Wiedertaufe und der Kindertaufe", „vom Predigtamte") von ihren
Nov. 1825. Ansichten abzubringen; selbst in ein öffentliches Religionsgespräch ließ er sich mit
ihnen ein. Aber Schwärmerei und Fanatismus werden nicht mit Vernunftgrün-
den geheilt. Wie eine ansteckende Krankheit verbreitete sich der Schwindel:
Männer und Frauen unterwarfen sich der Wiedertaufe, die Zahl der „Erweckten"
mehrte sich von Tag zu Tag, bis ins Fratzenhafte, bis zum Wahnsinn steigerte
sich die religiöse Ueberspannung. Endlich mußte die Obrigkeit einschreiten: es
half den Vorgeladenen nichts, daß sie im Gefühle besonderer Heiligkeit jeden irdischen Richter verwarfen und nur Gott als ihren Herrn gelten lassen wollten; der
Züricher Rath, der sich Zwingli's Ansichten von der rechtmäßigen Obergewalt des
März 1826. christlichen Staats über die Kirche aneignete, verurtheilte die Häupter zu Gefängniß bei Wasser und Brod, bis sie widerrufen würden und verbot jede Wiedertaufe
und alle sectirerischen Zusammenkünfte. Die Eingeschlossenen fanden jedoch Wege
zur Flucht; ihre Befreiung wurde von den Anhängern als göttliches Wunder
gedeutet und führte der schwärmerischen Richtung neuen Zündstoff zu. Da mußte
denn mit Gewalt eingeschritten werden. Felix Manz wurde in Zürich ertränkt;
Georg Blaurock mit Ruthen durch die Stadt gepeitscht. Wir werden bald sehen,
daß ein Jahr nachher auch Balthasar Hubmaier zu Wien auf dem Scheiterhaufen
starb. Die wunderbare Standhaftigkeit und Todesverachtung, welche alle bei
der qualvollen Hinrichtung an den Tag legten, konnte als Beweis gelten, daß ihr
Glaube ein aufrichtiger war. „Der Kampf gegen die Wiedertäufer ist mir heißer
geworden als jeder andere," schrieb Zwingli an die Berner und fügte die Ermahnung bei: „Handelt männlich und standhaft, jedoch so, daß ihr hübsch Maß
haltet". Dies war die allgemeine Stimme jener Tage. „Die Reformatoren
waren Söhne ihrer Zeit und Zöglinge eines harten Geschlechtes."

In Uebereinstimmung mit Bern, Basel, Schaffhausen und Sanct Gallen ließ
darauf der Züricher Rath ein allgemeines Verbot gegen die Rottenprediger und Schwarmgeister ausgehen, „die sich göttlicher Offenbarung rühmten, wodurch selbst die unnatür-
lichsten Verbrechen geboten sein sollten, die sich weigerten, Waffen zu tragen, Zinsen und
Gülten zu geben und zu nehmen, oder vor Gericht darüber entscheiden zu lassen, die Gemeinschaft der Güter verlangten und erklärten, daß kein wahrer Christ ein Oberer sein
möge". Wer bei solchen Ansichten hartnäckig verharre, ward mit der Strafe des Er-
tränkens bedroht.

Die papi-
stische Oppo-
sition u. das
Religions-
gespräch in
Baden. 1826. Die wiedertäuferische Separation war noch nicht ganz erstickt, da erhob sich
gegen das reformirte Zürich und seinen „Bischof" ein viel gefährlicherer Widerstand von Seiten der Altgläubigen in den anderen Kantonen. Wir wissen, wie
sich in Zwingli's Reformbestrebungen politische und religiöse Richtungen aufs
Innigste berührten, wie er tiefere und reinere Gotteserkenntniß und christliche Sittlichkeit als das beste Mittel ansah, der herrschenden Unsitte des Söldnerdienstes
entgegenzuwirken. Auf sein Zuthun wurde in Zürich der französische Bund gekündigt und selbst in Schwyz, wo er von seinem Einsiedler Aufenthalt her noch

manche gleichgesinnte Freunde zählte, war seine Stimme mächtig genug, einen
ähnlichen Beschluß hervorzurufen. Es hatte eine Zeitlang den Anschein, als
würde die religiöse und politische Umgestaltung auch in diesem Nachbarkanton
Boden fassen. Allein hier stieß Zwingli bald auf heftigen Widerstand. Es wurde
früher des öfteren erwähnt, daß die einflußreichsten Ortsvorsteher und die Hauptleute, welche die kriegslustige Jugend ins Feld führten, vom Auslande Jahrgelder bezogen. In den Waldstätten, wo das Reislaufen am tiefsten wurzelte,
war die Zahl und Macht dieser Aristokratenhäupter am größten. Sie bildeten
eine oligarchische Faction, welche in den Gemeinderäthen und auf der Tagsatzung
das entscheidende Wort führte und aus Eigennutz jeder Aenderung entgegen
arbeitete. Umsonst schlug Zwingli in einer Schrift, worin er gegen den Urner
Landschreiber Valentin Comper die Abstellung der Bilder und andere Reformen
zu rechtfertigen suchte, einen treuherzigen vaterländischen Ton an, um „die gottes-
kräftigen Helden, die Stifter der eidgenössischen Freiheit" milder zu stimmen; sie
verbanden sich immer enger mit den Prälaten zur Erhaltung der alten Zustände.
Es ist uns bekannt, daß die in Lucern tagenden eidgenössischen Stände Mahnungen und Drohungen an Zürich ergehen ließen. Doch gab der Umstand, daß
selbst aus der Mitte dieser Versammlung Vorschläge zur Beschränkung der geistlichen Gerichtsbarkeit und zur Abstellung einiger kirchlichen Mißbräuche erhoben
wurden, und daß mehrere Kantone sich von dem Mahnschreiben an Zürich fern
hielten, deutlich zu erkennen, daß auch hier wie auf dem deutschen Reichstage verschiedene Meinungen obwalteten, und daß das Beispiel der Zwinglistadt nicht
ohne Nachahmung bleiben würde. Die wiedertäuferischen Umtriebe mit ihren demokratischen und communistischen Tendenzen verliehen der conservativen Partei
der Aristokraten und Altgläubigen wieder einige Stärke; der Constanzer General-
Vicar Faber, der sich die Erhaltung des alten Glaubens zur Lebensaufgabe gemacht, sagte: „wenn man mit den Geistlichen fertig sei, werde man an die Junker
gehen". Die von ihm betriebene Hinrichtung des Frühmeßners Hans Heuglin
bewies den grausamen Ernst seiner Opposition. Und diesen Ernst gedachte er
nun noch glänzender zu bewähren. Nie war er thätiger gewesen, als in jenen
Tagen; man sah ihn allenthalben in der Schweiz und in Deutschland im Dienste
der alten Kirche umherreisen und Streiter werben. In der Stadt Baden wollte
er ein Religionsgespräch abhalten lassen, das der Ketzerei in der Schweiz das
Haupt zertreten sollte. War die katholische Sache in Zürich einst so kläglich durch
ihn verfochten worden, so hoffte er, daß sie jetzt um so glänzender und siegreicher
aus dem Kampfe hervorgehen werde; hatte er ja doch den berühmtesten Streit-
helden des Papismus, den Johannes Eck von Ingolstadt als Vorfechter gewonnen. Schon sah er im Geiste ein neues Constanzer Concil erstehen. Die
Brandstätte des armen Heuglin war noch kaum kalt geworden, als die Prälaten
und Geistlichen, die Bevollmächtigten von zwölf conservativen Kantonen, viele
Gelehrten, Prädikanten und Mönche sich im Monat Mai in Baden versammel-

ten. Ihre Erwartung wurde aber sehr getäuscht, als Zwingli nicht selbst erschien.
Der Rath von Zürich, der in Uebereinstimmung mit dem Reformator von Anfang an sich gegen das Vorhaben erklärt, hatte dem Leutpriester verboten, an
einem andern Orte für die Sache des Evangeliums aufzutreten. Aber Oecolampadius von Basel und Berthold Haller von Bern waren bereit, den Kampf wider
Eck, Faber und Thomas Murner aufzunehmen. Man stritt sechzehn Tage über
Abendmahl, Messe und Fegefeuer, über Heiligenverehrung und Bilderdienst, und
Eck feierte in den Augen seiner Anhänger glänzende Triumphe. Er führte aus
dem reichen Rüsthaus der Scholastik und Concilienbeschlüsse das schwere Geschütz
auf, mit dem er die Schriftgelehrsamkeit seines Gegners zu zermalmen suchte.
Das Resultat der Disputation war, daß die Versammlung, wobei die Romanisten
weitaus die Mehrheit bildeten, mit zwei und achtzig Stimmen sich für Eck aussprach, während nur zehn Geistliche und Gelehrte dem Gegner den Sieg zuer-
kannten. Ein Verdammungsurtheil gegen Zwingli, „den rechten Haupturheber
und Anfänger der falschen, verführerischen Lehre" und über andere Prädikanten,
„die sich durch genugsamen Bericht nicht haben wollen weisen lassen" und ein Verbot aller ketzerischen Schriften war das Schlußergebniß der Disputation von
Baden, welchem die Landtagsboten von neun Ständen beitraten mit der Erklärung, „Alles zu halten, wie das von den heiligen Vätern und unsern Voreltern
auf uns gekommen".

Gegenschlag.   Aber weit entfernt, daß dadurch der religiösen Neuerung Einhalt gethan
worden wäre, gab dieser Ausgang der Reformation einen frischen Impuls. Das
Religionsgespräch war im Parteiinteresse in Scene gesetzt worden und sollte nun
auch im Parteiinteresse ausgebeutet werden. Die Berner und Baseler berichteten
aber in ganz anderem Sinne über den Verlauf, als die von der katholischen
Majorität nach einigem Zögern bekannt gemachten Akten angaben; und anstatt,
daß man in jenen Orten die evangelisch gesinnten Lehrer und Prediger entfernte,
wie von gegnerischer Seite gefordert ward, erlangte vielmehr die reformatorisch
gesinnte Partei daselbst größeren Einfluß. Man beschuldigte die Altgläubigen
der Unredlichkeit; die gemeine Bürgerschaft, die schon lange mit Widerstreben die
Herrschaft der aristokratischen Geschlechter ertragen und meistens der religiösen
Neuerung zugethan war, fing an, sich mit Macht zu regen. Die Zünfte und die
Ostern 1527. demokratischen Elemente bewirkten, daß bei der Erneuerung des großen Raths in
Bern viele Anhänger der Reformation gewählt wurden und daß in Folge davon
auch der engere Rath, welcher bisher ganz in der Gewalt der oligarchischen Herren
gewesen war, im Sinne des Fortschritts umgestaltet ward. Eine lebhafte Polemik, die von Zürich aus wider die Vorfechter des Romanismus und die Disputation von Baden ausging, steigerte die Aufregung für die Neuerung. Wir
wissen, wie laut schon seit Jahren die satirische Opposition in Bern gegen Aberglauben und Möncherei aufgetreten. Jetzt wurde der Ruf des Volkes nach
einem freien Religionsgespräch, wo mit gleichen Waffen, Schrift gegen Schrift,

gestritten werden sollte, so einbringlich, daß der Berner Rath wie einst der von
Zürich vorzugehen beschloß. Die römisch gesinnte Partei, die im vorhergehenden
Jahr so eifrig für die Badener Disputation gewirkt, setzte nun alle Hebel in Be-
wegung, das beabsichtigte Religionsgespräch in Bern zu hintertreiben; denn auf
diesem Felde und mit solchen Waffen war wenig Aussicht zum Sieg. Aber alle
Bemühungen blieben unfruchtbar. Im November ergingen die Einladungen des Einführung
Raths zu einem öffentlichen Religionsgespräch, und Zwingli säumte nicht, sich tion in Bern.
dabei einzustellen. Hier durfte er ein unparteiisches Gericht erwarten, wie es in 1528.
Baden nicht vorausgesetzt werden konnte. Die Berner Disputation war das Gegenstück zu der Badener: wie dort um Eck und Faber sich die Altgläubigen zu-
sammengeschaart hatten, so gesellten sich hier über dreihundert Prädicanten reformatorischer Gesinnung zu Zwingli, Oecolampadius, Bucer, Capito, Wilhelm
Farel u. A. Die von einem Freiburger Domherrn versuchte Rechtfertigung der
Messe und Heiligenverehrung machte geringen Eindruck, der Sieg wurde den
Evangelischen zuerkannt. „Steht es so mit der Messe", sagte ein Priester, der
eben das Hochamt feiern wollte, „so will ich weder heute noch jemals Messe halten", und legte das Priesterkleid ab. Darauf erließ der Berner Rath eine Bekanntmachung „Gemeine Reformation und Verbesserung," wonach die geistliche 7. Febr.1528.
Gewalt der Bischöfe von Constanz, Basel, Sitten und Lausanne aufgehoben
wurde, „weil sie aller Bitten und Ladung ungeachtet bei der Disputation nicht
erschienen, die Schäflein nur geschoren, nicht aber nach der Lehre Gottes geweidet
haben", und der gesammten Geistlichkeit die Weisung gegeben, „allein Gottes
Wort und ferner nichts zu lehren, was den angenommenen Schlußreden wider-
streite". Dann wurden Messe und Bilder abgeschafft, dem Ordensklerus der
Austritt aus Klöstern und Gelübben, den Geistlichen die Ehe gestattet, jeder un-
keusche Wandel aber mit Strafe bedroht, Wiedertäuferei und Sektenwesen verboten. Mit den Einkünften der Stiftungen sollte verfahren werden, wie in Zürich.
Am Abend des letzten Vincentiusfestes spielte der Organist die Tonweise des Lie-
des: „Ach armer Judas, was hast du gethan?" und verließ dann mit Wehmuth
die schöne Orgel, die nun sofort zerschlagen ward. Bei der Rathserneuerung am 13. April
Ostermontag wurden die Anhänger des alten Systems entfernt und durch refor- 1528.
matorisch gesinnte Männer ersetzt. Im ganzen Lande ging nun die Einführung
des neuen Cultus vor sich; nur im Berner Oberlande, wo die Unterwaldner die
Einziehung des Klosters Interlaken durch bewaffneten Zuzug verhindern wollten,
und im Haslithale mußte der Widerstand mit Gewalt unterdrückt werden. Hierauf
kündigte der neue Rath dem König von Frankreich den Bund auf, verbot die
Annahme der Jahrgelder und schloß mit Zürich das evangelische Städtebündniß.

Das Beispiel von Bern gab auch in St. Gallen, wo Joachim von Watt Sankt Gal-
(Vadianus) Neffe des Fürstabts schon lange für die neue Lehre gewirkt hatte, len. Som.
den Anstoß zur Entfernung der katholischen Gebräuche und Institute. Der alte mer 1528.
Klosterfürst Franz Geißberg entfloh nach Rorschach, wo er im nächsten Jahr starb.

Die städtischen Einwohner erkannten den neuen von den Conventualen gewählten, von Kaiser und Papst bestätigten Abt Kilian nicht an, legten Beschlag auf die Einkünfte und das Vermögen des Gotteshauses und richteten mit Hülfe von Zürich und Glarus eine Landesordnung auf, wonach ein Hauptmann, welcher der evangelischen Lehre zugethan sein müsse, und ein Landrath von zwölf Mitgliedern unter eidgenössischer Schirmherrschaft die Regierung führen sollten. Zwingli erlebte die Freude, seine Heimath Toggenburg, welche bei dieser Gelegenheit sich noch vollends von den Pflichten gegen die Abtei loskaufte, nach seiner Weise kirchlich einrichten zu können. Der Abt kam nie in Besitz des Gotteshauses.

30. August 1530. Nachdem er einige Zeit hülfesuchend umhergewandert war, verunglückte er auf dem Rückwege vom Augsburger Reichstag in der Nähe von Bregenz.

In Basel. 1529. In Basel erwirkte Oecolampad nach seiner Rückkehr von Baden die Einführung des deutschen Kirchengesangs, dem er mit Freudenthränen zuhörte. Es ist uns ja bekannt, daß in der an Deutschland gränzenden Rheinstadt, wo Erasmus wirkte und die reformatorischen Schriften der Wittenberger nachgedruckt wurden, die neuen Ideen längst Boden gefaßt hatten. Aber der Rath war entscheidenden Schritten abhold und die bischöfliche Partei von Einfluß. Man schmeichelte sich, zwischen beiden Bekenntnissen das Gleichgewicht zu behaupten. Die evangelische Predigt sollte nicht gehindert, aber auch die Messe beibehalten werden. Bei den populären Klassen der Bürgerschaft gewann jedoch die neue Richtung die Oberhand. Es erfolgten stürmische Auftritte, wobei Bilder, Altäre und Kirchenschmuck zerstört wurden. Die Zünfte erzwangen eine Erneuerung des großen Raths, wobei sechzig der Ihrigen gewählt wurden; nach seinen Vorschlägen sollte auch der kleine Rath besetzt werden. Da traten die Katholischgesinnten aus und gaben dadurch den Gegnern den Sieg in die Hand. Viele verließen mit dem Bürgermeister Meltinger die Stadt, unter ihnen auch Erasmus. Nun wurde unter Oecolampads Leitung die Lehr- und Gottesdienstordnung sammt der strengen Sittenzucht von Zürich eingeführt und zwischen den drei Städten ein „christliches Bürgerrecht" abgeschlossen, zu gegenseitiger Hülfe und zum Schutz der freien Predigt. Erasmus kehrte bald wieder von Freiburg nach Basel zurück, um dort zu sterben. Oecolampadius aber bemühte sich, die Hochschule durch Berufung ausgezeichneter Männer der neuen Richtung wie Myconius, Grynäus, Münster, Phrygio u. A. in Flor zu bringen. Auch in Mühlhausen, einem der zugewandten Orte, die wie Außenglieder an den inneren Kern der Eidgenossenschaft angelagert waren, siegte nach einigem Ringen der neue Cultus, hauptsächlich durch die Thätigkeit des Stadtschreibers Gamshorst und den Einfluß von Bern. Mühlhausen ward in das „christliche Bürgerrecht" aufgenommen; ebenso Biel. Um dieselbe Zeit wurde in Schaffhausen die Reformation durchgesetzt und wie ein Zeitgenosse sich ausdrückt, „der groß Gott im Münster weggethan". In Glarus, wo die katholische Partei in den Waldstätten einen Rückhalt suchte, trat, als man durch die Friedenseinigung von Kappel in den gemeinen Herrschaften und Grenzlanden jeder

Gemeinde die Entscheidung über sich anheimgab, die Mehrheit des Kantons der
neuen Kirchenform bei.   In Appenzell schritt man zu demselben Verfahren; der ⁱⁿ
Hauptort selbst erklärte bei der alten Lehre zu beharren, aber acht Landgemeinden Appenzell.
nahmen den Gottesdienst von St. Gallen an.   Die drei Bünde in Hohenrhätien ⁱⁿ Grau-
oder Graubündten, welche mit der Eidgenossenschaft in einem lockeren Bundes- bündten.
verhältniß standen, hatten nach dem Religionsgespräch von Ilanz (1526) jedem
die freie Wahl zwischen dem alten und neuen Glauben eingeräumt. Als aber
verlautete, daß der Abt Schlegel von St. Lucien mit Jacob von Medici, dem
Castellan von Musso am Comersee und Wolf Dietrich von Hohenems verräthe-
rische Intriguen angesponnen, um unter mailändischer und österreichischer Beihülfe die Evangelischen in Chur zu überwältigen und Kleven und Veltlin in die
Hände des Kaisers zu spielen, wurde er gefangen gesetzt und enthauptet und die 23. Jan.
bedrohte Landschaft im „Müßerkrieg" durch die Graubündtner und den refor- 1529.
mirten Theil der Eidgenossenschaft befreit.   In Solothurn lagen noch beide Parteien im Streit, als die politischen Ereignisse zu Gunsten der Altgläubigen entschieden. In der kleinen Republik Gersau verschaffte der Constanzer Ambrosius ⁱⁿ Gersau.
Blarer dem Evangelium den Sieg. Auch die benachbarten Städte am Bodensee,
am Oberrhein und weit hinein in das Schwabenland fühlten mehr Sympathien
mit der reformirten Schweiz als mit der sächsischen Kirchenform.   Straßburg
hatte gleich den übrigen Reichsstädten die Messe abgestellt und den Geistlichen geboten „die heil. Schrift lauter und unvermischt mit Menschenfabeln zu predigen";
nun gewann aber die schweizerische Auffassung mehr und mehr die Oberhand;
man entfernte die Bilder und Altäre, man übertünchte die mit Gemälden geschmückten inneren Wände der Kirchen mit Steinfarbe; Musik und Orgelspiel verstummten; und um gegen Oesterreich sich einen Hinterhalt zu schaffen, trat
Straßburg in das Bürgerrecht der Schweizerstädte unter Zusicherung gegenseitiger
Hülfeleistung.   Vermöge dieser Doppelstellung war die Rheinstadt besonders geeignet in dem religiösen Zwiespalt zwischen den deutschen und schweizerischen Protestanten versöhnend und vermittelnd zu wirken, und keine geschicktere Persönlichkeit konnte zu einer solchen Thätigkeit gefunden werden, als der uns bekannte
Martin Buzer, der nach Sickingens Fall arm und hülflos mit einer schwangeren
Ehefrau nach dem Elsaß geflohen war und dann als Prediger in Straßburg sich
die Ausgleichung der Gegensätze zur Hauptaufgabe machte, ein verdienstliches
aber mühsames und undankbares Unternehmen.

I. Ausbildung des lutherischen Kirchenwesens und die Protestation.

1. Stellung der Parteien in Deutschland.

Kritische Lage der Evangelischen. Es schien als ob der Bauernkrieg für die deutsche Reformation dieselben Folgen haben würde wie einst die Volksaufstände in England für die Wycliffiten (VIII, 48 ff); die Romanisten schrieben schadenfroh den „Lutheranern" die Schuld zu, und die geistlichen Herren in Würzburg und Bamberg benutzten die Lage und Stimmung, um die Evangelischen in ihrem Lande zu unterdrücken. Wie viele starben auf dem Blutgerüste, nicht weil sie an dem Aufruhr Theil genommen, sondern weil sie sich der neuen Lehre zugewendet hatten. Ein Nachrichter, der mit einer Reiterschaar in Franken und Schwaben umherzog, um die gefällten Bluturtheile zu vollstrecken, soll in ziemlich engem Umkreise vierzig evangelische Prediger der Landstraße entlang an Bäumen aufgeknüpft haben. Balthasar Hubmaier, wegen seines Eifers gegen die Kindertaufe auch von Zwingli und von den Zürichern verlassen, wurde zu Nikolsburg, seinem mährischen „Emaus", von der österreichischen Regierung verhaftet und in Wien zum Feuertod verdammt, (10. März 1528); seine Frau wurde in der Donau ertränkt. Da war es denn ein Glück, daß Sachsen, der Heerd der Reformation, nicht von der Bewegung ergriffen worden war, daß man den Gegnern erwiedern konnte, wären durch rechtzeitige Einführung des Evangeliums die Wünsche des Volks befriedigt worden, so würde auch anderwärts die Empörung nicht ausgebrochen sein, daß Luther mit Recht von den Urhebern sagen konnte: „sie sind von uns ausgegangen, aber sie waren nicht von uns. Der Weizen ist nicht schuld, daß Unkraut hervorwächst und die Wahrheit ist nicht Ursache an so vielem Unglück". So kam es, daß Herzog Georg mit seinem Plane, die benachbarten Fürsten zu einem Bunde gegen die Neuerung zu vereinigen, nicht durchdrang, daß dem Regensburger Convent kein ähnlicher Sonderbund im Norden zur Seite trat. Mochte er sich auch mit den Kurfürsten von Brandenburg und von Mainz und mit dem Herzog von Braunschweig auf einer Zusammenkunft in Dessau zur Unterdrückung des Evangeliums, „aus dem so viel Böses geflossen" verständigen und in seinem eigenen Lande, in Leipzig, Salza, Sangerhausen Hinrichtungen vornehmen lassen; weder sein Verwandter, der neue Kurfürst Johannes von Sachsen, noch sein Eidam, Philipp von Hessen ließen sich von der Reformation abwendig machen, wie viele Mühe er sich auch in Mühlhausen gegeben, sie zu seiner Meinung zu bekehren. Vielmehr schritt Johann noch entschiedener als sein Bruder auf der betretenen Bahn weiter fort, indem er seinen Geistlichen gebot, nur das lautere Wort Gottes ohne allen menschlichen Zusatz zu predigen und auch in den Ceremonien alles Ueberflüssige abzuthun, und der Landgraf vertiefte sich mehr und mehr in das Studium der religiösen Schriften, so daß er selbst die Theologen durch seine Bibelgelehrsamkeit in Verwunderung setzte. Auch die größeren Reichsstädte, die wie Nürnberg und Augsburg dem Bauernaufstand kräftig widerstanden, sagten sich von der bischöflichen Jurisdiction los und führten evangelische Kirchenordnungen ein. Aehnliches geschah in Mecklenburg, in Pommern, in Braunschweig-Celle; und selbst in Würtemberg vermochte der schwäbische Bund das neue Leben nicht niederzuhalten.

Und schon tauchte auch hie und da der Plan auf, man solle die geistlichen Herrschaften auflösen. Selbst Ferdinand war einem solchen Gedanken nicht abhold: in Tirol wurden durch Regierung und Landschaft die bischöflichen Rechte so sehr beschränkt, daß die weltliche Hoheit mehr galt als die geistliche; und im Salzburgischen benutzten Oesterreich und Baiern die schlimme Lage des Erzbischofs zur Vermehrung ihrer Besitzungen und ihres Einflusses. Nur die Absicht der baierischen Herzöge, ihrem Bruder Ernst von Passau die Nachfolge zu verschaffen, rettete das Fürstbisthum vor gänzlicher Säcularisation. Wenn aber aus der Mitte des süddeutschen Sonderbundes solche Gedanken sich regten, mußten dieselben nicht noch lebendiger bei den evangelisch Gesinnten hervortreten? Die geistlichen Herrschaften hatten sich während des Bauernkriegs am schwächsten gezeigt; ohne weltliche Hülfe wären sie die Beute des Aufruhrs geworden; ihr Verfahren nach der Unterwerfung der Insurgenten gab Zeugniß, daß sie nur auf Wiederherstellung der alten Zustände bedacht waren, nicht aber auf zeitgemäße Reformen. Wenn es nun gelang eine Säcularisation auf gesetzlichem Wege mit möglichster Schonung der dermaligen Besitzer durchzuführen, welche weitgehende Umgestaltungen zur öffentlichen Wohlfahrt und Sicherheit konnten dann ins Leben treten! Würde in jedem Kreis, so überlegte man hie und da, ein eigenes Regiment, bestehend aus einem Hauptmann und zwölf von den weltlichen Ständen gewählten Räthen, aufgerichtet werden mit eigenen Kreisgerichten und einer ständigen Kriegsmannschaft aus dem jungen Adel, wie ganz anders konnte dann der Friede gehandhabt und die Wehrhaftigkeit des Reiches begründet werden! Die geistlichen Fürsten geriethen in Unruhe. Kaum waren sie dem Umsturz von unten entgangen und nun sahen sie sich von einer Seite bedroht, die weit mächtigere Hebel einsetzen konnte. War es zu verwundern, daß sie sich zur Gegenwehr rüsteten und nach Hülfe umsahen? Schon hatten sich der Landgraf von Hessen und der Kurfürst von Sachsen auf dem Jagdschloß Det. 1525. Friedewalt am Sullinger Walde zu gegenseitiger Unterstützung in allen gemeinsamen Rechten insbesondere in Sachen des Evangeliums geeinigt, und suchten neue Verbündete zu gewinnen; schon hatte im April desselben Jahres der Großmeister des Deutschordens in Preußen ein bedeutsames Exempel aufgestellt, indem er das Ordensland in ein weltliches Erbherzogthum verwandelte und durch die Bischöfe eine evangelische Kirchenordnung einführen ließ. Da machten die geistlichen Herren energische Anstrengungen zur Erhaltung ihrer alten Gerechtsame

(Randnotiz:) Die geistlichen Herrschaften in Gefahr.

und Machtstellung. Der Kurfürst von Mainz, den Luther vergebens ermahnt hatte, das Beispiel seines Verwandten an der Weichsel nachzuahmen und in den Ehestand zu treten, und der Bischof von Straßburg versicherten sich des Beistandes des Herzogs Georg und des schwäbischen Bundes und riefen die Unterstützung des Kaisers an. Herzog Heinrich von Braunschweig, ihr Gesinnungsgenosse reiste nach Spanien, um am kaiserlichen Hofe persönlich die Sache vorzutragen. Auf dem Reichstag von Augsburg sollten entscheidende Schritte zur Reformation gethan werden. Dank den Gegenbemühungen der Altgläubigen war aber die Zahl der Anwesenden, fast nur aus Bevollmächtigten bestehend, so gering, daß kein gemeinsamer Beschluß gefaßt werden konnte. Am Ende des Jahres wurde

30. Decbr.
1525.

die Versammlung vertagt, nachdem man übereingekommen war, am ersten Mai einen neuen Reichstag in Speier abzuhalten, wo jeder Fürst in Person erscheinen sollte, damit man „von dem heiligen Glauben, Friede und Recht desto stattlicher handeln möge". Mittlerweile sollte das Evangelium rein und klar nach Auslegung der altbewährten Kirchenlehrer geprebigt werden.

Der Kaiser und die Altgläubigen.

Heinrich von Braunschweig traf zu günstiger Stunde in Spanien ein. Wir haben die Ereignisse kennen gelernt, die zu dem Madrider Frieden führten. In diesem war unter andern Bestimmungen auch eine Vereinbarung zwischen Karl und Franz getroffen zu gemeinsamem Vorgehen sowohl wider die Türken als wider die Ketzer, „die sich vom Schooße der heiligen Kirche losgerissen". Ein

1520.

kaiserliches Sendschreiben an einige Fürsten des Reichs vom 23. März stellte ein scharfes Einschreiten gegen die Religionsneuerer in Aussicht; er selbst werde demnächst von Rom aus die Sache betreiben. Die Vereinigung der Altgläubigen „wider die unevangelische, verdammte ketzerische Lehre des Martin Luther" ward belobt, und ihnen empfohlen, neue Bundesgenossen beizuziehen. Damals nahmen die Gedanken des Herzogs Georg einen hohen Flug. Er soll gesagt haben, wenn er wollte, könnte er Kurfürst von Sachsen werden.

Das Torgauer Bündniß. 1526.

Diese drohenden Aussichten trieben auch die andere Partei zu neuen Anstrengungen; sie mußte sich zur Gegenwehr rüsten. Schon hatten die beiden

Febr. 1526.

Fürsten von Sachsen und Hessen auf einer persönlichen Zusammenkunft in Gotha sich die Hände darauf gegeben, wider jeden Angriff wegen des göttlichen Worts

März.

einander mit allen Kräften beizustehen, und den Vertrag in dem „Torgauer Bund" urkundlich festgestellt; nun suchten auch sie sich durch Beiziehung neuer Mitglieder zu stärken. Im südlichen und westlichen Deutschland waren die Bemühungen Philipps von geringem Erfolg. Mit Ausnahme der beiden Brandenburger Markgrafen Georg und Casimir gewann er keine Bundesgenossen. Der Kurfürst von Trier war aus der oppositionellen Stellung, in der er sich bisher bewegt, herausgetreten und ging fortan mit Oesterreich und dem Kaiser; der Pfalzgraf bei Rhein konnte sich nicht entschließen, die zuwartende und vermittelnde Haltung aufzugeben, die er von jeher beobachtet, wenn er gleich der Reformation nicht abgeneigt war; auch die größeren Reichsstädte, wie Frankfurt und Nürnberg konnten nicht zum offenen Beitritt bewogen werden. Desto erfolgreicher waren die Unterhandlungen des Kurfürsten Johann. Es gelang ihm auf einer Zusammenkunft zu Magdeburg die Herzoge von Braunschweig-Grubenhagen und 9. Juni 1526. von Lüneburg, den Herzog Heinrich von Mecklenburg, den Fürsten Wolf von Anhalt, den Grafen von Mansfeld und die erzbischöfliche mit großen Freiheiten begabte Stadt, wo die Versammlung tagte, zum Eintritt in den Torgauer Bund zu bewegen. Doch blieb derselbe schwankend und unbestimmt, da Luther höchlich mißbilligte, „daß man sich dem Kaiser widersetzen oder Gottes allmächtiges Wort und Fürsehung durch fleischliche Waffen und Vorsicht schützen wolle".

Mit großer Pracht und Zuversicht begab sich darauf der Kurfürst von Reichstag in Sachsen nach Speier, wo sich bereits die Stände zum Reichstag einfanden. 1526. Wenn Anfangs noch die Altkirchlichen die bisherigen Lehren und Gebräuche festzuhalten suchten, die Ausführung des Wormser Edikts verlangten und im Gegensatz zu den Beschwerden der Evangelischgesinnten über die kirchlichen Mißbräuche und die Entartung des Klerus alles Unheil von den neuen Schriften und Predigten herleiteten; so trat bald eine veränderte Stimmung zu Tage, als vom Kaiser selbst der Entwurf eines Beschlusses einlief, „die Strafbestimmungen des 27. Juli. Wormser Edikts aufzuheben und die evangelische Wahrheit auf einem Concilium zur Entscheidung zu bringen". Wir haben den Umschwung der politischen Verhältnisse kennen zu lernen, der zu dieser Wandlung führte. In dem Augenblick, da eine kaiserliche Armee nach Rom zog, um das kirchliche Oberhaupt, das mit Frankreich und England sich zu einem heiligen Bund wider den Kaiser vereinigt, mit Spießen und Stangen zur Ordnung zu bringen, konnte es für Karl nicht mehr von Interesse sein, das päpstliche Ansehen in Deutschland wieder herzustellen. Ueberhaupt wurde das Habsburgische Haus damals an so vielen Orten von so mannichfachen Anliegen in Anspruch genommen, daß ihm eine scharfe Parteistellung in den religiösen Zeitfragen nicht gerathen erscheinen konnte. Wir wissen, in welcher Lage sich Ungarn seit der Schlacht von Mohacs befand (IX, 233, 305); die verwittwete Königin, Ferdinands Schwester, neigte zu den neuen Doctrinen, während Zapolya und seine Anhänger allen Lutheranern den Tod drohten. Auch im Königreich Böhmen, wozu damals noch Schlesien und die Lausitz gehörten, bildeten die Utraquisten eine mächtige Partei, die man schonen mußte, zumal da Herzog Wilhelm von Baiern, der als das eigentliche Haupt der Papisten galt, gleichfalls nach der böhmischen Krone strebte. Erst nachdem Ferdinand, der Gemahl der Jagellonischen Königstochter (IX, 171) die Compaktaten bestätigt, wurde er von den böhmischen Ständen zum König gewählt und am 24. Febr. 1527 in Prag gekrönt. Eben so wenig war aber der Erzherzog zu einer entschiedenen Parteistellung nach der andern Seite geneigt. Wäre der kaiserliche Entwurf zum Reichstagsabschied erhoben worden, so hätte der katholische Sonderbund keinen Bestand mehr haben können, die Verfolgung der Evangelischen keinen Rechtsgrund mehr gehabt. Ferdinand aber wollte nach keiner Seite hin sich

die Hände binden lassen. So wenig er sich durch den Regensburger Receß abhalten ließ, nach Umständen dem Evangelium freien Lauf zu lassen und bischöfliche Rechte an sich zu nehmen, so wenig wollte er die Befugniß aufgeben, auf
Grund des Wormser Edikts da oder dort gegen lutherisch Gesinnte einzuschreiten.
In einer gesetzlichen Unbestimmtheit, welche die Freiheit des Handelns nach
momentanen und örtlichen Interessen zuließ, glaubte er den Vortheil des Hauses
am sichersten gewahrt. Auch war bei der großen Meinungsverschiedenheit, die
unter den Anwesenden herrschte, kaum ein durchgreifender Majoritätsbeschluß
zu erwarten. Die Ansichten und Bestrebungen der beiden Parteien gingen so
weit auseinander, daß weder an Herstellung des alten Zustandes noch an die
Durchführung einer gemeinschaftlichen Reform der deutschen Kirche zu denken
war. „So bemächtigte sich denn das Prinzip der Territorialentwickelung auch
der religiösen Angelegenheit; der Gedanke brach sich Bahn, jeder Landschaft,
jedem Reichsstand in Hinsicht der Religion die Autonomie zu gewähren, die sie
einmal auszuüben begonnen hatten." Auf Grund eines Vorschlages des großen
August 1526. Ausschusses wurde daher der Reichstagsabschied dahin gefaßt, daß in Sachen
der Religion und des Wormser Edktes „jeder Reichsstand so leben, regieren und
es halten solle, wie er es gegen Gott und Kaiserliche Majestät zu verantworten
sich getraue", und somit einem jeden Territorialherrn überlassen, in seinem Gebiet
die kirchlichen Zustände nach eigenem Ermessen einzurichten, bis ein freies Concilium allgemeine Bestimmungen treffe.

Resultate.   So ward der Grundsatz herrschend cujus regio ejus religio und der Same
einer unseligen Spaltung und Zersplitterung in Deutschland ausgestreut, nachdem noch kurz zuvor die Freiheit und Unabhängigkeit der Nation den edelsten
Geistern als Ziel und Erfüllung aller Hoffnungen und Bestrebungen vorgeschwebt.
Die nationale Zerrissenheit, die nach langen Vorbereitungen auf politischem und
staatlichem Gebiete sich entwickelt und den monarchischen Charakter des Reichs fast
gänzlich verlöscht hatte, drang nun auch in das kirchliche und religiöse Leben ein.
Es wäre nicht unmöglich gewesen, an der Hand der Reformation auch in Deutschland eine nationale Einheit zu schaffen, wie sie in England, in den nordischen
Staaten, in den Niederlanden als Resultat gewaltiger Kämpfe erzielt wurde. Dazu hätte es aber eines Kaisers von deutschem Blut und Sinn und von einer freiern
Geistesrichtung bedurft. Wir wissen, wie wenig Karl V. den Aufschwung der
deutschen Nation, bei Gelegenheit des Wormser Reichstags, zu benutzen verstand;
auch zur Zeit des Bauernkriegs soll der Kanzler Gattinara seinem Herrn zu Gemüthe geführt haben, wie jetzt eine günstige Zeit wäre, die Fürstenmacht mit Hülfe
des Volkes zu brechen und ein monarchisches Reichsregiment zu errichten, wie es
in Spanien, in Portugal, in Frankreich, in England begründet worden: aber
der Blick des Habsburgers war stets nur auf naheliegende Ziele, auf kleine Mittel
und Interessen gerichtet. So ging die Fürstenmacht siegreich aus allen Gefahren
hervor, die sie in jener tiefbewegten Zeit von verschiedenen Seiten umschwebt

hatten; und nun erlangte sie auch noch die freie Verfügung über Glauben und
Gewissen der Untergebenen. Die Reformation hat die nationale Spaltung in
Deutschland nicht geschaffen; schon seit Jahrhunderten hatte die staatliche Entwickelung diesem Ziele zugestrebt, hatte der fürstliche Particularismus die Zer-
bröckelung des Reiches in eine lockere Conföderation von selbständigen Landes-
herrschaften herbeizuführen gesucht. Daß dieses Bemühen über Erwarten gelang, daß die nationalen Pläne und Gedanken, wie sie noch zu Nürnberg
im Reichstag und Reichsregiment zu Tage traten, wie sie früher in den Schriften
der deutschen Patrioten einen so feurigen Ausdruck gefunden, unerfüllt in ein
weites Grab gesenkt wurden, kann doch nur Denen zur Last gelegt werden,
die durch fremde Verlockungen und eigennützige Sonderinteressen sich verleiten
ließen, die engere Heimath und den eigenen Vortheil höher zu halten als die
Größe und Einheit der Nation, die lieber im Bunde mit auswärtigen Mächten
den kleinlichen Geist des Particularismus pflegen wollten als an dem Aufbau
eines gemeinsamen Staatswesens mitarbeiten, mit kirchlichen Reformen wie
der Zeitgeist und die Volksstimme verlangte, deren Nothwendigkeit selbst die
Sonderbündler, wie Georg von Sachsen, bei jeder Gelegenheit anerkannten.
Noch hatte die reformatorische Partei kein gemeinsames Lehrgebäude aufgestellt,
noch war man über das Suchen nach der Wahrheit des göttlichen Wortes und
über das Ausscheiden des Unschriftgemäßen in dem bisherigen Kirchensystem
nicht hinausgekommen; mit gutem Willen, mit vaterländischem Sinn, mit ehrlichem Streben nach einem lauteren biblischen Christenthum hätte man sich immer
noch verständigen können. Mit dem Speierer Reichstagsabschied gingen die
Wege weiter auseinander, erlangte die Eigenwilligkeit und der Sondergeist
größeren Spielraum zu persönlichem Vorgehen, zum Trennen und Scheiden.

2. Kirchliche Organisationen und Luthers Ehestand.

Seitdem der Ausgang des Speierer Reichstags ein Zusammengehen der Die neue Rechtsstellung.
katholischen und evangelischen Stände nach derselben Richtung schwieriger gemacht
und in weite Ferne geschoben; war man in den reformatorisch gesinnten Kreisen eifrig
bedacht, aus der Unbestimmtheit und Zerfahrenheit der bestehenden kirchlichen
Zustände zu festen Ordnungen aufzusteigen, aus dem Wirrsal der unfertigen,
durcheinander wogenden Ansichten und Doctrinen zu einem klaren in sich zusammenhängenden Lehrbegriff zu gelangen und sich dadurch von der weltum-
fassenden Hierarchie der römischen Kirche mit Entschiedenheit loszuringen und
abzusondern. Die Reichsversammlung hatte ihre legislatorische Macht auf die
Einzelglieder vertheilt, die Ausübung ihres Rechtes den Territorialgewalten an-
heimgegeben; nun war es für diese das wichtigste Anliegen einen Rechtsboden zu
schaffen, auf dem die einzelnen Landeskirchen nach dem Vorbilde und Beispiele
der apostolischen Zeit aufgebaut werden möchten. Das kanonische Rechtsbuch

war von Luther selbst in die Flammen geworfen worden; auf ihm beruhte die
bischöfliche Jurisdiction, die somit gleichfalls dahingesunken war, ein nationales
Concil, auf das man bisher vergebens gedrungen, war mehr als je in die Ferne
gerückt; seine Stelle vertrat der Reichstag und dieser hatte mit Zustimmung des
Kaisers jede Standschaft zu eigenem Vorgehen ermächtigt. An einer Berechtigung
der landesherrlichen Gewalten, die kirchlichen Dinge nach den neuen Doctrinen
zu ordnen, war somit nicht zu zweifeln.

Die Synode von Homberg. 1826. Den ersten Schritt zur Aufrichtung einer Landeskirche that derselbe junge
Landgraf Philipp der Großmüthige von Hessen, der auch den Anstoß zu dem
Torgauer Bündniß gegeben. Zwei Monate nach seiner Rückkehr von Speier
Octbr. 1826. entbot er die geistlichen und weltlichen Stände seines Landes zu einem Religionsgespräch nach Homberg, um sich mit ihnen in Sachen des heiligen Glaubens zu
vergleichen und den Weg zur göttlichen Wahrheit und christlichen Eintracht wieder zu finden. Es galt eine Kirchenordnung nach Lehre, Cultus und Verfassung
auf Grund der neuen Anschauungen und Doctrinen aufzurichten. Vergebens
bestritt Nicolaus Ferber, Guardian der Franciscaner in Marburg, die Berechtigung der Versammlung, in kirchlichen Dingen Einrichtungen zu treffen, die vor
ein allgemeines Concilium gehörten: er wurde aus den biblischen Urkunden belehrt, „daß alle Christen des Priesterthums theilhaftig seien, die wahre Kirche
nur in ihrer Gemeinschaft bestehe und diese Kirche nach dem Worte Gottes über
die Glaubenssachen zu entscheiden habe". Vor der feurigen Beredsamkeit des
landflüchtigen Minoriten Lambert aus Avignon, den der Landgraf auf Sturms
Empfehlung von Straßburg herbeigerufen hatte, verstummten die Prälaten und
Mönche. Auf dieser berühmten Synode, die in Gegenwart Philipps und vieler
geistlichen und weltlichen Herren und städtischen Abgeordneten abgehalten wurde,
traten in Beziehung auf Begriff und Organisation der Kirche zum erstenmal die
demokratischen Ideen zu Tage, die in der Folge von Genf aus ihren Lauf durch die
Welt gemacht, aber in Deutschland niemals einen rechten Boden gefunden haben.

Die Prin-zipien. Nach dieser Auffassung ist die „Gemeinschaft der Gläubigen", die sich aus freiem
Antrieb unter die Herrschaft des göttlichen Wortes gestellt, die autonome Kirche, welche
ihre Vorsteher oder Bischöfe wählt, und eine sittenrichterliche Aufsicht über alle Glieder
führt. Sie errichtet einen „gemeinen Kasten" für den Dienst und die Unterstützung der
Armen, dessen Verwaltung einigen gewählten Pflegern übertragen wird, und übt strenge
Kirchenzucht über Lehre, Sitten und Leben aller Angehörigen. Der Reumüthige empfängt die Absolution, der Unbußfertige wird durch die Excommunication aus der Gemeinde ausgestoßen. Alle Jahre vereinigen sich die Kirchen zu einer Synode, an welcher
die Pfarrer (Bischöfe) und von jeder Gemeinde ein Abgeordneter Theil nehmen; vor
dieser werden alle Entscheidungen über strittige und zweifelhafte Dinge getroffen. Die
Leitung der Synode und die Erledigung der laufenden Geschäfte in der Zwischenzeit
geschieht durch einen Ausschuß von dreizehn Personen, bei deren Wahl der Landesfürst
und die Grafen und Herren stimmberechtigt sind. Drei Visitatoren, von der Synode
gewählt, haben den Zustand der einzelnen Kirchen zu erforschen und der Versammlung
Bericht abzustatten.

So wurde auf der Homberger Synode der merkwürdige Versuch gemacht, Luthers Stellung zu dieser Auffassung. im Gegensatz zu dem monarchischen Absolutismus der römischen Kirche die evangelische Kirche Deutschlands ganz auf der idealen Grundlage der Gleichberechtigung aller Gläubigen aufzubauen, an die Stelle der geistlichen Hierarchie die demokratische Autonomie der Gemeinde zu setzen, statt des kanonischen Rechts und der überkommenen Concilsbeschlüsse das lebendige Wort Gottes in der heil. Schrift als Norm des Glaubens und des sittlichen Lebens aufzustellen, mit der geistlichen Herrschaft auch das Regiment weltlicher Schirmherrn zu beseitigen. Wenn Luther selbst im Anfang der reformatorischen Neugestaltung sich mit ähnlichen Idealen eines evangelisch-demokratischen Kirchenregiments getragen, und noch im Jahre 1523 den Caligtinern in Prag geschrieben hatte, sie sollten nach Anrufung Gottes aus ihrer Mitte die Würdigsten und Tüchtigsten auswählen und durch Auflegung der Hände zu Bischöfen und Hirten der Gemeinde erheben; wenn vielleicht Lambert aus einzelnen Aussprüchen des Wittenberger Augustinermönchs, mit dem er früher persönliche Berührungen gehabt, seine Ansichten geschöpft hat; so war seitdem der sächsische Reformator auf andere Gedanken gekommen, so hatte seine Stellung zu den regierenden Männern des Kurstaats ihm andere Gesichtskreise eröffnet. Die Lambertschen Ideen konnten ihre Verwirklichung nur in republikanischen Gemeinwesen finden, oder in solchen Kreisen von Gläubigen, die sich zu der weltlichen Herrschaft im Gegensatz fanden. Anders lagen die Dinge in Deutschland, wo die regierenden Gewalten bei der kirchlichen Neugestaltung mitwirkten, von denen also nicht verlangt werden konnte, daß sie die geistliche Herrschaft abstellen, dafür aber ein demokratisches Regiment aufrichten sollten, in welchem sie mit jedem „Gläubigen" auf gleicher Stufe stehen würden. Auch geht aus den Klagen Luthers über die eigennützige und niedrige Denkweise so vieler Gemeinden, über die Selbstsucht der Menschen, die nur Lasten abschütteln, aber keine Opfer auf sich nehmen wollten, deutlich hervor, daß er seine idealen Ansichten über die Macht der religiösen und sittlichen Kräfte in der Menschenbrust mehr und mehr herabstimmte. Die Erfahrungen des Bauernkriegs scheinen ihn vollends von allen demokratischen Anwandlungen geheilt zu haben; die Urtheilslosigkeit der Menge, die Ueberspanntheiten der Sturmprediger, die wilde Leidenschaft der Volksführer, die rohen Profanationen erfüllten ihn mit Grimm und Verachtung gegen den Pöbel. Er glaubte, daß die kirchliche Regeneration nur mit Hülfe der weltlichen Obrigkeiten durchgeführt werden dürfte, daß man den Landesherrn das Amt der Oberaufsicht, die höchste Bischofsgewalt übertragen müsse.

Es geschah auf Luthers Rath und Bitten, daß Kurfürst Johann für Sachsen Das Visitationsbüchlein und die kirchlichen Einrichtungen in Sachsen. geistliche und weltliche Commissare ernannte, welche den Gottesdienst und Volksunterricht nach dem „Visitationsbüchlein", das Melanchthon im Einvernehmen mit Luther verfaßte, gleichmäßig ordneten, allenthalben evangelische Prediger bestellten, und über die Aufhebung geistlicher Stifter mit den Berechtigten unterhandelten. Zur kirchlichen Aufsicht

und zur Entscheidung in Ehesachen wurden Superintendenten eingesetzt. Es ist merkwürdig, wie gemäßigt und rücksichtsvoll dieser „Unterricht für die Visitatoren", die erste
Bekenntnißschrift des evangelischen Glaubens zur Unterweisung der Pfarrer in der Einrichtung des Gottesdienstes, in der Leitung der Seelsorge, in der Belehrung der Jugend,
gegenüber den Satzungen und Gebräuchen der römischen Kirche gehalten ist. Den
Predigern wird zur Pflicht gemacht, auf der Kanzel alle scheltenden Ausdrücke gegen
Papst und Bischöfe zu vermeiden, mit möglichster Schonung des Herkömmlichen die
neuen gottesdienstlichen Formen und heiligen Handlungen anzuwenden, nirgends dem
Gewissen Zwang anzuthun. Und wie sehr man auch festhielt, daß nur die Heil. Schrift
und die darin niedergelegte göttliche Offenbarung die Quelle und das Fundament des
wahren Christenglaubens sein könne; so tolerant und nachsichtig zeigte man sich gegen
die Außenwerke. Selbst der Genuß des Abendmahls nach der alten Weise unter
Einer Gestalt wird nicht untersagt, wenn auch die Anwendung des Kelchs neben der
Hostie als der H. Schrift entsprechend empfohlen wird. Die Sündenvergebung soll von
der vorausgehenden Buße nicht getrennt werden; auch über die Feiertage solle man
nicht streiten, sofern nur die Anrufung und Fürbitte der Heiligen nicht damit verbunden
sei. Des Menschen Wille habe zwar nicht Kraft und Freiheit, das Herz zu reinigen,
göttliche Gaben hervorzubringen, diese könne nur Gottes Gnade verleihen, aber er habe
Macht, das Gute zu wählen, das Böse zu meiden. Ueberall erkennt man das Bestreben, den inwendigen Menschen mittelst echt evangelischer Lehren zu heben und zu
bessern, das ganze Leben, den Hausstand und alle Berufsarten und Gesellschaftsklassen
mit christlicher Zucht, mit ehrbarer Sitte, mit Unsträflichkeit des Wandels zu durchdringen. Ein ernster religiöser Geist voll Gottesfurcht und Menschenliebe durchzieht
diese erste Christenlehre, der sich einige Zeit nachher Luthers Katechismen als Ergänzung
anschlossen. Die Unwissenheit des Volks und seiner Lehrer, die Luther bei der Visitation
vorfand, bewegte ihm das Herz; „bedenkend, daß Geistesfreiheit nur von einem gebildeten
Volke ertragen werden könne und die Kinder die Herrscher der Zukunft seien, schrieb er
(1529) beide Katechismen", den größern für die geistlichen Lehrer, den kleinern für die
Jugend, „in denen die Geheimnisse Gottes zur einfachen Volksrede und Kinderlehre geworden sind". Eine ganz andere Seelenspeise sollte dem Volke bereitet werden als die
werktheiligen Handlungen vorgeschriebener Andacht. Die aus dieser sächsischen Visitation
und Unterweisung hervorgehende Kirchenordnung wurde das Vorbild für die andern
deutschen Landeskirchen und verdrängte auch in Hessen den Homberger Verfassungsentwurf.

Luthers
Thätigkeit.   Wie ein stolzer Baum, wie eine edle Pflanze sollte sich nach Luthers Ansicht
die neue Kirche unter der Zucht und Leitung geschickter und vorsichtiger Hände
durch die innwohnende Kraft entwickeln und emporwachsen. Daher sehen wir ihn
um die Mitte der zwanziger Jahre so eifrig bestrebt, durch Rath und Ermahnung,
durch Lehre und Beispiel dieses Entwickeln und Wachsen zu lenken, zu fördern,
zu beleben. Zahllos sind die Briefe, Schriften und Abhandlungen, durch welche
er bemüht war, alle Zweifel, alle Unsicherheit, alles Schwanken zu entfernen,
an allen Orten und in allen Dingen eine gewisse Uebereinstimmung in Lehre und
Cultus zu begründen, ohne ängstliche Gewissen zu verletzen, aus dem Bestehenden und Herkömmlichen die guten Elemente auszuscheiden und gereinigt zu dem
Austritt aus
dem Kloster. Neubau zu verwerthen. Von einer Thätigkeit und geistigen Rührigkeit, die in
Erstaunen setzt, war Luther zugleich eine behutsam vorgehende conservative Natur.

In dem durch freiwilligen Austritt entvölkerten Augustinerkloster hielt er mit dem
Prior am längsten aus. Endlich aber legte auch der Bruder Martin die Mönchs- Oct. 1524.
kutte ab und erschien in schwarzem Priesterrock, zu welchem ihm der Kurfürst das
Tuch geschenkt. Schlüssel und Einkünfte des Stifts händigte er dem Landesfürsten ein; dieser aber überließ ihm Gebäude und Garten zum ferneren Gebrauch. Allenthalben waren im Sachsenlande die Klöster verlassen, sollte er, der
doch den Anstoß zu diesem Zerreißen unnatürlicher Bande gegeben, allein noch
in der alten Gewohnheit fortleben? Und wie unsägliche Mühe hat es sich kosten
lassen, den aus den Zellen entfliehenden Mönchen und Nonnen, die bei ihm Hülfe
und Zuflucht suchten, Schutz und Unterkommen zu verschaffen! Aus dem Cisterzienserkloster Nimptsch bei Grimma kamen neun Jungfrauen, sämmtlich von
Adel nach Wittenberg. Unter ihnen war Katharina von Bora. Wir wissen, Luthers Ver-
heirathung.
wie viele Mönche und Priester ihren Uebertritt zu der neuen Lehre damit kund
gaben, daß sie sofort in den Stand der Ehe traten; Luther billigte ihr Thun,
weil er überzeugt war, daß der Ehestand von Gott verordnet sei, aber er selbst
hatte bisher jede Versuchung der Art von sich gewiesen; und als er sich entschloß,
der erwähnten Katharina von Bora, die sich in dürftiger Lage befand, die Hand 13. Juni
1525.
zu reichen und sie zu seiner Lebensgefährtin zu wählen, geschah es nach langem
Bedenken, hauptsächlich in der Absicht, sich für sein von Krankheit und Sorgen
vielgetrübtes Dasein ein Asyl des Friedens, eine Häuslichkeit zu schaffen, wie sie
seiner Natur, seiner Neigung zu geselliger gemüthlicher Mittheilung besonders
zusagte. Auch erfreute er sich des Gedankens, seinem alten Vater dadurch nach
dem Sinn zu handeln und dessen früher so sehnlich ausgesprochenen Wunsch nun
noch in späteren Jahren zu erfüllen. Auch ein gewisser Trotz gegen die papistischen Vorurtheile mag mitgewirkt haben. Im Kreise treuer Freunde und Amtsbrüder, wie Justus Jonas und Bugenhagen, besucht von zahlreichen Gästen,
durchlebte er fortan ein bürgerliches Familienleben mit seinen Freuden und Leiden, in ärmlichen Verhältnissen, aber gestärkt durch Gottesvertrauen und christliche Zuversicht „neben dem Heiligen und Höchsten harmlos an Musik, Gesang
und manchem kecken Scherzwort sich erfreuend".

Dieser Schritt, viel geschmäht von den Gegnern, gereichte dem Reformationswerk
zum Segen. „Denn von nun an wurde der Gatte, der Vater, der Bürger auch Reformator des häuslichen Lebens seiner Nation, ein Vorbild für Hausandacht, Ehe, Kinderzucht, so wie für das gesellige Familienleben, und grade der Segen seiner Erdentage,
an welchem Protestanten und Katholiken heute noch gleichen Antheil haben, stammt aus
seiner Ehe." Frau „Käthe" war von entschlossenem männlichen Charakter, voll Verstand und Willenskraft, nahm an Luthers Studien und geistigen Beschäftigungen innigen
Antheil, wußte aber auch das Hauswesen trefflich zu leiten und trug Sorge, daß
der Mann nicht Alles herschenkte; denn Luthers Freigebigkeit war ohne Grenzen. Wie
Vielen hat er aus seiner Armuth geholfen, für wie viele Hülfsbedürftige in seinen Kreisen Unterstützung gesucht!

Mit großer Betrübniß erfüllte den Reformator die Wahrnehmung, daß die
Klostergüter und das Kirchenvermögen von weltlicher Habgier den religiösen
Zwecken, für die sie ursprünglich bestimmt waren, entfremdet wurden. Fortwährend ermahnt er die Obrigkeiten für zweckmäßige Benutzung zu sorgen und
die aus Geiz und Gewinnsucht der Mächtigen entspringenden Mißstände zu beseitigen. Man solle so viel ausscheiden, als zur Erhaltung der Austretenden bis
an ihren Tod erforderlich sei, den hülflosen Erben der Stifter einen Antheil zusichern, das Uebrige in einen „Gemeinkasten" legen für die Bedürfnisse von Kirchen
und Schulen, von Pfarrern und Lehrern, für die Unterstützung der Armen. Wie
warm legt er es den Rathsherrn der Städte ans Herz, für christlichen Unterricht
zu sorgen! Wie eifert er gegen den Eigennutz und die einreißende Gleichgültigkeit
des Volks! „Vorhin, da man dem Teufel diente und Christi Blut schändete,
da stunden alle Beutel offen, und war des Gebens zu Kirchen, Schulen und
allen Greueln keine Maaße; nun man aber rechte Schulen und rechte Kirchen
soll stiften, ja nicht stiften, sondern allein erhalten im Gebäu, da sind alle Beutel
mit eisernen Ketten zugeschlossen." In Sachsen selbst war man bedacht, die eingezogenen geistlichen Güter zu nützlichen Zwecken zu gebrauchen und sie gegen Habsucht und Vergewaltigung zu schützen; und auch in Hessen hat Landgraf Philipp
mit Beirath seiner Stände das Vermögen der verlassenen oder aufgehobenen
Klöster und Stifter zum Besten des Landes, der Kirchen und Schulen und vor
Allem zur Gründung der neuen evangelischen Universität Marburg angewendet.
Um so rücksichtsloser verfuhr man in andern Ländern. Und dabei thaten es die
katholischen Herrscher und Edelleute nicht selten den evangelischen zuvor. Die
österreichischen und baierischen Fürsten eigneten sich eine Menge Pfründen und
Stiftungen zu; die Klöster in Halle wurden von dem Kurfürsten von Mainz ihrer
Güter und Schätze beraubt. Die papistischen Junker, meint Luther, seien in
dieser Hinsicht fast lutherischer als die Lutherischen selbst. Durch ganz Deutschland, ja durch ganz Europa zog die Lust zu Säcularisationen. Was die Bauern
in stürmischer Weise begonnen, das führten jetzt „nachdem der päpstliche Zwang
im Lande erloschen" die obrigkeitlichen Gewalten zu Ende.

In allen Ländern und Städten, wo die Reformation zum Siege kam, wurden
die Klöster, so weit sie nicht durch freiwilligen Austritt veröbeten, allmählig aufgelöst
und die Güter von den Regierungen und weltlichen Herrschaften eingezogen; die bischöfliche Gerichtsbarkeit sammt dem kanonischen Rechte abgeschafft. Die evangelischen
Geistlichen gelangten unter der leichten Aufsicht von Superintendenten zu einer fast selbständigen Stellung in ihren Gemeinden, ein bedeutsames Element für die Heranbildung
eines deutsch-nationalen Mittelstandes, aus dem in der Folge ein großer Theil des Be-
amten- und Gelehrtenstandes hervorging. Wie viele tüchtige Kräfte, welche das katholische Kirchensystem zu einem unfruchtbaren Leben verdammt hatte, wurden durch diese
meist verheiratheten Prediger in Stadt und Land der thätigen Menschenwelt und dem
deutschen Volke zugeführt! Noch waren die dogmatischen Grenzen nicht fest gezogen,
welche später die evangelische Geistlichkeit mit neuen Fesseln umstrickten und die freie
Schriftforschung hemmten und festbanden. Und wenn auch bereits die Hoffnung dahin-

geschwunden war, daß alle deutschen Stämme und Staaten zu einer freien nationalen
Kirchengemeinschaft vereinigt werden möchten, so waren doch in allen Gegenden bedeutende Ansätze vorhanden, aus denen fruchtbare Schöpfungen hervorgehen konnten.

Seit dem Speierer Reichstagsabschied gewann die neue Lehre immer mehr
Boden. In den fränkisch-brandenburgischen Fürstenthümern, wo Markgraf Casimir, Gemahl einer baierischen Fürstentochter und mit dem österreichischen Hause
enge verbunden, der Reformation nur in beschränkter Weise Zugang gestattet
hatte, wurde nunmehr, als derselbe auf dem ungarischen Feldzug umkam und
sein Bruder Georg, bisher in Schlesien, die Regierung allein übernahm, die neue
Kirchenform nach dem Vorbild von Sachsen und in Uebereinstimmung mit Nürnberg nach Lehre und Cultus durchgeführt, die Jurisdiction des Bischofs von
Bamberg nicht länger anerkannt. Auch in Augsburg, Ulm, Frankfurt, Straßburg und anderen süddeutschen Städten und Territorien, wo schon seit Jahren
im Sinne religiöser Neuerung gewirkt worden, gelangte die Reformation zur
Durchführung, wurde die Messe durch den evangelischen Gottesdienst verdrängt.
Noch größere Fortschritte machte die neue Lehre und Kirchenordnung im nördlichen Deutschland. In Braunschweig-Lüneburg kamen Fürst und Landschaft
durch die Vereinigung von Scharnebeck überein, das Evangelium rein und lauter
predigen zu lassen, worauf durch die Thätigkeit des Kanzlers Klammer die Reformation im ganzen Lande Wurzel faßte. Der Widerstand der Prälaten, die
den alten Herzog aus Frankreich zu ihrem Beistand herbeigerufen, vermochte den
Fall der alten Kirche nicht aufzuhalten. In Ostfriesland gaben die Dominicaner
selbst den Anstoß zur Einführung der lutherischen Lehre. In den Herzogthümern
Schleswig und Holstein legten die Bischöfe von Lübeck und Schleswig der evangelischen Sache, die gleich Anfangs dort einen so günstigen Boden gefunden,
keine Schwierigkeiten in den Weg, nachdem man ihnen den Fortgenuß ihrer Einkünfte zugestanden. Marquard Schuldorf in Kiel verfocht erfolgreich das sächsische Bekenntniß gegen Papisten und Wiedertäufer. Auch in den Städten und
Fürstenthümern Schlesiens, obschon dieses Land als Lehen der Krone Böhmen
unter der Oberhoheit des österreichisch-habsburgischen Kaiserhauses stand, drang
das neue kirchliche Leben ein. Breslau, das in den hussitischen Kämpfen die
päpstliche Fahne aufrecht erhalten, ging jetzt in reformatorischem Eifer voran,
seitdem der Stadtrath den Dr. Johann Heß, einen Freund Luthers und Melanchthons aus Wittenberg an die Hauptkirche berufen. Im Verein mit dem wissenschaftlich gebildeten Stadtschreiber Johann Corvinus brachten dann Heß und die
übrige lutherische Pfarrgeistlichkeit den Magistrat zur Gründung mancher Anstalten der Barmherzigkeit und Menschenliebe. König Ferdinand setzte der Bildung evangelischer Gemeinden in der vielfach gespaltenen und an ein freies öffentliches Leben gewöhnten Landschaft keinen Widerspruch entgegen. In den Gebiets-
theilen, wo noch Abkömmlinge des Königs Podiebrad herrschten, in Münsterberg,
Oels und Frankenstein, in Liegnitz, Brieg und Wolau erlangte die lutherische Re-

[Marginalien:]
Ausbreitung
der evange-
lischen Kir-
chenform.
In Franken.

1. März
1528.

In den süd-
deutschen
Reichs-
städten.

In Braun-
schweig.
1527.

1527—28.

In Schles-
wig-Hol-
stein.

In Schlesien.

ligionsübung den Sieg, ebenso in Jägerndorf, wo der erwähnte Brandenburger
Markgraf Georg seinen Wohnsitz hatte, und in Teschen, deffen Herzog Wenzel
Adam von Jugend auf der neuen Lehre zugethan war. Das habsburgische Haus
sah sich in seiner damaligen Weltstellung zu so vielen Rücksichten gedrängt, von so
vielen politischen Schwankungen und Wechselfällen abhängig, daß es keine
scharfe Opposition gegen die neuen Doctrinen einzunehmen oder durchzuführen
rathsam fand.

In Preußen.   Die folgenreichste Veränderung vollzog sich im Ordensland Preußen. Wir
haben im neunten Bande dieses Werkes (Seite 66 f.) die Verhältnisse kennen
gelernt, welche den Hochmeister Albrecht von Brandenburg bewogen, das
Land an der Weichsel und Ostsee in ein weltliches Herzogthum unter Polens
Lehenshoheit zu verwandeln und die Einführung der lutherischen Lehre zu
gestatten und zu fördern. Die Ordensregeln waren mit den Ideen der Zeit
in Widerspruch gerathen, der Glaube an die Verdienstlichkeit und Gültigkeit
der Gelübde wankend geworden; von dem vielgeschäftigen entfernten Kaiser und
von dem zerrissenen, gespaltenen deutschen Reich war keine Hülfe zu erwarten;
so entschloß sich denn Albrecht zu dem wichtigen Schritt, zu dem die Landschaft
10. April und die Zeitumstände ihn drängten. In dem feierlichen Huldigungsakt zu Krakau
1525. erkannte er die Oberhoheit der polnischen Krone an und empfing dafür die Belehnung als erblicher Herzog „für das Land in Preußen, welches der Orden gehalten". Freudig gaben die Stände ihre Zustimmung zu dem Krakauer Vertrag,
als der neue Herzog seinen glänzenden Einzug in Königsberg hielt, die Freiheiten
und Gerechtsame des Landes bestätigte und die durch die Aenderung gebotenen
Umgestaltungen in Verfassung und Gerichtswesen vornahm. Die Bischöfe von
Samland und Pomesanien verzichteten zu Gunsten Albrechts auf die weltlichen
Zweige ihrer Verwaltung und führten kraft eigener Autorität die neue gottesdienstliche Ordnung ein, wobei sie sich so nahe als möglich an das Herkömmliche
1526. hielten. Im nächsten Jahr erhob der Herzog die dänische Fürstentochter Dorothea
zu seiner Ehegattin, die ihn durch ihre feste Gläubigkeit und durch ihre treue Hingebung stärkte und beglückte und ihn mit mehreren nordischen Herrscherhäusern in
verwandtschaftliche Verbindungen brachte. Er trat mit den deutschen Fürsten in
Verkehr, welche zu Magdeburg sich die Hand zum gegenseitigen Schutz reichten.
Durch diese kirchliche und politische Umgestaltung des preußischen Ordenslandes
ist deutsche Nationalität und Eigenthümlichkeit in jener entfernten Grenzmark erhalten worden: während die Territorien und Städte, welche im Frieden von
Thorn an das benachbarte Königreich abgetreten werden mußten, mehr und mehr
ihrer deutschen Art und Natur entfremdet wurden, bewahrte der evangelische Osten
seinen angestammten Charakter. Die Lehnsverbindung war eine sehr lose. Das
Land, das durch deutsche Hände angebaut und cultivirt worden, wo deutscher
Fleiß die Wälder gelichtet und die Wildniß in fruchtbares Ackerland verwandelt,
deffen Burgen, Städte und Dörfer von deutschen Kriegsmännern und Einwan-

derern erbaut worden, behielt seine selbständige Verfassung, sein eigenes Recht; es zahlte keine Abgaben an Polen, es stellte keine Kriegsmannschaften zu den Heeren der Republik, die deutsche Sprache blieb Landessprache. Sorgfältig wurde die deutsche Nationalität in dem evangelischen Preußen gehütet. Eine ähnliche religiöse Umgestaltung vollzog sich in Livland durch Plettenberg, Groß- meister des Schwertordens, und einige Zeit nachher in Kurland durch Ketteler. Die beiden, durch freiwilligen Austritt der Mitglieder fast verödeten Orden, bei denen die Kriegslust, der Religionseifer und die Ritterehre, die Quelle ihrer früheren Großthaten, längst verschwunden waren, wurden aufgelöst, ihre Güter säcularisirt und die noch übrigen Ordensherren der Welt zurückgegeben. In Livland und Kurland

Auch die Stadtgemeinden des nördlichen Deutschlands standen an evangeli- schem Eifer nicht zurück. Oft genügte das Anstimmen eines lutherischen Kirchen- lieds, eine reformatorische Predigt, oder irgend eine äußere Veranlassung, um die Messe abzustellen, das Abendmahl in beiderlei Gestalt einzurichten, die Witten- bergische Kirchenordnung einzuführen. In den Reichsstädten wurde die Reforma- tion durch die städtischen Magistrate begründet, wobei nicht selten politische Bestre- bungen und Motive zu den religiösen hinzutraten, indem die Geschlechterherrschaft, die „Ehrbarkeit", die in der Regel am Alten hing, durch populare Einwirkung ver- drängt oder zersetzt ward und nach einem mehr oder minder scharfen Conflikte de- mokratischer und aristokratischer Richtungen eine aus beiden Elementen gemischte municipale Verfassung zur Einführung gelangte. Hie und da kamen auch kirchliche Verwaltungsämter und Collegien neben den weltlichen Stadtobrigkeiten auf, na- mentlich wo über kirchliches Vermögen zu verfügen, die in einem „gemeinen Got- teskasten" gesammelten Einkünfte zu gemeinnützigen Zwecken zu verwenden waren. Am schärfsten geriethen diese Gegensätze in Bremen und Lübeck an einander: dort erlangte ein demokratischer Bürgermeister das Regiment und führte das reichsstädtische Gemeinwesen der evangelischen Sache zu, bei der es durch alle Zeiten und Stürme mit Kraft und Entschlossenheit aushielt; in Lübeck wurde eine Zerrüttung im Staatshaushalt benutzt, um dem mit der katholischen Geist- lichkeit verbundenen conservativen Stadtrath einen Ausschuß aus der Bürger- schaft beizufügen. Dies gab den Anstoß zur Einführung der Reformation, der die Einwohnerschaft schon lange eifrig zugestrebt hatte. Das Volk sang den lutherischen Psalm „Ach Gott vom Himmel sieh darein"; man hörte Spottlieder auf den katholischen Kirchenherrn Johann Rode, welcher behauptete, „Christus habe nur die Altväter erlöst, von Spätergebornen müsse das Heil ihm abverdient werden"; die uns sollen weiden, heißt es in einem dieser Lieder sie sinds, die uns verleiten. Johann Bugenhagen, welcher bereits in Hamburg die neue Kirche eingerichtet, wurde auch nach Lübeck berufen. Wie in der Hansastadt an der Elbe wurden die großentheils verlassenen Ordenshäuser aufgelöst und in Schu- len und Wohlthätigkeitsanstalten verwandelt. Ein neuer durch bürgerliche Mitglieder verstärkter Stadtrath vermittelte in der Folge den Anschluß an die In den nord- deutschen Reichs- städten.

Verbündeten von Schmalkalden. Und nicht blos in Reichsstädten, auch in fürstlichen Städten des nördlichen Deutschlands siegte die evangelische Kirchenform,
bald wie in Rostock gegen den Willen der Landesfürsten, häufig aber mit Zustimmung derselben. So in den meisten Städten der Braunschweiger Lande, wo
derselbe eifrige Bugenhagen erfolgreich wirkte und Urbanus Regius, den der Herzog von Lüneburg vom Augsburger Reichstag mitbrachte, das Werk fortführte.
Eine hervorragende Stellung errang Magdeburg, die alte berühmte Elbestadt,
die trotz der Herrschaftsrechte, welche der Mainzer Erzbischof darin geltend
machte, Ansprüche auf Reichsunmittelbarkeit erhob und durch Kursachsen in ihren
freiheitlichen und evangelischen Bestrebungen kräftig unterstützt wurde. Als die
Bürgerschaft fürchtete, der Cardinal Albrecht möchte mit Gewalt gegen die neue
Kirchenordnung einschreiten, die sie schon seit etlichen Jahren bei sich eingeführt,
bildete sie aus ihrer Mitte eine Wehrmannschaft, die sich in den Waffen und in
kriegerischen Künsten übte, entschlossen ihre Freiheit und ihren Glauben zu vertheidigen. Wie das kunstsinnige Nürnberg für den Süden, so wurde Magdeburg ein Hort der Reformation im Norden. In allen diesen Städten mußten
die Bischöfe ihre weltliche Macht und Befugnisse an die weltlichen Obrigkeiten
abgeben; wo die bischöfliche Würde in evangelischen Landen bestehen blieb, wurde
sie in eine kirchliche Aufsichtsbehörde umgewandelt.

Wie im Weltmeer große und kleine Eilande über die weite Wasserfläche em-
porragen, so sehen wir am Ende der zwanziger Jahre auf der deutschen Erde
von den Alpen bis an die nördlichen Meere, bis an die Grenzen von Polen und
Rußland evangelische Gemeinden gebildet oder im Bilden begriffen, thatkräftige
und glaubensstarke Pflanzstätten für den Anbau religiösen Geistes und Gemüthes
und christlicher Sitte und Häuslichkeit auf dem Grunde, den Christus gelegt und
in seinem Evangelium der heilsuchenden Menschheit gezeigt hat.

3. Luther gegen Heinrich VIII. und Erasmus.

Luther der
Vorkämpfer
des Evange-
liums.
Bei allen diesen Vorgängen und Wandlungen war Martin Luther die treibende Kraft; sein Geist belebte Alles, setzte Alles in Bewegung, wußte Rath und
Ermahnung für alle Fälle; er spornte die Säumigen, er wies die Irreuden zurecht, er gab den Gegnern und Lästerern scharfe und derbe Antworten; stets war
er auf dem Kampfplatz, ihm imponirte keine Größe. Mit dem Gefühl eines
alttestamentlichen Propheten, der sich des göttlichen Geistes in seiner Brust bewußt ist, und mit dem Muthe eines Gottesstreiters tritt er an die Mächtigen
heran, mögen sie vom Thron oder aus der Gelehrtenstube sich gegen ihn erheben.

„Der König
u. der Theo-
log“.
König Heinrich VIII. von England hatte nicht blos den Kaiser und die deutschen Fürsten bei jeder Gelegenheit gegen den Wittenberger Ketzer aufzustacheln
gesucht, sondern sich auch durch eine polemische Schrift gegen Luther zur Vertheidigung der sieben Sacramente von dem römischen Stuhl den Titel „Beschützer
des Glaubens“ erworben. Gereizt durch die Schmeichelworte und triumphirenden

Lobreden, womit die Wohldienerei papistischer und humanistischer Schriftsteller
das schwache Machwerk königlicher Hoftheologen, das Emser auf Herzog Georgs
Geheiß sofort ins Deutsche übersetzte, in den Himmel erhob, hatte darauf
Luther eine Gegenschrift ausgehen lassen, wobei er seine Feder in Galle getaucht.
„Heinz von Gottes Ungnaden" war darin als „Lügenmaul" und „Lästerzunge"
bezeichnet, er habe durch seine Albernheiten und Alfanzereien bewiesen, wohin
es führe, „wenn ein Esel, der zum Sacktragen gemacht sei, den Psalter lesen wolle".
Die Derbheit und Rücksichtslosigkeit, womit der Wittenberger Mönch gegen ein
gekröntes Haupt losfuhr, erzeugte in den Hoftreisen Englands die größte Erbitterung. Heinrich selbst forderte in Briefen voll heftiger Ausfälle gegen den „schuftigen
Mönch" die sächsischen Fürsten auf, die „Quelle der Lüge" in ihren Landen zu verstopfen, und seine gelehrten Freunde schleuderten die stärksten Schmähschriften wider
den vermessenen Lästerer. Selbst Thomas Morus nahm unter einem erdichteten Namen an dem Federkrieg Theil. Damit nicht zufrieden sahen sie sich nach
einem bewährten Kampfgenossen um, der ihrer Sache einen sichern Sieg verhelfen
sollte. Wir wissen, in wie nahen Beziehungen Erasmus zu den literarischen Erasmus'
Kreisen stand, die in Heinrich VIII. ihren Gönner und Beschützer verehrten. Stellung.
Ihren stürmischen Aufforderungen vermochte der Gelehrte nicht zu widerstehen.
Schon lange hatte man ihn von hoher Seite zu bestimmen gesucht, wider Luther
zu schreiben; er hatte sich stets gescheut, gegen einen Mann in die Schranken zu
treten, den er Anfangs als Gesinnungsgenossen betrachtet, für den er sich einst
beim Kurfürsten günstig ausgesprochen. Nun aber, da sich der Kampf so gewaltig gestaltete, die Wege so weit auseinander gingen, glaubte er nicht länger
schweigen zu dürfen. Von jeher war er von den Papisten als der eigentliche Urheber der kirchlichen Aufklärung mit Groll und Mißtrauen betrachtet worden;
jetzt mußte er Farbe bekennen, wollte er nicht den Reformatoren beigesellt werden.
Vielleicht verdroß es auch den eitlen ehrgeizigen Mann, der so lange das gefeierte Haupt der Humanisten gewesen, daß durch den Glanz, welcher den Namen
Luthers umstrahlte, sein eigener Ruhm verdunkelt ward. Eine Uebereinstimmung der Seelen hatte zwischen ihnen nie bestanden. Selbst in den Tagen, da
Luther in demüthiger Verehrung des Erasmus Freundschaft gesucht, hatte er in
dessen Schriften „mehr Menschliches als Göttliches, mehr Nachweisung des Irrthums als Offenbarung der Wahrheit, mehr Liebe zum Frieden als zum Kreuz"
gefunden; und der schüchterne Gelehrte konnte sich nicht mit dem stürmischen
Gang befreunden, mit dem die Sache der Geistesfreiheit unter das Volk gebracht,
Kirche und Staat gespalten, die wissenschaftlichen Studien in eine andere Bahn
gelenkt wurden. Daß zwei so verschiedenartige Naturen früher oder später aneinander gerathen mußten, war vorauszusehen: jetzt wirkten mehrere Motive zusammen, das Haupt des Humanismus gegen den Vater der Reformation auf
den Kampfplatz zu führen. Die Wittenberger und ihr Anhang sprachen schon
lange in solcher Weise von Erasmus, daß man unter dem Schein äußerer Achtung

das Mißtrauen und die verbissene Stimmung erkennen konnte, und die Abmahnung Luthers, als er von dessen Vorhaben hörte, mußte denselben noch
mehr reizen.

Die Lehre
vom freien
Willen. Doch blieb Erasmus seiner Vergangenheit in so weit treu, daß er nicht als
Vertheidiger altkirchlicher Institutionen oder päpstlicher Machtvollkommenheit
auftrat, sondern auf das Gebiet der Heil. Schrift eingehend, die Freiheit des
sittlichen Willens gegen Luthers Augustinische Doctrin verfocht. Wir haben an
einer andern Stelle dieses Werks (IV, 589) die kühne Weltanschauung des
afrikanischen Kirchenvaters beleuchtet, welche die Geister bald angezogen bald abgestoßen hat, aber mit majestätischem Schritt durch die Menschengeschichte dahin
gewandelt ist. Und hier, im Wendepunkt der Zeiten sehen wir dieselben ewigen
und unerforschlichen Grundprinzipien abermals von zwei geistigen Größen durch
Gründe der Vernunft und der Heil. Schrift auf den Kampfplatz gezogen. Mit
eben so viel Scharfsinn als Gelehrsamkeit und folgerichtiger Argumentation suchte
Erasmus der Menschheit die Willensfreiheit zu retten und für das Erdenleben
einen ausgleichenden Mittelweg zwischen Gnade und Freiheit zu suchen; aber
dem Buche fehlt die Wärme der Ueberzeugung, die Tiefe des Gefühls, die hin-
reißende Macht der Beredsamkeit, die nur in einer begeisterten Seele wohnen.
Wie viele Danksagung und Lobpreisung dem gefeierten Gelehrten das Buch „vom
freien Willen" in England eintrug, die tieferen Naturen waren wenig befriedigt
durch ein Werk, das mit kaltem, nur die Oberfläche des Gegenstandes berührenden Verstandesräsonnement, mit seiner Auslegungskunst der Schriftsteller und mit
dialektischer Gewandtheit die unergründliche Frage über Freiheit und Nothwendigkeit zu lösen, die Gegensätze von Willen und Gnade zu vermitteln vermeinte.
An äußerlicher Kunstvollendung, an Klarheit der Beweisführung, an logischer
Consequenz, an geschickter Technik steht die Gegenschrift Luthers „vom knechtischen
Willen" weit zurück; dafür athmet sie aber den göttlichen Geist, von dem die
Seele des Reformators erfüllt war. Wenn Erasmus dem menschlichen Verdienste
einigen Antheil an der Gewinnung der Seligkeiten des Himmels zuwenden will,
so daß Anfang und Vollendung der göttlichen Gnade zugeschrieben werden müsse,
beim Fortgang im Guten aber der menschliche Wille als mitbetheiligt anzusehen
sei; so gelangte Luther zu solcher Hingebung an das Göttliche, daß er wie Augustinus, das eigene Selbst unbedingt hinwarf, um allein von Gottes Gnaden in Christo zu leben. Nach ihm vermag nur Gott im Menschen Gutes
zu wirken; das menschliche Wollen und Thun ist dazu ganz unvermögend.
„Für Luther handelte es sich um eine religiöse und weltgeschichtliche Prin-
zipienfrage, für Erasmus um eine wissenschaftliche Untersuchung über schwer zu
entscheidende Dinge. Jener griff den Baum an der Wurzel an und fällte ihn so,
dieser hätte mit all seiner Aufklärung dem Katholicismus nicht wehe gethan." Die
Allwirksamkeit Gottes wird von Luther mit der strengsten Folgerichtigkeit, mit
fürchterlicher Rücksichtslosigkeit aufrecht erhalten und die seiner Ansicht wider-

strebenden biblischen Aussprüche werden durch die auffallendsten Erklärungen, durch die Annahme eines doppelten Willens in Gott, eines verborgenen und eines geoffenbarten in seinem Sinn gedeutet und zurecht gemacht.

Um beiden Streitern gerecht zu werden, bemerkt H. Lang, darf man zugestehen, daß jeder eine wesentliche Seite unseres geistigen Lebens vertreten hat, „der Eine die Selbstverantwortlichkeit der sittlichen Persönlichkeit für ihr Thun und Lassen, der Andere das Zustandekommen dieser sittlichen Persönlichkeit nur durch ihren Zusammenhang mit der unbedingten Idee des Guten, mit Gott als der Quelle unseres sittlichen Lebens". In seiner Antwort schlug Erasmus einen gereizteren Ton an und verschmähte auch nicht hämische Verdächtigungen und gehässige Nachreden, die in Luthers Seele einen scharfen Stachel zurückließen. Er verglich ihn mit Lucian dem Spötter, mit Epicur dem Lebemann.

Der Streit zwischen Heinrich VIII. und Luther, der nun für immer ab- **Erneuerung** gethan schien, wurde drittehalb Jahre nachher durch den letzteren auf sehr unge- **des Streits.** schickte Weise wieder erneuert, indem er sich durch den vertriebenen König Christiern von Dänemark, vielleicht auch durch die umlaufenden Gerüchte von Heinrichs beabsichtigter Ehescheidung bewegen ließ, in einem demüthigen Brief den König wegen seines unehrerbietigen Benehmens um Verzeihung zu bitten. In demsel- ben entschuldigt sich Luther, daß er „ein unwerther, verachteter Mensch, ja Wurm" **1. Sept** von übelwollenden Leuten verleitet, sich habe beigehen lassen, „wider einen hohen Potentaten und mächtigen König" leichtfertig zu reden. Er bittet fußfällig um Verzeihung, erklärt sich bereit, nicht nur zu widerrufen, was er Unehrerbietiges wider ihn geschrieben, sondern auch „durch ein öffentliches Büchlein" denselben wiederum zu ehren. Auf diesen demüthigen Brief, bei dessen Abfassung, wie Seckendorf sagt, den Reformator eine menschliche Schwäche anwandelte, antwor- tete der König mit Stolz und Würde, zugleich aber so bitter und schneidend, daß Luther den Erasmus für den Verfasser hielt. Er wirft dem Augustiner- mönch vor, daß er nur darum den Glauben zur Grundlage seiner Lehre gemacht habe, damit er der Werke entbehren und desto freier sündigen könne. Habe er doch eine dem Herrn geweihte Jungfrau mit fleischlicher Lust umfangen und durch ein schändliches Ehebündniß zur unreinen Hure befleckt. Luther hätte gerne die Demüthigung mit Stillschweigen hingenommen, wenn nicht durch Emsers Ge- schäftigkeit die Schrift sogleich ins Deutsche übersetzt und von seinen Feinden mit Frohlocken aufgenommen worden wäre. Darum machte er eine deutsche „Ant- **1527.** wort auf des Königs in Engelland Lästerschrift" bekannt, die seinen geraden Charakter im schönsten Lichte zeigt. Die Schrift trägt das Gepräge einer edlen Natur, die sich zu einem Fehltritt verleiten ließ und nun die Folgen davon em- pfindet, aber, durch den Angriff gehoben, sich vornimmt die Schwäche durch Be- kämpfung aller Feinde Christi, Schwärmer wie Papisten wieder gut zu machen.

4. Die Pack'schen Händel und die Protestation zu Speier.

Die religiöse
Aufregung.

Es ging damals eine scharfe Luft durch die Welt. In Italien war die Kriegsfurie los, und wie wenig auch Religion und Kirche damit zu schaffen hatte: da der Papst als Theilnehmer der Heil. Liga in die Bewegung verflochten war, so konnte es nicht fehlen, daß der Gang der Waffen, daß alle Wechselfälle und Wendungen auf dem politischen Gebiete auch in den großen geistigen Zeitfragen nachzitterten und sich fühlbar machten. Der französische König unterließ nicht, alte Fäden mit den deutschen Fürsten wieder anzuknüpfen; in Ungarn erzeugte die unglückliche Schlacht von Mohacz Parteistellungen, Stimmungen und Interessen der mannichfachsten Art, welche auf Deutschland zurückwirkten: während die verwittwete Königin Maria, Karls und Ferdinands Schwester, sich wie erwähnt, der neuen Lehre geneigt zeigte, so daß Luther ihr eine Schrift über vier Trostpsalmen zusandte, stand der Gegner der Habsburger, Johannes Zapolya, auf päpstlicher Seite und suchte die Liga und den Sultan einander zu nähern, unterhielt aber zugleich Verbindungen mit den deutschen Fürsten, die dem Erzherzog entgegen arbeiteten, sowohl mit Baiern als mit dem Landgrafen von Hessen. Auch in Deutschland trat die religiöse Parteiwuth wieder schärfer hervor. Georg Winkler, Prediger in Halle wurde, weil er das Abendmahl unter beiderlei Gestalt ausgespendet, von dem erzbischöflichen Domcapitel zur Verantwortung gezogen und auf der Rückreise von Aschaffenburg überfallen und ermordet; Leonhard Kayser von Scherding, ein baierischer Kleriker aus Passau, der vor zwei Jahren nach Wittenberg gezogen war, wurde, als er zum Besuche seines todtkranken Vaters in die Heimath zurückkehrte, in Haft gebracht und ungeachtet der Fürbitten, die Luther, Kurfürst Johannes und viele hohe Herren an den Herzog

16. August 1527.

richteten, wegen ketzerischer Lehrmeinungen zum Tode verurtheilt und verbrannt. Auch in München, in Landsberg wurden Hinrichtungen durch Verbrennen oder Ertränken an mehreren Personen vollzogen. In Würtemberg dehnte der schwäbische Bund die gegen die Wiedertäufer verhängten Verfolgungen auch auf die Evangelischen aus; in Meersburg wurde Johann Heuglin von Lindau, Frühmessner zu Sernatingen am Bodensee, auf Befehl des Bischofs von Konstanz zum Feuertod verdammt „als Ketzer und Feind der Heil. Kirche und Bestürmer des katholischen Glaubens". In Köln erzwang die Geistlichkeit die Hinrichtung des frommen Adolf Clarenbach, der nicht glauben wollte, daß der Papst das Haupt der Heil. Kirche und die Concilien unfehlbar seien, indem sie eine herrschende Krankheit als Strafgericht Gottes für die Saumseligkeit des Raths in Bestrafung der Ketzerei darstellte. Clarenbach und sein Leidensgefährte Peter Fliesteden

Juli 1529.

wurden auf dem Galgenberg bei Melaten an Pfähle gebunden und verbrannt. Im Herzogthum Sachsen wurden alle, welche das Abendmahl unter beiderlei Gestalt empfingen, mit entehrenden Strafen und Verbannung belegt; in Brandenburg einigte sich Kurfürst Joachim noch einmal mit seinen Ständen zum Fest-

halten an den alten kirchlichen Ordnungen und Doctrinen, und als seine Gemahlin Elisabeth, Schwester des Kurfürsten Johann von Sachsen, die schon lange
mit Luther geheime Verbindungen durch ihren Leibarzt unterhalten, in ihren Gemächern das Abendmahl mit Kelch und Hostie nahm, bedrohte sie der gestrenge
Herr mit den schwersten Strafen, so daß sie bei nächtlicher Weile verkleidet zu
ihren Verwandten nach Torgau floh.

Die Schrift, die Luther kurz zuvor hatte ausgehen lassen, „Ob Kriegsleute auch
im seligen Stande sein könnten", zeugt von der kriegerischen Stimmung, die damals
alle Gemüther erfaßt hatte; wo ein gutes Gewissen und Gottesfurcht vorhanden sei,
meint er, da könne auch ein muthiges Herz nicht fehlen; „Krieg führen sei dasselbe Werk
der christlichen Liebe, als der Arzt verrichte, wenn er um den ganzen Körper gesund
und lebendig zu erhalten, unter Schmerzen ein Glied ablöse".

Bei solcher Aufregung und bangen Erwartung ist es begreiflich, wie die Die Pack-
„Pack'schen Händel" eine so große Bewegung der Geister hervorrufen konnten, und nungen.
ein Fürst von unruhiger Natur, wie der Landgraf Philipp von Hessen sich zu
einem so unüberlegten Unternehmen konnte fortreißen lassen. Otto von Pack nämlich, ein entlassener Rathgeber des Herzogs Georg von Sachsen, der sich schon
verschiedener zweideutiger Handlungen behufs Geldgewinnung schuldig gemacht
und aus mehreren gerichtlichen Untersuchungen mit bescholtenem Namen hervorgegangen war, machte dem Landgrafen die Anzeige, es sei ein ruchloser Plan
gegen ihn und den Kurfürsten von Sachsen in Breslau vereinbart worden. Der
lebhafte Fürst, stets von Mißtrauen erfüllt und allenthalben feindselige Anschläge
witternd, gerieth in Feuer und Flammen über die Mittheilungen und versprach
dem Angeber eine hohe Geldsumme, wenn er ihm die Urkunde zustelle. Bald
darauf traf er mit demselben in Dresden zusammen und hier überreichte ihm Pack Febr. 1528.
eine Schrift, die er für eine getreue Copie des Bundesvertrages ausgab. In
dieser war zu lesen, daß die Kurfürsten von Mainz und Brandenburg, die Herzoge von Sachsen und Baiern, die Bischöfe von Salzburg, Würzburg und
Bamberg sich mit König Ferdinand verbündet hätten, um zuerst den Kurfürsten
von Sachsen, wenn er ihrer Aufforderung Luther und seine Anhänger auszuliefern nicht Folge leisten würde, mit vereinten Kräften anzugreifen, sein Land zu
theilen und die katholische Kirche wieder herzustellen; darauf wollten sie den Landgrafen anfallen, und falls er nicht alle kirchlichen Neuerungen rückgängig mache,
ihn ebenfalls seiner Lande berauben und sie dem Herzog Georg zuwenden. Auch
die Stadt Magdeburg sollte dem Erzbischof wieder unterwürfig gemacht werden.
Auf welche Weise und mit welchen Streitkräften der Plan auszuführen sei, war
im Einzelnen angegeben. Zu jeder andern Zeit hätten Zweifel über die Echtheit
einer solchen Urkunde entstehen müssen: sollte Baiern, das so viel Mißtrauen
und Abneigung gegen Oesterreich hegte, sich mit dem Habsburger zu einem so
gefährlichen Unternehmen vereinigen, ihm, wie es in dem Vertrag ausgesprochen
war, zum Besitz von Ungarn verhelfen? sollte Herzog Georg seine nächsten Ver-

28 *

wandten heimtückisch mit den Waffen überfallen und Kurfürst Joachim, der auf
Hessen so gute Ansprüche hatte als der Herzog von Sachsen, dieselben preisgeben?
Aber dem heftigen, leidenschaftlich erregten Landgrafen erschien die mitgetheilte Urkunde als unzweifelhafte Wahrheit. Er eilte sofort nach Weimar zu dem Kurfürsten, und auch dieser wurde von dem verderblichen Vorhaben überzeugt. Sie
versprachen sich gegenseitige Hülfe und schon in den nächsten Tagen wurden kriegerische Rüstungen in Hessen und Thüringen vorgenommen; man wollte dem An-
Kriegerisches griff zuvorkommen. Philipp entfaltete die größte Thätigkeit; er reiste nach Nürn-
Vorgehen
von Luther berg und Ansbach, um Verbündete zu werben, er schickte denselben verschlagenen
widerrathen. Abenteurer Otto von Pack zu Johann Zapolya nach Ungarn, um Geldunter-
stützungen auszuwirken; er bedrohte mit Kriegsmannschaften die Gebiete von
Würzburg und Mainz. Ehe man jedoch ernstlich zum Schwert griff, glaubte
man den Rath der Wittenberger Reformatoren einholen zu sollen. Und da zeigte
denn Luther wieder seine Abneigung gegen jedes gewaltsame Vorgehen. Wie
wenig er und Melanchthon auch an der Echtheit der Vertragsurkunde zweifelten,
so riethen sie dennoch, man solle zuvor friedliche Mittel versuchen, den Fürsten
ihr ungerechtes Beginnen vorhalten und sie davon abmahnen, bei Kaiser und
Reich Beschwerde erheben. Luther schrieb, man solle die Worte der Heil. Schrift
beherzigen: „Selig sind die Sanftmüthigen, denn sie werden das Land behalten"
und „Wer das Schwert nimmt, der soll durchs Schwert umkommen". Und von
solchem Gewicht war die Stimme der Reformatoren bei dem Kurfürsten, daß
dieser vorläufig von jedem kriegerischen Angriff abzusehen beschloß und auch den
hitzigen Genossen allmählich dahin brachte, daß man zuvor die Fürsten um Aufklärung über das Bündniß angehe. Diese sprachen sich denn mit der größten
Entrüstung über das Aktenstück aus und verlangten, daß man den falschen Angeber in gerichtliche Untersuchung nehme. Wollte der Landgraf nicht selbst als
der Urheber dastehen, so mußte er seinen Gewährsmann nennen und zulassen,
daß man ihn einem Verhör unterwarf. Doch litt er nicht, daß man die Folter
Ausgang des anwandte. Die Sache wurde auch durch die Gerichtsuntersuchung in Kassel nie
Streits. ganz aufgeklärt. Pack konnte nicht beweisen, daß er eine mit den Siegeln der
Fürsten bekräftigte Originalurkunde in Händen gehabt; auch die Angabe, ein
böhmischer Schreiber Warißyn habe ihm eine Abschrift aus Schlesien nach Dresden gebracht, erwies sich als unwahr. Dennoch konnte Pack nicht zum förmlichen
Widerruf gebracht werden, und der Landgraf wurde von seinem Mißtrauen nicht
geheilt. Er verlangte von Bamberg und Mainz Entschädigung für die Aus-
rüstungen, zu denen er durch den Vertrag genöthigt worden sei, und setzte es durch,
daß sich die beiden geistlichen Fürsten unter Vermittelung von Pfalz und Trier
wirklich zu Geldzahlungen verstanden. Melanchthon war darüber tief betrübt
und auch der Landgraf gestand später, daß ihn noch nie eine Handlung seines
Lebens so sehr gereut habe.

Es blieb bei allen Theilen ein bitteres Nachgefühl zurück, auch der schwäbische Bund zeigte sich sehr ungehalten über den Landgrafen, daß er die Friedenseinigung durchbrochen. Der Prozeß wurde endlich niedergeschlagen; Pack begab sich nach dem Auslande; aber Herzog Georg ließ ihm fortwährend nachstellen und erreichte es endlich, daß derselbe nach einem mehrjährigen Abenteurerleben in Antwerpen oder Vilvorden enthauptet ward (1537). Es war natürlich, daß durch diese „Packschen Händel" die religiösen Gegensätze in Deutschland noch schroffer hervortraten. Konnte auch der Abschluß des Bündnisses nicht nachgewiesen werden, so glaubten doch Luther und seine Freunde, daß von Seiten der Gegner feindselige Absichten gehegt worden seien und noch gehegt würden, um die neue Lehre zu unterdrücken. Die Angaben Pack's möchten doch nicht lauter Lügen und Erfindungen gewesen sein.

Die Packschen Streitigkeiten machten auf den Kaiser einen widerwärtigen Eindruck. Daß zwei Reichsfürsten Kriegsrüstungen getroffen hatten, ohne sich um das kaiserliche Regiment zu kümmern, kam ihm wie eine Auflehnung gegen seine Autorität vor. Und gerade damals stand er auf dem Höhepunkt seiner Macht. Der Papst war versöhnt, Frankreich gedemüthigt, Italien zum Frieden gebracht. Sollte er nicht jetzt auch den deutschen Fürsten seine Macht zeigen, nicht die religiösen Neuerungen unterdrücken, die bedrängten geistlichen Fürsten unter seinen Schutz nehmen? Clemens VII. hatte ihn ernstlich ermahnt, sich um die kirchlichen Dinge mehr zu bekümmern, als bisher. Er hatte es versprochen und war entschlossen, seine Zusage zu erfüllen. Der kaiserliche Vicekanzler, Propst von Waldkirch reiste in Deutschland umher, um an den Höfen und in den Städten für die katholischen Interessen zu wirken. Die Kirche sollte wieder hergestellt, die Ketzerei ausgerottet werden; den Billigen wurde des Kaisers Gnade verheißen, die Widerstrebenden suchte man mit Drohungen zu schrecken.

Nach solchen Vorbereitungen wurde der Reichstag nach Speier ausgeschrieben. Zwei Versammlungen waren fruchtlos verlaufen; jetzt sollten gegen die Feinde der Christenheit energische Maßregeln ergriffen werden, gegen die Türken, welche die Hauptstadt Oesterreichs bedrohten, und gegen die Anfechter der päpstlichen und bischöflichen Autorität. Schon in dem Ausschreiben, worin der Reichstag auf den 21. Februar 1529 einberufen ward, war angedeutet, daß auf die Ausbleibenden keine Rücksicht genommen werden würde. Man wollte nicht wieder unverrichteter Dinge auseinander gehen. Bei den Anwesenden konnte man bald die veränderte Stimmung wahrnehmen. Der Kurfürst und der Landgraf wurden sichtlich gemieden: „Pfalz kennt keinen Sachsen mehr", klagte Graf Albrecht von Mansfeld; der Mecklenburger Herzog Heinrich fing an zu wanken; der schwäbische Bund schloß den Abgeordneten von Memmingen aus dem Bundesrath, weil die Stadt die Messe abgestellt hatte und sich zu Zwingli's Cultusform hielt. Seit Jahren hatte man keine so zahlreiche Versammlung gesehen, als damals in Speier. Die geistlichen Fürsten waren in großer Menge erschienen; bei der Wahl von Bevollmächtigten hatte man Männer ausersehen, welche sich durch eifrige Bekämpfung der Neuerer hervorgethan, wie Johann Faber, der uns wohlbekannte Offizial

(margin: Eindruck auf den Kaiser.)

(margin: Der Reichstag zu Speier. 1529.)

des Bischofs von Constanz, und Leonhard von Eck. Die drei brennenden Fragen des Tages: der Türkenkrieg, der Landfriedensbruch, die Kirchenreform sollten zur Verhandlung kommen. Aber Jedermann wußte, worauf es abgesehen sei; daher wurde die letzte vor Allem in Angriff genommen. Da gab denn schon die Zusammensetzung des Ausschusses, der zur Prüfung und Begutachtung der kaiserlichen Vorschläge gewählt ward, die Gesinnung der Versammlung kund: die Altgläubigen waren darin weit in der Mehrheit. Wir wissen, daß Karl V. selbst im J. 1526 den Speierer Reichstagsabschied herbeigeführt hatte, welcher die Gestaltung der kirchlichen Dinge dem Ermessen der Landesherrschaft anheimgab. Jetzt hieß es in den kaiserlichen Propositionen „da jener Beschluß zu großem Mißverstand und zur Entstehung von allerlei erschrecklichen neuen Lehren und Secten Anlaß gegeben, so solle derselbe widerrufen und die Wormser Sentenz wieder hergestellt werden". Diesem von den kaiserlichen Commissarien eingebrachten Vor-

21. März 1529. schlage trat der Ausschuß bei, indem er folgende Bestimmungen beantragte: „Wer bisher das Wormser Edikt gehalten, sollte dies auch ferner thun. In den Landschaften, wo man davon abgewichen, solle man keine weiteren Neuerungen vornehmen und Niemand verwehren, Messe zu halten oder zu hören. Kein geistlicher Stand solle seiner Obrigkeit, seiner Rente und Gült entsetzt werden dürfen bei Acht und Aberacht. Die Secten endlich, welche dem Sacrament des wahren Leibes und Blutes widersprächen, solle man ganz und gar nicht dulden, so wenig wie die Wiedertäufer." Es waren Anträge von großer Tragweite: die reformatorische Bewegung sollte dadurch zu einem tödtlichen Stillstand gebracht, die geistliche Gerichtsbarkeit wieder hergestellt, unter den von der katholischen Kirche

Verhandlungen. Abgefallenen Spaltung und Zwietracht erzeugt werden. Beide Theile erkannten die Wichtigkeit der Vorschläge, aber man war sichtlich bestrebt, mit möglichster Ruhe und Friedfertigkeit zu verhandeln und tiefere Verbitterung zu verhüten. Wie vorauszusehen war, erhielt der Antrag der Commission die Majorität der Stimmen; fast mit Bedauern bemerkten die Altgläubigen, daß es so habe kommen müssen; aber auch die Minderheit bezeugte ihr Bedauern, daß, so sehr sie den religiösen Frieden wünsche, sie doch die Entscheidung nicht anerkennen könne. Kraft dieses Reichstagsabschiedes hätten alle Anordnungen, die seit drei Jahren in den Städten und Landschaften mit gesetzlicher Autorität getroffen worden oder noch im Gange waren, zurückgenommen oder unterbrochen werden müssen; die neuen Prediger wären der bischöflichen Gewalt wieder unterstellt worden. Die Discussionen konnten zu keiner Verständigung führen; wenn die Katholischen die gefährlichen Folgen jenes früheren Zugeständnisses stark betonten, so versicherte die Minderheit, daß sie in Allem, was sie gethan, stets die Erhaltung des Friedens und die Ehre Gottes im Auge gehabt und dem Kaiser nie zuwider gewesen. Es geschah

12. April. in ihrem Sinn und Einverständniß, daß am 12. April der sächsische Gesandte Minkwitz in voller Reichsversammlung die Erklärung abgab, daß man in Sachen des Glaubens und Gewissens der Mehrheit sich nicht unterwerfen könne;

es sei in der Vorlage auf ein demnächst zu erwartendes Concil hingewiesen worden, und nun verlange man, daß noch vor der Entscheidung desselben eine Lehre verdammt werde, die ein Theil der Versammlung als christlich bekenne. Wolle man ihnen denn zumuthen, das Wormser Edikt wieder herzustellen und damit ihre eigene Lehre zu verwerfen und den in der Reformation begriffenen Ständen Stillstand zu gebieten? Ihre Einsprache machte keinen Eindruck. Schon am 19. April erschien König Ferdinand mit den kaiserlichen Räthen in der Reichsversammlung, dankte ihr für ihre „christlichen getreuen und emsigen Dienste" und erklärte, daß die Beschlüsse angenommen seien und in die Form eines Reichstagsabschieds gebracht werden sollten; denn nach altem löblichem Gebrauch hätte sich die Minderheit der Mehrheit zu fügen. Darauf traten die evangelisch gesinnten Stände ab, um eine Gegenerklärung aufzusetzen; allein vergebens baten sie in ehrerbietigen Ausdrücken, ihnen noch einige Zeit zu gönnen; Ferdinand antwortete: „des Kaisers Befehl sei nun vollzogen und der Beschluß gefaßt" und entfernte sich mit den Räthen.

Die Minderheit hatte einen solchen Ausgang vorhergesehen und demgemäß zu handeln beschlossen. Sie setzte eine Protestationsschrift auf, worin die Erklärung abgegeben war, daß der Speierer Abschied vom J. 1526, kraft dessen den Ständen anheimgestellt worden, sich in Sachen der Religion so zu verhalten, wie sie es gegen Gott und Kaiserliche Majestät verantworten möchten, „von Ehrbarkeit, Billigkeit und Rechtswegen" nur durch einen einhelligen Beschluß des Reichstags aufgehoben oder geändert werden könnte. In so wichtigen Fragen, die Gottes Ehre und der Seelen Heil und Seligkeit beträfen, könnte die Mehrheit keine gemeingültigen Beschlüsse aufstellen, da müsse Jeder für sich selbst vor Gott stehen und Rechenschaft geben. Sie hofften, der Kaiser, dem sie in allen schuldigen Dingen Gehorsam zu leisten bereit seien, werde diese Ablehnung „freundlich entschuldigen." Diese in höflicher und versöhnlicher Form abgefaßte Schrift unterzeichneten: Johann von Sachsen, Georg von Brandenburg, Ernst und Franz von Braunschweig-Lüneburg, Philipp von Hessen, Wolfgang von Anhalt. Die Reichsstädte waren immer gemeinschaftlich aufgetreten; jetzt gelang es aber den Klerikalen, auch unter ihnen eine Trennung zu erzeugen, so daß nur vierzehn unterschrieben: Straßburg, Nürnberg, Ulm, Constanz, Lindau, Memmingen, Kempten, Nördlingen, Heilbronn, Reutlingen, Isny, St. Gallen, Weißenburg, Windsheim. Von dieser berühmten „Protestation" erhielten Alle, welche die Autorität des Papstes und die Satzungen der römisch-katholischen Kirche verwarfen, in der Folge den Gesammtnamen „Protestanten." Zufällig entstanden und zunächst nur die negative, abwehrende Seite der neuen Religionsgenossenschaft ausdrückend, enthielt der Name doch schon in seinem Ursprung das große Prinzip der Gewissensfreiheit als innerste Unterscheidungslehre: Kein Majoritätsbeschluß kann als reichsrechtliches Gesetz in Sachen des Glaubens die Widerstrebenden binden, dem Gewissen einen Zwang auflegen.

Fruchtlose
Bermitte-
lungsver-
suche.

König Ferdinand weigerte sich, die Protestation anzunehmen. Man wollte jedoch nicht sofort mit einem offenbaren Bruch auseinandergehen; Heinrich von Braunschweig und Philipp von Baden versuchten daher eine Vermittelung. Die Katholischen wollten zugeben, daß der Artikel über die Gerechtsame der Geistlichkeit auf deren „weltliche Verwandten und Unterthanen" beschränkt werde; die Evangelischen, daß bis auf das verheißene Concilium keine weitere Neuerung vorgenommen, besonders keine Sekte zugelassen werde, die dem Sacrament des wahren Fronleichnams und Blutes entgegen sei, und daß beide Theile die Verschiedenheit der Messe an einander dulden sollten. Aber weder die geistlichen Stände noch Ferdinand wollten auf diese Transactionen eingehen. Der Reichstag beharrte bei dem Beschluß und da der König sich weigerte, die Protestation dem Abschied beizufügen, so machten die Unterzeichner dieselbe öffentlich bekannt. Sie beschwerten sich über das Unrecht, das man ihnen angethan, appellirten an den Kaiser, an ein allgemeines oder deutsches Concil, an jeden unparteiischen christlichen Richter und erklärten, daß sie bei dem Beschluß von 1526 beharren würden.

Plan einer
protestant.
Verbindung.

Ehe man auseinanderging, verabredeten Sachsen und Hessen eine „sonderlich geheime Verständniß" mit den Städten Nürnberg, Ulm und Straßburg, zu gegenseitiger Hülfe, so einer von ihnen um des Glaubens willen angegriffen würde. Auf einer Zusammenkunft in Rotach an dem fränkischen Gebirge sollten die näheren Bedingungen festgestellt werden. Aber der Entwurf kam nicht zur Ausführung. Wie viele Mühe sich auch der Landgraf Philipp gab, um die Bedenken Luthers und Melanchthons über ein solches Bündniß zu verscheuchen, alle Gegner Roms zu der gemeinsamen Fahne zu sammeln, die theologischen Ansichten überwogen die politischen. Die Wittenberger konnten es nicht über sich gewinnen, den oberdeutschen Städten, welche die Abendmahlslehre Zwingli's angenommen, die Hand zu einem Bunde zu reichen. Sie zogen es vor, dem Feind, der schon das Schwert halb aus der Scheide gezogen, um der Reformation den Todesstreich zu geben, wehrlos gegenüber zu treten.

5. Das Religionsgespräch zu Marburg.

Zwingli und
Luther.

Wir wissen, daß die Reformation der Schweiz, wenn sie auch Anregung und Richtung durch Luthers Auftreten erhalten hatte, doch einen selbständigen, eigenartigen Entwickelungsgang nahm. Hat gleich Zwingli die Benennung „lutherisch" von sich abgewehrt, weil er keinen andern Namen tragen wolle, als den seines Hauptmanns Jesu Christi, dessen Streiter er sei, so hat er doch stets die große Bedeutung des Wittenberger Mönchs für die evangelische Sache anerkannt: „Meines Erachtens ist Luther ein trefflicher Streiter Gottes, der mit großem Ernst die Schrift durchfündelt, wie seit tausend Jahren keiner auf Erden gewesen ist. Mit dem männlichen, unbewegten Gemüthe, mit dem er den Papst in Rom angegriffen, hat es Keiner gethan, so lange das Papstthum gewährt hat, alle Anderen unbescholten. Es kann kein Mensch sein, der Luther höher achtet als ich." Ein andermal sagte er: „Du warst der treue David, der den Goliath bezwungen. Darum sollen alle gläubigen Gemüther nie aufhören, frohlockend zu singen: Saul hat Tausend geschlagen, David Zehntausend." Wenn die Wittenberger diese Anerkennung nicht mit demselben Entgegenkommen vergalten, so braucht dies nicht gerade als Gleichgültigkeit oder Ueberhebung gedeutet werden: man kannte in Sachsen die Verhältnisse der Eidgenossenschaft sehr unvollkommen; Luther und Melanchthon erfuhren fast nur aus dem Munde reisender Studenten, was in dem fernen Alpenlande vorging. In jenen Jahren der Gährung, wo die ganze Welt in geistiger Bewegung begriffen war, konnte man nicht alle in die Oeffentlichkeit tretenden Geister sofort prüfen und erkennen. Erst der Abendmahlsstreit bewirkte, daß man in Wittenberg sich genauer um die kirchlichen Vorgänge des Südens bekümmerte; da gewahrte man denn mit Verdruß, daß die von Luther so heftig verfolgten Ansichten Karlstadts in Straßburg, Basel, Zürich Anklang gefunden, daß zu derselben Zeit, da man glaubte, „den Teufel gebändigt und seines Hausraths beraubt zu haben", dieser von Neuem losbrach, mit vermehrter Mannschaft, mit mächtigeren Gesellen abermals heranstürmte. Luther zürnte nun um so mehr gegen die „Sacramentirer", als er Zwingli für einen von ihm ausgegangenen, aber aus Selbstgefälligkeit vom Gemeinstrom der reformatorischen Bewegung abgewichenen Jünger betrachtete, der gleich dem ungehorsamen Sohne in der Parabel das ihm gewordene Erbgut ohne Maß und Weisheit in der Entzweiung verprasse und dadurch die Einheit des Ganzen gefährde. Seine Abneigung und sein Vorurtheil wuchsen während des Streits. Er nahm wenig Rücksicht, daß Zwingli mit Gründen kämpfte, die nicht leicht zu widerlegen waren; es verdroß ihn fast, daß derselbe im Gegensatz zu seinem eigenen polternden Auftreten in seiner Polemik einen maßvollen anständigen Ton bewahrte, die stürmische Heftigkeit des Gegners mit einer „freundlichen Auslegung der Abendmahlslehre" erwiederte, wenn er auch hie und da in sarkastischer Weise sich über die Teufel auslassen mochte, mit denen Luther so freigebig um sich warf; vor Allem aber nahmen die Wittenberger Aergerniß, daß sich die „Sacramentsschwärmerei" so schnell nach allen Seiten, selbst nach Deutschland verbreitete, und dadurch viele „Rotten und Sekten" entstanden. Kein Streit verursachte dem sächsischen Reformator soviel Verdruß als der gegen Zwingli, wohl darum, weil ihm seine redliche Natur sagte, daß er es hier mit einem aufrichtigen Manne zu thun habe, der eine gesunde Ansicht mit ehrlichen Waffen verfocht, der sich fern hielt von jeder Schwärmerei und Extravaganz und nicht „Wort und Sacrament verachten und Alles auf den Geist abstellen" wollte. In Stunden innerer Anfechtung und Seelenleiden, von denen er gerade in jenen Jahren so schwer heimgesucht war, mochte ihm sein Gewissen manchmal sagen,

daß er mit allzu großer Härte gegen die Schweizer Reformatoren aufgetreten
sei, in denen er doch „seine Brüder" erkennen mußte.

Der Abend-
mahlsstreit.   Drei Jahre lang hatte schon die Polemik über die Abendmahlslehre die Geister
aufgeregt und eine tiefe Kluft zwischen den Bekennern der neuen Doctrin erzeugt, als
der Speierer Reichstag die Nothwendigkeit eines einträchtigen Zusammengehens gegenüber dem geschlossenen Romanismus Allen fühlbar machte. Die Protestationsschrift
wurde daher ohne Unterschied von lutherisch und zwinglisch gesinnten Städten unterzeichnet und beide Theile waren entschlossen, sich zur Abwehr des gemeinsamen Gegners
die Bruderhand zu reichen. Einen Augenblick hatte es den Anschein, als wollte man
über die dogmatische Verschiedenheit wegsehen. Aber der Streit war schon zu tief in
die Gemüther gedrungen; gegen die „zänkische Eigenrichtigkeit", mit welcher Luther seine
mystisch-dogmatische Auffassung von der menschlichen Natur Christi und ihrer leiblichen
Gegenwart im Abendmahl zu beweisen gesucht, hatte Zwingli dargethan: „Auf
unserer Seite steht der Glaube, die Schrift, der Brauch der ersten Christen, der Verstand der ältesten Lehrer". Die Vermittlungsversuche der Straßburger Theologen Bucer
und Capito mußten scheitern; Luther sagte ihnen: „Welche Gemeinschaft hat Christus
mit Belial"? Er verlangte unbedingte Unterwerfung. Und doch hatte bei der Streit-
führung der ruhige klar denkende Schweizer über seinen ungestümen Gegner in den
meisten Fällen die Oberhand behauptet. Als man auf dem Reichstag zu Speier
einen Unterschied machte zwischen den Anhängern Luthers und den „Wiedertäufern
und Sacramentirern", rieth jener seinem Kurfürsten „wider die letzteren willig und
billig dem Kaiser zu gehorchen". Den Bemühungen des Landgrafen von Hessen
gelang es jedoch, die Entscheidung über die Abendmahlsfrage dem nächsten allgemeinen Concil zuzuweisen. Auch Melanchthon, der in Speier zugegen war, gab dazu
seine Zustimmung.

Unions-
bestrebungen   Philipp von Hessen, ein Fürst von weitem politischen Blick und Urtheil,
des Land-
grafen. sah in der Verbindung mit der Schweiz ein starkes Mittel des Widerstandes
gegen feindliche Angriffe von Seiten der Römischgesinnten und des Kaisers.
Gleich befreundet mit Zwingli und mit Melanchthon und der entschiedenste und
muthigste Vorkämpfer für die Sache des Protestantismus, schien er der geeignetste
Mann, um eine Verständigung zu bewirken und alle Gegner Roms zu einem
gemeinsamen Vorgehen zu vereinigen, eine „protestantische" Allianz zu stiften.
In diesem Sinne hatte er zu Speier die Einleitung zu dem erwähnten Bündniß
getroffen. Eine Zeitlang hatte es den Anschein, als würde Melanchthon,
seiner ganzen Anlage und Denkweise nach mehr eine erasmische und zwinglische
als lutherische Natur, sich in dieser Frage von dem Meister trennen und die
Spaltung auszugleichen suchen. Aber kaum war er wieder in die theologische
Atmosphäre Wittenbergs eingetreten, so verlor er den weiten freieren Blick und
stellte sich auf die Seite des Führers. Er machte sich bittere Vorwürfe, daß
er sich mit den Anhängern Zwingli's eingelassen, er rieth den Nürnbergern von
dem Bündniß ab; in Briefen sprach er von großer Unruhe und Gewissensangst
über sein Verhalten in Speier. „Denn die gottlose Meinung Zwingli's dürfe
man nimmermehr vertheidigen." Noch schroffer ließ sich Luther gegen das beabsichtigte Bündniß aus: „Wie sollte man sich mit Leuten verbünden dürfen, welche

wider Gott und das Sacrament streben? Da gehe man mit Leib und Seele der
Verdammniß entgegen." Sie brachten den Kurfürsten rasch auf ihre Seite und
erfüllten sein Herz mit Mißtrauen gegen den „unruhigen jungen Fürsten", der
wie in der Pack'schen Sache ihn leicht zu unbesonnenen Schritten fortreißen
möchte. Hatte man sich in Rotach auf die Zusicherung gegenseitiger Hülfeleistung
beschränkt, so wurde die verabredete Zusammenkunft in Schwabach, wo die
Bundesartikel festgesetzt werden sollten, von den Lutherischen gar nicht beschickt.
Die oberländischen Gesandten machten den Weg umsonst.

Landgraf Philipp gab die Hoffnung einer Ausgleichung der theologischen Einladung zum Marburger Religionsgespräch.
Gegensätze nicht auf. Er hatte schon in Speier den Gedanken gefaßt, die streiten-
den Häupter zu einer Unterredung und Verständigung nach Marburg einzuladen.
Dieses Vorhaben führte er nunmehr aus. Die Wittenberger hatten wenig Gefallen an der Sache; sie wollten die Einladung gerade nicht zurückweisen, um
nicht als Gegner des Friedens zu erscheinen und den hessischen Fürsten nicht allzu
sehr zu reizen, suchten aber Ausflüchte und Hindernisse. Melanchthon stand darin
dem Freunde nicht nach. Er wünschte, der Kurfürst möchte den Urlaub verweigern. Die Ursache war, daß sie bei dem Landgrafen eine sichtliche Hinneigung zu Zwingli's Ansicht wahrzunehmen glaubten. Hatte er doch an den
Kurfürsten geschrieben: „Es ist vonnöthen, daß wir uns nicht so liederlich von
einander trennen lassen, obschon unsere Gelehrten um leichter oder sonst disputir-
licher Sachen willen, daran doch unser Glaub' und Seligkeit nicht gelegen, zwei-
hellig sind." „Es ist nicht gut, meinten sie, daß der Landgraf viel mit den
Zwinglern zu thun habe, er hat sonst mehr Lust zu ihnen als gut ist; denn
die Sache ist dermaßen, daß sie spitzige Leute, wofür man auch den Landgrafen
halten muß, sehr ansicht, und fället die Vernunft leichtlich auf das, das sie be-
greift, sonderlich wenn gelehrte Leute dazu stimmen, die der Sache aus der
Schrift eine Gestalt machen." Melanchthon schlug sogar vor, man sollte einige
katholische Männer als unparteiische Schiedsrichter beiziehen! Am schwierigsten
zeigte sich Luther. Zuerst meinte er, eine Besprechung würde zu nichts führen,
denn er werde nicht nachgeben, da er überzeugt sei, daß die Anderen irren.
„Daß ist gewiß, wo sie nicht weichen, so scheiden wir von einander ohne Frucht
und sind vergeblich zusammengekommen." Als er nothgedrungen, „durch die
Gottlosigkeit Philipps gezwungen", der Einladung Folge zu leisten beschloß,
suchte er sich zuvor auf alle Weise sicher zu stellen. Während Zwingli, um
keine Hindernisse zu erfahren, sich gleichsam aus Zürich fortstahl, nicht einmal seiner Hausfrau seine Absicht mittheilte und ohne nur das sichere Geleit
aus Hessen abzuwarten sich in aller Eile über Basel und Straßburg auf die
weite Reise begab, durch meist katholisch gesinnte Länder; zögerte Luther
und wollte nicht die Werra überschreiten, bis ihm das Geleit des Landgrafen in aller Form eingehändigt war. Selbst Philipp bemerkte den Unterschied und meinte: „der Zwingli ist mit den Seinen aus der Schweiz bis hieher

gekommen, ohne daß er ein Geleit von uns begehrt, Luther aber hat das
Geleit begehrt, als ob er uns minder traue." Auch traf Zwingli mit Oecolampad und den übrigen Begleitern Bucer, Hedio, Sturm an dem festgesetzten Tag,
dem 29. September richtig in Marburg ein, indeß Luther mit Melanchthon,
Bugenhagen, Jonas u. a. erst am nächsten Tag anlangten. Außer den
Genannten fanden sich eine große Anzahl von Theologen und anderen der
Reformation geneigten Gelehrten und edlen Herren aus Deutschland zu dem
„bischöflichen Synodus" in Marburg ein. Die eingeladenen Collocutoren
nahm der Landgraf zu sich auf das Schloß und „beherbergte und speisete sie recht
fürstlich".

Colloquium
und Disputa-
tion.

Um die Männer, von deren Stimme der Ausgang des Gesprächs abhing, einander näher zu bringen, hatte Philipp bestimmt, daß Luther und Oecolampad, Zwingli
und Melanchthon sich vor dem Beginne des öffentlichen Colloquiums in zwei gesonder-
1. Oct. ten Gemächern besprechen sollten. Dies geschah am 1. Oktober nach dem Frühgottes-
dienst. Hier kam man über die Doctrinen von der Trinität und von der Erbsünde,
worüber die Schweizer nach der Behauptung der Wittenberger häretische Ansichten hegen
sollten, zu einem Verständniß. Zwingli versicherte, daß er sich stets an das Nicänische
und Athanasianische Glaubensbekenntniß gehalten habe und halten werde, und wenn er
früher Zweifel über die Erbsünde ausgesprochen, so war er davon zurückgekommen.
Auch über die dritte Streitfrage, das Verhältniß des Wortes Gottes und des Heil.
Geistes betreffend, einigte man sich zu der Formel, „daß der Heil. Geist in uns die Gerechtigkeit wirke vermittelst des Wortes". Ebenso verständigte man sich über das Verhältniß vom Glauben zu den guten Werken. Dagegen kam man über die Lehre vom
Abendmahl nicht überein; diese sollte daher den Gegenstand der öffentlichen Disputa-
2. Oct. tion bilden, die am nächsten Tag im großen Rittersaal des Schlosses in Gegenwart von
fünfzig bis sechzig Gelehrten, Fürsten und Herren vor sich ging. Es war eine Kirchenversammlung der hervorragendsten Häupter der Reformation. Von welcher Bedeutung
hätte da eine gemeinsame Beschlußfassung werden müssen! Dies betonte denn auch der
hessische Kanzler Feige, als er im Auftrag des Landgrafen die Sitzung eröffnete und
die Wortführer, die er in ehrenden Zusätzen mit Namen anführte, ernstlich aufforderte,
„alle billigen Mittel und Wege zu suchen, durch welche der beschwerliche und hochnach-
theilige Zwiespalt eilends aufgehoben und sie wiederum zu beständiger Einigkeit gebracht
würden". Auf Luther machte jedoch diese Mahnung keinen Eindruck; er war entschlossen, seinen Gegnern „schlecht nicht zu weichen". Er schrieb die Einsetzungsworte
in lateinischer Sprache auf die Tafel, woran er saß, und erklärte, man müsse bei den
Buchstaben der Schrift stehen bleiben. Alle Widerlegungsgründe prallten an seinem
trotzigen Geiste ab: „Gott hat nun einmal die Gerechtigkeit vor ihm an's leibliche Essen
geknüpft"; und als Zwingli die entscheidende Stelle Joh. 6 „das Fleisch ist nichts nütze!"
wider ihn geltend machte und dabei ausrief: „die Stelle bricht Euch den Hals, Herr
Doctor!" erwiederte Luther: „Sparet die stolzen und trotzigen Worte, ihr seid hier in
Hessen und nicht in der Schweiz!" Erst als der andere ihm den landesüblichen Ausdruck erklärte und der Landgraf selbst ein besänftigendes Wort einlegte, beruhigte sich
Luther. Dagegen beharrte er standhaft bei seinem Satze: Der Leib Christi sei im Brode
3. Oct. gegenwärtig, das Sichtbare enthalte das Unsichtbare. Auch am dritten Tag kam man
nicht weiter: Luther wollte das Mysterium im Sacramente nicht fahren lassen. Er
fußte auf dem katholischen Gottes- und Wunderbegriff. Wenn die Gegner ihn mit
Sprach- und Denkgesetzen drängten und ihm Widersprüche vorhielten, flüchtete er sich

in den Buchstaben der Bibelworte. Der Glaube an die wirkliche Gegenwart Christi,
an ein Inwohnen des Göttlichen in den heiligen Zeichen, der ihn in Zeiten der Anfechtung wider Satan und Hölle getröstet, war für seine Natur ein Fundamentalprinzip.
Aber auch Zwingli konnte von seiner Auffassung, zu der er durch Studium und Nachdenken gekommen war, für die er alle Gründe erwogen und erschöpft hatte, nichts aufgeben; aus Friedensliebe konnte er nicht gegen Gewissen und Ueberzeugung handeln.
So blieb das Marburger Religionsgespräch ohne die beabsichtigte Wirkung; die protestantische Lehrmeinung schied sich in zwei Bekenntnisse, die fortan ihre eignen Lebens-
wege suchten. Vergebens ermahnte der Kanzler noch einmal zur Einigkeit; Luther sagte:
„Ich weiß kein anderes Mittel, als daß sie Gottes Wort die Ehre geben und glauben,
was wir glauben." Als die Schweizer diese Forderung ablehnten, schloß der strenge
Mann: „So wollen wir Euch fahren lassen und dem gerechten Gerichte Gottes übergeben", worauf Oecolampad erwiederte: „So wollen auch wir thun und Euch fahren
lassen". Dabei gingen Zwingli die Augen über.

    Doch ganz fruchtlos sollte die persönliche Begegnung der beiden Refor- _{Ausgang und}
matoren nicht zerrinnen; das welthistorische Ereigniß sollte nicht wie ein wesen- _{Resultat des}
loser Schatten vorüberziehen. Es gelang dem Landgrafen in einer Privatunter- _{Gespräche.}
redung die Häupter der beiden Parteien zu dem Versprechen zu bringen, daß sie
in Zukunft keine verletzenden Streitschriften mehr gegen einander richten wollten,
und daß eine Zusammenstellung derjenigen Lehrstücke unternommen ward, worin
die Wittenberger und Schweizer übereinstimmten. Luther selbst übernahm die
Arbeit. In fünfzehn Artikeln faßte er die gemeinsamen reformatorischen Grundanschauungen rein und lauter ohne irgend welche direkte Polemik gegen die
römisch-katholische Kirche zu einer kurzen Bekenntnißschrift zusammen. Er
meinte, die andern würden sie wohl nicht annehmen, aber Zwingli und seine
Gefährten weigerten sich nicht, nach einigen unwesentlichen Veränderungen im
Ausdruck, dem Bekenntnisse ihre Namensunterschrift beizufügen. Im fünfzehnten Artikel, der vom Abendmahl handelt, wurde zwar hervorgehoben, daß
man über die Frage, ob der wahre Leib und das wahre Blut Christi wirklich im
Brod und Wein sei, nicht übereinstimme, doch betonte man auch das Gemeinsame in der Lehre, nämlich den geistlichen Genuß des Leibes und Blutes in
den Zeichen, wodurch die Möglichkeit eines Zusammengehens in Liebe und Frieden
gegeben war. Zu einer weiteren Versöhnung brachte es der Landgraf nicht. Als
er die Häupter einzeln dringend ermahnte, wenn sie sich auch nicht verständigen
könnten, so sollten sie sich doch wenigstens als Brüder betrachten und dies öffentlich
erklären, trat Zwingli mit thränenden Augen vor Luther hin und sprach: „Es gibt
keine Leute auf Erden, mit denen ich lieber Eins sein wollte, als mit den Wittenbergern;" aber Luther wies die dargebotene Bruderhand zurück mit den Worten:
„Ihr habt einen andern Geist als wir!" Noch einmal ermahnte der Landgraf
den starrsinnigen Mann, die Bruderliebe nicht zu versagen; doch dieser sprach:
„Die Liebe, die man dem Feinde schuldig sei, wolle er den Gegnern nicht verweigern." Es fiel dem Reformator nicht leicht so harten Gemüthes zu erscheinen;
denn er war von Natur gutmüthig und voll Menschenliebe; gestand er doch

selbst, er habe sich wie ein Wurm im Staube gekrümmt und der Satan habe
ihn so gequält, daß er gefürchtet habe, Weib und Kind nie mehr zu sehen. Aber
zwischen der supranaturalistischen Gläubigkeit, auf der er fußte, und dem ratio-
nellen Geiste Zwingli's fand er keine Vermittelung. So trennte man sich in
schwerer Stunde; der politische Zweck, den der Landgraf bei der Anordnung des
Marburger Colloquiums im Auge gehabt, wurde nicht erreicht. Luther begab
sich sofort nach Schleiz, wo gerade der Kurfürst von Sachsen und Markgraf
Georg von Brandenburg eine Zusammenkunft hatten, und setzte den Beschluß
durch, daß ein Bund nur auf Grund vollkommener Glaubenseinheit abgeschlossen werden sollte. Zu dem Ende wurde die Marburger Einigungsformel
im Geiste der lutherischen Auffassung umgearbeitet, mit scharfer Betonung der
leiblichen Gegenwart Christi im Abendmahl, und den oberländischen Gesandten,
die in Schwabach sich zu einem neuen Convent eingefunden hatten, zur Unterschrift
vorgelegt. Die Abgeordneten von Ulm und Straßburg entschuldigten sich jedoch,
da die „Schwabacher Artikel" nicht mit der bei ihnen herrschenden Predigtweise
übereinstimmten und sie ohne ausdrückliche Instruction der veränderten Fassung
nicht beitreten könnten.

So kam der verabredete Bund nicht zu Stande. Die Schuld des Scheiterns fiel
allein auf Luther, dessen unnachgiebiger, im kirchlichen Mysterium festgebannter Geist
keinen Widerspruch ertrug und dem die nüchterne Natur des Schweizers innerlich widerstrebte. Mit genialem Scharfblick hat er richtig erkannt, daß derselbe „einen andern
Geist" habe, daß beide von verschiedenen Anschauungen ausgingen und verschiedenen
Zielen zustrebten. Dem Einen ist der Glaube ein Mittel zur Seligkeit, dem andern ein
Mittel zur sittlichen Lebenserneuerung. Der Streit um die Abendmahlslehre war nur
ein Einzelgefecht und Luther war bei seiner Vorstellungsweise vollkommen im Recht,
wenn er sich nicht durch Vernunftgründe imponiren ließ. Wo der ganze Glaubensinhalt
auf Wunder und Geheimniß gegründet ist, und der Gläubige stets auf den Satz sich
gewiesen sieht, daß bei Gott nichts unmöglich ist; da kann auch gefordert werden, daß
man sich an das buchstäbliche „Ist" in den Einsetzungsworten halte. „Wer, wie dies
die Schweizer in Marburg von sich erklärten, die Symbole der alten Kirche unter-
schreibt, bemerkt H. Lang, in welcher die Dreieinigkeit, die Menschwerdung Gottes, die
Auferstehung, Himmel- und Höllenfahrt Christi gelehrt wird, der hat kein Recht, im
Namen der Vernunft gegen eine Ungereimtheit Einsprache zu thun."

6. Der Kaiser und die deutschen Protestanten.

Die deutsche
Gesandt-
schaft bei dem
Kaiser. Und gerade jetzt that ein festes Zusammenhalten aller reformatorisch Gesinnten mehr als je Noth! Denn der Kaiser, siegreich über seine Feinde und mit
dem Papste ausgesöhnt, wollte die Einheit der Kirche in Deutschland herstellen.
In Spanien erhielt er die Kunde von der Protestation in Speier und bezeugte
darüber großes Mißfallen. Kurz nachher brach er auf, um sich über Italien
nach Deutschland zu begeben. Da beschlossen die vereinigten Stände, welche
gegen den Reichstagsabschied Verwahrung eingelegt, eine eigene Gesandtschaft

abzuordnen, um ihre Schritte zu rechtfertigen. Sie wählten den Nürnberger Syndicus von Kaden, den markgräflich-brandenburgischen Geheimschreiber Frauentraut und den Bürgermeister Ehinger von Memmingen. Die Abgesandten fanden eine ungnädige Aufnahme; mit Mühe erlangten sie persönliches Gehör; die Protestationsschrift wollte Karl nicht selbst entgegennehmen. Ueber vier Wochen mußten sie auf Antwort warten und wurden mit Geringschätzung behandelt. Ihr Stand mochte nicht vornehm genug erscheinen. Endlich erhielten sie den Bescheid, daß der Kaiser ihr Verfahren mit Mißfallen vernommen habe; es sei altes Herkommen bei Reichsversammlungen, daß sich die Minderheit dem Mehrheitsbeschluß füge; sie sollten von ihrem Widerstand ablassen und schuldigen Gehorsam leisten, sonst müßte man zu ernstlicher Bestrafung schreiten. Der Geheimschreiber, der mit ihnen unterhandelte, wollte die Speierer Appellation nicht annehmen; da legten sie die Schrift auf seinen Tisch. Wegen dieses ordnungswidrigen Verfahrens wurden sie einige Tage unter Aufsicht gestellt. Besonders ergrimmte der ganze Hof über Kaden, der es wagte, ein Büchlein über die neue Lehre, das er mitgebracht, dem Kaiser zu überreichen. Er wurde länger als die andern zurückgehalten, bis er durch die Flucht entkam.

Diese Aufnahme der Botschafter ließ wenig Gutes ahnen. Und dennoch wollten die Evangelischen von keiner Vereinigung hören, die nicht auf völliger Uebereinstimmung der Glaubenssätze beruhte. Vergebens hoffte der Landgraf auf einer neuen Versammlung, die bei der Rückkunft der Gesandtschaft in Schmalkalden abgehalten wurde. *Decbr. 1529.* würden sich die Evangelischen in Anbetracht der drohenden Aussichten nachgiebiger zeigen; man verlangte abermals die Unterschrift der Schwabacher Artikel und als Straßburg und Ulm dieselbe wieder verweigerten, erklärte man ihnen, daß man kein Bündniß mit ihnen schließen könne.

Wenn Zwingli es als die Hauptfrucht der in Marburg vereinbarten *Luthers* Glaubensartikel rühmte, daß damit den Lutherischen der Weg zu den Papisten *politische* abgeschnitten worden, so hatte er nicht Unrecht. Der Widerstand gegen Kaiser *Anschauung.* und Reich fiel Luther eben so schwer, wie das Ausscheiden aus der katholischen Kirche. Er gab sich damals von Neuem der Hoffnung einer Ausgleichung hin; die conservative Haltung, die er seit der Rückkehr von der Wartburg angenommen, die kräftige Niederkämpfung aller radikalen Auflehnungen gegen die bestehenden Zustände in den Wiedertäufern, in den aufrührerischen Bauern, in den Zwinglianern mußte ihn in den Augen des Kaisers als Streiter für Ordnung und Autorität erscheinen lassen. Wenn Karl, wie er in der Wahlcapitulation verheißen, zur Abstellung der von Allen anerkannten kirchlichen Mißbräuche die Hand bot und ein allgemeines Concil veranstaltete, war eine Versöhnung in Glaubenssachen keine Unmöglichkeit. Die bevorzugte Stellung der Hierarchie und des Klerus, welche Luther mit besonderem Eifer bekämpfte, war ja auch dem Kaiser nicht nach dem Sinne. Und mit Recht konnte sich der Reformator rühmen, daß in den Ländern, wo das Evangelium gepredigt werde, die Würde und Majestät des Reiches und der Obrigkeit mehr geachtet sei, als in den papistisch gesinnten Staaten. Und in welchem Glanze strahlte der Name des Habsburgers, wenn es ihm gelang, die Einheit der Reichsmonarchie und die Einheit der Kirche auf neuen festeren Grundlagen herzustellen, hier die veralteten, unzeitgemäßen Satzungen und Einrichtungen zu beseitigen, dort die kaiserliche Autorität zu stärken und mit der Aristokratie der Fürsten und Stände in das richtige Verhältniß zu setzen. Wahrlich eine Aufgabe, die einen ehrgeizigen stolzen Herrscher wohl reizen konnte, und Luther war der rechte Mann, ihn einem solchen Ziel entgegen zu führen. Ihm war das Kaiserthum eine Fortsetzung des römischen Imperiums, wie es zur Zeit der Apostel bestanden; die monarchische Gewalt, die er in der Schrift vorfand, war in seinen Augen auch in Deutschland die von Gott gesetzte Obrigkeit, der man zu gehorchen habe. Als man hörte, daß Karl gerüstet heranziehe, daß er entschlossen sei, der römisch-katholischen Kirche wieder die frühere Stellung zu verleihen; da waren die Meinungen getheilt, ob die Fürsten und reichsstädtischen Magistrate berechtigt wären, dem Kaiser Widerstand zu leisten, wenn er Gewissenszwang üben wollte. Man machte zur Vertheidigung geltend, dem Bedrängten sei die Gegenwehr gestattet; man urtheilte, „wenn eine Gewalt, die allerdings von Gott stamme, sich wider Gott auflehne, so könne sie nicht mehr als eine rechte Obrigkeit betrachtet werden"; man berief sich auf die Wahlkapitulation und die beschwornen Gerechtsame der Landesherren; eine Verletzung derselben rechtfertige die Selbsthülfe. Aber Luther und seine unbedingten Anhänger, wie Johann Brenz, sprachen sich entschieden gegen jeden Widerstand aus. In dem Augenblick, da das Schwert gegen sie gezückt wurde, beharrten die Häupter der Evangelischen bei dem Grundsatze, daß man die irdische Gewalt nicht zur Beschützung des Glaubens und Gewissens anrufen dürfe, daß man dem Kaiser in Waffen wehrlos gegenüber treten müsse, daß man keinen Bund eingehen solle mit Bekennern abweichender Religionsmeinung.

„Und zwar nicht aus Furcht, aus Zweifel an der eigenen Tüchtigkeit", bemerkt Ranke, „das sind Rücksichten, welche diese Seelen nicht kennen. Man thut es nicht, ganz allein aus Religion. Gewiß, klug ist das nicht, aber es ist groß." Jedoch für eine solche Haltung gebrach dem Kaiser das Verständniß. Ihm war Luther immer noch der Mönch, „der ihn nicht zum Ketzer machen sollte." Und gerade damals legte dieser Mann seine gewichtige Stimme ein, daß die Deutschen ohne Unterschied des Glaubens das Haus Oesterreich in seiner Bedrängniß vor den Türken unterstützen sollten. Wir haben gesehen, daß die Päpste früher Geldsammlungen ausschrieben, um die Feinde der Christenheit zu bekriegen und dann die Beiträge der Gläubigen zu fremdartigen Zwecken benutzten; jetzt forderte der Gegner des Papstthums in einer „Heerpredigt wider die Türken" seine Glaubensgenossen zu thätiger Hülfe auf in einem Augenblick, wo das Haupt dieses Hauses mit den feindseligsten Plänen wider die Evangelischen umging. In dem Reichsheer, das zur Rettung der belagerten Donaustadt Wien auszog, standen sächsische und andere evangelische Kriegsmannschaften in guter Zahl.

XI. Der Reichstag zu Augsburg.

1. Eingang und Vorzeichen.

In Marburg und Schwabach hatte Luther seine Stellung gegenüber der vorwärts drängenden Richtung in der Reformation eingenommen; es war Zeit, daß er sie auch gegenüber den Papisten abgrenzte. Dies sollte durch den Reichstag von Augsburg bewirkt werden. Als der Kaiser in Bologna mit dem Papste unter Einem Dache wohnte, richtete er ein Ausschreiben an die deutschen Fürsten und Stände, sich auf den 8. April in der Stadt Augsburg einzufinden, damit man über die Sicherheit des Reiches wider die Türken und über die Beilegung des Zwiespalts in der Religion berathe und beschließe. Das Letztere war, da Suleiman bereits zum Abzug von Wien gezwungen worden, das Hauptanliegen. Ueber sein Verfahren hatte der Kaiser sich mit dem Papst verständigt: man wollte zunächst versuchen auf dem Wege der Güte, durch Versprechungen und Ueberredungskünste die Abgewichenen zur Rückkehr zu bringen und erst, wenn diese Mittel nicht zum Ziele führen sollten, Gewalt anwenden, „um die Schmach, die man Christo angethan, zu rächen". Dies war auch die Meinung des Legaten Campeggi, der den Kaiser zu dem Reichstag begleiten sollte. Daher war das Einladungsschreiben, das wohl von dem gemäßigten Kanzler Gattinara herrührte, in mildem versöhnlichen Geiste gehalten: Es sei die Absicht des Kaisers, über die Irrung und Zwiespalt, welche im Glauben entstanden sei, zu handeln und zu beschließen, damit es geschehen möge, „die Zwietracht hinzulegen, vergangene Irrsal Christo, unserm Seligmacher zu ergeben, eines Jeglichen Gutdünken, Opinion und Meinung in Liebe und Gütlichkeit zu hören, dieselben zu einer christlichen Wahrheit zu bringen und Alles abzuthun, was zu beiden Seiten nicht recht sei ausgelegt worden, also daß Alle in Einer Gemeinschaft, Kirche und Einigkeit leben möchten." Es war den Fürsten eingeschärft, in Person sich einzufinden.

Das kaiserliche Ausschreiben versetzte die Gemüther in große Aufregung. Die Altgläubigen erwarteten den Lohn für ihre Treue und sahen der Ankunft Karls mit frohen Hoffnungen entgegen, ja mehrere derselben, wie Georg von Sachsen, Joachim von Brandenburg, Wilhelm von Baiern, eilten demselben nach Innsbruck entgegen, wo er sich einige Zeit aufhielt, wohl in der Absicht, sich über die Lage und Stimmung genauer zu unterrichten. Die protestirenden Fürsten und Stände dagegen waren nicht ohne Sorge. Der Kurfürst von Sachsen ließ sich vor seiner Abreise nach Augsburg von seinen Theologen die Hauptsätze der evangelischen Lehre zusammenstellen. Sie unterwarfen die Schwabacher Artikel einer Revision und überreichten sie ihm in Torgau, woher sie auch den Namen „Torgauer Artikel" führen. Darauf machte er sich auf den Weg, begleitet von seinem Sohne, dem Kurprinzen Johann Friedrich, von dem Herzog von Lüne-

Das kaiserliche Ausschreiben.

Der Kaiser in Innsbruck. Haltung des Kurfürsten.

burg, dem Fürsten Wolfgang von Anhalt, dem Grafen Albrecht von Mansfeld und vielen Edlen. Auch Luther, Melanchthon, Jonas, Spalatin und der
Kanzler Brück waren in seinem Gefolge. Aber in Coburg wurde Luther zurückgelassen. Da er noch in Acht und Bann lag, so schien es nicht passend, ihn
unter die Augen des Kaisers zu bringen; sein Leben oder seine Freiheit konnte
in Gefahr kommen. Zudem hätte sein Name und seine Heftigkeit leicht die Unterhandlungen erschweren können. Am 2. Mai langten sie in Augsburg an, während der Kaiser noch in Innsbruck weilte. Zehn Tage später hielt der Landgraf
Philipp von Hessen mit stattlichem Gefolge seinen Einzug in die Reichsstadt.
Beide Fürsten ließen ihre Geistlichen in den Kirchen predigen zum großen Aerger
der römisch Gesinnten. Auch der Kaiser wurde darüber gereizt. Er machte den
Grafen von Nassau und Neuenar, die der Kurfürst zu seiner Begrüßung ab-
schickte, bittere Vorwürfe, daß ihr Herr die gute Verwandtschaft und Freundschaft,
die so viele Jahre zwischen den Häusern Oesterreich und Sachsen bestanden, durch
den Irrsal und Zwiespalt wegen des Glaubens gestört, das Wormser Edikt verachtet und mit andern ungehorsamen Fürsten und Ständen ein Bündniß geschlossen habe, das zur Spaltung des Reichs und zur Trennung von dem Kaiser,
dem Schirmherrn der Christenheit, führen müsse. Die evangelischen Predigten,
wodurch die Religionsstreitigkeiten vermehrt würden, sollten eingestellt werden.
In etwas freundlicherem Tone ließ er dem Kurfürsten dann weiter sagen, er selbst
oder der Kurprinz möge sich persönlich bei ihm einfinden, damit durch mündliche
Besprechung eine Ausgleichung erzielt werde. Johann war jedoch nicht geneigt, der
Einladung Folge zu leisten. Der Reichstag in Augsburg, meinte er, sollte das
so oft verlangte Nationalconcil vorstellen, und nun werde ihre Sache vor allem
Verhör verurtheilt. Die Persönlichkeiten, die zum Hoflager strömten und mit
Gunst- und Gnadenbezeugungen überschüttet wurden, gehörten alle der Gegenpartei an; seine Erscheinung in ihrer Mitte hätte somit als reumüthige Unterwerfung gedeutet werden können. Auch hielt er es nicht für zweckmäßig, daß
über Reichsgeschäfte an einem anderen Orte verhandelt werde, als an dem dafür
bestimmten. So kam denn ein Antwortschreiben zu Stande, worin in würdiger
Weise die Vorwürfe zurückgewiesen, die nachbarlichen Einigungen als Maßregeln
zur Vertheidigung gegen thätliche und ungerechte Gewalt, falls solche beabsichtigt
würde, entschuldigt und die Einladung zum persönlichen Erscheinen abgelehnt
wurde. Auch wollte er nicht in die Einstellung der evangelischen Predigten
willigen, obwohl Melanchthon meinte, man sollte dem Kaiser willfahren, weil
sie in seiner Stadt Gäste seien.

Glänzender   Von Innsbruck, wo der kaiserliche Kanzler Gattinara, ein besonnener Staats-
Einzug.   mann von umfassendem politischen Blick und versöhnlicher Natur, aus dem Leben
schied, bewegte sich der kaiserliche Hof nach München. Hier wurde Karl mit großer
Pracht empfangen. Alles bestrebte sich, dem mächtigen Monarchen, der seit neun
Jahren zum erstenmal wieder auf deutscher Erde erschien, dessen Ruhm seitdem in

aller Welt erschollen war, der so viele edle Güter und Gaben in seiner Hand trug,
mit Huldigung und Unterwürfigkeit zu nahen. Als er am 15. Juni mit seinem
stattlichen Gefolge gegen Abend vor Augsburg erschien, eilten ihm die geistlichen
und weltlichen Reichsfürsten entgegen, um ihn feierlich zu begrüßen. Der Kurfürst
von Mainz sprach den Willkomm aus im Namen dieser „versammelten Glieder des
hl. römischen Reichs", die ausgezogen waren, ihren Kaiser noch einmal in der ganzen
mittelalterigen Pracht und Herrrlichkeit einzuholen. Seit Jahrhunderten hatte man
keinen Einzug erlebt, der dem gegenwärtigen sich vergleichen ließ. Alle Fürsten des
Reiches schienen ihren Groll und ihre Feindschaften, die sie gegen einander hegten,
vergessen zu haben, als sie nach altem Recht und Herkommen geordnet, Karl
in spanischer Tracht auf weißem Zelter unter einem Baldachin in der Mitte,
in die berühmte Reichsstadt einzogen und den Kaiser nach der Hauptkirche geleiteten. Karl war sonst kein Freund von Prunk und feierlichen Scenen, aber
bei dieser Gelegenheit wollte er fühlen lassen, „daß er der Kaiser sei, im alten
Sinne des Worts, der Herr der Welt, der Vogt der Kirche". Alle begegneten
ihm mit der gleichen Ergebenheit: Kurfürst Hans trug ihm das bloße Schwert
vor; an der gottesdienstlichen Handlung, wobei die Priester das Tedeum sangen
und den Segen sprachen, nahmen Katholiken wie Protestanten Theil, nur daß
die letzteren nicht niederknieten.

Gerade diese Ergebenheit mochte den Habsburger in der Meinung bestärken, **Erste Opposition der Fürsten.**
sein Gebot werde genügen, um die der Neuerung ergebenen Fürsten von ihren
Meinungen abzubringen. Sachsen und Hessen hatten noch jüngst ihre Treue
und Anhänglichkeit an das österreichische Haus durch ihren Eifer und ihre Hülfe
im Türkenkrieg beurkundet; Markgraf Georg von Brandenburg-Anspach war
grau geworden in des Kaisers Diensten und hatte denselben stets mit der Unterwürfigkeit eines Lehnsmannes als seinen Herrn geehrt. Diese Hingebung hoffte
nun Karl auch in religiösen Dingen zu finden. Kaum hatte er das bischöfliche
Schloß, die Pfalz, bezogen, so entbot er die der Reformation ergebenen Fürsten zu
sich und ließ ihnen durch seinen Bruder eröffnen, daß sie die evangelischen Predigten
einstellen, die neuen Cultusformen entfernen und an dem Fronleichnamsfeste, das
man am folgenden Tage in prunkender Weise zu feiern gedachte, Theil nehmen
sollten. Zu seinem Verdruß begegnete aber Karl einem entschlossenen Widerstande. So dienstwillig und gehorsam sie sich in allen weltlichen Angelegenheiten
gezeigt, so fest waren sie in Sachen des Gewissens. Landgraf Philipp suchte zu
beweisen, daß in den neuen Predigten nichts vorkomme, als was sich in der heil.
Schrift und bei Augustinus finde. Dem Kaiser stieg bei seiner Rede das Blut
ins Gesicht und er wiederholte den Befehl um so bestimmter. Da rief der alte
Markgraf von Brandenburg aus: „Herr, ehe ich Gott und sein Evangelium
verleugne, will ich auf der Stelle niederknien und mir den Kopf abschlagen
lassen". Dies erschütterte den Monarchen; er gab ihm in gebrochenem Nieder-
deutsch zur Antwort: „Lieber Fürst, nicht Kopf ab, nicht Kopf ab!" Darauf

worden sie entlassen. An der Fronleichnamsprozession, die „zu Ehren des all-
16. Juni 1530. mächtigen Gottes" am nächsten Tag angeordnet ward, nahmen die evangelisch
Gesinnten keinen Theil. Dagegen verständigte man sich hinsichtlich des Predigens
in der Art, daß weder von der einen noch von der andern Seite Kanzelreden gehalten, sondern nur das Evangelium und die Epistel durch eigene von dem Kaiser
dazu bestellte Geistlichen vorgelesen werden sollten. Aus diesem Vorspiel konnte
man einen Schluß ziehen, welchen Verlauf und Ausgang das ganze Werk haben
würde. Der Kurfürst Johann zeigte sich seines Beinamens „der Standhafte"
würdig und sein Beispiel diente allen seinen Gesinnungsgenossen zum Vorbild.
Schon damals meinte Luther, der Kaiser habe seinen Beschluß nach den Eingebungen von Papst und Bischöfen zum Voraus gefaßt, der Reichstag sei nur
angeordnet worden, um sagen zu können, man habe die Neuerer gehört und des
Irrthums überwiesen, und sie dann als Halsstarrige und Ungehorsame zu ver-
schreien.

2. Confession und Confutation.

Die Augs- burger Con- fession. 1530. Am 20. Juni wurde der Reichstag in dem Rathhaus eröffnet. Pfalzgraf
Friedrich forderte im Namen des Kaisers die versammelten Fürsten und Stände
auf, „ihr Gutdünken, Opinion und Meinung" über die religiösen Streitigkeiten
zu Deutsch und Latein in Schrift zu stellen und zu überantworten. Die Evangelischen waren darauf vorbereitet. Seit dem Reichstagsausschreiben hatten die
Wittenberger Theologen an einer Bekenntnißschrift gearbeitet, in welcher auf
Grund der Marburger, Schwabacher und Torgauer Artikel die Hauptlehren zusammengefaßt waren. Diese Schrift hatte Melanchthon in Augsburg mit emsigem Fleiß unter sorgfältiger Berathung mit den anwesenden Glaubensgenossen
überarbeitet und über das Ganze und Einzelne Luthers Meinung eingeholt. Gewandt und fein, wie es von dem gebildeten geistreichen Mann nicht anders zu
erwarten stand, war die Schrift abgefaßt, mit unermüdlichem Fleiß hatte er Tag
und Nacht daran gearbeitet, verbessert, gefeilt. Die Darlegung der Grundan-
sichten sollte zunächst als Rechtfertigung dienen gegen die Vorwürfe der Ketzerei,
daher sie Anfangs als „Apologie" bezeichnet ward; doch wich dieser Name bald
dem allgemeinen der „Augsburger Confession". Es war eine „religiöse, praktische
und politische Schrift", die in dem ersten aus 21 Artikeln bestehenden Theil die
Lehren der Evangelischen in möglichster Annäherung an den altkatholischen Glauben und mit strenger Verwahrung gegen die Ansichten der Zwinglianer darlegte,
im zweiten Theil, der 7 Artikel enthielt, die Irrthümer und Mißbräuche enthüllte, die man abgeschafft hatte, aber auch hier mehr im ruhigen apologetischen
Tone als mit verletzender Polemik. In klarer schöner Ordnung und Entwicklung war darin bewiesen, daß die Anhänger der Reformation nichts anstrebten,
als die reine Lehre der apostolischen Kirche im Sinne und Geist der Kirchenväter.

daß sie mithin auf dem Boden des lateinischen Glaubensbegriffs stünden, wie er noch in Augustinus zu Tage trete, und daß sie nur solche Satzungen, Gebräuche und Einrichtungen entfernt hätten, welche mit der heil. Schrift in Widerspruch stünden und im Laufe der Zeit durch Menschenwitz und Menschenlist eingeführt worden und geeignet wären, die gläubige Seele vom geraden Weg zu Christus abzulenken. Die ganze Schrift war durchweht von aufrichtiger Liebe zum Frieden, von Ehrfurcht gegen die Obrigkeit, und fern von Haß und Streitsucht, ein irenisches Werk, das den Gegnern als Handreichung zur Verständigung und Versöhnung dienen sollte. Denn in den Glaubenslehren hielt man sich ja auf dem positiven Grunde der alten Kirche, und über die hierarchischen und abergläubischen Mißbräuche, von denen man sich lossagte, waren seit mehr als einem Jahrhundert von allen Seiten Klagen und Proteste erhoben worden.

Melanchthon war sichtbar bemüht gewesen, alles Schroffe und Scharfe fern zu halten: die alte Kirchenlehre, wie sie auf Grund der heil. Schrift in den ersten Jahrhunderten des Christenthums sich entwickelt und ausgebildet hatte, wurde als Glaubensinhalt mit Ehrfurcht und gläubigen Herzens vorgetragen und die Abweichungen im Cultus, in den Gebräuchen und hierarchischen Einrichtungen mit möglichster Schonung dargestellt. Die Bekenntnißschrift enthielt weniger eine eigenthümliche Entwickelung des protestantischen Lehrbegriffs als eine Darlegung derjenigen Doctrinen, worin man mit der katholischen Kirche übereinstimmte oder von ihr abwich. Der gemeinschaftliche Lehrgrund, wie er in dem apostolischen und nicänischen Bekenntnisse und in den vier ersten Concilien festgestellt war, wurde besonders betont; er sollte als der gesunde Fruchtkern erscheinen, der in abweichenden Formen in verschieden gestalteten Schaalen die Lebensspeise bilde; die irrigen Lehrmeinungen, welche die alte Kirche verdammt, sollten noch immer als Häresien angesehen werden. Die Confession wurde von allen reformatorisch Stellung zu den Zwinglianern. gesinnten Fürsten und den Abgeordneten von Nürnberg und Reutlingen unterzeichnet; auch der Landgraf von Hessen wurde durch ein Schreiben Luthers zur Unterschrift gebracht. Dieser hochherzige, freisinnige Fürst hatte sich nochmals alle Mühe gegeben, die lutherischen Theologen, insbesondere Melanchthon und Brenz, zur Vereinigung mit den Zwinglianern zu bewegen. Er machte geltend, wie ganz anders der Eindruck wäre, wenn alle Bekenner der reformatorischen Sache in geschlossener Phalanx den Katholischen gegenüberständen, wie sehr die Wahrnehmung einer Spaltung die Gegner ermuthigen und mit Siegeshoffnungen erfüllen müßte; er führte ihnen zu Gemüthe, daß in beide Theile in den Hauptstücken übereinstimmten, daß die Unterschiede nicht so wichtig seien, daß sie eine Trennung rechtfertigten, oder daß dieselben nicht noch auf dem Wege der Belehrung und Ueberzeugung gehoben und ausgeglichen werden könnten. Es gelang ihm nicht, den Widerstand zu brechen; er hatte in einem Gespräch mit Urbanus Regius kein Hehl daraus gemacht, daß er der Meinung Zwingli's zugethan sei, die sich auch in den Reichsstädten und beim Volke großen Beifalls erfreute. Die lutherisch Gesinnten fürchteten daher, die Ansicht der „Sacramentirer" möchte in Deutschland weitere Verbreitung finden und sie überflügeln. Darum war Melanchthon geflissentlich bemüht, ihre eigene Sache von den Schweizern und den oberdeutschen Städten zu trennen. Ihre Ansicht von der Abendmahlslehre wurde ausdrücklich zurückgewiesen und die Art, wie Melanchthon in einem Briefe an Luther von dem Glaubensbekenntniß spricht, welches Zwingli einsandte, gibt Zeugniß von der feindseligen Stimmung der Wittenberger gegen die Reformatoren im Süden. Die Auffassung, der letzteren welche die vier Städte Straßburg, Lindau, Memmingen und Constanz in einer eigenen Confession (Tetrapolitana) überreichten, sollte trotz der geringen Abweichung als Privatmeinung gelten und verworfen werden. Und doch hatte Buzer, der an der Abfassung der Tetrapolitana den größten Antheil hatte, die Ausdrücke bei der Abendmahlslehre so gewählt, daß kaum ein Unterschied von der lutherischen Doctrin zu bemerken war: In dem achtzehnten Artikel hieß es „der Herr gebe in dem Sacrament seinen wahren Leib und sein wahres Blut wahrlich zu essen und zu trinken zur Speise der Seelen, zum ewigen Leben". Die Worte Luthers: „Ihr habt einen andern Geist als wir" klangen in seinen Anhängern noch in dem Augenblick nach, als die Grenzlinien zwischen Katholicismus und Protestantismus für immer festgestellt wurden. Es war natürlich, daß diese Schroffheit der Lutheraner auch auf Zwingli ihre Rückwirkung übte. In einem Schreiben an den Kaiser betonte er schärfer als in Marburg die zwischen ihm und den Wittenbergern obwaltende Lehrverschiedenheit. Er wollte die Lehre von der Eucharistie nie anders verstanden wissen, als daß der Leib Christi nur im geistlichen Sinne gegenwärtig sei, „nur der gläubigen Seele" in den Sinn gereicht werde.

Die Verlesung der Bekenntnißschrift. Es war keine leichte Sache, den von dem Cardinal Campeggi und andern katholischen Wortführern geleiteten Kaiser dahin zu bringen, daß er die öffentliche Verlesung der Glaubensschrift zugestand. Man wollte Anfangs nur die Einreichung gewähren; dazu ließen sich jedoch die Evangelischen nicht herbei. Aber eben so wenig vermochte man durchzusetzen, daß auch die papistische Partei ein Bekenntniß vortrage, damit ein freies unparteiisches Urtheil gefällt werden möchte, wie das Ausschreiben verheißen. Dem Kaiser wäre es nicht unerwünscht gewesen, dann hätte er als Schiedsrichter auftreten können. Aber die geistlichen und weltlichen Fürsten, welche schon in Speier die Majorität gebildet, meinten, nicht sie, die Treugebliebenen, welche das Wormser Edikt gehalten, hätten eine richterliche Entscheidung zu suchen, sondern die Abgefallenen seien die Angeklagten. Ueberhaupt wand die katholische Mehrheitspartei dem Kaiser die Leitung der Dinge aus den Händen. „Daß der Kaiser selbst hier nichts treibe, sondern getrieben werde" schrieb Luther an Melanchthon, „wer siehet das nicht?" Und als endlich 25. Juni. die Verlesung gestattet ward, geschah es nicht im großen Saale des Rathhauses, wo sich eine starke Zuhörermenge hätte einfinden können, sondern in der Kapelle des Bischofshofes, die nur etwa zweihundert Personen zu fassen vermochte. Als der Kaiser seinen Sitz eingenommen, traten die sächsischen Kanzler Georg Brück und Christian Bayer in die Mitte, jener die lateinische, dieser die deutsche Confession in Händen haltend. Karl verlangte, daß zuerst die in lateinischer Sprache abgefaßte verlesen werde; aber der Kurfürst von Sachsen wendete ein, daß man sich auf deutschem Grund und Boden befände, worauf die Vorlesung der deutschen gestattet ward. Sie geschah durch den Dr. Bayer in so lautem und vernehmlichem Tone, daß sie nicht nur in der Kapelle, sondern auch im Bischofshofe, ja sogar in der ganzen Pfalz verstanden wurde. Der Eindruck war großartig und überwältigend. Die Römischgesinnten erfuhren hier zum erstenmale, daß die Lehre, die sie bisher als „lutherische Ketzerei" verdammt, aus ihrem eigenen Boden entsprungen, von kirchlichem Geiste durchdrungen war; und dennoch fühlte man zugleich die tiefe Grundanschauung durch, welche der Reformation Dasein und Leben gegeben, nämlich „daß der Mensch weder durch seine natürliche Kraft, noch durch das Verdienst seiner Werke, noch auch durch irgend eine Genugthuung, sondern allein durch die Gnade Gottes um Christi willen und durch die vermittelst dieses Glaubens erzeugte Besserung seines Herzens die Vergebung seiner Sünden und das wahre Heil seiner Seele erlangen könne". Stärker trat der Gegensatz zu Tage in den sieben Artikeln gegen die „Mißbräuche", worin die Austheilung des Abendmahls unter Einer Gestalt, der Cölibat, das Meßopfer, die Ohrenbeichte, die Traditionslehre, die Klostergelübbe, die hierarchische Kirchengewalt verworfen oder im Geiste der Reformation verändert und gedeutet waren, „nicht unchristlich oder freventlich, sondern gedrungen durch Gottes Gebot, welches höher zu achten sei, als alle Gewohnheit".

Nachdem die Vorlesung beendigt war, nahm der Kaiser die beiden Schriften entgegen; das deutsche Exemplar überreichte er dem Reichserzkanzler, Albrecht von Mainz, das lateinische nahm er mit sich. Darauf ließ er durch den Pfalzgrafen Friedrich antworten, er werde diese hochwichtige Angelegenheit in Erwägung ziehen und seinen Bescheid ertheilen; übrigens sollte die Confession nicht ohne besondere Erlaubniß veröffentlicht werden. Da aber bald hernach ein fehlerhafter Abdruck erschien, so sah sich Melanchthon veranlaßt, noch während des Reichstags sie in beiden Sprachen in Wittenberg herauszugeben.

Nach Verlesung der Augsburger Confession traten bei den Anwesenden verschiedene Ansichten über das einzuschlagende Verfahren zu Tage: die eifrigsten Gegner waren der Meinung, „man solle mit Blut die rothen Rubriken dazu machen"; aber die gemäßigte Ansicht, daß man zuerst eine Widerlegung der evangelischen Bekenntnißschrift vornehmen und zugleich alle Mittel einer Vereinigung und Verständigung anwenden sollte, fand die Billigung der Mehrheit. Demgemäß wurden aus der großen Anzahl katholischer Theologen, Geistlichen und Mönche, welche im Gefolge der Fürsten und Bischöfe sich in Augsburg eingefunden, einige ausgewählt, die zur Abfassung einer solchen Widerlegungsschrift am geeignetsten schienen. Man bestimmte dazu vorzüglich solche Gelehrte, die wie Johannes Eck, Konrad Wimpina, Johann Faber, Johann Cochläus bisher schon als Vorfechter des römisch-katholischen Lehrbegriffs wider Luther und seine Anhänger hervorgetreten waren. Bei der feindseligen Stimmung, die sich in Reden und Flugschriften von allen Seiten gegen die reformatorisch Gesinnten kund gab, die sich selbst in der Weigerung des Kaisers zeigte, dem Kurfürsten von Sachsen die versprochene aber noch immer vorenthaltene Belehnung zu ertheilen, weil er sich in Sachen der Religion von ihm getrennt, konnten die Evangelischen keinen günstigen Ausgang erwarten. Pfaffen und Cardinäle, schreibt Jonas an Luther, brennen wie Feuer in den Dornen. Die Papisten beherrschten das Feld, sie drängten den Kaiser mehr und mehr aus der schiedsrichterlichen Stellung, die er zu behaupten gesucht. Der Cardinal-Legat Campeggi wandte sich an Erasmus; dieser zeigte jedoch keine Lust, sich auf einen Kampfplatz zu begeben,

Die Widerlegung beschlossen.

wo Scholastiker und Mönche, gegen die er so manchen Hieb geführt, das große
Wort hatten. Er begnügte sich mit einem Gutachten, worin er zur Vorsicht
mahnte und in Betreff der Priesterehe, der Klostergelübde und der Abendmahlsform sich zu Gunsten der Protestirenden aussprach.

Die Confu-
tation. Als die katholischen Theologen die in der Eile zum Theil aus mitgebrachten
ältern Abhandlungen zusammengestellte Widerlegungsschrift, Confutation genannt, einreichten, schien das Werk selbst dem Kaiser und der Mehrzahl der
Versammlung sowohl wegen der Weitschweifigkeit als wegen des gehässigen
Tones zur Vorlegung ungeeignet. Es mußte umgearbeitet und verkürzt werden.
In dieser Gestalt wurde die „Confutation" einer gründlichen und eingängigen
3. August. Berathung unterworfen und dann in demselben Saale des Bischofhofes, wie
1530. früher die Confession vorgelesen. Auch sie zerfiel in zwei Theile; im ersten war
vom Glauben, im zweiten von den Gebräuchen gehandelt. Konnte man dort
bereits in den Lehren von Sacrament und Gnade, von der Rechtfertigung durch
Christus, von der Wirkung des Glaubens und der Werke den Einfluß der reformatorischen Doctrinen bemerken; so hielt man bei den Gebräuchen um so schroffer die bestehenden Einrichtungen fest, nur daß man bei der Begründung mehr
auf die Heil. Schrift und die altkatholische Kirche zurückging, als auf die Scholastik und die kirchlichen Anordnungen späterer Jahrhunderte. Man beharrte
bei der Abendmahlsform unter Einer Gestalt, bei der Siebenzahl der Sacramente, bei Cölibat und Meßopfer und bei dem ganzen hierarchischen System,
dem man göttlichen Ursprung beilegte. Nach der Verlesung stellte der Kanzler
Brück im Namen der Unterzeichner der Confession das Verlangen, daß ihnen die
Schrift zur Prüfung und Beantwortung eingehändigt werde. Aber auf den
Rath des Legaten wies der Kaiser den Antrag zurück. Es wurde erwiedert:
„Kaiserliche Majestät habe die verlesene Schrift dermaßen erwogen und befunden,
daß sie nicht widerlegt noch abgelehnt werden möge, und begehre nochmals gnädig
wie ernstlich, daß sich der Kurfürst mit seinen Anhängern sammt ihren Predigern
zu derselben gleich und einhellig halten sollten". Statt als Schiedsrichter sich
über die Parteien zu stellen, verlangte also der Kaiser im Sinne der Majorität
Gehorsam und Unterwerfung; wo nicht, so werde er verfahren, wie es ihm
als Kaiser und Schirmherrn der Kirche zukomme. Sogar die Möglichkeit
einer Widerlegung wollte er den Evangelischen durch Vorenthaltung der „Confutation" rauben. Nur auf Grund unvollkommener Aufzeichnungen, die während der Verlesung nachgeschrieben und später aus der Erinnerung ergänzt worden waren, vermochte Melanchthon eine Gegenschrift aufzustellen, die in der
Folge unter dem Namen „Apologie der Confession" bekannt geworden ist.

3. Augsburg und Coburg.

Stimmung
in beiden Bei der feindseligen Stimmung gegen die protestirenden Stände wäre die
Heerlagern. Lage derselben sehr bedrohlich gewesen, hätte sich nicht bald gezeigt, daß die Ein-

tracht zwischen Kaiser und Majorität keineswegs so innig und aufrichtig war,
als es den Anschein hatte, und wäre nicht anderseits deutlich zu Tage getreten,
daß sich die Häupter der Reformationspartei durch keine Gefahren oder Drohungen einschüchtern oder von ihrer Ueberzeugung abbringen ließen. Wir wissen,
wie mißtrauisch und eifersüchtig die Herzoge von Baiern und andere Reichsfürsten auf die Ländergier und Vergrößerungssucht des Hauses Oesterreich blickten.
Niemals hätten diese ihre Hand geboten zu einem Vorgehen, welches ein anderes
Reichsland in eine ähnliche Lage hätte bringen können, wie Würtemberg. Bei
ihnen überwogen die politischen Interessen die religiösen. Und auch unter den
geistlichen Herren regten sich gar manche Bedenklichkeiten. Albrecht von Mainz
erinnerte, wie sehr durch ihre Uneinigkeit „der Türk" zu einem neuen Angriff gegen
Deutschland sich aufgefordert fühlen mußte. Wir werden bald den Brief kennen
lernen, worin Luther ihn ermahnte, dahin zu arbeiten, daß man jeden Theil in
Frieden seines Glaubens leben lasse. Diese Worte blieben nicht ohne Eindruck.
Es ist wiederholt angedeutet worden, wie schwer die römische Gewaltherrschaft
auf dem deutschen Episcopat lastete; nicht alle waren gewillt, diesen Druck in
Ewigkeit fortdauern zu lassen. Wohin mußte es mit der Reichsfreiheit und
Fürstenmacht kommen, wenn die habsburgische und päpstliche Autorität vereinigt
gegen sie auftrat! Gegenüber diesen Spaltungen und Sonderungen machte die
Entschlossenheit und Standhaftigkeit der Evangelischen einen gewaltigen Eindruck.
Drei Tage nach Verlesung der „Confutation" brach der Landgraf Philipp von **6. August**
Hessen, mißmuthig über den zögernden Gang der Unterhandlungen und unzu- **1530.**
frieden über die untergeordnete Stellung gegenüber den mächtigeren Reichsfürsten,
plötzlich von Augsburg auf und kehrte in sein Land zurück, ohne von dem Kaiser
Abschied zu nehmen. In einem Schreiben an den Kurfürsten, worin er die
Krankheit seiner Gemahlin als Ursache seines raschen Entschlusses angab, ermahnte er denselben, auf seiner Hut zu sein, und sich nicht schrecken zu lassen;
auf ihn könne er bauen, er werde Leib und Gut, Land und Leute bei ihm und
Gottes Wort lassen. Den Städten ließ er sagen, sie sollten Männer sein, es
habe keine Noth, Gott sei auf ihrer Seite; sie sollten nicht einwilligen, daß man
die Zwingli'schen mit Gewalt dämpfe, noch verjage oder überziehe. „Denn
Christus hat uns nicht berufen, zu vertreiben, sondern zu heilen." Man kannte
den Unternehmungsmuth des kriegerischen energischen Fürsten. Wenn er zu den
Waffen griff, von welchen Gefahren war dann der Erzbischof von Mainz, waren
die fränkischen Bisthümer bedroht! Man wußte, daß Philipp schon lange mit
dem vertriebenen Herzog Ulrich von Würtemberg in nahen Beziehungen stand.
Konnte er nicht mit demselben zu einem Angriff sich vereinigen? Der Landgraf hatte den Entschluß der Abreise auf eigene Hand gefaßt; aber im gegnerischen Lager war man der Meinung, er habe im Einverständniß mit den
andern gehandelt, der Kurfürst und seine Gesinnungsgenossen würden das
Beispiel nachahmen. Es wurde Befehl gegeben, die Thore von Augsburg

zu schließen. Die Furcht war unnöthig. Der Kurfürst war entschlossen, „seinen Christus zu bekennen". Bei keinem andern hatte die religiöse Ueberzeugung so tiefe Wurzeln geschlagen, war das Evangelium so sehr in das Herz und Gewissen gedrungen, als bei diesem wahrhaft frommen und gottesfürchtigen Fürsten. Er hielt es für seine wichtigste Regentenpflicht, die Kirche auf Grund der heil. Schrift in seinem Lande zu begründen, seinem Volke den rechten Weg zum Seelenheil zu zeigen. In viel höherem Grade als sein verstorbener Bruder horchte er auf die Worte und Rathschläge Luthers.

Luther auf der Beste Coburg.

Und gerade jetzt strömten diese in einer Fülle und Wärme hervor, athmeten eine Freudigkeit und Zuversicht, wie in den Anfängen seiner reformatorischen Laufbahn. Fern von dem Schauplatz der Kämpfe und Streitigkeiten, unberührt von den persönlichen Eindrücken der Leidenschaften, der Verdächtigungen und Lästerungen, des Ränkespiels und der politischen Trugkünste erhob sich sein Genius noch einmal in voller Kraft zum mächtigen Fluge. Von der Beste Coburg blickte er mit hellerem Auge auf das Treiben des Lebens, hier trat ihm die Größe seiner Aufgabe noch einmal recht klar vor die Seele, hier fühlte er sich seinem Gott und Heiland, dessen Panier er so muthig geschwungen, wieder näher gerückt und unter seinen mächtigen Schutz gestellt. „Die Worte, die Luther in Briefen und Schriften von seiner lichten Höhe herunter in die Wirren des Reichstages hineingesendet, gehören zu seinen schönsten und geistesmächtigsten und athmen das friedliche Behagen eines in Gott ruhenden Gemüthes, das stolze Bewußtsein der eigenen weltgeschichtlichen Leistung, die volle Zuversicht auf die Vergeblichkeit der feindlichen List und Gewalt." War er auch nicht persönlich in der Mitte seiner Freunde und Glaubensbrüder in Augsburg, so weilte sein Geist doch stets bei ihnen und sein Rath lenkte ihre Schritte. In den düstern Tagen, welche im Juli und August über die Evangelischen in Augsburg hereinbrachen, war er ihr Hort und Tröster. Unaufhörlich trugen Boten seine Briefe und Zuschriften, worin er die Freunde bald ermuthigte und aufrichtete, bald warnte und zurechtwies, nach Augsburg. Sie wirkten erhebend auf den Kurfürsten, auf den Kanzler Brück, auf die übrigen schriftgetreuen Fürsten und zerrissen endlich die Netze der Transactionen und Zugeständnisse, der klügelnden Kirchenpolitik, in die sich Melanchthon verstricken ließ. Wie einst auf der Wartburg ließ er noch einmal sein bisheriges Leben und Wirken an seinem Geiste vorübergehen und legte seine Betrachtungen in einer Schrift nieder, die er „an die Geistlichen versammelt auf dem Reichstag zu Augsburg" richtete, „die beste und beredteste Rechtfertigung der Reformation". Unter den Händen wuchs ihm, wie er am 29. April an Melanchthon schreibt, Stoff und Sturm und er mußte oft die zu seiner Bewachung aufgestellten Landsknechte mit Gewalt wegjagen, daß sie ihn mit ihrem Lärmen nicht störten.

An die Geistlichen versammelt auf dem Reichstag.

„Indem er den Zustand der Kirche, wie er ihn bei seinem ersten Auftreten vorfand, den Geistlichen in Erinnerung bringt und die durch ihn bewirkten Veränderungen der Reihe nach aufführt, weitet sich sein Herz von hohem Selbstgefühl und tiefem Dank gegen Gott und die fröhliche Luft des herzlichen Schaffens ergießt sich über jedes Wort, das seiner Feder entfließt." Er erwartet wenig von dem gegenwärtigen Reichstag; denn seit zehn Jahren hätten die Würdenträger der Kirche so oft ihre Weisheit versucht mit so vielen Reichstagen, mit so viel Rathschlagen, mit so viel Lücken und Praktiken, mit so viel Vertröstung und Hoffnung, ja auch mit Gewalt und Zorn, mit Mord und Straf, und doch nichts ausgerichtet. Das komme daher, „daß die Weisheit ohne Gottesfurcht und demüthiges Gebet durch sich selbst hat wollen solche hohe, große Sache meistern und ist darüber zu Schanden geworden in ihrer Vermessenheit". „Ihr braucht meinet und meiner Sache wegen gar nichts zu thun, denn der rechte Helfer und Rather hat uns und unsre Sache so weit bracht und dahin gesetzt, da sie bleiben soll und daß wir für uns keines Rathens und Meisterns bedürfen, dazu auch von euch nicht haben wollen, als die wir wissen, daß ihrs nicht besser, ja nicht so gut zu machen vermöget." Zu diesem Selbstgefühl gelangt er durch die Betrachtung, welche Umwandlung die Kirche seit seinem ersten Auftreten erfahren. Daß der Ablaß mit all den Greueln und Irrthümern, die der gewaltige Abgott gestiftet, verschwunden, das sei die Schuld seines „aufrührerischen Evangeliums". Und wie viele andere Mißbräuche seien nicht seitdem zusammengestürzt! Man kümmere sich nicht mehr um die Dispensen, die Rom wie auf einem Jahrmarkt feil geboten; nicht mehr um die Ohrenbeichte, womit man ehedem die Seelen gemartert und geängstigt; die falsche Lehre von der Buße, als könnte der Mensch durch Kirchenwerke für seine Sünde genug thun, mit all dem Greuel, der daraus entsprungen, habe alle ehre und Geltung mehr; um so mehr ehre man alle rechtschaffenen und guten Werke, die von Gott selbst gestiftet und angeordnet seien. Und was ist aus dem schändlichen Trödel und Jahrmarkt geworden, den die Kirche mit dem Sacrament, mit den Seelmessen um Geld getrieben? „Wohlan! so ists gestanden bei Euch' ruft er aus, „ehe unser Evangelium kam; dürfet Euch nicht so sehr schmücken, es ist am Tage, daß Euch selbst dazumal davor graute, und liebet es doch geschehen!" Und hat denn nicht Papst Hadrian VI. selbst bekannt, daß der römische Stuhl und die Kirche einer Besserung bedürfe? Und hat denn nicht die katholische Geistlichkeit selbst gar manche Gebrechen abgestellt, in gar vielen Stücken Luthers Lehre heimlich angenommen? Er erinnert die Bischöfe, wie sie es Anfangs gerne gesehen, daß er der Tyrannei des Papstes entgegengetreten; durch ihn hätten sie gehofft, wieder zum Besitz ihrer vollen episcopalen Gewalt zu gelangen. „Da war der Luther das liebe Kind, und fegete die Stift und Pfarren vom Trödelmarkt der Indulgenzen und hielt den Bischöfen den Stegreif, daß sie wieder aufsäßen, und warf dem Papst einen Block in den Weg." Auch daß er die Möncherei und das Klosterwesen angegriffen, sei ihnen ganz recht gewesen. Darauf stellt er einen Vergleich an zwischen den Zuständen der katholischen Kirche und den Wirkungen der Reformation in den evangelischen Ländern. Welchen Unterschied gewahre man da in Glaube und Sittlichkeit, in Volksunterricht und Nächstenliebe, in Häuslichkeit, Zucht und Tugend! Wenn es aber so stehe, warum eifere man so sehr gegen ihn und seine Anhänger? Man behaupte, die neue Lehre sei aufrührerisch: habe er denn nicht stets jedes Mittel der Gewalt zurückgewiesen, nicht mannhaft gegen Rotten und Setten gepredigt? Man nenne seine Lehre Neuerung: „Aber wie alt ist denn wohl St. Annen Abgott, wie alt der Rosenkranz, wie alt der heilige Rock zu Trier?" Man werfe ihm vor, er habe eigenmächtig geändert ohne Einwilligung der Kirche. Aber wer ist denn die Kirche? Seid ihrs? so zeiget Siegel und Briefe oder beweiset es sonst mit der That und mit Früchten! Warum sind wirs nicht auch, die wir sowohl getauft sind, als ihr? lehren, predigen, glauben, beten, lieben, hoffen, leiden mehr denn ihr." Die rechte Kirche muß doch die sein, die sich an Gottes Wort hält und darüber leidet, wie wir thun, und Niemand mordet, wie Ihr thut! Man schelte die verheiratheten Geistlichen, die „Ehepfaffen"; aber sei denn der Cölibat in der Heil. Schrift geboten, und sei er nicht die Quelle von Laster und Unzucht? Luther weiß, wie sehr die episcopale Gewalt und Jurisdiction dem hohen Klerus am Herzen liegt; deshalb will er um des Friedens willen in diesem Punkte nachgeben, sofern sie in die Anstellung evangelischer Prediger willigten. „Und also hättet Ihr zwei Stück bischöflichen Amtes: eines, daß wir und unsere Prediger an eurer Statt das Evangelium lehreten, das andere, daß ihr hülfet solches handhaben mit Eurer bischöflichen Gewalt! Euer Person, Leben und fürstlich Wesen ließen wir eurem Gewissen und Gottes Urtheil." Wie wenig Erfolg er aber von den Unterhandlungen in Augsburg erwartet, ersieht man aus folgender Apostrophe: „Darum ist unser höchst Begehr und demüthigste Bitt, ihr wollet Gott die Ehre geben, Euch erkennen, büßen und bessern. Wo nicht, so nehmt mich hin: lebe ich, so bin ich Eure Pestilenz, sterbe ich, so bin ich Euer Tod. Denn Gott hat mich an Euch gehetzt, ich muß, wie Hosea sagt, Euch ein Bär und ein Löwe sein im Lande Assur, ihr sollt vor meinem Namen keine Ruhe haben, bis daß Ihr Euch bessert oder zu Grunde geht."

Luthers
Briefe. Dieser gehobene Geist, dieser zuversichtliche Glaubensmuth gibt sich in Allem kund, was Luther von der Coburger Beste ausgehen ließ. Es ist bekannt genug, mit welch' heiterer Laune er in einem Schreiben an seine Tischgesellen vom 28. April den Reichstag vergleicht mit dem Vogelanger vor seinem Fenster, wo die Dohlen und Krähen fortwährend zu- und abstiegen und Tag und Nacht lärmen und schreien, als wären sie voll und toll. Es macht ihm Freude, ihnen zuzusehen, „wie ritterlich sie scherwänzen, den Schnabel wischen, und die Wehr stürzen, daß sie siegen und Ehre einlegen wider Korn und Malz". Es kommt ihm vor „es sei nichts anders denn die Sophisten und Papisten mit ihrem Predigen und Schreiben". Er datirt seinen Brief „Aus dem Reichstag der Malztürken". In dem merkwürdigen Sendschreiben an den Kurfürsten Albrecht von Mainz vom 6. Juli bittet er diesen Kirchenfürsten, er möge dahin arbeiten, daß jenes Theil Friede halte, und glaube, was es wolle und lasse uns auch glauben diese Wahrheit, die jetzt vor ihren Augen bekannt und unleidlig erfunden ist. Man weiß ja wohl, daß Niemand soll noch kann zum Glauben zwingen, stehet auch weder in Kaisers noch Papst Gewalt; denn auch Gott selbst, der über alle Gewalt ist, hat noch nie keinen Menschen mit Gewalt zum Glauben wollen bringen: was unterstehen sich denn solche feine elenden armen Kreaturen nicht allein zum Glauben, sondern auch zu dem, was sie selbst für falsche Lügen halten müssen, zu zwingen? Wo aber solcher Friede nicht zu erlangen ist, wohlan so haben wir den Vortheil bei Gott und den Glimpf bei aller Welt, daß wir unsere Lehre frei öffentlich bekannt, Friede gesucht und angeboten haben und doch nicht erlangen haben mögen, so man doch uns in der Lehre nicht schuldig noch sträflich erfunden hat." — „Denn daß der Papst sich rühmet mit den Seinen in einem Zeddel, so gedruckt ist, der Kaiser werde ihm Alles wieder restituiren und ergänzen, das wird ihm fehlen, das weiß ich sicher; denn was wäre das anders, als daß wir sollten Alles widerrufen, was wir je gelehrt haben, und dagegen alle vorigen Lügen preisen und all das unschuldig Blut auf uns laden, das von eurem Theil vergossen ist? Ja, lieber Papst und Papisten, gebt uns zuvor wieder Leonhard Kaiser und alle, die ihr unschuldig erwürgt habt, alle Seelen, die ihr mit Lügen verführt habt, alles Geld und Gut, das ihr mit Betrügerei geraubt habt, alle die Ehre, die ihr Gott mit Lästern gestohlen habt, dann laßt uns von Restitution reden. Es soll in eine Historie geschrieben werden, daß der Papst solches begehrt zu erlangen, als wären eitel Klötze im deutschen Land und auf dem Reichstag lauter Affen." — „Wir Deutschen hören nicht auf, dem Papst und seinen Walen (Wälschen) zu glauben, bis sie uns bringen nicht in ein Schweißbad, sondern in ein Blutbad. Wenn deutsche Fürsten in einander fielen, das möcht den Papst, das florenzische Früchtlein, fröhlich machen, daß er in die Faust lachen könnt und sagen: Da, ihr deutsche Bestien, wolltet mich nicht zum Papst haben, so habt das. O große Liebe und Treue hat er zum Kaiser, wie er fein beweiset vor Pavia, da er wider den Kaiser zog. Deutschland hat er noch lieber, daß er den Kaiser aus Hispanien fordert und darnach ohne Beisein der deutschen Fürsten krönet, nach Laut der Bullen. Ich bin kein Prophet, aber ich bitt euch Herren alle, sehet euch wohl für, und lasset euch ja nicht dünken, daß ihr mit Menschen handelt, wenn ihr mit Papst und den Seinen handelt, sondern mit eitel Teufeln; denn es sind auch eitel Teufelstücke dahinter. Gott der Allmächtige helfe euch, daß zum Frieden

Alles gerathe. Ew. K. f. G. wolle mir solches Schreiben gnädiglich zu gut halten: Ich kann es ja nicht lassen, ich muß auch sorgen für das arm, elend, verlassen, veracht, verrathen und verkauft Deutschland, dem ich ja kein Arges, sondern alles Gute gönne, als ich schuldig bin meinem lieben Vaterland."

Je ungünstiger sich die Aussichten für die Evangelischen in Augsburg gestalten, desto mehr wächst seine Zuversicht und sein Gottvertrauen; bis zu poetischen Visionen schwingt sich sein Geist auf. „Ich habe neulich zwei Wunder gesehen, schrieb er am 5. August an den Kanzler Brück, das erste, da ich zum Fenster hinaussehe, die Sterne am Himmel und das ganze schöne Gewölb Gottes und sah doch nirgend Pfeiler, darauf der Meister solch Gewölb gesetzt hätte, und doch steht es fest und der Himmel fällt nicht ein. Das andre, ich sehe große dicke Wolken über uns schweben mit solcher Last, daß sie mochten einem großen Meer zu vergleichen sein und sah doch keinen Boden, darauf sie ruhten oder fußten und keine Kufen, darein sie gefasset wären, und dennoch fielen sie nicht auf uns, sondern grüßten uns mit saurem Angesicht und flohen davon. Da sie vorüber waren leuchtete herfür beide, der Boden und das Dach, der sie gehalten hatte, der Regenbogen, schwach und dünn fürwahr, mehr ein Schemen, wie es durch ein gemaltes Glas zu scheinen pflegt und doch kräftig genug, die große Wasserlast zu tragen." „Einen schöneren Commentar zu dem evangelischen Gleichniß vom Samenkorn, das vermöge seiner eigenen unsichtbaren Kraft wächst ohne ängstliches Sorgen und Mühen der Menschen kann es nicht geben!" Alles was um diese Zeit seiner Feder entfloß, gab Zeugniß von der gehobenen poetischen Stimmung. Wer kennt nicht die idyllische Beschreibung vom Garten Gottes in dem gemüthlichen Brief an sein Söhnchen Hans! Es war sehr erklärlich, daß man das be-[am Rand: Ein' feste Burg.] rühmte Lied: „Ein' feste Burg ist unser Gott!" Luthers „Heldenlied", wie man es mit Recht genannt hat, in diese Zeit verlegte. Mag auch die neuere Forschung eine frühere Periode der Abfassung annehmen, etwa den Speirer Reichstag oder selbst die Wartburgzeit, nur in einer gottbegeisterten Seelenstimmung inmitten sturmbewegten Zeit voll Befürchtungen und banger Erwartungen kann es entstanden sein. Es athmet den trotzigen glaubensfreudigen Geist, von dem des Reformators Seele damals wie in allen gefahrumdrohten Tagen am meisten erfüllt war. Gleich der Marseillaise nimmt das Lied eine Stelle in der Weltgeschichte ein; in beiden steht die Gesangsweise mit dem Inhalt in harmonischer Wechselwirkung: „Wie erhebt sich die Melodie so freudig und muthvoll, treuherzig in ihrer Sicherheit, gottinnig und weltverachtend."

Unverwandten Blickes verfolgt Luther dabei die Vorgänge in Augsburg und beklagt sich [am Rand: Wirkung seiner Worte.] bitter, wenn ihn die Freunde nicht fortwährend auf dem Laufenden halten. Er droht ihnen wohl gar, einmal unerwartet in ihre Mitte zu treten und der wankenden Sache aufzuhelfen. Er ist für seine theologischen Freunde „das protestantische Gewissen", für die evangelischen Fürsten der feste Steuermann, der ihren Geist aufrecht hält. Als man bei ihm anfragte, in welchen Stücken man den Papisten noch nachgeben könne, antwortete er: „Für meine Person ist in der Apologie (Confession) schon mehr als genug zugestanden worden: nehmen sie die nicht an, so sehe ich nicht, was ich weiter nachlassen könnte. Tag und Nacht beschäftige ich mich mit dieser Sache, denke, erwäge, laufe die ganze heil. Schrift durch und mit jeder Stunde wächst mir jene Siegesgewißheit über unsere Lehre und werde immer mehr bestärkt, daß ich wie, ob Gott will, nun nichts mehr werd nehmen lassen, es gehe drüber, wie es wolle." Er ruft den Wankenden den Spruch des Herrn zu: „Verlaßet euch auf mich, ich habe die Welt überwunden." Er warnt gegen weitere Zugeständnisse: „Sie haben die Confession; sie haben das Evangelium; wollen sie es zulassen, so ist es gut; wollen sie nicht, so mögen sie hingehen. Wird ein Krieg draus, so werde er draus, wir haben genug gebetet und gethan. Der Herr hat sie bereitet zu Schlachtopfern, damit er ihnen vergelte nach ihren Werken; uns aber, sein Volk, wird er erlösen aus dem Feuer zu Babylon." Luther übte von Coburg her vielleicht einen größeren Einfluß auf die Seinen aus, als ihm tägliche persönliche Gegenwart hätte verschaffen können. Nicht nur der Kurfürst Johann blieb standhaft; auch der Herzog Ernst von Lüneburg, der Markgraf Georg von Brandenburg, Fürst Wolfgang von Anhalt hielten fest an der Fahne ihres Heilands und Erlösers. In Augsburg gewann der erste den Urbanus Regius, den wir schon früher als Reformator der Lüneburger Lande kennen gelernt haben; er nannte ihn sein „bestes Kleinod". Der alte Markgraf erklärte, „sollte er um des Evangeliums willen aus seinem Lande gejagt werden, so müsse er es Gott befehlen"; von gleichem Geiste waren die Reichsstädte beseelt. Sie vor Allen bekämpften die Wiederherstellung der bischöflichen Gewalt, welche die Theologen unter gewissen Beschränkungen zuzugestehen geneigt waren. „Nach der Lehre und Religion fragen sie nicht viel", schrieb Melanchthon in einer Anwandlung von Aerger, daß man seine Nachgiebigkeit zu weitgehend fand, „es ist ihnen allein um die Regierung und Freiheit zu thun."

4. Ausgleichungsversuche.

Die Conferenzen.
1530.
Es war gut, daß Luther auf der Coburg den Blick klar und den Kopf aufrecht hielt, denn Melanchthon war auf dem Wege, um des Friedens willen, den Katholischen bedeutende Zugeständnisse zu machen. Die Abreise des Landgrafen nämlich hatte den Kaiser und die Majorität zu der Ueberzeugung geführt, daß die protestirenden Fürsten und Stände sich nicht durch Befehle und Drohungen zum Aufgeben ihres Glaubensbekenntnisses würden bewegen lassen. Auf das Zustandekommen eines Concils, auf welches die Evangelischen wiederholt antrugen, war bei der Abneigung des Papstes gegen Kirchenversammlungen nicht zu hoffen. Clemens VII. schauderte vor dem Gedanken, bei der herrschenden Aufregung in der Christenheit solche Auftritte erleben zu müssen, wie sie einst in Constanz und Basel ins Leben getreten. Nach mehreren Besprechungen kam man daher auf den Gedanken, einen engern Ausschuß aus beiden Religionstheilen zusammenzusetzen, welcher auf Grund der Confession eine Verständigung und Ausgleichung versuchen sollte. Jede Partei wählte dazu zwei Fürsten, zwei Rechtsgelehrte und drei Theologen. Eck, Wimpina und Cochläus wurden von Seiten der Katholischen, Melanchthon, Brenz und Schnepf, der Hofprediger des Landgrafen, von Seiten der Evangelischen aufgestellt. So begannen am 16. August die „Conferenzen".

Annäherung in den Glaubensartikeln.
Da zeigte es sich denn bald, daß man hinsichtlich der Glaubensartikel nicht so weit auseinander sei, als daß nicht eine Verständigung erzielt werden könnte. Die Confession bewegte sich ja auf dem Boden der altlateinischen Kirche; vermittelst einiger Erläuterungen kam man daher über mehrere der streitigen Artikel zu einer Vereinigung. Selbst in der Lehre von der Rechtfertigung räumten die Katholischen ein, daß durch gute Werke nur dann eine Vergebung der Sünden erlangt werde, wenn sie der Mensch durch den Beistand der Gnade Gottes verrichte, daß mithin „die Versöhnung mit Gott durch innerliche Hingebung nicht durch äußerliches Bezeigen geschehen könne." In diesem Sinne glaubte auch Melanchthon nicht auf dem Zusatze der Glaube „allein" mache selig, bestehen zu müssen. Auch über die an die Buße geknüpfte Genugthuungslehre und über die Anrufung der Heiligen fand man ein Verständniß und gegen die Erklärung vom Meßopfer, daß dasselbe nur in „sacramentlicher und wiedergedachtlicher Weise" vollzogen werde zur Erinnerung an den Opfertod Christi auf Golgatha, mithin symbolisch zu

faſſen ſei, hatten die Evangeliſchen Nichts einzuwenden, zumal da man ihnen den Laienkelch wie einſt den Huſſiten in Baſel zugeſtand, ſofern ſie nicht nur eine wahrhaftige, ſondern auch eine reale Gegenwart Chriſti im Abendmahl bekennen wollten. Ueber den Cölibat ſollte ein künftiges Concil endgültig entſcheiden, bis dahin möchten die verheiratheten Geiſtlichen geduldet werden, keine neuen Prieſterehen aber geſtattet ſein. Größere Anſtände erhoben ſich bei den Streitfragen über Gebräuche und Verfaſ- Zu andern kirchlichen Streitfragen. ſung; doch auch darin zeigten die Proteſtanten ſolche Nachgiebigkeit, daß man auch in den äußerlichen Cultus- und Verfaſſungsformen zu einer Vereinigung kommen konnte, ſofern man nur, wie in den Glaubenslehren ſo auch in Ritus und Organiſation, einige Abweichungen zuließ, bei denen immerhin noch der Begriff kirchlicher Einheit im Großen und Ganzen hätte beſtehen können. Hatte doch Melanchthon ſchon unter dem 6. Juli an den Legaten Campeggi geſchrieben: „Wir haben keine von der römiſchen Kirche verſchiedene Lehre; wir ſind auch bereit, derſelben zu gehorchen, wenn ſie nur nach ihrer Gnade, welche ſie ſtets gegen alle Menſchen gebraucht hat, einiges Wenige entweder überſteht oder fahren läßt, was wir jetzt nicht mehr ändern können." So waren ſie bereit unter gewiſſen Beſchränkungen die Beichte als eine nützliche Anſtalt beſtehen zu laſſen, die gemeinen äußern Ceremonien, „um der Liebe und des Friedens willen" gleichförmig zu halten, ſofern denſelben nur keine äußere Nothwendigkeit zugeſchrieben werde, an gewiſſen Tagen und Zeiten die Faſten zuzulaſſen. Hinſichtlich der eingezogenen Kloſtergüter waren die Proteſtanten gleichfalls einem billigen Abkommen nicht entgegen, obwohl ſie den Gegnern vorhalten konnten, daß auch ihre Fürſten ſich in dieſem Punkte nicht rein gehalten, daß ſelbſt der Kaiſer das Bisthum Utrecht in Beſitz genommen. Der Kurfürſt von Sachſen willigte ein, daß das Vermögen der aufgelöſten oder verlaſſenen Ordenshäuſer einſtweilen unter weltliche Verwaltung geſtellt werde, bis ein Concil über die Kloſterfrage entſchieden haben würde. Ja ſelbſt über das biſchöfliche Regiment herrſchte kein unüberwindlicher Meinungszwieſpalt. Die evangeliſchen Theologen verſöhnten ſich mit dem Gedanken, daß man den Biſchöfen ihre Gerichtsbarkeit zurückgebe, ihnen den geiſtlichen Bann und die Aufſicht über die Pfarrer einräume, wenn ſie ihrerſeits die freie Predigt des Evangeliums nicht hindern wollten. Den weltlichen Fürſten, meinte Melanchthon, würde die Verwaltung der geiſtlichen Angelegenheiten auf die Dauer zu viele Mühe und Koſten verurſachen. Er wolle nicht der Biſchöfe Herrſchaft wiederherſtellen, ſchrieb er an Camerarius, wohl aber ihre Autorität wieder befeſtigen, „denn ich ſehe, was wir für eine Kirche haben werden, wenn die kirchliche Verfaſſung aufgelöſt iſt; ich ſehe, es wird in der Folge die Tyrannei weit unerträglicher ſein, als ſie zuvor geweſen". Man könnte ſogar dem Papſte die Suprematie in der Kirche einräumen, äußerte er ferner, und unter ihm leben, wie die Iſraeliten unter dem Pharao, wenn er nur die reine Lehre von Gott und den rechten Gebrauch der Sacramente nicht anfechte.

Es gewann den Anſchein, als ſollte das deutſche Reformationswerk in einige Die Unionsverſuche ſcheitern. ſchismatiſche Abweichungen auslaufen, wie einſt die huſſitiſche Ketzerei. Allein man hatte mit zwei Mächten zu rechnen, die nicht anweſend waren und ſich auf kein unſicheres Compromiß einlaſſen wollten, mit dem Papſte und mit Luther. Zu jenem hielten die ſtrengen Romaniſten, an ihrer Spitze der Legat Campeggi, zu dieſem die entſchloſſenen Widerſacher der Hierarchie, vor Allen der Kanzler Brück und die Wortführer der Reichsſtädte, die im Papſt den Antichriſt erblickten und von der Wiederherſtellung des biſchöflichen Regiments nichts wiſſen wollten. Jene kamen mehr und mehr auf den Grundſatz zurück, daß alle Ordnungen der

Kirche göttlicher Einsetzung seien, von denen man höchstens in einzelnen Punkten eine einstweilige Ausnahme gestatten dürfe; von der Privatmesse wollten sie in keiner Weise abstehen. Diese betrachteten die Einrichtungen der katholischen Kirche nur als Menschensatzungen, denen man in einzelnen Dingen sich äußerlich fügen könne, die aber keinen göttlichen Ursprung in sich trügen. Wie sollte bei solcher Divergenz der Grundanschauungen eine aufrichtige Vereinbarung zu Stande kommen! Der Papst war weit entfernt, sein Recht der Stellvertretung Christi in Frage stellen zu lassen; und Luther schrieb an Spalatin: „Ich höre, ihr habt ein wunderbarlich Werk angefangen, den Papst und Luthern zu vertragen; aber der Papst will nicht und Luther verbittet es sich. Sehet nur zu, daß ihr eure Mühe und Arbeit nicht umsonst verspielet. Wo ihr aber wider ihrer beider Willen die Sache verrichtet, so will ich bald eurem Exempel nachfolgen und Christum mit Belial auch vertragen". Den Melanchthon warnte er, sich von den Hinterlisten und Lügen der Papisten nicht umstricken zu lassen. Er sollte erklären, sie wollten dem Kaiser geben, was des Kaisers sei und Gott was Gottes sei und Nichts gegen das Evangelium zugestehen. Mehr und mehr wurde man auf beiden Seiten des unversöhnlichen Gegensatzes sich bewußt. Von Rom aus war dem Legaten gemeldet worden, daß man in einer Cardinalsitzung beschlossen habe, die Forderungen der Evangelischen, als den Kirchengesetzen widersprechend zurückzuweisen. Schärfer als zuvor bestand man auf dem Verbote des Laienkelchs und der Priesterehe und wollte weder in die Abschaffung des Meßkanons willigen noch auf die eingezogenen Klostergüter verzichten. Andererseits kamen auch die Protestanten von mehreren Zugeständnissen zurück. Namentlich erkannte man immer deutlicher, daß mit der Herstellung der bischöflichen Jurisdiction das Fundament des Kirchengebäudes, welches Luther umzustürzen getrachtet, wieder aufgerichtet werden würde. Die Gemäßigteren unter beiden Parteien wollten die Hoffnung einer Vereinigung noch immer nicht aufgeben. Man entfernte daher aus dem Ausschusse die härtesten Köpfe und verminderte denselben auf drei von jeder Partei. Nebenher wurden auch noch von einigen Fürsten und Staatsmännern in Privatconferenzen Versuche einer Annäherung gemacht. Aber mochte man die streitigen Artikel noch so sehr verringern; immerhin blieben einige Hauptpunkte bestehen, die als der verkürzte Ausdruck des inneren großen Gegensatzes angesehen werden konnten, den man vergebens zu verhüllen suchte. Ja während der Verhandlungen kam man sogar in jenen Artikeln, die man schon als halb ausgeglichen betrachtete, wieder weiter auseinander. Je geringer die Zahl der Mitglieder war, desto mehr trug jeder Bedenken, eine so große Verantwortlichkeit gegenüber den Glaubensgenossen auf sein Haupt zu laden.

5. Der Reichstagsabschied.

Dem Kaiser war der Gedanke, daß der Reichstag ohne Resultate verlaufen sollte, unerträglich. Er war mit dem Papste in schriftlichen Verkehr

getreten, um ihn zur Einberufung des von den Evangelischen verlangten Concils
zu bestimmen. Die Frage war schon vorher mehrfach erörtert worden: die Katholischen hatten dagegen eingewendet, Luther und seine Anhänger hätten ja die
gesetzgeberische Autorität der früheren Concilien verworfen, würden sie nun den
Beschlüssen eines neuen sich williger fügen, und sei nicht zu befürchten, daß die
Türken, wenn sie das christliche Abendland mit inneren Anliegen beschäftigt sähen,
ihre Angriffe erneuern würden? Dennoch wollte der Papst nicht den Schein
haben, als weise er jede Verständigung unbedingt von der Hand. Er erklärte
dem Kaiser seine Bereitwilligkeit, ein Concil einzuberufen, aber unter Bedingungen, von denen er voraussah, daß sie nicht angenommen werden würden. Er
verlangte nämlich, daß die Evangelischen mittlerweile alle Neuerungen, die sie in
den Lehren und Gebräuchen der Kirche vorgenommen hätten, einstellen und zu
dem früheren Zustand zurückkehren sollten. Als ihnen der Kaiser diesen Beschluß
eröffnete und sie nochmals ernstlich ermahnte, sich der Majorität zu fügen, wiesen ⟨7. Septbr. 1530.⟩
sie die Bedingung entschieden zurück. Sie beriefen sich auf die früheren Reichs-
tagsabschiede, die eine solche Anmuthung ihnen nicht gestellt, auf ihre Protestation in Speier, auf ihr Gewissen, das ihnen nicht gestatte, die durch Gottes
Wort und Ordnung gestürzten Mißbräuche wieder aufzurichten. Karl vernahm diese
Antwort mit großem Unwillen; er wiederholte die Drohung, daß wenn sie nicht in
sich gehen würden, er seines Amtes als Vogt und Schutzherr der Kirche zu walten
wissen werde. Die Bedenkzeit, die er ihnen gewährte, bewirkte keine Aenderung;
Luther hatte schon längst von weiteren Vergleichsverhandlungen abgerathen, die
doch zu Nichts führen könnten. Sie erklärten sich bereit, auf einem Concil des
Weiteren zu verhandeln, aber sich verbindlich machen, in Religions- und Glaubenssachen Nichts zu ändern, hieße Christum tödten und das Wort verleugnen.
Der Kaiser vernahm diese Antwort „mit merklichem Mißfallen"; er überlegte
ernstlich den Gedanken, ob er nicht Gewalt anwenden sollte; er berieth sich darüber mit seinen Räthen, er schrieb in diesem Sinne an den Papst, auf dessen
Hülfe er zählte. Wenn er jedoch die Lage der Dinge näher in Erwägung zog,
wenn er bedachte, daß er nur eine geringe Kriegsmannschaft zur Hand hatte, daß
die deutschen Reichsstände mit Mißtrauen erfüllt waren über Oesterreichs Ver-
größerungs- und Vergewaltigungspolitik, so mußten ihm Bedenken aufsteigen, ob
Krieg und Gewalt zum Ziele führen würde. Nun war es aber bekannt, daß
Kurfürst Johann, dem der lange Aufenthalt in Augsburg mit dem großen Gefolge lästig und kostspielig ward, nach der Abreise verlangte. Man beschloß daher einen Ausweg zu wählen, welcher ein gewaltsames Vorgehen für den Augenblick hinausschob, ohne jedoch die Lage der Protestanten sicher zu stellen. Die
Eventualität eines Gewaltstreiches, das Schwert des Damokles sollte stets über
ihrem Haupte schweben.

Die Majorität hatte bereits den Entwurf eines Reichstagsabschieds ange- ⟨Der Entwurf des Reichstagsabschieds zurückgewiesen.⟩
fertigt, der bis zum nächsten Frühjahr einen Waffenstillstand aufrichten, dann

aber die Durchführung der kirchlichen Einheit in sichere Aussicht stellen sollte. Diesen wollte Karl, ehe er zur öffentlichen Verlesung käme, den Evangelischen mittheilen, damit sie nicht sagen könnten, man habe sie überrascht. Er lud sie daher vor sich und machte sie mit dem Inhalt der Schrift bekannt. Darin hieß es: da ihre Confession gehört und mit guten Gründen des Evangeliums widerlegt, auch in den Verhandlungen über mehrere Artikel ein Vergleich getroffen worden sei; so sollte ihnen eine Frist und Bedenkzeit auf den 15. April nächsten Jahres eingeräumt werden zur Erklärung, ob sie sich in Bezug der übrigen Artikel mit der gemeinen Christenheit bis zur Erörterung durch ein künftiges Concil wiedervereinigen wollten. „Inzwischen sollten sie in ihren Ländern in Sachen des Glaubens nichts Neues drucken und verkaufen lassen, weder ihre eigenen noch fremde Unterthanen an sich und ihre Sekte ziehen und nöthigen, auch diejenigen ihrer Unterthanen, welche dem alten Glauben noch anhingen, in ihren Kirchen und Gotteshäusern, an ihren Gottesdiensten und Ceremonien nicht irren noch bedrängen, noch keine weitere Neuerung darin anfahen, sich auch mit dem Kaiser und den übrigen Ständen zur Unterdrückung derer, die das hochwürdige Sacrament nicht hielten, desgleichen der Wiedertäufer vereinigen." Auf diese Ansprache antwortete der Kanzler Brück im Namen Aller, daß das gedachte Bekenntniß auf Gottes Wort gegründet sei und nicht widerlegt werden könne; zum Beweis dessen, hätten sie eine eigene Schrift aufgestellt zur Vertheidigung ihrer Glaubenssätze gegen die Anschuldigungen, welche die Confutation erhoben. Es war die von Melanchthon verfaßte „Apologie der Confession," die er dem Kaiser überreichen wollte, die aber von diesem nicht angenommen ward. Dagegen wurde ihnen nach einigem Bedenken der Entwurf des Abschieds zur Prüfung und Beantwortung übergeben.

In der Apologie hatte der Verfasser mit großer Gelehrsamkeit und Gewandtheit so wie mit selbständiger Freiheit des Urtheils aufs Neue alle Lehren und Gegenerklärungen der Confession erörtert und zugleich die Möglichkeit einer Annäherung der gemäßigt gesinnten Katholiken an die evangelischen Stände dargethan.

Karl hätte es gern gesehen, wenn die Gegner sich zur Annahme entschlossen hätten, er würde um diesen Preis die Bedenkzeit verlängert und wohl auch noch einige Milderungen gewährt haben. Allein wie konnten die Protestanten in einen Beschluß willigen, worin gesagt war, die Handlungen auf dem Reichstage seien dem kaiserlichen Ausschreiben gemäß vorgenommen, das Glaubensbekenntniß mit guten Gründen aus der Heil. Schrift widerlegt worden, worin die Anhänger der Reformation als Sekte bezeichnet waren? Sie beschlossen also, wie im vorhergehenden Jahr in Speier, einen Protest einzulegen. Als sie diese Absicht kund gaben, ließ sich der Kaiser durch den beredten Mund des Kurfürsten Joachim von Brandenburg sehr ungehalten darüber vernehmen: Er müsse sich über ihre Behauptung verwundern, daß ihre Lehre und Bekenntniß in der Heil. Schrift und im Evangelium begründet sei; ob sie denn glaubten, daß er und seine Voreltern, daß die

(Marginal notes: 22. Sept. 1530; Strenge Antwort des Kaisers; 19. Sept.)

übrigen Kurfürsten, Fürsten und Stände, daß fast die gesammte abendländische Christenheit seit vielen Jahrhunderten im Irrglauben befangen seien? In keiner Schrift noch Evangelio sei zu finden, daß man Jemand das Seine mit Gewalt nehmen und danach sagen wolle, man könne es mit gutem Gewissen nicht wieder herausgeben. Was die übergebene und zurückgewiesene Schrift gegen die Confutation betreffe, so habe Se. kaiserliche Majestät schon vorher erklärt, daß sie sich auf keine Disputation mehr einlassen werde. Würden der Kurfürst von Sachsen und dessen Mitverwandte den Abschied nicht annehmen, so seien Kaiser und Stände entschlossen, Leib, Gut und alles Vermögen daran zu setzen, daß dieser Sache geholfen werde. Se. Majestät werde thun, was einem christlichen Kaiser zukomme, damit der alte wahre Glauben erhalten, dieser neue Irrthum und Sekte gänzlich ausgerottet und die deutsche Nation wiederum zu christlicher Einheit gebracht werden möge.

Auf diese scharfe Rede, worin der Gedanke an irgend eine Aenderung des Abschieds bestimmt zurückgewiesen, den Evangelischen die Schuld an dem Bauern- aufruhr aufgebürdet und die Wiederherstellung der Klöster und Ordensleute verlangt war, blieb dem Kurfürsten von Sachsen und seinen Meinungsgenossen nichts übrig, als den Rückzug anzutreten. Es schnitt dem friedliebenden, loyalen Manne tief in die Seele, daß er dem Oberhaupt des Reichs ungehorsam sein sollte. Als er Urlaub nahm und Karl ihn mit den Worten entließ: „Oheim, Oheim, das hätt' ich mich zu Ew. Liebden nicht versehen" gingen ihm die Augen über; er vermochte nichts zu antworten. Noch an demselben Tag begab er sich auf die Heimreise, begleitet von dem Herzog von Lüneburg und dem Fürsten von Anhalt. Er nahm seinen Weg über Nürnberg, um mit dem Rathe weitere Abrede zu halten. Mit dieser Reichsstadt waren auch Kempten, Heilbronn, Windsheim und Weißenburg in Nordgau zum Widerstand entschlossen. Selbst einige katholische Fürsten, wie Albrecht von Mainz und Heinrich von Braunschweig meinten, die kaiserliche Erklärung sei zu scharf gehalten. Luther aber wünschte in einem Schreiben vom 3. October dem Kurfürsten Glück, daß er aus der Hölle zu Augsburg entkommen sei, und getröstete ihn, daß Gott, der die Sache angefangen, sie auch siegreich hinausführen werde. „Dräuen mögen sie immerhin, aber vollenden und ausführen, das sollen sie lassen. Christus, unser Herr, stärke Ew. kurfürstl. Gnaden in festem und fröhlichem Geist."

Der Kaiser war über den Widerstand der Reichsstände, besonders der Städte, sehr aufgebracht. Am 17. Oktober ließ er in der Versammlung eine Widerlegung der „Tetrapolitana" vorlesen, welche die zwinglisch gesinnten Städte Straßburg, Constanz, Memmingen und Lindau eingereicht hatten, und schloß mit dem drohenden Gebot, von ihren gefährlichen Irrthümern abzustehen, widrigenfalls er sein kaiserliches Amt wider sie in Anwendung bringen werde. Aber trotz aller Drohungen kam Karl nicht zum Ziel. Außer Regensburg, Köln und einigen kleineren Orten beharrten die Städte in der Opposition. Auch Frankfurt, Ulm,

30*

Schwäbisch-Hall und selbst Augsburg weigerten sich dem Reichstagsabschied beizustimmen. Sollten sie durch ihren Beitritt erklären, daß sie die Confession als
widerlegt ansähen, und vielleicht in die Nothwendigkeit versetzt werden, wider ihre
Drohende eigene Glaubensgenossen zu fechten! Und daß der Kaiser selbst diesen äußersten
Anzeichen Fall ins Auge faßte, erkennt man aus den Briefen, die er gegen Ende Oktober
nach Rom richtete. Er erklärte, daß er entschlossen sei, Alles auszuführen, „was
zum Dienste Gottes und Seiner Heiligkeit gereiche". Die geistlichen Stände
trugen damals das Haupt hoch. Sie hofften, daß in Kurzem wieder Alles in
den alten Zustand zurückkehren werde. König Ferdinand sah sich genöthigt,
auf die geistlichen Güter in Oesterreich und Deutschland zu verzichten, welche
ihm der Papst früher bewilligt hatte; und in Betreff der Hundert Gravamina
wurden die weltlichen Fürsten und Stände auf die Verwendung des Kaisers
in Rom vertröstet. Bei dieser Stimmung durfte man in dem Reichstags-
abschiede, der nach der Abreise aller protestirenden Stände und der sächsischen
und hessischen Räthe am 19. November verkündigt wurde, ein Kriegsmanifest
gegen alle von der römischen Kirche Abgewichenen erwarten. Und so war es auch.

Der Reichs-
tagsabschied
bekannt ge-
macht.
19. Nov.
1530. Mit den schärfsten Ausdrücken und unter Androhung von Bann und
Reichsacht gegen die Widerstrebenden, wurde die Rückkehr zu allen katholischen
Lehren und Gebräuchen befohlen, bis ein Concil über die streitigen Punkte ent-
schieden haben würde. Die verehelichten Priester sollten ihrer Pfründen und
Aemter verlustig gehen und nur wenn sie sich von ihren Frauen trennen und um
päpstliche Absolution nachsuchen würden, zu Gnaden angenommen werden.
Alle Verträge und Verpflichtungen, durch welche sich in den letzten Jahren die
Geistlichkeit in weltliche Dienstbarkeit begeben, wurden für aufgehoben erklärt,
alle veränderten oder in weltlichen Nutz und Brauch verwandten Gestifte und
Klöster sollten in ihren vorigen Stand und Besitz wiederhergestellt werden.
Die geistliche Jurisdiction wurde den Erzbischöfen und Bischöfen zurückgegeben
und alle Prediger, sowie die Buchdrucker ihrer Aufsicht unterstellt. Gegen Ungehorsame sollte das Kammergericht und der Reichsfiscal die auf Landfriedensbruch gesetzten Strafbestimmungen in Anwendung bringen, u. A. m. „Die
abendländische Christenheit und das deutsche Reich, in Kaiser und Papst und
Reichsversammlung repräsentirt, zeigten sich entschlossen, die Protestanten, die
sich ihnen nicht in Güte fügen wollten, durch rechtliches Verfahren und Anwendung der Gewalt zu unterdrücken." Wie verdroß es aber den Kaiser, daß eine
so beträchtliche Anzahl von Fürsten und Reichsstädten dem Manifest die Zustimmung versagte, daß selbst Augsburg, wo der gewaltige Monarch in seiner
ganzen Macht und Herrlichkeit sich gezeigt, auf Beschluß des großen Rathes mit
seiner Unterschrift zurückhielt und bei der Confession beharrte, die seitdem von der
22. Nov. Stadt den Namen trug. Zwei Tage nachher verließ der Kaiser den Ort, der über
sechs Monate der Schauplatz der aufgeregtesten Verhandlungen und geistigen
Kämpfe gewesen war.

XII. Die reformatorifche Bewegung in Deutfchland und in der Schweiz bis zum Nürnberger Frieden.

1. Der Bund von Schmalkalden und Ferdinands Königswahl.

Als Karl vor feiner Reife nach Deutfchland fich vom Papft in Bologna die Karls Kaiferkrone auffetzen ließ, wollte er fich freie Hand fchaffen, um die Wahl eines deutschen Po- deutfchen Königs noch bei feinen Lebzeiten bewirken zu können, und zum Voraus litik. die Einwendungen befeitigen, auf die einft Maximilian bei einem ähnlichen Vorhaben geftoßen war (S. 113). Denn er hatte die Abficht, dem Reichs- regiment, das bisher nicht die erforderliche Kraft gezeigt, durch die Erhebung feines Bruders Ferdinand zum römifchen König mehr Einheit und Stärke zu verleihen. In diefem Vorhaben wurde er durch die auf dem Reichstag zu Augs- burg hervorgetretenen Spaltungen unter den Ständen beftärkt: nur in der Ver- einigung der obrigkeitlichen Gewalten und Autoritäten in fefter zuverläffiger Hand fah er die Möglichkeit, dem Reichsabfchied Gehorfam zu verfchaffen, die Kirche vor einem drohenden Schisma zu bewahren, dem Concil, deffen Einberufung er in Rom eifrig betrieb und auf welches auch die Curie, wenngleich mit Wider- ftreben und Refervationen, eingehen zu wollen fchien, das nothwendige Anfehen zu verleihen. Wie die Dinge nach dem Reichstag ftanden, war eine friedliche Ausgleichung nicht zu erwarten; Karl mußte den wahrfcheinlichen Fall ins Auge faffen, die widerftrebenden Proteftanten mit Gewalt zur Annahme des kaifer- lichen Edictes zu zwingen. Aber welche Garantie des Erfolgs boten ihm die beftehenden Einrichtungen, der zwiefpältige Reichstag, das ohnmächtige Regi- ment in Eßlingen, das mit Gefchäften überladene faumfelige Kammergericht? Es war ihm nicht unbekannt geblieben, daß Herzog Wilhelm von Baiern fich fchon früher Mühe gegeben, die bei den Fürften und Ständen herrfchende Un- zufriedenheit über Verletzung der Wahlcapitulation zur Befeitigung der Habs- burger und zu feiner eigenen Königswahl zu verwerthen, und fo wenig machte diefer Fürft Hehl aus feiner Gefinnung, daß er auf die Vorwürfe des Kaifers wegen feiner Umtriebe offen erwiederte, „er fehe nicht ein, warum er nicht nach der römifchen Krone oder nach andern Königreichen trachten folle, da es bekannt genug fei, daß die Herren von Baiern römifche Kaifer und Könige gewefen, als die Herren von Oefterreich noch unter den Grafen gefeffen". Wenn fich aber eine folche oppofitionelle Stimmung bei päpftlich gefinnten Fürften regte, was war dann erft von den evangelifchen zu erwarten, an deren Spitze einer der mächtig- ften Kurfürften, der Reichsvicar im nördlichen Deutfchland ftand? Aber gerade diefe Befürchtung vor widerftrebenden Elementen, die alle eingreifenden Maß- regeln lähmen und durchkreuzen konnten, beftärkte Karl in dem Vorhaben, die kaiferliche Gewalt und Autorität zu mehren fowohl durch Kräftigung der richterlichen Institute als durch Schaffung einer königlichen Macht, die, während er selbst durch anderweitige Anliegen beschäftigt oder abwesend sei, die oberherrlichen Befugnisse in Deutschland wahren und handhaben möchte. Das Vorhaben erregte Bedenken, es stand mit Gesetz und Herkommen in Widerspruch; allein durch Befriedigung persönlicher Interessen, durch Versprechungen und Gunsterweisungen brachte der Kaiser die drei geistlichen Kurfürsten, so wie Pfalz und Brandenburg auf seine Seite. Sie erhielten die Weisung, sich gegen Ende des Jahres in Köln zur Königswahl einzustellen. Nur den Kurfürsten Johann von Sachsen konnte man nicht hoffen für einen Plan zu gewinnen, der die altkirchliche Macht concentriren und stärken sollte und einen Fürsten erhöhen, der sich bisher als einen so heftigen Widersacher der neuen Lehre gezeigt: man überlegte, ob man den Kurfürsten nicht auf Grund der Bulle Leo's X., welche alle Anhänger Luthers mit der Excommunication bedrohte, ausschließen könnte; aber ein so gewaltsames formloses Vorgehen hätte nimmermehr die Billigung der übrigen Reichsfürsten erlangt. Der Bann schloß nur von der kirchlichen Gemeinschaft aus, konnte aber auf die bürgerliche und politische Rechtsstellung keinen Einfluß üben, so lange nicht die Reichsacht damit verbunden, nicht der öffentliche Friede gekündigt war. So erging denn auch an Sachsen die Ladung zur Wahlverhandlung in Köln. Durch ein päpstliches Breve war der Kaiser in die Lage gesetzt, die Bannbulle anzuwenden oder für den gegebenen Fall davon Umgang zu nehmen, unbeschadet der Gültigkeit der Handlung. In ähnlicher Weise sollte die Autorität des Reichskammergerichts gestärkt und für die Zwecke der Altkirchlichen nutzbar gemacht werden. Nicht nur, daß die Zahl der Richter vermehrt und acht erfahrene Rechtsgelehrte beigefügt wurden; alle Angestellten erhielten auch die Weisung, sich jeder Hinneigung zu dem neuen Glauben zu enthalten und sich in allen Klagsachen an die Artikel des Reichstagsabschieds zu binden. Auf diese Weise konnte man zunächst auf dem Rechtsweg gegen die Neuerer vorgehen; gab denn nicht die Einziehung so mancher kirchlichen Besitzung, die Säcularisation so mancher Ordenshäuser ein weites Feld zu gerichtlichem Vorgehen? Vermittelst des ständischen Tribunals, das den kaiserlichen Gerichtsbann übte, konnte ein versteckter Krieg eröffnet werden, den die meisten Fürsten einem bewaffneten Feldzug vorzogen. „Nicht fechten, sondern rechten" war ihre Losung.

Stellung der Evangelischen. Schon in Augsburg wurde diese „Mobilmachung" von Kaiser und Majorität in Scene gesetzt. Es verlautete, daß mit dem päpstlichen Hofe Verhandlungen über die Nothwendigkeit einer Kriegsrüstung gepflogen würden; es blieb nicht unbemerkt, daß im Reichstagsabschied der Kaiser allen Andern Frieden gebot, sich selbst aber nicht dazu verpflichtete. Wollten die Evangelischen nicht müßig zuwarten, bis die Pläne der Gegner zur Ausführung reif waren, wollten sie nicht wehrlos sich in eine Stellung drängen lassen, in welcher man sie als Feinde des Reichs, als Störer der Rechtsordnungen behandeln und mit Gewalt zur

Unterwerfung zwingen konnte, so mußten sie auf Mittel bedacht sein, diesen verſteckten Angriffen zu begegnen. Noch ſtanden ſie als Reichsglieder da; noch war ihre ſtaatsrechtliche Stellung nicht angetaſtet, die Reichsacht nicht verhängt worden. Jetzt mußte es das wichtigſte Anliegen für ſie ſein, ſich dieſe Rechtsſtellung zu ſichern, ſich nicht durch Kaiſer und Majorität in eine Lage drängen zu laſſen, in der ſie entweder durch Gericht und Obrigkeit einzeln zur Unterwerfung gezwungen oder als Ungehorſame mit Gewalt unterdrückt werden konnten. Dieſes Ziel war nur zu erreichen, wenn ſie ihre gemeinſame Sache mit gemeinſamen Kräften ſtützten, wenn ſie ſich gelobten, für das unverbrüchliche Recht der Gewiſſensfreiheit vereint zuſammen zu ſtehen und alle feindlichen Angriffe abzuwehren, durch welche dieſes höchſte menſchliche Gut ihnen entriſſen werden ſollte, ſei es auf dem Wege der Autorität oder der offenen Gewalt. Es galt alſo eine Stellung zu ſchaffen, die ihnen geſtattete, ihres Glaubens zu leben, ohne in Gefahr zu gerathen, von dem lebendigen Körper des Reichs als ungeſunde Glieder abgehauen zu werden.

Zu einem ſolchen Act der Selbſtvertheidigung waren bereits Schritte ge- than. Um Weihnachten, ehe noch die Kölner Königswahl vor ſich ging, ver- ſammelten ſich mehrere evangeliſche Fürſten und Städteverordnete in dem Thü- ringiſchen Städtchen Schmalkalden, um mit dem Kurfürſten von Sachſen und dem Landgrafen von Heſſen zu berathſchlagen, auf welche Weiſe und mit wel- chen Mitteln man der dem evangeliſchen Glauben drohenden Gefahr begegnen möchte. Wir wiſſen, daß ſchon früher Anſätze zu Schutzbündniſſen unternom- men wurden; ſie hatten aber keinen rechten Fortgang, theils weil die Theologen Bedenken erhoben und Luther fürchtete, „es werde dabei auf menſchlichen Witz und Hülfe anſtatt auf Gott vertraut"; theils weil manche Fürſten die Lehnstreue gegen Kaiſer und Reich zu verletzen glaubten, die darum auch bisher bei allen Sonderbündniſſen ausdrücklich gewahrt worden war. Dieſelben Bedenken mach- ten ſich auch jetzt geltend. Die anweſenden Fürſten von Sachſen und Heſſen, von Braunſchweig, Lüneburg, Anhalt, Mansfeld, ſo wie die Bevollmächtigter von vierundzwanzig Städten waren darin einig, daß man jeder Anfechtung um des Glaubens willen gemeinſam widerſtehen, jedes Vorgehen des kaiſerlichen Fiscals beim Reichskammergericht auf Grund des Reichstagsabſchieds gegen Einen oder den Andern von ihnen mit gemeinſamer Anſtrengung zurückweiſen müſſe. Auch die Anſtände des Kurfürſten von Sachſen gegen die ausgeſchriebene Königswahl wurden mit Ausnahme des Markgrafen Georg von Brandenburg, des getreuen Anhängers der Habsburger, und der Abgeordneten von Nürnberg für begründet erachtet und gutgeheißen. Aber als man vom Beſondern zum Allgemeinen aufſteigend die Principfrage anregte, ob es erlaubt ſei, falls der Kaiſer Gewalt gebrauche, ihm mit Gewalt zu widerſtehen; da erhoben ſich aller- lei Zweifel und Meinungsverſchiedenheiten. Die Theologen, welche, wie früher bemerkt, ihre Grundſätze der Heil. Schrift entnahmen und das deutſche Reich

Die Verſammlung in Schmalkalden. Decbr. 1530.

mit dem römischen Imperium zusammenstellten, meinten, man müsse der Obrigkeit unterthan sein und seinen Glauben durch Leiden bezeugen. Die Juristen
dagegen machten geltend, daß die deutsche Reichsverfassung ganz anderer Natur
sei, als die des römischen Imperiums, daß der durch Wahl zur Herrschaft erhobene Kaiser gegenüber den erblichen Landesfürsten eine ganz andere Stellung
einnehme als die altrömische „Obrigkeit" gegenüber den Unterthanen; daß hier
beschworne Rechte und Pflichten beständen, die von beiden Theilen eingehalten
werden müßten. In Glaubenssachen stehe dem Kaiser keine Jurisdiction zu;
nicht einmal in privatrechtlichen Dingen dürfe eine Strafgewalt angewendet
werden, so lange die Streitfrage durch Appellation der Verurtheilten an eine
höhere Instanz noch in der Schwebe, noch nicht endgültig entschieden sei; um wie
viel weniger sei der Kaiser zu einem gewaltsamen Einschreiten gegen die evangelischen Reichsangehörigen berechtigt, welche Berufung an ein allgemeines Concil
eingelegt hätten und nur die Ehre Gottes in der Höhe und den Frieden auf
Erden anstrebten. Die rechtmäßige Obrigkeit in Deutschland sei der Kaiser mit
den Ständen; ihre Grundlage Gesetz und Uebereinkunft; würden diese von dem
Reichsoberhaupt gegen einen Theil der ständischen Gewalten mit Hintansetzung
anerkannter Rechtsnormen verletzt, so seien die Angegriffenen zum Widerstand
berechtigt. Gegen solche Deductionen vermochten die Theologen nicht anzu-
kämpfen; sie meinten, die Juristen müßten die staatsrechtlichen Fragen besser
verstehen und gaben ihre Zustimmung zu einem Bündniß, worin den Theilnehmern Widerstand gegen jedes Unrecht, gemeinsame Abwehr jeder Gewalt in
Sachen des Glaubens gestattet und zu Recht erkannt ward.

Luthers
Stellung zur
Kriegsfrage. Luther wurde zu dieser Ansicht, die mit seiner früheren Haltung in Widerspruch stand, durch die Vorgänge in Augsburg geführt. Er hatte den Eindruck
empfangen, daß der Kaiser nur nach den Eingebungen der Curie verfahre, daß
er anstatt als Oberherr und höchster Schiedsrichter der Wahrheit zum Siege zu
verhelfen, „der Hauptmann und Geschworne des Papstes" sei. Gegen einen
Kaiser aber, der sich als Werkzeug Roms gebrauchen lasse, „der nicht allein gegen
Gottes Wort, sondern auch gegen Eid, Pflicht, Siegel und Brief handle", müsse
den Evangelischen Widerstand als Nothwehr gestattet sein.

Dieser Gedankenfolge gibt die scharfe Flugschrift Ausdruck, die der Reformator
als „Warnung an meine lieben Deutschen" ausgehen ließ. „Wo es zum Kriege kommt
(da Gott mit aller Gnade für sei!) so will ich das Theil, so sich wider diese mörderischen und blutgierigen Papisten zur Wehre setzet, nicht aufrührerisch gescholten haben
noch schelten lassen; sondern wills lassen gehen und geschehen, daß sie es eine Nothwehr
heißen, wie es denn auch wohl sein mag, und will sie damit ins Recht und zu den
Juristen weisen. Denn in solchem Fall, wenn die argen Mörder und durstigen Bluthunde
je kriegen und morden, sengen und brennen wollen, so ist es auch in Wahrheit kein Aufruhr sich wider sie zu setzen und zu wehren, und also Gewalt mit Gewalt zu vertreiben,
und die Armen und Bedrängten in ihrer Gefahr zu retten, und wenns möglich zu
schützen." Auf dem Reichstage hätten sie sich aufs Tiefste gedemüthiget, um Frieden

und Ruhe gebeten, auch sich zu Allem erboten, was Gott der Herr immer leiden möge;
käme es nun dennoch zum Krieg, so falle die Schuld auf das Haupt der Anstifter.
„Sie hoffen, daß man sich nicht wehren werde: wollen sie aber Ritter werden an dem
Unsern Blut, so sollen sie es mit Gefahr und Sorgen werden." Zu solcher Haltung
wurde Luther durch die drohende Lage der evangelischen Sache fortgerissen; als eine
anonyme Gegenschrift aus dem Herzogthum Sachsen ihn beschuldigte, er predige Aufruhr, suchte er in einer heftigen Erwiederung „wider den Meuchler in Dresden" seinen
Standpunkt in der schärfsten Weise zu rechtfertigen. Die Papisten wollten sich des kaiserlichen Namens bedienen, um die Evangelischen desto sicherer zu verderben; sie sollten aber
erfahren, daß man sich nicht wehrlos würde unterdrücken lassen. Dennoch war ihm nicht
ganz wohl bei der Sache. Er spricht immer sehr schonend von dem Kaiser selbst; die
Hauptschuld wird den verleumderischen Anstiftern und Hetzern beigemessen; er hatte dem
Kurfürsten den Rath gegeben, sich bei der Königswahl zu betheiligen; er hatte die Verantwortung den Rechtsgelehrten zugeschoben: „wenn die Juristen mit ihren Gesetzen
beweisen können, daß es erlaubt sei, dem Kaiser Widerstand zu leisten, so lasse ich
sie ihre Gesetze brauchen; sie mögen selbst zusehen". Man sieht, der Bund machte ihm
einige Sorge. Waren ja doch auch auf Betreiben des Landgrafen und Buzers Abgeordnete der oberdeutschen Städte zugelassen worden und mit Zürich und Bern wurde
eifrig über den Beitritt zum evangelischen Bund unterhandelt. Straßburg und Hessen,
beide in das eidgenössische Burgrecht aufgenommen, waren geeignete Vermittler. Nur
die Größe der Gefahr vermochte Luthers Bedenklichkeiten zu überwinden. Auch hoffte
er die Zwinglianer doch noch zu seiner Ansicht vom Abendmahl zu bekehren.

So kam denn der Schmalkaldische Bund zum Abschluß. Eine Vorstellung
an den Kaiser, er möge dem Reichsfiscal und Kammergericht verbieten, Processe
in Religionssachen vorzunehmen, war ohne bestimmte Antwort geblieben. Die
Rothwendigkeit der Selbstvertheidigung für den Fall, „daß man die Anhänger
des reinen Wortes Gottes zu unterdrücken gedächte", war somit an die Evangelischen herangetreten. In dem Bundesvertrag verpflichteten sich die Fürsten und
städtischen Abgeordneten zu gegenseitigem Beistand, wenn einer von ihnen oder
ihren Unterthanen um der Religion oder einer damit verwandten Sache willen
befehdet oder vergewaltigt werden sollte. Ausdrücklich wurde hervorgehoben, daß
es nur auf ein Schutzbündniß abgesehen sei „zur Erhaltung christlicher Wahrheit
und Friedens und zur Abwehr unbilliger Gewalt", nicht auf Bekämpfung kaiserlicher Majestät oder irgend eines Reichsstandes. Doch war in Betreff der Gegenwehr keinerlei Ausnahme zu Gunsten des Kaisers aufgestellt. Die meisten
der Anwesenden unterzeichneten sogleich, andere nachträglich. Nur Markgraf
Georg von Brandenburg und einige fränkische Städte, voran Nürnberg, hielten
mit der Unterschrift zurück. Doch traten auch sie einem Abkommen bei, daß in
allen Klagsachen um der Religion willen gemeinsam vorgegangen und zu dem
Ende eigene Procuratoren aufgestellt werden sollten. Darauf ging die Versammlung am letzten Tag des Jahres nach neuntägigen folgenschweren Verhandlungen
auseinander.

Von Schmalkalden aus reiste der Kurprinz Johann Friedrich nach Köln,
um im Namen Sachsens Einsprache gegen die beabsichtigte Wahl Ferdinands

zum römisch-deutschen König zu erheben. Sie blieb ohne Wirkung. Als der
Kaiser den fünf anwesenden Kurfürsten zu Gemüthe führte, daß das der-
malige Regiment zu schwach sei, Gesetz und Ordnung aufrecht zu halten, er
selbst aber wegen der großen Ausdehnung seines Reiches nur selten in Deutschland verweilen könne, somit ein zuverlässiger Gehülfe nothwendig sei, der als
„anderes Haupt" während seiner Abwesenheit die Regierung mit ihrem Beirath
führe; da wählten alle den Erzherzog Ferdinand zum römischen König. Einige
Tage nachher wurde in Aachen die Krönung vollzogen und das Geschehene durch
kaiserliche Ausschreiben allenthalben bekannt gemacht. In der Wahlcapitulation
ward der neue König ausdrücklich auf die Erhaltung des Augsburger Reichsabschieds verpflichtet.

3. Januar
1531.

11. Januar.

Die Lage im
Reich.
So war denn das Reich in zwei ungleiche Hälften gespalten. Mochte Karl
immerhin seinen Bruder zu seinem Stellvertreter in Deutschland ernennen, sich
selbst nur in einigen bestimmten Fällen von besonderer Wichtigkeit die letzte Entscheidung vorbehaltend: die Weigerung Sachsens, die Einsetzung „zweier Oberhäupter" anzuerkennen, eine Weigerung, der nicht bloß die Genossen des Schmalkaldischen Bundes, sondern auch die Herzoge von Baiern, sonst die entschiedensten
Gegner der Evangelischen, aus dynastischen und particularistischen Motiven beitraten, entkleidete die neue Würde Ferdinands so sehr ihrer Macht, daß derselbe
seinem Bruder klagte, er führe nur den Titel eines Königs, gelte aber nicht mehr
als jeder andere Reichsfürst. Die Einsprache der Conföderirten war nicht bloß
eine Protestation in Worten: der Schmalkaldische Bund nahm in Folge weiterer
Besprechungen und Beschlüsse eine solche Haltung, daß von der Durchführung
des Reichsabschieds vorläufig Abstand genommen werden mußte. Zu den alten
Feinden des Kaisers, den Türken und Franzosen kam nun auch noch England,
seitdem König Heinrich VIII. sich von der Tochter Ferdinands und Isabella's
geschieden und der Kirchenreformation Eingang verschafft hatte. Sollte Karl durch
Gewaltschritte gegen die deutschen Protestanten die Zahl seiner Gegner mehren
und diese nöthigen, bei Frankreich und England Hülfe zu suchen? Melanchthon
hatte im Auftrage der Verbündeten an Franz und Heinrich Briefe gerichtet, theils
um verleumderische Nachreden abzuweisen, theils um diese Monarchen für ein
allgemeines Concil zu gewinnen; und daß die Herzoge von Baiern mit Johann
Zapolya Verbindungen unterhielten, war längst bekannt. Die Rückantwort des
französischen Königs bewies, wie sehr die Opposition der deutschen Fürsten gegen
die Machtvergrößerung der Habsburger seinen Beifall fand; auch Heinrich VIII.
bezeugte in seinem Schreiben, daß durch den Gang der Dinge seine frühere Stellung zu der deutschen Reformation sich geändert habe.

Das Ver-
hältniß zur
Schweiz.
Die größte Thätigkeit entwickelte bei allen diesen Vorgängen Landgraf Philipp
von Hessen. Nicht nur, daß er die Verbindung mit Baiern betrieb und vermittelte,
daß er den König Friedrich von Dänemark zum Anschluß bewog, sein Hauptbemühen
war auf ein Bündniß mit der Schweiz gerichtet. Dies konnte aber nur durch Aus-

gleichung der dogmatischen Streitigkeiten geschehen und Buzer „welcher für feinere Auffassung fremder Ideen und Weiterbildung derselben, man möchte sagen, für secundäre Production, ein unzweifelhaftes Talent besaß", ließ sich keine Mühe verdrießen, eine solche Ausgleichung zu Stande zu bringen. Es war ein bedeutender Fortschritt, gegenüber der Wittenberger Schroffheit, daß man von einer allgemeinen Kirchenordnung, wie sie auf der ersten Zusammenkunft in Schmalkalden beantragt worden war, nunmehr abstand, weil sonst die römische Partei denken könnte, „man wolle ein neues Papstthum aufrichten", und daß man das Verfahren gegen Wiedertäufer und andere neue Sekten dem Ermessen jedes einzelnen Reichsstandes anheimgab, da die Bestimmungen zu Speier „etwas zu geschwind ausgegangen seien." Und als Buzer nun nach der Schweiz eilte, um auch dort seine vermittelnde und versöhnende Wirksamkeit zu versuchen, schien auch hier sein Werk gelingen zu wollen. In Zürich, Bern, Basel berieth man ernstlich über eine Einigungsformel, welche die religiösen Bedenken beseitigen oder abschwächen und den Anschluß an das protestantische Deutschland erleichtern möchte. Aber es sollte nicht dazu kommen. In dem Augenblick, da sich die reformirten Kantone dem evangelischen Deutschland, die fünf Lande am Vierwaldstätter See dem katholischen Oesterreich mehr als jemals näherten, traten Ereignisse ein, welche die Bande wieder lösten und jeden Theil an sich selbst wiesen. Beide Länder sollten ähnliche Geschicke erleiden, aber unabhängig von einander.

2. Die Vorgänge in der Schweiz und Zwingli's Ausgang.

Wir haben schon früher der Verbreitung gedacht, welche Zwingli's Lehre in vielen Kantonen der Schweiz gefunden, so wie des heftigen Widerstandes, dem sie bei den Waldstätten und in Luzern und Zug begegnete. Die Alpenbewohner, die ihren Unterhalt zum großen Theil von fremden Kriegsdiensten und Jahrgeldern zogen, die von göttlichen und menschlichen Dingen nichts wußten, als was sie von ihren Geistlichen hörten, die von den Plänen Zwingli's, den größeren, volkreicheren Bürgerstädten auf der Tagsatzung mehr Einfluß und Bedeutung zu schaffen, eine Verkürzung ihrer politischen Stellung befürchteten, waren die heftigsten Gegner der Reformation und hielten mit unerbittlicher Strenge jede Neuerung fern. Nun gab es aber in der Schweiz einige Territorien, welche früher von der Eidgenossenschaft mit gemeinschaftlicher Anstrengung erobert und ohne den alten Kantonen zugetheilt zu werden, als gemeine Herrschaften und, Vogteien unter eidgenössischem Schutz standen, in Gerichts- und Verwaltungssachen an die von der Tagsatzung aufgestellten Schirmherren gewiesen waren. Vom Neuenburger und Bieler See über Aargau und Thurgau bis zum oberen Rheinthal waren diese gemeinen Herrschaften gleich einem Kranz um den Kern der Eidgenossenschaft gelagert. Es war natürlich, daß in diesen Grenzlanden die neuen Lehren Ein-

Confessionsstreit in den gemeinen Herrschaften.

gang fanden und neben der alten um Geltung rangen. Auf Zwingli's Betreiben
wurde nun der Rechtssatz aufgestellt: „Wofür in einer Kirchengemeinde sich die
Mehrheit entscheidet, ob einen Meßpriester oder evangelischen Prädikanten zu
halten, das ist in Sachen des öffentlichen Gottesdienstes für sie Gesetz“. Diesen
Grundsatz ließen aber die Orte am Vierwaldstättersee nicht gelten; und wie sie
bei sich selbst keine Abweichung von der bisherigen Ordnung duldeten, so wollten sie auch in den Vogteien und Aemtern, die sie mit Bern, Zürich, Glarus und
andern reformirten Kantonen gemeinschaftlich beherrschten, keine Neuerung aufkommen lassen. Ihre Vögte erhielten die schärfste Weisung, jeden Reformations-
versuch im Keim zu ersticken. Da konnten denn feindselige Auftritte nicht ausbleiben. In Thurgau, wo in Verwaltungssachen sieben, in Gerichtssachen zehn
eidgenössische Orte mitzusprechen hatten, wandte sich weitaus die Mehrheit der
Bewohner der Reformation zu, entfernte Bilder und Messe und berief Prediger
von Zürich. Aehnliches geschah im Rheinthal, in Gaster, Sargans, Uznach, in
den freien Aemtern Mellingen und Bremgarten und anderwärts. Dieses Wachsthum der „Irrlehre“ suchten die Fünforte durch Schreckmittel zu hemmen. Die
Landvögte bestraften die Neuerer mit Geld, sie warfen sie ins Gefängniß, sie
ließen sie mit Ruthen peitschen, trieben reformirte Prediger mit aufgeschlitzter
Zunge aus dem Lande. Der Prädikant Kaiser, ein Zürcher, welcher eine Gemeinde im Gaster kirchlich versorgte, wurde heimtückisch in einem Gehölze überfallen, gefangen nach Schwyz geführt, gefoltert und trotz der Verwendung Zürcher
Abgesandten, zum Feuertod verurtheilt. Die Bibeln wurden aufgesucht und verbrannt, evangelische Flüchtlinge aus Deutschland der österreichischen Regierung
der Vorlande zur Hinrichtung ausgeliefert; den zu Baden während der Cur verstorbenen Protestanten ein ehrliches Begräbniß verweigert. Wir wissen, daß im
Berner Oberland die Unterwaldner mit Waffen und aufgereckter Fahne einzogen,
um die Neuerung mit Gewalt fernzuhalten. Sie wollten die Heirathen mit den
fleißigen Töchtern des Haslithales sich nicht entgehen lassen. Wegen dieses Friedensbruchs mit Bestrafung bedroht, bewirkten sie, daß die Fünforte Oesterreichs Bündniß suchten. In Feldkirch und Waldshut schlossen die Bevollmächtigten der katholischen Lande und des Erzherzogs Ferdinand ein Uebereinkommen zu gegenseitiger
Kriegshülfe und gemeinschaftlichem Vorgehen gegen die Neuerer.

April 1529.

   Den Fünforten wurden ihre Rechte und Ansprüche in den gemeinschaftlichen Herrschaften und Vogteien garantirt, dem Erzherzog sollte Constanz, das von Zürich in das
„christliche Burgrecht“ aufgenommen worden, überlassen werden. Die gleichzeitigen Ereignisse in St. Gallen und in den Bünden, deren wir früher gedachten, steigerten die
Leidenschaft und Parteiwuth. Wenn Abgeordnete der Bürgerstädte in die Gebirgslande
zogen, um von dem österreichischen Bündniß abzumahnen, konnten sie manchmal ihre
Kantons- und Stadtwappen am Galgen angeschlagen sehen. Es lag nahe, daß die
reformirten Schweizer einen Rückhalt an den Evangelischen in Deutschland zu gewinnen
suchten; es wurde erwähnt, wie viele Mühe sich der Landgraf gerade damals gab, eine
solche Verbindung zu Stande zu bringen; hatten sie doch in Ferdinand den gemeinschaft-

lichen Feind zu fürchten. Und auch als das Marburger Gespräch durch Luther's Schroffheit nicht zum Ziele führte, hörten die Unionsversuche nicht auf. Wie oft ist der unermüdliche Vermittler, Buzer von Straßburg bald nach Wittenberg, bald nach Coburg,
bald nach Augsburg und dann wieder nach Zürich und Basel gereis't, um den leidigen
Abendmahlsstreit durch eine unbestimmte Formel, durch ein Compromiß auszugleichen.

Der feindseligen Haltung der Fünforte gegenüber konnten die reformirten   Zürich beschließt Krieg
1529.
Kantone nicht länger unthätig bleiben. Die Verbindung mit Oesterreich, deren
Fäden bis nach Vorarlberg und Tirol liefen, bedrohte die Freiheit und Sicherheit
der protestantischen Schweiz; der bundbrüchige Einfall der Unterwaldner in das
Berner Oberland, gegen den von der Tagsatzung kein Strafurtheil zu erzielen
war, forderte Vergeltung; die schändliche Wegführung und Hinrichtung des
Zürcher Predigers von Seiten der Schwyzer ohne jegliches formale Recht durfte
nicht ruhig hingenommen werden. Mit Hohn hatte man die Einsprache ihrer
Abgeordneten zurückgewiesen. Und wirklich rüsteten die Zürcher Kriegsmannschaft
aus, um die Besetzung der freien Aemter in Aargau, Muri und Baden durch
einen katholischen Vogt zu verhindern. Zwingli war so wenig wie Luther für
Anwendung der Gewalt in Sachen des Glaubens; aber es sollte auch kein Gewissenszwang geübt werden: „Ist das Evangelium frei", sagte er, „so wird
es den katholischen Meß- und Bilderdienst von selbst wegfegen". Aber diese Gewissensfreiheit und friedliche Reformation war nach seiner Ansicht nicht ohne Krieg
zu erlangen. „Du kennst diese Leute nicht", antwortete er einst dem von gewalt-
samem Vorgehen abmahnenden Oecolampadius; „Ich sehe das Schwert schon
gezückt und werde thun, was eines treuen Wächters Pflicht ist"; und den Berner
Freunden schrieb er: „der Friede, dem Viele jetzt so sehr das Wort reden, ist
Krieg; der Krieg, den ich wünsche, Friede. Es ist keine Sicherheit weder für
die Wahrheit noch ihre Verehrer mehr möglich, wenn nicht die Grundpfeiler der
Gewaltherrschaft niedergestürzt werden". So wurde denn beschlossen, man wolle
in Bremgarten und Muri keine Unterwaldner Vögte mehr aufreiten lassen.
Zwingli selbst entwarf den Kriegsplan: vier Fähnlein sollten auf verschiedenen
Seiten an die Grenze vorrücken und von Norden her die Zufuhr gesperrt werden. Juni 1529.
Auch die Fünforte rüsteten; Thomas Murner feuerte sie an. Als die Berner mit
dem Ausmarsch zögerten, rückten die Zürcher allein aus. Zwingli, der in früheren
Jahren so mancher Schlacht als Heerprediger beigewohnt, zog zu Pferde, die
Hellebarde auf der Schulter, mit seinen Landsleuten ins Feld. Nie hat man
solche Gottesfurcht, solche Sittsamkeit, ein so ehrbares Leben bei Kriegsmännern
gesehen. „Keine gemeine Dirne ward geduldet; man hörte kein Fluchen noch
Schwören, selbst das Würfelspiel war verbannt; die Erholung bestand in
Leibesübungen, Springen, Werfen, Steinstoßen; Streitigkeiten fielen beinahe
nicht vor; Niemand hätte versäumt, vor und nach Tisch zu beten". Die Reformirten waren im Vortheil; ihre Reihen stärkten sich täglich durch neue Zuzüge
von Glarus, von Thurgau, aus dem Rheinthal; auch die Berner, wie gering

immer ihre Kriegslust sein mochte, kamen herbeigezogen. Die katholischen Mannschaften dagegen waren schlecht gerüstet, die Lebensmittel fehlten, die erwarteten
Hülfstruppen Ferdinands waren nicht eingetroffen. Bei Kappel standen die Heerhaufen nicht weit von einander; Zwingli hoffte mit Zuversicht auf einen raschen
glücklichen Ausgang des Kampfes, dem dann die siegreiche Durchführung der
beiden Grundsätze folgen würde, die ihm vor Allen am Herzen lagen: die freie
Predigt des Evangeliums und die Abschwörung der Jahrgelder.

Vermitte-
lung und
Friedens-
schluß.   Es sollte jedoch nicht zum Treffen kommen. Als die Zürcher gerade die Grenze
überschreiten wollten, trat Hans Aebli, Landammann von Glarus an sie heran
und rieth zur Versöhnung. „Sollte nicht vermieden bleiben können, Wittwen und
Waisen zu machen? Sollte zwischen denen, die so oft Leib und Blut zusammen
eingesetzt, kein Friede möglich sein, bei welchem dem Evangelio gelebt werden kann?
Wollen wir den Triumph unserer Feinde erhöhen, ihre wohlfeile Beute werden?
Biedere liebe Herren von Zürich, um Gotteswillen verhütet die Zertrennung, den
Untergang der alten Eidgenossenschaft." Diese Worte sprach Aebli mit Thränen
im Auge und bewegten Herzens. Sie machten um so tieferen Eindruck, als er ein
geachteter Mann war, dem göttlichen Wort ergeben und den Jahrgeldern abhold.
Die Führer gewährten eine Waffenruhe zu neuen Unterhandlungen. Zwingli
aber sprach: „Gevatter Ammann! Du wirst Gott müssen Rechenschaft geben für
diese Vermittelung". Bei den Verhandlungen siegte die gemäßigte Meinung; die
Fünforte zeigten mehr Nachgiebigkeit; die Berner erklärten, sie würden nur für
den Fall, daß Zürich angegriffen würde, Kriegshülfe leisten, nicht aber, wenn
25. Juni
1529. es angreife. So kam ein Landfriede zu Stande, der die streitigen Hauptfragen
unausgetragen ließ. Es war wohl ein großes Zugeständniß von Seiten der
Altgesinnten, daß sie dem österreichischen Bündniß entsagten, Kriegsentschädigung
versprachen und den Grundsatz annahmen, daß in den gemeinen Herrschaften die
Mehrheit der Kirchengemeinde über die Religionsform bestimmen sollte. Dagegen wurde die Abschaffung der Jahrgelder blos als Wunsch und Rath ausgesprochen und statt die unbedingte Freiheit der Predigt als Recht aufzustellen,
hieß es nur, kein Theil wolle den Glauben des andern bestrafen. Auch wurde
alles Schmähen, Verleumden und Schelten anderer Religionsgenossen strenge
untersagt. Murner entfloh verkleidet, sein Vermögen wurde mit Beschlag belegt.
Nur nach einigem Zögern schafften die Katholischen den Bundesbrief mit Oesterreich herbei. Als ihn der Schreiber zu verlesen begann, gebot ihm Aebli Schweigen, damit nicht der Unwille aufs Neue erregt würde. Und als die Zürcher darauf bestanden, riß der Landammann denselben an sich, trennte die Siegel und
zerschnitt die Urkunde in kleine Stücke. Die Berner bezeugten ihre Freude über
den Friedensschluß und ließen den Unterwaldner Streithandel fallen. Zwingli
aber dichtete auf dem Heimweg das Lied: „Herr nun heb' den Wagen selb." Er
blickte sorgenvoll in die Zukunft.

Vieles war indessen durch den Kappeler Frieden für die evangelische Sache Zunahme der Reformation. in der Schweiz gewonnen worden, und Zwingli versäumte nicht die günstige Lage zu nutzen. Nach allen Seiten wurden Bibeln und reformatorische Schriften verbreitet, die unter dem Eindruck der politischen Ereignisse ihre Wirkung nicht verfehlten. In den gemeinschaftlichen Herrschaften gewann die Reformation immer mehr Boden: Klöster wurden aufgelöst und durch Schulen ersetzt; die Heiligenbilder wurden entfernt, wobei es nur selten einem Kunstfreunde gelang die Zerstörung zu verhindern; an die Stelle der Messe trat die Zürcher Kirchenordnung mit evangelischer Predigt. Im Thurgau richtete Zwingli auf einer Synode zu Frauenfeld den neuen Gottesdienst ein; in dem Johanniterstift Hitzkirch gab der Comthur selbst das Zeichen zur Abwerfung des Ordenskleides; in der Abtei Wettingen verließen die Mönche die Zellen und widmeten sich andern Berufsarten; in den freien Aemtern des Aargau's, in Bremgarten und Mellingen erklärten sich die Einwohner für den neuen Cultus; im Rheinthal, in den Landschaften Sargans, Uznach, Gaster erlangte die reformirte Partei einen vollständigen Sieg. Der ungerechte, ränkevolle und ausschweifende Landvogt Sebastian Kretz aus Unterwalden, der mit Oesterreich in Verbindung stand, wurde in den Thurm gelegt. Es war wunderbar anzuschauen, in wie vielen Orten „das Gotteswort vermehret ward". Auch in katholischen Kantonen fand das Evangelium Eingang. In Solothurn wurde unter Vermittlung von Bern und Basel den Anhängern der neuen Lehre die Barfüßerkirche zum Gottesdienst eingeräumt; nur die Schweißtropfen des heil. Ursus, des Patrons der Stadt, retteten die Hauptkirche.

Oft war die Majorität, wodurch die Entscheidung herbeigeführet ward, sehr gering. Wenn in Wälschneuenburg und in Neuenstadt eine Mehrheit von 18 und 24 zu Gunsten der Reformation entschied, so wurde in der Stadt Rottweil, welche seit zehn Jahren in eidgenössischer Verbrüderung stand, durch sechs Zünfte gegen fünf die katholische Confession in der Herrschaft erhalten. Die Verwendung Zürichs blieb wirkungslos; vierhundert evangelische Bürger suchten sich durch die Flucht vor der Grausamkeit ihrer andersgläubigen Mitbürger zu retten. Es war bereits eine Rückwirkung des Augsburger Reichstags.

Diese Rückwirkung machte sich auch an andern Orten bemerklich; die Parteistellung in Deutschland erhielt ihr Seitenstück in der Schweiz. Religiöse Aufregung. Während der Landgraf von Hessen unermüdlich auf einen Bund der evangelischen Fürsten und Städte mit den Schweizerischen Glaubensgenossen hinwirkte und selbst mit Zürich in das christliche Burgrecht eintrat; fanden sich Abgeordnete von Luzern und Zug in Augsburg ein und wurden vom Kaiser und von der Majorität mit großer Aufmerksamkeit behandelt. Und wie in den deutschen Gauen nach dem Reichstagsabschied eine schneidende Luft, eine leidenschaftliche Aufregung sich bemerklich machte, so auch in der Schweiz. Die Vorgänge in Graubünden, deren wir früher gedacht, die feindseligen Anschläge des Herzogs von Savoyen und der waadtländischen Ritterschaft gegen Genf, die wir bald kennen lernen werden,

schienen auf ein inneres Verständniß der kaiserlichen und katholischen Parteige-
noffen beider Länder zu deuten. An dem Feldzuge gegen den Schloßherrn von
Muffo nahmen die Fünforte keinen Antheil. Da war es denn natürlich, daß die
französischen Unterhändler, die man zu gleicher Zeit in Bern und Solothurn bemüht fah, die alten Freundschaftsbande wieder anzuknüpfen, ihre Blicke mehr
auf die reformirten Bürgerstädte richteten; daß Zwingli fich nach Freunden und
Verbündeten umfah, an die Republik Venedig einen Vertrauten fandte, die
deutschen Glaubensverwandten mit der Schweiz inniger zu befreunden fuchte.
Es ging ein unheimlicher Geift durch die Welt; Mißtrauen herrschte in allen
Gemüthern, in Schmähreden und Läfterungen gab fich die verbitterte Stimmung
kund. Die Zürcher und Berner wurden in den Ländern Ketzer und Eidbrüchige
gescholten, ihre Prediger Kelchdiebe und Seelenmörder; ihre Lehre Teufelswort.
Zwingli, fagte man im Gebirg, fei ein Gott der Lutherischen; Zürich ftehe unter
einem „Pfaffenregiment".

Die Schweiz
und der
Schmalkald.
Bund. Nach dem Augsburger Reichstag fteigerte fich die Aufregung: die Fünforte klagten,
daß durch Zürichs Eingreifen in den gemeinen Vogteien die Katholiken verdrängt, be-
drückt und verfolgt würden, daß der Abt Kilian von St. Gallen in der Irre umherge-
jagt worden, bis er den Tod gefunden, daß der Verbreitung der ketzerischen Lehre
allenthalben Vorschub geleiftet werde; die Reformirten entrollten ein ähnliches Bild von
Beschwerden: man belege fie mit ehrverletzenden Schmähungen und Anschuldigungen;
man finge Spottlieder auf Zwingli und die Zürcher, man verfolge ihre Prädikanten, das
Recht der Selbstbeftimmung der Gemeinden könne nicht in Anwendung gebracht werden. Vergebens fuchten die Gemäßigteren auf beiden Seiten zu beschwichtigen, indem
fie an die alte Bundestreue erinnerten und an die Rothwendigkeit friedlichen Zusammenlebens bei der drohenden Weltlage: die Leidenschaften waren zu erregt, die Fünforte
erneuerten ihre Verbindungen mit dem Erzherzog, die Bürgerftädte unterhandelten mit
den Glaubensgenoffen in Schmalkalden. Wir wiffen, wie eifrig der Landgraf und die
Straßburger Buzer und Sturm das Einigungswerk betrieben; „die konfeffionellen Ge-
genfätze schienen die Schweiz nochmals aus einander zu reißen und die Theile zum
deutschen Reich zurückzuführen." Aber wie fehr auch die politischen Verhältniffe ein
einträchtiges Zusammengehen empfahlen, der religiöse Gegenfatz ließ es nicht zu. Als
Buzer mit der Abendmahlsformel in der Schweiz erschien, konnte er in Zürich und
Bern nicht die Zuftimmung erlangen; man fand, daß fie in ihrer dunkeln unbeftimmten
Faffung leicht zu gefährlichen Mißverftändniffen Anlaß geben könnte. Noch entschiedener
machte fich ein Umschlag bei den Deutschen bemerklich; wie schon früher in Torgau er-
klärte Sachfen, nur auf Grund eines gleichförmigen Glaubensbekenntniffes könne ein
Bündniß mit der Eidgenoffenschaft zum Abschluß kommen, die völlige Uebereinftimmung
mit der Augsburger Confeffion fei ein unbedingtes Erforderniß jedes gemeinschaftlichen
Handelns. Dies hatte zur Folge, daß auch die oberdeutschen Städte, denen fich noch
Ulm, Reutlingen und andere Orte Schwabens angeschloffen, mit ihren Unterschriften
zurückhielten.

Verschieden-
artige Ten-
denzen. So war denn die Schweiz an fich felbft gewiefen, und auch die Schmalkaldische Bundesgenoffenschaft mußte fich gegenüber dem Kaifer und den katholischen
Mitftänden auf ihre eigene Kraft verlaffen. Der Ausgang war ein fehr verschiedener, entsprechend dem Charakter der beiden Führer der reformatorischen

Bewegung; denn während Luther, wie wir sogleich sehen werden, auf ein friedliches Uebereinkommen lossteuerte, wollte Zwingli den unhaltbaren Zustand zu
einer politischen Umgestaltung der Eidgenossenschaft benutzen, mit der Reform der
Kirche eine Veränderung der staatsrechtlichen Verhältnisse verbinden. In den
Wittenberger Kreisen war die Sicherstellung des Glaubens und der Gewissensfreiheit der einzige Zweck alles Thuns; in Zwingli's Reformationsplan bildete
die religiöse Frage nur die eine Seite, die Umgestaltung des Staats und Lebens
die andere nicht minder wichtige.

Mit durchgreifendem Ernst hatte Zwingli in Zürich selbst ein christliches Gemein-   Der Züricher
wesen zu begründen gewußt. Es wurde mehrfach erwähnt, mit welcher Strenge er auf   Gottesstaat.
sittlich-religiöses Leben, auf gottesfürchtigen Wandel hielt; ein Sitten- und Ehegericht
handhabte eine rigorose Disciplin über alle Bürger. Nach Zwingli's theokratischen Ideen
waren Laster und sittliche Vergehungen hochverrätherische Handlungen gegen die geheiligte Majestät Gottes, die daher durch strenge Gegenmittel und Strafen unterdrückt
werden sollten. Von Ermahnungen und Verwarnungen stieg man zu Gefängniß und
Landesverweisung auf; Ehebrecher sollten ertränkt werden. Auch Rechtgläubigkeit und
religiöse Bethätigung derselben durch Theilnahme am Gottesdienst und an allen Cultushandlungen wurde zum Gesetz gemacht. Die Mitglieder des großen und kleinen Raths
wurden über ihren Glauben verhört, und wer keine befriedigende Antwort gab, oder
sich weigerte, der neuen Glaubenslehre und Kirchenordnung in allen Artikeln und Geboten beizustimmen, mußte austreten. Auch auf das politische Gebiet griff der kühne
Reformator ein: wie er durch die Glaubensprüfung und das „Sittenmandat" „dem
Herrn Christo wieder zu seiner Herrschaft verhelfen wollte im Lande"; so wollte er in
allen weltlichen Dingen Einstimmigkeit und Gleichberechtigung erzeugen: in der adeligen
Zunft der Constafel waren noch Manche, welche die fremden Kriegsdienste billigten und
die Jahrgelder nicht fahren lassen wollten; Zwingli bewirkte nun, daß den adeligen
Herrn das Vorrecht einer größeren Vertretung im Rath, das sie bisher besessen, entzogen
die Constafel den übrigen Zünften gleich gestellt ward. Damals übte Zwingli in dem
Zürcher Gemeinwesen eine Macht aus, wie die Propheten in Juda, wie die Aesymneten
und Gesetzgeber im alten Griechenland, wie einige Zeit nachher Calvin in Genf. Er
war die Seele der Republik im Rath, ihr Wortführer auf den Versammlungen; in dem
Ausschuß, der als „geheimer Rath" die politischen Angelegenheiten und die auswärtigen
Verhandlungen leitete und aus den Häuptern der Reformpartei bestand, hatte seine
Stimme von entscheidendem Gewicht; und wenn er gleich äußerlich den Bürgermeistern
und der Rathsversammlung untergeordnet und unterthan war, „so stand er geistig über
der weltlichen Obrigkeit, erfüllte sie mit seinen Gedanken, leitete und bestimmte sie.
Durch seine geistige Ueberlegenheit übte er in Wahrheit die Herrschaft auch über den
Zürcherischen Staat aus." Diese Stellung Zwingli's in dem heimathlichen Gemeinwesen war um so bedeutungsvoller, als die Zürcherische Reformation sich mehr und
mehr zur helvetischen Landesreformation erweitert hatte, für deren Haupt und Führer
Zwingli gelten konnte. Derselbe theokratische Charakter, den er der Zürcherischen Kirche
aufgedrückt hatte, wurde somit auch den übrigen reformirten Kirchengemeinden eingeprägt. Nun war er aber nicht blos Leutpriester am großen Münster, er war auch Mit-
regent des Zürcherischen Staats, das einflußreichste Glied im „heimlichen Rath"; sein
Wort gab auch in politischen Dingen den Ausschlag, seine vorstrebende Natur theilte
sich der ganzen cantonalen Republik mit. „Indem aber so die Leitung der auswärtigen

Angelegenheiten in Zwingli's Hände gerieth, steigerte sich ebendamit das Zürcherische Gemeinwesen zur aggressiven, zur erobernden Theokratie".

Und was der große Reformator in seinem engeren Vaterlande durchgeführt, wollte er auch der gesammten Eidgenossenschaft zuwenden: sie sollte einen christlichen Staatenbund bilden auf Grund einer gerechteren Vertheilung von Macht, Pflicht und Leistung, mit Selbstbestimmung der Gemeinden in Sachen der Religion, mit brüderlicher Gesinnung unter einander, mit vaterländischen Gesammtinteressen nach außen, ein Bund, der Recht und Gesetz bei sich zu wahren und zu ehren bestrebt sein und das Schwert nur zur Selbstvertheidigung ergreifen sollte. Da fand denn Zwingli, daß die Eidgenossenschaft, wie sie im Laufe der Zeit zusammengewachsen, den bestehendeu Verhältnissen nicht mehr entspreche; daß die Urkantone, seitdem Zug und Luzern zu ihnen hielten, auf den gemeinen Tagen der Herrschaftsstände einen ungebührlichen Einfluß übten gegenüber den Bürgerstädten, die doch das Meiste zur Macht uud Größe der Schweiz beigetragen und an Volkszahl, Bildung und Wohlstand so weit voraus waren. Dieses ungerechte Maß von Macht und Befugniß wollte er ausgleichen, den politischen Schwerpunkt dahin legen, wo die größte Kraft war. Zürich und Bern, führt er in einer Denkschrift aus, die mit ihren Vorlanden zwei Drittheile der realen Macht besäßen, seien berufen, "die Eidgenossenschaft zu leiten, wie zwei Ochsen den Wagen". Wollten die fünf Orte nicht dem Worte Gottes freien Lauf lassen, so müsse man "eine starke Arznei zu Handen nehmen"; man müsse den Bund auflösen und auf gerechteren, der Wirklichkeit mehr entsprechenden Grundlagen eine neue Eidgenossenschaft aufrichten. Denn wie könne eine Gemeinschaft bestehen und ein Zusammenwirken zu höheren Zwecken, zur Handhabung der Gerechtigkeit und des Friedens, wo der eine Theil dem Evangelium der heil. Schrift feindlich entgegentrete, die freie Predigt verhindere, die Christlichkeit der neuen Lehre nicht nur nicht anerkenne, sondern ihre Bekenner mit Spottreden und Lästerungen verfolge! Den theokratischen Vorstellungen Zwingli's, dessen Ansichten vom Staat sich zum Theil nach alttestamentlichen Begriffen gebildet hatten, widerstrebte eine solche Vereinigung heterogener Elemente, die in den wichtigsten Anliegen des Menschen entgegengesetzte Richtungen verfolgten. Nach seiner Auffassung sollte man diejenigen Glieder, die sich zu dem Worte Gottes feindlich verhielten, aus den gemeinen Vogteien ausstoßen, mit den Landen diesseits der Berge eine neue Vereinbarung treffen, und es den Alpenhirten, die er durchaus für unfähig zum Regieren erklärte, anheimstellen, wie sie sich mit der neuen Ordnung vertragen wollten. Daß sich dieser Plan nur durch Krieg und Gewalt ausführen ließe, war dem Zürcher Reformator nicht zweifelhaft; und hatte er schon früher den Abschluß des Landfriedens von Kappel mißbilligt, so glaubte er jetzt, da Kaiser und Papst sich die Hände reichten zur Unterdrückung der evangelischen Wahrheit, einen offenen Kampf einem faulen, schmachvollen Frieden vorziehen zu müssen.

Es fragte sich nur, ob er Macht und Einfluß genug besitze, die An- Zwingli sucht Bern für seine Pläne zu gewinnen.
dern zu einem so kühnen Wagniß fortzureißen. Selbst in Zürich stieß er auf
Widerstand; nur seine Erklärung, aus dem Rathe ausscheiden zu wollen, führte
alle Reformfreunde unter seine Fahne. Stärker war die Opposition der Berner,
welche die Dinge kühler betrachteten. Schon seit einiger Zeit blickte die mächtige
Republik mit Mißfallen und Eifersucht auf das aggressive Vorgehen des Nach-
barstaats; von Natur ruhiger und zurückhaltender entbehrte das Berner Volk
auch noch eines so einflußreichen überlegenen Mannes, wie Zwingli, der durch
seine bedeutende Persönlichkeit die Masse beherrscht, angefeuert und zum activen
Vorgehen angespornt hätte. Zwingli hoffte die Berner für seine in der noch geheim gehaltenen Denkschrift ausgesprochenen Ansichten zu gewinnen. Würde
denn eine solche Umgestaltung nicht gerade ihnen zum besondern Vortheil gereichen?
Die fünf Orte hatten durch ihr Fernbleiben von dem Feldzug gegen den Herrn
von Musso, durch ihre feindselige, leidenschaftliche Haltung gegen alle Evangelischen, durch die Strenge, womit sie die neue Lehre von ihren Landen fern
hielten, so sehr die eidgenössischen Pflichten verletzt, so sehr die Gewissensfreiheit
und Bundesfreundschaft verachtet, daß ein längeres Zusehen um des äußeren
Friedens willen ihm als Unrecht und Sünde erschien, wodurch die Strafe Gottes
über das ganze Volk herabgerufen werden würde. Auf einem Städtetag zu Mai 1531.
Aarau drang Zürich auf ein kriegerisches Vorgehen gegen die Fünforte; es
vermochte nicht durchzubringen. Wohl wurde allgemein anerkannt, daß gegründete Beschwerden genug vorlägen, daß man mit ernstlichen Maßregeln
gegen die feindseligen Bundesgenossen einschreiten müsse; aber zu einem
so durchgreifenden Mittel konnte sich die Versammlung nicht entschließen.
Bern machte auf die bedenkliche Weltlage aufmerksam: man solle „den schlafenden
Löwen" (den Kaiser) nicht erwecken; noch sei der Krieg im Süden nicht zu Ende
geführt; Mangel und Theuerung herrsche in der ganzen Schweiz. Etwas müsse
allerdings geschehen, um die Länder zu einem besseren Verhalten zu zwingen,
der Krieg aber würde alle Theile schädigen. Auch Basel ließ sich in diesem Sinne
vernehmen. So wurde denn eine halbe Maßregel beschlossen, die nicht Krieg und
nicht Frieden war: die mittlere Schweiz sollte durch eine Fruchtsperre zur Ordnung gebracht, zur strengeren Einhaltung des Landfriedens gezwungen werden.
Nicht blos Bern und Zürich, auch Aargau, Thurgau u. a. O. sollten die Zufuhr von Getreide, Wein, Salz, Eisen verhindern. Umsonst bekämpften die Abgeordneten von Zürich, unterstützt von der Stimme Straßburgs, einen Beschluß
der die Fünforte in Wuth und Verzweiflung setzen, über Schuldige und Unschuldige Noth, Elend und Verderben bringen mußte; umsonst führte Zwingli aus,
daß allein ein Krieg, der bei der Ueberlegenheit der Bürgerstädte aller Berechnung
nach kurz und unblutig sein würde, zum Ziel führen könne; Bern erklärte,
daß es die Zürcher bei einem Angriffskriege nicht unterstützen werde. Am
15. Mai wurde die Proviantsperre angeordnet. Noch einmal versuchte der Re-

31*

formator den verberblichen Beschluß durch eine Privatbesprechung mit einigen
Berner Abgeordneten in Bremgarten abzuwenden. Im Hause des Prädikanten
Bullinger fand die Zusammenkunft heimlich in der Nacht statt. Rathsherren des
Ortes hielten Wache. Seine Vorstellungen, daß die Maßregel die Feinde nur
erbittern, in ihrem Widerstand gegen das Evangelium verhärten und ihnen den
Vortheil des Angriffs in die Hände geben werde, blieben erfolglos. Vor Tagesanbruch geleitete der Prediger den Freund auf den Heimweg. Als sie sich trennten sagte Zwingli: „Mein lieber Heinrich, Gott bewahre dich! Bleibe treu am
Herrn Jesu Christo und seiner Kirche". Im August war ein großer Komet am
westlichen Himmel sichtbar, der seinen langen blaßgelben Schweif gen Osten
kehrte. Georg Müller, Abt von Wettingen, betrachtete denselben eines Abends
mit Zwingli auf dem Vorhofe des großen Münsters, und fragte den Meister, was
wohl das Phänomen zu bedeuten habe. „Mein Georg," erwiederte der Angeredete,
„mir und manchem Biedermann leuchtet dieser Stern zur Gruft; die Wahrheit und
die Kirche werden Noth leiden, doch werdet ihr nicht von Christo verlassen werden".

Krieg der
Fünf Orte
gegen Zürich
1531.

Wenn die Berner glaubten, die Kornsperre werde das gemeine Volk in den
Landen gegen ihre Obrigkeiten aufreizen und diese sich gezwungen sehen, die
reformirte Lehre unter sich zu dulden; so waren sie im Irrthum. Der Zorn
wandte sich gegen die Urheber, welche ihnen unter dem Schein des Christenthums
die Früchte entzögen, die doch Gott frei wachsen lasse. Mehr als je hielten die
Bauerschaften zu ihren Räthen; mehr als je wurden alle, die im Verdacht der
Neuerung standen, überwacht und terrorisirt. Ein Vermittlungsvorschlag, den
einige Schiedsorte versuchten, wurde zurückgewiesen; ein Manifest, das die Zürcher
zu ihrer Rechtfertigung bekannt machten, konnte in die Lande nicht eindringen;
die Luzerner Reformfreunde, die es angenommen hatten, ließ der Rath an das
Folterseil spannen. Während des Septembers wuchs die Noth und damit die
Erbitterung des Volks. Es wurden Berathungen gehalten und in aller Stille
und Heimlichkeit Vorbereitungen zum Krieg getroffen; mit der strengsten Aufsicht
wurde darüber gewacht, daß keinerlei Kunde in die Bürgerstädte drang; niemals
sah man die Orte so einträchtigen Sinnes. Ganz anders standen die Dinge in
den reformirten Cantonen: Bern glaubte nicht, daß die kleinen Bauerschaften
einen Krieg unternehmen würden, höchstens könnten sie es auf eine Durchbre-
chung der Kornsperre abgesehen haben; noch trugen sich die Schiedsorte mit der
Hoffnung einer Ausgleichung. Alles dieses kam den Katholischen zu statten.
Sobald sie ihre Vorbereitungen zu einem plötzlichen Einfall getroffen und auf
einer Versammlung in Brunnen mit Berufung auf die Bundesverträge ein Manifest entworfen und bekannt gemacht, daß sie bis zur Entscheidung eines Concils nicht von dem Glauben und Gebrauch der alten Kirche abweichen, noch die
Zwinglischen Bücher und Prediger unter sich dulden würden; begannen sie sofort
2. Oktober. den Krieg. Während ein Fähnlein von Luzern aus längs der Reuß über Hitzkirch in die freien Aemter einfiel und durch Plünderung und Verfolgung der

Evangelischen den erbitterten Haß bethätigte; sammelte sich die Hauptmacht bei
Zug auf dem Boden von Baar und rückte nach abgehaltener Messe gegen die Grenze
vor. Bei Kappel stand eine Züricher Vorhut, nicht über 1200 Mann stark, unter
Hauptmann Göldli. Als dieser bemannte Schiffe über den See fahren, die
Banner der Lande wehen sah, den Hall des Uristiers hörte, schickte er sogleich
Botschaft nach Zürich und bat um Verstärkung. Hier war man aber weder
kriegsbereit, noch einig. Der Feldhauptmann Rudolf Lavater ließ das Sturm-
gebot durch das Land ergehen; allein die Gegner Zwingli's machten es durch
Gegenbotschaften und falsche Gerüchte in den Landgemeinden unwirksam; Bündt-
ner Hülfsmannschaften, die schon auf dem Wege waren, wurden durch erlogene
Nachrichten zur Umkehr bewogen. Mit Mühe brachten es Lavater und Zwingli
dahin, daß am Morgen des 11. Oktober nach alter Sitte das Hauptbanner der
Stadt aufgezogen ward, unter dem sich die gesammte streitbare Mannschaft sammeln sollte. Aber der Zuzug der Bewaffneten erfolgte langsam und schwach;
immer dringender mahnte das Häuflein bei Kappel, das sich der überlegenen
Feindes nicht länger zu erwehren vermochte, um Hülfe. Da wurde denn zum
Aufbruch geblasen, so gering auch die Zahl der Kampfbereiten war; es sollen
sich nicht über 700 Mann, meistens ältere Bürger, Rathsglieder und Familien-
häupter bei der Fahne eingefunden haben.

    Der Zug ging über den Albis; mühsam erstiegen die schwergerüsteten Män- Auszug der Züricher.
ner mit einigem Geschütz die steile Höhe; Zwingli war als Feldprediger in der
Mitte der Glaubensbrüder, verdüsterten Sinnes und voll banger Ahnungen.
Beim Wegreiten vom Pfarrhaus hatte sich sein Pferd hartnäckig gesträubt. Auf
dem Kamm des Gebirges vernahmen sie bereits die Anzeichen der Schlacht. Der
Hauptmann Göldli hatte nach Empfang des Absagebriefes durch einen Ueber-
reiter seinen Leuten den Vorschlag gemacht, sich nach dem Albis zurückzuziehen;
aber Rudolf Gallmann von Mettmenstetten hatte, mit dem Fuße auf die Erde
stampfend, ausgerufen: „Hier, wo ich stehe, will ich bleiben! Hier soll mein
Kirchhof sein!" Diese Worte des entschlossenen Mannes hatten den Ausschlag
gegeben. Mit großer Tapferkeit hatte das Fähnlein, das über dem Kloster Kappel eine Anhöhe, der Scheuernberg genannt, besetzt hielt, den Andrang des zahlreichen Feindes mehrere Stunden lang abgewehrt, als das Banner der Züricher
Freunde auf dem Albis anlangte. Noch war erst die Vorhut und die berittene
Mannschaft oben; der Schützenhauptmann Wilhelm Tönig rieth, man solle
warten, bis sich alle eingefunden hätten. Aber Zwingli meinte, es zieme sich nicht,
müßig zu stehen, während die Andern Noth leiden. „Ich will in Gottes Namen
hin zu den biedern Leuten, will freudig sterben mit ihnen oder sie retten helfen."
Auch der Bannerherr Schwyzer war für raschen Fortzug. Als sie sich mit den
Waffengenossen auf dem Scheuern vereinigt hatten, betrug die Zahl kaum 2000
Mann. Diesen standen die Kriegshaufen der Urschweiz, wohl dreimal so stark,
gegenüber, Männer, die manchen Feldzug in fremdem Kriegssold durchgemacht

und der Waffen eben so kundig waren wie ihre Feinde. Nun traf ein, was
Zwingli vor zwei Jahren an derselben Stelle vorausgesagt: Niemand war da
zu scheiden. So kam es denn zum Schlagen. Nachdem der Feldprediger die
Streiter ermahnt hatte, auf Gott zu vertrauen und auf ihre gute Sache, wurde
die Losung zum Kampf gegeben. Man focht Mann gegen Mann, dieselbe Kraft
und Tapferkeit, die so manches stolze Ritterheer zu Fall gebracht, wurde jetzt
auf beiden Seiten im mörderischen Bruderkampf entfaltet. Trotz der Ungleichheit
der Heerestheile blieb das Treffen einige Zeit unentschieden; erst als der Landvogt Johannes Jauch von Uri mit dreihundert Schützen unbemerkt durch ein
Buchenwäldchen am Fuße des Hügels drang, das die Züricher unbesetzt gelassen,
und die Feinde von der Seite angriff, während der Gewalthaufe mit Spießen
und Hellebarden von vorn aufrückte, nahm der Kampf eine ungünstige Wendung
für die Reformirten. Wie tapfer auch Führer und Mannschaften stritten, die
Uebermacht war zu groß; von den zweitausend Züricher Wehrmännern blieben
fünfhundert auf der Wahlstatt, nur die einbrechende Nacht machte dem Morden
ein Ende und barg die Fliehenden. Dreimal sank das Stadtbanner durch den
Fall des Trägers und dennoch wurde es durch Hans Kambli gerettet. Noch niemals war das Züricher Gemeinwesen von solchem Unglück betroffen worden;
denn unter den Gefallenen waren die angesehensten Bürger und Rathsherren,
waren die Gründer und Säulen des reformatorischen Werkes der Schweiz. Dem
Schützenhauptmann Tönig, der verziehen wollte, bis sich Alle gesammelt, hatte
der Bannerherr Schwyzer spottend zugerufen: „Warte Tönig, bis du wieder frisch
bist;" der aber hatte geantwortet: „ich bin so frisch als ihr und werde mich bei
euch finden lassen". Jetzt lagen beide auf dem Waffenfelde; dort lag auch Rudolf Thummysen, der Oberste des Raths, dessen Wort bei den Männern der Reformation stets von großem Gewicht gewesen, dort der Zunftmeister Ulrich Funk,
dort der Spießerhauptmann Heinrich Escher; dort Zwingli's Stiefsohn Gerold
Meyer von Knonau; dort hatte auch Rudy Gallmann seinen Kirchhof gefunden,
mit ihm zwei seiner Brüder.

Es mag dem Geschichtschreiber Bullinger schwer ums Herz gewesen sein,
als er alle die reformatorischen Männer aufzählte, die auf der Kappler Erde
damals ihr Leben ließen, den ehemaligen Pfleger von Einsiedeln Diebold von
Geroldseck, den Comthur Konrad Schmid von Küßnacht, einen der edelsten und
aufrichtigsten Anhänger Zwingli's, die Prediger aus Stadt und Land, die ihren
Glauben mit dem Tode besiegelt, und endlich den Reformator selbst, Ulrich
Zwingli, der, als er zu einem Verwundeten Worte des Trostes sprach, von einem
feindlichen Speer durchbohrt wurde, den jammernden Gefährten zurufend:
„Welch Unglück ist denn das? Den Leib können sie tödten, doch die Seele nicht!"
Er lag da mit gefalteten Händen, den Blick gen Himmel gerichtet, in der Nähe
eines Birnbaums, später der Zwinglibaum genannnt, und erwartete in stillem
Gebet seine Erlösung. Noch athmete er, als einige das Schlachtfeld durchstrei-

Schlacht bei
Kappel
11. Oktober
1531.

Zwingli's
Tod.

fende Kriegsmänner ihn fanden. Sie forderten ihn auf zu beichten oder doch Maria und die Heiligen anzurufen. Da er kopfschüttelnd antwortete, schrien sie: „Das ist auch einer der hartnäckigen Ketzer und werth, daß man ihm den Lohn gibt." In diesem Augenblicke kamen andere hinzu, von denen ihn einer kannte. Als ein Unterwaldner Reisläufer den Namen hörte, rief er: „Ist es der schändliche Ketzer und Verräther, so sterbe er!" und gab ihm den Todesstreich. Am andern Tag versammelte sich eine Rotte gemeiner Kriegsleute, durch Trompetenschall berufen, bei der Leiche, um ein Ketzergericht zu halten. Als das Verdammungsurtheil gefällt war, wurde der Körper durch den Nachrichter von Luzern geviertheilt, verbrannt und die Asche den Winden preisgegeben. Aber sein Herz blieb unversehrt und wurde zu seinem Freunde Mykonius gerettet. Zwingli stand im achtundvierzigsten Lebensjahr, als er mitten im Kampf seiner Kirche entrissen ward.

So starb Zwingli, der „größte Reformer", wie man ihn bezeichnet hat. Während die deutschen Reformatoren vorzugsweise das religiöse und wissenschaftliche Gebiet pflegten und anbauten, hat der Schweizer das ganze Leben nach allen Richtungen und Stellungen des Menschen ins Auge gefaßt und mit den Strahlen seines praktischen Geistes zu durchdringen und zu erleuchten gesucht. Hervorgegangen aus der humanistischen Bewegung, hat er die wissenschaftliche Anregung und Methode der neuen Bildung in seinem ganzen Thun und Streben bewährt und in Anwendung gebracht: Er hat die Grundsätze einer gesunden Auslegungskunst, einer naturgemäßen Hermeneutik, die sich in der Profanliteratur des klassischen Alterthums Geltung errungen, auch auf die heiligen Schriften angewandt und den Sinn der biblischen Worte und Aussprüche seiner wahren Bedeutung nach zu fassen gesucht, ohne sich in die Vorstellungskreise der mystischen und ·scholastischen Interpretationen und allegorischen Deutungen des Mittelalters gefangen zu geben; er hat den Einfluß tieferer Bildung und Erkenntniß auf das geistige und sittliche Leben richtig begriffen und gewürdigt und die edlen Güter den Zeitgenossen und Nachkommen zu wahren und zu mehren gesucht. Die Züricher Hochschule, die seiner Vaterstadt eine so hervorragende Stellung auf dem Felde des Geistes und der Cultur über die Grenzen der Eidgenossenschaft hinaus verschaffen sollte, ist wesentlich seine Schöpfung; an ihr hat er selbst mit unermüdlichem Fleiß die Auslegung der H. Schrift gefördert, die der Grundstein aller Gottesgelehrtheit sein muß, und Andere zu ernsten Studien aufgemuntert. Stand Zwingli nach dieser Seite auf dem Boden des Humanismus, unter dem Einfluß einer geistesfreien wissenschaftlichen Strömung; so war er nicht minder erfüllt von der Ueberzeugung, daß mit tieferer Bildung auch eine tiefere Sittlichkeit, mit dem geistigen Schmuck auch ein fruchtbringendes Leben verbunden sein müsse, und daß dieses sittliche Leben in einer aufrichtigen Gottesfurcht und Gottesliebe, in echter Frömmigkeit wurzle, wie die heilige Schrift sie lehre und gebiete. Darum war sein ganzes Streben und Trachten darauf gerichtet, Gott allein die Ehre zu geben, den Flitter

Zwingli als Reformator.

und das Schauugold abzustreifen, womit Papstthum, Hierarchie und Scholastik das echte Gottesbild verhüllt und entstellt hatten, den reinen evangelischen Gottesdienst mit Herz und Lippen und mit äußern symbolischen Handlungen aufzurichten, wie ihn Christus und die Apostel gelehrt und geboten, das Senfkorn zu pflanzen, das sich zum Reiche Gottes entfalten sollte. Und damit dieses Reich Gottes zuerst in seinem Ausgangspunkte sich in seiner ganzen Fruchtbarkeit und Herrlichkeit zeige und den Andern ein Vorbild und Wegweiser sein möge, suchte er unter den Glaubensgenossen einen heiligen Wandel zu schaffen, mit unerbittlicher Strenge durch rigorose Sittenzucht alle Laster und Sünden, alle Leichtfertigkeiten des Lebens zu verbannen, damit nicht der Herr in seiner geheiligten Majestät beleidigt sein Angesicht zürnend von ihnen wende. Ein solches von theokratischen Vorstellungen erfülltes und beherrschtes Gemeinwesen mußte nach seiner Ansicht durch die eigne Kraft, durch die ihm inwohnende sittliche und geistige Idealität so gewaltig wirken, daß mit seiner Erscheinung in der echten Gestalt und Glorie auch nothwendig der Sieg verknüpft sein müsse; es sei also zur Verbreitung des Reiches Gottes nichts weiter vonnöthen, als daß man der Verkündigung des Evangeliums durch den Mund begeisterter Prediger, der Darlegung der Wahrheit und christlichen Sitte, wie er sie sich selbst zur Lebensaufgabe gestellt, kein Hinderniß in den Weg lege; er wagte es zum erstenmal, in religiösen Dingen das große Princip der Gewissensfreiheit und der Selbstbestimmung der Gemeinden, unter der Leitung ihrer geordneten Organe aufzustellen. So sicher glaubte er an die Macht der Wahrheit, so fest war er überzeugt, daß das lautere Evangelium von berufenen und gotterfüllten Predigern dem Gemüthe und dem Verstande der Menschen vorgetragen, seine Wohnung aufschlagen müsse in Aller Herzen, daß er wehrlos, nur mit dem glänzenden Panier der Freiheit in der Hand, der gewaltigsten Autorität entgegen zu treten wagte. Aber mit dieser idealen Auffassung von der Macht des göttlichen Wortes, von dem erobernden Siegeszug des freiverkündeten Evangeliums stieß er auf einen Widerstand von sehr realistischer Natur. Alles Gewordene und Bestehende hat Verehrer und Anhänger, die mit ihren Neigungen und Interessen damit verwachsen sind, die nicht nur die herkömmlichen Zustände für berechtigt halten und den Fortbestand zu wahren suchen, die auch nicht dulden wollen, daß neue Gebilde zur Prüfung und Wahl vorgeführt werden. Diese der Menschennatur tief inwohnende conservative Macht wird sich um so stärker und heftiger kund geben, wenn äußere Güter und Vortheile zu den inneren Gefühlen und Seelenrichtungen hinzutreten. Indem nun Zwingli der Predigt des Evangeliums freie Bahn brechen wollte, fand er bei den Dorfmagnaten und Hirtenoligarchen die unversöhnlichsten Widersacher: sie sahen nicht nur ihren Einfluß gebrochen, wenn die bestehende Einheit und überlieferte Ordnung in Kirche und Staat sich auflöste; ihre Jahrgelder und der Sold der Reisläufer wurden durch die Neuerung erschüttert. So entbrannte ein Kampf auf Tod und Leben; Zwingli erkannte die ganze Bedeutung desselben und den Theologen mit dem Staatsmanne vereinigend und das organisatorische Talent, das er in der religiösen und sittlichen Umgestaltung seines vaterländischen Gemeinwesens beurkundet, auf größere Verhältnisse anwendend, faßte er die Heilmittel mit richtigem Verständniß ins Auge. Nur wenn die eiternde Wunde der Jahrgelder und der Söldnerei, deren verderbliche Wirkungen er durch eigene Anschauung und Erfahrung kennen gelernt, von dem eidgenössischen Körper weggeschafft würde, konnte ein sittliches Staats- und Volksleben emporwachsen. Eine solche durchgreifende Reform war aber nur möglich, wenn zuvor die unzweckmäßige veraltete Bundesverfassung umgestaltet, ein neuer eidgenössischer Bau aufgeführt wurde, wie er den realen Verhältnissen entsprach. Als Haupt und Führer des geheimen Raths seiner Vaterstadt, vor dessen Forum die auswärtigen Angelegenheiten gehörten, konnte er zu einer solchen Reorganisation des eidgenössischen Staatenbundes die einleitenden Schritte thun; er mochte hoffen, das gemeinsame Interesse würde Bern und die andern Bürgerstädte auch zu gemeinsamem Handeln fortreißen, dann waren sie in jeder Beziehung so sehr im Uebergewicht, daß ein kurzer, vielleicht unblutiger Waffengang zu dem erstrebten Ziel geführt hätte. Aber er legte den Maßstab der eigenen Persönlichkeit an die Mitstreiter und Bundesgenossen, und der war viel zu groß. Sein Plan scheiterte an der Unzulänglichkeit der in Bewegung gesetzten Hebel, an der Schwäche der mitwirkenden Kräfte. Sein Werk stürzte durch die Unfähigkeit und Unwilligkeit der Bauleute zusammen und begrub den Schöpfer unter seinen Trümmern. Aber was er mit prophetischem Geiste erschaut und erfaßt und nicht durchzusetzen vermochte, sollte nach drei Jahrhunderten dennoch siegreich ins Leben treten und von der Größe und geistigen Ueberlegenheit des Züricher Reformators Zeugniß geben.

Drei Tage bewachten die Fünforte das Waffenfeld von Kappel zum Beweis ihres Sieges. Sie hofften auf den Abfall der Grenzorte, an die sie Aufforderungen zum Anschluß ergehen ließen, und fielen, als diese sich standhaft erwiesen, verwüstend in das Knonauer Amt ein. In Zürich aber erholte man sich von dem ersten Schrecken; der Schmerz und die Trauer um die gefallenen ehrenwerthen Männer spornte zu Muth und Rache. Rasch sammelte sich die Bürgerschaft um die Banner; von Thurgau und Glarus, von Schaffhausen, St. Gallen und Toggenburg kamen Hülfsmannschaften; in Kurzem stiegen 12000 Mann in das Reußthal hinab; die verlorenen Geschütze waren reichlich ersetzt. Nun rückten auch die Berner ins Feld; Basel und Biel schlossen sich an; ihre Streitmacht war den Bundesgenossen, mit denen sie in Bremgarten sich vereinigten, an Zahl gleich. Solchen Kräften gegenüber fühlten sich die Bauernschaften der Lande nicht stark genug; sie verließen die ausgeplünderten Orte und zogen wieder auf den Boden von Baar bei Zug, wo sie ein festes Lager schlugen. Die Reformirten folgten ihnen auf dem Fuße; ein Angriffskrieg gegen die Fünforte, wie ihn einst Zwingli beabsichtigt, schien jetzt unvermeidlich; durch Plünderung des

Weiterführung des Kriegs.

Zuger Gebiets vergalten die Zürcher die Verwüstungen ihrer Aemter. Aber auch jetzt noch war wenig Plan und Uebereinstimmung unter den Wehrmannschaften der Bürgerstädte. Sie trennten sich in mehrere Haufen, um den Feind von verschiedenen Seiten anzugreifen. Da gelang es einer Schaar Zuger Gebirgsleute, die, um einander in der Dunkelheit zu erkennen, Hemden und weiße Tücher über ihre Harnische gebunden, die auf dem Gubel gelagerten Gegner in stiller Mitternacht zu überfallen und ihnen zum zweitenmal eine empfindliche Niederlage zu bereiten. Gegen achthundert Todte und Verwundete lagen auf der Anhöhe; unter den Gefallenen war der muthige Landeshauptmann Jakob Frey. Dieser neue Unfall schlug die Kriegslust der Berner, die nie groß gewesen war, vollends nieder. Die kalte Regenzeit diente ihnen zum willkommenen Vorwand, mit einem Theil der Kriegsleute wieder nach Bremgarten zurückzukehren; nur so viel Mannschaft sollte verbleiben, als zur Einschließung des feindlichen Lagers nöthig wäre. So hoffte man die Fünforte zu ermüden und zum Frieden zu zwingen. Denn durch die fortdauernde Verkehrssperre war in den Waldstätten die Noth unerträglich geworden. Allenthalben wurde der Wunsch nach einer friedlichen Ausgleichung laut. Schon waren Unterhandlungen im Gange; aber die hochgespannten Forderungen der Fünforte schreckten den Zürcher Rath ab. Als jedoch Luzerner und Zuger Kriegsvolk in Verbindung mit einer Schaar Italiener in das Uferland des Sees einbrach, die Besatzung auf dem Hirzel zum Abzug nöthigte, aus Horgen und andern Orten Vieh und Lebensmittel wegführte, als die Landleute hülfeflehend nach der Stadt eilten, und die Bremgartener Bundesgenossen nicht zum Vorrücken zu bewegen waren, da regte sich auch in Zürich das Bedürfniß und der Wunsch nach Frieden. Es war kein Zwingli mehr da, der den Muth angefeuert, die Herzen entzündet, den kleinmüthigen, zwieträchtigen Geist niedergekämpft hätte. Gerade damals hatte es den Anschein, als sollte die Schweizer Fehde den Anstoß zu einem allgemeinen Religionskrieg geben: König Ferdinand hatte seinem kaiserlichen Bruder mit großer Befriedigung die Siege der katholischen Lande und den Fall Zwingli's gemeldet und ihn aufgefordert, da Gott so sichtbare Zeichen seiner Gnade gegeben, das Schwert zur Herstellung des wahren Glaubens zu ziehen; andererseits hatte der Landgraf von Hessen und Herzog Ulrich auf Hohentwiel den Zürichern Beistand an Geschütz und Geld angeboten. Wären die Habsburger sicher gewesen, daß König Franz gemeinsame Sache „gegen Türken und Ketzer" mit ihnen machen oder sich wenigstens ruhig verhalten würde; so hätten sich damals die Dinge leicht zu einem großen Schlag wider die Evangelischen in beiden Ländern anlassen mögen: aber der französische Machthaber wollte nichts von einem Bunde hören, der ihn mit den alten Freunden in der Schweiz auf ewig verfeindet und das Uebergewicht Oesterreichs auch bei der Eidgenossenschaft entschieden haben würde.

So mußten denn die beiden reformatorischen Länder ihre Geschicke auf eigene Hand ordnen, in der Schweiz wie in Deutschland beide Religionstheile einen

Boden des friedlichen Zusammenlebens schaffen, wie ihn die Umstände empfahlen. In der Schweiz war der neue Landfrieden, den zuerst Zürich, dann Bern mit den Fünforten eingingen, für das neue religiöse, geschichtliche und nationale Leben des eidgenössischen Volkes unheilvoll. Zunächst ein Gegenstück zu dem Kappeler Frieden, wurden die dort vereinbarten Bedingungen der veränderten Zeitlage entsprechend umgeändert: Die Kriegskosten mußten von den Bürgerstädten getragen, das Mitregiment der Lande in den gemeinsamen Herrschaften hergestellt, das „christliche Burgrecht" mit Auswärtigen abgeschafft werden. Lag schon darin ein Beweis, daß die Fünforte sich als Sieger fühlten, so trat dies Uebergewicht noch mehr hervor in den die Religion betreffenden Artikeln. Weit entfernt, das von Zwingli aufgestellte Prinzip der Glaubens- und Gewissensfreiheit anzuerkennen oder die Verkündigung des Evangeliums in ihren Landen zu gestatten, forderten sie für sich und ihre Verbündeten das Recht, bei ihrem „alten wahren christlichen Glauben" ruhig und unangefochten zu bleiben und jeder Neuerung entgegenzutreten. Wenn sie dafür versprachen, auch die Andern „bei ihrem Glauben" zu lassen, so war das in ihren Augen ein Zugeständniß, das sie um des Friedens willen den „Eidesgenossen" machten. Dagegen mußte ihnen in den Vogteien und gemeinen Herrschaften die frühere Stellung wieder eingeräumt werden. Durch eine neue Abstimmung sollte Jedermann gestattet sein, zu dem „alten wahren Christenglauben" zurückzukehren. Wo beide Religionstheile neben einander beständen, sollten die Kirchengüter getheilt werden. Unter denselben Bedingungen machten auch Bern und die übrigen Städte ihren Frieden. Bei der neuen Abstimmung aber gewann die katholische Kirche durch den überwältigenden Einfluß der Fünforte wieder viele Bekenner.

Die Folgen dieser Ereignisse traten bald allenthalben zu Tage. Die Fünforte und ihre papistischen Oligarchien, die Zwingli hatte zu Fall bringen wollen, galten mehr als zuvor; und sie säumten nicht, das gewonnene Uebergewicht in ihrem Sinn und Interesse auszunutzen. Bremgarten und Mellingen mußten ihnen wieder eingeräumt werden und den katholischen Gottesdienst herstellen. In Glarus gewann die katholische Partei frischen Boden und erlangte unter Beihülfe der Urkantone das Uebergewicht. Ein ähnlicher Umschlag trat in Solothurn ein, wo siebenzig evangelische Familien genöthigt wurden, die Stadt zu verlassen. Die Gotteshausleute von St. Gallen wurden gezwungen, die Herrschaft des Abtes wieder anzuerkennen und die Messe zu dulden; die Bürgerschaft mußte Entschädigung leisten; mit Müh und Noth rettete Toggenburg seine Freiheit und seinen reformirten Glauben. Am härtesten wurden die Grenzorte am Bürcher See behandelt, jene von den katholischen Kantonen abhängigen Aemter, die unter dem Schutz und Einfluß Zürichs großentheils die neue Lehre angenommen hatten. Die Schwyzer nahmen Besitz von Uznach, Gaster, Wesen, behandelten die Einwohner als Empörer, richteten den katholischen Gottesdienst wieder ein und verbrannten alle „lutherischen" Bücher. Von ihnen unterstützt,

16. Novbr. 1531.

Religiöse Reaction.

erhoben sich die Papisten in Rapperschwyl gegen ihre reformirten Mitbürger; der muthige Büchsenmacher Michael Wohlgemuth, der sich in seinem Hause tapfer vertheidigte, wurde überwältigt und unter Martern hingerichtet; der Prediger wurde zur Flucht gezwungen, die Messe wieder eingeführt. Auch im Rheinthal, im Thurgau, im Aargau und anderwärts fühlte man die Umkehr der Verhältnisse. Von Neuem bevölkerten sich die Klosterzellen von Rheinau, Wettingen, Muri, Einsiedeln, Münsterlingen, Katharinenthal mit Ordensleuten; der Abt von Pfäfers, der reumüthig zurückkehrte, und die Chorherren von Zurzach arbeiteten eifrig im Dienste Roms. So wurde in der Schweiz durch die Schlacht von Kappel eine religiöse Spaltung geschaffen, wie sie sich seitdem im Ganzen befestigt und erhalten hat. Ja auch in Zürich selbst gab sich ein Umschwung der Gesinnung kund. Die Landschaft, welche durch die theokratische Herrschsucht Zwingli's am meisten gelitten, lehnte sich gegen die Herren des Raths auf und

9. Decbr.
1531. erzwang die „Verkommniß", durch welche die Trennung der geistlichen und weltlichen Dinge ausgesprochen, der Einfluß der Fremden, die in Folge der Reformation eingewandert und in das Burgrecht aufgenommen worden waren, beschränkt und die Mitwirkung der Landschaft bei Kriegserklärungen festgesetzt wurde. Von da an hörte der „heimliche Rath", die Schöpfung Zwingli's, auf. Nur dem neuen Leutpriester von Großmünster, dem von Bremgarten herübergerufenen Heinrich Bullinger, dem würdigen Nachfolger des Reformators, war es zu danken, daß die Rechte der Geistlichkeit nicht noch mehr verkürzt wurden. Auf den Baseler Reformator Oecolampadius wirkte die Nachricht von diesen Vorgängen so erschütternd, daß er dem Freunde nach einigen Wochen in die Gruft folgte. Er starb am 24. November 1531.

3. Die Parteistellung in Deutschland und der Nürnberger Friede.

Stärkung des
Schmalkal-
dischen Bun-
des. Die Vorgänge in der Schweiz konnten nicht ohne Rückwirkung auf Deutschland bleiben. Der Mangel an einträchtigem Zusammengehen und planmäßigem Handeln hatte die reformirten Bürgerstädte gegenüber den katholischen Bauernschaften und Hirten in Nachtheil gebracht und das politische und confessionelle Uebergewicht, das sie seit Jahren in den gemeinen Herrschaften besessen, vernichtet. Für die Glieder des Schmalkaldischen Bundes mußte diese Wahrnehmung eine Mahnung sein, nicht durch denselben Fehler ein ähnliches Schicksal auf sich herabzuziehen. Und in der That gewann der Bund größere Stärke

Decbr. 1531. nach Innen und Außen. Nicht nur, daß auf einem Tage zu Frankfurt die Organisation desselben einen bedeutenden Schritt weiter geführt ward, indem man sich dahin einigte, daß der Kurfürst von Sachsen und der Landgraf von Hessen als oberste Bundeshäupter die Geschäfte in Krieg und Frieden leiten sollten, und Anordnungen traf über die Lasten und Leistungen an Geldbeiträgen und Mannschaften sowie über die Stimmenzahl der fürstlichen und der städtischen Theilnehmer

im Bundesrath; die Zahl der Mitglieder nahm auch zu. Die oberdeutschen
Städte, welche bisher im Vertrauen auf die Schweiz eine reservirte Haltung beobachtet hatten, beeiferten sich nun, ihren Beitritt zu erklären, und in Niederdeutschland hielten die mächtigsten und reichsten Stadtgemeinden zu der Schmalkaldischen
Vereinbarung. Wir wissen bereits, wie rasch die reformatorischen Ansichten im
deutschen Norden Boden gewonnen: schon um die Mitte der zwanziger Jahre
waren in den meisten Städten Ansätze zu neuen kirchlichen Gemeindebildungen
vorhanden, die sich bis zur Zeit des Augsburger Reichstags bedeutend entwickelt
und ausgebreitet hatten. Bremen, Lübeck und Magdeburg waren von Anfang
an standhafte Glieder des Schmalkaldischen Bundes. Unter Vermittelung des
Herzogs von Lüneburg traten Braunschweig und Göttingen bei; in Frankfurt
wurden Goslar und Eimbeck nebst dem süddeutschen Eßlingen in den Verein aufgenommen; bald folgten Nordhausen und Hamburg.

Während in der Schweiz die katholische Richtung an vielen Orten, die schon Machtstel-
zur Reformation übergegangen oder im Schwanken begriffen waren, wieder festen lung des
Boden gewann, trat nun in Deutschland ein föderativer Religions- und Staatsorganismus ins Leben, der von Constanz und Lindau bis Bremen und Lübeck, von
Straßburg bis an das Gestade des baltischen Meeres reichte, in den sächsischen und
hessischen Landen seinen Schwerpunkt hatte und durch Bundesgesetze und militärische Anordnungen zusammengehalten ward, eine staatliche Macht, die über ganz
Deutschland verbreitet der katholisch-österreichischen das Gegengewicht halten konnte,
die, wenn auch nur ein Schutz- und Vertheidigungsbündniß gegen religiösen Zwang,
nothwendig ein Vereinigungspunkt für alle der Habsburgischen Vergrößerungspolitik widerstrebenden Gewalten werden mußte. Da die Schmalkaldischen Bundesglieder Ferdinands Königswahl bestritten, so waren sie ein natürlicher Anhalt
für alle deutschen Fürsten und Stände, die in dieser Verwerfung mit ihnen
übereinstimmten. Nicht minder mußten auswärtige Mächte, die mit dem Kaiser
und dem Hause Oesterreich auf gespanntem oder feindlichem Fuße lebten oder
sich von Karl bedroht glaubten, einen Anschluß an die deutsche Conföderation
suchen. In dem Augenblick, da der Kaiser durch den Augsburger Reichsabschied
die kirchliche Neuerung zu erdrücken gedachte, da König Ferdinand dem Bruder
den Rath ertheilte, von Italien aus der katholischen Reaction in der Schweiz
Nachdruck zu geben, da Kaiserthum und Papstthum im Bunde die alte hierarchische Ordnung aufs Neue zu befestigen trachteten, vereinigten sich in Deutschland die reformatorischen Elemente, die bisher ohne Zusammenhang, ohne gemeinsamen Plan ihre kirchlichen Einrichtungen getroffen, zu einem Verband, der
die idealen Güter mit allen ihm zu Gebote stehenden Kräften zu vertheidigen entschlossen war, der durch seinen Widerspruch gegen die ungesetzliche Aufrichtung
einer Obergewalt als Hüter und Wahrer der alten Reichsrechte auftreten konnte,
der nun durch die äußere politische Vereinigung naturgemäß auch in religiösen
Dingen zu einem mehr einheitlichen, übereinstimmenden Vorgehen geführt werden

mußte. Der Schmalkaldische Bund war der erste starke Keil, der in den Reichskörper getrieben ward, aber in einen Reichskörper, der einer Reform durchaus
bedürftig war, welche man ihm vorenthalten wollte. Kein Reichsfürst konnte sich
damals an Macht und Ansehen mit dem bejahrten Kurfürsten Johann von Sachsen messen. Er stand bereits am Rand des Grabes; aber ein trefflicher gleichgesinnter Sohn war ihm zur Seite, der würdige Erbe der evangelischen Regierungsweise, die der Vater und der Oheim standhaft durchgeführt.

**Parteiftel-
lungen.**   Und aus dieser gebieterischen Position ließen sich die Bundesglieder herausdrängen, ohne ihre Zukunft sicher zu stellen, ohne sich feste Garantien zu verschaffen. Wie in der Schweiz waren auch in Deutschland die Gemüther im Anfang der dreißiger Jahre in der größten Aufregung, in der bangsten Erwartung.
Religiöse und politische Ideen durchkreuzten sich; kühne Pläne und zurückhaltende
Bedenklichkeiten tauchten neben einander auf; heftige Leidenschaften schlummerten
unter dünner Decke. Wie in den Tagen, die den Wormser Verhandlungen vorangingen, wurde die deutsche Nation von Hoffnungen und Befürchtungen hin und
hergezogen, nur daß jetzt weniger das Gesammtvolk zur Parteinahme fortgerissen
ward als die oberen Schichten der Gesellschaft, die obrigkeitlichen Gewalten.
Da zeigten sich denn Gruppen und Parteien von sehr verschiedenartigen Bestrebungen. Während kühne Geister, wie der Landgraf von Hessen, die politische
Weltlage zur Durchführung des protestantischen Prinzips im Sinne eines Hutten
und Zwingli benutzen und vor Allem der freien Predigt des Evangeliums und
der Kundgebung religiöser Ueberzeugung Raum und Geltung verschaffen wollten;
hielten die Altgesinnten, welche in Augsburg die Majorität gebildet hatten, an
ihrer Spitze der päpstliche Legat und König Ferdinand, an dem Entschlusse fest,
die religiöse Neuerung zu unterdrücken, die hierarchischen Ordnungen mit der
bischöflichen Jurisdiction und allen kirchlichen Gütern und Rechten zu bewahren
oder herzustellen, und die Störer dieser Ordnungen und Rechte durch das Reichskammergericht in Gemäßheit der Speierer und Augsburger Beschlüsse zu verfolgen. Zwischen diesen äußersten Richtungen blieb aber auch noch Raum für
ruhigere und gemäßigtere Anschauungen; und auch solche machten sich geltend
sowohl auf katholischer Seite bei dem Kaiser selbst aus Gründen der Staatsklugheit, als auf protestantischer bei Luther und dem von ihm bestimmten Kur-

**Schwierige
Lage des
Kaisers.** fürsten von Sachsen. Es war keine leicht zu lösende Aufgabe, diese divergirenden
Richtungen und Bestrebungen, wenn auch nicht zu einer Versöhnung, so doch zu
einem Compromiß, zu einem modus vivendi zu bringen; und so begegnen wir
denn auch in dieser Zeit einer Reihe von öffentlichen und geheimen Versammlungen, Besprechungen, Berathungen, bald um die Parteiziele zu fördern, bald
um den Ausbruch von Feindseligkeiten zu verhindern. Wie sehr auch der Kaiser
in den katholischen Vorstellungskreisen sich bewegte und jeder religiösen Neuerung
von Grund aus abgeneigt war, so war er doch zu sehr Politiker, als daß er sich
gerade jetzt durch ein scharfes Vorgehen gegen die Protestanten eine schwierige

Lage hätte schaffen mögen. Wir werden in einem andern Zusammenhang den Kriegszug kennen lernen, den um diese Zeit der gewaltige Sultan Suleiman vorbereitete und auch bald zur Ausführung brachte; nicht nur ganz Ungarn sollte dem Osmanischen Reich gewonnen werden; auch auf Wien, auf die österreichischen Alpenländer, auf Italien hatte er seinen Sinn gerichtet, die kaiserliche Weltherrschaft gedachte er dem Morgenland zurückzuerobern; mit den stolzesten Plänen trug sich sein Geist. Und was er vom Abendland hörte, konnte ihn nur in seinem Vorhaben bestärken. Hatte sich schon früher die Christenheit zu gemeinsamen Schritten gegen den starken Feind im Osten nicht aufzuschwingen vermocht, wie sollte sie sich jetzt, da Alles in Gährung und Spaltung war, zu einem solchen Unternehmen vereinigen? Die klägliche Haltung Ferdinands mußte ihn noch mehr in dem Gedanken bestärken, daß er bei seinem Vorrücken auf keinen unüberwindlichen Feind stoßen würde. Gerne hätte der österreichische Herrscher die größten Opfer gebracht, sich zu einem Tribut für die ungarischen Länder und Städte, die man ihm lassen würde, verstanden, sich mit einer Anwartschaft, mit einem künftigen Heimfallrecht zufrieden gegeben, wenn der Sultan hätte Frieden halten wollen. Denn näher, als die Ehre und Sicherheit seines Landes lag diesem jüngsten Enkel des katholischen Herrscherpaares in Spanien der Triumph der römischen Kirche am Herzen. Erst als der Osmane alle Anerbietungen hochmüthig zurückwies und zum Feldzug schritt, widerstrebte jener nicht länger dem Plane des Kaisers, durch ein friedliches Abkommen mit den evangelischen Ständen eine kräftige Reichshülfe zu schaffen.

Auf ein solches Abkommen war Karl's Sinn schon seit einiger Zeit gerichtet. *Friedensverhandlungen.* Zu dem Zweck hatte er die beiden Kurfürsten von der Pfalz und von Mainz zu vermittelnden Unterhandlungen bevollmächtigt; und wie sehr auch die ultramontane Majorität ihn drängte, den Reichsabschied auszuführen und den Gerichtsgang seinen Lauf zu lassen; so zog er doch vor, in Regensburg einen neuen Reichstag abzuhalten und den Fiscal anzuweisen, „mit den Prozessen, zu denen ihn der Augsburger Abschied in der Religionssache ermächtigt habe, bis zum nächsten Reichstag innezuhalten". Vielleicht hatte er eine Ahnung, daß sein alter Gegner Franz von Frankreich die verwirrte Lage des Reichs und den Heereszug der Osmanen zu einem neuen kriegerischen Vorgehen zu verwerthen gedenke. Denn um *April u. Mai 1532.* dieselbe Zeit, da zuerst in Schweinfurt, dann in Nürnberg über die Bedingungen eines Friedens zwischen den Abgeordneten des Schmalkaldischen Bundes und den Räthen der vermittelnden Kurfürsten verhandelt wurde, hatte im Kloster Scheyern in der Nähe von München ein französischer Botschafter geheime Besprechungen mit dem Herzoge von Baiern und mit hessischen und sächsischen Bevollmächtigten behufs eines Bündnisses für den Fall eines Krieges mit dem Kaiser. In welches Gedränge aber mußte die Habsburger Macht kommen, wenn der Feind von Osten und Westen drohte und das Reich durch die religiöse Spaltung gelähmt, keine Hülfe leisten konnte, ja sich vielleicht zum Gegner schlug? Des Kaisers

Hauptanliegen war es nun, die Kriegsmacht, die ihm zu Augsburg zugesagt worden war, jetzt auf dem Regensburger Reichstag wirklich zu erhalten und womöglich den Widerstand gegen die Königswahl Ferdinands zu beseitigen. Und da fand denn der Kaiser Fürsprache und Hülfe von einer Seite, wo er sie am wenigsten erwartet haben mochte — bei Luther und den Wittenberger Theologen.

Es ist schwer, bei einem Manne, dessen erregbare Seele so sehr persönlichen und momentanen Eindrücken zugänglich war, dessen Anschauungen so oft von dem Hauptziele auf Seitenwege abgelenkt wurden, den inneren Pragmatismus der Handlungsweise klar zu legen, die oft rasch wechselnden Entschlüsse und Rathschläge gegen den Vorwurf des Widerspruchs und der Wandelbarkeit zu schützen; dennoch wird man auch bei dieser Gelegenheit bei tieferer Betrachtung die Gründe entdecken, die Luthers Sinn jetzt für den Frieden stimmten. Es ist uns bekannt, daß er bei dem Abschluß des Schmalkaldischen Bundes nur zögernd und fast gegen seine innere Ueberzeugung sich zu der kriegerischen Haltung drängen ließ, und daß er den Kurfürsten Johann zur Anerkennung der Königswahl Ferdinands zu bestimmen gesucht. Wenn er dann auf andere Meinung gebracht ward, wenn er den Krieg in scharfen Flugschriften empfohlen und gerechtfertigt hat, so wurde er von der Idee beherrscht, der Kaiser werde von den päpstlichen Legaten und von der ultramontanen Majorität zu feindseligen Schritten gegen die Evangelischen fortgerissen, er sei nur der Vollstrecker römischer Rathschlüsse; es sei daher Gewissenssache, sich gegen ihn zur Wehr zu setzen. Seitdem hatte sich die Lage der Dinge geändert. Der Feind der Christenheit bedrohte die Grenzen des Reichs mit einer furchtbaren Heeresmacht; der Kaiser reichte die Hand zu einem Abkommen, durch welches wenigstens den dermaligen Gliedern des Schmalkaldischen Bundes ein Friedenszustand auf Grund des Bestehenden bis zum Austrag eines Concils gewährleistet ward. Auf der andern Seite sah Luther Kräfte und Bestrebungen in Thätigkeit, denen er mißtraute und in tiefster Seele abgeneigt war. Wir wissen, wie sehr der Landgraf von Hessen und seine geistlichen Freunde auf ein Zusammengehen mit den Schweizern und ihren deutschen Gesinnungsverwandten hinarbeiteten; die Forderung der Züricher, daß die freie Predigt des Evangeliums allerwege gestattet sein und daß man in Sachen des Glaubens keinerlei Zwang üben sollte, welcher der Gewissensfreiheit Eintrag thue, sofern sich diese im Wege der Ordnung und unter obrigkeitlicher Leitung manifestire, war auch die Losung der vorwärts drängenden Partei unter den Schmalkaldischen Verbündeten. Daß aber dieser Grundsatz niemals die Zustimmung der katholisch gebliebenen Stände erlangen werde, ging aus allen Verhandlungen und Besprechungen deutlich hervor, und seit er auch in der Schweiz durch das Treffen bei Kappel Schiffbruch gelitten, war an die Durchführung in Deutschland um so weniger zu denken. Vielmehr wollte die katholische Majorität in Deutschland vorgehen, wie die Fünforte in der Schweiz: weder sollten die Prozesse, die das Kammergericht bereits gegen die Evangelischen eingeleitet, abgestellt, noch die bischöflichen Rechte und Einkünfte gefährdet werden: „Niemand soll den Andern des Seinen entsetzen" lautete die Forderung. Bei solchen entgegengesetzten Tendenzen fürchtete Luther, es möchte zum Krieg kommen und dann wie in Zürich die Actionspartei die Oberhand und Führung erlangen, dadurch könnte nicht allein dem Schmalkaldischen Bund, der doch nur eine Vereinigung zum Schutz gefährdeter kirchlicher Berechtigungen sein sollte, ein aggressiver Charakter aufgeprägt, sondern auch das ganze Reformationswerk in unberechenbare Bahnen gelenkt werden.

Man sieht, daß Luther so wenig zu acuten Maßregeln hinneigte, wie der Kaiser. Er bedachte nicht, daß er durch diese Friedensliebe um jeden Preis den bisher gewahrten Standpunkt verrückte, daß, indem er persönlichen Eindrücken und Vorurtheilen zu viel Macht über sich einräumte, er den großen Gedanken einer Lebenserneuerung für alle christlichen Völker seiner idealen Natur entkleidete. Bei den Verhandlungen in Schweinfurt und Nürnberg, neben denen noch verschiedene kleinere Parteibesprechungen herliefen, lag der Hauptnachdruck auf der Frage, ob der Friede nur mit denjenigen abgeschlossen werden sollte „so sich in das Augsburger Bekenntniß eingelassen haben" oder auch auf diejenigen sich erstrecken, „so sich noch einlassen mögen". Gegen den letzteren Zusatz erklärten sich die Katholischen eben so entschieden wie die Fünforte in der Schweiz. Und schwerlich hätten die geistlichen und weltlichen Fürsten und Reichsstände, die in Speier und Augsburg so eifrig die Neuerung bekämpft hatten, deren Verbreitung in ihren Territorien zugelassen. Aber nur mit dieser Bedingung konnte das Reformationswerk seinen wahren Zweck erfüllen, konnte es die Mission einer religiösen Regeneration der gesammten deutschen Nation, wie sie Luther doch im Auge gehabt, erfolgreich durchführen. Darum hatten ja die evangelischen Stände in Speier „Protestation" gegen die ihnen aufgedrungenen Beschränkungen eingelegt, darum hatte ja Luther, als in Augsburg dieselben beschränkenden Vorschläge auftauchten, in seinem Bedenken über den Reichsabschied mit Berufung auf den Galaterbrief ausgesprochen, daß alle, die nach der Lehre ihres Bekenntnisses glaubten und lebten, als Brüder angesehen und zu ihrer Gemeinschaft zugelassen werden müßten. Nur wenn auch allen denen, die in Zukunft der evangelischen Confession beitreten würden, der Friede zugesichert ward, konnte das neue Kirchenthum eine würdige Stellung gewinnen. Es mußte daher den Schmalkaldischen Verbündeten als eine Abweichung von der bisher eingehaltenen Bahn erscheinen, daß Luther einer viel beschränkteren Auffassung das Wort redete und auch den sächsischen Kurfürsten dafür zu gewinnen wußte, daß er in einem „Rathschlag zur Friedenshandlung" den merkwürdigen Grundsatz aufstellte: „da man den in Rede stehenden Zusatz bei dem Gegentheil nicht werde erhalten können, so sei nicht zu rathen, daß man darüber streiten und dadurch die ganze Handlung vom Frieden umstürzen solle, indem man ohne Beschwerung des Gewissens den Zusatz fallen lassen könne. Jeder Christ sei schuldig, das Evangelium auf eigene Gefahr zu glauben und zu bekennen, wie Christus spreche, wer ihm nachfolgen wolle, solle sein Kreuz auf sich nehmen, das heiße, dasselbe nicht auf einen Andern laden. Auch solle man dem Andern nicht thun, was man nicht wolle, daß es einem selber geschehe. Da nun keine Obrigkeit dieses Theils wolle, daß andere Nebenfürsten sie zwingen sollten, dem Unterthanen den alten Glauben zu gestatten, so folge daraus, daß man auch die Obrigkeiten des Gegentheils nicht zwingen dürfe, ihren Unterthanen den neuen Gottesdienst zu erlauben". Indem aber Luther auf diese Weise ganz in die Auffassung der fürstlichen Obrigkeiten einging, stempelte er selbst die evangelische Glaubensgemeinschaft zu einer Secte, wie der Reichsabschied sie bezeichnet hatte. Es mußte noch als Zugeständ-

(Randbemerkung:) Divergirende Tendenzen.

niß erscheinen, wenn die kaiserlichen Unterhändler den Frieden auf alle Genossen des
Schmalkaldischen Bundes ausdehnten und nicht blos auf die Unterzeichner der Augsburger Confession. Vergebens suchte die, um den Landgrafen vereinigte Partei, zu der
auch der lüneburgische Reformationsprediger Urban Regius gehörte, in einem Bedenken
darzuthun, „es sei Gewissenssache, daß man die Thüre zur Wahrheit nicht sperre und die
Glaubensverwandten ihren Verfolgern nicht preisgebe"; vergebens bekämpfte der muthige
Fürst selbst die mattherzige Ausgleichungspolitik, indem er betheuerte: „er seines Theils
werde sich das Recht nicht nehmen lassen, seinen Gesinnungsgenossen zu helfen, es bleibe
Leib und Gut wie es wolle; der Kurfürst sei in gleicher Verpflichtung, und er thue Unrecht, daß er den zeitlichen Frieden dem ewigen vorziehe"; Luther beharrte bei seinem
Satze: „es gebühre sich nicht, den Kaiser und andere Potentaten zu nöthigen, dasjenige
was er ihnen aus Gnaden als ein persönliches Privilegium ertheile, auch Andern zu
bewilligen"; „wer zu hart schneuze, der zwinge Blut heraus, und wer das Geringe ver-
schmähe, dem werde das Größere nicht". „Nun der Kaiser, die höchste von Gott geordnete Obrigkeit sich so gnädiglich erbiete, und so mildem freien Befehl gebe, Friede zu
machen, so sei es fürwahr nicht anders zu achten, als biete Gott selbst seine gnädige
Hand dar." „Wir haben eine göttliche Sache", schrieb er seinem Landesfürsten, „die
will und muß Gott allein erhalten, wie er bisher redlich gethan. Menschengedanken
thun es warlich nicht!" Und dieser war stets geneigt, Luthers Rath zu befolgen. Auch
diesmal schrieb er seinem Sohn nach Nürnberg, „daß er nicht Alles so schnur eben
nehmen, sondern die Sache zu End bringen solle".

Der Nürn-
berger Frie-
den 1532. So einigten sich denn die Bevollmächtigten des Kaisers und der Schmalkaldischen Verbündeten zu dem Nürnberger Vertrag, welcher den Bekennern der
Augsburger Confession, so viele deren bis jetzt ihren Beitritt erklärt, Frieden zusicherte, ohne der künftigen Anhänger des evangelischen Glaubens Erwähnung
zu thun; fremden Staatsangehörigen sollte in Sachen der Religion nirgends
Schutz zu Theil werden; selbst bei den Fürsten Augsburger Bekenntnisses machte
man nur in so weit eine Ausnahme, daß ihnen die Freiheit eingeräumt ward,
auf Reisen und Feldzügen für sich und die Ihrigen das Evangelium einfach nach
dem Text predigen zu lassen. Bis zum Austrag der kirchlichen Streitigkeiten durch
ein allgemeines Concil oder, falls dies nicht zu Stande käme, durch eine neue
Reichsversammlung sollten beide Religionstheile einander mit Freundschaft und
christlicher Liebe begegnen, die Rechtsklagen in Kirchensachen bei dem Reichskammergericht eingestellt werden, die bischöfliche Jurisdiction und Verwendung der
27. Juli
1532 geistlichen Güter im bisherigen Zustande verbleiben. In dem kaiserlichen Mandat, welches der deutschen Nation dieses Abkommen kund machte, war auch noch
besonders hervorgehoben, daß alle Reichsstände dem Kaiser den schuldigen Gehorsam und die gebührende Türkenhülfe zu leisten hätten. In einem Neben-
Abschied hatten sich die evangelischen Verbündeten noch ausdrücklich verpflichtet,
nur solche Mitglieder in den Bund aufzunehmen, welche sich zu der Augsburger
Confession bekennen würden, mithin alle Zwinglianer und Wiedertäufer zurückzuweisen.

Gegnerische
Stimmen. Der Nürnberger Friede war der erste Versuch, zwischen den streitenden Confessionen eine Lebensgemeinschaft aufzurichten, ohne jedoch die Idee einer kirch-

lichen Wiedervereinigung aufzugeben. Er sollte der katholischen Majorität wie der Schmalkaldischen Bundeseinigung das aggressive Vorgehen verwehren. Aber eine solche halbe Maßregel befriedigte nach keiner Seite. Die Ultramontanen zürnten einem Abkommen, das mit den früheren Reichstagsbeschlüssen in Widerspruch stand. Mit Thränen hinterbrachte Ferdinand dem Legaten Campeggi die Kunde von den Verhandlungen und erklärte, daß er Alles aufbieten werde, die lutherische Sekte zu vertilgen, und Joachim von Brandenburg betheuerte, „daß er lieber sterben und verderben wolle, als mit den Protestanten einen Frieden schließen". Ferdinand hatte allerdings ganz besonders Ursache, einer Uebereinkunft zu grollen, welche die Anerkennung seiner Königswahl nicht ausdrücklich erwähnte. So viele Mühe sich auch der Kaiser gegeben, den Kurfürsten von Sachsen von seinem Widerstand abzubringen, ein Bestreben, worin ihn Luther nachdrücklich unterstützte; in diesem Falle blieb Johann, so sehr er auch den Frieden wünschte, fest bei seiner Weigerung. Aber auch der Landgraf und die Theologen seiner Partei konnten sich nicht mit einem Abkommen versöhnen, das alle fremden und künftigen Glaubensverwandten schutzlos den Verfolgungen und Bedrängnissen der Gegner preisgab, nach dem Ausspruche Luthers, daß Jedermann verpflichtet sei, das Evangelium auf eigene Gefahr anzunehmen und zu bekennen. Sie fanden die Vertröstung auf ein Concilium bedenklich, sofern nicht zugleich ausgesprochen würde, daß auf demselben nur nach dem reinen Gotteswort entschieden werden sollte; sie verlangten, daß es jedem Fürsten frei stehen müsse, evangelische Prediger dahin zu senden, wo man ihrer begehre. „Er sei nicht gesonnen," hatte sich Philipp vernehmen lassen, „Krieg oder Aufruhr anzufangen, sondern nur Andern kein Kreuz aufzulegen und dem Worte Gottes zur Besserung so vieler Menschen seinen Raum zu lassen"; und Urbanus Regius hatte erklärt, „ein solcher Friede sei gefährlicher, als ein offener Krieg; in der alten Kirche würden die Christen lieber den Tod erlitten haben, als auf die Freiheit verzichtet, diejenigen in ihre Gemeinschaft aufzunehmen, welche zu ihnen übertreten wollten". Bittere Worte wurden zwischen dem Landgrafen und dem sächsischen Kurprinzen gewechselt, die eine längere Entfremdung zur Folge hatten. Nur nach langen ernsten Bedenken konnte der Landgraf bewogen werden, dem Friedensinstrument seine Unterschrift beizufügen.

Dagegen erregte die Friedenseinigung in Wittenberg große Freude. Dem Kurfürsten Johann hatte der Gedanke, mit dem Reichsoberhaupt in Krieg zu gerathen, stets großes Leidwesen und schwere Sorgen bereitet; jetzt war er mit dem Kaiser ausgesöhnt, sein Ansehen bei den Evangelischen gestiegen. Selbst ein Mitglied des kaiserlichen Hofes, der Graf von Ruenar, bezeichnete ihn als „den einigen Vater des deutschen Vaterlandes in göttlichen und menschlichen Dingen". Bald nachher schied der bejahrte Fürst aus der Welt. Er hatte in der letzten Zeit viel an einem Fußübel zu leiden, so daß ihm die linke große Zehe abgelöst werden mußte. Aber der Abschluß des Friedens hatte ihn mit neuem Lebens-

Tod des Kurfürsten Johann 1532.

32*

muth erfüllt. Er war von einer Jagd, an welcher seine beiden Töchter und die
geflüchtete Markgräfin von Brandenburg Theil genommen, heiter zurückgekehrt,
16. August als er in der folgenden Nacht plötzlich auf Schloß Schweiniz vom Schlage hin-
1632. gerafft wurde. Man brachte die Leiche zur Bestattung nach Wittenberg, wo Luther eine deutsche, Melanchthon eine lateinische Trauerrede hielt. „Wer nur auf
Gott vertrauen kann“, sagt Luther in seiner Grabschrift, „der bleibt ein unver-
dorben Mann“.

Der Kaiser   Aber auch dem Kaiser machte das Friedensmandat, zu dem er durch die
u. der Reichs-
tag von Re- Zeitumstände gedrängt ward, viel Sorge. Bisher war er mit dem Papst und
gensburg. den katholischen Ständen in seinem Verhalten gegen die Religionsneuerer Hand
in Hand gegangen; jetzt hatte er aus eigenem Antrieb sich in ein Compromiß
mit denselben eingelassen, wodurch seine früheren Edikte stillschweigend aufgehoben und außer Kraft gesetzt waren. Es war begreiflich, daß die Ultramontanen
ihm deshalb grollten; in den Sitzungen des Reichstags zu Regensburg kam diese
Stimmung deutlich genug zum Vorschein: noch nie war eine so starke Opposition gegen das kaiserliche Regiment hervorgetreten und in so scharfen und spitzen
Reden und Rügen ausgesprochen worden. Die einzige Genugthuung gewährte
ihm die Bereitwilligkeit der Stände, seinen Heerforderungen zu entsprechen. Die
Türken waren bereits in Ungarn eingebrochen; ohne die Reichshülfe an Mannschaft und insbesondere an Geschütz war ein erfolgreicher Widerstand kaum denkbar. Mit ungemeiner Rührigkeit und Kriegslust, wobei sich die evangelischen
Reichsstände, insbesondere die großen Stadtgemeinden an Eifer hervorthaten,
wurden die Heerschaaren und Geschütze aufgestellt und nach dem allgemeinen Versammlungsort bei Wien ins Feld geschickt. So viel Streit und Uneinigkeit daheim im deutschen Vaterland die Gemüther bewegte, auf dem Türkenzug unter
der Reichsfahne herrschte Eintracht und Kriegsmuth; katholische und evangelische
Wehrmänner zogen einmüthigen Sinnes und kampfbereit dem gemeinsamen Feind
der Christenheit entgegen. Der Kaiser, schon damals von körperlichen Leiden
schwer heimgesucht, empfing im Bade Abach, wo er während des Reichstags zur
Heilung und Kräftigung sich aufhielt, die Abgesandten der Versammlung, die
ihm die Bewilligung der Türkenhülfe ankündigten. „Sie fanden ihn in seiner
Schlafkammer auf einer ungepolsterten Bank sitzen, ohne allen Schmuck, mit
einem Maienreis in der Hand, womit er sich die Fliegen abwehrte, „in seinem
Leibröcklein“, sagt der Frankfurter Gesandte, „so demüthiglich, daß der geringste
Diener nicht so gebaren konnte.“

Abzug der   Und bald trafen noch andere frohe Botschaften ein. Der Heldenmuth, wo-
Türken. mit ein kleines Häuflein tapferer Männer in dem Schloß von Günz in Nieder-
ungarn allen Stürmen der Türken Trotz bot, hatte den Marsch des Feindes so
lange aufgehalten, daß die deutschen Heere noch rechtzeitig als Hüter der Grenze
erscheinen konnten. Der Anblick der stattlichen Reihen wohlgerüsteter Kriegsmänner machte auf den Sultan, der auf die kirchliche Spaltung des Reichs gerechnet,

und noch kurz zuvor einen so auffallenden Beweis von der Macht religiöser Begeisterung in gottvertrauenden Christenherzen erhalten hatte, einen so entmuthi-
genden Eindruck, daß er den Eroberungsplan aufgab und den Rückzug anordnete.
In Wien empfing der Kaiser mit seinem Bruder die von dem Feldzug heimziehenden Fürsten und Obersten und lohnte und dankte ihnen, in erster Linie
Schärtlin von Burtenbach, der sich durch Tapferkeit in einem Gefechte gegen eine
feindliche Ueberzahl besonders hervorgethan; dann verließ er das deutsche Land,
um über Italien nach Spanien zurückzukehren, zu seiner geliebten Gemahlin Isabella von Portugal. Damals stand Karl V. auf dem Höhepunkt seiner Macht
und Herrlichkeit; die Osmanen wurden auch zur See bedrängt, mehrere Plätze
im Peloponnes zurückerobert. Hätte König Ferdinand nicht durch seine religiöse
Schroffheit die Herzen der Deutschen zurückgestoßen, so hätte er damals sein un-
garisches Erbe vielleicht gewinnen mögen. Aber die Kriegshauptleute wollten
nur Hüter des Reiches sein, nicht Mehrer der Habsburger Macht.

XIII. Fortgang der deutschen Reformation und die Wiedertäufer in Münster.

1. Die Vorgänge in Würtemberg und der Frieden von Kadan.

Als Kaiser Karl nach Italien kam und in Bologna mit Papst Clemens VII. *Kaiser und Papst.* *Decbr. 1532.*
eine Zusammenkunft hielt, konnte er bald bemerken, daß eine große Veränderung
in demselben vorgegangen sei, daß er in Rom nicht auf Unterstützung seiner
Pläne zählen könne. Wir wissen, mit welcher Eifersucht, mit wie viel innerem
Widerstreben der päpstliche Hof die spanische Uebermacht in der Halbinsel betrachtete. Noch war das alte Nationalgefühl, das einst die Herrschaft der Hohenstaufen in der Lombardei und in Unteritalien für unvereinbar erklärt und einen hundertjährigen Weltkampf entzündet hatte, in den Italienern nicht ausgestorben; die
Culturblüthe, die damals noch in den Städten und Palästen so glanzvoll leuchtete, trug nicht wenig zur Belebung und Erhaltung des nationalen Selbstbe-
wußtseins bei. Der Papst konnte also auf die Sympathien der Völker rechnen, wenn
er der spanischen Hegemonie entgegentrat. Allerdings waren diese patriotischen
Gründe für Clemens VII. nicht maßgebend in seinen Handlungen; aber sie dienten
ihm doch zur Folie für seine persönlichen Zwecke und erleichterten ihm die Opposition
gegen den Kaiser, zu welcher er durch verschiedene Motive hingeführt ward. Hatte
ihm einst Karl bei der Kaiserkrönung die Unterdrückung der Ketzerei in Deutschland
in Aussicht gestellt, so trat er jetzt mit der Forderung eines Concils auf. Nichts
war aber dem Mediceer mehr zuwider, als ein Schritt, der den Habsburger zum
Schiedsrichter zwischen den religiösen Parteien gemacht, das kaiserliche Ansehen
über das päpstliche gestellt haben würde. Was konnte bei der herrschenden Aufregung der Geister nicht Alles auf einer solchen Versammlung wider ihn vorge-
bracht werden. Scheute man sich doch nicht, in nächster Nähe die Legitimität sei-

ner Geburt in Frage zu stellen, die Art und Weise, wie er die Tiara erlangt als ungesetzlich zu bezeichnen. Und welche Angriffe waren gegen die Besetzung der geistlichen Stellen und Aemter vorauszusehen! Clemens war entschlossen, das Concil nicht einzuberufen; allein da in der gesammten Christenheit dasselbe gefordert ward, so durfte er es nicht unbedingt zurückweisen: er versicherte seinen guten Willen, erhob aber dabei so viele Bedenken und Bedingungen, daß die Ausführung zweifelhaft oder in unbestimmte Ferne gerückt ward. Die von ihm verlangte Zustimmung aller Fürsten war, wie er richtig berechnete, nie zu erlangen. Denn um dieselbe Zeit trat er in Verhandlungen ein, die ihn früher oder später zur Parteinahme gegen Karl V. führen mußten. Es ist uns bekannt, wie sehr dem König von Frankreich der Verlust von Mailand zu Herzen ging; er konnte es nie über sich gewinnen, den Gedanken einer Wiedererlangung aufzugeben; wenigstens sollte seinen Nachfolgern das Anrecht darauf sicher gestellt werden. Von solchen Hoffnungen und Motiven geleitet, verabredete er mit Clemens eine Familienverbindung. Sein zweiter Sohn, Heinrich von Orleans, sollte des Papstes Nichte, Katharina von Medici, in die Ehe nehmen. Denn Kirchenfürsten schmeichelte die ehrenvolle Verwandtschaft. Er selbst geleitete die Braut in ihre neue Heimath. Bei dieser Gelegenheit hatte er mit Franz eine persönliche Zusammen-

Herbst 1533.

kunft in Marseille und versprach ihm insgeheim Unterstützung und Beihülfe, wenn er seine gerechten Ansprüche auf Mailand und Genua wieder geltend machen würde. Auch sollte für das neue Ehepaar ein eigenes Fürstenthum aus Urbino, das Katharina's Vater eine Zeitlang besessen hatte, und aus verschiedenen Territorien des mittleren Italiens gebildet werden. Noch mehr stiegen die Sympathien des Papstes für Frankreich, als der Kaiser die alten Streitigkeiten des Pontificats mit dem Herzog von Ferrara zu Gunsten des letzteren entschied (Seite 295). Die weltliche Politik, die Interessen des Kirchenstaats und vorab des Medicei'schen Hauses lagen dem Papste mehr am Herzen, als die religiösen Angelegenheiten. Es machte ihm wenig Sorge, daß Franz zugleich mit den Protestanten Deutschlands in Beziehung stand. Und doch traten gerade damals unter Beihülfe Frankreichs in Würtemberg Ereignisse ein, welche der Verbreitung der Reformation bedeutenden Vorschub leisteten.

Herzog Ulrich von Würtemberg.

Wir kennen die erfolglosen Versuche des flüchtigen Herzogs Ulrich von Würtemberg, mit Hülfe der Bauern sein Land wieder zu gewinnen; vom Hohentwiel aus mußte er zusehen, wie man seine Anhänger bedrückte und verfolgte, evangelische Prediger mit Strang und Richtschwert oder durch Ausschneiden der Zunge strafte und die allgemeine Reaction zur Befestigung der österreichischen Herrschaft und der katholischen Kirche verwerthete. Ein altes Lied sagte: „Wer ein Wörtlein von ihm redt, so war das Stroh im Thurm sein Bett und war die Wag (Folter) ihm zubereit". Einige Zeit nachher übergab der „Mann vom Twiel" seine burgundischen Besitzungen seinem jüngeren Bruder Georg in Verwaltung und folgte einer Einladung des Landgrafen von Hessen, seines Verwandten im dritten Geschlechte. In Marburg suchte und fand er Trost im Evangelium, in welchem er schon zu Mömpelgard durch Wilhelm Farel, den späteren Re-

formator des Waadtlandes, Unterweiſung empfangen. Er vertiefte ſich in das Studium der Heil. Schrift; bei dem Religionsgeſpräch zwiſchen Luther und Zwingli ſaß er
an der Seite der ſtreitenden Theologen, die ſeinen Verſtand und ſeine Einſicht bewunderten; oft disputirte er mit dem bibelfeſten Landgrafen über das Sacrament des
Abendmahls. Die religiöſen Ideen der Zeit durchdrangen mehr und mehr ſeine Seele
und machten ihn ruhiger und beſſer. Die Wiedereinſetzung in ſein Land konnte er in-
deſſen nicht erlangen, ſo oft auch Philipp, unterſtützt von Heinrich von Braunſchweig,
Ulrich's Schwager, Fürbitte für ſeinen Gaſt bei dem Kaiſer einlegte. „So er ſein Land
verloren hab'", lautete der Beſcheid, „mit dem Schwert ſollt' er's gewinnen." Inzwi-
ſchen lebte Ulrichs Sohn, Chriſtoph, in den öſterreichiſchen Staaten, meiſtens in Inns- ^{Chriſtoph}
bruck, kärglich gehalten, einmal ſogar in Gefahr, von einer ſtreifenden Türkenbande
weggeſchleppt zu werden, jedoch ſorgfältig erzogen und unterrichtet von Michael Tifernus, einem Manne von unbekannter Herkunft, der einſt als Kind von Osmanen geraubt, dann zurückgelaſſen von einem Bürger aus Tybein (Duino bei Trieſt) gerettet
worden. Der „Tybeiner" (Tifernus), der durch die Gunſt ſeines Wohlthäters in Wien
eine wiſſenſchaftliche Bildung genoſſen, nahm ſich des jungen Fürſtenſohnes liebevoll an.
Dem Unterricht dieſes Hofmeiſters und der ſchweren Lebensſchule ſeiner Jugendjahre hatte
es Chriſtoph zu verdanken, daß ſein Geiſt und Charakter ſich trefflich entwickelte, daß
er zu der hohen Aufgabe, zu der ihn das Schickſal auserſehen, fähig gemacht wurde.
Nach dem Augsburger Reichstage nahm ihn Kaiſer Karl an den Hof. Dort wohnte er
dem großen Belehnungsacte bei, in welchem unter andern Feierlichkeiten die Fahnen
von Würtemberg und Teck von dem Kaiſer ſelbſt in Ferdinands Hand gelegt wurden.
Der junge Fürſtenſohn erfaßte die Lage der Dinge mit klarem Blicke. Je mehr er ſich
aber von ſeinem Rechte überzeugte und je feſter der Entſchluß ſich bei ihm ausbildete,
ſein verlorenes Erbland wieder an ſich zu bringen, deſto ſorgfältiger vermied er die Verbindung mit ſeinem Vater. Dadurch brachte er die Brüder ſeiner Mutter auf ſeine
Seite. Wie ſehr auch Wilhelm von Baiern der Habsburger Vergrößerungsſucht grollte,
für den verhaßten Schwager hatte er keine Theilnahme; um ſo freundlicher nahm er ſich
des Neffen an. Während eines Beſuches in Urach konnte ſich Chriſtoph überzeugen,
daß das würtembergiſche Volk die Anhänglichkeit an das angeſtammte Fürſtenhaus noch
treu im Herzen bewahrte. Es war ein ſolches „Gerenne und Bulauf", daß man die
Andringenden mit Schergen zurücktreiben mußte. Als der Hof über Italien nach Spanien zog, ſollte Chriſtoph denſelben begleiten. Aber von Wien aus meldete er ſeiner ^{4. Oktbr.}
Mutter, „er achte, es ſei nichts für ihn, jetzmals in Hispanien zu reiſen, er wolle ^{1542.}
ſeine Gerechtigkeit in Deutſchland verfechten". Auf der Grenze von Stelermark und
Kärnthen entfloh er mit ſeinem Hofmeiſter heimlich über das Gebirg; ſie täuſchten geſchickt die nachgeſandten Verfolger und gelangten „glücklich und unvermerkt" nach Salzburg und von da nach Landshut, wo ſie einen ſichern Aufenthaltsort fanden. Nun
ſetzte Chriſtoph alle Hebel in Bewegung, um ſein Erbland wieder zu gewinnen. Er
richtete ein Schreiben an den Vater in Heſſen, worin er als „treuer und gehorſamer
Sohn" demſelben ſein Vorhaben mittheilte und ſeine Beihülfe anrief, „das Fürſtenthum
in keinem Wege zu verlaſſen, ſondern eher Leib und Leben darzuſtrecken, damit der
Stamm und Name Würtemberg nicht ausgerottet werde". Es ſeien noch viele Leute
im Lande, „denen Euer Liebden und auch mein jung Elend in Erbarmen kommt". Er
ließ bei der öſterreichiſchen Regierung in Stuttgart und an den ſchwäbiſchen Bundesrath
in Augsburg wiederholt Denkſchriften einreichen, in denen er ſeine Rechte klar darlegte;
ſie wurden auch den deutſchen Fürſten und dem franzöſiſchen Hof mitgetheilt, und fanden überall gute Aufnahme. König Franz ſandte Wilhelm du Bellay, Herrn von
Langey nach Deutſchland, damit er, unterſtützt von Gervaſius Wain aus Memmin-

gen, Doctor der Sorbonne, auf der Bundesversammlung zu Augsburg die Sache des Fürstensohnes unterstüße und zugleich eine beträchtliche Geldsumme in die Hände des baierischen Herzogs lege. So umging er den Artikel des Friedens von Cambrai, der ihm verbot, sich zum Nachtheil des Kaisers in deutsche Händel zu mischen. Allein wie **Dezemb.** pathetisch auch Bellay in zwei lateinischen Prunkreden vor dem Bundesrath das dem **1533.** Fürsten widerfahrene Unrecht schilderte, und wie eifrig die fürstlichen Räthe und Beistände für ihn eintraten; dennoch würde er nicht zum Ziele gekommen sein, wenn nicht bald nachher unerwartete Ereignisse eingetroffen wären, welche den Stand der Sache gänzlich veränderten.

Auflösung Am 2. Februar 1534 lief der Vertrag ab, durch den vor elf Jahren die süd**des schwäbi-** westdeutschen Stände aufs Neue den schwäbischen Bund geschlossen hatten. Und wie **schen Bun-** **des.** viele Mühe sich auch Karl und Ferdinand gaben, eine weitere Vereinbarung zu Stande zu bringen; es machten sich so viele Sonderinteressen geltend, daß keine neue Einigung erzielt werden konnte. Hatten die fürstlichen Mitglieder es schon früher mit Unwillen ertragen, daß im Bundesrath ihre Stimme nicht mehr galt, als die der Prälaten, Ritter und Städte, und darum andere Verbindungen untereinander getroffen; so war jetzt die Spaltung durch die confessionelle Verschiedenheit der einzelnen Glieder noch bedeutend gewachsen. Sollten die evangelischen Fürsten und Städte einem Bundesgericht dienen, das sich durch die schärfsten Maßregeln gegen jede religiöse Neuerung hervorthat und sich als Werkzeug der österreichisch-katholischen Reaction gebrauchen ließ? Zudem waren die nach der Eroberung versprochenen Kriegsentschädigungen nicht einmal entrichtet worden. So wurde denn der schwäbische Bund, der während seiner sechsundvierzigjährigen Dauer so einflußreich auf das öffentliche Leben Süddeutschlands gewirkt, aufgelöst. Georg Truchseß von Waldburg, der zum Lohne seiner Dienste während des Bauernkrieges die Statthalterschaft in Würtemberg erhalten, war schon am 29. Mai 1531 erst dreiundvierzig Jahre alt gestorben. In ihm war eine der stärksten Säulen der österreichischen Herrschaft und des Katholicismus im schwäbischen Lande zusammengebrochen.

Rüstungen Niemand freute sich mehr über die Auflösung des Bundes als der Landgraf Phi**und Bünd-** lipp von Hessen, der schon seit einigen Wochen heimlich alle Vorkehrungen getroffen, um **nisse.** den bei ihm weilenden Herzog Ulrich mit gewaffneter Hand in sein Stammland zurückzuführen. Unter Vermittelung des Grafen Wilhelm von Fürstenberg, eines „wunderbarli**Jan. 1534.** chen" wandelbaren Mannes, der von Oesterreich zu Frankreich übergegangen, war er mit König Franz in Verbindung getreten: auf einer persönlichen Zusammenkunft in Bar le duc wurden wichtige Verabredungen getroffen. Franz gab Befehl, die in Baiern niedergelegten Geldsummen dem Herzog Ulrich zuzustellen und ließ ihm sogleich 125000 Sonnenkronen auszahlen, dafür trat jener Mömpelgard und seine burgundischen Lehnherrschaften auf eine Reihe von Jahren durch einen Scheinverkauf dem König ab. Auch von England und von mehreren deutschen Fürsten floß Geld nach Kassel und Marburg. Dadurch sahen sich Ulrich und Philipp in Stand gesetzt, da und dort beträchtliche Streitkräfte zu Roß und zu Fuß zu sammeln; der hessische Adel allein stellte über 4000 Reiter. Allenthalben waren hessische Werber thätig, an allen Fürstenhöfen sah man Philipps Räthe, theils um zu beruhigen, theils um Bundesgenossen zu werben. Wohl hatte Ulrich allen Grund dem Freunde dankbar zu sein, „ohne dessen Liebde er keinen Trost auf Erden gewußt hätte". Wie freute sich König Franz über die kriegerischen Anstalten in Deutschland. Er hoffte, der ganze Schmalkaldische Bund und alle Fürsten, denen Ferdinands Königswahl gegen den Sinn ging, würden an der Bewegung Theil nehmen; von Würtemberg würde man gegen Oesterreich selbst ziehen; von dort aus könnten die Waffen nach Italien getragen und Mailand zurückerobert werden. Selbst der

Papst freute sich über die glänzenden Aussichten seiner neuen Verbündeten. In Deutschland gerieth man in Unruhe: die Kurfürsten, welche der Königswahl zugestimmt, fürchteten, daß auch sie wegen ihrer Sympathien für Oesterreich in Mitleidenschaft gezogen werden, daß die kriegerischen Bewegungen weitere Dimensionen annehmen möchten. Der Landgraf gab ihnen jedoch die Versicherung, daß ihnen das Vergangene nicht zum Schlimmen angerechnet, der Krieg nur auf Würtemberg beschränkt werden sollte. Auch die Abmahnungen und Bedenken, die ihm von den hessischen Ständen und den Wittenberger Theologen zugingen, wußte er zu beschwichtigen. Diesmal folgte er seinen eigenen Plänen, nicht den Rathschlägen Luthers. Darum hielt sich auch Sachsen von der Unternehmung fern. Durch Sendschreiben an Kaiser und König, an die deutschen Fürsten und Reichsstände, an die Würtemberger Städte suchten Philipp und Ulrich ihr Verfahren zu rechtfertigen, die Gemüther für ihr Vorhaben zu gewinnen. Es gelte nur, die rechtmäßige Herrscherfamilie in ihr Stammherzogthum wieder einzusetzen. Philipp wußte, daß fast alle deutschen Fürsten die österreichische Vergrößerungspolitik fürchteten und mißbilligten.

Im April brach der Landgraf mit seinem Gast von Kassel auf. In Pfungstadt *Aufbruch und Stimmung 1534.* erfolgte die Vereinigung mit den Landsknechtsfähnlein, welche Fürstenberg vom Oberrhein herbeiführte. Das Fußvolk, das derselbe als Feldhauptmann befehligte, mochte 20,000 Mann betragen. Die Reiterei war zahlreich und glänzend. Das Ganze leitete der Landgraf selbst als oberster Kriegsherr. König Ferdinand befand sich in Prag; aber sein Statthalter Pfalzgraf Ludwig hatte Würtemberg in guten Vertheidigungsstand gesetzt. Gar manche bewährte Streiter, die früher in kaiserlichen Diensten sich Ruhm und Ehre erworben, wie Kurt von Bemelberg, der kleine Heß, wie Max von Eberstein, wie Wolfgang von Montfort und der Feldmarschall Dietrich Spät, liehen auch jetzt ihren Arm dem Hause Oesterreich; Bemelberg nicht ohne inneren Zwiespalt, weil Philipp sein Lehnsherr war. Volkslieder rühmten die Ritter mit Goldketten und hohen Federbüschen, wie die „Besenbinder und Bürstenmacher" wohl fern halten würden; von gegnerischer Seite lautete die Antwort, sie gedächten mit ihren Besen die Spinnwebe wegzufegen. Die Evangelischen nahmen Partei für Ulrich, dessen Gesinnung längst bekannt war; auf einer Fahne las man den Sinnspruch: „Nach Christi Wort und seiner Ler, so sammelst Du ein großes Heer". Dies schlug auch den Widerstand der schwäbischen Reichsstädte nieder, die das alte Mißtrauen gegen den Herzog nicht ganz überwinden konnten; das würtembergische Volk war ohnedies nur durch den obrigkeitlichen Druck bei der alten Kirche gehalten worden; die Herzen schlugen nun um so mehr dem angestammten Herrn entgegen, der öffentlich versprach, die alten Rechte und Freiheiten zu achten. Die frühere Härte seines Regiments war vergessen; die österreichische Obrigkeit hatte sich wenig Liebe im Lande erworben; wir wissen ja, welche freudige Aufregung ein Jahr zuvor die Erscheinung Christophs hervorgerufen. Den alten Groll hatte das vierzehnjährige Exil weggewischt.

Da der Kurfürst von der Pfalz den Angreifern den Durchzug durch sein Land *Die Schlacht bei Laufen.* versagte so nahmen sie den beschwerlichen Weg durch den Odenwald. Das Heer war mit Waffen, Geschütz und Lebensmitteln aufs Trefflichste versehen und wurde zur strengsten Mannszucht angehalten. Unterhalb Heilbronn setzten sie über den Neckar und schon am nächsten Tage trafen sie auf den Feind. Bei dem Dorfe Laufen erhob *13. Mai 1534.* hob sich ein heißer Kampf. Hatten die angreifenden Fürsten schon den Vortheil der Ueberzahl, so wurde das österreichische Heer auch noch dadurch entmuthigt, daß der Statthalter und Oberfeldherr gleich zu Anfang der Schlacht durch eine Schlangenkugel verwundet ward und auf einer Bahre nach dem Hohenasperg gebracht werden mußte. Der Rückzug, den sein Nachfolger im Oberbefehl, Dietrich Spät, anordnete, artete bald in Flucht aus. Viele lagen erschlagen in den Weinbergen umher; andere fanden ihren Tod in den Fluthen des Neckars oder in dem nunmehr ausgetrockneten Laufener See. Auf Bitten Ulrichs wurden die Fliehenden nicht weiter verfolgt; war ja doch die Mehrzahl würtemberger Landvolk, das nun wieder ihm gehörte.

Ulrich Herr in Würtemberg. Denn mit der Laufener Schlacht war der Ausgang des Kriegs und das Schicksal Würtembergs entschieden. Schon zwei Tage nachher erschien Herzog Ulrich **16. Mai** vor Stuttgart und empfing, nachdem er den Tübinger Vertrag bestätigt (S. 133), **1534.** auf den Wiesen beim Hirschbad die Huldigung der Bürgerschaft seiner Hauptstadt. Nach seinem Einzug wurde in der Stiftskirche evangelisch gepredigt. Dem Beispiele Stuttgarts folgten die übrigen Städte und Aemter; und auch die festen Burgen leisteten keinen langen Widerstand. Hohentübingen ergab sich schon am 19. Mai, als man der Besatzung freien Abzug und dem Befehlshaber einige Vergünstigungen gewährte. In Hohenurach bestand die muthige Ehefrau des Schloßhauptmanns Hans v. Heudorf auf Vertheidigung; nach einigen Tagen, während welcher die Beste beschossen ward, rief sie von der Mauer herab: „hie gut Würtembergisch" und steckte zum Zeichen der Ergebung einen Hut auf. Die kräftigste Gegenwehr leistete Hohenasperg, wohin sich die Hauptleute und Ritter geflüchtet hatten. Der verwundete Befehlshaber forderte auf dem Krankenlager eine Büchse und erklärte, die Burg sollte sein Kirchhof sein. Aber am 2. Juni ergab sich auch diese Hauptveste vertragsweise gegen freien Abzug der Besatzung. Nun öffnete auch Hohenneifen die Thore. Damit **19. Mai** war die Eroberung Würtembergs vollendet. Christoph vereinigte sich mit dem Vater und das Volk sang fröhliche Lieder, daß nun das Land wieder seinen angestammten Herrn habe. Auch Luther rief tief bewegt aus: „In dieser Sache ist Gott!"

Frieden von Kaban. Es war ein Ereigniß von großer Tragweite und hatte sich so rasch vollzogen, **1534.** daß Ferdinand seinen bedrängten Amtleuten und Heerführern keinen Beistand zu leisten vermochte. Er hatte das Reichskammergericht angewiesen, gegen den Landgrafen wegen Friedensbruchs vorzugehen; aber was half ein gerichtliches Einschreiten bei solchen Erfolgen! Er hatte einen Botschafter nach Rom abgeordnet, um von Clemens Hülfsgelder zu erlangen; dieser suchte Ausflüchte, meinte die würtemberger Angelegenheit sei nur eine Privatsache; erst wenn Ulrich sich feindselig gegen die katholische Kirche erweisen sollte, sei er zu Hülfsleistungen bereit. Auch von Kaiser Karl, wie sehr er immer durch den Bischof von Lund den Fürsten und Ständen des Reichs seinen Unwillen über die Vorgänge in Würtemberg zu erkennen gab und strenge Bestrafung der Urheber und Förderer in Aussicht stellte, war keine rasche Hülfe zu erwarten. Neapel wurde von dem Piratenfürst Chaireddin Barbarossa bedrängt, König Franz benutzte die Verlegenheit Oesterreichs, um seine Ansprüche auf die italienischen Territorien in Erinnerung zu bringen. So blieb denn dem Erzherzog nichts übrig, als die Vermittlung der Kurfürsten von Mainz und Sachsen und des Herzogs Georg anzunehmen und zu Kaban (Kaaden) an der Eger zwischen Annaberg und Saaz in Friedensunterhandlungen einzutreten. Es war nicht leicht die streitenden Häupter Ferdinand und Ulrich zu einer Uebereinkunft zu bringen; jener wollte das Herzogthum, mit dem er vor versammeltem Reichstag von dem Kaiser selbst mit der Fahne belehnt worden sei, nicht ganz aus der Hand geben, höchstens sollte es dem Herzog als Afterlehn von Oesterreich übertragen werden; diese Beschränkung widerstrebte aber wieder Ulrich. Nur auf Zureden des Landgrafen, der den Abschluß des Friedens eifrig wünschte, ehe weitere Verwickelungen und Einmischungen hinzukämen, gab er endlich seine Einwilligung, doch sollte dadurch seine Stellung als Reichsfürst nicht beeinträchtigt werden; Sitz und Stimme im Reich sollte ihm verbleiben. Auch dazu verstand sich Ulrich, daß er den König vor hoher Versammlung wegen des Vergangenen um Verzeihung bitte, was im nächsten Jahre in Wien geschah. Zum Entgelt wurde dem kaiserlichen Bruder die allgemeine Anerkennung seiner Königswürde verheißen. Mit Mühe und unter ausdrücklicher Verwahrung, daß er bei seiner Protestation im Recht gewesen, konnte Johann Friedrich bewogen werden, sich nach Kadan zu begeben und dem Erzherzog die Ehre eines römischen Königs zu erweisen. Er that es nur unter der Bedingung, daß aus dem Friedenstractat der Artikel wegfiele, wonach der Herzog gehalten sein sollte, „in Hinsicht der Religion einen jeden in dem Wesen zu lassen, wie er ihn gefunden" und eine Fassung genehmigt ward, deren Sinn war, „er solle des Glaubens halber unverstrickt bleiben und Gewalt haben, christliche Ordnung mit seinen Unterthanen vorzunehmen". Blos die Herren und gefürsteten Aebte, welche „sonderliche Regalia" besäßen, somit nicht zu den eigentlichen Unterthanen gehörten, sollten bei ihrem Glauben und bei ihrer Religion verbleiben dürfen. Nunmehr gaben auch die Herzoge von Baiern ihre Opposition gegen die Habsburger auf. Sie erkannten Ferdinand als König an und traten durch den Lin-zer Vertrag in ein enges Freundschaftsbündniß mit Oesterreich, an das sie ohnedies durch die Gleichheit der religiösen Interessen gewiesen waren. Denn es war Niemand im Zweifel, daß mit dem neuen Regiment in Würtemberg auch die Einführung der Reformation verbunden sein würde. Dafür bürgte die evangelische Gesinnung der beiden fürstlichen Häupter. Hatte doch der Kurfürst von Sachsen offen erklärt, er würde nimmermehr zugeben, daß der Lauf des Evangeliums gehemmt werde. Der Papst hatte für die Kirche Nichts von dem Unternehmen Philipps und Ulrichs fürchten zu müssen geglaubt; jetzt zeigte es sich, daß Ferdinand weiter gesehen. Der Friede von Kadan war eine Bekräftigung des Nürnberger Friedens, wie im Eingang des Tractats ausdrücklich zu lesen; jetzt erst wurden die am Kammergericht anhängigen Prozesse wirklich abgeschafft, zugleich aber alle Sacramentirer und Wiedertäufer von der Friedenseinung ausgeschlossen. Damit war auch der nunmehr beginnenden Reformation in Würtemberg der lutherische Charakter aufgedrückt. Bei der Hinneigung des Landgrafen zu der Zwinglischen Lehre konnte man zweifelhaft sein, welche der beiden protestantischen Kirchenformen die Oberhand behalten würde, und es ist uns bekannt, mit wie wenig Vertrauen man in Wittenberg auf das Vorhaben blickte; wie aber die Dinge damals in Deutschland standen, war der Sieg des lutherischen Lehrbegriffs als sicher vorauszusagen und mußte als ein glücklicher Fall für die protestantische Sache angesehen werden.

Randnote: 11. Sept. 1534.

2. Ausbau und Verbreitung der lutherischen Kirchenform.

In den Ländern des Schmalkaldischen Bundes hatte man den Nürnberger Frieden benutzt, um die neue Lehr- und Kirchenform auf Grund der Augsburger Confession zum vollen Ausbau und zur Durchführung zu bringen. Das Vorbild und Beispiel stellte Sachsen auf, wo die Universität Wittenberg mit der weltlichen Regierung Hand in Hand ging. Eine vom Landtage in Weimar beschlossene Kirchenvisitation gab dazu den Anstoß. Allenthalben trat an die Stelle des Meßdienstes, wo sich derselbe noch erhalten hatte, die in Wittenberg festgestellte Gottesdienstordnung; was noch von klösterlichen Instituten vorhanden war, wurde aufgelöst, den Ordensgliedern eine Versorgung auf Lebenszeit gewährt, neue Aufnahmen untersagt. Aus den kirchlichen Gütern und Einkünften, wovon freilich schon Manches in fremde Hände gerathen oder hinfällig ge-

Randnote: Wittenberg Vorbild der neuen Gottesdienstordnung.

worden war, schied man einen Theil für den Unterhalt den evangelischen Pfarreien und Schulen oder für wohlthätige Zwecke aus, wobei es wohl oft genug
vorkam, daß die Diener des Evangeliums, die nun noch für Weib und Kind
zu sorgen hatten, sehr spärlich bedacht wurden, daß die Bezüge aus den Gemeinde-
kassen, aus den Tauf-, Trau- und Begräbnißgebühren, aus den Beichtgroschen
und freiwilligen Gaben der Pfarrkinder ihnen nur ein kümmerliches Einkommen
brachten. Unfähige und unwürdige Geistliche wurden entfernt und durch Zöglinge der Wittenberger Hochschule ersetzt, die jetzt als „Metropole des Protestantismus" angesehen ward. Auf dieselbe Weise verfuhr man in den Reußischen
und Schwarzburgischen Territorien. Auch in Hessen folgte man dem Beispiele
von Sachsen-Wittenberg. Die Homberger Kirchenverfassung, auf dem Gemeindeprinzip beruhend, wurde aufgegeben und die Reformation im Sinne Luthers
begründet. Von den reichen Stiftern konnten beträchtliche Beiträge der Universität Marburg und andern gemeinnützigen Anstalten zugewiesen werden. Doch
verfuhr der Landgraf stets mit großer Mäßigung; ihm war es besonders um
den religiösen Frieden innerhalb der protestantischen Confession zu thun; darum
suchte er dogmatische Streitigkeiten in seinem Lande fern zu halten. Aehnliches
geschah in Lüneburg durch die energische Thätigkeit des Urbanus Regius, der
sich des Vertrauens und der Beihülfe des Herzogs Ernst erfreute, und in Franken
richtete man sich nach dem Beispiele von Nürnberg. Ueberall ging die bischöfliche
Gewalt und Jurisdiction an die weltliche Obrigkeit mit geistlichen Beiräthen über;
für die kirchliche Aufsicht wurden Superintendenten bestellt.

Widerstand		Nun wollte sich aber der deutsche Episcopat nicht so ohne Weiteres aus seiner
des Reichs-
kammer-		Stellung und aus seinen Besitzungen verdrängen lassen. Die Majorität in Augsburg
gerichts.		und Regensburg hatte sich ja für die alten Zustände erklärt, das Reichskammergericht
war ja ausdrücklich auf den Reichsabschied hingewiesen; man erblickte in dem Nürnberger Religionsfrieden ein unberechtigtes Zugeständniß des Kaisers an die Schmalkaldischen Bundesverwandten. Es wurden Klagen erhoben gegen die Reichsstädte, auch
wohl gegen einzelne Fürsten auf Rückerstattung der eingezogenen Güter, der vorenthalte-
nen Bezüge, und von dem Kammergericht angenommen. Auf die Beschwerde der
6. Nov.		Evangelischen wiederholte wohl der Kaiser von Mantua aus die Weisung an das
1532		Reichsgericht, in Sachen der Religion den Prozeßgang bis auf weitern Befehl ruhen
zu lassen; allein die Richter, die sich in ihrer Competenz nicht beschränken lassen wollten,
erklärten, es handle sich bei den eingelaufenen Klagen nicht um Glaubenssachen, sondern um Uebertretung des Reichsabschieds, um Bruch des Landfriedens, um das Spo-
lienrecht. Bei verschiedenen Gelegenheiten lautete das Urtheil zum Vortheil der klagenden
Bischöfe und Aebte. Der Kaiser war in Verlegenheit; wir erinnern uns, wie sehr er
sich gleich Anfangs über den Nürnberger Frieden in seinem Gewissen beschwert fühlte;
jetzt befand er sich in Bologna beim Papst, der einen Befehl zu Ungunsten der Bischöfe
sehr ungnädig aufgenommen haben würde. Er ertheilte daher eine ausweichende Antwort, welche das Kammergericht zu seinen Gunsten auslegte und in seinem Verfahren
fortfuhr. Nun erklärten aber die Schmalkaldischen Verbündeten, daß sie die Aussprüche des Gerichtshofes in Religionssachen nicht als zu Recht bestehend anerkennen

würden. Man stand also auf demselben Standpunkte wie nach dem Augsburger Reichstag; es war zu erwarten, daß das Tribunal mit Achtserklärungen vorgehen würde. Mehrere katholische Fürsten hatten sich zur Vollstreckung erboten. Dem wurde nunmehr durch den Frieden von Kadan Einhalt gethan. Der Proceßgang wurde eingestellt und dem Beitritt anderer Religionsverwandten zum evangelischen Bund und Reichsfrieden kein Hinderniß in den Weg gelegt.

Nun erfolgte auch in Würtemberg durch Ambrosius Blaurer und Erhard Schnepf die Einführung der Reformation nach dem Lehrbegriff der Augsburger Confession und der Gottesdienstordnung von Sachsen. Denn nur unter dieser Bedingung konnte das Herzogthum der Schmalkaldischen Bundesgenossenschaft und der beiden Friedenseinigungen theilhaftig werden. Eine öffentliche Bekanntmachung verkündete dem Würtemberger Volk, daß der Herzog Niemand dulden werde, der etwas anderes predige „als die wahre Gegenwärtigkeit des Leibes und Blutes Christi im Nachtmahl.“ Es war ein Zeichen, daß Luthers Ansicht in Deutschland die Herrschaft erlangt habe. Auch der Landgraf hatte sich derselben zugewandt, auch die oberdeutschen Städte gaben ihre Separatstellung auf. In Lehre, Cultus und Verfassung waren die Wittenberger Vorbild für die evangelische Kirche Deutschlands. Und da gewahrte man denn mancherlei Unterschiede von der Schweiz. Nicht nur, daß bei der Einsetzung der Geistlichen von dem Gemeindeprinzip ganz abgesehen war; auch der Gottesdienst zeigte mehr Fülle und Mannichfaltigkeit; der liturgische Theil, dessen Mittelpunkt der Choralgesang der Gemeinde und das Orgelspiel bildete, war reicher und abwechselnder; selbst die anregende Wirkung der Bilder, sofern sie in würdiger künstlerischer Gestalt in die Erscheinung traten, wurde nicht unterschätzt. Von der strengen Kirchenzucht, die in Zwingli's Sittenmandat den Gläubigen eine so scharfe Ruthe aufband, die sich unter Calvin's rigorosem Geist zu einem furchtbaren Sittentribunal mit entehrenden Kirchenbußen gestaltete, sah man ab: der Bann beschränkte sich auf die Ausschließung der Frevler vom Sacrament des Altars, die auf das bürgerliche Leben keinen Einfluß übte, den Sünder in seiner gesellschaftlichen Stellung ungefährdet ließ. Man legte den Hauptnachdruck auf die persönliche Ermahnung des Seelsorgers, auf das eigene Beispiel der Geistlichen, bei denen man daher auch auf musterhaften Lebenswandel drang. Man vermied es, eine kirchliche Zwangsanstalt für äußere Ordnung aufzurichten. „Der Forderung einer christlichen Kirchenzucht setzte sich sogleich die Idee entgegen, daß das christliche Prinzip durch angeregte Freiwilligkeit die Herzen durchdringen, nicht durch Gewalt und Zwang sie entweder unterjochen oder entfremden solle.“ Es fehlte nicht an Eiferern, welche in der lutherischen Kirche ein neues Papstthum erkannten und den Mangel christlicher Strenge rügten. „Alles preist die Gnade des Heilands,“ sagt Ambrosius Blaurer; „es ist behaglich, umsonst gerechtfertigt, erlöst, beseligt zu werden. Aber da ist keiner, der gegen die Abtödtung des Fleisches, gegen Kreuz und Leiden und gegen christliche Er-

Die lutherische Lehr- und Kirchenform.

gebung sich nicht mit Händen und Füßen sträubt." Durch diese Schlaffheit, meint er, wachse die wiedertäuferische Schwärmerei. Vor Allem war Luther beflissen, die Feier des Abendmahls fest und sicher zu begründen; das Brod wurde in der Form einer Hostie gereicht, unter welcher Gestalt die alte Kirche den ganzen Leib des Herrn begriffen hatte, und eifersüchtig wurde darüber gewacht, daß in der Einsetzungformel kein Ausdruck gebraucht wurde, der einer andern Auffassung Raum geben, einer casuistischen Deutung als Hülle dienen könnte. Den Frankfurtern schrieb er im J. 1533: „Sagen mit dem Munde, es sei Christi Leib und Blut wahrhaftig gegenwärtig im Sacrament, heimlich aber die Glosse und den Verstand haben, daß derselbe doch nur geistlich und nicht leiblich gegenwärtig sei, auch allein im Herzen mit dem Glauben und nicht leiblich mit dem Munde empfangen werde, sei nichts als ein teuflisches Gaukelspiel mit den Worten Christi getrieben. Darauf gehöre eine zwiefältige Hölle, eine daß sie wider Gottes Wort lügen, die andere, daß sie ihre eigene Lehre, welche sie Gottes Wort nennen, leugnen und nicht frei bekennen". Mit Sacramentirern und Wiedertäufern hat er keine Nachsicht, sie sind ihm Kinder des Satans.

Es hat in alter und neuer Zeit nicht an Stimmen gefehlt, welche diese schroffe Intoleranz scharf rügten. Sie findet vielleicht einige Entschuldigung in den Zeitverhält- nissen. In dem Augenblick, da aus den gesunden Bestandtheilen des alten Kirchen- baues eine neue evangelische Kirche mit einem festen Lehrkörper, mit obrigkeitlichen Ge- walten und Autoritäten, mit einer neuen sittlich-religiösen Lebensgemeinschaft der Be- kenner aufgerichtet werden sollte, trat eine Menge subjectiver Lehrmeinungen zu Tage, regte sich eine Schaar ausschweifender, schwärmerischer Geister, die in der Opposition gegen die von Luther festgesetzten Sacramente ihren Einigungspunkt hatten. Sollte also die evangelische Kirche nicht in ihrem Entstehen, nicht in den ersten Ansätzen zu einer körperlichen Gestalt zerrissen werden und sich in zahllose Sekten auflösen, so mußte man die Quelle verstopfen, um welche alle Schwarmgeister sich lagerten, so mußte ein dog- matischer Kern als Grund- und Eckstein gelegt werden. Man mußte Raum und Boden gewinnen zwischen den päpstlich-hierarchischen Ordnungen, die ihren Lebensboden ein- gebüßt hatten, und den Gebilden subjectiver Schriftdeutung mit schwärmerischen Bei- sätzen, mit theokratischen und communistischen Ideen, die sich in der Phantasie des Volkes festsetzten. Es war von untergeordneter Bedeutung, ob man die Einsetzungs- worte des Abendmahls mit Zwingli symbolisch oder mit Luther buchstäblich auffaßte; die Gefahr lag in den Folgerungen, in den fremdartigen Zusätzen und Auswüchsen. Wenn gleich die Abendmahlslehre der Schweizer Reformatoren eine rationalistische Grund- lage hatte, so war doch die Läugnung des mystisch-sacramentalen Charakters gerade der Ausgangspunkt, in welchem alle schwärmerischen Geister zusammentrafen. Wie viele gelehrte und halbgelehrte Bibelforscher, die später im wirren Sektenwesen zu Grunde gingen, haben damit begonnen, daß sie der Zwingli'schen Auffassung vor der luthe- rischen den Vorzug gaben, um dann über beide hinaus sich in nebelhafte, phantastische Spekulationen zu versteigen. Der Züricher Reformator könnte freilich von den meisten „Sacramentirern" sagen, „sie sind von uns ausgegangen, aber sie gehören nicht zu uns," denn wir wissen ja, daß er die religiösen und socialen Wahngebilde der Wiedertäufer nicht minder eifrig bekämpfte, wie Luther; allein die Wittenberger durften geltend ma- chen, daß die Schweizer den Schwarmgeistern das Thor geöffnet und gegen die Berufung, daß Vernunft und Auslegekunst für sie sprächen, konnten sie, wie früher erwähnt, das Argument anführen, neben so vielem Unbegreiflichen und Geheimnißvollen, das ja auch das reformirte Glaubensbekenntniß zulasse, könne füglich auch die Ubiquitätslehre eine Stelle finden.

In diesem Streben nach Gestaltung eines uniformen evangelischen Kirchenbaues Schwenckfeldt 1490—1561. unter staatlicher Autorität muß man auch den Grund der Intoleranz Luthers suchen, die sich selbst gegen Solche kund gab, die wie Schwenckfeldt in Liegnitz, ihm durch ihren mystischen Tiefsinn und ihr frommes Gemüth verwandt waren, aber, mehr von der Phantasie als von der Vernunft geleitet, ihre eigenen Wege gingen. Caspar Schwenckfeldt, einer der ersten und eifrigsten Begründer der Reformation in Schlesien, und lange mit Luther befreundet, konnte sich, trotz der Gunst des Herzogs von Liegnitz, in seiner Heimath nicht halten, als er dem alleinseligmachenden Glauben und der Autorität der heil. Schrift, wie der Reformator sie lehrte, das innere Wort und die unmittelbare Lebensgemeinschaft mit Christus, dem todten Buchstaben den lebendigen Geist entgegensetzte und durch Verwerfung der Kreatürlichkeit des Leibes Christi im Abendmahl einen mystischen Standpunkt zwischen den Lehrmeinungen Luthers und Zwingli's zu gewinnen suchte. Aus Schlesien flüchtig, hat Schwenckfeldt in verschiedenen Städten Süddeutschlands, Straßburg, Augsburg, Ulm, gelebt und durch seine Streitigkeiten mit den schwäbischen Theologen, durch seinen Hang zur Sektirerei, wie durch seine Lehren voll mystischer Ueberschwenglichkeit, (von einer „Vergottung des Fleisches Christi", dem Menschen im Abendmahl als Seelenspeise „in neuer Glorie" gereicht, von einem inneren geistlichen Leben durch Gottes Gnade, das über allem äußeren Schrift- und Kirchenthum stehe), Luthers abstoßende Behandlung gerechtfertigt. Mit gleicher Entschiedenheit bekämpften Bugenhagen und Amsdorf die Neigungen für Zwingli'sche Communion- und Gottesdienstordnung, als dieselben in Braunschweig und Goslar auftauchten. Die Prädikanten, die sich dazu bekannten, mußten sich unterwerfen oder auswandern.

Die lutherische Lehre und Kirchenform, wie sie in Wittenberg aufgestellt wor Ausbreitung der evangelischen Lehre. den, kam nun nicht blos in allen Ländern und Städten des Schmalkaldischen Bundes zur Durchführung; auch in andern deutschen Gebieten wurde die Reformation nach dem Vorbilde von Sachsen vorgenommen. War auch das lutherische Kirchenwesen noch erst im Werden und Bilden begriffen, so hatte es doch schon bedeutende Ansätze zu einer festen Organisation gemacht, die nun allenthalben zu Grunde gelegt wurde. Da kam es denn den reformatorisch Gesinnten sehr zu statten, daß gerade um diese Zeit Luther von der strengen Auffassung der Abendmahlslehre ein wenig abließ und die Einwendungen der Gegner nicht mehr so schroff verdammte. Der vermittelnden Thätigkeit Buzer's, des „Diplomaten der Dogmatik", gelang es eine Formel zur Annahme zu bringen, welche als „Wittenberger Concordia" bekannt gemacht, die Kluft zwischen den beiden pro Mai 1536. testantischen Glaubensverwandten auf einige Zeit ausglich oder verdeckte und dadurch auch den süddeutschen Städten Augsburg, Kempten u. a. den Beitritt zur Confession und zum Bunde ermöglichte. Die Oberländer bekannten, daß im Abendmahl der wahre Leib Christi auch „mit Hand und Mund" empfangen werde, dagegen bestand Luther nicht auf der Ausdehnung der durch das Sakrament zu erlangenden göttlichen Gnade auf Gottlose. Von der Zeit an trat eine versöhnlichere, friedfertigere Stimmung zwischen den Anhängern Luthers und Zwingli's zu Tage, und der Wittenberger Reformator sprach in milderen Ausdrücken über den Mann, der für seinen Glauben das Leben gelassen.

Würtemberg.

Diese allerdings nur vorübergehende Eintracht war der Reformation in Würtemberg günstig. Schnepf und Blaurer glichen ihre abweichenden Ansichten durch eine Uebereinkunft aus und theilten dann im Auftrag des Landesfürsten, dem das Recht zustand, „unrechten Gottesdienst abzuthun", die Arbeit der Kirchenverbesserung in der Art, daß Schnepf von Stuttgart her das „Land unter der Steig", Blaurer von Tübingen aus das „Land ob der Steig" der neuen Ordnung zuführte. Bald nachher gesellte sich Johann Brenz von Hall, der getreue und eifrige Anhänger Luthers und Melanchthons, zu ihnen. Es erhob sich nur wenig Widerstand: die meisten Geistlichen erklärten sich sofort oder nach einigem Bedenken bereit, den neuen Glauben zu bekennen und zu lehren; Widerstrebenden wurde ein Lebensunterhalt gewährt oder die Auswanderung gestattet. Ein gleiches Verfahren fand bei den Ordensgeistlichen statt, als man zur Auflösung der Klöster und Stifter schritt, deren „Gott schmähendes, heuchlerisches Wesen" Ulrich nicht mehr dulden zu wollen erklärte; fähige und willige Mönche wurden als evangelische Prediger verwendet. Auch die gefürsteten Abteien und Chorherrnstifte wurden größtentheils von den Säcularisationen betroffen, wobei auf die im Kadaner Frieden geschützten Regalienträger nicht immer Rücksicht genommen wurde. Freilich gab dies zu neuen Klagen vor dem Reichskammergericht Veranlassung. Von dem Kirchenvermögen eignete sich der Herzog einen großen Theil zu, um die Landesschulden zu decken, welche durch den Occupationskrieg, durch die noch rückständigen Entschädigungen an die ehemaligen Glieder des schwäbischen Bundes und durch die unordentliche Wirthschaft der österreichischen Regierung zu einer beträchtlichen Höhe gestiegen waren. Hatte auch das bisherige Regiment über Stifte zweifelhafter Abhängigkeit landesherrliche Rechte oft genug geltend gemacht. Aber wie viel auch von dem Kirchenvermögen an den Herzog und den Staat fiel, wie viel sich davon Gemeinden und adelige Herren aneigneten, wieviel die Entschädigungsgelder und Leibgedinge an Aebte, Chorherrn, Mönche und Geistliche in der ersten Zeit wegnahmen; dennoch reichte es hin, um die neuerrichteten Pfarreien zu versorgen, um für Schulen und Hospitäler den nöthigen Unterhalt zu schaffen, um die Universität Tübingen in blühenden Stand zu setzen. Bald wurde die Hochschule eine Leuchte für das südwestliche Deutschland, wo Männer von hohem wissenschaftlichen Rufe in allen Zweigen der Gelehrsamkeit eine segensreiche Thätigkeit entfalteten. Neben den Reformatoren Brenz und Schnepf wirkte daselbst der gelehrte Sprachkenner Joachim Camerarius aus Bamberg. Auch Blaurer und der Baseler Grynäus gehörten eine Zeitlang der Tübinger Universität an, bis der zelotische Eifer lutherischer Collegen sie zur Rückkehr nach der Schweiz trieb.

Die neue Stiftung eines evangelischen Seminars mit Stipendien, nach dem Muster von Marburg, wurde eine wichtige Pflanzstätte theologischer Bildung. Auch in Mömpelgard, das der französische König wieder herausgab, wurde durch Pierre Toussaint, ehemaligen Stiftsherrn von Metz, die Reformation eingeführt. Doch erlangte daselbst unter Begünstigung des Statthalters Georg die schweizerische Form die Oberhand. Dagegen kam in den Grafschaften Oettingen und Neuenstein, im Hohenlohen'schen (Oehringen), im Limpurgischen und in andern benachbarten Herrschaften das lutherische Kirchenwesen nach dem Vorgange Würtembergs zur Geltung. Auch nach den Fürstenbergischen Besitzungen im Kinzigthale drang damals die neue Lehre; aber als die Güter an die andere katholisch gebliebene Linie fielen (Heiligenberg), wurde die alte Kirche wiederhergestellt. Die Markgrafen von Baden, Bernhard in Baden-Eberstein, Ernst in Durlach-Pforzheim, traten gleichfalls der neuen Kirche bei; aber nur in dem letzteren Antheil vermochte sich die Reformation zu behaupten. Ueberhaupt waren die Vorgänge in Würtemberg eine treibende Kraft für den gesammten Süden: im Oberelsaß, in der Grafschaft Hanau, in mehreren kleinen Reichsstädten mußte die Messe dem Abendmahl unter beiderlei Gestalt weichen; in Augsburg, wo die alte Kirchenform an einigen angesehenen Familien, besonders den Fugger, mächtige Beschützer hatte, konnte seit der Auflösung des schwäbischen Bundes die Neuerung, zu der sich die Mehrzahl der Bürgerschaft bekannte, nicht länger mehr zurückgehalten werden. Der große und kleine Rath untersagte die Messe und papistische Predigt und ordnete in allen Stadtkirchen den evangelischen Gottesdienst an. Nur die dem Bischof unmittelbar gehörigen kirchlichen Orte wurden den Altgesinnten gelassen.

Wie in Würtemberg so gelangte um dieselbe Zeit das lutherische Kirchenwesen auch in den Anhalt'schen Ländern ohne großen Widerstand zur Einführung. In Zerbst war die Reformation schon früher durch den Fürsten Wolf, einen der Unterzeichner der Augsburger Confession, begründet worden, Luther selbst hatte dort gepredigt; jetzt geschah es auch in Dessau, wo seine drei Vettern, Johann, Joachim und Georg gemeinschaftlich regierten. Und zwar gab hier derjenige von den Brüdern, welcher dem geistlichen Stande angehörte, Fürst-Georg, Dompropst in Magdeburg und Merseburg, den Anstoß und beredete die andern zu gleichen Schritten, obschon einer davon, Fürst Johann, den Augsburger Reichsabschied anerkannt hatte. Sie beriefen Hausmann, einen Zögling der Wittenberger Schule, in ihre Stadt und führten den evangelischen Gottesdienst ein. Luther vernahm mit großer Freude aus einem Bericht des Fürsten Joachim, wie verständig Hausmann die Abendmahlslehre und das Evangelium gegen Herzog Georg, der ihn zu einer Unterredung nach Leipzig beschieden, zu rechtfertigen gewußt. Die Einführung des neuen Cultus und die Anstellung evangelischer Geistlichen konnte in den Anhalt'schen Landen um so leichter vor sich gehen, weil Fürst Georg als Archidiakonus und Dompropst zugleich geistliche Autorität besaß. Er selbst hat in

(Marginalia:) Hohenlohe u. a. — Fürstenberg. — Baden. — Augsburg. — Anhalt.

einer Schrift dargethan, wie er durch Forschen in der Bibel allmählich zum wahren Christenthum bekehrt worden.   •

Pommern.   In Pommern waren die Bürgerschaften für die Reformation, indeß der Herrenstand mit dem Clerus zu der alten Kirche hielt. Die beiden Herzoge Georg von der Wolgaster und Barnim von der Stettiner Linie waren gleichfalls verschiedener Meinung; den letzteren haben wir schon bei Gelegenheit der Leipziger Disputation als Anhänger Luthers kennen gelernt. Erst als mit dem Tode Georgs Vorpommern mit Rügen an dessen Sohn Philipp kam, gelang es dem Herzog von Hinterpommern, den Neffen für seine Ansicht und zu einem gemeinschaftlichen reformatorischen Vorgehen zu gewinnen. Sie legten dem Landtag zu Treptow einen

Dezb. 1534. Reformationsentwurf auf Grund der schon in den Städten eingeführten Lehr- und Cultusordnung vor und ließen durch Bugenhagen eine Kirchenvisitation vornehmen, welche die Einführung der evangelischen Confession nach dem Witten-

1535. berger Vorbild zur Folge hatte. Aber aus einem Schreiben der Herzoge an den Kurfürsten von Sachsen, worin sie über den Vorgang berichteten und um Aufnahme in den Schmalkaldischen Bund baten, ersieht man, daß der Widerstand von Seiten der Ritterschaft und der Geistlichkeit, insonderheit des Bischofs von Camin und des Abts von Altencamp noch fortdauerte und das Kammergericht von ihnen mit Klagen angegangen ward. Aehnliche Verhältnisse bestanden auch in Meck-

Mecklen- lenburg, wo Albrecht von Güstrow mit einem großen Theil der Landschaft an
burg. der alten Kirche festhielt, indeß Heinrich von Schwerin das Abendmahl unter beiderlei Gestalt nahm. Es vergingen noch viele Jahre, ehe die evangelische Kirche unter Albrecht's Söhnen, Johann und Ulrich, zur Landesreligion erklärt wer-

Holstein. den konnte. Auch in Holstein wehrten sich die Prälaten und Ritterschaften lange gegen die von den Stadtgemeinden begünstigte Reformation, bis die Einwirkung aus der Nachbarschaft und der Gang der politischen Dinge den Kampf zum Vortheil der Neuerer entschieden.

Westfalen Anders gestalteten sich die Zustände in der Kölner Kirchenprovinz, in West-
und Nieder-
rhein. falen und am Niederrhein. *) Es ist bekannt, daß der Humanismus in Münster und andern Orten jener Gegend weite Verbreitung gefunden hatte. Es konnte daher nicht fehlen, daß die Wittenberger Streiter, vorab Melanchthon, in Köln, Düsseldorf, Münster und anderwärts Gesinnungsgenossen besaßen. Von diesen gelehrten Herren empfing die Reformation allerdings keine lebengebenden Impulse, aber sie setzten ihr auch keinen Widerstand entgegen. Und bald geschah es, daß der rege Verkehr mit Bremen, Hamburg, Magdeburg und andern Städten, wo die neue Lehre bereits Boden gefaßt, manche neureligiöse Elemente dem Volke zuführte. Handelsreisende und Fuhrleute brachten die lutherischen Lieder und Schriften ins Land. Sie erzählten von der Volksstimmung, die dort

---

*) H. Kampschulte, Geschichte der Einführung des Protestantismus im Bereich der jetzigen Provinz Westfalen. Paderborn 1866.

herrschte, von tumultuarischen Auftritten gegen Mönche und papistische Priester; die Schriften wurden gelesen, die Kirchenlieder gesungen, erst heimlich in den Häusern, dann öffentlich auf Markt und Straße; innerhalb und außerhalb der Häuser disputirte man über Glaubenssätze; man hörte hie und da insultirende Rufe gegen Ordensleute und altgläubige Geistlichen. Die Universität Köln, die mit Löwen wetteiferte um den Ruhm, „die frömmste Arbeiterin im Weinberg des Herrn" zu sein, stand an wissenschaftlichen Kräften weit hinter Wittenberg zurück: „Eure Magistri," spottet Agrippa, „glaubten genug gethan zu haben, wenn sie Luthers Sätze verdammten und triumphirten, als hätten sie dadurch einen Sieg erfochten; als es aber galt zu streiten und der Kirche beizustehen, da schwiegen sie still und ließen anderen die Sorge, den Ketzer zu widerlegen." Damals verließ der uns wohl bekannte Heinrich Bullinger die Hörsäle der Dominikaner und kehrte nach seiner Heimath zurück, wo er bald ein hervorragender Streiter der reformirten Kirche ward.

Wohl gab es noch eifrige Vorkämpfer für das Hergebrachte, wie jener Bürgermeister von Lemgo, Conrad Flörken, welcher dem uneinigen widerspruchsvollen Lärm der Neuerer die Idee der allgemeinen Kirche und ihrer wohlgeordneten Hierarchie entgegenhielt, wie des Erasmus Freund Johann Rink von Köln, welcher im Lutherthum nicht das Heil, sondern den Keim großer künftiger Uebel erkannte; aber was vermochten einzelne Stimmen gegen den neuen Geist, der auf Flügeln der Morgenröthe einherfuhr und im Herzen und in der Phantasie des Volkes seine Wohnstätte nahm? Als der Pfarrer Piberitz von Lemgo, lange Zeit ein Anhänger von Eck, sich in Braunschweig die evangelische Lehre und Cultusordnung näher ansah und prüfte, trat er als evangelischer Prediger auf und überzeugte auch Flörken von der christlichen Wahrheit des lutherischen Glaubensbekenntnisses. Auch in den fürstlichen Häusern bestanden mancherlei Verbindungen, die der Neuerung Vorschub leisteten. Der Erzbischof Hermann von Köln selbst hielt an dem alten Freundschaftsverhältniß mit Sachsen fest und der Kurprinz Johann Friedrich hatte eine Tochter des Herzogs von Cleve als Ehgemahl heimgeführt. Wir werden bald erfahren, wie sehr in Folge dieser Verbindung und der feindseligen Stellung zu dem burgundischen Herrscherhaus der Düsseldorfer Hof den reformatorischen Tendenzen sich näherte. Selbst die Frau Herzogin Maria, durch welche Jülich und Berg an Cleve gekommen, neigte mehr und mehr zu der politischen und religiösen Opposition, in die ihr Sohn und Schwiegersohn gegen Kaiser und Papst gezogen wurden. Im Jülicher Lande bot der alte Drost zu Waffenberg allen verfolgten und flüchtigen Predigern des Worts ein schützendes Asyl. Auch in Wesel gewann die neue Lehre Boden, wie sehr auch der Dompropst Anton Fürstenberg dagegen eiferte. Der Landgraf von Hessen zählte unter dem westfälischen Herrenstand viele Anhänger; der Bischof Erich von Paderborn und Osnabrück war ihm so zugethan, daß er sogar auf dem Speierer Reichstag zu den Protestirenden hielt; dem Grafen Conrad von

Tecklenburg vermählte er seine Schwester Mechthild, die über dreißig Jahre dem
Kloster Weißenstein als Nonne angehört hatte. In Köln hielt Dietrich Fabri-
cius, der in Wittenberg seine Studien gemacht, längere Zeit Vorlesungen im
Sinne der Neuerer, ungebeugt durch den Widerstand der Universität. Mehrere
Jahre waren die Capitel, der Adel und die „Ehrbarkeiten" der Stadtgemeinden
mächtig genug, die Reformation, die hauptsächlich in den Gilden und Zunftge-
nossenschaften ihre Anhänger zählte, durch Gewalt und strenge Strafen niederzu-
halten; wir wissen, daß Clarenbach und sein junger Leidensgefährte Peter den
Märtyrertod starben (S. 434). Aber im Anfang der dreißiger Jahre zog die
Bewegung weitere Kreise. In Minden starb der Bischof Franz aus dem Hause
Braunschweig-Wolfenbüttel, ein kriegerischer Herr, dem auf der Soltauer Heide
(S. 141) der Helm zerschlagen worden war und der am liebsten im Kreise froher Zecher
weilte. Auf die Empfehlung des Herzogs Johann von Cleve wählte das Stifts-
kapitel den Kölner Domherrn Franz von Waldeck zum Nachfolger; aber Heinrich
von Wolfenbüttel, des Verstorbenen Bruder, verlangte das Bisthum für seinen
Sohn Philipp, dem es mit Zustimmung des Capitels von dem heimgegangenen
Herrn bestimmt gewesen. Darüber brach ein Streit aus, der eine kirchliche Umgestaltung zur Folge hatte. Die Mindener erklärten, sie würden den neuen Bischof nur dann unter sich wohnen lassen, wenn er auch dem Evangelium eine
Wohnstätte gönne. Es bildete sich ein evangelischer Bürgerausschuß, der sich des
Stadtregiments bemächtigte, den lutherischen Prediger des Grafen von Hoia,
Niclas Krage, einen gewandten Redner herbeirief und den alten Gottesdienst
sammt dem Klosterwesen abstellte. Am 13. Februar 1530 wurde die von Krage
entworfene neue Kirchenordnung sammt dem lutherischen Glaubensbekenntniß in
der Martinskirche gelesen und von Rath und Gemeinde angenommen. Aus den
Glocken goß man Geschütz zur Vertheidigung der Stadt im Fall eines Angriffs.
Aehnlich ging es in Herford zu. Hier und in Lippstadt hatten die Augustiner-
mönche schon längst Partei für den Ordensbruder in Wittenberg genommen. Wo-
stermann, der einst in der Elbestadt seine Studien gemacht, war ein treuer Anhänger Luthers und Melanchthons. Die Klöster waren durch freiwilligen Austritt fast gänzlich verwaist, als Rath und Gemeinde lutherische Prediger berief
und den neuen Gottesdienst einrichten ließ. Lange weigerte sich die muthige Aebtissin der Pusinnenkirche, Gräfin Anna von Limburg und Stirum, die Kanzel
dem evangelischen Prediger einzuräumen; sie mußte endlich der Uebermacht weichen. In Lippstadt boten die Augustiner selbst die Hand zur Einführung des
deutschen Gottesdienstes, als die Bürger einen neuen Stadtrath einsetzten und
einen evangelischen Prediger herbeiriefen. Der Herzog traf Anstalten, die Bewegung mit Gewalt niederzuschlagen; da wurde er durch die Nachricht erschreckt,
daß in Soest, der reichsten und bedeutendsten Stadt des südlichen Westfalens,
die zur Hansa gehörte und fast reichsstädtische Gerechtsame besaß, ähnliche Bewegungen ausgebrochen seien. Keine Stadt weit und breit hatte so viele Kirchen,

Minden.
29. Nov.
1529.

1530.

Herford.

Lippstadt.

Soest.

Klöster und Kleriker aufzuweisen als Soest. Eine Geschlechter-Aristokratie bekleidete alle Stellen im Rath und im Capitel und war im Besitz der einträglichsten Pfründen. Aber die Mißbräuche, die sich die Ehrsamen in der Stadtverwaltung wie in den Kirchenämtern zu Schulden kommen ließen, riefen eine Opposition hervor, worin politische und religiöse Elemente zusammenwirkten. Die „Gemeinheit" nöthigte zuerst den Rath, im Gesetz, in der Besteuerung, in den bürgerlichen Einrichtungen zeitgemäße Reformen zu bewilligen; dann forderte man ihn auf, die Predigt nach dem „Worte Gottes" zu gestatten. Er weigerte sich Anfangs, aber die drohende Haltung der Bürgerschaft zwang ihn endlich zum Nachgeben. Um Weihnachten erschallten in vielen Kirchen lutherische Gesänge und evangelische Predigt. Ein aus Lippstadt herbeigerufener Prädikant Demken entwarf eine Kirchenordnung nach Art der Wittenberger. Aber der katholische Rath legte der Einführung Schwierigkeiten in den Weg. Darüber wurde die Kluft zwischen der „Ehrbarkeit" und den „Gemeinen" immer größer. Ein Streit unter der Bürgerschaft bei Gelegenheit einer Verpachtung der städtischen Waage wurde von den Rathsherren benutzt, fünf evangelisch gesinnte Männer, die ihnen besonders verhaßt waren, zum Tode zu verurtheilen. Unter ihnen befand sich der Wollenweber Johann Schlachtrop, ein eifriger Vorkämpfer der Neuerung. Er sollte das erste Opfer sein. Eine unermeßliche Menschenmenge umstand das Schaffot, dem blutigen Akte der Enthauptung mit erwartungsvoller Erregung zuschauend. Der Scharfrichter schlug fehl; er traf die Schulter und als er zu einem zweiten Streich ausholen wollte, entriß ihm der Verwundete das Richtschwert. Nun entstand auf dem Gerüste vor den entsetzten Zuschauern ein Kampf, bis einige Männer aus der zunächst stehenden Reihe hinzustürzten und den Unglücklichen dem Henker entrissen. Nach Hause gebracht, starb er am nächsten Morgen. Dieser Vorfall beschleunigte die Durchführung der Reformation in Soest. Der Rath sah sich durch die drohende Haltung der Bürgerschaft genöthigt, die vier andern Verurtheilten zu begnadigen und die neue Kirchenordnung zu bestätigen. Der Bürgermeister und mehrerer Räthe verließen in den nächsten Tagen heimlich die Stadt. Darauf wählten die Soester einen andern Rath und vollendeten die Organisation der neuen Kirche unter der Leitung eines Superintendenten, den ihnen Luther zusandte.

Einen andern Ausgang nahm die religiöse Bewegung in Paderborn. Auch hier hatte sich eine reformatorische Partei gebildet und dem Rath einige Kirchen für den evangelischen Gottesdienst abgetrotzt. Der Erzbischof von Köln, Hermann von Wied, den das Capitel zum Administrator des Stifts gewählt, untersagte die Neuerung. Als seine Worte kein Gehör fanden, ritt er selbst an der Spitze von tausend Gewappneten in Paderborn auf und entbot die Bürgerschaft in den Garten der Abtei, wo er Herberge genommen. Plötzlich sahen sich die Versammelten von Bewaffneten umgeben; die Prädikanten und die Häupter der Evangelischen wurden ergriffen, auf die Folter gespannt und wegen Aufruhr und Ver-

rath zum Tode verurtheilt. Schon war ein Schaffot auf dem Marktplatz errichtet, auf dem die Verurtheilten ihr Schicksal erleiden sollten; der Erzbischof selbst
sah zum Rathhausfenster heraus. Da erhob sich unter der Menge eine große Bewegung; Alles stürzte auf die Knie und streckte die Hände flehend nach dem Rathhausfenster empor. Dem geistlichen Herrn wurde weich ums Herz. Von Natur
milde hatte er sich nur durch die eifernden Domherren und Stadträthe zu der strengen Sentenz verleiten lassen. Er stand von der Vollstreckung ab. Aber Rath und
Bürgerschaft mußten sich eidlich verpflichten, keine Neuerungen zu gestatten, die
nicht von der Gesammtkirche eingeführt wären.

Münster. Um dieselbe Zeit war Bernhard Rottmann (Rothmann), ein junger lebhafter Mann von gewinnendem Wesen und anregender Beredsamkeit, Caplan zu
St. Moriz in Münster vor der Stadt. Alles strömte zu seinen Predigten, so daß
die Kirche die Menge nicht zu fassen vermochte und eine Kanzel im Freien errichtet werden mußte. Die Domherren entdeckten bald viele Anklänge an reformatorische Lehren und bewirkten bei dem Bischof ein Verbot und die Kündigung des
freien Geleites. Nun schlug Rottmann seine Wohnung in der Stadt selbst auf,
die von dem Capitel unabhängig war und unter ihren Vorständen, den Erb-
männern des Raths und den Gildemeistern ihre Gerechtsame sorgfältig hütete.
Unter dem Schutze seiner Anhänger, bei denen ein evangelisch gesinnter Bürger
von stattlichem Aussehen und gewandter Rede, Bernhard Knipperdolling, die
erste Stelle einnahm, predigte nunmehr Rottmann in der prachtvollen Stadtkirche St. Lambert und sammelte bald eine ansehnliche Gemeinde aus den popularen, reformlustigen Elementen der Bevölkerung um sich: In Lehrbegriff und
Gottesdienstordnung hielt er sich an die Wittenberger Reformation und es währte
nicht lange, so waren die lutherischen Prädikanten, die Rottmann aus andern
Orten herbeirief, Meister der Stadtkirchen. Die altgesinnten Rathsherrn zogen
sich zurück oder wanderten aus; dadurch kam das Regiment in die Hände der
Neuerer. Umsonst hoffte der neue Bischof, Franz von Waldeck, mit Hülfe der
Ritterschaft und Capitelsleute die alte Ordnung zurückzuführen; die Bürgerschaft, nun vollständig für die evangelische Lehre gewonnen, gab einen schroff
abweisenden Bescheid und errichtete eine mit Söldnern untermischte Bürgerwehr
zur Vertheidigung. Nun umstellten die Bischöflichen die Stadt, schnitten die
Zufuhren ab und führten die Kaufmannsgüter weg. Aber die Münsterleute nah-
Weihnachten
1532. men Rache. Auf die Kunde, daß die Häupter des Capitels und der Aristokratie
in einem benachbarten Orte um die Weihnachtszeit Berathung hielten, unternahmen sie einen mitternächtlichen Zug, überfielen die Domherren, Ritter und ausgewanderten Erbmänner in ihren Betten und führten sie in die städtischen Gefängnisse. Der Bischof, der am Tage vor dem Ueberfall weggeritten und dadurch
der Haft entgangen war, wollte zum offenen Krieg schreiten; aber abgesehen,
daß die Landschaft kein Geld bewilligte, widerriethen auch die Verwandten und
Freunde der Gefangenen einen Schritt, der für diese die schlimmsten Folgen

haben konnte. Und auch in der Stadt meinten die Gemäßigten, man solle die
Sache nicht auf die Spitze treiben, nicht alle Brücken der Verständigung abbrechen. So kam denn unter Vermittelung des Landgrafen von Hessen ein Vertrag [Febr. 1533.]
zu Stande, in welchem der Bischof sich verpflichtete, die Einschließung der Stadt
aufzuheben und den evangelischen Gottesdienst nicht zu verhindern; dafür versprachen die Bürger, Domkapitel und Collegien bei ihrer Religion ungestört leben
zu lassen, die Gefangenen frei zu geben und die ausgewanderten Erbmänner wieder aufzunehmen, Aber mit der Herrschaft der „Ehrbarkeiten" war es in Münster vorbei. In den neuen Stadtrath wurden fast lauter Männer aus dem Mit-
telstand und von evangelischer Gesinnung gewählt.

Es schien, als ob die ganze niederrheinisch-westfälische Kirchenprovinz der [Die religiöse Lage.]
Reformation zugeführt werden sollte. Denn nicht blos in Soest, Herford, Minden, Wesel u. a. O. bestanden evangelische Gemeinden; das Beispiel von Münster wirkte auch auf die Nachbarstädte zurück; selbst in der alten Klosterstadt Cor-
vey waren Abt und Stiftsherrn nicht vermögend, den neuen Doctrinen den Eingang zu verschließen. Welche Folgen hätte es für die deutsche Nation haben
müssen, wenn in jener Gegend das gereinigte Christenthum die Herrschaft erlangt
hätte. Von den geistlichen und weltlichen Obrigkeiten war kein unüberwindlicher
Widerstand zu befürchten; regten sich doch in manchen fürstlichen und adeligen
Häusern Sympathien genug für reformatorische Schritte. Eine siegreiche Durchführung war aber nur möglich, wenn die Augsburgische Confession auch dort
zum Ausdruck kam, wenn Landesherren und Städte dem Schmalkaldischen Bunde
beitraten und damit des kaiserlichen Friedens theilhaftig wurden. Allein der Geist
der populären Opposition, durch den in Westfalen die neue Religionsform im
Gegensatz zu den obrigkeitlichen Gewalten in die Höhe gekommen, erlangte das
Uebergewicht über die gemäßigten Elemente. Die Vorgänge in Münster, deren
tragischen Verlauf wir jetzt entrollen müssen, sind ein sprechendes Zeugniß, wie
sehr Luther im Recht war, als er durch Bekämpfung der abweichenden Lehre vom
Abendmahl eine Spaltung in der jungen protestantischen Kirche zu verhüten suchte.
Er erkannte mit richtigem Instincte, daß diese Auffassung allen Schwarmgeistern
zur Handhabe diente. Karlstadt und Münzer hatten mit Angriffen gegen die bei-
den Sacramente begonnen, in denen Luther die Symbole christlicher Lebensgemeinschaft erkannte, der thüringische Bauernkrieg hatte die dämonische Wirkung
ihrer religiösen Ueberspannung dargethan. Nun zeigte sich in Münster eine neue
Ueberschreitung der angenommenen Ordnung und Begrenzung, welche von der
Zwingli'schen Auffassung des Abendmahls ausgehend und zur wiedertäuferischen
Sektirerei fortschreitend, ähnliche Folgen hervorbrachte, in ähnlicher Weise der
Reaction zuführte, wie zehn Jahre zuvor der Bauernkrieg.

3. Die Wiedertäufer in Münster.

Literatur. Herm. a Kerssenbroick Anabaptistici furoris Monasterium evertentis hist. narratio. (Auch in deutscher Uebersehung.) Cornelius, Geschichte des Münsterschen Aufruhrs Leipz. 1855. 2 Bde. und Abhandl. der bayer. Academie 1870 Bd. 11. Erbkam, Geschichte der protest. Secten im Zeitalter der Reform. 1848. Göbel, Gesch. des christl. Lebens in der rhein. westphäl. evang. Kirche 1849. Hast, Gesch. der Wiedertäufer. Münster 1836. K. Hase, das Reich der Wiedertäufer (Neue Propheten). Leipz. 1860.

Wiedertäuferische Lehren. Wir sind den Wiedertäufern in den obigen Blättern mehrfach begegnet. In Sachsen wurden sie von Luther, in der Schweiz von Zwingli zurückgewiesen; von beiden jedoch nicht ohne Zweifel und innere Bedenken, ob sie dabei recht handelten. Konnten jene doch ihre Säße mit der Heil. Schrift beweisen, die in Aller Händen war. Und was verlangten sie denn anders, als die ersten Christengemeinden geübt und besessen? Aber wie sehr man sie auch allenthalben bekämpfte und verfolgte, ihre Lehren waren für die unteren Volksklassen, namentlich für den Handwerkerstand, der in dumpfer Werkstätte über die Dinge dieser Welt in seiner Weise nachsann, so verführerisch, daß sie sich mit wuchernder Fruchtbarkeit nach allen Weltgegenden verbreiteten, überall Anhänger und Verkündiger fanden. Es giebt kaum ein christliches Land, wo nicht Spuren von dem Dasein und Wirken der schwärmerischen Apostel und Brüder auftauchen, welche von dem bedeutungsvollsten Akte ihres Lebens, der Wiedertaufe, ihren Namen führen. Denn wie verschiedenartig immer die einzelnen Secten dieser Religionsschwärmer in die Erscheinung traten, sie alle gingen von einem Momente der Lebenserneuerung aus, wo sie in einer ekstatischen Erregung einen neuen Geist in sich einziehen und aufgehen fühlten. Dieser Moment war die Taufe der Erwachsenen, die sie daher als einen Akt plötzlicher Gefühlsaufwallung, als eine Wirkung göttlicher Inspiration auffaßten, nicht als eine That der Ueberlegung und Wahl. Die wiedertäuferische Richtung war das auf die Spitze getriebene Princip des subjectiven Religionsbegriffes, daß der Mensch durch innere Glaubensthätigkeit in unmittelbare Verbindung zu Gott trete. Indem sie dabei den Sakramenten und allen äußerlichen Religionshandlungen keinen Werth beilegte, bildete sie die schroffste Gegenseite zum Katholizismus, der in den Gnadenmitteln der Kirche den einzig sichern Weg zur Seligkeit erblickt; und während der letztere in der folgerichtigen Entwicklung der Autoritätslehre bei der Infallibilität der Kirche und endlich sogar ihres Oberhauptes anlangte, ging jene in ihren extremsten Ausläufen bis zur Verwerfung aller äußeren Bande und Institutionen, welche den Verkehr der Seele mit dem Göttlichen in ihren Augen weniger vermittelten, als hemmten und ablenkten. Und nicht blos in der Lehre, auch in der gesellschaftlichen Einrichtung trat dieser Gegensatz hervor. Während in der katholischen Kirche ein hierarchisch gegliederter Klerus kraft der Weihe und Ordination als Träger und Vermittler der göttlichen Gnadenerweisungen, als Ordner und Verwalter der Religionswerke sich über die Laienwelt stellte, sahen die Wiedertäufer ihre Lebensaufgabe in der Aufrichtung einer Gemeinschaft der Heiligen, einer „Sammlung aller wahrhaft Gläubigen und Wiedergeborenen aus der großen verderbten Kirche in eine neue heilige Gemeinde, welche berufen sei, das Reich Gottes und seine Entwicklung sowie seine Verherrlichung auf Erden in einem sichtbaren (tausendjährigen) Reich vorzubereiten und auszuführen". In diesem Bunde der Gläubigen sollte kein Unterschied obwalten zwischen Priestern und Laien, sollte alles Weltliche und Sündhafte durch christliche Zucht und Bann fern gehalten, die Grundsätze wahrer Bruderliebe durch Gemeinschaft der Güter und durch ein friedfertiges Leben ohne Waffen und Krieg zur wirklichen Ausführung gebracht werden. Das Fest des „Brodbrechens" war der Mittelpunkt ihrer kirchlichen Lebensgemeinschaft. Sie feierten es zum Gedächtniß des Todes Christi und zugleich zur Erneuerung des Bundes mit Gott und zur Stärkung der Liebe unter einander. Als eine Gemeinschaft der Auserwählten mieden sie jede engere Verbindung mit Unbekehrten und jede Einmischung in die bestehenden politischen und bürgerlichen Verhältnisse. Die Ehe war ein Vertrag vor der Gemeinde, Vielweiberei nach alttestamentlichem Vorbilde ausnahmsweise zugelassen.

Die Wiedertäufer, deren Lehren die Grundlagen aller kirchlichen und gesell- Verbreitung
der Sekte. schaftlichen Organisation erschütterten, wurden von jeder gesetzmäßigen Obrigkeit ausgestoßen. Am heftigsten waren die Verfolgungen in den katholischen Staaten. In den österreichischen, salzburgischen, bairischen Landen wurden sie bei lebendigem Leibe verbrannt, nachdem man sie gemartert oder verstümmelt hatte. Alle Qualen der Hölle glaubte man gegen sie anwenden zu müssen. Durch ganz Oberdeutschland ging die wilde Jagd. Das Blut der Armen floß wie Wasserbäche, daß sie aufschrieen zu Gott, warum er sie nicht schütze. Aber die Verfolgungen mehrten nur die Verbreitung, und die Standhaftigkeit der Dulder die Verherrlichung. Einzelne Eingeweihte, meistens wandernde Handwerker, trugen die geheimnißvollen Lehren weiter. In unscheinbarem Gewande, denn wie die Apostel und in demüthiger Haltung traten sie auf. Sie sammelten Gläubige in Conventikeln und verkündigten die nahe Ankunft des Herrn zum Weltgericht, da die Gottlosen vernichtet, die Auserwählten zu einem neuen Jerusalem vereinigt würden. Mächtig wirkten die Verheißungen und Bibelsprüche auf die Phantasie des gemeinen Volks. Am meisten Anhang fanden die wiedertäuferischen Sendboten in den gewerbreichen Städten des Rheins, von Basel und Straßburg bis Holland. Auch in Schwaben, wo die Schwenckfeld'sche Sekte verwandte Seiten darbot, und in Thüringen, wo noch die Erinnerungen an Münzer fortlebten, bildeten sich wiedertäuferische Gemeinden; bald war ganz Deutschland wie mit einem Netz von geheimen Separatisten durchzogen, die durch Sendschreiben und Wanderprediger mit einander in Verbindung standen. Längere Zeit war Straßburg der Mittelpunkt wiedertäuferischer Thätigkeit, namentlich seitdem sich Melchior Hofmann, ursprünglich ein Kürschner aus Schwäbisch-Hall, der in Livland,

in Stockholm, in Holstein und Ostfriesland die neue Heilsbotschaft mit feuriger Beredsamkeit verkündet, bald im Umgang mit Fürsten, bald im Gefängniß schmach-
tend, in der Rheinstadt niederließ und die von Hans Denk, einem schriftgelehrten Mann aus Baiern, gesammelte Gemeinde mehrte und stärkte. Durch unablässiges Bibellesen in mystische Vorstellungen sich vertiefend, hatte er an der Hand apo-
kalyptischer Auslegungen die schwärmerische Lehre von den letzten Dingen und der
nahen Wiederkunft des Herrn in den Mittelpunkt der täuferischen Gedankenwelt gerückt und der ganzen Richtung ein phantastisches Gepräge mit Visionen, Zungen-
reden, prophetischen Inspirationen gegeben. In dieser Gestalt drangen die wiedertäuferischen Anschauungen nach den Niederlanden, machten in Leiden, Amsterdam,
Harlem u. a. O. rasche Fortschritte und zündeten dann in Münster ein Feuer
an, „vor dessen Glühen die Welt erschrak".

Rottmann
für die Wie-
dertäufer. Auch Rottmann war früher in Straßburg gewesen und hatte dort ohne
Zweifel Neigung für wiedertäuferische Ansichten gefaßt. Doch hielt er damit
zurück; die von ihm entworfene Kirchenverfassung, nach welcher in Münster die
neue Religionsform in Anwendung kam, scheint, wenn nicht der Wittenberger,
so doch der Straßburger Lehr- und Cultus-Ordnung nachgebildet gewesen zu sein.
Aber ehe das neue Kirchenwesen noch feste Wurzeln geschlagen, erhoben sich in der
evangelischen Gemeinde zu Münster tiefgreifende Streitigkeiten. Der neue Rath,
und vor Allen der aus Bremen herbeigerufene Syndicus van der Wieck strebten
nach dem Anschluß an die übrigen lutherischen Städte und Confessionsgenossen
Niederdeutschlands, um das städtische Gemeinwesen in einen gesicherten Friedensstand zu führen. Aber wie erschracken sie, als mehrere der neuberufenen Prediger
nicht nur das Abendmahl nach Zwingli's Vorschrift feierten, sondern auch die
Kindertaufe verwarfen und Rottmann ihnen beistimmte. Vergebens traten Rath
und Syndicus der Neuerung entgegen; Rottmann bestritt der weltlichen Gewalt
das Recht, in religiösen Dingen zu entscheiden oder mitzuwirken, und setzte mit
Hülfe der populären Elemente, welche die Macht des Raths immer noch zu groß
fanden, seinen Willen durch. So kam das Regiment in Münster mehr und mehr
in die Hände wiedertäuferischer Prediger und der von ihnen geleiteten Klassen der
Handwerker und Kleinbürger. Wie früher die Ehrbarkeit und die Gemeine in
Hader lagen, so jetzt der gemäßigte Rath und die Demokratie. Die Klerikalen
freuten sich über die Streitigkeiten; Bischof und Stiftsherren, Ritterschaft und
verbannte Erbmänner faßten neue Hoffnung. Alle Versuche wohlgesinnter Freunde,
eine Vermittelung zwischen den beiden reformatorischen Parteien herbeizuführen,
schlugen fehl; Rottmann beharrte bei seinen wiedertäuferischen Ansichten, zu welchen sich bald die Mehrzahl der Bürger bekannte. So unbegreiflich war diese Religionsschwärmerei bei einem so nüchternen, verständigen Manne „von kühlem Herzen und klarem Blick", daß man nach einem persönlichen Beweggrund suchte: er
sei in die Netze einer schönen Frau von leidenschaftlicher Sinnlichkeit gerathen, die
ihren Eheherrn vergiftet und ihm dann die Hand gereicht habe; darum habe er

getrachtet, durch eine zur Schau getragene Religiosität und rigorose Ascetik seinen Ruf herzustellen. Gewiß ist, daß gegen Ende des Jahres 1533 in Münster das düstere Drama angelegt ward, das mit einer schrecklichen Katastrophe endigen sollte.

Um diese Zeit wurde Melchior Hofmann von dem Straßburger Rath ins Ge- *Matthys und Jan Bockold in Münster.* fängniß geworfen. Mit freudestrahlenden Augen betrat er die Zelle: denn nach seiner Voraussagung war seine Verhaftung der Anfang des Weltgerichts, das die Gottlosen vernichten, das Häuflein der Auserwählten zur himmlischen Glückseligkeit führen würde. Nun wurde es in den niederländischen Städten lebendig unter seinen Anhängern. In Amsterdam trat Jan Matthys, ein Bäcker aus Harlem, als neuer Henoch auf und rühmte sich göttlicher Eingebungen. Er verstieß seine alternde Frau und schloß mit einer jungen schönen Glaubensgenossin eine geistliche Ehe. Er sandte Apostel aus nach allen Städten, um neue Seelen zu gewinnen. Auch nach Münster kamen Sendboten, unter ihnen ein junger Mann von schöner Gestalt und beredter Zunge, Jan Bockelsohn (Bockold) von Leiden, ursprünglich ein Schneider, dann ein munterer Schenkwirth, der durch Reisen und Bücher sich mancherlei Kenntnisse erworben und als Mitglied der Sängerzunft oder Kammer der Rhetorik seiner Vaterstadt durch seine fließenden Verse und Volksdichtungen sich hervorgethan hatte. Bald folgte Matthys selbst und schlug im Hause Knipperdollings seine Wohnung auf; denn an dem Tag, „da die Tenne gereinigt werde", sollte Münster das „neue Jerusalem" sein. Fremde Gestalten in wunderlicher Tracht und Haltung durchstreiften die Stadt; jede Nacht hörte man den Schuß, der den Anfang des Taufakts verkündigte. Von allen Seiten strömten Gleichgesinnte herbei; besonders zahlreich waren die Frauen und Jungfrauen; wer Schmuck und Geschmeide besaß, opferte es der gemeinsamen Sache. Auch Rottmann und seine Amtsbrüder traten in die gläubige Schaar.

Die Evangelischen wurden besorgt; sie beriethen sich, ob man die fremden Gäste *Sieg der Wiedertäufer.* nicht mit Gewalt vertreiben sollte. Aber sie mochten fürchten, daß sich die lauernden Klerikalen und Aristokraten die inneren Kämpfe ihrer Gegner zu Nutze machen würden, um die Herrschaft wieder zu erlangen. Es wurde eine Uebereinkunft geschlossen, daß Jeder bei seinem Glauben bleiben und Friede halten sollte. Mit Recht erblickten die Täufer in diesem Ausgang einen Sieg. Allenthalben waren sie bisher mit Ketten und Beil verfolgt worden; jetzt zum erstenmal gewährte man ihnen Duldung. Kein Wunder, daß die Gläubigen in Menge nach dem neuen Zion wanderten. Im Februar musterten Matthys und Rottmann die Reihen; und da sie *Febr. 1534.* fanden, daß die Mehrzahl der Einwohner auf ihrer Seite sei, veranstalteten sie eine neue Rathswahl. Aus dieser gingen lauter „Erleuchtete" hervor, Handwerker und Gildenmänner, die nunmehr die städtischen Aemter einnahmen. So kam das Regiment in die Hände der Wiedertäufer. Knipperdolling wurde Bürgermeister. Und nun machten sie Ernst mit der Aufrichtung des Reiches Christi. Noch wehte eine winterliche Luft und Schnee bedeckte die Erde, als die Wiedertäufer in die Häuser der Evangelischen drangen und alle, welche sich keiner zweiten Taufe unterwarfen, nicht dem „christlichen Verbund" beitreten wollten, erbarmungslos aus den Thoren trieben. Ihre Habe wurde als Gemeingut der Heiligen von Diakonen verwaltet. Was von kirchlichen Gegenständen noch vorhanden war, Bilder, Orgeln, Schnitzwerk wurde zerstört, alle Bücher, außer der Bibel, alle werthvollen Drucke und Handschriften, die einst Rudolf von Langen gesammelt, wurden auf dem Marktplatze feierlich verbrannt. Für Dinge, die das Leben erheitern und verschönern, war in dem neuen Jerusalem kein Raum.

Die „Heiligen" und „Gottlosen" im Krieg

Nun konnten die Wiedertäufer ihren Traum von einem Gottesstaat, von einer Gemeinschaft der Heiligen, worin Alles gleich, Alles gemein sei, verwirklichen. Aber sie mußten auch Anstalten zur Vertheidigung treffen, denn die „Heiden und Gottlosen" bedrängten das christliche Gemeinwesen. Der Bischof, die Ritterschaft, die Exulanten hatten die Waffen ergriffen, um die Stadt zu erobern; die benachbarten Fürsten gewährten Unterstützung, damit die Schwärmerei nicht weiter greife. Nun warfen die Heiligen das Gebot des friedfertigen Lebens von sich; Rottmann und Matthys forderten die Gläubigen auf, den „Harnisch Davids" anzulegen. Sendschreiben voll prophetischer Gluth riefen die Gleichgesinnten aller Orten zur Hülfeleistung auf; denn der Tag der Vergeltung nahe heran. Bald sah man aus allen Städten des Niederrheins, Ostfrieslands und Hollands Männer mit Waffen gen Münster ziehen, „ein groß Volk", zu Wasser und zu Land. So lange blos die bischöflichen Mannschaften die Stadt in weiten Kreisen umstellt hielten, gelang es Vielen, sich durchzuschleichen; als aber die Einschließung fester wurde und die Zuzüge von Außen hinderte, sah sich die Gemeinde der Heiligen auf ihre eigenen Kräfte gewiesen. Dennoch hielt sich ihr Muth aufrecht. Sie errichteten ein religiös-kriegerisches Gemeinwesen, worin nach Art eines sozialistischen Phalansteres alles Besitzthum für Gemeingut erklärt, alle Aemter und Geschäfte unter die Gemeindeglieder vertheilt, die Mahlzeiten gemeinschaftlich genossen wurden. Nach Geschlechtern getrennt nahmen die Brüder und Schwestern Speise und Trank schweigend ein, während ein Capitel aus der Bibel vorgelesen ward. Das wichtigste Anliegen war der Krieg; Alles legte Hand an; die Knaben übten sich im Bogenschießen. Matthys war Feldhauptmann; er vereinigte das Amt eines Propheten und Kriegsobersten im Geiste der Makkabäer. Aber nach wenigen Wochen fiel er im Kampf, als er mit dem schwärmerischen Muthe eines Gottesstreiters einen kühnen Ausfall anordnete.

Johann von Leiden als Prophet und König.

An seine Stelle trat Jan Bockelsohn. Eine Stimme von Oben, behauptet er, habe ihm den Tod des Propheten voraus verkündigt und ihn zum Nachfolger bestellt. Die Sicherheit seines Auftretens, der imponirende Eindruck, den jede religiöse Schwärmerei erzeugt, vielleicht auch der Glaube an sich selbst, mehrte und stärkte seinen Anhang. Als Prophet anerkannt, führte nunmehr „Johann von Leiden" den

theokratischen Staatsbau seiner weiteren Vollendung entgegen, wobei religiöser
Fanatismus und alttestamentliche Vorstellungen mit Leidenschaften und sinnlichen
Begierden sich vereinigten. Auf dem Hintergrunde des Wahnglaubens und der
Schwärmerei tummelten sich menschliche Triebe, sündhafte Regungen, vielleicht
sogar bewußte Heuchelei. Zuerst suchte er dem Gottesreich eine organisch geglie-
derte Gestaltung zu geben. Nachdem er einige Tage geschwiegen, „weil Gott
seinen Mund verschlossen", erklärte er, wie das alte Israel in zwölf Stämme
getheilt gewesen, so sollte das neue Israel von zwölf Aeltesten regiert werden,
um Gottes Gebote in Vollzug zu setzen und zugleich die Feinde abzuwehren. Sofort wurden zwölf Männer als Vorsteher und Richter gewählt. Ihre Aussprüche
sollte der Prophet der Gemeinde verkündigen, die Todesurtheile Knipperdolling
mit dem Schwerte ausführen. Bald darauf trat ein neues Gesetz zu Tage. Der
Prophet trug nicht nur Verlangen nach dem Amte, sondern auch nach der schönen
Wittwe seines Vorgängers; und da er bereits verheirathet war, gab ihm der Geist
Gottes ein, daß, wie im alten, so auch im neuen Jerusalem jedem Mann gestattet
sein solle, „zur Erzeugung eines heiligen Samens" mehrere Frauen zu nehmen. Der
Vorschlag wurde angenommen; Rottmann bewies in mehreren Predigten, daß die
neue Lehre von der Ehe die rechte sei. Aber noch immer gab es eine Anzahl gemäßigter Bürger in Münster, welche an dieser Verhöhnung christlicher Sitte Aergerniß
nahmen. Sie verabredeten den Plan, Jan Bockold und die schwärmerischen Prediger gefangen zu nehmen und die evangelische Lehre wieder herzustellen. Unter
der Führung eines Schmieds, Namens Mollenhök, schritten etwa Zweihundert in
der Nacht zur Ausführung. Bald jedoch gewannen die Täufer die Oberhand.
Sie drängten die Gegner auf das Rathhaus und zwangen sie zur Ergebung.
Alle wurden auf die grausamste Weise ums Leben gebracht, theils von Bogenschützen erschossen, theils von Knipperdolling enthauptet. So kam die Vielweiberei in Münster zur Ausführung. Allein die Stellung eines Oberhauptes
der zwölf Aeltesten genügte dem Propheten nicht; er wollte als priesterlicher König
allein herrschen. Seinen Wünschen kam ein anderer Prophet, Johann Dusen-
schuer, ehedem Goldschmied in Warendorf, entgegen. Dieser erklärte, es sei ihm
eine göttliche Offenbarung zu Theil geworden, daß Jan Bockold als „König des
neuen Israel" über den ganzen Erdkreis herrschen und den Stuhl Davids wieder
aufrichten solle. Kaum waren die Worte gesprochen, so rief der Prophet aus,
daß auch er eine solche Offenbarung empfangen, worauf die ganze Gemeinde ihre
Zustimmung gab. Nun ernannte der neue König Amtleute und Richter aus
seinen Getreuen, in ihrer Zahl Rottmann, Knipperdolling und Krechting als
Kanzler, bildete einen Hofstaat und errichtete ein Frauenhaus, in welchem Matthys' Wittwe Divara als Königin den ersten Rang einnahm und sechzehn andere
Frauen nach und nach Aufnahme fanden. So war das Zerrbild des „Gottesstaats" vollendet. Angethan mit den Insignien der Herrschaft, der Krone und
einer an goldener Kette hängenden Weltkugel und gekleidet in Pracht und Herr-

lichkeit hielt nunmehr „Johann von Gottes Gnaden König des neuen Israel"
Gerichtsfitzungen auf dem Marktplatze, wo der „Stuhl Davids" aufgerichtet stand,
und führte ein fanatisch-tyrannisches Regiment ein, in welchem geistlicher Hochmuth und fleischliche Sinnenlust, mystisch-religiöse Schwärmerei und rohe Grausamkeit aufs widerlichste gepaart waren.

　　　Im Oktober feierte die Gemeinde ein Liebes- und Abendmahl auf offenem Markt
in fratzenhafter Nachahmung altchristlicher Gebräuche. Ueber viertausend Personen saßen
an langen Tischen; der König reichte den Männern, die Königin Divara den Frauen
Walzenbrod und Wein. Da erblickte Johann einen Fremden, „der kein hochzeitlich Kleid
anhatte". Er bildete sich ein, daß sei der Judas (denn es schlichen sich mitunter Spione
aus dem bischöflichen Lager in die Stadt), ließ ihn hinausführen und enthauptete ihn
mit eigener Hand; dann kam er fröhlich zu dem Mahle zurück. Eine Frau seines
Harems, die sich ihm entziehen wollte, führte er selbst auf den Markt und schlug ihr
das Haupt ab; die übrigen Weiber standen dabei und sangen das Lied: „Allein Gott
in der Höh' sei Ehr".

Der Belage-
rungskrieg.　　Dieses Zerrbild eines communistischen Despotenstaats in biblischem Gewande
hätte an der eigenen Ueberspanntheit nnd Phantasterei zu Grunde gehen müssen,
wäre es nicht durch die Erwartung auswärtiger Hülfe und durch den Kampf gegen
das Belagerungsheer zusammengehalten worden. In den Städten Hollands und
Ostfrieslands, wohin Sendboten die Kunde von dem neuen Gottesreich in Münster trugen, wurde es lebendig unter den Taufgesinnten; sie wollten nicht träge
gefunden werden bei der Ankunft des Herrn zum Weltgericht; vom Niederrhein
bis nach Preußen, von der Donau bis zur Nordsee zeigten sich täuferische Regungen; Sendschreiben mit apokalyptischen Aussprüchen verkündeten den nahen Anbruch des tausendjährigen Reichs. Diese Erwartung auf menschliche und göttliche
Hülfe steigerte den Fanatismus und gab Muth zum Widerstand. Ein Angriff
der bischöflichen Landsknechte wurde siegreich zurückgeschlagen; König Johann
hatte die Seinen selbst in den Kampf geführt; wie stieg nun sein Selbstvertrauen
und seine Hoffahrt! Der Spruch des Propheten schien sich zu erfüllen, daß der
König in Israel herrschen solle über den ganzen Erdkreis, über alle Fürsten und
Gewaltigen und den Stuhl Davids behaupten.

　　　Nach diesem Unfall war für den Bischof wenig Aussicht die Stadt mit stür-
mender Hand zu nehmen; die Landsknechte hatten Muth und Kriegslust verloren.
Man mußte sich mit der Errichtung von Schanzen und Blockhäusern begnügen, in
der Hoffnung, durch Sperrung der Zugänge und der Lebensmittel die Ueber-
gave zu erzwingen. Aber Münster war mit Vorräthen aller Art versehen; die
Geldmittel und Streitkräfte des Bischofs reichten nicht weit; die Hülfe, welche
Köln und Kleve in Darlehen und Mannschaften leisteten, waren unzulänglich;
auch die Unterstützung, welche die Stände der rheinisch-westfälischen Kreise auf
Dezbr. 1534. einer Tagsatzung in Koblenz genehmigten, ließ keine schleunige Bewältigung der

zum äußersten Widerstande entschlossenen, von Fanatismus und religiöser Schwärmerei begeisterten Wiedertäufer erwarten.

So hätte denn der Belagerungskrieg sich noch lange hinziehen müssen, wäre Reichshülfe. nicht endlich von Seiten des Reichs ein nachdrückliches Einschreiten beschlossen worden. Ein längeres Zuwarten konnte die Aufstände mehren und die öffentliche Sicherheit in allen deutschen Landen gefährden. Wie zur Zeit des Bauernkriegs waren die populären Elemente allenthalben in Gährung; die politisch-demokratischen Richtungen liefen mit den religiösen zusammen; Befreiung vom Regimente der „Pfaffen und Herren" war das gemeinsame Ziel, war die Losung in Stadt und Land. Da glaubte denn König Ferdinand nicht länger zögern zu dürfen. Die Uebereinkunft von Kaban hatte ihn nicht blos in seiner Würde befestigt, sie hatte auch alle Sacramentirer und Wiedertäufer von dem Frieden ausgeschlossen; die rheinisch-westfälischen Kreise hatten die Reichshülfe angerufen. So wurde denn auf einer Versammlung in Worms der Beschluß gefaßt, das Belagerungs- April 1635 heer von Reichswegen zu verstärken, den Feldhauptmann Graf Wirich von Daun, der bisher um Münster den Oberbefehl geführt, als Reichsfeldherrn anzuerkennen und ihm sechs Kriegsräthe an die Seite zu geben. Aber auch jetzt wagte man noch nicht zum Angriff überzugehen, der verzweifelte Widerstand vom vorigen Jahr hatte in den Reihen der Landsknechte ein unheimliches Gefühl von Furcht und Grauen erzeugt; man begnügte sich, die Stadt durch einen enggezogenen Belagerungsgürtel von der Außenwelt gänzlich abzuschneiden. Dies hatte die Folge, daß die Vorräthe allmälich dahinschwanden und der Hunger zu wüthen begann. Johann von Leiden wollte aber nichts von Uebergabe hören; er zählte auf himmlische und irdische Hülfe. Auch hatte er sich rechtzeitig vorgesehen, daß er selbst und seine Umgebung keinen Mangel litten. Er feierte mit seinen Weibern, mit seinen Getreuen, mit auserwählten Gästen manches schwelgerische Mahl, indeß die geringen Leute verzweiflungsvoll nach Brod schrien. Zu Skeletten abgemagert versuchten die Unglücklichen einzeln und in Haufen aus der Stadt zu entkommen; aber die Kriegsleute ließen sie nicht durch; sie mußten zurück oder sich an den Graben und Wällen lagern, wo dann mitleidige Landsknechte hie und da einen Bissen reichten.

Münster war nun wirklich ein Jerusalem geworden, aber nicht das Jerusalem Eroberung der Glorie und Herrlichkeit, sondern das Jerusalem des Titus. Und auch an todes- 1635. muthiger Tapferkeit und fanatischer Selbstaufopferung standen die Wiedergetauften den israelitischen Eiferern jener schicksalsschweren Tage nicht nach. Mauern und Thore wurden sorgfältig bewacht und in den Vertheidigungsanstalten keine Lässigkeit nachgesehen; die letzten Kräfte wurden angestrengt. Wer weiß wohin die Verzweiflung noch geführt hätte, wäre nicht Verrätherei den Belagerern zu Hülfe gekommen. Wie mühselig und beschwerdevoll den Landsknechten der Kriegs- und Wachedienst in den Blockhäusern sein mochte, gegen die ausgehungerten Fanatiker wagten sie nicht vorzugehen. Erst als zwei Ueberläufer dem

Feldobersten versprachen, gegen Zusicherung des Lebens den Kriegsleuten einen Weg nach der Stadt zu zeigen, wurde ein neuer Angriff beschlossen. In der

24. Juni 1535.

Johannisnacht des Jahres 1535 überschritten einige hundert Soldknechte, begleitet von Hauptleuten und Adeligen, mit Hülfe der beiden Verräther die äußeren Graben und überstiegen auf mitgebrachten Leitern die Wälle und Mauern, wo sie am niedrigsten waren. Mit der Losung der Wiedertäufer bekannt, täuschten sie die Wachen und stießen sie nieder. Darauf erbrachen sie ein Thor, bemächtigten sich eines Bollwerks am Zwinger und drangen nach dem befestigten Domhof vor. Von dem Lärm aufgeschreckt, stürzten die Einwohner aus den Häusern und sammelten sich zur Gegenwehr. Ein wüthender Kampf entspann sich in den Straßen, Todte und Verwundete deckten den Boden; erst als durch die geöffneten Thore von Außen neue Kriegsmannschaften zuströmten, wendete sich die Entscheidung zu Gunsten der Angreifenden. Aber noch immer stritten die Wiedertäufer mit dem Muthe der Verzweiflung und viele Herren vom Adel, die in den ersten Reihen standen, erlagen den Hakenbüchsen und dem Geschütze. Da soll sich Rottmann, um dem Hohne der Gefangenschaft zu entgehen, in das dichteste Kampfgewühl gestürzt und muthig streitend einen ehrlichen Soldatentod gefunden haben. Nach einer andern Nachricht entkam er nach Rostock und lebte dort unter falschem Namen in der Verborgenheit. Johann von Leiden dagegen, der sich in das festeste Bollwerk zurückziehen wollte, wurde mit seinen Räthen und Dienern gefangen genommen und in Ketten gelegt. Eine kleine Schaar vertheidigte sich hinter einer Wagenburg so hartnäckig, daß man sie gegen Niederlegung der Waffen dem Schutze des Bischofs zu überlassen versprach. Kaum aber waren sie abgezogen, so stürzten die über die großen Verluste ergrimmten Landsknechte ihnen nach und ermordeten sie in ihren Häusern.

Strafgerichte und Reaction.

Als jeder Widerstand überwältigt war, erfolgten die Strafgerichte. Von den gefangenen Wiedertäufern wurden viele in den nächsten Tagen enthauptet, unter ihnen die „Königin" Divara und das Weib Knipperdollings; die Minderschuldigen und die meisten Frauen wurden vertrieben, die Verdächtigen mit Geldbußen belegt. Die Ausgewanderten kehrten zurück und bildeten den Kern der neuen Bevölkerung, die kaum ein Drittel der früheren betrug. Die städtischen Freiheiten und Rechte wurden vernichtet. Der Stadtrath sollte in Zukunft nur im Einvernehmen mit Kapitel und Ritterschaft ernannt werden; die Herrschaft der Hierarchie und der Erbberechtigten wurde hergestellt, der Katholizismus in aller Form und Strenge wieder eingeführt und innerhalb der Stadt eine Festung errichtet, deren Befehlshaber dem einheimischen Adel angehören sollte. Den Schluß der Reaction bildete die Hinrichtung der drei wiedertäuferischen Häupter, Johannes von Leiden und seiner Räthe Knipperdolling und Krechting. Man hatte sie ins Gefängniß geführt und Versuche gemacht sie zu einem reuigen Geständnisse zu bringen. Sie beharrten jedoch bei ihrem Glauben, und der ehemalige Beherrscher von Münster wußte seine Ansichten über Taufe, über Vielweiberei und Gütergemeinschaft mit Stellen der heiligen Schrift

tapfer zu verfechten. Endlich erfolgte der Richterspruch: die drei Missethäter
sollten mit glühenden Zangen auf dem Markte gemartert und dann langsam vom
Leben zum Tode gebracht werden. Nachdem man sie einige Zeit von Ort zu Ort
herumgeführt und dem Hohn und der Verwünschung des Volkes ausgesetzt hatte,
wurde die entsetzliche Todesstrafe im Angesicht des Bischofs und einer unermeßlichen
Menschenmenge vollzogen. Und selbst ihre Leichen sollten noch als Schaustücke
dienen. „Als die Strafe an den Bösewichtern ausgeführt war," erzählt ein Zeitgenosse, „wurden sie in Körbe von Eisengitter eingeschlossen und hoch an dem
Thurme von St. Lambert befestigt, so daß sie weithin sichtbar waren und allen
unruhigen Geistern zur Warnung und zum abschreckenden Beispiel dienen
mochten."

Die Katastrophe von Münster hemmte die Entwicklung der wiedertäuferischen ^(Ausgang.)
Sekte. Wohl lebte der Glaube an ein hundertjähriges Reich, worin sie die „Auserwählten" sein würden, noch lange in einzelnen Gemeinden fort; aber unter dem
Druck der Verfolgung, die von allen weltlichen Obrigkeiten über sie verhängt
wurde, fanden sie keinen Raum mehr zur Entfaltung ihrer schwärmerischen Prinzipien; ihre weltgeschichtliche Rolle war ausgespielt. Niedergebeugt und zerspal-
ten zerstreuten sie sich nach allen Ländern; vom Continent vertrieben suchten und
fanden sie ein Asyl in England. Es haben sich noch manche Lieder erhalten,
die Zeugniß geben von der Bedrängniß, unter der die Brüder in Westfalen und am Niederrhein in der nächsten Zeit zu leiden hatten, aber auch
von der fortdauernden Zuversicht, daß Gott seine Kinder erretten werde,
und von dem festen Glauben, daß sie auf dem Wege zum ewigen Heil
wandeln, daß, wenn auch das Fleisch bluten müsse, doch die Seele in die
ewige Herrlichkeit eingehen werde. Im Gefängniß sehen sie sich von Engeln
behütet und stärken sich an dem Beispiele so vieler christlichen Märtyrer, und wenn
sie aus dem Vaterlande vertrieben werden, getrösten sie sich mit dem Gedanken,
daß ihre wahre Heimath bei Gott sei. Dem Bischof Franz, einem milden leutseligen Herrn, der einige Jahre später, gleich dem Kurfürsten von Köln, sogar
mit Reformationsideen umging, mochte es schwer ankommen, der hierarchisch-
aristokratischen Reaktion im Münsterlande seinen Arm zu leihen, mit den wiedertäuferischen Auswüchsen auch zugleich die Keime und Ansätze des evangelischen
Lebens in den westfälischen Städten unterdrückt zu sehen, aber die Rache des
Klerus und der Ritterschaft verlangte ihre Opfer. Die abligen Herren und die
rathsherrlichen Geschlechter in den Städten vereinigten sich mit Kapitel und Geistlichkeit zum Kampf wider die Neuerer in der Kirche, wie in Staat und Gesellschaft, und es gelang ihren vereinigten Bemühungen, die Reformation des westfälischen Landes in ihrem Wachsthum zu knicken und die junge Pflanze auszurotten. Wie einst der Bauernkrieg im Süden, so hat der wiedertäuferische Aufruhr zu Münster im Nordwesten der katholischen Bewegung Vorschub geleistet
und zum Sieg verholfen.

Es wurde früher bemerkt und geht aus unserer Darstellung zur Genüge hervor, daß in den wiedertäuferischen Lehren auch echtchristliche Ideen enthalten waren, die in der heiligen Schrift, wie im Leben der ersten Christengemeinden ihre Gewährschaft hatten. Diese erlangten nunmehr die Oberhand und verdrängten die sitten- und staatsgefährlichen Grundsätze, welche bei einem Theil der Melchioriten zur Ausbildung gekommen und in den Religionsschwärmereien zu Münster in ihrer ekstatischen Höhe hervorgetreten waren. Wir wissen, daß das Prinzip der Friedfertigkeit, eines waffenlosen Lebens unter den Doctrinen der Täufer stets in erster Linie gestanden und daß es nur mühsam durch die Kriegspredigten eines Matthys und Rottmann niedergekämpft werden konnte. Wie harmlos war das unschuldige Dahinleben der Salzburger Gartenbrüder, die sich ohne Widerstand von dem Fanatismus katholischer Dogmeneiferer hinmorden ließen! An diese und ähnliche Grundlehren knüpfte Menno Symons, ein ehemaliger Priester in Ostfriesland, die Reform des wiedertäuferischen Wesens, indem durch seine fromme Thätigkeit und Betriebsamkeit die Taufgesinnten in kleine Gemeinden versammelt wurden, die abgeschieden von der großen Welt und gesondert von der Kirche ein stilles Leben als Pächter und Landbauern in christlicher Gemeinschaft führten. Geächtet und verfolgt, oft durch heimlichen Aufenthalt sich vor der Wuth und den Nachstellungen seiner Feinde bergend, hat Menno als Hirt der zerstreuten Heerde im Geiste der alten Apostel in seiner Heimath, am ganzen Niederrhein und an den Gestaden der nördlichen Meere als Reiseprediger gewirkt und den Grund zu der Organisation der brüderlichen Gemeinschaften gelegt, die ohne Sacramente und Priesterschaft, aber mit strenger Sittenzucht sich in Deutschland und den Niederlanden als Mennoniten, in England und Amerika als Baptisten bis auf den heutigen Tag erhalten haben und in den Quäkern Glaubensverwandte besitzen.

In den Jahren der geistigen Reife durch die Taufe in den Bund aufgenommen, führen die Mennoniten als Separatisten ein stilles arbeitsames Leben mit einer besonderen einfachen Tracht ohne Schmuck, enthalten sich der Waffen, leisten keinen Eid und vermeiden gerichtliche Klagen. Aber ihre Verwandtschaft mit den münsterischen Doctrinen hat auch unter den Mennoniten viele Märtyrer geschaffen; auch die Geschichte der Taufgesinnten ist mit Blut und Thränen geschrieben. Die Lehren von der Taufe und vom Eide und die Absonderung von den Andersgesinnten richteten eine Scheidewand auf, die sie von Katholiken und Evangelischen trennte. Haß, Mißtrauen und Verachtung war ihr Erdenloos.

XIV. Die skandinavischen Reiche in der Reformationszeit und Wullenwever in Lübeck.

Literatur. S. Bd. VIII. 423. Dazu: Münter, Kirchengeschichte von Dänemark und Norwegen. Leipzig, 1834. 3. Fryxell, Gustav Wasa's Leben 1831. G. Waitz, Lübeck unter Jürgen Wullenwever und die europ. Politik. 3 Bde. Berl. 1855 f.

1. König Christian II. und die Zustände Dänemarks.

Nicht blos Deutschland und die Schweiz erfuhren durch die Reformation eine Umgestaltung ihres geschichtlichen Lebens; auch in die nordische Peninsular- und Insularwelt dehnten sich ihre Wellenkreise aus und schufen für

Kirche und Staat neue Formen und Aufgaben. Und während dort die religiösen Neuerungen die föderativen Staatsorganismen noch mehr zersetzten und lockerten, erzeugten sie hier ein stärkeres nationales Bewußtsein und legten den Grund zu staatlichen Schöpfungen, in welchen alle menschlichen Interessen zusammenliefen, das gesammte öffentliche Leben eine einheitliche Basis zur Entfaltung seiner Kräfte erlangte.

In der skandinavischen Halbinsel waren die reformatorischen Regungen und Bestrebungen aufs Innigste mit den politischen Kämpfen verbunden, durch welche die nordischen Völker sich aus unbehaglichen Zuständen zu befreien trachteten. Wir haben im achten Bande dieses Werkes die wenig befriedigenden Verhältnisse kennen gelernt, in denen sich das öffentliche Leben bei Dänen, Norwegern und Schweden bis zum Anfang des sechzehnten Jahrhunderts bewegte. Die Könige von Dänemark hatten nicht nur die Herzogthümer Schleswig und Holstein an ihre Dynastie geknüpft (VIII., 473); sie suchten auch Schweden noch immer durch die Calmarer Union bei ihrer Herrschaft festzuhalten, das schwedische Volk wie ein unbändiges, widerstrebendes Roß durch das wenngleich schlaffe Band eines hundertjährigen Vertrages an ihr Joch zu fesseln. Als König Johann oder Hans aus dem oldenburgischen Hause nach drei und dreißigjähriger Regierung aus dem Leben geschieden war, versammelten sich die Reichsräthe von Dänemark und Norwegen in Kopenhagen und erkannten den einzigen Sohn desselben, Christian II., als König an, nachdem er durch eine Handfeste alle Rechte und Privilegien der Aristokratie in vermehrter Ausdehnung anerkannt. Ein Jahr nachher erfolgte die feierliche Krönung in Kopenhagen und in Opslo. Christian II. eben so klug und listig als hart und gewaltthätig, war mit einer Stellung nicht zufrieden, welche dem König wenig mehr als den Ehrennamen ließ, während alle Macht in den Händen des reichbegüterten Adels und des Klerus lag. Wir haben früher ausgeführt, wie sehr der Reichsrath beflissen war, bei jeder Gelegenheit die Rechte seines Standes zu erweitern, die der Krone zu mindern (VIII., 465 f.); bei allen Anstellungen, selbst in den Hofämtern und den bäuerlichen Gerichtsstätten, bei Bestimmungen über Krieg und Frieden, bei Ausschreibung von Steuern und Verpfändung von Gütern war der König an die Mitwirkung des Reichsraths gebunden; Adel und Klerus hatten eigenen Gerichtsstand, besaßen Steuerfreiheit, waren im Alleinbesitz des Waffen- und Jagdrechts; frei gewordene Lehensgüter fielen nicht an die Krone, sondern an die Adelsgemeinde zurück. Der Reichsrath wählte seine Mitglieder selbst, ohne daß dabei eine königliche Bestätigung vorbehalten war, und legte sich das Recht bei, mißfällige Männer auszustoßen. Schlösser, Lehen und Landrichterstellen durften nur ritterlich Gebornen verliehen werden. Es war dem König unerträglich, die Herrschergewalt so gebunden zu sehen: war doch in England, Frankreich, Spanien, Portugal die Krone Meister geworden über den feudalen Herrenstand; sollte dasselbe nicht auch im

König Christian II. 1513—1523. † 1559.

22. Juli 1513.

Krone und Adel.

34*

Norden möglich sein, zumal in einer Zeit, da die religiöse Bewegung so viele verborgene Kräfte an die Oberfläche des Lebens trieb?

Christian als Prinz. An energischem Unternehmungsgeist fehlte es Christian nicht. Schon als Prinz zeigte er sich so unbändig, daß sein Vater manchmal die Peitsche anwendete, bis er auf die Knie fiel und Besserung versprach. In Norwegen, wohin ihn der König als Statthalter sandte, wußte man viel zu erzählen von der erbarmungslosen Strenge, mit **1506.** welcher er jede Auflehnung blutig rächte. Als einst ein aufrührerisches Bauernhaufe zwei königliche Vögte erschlug, „drang er in ihre Verhacke in tiefer Waldung ein, und manches Jahr sah man bei Aggershuus den bleichen Kreis der aufgesteckten Häupter der Hingerichteten, auf dem Pfahle im Mittelpunkt das Haupt des Anführers, welcher Hertuf Hyddesad hieß". Dieser hatte auf der Folter ausgesagt, der Bischof Karl von Hammer sei im Einverständniß gewesen. Der Statthalter wußte, daß dieser zu den Unzufriedenen gehörte und mit Svante Sture in Verbindung stand. Er lud ihn zu sich nach Schloß Aggershuus, warf ihn in das Verließ und bemächtigte sich der Bischofsburg. Auf einem unglücklichen Fluchtversuch schwer verletzt und von Christians Fanghunden eingeholt, fand der Prälat seinen Tod. Den Urheber traf der Fluch der Kirche, der erst bei seiner Krönung auf demüthiges Bitten von ihm genommen ward.

Die „Düveke" und Sigbrit. Bei seiner Krönung in Oyslo sah Christian das schöne Mädchen wieder, das er vor Jahren auf einem Balle in Bergen kennen gelernt. Sie wurde die Geliebte des Königs, der im dreiunddreißigsten Lebensjahre noch unvermählt war. Man nannte sie „Düveke," Täubchen, ein Name, der, wenn auch mit einigem Spott ausgesprochen, doch ihren Charakter bezeichnete. Es traf sie kein anderer Vorwurf, als der des Verhältnisses selbst. Dagegen wurde ihre Mutter Sigbrit Willums, welche einst in Amsterdam einen Kleinhandel, dann in Bergen eine Gastwirthschaft getrieben, ein kluges ränkevolles Weib, bald der Gegenstand des Hasses. Mutter und Tochter erhielten in Kopenhagen ein eigenes Haus und der König, voll heftiger Leidenschaft für sein „Täubchen", lieh auch den Rathschlägen der Sigbrit ein geneigtes Ohr. Und diese, welche den friesischen Bauernstolz, das heiße demokratische Blut ihres Volkes in sich trug, benützte ihren Einfluß, um dem König Haß gegen die Aristokratie einzuflößen, welche drei Viertel des Grundbesitzes in Händen habe, Bürger und Bauer in knechtischer Unterwürfigkeit halte und dem Monarchen selber schmähliche Fesseln anlege. Dieses Verhält- **Königin Elisabeth.** niß änderte sich auch nicht, als Christian II. in die Ehe trat. Erich Walkendorp, der als Propst von Roeskilde der Liebe des Königs nicht entgegengetreten und dafür zum Erzbischof von Drontheim eingesetzt worden war, fühlte sich jetzt in seinem Gewissen beunruhigt und betrieb die Vermählung. Unter Vermittlung seines Oheims, des Kurfürsten Friedrich von Sachsen, erhielt Christian die Hand der Infantin Isabella, Schwester des nachherigen deutschen Kaisers Karl. Nach einer **1515** stürmischen Ueberfahrt gelangte die zarte junge Fürstentochter, welche im Norden den Namen Elisabeth erhielt, nach Kopenhagen und wurde Königin von Dänemark. Vergebens drang der Erzbischof auf Entfernung der Geliebten und ihrer Mutter; Christians ganzes Herz hing an dem holländischen Bürgermädchen. Die Königin nahm die Sache ziemlich gleichgültig hin. „Mitten in der kalten Fremde sah sie in Sigbriten eine willkommne niederländische Landsmännin; ihr gefiel die Alte, so voll lebhafter Entwürfe, die bei dem König täglich mehr galt, und sie wußte es ihr Dank, als ihr Gemahl 24 Bauerfamilien aus Nordholland auf der Insel Amak, dicht bei Kopenhagen, ansiedeln ließ. Sie vermehrten sich dort in glücklichem Gedeihen unter freien bäuerlichen Verhältnissen und schafften ihrer Königin die Freude der schmerzlich entbehrten Küchengewächse, der köstlichen Butter und des Käses ihrer Heimath." So verflossen zwei Jahre, während welcher die Holländerin den größten Einfluß übte. Der König vertraute ihr die Verwaltung der Zolleinkünfte, namentlich des Sundzolles, „dieses Weinbergs von Dänemark", und hörte ihr beifällig zu, wenn sie ihm von dem Wohlstande, der Macht, dem Reichthum der niederländischen Städte sprach, der von der Handelsthätigkeit eines freien Bürgerstandes, eines arbeitsamen Volkes herrühre, während in Dänemark Adel und Hanseaten die Erträgnisse des Landes, den Schweiß des Landmannes und des Gewerbtreibenden zu ihrem Vortheil ausbeuteten. Es war ihr Verdienst, wenn Christian Verordnungen erließ und Einrichtungen traf, welche dem Ackerbau, der Industrie, dem Handel in Stadt und Land aufhelfen, Kopenhagen und die andern Seestädte zu blühenden regsamen Kaufmannsorten erheben sollten.

Da starb plötzlich die schöne Düveke in voller Gesundheit; allerlei Anzeigen schienen auf eine Vergiftung zu deuten. Und nun regten sich in dem König alle Geister der Rache und die Leidenschaften seiner Seele gewannen die Oberhand. Er ließ einen angesehenen Edelmann, Torban Oge, der in Kopenhagen das Amt eines Schloßvogts versah, und von ihm als Urheber der verbrecherischen That angesehen ward, vor dem Reichsrath anklagen und als dieser nicht auf schuldig erkennen wollte, berief er gegen Recht und Herkommen zwölf Bauern zum Gericht, die bedrängt und geängstigt ein Urtheil abgaben, das dem erzürnten Monarchen genügend erschien. Vergebens waren alle Bitten um Gnade; selbst die Königin warf sich umsonst auf die Knie; Torban Oge wurde öffentlich auf dem Sankt Gertruden-Kirchhof enthauptet. Durch diesen Gewaltakt gegen ein Haupt der Adelsgemeinde schnitt Christian II. zwischen sich und dem Reichsrathe das Tafeltuch entzwei. Der Haß mehrte sich mit jedem Tag, da Sigbrit nach wie vor das entscheidende Wort im Rathe und Regiment führte, Adel und Amtleute ihren demokratischen Stolz durch anmaßendes und übermüthiges Benehmen fühlen ließ, und selbst im Schloß, in der Umgebung der Königin, bei der Erziehung des erstgebornen Prinzen vielvermögend war. Die Verstimmung stieg noch, als ihr Bruder Hermann Willums und ein anderer Ausländer, Dietrich Slaghoek aus Westfalen, Doctor des kanonischen Rechts und in der Arzneikunst wohl erfahren, durch sie des Königs Vertrauen erlangten. Es wäre wohl schon jetzt zu schlimmen Auftritten gekommen, hätten nicht die Feindseligkeiten mit Schweden, die uns aus dem achten Bande bekannt sind (486 ff.), König und Nation zu gemeinschaftlichen Anstren-

(Randnotiz:) König und Reichsrath im Streit 1517.

(Randnotiz:) Nov. 1517.

gungen genöthigt; denn in dem Wunsche über das Nachbarvolk zu herrschen stimmten alle Dänen überein.

Zu der großen Unternehmung, welche mit der Niederlage und Unterdrückung der Schweden und mit dem Stockholmer Blutbad endigte, hatte Christian vom Brüsseler Hof Geldsummen bezogen, von Frankreich Schiffe und Hülfsmannschaften; Adel, Geistlichkeit, Kaufmannschaften um freiwillige oder gezwungene Beiträge und Darlehen angegangen, Söldner aus Schottland, Preußen, Brandenburg angeworben, aus dem Königreich und den Herzogthümern Reiter und Fußvolk gesammelt. Damit kam er zum Ziel. Die überwundenen Schweden mußten Huldigung leisten und bei der feierlichen Krönung, wobei kein eingeborner Edelmann mitwirken durfte, den König Christian als Erben der schwedischen Krone anerkennen. Vier Tage nachher folgte die blutige Alt, den wir früher dargestellt. Der Kirchenbann, den Erzbischof Gustav Trolle zur Rache für seine Absetzung über Sten Sture und seine Anhänger ausgewirkt, diente dem dänischen Tyrannen als Rechtsgrund für die Vernichtung seiner Widersacher. Unter den Hingerichteten befanden sich zwei Bischöfe, dreizehn Männer vom Ritterstand, darunter Erich Johansen, Gustav Wasa's Vater, „ein lustiger, kurzweiliger Herr"; drei Bürgermeister und dreizehn Rathsherren, der andern Bürger, die an demselben Tage oder bald darauf am Galgen starben, nicht zu gedenken. Ihr Vermögen wurde eingezogen, die Schlösser und Vogteien Ausländern verliehen, die beiden Geistlichen, die dem König bei dieser schrecklichen Katastrophe am eifrigsten zur Seite gestanden, empfingen zum Lohne die verwaisten Stifter; Beldenak ward Bischof von Skara, Slaghoek, gewöhnlich Meister Dietrich genannt, Bischof von Strengäs und zugleich königlicher Statthalter; sein Bruder Heinrich Kommandant der Hauptstadt. Ein ehernes Joch wurde dem gedrückten Volke aufgelegt; Galgen und Rad schienen dem fremdem Statthalter die sichersten Mittel, jede Bewegung zu ersticken. Allein die Gunst der Tyrannen ist ein morscher Stab. Die Klagen des mißhandelten Volkes gegen Slaghoek waren nicht vermögend den König umzustimmen, da Sigbrit für ihren Verwandten wirkte; er wurde sogar zum Erzbischof von Lund erhoben. Als aber ein päpstlicher Nuntius nach Kopenhagen kam, um Rechenschaft zu fordern wegen der in Stockholm hingerichteten Bischöfe und Prälaten, warf Christian alle Schuld auf den Rathgeber. Man wollte den König in so kritischer Zeit nicht reizen und nahm die Entschuldigung hin. Um so härter war das Schicksal Slaghoeks; von dem Gebieter preisgegeben, von der ganzen Welt gehaßt und verachtet, wurde er zum Tode verurtheilt und an die Galgenleiter gebunden den Flammen übergeben. Sein Gehülfe Beldenak wurde als Gefangener nach Bornholm geschickt.

In Stockholm hatte sich König Christian II. der katholischen Kirche und des Erzbischofs von Upsala bedient, um über Blut und Leichen zur Herrschaft in Schweden emporzusteigen; in Dänemark hoffte er mittelst der Reformation die Macht der geistlichen und weltlichen Aristokratie zu brechen. Ohne Charakter und Ueberzeugungstreue wollte er die in sich zerfallene Kirche als Hebel für seine persönlichen Zwecke, als Staffel zur souveränen Königsgewalt benutzen. Gleich nach seiner Rückkehr aus Schweden wandte er sich an den Kurfürsten von Sachsen, seiner Mutter Bruder, daß man ihm einen Prediger von Wittenberg zusende. Aber Martin Reinhard, der in Kopenhagen die heil. Schrift in

deutscher Sprache auslegte, war nicht die geeignete Persönlichkeit, dem Evangelium Anhänger zu gewinnen. Auch Karlstadt, der die nordische Hauptstadt besuchte (S. 179), vermochte während seines kurzen Aufenthalts keinen Einfluß an
der Universität zu gewinnen.

Doch scheint Karlstadt bei dem Entwurf des neuen Gesetzbuches thätig gewesen zu sein, Das neue
durch welches Christian die geistliche Gerichtsbarkeit zu beschränken, den Mißbräuchen im Gesetzbuch.
Kirchendienst und Klosterwesen zu steuern, die Bauern vor Verkauf und unchristlicher
Behandlung von Seiten der Gutsherren zu schützen, die Härte des Strandrechts zu
mildern, die Verwaltung, Rechtspflege und Sicherheit der Stadtgemeinden in bessern
Stand zu setzen, ja selbst der Geistlichkeit die Eheschließung zu verschaffen bestrebt war.
Allein unter den Stürmen, die bald darauf über das Reich hereinbrachen, konnten die
meisten Verordnungen nicht zur Ausführung kommen; nur die Bestimmungen gegen
die Ausplünderung der Schiffbrüchigen wurden trotz des lebhaften Widerspruches der
Bischöfe und des Reichsadels durch den Druck bekannt gemacht. Das ganze Gesetzbuch
war von einem reformatorischen Geiste durchzogen; die königlichen Machtbefugnisse sollten erhöht, offenkundige Mißstände bei der Geistlichkeit beseitigt, die brutalen Rechts-
übergriffe des Herrenstandes eingeschränkt, Bürger und Bauer unter den Schutz des
Gesetzes und der Krone gestellt werden. Was Sigbrit dem König von dem Flor der niederländischen Städte erzählt, was er bei einem Besuch, den er um dieselbe Zeit dem burgundischen Hofe in Brüssel abstattete, um den Rest der Mitgift zu erlangen, mit eigenen Augen angeschaut, das wollte er seinem Lande und insbesondere den Städten an
der Küste erwerben. Die Handelsherrschaft der Hansa, vor allen der Stadt Lübeck,
sollte gebrochen, Kopenhagen zum großen Stapelplatz des nordischen Handels erhoben
werden.

Zur Durchführung solcher weitgreifenden Entwürfe, welche zu gleicher Zeit Zweideutige
die Macht des Adels, des Klerus und der Hansa brechen sollten, fehlte dem Haltung des
König die sittliche Kraft und die Unterstützung und das Vertrauen des Volkes. Königs.
Wohl hatten die neuen Lehren da und dort bereits Boden gewonnen; wir wissen, welchen Zulauf die evangelischen Prediger in Holstein und Schleswig fanden (S. 193); sie waren nach Jütland vorgedrungen und hatten in der Stille
ihren Weg nach den Inseln genommen; die deutschen Städte und Kaufleute an
der Ostsee trugen wesentlich zu dieser Verbreitung bei. Hätte Christian das
Beispiel seines Oheims in Sachsen aufrichtigen Herzens und mit ehrlicher Hingebung nachgeahmt, so würde sich ihm rasch eine Reformationspartei zur Seite
gestellt und ihn unterstützt haben. Aber wie sollte man zu einem Manne Vertrauen fassen, der in Schweden im Dienste der Hierarchie als Vollstrecker des
päpstlichen Banns und Interdikts mit Henkerbeil und Galgen wüthete, und in
Dänemark das Evangelium von deutschen Predigern verkünden ließ? der mit
katholischen und evangelischen Männern verkehrte, und von beiden Theilen als
Gesinnungsgenosse angesehen ward? Gegen die vereinte Macht der Prälaten
und des Herrenstandes bedurfte es anderer Kräfte als eines zwar klugen und
unternehmenden aber treulosen und despotischen Fürsten von zweideutiger Hal-

tung ohne warme Hingebung für die Sache der Reformation, und in den Han-
delsherren von Lübeck fand er gewandte und mächtige Widersacher.

Die Lübecker gegen den Dänenkönig. Mit dem größten Mißtrauen blickten die Lübecker auf die Unternehmungen des Dänenkönigs. Sie wußten, welche Mühe er sich gab, den Kaiser, seinen Schwager zu bestimmen, das Belehnungsrecht über Holstein dem Bischof von Lübeck zu entziehen und ihm zu übertragen, ja die Reichsstadt selbst unter Dänemarks Oberhoheit zu stellen. Seine Handelsordnungen und Zollrollen verkürzten die bisher genossenen Vorrechte der hanseatischen Kaufmannschaft. Die klugen Handelsherrn suchten daher dem schlimmen Nachbar alle möglichen Hindernisse und Schwierigkeiten zu bereiten, um ihn anderwärts zu beschäftigen. Auf ihren Schiffen fuhr Gustav Wasa nach Schweden; und wir werden bald sehen, wie rasch unter den Schlägen des abgehärteten Bauernvolks der dänische Blutbau in dem Nachbarlande zusammenstürzte. Die Eroberung von Stockholm sicherte ihnen aufs Neue die Handelsherrschaft in Schweden und auf allen Küsten der Ostsee. Mehr als je war das im Gestalten begriffene Königthum der Wasa auf ihre Hülfe und Unterstützung angewiesen; denn der unternehmende Dänenfürst bot Alles auf, wieder in den Besitz von Schweden zu kommen. Nicht minder wichtig war die Verbindung Lübecks mit der malcontenten Aristokratie des Seestaats und mit dem Herzog Friedrich von Schleswig-Holstein, dem Oheim Christians.

Christians Vertreibung. 1523. Die beabsichtigten Neuerungen, durch welche der König die Fesseln der Handfeste abzustreifen und die Macht und Autorität der Krone zu erhöhen suchte, riefen eine weitgreifende Opposition ins Leben. Anstatt den Herren- und Landtagen Folge zu leisten, welche Christian gegen Ende des alten und zu Anfang des neuen Jahres ausschrieb, versammelten sich Prälaten und Ritterschaft aus Jütland in Wiborg, verfaßten eine scharfe Beschwerdeschrift, worin sie alle Eingriffe in die Freiheiten und Rechte des Adels, alle gesetzwidrigen Handlungen gegen Kirche und Staat aufzählten, kündigten ihm Treue und Gehorsam auf und wählten Herzog Friedrich zu ihrem König und Herrn. Und dieser, schon längere Zeit mit dem Neffen auf dem Kriegsfuß und in seinen Besitzungen bedroht, nahm den Antrag an. Die Hülfe der Ritterschaft und der Lübecker erkaufte er sich durch Freibriefe und große Zugeständnisse. Im **Febr. 1523.** Februar sagte der Herzog und die Hansastadt dem Dänenkönig Fehde an. Vergebens suchte Christian den Sturm durch Unterhandlungen zu beschwören, indem er Abstellung aller Beschwerden versprach: „Er erfuhr jetzt an sich selber, wohin die menschlichen Dinge gerathen, wenn das Heiligthum der Treue zerbrochen ist;" man hielt ihn durch täuschende Aussichten so lange hin, bis der Aufstand sicher organisirt war und dem König alle Macht des Widerstands gebrach; auch die Vermittlungsversuche seiner Verwandten, Friedrichs von Sachsen und Joachims von Brandenburg, fanden keine Stätte. Verrathen und verlassen **14. April 1523.** bestieg im April Christian II. mit Gemahlin und Kindern, mit Sigbriten, die zur Sicherheit in einer Kiste an Bord geschafft wurde, und mit seinen ergebensten Räthen die Schiffe, die er eilig im Hafen von Kopenhagen hatte ausrüsten und mit den werthvollsten Sachen beladen lassen, und verließ das Land seiner

Väter, um anderwärts Hülfe zu suchen. Sein Gesetzbuch wurde von den jü-
tischen Herren und Prälaten auf einem Landesthing verbrannt, „als schädlich
und verderblich wider gute Polizei und Regierung" und die alte Handfeste, worin
den Reichsständen, Adel und Klerus der Fortgenuß ihrer Rechte, Freiheiten und
Besitzungen gewährleistet war, dem Herzog Friedrich zur Eidleistung vorgelegt.
Nachdem er sie beschworen, wurde er in Dänemark und Norwegen als König anerkannt und gekrönt.

2. Schweden unter Gustav Wasa.

Gustav
Wasa.

Noch früher stürzte Christians II. blutgetränkter Herrscherbau in Schweden.
Gustav Erichson, von seinem Hauswappen, einem Garnbündel, Wasa ge-
genannt, ein mannhafter Jüngling, auf dem der Muth und die Weisheit der
Sturen, seiner Verwandten ruhte, war vom Schicksal berufen, das schwedische
Volk in neue geschichtliche Bahnen zu führen. Wir wissen, daß der junge
Edelmann, der nach vollendeten Studien in Upsala sich den Waffen gewidmet und in der Schlacht bei Brännkyrka als Bannerträger sich rühmlich hervorgethan, von Christian II. wider gegebenes Wort als Geisel nach Dänemark geführt worden. Er und seine Leidensgefährten sollten ihm Bürge sein
für die Treue und den Gehorsam ihrer Verwandten und Standesgenossen
daheim und sie nöthigen, ihren Nacken ruhig unter das Tyrannenjoch zu beugen.
Ein Jahr und darüber verlebte Gustav in Jütland unter der Aufsicht des Herrn
Erich Baner, seines Verwandten. Da hörte er von dem großen Kriegszug, den
der König wider Stockholm vorhabe, um die Schweden gänzlich zu unterwerfen.
Nun hatte er keine Ruhe mehr im fremden Lande. Verkleidet entfloh er nach
Lübeck, wo er sich mehrere Monate verborgen hielt, geschützt von dem Rath gegen Baner, der die Auslieferung des Flüchtlings begehrte. Die klugen Kaufleute erkannten rasch, daß der kraftvolle Edelmann ihnen wichtige Dienste gegen
den „Bedränger der Wendenstädte" leisten könnte, und sie unterließen nicht, ihn
durch Unterstützungen und Versprechungen zur Befreiung seines Vaterlandes
aufzumuntern. Auf einem Lübeck'schen Kaufmannschiff landete Gustav Wasa in
der Nähe von Calmar. Die Dänen waren bereits Meister der Hauptstadt und
Muthlosigkeit herrschte in allen Gemüthern. Es war wenig Aussicht vorhanden, daß sich das schwedische Volk zu einem kräftigen Schlag ermannen würde;
nur mit Mühe entging er den feindlichen Spähern. In einem Lande, wo nur
wenige Städte Vereinigungsorte darboten, wo es an einem Mittelpunkt des
öffentlichen Lebens fehlte, wo der Süden und Norden wenig von einander wußten
und die zerstreuten Gehöfte und Dorfschaften gemeinsame Entschlüsse erschwerten, schien die fremde Zwingherrschaft obzusiegen. Da erscholl die Schreckens-
kunde von dem Stockholmer Blutbad im Lande und entzündete das Gefühl der
Rache in Aller Herzen. Der grausame Tyrann hatte gehofft, durch den Ge-

Mai 1520.

waltftreich die Häupter zu fällen und damit die Nation hülf- und führerlos
unter sein Joch zu beugen, aber der boshafte Plan schlug in den Gegensatz um.
Der blutige Frevel erzeugte ein vaterländisches Gemeingefühl; Abschüttelung der
fremden Tyrannei galt jetzt als eine Sache der nationalen Ehre; wie weit auch
sonst die Parteiinteressen auseinander gehen mochten, in dem Haß gegen die
Dänen, in der Sehnsucht von der drückenden Union befreit zu sein, stimmten
Alle überein. Und auch der Führer war bereits erschienen, wenn auch noch
wenig bekannt. Niemand war durch den blutigen Akt von Stockholm schwerer
ins Herz getroffen worden, als Gustav Wasa. Sein Vater und sein Schwager
waren unter den Hingerichteten, seine Mutter und Schwester waren in dänische Gefangenschaft geführt worden, viele seiner Freunde lagen unter der Erde;
auf sein eigenes Haupt war ein Preis ausgesetzt. Unter unzähligen Gefahren
und Abenteuern entging er durch eigene Entschlossenheit und durch die treue
Theilnahme schwedischer Landsleute den Nachstellungen des Königs, dessen
Schergen ihm stets auf den Fersen waren, und dem Verrath, der ihn von allen
Seiten umstellte, bis er Schutz, Obdach und Hülfe bei den rauhen Thalbewoh-
nern des Nordens (Dalekarlen) fand. In Bauerntracht hatte er sich nach
dem Kupferberg gerettet und war als Taglöhner und Drescher bei einem Hof-
besitzer in Dienst getreten, bis er die gelegene Zeit wahrnahm, mit seiner Person
hervorzutreten und die Gemüther des einfachen und kräftigen Volkes für die Befreiung des Vaterlandes zu entflammen. Jahrhunderte lang zeigte man mit
Stolz den Hof, wo der Gründer des Königshauses die Axt geführt, und die
Scheune, wo er als Bauer auf der Tenne gedroschen, ward als „Reichsmonu-
ment" erhalten. Märchenhaft lauten die Erzählungen von den Schicksalen und
Nöthen, die er zu bestehen gehabt, als sein Stand und Aufenthalt bekannt
wurde, die dänischen Vögte und Amtleute nach ihm fahndeten, treue Hofbauern
ihn verbargen und in Sicherheit brachten. Um Weihnachten redete er zuerst zu
den Dalekarlen in Mora von der unwürdigen Knechtschaft, welche der Däne dem
schwedischen Volke aufgelegt, von den Mordscenen in Stockholm, durch welche
die edelsten Häupter gefällt worden, von der Freiheit, die man durch mannhafte
Thaten erkämpfen müsse. Der Wind wehte bei seinen Worten von Norden her,
das galt seit alten Tagen für ein Zeichen, daß Gott einen guten Fortgang verleihen werde. Die Natur hatte ihn glücklich ausgestattet; seine schöne hohe Gestalt, sein gewinnendes Wesen, seine Gewandtheit und Begabung als Redner,
die ihn bei Vornehm und Gering den rechten Ton, das rechte Wort finden ließ,
sein klarer verständiger Geist, der ihn befähigte, jede Frage durch geschickte Unterhandlungen zu lösen, alle diese Eigenschaften und Talente machten ihn zu
einer hervorragenden, imponirenden Persönlichkeit. Er hatte bei Sten Sture
Kriegsdienst und Hofleben gelernt, ein hurtiger junger Mann, bemerkt ein Chronist, den Gott erweckt zu haben schien, das Vaterland zu retten.

Es war ein kühnes Wagstück, mit etlichen hundert Bauern, die sich in Mora Von Falun nach Upsala. 1521. bereit erklärten, ihrem „Herrn und Hauptmann" Gustav Wasa zu folgen, die dänische Herrschaft zu stürzen. Alle Städte waren in Christians Gewalt, ergebene Burgvögte mit bewaffneten Mannschaften hüteten die festen Orte, dänische Amtleute waren über das ganze Land zerstreut. Aber die kräftigen, abgehärteten Nordlandssöhne aus den Stromgebieten der Oster- und Westerdalelfe, die mit ihren alten Familienwaffen, Streitaxt, Armbrust und Lanze, sich an den Wasa anschlossen, schreckten vor keiner Gefahr zurück. Herangewachsen in einer wilden großartigen Natur, an Arbeit, Mühsal und Entbehrung gewohnt, ersetzten sie durch Muth und Körperkraft, was ihnen an militärischer Uebung und kriegerischer Zucht abging. Im Februar nahm Gustav Wasa Besitz von Falun und dem Kupferberge, nachdem 1521. er den feindlich gesinnten Bergvogt Christopher Olsson zum Gefangenen gemacht; das Steuergeld der Krone und die vorgefundenen dänischen Kaufmannsgüter vertheilte er unter seine Waffengefährten; die Bergleute, durch eine Rede in der Kirche angefeuert, schlossen sich den Thalmännern an; auch die Helsinger erklärten sich bereit, dem Hauptmann Gustav Erichson, „den Gott als einen Tropfen von Schwedens ritterlichem Blute aufbewahrt habe", zu helfen und beizustehen, und die Bürgerschaft von Gefle sammt der Landschaft schwur ihm Treue. Beldenak und Slaghoek führten 6000 Bewaffnete gegen die Aufständischen; allein über den Fluß wagten sie nicht vorzudringen; „Leute, die Wasser trinken und Rindenbrod essen", läßt eine Chronik den Bischof sagen, „vermag der Teufel nicht zu bezwingen." Ende April erschienen die Dalekarlen vor Westeräs, wo Slaghoek seine Reiterhaufen gesammelt hatte; weithin waren allen Bäume und Umzäunungen abgehauen worden, damit die Pferde nicht gehindert würden. Aber vor den langen Spießen der Bauern und Bergleute wichen die Feinde zurück; der Wasa und seine beiden Feldobersten Lars Erichsson und Lars Orlofsson zogen als Sieger in die Stadt ein. Die Burg wurde belagert; der Burgvogt 29. April. von einem Pfeilschuß getroffen, stürzte in seinem Wolfspelz von der Mauer in den Fluß. Um Pfingsten nahten sich die Thalmänner der heiligen Stadt Upsala. Der Anführer ließ den Erzbischof Gustav Trolle auffordern, die Sache des Vaterlands zu ergreifen. Der Prälat sagte, er wolle die Antwort selbst überbringen, zog von den deutschen Besatzungsmannschaften 3000 Kriegsknechte und 500 Reiter an sich und rückte ins Feld. Da kam Gustav Wasa in Noth, denn viele seiner Leute waren in die Heimath zurückgekehrt; aber rasch sammelte sich aus den umliegenden Bauernhöfen neue Mannschaft um ihn und drängte den Feind zurück.

Mit Gefahr seines Lebens flüchtete sich der Erzbischof nach Stockholm, dem Gustav Wasa Reichsverweser. festen Bollwerk der Dänenherrschaft. Dahin folgte ihm der Wasa; wie gering auch seine Hülfsmittel und Streitkräfte waren gegenüber einer Stadt, wo königliche Besatzungen in festen Stellungen den ländlichen Kriegshaufen unüberwindliche Schwierigkeiten bereiteten und die dänische Flotte unter dem Admiral Severin Norby Hafen und Meer beherrschte, und gegenüber einer Bürgerschaft und

und einem Rathe, die sich dem König Christian eidlich verpflichtet hatten; dennoch unternahm er das schwierige Werk einer Belagerung. Ausdauer und standhafter Muth waren hervorragende Eigenschaften seiner Natur; er rechnete auf den Patriotismus des Volkes; auf den Dänenhaß, der seit den Stockholmer Blutscenen mächtig um sich gegriffen hatte, auf die stille Macht der Freiheits-

24. August 1521. ideen. Schon im August wurde er auf einem Herrentag in Wadstena, an welchem siebenzig Glieder des Adels und viele Männer aus allen Ständen des schwedischen Volkes Theil nahmen, zum Reichsverweser ausgerufen und dadurch seine Herrschaft anerkannt. Aber die Unabhängigkeit der Nation war damit noch nicht entschieden. Schrecken und Gewaltthätigkeit hielt in Stockholm, in Calmar, in Åbo alle Geister in Fesseln. Das Tyrannenschwert schwebte über dem Haupte jedes Verdächtigen. Gustavs Mutter und Schwester fanden ihren Tod in einem dänischen Kerker; und noch mancher schwedische Mann adeligen und bürgerlichen Geschlechts, der dem Blutbade von Stockholm entgangen, starb nachträglich unter dem Richtschwert oder als Flüchtling. Der Belagerungs-

Gustav zum König erwählt 1523. krieg vor Stockholm hatte geringen Fortgang: die deutsche Hansastadt, mehr auf ihren eigenen Vortheil als auf eine rasche Entscheidung bedacht, war saumselig in ihrer Hülfsleistung; und was sie an Mannschaft, Schiffen, Geschütz und Kriegsbedürfnissen dem geldbedürftigen Reichsverweser lieferte, mußte dieser durch Pfandschaften und Handelsprivilegien erkaufen; aus seiner Noth zogen die Lübecker den reichsten Gewinn. Noch war die Hauptstadt in den Händen der Dänen, als Christian aus seinem eigenen Lande vertrieben ward. Dieses Ereigniß hatte auch für Schweden wichtige Folgen: kaum war die Kunde von der Flucht der königlichen Familie nach dem Nachbarlande gedrungen, so wurde auf dem

7. Juni 1523. Reichstag von Strengnäs Gustav Wasa zum König gewählt und damit die Union von Calmar für immer gelöst. Zwei Wochen nachher hielt der Fürst

23. Juni. seinen Einzug in Stockholm, nachdem die Besatzung unter Zusage freien Abzugs mit Waffen und Eigenthum Schloß und Stadt geräumt. Die Forderung des neuen dänischen Königs Friedrich, den alten Vertrag anzuerkennen, wurde zurückgewiesen.

Schwierige Lage. Aber welche Schwierigkeiten mußten überwunden werden, ehe Gustav Wasa sicher auf dem Throne saß! Nur mit Widerstreben hatte der Adel in die Königswahl gewilligt, die von dem Volke als einzige Bürgschaft nationaler Unabhängigkeit mit lauter Stimme gefordert worden war. Unter dem schlaffen Regimente der Unionskönige hatte der Herrenstand nicht nur seine Rechte und Machtbefugnisse gemehrt, so daß die Geschlechtshäupter in den Landschaften gleich selbständigen Fürsten schalteten und walteten und der Reichsrath die entscheidende Stimme in allen öffentlichen Angelegenheiten führte, er hatte sich auch den besten Theil der Krongüter angeeignet und die Lehnsverpflichtungen abgestreift. Auch die Kirche und der aus dem Adel hervorgegangene Prälatenstand hatte die Gelegenheit zur Mehrung der Reichthümer nicht unbenutzt vorübergehen lassen. Die übrigen Einkünfte des Landes waren durch den Freibrief beschränkt, mit dem der König die Dienstleistungen der Lübecker vergelten mußte. Aus den Händen zweier lübischen Rathsherren hatte er die Schlüssel von Stockholm empfangen; und gegen das dänische Geschwader, das Severin Norby von der Insel Gothland aus in den östlichen Gewässern kreuzen ließ, vermochten nur die Schiffe der Hansa die schwedische Hauptstadt zu schützen. Und wenn sich die mächtige Handelsrepublik auf die Seite Friedrichs von Dänemark schlug, der von jeher in gutem Einvernehmen mit ihr gestanden und jetzt so eifrig ihre Bundesgenossenschaft suchte, was sollte dann aus dem neuen Königthum werden? Von Lübeck wurde damals das Schicksal der beiden Königreiche bestimmt; Friedrich und Gustav waren in gleichem Maße von der Kaufmannstadt abhängig; nur mit ihrer Hülfe konnten sie sich des flüchtigen Königs Christian II. erwehren, der fortwährend von der See aus seine verlorne Herrschaft wieder zu gewinnen trachtete und in den dänischen und schwedischen Städten Anhänger und Parteigänger hatte. Unter den Augen des Kaisers, der dem Schwager gerne zum Wiederbesitz seines Thrones verhelfen mochte, namentlich seitdem er seine Reformationsgedanken aufgegeben und sich der katholischen Kirche wieder angeschlossen, durfte Christian in Friesland und Holland Schiffe und Mannschaften zum Seekrieg ausrüsten und bei niederländischen Bankhäusern Anlehen machen. Ein Angriff, den er wenige Monate nach seiner Vertreibung auf Holstein gemacht, war nur durch mangelhafte Soldbezahlung vereitelt worden.

Die gemeinsame Gefahr vereinigte die beiden nordischen Könige. Lübeck vermittelte den Vertrag von Malmoe, durch welchen ein ewiger Frieden zwischen Schweden und Dänemark geschlossen und damit die Unionsidee für immer beseitigt ward. Nur die Landschaften im Süden, die von Alters her zu Dänemark gehört hatten, sollten in demselben Verhältniß verbleiben. Bald darauf wurde Calmar nach heftiger Gegenwehr von Gustav Wasa erobert und damit dem auswärtigen Feinde der letzte feste Standort entrissen.

Vertrag von Malmoe. 1524.

Nun überlegte der Wasa, wie dem zerrütteten Reiche aufgeholfen werden könnte. Sollte die Krone mehr sein als ein schöner Schmuck, das Königthum mehr als ein glänzender Name oder Titel; so mußte er vor Allem das neue Herrscheramt in die Lage setzen, seine Autorität zur Geltung zu bringen, er mußte den anarchischen Zuständen ein Ende bereiten, die Nation wieder an ein geordnetes Regiment gewöhnen, das Land wehrhaft machen gegen äußere Angriffe wie gegen innere Aufstandsversuche. Dazu bedurfte es vor Allem gesicherter Staatseinnahmen. Das Kronvermögen war so zusammengeschmolzen, daß die jährlichen Einkünfte kaum den dritten Theil der nöthigen Ausgaben deckten; der Krieg hatte große Summen verschlungen und forderte noch immer namhafte Opfer; die Schuld an die Lübecker war unermeßlich angewachsen; Handel und Industrie war in den Händen der Hanseaten, die Hauptstadt entvölkert und verarmt, geringhaltige Münze in Umlauf. Der König befand sich in einer rath-

Das neue Königthum.

losen Lage: den Adel, der die Erhebung eines Ebenbürtigen auf den Thron mit
Neid und Unmuth betrachtete, durfte er nicht sehr in Anspruch nehmen, wollte
er nicht neue Kämpfe und Aufstände hervorrufen; der arme Bauernstand konnte
nicht höher besteuert werden. Was blieb ihm daher anderes übrig, als den reichen
und mächtigen Klerus, der während der bürgerlichen Unruhen auf dänischer Seite
gestanden, dessen Oberhaupt die Mitschuld an dem Stockholmer Blutbad getragen, seines Ueberflusses zu berauben und durch Einführung der Reformation die
geistliche Gewalt zu brechen, mit der Reorganisation des Staats auch eine Umgestaltung der alten Kirche in Angriff zu nehmen? Es war ein gewagtes Unternehmen, das eben so viel Klugheit als Festigkeit erforderte. Hätte Gustav den
nationalen Staatsbau, dessen Aufrichtung er sich zur Aufgabe seines Lebens gesetzt, auf andern Wegen durchführen können, so würde er vielleicht noch gewar-
tet haben. Denn wenn der Klerus aus seiner bisherigen Stellung gedrängt ward,
mußte nicht der Adel unruhig werden und befürchten, ein ähnliches Schicksal zu
erleiden? Die Grundlagen ihrer Besitzrechte waren bei beiden Ständen dieselben.
Und konnte nicht das Volk, das von dem neuen Glauben noch wenig wußte und
mit aufrichtiger Frömmigkeit an der Religion der Väter hing, seinen Sinn von ihm
abwenden? Die wiedertäuferischen Lehren, die gerade damals anfingen den Boden der neuen Kirche zu unterwühlen, und deren Spuren auch in Stockholm bereits aufgetaucht waren, mußten eher abschrecken als ermuntern.

Beginnende
Reforma-
tion.   Dennoch nahm der König das Werk in Angriff, aber mit Vorsicht und Behutsamkeit, um keine Volksbewegungen hervorzurufen. Gustavs Bahn, bemerkt Geijer,
ist nicht durch glanzvolle Thaten verherrlicht, aber sein Leben im Ganzen war
eine Großthat. Von geringen Anfängen ausgehend hat er mit zäher Kraft und
unermüdlicher Arbeit das Ziel verfolgt, das er mit klarem Geist erfaßt; nicht im
Sturm der Leidenschaft oder der Begeisterung, sondern durch Entschlossenheit, durch verständiges Handeln, durch gewandte, Ueberzeugung und Zustimmung erweckende Rede, durch glückliche Wahl der Mittel und Personen hat er
das große Werk nationaler und religiöser Wiedergeburt in seinem Vaterlande
zur Vollendung gebracht. Ohne sich selbst auszusprechen oder Partei zu ergreifen,
verschaffte er zunächst der lutherischen Predigt Raum zur Entfaltung. Zwei
Brüder, Olaus und Laurentius Petri (Peterson), die zu Wittenberg ihre Studien gemacht hatten und in ähnlicher Weise wie Luther und Melanchthon einander ergänzten, erklärten in Upsala und Stockholm dem Volke das Evangelium
im Sinne der Reformatoren, während der königliche Kanzler Laurentius Andreä
(Anderson) die heilige Schrift übersetzte und im Lande verbreiten ließ. Nirgends
wurde Zwang angewendet oder zugelassen; beschwerten sich die altgesinnten Priester,
so bedeutete man sie, daß die Waffen der Vertheidigung wie des Angriffs für beide
1526. Theile gleich seien. In einer Disputation zu Upsala verfocht Olaus die evangelische Lehre mit überlegener Schriftgelehrsamkeit und trat in den Ehestand. Die
Geistlichkeit gerieth in Wuth, daß der König, der noch um seine Krone zu käm-

sen hatte, der Verbreitung der Ketzerei keine Hindernisse in den Weg legte und daß er zugleich von den Bisthümern und Klöstern eine hohe Steuer einforderte. Man erzählte sich, er habe dem Domkapitel die Frage gestellt, mit welchem Recht die Kirche ihre Macht besitze und ob irgend ein Grund für ihre Privilegien in der heiligen Schrift zu finden! Das deutete auf schlimme Absichten. Um diesen vorzubeugen suchten die Priester und Mönche in den nördlichen Landschaften einen Aufruhr unter den Bauern zu erregen. Ein angeblicher Abkömmling Sten Sture's, in Wirklichkeit ein Bauernsohn, aber von zartem schönem Ansehen und gewandter Rede, ward dem Wasa als rechtmäßiger Thronerbe entgegengestellt. Der Aufstand wurde bald unterdrückt, mehr durch Unterhandlungen und vernünftige Vorstellungen des Königs als durch Gewalt. Zwei Bischöfe, welche als Hauptanstifter erfunden, wurden von weltlichen Richtern des Verraths angeklagt und trotz alles Einspruchs von Seiten des Klerus öffentlich enthauptet. Dasselbe Schicksal erlitt auch der falsche Sten Sture. Die verführte Menge dagegen blieb straflos.

Mit dem Reichstag, den der König absichtlich nach dem kleinen abgelegenen Städtchen Westerås beschied, beginnt die weltgeschichtliche Stellung Schwedens. Wenn auf den früheren Herrentagen nur Adel und Klerus Sitz und Stimme hatten, so wurden jetzt auch Vertreter des Bürger- und Bauernstandes aus allen Theilen des Reichs und vierzehn Bergleute zugezogen. Aus mancherlei Anzeichen schöpfte die Geistlichkeit Verdacht, daß ihre Stellung bedroht werde; sie legte daher auf Veranstalten des Bischofs Brask von Linköping, des fähigsten und einflußreichsten Prälaten der schwedischen Kirche, zum Voraus heimlich Verwahrung ein gegen jeden Angriff auf die Rechte der Kirche und verbarg die Schrift unter dem Fußboden des Gotteshauses.

Reichstag von Westeräs. Juni 1527.

Als sämmtliche Glieder des Reichstags sich im Klostersaal der Dominicaner versammelt hatten, verlas der Kanzler Laurentius Andrä einen Bericht über die Zustände des Landes. Mit Beziehung auf den Bauernaufstand in den Thallanden hob er zuerst die Nothwendigkeit einer gesetzlichen Obrigkeit hervor; es sei unmöglich ein Volk zu regieren, das sogleich mit der Pfahlart drohe oder durch den „beschnürten und angebrannten Aufgebotsstab" zum Aufruhr mahne, so oft der König etwas Fehlerhaftes im Lande abstellen wolle. Eben so wenig sei es möglich, ein starkes achtunggebietendes Regiment herzustellen, so lange Priester und Mönche, Klöster und Kirchen zwei Drittel des gesammten Vermögens besäßen, während Krone und Ritterschaft auf das andere Drittel gewiesen seien. Die Nothwendigkeit gebiete, daß eine Nation zur Erhaltung des Ganzen Alles aufwende, was sie durch Fleiß und Arbeit zusammengebracht. Man habe den König fälschlich beschuldigt, er wolle die Kirche und ihre Lehrer unterdrücken; weit entfernt, diesen Vorwurf zu verdienen, erkläre derselbe, daß er als ein christlicher Mann zu leben und zu sterben gedenke, daß er die Priesterschaft schützen werde, so lange sie ihr Lehramt gewissenhaft verwalte; habe er die Predigt des göttlichen Wortes und Evangeliums gestattet, so habe er zugleich die Prälaten und Kleriker ermahnen lassen, ihre Doctrinen zu vertheidigen; sie aber hätten alle alten Gewohnheiten, ob gerecht oder ungerecht, beibehalten wollen. Nun wolle

Bericht des Kanzlers.

der König den Rath der Stände hören, wie er gegen Kirche und Priesterschaft verfahren solle. Ohne eingreifende Aenderungen sei ein königliches Regiment nicht möglich, lieber werde er seiner Würde entsagen und die ihm übertragene Ehre dem Reichstag zurückgeben. Auf dem Meere und an den Küsten drohe der Feind, und wo seien die Mittel zur Abwehr? Festungen und Schlösser seien verfallen; die Ritterschaft denke nur, wie sie auf den eigenen Gütern Herr und Gebieter sein möge, und kümmere sich wenig um die Vertheidigung des Reiches; die Zölle seien in fremden Händen, die Kupfer- und Silberbergwerke in Verfall, Handel und Industrie stockten aus Mangel an freiem Verkehr und Absatz. Gegen solche Mängel sei durchgreifende Hülfe erforderlich, wer auch immer Herr im Lande sein möge.

Haltung der Versammlung. Wie klar und eindringlich die Nothstände auch dargelegt waren; Abel und Klerus zeigten wenig Reigung zu Reformen. Der Bischof Brask erklärte, ohne Zustimmung des Papstes, dem er Gehorsam gelobt, könne er weder in eine Veränderung der Lehre, noch in eine Verminderung der Rechte und Güter der Kirche willigen. In ähnlichem Sinn ließen sich auch andere Glieder der Geistlichkeit und des Herrenstandes vernehmen; Thure Jönsson, der älteste im Rath und Reichshofmeister, rief mit lauter Stimme: „Riemand wird mich zum Heiden, Lutherer oder Ketzer machen." Da ergriff der König selbst das Wort; es wurde schon früher erwähnt, daß Gustav Wasa eine Gabe der Rede und der persönlichen Einwirkung auf die Menschen besaß, wie sie nur gebornen Herrschernaturen eigen ist. Wie er einst als geächteter und verfolgter Flüchtling durch seine imponirende Gestalt, seinen mannhaften Muth, seine von Vaterlandsliebe durchglühte Beredsamkeit die Thalbauern fortriß zum Befreiungskampf gegen die dänische Zwingherrschaft, so zerschlug er auch in diesem wichtigen Momente durch seine mächtige Persönlichkeit die selbstsüchtige Aristokratie.

Des Königs Rede. Ist dies euer Beschluß, sagte er, dann mag ich nicht länger euer König sein. Ich hatte eine andere Antwort erwartet, nun kann ich mich nicht mehr wundern, wenn das gemeine Volk, von solchen Anstiftern verleitet, Ungehorsam und Uebelwollen zeigt. Regen und Sonnenschein, Pest, Hungersnoth und Theuerung lege man ihm zur Last; Alle wollten ihn meistern, Mönche und Priester und jede Creatur des Papstes dürsten sich über ihn zum Richter aufwerfen. Um Schweden zu retten habe er die Zügel der Herrschaft ergriffen, habe er sein väterliches und mütterliches Erbe dem allgemeinen Wohle geopfert; und nun würdet ihr gerne sehen, wenn mir zum Lohn die Axt ins Genicke führe, nur daß keiner von Euch den Stiel selbst anfassen will. Wer wollte unter solchem Beding euer König sein? Richt der Schlimmste in der Hölle, viel weniger ein lebendiger Mensch. Gebt mir daher zurück, was ich von meinem Eigen für das Allgemeine ausgegeben, und entlasset mich aus dem Regiment; dann werde ich hinwegziehen und mein undankbares Vaterland nie wiedersehen. Die letzten Worte sprach er mit einer von Thränen fast erstickten Stimme und verließ dann eilig den Saal.

Eindruck und Wirkung. Es war eine That in Worten, wie sie einst Alexander und Cäsar gegen ihre meuternden Soldaten ausgeführt; und sie hatte eine ähnliche Wirkung. Die Versammlung gerieth in die größte Verwirrung. Drei Tage lang fanden stürmische Berathungen statt, nicht selten unterbrochen durch tumultuarische Auftritte, ein Bild des Zustandes, wie es in Kurzem in ganz Schweden aussehen würde, wenn nicht eine kräftige Herrscherhand die Zügel festhielte. Die Bauern und Bürger drohten, „die guten Herren möchten in der Sache bald zu einem Schluß gelangen, sonst würden sie sich selbst zu helfen wissen". Die Stockholmer riefen, sie würden dem König immer ihre Hauptstadt offen halten. Die Bischöfe mußten gestatten, daß vor der Versammlung eine Disputation über die wichtigsten Unterscheidungslehren beider Kirchen zwischen Olaus Petri und einem katholischen Theologen abgehalten wurde. Mehr und mehr brach sich die Opposition; der Adel schied sich vom Klerus; selbst der Bischof von Strengnäs meinte, die Kirche könne nicht auf ihren Rechten beharren, wenn darüber das Reich zu Grunde gehe. Am dritten Tage drohten die Bauern: wollten die Herren nicht nachgeben, so würden sie sich mit dem König gegen sie vereinigen. Da legte sich der Widerstand. Am vierten Tage erschien eine Deputation, der Kanzler und Olaus Petri an der Spitze, auf dem Schloß und trug dem König im Namen der Reichsversammlung die Bitte vor, „er möge geruhen, die Regierung fortzuführen, sie würden ihm willig gehorchen". Gustav Wasa zeigte sich nicht sogleich willfährig; erst als eine weitere Deputation sich auf die Kniee warf und mit Thränen die Bitte wiederholte, ließ er sich bewegen. Als er wieder in der Versammlung erschien, erzählen die Chronisten, fehlte wenig, daß ihm die unteren Stände die Füße küßten. Nunmehr wurden die „Propositionen" des Königs, nachdem sie zuerst in getrennten Ständesitzungen berathen waren, in einem Gesammtbeschluß des ganzen Reichstags angenommen und unter dem Namen „Westeräser Receß" am Johannistag 1527 bekannt gemacht. Sie schufen neue öffentliche Zustände in Schweden und legten den Grund zu einer monarchischen Staatsordnung und zur lutherischen Kirchenreformation. Die Geistlichkeit mochte bald gewahr werden, daß jeder Widerstand fruchtlos sei; sie verlor Muth und Haltung und fügte sich mit stummer Ergebung in das Unvermeidliche. „Sie seien es zufrieden", erklärten die Prälaten, „so reich oder so arm zu sein, als Seine Gnaden der König sie haben wolle; nur möge man sie bei ihren verminderten Einnahmen von der Pflicht entbinden, ferner auf den Reichstagen zu erscheinen." Nirgends ist die alte Hierarchie so kläglich zusammengebrochen, so ruhmlos vom Schauplatz verschwunden, als in Schweden.

Der Reichstagsbeschluß von Westeräs, gleichsam die Magna charta des Wasa'schen Königthums, gab folgenden Anordnung die gesetzliche Kraft: 1. Alle Stände haben die gemeinsame Verpflichtung, jedem Aufruhr zu widerstehen und die Regierung gegen innere und äußere Feinde zu vertheidigen. 2. Der König ist berechtigt, über Klöster und Kirchengüter frei zu verfügen. 3. Dem Adel steht das Recht zu, alles Gut und Eigenthum, das seit dem Jahr 1454 an die Kirchen und Klöster gekommen, sofern der Erbe durch zwölf Männer Eidschwur sein Anrecht beweisen kann, wieder an sich zu nehmen. 4. Die Prediger sollen das reine und lautere Gotteswort frei verkündigen und das Evangelium in allen christlichen Schulen gelesen werden.

Durchführung der Reformation. Jan. 1528.
Auf Grund dieser Beschlüsse schritt nunmehr Gustav Wasa zu durchgreifenden Reformen. Jetzt erst fühlte er sich als König und gab diesem Gefühle Ausdruck, indem er sich feierlich krönen ließ. Doch ging er immer schrittweise und behutsam zu Werke und vermied jede Ueberstürzung. Er nahm die Burgen der Bischöfe in Besitz und ließ Inventarien von allen Gütern und Einkünften der Kirchen und Klöster anfertigen; als aber Manche mit ihren bisherigen Leistungen zurückhielten, ging ein Gebot aus, daß alle Zehnten und Abgaben in der bisherigen Weise entrichtet werden müßten. Doch gab sich bald genug der neue Zeitgeist kund: die Klöster, durch freiwilligen Austritt großentheils verlassen, wurden eingezogen und die Güter und Gehöfte der Krone oder dem Adel zugetheilt. Mehrere Bischöfe, unter ihnen Braß, verließen das Land, um nicht die allmähliche Beraubung der Kirche mit eigenen Augen anschauen zu müssen. Mit gleicher Besonnenheit ging Olaus Petri an die innere Reformation. Dem Beispiele Luthers und Melanchthons folgend, ließ er viele Gebräuche und rituelle Formen, die nicht wider Gottes Wort stritten, bestehen, worüber er manchen Tadel von den eifrigen Reformfreunden erleiden mußte, während er zugleich durch Verbreitung religiöser Schriften unter dem Volke für bessern Unterricht in den Glaubenslehren sorgte. Auf

1529.
einer Kirchenversammlung in Oerebro wurden die Mittel und Wege erwogen, wie man gute Prediger bilden und dem Volke die religiösen Wahrheiten verkünden solle. Wer sich von der alten Geistlichkeit willig und brauchbar erwies, wurde im Predigtamt erhalten. Auch in der Verfassung ging man behutsam vorwärts. Die Bischöfe, welche geneigt waren, die neue Ordnung anzuerkennen, blieben Reichsstände und Obere der Kirche, doch abhängig vom König und beschränkt durch Consistorien, auf welche die bischöflichen Befugnisse großentheils übertragen wurden. „Selten ist eine Glaubensveränderung so ohne Verfolgungen eingeführt worden. Politische Opfer zeigt Gustavs Regierung nur zu viele auf; für die Religion hat keines geblutet.“ Selbst Amtsentsetzungen kamen nicht häufig vor. Meistens stellte man jüngere Geistliche den widerstrebenden Altgesinnten zur Seite.

Aufstände unterdrückt.
Aber wie vorsichtig auch immer die Neuerungen durchgeführt wurden, so fehlte es doch nicht an stürmischen Auftritten, nicht an Versuchen, „den gewaltthätigen König und seine lutherische Partei“ zu stürzen. In Smaland und Westgothland erregte die zur Tilgung der Reichsschulden geforderte Steuer Unzufriedenheit. Diese benutzte der reichbegüterte papistisch gesinnte Edelmann Ture Jönßon, der schon auf der Versammlung zu Westerås der Führer der Opposition gewesen, um in Verbindung mit dem Bischof Magnus von Skara und mehreren Herren vom Adel einen Aufruhr zu erregen. Mönche dienten als Aufwiegler. Der Vogt und mehrere königliche Diener wurden erschlagen. Allein die Bürgerschaften der Städte, denen ein geordnetes Regiment vor Allem noth that, die meisten Edelleute, die sich mit der Krone in die Reichthümer der Kirche theilten, und die Bauern der Nordlande, denen Gustav immer ein wohlgesinnter Herr war, hielten zu dem König und verhinderten die Ausdehnung der Bewegung.

Die verführte Menge wurde durch Unterhandlungen, Belehrung und gute Worte beruhigt, von den Anstiftern flohen einige ins Ausland, andere wurden enthauptet oder mit Geldstrafen belegt. Allenthalben erkennt man den besonnenen leidenschaftlosen Herrscher und Staatsordner, der sich die Heranbildung des schwedischen Volks zu gesetzlichem Zusammenleben unter obrigkeitlichen und richterlichen Autoritäten zur Aufgabe seines Daseins gestellt. Es war die volle Wahrheit, wenn er die aufrührerischen Bauern versicherte, er habe bei allen Anordnungen in Staat und Kirche nur die Wohlfahrt des Vaterlandes im Auge und Nichts würde ohne die Zustimmung des Raths und der Stände beschlossen oder vollführt. Er wollte Schweden aus der Zerrissenheit, aus dem landschaftlichen Particularismus herausreißen, die kleinlichen Sonderinteressen unter ein höheres Gesammtinteresse beugen, er wollte das schwedische Volk sich selbst zurückgeben. Wie viele Hindernisse, Schwierigkeiten und Aeußerungen von bösem Willen ihm dabei in den Weg traten, nie verlor er sein Ziel aus dem Auge. Um sich von den Lübeckern zu emancipiren, wurde ein Theil der Glocken verkauft und aus ihrem Erlös und aus den in den Kirchenkisten vorgefundenen Vorräthen von Gold und Silber die lübische Schuld abgetragen. Mit diesen ökonomischen Maßregeln hielt die innere Reformation, die Umgestaltung des Gottesdienstes nach lutherischem Vorbild gleichen Schritt und bereitete den sittlichen Boden zum kirchlichen und staatlichen Neubau.

Die Einziehung der Glocken gab Veranlassung zu einem neuen Aufstande in den Thallanden. Mans Nilsson, der reichste Bergmann vom Kupferberg, dem man nachsagte, er habe seine Pferde mit Silber beschlagen lassen, stand an der Spitze der Unzufriedenen. Aber unerwartet schnell erschien der König mit Kriegsmannschaften in den Nordlanden. Das Volk wurde zu einer Versammlung entboten und von Bewaffneten umstellt. Gustav richtete harte Worte an die Bauern, die in Angst auf die Kniee fielen. Dann forderte er mit Strenge die Auslieferung der Urheber des „Glockenaufruhrs". Niemand wagte zu widerstreben; die Rädelsführer wurden ihm übergeben und fünf derselben sofort verurtheilt und hingerichtet; einige andere als Gefangene nach Stockholm gebracht, wo im folgenden Jahr noch drei auf dem Blutgerüste starben, unter ihnen jener Andreas Perßson auf Rankhytta, in dessen Scheune Gustav einst gedroschen hatte.

Und nicht blos innere Gegner hatte Gustav Wasa zu bekämpfen; auch von Außen lauerten Feinde. Die Rüstungen und Angriffe Christians II. galten eben so gut dem schwedischen wie dem dänischen Lande. In seiner Umgebung sah man den ehemaligen Erzbischof Gustav Trolle, sah man die flüchtigen Prälaten, die Bischöfe Brask und Magnus, den Dompropst Erichßon von Upsala, den papistischen Vorkämpfer Ture Jönßon. Sie waren nicht mit leeren Händen gekommen, wie man aus der großen Zahl von Soldknechten und Schiffen schließen konnte, welche der Dänenkönig mit ihrer Hülfe unterhielt. Auch der Kaiser und alle eifrigen Papisten begünstigten die Rückeroberungspläne. Denn Christian II. hatte sich mit ganzer Seele der katholischen Kirche in die Arme geworfen; von seiner Thronbesteigung durfte man die Ausrottung der religiösen Neuerungen

35*

erwarten. Die Exulanten versäumten nicht, mit den Gesinnungsgenossen
und Malcontenten geheime Fäden der Intrigue und Verschwörung fortzu-
spinnen.

3. Die reformatorische Bewegung in Dänemark und Christians II. Ausgang.

König
Friedrich I.
1523—1533.   Wir kennen die große religiöse Aufregung, die dem Augsburger Reichstag
auf dem Fuße folgte. Die feindlichen Absichten des Kaisers und der katholischen
Majorität riefen den evangelischen Bund von Schmalkalden ins Leben. In der
Schweiz, in Deutschland machte die katholische Welt Anstrengungen, das reformatorische Feuer zu ersticken, ehe die Flammen zu mächtig aufschlugen. Dieser
Zeitpunkt wurde auch von Christian II. und seinen Anhängern zu einer großen
Schilderhebung für eine religiöse Reaction in Skandinavien benutzt. — Als
Herzog Friedrich von Holstein von Adel und Klerus zum König von Dänemark
gewählt ward, war er bereits mit seinem Herzen der lutherischen Lehre zugethan,
die ja in den nordelbingischen Landen so siegreiche Fortschritte gemacht. Dennoch beschwor er die Capitulation, welche ihm unter andern lästigen Beschränkungen auch die Pflicht auflegte, Klerus und Kirche bei ihren bisherigen Rechten zu
erhalten und nichts Feindseliges gegen den heiligen Christenglauben vorzunehmen.
Er mochte auf die Macht der Verhältnisse hoffen, deren Gang in jener gährenden Zeit nicht vorauszusehen war. Seinem Eide getreu hat er daher auch die
Reformation nicht durch eigenes Eingreifen vorwärts getrieben. Wie hätte er
es wagen dürfen, bei der drohenden Haltung seines Neffen die Prälaten zu reizen! Leicht hätten sich diese mit dem Gegner aussöhnen und demselben wieder
zur Herrschaft verhelfen können. Er mußte also eben so vorsichtig und behutsam
auftreten, wie Gustav in Schweden. Friedrich stand an Muth und Herrscher-
kraft dem kühnen Nachbar weit nach; aber auch er war ein staatskluger Mann
und die neue Lehre lag ihm mehr am Herzen als dem Wasa. Er handelte nicht
gegen die beschworne Handfeste, wenn er der Verbreitung des Evangeliums
keine Hindernisse in den Weg legte, wenn er den lutherischen Predigern nicht
verwehrte, von den Herzogthümern aus ihre Doctrinen weiter nach Norden, nach
Jütland zu tragen, wenn er den Strom der Neuerung nicht gewaltsam dämmte.
Wie freudig er auch in seinem Innern den Fortgang der Reformation begrüßen
mochte, er hütete sich durch thätige Eingriffe den Prälaten, die bei Gelegenheit
der Krönung sich zum energischen Widerstand gegen Luther's Ketzerei geeinigt
hatten, Anlaß zu Haß und Verdächtigungen zu geben.

Der Reichs-
tag von
Obense
1527.   Aber indem Friedrich es vermied, weitaussehende Ziele zu verfolgen, indem
er die Lübecker durch Handelsvortheile mit seiner Herrschaft befreundete, indem
er mit Schweden Friede und Bündniß schloß und die Unionspläne preis gab,
sammelte er im Stillen Kräfte, um zu gelegener Zeit das Königreich der Reformation entgegenzuführen. Denn er erkannte so gut als der Wasa, daß unter

den obwaltenden Verhältnissen eine kräftige Monarchie nie aufkommen könnte; daß
die im Reichsrath vereinigte Macht der Barone und Bischöfe die königliche Autorität stets in Schatten stellen würde. Friedrich handelte auch dann noch nicht
gegen seinen Eid, als er dem Beispiele des Schwedenkönigs folgend auf dem
Reichstag von Odense den Ständen ein Duldungsgesetz vorlegte, kraft dessen bis 1527.
zum Ausspruch eines allgemeinen Conciliums die neue Lehre neben der alten ungehindert verkündet werden dürfe. Wohl habe er versprochen, sagte er in der
Eröffnungsrede, die katholische Religion zu beschützen; dies könne sich aber nicht
auf die Irrthümer und Fabeln erstrecken, die sich in die Kirche eingeschlichen hätten, und keine Begründung in Gottes Wort fänden. Nach diesem Gesetze sollte
jedem Bekenntniß Raum gegeben werden, die Wahrheit darzuthun und den Gegner mit Gründen der Vernunft und heil. Schrift zu bekämpfen. Die Folgen ließen
sich voraussehen; die Bischöfe bekämpften den Vorschlag aus allen Kräften, waren
jedoch nicht vermögend, die Annahme desselben zu verhindern. Die Vorgänge in
Schweden übten auf den weltlichen Theil des Herrenstandes eine durchschlagende
Gewalt. Wie ihre Standesgenossen im Nachbarlande, so durften auch die dänischen Edelleute eine Erhöhung ihrer Macht und Besitzthümer erwarten, wenn die
Reichthümer der Kirche zwischen ihnen und der Krone getheilt würden. Durch
den Reichstagsbeschluß von Odense wurde den Bekennern der neuen Lehre Freiheit und Schutz zur Ausübung ihres Glaubens gewährt, den Geistlichen die
Verheirathung gestattet und den Bischöfen geboten, in Zukunft ihre Pallien
nicht mehr in Rom, sondern beim König nachzusuchen.

Nun machte die Reformation rasche Fortschritte. Das Neue Testament, das Johann   Fortschritte
Michelson, Geheimschreiber ChristiansII. und Bürgermeister zuMalmö, ins Dänische über-   der Refor-
setzt hatte, fand große Verbreitung; bald folgte eine zweite Uebersetzung durch Chri-   mation in
stian Pederson, Domherrn in Lund. Hans Taußen, ein Bauernsohn aus Fühnen, der als   Dänemark
Mönch in Löwen und Köln theologische Studien gemacht, dann heimlich die Universität Wittenberg besucht hatte, war ein eifriger Prediger des Evangeliums in allen Städten des Landes. Deutsche Kirchenlieder wurden in die Landessprache übertragen und mit
einheimischen Erzeugnissen religiöser Lyrik zu einem evangelischen Gesangbuch vereinigt.
Die Uebersetzung der Psalmen ins Dänische von Wormorsen, die Postille von dem
erwähnten Pederson und andere religiöse Schriften drangen unter das Volk. Ein
beabsichtigtes Religionsgespräch kam nicht zu Stande, weil die Bischöfe nur die lateinische Sprache zulassen und dem Papste die Entscheidung anheimstellen wollten. Der
thätigste und gelehrteste Vorkämpfer für das römische Kirchenwesen, Paul Eliä, war
Anfangs selbst der Reformation zugethan. Auch der Plan, aus Deutschland Eck und
Cochläus zu Hülfe zu rufen, kam nicht zur Ausführung. So bestand einige Zeit
Predigt und Evangelium unter dem Schutze der Gesetze neben dem katholischen Cultus. Es
bildeten sich einzelne Gemeinden, die Anfangs nur die Stellung einer geduldeten Sekte
einnahmen, aber in Malmoe, Wiborg und andern Städten durch Taußens reformatorischen Eifer bald das Uebergewicht erhielten und durch den Magistrat zum Besitz einiger Kirchen gelangten. In Wiborg entstand eine Buchdruckerei, welche evangelische
Schriften verbreitete. Der König war zurückhaltend: seine reformatorische Gesinnung
blieb kein Geheimniß, doch hütete er sich, durch persönliches Eingreifen die Hierarchie zu

reizen; die Zehnten mußten nach wie vor entrichtet werden, und als einige Eiferer gegen die Heiligenbilder anstürmten, wies er sie in die gesetzlichen Schranken. Er wollte nur in Uebereinstimmung mit dem Reichsrath vorgehen. Dieser hielt um dieselbe
Juni 1530. Zeit, als die deutschen Fürsten und Stände um den Kaiser in Augsburg tagten, in Kopenhagen ein Versammlung, um über die religiösen Streitfragen zu erkennen. Da reichten die Evangelischen ein von Taußen nach lutherischen Grundsätzen verfaßtes Glaubensbekenntniß in 43 Artikeln ein, und es wurde nun in ähnlicher Weise wie in der deutschen Reichsstadt von katholischen und protestantischen Schriftgelehrten mündlich und schriftlich verhandelt. Das Resultat war ein günstigeres. Das Toleranzedikt von Odense wurde aufs Neue bestätigt, die freie Predigt des Evangeliums allenthalben gestattet, beiden Confessionen gleiche Rechte zugestanden.

Christian II. Invasion in Norwegen 1531.
Um die Zeit, als die deutschen Fürsten und Stände in Schmalkalden sich zu einem evangelischen Bunde vereinigten, mehrten sich die Anzeichen, daß der flüchtige König eine neue Invasion im Schilde führe: er rechnete auf die Unzufriedenheit der Altgläubigen und Prälaten in den skandinavischen Reichen, auf den kräftigen Beistand der Norweger, die sich bisher gegen die neuen Lehrmeinungen abwehrend verhalten hatten, auf die Hülfe der Bürger und Bauern in Dänemark, denen er früher eine bessere Rechtsstellung zu verschaffen gesucht. Wir wissen, wie drohend und kriegerisch damals die Weltlage war, ehe der Nürnberger Religionsfriede eine Waffenruhe zwischen den Parteien stiftete. Diese
24. Oktober 1531. Zeit ersah sich Christian II., um mit zwanzig Fahrzeugen und 7000 Knechten zu Medembick in See zu gehen. Der Papst selbst hatte ihn wieder zu Gnaden angenommen, darum konnte er den Altgesinnten gegenüber als Streiter für die katholische Kirche im Norden auftreten. Sein Absehen war auf Seeland gerichtet; aber ein heftiger Sturm im Kattegat zerstreute seine Flotte und trieb ihn an die Küste von Norwegen. Gern hätte sich König Friedrich an den schmalkaldischen Bund angeschlossen, um bei den deutschen Evangelischen Schutz zu erlangen; er erbot sich mit seinen Erblanden beizutreten, wenn die Verbündeten, oder wenigstens die mächtigeren Glieder Sachsen, Hessen, Lüneburg eine weltliche Einung auch in Bezug auf sein Wahlreich mit ihm schließen wollten. In den Herzogthümern war die Reformation bereits im siegreichen Fortschreiten begriffen; aber in dem Königreich durfte er gerade jetzt nicht aus der zuwartenden Stellung heraustreten, sonst hätte er die dänischen Bischöfe, vielleicht auch einen Theil der Ritterschaft, in das gegnerische Heerlager getrieben. Der Landgraf war dem Vorschlag nicht abgeneigt; allein in Sachsen wollte man von einer solchen Doppelstellung nichts hören. Das Bündniß wurde zurückgewiesen, doch trafen mehrere Glieder mit Friedrich eine Uebereinkunft zu gegenseitiger Unterstützung wider feindliche Angriffe.

Christian kommt in Gefangenschaft.
Zum Glück für den König bedurfte es aber keiner auswärtigen Hülfe, um das abenteuerliche Unternehmen Christians II. und seiner päpstlichen Umgebung scheitern zu machen. Es gelang zwar dem flüchtigen König nach seiner Landung in Oplo (Christiania) festen Fuß in Norwegen zu fassen und mit Hülfe des Erzbischofs von Drontheim, Olaf Engelbrechtssohn

und anderer Kirchenmänner und Gutsherren, sich den Winter über in Schloß Agger-
huus zu behaupten, vom Volke und von vielen Großen durch feierliche Huldigung
als König anerkannt. Aber mittlerweile schloß Friedrich mit Lübeck und andern
Wendenstädten einen Vertrag zu gegenseitiger Hülfe, an dem auch Gustav Wasa
und Herzog Albrecht von Preußen sich betheiligten. Selbst Franz I. gewährte
Geldhülfe. Wie verschieden auch die Interessen und Ziele waren, darin stimmten
sie alle überein, daß man die katholische Sache nicht neue Kräfte gewinnen lassen
dürfe; die östlichen Kaufmannstädte aber hatten noch einen besondern Zweck im
Auge: die niederländischen Städte und die Seefahrer der „Waterlande" machten
schon lange dem „stolzen Volke der Osterlinge" starke Concurrenz im Handel; die
Rivalität führte zur Feindschaft. Wenn nun mit ihrer Hülfe Christian II. wieder
in sein Reich eingesetzt ward, so kamen die westliche Handelsstädte in die Höhe, so
beherrschten ihre Schiffe den Sund und alle Wasserstraßen. Daher erschien schon
im Mai eine Bundesflotte im Stagerrack und bedrängte Opslo. Christian vermochte Mai 1532.
nicht lange Widerstand zu leisten. Die niederländischen Fahrzeuge wagten keinen
Angriff, die Soldknechte, denen er die Löhnung nicht entrichten konnte, liefen
auseinander; in Norwegen selbst war die Zahl seiner Anhänger und der Eifer für
seine Wiedereinsetzung nicht groß genug, um den Kampf wider die vereinigten
Gegner aufzunehmen. Der königliche Flüchtling mußte sich also auf Unterhandlungen einlassen. In dem finstern Verdacht, daß er durch falsche Vorspiegelun-
gen betrogen und verrathen worden, ließ er dem bejahrten schwedischen Reichshofmeister Jönsson den Kopf vor die Füße legen. Vergebens suchte Christian
den Besitz von Norwegen zu erlangen: Alles, was ihm zugestanden ward, war
freies Geleit zu seinem Oheim, um durch persönliche Besprechung einen Ausgleich herbeizuführen. Würde dieser nicht zu Stande kommen, so sollte er nach
Norwegen zurückkehren dürfen oder nach Deutschland entlassen werden. Auf diese
Bedingung hin schloß er den Vertrag mit Ghldenstern, dem Befehlshaber der
dänischen Flotte, und mit den bevollmächtigten Räthen und ging dann mit klei- Juli 1532.
nem Gefolge zu Schiffe, um nach Kopenhagen gebracht zu werden. Aber schon
hatte man den Plan gefaßt, den unruhigen Mann in sichern Verwahrsam zu
nehmen Er durfte nicht die Hauptstadt betreten, nicht den Oheim von Angesicht zu Angesicht schauen. Mit zweideutigen sophistischen Ausreden suchte man
den Vertrags- und Geleitsbruch zu beschönigen, und hielt ihn so lange an Bord,
bis über sein Schicksal entschieden war. Die Staatsraison galt damals mehr
als Manneswort. Vergebens suchten in der Folge einzelne Theilnehmer die
Schmach von sich abzuwälzen; keine Schutzrede war durchschlagend; der Vorwurf lastete gleichmäßig auf Allen. Jürgen Wullenweber, der einflußreichste Bevollmächtigte der Lübecker Bürgerschaft, wie der dänische Reichsrath und die
schleswig-holsteinische Ritterschaft waren einig in dem Entschluß, daß man den
ehemaligen König der Möglichkeit berauben müsse, die nordischen Staaten noch
ferner zu schädigen und zu gefährden. Als einzige Rechtfertigung konnte geltend

gemacht werden, daß Christian in ihrer Lage ebenso gehandelt hätte; daß auch er sein ganzes Leben lang Meineid, Berrath und Trug geübt und daß er somit in denselben Schlingen trefloser Staatskunst gefangen ward, die er so oft Andern gestellt.

Nach einigem Schwanken, ob Christian II. auf der Insel Gothland oder im Schloß Sonderburg in Gewahrsam gehalten werden solle, entschied man für den letzteren Ort. Dennach wurde der Gefangene nach Sonderburg gebracht und unter die Aufsicht von vier dänischen und vier schleswig-holsteinischen Räthen gestellt, ohne deren Zustimmung keine Aenderung in seiner Lage vorgenommen werden durfte. Er sollte als gemeinschaftlicher Gefangener aller Verbündeten gelten. Von seinem Gefolge wurde ihm nur ein Zwerg zur Gesellschaft gelassen, vier andere getreue Diener stellte Friedrich zur Aufwartung und Aufsicht. Das Schloß wurde mit Mannschaften wohl verwahrt, jeder Zugang abgesperrt, in seiner Stube nur ein einziges Fenster offen gelassen. Der Amtmann Brockdorf war dem König und den Acht von der Ritterschaft gleichmäßig verpflichtet. Alle Bemühungen seines Schwagers, des Kaisers, und befreundeter deutschen Fürsten, ihm zur Freiheit zu verhelfen, waren vergebens. Selbst Luthers Fürbitte um möglichste Schonung des Gefangenen blieb ohne Erfolg. „Wer nur nicht jede Regung des Gewissens unterdrückt hat, zögert wohl bei zweifelhaftem Rechte, den entscheidenden Schritt zu schwerer That zu wagen. Einmal gethan ist er nicht wieder rückgängig zu machen." Bald nachher starb Christians einziger Sohn Johann (Hans); dadurch wurde die Erbfolge im Hause Friedrichs und die Vereinigung der Herzogthümer und des dänischen Königreichs in Einer Familie für alle Zeiten festgestellt. An Christians Freilassung wurde kaum mehr ernstlich gedacht, wenn schon in der „Grafenfehde", von der bald die Rede sein wird, dieselbe als Vorwand diente. Sieben und zwanzig Jahre verbrachte er noch im Gefängniß, dessen Härte erst in späteren Jahren gemildert ward.

4. Der Thronwechsel in Dänemark und Jürgen Wullenwever von Lübeck.

Es hatte den Anschein, als ob der Sieg über Christian II. einen neuen Krieg im Gefolge haben würde. König Friedrich hatte in dem Vertrag von Kopenhagen die Hülfe der Lübecker durch große Zugeständnisse in Betreff des Ostseehandels erkauft; die niederländischen Städte, die Christians Landung in Norwegen unterstützt, sollten an den Fahrten in den Sund in Zukunft verhindert werden. Diese Bestimmung war ein schwerer Schlag für die Holländer, welche ihr Getreide und viele ihrer wichtigsten Handelsartikel aus den Ostseeländern bezogen. Schon während des Krieges war die Theuerung auf eine unerträgliche Höhe gestiegen und 10,000 Bootsknechte blieben ohne Beschäftigung. Nachdem durch die Gefangensetzung Christians II. die Kriegsgefahr vorüber war, trug Friedrich Bedenken, den Kopenhagener Vertrag in seiner ganzen Strenge in Anwendung zu bringen; auch Gustav Wasa und der Herzog von Preußen waren für mildere Maßregeln. Die Lübecker wollten aber die Gelegenheit benutzen, um den Wendenstädten, deren leitendes Haupt die Stadt an der Trave war, die Alleinherrschaft des östlichen Meeres zu verschaffen. Sie rüsteten eine Flotte aus, wozu sie das Silber der Kirchen und die auf der Tresekammer seit Alters aufgehäuften Kostbarkeiten verwendeten, und trafen alle Anstalten zu einem Krieg gegen Holland. Aber ehe derselbe zum Ausbruch kam, starb König Friedrich I. auf Schloß Gottorp, ein Ereigniß, das zu großen politischen Bewegungen Anstoß gab und viele neue Pläne und Bestrebungen, welche die ruhige und besonnene Haltung des Verstorbenen niederzuhalten gewußt, auf die Oberfläche des öffentlichen Lebens trieb.

10. April
1533.

Zunächst handelte es sich um die Nachfolge in Dänemark. Von Friedrichs Söhnen war nur der Erstgeborne, Christian, volljährig, der zweite, Johann, stand noch im jugendlichen Alter. Die Reichsstände, stets beflissen ihr Wahlrecht geltend zu machen, hatten kein bindendes Versprechen gegeben, welchem von beiden sie die Krone zuwenden wollten, und dadurch ein weites Feld für Wahlumtriebe und ehrgeizige Bestrebungen geschaffen. Christian, der in den deutschen Herzogthümern, wo er schon seit Jahren das Herrscheramt für den Vater geführt, die lutherische Lehre angenommen hatte und als eifriger Anhänger der Reformation galt, hatte die Altgläubigen zu entschiedenen Gegnern; namentlich wollten die dänischen Bischöfe die Gelegenheit benutzen, um die katholische Kirche für alle Zukunft sicher zu stellen. Sie suchten die Wahl auf den jüngern Königssohn zu lenken, der in Kopenhagen wohnte und vermöge seiner Jugend durch eine entsprechende Erziehung zu ihrem Zwecke herangebildet werden konnte. Darum verschoben sie die Wahlhandlung auf Johanni des folgenden Jahrs, damit sie mittlerweile ihre Pläne schmieden und das Regiment führen möchten. Und um die Entscheidung noch schwieriger zu machen, kamen auch deutsche Bewerber in Vorschlag, die verwandtschaftliche Ansprüche aufweisen konnten. So Friedrich von der Pfalz, Bruder des Kurfürsten Ludwig, der wegen seiner Dienste und treuen Anhänglichkeit an das österreichische Haus troß seiner vorgerückten Jahre die Hand der kaiserlichen Nichte Dorothea, der fünfzehnjährigen Tochter Christians II. erlangt hatte, so Joachim von Brandenburg, gleichfalls mit einer dänischen Fürstentochter vermählt; selbst von dem sächsischen Kurfürsten war die Rede; und lebte denn nicht noch der ehemalige König als Gefangener in Sonburg? Bürger und Bauern gedachten seiner noch immer mit großer Anhänglichkeit.

Die dänische
Erbfolge.

Diese Zeit der Aufregung und der getheilten Interessen suchte Jürgen Wullenweber, damals Bürgermeister in Lübeck, ein Mann von fruchtbarem Geiste und großer populärer Beredsamkeit, zu einem kühnen Unternehmen von revolutionärer Gewalt zu benutzen, um den demokratisch-protestantischen Elementen im deutschen und skandinavischen Norden unter Lübecks Hegemonie die Herrschaft zu erringen. Schon bei den reformatorischen Bewegungen, in deren Folge dem aristokratischen Geschlechterrath ein Bürgerausschuß zur Seite gesetzt, der Rath selbst durch neue Mitglieder vermehrt worden, hatte er die Hände im Spiel gehabt.

Wullenweber
und Meyer
in Lübeck.

Sein Ansehen wuchs aber noch bedeutend, als er durch künstliche Auslegung eines alten Statuts ein Gesetz erwirkte, daß kein Rathsherr länger als zwei Jahre seinen Sitz behaupten dürfe. So kam ein rascherer Wandel in das Collegium und der aristokratische Charakter, den nicht blos die Altgläubigen, sondern auch der conservativ lutherische Superintendent Bonnus zu erhalten getrachtet, wurde immer mehr verwischt. Bestimmt über die Neuerungen und die populäre Nebenregierung verließen die bisherigen Bürgermeister Plönnies und Brömse mit mehreren patrizischen Rathsherren die Vaterstadt. Seitdem führte Wullenwever das entscheidende Wort und galt als Haupt der Bürgerschaft. Ihm zur Seite stand Johann Oldendorp, ein Rechtsgelehrter von großer Gewandtheit in Rede und Schrift, klug und verschlagen und Marcus Meyer, früher Ankerschmied in Hamburg, der als Lübeckscher Hauptmann sich durch Tapferkeit und unternehmenden Sinn hervorgethan, ein Glücksritter im Geiste eines italienischen Condottiere, der Glanz und Pracht liebte und bei den Frauen in Gunst stand. Eine der angesehensten, Wittwe des jüngst verstorbenen Bürgermeisters Lunte, erwählte sich den stattlichen Kriegsmann zum Gatten. Kühn und gewaltsam ergriff er begierig weitaussehende phantastische Projekte und riß den Gefährten mit sich fort.

Kühne Pläne.

Ein Krieg zwischen den niederländischen und wendischen Städten, wie er bereits eingeleitet war, hatte bei der veränderten Lage seinen Zweck verloren und konnte leicht den monarchischen Staaten zur Seeherrschaft verhelfen. Wullenwever suchte

März 1534. daher eine Verständigung zu bewirken. Es wurde ein Städtetag in Hamburg angeordnet. Wie glänzend traten da die Häupter der Travestadt auf! In voller Rüstung zu Roß zogen sie ein, „einen Trompeter vorauf, sechzig Stadtdiener in blanken Harnischen hinter sich her, Marcus Meyer mit einer goldenen Kette geschmückt, die ihm Englands König zugleich mit dem Ritterschlag verliehen hatte." Es wurde ein Abkommen in Friede und Freundschaft vereinbart, durch welches Lübeck die Hände in den holstein-dänischen Angelegenheiten frei bekam. Darauf traf Wullenwever, nachdem der Stadtrath ganz nach seinem Sinn zusammengesetzt und alle Widerstrebenden beseitigt waren, Verabredungen mit den Bürgermeistern von Kopenhagen und Malmoe, die von gleichem Haß gegen Adel und Hierarchie und von gleichem Eifer für die Reformation erfüllt waren, wie er selbst. Beide Städte sollten dem Hansabund und der evangelischen Lehre beitreten und eine demokratische Verfassung erhalten. Auch auf Schweden, wo Gustav Wasa die lübische Handelsherrschaft zu brechen trachtete, dehnten Wullenwever und seine Vertrauten ihre revolutionären Pläne aus. Es machte dem Lübecker wenig Sorge, daß die beiden Stadthäupter von Kopenhagen und Malmoe zugleich die Befreiung des gefangenen Königs Christian II., mit dem sie durch alte Familienverhältnisse verknüpft waren, bewirken wollten. Er gedachte ihn bis zur Entscheidung nach Lübeck zu schaffen und dort festzuhalten oder durch Verträge zu fesseln.

Zu solchen weitreichenden Unternehmungen bedurfte man kriegskundiger Die Grafen-fehde. Führer und Soldknechte. Und auch dafür fand man bald geeignete Männer. Graf Christoph von Oldenburg, ein Verwandter des dänisch-holsteinischen Fürstenhauses, hatte den geistlichen Stand, zu dem er erzogen war, mit dem Kriegsgewand vertauscht und in mancher Fehde tapfer gestritten, bald unter der Fahne des Kaisers, bald im Dienste des Landgrafen; denn obwohl der neuen Lehre befreundet, machte ihm die Confession wenig Bedenken. Jetzt war er auch bereit den demokratisch-protestantischen Bürgerschaften seinen Arm zu leihen zur Befreiung seines königlichen Vetters. Und auch für Schweden schaffte man Rath. Als der junge Svante Sture, Sohn des ehemaligen Reichsverwesers, den Meyer mit Gewalt nach Lübeck entführt, nicht bewogen werden konnte, dem Wasa entgegenzutreten, gewannen die Lübecker den Grafen Johann von Hoya, der Gustav's Schwester geheirathet, sich aber mit dem Schwager entzweit hatte. So war die „Grafenfehde" eingeleitet. „Nun läuft das Stundenglas auf unserer Seite über die beiden nordischen Reiche" schrieb ein Vertrauter Wullenwevers. Eine gewaltige Aufregung durchzog die ganze nordische Welt, nicht unähnlich dem Bauernkrieg, der ein Jahrzehnt zuvor den Süden durchtobt hatte. Handelte es sich doch um die wichtigsten Anliegen, „ob die demokratischen Strebungen der Städte oder ein aristokratisch-monarchisches Regiment, ob die Reformation der Kirche oder die noch nicht vollständig besiegte katholische Lehre, ob das frühere Uebergewicht der Hansa oder der freie Handel auch der westlichen Nationen und eine selbständige Entwickelung der nordischen Reiche obsiegen würde".

Im Juni schiffte sich Graf Christoph mit zahlreicher Mannschaft auf ein- Graf Christoph auf Seeland. 1534. undzwanzig Orlogschiffen ein, um Kopenhagen und Seeland zu erobern. Als er an Malmoe vorüber fuhr, hörte er, daß Bürgermeister Mynter, Lübeck's Verbündeter, die Stadt frei gemacht und die Citadelle in seine Hände gebracht habe. Bald war Kopenhagen und ganz Seeland in der Gewalt des Grafen. Die Bürgerschaften und der kleine Adel erklärten sich für ihn; die Reichsräthe, durch die aufständischen Bauern bedroht, schlossen Frieden und Freundschaft mit ihm. Der Sundzoll wurde auf das Lübecksche Admiralschiff verlegt. Auf Führnen siegten die Bauern über den heimischen Adel und die holsteinische Ritterschaft, die Graf Ranzau zu ihrer Hülfe herbeigeführt. In Jütland stand das Landvolk gegen die Gutsherren auf; auch die Dithmarschen, die vor zehn Jahren den Prediger Heinrich Moller von Zütphen den Flammen übergeben, dann aber durch die Thätigkeit der Predigerfamilie Boie von Meldorf das lutherische Kirchenwesen mit vier Superintendenten und einer Art Laiensynode aufgerichtet hatten, versprachen dem demokratisch-evangelischen Bund Hülfe und Beistand gegen Ritterschaft und Hierarchie. Selbst in Stockholm wollte man einer Verschwörung auf die Spur gekommen sein, welche die Ermordung des Königs und die Uebergabe der Hauptstadt an die Verbündeten herbeiführen sollte. Mit Heinrich VIII. von England stand Meyer in lebhaftem Verkehr. Man sieht, wie weit die Demagogen

der Hansastadt ihre Fäden ausgesponnen; selbst mit den Wiedertäufern sollen
Verhandlungen gepflogen worden sein. Aber gerade an dieser Vielseitigkeit
mußte das Unternehmen scheitern; die Ziele waren zu unbestimmt, die Interessen
zu sehr getheilt; die revolutionären Bahnen, auf denen die Führer einherschritten,
trieben alle conservativen Kräfte in das feindliche Heerlager.

Herzog Chri-
stian von
Holstin. Da war es denn von entscheidendem Gewicht, daß ein Fürst vorhanden war, an den sich diese conservativen Elemente anschließen konnten. „Herzog
Christian gehörte zu den zaudernden aber zähen Naturen, die oft Wichtiges zu
versäumen scheinen, aber doch meist weiter gelangen als andere, die stürmisch
einherfahren." Von seltener Gewissenhaftigkeit hatte er es vermieden, auf den
dänischen Reichstag einzuwirken, durch Verheißungen die Königswahl zu seinen
Gunsten zu lenken, den Handfesten früherer Jahre vorzugreifen; aber ebenso
entschieden hatte er auch die angebotene Hülfe der Lübecker zurückgewiesen. Nur
auf dem Wege des Rechts wollte er zum Ziele gelangen; und dieses Ziel hatte
er fest ins Auge gefaßt: der dänische Thron sollte ihm als Staffel dienen, um
vermittelst der Reformation eine Wiedergeburt des Reichs, eine Befestigung der
monarchischen Autorität zu begründen. Denn an seiner evangelischen Gesinnung
konnte man nicht zweifeln: lieber wolle er zu Fuß aus dem Lande gehen, hörte
man ihn sagen, als das unchristliche Leben der Geistlichen länger dulden; „er
sang die lutherischen Lieder so eifrig, wie irgend ein ehrsamer Handwerksmeister
in einer Reichsstadt. Den Eidbruch belegte er mit neuen geschärften Strafen.
Die Bibel zu lesen, Historien zu hören, bei Tische einen Gottesgelehrten und
Staatsmann zu sprechen, den astronomischen Entdeckungen zu folgen war sein
Vergnügen." Der schleswig-holsteinische Adel, dem er sein ganzes Vertrauen
zuwandte und der ihm dafür mit voller Hingebung vergalt, war fest entschlossen,
dem Herzog zur Krone von Dänemark zu verhelfen. Johann Rantzau, ein wissenschaftlich gebildeter Mann von evangelischem Eifer, und sein Verwandter
Melchior Rantzau, Marschall von Holstein, übten neben dem deutschen Kanzler Wolfgang von Uttenhofen den größten Einfluß auf den Fürsten. Durch sie
wurde er von jeder Verbindung mit Wullenweber zurückgehalten. Weniger günstig
war man Anfangs in Dänemark und Norwegen für ihn gestimmt; aber die demokratischen Gewalten, die Graf Christoph in den Kampf rief, bewirkten auch
dort eine Sinnesänderung. Nur im Anschluß an einen Mann von so festem
Willen, dem die geheimnißvolle Macht einer legitimen Autorität zur Seite stand,
konnten die Reichsräthe hoffen, ihre bevorrechtete Stellung zu wahren. Mehr
und mehr befreundeten sich die Gutsherren mit dem Gedanken religiöser Reformen. So kam es, daß die Ritterschaften in Jütland und auf den Inseln ihm
einzeln huldigten, ehe noch der Reichstag abgehalten werden konnte. Auch in
Norwegen legte sich der Widerstand gegen den evangelischen Fürsten. Und be-
Oktober
1534. reits war dieser gegen Lübeck selbst unter Waffen. Nach dem Sieg bei Stockels-
dorf über Marcus Meyer belagerte er die Travestadt und schnitt sie von der See

ab. Der Bürgerschaft entsank der Muth. Um sein wankendes Ansehen herzustellen, traf Wullenweber ein Abkommen; der Herzog sollte von der Belagerung ablassen, die Lübecker Eutin und alles, was sie in Holstein sich angeeignet, zurückgeben. Die dänischen Angelegenheiten wurden jedoch von dem Vertrag nicht berührt. Hier hatte also der Kampf seinen Fortgang.

· Bereits waren aber auf Seeland dem Lübecker Bürgermeister die Zügel aus Der Krieg
auf den
Inseln.
1535. den Händen gewunden: Graf Christoph gedachte für sich selbst wo nicht die Krone, doch die Statthalterschaft in Dänemark zu gewinnen. Schon unterhandelte er mit dem burgundischen Hof, um des Kaisers Zustimmung und Unterstützung zu erlangen. Dadurch wurde das ganze Complot gelähmt, indem jeder der Theilnehmer seine eigenen Interessen verfolgte. Die Lübecker Demagogen gaben jedoch ihren Plan noch nicht auf. Meyer begab sich nach Schonen; es gelang dem gewandten und tapfern Mann, das Schloß Warburg, wo man ihn in Haft halten wollte, in seine Hände zu bringen und zum Stützpunkt für neue Unternehmungen zu machen. Noch glücklicher war Wullenweber. Er brachte den Herzog Albrecht von Mecklenburg dahin, daß er dem Bunde beitrat und sich mit einer kleinen Kriegsmannschaft nach Kopenhagen einschiffte. Man hatte ihm in den Kopf gesetzt, als Schwager des gefangenen Christian II. könne er Regent und Gubernator in Dänemark werden. Wie zu einer Lustfahrt segelte er mit April 1535. seiner Gemahlin, die ihrer nahen Niederkunft harrte, und ihrem weiblichen Gefolge in Begleitung Wullenwebers über die Ostsee. Auch Graf Hoya, der sich gegen Gustav Wasa nicht mehr zu halten vermochte, kam mit einigen Soldknechten herbei. Auf die Nachricht, daß sich Fühnen für Christian III. erklärt, setzte Albrecht mit dem größten Theil des hauptstädtischen Heeres nach der Insel hinüber, erlitt aber durch Johann Ranzau am Ochsenberg bei Assens eine Nieder- 11. Juni. lage. Viele adlige Herren aus Deutschland, unter ihnen Graf Hoya, der die Schlacht geleitet, deckten das Waffenfeld. Die andern kehrten nach Kopenhagen zurück. Einige Wochen nachher landete auch Christian auf Seeland, um die feindliche Bundesgenossenschaft im Herzen zu treffen. Von dem Adel mit Jubel empfangen und als König begrüßt, rückte er vor die Mauern der Hauptstadt und begann die Belagerung. Allein die feste, mit Lebensmitteln, Kriegsvorrath und Besatzungsmannschaft wohl ausgerüstete Seeburg leistete tapfern Widerstand. Wullenweber selbst war herbeigeeilt, um den Muth der Bürgerschaft zu entflammen.

Während aber der Bürgermeister in der Ferne weilte, arbeiteten daheim die Wullenweber
aus dem Amt
verdrängt. Gegner an seinem Sturz. Das Reichskammergericht hatte die Herstellung der alten Verfassung und die Wiedereinsetzung der ausgewiesenen oder ausgewanderten Rathsmannen geboten; auf einem Städtetag in Lüneburg hatten sich viele mißbilligende Stimmen gegen die ehrgeizigen Pläne der Lübecker vernehmen lassen; in der Stadt selbst zeigte sich Unzufriedenheit bei der Bürgerschaft über die Opfer und Leiden des Krieges. Vergebens strengte Wullenweber seinen

fruchtbaren Geist an, um durch Verhandlungen und Intriguen bei dem burgundischen Hof, bei den deutschen Fürsten und Städten neue Hülfsmittel und Combinationen zu erwirken, damit seiner Vaterstadt die gebieterische Stellung und die
demokratische Verfassung gewahrt und der „Herzog von Holstein" vom dänischen
Thron fern gehalten würde; in Lübeck faßte man den Beschluß, dem Reichsman-
dat zu gehorchen.   Der Bürgerausschuß wurde aufgelöst, der alte Rath wieder-
eingesetzt, Brömse zurückgerufen.   So fand Wullenwever die Stadt, als er von
einer Gesandtschaftsreise aus Mecklenburg heimkehrte.   Er erkannte bald, daß
eine andere Luft wehe und sein sonst so mächtiger Einfluß geschwunden sei.   Er
erklärte daher, daß er um des öffentlichen Friedens willen seinem Amte entsage.
Brömse wurde feierlich eingeholt und in seiner Würde wieder eingesetzt.   Doch
verpflichteten sich Rath und Gemeinde durch einen „herrlichen Receß" an dem
evangelischen Bekenntniß festzuhalten.   Mit dem Sturze Wullenwevers war auch
die Beendigung des dänischen Krieges nothwendig verknüpft.   Wenn die lü-
beckischen Schiffe noch eine Zeitlang die See hielten und den Feldherren Christoph
und Albrecht, welche Kopenhagen noch immer gegen Christians Belagerungsheer
standhaft vertheidigten, nicht sofort alle und jede Unterstützung entzogen, so war
es doch nur ein Scheinkrieg, um einen möglichst günstigen Frieden zu erzielen.
Dieser kam denn auch im Februar des nächsten Jahres zu Stande.   Die Lübecker
versprachen Christian III. als König von Dänemark anzuerkennen und keinem Mitbewerber weiteren Vorschub zu leisten; dafür erhielten sie von diesem die Zusicherung, daß die früheren Handelsrechte der Stadt fortbestehen, Kopenhagen und
Malmoe unbestraft bleiben und Christoph und Albrecht freien Abzug mit Mann-
schaft und Waffen erhalten sollten.   Als diese Vereinbarung getroffen ward, war Wullenwever bereits in Haft.
Er hatte sich im Spätherbst an die Niederelbe begeben, wo zweitausend Lands-
knechte standen, welche Oberst Ovelaker im Namen des Grafen Christoph geworben hatte, um sie gen Kopenhagen zu schaffen.   Seine Feinde schöpften Verdacht, er möchte neue Anschläge ersinnen, und trachteten ihn zu verderben.   Der
Erzbischof von Bremen ließ ihn festnehmen und seinem Bruder Herzog Heinrich
von Braunschweig-Wolfenbüttel übergeben, dem heftigsten Gegner der Reformation und alles demokratischen Wesens.   Es war auf einen Justizmord abgesehen,
für den man nun einen Weg suchte.   Nachdem man den Gefangenen auf Schloß Rothenburg, wo er in strenger Haft gehalten ward, einem heimlichen Verhör unterworfen, wurde ein Flugblatt verbreitet: „Bekenntniß Georg Wullenwevers von Lübeck gar grausam und erschrecklich zu lesen und zu hören".   Danach sollte er die
Absicht gehabt haben, den Haufen Landsknechte gen Lübeck zu führen, dort den
Rath zu stürzen und ein demokratisches Regiment im Geiste der Wiedertäufer in
Münster aufzurichten.   Dieses „Bekenntniß" wurde verbreitet, nachdem Brömse
und Christian III. mit Herzog Heinrich in Buxtehude eine Zusammenkunft gehalten.   Es geht aus mehreren Zeugnissen hervor, daß Wullenwever durch Fol-

Marginal notes:

August 1535.

Friede mit Christian.

Febr. 1536.

Wullen- wevers Ausgang. 1536. 1537.

ter und Peinigung zu Aussagen gebracht wurde, die man dann für freie Geständnisse ausgegeben, „ein Gemisch von Wahrheit und Lüge, von offenem Bekenntniß und abgedrungener Selbstanklage". Darauf führte man den Gefangenen nach Schloß Steinbrück zwischen Braunschweig und Hildesheim, wo er über
ein Jahr hinter zehn Fuß dicken Mauern eingekerkert blieb, bis sich sein Schicksal erfüllte. Endlich wurde am Tollenstein bei Wolfenbüttel das Gericht abge- 24. Sept.
halten, vor welchem dänische und lübeckische Ankläger gegen den ehemaligen Bür- 1537.
germeister auftraten. Er leugnete standhaft, jemals Verrath geübt oder mit
Wiedertäufern in Verbindung gewesen zu sein. Dennoch lautete das Urtheil:
„das ehrliche Land findet zu Recht, daß er nicht ohne Strafe und Pein dürfe
gethan haben, was er gethan." Darauf wurde er nach dem Richtplatz geführt
und enthauptet. Der Leichnam wurde geviertheilt und auf vier Räder geflochten.
In seiner Größe und Kühnheit lag seine Schuld; sein ganzes Auftreten war in
den Augen schwächerer Sterblichen eine strafbare Empörung gegen bestehende
Ordnungen.

Früher noch hatte sein Gefährte Marcus Meyer sein blutiges Ende ge- Marcus
funden. Ein Mann von seltenem Muthe hatte er sein Schloß Warburg gegen Meyer und
alle Angriffe vertheidigt. So lange er den Ausgang zur See offen hatte, wußte fährten.
er sich durch seinen Bruder Gerhard die nöthigen Bedürfnisse zu verschaffen.
Als aber der Friede zwischen Lübeck und Dänemark ihm jeden ferneren Beistand
aus den Hansestädten entzog, und ein dänisches Geschwader ihn auch noch von
der See abschnitt, gerieth die Besatzung in solche Noth, daß die Burg übergeben 27. Mai
werden mußte. Es heißt, der Schiffshauptmann Belzing habe ihm freien Ab- 1536.
zug zugesagt; nach andern Aussagen ergab er sich auf Gnade und Ungnade.
Aber Gnade war ihm nicht zugedacht. Er wurde in Eisen gelegt, vor einem
Kriegsgericht peinlich verhört und gefoltert, dann als Verräther zum Tode verurtheilt. Wie Wullenwever wurde auch er geviertheilt und aufs Rad gelegt.
Mehrere seiner Gefährten theilten sein Schicksal. An Gerhard fanden die dänischen Richter keine Schuld. Da erschienen Lübecker Abgesandte und klagten
ihn des Seeraubs an. So erfolgte auch seine Verurtheilung. Sein Haupt
wurde auf eine Stange gesteckt und seiner Verlobten in Helsingör übersandt.

Im Mittelalter, da das geschichtliche Leben von den großen geschlossenen Die verän-
Gemeinschaften, Adel, Geistlichkeit, Bürgerthum bestimmt wurde, konnte es wohl richtung.
geschehen, daß thatkräftige Gemeinwesen, wie die Seerepubliken Italiens, oder
mächtige corporative Genossenschaften, wie der Hansabund, auch über fremde
Reiche geboten. Diese Zeiten waren aber vorüber. Die Feudalherren hatten sich
an die Throne angeschlossen und wirkten an dem Aufbau selbständiger Monarchien
mit; die hierarchische Priesterschaft war von der Reformation durchbrochen und
zersetzt worden. Wie sollten nun städtische Gemeinwesen den kosmopolitischen
internationalen Charakter von ehedem bewahren können? Wullenwever und
Meyer verkannten ihre Zeit, sie wollten dem rollenden Rad der geschichtlichen

Entwickelung in die Speichen greifen; aber es ging gewaltsam über sie weg und zerschmetterte sie und ihre Pläne. Doch war die Reaction in den norddeutschen Städten nicht mächtig genug, um wie in Westfalen, auch die evangelische Kirche zu unterdrücken. Die lutherische Lehre blieb bestehen; und die dänische und schwedische Reformation hat ihre Gesetze und Doctrinen von Deutschland empfangen.

5. Durchführung der Reformation in den skandinavischen Reichen.

Beendigung
der Grafen-
fehde 1536. Mit dem Hamburger Frieden zwischen Lübeck und Christian III. waren die dänischen Verwickelungen der „Grafenfehde" noch keineswegs beendigt. Kopenhagen und Malmoe beharrten noch längere Zeit im Widerstand, und Christoph und Albrecht waren noch nicht zur Unterwerfung geneigt. Noch immer standen ihnen Hülfsmittel zu Gebote; ja selbst der burgundische Hof reichte ihnen die Hand. Religiöse und verwandtschaftliche Rücksichten zogen die Habsburgischen Brüder von Christian III. ab. Gab man auch den Gedanken einer Wiedereinsetzung des gefangenen Königs auf, so konnte doch sein Schwiegersohn Friedrich von der Pfalz an die Stelle treten, so konnte man doch vielleicht dem Schwager eine Erleichterung seines harten Looses erwirken. Eine kaiserliche Gesandtschaft forderte April 1536 den Herzog auf, „von seinem unfriedlichen Vornehmen und aller thätlichen feindlichen Handlung abzustehen und des Rechts zu gewarten". Es schien als ob der nördliche Krieg weitere Dimensionen annehmen, neue Verwickelungen herbeiführen sollte. Schon machte Christian Anstrengungen, um Bundesgenossen und Söldner zu erlangen. Zum Glück für ihn nahm jedoch der Krieg gegen Frankreich die Kräfte des Kaisers in Anspruch. Doch hatte der Zwischenfall zur Folge, daß der Erzbischof von Drontheim, der kurz zuvor bereit gewesen war, mit den Reichsräthen des Südens sich zu vereinigen und Christian III. als König anzuerkennen, wieder zurücktrat und die Verwirrung in Norwegen größer ward als zuvor. Dagegen regte sich in den belagerten Städten mehr und mehr der Wunsch nach Frieden. April 1536. Malmoe schloß seinen Vertrag mit Christian, als dieser die alten Freiheiten und die evangelische Lehre bestätigte; auch in Kopenhagen forderte das Volk Unterwerfung, wiewohl Bürgermeister Bogbinder noch immer burgundische Hülfe in Aussicht stellte, wurde aber von den Kriegsknechten Christophs blutig auseinander getrieben. Erst im Juli erfolgte auch die vertragsmäßige Unterwerfung der 26. Juli
1536. Hauptstadt. Die Bürgerschaft erkannte Christian III. als Herrn und König an und gelobte ihm Treue; dafür erhielt sie die Zusicherung, daß sie bei Recht und Gesetz, auch beim Evangelium und der reinen Lehre erhalten werden und ihre Privilegien bewahren sollte.

Die beiden fürstlichen Häupter Christoph und Albrecht durften mit ihren Kriegsknechten frei nach Deutschland abziehen, doch mußte der Graf, nachdem er fußfällig um Gnade gefleht, einen Eid leisten, daß er nie wieder das Königrich oder die Herzogthümer betreten wolle. Damit waren seine Hoheitsträume zerronnen. Er setzte sein unstetes Leben fort bald im Dienste des Kaisers bald im Schmalkaldischen Heer. Sein Feldoberster Ovelacker wurde in Geldern gefangen gesetzt und auf Antrag des Königs wegen Landfriedensbruchs enthauptet.

Der feierliche Einzug Christians III. in Kopenhagen konnte als Zeichen 6. Aug. 1536. gelten, daß der Norden fortan sich selbst gehöre, die einheimischen Gewalten und Der Reichstag von Kopenhagen. mit ihnen die evangelische Kirchenform siegreich aus den langen Kämpfen hervorgegangen sei. Denn kaum war er im sichern Besitz der Hauptstadt, so nahm er die Durchführung der Reformation in Angriff. In den Herzogthümern war das neue Bekenntniß bereits zur Herrschaft gekommen, seitdem die beiden Bischöfe von Lübeck aus den holsteinischen Adelsgeschlechtern derer von Reventlow und von Rantzau für die Rückerstattung Eutins dem Evangelium freien Lauf gewährt, wenn gleich in dem Stift selbst erst nach einem halben Jahrhundert die neue Lehr- und Cultusform vollständig obsiegte. Nun wurden auch in Dänemark entschiedene Maßregeln ergriffen. Nach vorläufiger Verständigung mit den weltlichen Reichsräthen gab der König Befehl, alle Bischöfe, selbst seinen treuesten Anhänger Ove Bilde von Aarhuus in Haft zu bringen und alle Stiftsgüter in Aug. 1536. Beschlag zu nehmen. Darauf ward ein allgemeiner Reichsrath angeordnet, zu welchem mit Ausschluß der Geistlichkeit der gesammte Adel, Abgeordnete der Städte und aus allen Harden der Vogt und zwei Bauern berufen wurden. Auf dieser Versammlung einigten sich König, Reichsrath und Adel auf der einen, 30. Oft. 1536. Städte, Bürger und Bauern auf der andern Seite über die Neugestaltung des Staats und der Kirche auf veränderten Grundlagen. Nachdem man sich friedliches einträchtiges Zusammenleben und Beschützung des Reichs gegen alle Feinde gelobt, wurde die Macht der Bischöfe abgeschafft; ihre Güter sollten der Krone zufallen, ebenso ein Drittel von den geistlichen Zehnten, um davon gelehrte Männer zu unterhalten, während die beiden andern Drittel den Geistlichen und Kirchen verbleiben sollten. Darauf wurde zwischen König und Reichsrath eine neue Handfeste vereinbart, welche dem Adel ein reiches Maß von Rechten bestätigte oder neu verlieh. Norwegen sollte unter die dänische Krone gezogen und wie eine Provinz des Reiches, nicht wie ein selbständiger Staat behandelt werden. Zugleich verpflichtete sich der Reichsrath, einen Sohn des Königs Christian zum Nachfolger zu wählen.

Durch diese Beschlüsse des Reichstags von Kopenhagen wurde für Däne- Begründung der neuen Kirchenform in Dänemark. mark und die mit demselben vereinigten Länder eine neue Staats- und Lebensordnung geschaffen. Trug auch zunächst der Adel den größten Gewinn davon, indem er seine Besitzungen und Reichthümer bedeutend vermehrte, seine Macht und seinen politischen Einfluß im Reichsrath immer mehr steigerte; so erwuchsen doch auch dem Bürger- und Bauernstand durch die Einführung der Reformation wichtige Vortheile und menschenwürdigere Zustände. Während des kampferfüllten Zwischenreiches hatten die evangelischen Lehren und gottesdienstlichen Ordnungen sammt dem lutherischen Kirchenlied Eingang und Verbreitung gefunden. Nicht nur in den Städten, wo die Deutschen das Uebergewicht besaßen, auch in allen Orten, die allmählich unter die Herrschaft des protestantischen Königs gefallen, hatte das Evangelium Boden gewonnen. Die Schriften Luthers und der Reformatoren waren übersetzt, die religiösen Fragen in volksthümlichen Flugschriften erörtert, die Ceremonien und das Mönchswesen in Satiren verspottet, durch Eliä und andere einheimische Theologen belehrende Unterweisungen über Glaube und Cultus verfaßt worden. So war schon in weiten Kreisen das Feld zur Aufnahme der evangelischen Glaubensform bestellt, als der Reichstagsbeschluß sie zur Landes- und Staatsreligion erhob. Und nun war Christian III. aufs Eifrigste bedacht, dem neuen Kirchenwesen, in welchem seine Ueberzeugung und seine Autorität wurzelte, feste Grundlagen zu geben durch äußere Formen, wie durch Unterricht und Predigt. Luthers Freund, der thätige Bugenhagen, der einst in Lübeck und in so mancher andern niederdeutschen Stadt das Werk der Kirchenverbesserung durchgeführt hatte, ward nach

12. Aug.
1537. Kopenhagen berufen, wo er zugleich die feierliche Krönung des Königs vornahm, an Stelle der alten Bischöfe sieben Superintendenten weihte, die von den ehemaligen Kirchenhäuptern nur noch den bischöflichen Titel behielten, und die letzte Hand an eine neue Kirchenordnung legte, welche durch einheimische Geistliche auf lutherischer Grundlage entworfen, nunmehr zur gesetzlichen Einführung kam. Von den alten Bischöfen versöhnten sich einige wie Ove Bilde mit den neuen Verhältnissen und wurden anständig versorgt; der stolze und haffärtige Joachim Rönnow von Rothschild, der einst der Statthalterin der Niederlande sein Bildniß mit dem Anerbieten seiner Hand und der dänischen Krone übersandt haben soll, mußte, weil er in seiner leidenschaftlichen Opposition beharrte, sein Leben in Gefangenschaft schließen; manche wanderten aus, nachdem sie zuvor die Kirchenschätze für ihren künftigen Unterhalt in Sicherheit gebracht. Die Klöster wurden säcularisirt; für besseren Volksunterricht durch Gründung neuer Schulen Bedacht genommen, die Universitäten reichlicher ausgestattet, für Anstalten der Wohlthätigkeit und Christenliebe Fürsorge getroffen. So wurde Dänemark sammt den Herzogthümern in kirchlicher Beziehung ganz an Deutschland geknüpft und die Verbindung bald darauf durch den Beitritt des König-Herzogs in den Schmalkaldischen Bund besiegelt. Von der Machtstellung der alten Prälatenkirche blieb keine Spur übrig; die neuen evangelischen Prediger und Pfarrherrn waren in Abhängigkeit von der Krone und von den adeligen Gutsherren, die über die Pfarrstellen und deren Inhaber ein unbeschränktes Patronatsrecht in Anspruch nahmen.

In Nor-
wegen. Für Norwegen war der Reichstagsbeschluß von Kopenhagen, der dem Lande seine Selbständigkeit und seinen eignen Reichsrath absprach, demüthigend und verletzend. Es stand daher zu befürchten, daß Oluf Engelbrechtson, Erzbischof von Drontheim, der bisher so heftig dem lutherischen König entgegenge-

treten, Bischöfe und Reichsräthe, welche denselben anerkannten, mit Tod und
Gefängniß bedroht und mit dem burgundischen Hof, mit dem Pfalzgrafen und
mit den Anhängern Christians II. Verbindungen unterhalten hatte, den Norden
in Aufruhr bringen würde. Als aber der König in Bergen erschien, um sich April 1537.
dort krönen zu lassen und die neuen Beschlüsse zur Ausführung zu bringen, erkannte der Kirchenfürst, daß seine Macht zu gering sei, um dem Laufe der
Dinge Einhalt zu gebieten. Er ließ daher alles Gold und Silber aus seinem
eigenen Palaste und aus den Kirchen der Hauptstadt zu Schiffe bringen und
entfloh damit nach den Niederlanden. Nun wurde auch in Norwegen die neue
Kirche durch die freie Bauernschaft nach dem Vorbilde Dänemarks friedlich begründet, das Kirchengut der Krone verliehen, die erzbischöfliche Würde abgeschafft. Aber erschöpft durch die Anstrengungen der letzten Zeit versank Norwegen in Schwäche und Apathie.

Auch in Island sollte die neue Kirchenordnung eingeführt werden. In dem In Island.
Skalholt hatte Oddur Gottschalksen, der einst in Wittenberg gewesen und dem Bischof
Oegmund als Schreiber diente, Luthers Neues Testament heimlich ins Isländische
übersetzt. Oegmund selbst benahm sich zurückhaltend; als er aber wegen früherer 1539.
Blutschuld gefangen nach Kopenhagen geführt ward, richtete sein Amtsnachfolger
Gisser Einarsen den Gottesdienst allmählich nach dänischem Muster ein, gestattete den
Priestern die Ehe und gab ihnen Anleitung, und die nöthigen Bücher zu der neuen
Christenlehre und Kirchenform. Der treffliche Mann starb jedoch in der Blüthe der 1548.
Jahre, und es bemächtigte sich der papistisch gesinnte Bischof Aresen von Holum mit
Gewalt des erledigten Kirchenamtes in Skalholt und führte wieder die katholi-
schen Gebräuche ein. Zu Verantwortung nach Kopenhagen vorgeladen, verwei-
gerte er den Gehorsam und nahm den zum Nachfolger des Verstorbenen ernannten Bischof oder Superintendenten Morten Einarsen gefangen. Da erhielt der
Statthalter Befehl, sich des unbotmäßigen Prälaten zu versichern, worauf Aresen von einem feindlich gesinnten Gutsherrn überfallen und mit seinen beiden
Söhnen nach Skalhalt geführt wurde. Dort starben alle drei als Hochverräther Novemb.
auf dem Blutgerüst. Nun erhoben aber seine Anhänger das Schwert, mordeten 1550.
mehrere königliche Richter und den Schreiber des Statthalters und widersetzten sich
jeder Neuerung. Erst als Schiffe mit Mannschaft auf der Insel landeten,
gelang es den Amtleuten und evangelischen Predigern des Aufruhrs Meister zu
werden und der Reformation auch in dem fernen Eilande, wo einst das germa- 1554.
nische Heidenthum am längsten der Lehre von dem gekreuzigten Heiland widerstanden, Eingang zu verschaffen. In Kurzem war fast jede Spur katholischer
Gottesverehrung verschwunden.

Durch die Reformation wurde die Herrschaft des Oldenburger Fürstenhau- Christians
ses in den Herzogthümern wie in dem vereinigten Königreich Dänemark begrün- Lage in
det und durch die religiöse Uebereinstimmung zwischen Oberhaupt und Volk Dänemark.
gefestigt. Doch dauerte es noch lange, bis der faktische Zustand allgemein als 1536—1559.

36*

rechtsbeständig anerkannt ward; noch oft mußte Christian zur Vertheidigung gegen drohende Angriffe zu Rüstungen schreiten, und in allen politischen und kriegerischen Verwickelungen der nächsten Jahre richteten die europäischen Mächte ihre Blicke auf Dänemark. Nur mit innerem Widerstreben sah der Kaiser, sah das ganze österreichische Haus die dänische Krone auf dem Haupte des lutherischen Königs. Es erschien den Habsburgern als eine Ehrensache der Familie, den Verwandten das Erbe Christians II. zuzuwenden; wie oft hat Pfalzgraf Friedrich mit Karls und Ferdinands Billigung aufs Neue seine Ansprüche in Erinnerung gebracht und Anstalten getroffen, mit den Waffen denselben Nachdruck zu geben. Es kam nie zu einem ernstlichen Krieg; aber mehrmals hat Christian III. sich veranlaßt gesehen, mit den Gegnern des Kaisers, mit Franz I., mit Heinrich VIII., mit dem Herzog von Cleve Verträge abzuschließen oder die Bundesverwandten von Schmalkalden um Hülfe anzugehen.

<small>Mai 1544.</small> Erst durch den Speierer Frieden kam es zu einer Verständigung zwischen den Habsburger und Oldenburger Fürstenhause. Den kaiserlichen Nichten, der Pfalzgräfin Dorothea, und der nach dem Tode Franz Sforzas von Mailand in zweiter kurzer Ehe an den Herzog von Lothringen verheiratheten Christine wurde ein angemessener Brautschatz und dem gefangenen König gegen Verzichtleistung auf die dänisch-norwegische Krone eine mildere Behandlung gewährt; auch den holländischen Städten gewisse Handelsrechte eingeräumt. Von der Zeit an verbrachte Christian II. seine letzten Lebensjahre in persönlicher Freiheit zu Kallundborg, aber still und vergessen und durch Anfälle von Schwermuth und Tiefsinn vielfach beschwert. Er überlebte sogar den glücklicheren Vetter um einige Wochen.

<small>Christian III.
† 1. Jan.
1559.
Christian II.
† 24. Jan.
1559.</small>

<small>Unterwerfung der Dithmarschen. 1559.</small> Zu gleicher Zeit mit dem Speierer Frieden theilte Christian das Herzogthum Schleswig mit seinen Brüdern, also daß er selbst Sonderburg behielt, während Johann in Hadersleben, Adolf in Gottorp ihre Sitze nahmen. Die von dem Kaiser lange zurückgehaltene Belehnung mit dem Herzogthum Holstein nebst den Landen <small>Aug. 1548.</small> Stormarn und Dithmarschen erfolgte vier Jahre später. Aber die kräftige Bauernrepublik bewahrte noch immer den Freiheitssinn der Altvordern; die Enkel wollten an Mannesmuth und Tapferkeit nicht hinter den Siegern von Hemmingstedt zurückstehen (VIII. 481) und verweigerten der herzoglichen Regierung den Gehorsam. Die Zeiten hatten sich jedoch geändert, für republikanische Gemeinwesen innerhalb größerer Staaten war kein Raum mehr. Als der Dänenkönig und Herzog Adolf mit Reisigen und Soldknechten unter der Führung Johanns von Rantzau von Süden her in das Land eindrangen, erlag das Bauernheer nach tapferem <small>Juni 1559.</small> Widerstande in der Nähe des Hauptorts Heide. Dreitausend ihrer Männer deckten das Schlachtfeld. Nun baten die Achtundvierziger um Frieden. Im Lager der Herren und Ritter überlegte man, ob die trotzige Bauernschaft nicht gänzlich auszurotten sei; nur weil dann das Land längere Zeit unbebaut und unbeschützt bleiben würde, nicht aus Gefühlen des Rechts oder der Menschlichkeit entschied

man sich für die Unterwerfung. Und diese erfolgte nun in der strengsten Weise. Die Dithmarschen mußten als Unterthanen den Herzogen Treue und Gehorsam schwören, ihre Freiheiten und Rechte, die sie so lange mit ihrem Herzblute vertheidigt, der fürstlichen Hoheit zu Füßen legen. Auf eigenem Grund und Boden sollten sie selbst in der Frohne drei Festungen erbauen, durch welche man in Zukunft die Zwingherrschaft zu sichern gedachte, sie sollten Schatzung, Landbede und Heeresfolge leisten, die ganze Last der Kriegsentschädigung auf sich nehmen, fußfällig um Gnade bitten und Geißeln stellen. Ja der Feldmarschall schlug vor, alle freien Eigenthümer zu gutshörigen zinspflichtigen Leibeigenen zu machen. Auf inständiges Bitten ließ man einige Milderungen eintreten; aber mit ihrer Freiheit und republikanischen Selbstverwaltung war es für immer vorbei. „Die gewesenen Achtundvierziger und die gemeinen Einwohner besiegelten noch einmal mit dem alten Siegel des Landes die Unterwerfung, welche ihrer Regierung und der Unabhängigkeit des Landes für immer ein Ende machte; sie mußten nun selbst ihren Widerstand als „langwierige Rebellion, Ungehorsam und Widerspänstigkeit" bezeichnen. Das versammelte Volk leistete fußfällige Abbitte wegen der begangenen Missethaten; alle schwuren mit entblößtem Haupte auf den Knien liegend den Eid der Huldigung und Unterthanentreue für sich und ihre Nachkommen." Das Land ergab sich in sein Schicksal. Nur noch einige schwache Zuckungen des Widerstandes zeigten sich. Bald verstummte Alles; man fügte sich in die neue Ordnung der Dinge. Die Danebrogfahne, welche einst König Johann eingebüßt, und alle alten Trophäen wurden nach Schleswig und Gottorp geführt, von wo aus man sie später nach Kopenhagen schaffte. Bald wurden auch die altgermanischen Rechtsgewohnheiten durch ein neues Landrecht verdrängt und herzogliche Amtleute und Vögte führten das Regiment.

„An dem ganzen Unternehmen hatten die Ranzau den bedeutendsten Antheil, vornehmlich Johann und Heinrich, Vater und Sohn, die im Felde und im Rath den ersten Platz einnahmen. Beide haben sie nachher die Feder ergriffen und der Nachwelt überliefert, was sie selber geleitet und ausgeführt, Johann im heimischen Idiom, einfach und treu, Heinrich für den weiteren Kreis der Gelehrten und Staatsmänner in lateinischer Sprache." Im nächsten Jahr bestätigte der Kaiser die neuen Einrichtungen.

Als der Feldmarschall Ranzau mit dem schleswig-holsteinischen Adel und Christians mit heimischem und fremdem Kriegsvolk gegen die Dithmarschen zog, war König Christian III. nicht mehr am Leben. Er hatte stets die Kriegslust seiner Brüder und seiner Ritterschaft zu dämpfen gesucht und schwerlich hätte er es auch jetzt so weit kommen lassen. Die großen Erfolge, die ihm während seiner Regierung zu Theil geworden, hatte er mehr durch Unterhandlungen, durch Zuwarten, durch Verträge und Compromisse erlangt als durch Waffen und Gewalt, die er, wenn es ging, zu vermeiden suchte. Als nach der Beendigung des dänischen Kriegs ernstliche Verwickelungen mit Schweden drohten, brachte er durch

Sept. 1541. eine persönliche Zusammenkunft mit Gustav Wasa rasch den Frieden von Bröm-
sebro zu Stande; und als in der Folge der Schwedenkönig wegen Aufnahme
der drei Kronen in das dänische Reichswappen sich unwillig zeigte, erklärte er,
das geschehe nur, um die ehemalige Union der drei nordischen Lande in histori-
schem Andenken zu erhalten; doch vermochte diese Deutung die Eifersucht und
den Argwohn des Schwagers nicht zu verscheuchen. In seinen späteren Jahren wendete Christian seine Fürsorge hauptsächlich den kirchlichen Reformen und
der Pflege der Wissenschaften zu.   Die Universität Kopenhagen wurde durch
ihn so gut wie neu gegründet und ein solches Interesse nahm er an den Vorträgen der Gelehrten, daß er bisweilen selbst die Hörsäle berühmter Professoren besuchte. Wie die neue Kirchenlehre so ist auch die Wissenschaft durch ihn aus
Deutschland nach Dänemark gezogen worden. Die skandinavischen Lande standen seit der Reformation unter dem vorherrschenden Einfluß des deutschen Geistes.
Mit Befriedigung konnte Christian III. auf die Resultate seines Lebens und
seiner Regierung zurückblicken, und die Heiterkeit seines Gemüthes, die man stets
bei ihm wahrnahm, kann als Beweis gelten, daß er von diesem Gefühle selbst erfüllt war. Als sein Vater starb, waren die Aussichten auf den dänischen Thron
sehr getrübt; und als er selbst am Neujahrstag 1559 im sechsundfünfzigsten
Jahre seines Alters aus der Welt schied, herrschte nicht der mindeste Zweifel,
daß sein Erstgeborner, Friedrich sein Nachfolger in dem vereinigten Dänenreich
sein würde.

Friedrich II.
1559—1588.

Dänemark
seit der Re-
formation.

Unter König Friedrich II. und seinen Nachfolgern schritt Dänemark auf dem
Wege selbständiger Entwickelung, den es durch die Reformation eingeschlagen,
erfolgreich weiter. Die Handelsmacht Lübecks und der übrigen Hansestädte, die
schon durch die Katastrophe unter Wullenweber einen empfindlichen Stoß erlitten,
wurde mehr und mehr gebrochen. Die Freibriefe, die jene so lange in den scandi-
navischen Reichen besessen, wurden aufgehoben; in Kronenburg wie in den schwedischen Seestationen mußten die Kauffahrer Zoll entrichten, der nur ab und zu
bei besonderen politischen oder kriegerischen Conjuncturen eine Ermäßigung erfuhr; die niederländischen Städte nahmen an dem Handelsverkehr der Ostsee
Theil und machten den Wendenstädten beträchtliche Concurrenz, in die nunmehr
auch die Küstenstädte Schwedens und Dänemarks eintraten; in Bergen wurde
die republikanische Handelscommune der Hansa mit ihren Privilegien und Monopolien aufgelöst; allenthalben zeigte sich das Bestreben, die Sonderrechte und
genossenschaftlichen Institute des Mittelalters zu brechen und einen Welthandel
ins Leben zu rufen, in welchem alle Nationen zur Theilnahme eingeladen werden,
gleiche Berechtigung genießen sollten. Selbst der Häring verließ die Küste von
Schonen, wo er so lange seine Wohnstätte gehabt, „um der Gottlosigkeit der
Menschen willen," wie strenge Kirchenmänner meinten, ein unersetzlicher Verlust
für die Fischer der Ostsee. Seitdem die neue Welt im Westen dem Verkehr-

und Culturleben einen so mächtigen Impuls gegeben, der kaufmännischen Thätigkeit ein so weites Gebiet erschlossen, war für die alten Handelsrepubliken Italiens und Deutschlands die Zeit des Glanzes und der Macht vorüber. Das
merkantile und industrielle Leben suchte neue Bahnen und Gestaltungen, die mit
der politischen Entwickelung der Staaten mehr im Einklang standen; und an diesem Umschwung hat auch das dänische Volk regen Antheil genommen. Ueberall
gewahrte man in den bürgerlichen Kreisen ein gehobeneres Dasein, gebildetere Lebensformen, ein Wachsthum in Wohlstand, in Selbstvertrauen, in menschlicher
Cultur und Gesittung. Freilich waren nicht alle Zustände, welche aus der Reformation hervorgingen, so erfreulicher Art; neben den edleren Gütern und Errungenschaften klafften auch Abgründe, traten auch Gebrechen hervor, die das
Staatswohl und das öffentliche Leben gefährdeten. Die Macht der Hierarchie
war gebrochen, der Reichsrath von den geistlichen Mitgliedern befreit, die monarchische Ordnung auf neue Grundlagen begründet; aber der adelige Herrenstand, durch die Kirchengüter bereichert, stieg auf eine bedenkliche Höhe der
Macht und des Einflusses. Der Reichsrath, aus den weltlichen Großen, den
Häuptern der vornehmen Geschlechter und Familien zusammengesetzt, war der
Mittelpunkt des Staats; im Besitze großer Ländereien und Schlösser, geschützt
durch Privilegien und Freiheiten, die sie stets zu mehren bedacht waren, und in
sich geschlossen durch gemeinsame Interessen, erwarben sich die Reichsräthe eine
Machtstellung, welche der Königsgewalt schwere Fesseln anlegte, das monarchi-
sche Regiment mit hemmenden Schranken umgab, das öffentliche Recht zum eige-
nen Vortheil beugte, die Regierung zur Vollstreckerin der eigenen Beschlüsse und
Gesetze, zur Dienerin der Aristokratie herabdrückte. Diese Machtstellung des
weltlichen Adels machte sich um so fühlbarer, als demselben nun nicht mehr ein
Prälatenstand mit gleichen Geburts- und Standesrechten, mit gleichen Reichthümern und oft mit höherer Bildung gegenüberstand und dessen übergreifende
Wirksamkeit durch andere Ziele und Interessen mäßigte und milderte. Die neue
Kirche und ihre Behörden und Prediger standen in gänzlicher Abhängigkeit
von der königlichen Regierung und den Patronatsherren. Kam es doch im Jahre
1570 vor, daß ein adeliger Gutsbesitzer, Georg Lykke, einen Geistlichen hinrichten
ließ. Die Fürsten oder kleine Könige schalteten die mächtigen Edelleute auf ihren
zahlreichen Landsitzen, befreit von Steuern und Lasten, im Genusse hoher Rechte,
Patrone der Kirchen und Gerichtsherren ihrer eigenen unterthänigen Leute.

    Einen ähnlichen Entwickelungsgang nahmen die Dinge in Schweden. Nach Die Lage in
dem Westeräser Receß durfte der Adel von seinen Gütern zurückfordern, was seit Schweden.
Karl Knudson an die Kirche gekommen; doch sollte er sein Recht mit zwölf Zeugen vor Gericht nachweisen. Aber diese Beschränkung wurde wenig beachtet; die
Richter nahmen es nicht so genau. So kam es, daß auch hier der Adel oft
eigenmächtig zugriff, auch wo die gesetzliche Nachweisung mangelhaft war. „Du
und Deines Gleichen,“ schrieb schon im Jahre 1538 der König an den Reichs-

rath Georg Gyllenstierna, „lebet als wäre weder Gesetz noch Obrigkeit im Lande.
Güter, Höfe und ander Eigenthum der Kirche, Klöster und Präbenden zu ent-
wenden, dazu find Alle gar sehr willig und bereit und solchermaßen ist Jedermann christlich und evangelisch.“ Er erneuerte das Gebot, daß Niemand sich geistliches Gut anmaße, bevor er vor dem König selbst sein Recht dargethan, und
forderte zurück, was Einzelne unrechtmäßig an sich gebracht. Allein auch dieses
Gebot fand wenig Beachtung, und Gustav war so vielfach von auswärtigen
Angelegenheiten in Anspruch genommen, daß er den Gewaltthätigkeiten im Innern nicht mit dem gehörigen Nachdruck entgegentreten konnte. Und als im
Laufe der Jahre die Stifter und klösterlichen Institute immer mehr verlassen
wurden und veröbeten, wie hätte da ein Gesetz der Habgier und Selbstsucht der
Großen steuern können? Auch kehrte man sich wenig an die in Westeräs festge-
stellte Zeitbeschränkung. Bei diesem Uebergang des Kirchenguts in weltliche
Hände kamen die Bauern und Klosterleute übel weg; die leichte Herrschaft des
Krummstabs wich einem schärferen Regiment; sie fühlten bald, daß ein schwereres
Joch auf ihnen laste. Die Bedrückung der Bauernschaften durch die Grundherren, die Unzufriedenheit über die Steuern und Abgaben, zu denen der König
durch die schweren Zeiten und die drohenden Kriegsstürme sich oft genöthigt sah,
erzeugten Empörung gegen Adel und Vögte. Religiöse und sociale Motive
wirkten zusammen. Besonders lebhaft war die Erregung im Süden des Landes, wo die „Grafenfehde“ und die dänischen Verwickelungen ihre Wirkungen auch
auf die benachbarten schwedischen Landschaften übten. In Småland erhob Nils
Dacke, ein Bauer, der wegen eines Mordes in den Wald geflohen, die Fahne
1542. der Empörung; bald war sein Anhang auf viele Tausend angewachsen, über
West- und Ostgothland und nach Südermanland verbreitete sich der Aufruhr;
die dichten Wälder gewährten Schutz, so daß die Bewegung über ein Jahr andauerte. Die Güter der „Herrenmänner und Hofleute“ wurden überfallen, Raub
und Mord geübt; ehemalige Mönche und katholische Priester gesellten sich zu den
Aufständischen; sie wollten das Christenthum wieder aufrichten, verkündigten sie,
die schwedische Messe abschaffen, Alles in das alte Geschick zurückbringen. Wiederum
war Svante Sture zum König ausersehen. Es scheint, daß selbst der österreichische
Hof, als man sich noch mit der Hoffnung trug, dem Pfalzgrafen die Krone von
Dänemark zu verschaffen, mit dem Insurgentenführer Verbindungen unterhielt.
Wenigstens erhob Friedrich der Nils Dacke in den Adelstand. In Småland
und auf Oeland galt sein Wort mehr als des Königs Befehle. Gustav wandte
auch hier wieder die Mittel an, die ihm aus so mancher schwierigen Lage geholfen: er suchte die geringen Leute durch begütigende Verheißungen zu beruhigen,
ermahnte mit ernster Rüge die Herren und Vögte zur Gerechtigkeit und Milde
und trat den unbotmäßigen Haufen mit Entschlossenheit entgegen. Zur Abwehr
der österreichischen Intriguen schloß er mit Franz I. ein Bündniß, einen „gottlosen Bund“ wie Granvella in einem Brief an die Småländer sich ausdrückte.

So wurde er im Sommer 1543 auch dieses Aufruhrs Meister. Von Allen verlassen irrte Dacke in den blekingschen Wäldern umher, bis er den Pfeilen der Verfolger erlag, oder nach andern Nachrichten in Deutschland verschwand. Sommer 1543.

Diese Erfahrungen überzeugten den Wasa, daß zur Begründung einer dauernden Ordnung und eines festen Regiments das Königthum einen erblichen Charakter und damit eine stärkere Unterlage erlangen müßte. Nur wenn der Ehrsucht der Großen, welche in Gustav noch immer den glücklichen ebenbürtigen Rivalen sahen, eine unüberwindliche Schranke gesetzt war, konnten die Schöpfungen, die er sich zur Lebensaufgabe gestellt, Befreiung des Landes und Erneuerung der Kirche, zur Vollendung gebracht werden. Seine erste Gemahlin Katharina von Sachsen-Lauenburg, Schwester der Königin von Dänemark, war aus dem Leben geschieden, nachdem sie einen Sohn, Erich, zur Welt gebracht. Darauf schloß Gustav eine zweite Ehe mit Margaretha, der Tochter eines schwedischen Magnaten, der im Stockholmer Blutbad seinen Tod gefunden. Sie wurde Mutter von Johann und Karl. Die Nachkommenschaft des Hauses Wasa konnte somit als gesichert gelten, und es war nun des Königs angelegentlichste Sorge, die Ehre und Auszeichnung, die er sich durch seine Thatkraft erworben, seinem Geschlechte zu erhalten. Zu dem Ende hatte er schon im Januar 1540 auf einer Versammlung zu Oerebro die Häupter des Volks dahin gebracht, daß sie auf sein entblößtes Schwert und auf das Sacrament mit feierlichem Eide gelobten, seine Söhne als die rechtmäßigen Erben des Reiches anzuerkennen. Vier Jahre später wurde durch die Erbvereinigung von Westerås dieses Gelöbniß wiederholt, die Thronfolge nach dem Erstgeburtsrecht unter den männlichen Erben des Königs festgesetzt, der älteste Sohn Erich als Kronprinz anerkannt und durch feierliche Huldigung in der neuen Würde bestätigt. Dabei ermahnte der König die Versammlung, welcher auch die protestantischen Bischöfe als Reichsstände anwohnten, mit ihm treu zu bekennen und in alle Zukunft festzuhalten das reine Wort Gottes und den evangelischen Glauben an Jesus Christus unsern Erlöser. Das neue Königthum sollte mit der neuen Confession aufs Innigste verwachsen sein. Hatte Gustav Anfangs sein Fürstenrecht von Gott und dem Volke hergeleitet, so betonte er von der Zeit an die göttliche Gnade und Allmacht als die Quelle, aus welcher für ihn und seine Leibeserben das Recht herfließe, über die Unterthanen zu herrschen und zu walten und das Schwert der Gerechtigkeit zu führen. In diesem Sinne sollte auch die Geistlichkeit die Lehre von der christlichen Obrigkeit verkünden. Das Erbkönigthum festgestellt. Erich geb. 13. Dec. 1533. 1536. 4. Jan. 1540. 13. Jan. 1544.

Es ist wunderbar, mit welcher Umsicht und Staatsweisheit Gustav Wasa den neuen Königsbau aufgerichtet und zu sichern gesucht hat. Konnte er auch nicht die Privilegien und die Machtstellung des Adels und Reichsraths brechen, so suchte er der Krone so viele Rechte, Einkünfte und Befugnisse zu erwerben, daß sie als die gebietende Gewalt dastand. Fort und fort war er bemüht, das Krongut zu mehren: die Zahl der königlichen Gehöfte, über alle Theile des Reiches zerstreut, Gustavs Politik und Wesen.

wurde auf zweitausend fünfhundert berechnet; aus den Klöstern und Stiftern wurden die werthvollsten Gegenstände als königliches Eigenthum eingefordert; er trieb den größten Handel mit den Produkten des Landes, besonders mit den Erträgnissen der Bergwerke. Bei seinem Tode fand man vier große Kellergewölbe mit Silber und mehrere Vorrathshäuser mit kostbaren Waaren angefüllt. Und wie viele Unrechte, die bisher schwankend und unbestimmt gewesen und durch Willkür oder Gewohnheit geübt worden waren, hat er der Krone zugesprochen. Unbebaute Grundmarken und Allmenden, Flüsse und Seen, Bergwerke und Waldungen und was Alles an diese Besitzthümer sich anschloß, wurden als Regalien in Anspruch genommen und die Vergabung gegen Zins und Abgaben dem Königthum vorbehalten. Das Steuerwesen wurde sorgfältig geprüft und regulirt, Freiheit und Pflicht klar gelegt, Dienst und Leistung festgestellt, für die Sicherheit des Landes eine Streitmacht unterhalten. Dabei bewahrte der König dem Volke gegenüber einen patriarchalischen Charakterzug, eine populäre Offenheit. Wie oft trat er in Volksversammlungen und auf Jahrmärkten auf, gab Rechenschaft von seinem Thun, erbot sich treuherzig, alles Unrecht und Fehlerhafte abzustellen, wenn man ihn davon unterrichte und überzeuge; nur solle man Fehde und Aufruhr vermeiden. Das Volk hing an seinem beredten Mund mit der größten Aufmerksamkeit und oft, wenn er den Vortrag seinen Amtleuten überlassen wollte, hörte man den Ruf, er möge doch selber sprechen. Statt der mündlichen Ansprache wählte er auch häufig den Weg von Manifesten und öffentlichen Bekanntmachungen. Gerne wies er auf die Sicherheit und den Friedenszustand hin, dessen sich das Land im Vergleich zu der früheren Anarchie erfreue und der jedem gestatte, sein Feld zu bestellen und die Früchte seines Fleißes zu genießen. Stets suchte er in Fühlung mit dem Volke zu bleiben; neben dem Rechte von Gottes Gnaden ließ er doch nie die demokratischen Stützen seiner monarchischen Gewalt aus dem Auge. Waren diese Mittel auch mitunter nur Demagogenkünste; er wußte sie erfolgreich zu handhaben. Dabei kamen ihm seine persönlichen Eigenschaften, deren wir früher gedacht, sehr zu statten: seine volksthümlichen Manieren, seine einfache, Vertrauen erweckende Beredsamkeit, sein aufrichtiges, männliches Wesen, sein geordneter Hausstand und die sorgfältige Bewirtschaftung seiner Landgüter, seine mit Ueberlegung verbundene Thatkraft.

„Erwäget wohl alle Dinge", ermahnte er seine Söhne, „führet sie schnell aus, bleibet dabei und verschiebet Nichts auf den kommenden Tag. Ein Rathschlag nicht ausgeführt zu rechter Zeit gleicht der Wolke ohne Regen bei großer Dürre". Gustav's einflußreichster Rath war ein niederdeutscher Jurist, Konrad Peutinger, genannt Phyß, ein gewandter kluger Mann, der zum Großkanzler erhoben, auf Gesetzgebung, Verwaltung und Organisation des Staats, auf die Einrichtung und den Gang der Regierung wesentlich einwirkte, aber als Ausländer und Wohldiener des Königs, dessen Macht er auf alle Weise zu erhöhen beflissen war, bei Adel und Volk verhaßt war. In der Folge wegen Bigamie und unordentlicher Amtsführung angeklagt, schloß er seine Tage in Gefangenschaft zu Westerås.

Wie manche Lasten die Umgestaltung des Staats und der Kirche und die *Schwedens
materieller
Aufschwung.* unruhigen Zeiten dem Volke auflegen mochten, die Vortheile, die das Land unter Gustav Wasa's umsichtiger Regierung gewann, waren so überwiegend, daß die kommenden Geschlechter mit Stolz und Pietät auf diese Zeit der Entstehung des Staats und der Einführung der Nation in das geschichtliche Leben zurückblickten. Waren es vorzugsweise materielle Güter, die dem Lande gewonnen wurden: Verbesserung des Acker- und des Bergbaues, Hebung der Gewerbsamkeit und des Handels, so machte sich doch auch auf anderen Gebieten der Einfluß geltend, den der in Folge der Reformation vermehrte Verkehr mit Deutschland ausübte. Gerade der Gruben- und Hüttenbau und die Eisenhämmer, die den wichtigsten Zweig der schwedischen Industrie bilden, wurden durch deutsche Bergleute und Eisenschmiede in die Höhe gebracht und vervollkommnet. Die ergiebigsten Eisengruben des Reichs, die von Danemora, wurden einer Gesellschaft übergeben, an deren Spitze ein Stralsunder Bürger, Joachim Piper, stand. Bald trat an die Stelle des alten rohen Osmundseisens das geschmeidigere, veredelte Stangeisen. Auch die großen Sägewerke, welche den seefahrenden Nationen das Schiffbauholz lieferten, waren meistens Erzeugnisse deutscher Industrie und Technik. Eben so hatte Schweden die Erfahrungen in Handel und Schifffahrt den Deutschen zu verdanken, wenn schon Gustav Wasa es zu einem Hauptanliegen seiner Regierung machte, den alten Lehrmeistern die Vortheile zu entziehen und dem eigenen Volke, den Bürgerschaften von Stockholm, Calmar und anderen Küstenstädten zuzuwenden. Handelsverträge mit Frankreich, Holland, England sicherten der Ausfuhr der einheimischen Produkte neue Märkte und beförderten die directe Einfuhr der fremden Güter. Die Freibriefe, kraft deren in früheren Zeiten die deutschen Hansestädte den gesammten Zwischenhandel in Händen gehabt, wurden theils beschränkt theils aufgehoben, so daß die Schiffe von Lübeck und Danzig für die eingeführten Waaren gleich den übrigen Nationen Zölle und Auflagen entrichten mußten, Einrichtungen, welche eben so sehr der Krone als der einheimischen Kaufmannschaft zu gute kamen. Und wie sehr der König selbst mit eigenen Schiffen und eigenen Produkten den Großhandel betrieb, wurde schon erwähnt. Das neugegründete Helsingfors in Finnland, das Gustav durch Verbreitung des evangelischen Christenthums und der Heiligen Schrift in der Landessprache näher an Schweden zu knüpfen und der abendländischen Cultur entgegenzuführen bemüht war, sollte für den Handel mit Rußland ein Mittelpunkt und Stapelplatz werden und dem Zwischenhandel von Riga und Reval Concurrenz machen. Auch zu einer Kriegsflotte wurde der Grund gelegt, wodurch es dem Könige möglich war, einen Krieg gegen Rußland, der für die Grenzlande sehr verheerend war, zu einem erfolgreichen Resultate zu führen und durch den Frieden von Moskau zu beendigen. *April 1557.*

. Die letzten Lebensjahre Gustav Wasa's waren durch Sorgen und Kümmer- *Gustav Wasa
und seine
Söhne.* nisse getrübt. Er sah von seinen alten Freunden einen nach dem andern dahin-

scheiden; auch seine geliebte Gemahlin Margarethe, die ihm zehn Kinder geboren, 1551. wurde ihm durch den Tod entrissen; diesen Verlust vermochte ihre Nichte Katharina Stenbock, mit der er seine dritte Ehe schloß, nicht zu ersetzen. Vor Allem schufen ihm seine Söhne viel Herzeleid. Sein Erstgeborner Erich, den er noch bei seinen Lebzeiten zum König der Schweden, Gothen und Wenden wählen ließ und durch Uebertragung des Gebiets von Calmar sammt der Insel Oeland mit einer selbständigen Herrschaft ausstattete, war von so heftiger Natur, von so launenhafter Willkür, daß er dem Vater vielen Kummer machte, zumal da er mit seinem Bruder Johann stets in Streit und Feindschaft lebte. Auch diesen zweiten Sohn hatte Gustav mit großen Lehngütern in Finnland ausgestattet und dadurch seine Blicke auf Livland gelenkt, wo sich bald, da der Orden der Schwertritter der Auflösung entgegenging und der Heermeister ohne Macht und Autorität war, Rußland, Polen, Dänemark und Schweden um den Besitz stritten.

Gustav's Abschied. 1560.   Als Gustav Wasa fühlte, daß sein Leben sich dem Ende zuneige, beschied er die vier Stände des Reichs zu einer Versammlung nach Stockholm auf den 25. Juni. Hier trat er, umgeben von seinen Söhnen, zum letztenmal vor sein Volk, um einen Rückblick auf die Vergangenheit zu werfen, Alle zur Treue und Standhaftigkeit zu ermahnen und dann Abschied auf immer zu nehmen. „Vor vierzig Jahren, sagte er, da ich als verfolgter Flüchtling in der eigenen Heimath umherirrte, war das Land elend, unter fremder Herrschaft und einem mächtigen gewaltthätigen Tyrannen unterworfen, und wenig Hoffnung zur Erlösung. Aber Gott hat mir geholfen, wie einst dem Hirten David, und mich auserfehen, daß ich Land und Volk errette von der Tyrannei, es zurückführe zu seinem reinen Wort und Evangelium und dann über dasselbe herrsche vierzig Jahre lang mit vielen Sorgen und Mühen aber auch zur Wohlfahrt des Ganzen. Für die Liebe und Anhänglichkeit, die ihr mir erwiesen, danke ich Euch und bitte zugleich, die Schwächen und Fehler meiner Regirung zu vergeben und zu vergessen. Ich weiß, daß ich in Mancher Augen ein harter König gewesen; aber es können Zeiten kommen, da mich Schwedens Kinder gerne wieder aus der Erde scharren möchten. Ohne die Sterne zu befragen fühle ich, daß mein Ende nahe ist; darum vernehmt meinen letzten Willen, den ich in gesunden Tagen erwogen und aufgesetzt." Als die Urkunde verlesen und beschworen worden, dankte der König den Ständen, daß sie die Krone bei seinem Stamme erhalten wollten, übergab das Scepter seinem Sohne Erich, segnete und ermahnte sie zur Eintracht und nahm dann Abschied von seinem Volk. Gerührt blickte die Versammlung dem greisen Herrscher nach, als er von seinen Söhnen geleitet, das Ständehaus verließ, und manches Auge schwamm in Thränen. Drei Monate nachher, am 29. Sept. 1560. 29. September 1560 schied Gustav Wasa, der erste König seines Geschlechtes aus dem Leben, voll gläubigen Vertrauens auf Jesus Christus, den Heiland der Welt.

Gustav Wasa war eine jener Herrschernaturen, wie sie die Vorsehung zu-weilen einem in Noth und Zerrüttung liegenden Volke zur Rettung sendet, um die verborgenen Kräfte zu sammeln und aufzurichten und auf ein neues Lebens-ziel zu verwenden. Solche Naturen üben einen geheimnißvollen Zauber aus auf Alles was ihnen nahe kommt und erzwingen sich Gehorsam und Unterwerfung. In dieser geheimnißvollen Macht liegt der Schlüssel zu ihrer Größe und zu ihren Erfolgen; sie beruht mehr auf dem harmonischen Zusammenwirken verschiedener Kräfte und Eigenschaften als auf einem hervorragenden Alles überwältigenden Geist, mehr auf dem instinktiven Gefühl dessen was im Moment zu ergreifen ist als auf tiefer Ueberlegung und Berechnung. Durch welche Mittel und Wege Gustav Wasa zur Höhe emporgestiegen ist, hat der Verlauf seiner Geschichte zur Genüge dargethan: sein öffentliches Leben ist der treueste Spiegel seines Cha-rakters und seiner persönlichen Eigenschaften. Sein Hof war eine Bildungs-schule des jungen Adels: hier wurden ritterliche Künste und Uebungen gepflegt und belohnt; hier ergötzte sich die schöne Welt in heiterem Tanz und gesell-schaftlichen Vergnügungen. Musik und Gesang, für welche der König eine große Zuneigung trug, bildete die Seele der Unterhaltung; in stillen Abendstunden schlug er wohl selbst die Laute, um sein Gemüth harmonisch zu stimmen. War auch sein Sinn mehr auf die praktische Seite des Lebens gerichtet, so hatte er doch auch für die Künste und Wissenschaften einen empfänglichen Geist, und sein wun-derbares Gedächtniß ersetzte ihm bei vielen Gelegenheiten die mangelhaften Stu-dien. Für Verbesserung des Unterrichts trug er große Fürsorge und seinen Kin-dern ließ er eine treffliche Erziehung geben. Erich war im Lateinischen sehr gewandt. Was aber dem König vor Allem die Achtung und Liebe des schwedi-schen Volkes verschaffte, war seine aufrichtige Frömmigkeit und sein sittliches Le-ben. So gerne er sich mit schönen Frauen unterhielt, doch hat man nie von Liebschaften gehört; nie hat er sich mit Buhlerinnen abgegeben; keine illegitimen Kinder waren zu versorgen. „In Summa", heißt es in einer alten Chronik, „Gott hatte ihn begabt vor allen andern mit großer Geschicklichkeit, hohem Verstand und manchen fürstlichen Tugenden, so daß er es wohl werth war, den königlichen Scepter und die Krone zu tragen. Denn nicht allein, daß er verständig und geschickt war, er war auch mannhaft und tüchtig, in Urthei-len scharffsinnig und gerecht und bei vielen Gelegenheiten gutmüthig und mit-leidig."

XV. England unter König Heinrich VIII. und Schottland unter den Stuarts.

Literatur. Der folgenden Darstellung liegt des Verfassers eigenes größeres Werk zu Grunde, das ursprünglich auf vier Bände berechnet eine Gesammtdarstellung der englischen Kirchen- und Sektengeschichte umfassen sollte und darum den Titel führte Geschichte der akatholischen Kirchen und Sekten von Großbritannien Leipz. 1845. 1. Bd. und 1853 2. Bd. Es wurde aber mit der Reformation von England und Schottland abgeschlossen und dann auch unter dem Titel: Geschichte der Reformation von Großbritannien von Dr. Georg Weber aufs Neue ausgegeben. In der Vorrede zum zweiten Band (1853) heißt es: „Mit dem gegenwärtigen Band ist die Reformationszeit in England, Schottland und Irland zum Abschluß geführt, die zu ihrem Verständniß keiner Weiterführung bedarf, keine Ergänzung weder vorwärts, noch rückwärts erheischt. Es ist somit eine Geschichte" der Kirchenreformation in den nunmehr vereinigten drei Reichen, und zwar für England und Irland unsers Wissens die erste aus den Quellen geschöpfte und dem Standpunkte der heutigen Wissenschaft entsprechende Bearbeitung dieser gewaltigen Zeitperiode in deutscher Zunge." Zur Vervollständigung der Geschichtsliteratur wollen wir die wichtigsten Quellenschriftsteller angeben, die sowohl bei jener ausführlicheren als bei dieser zusammenfassenden Arbeit benutzt worden sind: Außer den schon früher erwähnten Werken über die englische Landesgeschichte von Hume, Lingard, Rapin de Thoyras, Mackintosh u. a. und der umfassenden Sammlung der Reichsgesetze (Statutes of the Realm) kommen hier besonders in Betracht: 1) für England: Strype, historical memorials ecclesiastical and civil cet. Lond. 1721. 3 voll. Fol. und von demselben memorials of Archbishop Cranmer 2 voll. Oxf. 1840 und the life and acts of Matth. Parker. Oxf. 1831. 3 voll. Wilkins, Concilia magnae Brit. 4 voll. Fol. John Foxe, acts et monum. of martyrs Lond. 1559 Fol. The history of the reformation of the church of England by Gilb. Burnet. Lond. 1825 6 voll. 8. und in verschiebenen älteren Ausgaben; by Heylin Lond. 1674. Fol.; by Henry Soames Lond. 1825. 4 voll. History of the church of England by Fuller, Fol. (besonders für die Klostersäcularisationen von Bedeutung). J. Collier, An ecclesiastical history of Great-Britain. 1708. Fol. Henry Hallam, constitutional history of England from the accession of Henry VII cet. Lond. 1827 3 voll. hist. of Engl. from the fall of Wolsey to the death of Elisab. by J. A. Froude. Leipz. 1861 ff. 6 voll. Stäublin, Allg. Kirchengesch. von Großbrit. Gött. 1819. 2 Bde. Huber, die englischen Universitäten, 2 Bde. Phillips, life of Cardinal Pole u. a. W. 2) Für Irland: Leland, history of Ireland. 3 voll. Mant, history of the church of Ireland. Lond. 1841. 2 voll. — 3) Für Schottland: Außer den schon früher angeführten Geschichtswerken von Buchanan, Robertson und Tytler: Pinkerton hist. of Scotland Lond. 1792. 2 voll. — Spottswood history of the church of Scotland Lond. 1668 Keith, history of the affairs of church and state in Scotl. Edinb. 1734. Fol. Cook, history of the reform. in Scotl. Edinb. 1819 3 voll. — The history of the reformation of Religion in Scotl. by J. Knox ed. Will. Mac. Goven. Glasg. 1832. Hetherington, history of the church of Scotland Edinb. 1848. 2 voll. 7 ed. Thom. Stephen hist. of the ch. of Scotl. Lond. 1843. 3 voll. Calderwood und andere Publicationen der Wedrowsociety. Thom M'Crie, life of John Knox Lond. 1839 6 Bd. im Auszug von Planck, Göttingen 1817. Pet. Lorimer precursors of Knox or memorials of Patrick Hamilton Edinb. 1857. Ferner die deutschen Werke über das schottische Reformations - und Kirchengeschichte von Gemberg (die schott. Nationalkirche, Hamb. 1828), Sack, (die Kirche von Schottl. Heidelb. 1844.), von Rudloff (Gesch. der Reformat. in Schottl. Berl. 1847. 49. 2 Bde.), Sydow (die schott. Kirchenfrage)., Jul. Köstlin (die schott. Kirche, ihr inneres Leben und ihr Verhältniß zum Staat. Hamb. u. Gotha 1852).

1. Heinrich VIII. und Cardinal Wolsey.

Unter den günstigsten Verhältnissen bestieg Heinrich VIII. der zweite Tudor, den englischen Thron. Die Rosenkriege hatten die Reihen der unbotmäßigen Feudalherren gelichtet und in die alten Geschlechter neue Menschen eingeführt, die sich fügsam um den Thron schaarten und die Erhöhung der königlichen Souveränetät beförderten; der kluge haushälterische Heinrich VII. hatte den öffentlichen Schatz gefüllt, im Handel und in der Gewerbthätigkeit Leben geschaffen, mit dem Auslande vortheilhafte Verbindungen angeknüpft, den Wissenschaften das Feld zum Anbau bereitet. (VIII. 931 ff.). Heinrich VIII. hatte eine gelehrte Erziehung erhalten; als der zweite Sohn sollte er in den geistlichen Stand treten; erst als sein älterer Bruder Arthur kurze Zeit nach der Vermählung mit der Infantin Katharina in einem Alter von sechzehn Jahren starb, wurde er in die Rechte des Thronerben eingesetzt. Wir wissen, daß er dem Bruder auch in der Ehe nachfolgte mit päpstlicher Dispensation. Bei der feierlichen Krönung war Katharina bereits seine angetraute Gemahlin und wohnte an seiner Seite den glänzenden Festlichkeiten bei. Auch nach der Uebernahme der Regierung zeigte sich Heinrich den Wissenschaften und Künsten hold. In ihm sahen die Humanisten den Wiederhersteller des Augusteischen Zeitalters, den Protector der klassischen Studien, den Begründer einer neuen Aera, in welcher die Philosophen herrschen würden. Wie überschwenglich ergingen sich die Häupter des Humanismus, Erasmus und seine englischen Freunde Thomas Morus, Johann Colet und so viele andere, in Lobpreisungen, in Schmeicheleien, in enthusiastischer Bewunderung gegen den zweiten „Octavius"! Und er hat ihre Erwartungen nicht getäuscht. Es wurde schon erwähnt, welcher Gunst und Gnadenerweisungen sich Erasmus bei dem König und in den gelehrten Hofkreisen zu erfreuen hatte und wie sehr sich derselbe stets den englischen Gönnern und Freunden verpflichtet fühlte. Und auch in späteren Jahren, als Willkür und Leidenschaft das Gemüth des Königs verhärteten und seinen Sinn ablenkten von den veredelnden Impulsen menschlicher Wissenschaft, hat er die Liebe für die Künste und für die Träger des geistigen Lebens nie ganz verloren. Insbesondere erfreuten sich Maler und Architekten stets seiner Gewogenheit. Aber wie bei den Fürsten Italiens die Pflege der humanistischen Studien und der künstlerischen Productionen mit Sinnlichkeit und fleischlicher Lust, mit leidenschaftlichen Trieben und Lastern verbunden war, so drang auch bei Heinrich VIII. die Bildung nicht in das Innere; ihm dienten die geistigen Beschäftigungen nur als äußerlicher Schmuck, als

Quelle und Mittel erhöhter Genußsucht und Lebenslust. Ihm stand die Wissen-
schaft auf gleicher Stufe mit den glänzenden Hoffesten, mit den Turnieren und
Ritterspielen, mit der Prachtentfaltung bei öffentlichen Aufzügen, an denen Hein-
richs Herz ·so großes Gefallen fand. Seiner Eitelkeit schmeichelte es, in keiner
Richtung und Lebensäußerung, welche in jener strebsamen, vielbewegten Zeit zum
Vorschein kam, hinter den andern Potentaten zurückzustehen.

Wolsey.　　Die meisten dieser Eigenschaften theilte der Günstling, Thomas Wolsey.
Von geringer Herkunft schwang er sich durch die Gewandtheit seines Geistes,
durch das Talent rascher Auffassung und Lösung schwieriger Fragen, durch vielseitige Thätigkeit und unverwüstliche Arbeitskraft in Kirche und Staat auf die
höchste Stufe, die einem Unterthanen erreichbar ist. Er wurde Kanzler des
Reichs, Leiter der auswärtigen Angelegenheiten und allmächtiger Minister des
Königs; zum Erzbischof von York gewählt erhielt er vom Papst die Würde
eines Cardinal - Legaten und die mächtigsten Fürsten der Zeit suchten ihn durch
Geschenke, Jahrgelder und Auszeichnungen aller Art auf ihre Seite zu ziehen,
um durch ihn die schwankende und ziellose Politik des englischen Monarchen bald
dahin, bald dorthin zu lenken. Selbst auf die päpstliche Krone hat Wolsey
sich zweimal Hoffnung gemacht; daß diese Hoffnung getäuscht wurde, hat er dem
Kaiser nie verziehen. Er war es, der seinen Herrn bewog, auf Frankreichs Seite
zu treten (S. 282.) und den Gedanken der Ehescheidung nährte. Im Besitze
mehrerer Bisthümer, einträglicher Aemter und Beneficien, mit Geschenken und
Jahrgeldern überschüttet, erlangte der Cardinal solche Reichthümer, daß er mit
dem König an äußerer Pracht, an Luxus und prunkendem Aufwand wetteifern
konnte. Weltlust und geistlicher Ehrgeiz wirkten gleich mächtig in ihm. „Er forderte augenfällige Beweise der Ehrerbietung und ließ sich mit gebeugtem Knie
bedienen." Seine Kenntnisse waren nicht tief; doch war er bewandert in der
scholastischen Theologie des Thomas von Aquino, für welche er auch den König
- zu interessiren wußte, und setzte zugleich eine Ehre darein, als Freund und Beförderer der humanistischen Studien zu gelten, an denen damals die vornehme
Welt Gefallen fand. Er berief den spanischen Gelehrten Vives nach Oxford und
beschenkte Erasmus mit dem Einkommen einer Pfründe; er gründete eine Lehranstalt in seiner Vaterstadt Ipswich und ein Collegium zu Oxford, wozu er mit
päpstlicher Erlaubniß die Einkünfte der Abtei Fridiswithen und anderer klösterlichen Institute verwendete. Seine Stiftung bildete die Grundlage des Christ-
Church Collegiums, der großartigen Anstalt, die der König in der Folge vollendete und mit der Abteikirche als Kathedrale in Verbindung setzte.

Hein-
richs VIII.
politische
Stellung.　　Viele Jahre war Cardinal Wolsey die Seele des öffentlichen Lebens in
England. Er nahm dem König die Staatsgeschäfte ab und befreite ihn von den
Sitzungen des geheimen Raths; er leitete die politischen und diplomatischen Unterhandlungen mit dem Auslande; er veranstaltete Zusammenkünfte des Königs
mit Franz I., Karl V., mit andern fürstlichen Häuptern und sorgte, daß bei

solchen Gelegenheiten der englische Monarch den Glanz und die Pracht entfalten konnte, woran sein Herz sich so gern weidete. Noch lange erhielt sich in Geschichte und Erzählung die Erinnerung an das „Lager von Goldstoff", zwischen Ardres und Guines, als an der Grenze der englischen Besitzungen auf französischem Boden die beiden Monarchen diesseits und jenseits des Kanals mit dem glänzendsten Gefolge von Rittern und Hofleuten zusammentrafen, um unter Festen, Spielen und Herrlichkeiten über politische Dinge zu verhandeln. Aber auf den Gang der großen Weltbegebenheiten vermochte weder der wankelmüthige König von England, dem zu der gebieterischen Rolle, die sein Stolz erstrebte, die nothwendige Geisteskraft und Charakterstärke fehlte, noch sein von Selbstsucht, Ehrgeiz und persönlichen Motiven geleiteter Günstling eine erfolgreiche Wirksamkeit zu üben.

Es hatte nicht den Anschein, daß Heinrich VIII. in Beziehung auf die religiösen Fragen der Zeit eine andere Richtung einschlagen würde, als die gleichzeitigen Monarchen Franz I. und Karl V. Wissen wir doch zur Genüge, wie feindselig seine Haltung gegen Luther und die deutsche Reformation war! (S. 430 f.). Und als die Lollarden, angeregt durch das frische Geisteswehen des Continents sich wieder mehr aus der Verborgenheit herauswagten, zeigte sich der König als der echte Sprößling der Lancasters (VIII. 82 ff.). Nirgends wurde das Einbringen und Lesen lutherischer Schriften strenger verboten und geahndet als in England. Die scholastischen Doctrinen sollten in voller Geltung bleiben, und doch wurden in den Hofkreisen die klassischen Studien und die griechische Sprache begünstigt und von geistlichen und weltlichen Würdenträgern gehegt und gepflegt. Aber es ist uns ja bekannt, wie geringschätzig die meisten Humanisten auf die reformatorischen Bestrebungen herabblickten und wie sehr sie sich hüteten, ihr „menschlicheres" Wissen aus der idealen Höhe in die Kreise des gemeinen Lebens herabzuziehen, ihre Schätze, das Sondergut der aristokratischen Gesellschaft, vor der profanen Menge zu enthüllen und ihre Weisheit auf der Gasse zu zeigen. Es ist sehr bezeichnend für die Richtung und den Charakter dieser Verehrer der antiken Weisheit, daß gerade der Mann, der durch Geist und Verstand, durch Ironie und satirischen Witz, durch Kenntnisse und Bildung eine so hohe Stellung in den Humanistenkreisen einnahm, daß Thomas Morus, noch ehe er durch Wolseys Fall zur Würde eines Lordkanzlers gelangte, sich durch Verfolgungseifer auszeichnete.

Trotz des strengen Verbots gegen Verbreitung häretischer Schriften wurden durch Flüchtlinge von Antwerpen aus viele Bücher reformatorischen Inhalts in englischen Uebersetzungen auf Schleichwegen eingebracht, sowohl gelehrte Werke aus Wittenberg und Zürich, als insbesondere populäre Flugschriften, die in Deutschland der Neuerung so großen Vorschub geleistet. Richter und Amtleute wurden angewiesen, die Geistlichkeit zu unterstützen bei Unterdrückung solcher Bücher, unter denen nicht blos verschiedene Werke von Luther und Zwingli, sondern auch satirische Volksschriften, wie „Vom Begräbniß der

[Marginalien:]
Seine Stellung zu der reformatorischen Bewegung.

Reformatorische Schriften in England. Ketzerverfolgungen.

Messe", „der ungerechte Mammon" gegen die Werkheiligkeit; „vom Gehorsam eines
Christenmenschen", gegen Cölibat, Mönchsgelübde, Heiligendienst, „die Enthüllung
des Antichrists" und andere namhaft gemacht sind. „Die Bittschrift der Bettler,"
worin Klage geführt ward, daß die Armen durch die Ordensbrüder in ihren Almosen verkürzt und nur die Seelen der Reichen, die das Geld für Ablaß aufbringen könnten, aus dem Fegefeuer erlöst würden, fand so viele Leser, daß sich Morus
veranlaßt sah, durch eine Gegenschrift „Supplication der Seelen" ihre Wirkung zu
schwächen. Ein junger Gelehrter von Oxford, Johann Frith, wagte es diese
Vertheidigungsschrift des Humanisten für das Purgatorium durch eine Gegenschrift zu widerlegen, lud aber dadurch so sehr den Groll des gelehrten Staatsmannes und Vorfechters der streitenden Kirche auf sich, daß er, als er auch Zwingli's Auffassung in der Lehre vom Abendmahl verfocht, ins Gefängniß gebracht und mit einem
4. Juli
1533. seiner Anhänger auf Smithfield den Flammen übergeben ward. Frith war ein Gehülfe und Mitarbeiter von Wilhelm Tyndall gewesen, der in den Niederlanden durch
seine englische Bibelübersetzung der Reformation seines Vaterlandes einen bedeutenden
Impuls gab. Sein Werk fand weite Verbreitung unter allen Ständen; der Märtyrertod, den er einige Jahre nachher (1536) durch die Theologen von Löwen zu erleiden
hatte, mehrte den Ruhm seines Namens in den Augen seiner reformatorisch gesinnten
Landsleute. Tyndalls Uebersetzung der Heil. Schrift bildete in der Folge die Grundlage der englischen Bibel. Einige Jahre zuvor war auch Thomas Bilney, ein populärer Prediger als Irrlehrer in den Flammen gestorben; und wie viele Menschen geringen Standes, besonders heimliche Anhänger Wycliffes, theilten dasselbe Schicksal!
Noch in seiner Grabschrift hat sich Morus selbst gerühmt, daß er Dieben, Mördern
und Ketzern stets ein strenger Richter gewesen.

Resultate.   Die gemeinsame Opposition, welche König, Adel und Geistlichkeit der lutherischen Neuerung entgegensetzten, schien das Inselreich zum festen Anker der
römisch-katholischen Kirche im Norden und im Bunde mit Frankreich und Spanien zum starken Bollwerk des Papstthums machen zu sollen. Denn wenn gleich
im Parlament vom Jahre 1529 scharfe Worte gegen die in Kirche und Klerus
herrschenden Mißbräuche gesprochen wurden, und die Ansicht hervortrat, man müsse
einer weitherzigeren Auffassung des Christenthums die Pforten öffnen; so hatten
doch solche Aeußerungen keine größere Tragweite, als die Gravamina der katholischen Fürsten und Stände auf deutschen Reichstagen. Es mußte ein neues Moment,
ein stärkerer Hebel hinzutreten, um Roms Macht und geistliche Herrschaft in England unter Heinrich VIII. zu Falle zu bringen.

Heinrich
und
Katharina
von
Aragonien.   Ein solches durchgreifendes Moment bot die häusliche Angelegenheit des
Königs. Als Heinrich VII. nach dem Tode seines Erstgebornen, Arthur, bei
Papst Julius II. eine Dispensationsbulle auswirkte, kraft deren Heinrich, nunmehr Prinz von Wales, auch in der Ehe der Nachfolger seines Bruders werden
dürfte; hatte er zunächst die Absicht, seinem Lande die reiche Mitgift und die
vornehme Verwandtschaft zu erhalten, denn bei der Jugend des Sohnes war
eine Vollziehung der Heirath noch nicht möglich. Ja der Thronfolger wurde sogar vermocht, bei dem Bischof von Winchester eine urkundliche Verwahrung dagegen niederzulegen. Bei Theologen und Kanonisten herrschten manche Zweifel.

ob die dispensirende Gewalt des Papstes sich soweit erstrecke, daß sie ein Ehebündniß zwischen so nahen Blutsverwandten gestatten dürfe. Die Heil. Schrift
wie die Autorität des Thomas von Aquino waren dagegen. Es schien nicht unmöglich, daß die Legitimität der Kinder, somit das Thronfolgerecht dadurch
streitig werden könnte. Ungeachtet dieser Bedenken wurde nach dem Hingang
des siebenten Heinrich die Vermählung vollzogen und die Verwahrung faktisch aufgehoben. Heinrich lebte nun viele Jahre in glücklicher Ehe mit Katharina und erzeugte mit ihr mehrere Söhne und Töchter, die aber alle in der Jugend starben, bis auf die einzige Maria. Diese wurde denn auch, als die
Kränklichkeit der Königin keine Aussicht auf einen männlichen Erben mehr zuließ,
zur Thronerbin erklärt, obwohl in der englischen Geschichte noch nicht der Fall
vorgekommen war, daß eine Königin mit eigenem Recht regiert hätte. Mit
der Zeit erhoben sich jedoch auch bei dem König Zweifel, ob die Ehe mit der
Schwägerin nach göttlichem und menschlichem Rechte zulässig sei. Schien doch
das Hinsterben seiner Kinder die Drohworte der Heil. Schrift (Lev. 20, 21)
gegen einen solchen Ehebund zu bestätigen. Auch fürchtete er, das Erbfolgerecht
seiner Tochter könnte angefochten werden. Schon bei der ersten beabsichtigten
Verlobung derselben waren solche Bedenken erhoben worden.

Um die Zeit, da Heinrich in die heilige Liga eintrat (S. 282) scheint der Gedanke *Die Ehe-
scheidungs-* einer Scheidung ernstlich in ihm erwacht zu sein. Wolsey bestärkte den König hierin, *frage.*
um sich an dem Kaiser zu rächen, weil dieser ihm nicht zu der päpstlichen Krone verholfen. Mit Maria lebte der Cardinal ohnedies nicht im guten Einvernehmen.
„Sein anmaßendes und leichtfertiges, durch Ausschweifungen anstößiges und dabei
doch priesterlich-herrschsüchtiges Thun und Treiben war der sittsam ernsten Königin in
tiefster Seele verhaßt." Der Wunsch, einen männlichen Thronerben zu erhalten,
die abnehmende Neigung zu seiner um mehrere Jahre älteren, kränklichen und
aller Schönheit ermangelnden Gemahlin, deren religiöse und kirchliche Rigorosi-
tät und asketische Strenge nicht geeignet war, den lebensfrohen, genußsüchtigen Fürsten zu befriedigen; und vor Allem seine wachsende Liebe für die schöne
Anna Boleyn, die Tochter eines englischen Edelmannes, welche einst die *Anna
Boleyn.* Königstochter Maria bei ihrer Vermählung mit Ludwig XII. (IX. 878) als
Ehrendame begleitet, dann mehrere Jahre am französischen Hof gelebt hatte und
kurz zuvor in ihre Heimath zurückgekehrt war, dies Alles bestärkte den König
in dem Gedanken an eine neue Ehe. Annas schöne schlanke Gestalt, ihr an-
muthiges Wesen, ihre eleganten Manieren, ihre Talente für Gesang, Saitenspiel und Tanz, und die Künste der Gefallsucht, welche sie in Paris gelernt,
lenkten bald die Blicke der vornehmen Welt auf die junge Edeldame. Percy, der
Sohn des Grafen von Northumberland, bot ihr seine Hand an; aber die Hast,
womit der König die Verbindung hintertrieb, verrieth seine eigenen Gefühle.
Anna widerstand den Bewerbungen Heinrichs und steigerte durch ihre Zurückhaltung seine Neigung zur Leidenschaft. Er mußte indessen lange warten, ehe

er zum Ziele seiner Wünsche kam. Als Wolsey bei Clemens VII. während des Kriegs zuerst in Anregung brachte, es möchte die Dispensationsbulle widerrufen und der König zu einer neuen kirchlichen Eheschließung ermächtigt werden zeigte sich der Papst nicht abgeneigt, er hoffte dadurch das Bündniß noch mehr zu befestigen; doch gab er keine bindende Zusage, um auch gegenüber dem Kaiser, der eine solche Kränkung seiner Muhme nimmermehr ruhig hingenommen hätte, freie Hand zu behalten. Auch schien es zu bedenklich, die Ungültigkeit eines päpstlichen Ausspruches auf Grund der Heil. Schrift zu verkünden. Nach seiner Gewohnheit, durch diplomatische Schachzüge sich für den Augenblick aus kritischen Lagen zu ziehen, entsandte er den bei Hofe beliebten Cardinal Campeggio nach England, um im Verein mit Wolsey die Sache zu einer befriedigenden Lösung zu bringen. Man suchte zunächst die Infantin Katharina zur freiwilligen Verzichtleistung auf ihre Stellung und Würde und zum Eintritt in ein Kloster zu bewegen; die Rechte ihrer Tochter sollten dabei ungefährdet bleiben. Aber die Königin wies die Zumuthung entschieden zurück: sie behauptete hoch und theuer, ihre Ehe mit Arthur sei wegen zu großer Jugend nie zum Vollzug gekommen, sie sei bei dessen Tod eine unberührte Jungfrau gewesen; ihr jetziger Ehebund sei vor Gott geschlossen und von der Kirche gesegnet worden, und sie wolle darin leben und sterben. Vergebens hofften die beiden Cardinäle durch ein richterliches Verfahren die Königin zu einem andern Entschluß zu bringen: sie wiederholte ihre Betheuerung, verwarf das englische Gericht, vor dem sie kein Recht erwarten könne, und legte Berufung an den Heil. Vater in Rom ein. Das geschah um die Zeit, da in Cambray der Friede vereinbart wurde. Bald nachher feierten die beiden Häupter der Christenheit ihre Versöhnung in Bologna. Wie hätte nun der Papst in eine Sentenz willigen können, womit er den Kaiser beleidigt und zugleich durch Aufhebung einer gesetzlich erlassenen Bulle die Autorität des Pontificats gefährdet hätte? Er entzog daher den beiden Cardinälen die Vollmacht, in der Ehescheidungssache rechtsgültig zu erkennen, und verlegte durch

Aug. 1529. die „Avocationsbulle" die weitere Untersuchung vor das geistliche Gericht in Rom, ein Beschluß von weltgeschichtlicher Bedeutung, dem zunächst Wolsey zum Opfer fiel.

Wolseys Ungnade und Ausgang. Als der Cardinal den König in dem Ehescheidungsgedanken bestärkte, hatte er die Absicht, eine innige Verbindung mit Frankreich zu bewirken, die politische Vereinigung der beiden Reiche durch Familieninteressen zu befestigen. Da kam ihm nun die Neigung des Königs zu Anna Boleyn sehr ungelegen. Die Geliebte gehörte einer Familie an, die obwohl populären Ursprungs sich eine Stelle unter den vornehmsten Geschlechtern errungen hatte und eine mächtige Verwandtschaft zählte. Ihr Vater Thomas Boleyn, Viscount von Rochford hatte sich mit der Tochter des Herzogs von Norfolk vermählt; der Bruder ihrer Mutter, Thomas von Norfolk, bekleidete die Stelle eines Großschatzmeisters und gehörte zu den einflußreichsten Räthen Heinrichs. Er galt als das Haupt der Adelspartei, welche die geistlichen Rathgeber, insbesondere den Cardinal aus der politischen Machtstellung zu verdrängen suchte. Auch Graf Suffolk

war mit ihnen einverstanden. Mit Hülfe Anna's, die nach der Abreise Campeggio's ihre Wohnung wieder im Schloße nahm und aus manchen persönlichen Ursachen dem mächtigen geistlichen Herrn im Herzen abgeneigt war, gelang es nun den
gegnerischen Edelleuten den König gegen Wolsey einzunehmen: seiner Falschheit und
Zweideutigkeit sei es zuzuschreiben, daß der Scheidungsplan nicht zur Ausführung gekommen; in allen seinen Handlungen habe er die Ehre des Monarchen und des Reiches
seinem eigenen Ehrgeiz, seinen persönlichen Interessen nachgestellt. Der König vermochte den vereinten Angriffen seiner Umgebung gegen den Günstling nicht lange zu
widerstehen. Er ließ ihm das Reichssiegel abfordern, das dann der Rechtsgelehrte Oktbr.
Thomas More empfing, und bildete ein neues Cabinet, in welchem Anna's Vater und ^{1529.}
Oheim, Rochford und Norfolk und ihr Freund Suffolk die leitenden Häupter waren.
Noch war die alte Zuneigung gegen den Cardinal in Heinrichs Gemüth nicht ganz erloschen; er verwies ihn auf einen Landsitz und ließ ihn im Genuße großer Einkünfte,
und als er hörte, wie tief dem Prälaten die königliche Ungnade in die Seele schnitt,
wie er jammerte und sich kläglich geberdete, suchte er durch einige Zeichen von Freundschaft das zerknirschte und gebrochene Herz des Gebeugten zu stärken und aufzurichten.
In offener Straße sich auf die Knie werfend ergriff der Aermste den Ring, den
der König ihm zusandte. Er hatte sein ganzes Dasein auf Fürstengunst gegründet; als diese Stütze zusammenbrach, stürzte er verzweiflungsvoll in die Grube. Auch
in York, wo Wolsey einige Zeit nachher seinen Wohnsitz aufschlug, erreichten den in
Schmerz Zerfließenden noch einige Beweise königlichen Mitleids, bis es endlich den Gegnern gelang, ihn unter die Anklage einer Uebertretung der Reichsgesetze zu bringen.
Zuerst wurde das alte Statut of Prämunire (VIII. 42) gegen ihn angewandt, weil er
sich von Rom die Legaten-Würde verschafft und eine umfassende geistliche Autorität
geübt habe. Dieß war seit mehr als einem Jahrhundert nur allzuhäufig geschehen,
ohne daß es dem Betreffenden zur Last gelegt worden. Man pflegte nachträglich bei
dem König die Licenz oder Indemnität einzuholen, wie auch Wolsey gethan hatte.
Dennoch stand der Erzbischof von jeder Vertheidigung ab. sich allein auf die Gnade
des Monarchen berufend, ein Verfahren, durch das die gesammte englische Geistlichkeit
in Mitschuld verflochten ward, da ja alle die Legaten-Gewalt anerkannt und unterstützt
hatten. In der That wurde auch vom Gericht das Strafurtheil gefällt, daß Wolsey Gut
und Freiheit verwirkt habe, aber es kam nicht in seiner ganzen Strenge zur Anwendung.
Wenn sich gleich der König den von Wolsey aufgeführten Palast Yorkhouse in Westminster, später Whitehall genannt, nebst allen Schätzen und Kleinodien aneignete, so blieben demselben doch immer noch solche Einkünfte, daß er nach wie vor in königlicher
Pracht leben konnte. Aber gerade durch diesen mit Ostentation zur Schau getragenen
Aufwand scheint er die Gegner zu neuen Angriffen gereizt zu haben. Man schrieb
ihm die Absicht zu, sich eine Partei in der Geistlichkeit zu gewinnen. Er wurde des
Hochverraths angeklagt, und von dem Herzog von Norfolk in Haft genommen. Auf
dem Wege nach dem Tower starb er in Leicester-Abtei im sechzigsten Jahr seines Alters, ^{29. Nov.}
vielleicht auf seinen Wunsch mit fremder Beihülfe. „Hätte ich Gott so eifrig gedient wie ^{1530.}
dem König", lautete sein letztes Bekenntniß, „er würde mich nicht in meinen grauen
Haaren verstoßen haben." So starb der Mann, der durch die Laune des Glücks mit
wenig ausgezeichneten Eigenschaften so hoch gestiegen und um so geringer Vergehen willen so tief erniedrigt worden ist!

2. Abschaffung des päpstlichen Primats und Gründung der englischen Nationalkirche.

Als der Kardinal aus dem Leben schied, hatte der König seinen letzten inneren Kampf ausgekämpft. Eine feierliche Gesandtschaft hatte noch einmal versucht, den Papst auf andere Gedanken zu bringen; aber wie hätte Clemens in dem Augenblicke, da Karl V. in Augsburg der römischen Kirche so kräftigen Beistand leistete, denselben so tief kränken sollen. Die hingeworfene Drohung der Botschafter, wenn der König keine Gerechtigkeit bei dem heil. Vater finde, werde er sich solche in seinem eigenen Reiche verschaffen, machte keinen großen Eindruck. Die Vergangenheit des Monarchen schien für seine treue Anhänglichkeit an den päpstlichen Stuhl zu bürgen. Nun traten aber Anzeichen hervor, die diesen äußersten Schritt voraussehen ließen. Auf den Rath eines Theologen in Oxford, Thomas Cranmer, hatte der König die beiden Landesuniversitäten und mehrere gelehrte Körperschaften des Auslandes um Gutachten über die Gültigkeit oder Ungültigkeit seiner Ehe und der päpstlichen Dispensationsbulle angehen lassen, und wenn auch von den inländischen Hochschulen nur mit Mühe und äußerer Einwirkung ein Majoritätsbeschluß für die Unzulässigkeit erzielt werden konnte, so fühlte sich doch der König in seinem Gewissen beruhigt, zumal da die meisten Stimmen des Auslandes sich bestimmt gegen die 3. Mos. 18, 16 und Marc. 6, 18. verbotene Ehe aussprachen. Die für die Gutachten bezahlten Honorare wurden von den Gegnern als Bestechung erklärt. Hie und da mag wohl durch Geld ein Urtheil im Sinne des Königs erwirkt worden sein. Ueber die politischen Bedenken konnte sich Heinrich noch leichter wegsetzen. Wenn auch die Bevölkerung einen Bruch mit dem Kaiser, der eine Störung des Handelsverkehrs mit den Niederlanden zur Folge haben konnte, nicht gerne sah, so fiel doch die Sicherstellung der Thronfolge noch schwerer ins Gewicht. Wie lange war es denn her, daß das Land von Bürgerkriegen wegen des Erbrechts zerfleischt worden? Einem solchen Schicksale wollte man nicht wieder verfallen. Daß die weltlichen Stände der geistlichen Macht und Jurisdiction abhold waren und insonderheit das Willkürregiment Wolseys drückend empfunden hatten, war in dem erwähnten Parlamente vom Jahre 1529 deutlich genug hervorgetreten. Schon damals fiel die Aeußerung: der König möge seine Unterthanen geistlichen und weltlichen Standes durch gute Gesetze mit einander versöhnen, denn er sei doch das einzige Haupt, der souveräne Herr und Protektor beider Theile. Noch mehr war der Klerus an den König gewiesen. Nur von seiner strengen Rechtgläubigkeit konnten sie Geistlichen Schutz gegen die reformatorische Strömung erwarten, die vom Festlande her eindrang, und wenn das alte Prämuniregesetz in seiner ganzen Strenge gegen sie angerufen ward, waren sie dann nicht alle straffällig? Gerade auf diesen Punkt wurde jetzt der König durch einen Mann gelenkt, der ein bewegtes Leben hinter sich hatte, aber an juristischem und politi-

ſchem Verſtand unter ſeinen Zeitgenoſſen hervorragte und ſeine Anſichten über
Fürſtenmacht aus Machiavelli's Schriften geſchöpft hatte, durch Thomas Cromwell. Dieſer ſtellte dem König vor, daß zwei Häupter in einem Staate eine
monſtröſe Erſcheinung ſeien, er ſolle die ganze Souveränetät in ſich vereinigen
und den päpſtlichen Eid, durch welchen der Klerus an einen fremden Oberherrn gebunden werde, abſchaffen. Ein Mann von Energie und brennendem Ehrgeiz
dabei nicht fern von Habſucht führte er vielleicht ſchon damals zugleich den Monarchen, wie einſt der Verſucher den Weltheiland, auf die Zinnen des Tempels und
ließ ihn die Kloſterſchätze und die Reichthümer der Kirche ſchauen.

Im Februar 1531 wurde bei Kingsbench eine Klage eingebracht, daß die Der König
zum kirch-
Geiſtlichkeit von England ſich gegen die Reichsgeſetze vergangen habe. Der höhere lichen
Oberhaupt
Klerus trat ſofort zu einer „Convocation" zuſammen. Auch ſonſt wohl waren ſolche erklärt.
1531.
Klagen erhoben worden, um Strafgelder von der Geiſtlichkeit zu erpreſſen.
Darauf waren die kirchlichen Herren auch diesmal gefaßt und boten eine nam-
hafte Summe an. Da wurde ihnen aber bedeutet, der König verlange kein Geld,
ſondern die Erklärung, daß ſie ihn „als Protektor und einziges Oberhaupt der
Kirche und des Klerus von England" anerkennten. Die Verſammlung gerieth
in die höchſte Beſtürzung: ſie wollte durch eine Deputation den König erbitten;
dieſelbe wurde nicht angenommen; man ſuchte Auswege; man zog Cromwell zu
Rathe. Alles umſonſt. Es wurde ihnen der beſtimmte Beſcheid, entweder
ſollten ſie das Geforderte beſchließen oder ſie würden außer den Schutz der Geſetze
und des Friedens geſtellt werden. Nur zur Annahme des Zuſatzes „inſoweit
es nach Chriſti Geſetz erlaubt ſei", ließ ſich der König bewegen; er gedachte die
Clauſel vom nächſten Parlament beſeitigen zu laſſen, was denn auch geſchah.
Auch in der Erzdiöceſe York wurde die Erklärung abgegeben, nachdem der Erzbiſchof Tonſtall durch ein freundliches Schreiben des Königs von ſeiner anfänglichen Oppoſition abgebracht worden.

Dies war die Einleitung zu der Trennung der engliſchen Kirche von Rom auf Geſetzliche
Begründung
dem Wege der Geſetzgebung und zur Gründung einer anglikaniſch-katholiſchen Ratio- der angli-
nalkirche. Dazu hatte Wolſey ſelbſt den Weg gebahnt. Als Cardinal-Legat hatte er im niſchen
Kirche.
Namen und Auftrage des Papſtes über die Kirche und den geſammten Klerus Englands die 1531. 1532.
unbeſchränkteſte Autorität geübt, ſo daß nach Abwerfung des päpſtlichen Primats die
Krone nur an deſſen Stelle zu treten brauchte. Selbſt Säcularisationen klöſterlicher Inſtitute
wurden ja wie erwähnt von ihm mit Zuſtimmung des Papſtes vorgenommen. Durch
eine Reihe von Parlamentsbeſchlüſſen wurden nunmehr die Bande, welche die römiſche
Politik und Herrſchſucht ſeit Jahrhunderten geknüpft hatte, allmählig zerſchnitten.
Zunächſt wurden die Annaten oder „erſten Früchte" auf die Krone übertragen und der
„Peterspfennig" abgeſchafft, jene Abgabe aus der Zeit der päpſtlichen Oberherrlichkeit,
die dem römiſchen Stuhle alljährlich bedeutende Summen eintrug. Bald nachher reichte
das Haus der Gemeinen eine Beſchwerdeſchrift ein, daß die geiſtlichen Verſammlungen
oder Convocationen, welche wie das Parlament in ein Ober- und Unterhaus ge-
ſchieden gleichzeitig mit den weltlichen Ständen zu tagen pflegten, ohne Genehmigung der
Krone und Vorwiſſen der Laien Geſetze erließen in fremder Sprache, die zuweilen mit

den Staatsgesetzen in Widerspruch ständen, und die Befolgung mit Androhung kirchlicher Censuren einschärften. Auf Grund dieser Beschwerde wurde eine Vorlage bei der Convocation der Canterburyer Erzdiöcese eingebracht, wonach in Zukunft keinerlei Beschlüsse oder Canones erlassen und bekannt gemacht werden dürften ohne Einwilligung und Bestätigung des Königs und selbst die alten Kirchengesetze dieser Beschränkung unterliegen sollten. Umsonst beriefen sich die geistlichen Herren auf die heil. Schrift, auf Conciliabeschlüsse, auf die alten Gebräuche, ja auf das eigene Buch des Königs gegen Luther; Heinrich beharrte auf seiner Forderung und die Convocation fügte sich zuletzt und opferte damit das wichtigste Vorrecht ihrer geistlichen Unabhängigkeit. Damit fiel auch der Eid, den die Bischöfe bei der Inthronisation dem apostolischen Stuhle zu leisten hatten, und der mit dem den Reichsgesetzen schuldigen Gehorsam aller Unterthanen in manchen Dingen in Widerspruch stand. Die Geistlichen mußten alle Zusagen widerrufen, durch welche sie sich dem Papst zum Nachtheil der königlichen Autorität verpflichtet hatten; von künftigen Supremateiden konnte bald keine Rede mehr sein.

Thomas Morus Rücktritt. Okt. 1532. Bis dahin war Thomas Morus, wenn auch mit innerem Widerstreben, dem König zu Willen gewesen. Denn noch immer schwebten die Unterhandlungen mit Rom, noch immer war daher eine Verständigung und ein Einlenken möglich. Versuchte doch König Franz, mit welchem Heinrich in Boulogne eine Zusammenkunft hielt, bei dem römischen Stuhle eine Vermittelung. Als aber der englische Monarch die bestimmte Erklärung abgab, daß er niemals weder in eigener Person noch durch einen Sachwalter seine Ehescheidungsklage vor einem fremden Gerichtshofe entscheiden lassen würde, und Clemens VII. sowohl aus Rücksicht für den damals in Italien so mächtigen und dem Mediceischen Hause in Florenz so gnädig gesinnten Kaiser als zur Erhaltung der päpstlichen Autorität sich standhaft weigerte, die bereits faktisch erfolgte Verstoßung Katharinas und die bevorstehende zweite Ehe des König zu sanctioniren; da legte More sein Kanzleramt nieder, worauf das Reichssiegel dem Sir Thomas Audley, einem willfährigen Diener der monarchischen Gewalt, übergeben ward.

Cranmer zum Erzbischof von Canterbury geweiht. 1532. Um dieselbe Zeit starb Erzbischof Warham von Canterbury. Da wurde Thomas Cranmer, der die Gunst Anna's und ihrer Familie besaß, für die erledigte Stelle in Vorschlag gebracht. Er eilte von Nürnberg, wo er sich mit der deutschen Reformation vertraut gemacht und eine Ehe mit Osianders Nichte geschlossen, nach Rom, um die päpstliche Bestätigung zu erwirken. Sie wurde ihm in aller gesetzlichen Form ertheilt, da man durch Versagung nicht die letzte Möglichkeit einer friedlichen Lösung vernichten wollte. Ehe Cranmer den Eid leistete, legte er jedoch in Gegenwart von vier Zeugen eine Verwahrung nieder, daß er sich durch denselben zu nichts verpflichte, was den Rechten und Prärogativen des Königs und Reichs von England oder den Geboten Gottes zuwider sein möchte.

Heinrichs Scheidung und zweite Ehe 1533. Nach dem Antritt seines Amtes berief der Erzbischof die Geistlichkeit zu einer Convocation zusammen. Diese kam nach langen Verhandlungen zu dem Resultat, des Königs Ehe mit Katharina, die seines Bruders Weib gewesen und von demselben fleischlich erkannt worden, sei nach dem Gebote Gottes unzulässig, die Dispensation des Papstes daher als ungültig zu betrachten. Da Katharina, die seit ihrer Entfernung vom Hofe im Kloster Ampthill weilte, sich weigerte vor der geistlichen Commission unter Cranmers Vorsitz zu erscheinen und ihre Rechte zu vertheidigen, so wurde die mittlerweile vollzogene Vermählung Heinrichs mit Anna Boleyn für rechtsgültig und die aus dieser zweiten Ehe hervorgehenden Kinder für erbberechtigt erklärt. Die feierliche Krönung Anna's vollendete den ersten Akt dieses folgenreichen Drama's, welches die richterliche Oberhoheit des Pontificats in England abstellte, den König zum Oberhaupte des gesammten Volkes in seinen geistlichen und weltlichen Gliedern erhob, die gesetzgebende Gewalt in Staat und Kirche an das Zusammenwirken der Krone und der Nation ohne alle fremde Einmischung wies und die Thronfolge gegen jede innere Einsprache sicherte. Acht Monate nach der Trauung gebar Anna eine Tochter, die den Namen Elisabeth erhielt und sofort zur Prinzessin von Wales ernannt ward. 1. Juni 1533.

Clemens VII. erklärte das Geschehene für ungültig und drohte mit Bann und Interdikt, aber politische Rücksichten hielten ihn fortwährend „zwischen Hammer und Amboß". Fast gegen seinen Willen wurde er zuletzt durch die kaiserliche Partei zu der Sentenz gedrängt, daß Heinrich, sofern er nicht seine rechtmäßige Gemahlin Katharina wieder annehme und seine zweite ungesetzliche Ehe auflöse, durch die Excommunication von der kirchlichen Gemeinschaft ausgeschlossen sei. Von politischen und diplomatischen Künsten hin und hergezogen, hat er die römische Tiara um ihre schönste Perle gebracht. Denn was half die Excommunicationsbulle, wenn ihr der weltliche Arm zur Ausführung fehlte? Von der Vielgeschäftigkeit des österreichischen Bruderpaares konnte kein nachdrückliches Einschreiten zu Gunsten ihrer Tante, die man jetzt als „verwittwete Prinzessin von Wales" behandelte, erwartet werden. Haltung des Papstes. 23. März 1534.

Von der Zeit an geht die englische Geschichte über Blut und zerstoßene Herzen. Während in anderen Ländern die Trennung von Rom zugleich mit einer inneren Lebenserneuerung verbunden war, die Auflösung und Zerstörung altgewohnter geheiligter Ordnungen einen ausgleichenden Ersatz fand in einer neuen Glaubenslehre, welche die Seele über das Irdische emporhob und mit Gott und Christus in unmittelbare Verbindung setzte, in einer idealen Verjüngung des innern Menschen, hatte das Reformationswerk Englands, wie es die despotische Hand eines Gewaltherrschers unter Beihülfe wohldienerischer, absolutistisch gesinnter Räthe und unter Zustimmung einer eingeschüchterten, in Ergebenheit ersterbenden Bevölkerung geistlichen und weltlichen Standes ins Dasein rief, nur die Wirkung, daß es einen eigensüchtigen, von Herrschsucht, Egoismus und Willkür erfüllten Fürsten auf eine Höhe von Machtfülle erhob, wie sie nur in den Despotien des Morgenlandes ihres Gleichen hatte. Es war eine natürliche Consequenz des eingeschlagenen Verfahrens, wenn das Parlament den Beschluß der Convocation, daß der König Oberhaupt der Kirche sei, mit Beseitigung jeder beschränkenden Clausel bestätigte, alle Appellationen und Geldzah- Charakter der englischen Reformation. März 1534.

lung nach Rom verbot und mit Strafe belegte, das Thronfolgerecht durch einen neuen Successionseid an die zweite königliche Ehe knüpfte; wenn die Gesetzgebung alle Verbindung mit Rom zerschnitt, alle Möglichkeiten eines Eingriffes in die Prärogative der „imperialen Krone" durch das kirchliche Oberhaupt entfernte, einen nationalen Organismus zu schaffen suchte, in welchem die geistlichen und weltlichen Glieder, unter einem gemeinsamen Haupte zu einem ungetheilten Gesammtinteresse verbunden, den Zwecken und Aufgaben des Lebens auch in gemeinsamer Arbeit dienen sollten; wenn selbst in dem Krönungseid, den der König in Zukunft zu leisten haben sollte, die Pflicht der Beschützung und Erhaltung von Kirche und Religion nur auf das eigene Land, auf die englische Nation begränzt ward; aber darin wurde schwer gesündigt, daß die innere Welt des Glaubens, daß die idealen Güter unausgebildet blieben, daß sich die reformirende Thätigkeit nur auf die Außenwerke erstreckte, daß der gesammte nationale Lebensbau der rohen Hand eines Monarchen von autokratischer Willkür anvertraut ward. Wohl dauerten die Institute des öffentlichen Rechts- und Staatslebens fort, welche die Väter in heißen Kämpfen erstritten und errungen hatten; aber sie dienten nur als Mittel und Werkzeuge tyrannischer Leidenschaft, welche die Lebenskräfte erstarren machte. Wohl wurde das veraltete und entstellte Kirchengebäude in seinen Fundamenten erschüttert und seiner Strebepfeiler beraubt, aber unter König Heinrich VIII. wurde kein Neubau aufgeführt, aus den Trümmern des Romanismus erblühte kein evangelisches Saatfeld zur kräftigen Seelenspeise.

Der königliche Primat. Im Gegensatz zu den kirchlichen Reformen des Festlandes, welche über Concilien und Traditionen hinweg zu der Urquelle des Christenthums, der Heil. Schrift und zu dem apostolischen Zeitalter zurückgingen, wurde die Reformation in England als Wiederherstellung altnationaler Einrichtungen aufgefaßt, welche durch die Herrschsucht und usurpatorische Gewalt der römischen Bischöfe verdunkelt, entstellt und mißbraucht worden seien. In Schriften und auf der Kanzel wurde gelehrt: „der Bischof von Rom genannt der Papst habe nach göttlichen Rechten keine größere Autorität in England als irgend ein anderer fremder Bischof, die Autorität, welche er bisher ausgeübt, rühre von den Zugeständnissen früherer Könige her, die man jetzt zurückzunehmen befugt sei". Die Geistlichkeit in den Convocationen und die gelehrten Körperschaften der Universitäten stimmten dieser Auffassung bei. Dem römischen Stuhl wurden alle Rechte entzogen, die er bisher auf die Besetzung der Bisthümer und auf die kirchliche Gerichtsbarkeit geübt. Die Bischöfe, durch ein zwischen Krone und Kapitel vereinbartes Verfahren gewählt, hatten dem königlichen Oberhaupte allein Huldigung zu leisten und Gehorsam zu schwören. Selbst über Glauben und Cultus wurden die königlichen Suprematsrechte ausgedehnt. Mit Bibelstellen bewies man, daß alle Gewalt in geistlichen wie in zeitlichen Dingen dem König zustehe; „er sei berufen an Gottes Statt Kirche und Staat zu regieren, was die Seele im Körper und die Sonne im Weltall, das sei der König im Reich, Gottes Ebenbild auf Erden". Er nahm die Bezeichnung „Oberstes Haupt auf Erden der Kirche von England unmittelbar unter Gott", in seinen Titel auf.

Dieser neuen Doctrin gemäß sollte nun die anglikanische Kirche in nationa-ler Selbständigkeit begründet und durchgeführt werden. Dabei wurde von dem König und dem Generalvicar Cromwell, in dessen Hand die geistlichen Angelegenheiten gelegt wurden, mit einer Gewissenstyrannei verfahren, wie die Geschichte kaum ein anderes Beispiel aufzuweisen hat. Wehe dem Vermessenen, der nicht die Ungültigkeit der ersten und die Gültigkeit der zweiten Ehe beschwören wollte, nicht zugestehen, daß der König das rechtmäßige Oberhaupt der Kirche, der römische Primat eine usurpirte Gewalt sei. Der ehrwürdige Bischof Johann Fisher von Rochester, eine Zierde des englischen Klerus, wurde des Hochverraths angeklagt, weil er die Ehe mit Katharina nicht für schriftwidrig erklären wollte. Ihn zu retten ertheilte ihm der Papst die Cardinalswürde. Dies reizte den König noch mehr zum Zorn: „Paul mag ihm einen Hut schicken", rief er aus, „aber ich werde sorgen, daß er keinen Kopf habe denselben zu tragen." Der Bischof wurde hingerichtet und sein Haupt auf der Londoner Brücke aufgepflanzt. Drei Wochen nachher erlitt sein Freund und Gesinnungsverwandter Thomas Morus das gleiche Schicksal. Er meinte, keine weltliche Macht sei berechtigt, die kirchliche Oberherrlichkeit, die Christus dem Apostel Petrus und seinen Nachfolgern auf dem römischen Stuhl verliehen, an sich zu reißen. Beide starben „als Märtyrer der großen Idee des Mittelalters von der Einheit der Kirche, deren Bekenntniß hier bereits als ein Verbrechen betrachtet wurde". Der Tod des geistreichen, witzigen Kanzlers, der bis zum Scheiden aus der Welt der Verwirrung die Heiterkeit der Seele bewahrte, wurde in den Humanistenkreisen tief beklagt.

Uebrigens ging die Trennung der englischen Kirche von Rom und die Umwandlung zu einer anglikanischen Staatskirche mit nationaler Autonomie ohne erheblichen Widerstand von Seiten der geistlichen und weltlichen Würdenträger vor sich. Märtyrer für das päpstliche Kirchensystem hat das englische Schisma wenige aufzuweisen; ein Beweis, daß Klerus und Laien die Lösung der Abhängigkeit von einer fremden Kirchengewalt mit Freuden begrüßten. Indem aber die Geistlichkeit sich mit dem König gegen Rom verband, hielt sie diesen von einer durchgreifenden Reformation der Kirche im Geiste Luthers zurück, die ohnedies den dogmatischen Ansichten Heinrichs widerstrebte. So gewann sie durch die Abschaffung des päpstlichen Supremats höhere Macht und eine selbständigere Stellung und entging zugleich der Gefahr einer Neuerung in Lehrbegriff und Cultus.

Wie drückend auch der königliche Absolutismus im Anfang auf der Geistlichkeit lasten mochte; ein so consequent durchgeführtes System von Oberherrschaft, wie es in Rom seit Jahrhunderten ausgebildet worden, konnte von einer weltlichen Obrigkeit nicht auf die Dauer begründet werden. In noch höherem Grade mußte der Laienwelt die Abschüttelung einer fremden Obergewalt willkommen sein, welche das heimische Gerichtswesen schwächte und durchkreuzte, und dem Nationalvermögen so wesentlichen Abbruch that. So kam es, daß sich die Häupter des Volks geistlichen wie weltlichen Standes widerstandslos den Machtgeboten des Königs und seiner Rathgeber fügten und Alles über sich ergehen ließen, was Willkür und Tyrannenlaune ihnen auf-

Fisher und Morus hingerichtet. 1535.

22. Juni 1535.

Stellung des Klerus und der Laien zu der Neuerung.

erlegte. Und so kam es ferner, daß der Herrscher, welcher durch die neue Ordnung seine Macht auf eine übermenschliche Höhe gerückt sah, diese Macht auf die rücksichtsloseste Weise gebrauchte, Menschenrechte, Ueberzeugungstreue und Gewissen mit ehernem Fuß niedertrat und zerdrückte.

Reformatorische Schriften und Lehren.

Bei dem festen kunstvollen Bau des römisch-scholastischen Kirchensystems konnte indessen eine Fundamentallehre wie die vom päpstlichen Primat nicht beseitigt werden, ohne daß auch noch einige andere Doctrinen und kirchliche Institutionen in ihren Fall verwickelt wurden. War ja doch das Prinzip, daß die Heil. Schrift eine höhere Autorität in Glaubenssachen sei als das Pontificat, der Ausgangspunkt des Schisma. Diese Urkunde mußte daher auch bei andern Dingen in Anwendung kommen und als Norm dienen. Erzbischof Cranmer, der sich in Deutschland aufgehalten und mit den lutherischen Lehransichten bekannt gemacht hatte, war einer durchgreifenderen Reformation im Herzen zugethan; allein bei der Abneigung des Königs, in welchem jetzt Religion und Kirche „ihr Haupt, ihre Quelle und ihr Fundament" haben sollte, gegen die lutherische Neuerung, und bei der Unwissenheit und den Vorurtheilen des Klerus mußte er mit großer Behutsamkeit vorgehen. Stieß doch schon die Einführung eines Gebet- und Ritualbuchs, worin die Anrufung der Heiligen und der Muttergottes weggelassen, einzelne Glaubenslehren erklärt und Mißbräuche bekämpft waren, auf Widerspruch in der Convocation.

Dennoch fanden die reformatorischen Schriften und Lehren immer mehr Eingang in England. Der Schotte Alexander Aleß überbrachte dem König Melanchthons loci communes, zwei andere Theologen verbreiteten die Augsburger Confession mit der Auslegung der Abendmahlslehre. Einer der königlichen Kapläne, der ehrwürdige

Die englische Bibel. 1537.

Hugo Latimer, war ein werkthätiger Anhänger der evangelischen Lehre. Von der größten Bedeutung aber war es, daß auf Cranmers Betreiben ein neuer Druck der von Tyndall, Rogers und Coverdale übersetzten englischen Bibel gestattet ward. Da kurz zuvor der arme Tyndall durch den niederländischen Klerus auf Schloß Bilvorden den Flammen überliefert worden, so erschien die Uebersetzung unter dem fingirten Namen Thomas Matthews, mit königlichem Privilegium und mit dem Spruch: „Dein Wort ist die Leuchte für meine Füße". Anfangs durfte sie nur in den Kirchen gehalten und gelesen werden, später wurde sie auch in Familien zugelassen. Um dieselbe Zeit wurde durch eine Convocation im erzbischöflichen Palast zu Lambeth das „Bischofsbuch" zusammengestellt und angenommen, welches als „Gottseliger und frommer Unterricht eines Christen" den ersten Versuch machte, der anglikanisch-katholischen Kirche ihre selbständige Stellung und ihren legitimen Charakter neben der römisch-katholischen festzustellen. Nach dieser Auffassung, die einige Jahre später in der Schrift: „Doctrin und Unterricht eines Christen" ausführlicher begründet ward, waren die verschiedenen Landeskirchen gleichberechtigte Glieder einer allgemeinen christlichen Kirche, welche in den ersten Jahrhunderten, vor der Spaltung in eine lateinische und griechische und vor dem Primat des bischöflichen Stuhles in Rom, bestanden habe. Jener katholischen Urkirche sei durch die Gesammtheit der Apostel der heilige Geist mitgetheilt und von ihren Nach-

Bischöfliche Succession.

folgern, den Erzbischöfen und Bischöfen, mittelst Handauflegung fortgepflanzt worden. Diese ununterbrochene Fortleitung des Heiligen Geistes durch die apostolisch-bischöfliche Succession und die Priesterweihe und Ordination wurde in der anglikanisch-katholischen

Kirche hartnäckig behauptet und zum charakteristischen Lehrdogma erhoben. Die kirchliche Verfassung und die hierarchischen Ordnungen, wie sie die christliche Kirche in den
drei ersten Jahrhunderten ihrer Entwickelung gestaltet und ausgebildet, sollten der
Kirche des Inselreiches als Typus dienen und ihr den geheiligten legitimen Charakter
aufprägen. Aus jener apostolisch-bischöflichen Urkirche sei der heil. Geist in das unreine Gefäß der Papstkirche gedrängt worden, aus dem ihn die anglikanisch-katholische
Kirche befreit und zu seiner ursprünglichen Reinheit zurückgeführt habe.

Je mehr diese Idee von der bischöflichen Succession bei dem Klerus Eingang fand, desto größer wurde die Entfernung der englischen Kirchenreformation
von der des Continents. Denn hier war ja das Hauptbestreben gerade auf die
Niederwerfung dieser hierarchischen Ordnungen gerichtet, die man dort auf neuer
Basis aufzurichten bemüht war; hier bekämpfte man ja gerade die Kraft der
priesterlichen Weihe, den geheiligten Charakter des Klerus in Folge der Ordination, indem man ein allgemeines Priesterthum aller Christen lehrte und über
jegliche Tradition und Concilienautorität hinweg auf die heil. Schrift und das
apostolische Zeitalter zurückging. So machten sich schon bei der Entstehung
zwei Richtungen bemerklich, welche seitdem die ganze Kirchengeschichte Englands
durchzogen haben, eine katholische und eine protestantische, je nachdem mehr der
kirchliche Organismus oder der evangelische Lehrbegriff ins Auge gefaßt ward.
Dagegen stimmte es ganz zu dem anglikanisch-hierarchischen System, wenn
dem Ordenswesen die Axt an die Wurzel gelegt ward; wenn man gegen die
klösterlichen Anstalten, gegen die Herbergen der Mönche und Nonnen den vernichtenden Schlag führte. Denn die Ordensleute waren ja die Pioniere des
Papstthums, die streitende Miliz des Kirchenfürsten, die er unmittelbar um sein
Panier schaarte, die er als seine eigene Dienstmannschaft eidlich an seine Person,
an seinen Stuhl fesselte, die größtentheils von der bischöflichen Jurisdiction entbunden waren. Und auch hierin trafen wieder die Interessen des Klerus und
des Königs zusammen. Die Reichthümer und Güter der Klöster waren auch in
andern Ländern kein geringes Moment bei den kirchlichen Neuerungen; doch ist
die Habgier und rohe Gewinnsucht nirgends so sehr in ihrer nackten Häßlichkeit
zu Tage getreten, als bei den Säcularisationen in England. Nur ein geringer
Theil des unermeßlichen Vermögens der zahllosen Stifter und Ordenshäuser
wurde zu kirchlichen Zwecken, zur Verbesserung des Schulwesens, zu Anstalten
der Wohlthätigkeit und Menschenliebe verwendet; der weitaus größere Theil
fiel an die Krone oder wurde die Beute habsüchtiger Edelleute und Höflinge, dessen
nicht zu gedenken, was durch Unterschleif und Veruntreuung der mit der Untersuchung und Auflösung betrauten Comissarien zerstreut ward, was Cromwell und seine Creaturen sich aneigneten. Auch darin unterschieden sich die englischen Säcularisationen von denen der meisten andern Länder, daß die Klosterleute mit der größten Härte behandelt und kaum vor dem Hunger geschützt wurden, und daß man gegen die Schätze alter Kunst und Wissenschaft, gegen Bilder
und Schriftwerke mit rohem Vandalismus vorging.

Stellung der anglikanischen Kirche zu der Reformation des Continents.

Säcularisation der Ordenshäuser.

Die Zahl größerer und kleinerer Klöster war wohl in keinem Lande so bedeutend als in England. Die Devotion der Könige und des Adels hatte sich vorzüglich durch kirchliche Stiftungen zu bethätigen gesucht. Der König und seine Räthe wurden daher bedenklich, als sich in den Ordenshäusern eine scharfe Opposition gegen die Neuerungen kund gab, als die Mönche in ihren Predigten das Landvolk aufregten und unterstützt von einigen altgesinnten Lords in den nördlichen Landschaften der Erzdiöcese York durch Pamphlete und Schmähungen jeder Art eine tiefgehende Bewegung hervorriefen. Als Cromwell das Gebot ergehen ließ, daß die Ordensleute den königlichen Supremat beschwören sollten, verweigerten die Observanten und Karthäuser den Eid. Man ließ zum abschreckenden Beispiel die Vorsteher in ihrer Ordenstracht am Galgen sterben und löste mehrere Institute auf. Allein man überzeugte sich bald von der Unwirksamkeit dieser Maßregeln. Da führte Cromwell dem König zu Gemüthe, welche Vortheile für die Krone aus der Säcularisation der monastischen Institute, deren Besitzungen wenigstens ein Fünftel des gesammten Nationalvermögens betrügen, erwachsen würde; Heer und Flotte könnten vermehrt, Seehäfen angelegt, die Küsten mit Festungen geschützt werden. Der „Vicegerent" war mit der Sache bekannt. Schon Wolsey hatte sich seiner Hülfe bedient, als er mit Erlaubniß des Papstes das Stift Fridesnithen und neun und dreißig andere Männer- und Frauenklöster aufgehoben hatte. Der König wurde leicht beredet, auf den Vorschlag einzugehen. Hatte doch auch ihm die Curie früher gestattet, mehrere kleinere Klöster aufzulösen und das Einkommen derselben zu anderweitigen kirchlichen Zwecken zu verwenden; warum sollte er jetzt nicht auf eigene Hand dasselbe versuchen? Der erste einleitende Schritt war die Ernennung einer Commission, welche eine Visitation der Klöster vornehmen und über die kirchlichen, sittlichen und religiösen Zustände Bericht abstatten sollte. Wie viel Uebertreibung und Entstellung man auch in diesen Berichten annehmen mag, immerhin ließ ein abschreckendes Bild von Entartung und Unordnung, von Sittenlosigkeit und Aberglauben zurück, das ein energisches Einschreiten gegen das Ordenswesen als unerläßlich erscheinen ließ. Manche Klostervorsteher suchten dem drohenden Fall dadurch zuvorzukommen, daß sie ihre Ordenshäuser mit allen Besitzungen durch eine Schenkungsakte unter Vorbehalt einer Leibrente für die dermaligen Mitglieder an den König abtraten. Auf Grund der Visitationsberichte wurde dann im nächsten Parlament eine Säcularisationsakte erlassen, kraft welcher die kleineren Klöster aufgelöst und der Krone zur Verfügung gestellt werden sollten. Wer nicht freiwillig austreten wollte, sollte in den größeren Häusern desselben Ordens untergebracht werden. In Folge dieses Statuts wurden 376 Klöster aufgehoben, eine besondere Kammer „zur Vermehrung der königlichen Einkünfte" bestehend aus einem Kanzler, einem Schatzmeister und siebzehn Räthen, ward mit der Ausführung betraut. Sofort bereisten Commissarien im Auftrage des Augmentationshofes das Reich, stellten Inventarien auf und trafen die nöthigen Anordnungen für Leibrenten und Uebersiedelungen. Mönche und Nonnen unter 24 Jahren wurden ohne alle Unterstützung entlassen.

3. Die Königsfrauen. Reactionsversuche und Klostersäcularisationen.

Nicht lange nach der neuen Ehe des Königs schloß sich die Leidensgeschichte der „Prinzessin Wittwe" Katharina von Aragonien. Getrennt von ihrer Tochter, die man ihrer Einwirkung entziehen wollte, hatte sie in klösterlicher Eingezogenheit unter Andachtsübungen und strenger Ascetik kummervolle Jahre verlebt. Keine Macht der

Erbe hätte sie vermocht, dem Titel einer Königin von England zu entsagen oder ihre Ehe für ungültig zu erklären. Die Kränkungen und Seelenleiden verzehrten ihre körperlichen Kräfte. Im fünfzigsten Lebensjahr verschied sie in Kimbolton-Schloß in der Grafschaft Huntingdon, nachdem sie noch in einem rührenden Schreiben Abschied genommen von ihrem Herrn und Gemahl, „den ihre Augen mehr als Alles begehrt" und ihn beschworen, ihrer gemeinschaftlichen Tochter ein guter Vater zu sein. Drei Monate später wurde die schöne Anna Boleyn in den Tower gebracht und der Untreue gegen den König angeklagt. Um sie zu besitzen, hatte der Tudor Jahre lang Himmel und Erde in Bewegung gesetzt; und schon nach kurzer Zeit wollte man bemerken, daß seine Liebe erkaltet sei. Dieselben Reize, die ihn einst so unwiderstehlich angezogen und gefesselt, erregten bald seinen Verdacht und seine Eifersucht: ihr heiteres, gefallsüchtiges Wesen, ihre Freiheiten im geselligen Verkehr, unvorsichtige Reden wurden übel gedeutet. Die Anhänger der alten Kirche haßten sie wegen ihrer Vorliebe zur Reformation und sparten keine Lästerung. Die innere Freude, die sie bei der Nachricht von Katharina's Hinscheiden an den Tag legte, reizte die Gegner und schärfte die Verleumdung. Ihre Fehlgeburt mit einem todten Knäbchen täuschte die Erwartungen des Königs auf einen männlichen Thronerben; sie schrieb die Schuld ihrer verfrühten Niederkunft dem Verdruß zu, den ihr des Gatten sichtliche Zuneigung für eine junge schöne Hofdame, Johanne Seymour verursachte. So vereinigten sich vielerlei Umstände, um das eheliche Verhältniß zu stören. Bei dem gerichtlichen Verhöre hat man sie der schändlichsten Verbrechen angeklagt; sie hat fest und standhaft versichert, daß sie ihrem königlichen Gemahl stets ein treues und keusches Weib gewesen. Noch hat sich der Brief erhalten, worin sie mit rührenden Worten die Verleumdungen zurückweist und den Gatten um Gnade und gerechtes Gericht anfleht. Man hat die Echtheit bezweifelt, aber daß die Beschuldigungen nur zusammengestellt wurden, um einen Grund für die beabsichtigte Hinrichtung zu erlangen, geht aus Allem hervor, was über die tragische Geschichte auf die Nachwelt gekommen ist. Der Gerichtshof, größtentheils aus Anna's Gegnern zusammengesetzt, sprach über die Königin, ihren Bruder, mit dem sie blutschänderischen Umgang gepflogen haben sollte, und drei Mitangeklagte das Schuldig aus und verurtheilte sie zum Tode. Sie starben alle durch die Hand des Scharfrichters; Anna, nachdem die Ehescheidung durch Cranmer gerichtlich ausgesprochen, am 19. Mai in einem Saal des Towers, im dreißigsten Jahr ihres Alters. Und schon am folgenden Morgen feierte Heinrich VIII. seine Vermählung mit der neuen Geliebten Johanna Seymour, der Tochter eines in Wiltshire begüterten englischen Edelmanns. Anna's Tochter Elisabeth wurde ihrer Rechte und ihres Ranges beraubt und Maria zu Gnaden angenommen, nachdem sie schriftlich erklärt, daß sie sich in allen Dingen dem Willen des Vaters unterwerfe und ihn als höchstes irdisches Oberhaupt der englischen Kirche anerkenne. Eine neue Parlamentsakte stellte darauf die Thronfolgeordnung ganz in des Königs Belieben. Doch sollten die künftigen Kinder der dritten Ehe allen andern im Erbrecht vorangehen.

Kirchliche
Tage.

Juni 1536.

Diese Vorgänge blieben nicht ohne Einfluß auf die kirchlichen Neuerungen. Doch gelang es keiner der beiden Parteien, ihren Ansichten einen entscheidenden Sieg zu erringen. Wenn der König einerseits den zehn Artikeln der Convocation seine Zustimmung ertheilte, worin die heil. Schrift und die drei ältesten Bekenntnisse als genügende Lehrquelle bezeichnet, nur Taufe, Abendmahl und Buße als Sacramente anerkannt, Ceremonien, Heiligendienst, Seelmessen und Fegefeuer beschränkt und theilweise verworfen waren; so ließ er doch auch wieder ausdrücklich verkündigen, daß es Niemanden verwehrt sein sollte, bei der bisherigen Gottesdienstordnung zu verbleiben.

Die Pilger-
fahrt der
Gnade.
1536.

In Folge der Klosterauflösungen entstanden in den nördlichen Grafschaften unruhige Bewegungen bei dem von entlassenen Mönchen aufgewiegelten Landvolke. Altgläubige Edelleute, insbesondere der hochbejahrte Lord Darcy von Templehurst, der einst in seiner Jugend gegen die Mauren gestritten, schürten die Flamme. Unter der Führung eines Rechtsgelehrten, Robert Aske, zogen Schaaren bewaffneter Bauern, die zu vielen Tausenden anwuchsen, ins Feld. Sie bezeichneten sich als „Pilgerschaft der Gnade" und stellten eine Beschwerdeschrift auf, in welcher sie die Erhaltung des heil. Glaubens, die Einstellung der Klostersäcularisationen und die Entfernung der neuerungssüchtigen Räthe verlangten. Der König wies die Forderungen der Insurgenten in einer Proclamation, die den ganzen Herrscherstolz athmete, scharf zurück. Was er thue und anordne, entspreche dem göttlichen Gesetze und diene zum Vortheile des Landes". Zugleich suchte er jedoch die Gemüther zu beruhigen, indem er die herkömmlichen Kirchengebräuche fortbestehen ließ und ein Parlament nach York einzuberufen versprach. Es gelang ihm auch wirklich, den drohenden Sturm zu beschwören; ein großer Theil der Insurgenten zerstreute sich. Da aber noch hie und da Ungesetzlichkeiten vorfielen, so wurde das Yorker Parlament nicht abgehalten. Dies entzündete den Aufruhr von Neuem. Abermals zogen bewaffnete Insurgentenhaufen ins Feld. Nun hatte aber Heinrich kriegerische Vorkehrungen getroffen. Den Streitkräften, die Norfolk gegen sie führte, vermochten die Aufständischen nicht zu widerstehen; sie wurden bei Carlisle geschlagen und siebenzig Gefangene an den Mauern der Stadt aufgeknüpft. Auch Robert Aske fiel in die Hände der Königlichen und starb zu York am Galgen; Darcy und mehrere Lords und Aebte wurden enthauptet.

Juli 1537.

Erst im Juli des folgenden Jahres machte eine königliche Amnestie der Rache und den Bluturtheilen ein Ende.

Bannfluch
und Auf-
wiegelung.

In Rom hatte man an die „Pilgerfahrt der Gnade" große Hoffnungen geknüpft. Die Bannbulle war endlich veröffentlicht worden. Sie belegte den König, der ärger sei als ein Türke, mit den heftigsten Schmähungen und Flüchen, erklärte ihn des Thrones verlustig und verlieh sein Reich demjenigen, der ihn der Krone berauben würde. Wenn es nun gelang, zu den Aufständen im Innern noch einen Angriff von Außen zu erregen, so konnte vielleicht ein Um-

schwung erzielt werden.   Zu dem Zweck begab sich der Cardinal Pole nach
Paris und Brüssel, um den französischen und burgundischen Hof in diesem Sinne
zu bearbeiten und zugleich seine Verbindungen in England selbst zu verwerthen.

Kein geeigneterer Mann konnte zu einer so wichtigen Mission gefunden werden. Reginald Pole war durch seine Geburt dem Königshause verwandt; Heinrich VIII. hatte dem hochbegabten Mann, der in Italien seine Studien gemacht und von den Häuptern der Humanisten als eine Zierde ihrer wissenschaftlichen Kreise gefeiert wurde, in früheren Jahren seine ganze Gunst zugewendet und ihn mit Beweisen von Gnade und Zuneigung überschüttet.   Ja es scheint, daß der englische Edelmann, ehe er in den geistlichen Stand getreten und zum Cardinal erhoben worden, den Gedanken einer Vermählung mit der Prinzessin Maria in seinem Herzen gehegt habe.   Aber als der König die englische Kirche von Rom losriß, als Thomas More, Reginalds Freund auf dem Schaffot starb, als die Ordenshäuser von der Zerstörung betroffen wurden; da änderte Pole seine Gesinnung und wurde der heftigste Feind und Widersacher seines königlichen Verwandten und Gönners.   Statt, wie dieser verlangte, die Ehescheidungsfrage im Sinne des Hofes zu behandeln, verfaßte er eine Schrift über die Einheit der Kirche voll der heftigsten Invectiven gegen den „Tyrannen" und „Ehebrecher".   Seitdem war Cardinal Pole die Seele aller Intriguen und feindseligen Anschläge gegen das schismatische Regiment in England, ein geschicktes und dienstwilliges Werkzeug des Pontificats, der eifrigste Verbreiter der Bannbulle auf offnen und geheimen Wegen.

Reginald Pole.

Es ging damals eine scharfe Luft durch die Welt; nur die Eifersucht zwischen Karl V. und Franz I., die kurz nachher zu dem neuen Waffengang in Italien und Südfrankreich führte, verhinderte einen allgemeinen Religionskrieg.   Wir wissen, von welchen Bewegungen Deutschland und der gesammte Norden erschüttert war und wie eifrig Heinrich VIII. mit den Protestanten des Festlandes Verbindungen zu unterhalten suchte.   Den geeignetsten Führer einer katholischen Reaction glaubte der päpstliche Hof in König Jacob V. von Schottland zu finden.   Obwohl ein Neffe Heinrichs VIII. war der jugendliche Fürst doch ein Gegner der kirchlichen Neuerungen in dem Nachbarlande.   Zuerst mit Magdalena, der zarten Tochter des französischen Königs, und nach deren frühem Hinscheiden mit Maria von Guise vermählt, wurde er auf die katholische Seite gezogen, und die Prälaten die er in seinen Rath berufen und mit seinem ganzen Vertrauen beehrte, wußten ihn durch alle Mittel in dieser Richtung festzuhalten.   Wie oft hatten in den Grenzlanden schottische und englische Waffen sich mit einander gemessen.   Wenn die Insurgenten in Yorkshire und Lincolnshire von den abgehärteten Kriegshaufen des nordischen Berglandes unterstützt wurden, so konnten sie mit ganz anderem Nachdruck vorgehen.   Darum sandte Papst Paul III. dem schottischen König ein geweihtes Schwert und eine Sturmhaube, damit er als Ritter für den heiligen Glauben ins Feld ziehen möge, und schmückte den einflußreichsten Rathgeber desselben, David Beaton Erzbischof von St. Andrews mit dem Cardinalshut.

Jacob V. von Schottland.

Alle diese weitgesponnenen Pläne wurden durch die rasche Bewältigung der „Pilgerfahrt der Gnade" vereitelt.   Anstatt den Anstoß zu einer Gegenrefor-

Resignationen der servo

mation zu geben, trug der Aufstand wesentlich zur Beförderung des Schisma
bei. Durch die Untersuchungen, die man von Gerichtscommissarien anstellen
ließ, trat es zu Tage, daß Aebte und Mönche die Hauptanstifter gewesen. Man
hatte also hinreichende Gründe, sie auf Hochverrath anzuklagen. Dies wurde
benutzt, um eine Menge Klostervorsteher zur freiwilligen Abtretung ihrer monastischen Institute an den König zu bewegen. Dadurch entzogen sie sich nicht
blos der gerichtlichen Verfolgung, sie hofften auch auf diesem Wege aus dem
Schiffbruche noch einige Güter für sich zu retten. War aber einmal das Beispiel von einigen angesehenen und reichen Abteien gegeben, so folgten die andern
in raschem Lauf. Niemand wollte die Gelegenheit versäumen, durch Bereitwilligkeit und Devotion sich eine gnädige Berücksichtigung zu erkaufen. Und den
Commissarien standen tausend Mittel und Vorwände zu Gebote, freiwillige oder
scheinbar freiwillige Uebertragungen zu erlangen. So kam es, daß innerhalb
zweier Jahre mehrere hundert Abteien, Probsteien und Conventshäuser jeden
Ranges in die Hände des Königs gegeben wurden, damit er in seiner Gnade über
ihr ferneres Schicksal verfüge, und daß das Parlament nur das Geschehene zu
bestätigen brauchte.

**Säculari-
sationsacte
des Parla-
ments.
Mai 1539.** Dies geschah durch Parlamentsbeschluß vom Mai 1539, worin es hieß: „Da seit der
Dissolution der kleinen Monasterien am 4. Febr. 1536 mehrere Aebte, Prioren und andere
Obere aus freiem Willen und Beweggrund, ohne Zwang oder Ueberredung ihre Abteien, Probsteien, Klöster, Stifter, Collegien, Hospitäler und andere religiöse und kirchliche Häuser den
königlichen Visitationscommissarien mittelst Brief und Siegel übergeben hätten, so ratificire
das Parlament diese Uebergabe und verleihe der Krone sowohl die bereits durch Resignation
übertragenen oder eingezogenen und aufgelösten Klöster und Stifter, als auch diejenigen, die
noch in Zukunft in diese Lage kommen sollten, mit allen Rechten und Einkünften, mit liegenden Gründen und beweglicher Habe zu freier Verfügung nach den Bestimmungen des Augmentationshofes".

**Bereicherung
der Krone.** Damit war das Todesurtheil gefällt über die stolzen Denkmale der religiösen Hingebung früherer Geschlechter. Was die fromme Pietät so vieler Könige und Königinnen, so vieler adeliger Herren und Frauen Jahrhunderte hindurch ins Leben gerufen,
wurde mit einem Streich gefällt. Noch vor Ende des Jahres 1540 waren alle größeren Klöster, über sechshundert an Zahl in den Händen des Königs. Dadurch wurden die Einkünfte der Krone mehr als verdoppelt; denn die englische Klostergeistlichkeit
gehörte zu den reichsten der Welt. „Ein venezianischer Gesandter giebt die Klosterein-
künfte auf 500,000 Ducaten an, und was das sagen will, sieht man erst, wenn er
hinzufügt, der gesammte englische Adel nehme nur 380,000 Ducaten ein. Alle diese
Einkünfte fielen jetzt der Krone anheim. Dazu kamen aber die Kleinodien und Schätze,
welche in den Klöstern aufgehäuft waren, die Güter der Ritterorden, endlich die ersten
Früchte, Annaten, Zehnten, die bisher der Papst bezogen." Wie Vieles auch bei der
Säcularisation unterschlagen und verschleudert worden sein mag, immerhin war der
Zuwachs an Macht und Reichthum, welchen die englische Krone gewann, unermeß-
lich. Der König sah sich dadurch in den Stand gesetzt, wie man ihm vorausgesagt,
Heer und Flotte zu verstärken, die Grenzen mit Festungen zu schützen, die Küsten von
England und Irland mit Hafenbauten, besonders in Portsmouth und Dover zu verse-

hen und damit den Grund zu der maritimen Größe des Reichs, zum commerciellen
Aufschwung der Nation zu legen.

Wie jede durchgreifende Aenderung bestehender Verhältnisse hatte auch die **Schicksal der Klosterleute.** Klostersäcularisation in England für die mitlebenden Geschlechter manche Schädigungen zur Folge. Nicht allein daß sie das wirthschaftliche und gesellschaftliche Leben gänzlich umgestaltete, einen großen Theil der Liegenschaften in andere Hände brachte, die Lage der Klosterbauern und Gutspächter verschlimmerte; das Loos der entlassenen Mönche und Nonnen war in vielen Fällen ein beklagenswerthes. Die Aebte und Vorsteher freilich wußten sich durch Verträge zu sichern und trugen reichliche Leibrenten als Preis ihrer Willfährigkeit davon; dagegen wurde auf die große Menge der niederen Conventualen wenig Bedacht genommen. Die Zusage, daß der Augmentationshof für ihren Lebensunterhalt Sorge tragen werde, wurde sehr nothdürftig eingehalten. Viele Tausende blieben ohne jegliche Unterstützung. Von den Bettelmönchen scheint man gar keine Notiz genommen, sondern sie auf ihre gewohnte Erwerbsquelle angewiesen zu haben; dienende Brüder, Novizen und solche, die noch nicht lange das Klostergelübde abgelegt hatten, wurden hülflos in die Welt gestoßen, um sich durch Arbeiten, denen sie durch Stand und Erziehung fremd waren, ihren Unterhalt zu erwerben. Glücklich diejenigen, welche so viel Bildung besaßen, daß sie als Prediger oder Schreiber verwendet werden konnten!

Ein späteres Gesetz untersagte ihnen noch überdies, das Gelübde der Ehelosigkeit zu brechen, und beraubte sie dadurch der Möglichkeit, durch Verheirathung und Gründung eines eigenen Hausstandes ihre Lage zu erleichtern. Die wiederholten scharfen Verordnungen gegen Vagabundenwesen gaben Zeugniß, wie sehr die Zahl der Unsteten und Darbenden in Folge der Aufhebung der Ordenshäuser sich mehrte. Haufenweise drängten sie sich zu den Räthen des Augmentationshofes, um die versprochene Unterstützung zu erflehen und mußten zufrieden sein, wenn ihnen ein Almosen gereicht wurde. Dabei waren sie die Zielscheibe des Spottes. Burnet versichert, daß auf Bühnen und in Volksschauspielen die Laster, die Unwissenheit und der Aberglauben der Religiosen den stehenden Stoff für Volksbelustigungen und Volkswitz lieferten.

Auch die **Klostergebäude** und die Gegenstände der Kunst und Wissenschaft **Kloster-gebäude.** fanden geringe Beachtung. Nur dadurch, daß Heinrich mehrere der reichsten Abteien zu Bisthümern erhob oder zu öffentlichen Collegien und Schulanstalten verwendete, wurden mehrere der schönsten Klostergebäude und gothischen Stiftskirchen der Nachwelt erhalten; die geringeren dagegen fielen der Zeit, der menschlichen Gleichgültigkeit, der Neuerungslust oder der Zerstörung zum Opfer. Wie viele kunstreiche Wölbungen, Decken, Kreuzgänge, wie viele verzierte Fensterbogen und Grabmonumente wurden zu schnöden und unwürdigen Zwecken mißbraucht! Am schlimmsten kamen die **Heili-** **Heiligen-** **genbilder** und **Reliquien** weg. Da bei der Visitation sehr viele Gegenstände des **bilder und Reliquien.** frommen Betrugs entdeckt wurden, so ging der Befehl aus, Alles was dem Aberglauben und Wunderglauben diene, zu entfernen. Auf Grund dieser Verfügung wurden eine Menge Kreuze, Bilder, Reliquien unter dem Zuströmen des Volkes öffentlich zerschlagen oder verbrannt. Und wie viele Bücher, Handschriften, Urkunden, mit Miniaturen

38*

und gemalte Initialen versehene Manuscripte gingen durch die Unwissenheit oder Habsucht der mit der Aufnahme betrauten Commissarien verloren. Was früher mit Andacht und Ehrfurcht betrachtet worden, wurde jetzt zum Gegenstand des Spottes und der Frivolität. Als Forrest, ehemals Beichtvater der Königin Katharina, wegen Verweigerung des Suprematseides zum Feuertod verurtheilt ward, schlug man ein riesengroßes hölzernes Heiligenbild in Stücken, um damit die Flammen zu nähren, weil bei dem Landvolk von Wales ein altes Prophetenwort umlief, dasselbe würde **Der heil.** einst einen „Forst" in Brand setzen. Wir wissen, in welchem Ansehen der heilige Tho-**Thomas von Canterbury.** mas von Canterbury bei dem englischen Volke stand (VII. 602 f.). Zwei Feiertage waren ihm jährlich geweiht und seine Kapelle war ein Wunder von Reichthum und Pracht. Gegen diesen Nationalheiligen, der sich einst vermessen hatte, dem König zu widerstehen, faßte Heinrich VIII. einen heftigen Groll. Sein Beispiel konnte ja leicht Anderen zur Bestreitung des königlichen Supremats dienen. Daher wurde ein Gerichtsverfahren wegen Hochverraths und Rebellion wider ihn eingeleitet. Und als der Heilige auf ergangene Ladung nicht aus seiner Gruft aufstand, um vor den Schranken des Gerichtes zu erscheinen, wurde das Urtheil gefällt, daß er den Flammen übergeben werden, und die ihm gespendeten Opfergaben der Krone als Eigenthum zufallen sollten. Darauf wurden seine Gebeine verbrannt, sein Name und Festtag aus dem Kalender gelöscht, und die Schätze, die zwei große Kisten füllten und mühsam von acht Männern fortgetragen wurden, in die königliche Schatzkammer gebracht.

Resultate. Die Klostersäcularisation war die nothwendige Folge der Abwerfung des päpstlichen Primats, das in dem monastischen Elemente seine tiefsten Wurzeln hatte. Aus beiden Maßregeln ist das neue Staats- und Kirchenwesen Englands, ist die sociale Umgestaltung, ist der gewerbliche und commercielle Aufschwung der Nation emporgewachsen. Das Klosterwesen hatte sich ausgelebt, es beruhte auf Voraussetzungen, die unter den veränderten Verhältnissen ihre Geltung verloren hatten. Und wie schwer auch die Uebergangszeit auf manche Mitlebende und Mitleidende drücken mochte, die Politik Heinrichs VIII., welche England von dem Papstthum losriß, die Einheit der nationalen Gewalten gründete und einen so beträchtlichen Theil des Volksvermögens und der Volkskraft der todten Hand und dem beschaulichen Leben entzog und zu werkthätigem Gebrauch verwendete, legte den Grund zu Englands Größe und Macht. Noch schauen die Trümmer so mancher gothischen Kapelle und so mancher ehrwürdigen Abtei trauernd und düster auf das frische Grün und das üppige Wachsthum der glücklicheren Gegenwart herab, und klagen stumm und ernst die Unbill der Menschen und die Härte einer siegreichen Kirche an; aber der Flor der Künste, der Wissenschaften, der Industrie, der Bildungsgrad, die maritime und commercielle Größe, der materielle Wohlstand der Nation, die Herrschaft über Länder und Meere sind großentheils Folgen der kirchlichen Umgestaltung und der Klosteraufhebung. Der enthusiastische Alterthumsfreund und der schwärmerische Bewunderer mittelalterlicher Kunst sieht blos die Trümmer der Vergangenheit und verflucht den Vandalismus der Reformation, welche doch die Fesseln der geistigen und leiblichen Knechtschaft gebrochen, aber freilich in ihrem Siegesgang oft auch zerstörend aufgetreten ist.

Durch seinen katholischen Eifer und seine revolutionäre Thätigkeit hatte Reginald Hochver-
Pole nicht nur den Fall der Ordenshäuser beschleunigt, seine nächsten Verwandten und rathschlagen.
viele Altgläubige wurden von dem blutdürstigen König als Mitschuldige dem Tode
geweiht. Sein Bruder, Lord Montague, der Markgraf von Exeter, ein Enkel König
Eduards IV., mehrere hochgestellte Ritter und Edelleute wurden auf Hochverrath angeklagt und hingerichtet. Und selbst gegen die hochbejahrte Mutter des Cardinals,
die Gräfin von Salisbury, richtete sich die Wuth des zornentbrannten Königs. Da
man bei dem gerichtlichen Verhöre keine Beweise ihrer Schuld entdecken konnte, so
brachte Cromwell ein Verfahren in Anwendung, das in den späteren bürgerlichen
Unruhen noch oft dem Parteihaß und der Leidenschaft als Werkzeug dienen mußte.
Durch die sogenannte Bill of Attainder wurde der Grundsatz aufgestellt, Bill of
daß ein des Hochverraths Angeklagter, dessen Schuld durch Parlamentsbeschluß Attainder.
anerkannt worden, auch ohne Gesetz und gerichtliches Urtheil der Strafgerechtigkeit
überantwortet werden könne. Kraft dieses Statuts wurde die Gräfin in Haft gebracht und nach zweijähriger Gefangenschaft ohne weiteren Prozeßgang enthauptet.
Mit ihr erlosch die direkte Linie des alten Königshauses der Plantagenets, so reich an Mai 1541.
tragischen Schicksalen.

4. Königlicher Despotismus. Heinrichs VIII. Ausgang.

Mit der Abschüttelung des päpstlichen Primats und der Säcularisation der Religiöser
Klöster war die Reformthätigkeit des achten Heinrich erschöpft. Wohl gab es mus.
eine Partei, welche im Stillen zu den Ansichten Luthers neigte und den König
gerne zu weiteren Schritten in evangelischem Sinne getrieben hätte, wie Cromwell, Cranmer, Latimer u. a., aber in Heinrich VIII. wirkte stets der scholastische Theolog fort und die alte Abneigung gegen Luther schwand nie aus seinem
Herzen. Dazu kam, daß die altgläubige Partei, an ihrer Spitze die Bischöfe
Gardiner von Winchester und Bonner von London und Graf Norfolk, der einflußreichste Minister, an Klugheit und Gewandtheit den andern überlegen war
und ihre reactionären Ansichten und Tendenzen schlau unter der Maske äußerer
Devotion und Loyalität zu verbergen wußte. Des Königs Wille und Laune bestimmte die Grenzlinie des Glaubens und der rituellen Formen, deren Ueberschreiten nach der katholischen oder evangelischen Richtung als ein todeswürdiges
Verbrechen galt. Der Prediger Lambert, der eine Hinneigung zu Zwingli's
Abendmahlslehre kund gegeben, mußte vor einer theologischen Commission unter
des Königs persönlichem Vorsitz sich einem Colloquium unterziehen, und als er
erschöpft von den langen Beweisführungen, womit Cranmer und einige andere
Bischöfe ihm zusetzten, am Ende erklärte, er unterwerfe sich ganz der Gnade
des Königs, verurtheilte ihn dieser zum Feuertod, weil er kein Beschützer der Juni 1539.
Ketzerei sein wolle. Im Juni 1539 wurde von den beiden Häusern der Con- Die sechs
vocation und des Parlaments ein Glaubensgesetz von sechs Artikeln angenom- kel."
men, das wie ein scharfgeschliffenes Schwert über allen Häuptern schwebte, so daß
das Volk es als „das Statut der sechs Blutartikel" bezeichnete. In demselben

hieß es, daß die Lehre von der Verwandlung der Substanzen im Abendmahl
auch fernerhin Geltung habe und den Laien der Kelch vorzuenthalten sei; die
Priesterehe nach empfangener Weihe sei den göttlichen Geboten zufolge unerlaubt,
die Ordensgelübde behielten auch nach Auflösung der Klöster ihre bindende Kraft,
Privatmessen widerstrebten nicht den Worten der Heil. Schrift und gereichten zum
Troste der Seelen, die Ohrenbeichte sei nützlich und nothwendig. Wer diese Doctrinen in Schrift oder Rede angreife, mache sich der Ketzerei oder Felonie schuldig und
habe das Leben verwirkt. Alle Ehen von Geistlichen sollten bei Vermeidung der Todesstrafe sofort aufgelöst werden. Dieses Gesetz verbreitete Angst und Schrecken in
den Reihen der Reformationsfreunde. Zwei Bischöfe, darunter Latimer von Worcester, welche die Artikel bekämpft hatten, wurden in Haft gebracht; die Gefängnisse
füllten sich mit Angeklagten, viele Verdächtige flohen außer Landes. Cranmer schickte
Frau und Kinder nach Deutschland. Der schmiegsame Mann hatte dem König gegenüber keine Widerstandskraft, dadurch entging er dem Verderben, denn es war
kein Geheimniß, daß seine Ansichten weiter zielten. Der Erzbischof von Canterbury
war eine von jenen Naturen, „welche den Rückhalt der höchsten Gewalt besitzen müssen, um ihren Meinungen selber Folge zu leisten; wie sie alsdann unternehmend
und muthig erscheinen, so werden sie biegsam und nachgiebig, wenn diese Gunst
ihnen fehlt; durch moralische Größe glänzen sie nicht, aber sie sind so recht geeignet, eine einmal ergriffene Sache unter schwierigen Umständen für eine bessere
Zeit zu retten". Damals herrschte in England ein orientalischer Despotismus;
des Monarchen Wille galt als Gesetz, und das Parlament ging so weit in der
Servilität, daß es erklärte, was der König mit Zuziehung des Staatsrathes anordne, habe dieselbe Kraft wie ein Reichstagsstatut. Nun hatte Heinrich VIII.
Kirche und Staat zu seinen Füßen. Durch ein symbolisches Schauspiel auf der
Themse verherrlichte er seinen Triumph. Im nächsten Jahr wurden drei Papisten
und drei „lutherische Häretiker", darunter Robert Barnes, der einst in Wittenberg
studirt hatte und dann Cromwells rechte Hand gewesen war, paarweise zusammen-
gebunden nach dem Richtplatz in Smithfield geführt und verbrannt.

Juli 1540

In dem Schicksal Cromwells, des Hauptförderers dieser königlichen Abso-
lutie, sollte die ganze Schrecklichkeit einer solchen Willkührherrschaft zu Tage treten. In dem Augenblick, da ihn Heinrich zum Grafen von Essex erhoben, mit
Ehren, Reichthümern und Würden überschüttet hatte, nahm er plötzlich ein tragi-
sches Ende. Des Königs dritte Gemahlin, die sanfte, anmuthvolle Johanna
Seymour, war wenige Tage nach der Geburt eines zarten Knaben aus dem Leben geschieden. Der Schmerz über den Hingang der geliebten Gattin wurde
überwogen durch die Freude über den männlichen Thronerben, der in der
Taufe den Namen Eduard empfing. Bald darauf sah sich Heinrich nach einer
neuen Gemahlin um; aber mehrere Werbungen waren erfolglos, so daß er über
zwei Jahre Wittwer blieb. Da rühmte der Generalvicar seinem Gebieter eine
deutsche Fürstentochter, Anna von Cleve, eine Verwandte des kursächsischen Hau-

Neue Ehen
des Königs
und Crom-
wells Fall.

Oktober
1537.

ses. Die Freundschaft, die seit der Zusammenkunft in Aigues-mortes zwischen
Karl V. und Franz I. bestand, hatte in dem englischen Monarchen Besorgnisse
erregt und ihm den Gedanken einer Annäherung an die deutschen Fürsten aus
politischen Gründen nahe geführt. Die Empfehlung Cromwells, der eine solche
Verbindung gleichfalls wünschte, weil sie zur Förderung seiner reformatorischen
Bestrebungen dienen konnte, fand also eine gute Stätte, zumal da auch ein Bildniß, das Hans Holbein von ihr angefertigt, Heinrichs Wohlgefallen erregte. Die
Heirath wurde durch Stellvertretung geschlossen, und mit solcher Ungeduld erwartete der König die Ankunft der Neuvermählten, daß er ihr verkleidet bis Rochester entgegeneilte. Aber wie fühlte er sich in seinen Erwartungen getäuscht!
Weder ihre Person noch ihr Wesen gefiel dem weibersüchtigen Manne. Dieser
Eindruck verblieb ihm auch nach der Vermählung; seine Abneigung gegen die 6. Jan.
„flandrische Mähre", welche weder Musik noch Sprachen verstehe, wuchs von
Tag zu Tag, und führte ihn zu dem Entschluß, sich durch eine Ehescheidung von
ihr zu befreien. Ohnedies hatte er bereits seine Augen auf eine neue Geliebte
geworfen, die in Gestalt und Bildung sehr gegen die Deutsche abstach, Katha-
rina Howard, Nichte des Grafen von Norfolk. Die papistische Partei wußte
diese Verhältnisse zu ihren Zwecken auszubeuten. Zunächst sollte Cromwell, der
Gönner und Förderer der Reformation, aus dem Wege geräumt werden. Bei
der Gemüthsverfassung Heinrichs fiel es den Intriguen und Einflüsterungen
Norfolks und Gardiners nicht gar schwer, den Generalvicar als Verräther und
Häretiker darzustellen. Dieser hatte keine Ahnung von dem ihm drohenden
Schicksal; wie ein Blitzstrahl von heiterem Himmel traf ihn der Befehl seiner
Verhaftung, und schon im nächsten Monat, als das Parlament nach dem von 10. Juni
ihm selbst eingeführten Verfahren durch eine Bill of Attainder seine Schuld con- 1540.
statirt hatte, starb er auf dem Schaffot, seine Anhänglichkeit an die „katholische 28. Juli.
Kirche" Englands betheuernd. Der Sohn eines Grobschmieds war Cromwell
vom Reiter in der Bourbonschen Armee durch Verstand, geistige Befähigung und
Geschäftsgewandtheit zu einer Höhe emporgestiegen, zu welcher bisher nur die
Häupter des Adels und Prälatenstandes Zugang gehabt, um nun als Opfer
der Kabale und der Launenhaftigkeit eines Tyrannen tragisch zu enden, ein
merkwürdiges Beispiel der Wandelbarkeit menschlicher Dinge und irdischen
Glückes. In denselben Tagen prüfte eine Commission die Ehe Heinrichs
und Anna's und stellte mit sophistischer Rechtsverdrehung Gründe zusammen,
welche eine neue Scheidung rechtfertigen sollten. Die deutsche Fürstentochter
wurde durch ein großes Jahreseinkommen, durch das Schloß Richmond und
durch hohe Rangstellung bewogen, sich ohne Widerstreben in ihr Schicksal zu fügen und ihren ferneren Aufenthalt in ihrem neuen Vaterland zu nehmen. Die
Lords aber ersuchten den König in einer demüthigen Adresse, aus Rücksicht für
die Wohlfahrt des Landes zu einer neuen Vermählung zu schreiten, damit Gott
das Reich noch mit weiterer Nachkommenschaft segnen möchte. Wenige Wochen

nachher wurde Katharina Howard, eine Dame von kleiner zierlicher Gestalt, schönen Zügen und feinem Benehmen, zur Königin erhoben.

Mit dieser fünften Ehe Heinrichs VIII. erhielten die Altgläubigen die Oberhand. Sie benutzten diese Gelegenheit zur Begründung eines religiösen Terrorismus, wie er noch selten in der Geschichte zur Erscheinung gekommen. Die
sechs Artikel waren ein scharfes Werkzeug, um alle evangelisch Gesinnten zu verfolgen. Eine Art Inquisition wurde eingeführt, und die Verhaftungen, Anklagen und Hinrichtungen nahmen kein Ende. Selbst der Erzbischof schwebte in
Gefahr und verdankte seine Rettung nur der Gunst des Königs, der ihn persönlich im erzbischöflichen Palast Lambeth am rechten Themseufer aufsuchte und
seine Vertheidigung gnädig aufnahm. Die religiösen Bücher wurden einer
strengen Censur unterworfen, die Buchdrucker gestraft, das Lesen der in den
Kirchen aufgelegten Bibeln beschränkt, die alten Gebräuche und Ceremonien eingeschärft. Aber der Triumph der Papisten war von kurzer Dauer; er hatte seine
Grundlage in der Gesinnung der Königin und in Heinrichs Zuneigung zu ihr;
und gerade hier trat eine unerwartete Wendung ein. Es kam an den Tag, daß
Katharina vor ihrer Verheirathung ein unzüchtiges Leben geführt, und auch noch
während ihrer Ehe mit einem früheren Geliebten geheime Zusammenkünfte gehabt. Was die römisch-katholische Partei einst der Anna Boleyn nachgesagt,
das erlebte sie jetzt am eigenen Fleisch. Nachdem durch ein gerichtliches Verhör die Schuld erwiesen war, wurde in Kraft eines Parlamentsbeschlusses Katharina Howard zum Tode verurtheilt und nebst ihrer Vertrauten, Lady Rochford, auf dem Towerhill enthauptet.

Durch den Fall der Königin erlangte Cranmer wieder sein früheres Ansehen bei
dem König, und wie behutsam er auch vorging, er blieb doch immer der Träger der
Reformationsideen, der Repräsentant des religiösen Fortschritts und suchte in diesem
Sinne zu wirken. Die Vorurtheile des Monarchen gegen die neuen Lehrbegriffe vermochte er freilich nicht zu überwinden; doch war das „Königsbuch", das als „Nothwendige Lehr und Unterricht eines Christen" nach langer Berathung in der Convocation zu Stande kam, eine Abschwächung des Statuts der sechs Artikel und minderte den
religiösen Terrorismus.

Diese Stellung Cranmers befestigte sich noch mehr, als Heinrich VIII. mit
Katharina Parr, der Wittwe des verstorbenen Lord Latimer, die im Geheimen
der evangelischen Lehre zugethan war, einen neuen Ehebund einging. Vielleicht wäre
unter solchen Umständen die kirchliche Reform weiter fortgeschritten, hätte nicht Heinrich um dieselbe Zeit mit dem Kaiser ein Bündniß gegen Frankreich geschlossen und
sich dabei ausdrücklich verpflichtet, keine ferneren Neuerungen vornehmen zu lassen.
Diese politische Lage, die dem englischen König den Besitz der Seestadt Boulogne
verschaffte, benutzte die altgesinnte Partei zu neuen Verfolgungen, die sich besonders gegen die Leugner der Transsubstantiation, die „Sacramentirer" richteten.
Anna Askew, eine vornehme Dame, die mit den Hofkreisen der Königin in Be-

ziehung stand, wurde nach grausamen Folterqualen zu Smithfield den Flam- 1546.
men überliefert.   Neben Gardiner und Bonner entfaltete der neue Kanzler
Wriothesley den größten Eifer für die katholische Rechtgläubigkeit.   Selbst
Cranmer wurde vor den geheimen Rath geladen, entging jedoch abermals den
Schlingen der Feinde durch die Gunst seines Monarchen.   Und daß nicht die
Königin Katharina, deren Hinneigung zu den evangelischen Lehren durch das
Verhör der Anna Askew deutlich hervorgetreten war, dem Verfolgungseifer
der Altgläubigen zum Opfer fiel, verdankte sie nur ihrer großen Klugheit, mit
der sie den König zu überzeugen wußte, daß sie in allen Stücken sich die höhere
Einsicht ihres Herrn und Gemahls zur Richtschnur nehme; „denn Gott habe
den Mann nach seinem Ebenbilde geschaffen und ihn berufen, das Weib zu belehren und zu leiten".

Uebrigens blieb Heinrich dem politisch-kirchlichen Systeme, das zwischen der Re- Die letzten
formation und dem Romanismus eine neue Ordnung begründen sollte, bis an sein Handlungen.
Lebensende getreu.   Noch in seiner letzten Rede im Parlament schalt er heftig auf die Nov. 1545.
gegnerischen Parteien, von denen die Einen steif und fest an ihre alten mumpsimus
sich anklammerten, die Andern in ihren neuen sumpsimus zu haftig vorgingen, und
empfahl Allen Geduld, Liebe und Verträglichkeit.   Je mehr die Körperkräfte des stark-
beleibten Herrn dahinschwanden, desto mehr war er bedacht, diesen kirchlichen Zustand
auch über seinen Tod hinaus zu befestigen.   Gardiner, dessen zweideutigen Charakter
und papistische Neigungen Heinrich auch unter der Hülle der zur Schau getragenen Devotion und Ergebenheit erkannt hatte, wurde in der letztwilligen Verfügung aus der
Zahl Derer ausgeschlossen, die dem Thronerben als vormundschaftliche Räthe zur Seite
stehen sollten, und die römisch gesinnte Familie der Howards in ihren Häuptern, dem
Herzog von Norfolk und seinem Sohn, dem Grafen Surrey schwer getroffen.   Beide
wurden unter der Anklage des Hochverraths in Haft genommen.   Der Graf, eine romantisch angelegte Natur von poetischer Begabung und von stark hervortretenden
Sympathien für den Romanismus, wurde schuldig befunden und endete sein Leben
auf dem Schaffot.   Der Vater sollte ihm nachfolgen.   Schon war die Anklageakte in 19. Jan.
hastiger Eile durch die beiden Häuser des Parlaments geführt und bedurfte nur noch 1547.
der königlichen Unterschrift, als der Tod des Königs dazwischentrat und dem Gefangenen das Leben erhielt, wenn auch nicht sofort die Freiheit verschaffte.   Am 28. Ja- 28. Jan.
nuar in früher Morgenstunde schied König Heinrich VIII. im 56. Jahre seines Alters, im 1547.
38. seiner Regierung aus dem Leben.

Die Lobreden der Humanisten, welche den achten Heinrich bei der Thron- Charakter
besteigung so verherrlichend begrüßt hatten, waren im Lauf der Jahre ver- VIII.
stummt; und doch bildete der Sinn für Wissenschaft und Kunst, der nie ganz
erlosch, die einzige Lichtseite in seinem Charakter.   Die freigebige Dotation des
Trinitätscollegium in Cambridge war eine seiner letzten Handlungen.   In desto
reichlicherer Fülle hat Mit- und Nachwelt die bittersten Schmähungen auf sein
Haupt geschüttet; und unsere Darstellung gibt den Beweis, daß sie nicht unverdient sind.   Seit Nero und Domitian hat kaum ein Monarch so sehr den Einwirkungen einer despotischen Natur, blutdürstiger Leidenschaften und tyrannischer

Willkür sich hingegeben, und des Dichters Worte: „Was er sprach war Geißel, und was er schrieb war Blut" finden auf den zweiten Tudor, der wie blutiger Nordlichtschein am Horizonte dahin zog, ihre volle Anwendung. „In Heinrich VIII." urtheilt Ranke, „bemerkt man keine freie Hingebung, keinen Schwung der Seele, keine wirkliche Theilnahme an einem lebenden Menschen, sie sind ihm alle Werkzeuge, die er braucht und wieder zerbricht; aber er hat eine praktische Intelligenz ohne Gleichen, eine den allgemeinen Interessen zugewandte kraftvolle Thätigkeit; er verbindet Beweglichkeit der Absichten mit einem jederzeit festen Willen. Man begleitet den Lauf seiner Regierung mit einer Mischung von Abscheu und Bewunderung." Aber wie mächtige elementare Naturerscheinungen neben der zerstörenden Gewalt auch reinigende und fruchtbringende Wirkungen in sich tragen, so ist auch die sturmvolle Regierung Heinrichs VIII. der Mutterschoß großer Errungenschaften für das nationale Leben Englands gewesen. Die Vorsehung hatte ihn zu einer Geißel Gottes ersehen, auf daß Volk und Staat geläutert würden und eine neue Generation mit frischen und gesunden Kräften erstehen möchte. Und viel ist auch von den Häuptern der Nation selbst verschuldet worden! Die Servilität des Adels, des Prälatenstandes, der bürgerlichen Vertreter, die sich widerstandslos seinen Machtgeboten unterwarfen, mußte ihn mit Verachtung gegen die Menschen und gegen alle menschlichen Rechte erfüllen und seinen Hang zur Willkür und zu leidenschaftlichen Aufwallungen stärken. Parlament und Convocation gingen in Devotion und Servilismus auf die äußerste Grenze: sie bekleideten ihn mit einer Kirchengewalt, wie sie kaum der Papst besaß, bis zur persönlichen Unfehlbarkeit; sie legten seinen Ordonnanzen Gesetzeskraft bei; sie machten sich zu Mitschuldigen seiner tyrannischen Blutherrschaft; wenn er den Sitzungen beiwohnte, ergingen sie sich in überschwenglichen Lobpreisungen auf die „geheiligte Majestät", auf den neuen Salomo und David, und beugten die Knie, so oft sein Name genannt wurde. Es lautet fast wie Ironie, wenn er dann gnädig sich vernehmen ließ, es freue ihn, daß seine Unterthanen so empfänglich seien für die Segnungen, die ihnen unter seiner Regierung zu Theil geworden.

Resultate seiner Regierung.   Aber wie sehr wir immer mit moralischem Abscheu auf diese häßlichen Auswüchse blicken mögen; dennoch wurde in dieser Zeit der Grund gelegt zur Größe, Freiheit und Unabhängigkeit der Nation. Es wurde bereits erwähnt, mit welcher Umsicht Heinrich den Schutz der Küsten und die maritimen Vortheile ins Auge faßte. Die Befreiung des Reiches von dem römischen Pontificat war eine großartige Politik, ein glückliches Erfassen und Durchführen der Zeitideen, wie es auch in andern Ländern versucht aber nur in wenigen mit ganzer Folgerichtigkeit vollendet ward. Und wie wenig auch die Rechte des Parlaments geachtet wurden, dennoch machte das Verfassungsleben wesentliche Fortschritte. Während in früherer Zeit der Schwerpunkt des öffentlichen Lebens in den oberen Ständen, im Adel und Klerus ruhte, kam er jetzt mehr und mehr in das Unterhaus zu liegen. Bei Geldbewilligungen wurde dieses in der Regel zuerst angegangen und bei allen Statuten waren die Gemeinen bedacht, wenigstens der Form nach ihre Rechte zu wahren. Selbst die berühmte Akte, welche den königlichen Ordonnanzen Gesetzeskraft beilegte, der „parlamentarische Selbstmord", wie man das Statut bezeichnet hat, war ein Fortschritt im Verfassungsleben. Was man noch unter Wolseys Regiment sieben Jahre lang ohne die Autorität der Reichsversammlung geübt hatte, wurde jetzt den königlichen Erlassen nur in Folge dieses Statuts zuerkannt.

Auch darin war Heinrich VIII. der Begründer der neuen Geschichte Englands, daß er den Spuren seines Vaters folgend (VIII. 930. 933) ernstliche Schritte zur Vereinigung aller britischen Inseln und Länder zu einem Gesammtreiche that und dadurch den künftigen Herrschern den Weg einer nationalen Politik anbahnte. Von den Vorgängen in Schottland wird später die Rede sein. Wenn dort seine Unionsversuche scheiterten, so wurden sie dagegen in Wales und Irland ins Leben geführt. Von der Zeit an war die Bezeichnung des Thronfolgers als „Prinz von Wales" mehr als ein Titel, indem es Heinrich zuerst gelang, das Gebirgsland, von dem sein Geschlecht ausgegangen, vollständig den kirchlichen und staatlichen Gesetzen Englands zu unterwerfen, und auch in der grünen Nachbarinsel, wo die dynastischen Geschlechter, die Desmonds, Ossorys und besonders die Fitzgeralds (Geraldinen), deren Stammhäupter die Grafen von Kildare waren, die britische Herrschaft mit aller Macht bekämpften und innerhalb der Grenzen des „Pale" festbannten, wußte er die der „imperialen Krone" Englands innwohnende Würde zur Wahrheit zu machen. Fünf Geschlechtshäupter der Fitzgeralds, welche im Bunde mit Papst und Kaiser das Regiment des schismatischen Königs in Irland mit gewaffneter Hand abzuwerfen und den Grafen von Kildare mit der irischen Krone zu schmücken trachteten, den Erzbischof Allen von Dublin, Cranmers Freund und Gesinnungsgenossen zur Flucht trieben und ermordeten, wurden von dem Lord-Statthalter Gray durch List und Verrath in Haft genommen und nach England geschafft, wo sie sämmtlich auf dem Blutgerüste starben. Dieser Schlag erzeugte 1537. solchen Schrecken unter dem unbotmäßigen Adel, daß ein nach Dublin entbotenes Landesparlament, bei welchem jedoch die geistlichen Mitglieder nur als „beisitzende Räthe" ohne Stimmrecht mitwirken durften, den in England bereits eingeführten Statuten und kirchlichen Ordnungen auch für Irland gesetzliche Geltung beilegte. Der päpstliche Primat und der Gerichtsgang nach Rom wurden aufgehoben, der König als Oberhaupt der irischen Kirche anerkannt und ihm die Annaten und die Ordenshäuser mit allen ihren Besitzungen zugesprochen, die Verweigerung des Suprematseides für Hochverrath erklärt, die Successionsakten auch auf Irland ausgedehnt. Aber was das fügsame Landesparlament in Dublin beschloß, erlangte darum noch nicht allgemeine Geltung: in den entlegeneren Theilen, wo die englische Herrschaft noch wenig Wurzel gefaßt hatte, widerstrebten Adel, Klerus und Volk den politischen und kirchlichen Neuerungen. Es fiel den Papisten nicht schwer, als der Lordstatthalter die Klöster auflöste, die

Die englische Königsherrschaft in Wales und Irland.

Monumente des heiligen Patrick zerstören ließ und den Suprematseid einforderte, einen bewaffneten Aufstand zu erregen, gleich der „Pilgerfahrt der Gnade" in Nordengland. Die Kathedrale von Down wurde darüber ein Raub der Flammen. Lord Gray, so energisch er auch vorging, entsprach nicht ganz den Erwartungen des Königs. Er wurde abberufen und als Hochverräther enthauptet. Sein Nachfolger war glücklicher. Mehrere der einflußreichsten Stammfürsten, durch Klostergüter und Ehrenauszeichnungen gewonnen, gaben den Widerstand auf und erkannten die englische Oberherrlichkeit an. Darauf wurde durch Parlamentsbeschluß dem zweiten Tudor und allen seinen Nachfolgern statt der bisherigen Bezeichnung eines „Lord von Irland" der Titel „König von Irland" beigelegt. Die willfährigen Großen wurden durch Graffchaften und Lehnsgüter an den neuen Königsthron gefesselt.

Nie war Grün-Erin so innig mit England verbunden als in den letzten Regierungsjahren Heinrichs VIII. Und doch war die Vereinigung nur scheinbar und ohne Dauer, weil sie jeder inneren Uebereinstimmung, jeder sittlich-religiösen Unterlage, jedes einheitlichen Organismus entbehrte. Die alten politischen und socialen Zustände dauerten fort; die Religionsgesetze wurden mangelhaft durchgeführt; noch ein ganzes Jahrhundert bestanden troß der ausgesprochenen Säcularisation die Abteien von Tyrone, Tirconnel und Fermanagh; und die papistische Geistlichkeit hielt nach wie vor das unwissende, in den unklaren Regionen eines Gefühls- und Phantasielebens schwärmende Volk in den Banden des Aberglaubens, der Werkheiligkeit und des ceremonienreichen Meßcultus. Als in der Folge die gottesdienstlichen Formen, wie sie in England ausgebildet wurden, auch in Irland zur Anwendung kommen sollten, fanden sie einen unbestellten Boden in dem Geist- und Gemüthsleben der Bevölkerung, welche die englische Kirchensprache so wenig verstand als die lateinische. Selbst im „Pale" war die irische Sprache die herrschende. So war und blieb denn Irland die wunde Stelle in dem britischen Staats- und Kirchenorganismus. Die Insel vermochte sich nicht wie Schottland zu einer monarchischen Einheit zu consolidiren und eben so wenig die fremde Herrschaft der „Sachsen" zu ertragen. Das unruhige Treiben kleiner unbotmäßiger Dynasten hatte seinen Fortgang und ließ keine feste Staatsgewalt aufkommen. Der englische „König von Irland" war nicht der Lebensbaum, an den sich die weichen celtischen Naturen hätten anschließen und zusammenwachsen können.

5. Schottland unter den Stuarts.

Die Bande, welche die Tudors mit dem nördlichen Nachbarlande knüpften, führten nicht zu einer direkten Vereinigung wie in Irland, bahnten aber den Weg zu folgereichen Beziehungen, aus denen mit der Zeit eine festere Union beider Königreiche sich entwickeln sollte. Wir haben in den früheren Blättern die-

ses Werks die Geschichte und die politischen und gesellschaftlichen Zustände
Schottlands bis zu dem Zeitpunkte kennen gelernt, da nach langen Erbfolgekriegen die Krone an das Haus Stuart gelangte (VII. 667 ff., 702.). Aber
mit dem Thron und der Königswürde war geringe Macht verbunden. Der
Adel, einflußreich durch Land und Leute und an Kampf, Jagd und Waffenübun-
gen gewöhnt, erwarb sich eine fast unabhängige Stellung und wurde darin von
dem reichen Klerus, dessen angesehenste Glieder den edlen Häusern angehörten,
nachgeahmt. Bei der geringen Zahl und Bedeutung der Städte konnte sich
nicht wie in andern Ländern ein freier Bürgerstand ausbilden und das gesetzgebende Ansehen der Könige in den Parlamenten stärken, daher auch Recht
und Gesetz ganz in den Händen des Grundadels lag und das größtentheils
dem Hirten- und Bauernstande angehörende Volk nur die Gerichtsstätten der
Gutsherren kannte. So war die Königsmacht in Schottland auf das Führer-
amt im Kriege beschränkt; das richterliche Ansehen des Königs hatte nur Geltung für die eigenen Unterthanen; die oberlehnsherrlichen Rechte wurden von den
trotzigen Edeln wenig beachtet, die Abhängigkeitsverhältnisse mehr und mehr
gelockert und die Krongüter widerrechtlich vermindert. Die Clanverfassung,
durch welche der Grundherr ein patriarchalisches Ansehen über alle seinem Bereich
angehörenden Familienglieder erlangte und alle Insassen, Pächter, Hörige in das
Verhältniß der Clientschaft zum Clanhaupte traten, trug Vieles zur Erhöhung
der Macht der Edelleute bei, die, durch Wechselheirathen und Blutsverwandt-
schaft schon einander nahe stehend, sich noch häufig durch Waffenbündnisse
stärkten, um der Königsmacht ungestraft Trotz bieten zu können. Wohl hatte
das Stuart'sche Herrscherhaus manchen kräftigen und strebsamen Fürsten aufzuweisen; aber ein unglückliches Geschick stürzte die meisten in ein frühes Grab
und führte Minderjährigkeiten und Regentschaften herbei, unter denen die Krongüter und Herrenrechte verschleudert, die Gerichtsbarkeit vermindert und das
Ansehen des Herrscheramtes geschwächt wurde. Die Geschichte der Stuart-
schen Könige während mehrerer Jahrhunderte hat fast von nichts Anderem zu
berichten, als von den Versuchen und Maßregeln, die sie ergriffen, um die verlornen Rechte und Krongüter wieder zu erlangen, ihre Autorität gegen den raub-
süchtigen und fehdelustigen Adel zu behaupten und den Zustand der ritterlichen
Anarchie durch die Bande der Ordnung zu beseitigen. Die Weltgeschichte bietet
kein anderes Herrscherhaus dar, das durch die Hand eines finstern Geschicks so
schwer gebeugt worden wäre, als die Nachkommen Banco's. Das Loos des
Ahnherrn, das der große britische Dichter so erschütternd darstellte, vererbte seinem Stamm, den das Schicksal zum Gegenstand einer großartigen Tragödie
ausersehen zu haben schien. Die Krone sah der ergrimmte Macbeth auf dem
Haupte der Nachkommen seines ermordeten Genossen, aber nicht die blutigen
Wunden, denen die meisten in der Blüthe der Jahre erlagen, nicht den Schmerz
der gebrochenen Herzen, der die übrigen ins Grab stürzte.

Robert III. **Robert III.**, der zweite König der Stuart'schen Familie, hatte zwei Söhne, von
1390—1406. denen der älteste durch die Tücke seines Oheims des gräßlichsten Hungertodes starb,
der jüngere, Jacob, achtzehn Jahre in englischer Gefangenschaft vertrauern mußte,
Jacob I. worüber dem Vater das Herz brach. Als **Jacob** endlich nach einer stürmischen
1406—1437. Zwischenregierung den schottischen Thron bestieg und die herrschende Barbarei nach
Englands Vorbild zu mindern suchte, theils durch Hebung der Industrie theils
durch die Gründung der Universität St. Andrews, theils durch Gesetze, die bei
dem Adel und dem Klerus ein gesittetes Leben bezweckten, bildete sich eine Verschwörung gegen ihn, der er auf die schrecklichste Weise in einem Kloster zu Perth
Jacob II. erlag (1437). Sein kühner Sohn, **Jacob II.**, hatte bald nach dem Antritt
1437—1460. seiner Regierung mit dem mächtigen Hause Douglas einen Krieg zu bestehen,
von dessen Ausgang der Besitz oder der Verlust der Krone abzuhängen schien;
und kaum hatte er diesen Kampf siegreich beendigt und seine Thätigkeit der
Schwächung des Adels, der Sittigung des Landes und der Hebung der königlichen Gerichtshöfe zugewendet, als ein unglücklicher Kriegszug nach England
seinem Leben im dreißigsten Jahre auf eine gewaltsame Weise ein Ende machte,
und die Regierung in die Hände seines siebenjährigen Sohnes brachte (1460).
Jacob III. **Jacob III.** war ein Fürst von großen Anlagen, der, als er zur Volljährigkeit
1460—1488. gelangte, dieselbe Politik dem Adel gegenüber befolgte wie seine Vorfahren, nur
daß er sich anderer Mittel bediente. Da er an ritterlichen Thaten und an dem
wilden Treiben der Jagd und des Kriegs kein Gefallen fand, so mied er allen
Verkehr mit dem Adel, übertrug die Staatsgeschäfte größtentheils der Geistlichkeit und wandte seine Gunst Leuten von geringem Stande zu, die seine Liebe für
Astrologie, Musik und Architektur theilten, zugleich aber auch seinen Schwächen
schmeichelten. Sein Streben scheint gewesen zu sein, durch Kunst und Industrie
den rohen Sitten der Edelleute entgegen zu wirken, die feudalistische Macht derselben zu brechen und nach dem Vorbilde Ludwigs XI. und anderer Fürsten
seiner Zeit eine absolute Monarchie zu gründen. Aber seine Mittel waren so
gering, die eingeschlagene Bahn unter den obwaltenden Verhältnissen so verkehrt und der Widerstand so stark, daß er durch seine Maßregeln den Adel nur
erbitterte, ohne ihn zu schwächen. Als er daher einst mit einem Heere nach der
Grenze zog, um die Engländer von einem Einfalle abzuhalten, drangen im Lager von Lauder einige über ihre Zurücksetzung erbitterte Edelleute mit gewaffneter Hand in sein Zelt, ergriffen die Günstlinge, bis auf Ramsay, der in den
Armen des Königs Schutz suchte, und knüpften sie an der Brücke zu Lauder auf.
Jacob wollte nach einiger Zeit ihren Tod rächen und rückte mit seinen Getreuen
den meuterischen Edelleuten entgegen; aber am Flüßchen Bannockburn, das
schon so oft von schottischem Blute geröthet worden, erlag sein Heer den abgehärteten Truppen seiner Gegner. Der König mußte fliehen. Beim Uebersetzen
über den Fluß stürzte sein Pferd; unerkannt wurde er in eine Mühle gebracht
Jacob IV. und dort von einem feindlichen Kriegsmann ermordet. Sein Sohn Jacob IV.
1488—1513.

war von entgegengesetztem Charakter, offen und ritterlich, daher er mehr Sympathie bei dem Adel fand. Ein Krieg mit Heinrich VII. von England endigte
mit einem Bündnisse, in Folge dessen Jacob des Königs Tochter Margarethe 1503.
als Gemahlin heimführte. Nun trat eine mehrjährige Ruhe und eine fröhliche
Zeit in Schottland ein.. An dem Hofe des ritterlichen und freigebigen Königs
wechselten Festlichkeiten und Spiele; die Hofhaltung wurde prachtvoller, schöne
Gebäude erhoben sich in der Hauptstadt; eine neue Flotte befuhr die Gewässer des
Forth und die Edelleute schlossen sich in Liebe an einen Fürsten an, der sich ihnen mit Vertrauen näherte und gleiche Gesinnung mit ihnen hegte. Als aber
in England Heinrich VIII., Jacobs Schwager, den Thron bestieg, und die politischen Verwickelungen des Festlandes, deren wir früher gedachten, eine Reihe
von Kriegen herbeiführten, erneuerte Jacob IV., der sich mit seinen Edelleuten
nach einer Gelegenheit sehnte, den Ruhm der schottischen Waffen zu erhöhen und
die so oft erprobte Tapferkeit abermals zu bewähren, den alten, seit den Erbfolgekriegen bestehenden Bund mit Frankreich und fiel in Northumberland ein.
Hier aber wurde er am Hügel von Flodden, dem südlichen Abhange des **9. Sept.**
Chewiotgebirges, vom Grafen von Surrey geschlagen, und zehntausend Schot- **1513.**
ten, darunter die Häupter der edelsten Familien, deckten das Schlachtfeld. Der
König selbst war verschwunden, und seinen Leichnam fand man erst am andern
Tage unter einem Haufen erschlagener Edelleute, die den Fall ihres geliebten
Fürsten nicht überleben wollten.

Der unglückliche Ausgang der Schlacht bei Flodden erfüllte das ganze **Schottland**
Land mit Trauer; die meisten Familien hatten Angehörige und nahe Ver- **unter**
wandte zu beweinen; ein geliebter König war nicht heimgekehrt von dem **Jacob V.**
Waffenfelde; ein minderjähriger Fürst Jacob V. und eine zwieträchtige Re- **1513—1542.**
gentschaft ohne Ansehen waren den Stürmen nicht gewachsen, die nun über
Schottland hereinbrachen. Es bildeten sich zwei Parteien, eine französische, an
ihrer Spitze der Herzog von Albany, der nächste Agnat des königlichen Hauses,
und eine englische unter der Leitung der Königin Mutter und der Familie Douglas. Beide Theile, von Frankreich und England mit Geld und Hülfsmannschaften unterstützt, maßen ihre Kräfte mit einander; darüber gerieth das arme
Land in einen solchen Zustand von Verwirrung und Zerrissenheit, daß in den
Straßen von Edinburg zwischen den Hamiltons und Douglas ein Treffen geliefert wurde, wobei zwei und siebenzig Menschen, unter ihnen ein Bruder des
Grafen von Arran, des Hauptes der Hamiltons, das Leben verloren. Der **April 1520.**
König, dessen sich jede Partei zu bemächtigen suchte, gerieth zuletzt in die Gewalt der Douglas, die ihn wie einen Gefangenen behandelten, obschon er bereits
für volljährig erklärt worden war. Diese unwürdige Stellung erbitterte den
nach Selbständigkeit strebenden Fürsten der Art, daß er verkleidet entfloh, über
die Douglas Acht und Confiscation aussprach und sie nach kurzem Widerstand
zur Flucht nach England nöthigte. Erst nach fünfzehnjähriger Verbannung

wurde ihnen die Rückkehr gestattet.   Nach diesem Sieg ergriff Jacob V. jetzt
1528. sechszehn Jahre alt, die Zügel der Herrschaft mit eigener Hand und war bemüht,
durch strenges Vorgehen gegen die turbulenten Edelleute und Parteihäupter wie
durch Befestigung der königlichen Burgen und Städte die Wiederkehr solcher unruhigen Zeiten zu verhindern.   Mancher Mann von hohem Geschlechte mußte,
wie Graf Bothwell, seinem Vaterlande den Rücken kehren, mancher andere, wie
Graf Armstrong und Lord Forbes, bluteten als Hochverräther auf dem Schaffot.
Zu den Staatsgeschäften wurden Geistliche berufen, die dem König mehr Hingebung und guten Willen zeigten. Um die Zeit, da in England bereits die Axt an die
mittelalterige Hierarchie gelegt war, standen in Schottland Thron und Altar in
engster Verbindung. Wir wissen ja bereits, welche Hoffnungen die Papisten und
Romanisten auf den jugendlichen König setzten. Er sollte bei Gelegenheit der
englischen Aufstände als Fahnenträger der Reaction auftreten.   Die Vermählung mit Magdalena, der Tochter Frankreichs, brachte ihn mit dem Hof von
Paris in Beziehung; und wenn auch die zarte Jungfrau ohne Nachkommenschaft früh in's Grab sank, so wurden doch die Bande nicht gelöst.   Eine andere französische Edeldame, die verwittwete Herzogin von Longueville, Maria
von Guise, aus einem Geschlechte, das auf die künftigen Geschicke Frankreichs
einen so mächtigen Einfluß üben sollte, wurde Königin von Schottland und
theilte die geistlichen Sympathien ihres Gatten. Zu einer Invasion in England
kam es nun freilich nicht.   Bei der Stimmung des schottischen Adels, der mit
Neid und Groll seine eigene Zurücksetzung und die Begünstigung des Klerus ertrug und bereits gierige Blicke auf die Reichthümer der Kirche warf, konnte Jacob an keinen Kriegszug denken.   Dagegen war der geistliche Einfluß, dem ein
beträchtliches Geldgeschenk des Klerus Nachdruck gab, mächtig genug, jede
freundschaftliche Beziehung zu dem englischen Hof, für welche die Königin Mutter, Heinrichs Schwester thätig wirkte, zu zerreißen. Alle Versuche des Königs
von England, den Neffen zu einer Zusammenkunft in York zu bewegen, blieben
eben so erfolglos, wie die Bemühungen seiner Gesandten, denselben zu ähnlichen
Schritten gegen Rom zu bewegen, wie sie Heinrich in seinem Reiche vorgenommen.   Die Schriften gegen den päpstlichen Primat, die man ihm zustellte, legte
er ungelesen zurück.   Cardinal Beaton, Erzbischof von St. Andrews, übte in
Schottland eine Gewalt, wie einst Wolsey in England. Bei so gereizter Stimmung nahmen die Feindseligkeiten in den Grenzmarken, wie sie häufig genug
eintraten, einen ernsteren Charakter an.   Es kam zu einem Waffengang zwischen den Nachbarreichen.   Aber der Adel griff ungern zum Schwert unter einem
König, der ihm so wenig Huld und Vertrauen zeigte, und unter einem Heerführer wie Oliver Sinclair, den kein anderes Verdienst als die Gunst seines Herrn
an die Spitze gestellt.   Ein kleiner Haufen englischer Kriegsleute genügte,
um ein doppelt so starkes Heer der Schotten bei Polwey Moß in die

Flucht zu schlagen.   Ergriffen von Schmerz und Schaam über die Niederlage
eilte der König aus dem Lager von Fala am westlichen Abhange der Lammer-
muirhügel nach dem einsamen Schlosse Falkland.   Hier versank er in Schwermuth und düsteres Brüten über sein Schicksal, bis sich ein Fieber zu seinen Seelenleiden gesellte und seinem Leben im zweiunddreißigsten Jahre seines Alters **14. Decbr**
ein Ende machte.   Sieben Tage vor seinem Tode hatte seine Gattin eine Toch- **1542.**
ter geboren, Maria Stuart, die einzige Erbin seines Reiches.

Diese unerwartete Katastrophe entschied über die Zukunft Schottlands; sie **Die ersten**
gab den Anstoß zu inneren Kämpfen, die endlich zum vollständigen Sieg der **reformat.**
Reformation führten.   Als die Geistlichkeit den König antrieb, daß er für das **Lebens.**
Papstthum und den alten Glauben das Schwert zog, waren die neuen Doctrinen
von Deutschland und England aus schon in das Volk gedrungen und hatten
manchen Bekenner erweckt.   Nur mühsam erwehrte sich der in Unwissenheit
und Verweltlichung versunkene einheimische Klerus der Angriffe, welche theils aus
den Reihen der Humanisten auf der Hochschule St. Andrews, theils in der Volksdichtung, theils von den Anhängern reformatorischer Lehren erhoben wurden. Wie heftig auch der Cardinal-Erzbischof Beaton die Waffen der Verfolgung
schwang, wie scharf auch die geistliche Censur die Bücher überwachte, welche vom
Auslande eingebracht wurden, wie eifrig auch die geistlichen Gerichte mit Strafen gegen die Verkündiger und Anhänger evangelischer Lehrmeinungen vorgingen,
mochten dieselben von stillen Gemeinden in nächtlichen Zusammenkünften als geheimer Schatz gehegt werden, oder laut und öffentlich in Rede und Schrift sich
hervorwagen; der Same des neuen Glaubens an die beseligende Kraft und
Wahrheit der heiligen Schrift konnte nicht mehr zertreten, das Licht, welches die
Dunkelheit erhellen sollte, nicht mehr gelöscht werden.   Von den Tagen, da der
durch Studien in Deutschland den reformatorischen Lehren befreundete junge
Edelmann Patrick Hamilton in den Flammen starb, blutete dem alten Glauben **1527.**
manches Opfer; andere schmachteten in Kerker und Banden, und wie viele verließen den vaterländischen Boden und suchten ein Asyl auf fremder Erde.   Auch
einer der kräftigsten Geister, Georg Buchanan, welcher als Dichter und Geschichtschreiber mit den Alten wetteiferte, und Alexander Aleß (Alesius), der von Hamilton dem Evangelium gewonnen in England und Deutschland für die reformatorische Sache thätig war, entzogen sich durch die Flucht der Verfolgung, durch
welche Hof und Clerus die religiöse Neuerung niederzuhalten suchten.   Allein
das Märtyrerthum war die mächtigste Predigt für ein „rohes, sinniges und
treuherziges" Volk.   Wie in der alten Heidenwelt weckte jeder Blutzeuge Tausende von Bekennern.   Auch John Knox (geb. 1505), welcher auf der Universität St. Andrews theologische Vorlesungen gehalten, entzog sich damals dem
Argwohn des Erzbischofs und suchte ein Obdach im Hause des Lairds von
Langniddry.

Die Regent-schaft. Mit dem Tode Jacobs V. änderte sich die Lage der Dinge in Schottland. Heinrich VIII. suchte die Umstände zu einer Vereinigung der Nachbarländer zu benutzen. Eine künftige Vermählung seines Sohnes Eduard mit der schotti-schen Erbtochter Maria Stuart sollte die Einleitung bilden. Zu dem Zwecke suchte er die englische Partei in Schottland zu stärken. Die Douglas und alle flüchtigen oder gefangenen Edelleute wurden in die Heimath entlassen. Wäh-rend ihres Aufenthaltes in England hatten sie sich mit den neuen kirchlichen Zu-ständen vertraut gemacht und glühten vor Verlangen, der verhaßten Hierarchie ihre Macht und ihre Reichthümer zu entreißen. Durch ihren Einfluß wurde der zwar schwache und charakterlose aber damals zur Reformation hinneigende Graf Arran, das Haupt der Hamiltonschen Familie, an die Spitze der Regent-schaft gestellt und der Cardinal aus seiner Macht gedrängt. Aber durch die Gunst der Königin und des französischen Hofes kam der schlaue Prälat bald wieder in die Höhe. Selbst Arran, welchem er den Grafen von Lennox, einen Verwandten als Rivalen entgegensetzte, versöhnte sich mit dem Erzbischof und suchte das englische Bündniß, das ohnedies dem Unabhängigkeitssinn der Nation widerstrebte, rückgängig zu machen. In der That wurde auch der vom Edinburger Parlamente angenommene Ehevertrag wieder aufgehoben. Nun folgten einige schlimme Jahre voll innerer Unruhen und religiöser Verfolgung. Der Krieg, den Heinrich VIII. als Verbündeter des Kaisers gegen Frankreich führte, wirkte auf Schottland zurück. Die französisch-katholische Partei erlangte die Oberhand, zumal als die „unhöfliche Brautwerbung" des englischen Königs, der die Einhaltung des Vertrags mit den Waffen erzwingen wollte, die Miß-stimmung und Eifersucht der Schotten mehrte.

Erzbischof und Märtyrer. Das Selbstvertrauen des Cardinals steigerte sich zum Uebermuth. Um der reformsüchtigen Partei Schrecken einzujagen, ließ er Georg Wishart, einen durch Stand, Bildung und Gelehrsamkeit hervorragenden, ob seiner feu-rigen Beredsamkeit von den Evangelischen hoch verehrten Wanderprediger, ver-haften und durch ein geistliches Gericht unter seinem eigenen Vorsitz als Hä-retiker zum Tode verdammen, worauf derselbe auf dem Schloßplatze zu St. **1. März 1546.** Andrews als standhafter Märtyrer den Flammentod erlitt. Beaton sah aus einem Fenster des Palastes der Hinrichtung zu. Da rief Wishart unter den Qualen des Todes prophetisch aus: „Jener, der dort so übermüthig nie-derschaut, wird in wenigen Tagen mit Schmach bedeckt an derselben Stelle im Staube liegen." Diese Weissagung sollte sich schrecklich erfüllen. Meh-rere Freunde und Anhänger des Predigers verschworen sich den Tod des **20. Mai 1546.** Märtyrers zu rächen. An einem Maitag drangen sie in früher Morgenstunde in das Schloß, überfielen den Prälaten in seinem Schlafgemach und brachten ihm mehrere tödtliche Wunden bei. Darauf trugen sie den Leichnam an dasselbe Fenster, aus welchem der Bischof vor drei Monaten der Hinrichtung Wisharts zugesehen. Die Urheber der blutigen That, „des wohlverdienten Todtschlags", wie sie am Rande einer alten Uebersetzung der Zeitgeschichte von Thuanus genannt wird, behaupteten sich im Besitze des Schlosses, und vertheidigten dasselbe mit Hülfe der ihnen zuströmenden Gesinnungsgenossen und englischer Schiffe über fünf Monate gegen die Regentschaft und eine französische Kriegsschaar. Erst nach dem Tode Heinrichs VIII. erfolgte die Uebergabe gegen Zusicherung ihres Lebens, worauf sie als Kriegsgefangene nach Frankreich gebracht wurden. Unter ihnen befand sich auch John Knox, der sich nach der Ermordung des Cardinals den Verschworenen angeschlossen hatte.

Während der künftige Reformator und seine Leidensgefährten auf franzö-sischen Galeeren schmachteten, entbrannte in den Inselreichen der Kampf aufs Neue. Die englische Regierung wollte den verabredeten Ehebund zwischen Eduard und Maria, durch welchen die Vereinigung beider Nachbarländer herbeigeführt werden konnte, nicht aufgeben. Der Lord-Protektor Somerset rückte daher mit einem Heer über die Grenze; aber noch war die Zeit zu einer Union nicht gekommen. Als Graf Arran das feurige Kreuz, das altschottische Kriegs- und Sturmzeichen von Clan zu Clan tragen ließ, sammelte sich eine beträchtliche Streitmacht. Zwar erlitten die Schotten bei Schloß Pinkey eine schwere Niederlage; aber die englisch-reformatorische Partei zog daraus keinen Vortheil. Vielmehr erwachte die alte Rivalität und Eifersucht mit neuer Stärke und erleichterte der Regentin Maria von Guise den Anschluß an Frankreich. Nicht nur daß französische Hülfstruppen ins Land gerufen wurden; um den Gegenstand des Krieges gänzlich zu beseitigen, sandte die Königin ihre sechsjährige Tochter Maria Stuart nach Paris, damit sie dort erzogen werde. Denn nicht dem englischen sondern dem französischen Thronerben sollte die künftige Königin von Schottland angetraut werden. Von da an war Frankreichs Einfluß vorherrschend; die kirchliche Reformation schien in weite Ferne gerückt; in einem Friedensschluß mit Frankreich, in den auch Schottland einbegriffen war, gab der Londoner Hof den Ehevertrag auf.

Randnoten: Schottland im Bunde mit Frankreich. — Sept. 1547. — 1548. — 24. März 1550.

XVI. Die Vorgänge im Süden und die Reformation in Genf durch Calvin.

1. Die Christenheit und die mohammedanischen Corsaren.

Wie sehr das nationale Sonderleben des Mittelalters einer allgemeinen europäischen Politik gewichen, die Ereignisse des einen Staates in allen andern sich fühlbar machten, die persönlichen Interessen der Fürsten und Völker zu wahlverwandtschaftlichen Verbindungen führten und bald anziehend, bald abstoßend wirkten; trat besonders im dritten Jahrzehnt dieses tiefbewegten Jahrhunderts zu Tage. Weder die Gemeinsamkeit religiöser Anliegen, noch allgemeine politische Zwecke vermögen dauernde Bündnisse zu schaffen; Rücksichten und Vortheile,

Randnote: Politische Verbindungen Franz' I.

39*

wie der Augenblick sie gebiert, geben die Impulse zum Handeln. Vor Allen
waren es die beiden fürstlichen Persönlichkeiten Karl und Franz, welche durch den
Gegensatz ihrer Bestrebungen und Ziele, durch ihre Eifersucht und Rivalität die
Welt in Bewegung setzten, Fürsten und Völkern Anknüpfungspunkte zu Unterhandlungen und Intriguen, zu Verträgen, Hülfeleistungen und diplomatischen
Künsten darboten. Wir haben gesehen, wie eifrig Franz in Deutschland und Stan-
dinavien bemüht war, dem Hause Oesterreich das Spiel zu verderben, den Gegnern des Kaisers Vorschub zu leisten; daß er dabei, obwohl der Verbündete des
Papstes und der heftigste Widersacher der religiösen Neuerung im eigenen Land,
den Evangelischen die Hand reichte und der Reformation zum Fortgang und
Sieg verhalf, focht ihn wenig an. Ja um dieselbe Zeit unterhielt er sogar Verbindungen mit den Mohammedanern, den Todfeinden des spanisch-österreichischen
Namens.

Chaireddin
Barbarossa. Schon seit Jahren war das Mittelmeer der Schauplatz seeräuberischer Fahrten, die eine Bande verwegener Mohammedaner von Tunis aus unternahm. An
der Spitze standen drei griechische Renegaten, Söhne eines Rumelioten, welcher
auf Lesbos dasselbe Geschäft in kleinerem Maßstab getrieben hatte. Am berühmtesten und gefürchtetsten war der dritte der Brüder, Chaireddin, genannt Barbarossa; ihm zur Seite stand der zweite, Uruch oder Horuk, der aber frühzeitig
nebst seinem Bruder Ishak auf einem Streifzug gegen einen Beduinenstamm umkam. Anfangs im Dienste des Emirs von Tunis aus der Familie der Beni
Hafß stehend, handelte Chaireddin bald nach eigenem Sinn und kümmerte sich
wenig um das Oberhaupt. Kühne Freibeuter und Glücksritter aus den süd-
europäischen Ländern, die ihren Glauben abschwuren, Schaaren vertriebener und
flüchtiger Moriskos aus Andalusien, eingeborne Mohammedaner aus den nord-
afrikanischen Landschaften bildeten das verwegene Kriegsvolk, mit dem das Pira-
tenhaupt gegen einheimische Fürsten wie gegen die christlichen Küstenländer zu
Felde zog. In Kurzem war das ganze Gebiet von Algier, Oran und Temsan,
welches einst Cardinal Ximenez der spanischen Krone zinspflichtig gemacht hatte
(IX. 843 f.) im Besitz des Corsarenhäuptlings. Schon war sein Name im
1533. ganzen Abendlande gefürchtet und berühmt, als er in das Lager des Sultans
Suleiman eilte, der gerade mit den Persern im Kriege lag. Mit schmeichelnden
Worten begrüßte er den mächtigen Herrscher als Oberherrn der Gläubigen, „dessen Glorie so herrlich wie die des Dschemschid" und empfing von ihm die Belehnung als Beglerbeg des Meeres und des Sandschaks von Algier. Wie erschraken die Bewohner Neapels und Sardiniens, als Chaireddin auf seiner Rück-
fahrt sich ihren Küsten näherte, einzelne Castelle zerstörte und Beute und Gefangene auf seinen Schiffen hinwegführte. Bald sollte seine Macht noch höher
steigen. Ein Thronstreit im Hause der Beni Hafß gab ihm Gelegenheit als
Beschützer Al Raschids gegen den Bruder Mulei Hasan aufzutreten, der sich durch
Grausamkeit den Haß des Volkes zugezogen hatte. Er eroberte Tunis, schlug

die Angriffe des Gegners zurück ·und behielt die Stadt für sich. Al Raschid wurde nach Konstantinopel entsendet, Mulei Hasan aber irrte als hülfesuchender Flüchtling umher. Nun wurde in Algier und Tunis der Name des sunnitischen Großherrn im Gebet und auf den Münzen genannt. Auch hier gingen somit religiöse und politische Motive Hand in Hand. Wie Karl V. betrachtete sich auch Suleiman als Schirmherrn des orthodoxen Glaubens.

Diese Vorgänge wirkten auf Europa zurück. Schon lange hatte das christliche Abendland schmerzliche Klagen ausgestoßen über die Leiden und Drangsale, welche die frechen Barbaren Nordafrika's ihm zufügten. Nicht nur, daß die Kaufmannsschiffe weggefangen wurden, daß aller Handel und Verkehr gefährdet ward, zahllose Christensclaven schmachteten in Ketten und Kerkern, bis die geforderten Loskauffsummen entrichtet werden konnten; die Bewohner der Meeresküsten schwebten in steter Angst, von Haus und Heimat weggerissen zu werden; meilenweit in das Land hinein erstreckten sich die Ueberfälle und Streifzüge; Italien, Spanien, die Eilande des Mittelmeers waren den feindlichen Angriffen der Räuberschaaren ausgesetzt; in die See durfte man sich nur unter dem Schutze von Kriegsflotten wagen. Die Zeiten der Vandalenzüge schienen wiedergekehrt zu sein. Ganz besonders waren die Besitzungen der spanischen Krone den Streichen der Corsaren ausgesetzt. Die mohammedanische Welt sah mit innerer Befriedigung zu, daß Vergeltung geübt ward für die Verfolgung der Moriskos und daß diese Vergeltung von jenen Stätten ausging, welche die Spanier so oft zu erwerben getrachtet, um deren Besitz so viel Christen- und Saracenenblut geflossen, auf welche der Abkömmling des katholischen Königspaares ein lehnsherrliches Recht in Anspruch nahm. Hatte doch Karl V. gerade darum vor einigen Jahren die Johanniterritter nach Malta gesetzt, damit sie den Islam auf der gegenüberliegenden Küste bekämpfen möchten; und nun schwebten seine eigenen Reiche in steter Gefahr. Daß insonderheit Sultan Suleiman mit Wohlgefallen auf seinen Schützling und Lehnsmann in Tunis blickte, war natürlich. Nicht blos, daß dadurch seine Oberhoheit in Gegenden zur Geltung kam, die ihm bisher keine Anerkennung gezollt hatten; er erhielt auch einen Bundesgenossen in seinen Kämpfen gegen die Habsburger, die Möglichkeit eines gleichzeitigen Angriffs von Osten und Westen. — Und nicht allein die mohammedanische Welt blickte mit Schadenfreude auf den Stachel, den die Corsaren den spanischen Unterthanen ins Fleisch bohrten; selbst König Franz legte ihnen keine Hindernisse in den Weg. Weit entfernt dem Aufrufe des Kaisers zu einer gemeinsamen Heerfahrt des gesammten Abendlandes gegen den Erbfeind des christlichen Namens zu geben; unterhielt er stets freundschaftliche Beziehungen zu der Pforte, leistete er gerne auch diesen Feinden des Kaisers Vorschub; und wenn er gleich aus Scheu vor dem Urtheil der Welt keine offene Bundesgenossenschaft mit ihnen einging, so suchte er doch die Unternehmungen des Rivalen auf alle Weise zu lähmen. Mit Hülfe der Osmanen und Corsaren konnte er hoffen,

Die Corsarennoth.

wieder zum Besitz der italienischen Länder zu kommen, die ihm so sehr am Herzen lagen und deren Wiedergewinnung den Lebensnerv seiner ganzen Politik bildete. Es scheint, daß Chaireddin durch ihn mit Geschütz versorgt wurde.

Karls Zug
nach Tunis.
1535. So mußte denn Karl V. ohne Frankreichs Hülfe zu dem Unternehmen schreiten, durch welches der Feind der Christenheit an der gefährlichsten Stelle getroffen werden sollte. Aus der Bereitwilligkeit der meisten Fürsten und Völker, den Zug gegen die Corsaren zu unterstützen, konnte er den allgemeinen Beifall entnehmen, den diese Heerfahrt fand. In den Augen der Spanier war es eine Erneuerung des „heiligen Krieges", der ihnen stets als der Glanzpunkt der nationalen Ehre und Geschichte erschien. Es war daher ganz nach ihrem Sinne, daß der Kaiser vor seiner Abfahrt von Barcelona eine feierliche Prozession nach dem Heiligthum unserer lieben Frau auf Berg Montserrat anordnete und selbst unbedeckten Hauptes mitzog, und daß das Admiralsschiff das Bild des Gekreuzigten im Banner führte. Auch der Papst sah in dem Unternehmen einen neuen Kreuzzug und sandte dem Befehlshaber der Flotte Andreas Doria einen geweihten Degen. Die römische Krone ruhte damals nicht mehr auf dem Haupte Clemens' VII., der 29. Sept.
1534. so gerne mit Frankreich Hand in Hand gegangen. Er war bereits aus dem Leben geschieden und ein Prälat aus dem Hause Farnese, der viel eifriger zu dem Kaiser stand, saß auf dem apostolischen Stuhl. Nicht gering war die Theilnahme und Hülfe, welche Italien und Portugal bewiesen; aus den Niederlanden kamen Frachtschiffe und aus Deutschland führte Graf Maximilian von Eberstein 8000 Landsknechte über die Alpen nach Genua. Bei Cagliari sammelten sich die Ge- 14. Juni
1535. schwader und gingen von da aus unter Segel; die persönliche Anwesenheit des Kaisers trug wesentlich zur Hebung des Kriegsmuthes bei. Diese Stimmung wurde noch gesteigert durch die raschen Erfolge. Ohne große Schwierigkeiten schlossen die Christen die Burg Goletta zu Wasser und Land ein und erstürmten sie nach kurzer Beschießung. Darauf rückten sie gegen die Stadt selbst vor. Mulei Hasan, der sich im Lager eingefunden, versicherte dem Kaiser, daß er unter den Tunisern großen Anhang besitze; nichtsdestoweniger konnte Chaireddin dem Christenheer, das sich auf 26,000 Mann belief, eine doppelt so starke Streitmacht entgegenstellen. Allein die meisten folgten dem Corsarenhäuptling nur aus Furcht, oder weil man sie glauben gemacht, ihre Religion sollte unter- 20. Juli
1535. drückt werden; als das kaiserliche Heer muthig vordrang und das Geschütz seine Wirkung that, hielten die Araber nicht Stand; zuerst flohen die Tunisier selbst, dann die Hülfsvölker die Chaireddin aus den Stämmen der Umgegend zusammengebracht; endlich wichen auch die Türken und Renegaten, der Kern seiner Streiter, in die Stadt zurück. So gewannen die Kaiserlichen das Schlachtfeld nebst den Brunnen. Damit waren indessen die Schwierigkeiten noch keineswegs beseitigt; das Trinkwasser war nicht hinreichend und die Moslemen schienen entschlossen, die Stadt selbst, die gut befestigt war, aufs Aeußerste zu vertheidigen. Zog sich

der Belagerungskrieg in die Länge, so könnte das europäische Kriegsvolk in schlimme Lage kommen. Der Kaiser blieb jedoch muthig und standhaft und das Glück war mit dem Tapfern. Die in der Citadelle eingeschlossenen Christensclaven fanden Gelegenheit sich zu befreien und das feste Schloß in ihre Hände zu bringen. Dadurch sah sich Chaireddin genöthigt, Tunis zu verlassen. Er zog gen Bona, um Verstärkung aus den westlicheren Landschaften zu ziehen; aber ehe er der Stadt zu Hülfe kommen konnte, fiel dieselbe ohne erheblichen Widerstand in die Hände der Christen. Hätte der Kaiser auch den ernstlichen Willen gehabt, die Tunifer zu schonen, schwerlich wäre sein Gebot wirksam genug gewesen, die von Rachgier, Beutelust und Fanatismus entbrannten Truppen von Grausamkeiten und wilden Ausschweifungen abzuhalten. Zwei Tage lang wurde die unglückliche Stadt der Plünderung und der rohen Wuth preisgegeben; der Racen - und Religionshaß der Maurenkriege zeigte noch bei den Enkeln seine Wirkung. Der Anblick der christlichen Gefangenen, die jetzt befreit und der Heimath und den Ihrigen zurückgegeben wurden, entflammte noch mehr die Leidenschaften und entfesselte alle Geister der Rache und Vergeltung. Tausende von Moslemen wurden ermordet; eine noch größere Zahl in Knechtschaft geführt; Raub und rohe Zerstörung erfüllten die Stadt. Nach dem Einzug des Kaisers feierte man ein Hochamt und stattete dem heiligen Jacobus den Dank ab für den herrlichen Sieg. Darauf übergab Karl Stadt und Landschaft von Tunis dem früheren Beherrscher Mulei Hasan, gegen das Versprechen, allen Seeraub zu unterdrücken; für sich selbst behielt er Goletta und die Küstenorte. Siegesfreudig und von stolzen Hoffnungen und Entwürfen getragen kehrte Karl V. nach Sicilien zurück, verherrlicht vom ganzen Abendland. Aber der Gedanke, im nächsten Frühjahr den Zug zur Eroberung von Algier und andern festen Plätzen, die sich noch in Chaireddins Händen befanden, zu wiederholen, wurde von andern Ereignissen durchkreuzt und vereitelt.

2. Die Vorgänge in Italien und Südfrankreich.

Im Frieden von Cambrai war das Herzogthum Mailand an Franz Sforza gekommen; doch war der Kaiser der eigentliche Gebieter. Nicht nur daß er die festen Plätze des Landes in seiner Hand behielt und durch Besatzungen sicher stellte; er vermählte den schwachen Fürsten mit seiner Nichte, Dorothea von Dänemark, um ihn auch persönlich an das kaiserliche Interesse zu fesseln. Nun wissen wir aber, wie sehr König Franz I. an dieser Besitzung hing; er betrachtete das Herzogthum als das Erbland seines Hauses und den Verlust als die tiefste Kränkung seiner Ehre. Nie hatte er den Ansprüchen auf immer entsagt; es sollte wenigstens seinem Hause erhalten, nach dem Tode des Herzogs, dessen schwächliche Gesundheit kein langes Leben in Aussicht stellte, einem der königlichen Söhne zu Theil werden. Darum war er auch bemüht, fortwährend in Fühlung mit

Marseilles' Hinrichtung.

der Bevölkerung zu bleiben.   Dazu bot ihm ein Mailänder, Maraviglia, der in Frankreich sein Glück gemacht und seinen Namen in Marveilles umgeformt hatte, seine Dienste an.   Er wurde von Paris aus dem Herzog und seinem Kanzler empfohlen; damit aber der Kaiser keinen Verdacht schöpfe, sollte seine Stellung als französischer Agent geheim gehalten werden.   Die österreichische Partei erkannte jedoch bald das wahre Verhältniß, da der eitle Mann sich mit seiner Mission brüstete; sie drohte mit des Kaisers Ungnade und bewirkte, daß der Sforza ihn fallen ließ.   Nun kam Maraviglia in Gefahr; um sich gegen Nachstellungen zu sichern, hielt er eine Schutzwache von Banditen, mit deren Hülfe er sich der Angriffe der streitsuchenden Gegner erwehrte.   Bei einem solchen Handgemenge wurde der Führer der feindlichen Bande, Castiglione, ermordet.   Dies gab der herzoglichen Regierung Veranlassung zu feindlichem Vorgehen.   Maraviglia wurde eingekerkert, gefoltert und enthauptet, sein Leichnam auf den Markt geworfen.   Franz I. gerieth bei der Nachricht in heftigen Zorn. Er meldete den Vorfall an alle christlichen Höfe und stellte ihn als Bruch des Völkerrechts dar.   Alle Einwendungen von Seiten des Kaisers, daß der Ermordete nur ein Privatmann gewesen, dem kein gesandtschaftlicher Charakter beizumessen sei, fanden so wenig Gehör als die Entschuldigungen des Herzogs und seines gewandten Kanzlers Taverne.   Denn Franz griff begierig nach jeder Gelegenheit, welche die feindselige Haltung gegen die Habsburger und seine Verbindungen mit allen offenen und geheimen Gegnern derselben rechtfertigen konnte.

6. Juli 1533.

Neue Militäreinrichtung in Frankreich. Von der Zeit an wurde ein versteckter Krieg zwischen den beiden Monarchen geführt, der abwechselnd durch Verhandlungen, Ausgleichungsvorschläge, Friedensversprechungen unterbrochen ward, aber doch über kurz oder lang eine Erneuerung des Waffenganges in sichere Aussicht stellte.   Die Interessen in Italien liefen zu weit auseinander, als daß sie ein aufrichtiges Verständniß hätte erreicht werden können.   Diplomatische Künste, von beiden Seiten mit gleichem Geschick angewendet, dienten nur dazu, die Entscheidung durch die Waffen so lange hinauszuschieben, bis man in der Lage sei, mit größter Kraftentfaltung in den Kampf zu treten.   Zu dem Zweck traf Franz die neuen Militäreinrichtungen, die ihn vom unsichern Söldnerwesen mehr befreien und eine Kriegsmacht bilden sollten, welche für die Ehre der Nation, für König und Vaterland zu kämpfen bereit wäre.   Während die Verpflichtungen des Lehnsadels als schwergerüstete Reiter persönlich ins Feld zu ziehen, genau untersucht und eingeschärft wurden, sollte in den Provinzen ein neues Fußvolk geschaffen und in sieben Abtheilungen von je 6000 Mann mit sechs Hauptleuten und einem Oberst formirt werden.   Es ist bezeichnend für den Charakter der Zeitbildung, daß Franz diesen Abtheilungen den antiken Namen „Legion" beilegte.   Ein Theil davon sollte mit Feuerwaffen versehen werden, der größere mit Piken und Hellebarden.   Besoldung und Löhnung waren genau bestimmt und mancherlei Vortheile und Auszeichnungen in der bürgerlichen Stellung sollten den kriegerischen Geist beleben.   An diese nationale Kriegsmacht sollten sich die deutschen Landsknechte und die schweizerischen Söldner anlehnen, denen man nicht ganz entsagen wollte.   Auch für Anlegung von Festungen und Erdschanzen zur bessern Aufstellung der Geschütze traf Franz Vorkehrungen.

Juli 1534

Daß der König von Frankreich sich mit dem Plane eines neuen italienischen Gespannte Verhält-nisse. Feldzugs trage, war dem Kaiser und den Fürsten Italiens nicht zweifelhaft. Es bedurfte nur eines in die Augen springenden Kriegsfalles, den aber Karl und seine Räthe klug zu vermeiden wußten. Man suchte in Deutschland durch unmittelbare Verhandlungen und Verständigung mit dem Schmalkaldischen Bund eine französische Einmischung abzulenken; das kaiserliche Kabinet zeigte sich nicht abgeneigt, einem der Söhne des Königs die herzogliche Krone von Mailand, sobald sie in Erledigung käme, zu übertragen; nur sollte es nicht der zweite, der Herzog von Orleans, sondern der dritte, der Herzog von Angouleme sein. Damit wäre aber der einstige Anfall an Frankreich in die Ferne gerückt worden. So konnte auch der afrikanische Zug ohne Störung ausgeführt werden; und Franz hat es sich zum großen Verdienst angerechnet, daß eine That, um derentwillen Karl in Rom und in der ganzen katholischen Christenheit so hoch gefeiert wurde, durch seine Zurückhaltung so glänzend gelang. Nun trat aber das Ereigniß ein, dem man schon lange mit Spannung entgegengesehen hatte: Franz Sforza von Mailand starb kinderlos. Dadurch fiel das Herzogthum als Reichs- 24. Okt. 1535. lehn an den Kaiser zurück. In Paris wollte man aber diese Gelegenheit, das verlorene Erbland wieder zu gewinnen, nicht entschwinden lassen. In den Tagen, da der Kaiser seinen afrikanischen Sieg in Neapel mit glänzenden Festen feierte, in maurischer Kleidung selbst an den Turnieren und Kampfspielen Theil nahm und sich an den Chören und Reigen der schönen Frauen und Jungfrauen ergötzte, womit das frohe Ereigniß und die gleichzeitige Vermählung seiner Tochter mit Alexander von Medici verherrlicht ward, wurden die Forderungen des französischen Hofes in dringender Weise erneuert. Karl, der den Frieden gerne noch länger erhalten hätte, um Nordafrika vollends zu bezwingen und seine Waffen gegen die Türken und Ketzer zu gebrauchen, der von einem Zug nach Konstantinopel träumte, überlegte mit seinen Räthen, ob man nicht nachgeben und sich um diesen Preis die dauernde Freundschaft des Königs und die Mitwirkung Frankreichs bei den andern hohen Plänen erkaufen sollte. Und wirklich war man eine Zeitlang geneigt, die Wittwe Franz Sforza's mit dem Herzog von Angouleme zu vermählen und ihn mit Mailand zu belehnen. Da trat es aber bald zu Tage, wie wenig dieses Zugeständniß die Ansprüche Frankreichs befriedigte: Mailand sollte dem Herzog von Orleans in der Weise übergeben werden, daß der König selbst als der eigentliche Herrscher die Nutznießung habe, der Sohn nur dessen Stellvertreter mit dem herzoglichen Titel sei. Beides war gegen den Sinn des Kaisers: weder wollte er den Herzog von Orleans, der als Gemahl Katharina's von Medici und auf Grund geheimer Versprechungen des verstorbenen Papstes Clemens VII. weitgehende Ansprüche auf italienische Territorien erhoben hatte, allzu mächtig in der Halbinsel werden lassen, noch wollte er dem ländergierigen Nachbarn den Schlüssel des lombardischen Landes in die Hand geben. Denn wie hoch dessen Er-

oberungsgedanken sich verstiegen, lehrte das gleichzeitige Vorgehen in Savoyen und Piemont und die Ansammlung bedeutender Streitkräfte in der
Dauphiné.

Das Herzog-
thum Sa-
voyen. Am Ende des fünfzehnten Jahrhunderts war Savoyen durch Familienverbindungen mit Frankreich in nahe Berührung gekommen (VIII. 385. 853.
IX. 772). Der zweite Nachfolger jenes Herzogs Karl, der den Titel eines
Königs von Cypern dem Hause einbrachte, weil seine Tante Charlotte, die Erbfür-
stin der Insel, ihre Rechte an die Verwandten ihres Gemahls übertrug (1485),
war Philipp von Bresse, der in späten Jahren durch das Absterben der regierenden Linie auf den herzoglichen Thron gelangte, denselben jedoch nur ein Jahr
lang besaß. Seine erste Gemahlin Margarethe von Bourbon hatte ihm einen
Philibert
1497—1504. Sohn Philibert und eine Tochter Luise geboren. Jener wurde des Vaters
Nachfolger, diese, vermählt mit Karl von Angouleme, war die Mutter des Königs Franz I. Als Philibert ohne Erben starb, hatte er seinen Halbbruder
Karl III.
1504—1553. Karl III. aus der zweiten Ehe des Vaters zum Nachfolger. Wir werden die
Schicksale dieses Fürsten, der im Widerspruch mit der bisherigen Familienpolitik
sich dem spanisch-österreichischen Hause näherte und dafür von Karl V. mit der
Hand seiner Schwägerin und mit der Grafschaft Asti belohnt ward, in der Reformationsgeschichte von Genf kennen lernen. Dem französischen König war
der Halbbruder seiner Mutter, der ihm die Verbindung mit Mailand erschwerte, ein Dorn im Auge; und er suchte nach einer Gelegenheit, sich an dem
schwächeren Nachbar zu vergreifen. Trotzdem, daß im savoyischen Hause die
weibliche Erbfolge ausgeschlossen und dementsprechend bisher die Regierung Karls
noch niemals angefochten worden war, und trotzdem daß Luise bei ihrer Verheirathung ausdrücklich allen Ansprüchen entsagt hatte, trat nun Franz mit der
unerhörten Forderung hervor, die Grafschaft Bresse und andere Territorien des
Herzogthums Savoyen, die seiner verstorbenen Mutter von Rechtswegen gehörten, sollten ihm als ihrem legitimen Erben herausgegeben werden; außerdem
verlangte er die Abtretung der Herrschaft Faucigny, weil dieselbe früher ein Lehn
der Dauphiné gewesen, und der Grafschaft Nizza nebst einem Theile von Piemont, die im vierzehnten Jahrhundert zur Provence gehört und dem jüngeren
Hause Anjou entrissen worden. Was half es, daß der Herzog nachwies, diese
Ansprüche seien theils unbegründet, theils verjährt und durch Verträge aufgegeben; Franz erklärte, seine Vorfahren seien zur Entsagung oder Abtretung von
Kronrechten nicht befugt gewesen, und setzte sich mit den Bernern und Freibur-
gern in Verbindung. Schon hatten die Eidgenossen das Gebiet von Genf und
von Waadt besetzt, und noch immer waren die Gesandten in Thätigkeit.

Drohende
Haltung der
Kriegs-
mächte. In Rom, wohin sich Karl V. von Neapel aus begeben, erhielt er die
Nachricht, daß der Admiral Brion die Alpen überschritten und fast ohne Wider-
stand Savoyen und Piemont besetzt habe, damit nicht der Herzog, wie Franz
verkündigen ließ, sein Vorhaben, das Land dem Kaiser einzuräumen, ausführen

onne. Ungehindert zogen die Franzosen in Turin ein und rückten dann gegen 3. April ie Sesia vor, in die Nähe der Festung Vercelli, wo der .piemontesische Fürst 1536. nit seinen Truppen Schutz gesucht. Auf dem östlichen Ufer dieses Alpenstromes tand der kaiserliche Feldherr Antonio de Leyva mit einer Kriegsmacht, die kaum ie halbe Stärke der französischen erreichte. An der Sesia machte der Admiral Halt; der König hoffte, der rasche Fortgang seiner Waffen würde den Kaiser zum Nachgeben bewegen. Aber Karl war durch das feindliche Vorgehen gegen den ihm verwandten und verbündeten Fürsten auf's Tiefste beleidigt und gereizt; weniger als je wollte er von einer Abtretung der lombardischen Hauptstadt an den Herzog von Orleans hören; ohne Rückhalt sprach er vor dem Papste und den versammelten Cardinälen seinen Unwillen aus: Seit dem Vertrage von 18. April. Cambrai sei er unaufhörlich bemüht gewesen, einen aufrichtigen Frieden mit dem König von Frankreich zu erhalten, damit sie vereint gegen die Türken und Ungläubigen vorgehen möchten; selbst jetzt sei er noch bereit, dem Herzog von Angouleme Mailand unter gewissen Garantien zu übergeben, oder auch im persönlichen Zweikampf um die streitigen Länder Burgund und Lombardei ein Gottesgericht zu bestehen; nie aber werde er in die ihm gestellten Forderungen willigen oder einen getreuen Bundesfürsten berauben lassen; eher möge das Schwert entscheiden. Der Papst war in Verlegenheit; er wollte seine neutrale Stellung nicht aufgeben und suchte daher den Abbruch der Verhandlungen und die offene Kriegserklärung hinauszuschieben, beiden Theilen seine Vermittlung anbietend. Diese Verzögerung diente aber nur, um die Rüstungen emsiger zu betreiben. Denn auch Franz wollte von seinen Forderungen nicht abstehen. Durch sein rasches Eindringen in Italien hatte er die Hoffnungen der national gesinnten Partei in der ganzen Halbinsel neu belebt. Alle Gegner des Kaisers, alle die durch einen Wechsel der Herrschaft aus einer drückenden oder unerträglichen Lage befreit zu werden wünschten, standen mit ihren Sympathien auf französischer Seite; und auch in Deutschland, in den nordischen Staaten, in England richteten die zahlreichen Parteien, denen ein vollständiger Sieg des Kaisers verhängnißvoll werden konnte, ihre Blicke auf Franz. Diese europäische Machtstellung wollte der Valois nicht preisgeben; die Herausforderung zum Zweikampf behandelte er als einen Scherz. Doch zog er, belehrt durch frühere Erfahrungen, die zaudernde Kriegführung einer entscheidenden Aktion vor; seine Macht konnte nur wachsen, wenn er die gewonnene günstige Position zu behaupten vermochte. Daher wendete er alle Sorgfalt auf Sicherung der Grenzen, während er die Hauptmacht im Innern um seine Person concentrirte, damit er rasch der bedrohten Seite zu Hülfe kommen könnte. Im Juni eilte der Juni 1536 Kaiser nach Asti, um die deutschen Landsknechte, ungefähr 20,000 Kriegsleute, welche die Rottenführer Eberstein, Kaspar Frundsberg und Heustein ihm in drei Abtheilungen zuführten, zu empfangen. Nach ihrer Vereinigung mit den Italienern und Spaniern betrug die gesammte Streitmacht 50,000 Mann, gut bewehrt und mit reichlichem Geschüß versehen. Mit einem solchen Heer ließ sich etwas Namhaftes ausführen. Nachdem man die französische Besaßung von Fossano zur Ergebung gezwungen, faßte man im Kriegsrath den Beschluß, den Feind im eigenen Lande aufzusuchen.

Das kaiser-
liche Heer
in Süd-
frankreich.
26. Juli
1536.

Nur ein kleiner Theil blieb im Lande, um Turin zu beobachten, den ganzen übrigen Heerkörper führte der Kaiser selbst über den Grenzfluß Var und betrat am Tage St. Jacob, an welchem er im vorhergehenden Jahre in Tunis eingezogen war und der den Spaniern als Glückstag galt, das französische Gebiet, während von den Niederlanden aus ein zweites Heer unter dem Grafen von Naßau an die Oise vorrückte und die Stadt Guise eroberte. Einige Stimmen warnten vor einem so gewagten Kriegsplan, an den unglücklichen Ausgang des Herzogs von Bourbon erinnernd; Karl rechnete auf die Unzufriedenheit der Bewohner von Provence und Languedoc und erwartete eine schnelle Beendigung des Kriegs durch eine Entscheidungsschlacht; denn er meinte, der König würde zur Rettung der nationalen Ehre Alles daran seßen, den Feind sofort aus dem eigenen Lande zu treiben. Allein Franz zog den Vertheidigungskrieg vor; er begnügte sich, die Ufer der Rhone und Durance durch zwei befestigte Lager bei Avignon und Valence zu schüßen und seinem erfahrenen Feldherrn, dem Marschall von Montmorency, den er zum General-Lieutenant in der Provence eingeseßt, die weitere Kriegführung auf dem eingeschlagenen Weg zu übertragen. Der Erfolg rechtfertigte den Plan, aber freilich hatte dabei das Land nicht weniger zu leiden als das kaiserliche Heer. Um dem Feinde, der bis nach Aix vorgedrungen war, das weitere Vorrücken unmöglich zu machen, ließ Montmorency alles flache Land zwischen der Rhone nnd den Alpenpässen in eine Wüstenei verwandeln: die Lebensmittel wurden verbrannt, Mühlen und Backöfen zerstört, die Brunnen verschüttet, die Bauern aus den Dörfern und offenen Flecken weggeführt. Mühsam näherte sich das kaiserliche Heer der Rhone; aber auch hier stand der Feind nicht, wie man gehofft, zur Schlacht bereit und Arles war zu gut befestigt und ausgerüstet, als daß man durch eine Belagerung eine baldige Eroberung hätte erwarten können. Bereits herrschte großer Mangel im Heer, da auch die Zufuhren aus Italien ausblieben. Der Kaiser hatte das Verpflegungswesen einigen Bischöfen übergeben, welche dem Geschäfte nicht gewachsen waren. Aber die Noth sollte noch höher steigen, als Karl sich bereden ließ, eine Bewegung gen Marseille zu unternehmen. Wir wissen, daß er von Reichswegen das alte arelatensische Land für sich in Anspruch nahm; er hoffte bei den Einwohnern auf Sympathien zu stoßen. Aber wie sehr fand er sich getäuscht! Allenthalben traf er auf Spuren von Feindschaft und Verwüstung. Die Soldaten litten den bittersten Mangel; in ihrer Noth stillten sie ihren Hunger an halbreifem Obste, an zerstoßenen Weintrauben, an getrockneten Feigen, welche sie in den verlassenen Bauernhütten vorfanden. Dadurch entstanden Krankheiten, welche die Hälfte des Heeres dahinrafften oder kampfunfähig machten. Ein

Transport von Lebensmitteln, den Andreas Doria von Toulon aus abgeschickt, wurde von streifenden Banden aufgefangen. Mittlerweile hatte Montmorency am Zusammenfluß der Rhone und Durance in der Nähe von Avignon ein festes Lager bezogen, in welchem der König selbst sich einfand.

Sein Erstgeborner, Franz, der seinem Herzen am nächsten stand, hatte ihn bis Tournon begleitet; dort wurde derselbe von einer plötzlichen Krankheit in der Blüthe des Lebens weggerafft, wahrscheinlich in Folge eines kalten Trunkes in der Hitze. Man vermuthete eine Vergiftung und ein italienischer Edelmann aus der Umgebung des Dauphin, dem die Folterschmerzen ein Schuldbekenntniß abzwangen, mußte einen grausamen Tod erleiden. Im kaiserlichen Lager glaubte man, dieses Ereigniß könnte den Frieden befördern; aber die stolzen Reden des königlichen Feldmarschalls konnten als Beweis gelten, daß der französische Hof jetzt mehr denn jemals auf der vollständigen Abtretung des nordwestlichen Italiens bestehe. Eine Schlacht, die Karl früher so sehr gewünscht hatte, konnte er bei dem traurigen Zustand der Krieger nicht mehr wagen; so blieb ihm denn nichts übrig, als mit den Trümmern seines Heers den Rückweg anzutreten. Aber wie Viele, die sechs Wochen zuvor mit kühnen Hoffnungen die Grenze Frankreichs überschritten hatten, kehrten nicht mehr heim! Alle Wege waren mit Todten oder Sterbenden, mit gefallenen Pferden und mit Waffen bedeckt. Auch Antonio de Leyva und der spanische Liederdichter Garcilasso de la Vega fanden ihr Grab in französischer Erde. Nur mit Mühe entging der Kaiser selbst den Nachstellungen der Bergbewohner von Draguignan. Er erreichte Genua und schiffte sich nach Barcelona ein, „um in Spanien die in der Provence gestorbene Ehre zu begraben". Franz und Montmorency setzten den Abziehenden nicht nach. Vielmehr entsandten sie einen Theil des Heeres nach Norden, um die von dem Grafen von Nassau belagerte, von dem Marschall von Fleuranges mit Tapferkeit und Geschick vertheidigte Stadt Péronne zu entsetzen. Diese rechtzeitige Hülfe zwang das niederländische Heer zum Abzug und befreite die bedrängte Stadt. Bald nachher starb Fleuranges in dem Augenblick, da er sein väterliches Erbe, das Herzogthum Bouillon mit Sedan antreten sollte, ein ritterlicher Mann, dessen abenteuerliches großsprecherisches Wesen sich in seinen Denkwürdigkeiten abspiegelt.

So war denn der Norden und der Süden von den Feinden geräumt, und Franz eilte durch einen feierlichen Akt alle Verpflichtungen abzuthun, die ihm die Friedensverträge von Madrid und Cambrai auferlegt hatten. Begleitet von den Königen von Schottland und Navarra, welche durch die Bande der Ehe an den Pariser Hof geknüpft waren, und von vielen hohen Herrn und Prälaten ging er in das Parlament, nahm die Lehnsherrlichkeit über Flandern, Artois und Charolais, welche „Karl von Oesterreich" durch Felonie und Rebellion wider den König verwirkt, wieder an sich und entband alle Vasallen von dem Eide der Treue, den sie jenem geleistet. Um diesem lehnsgerichtlichen Akt die prakti-

Tod des Dauphin und Rückzug des Kaisers.

11. Sept. 1536.

Krieg an der Nordgrenze und Waffenstillstand.

15. Jan. 1537.

sche Anwendung zu geben, rückte Franz mit Heeresmacht in der Picardie und Artois ein und eroberte Hesdin,- St. Pol und Saint-Venant, wobei die Einwohner durch Plünderung hart mitgenommen wurden. Doch lag es nicht in seiner Absicht, den Krieg nn Norden weiter zu führen. Nachdem er St. Pol

Mai 1537. durch eine starke Besatzung gedeckt, führte er die Truppen zurück, um seine Aufmerksamkeit ungetheilt den Angelegenheiten Italiens zuzuwenden. Dadurch wurde es den Kaiserlichen möglich, nach Erstürmung der tapfer vertheidigten Festung St. Pol, diese Landschaften wieder in Besitz zu nehmen und zu der Belagerung von Terouanne zu schreiten. Ein neues Heer unter Montmorency und dem Dauphin Heinrich zog nach Abbeville,- um den Feind wieder zu verdrängen. Ehe es aber zu einem entscheidenden Treffen kam, gelang es der Statthalterin Maria, für die niederländisch-französischen Grenzlande einen zehnmonatlichen

30. Juli. Waffenstillstand auf Grund des Bestehenden zu erwirken.

Der Krieg in   Der König hatte den nördlichen Krieg wohl darum so lässig betrieben, um
Oberitalien.
1537. in Italien mit desto mehr Nachdruck vorgehen zu können. Zu dem Ende hatte er mit dem Sultan der Osmanen ein Bündniß zu gleichzeitigem Angriff auf die kaiserlichen Staaten geschlossen. Während ein türkisches Landheer in Illyrien einfiel und Chaireddin Barbarossa die Küste von Apulien mit räuberischen Ueberfällen bedrohte, sollten die französischen Heere durch Piemont nach Mailand vordringen. Wäre der Plan mit allem Nachdruck ausgeführt worden, so hätte die habsburgische Herrschaft in der Halbinsel wohl den Todesstoß erlitten. Ob es sei aus Leichtsinn und Unschlüssigkeit, sei es aus Scheu vor dem Unwillen der gesammten Christenheit, der Krieg wurde von französischer Seite nicht mit so viel Ernst und Anstrengung geführt, daß es zu einem entscheidenden Resultat gekommen wäre. Wohl trieben sich zahlreiche Heerschaaren, bei denen man auf beiden Seiten neben den Eingebornen auch deutsche Landsknechte und helvetische Reisläufer erblickte, das ganze Jahr in den Gefilden des oberen Po von den Seealpen bis an den Ticino umher, einzelne Städte erobernd, das Land verwüstend, in kleinen Gefechten ihre Kräfte messend; allein der kaiserliche Statthalter von Mailand, Marchese del Guasto, wehrte nicht nur die uneinigen französischen Feldherren von der Lombardei ab, sondern drängte sie sogar bis nach Pinerolo und Saluzzo zurück; und als endlich ein neues starkes Heer unter Montmorency und Prinz Heinrich,

10. Oft. nunmehr Dauphin, die Alpenpässe von Susa erstürmend in Piemont eindrang und die übrigen zerstreuten Abtheilungen an sich ziehend den Hauptschlag führen wollte; wurden ihre Pläne durch einen Waffenstillstand gehemmt, zu welchem die beiden königlichen Schwestern in Brüssel und Paris die streitenden Monarchen zu bewegen wußten. Dieser Mittelzustand zwischen Krieg und Frieden, nach Ablauf der ersten Frist auf weitere sechs Monate verlängert und auf alle Theile der beiden Reiche ausgedehnt, wurde zu diplomatischen Verhandlungen benutzt, welche das Schicksal von Mailand endgültig entscheiden, die beiderseitigen Ansprüche ausgleichen sollten.

Dadurch wurde das französisch-türkische Bündniß hinfällig. Es war der erste Versuch einer christlichen Großmacht, aus dem religiösen Verbande auszuscheiden, welcher bisher das Abendland gegenüber dem Islam zu einer gemeinsamen Völkerfamilie, zu einer großen Glaubensgenossenschaft vereinigt hatte, der erste bedeutende Schritt, die bisherige Solidarität der kirchlich-religiösen Gesammtinteressen aufzulösen und die weltlichen Zwecke, den Vortheil des Staats und das Wohl der eigenen Nation über die äußerliche Glaubenseinheit zu stellen. In dem Bündniß des französischen Königs mit dem Großtürken lagen die Keime eines gemeinsamen Völkerrechts, dessen Aufgabe sein mußte, aus dem Chaos widerstrebender Tendenzen bestimmte allgemeingültige Rechtsbegriffe hervorzusuchen und zur Anerkennung zu bringen. Denn neben den Bestimmungen des Kriegsvertrages waren auch Stipulationen getroffen über menschliche Rechtsverhältnisse, über freiheitliche Lebensbedingungen für die Angehörigen des einen Staats in dem Bereiche der anderen Gesetzgebung, über Schutz des Eigenthums und Besitzes. Wie sehr auch die abendländische Christenheit Anstoß nahm, daß das Oberhaupt einer Nation, die sich den christlichen Charakter in höchster Potenz beimaß, von der einst die Kreuzzüge den mächtigsten Impuls empfangen, diese durch Jahrhunderte geheiligte Anschauung zerriß, ohne doch in die reformatorischen Ideen anderer Fürsten einzutreten; dennoch darf man in diesem Bund die erste Spur der Emancipation des Staats von dem überlieferten Kirchenrecht erblicken, den ersten praktischen Versuch, einen umfassenden Standpunkt und höheren Rechtsbegriff für die allgemeine Menschenfamilie zu gewinnen. Wie der ganze Zeitgeist in dem Streben einig war, die Herrschaft der Kirche im Glauben und in der Wissenschaft zu brechen, die Scholastik durch den Humanismus zu verdrängen, das Gewissen und die Ueberzeugung des Einzelnen von dem geistlichen Machtgebote und Glaubenszwang zu befreien; so war auch die Friedenseinigung der beiden Oberhäupter entgegengesetzter Glaubenskreise ein Schritt zur Emancipation von der geistlichen Hierarchie auf weltlichem Gebiete. Man wird nicht irren, wenn man auch in dieser Erscheinung eine der manichfachen Ausstrahlungen erblickt, in die der reformatorische Zeitgeist auslief. Wie alle andern Reformationsbewegungen war auch dieser Ansatz zu einem neuen Völkerrecht gegen den Monarchen gerichtet, der als Träger und Vorkämpfer der hierarchischen Lehr- und Glaubensordnungen des Mittelalters betrachtet werden konnte. König Franz I. war jedoch nicht der Mann, eine neue Idee folgerichtig ins Leben einzuführen. Das Bündniß mit Suleiman gab dem französischen Volke und dem Oberhaupt der Kirche Aergerniß. Mit Entrüstung vernahm das christliche Abendland, welche barbarische Verwüstungen die Osmanen auf Corfu, auf den altberühmten Eilanden des Archipelagus, an den ungarisch-slavonischen Grenzen verübten; die Venetianer, Papst Paul III., selbst Johann Zapolya von Ungarn verbanden sich mit dem Kaiser und mit Ferdinand gegen den gemeinsamen Feind. Dies machte großen Eindruck auf Franz; er hielt daher auf hal-

dem Weg inne und trat beschämt zurück. Der Papst war für die beiden Monarchen ein geheiligtes Haupt; er mußte daher als die geeignete Persönlichkeit
erscheinen, die Feindseligkeiten zu vermitteln; und indem Franz diesen heiligen
Beruf anerkannte, glaubte er die Sünde des Bündnisses mit den Ungläubigen zu
sühnen, wie er auch stets den Makel seiner Verträge mit protestantischen Fürsten
durch Ketzerverfolgungen im eigenen Lande auszulöschen bemüht war.

Waffenstill-
stand von
Nizza.
1538. Wie sehr indessen Papst Paul III. seine diplomatischen Talente anstrengte,
um unterstützt von den beiden Schwestern des Kaisers, der Königin von Frankreich und der Statthalterin der Niederlande, den Streit der rivalisirenden Monarchen zu einem Ausgleich zu bringen; seine Bemühungen blieben lange erfolglos und führten schließlich doch nur zu einem Stillstand der Feindseligkeiten,
nicht aber zu einem aufrichtigen Frieden. Der Kaiser erklärte sich bereit, dem
Herzog von Angouleme, welcher seit dem Tode des ältesten Bruders Herzog von
Orleans geworden und somit dem Throne von Frankreich näher gerückt war,
das Herzogthum Mailand nebst der Hand einer seiner Nichten zu geben, aber
unter solchen Einschränkungen und Gegenbedingungen, daß der König sich nicht
zur Annahme entschließen konnte. Nicht nur wollte Karl zu seiner Sicherheit auf
drei Jahre die Festungen des Landes in Verwahrung behalten; Franz sollte auch
die Verträge von Madrid und Cambrai aufs Neue bestätigen, Savoyen und Piemont räumen, Hesdin herausgeben und sich zum Kampf gegen die Türken und
zur Mitwirkung an der Herstellung der kirchlichen Einheit verpflichten. Selbst
Mai 1538. als der heilige Vater es dahin brachte, daß die beiden gekrönten Häupter sich mit
ihm zu einer Besprechung in der dem Herzog von Savoyen allein noch übrig gebliebenen Stadt Nizza vereinigten; konnte er sie nicht zu einer persönlichen Zusammenkunft bewegen. Franz blieb in einem benachbarten Dorf, Karl auf
seiner Galeere; nur getrennt stellten sie sich bei dem Papste im Franziskanerklo-
ster ein. Da aber Paul den sehnsüchtigen Wunsch hatte, die beiden katholischen
Fürsten zur Einstellung des Krieges zu vermögen, um mit ungeschwächter Kraft
der reformatorischen Bewegung in Deutschland und der Macht der Osmanen
entgegenzutreten, so gelang es endlich seiner vermittelnden Thätigkeit den zehn-
18. Juni
1538. jährigen Waffenstillstand von Nizza zum Abschluß zu bringen, der jeden Theil
im Besitze dessen ließ, was er gerade in Händen hatte, und den Unterthanen freien
Verkehr gewährte. Es war eine Politik der Verlegenheit und Unfähigkeit,
der allein der Herzog von Savoyen, welcher kurz zuvor durch den Tod seiner
Gemahlin seine stärkste Stütze bei dem Kaiser verloren hatte, zum Opfer fiel:
das Waadtland blieb in den Händen der Eidgenossen; Genf bewahrte seine
Freiheit; Savoyen, La Bresse und zwei Drittel von Piemont behielt Frankreich,
den Rest nahm der Kaiser in Besitz, „um ihn zu vertheidigen". Zürnend und
mit Protest fügte sich der Fürst in die Bestimmungen der Mächtigen, damit ihm
nicht auch Nizza entrissen werde.

Karl V. schiffte sich ein, Franz I. kehrte zurück, ohne daß der Papst sie zu Zusammen-
kunft in
Aigues-
mortes. einer persönlichen Zusammenkunft zu bewegen vermochte. Aber einige Wochen nachher erfolgte dennoch eine Begrüßung von Angesicht zu Angesicht. Von den spanischen Geschichtschreibern wird berichtet, der Kaiser, durch einen Sturm an die Küste der Provence verschlagen, sei in Aiguesmortes nahe der Rhonemündung ans Land gestiegen und habe dort den König, der eine Unterredung mit ihm begehrt, empfangen, die französische Eitelkeit dagegen legt den ersten Wunsch des Zusammenkommens dem Kaiser in den Mund. Wie dem auch sei, das Bedürfniß einer Verständigung und eines gemeinschaftlichen Zusammenwirkens bei der aufgeregten Weltlage machte beiden Potentaten eine persönliche Begegnung und Besprechung wünschenswerth. Wahrscheinlich hat Montmorency, dem der König kurz zuvor die Würde eines Connetable und die oberste Leitung der Staatsgeschäfte übertragen, seinen Herrn zu dem Schritt bewogen. Mit geringen Feldherrngaben ausgerüstet und in Staat und Kirche conservativen Grundsätzen huldigend, wünschte er eine Versöhnung der beiden mächtigsten Monarchen der Zeit, und Franz ließ sich leicht überreden, daß er Arm in Arm mit dem Kaiser eher zum Ziel seines Ehrgeizes und seiner Herrschsucht kommen würde, als im Kampf mit demselben. So fand denn diese merkwürdige Begegnung zu Aigues- 14.—16.
Juli 1538. mortes statt. Zwei Tage lang sah man die beiden Fürsten, die sich noch kurz zuvor auf Tod und Leben bekämpft hatten, aufs freundlichste und herzlichste mit einander verkehren. Sie besuchten gemeinschaftlich die Messe, sie speisten an derselben Tafel, sie wetteiferten mit einander in Beweisen von Vertrauen und Zuvorkommenheit. Was in dem kleinen Kreise der ausgezeichneten hochgestellten Persönlichkeiten, die zu den Unterredungen zugelassen wurden, verhandelt ward, ist nie sicher zu Tage gekommen. Es mag Manches besprochen und geplant worden sein, was nach einiger Zeit durch die veränderte Lage und die auseinandergehenden Interessen wieder in Nebel zerronnen ist. Daß aber damals gemeinsame Beschlüsse gegen die kirchliche Neuerung und gegen alle demokratischen Bewegungen, die sich an so manchen Orten unheimlich hervorwagten, gefaßt wurden, scheint außer Zweifel. Es war die erste „heilige Allianz" weltlicher Fürsten. Um durch keinerlei Rücksichten gebunden zu sein, hatten sie sich zuvor von dem Papst verabschiedet. Denn in Paris und Madrid faßte man die Zeiterscheinungen in anderem Sinne auf als in Rom. Wenn auch die Wege oft zusammengingen, so waren die Ziele doch sehr verschieden.

3. Die Reformation in Genf.

Literatur. Bei der folgenden Darstellung konnte der Verfasser auf frühere Studien zurückgreifen, die er vor vielen Jahren an Ort und Stelle gemacht hat, behufs seiner Jugendschrift: „Geschichtliche Darstellung des Calvinismus im Verhältniß zum Staat in Genf und Frankreich ꝛc. von Dr. G. Weber, Heidelb. 1836. Zu den ältern Schriften, die jener Darstellung zu Grunde lagen und auch bei dem folgenden Abriß gebraucht wurden: A. Ruchat, Hist. de la Réformation de la Suisse. Genève 1727. 28. 6 voll. 12. und Aya 1835—38. 7 voll.; den Werken über die Geschichte von Genf von Spon, Picot, Thou- rel u. a. Senebier, Hist. liter. de Genève. Gen. 1786. 3 voll. Paul Henry, bei Leben Johann Calvins, Hamb. 1835—44. 3 Bde. Theod. de Bèze l'histoire de la vie et mort de J. Calvin, Genève 1564. 4. und Desselben: Histoire écclesiastique des église- ses reformées au royaume de France, Anvers 1581. 3 voll. 8. F. C. Schlosser: Le- ben des Theodor de Beza und Pet. Martyr, Heidelb. 1809 u. A. — kamen seitdem noch mehrere an- dere Schriften, die benutzt werden konnten, wie: Stähelin: Joh. Calvin, Elberf. 1863—63. 2 Bde. J. W. Baum, Theod. Beza, Leipz. 1843—51. 2 B. Merle-D'Aubigné, histoire de la Réformation en Europe au temps de Calvin. Paris 1863. und in erster Linie das leider nicht vollendete Werk von F. W. Kampschulte Johann Calvin, seine Kirche und sein Staat in Genf. 1. Bd. Leipz. 1869.

a) Die Zeit der Parteikämpfe.

Savoyens
Unfälle.

Es war im Jahre 1523, daß Herzog Karl III. von Savoyen mit seiner jungen reizenden Gemahlin Beatrix und einem glänzenden Hofstaat der Stadt Genf einen Besuch machte, um die Bürger die Freuden und Herrlichkeiten einer Residenz kosten zu lassen; denn er gedachte die schöne Stadt am Lemanischen See, in welcher seit langer Zeit die Grafen von Savoyen das Amt eines „Vicedom" mit der alten „Königsburg" besaßen, wo seit Generationen der bischöfliche Stuhl wie ein erb- liches Privilegium irgend einem geistlichen Gliede des Hauses zu Theil geworden, als Hauptstadt seiner Besitzungen im Norden der Alpen zu gewinnen. Die Her- zogin wartete dort ihre erste Niederkunft ab; denn der Thronerbe sollte als gebor- ner Genfer erscheinen und dadurch in der Bürgerschaft dynastische Sympathien er- zeugt werden. Wie waren diese Pläne und Herrschaftsgedanken seitdem zerronnen! Die Herzogin ruhte im Grabe; die Erblande des Geschlechts waren in den Händen eines mächtigen ländergierigen Nachbars; die schönen Territorien an den Ufern des Sees, wo die Wasserburg Chillon stolz und trotzig in die Wellen hinausschaut, mit einer umwohnenden Ritterschaft, die dem savoyischen Lehnsherrn sich jederzeit treu und gewärtig erwiesen, waren unter die Botmäßigkeit der Eidgenossen ge- fallen, und in Genf selbst war bereits der Grund zu der Kirchenreformation ge- legt worden, durch welche die Stadtkirche ein zweites Sanct Peter für die Be- kenner des evangelischen Glaubens in der romanischen Welt werden sollte. Was die früheren Häupter des Hauses mit Mühe und Geschick errungen, be- fand sich in fremder Gewalt, und die schönsten Theile kamen nie mehr an die Dynastie.

Genf und
der herzog-
liche Hof.

Das sichtbare Streben des Turiner Hofes; die Bischofstadt Genf ihrer Selb- ständigkeit zu berauben und den ausgedehnten Besitzungen des savoyischen Hau- ses beizufügen, hatte in der Bürgerschaft eine patriotische Partei ins Leben ge- rufen, welche die Erhaltung der alten Rechte und Freiheiten und den Anschluß an die Eidgenossenschaft anstrebte. An ihrer Spitze standen Besanzon Hugues,

Philibert Berthelier und der junge humanistisch gebildete François Bonnivard, Abt von St. Victor. Diese liberale Partei, die wegen ihrer Hinneigung an die Schweizer mit der Zeit den Namen „Eidgenos" oder nach ihrem Haupte „Huguenots" erhielt, setzte dem Complot des savoyisch-bischöflichen Hofes und seiner Anhänger in Land und Stadt, von den Gegnern als „Mameluken" geschmäht, einen energischen Widerstand entgegen. Jahrelang war die Genfer Einwohnerschaft in zwei Heerlager getheilt; wie einst in Italien Guelfen und Ghibellinen, so standen hier „Eidgenos" und „Mamelus" einander gegenüber und maßen ihre Kräfte im Handgemenge. Unter Karl III., dem der verwandte Bischof als willfähriges Werkzeug der Hauspolitik zur Seite stand, erhielt die savoyische Partei die Oberhand. Die Syndike und die Mehrheit der Räthe und Beamten wurden aus ihrer Mitte gewählt, Berthelier, der ritterliche Vorkämpfer der Freiheit, starb unter dem Beil des Henkers. Diese Verhältnisse dauerten auch fort, als der savoyische „Bastard", der den bischöflichen Stuhl inne hatte, im Anfang der zwanziger Jahre starb, und Pierre de la Baume aus einem angesehenen Grafengeschlecht sein Nachfolger ward. Ein weltlich gesinnter Herr, der auf seinen Abteien und Schlössern ein gemächliches genußreiches Leben führte, beförderte er auf alle Weise die herrschsüchtigen Bestrebungen des Herzogs. Im Ausland galt Genf bereits als savoyische Stadt. Ein patriotischer Bürger, Leverrier, welcher den Muth hatte, im Rath den Bischof als den einzig rechtmäßigen Herrn des Stadtgebiets zu bezeichnen und das alte Vasallitätsverhältniß in Erinnerung zu bringen, wurde von savoyischen Häschern ergriffen, gefoltert und hingerichtet. Umringt und eingeschüchtert von herzoglichen 1524. Hellebardierern, gab im nächsten Jahr die Bürgerschaft ihre Zustimmung zu drei Artikeln, welche den völligen Verzicht auf Genfs Unabhängigkeit und die Anerkennung der savoyischen Herrschaft enthielten. Aber der Plan der Unterjochung wurde durch die Zeitereignisse vereitelt. Freiburg und Bern, mit König Franz I. gegen den Kaiser und Savoyen im Bund, nahmen sich der Genfer an. Die „Artikel" wurden für null und nichtig erklärt und die Lemanstadt durch Hugues' Thätigkeit in das Burgrecht der beiden Schweizerstädte aufgenommen. Nun 1526. erlangte die eidgenössische Partei die Oberhand. Besanzon Hugues bewirkte, daß das Gerichtswesen verbessert, das städtische Regiment nach dem Vorbild der schweizer Bürgerstädte durch Errichtung eines „großen Rathes" umgestaltet und eine Bürgerwehr organisirt ward. Die Häupter der Mameluken wanderten aus und verbanden sich mit dem umwohnenden savoyischen Adel, „die Ritterschaft vom Löffel" genannt, zur Bekämpfung des trotzigen Bürgervolks. Sie unlalagerten die Stadt und schnitten die Zufuhren ab.

Von der Zeit nahm der Parteikampf einen andern Charakter an. In Jah- Religionsparteien. ren religiöser Gährung und kirchlicher Neubildung vermag sich keine bürgerliche Bewegung unberührt von den Glaubensfragen des Tages zu halten Galt auch bisher das Streben der „Huguenots" zunächst der Erhaltung der politischen

40*

Freiheit und Selbständigkeit der Stadt, so konnte doch das Beispiel des befreundeten Bern, wo um dieselbe Zeit die Reformation durchgeführt ward (S. 413) nicht ohne Einfluß bleiben, zumal da das Episcopat der weltlichen Zwingherrschaft und Bergewaltigung Beistand gewährte. Und gerade jetzt nahm die katholische Kirche offen Partei für den Herzog und ließ sich als Werkzeug der Rachsucht gebrauchen. Der Bischof entwich aus der Stadt, die Ritterschaft zur Vertheidigung seiner gefährdeten Rechte aufrufend, und der Erzbischof von Vienne, Metropolitan der Genfer Kirche, belegte die Bürgerschaft mit Bann und Interdikt. Die geistlichen Herren dienten offen den Herrschergelüsten des Herzogs Karl, der gerade damals den patriotischen Bonnivard, als er im Vertrauen auf einen Geleitsbrief sich auf savoyisches Gebiet wagte, in der Nähe von Lausanne von Gewaffneten auffangen und in die dunkeln Kerkergewölbe des Schlosses Chillon werfen ließ! So war es denn natürlich, daß die Reformationsideen mehr und mehr Eingang in Genf fanden. Eine energische Partei von „Jungliberalen," Baudichon, Bandal u. a. an der Spitze, bekam bald die Oberhand über die Gemäßigten um Besanzon Hugues. Wenn diese nur den savoyischen Usurpationen entgegen treten, aber das bischöfliche Regiment erhalten wollten, so betrieben die anderr: den völligen Anschluß an Bern, wovon die Umgestaltung der kirchlichen Verhältnisse die nothwendige Folge sein mußte. Wir kennen die Aufregung und Parteiung, die um das Jahr 1531 die helvetischen Lande ergriffen hatten (S. 479 ff.); zu derselben Zeit brachen die Genfer, von Bern und Freiburg unterstützt, die Raubburgen der Ritter und zwangen den Herzog zu dem Vertrag von Payerne, welcher die Unabhängigkeit der Stadt herstellte, das herzogliche „Bicedomat" zu einem Schatten herabdrückte und das „Burgrecht" der drei Städte bestätigte. Unter großen Festlichkeiten wurde die „Combourgeoisie" beschworen, wobei eine allegorische Darstellung Einheimischen und Fremden verkündete, daß Genf sich fortan als Glied der ruhmreichen Eidgenossenschaft betrachte.

1530.

Januar 1531.

Anfänge der Reformation in Genf.

Wir erinnern uns aus dem Kriege gegen die Fünforte, daß die Berner keineswegs vom Feuereifer einer religiösen Propaganda durchglüht waren; sie verlangten nichts mehr, als daß in den Herrschaften, Städten und Gemeinden, mit denen sie ein Burgrecht aufrichteten, die Verkündigung des Wortes Gottes nicht verhindert werde. Auch in Genf hat der Einzug der Berner Hülfsmannschaften während des Befreiungskrieges zunächst keine weitere Wirkung gehabt, als daß vorübergehend evangelischer Gottesdienst abgehalten ward; wenn dabei einzelne reformatorische Schriften in Umlauf kamen, hie und da von evangelischen Kriegsleuten Schmähreden gegen den Klerus und den entfernten Bischof ausgestoßen, Reliquien und Heiligenbilder verspottet wurden; so waren das Kundgebungen, welche der Obrigkeit nicht zur Last gelegt werden konnten. Dennoch mehrte sich von der Zeit an die Zahl der Reformationsfreunde, die bald zu einer ansehnlichen Partei heran wuchsen. In Privathäusern wurden reformatorische Schriften gelesen; Olivétan aus Noyon, ein Verwandter Calvins, ließ sich in Genf nieder und legte Hand an die Bibelübersetzung, welche mit Unterstützung der Waldenser in Neuchâtel gedruckt bald große Verbreitung in den romanischen Ländern fand. Doch sollte, wie in Wittenberg so auch in Genf der Anstoß zum Abfall von der Kirche selbst ausgehen. Als Papst Clemens VII. am 9. Juni 1532 einen allgemeinen Jubelablaß verkündigen ließ, wurde von unbekannten Händen an den Kirchenthüren ein Gegenanschlag befestigt, welcher im Namen des himmlischen Vaters Jedem vollkommenen Ablaß versprach, der seine Sünden bereue und an die Verheißungen Christi glaube. Damit war die Losung zum Kampf gegeben und die evangelische Bewegung eingeleitet. Bald erging von dem großen Rath eine Aufforderung an den Generalvicar, dafür zu sorgen, daß in allen Kirchen und Klöstern Evangelium und Epistel nach der Wahrheit und ohne Beimischung von Fabeln und Menschensatzungen gepredigt werde. Und auch ein Reformationsprediger von bedeutendem Rufe ließ nicht lange auf sich warten, es war Guillaume Farel aus Gap in der Dauphiné, der durch den Umgang Fabrys von Etables dem Evangelium gewonnen, schon seit Jahren zuerst in seiner Heimath und in Mömpelgard, dann in den romanischen Grenzlanden der Schweiz, in Wälsch-Neuenburg, im Waadtland, in Unterwallis die neue Lehre im Geiste Zwingli's und Oecolampads verkündigt hatte und so eben mit seinem Gefährten Anton Saunier von einem Besuche der Waldensergemeinden in den Thälern Piemonts zurückgekehrt war. Ein kühner und derber Streiter Gottes von rauhen Sitten und volksthümlicher Beredsamkeit, dessen Feuereifer vor keiner Gefahr und Drohung zurückbebte, der unter Schmach und Mißhandlungen fest und zuversichtlich seinen Christus bekannte, war Farel, der „wälsche Luther", ein echter Wegbereiter, Waldrechter und Bahnbrecher auf steinigem und dornigem Erdreich, um den Boden zu bestellen für fruchtbarere Geister. „Farel liebte es, in der Mitte der Gegner plötzlich hervorzutreten, ihren Zorn zu reizen, unter wildem Getümmel das Wort zu ergreifen, das Toben empörter Volkshaufen zu bestehen. Wo man ihm die Kirchen verschloß, predigte er unter freiem Himmel, auf den Gottesäckern, den Marktplätzen, in offenem Feld: aber zuweilen ist er auch in die Kirchen gedrungen; während der Priester noch die Messe las, hat er die Kanzel bestiegen; seine Begleiter haben die Consecration der Messe unterbrochen, er selbst soll einmal einem Priester die Reliquien, die er trug, aus der Hand gerissen und ins Wasser geschleudert haben. Dafür hat man ihm auf den Wanderungen aufgelauert, unter den Schlägen der entrüsteten Feinde ist ihm das Blut emporgespritzt und hat nahe Gemäuer geröthet." Erasmus, der feingebildete Humanist, hegte gegen den ungehobelten Franzosen, der ihn einst in Basel einen Bileam gescholten, und dessen ganze Erscheinung an die Mönchsgestalten und Heidenbekehrer des Mittelalters erinnerte, große Abneigung; aber die Berner Herren begünstigten das Auftreten eines Mannes, dessen glühender Eifer in den eidgenössischen Ländern wälscher Zunge der Reformation und damit

Guillaume
Farel.

ihrer eigenen Machtstellung großen Vorschub leistete. Denn Bern mochte sich damals mit dem kühnen Gedanken einer Wiederherstellung der altburgundischen Grenzen unter seiner eigenen Hegemonie tragen. Auch in Genf trat Farel mit einem Beglaubigungs- und Empfehlungsschreiben der Berner Behörden auf und verschaffte sich eine günstige Aufnahme. Wo hätte er eine vortheilhaftere „Operationsbasis" zum Kampf gegen den romanischen Katholicismus finden können, als in der auf der Grenze von Savoyen und Frankreich so günstig gelegenen Stadt? Indem Farel mit Saunier in die Lemanstadt einzog und sie zum „Mittelpunkt für die neue religiöse Propaganda" wählte, war Genf der Reformation gewonnen.

Partei-
kampf.

Freilich konnte eine so mächtige Umgestaltung und Lebenserneuerung nicht ohne große Kämpfe und heftige Auftritte vor sich gehen. Zwei Jahre lang war Genf der Schauplatz tiefgreifender Parteiungen zwischen Reformern und Altgläubigen. Alles ging in Waffen; selbst in die Kirchen trug man Schwert und Dolch. Mehr als einmal standen die Bürger kampfbereit einander gegenüber. Farel mußte die Stadt verlassen; doch stand er von Orbe aus mit seinen Anhängern in fortwährender Verbindung; auch sein jüngerer behutsamerer Landsmann Froment mußte den Feinden das Feld räumen. Der große Rath, den entgegengesetzten Einwirkungen von Bern und Freiburg preisgegeben und von beiden mit der Auflösung des Bürgerrechts bedroht, wenn die andere Ansicht den Sieg erlange, nahm keine entschiedene Stellung ein und war nur bemüht, durch vermittelnde und beschwichtigende Thätigkeit den Bürgerkrieg fern zu halten. Der Tod eines Domherrn, der in Freiburg eine große Verwandtschaft hatte, bei Gelegenheit eines Tumultes steigerte die Parteiwuth. Noch einmal erlebten die Katholischen den Triumph, daß der Bischof Pierre se la Baume in

1. Juli
1533.

die Stadt zurückkehrte, von Rath und Syndiken als „Fürst von Genf" feierlich empfangen. Aber der Triumph war von kurzer Dauer. Der geistliche Herr hatte kein Gefallen an dem sturmbewegten Leben; nach vierzehn Tagen verließ er Genf aufs Neue, um es niemals wieder zu sehen. Seine Mahnungen und Straßentenzen, die er von seinem Landsitz Arbois ausgehen ließ, machten geringen Eindruck. Die Heftigkeit, mit welcher ein französischer Dominicaner Guy Furbity aus Montmelian in einer Reihe von Adventspredigten gegen die „ketzerischen Deutschen" zu Felde zog, bewog die Berner, auf welche es besonders abgesehen war, eine scharfe Beschwerdeschrift an den Genfer Rath zu richten. Im Gefolge der Gesandtschaft, welche das Schreiben überbrachte, be-

Biret.

fand sich der talentvolle, wortgewandte Peter Biret aus Orbe, ein Freund und Schüler Farels. Obwohl milder und weniger heftig als der Meister, stand er ihm doch an Eifer für die neue Lehre in keiner Weise nach; noch trug er an seinem Leibe die Wundmale aus einem Handgemenge, das er erst eben mit den Katholiken in Payerne bestanden. Er fand Farel und Froment bereits wieder vor; Baudichon hatte sie zurückgeholt, weil jetzt der entscheidende Schlag geführt werden sollte. Auf die Klage der Berner beschloß der Rath, Furbity in Haft zu nehmen und ein gerichtliches Verhör über ihn zu halten, dem die drei „Diener des Evangeliums" anwohnen sollten. Umsonst suchten die Altgesinnten durch einen Aufstand den „Märtyrer" zu befreien; sie beschleunigten dadurch nur den Fall der katholischen Kirche. Furbity, geistig und körperlich gebrochen, wurde zum Widerruf vor versammelter Gemeinde verurtheilt; als er sich weigerte, hielt man ihn so lange im Gefängniß, bis die Entscheidung gefallen war.

Da der Magistrat aus Rücksicht für Freiburg sich nicht entschließen konnte, die von den Evangelischen gestellte Bitte um Einräumung einer Kirche zu ihrem Gottesdienst zu gewähren, so zog Farel an der Spitze seiner Gesinnungsgenossen in die Franziscanerkirche und hielt dort die erste evangelische Predigt an geweihter Stätte. Einige Wochen nachher erschienen Freiburger Gesandte in Genf und kündigten das Bundesverhältniß auf. Dadurch wurde der Einfluß Berns vorherrschend und der Sieg der Reformation beschleunigt. Es kann als Beweis von der Versunkenheit des Genfer Klerus gelten, daß die kirchliche Bewegung sich ohne alle Theilnahme von seiner Seite vollzog; daß die Reformprediger wie ihre Opponenten von Außen kamen, daß, als auf Verlangen der Neuerer der Rath eine Disputation anordnete, kein einheimischer Geistlicher auf der Arena erschien, um den Kampf mit den Gegnern aufzunehmen und daß, als endlich Farel wie ein Eroberer unter dem Geläute der großen Glocke seinen Einzug in St. Peter hielt und das Gotteswort in der Genfer Metropole verkündete, der alte Glaube keine Märtyrer zählte, sich nirgends eine Catonische Resignation kund gab. Auch der Rath hatte während der inneren Kämpfe eine schwankende und unsichere Haltung gezeigt und dadurch die Leitung der Dinge aus der Hand gelassen; mehr und mehr war somit das Regiment an die thatkräftigen Parteiführer gekommen. Jetzt erst, als die Volksmassen in die Kirche drangen, den Bilderschmuck und alle Zeichen des „Götzendienstes" mit wildem Vandalismus zerstörten und die Abschaffung des Papstthums verlangten, stand die Regierung von ihrer bisherigen „Vermittelungspolitik" ab. Sie kündigte dem Bischof den Gehorsam auf und stellte den katholischen Cultus ein. Wer sich der neuen Ordnung nicht fügen wollte, wurde für friedlos erklärt. Unter den Auswandernden befand sich Johanna de Jussie, Vorsteherin der Klosterfrauen von Sta. Clara, die dann in einer bekannten Schrift (Levain du calvinisme) die Einführung der Reformation in Genf von ihrem Standpunkte aus beschrieben hat. Die übrige Geistlichkeit fügte sich ohne Widerstand in die veränderten Verhältnisse. Ihre Haltung war der Art, sagt Kampschulte, „daß sie keinen Anspruch auf jene Theilnahme hat, welche wir jederzeit dem Besiegten, der nach männlichem Kampfe dem Gegner das Feld räumt, gern zuwenden".

Seit der Einführung der Reformation nahm Genf die Rechte eines selbständigen republikanischen Gemeinwesens in Anspruch und übte sie innerhalb seiner Ringmauern aus. Aber ganz ohne Kampf sollte die große Veränderung nicht

Marginal notes:
Sieg der Reformation in Genf. 1534. 35.

1. März 1534.

8. Aug. 1535.

Genf ein freies Gemeinwesen. 1536.

durchgeführt werden. Der Bischof belegte die Stadt Genf „welche durch die verfluchte lutherische Sekte in große Gefährlichkeit gerathen", mit dem Bann; Herzog Karl III. nahm die flüchtigen Katholiken in sein Land auf und traf kriegerische Anstalten. Bald sah sich das neue Gemeinwesen von einem savoyisch-
bischöflichen Heere bedroht, das durch die katholischen Exulanten verstärkt einen
Krieg voll leidenschaftlicher Erbitterung gegen die eingeschlossene Stadt führte.
Aber die neuerrungene Freiheit flößte den Einwohnern auch neuen Muth und
neue Thätigkeit ein. Baudichon führte den Oberbefehl über die Bürgerwehr
und vertheidigte die Republik mit Tapferkeit und Geschick, unterstützt von Farel
und den „Dienern des Wortes". Man rechnete auf die Hülfe Berns; aber die
„Mitbürger" hielten zurück; erst als König Franz durch einen französischen Flücht-
ling mit dem Genfer Rath Verbindungen anknüpfte und der Stadt Schutz und
Unterstützung anbot, in der Hoffnung, das günstig gelegene Gebiet unter seine
Herrschaft zu bringen, da gewährte „die fürsichtige Stadt Bern" die verlangte
Bundeshülfe. Mitte Januar 1536 erfolgte die Kriegserklärung an den Herzog,
der nun von allen Seiten bedrängt, bald in die schlimmste Lage kam. Während die Franzosen, wie erwähnt, Savoyen und Piemont besetzten, brachten die
Berner die Waadt und die Schlösser und Territorien an der Rhone und auf dem
nördlichen Ufer des Sees in ihre Gewalt, eroberten mit Hülfe der Genfer Flotille
das Felsenschloß Chillon am östlichen Winkel des Leman und gaben den Gefangenen die Freiheit. Als Märtyrer wurden Bonnivard und seine Leidensgefährten von ihren Mitbürgern empfangen. Wenn nun aber die Berner der Hoffnung lebten, auch in der Stadt Genf in die sämmtlichen Rechte des Bischofs
und des savoyischen Vicedoms einzutreten, so irrten sie. Standhaft behauptete
der Rath die Selbständigkeit und Unabhängigkeit des Genfer Gemeinwesens.
Wie sehr man auch die großen Verdienste Berns anerkannte, das „wie Moses
das israelitische Volk" die Bundesstadt aus der Gefangenschaft geführt, von der
Freiheit wollte man nicht lassen. Der „ewige Friede" gewährte zwar den Bernern mancherlei Vortheile und Rechte, aber als zwei unabhängige Gemeinwesen
schlossen beide Städte einen Bund zu Schutz und Trutz und erneuerten den alten Burgrechtsvertrag. Damit trat Genf in die Reihe der selbständigen Freistaaten der Schweiz. Die vollständige Durchführung der Reformation in der
Stadt wie in den abhängigen Landgemeinden war der Schlußstein des fast dreißigjährigen Freiheitskampfes.

Am Rande: 7. Aug. 1536.

b) Calvins erstes Auftreten, Verbannung und Rückkehr.

Am Rande: Zerrüttete Lage der Stadt.

Unter dem langen Parteikampfe waren die Leidenschaften aufgestachelt worden und Verwilderung und sittliche Zerfahrenheit in die Gemüther eingezogen.
Wie sehr auch Farel mit unermüdlicher Thätigkeit für Begründung eines reli-

giösen Lebens, für Verbesserung des verfallenen Schulwesens, für Einführung
einer neuen Kirchenzucht und Kirchenordnung arbeitete und wirkte; seine Kräfte
reichten nicht hin, die Mißstände zu beseitigen, die der Ordnung und Gesetzlichkeit
entwöhnte Bevölkerung zu einem christlichen Leben, zur Ehrbarkeit und Frömmigkeit zurückzuführen. Von den alten Familien beharrten noch viele bei dem
katholischen Glauben; unter den Vorkämpfern der Reformation gaben einige durch
ihre ungebundene Lebensweise, andere durch religiöse Indifferenz Aergerniß; bei
den unteren Klassen herrschte ein Geist der Zügellosigkeit und Frechheit. Farel
selbst war mehr eine agitatorische als organisatorische Natur, er besaß den Muth
und die Beredsamkeit eines revolutionären Volkstribuns, aber nicht die Eigenschaften eines Nomotheten und Reformators. Seine Gehülfen Viret und Froment verließen ihn, jener um sich in Neuenburg und Lausanne einen neuen Wirkungskreis zu schaffen, dieser um sich in die Dunkelheit eines wenig erbaulichen
Privatlebens zurückzuziehen; die neuen Prediger waren unfähig und ungebildet.
Wohl unterstützte der Magistrat die Bemühungen des Reformators aufs Kräftigste, aber hauptsächlich in der Absicht, das Kirchenregiment in die eigene Hand zu
bekommen; er betrachtete sich als den Rechtsnachfolger des Bischofs in geistlichen
wie in politischen Dingen; die kirchliche Gesetzgebung sollte nur als Bestandtheil
der Gerechtsame der weltlichen Obrigkeit erscheinen, für deren religiöse Gesinnung
keine Bürgschaft bestand. Die neue Religionsform, noch durch keine Schrift
von gesetzgeberischer Autorität festgestellt und begrenzt, stand in Gefahr, unter
den drohenden Stürmen und Klippen Schiffbruch zu leiden. Die Glaubens-
und Sittenlehre wurde von einem großen Theil des Volkes verachtet. Da
langte Calvin in Genf an.

Jean Cauvin, Sohn eines Beamten aus Noyon in der Picardie, geb. am
10. Juli 1509, war eine strebsame, ernst und edel angelegte Natur. Die hervorragenden Geistesgaben, die er schon als Knabe auf der Schule seiner Geburts-
stadt kund gab, bewogen den Vater, ihn dem Studium zu widmen. Für die
Kirche bestimmt, erwarb er sich im Collegium Montaigu zu Paris, wo auch wenige Jahre später Ignaz von Loyola den Grund zu seiner Bildung legte, die
erforderlichen Kenntnisse und kam bereits als Knabe zum Besitz einer Pfründe.
Bald änderte der Vater seinen Sinn; die Jurisprudenz erschien ihm als ein
geeigneteres Ackerfeld für den begabten Sohn und dieser, stets der väterlichen
Autorität gehorsam, legte sich mit großem Eifer auf die Rechtswissenschaft in
Orleans und Bourges, zugleich den humanistischen Studien im Geiste eines Erasmus und Lefèvre (Fabry d'Etaples) sich zuwendend. Sein lateinischer Stil, den
wir aus vielen Schriften und Briefen kennen lernen, gibt Zeugniß, wie erfolgreich
seine Beschäftigung mit der Sprache und Literatur des klassischen Alterthums auf
seinen Geist eingewirkt hat. Er pflegte bis tief in die Nacht zu studiren, und wenn
er am Morgen erwachte, Alles was er gelesen, sich in einsamer Stunde zu überlegen. Hat Calvin während seines Aufenthaltes in diesen Universitätsstädten

*Calvins
bisheriger
Lebensgang.*

auch nicht so tiefe Seelenkämpfe bestanden wie Luther, so hat doch auch er eine
schwere Prüfungszeit voll innerer Unruhe, voll Zweifel und Pein durchlebt,
welche die Büßungen und die kirchliche Werktheiligkeit nicht zu heilen vermochten,
bis er nach seinem eigenen Geständniß wie durch einen plötzlichen Lichtstrahl erkannte, in welchem Abgrund von Irrthümern er sich befand. Ob die Erstlings-
schrift, ein Commentar zu Seneca's Abhandlung „über die Milde" vor diesem entscheidenden Momente verfaßt ward, oder ob derselben schon die Tendenz zu
Grunde lag, dem König die Tugend der Milde gegen die Anhänger des neuen
Glaubens zu empfehlen, ist streitig; aber das Jahr 1532, in welchem diese literarische Arbeit hervortrat, scheint auch der Zeitpunkt der inneren Umwandlung gewesen zu sein. Und da kurz zuvor sein Vater gestorben war, so richtete jetzt Calvin seine Thätigkeit ausschließlich auf Theologie und Bibelforschung. Wir werden
später erfahren, wie sehr damals die reformatorischen Ideen in den gelehrten und
gebildeten Kreisen Frankreichs verbreitet waren; selbst des Königs Schwester Margaretha huldigte denselben. Aber die Hüter des alten Tempels waren wachsam,
und gar mancher büßte seine Hinneigung für das Evangelium in den Flammen.
Auch Calvin gerieth durch die Kundgebung seiner reformatorischen Ansichten in
Gefahr; er entwich aus Paris nach dem südlichen Frankreich, wo er sich unter
fremdem Namen einige Zeit aufhielt und seine Gedanken über Christenthum und
Kirche sammelte und ordnete, bis die wachsende Verfolgung ihn zur Flucht nach
Basel trieb.

Institution der christ-lichen Kirche. In Basel veröffentliche Calvin im Frühjahr 1536 das Hauptwerk seines Lebens,
„Unterricht über die christliche Religion", eine systematische Darstellung und Begründung
der neuen Glaubenslehre, zuerst in lateinischer Sprache, dann in französischer Uebersetzung. Zunächst bestimmt, Calvins Austritt aus der alten Kirche zu rechtfertigen
und zugleich die bedrängten Glaubensgenossen in Frankreich gegen die Verdächtigungen
und Anschuldigungen der Gegner zu vertheidigen, hatte die „Institution" einen apolo-
getisch-polemischen Charakter. Es war ein großartiges Werk voll religiösen Tiefsinns,
in kühner unerbittlicher Folgerichtigkeit der Gedanken, das aus dem Geiste des sechs-
undzwanzigjährigen Mannes abgeschlossen und vollendet hervorging, wie die gerüstete
und kampfbereite Pallas Athene aus dem Haupte ihres göttlichen Vaters, das bedeutendste Erzeugniß des Jahrhunderts auf dem Gebiete der reformatorischen Dogmatik.
Calvins Lehrbuch der christlichen Religion, das mit gleicher Schärfe und Consequenz
sich über die Glaubenslehre wie über die äußere Einrichtung der Kirche und deren Stellung zum Staat verbreitet, wurde das „kanonische Buch des französischen Protestantismus" und hatte für die französische Literatur eine ähnliche Bedeutung, wie die Luther-
sche Bibel für die deutsche, daher auch kein anderes Werk so sehr von der katholischen
Kirche gefürchtet, bekämpft und verfolgt ward. „Der Umfang ist in den folgenden Auflagen um das fünffache gestiegen," bemerkt Kampschulte; „fast sein ganzes Leben hindurch hat der Verfasser an der Vervollkommnung des Werks gearbeitet, an welches sich
vor Allem sein Ruhm knüpfen sollte: die Sätze sind zu zählen, welche unverändert
geblieben sind. Allein diese Veränderungen betreffen nur den Umfang und die formelle
systematische Gestaltung des Stoffes, nicht die leitenden Gedanken, nicht den wesentlichen
Inhalt. Die Gedanken und Ueberzeugungen der ersten Ausgabe sind auch die der

letzten. Selbst die Grundzüge der Anordnung und Darstellung sind im Wesentlichen dieselben geblieben: überall sehen wir den Verfasser schon 1535 dasselbe Ziel verfolgen, bei dem er 1559 glaubte stehen bleiben zu müssen. Der junge Mann von sechsundzwanzig Jahren dachte in allen wesentlichen Punkten wie der Greis am Abschluß seiner Laufbahn: innere Wandlungen, Wechsel in den verschiedenen Lebensperioden sind nicht vorhanden."

In der „Institution" wird die Augustinische Idee von der Rechtfertigung und Gnade, welche seit mehr als einem Jahrtausend die Christenheit mit mächtiger Gewalt ergriffen hatte (S. 432), als eine von Anbeginn der Welt von Gott geschaffene „Prädestination" gefaßt und mit furchtbarer Folgerichtigkeit durchgeführt. „Aus der unbedingten Machtvollkommenheit Gottes und der unbedingten Abhängigkeit des Menschen wird gefolgert, daß Gott nach ewigem Rathschluß die Einen geschaffen habe zum Heile, die Andern bei gleicher Schuld zum Untergang." Diese Lehre von der göttlichen Vorausbestimmung und Gnadenwahl bildet den Kern des Calvinschen Lehrgebäudes, den Ausgangspunkt des gewaltigen Kirchensystems, das in Genf begründet und in Thätigkeit gesetzt, mächtigen Schrittes durch die Welt zog. In der Lehre vom Abendmahl wird darin ein vermittelnder Weg zwischen Luther und Zwingli gesucht, durch die Ansicht, „daß die Gläubigen den zur Rechten Gottes erhöhten Leib Christi geistig aber wirklich genießen"; in der Verfassung der Kirche dagegen ist das Gemeindeprinzip, das auf der Homberger Synode nicht zur Geltung gelangen konnte (S. 422 f.), mit organisatorischem Geschick durchgeführt.

Nachdem Calvin seine Schrift dem König Franz I. zugesendet, begleitet von einem ebenso freimüthigen als kraftvollen Widmungsschreiben zur Abwehr und Widerlegung der gegen die Reformationspartei geschleuderten Lästerungen und Verdächtigungen, verließ er Basel, um sich einen andern Wirkungskreis zu suchen. Nach einem kurzen Aufenthalt in Ferrara bei der evangelisch gesinnten Herzogin Renata, der edlen Tochter Frankreichs, kam er auf seiner Rückreise unter angenommenem Namen nach Genf. Durch einen Freund erfuhr Farel seine Anwesenheit und suchte ihn festzuhalten. Lange widerstand Calvin seinen Bitten und Drohen; er konnte sich nicht entschließen, aus der Zurückgezogenheit eines gelehrten Stilllebens auf den großen Markt der Oeffentlichkeit, in das werkthätige handelnde Leben zu treten. Erst als der heftige Mann ausrief: „Im Namen des allmächtigen Gottes verkünde ich Dir: Gottes Fluch wird Dich treffen, so Du uns in dem Werke des Herrn deine Hülfe versagst und Dich mehr suchest als Christum!" da beugte er sich in Furcht Gottes vor dem höheren Willen, den er aus dem Munde des gewaltigen Mannes zu vernehmen glaubte; erschüttert versprach er zu bleiben. Es war im Juli 1536.

Calvin in Genf. 1536—38.

In gemeinsamer Thätigkeit arbeiteten nun Beide an der Organisation der neuen Kirche auf Grund der in der „Institution" niedergelegten Prinzipien. Nach einigen Bedenken nahm der Rath das von Farel unter Beihülfe des Collegen verfaßte Glaubensbekenntniß sammt der beigefügten Kirchenordnung an und verfügte, daß jenes von der Bürgerschaft in öffentlicher Versammlung beschworen, die letztere nach ihrem ganzen Umfange sammt dem darin enthaltenen Areopag des Aeltestencollegiums eingeführt würd. Die Störungen, die zwei niederländische

Das neue Kirchenregiment und die Opposition.

Wiedertäufer dem Organisationswerk bereiteten, waren ohne nachhaltige Wirkung; nach einem Religionsgespräch wurden sie unter Androhung der Todesstrafe für ewige Zeiten aus Stadt und Gebiet von Genf ausgewiesen. Ein um so mächtigerer Feind aber erstand der Genfer Geistlichkeit in der liberalen Partei, die von der Reformation eine größere Freiheit des persönlichen Lebens erwartet hatte, die es mit Unwillen ertrug, daß an die Stelle der leichten und laxen bischöflich-klerikalen Herrschaft der alten Zeit nun ein reformatorisches Pfarrministerium treten sollte, das durch seine sittenrichterliche Strenge, durch seine Strafpredigten auf der Kanzel, durch seine scharfen Kirchengebote ihrer freien Geistesrichtung und ihrer ungebundenen Lebensweise Schranken setzen wollte. Es bildete sich eine starke Opposition gegen das „neue Papstthum am Genfersee", gegen das gebieterische Auftreten Farels, Calvins und ihrer Freunde und Verwandten, die sich aus Frankreich zu ihnen gesellt. Die Gegner erlangten eine nachdrückliche Unterstützung an Bern. War die Bundesstadt gleich Anfangs verstimmt, daß Genf eine selbständige politische Stellung behauptete, so stieg jetzt ihr Groll und ihre Eifersucht, als sie wahrnahm, daß die Republik auch in religiösen Dingen ihre eigenen Wege ging, sich auch in der Lehr- und Cultusform von der eidgenössischen Reformation emancipirte. Nach einer Disputation, in welcher ein Geistlicher von zweideutiger Gesinnung, Peter Caroli, die Genfer Reformatoren der Arianischen Ketzerei beschuldigte, wurde auf einer Synode in Lausanne die Forderung gestellt, daß die Genfer Kirche sich in Allem an die „Berner Gebräuche" halten und Mehreres, was von Calvin und Farel abgeschafft worden, wie die großen Kirchenfeste, die Taufsteine, das ungesäuerte Brod im Abendmahl, wieder einführen sollte. Die Weigerung, diesen Beschlüssen Folge zu leisten, verstärkte die Opposition gegen die französischen Prediger; man sagte ihnen nach, sie wollten Genf unter die Schutzherrschaft Frankreichs stellen. Durch das trotzige Benehmen der Reformatoren kam es endlich zu so ernsten Conflicten, daß der große Rath den hochbetagten Prediger Courault in Haft brachte _April 1538._ und über Calvin und Farel Amtsentsetzung und Verbannung verhängte. So weit wollten die Berner die Sache nicht treiben; sie fürchteten Gefahr für das ganze Reformationswerk; aber ihre Verwendung fand kein Gehör; die Genfer beharrten bei ihrem Beschluß gegen die „rebellischen" Geistlichen. Gedemüthigt und mit Vorwürfen überhäuft, begaben sich die Ausgewiesenen nach Basel; von dort aus folgte Farel einem Ruf nach Wälsch-Neuenburg, Calvin aber zog nach Straßburg, wo er schon früher einige Zeit geweilt hatte. Hier wurde er Prediger einer französischen Flüchtlingsgemeinde, hielt öffentliche Vorlesungen und nahm seine literarische Thätigkeit wieder auf. Den Commentar über den Römerbrief, den er in Straßburg ausarbeitete, widmete er seinem Freund Grynäus in Basel.

Calvin in Straßburg 1538—41. Wir kennen die Bedeutung der Rheinstadt für die kirchliche Neugestaltung: Gleichzeitig berührt von den Wellenschlägen der Wittenberger und Züricher Re-

formation, durch zahlreiche französische Flüchtlinge in fortwährender Verbindung
mit der kirchlichen Opposition der romanischen Lande, selbst die wiedertäuferische
Sekte Hofmanns in seinen Mauern bergend, war Straßburg der geeignetste Ort,
„den Gang der Ereignisse in weitem Ueberblick zu überschauen und zu einem
tieferen Verständniß des großen Kampfes durchzubringen". Buzer war der
echte Repräsentant dieser Vielseitigkeit; auch entdeckte er bald die großen Eigenschaften des jüngeren Mannes und suchte denselben an sich zu ziehen. Auf
seine Empfehlung wählte die deutsche Reichsstadt den französischen Gelehrten zum Bevollmächtigten bei den Religionsgesprächen, welche Kaiser Karl V.
zur Ausgleichung der kirchlichen Streitigkeiten auf den Reichstagen von Worms
und Regensburg veranstaltete. Bei dieser Gelegenheit kam Calvin mit Melanchthon in Verbindung; aber wie groß seine Hochachtung für den deutschen
Reformator immer war, so billigte er doch nicht dessen versöhnliche Haltung
gegenüber den Altgesinnten. Mit feurigen Worten warnte er „vor dem blutgierigen römischen Tyrannen und seiner bepurpurten gottlosen Bande". In der
deutschen Kirche mißfiel ihm die laxe Kirchenzucht, das geringe Ansehen der Geistlichen und die Abhängigkeit der Theologen von den Fürstenhöfen.

Während Calvin in Straßburg weilte, traten in Genf große Zerrüttungen Zerrüttung
in Genf.
ein. Die Verweisung der Reformatoren war hauptsächlich von den Gegnern
der strengen Kirchenzucht und der geistlichen Herrschaft ausgegangen. Prediger
von nachgiebigerem Charakter, unter ihnen mehrere Berner, traten nun an die
Stelle, und der Magistrat nahm auch in kirchlichen Dingen das Regiment in die
Hand und übte die Sittenpolizei. Aber die verbannten Reformatoren hatten
energische Anhänger, die sowohl der schlaffen Obrigkeit als den wenig befähigten
Predigern Opposition machten. Es half nichts, daß man das Haupt der
„Guillermins" (nach Guillaume Farel genannt), den Vorsteher der neuen Schule
im Rivekloster, Saunier, sammt „seinen Franzosen" aus der Stadt wies. Die
Bestrebungen der offenen und heimlichen Katholiken, den Umschwung zur Rückführung der alten Kirche zu benutzen, und die Versuche der Berner, ihren Einfluß
zu einer Art Vorherrschaft über die Bundesstadt auszudehnen, vereinigten alle
reformatorisch-patriotischen Männer zu einer geschlossenen Partei. Sie traten
mit Calvin, der auch in der Rheinstadt die Genfer Gemeinde, „seine Heerde" keinen
Augenblick aus dem Auge verlor, in lebhaften Verkehr. Mit Gutheißung des
Papstes hielten mehrere Prälaten in Lyon eine Versammlung, der viele katholische Flüchtlinge aus Genf anwohnten, um über die Mittel zur Wiederherstellung
der alten Kirchenform und die Rückführung des Bischofs de la Baume zu berathen. Einer der Anwesenden, Cardinal Sadolet, Bischof von Carpentras, ein
in den humanistischen Kreisen hochgefeierter Mann, erhielt den Auftrag, in einem
Sendschreiben die Irregeleiteten zur Rückkehr in die trauernde Mutterkirche auf-
zufordern. Er that es in einer „wohlwollenden herzlichen Ansprache", gerichtet
an „seine theuern Brüder, die Syndike, den Rath und die Bürger von Genf".

Dies gab dem Reformator in Straßburg Gelegenheit zu der „Antwort auf Sa-
dolets Brief", einer Arbeit von sechs Tagen von solcher Meisterschaft, daß man
sie unbedenklich zu den glänzendsten Streitschriften des Jahrhunderts rechnen
darf. Auch Luther freute sich darüber. Damals konnte Melanchthon nach
Straßburg melden, daß Calvin in Wittenberg „hoch in Gnaden stehe".

Calvins
Rückberu-
fung
1541. Die Wirkung war durchschlagend und vernichtete für immer die Pläne der
Romanisten. Nicht der Bischof kehrte nach Genf zurück, sondern Johann Cal-
vin, Roms schärfster Widersacher. Schon lange hatte die Partei der „Guillermins" alle Kräfte angestrengt, den Magistrat zur Wiederberufung Calvins zu
bewegen. Jetzt wurden ihre Bemühungen mit Erfolg gekrönt, sowohl durch das
siegreiche Auftreten ihres Hauptes in der kirchlichen Polemik als durch politische
Gründe. Die Berner hatten durch diplomatische Künste eine Genfer Gesandtschaft
zu einem neuen Vertrag gebracht, in welchem die Patrioten eine Gefährdung der
Selbständigkeit und staatlichen Ehre der Stadt erblickten. Die „Guillermins"
benutzten nun den allgemeinen Unwillen gegen diesen „Verrath" der „Articulanten" oder wie sich das Wort im Munde des Volks gestaltete, der „Artichauts" zu
einer revolutionären Agitation gegen den Magistrat, die Rathsherren und die
Berner Prediger. Die Articulanten wurden verbannt, ihr Haupt, der General-
capitän Philippe, als er sich zu einer gewaltthätigen Handlung gegen die aufgeregte Menge hinreißen ließ, mit dem Tode bestraft, die Berner Prediger zur Niederlegung ihrer Stellen gezwungen. Nun kamen auch die Regierungs- und
Rathscollegien zu der Ueberzeugung, daß nur der verbannte Reformator in der
zerrütteten, von Parteiwuth zerrissenen Republik Ruhe und Ordnung zu schaffen
vermöge. Aber wie viele Bittgesuche und Gesandtschaften an „Meister Calvin"
in Straßburg abgingen; er weigerte sich lange, dem Rufe zu folgen, sei es daß
er seinem früheren Vorhaben getreu, sich mehr der wissenschaftlichen und schriftstellerischen Thätigkeit widmen, sei es, daß er die Stadtbehörden zum Bewußtsein ihrer Schuld bringen wollte. Endlich war sein Widerstand gebrochen. Wie
damals als Farel ihn im Namen Gottes zum Bleiben bewog, so glaubte er auch
jetzt einen höheren Willen zu erkennen. Jener tief ernste, düstere, fatalistische
Zug, der durch sein ganzes Wesen geht und in der Prädestinationslehre den dogmatischen Ausdruck findet, mußte nach solchen Vorgängen nothwendig an Stärke
gewinnen. Calvin fühlte sich fast nur noch als Werkzeug in der Hand Gottes,
durch den ewigen göttlichen Rathschluß, ohne jedes persönliche Zuthun, für Genf
bestimmt, um des Herrn Willen, wie er ihn erkannt, auf diesem wichtigen Fleck
der Erde ohne Scheu und Furcht zu verkünden, jenes Programm, welches er in
der christlichen Institution niedergelegt, hier zur Ausführung zu bringen, dem
Herrn hier ein christliches Geschlecht zu sammeln, das der übrigen Welt als
Leuchte diene." Gleich einem siegreich heimkehrenden Fürsten hielt der Verbannte am 13. September 1541 unter dem Jubel der Bevölkerung seinen
feierlichen Einzug in die Stadt. „Fortan gehörte Calvin Genf und Genf Calvin;

es war an den Siegeswagen des Reformators gefesselt und mußte ihm folgen trotz alles Sträubens."

Nicht mit Groll, nicht mit Rachegedanken kehrte Calvin nach Genf zurück. *Die refor-* Ihm lag es vor Allem am Herzen, seine Ideen ins Leben einzuführen und die- *mirte* *Kirche.* ses Ziel glaubte er am sichersten durch Mäßigung und Schonung der widerstreben- den Richtungen zu erreichen. Noch in demselben Jahr wurden die „kirchlichen Or- donnanzen" bekannt gemacht, die unter seiner Leitung von sechs Geistlichen und sechs Rathsherren entworfen, nach einigem Bedenken von den Räthen und der Gesammtgemeinde angenommen, eine neue Lebensordnung auf evangelischer *2. Jan.* *1542.* Grundlage aufrichteten. Sie bildeten den Kern und das Fundament eines ge- schlossenen Kirchensystems, welches, im schärfsten Gegensatz zu der päpstlich-katho- lischen Kirche, in Gottesdienst und Cultus auf das apostolische Zeitalter zurück- ging, welches die Gemeinde als Quelle und Ausgangsbasis der gesetzgebenden und sittenrichterlichen Gewalt festsetzte, die Ausübung dieser Gewalt aber einem aristokratischen, aus Geistlichen und Laien gemischten „Consistorium" übertrug und welches endlich als höchste kirchliche Autorität die Synode constituirte. Diese „reformirte Kirche" mit ihrer demokratischen Grundlage und Autonomie, ihren aristokratischen Organen und ihrer legislativen Autorität über alle Seiten des religiösen und kirchlichen Lebens in den Synoden war eine organische Institution, die erobernd durch die Welt zog und die Geister der Gläubigen mächtig ergriff und fesselte. In Uebereinstimmung mit der Staatsverfassung, dem Rechtswesen und der Verwaltung des republikanischen Gemeinwesens, die gleichfalls durch Calvins organisatorischen Geist Charakter und Haltung empfingen, bildete der Genfer Kirchen- und Staatsbau, wie er sich unter den Händen oder dem Einfluß des Reformators gestaltete, ein Gottesreich von theokratisch-aristokratischer Natur mit vorwiegender Bedeutung des geistlichen Theiles. Genf wurde unter Calvin „die Stadt des Geistes, von dem Stoicismus gegründet auf den Felsen der Prä- destination".

c) Die Genfer Kirchen- und Staatsordnung nach Calvins Organisation.

Die Folgerichtigkeit und systematische Schärfe, welche die in der „Institution" nie- *Charakter* dergelegte Theorie der christlichen Religion kennzeichnet, tritt auch in ihrer Verwirkli- *der calvin.* *Kirche.* chung in der Genfer Kirche mit zwingender Gewalt hervor. Selten ist ein menschliches Werk so streng nach Principien construirt, so methodisch nach bestimmt ausgesprochenen Ideen ausgebildet worden, als die „reformirte Kirche" Calvins. Glaubens- und Sit- tenlehre in die innigste Verbindung setzend, sieht der Genfer Reformator in der christli- chen Kirche eine Anstalt zur Erwerbung des ewigen Heils für alle Seelen, welche durch den ewigen Rathschluß Gottes zur Gnade erwählt sind. „Die Kirche ist unsere Mutter", heißt es in der Institution, „wir können nicht anders zum Leben eingehen, als wenn sie uns in ihrem Schooße erzeugt, an ihren Brüsten ernähet, unter ihrer Obhut und Schutz hält, so lange bis wir von diesem sterblichen Leibe befreit den Engeln gleich sein werden." So weit geht er nicht, daß er für alle Glieder seiner Kirche das Vorrecht der

Erwählung zur Gnade in Anspruch nimmt; „er bescheidet sich doch, daß man dieselben nicht unterscheiden könne und einen Jeden als Mitglied der Kirche anerkennen müsse, der sich zu ihr halte. Um so strenger aber will er diejenigen absondern, welche sie durch Wort oder That verleugnen."

Cultus und Gottesdienst. Die Gestalt der wahren Kirche, in welcher allein das Heil zu finden ist, ergiebt sich aus den Vorschriften der Apostel und den Beispielen der ersten Christengemeinden. Diesen Charakter apostolischer Einfachheit herzustellen war Calvins Bestreben. Ohne Phantasie und poetisch-künstlerischen Geist, war er der entschiedenste Feind aller Ceremonien, die den wahren Gegenstand der Verehrung zu entfernen oder zu verhüllen schienen; daher schaffte er nicht nur alle kirchlichen Gebräuche ab, die nicht von Christus selbst und seinen Jüngern eingesetzt waren, sogar die hohen Feiertage: mit alttestamentlichem Rigorismus eiferte er gegen Alles, was ihm als „Götzendienst" erschien. Nirgends tritt der Gegensatz gegen Papismus und Menschensatzung schroffer hervor als in der Kirche Calvins. Vielleicht daß die Nähe der katholischen Welt, die den Freistaat auf allen Seiten umgab, die puritanische Strenge seiner Ansichten steigerte und ihm die schroffe Abschließung als heilsam erscheinen ließ. Durch einfachen Gottesdienst in der bilder- und schmucklosen Kirche, mit langen Predigten, mit Gebeten zu Anfang und zu Ende, zu welchem Zweck eine Sammlung von Gebetsformeln, eine Art Liturgie veranstaltet wurde, und mit religiösen Gesängen, durch öffentliche feierliche Taufe vor der ganzen Gemeinde, durch das Abendmahl in doppelter Gestalt mit vorbereitender Buße und durch strenge ernste Feier des Sonntags sollten die Herzen unmittelbar zu Gott erhoben werden. Das in der Folge von Beza und Marot bearbeitete, von Goudimel mit volksthümlichen Melodien versehene Psalmbuch diente dem französischen Gottesdienst der Calvinisten in ähnlicher Weise zur Erweckung und Belebung der Andacht, wie das lutherische Kirchenlied in Deutschland (S. 206 f.). — Hohen Werth legte Calvin außerdem auf die „Katechese", auf die Unterrichts- und Erbauungsstunde nach dem Mittagsgottesdienst, religiöse Andachtsübungen in Fragen und Antworten, an denen nicht nur die Jugend sondern auch viele Erwachsene Theil nahmen. Der Reformator selbst arbeitete dafür den „Katechismus der Genfer Kirche" aus, der bald die größte Verbreitung in der ganzen calvinischen Welt erlangte. Die Katechese war „die eigentliche Schule echt calvinischer Gesinnung und Denkweise".

Kirchliche Organe. Nach Calvins republikanischen Ansichten liegt die kirchliche Souveränität in dem Gesammtwillen der Kirche selbst, d. h. aller Glieder, aus deren Vereinigung diese besteht. Ihr wohnt das Recht bei, für Erhaltung des reinen Glaubens und guter Sitte Organe zu bestellen. Zu dem Zweck überträgt die Gesammtgemeinde ihre Hoheit auf ein geistliches Lehr- und Sittenamt, indem sie aus ihrer Mitte ein Pfarrministerium, ein „apostolisches Hirtenamt" und ein Aeltestencollegium oder Presbyterium bestellt zur Erhaltung der reinen Lehre, welche der Seele, und der christlichen Zucht, welche den Nerven des kirchlichen Organismus zu vergleichen seien. Diese zu einem „Consistorium" vereinigten geistlichen und weltlichen Kirchenvorsteher haben der Kirche und Stadt Calvins den theokratischen Charakter eines „Gottesstaats" verliehen. Damit die auto-

a) Geistlichkeit. ritative Gewalt der Gesammtgemeinde nicht in die Hände Unwürdiger und Unfähiger gerathe, wird die Wahlfreiheit in der Weise beschränkt, daß nur solche zu „Dienern des göttlichen Worts" gewählt werden dürfen, die ihre Befähigung in einer Prüfung nachgewiesen haben, und daß die Aeltesten, zwölf an Zahl, den beiden Räthen der Stadt entnommen werden. Der Geistlichkeit wird eine hervorragende Stellung zugewiesen; sie erscheint als der geehrteste Stand, daher auch in den kirchlichen Ordonnanzen der größte Nachdruck darauf gelegt ist, daß sie durch Bildung, Wissen und sittlichen Wandel ihrem hohen Beruf Ehre mache. Gerne hätte Calvin das gesammte Vermögen der alten Kirche der neuen zugewendet; da aber dasselbe bereits in die Hand des Staats übergegangen war, so war er wenigstens für anständige Ausstattung der Pfarrstellen bedacht. Jährliche Visitationen sämmtlicher Kirchen sollten alle Unregelmäßigkeiten verhüten, und wöchentliche oder monatliche Versammlungen der „ehrwürdigen Genossenschaft" unter Calvins Leitung, Congregationen genannt, bei denen sich alle Geistliche aus Stadt und Land einzufinden hatten, sollten Gelegenheit geben zu Rügen, zu Ermahnung und Belehrung. — Den Vorsitz in dem aus der Geistlichkeit und zwölf gewählten „Laienältesten" zusammengesetzten „Consistorium" sollte einer b) Consistorium und der Syndiken führen, aber so überwältigend war das Ansehen des Reformators Calvin, Sitten daß während seines Lebens dieses Ehren- und Vertrauensamt fast immer von ihm gericht. selbst verwaltet ward. Dieses Consistorium, das die Aufgabe hatte zu bewirken, „daß die Stadt in guter Ordnung und in der Furcht Gottes erhalten werde", bildete zugleich das sittenrichterliche Tribunal, vor welches Alle geladen wurden, die durch ihren Wandel Aergerniß gaben und bei denen los der seelsorglichen Ermahnungen fruchtlos geblieben waren; die höchste Strafe war die Excommunication, welche den Schuldigen auf kürzere oder längere Zeit vom Genusse des Abendmahls ausschloß, bis er durch öffentliche Kirchenbuße vor der Gemeinde Besserung gelobt. Diese sittenpolizeiliche Gewalt eines oligarchischen Collegiums, die unter den Händen des strengen theokratischen Calvin zu einer furchtbaren Zuchtruthe ward, legte den Gläubigen ein schweres Joch auf, und war die Hauptursache so mancher Angriffe und Nachstellungen gegen seine Sicherheit, ja gegen sein Leben, begründete aber jene Ehrbarkeit und Sittlichkeit, jene bürgerliche Tugend und Frömmigkeit, welche der Schmuck und der Ruhm des reformatorischen Genf ward. — Nach calvinischen Grundsätzen sollten Kirche und Staat zwei ge- c) Verhält- trennte selbständige Institute bilden, die jedoch zur Verwirklichung der christlichen Ideale Staat und zur Begründung des Reiches Gottes einander zu unterstützen und in die Hände zu arbeiten Kirche. hätten, zwei legitime Gewalten, die mit verschiedenen Mitteln und Kräften Einem höchsten Ziele zustrebten, die getrennt und doch wieder innig verbunden in harmonischer Wechselwirkung die Menschheit in den religiösen und sittlichen Aufgaben des irdischen Daseins fördern sollten. Als christliches Gemeinwesen erkennt die calvinische Kirche in ihren inneren Angelegenheiten kein irdisches Oberhaupt an; vor dem Strafgericht des Sittenraths hat sich hoch und niedrig, der Fürst wie das geringste Glied der Gemeinde in gleichem Gehorsam zu beugen; sowie auch wieder der Geistliche für alle Vergehen gegen die Staatsgesetze der weltlichen Obrigkeit anheimfällt. In getrennten Bahnen und Atmosphären sich bewegend, sollten Kirche und Staat der Herrlichkeit Gottes dienen. Die Geistlichkeit sollte die Norm und Richtschnur für Glauben und Sitte nach den biblischen Urkunden feststellen, die weltliche Obrigkeit christliche Zucht und Ordnung handhaben und vor der Welt die Führerschaft übernehmen. Wie Seele und Leib sollten Kirche und Staat zu einem gesunden Lebensorganismus vereinigt die höchsten Aufgaben menschlichen Daseins erfüllen. Es ist begreiflich, daß diese Auffassung, die ein gleichartiges religiöses Gemeinwesen voraussetzt, bei verschiedenartigen Grundbedingungen zu tiefgreifenden Conflikten führen mußte. Uebrigens war Calvin ein zu klar blickender überlegener Geist, als daß er die Durchführung dieses Idealverhältnisses von Kirche und Staat seinen Gläubigen zur unbedingten Pflicht gemacht hätte: stets dringt er darauf, daß man sich der bestehenden Obrigkeit gehorsam sei, und verdammt Aufruhr und Empörung; Auflehnung wird nur für den Fall gestattet, daß die Obrigkeit etwas befiehlt, was den Geboten Gottes widerstreitet.

Nicht ohne gewaltige Kämpfe vermochte Calvin sein Kirchengebäude aufzurichten Die Oppo- und zu erhalten, das an die Gläubigen so hohe Anforderungen stellte, der persönlichen sition der Freiheit so große Opfer auflegte, eine so mächtige Strafgewalt in die Hände eines hier- Libertiner. archisch-aristokratischen Censoramts gab. Jahrzehnte hatte er wider die „Libertiner" zu kämpfen, eine starke Gegenpartei, die selbst unter den Syndiken und Rathsmännern ihre Mitglieder zählte, der sogar gefeierte Helden der Befreiungskämpfe, wie Berthelier und Perrin angehörten. Wie sehr mußte das Verfahren des Consistoriums, jenes unerbittlichen Pfarrministeriums und Aeltestenareopags, das die Functionen des Klägers, Richters und Vollziehers in seiner Hand vereinigte, mit seinen Strafen und Kirchenbußen das Ehrgefühl kränken, wie empfindlich mußte es den stolzen Bürgern sein, wenn alljährlich Prediger und Aelteste von Haus zu Haus gingen und die Gläubigkeit und den Lebenswandel der Familie prüften, wobei natürlich die Verdächtigen besonders scharf ins Verhör genommen wurden! Man braucht sich unter den Libertinern nicht Menschen zu denken, die aller Sittlichkeit und Religion Hohn gesprochen, wie sie Calvin und seine Freunde darstellen, um dennoch ihren Widerstand gegen die neue Theokratie und Priestertyrannei begreiflich zu finden. Es waren sicherlich viele darunter, welche das ungebundene Leben der früheren Jahre fortsetzen wollten, welche die neuerrungene Freiheit zu Ausschreitungen gegen Gesetz und Ordnung mißbrauchten, welche wie die „Geschwister des freien Geistes" (Spirituels) die verführerischen Lehren von einem Alles wirkenden Geiste auf eine gefährliche Spitze trieben; aber den Kern bildete eine liberale Opposition gegen das neue Kirchenregiment, welches das religiöse und sittliche Leben unter das Joch der geistlichen Disciplin beugen wollte, welches den Aufwand in Kleidung und bei Mahlzeiten auf ein bestimmtes Maß setzte, den Tanz verbot, Kartenspieler an den Pranger stellte, das Lesen gewisser Bücher, wie der Amadisromane untersagte. Die geistliche Macht des Consistoriums sollte geschwächt werden, von seinen Aussprüchen eine Appellation an den Rath der Zweihundert gestattet sein. Bis zum offenen Aufruhr trieb die Opposition ihren Widerstand; sie erhielt eine Stütze an Michael

Michael Servet.   Servet (Servedo). Einem angesehenen aragonischen Geschlechte entsprossen, war dieser unruhige Mann gleich Calvin von der Jurisprudenz zur Theologie übergegangen und hatte sich dann auch der Medicin und andern Studien gewidmet. Nach einem vielbewegten Leben in Frankreich, in Basel und Straßburg, wo er durch mehrere gelehrte Schriften eine „Wiederherstellung des Christenthums" als Vollendung der Reformation zu begründen suchte und insonderheit das altkirchliche Dogma von der dreieinigen Gottheit bekämpfte, die Trinität als Offenbarung des Urgrundes in Licht und Wort, vollendet im Gottmenschen und mitgetheilt durch den Heil. Geist, darstellend; kam Servet im Jahre 1553 nach Genf, um sich nach Unteritalien zu begeben. In Vienne war er dem Kerker entgangen und als Häretiker von dem Gerichte im Bildniß verbrannt worden. Aber ein schlimmeres Schicksal sollte er in der Stadt Calvins erfahren. Schon seit Jahren mit dem Genfer Reformator durch Briefe und Schriften in Feindschaft, erschien er der Opposition ein willkommener Bundesgenosse im Kampfe gegen das neue Glaubenstribunal. Auf Calvins Veranstaltung in Haft gesetzt und einer langen gerichtlichen Untersuchung unterworfen, wurde Servet, mit Billigung der Schweizer Reformatoren und nachträglicher Zustimmung Melanchthons und anderer deutschen Theologen zum Tode verurtheilt, und da er jeden Widerruf verweigerte, am 23. Oktober 1553 öffentlich verbrannt, eine Begebenheit, die auf Calvins Leben und Charakter einen dunkeln Schatten warf und der ganzen Folgezeit zu Angriffen, Beschuldigungen und Lästerungen eine Handhabe bot. Nicht frei von wiedertäuferischer Schwärmerei, eingebildet auf seine höhere Weisheit und roh in seinen Ausfällen gegen die Lehren der Kirche, hat Servet kein härteres Schicksal erfahren als so viele andere Stürmer und Schwarmgeister seiner Zeit; aber verletzt wurde das reformatorische Gefühl der Nachwelt durch die Hand, welche das Gerichtsverfahren veranlaßt und zu dem tragischen Ausgang den Ausschlag gegeben hat.

Bei dem Falle Servets wirkten religiöse und politische Motive zusammen. Im **Calvins Stellung und Charakter und das Genfer Gemeinwesen.** Verein mit der Oppositionspartei der Libertiner konnte der leidenschaftliche, anmaßende Spanier sich mit dem Gedanken tragen, das neue Papstthum in der Lemanstadt zu stürzen und selbst das Haupt der neuen Kirche für die romanische Welt zu werden. Mehr als einmal tauchte der Plan einer zweiten Verbannung des geistlichen Dictators auf. Die große Anzahl französischer Flüchtlinge, welche in Genf ein Asyl gegen die Verfolgungen in der Heimath suchten und in tiefster Verehrung an den Reformator und seine meistens aus Frankreich stammenden Gehülfen sich anschlossen, weckte neben andern Gefühlen der Abneigung auch noch die nationale Eifersucht in der Oppositionspartei. Noch zwei Jahre nach Servets Tod spann sich die innere Gährung fort; die Aufgeregten konnten sich bis zu einem Mordanschlag und revolutionären Umsturzversuchen erhitzen. Erst nach Niederwerfung des Aufruhrs im Jahre 1555 und nach Bestrafung der Urheber durch Hinrichtung oder Verbannung war Calvins Autorität fest gegründet und dauerte bis an sein Lebensende fort trotz der Anfeindungen, womit ihn der aus Genf verwiesene Kritiker und Humanist Castellio von Basel aus verfolgte, und trotz der Schmähungen, welche der Renegat Bolsec über sein Leben ausschüttete. Mit der Macht eines im Glauben gestählten Geistes warf er die Widersacher unbarmherzig nieder; „hart gegen Andere wie gegen sich selbst, doch nicht ohne tiefes Gemüth, jedem irdischen Genuße feindselig, um Volksgunst unbekümmert, gebot er über die Geister durch die Ehrfurcht vor seinem starken reinen Willen". Unter Calvins Auspicien und organisatorischen Talenten erhielt das Genfer Gemeinwesen die aristokratische Verfassung, die es Jahrhunderte lang bewahrt und die nicht wenig zu der Blüthe und Wohlfahrt der Stadt beigetragen hat. Der demokratische Charakter, wonach die Hoheit und gesetzgeberische Autorität kirchlich wie politisch der Gesammtgemeinde innewohnt, wurde in der Anwendung dahin ausgebildet, daß die Regierungsgewalt in die Hände der vier Syndiken und des engeren Raths gelegt ward, der einem größeren von den Volksgemeinde gewählten Rathe verantwortlich sein sollte, eine Verfassung, die ganz den in der „Institution" ausgesprochenen Ansichten Calvins von den Regierungsformen entsprach. Unter Calvins Auspicien und geistiger Autorität wurde das Unterrichtswesen ausgebildet, dem Genf seinen Ruhm und seine hohe Bildung verdankte. Von der Volksschule, in welcher die christliche Erziehung begonnen und der Grund zu religiöser Erkenntniß aller Bürgerklassen gelegt ward, zu der mittleren Gelehrtenschule, wo die Jugend menschliches Wissen auf Grund der classischen Sprachen schöpfen sollte, bis zu der Academie, hauptsächlich für die Heranbildung reformirter Prediger bestimmt, wurde das gesammte Lehr- und Erziehungswesen so umsichtig und zweckmäßig organisirt und durch geschickte Lehrer so erfolgreich durchgeführt, daß Genf im sechzehnten Jahrhundert als die hohe Schule der reformirten Welt romanischer Zunge galt, daß lernbegierige Männer jedes Alters aus allen Ländern dahin strömten, um im Umgang mit Calvin, Beza und so vielen andern trefflichen Leuten ihre Erkenntniß und Ausbildung zu vervollkommnen, neue Belehrung zu schöpfen. Aus diesen Hörsälen gingen die begeisterten Jünger und Prediger hervor, welche Calvins Lehre und kirchliche Ansichten weit über die Grenze der Schweiz trugen, in Frankreich zahlreiche Gemeinden gründeten und der Reformation in Schottland das scharfe theokratische Gepräge verliehen. Eine unabhängige Stadt mit freundlicher Umgebung und geselligen Bewohnern, in Sitten und Charakter, in Sprache und Grenzen an Frankreich sich anschließend, wurde Genf ein Stern humanistischer und religiöser Bildung. Französische Flüchtlinge pilgerten in großer Menge nach der Stadt, die sie wie ein neues Jerusalem verehrten, bei deren Anblick sie Lobgesänge anstimmten und zum Gebete auf die Kniee fielen. Wie viele Gelehrte ersten Ranges aller Wissenschaften lebten und wirkten im sechzehnten Jahrhun-

41 *

dert in der „Stadt Calvins"; wir brauchen nur an die Namen Hottomann, Gothofredus, Stephanus, Casaubonus u. a. zu erinnern, denen wir noch auf andern Gebieten begegnen werden. Gleich den berühmten Gesetzgebern des Alterthums in den hellenischen Freistaaten so wirkte und schaffte Calvin in dem Genfer Gemeinwesen, das unter seiner Hand aus anarchischen Zuständen zu schöner politischer Ordnung geführt ward, aus sittlicher und religiöser Versunkenheit zu edler menschlichen und christlichen Bildung sich erhob, aus einer savoyisch-bischöflichen Grenzstadt zu einer Weltstadt von europäischer Bedeutung emporstieg. „Alles Fremdartige in seinem Innern vertilgend, das Verwandte an sich ziehend, pflegend und im geeigneten Moment wieder aussendend, erscheint Genf wie eine kriegerisch religiöse Mark an den Grenzen einer feindlichen Welt zum Angriff und zur Vertheidigung." Von dem hohen Ansehen, dessen sich Calvin bei den Zeitgenossen erfreute, kann man sich eine Vorstellung machen aus der großen Menge von Briefen, durch welche er mit bedeutenden, im Staatsleben, in der Gesellschaft, in der Wissenschaft hochgestellten Persönlichkeiten einen regen Verkehr unterhielt, Gutachten und Rathschläge ertheilend, für Bedrängte Fürbitte einlegend, für den wahren Dienst und die Ehre Christi in den Kampfplatz tretend. Und der Mann, welcher mit Fürsten und Herren, mit so vielen Häuptern der christlichen Welt in Verbindung stand, dessen Rath wie ein Orakel überall eingeholt ward, führte zu Hause ein „armes Leben", vielfach getrübt durch Krankheit und durch keine andere Freude erheitert als durch das Bewußtsein seiner großartigen welthistorischen Wirksamkeit. Seiner Frau und seines einzigen Sohnes frühe durch den Tod beraubt, ohne Empfänglichkeit für die Reize, womit die Natur die Gegend des schönen lemanischen Sees geschmückt, verbrachte er sein Dasein in unermüdlicher Thätigkeit, als Prediger und Seelsorger, als akademischer Lehrer und Schriftsteller, als energischer Mitstreiter in den großen geistigen Kämpfen seiner Zeit, stets trachtend nach der Gerechtigkeit, die den Grundzug seiner Kirche bildet. Einfach war seine Lehre, einfach sein Leben und seine letzten Worte waren ein Verbot, ihm ein Grabdenkmal zu errichten. Der Prediger der Einfachheit und der kirchlichen und bürgerlichen Gleichheit mußte ohne Auszeichnung in der Mitte seiner Heerde liegen.

Theodor
Beza.
1519—1605. Als Calvin am 27. Mai 1564 zu seinen Vätern versammelt wurde, trat Theodor de Bèze, bekannter unter dem latinisirten Namen Beza, in sein Werk ein. Kein Jünger ist dem Meister in so großer Hingebung zugethan gewesen, als Beza dem um zehn Jahre älteren Reformator. Einem angesehenen burgundischen Adelsgeschlechte entsprossen (geboren am 24. Juli 1519 in Vezelay), mit körperlichen und geistigen Vorzügen in hohem Grade ausgerüstet, hatte Beza unter dem deutschen Gelehrten Volmar in Orleans und Bourges der Rechtswissenschaft und den humanistischen Studien obgelegen und war dann in Paris in die gebildeten Aristokratenkreise eingetreten, welche damals das Hof- und Staatsleben beherrschten. Als Karl V. in der französischen Hauptstadt weilte, wie ein nunmehr befreundeter Monarch verehrt und gefeiert (S. 655), überreichte ihm der zwanzigjährige Jüngling ein von ihm verfaßtes lateinisches Lobgedicht. Denn auch diese Kunst und Neigung theilte Beza mit den Humanisten seiner Zeit; und die „Jugendgedichte" (Juvenilia), die seinen Widersachern in der Folge so manche Seite zu Angriffen und Lästerungen boten, geben Zeugniß von hervorragender poetischer Begabung und dichterischer Kunstfertigkeit, aber auch von einer Richtung, welche neben den Freuden der Wissenschaft den Genuß des Lebens nicht verschmähte. Früh im Besitze großer Einkünfte, welche geistliche Verwandte ihm zuwendeten, ausgerüstet mit allen Talenten und Kenntnissen, die damals zur Empfehlung gereichten, hatte er die Aussicht auf eine glänzende Lebensstellung, als er wie Augustinus die zeitlichen Güter und weltlichen Freuden von sich warf und mit geringer Habe und einer Verlobten, die

er zu seiner Ehefrau erkoren, nach Genf zog, Vaterland, Eltern und Freunde verlassend, um dem Herrn zu dienen (1548). In der reformirten Kirche fand er Rettung aus den bisherigen Irrgängen und Ruhe für seine Seele; und mit männlicher Kraft und Ueberzeugungstreue hat er ihrer Verherrlichung und Verbreitung sein Leben gewidmet, unerschüttert durch die Vorstellungen von Vater und Brüdern, mit denen er darüber zerfiel. Auf Calvins Verwendung an der Akademie zu Lausanne angestellt, hat er dort zehn Jahre lang neben einer fruchtbaren Lehrwirksamkeit eine große literarische Thätigkeit entwickelt, seine poetischen Gaben zur Bearbeitung religiöser Gesänge nach dem alttestamentlichen Psalmbuch und geistlicher Dramen („Opfer Abrahams") anwendend und in polemischen, satirischen und gelehrten Schriften der Kirche Calvins und ihrem Stifter als ritterlicher Vorkämpfer, als Schildhalter und Schutzredner dienend, bis der Meister den treuen Gefährten in seine unmittelbare Nähe rief. So groß war die Hingebung Beza's für den Reformator, daß er nicht nur im Streit gegen Castellio sich auf Calvins Seite stellte, sondern auch das Verfahren gegen Servet rechtfertigte, wie wenig auch solche Ketzergerichte seiner Bildung und Geistesrichtung zusagen konnten. Ihm erschien als höchste Aufgabe der weltlichen Obrigkeit zu bewirken, daß die Quelle der Sünde verstopft und Gott die gebührende Ehre erwiesen werde. Mit den Arbeiten auf dem Lehrstuhl und in der Literatur verband Beza eine segensreiche praktische Wirksamkeit. Wie oft hat er, von Farel begleitet, die eidgenössischen Räthe von Bern, Zürich, Basel und die süddeutschen Fürstenhöfe um Verwendung für die verfolgten Glaubensgenossen in Frankreich und Savoyen angegangen! Seine feinen Manieren und die vermittelnde Stellung, die er und Calvin in der Lehre vom Abendmahl einnahmen, kamen ihm bei diesen diplomatischen Schritten zu Statten. Von noch größerer Bedeutung wurde Beza's Wirksamkeit seit seiner Berufung nach Genf. Nicht nur, daß er als Lehrer der griechischen Sprache an dem neuerrichteten Collegium (Gymnasium) und der Theologie an der Akademie einen Einfluß auf die Bildung der Jugend übte, der sich mit Melanchthons Wirken vergleichen ließ; wir werden bei einer andern Gelegenheit auch erfahren, wie tief er in die reformatorische Bewegung seiner französischen Heimath verflochten ward. An dem Hofe von Navarra, in dem Religionsgespräch von Poissy, in den Glaubenskämpfen, die der Bartholomäusnacht vorausgingen, in den Synoden der Hugenotten führte er eine entscheidende Stimme. Und wer hätte ein geschickterer Träger und Vermittler der neuen Lehre in der gebildeten französischen Gesellschaft sein können, als der gewandte vielseitige Gelehrte, der die freie humanistische Anschauung neben der reformatorischen bewahrte und seiner Kirche mit dem Glaubenseifer zugleich ritterlichen Muth und einen militärischen Geist einhauchte! Diese weltgeschichtliche Thätigkeit in einer großen bewegten Zeit umgab Beza's Namen mit einer Glorie, die ihn den jüngern Geschlechtern Frankreichs als „Patriarch der Reformation" erscheinen ließ. Er starb am 13. Oktober 1605 als hochbetagter Greis, nachdem er noch den glücklich zurückgeschlagenen Angriff Savoyens auf die Lemanstadt im Jahre 1587 an dem angstvollen Tage der Sturmleitern (Journée des escalades), den Uebertritt des ihm befreundeten bourbonischen Königs zur katholischen Kirche und die Bekehrungsversuche der Jesuiten erlebt hatte.

XVII. Die deutsche Reformation und Karls V. letzter Waffengang gegen Frankreich.

1. Sieg der evangelischen Lehre in Norddeutschland.

Die Curie und das Concil. Der Beitritt des Nordens zu der evangelischen Kirche, die gleichzeitige Trennung Englands von dem römischen Stuhle, die Spannung zwischen Frankreich und dem Kaiser kamen den deutschen Protestanten sehr zu statten. Franz und Karl suchten die Häupter des Schmalkaldischen Bundes auf ihre Seite zu ziehen; der Kurfürst von Sachsen wurde mit der größten Aufmerksamkeit behandelt. Bei einer persönlichen Anwesenheit in Wien ertheilte ihm König Ferdinand feierlich die so lange verweigerte Belehnung; und als er einige Fähnlein sächsischer Truppen dem Kaiser nach den Niederlanden sandte, gestattete man, daß ihnen ein Feldprediger beigegeben wurde, welcher das reine Gotteswort mitten im kaiserlichen Heerlager verkündigte. Auch das so oft in Aussicht gestellte Concilium schien damals seiner Verwirklichung entgegen zu gehen. Clemens VII. hatte nur Verheißungen gegeben, um das verlangte Nationalconcil zu verhindern, ohne jemals im Ernst an die Einberufung einer ökumenischen Synode zu denken. Eine freie Versammlung, auf welcher die religiösen Streitigkeiten nach Gottes Wort, nicht nach den päpstlichen Gesetzen entschieden werden sollten, wie die deutschen Evangelischen forderten, war nicht nach dem Sinne des Mediceers. Sein Nachfolger Paul III. aus dem Hause Farnese schien dem Plane mehr geneigt. Er schickte Botschafter an mehrere Höfe, um die Stimmung zu erforschen und den Ort der Zusammenkunft festzusetzen.

Vergerius und Luther. Peter Paul Vergerius, Bischof von Capodistria und Nuntius bei König Ferdinand, erhielt den Auftrag, zu dem Zwecke sich nach Sachsen und Brandenburg zu begeben. Nach der Weisung des abwesenden Kurfürsten wurde er in Wittenberg **November 1535.** mit hohen Ehren empfangen, man wies ihm seine Wohnung im Schlosse an. Hier hatte er eine Unterredung mit Luther, der in Begleitung Bugenhagens sich bei ihm einfand. Der Italiener vermißte an dem Reformator die äußere Würde und feine Bildung, freute sich aber, daß derselbe bereitwillig auf die Idee eines Concils einging: er werde kommen, sagte Doctor Martin, wenn man ihn auch verbrenne; es sei ihm einerlei, wo die Versammlung abgehalten werde, in Mantua, Padua oder Florenz. Auch in Bologna? forschte der andere. Luther fragte, wem die Stadt gehöre, und als man ihn belehrte, daß sie päpstlich sei, rief er verwundert aus: Heiliger Gott, so hat der Papst auch diese Stadt an sich gerissen! Von Wittenberg begab sich der Nuntius nach Prag um mit dem Kurfürsten selbst sich zu besprechen. Als Malstatt wurde Mantua, die alte Stadt des Reiches vorgeschlagen. Johann Friedrich wies jede bindende Zusage von sich, ehe er die Meinung seiner Bundesverwandten vernommen. Ungern ging er von dem Gedanken einer Nationalsynode ab, wie sie auf früheren Reichstagen öfters beantragt worden. Auch Luther kam von seiner früheren Bereitwilligkeit mehr und mehr zurück.

Es ist vielfach bezweifelt worden, ob es dem Papste mit dem Vorschlage Ernst war. Allerdings wurde auf Betreiben des Kaisers und unter dem Beirathe Granvella's in Rom eine Bulle ausgefertigt, welche das Concilium auf den Mai 1537 nach Mantua einberief. Aber daß Paul III. niemals eine freie unparteiische Prüfung der religiösen und kirchlichen Streitfragen zugelassen, niemals eine zwanglose Discussion gestattet hätte, ging aus seiner ganzen Haltung hervor und konnte auch von keinem Papst erwartet werden. Paul war so wenig geneigt wie sein Vorgänger, die päpstliche Autorität in Zweifel ziehen, seine oberhirtlichen Prärogative verkürzen zu lassen. Das Concilium sollte nur die abgefallenen Glieder in den Schooß der römischen Kirche, unter die Jurisdiction des Papstes zurückführen und alle ketzerischen und schismatischen Lehren ausrotten. Eine Bulle „zur Reformation der Stadt Rom und des päpstlichen Hofes", welche kurz darauf von Paul erlassen wurde und als Zweck des Concils „die Ausrottung der lutherischen Ketzerei" angab, bestätigte diese Ansicht. Es war vorauszusehen, daß die Genossen des Schmalkaldischen Bundes, der gerade damals durch die Aufnahme neuer Mitglieder sich verstärkt, seine Kriegsmacht und seinen Bundesrath vermehrt hatte, nun nicht geneigt sein würden, ihre kirchliche Existenz ohne alle Garantien aufs Spiel zu setzen. Die Curie konnte eine Verwerfung mit Sicherheit voraussehen; indem sie aber die Hand zur Versöhnung zu bieten schien, stellte sie die Kaiser zufrieden und bewirkte, daß die Schuld des Mißlingens den Gegnern zugeschrieben ward. Der Krieg, der bald nachher in Oberitalien ausbrach und die Abhaltung des Conciliums unmöglich machte, befreite die Curie von der Rothwendigkeit, mit ihren wahren Absichten und Plänen hervorzutreten.

Die Evangelischen waren gerade in Schmalkalden versammelt, als Peter Vorstius, Stellung der Evangeli-schen zur Concilsfrage. Febr. 1537. päpstlicher Nuntius bei dem burgundischen Hofe mit der Einberufungsbulle in Deutschland erschien. Da traten denn bald verschiedene Ansichten zu Tage. Die Eiferer unter den anwesenden Ständen waren für unbedingte Zurückweisung, weil die Annahme als Beweis für die Anerkennung der päpstlichen Kirchengewalt gedeutet werden könne. Ein von dem Papste angeordnetes Concil könnten sie nicht als ein freies christliches ansehen, wie sie auf früheren Reichstagen gefordert. Da würde ihre Sache zum Voraus verdammt, sie als Häretiker auf die Anklagebank gewiesen werden. Wer denn Richter über die Parteien sein sollte? Die Romanisten würden die Leitung und Entscheidung in Händen haben und das ganze evangelische Glaubensbekenntniß als ketzerisch verwerfen. Die Gemäßigteren meinten, man solle die Einladung nicht direkt von der Hand weisen, aber nähere Bestimmungen über Ordnung und Form begehren und auf Einsetzung unparteiischer Richter dringen. Melanchthon hielt auch jetzt noch an seiner in Augsburg ausgesprochenen Ansicht fest, daß man die Episcopalgewalt mit dem päpstlichen Kirchenregiment nicht gänzlich abschaffen solle. Kurfürst Johann Friedrich fürchtete, sie möchten durch das Concil wieder in die babylonische Gefangenschaft zurückgeführt werden, woraus sie Gott befreit, und Melanchthons Vorhaben würde nicht Frieden bringen, sondern neue Knechtschaft; er trug sich mit der Idee eines freien allgemeinen Concils, das in Augsburg versammelt dem vom Papste berufenen entgegengestellt werden sollte. Bei solchem Widerstreit der Meinungen war nur Eins deutlich zu erkennen: daß in einem Augenblick, „da Gewalt nicht mehr zu fürchten und Versöhnung nicht mehr zu hoffen war" das Concilium von der Schmalkaldischen Bundesgenossenschaft verworfen werden würde. Und so geschah es auch. In einer dem kaiserlichen Vicekanzler Held übergebenen Recusationsschrift setzten die evangelischen Stände die Gründe auseinander, warum sie eine Kirchenversammlung, in welcher der Papst und die Bischöfe das Regiment führen und als Richter auftreten würden, nicht als ein freies allgemeines christliches Concil ansehen und beschicken könnten. Dem Nuntius wurden die Briefe des Papstes an die Kurfürsten unentsiegelt zurückgegeben nebst einem Auszug aus der erwähnten Ablehnungsschrift an den Kaiser.

Luther war zu Anfang der Berathung nicht auf Seiten der Eiferer, wenn er Die Schmal-kaldischen Artikel. auch, wie die niedergeschriebenen Sätze über die Gewalt der Concilien beweisen, von der in Aussicht genommenen päpstlichen und bischöflichen Kirchenversammlung kein Heil

erwartete und für Zurückweisung rieth. Aber mehr und mehr erwachte wieder der alte
Groll gegen das ganze Institut des Papstthums; die Ansicht, daß der Papst der Anti=
christ und ein Geschöpf des bösen Feindes sei, befestigte sich in aller Stärke in seiner
Vorstellung; heftige Steinschmerzen, die ihn während der Zeit quälten und dem Grabe
nahe brachten, steigerten die Reizbarkeit seines Geistes. Von dieser Stimmung zeug=
ten die „Schmalkaldischen Artikel", worin er in den schroffsten und schärfsten Ausdrücken
dem Papste jedes Hoheitsrecht über die Christenheit, sei es nach göttlichem oder mensch=
lichem Rechte absprach und damit auf immer die Brücke zwischen Rom und dem evan=
gelischen Deutschland zerstörte. Als die zunehmende Krankheit ihn vor Beendigung
der Verhandlungen zur Rückkehr nach Wittenberg nöthigte, rief er den ihn begleitenden
Predigern zu: „Gott erfülle euch mit dem Hasse des Papstes!"

Es geschah wohl nicht ohne Absicht von Seiten der Zeloten, daß Melanchthon
vom Bundesrath den Auftrag erhielt, in einem lateinischen Tractat die Ansicht der Ver=
sammlung über den Primat des Papstes und die Jurisdiction der Bischöfe darzulegen.
Mit seinem Geschick stellte er alle Beweisstücke dafür zusammen, daß beide nicht aus gött=
lichem Rechte stammten, nicht von Christus eingesetzt seien, „die erste feierliche Rechtferti=
gung der Lossagung von beiden". Als aber Luthers Artikel den anwesenden Theologen
zur Unterschrift und Zustimmung vorgelegt wurden, fügte er die Bemerkung bei, „daß
dem Papste, wenn er das Evangelium zulasse, um gemeinen Friedens willen eine Su=
periorität über die Bischöfe nach menschlichem Rechte zugestanden werden könne". Der
schroffere Gegensatz gegen den Papismus, der sich von der Zeit an unter den Schmal=
kaldischen Bundesverwandten kund gab, begünstigte die versöhnlichere Stimmung gegen=
über den Zwinglianern seit der Wittenberger Concordia (S. 511). Um dieser Ge=
sinnung mehr Bestand und Dauer zu verleihen, nahm Melanchthon mit der Augsbur=
ger Confession nicht unerhebliche Veränderungen vor, indem er namentlich die Lehre
vom Abendmahl zu Gunsten der Reformirten milder faßte. Diese „veränderte
Confession" gab den lutherischen Eiferern großen Anstoß und wurde für Melanch=
thon die Quelle unsäglicher Anfeindungen und Lästerungen.

Durch diesen Ausgang der Schmalkaldener Versammlung sah der Kaiser
seine Hoffnung auf Beilegung der kirchlichen Zerwürfnisse abermals vereitelt,
zwischen Rom und dem evangelischen Deutschland jede Verständigung abgebrochen.
Dennoch durfte er keine feindselige Haltung gegen die Bundesverwandten anneh=
men, um sie nicht auf die Seite des französischen Königs zu treiben, mit dem er
gerade im Krieg lag. Da suchte der Vicekanzler Held, der mit dem Nuntius
nach Schmalkalden gekommen war, ein beweglicher intriganter Mann von zwei=
deutigem Charakter und anstößigem Lebenswandel, den Evangelischen im Reiche
selbst eine Gegenmacht zu bilden. Früher Mitglied des Reichskammergerichts,
nahm er Aergerniß, daß das Tribunal in seinem Gerichtsgang gehemmt, der
Anwendung der Reichsgesetze in den Säcularisationen Einhalt geboten ward;
ein abgesagter Feind der religiösen Neuerung, nahm er ferner Aergerniß, daß der
Schmalkaldische Bund sich immer mehr befestigte und erweiterte. Er stand mit
vielen katholischen Fürsten in Verbindung und wußte aus Briefen und Gesprä=
chen, daß seine Mißstimmung über die Zustände im Reich von ihnen getheilt
ward. Herzog Heinrich war ergrimmt, daß die Städte Braunschweig und Goslar,
mit denen er wegen Einziehung einiger Klöster in ewiger Fehde lag, durch den Ein=

Marginal notes:

Melanch=
thons ver=
mittelnde
Thätigkeit.

1540.

Vicekanzler
Held und die
Nürnberger
Einigung.
1538.

tritt in den evangelischen Bund gegen seine Angriffe geschützt waren; ehedem ein vertrauter Freund und Genosse des Landgrafen, war er seit einiger Zeit aus mancherlei Ursachen sein heftigster Feind und Widersacher geworden. Gestützt auf eine Achtserklärung des Reichskammergerichts gegen die beiden Städte, fuhr er in seinen Feindseligkeiten fort, obwohl die Ausführung durch kaiserliches Mandat sistirt war. Kurfürst Albrecht von Mainz war auf Johann Friedrich erbittert, weil er die Magdeburger gegen ihn in Schutz nahm; die feindselige Gesinnung des Herzogs Georg gegen den Verwandten, den er um seine Machtstellung beneidete und wegen seines evangelischen Eifers haßte, die seit dem Kadaner Frieden scharf hervortretende katholische Richtung der bayerischen Herzöge, die Furcht der geistlichen Fürsten vor Schädigung ihrer Einkünfte und ihrer Autorität waren kein Geheimniß. Zu den religiösen Zwistigkeiten gesellten sich Streitfragen politischer und persönlicher Art. Diese Verhältnisse gaben dem Vicekanzler den Gedanken ein, die Macht und den Einfluß der Schmalkaldischen Conföderation durch einen katholischen Gegenbund lahmzulegen. Wenn er auch ohne Autorisation des Kaisers und Königs handelte, zweifelte er doch nicht an deren nachträglicher Billigung und Bestätigung. Es gelang ihm auch wirklich, eine Anzahl geistlicher und weltlicher Fürsten des nördlichen und südlichen Deutschland zum Abschluß der „Nürnberger Einigung" zu bringen, die nach dem Muster des Schmalkaldischen Bundes eingerichtet und in eine südliche und nördliche Abzweigung getheilt, das katholische Deutschland zu einträchtigem Handeln und zu energischem Vorgehen gegenüber den evangelischen Ständen zusammenführen und ermuthigen sollte. So spaltete sich das Reich in zwei Heerlager und bei dem herrschenden Mißtrauen der Fürsten auf einander, bei der Gereiztheit der Gemüther, bei dem angehäuften Zündstoff an allen Orten und Enden, bedurfte es nur eines kleinen Anstoßes, um einen bürgerlichen Krieg zu entfachen.

Juni 1538.

Der Kaiser erschrak, als er von dieser hinter seinem Rücken geschaffenen Lage Kunde erhielt. Gerade damals hatte er den Waffenstillstand in Nizza geschlossen (S. 624), der ihn in Stand setzen sollte, mit deutscher Hülfe die Osmanen von den Grenzen Ungarns und Oesterreichs für immer zurückzuschlagen; er hatte den Papst bewogen, die Einberufung des Concils zu vertagen, da er zuvor noch einen Versuch machen wollte, die vom Glauben Abgewichenen in Güte und auf friedlichem Wege zur Verständigung zu bringen. Diese Pläne sah er durch die unüberlegten Schritte seines Vicekanzlers durchkreuzt. So sehr auch im Allgemeinen die Bildung eines katholischen Gegenbundes sich seines Beifalls erfreuen mochte, so gebot ihm doch die augenblickliche Lage, daß er das eigenmächtige Vorgehen Helds mißbilligte, mit der Bestätigung des Nürnberger Bündnisses zurückhielt und die drohenden Wolken, die bereits am politischen Horizonte aufstiegen, zu verscheuchen suchte. Matthias Held wurde abberufen und ein geschmeidigerer und vorurtheilsfreierer Mann mit dem Geschäfte der Ausgleichung beauftragt. Es war Johann von Veeza, der einst von Christian II. zum Erz-

Der Anstand von Frankfurt. 1539.

bischof von Lund erhoben und dann in dessen Fall verwickelt, am burgundischen Hof Unterkommen und Dienst gefunden hatte. Diesem gelang es,
mit Hülfe einiger gemäßigten Reichsfürsten, insbesondere des Pfalzgrafen Ludwig bei Rhein und des neuen Markgrafen von Brandenburg Joachim II. in
_{April 1539.} dem „Anstand von Frankfurt" ein Abkommen zu treffen, das den Schmalkaldi-
schen Bundesverwandten volle Sicherheit gewährte. Alle Feindseligkeiten wurden
untersagt, der im Nürnberger Frieden verheißene Aufschub aller Reichsprozesse in
Sachen der Religion auch auf die seit jener Zeit dem evangelischen Bündniß beigetretenen Mitgliedern ausgedehnt und statt des allgemeinen Concils, von dem
weiter keine Rede war, eine „christliche Vereinigung" beider Glaubensgenossen-
schaften in Aussicht genommen. Auf dem nächsten Reichstag sollte aus gottesfürchtigen und friedliebenden Männern des geistlichen und Laienstandes ein Ausschuß gebildet werden, um die ausgebrochenen Irrungen zum Austrag zu bringen,
der erste Gedanke eines Vergleichs innerhalb der Nation selbst.

_{Reformation
im Herzog-
thum Sach-
sen 1539.} Dieses Frankfurter Abkommen, das dem Schmalkaldischen Bunde das
Uebergewicht über den erst im Werden begriffenen Rivalen gab, förderte die
Sache der Evangelischen in einem sehr günstigen Augenblick. Denn um dieselbe
Zeit gingen in den beiden Ländern, welche bisher die stärksten Säulen der katholischen Kirche im nördlichen Deutschland gewesen, im Herzogthum Sachsen und
in der Mark Brandenburg, wichtige Veränderungen vor, durch welche die religiöse
Parteistellung eine gänzliche Umgestaltung erfuhr. Der albertinische Theil von
Sachsen stand dem ernestinischen an Umfang und Ansehen weit nach. Nicht nur,
daß das Gebiet selbst von kleinerem Umfang war, von dem eigentlichen Herzogthum an der Elbe und Pleiße mit den Städten Dresden, Meißen, Leipzig war
noch ein kleineres Territorium mit Freiberg und Wolkenstein als selbständige
Herrschaft abgezweigt worden. Dort herrschte der uns wohl bekannte Herzog
Georg, der standhafte Bekenner des alten Glaubens, der heftigste Widersacher
Luthers; hier sein Bruder Heinrich, ein Fürst von milderer Natur und leichte-
rem Wesen, dessen Einkünfte nicht hinreichten, seine Gewohnheiten und Neigungen zu befriedigen und die Ausgaben für den Hofstaat seiner Gemahlin, Katharina von Mecklenburg zu bestreiten. Oft machte Georg, der in gutgeordneten Verhältnissen lebte und sich die Regierungsgeschäfte sehr angelegen sein ließ, dem Bruder Vorwürfe, daß er so sorglos in den Tag hineinlebe, und tadelte die Schwägerin
wegen ihres Aufwandes. Wurde schon dadurch eine Entfremdung herbeigeführt,
so steigerte sich die Verstimmung zur offenen Feindschaft, als Heinrich und seine
Gemahlin sich dem evangelischen Glaubensbekenntniß zuwandten und Freiberg
zu einer Zufluchtsstätte für die im Herzogthum verfolgten und bedrängten Glaubensgenossen machten. Anton von Schönberg, wegen seiner Hinneigung zu der
neuen Lehre von Georg vertrieben, erlangte am Freiberger Hofe großen Einfluß
und beförderte die Verbindung mit den Wittenberger Verwandten. Kaum ein
anderer Fürst hat mit solcher Strenge die lutherische Neuerung von seinem Lande

fern zu halten gesucht, als Herzog Georg. Die schärfsten Strafen wurden gegen
alle angewendet, die eine Hinneigung zu derselben zeigten. Dem Wittenberger
Reformator trug er sein Lebenlang den bittersten Groll, und wie viele Mühe hat
er sich gegeben, seine kurfürstlichen Vettern von demselben abzuwenden! Er war
der Ansicht, daß die Lehre von der Rechtfertigung allein durch den Glauben ohne
Mitwirkung der eigenen Werke die Sittlichkeit gefährde und die Menschen gleichgültig mache gegen Sünden und Laster. Auch die Universität Leipzig hielt er im
strengen Gegensatz zu Wittenberg. Die katholische Kirche in Sachsen auch über seinen
Tod hinaus zu befestigen, war sein eifrigstes Anliegen. Aber das Schicksal hatte
anders bestimmt. Von seinen vier Söhnen waren zwei in früher Jugend gestorben; der Erbprinz Johann, der obwohl mit einer Schwester des Landgrafen
Philipp vermählt, die religiöse Richtung des Vaters theilte, starb im neunund-
dreißigsten Jahre seines Alters ohne Kinder. Der jüngere Sohn Friedrich galt 21. Jan.
für blödsinnig. Georg knüpfte daher mit seinem Bruder Unterhandlungen an, 1537.
um ihn zu bewegen, von dem Schmalkaldischen Bunde, dem er sich angeschlossen,
zurückzutreten und jede kirchliche Neuerung bis zur Entscheidung eines Concils zu
unterlassen. Dieser erwiderte aber, „eine Sache welche die Seele betrifft, lasse
sich nicht aufschieben". Da erklärte Georg seinen Sohn Friedrich zum Nachfolger, vermählte ihn mit der Gräfin Agnes von Mansfeld und setzte ein Regierungscollegium nieder, welches die Verwaltung führen sollte. Wenige Wochen
nachher aber starb auch Friedrich; die Hoffnung, daß er seine Gemahlin gesegneten Leibes hinterlasse, bewährte sich bald als eitel. Aber alle Schicksalsschläge vermochten den starren Sinn des alten Herrn nicht zu beugen. Er konnte
sich nicht in den Gedanken finden, daß nach seinem Hingang die Arbeit seines
Lebens wirkungslos zerrinnen sollte. Er setzte ein Testament auf, durch welches
sein Bruder verpflichtet werden sollte, den alten Glauben zu erhalten und
dem Bunde beizutreten, sonst sollte das Land an König Ferdinand übergehen.
Als er aber den Entwurf den Landständen vorlegte, erklärten sie, daß man
zuvor Heinrichs Meinung einholen müßte. Dieser wies jedoch den Vorschlag
von der Hand. „Er wolle Christum nicht verleugnen und vor dem Satan nie-
derfallen." Kurz darauf starb Georg nach kurzer Krankheit, ohne das Docu- 17. Apr.
ment unterzeichnet zu haben. Noch an demselben Tag hielt Heinrich seinen Ein- 1539.
zug in Dresden, von dem Volke, das schon lange der Reformation geneigt war,
freudig empfangen. Der Versuch der Räthe, insbesondere des vielvermögenden
Carlowitz, den neuen Herzog zu einer bindenden Zusage im Sinne des Verstorbenen zu bewegen, hatte keinen Erfolg; sie wurden größtentheils entlassen.
Das Herzogthum Sachsen sollte das Schicksal des benachbarten Bruderstammes
theilen. Als König Ferdinand die Anerkennung des Regierungswechsels an die
Bedingung knüpfen wollte, daß der Erbe in die Politik des Vorgängers ein-
trete, nahm sich der Schmalkaldische Bundesrath des befreundeten Fürsten an.
Zu einem Kriege wagte es der Habsburger unter den obwaltenden Umständen

nicht zu treiben. So trat Heinrich ohne Widerstand in den Besitz des Landes und schritt sofort zur Einführung der Augsburger Confession und des evangelischen Gottesdienstes. Freitag vor Pfingsten nahm er in Leipzig die Erbhuldigung entgegen und am Feste selbst predigte Luther über den Begriff der wahren christlichen Kirche.

Die Aufstellung einer Commission behufs einer allgemeinen Kirchenvisitation war die Einleitung zur Durchführung der Reformation nach dem Vorbilde der Kurlande. Mit dem Beirathe der weltlichen Stände, die in großer Mehrheit der Neuerung zugethan waren, wurden die Ordenshäuser aufgelöst, das Vermögen derselben zur Erhaltung evangelischer Pfarreien, zur Errichtung von Schulen und Anstalten der Wohlthätigkeit, zu Leibrenten für Klosterleute und altgläubige Geistliche verwendet. Vergebens wehrten sich die Prälaten gegen die Abstellung ihrer Jurisdiction, gegen die Eingriffe in ihre Einkünfte und Gerechtsame; vergebens wendete sich der Bischof von Meißen an den Kaiser, daß er seine Ansprüche auf Reichsunmittelbarkeit anerkenne; das Ansehen des Schmalkaldischen Bundes half dem Evangelium auch im Albertinischen Sachsen zum Sieg. Von den Professoren der Leipziger Universität verließen die eifrigsten Romanisten, wie Wizel und Cochläus, das Land; die andern fügten sich allmählich der neuen Ordnung; die Anstalt selbst wurde mit Kirchengütern ausgestattet und nahm einen frischen Aufschwung. So kam die Reformation in allen sächsischen Landen zur Herrschaft; zwei kräftige Söhne standen dem neuen Herzog Heinrich zur Seite, eine feste Bürgschaft für den Fortbestand der Dynastie und des evangelischen Glaubens. Zwei Jahre später vermählte sich der Erstgeborne Moritz (geb. 21. März 1521), ein thatkräftiger, mit großen Gaben ausgestatteter Fürst, mit Agnes, der Tochter des Landgrafen Philipp von Hessen, eine Verbindung von welthistorischer Bedeutung. In demselben Jahr starb Herzog Heinrich;
1541. nach seiner letztwilligen Verfügung, wozu ihn sein allvermögender Minister Schönberg beredet hatte, sollte das Land zwischen seinen beiden Söhnen getheilt werden; aber gegen sein eigenes Interesse bewirkte der wohlgesinnte Kurfürst Johann Friedrich, daß Moritz zu dem ungetheilten Besitz des Herzogthums gelangte.

Die Vor- Eine ähnliche Umgestaltung vollzog sich um dieselbe Zeit in Brandenburg.
gänge in Wir wissen, daß Kurfürst Joachim I., ein auf Hebung der Wissenschaften und
Branden- Verbesserung der Rechtspflege bedachter Herr, der die Universität Frankfurt an
burg. der Oder gründete und die „Joachimschen Constitutionen" anfertigen ließ, ein nicht minder eifriger Verfechter der römisch-katholischen Kirchenform war, als Herzog Georg. Seine Gemahlin Elisabeth, eine Schwester des Dänenkönigs Christian II., sah sich zur Flucht nach Sachsen genöthigt, um ihres Glaubens leben zu können; seinen beiden Söhnen, welche mit katholischen Fürstentöchtern verheirathet waren, Joachim in zweiter Ehe mit einer polnischen Prinzessin, Johann mit der Tochter Heinrichs von Braunschweig, nahm er das Versprechen ab, bei dem katholischen Bunde und Glauben auszuharren. So gedachte er sein Land noch über seinen Tod hinaus bei der alten religiösen und politischen Ordnung zu erhalten. Aber die Ansichten der Mutter waren auf die Söhne übergegangen. Bald nachdem Kurfürst Joachim I. das Zeitliche gesegnet (1535), trat der jüngere Johann, ein willenskräftiger entschlossener Fürst, dem die Neumark mit
1535. Crossen und Cottbus zugefallen, dem Schmalkaldischen Bunde bei und führte

gestützt auf diesen starken Rückhalt, die Reformation in seinem Lande ein. Länger bedachte sich der ältere Bruder Joachim II., dem zwei Drittel des Gebiets sammt der Kurwürde zu Theil geworden, ein friedliebender Herr von gemäßigter Gesinnung, der allem gewaltsamen Vorgehen abgeneigt war, an glänzender Hofhaltung, an einem heiteren genußreichen Leben, an Bauen und Jagen Gefallen fand, ohne jedoch darüber die wichtigeren und ernsteren Anliegen aus dem Auge zu lassen. Schon lange regte sich in den Marken der Wunsch nach einer Reformation der Kirche im Sinne der Nachbarlande; er trat in den Landstädten, in der Bürgerschaft von Berlin und Köln, bei dem Adel hervor; und der gelehrteste und angesehenste Bischof, Matthias Jagow, der einst mit Luther selbst in Dessau eine längere Unterredung über die religiösen Fragen gehabt, war von der Wahrheit der evangelischen Lehre überzeugt. Diesen reformatorischen Regungen wollte auch Joachim II. nicht widerstehen. Vergebens suchte ihn sein Schwiegervater, König Sigmund von Polen, von der Neuerung zurückzuhalten und zu bestimmen, die Entscheidung eines Concils abzuwarten; der Kurfürst gab ihm zur Antwort, daß er nur die offenkundigen Mißbräuche und die durch Menschensatzung in die Kirche eingedrungenen unevangelischen Lehren abstellen wolle, damit die von Christus selbst herrührenden ewigen Wahrheiten desto reiner gelehrt werden möchten; dazu halte er sich um so mehr verpflichtet, als die so oft begehrte Synode zur Verbesserung der kirchlichen Verderbniß nicht ins Leben trete. Bald darauf versammelten sich die evangelischen Prediger aus Stadt und Land [1. Nov. 1539.] in der Nicolaikirche zu Spandau. In ihrer Gegenwart empfing Joachim II. mit einem großen Theil seines Adels das Abendmahl unter beiderlei Gestalt aus den Händen des Bischofs Jagow. Dem Beispiel der Häupter folgte in Kurzem das ganze Volk. Von keiner Seite wurde Einsprache gethan. Die neue Kirchenordnung für die Marken, die im folgenden Jahre bekannt gemacht ward, trat [1640.] rasch ins Leben. Selbst die Bischöfe von Lebus und Havelberg gaben bald den Widerstand auf.

Uebrigens behauptete Joachim eine unabhängige Stellung, indem er sich nicht dem Schmalkaldischen Bund anschloß, die Würde der Bischöfe so wie manche kirchliche Handlungen und Gebräuche aus der alten Kirche bestehen ließ und eine mittlere Stellung zwischen den Confessionen zu gewinnen suchte. Mehrere Geistliche nahmen Anstoß daran; aber Luther schrieb, sie sollten auf die Außenwerke keinen zu großen Werth legen, gestatte ihnen doch der Kurfürst die Predigt des reinen Evangeliums nach der heil. Schrift, die Lehre, daß der Mensch allein durch den Glauben selig werde, und die wahre Verwaltung der beiden Sacramente nach der Einsetzung Christi; da möchten sie denn immerhin Chorrock und Kappe tragen, Responsorien singen und in Prozessionen mit Kreuzen einhergehen. Ueberhaupt war Luther in dieser Periode von einem versöhnlicheren Geist erfüllt. Nicht nur daß er gegen die Schweizer mehr Gerechtigkeit und Wohlwollen zeigte, er wies auch die zelotischen Anhänger, welche das Dogma, daß allein der Glaube selig mache, auf die Spitze trieben, wie Agricola, in die Schranken. Freilich mahnten die sittlichen Zustände der Zeit, die Lehre von den guten Werken nicht zu unterschätzen. Wer kennt nicht die Geschichte des Hans Kohlhaas, des ebenso gerechten als schrecklichen Roßhändlers, der durch die Ungerechtigkeiten und Mißhandlungen der edlen Herren und Amtleute zum offenen Aufruhr getrieben und endlich 1540 in Berlin mit einigen Genossen gerädert ward? — Die zum großen Theil verlassenen Klöster des Kurfürstenthums wurden allmählich aufgelöst. Die reiche Karthause bei Frankfurt kam an die Universität.

Fortschritte
der Refor-
mation in
Norddeutsch-
land. Der Uebertritt von Sachsen und Brandenburg zum Evangelium war für ganz Norddeutschland entscheidend. Elisabeth von Braunschweig - Kalenberg ahmte das Beispiel ihrer brandenburgischen Brüder nach, indem sie nach dem Tode ihres Eheherrn Erich als Vormünderin ihrer Kinder die Kirchenordnung Joachims einführen ließ und in den Städten Hameln, Münden so wie in der ganzen Landschaft evangelische Prediger anstellte. Auch mehrere geistliche Herrschaften schlossen sich der neuen Kirche an: der Bischof Magnus von Schwerin bewirkte den Beitritt der gesammten Mecklenburger Lande; in Quedlinburg ließ Anna von Stolberg, Aebtissin des Stiftes die evangelische Lehre verkünden; in Anhalt erlangte die Reformation den vollständigen Sieg. Selbst der Cardinal-Erzbischof Albrecht konnte nach dem Abfall seiner Neffen seine geistliche Jurisdiction in Magdeburg und Halberstadt nicht länger behaupten. Als die Stände seine Schulden übernahmen und sich zu beträchtlichen Geldsummen verstanden, ließ er der Reformation freien Lauf und duldete, was er nicht verhindern konnte. Sogar seine Residenz Halle wurde ihm untreu; mißmuthig verließ er die Stadt mit dem Reste seiner Kleinodien und verlegte seine Hofhaltung nach Mainz. Justus Jonas, ein eifriger Jünger Luthers, wurde als erster Prediger nach Halle 1541. berufen. Bald nachher kam das Bisthum Naumburg, das gleich den Bisthümern Meißen und Merseburg unter Schutz und Hoheit von Sachsen stand, in Erledigung. Das Kapitel wählte den gelehrten und gemäßigten Dompropst Julius Pflug aus dem Meißnischen Adel; aber der Kurfürst Johann Friedrich konnte der Versuchung nicht widerstehen „für einen apostolischen Bischof zu sorgen", so sehr ihm eine solche Eigenmächtigkeit in den kaiserlichen und katholischen Kreisen verübelt werden mußte. Selbst der Rath Luthers, es möchte ein evangelisch gesinnter Reichsfürst, etwa Georg von Anhalt mit dem geistlichen Amt betraut werden, fand kein Gehör. Der Kurfürst setzte den Wittenberger Theologen Nicolaus von Amsdorf mit dem Gehalte eines Pfarrers als Bischof ein und übertrug die weltliche Verwaltung einem sächsischen Beamten. Am 20. Jan. 1542 wurde Amsdorf von Luther unter Assistenz mehrerer Prediger geweiht.

2. Ausgleichungsversuche.

Karl V. und
Franz I. In Rom blickte man mit Unruhe auf die Verbreitung der protestantischen Lehrmeinungen. Stand nicht zu befürchten, daß der ganze germanische Norden sich der päpstlichen Autorität entziehen werde? Heinrich VIII. von England spottete des Bannes, der bei dem Mangel einer bewaffneten Macht zur Ausfüh-

rung wirkungslos zerrann, und gab gerade damals den Wunsch einer engeren Verbindung mit den deutschen Fürsten und einer Weiterführung der Reformation
kund. Seine Vermählung mit Anna von Kleve sollte die Einleitung dazu bilden. In Schweden und Dänemark war bereits die Axt an den Lebensbaum
der katholischen Kirche gelegt; am Niederrhein bis tief nach Holland und Flandern traten Stimmungen zu Tage, die leicht zu ähnlichen religiösen Spaltungen
führen konnten, wie sie im deutschen Reiche obwalteten. Auch der Kaiser gewahrte mit Besorgniß die Fortschritte der Reformation; denn in dem Wachsthum des Schmalkaldischen Bundes erkannte er immer eine Abnahme der Macht
der katholischen Majestät und des Habsburger Hauses. In seinen politischen
Ansichten und Absichten bemerkte man ein häufiges Schwanken und Wechseln.
Zunächst dachte er an eine ernstliche Versöhnung und aufrichtiges Zusammengehen mit Frankreich. Nach jener persönlichen Begegnung in Aigues-mortes
vernahmen die europäischen Fürsten mit Erstaunen, daß der Kaiser seinem bisherigen Rivalen einen Besuch in Paris abstattete und mehrere Tage im Louvre
unter Hoffesten und geselligen Freuden verbrachte; denn von Staatsgeschäften, 1539.
so war man übereingekommen, sollte nicht gesprochen werden. In Gent war ein
Aufstand ausgebrochen, der weitere Dimensionen anzunehmen drohte; die flandrischen und brabantischen Provinzen ertrugen es mit Unwillen, daß sie nur
als untergeordneter Theil der spanischen Monarchie behandelt, zu Kriegssteuern
für entlegene Interessen herbeigezogen, in ihrer herkömmlichen Rechtsstellung vielfach geschädigt wurden; es regten sich Wünsche nach einer Lostrennung von der
spanischen Großmacht, wie sie einige Jahrzehnte später klarer und bestimmter hervortraten. In den Geldern-Cleveschen Händeln (S. 15) lag ein gefährlicher
Zündstoff. Das Verlangen des Kaisers, möglichst rasch auf dem kürzesten Weg
auf dem Schauplatz der Bewegung zu erscheinen, gab der Reise durch Frankreich
einen äußerlichen Vorwand; auch wurde der Aufstand in Gent ohne große Anstrengung unterdrückt, und die Staatsgewalt fester begründet. In Paris tauchten
auch noch andere Combinationen auf. Es wurden Ehebündnisse zwischen den
Habsburgern und Valois besprochen. Der zweite Sohn des französischen
Königs sollte mit Karls Tochter vermählt werden und die Niederlande als
Mitgift erhalten, wogegen Franz für immer auf Mailand Verzicht leisten
und Piemont und Savoyen herausgeben sollte. Wäre der Plan zur Ausführung gekommen, so hätten die beiden Fürsten Zeit gefunden, im Verein mit dem
Papste die Unterdrückung der religiösen Neuerung ernstlich in Angriff zu nehmen.
Aber die politischen Interessen gingen zu weit auseinder. Franz wollte seine
italienischen Ansprüche um solchen Preis nicht fahren lassen. Auch andere Ver-
söhnungsversuche auf Grund dynastischer Verbindungen blieben ohne Resultat.

Dieses Scheitern seiner Pläne in der auswärtigen Politik machte den Kaiser Reformbe-
geneigt, die den deutschen Protestanten zu Frankfurt eröffnete Aussicht einer von strebungen
in Italien

Rom unabhängigen Beilegung der religiösen Streitigkeiten nun wirklich zu erfüllen.   Vielleicht daß sich die Curie selbst bereitwillig finden ließ, diesen Weg der
Verständigung einem allgemeinen Concil vorzuziehen. Es war ein eigenes Zusammentreffen, daß gerade damals auch in Italien der Wunsch einer Reinigung der
Kirche sich mit großer Lebhaftigkeit regte, daß in den gelehrten und gebildeten
Kreisen, in dem Collegium der Cardinäle, in der Umgebung des Papstes
die Nothwendigkeit zeitgemäßer Reformen in der Kirche und bei dem Klerus,
ja sogar in der Glaubenslehre, offen zugestanden und besprochen wurde, daß
Paul III. selbst einen Reformationsentwurf des päpstlichen Hofes und der obersten Kirchenverwaltung bekannt machte, der den Hohn, womit ihn Luther behandelte, nicht verdiente. Die humanistische Bildung hatte einen ernsteren Charakter
angenommen; die Gelehrten beschäftigten sich mehr mit den Fragen der Religion
im Geiste der deutschen Theologen. Ohne aus dem Vorstellungskreise der römisch-katholischen Kirche herauszutreten oder ihre alten Institute und hierarchischen
Ordnungen preiszugeben, faßten mehrere, durch Lebensstellung, Bildung und
ehrbaren Wandel hervorragende Männer, wie Pole, Contarini, Morone, Valdez, das Christenthum mehr von der tiefen, innerlichen Seite und stellten über
das Verhältniß des Menschen zu Gott Ansichten auf, welche mit Luthers Rechtfertigungslehre große Aehnlichkeit hatten: statt der kirchlichen Gnadenmittel
wird der Glaube und die innige Hingebung an Christus als der sichere Weg zur
Seligkeit gefaßt, eine innere Wiedergeburt der katholischen Kirche auf Grund geistiger Vertiefung angestrebt. Das kleine Buch „von der Wohlthat Christi", gewöhnlich dem Palaerio zugeschrieben, aber von einem andern unbekannten Verfasser,
hat dieser Anschauung edlen Ausdruck gegeben und die gläubige Seele über Gesetzesdienst und Werke weit emporgehoben.

Karls
Stellung
zu den Zeit-
richtungen.

Bei solcher Lage und Stimmung schien der Versuch einer Ausgleichung der
religiösen Streitigkeiten in Deutschland selbst unter Theilnahme von Laien ganz
zeitgemäß. Und so schrieb denn der Kaiser ein Religionsgespräch aus. Es
sollte in Speier abgehalten werden; da aber dort der Gesundheitszustand nicht
günstig war, so wurde Hagenau als Versammlungsort bestimmt. Es konnte
als ein großes Zugeständniß gelten, daß der Papst seine Einwilligung zu dem
Vorhaben ertheilte und in die Absendung eines Legaten willigte, „nach dem Beispiele Christi, der ja auch um der Menschen willen seine Majestät auf das Tiefste
erniedrigt habe". Denn jetzt handelte es sich nicht mehr darum, Ketzer auf die
Anklagebank zu laden, sondern man mußte sich entschließen als Macht gegen
Macht mit den Abgewichenen zu verkehren. Dem Kaiser war es darum zu thun,
aus Anlaß des Cleve-Geldernschen Erbfolgestreits die politische Einigung aller
Deutschen unter dem kaiserlichen Banner herbeizuführen. Bei den drohenden
Verwickelungen der europäischen Politik und bei den Fortschritten der Osmanen
in Ungarn bedurfte er einer kräftigen Reichshülfe, die er nur durch Ausgleichung
der Religions- und Rechtsstreitigkeiten zu erlangen hoffen konnte. Der religiöse

und dogmatifche Gefichtspunkt lag ihm fern.   Während des mehr als zwanzig-
jährigen Kampfes waren die religiöfen Fragen fo allfeitig geprüft und erwogen
worden, daß an eine Bekehrung des einen Theiles durch den andern kaum mehr
zu denken war.   Wenn man deffen ungeachtet doch immer wieder zu den Glaubenslehren, zu den Grundprinzipien der Kirche zurückging, fo lag die Urfache
darin, daß die praktifchen Rechtsfragen dort ihre Quelle und ihren Ausgangspunkt hatten.   Wie fehr auch Karl für feine Perfon an den Vorftellungen und
Gebräuchen der mittelalterigen Kirche fefthielt; an die Herftellung einer Univer-
falkirche unter päpftlichem Primat mochte er felbft nicht mehr glauben, da fogar
in dem Heerlager der Katholifchen fo manche Stimmen für Reformen laut geworden waren.   Aber eine theologifche Einigungsformel, ein Compromiß,
woburch eine Gemeinfchaft im Staats- und Rechtsleben ermöglicht ward, konnte
nach feiner Anficht bei redlichem Willen beider Theile immer noch erzielt werden.
Er bedachte nicht, daß zuletzt alle Einigungsverfuche fcheitern mußten, fo lange
auf der einen Seite ein untrügliches Oberhirtenamt in Sachen des Glaubens und
der Sitten in Anfpruch genommen, auf der andern die Anerkennung deffelben
verweigert wurde.   Mochte man auch in den Dogmen und Gebräuchen einander
noch fo nahe kommen, an diefem Grund- und Eckftein mußte zuletzt jedes Unions-
werk zerfchellen.   Wo man Chriftus und fein Wort für den einzigen Hort des
Glaubens, für den einzigen Weg zur Seligkeit erklärte, konnte man den Anhängern eines Oberhauptes, den man als „Antichrift" betrachtete, keine Handreichung
gewähren.   Bei folchem Widerftreit der Anfichten konnte nur eine über beiden Theilen ftehende Gefetzgebung Frieden und einträchtiges Zufammenleben
fchaffen; aber zu einer folchen Auffaffung waren die Geifter noch nicht reif
genug.

    Die Verfammlung in Hagenau hatte nur einen vorbereitenden Charakter; Die Reli-
gionsge-
nach einigen Sitzungen, worin Cochläus, damals Domherr in Breslau, im Auftrage fpräche in
Hagenau und
Ferdinands die Glaubenspunkte erörterte, über die man fich in Augsburg nicht Worms.
1540.
zu einigen vermocht, befchloß man behufs Einholung genauerer Inftructionen
eine Vertagung auf Spätherbft und eine Verlegung nach Worms.   So verfam- November
1540.
melten fich denn im November die Abgeordneten der deutfchen Fürften und Stände
beider Confeffionen zum zweitenmale in der Rheinftadt.   Der kaiferliche Kanzler
Granvella eröffnete die Sitzungen mit einer Rede, worin er die fchlimmen Wirkungen der Religionsfpaltung für Kirche und Reich darlegte und die Verfammlung befchwor, den zerriffenen Rock Chrifti wieder zufammenzufügen.   Man
begegnete vielen weltbekannten Namen: dem gewandten und gebildeten Legaten
Morone ftand Doctor Eck zur Seite; mit Melanchthon, der kurz zuvor von
fchwerer Krankheit erftanden war, fah man Johann Calvin (S. 637) in häufi-
gem Verkehr.   Die Reformpartei war offenbar im Vortheil, da auch die Vertreter mancher katholifchen Stände eine Ausgleichung anftrebten.   Der Legat Morone, der die gefchärfte Inftruction hatte, die Autorität des römifchen

Stuhles nicht anfechten zu laffen, suchte daher eine öffentlichen Disputation und
Abstimmung zu vermeiden. Statt eines Gesprächs schlug er einen Schriftwechsel vor. Auf diese Weise hoffte er eine Vereinbarung, die unter den obwaltenden
Umständen für die Curie ungünstig ausfallen konnte, zu verhindern. Nur mit Mühe
brachte es Granvella dahin, daß man die Wortführer der beiden Parteien, Eck
und Melanchthon, ihre Ansichten über die Erbsünde öffentlich darlegen ließ. Aber
noch ehe die Disputation zu Ende gekommen war, lief ein kaiserliches Schreiben
ein, wodurch die Versammlung in Worms aufgehoben und die Fortführung
der Religionsgespräche auf den Reichstag verlegt ward, welchen der Kaiser selbst
demnächst zu Regensburg zu eröffnen gedächte. Schon im Februar traf Karl
mit geringem Gefolge in der alten Donaustadt ein.

Wäre eine Vereinigung der kirchlichen Gegensätze möglich gewesen, so hätte
unter den in Regensburg obwaltenden Verhältnissen eine solche zu Stande kommen müssen. Nicht nur daß der Kaiser und sein Kanzler Granvella die Aufrichtung eines Friedensstandes auf Grund gesetzlicher Ordnung eifrig wünschten
und erstrebten; auch der neue päpstliche Legat Gaspar Contarini, ein durch Bildung, Gelehrsamkeit und tugendhaftes Leben hervorragender Prälat, gehörte zu
dem oben erwähnten Kreise freigesinnter Männer, welche die christlichen Glaubenslehren in ihrer Tiefe erfassend über den äußerlichen Ceremonienprunk und
Werkdienst hinweg auf die Heiligung und Veredlung der Seele drangen und in
der Lehre von der Rechtfertigung der lutherischen Ansicht nahe kamen. Und auch
auf protestantischer Seite zählte die gemäßigte Richtung einflußreiche Vertreter.
Da sowohl der Kurfürst von Sachsen als Luther sich fern hielten, so führten
Joachim von Brandenburg und Philipp von Hessen im Fürstenrathe, Melanchthon und Martin Bucer bei den Theologen die gewichtigste Stimme. Nun
wissen wir aber, welche vermittelnde Stellung der Brandenburger behauptete;
auch der Landgraf war von jeher einer weitherzigen Auffassung dogmatischer
Dinge zugewandt und hatte in diesem Augenblick aus persönlichen Gründen,
die wir bald erfahren werden, besondere Ursache, sich mit dem Kaiser in gutem
Einvernehmen zu halten. Bucer aber, dem vor Kurzem die Vereinigung der Lutherischen und Zwinglischen in der Abendmahlslehre gelungen war, trug sich jetzt mit
dem stolzen Gedanken, auch die Union der katholischen und evangelischen Confessionsverwandten begründen zu können. Er galt für den Verfasser der lateinischen Schrift, „Regensburger Interim" genannt, in welcher die wichtigsten Streit-
lehren in einer milden ausgleichenden Fassung dargelegt waren, so daß Granvella
sie für geeignet hielt, als Grundlage der Unionsversuche zu dienen. Auch als
man überinkam, die Verhandlung über die Glaubensartikel, wie sie in dem von
beiden Theilen geprüften und revidirten Entwurf aufgestellt waren, einigen Collocutoren aus beiden Heerlagern zu übertragen, siegte die gemäßigte Ansicht: von
Seiten der Evangelischen wurden neben Bucer selbst Melanchthon und Johann
Pistorius gewählt, und wenn auch der bekannte Streitheld Doctor Eck von den

14. Jan.
1541.

Reichstag
von Regens-
burg
April—Juli
1541.
1. Die Leiter
und Wort-
führer.

katholischen nicht umgangen werden konnte, so setzten sie ihm dagegen Julius Pflug und Johann Gropper von Köln, zwei sanftere, versöhnlichere Naturen an die Seite.

Und in der That hatte es den Anschein, als ob in Regensburg die deutsche Reformation der italienischen Reformbewegung zur Rückführung der kirchlichen Einheit auf Grund einer tieferen Glaubenslehre die Hand reichen würde; wenigstens fand die Auffassung, daß die Seligkeit auf den Glauben an Christi Verdienst, nicht auf eigene Werke und Würdigkeit gegründet sei, keinen Widerspruch, so daß über die vier Artikel, welche Luther immer als die Grundfesten des Glaubens betrachtet hatte, ursprüngliche Gerechtigkeit, Erbsünde, Freiheit und Rechtfertigung eine Uebereinstimmung der Conferenz erzielt ward, wenn gleich der Ausdruck "allein" durch den Glauben von katholischer Seite die mildernde Erklärung erfuhr, daß der vor Gott gerechtmachende Glaube auch stets ein durch die Liebe thätiger Glaube sei. Größere Schwierigkeiten bereiteten die Artikel des Entwurfs über Verfassung und Ritus, obwohl man auch hier zu Formeln gelangte, mit denen ein friedliches Zusammenleben möglich war, bis durch ein allgemeines Concil eine Entscheidung getroffen würde. Bei dem Lehrbegriff über die "Kirche" wurde zwischen sichtbarer und unsichtbarer Kirche unterschieden und durch den Zusatz "wahre Kirche" den Protestanten eine Schutzwehr gegen verfängliche Folgerungen geschaffen. Des päpstlichen Oberhirtenamtes geschah keine Erwähnung; die Gabe der Auslegung wurde der Kirche zugesprochen, nicht einer "einzelnen Person"; daß Concilien irren könnten, galt den Einen als historische Wahrheit, konnte aber freilich die Zustimmung der Andern nicht erlangen. Ebensowenig konnten die Katholischen bewogen werden, in der Lehre vom Abendmahl sich mit der realen Gegenwart des Leibes und Blutes Christi zu begnügen, wie der Entwurf vorschlug; sie verlangten, daß die Verwandlung der Substanz, der Glanzpunkt der katholischen Messe, anerkannt werde, eine Forderung, welche die Protestanten zurückwiesen. Dagegen hatte die Austheilung unter beiderlei Gestalt viele Gönner. In dem Artikel von der Beichte bestand Melanchthon darauf, daß die Sünden nicht einzeln aufgezählt werden sollten.

Im Verlaufe der Verhandlungen konnte man indeß bemerken, daß die anfängliche Nachgiebigkeit auf beiden Seiten allmählich einer schärferen Opposition wich. In Wittenberg wie in Rom nahm man Anstoß. Der Kaiser, der mit dem bisherigen Gang des Religionsgesprächs und mit der versöhnlichen Gesinnung sehr zufrieden war, aber eine weitere Annäherung nicht erlangen zu können fürchtete, beschloß daher die Resultate der Verhandlungen den Reichsständen zu übergeben, damit eine Uebereinkunft getroffen werde, kraft deren beide Theile das Verglichene annehmen, über das Unverglichene aber auf Grund des Entwurfs bis zum Austrag eines Concils sich brüderlich vertragen und Duldung üben möchten. Von den fünf anwesenden Kurfürsten war die Mehrheit, Köln, Pfalz, Brandenburg für die Annahme, Trier und Mainz dagegen. Auch die Städte meinten, daß man die Artikel annehmen solle als den Anfang einer christlichen Concordia. Von mehreren evangelischen Reichsständen wurde eine eigene Gesandtschaft, an ihrer Spitze die beiden Fürsten von Anhalt, nach Wittenberg abgeordnet, um Luthers Zustimmung zu erwirken und den Reformator selbst zum Werkzeug der Versöhnung zu machen. Denn damals besaß Doctor Martin in

2. Die Unionsverhandlungen.

3. Kaiser und Reichstag.

12. Jun.

42*

den Kreisen der Evangelischen ein Ansehen, wie der Papst bei den Katholischen, und der Kurfürst richtete sich in allen religiösen Fragen nach seinem Rath. Luthers Antwort war nicht entschieden ablehnend, wenn auch reservirt, so daß der Kaiser und die gemäßigten Stände einen befriedigenden Ausgang hofften.

4. Schärfere Opposition. Aber diese Aussicht sollte sich bald verdunkeln; je mehr Luther, entfernt von dem Schauplatz der Verhandlungen, die Artikel in Ueberlegung nahm, desto mehr wuchs seine Besorgniß, es möchte ein Fallstrick darin verborgen liegen; er meinte, der Papst und die Gegenpartei müßten zuvor eingestehen, daß sie bisher im Unrecht gewesen und vielen Frommen Uebel angethan. Er beredete den Kurfürsten, daß er seinen Bevollmächtigten die Weisung ertheilte, die Artikel nur in dem Sinne anzunehmen, wie sie in der Augsburger Confession und Apologie dargestellt seien. Der Magdeburger Prediger Amsdorf sollte diese Auffassung nach Regensburg überbringen und zugleich Melanchthon von weiterem Vorgehen in der bisherigen Richtung abmahnen. Noch schärfer trat die Opposition gegen den vorgeschlagenen Vergleich in den katholischen Reihen zu Tage. Eck leugnete, daß er den in dem Ausgleichungsentwurf aufgestellten Artikeln seine Zustimmung gegeben; die Herzoge von Baiern wollten nichts von einer Uebereinkunft wissen, durch welche ihr früheres Verhalten zu Unrecht gestempelt würde; der Legat, von den Papisten des Abfalls und Verraths beschuldigt, trat von seiner nachgiebigen Haltung zurück; die zwei in Regensburg anwesenden französischen Gesandten arbeiteten auf beiden Seiten einem Compromiß entgegen, das die kaiserliche Macht in Deutschland zu vermehren, den Einfluß ihres Königs zu vermindern drohte. Diese veränderte Stimmung trat bald **12. Juli.** scharf genug hervor, als die Artikel den Fürsten und Bischöfen im Reichstage zur Annahme unterbreitet wurden. Die Antwort lautete: Es wolle den „christlichen" Ständen nicht geziemen, Aenderungen in der alten Religion zuzulassen; es sei lediglich Sache des Concils, die Christenheit zu ordnen, die Irrthümer auszureuten und Gottes Zorn und Strafe abzuwenden. Sie seien entschlossen, bei dem alten Glauben und dem Augsburger Abschied zu verharren.

5. Politik des Kaisers. So war denn der Reichstag getheilter Meinung und bei der zunehmenden Gereiztheit eine Uebereinstimmung oder durchschlagende Majorität nicht zu erwarten. Und gerade jetzt liefen schlimme Botschaften aus Ungarn ein, welche eine Reichshülfe als nothwendig erscheinen ließen. In den katholischen Kreisen warf man dem Kaiser eine Hinneigung zu den protestantischen Ständen vor; er wolle Alles preisgeben, was sie bisher mühsam errungen und behauptet; von dem Papste, dem das ganze Einigungswerk ein Gräuel war, konnte er keine Bestätigung hoffen; vielmehr hätte er sich durch einen Reichsabschied im Sinne der Artikel denselben in einem kritischen Augenblick zum Feind gemacht und in das gegnerische Lager getrieben. Aber sollte der Reichstag ganz erfolglos bleiben? Sollte die Arbeit und das Mühen zur Erzielung eines religiösen und politischen Friedenszustandes unfruchtbar zerrinnen, der erste dunkle Gedanke einer brüderlichen Duldung erstickt werden? Dies konnte Karl nicht ertragen. Er schlug einen Weg ein, durch den er die Protestanten zu gewinnen hoffte, ohne die Katholischen zu verletzen.

6. Abschied u. Declaration. Der Abschied, der in Gegenwart des Kaisers und Königs in der Reichsversammlung verlesen ward, stellte die Entscheidung einem Concil anheim, dessen Einberufung, sei es in Gestalt einer ökumenischen Synode oder einer nationalen Kirchenversammlung, aus allen Kräften betrieben werden sollte. Käme innerhalb achtzehn Monate keines von beiden zu Stande, so sollte eine gemeine Reichsversammlung die Entscheidung treffen. In der Zwischenzeit sollten die Evangelischen nicht über und wider die verglichenen Artikel hinausgehen, die Prälaten bei sich und den Ihrigen die von dem Legaten empfohlene christliche Ordnung und Reformation zur bessern Verwaltung des Kirchenwesens vornehmen, die Einkünfte der Geistlichen nicht weiter vermindert werden. Der Nürnberger Frieden sollte ferner in Geltung bleiben, alle Ächten und Prozesse, über die man streite, ob sie in diesem Friedstande inbegriffen seien, sollten ausgesetzt sein. Als aber die evangelischen Stände mit dieser Gabe nicht zufrieden waren und die Annahme verweigerten, wurden sie von dem Kaiser durch eine „Declaration" beruhigt, die ihren Forderungen mehr Genüge that. In Beziehung auf Recht und Kirchenvermögen wurde das Gesetz der Parität anerkannt. Die Beisitzer des Kammergerichts sollten nicht mehr auf den Augsburger Reichsabschied vereidet werden und das Glaubensbekenntniß kein Grund zur Absetzung oder Zurückweisung sein. Die Verpflichtung, das Einkommen der Geistlichen zu erhalten, wurde auch auf die katholischen Stände gegenüber den evangelischen Predigern ausgedehnt und das Verbot, Klöster und Stifter zu zerstören, sollte nicht die Befugniß nehmen, sie zur christlichen Reformation anzuhalten. Auch über die Einhaltung der verglichenen Glaubensartikel wurden die Evangelischen beruhigt durch die Erklärung, „daß ob sich Jemand sonst zu ihrer Religion begeben wollte, demselbigen dies unbenommen sein sollte".

Mit der Bekanntmachung dieser beiden Aktenstücke endigte der denkwürdige Reichstag von Regensburg. Die Evangelischen konnten mit den Resultaten zufrieden sein; denn wenn gleich die Zugeständnisse des Kaisers nicht im Reichsabschiede standen, mithin mehr den Charakter eines Privatabkommens trugen, so standen sie doch unter Garantie des Reichsoberhauptes und gewährten ihnen gleichmäßiges Recht und vorläufige Duldung ihres Glaubens. Noch mehr Ursache zur Zufriedenheit hatte der Kaiser. War es ihm auch nicht gelungen, durch eine dogmatisch-kirchliche Formel, durch ein Henotikon im Sinne der byzantinischen Selbstherrscher, eine Einheit in Glaubenssachen zu erzielen, was bei den tiefgreifenden prinzipiellen Gegensätzen der beiden Confessionen kaum erwartet werden konnte; so hatte er doch seine politischen Zwecke erreicht: die Reichshülfe gegen die Türken wurde gewährt und der Schmalkaldische Bund war vor der Hand beruhigt. Und um auch künftig vor feindlichen Unternehmungen von Seiten desselben sichergestellt zu sein, schloß er mit dem Kurfürsten Joachim von Brandenburg und dem Landgrafen von Hessen Separatverträge ab. Jenem gestattete er den Gebrauch seiner neuen Kirchenordnung mit der Bedingung, daß er der Schmalkaldischen Bundeseinigung fern bleibe und bei den Streithändeln über die Cleve-Gelderische Erbfolge zu ihm stehe; diesen brachte er durch die Zusicherung voller Amnestie für alles Vergangene zu dem Versprechen, mit allen Kräften dahin zu wirken, daß der evangelische Bund sich nicht an Frankreich oder England anschließe, und in kriegerischen Verwickelungen zu ihm zu halten. Am wenigsten zufrieden waren die Katholischen mit dem Ausgang. Um aber auch bei ihnen

Vertrauen zu erwecken, erneuerte Karl den Nürnberger Gegenbund, den er früher nicht bestätigen wollte, und verschaffte ihm den Beitritt und die Unterstützung des Papstes. Aus allen diesen Handlungen erfieht man deutlich, daß es ihm vorerst nur um Aufrichtung eines äußern Friedenszustandes im Reiche zu thun war, damit er in seinen anderweitigen Plänen von dieser Seite keine Hinderung erleide.

Die Verbindung des Landgrafen von Hessen mit dem Kaiser hatte ihren Grund in einer Begebenheit, die sich kurz zuvor zugetragen und den Führern der reformatorischen Sache viele Sorgen und üble Nachreden gebracht hat. Philipp war in jungen Jahren mit Christine, der Tochter des Herzogs Georg von Sachsen, in die Ehe getreten und hatte drei Söhne und vier Töchter mit ihr gezeugt. Seine Liebe zu ihr war jedoch nie groß gewesen, ihr Wesen und ihre unweiblichen Gewohnheiten verleideten ihm mehr und mehr den Umgang und führten eine tiefe Abneigung herbei. Er suchte Befriedigung seines heißen Blutes und seiner heftigen Triebe außerhalb der Ehe. Darüber kamen ihm von Zeit zu Zeit Gewissensbedrängnisse; während er für den Sieg des Evangeliums das Schwert zog, konnte er sich nicht des Gedankens erwehren, wenn ihn eine Kugel träfe, würde er zur Hölle fahren. Denn als fleißiger Leser der heil. Schrift wußte er gar wohl, wie strenge die Sünde des Ehebruchs verdammt war. Besonders ängstigend wurden die inneren Vorwürfe in einer Krankheit, die ihn während der Frankfurter Religionsverhandlungen befiel. Aber einem Manne von so kräftiger Naturanlage fiel es schwer, seinen Leidenschaften Zügel anzulegen; der Zwiespalt zwischen Gewissen und sinnlichen Reigungen dauerte fort. Da lernte er bei seiner Schwester in Rochlitz ein sächsisches Hoffräulein kennen, Margarethe von der Saal. Er faßte zu ihr eine heftige Liebe, und da sie von ihrer Mutter geleitet seinen ungesetzmäßigen Bewerbungen einen unbezwinglichen Widerstand entgegensetzte, so fiel er auf den Gedanken, nicht wie einige Jahre zuvor Heinrich VIII. von England durch eine Scheidung, sondern durch eine Doppelehe zum Ziele seiner Wünsche zu gelangen. Das alte Testament bot ja Beispiele genug, daß Polygamie nicht als Sünde gefaßt wurde; wie oft waren in der gährenden Zeit der religiösen Wiedergeburt ähnliche Ansichten aufgetaucht und mit Zeugnissen der heil. Schrift verfochten worden. Im fünften Buch Mosis (21, 15) war ja ein solches Verhältniß als gesetzlich gestattet angenommen. Luther selbst hatte sich in Betreff der Monogamie dahin ausgesprochen, „daß sie kraft der bürgerlichen Gesetze bestehe", ohne sie durch die heil. Schrift als göttliches Gebot nachzuweisen. Die Geliebte war mit dem Vorschlag einverstanden und auch die Landgräfin Christine gab urkundlich ihre Einwilligung mit Vorbehalt ihrer und ihrer Kinder Rechte, was ihr auch feierlich zugesagt wurde. Der Prediger und Beichtvater Melander kam den fürstlichen Wünschen nur allzu willfährig entgegen. Der Landgraf fühlte sich jedoch gedrungen, noch eine höhere geistliche Autorität anzurufen: Buzer erhielt von ihm den Auftrag, die Zustimmung Luthers und Melanchthons einzuholen, wie man von katholischer Seite päpstliche Dispensationen nachzusuchen pflegte. Er überbrachte eine von Philipp unterzeichnete Schrift, worin die Gründe des Schrittes dargelegt waren und der feste Entschluß, denselben auszuführen. Sie möchten ein schriftliches Zeugniß ausstellen, daß eine solche Ehe nicht wider Gottes Gebot sei. Wenn sie sich weigerten, so werde er sich an den Kaiser wenden, um durch ihn gegen die Reichsgesetze geschützt zu werden. In diesem Falle werde er dann weniger für die siegreiche Durchführung des Evangeliums eintreten können, wie fest er auch entschlossen sei, bei demselben standhaft auszuharren und sich durch Nichts zur Verleugnung des göttlichen Wortes bringen zu lassen. Die

Die Doppelehe Philipps von Hessen. 1540.

11. Decb. 1539.

Reformatoren erschraken über das ihnen angetragene oberrichterliche Ehrenamt, das sie gerne von ihrer „armen und geringen Kirche" fern gehalten hätten. Ihre Antwort zählte die vielfachen Aergernisse, Kränkungen und Bekümmernisse auf, welche für ihn selbst und die Glaubensgenossen aus einer solchen Abweichung von der göttlichen und menschlichen Anordnung entspringen würden; sie führte alle Gründe für die Gesetzmäßigkeit der Monogamie auf, um ihn von dem schlimmen Vorhaben und Beispiel abzuhalten. Sollte jedoch der Fürst durchaus beschlossen haben, ein zweites Weib zu nehmen, so möchte es heimlich geschehen, also daß der Schritt und ihr Rath als unter dem Siegel der Beichte geschehen nur wenigen Zeugen bekannt werde. Dem ganzen Inhalte nach war somit die Antwort der Theologen eine Abmahnung, und nur für den Fall der äußersten Rothwendigkeit die Gestattung einer Gewissensehe. Noch strenger nahm Johann Friedrich die Sache, als ihm Buzer auf der Rückreise in Weimar darüber Vortrag hielt. Wie große Anerbietungen und vortheilhafte Bedingungen ihm auch der Landgraf als Preis seiner Billigung stellen ließ, der fromme, auf Sitte, Zucht und Ordnung haltende Kurfürst wollte nichts von einem Vorhaben wissen, das auf die evangelische Kirche einen dunkeln Schatten werfen würde. Dennoch wurde die Ehe am 3. März 1540 zu Rotenburg an der Fulda in Gegenwart weniger Zeugen geschlossen. Auch Buzer und Melanchthon waren zugegen. Den letzteren hatte der Landgraf unter einem andern Vorwand von Schmalkalden herbeigerufen. Aber nur zu bald kam das Geheimniß an Tag. Der sächsische Hof in Dresden, mit dem landgräflichen Haus durch die Bande naher Verwandtschaft verknüpft, gerieth in Aufregung. Als Margarethens Mutter nach der Heimath zurückkehrte, wurde sie verhaftet und in Verhör genommen. Zu ihrer Rechtfertigung brachte sie Schriften vor, durch welche das ganze Verhältniß klar gelegt ward. Dadurch wurde die Erbitterung gesteigert. Der Zorn des herzoglichen Hofes richtete sich nicht blos gegen Philipp, sondern auch gegen den Kurfürsten; man glaubte, er sei im Einverständniß gewesen und habe den Beichtrath der Wittenberger Theologen veranlaßt. Scharfe Reden und Schriftstücke wurden gewechselt, bis sich der Landgraf selbst bewogen fand, mit der vollen Wahrheit hervorzutreten. Nun drang das Geheimniß von der Doppelehe in alle Welt und erweckte dem hessischen Fürsten viel schlimmen Nachreden; sogar seine nächsten Freunde, wie Ulrich von Würtemberg und der König von Dänemark, fällten scharfe Urtheile. Es läßt sich denken, daß dabei die Wittenberger Theologen nicht geschont wurden. Man warf ihnen vor, sie hätten ein Gutachten zu Gunsten der Bigamie abgegeben. Melanchthon, der gerade auf der Reise nach Hagenau begriffen war, nahm sich die Angriffe so zu Herzen, daß er in Weimar in eine schwere Krankheit fiel, die ihn an den Rand des Grabes brachte. Luther, von stärkerer Natur, brauste heftig auf. Er schrieb an den Kurfürsten, „der Beichtrath, unter dem Siegel des Geheimnisses gegeben, sei kein Gutachten, durch seine Veröffentlichung werde er vollends nichtig. Wolle man in dem Schriftstück eine Billigung der Doppelehe erkennen, so werde er widerrufen und seinen Irrthum bekennen". Er eilte an das Krankenlager des Freundes und rechtete mit Gott, daß ihm der treue Gefährte entrissen werden sollte. Seinem inbrünstigen Gebete hat man die Rettung zugeschrieben. Auch der Landgraf erschrak über den Lärm und die Anfeindungen, die ihm der Ehehandel eintrug. Unter den lautesten Lästerern war Herzog Heinrich v on Braunschweig-Wolfenbüttel, so wenig auch gerade dieser Ursache hatte, den Stein aufzuheben. Es ist ja bekannt, daß er ein Hoffräulein Eva von Trotta, aus einer angesehenen hessischen Familie, Jahre lang in seinem Schloß Stauffenberg verborgen hielt, nachdem er zu Gandersheim an ihrer Stelle ein hölzernes Bild hatte begraben und ihren angeblichen Tod durch Seelmessen und Vigilien feiern lassen. Auch seinen eigenen Bruder hat er zwölf Jahre lang in Gefangenschaft gehalten, von dem Justizmord Bullenwevers zu schweigen.

Philipp fürchtete, da er mit Margarethe fortlebte (sie ist die Stammmutter der Grafen von Dietz), daß seine Feinde vor den Reichsgerichten Klage wider ihn erheben möchten, da in der kürzlich bekannt gemachten peinlichen Halsgerichtsordnung die Bigamie als schweres Verbrechen verpönt war. Er sann daher auf Mittel, „um Leib und Gut, Land und Leute zu retten". Ein solches Mittel sah er in einem freundschaftlicheren Verhältniß zum burgundisch-österreichischen Hof, in einem näheren Anschluß an den Kaiser. Zu dem Behuf wirkte er im Schmalkaldischen Bund und auf dem Reichstag für Frieden und Versöhnung, um sich Karls Gunst und Dank zu verdienen.

Feldzug und
Reformation
in Braun-
schweig-
Wolfen-
büttel.
Sommer
1542.
Die Declaration von Regensburg war den katholischen Ständen ein Dorn im Auge. „Die Welt müsse vergehen, oder Alles unter die Herrschaft der Türken gerathen, ehe diese Declaration als ein Gesetz in Deutschland betrachtet werden könne", soll der bairische Rath Leonhard von Eck gesagt haben. Auch waren die Herren vom Reichskammergericht nicht gewillt, in ihrem Rechtsgang einzuhalten. Glauben möge Jeder was er wolle, war ihre Ansicht, aber die bestehenden Ordnungen müßten aufrecht erhalten werden. Sie nahmen die Achtserklärung gegen Braunschweig und Goslar nicht zurück, obschon die Verschiebung des Spruchs in Regensburg ausdrücklich festgestellt war. Im Vertrauen auf diese Stimmung fuhr Herzog Heinrich fort, die beiden Städte nach wie vor zu befehden. Er machte Einfälle in ihr Gebiet und fügte dem Lande und den Bewohnern viel Schaden zu. Er ließ keine Gelegenheit vorüber, die katholischen Fürsten gegen die Glieder der evangelischen Verbrüderung aufzureizen. Selbst in den evangelischen Nachbarstaaten suchte er Unheil und Aufruhr zu stiften. Ein heftiger alle Fürsten- und Menschenwürde verletzender Schriftwechsel zwischen Heinrich und den beiden Bundeshauptleuten, denen sich auch Luther anschloß („wider Hans Worst") steigerte die Verbitterung und den Haß. Keine Schmähung und Beschuldigung schien ihnen zu stark. Da glaubten denn die Schmalkaldener nicht länger zusehen zu dürfen. Sächsische, hessische und andere Bundestruppen zogen in das Braunschweigische. Mit den städtischen Wehrmannschaften vereinigt belief sich die Streitmacht auf 24,000 Mann zu Roß und zu Fuß. Neben dem Kurfürsten stand Landgraf Philipp an der Spitze; nie hat er einen Feldzug mit freudigerem Muth unternommen als diesen, und nie hat er größere Kampflust gezeigt. Er brannte vor Begierde, an dem Widersacher, der ihn so oft geschmäht und gelästert, Vergeltung zu üben. Wie hätte der Herzog einer solchen Kriegsmacht Widerstand leisten können? Er verließ mit seinem Sohne das Land, um bei den baierischen Fürsten und anderen Glaubensverwandten Hülfe zu suchen, die Vertheidigung des festen Schlosses Wolfenbüttel seinem Getreuen von der Ritterschaft und der zahlreichen Besatzung übertragend. Und diese unterzogen sich muthig der Aufgabe. Die Aufforderung der Bundeshauptleute zur Ergebung beantworteten sie mit dem Zuruf: „sie sollten in drei Jahren wieder anfragen." Sie störten die Schanzarbeiten durch unerwartete Ausfälle. Den Thurm herab hörte man, wie einst in Würzburg, das Spottlied blasen: „Hat Dich der Schimpf gereuet, so zeuch nun wieder heim." Als aber der Landgraf selbst die Leitung übernahm, gingen die Dinge rasch vorwärts. Er richtete das Geschütz so glücklich, daß der Thurm sammt dem Spielmann niederstürzte; als Bauer verkleidet besichtigte er das Schloßthor. Die Besatzung mußte sich ergeben und bald wehten die Bundesfahnen über der Stadt. Der hessische Hofprediger, Dionysius Melander, sprach in seiner Kanzelrede vom Einzug Christi in Jerusalem und vom ungerechten Hausvater. Der Oberbefehl über Schloß und Stadt Wolfenbüttel wurde einem Bundesregiment übertragen, und durch Bugenhagen die evangelische Kirchenordnung eingeführt. Vergebens suchte der Herzog Hülfe bei den katholischen Fürsten, bei dem Kammergericht in Speier, bei dem in Nürnberg versammelten Reichstag: man hatte damals so viele andere Anliegen, daß man den

unruhigen Mann seinem Schicksale überließ. Er habe es nicht anders verdient, hörte man sagen. Als sich die Bundesfürsten bereit erklärten, wegen ihres Unternehmens Rechenschaft zu geben, stellte ihnen Ferdinand im Namen des Kaisers und Reichs einen Sicherheitsbrief aus. Er fürchtete, die Bewegung möchte sonst noch weiter um sich greifen und den ungarischen Feldzug, den er so eifrig betrieb, vereiteln oder schwächen.

Zwei Jahre nachher nahm Heinrich eine Söldnerschaar, die sich in Mecklenburg **Sept. 1545.** gesammelt, in seine Dienste und zog damit vor Wolfenbüttel, um sein Land wieder in Besitz zu nehmen. Aber rasch traten ihm die Gegner, Landgraf Philipp und die beiden sächsischen Fürsten, mit überlegener Heeresmacht entgegen, und brachten ihn, da die geworbene Mannschaft über die ausbleibende Löhnung erzürnt ihm den Waffendienst versagte, bei Kalefeld in solches Gedränge, daß er sich seinem verhaßten Nebenbuhler ergeben mußte, wie er später behauptete, nur bedingungsweise, um die Unterhandlungen fortzusetzen, in der That aber als gänzlich Ueberwundener. „Wärest Du meiner so **22. Oft.** gewaltig, wie ich Deiner" sagte der Landgraf, „Du würdest mich nicht lange leben las- **1545.** sen. Ich aber will mich besser gegen Dich halten als Du um mich verdient hast." Heinrich wurde darauf als Kriegsgefangener nach der Festung Ziegenhain in Gewahrsam gebracht. Seine Truppen lösten sich auf, seine Anhänger wurden in Strafe genommen; Landschaft und Städte blieben nun in den Händen der Schmalkaldener Fürsten. Die Evangelischen feierten den Sieg durch ein Dankfest und durch Gedächtnißmünzen.

In Hildesheim, in Wesel, in Bentheim traten reformatorische Bestrebungen her- **Fortschritte** vor. Mehr als je schien der evangelischen Kirchenform die Herrschaft in Deutschland be- **der Reforma-** schieden. Im Gefühle dieser Machtstellung beschlossen die Schmalkaldener auf einem **tion.** Convent in Schweinfurt, dem Kammergericht in seiner jetzigen Zusammensetzung allen **2. Dez.** Gehorsam aufzusagen, und schickten die Recusationsschrift nach Speier. **1542.**

Selbst in Süddeutschland, in den Gebieten von Bayern und Oesterreich, fand das Evangelium Boden. In Regensburg wurde durch Rath und Bürgerschaft die lu- **Oft. 1542.** therische Kirchenordnung eingeführt und das Abendmahl unter beiderlei Gestalt gefeiert, ohne daß die Herzoge von Baiern die ihnen verhaßte Neuerung zu hindern vermocht hätten; und in Amberg und in der ganzen Pfalzgraffschaft Neuburg an der Donau ließ Otto Heinrich durch Osiander von Nürnberg das Evangelium predigen und forderte die Geistlichen seines Landes auf, „von einer Lehre abzustehen, die in der göttlichen Schrift kein Zeugniß habe". Herzog Wilhelm erklärte darauf dem Vetter, er wolle keine Gemeinschaft mehr mit ihm haben, und versagte ihm das Darlehn, das er demselben früher versprochen. Aehnliche Symptome gaben sich in Ferdinands Staaten kund. Die niederösterreichischen Stände reichten ein Bittgesuch ein, daß man die Prediger des göttlichen Wortes milder behandle; in dem „Göhendienst" der Heiligenverehrung sei die Quelle der Landesnoth durch die Türken und des Zornes Gottes zu suchen.

3. Politik und auswärtige Kriege des Kaisers.

Durch den Regensburger Reichstag hatte Karl V. wenigstens soviel erreicht, **Türkenkriege.** daß er keinen Anschluß deutscher Fürsten und Stände an seine Gegner zu fürch- **Expedition** ten brauchte. Auch eine Reichshülfe gegen die Türken wurde gewährt, die aber **gen Algier.** gering an Stärke und zu spät zusammengebracht, den Fall Ungarns nicht verhin- **1541.** dern konnte. Wir werden an einem andern Orte die Vorgänge an der Donau

kennen lernen, durch welche nach dem Tode Zapolya's das Magyarenland sammt
der alten Hauptstadt Ofen unter die Oberherrschaft des Großsultans kam und
dem österreichischen Prätendenten vorerst nichts übrig gelassen wurde als einige
nordwestliche Comitate und seine Ansprüche.   Auch ein zweites stärkeres Heer,
1542. welches Kurfürst Joachim II. im Sommer des nächsten Jahres nach Ungarn führte,
richtete wenig aus, da es an Sold für die Truppen mangelte, und wurde von
den Mauern der Hauptstadt Ofen-Pesth zurückgeschlagen.   Nur durch eine allgemeine Heerfahrt des christlichen Abendlandes oder wenigstens der deutschen und
kaiserlichen Völker konnte dem Siegeslaufe Suleimans Einhalt gethan werden;
dazu war aber bei den getheilten Interessen und den verwickelten politischen und
religiösen Zuständen wenig Aussicht.   Es mußte ein günstigerer Zeitpunkt abgewartet werden.   Diesen gedachte Karl am sichersten herbeizuführen durch einen
zweiten Feldzug gegen die Corsaren auf der Nordküste Afrika's.   Wie früher
Chaireddin von Tunis, so machte jetzt sein Waffengefährte Hassan Aga von Algier aus durch seine Raubfahrten das Mittelmeer unsicher und störte Handel
und Verkehr.   Karl erinnerte sich noch mit Freuden, welche Ehren und Sympathien ihm einst die glückliche Unternehmung gegen die Piratenstadt und die Befreiung so vieler Unglücklichen aus Sclavenkerkern bei der ganzen Christenheit eingetragen.   Diese Eindrücke gedachte er jetzt durch neue Lorbeern aufzufrischen.   Ein
glücklicher Feldzug gegen die afrikanischen Mohammedaner war zugleich die beste
Vorbereitung und Einleitung zu dem größern Unternehmen wider die Hauptmacht
selbst, welche den deutschen Grenzlanden immer näher rückte, und die ernstliche Bekämpfung der Erbfeinde der abendländischen Religion und Cultur erschien ihm als
das sicherste Mittel, die Theilnahme der Christenwelt und des Heiligen Vaters zu erringen und seinem Rivalen Franz, dem offenen oder geheimen Verbündeten des
Sultans, die Abneigung und Vorwürfe der Gläubigen zuzuwenden.   Auch
mochte er sich sehnen, die dumpfe Luft des theologischen Wortgezänkes auf hoher
See und im offenen Schlachtfelde auszuathmen.   Aber der Ausgang entsprach
nicht seinen Hoffnungen.   Als er von Italien aus, wo er auf einer Zusammenkunft in Lucca mit dem Papst sich über das Concil besprach, mit deutschen und
italienischen Söldnerhaufen im Oktober über das Meer setzte, fand er einen unerwarteten Widerstand in der Natur und gewandte Gegner in den Einwohnern.
Die Stürme und Regengüsse des Spätherbstes die auf dem moorigen Boden
höchst verderblichen Angriffe der behenden maurischen Reiter und Bogenschützen
vereitelten das Unternehmen.   Unter unaufhörlichen Kämpfen zog das Heer drei
Tage lang an der Meeresküste hin ohne andere Nahrung als Pferdefleisch und Wurzeln der Palmensträuche, bis es am Vorgebirge Metafuz die Ueberreste der Flotte
unter Andreas Doria traf.   Nach schweren Verlusten an Schiffen und Mannschaft mußte der Kaiser, der muthig und großherzig alle Gefahren und Leiden
mit den niedrigsten theilte, unverrichteter Dinge von Algier abziehen.   Erst in

der Hafenstadt Carthagena fand das geschlagene und zerstreute Geschwader Schutz gegen die Verfolgung der Corsaren.

Diese Unfälle des Kaisers und seines Bruders erfüllten den König von Frankreich mit der Hoffnung, endlich doch noch seinen Gegner zu überwinden und ihn zur Herausgabe von Mailand zu zwingen. Er hatte sich mit allen Gegnern des burgundischen Hofes in Verbindung gesetzt, um dem Rivalen auf allen Seiten Verlegenheiten zu bereiten. Wir wissen, welche Mühe sich seine Gesandten in Regensburg gegeben, um die Versöhnung der Religionsparteien zu verhindern und mit den Schmalkaldischen Bundesgliedern in Fühlung zu bleiben; auch mit Schottland knüpfte er damals die für beide Länder so folgenreiche Verbindung an, und im Norden benutzte er die kriegerischen Verwickelungen, um die neuen Könige von Dänemark und Schweden auf seine Seite zu ziehen. Im Verein mit Wilhelm von Cleve, dem der Kaiser das Herzogthum Geldern streitig machte, auf welches dieser kraft seiner Vermählung mit einer eingebornen Fürstentochter und der Stimme des Landes Ansprüche erhob, konnten diese die niederländischen Provinzen von der See- und Landseite beunruhigen. Zugleich hatte Franz wieder mit Suleiman Unterhandlungen angeknüpft: nicht nur in Ungarn, sondern auch an den Küsten Italiens und Spaniens sollten türkische Streitkräfte die Habsburger Besitzungen anfallen und seine eigenen Unternehmungen im Westen unterstützen. Es waren weit angelegte diplomatische Schachzüge, wie sie in jener treulosen und wandelbaren Zeit häufig genug vorkamen.

Des Kaisers vierter Krieg mit Franz 1542—44.

Dem kaiserlichen Hof blieben diese Intriguen und Unterhandlungen nicht unbekannt. Vielleicht stand damit die Ermordung der beiden französischen Unterhändler in Zusammenhang, welche zu dem Ausbruch des Krieges die nächste Veranlassung gab. Ein spanischer Flüchtling, Anton von Rincon, und ein verbannter Genuese, Cäsar Fregoso, die in des Königs Dienste getreten, wollten sich durch die Lombardei nach Venedig und Konstantinopel begeben. Aber unweit der Mündung des Tessin in den Po wurden sie von Bewaffneten überfallen und getödtet. Der Verdacht der Urheberschaft fiel auf den Marquis von Guasto, Gouverneur von Mailand. Dieser wies jedoch die Beschuldigung von sich. Die französische Regierung drang auf Auslieferung und gerichtliche Untersuchung; Karl erwiderte, wenn man Beweise beibringe, wolle er den Anstifter bestrafen. In dieser ausweichenden Antwort sah Franz nicht die genügende Genugthuung.

Juli 1542.

So begann der vierte Krieg zwischen Kaiser Karl V. und Franz I. Der Anfang war für das burgundisch-österreichische Haus nicht glücklich. Nicht nur, daß die Türken die deutsch-österreichischen Heere von Ofen zurückdrängten und Gran eroberten; eine französisch-türkische Flotte, bei der sich auch der Piratenfürst Chaireddin befand, bemächtigte sich der Stadt Nizza, und die burgundisch-spanischen Kriegsmannschaften wurden in Luxemburg durch den Herzog von Orleans und Claudius von Guise zurückgeworfen, Roussillon war vom Feinde besetzt und die Hauptstadt Perpignan schwer bedrängt; clevisch-dänisch-französische Kriegshaufen trugen Raub und Verwüstung in die nördlichen Niederlande.

Juli 1542.

August 1542.

Bald wurde Landrecy eingenommen und befestigt. Umsonst hoffte Karl, der Papst würde sich auf seine Seite stellen und den Friedenbrecher und Verbündeten des Sultans im Namen der Christenheit zur Ruhe weisen; Paul III., der für die Farnese, seine nahen Blutsverwandten, neue Fürstenthümer in Oberitalien zu gewinnen trachtete, beobachtete eine kluge Neutralität. Zum großen Verdruß des Kaisers behandelte er die kriegführenden Fürsten mit gleichem Maßstab, ließ beide durch Legaten zum Frieden ermahnen und traf Anstalten zur Abhaltung des so oft begehrten und so oft versagten und verschobenen Concils zu Trient in Südtyrol, während die ganze Welt im Kriege lag. Das Gebot, daß fortan kein Fremder in den spanischen Reichen eine Pfründe besitzen oder eine Pension beziehen sollte, gab Zeugniß von des Kaisers Verstimmung gegen das kirchliche Oberhaupt.

Kaiser und Papst.
1543. Bald fand jedoch Karl wieder die alte Spannkraft und Energie, wodurch die Lage der Dinge rasch eine andere Wendung nahm. Er stellte Spanien, wo er eine günstige Stimmung zu erwecken gewußt, unter die Regentschaft seines Sohnes Philipp und setzte ihn in Stand, die Landschaft Roussilon, in welcher eine Ueberschwemmung durch die Herbststürme die Franzosen zum Abzug genöthigt hatte, und die Pyrenäenpässe zu vertheidigen. Darauf begab er sich nach Italien, um wo möglich den Papst zu bewegen, sich für ihn zu erklären. Auf einer Zusammenkunft in Busseto bei Parma tauchte der Vorschlag auf, dem Enkel Pauls III., Ottavio Farnese gegen eine Geldsumme Mailand zu überlassen. Allein Diego de Mendoza, des Kaisers Gesandter in Venedig, der damals seine glänzende staatsmännische Laufbahn begann, warnte seinen Gebieter vor einer solchen Machtvergrößerung des Hauses Farnese, dem Paul schon die ehemals zum Kirchenstaat gehörigen Fürstenthümer Parma und Piacenza zugewendet hatte. So unterblieb der Plan; damit war aber auch für Karl alle Aussicht verschwunden, den Papst zum Bundesgenossen zu gewinnen. Sie schieden, ohne sich einander genähert zu haben, und Paul nahm immer offener Partei für Franz.

Feldzug gegen Cleve.
1543. Eine um so günstigere Stimmung fand Karl in Deutschland, als er über Memmingen und Stuttgart, wo er dem alten Gegner Ulrich sich gnädig erwies, nach Speier zog. Er war nicht ohne Sorge, die Schmalkaldener möchten sich 22. Febr.
1543. des Herzogs von Cleve annehmen. Wilhelm hatte das Abendmahl nach evangelischem Ritus genommen und die Aufnahme in den Bund nachgesucht. Der Kurfürst von Sachsen, sein naher Verwandter, wünschte diese Aufnahme, wodurch die Einführung der Reformation am Niederrhein gefördert würde. Nichts wäre dem Kaiser widerwärtiger gewesen, als ein solcher Beschluß; denn gerade gegen diesen ungetreuen Reichsfürsten, der mit Frankreich im Bunde stand und ihm ein burgundisches Lehnsland vorzuenthalten wagte, war sein ganzer Zorn gerichtet, ihn wünschte er vor allen zu züchtigen. Wie wäre das aber möglich gewesen, wenn der evangelische Bund in seiner damaligen Machtstellung demselben Beistand geleistet hätte? Da kam ihm denn die neue Freundschaft des Landgrafen sehr zustatten. Philipp bewirkte, daß der Antrag Sachsens zurückgewiesen ward, daß mit Christian von Holstein - Dänemark kein engeres Bündniß zu Stande kam, daß die Evangelischen anfingen, wieder mehr Vertrauen zu dem Kaiser zu fassen. Man hatte aus den in Wolfenbüttel aufgefundenen Briefen erfahren, daß Granvella dem Herzog stets zum Frieden gerathen. So kam es, daß Karl bei seinem Erscheinen in Deutschland eine sehr günstige Aufnahme fand. Als er die Werbetrommel rühren ließ, strömten von allen Seiten rüstige Landsknechte herbei und mehrten die Reihen seiner spanischen und italienischen Krieger; Ritter und Fürstensöhne stellten sich unter seine Fahne. In stolzem Waffenschmuck zog er an der Spitze eines stattlichen Heeres über Bonn nach dem Niederrhein. Her- _{August 1643.} zog Wilhelm, der vergebens Hülfe von Frankreich erwartet hatte, sah sich außer Stand, sein Land gegen die kaiserliche Heeresmacht zu behaupten. Sein Vertrauen beruhte auf seinen Festungen, besonders Düren, die er in guten Stand gesetzt hatte. Auch gelang es dem tapfern Befehlshaber Blaten, den Feind mehrmals von den Mauern zurückzuschlagen; aber den wiederholten Stürmen vermochte Düren doch nicht zu widerstehen; die Stadt wurde erstürmt und geplündert, Blaten unter den einstürzenden Mauern begraben. Jülich und die andern Festungen ergaben sich ohne Gegenwehr. Dem Herzog entsank der Muth; er eilte von Düsseldorf in das kaiserliche Heerlager bei Venloo, warf sich dem Monarchen zu Füßen und flehte um Gnade, die ihm dieser auf die Fürbitte eini- _{7. Sept. 1543.} ger einflußreichen Freunde gewährte, aber gegen harte Bedingungen. Der Herzog mußte seinen Ansprüchen auf Geldern und Zütphen entsagen, seinen Bund mit Frankreich und Dänemark aufgeben und sich verpflichten, seine Erblande Cleve-Jülich bei der katholischen Religion zu erhalten und die begonnenen Neuerungen einzustellen. Der Kummer über diesen Vertrag brach seiner Mutter Maria, einer Frau „von starker Gesinnung und hochstrebendem Selbstgefühl", das Herz. So kam der Kaiser zum Besitz des Herzogthums Geldern, nach dem seine Vorfahren so lange getrachtet. Die Stände leisteten ihm den Eid der Treue und Unterthänigkeit; dafür bestätigte er die alten Landesrechte. Die Verwaltung wurde in die Hände Wilhelms von Oranien, Statthalters von Holland gelegt.

Der Feldzug gegen Cleve war nur das Vorspiel des großen Kampfes, den _{Karl gewinnt Freunde.} der Kaiser gegen die Hauptfeinde, die Osmanen und ihre Bundesgenossen, die Franzosen zu führen gedachte. Um dem König, dessen Heere in Luxemburg und im obern Italien Boden zu gewinnen suchten, jeden Rückhalt zu entziehen, versöhnte sich Karl mit Christian III. von Holstein-Dänemark und mit Heinrich VIII. von England. Er mußte dabei allerdings Familiensympathien zum Opfer bringen; allein von dem englischen König, der sich seit der Verstoßung der Anna von Cleve von den Evangelischen wieder entfernt hatte, erlangte er neben der Kriegshülfe gegen Frankreich auch die Anerkennung der Geburtsrechte der Prinzessin Maria, und durch den Friedensvertrag mit Dänemark erwarb er für die niederländischen Handelsstädte, besonders Amsterdam die ungestörte Schiffahrt nach

der Nord- und Ostsee. Vor Allem aber war Karl bemüht, die deutschen Fürsten auf seine Seite zu ziehen. Mit großem Geschick hatte Franz die Uneinigkeit
im Reich und die getheilten Interessen der einzelnen Fürsten und Stände zu seinem Vortheil zu kehren gewußt. Bei den Katholischen diente ihm sein Religionseifer und die Freundschaft des Papstes, bei den Evangelischen sein Widerstand
gegen die Habsburger zur Empfehlung. Aber seit Kurzem war in diesem Verhältniß eine Wandlung eingetreten: Durch seine Verbindung mit den Osmanen
hatte Franz sich beide Theile in gleichem Maß entfremdet, denn in der Feindschaft und im Kriegseifer gegen den Erbfeind des Reiches und der Christenheit
wollte keine Partei der andern nachstehen. Den protestantischen Religionsverwandten aber flößte die zunehmende Verfolgung ihrer französischen Glaubensgenossen Abscheu und Mißtrauen ein. Und Granvella verfehlte nicht, diese
verbitterte Stimmung zu steigern durch Hinweisung auf die geheimen Versprechungen zur Ausrottung der Ketzerei, die der König bei jedem Friedensschluß mit dem
Kaiser gegeben.

Reichstag in
Speier.
Febr. 1544. In dem Bestreben, seinen Anhang in Deutschland zu mehren, erlangte Karl
Erfolge, wie sie ihm noch nie zu Theil geworden. Der Reichstag in Speier, den er
in eigner Person eröffnete, war zahlreicher besucht, als irgend einer der vorhergehenden. Alle Kurfürsten stellten sich ein; selbst Johann Friedrich unterdrückte die Verstimmung und erfüllte seinen Dienst als Erzmarschall, indem er dem Reichsoberhaupte das Schwert vortrug. Dafür wurden die Erbrechte des sächsischen Hauses in
Jülich-Cleve anerkannt und sogar eine Vermählung zwischen dem Sohne des Kurfürsten und einer Tochter Ferdinands verabredet, vorausgesetzt daß bis dahin der
Religionsstreit zu einer christlichen Vergleichung gelangt sei. Niemand aber hatte sich
solcher Aufmerksamkeit zu erfreuen, als der Landgraf von Hessen. Auf ihn schien Karl
sein ganzes Vertrauen für das Gelingen seines Vorhabens gerichtet zu haben. Er
machte keine Einwendungen, daß derselbe in der Kirche eines fast verlassenen
Franziskanerklosters seine evangelischen Predigten erschallen ließ und Tausende
von Glaubensgenossen daselbst versammelte. Karls Hauptstreben ging auf die
Bewilligung einer Reichssteuer zur Anwerbung und Unterhaltung von 20,000
Landsknechten und 4000 Reitern, die mit spanischen und italienischen Truppen vereinigt gegen die verbündeten Feinde, die Franzosen und Osmanen zugleich ins
Feld rücken sollten. Er erreichte seinen Zweck. Die Stände bewilligten die ver-
langte Summe der Hülfsgelder und stellten die Art der Verwendung und Eintrei-
bung dem Kaiser anheim. Dafür machte dann dieser den Evangelischen so viele
Zugeständnisse, als sich der katholischen Majorität abringen ließen.

Der Forderung eines beständigen Friedens und gleichmäßigen Rechts durch Bestellung eines neuen Kammergerichts von Seiten der Protestanten wurde in so weit Genüge
gethan, daß bei künftigen Anstellungen keine Rücksicht auf die Confession genommen
werden sollte, ob die Beisitzer nach altem Brauch zu Gott und den Heiligen oder zu
Gott und dem Evangelium schwören wollten; die schwebenden Prozesse wegen Reli-

gionssachen mit Einschluß der Achtserklärungen sollten suspendirt und der aufgerichtete Friedstand eingehalten werden. Die Katholischen wurden zu der Erklärung gebracht, „wenn der Kaiser zur Erhaltung des Friedens, der Ruhe und der Einigkeit im Reich aus eigener Machtvollkommenheit eine Ordnung treffe, so müßten sie solches dulden und geschehen lassen". Hinsichtlich der religiösen Streitigkeiten hieß es im Abschied, daß dieselben durch ein gemeines freies christliches Concil sollten ausgeglichen werden. Sei ein solches sobald nicht zu erzielen, so werde der Kaiser „zu deutscher Nation Wohlfahrt" nächsten Herbst oder Winter einen neuen Reichstag in eigner Person abhalten, um auf Grund von Reformationsentwürfen, welche mittlerweile beide Religionstheile durch gelehrte, fromme und friedliebende Männer aufstellen lassen sollten, zu einer freundlichen Vergleichung zu gelangen. Von dem päpstlichen Primat und der bischöflichen Jurisdiction war keine Rede und über die Verwendung der geistlichen Güter den Evangelischen freie Hand gelassen. In betreff der Braunschweigischen Lande wurde die Auskunft getroffen, daß die Schmalkaldener dem Kaiser die Administration anheimgaben, jedoch mit der ausdrücklichen Bedingung, daß die darin eingeführte Religionsform keine Aenderung erleide. Sowohl der Antrag des Herzogs auf Wiedereinsetzung als der gegnerische auf Ausschließung vom Reichstag wurde zurückgewiesen.

Der Kaiser war erfreut über die Bewilligung der Kriegssteuer, die ihn in Stand setzte, zugleich gegen die Franzosen und die Türken ins Feld zu ziehen. Dem Landgrafen, der durch seine Beredsamkeit und Thätigkeit diese Willfährigkeit der Stände hauptsächlich bewirkt hatte, zeigte er große Gewogenheit. Gegen den König von Frankreich, sagte Karl zu ihm, wolle er ihn nicht schicken, um ihm nicht Haß und Neid zu erregen; aber im nächsten Türkenkriege solle er Feldoberster sein. Als derselbe bescheiden auswich, erwiederte der Kaiser, Philipp habe bisher für sich und Andere glückliche Kriege geführt, so werde er auch ihm mit Erfolg dienen. Die Katholischen bemerkten mit Unzufriedenheit diese Haltung des Monarchen; und Cochläus, der seit dem am 8. Febr. 1543 erfolgten Tode Ecks als das Haupt der streitenden Kirche angesehen ward, unterließ nicht in einer Schrift darzulegen, daß durch den Speierer Reichsabschied die Protestanten Alles erreicht hätten, was ihnen bisher von der Majorität streitig gemacht worden. Noch mehr zeigte sich der König von Frankreich über den Ausgang der Verhandlungen besorgt. Er hatte vergebens gesucht, durch den geschäftskundigen Kardinal du Bellay den ungünstigen Eindruck abzuschwächen, den sein Bund mit den Türken und seine Grausamkeit gegen die Religionsneuerer in Frankreich erzeugt hatte, und die Eintracht zwischen Kaiser und Reichstag zu verhindern; die Gesandtschaft wurde gar nicht zugelassen, und der Eifer, womit der Feldzug an der Mosel betrieben ward, konnte ihn überzeugen, daß ein ernster Waffengang gegen sein eigenes Reich bevorstehe.

Und in der That setzte sich noch in demselben Sommer ein beträchtliches Kriegsheer aller Waffengattungen, fast ausschließlich aus deutschen Mannschaften gebildet, gegen Lothringen und die Champagne in Bewegung. Unter den Führern waren Graf Wilhelm von Fürstenberg, der schon so oft den Herrn gewechselt und in Frankreich bekannt war, und Sebastian Schärtlin die angesehensten. Der Krieg in den Grenzlanden. 1544.

Damit nicht wie einst in der Provence die Unternehmung durch mangelhafte Verpflegung gefährdet werde, hatte der Kaiser unter Vermittelung des Kurfürsten von Trier große Vorräthe von Lebensmitteln an geeigneten Orten sammeln lassen. Denn König Franz war nicht saumselig gewesen, von der anfangs ihm so günstigen Lage Vortheil zu ziehen. Durch Umlagen, Steuererhöhung, Aemterverkauf und andere Finanzmaßregeln hatte er sich die Mittel zur Vermehrung der Legionen und Söldnerhaufen verschafft, welche in den burgundischen Grenzlanden, besonders in Luxemburg, so wie in Italien den Besitzungen Karls manchen Abbruch thaten und Schaden zufügten. Noch während des Speierer Reichstags erhielt der Kaiser die Nachricht, daß sein Befehlshaber in Mailand, Marquis von Guasto trotz seiner überlegenen Streitkräfte in der Schlacht bei Cerisola in
der Nähe von Carignano durch den Grafen von Enghien und den unter den Augen des Prinzen in Tapferkeit und Kühnheit wetteifernden ritterlichen Adel eine vollständige Niederlage erlitten habe. Wären die geforderten Verstärkungen aus Frankreich angelangt, so hätte sich der Sieger in Verbindung mit dem Florentiner Flüchtling Peter Strozzi des Herzogthums Mailand bemächtigen können.

14. Apr. 1544. *(marginal)*

Feldzug in der Champagne. *(marginal)*

Allein König Franz gebrauchte seine Heere im eigenen Lande, um die über Commercy, Ligny, St. Dizier nach der Champagne vorrückende kaiserliche Kriegsmacht zurückzuhalten und der Seestadt Boulogne gegen das englische Belagerungsheer Hülfe zu schicken. Luxemburg war bereits wieder in die Gewalt der Kaiserlichen gerathen. Karls Plan war, in Gemeinschaft mit Heinrich VIII. auf Paris loszugehen; aber dieser wünschte zuvor Boulogne in seine Gewalt zu bringen. Dennoch wollte Karl sein Vorhaben nicht aufgeben, obwohl die hartnäckige Vertheidigung von St. Dizier durch den tapfern Befehlshaber Sanzerre ihn gegen Erwarten lange bei der Belagerung hingehalten hatte. Die Franzosen glaubten, der Feind würde gegen Chalons ziehen, und hatten daher dort ein beträchtliches Heer gesammelt. Aber Karl täuschte sie; statt sich nach der Eroberung von Vitry nordwärts zu wenden, setzte das kaiserliche Heer über die Marne und schlug den Weg gen Paris ein. Es war in den ersten Tagen des Septembermonats, als die deutschen Landsknechte unter ortskundiger Führung über Epernay, Chatillon, Chateau-Thierry heranrückten und sich auf zwei Tagemärsche der Hauptstadt näherten. In Paris herrschte die größte Bestürzung; viele Einwohner ergriffen die Flucht; selbst daß der König in eigener Person zum Schutze herbeieilte und Anstalten zur Vertheidigung des Montmartre traf, vermochte die angstvolle Stimmung nicht zu verscheuchen. Der Dauphin war nicht abgeneigt eine Schlacht zu liefern, allein Franz war seit den Erfahrungen bei Pavia jeder gewagten Entscheidung abgeneigt; er zog es vor, Bevollmächtigte nach Crespy zu schicken, wohin Karl von Soissons aus gezogen war. Sie fanden eine günstige Aufnahme; denn obschon der Kaiser im Angesicht von Paris stand, so war er doch von großen Schwierigkeiten umringt. Die nächstliegenden Städte

waren befestigt und mit Besatzung versehen; die deutschen und spanischen Kriegsmannschaften lagen in Hader und Streit; die Verpflegung im fernen Feindesland
bereitete große Verlegenheiten. Und welche Folgen konnte ein unglückliches
Treffen haben!

Diese Gründe waren so durchschlagend, daß der Kaiser gern in den Frieden *Friede von Crespy.*
von Crespy willigte, so geringe Vortheile ihm derselbe auch gewährte. Denn *18. Sept. 1544.*
im Wesentlichen führte er den Zustand zurück, wie ihn der Waffenstillstand von
Nizza geschaffen, nur daß Franz dem Bündniß mit den Osmanen entsagte und
Hülfsmannschaft zur Wiedereroberung Ungarns versprach.

Im Uebrigen wurde ausbedungen, daß die Eroberungen gegenseitig zurückerstattet,
die von der Krone Frankreich beanspruchten oberlehnsherrlichen Rechte über burgundische Erbländer in aller Form aufgegeben und den Streit über Mailand durch
eine Heirath zwischen dem Herzog von Orleans und einer Habsburgerin mit dem Herzogthum als Mitgift ausgeglichen werden sollte. In wie weit es dem Kaiser mit die- *9. Sept.*
sem letzten Plane ernst war, kam nie zu Tage, da der Prinz vor der Vermählung *1545.*
starb, worauf das Herzogthum an den erstgebornen Kaisersohn gelangte. Mit dieser
Uebertragung Mailands an Philipp war das Uebergewicht der Habsburger in Italien
entschieden. Denn auch Savoyen und Piemont, das Franz nunmehr herauszugeben
sich weigerte, konnte auf die Dauer nicht behauptet werden, wie sehr sich auch die Regierung Mühe gab, durch Einführung französischer Institutionen und Beförderung der
französischen Sprache in Piemont Sympathien zu wecken und den dauernden Anschluß
vorzubereiten; unter dem Nachfolger kam das Land wieder an die rechtmäßige Dynastie.
Daß dafür die Seestadt Boulogne, welche Heinrich VIII. in diesem Krieg erworben,
nach einigen Jahren an Frankreich zurückfiel, haben wir früher erfahren.

In Crespy ward auch noch eine geheime Verabredung getroffen, in welcher
sich Karl und Franz zur Ausgleichung der religiösen Spaltung und Herstellung
der kirchlichen Einheit verpflichteten. Wenn dabei zunächst die Unterdrückung der
protestantischen Kirchenformen ins Auge gefaßt war, so sollte doch auch auf den
Papst eine Pression geübt werden, auf daß mittelst eines Concils zeitgemäße Reformen erzielt würden, welche die Versöhnung erleichtern möchten. Vielleicht
geschah es aus Besorgniß, die beiden Monarchen könnten bei längerem Zaudern
auf eigene Hand eine Kirchenversammlung veranstalten, daß Paul III. nun ernstliche Schritte zur Abhaltung des Concils in Trient that. Wie wenig Franz gewillt war, der evangelischen Lehre in Frankreich eine Freistätte zu gewähren, bewies er durch die Bereitwilligkeit, den verschärften Ketzergesetzen der Parlamente den
weltlichen Arm zu leihen, und vor Allem durch das grausame Verfahren gegen
einige Waldensergemeinden in der Provence. Merindol, Cabrières und andere
blühende Ortschaften wurden von rohen Kriegshaufen überfallen, die Einwohner
gemartert und gemordet, die Wohnungen zerstört; denn Alles sollte vertilgt werden, lautete der Befehl, „die Häuser, die Zufluchtsörter unter der Erde, die
Bäume in den Gärten, die Holzungen rund umher". Mehrere tausend fried-
fertige Menschen fielen dem Fanatismus und der Religionswuth zum Opfer.
Mit ihrer Unterstützung war die französische Bibel von Rob. Olivétau zum Druck

befördert worden. Durch solche Maßregeln suchte Franz I. die Eindrücke und
Nachreden zu verwischen, welche ihm die Verbindungen mit den Türken und mit
den protestantischen Fürsten Deutschlands und des Nordens in den Kreisen der
Papisten eintrugen. Je mehr Alter und Krankheit das Gemüth des lebens-
hen Königs verdüsterten, desto mehr wuchs die Abneigung gegen die Religionsneuerer und öffnete sein Ohr den verleumberischen Reden der Römlinge, daß die
neue Lehre die Feindin aller Monarchie und aller fürstlichen und adeligen Vorrecht.
die Quelle von Unordnung und Auflehnung gegen alles Bestehende sei und daß
somit ihre Ausrottung vor Gott und Menschen sich rechtfertigen lasse, eine Anschauung, die unter der nachfolgenden Regierung noch mehr Geltung fand. Einige Wochen vor des Königs Tod wurden vierzehn evangelische Handwerker von
Meaux den Flammen übergeben. Sie starben mit großer Standhaftigkeit unter
Psalmengesängen und christlichen Ermahnungen. Von Meaux aus waren durch
Wilhelm Farel die reformatorischen Lehren auch nach Lothringen gedrungen und
hatten in Metz und Gorze Bekenner gefunden. Ihre Unterdrückung durch die
Guisen war zugleich ein Schlag gegen die deutschgesinnte Partei, welche die Bi-
schofstadt in dem bisherigen Reichsverband zu erhalten wünschte.

XVIII. Frankreichs Cultur und Geistesleben im sechszehnten Jahrhundert.

1. Innere Regierung der Könige Franz I. und Heinrich II.

Geschicht-
liche Stel-
lung und Be-
deutung von
Franz I. Mit dem Frieden von Crespy, so wenig derselbe auch die politische Lage
änderte, die territorialen Differenzen und die nationale und dynastische Rivalität
ausglich, nahm das öffentliche Leben des französischen Monarchen, die eigentliche
Geschichte seiner Regierung ihr Ende. An dem deutschen Kriege des Kaisers
konnte er sich nicht mehr betheiligen; die Nachricht seines Todes erreichte den Habsburger Herrscher inmitten seines Siegeslaufes und stärkte ihn in dem Entschluß,
benselben vollständig auszunutzen; erst der Sohn und Nachfolger Heinrich II.
griff die Kriegspolitik des Vaters wieder auf; mit welchen Erfolgen werden wir
später erfahren. Die Lobsprüche, welche die nationale Geschichtschreibung den
ritterlichen König Franz I. spendete, hat die Folgezeit bedeutend herabgestimmt;
sie hatten ihre Quelle hauptsächlich in dem gewaltigen Eindruck, den das erste
Auftreten des neuen Regenten in der Schlacht von Marignano auf die Phantasie der Zeitgenossen hervorbrachte, in der imponirenden Persönlichkeit seiner Erscheinung, in seiner aufrichtigen Liebe für die wiederauflebende Kunst und Wissenschaft
und in der Gunst und Unterstützung, die er ihren Trägern und Förderern immer-
während zuwendete. Diese Glanzseiten waren jedoch durch große Flecken und Mängel

verdunkelt und entstellt, mit Ausnahme der letzten, die wir in den nächsten Blättern werden kennen lernen. Der Sieg von Marignano wurde durch die Schlacht von Pavia, die vorübergehende Eroberung von Mailand und Genua durch den Madrider Frieden ausgelöscht; und wie oft er auch in der Folge das Glück der Waffen versuchte, seine Eroberungspläne zerrannen, alle Anstrengungen und Mühen blieben unfruchtbar. Auch das Alpenland Savoyen-Piemont, das bei seinem Tod ein französisches Besitzthum war, folgte bald wieder dem natürlichen Zuge, der ihm seine Stelle in der italienischen Halbinsel anwies. Dennoch würde man sehr irren, wollte man der Regierung Franz I. ihre Bedeutung für die Entwickelung des französischen Staats- und Geschichtslebens leugnen oder zu niedrig anschlagen: das historische Urtheil wird durch ein instinktives Volksbewußtsein meistens auf das Richtige gelenkt, und dieses Volksbewußtsein weist dem König, der berufen war, die französische Nation aus dem Mittelalter in die neue Zeit herüberzuführen, eine hervorragende Stelle in der Königsgeschichte der Valois an. Wie wenig auch sein persönliches Regiment, seine wandelbare Politik, seine despotischen Reigungen Großes zu schaffen vermochten; er war der echte Repräsentant seines Volkes in einer hochwichtigen Zeitperiode, nicht der Schöpfer wohl aber der werkthätige Arbeiter der nationalen Entwickelung, der Bahnbrecher und Wegweiser nach den Zielen, welche die folgenden Herrscher und mit ihnen die Führer und Häupter der Nation unverrückt im Auge behalten haben. Dem langen Kampfe gegen das burgundisch-spanische Herrscherhaus, welches auf allen Seiten das französische Gebiet umgab und beengte, lag das tiefere politische Gefühl zum Grunde, diese ehernen Fesseln abzustreifen, die Grenzlinien weiter hinauszuschieben, das jetzt erst innerlich geeinigte Frankreich auch in seiner natürlichen territorialen Abrundung und in seiner nationalen Selbständigkeit und Eigenthümlichkeit sicher zu stellen und ihm die seiner Macht und Bildung entsprechende Stellung in der europäischen Staaten- und Völkerfamilie zu erringen.. Wenn der Wunsch nach dem Besitze des Herzogthums Mailand mehr in einem dynastischen Gefühl und Interesse der Königsfamilie wurzelte, dem der ritterliche Adel aus Loyalität und Ehrbegierde entgegenkam; so war dagegen das Streben, die burgundischen und flandrischen Landschaften im Osten und Norden für immer an das Reich zu knüpfen und die Pyrenäen zum südlichen Grenzwall zu machen, ein nationaler Zug, der wie eine Naturkraft wirkte, das Verwandte und Gleichartige zu verbinden suchte. Mit dieser Expansiv- und Attraktionskraft war zugleich ein innerer Assimilationsprozeß naturgemäß verbunden; mit dem Bestreben, die gleichartigen aber entfremdeten Theile dem Staatskörper zu gewinnen oder zu erhalten, schärfte und stärkte sich zugleich das nationale Bewußtsein, verwischten sich mehr und mehr die particularistischen Gefühle und Sonderinteressen der einzelnen Provinzen und Stände, entwickelte sich der Begriff einer einheitlichen Monarchie, einer Ordnung und Wehrgemeinschaft, worin der König als natürliches Haupt der gesammten Nation das Banner trug, um welches sich alle Stämme und Glieder schaaren müßten.   Die französisch-burgundischen Kriege, die einer oberflächlichen Betrachtung als Duell und Wettkampf zweier ehrgeizigen Potentaten, als Ausfluß einer persönlichen Rivalität erscheinen, waren somit ein mächtiges Feuer für den inneren Verschmelzungsprozeß der nationalen Elemente, der Stämme, Landschaften und Stände. Seit der Schlacht bei Pavia waren die Kämpfe außerhalb der Grenzen nur Rothgefechte zur Vertheidigung; die ganze Aufmerksamkeit des Königs war auf Sicherung der Landesgrenzen, auf Wehrhaftmachung des Volkes gerichtet. Allenthalben sehen wir ihn bemüht, durch Anlegung oder Herstellung von Festungen das Gewonnene zu erhalten, Stützpunkte für die Zukunft zu schaffen, die militärische Kraft des Landes zu sammeln und zu organisiren. Wir wissen, daß er eine einheimische Miliz, „Legionen" genannt, errichtete; sie bildete den Kern der Heerkörper, an welchen sich die Schweizer Söldnerhaufen und die Fähnlein der Landsknechte anschlossen; die Flotte der verbündeten Osmanen sollte verhindern, daß die spanisch-italienische Seemacht des Kaisers das Mittelmeer gänzlich beherrschte. An der Spitze dieser nationalen Wehrkraft stand der französische Adel, bei dem sich nur noch in seltenen Fällen der turbulente Geist der alten Feudalzeit regte. Mit loyalem Sinn und ritterlicher Bravour schloß er sich an einen König an, der selbst in allen Gefechten durch Muth und persönliche Tapferkeit hervorragte, der auf der Jagd und im Turnier stets unter den Kühnsten und Stärksten war, dessen ganze stattliche Erscheinung den königlichen und ritterlichen Mann ankündigte, dessen eisenfester Körper jedem Sturm und Wetter Trotz bot.   Unter Franz I. bildete sich der feinere chevalereske Geist des französischen Adelstandes, der um den Thron geschaart und denselben stützend und emporhebend in der Ehre, im Ruhm, in der Macht des Königs und Kriegsherrn eine Erhöhung seiner eigenen Stellung, seines eigenen Werthes und Glanzes erblickte.

Hofleben.   Und nicht blos im Krieg, im Waffendienst und Turnier umgaben die Spitzen des Adels ihren Herrn und Gebieter; auch bei den Hoffesten und Hoftagen zeigten sie sich mit Stolz und Ergebenheit und mehrten den Glanz der königlichen Residenz.   Erst mit Franz nahm der französische Hof das vornehme elegante Gepräge an, durch das er in den nächsten Jahrhunderten allen anderen vorleuchtete; erst jetzt wurde der Hof der eigentliche Mittelpunkt der Nation, der Markt und Sammelplatz der Ehre, der Herrlichkeit, aller edlen Güter des Volkes, der Heerd, auf welchem, wie im alten Vestatempel, das heilige Feuer stets glühte. Und damit dieser königliche Hof der gesellschaftlichen Bildung zum Muster und Vorbild diene, dem gehobenen Familienleben und der glanzvollen Haushaltung der höheren Kreise als Stern vorleuchten möge, mußte neben die männlichen Tugenden auch die weibliche Grazie treten, mußte die Kraft und Tapferkeit der Ritter mit den feineren und weicheren Formen der Edelfrauen harmonisch gepaart sein. Franz verlieh dem königlichen Hof den Glanz, die Eleganz, das vornehme Wesen, alle die Künste der Anmuth und gefälligen Erscheinung, durch welche derselbe seitdem als der vollendetste Typus der höheren gesellschaftlichen Bildung, des körperlichen und geistigen Schmuckes anerkannt ward. Noch war die Residenz nicht so dauernd an denselben Ort gebunden, wie in der Folge; aber wo immer der König weilte, allenthalben umgab ihn ein Kreis von vornehmen gebildeten Herren und Damen, zur Unterhaltung und Ergözung nach den Geschäften des Tages. Und wie hätte nicht der ritterliche galante Fürst von hohem Wuchs und kraftvoller Gestalt mit vollem braunen Haupthaar und Bart und frischer gesunder Gesichtsfarbe, bei dem Alles Mannhaftigkeit, Lebenslust und fürstliches Selbstgefühl athmete, die Gunst und Hingebung des jungen Adels und der Frauenwelt gewinnen sollen! Auch liebte er sehr die Gesellschaft geschmückter Damen und bewegte sich gerne in ihrer Mitte „in dem golddurchwirkten Wamms, durch dessen Oeffnungen das feinste Linnen hervorbauschte, dem Ueberwurf mit Stickereien und goldenen Trobbeln". Aber dieses Wohlgefallen an schönen Frauen hatte auch schlimme Wirkungen, es förderte die Buhlerei und Mätressenherrschaft, die sich von der Zeit an wie eine Giftpflanze an den Hof und die vornehmen Gesellschaftskreise anheftete. Es ist bekannt genug, wie sehr François I. der Frauenliebe und den geschlechtlichen Ausschweifungen huldigte. Keine Schönheit war vor seinen Nachstellungen sicher, seine sinnlichen Triebe achteten keine Unschuld, keine Tugend. Kam es doch vor, daß eine Jungfrau, als sie die gierigen Blicke des Königs bei Gelegenheit einer öffentlichen Begrüßung auf sich gerichtet sah, ihr reizendes Angesicht entstellte, um der Verführung zu entgehen. Auch gibt die Literatur des Tages Beweise genug, daß das Beispiel des Hofes und der großen Welt nur allzu bereitwillige Nachahmung fand. Wir wissen ja, wie sehr man in den Humanistenkreisen mit der Bewunderung des klassischen Alterthums auch die Laster und Unsittlichkeiten der antiken Welt in die Gegenwart übertrug! Die Herzogin von Etampes, die vielgefeierte Geliebte des Königs, wie in der Reihe der Damen, die von Agnes Sorel bis zur Marquise de Pompadour auf Hof- und Staatsleben bestimmenden Einfluß übten, eine hervorragende Stelle ein. Neben ihr glänzte schon die berühmte Diana von Poitiers, die dann unter Heinrich II. noch höher in der Macht und Hofgunst steigen sollte.

Franz I. war übrigens nicht blos Haupt der Gesellschaft im Salon, nicht Anfänge des königlichen Absolutismus. blos Kriegsherr im Heer und Lager, er war auch in Wahrheit das Oberhaupt des Staats und seiner Nation. Das absolute Königthum, von mehreren seiner Vorgänger angebahnt, wurde durch ihn um einen bedeutenden Schritt weiter gefördert. Er betrachtete sich als Herrn und Gebieter des gesammten französischen Volks und bewies durch seine Regierungsweise, wie tief er von den Vorstellungen seiner fürstlichen Macht und Autorität durchdrungen war. Die Reichsstände wurden selten einberufen und ihre Mitwirkung in der Regel nur zur Beitreibung von Geldsummen in Anspruch genommen, deren er für seine Kriege, seine Politik, seine Hofhaltung, seine Bauten und Stiftungen in stets wachsender Größe be-

dürftig war. Die ständischen Rechte wurden wenig geachtet; die „guten Städte", von
jeher die treuesten Anhänger des Königthums, wurden nicht nur zu Steuern und
Abgaben fort und fort herangezogen, ihre communalen Freiheiten und ihre Autonomie wurden vielfach durchbrochen und verletzt, die selbständige Verwaltung ihres
Gemeinwesens, ihres Vermögens und öffentlichen Einkommens durch königliche
Vögte und Amtleute beschränkt und controlirt, ihre Bürgerversammlungen überwacht. Um die Staatskasse zu füllen, wurde nicht nur die Taille auf das vier-
und fünffache erhöht, eine Menge Einrichtungen wurden ersonnen, neue Mittel
und Wege ausfindig gemacht, um die öffentlichen Einnahmen zu mehren. Und
damit die königliche Willkür nicht durch lästige Beschränkungen gehemmt würde,
beseitigte man die bisherige Trennung der regelmäßigen Kroneinkünfte und der
außerordentlichen Bezüge, die für bestimmte Fälle und Zwecke in wechselnder
Höhe erhoben wurden, und vereinigte die festen und veränderlichen Einnahmen
in einem gemeinschaftlichen Staatsschatz zur Bestreitung aller Ausgaben des Königs und des Staats. Dabei wurde auch die Geistlichkeit nicht geschont. Nicht
nur, daß Franz die ihm durch das Concordat mit Leo X. (S. 92) gewährten
Rechte bei Besetzung der französischen Bisthümer zu einer ausgiebigen Quelle von
Geldbezügen und Gnadenerweisungen machte; auch die Zehnten, die früher nur
in außerordentlichen Nothfällen eingefordert und mit Genehmigung des Papstes
erhoben worden, gestalteten sich jetzt zu einer regelmäßigen Auflage, welcher sich
der gesammte Klerus fügen mußte. Die Curie wagte keine Einsprache, bald aus
politischen Rücksichten, bald aus Furcht, der König möchte im Verweigerungs-
falle sich den reformatorischen Neuerungen anschließen.

Stellung zu
den reforma-
torischen Be-
wegungen. Dazu zeigte jedoch Franz wenig Hinneigung. Wie sehr er auch die humanistische Bildung begünstigte und hie und da der Verfolgungssucht der Sorbonne
wehren mochte, welche die auf Tod und Güterverlust der Häretiker lautenden Gesetze
mit unerbittlicher Strenge und Consequenz wider alle Gegner der scholostisch-
hierarchischen Satzungen in Anwendung brachte: gegen die kirchlichen Reformen,
wie sie in Deutschland, in England, in Skandinavien ins Leben traten, hegte er
stets einen inneren Widerwillen. Wenn wir erfahren, daß er im Jahre 1534
eine Einladung an Melanchthon ergehen ließ, so geschah dies mehr in dem Wunsch,
die deutschen Fürsten freundlich zu stimmen, als in der Absicht religiöse Neuerungen vorzunehmen. Das erkannte auch der Kurfürst von Sachsen, als er dem
wittenberger Theologen den Urlaub verweigerte. Des Königs autokratischer Sinn
fühlte sich verletzt, daß die Reformationspartei eine Religionsform, zu der er sich
selbst bekannte, als Irrthum und Aberglauben bezeichnete. Und wenn auch Franz
selbst, theils aus Leichtsinn und Gleichgültigkeit, theils aus Liebe für die neue
Bildung, die wenigstens mit der scholastischen Orthodoxie der Sorbonne auf dem
Kriegsfuß lebte, theils aus Motiven der auswärtigen Politik den zelotischen Eifer
der Klerikalen hie und da hemmte und mäßigte, wenn er Louis de Berquin,
einen von reformatorischen Ideen erfüllten Gelehrten, aus dem geistlichen Gefäng-

niß befreite; wenn er aus den Humanistenkreisen, zu denen mehrere angesehene Kirchenmänner gehörten, mit Vorliebe seine Gesandten und Staatsmänner wählte; so darf doch aus allem dem nicht auf Hinneigung oder Sympathie für die evangelischen Regungen geschlossen werden. Die einflußreichsten Personen am Hofe, des Königs Mutter Luise von Savoyen, der Kanzler Düprat, der eigensüchtige servile Diener des Despotismus, der Connetable von Montmorency u. a. haßten die Neuerer von Grund des Herzens und arbeiteten der Sorbonne in die Hände. Berquin mußte den Feuertod erleiden, als er zum zweitenmal wegen Häresie angeklagt wurde. Wohl zeigten sich in den Kreisen der Gelehrten und Gebildeten einzelne Spuren reformatorischer Gesinnung; es ist uns ja bekannt, daß die bedeutendsten Reformatoren der Schweiz, Farel, Biret, Calvin u. a. flüchtige Franzosen waren; und Jacob Lefèvre oder Fabry von Etaples (Faber Stapulensis), ein Freund des mystisch-evangelischen Bischofs Briçonnet von Meaux, hat fast gleichzeitig mit Luther Grundsätze über Glauben und Rechtfertigung aufgestellt, die mit der Lehre von den Gnadenmitteln der Kirche wenig übereinstimmten, und noch im höchsten Greisenalter eine französische Bibelübersetzung unternommen; aber die Zahl derer, die mit ihren Ansichten offen hervorzutreten wagten, war nicht groß; aus den Humanistenkreisen trugen nur Wenige Verlangen nach der Märtyrerkrone. Die eifrigsten Bekenner der evangelischen Lehre, von der man in Frankreich nur sehr unvollkommene Kenntniß erhielt, gehörten dem Handwerkerstande an; und da fiel es denn den Hütern der alten Kirche nicht schwer, alle Lehrmeinungen, die in den geistigen Kämpfen auf die Oberfläche trieben, mochten sie in dem gesunden Boden der Heil. Schrift oder in den Ausschreitungen einer schwärmerischen Phantasie wurzeln, als die gleiche Ausgeburt vermessener Speculationen, als dieselbe Irrlehre und Häresie darzustellen. Die Hierarchie hat ja von jeher die Taktik befolgt, alle von der Kirche Abgefallenen oder dem herrschenden System Widerstrebenden mit gleichem Maßstab zu messen, Alle mit dem Brandmal eines gehässigen Namens zu bezeichnen, in klerikalem Hochmuth absichtlich die Unterschiede zu ignoriren. Es lag dem König und dem Hofe wenig daran, wenn die Eiferer der Sorbonne die Tuchwirker von Meaux, die sich unter dem Schutze oder der Connivenz des Bischofs Briçonnet der evangelischen Lehre zuwandten, als Ketzer und Wiedertäufer denuncirten und ihre Hinrichtung bewirkten, oder wenn eine dienstfertige weltliche Obrigkeit den zelotischen Zionswächtern ihren Arm lieh und eine Anzahl Häretiker, welche Schmähschriften gegen Messe und Substanzverwandlung verbreitet hatten, zum Scheiterhaufen lieferte. Nahm Franz doch selbst Theil an der Prozession, welche zur Sühnung des Frevels gegen das Heil. Sacrament des Altars veranstaltet ward (1535). Wenn dann die deutschen Protestanten darüber Klage führten, konnte man antworten, es seien Schwärmer, Sacramentirer und Wiedertäufer gewesen, die ja auch bei jenen verfolgt würden. Ob Calvins energische Schutzschrift vor seiner „Institution" dem König zu Gesicht gekommen, ist

zweifelhaft; wenigstens ist er in seinem Verhalten gegenüber den von der
Kirche Abgewichenen bis an sein Ende gleich geblieben. Es wurde erwähnt, daß
mit seinem Alter die Strenge zunahm; die mit Blut getränkten Brandstätten unter den Waldensergemeinden der Provence gaben Zeugniß von der Herzenshärte
des Monarchen, der die Stimme seines mit so vielen Sünden und Missethaten
belasteten Gewissens durch die Vernichtung friedlicher Ortschaften und harmloser
Menschen zum Schweigen zu bringen, die inneren Vorwürfe wegen seiner Verbindung mit Türken und Häretikern auf diese Weise zu sühnen vermeinte.   Wie
gerne wäre er dem Kaiser zur Ausrottung der Ketzerei behülflich gewesen, hätte
dieser seinen politischen Plänen und seinen Eroberungswünschen nicht so standhaft widerstrebt!

Politik und Machtstel-
lung.　　Auf dieses Verhältniß zu dem burgundisch-spanischen Herrscher, der das
aufstrebende französische Reich und Königthum mit seiner Uebermacht zu erdrücken
oder in engere Schranken zu bannen suchte, war die ganze Regierung des Königs
Franz bezogen.   Neben der benachbarten Weltmacht seinen Rang zu behaupten,
sich und seinem Volke eine hervorragende politische Stellung in Europa zu erringen, war die Aufgabe seines Lebens.   In seiner Jugend trug er sich mit dem
stolzen Gedanken, die erste Stelle unter den Potentaten gewinnen zu können.
Diesen Preis hat er nicht davongetragen; Mailand und die Kaiserkrone fielen
dem Gegner zu.   Aber in diesem ehrgeizigen Streben war er der Repräsentant
des Volkswillens, daher auch die Nation ihm willig folgte, sich allen Opfern unterzog, keine Einsprache gegen seinen Despotismus, seine unbeschränkte Machtfülle, seine Willkür erhob.   Alle Schäden des Absolutismus, welche in der
Folge sich an den Thron Frankreichs ansetzten, wurden durch François I. eingeleitet und in den Boden gesenkt.   Ein Heer von Söldnern und einheimischen Kriegsknechten, unter adeligen Führern im unbedingten Gehorsam und
Dienst des Königs; ein Beamten- und Richterstand, der seine durch Kauf erworbenen Stellen mehr zum eigenen Vortheil und Standesinteresse als zum Wohle
des Volkes gebrauchte; (denn unter Franz wurde der Mißbrauch des Aemter-
verkaufs in den Parlamenten wie in der Magistratur und Verwaltung immer
häufiger; der geldverschlingende Krieg entschuldigte Alles); ein Klerus, der im
Anschluß an die Krone Schutz suchte gegen die wachsende Opposition der Geister
bald auf religiösem bald auf literarischem Gebiet, der im Kampf gegen den neuerungssüchtigen Zeitgeist und die politisch-kirchliche Reformationspartei zum Fanatismus sich erhitzte und als Werkzeug eines unbeschränkten Willkürregiments
gebrauchen ließ; ein Bürgerstand, der seiner wichtigsten Communalrechte beraubt
mehr und mehr zum steuerpflichtigen Lastträger des Staats herabsank, und eine
Landbevölkerung, von gutshörigen, zu Frohndiensten gezwungenen Bauern ohne
Menschenrechte und Bildung, das waren die Fundamente und Hebel der königlichen Machtfülle unter Franz I. Und so sehen wir denn die französische Nation
im ehrsüchtigen Streben nach äußerem Rang, nach einer hervorragenden Geltung

und Weltstellung auf die abschüssige Bahn des absoluten Königthums gerathen, und aus Ruhmsucht, aus Eitelkeit und nationalem Selbstgefühl sich in Gehorsam und Demuth unter einen Machtherrscher beugen, welcher, um seiner Eigenliebe, seinen Fürstenlaunen, seiner Genußsucht und Sinnlichkeit zu genügen, sich Eingriffe in die heiligsten Rechte des Volkes gestattete, alle Bewohner als seine dienstpflichtigen Unterthanen behandelte, und in den meisten Fällen den Eingebungen seiner Leidenschaften folgte. Aber er war ein König voll Pracht und Herrlichkeit, voll Lebenslust und Lebenskraft und in stolzer Ruhmbegierde und ritterlichem Ehrgefühl der echte Repräsentant des französischen Adels und Volks, die sich daher auch ohne Sträuben an seinen königlichen Triumphwagen fesseln ließen. — Am 31. März 1547 starb Franz I. im Schloß Rambouillet, dreiundfünfzig Jahre alt. Seine Gemahlin Eleonore, des Kaisers Schwester, überlebte den königlichen Eheherrn um elf Jahre.

Der neue König Heinrich II. trat ganz in die Politik des Vaters ein. Kurz nach seiner Thronbesteigung erfocht der Kaiser den glänzenden Sieg bei Mühlberg, der ihn zum Herrn des protestantischen Deutschlands machte. Dem französischen Monarchen war daher der Weg vorgezeichnet, den er ohne Zögern betrat, wie ihn auch Franz I. bei längerem Leben betreten haben würde. Denn so verlangte es die neuerrungene Stellung Frankreichs und die Stimme der Nation. Wir werden die Betheiligung Frankreichs an dem Schmalkaldischen Kriege und seine Haltung gegenüber dem spanisch-burgundischen Herrscherhause in einem andern Zusammenhange kennen lernen; hier soll nur der zwölfjährigen Regierung des zweiten Heinrich in ihrer Beziehung auf die innere Geschichte Frankreichs gedacht werden, da während dieser Zeit der Boden bereitet wurde, auf welchem die blutige Aussaat der bürgerlichen Bewegungen und Religionskämpfe unter seinen Söhnen ihr unheilvolles Wachsthum fand.

Manche Eigenschaften hatte der Sohn mit dem Vater gemein. Auch Heinrich II. war ein hochgewachsener stattlicher Mann, in allen körperlichen Uebungen ausgezeichnet. Im Reiten, im Tanzen, im Ballspiel kam ihm kein anderer an Gewandtheit und Fertigkeit gleich; auf der Jagd, die er leidenschaftlich liebte, war er unermüdlich; im Turnier maß er gern seine Kraft mit den berühmtesten Rittern, und auch im Felde, in der Führung der Waffen war er dem Vater nicht unebenbürtig. Dagegen fehlte ihm die Eleganz des Geistes, der Schmuck des Wissens, der Geschmack an Kunst und Literatur, die man bei Franz I. so sehr bewundert hatte, um derentwillen er von den Jüngern der Musen so sehr gepriesen worden war. Auch war Heinrich träge, ohne klaren und festen Herrscherwillen und wenig befähigt zu den Geschäften seines hohen Berufes, daher in höherem Maße den Einflüssen von Außen zugänglich und abhängig von seiner Umgebung, von Günstlingen und Mätressen. Wir erwähnten schon, daß Diana von Poitiers, eine Edeldame am Hofe des Vaters, obwohl um viele Jahre älter als er selbst, große Gewalt über Heinrich II. besaß. Er

Heinrich II.
1547—1559.

Charakter
und Eigenschaften.

erhob sie zur Herzogin von Valentinois und suchte ihren Umgang um so mehr, als er wenig Neigung zu seiner florentinischen Gemahlin Katharina von Medicis fühlte. Neben der Geliebten besaß der Herzog von Montmorency den größten Einfluß auf den König. Während Franz, eifersüchtig auf seine Autorität und Selbständigkeit, in seinen Gunstbezeigungen häufig wechselte und auch den Connetable bald anzog, bald abstieß, bewahrte Heinrich dem älteren Freunde, der ihm einst auf einem Feldzug in Italien einen Ehrendienst geleistet, stets die Treue und Hingebung.

Kriegs
politik. Dazu trug wesentlich bei, daß Montmorency die Vorliebe des Königs für Krieg und Waffen theilte; denn unter Krieg und Waffen verfloß die ganze Regierungszeit Heinrichs II. Es war der alte Kampf gegen das habsburgischburgundische Haus, der aber unter dem neuen Regiment durch auswärtige Allianzen größere Tragweite erhielt und entschiedenere Resultate herbeiführte. Die Vorgänge auf der britischen Insel, deren wir früher gedachten, gaben Anlaß zu einem engen Bunde mit Schottland und zur Wiedereroberung von Boulogne durch Montmorency, und als unter Maria Tudor England in das spanische Interesse gezogen ward, war Frankreich so glücklich, die Seestadt Calais, die seit Urväterzeiten in den Händen der Engländer gewesen, an sich zu bringen und neu zu bevölkern. Es kam Febr. 1559. der jungfräulichen Königin Elisabeth schwer an, im Frieden von Chateau-Cambresis in die Abtretung zu willigen, aber bei der neuen Gestaltung der politischen Lage von Karls V. Nachfolger Philipp II. verlassen, war sie nicht im Stande, allein den Krieg fortzusetzen. Sie erreichte, daß man ihr die Möglichkeit einer Wiedergewinnung der werthvollen festländischen Besitzung offen ließ; aber diese Möglichkeit wurde nie zur Wirklichkeit. Durch diese Errungenschaften erhielt Frankreich seine natürliche Abgrenzung im Westen durch den Kanal und das atlantische Meer, und die letzten Spuren der alten Niederlagen waren nunmehr ausgelöscht. Gleiche Erfolge hatten die Franzosen im Nordosten des Reiches, wo sie ihre Arme nach Lothringen, bis an die westlichen Abhänge der Vogesen ausstreckten. Wenn sie dafür in dem genannten Frieden auf das Herzogthum Savoyen-Piemont Verzicht leisteten, so hatten sie den Vortheil, daß nunmehr Frankreich nach allen Seiten von festen Grenzen umschlossen war, die einen Angriff von Außen sehr erschwerten, und daß zwischen dem spanischen Italien und Frankreich wieder eine Dynastie hergestellt ward, die wie vor Alters so auch in Zukunft ihren natürlichen Anhalt in der westlichen Großmacht suchen mußte.

Geldnoth
und Be
drückung. Alle diese Vortheile erlangte Frankreich durch die geschickte Kriegspolitik Heinrichs II. und durch die Gunst der Umstände. Aber mit welchen Opfern mußten sie erkauft werden! Waren schon unter Franz I. die Abgaben, Steuern und Auflagen zu einer drückenden Höhe gestiegen, so wurden sie bei den ununterbrochenen Kriegen während dieser Regierung und bei dem ungeordneten Staatshaushalt und der Habsucht der Günstlinge und Beamten fast unerschwinglich. Alle die schlimmen Finanzmaßregeln, zu denen Franz zeitweise hatte schreiten

müssen, wurden unter dem Nachfolger in weit größerem Umfang in Anwendung
gebracht und dennoch endete jedes Jahr mit einem wachsenden Deficit, das dann
hauptsächlich von dem dritten Stande gedeckt werden mußte. Auch gar manchen Herren vom Adel fiel der Kriegsdienst und die mitunter hohe Loskaufsumme bei Kriegsgefangenschaft schwer zur Last und hatte die Verarmung nicht weniger Familien zur
Folge. Nicht minder fühlte die Kirche die schwere Hand der unumschränkten
Regierungsgewalt. Nicht nur daß die Beiträge und sogenannten freiwilligen
Gaben zu den Bedürfnissen der Regierung mit jedem Jahre stiegen; die Günstlinge und Hofleute zogen aus den Pfründen, die ihnen des Königs Gnade zu-
theilte, ihre beträchtlichsten Einkünfte. Mehr als einmal erzeugten die durch ge-
wissenlose Einnehmer und Steuerbeamten verschärften Bedrückungen, erhöhte Salz-
steuer, geringhaltige Münzprägung, außerordenliche Auflagen, Zwangsanleihen,
Strafgelder u. A. Aufregungen, die einst im Süden einen drohenden Aufstand
hervorriefen.

Das wichtigste Ereigniß in der inneren Geschichte Frankreichs unter Hein- Die franzö-
rich II. bildet die zunehmende Vermehrung der reformirten Gemeinden. Wenn vinisten und
gleich schon seit Jahren die neuen Glaubenslehren da und dort in verschiedenen Ausgang.
Kreisen Eingang gefunden hatten, so dauerte es doch lange, ehe ein gemeinschaftliches Band die Gleichgesinnten verknüpfte; gegenseitiges Mißtrauen und der
Mangel eines anerkannten Glaubensbekenntnisses verhinderte die Vereinigung,
bis Calvins Institution der christlichen Religion bekannt wurde und die Gleich-
denkenden einander näher brachte. Hatte bisher der Einzelne im Innern seines
Hauses, in der Mitte seiner Familie, im Kreise einiger Vertrauten das neue
Evangelium unter dem Schleier des Geheimnisses verkündigt, so traten nun mehrere Gesinnungsgenossen zusammen, aus Furcht vor den Spähern und Verfolgern meistens zur Nachtzeit in geschlossenen Räumen, und erbauten sich durch
religiöse Gesänge und das Lesen evangelischer Schriften, die aus dem Auslande
eingebracht wurden. Die französische Bibel von Olivétan, die Psalmen Marots,
Calvins erster Katechismus fanden rasch Verbreitung. Aber Festigkeit, Einheit
und kirchliche Ordnung erhielten diese religiösen Versammlungen erst, nachdem Calvin die reformirte Kirche in Genf begründet hatte. Es wurde schon erwähnt, wie
viele reformatorisch gesinnte Männer fort und fort nach der Lemanstadt, dem
neuen Jerusalem pilgerten, um dort Schutz und Belehrung zu suchen. Auf
Genf waren die Augen der Gläubigen gerichtet, in Genf empfingen sie die Worte
des Lebens, die ihnen Trost und Zuversicht in Leiden und Trübsal gewährten,
auf Genf deutete selbst der Name „Huguenotten“, den ihnen die Gegner beilegten. Die Grenzstadt am See wurde das Haupt und die Pflanzstätte der neuen
Lehre in Frankreich; den Worten des Reformators, die dort in der Peterskirche
erschallten, lauschte man mit begeisterter Andacht; aus seinem Munde schöpfte
die studirende Jugend des südlichen Frankreich die Lehren, die sie dann in der
Heimath als Prediger den Gläubigen verkündeten, allen Verfolgungen, Peinigun-

geu und Strafen Troß bietend. Der Muth und die Standhaftigkeit steigerte
sich zu poetischer Größe. Was half es, daß im Jahre 1552 das scharfe Edikt
von Chateaubriand das Drucken oder Einbringen religiöser Bücher ohne die Censur der Sorbonne untersagte und die Uebertretung mit Verlust des Vermögens
und anderen schweren Strafen bedrohte; daß die klerikalen Zeloten, unterstützt
von einer mächtigen Hofpartei, der Neuerung immer feindseliger entgegentraten,
auf Grund der alten Kirchengeseße immer heftigere Verfolgungen anstrengten;
wer will dem Geiste wehren, der im Herzen wohnt und nach Offenbarung dür-
stet, wer den hingebenden Glaubensmuth einer für die evangelische Wahrheit begeisterten Seele ersticken? Schon im J. 1555 bildete sich in Paris eine reformirte Gemeinde nach dem Muster der Genfer Mutterkirche, die zwei Jahre lang
den Späherblicken der Sorbonne und des Parlaments zu entgehen wußte, und
so empfänglich zeigten sich die Städte Frankreichs für die neue Botschaft des
Heils und die apostolische Kirchenform, daß nach Beza's Angabe im J. 1562
bereits zweitausend einhundert und fünfzig reformirte Gemeinden den Gottesdienst,
die kirchlichen Gebräuche und die Sittenzucht nach den Vorschriften Calvin's eingeführt hatten, unter der Leitung von Geistlichen, die zu den Füßen der Genfer
Reformatoren gesessen. Die meisten Bekenner zählte die reformirte Kirche bei
dem Bürgerstand; die vornehmen Kreise verhielten sich lange gleichgültig gegen
die neue Lehre, die der persönlichen Freiheit und dem sittlichen Wandel so große
Opfer und Entsagung zumuthete, und die bäuerliche Bevölkerung auf dem Lande,
in deren dumpfes Geistesleben kein Strahl eines höheren Wissens drang, folgte
vertrauensvoll den Eingebungen der Priester und Mönche. In den städtischen
Kreisen hatte der Calvinismus seine Stüße und seinen Halt; dem ehrsamen in
geordneter Häuslichkeit sich bewegenden Bürger- und Gewerbstande war das Lesen der Bibel und Andachtsbücher eine Erholung für die Arbeit der Woche, eine
Erhebung aus der engen Geistesatmosphäre der Alltäglichkeit, während der höher
Gebildete diese Lectüre gering achtete und der Bauer nicht lesen konnte. Es war
zunächst die politische Parteistellung, welche gegen das Ende der Regierung Heinrichs II. auch aus den höheren Lebenskreisen der reformirten Kirche Bekenner zuführte. Wir werden die Parteibildung in dem hohen Adel, in der Umgebung
des Hofes an einem andern Orte kennen lernen; denn mit ihr beginnt eine neue
Periode der französischen Geschichte, die König Heinrich II. nicht mehr erlebte.

3. April 1559. Wenige Manate nach dem erwähnten Friedensschluß von Chateau-Cambresis, in
welchem die Könige von Frankreich und Spanien die Verabredungen ihrer Väter
zur Ausrottung aller Häresie insgeheim wiederholt zu haben scheinen, starb der
zweite Heinrich an den Folgen einer Verwundung, die er durch die zersplitterte
Lanze des Grafen von Montgomery bei Gelegenheit eines Turniers über dem
rechten Auge empfing. Die großen Hoffeste, die der König zur Feier der Vermählung seiner Tochter Elisabeth mit Philipp II. von Spanien und seiner
Schwester Margaretha mit Emanuel Philibert von Savoyen veranstaltete, sollten

mit einem glänzenden Waffenspiel, woran der König so großes Wohlgefallen fand, geschlossen werden; da ereilte ihn der Tod in einem Alter von vierzig Jahren. 10. Juli 1559. Zwei Monate zuvor war auf einer allgemeinen Synode der Reformirten in Paris die Kirchenordnung auf Grund der Genfer festgesetzt worden, mit einem Consistorium und Aeltestenrath, mit Diaconen zur Armen- und Krankenpflege und mit zwiefachen Synoden zu gesetzlichen Entscheidungen in allen den Glauben, den Cultus und die christliche Sitte betreffenden Angelegenheiten, ein Symbol der Eintracht und der Stärke für die bevorstehenden Kämpfe.   Ein gleichzeitiger Versuch der Häupter der Altkirchlichen, insbesondere des Cardinals von Lothringen aus dem herzoglichen Hause von Guise, durch Einführung der Inquisition die Widerstandskraft der römischen Kirche gegenüber der Neuerung zu erhöhen, ihre Einheit und die hierarchischen Ordnungen durch den Terrorismus eines Glaubenstribunals gegen jede Gefährdung sicher zu stellen, scheiterte an der Opposition der Parlamentsräthe, die von einer solchen Institution eine Verminderung ihrer eigenen juridischen Autorität befürchteten.   Wie das deutsche Reichskammergericht war auch der Pariser Parlamentshof ein Wächter des kanonischen Rechts und der kirchlichen Jurisdiction, aber er wehrte sich eifersüchtig gegen jede Einrichtung, die mit seinen eigenen Gerechtsamen in Rivalität treten könnte.   Und auch noch eine andere Anschauung und Geistesrichtung trat in den richterlichen Kreisen zu Tage, die bereits die künftigen Stürme ahnen ließ. Bei den Berathungen über das fernere Verfahren gegen die neuen Religionsgenossen, denen der König einige Wochen vor seinem Tode selbst beiwohnte, erhoben sich unter den Parlamentsräthen mehrere namhafte Stimmen gegen die Anwendung der alten Ketzergesetze auf die Calvinisten.   So lange nicht durch ein Concil ein endgültiges Urtheil gefällt sei, wurde geäußert, könne man ihre aus der Bibel geschöpfte Lehre nicht zum Voraus als Häresie verdammen.   Wenn man den neuen Predigern zum Vorwurf mache, daß sie Religionsspaltungen hervorriefen, so entstehe zunächst die Frage, wer die Veranlassung dazu gegeben.   Es sei bekannt genug, daß in der römisch-katholischen Kirche eine Menge von Mißbräuchen herrschten; man könne also sagen, wie einst Elias zu Ahab: „Du bist es, der Israel verwirrt."   Solle man fortfahren, Leute zu verdammen, die noch auf dem Scheiterhaufen den Namen Christi anriefen, während in der herrschenden Kirche die Laster und Mißstände geduldet und geschützt würden?   Der König gerieth in den heftigsten Zorn, er glaubte in der Erwähnung Ahabs eine Beziehung auf sich selbst zu erkennen.   Daher gab er Befehl, die zwei Hauptredner dieser Partei, Dufaur und Anna Dubourg, sofort nach der Bastille zu bringen, und verließ die Versammlung mit drohenden Worten.   Es waren die ersten Anzeichen einer kirchlichen Opposition in den höheren Gesellschaftskreisen des Richter- und Beamtenstandes, eines Versuches, der grausamen Verfolgungssucht klerikaler Fanatiker durch die Forderung der eigenen Besserung, der Reform eingewurzelter Mißbräuche im eigenen Hause zu begegnen.   War es doch kein Geheimniß, daß mächtige Leute vom Hofe, wie Saint André, Montmorency und die königliche Mätresse selbst die Ketzerverfolgungen darum so eifrig betrieben und befürworteten, um sich mit den confiscirten Gütern der Verurtheilten zu bereichern!

Reformirte Gemeinden in Frankreich Aus Beza's Geschichte der reformirten Kirche in Frankreich lernen wir die Orte kennen, wo unter der Regierung Heinrichs calvinische Gemeinden nach dem Vorbild von Genf organisirt worden waren. In der Umgegend von Paris bestanden solche kirchlichen Gemeinden in Meaux, Senlis, Chartres, Nemours; St. Germain en Laye hieß das kleine Genf. — In der Picardie zu Amiens und Abbeville. — In der Normandie, sagt Beza, hatte jede gute Stadt und jeder Flecken eine Kirche nach dem Muster der von Rouen, und führt bei Gelegenheit des ersten Religionskrieges vierzehn namentlich an. — In Bretagne ließ Dandelot, Bruder des Admirals von Coligni, durch einen Prediger, der ihn auf einer Reise begleitete, die Lehre Calvins vortragen, wodurch er sich die Ungnade des Königs zuzog; doch fand in dieser abgeschlossenen Provinz das neue Evangelium nur in Nantes und Rennes Bekenner. Dagegen hatten die meisten Städte von Maine, Touraine, Anjou calvinische Gemeinden, besonders die an der Loire, wie Blois, Amboise, Tours, Bourgeuil, Angers; Lemans war die Mutter von mehreren andern in der Nachbarschaft. Noch mehr Bekenner fand die neue Lehre in Poitiers, das die Stifterin von einigen anderen Kirchen wurde, und in Saintonge, Aunis und Angoumois hatte die protestantische Partei das Uebergewicht. Die reiche und blühende Handelsstadt La Rochelle, deren Municipalrechte sie fast zu einer Freistadt erhoben, war der calvinischen Lehre gänzlich zugethan, Rochefort, Saintes, St. Jean d'Angely, Angouleme und viele andere waren auf gleiche Weise dem Protestantismus ergeben. Am größten aber war der Fortgang der Reformation in Guyenne und Langued'oc und überhaupt in dem mittäglichen Theile von Frankreich, wo durch Handel und Verkehr Städte blühten, die größerer Freiheit, größeren Wohlstandes und größerer Bildung sich erfreuten, als diejenigen des nördlichen Frankreichs; sie ordneten selbständig ihre städtischen Verfassungen und waren durch regelmäßige Provinzialstände vertreten; ein republicanischer Geist und Sinn für ein unabhängiges, eigen geschaffenes Familienleben war hier vorherrschend. Dieser Theil war später, als die anderen, der französischen Monarchie einverleibt worden, die Könige besuchten ihn selten, und die alte Scheidung der Provenzalen und des Volks der Langued'oc von ihren nördlichen weniger gebildeten Brüdern war noch in Sitten und Gewohnheiten, in Sprache und Gesetzgebung bemerkbar. Hier, wo schon in alten Tagen die Grundsätze der Albigenser ihren Sitz hatten, mit deren Vertilgung auch die Blüthe des Landes auf lange Zeit verschwunden war, hier ergriff man die neue Lehre mit enthusiastischer Liebe und suchte sie eben so unabhängig als Eigenthum zu schützen, wie man die bürgerlichen Einrichtungen zu erhalten gewußt hatte, mit denen jene so sehr harmonirte. Dazu kam noch, daß in Guyenne der König von Navarra als Statthalter stand, der anfangs selbst der calvinischen Lehre huldigte, und dessen Gemahlin, Johanna von Albret, Margaretha's Tochter, fortwährend die mütterlichen Ansichten bewahrte. Sie ließ Beza nach Nerac kommen, berief Biret nach Orthez, wo er 1571 starb, und versah die meisten evangelischen Gemeinden dieser Gegend mit Predigern, die in Genf gebildet worden. Die fruchtbarste derselben war Montauban, von einem Zöglinge der Genfer Schule, Caspar de Lafaverge gegründet, der Hauptsitz des Protestantismus im Süden und nach Beza die Stifterin von fünfzehn andern; zahlreiche Protestanten waren ferner in Mermande, Agen, Villeneuve, Cahors, Villefranche und vielen kleineren Orten; auch Perigueux dürfen wir hierher rechnen und Bordeaux nebst der Umgegend. In Langued'oc und den Sevennen sind besonders zu merken: Castres, Carcassonne, das reiche Limoux, Beziers, Montpellier, wo Biret eine Zeitlang lehrte, so wie Nimes, dann Milhaud und viele andere, selbst Toulouse zählte eine große Anzahl Bekenner. In der Provence befanden sich schon im Jahre 1560 sechzig reformirte Gemeinden, wozu man wahrscheinlich die Waldenser rechnen muß, die seit Jahrhunderten die Thäler dieser Gegend bewohnten, es werden namentlich erwähnt: Aix, Brignolles, Barjols, Sisteron und die bischöfliche Stadt Orange, die als unabhängige Herrschaft dem Hause Nassau gehörte. In der Dauphiné zählten die Städte Grenoble, Valence, Montelimart und Lyon viele Calvinisten, und letzteres hatte neben Peter Biret, der eine Zeitlang hier lebte, noch fünf Prediger; auch Gap, der Geburtsort Farels, hatte eine reformirte Gemeinde, die dieser gründete, als er schon Pfarrer in Welsch-Neuenburg war. — In Burgund machte die Reformation weniger Fortschritte, weil der Herzog von Aumale, aus dem Hause Guise, gewaltsam die Neuerungen zurückhielt, doch zählte Dijon über zweitausend Protestanten, und in Chalons, Macon und Autun befanden sich reformirte Gemeinden. In Champagne war der Fortgang des Calvinismus sehr verschieden, indem auf der einen Seite der Statthalter der Provinz, der Herzog von Nevers, ein Neffe des Prinzen von Condé, und der Bischof von Chalons denselben begünstigten, auf der andern Seite die Guisen, welche große Besitzungen in der Champagne hatten, den katholischen Glauben fest zu halten suchten. Protestantische Gemeinden befanden sich zu Troyes, Auxerre, Sens, Rheims u. a. O. Lothringen war das Erbland der Guisen, daher sich hier nur wenige Spuren der Reformation zeigten, doch wußten die Protestanten von Metz ihre Kirche, eine Stiftung Farels, gegen innere und äußere Feinde lange zu bewahren. Dagegen waren in allen Städten längs der Allier und Loire zahlreiche Calvinisten, zu Moulins, Nevers, La Charité, Sancerre, Cosne, Gien und vor allen in Orléans, von wo aus drei Prediger in der ganzen Umgegend die neue Lehre verkündigten. Dasselbe fand in Berry statt, zu Bourges, schon seit Franz I. Zeit, zu Issodun, Romorantin und Selles.

2. Cultur und Literatur in Frankreich.

Literatur. Zu den IX, 307 angeführten Werken ist beizufügen: Oeuvres de Rabelais accompagnées d'un commentaire nouveau par Burgaud des Marets et Rathery. Paris 1870. (noch unvollendet) und das gründliche Werk von Gottl. Regis: Meister Franz Rabelais, Gargantua und Pantagruel aus dem Französischen verdeutscht. Leipz. 1832 — 41. 3 Bde. Dr. Fr. A. Arnstaedt, Franç. Rab. und sein traité d'éducation cet. Leipz. 1873. G. Weber: der Uebergangsprozeß zweier Weltalter und François Rabelais (Historisches Taschenbuch, herausg. von W. H. Riehl. V. 3. Leipz. 1873).

a. Alterthumsstudien.

Es ist schon früher erwähnt worden (IX, 903), daß auch in Frankreich der *Die Renaissance in Frankreich.* Humanismus geschickte und eifrige Bekenner zählte. Und wie sollte nicht bei dem regen Verkehr der französischen und italienischen Völker an der Scheide des Jahrhunderts das Interesse für antike Literatur und Kunst, für die Weisheit und den Schönheitssinn des griechischen und römischen Alterthums über die Alpen gedrungen sein! Haben doch drei Könige ihre Lebenskraft für die Eroberung der schönen Halbinsel eingesetzt, die ihnen schließlich doch nicht zu Theil geworden ist.

Es ist begreiflich, wie sehr das Culturleben Italiens die Augen und Herzen der
begabten, empfänglichen Nation fesseln und entflammen mußte!   Der uns be-
† 1510 kannte Cardinal Georg von Amboise hat seinen großen Einfluß bei Ludwig XII.
zur Belebung der Künste und Wissenschaften benutzt, ein Streben, das sein Monarch mit ihm theilte und dessen Nachfolger in noch höherem Grade cultivirte.
Schon unter Ludwig XII. bemerkte man an dem reicheren Baustil der Paläste
und Rathhäuser den Einfluß der Renaissance, die durch eingewanderte oder be-
rufene Italiener wie Fra-Giocondo von Verona, wie die beiden Giusti, wahrscheinlich von Florenz u. a. in Frankreich begründet wurde; das erzbischöfliche
Schloß und der Justizpalast in Rouen, das Hôtel de Cluny in Paris, so viele
stattliche Gebäude in Tours, Orleans, Blois und andern Städten geben noch
jetzt Zeugniß von dem Kunstsinn wie von dem Reichthum Frankreichs unter Ludwig XII. und seinem Minister.   Während der auswärtigen Kriege, die gar
manche kostbare Beute brachten, hatte Frankreich Zeit, durch die Fruchtbarkeit
seines Landes, durch Handel und Gewerbthätigkeit zu großem Wohlstand sich emporzuarbeiten und den Künsten des Friedens und den geistigen und ästhetischen
Genüssen sich ohne Rückhalt hinzugeben.   So war der Boden schon bestellt, als
Franz I. durch seine Liebe für Kunst und Alterthum neue Fruchtkörner ausstreute.
An der apenninischen Halbinsel, wo er die ersten Lorbeern durch die Schlacht von
Marignano errang, hat sein Herz stets gehangen; es scheint, daß die späteren
Unfälle, die ihn dort betroffen, ihm dieselbe nur noch theurer machten.   Und da
er das Land selbst nicht besitzen konnte, so wünschte er die hohen geistigen Güter,
die er darin so sehr liebte und bewunderte, seinem schönen Frankreich zu erwerben.   Wir wissen, daß der edle Meister Leonardo da Vinci auf dem Schlosse
Clous bei Amboise in des Königs Armen verschied; daß der leichtsinnige talentvolle Benvenuto Cellini manche Jahre in Frankreich verlebte.   Auch Andrea del
Sarto hatte einige Zeit daselbst verweilt.   Und daß ihre Einwirkung nicht vorübergehend war, bewies die französische Künstlergruppe, die den Hof des Königs
Jean Cousin Franz und seines Sohnes Heinrich II. schmückte und in welcher Jean Cousin
zw. 1540 bis
1589. eben so ausgezeichnet als Bildhauer wie als Maler in Oel und auf Glas, hervorragte.   Sein großes Bild „das jüngste Gericht" wies ihm seine Stelle unter
den ersten Historienmalern Frankreichs an.   Nach den Plänen des Italieners
Serlio und seiner Schüler Philibert de Lorme u. a. wurde das prachtvolle königliche Jagdschloß in Fontainebleau aufgeführt und ausgeschmückt, wurden die
Schlösser von Vincennes, Chambord, St. Germain en Laye und Verneuil erbaut
oder hergestellt.   Gleiches Interesse widmete Franz der Poesie und der Alterthumskunde in allen ihren Verzweigungen.   Der Dichter Luigi Alamanni, der
wie so viele andere patriotische Italiener aus Furcht vor der spanischen Zwingherrschaft, die apenninische Halbinsel verließ, um in Frankreich eine neue Heimath
zu suchen, lebte hochgeehrt am Hofe von Paris.   Denn noch mehr als seine Vorgänger liebte Franz, im Liede als Held und Ritter gefeiert zu werden.   Und wie

sehr er den klassischen Studien zugethan war, ging aus der Gunst hervor, die er den Trägern des Humanismus zuwandte. Es macht einen wunderbaren Eindruck, wenn wir lesen, daß derselbe König, der mit so despotischem Schritt über dem Nacken seines Volkes hinwandelte, der in der Provence die Brandfackel der Religionswuth über friedliche Ortschaften schwang, in dem Amphitheater zu Nimes niederkniete, um alte Inschriften zu entziffern und aufzuschreiben. Damals war die Alterthumswissenschaft und Philologie, die von Italien aus ihren Triumphzug durch Europa hielt, die Lieblingsbeschäftigung der vornehmen Stände.

Wir haben die geistige Aristokratie der Humanisten, als deren Haupt Erasmus angesehen werden kann, die in allen Ländern ihre Verbündeten und Gesinnungsgenossen zählte und eine Art von gelehrtem Orden bildete, bei verschiedenen Gelegenheiten kennen gelernt. Alle Seiten, die wir bei den italienischen, deutschen und englischen Humanistenkreisen vorgeführt haben, bieten auch die Freunde der wissenschaftlichen Wiedergeburt in Frankreich dar. Wir werden ihre Stellung und Haltung gegenüber der Kirche, dem Staat, der Gesellschaft im Leben Rabelais' am besten kennen lernen; denn der witzige und gelehrte Autor des Gargantua und Pantagruel verkehrte stets in ihren Kreisen und erfreute sich der Gunst ihrer Häupter. Mehrere von ihnen, wie die drei Brüder Du Bellay, wie Wilhelm Budé (Budäus), wie Peter Duchatel, wie der königliche Leibarzt Wilhelm Cop u. a. bewegten sich in den angesehensten Lebensstellungen und ihr Einfluß war mächtig genug, den empfänglichen, wißbegierigen König für Wissenschaft und geistiges Leben zu gewinnen. Johannes Lascaris, aus der für Verbreitung der griechischen Sprache im Abendland so thätigen byzantinischen Familie (IX, 889) lebte längere Zeit in Frankreich, von Franz I. zu Gesandtschaften benutzt und als gefeierter Hellenist und Lehrer wirkend; Hieronymus Aleander aus Istrien wirkte eine Zeitlang als Rector der Pariser Universität, ehe er seine bekannte Rolle als päpstlicher Botschafter in Deutschland übernahm.

Jul. Cäsar Scaliger von Verona, einer der vielseitigsten Gelehrten in den Schriften der Alten, deren naturwissenschaftliche Werke er den Zeitgenossen erschloß, verbrachte einen großen Theil seines Lebens in Agen und anderwärts, und sein Sohn Joseph Justus, der Begründer eines wissenschaftlichen Systems der Chronologie und einer Poetik nach den Mustern und Beispielen der Alten, war in Frankreich geboren. Von ihnen angeregt und unterrichtet, widmeten sich viele Eingeborne den griechischen Studien: man edirte, übersetzte und erklärte griechische und römische Schriftsteller, man verfaßte Grammatiken und Wörterbücher, man studirte Hebräisch, man machte lateinische Gedichte nach Horazischen Vorbildern, man suchte auf jede Weise das Alterthum dem allgemeinen Verständniß näher zu bringen. Die Familie Stephanus (Etienne) erwarb sich einen berühmten Namen durch geschätzte Druckwerke. Als Robert Stephanus, der Sohn des Henricus, ein ausgezeichneter Sprachgelehrter (Thesaurus linguae

Französische
Humanisten
und Sprach-
gelehrte.

Julius
Scaliger
1484—1558.
Joseph
Justus Sca-
liger
1540—1609.

Rob. Ste-
phanus
1503—1559

latinae) wegen Herausgabe der Bibel in den Urtexten von der Sorbonne verfolgt wurde, nahm ihn der König in Schutz und förderte ihn durch Unterstützungen bei seinen Arbeiten. Erst nach dessen Tod mußte er sich neuen Anfechtungen durch die Flucht entziehen. Er verlegte seine Werkstätte nach Genf, wo er, zur calvinischen Religion übertretend, in Verbindung mit seinem Schwager Badius und seinem Sohne Henricus seine linguistische und typographische Thätigkeit fortsetzte.

Henricus Stephanus 1528—1598. Der Sohn übertraf den Vater noch an allseitiger Gelehrsamkeit. Sein griechisches Wörterbuch (Thesaurus linguae Graecae) kann als die Schatzkammer für diese Sprache angesehen werden, in welcher die gesammte damals gewonnene Kenntniß vereinigt und den folgenden Geschlechtern überliefert ward. Unter der Leitung solcher Lehrer und ihrer Schüler nahm die Sprach- und Alterthumskunde in Frankreich einen mächtigen Aufschwung. Die vier Brüder du Bellay, wovon zwei die bischöfliche Würde erlangten, zwei andere als Kriegsmänner und Geschichtschreiber sich hervorthaten, förderten die humanistischen Studien mit edlem Wetteifer, schützten die Gesinnungsgenossen durch ihren Einfluß gegen die Anfeindungen der Scholastiker und hielten bei König und Hof die geistigen Interessen lebendig. Der jüngste, Johann du Bellay, von Franz I. in Staatsgeschäften und bei Gesandtschaften öfters verwendet, erwarb sich den Cardinalsrang. Denn in der ersten Hälfte des sechzehnten Jahrhunderts diente humanistische Bildung auch in Rom zur Empfehlung. Den andern, Joachim du Bellay, Erzbischof von Bordeux, werden wir als Dichter kennen lernen. Wilhelm Budé, den selbst Erasmus wegen seiner alle Wissenschaften umfassenden Gelehrsamkeit bewunderte, erhielt von Franz ein Staatsamt und die Stelle eines königlichen Bibliothekars. Budäus war es auch, der dem König den Gedanken eingab, durch Gründung einer großartigen Lehranstalt für die drei Sprachen des Alterthums, der „menschlicheren Wissenschaft" (Humaniora) eine Freistätte zu bereiten gegenüber der scholastischen „Gottesgelahrtheit" der Sorbonne. Durch kein Werk hat Franz I. so sehr bei Mit- und Nachwelt seinen Namen verherrlicht, als durch die Gründung und Ausstattung des „königlichen Collegium", bei dessen Einrichtung Erasmus zu Rathe gezogen ward, für welches man bedeutende Lehrkräfte in Frankreich und vom Auslande zu gewinnen **Ramus 1515—1572.** bemüht war. Aus diesem Collegium, in welchem der Hellenist Danes wirkte, ging der gelehrte Humanist und Philosoph Peter Ramus (La Ramée) hervor, der im Gegensatz zu der von ihm heftig bekämpften aristotelisch-scholastischen Lehre eine Reform der Studien nach der Natur und nach den echten Werken des Alterthums anstrebte und nach einem wechselvollen Leben als Calvinist in der Bartholomäusnacht seinen Tod fand, von einem Feind den Mördern verrathen. Wie die Mediceer wendete auch Franz große Geldsummen zum Ankauf wichtiger Handschriften auf, wobei ihm Wilhelm Pellicier, Gesandter in Venedig, erfolgreiche Dienste leistete. Durch diese vom Hofe unterstützten Bestrebungen gelangte

der Humanismus in Frankreich zu einer Blüthe, die kaum in Italien glänzender
dastand; Frankreich wurde gleichsam der Erbe dieser Renaissance der Wissenschaften, da sie um diese Zeit in ihrer italienischen Heimath bereits in Abnahme
gekommen. Italiener, Deutsche, Niederländer nahmen Theil an dieser Blüthe;
die humanistischen Studien waren ja Gemeingut aller Nationen, trugen ja einen
kosmopolitischen Charakter. War denn nicht ihr Haupt und Führer Erasmus
in allen Ländern Europa's zu Hause und eben so bekannt und heimisch in Paris
als in London, in Rotterdam, in Basel, in den Städten Italiens? Der namhafte Philosoph, Mediciner und Satiriker Corn. H. Agrippa von Nettesheim ^Agrippa 1486—1535.
war in Döle, Metz, Lyon, Grenoble ein ebenso gefürchteter und verfolgter Gegner der scholastischen Lehrmeinungen, als in Köln. Ein Wander- und Abenteurerleben war jenen aufstrebenden Talenten zum Bedürfniß, zur andern
Natur geworden. Der große Rechtsgelehrte Andr. Alciati (aus Alzate bei ^Alciati 1492—1550.
Mailand) lebte und lehrte abwechselnd in Pavia und Avignon, in Bologna und
Bourges. In letzter Stadt folgte ihm einige Jahrzehnte später ein noch größerer
Jurist auf dem Lehrstuhl des römischen Rechts nach, Jacques de Cujas oder Cu- ^Cujacius 1522—1590.
jacius, dem wir an einer andern Stelle noch begegnen werden. Ein Schüler
von Cujacius und Freund von Scaliger war der Staatsmann und Parlaments-
rath Jacq. Aug. de Thou, gewöhnlich Thuanus genannt, welcher die „Ge- ^Thuanus 1553—1617.
schichte seiner Zeit" im Geiste und in der rhetorischen Breite des Livius mit
Wahrhaftigkeit und Freimuth beschrieben hat. Das damalige Frankreich kannte
noch nicht die Centralisation, die alles geistige, wissenschaftliche und literarische
Leben in die Hauptstadt bannt; in dem Frankreich der Renaissance übten die
Provinzstädte noch einen bedeutenden Einfluß im Reiche des Wissens und Kön-
nens, und wie mancher Ort, der heut zu Tage von den Musen verlassen erscheint,
faßte in jener Zeit weithinstrahlende Talente in seinen Mauern.

        Das Interesse für das griechische und römische Alterthum dauerte selbst in den
trüben Zeiten der Religionskriege fort. Der Hof, wo Katharina von Medicis mehrere
Jahrzehnte lang den größten Einfluß auf Staat und Leben, blieb den Neigungen
getreu, die von den florentinischen und französischen Vorfahren auf die Nachkommen
vererbt worden. Während der Regierung Karls IX. und Heinrichs III. legte Jacob
Amyot, der Sohn geringer Eltern, der unter dem Druck der Armuth und höchster ^Amyot 1513—1593.
Entbehrung sich der klassischen Philologie gewidmet und gründliche Kenntnisse in der griechischen Sprache erworben hatte, Hand an die Uebersetzung des Plutarch und schuf ein
Meisterwerk, das über ein Jahrhundert als Muster reiner kräftiger Prosasprache galt
und wesentlich die Popularität begründete, deren sich der griechische Historiker und Philosoph der römischen Kaiserzeit fortwährend in Frankreich zu erfreuen hatte, von den
Tagen Heinrichs IV. bis auf Napoleon. Der Amyot'sche Plutarch erhielt für die französische Sprachbildung fast dieselbe Bedeutung wie die lutherische Bibel für die Deutsche.
Er schuf mit den französischen Werken Calvins, die wir an einem andern Orte kennen gelernt haben, das Muster einer kräftigen Prosa; beider Schriften behaupteten
lange hin eine gesetzgeberische Autorität. Von Heinrich II. als Lehrer der königlichen
Söhne angestellt, erhielt Amyot von seinen Zöglingen in der Folge manche Gunsterwei-

.44*

jungen, so daß er als Bischof von Augerre mit Hinterlassung eines großen Vermögens starb.

b. Clement Marot und seine Zeitgenossen.

Neue Richtung.
Das Eindringen der antiken und italienischen Wissenschaft und Kunst in das größere benachbarte Königreich konnte nicht verfehlen, der französischen Literatur und Poesie einen andern Charakter aufzudrücken, als wir ihn in den früheren Blättern kennen gelernt haben (IX, 325 ff.). Wenn ehedem Frankreich in der Dichtkunst wie in allen gesellschaftlichen Lebensformen den Ton angegeben, Muster und Vorbilder aufgestellt hatte, so mußte es im sechzehnten Jahrhundert die Führerschaft an die antike Welt und an Italien abgeben. Während unter Karl VIII. und Ludwig XII. in der königlichen Umgebung und bei der Aristokratie noch das Ritterleben mit seinem festlichen Glanze, seinen Schaustücken und seiner erotischen Lyrik fortbestand, unter Franz I. die mittelalterlichen Hofsitten mit den Formen der Renaissance sich zu neuen Gestaltungen vermischten; verschwand in der Literatur die Ritterpoesie, die minneselige Romantik, die einst ihren siegreichen Gang durch die europäischen Culturländer genommen, mehr und mehr und machte einem Realismus Platz, wie er schon bei Franz Villon (IX. 329 f.) hervorgetreten war und wie er im Charakter der Zeit lag. Die Amadisromane (IX, 346 f.), die ihren Weg aus der spanischen Halbinsel auch nach Frankreich fanden, vermochten die Phantasie des Volkes nicht in dem Maße zu fesseln, wie einst die Artusromane, wenn sie gleich noch öfters gedruckt und in einzelnen Kreisen gelesen wurden. Wenn König Franz I. selbst in den poetischen Anwandlungen, die er von Zeit zu Zeit hatte, noch in der alten höfischen Rittermanier sich erging, zum Preise der Agnes Sorel oder der Laura Petrarks ein Minnelied dichtete oder nach Art seines Ahnherrn (IX, 328) während der Madrider Gefangenschaft in elegischen Tönen seine Sehnsucht nach dem schönen Frankreich und seinen Freuden aussprach; so war dagegen seine talentvolle Margarethe von Valois 1492—1549. Schwester Margaretha von Valois ganz ein Kind ihrer Zeit, die Verkünderin der Ideen und Richtungen, die damals des Menschen Herz erregten und in Bewegung setzten. Zuerst an den Herzog von Alençon, dann nach dessen Tod an Heinrich von Albret vermählt (IX, 846), war sie die Beschützerin der freisinnigen humanistischen Männer, welche mit der antiken Literatur frische und freie Lebensansichten verbreiteten. Selbst die reformatorischen Glaubenslehren blieben ihr nicht fremd; sie unterhielt mit Briçonnet von Meaux einen mystischen Briefwechsel und erging sich in ihrer religiösen Poesie über die Rechtfertigung und das Verhältniß der in den Verführungen der Welt irrenden Creatur zu dem göttlichen Wesen; und wenn sie auch selbst aus dem Leben schied, ehe die religiöse Trennung in Frankreich in Gemeindebildungen äußerlich hervorgetreten war, so bewirkte doch ihre Tochter Johanna, die Gönnerin Beza's, daß

die Ansichten der Reformatoren unter ihrem Schutze und ihrer Begünstigung in das alte Baskenland an den Pyrenäen vordrangen.   Margaretha wird von den Zeitgenossen als eine gelehrte, von tiefem Wissensdrang erfüllte Dame geschildert, welche griechisch und lateinisch verstanden habe und selbst des Hebräischen nicht unkundig gewesen sei. Auf ihren königlichen Bruder, dem sie in Madrid tröstend und erheiternd zur Seite stand, übte sie großen Einfluß; die Liebe zur Wissenschaft war das gemeinsame Band, das ihre Seelen innig verknüpfte.   Die zahlreichen Briefe, die sich erhalten haben, sind ein schönes Zeugniß des zarten herzlichen Verhältnisses, das sie mit dem um einige Jahre jüngern Bruder unterhielt. Es ist begreiflich, daß die Dichter und Schriftsteller jener Tage nicht verfehlten, die Fürstin mit Schmeicheleien zu überschütten, sie mit Anspielung auf ihren Namen als Perle und Frühlingsblume zu feiern.

Margaretha's Schriften sind der Spiegel ihrer Gedankenkreise und geistigen Interessen, die einerseits in den religiösen Zeitfragen anderseits in der italienischen Literatur wurzelten. Wenn wir erfahren, daß ihr Lehrgedicht „Spiegel der sündigen Seele" von der Sorbonne verdammt wurde, daß in ihren lyrischen Gedichten zu viel Theologie vorherrschte, daß sie „Gebete" in Versen gemacht, und ein geistliches Lehrgedicht „der Triumph des Lammes" verfaßt, so erkennen wir darin die Richtung, die in der Folge bei ihrer Tochter und ihrem Enkel schärfer und entschiedener hervortrat. Auch daß Wilhelm Petit, Humanist und Beichtvater des Königs, vor dem geistlichen Gerichtshof ihre Vertheidigung führte, bezeichnet den Charakter ihrer geistlichen Poesien, die übrigens für die Nachgebornen wenig Anziehendes hatten und darum der Vergessenheit anheimfielen. Desto dauernder war der literarische Ruhm, den sie sich durch ihre Sammlung von Novellen oder Liebesgeschichten „Heptameron" genannt, erworben hat. Schon der Titel weist auf den „Decameron" des Boccaccio hin und es ist nicht zu verkennen, daß der fürstlichen Dichterin das geniale Buch ebenso vor Augen geschwebt, wie dem Verfasser der „Canterburgischen Geschichten". Aber bei beiden erstreckt sich die Aehnlichkeit nur auf die äußere Oeconomie, auf die Anlage und das einrahmende Gehäuse der Erzählungen durch Aufstellung einer bestimmten Veranlassung und einer ordnenden und zusammenhaltenden Persönlichkeit, bei Margaretha Dame Oysille genannt. Dem Inhalte nach sind die „Erzählungen der Königin von Navarra" selbständig und original; sie stammen aus denselben Quellen, aus denen auch Boccaccio und Chaucer geschöpft haben und die zum großen Theil französisches oder provenzalisches Eigenthum waren. Die galanten Geschichten werden in einem Klostergarten erzählt, wohin einige Gäste aus den pyrenäischen Bädern sich vor einer Ueberschwemmung geflüchtet haben. Wenn die Mönche dabei übel wegkommen, so braucht man darin noch keine Reformationstendenzen zu sehen; dieser Zug geht durch die gesammte volksthümliche Literatur, ehe die Glaubensänderung die natürliche Unbefangenheit verscheucht und das Mißtrauen geweckt hatte. Das „Heptameron" zeichnet sich aus durch leichte, elegante Erzählungsweise; an der Sprache, am Stil, an den feinen Wendungen und Ausdrücken erkennt man die Dame der vornehmen Welt, an dem Urtheil über die Personen und Schicksale, die so anschaulich vorgeführt werden, den philosophischen Geist, der über die Wechselfälle des menschlichen Lebens, über die Schwachheiten und Gebrechen der Welt, über die Irrgänge des Herzens, über die Fehler und Leidenschaften jedes Alters und Geschlechtes nachgedacht hat und mit Gleichmuth, mit einer gewissen heiteren Ironie auf die Vorgänge und Schicksale des irdischen Daseins herabblickt. Die derbe Natürlichkeit, die Zweideutigkeit und Lascivität des Inhalts ha-

1. Geistliche Dichtungen.

2. Heptameron.

ben die Hundert Novellen oder Liebesgeschichten mit ihren Vorbildern Boccaccio und Chaucer und mit den alten Contes und Fabliaux gemein. (VII. 453.)

Clement Marot 1495—1544. Am Hofe Margaretha's lebte mehrere Jahre ein talentvoller Dichter, Clement Marot. Der König selbst, dessen Gunst er sich durch seine allegorische Jugenddichtung „Tempel des Cupido" gewonnen, hatte ihn seiner Schwester als Page zugeführt, um ihr eine Freude zu machen. Er war der Sohn von Jean Marot aus der königlichen Hofdienerschaft, der einst in episch-allegorischen Gedichten, die er als „Reisen" nach Genua und nach Venedig bezeichnete, die Thaten Ludwigs XII. besungen, die Königin Anna in zierlichen Jamben gefeiert und in einem „Lehrbuch für Prinzessinnen" (doctrinal des princesses) einen Sitten- und Conduitenspiegel nach alter ritterlicher Hofmanier mit versificirten Tugendlehren aufgestellt hatte. Der junge Marot war somit in poetischer Atmosphäre herangewachsen; die Liebe des Vaters für die romantische Dichtung lebte noch in dem Sohne fort; beide befaßten sich mit dem allegorischen Roman von der Rose, den Clement in der Folge in ein mehr modernes Gewand kleidete, und in den erotischen Gesängen, worin dieser unter dem Namen Anna seine Herzensdame pries, kann man ebensowohl einen Nachklang der alten Troubadourlieder erblicken als eine Neigung zu seiner hohen Gebieterin, obwohl auch eine solche nicht außer dem Bereiche der Möglichkeiten lag. Wenigstens ist Marot ganz in den Gedankenkreis und die Geschmacksrichtung der geistreichen, freisinnigen Fürstin eingetreten. Er theilte ihre Liebe für den Humanismus und für die antike Dichtung, wie ihre Abneigung gegen die scholastische Kirchenlehre; er richtete auch später noch manches reizende Gedicht und manche poetische „Epistel" an die geistreiche Königin von Navarra. Doch nahm Marot Nichts sehr tief. Witzig, galant, lebensfroh und leichtfertig schöpfte er lieber an der Oberfläche; er huldigte den Schönen, die den gewandten Dichter gerne leiden mochten, und lehrte in dem „Gespräch zweier Liebenden", die Kunst, ihnen zu gefallen; er weilte mehr in der feinen Gesellschaft, als bei den Studien. Wohl fesselten ihn auch ernstere Gegenstände und befruchteten seinen dichterischen Geist; aber die Eindrücke waren vorübergehend, der Hang zu einem Leben voll Abwechselung, Sinnenlust und Vergnügungen riß ihn fort; alles Neue hatte Reiz für ihn. Ein Mann von so erregbarer vielseitiger Natur, von der raschen geistigen Beweglichkeit, welche die Franzosen als Esprit bezeichnen, der mit der ritterlichen Galanterie von ehedem die Genußsucht, Frivolität und Kunstliebe der Renaissance verband, mußte in den Hofkreisen unter Franz I. bald eine beliebte Persönlichkeit werden. Er verherrlichte die Geliebte zweier Könige, die gefeierte Diana von Poitiers als „Luna"; er focht bei Pavia an der Seite seines Monarchen, theilte dessen Gefangenschaft und kehrte am Arm verwundet nach seiner Freilassung in die Heimath zurück. Diese Hofgunst kam ihm sehr zu statten. Wegen unvorsichtiger Aeußerungen über die religiösen Fragen des Tages als geheimer Anhänger Luthers verklagt, wurde er ins Gefängniß geworfen, aber durch die Fürsprache des Königs, den er durch eine humoristische Epistel günstig zu stimmen gewußt, wieder in Freiheit gesetzt. Er rächte sich an seinen Anklägern und Richtern durch das allegorisch-satirische Gedicht „die Hölle". Am Hofe seiner Gönnerin Margaretha fand er eine Zuflucht; die Uebersetzung der „Psalmen", die er hier begann und durch die er seinen höchsten Dichterruhm begründete, geschah wohl auf ihre Anregung. Aber gerade diese religiöse Poesie, die, wie wir gesehen haben (S. 206), selbst bis in die Hofkreise sich Bahn brach, war in den Augen der Geistlichen ein Zeichen seiner Hinneigung zur Reformation; er sah sich von einer neuen Anklage bedroht; eine neue Verhaftung stand ihm bevor. Dieser Gefahr entging er durch schleunige Flucht. Er begab sich nach Genf, wo er der Lehre Calvins beitrat und im Verein mit Theodor Beza an der Psalmenübersetzung fortarbeitete. Aber in der rigorosen Hauptstadt des reformirten Lehrbegriffs gab sein leichtfertiger, zu Ausschweifungen und Sinnengenüssen sich hinneigender Lebenswandel bald Anstoß; er vertauschte daher Genf mit Ferrara, wo die Herzogin Renata, eine Tochter Frankreichs allen Bekennern der reformatorischen Ideen ein schützendes Obdach gewährte. Die Sehnsucht nach der vaterländischen Erde, jedem französischen Herzen so tief eingeprägt, führte den Dichter jedoch wieder über die Alpen zurück. Er verbarg oder verleugnete seine religiösen Ansichten, um den Späherblicken der mißtrauischen Geistlichkeit zu entgehen. Doch sollte er nicht in seiner Heimath sterben. Bereits hatten seine Psalmen den Weg zu dem Volke gefunden und viele Herzen im südlichen Frankreich der neuen Lehre gewonnen. Seine Anwesenheit in Lyon konnte ihm Gefahr bringen; auf die Gunst des Königs, der in seinen späteren Jahren die freien Ansichten seiner Jugend mehr und mehr ablegte, war nicht länger zu rechnen; mit der schönen Gräfin von Poitiers hatte er sich entzweit und durch Spottgedichte ihren Zorn gereizt. So verließ denn Marot abermals den heimathlichen Boden; nach einem vorübergehenden zweiten Aufenthalt in Genf begab er sich nach Turin, wo er im September 1544 aus der Welt schied.

Marot ist stets ein populärer Dichtername in Frankreich geblieben. Wenn die Hugenotten der nächsten Generation sich an den Marot-Beza'schen Psalmen erbauten und erhoben, die in den ergreifenden Melodien des alten Tonmeisters Goudimel zum Kirchengesang und zum Schlachtlied wurden, die Gläubigen trösteten und anfeuerten (S. 206), so rühmten die Kinder der Welt die leichte naive Dichtungsweise, die an Villon's Volkslieder erinnerte, die anmuthige Lyrik, die sich in den verschiedensten Formen offenbarte, über alle Erlebnisse, Gefühle und Empfindungen mit graziöser Gewandtheit und Anmuth sich verbreitete, mehr heiter und lieblich, als scharf und bitter das Leben betrachtend, und die Gebildeten, die Verehrer des Alterthums bewunderten die kunstvolle Uebertragung oder Bearbeitung antiker Dichtungen, der Eklogen Virgils, der Metamorphosen Ovids, der Epigramme Martials u. A., die feine elegante Ausdrucksweise in den „Episteln" und Gelegenheitsgedichten mit persönlichen Beziehungen und Erlebnissen.

Marot war der Dichter der höhern Stände; er stieg nicht mit Villon in die
Tiefe des Volkslebens der unteren Klassen hinab, schilderte nicht das Laster, die
Gemeinheit, das Verbrechen mit dem Galgenhumor jenes Plebejers; seine Gedichte bewahren den Anstand der guten Gesellschaft, die Eleganz der Hofkreise,
in denen er sich so sicher bewegte, die leichte Grazie und den liebenswürdigen
„Esprit" des französischen Nationalcharakters. Und wie sehr auch die Kritik
seine antikisirende Sprache, seine fremdartigen Wortbildungen und Wortfügun-
gen, die pedantische altfränkische Ausdrucksweise, das frostige Pathos in seinen
„Königsgesängen" rügen mag; die Leichtigkeit und Lieblichkeit seiner Lyrik, wie
sie besonders in seinen Epigrammen, Rondeaux, Liedern, Sonetten und kleineren
Gedichten hervortrat, hat so sehr gefallen, daß man diese poetische Einfachheit
und Gewandtheit mit dem technischen Ausdruck style Marotique bezeichnete.

Anhänger
und Gegner. Wie tief der Eindruck seiner Poesie auf die Zeitgenossen war, ersieht man an der
Menge von Nachahmern und Gegnern. Während François Sagon, ein Geistlicher
aus Rouen „Antimarotische Episteln" schrieb und ihn mit Schmähungen und Verdächtigungen verfolgte, sind andere in seine Fußstapfen getreten und haben nicht bloß seine
Dichtungen zum Muster genommen, sondern auch seinen Leichtsinn und seine Ausschweifungen getheilt. Zu diesen muß in erster Linie gezählt werden: Mellin de St.
Gelais, ein gelehrter, klassisch gebildeter Geistlicher, der aber eben so viel Aergerniß durch
sein regelloses Leben und die Licenz seiner Einfälle gab, als er durch seine Epigramme,
die er als „Thorheiten" (follies) bezeichnete, durch seine „komische Erzählungen" in Versen, und durch seine Lieder und Rondeaux Wohlgefallen erregte. Auch hat er das italienische Trauerspiel Sophonisbe von Trissin für die französische Bühne in prosaischer
Rede bearbeitet. Der gelehrte Philolog und Buchdrucker Dolet gehörte gleichfalls zu
Marots Freunden und Nachahmern. Als Anhänger reformatorischer Lehren ins Gefängniß geworfen, schrieb auch er eine „zweite Hölle", aber weniger glücklich als sein
1546. Vorgänger büßte er für seine Ansichten mit dem Feuertod. Auch Loutze Labé, die
schöne „Seilerin" (Cordière) aus Lyon, welche Elegien, Sonette und einen Dialog
„Kampf der Thorheit und Liebe" nach antiken und italienischen Vorbilder gedichtet hat,
theilte mit Marot den poetischen Geschmack und den Ruf leichtfertiger Sitten.

c. François Rabelais.

Rabelais
1483—1553.
1. Charakter
und Bedeu-
tung seiner
Schriften. Es giebt in der schriftstellerischen Welt Persönlichkeiten, in deren Werken
sich der Geist ihrer Zeit und ihrer Nation in besonderer Schärfe und Klarheit abspiegelt, manchmal nach der idealen Richtung, mehr aber noch in ihrer Fehler-
haftigkeit, in ihren Schwächen und Gebrechen. Von der Art war bei den Athe-
nern Aristophanes, bei den Franzosen des sechzehnten Jahrhunderts der Mönch,
Arzt und Priester Franz Rabelais. Auf Grund eines schnurrigen Volksmärchens
seiner Heimath hat er in dem humoristischen Roman Gargantua und Pantagruel alle Lebensfragen, welche an die damalige Menschheit herantraten und
sie in Bewegung setzten, im heiteren Bilde des Komos, in der Gestalt eines lachenden Philosophen vorgetragen oder angedeutet. Seine Geschichte von dem
Riesenkönig Gargantua und seinem Sohne Pantagruel ist eine von natürlichen

Derbheiten, Unschicklichkeiten, cynischen Ausdrücken und Obscönitäten angefüllte
poetische Carricatur, die aber durch echten Volkswitz, durch komische und satirische
Anspielungen, durch lebendige, anschauliche Schilderungen und durch volksthüm-
lichen Spott, Scherz und Humor auf die Zeitgenossen eine anziehende Wirkung übte.
Wenn der Dichter in der Vorrede, anknüpfend an den Weltweisen Socrates in
Silenengestalt die Bemerkung macht, daß wie in der Apotheke die feinen Specce-
reien und Heilmittel gewöhnlich in Büchsen mit allerlei lustigen und schnakischen
Bildern aufbewahrt würden, so auch in seinen Schriften unter der schalkhaften
Außenseite viele nützliche Lehren und Wahrheiten enthalten seien, so gibt er damit selbst zu verstehen, daß man in dem Gemälde von Zuchtlosigkeiten und abstoßenden Nacktheiten, das er vor dem Leser aufrollt, nach einem tiefern verhüll-
ten Sinn forschen müsse.   Indem der Verfasser in der Form und Einkleidung
uns zunächst eine Parodie auf die romantische Poesie und ihre Helden, besonders
die Amadisbücher vorführt, zieht er im Laufe seines Gemäldes das ganze öffentliche Leben in Kirche, Staat und Gesellschaft in den Bereich seiner Satire: er
rügt die Irrungen aller Stände, die Mißbräuche der Justiz, die Erpressungen der
Amtleute, die Sittenlosigkeit des Clerus, die Verkehrtheit der scholastischen Erziehung, die Pedanterie der Schulgelehrten, alle offenen und geheimen Beschwerden und Leiden des Volks.   Doch warnt Rabelais auch vor einer zu weit
gehenden Interpretations- und Deutungskunst; man solle auch der Volkssage,
dem Mährchenhaften seinen Platz lassen, nicht nach Allegorien forschen, wo nur
die Volksüberlieferung gegeben wird.   Rabelais' Gargantua und Pantagruel
ist ein unerschöpflicher Schatz von Witz und Ironie, von Lebensweisheit und
Menschenkenntniß in Gewande des Momus, von satirischer Genialität in burlesker Form und phantastisch gebildeter Sprache, von Volkswitz, Volksnatur
und Volksleben, wie sie sich in Sprichwörtern, in Wortspielen, in Räthselfragen,
in zweideutigen Redensarten, in der Bouffonerie und Polisonnerie des gemeinen
Verkehrs auf Gasse und Markt, in der Schenke und Gesellschaft abspiegeln, ein
originelles Bild jener tiefbewegten Zeit der Widersprüche und Gegensätze, der
derben Naturwüchsigkeit und des idealen Kunststrebens, der gährenden Geburtsstätte einer neuen Culturwelt auf den Trümmern des dahinsinkenden Mittelalters.
Der Verfasser des Gargantua und Pantagruel war ein unentbehrlicher Werkmeister an dem Neubau des Zeitalters; er hat die Fehler und schadhaften Seiten
der Gesellschaft aufgedeckt und blosgestellt, damit die Bauleute nicht durch den
Schein getäuscht, oder durch Vorurtheile bestochen die gebrechlichen Stellen übersehen möchten.   Auf ihn dürfen wir daher die Worte anwenden, mit denen der
Herr den Mephistopheles entläßt:

> Du darfst auch da nur frei erscheinen;
> Ich habe Deines Gleichen nie gehaßt.
> Von allen Geistern, die verneinen,
> Ist mir der Schalk am wenigsten zur Last.

Die Nachrichten über den Lebensgang Rabelais' sind ziemlich dürftig. Ist es ihm auch nicht ergangen wie dem Fabeldichter Aesop, dessen Leben selbst zur Fabel geworden ist, oder wie dem großen englischen Dichter, dessen Biographie fast nur in einigen wenig verbürgten Erzählungen und Märchen besteht; so beruht doch auch bei ihm ein großer Theil der Lebensgeschichte auf Volkssagen, Schnurren und Anekdoten, die zu sehr im Geiste und Charakter seiner eigenen literarischen Arbeiten gehalten sind, als daß man nicht sogleich den späteren künstlichen Ursprung, das Erzeugniß mythenbildender Volksphantasie darin erkennen sollte. Aber es ist doch ein verbürgter biographischer Rahmen erhalten mit einzelnen markirten Zügen, aus denen sich auf eine reiche Lebensschule schließen läßt. Rabelais wurde in dem Flecken Chinon in Touraine geboren und zwar in einem und demselben Jahr mit Luther, im Jahre 1483. Sein Vater soll Wirth oder Apotheker gewesen sein. Wenn diese Angaben nicht auf einem Rückschlusse aus seinen Werken beruhen, oder wenn vielleicht das Elternhaus zugleich Wirthshaus und Apotheke gewesen ist, so hatte Rabelais hier von früher Jugend an Gelegenheit genug, sich Menschenkenntniß aller Art zu erwerben. Das excentrische Gebahren, die verworrene Beredsamkeit, der lustige Humor weinseliger Bürger und Bauern, der „Trunkenen Litanei", bilden einen so hervorragenden, so pikanten Charakterzug in Rabelais' Schriften, sind so sehr das Lieblingsfeld, auf dem sich seine Phantasie und poetische Malerei umhertummelt, bald dithyrambisch aufjauchzend, bald in bacchantischen Sprüngen sich ergehend, daß man gerade in diesen grotesk-komischen Scenen lebendige Jugendeindrücke und vielseitige Erfahrungen voraussetzen darf. Nicht mit Unrecht hat man ihm vorgeworfen, daß seine Schriften nach Wein röchen. Man hat bei solchen Darstellungen das Gefühl, als ob man sich in der Kneipe, in der Mitte lärmender und taumelnder Trunkgesellen befände. — Vielleicht hat der lebhafte Knabe an dem Treiben der trunkenen Gäste allzugroßes Gefallen gefunden; wenigstens wurde Rabelais von seinem Vater frühe der Benedictiner-Abtei Seuillé, eine Stunde von dem „Gasthof zur Lamprete" in Chinon, dicht bei dem Meierhof La Devinière, zur Erziehung übergeben. In dieser Anstalt hat er tiefe Blicke in das scholastische Schulwesen und in das Treiben der Mönche gethan; die Eindrücke, die er dort in sich aufgenommen, sind nie aus seinem Gedächtniß entschwunden. Sie erklären die Indignation und den Spott, womit er in Gargantua die alte Klostererziehung geißelt, und die satirische Lauge, die er bei jeder Gelegenheit über den regulären Klerus und seine pedantische unfruchtbare Schulgelehrsamkeit ausgießt, giebt Zeugniß von der Verachtung und von dem Widerwillen, die ihm die gemeine Gesinnung, der Mangel äußerlicher Bildung und Wohlanständigkeit, die Scheinheiligkeit bei innerer Leidenschaftlichkeit und Rohheit schon in den Tagen der Jugend eingeflößt haben müssen. Er nennt das Mönchthum eine täuschende Maske. Der originelle Jean des Entommeures oder Bruder Jahn von Klopfleisch, wie Regis übersetzt, der aus seinem Gargantua in die Volkssage übergegangen ist, soll einem Urbilde aus der Klosterbrüderschaft von Seuillé nachgezeichnet sein. — Einige Zeit nachher vertauschte Rabelais die Benedictinerabtei mit dem Franciscanerkloster La Basmette in einem engen Gebirgspaß bei Angers und besuchte auch die Vorlesungen an der Universität dieser alten Loirestadt. Hier machte er die Bekanntschaft der vier Brüder Du Bellay, die für sein ganzes Leben folgenreich werden sollte. Der zweite derselben, Johann, in der Folge Erzbischof von Paris und Cardinal, ist dem ehemaligen Studiengenossen von La Basmette stets ein Freund und Gönner geblieben. Auch mit Geoffroi d'Estissac, dem späteren Bischof von Maillezais knüpfte er damals Bande der Freundschaft. Im Umgang mit diesen Männern scheint dem jungen Rabelais erst ein Verständniß von der Bedeutung der Wissenschaften aufgegangen zu sein, und vielleicht geschah es in der Absicht, sich ungestörter den Studien hingeben zu können, daß er sich

dem geistlichen Stande widmete, für den er von Natur wenig geschaffen war. Er trat
in das Franciskanerkloster Fontenay-le-Comte in Poitou ein, wo er auch einige Zeit
nachher die Priesterweihe empfing. Hier legte er sich mit dem größten Fleiße auf das
Erlernen der alten und neuen Sprachen und anderer Wissenschaften, und machte solche
Fortschritte, daß er bald zu den ersten Hellenisten Frankreichs gezählt werden konnte.
Es sind uns noch zwei griechische Briefe erhalten, gerichtet an Wilhelm Budäus, den ersten Gelehrten Frankreichs, der als königlicher Bibliothekar um die Verbreitung der
neuen Bildung unter seinen Landsleuten so große Verdienste sich erwarb. Bald galt
Fontenay-le-Comte, wo neben Rabelais auch noch Pierre Amy, André Tiraqueau,
später Parlamentsrath in Paris, Jean Bouchet u. a. sich mit dem Studium des Griechischen abgaben, für eine der wichtigsten Pflanzschulen humanistischer Wissenschaft.
Gesinnungsgenossen verschafften den Mitstrebenden die Schriften, die in Italien oder
Deutschland verfaßt oder gedruckt wurden. Die übrigen Franziskanermönche schauten
mit Neid und Mißtrauen auf die ihnen unheimlichen Beschäftigungen der Brüder; und
diese werden nicht verfehlt haben, mit dem allen Humanisten gemeinsamen Selbstgefühl
und Hochmuth auf die Klostergefährten herabzublicken, sie als stumpfsinnige, für die
neue höhere Weisheit und Bildung unempfängliche Menschen zu verachten. So gesellte
sich zu dem Argwohn der Haß, und bald sahen sich die hellenistischen Mönche mit Argusaugen beobachtet. In den Kreisen der Altgläubigen galt damals das Griechische
als die Pflanzschule der Häresie und des Unglaubens. Wir haben früher gesehen, daß
dieser Verdacht und Vorwurf nicht ganz unbegründet war, und die nächsten Jahrzehnte
rechtfertigten das Mißtrauen. Auch in Fontenay-le-Comte waren die Anhänger der
Scholastik und der altkirchlichen Orthodoxie mächtig genug, das neue Licht in ihren
Klostermauern auszulöschen. Man untersuchte die Zellen der verdächtigen Brüder,
nahm ihre Schriften und Bücher weg und unterwarf sie einem inquisitorischen Verhör.
Pierre Amy entfloh und warf die Kutte fort, François Rabelais aber, der sich wahrscheinlich einige ketzerische Bemerkungen über den Schutzheiligen des Ordens hatte zu
Schulden kommen lassen, sollte für seine Lästerzunge mit lebenslänglicher Haft bei
Wasser und Brod büßen. Zum Glück waren seine Freunde mächtig genug seine Freilassung zu bewirken; denn damals standen die Humanisten bei den Hohen in Gunst;
die Opposition gegen Kirche und Scholastik gehörte zum guten Ton, sie galt als Kennzeichen eines freien aufgeklärten Geistes. Budäus kann nicht Worte genug finden, um
seine Indignation auszusprechen, daß dummdreiste Mönche es gewagt hätten, sich an
den Männern der Wissenschaft, an den Erneuerern und Förderern des Humanismus
und Hellenismus zu vergreifen; die verfolgten Jünger der neuen Bildung fanden allenthalben Gönner; sie wurden als Märtyrer der guten Sache gepriesen, und Rabelais
durfte mit Erlaubniß des mediceischen Papstes Clemens VII. das Kloster verlassen, und
als er „die Kutte in die Nesseln warf" und dem ganzen Ordensleben Valet sagte, erfolgte
keine Kirchenstrafe. Als Weltpriester und Schreiber des Bischofs von Maillezais, seines alten Gönners, wurde Rabelais nun die Seele des gelehrten Kreises, der sich um
diesen feingebildeten Prälaten schaarte. Damals bot die römische Curie, boten manche
Bischofssitze der freien Wissenschaft ein schützendes Obdach gegen den Zelotismus der Fin-
sterlinge. Mit diesem gebildeten Kreise verkehrten Persönlichkeiten, die in der Folge in
Verdacht kamen, daß sie der Reformation ergeben seien und darum manche Verfolgungen über sich ergehen lassen mußten; so Clement Marot, der Vater der französischen
Lyrik, so Hugues Salel, der Uebersetzer der Iliade, so Anton Herouet, der geistliche
Sänger der Liebe und Freundschaft, so Bonaventure des Periers, der des Unglaubens
beschuldigt, sich selbst den Tod gab, so Louis Berquin, den die Fürsprache des Wilhelm
Budé nicht vor dem Ketzergericht und Flammentod zu retten vermochte. Wir wissen,

wie diese Jünger des neuen Culturlebens über Religion dachten; von ihrer philosophischen Höhe schauten sie mit Geringschätzung, mit verächtlicher Gleichgültigkeit auf den
Volksglauben, auf das Kirchendogma herab, aber sie hüteten sich doch vor der Inquisition, sie trugen kein Verlangen nach der Märtyrerkrone; aus den Kreisen der Humanisten ging kein Savonarola hervor. «Jusqu'au feu exclusivement» sagt der Verfasser des Pantagruel im Prolog. Zu Reformatoren und Glaubenszeugen gehören ernst-
haftere Naturen, als die meisten humanistischen Schöngeister waren, und auch das lebensfrohe Weltkind Rabelais hielt sich lieber an die Weisheit des lachenden als des weinenden
Philosophen. Uebrigens wird das Haus zu Maillezais, wo die literarischen Gäste
ihre Zusammenkünfte und Symposien hielten, von einem Zeitgenossen als der Inbegriff
einer gastfreien behaglichen Wohnstätte, und der gesellige Kreis als Muster geistreicher
und fröhlicher Unterhaltung geschildert. Und man wird nicht irren, wenn man hier
das Urbild der Abtei Theleme erblickt, jenes platonischen Phalanstère mit kirchlichem Anstrich, das Rabelais so reizend in seinem Gargantua geschildert hat. Auch im Schlosse
Wilhelms Du Bellay in Langey bestand ein solcher philosophisch-belletristischer Litera-
tenkreis, in dem Rabelais, der witzige lucianische Spötter und Spaßmacher, ein beliebter Gast war. — Im Anfang der dreißiger Jahre finden wir Rabelais in Montpellier
mit der Arzneikunde sich beschäftigend, dann in Lyon bei Etienne Dolet, dem gefeierten
Humanisten, Buchdrucker und Dichter, der in der Folge als Atheist verbrannt wurde.
Die Biographien wissen allerlei Schnurren und Anekdoten aus dieser Zeit zu berichten;
auch verfaßte Rabelais mehrere medicinische Schriften, die aber nur geringen Absatz
hatten, so daß er, um den sich beschwerenden Buchhändler zu entschädigen, ihm eine
Schrift versprochen haben soll, die bald in der ganzen Welt verbreitet sein würde. Für
uns ist nur die Thatsache selbst, daß Rabelais sich auch mit Medicin abgegeben habe,
von Bedeutung. Es fällt dadurch manches Licht auf seinen schriftstellerischen Charakter. Alle die auf Universitäten jemals mit Medicinern verkehrt haben, wissen, daß
man in diesen Kreisen viel vom Handwerk zu hören bekommt, daß sich die Conversation
häufig um körperliche Gebrechen bewegt, daß man ohne Rückhaltung von Dingen spricht,
die man in anderen Gesellschaften als Geheimnisse berührt, daß namentlich die geschlechtlichen Verhältnisse mit einer hie und da cynischen Offenheit behandelt werden. Rechnet
man dazu noch das Hauptübel der Zeit, die ansteckenden Krankheiten, so darf man sich
nicht wundern, daß der Arzt Rabelais auch in seinem satirischen Zeitenspiegel einen so
groben Naturalismus, ein so sichtliches Wohlgefallen an Obscönitäten und Unschicklichkeiten, eine so derbe Sinnlichkeit zu Tage treten läßt, wie sie sich nur in einigen Schriften der römischen Kaiserzeit wiederfinden. Und die Alten waren ja den Humanisten in
allen Dingen Muster und Vorbild.

In demselben Jahr 1533, in welchem Rabelais unter dem versteckten Namen
Alcofribas Nasier einen Theil seines komisch-satirischen Romans veröffentlichte, unternahm Du Bellay eine Gesandtschaftsreise nach Rom. Er traf den alten Freund und
Studiengenossen in Lyon und es fiel ihm nicht schwer, denselben zur Theilnahme zu be-
reden. Rabelais begleitete den diplomatischen Prälaten in der Eigenschaft eines Arztes,
oder nach andern Versionen, eines „Bratenschneiders" nach der Tiberstadt. Vielleicht
gab die Bezeichnung „Pantagruels Erbtruchseß" (Architriclin), die eine andere Schrift
„Pantagruelinische Prognasticatio" auf den Titel führte, Veranlassung zu dieser neuen
Amtsbenennung. Du Bellay wird den witzigen Mann als lustigen Gesellschafter und
Spaßmacher gerne in seiner Begleitung und an seiner Tafel gesehen haben. Sechs
Monate blieb Rabelais in der päpstlichen Stadt; und die Eindrücke, die er in dem
neuen „Antiochien" empfing, waren sicherlich von der höchsten Bedeutung für seine
schriftstellerischen Arbeiten. Denn wenn auch damals schon die Glanzperiode des Hu-

manistischen Literatenthuums vorüber war, die Spuren und Nachwirkungen waren noch überall bemerklich, der übermüthige leichtfertige Geist beherrschte noch die Gesellschaft, die Künstler- und Gelehrtenwelt. Nach seiner Rückkehr im Jahre 1534 nahm Rabelais seinen Aufenthalt wieder in Lyon, mit ärztlicher Praxis, mehr aber noch mit den bereits so erfolgreich begonnenen literarischen Arbeiten sich beschäftigend. Denn schon im nächsten Jahr 1535 erschienen Fortsetzungen und Ergänzungen seines Hauptwerks Gargantua und Pantagruel, denen dann im Laufe der Zeit sich noch weitere Anbauten anschlossen. Der ungemeine Beifall, den die ersten Stücke seiner humoristischen Schriften bei allen Ständen gefunden, so daß Auflage nach Auflage erfolgte, hat sichtlich auf den Geist des Verfassers erregend und ermunternd eingewirkt. Die geistige Bewegung, die allmählich zur Kirchenreformation führte, hatte ihren bedeutendsten Anstoß durch die Humanisten erhalten; sie waren es, die den Kampf gegen die mittelalterigen Ueberlieferungen zuerst in Scene gesetzt hatten. Die Reformatoren durften somit erwarten, in ihnen Verbündete und Helfer zu finden. Da zeigte es sich aber bald, aus wie verschiedenartigen Elementen diese Kreise zusammengesetzt waren : nur wenige folgten der Strömung, die einen viel gewaltigeren Charakter annahm, als sie jemals geahnt oder gewünscht hatten. Namentlich hatte in Frankreich die kirchliche Opposition ihre gefährlichen Seiten. Wenn in den Zeiten Ludwigs XII. in den Hallen von Paris „mit königlichem Privileg" Mysterien und Moralspiele aufgeführt werden durften, worin Papst Julius II., der Stifter der antifranzösischen Liga als „Narrenfürst" und die römische Kirche als „Narrenmutter" auftraten, und der Ruf nach einer „Reform der Kirche" zu den Schlagwörtern des Tages gehörte, so nahm die Sache unter Franz I. und noch mehr unter Heinrich II. eine andere Wendung. Das Vorgehen Luthers hatte die Unbefangenheit zerstört; die Satire und der Momus mußten vorsichtiger auftreten. So kam es auch bei den französischen Humanisten zu Scheidungen. Mehrere von Rabelais' Freunden wurden wegen ihrer reformatorischen Gesinnung, die sie offen kundgaben, an Freiheit und Leben bestraft. Doch nur wenige nahmen die Sache so ernst; die meisten hielten sich auf ihrer philosophischen Höhe und ließen den Strom in den Niederungen dahinbrausen. Auch Calvin zählte in seinen jungen Jahren zu dem französischen Humanistenkreise und es ist nicht unwahrscheinlich, daß Rabelais ihn persönlich gekannt hat. Von ihm soll der Genfer Reformator gesagt haben, „er habe ein wenig vom Brode der Wahrheit gekostet". Aber bald gingen ihre Wege auseinander. Wie hätten sich auch der strenge ernste Kirchenmann, der in seinem Leben nicht lachte, und der scurrile spottsüchtige Romanschreiber lange vertragen können? Wenn Rabelais im Prolog zum zweiten Buch rühmt, daß der Buchdrucker von seiner Gargantua-Chronik in zwei Monaten mehr verkauft habe als man in neun Jahren wird Bibeln kaufen, und dabei einen Seitenhieb auf die „Lästerer, Prädestinirer und Betrüger" thut, welche seine Schriften schmähen; so hat er dabei ohne Zweifel Calvin im Auge. War aber der Bruch einmal offenkundig, so mußte die Kluft immer größer werden. Calvin eiferte gegen die obscönen Bücher seines Landsmannes und Zeitgenossen und Rabelais zählte im vierten Buch (Cap. 32) zu den Geschöpfen, welche die Antiphysis, die Widersacherin der Natur hervorgebracht, die Mucker und Besessenen von Johann Calvins Genferischem Leutebetrug. Dennoch scheint er wegen seiner Vergangenheit nicht ohne Sorge gewesen zu sein; er wechselte öfter seinen Aufenthalt und suchte sich mächtige Protectoren. Im Jahre 1536 finden wir ihn wieder in Rom bei Du Bellay, der ihn aber sehr knapp gehalten haben muß, wenigstens bittet er in den Briefen, die er aus Rom an seinen alten Gönner, den Bischof Estissac von Maillezais richtete, mehrmals um Unterstützung. Bei dieser zweiten römischen Reise hatte Rabelais offenbar den Zweck, sich mit der Kirche zu versöhnen, und aus den Aktenstücken, die der Uebersetzer Regis mitgetheilt, ersehen wir, daß ihn der Papst von der Strafe wegen eigenmächtigen Austritts aus dem Franciskanerorden absolvirte und zur Uebernahme kirchlicher Beneficien autorisirte. So war denn der Schalk zu Gnaden angenommen. Er erhielt von seinem Beschützer, dem Cardinal du Bellay, eine Chorherrnstelle in der schön gelegenen Abtei St. Maure-les-Fossés, die er nach mehreren Reisen und Wander-zügen in seiner Heimath und im südlichen Frankreich mit einer Pfarrpfründe in Meudon bei Paris vertauschte. Die Männer der Sorbonne und alle Vorsteher der mittelalterigen Kirchenlehre richteten heftige Angriffe gegen den Verfasser des Gargantua und Panta-gruel, von dem das dritte Buch unter seinem eigenen Namen erschien; aber König Franz I. war bei aller Neigung zu despotischen Gewaltstreichen doch ein zu warmer Freund und Gönner der Kunst und Wissenschaft, als daß er nicht an den Produkten des genialen Satirikers Gefallen gefunden hätte. Erst nach dem Tode dieses Königs hielt es Rabelais für rathsam, sich den Blicken seiner Gegner zu entziehen. Wir erfahren, daß er sich gegen Ende der vierziger Jahre in Metz aufhielt, damals noch eine deutsche Reichsstadt, und daß er in der Mitte des Jahrhunderts zum drittenmal Rom besuchte. Durch ein Festgedicht auf die Geburt eines Sohnes Heinrichs II. mit einigen Schmeiche-leien auf die königliche Geliebte Diana von Poitiers erwarb er sich bei Hofe und in den einflußreichen Kreisen so mächtigen Schutz, daß er die letzten Lebensjahre bis zu seinem Tode am 9. April 1553 ruhig in seiner Pfarre zu Meudon, die unter dem Patronat des Herzogs von Guise stand, zubringen konnte. In diesem heitern schön gelegenen Städtchen war das Haus des alten Priesters ein Sammelplatz vieler gebildeten Gäste, die aus der nahen Hauptstadt sich bei ihm einfanden, um sich an der reizenden Gegend wie an der witzigen Unterhaltung des muntern Greises zu ergötzen. Er war sehr be-liebt bei seiner Gemeinde, der er als Arzt und Seelsorger treu zur Seite stand, und aus der ganzen Umgegend besuchten die Landleute seine Messen und seine Predigten. Noch lange lebte die Erinnerung an den „guten Curé" von Meudon im Volke fort, und die sagenbildende Phantasie unterließ nicht noch einige sarkastische Züge im Geiste seines Romans zu ersinnen, welche sich von Mund zu Mund fortpflanzten, so daß noch hun-dert Jahre nach seinem Tod sein Verehrer Anton Le Roy eine Blüthenlese Rabelaisischer Denkwürdigkeiten sammeln konnte. Alle Gäste waren willkommen, nur den Frauen verwehrte er den Zutritt, wohl um bösen Zungen keinen Anlaß zu schlimmen Nachreden zu geben. In diesem Punkte hat überhaupt Rabelais, wie sein Bewunderer Wieland, jede Blöße zu vermeiden gesucht. Eine Uebertretung der kirchlichen Keuschheitsgebote würde ihm von seinen Feinden und Widersachern, deren er namentlich viele unter dem geistlichen Stande zählte, mit besonderer Geflissenheit vorgehalten worden sein. Erst sein jüngster Biograph Rathery will in dem Kirchenbuch von Toulouse herausgefunden haben, daß Rabelais einen Sohn Namens Theodul gehabt hat. Der einzige Verdruß, der dem alten Pastor in Meudon bereitet wurde, rührte von seinem früheren Freund Clement Marot her, der bei dem Herzog von Guise wohlgelitten seinen Einfluß im Schlosse zum Nachtheil Rabelais' benützte. Dieser hatte nämlich im Prolog zum vier-ten Buch des Pantagruel zwei Humanisten, den Aristoteliker Pierre Galland und den erwähnten Philosophen Pierre Rameau, spöttisch behandelt, von dem Einen (Galland) gesagt, er sei ein feiner, schlauer Fuchs, von dem Andern (Rameau), er schmähe, schmiere, brumme und belle auf die alten Philosophen und Redner wie ein Hund, und schließlich den Rath gegeben, Jupiter möge sie in Stein verwandeln. Marot nahm diesen Ausfall auf einen Gesinnungsgenossen übel auf, und da er in der komi-schen Figur des écolier limousin, der im Pantagruel die französische Sprache so schrecklich zurichtet und mit Fremdwörtern entstellt, nicht mit Unrecht einen satirischen Hieb auf sich selbst und seine latinisirte Reimerei erblickte, so wurde er nicht müde, den Autor zu schmähen und zu verleumden. Noch im Tode verfolgte er denselben durch

eine injuriöse Grabschrift. Ganz ungerecht war die Strafe nicht. Rabelais galt in
den Augen der reformatorischen Partei als ein Abtrünniger und Fahnenflüchtiger.
Selbst von dem Sterbelager des Pastors von Meudon haben sich in der Volkstradition
verschiedene Erzählungen erhalten. Dahin gehört die Sage, er habe sich in einen
Domino gehüllt, weil in der Bibel steht: Beati qui in Domino moriuntur. Bei
der letzten Oelung soll er gesagt haben: „Man hat mir die Stiefel geschmiert für eine
große Reise." Einem Diener des Cardinals Du Bellay, der sich nach seinem Befinden
erkundigte, soll er aufgetragen haben, seinem Herrn zu melden, er stehe im Begriff, ein
großes „Vielleicht" (Peut-être) aufzusuchen; und noch im Verscheiden habe er lächelnd
ausgerufen: Laßt den Vorhang nieder, die Komödie (farce) ist aus! Auch in seinem
angeblichen Testamente bewahrte er den Charakter des lachenden Philosophen und Possen-
reißers. Man construirte seine ganze Persönlichkeit nach dem Geiste und nach der Haltung seiner Werke.

d. Peter Ronsard und das poetische Siebengestirn.

Wenn Marot noch mit Einem Fuß in der Ritter- und Minnepoesie früherer
Zeiten stand, so bewegten sich dagegen jene Dichter, denen man den aus der Ale-
xandrinischen Literaturperiode (III, 385) hergeholten Namen des Siebengestirns
oder der „französischen Plejade" beilegte, ganz auf dem Boden des antiken und
italienischen Kunstsinnes der Renaissance. Verschieden an Talenten und Lebens-
geschicken war die verbrüderte Dichtergruppe darin einig, daß sie die Gattungen
der Poesie, die in einer ausgebildeteren Welt festgesetzt worden, in französischer
Sprache versuchten, daß sie mit jugendlicher Begeisterung eine Umgestaltung des
französischen Geschmacks anstrebten und auch theilweise durchführten. — Es war
ein großes Wagstück, als Etienne Jodelle, ein begabter junger Edelmann, es [Jodelle 1532—1573.]
unternahm, das volksthümliche Schauspielwesen der Passionsbrüder und der
Schreiber von der Bazoche (IX, 351 ff.) durch das kunstmäßige Drama nach
griechischem Vorbilde, sogar mit Einschluß des Chors zu verdrängen, indem er
und einige seiner Freunde eine von ihm selbst mit jugendlichem Feuer gedichtete
Tragödie „Cleopatra" vor den Augen des Königs und des Hofes aufführten und
bald darauf im „Abt Eugen" den Versuch auch mit einer Komödie in der Manier
des Terenz, doch mit Anbequemung an französische Sitten und Charaktere und
mit kühnen Ausfällen auf das ungeistliche Leben des Klerus jener Zeit wiederholten, um auch eine Reform des französischen Lustspiels zu begründen. Die
Neuheit machte Aufsehen und wurde mit Beifall begrüßt, auf Kleopatra folgte
„die sterbende Dido"; und wenn auch Jodelle selbst, ein regelloses Talent ohne
die Zucht edler Sitte, in jungen Jahren und arm ins Grab sank, ohne den
Triumph seiner Idee erlebt zu haben, so ist doch durch seine beiden Stücke ein
Weg betreten worden, der im folgenden Jahrhundert zu dem klassischen Theater
Frankreichs führte. In Spanien und England erwuchs das Nationaldrama aus
verschiedenen einheimischen und fremden Elementen, aus volksthümlichen, religiösen und klassischen Bestandtheilen; in Frankreich zog die Renaissance durch
das ganze Kunstleben eine Grenzlinie zwischen Mittelalter und Neuzeit. Das

Antike verdrängte das Romantische und Volksthümliche, um Raum zu schaffen für den Klassicismus der folgenden Zeit.

Trotz aller dramaturgischen Unvollkommenheit kann Jodelle als der Schöpfer des französischen Trauerspiels und Nationallustspiels angesehen werden. Er hat die strenge Beobachtung der drei aristotelischen Einheiten in das französische Theater eingeführt und ist vom mythischen und national-religiösen Charakter des griechischen Dramas auf historische Stoffe übergegangen, die er den alten Geschichte entnahm, ohne jedoch in den handelnden Personen den antiken Charakter streng und einseitig festzuhalten. Auf seinen Schultern stehen Corneille und Racine, nur daß sie die lyrischen Chorgesänge beseitigten dafür aber das Pathetisch Rhetorische auf die Spitze trieben. Auch der gereimte Alexandriner, der „heroische Vers" der Franzosen, den die späteren Dramatiker mit Vorliebe wählten, um ihren Stücken eine würdevolle Haltung zu geben, findet sich schon bei Jodelle, wenn auch noch unvollkommen und nicht in der späteren Regelmäßigkeit.

Auch in seinen lyrischen Gedichten folgte Jodelle antiken und italienischen Vorbildern. In dieser Gattung ging ihm jedoch ein Mann voran, der als Haupt und Stifter des poetischen Siebengestirns gelten kann und von seinen Zeitgenossen als Dichterfürst gepriesen ward — Pierre de Ronsard. Von guter Familie

Ronsard 1524—1585.

herstammend, durch sorgfältige Erziehung und weite Reisen gebildet und welterfahren, bewegte er sich in angesehener Lebensstellung und erlangte Ruhm und Bewunderung, die weit über seine Talente und Verdienste gingen. Nichts zeugt mehr von der Hingebung der höheren Gesellschaft, der gebildeten Klasse an das Alterthum, an die Kunstschöpfungen der Griechen und Römer und ihrer italienischen Nachahmer, als die hohe Verehrung, die man einem Dichter zollte, dessen Hauptwerth nur in der Einführung und Nachbildung antiker und italienischer Dichtersprache und Dichtungsformen bestand; der ohne tieferes Verständniß echter Poesie durch pedantische Nachahmungen eine neue Literaturperiode zu begründen vermeinte, der die französische Sprache durch eine Menge griechischer und römischer Wortbildungen und Redeweisen verunstaltete, um sie reicher und malerischer zu machen, der in einer prunkenden Gelehrsamkeit und künstlichen Phraseologie Erhabenheit und Würde erblickte, der „den alten Parnaß plünderte, um dessen Bäume und Blumen in den Garten seiner Heimath zu verpflanzen". Durch diese fremdartigen Bildungen, durch diesen gelehrten Apparat, durch das affektirte Haschen nach wunderlichen Beiwörtern mit gesuchten Anspielungen wurden Ronsard's Gedichte hie und da so dunkel und unverständlich, daß erklärende Commentare nöthig waren. Aber gerade diese Eigenthümlichkeit entzückte die gebildete Welt; die Schwierigkeit des Verständnisses warf auch auf den Leser einen Schein von Gelehrsamkeit; König Heinrich II. und sein Sohn überhäuften den Dichter, der trotz seines leichtfertigen Lebenswandels in den geistlichen Stand getreten war, mit Pfründen und Auszeichnungen. Kein Wunder, daß er mit selbstgefälliger Eitelkeit sich für den Dichterkönig hielt, als den ihn die Welt gelten ließ! Was das Alterthum hervorgebracht, was Italien bewunderte, wollte er seinem Vaterlande in eigenen

Gewande zuführen.   Durch sein Epos „die Franciade" in fünffüßigen gereimten Jamben wollte er der französische Homer und Virgil werden.   In der dichterischen Erzählung von den Schicksalen und Abenteuern des Prinzen Francus, des angeblichen Sohnes von Hector, der nach vielen Stürmen und Irrfahrten Gründer des Frankenreichs geworden, konnte er seine mythologischen und historischen Studien trefflich an Mann bringen; seine fünf Bücher „Oden" voll bombastischer Reimerei sollten seinen Landsleuten Pindar und Horaz ersetzen.   In einigen hundert Sonetten, Gedichte der Liebe (les amours) genannt, wird eine Cassandra, welche die Stelle von Petrarca's Laura einnimmt, in gelehrten Versen gefeiert; auch seine übrigen lyrischen Gedichte, Elegien, Lieder, Madrigale verrathen die antiken und italienischen Muster.

Auch Ronsard, „der seine Muse griechisch und lateinisch sprechen ließ", rief ^{Ronsard's Schule.} eine Schule von Dichtern hervor, die seine Manier nachahmten und mühsam erzeugte Gefühle in erkünstelten Formen und Versen aussprachen.   Zu ihnen gehörten auch die übrigen Mitglieder des „Siebengestirns": der erwähnte Bischof Joachim du Bellay, der es sich sogar zur Ehre anrechnete, das Gebrechen der ^{du Bellay † 1560.} Taubheit mit Ronsard gemein zu haben, und sowohl in seinen Sonetten, Oden, Liedern und Gelegenheitsgedichten als in seinen Nachbildungen des Ovid und seiner Uebersetzung der vier ersten Bücher der Aeneide dem Meister folgte.   Sein geistlicher Stand hielt ihn übrigens nicht ab, lascive Gedichte in Catull'scher Manier in die Oeffentlichkeit zu bringen.   In diesem leichtfertigen Spiel wurde er jedoch noch übertroffen von einem andern Gliede des „Siebengestirns", von Antoine de Baif, der sich in verschiedenen Gattungen der Dichtung als gelehrigen Zögling der Alten, vor Allem des Martial zeigte, aber in Unzüchtigkeit seine Vorbilder überholte.   Frivol und bigot zu gleicher Zeit verfaßte er ein Spottgedicht auf die Leiche Coligni's.   „Ronsard, seine Freunde und Schüler schlossen sich an den Hof an, lebten mit ihm und von ihm, sie waren meistens mit guten Pfründen versehene Kleriker, und hielten sich an die katholische Partei; aber das hinderte sie nicht, das ganze poetische Heidenthum nach Frankreich herüberzuführen, und sich jede Art poetischer Freiheit auch im Leben zu erlauben.   Mit den Alten wetteiferten sie auch in der kecken Nacktheit ihrer Darstellungen."

Die übrigen Genossen des Plejadenbundes waren nur geistlose Nachahmer ihres Hauptes Ronsard. Die Modedichtung des Tages ging darauf hinaus, antike Sprache, antike Formen, antike Rhetorik der nationalen Poesie einzupflanzen und dabei gelehrtes Wissen aller Art anzubringen. Die Nachwirkung dieses Geschmackes machte sich noch lange nach Ronsards Tod bemerkbar. Der Verkehr mit Italien, der auch nach der Vertreibung der Franzosen aus der Halbinsel durch die beiden Medicëischen Königinnen unterhalten ward, gab dieser Richtung immer neuen Vorschub durch die Gunst des Hofes. Jean Bertaut, Oberhofprediger der Königin Maria von Medici, hat Psalmen, geistliche Oden, Trauerreden u. A. gedichtet, die wenn man von dem Versmaße, dem gedehnten Alexandriner absieht, ganz die correcte klassische Schule verrathen, und Philipp Desportes hat sich durch seine Sonette, Elegien, Schäfergedichte und Lieder der

Liebe in antiker und italienischer Manier die Gunst Heinrichs III. und mehrere einträg-
liche Pfründen erworben.

e. Malherbe und die Anfänge des französischen Klassicismus.

Ein halbes Jahrhundert behauptete sich die Ronsard'sche Schule mit ihrer
Sprachmengerei, ihren gesuchten Metaphern und ihren verschrobenen Compositionen nach antiken Vorbildern auf der Höhe des Parnasses; selbst das griechische
Drama mit dem Chor wurde nach dem Vorgange Jodelle's von verschiedenen
Dichtern einzubürgern gesucht, so wenig auch das größere Publicum sich daran
gewöhnen wollte. Allein die Unnatur der Richtung war doch zu groß, als daß
nicht eine Reaction hätte erfolgen sollen. Schon bei Bertaut und Desportes
machte sich das Bestreben nach reinerer Dichtersprache und correcterer Form be-
Malherbe
1555—1628.merklich; aber erst dem kritischen Geist des François de Malherbe aus Caen
in der Normandie war es beschieden, die Irrwege zu vermeiden, auf welche die
blinde Verehrung des Alterthums geführt hatte, und in Bahnen einzulenken, die
dem französischen Charakter und Nationalgefühl mehr entsprachen. Aber so tief
und einschneidend war die Kluft, welche der Humanismus in das nationale
Kunstleben geschlagen, daß diese Reaction nicht auf die frühere Romantik und
Ritterpoesie zurückging, sondern innerhalb der Kreise und Formen ansetzte, die
der antike und italienische Klassicismus geschaffen und als Norm aufgestellt hatte.
Die mittelalterlichen Lebensformen, Vorstellungen und Gefühle waren im sechzehnten Jahrhundert dem französischen Volke so fremd geworden, so sehr in weite
Ferne gerückt, daß ein Rückgreifen auf die Ideale einer entschwundenen Vergangenheit gar nicht mehr denkbar war. Darum ist auch die von Malherbe eingeführte Methode nur eine Remedur des verirrten Geschmacks, nur der Versuch,
durch zweckmäßigeren Anbau des errungenen Bodens bessere Früchte, erfreulichere
Resultate zu erzielen. Und wenn diese Versuche so hoch geschätzt wurden, daß
man Malherbe als den eigentlichen Begründer der klassischen französischen Literatur aufstellte, mit seinem Auftreten die wahre französische Poesie beginnen läßt, so
kann man darin den Beweis finden, wie sehr die correcten Formen des Alterthums und der italienischen Lyrik der Natur der Franzosen angemessen, wie weit
die Volkspoesie und die Romantik bereits zurückgetreten war. Auch Malherbe
dichtete „Oden“ und „Stanzen“, „Sonette“ und „Lieder“ im Geiste der Renaissance; aber seine Sprache und Diction war so sorgfältig, so präcis, so sehr im
Charakter der Nation, daß man, wie spätere Kritiker fanden, zum erstenmal
„französische Verse“ darin erkannte. Malherbe verwendete den größten Fleiß auf
die Vervollkommnung der französischen Dichtersprache, auf Rhythmus, Tonfall,
Reim und Silbenmaß, so daß ihn seine Bekannten den „Wort- und Silbenty-
rannen“ nannten. Keiner feilte und überarbeitete seine Gedichte mit so unermüdlichem Eifer als er, daher er auch sehr langsam arbeitete und nicht viel zu Stande

brachte; aber durch die geistreiche Einkleidung seiner poetischen Gedanken, durch
die Sorgfalt, die er auf Form und Diction verwandte, hat er auf die französische Dichtkunst vortheilhaft eingewirkt. Er war der Boileau seiner Zeit. Seine
Poesie war freilich nur Verstandesarbeit, nur Produkt der Reflexion, ohne natürliche Begeisterung, ohne freien Aufschwung der Seele, ohne mächtige Erhebung der
Phantasie in das Reich der Ideale; aber ist denn dieses Vorherrschen der Form,
die äußere Kunstfertigkeit und rhetorische Gestaltung nüchterner und oberflächlicher
Gedanken und Gefühle nicht ein hervorstechender Charakterzug der gesammten klassischen Literatur der Franzosen? Insofern Malherbe in der Poesie mehr eine „zweckmäßige Unterhaltung des Verstandes und Witzes“ erblickte als „eine Befriedigung
des inneren Verlangens nach einer freieren und schöneren Welt“, mehr Werth auf
geistreiche Wendungen, pikante Aussprüche, glatte Verse, gefällige Form legte, als
auf Genialität, auf den Flug der Seele über die Schranken des Irdischen und Realen kann er als der Bahnbrecher und Fahnenträger der französischen Klassicität
angesehen werden. Was bisher nur dunkel geahnt und unvollkommen versucht
worden war, hat er mit Takt und richtigem Instinkt ergriffen und entwickelt und
dem nachfolgenden Geschlechte zur weiteren Ausbildung überliefert. Seine glat-
ten Alexandriner wiesen bereits auf das Zeitalter Ludwigs XIV. hin.

Es war begreiflich, daß ein Mann wie Malherbe, der so sehr den Geschmack Malherbe's
der Nation traf, viele Nachahmer hatte. Schon die Hofgunst, die seiner verstan-   Schule.
desklaren, im harmonischen Rhythmus, in tadelloser Gestalt und Sprache dahin-
gleitenden Poesie zu Theil ward, und für die er sich durch Schmeicheleien und
Huldigungen erkenntlich zeigte, war für Viele verlockend genug, ihn als ihren
Meister zu verehren, als seine Jünger und Schüler seinen Spuren zu folgen.
Bis in die Zeiten Richelieu's beherrschte die Malherbe'sche Schule das Reich der
lyrischen Poesie, ohne daß namhafte Versuche gemacht worden wären, von der
betretenen Straße abzulenken. Zu der Verherrlichung des Hofes gesellten sich
dann noch überschwengliche Lobeserhebungen und Schmeicheleien auf den Cardinal. Man dichtete Oden, Sonette, Stanzen und Epigramme nach den Vorbildern der Antike und der Renaissance, wie Theophile Biaud († 1626), wie
François Maynard († 1646), wie François Sarazin († 1654), wie Claude
de l' Etoile und so viele andere. Alle diese Dichter folgten den klassischen Vorbildern, die Ronsard und seine Schüler zuerst aufgestellt, Malherbe und seine
Verehrer und Nachahmer geläutert und nationalisirt hatten. Auch die Schäferpoesie, die wir früher in der pyrenäischen Halbinsel kennen gelernt, und die um
die Mitte des Jahrhunderts auch in Frankreich Eingang fand, lehnte sich an die
von Virgil und Theokrit, von Tasso und Guarini aufgestellten Muster an. In
Honorat de Beuil, Herrn von Racan feierte sie noch im siebenzehnten Jahrhundert eine schöne Nachblüthe, nachdem sie in dem breit angelegten Schäferroman
„Astrea“ des Honoré d' Urfé aus Marseille, worin nach dem Vorbilde der
Diana von Montemayor (S. 77) Lebensschicksale des Dichters in allegorischer

45*

Verhüllung und in ungebundener Rede vorgetragen find, ihren Höhepunkt erreicht hatte.

Satire.   Nur in der Satire zeigten sich noch einige Spuren von Originalität.
Für die kühne Derbheit und cynische Ungebundenheit eines Rabelais war freilich
kein Raum mehr in dem Frankreich des dritten und vierten Heinrich; dagegen fanden die satirischen Sittengemälde Iuvenals einen geschickten Bearbeiter in Ma-
Regnier   thurin Regnier, der in seinen sechzehn Satiren Laster und Thorheiten seiner
1573—1613. Zeit, meistens Züge aus seiner eigenen Erfahrung während eines von manchen
Sünden und Unregelmäßigkeiten befleckten Lebens mit einem Anflug von Genialität vorgeführt hat, und in der „Menippeischen Satire", die von einem Kreise
geistreicher und vaterländisch gefinnter Männer während der Religionskriege ausging, find die Umtriebe der Ligue und ihrer Häupter zur Zeit Heinrichs III.
und IV., die spanischen und römischen Intriguen zur Verwirrung Frankreichs,
die eigensüchtigen Pläne der Guisen im Geiste Lucians mit kaustischer Schärfe und
satirischer Volkslaune dargestellt und die katholischen Parteiführer mit kühnem
Witz und patriotischer Indignation verspottet.

Theater-   Am sprödesten zeigte sich die Theaterdichtung, das alte volksthümliche
dichtung. Gepräge gegen das klassische Drama umzutauschen. Während Iodelle und seine
Nachfolger sich abmühten, in hochtrabenden Alexandrinern Tragödien nach antikem Zuschnitt und meistens der römischen und griechischen Geschichte oder Mythe
entnommen, der vornehmen Welt und den Hofkreisen vorzuführen, ergötzte sich
das Volk noch das ganze Iahrhundert hindurch an den alten Moralitäten und
Schauspielen; selbst Robert Garnier, ein Dichter von großem dramaturgischen
Talente, welcher neben den antiken Tragödien mit und ohne Chor auch ein ro-
mantisches Schauspiel „Bradamante" auf die Bühne brachte, vermochte nicht das
Volkstheater zu verdrängen, dem klassischen Drama den Sieg zu verleihen. Erst
als gegen Ende des Iahrhunderts die Passionsbrüder ihr Privilegium an eine
Schauspielergesellschaft abgaben, welche zur Aufführung klassischer Stücke zwei
stehende Theater in Paris erwarb, erhielt der neufranzösische Geschmack, der sich
der Gunst des Hofes und der vornehmen Gesellschaftskreise zu erfreuen hatte, der
die Oberhand und bald die Alleinherrschaft.

Calvinische   Das neue Geistes- und Kunstleben Frankreichs nahm, wie wir bei Marga-
Literatur. retha und Marot, bei Rabelais und Ramée gesehen haben, im Anfang eine oppositionelle Stellung gegen die kirchliche Scholastik. Auch Calvin war aus den
Kreisen der Humanisten hervorgegangen und Theodor de Beza versuchte sich zuerst in lateinischen Gedichten, ehe er sich in Genf einen einflußreicheren Wirkungskreis schuf. Aber mit der Zeit gingen die Richtungen und Meinungen auseinander
Ronsard und seine Freunde, Malherbe und seine Schüler wendeten sich den Hofkreisen zu; andere hielten mit ihren freieren Ansichten zurück. Daß viele dem geistlichen Stande angehörten und mit einträglichen Pfründen versehen waren, hinderte
sie nicht, wie schon erwähnt ward, die Zuchtlosigkeiten und Nacktheiten des heidni-

schen Alterthums in ihren Schriften darzulegen und auch im äußeren Leben die freieren Sitten der Alten und ihre Hingebung an die Lüfte und Reize der Sinne sich zu
gestatten.   Darüber wurde die Kluft zwischen ihnen und den standhafteren Bekennern der neuen Religionslehren mit jedem Jahre weiter, namentlich seitdem
die kirchliche Spaltung sich auch äußerlich vollzogen hatte.   Die Anhänger Calvin's wendeten ihre rigorose Sittenlehre auch auf die Kunst und ihre Träger an;
sie wollten vom Alterthum nur die Geistesfreiheit, die Formen der Poesie, die
Erzeugnisse der Wissenschaft, die Gesetze des Denkens mit herübernehmen, nicht
zugleich die Frivolität, die Sinnlichkeit, den moralischen Leichtsinn.   Es ist uns
bekannt, daß schon Marot und Beza ihre dichterischen Talente zur Uebertragung
der Psalmen verwendeten; daß die neue geistliche Poesie sogar am Hofe und in
den aristokratischen Gesellschaftskreisen Beifall fand, ehe sie die Fahne geworden, um
die sich die Anhänger des reformirten Glaubens schaarten.   Diese ernstere Richtung der Poesie, diese Auffassung von dem heiligen Berufe des Sängers behauptete sich in den Kreisen der Bekenner der neuen Doctrinen auch in der Folgezeit;
die calvinischen Dichter und Schriftsteller bildeten auch darin einen Gegensatz zu
ihren katholischen Genossen und Rivalen, daß sie der ernsten und züchtigen Muse
Urania dienten, daß sie in Schriften und im Leben edlere und reinere Beispiele
aufstellten.   Theod. Agrippa d' Aubigné, Dichter und Historiker, hat nicht ^{d'Aubigné}
nur in den Reihen der Hugenotten mit dem Schwerte die Katholiken bekriegt, er 1550—1630.
hat auch mit beißender Satire die poetischen Produkte der von den Königen und
Höflingen begünstigten und von der Nation gefeierten Schriftsteller gerügt und
sich mit Abscheu von ihnen abgewendet; und der Hugenottendichter Guillaume
Saluste, Seigneur du Bartas aus Armagnac, wendete die Muse, die ihm die ^{Du Bartas}
Religionskriege in den kurzen Friedenspausen gewährten, an, um nach antikem 1544—1590.
Vorbilde und in der Dichtersprache Ronsards ein poetisches Werk von tiefsinni-
gem, ernsten Inhalt zu schaffen, „die Woche der Schöpfung".

In demselben unternahm es du Bartas, „die ganze heilige Geschichte den Zeitgenossen näher zu bringen; das verlorne Paradies, die Sündfluth, die Thaten der Erzväter, des Moses, der Richter und der Könige hat er noch beschrieben; seine Absicht
war auch den Eintritt des christlichen Weltalters zu schildern und mit der Vollendung
aller Dinge, dem Sabbat der Sabbate zu schließen.   Ein im Entwurf großartiges
Unternehmen, aber beinahe zu umfassend, als daß es in Einem Sinn und Guß vollendet und in einem für immer geltenden Ausdruck späteren Jahrhunderten hätte überliefert
werden können."

Durch dieses Werk, das Milton in seinem „verlornen Paradiese" studirt
und benutzt hat, wurde du Bartas „der Patriarch der protestantischen Poesie"; aber
die Gunst der tonangebenden Kreise ward ihm nicht zu Theil; die Zeitgenossen
einer Katharina von Medicis fanden keinen Geschmack an einer religiösen Dichtung, die aus ketzerischer Feder stammte.

Ueberhaupt hatte die scharfe Parteistellung während der Religionskriege den größten Einfluß auf die geistige Richtung in der poetischen wie in der wissenschaftlichen Literatur. Wenn die Dichtkunst, wie wir gesehen, sich größtentheils in den Dienst der katholischen Hofkreise begab, so nahm dagegen die Geschichtschreibung, die Philosophie, die Staats- und Rechtslehre vielfach einen freieren Standpunkt und suchte durch Nachdenken, durch Prüfung der realen Verhältnisse mit dem Maßstabe des Rechts, der Autorität, der Vernunft allgemein gültige Resultate zu erringen. Der Krieg, den das Königthum gegen die Hugenotten führte, regte zu gründlichen Forschungen über Staatswesen, über Regierung und Volk, über politisches und gesellschaftliches Zusammenleben an. Da traten denn bald die verschiedenartigsten Auffassungen, die entgegengesetztesten Anschauungen zu Tage, wie sie seitdem die politische Welt und die publicistische Literatur durchzogen, erregt und gespalten haben: die Frage über die Grenzen der Autorität und der Freiheit, über die Natur und das Wesen der Souveränität, der Königs- und Volksrechte wurde erwogen und an den Werken der Alten, an den Lehren und Beispielen der Geschichte, an den ewigen Gesetzen der Vernunft und der Gerechtigkeit geprüft und festgestellt. Wir werden die Versuche staatsrechtlicher und politischer Theorieen und Doctrinen, die damals in Frankreich hervortraten, in einer weiteren zusammenfassenden Behandlung kennen lernen; die großartigen Ereignisse jener Zeit und vor Allem die von der höchsten Autorität veranlaßte oder doch gebilligte Bluttat in der Bartholomäusnacht lieferten schwer zu lösende Probleme zu staatswissenschaftlichen und staatsrechtlichen Erörterungen. Das

absolute Königthum fand nur wenige Verfechter; selbst Bodin, der von einem Steuerbewilligungsrecht des Volkes nichts wissen will, verwirft doch den Despo-

tismus und den Religionsdruck; Hubert Languet hat die freieren Ansichten, die er in Wittenberg und in verschiedenen deutschen Städten und Staaten sich angeeignet, in einem lateinisch und französisch geschriebenen Werk niedergelegt (Vindiciae contra tyrannos), das die Rechte und Pflichten des Herrschers wie der Beherrschten in folgerichtiger Beweisführung dergestalt entwickelt, daß die Ansicht von einem erblichen und göttlichen Rechte in der geweihten Person des

Souveräns keine Begründung findet; und Etienne de la Boëtie hat in seinem „Tractat von der freiwilligen Knechtschaft" die calvinistischen Ansichten von kirchlichem Selbstregiment auf den Staat angewendet und die unveräußerlichen Rechte

der Völker wahren gelehrt. Sein Freund Michel de Montaigne, ein mit allen Vorzügen des Geistes, der Geburt und der gesellschaftlichen Stellung ausgerüsteter Edelmann aus Perigord, hat sich aus dem Widerstreit der Meinungen und Systeme auf einen hohen, freien Standpunkt emporgeschwungen und in seinen „Essays" mit scharfer Skepsis die Unsicherheit alles Wissens und aller positiven Wahrheit dargethan, um Gemüthsruhe und Ergebenheit in Gottes Wort und Willen als höchste Weisheit zu empfehlen, eine Weltphilosophie, welche durch die ungekünstelte Sprache und Darstellung, die natürliche Beredsamkeit und den leichten Stil des Vortrags Reiz und Nachdruck erhält.

Das deutlichste Abbild der zerfahrenen Zeit der Religionskriege liefert die geschichtliche Memoirenliteratur. Wir haben diese der französischen Nation besonders zusagende Literaturgattung an einem andern Orte kennen gelernt (IX, 330 ff.) ; auch das sechzehnte Jahrhundert ist darin nicht zurückgeblieben. Die „Lebensgeschichte des Ritters Bayard" weicht zwar insofern von der gewöhnlichen Art ab, als sie nicht von ihm selbst, sondern von einem Secretär desselben verfaßt ist, mithin mehr der biographischen Gattung der Historiographie angehört; aber in ihrer ganzen Haltung, in der naiven Unmittelbarkeit der Erzählung und Darstellung erinnert die Geschichte des edlen Ritters ohne Furcht und Tadel an die Denkwürdigkeiten Joinville's. Sie ist, wie der Held selbst, noch ein letzter leuchtender Abglanz des dahinschwindenden Mittelalters. Und selbst in diesem mit Recht beliebten Buche zeigt der rhetorische Charakter der Reden, der mit dem einfachen Chronikenstil des übrigen Inhalts wenig übereinstimmt, den Einfluß der neuen Bildung, die Gegensätze, in denen sich jenes Geschlecht bewegte. Alle Denkwürdigkeiten des sechzehnten Jahrhunderts spiegeln gewisse Seiten des öffentlichen Lebens und der Gesellschaft ab. Während der witzige, geistreiche und leichtfertige Pierre de Bourdeille, Seigneur de Brantome in seinen Memoiren und in seinen Geschichten von berühmten Herren und galanten Damen uns einen tiefen Blick eröffnet in das sittenlose, ausschweifende Leben der Höfe und der Aristokratie, wo unter den Formen der Galanterie das häßliche Laster und die lästerne Sünde, die buhlerische Kunst und die nackte Sinnlichkeit in obscöner Gestalt auftraten, die von dem alten Wollüstling mit sichtlichem Wohlgefallen an den frivolen Zügen und Scenen in unverhüllter Offenheit und Natürlichkeit den Lesern vorgeführt werden; während sein Landsmann Blaise de Montluc uns ein gräuliches Bild entrollt von der Verwilderung der Gemüther und der Gemeinheit der Gesinnung, welche durch die Bürgerkriege und den religiösen Fanatismus erzeugt wurden; lernen wir aus den Denkwürdigkeiten der Freunde und Waffengefährten Heinrichs von Bourbon, Sully und Duplessis Mornay den Verstand und den männlichen Geist kennen, welcher im Heerlager der Hugenotten herrschend war und auch in den ersten Regierungsjahren des vierten Heinrich noch kräftigend auf das entartete und erschlaffte Zeitalter der Valois wirkte. Ihre Memoiren bilden ein Seitenstück zu der „Universalgeschichte" d'Aubigné's, des calvinischen Dichters, Historikers und Kriegsmannes, den wir schon früher kennen gelernt haben.

XIX. Der Schmalkaldische Krieg.

Literatur. Außer den oben p. 1. 2 und p. 88. 89 angeführten Werken konnte bei der nachfolgenden Darstellung noch benutzt werden: M. Deckers, Hermann v. Wied, Erzbischof und Kurfürst von Köln. Köln 1840. — F. A. v. Langenn, Moritz, Herzog und Churfürst zu Sachsen. Leipzig 1841. 2 Bde. und von Demselben: Christoph von Carlowitz. Leipzig 1854. — Johannes Voigt, Markgraf Albrecht Alcibiades von Brandenburg-Kulmbach. Leipzig 1852. 2 Bde. und von Demselben der Fürstenbund gegen Kaiser Karl V. (Historisches Taschenbuch von Raumer III. 8. Leipz. 1857.) — Sastrowens Herkommen, Geburt und Lebenslauf, herausgeg. von Mohnike. Greifsw. 1823. 3 Bde., bearb. von A. Grote, Halle 1860. Briefe und Urkunden bei K. Lanz, Bucholz, Hortleder, Maurenbrecher u. a. schon angeführten Schriftstellern. — Henne, histoire du règne de Charles V. en Belgique 10 vols.

1. Die Vorgänge im Erzstift Köln.

Katholische Reaction in Cleve und Niederland.

Nicht blos in Frankreich war der Friede von Crespy der Anfang einer schärferen Reaction gegen die reformatorisch Gesinnten; auch in der Haltung des Kaisers zu Deutschland trat von der Zeit an eine Veränderung ein. Gegen seine Ueberzeugung hatte er bisher aus Gründen der Politik den Schmalkaldener Bundesverwandten so viel nachgegeben als er nur immer über sich zu gewinnen vermochte, und deshalb scharfe Verweise von Seiten der Curie hinnehmen müssen. Es wurde ihm zum schweren Vorwurf gemacht, daß er ein Nationalconcil oder einen Reichstag über religiöse Dinge entscheiden lassen wolle. Er konnte sich nicht verhehlen, daß diese Nachgiebigkeit zu der Verbreitung der Reformation in allen Gegenden der deutschen Erde wesentlich beigetragen habe. Dieß sollte nun anders werden, der Sieg über den äußern Feind sollte zugleich zur Unterdrückung der religiösen Neuerung dienen. Zunächst gaben sich diese Tendenzen am Niederrhein und in den burgundischen Landen kund. Der Herzog von Cleve mußte sich nicht nur zur Erhaltung der alten Kirche und Abstellung aller Neuerungen verpflichten, er wurde auch bald darauf durch die Vermählung mit einer Tochter Ferdinands in das Habsburgische Hausinteresse gezogen. Und wie sehr die Brüsseler Regierung entschlossen war, die reformatorischen Bewegungen, die vom Niederrhein aus nach den kaiserlichen Erbstaaten ihren Weg gefunden, durch Strenge niederzuhalten, bewiesen die scharfen Edikte gegen das Einbringen von Büchern und Flugschriften, bewies die Ueberwachung der Geistlichen, die Bestrafung aller Häretiker in ganz Niederland. Mußte doch zu Doornik ein französischer Prediger, der aus Straßburg dorthin berufen worden, in den Flammen sterben, und wie viele andere „fromme gutherzige Leute" schmachteten im Kerker oder irrten als Flüchtlinge umher? Einst war Maria in Ungarn der neuen Lehre befreundet gewesen (S. 419); nach dem Tode ihres Gemahls auf dem Schlachtfeld von

10. Febr. 1545.

Mohacs hatte Luther ihr vier Bußpſalmen zugeſandt; aber ſeitdem ſie Statthalterin in Brüſſel geworden, war ſie in die Geſichtskreiſe ihrer Brüder eingetreten.

Und gerade damals war die Reformation auf dem Wege, ein Gebiet zu **Hermann von Bied.**
erobern, in welchem ihr bisher der Zugang aufs Hartnäckigſte verwehrt worden,
und von wo aus das Eindringen abweichender Lehrmeinungen in die kaiſerlichen
Erblande ſehr gefördert worden wäre, das Erzſtift Köln. Wir ſind dem geiſtlichen Herrn, der ſeit dem Jahr 1515 den Kurfürſtenſtuhl inne hatte, Hermann
von Bied, bei früheren Gelegenheiten wiederholt begegnet; an dem öffentlichen Leben Deutſchlands, wie es durch die Reformation geſtaltet ward,
von Anfang an regen Antheil nehmend, hat er ſich ſtets durch Mäßigung und
verſöhnlichen Sinn hervorgethan, und wenn er auch auf den Reichstagen mit der
conſervativen Majorität gegangen war, hatte man ihn doch niemals in den Reihen der Eiferer geſehen. Ein friedliebender Herr von humanem Weſen, ohne
beſondere Gelehrſamkeit, dem ſeine fürſtliche Stellung mehr am Herzen lag als
das geiſtliche Hirtenamt und die Seelſorge, hatte er in der Zeit der Aufregung
und Zerklüftung eine wohlthuende Wirkſamkeit geübt. Wir erinnern uns, wie
er als Adminiſtrator von Paderborn durch ſeine humane Perſönlichkeit der religiöſen Bewegung in der weſtfäliſchen Stadt Einhalt geboten. Erfüllt von pa-
triotiſcher Geſinnung, wünſchte er vor Allem die Eintracht und den Frieden der
Nation, die Grundlage aller Wohlfahrt und Ehre. Die Ausgleichungsverſuche
des Kaiſers in Regensburg hatten in ſeiner Seele Anklang gefunden; es war
ganz nach ſeinem Sinn, daß ſein gelehrter Theolog Johannes Gropper in die
Zahl der Collocutoren gewählt ward, die mit Buzer und Melanchthon die Ein-
trachtsformel finden ſollten. Schon vor mehreren Jahren hatte er mit ſeinen
Suffraganen den Zuſtand der Kirche berathen und in der Vorrede zu dem Reformationsentwurf, den er als Reſultat der Beſchlüſſe der Provinzialſynode bekannt
machte, ſeinen Schmerz ausgeſprochen über die Gefahren und Nothſtände, in
denen das Schiff der Kirche ſchwebe, „weil wir nicht mit aufrichtigem Glauben an
Gott, noch mit heißem Flehen einträchtig den ſchlummernden Herrn angerufen
haben, daß er dem Winde und dem Wetter gebiete, ſondern in Schlaffheit, Un-
glauben und verderblichen Begierden dahinleben und nicht unverrückt hinſchauen
auf den, der da geſagt: Kommet zu mir alle, die ihr mühſelig und beladen ſeid,
ich will euch erquicken“. Mehr und mehr war er ſeitdem zu der Ueberzeugung
gekommen, daß nur auf Grund der heil. Schrift, in welcher er eifrig forſchte und
als deren wahren Inhalt und Ausdruck er die Augsburger Confeſſion betrachtete,
eine wirkſame Verbeſſerung der Kirche durchgeführt werden könnte. Daß eine
ſolche vonnöthen ſei, war ja oft genug von katholiſcher Seite ſelbſt zugeſtanden
worden, und hatte denn nicht der Speierer Reichstagsabſchied ausdrücklich beiden
Religionstheilen die Ausarbeitung von Reformationsentwürfen zur Pflicht gemacht,
die den ferneren Unionsbeſtrebungen als Grundlage dienen möchten? Dieſer

Aufgabe beschloß nunmehr Erzbischof Hermann nachzukommen; die Stände des Stifts, denen er sein Vorhaben mittheilte, bestärkten ihn in dem Beschluß und versicherten ihn zum Voraus ihres Beistandes.

Buzer und Gropper. Wer konnte ihm nun geeigneter für ein solches Werk erscheinen, als die Männer, die schon in Regensburg einander so nahe getreten? Er ließ eine Einladung an Buzer ergehen, daß er gemeinschaftlich mit Gropper eine Reformationsschrift entwerfen möge, die sich zur Einführung im Erzstift eigne. Bu-
Decbr. 1542. zer folgte dem Ruf; er predigte da und dort und hielt mit den Kölner Theologen mehrere Besprechungen. Da stellte sich aber bald heraus, daß ihre Ansichten doch sehr weit auseinander liefen, daß die Annäherungen, die man in Regensburg und Speier wahrgenommen, seitdem wieder strengeren Auffassungen gewichen waren. Gropper merkte, mit welchem Mißtrauen viele geistliche Herren des Kapitels das Vorhaben betrachteten und wie sehr sie es dem Kurfürsten verargten, daß er einen abtrünnigen Dominikanermönch, der schon zum zweitenmal in den Ehestand getreten und wegen seines schwankenden Charakters bei keiner Partei sonderlich in Achtung und Ansehen stand, als Rathgeber für die Verbesserung der Kirche herbeigerufen. Gropper zog sich also zurück und trat zu der Opposition über, die sich nicht nur bei einer allmählich zur Majorität anwachsenden Zahl von Stiftsherren und bei der Universität, sondern auch unter den Stadträthen kund gab.

Parteistellungen. Wir haben gesehen, wie lange und hartnäckig die „Ehrbarkeiten" in den deutschen Städten, namentlich im Gebiete der Ostsee und in Westfalen den Neuerungen widerstrebten. Seitdem waren noch die Vorgänge in Münster als abschreckendes Beispiel hinzugekommen. Die Rathmannen von Köln und alle städtischen Behörden waren daher seit Jahren beflissen, jede reformatorische Regung zu ersticken. Alle fremden Einwanderer wurden strenge überwacht; als ein Augustinermönch in der Kirche seines Klosters Predigten im lutherischen Sinne hielt, drangen die Communalvorsteher persönlich in den heiligen Raum, ohne die Immunität des Ortes zu beachten und wehrten den Vorträgen. Nun sahen diese geistlichen und weltlichen Herren sich durch das Oberhaupt selbst in dem sichern Besitz ihrer bisherigen Rechtsstellung bedroht. Nicht nur Buzer focht zu Bonn und anderwärts in Rede und Schrift für die evangelische Sache; in Andernach predigte Sarcerius aus Nassau in gleichem Sinn; und schon waren Berufungen an Melanchthon, an Hedio in Straßburg, an andere namhafte Männer reformatorischer Richtung ergangen. Das Domcapitel, worin der Propst Georg von Braunschweig, Bruder des verjagten Herzogs Heinrich eine gewichtige Stimme führte, richtete eine ernste Vorstellung an den Erzbischof, daß er die fremden Prediger des Landes verweise. Dieser aber blieb fest bei seinem Vorhaben. Er
12. März 1543. berief die weltlichen Stände zu einem neuen Landtag nach Bonn und forderte sie auf, an dem Reformationswerk, mitzuwirken. Die Versammlung ging mit Freuden auf den Vorschlag ein und überließ es dem Kurfürsten,

einen Ausschuß aus ihrer Mitte zu wählen zur Mitberathung und Ausführung seines Planes.

Bald darauf traf Melanchthon, dem sein Landesherr Urlaub ertheilt, in Bonn ein und arbeitete nun gemeinschaftlich mit Buzer eine „Reformationsschrift" aus mit Berücksichtigung der obwaltenden Verhältnisse des geistlichen Kurstaates. Aus seinen Briefen an wittenberger Freunde ersieht man, welchen Unwillen ihm der gränzenlose Aberglauben einflößte, in welchem das Volk durch die Priesterschaft gehalten ward. Nirgends sei der Bilderdienst ihm in so crasser Gestalt entgegengetreten.

Melanchthon berufen. Mai 1543.

Auf den Wunsch des Erzbischofs legte man bei der Reformationsschrift die nürnbergisch-fränkische Kirchenordnung zu Grunde. Die wichtigsten Theile, wie die Kapitel über Erbsünde, Rechtfertigung, Kirche und Buße arbeitete Melanchthon selbst aus, die übrigen Buzer. Gegen Ende Juni war das Schriftstück vollendet. Der Erzbischof ließ sich dasselbe an fünf Tagen in Gegenwart mehrerer geistlichen und weltlichen Räthe in den Morgenstunden vorlesen. Nach Melanchthons Zeugniß folgte er dem Buche mit der größten Aufmerksamkeit, besprach sich über die dunkleren und schwierigen Gegenstände, ließ manche Stellen klarer fassen, schlug oft die neben ihm liegende Bibel in Luthers Uebersetzung nach und zeigte sich in Allem als einen aufrichtigen, religiösen und wahrheitsliebenden Mann. Und in diesem Urtheil waren Alle einstimmig. An seiner lautern Frömmigkeit und christlichen Gesinnung, an seinem redlichen Streben, das Volk geistig zu heben und zu einem religiösen und sittlichen Leben zu führen, konnte kein Zweifel aufkommen; von egoistischen Beweggründen die in so vielen Fällen mitgewirkt haben, war bei dem bejahrten ehrwürdigen Herrn keine Spur vorhanden.

Die Kölner Reformationsschrift.

Daß die Reformationsschrift in allen Stücken sehr gemäßigt gehalten war, ließ sich von dem Charakter und den conciliatorischen Tendenzen der Verfasser erwarten: die bischöfliche Würde sollte bestehen bleiben und dem Domcapitel waren alle Rechte und Befugnisse gewährleistet. Der reformatorische Geist gab sich hauptsächlich im Cultus und Lehrbegriff kund. Wir werden später erfahren, welchen Einfluß die Kölner Reformationsschrift auf die englische Episcopalkirche geübt hat. Vergebens suchten die Vorfechter der Altkirchlichen das Werk der beiden Reformatoren durch Gegenschriften zu verdächtigen und zu verlästern; den Angegriffenen fiel es nicht schwer, sich und ihre Arbeit zu rechtfertigen. Ein anderer Entwurf, berechnet die alten Mißbräuche zu verhüllen und zu beschönigen, den man Gropper zuschrieb, blieb ohne Beachtung. Am 26. Juli wurde darauf der Entwurf, nachdem er dem Kapitel zur Kenntnißnahme mitgetheilt worden, dem abermals nach Bonn berufenen Landtage vorgelegt und von den weltlichen Ständen, den Grafen, Rittern und Städten im Vertrauen auf die wohlmeinenden Absichten des gnädigen Fürsten ohne Widerrede angenommen. Dagegen beharrten die geistlichen und weltlichen Herren der Stadt Köln bei ihrer Opposition. Der Papst lobte in mehreren Sendschreiben ihren Eifer und mahnte zur Standhaftigkeit. Dies bestärkte sie in ihrem Widerstand; das Domcapitel zog wider die Reformationsschrift mit einer „christlichen und katholischen Gegenberichtung" ins Feld und suchte Hülfe

bei dem Kaiser.   Dieser aber, mit dem Krieg gegen Frankreich beschäftigt und darum
beflissen , die Evangelischen bei guter Stimmung zu erhalten , mied eine entscheidende
Einmischung.   Er mag unter der Hand die katholische Opposition aufgemuntert haben,
zugleich sagte er aber in Speier dem Erzbischof, der ihm die Reformationsschrift mitgetheilt
hatte, „er wolle ihm nicht wehren, das reine und lautere Wort Gottes in seinem Gebiete
verkündigen zu lassen."

Und dazu schritt nun auch Hermann von Wied.   Weder die Protestation des
eigenen Klerus noch die mißbilligenden Stimmen, die sich in den orthodoxen Kreisen zu
Wittenberg gegen das Schriftstück vernehmen ließen, worin Luther „Buzers Klapper-
maul" überall herauszuhören vermeinte, vermochten ihn von seinem Vorhaben abzubringen.   An vielen Orten wurde evangelischer Gottesdienst gehalten, in Bonn, Andernach,
Linz und andern kleineren Städten des Erzstifts das Abendmahl unter beiderlei Gestalt
gereicht , der katechetische Unterricht eingeführt ; hie und da wie in Linz und Kempen
äußerte sich die Reformationslust des Volkes in bilderstürmerischen Auftritten.

Episcopat
und Refor-
mation.

Noch einmal hatte es den Anschein , als ob Niederrhein und Westfalen sich den
national = kirchlichen Tendenzen anschließen würde : nicht nur die Landschaft, auch ein
großer Theil der adeligen Geschlechter waren der Neuerung zugethan; der Bischof Franz
von Münster war bereit , falls die Reformation des Erzstifts in der vorgeschlagenen
Weise ohne Gewaltstreich durchgeführt würde , dem Beispiel zu folgen.   Als im September 1545 Kardinal Albrecht von Mainz starb , erlangte durch den Einfluß von
Pfalz und Hessen die reformatorisch gesinnte Partei in Adel und Kapitel bei der Wahl
des Nachfolgers die Oberhand.   Der neue Erzbischof Sebastian von Heusenstamm erbat
sich von dem Landgrafen Philipp einen „christlichen" Kanzler und erklärte sich gegen ihn
für freie Predigt, Priesterehe und Abendmahl in beider Gestalt.   Freilich änderte er bald
seinen Sinn, als die evangelische Sache abwärts ging.   Diese reformatorischen Tendenzen in den fürstbischöflichen Landen wurden nicht wenig dadurch gefördert , daß man
um diese Zeit auch in protestantischen Kreisen mehr und mehr dem Gedanken Raum
gab , das bischöfliche Regiment könne beibehalten werden.   In der „Wittenbergschen
Reformation", welche Melanchthon nach der Bestimmung des Speierer Reichsabschiedes
verfaßte, um den künftigen Unionsverhandlungen als Basis zu dienen, waren nicht nur
die meisten Lehrartikel in möglichster Annäherung an den katholischen Kirchenglauben
vorgetragen, sondern auch die Ansicht ausgesprochen, daß man den Bischöfen, wenn sie
die rechte Lehre und christlichen Brauch der Sacramente pflanzen wollten, ihre Autorität
und Jurisdiction sammt ihren Gütern und Einkünften belassen möge.   Ebenso könnten auch die Kapitel mit ihren Rechten und Befugnissen fortbestehen.   Demnach sollte
das Episcopat die gesetzgebende Gewalt in allen äußern gottesdienstlichen Anordnungen
und Ceremonien auf Grund der evangelischen Urkunden behalten und in Consistorien
und Gerichten, wobei auch Laien zugezogen werden sollten, ein Aufsichtsrecht über die
Geistlichen und alle die Sitten und das religiöse Leben betreffenden Fälle üben.   Was
Calvin in schroffem Gegensatz zu Rom in Genf begründete , sollte hier auf Grund altkirchlicher Institutionen erzielt werden.   Ein geistliches Selbstregiment , das in einem
evangelischen Episcopat und Kapitel und in einem geistlich-weltlichen Lehr- und Sitten-
gericht seine gesetzlichen Organe habe , das Recht der Visitation , der Ordination , der
Autonomie bei Wahlen und Anstellungen, der Excommunication gegen hartnäckige Sünder und Missethäter üben und die zu dieser Autorität und Herrschaft erforderlichen Kosten aus den vorhandenen Kirchengütern ziehen sollte, erschien dem Reformator als die
mit der Augsburger Confession verträgliche zweckmäßige Verfassung der neuen Kirche,
da die weltlichen Regierungen zu sehr durch anderweitige Geschäfte in Anspruch genommen seien , als daß sie den geistlichen und religiösen Dingen die nöthige Sorgfalt zu-

wenden könnten. Diese bischöfliche Oberbehörde sollte sich dann vor Allem auch der Studien und Lehranstalten fleißig annehmen. Auch der Reformationsentwurf, der Buzers Feder entfloß, lief darauf hinaus, daß der Kaiser durch einen Ausschuß prüfen lassen möge, wie viel aus dem dermaligen geistlichen Stande beibehalten werden könnte, unbeschadet der Frömmigkeit und Heiligung, die vor Allem in der neuen Kirchen- und Glaubensgemeinschaft angestrebt werden müsse.

Noch niemals war man dem Gedanken einer nationalen Kirche, getrennt von Die Idee einer deut-schen Natio-nalkirche. dem Pontificat aber mit möglichster Schonung der bestehenden äußerlichen Ord-nungen, mit einem schriftgemäßen Lehrbegriff und einem vereinfachten und gerei-nigten Cultus so nahe getreten, als zu der Zeit, da die reformatorische Neuerung ihre größte Verbreitung gefunden, da nicht nur die ganze germanische Welt, son-dern auch ein Theil der romanischen davon ergriffen und erfüllt war, da selbst in Ungarn und Böhmen die neukirchlichen antipäpstlichen Ideen nach Geltung rangen. Wenn es gelang, die geistlichen Reichsfürsten durch Garantie ihrer herrschaftlichen Stellung, ihrer Rechte und Einkünfte für die neue Ordnung und Lehre zu gewinnen, so war die Gründung einer selbständigen deutschen National-kirche keine Unmöglichkeit. Was in England durch tyrannische Machtgebote durchgeführt worden, konnte in Deutschland auf dem friedlichen Wege gesetz-geberischer Vereinbarung erzielt werden. Dazu hätte es aber eines patriotischen Aufschwunges bei dem deutschen Episcopat bedurft. Und gerade jetzt traten die ersten Regungen des neugegründeten Jesuitenordens zu Tage!

Wie weit waren aber die beiden Häupter der Christenheit damals von dem Streben des Kaisers nach Weltherr-schaft. Gedanken einer Trennung und Auseinandersetzung der Christenwelt nach Ratio-nalitäten entfernt! Es war Deutschlands größtes Unglück, daß es an einen Monarchen gekettet war, der über verschiedene Reiche und Völker regierte, der eine Weltherrschaft anstrebte, worin die deutsche Nation nur als ein Glied be-trachtet wurde, das sich der Gesammtheit einfügen müßte, der in einer Lostren-nung von Rom und in der Constituirung Deutschlands zu einer selbständigen Landeskirche auf evangelischer Grundlage, wenn auch mit Beibehaltung der hier-archischen Ordnungen und bischöflichen Verfassung nur eine Schwächung seiner imperialen Autorität, seiner universalen Machtstellung zu erblicken vermochte. Wir kennen die Ursachen und Beweggründe, weshalb Karl V. bisher gegen die Schmalkaldener Bundesverwandten so schonend und nachgiebig aufgetreten ist: es war die Furcht vor den bösen Nachbarn im Westen und Osten, denen er keine Alliirten zuführen wollte. Diese Furcht war nun wenigstens vorübergehend be-seitigt: mit Frankreich bestand Friede, und mit den Osmanen wurde unter Ver- Oktober 1545. mittelung eines französischen Bevollmächtigten über einen Waffenstillstand unter-handelt, der auch dort eine Ruhepause herbeiführte, wenn sie gleich mit großen Opfern erkauft werden mußte. Um nur wenigstens einige feste Grenzorte zu erhalten, willigte man in einen jährlichen Tribut. So sehr war dem Kaiser daran gelegen, freie Hand zu bekommen. Wenn er dessen ungeachtet noch immer

den Schein zu wahren suchte, als wolle er durch Reichstagsbeschlüsse und Religionsgespräche eine Vereinbarung der Evangelischen und Altgläubigen zu einer
friedlichen Lebensgemeinschaft und duldsamen Verträglichkeit begründen; so hegte
er dabei die Hoffnung, die reformatorische Bewegung in Deutschland als Hebel
und Staffel zur Machtvergrößerung gegenüber dem Papstthum zu gebrauchen.
Seiner stolzen Seele schwebte die Idee einer Weltherrschaft vor, wie sie die alten
Imperatoren oder Karl der Große geübt.   Auch das Pontificat sollte die überlegene Autorität des römischen Kaiserthums anerkennen, seine Abhängigkeit von
dem kaiserlichen Schiedsrichter empfinden.

Reichstag
und Concil.   Am sichersten gedachte Karl dieses Ziel zu erreichen, wenn er auf die kirchlichen Reformen, die man allenthalben als nothwendig erkannt, und die nun
durch ein allgemeines christliches Concilium ins Leben eingeführt werden sollten,
einen bestimmenden Einfluß übte, den entscheidenden Ausschlag gab.   Papst
Paul III. hatte endlich, dem Drängen des Kaisers nachgebend, ein allgemeines
18. März
1545. Concil auf Lätaresonntag nach Trient ausgeschrieben, „damit zur Beendigung
der Streitigkeiten in der Religion, zur Besserung der Sitten der Christenheit und
zur Ausführung eines allgemeinen Zuges gegen die Ungläubigen alles Erforderliche desto freier und sicherer berathen und beschlossen werden könne“.   Um dieselbe Zeit trat auch der im Abschied von Speier verheißene Reichstag in Worms
24. März
1545. zusammen.   Er wurde von Ferdinand eröffnet, da der Kaiser in Brüssel auf dem
Krankenbett lag.   Da galt es nun in erster Linie, die evangelischen Stände zur
Anerkennung der Trientiner Kirchenversammlung zu bringen.   Allein die Abneigung, die schon früher zu Schmalkalden in den protestantischen Kreisen zu
Tage getreten, hatte sich seitdem nicht gemindert.   Konnten sie in einer Versammlung, die nach dem mittelalterlichen Formen vom Papste einberufen worden, deren Sitzungen von den Legaten geleitet, deren Beschlüsse nach den Weisungen von
Rom gefaßt werden sollten, ein freies und unparteiisches Concil erkennen, wie sie
es stets gefordert hatten und wie es ihnen wiederholt in Aussicht gestellt worden
war?   Luther hatte in einer Schrift: „Wider das Papstthum, vom Teufel ge-
stift“ in maßlosester Weise seinen ganzen Groll gegen den römischen Stuhl ausgeströmt, und nun sollten seine Anhänger sich von demselben vorschreiben lassen,
was sie glauben und wie sie dem Herrn dienen sollten?   So trat denn auch schon
bei den ersten Besprechungen deutlich zu Tage, daß sich die Evangelischen dem
päpstlichen Concil nicht unterwerfen würden.   Nun war aber der Friedstand nur
bis zum Zusammentritt einer allgemeinen Kirchenversammlung garantirt; die
Protestanten standen somit in Gefahr, durch ihre Weigerung außer den Reichsfrieden gestellt zu werden.   Sie verlangten also vor Allem, daß ihnen Recht und
Friede gesichert werde ohne Rücksicht auf das Concil und dessen künftige Beschlüsse.
Am 16. Mai langte der Kaiser selbst in Worms an und mit ihm Pauls Enkel,
der „Nepote“ Alexander Farnese als Cardinal-Legat.   Schon auf der Reise hatte
er in Köln sich sehr ungnädig über die Neuerungen des Erzbischofs vernehmen las-

sen und der Unterdrückung derselben durch Capitel, Universität und Stadtrath Nachdruck verliehen. Die geistlichen Gerichte wurden in Thätigkeit gesetzt, der Erzbischof
selbst nebst seinen Anhängern im Capitel zur Verantwortung nach Rom geladen.
Nach Karls Ankunft in Worms wiederholten die Evangelischen die Forderung
eines unbedingten Friedstandes bis zur dereinstigen christlichen Vergleichung, erhielten aber zur Antwort, der Kaiser könne ihnen um der andern Nationen willen
eine solche Versicherung nicht ertheilen. Doch gab er ihnen beruhigende Zusagen
in Betreff seiner friedlichen Gesinnung. Er wollte sie nicht zum Aeußersten treiben, vielmehr mittels des Reichstages zugleich auf den Gang der Verhandlungen
in Trient einwirken, eine Versammlung durch die andere in Schach halten, um
desto sicherer als Schiedsrichter auftreten zu können. Umsonst versuchte Pfalzgraf Friedrich, der seit dem während des Speierer Reichstags erfolgten Tod seines Bruders Ludwig den kurfürstlichen Stuhl inne hatte und den reformatorischen
Ideen zugethan war, den von den Ständen aufgestellten Ausschuß zu versöhnlicheren Schritten zu bewegen; die Evangelischen beharrten bei ihrer Weigerung.
Nach einem Abschied, worin ein neuer Reichstag nebst christlichem Gespräch und *4. Aug. 1545.*
Colloquium in Regensburg in Aussicht gestellt ward, verließ der Kaiser die
Rheinstadt im August und kehrte über Köln nach den Niederlanden zurück.

Bei dieser Gelegenheit wurde das Schicksal des Erzbischofs Hermann der *Verfahren gegen den Erzbischof von Köln.* Entscheidung nahe geführt. In einer persönlichen Unterredung machte der Kaiser
dem Prälaten Vorwürfe über seine reformatorischen Neuerungen und forderte die *15. Aug.*
Abstellung derselben; Hermann erwiederte, er habe nur die offenkundigen Mißbräuche beseitigt und das lautere Wort Gottes verkündigen lassen, wozu er durch
den Regensburger Reichstag berechtigt ja verpflichtet gewesen sei, und weigerte sich
abzustellen, was er in Gemäßheit der Heil. Schrift und der Anordnung der
Apostel und mit Beistimmung seiner Stände aufgerichtet. Eine viertägige Bedenkzeit brachte den bejahrten Kirchenfürsten nicht zum Wanken. Karl gab ihm
zu verstehen, daß die Entziehung des erzbischöflichen Amtes durch die römische
Curie auch den Verlust des Kurfürstenthums zur Folge haben würde. Da gab
ihm Hermann zur Antwort, sollte er auch Amt und Würde verlieren, so werde
er als Graf von Wied leben und sterben können. Nach der Rückkehr des Kaisers
wurde auch in Brüssel ein Rechtsverfahren eingeleitet: allein wie der Angeklagte
bisher standhaft die wiederholten Ladungen nach Rom unbeachtet gelassen, so
legte er auch gegen dieses Verfahren Verwahrung ein und wandte sich zugleich an
den Schmalkaldischen Bund, der Ende des Jahres zu Frankfurt einen Convent
hielt. Dieser nahm sich des Hülfesuchenden an; denn in den evangelischen Kreisen erkannte man die große Bedeutung der Kölnischen Vorgänge für die gesammte
deutsche Reformation. Eine Flugschrift forderte zum Gebet um glückliche Wendung auf: man hatte ein Gefühl, daß wichtige Ereignisse sich vorbereiteten. Aber
während die Botschafter der Bundesverwandten dem Kaiser vorstellten, daß Kurfürst Hermann nichts vorgenommen habe, als wozu er befugt gewesen, und auf

Niederschlagung der Untersuchung drangen, hatte der Legat am Hoflager, Be-
ralli, bereits in Mastricht die Suspensionsbulle bekannt gemacht, auf welche
dann drei Monate später die päpstliche Excommunicationsbulle folgte, die den
ungehorsamen und ungetreuen Hirten seiner Aemter, Privilegien und Gerechtsamen beraubte.   Ein besonderes Breve übertrug dann die Verwaltung des Erzstifts dem bisherigen Coadjutor Grafen Adolf von Holstein-Schauenburg.   Der
Erzbischof veröffentlichte eine Protestschrift, daß er den Papst nicht als Richter
anerkenne und von der Sentenz an ein legitimes deutsches Concil appellire; allein
die Wendung, welche bald darauf der Schmalkaldische Krieg nahm, verschlimm-
merte seine Lage.   Der Kaiser schonte den kurfürstlichen Prälaten noch einige
Zeit, damit derselbe nicht in das gegnerische Heerlager übertrete; erst als er sich
seiner Ueberlegenheit bewußt war, ließ er dem Gerichtsgang seinen Lauf.   Noch
hielten die Landstände einige Zeit zu dem alten Fürsten und weigerten sich, dem
Nachfolger Eid und Pflicht zu leisten; aber wir werden bald erfahren, wie wenig
die schwache Unterstützung bei der allgemeinen Muthlosigkeit im Stande war,
den Fall des Kirchenfürsten zu verhindern.

2. Vorbereitungen zum Krieg und Luthers Tod.

Die Unterdrückung der reformatorischen Regungen in Köln war die Einleitung zu dem Repressivsystem, welches bereits zwischen Kaiser und Papst verabredet und beschlossen worden.   Jener Alexander Farnese, dessen Bruder Ottavio
Karls V. natürliche Tochter Margaretha zur Gemahlin hatte, war mit wichtigen
Aufträgen über die Alpen gekommen.   Er sollte zwischen den beiden Häuptern
der Christenheit ein enges Freundschaftsbündniß aufrichten.   Er hatte eine Türkenhülfe von 400,000 Ducaten anzubieten, wodurch ihm von vorn herein eine
gute Aufnahme gesichert war.   In geheimen Berathungen, zu denen nur wenige
Vertraute beigezogen wurden, überlegte man die Bedingungen: der Kaiser sollte
einwilligen, daß das Gebiet von Parma und Piacenza, so lange der Gegenstand
des Haders zwischen beiden Potentaten, als Lehn in die Familie Farnese übergehe,
und sollte den synodalen Entscheidungen des Concils, falls die Lutheraner sich
nicht fügen würden, „mit dem Donner der Kanonen" wirksame Unterstützung gewähren, wogegen der Papst durch den Mund des Cardinallegaten, seines Enkels,
sich verpflichtete, ein Heer von 12,000 Mann und 500 Reitern zu stellen, 300,000
Ducaten in baarem Gelde beizutragen und geistliche Steuern im spanischen Reiche
zu gestatten.   Der Kaiser und seine Vertrauten waren mit dem Vorschlag einverstanden, schon in Worms konnte der Bundesvertrag als eine abgemachte
Sache gelten; doch hielt Karl mit der Bestätigung noch zurück; er wollte einerseits
die Schuld des Scheiterns der religiösen Pacification auf die Evangelischen wälzen, andererseits auf den Gang der Verhandlungen in Trient einen bestimmenden Einfluß üben.

Margin notes:

8. Jan. 1546.

8. Juli.

Bündniß zwischen Kaiser und Papst.

Mai 1546.

Diefem Zweck entfprechend ordnete der Kaifer den Reichstag und das Reli-⟨Religions-
gionsgefpräch in Regensburg an, wie er in Worms verheißen. Aber er hatte⟨gefpräch in
⟨Regensburg.
Mühe Collocutoren zu finden, wie er fie wünfchte. In dem Augenblick, da bereits
die Sitzungen in Trient eröffnet worden, konnte Karl keine andere Abfichten und⟨13. Decbr.
⟨1545.
Hoffnungen haben, als die Evangelifchen entweder zu Zugeftändniffen zu bringen, welche ihnen eine Betheiligung an dem Concil ermöglichten, oder fie zu einem
offenen Bruch zu drängen, damit fein Verfuch, die Herbeiführung von Frieden und
Eintracht in deutfcher Nation auf des Schwertes Spitze zu ftellen als gerechtfertigt
erfcheinen möchte. Als Wortführer der katholifchen Sache wurde neben Cochläus,
dem Geiftesverwandten Eck's, und neben dem Karmelitermönch Eberhard Billik,
welcher fich in Köln bei der Reaction gegen den Erzbifchof durch Zelotismus hervorgethan hatte, ein fpanifcher Dominicaner, Pater Malvenda aufgeftellt, „der von
allem Anhauch deutfcher Meinungen rein geblieben". In Wittenberg war Anfangs wieder Melanchthon als Redner in Ausficht geftellt; aber Luther meinte,
diefe Gefellfchaft fei eines folchen Streiters nicht würdig; fo wurde denn Georg
Major abgefandt. Neben ihm waren Buzer, Brenz und Schnepf die Haupt-
vertreter der Augsburger Confeffionsgenoffen. Der Kaifer hatte verlangt, daß
die Verhandlungen geheim gehalten würden; fo einigte man fich denn zu dem⟨27. Jan.
⟨1546.
Befchluß, daß die Akten unter drei Schlöffern verwahrt und von keiner Partei
ohne Theilnahme der andern eingefehen werden follten.

Die Verhandlungen in Regensburg nahmen von vorn herein einen gereizten Charakter an. „Die Widerfacher find ein wahrer Schlangenfame" fchrieb Major feinen
Wittenberger Freunden, „fehen Menfchen ganz unähnlich, eine Grundfuppe von Sophi-
ften. Die zwei Mönche find unverfchämte Gefellen. Malvenda, ein hochmüthiger
Spanier, überdieß durch das Anfehen des Kaifers aufgeblafen, fucht nach feiner Landes-
art Alles zu verwirren." Die Lehre von der Rechtfertigung, über die man fich früher
verglichen hatte, wurde von Malvenda wieder in der ftrengen Faffung der katholifchen
Kirche vorgetragen und vertheidigt: die Seligkeit könne nur dann erzielt werden, wenn
dem Glauben an den Opfertod Chrifti die Mitwirkung des Menfchen und die Gnadenmittel der Kirche zur Seite ftänden. Als ob der langjährige theologifche Streit auf
die Dogmatik durchaus keinen Einfluß geübt hätte, führte er das fcholaftifche Rüftzeug
von Neuem in die Arena. Welche Früchte konnte man unter folchen Verhältniffen von
weiteren Verhandlungen erhoffen? Die Gemüther erhitzen fich mehr und mehr; daher
warteten die evangelifchen Theologen den Schluß der Verfammlung nicht ab, fondern⟨März 1546.
kehrten in die Heimath zurück.

Von welchem Fanatismus damals die ftrengkatholifchen Kreife erfüllt wa-⟨Der Bruder-
ren, erkennt man am deutlichften an einem Vorfall, der fich in Regensburg zu-⟨mord aus
⟨Fanatismus.
trug. Mit Buzer war ein junger Spanier, Johannes Diaz, der während feiner
Studienzeit in Paris fich mit den neuen Lehrmeinungen befreundet hatte, nach
der Donauftadt gekommen. Als ihn Malvenda erblickte, fchalt er ihn heftig aus,
daß er den Ruhm der fpanifchen Rechtgläubigkeit befleckt und fich mit Irrlehrern
eingelaffen. Bald darauf fand fich der Bruder Alfons Diaz, der bei dem päpft-

sichen Gerichtshof in Rom angestellt war, zur Begrüßung des lange Vermißten in Regensburg ein. Dieser war aber nach Neuburg gegangen, um dort den Druck eines Buches von Buzer zu besorgen. Dahin eilte Alfonso, und als er den Bruder, der in den ärmlichsten Umständen lebte, aber in seinem Glauben die innere Ruhe gefunden hatte, weder auf andere Gedanken zu bringen, noch ihn zur Mitreise nach Italien zu verlocken vermochte, drang er in der Morgendäm-

27. März **1546.** merung mit einem Diener in dessen Wohnung und ließ ihn ermorden. Während der Begleiter den mit dem Lesen eines mitgebrachten Briefes Beschäftigten von hinten her mit einem Beile erschlug, bewachte Alfonso die Thüre. Dann eilten beide zu Pferde davon. In Innsbruck wurden sie angehalten; aber man machte geltend, daß sie als Kleriker nicht vor ein weltliches Gericht gestellt werden dürften. So entgingen sie der Strafe. „Viele Jahre nachher konnte Alfonso seine That dem spanischen Geschichtschreiber Sepulveda in aller Sicherheit erzählen; noch immer voll Genugthuung, daß ihm gelungen war." Wir wissen ja aus den Maurenkriegen, daß nach spanischen Begriffen Reinheit des Bluts und Rein-heit des Glaubens aufs Innigste verbunden waren. Der Abfall von der katho-lischen Kirche galt für eine Befleckung der Familienehre.

Kriegerische Stimmung. Der Brudermord in Neuburg war das Vorspiel und Vorbild dessen, was man in Deutschland in nächster Zukunft erwarten durfte. Wie sehr auch der Kaiser den deutschen Fürsten gegenüber alle feindseligen Absichten verleugnete, wie bedächtig er selbst den Gedanken an einen Religions- und Bürgerkrieg bei sich erwägen und den letzten Entschluß hinausschieben mochte; in allen Gemü-thern herrschte eine trübe Ahnung, daß die Entscheidung des Schwerts gesucht werden würde. Man sah in der Umgebung des Monarchen zu viele eifrige An-beter des Papstthums, welche nur in der gewaltsamen Unterdrückung der luthe-rischen Ketzerei die Möglichkeit des Weltfriedens erblickten und den zögernden Geist Karls anspornten: der Nuntius, der Beichtvater Pedro de Soto,. die spa-nischen Hofleute waren für den Krieg; auch Herzog Alba und Granvella, die lange zum Frieden gerathen, gaben mehr und mehr den feindlichen Ansichten Raum. Unter allen Klassen herrschte ein Gefühl, daß wichtige Ereignisse bevor-ständen. Spanische und italienische Kriegsvölker prahlten laut, sie würden ihrem Herrn nächstens Deutschland unterwerfen und ihn zum rechten Kaiser machen; der gefangene Herzog Heinrich von Braunschweig betheuerte bei seiner Seele Se-ligkeit, „Karl wolle Deutschland gar zerreißen und alle Fürsten an den Bettelstab bringen." In den Grenzlanden sammelten sich Kriegshaufen, und doch war mit Frankreich Frieden, mit den Osmanen Waffenstillstand geschlossen.

Der Kaiser in Regensburg. Im Frühjahr zog der Kaiser an den Rhein, um sich nach dem Regensburger **28. März** Reichstag zu begeben. In Speier begrüßten ihn Philipp von Hessen und Pfalz-**1546.** graf Friedrich. Der letztere, obwohl mit dem österreichischen Hause verwandt und demselben von jeher zugethan, hatte sich Karls Ungnade zugezogen, weil er sich mehr und mehr den evangelischen Lehrmeinungen in seinem Innern zugewandt.

Seine Gemahlin hatte kurz zuvor in der Pfarrkirche zu Heilig Geist in Heidelberg mit einem Theil des Hofes und der Bürgerschaft das Abendmahl unter beiderlei Gestalt genommen. Die im Hause Wittelsbach von jeher herrschende Rivalität konnte dem Habsburger den Gedanken eingeben, die Ansprüche Wilhelms von Baiern auf die Kurwürde zu begünstigen und ihn dem unzuverläſſigen Verwandten entgegenzuſtellen. Dem Landgrafen zeigte er noch immer Wohlwollen und Vertrauen. Es blieb nicht ohne Eindruck, als der verständige Fürst der Kriegsgerüchte erwähnend dem Kaiser zu Gemüthe führte, welche Vortheile Deutschland ihm und seinen Erblanden darbiete, daß er nichts Erſprießlicheres thun könne, als durch billige und gnädige Regierung sich aller Stände Wohlwollen und Dienſte zu verſichern, daß Deutschlands Entkräftung ihm selbst zum größten Schaden gereichen würde. Karl verſicherte ihn, daß er in allen Dingen nur nach dem guten Rathe der Fürsten und Stände verfahren werde; auch in der Kölnischen Angelegenheit, die damals noch in der Schwebe war, betheuerte er, solle nach Gesetz und Recht gehandelt werden. Beide Fürsten gaben dem Monarchen das Geleite bis Sinzheim. Es war die letzte freundliche Begegnung zwischen Karl und Philipp. In Regensburg fand der Kaiser nur wenige deutſche Fürsten vor. Die evangelischen Bundeshäupter hatten sich fern gehalten und bevollmächtigte Räthe geschickt; nur die brandenburgischen Markgrafen Hans von Küstrin und Albrecht von Bayreuth-Culmbach, der im letzten Krieg gegen Frankreich unter Habsburgs Fahne gefochten, waren persönlich erschienen; zahlreicher war die Betheiligung von Seiten der Katholischen. Unter ihnen war der angesehenste Wilhelm von Baiern, seit dem Tode des Bruders alleiniger Regent des Herzogthums. Karl bemerkte mit Verdruß, daß die Reichsfürsten so wenig Bereitwilligkeit zeigten und daß das von ihm angeordnete Religionsgespräch von den evangelischen Theologen eigenmächtig abgebrochen worden. Doch bemühte er sich auch jetzt noch, jeden Schein feindseliger Gesinnung zu vermeiden, noch jetzt die Meinung zu erhalten, daß es ihm mit der friedlichen Ausgleichung und Verständigung Ernst sei.

Zugleich suchte er sich aber auch zu überzeugen, wessen er sich von den deutschen Fürsten zu versehen habe, und richtete seine Blicke zunächst auf den Herzog von Baiern. Wie oft auch Neid und Eifersucht die Wittelsbacher von den Habsburgern fern gehalten und sie einem Bunde mit den Schmalkaldenern, insbesondere mit Philipp von Hessen nahe gebracht, die religiöse Uebereinstimmung und der Wunsch, dem Concil zum Fortgang zu verhelfen, waren starke Hebel der Eintracht und Versöhnung. Auch hatte Karl noch andere entscheidende Gewichte in die Wagschale zu legen. Er konnte dem Herzog die Pfälzer Kurwürde und das Gebiet des vom katholischen Glauben abgefallenen Verwandten von Neuburg und Amberg und eine Vermählung der älteſten Tochter Ferdinands mit dem Erbprinzen Albrecht in Aussicht stellen. Solchen Lockungen vermochte der Baiernfürst nicht zu widerstehen. Er schloß mit dem Kaiser ein Bündniß, worin

Karl gewinnt Verbündete.

1. Baiern und die katholischen Fürſten.

46 *

er sich zu einer Geldsumme und zur Lieferung von Kriegsbedürfnissen verpflichtete; aber der Vertrag sollte ein Geheimniß bleiben; der Herzog wollte sich für
alle Eventualitäten sicher stellen. Dem Kaiser war es ganz recht, einen Bundesgenossen zu haben, auf den auch die Gegner sich noch Hoffnung machten. Auch
die übrigen katholischen Fürsten, wie die Erzbischöfe von Mainz und Trier beobachteten eine reservirte Haltung. Theilten sie auch mit Karl die kirchlichen Ansichten, so wollten sie doch nicht im Falle des Fehlschlagens die Rache der
Schmalkaldener auf sich ziehen. Eine religiöse oder patriotische Erhebung trat in
diesen Kreisen nicht zu Tage. Politische Klugheit und Berechnung war die herrschende Geistesrichtung.

2. Evangeli-
sche Fürsten.
Die Bran-
denburger.
Bei allem dem wäre ein kriegerisches Vorgehen gegen den mächtigen
Schmalkaldischen Bund immer noch ein Wagestück gewesen, und Karl hätte sich
wohl noch bedacht, das Schwert zu ziehen, wäre nicht der spanischen Klugheit
der politische Meisterstreich gelungen, unter den Bundesverwandten selbst eine
Spaltung zu erzeugen und dadurch die kriegerische Kraft derselben zu lähmen, in
einem Augenblick, da die evangelische Einigung durch Verstimmung, Zwietracht
und Lauheit einzelner Glieder loser war als je und man gerade mit dem Plane
einer Umgestaltung des Bundesraths bei Erneuerung des zu Ende gehenden Ter-
mins umging. War es schon ein Gewinn für die kaiserliche Sache, daß der
Kurfürst Joachim von Brandenburg die neutrale und vermittelnde Stellung, die
er dem ganzen Reformationswerke gegenüber beobachtet, auch in dem bevorstehenden Kampfe nicht aufgeben wollte, daß sein Bruder Markgraf Hans, der
eine Tochter Heinrichs von Braunschweig in der Ehe hatte, aus Verdruß über
die Vertreibung des alten Fürstengeschlechts aus den väterlichen Erblanden sich
von den Glaubensgenossen fern hielt und der fränkische Verwandte Markgraf
Albrecht (Alcibiades) von Baireuth-Culmbach, der mit Johann Friedrich und
dem Landgrafen wegen der Vormundschaft über den Anspach'schen Vetter in
Streit gerathen war, die Politik des Kurhauses theilte; so war es von entscheidender Bedeutung, daß Herzog Moriz von Sachsen sich zu einem Bündniß mit
dem Kaiser bereit finden ließ.

Moriz von
Sachsen.
Schon seit Jahren hatte die spanische Politik Granvella's mit Schlangen-
klugheit den jungen thatkräftigen und ehrsüchtigen Fürsten, der gleich dem Markgrafen Albrecht den Feldzug gegen Frankreich mitgemacht, in weiten Kreisen um-
zogen; man hatte ihm gerühmt, „der Kaiser hege besonders große Hoffnung und
gnädigen Willen zu ihm"; man hatte ihm ein glänzendes Emporkommen, Erfüllung seiner ehrgeizigen hochfliegenden Pläne in Aussicht gestellt; mit sicherem
Blick hatte der schlaue Staatsmann die inneren Gegensätze und Antipathieen erkannt, die zwischen der Ernestinischen und Albertinischen Linie des sächsischen
Herrscherhauses auch nach dem Eintritt der letzteren in die evangelische Glaubensgemeinschaft fortbestanden; durch vertrauliche Gespräche mit Christoph von Carlowitz, dem herzoglichen Gesandten hatte der Kanzler die Ueberzeugung gewonnen,

daß zwischen Johann Friedrich und Moriz eine tiefwurzelnde Entfremdung und Rivalität obwalte; daß die Irrungen wegen Wurzen mit dem verspotteten „Fladenkrieg" im Gefolge troz der äußerlichen Ausgleichung noch Stacheln zurückgelassen, die durch mancherlei andere Streitfälle fort und fort geschärft wurden. Der Kurfürst hegte stets ein großes Mißtrauen gegen den Verwandten; er meinte, das Sprichwort „ein Meißner ein Gleißner" finde auch auf Moriz und Carlowiz seine Anwendung. Zwar ließ der Herzog nirgends einen Mangel an reformatorischem Interesse erkennen: das Bisthum Merseburg wurde unter der Verwaltung seines Bruders August der evangelischen Glaubensgenossenschaft zugeführt; er betheiligte sich an dem Feldzug gegen Heinrich von Braunschweig, wenn auch mit halbem Herzen und stets mit Vermittelungsanträgen hervortretend; er schloß sich den Vorstellungen des Kurfürsten und Landgrafen bei dem Kaiser in Sachen des Erzbischofs von Köln an; sein Schwiegervater baute fest auf seine Treue. Dennoch war er nie dem Schmalkaldischen Bunde beigetreten; es widerstrebte ihm, dem kurfürstlichen Vetter untergeordnet zu sein. Zu dem Bekenntniß der Verbündeten wolle er sich halten, sagte er, nicht aber zu ihrer Politik.

In früheren Jahren waren der Landgraf und Luther manchmal als Vermittler eingetreten und hatten das glimmende Feuer vor dem Auflodern gedämpft; aber die Stimme des lezteren war bereits verstummt: in den schwülen Tagen innerer Gährung und Aufregung war der Reformator Martin Luther aus dem Leben geschieden. Troz der körperlichen Leiden, von denen er in den lezten Jahren vielfach heimgesucht war, und troz gar vieler Kränkungen und bitterer Erfahrungen, die ihm Amtsbrüder, Juristen und theologische Widersacher bereiteten, hatte er unermüdlich gewirkt und gearbeitet und neben den großen Anliegen der Kirche und Religion, denen er bis an sein Lebensende mit Wort und Schrift diente, auch manche kleinere Geschäfte und schiedsrichterliche Ausgleichungen auf sich genommen. Eine solche Veranlassung führte ihn in den naßkalten Februartagen nach Eisleben, wo er vor zweiundsechzig Jahren das Licht der Welt erblickt. Er sollte einen zwischen den Grafen von Mansfeld und seinen eigenen Verwandten wegen der Silber- und Erzgruben ausgebrochenen Streit beilegen. Dort ist er am Morgen des 18. Februar 1546 gestorben, nicht ohne trübe Ahnungen, daß über die Gemeinde Gottes schwere Gerichte und Prüfungen hereinbrechen würden. In seinen lezten Predigten und Reden sprach er von dem Widerstreit der guten und bösen Mächte seit Anbeginn der Welt, ermahnte zum Gebet ohne Unterlaß und wies auf die siegende Kraft des Erlösers hin. Im unerschütterlichen Glauben an den Heiland der Welt, aber auch im unversöhnlichen Haß gegen den Papst und dessen neuen Fallstrick, das Concil, ist er aus der Welt gegangen. Noch am lezten Abend betete er, wie er zu thun pflegte, entblößten Hauptes am offenen Fenster für die Kirche seines lieben Vaterlandes. Seine Leiche wurde unter großen Trauerfeierlichkeiten und unter dem Geleite des von allen Orten zuströmenden Volkes nach Wittenberg gebracht und in der Schloßkirche in einem

Luthers Tod. 18. Febr. 1546.

zinnernen Sarg ins Grab gesenkt, wobei Bugenhagen die Leichenpredigt, Melanchthon eine lateinische Rede hielt. „Wie Jene, so die Stadt Jerusalem wieder
bauten", sagte der Freund, „mit der einen Hand am Bau arbeiteten und mit der
anderen das Schwert führten, also hat auch Luther zugleich wider die Feinde
der reinen Lehre müssen fechten und doch daneben viel schöne Auslegungen voll
tröstlicher Lehre geschrieben, und vielen armen irrigen und beschwerten Gewissen
mit christlichem Rath und Trost geholfen. Es war in ihm das Herz treu und
ohne Falsch, der Mund freundlich und holdselig. Wir wollen ihn ewig im Gedächtniß behalten und erkennen, daß er ein edel, köstlich, nützlich und heilsam
Werkzeug Gottes gewesen."

Luther's Per-
sönlichkeit
und geschicht-
liche Stel-
lung. Es gibt wenige Namen in der Weltgeschichte, die so gewaltig wie der des deutschen
Reformators Martin Luther unverblaßt durch die Jahrhunderte geschritten, keinem der
nachgebornen Geschlechter fern gerückt sind. Rührt dieser Nachruhm in erster Linie davon her, daß er eine Kirche gestiftet hat, deren Namen auf ihn zurückweist, daß er als
auserkorenes Rüstzeug des Herrn das Evangelium vom Reiche Gottes wieder auf den
Grund zurückgeführt hat, der in Christus gelegt worden; so hat dazu doch auch seine
Persönlichkeit und seine historische Stellung nicht wenig beigetragen. Eine genial angelegte Natur von schöpferischem Geist, unermüdlicher Kraft und rastloser Thätigkeit, hat
er auf seine Zeit eine Wirksamkeit und einen Einfluß geübt, die ohne Beispiel sind; und
wenn auch bei der lebhaften, mitunter heftigen und leidenschaftlichen Erregung seines
Wesens, die Gefühle und Eindrücke oft stürmisch hervorbrachen, durch die äußeren Verhältnisse Stimmungen und Ansichten oft wechselten, innere Erregbarkeit und äußere Anfechtung ihn oft zu schonungslosen und derben Reden und Ausfällen fortrissen; im
Herzen des deutschen Volkes behauptete er unerschüttert den Herrschersitz, bei den Zeitgenossen deutscher Zunge besaß er sein Leben lang die Autorität eines Propheten des
alten Testaments, das Ansehen eines Gesetzgebers und Lebensordners. Die Nation
erkannte in ihm den wahren Repräsentanten ihrer Natur und ihres Wesens: das aufrichtige Ringen nach idealen Gütern, nach dem Heil der Seele, das seinen Grund und
Eckstein in den Glauben an den erlösenden Heiland und Gottessohn betrachtete, aus welchem, wenn er aufrichtig im Herzen wohne, christliche Liebe und Sittlichkeit wie aus
einer reinen Quelle hervorströme; den gesunden kräftigen Lebensmuth, der inmitten
dieses Ringens nach göttlicher Wahrheit und Erkenntniß zugleich das Erdenleben in allen seinen Erscheinungen mit klarem Blick erfaßte, der reinen Menschennatur ihre Rechte
zugestand, in der Menschenwelt sich theilnehmend und gesellig bewegte. Keiner hat wie
Luther so unermüdlich nach dem Himmelreich getrachtet, so ohne Unterlaß gebetet und so
ernstlich gerungen mit den bösen Mächten, die ihm als Teufel erschienen; und wie ge-
müthlich heiter zeigte er sich dabei wieder im häuslichen Familienkreise, in der Mitte
treuer Freunde, sich gesellig an Wein, Saitenspiel und Gesang ergötzend. „Mit kräftiger Sinnlichkeit stand er festgewurzelt in die Erde, aber sein Haupt reicht in den Himmel." Und wie er hineingriff ins volle Leben, die guten Seiten sich aneignend und
pflegend, die schlechten bekämpfend; so ist er auch wieder der Schöpfer einer neuen Zeit,
neuer Richtungen und Ziele geworden. Wie weit war er entfernt von der rigorosen
Auffassung eines Calvin, dem jede irdische Freude, jede Weltlust als Sünde erschien, welche
er durch die Schrecken der Kirchenzucht unterdrücken zu müssen vermeinte! Vielmehr
hat Luther nicht nur selbst sich eines häuslichen und gesellschaftlichen Lebens in Ehren
und in Sittsamkeit erfreut; er hat auch im Volke den Sinn für unschuldige Vergnügungen, für harmlose selbst muthwillige Spiele geduldet; er hat für die Kunst Empfäng-

lichkeit gehabt, er hat die Musik geübt und geliebt und sie in den Dienst der Religion gezogen, er hat die Poesie gefördert und das deutsche Kirchenlied ins Dasein gerufen, er hat zur Fabeldichtung ermuntert, der Entwickelung des Volksschauspiels auf antiker Grundlage das Wort geredet; er war der Meinung, daß das Gute und Göttliche in den mannichfachsten Formen und Gestalten zur Erscheinung komme. Mit begeisterter Glaubensfülle und Gottesliebe verband er eine weitherzige Menschenliebe; seine Milde und Freigebigkeit ging oft über die geringen Mittel seiner bescheidenen zeitlichen Existenz. — Von einer volksthümlichen Beredsamkeit, wie sie in deutschen Landen noch nie dagewesen, und mit einer Kraft der Sprache im schriftlichen Ausdruck begabt, welche durch Mark und Bein drang, ist er der Prophet und Apostel seiner Zeit geworden, und diese Mission hat er erfüllt mit dem festen und standhaften Muth eines Gottesstreiters ohne Menschenfurcht, ohne weltliche Rücksichten. Das Wort Gottes, wie es in der heiligen Schrift zur Offenbarung gekommen, als reine Wahrheit und höchstes Gut anerkennend, hat er Alle bekämpft, die ihm dasselbe zu gefährden schienen sei es durch überlieferte Menschensatzungen, sei es durch eigenmächtige Deutung des Wortlauts und schwärmerische Ueberhebung des subjektiven Bewußtseins. Es ist ihm schwer gefallen, die Autorität der Kirche abzuwerfen, und stets hat er die Sacramente als nothwendige Gnadenmittel zur Rechtfertigung und Seligkeit angesehen; aber das Vertrauen auf das eigene Verdienst, auf die werktheiligen Handlungen erschien ihm als der Weg zum ewigen Verderben, und der Urheber und Schirmer dieser Lehre, den er einst als den heiligen Vater in Demuth verehrt, gestaltete sich ihm während des Kampfes zum Antichrist. In diesem Glauben ist er aus dem Leben geschieden. In dem Papste sah er den Feind der Christenheit, insbesondere des christlichen deutschen Volkes. Und ist er nicht auch hierin der Vertreter und Prophet seiner Nation gewesen? Von Rom hat Deutschland fort und fort Schmach und Bedrückung zu leiden gehabt. Dies hat er erkannt und offen dargelegt und war somit auch nach dieser Richtung der Mund des deutschen Volkes; er hat den Feind erkannt und ist als Führer und Bannerherr in den Kampf wider ihn ausgezogen. Aber der volle Sieg ist ihm nicht zu Theil geworden. Gerade damals, als er zu Eisleben aus der Welt schied, ist derselbe Feind mit stärkerer Heeresmacht denn jemals ins Feld gerückt.

Die Stimme Luthers, des Propheten und Volksmannes, wäre vielleicht mächtig genug gewesen, den jungen Sachsenherzog bei der evangelischen Gemeinschaft zu erhalten; aber er lag im Grabe und statt seiner arbeitete Carlowitz, der noch immer in den Vorstellungskreisen der früheren Herrschaft sich bewegte, im Interesse des Kaisers, die ehrgeizigen Gelüste seines Gebieters nährend und aufstachelnd. Granvella lud den Herzog dringend ein, den Reichstag in Regensburg zu besuchen, er werde in Karl einen gnädigen Monarchen und väterlichen Freund finden. Zugleich kam eine Aufforderung des Landgrafen zu einer Conferenz in Naumburg, wo die „Gebrechen" im sächsischen Fürstenhause ausgeglichen werden sollten. Die verlockende Stimme aus dem kaiserlichen Hofkreise trug den Sieg davon. Moriz entschloß sich nach Regensburg zu reisen. Der Kaiser und sein Kanzler behandelten den deutschen Fürsten mit der größten Auszeichnung. Schon lange hatte der Herzog nach der Schutzherrlichkeit über die Stifter Magdeburg und Halberstadt gestrebt; er hatte sie nicht zu erlangen vermocht, vielmehr mußte er befürchten, daß Johann Friedrich sich derselben bemächtige; jetzt wurde

[Randnotiz: Moriz in Regensburg.]

[Randnotiz: Juni 1546.]

ihm der Erbschutz übertragen und ihm zugleich die Kurwürde in Aussicht gestellt unter der Bedingung, daß er in Gehorsam und Treue zu dem Kaiser stehe und das Tridentiner Concil anerkenne und beschicke.   Die letztere Forderung erregte bei dem Herzog und seinen Räthen Bedenken: nicht aus Gewissen und Ueberzeugung, denn die religiösen Fragen wurden dort ziemlich kühl aufgefaßt und den politischen nachgestellt; aber sie wußten, wie tief die reformatorischen Ansichten im Gemüthe des sächsischen Volkes hafteten; auch war bei der Huldigung der Unterthanen Erhaltung des Glaubens feierlich zugesagt worden.   Granvella konnte nur dadurch zum Ziele kommen, daß er das Zugeständniß machte, falls auf dem Concil über die Rechtfertigung, über die Communion unter beiderlei Gestalt und über die Priesterehe keine Verständigung zwischen beiden Confessionen zu Stande kommen sollte, in diesen drei Hauptunterscheidungslehren Nachsicht eintreten zu lassen.   Ebenso gab er über die eingezogenen Klostergüter beruhigende Zusicherungen.

Auf diese Bedingungen hin wurde eine Vereinbarung getroffen; doch blieb dieselbe ein Geheimniß; nur in einem Protokoll sollte „das Verständniß" niedergelegt werden.   Auch Markgraf Hans von Küstrin trat diesem Abkommen bei, nachdem ihm der Kaiser und sein Bruder Ferdinand mündlich dieselben Zugeständnisse gemacht und durch Handschlag bekräftigt.

Ob sich der Kaiser in diesem Augenblick bewußt war, welche Schwierigkeiten er sich durch solche Verheißungen gegenüber dem Papst und Concil bereitete?   Im Gefühl seiner Macht und in der sichern Aussicht eines raschen Sieges mochte er des Glaubens leben, durch seine geistige Ueberlegenheit und politische Gewandheit alle Hindernisse überwinden zu können. Er kannte die Menschen, die in den Höhen der Gesellschaft wandelten, und hatte Belohnung und Strafe für Folgsame und Unfolgsame zu seiner Verfügung. Aber er schlug die religiöse Ueberzeugung zu niedrig an und unterschätzte einerseits die sittlichen Mächte des deutschen Volkes, andererseits die zähe Widerstandskraft einer mehr als tausendjährigen hierarchischen Autorität.   Und doch konnte er schon jetzt aus dem Gange der conciliarischen Verhandlungen in Trient den Schluß ziehen, daß er die Geister der Opposition nicht so leicht bändigen und nach seinem Willen lenken werde.   Wie sehr auch die Verheißungen, Gunstbezeigungen und Zugeständnisse, die ihm durch den Cardinal aus Trient und durch päpstliche Unterhändler aus Rom nach Regensburg überbracht wurden, ihn in seinen kriegerischen Gedanken bestärken und seinen Entschluß zur Reife führen mochten; in der Curie und bei der hohen Geistlichkeit hegte man nur die Absicht, mit Hülfe des kaiserlichen Schwertes die von der Kirche Abgewichenen zur großen Heerde zurückzubringen; keineswegs war man aber geneigt, die päpstliche und kirchliche Autorität den Wünschen oder Geboten des weltlichen Herrschers zu unterwerfen, eine andere Macht als die eigene in religiösen Dingen anzuerkennen,

Die Vereinbarung.

Stellung des Kaisers zur Curie.

die kirchliche Autonomie unter ein politisches System zu beugen, oder eine weltliche Universalherrschaft über geistliche und zeitliche Dinge sich aufbauen zu lassen.

3. Die kriegerischen Vorgänge in Süddeutschland.

Seit Ende Mai stand bei Karl der Entschluß fest, die Einheit der Kirche mit Gewalt zurückzuführen. Der Vertrag mit dem Papste, der ihm beträchtliche Hülfe an Geld und Mannschaft zusicherte, war ratificirt und abgeschickt worden; aus Spanien waren von dem Thronerben Philipp und dem Reichsrath ermunternde Schreiben eingelaufen; die Kirche war bereit, ihre Schätze zu dem heiligen Kriege zu öffnen; namhafte Geldsummen standen dem Kaiser zur Verfügung, um in Italien, in den Niederlanden, in Deutschland Kriegsvolk anwerben zu lassen und Waffen und Lebensbedürfnisse zu beschaffen. Dennoch war er fortwährend bemüht, die Ansicht aufrecht zu erhalten, daß es sich nicht um Religion handle, daß er nicht dem Gewissen der Völker Gewalt anzuthun gedächte, sondern nur beabsichtige, den Ungehorsam zu bestrafen, die kaiserliche Autorität herzustellen und dem Concil, auf das man sich so lange berufen, allgemeine Anerkennung zu verschaffen. Noch in den Juni hinein wurden die Reichstagsverhandlungen über Türkensteuer und kirchenrechtliche Fragen fortgeführt, während die gleichzeitigen Rüstungen auf andere Ereignisse hindeuteten: als die evangelischen Stände das so oft gestellte Begehren wiederholten, es möge ihnen ein unbedingter Friedstand und ein christliches Concil deutscher Nation, eine nationale Reichsversammlung zur Vergleichung der religiösen Dissidien bewilligt werden, sah man ein Lächeln auf des Kaisers Gesicht. Denn bereits waren Hauptleute und Kriegsobersten eifrig mit Werbungen beschäftigt, schon hatte der Befehlshaber der Niederlande, Maximilian von Büren, die Weisung erhalten, die dort stehenden Truppen herbeizuführen, obwohl die Wahlhandfeste ausdrücklich bestimmte, daß ohne ständische Zustimmung kein fremdes Kriegsvolk in Deutschland einrücken dürfe. Noch einmal stellten die Bevollmächtigten der evangelischen Fürsten und Reichsstände das Ersuchen, der Kaiser möge die Sachen so richten, daß Friede und Ruhe der deutschen Nation erhalten werde; sie bekamen zur Antwort: Von Anfang seiner Regierung sei die Erhaltung des Friedens sein eifrigstes Bestreben gewesen und sei es auch jetzt noch. Er werde gegen Alle, die ihm hierin gehorsam sein würden, sich gnädig und väterlich erweisen, gegen die Ungehorsamen aber sein kaiserliches Ansehen gebrauchen und nach dem Rechte verfahren. Ein Ausschreiben an die Städte Straßburg, Nürnberg, Augsburg und Ulm rügte die schlimmen Absichten einiger Zerstörer der Ruhe und des Rechts, unter dem Vorwande und Deckmantel der Religion andere Stände unter sich zu bringen und ihrer Güter zu berauben; bald würden sie auch an die Reichsstädte ihre Hand legen, wenn nicht rechtzeitig diesem Gebahren Einhalt geschehe. Karl gedachte dadurch Mißtrauen gegen die Fürsten zu erzeugen und den Keil noch tiefer in die evangelische Conföderation zu treiben. Da scheiterte aber die spanische Politik: die Bürgerschaften erkannten sehr wohl, daß der eigentliche Zweck des Krieges sei, die Anerkennung des Concils zu erzwingen; sollten sie aber das Prinzip der religiösen Freiheit und nationalen Selbstbestimmung Preis geben, um das sie bisher so eifrig gerungen? Sie erklärten, daß die Sache der Bundeshäupter auch die ihrige sei. Herzog Ulrich von Würtemberg, an den ein ähnliches Schreiben ergangen war, antwortete gleichfalls ablehnend: „er werde bei der erkaunten Wahrheit bleiben und ohne Zittern dulden, was Gott über ihn verhänge." Mit aufgehobenen Händen gelobten sämmtliche Bundesgesandten Leib und Gut für Freiheit und Religion zu wagen, und verließen dann in aller Stille die Donaustadt.

Die Schmal-
kaldener zie-
hen ins
Feld.
Juli 1546. Noch befand sich der Kaiser mit geringen Mannschaften zu Fuß und zu Roß in Regensburg, der Ankunft seiner fremden Truppen sorgenvoll harrend, als die Schmalkalbener Bundesverwandten, nach einer persönlichen Besprechung der beiden Hauptleute Johann Friedrich von Sachsen und Philipp von Hessen zu Ichtershausen im Gothaischen, mit beträchtlichen Streitkräften ins Feld rückten. In einem offenen Schreiben verkündeten sie: Da ihre Räthe auf ihre Anfrage nach dem Zweck der großen Kriegsrüstungen keine befriedigende Antwort erhalten, und Granvella und Naves gegen die Gesandten mehrerer Städte geäußert hätten, Sr. Majestät Fürhaben sei, etliche ungehorsame Fürsten zu strafen, so seien sie entschlossen, das göttliche Wort und die deutsche Freiheit zu vertheidigen. Man habe sie ungehört des Ungehorsams beschuldigt, und doch hätten sie stets gegen das Reich alle schuldigen Dienste und Pflichten erfüllt: auf Anstiften des römischen Papstes wolle der Kaiser ihr evangelisches Bekenntniß unterdrücken und sie dem unchristlichen Concil von Trident unterwerfen; diesem Vorhaben gedächten sie mit Gottes Hülfe gerechte Gegenwehr zu leisten. Im Süden des Thüringer Waldes vereinigten sich die Truppen der nördlichen und mittleren Staaten, 16,000 Mann zu Fuß und 5000 Reiter, wohlgerüstet und kampfbereit. Die oberländischen Städte und der Herzog von Würtemberg waren noch rascher bei der Hand und fast in derselben Stärke. Ihr Anführer war Sebastian Schärtlin von Burtenbach, der uns wohlbekannte Rottenführer, geübt und erprobt in so mancher Schlacht. Man war überein gekommen, daß wie in dem Feldzug gegen Braunschweig-Wolfenbüttel der Oberbefehl gemeinschaftlich geführt werde, im Falle einer Meinungsverschiedenheit aber die Entscheidung den Kriegsräthen zustehen solle, ein unheilvoller Plan, wie sich bald herausstellte. Noch unheilvoller aber war die Selbsttäuschung der Verbündeten: sie hatten keine Ahnung, welche Erfolge die kaiserliche Politik hinter ihrem Rücken bei den deutschen Fürsten errungen hatte. Sie zweifelten, ob König Ferdinand mit dem Bruder im Bunde sei, wenigstens wollten sie es nicht von vornherein als ausgemacht ansehen und hemmten dadurch die kriegerischen Unternehmungen; das Einverständniß des

Herzogs Wilhelm von Baiern mit dem Kaiser war ihnen ein vollständiges Geheimniß; der Wittelsbacher war ja früher so oft mit ihnen gegangen, sollten sie ihn jetzt im Heerlager des Gegners suchen? Und wie sollten gar der Kurfürst und der Landgraf in dem nahen Verwandten und Glaubensgenossen Moriz von Sachsen einen Verbündeten des Feindes vermuthen? So wenig war dies der Fall, daß nach dem Abzug Johann Friedrichs, der trotz seiner geringen strategischen Fähigkeiten und seiner starken Beleibtheit selbst die Führung seines meist aus eingebornen Lehnsmannschaften bestehenden Heeres übernahm, die kurfürstliche Familie dem Herzog die Beschützung des Landes übertrug.

Diese Unkenntniß der Sachlage gereichte den Schmalkaldenern zum Verberben. Schärtlin und die Bundeshäupter. Wenn es gelang, die kaiserlichen Truppen, die zum Theil noch im Bilden begriffen oder im Anzug waren, fern zu halten oder zu zerstreuen, so gerieth Karl in Regensburg mitten unter protestantischer Bevölkerung in bedenkliche Lage. Und dazu schien es wirklich zu kommen. Schärtlin schlug vor, man solle rasch die kaiserlichen Musterplätze in Nesselwang und Füßen überfallen und dann durch Besetzung der Graubündtner und Tiroler Pässe die Verbindung mit Italien abschneiden. Als man ihm zustimmte, brach er mit den ulmisch-augsburgischen Fähnlein 9. Juli. und zwölf Stück Geschütz auf und gelangte in die Nähe von Füßen. Während er aber seinen ermüdeten Leuten eine kurze Nachtruhe gönnte, zogen die andern über den Fluß auf baierisches Gebiet. Leicht hätte er sie am nächsten Tag verfolgen und zerstreuen und dann den Kaiser in der Donaustadt aufsuchen können; da erhielt er vom Augsburger Kriegsrath den Befehl, die Grenze nicht zu überschreiten. Herzog Wilhelm hatte gedroht, in diesem Falle werde er ihr Feind werden. Er geberdete sich noch immer als neutraler Fürst und hatte sich doch schon verkauft. Mußte nun Schärtlin die Verfolgung aufgeben, so schien der andere Plan desto besser zu gelingen. Durch einen kühnen nächtlichen Ueberfall bemächtigte er sich 10. Juli. des Schlosses Ehrenberg, welches den nach Innsbruck führenden Paß, die Clause genannt, beherrschte und nahm die Besatzung gefangen. Schon stand er im Begriff, in das Tiroler Gebirgsland einzudringen, um den Zuzug der italienisch-spanischen Truppen abzuschneiden oder das Concil von Trient zu zersprengen; aber auch dieses Unternehmen, das bei der günstigen Stimmung der Tiroler kaum auf einen Widerstand gestoßen wäre, wurde ihm vom Kriegsrath untersagt, damit Ferdinand nicht gekränkt würde. Konnten sie denn glauben, daß der österreichische Habsburger den älteren Bruder die gemeinschaftliche Sache werde allein ausfechten lassen? Mißmuthig und verdüstert wie ein geschlagener Feldherr kehrte Schärtlin von seinem glorreichen und gelungenen Zuge nach Augsburg zurück, in Füßen nur ein Fähnlein Schutzmannschaft zur Sicherung der Ehrenberger Clause zurücklassend. Die Väter in Trient konnten sich nun wieder von ihrem Schrecken erholen.

Darauf zog Schärtlin über Günzburg, wo er sich mit dem würtembergischen Die Achtserklärung. Feldhauptmann Heideck vereinigte, nach Donauwöth, das zum Versammlungsort aller Streitkräfte des Bundes aus Süden und Norden ausersehen war. Freilich fehlten gar manche Glieder evangelischer Confession: nicht nur die Kurfürsten von Brandenburg und von der Pfalz und der verbündete König von Dänemark hielten sich fern; auch die Fürsten von Pommern und Mecklenburg, auch die protestantischen Herzöge von Braunschweig, auch die Fürsten von Anhalt und die reichen Herren von Nürnberg wollten von einem Kriege gegen den Kaiser nichts wissen, ja mehrere dienten unter dessen Fahne. Dennoch konnten die Schmalkaldener ein stattliches Heer von Fußvolk und Reiterei, über vierzigtausend Mann, mit Geschütz und allen Bedürfnissen reichlich versehen, ins Feld führen, eine Streitmacht, welcher der Kaiser in Regensburg nur etliche tausend deutsche und spanische Kriegsknechte und siebenhundert Reiter entgegen zu stellen vermochte. Aber es standen ihm andere Waffen zu Gebote. Nachdem er trotz der Gichtleiden, von denen er damals heimgesucht war, das Vermählungsfest seiner beiden Nichten, der älteren mit dem Erbfolger von Baiern, der jüngeren mit dem Herzog von Cleve, in herkömmlicher Pracht vollzogen; ließ er gegen die

20. Juli. beiden Bundeshäupter, den Kurfürsten und den Landgrafen eine Achtserklärung ausgehen, worin sie mit den schärfsten Worten als pflicht- und eidbrüchige Rebellen, aufrührerische Verächter und Verletzer kaiserlicher Befehle und als Friedensbrecher bezeichnet und von dem Frieden des heiligen Reichs ausgeschlossen wurden. Ihre Unterthanen sollten von den Pflichten der Huldigung und des Gehorsams entbunden sein und alle Stände, geistliche wie weltliche, waren aufgefordert bei Verlust ihrer Regalien, Rechte und Freiheiten sich von ihnen zu sondern und jede Gemeinschaft mit ihnen zu meiden. Als Motive waren die alten Irrungen und Streitigkeiten aufgezählt, über die man sich längst auf Reichstagen verglichen hatte, während die eigentliche Ursache, die Weigerung sich den Aussprüchen des Concils zu unterwerfen, kaum berührt war. Der Schein eines Religionskrieges sollte durchaus vermieden werden. Dadurch aber war dem ganzen Strafverfahren die Spitze abgebrochen; es fehlte jeder Rechtsboden. Auch war der Papst mit dieser Auffassung des Krieges, der zum Theil aus seinen Mitteln geführt ward, keineswegs einverstanden. In einem Ausschreiben an die katholischen Stände der Schweiz, worin er ihnen das mit dem Kaiser geschlossene Bündniß kund machte, war ausdrücklich hervorgehoben, daß dasselbe zur Vertheidigung der alten Religion gegen die gottlosen und halsstarrigen Ketzer im Reich gerichtet sei. Eine Bulle verhieß allen Gläubigen, welche den heiligen Krieg durch Gebete, Fasten und Almosen befördern würden, reichlichen Ablaß.

Der Kaiser
verstärkt sich.
August 1546. Bald nach der Achterklärung verließ Karl Regensburg, wo er leicht eingeschlossen werden konnte, um die Streitkräfte, die aus Ungarn und Italien im Anmarsch waren, zu sammeln. In Landshut hatte er die Freude, seinen Schwiegersohn Ottavio Farnese mit den päpstlichen Truppen und andere italienische und spanische Hauptleute mit romanischen Kriegsvölkern zu empfangen. Schon belief

sich sein aus allen Nationen gemischtes Heer auf 34,000 Mann zu Fuß und 5000 Reiter; neue beträchtliche Zuzüge durfte er aus den Niederlanden erwarten. Darauf kehrte er wieder nach Regensburg zurück, als er aber hörte, daß die Verbündeten nun ebenfalls dahin ihren Marsch richteten, zog er auf dem nördlichen Stromufer aufwärts gen Ingolstadt.

24.—26.Aug. 1546.

Lage und Stimmung.

Man wird verwundert fragen, warum die Schmalkaldener so langsam und saumselig in ihren Unternehmungen waren, warum sie, anstatt den noch schwachen Gegner anzugreifen und das fremde Kriegsvolk zurückzuhalten, über Vorwärts- und Rückwärtsbewegungen am Lech und an der oberen Donau die günstige Gelegenheit versäumten? Die Ursachen haben wir schon angedeutet: es war keine einheitliche Führung. Wie sehr auch Schärtlin, neben dem Landgrafen der einzige kriegskundige Feldherr, auf rascheres Vorgehen drang; der Kriegsrath beharrte dabei, man dürfe die Neutralität von Baiern und Tirol nicht verletzen. Dazu kam noch, daß die Achtserklärung nicht ohne Eindruck blieb. Wie sehr auch das Manifest mit den in der Wahlcapitulation beschwornen Rechten des Reichs und der Fürsten und Stände im Widerspruch stand, wie offen auch die Herbeiziehung fremder Kriegsmannschaften die Reichsgesetze verletzte; die Ansicht, daß der Kaiser die rechtmäßige Autorität sei, gegen die man das Schwert nicht ziehen dürfe, wurzelte noch in manchen Gemüthern und erregte Zweifel und Bedenken. Der religiöse Charakter des Kriegs wurde geleugnet; und so lange man noch so festgläubige evangelische Männer, wie Hans von Küstrin u. a. in dem kaiserlichen Heerlager erblickte, konnte diese Ableugnung noch einen Schein von Wahrheit gewinnen. Die Stimme Luthers, die früher so oft in unsichern Lagen den Ausschlag gegeben, aus dem Dunkel des Zweifels den richtigen Weg gezeigt, sie war verstummt; es war, als ob der ganzen Bundeseinigung die Parole und der Schlachtruf verloren gegangen sei. Erst als das päpstliche Ausschreiben an die Eidgenossen den Evangelischen in die Hände fiel und ihnen die Augen öffnete über das Ziel des Krieges, über den neuen Kreuzzug gegen die deutsche Erde, da kehrte Zorn und Unwillen und mit ihnen Selbstvertrauen in die protestantischen Herzen zurück. Eine Vertheidigungsschrift widerlegte die Beschuldigungen und enthüllte die Sophismen des kaiserlichen Aktenstücks; eine Reihe heftiger Flugschriften suchte die Nation aufzureizen wider einen Kaiser, der sich aus einem Reichsoberhaupte zum Gehülfen und Beamten des Papstes gemacht, „der ein Volk heranführe, das von christlicher Lehre nichts wisse und nach deutschem Blute dürste". Gegen einen solchen Monarchen, der im Dienste des Mannes der Sünde und des Verderbens in Rom sich mit dem Schwert umgürtet habe wider die Bekenner des göttlichen Wortes, der nicht nur die Gewissen bedränge, sondern auch die deutsche Nation in eine erbliche Monarchie und ewige Servitut zu bringen trachte, sei der Kampf gerechte Nothwehr. Die heißen Gebete, die in den Wohnhäusern und Kirchen der Protestanten, in den Werkstätten und Bauernhütten zum Himmel emporstiegen, gaben Zeugniß von der Erregung der Gemüther. In den evangelischen Kirchen flehte man um den Beistand des Himmels wider den Kaiser, den Papst und den Türken, wider der Feinde Rath und Macht und wider die fremden Völker, „welche ihre Unzucht ausüben und ihre Abgötterei bestätigen wollen".

Der Krieg im Donaugebiet. Aug.—Okt. 1546.

In den letzten Tagen des Augustmonats kamen die Schmalkaldener dem kaiserlichen Heere bei Ingolstadt so nahe, daß man eine Schlacht erwartete; der Landgraf fand einen Uebergang über das Sumpfgelände und pflanzte sein Geschütz in günstiger Lage auf; Schärtlin rieth zu einem Hauptsturm, auch der Kaiser war auf einen Angriff gefaßt, und wiewohl noch immer schwächer an Streitkräften, schien er muthig zum Kampf. Aber der Kurfürst und die Mehrheit des Kriegsraths meinten, Ort und Umstände seien für eine entscheidende Action nicht günstig; mit kleinen nutzlosen Gefechten und Kanonaden wurde die Zeit verbracht, bis auch die niederländischen Truppen unter Maximilian von Büren bei Mainz ihren Uebergang über den Rhein bewerkstelligt und ohne von der Landsknechtschaar Christophs von Oldenburg und den andern Bundes-

15. Sept.

truppen gehindert werden zu können sich mit dem kaiserlichen Heere vereinigt hatten. Nun konnte Karl angriffsweise vorgehen. Nachdem er Neuburg besetzt und die Mannschaft in Eid genommen, daß sie nicht ferner gegen das Haus Oesterreich dienen wollte, rückte er in Schwaben ein. Die Schmalkaldener folgten ihm

Mitte Oktober.

auf Tritt und Schritt; bei Nördlingen und Ulm, wo sie jedesmal eine vortheilhafte Stellung auf den Anhöhen inne hatten, schien ein entscheidendes Zusammentreffen erfolgen zu müssen; aber auf beiden Seiten „war kein Ernst zu rechtschaffenem Handeln vorhanden". Man begnügte sich mit geringfügigen Gefechten und kleinen Ueberfällen. Endlich bezogen beide Heere feste Lager, der Kaiser bei Lauingen und Sontheim, die Verbündeten bei Giengen. Schärtlin aber folgte dem Ruf der Augsburger und traf Anstalten zur Vertheidigung ihrer Stadt. Mittlerweile war der Spätherbst herbeigekommen, und hatten auch die Schmalkaldener durch ihr Säumen und ihre Unschlüssigkeit manche vortheilhafte Gelegenheit verschwinden lassen, so war ihre Lage doch nicht schlimmer als die des Feindes. Noch waren die Streitkräfte gleich, und da die naßkalte Witterung in den Novembertagen den spanischen und italienischen Truppen verderblich ward, so daß Viele dahinstarben oder von Krankheit ergriffen wurden, so durften die Protestanten, die dem Gegner nicht von der Seite wichen, bald einen billigen Vergleich erwarten, wenn schon Karl einen Friedensantrag auf Grund zu gewährender Religionsfreiheit noch mit der Aufforderung einer Unterwerfung auf Gnade und Ungnade beantwortete: da gelangte die Nachricht von Morizens Verrath in das Lager von Giengen und verbreitete Schrecken und Bestürzung auf der einen, Freude und Siegeszuversicht auf der andern Seite.

Moriz und Ferdinand gegen Kursachsen.

Im Herzogthum Sachsen stand das Volk mit ganzer Seele auf Seiten der Glaubensverwandten. Als bei Ausbruch des Krieges Moriz eine Verfügung an die Geistlichen ergehen ließ, „des Kaisers nicht in Ungutem zu gedenken", hatten die Prediger zu Leipzig den Muth zu antworten, daß sie nicht unterlassen könnten, gegen den Kaiser und für die Verbündeten zu beten; denn wer sich in dieser Sache nicht recht halte, der habe zeitliches und ewiges Verderben zu erwarten. Als die Achtserklärung erfolgte und Ferdinand an der böhmischen Grenze Kriegsvolk zusammenzog, um dieselbe zu vollstrecken, versammelte Moritz die Landstände in Freiberg und gab ihnen im Namen des Kaisers die Versicherung, daß keine Veränderung in der Religion und Gottes Wort vorgenommen werden solle. Dennoch stieß er auf eine scharfe Opposition. Erst als er zu bedenken gab, welche Gefahr und Noth es über das gesammte Land und Fürstenhaus brächte, wenn König Ferdinand mit böhmischem Kriegsvolk das Kurfürstenthum überziehen würde, gaben die Stände ihre Zustimmung, daß man die Landschaft der Ernestiner Verwandten auffordere oder nöthige, sich dem Herzog zu ergeben. Auch die Kurfürstin Elisabeth erhob keine Einsprache gegen die Besitznahme durch den Blutsverwandten. Sie mochte die Hoffnung hegen, derselbe könne doch noch zum Anschluß an die gemeinschaftliche Sache gebracht werden. Denn er hatte ja noch nicht die Maske der Neutralität abgeworfen; er schien den Gang der Kriegsereignisse abwarten zu wollen. Und war denn nicht die Stimmung in Böhmen der Art, daß dort der evangelische Fürst leicht bei den Landständen gegen den katholischen Bewerber Ferdinand durchdringen möchte? Aber bereits hatten sich diese verständigt; auch Ferdinand hatte den böhmischen Landtag vermocht, bei der Besetzung Kursachsens mitzuwirken; beide hatten sich darauf über die einzelnen Landestheile, die jeder in Besitz nehmen sollte, geeinigt. Was der Kurfürst von der Krone Böhmen zu Lehen trage, sollte Ferdinand einnehmen, alles Uebrige, so des heil. römischen Reichs oder geistliches Lehen sei, sollte Moritz besetzen. So von allen Seiten gedeckt, ließ der Herzog sein Kriegsvolk über die Grenzen rücken, um wie er verkündigte einer Besetzung durch den römischen Kaiser zuvorzukommen. Denn noch immer war er bemüht, den Glauben zu erhalten, „er begehre die Lande nicht, suche nur deren Ehre und Wohlfahrt, könne sie aber nicht in fremde Hände kommen lassen". Und doch wurde um dieselbe Zeit im Lager von Rordheim von dem Kaiser ein von Carlowitz ausgearbeiteter Vertrag unterzeichnet, worin dem Herzog Moritz für seine Dienste die Kurwürde und der größte Theil des Landes seines rebellischen Vetters zugesichert war. Die Furcht vor den böhmisch-ungarischen Kriegsmannschaften, mit denen Ferdinand gleichzeitig das Land überzog, brachte die zunächst bedrohten Städte rasch zur Unterwerfung unter den stammverwandten Fürsten, der ihnen nicht blos Schutz gegen das fremde Kriegsvolk, sondern auch Erhaltung bei ihrem Glauben verhieß. In den ersten Tagen des November erklärten die Städte Zwickau, Schneeberg, Altenburg und Torgau ihre Unterwerfung.

Im kaiserlichen Heerlager begrüßte man die Nachricht von den Erfolgen des sächsisch-böhmischen Heeres mit Freudenschüssen; bei den Verbündeten erwog man, was nun zu thun sei. Man konnte sich nicht verbergen, daß die Lage der Dinge sich ungünstig gewendet habe. Nicht blos den kaiserlichen Truppen war

Oktober 1546.

Abzug der Schmalkaldener. Nov. u. Decb. 1546.

die Jahreszeit verderblich; auch unter den Verbündeten hatten Kälte, Hunger und Krankheiten große Lücken erzeugt. Vor Allem aber drängte Geldnoth: die oberdeutschen Städte verweigerten weitere Beiträge, den Kriegsknechten konnte der Sold nicht gezahlt werden, daher sie schaarenweise die Fahnen verließen; den Kurfürsten jammerte die Noth seines Landes. So kam man denn im Kriegsrath zu dem Entschluß, der Feldzug sollte bis zum nächsten Frühjahr eingestellt werden und die sächsischen, hessischen und norddeutschen Mannschaften in die Heimath zurückkehren. Keinen unheilvolleren Entschluß hätten sie fassen können. Sie gaben dadurch dem Kaiser den Sieg in die Hände in einem Augenblick, wo die Abberufung der italienischen Truppen bevorstand und Schwierigkeiten aller Art zu gewärtigen waren. Mit Frankreich, mit England, mit der Schweiz standen die Schmalkaldener in Unterhandlungen; leicht konnte, wie früher, die auswärtige Politik die ganze Lage verändern. Darum hat auch wohl der Kaiser nicht ernstlich daran gedacht, den Abzug des Kurfürsten und Landgrafen aufzuhalten, wenn er gleich auf die Kunde davon Anstalten zu ihrer Verfolgung traf. Ungehindert führte Johann Friedrich sein Heer über Heilbronn und Frankfurt nach Sachsen, die Stiftslande von Mainz und Fulda mit starken Kontributionen beschwerend, während Philipp auf einem kürzeren Wege sein Heimathland aufsuchte. Die gegenseitigen Beschuldigungen wegen der Mißerfolge mehrten die Unlust und Verstimmung in den Bundesreihen.

22. Nov.

December 1546.

Der Kaiser hatte durch überlegene Politik und durch standhaftes Ausharren in schwieriger Lage einen unzweifelhaften Sieg über den Gegner davongetragen. Ganz Süddeutschland lag jetzt offen und fast wehrlos zu seinen Füßen. Denn wenn auch vor dem Aufbruch im Rath der Schmalkaldener beschlossen worden war, das Oberland durch ein Winterlager zu schützen; die schwäbischen Städte hatten alle Kriegslust verloren und waren säumig in der Aufbringung der Mannschaften und Unterhaltungskosten. So fiel es dem Kaiser nicht schwer, sofort mehrere Reichsstädte wie Nördlingen, Rothenburg, Schwäbisch-Hall u. a. zur Unterwerfung zu bringen. Hätte sich Karl entschließen können, wie ihm gerathen wurde, die Religion frei zu geben und dadurch alle Stände wieder zum Gehorsam und zur Ergebenheit zurückzuführen, so würde er in diesem Augenblick der Niedergeschlagenheit und Verstimmung rasch zu einem befriedigenden Ziel gekommen sein. Als er in Hall gichtleidend auf dem Krankenlager festgehalten war, erschien nicht blos der Kurfürst Friedrich von der Pfalz, um sich zu entschuldigen, daß er den Herzog von Würtemberg kraft eines alten Vertrags mit einigen Fähnlein unterstützt habe, und den Gebieter seiner Treue und Anhänglichkeit zu versichern; es stellten sich auch Abgeordnete der Reichsstadt Ulm ein, um Verzeihung und Gnade flehend.

Günstige Lage des Kaisers.

Aber wir kennen ja die hochfliegenden Pläne des Habsburgers: Durch Unterordnung der deutschen Protestanten unter das Concil wollte er eine neue Unterlage zur Erhöhung der kaiserlichen Autorität schaffen; sie sollte ihn in Stand

Süddeutschland unterworfen

setzen, die Kaiserkrone sowohl über die Landesfürsten als über den Papst zu erheben und in Staat und Kirche eine neue Ordnung der Dinge zu begründen.
Darum stellte er an die oberdeutschen Reichsstände die Forderung unbedingter
Unterwerfung, Anerkennung der reichsgerichtlichen Sprüche und Anordnungen
und Lossagung vom Schmalkaldischen Bunde. Die erschrockenen Städte, durch
den Kriegsstand in ihrem Handel und Einkommen geschädigt und durch Parteiung
zerrüttet, ergaben sich auf sehr ungünstige Bedingungen: Ulm demüthigte sich Ulm u. a.D.
„in höchster Unterwürfigkeit", lieferte sein Geschütz aus und erkaufte die Gnade
des Kaisers durch große Geldopfer und durch das Versprechen, nie wieder in eine
Einigung gegen das Haus Oesterreich zu willigen, dem Kammergericht gehorsam
zu sein und alles der Kirche entwendete Gut zurückzuerstatten. Nur mühsam
konnten die Bevollmächtigten die Zusicherung erlangen, daß sie hinsichtlich der
Religion behandelt werden sollten, wie Herzog Moritz und die Fürsten von
Brandenburg. Dieser Vertrag war auch für die übrigen oberländischen Städte
maßgebend: Heilbronn, Eßlingen, Reutlingen ergaben sich unter gleichen Bedingungen und zahlten Kriegsentschädigung. Der feierliche Einzug Karls in die 18. Jan.
1547.
feste Donaustadt Ulm, die bisher in der evangelischen Gemeinschaft eine so hervorragende Stelle eingenommen, bezeichnete die Auflösung der Bundeseinigung, die
dem kaiserlichen Herrn so vielen Verdruß gemacht hatte. Augsburg war mit Augsburg.
Geschütz und Mundvorrath so wohl versehen, daß Schärtlin sich anheischig
machte, die Stadt Jahr und Tag zu halten, bis sich das protestantische Deutschland erholt und neu gerüstet hätte; aber der kleinmüthige Geist der Kaufherren,
welche die Ehre eines muthigen Kampfes für das göttliche Wort und die städtische Freiheit minder hoch anschlugen als den materiellen Vortheil und Gewinn,
und der Einfluß der Familie Fugger, die mit dem burgundischen Hof seit vielen
Jahren in nahen geschäftlichen Beziehungen stand, trugen im Rathe den Sieg
davon. Auch Augsburg öffnete seine Thore, nachdem Granvella mündlich er- 29. Jan.
1547.
klärt hatten, die bestehenden religiösen Verhältnisse sollten nicht geändert werden.
Mit der Stadt gewann der Kaiser das treffliche Geschütz und hohe Geldsummen.
Schärtlin, mit der Reichsacht belegt, entwich nach Constanz und trat dann in
französische Kriegsdienste. Früher noch leistete Frankfurt dem Kaiser einen neuen Frankfurt.
21. Jan.
Huldigungseid, als der Feldhauptmann Graf von Büren mit seinem Kriegsheer
in die Nähe kam und der Bürgerschaft seine Fürsprache hinsichtlich der Religion
verhieß. Bald folgte auch Straßburg dem Beispiele, wie schwer es immer dem Straßburg.
Stadtrath und seinem Haupte Jacob Sturm fallen mochte, sich in die Hand des
Kaisers zu geben; die Lage der Dinge gebot Unterwerfung; Sturm selbst überbrachte sie an der Spitze einer Gesandtschaft. Und schon vorher hatte sich auch das
Schicksal von Würtemberg entschieden. Der alte Herzog Ulrich, der als erste Bedin- Würtem-
berg.
gung bei Eröffnung der Unterhandlungen verlangt hatte, daß das Volk „bei der
wahren evangelischen Lehre erhalten werde", mußte, als nach der Uebergabe von
Ulm die kaiserlichen Heere über die Grenze rückten und drohend Unterwerfung

forderten, der Uebermacht weichen. Er begab sich abermals nach dem Schloß Hohentwiel und knüpfte von dort aus Unterhandlungen an. Die Bedingungen unter denen ihm der Kaiser den Fortbesitz des Herzogthums gestatten wollte, fielen hart genug aus. Ulrich sollte nicht nur fußfällig um Gnade bitten, sondern als seinen obersten und natürlichen Herrn anerkennen, dem Schmalkaldischen Bunde entsagen und zu jeder Dienst- und Hülfeleistung sich verpflichten; er mußte auch 300,000 Gulden Kriegsentschädigung entrichten, die Schlösser und Städte Hohen-Asperg, Kirchheim und Schorndorf einräumen und die An-

24. Decbr. 1546. sprüche des Erzhauses Oesterreich an Würtemberg aufs neue als rechtsbeständig anerkennen. Auch sein Sohn Christoph, der nach Basel entwichen war, trat dem Vertrag bei, verwahrte sich aber vor Notar und Zeugen gegen jede Beeinträchtigung, die daraus gegen seinen Namen und Stamm erhoben werden könnte.

Ausgang des Erzbischofs Hermann von Köln. Um dieselbe Zeit wurde auch der Kölner Kirchenstreit im Geiste der Reaction gelöst. Dem greisen Erzbischof Hermann von Wied wurde seine loyale Haltung während des Schmalkaldener Kriegs nicht angerechnet. Vom Papste gebannt, von kaiserlichen Commissarien unter der drohenden Nähe niederländisch-spanischer Truppen bedrängt, und zuletzt auch von seinen Ständen verlassen, oder doch

25. Febr. 1547. nicht nachdrücklich unterstützt, entsagte der ehrwürdige Kirchenfürst seiner Würde und räumte dem Koadjutor Adolf von Schaumburg den erzbischöflichen Kurstuhl. Gern hätte er die Erhaltung der neuen kirchlichen Ordnung ausbedungen, aber hier gingen die Interessen des Kaisers und des Papstes zusammen; die evangelischen Predigten wurden in den Kölner Landen allenthalben abgestellt, der deutsche Gottesdienst unverzüglich durch die Messe verdrängt. Nach seiner Resignation zog sich Hermann auf seine väterliche Grafschaft Wied zurück, wo er noch sechs Jahre lebte, ein freigesinnter patriotischer Mann, wie seitdem der deut-

15. Aug. 1552. sche höhere Clerus kaum einen zweiten aufzuweisen hat. Im 76. Lebensjahr schied er aus der Welt der Verwirrung im standhaften Glauben an das apostolische Christenthum, dessen Aufrichtung er sich zur Aufgabe seines Lebens gesetzt hatte. Selbst seine Feinde konnten ihm das Zeugniß eines frommen, edlen Charakters nicht versagen.

Aussichten u. Pläne. Bis zum Frühjahr war das ganze südliche und westliche Deutschland ohne Schwertstreich unter den Gehorsam des Kaisers gebracht. Sogar in Westfalen waren durch den niederländischen Feldhauptmann Jobst von Kruiningen die mit den Schmalkaldenern verbündeten Herren und Städte zur Absagung der evangelischen Conföderation und zur Entrichtung von Strafgeldern gezwungen worden. Von allen Seiten sah man Fürsten und Herren und Abgeordnete der Städte in das kaiserliche Hoflager eilen und knieend die Gnade des Mächtigen anflehen. Selbst der kranke Herzog Ulrich stellte sich ein und bezeugte seine Dankbarkeit, daß der gnädige Monarch seine Abbitte ohne Fußfall entgegennahm. Wie sehr auch Karl gerade damals von seinen alten Leiden gefaßt ward, also daß er leichenblaß und halb gelähmt nur mit leiser Stimme zu sprechen vermochte; die stolze Zukunft, die vor seinen Blicken offen lag, das sichere Siegesbewußtsein, welches die demüthige Haltung der Gegner in ihm erweckte, belebte seinen Geist und ließ ihn die Schmerzen vergessen. Seit dem ersten Reichstag zu Worms hatte ihm das widerspenstige Deutschland so viel Verdruß bereitet; jetzt schien die Stunde der Vergeltung zu nahen. Mehr als je mochte er sich damals mit der Idee einer Universalmonarchie im Sinne des römischen Imperatorenreichs tragen.

4. Kaiser und Papst.

Auch in Rom hatte man eine Ahnung von den hochfliegenden Ideen des Habsburgers, und suchte denselben zeitig entgegenzuarbeiten. Es lag im Charakter jener Zeit, daß man in den herrschenden Kreisen nur mit halbem Herzen, nur mit Hinter- und Nebengedanken politische Bündnisse einging. Um dieselbe Zeit, da Papst und Kaiser zur Unterdrückung der religiösen Neuerung eine Liga geschlossen, da spanische und italienische Kriegsmannschaften gemeinschaftlich gegen die evangelischen Bundesverwandten ins Feld zogen, waren bereits zwischen den Häuptern der Christenheit ernstliche Dissidien eingetreten. Gleich bei der Eröffnung des Concils in Trient zeigte es sich, wie weit die Pläne und Wege auseinander gingen. War es schon ein wunderliches Schauspiel, daß eine Versammlung, deren Haupttendenz die Wiederherstellung der Einheit und Uniformität in der abendländischen Kirche sein sollte, fast nur aus Italienern und Spaniern zusammengesetzt war, daß nicht nur das gespaltene und von Krieg und Waffenlärm erfüllte Deutschland beider Confessionen sich fern hielt, sondern auch aus Frankreich und andern katholischen Ländern kaum einer oder der andere Theilnehmer sich eingefunden hatte, daß Dominikaner und andere Ordensgeistliche, gegen deren veraltete scholastische Dogmatik ja hauptsächlich die reformatorische Opposition gerichtet war, den Kern der Versammlung bildeten; so nahm die Behandlung der conciliaren Aufgaben und Arbeiten nach Inhalt und Form gleich Anfangs einen Gang und eine Richtung, die den Wünschen und Vorsätzen des Kaisers sehr wenig entsprach. Wenn der spanische Staatsmann, der uns wohlbekannte Don Diego Hurtado de Mendoza, den Karl zu seinem Vertreter bei der geistlichen Versammlung ernannt, die alte Ansicht, daß das Concil über dem Papste stehe, geltend zu machen suchte, so drang er damit weder in Rom noch bei den anwesenden Vätern durch: nicht einmal die Häupter der spanischen Kirche, ein Pacheco, ein Domingo de Soto und Bartolome Carranza, zu denen sich noch die Jesuiten Lainez und Salmeron gesellten, standen ihm aufrichtig zur Seite. Vielmehr stellten die Legaten, unter welchen der Cardinal Cervino, ein durch klassische Gelehrsamkeit und theologische Bildung ausgezeichneter Prälat, seine beiden Gefährten, die Cardinäle Monte und Reginald Pole an Gewandtheit und Erfahrung weit überragte, eine Geschäftsordnung auf, welche den päpstlichen Tendenzen

Die Anfänge des Tridentiner Concils.

13 Decbr. 1545.

47*

zum Sieg verhelfen mußte. Anstatt mit der Reform der Kirche an Haupt und
Gliedern zu beginnen, wie die kaiserliche Partei verlangte, da ja auch Christus,
als er in Jerusalem einzog, zuerst den Tempel gereinigt habe; bestand man in
Rom darauf, daß vor Allem die Dogmen der Kirchenlehre und die streitig gewordenen Lehrsätze behandelt und festgestellt werden sollten, ein Verfahren, das
dem spanischen Monarchen, der sich mit den Glaubenslehren der katholischen
Kirche in vollkommener Uebereinstimmung wußte, sehr wenig entsprach. Ihm
war es mehr darum zu thun, daß die vielen Gravamina, welche ihm die evangelischen wie die katholischen Stände auf so manchen Reichstagen vorgetragen
hatten, aus der Welt geschafft und damit die Haupthindernisse der Verständigung
und Vereinigung beseitigt würden. Es wurde von Seiten der Päpstlichen als
ein großes Zugeständniß angesehen, daß man auf den Vorschlag des Bischofs
von Feltre den Beschluß faßte, Dogmen und Reformen gleichzeitig zu berathen.
Und wie sehr mußten die Protestanten, denen ein allgemeines, freies Concil in Aussicht gestellt worden, daran Anstoß nehmen, daß das Recht Vorschläge zu machen
ausschließlich den Legaten vorbehalten ward, daß die Abstimmung nicht nach
Nationen geschehen sollte (was bei der geringen Betheiligung allerdings als un-
thunlich erscheinen mußte), sondern nach Köpfen, mit Ausschluß aller Procuratoren, und daß der Hauptnachdruck auf die Verhandlungen in den Congregationen oder Sectionsberathungen gelegt und den feierlichen gemeinsamen Sitzungen nur die Verkündigungen der zum voraus vereinbarten Beschlüsse überwiesen
wurden! Unter solchen Umständen mußten die conciliaren Arbeiten eher eine
feindliche als versöhnliche Richtung gegenüber den Protestanten nehmen und
deren Opposition gegen diese so ungenügende Vertretung der Christenheit rechtfertigen.

Vergebens suchten die kaiserlichen Bevollmächtigten eine Aenderung des Geschäfts-
ganges zu erwirken oder wenigstens die Veröffentlichung der Beschlüsse zu verzögern;
zur Zeit als das Bündniß zwischen Kaiser und Papst zum Abschluß kam und der
Schmalkaldische Krieg begann, erfolgte die Publication des katholischen Dogmas von der
Erbsünde. **Erbsünde**, das Ergebniß der fünf ersten Sessionen. Auch der Krieg brachte keine
Versöhnung im Schooße der Versammlung. Während kaiserliche und päpstliche Truppen gegen die Schmalkaldener im Kampf lagen, befaßte sich die Synode mit Fragen,
welche die Kluft zwischen den Romanisten und Neugläubigen zu erweitern geeignet waren. Wenn die Bemerkung Pole's, „man müsse sich erst mit Waffen versehen, ehe man
den Kampf mit dem Feinde beginne", zu dem Beschluß führte, über die Heilige
Heil. Schrift **Schrift** und über die **Tradition** in Berathung zu treten, so mußte man sich immer
und Tradi-
tion. mehr von der neuen Wissenschaft entfernen. Denn wie sollte eine Verständigung möglich sein, wenn man ohne alle Rücksicht auf wissenschaftliche Forschung und Kritik
sämmtliche Bücher der Heil. Schrift in der vorhandenen Sammlung aufzählte und jede
gegnerische Ansicht mit dem Fluche belegte, wenn man die Vulgata, die bisher von der
Kirche als authentisch anerkannte alte lateinische Bibelübersetzung auch für alle Zukunft
als einzige Autorität aufstellte, um damit das kirchliche Dogma gegen die Anfechtungen
neuer Auslegungskunst mittelst Grammatik und Exegese zu schützen; wenn man eine
kirchliche Tradition annahm, die vom Munde Christi und der Apostel bis zur Gegen-

wart fortgepflanzt gleiches Ansehen mit den Evangelien und den andern apostolischen Schriftstücken besitzen sollte und das gültige Interpretationsrecht der unfehlbaren Kirche ausschließlich beilegte.

Die Verschiedenheit des Standpunktes und der Prinzipien trat noch mehr zu Tage, *Rechtferti-gungslehre.* als das Dogma von der Rechtfertigung des Menschen, über das man sich so oft gestritten, zur Verhandlung kam. Es entsprach dem orthodoxen Charakter der Versammlung, daß sie nichts von der lutherischen Auffassung hören wollte. So wenig sie bei den Berathungen über Bibel und Tradition den Satz gelten ließ, "daß in den Evangelien Alles enthalten sei, dessen man zum Heil bedürfe"; so wenig stimmten sie der Lehre bei, daß der Glaube allein die göttliche Gnade und Seligkeit erwerben könne, eine Lehre, wodurch die Kraft der Sacramente, die Wirksamkeit der kirchlichen Gnadenmittel und die Verdienstlichkeit der guten Werke geleugnet oder abgeschwächt würde. Aus Absicht oder Unkenntniß wurde dabei kein Unterschied gemacht zwischen den von der Kirche gebotenen guten Werken und den frommen sittlichen Handlungen, die in dem Glauben ihre Quelle und ihren Urgrund haben und von den Reformatoren als selbstverständlich vorausgesetzt wurden. Denn sie meinten, "die Wiedergeburt bringe so unfehlbar gute Werke hervor, wie die Sonne Licht und Wärme verbreite". Durch den Erlösungstod Christi wurde nach der Auffassung der Concilsväter die Macht der Erbsünde gebrochen und dem Menschen die Möglichkeit erworben, das ewige Leben zu gewinnen; aber diese Möglichkeit kann nur zur Wirklichkeit werden unter der Leitung der Kirche und der freien Mitwirkung des Menschen selbst. Daraus ergab sich denn auch die nothwendige Folgerung, daß Alles, was die scholastische Kirchenlehre festgesetzt hatte, als zur Seligkeit fördersam erachtet wurde, daß man mithin dem hierarchischen Priesterthum göttliche Einsetzung *Priesterthum und Sacra-* beilegte, an der Siebenzahl der Sacramente festhielt, dem apostolischen Stuhle seine *mente.* Würde und Heiligkeit wahrte.

War schon während dieser Verhandlungen und unter der aufregenden Wir- *Verstim-mung zwi-* kung des deutschen Krieges die Spannung zwischen Kaiser und Papst immer *schen Kaiser und Papst.* stärker hervorgetreten, so führte dieselbe nach der Unterwerfung des südlichen Deutschland zu einem förmlichen Bruch. Politische Motive gesellten sich zu den kirchlichen, um eine Entfremdung zwischen Paul III. und Karl V. herbeizuführen. Der Kaiser und sein Kanzler Granvella gaben den deutschen Ständen hinsichtlich der Religion beruhigende Zusagen, ohne mit dem Nuntius sich deshalb besprochen zu haben, in Trient wurde von den spanischen Parteiführern die Nothwendigkeit der Residenz der Bischöfe in Anregung gebracht, ein Vorschlag, welcher auf eine Minderung der päpstlichen Machtvollkommenheit zu zielen schien und deshalb in Rom besonderes Mißfallen erregte; Paul fürchtete, man wolle ihm das Recht entziehen, Cardinäle mit kirchlichen Pfründen zu versehen und sie dabei dennoch in seinem Dienst zu verwenden. Erregte Discussionen über die Stellung der Geistlichkeit zum römischen Stuhle, über das "göttliche Recht" der Bischöfe machten den eifrigen Vorkämpfern der päpstlichen Autorität viele Sorgen. Paul III. fand es seiner Würde nicht entsprechend, daß die Versammlung in einem der österreichischen Herrschaft unterworfenen Lande tage: dadurch könnte die Ansicht, daß das Concil über dem Papste stehe, leicht an Boden gewinnen. Nun ließ Karl, der jetzt die so lange gewünschte Vereinigung der Confessionen in Deutschland zu

Stande zu bringen hoffte und daher mit großem Mißfallen auf den Gang der conciliaren Verhandlungen blickte, ernstliche Vorstellungen machen und forderte die Geheimhaltung der Beschlüsse. Aus allem Dem glaubte Paul III. deutlich zu erkennen, daß der Kaiser die Absicht hege, das Papstthum zu beschränken und in der katholischen Kirche solche Reformen einzuführen, daß die Abgewichenen sich zu einem Beitritt entschließen könnten. Diese Anzeichen einer kaiserlichen Superiorität waren dem Kirchenfürsten um so widerwärtiger, als zugleich andere Zwistigkeiten zu unfreundlichen Erörterungen und Verstimmungen geführt hatten. Als der sechsmonatliche Termin des Kriegsbundes vorüber war, hatte der Papst seine Truppen aus Deutschland zurückgerufen; die Subsidiengelder waren nicht in der vollen vertragsmäßigen Summe entrichtet worden, und selbst in den Bezügen aus dem spanischen Kirchenvermögen hatte man eine Auskunft getroffen, welche weit geringere Erträge brachte, und als Karl zur Fortsetzung des Kriegs die Kirchen und Klöster in Deutschland und andern Theilen seines Reiches in Anspruch nehmen wollte, war er in Rom auf entschiedenen Widerspruch gestoßen. Wären ihm nicht aus Süddeutschland so reichliche Kriegsentschädigungen zugeflossen, so würde er in seinen weiteren Unternehmungen gehemmt worden sein. Vor Allem fühlte sich der Papst persönlich verletzt, daß Karl das Herzogthum Parma und Piacenza der Familie Farnese nur unter kaiserlicher Lehnshoheit übertragen wollte, daß er nach dem Tode des Marchese de Guasto nicht den Enkel Pauls, Ottavio Farnese, wie man gehofft hatte, zum Statthalter und kaiserlichen Stellvertreter in Mailand ernannte, sondern Ferdinand Gonzaga, einen dem spanischen Herrscher treu ergebenen Feldherrn, der mit der Familie Farnese in alter Feindschaft lebte, und daß er in allen Theilen Italiens eine Machtstellung anstrebte, welche für die Freiheit und Unabhängigkeit der ganzen Halbinsel gefährlich zu werden drohte.

Verlegung des Concils von Trient nach Bologna.
13. Jan. 1547.

Alle diese Ursachen bewogen den Papst, sich von der Liga mit dem Kaiser loszusagen und sich dem französischen Hofe zu nähern, mit dem auch bereits die evangelischen Fürsten und Stände in Unterhandlungen eingetreten waren. Nicht nur daß gegen des Kaisers Willen die Tridentiner Decrete veröffentlicht wurden; Paul nahm auch einige Krankheitsfälle zum Vorwand, um den schon mehrmals erwogenen und längst gehegten Gedanken einer Verlegung, Vertagung oder Auflösung des Concils zur Ausführung zu bringen. In einer

März 1547. Sitzung vom 11. März erklärten die Legaten, daß der heilige Vater die Versammlung nach Bologna berufen habe. Am andern Tage verließen die meisten Prälaten die ihnen schon lange verhaßt gewordene Stadt, um sich nach dem neuen Bestimmungsort zu begeben. Vergebens drangen die kaiserlichen Bevollmächtigten auf Widerruf der Maßregel; sie erhielten ausweichende Antworten, die einer Versagung gleich kamen. Nur eine Minderheit blieb, dem Befehle des Kaisers gemäß, in Trient zurück. Somit war das Concil gespalten.

In ganz Italien gab sich eine tiefe Aufregung gegen die spanische Herrschaft kund. In Siena weigerte man sich, die von Granvella getroffenen Einrichtungen zu vollziehen; in Genua machte der junge Graf Fiesco, das Haupt einer französisch ge- sinnten Adelsfaction, den Versuch, die mit dem Kaiser so innig verbundene Familie Doria aus der Macht zu drängen und die unter kaiserlicher Autorität begründete Ordnung umzustürzen, ein Versuch, der nur durch den unerwarteten Tod des Anstifters der Verschwörung im Hafen der Seestadt vereitelt wurde. In Benedig vermochte der gewandte Staatsmann Mendoza nur mit Mühe die Sympathien der Republik für die deutschen Städte zurückzuhalten. Wäre nicht der Thronwechsel in Frankreich erfolgt, so hätten die Dinge leicht eine für den Kaiser bedenkliche Wendung nehmen können. Viele scharfe Ausfälle und Bemerkungen die der Legat aus kaiserlichem Munde hören mußte, gaben Zeugniß von dem tiefen Groll und Aerger des Monarchen. Bei der ersten Kunde von der Annäherung Pauls III. an den Hof von Paris, ließ sich Karl beleidigend vernehmen: „Mehrentheils ziehe man sich das französische Uebel in der Jugend zu, der Papst bekomme es in seinem Alter". Alles deutete auf eine neue politische Weltstellung, als die Kunde von den Vorgängen in Sachsen Bestürzung und neue Unsicherheiten erzeugte.

5. Der Feldzug an der Elbe.

Während dieser Vorgänge hatte sich auch im nördlichen Deutschland die Lage der Dinge verändert. Mit einem Heer von 20,000 Mann war der Kurfürst Johann Friedrich nach Sachsen zurückgekehrt. Er selbst wie sein Kriegsvolk brannten vor Begierde, das Schwert, welches sie aus dem Kampfe gegen den Kaiser unblutig heimgebracht, nun um so eifriger gegen den „Verräther des Stammes und Glaubens" zu schwingen, der „um Judaslohn tyrannisches, unchristliches, hussarisches Volk" in das Land geführt, und dem jetzt mit gleichem Maß vergolten werden sollte. So unschlüssig und behutsam sich Johann Friedrich an der Donau gezeigt, so muthig und thatkräftig erwies er sich bei der Wiedereroberung seines eigenen Landes. Er richtete ein scharfes Schreiben an die herzoglichen Landstände, daß sie ihren Herrn in seinem ungetreuen und ungerechten Vornehmen unterstützt; am Neujahrstag unritt er an der Spitze eines zahlreichen fürstlichen Gefolges in Halle die alte Rolandssäule, das Wahrzeichen des sächsischen Burggrafenrechts, nahm den Unterthanen der Erzstifte Magdeburg und Halberstadt, welche Moriz bereits sich zu unterwerfen begonnen, den Eid der Treue ab, nachdem er den Mainzer Erzbischof zur Abtretung aller seiner Ansprüche gegen eine Leibrente genöthigt, und richtete die kurfürstliche Schutzherrlichkeit wieder auf, zugleich die letzten Reste des katholischen Kirchenwesens beseitigend.

Und nicht genug, daß Moriz sich zum schnellen Abzug aus den Kurlanden ge- nöthigt sah; Johann Friedrich rückte auch erobernd in das Albertinische Sachsen ein, um den Gegner im eigenen Hause aufzusuchen. Leipzig wurde durch eine dreiwöchige Umlagerung und Beschießung bedrängt, und hätte troß der tapfern Vertheidigung des Commandanten Sebastian von Wallwiß einem stürmenden Angriff erliegen müssen, wenn nicht die Kriegsräthe, besorgt für ihre in der Stadt untergebrachten Geldsummen, den Kurfürsten zum Abzug nach Altenburg bewogen hätten. Stadt und Schloß Rochliß, das Leibgeding der verwittweten Prinzessin Elisabeth, Schwester des Landgrafen, wurde besetzt. Muthig hatte die evangelisch gesinnte Fürstin ihr Besißthum gegen den treulosen Meißen'schen Verwandten vertheidigt, aber dem ritterlichen Markgrafen Albrecht von Brandenburg-Kulmbach, welcher in des Kaisers Heeren an der Donau gedient, dann aber auf den Ruf des alten Waffengefährten Moriz mit Karls Einwilligung nach Sachsen gezogen war, hatte sie keinen Widerstand entgegengesetzt. Umsonst warnte ihn der Freund vor den Zauberbanden der „Circe"; der lebensfrohe junge Fürst überließ sich dem lustigen Leben im heitern Schloßkreise, ohne der nöthigen Vorsicht zu gedenken, bis er überrascht ward und in Gefangenschaft gerieth. Mit weißen Stäben statt der Schwerter in der Hand wurden seine Kriegsknechte heimgeschickt. Auch Annaberg, Marienberg und Freiberg öffneten dem Kurfürsten die Thore. Allenthalben begrüßte die protestantische Bevölkerung den Schirmherrn ihres Glaubens mit begeistertem Jubel; das ganze Elbegebiet erkannte ihn als seinen Vorfechter an. In Böhmen war der hussitische Geist von neuem erwacht; die alten Lieder erschallten wieder, Ritterschaft und Gemeine versagten den Waffendienst gegen einen Fürsten, der den Leib und das Blut Christi wie sie unter beiderlei Gestalt genieße; die Stände versammelten sich eigenmächtig in Prag, in der Absicht, Ferdinand der Krone zu berauben und sich mit Kursachsen zu verbinden; ein streitbares Bürgerheer trat unter die Waffen, um das Eindringen „des fremden unchristlichen hispanischen Volkes" zu verhindern. In Schlesien und in der Lausiß regte sich das Volk gegen die österreichische Herrschaft; die norddeutschen Städte, Hamburg, Bremen, Lüneburg, Hannover, Braunschweig u. a. behaupteten eine troßige Stellung gegenüber den kaiserlichen Heerführern und schwuren, bei Gottes Wort und der Freiheit deutscher Nation bleiben zu wollen; Frankreich und England erklärten sich zur Unterstützung bereit.

Haltung des Kurfürsten. Aber Johann Friedrich war kein Mann von kühnem Unternehmungsgeist, von großen politischen Conceptionen; er hatte die Waffen nur zur Vertheidigung seines Glaubens ergriffen; in seinem frommen Herzen war die angestammte Ehrfurcht gegen den Kaiser troß der ungerechten Acht noch nicht erloschen; er unterließ es, die ihm dargebotene fremde Hülfe zu nußen und die deutschen Volkskräfte zu einer entscheidenden Aktion aufzubieten und zu vereinigen. Jeßt war der Augenblick gekommen, Alles zu wagen, um Alles zu gewinnen; zu einem solchen kühnen Entschluß konnte sich aber Johann Friedrich nicht aufschwingen, darüber ging Alles verloren, der Sieg fiel abermals dem Gegner zu, der an Energie wie an politischer Klugheit dem deutschen Fürsten weit überlegen war.

Moriz und König Ferdinand hatten ihre Heerhaufen in Böhmen vereinigt; aber ihre Streitkräfte waren unzureichend gegenüber der Bewegung, die aller Orten ausgebrochen war; nur der Kaiser selbst konnte Hülfe bringen. An diesen wandten sich daher die beiden Fürsten in ihrer Bedrängniß, und Karl säumte nicht ihrem Rufe Folge zu leisten, so sehr auch der leidende Zustand seines Körpers ihm einen längeren ruhigen Aufenthalt in Ulm wünschenswerth gemacht hätte. Mit einem spanisch-italienischen Heer, das dem Befehle des kriegskundigen Herzogs von Alba unterstellt war, zog er über Nürnberg nach Böhmen. Der Versuch Wilhelms von Cleve, seinen sächsischen Schwager mit dem Kaiser auszusöhnen, hatte keinen Erfolg: Karl verlangte unbedingte Ergebung auf Gnade und Ungnade, und Johann Friedrich größere Garantieen für den Fortbestand seines Glaubens, als sie dem Vetter gewährt worden. Die Wehranstalten, welche der böhmische Feldhauptmann Kaspar Pflug zur Fernhaltung des Feindes getroffen, erwiesen sich als unzulänglich; auch fehlte der Bewegungspartei der rechte Muth und die einträchtige Entschlossenheit, um dem Kaiser gegenüber das Feld zu behaupten. So konnte sich Karl ohne große Schwierigkeiten mit den beiden Fürsten in Eger vereinigen. Es wurde früher erwähnt, daß die Nachricht von dem Hinscheiden seines alten Rivalen Franz I., die ihn auf dem Marsche zuging, seine Siegeszuversicht erhöhte. Im Augenblick des Thronwechsels war keine Intervention von Seiten Frankreichs zu fürchten.

Nachdem die Fürsten in Eger das Osterfest mit dem ganzen altkirchlichen Glanze gefeiert, brach das kaiserliche Heer, 17,000 Mann zu Fuß und 10,000 zu Roß gen Sachsen auf. Die in den böhmischen Grenzgebirgen aufgestellten Mannschaften wurden mit leichter Mühe zerstreut. Mit einem kleinen Heer hatte sich der Kurfürst bei Meißen aufgestellt, wo eine Schiffbrücke die beiden Ufer der Elbe verband. Er hoffte immer noch auf Zuzüge aus Böhmen. Statt dieser kamen die Kaiserlichen in ununterbrochenen Eilmärschen auf der linken Seite des Stromes herangezogen. Auf die Kunde von der Annäherung des Feindes wollte sich Johann Friedrich, dessen ganze Streitmacht sich nicht über 4000 Mann zu Fuß und 2000 Reiter belief, in das feste Wittenberg zurückziehen, bis er seine an verschiedenen Orten des Landes aufgestellten Heerabtheilungen an sich gezogen hätte und gestützt auf die Festungen einen Vertheidigungskrieg führen könnte; aber das kaiserliche Heer, bei dem sich die Spanier durch Kriegsmuth und kühnes Wagen besonders hervorthaten, setzte von einem ortskundigen Bauern geführt auf einer Furt über die Elbe, überraschte an einem Sonntag Morgen, als der Kurfürst gerade dem Gottesdienst mit großer Andacht anwohnte, die im Abzug begriffene Reiterei desselben und gewann, da mittlerweile die Hauptmacht auf der hergestellten Schiffbrücke nachgerückt war, auf der Lochauer Haide in der S ch l a ch t bei M ü h l b e r g einen leichten Sieg. Der Kaiser selbst, obwohl von Gichtleiden abgezehrt, war auf einem kastanienbraunen andalusischen Pferde über den Strom geritten, in blanker vergoldeter Rüstung mit rothseidener Feldbinde, das Haupt

geschützt durch eine große Sturmhaube, in der Hand eine mächtige Lanze tragend.
Es war keine bedeutende Feldschlacht, die in der Haide von Mühlberg geliefert
ward; aber sie entschied über das Schicksal von Sachsen. Kurfürst Johann
Friedrich, der aus der Kirche herbeieilend den Oberbefehl übernommen, ein körperlich unbehosener, schwerfälliger Mann, wurde im Gesicht verwundet und nach
tapferster Gegenwehr zum Gefangenen gemacht. Er hätte bei Beginn des Ge-
fechtes sich wohl noch nach Wittenberg retten können; aber als man ihm einen
solchen Vorschlag machte, wies er ihn mit den Worten zurück: „Wo sollte mein
getreues Fußvolk bleiben?" Bluttriefend wurde er von Thilo von Trotha, einem
Ritter aus Morizens Heer, dem er sich durch Ueberreichung seines Ringes ergeben,
dem Herzog von Alba und von diesem dem Kaiser vorgeführt, der mit seinem
Bruder Ferdinand unter einer Baumgruppe Stellung genommen. „Allergnädig-
ster Kaiser", begann der Gefangene seine Anrede, wurde aber sofort mit der Ge-
genrede unterbrochen: „Bin ich nun Euer gnädiger Kaiser, so habt Ihr mich lange
nicht geheißen." Der Kurfürst fuhr fort: „Ich bin Ew. Majestät armer Gefangener und bitte mich als einen gebornen Fürsten zu halten!" „Ich werde Euch
behandeln", erwiederte der andere, „wie Ihr es verdient habt"; und König Ferdinand fügte hinzu: „Ihr seid mir ein feiner Mann; Ihr habt mich und meine
Kinder verjagen und ins Elend bringen wollen". Hierauf wurde Johann Friedrich nebst dem Herzog Ernst von Braunschweig-Lüneburg, drei Grafen von
Gleichen und einem Grafen van Beichlingen, welche gleichfalls in Kriegsgefangenschaft gerathen waren, dem Oberfeldherrn Alba in Gewahrsam
gegeben und in das kaiserliche Lager am Ufer der Elbe gebracht. Herzog Moriz
hatte sich an diesem Tage vor Allen hervorgethan: Er war zwanzig Stunden zu
Pferde gesessen und hatte zweimal in größter Lebensgefahr geschwebt. Es schien,
als wollte er das Kurfürstenthum verdienen, das ihm nun nicht mehr entgehen
konnte. Außer seinem eigenen gab es kein sächsisches Heer mehr: Was auf der
Lochauer Haide nicht gefallen war, befand sich in Kriegsgefangenschaft oder war
versprengt, Geschütz und Feldzeichen waren in den Händen des Siegers.

Folgen der
Schlacht. Wie freuten sich die Altgesinnten über diesen Ausgang. Der Nebel, der
am Morgen über dem Thale gelegen, war kurz vor der Schlacht von den Strahlen der Sonne zerstreut worden, und in der Nacht, die auf den Schlachttag
folgte, schwoll der Fluß dergestalt an, daß eine Ueberschreitung nicht mehr möglich gewesen wäre. Waren dies nicht deutliche Zeichen der göttlichen Gnade?
Der Kaiser selbst theilte diesen Glauben. Es wird erwähnt, er habe den Spruch
Cäsars dahin umgewandelt: „Ich kam, ich sah, und Gott siegte." Es entsprach
der im Lager herrschenden Gesinnung, daß man den Gedanken faßte, dem Kurfürsten, welcher sich gegen die kaiserliche und göttliche Majestät so schwer vergangen, das Leben zu nehmen, ja daß man das Todesurtheil bereits aufsetzte. Bei
dieser Gelegenheit wie während der ganzen Gefangenschaft bewies Johann Friedrich die Seelenruhe, die ein gutes Gewissen und festes Gottvertrauen gewähren.

Er und sein Mitgefangener Ernst von Braunschweig saßen gerade am Schach-
brett, als ihm das im Namen des Kaisers gefällte Todesurtheil zugestellt ward. 10. Mai.
Mit der größten Fassung nahm er die Botschaft entgegen und setzte dann das
Spiel fort. Der Kaiser wagte jedoch nicht, den Urtheilspruch vollziehen zu lassen; das in der ersten Aufwallung gefaßte Vorhaben wich bald einer kühleren
Ueberlegung. Die Vorstellungen befreundeter Fürsten, wie Wilhelms von Cleve
und Joachims von Brandenburg, die Erwägung, daß ein solches Blutgericht
das ganze Volk zum heftigsten Widerstand reizen und insbesondere die Hauptstadt Wittenberg, wo die kurfürstliche Familie weilte und umfassende Anstalten
zur Vertheidigung getroffen wurden, zu einer hartnäckigen Gegenwehr treiben
würde, und andere Motive verschafften einer milderen Ansicht Eingang.

Karl V. zog es vor, die Todesstrafe in ewige Gefangenschaft umzuwandeln unter Die Wittenberger Capi-
der Bedingung, daß Johann Friedrich seine Festungen, namentlich Wittenberg und tulation.
18. Mai
Gotha dem Kaiser übergebe und durch die „Wittenberger Capitulation" sein Land 1547.
nebst der Kurwürde abtrete, wobei jedoch ausbedungen war, daß den Söhnen
des gefangenen Fürsten und seinem Bruder Johann Ernst aus den thüringischen
Aemtern Gotha, Weimar, Eisenach, Saalfeld, Coburg u. A., ein ihrem Range
entsprechendes Einkommen zugesichert werden sollte. Eine dritte Bedingung, sich
dem Tridentiner Concil zu unterwerfen, wies Johann Friedrich standhaft zurück.
So ging der kurfürstliche Rang von der Ernestinischen auf die Albertinische Linie
in Sachsen über. Die Stadt Wittenberg konnte sich nicht sofort zur Uebergabe
entschließen, obwohl den Einwohnern versprochen war, daß sie in ihrer Religion
nach der Augsburger Confession nicht gestört werden sollten. Erst als der Kurfürst selbst einer städtischen Deputation, den Prediger Bugenhagen an der Spitze,
die Unterwerfung empfahl, erfolgte die Uebergabe an den kaiserlichen Oberst Ma-
druzzi. Am folgenden Tag hielt der Kaiser seinen Einzug; er zeigte sich gnädig 23. Mai.
und ritterlich gegen die Kurfürstin Sibylle und besuchte die Schloßkirche, wo neben den fürstlichen Leichen auch Luther seine Grabstätte gefunden. Der Bischof
von Arras und andere Eiferer meinten, man solle die Gebeine des Erzketzers aus
der Gruft reißen und den Flammen übergeben; aber Karl erwiederte: „Lasset ihn
liegen, er hat seinen Richter! Ich führe Krieg mit den Lebenden, nicht mit den
Todten." Der evangelische Gottesdienst durfte fortdauern. Die zwischen Kaiser und Papst obwaltende Entzweiung gereichte den Protestanten zum Vortheil.
Bald darauf zog Karl mit dem gefangenen Kurfürsten nach Halle, um weitere 10. Juni
Anordnungen zur völligen Unterwerfung Deutschlands zu treffen. Hier fand 1547.
sich der seiner Haft entlassene Markgraf Albrecht von Brandenburg - Culmbach
im kaiserlichen Feldlager ein und kehrte dann nach der Plassenburg, se'nem
fränkischen Schloß zurück.

6. Triumph des Kaisers.

Des Kaisers Sieg über die Schmalkaldener konnte nicht als vollständig gelten, so lange das fähigste und unternehmendste Haupt derselben, Landgraf Philipp von Hessen, noch über sein Land, seine Kriegsmacht, seine Festungen gebot.
Seit seiner Rückkehr von der Donau befand sich Philipp in einem aufgeregten
Gemüthszustand; er traute seinem Landadel nicht, seitdem einige Glieder desselben, wie Kurt von Boyneburg und Reinhard von Solms sich dem Kaiser zugewendet; er glaubte sich allenthalben von Spähern und Verräthern umgeben;
nach der Mühlberger Schlacht fürchtete er ein ähnliches, ja vielleicht ein noch
schlimmeres Schicksal als sein Bundesgenosse zu erfahren. Und nicht mit Unrecht; denn keiner der deutschen Fürsten hatte dem österreichischen Hause und dem
Kaiser selbst so viel Verdruß und Aergerniß bereitet, als der unruhige, unternehmende Landgraf. Nichts hatte sich seit dreißig Jahren im Reich zugetragen,
wobei er nicht Theilnehmer oder Führer gewesen, und wie oft war er mit Frankreich in Unterhandlung und Verbindung gestanden! Allein er hatte in der Umgebung des Kaisers Freunde und Fürsprecher; war ja doch Moriz, der den
bedeutendsten Antheil an den Erfolgen im Feld gehabt, sein Schwiegersohn und
Kurfürst Joachim II. von Brandenburg, dessen Fernhaltung vom Kampf wesentlich zum Siege der kaiserlichen Waffen beigetragen, unterstützte die vermittelnde Thätigkeit zu Gunsten des befreundeten und benachbarten Fürsten. Nach
mancherlei Bemühungen erhielten sie von Karl die Zusicherung, wenn der Landgraf sich auf Gnade und Ungnade in des Kaisers Gnade gebe, Abbitte thue und
seine Festungen ausliefere, so solle er weder mit Leibesstrafe noch mit ewigem
Gefängniß belegt werden. Diese Bedingungen wurden im Laufe der weiteren
Verhandlungen durch mündliche beruhigende Zusagen von Seiten des Kaisers
dahin gemildert, daß der Landgraf nach seiner Unterwerfung und Abbitte „weder
an Leib noch an Gut geschädigt, auch nicht mit Schmälerung seines Landes oder
mit Gefängniß beschwert werden solle". Ob diese weitgehenden Zusagen wirklich
und ernstlich gemacht wurden oder ob die vermittelnden Fürsten den beruhigenden
Worten des Monarchen einen allzu bestimmten Sinn und Charakter beigelegt,
ist von jeher streitig gewesen; so viel aber ist gewiß, daß beide des Glaubens
lebten, es sei dem Habsburger nur um feierliche Anerkennung seiner Hoheit und
kaiserlichen Autorität zu thun, dem um Vergebung bittenden und Gehorsam ge-
lobenden Fürsten werde er sich gnädig erweisen; sei er doch nicht mit den Waffen
überwunden worden. Im Vertrauen auf diese Zusicherung, die Moriz und
Joachim mit ihrem Worte verbürgten, nahm Landgraf Philipp den überbrachten
Capitulationsentwurf an, kraft dessen er sich auf Gnade und Ungnade ergeben,
einen Fußfall thun, seine Festungen bis auf eine einzige schleifen, sein Geschütz
ausliefern, eine bestimmte Summe Strafgelder bezahlen und alle Gefangene,

auch den Herzog Heinrich von Braunschweig, in Freiheit setzen sollte. Darauf begab er sich, von den beiden Kurfürsten mit einem „freien, sichern, ehrlichen, ungefährlichen Geleit" versehen nach Halle an das kaiserliche Hoflager, in der sicheren Erwartung, nach vollzogener Demüthigung den versprochenen Sühnebrief zu erhalten und ohne weitere Beschwerung, als die abgeredete Capitulation bestimmte, nach Hause reiten zu dürfen.

In schwarzem Sammetrock, unter welchem eine rothe Feldbinde sichtbar war, Die Vorgänge in Halle. 19. Juni 1547. trat Philipp, begleitet von den beiden Kurfürsten, in den glänzend geschmückten Saal der neuen „Residenz" in Halle, wo der Kaiser auf einem mit Goldstoff bedeckten Throne Platz genommen, umgeben von spanischen und italienischen Granden, von Fürsten, Bischöfen und Gesandten. Der Landgraf war heiter und guter Dinge, man sah ihn lächeln. Als er in der feierlichen Versammlung, auf einem kostbaren Teppich kniend die Abbitte geleistet, welche sein neben ihm knieender Kanzler Günderode von einer schriftlichen Urkunde vorlas, und aus dem Munde des kaiserlichen Kanzlers die Antwort vernommen, in welcher man die Worte heraushörte, Seine Majestät wolle ihn der getroffenen Abrede gemäß, nicht mit ewigem Gefängniß und mit Confiscation oder Entsetzung seiner Güter heimsuchen; glaubte er seiner Aufgabe genügt zu haben und stand auf, um sich fort zu begeben, ohne daß Karl ihn dazu aufgefordert oder durch Handschlag die Versöhnung besiegelt hätte. Nach vollbrachter Ceremonie folgten der Landgraf und die beiden Kurfürsten dem Herzog von Alba nach dem alten Schloß, wohin dieser sie zum Abendessen eingeladen. Hier unterhielt man sich nach der Tafel mit Gespräch und Spiel bis tief in die Nacht hinein. Aber wie erstaunten die Gäste, als ihnen beim Aufbrechen bedeutet wurde, daß der Landgraf sich nicht entfernen dürfe, sondern als Gefangener im Schlosse zurückbleiben müsse! Alle Vorstellungen waren fruchtlos; Moritz konnte nichts weiter erreichen, als daß ihm gestattet ward, die Nacht mit dem Schwiegervater zuzubringen. Gegen Ferdinands Rath hatte Karl diesen Schritt befohlen; er konnte sich den Triumph nicht versagen, seine beiden größten Gegner in seiner Gewalt zu haben. Am andern Morgen eilten die bestürzten Kurfürsten in die Wohnung des Kaisers, um die Aufhebung der Haft zu bewirken. Hier setzte es bittere Erörterungen mit den kaiserlichen Räthen ab. Den Vorwurf des Wortbruchs wiesen diese mit Entrüstung zurück, indem sie sich auf die ursprüngliche Zusage des Monarchen beriefen, „daß er den Landgrafen nicht in ewiger Gefangenschaft halten wolle". Damit sei aber eine zeitweilige Gefangenschaft nicht ausgeschlossen. Daß in der Urkunde die Worte „ewig" und „einig" verwechselt worden, ist eine historische Mythe; aber das wahre Verhältniß ist damit bezeichnet; es war ein Sieg spanischer Hinterlist und Zweideutigkeit über deutsche Ehrlichkeit und Vertrauen. Als der Kaiser, durch die Vorhaltung des Treubruchs empfindlich berührt, den Fürsten bewies, daß er nach dem Wortlaut der Capitulation zu einem solchen Verfahren befugt sei, mußten sie den Vorwurf zurücknehmen. Sie konnten nur ihre eigene Unbedachtsamkeit und

Leichtgläubigkeit beklagen. Auch zu einer bestimmten Angabe, wie lange die Haft dauern solle, ließ sich Karl nicht bewegen; das werde von den Umständen und von dem Verhalten des Gefangenen selbst abhängen. Wie sehr auch die getäuschten Fürsten den Monarchen beschworen, er möge, da sie doch in ehrlichem Glauben gehandelt, nicht den bösen Schein und Unglimpf auf sie laden und Gnade ergehen lassen; sie konnten nichts weiter erlangen als eine unbestimmte Vertröstung auf die Zukunft, wenn der Gefangene durch ernstliche Ausführung der Capitulation die Aufrichtigkeit seiner loyalen Gesinnung bethätigen würde. Mit bitteren Empfindungen im Herzen verließen die deutschen Fürsten das Hoflager, geschädigt an ihrer Ehre und tief verletzt in ihren Gefühlen. Als der Kaiser bald nachher mit seinen fremden Truppen, die durch ihr rohes zuchtloses Betragen den Einwohnern ein Gegenstand des Schreckens und Abscheus geworden, über Naumburg, Bamberg und Nürnberg nach Süddeutschland zog, um auf dem nach Augsburg ausgeschriebenen Reichstage die kirchlichen Angelegenheiten zu ordnen, wurden die beiden erlauchten Gefangenen unter spanischer Wache dem Feldlager nachgeführt, doch so, daß sich während des ganzen Zuges der Kurfürst einer besseren und aufmerksameren Behandlung zu erfreuen hatte. Unerwartete Erfolge hatte der Habsburger Herrscher erzielt; die langjährigen Gegner waren siegreich niedergeworfen; aber die ungroßmüthige Weise, mit der er seinen Triumph feierte, die höhnende Erniedrigung eines Fürsten, den er nicht mehr zu fürchten brauchte, hat seinem Ruhm großen Abbruch gethan. Ein eifriger Leser und Bewunderer Machiavelli's, befolgte er doch nicht die kluge Lehre des Florentiners, daß man die Bestrafung eines besiegten Feindes nicht durch Schmach und ehrenrührige Kränkung verschärfen solle, die nur Haß erzeuge und keinerlei Vortheil bringe.

Unterwerfung von Böhmen. Als Karl sich dem Süden zuwandte, waren Böhmen und Norddeutschland noch in kriegerischer Bewegung. Aber durch die Mühlberger Schlacht und ihre Folgen war der Opposition Kraft und Einheit geraubt; die Unterwerfung der widerstrebenden Elemente konnte daher dem König Ferdinand und seinem sächsischen Verbündeten überlassen werden. Als der österreichische Fürst mit beträchtlichem Kriegsvolk in Böhmen einrückte, begleitet von Moritzens Bruder, Herzog August, der ihm 1000 Pferde und 20 Fähnlein Knechte zugeführt, fand er die nationale Partei schon gespalten und geschwächt; über zweihundert Edelleute, die bisher die Unabhängigkeitsbestrebungen der Stände begünstigt, traten alsbald auf seine Seite; und wenn auch die Bürgerschaften und das Landvolk sich noch **8. Juli 1547.** unter den Waffen hielten und zur Gegenwehr entschlossen waren: als die Hauptstadt Prag von den königlichen Truppen erobert wurde, und die Räthe, Aeltesten und Vertreter der Gemeinde im großen Saal des Hradschin vor Ferdinand erschienen und kniebeugend die Stadt auf Gnade und Ungnade übergaben, da konnte die Herrschaft der Habsburger über Böhmen als gesichert angesehen werden. Und Ferdinand säumte so wenig als sein kaiserlicher Bruder die Entmuthigung der Völker zur Mehrung seiner Macht und Herrscherrechte zu benutzen.

Strafgerichte.

Wie Prag mußten sich auch die übrigen Städte Böhmens auf Gnade und Un-
gnade ergeben, ihr Geschütz ausliefern und hohe Strafgelder entrichten. Ihre
wichtigsten Rechte und Privilegien wurden ihnen entrissen, die Eigengüter in
Lehnsgüter verwandelt, die Schuldigsten unter dem Herrenstande wie bei den
Bürgerschaften an Leib und Gut gestraft, die Königsmacht der beengenden
Schranken entkleidet und das Wahlrecht der Könige den Ständen entzogen. Der
Feldhauptmann Kaspar von Pflug ward bis zu seinem Tode in einem unterirdi-
schen Gewölbe der Burg festgehalten. Aehnliche Strafgerichte wurden auch den
Städten und den mit ihnen verbündeten Herren und Rittern in den Lausitzen
auferlegt. Hinrichtungen und Kerkerstrafen erzeugten diesseits und jenseits der
Berge Entmuthigung und Schrecken, also daß die Landtage keine Einsprache
gegen die neue Ordnung der Dinge wagten. Mit der politischen Reaction ging
der Bekehrungseifer der Priester Hand in Hand, so daß die Utraquisten zu
Tausenden auswanderten, um dem religiösen Druck zu entgehen.

Bei solchen Niederlagen, wie sie die patriotische und evangelische Sache allent- Widerstand der norddeutschen Städte
halben erlitt, machte die Standhaftigkeit und der Heldenmuth der norddeutschen
Städte einen erhebenden Eindruck. Als Herzog Erich von Braunschweig und Bremen.
andere kaiserliche Hauptleute mit einem Heer von 29,000 Mann und reichlichem
Geschütz vor Bremen erschienen, begierig die ketzerische Stadt zu züchtigen und aus-
zuplündern, leistete die muthige Bürgerschaft sowohl durch tapfere Vertheidigung
ihrer Mauern, Thürme und Schanzen, als durch kühne Ausfälle so entschlossenen
Widerstand, daß, als die andern niederdeutschen Stadtgemeinden der Bundes-
genossin zu Hülfe kamen, Erich unverrichteter Dinge abziehen mußte. Mit den
Bremern vereinigt, machten sodann die städtischen Wehrmannschaften unter den
Grafen Christoph von Oldenburg und Albrecht von Mansfeld auf den abziehen- 23. Mai 1547.
den Feind, der auf dem Kröpelsberge bei Drakenborg eine feste Stellung genommen, einen so erfolgreichen Angriff, daß ein Theil des feindlichen Heeres auf der
Wahlstatt blieb oder in Gefangenschaft fiel, Geschütz und Rüstwagen erbeutet
wurden und der Herzog Erich sich glücklich preisen konnte, daß er mit der übrigen
Mannschaft sich durch eine Furt über die Weser rettete. Unter Psalmengesang
waren die städtischen Krieger in den Kampf gezogen; sie wußten, daß sie mit der
bürgerlichen Freiheit auch die Sache des Evangeliums verfochten. In den Stiftern Bremen und Verden erhielt der Mansfelder von der dankbaren Bürgerschaft
Ersatz für die vom Kaiser ihm entrissenen Besitzungen seines Hauses. Wie Bremen an der Weser, so setzte Magdeburg an der Elbe dem Siegeslauf Karls einen Magdeburg.
Damm und hielt die evangelische Sache aufrecht. Wir haben den Muth und
den religiösen Eifer der Magdeburger Bürgerschaft schon bei mancher Gelegenheit
kennen gelernt: sie hatte sich von dem Erzbischof und Kapitel losgesagt, den
evangelischen Gottesdienst eingeführt, die Stiftsgüter in Besitz genommen. Das
Beispiel so vieler anderen Städte war ohne Einfluß auf sie geblieben; selbst die
Schlacht von Mühlberg brachte sie nicht zur Unterwerfung auf Gnade und Un-

gnade. Sie wurde deshalb von dem Kaiser gleich nach seiner Ankunft in Augsburg mit der Reichsacht belegt. Die Einwohnerschaft sollte friedlos sein und ihr Leben und Gut ohne Rechtsschutz. Aber muthig empfahl die Stadt ihre Sache Gott und rüstete zum Widerstand. Bald wurde Magdeburg ein Hort des Protestantismus für ganz Deutschland und eine „Denkstätte", daß es noch alte beständige deutsche Herzen und Gemüther gebe, denen Gotteswort, Vaterland und Freiheit theuer seien.

Der Belagerungskrieg vor Magdeburg. 1547.–51. Muthig und standhaft vertheidigten die Bürger von Magdeburg ihr Gemeinwesen gegen den Stiftsadel der Umgegend , gegen Herzog Georg von Mecklenburg , den das Domkapitel und die Ritterschaft in Dienst genommen; erst als der Kaiser die Ausführung der Acht gegen die widerspenstige Reichsstadt dem neuen Kurfürsten Moriz übertrug, als dieser im Namen und auf Kosten des Reichs ein Heer gegen die Stadt führte und in Verbindung mit dem Mecklenburger, mit den Brandenburgern, mit den edlen Herren einen Belagerungskrieg begann, da brachen schwere Zeiten über Magdeburg herein. Aber tapfer widerstanden die wackeren Einwohner dem zahlreichen Feinde. Mit Lebensmitteln und Kriegsbedarf reichlich versehen und durch Mauern und Thürme geschützt, schlugen sie alle Angriffe zurück und machten manchen glücklichen Ausfall. Umsonst bot Moriz als Preis der Uebergabe und Aufnahme einer Besatzung freies Bekenntniß der reinen Lehre nach der Augsburger Confession und Bestätigung aller städtischen Freiheiten; sie mißtrauten den Zusagen und wiesen die Anträge zurück, entschlossen ihren Glauben und ihr Gewissen als höchstes Kleinod zu verfechten. Die geworbenen Truppen und die Bürger verpflichteten sich eidlich zu gegenseitiger Hülfeleistung und Treue und auf das Beste haben sie ihren Schwur gehalten. Die religiöse Begeisterung erhöhte den Muth und die Widerstandskraft; sie glaubten unter dem besonderen Schutze Gottes zu stehen. Drei Jahr lang ertrugen die Magdeburger den Reichskrieg; als der Kurfürst einst in das Gebiet von Bremen gezogen war, um das in den Seestädten für Magdeburg sich sammelnde 19. Decbr. 1551. Kriegsvolk zu zerstreuen, überfielen die Bürger in einer stürmischen Winternacht das Dorf Ottersleben, wo die erzstiftische Reiterei lag, und führten über hundert gefangene Edelleute sammt dem Stiftsbanner in die Stadt. Am andern Tag unternahm Herzog Georg einen Rachezug zur Befreiung der Weggeführten, fiel aber gleichfalls verwundet in die Hände der bürgerlichen Wehrmannschaft. Moriz trug den Magdeburgern böses Willen, denn nirgends wurde er mehr gelästert und geschmäht als in der „Elbstadt: mit der Zeit aber gewann er dem Krieg einen andern Vortheil ab; wir werden bald erfahren, wie trefflich er den Belagerungskampf benutzte, um unter dessen Schilde seine Streitmacht zu erhöhen und zu andern Zwecken zu verwenden.

XX. Das Interim und der Passauer Vertrag.

1. Der Augsburger Reichstag vom Jahr 1548.

Karls Stellung zu den religiösen Fragen. Wie sehr immer Karl V. von der Idee erfüllt war, dem Kaiserthum den alten Glanz zu verleihen, es zur höchsten Stufe der Macht und Hoheit in der Christenheit zu erheben; so waren doch in dem deutschen Krieg auch die religiösen

Motive von großem Gewicht: „Die Kirche in alter Herrlichkeit herzustellen und in unbefleckter Reinheit aus den Händen des Protestantismus zu retten" war der leitende und bewegende Gedanke, der seiner Seele die treibende Spannkraft gab. Denn wie oft er auch aus politischen Gründen sich nachgiebig zeigen mochte, so war er doch stets von glühendem Haß gegen jede Abweichung, jede Neuerung beseelt, den religiösen Glaubensformen der katholischen Kirche in devotester Weise zugethan.   Wo er die Macht besaß, ist er mit den schärfsten Ketzeredikten, mit Inquisition und Todesstrafe gegen die Abgefallenen eingeschritten.   Mehr und mehr hat sich mit seinen politischen Tendenzen einer kaiserlichen Weltstellung die Idee verbunden, auch der Kirche ihre Einheit und mittelalterliche Gestalt zurückzugeben. Wir wissen, daß er bei allen Friedensschlüssen auf diesen Gedanken zurückgekommen ist. Da war es ihm denn sehr gegen den Sinn, daß er bei dem Oberhaupte dieser Kirche so viele Hindernisse zur Verwirklichung seiner Pläne fand.   In dieser Stimmung hat er sich zu der hinterlistigen Staatskunst hinreißen lassen, die ihm ein Meer von Schwierigkeiten bereiten mußte: er hatte den Protestanten ein Concil verheißen, wie er es doch nimmermehr von dem päpstlichen Stuhl erhoffen konnte, und um von dem Schmalkaldischen Bunde einige Glieder zu lösen, hatte er den Willigen eine Toleranz in Aussicht gestellt, deren Gewährung nicht in seiner Macht stand.

Der Reichstag zu Augsburg, den der Kaiser am ersten September des ereignißvollen Jahres in eigener Person eröffnete, war zahlreich besucht. Wer hätte dem Rufe des siegreichen Monarchen widerstehen und durch Unfolgsamkeit dessen Zorn reizen wollen! Auch stand ihm keine geschlossene Opposition mehr entgegen.   Die katholischen Reichsstände wetteiferten in Hingebung; von den evangelischen waren die Einen besiegt, die Andern durch Verträge gebunden; alle waren mit dem Oberhaupte einverstanden, daß die religiöse Spaltung und alle daraus hervorgegangenen Wirrnisse „auf christliche und gebürliche Wege" gebracht und zum schleunigen Austrag geführt werden müßten. Es fiel dem Kaiser nicht gar schwer, auch die evangelischen Stände, Kurfürsten, Fürsten und Städte zu dem Beschlusse zu vereinigen, sich dem allgemeinen Concil zu unterwerfen, wenn dasselbe wieder nach Trient zurückverlegt und die bereits entschiedenen Artikel von Neuem in Berathung genommen würden.   Die Städte waren der Ansicht, die Entscheidung dürfe nicht dem Papst und seinen Anhängern anheimgestellt werden, sondern „frommen, gelehrten, gottesfürchtigen und von allen Ständen dazu auserwählten Personen".   Dieser Forderung stimmte zwar Karl nicht bei, doch gab er die Versicherung, daß das Concilium in Trient gehalten, „und die ganze Tractation gottselig, christlich, nach göttlicher und der alten Väter heiliger Lehre und Schrift vorgenommen und zu Ende geführt werden solle".   Aber nur zu bald zeigte es sich, daß er mehr zugesagt habe, als er zu erfüllen vermochte. Weder das Bittgesuch, welches die deutschen Bischöfe auf den Wunsch des Kaisers an den heiligen Vater sandten, daß er durch Rückverlegung des Concils

Der Kaiser
und die
Curie.
1. Sept.
1547.

14. Sept.
1547.

von Bologna nach Trient die Möglichkeit schaffe, die gestörte Ordnung des Reichs wieder auf fester Grundlage aufzurichten, ein Gesuch, dem der kaiserliche Abgesandte Christoph Madrucci, Cardinal von Trient besonderen Nachdruck zu geben suchte, noch die von Karls Botschafter Mendoza in Rom erhobene Beschwerde gegen die Translation machten großen Eindruck auf den Papst, der gerade damals aus persönlichen und dynastischen Gründen einen neuen Groll gegen den spanischen Monarchen gefaßt hatte. Sein Sohn Pierluigi Farnese, der wegen seiner Sittenlosigkeit und Tyrannei verhaßte Herzog von Parma und Piacenza, der alle Fäden der italienisch-französischen Liga leitete, war bei Besichtigung der Festungswerke von einigen verschworenen Edelleuten, die er in ihren Rechten verkürzt hatte, ermordet worden; und unmittelbar darauf hatte Ferrante Gonzaga, Statthalter von Mailand, die Städte im Namen des Reichs mit kaiserlichem Kriegsvolk besetzt. Ein finsterer Argwohn beschlich den Kirchenfürsten, Gonzaga möchte bei der blutigen That die Hand im Spiel gehabt haben, und sein Zorn stieg noch, als Karl V. nicht sofort das Herzogthum dem Sohne des Ermordeten, Ottavio Farnese, übertrug, vielmehr den Legaten Sfondrata mit unbestimmten Antworten abfertigte. Zwar insofern suchte Paul einem vollständigen Bruch vorzubeugen, daß er von den in Bologna versammelten Vätern keine synodalen Akte vornehmen ließ; aber diese handelten ganz im Sinne des Papstes, wenn sie jede Aufforderung zur Rückkehr von sich wiesen und vielmehr verlangten, ehe die Translation zurückgenommen werden könnte, müßte zuvor die in Trient verbliebene Fraction sich in Bologna mit ihnen vereinigen und dadurch ein Geständniß ablegen, daß sie durch ihren Ungehorsam gegen die kirchliche Autorität sich vergangen hätte und ihr Unrecht bereute. Dieser anmaßende Ausspruch reizte den

16. Jan. 1548. Kaiser dermaßen, daß er der Versammlung durch zwei spanische Cleriker eine Protestschrift überreichen ließ, in welcher die Translation als unrechtmäßig bezeichnet und die unverzügliche Rückkehr der Prälaten nach Trient verlangt war; im Fall ihrer Weigerung sollte alles, was sie beschließen würden, als null und nichtig angesehen werden. Der Cardinallegat del Monte wies die Einwendungen als unwahr zurück, rechtfertigte das Geschehene als in Recht, Gesetz und Herkommen begründet und schloß mit der Betheuerung, er wolle lieber zum Märtyrer werden als dulden, daß die weltliche Macht sich anmaße, ein Concilium zu beherrschen. Die Versammlung sei für ihr Thun nur Gott und dem heiligen Vater Rechenschaft schuldig. Einige Tage nachher wiederholte der kaiserliche Botschafter Mendoza vor Papst und Cardinälen die Protestation in ihrer ganzen Schärfe. Paul hörte sie mit ruhiger Fassung an und gab eine kluge ge-

1. Febr. 1548. messene Antwort, in welcher mit möglichster Schonung des Kaisers die Würde des päpstlichen Stuhls und das kirchliche Richteramt mit aller Entschiedenheit gewahrt war.

Karls kirchliche Politik. Nach dieser „geistlichen Kriegserklärung" stand eine Beilegung der religiösen Streitigkeiten auf dem Wege einer conciliaren Vereinbarung in weiter Ferne.

Daher faßte der Kaiser, der jetzt auf dem Höhepunkt feiner Macht
ftand und die deutfchen Fürften und Stände in Demuth und Ehrerbietung feiner Befehle und Anordnungen gewärtig fah, den Entfchluß, auch
ohne Mitwirkung des Papftes oder eines Legaten mit Hülfe der ihm ergebenen Reichsverfammlung eine Reformation der deutfchen Kirche vorzunehmen und in Lehre und Cultus Beftimmungen zu treffen, die bis zum Austrag eines öcumenifchen Concils, wofür jene Vereinigung italienifcher Prälaten in
Bologna doch nicht gelten konnte, für beide Confeffionen Gültigkeit haben follten.
An eine unbedingte Reftauration des alten Zuftandes, wie der kaiferliche Beichtvater und einige ftrengkatholifche Eiferer riethen, war nicht zu denken; fchon
die Capitulationsverträge mit den evangelifch gefinnten Fürften und Städten
ftanden einem derartigen Vorgehen im Wege, und würde nicht ein folcher Verfuch den noch im Kriegsftand begriffenen evangelifchen Norden zu neuen An-
ftrengungen entflammt, ihm neue Kräfte zugeführt haben? Aber wenn der Kaifer
auch nicht fofort die lutherifchen Predigten unterfagte, nicht die Herftellung der
Meffe und die Reftitution der fäcularifirten Kirchengüter anordnete, fo fuchte er
doch einen Zwifchenzuftand zu begründen, welcher die allmähliche Rückkehr zum
alten Glauben und Cultus anbahnen follte. Deswegen vermied er auch jedes
feindfelige Vorgehen gegen die Curie und die Verfammlung in Bologna; er
hoffte durch politifche Klugheit und diplomatifche Gewandtheit den Papft und die
Häupter der Kirche zu Conceffionen zu bringen, auf Grund deren die Neuerer
fich der Autorität der allgemeinen Kirche unterwerfen könnten. Es war ja bekannt genug, wie nahe in früheren Jahren die Wortführer beider Confeffionen
in wichtigen Punkten einander gekommen waren; felbft in hochkirchlichen Kreifen
war oft von der Nothwendigkeit oder Räthlichkeit einer „Connivenz" gefprochen
worden. Wenn die Reformation, wie Karl fie im Auge hatte, in Rom gebilligt
und genehmigt ward, fo konnte zunächft auf Grund der proviforifchen Ordnung
eine äußerliche Lebensgemeinfchaft gefchaffen werden, aus welcher mit der Zeit
eine einheitliche Ordnung hervorgehen mochte. Karl dachte fich diefe dereinftige
Einheit nur als Herftellung der alten Zuftände; um fo mehr glaubte er auf Nach-
ficht und päpftliche Billigung rechnen zu dürfen.

Von dem Reichstage erfuhr Karl in feinen unioniftifchen Plänen keinen Das Augs-
Widerftand. Als er eine gemeinfchaftliche Berathung behufs Ausarbeitung eines burger Interim.
Entwurfs in Anregung brachte, gab man ihm die Sache ganz in die Hand. Er
ftellte drei Männer auf, die vermöge ihrer Anfichten und ihres Charakters als
befonders geeignet zu einem fo fchwierigen Werk erfchienen: den uns bekannten
Julius Pflug, erwählten Bifchof von Naumburg, den Mainzer Weihbifchof
Michael Helding und den Hofprediger des Kurfürften Joachim, Johann Agri-
cola, der gefchmeidigen Sinnes von der ftrenglutherifchen Richtung früherer
Jahre zu der vermittelnden Denkweife feines Herrn übergetreten war und fchon
nach der Schlacht bei Mühlberg den Elbübergang Karl's mit dem Uebergang

48*

Josua's über den Jordan verglichen hatte. Der Entwurf zu dieser „einstweiligen" Ordnung der kirchlichen Dinge in Deutschland, bekannt unter dem Namen des „Augsburger Interim" ging wohl vorzugsweise aus der Feder von Julius Pflug hervor, so großen Antheil sich auch Agricola selbst beimaß. Ehe der Kaiser den Entwurf den Ständen vorlegte, gab er ihn zwei spanischen Theologen, seinem Beichtvater Soto und dem früher erwähnten Malvenda, zur Durchsicht. Schon daraus erhellt, daß der katholische Standpunkt festgehalten war.

In dem dogmatischen Theil wurde von den früheren Vereinbarungen abgesehen, nur daß man den Versuch machte, in der Lehre von der Rechtfertigung, die mittlerweile in Trient zum Abschluß geführt worden, durch einige unbestimmte Ausdrücke die beiden Ansichten einander näher zu bringen, und daß bei der Messe der Begriff eines Opfers nicht als „Sühnopfer" gefaßt war, sondern als „Dankopfer" für die durch den Kreuzestod Christi erworbene Versöhnung. Eben so war in den Doctrinen von der Kirche, vom Priesterthum von der hierarchischen Verfassung der scholastische Standpunkt festgehalten. Wenn die Protestanten ein Priesterthum aller Christen lehrten, so wurde in dem „Interim" ein geistlicher Stand unterschieden, der zum Dienst der Kirche berufen und ordentlich bestätigt sei. Mit besonderem Nachdruck war der Bischöfe gedacht, ihre Gewalt sollte aus göttlichen Rechten herfließen; zur Erhaltung der Einigkeit sei ein oberster Bischof in Rom eingesetzt, der als Haupt die Kirche zu regieren habe, aber sein Amt gebrauchen sollte nicht zur Zerstörung sondern zur Erbauung. Der Kirche stehe das Recht zu, ihre Gesetze und Ordnungen zu bestimmen, die Schrift auszulegen und die wahre Lehre festzustellen, „sintemal der Heil. Geist in ihr ist und sie in alle Wahrheit leitet". Was die alte Kirche verordnet hat in Beziehung auf die Verwaltung der sieben Sacramente, der Ceremonien, der Symbole und Bilder, der kirchlichen Festtage und Prozessionen, der Vigilien und Todtenbegängnisse, der Fastenzeiten sollte auch ferner beobachtet werden. In allen diesen Aufstellungen erkannte man die alte Kirchenlehre, wie sie dem Geiste des Kaisers vorschwebte; daß darin die Rechte und Befugnisse der Bischöfe gegenüber dem Pontificat besonders betont, die päpstliche Macht dagegen in gewisse Schranken gewiesen war, entsprach ganz den Tendenzen desselben. Der protestantischen Auffassung war nur in der Gestattung des Kelchs bei dem Sacrament des Altars, in der Beibehaltung und Verwendung verheiratheter Geistlichen und in einer milderen Praxis der Fastengebote Rechnung getragen.

Die Unionsformel auf die Neuerer beschränkt. Nach des Kaisers Meinung sollte die in dem Interim aufgestellte Lehr- und Cultusform in der gesammten deutschen Kirche in Anwendung kommen, sowohl von den Altgläubigen als von den Neuerern angenommen werden, bis ein ökumenisches Concil alle Abweichungen ausgeglichen und eine gemeingültige Ordnung geschaffen haben würde. Er mochte glauben, daß die katholische Haltung des Entwurfs die Altkirchlichen dem Unionsplan geneigt machen würde, zumal da der provisorische Charakter einer künftigen Veränderung Raum ließ. Größeren Widerstand erwartete er von den reformatorisch Gesinnten. Allein gerade in diesen Kreisen zeigte man sich am willfährigsten: Mochte auch Moriz von Sachsen die Befragung seiner Landstände sich vorbehalten, da er den Fortbestand der Religion feierlich zugesichert habe; mochte auch der Pfalzgraf Wolfgang von Zweibrücken, Eidam Philipps von Hessen, und der Markgraf Johann von

Küftrin Widerspruch erheben; die weitaus größere Mehrzahl der evangelifchen Fürften, voran die Kurfürften von Brandenburg und von der Pfalz, gaben der Vorlage ihre Zuftimmung. Nicht fo die katholifchen Glieder des Fürftenraths. Herzog Wilhelm von Baiern, aus verfchiedenen Urfachen, die wir bald erfahren werden, gegen die Habsburger gereizt, erklärte, daß er zuvor in Rom anfragen wolle. Als die Antwort des Papftes, der nicht geneigt war, die Machtftellung des Kaifers zu erhöhen, von der Annahme abrieth, wuchfen die Bedenken der fürftlichen Majorität gegen die Geftattung des Laienkelchs und der Priefterehe. Würde man jetzt gewähren, was man früher verworfen, fo fei die kirchliche Autorität gefährdet. Die geiftlichen Reichsfürften zeigten wenig Neigung, fich von dem Kaifer eine kirchliche Ordnung aufdrängen zu laffen. Sie meinten, es fei zweckmäßiger, wenn er die evangelifchen Stände anhielte, die Augsburger Confeffion fahren zu laffen und die fäcularifirten Kirchengüter herauszugeben. Die nationale Einigung und Friedftellung, welche Karl hervorhob, machte auf die Romaniften geringen Eindruck. So mußte denn der Kaifer die Erklärung abgeben, daß das Augsburger Interim nur für die evangelifchen Stände bindend fein follte. Mit diefer Befchränkung wurde daffelbe als Reichsgefetz bekannt gemacht. ^{Mai 1548.}

Karl gedachte durch das neue Religionsgefetz das proteftantifche Deutfchland wieder zur Unterwerfung unter die hierarchifchen Formen zu bringen: das hergeftellte und in feiner Autorität gefteigerte Episcopat follte feine alte Jurisdiction auf Grund des Interim zurückerhalten und nur in den wenigen Fällen, worin das evangelifchen Confeffionsverwandten eine vorläufige Ausnahmftellung gewährt worden, die erforderliche Difpenfation üben. Eine „Reformationsformel", welche der Kaifer gleichfalls ohne Mitwirkung des päpftlichen Oberkirchenamtes ausarbeiten ließ und bekannt machte, follte einige Mißftände befeitigen, die fich in das geiftliche Regiment eingefchlichen hatten und gegen welche fo viele Klagen laut geworden waren. Auf folche Weife vermeinte er die verfchiedenen Parteien und Denkweifen auf gemeinfamer Grundlage zu vereinigen, durch Abftellung notorifcher Mißbräuche einerfeits und durch Geftattung einiger abweichenden Doctrinen und Gebräuche andererfeits eine kirchliche Lebensordnung zu fchaffen, bis durch allgemein anerkannte Befchlüffe eines ökumenifchen Concils die Verfchiedenheiten und provforifchen Ausnahmszuftände ausgeglichen würden. Bei der herrfchenden Stellung, die er durch feine Siege im Feld errungen, hoffte er die Oppofition zu überwinden, die fich gegen das eigenmächtige Verfahren im katholifchen Heerlager erhoben, ja vielleicht felbft den päpftlichen Widerftand zu brechen. War ja doch das Interim ein Sieg des katholifchen Prinzips über die fchismatifchen und häretifchen Beftrebungen. Zu welcher Macht aber ftieg das Kaiferthum empor, wenn es ihm gelang, an der Spitze des geeinigten Reichs die Herftellung der allgemeinen Kirche auf neugefeftigter Grundlage zu bewirken! Dann konnte die Idee einer Weltherrfchaft und fchiedsrichterlichen Autorität, wie fie Karls ftolzer Seele vorfchwebte, ins Leben eingeführt werden.

Neue Reichs-
organisa-
tion. Dazu war aber vor Allem erforderlich, daß der kaiserliche Herrscherthron auch in politischen und militärischen Dingen eine höhere Gewalt errang, daß das Reichsoberhaupt mit monarchischer Machtfülle ausgerüstet ward. Dieses Ziel zu erreichen, war das zweite Anliegen und Bestreben Karls auf dem denkwürdigen Reichstag von Augsburg. Die Willfährigkeit und Hingebung der Fürsten und Stände, die bei den kirchlichen Angelegenheiten zu Tage trat, bestärkte ihn in dem Vorhaben, auch in den weltlichen Rechtsordnungen des Reichs solche Einrichtungen zu treffen, daß die kaiserliche Macht und Autorität in Zukunft freier geübt, nicht mehr wie bisher durch so vielen Widerstand gehemmt und gebrochen werden möchte. Denn unter den bestehenden Formen und Gewohnheiten waren dem Reichsregiment so sehr die Hände gebunden, daß von einer monarchischen Kaisergewalt nur ein Schatten bestand. Daher suchte er solche Reformen in Verfassung und Regierung zu begründen, daß das Reich als eine dem habsburgischen Herrscherhause erblich zuständige Monarchie gedacht werden könnte, daß die deutschen Kräfte und Hülfsmittel der österreichisch-burgundischen Dynastie zur Verfügung gestellt würden. Zu dem Zweck war er bemüht, die mächtigeren Reichsfürsten entweder durch Gnadenerweisungen, Ehren und Vortheile sich zu Danke zu verpflichten oder durch Strafbestimmungen, die vor der Hand nur als möglich und rechtsgültig aufgestellt aber nicht ausgeführt werden sollten, in Furcht und Gehorsam zu halten.

Dynastische
Anordnun-
gen. So übertrug der Kaiser durch einen feierlichen Lehnsakt seinem Verbündeten Moriz das Kurfürstenthum Sachsen und erhob den neuen Erzbischof von Köln, Adolf von Schaumburg durch Ertheilung der Kurwürde zum Reichsfürsten; so wurden die Pfandschaften, Nutzungen und Gebiete, über welche der Landgraf von Hessen mit dem Grafen von Nassau seit vielen Jahren im Streite gelegen, zum großen Theil dem letzteren zugesprochen; so suchte Karl den Brandenburger Kurfürsten Joachim II. günstig zu stimmen, indem er dessen Hofprediger Agricola bei der Abfassung des Interims auszeichnete und die gegen den Herzog Albrecht von Preußen ausgesprochene Reichsacht nicht vollziehen ließ. Ein aus kaiserlichen Räthen unter dem Vorsitz des neuen Erzbischofs von Köln aufgestelltes Gericht fand, daß Herzog Ulrich durch seine Theilnahme am schmalkaldischen Krieg den Kabaner Frieden verwirkt habe; wenn Ferdinand nicht Besitz von dem Lande ergriff, so geschah es nur aus Rücksicht für das unverwirkte Recht des jungen Herzogs Christoph. Kurfürst Friedrich von der Pfalz vermochte sich nur durch die Gunst und Freundschaft des Kaisers gegen die immer schärfer hervortretenden Ansprüche des Baiernherzogs in seiner Würde zu behaupten; und daß Karl weder diese Ansprüche befriedigte, noch dem Münchener Verwandten, der doch das Meiste zu dem siegreichen Ausgang des Krieges beigetragen zu haben glaubte, die Besitzungen des Pfalzgrafen Otto Heinrich von Neuburg zusprach, sie vielmehr in spanische Obhut nahm. um sie dereinst dem Herzog Alba als Lohn seiner Dienste zuzuwenden, hat bei Wilhelm große Verstimmung erzeugt und die alten Antipathien gegen Oesterreich wieder aufgefrischt. Wenn das Reichsoberhaupt sich weniger befliffen zeigte, auch die Gunst der deutschen Städte zu gewinnen, so mag dies einerseits seinen Grund in der Abneigung desselben gegen alles communale Wesen gehabt haben, theils in der richtigen Ansicht, daß ein strengeres monarchisches Regiment und eine größere Autorität der Gesetze gerade

den ſtädtiſchen Gemeinheiten, ihrem Handel, Verkehr und Wohlſtand zum Nußen ge=
reiche, ein geachteter Friedenſtand gerade ihnen den größten Vortheil brächte.

So ſehr übrigens Fürſten und Stände auf dem Reichstag in Augsburg be= Der Plan einer Reichsliga.
fliſſen waren, den Wünſchen und Vorſchlägen des Kaiſers willig entgegenzukom=
men: Ein Plan, der ihm beſonders am Herzen lag, kam nicht zur Ausführung.
Karl erinnerte ſich, wie große Vortheile in früheren Jahren der ſchwäbiſche Bund
der öſterreichiſchen Herrſchaft eingetragen. Wenn es nun gelänge, dieſen Bund
wieder ins Leben zu rufen und ihm eine weitere Ausdehnung zu geben, ſo würde
der Kaiſerkrone für die Zukunft ein bedeutender Zuwachs an Macht entſtehen.
Schon ſeit längerer Zeit hatte er den Gedanken einer „Liga des Reichs“ erwogen
und mit einigen befreundeten Fürſten und Räthen beſprochen. Seine Abſicht
war, jenen ſchwäbiſchen Bund mit der Verpflichtung der Einzelglieder zu Trup=
pen und Geldbeiträgen in umfaſſenderer Weiſe zu erneuern, alſo daß nicht nur
die ſüddeutſchen Fürſten und Städte ſich dabei betheiligten, ſondern auch die üb=
rigen Reichsſtände mit Einſchluß des Königs Ferdinand für die öſterreichiſchen
Lande und des Kaiſers ſelbſt für die burgundiſch=niederländiſchen Erbſtaaten da=
rin Aufnahme fänden. Ein ſolcher föderativer Organismus mit einer allzeit
bereiten Streitmacht unter einem von dem Kaiſer zu ernennenden Bundeshaupt=
mann war viel leichter zu handhaben und in Action zu ſeßen, zur Erhal=
tung des inneren Friedens wie zur Vertheidigung der Grenzlande gegen auswär=
tige Feinde, als der ſchwerfällige Reichskörper mit ſeinen complicirten Einrich=
tungen, ſeinen herkömmlichen Formen, Verfaſſungsgeſeßen und Capitulations=
feſſeln. Es lag zu Tage, daß durch eine ſolche Bundesgewalt der Autorität des
Reichsoberhauptes eine weit größere Kraft und Energie zugebracht werden würde.
Ein Bundesrath und Bundesgericht, gebildet aus den Räthen der verſchiedenen
Kreiſe, ſollte mit der Leitung betraut werden und den öffentlichen Frieden erhal=
ten. Allein wie viele Mühe ſich Karl gab, die Fürſten und Stände für den Plan
zu gewinnen, derſelbe kam nicht zu Stande. Es war nicht ſchwer einzuſehen,
daß neben einer ſolchen Bundesmacht die Reichsverfaſſung zur weſenloſen Schein=
geſtalt herabſinken, daß die geſeßgeberiſche Thätigkeit der Reichstage gegenüber
den Beſchlüſſen des Bundesrathes ohne Wirkung und Anſehen ſein würde. Ins=
beſondere geriethen die Städte in Beſorgniß, ſie möchten zu tief in die Kriegs=
politik des Hauſes Oeſterreich hineingezogen und zu übermäßigen Leiſtungen ge=
drängt werden, wenn ſie ſich auch nicht verhehlen konnten, daß die Stärkung des
Landfriedens, die durch eine ſolche Ordnung erzielt werden dürfte, ihnen von
großem Vortheil wäre. Die Fürſten fürchteten, daß ihre Territorialhoheit allzu=
ſehr geſchwächt würde, die Evangeliſchen, daß das Reichskammergericht zu neuer
Energie gelangen möchte; Baiern wollte ſich in keinen Bund mit reformatoriſch
Geſinnten einlaſſen.

Um ſo größeren Erfolg hatte der Kaiſer mit andern Vorſchlägen, die gleich= Anordnun= gen über Heerweſen
falls auf Stärkung ſeiner Autorität, auf größere Wehrkraft, auf mehr monar=

und Kriegs- chische Ordnung und Gestaltung des Reichskörpers hinzielten. Nicht nur, daß
kasse.   die Fürsten und Stände keine Rüge vorbrachten, weil der Kaiser gegen Gesetz und
Capitulation fremdes Kriegsvolk ins Reich eingeführt, und nur einige schüchterne
Vorstellungen und Bitten um Entfernung desselben wagten, die wenig Eindruck
machten; es wurde auch allen Reichsgliedern bei strenger Strafe untersagt, in
fremde Kriegsdienste zu treten und das Verbot, herrenloses Kriegsvolk zu sammeln, erhielt den Beisatz, sofern nicht der Kaiser oder der König die Erlaubniß
dazu gegeben. Der Hauptmann Sebastian Vogelsberger, einer der schönsten
und ansehnlichsten Männer seiner Zeit und eifriger Bekenner der Augsburger
Confession, wurde, weil er dem König von Frankreich einige Fähnlein Landsknechte zugeführt, zum Tode verurtheilt und enthauptet. Den französischen Sympathieen, die man noch bei einzelnen Kriegsobersten, wie bei Schärtlin, Reck-
rode, dem Rheingrafen gewahrte, sollte durch Schrecken für immer ein Ende
gemacht werden. Vor Allem aber lag dem Monarchen die Beschaffung einer
Reichskriegskasse am Herzen. Wie beträchtlich immer die Summen waren, die
ihm bei den Capitulationen der Fürsten und Städte aus den Strafgeldern zugeflossen, es war ein vergänglicher Schatz; er wünschte, eine unversiegbare Quelle,
eine „ordentliche Reichsrente" zu schaffen. Seine religiösen Ansichten hatten ihn
bei verschiedenen Gelegenheiten nicht abgehalten, auch nach geistlichem Gut zu
greifen; das Utrechter Bisthum hatte herhalten müssen, aus spanischem Kirchenvermögen war ein Theil der Kosten für den Schmalkaldischen Krieg gezogen worden; auch jetzt wurde ernstlich in Erwägung genommen, ob man nicht der
deutschen Geistlichkeit Verzichtleistungen in größerem Maßstab auflegen sollte.
Während man Einziehung der Kirchengüter und Beraubung der Geistlichen, soweit sie von den Evangelischen ausgingen, als Verletzung des Landfriedens bezeichnete, trug man sich gleichzeitig mit dem Gedanken weitgehender Säcularisationen. Vorerst griff man jedoch zu einem näheren Plan: die Reichsstände
wurden aufgefordert, zur Erhaltung des Friedstandes einen „Vorrath" aufzubringen. Es erregte wohl einiges Bedenken; man meinte, die kaiserliche Autorität sei bei der jetzigen Lage der Dinge wohl im Stande, jede Unruhe oder
Streitsache niederzuhalten; allein so hingebend und dienstbeflissen war die
Versammlung, daß schließlich dennoch die Bewilligung erfolgte, ja daß der
erste Ansatz eines halben Romzugs auf die Höhe eines ganzen gebracht
ward.

Kammer-   Auch durch die neue Kammergerichtsordnung, deren Abfassung vom Reichs-
gerichts-
ordnung. tage beschlossen ward, sollte die Autorität des Reichsoberhauptes gestärkt werden.
Daß der Kaiser, dem die Versammlung die Ernennung der neuen Räthe vertrauensvoll überließ, nur solche Mitglieder auserkor, von deren katholischer Gesinnung er überzeugt war, verstand sich unter den gegebenen Verhältnissen von
selbst, wenn auch die Fürsten nicht ausdrücklich darauf gedrungen hätten.

Ein weiteres Anliegen, das dem Kaiser am Herzen lag, betraf die Stellung der niederländischen Erbstaaten zum deutschen Reich. Und auch darin kam der Reichstag den Wünschen der Habsburger entgegen. Es wurde eine Vereinbarung getroffen, welche den vereinigten Provinzen den Schutz des Reiches sicherte, ohne daß sie zugleich alle Pflichten und Lasten desselben auf sich zu nehmen brauchten. Nach längeren Verhandlungen kam ein Vertrag zu Stande, kraft dessen die sämmtlichen burgundischen Lande, mit Flandern und Artois, über welche Frankreich noch immer die Oberlehnsherrlichkeit ansprach, sowie den neu erworbenen Provinzen Utrecht, Oberyssel, Gröningen, Geldern, Zütphen nebst Mastricht als ein eigener zehnter Kreis dem Reichsverbande eingefügt wurden, ohne in ihren herkömmlichen Freiheiten und Rechten eine Verkürzung zu erleiden. Sie sollten auf den Reichstagen in der Person ihres Erb- und Oberherrn vertreten sein, wie die österreichischen Lande durch Ferdinand, aber die Ordnungen und Satzungen des Reichs, insbesondere die Jurisdiction des Kammergerichts, sollten nicht in Anwendung kommen. Für diese ganz im Interesse der niederländischen Regierung getroffene Anordnung verpflichtete sich Karl zu einem Kostenbeitrag doppelt so hoch als der Matricularanschlag eines Kurfürsten. Durch diese „pragmatische Sanction" traten die niederländischen Provinzen unter den Schutz und Schirm des Reichs und behielten zugleich ihren selbständigen Gerichtsgang und ihre überlieferten Rechte und Institutionen.

Dies waren die Resultate des „geharnischten" Augsburger Reichstags, durch welchen die öffentlichen Dinge in Deutschland, wie sie sich seit dreißig Jahren in Staat und Kirche entwickelt hatten, eine reactionäre Umgestaltung erfuhren. Sie konnten als Keime und Anfänge einer neuen Ordnung gelten, welche in politischer Hinsicht zu einer auf die Wehrkraft und Geldbeiträge der Reichsglieder gegründeten monarchischen Autorität, in kirchlicher Beziehung zur Herstellung der hierarchischen und dogmatischen Satzungen des Mittelalters führen mußte. Seit Jahrhunderten hatte kein Kaiser sich einer solchen Hingebung der Reichsstände zu erfreuen. Wenn man liest, wie demüthig und dienstbeflissen die stolzen Fürstenhäupter sich vor dem fremden Herrscher mit dem bleichen Angesicht und der hinfälligen Gestalt beugten, wie die Blüthe des deutschen Adels bei den ausländischen Räthen des spanischen Monarchen um Gunst und gnädige Berücksichtigung buhlte und in ausgelassener Lustbarkeit die Tage der Schmach und Erniedrigung verschwelgte; so wird man lebhaft an die letzten Tage des heiligen römischen Reiches deutscher Nation gemahnt, als Fürsten, Adel und reichsstädtische Bürgerschaften vor einem andern fremden Machthaber im Staube krochen und in demüthiger Unterwürfigkeit wetteiferten. Es war nicht zu verwundern, wenn der eine wie der andere mit Geringschätzung auf eine Nation blickte, deren Häupter und Vertreter so wenig Ehrgefühl und Selbstachtung zeigten; aber im sechzehnten Jahrhundert waren die sittlichen Kräfte der Nation noch nicht so sehr erschlafft und entartet, wie am Ende des achtzehnten; sie waren nur durch eine

Marginal notes:
Stellung der Niederlande zum Reich.
26. Juni 1548.
Resultate.

vorübergehende Wolke verhüllt und verdunkelt; sie sollten wieder in hellerem
Schein hervortreten!

2. Die Einführung des kirchlichen Interims.

Des Kaisers Absicht, die deutsche Kirche aus eigener Machtvollkommenheit
durch das Interim und die Reformationsformel so zu gestalten, daß beide Religionstheile sich darein finden könnten und er selbst als Schirmherr des unirten
Reiches mit dem Oberhaupte der Gesammtkirche und dem Concil Verträge und
Compromisse abschließen möchte, wurde durch die Opposition der Altgesinnten
gegen eine nicht von den rechtmäßigen Organen der Kirche ausgehende Religionsordnung aus ihrer Bahn gelenkt, ihrer eigentlichen Bedeutung entkleidet. Jetzt
sollte die neue Unionsformel nur das Banner für die Abgewichenen werden.
Dennoch beschloß Karl, sie zur Einführung zu bringen. Hatte ja doch das fürstliche Collegium durch den Mund des Erzbischofs von Mainz seine dankbare Anerkennung für die kaiserliche Fürsorge ausgesprochen. Waren auch einzelne Bedenken laut geworden, so standen dem Gewaltigen damals so viele Mittel und
Wege zu Gebot, daß er wohl hoffen durfte, durch Drohungen oder Verheißungen
und vor Allem durch die spanischen Soldaten, die er in die oberdeutschen Städte
legte, zum Ziel zu gelangen. Und diese Mittel wurden denn auch nicht gespart:
Wenn Moriz und Hans von Küstrin ihren Beitritt von der Zustimmung ihrer
Landstände abhängig machen wollten, so wurde ihnen bedeutet, daß Entscheidungen, die von Kaiser und Reichstag gefaßt worden, nicht berathen, sondern ausgeführt werden müßten; dem Pfalzgrafen Wolfgang wurde wohl gar spanische
Einquartierung in Aussicht gestellt. So erfuhr denn das neue Henotikon bei den
Kurfürsten und Fürsten keinen erheblichen Widerspruch. Herzog Ulrich ließ die Schrift
in ganz Würtemberg bekannt machen und gebot, den Anordnungen des Kaisers
Folge zu leisten. Auch Landgraf Philipp gab das Versprechen, daß er die Einführung nicht verhindern wolle. Doch erlangte er darum nicht die Freiheit,
welche seine Gemahlin Christine vergebens durch einen Fußfall zu erflehen gehofft.
Nur der Kurfürst Johann Friedrich verweigerte seine Zustimmung und erklärte,
bei der Augsburger Confession als der reinen christlichen Lehre beharren zu wollen. Er sah ruhig zu, als man seine lutherischen Bücher wegtrug; was er daraus
gelernt, sagte er, würden sie ihm doch nicht aus dem Herzen reißen. Auch seine
Söhne und sein Bruder, Johann Ernst von Koburg wiesen die Aufforderung zur Anerkennung zurück. Größere Schwierigkeiten als in den fürstlichen Kreisen fand der
Kaiser bei den Reichsstädten. Nur die Furcht vor Zwangsmaßregeln brachte Nürnberg, Augsburg, Straßburg, Ulm, Frankfurt u. a. O. zur Unterwerfung. Die
Augsburger Räthe erklärten: „obwohl das Interim so beschaffen sei, daß man
es mit gutem Gewissen nicht annehmen könne, so wollten sie doch aus Rücksicht

für die Wohlfahrt der Stadt, um die Bürgerſchaft vor Verderben zu wahren, dem kaiſerlichen Gebote gehorſam ſein“. Auch aus den Antworten der Memminger, Regensburger, Frankfurter konnte man entnehmen, daß ſie nur der Gewalt wichen. Meiſtens war mit der Einführung eine Umgeſtaltung der ſtädtiſchen **Augsburg.** Obrigkeiten verbunden. Den Augsburger Räthen erklärte der Kaiſer, durch das Uebergewicht der Zünfte ſei die Stadt der Neuerung und dem Kriege zugeführt worden, und beſtellte dann ein neues Regiment aus den Patriziergeſchlechtern der Fugger, Welſer, Baumgartner, Peutinger u. a. Eine ähnliche Umwandlung in reactionärem Sinne gegenüber den popularen Elementen erfuhr der Gemeinderath in Ulm. Am ſchlimmſten erging es der Stadt Conſtanz, auf welche die **Conſtanz.** Habsburger einen alten Groll hegten. Als die Bürger das Interim ſtandhaft zurückwieſen, ſprach der Kaiſer die Acht über ſie aus und ſchickte ſpaniſche Mannſchaften unter Alfonſo Vives wider ſie ab. Die Einwohner vertheidigten ſich mit der größten Tapferkeit; noch die ſpäteren Geſchlechter gedachten mit Bewunderung der Heldenthat eines Bürgers, der während eines Gefechts auf der Rheinbrücke im Handgemenge zwei Spanier um den Leib faßte und ſich mit ihnen über die Brüſtung in die Fluthen ſtürzte, damit ſeine Mitbürger Zeit fänden, das Thor zu ſchließen. Dennoch vermochte Conſtanz ſeine Freiheit nicht zu retten. Die benachbarten Schweizerkantone, die man um Hülfe angegangen, wurden von den katholiſchen Landen zurückgehalten. Verlaſſen und von der feindlichen Uebermacht bedrängt, knüpften die Conſtanzer durch einen Landsmann Johann Egli, welcher in öſterreichiſchen Dienſten ſtand, mit König Ferdinand Unterhandlungen an und ſtellten die Stadt unter ſeinen Schutz. Mit dem Einzug öſterreichiſcher **15. Oct.** Kriegsmannſchaft nahm die politiſche und kirchliche Freiheit, welche die Bürger **1548.** ſo ſtandhaft durch alle Gefahren gerettet, ein Ende. Umſonſt erklärten ſie ſich bereit, das Interim anzunehmen und den Geſetzen des Reichs ſich zu fügen: Ferdinand war damit nicht zufrieden, Conſtanz ſollte eine öſterreichiſche und katholiſche Stadt werden. Die Bürgerſchaft mußte dem Habsburger Haus Treue und Gehorſam ſchwören und geſchehen laſſen, daß der Meßdienſt wieder aufgerichtet ward, daß Mönche und Nonnen zurückkehrten, daß der Biſchof ſeine volle Jurisdiction nebſt Schadenerſatz erhielt. Ambroſius Blaurer, der in den evangeliſchen Gegenden des ſüdlichen Deutſchland das Anſehen eines Reformators genoß, verließ die Stadt auf immer. Einige Zeit nachher wurde die lutheriſche Predigt und der Beſuch auswärtigen evangeliſchen Gottesdienſtes bei Todesſtrafe verboten. Auch in Norddeutſchland bereiteten ſich große Umgeſtaltungen vor. Herzog **Braun-** Heinrich, durch die Siege des Kaiſers aus der Gefangenſchaft befreit, gewann **ſchweig.** mit leichter Mühe ſein Land zurück und nahm eine geiſtliche und weltliche Reſtauration in Angriff. Die gegneriſch geſinnten Edelleute wurden verjagt und ihre Burgen gebrochen; die lutheriſchen Superintendenten zur Flucht gezwungen, die Stadt Braunſchweig durch kriegeriſche Ueberfälle und Verwüſtung ihrer Felder bedrängt und geſchädigt.

Karl mochte glauben, durch Energie und Gewalt der kirchlichen Spaltung in Deutschland Meister zu werden. Selbst der Papst fand es rathsam, sich nicht ganz ablehnend zu verhalten, wenn gleich sein Nuntius von dem Kaiser erst nach der Feststellung und Publication des Interim empfangen worden war. Er schickte Legaten ab, welche die Vollmacht hatten, im Einvernehmen mit den Bischöfen die nothwendigen Dispensationen bei allen in dem neuen Glaubensinstrument vorgesehenen Fällen zu ertheilen und bei den „Reformationen" des geistlichen Standes mitzuwirken; er untersagte den in Bologna versammelten Prälaten die Vornahme conciliarer Handlungen und löste endlich die Versammlung ganz auf; er bestand nicht darauf, daß mit der Einführung der neuen Glaubensformel ein besonderer Buß- und Abschwörungsakt für die früheren Irrthümer verbunden werde; die Legaten waren angewiesen, über die alienirten Kirchengüter gütliche Vergleiche herbeizuführen; und der päpstlich gesinnte Cardinal Otto Truchseß, Bischof von Augsburg, erklärte in der Domkirche seiner Stadt, „daß in dem Interim nichts Schädliches oder Beschwerliches enthalten sei". Dennoch hatte Paul III. wenig Gefallen an der Transaction; es waren nur dynastische und politische Interessen, welche ihn von einem schroffen Entgegentreten abhielten; er hoffte im Bunde mit dem französchen Hof, der ein einträchtiges Zusammengehen des Kaisers und der deutschen Fürsten auf alle Weise zu hindern bemüht war, die ihm so verhaßte Einmischung des Monarchen in die kirchlichen Angelegenheiten mit der Zeit doch noch zurückweisen zu können, und vor Allem erwartete er, daß die Häretiker selbst die Unionspläne scheitern machen würden.
Und darin täuschte er sich nicht. Als Paul III. im folgenden Jahr aus der Welt ging, noch ins Grab mit einer Schmähschrift aus der Feder eines reformatorisch gesinnten Italieners (wohl Vergerius) verfolgt, und Cardinal Morone, der bisherige Leiter des Concils von Bologna unter dem Namen Julius III. den päpstlichen Stuhl bestieg, waren die kirchlichen Dinge Deutschlands in größerer Verwirrung als je zuvor und zu einem friedlichen Ausgleich der Streitigkeiten wenig Aussicht vorhanden.

Karl V. hatte für die ethischen Kräfte in der Menschenbrust kein Verständniß, vor Gewissen und Ueberzeugungstreue, mochten sie im Volke oder im Einzelnen hervortreten, keine Achtung. In seinen Augen war jeder Widerspruch Auflehnung gegen die Autorität, die mit Strenge und Gewalt niedergehalten werden sollte. Wir wissen, durch welche grausame Maßregeln er in allen Staaten, wo seine souveräne Macht keinem gesetzlichen Widerstand begegnete, jede Abweichung von den hierarchischen Satzungen, jede häretische Regung gegen die Kirchenlehre zu unterdrücken bemüht war. Nun verdroß es ihn, daß das Interim, das er als sein eigenes reformatorisches Werk ansah, bei dem deutschen Volk und insbesondere bei den lutherischen Predigern so heftig angefeindet wurde. Flugschriften und Spottgedichte in deutscher und lateinischer Sprache, satirische Gemälde, Holzschnitte und Kupferstiche suchten das neue Religionsgesetz verhaßt und verächtlich zu machen. Der Volkswitz übte ſich an ihm; „Hütet euch vor dem Interim" hieß es in einem Spruch, der von Mund zu Mund ging, „es hat den Schalk hinter ihm." Selbſt der theologiſche Diplomat Bucer, den man nach Augsburg beſchieden hatte, wagte ſolchen Kundgebungen gegenüber nicht als Vertheidiger aufzutreten. Karl ließ ſich nicht irre machen; daß der Wider-ſpruch gerade bei den popularen Bürgerklaſſen und bei den Predigern ſich am ſchärfſten zeigte, beſtärkte ihn in dem Vorſatz, die ſtädtiſchen Verwaltungsbe-hörden in reactionärem und ariſtokratiſchem Sinn umzugeſtalten. In Straß-burg wurde das neue Religionsgeſetz nicht, wie die Verfaſſung verlangte, vor die Geſammtgemeinde gebracht. Die heftigſte Oppoſition aber regte ſich in den Reihen der Prediger. Weder Drohungen, noch Verfolgungen, weder Kerkerſtrafe, noch Schädigung an Gut und Amt waren im Stande, die ehrlichen, frommen und beherzten Männer zur Annahme einer Religionsbeſtimmung zu bewegen, die ihrem Gewiſſen widerſtrebte, in der ſie eine Verleugnung des evangeliſchen Glaubens erblickten. In Nürnberg, wo unter perſönlicher Einwirkung des Kurfürſten Joachim und ſeines Hofpredigers Agricola das Interim angenom-men worden, weigerte ſich der ſonſt milde und gemäßigte Veit Diedrich den Ge-boten des Raths zu gehorchen; ſein baldiger Tod entzog ihn weiterer Bedräng-niß; Oſiander verließ die Stadt, er fand bei Albrecht von Preußen in Königs-berg einen neuen Wirkungskreis und vier Jahre ſpäter (1552) nach vielen Kämpfen und Anfechtungen eine Grabſtätte. In Augsburg verlangte Wolf-gang Meuslin (Musculus) ſeinen Abſchied und ging zu Bullinger nach Zürich; er wollte ſich nicht einmal des vorgeſchriebenen Chorrocks bedienen; in Ulm wur-den Frecht und drei ſeiner Amtsbrüder wegen Widerſetzlichkeit in Ketten gelegt und zwei und zwei zuſammengebunden dem Hoflager nachgeführt; in Schwä-biſch-Hall ſollte Johann Brenz von ſpaniſchen Soldaten gefangen genommen werden, er fand noch Zeit zur Flucht und hielt ſich im Walddickicht und auf be-freundeten Edelſitzen verborgen. Erhard Schnepf neben ihm der rüſtigſte Ver-kündiger des Evangeliums im Lande Schwaben, wollte lieber in die Fremde wandern als ſein Gewiſſen beſchweren. Bei ſeinem Abſchied von Tübingen ge-leitete die Gemeinde den ehrwürdigen Greis weit vor die Thore der Stadt. Als der Straßburger Rath den Geboten des Kaiſers nachgab, zogen Buzer und Fagius fort; wir werden ihnen ſpäter in England begegnen, wo ſie im Dienſte Cranmers bei Begründung der anglicaniſchen Kirche thätig waren. Dort hat auch Buzer ſeinen Tod gefunden. Aehnliche Erſcheinungen traten in Frank-furt, in Regensburg, in den meiſten Städten zu Tage. Selbſt Joachim von Brandenburg ſtieß auf Widerſtand. Als er die Geiſtlichen der Mark nach Berlin berief und ihnen den Willen des Kaiſers eröffnete, erklärte Nicolaus Leuthinger von Landsberg, „Leib und Gut könne man ihm nehmen, aber ſeine Seele wolle er dem Herrn Chriſtus unverletzt bewahren". Der Vetter, Markgraf Albrecht von Culmbach machte dieſelben Erfahrungen. Ueberall waren es gerade die

angesehensten und geachtetsten Prediger, welche zu der evangelischen Lehre standen, die sie so lange ihren Gemeinden als das lautere Wort Gottes verkündigt.
Von ihren Stellen vertrieben, flohen sie die Heimath und den häuslichen Heerd,
um sich auf verborgenen Wegen nach den norddeutschen Städten zu retten, die
das „seelenverderbende" Interim entschieden zurückwiesen und entschlossen waren,
die Freiheit des Glaubens und Gewissens um jeden Preis zu behaupten. Die
Zahl der landesflüchtigen Prediger soll sich auf vierhundert belaufen haben. Den
meisten bot das mit der Acht belegte und hart bedrängte Magdeburg ein Asyl.

Magdeburg. Von dieser Elbestadt, der „Kanzlei Gottes" erhielt das evangelische Deutschland
fortwährend seine Impulse.   Von Magdeburg ging eine Menge heftiger Flugschriften, Satiren, Spottgedichte, Holzschnitte, Caricaturen in die Welt, welche
Hohn und Haß gegen das den Katholischen wie den Evangelischen gleich widerwärtige Interim und dessen Urheber bei dem Volke zu erregen suchten.

Melanchthon und die neue Regierung in Sachsen.   Auch aus Sachsen fanden sich bald Flüchtlinge ein.   Auf dieses Land und
insbesondere auf Wittenberg, von wo die Reformation ihren Ausgang und ihre
Entwickelung genommen, waren jetzt Aller Augen gerichtet.   Wenn Moriz schon
bei seiner Rückkehr von Augsburg einem unfreundlichen Empfang begegnete, so
nahm die Mißstimmung noch sehr zu, als er sich beflissen zeigte, dem Kaiser zu
Willen zu sein.   Einem landständischen Ausschuß in Meißen, zu dem auch
Melanchthon und einige andere Theologen beigezogen waren, wurde die kaiserliche Religionsformel zur Annahme vorgelegt.   Aber der Kurfürst stieß dabei
auf so entschiedenen Widerstand, daß er den Gedanken aufgeben mußte, das
Interim in unveränderter Gestalt zur Einführung zu bringen.   Ein von Melanchthon verfaßtes „Bedenken", das ohne sein Wissen in Magdeburg gedruckt
ward, stellte alle Blößen der Glaubensformel vor Augen; und die Landschaft
berief sich auf die feierlich ertheilte Versicherung, daß bis zu Austrag eines freien
Concils in dem bestehenden Religionszustand des Landes keine Aenderung vorgenommen werden sollte.   Moriz war in Verlegenheit.   Der Kaiser machte ihm
Vorwürfe über die Verzögerung und drang auf Bestrafung der Widerspenstigen,
insbesondere Melanchthons.   Dadurch hätte der Fürst aber das ganze Volk wider sich
aufgereizt und ein Meer von Schwierigkeiten geschaffen.   Der gefangene Kurfürst lebte noch in Aller Herzen; und wie sehr stieg die Liebe und Verehrung zu
dem „Märtyrer", als bekannt wurde, mit welcher Standhaftigkeit er seine Un-
hänglichkeit an die Augsburger Confession vor aller Welt bezeugt!   Aber Moriz
war ein zu gewandter und kluger Mann, als daß er nicht hätte versuchen sollen,
die Sache in einer Weise durchzuführen, welche den Kaiser zufrieden stellen mochte.
Konnte er das Augsburger Interim nicht seinem ganzen Inhalte nach zur Annahme bringen, so ließ sich doch vielleicht eine Form auffinden, welche die sächsische Kirchenordnung den kaiserlichen Bestimmungen möglichst nahe brachte. Und
dazu sah er sich den Mann aus, der in den theologischen Kreisen seit Luther's
Tod das meiste Ansehen hatte, Philipp Melanchthon.   Wir haben den verschüch-

lichen und vermittelnden Charakter des Gelehrten bei verschiedenen Gelegenheiten kennen gelernt. Niemand hatte mehr Geschick zu ausgleichenden Transactionen gezeigt als er, ohne daß er jedoch auf eine so niedrige Stufe der Achtung und Anerkennung gesunken wäre wie Buzer. Der neue Kurfürst hatte sich der Universität Wittenberg, die während des Krieges in große Zerrüttung gekommen war, wohlwollend und liebevoll angenommen, er hatte die flüchtigen Professoren, unter ihnen auch Melanchthon auf ihre Lehrstühle zurückgerufen und mehrere in ihren Bezügen besser gestellt; er und seine Räthe hatten dem hochverdienten Manne stets besonderes Vertrauen bewiesen, ihn um Rath gefragt, seinen Empfehlungen Beachtung gezollt, ihn gegen Anfeindungen in Schutz genommen. Dadurch war Melanchthon, der es sich zur Hauptaufgabe seines noch übrigen Lebens gestellt hatte, die Hochschule, mit deren Ruhm und Dasein sein Name und seine Persönlichkeit aufs Innigste verflochten war, „aus dem großen Schiffbruch zu retten", für die neue Regierung gewonnen worden. Es schien, als solle er an dem neuen Kurfürstenhof dieselbe einflußreiche Stellung einnehmen, welche Luther an dem alten besessen. Von Augsburg hatte ihm Moriz die kaiserliche Religionsformel zugesandt, damit er ihm seine Meinung darüber mittheile. Dies Alles machte einen günstigen Eindruck auf Melanchthon; er fühlte sich dem neuen Regiment zu Dank verpflichtet; er schien von einem drückenden Alp befreit. Wir wissen, daß er nicht in allen Dingen die Ansichten Luthers und die starre orthodoxe Richtung Johann Friedrichs und seines Hofes theilte; aber aus Furcht, den alten Freund zu verletzen oder in den kurfürstlichen Kreisen Anstoß zu erregen, hatte er oft mehr nachgegeben, als sich mit seiner innersten Ueberzeugung vertrug; in der Abendmahlslehre hatte er sich nie mit voller Freiheit auszusprechen gewagt; die Autorität Luthers, an den sich der jüngere Mann angelehnt, wie eine emporstrebende Pflanze an einen starken Stamm, lag mit imponirender Macht auf ihm, die mit den Jahren an Schwere zugenommen. War es zu verwundern, daß er sich zu der neuen Herrschaft hingezogen fühlte, daß er für den Kurfürsten Moriz und seine Räthe große Zuneigung faßte? Aber ein Mann von so hervorragender weltgeschichtlicher Stellung, dessen Namen ein religiöses Prinzip bezeichnete, durfte den persönlichen Stimmungen und Regungen nicht so scharfen Ausdruck geben, wie Melanchthon in dem bekannten Brief vom 28. April 1548 an Carlowitz gethan hat. Es war nicht großmüthig, nicht edel gehandelt, daß er gegenüber einem Manne von so zweideutigem Charakter wie Carlowitz, der Luthers Feind gewesen, der stets mit besonderem Eifer den Zwecken des Kaisers und seines Kanzlers Granvella diente, von der „schmählichen Knechtschaft" sprach, die er von dem streitsüchtigen rechthaberischen Reformator habe ertragen müssen und gegen die vorige Regierung Seitenhiebe führte, weil er ihr mit seinen gemäßigten Ansichten nicht Genüge gethan. Wenn man bedenkt, wie fein und anerkennend Luther bei jeder Gelegenheit den Freund behandelt, wie ritterlich er ihm immer zur Seite gestanden, wie er durch keinerlei Irrung und Meinungsverschiedenheit abgehalten worden, „sein Herz mit ihm zu theilen", so muß man die Sprache Melanchthons von Grund des Herzens beklagen. Es war freilich nur ein Privatbrief, ein Dankschreiben, daß jener Melanchthons Fürbitte für Jonas Beachtung geschenkt; aber er gab doch zugleich seine Bereitwilligkeit zu erkennen, in Beziehung auf Kirchenverfassung und religiöse Gebräuche sich der kaiserlichen Reformationsformel so viel als möglich zu fügen, und wo er nicht zustimmen könnte wenigstens zu schweigen und zu ertragen. Seit Luthers Tod war Melanchthon in den Augen der Welt der Fahnenträger der Augsburger Confession; diesen Ehrenplatz hat er in dem entscheidenden Moment verlassen; anstatt die Glaubensverwandten, die vertrauensvoll zu ihm aufblickten, unter dem alten Banner zu sammeln, gab er sich aus persönlicher Gereiztheit über vergangene Kränkungen und Verdächtigungen und aus Anhänglichkeit an den gewohnten Ort einer langjährigen Wirksamkeit einer staatsklugen und verführerischen Gewalt hin. Kein Wunder, daß das Schreiben, für dessen möglichst rasche Verbreitung die Hofpartei aufs Eifrigste beflissen war, die Freunde des Evangeliums mit Schmerz erfüllte, während die Altkirchlichen mit triumphirender Schadenfreude auf dasselbe hinwiesen. Auch dem Kaiser wurde es vorgelegt. „Den habt ihr", soll er ausgerufen haben, „seht zu, daß ihr ihn festhaltet."

Das Leipziger Interim.

Dieser Mahnung kam nun die sächsische Regierung mit allen Kräften nach. Durch eine Reihe von Conferenzen und Religionsgesprächen in Pegau, Torgau, Mönch-Celle, woran die Bischöfe von Naumburg und Torgau und der bejahrte Georg von Anhalt mit Abgeordneten der Universitäten Wittenberg und Leipzig, mit Vertretern der evangelischen Landeskirche und mit kurfürstlichen Räthen und Mitgliedern der Ritterschaft Theil nahmen, stellte man in gewundenen, unbestimmten, vieldeutigen Worten eine kirchliche Lehr- und Cultusform auf, die dann den Landständen vorgelegt und von diesen unter dem Druck der obwaltenden Verhältnisse und der Furcht vor militärischen Gewaltmaßregeln nach einigem Sträuben angenommen wurde. In dieser unter dem Namen des „Leipziger Interim" bekannten Religionsurkunde, bei deren Aufstellung und Abfassung die gewandte Feder Melanchthons ihre ganze dialektische Meisterschaft bewährte, waren die Gegensätze so verhüllt und verdeckt, daß eine möglichst annähernde Uebereinstimmung mit der kaiserlichen Kirchenformel erzielt und doch zugleich einer Auslegung nach der Augsburger Confession Raum gegeben war.

Wenn in Sachen des Cultus und der Ceremonien eine latitudinarische Auffassung zugelassen ward, indem man die äußerlichen Dinge als unwesentlich und gleichgültig, Adiaphora, hinstellte, mithin in den Formen des Gottesdienstes, in den Sacramenten, Feiertagen, Fasten, Confirmation oder Firmung die Gebräuche der katholischen Kirche wieder auf den Stand zurückführte, den sie in der ersten Zeit der lutherischen Reformationsbewegung innegehabt; so wurde dagegen hinsichtlich des Glaubens Unevangelisches abgelehnt, und nur in der Rechtfertigungslehre eine Ausgleichung versucht durch die Erklärung, daß zwar der Mensch nicht gerecht werde durch Verdienst eigener Werke, sondern allein durch die Barmherzigkeit Gottes in Christo, daß aber zugleich der Wille des Menschen durch gute Werke und Vermeidung der Sünde diese rechtfertigende Kraft stärke und lebendig erhalte, folglich zur Seligkeit mitwirke. In der Lehre über die Kirche wurde der katholische Standpunkt eingehalten, und die Autorität der Bischöfe und ihres obersten Hauptes anerkannt, jedoch mit dem Zusatz, daß die im heil. Geist versammelte christliche Kirche nichts wider die Schrift vornehme und daß Papst und Bischöfe ihr kirchliches Amt nach Gottes Befehl ausrichteten und dasselbe zur Erbauung, nicht zur Zerstörung gebrauchten.

Allein wie sehr auch das „Leipziger Interim" sich abmühte, durch reservirte und verclausulirte Fassung die wesentlichen Grundbedingungen des evangelischen Lehrbegriffs zu retten oder Raum zu verschiedenen Deutungen zu schaffen; die protestantische Bevölkerung, die aufrichtig und ehrlich der evangelischen Confession zugethan war, und vor Allem die überzeugungstreuen Prediger erkannten sehr wohl, daß die interimistische Religionsform allmählich zu der alten Kirche hinüberführen sollte, daß auf den Rückgang zu den Anfängen des reformatorischen Lebens bald der Uebergang zu den vorreformatorischen Zuständen mit einigen unwesentlichen Veränderungen folgen würde; daß es der erste Schritt zur Restauration des Katholicismus, der Anfang vom Ende sei. Daß gerade in der Stadt, von welcher die neue Lehre ausgegangen, die seit dreißig Jahren der Heerd und die Bildungsstätte der evangelischen Glaubensform gewesen, nun die Reaction eingeleitet ward und zum Theil von denselben Männern, welche die Augsburger Confession aufgestellt, erregte natürlich in den evangelischen Kreisen Bestürzung und Unwillen, während die Gegner sich frohlockend die Hände rieben. Denn nach dem Vorgange von Wittenberg zweifelte Niemand an dem Erfolge der kaiserlichen Unionsbestrebungen. Als Kurfürst Moriz im Mai von Trient zurückkam, wohin er sich zur Begrüßung des spanischen Thronfolgers Philipp begeben hatte, wurde das Leipziger Interim als Landesgesetz in Sachsen eingeführt und gegen die Widerstrebenden Zwang und Verfolgung in Anwendung gebracht. Flacius Illyricus, einer der eifrigsten Verfechter der lutherischen Lehrmeinungen unter den Wittenberger Theologen, floh nach Magdeburg. Eben so Amsdorf, der sich in Naumburg nicht gegen Julius Pflug zu halten vermochte. In derselben Gestalt oder nach der ursprünglichen Fassung der kaiserlichen Formel wurde nun auch in andern Ländern, in Pommern, in Lippe, in den westfälischen und Cleveschen Städten die gottesdienstliche Ordnung aufgerichtet, so groß auch die Abneigung, der Unwille, der Haß war, die in der Tiefe der Nation gegen den aufgezwungenen Glauben zu Tage traten. Aber der Mann, der am meisten zu diesen äußerlichen Erfolgen der kaiserlichen und sächsischen Politik beigetragen, litt auch am meisten unter den Wirkungen seiner Schwäche und Nachgiebigkeit. Er kam in eine einseitige Stellung, in welcher er aufhörte „den Wagen Israels" zu lenken. Er mochte die Schmähungen der lutherischen Zeloten ruhig hinnehmen, diese hatten auch in früheren Jahren die Schaale ihres Zornes und Eifers reichlich über ihn ausgegossen; er mochte es mit Gleichmuth ertragen, wenn ein so

zweideutiger Mann wie Agricola in der Schloßkirche zu Berlin der märkischen
Geistlichkeit triumphirend verkündigte, daß die Wittenberger das viel geschmähte
kaiserliche Buch bestätigt hätten; er konnte den Predigern auf ihre Anfrage erwiedern, daß das Wort Gottes nach wie vor rein und lauter in Sachsen gelehrt
werde, wenn man auch beschlossen habe, lieber eine harte Knechtschaft zu ertragen,
als eine Verödung der Kirche zuzulassen. Aber es mußte ihn tief schmerzen, daß
so viele aufrichtig der evangelischen Sache ergebene Gemüther irre an ihm geworden; Calvin richtete ein Schreiben an ihn, das bei aller Hingebung, Anerkennung und Milde für den alten Freund „ihm das Herz zerschneiden mußte". Melanchthon konnte sein Werk nicht verlengnen; aber so sehr fühlte sich seine edle Natur
über die hervortretende Glaubenstreue der alten Confessionsverwandten gehoben,
daß er wohl selbst den Widerstrebenden seine Theilnahme bezeugte, sie stärkte und
ermunterte!

3. Karls V. Machtstellung und Ziele.

Stellung des
Kaisers um
die Mitte des
Jahrhun-
derts.
Im fünfzigsten Lebensjahre stand Kaiser Karl V. auf dem Höhepunkt seiner
Macht; was er so lange angestrebt, als weltliches Oberhaupt der lateinischen
Christenheit im Sinne der alten Imperatoren und der Kaiser des früheren Mittelalters zu gelten, schien der Erfüllung nahe zu sein. Frankreich, durch einen
Krieg mit England beschäftigt und gegen die deutschen Fürsten wegen ihrer Betheiligung an dem letzten Waffengang des Habsburgers in der Champagne verstimmt, hatte sich dem Schmalkaldischen Krieg fern gehalten und wir wissen, wie
sehr Karl beflissen war, durch Verbote und Strafgerichte die alten Verbindungen
der deutschen Kriegshauptleute für immer zu zerschneiden. In Italien wurden
die nationalen Sympathien, die sich an den französischen Hof und an den päpstlichen Stuhl anlehnten, durch dynastische Interessen, durch die spanischen Heere in
Mailand und Neapel, durch die kluge Staatskunst kaiserlicher Gesandten niedergehalten, die Parteien durch das Gleichgewicht der widerstrebenden Kräfte an
einer entscheidenden Aktion gehindert; in Genua und Venedig war der Einfluß
des Kaisers vorherrschend, das florentinische Herzogthum der Mediceer war seine
Schöpfung; selbst in Rom hatten die ghibellinischen Ideen in den Colonnas streit-
fertige Verfechter. In Spanien bereitete die Rivalität zwischen Granden und
Communen den Boden für den monarchischen Absolutismus, den der Thronfolger
Philipp aufzurichten beflissen war; in den zu einem Ganzen vereinigten Niederlanden suchte Karls Schwester, die Statthalterin Maria die europäische Politik
im Sinne des Bruders und im Interesse des Hauses zu leiten, unterstützt von
dem jüngeren Granvella, dem Sohne des Kanzlers, der das Bisthum Arras
27. Aug.
1550. inne hatte und nach dem Tod des Vaters in Augsburg auch im Rathe des Kaisers die erste Stelle behauptete. Die österreichischen Staaten, wo König Ferdinand

bald willig, bald mit einigem Widerstreben dem überlegenen Geiste des Bruders folgte, dienten der kaiserlichen Politik als Stützpunkt im südlichen Deutschland und gegen die östlichen Reiche. Nur mit kaiserlicher Hülfe konnte Ferdinand hoffen die Osmanen zu bestehen, als nach Ablauf des erwähnten Waffenstillstandes die Feindseligkeiten in Ungarn und Siebenbürgen aufs Neue begannen. Die Verwandtschaft mit Pfalzgraf Friedrich war für den Dänenkönig Christian III. ein Beweggrund, sich zu dem Haupte des Habsburgischen Herrscherhauses auf freundlichen Fuß zu stellen. Um die deutschen Fürsten, die ihm in Augsburg so dienstbeflissen entgegengekommen waren, bei ihrer hingebendem Gesinnung zu erhalten, förderte Karl manches persönliche Interesse. Wie viele jüngere Söhne regierender Häuser wurden durch Jahrgelder oder Kriegsdienste gewonnen; Staatsmänner von Einfluß, wie Carlowitz erhielten Besoldungen. Den Papst und das Concil hielt er durch die deutschen Protestanten in Schach; die letzteren wurden durch die drohende Hinweisung auf eine vollständige Restauration des alten Systems im Falle eines Widerstandes willig und fügsam gemacht.

Zu dieser Machthöhe war Karl weniger durch die Gewalt der Waffen als durch geistige Ueberlegenheit, durch sein richtiges Urtheil über Personen und Sachen, durch Benutzung gegebener Verhältnisse für seine Zwecke emporgestiegen. Denn wie oft er auch zum Schwert griff, wie muthig und ritterlich er sich zeigte, wenn er den Harnisch angezogen und mit seinen Kriegsvölkern in den Kampf ging; wie oft er durch rasches Eingreifen oder durch beharrliche Ausdauer den Sieg an seine Fahnen fesselte; dennoch war sein eigentliches Schlachtfeld das Cabinet, wo die Staatsgeschäfte erwogen und bestimmt wurden; hier erfocht er seine meisten Lorbeern, hier feierte er seine glänzendsten Triumphe. Schweigsam und abgeschlossen von der Welt überlegte er mit sich die Pläne und Vorschläge, welche die Räthe und Staatsmänner ihm meistens schriftlich überreichten, faßte er seine Beschlüsse, las er die Briefe, welche in großer Menge bei ihm einliefen und unter denen er die Berichte seiner Schwester Maria aus Brüssel einer besonderen Beachtung würdigte. Wenn in früheren Jahren einzelne Staatsmänner, wie Chièvres, Gattinara, Cobos Einfluß auf seine Handlungen und Entschließungen gehabt hatten, so war er im Laufe der Jahre unter der Einwirkung großer Erlebnisse zum selbständigen Meister in der Politik herangereift; selbst der Kanzler Granvella, ein gewandter Geschäftsmann, der mit klassischer Bildung und Kunstliebe einen weiten politischen Gesichtskreis und tiefe Kenntniß der Menschen und der öffentlichen Verhältnisse verband, war in der Regel nur der Vollzieher der Entwürfe und Anordnungen seines Herrn. Von welcher Art die politischen Grundsätze und Staatskünste waren, die Karl befolgte und anwandte, geht aus der Darstellung seiner bisherigen Handlungen deutlich genug hervor. Er war der Erbe seines Großvaters Ferdinand des Katholischen, der gelehrige Schüler eines Comines und Machiavelli. Den Gegner zu überlisten, durch momentane Versprechungen, die sich nach den jedesmaligen Umständen richteten, Verbündete zu gewinnen, die Leidenschaften und Sonderinteressen rivalisirender Mächte wachzurufen und in Kampf zu führen; die Situationen des Augenblicks rasch zu begreifen und zweckdienlich zu benutzen, das waren die Künste, die politischen Gänge des Tages. Zu diesem berechnenden, doppelzüngigen, hinterhaltigen Wesen bildeten die Ausbrüche des Zorns und der Rachsucht, zu denen Karl sich zuweilen durch seine reizbare, heftige Natur hinreißen ließ, einen auffallenden Contrast. Nicht

Charakter und Politik Karls V.

49*

selten setzte er die Gesandten und Staatsmänner, sowohl eigene als Fremde durch leidenschaftliche Reden und Aeußerungen in Verlegenheit. Nicht minder auffallend war der Contrast zwischen den mitunter kühnen und großartigen Gedanken und Conceptionen, die er zu verwirklichen suchte, und den kleinen, unehrlichen, doppelseitigen Mitteln, Winkelzügen und persönlichen Intriguen, womit er sie ins Leben zu führen gedachte.

Versöhnung mit der Curie.   Die durch das Interim und den Reichsabschied von Augsburg erworbene Machtstellung suchte der Kaiser nunmehr zu benutzen, um die Ideen, die er so lange im Grunde seiner Seele gehegt und ausgebildet hatte, zu verwirklichen, nämlich durch Herstellung der kirchlichen Einheit mittelst eines allgemeinen christlichen Concils der kaiserlichen Autorität auch gegenüber der Curie einen größern Einfluß, ein schiedsrichterliches Ansehen zu verleihen, den Träger der Kaiserkrone zum weltlichen Oberhaupte der Christenheit im mittelalterigen Sinne zu erheben, und diese erhöhte Machtfülle durch eine neue Successionsordnung seinem Hause als erblichen Ehrenrang zu sichern und zu erhalten. Alles schien diesen Plan zu begünstigen. Auch die neue Papstwahl, die sich endlich nach langen Schwankungen, Intriguen und

7. Febr. 1550.   Parteiumtrieben in unerwarteter Weise zu Gunsten des Cardinals Monte vollzogen, erwies sich bald als ein den kaiserlichen Interessen förderliches Ereigniß. Denn wie wenig immer das bisherige Haupt der Bologneser Prälatenversammlung sich zu Karls Forderungen entgegenkommend verhalten hatte, die Lage der Dinge hatte sich so vortheilhaft für denselben gestaltet, daß der neue Papst nur im Vereine mit dem Kaiser sein hohes Amt in einer für Italien und die Welt segenbringenden Weise zu verwalten vermochte. Auch die Familie Farnese, welche durch den Tod Pauls III. ihren mächtigsten Beschützer verloren, konnte sich nur im Anschluß an die kaiserliche Partei im Besitze von Parma und Piacenza zu behaupten hoffen; Ottavio Farnese, der Gemahl von Karls natürlicher Tochter Margaretha, und sein Bruder Cardinal Alessandro, der vor dem Kriege die päpstlich-kaiserliche Liga zu Stande gebracht, vergaßen die Ermordung ihres Vaters, versöhnten sich mit Gonzaga, dem Statthalter von Mailand und vermittelten die Annäherung des Papstes an den Kaiser. Und wie sehr immer die französische Partei einem öcumenischen Concil widerstrebte und den Plan befürwortete, es möchte jeder Nation überlassen werden, die kirchlichen Verhältnisse auf eigene Hand zu ordnen; Julius III. gab den kaiserlichen Bevollmächtigten bald nach seiner Inthronisation zu erkennen, daß er einer Erneuerung der conciliaren Verhandlungen in Trient nicht entgegen sei. Es handelte sich nur, eine Form zu finden, wie Vergangenheit und Zukunft verbunden werden möchten, ohne daß der kirchlichen Autorität Eintrag geschehe. Sollte die deutsche Kirche, sowohl die altgläubigen Bischöfe als die dem einen oder dem andern Interim beigetretenen evangelischen Confessionsverwandten, an dem Concil Theil nehmen und für alle Beschlüsse desselben einstehen, so war es gerechtfertigt, wenn von dieser Seite verlangt ward, daß die bereits abgehandelten Artikel aufs neue erörtert, oder wie

man sich ausdrückte, reassumirt würden. Diese Forderung verstieß aber gegen
das katholische Prinzip der kirchlichen Unfehlbarkeit. So mußte denn ein Mittelweg gefunden werden, welcher dem deutschen Klerus die Möglichkeit einer Mitwirkung gestattete, ohne daß der kirchlichen Autorität zu nahe getreten ward. Kaiser und Papst willigten ein, daß das Gesuch einiger Kurfürsten und Fürsten, es
möchten ihre Abgeordneten über die Artikel gehört werden, welche in den früheren
Sitzungen bereits entschieden worden, genehmigt ward. Mit welcher Befriedigung
blickte Karl auf diesen Ausgang des Streits! Der Nachfolger Petri ging auf den
Plan des Kaisers ein, die Kirche durch den Akt der Selbsterneuerung auf legitimem
Wege einer Reformation entgegenzuführen, wodurch den Abgewichenen die Wiedervereinigung möglich gemacht werden sollte. Mit Recht durfte Karl es als einen
Triumph seiner Politik ansehen, daß die Väter von Bologna nach Trient zurück- _{April 1551.}
kehrten und sich mit der kaiserlichen Prälatenpartei, die man noch kurz zuvor als
Schismatiker behandelt hatte, zu gemeinsamer Berathung vereinigten und daß
die Verhandlungen bis zum 1. September ausgesetzt wurden, damit die Deutschen sich dazu einfinden könnten. Erfreut über diese glückliche Wendung gab er
dem Nuntius das Versprechen, daß er die Beschlüsse der Versammlung vollziehen
und Deutschland nicht verlassen werde, bevor er die Einleitung dazu getroffen;
die Evangelischen des „Interim" aber vertröstete er mit der Versicherung, daß in
Trient die katholischen Prälaten den protestantischen Vorträgen ruhiges Gehör
schenken würden. Was konnte der Kaisermacht förderlicher sein, als wenn die weltliche Gewalt sich mit der Autorität des Concils verband!

Es war aufrichtig gemeint, wenn Karl zu dem Nuntius sagte, die Verwerfung _{Der Plan einer kaiser-}
des päpstlichen Ansehens führe auch eine Verminderung der kaiserlichen Hoheit herbei, _{lichen Erb-monarchie.}
das Heil der Welt beruhe auf der Verbindung beider Mächte. Diese Verbin-
dung auch über das Leben des dermaligen Herrschers hinaus sicher zu stellen und
der Habsburger Dynastie die daraus hervorgehenden Vortheile und Ehren für
alle Zukunft zu bewahren, war nun das eifrigste Bemühen Karls. Das Verhältniß, das zwischen den Brüdern bestand, sollte auch nach ihrem Tode an-
dauern, die Universalherrschaft dem spanisch-österreichischen Hause für immer erhalten bleiben. Wenn Karl und Ferdinand aus der Welt geschieden sein würden, sollten ihre Söhne in ähnlicher Weise das Regiment fortführen, Philipp als
römischer Kaiser über das Gesammtreich, Ferdinands Sohn Maximilian, mit
Karls Tochter Maria vermählt, als römischer König über die österreichischen Erbstaaten. Darum wurde gerade jetzt Philipp aus Hispanien nach Deutschland berufen und Maximilian während dessen Abwesenheit in die dortige Statthalterwürde eingesetzt, damit der Kronprinz der deutschen Nation und ihren Fürsten
in den Tagen der höchsten väterlichen Macht und Herrlichkeit vorgeführt und in
die politischen und dynastischen Pläne des Hauses eingeweiht werden möcht.
Nach kurzem Aufenthalt in Oberitalien reiste er in Begleitung des Kurfürsten Moriz,
der in Trient mit ihm zusammengetroffen war, nach Deutschland, allenthalben beflis-

sen, sich die Sympathien des Volkes zu gewinnen, so wenig auch seine Natur dazu angethan war. In Augsburg, wohin der Kaiser einen neuen Reichstag ausgeschrieben
hatte, sollte der Plan ins Reine gebracht und die Zustimmung der Kurfürsten
erlangt werden. Allein weder Ferdinand noch der aus Spanien herbeieilende
Maximilian wollten auf das Vorhaben eingehen; es scheint öfters zu aufgeregten Scenen und ernsten Zwistigkeiten in dem Familienkreise gekommen zu sein,
und mehr als einmal reiste die Königin Maria, in welche beide Brüder das
größte Vertrauen setzten, von Brüssel nach Augsburg, um die gereizten Gemüther
zu versöhnen und für des Kaisers Politik zu wirken. Endlich ging auch die österreichische Linie in die Gesichtskreise des Familienhauptes ein: Ferdinand versprach
seine Mitwirkung für den Fall, daß er den kaiserlichen Bruder überleben sollte;
und beide vereinigten sich zu gemeinschaftlicher Hülfeleistung in allen Angelegenheiten des Hauses, vorab in dem Bemühen, die Arbeiten und Aufgaben des
Concils zu fördern. Der Bund zwischen Kaiserthum und Papstthum zur Herstellung des heil. Glaubens und zur Aufrichtung eines neuen hierarchischen Kirchenbaues auf einer durch die Reinigung oder Entfernung einiger schadhaften
Bestandtheile verbesserten und gefestigten Grundlage sollte für alle Zukunft gesichert werden.

Die Bereitwilligkeit der deutschen Fürsten und Stände, so viele deren auf
dem zweiten Augsburger Reichstag versammelt waren, sich dem Concil zu unterwerfen und Abgeordnete zu den Sitzungen zu schicken, schien die kirchlichen und politischen Entwürfe Karls ihrer nahen Erfüllung entgegenzuführen. „In der That, sagt
Maurenbrecher, der Weg, der zur Einheit der Christenheit, zu dem habsburgischen Uni-
versalreich führte, war mit bewußter Entschiedenheit betreten. Der Widerstand, der
sich einen Augenblick aus der Mitte der interessirten Herrscher erhoben, war jetzt überwunden; die habsburgische Familie hatte sich ihrem Chef unterworfen und hatte, unter
der Leitung des Kaisers, die allgemeine Kirchenfrage des Abendlandes zu ordnen und
Deutschland zu knechten unternommen. Und wenn auch der kränkelnde Kaiser selbst
bald sterben sollte, so waren doch jetzt die Vorkehrungen getroffen, daß der Sohn, der
zum Nachfolger erzogen und in die Idee des Vaters eingeführt war, dieselbe kaiserliche
Politik fortsetzen konnte. — Am 25. Mai nahm Prinz Philipp von dem Vater Abschied, um durch Italien nach Spanien zu gehen und dort für dieselben Zwecke zu arbeiten.
Als der Kaiser den Sohn ein Stück Weges vor die Stadt begleitete, ritten sie an dem
gefangenen Johann Friedrich vorbei. Demüthig, bloßen Hauptes, sich tief verneigend,
trat der Sachsenherzog zur Seite, Prinz Philipp lüftete seinen Hut, der Kaiser aber
dankte nur mit einer gnädigen Handbewegung: fürwahr, ein Schauspiel, das der deutschen Nation in recht greller Weise die Wohlthaten dieser spanischen Regierung über
Deutschland zu zeigen im Stande war."

Stellung der
Protestanten
zum Concil.
Und doch konnte man damals schon aus allerlei Anzeichen erkennen, daß
die deutsche Nation, wenigstens der evangelisch gesinnte Theil, sich nicht so ruhig und
ergeben in das durch fremde Tyrannenmacht ihr auferlegte Schicksal fügen würde,
wie der erlauchte Gefangene von Sachsen. Als die Aufforderung an die deutschen
Fürsten und Stände erging, bei dem Concil mitzuwirken, da trat es bald zu

Tage, wie wenig die kaiserliche Religionsordnung den protestantischen Geist des
Volkes zu beugen oder zu unterdrücken vermochte, wie wenig man in den evangelischen Landen geneigt war, die Augsburger Confession dem aufgedrungenen
Interim zu opfern, wie sehr gerade der Druck und die Verfolgung das protestantische Bewußtsein geweckt, ihm neue Schwingen gegeben hatte! Während die
katholischen Reichsstände sich beeilten, der Aufforderung nachzukommen, die geistlichen Fürsten in eigener Person, die andern durch Delegirte; wurden in den
Reihen der Evangelischen aller Lande Confessionen, Gutachten, Bedenken aufgestellt, welche den abzuordnenden Theologen und Procuratoren zur Richtschnur
und Instruction dienen, nach denen sich ihre Reden und Abstimmungen richten sollten. Es genügte ihnen nicht, daß es in dem Reichsabschied hieß, „der
Kaiser werde allen Fleiß anwenden, daß die der Augsburgischen Confession angehörig gewesenen Stände und deren Abgesandte sicher zum und vom Concil geleitet, nothdürftig gehört, die ganze Handlung und der Schluß aber gottselig und
christlich nach göttlicher und der alten Väter heil. Schrift und Lehre angenommen, gehandelt und beschlossen, auch eine nützliche Reformation der Geistlichen
und Weltlichen aufgerichtet und alle unrechte Lehre und Mißbräuche der Gebühr
nach abgestellt würden"; in der „sächsischen Confession", welche Melanchthon während eines Aufenthalts in Dessau mit Rücksicht auf das Concil ausarbeitete, in
der Bekenntnißschrift, welche der nach manchen wunderbaren Schicksalen im Kloster Sundelfingen verborgen lebende würtembergische Reformator Johann Brenz
im Auftrage des Herzogs verfaßte, in verschiedenen andern Darlegungen ging
man in den Hauptpunkten auf das Augsburger Glaubensbekenntniß zurück,
wenn auch, um die Uebereinstimmung mit der dem Kaiser so verhaßten Urkunde
zu vermeiden, andere Ausdrücke und Wendungen gebraucht wurden; und im Gegensatz zu dem Ausschreiben des Concils, worin Julius III. die Leitung und Anordnung der Verhandlungen als selbstverständlich dem kirchlichen Oberhaupte
oder seinen Stellvertretern beilegte, wurde in dem Gutachten, welches der sächsische Gesandte im Namen des abwesenden Kurfürsten Moriz dem Reichstag
übergab, nicht nur die alte Forderung eines „freien gemeinen christlichen Concils"
wiederholt, sondern auch für die evangelischen Theologen eine entscheidende
Stimme bei der Berathung und Beschlußfassung verlangt und eine so vollständige Abänderung in dem conciliaren Geschäftsgang in Antrag gebracht, daß das
Gutachten, das „theologische Kriegsmanifest", bei dessen Abfassung Melanchthons
Hand nicht zu verkennen war, von der Reichsversammlung zurückgewiesen wurde.
Nicht dem Papst und seinen Legaten dürfe der Vorsitz und die Entscheidung überlassen werden, hieß es darin, sondern einigen unparteiischen Fürsten und Prälaten,
die zu dem Zweck zuvor ihrer Eidespflicht gegen den römischen Stuhl entbunden
werden müßten. Als zwei gleichberechtigte Parteien sollten die Altkirchlichen
und die Neugläubigen vor dem Concil, dem obersten Tribunal in kirchlichen
Dingen, ihre Sache führen und das Urtheil „nach dem Richtscheid der heiligen

14. Febr. 1551.

Schrift" gesucht und gefällt werden. Diese Schriftstücke und Meinungsäußerungen waren deutliche Zeichen, daß die Evangelischen aus der ursprünglichen Betäubung, in welche sie durch die octroyirte Glaubensformel gesetzt worden, wieder erwacht seien, daß die alte Opposition gegen das papistische Kirchensystem und gegen das demselben zuführende Interim nicht nur im Volke noch in ungeschwächter Kraft fortbestehe, sondern auch in den höheren Kreisen, von denen die Zeitgeschichte ihre Impulse empfängt, wieder zu Bewußtsein und Leben gekommen.

Der Kaiser und die Parteien im Concil.
    Der Kaiser scheint an diesen Kundgebungen, die doch stürmische Kämpfe gegen seine Pläne voraussehen ließen, keinen besonderen Anstoß genommen zu haben. Getäuscht durch die Beweise von Nachgiebigkeit und Willfährigkeit bei einzelnen Persönlichkeiten der höheren Kreise, mit denen er allein verkehrte, unterschätzte oder verkannte er den in der Tiefe des Volkslebens wirkenden Geist, ja er mochte einige Opposition, die zunächst gegen den strengen Ultramontanismus und Papismus sich richtete, sogar nicht ungern sehen, indem dadurch beide streitende Theile an den kaiserlichen Schutz und Beistand gewiesen waren. Ein Wiedererstehen der lutherischen Ketzereien erschien ihm nach der Durchführung des „Interim" und der Anerkennung des Concils als eine Unmöglichkeit; eine Opposition gegen das Papstthum innerhalb dieser Grenzen aber betrachtete er als eine seinen eigenen Zwecken verwandte Richtung oder Kundgebung.

    Von Seiten des Kaisers und der spanischen Partei geschah daher Alles, was die Mitwirkung der Protestanten an den conciliaren Geschäften erleichtern konnte. Die Kurfürsten Moriz und Joachim und alle Fürsten und Stände, welche die kaiserliche Religionsformel angenommen, erhielten für ihre Abgesandten zum Concil ein volles sicheres Geleite hin und zurück; als die Versammlung in mehreren Sessionen die verschiedenen Ansichten über das Abendmahl einer eingehenden Erörterung unterzog, wurde auf Betreiben des kaiserlichen Hofes die endgültige Entscheidung und Beschlußfassung auf einen späteren Termin verlegt, damit nicht, falls gegen den Kelch entschieden würde, Jan. 1552. die Theilnahme der Evangelischen von vornherein ausgeschlossen wäre; und als endlich die ersten weltlichen Procuratoren erschienen mit Vollmachten der Kurfürsten von Brandenburg und Sachsen, des Herzogs von Würtemberg und mehrerer süddeutscher Städte, (welche den Geschichtschreiber Johann Sleidan von Straßburg abgeordnet hatten); bewirkten die kaiserlichen Beauftragten, daß die beabsichtigte Protestation des Legaten gegen die nach Inhalt und Form den Papisten anstößigen Vollmachten nicht zur Verlesung kam. In der Rede des sächsischen Vertreters war derselbe Standpunkt eingehalten, wie in dem Gutachten an den Reichstag: das Concil solle als höchste gesetzgebende und richterliche Macht gelten, die Mitglieder vor Allem der Eidesverpflichtung gegen den Papst entbunden sein, die Entscheidungen nach den Geboten der Heil. Schrift getroffen werden. Die Rede machte großen Eindruck auf die Versammlung. Je nach dem Standpunkt fürchtete oder wünschte man, Melanchthon und andere deutsche Theologen möchten bald in der Versammlung auftreten und dann das Concil die Arena für eine allgemeine Kirchenreformation werden. Von päpstlicher Seite war man zufrieden, daß der König von Frankreich in einem Schreiben „an die heiligen Väter des Convents in Trient" die Erklärung abgab, die französische Regierung werde die Versammlung nicht für ein öcumenisches Concil halten und keine Abgeordneten senden. Die spanischen Prälaten, vorab Vargas und Malvenda glaubten ganz im Sinne des Kaisers zu handeln, wenn

fie die Abstellung der Mißbräuche, welche sich am römischen Hof und im Klerus eingeschlichen, ernstlich unter die Aufgaben der conciliarischen Thätigkeit setzten und dabei
auf die Unterstützung der deutschen Theologen rechneten, deren Ankunft bald zu erwarten stand.

Eine Reformation der Kirche an Haupt und Gliedern innerhalb der Gren- *Kirchenpoli-
zen des kirchlichen Lehrbegriffs und der hierarchischen Ordnungen, durch welche *tische Pläne.
dem Kaiserthum eine größere Einwirkung auf die geistlichen Angelegenheiten zu
fallen würde, war in jenen Tagen kein fremder Gedanke. Schon von seinem
Lehrer Hadrian war Karl in solche Ideenkreise eingeführt worden. Mehr als je
glaubte er jetzt dem Ziele sich zu nähern; in Deutschland sollte ihm das Interim
als Grundlage dienen. Darum betrieb er auch so ernstlich die Durchführung
desselben in allen reformatorischen Ländern und Städten. Die Zögernden wurden durch Verweise und Drohungen zu größerem Eifer angehalten, gegen die
Widerspenstigen kamen strenge Strafen in Anwendung. Die Wiederherbeibrin-
gung der Abgewichenen, die Reformation der Verfassung und die Aufrechthaltung
der alten Einheit sollten zugleich durchgesetzt und die Alleinherrschaft der römischen
Päpste durch die erhöhte kaiserliche Autorität ermäßigt und in engere gesetzliche
Schranken gewiesen werden. Das deutsche Reich, kirchlich und staatsrechtlich neu
constituirt, sollte in das kaiserliche Weltreich des habsburgischen Hauses als erblicher Bestandtheil eingehen. „Aber nicht so leicht ist die Welt zu überwinden.
Je mehr Jemand Ernst machen wird, ihr seinen Willen oder seine Meinung auf-
zudringen, desto stärker werden die freien Kräfte sich dagegen zum Kampf erheben".

4. Kurfürst Moriz von Sachsen.

In dem Augenblick, da das Concil wieder in Trient tagte, da die Beschickung Die Stim-
desselben von Seiten der evangelischen Stände Karls lang gehegte Wünsche zum *Deutschland.
Ziele zu führen schien, da alle Umstände sich vereinigten, ihn zum weltlichen
Oberhaupte der Christenheit zu erheben, und er mit dem Vorhaben umging, seinem Sohne Philipp die Nachfolge im Reich zu verschaffen und dadurch die erhöhte Kaisermacht in seiner Familie erblich zu machen; da fand er einen unerwarteten Widersacher in dem Manne, welchem er seine bisherigen Erfolge
hauptsächlich zu verdanken hatte — in Kurfürst Moriz von Sachsen. Die
Pläne des Kaisers drohten dem deutschen Reiche eine Umgestaltung zum
Nachtheile der Fürstenmacht und der Rechtsstellung der Stände; die fortdauernde Anwesenheit spanischer und italienischer Truppen, deren Zuchtlosigkeit und Uebermuth mit jedem Tage zunahm, lastete drückend auf den Landen; die schweren Strafen, womit jede Uebertretung des katholischen Ritus, jede
Unterlassung der Fastengebote, der Prozessionen, der Kirchenfeste belegt wurde,
machten böses Blut und entfachten den Religionseifer; es stand zu befürchten,
daß Deutschland in eine Provinz des spanisch-österreichischen Weltreichs umge-

wandelt und alle Früchte der reformatorischen Arbeiten und Bestrebungen ver-
nichtet würden. In fliegenden Blättern und Pamphleten wurde die Schmach
enthüllt, die Deutschland von „Spaniern und Pfaffen" erleide, und Gottes Hülfe
angerufen. Die Verstimmung und Erbitterung der verletzten, in der Tiefe ihres
Daseins angegriffenen, in ihrer Zukunft bedrohten Nation erreichte den höchsten
Grad, als Moriz, der verhaßte Verräther der protestantischen Sache und ihrer
Führer, im Namen und Auftrag des Kaisers die Vollziehung der Acht wider
Magdeburg übernahm und die Stadt, „wo das lautere Wort des Evangeliums
allein noch eine Freistätte gefunden", mit einem Belagerungskrieg bedrängte.
Dieser Verbitterung gegen die Unterdrücker der nationalen Freiheit und evange-
lischen Lehre kam nur der Jubel gleich, mit dem das Volk die heldenmüthigen
Kriegsthaten der von den Geistlichen angefeuerten Magdeburger Bürgerschaft vernahm, welche im zuversichtlichen Vertrauen auf den Beistand Gottes, dessen Sache
sie führte, und stark durch den Eid, im Leben und im Tod Alle für einen Mann
zu stehen, die Stürme und Angriffe muthig und erfolgreich zurückschlug (S. 752).
Bereits warfen die sächsischen Stände ihre Blicke auf Morizens Bruder, Herzog
August; die Ritterschaft sagte ihm den Dienst auf, als er sie wider Magdeburg
führen wollte; Schmachreden und gereimte Sprüche liefen gegen ihn im Volk
um. Da gingen dem jungen staatsklugen Kurfürsten die Augen auf über seine
Stellung, über die gefährliche Politik, der er bisher seinen Arm und seine Dienste
gewidmet, über die feindseligen Absichten des Habsburgers, über die Schmach,
welche durch die fortdauernde unwürdige Behandlung seines Schwiegervaters auf
ihn selbst fiel.

Der Land-
graf von
Hessen in der
Gefangen-
schaft.
Die schmähliche Behandlung des Landgrafen, des kräftigsten und volksthümlichsten
unter allen Fürsten seiner Zeit, den man durch Täuschung und Hinterlist ins Netz gelockt
und in barbarischer Gefangenschaft hielt, ohne seine Freilassung in nähere oder fernere
Aussicht zu stellen, erregte in der ganzen Nation den heftigsten Unwillen. Vergebens
hatten Moriz und Kurfürst Joachim, durch deren Unvorsichtigkeit der Landgraf in die Hände
des Feindes gekommen war, sich wiederholt für dessen Befreiung verwendet; ihr ver-
pfändetes Wort schien bei dem Kaiser wenig Gewicht zu haben; vergebens hatte die
Landgräfin Christine einen Fußfall gethan, vergebens der älteste Sohn Wilhelm sich erboten, an des Vaters Stelle in das Gefängniß zu wandern; Karl und seine einflußreichsten Räthe Alba und Granvella blieben taub gegen alle Bitten und Beschwerden.
Tag und Nacht wurde der Gefangene von rohen spanischen Kriegsknechten bewacht, welche
dasselbe Gemach mit ihm theilten, oft während des Schlafes an sein Lager traten, um sich
von seiner Anwesenheit zu überzeugen. Philipp besaß nicht die Ergebenheit und Gemüthsruhe seines Mitgefangenen, er sträubte sich gegen das Geschick, das ihm durch
Untreue und Täuschung auferlegt worden, wie ein edles Wild gegen die Schlingen und
Fallstricke des Jägers. Aber jedes Zeichen von Trotz und Unwillen führte eine Ver-
schärfung herbei, man entzog ihm seinen Leibarzt, seinen Schreiber, seine Diener, man
verweigerte ihm Dinte und Papier. Als er im Januar 1548 den Rhein hinabgeführt
ward, um in der niederländischen Festung Mecheln eingeschlossen zu werden, wurde er
von aufgestifteten Pöbelhaufen verfolgt und als „aufrührerischer Schelm und Bösewicht"
geschmäht. Während seiner Gefangenschaft war das Land Hessen den härtesten Be-

drückungen ausgesetzt; alle Streitigkeiten mit den Nachbarn wurden von dem Kaiser zu Gunsten der letzteren eigenmächtig entschieden, er selbst zur Unterzeichnung eines schimpflichen Vertrags mit dem Deutschmeister gezwungen. Die Landgräfin sank daheim aufs Krankenlager; kurz vor ihrem Ende richtete sie ein rührendes Bittschreiben an den Kaiser, er möge, da alle Bedingungen der Capitulation erfüllt wären, ihr um der Verdienste ihres seligen Vaters Georg willen, den Gemahl wiedergeben. Sie starb im April 1549, ohne daß ihr Wunsch gewährt worden. Vielmehr wurde die Haft des Gefangenen nach einem mißlungenen Fluchtversuch noch verschärft. Zwei getreue Hessen, die dabei mitgewirkt, wurden vor seinen Augen aufgeknüpft; die Zahl der fremden Wächter wurde vermehrt; ein bigoter Spanier bedrängte ihn mit geistlichem Zuspruch: man überlegte, ob man ihn nicht nach Spanien abführen sollte. Kein Wunder, daß der sonst so lebenskräftige Fürst in dumpfes Hinbrüten versank, das für seinen Verstand das Schlimmste befürchten ließ.

Morizens Ehre war für immer dahin, wenn er sie nicht durch eine That *Die Fürsten-verschwö-* wieder herstellte. Und wie konnte er die öffentliche Meinung, die keinem bedeu- *rung.* tendem Mann gleichgültig ist, besser gewinnen, die feindselige Stimmung nachdrücklicher versöhnen, als wenn er die Freiheit des Reichs und der Kirche mit Einem Schlage zurückeroberte! Noch bestand ein Kreis von Fürsten und Städten, dem das Interim und die katholische Reaction von Grund der Seele verhaßt war, der den kaiserlichen Plänen aus allen Kräften widerstrebte, wie die Glieder des brandenburgischen Hauses in Küstrin, in Preußen, in Bayreuth-Culmbach, wie Johann Albrecht von Mecklenburg und die norddeutschen Städte. Es galt nur, diese zerstreuten Elemente zu einer gemeinsamen Action zu vereinigen und sie auf ein bestimmtes Ziel zu lenken. Auf dem erwähnten Zug nach Verden, welcher die im Anmarsch auf Magdeburg begriffenen Söldnerhaufen zurückzuhalten beabsichtigte, hatte Moriz die Führer Johann von Heideck und Volrad von Mansfeld in seine Gewalt gebracht. Der muthige entschlossene Schwabe, der einst mit Schärtlin an der Donau den Kaiserlichen gegenübergestanden, hatte jede Versöhnung und Unterwerfung verschmäht und war mit der Acht beladen nach Magdeburg geflohen, wo er zur erfolgreichen Vertheidigung das Meiste beigetragen. Diesem machte nun der Sachsenfürst einige Andeutungen, die auf eine Wendung in seiner bisherigen Politik schließen ließen. Heideck vermittelte eine Zusammenkunft mit Hans von Küstrin, dem Bundesgenossen der Magdeburger, in Dresden. Es dauerte einige Zeit, ehe sie einander ihre geheimen Gedanken aufschlossen. Der Brandenburger konnte sich eines Mißtrauens gegen den Glaubensverwandten, der ihm im Felde gegenübergestanden und im Dienste des Kaisers die Sache der Religion und der deutschen Freiheit bekämpft, nicht erwehren, und der andere fürchtete durch unvorsichtige Offenbarung seiner Gesinnung, seine Stellung zu dem Kaiser zu gefährden, vielleicht sogar seinen neuerworbenen Kurhut aufs Spiel zu setzen. Endlich errieth man sich. Moriz und Hans schlossen einen Vertrag. *Febr. 1551.* Jener versprach zur Erhaltung der Augsburger Confession und der Reichsverfassung Land und Leute zu wagen, und Hans sagte ihm bewaffnete Hülfe zu. Die-

sen Bund zu erweitern, die evangelischen Religionsgenossen herbeizuziehen, war
jetzt das eifrigste Bemühen beider Fürsten. Als man dem gefangenen Landgrafen
einen Wink von den geheimen Plänen seines Schwiegersohnes gab, sagte er
spottend: „Ich kann nicht verstehen, wie ein Sperling einen Geier überwinden
will, derweil er die besten Vögel von sich gejagt und selbst sie verstöret." Dieser
Fehler sollte nun gut gemacht, die zerstreute Heerde wieder gesammelt werden.
Zwischen Moriz und Joachim II. bestand ein gemeinsames Interesse; die fortdauernde Gefangenhaltung des Landgrafen war eine Verletzung ihrer Ehre;
beide hatten sich geweigert, den Reichstag in Augsburg zu besuchen, so lange sie
nicht über die Freilassung Philipps sichere Zusage erlangt hätten; auch Wilhelm
von Hessen, der älteste der jungen Landgrafen, hatte zu dem Zwecke mit dem
Schwager auf einer Zusammenkunft zu Salza sich verständigt (Juni 1550).

Verhandlun-
gen mit den
Ernestinern. Jetzt war das nächste Anliegen des Markgrafen Hans, die beiden sächsischen
Linien zu versöhnen und den Krieg gegen Magdeburg zu Ende zu führen, damit
der evangelische Norden zu einem gemeinsamen Vertheidigungsbund gegen jeden
Angriff sich vereinigen möchte. Denn nur unter der Leitung des mächtigsten,
streitbarsten und unternehmendsten der protestantischen Fürsten konnte ein wirk-
samer Widerstand gegen die kaiserlichen Pläne erhofft werden; dazu war aber vor
Allem Eintracht und gegenseitiges Vertrauen nothwendig. Moriz forderte als
erste Bedingung, daß ihm der Fortbesitz der Kurwürde zugesichert werde, auch
für den Fall, daß Johann Friedrich seine Freiheit erlange, und daß sich ihm
Magdeburg unterwerfe gegen Gewährung religiöser Freiheit. Werde man hierin
ihm nachgeben, versicherte er, und jedes Mißtrauen schwinden lassen, so könne
sich Alles zum Heile Deutschlands ordnen lassen. Es sei ein schwerer Vogel, den
man jagen wolle; nur mit vereinten Kräften könne man zum Ziele kommen. Er
kannte die spanische Politik; in der Schule des Kaisers selbst hatte er die Künste
gelernt, womit derselbe überwunden werden könnte. Der Preis, durch den Moriz früher gewonnen worden, konnte leicht nun wieder bei Johann Friedrich in
Anwendung gebracht werden. Wenn der Kaiser Mißtrauen faßte und den Gefangenen wider den ungetreuen Vetter, den „Judas Ischariot", wie Moriz in den
lutherischen Kreisen gescholten ward, ins Feld ziehen ließ, so konnte man wieder
wie im Schmalkaldischen Krieg das Schauspiel erleben, daß die Glaubensgenossen
gegen einander ständen und der Gegner triumphirend aus dem Kampfe hervorginge.
Karl selbst bewies in der Folge die Richtigkeit dieser Berechnung: Als man ihn vor
Morizens Anschlägen warnte, sagte er ungläubig, „er führe einen Bären an der
Kette, den brauche er nur zu befreien, um den sächsischen Rivalen zu erwürgen".

Mai 1551. Erst als Moriz durch die Vermittelung des Markgrafen und der andern norddeutschen Bundesverwandten, mit denen er in Torgau eine neue Zusammenkunft
gehalten, in diesen beiden Stücken beruhigende Zusagen erlangt hatte, setzte er
die Federn seines fruchtbaren Geistes in Bewegung, um dem anfangs nur zur

Abwehr und Vertheidigung geschlossenen norddeutschen Bunde eine aggressive Kraft zu verleihen.

Während Moriz mit dem kaiserlichen Hof die alten freundschaftlichen Be- **Erweiterung des Bundes.** ziehungen ungeschwächt aufrecht erhielt und den Reichskrieg gegen Magdeburg dem äußern Schein nach fortführte, wurde durch die Beiziehung der sächsischen und hessischen Verwandten und der Herzoge von Preußen, Pommern, Mecklenburg, Lüneburg u. a. der Grund zu einem deutschen Fürstenbund gelegt, der wie einst der schwäbische eine stehende Kriegsmacht und eine Bundeskasse zur Verfügung hatte, und zugleich nach Außen hin eine Politik eingeleitet, wie sie bisher nur von dem kaiserlichen Cabinet geübt worden war. Der fortdauernde Kriegsstand im Elbegebiet bot ein treffliches Feld zu Kriegsrüstungen und Unterhandlungen. Unter dieser Maske konnte man weitaussehende Pläne verhüllen. Wenn die kaiserlich Gesinnten hie und da meinten, daß der belagerten Stadt nicht allzu wehe gethan werde, so wußte der kluge Fürst doch jeden Verdacht gegen seine Treue und guten Absichten zu zerstreuen. Während des Sommers 1551 konnte man ein geschäftiges Treiben bemerken: Christoph Arnold, ein gewandter Mann von staatsmännischer Begabung, der später den Dienst bei dem Markgrafen mit dem sächsischen vertauschte, suchte bei den Ernestinern in Thüringen eine versöhnlichere Stimmung gegen Moriz zu erzeugen; ein anderer Unterhändler (man wählte absichtlich einen Mann von untergeordnetem Rang, um alles Aufsehen zu vermeiden) wurde nach England geschickt, um bei dem glaubensverwandten Hof Geldunterstützung zu erwirken.

Vor Allem aber war man bemüht, mit dem König von Frankreich in nä- **Politische Lage.** here Beziehung zu treten. Wir kennen die Verhältnisse, unter denen Heinrich II. den Thron seines Vaters Franz I. bestiegen hat. Am burgundischen Hof ertrug man es mit Unwillen, daß ein Verwandter des Kaiserhauses noch immer des größten Theils seiner Lande Savoyen-Piemont beraubt sei, und gedachte diese Schmach nicht länger zu dulden; in Italien, in den Niederlanden, in Navarra war die alte Rivalität und gegenseitige Spannung noch nicht verschwunden; mit Verdruß bemerkte die kaiserliche Politik, daß die alten Sympathien zwischen Frankreich und der Pforte noch fortbestanden. Und doch hat außer dem Kampf gegen die lutherische Ketzerei nichts so sehr das Oberhaupt des spanisch-österreichischen Herrscherhauses fortwährend beschäftigt und in Athem gehalten als die Kriege gegen die Mohammedaner. In Ungarn und Siebenbürgen waren alle Verträge und Friedensschlüsse nur kurze Pausen in dem ununterbrochenen Waffengange wider die Osmanen; und im Mittelmeer, auf den Küsten Italiens, Spaniens, Nordafrikas waren die Corsarenzüge eine fortwährende Geißel für das christliche Abendland. Gerade um diese Zeit stand eine Erneuerung des Türkenkrieges in Ungarn bevor; und in der afrikanischen Stadt Mehdia hatte ein Corsarenfürst, von den Abendländern Dragut genannt, der einst auf genuesischer Galeere als Ruderknecht gedient, einen neuen Raubstaat errichtet, welcher oft vierzig Segel unterhielt und in viel ausgedehnterem Maßstab als einst Chaireddin den Freibeuterkrieg betrieb. Nicht nur die Johanniter auf Malta, Gozzo und in der Maurenstadt Tripoli mußten fortwährend die Pflichten ihres Berufes im Kampfe gegen die ungläubigen Corsaren ausüben; auch auf den Küsten von Valencia, wo ihnen geheime Verbündete in den Morisken lebten, auf der genuesischen Riviera und anderwärts warnten oft aufsteigende Rauchsäulen vor ihrer Nähe. Und was halfen alle Anstrengungen gegen diese Feinde des Christenthums und des friedlichen Völkerverkehrs, so lange sie von Frankreich heimlich oder öffentlich begünstigt und unterstützt wurden? König Heinrich II. kannte die feindseligen Gesinnungen des spanisch-burgundischen Herrschers gegen Frankreich; er wußte, daß Karl nach der siegreichen Durchführung seiner Pläne in Deutschland, in Trient, in Italien sofort seine Waffen gegen ihn selbst kehren würde; die Politik der Selbsterhaltung gebot ihm daher, den Gegnern des Kaisers allenthalben die Hand zu reichen. In Italien waren die Farnese, deren Territorien von Kaiser und Papst gefährdet waren, die natürlichen Bundesgenossen, in Deutschland die so eben zu neuem Leben sich aufraffenden protestantischen Fürsten Norddeutschlands. Es war daher begreiflich, daß der Abgesandte Reiffenberg eine gute Aufnahme in Paris fand, und daß bald eine französische Gegengesandtschaft in Sachsen erschien, um die Grundlinien eines Bündnisses zu zeichnen. Markgraf Hans wollte bei dem defensiven Standpunkt beharren, daß nur die Religion und die bestehenden Reichszustände gegen die Gewaltschritte des Kaisers zu schützen seien, und ritt einst im Zorn weg, als Moriz ihm seinen Eigensinn vorwarf; allein der französische Bevollmächtigte, Jean de Fresse, Bischof von Bayonne, meinte, das heiße die eigene Scheuer unfrieden, während die Einhegung des andern ungerissen werde; nur von einem Bündniß zu Schutz und Trutz mit bestimmten Grundbedingungen könne die Rede sein. Das sah auch Moriz ein; allein im engen Bunde mit Frankreich könne das „viehische Servitut" abgeworfen werden.

Bündniß
mit Frank-
reich. Und sein Einfluß war mächtig genug, auch die übrigen Bundesfürsten von dieser Nothwendigkeit zu überzeugen. Gerade damals beschloß man im kaiserlichen Cabinet, mit größerer Strenge das interimistische Glaubensinstrument durchzuführen. In drohendem Tone ließ der neue Kanzler, der junge Granvella sich vernehmen: „wenn deutsche Fürsten sich wider des Kaisers Concil und Religionspolitik auflehnen wollten, so müsse Deutschland für und für in Blut schwimmen, um dem kaiserlichen Gebote Nachachtung zu verschaffen"; in herrischen Ausdrücken wurde Markgraf Hans aufgefordert, von jetzt ab das Interim genauer zu beobachten. Immer schärfer verfolgte Karl den Plan, das Reichsregiment an seinen Sohn zu bringen: der Erzherzog Maximilian, mit welchem Moriz besonders befreundet war, sah sich aus einer Stellung gedrängt, auf die er sich sichere Hoffnung gemacht; auch Ferdinand fügte sich nur mit innerem Widerstreben dem Willen des Bruders; eine Entfremdung und Spaltung durchzog das Habsburgische Haus; wenn Moriz Philipps Kaiserwahl hintertrieb, konnte er auf den Dank des österreichischen Zweiges der Dynastie rechnen. Alle diese Eventualitäten faßte der scharfsichtige deutsche Fürst ins Auge, als er Namens des norddeutschen Fürstenbundes mit Heinrich II. über die Vertragsbedingungen unterhandeln ließ. Er hatte einen trefflichen Vermittler: Jener Albrecht von Brandenburg-Culmbach, ein ritterlicher lebensfroher Mann mit einem starken Anflug von Abenteurerlust, der einst mit Moriz auf Seiten des Kaisers gestanden, hatte sich aus Aerger über das Verbot fremder Kriegsdienste und die Hinrichtung Vogelsbergers, des deutschen Condottiere, von der kaiserlichen Partei losgesagt, ohne jedoch sofort und entschieden in den Fürstenbund einzutreten. Er liebte es als unabhängiger Kriegsmann seine Sache auf eigene Hand zu treiben und die Verbündeten, die stets einiges Mißtrauen gegen ihn hegten, ließen ihn gewähren. Er galt viel bei den Kriegsleuten und gedachte sich in der Verwirrung des Reichs seiner Schulden zu entledigen und sein kleines Gebiet auf Kosten der benachbarten Bischöfe und Reichsstädte zu vergrößern. Hofften doch manche, bei einer neuen Schilderhebung würde den geistlichen Herrschaften ein Ende gemacht werden. Durch Schärtlin dem französischen Hofe zugeführt, fand er eine günstige und gnädige Aufnahme. Unter seiner Mitwirkung war zu Friedewalde ein Vertrag entworfen worden, den jetzt König Heinrich II. auf Schloß Chambord bei Blois unterzeichnete. Durch diesen berühmten Vertrag ^{15. Jan 1552.} verpflichtete sich der König von Frankreich zu einer ansehnlichen Geldzahlung an die deutschen Fürsten in dem bevorstehenden Krieg gegen den Kaiser, wofür ihm gestattet sein sollte, die zum Reich gehörigen Städte, wo nicht deutsch gesprochen werde, nämlich Metz, Toul, Verdun und Cambray unter Vorbehalt der Reichsrechte als Reichsvicar zu besetzen. Die von ihm begehrte Befugniß, die geistlichen Fürstenthümer, die den gleichen Glauben mit ihm theilten, unter seinen Schutz zu nehmen, wurde nicht gewährt, hingegen eine Berücksichtigung seiner Person oder seiner Wünsche bei einer künftigen Kaiserwahl zugesagt.

Man hat in der Folge den Schritt der deutschen Fürsten scharf getadelt; ^{Beurtheilung des Bündnisses.} man hat es für eine Schmach erklärt, daß sie, um fremde Hülfe gegen das Reichsoberhaupt zu erlangen, die lothringischen Grenzlande preisgegeben. Melanchthon hat vor dem Bündniß gewarnt, wie einst die Propheten Juda's vor dem Bund mit Aegypten. Die Rüge soll nicht abgeschwächt werden; nur ist dabei zweierlei zu bedenken, einmal, daß Patriotismus und Nationalgefühl damals noch nicht so scharf entwickelte und ausgeprägte Begriffe waren als heut zu Tage. Wahlverwandtschaftliche Politik nach momentanen Zeitverhältnissen bietet die Geschichte jener Tage bei allen Völkern, in allen Ländern dar. Sodann darf man fragen, wen trifft die Hauptschuld an dieser unheilvollen Zerrüttung? Die spanische Regierung der Habsburger, welche dem Gewissen Zwang anthat, welche die Reichsverfassung in ihrem innersten Kerne antastete, welche zwei der ersten Reichsfürsten in Schmach und Banden hielt, ohne nur eine Erlösung in Aussicht zu stellen, hatte in Deutschland eine unhaltbare, unerträgliche Lage geschaffen. Um ein nationalfeindliches Regiment abzustoßen, gab es kein anderes Mittel, als die Vereinigung mit einem Gegner, der wenigstens den Schein nationalfreundlicher Gesinnung vor sich her trug. Man wird sich nicht begeistern für einen Fürsten, wie Moriz, der durch einen zwiefachen Verrath die Geschicke des deutschen Volkes einer kritischen Entscheidung entgegengeführt hat; aber mit Unrecht klagt man ihn des Undanks und der Felonie gegen den Kaiser an. Gegenüber einer Fremdherrschaft, welche sich über alle Verträge und Handfesten hinwegsetzt, welche ohne Rücksicht auf Recht und Herkommen nur den Eingebungen der Rachsucht und der Leidenschaft folgt, nur bedacht ist, auf den Trümmern zerstoßenen Glücks und zerschlagener Gewissens- und Ueberzeugungstreue ihre triumphirende Fahne aufzupflanzen, finden Dank und Loyalität, finden die Gefühle ritterlicher und menschlicher Hingebung keine Stelle. Moriz hat schwerlich mehr Bedenken gehegt, sich gegen den Kaiser zu waffnen, als dieser selbst sich gescheut hat, die Herrschsucht und den Vortheil der Dynastie als höchstes Prinzip seiner Handlungen aufzustellen. Der Egoismus war auf einer wie auf der andern Seite die Haupttriebfeder. Moriz war nur der gelehrige und talentvolle Zögling des spanischen Herrschers. Und daß die französische Occupation der Reichslande weitere Dimensionen annahm und festere Dauer gewann, als Moriz und seine Verbündeten gewollt und geahnt, auch daran war die habsburgische Politik nicht ohne Schuld. In Metz waren in Rath und Bürgerschaft viele evangelische Elemente, die nach einem engeren Anschluß und Zusammenleben mit dem deutschen Reich strebten. Diese hatte der spanisch-österreichische Fanatismus ihren katholischen Gegnern preisgegeben, und dadurch der französischen Herrschaft den Weg bereitet.

Unterwerfung von Magdeburg. Während dieser Verhandlungen hatte Moriz den Belagerungskrieg von Magdeburg ohne Unterbrechung fortgesetzt, doch mit möglichster Schonung; derselbe bot ihm Gelegenheit, seine Truppen beisammen zu halten, ohne dem Kaiser Verdacht zu geben. Kaum war aber der Vertrag mit Frankreich abgeschlossen, so ließ er der Stadt durch Heideck und Arnold Gnade und Religionsfreiheit anbieten und brachte sie dadurch zur Huldigung und Anerkennung seiner **9. Nov. 1551.** Hoheitsrechte als Burggraf. Am 9. November hielt er an der Spitze vieler Fürsten, Herren und Räthe seinen Einzug. Die Aufnahme einer sächsischen Besatzung fand nun keinen Widerstand mehr.

Moriz und Karl V. Während des Winters wurden die sächsischen und hessischen Stände mit dem Vorhaben bekannt gemacht, daß man den Kaiser mit den Waffen zur Freilassung der gefangenen Fürsten zwingen wolle, und Geld und Mannschaft verlangt, die auch gewährt wurden, jedoch von Seiten des sächsischen Landtages erst nach mancherlei Bedenken und Vorstellungen über das gefährliche Unternehmen. Die Kriegshaufen hielt Moriz auch nach der Capitulation der Elbestadt zusammen, vorgebend, er müsse erst die Mittel zu ihrer Ablöhnung aufbringen. Gleichzeitig wurden in Frankreich umfassende Rüstungen vorgenommen. Der Kaiser befand sich ohne Truppen in Innsbruck, mit dem Tridentiner Concil und mit seinen dynastischen Entwürfen beschäftigt. Wohl fehlte es nicht an Warnungen und Andeutungen über Verschwörungspläne, über Unterhandlungen deutscher Fürsten mit Frankreich; aber der Kaiser wie der Bischof von Arras legten solchen Gerüchten keinen Glauben bei oder schlugen sie nicht hoch an; Moriz, schlau und geheimnißvoll und Meister in der Verstellung, wußte aus der Ferne jeden Argwohn, der in Karls Seele auftauchte, zu zerstreuen. Unter äußerer Fröhlichkeit versteckte er seine tiefen Pläne, und seine lustigen Gelage, seine Jagdliebe, seine galanten Abenteuer dienten ihm oft als Hülle, oft als Mittel zur Erforschung fremder Anschläge. Wenn ihn Karl an das Hoflager nach Innsbruck lud, so versprach er zu kommen, fand aber unterwegs irgend einen Vorwand zur Umkehr. Auf dem Tridentiner Concil beschloß man die Zulassung der protestantischen Theologen und fertigte die nöthigen Geleitsbriefe aus; und Melanchthon war bereits aufgebrochen, um mit zwei Leipziger Gelehrten sich nach der Concilsstadt zu begeben, versehen mit einem Beglaubigungsschreiben des Landesherrn an die „ehrwürdigen Väter, Cardinäle und Bischöfe in Trient". Karl, in spanischen und italienischen Ränken geübt, hielt es für unmöglich, daß ein Deutscher ihn überliste, die „tollen und vollen Deutschen", ließ er sich vernehmen, „haben kein Geschick zu dergleichen listigen Anschlägen". Auch hatte er durch den schmalkaldischen Krieg eine so geringe Meinung von der politischen und strategischen Befähigung der deutschen Fürsten und Stände gefaßt, daß er keine ernsten Gefahren von ihrer Seite befürchtete. Nach seiner Meinung hatte Moriz bei seinen Verwendungen für die gefangenen Verwandten nur die Absicht, sich das verlorne Vertrauen der Evangelischen wieder zu erwerben; der Kaiser ließ daher durch seinen Hofmarschall Böcklin eine baldige Erledigung dieser Sache in Aussicht stellen, um die Gemüther zu beruhigen. Damit es aber nicht den Anschein gewinnen möchte, als lasse er sich einschüchtern oder gebe äußerem Druck nach, antwortete er zugleich trotzig, er werde den Leib des Landgrafen in zwei Theile zerlegen lassen und jedem der Fürbitter die Hälfte zusenden. Daß die kriegerischen Bewegungen der Franzosen, die er auf Italien und die Niederlande gerichtet glaubte, in Deutschland nicht nur Sympathieen, sondern thätige Förderer und Helfer hätten, kam ihm nicht in den Sinn.

Aber bald sollte sich Karl überzeugen, daß sich ein Ungewitter über seinem Haupte zusammengezogen, das er nicht erwartet hatte und dem nicht mehr vorzubeugen war. Im März erfolgte gleichzeitig der Aufbruch der sächsischen und hessischen Heerhaufen. Während Landgraf Wilhelm an Frankfurt vorbeiziehend sich nach Fulda wandte und die Rhön überstieg, führte Moriz seine Truppen, die durch Zuzüge von Landsknechten sich fort und fort vermehrten, an Naumburg, Weimar, Erfurt vorbei über den Thüringer Wald. In Bischofsheim erfolgte

23. März. die Vereinigung; in Rothenburg an der Tauber stieß Markgraf Albrecht von
Brandenburg-Culmbach mit einem dritten Haufen von Kriegsknechten zu ihnen.
In einem Manifest verkündigten sie, daß sie die Waffen ergriffen hätten, um
Deutschland zu erlösen von dem „viehischen erblichen Servitut" eines Machthabers,
welcher unter dem Schein der gespaltenen Religion „seine eigene Domination,
Nutz und Gewalt" durchzusetzen suche, durch ausländisches Kriegsvolk, welches Land und Leute bedrücke, „Aller Hab und Gut, Schweiß und Blut aus-
sauge", und durch die fortdauernde Gefangenhaltung des Landgrafen eine „Infamie und Unbilligkeit" auflege, die nicht länger zu dulden sei.   Wer ihnen in
dem löblichen Vorhaben, dieses beschwerliche Joch abzuschütteln, beipflichte und
die Hand biete, der solle Freundschaft, Gunst, Gnade und guten Willen erfahren; wer sich widersetze, den würden sie mit Feuer und Schwert heimsuchen und
Augsburg. ihm den verdienten Lohn für seine Untreue ertheilen.   In den ersten Tagen des
April näherten sich die Verbündeten der Reichsstadt Augsburg, die seit der Umgestaltung der Verfassung als die feste „Warte der kaiserlichen Stellung" galt, wo
man aber auch den Druck des aristokratisch-klerikalen Regiments am härtesten
empfand.   Als die in aller Eile zusammengerufene Stadtgemeinde erklärte, daß
sie weder Krieg noch Belagerung wolle, zog die spanische Besatzung ab und
4. Apr.
1552. räumte den Fähnlein der Verbündeten den Platz.   Wie freute sich die evangelische
Bürgerschaft, als die alte volksthümliche Zunftverfassung und die evangelische
Religionsordnung wieder hergestellt und das Interim, das aus ihren Mauern
ausgegangen, abgeschafft wurde!   Gleichzeitig rückten die französischen Heere in
Lothringen ein und begannen den Eroberungskrieg, den wir bald im Zusammenhang kennen lernen werden.

Flucht des
Kaisers u. Im Schmalkaldischen Krieg war die deutsche Sache durch die Langsamkeit
Auflösung und Planlosigkeit der Führung in so mißliche Lage gekommen; von diesen Feh-
des Concils. lern hielt sich Moriz frei: während er mit König Ferdinand auf einer persönlichen
18. Apr. Zusammenkunft in Linz sich über die Bedingungen eines Vergleichs besprach, und
beide auf den 26. Mai eine Fürstenversammlung in Passau verabredeten, die
nach Einholung der Willensmeinung des Kaisers Vereinbarungen „zur Abstellung
der Irrungen und Gebrechen deutscher Nation" geschlossen und unter dem Schutz
einer Waffenruhe die Basis eines neuen Friedensstandes gelegt werden möcht;
traf er zugleich solche militärische Anstalten, daß Karl in Innsbruck gleichsam
festgebannt war.   Nach einigen Operationen am Lech und an der schwäbischen
Donau rückte das Bundesheer an die Grenze von Tirol, zerstreute das im Lager
von Reutti gesammelte kaiserliche Kriegsvolk und erstürmte unter der Führung des
muthigen schlachtbegierigen Georg von Mecklenburg die Ehrenberger Klause bei
Füßen, die einst Schärtlin zu unglücklicher Stunde hatte räumen müssen.   Dadurch wurde der Plan eines raschen Abzugs nach den Niederlanden, den man im
kaiserlichen Hoflager gefaßt hatte, vereitelt.   Wie rasch änderten sich auf die
Kunde von der neuen Schilderhebung in Deutschland die Dinge in Trient! Die

geiſtlichen Reichsfürſten eilten heim; die evangeliſchen Räthe, die noch durch Ab-
geſandte aus Würtemberg verſtärkt worden waren und durch ihre Einwendungen
und Angriffe zu mancherlei unerquicklichen Discuſſionen und Scenen Veranlaſ-
ſung gegeben hatten, traten gleichfalls ihren Rückweg an; Melanchthon und ſeine
Gefährten waren nicht über Nürnberg hinausgekommen, als das Concil im Auftrag des Papſtes durch den Legaten vertagt ward und alle Theilnehmer, Vornehme wie Geringe in wilder Verwirrung das Weite ſuchten, froh der Gebirgs- 28. Apr.
ſtadt zu entfliehen. Denn Trient erfreute ſich niemals der Gunſt der Prälaten.
Der päpſtliche Legat Creſcentio, ſchon längere Zeit krank, flüchtete ſich nach Verona,
wo er ſtarb. Wie gern hätte auch der kaiſerliche Hof das Gebirgsland Tirol
verlaſſen! Aber ſeitdem durch die kühne Erſtürmung der Ehrenberger Klauſe
die Pforte des Landes in den Händen der Feinde ſich befand, war das Entkommen ſchwer. Eben ſo unſicher erwies ſich der Durchzug durch Italien, wo
gleichfalls Alles in kriegeriſcher Bewegung war; und wenn man eine Ueberfahrt
zur See nach Spanien wagen würde, war dann nicht die Gefahr nahe, von
franzöſiſchen Galeeren oder von Corſarenſchiffen weggefangen zu werden? Hülflos
ſtand der Kaiſer in Innsbruck ohne Heer und mit geringen Geldmitteln; und
noch fehlten ſieben Tage, ehe der in Linz verabredete Waffenſtillſtand eintrat.
Durch einige Gewaltmärſche konnte Moriz Innsbruck erreichen und den „alten
Fuchs" in ſeiner Höhle erhaſchen. Da ging durch eine Meuterei der Landsknechte, denen der geforderte Sturmſold nicht bezahlt ward, einige koſtbare Zeit
verloren, die dem Kaiſer Gelegenheit zur Flucht gab. Nachdem er dem gefangenen Kurfürſten Johann Friedrich im Schloßgarten perſönlich ſeine Befreiung
verkündigt, eilte er bei nächtlicher Weile über die ſchneebedeckten Tiroler Gebirge
nach dem Puſterthal und dann weiter nach Villach in Kärnthen. Regen und 19. Mai
Sturm löſchten abwechſelnd die Windlichter; mehrere Reiter ſtürzten in die Abgründe; in der Mitte des Zuges wurde der Kaiſer in einer Sänfte getragen, von
körperlichen Schmerzen verzehrt und niedergeſchlagenen Geiſtes. Denn jetzt
war der ſtolze Bau, den er ſeit dem Tage von Mühlberg aufgerichtet, zertrüm-
mert. Johann Friedrich folgte, wie er dem Kanzler verſprochen, freiwillig den
abziehenden Truppen, auf ſeinem Wagen ein evangeliſches Danklied anſtimmend.
Seine Abneigung gegen Moriz war nicht verſchwunden: wenn der Kaiſer
erklären würde, meinte er, daß er das Wort Gottes nicht verfolgen und die freie
Predigt geſtatten wolle, könne er leicht die deutſche Nation wieder für ſich gewinnen;
zum Beweiſe deſſen ſollte er den alten frommen Kurfürſten von Köln wieder einſetzen;
Moriz aber ſollte mit der Acht belegt und ſein Land an andere Glieder der Familie gegeben werden. Für ſolche Rathſchläge war aber der Augenblick wenig
geeignet. Denn in ganz Deutſchland wurde der Name des ſächſiſchen Fürſten,
welcher den mächtigen Kaiſer von der Höhe herabgeſtürzt und als Flüchtling über
die Berge gejagt, gefeiert und mit Bewunderung genannt. Am 23. Mai hielt
er ſeinen Einzug in Innsbruck und geſtattete, daß die Landsknechte ſich mit den

Prachtgewändern und den Beutestücken der spanischen Krieger schmückten. Alles Eigenthum der Bürger und des Königs Ferdinand dagen blieb unangetastet.

5. Friedensverhandlungen in Passau.

Haltung des
Kaisers.
Es ist in den früheren Blättern deutlich genug zu Tage getreten, wie sich Kaiser Karl bei seinen Vorsätzen und Entwürfen zu beharren pflegte: auch wenn ihn die Macht der Verhältnisse hie und da zum Einlenken zwang, so gab er doch nie seinen politischen Standpunkt auf, so waren es doch nur Zugeständnisse des Augenblicks, die er bei veränderter Lage der Dinge, bei einer günstigern Gestaltung der Ereignisse zurückzunehmen gedachte, die ihm die Möglichkeit verschaffen sollten, die Gegner zu trennen und einzelne durch Sonderinteressen zu gewinnen.   Dieser Politik blieb der Habsburger auch unter den gegenwärtigen schwierigen Umständen treu.   Die Präliminarien, über welche Moriz und Ferdinand in Linz übereingekommen, waren nur zögernd und mit Vorbehalt zugestanden worden; weder die unbedingte Freilassung des Landgrafen noch die Ausgleichung des religiösen Zwiespalts durch ein deutsches Nationalconcil oder einen neuen Reichstag erlangte Karls aufrichtige Zustimmung: seine Antworten an den Bruder ließen durchblicken, daß es ihm nur um einen Aufschub des Krieges zu thun sei, um Truppen und Geld beizubringen und dann die Gegner wieder zu täuschen, zu überlisten, zu besiegen.   Erst als Moriz bis zum Austrag des verabredeten Fürstencongresses in Passau jede Einstellung der kriegerischen Operationen von der Hand wies und die raschen Erfolge im Feld Karls politische und diplomatische Kunstgriffe vereitelten, ertheilte er dem Bruder größere Vollmacht, ohne jedoch die endgültige Entscheidung aus seiner Hand zu geben.   Es kam ihm schwer genug an, den österreichischen Verwandten, die in so vielen Stücken von ihm abwichen, die gerade in seiner jetzigen Verlegenheit ihn mit widerwärtigen Anträgen bedrängten, eine schiedsrichterliche Stellung einzuräumen.   Hatte doch gerade in diesen Tagen Erzherzog Maximilian seine Gemahlin Maria beredet, ihren Vater um die Auszahlung der noch rückständigen Aussteuer anzugehen, weil sie eine Herrschaft in Ungarn kaufen wolle; und daß nicht bloß dieser Neffe und Schwiegersohn mit dem Sachsenfürsten im besten Einvernehmen stand, sondern daß auch der eigene Bruder über die politische Wendung im Herzen erfreut war, ging aus der ganzen Haltung zu Moriz deutlich hervor.   Denn nur durch den Widerstand der deutschen Fürsten konnten die dynastischen Pläne Karls vereitelt, konnten die Hoffnungen und Ansprüche der österreichischen Linie des Hauses Habsburg auf die künftige deutsche Kaiserwahl erfüllt werden. Aber was blieb dem in die Berge gejagten Monarchen übrig, als durch Ferdinand einen Ausgleich mit dem siegreichen Feind zu erstreben? So über-

trug er denn dem Bruder das schwierige Geschäft der Friedensstiftung, sich selbst jedoch die schließliche Bestätigung der vereinbarten Artikel vorbehaltend.

Es war ein ereignißvoller Moment in der deutschen Geschichte, als unter dem Schutze des abgeschlossenen und später verlängerten Waffenstillstandes sämmtliche Kurfürsten, voran Ferdinand und Moriz, und viele andere Reichsstände, wie die Herzöge von Würtemberg, Cleve, Pommern, Braunschweig, Baiern, wie Markgraf Johann von Küstrin und mehrere Erzbischöfe und Bischöfe in Person oder durch Abgeordnete im Juni des Jahres 1552 in Passau zusammentraten, um einen Friedensstand auf neuen Grundlagen zu schaffen. Auch der König von Frankreich war durch seinen Gesandten Du Fresse vertreten, so ungern er auch in die Verhandlungen einging, die seine Eroberungspläne zu durchkreuzen und einzuschränken drohten. Auf keinem früheren Reichstag oder Congreß hatte unter den deutschen Fürsten, zu welcher religiösen Gesinnung sie sich auch bekennen mochten, so sehr der Gedanke und der Wunsch Platz gegriffen, durch Verständigung unter einander und durch nationalen Gemeinsinn eine aufrichtige und dauernde Friedensordnung auf Grund der realen Verhältnisse aufzurichten, als damals in der Donaustadt. Man war durch bittere Erfahrungen, durch viele harte Schläge zu der Einsicht gekommen, daß keine höhere oder äußere Macht die „Irrungen und Gebrechen" der deutschen Nation durch Zwang und Gewalt zu heben, die gestörte Einheit des Glaubens durch kirchliche Formeln und Gesetze herzustellen vermöge; daß man sich selbst helfen und rathen müsse durch eigene Kraft, daß man dem Gefühle der Gerechtigkeit und der Gewissensfreiheit Raum geben und mit patriotischem Sinn und mit Rücksicht auf die Wohlfahrt Deutschlands handeln müsse. Von diesem Gesichtspunkt ausgehend hielt man zunächst jede fremde Einmischung von den Verhandlungen fern: nicht nur, daß der französische Gesandte zu seinem großen Verdruß von dem Gange der Dinge wenig erfuhr und keinen Einfluß üben konnte; auch Ferdinand und sein Sohn Maximilian sollten nicht zu den berathenden Sitzungen beigezogen werden, sondern erst Mittheilung erhalten von den Beschlüssen, über welche die Fürsten sich geeinigt hätten. Noch weniger konnte von der Zulassung kaiserlicher oder päpstlicher Bevollmächtigten die Rede sein: aus dem Schooße des versammelten Reichsfürstenrathes sollte eine Vermittelung der ausgebrochenen Streitigkeiten hervorgehen. Wenn auf früheren Reichstagen durch äußere Einwirkung sich eine katholische Majorität bilden konnte mit dem Anspruch, als die wahre Repräsentation der Versammlung zu gelten, und die andersgesinnte Minorität in die Opposition trieb, so steuerten jetzt die Vertreter beider Confessionen auf ein gemeinsames Ziel los. In Würtemberg war Herzog Christoph seinem am 6. November 1550 gestorbenen Vater Ulrich in der Regierung gefolgt und auch in Baiern war ein Umschwung eingetreten, seitdem Herzog Albrecht, ein gemäßigter und nachgiebiger Mann, nach dem Tode seines Vaters Wilhelm in demselben Jahre die Herrschaft übernommen. „Jetzt setzte sich kein Leonhard von Eck mehr in den Besitz des maßgeben-

Der Fürstentag zu Passau 1552.

den Einflußes bei den katholischen Berathungen." Vielmehr faßte von vornherein
die Ansicht Boden, „daß man nur in gegenseitiger Toleranz, in vollständiger
rückhaltloser Anerkennung der Verhältnisse, wie sie sich in den verschiedenen Theilen des Reichs verschieden gestaltet hatten, die dauerhafte Basis eines gesunden
Zustandes gewinnen könne". Diese verträgliche und versöhnliche Stimmung
wurde nicht wenig gefördert durch die bedrohte Lage des Reichs: in Ungarn tobte
aufs Neue der Türkenkrieg, dem Ferdinand nur mit deutscher Hülfe begegnen
konnte; im Westen geriethen die rheinischen Kurfürsten in Bestürzung, als die
französischen Heere sich immer mehr ihren Grenzen näherten. Und wenn der
allerchristlichste König sich in Bündnisse mit den Ungläubigen einließ, forderte
dann nicht die Pflicht der Selbsterhaltung, daß auch Katholiken und Protestanten sich die Hände reichten? Mit großem Nachdruck machte Moriz geltend, daß
er den Frieden zwischen Frankreich und dem Kaiser vermitteln werde, wenn die
deutschen Angelegenheiten zu einem billigen Austrag gelangt seien.

Tendenz der
Versamm-
lung

Einen gesicherten und dauernden Friedensstand in Deutschland zu begründen, war somit das Hauptanliegen des Passauer Fürstenraths. Daß ein solcher
weder durch das Concil, wie es in Trient eingeleitet worden, noch durch die octroyirte Religionsformel des Augsburger Interim erzielt werden könne, leuchtete
Jedermann ein: man mußte über beides hinaus auf einen Zustand zurückgreifen,
wie er auf dem Speyerer Reichstag im J. 1544 von dem Kaiser den evangelischen Ständen gewährt worden, aber nie zur allgemeinen Anerkennung und Gesetzeskraft gelangt war. Nur wenn die Bekenner der Augsburger Confession die
sichere Bürgschaft hatten, daß sie in Religionssachen weder durch eine katholische
Majorität auf dem Reichstage, noch durch ein aus Gegnern der Neuerung zu-
sammengesetztes Reichsgericht Gewalt zu erleiden hätten, konnte ihnen zugemu-
thet werden, die Waffen der Selbstvertheidigung aus der Hand zu legen, konnte
eine Ordnung des Friedens und des gegenseitigen Vertrauens geschaffen werden,
wie die öffentliche Meinung, wie Fürsten, Stände und Volk sie zum Wohle des
Vaterlandes wünschten. Bei dem Nothstande, in welchen der Kaiser, das österreichische Herrscherhaus, so viele katholische Reichsstände damals verstrickt waren,
konnte es als Beweis der Mäßigung, der Friedensliebe und des patriotischen
Sinnes angesehen werden, daß die Evangelischen ihre vortheilhafte Stellung zu
keiner Ueberhebung gebrauchten, daß sie von dem Gegner nichts weiter verlangten, als daß man in Zukunft sie in Frieden ihres Glaubens leben lasse, sie nicht
fortwährend mit dem Richtschwert bedrohe, daß sie nicht der Versuchung erlagen,
die geistlichen Reichsfürsten, die Bischöfe und Prälaten, wie vielfach gefürchtet
oder gehofft wurde, aus ihren Stellungen und Besitzthümern zu verdrängen, ihnen vielmehr Alles, was sie noch besaßen, garantirten. Man ließ sogar die Hoffnung offen, daß doch noch mit der Zeit eine Vereinigung, sei es durch eine öku-
menische Synode oder ein Nationalconcil, sei es durch ein Religionsgespräch oder
einen Reichstagsbeschluß herbeigeführt werden möchte; aber bis dieses Ziel erreicht,

bis die religiöfe Spaltung gehoben fein würde, follte Friede zwifchen den Confeffionen obwalten, follte Niemand in Gefahr fein, wegen feiner religiöfen Ueberzeugung von dem Andersgläubigen angegriffen zu werden, follten infonderheit die
Bekenner der Augsburger Confeffion nicht unter der Furcht ftehen, im Namen
des Gefetzes und einer andersgefinnten Obrigkeit bei der erften beften Gelegenheit
in einen fried- und rechtlofen Zuftand gefetzt zu werden. „Selbftändigkeit der
Landeskirchen, territoriale Mannichfaltigkeit der Religionen, Toleranz und Friede
zwifchen den Kirchen waren die Ziele, zu denen man bei dem Verlufte der Einheit hinftreben mußte.“

Es fetzte viele Kämpfe und heiße Verhandlungen ab , bis der Grundfatz der religiöfen Gleichberechtigung durchdrang : Zur Zulaffung eines paritätifchen Reichsgerichts
mit derfelben Zahl von Räthen für beide Confeffionen konnte fich Ferdinand nicht auf-
fchwingen, noch weniger hätte der Kaifer feine Zuftimmung gegeben. Alles was erreicht
werden konnte, war eine Abfchwächung des Eides.   Bisher waren keine Affefforen zu-
gelaffen worden , welche nicht zu den Heiligen fchwören wollten ; jetzt follte es freifte-
hen, ob man den Eid zu Gott oder zu Gott und den Heiligen leiften wollte ; damit
war den reformatorifch Gefinnten die Thüre zum Eintritt in das Reichstribunal
geöffnet.

So kam denn endlich der berühmte Paffauer Vertrag zu Stande.   In die-Der Paffauer
fem wurde die Herftellung eines beftändigen Friedenszuftandes als erfte Bedingung feftgefetzt, fo daß kein Stand den andern um des Glaubens willen verge-
waltige, befchwere oder verachte, und Alles, was diefem Frieden im Wege ftehe,
theils fogleich befeitigt, theils auf einem demnächft zu berufenden Reichstag beigelegt werden follte. Man kam alfo überein, daß den Bekennern Augsburger
Confeffion unbedingte Religionsfreiheit gewährt, das Interim abgeftellt, das
Tridentiner Concil nicht auf die Proteftanten ausgedehnt, der Landgraf von Heffen in Freiheit gefetzt und alle während des Schmalkaldifchen Krieges Geächteten
und in des Kaifers Ungnade Gefallenen wieder zu Gnaden angenommen und
in ihren Gütern, Ehren und Rechten hergeftellt werden follten, mit der Verpflichtung, fernerhin nicht gegen den Kaifer zu dienen. Namentlich aufgeführt waren :
Graf Albrecht von Mansfeld fammt feinen Söhnen, der Rheingraf, Chriftoph
von Oldenburg, Heideck, Reiffenberg, Reckenrodt, Schärtlin, Pfalzgraf Otto
Heinrich, Fürft Wolfgang von Anhalt, die braunfchweigifchen Herren und Junker u. a.   Die Befchwerden über Verletzung der Reichsgefetze und die Herftellung
der Einigkeit in Glaubensfachen follten der Entfcheidung des Reichstags vorbehalten bleiben, doch fo, daß wenn auch kein Religionsgefetz zu Stande käme,
doch der Friedenszuftand beftehen folle.   Der Zutritt zum Kammergericht follte
beiden Confeffionen offen fein und durch eine umfaffende Amneftie das Vergangene vergeffen und vergeben werden.   Schließlich verpflichteten fich alle Theile,
gemeinfam gegen Jeden vorzugehen, welcher fich diefer Vereinbarung „mit thät-
licher Handlung öffentlich oder heimlich“ widerfetzen würde.

Der Markgraf von Brandenburg-Culmbach hatte während des Krieges die Stadt Nürnberg, mit der er seit Jahren in Fehde lag, und die Bischöfe von Bamberg und Würzburg, weil sie den Anschluß an die Verbündeten verweigerten, durch Krieg und Gewaltthätigkeit zu sehr nachtheiligen Verträgen gezwungen. Er hatte den Nürnbergern Schloß Lichtenau entrissen und den geistlichen Herren eine große Anzahl von Aemtern und Ortschaften und hohe Geldsummen abgetrotzt. Diese Verträge sollten nun, wie er verlangte, von dem Fürstentag als gültig anerkannt werden. Als aber weder der Kaiser und Ferdinand noch die fürstlichen Theilnehmer der Passauer Verhandlungen dem ungerechten Ansinnen nachkommen wollten, vielmehr sich auf die Seite der beschwerdeführenden geistlichen Herren stellten, weigerte sich der Markgraf, den Passauer Vertrag anzuerkennen. Von der Zeit an herrschte Feindschaft zwischen ihm und Moriz. Auch Herzog Heinrich von Braunschweig war mit der schiedsrichterlichen Entscheidung der Versammlung in Betreff seiner Streitigkeiten mit den Edelleuten und Stadtgemeinden seines Landes unzufrieden.

Widerstand
des Kaisers. War es schon ein schwieriges Werk, Beschlüsse von solcher Wichtigkeit und Tragweite auf der Passauer Versammlung durchzuführen, so war es noch schwieriger, den Kaiser zur Annahme derselben zu bringen. Noch standen die Heerhaufen da und dort unter den Waffen und der unruhige Markgraf Albrecht von Brandenburg-Culmbach, welcher von dem Passauer Einigungswerk nichts wissen wollte, zog plündernd und brandschatzend in Franken umher und gedachte „an den reichen Pfaffen von Würzburg und Bamberg und an den Pfeffersäcken von Nürnberg" sich zu erholen. Bei Mergentheim lagerten die Truppen der Verbündeten, nichts sehnlicher wünschend, als daß die Verhandlungen fruchtlos verlaufen möchten und sie aus ihrem müßigen Leben wieder zur kriegerischen Action übergehen dürften. Moriz selbst fand sich im Lager ein, um die Zustimmung seiner Bundesverwandten einzuholen und einen voreiligen Bruch des Waffenstillstandes zu verhindern. Alles war in Gährung und Unsicherheit, überall regten sich die revolutionären Elemente und drohten mit Aufständen. Kam der Passauer Vertrag nicht zum Vollzug, so war ein anarchischer Kriegszustand der wildesten Art für Deutschland in Aussicht, während im Osten und Westen der Reichsfeind an die Pforten schlug. Die Friedensfürsten in Passau bestürmten daher den Kaiser mit inständigen Bitten, daß er die Uebereinkunft um der öffentlichen Wohlfahrt 6. Juli. willen bestätige; Ferdinand begab sich selbst nach Villach, um persönlich für die Annahme zu wirken, „gleich als gelte es seiner Seele Seligkeit". Allein wie sehr auch Jedermann von der Unmöglichkeit überzeugt war, „das alte System der dogmatischen und kirchlichen Einheit in der abendländischen Christenheit aufrecht zu erhalten, die Gemüther mit dem Schwerte zu regieren"; Karl konnte sich nicht entschließen, den Gedanken seines Lebens aufzugeben, durch Anerkennung eines unbedingten Friedenszustandes der Idee der kirchlichen Einheit zu entsagen, für die er so mannhaft gestritten, gearbeitet, geflegt hatte, das Interim sammt dem Concil und den Augsburger Reichstagsbeschlüssen wie flüchtige Traumbilder dahinschwinden zu lassen. Sollte er am Abend seines thatenreichen Lebens die Früchte aller seiner Mühen und Anstrengungen zerrinnen sehen, wie ein Besieg-

ter schmachvoll von dem Schlachtfeld weichen? War denn die Lage so verzwei-
felt, daß er nicht mit den reichen Gaben und Hülfsmitteln, die ihm zu Gebote
standen, sich wieder emporarbeiten, wieder Herr der Situation werden und schließlich doch noch seine Entwürfe zu einem ehrenvollen Ende bringen konnte?
Wie leicht mochte Markgraf Albrecht, welcher seine Landsknechte unter den Waffen hielt und den Verheerungskrieg in Franken auf eigene Hand fortsetzte, für
den kaiserlichen Dienst gewonnen werden! Schon hatte man ihm verlockende
Anträge gestellt, die auf die egoistische Natur des fahrenden Kriegsmannes
ihre Wirkung nicht verfehlen konnten. Und wenn man den tiefgekränkten Johann Friedrich wider den treulosen Vetter zu den Waffen rief und unterstützte,
sollte der Ruf unerhört verhallen? Es widerstrebte Karls stolzer Seele, sich von
Männern, die er als seine Untergebenen betrachtete, Friedensbedingungen vorschreiben zu lassen. Vergebens führte Ferdinand dem Bruder zu Gemüthe, daß
die deutschen Fürsten und Stände für den Frieden gestimmt seien, daß er bei
einer Weiterführung des Krieges nicht mehr wie vor sechs Jahren auf eine
starke Bundesgenossenschaft rechnen dürfe. Vergebens stellte er ihm die schlimme
Lage in Ungarn vor und vergaß nicht hervorzuheben, daß ihm Moriz für den
Fall, daß der Friede zum Abschluß käme, nachdrückliche Kriegshülfe wider die
Türken zugesagt: der Kaiser beharrte bei seiner Weigerung, er werde nichts zu-
geben, was seiner Pflicht und seinem Gewissen widerstrebe, und sollte darüber
Alles zu Grunde gehen. Nur so weit gab er nach, daß auf einem ordentlichen
Reichstag unter seiner eigenen Mitwirkung die Mittel eines Ausgleiches der Be-
schwerden und Irrungen gefunden werden möchten. Bis dahin wolle er die
Bundesfürsten nicht bekriegen; aber dem Grundsatz des unbedingten Friedenszustandes werde er nicht beitreten. Wie sehr auch Ferdinand sich abmühte, den
Kaiser zur Annahme der Artikel zu bewegen; seine Gründe machten keinen Eindruck. Karl beharrte dabei, daß ein Reichstagsbeschluß, der das Interim eingeführt und das Concil anerkannt, nicht einseitig umgestoßen werden dürfe, daß
nur auf verfassungsmäßige Weise durch einen neuen ordentlichen, vom Kaiser
einberufenen und geleiteten Reichstag eine Aenderung vorgenommen werden
könne.

Unter der Hand deutete er einen Ausweg an, würdig der treulosen spanischen Politik
dieses Monarchen: er wolle den König bevollmächtigen, den Vertrag anzunehmen vorausgesetzt,
daß er und Maximilian ihm schriftlich bezeugen würden, daß er insgeheim Protest dagegen
eingelegt habe. Er wollte also, wie einst Franz I. in Madrid, die Paffauer Vereinbarung annehmen, mit dem Vorbehalt bei der ersten Gelegenheit sie zu widerrufen.

Niedergeschlagen kehrte Ferdinand nach Paffau zurück; ein neuer Krieg Der Bertrag
schien unvermeidlich, und die Vorbereitungen, die Karl allenthalben treffen ließ, abgeschlos-
konnten als Vorboten des bevorstehenden Kampfes gelten. Die vermittelnde sen.
Friedenspartei des Congresses gerieth in Schrecken: denn auch die Verbündeten
machten neue Anstrengungen. Moriz, der zu der Versammlung zurückgekehrt

war, ritt auf die Kunde von der Weigerung des Kaisers wieder in das Lager von Wertheim. Sofort wurde ein Angriff auf Frankfurt beschlossen, wo eine starke Besatzung, die an dem neuverordneten aristokratischen Stadtrath einen nachdrücklichen Rückhalt hatte, die Sache der Habsburger vertheidigte. Man

25. 26. Juli.
1552. gedachte den Kaiser dadurch willfähriger zu machen. Aber das Unternehmen schlug fehl. Die mit Geschütz und Kriegsmannschaft wohl versehene Stadt wies die Anfälle zurück: der junge tapfere Georg von Mecklenburg wurde, als er sich zu nahe an das Sachsenhäuser Thor wagte, von einer Stückkugel getroffen. Wenige Tage nachher trafen Abgesandte von Passau bei dem Kurfürsten ein mit Vorlagen, worin die vereinbarten Artikel durch die Thätigkeit der vermittelnden Friedenspartei einige Abschwächungen und Veränderungen erlitten haten. Statt des allgemeinen Friedensstandes für alle Zukunft war ein begränzter aufgestellt, wie ihn der Kaiser allein für annehmbar erklärt hatte. Bis zum Austrag des nächsten ordentlichen Reichstages sollte Ruhe und Frieden bestehen und kein Religionstheil den andern befehden. Der Grundsatz der Toleranz und der Lebensgemeinschaft der beiden Confessionen war somit zugegeben, wenn auch nicht für alle Zukunft, so doch für einen Zeitraum, der unter den obwaltenden Verhältnissen sich sehr weit hinausziehen konnte. Nach diesen Vorlagen sollte der Kaiser den Friedstand zusichern, ohne jedoch ausdrücklich auf eine künftige Beilegung der religiösen Spaltung durch ein öcumenisches Concil zu verzichten; Moriz und seine Freunde sollten von der zwingenden Gewalt des „Interim" entbunden sein und wenigstens bis zur Aufstellung einer neuen gesetzlichen Ordnung durch Kaiser und Reichstag sich des ungestörten Besitzes der Religionsfreiheit nach ihrem Gewissen und Bekenntniß erfreuen. In den andern minderwichtigen Fragen durfte man die Nachgiebigkeit des Kaisers voraussetzen. Die Zustimmung der Verbündeten konnte nicht sogleich erzielt werden; im Lager zu Rüdelheim bei Frankfurt wurden hitzige Debatten geführt: Markgraf Albrecht beharrte bei seiner Forderung, daß seine Verträge mit Nürnberg und den Bischöfen zuvor ausdrücklich bestätigt werden sollten. Aber Moriz war klug genug, das Sichere und Erreichbare dem Unbestimmten vorzuziehen. Eine neue Schilderhebung mit der Achtserklärung in Gefolge hätte leicht alle seine Errungenschaften auf ein ungewisses Spiel setzen können. Der nächste Vorwand seiner Erhebung war durch die Freigebung des Landgrafen, die Karl nicht länger verweigerte, gehoben; eine Fortsetzung des Krieges hätte den Argwohn der vermittelnden Friedenspartei erweckt und manchen neutralen Fürsten in das kaiserlich-österreichische Lager geführt; die feindlichen Anschläge der Türken wären durch ihn gefördert worden, und wenn schon das Bündniß mit Frankreich schwer auf ihm lastete, so wäre er jetzt noch als Genosse des ärgsten Feindes der Christenheit und des Reiches erschienen und von der öffentlichen Meinung verdammt worden. So wurde das Friedensinstrument, das die Abgesandten Ferdinands überbracht, von Moriz selbst, von den jungen Landgrafen von Hessen

29. Juli.
1552. und dem Herzog Johann Albrecht von Mecklenburg unterzeichnet. Nur der

Markgraf von Brandenburg-Culmbach und der Herzog von Braunschweig wollten sich nicht beruhigen. Erzürnt, daß in der Friedenseinigung die Verträge nicht bestätigt und garantirt worden, erhob Albrecht einen neuen Raubkrieg gegen die geistlichen Fürsten am Rhein. Der Bischof von Worms mußte sich durch eine schwere Contribution loskaufen; in Mainz wurden die erzbischöflichen Häuser in Brand gesteckt; der Stadtrath von Trier überreichte die Schlüssel der Thore; Klöster und Stifter wurden gebrandschatzt und geplündert. Bald werden wir dem Markgrafen in Lothringen begegnen. Aber auch dem Kaiser kamen neue Bedenken. Wie erschrak Ferdinand, der eben von Moriz die Zusage erhalten, daß er mit seinen gesammten Heerhaufen ihn nach Ungarn begleiten wolle, der von Begierde entbrannt war, an den Türken, die soeben die christliche Besatzung von Temesvar wortbrüchig niedergemetzelt hatten, Rache zu nehmen, als der Bruder noch einmal erklärte, er wolle den Vertrag auch in der veränderten Gestalt nicht annehmen, sondern das Glück der Waffen wieder versuchen? Doch gelang es endlich den Bitten und Vorstellungen des Königs, diesen verderblichen Plan niederzukämpfen. Karl ließ sich überzeugen, daß die Gefahren, von denen das Reich im Osten und Westen bedroht war, nur mit deutscher Hülfe abgewendet werden könnten. Aus Rücksicht für den Bruder, wie er nach Brüssel meldete, ertheilte er dem Passauer Vertrag die Bestätigung durch Unterschrift und Siegel, eine Be-_{15. Aug. 1552.} gebenheit von der größten Bedeutung für die Geschichte der deutschen Nation. Denn war auch der Frieden der Confessionen, der damit ins Leben trat, nur ein begrenzter, so wurde doch zum erstenmal die Nothwendigkeit einer politischen und nationalen Lebensgemeinschaft auf verschiedener religiösen Basis anerkannt, so wurde doch der Gedanke verworfen, die kirchliche Einheit mit Gewalt zu erzwingen.

Der Kaiser selbst versöhnte sich mehr und mehr mit dem Geschehenen. ^{Stimmung des Kaisers.} Mochte auch im tiefen Grunde seiner Seele die Idee seines Lebens unerschüttert fortbestehen, für den Augenblick war er zur Nachgiebigkeit gestimmt: Der Sachsenfürst Johann Friedrich durfte in seine Heimath zurückkehren, ohne daß er sich durch irgend eine Zusage an das künftige Concil gebunden hätte; daß der Kaiser denselben zu dem Versprechen für sich und seine Söhne bewog, die Verträge mit Moriz zu halten und keine Versuche zu machen, das Verlorne mit Gewalt zurückzubringen, gab Zeugniß von seinem Bestreben, für den Augenblick das Reich zu beruhigen. Karl zeigte sich geneigt, in einigen Dingen den Deutschen zu Gefallen zu sein, einzelne Abänderungen in seiner Regierung zu treffen; er trug sich eine Zeitlang mit dem Gedanken, für die laufenden Geschäfte der Reichsregierung einen Staatsrath aus Deutschen einzusetzen, eine Idee, welche von Ferdinand gebilligt und allenthalben mit Beifall begrüßt ward; er gewann es sogar über sich, als er auf seiner Abreise einige Tage zu Augsburg verweilte, lutherische Prediger zu dulden, wenn er gleich das alte Stadtregiment wieder herzustellen befahl.

Rückkehr der gefangenen Fürsten.

Sept. 1552.

In Augsburg verabschiedete der Kaiser seinen erlauchten Gefangenen, der sich so loyal und treu bewiesen und so geduldig sein Schicksal ertragen, das ihm sein Gott auferlegt, mit gnädigen und anerkennenden Worten. Lucas Cranach, der aus Liebe und Anhänglichkeit die Gefangenschaft seines ehemaligen Landesherrn getheilt, theilte auch jetzt die Freude der Rückkehr. Wie wohl that es dem redlichen gottesfürchtigen Manne, als er im alten Heimathlande die angestammte Liebe und Treue wiederfand, als ihn zahlreiche mit Freudenthränen empfingen, als in allen Städten und Dörfern, durch welche ihn sein Weg führte, die Einwohner jedes Standes und Alters im Festschmuck zu seiner Begrüßung herbeizogen und religiöse Gesänge anstimmten! Wie ein Märtyrer und Heiliger wurde er verehrt und gefeiert. Auch der Landgraf Philipp kehrte endlich von der Tyrannei seiner spanischen Wächter befreit nach Kassel zurück. Die Gemahlin, die so treu und eifrig wenn auch erfolglos für seine Befreiung gewirkt, konnte den Heimkehrenden nicht mehr empfangen; an ihrem Grabe in der Martinskirche kniete Philipp nieder und gedachte in frommer Andacht der vergangenen Leiden und Prüfungen. Er kam ohne Gedanken der Rache zurück; sein Herz war ruhig geworden. Auch die vertriebenen und flüchtigen Prediger fanden eine freudige Aufnahme bei ihren alten Gemeinden. Es war für sie ein Tag der Erlösung vom Druck des Interims, ein Tag der Auferstehung aus dumpfer Geistesnacht. Wie freudig und andachtsvoll erschallten jetzt wieder die evangelischen Kirchenlieder zum Himmel empor!

XXI. Karls V. letzte Regierungszeit und Ausgang. Die Friedensschlüsse.

1. Moriz von Sachsen und Albrecht von Brandenburg.

Des Kaisers Abneigung gegen den Passauer Vertrag.

Mit innerem Widerstreben hatte der Kaiser seine Zustimmung zu dem Passauer Vertrag gegeben. Er ahnte, daß damit eine neue Zeit anbrechen würde, die mit seinen Ideen von Weltregiment und Staatsordnung in schroffem Gegensatz stand. Seine Zustimmung war daher nicht aufrichtig, in der Tiefe seiner Seele schlummerte fortwährend der Gedanke, sich des aufgedrungenen Friedens wieder zu entledigen; darum zeigte er auch wenig Eifer, die unzufriedenen und unruhigen Elemente in Deutschland zu unterdrücken. Nur die Nothwendigkeit, den auswärtigen Feinden zu wehren, die kaiserliche Autorität in Italien zu stärken, dem Vordringen der Franzosen einen Wall entgegenzuwerfen, dem König Ferdinand gegen die Türken freie Hand zu schaffen, brachte ihn zu dem Entschluß, vor der Hand von einer Erneuerung des Kriegs gegen die deutschen Fürsten abzustehen und mit den beträchtlichen Streitkräften, die er aus allen Landen

zu sammeln bemüht war, zunächst gegen die Franzosen zu ziehen. Deutschland
konnte er vorerst der eigenen Zwietracht überlassen.

Es war dem Kaiser ein unerträglicher Gedanke, daß ein so wenig befähigter und Der Feldzug
gegen Metz.
bedeutender König wie Heinrich II. durch die Gunst der Zeitereignisse Vortheile erringen
sollte, wie sie der tapfere Vater mit allen Anstrengungen nicht zu erlangen vermocht,
daß er, der mächtigste Monarch seit vielen Jahrhunderten, die Schmach erleben sollte,
Städte und Reichslande entfremdet zu sehen, welche das Herz der deutschen und burgundischen Staaten berührten, mit ihrer ganzen Vergangenheit an das deutsch-römische
Kaiserthum gewiesen waren. Denn wie sehr sich auch die Lehnsbande, welche das
überrheinische Land an Kaiser und Reich knüpften, im Laufe der Zeit gelockert hatten,
daß das Herzogthum Lothringen deutsches Reichsland sei, der Herzog unter kaiserlicher
Lehnshoheit stehe, wurde staatsrechtlich nicht in Zweifel gezogen. Allerdings hatte das
herzogliche Geschlecht seit einem Jahrhundert mehr Sympathie für Frankreich gezeigt
als für das verlotterte deutsche Reich; dagegen waren die drei Bischöfe von Metz, Toul
und Verdun, deren Besitzungen in dem othringischen Herzogthum lagen, reichsunmittel-
bare Fürsten, erhielten vom Kaiser die Investitur und gehörten zu dem Metropolitan-
verbande von Trier. Die drei Städte waren freie Reichsstädte, die nur unter der
Oberhoheit des Kaisers standen und in Rechtssachen die kaiserliche Kammer in Speyer
als oberstes Gericht anerkannten. In Metz war der Reichstag abgehalten worden,
auf welchem 1356 das Reichsgrundgesetz Deutschlands, die goldene Bulle zu Stande
kam. Trotz aller fremden Einwirkung hatte die Bürgerschaft jederzeit treu zur deutschen
Nation gehalten. Als Moriz von Sachsen zögernd das von Frankreich dargebotene
Schutz- und Trutzbündniß einging, um die Selbständigkeit Deutschlands und die Existenz des evangelischen Glaubens gegen die kaiserliche katholische Politik Karls V. zu
retten, gedachte er nicht, jene westlichen Reichsstädte den Franzosen preiszugeben. Die
vieljährigen Kriege zwischen Frankreich und Habsburg, die Furcht des französischen Hofes vor der wachsenden Uebermacht des spanisch-österreichischen Herrscherhauses konnten
die deutschen Fürsten wohl zu dem Glauben führen, Heinrich II. habe keinen andern
Zweck, als dieser Uebermacht entgegenzutreten, die Unabhängigkeit Deutschlands zu erhalten und die protestantischen Fürsten in ihrer religiösen Freiheit zu schützen: denn so
lauteten die gleißnerischen Worte des Vertrags von Chambord. Moriz mochte der
Meinung sein, daß gemeinsame Interesse gegen den gemeinsamen Feind sei eine genügende Grundlage zu einer politischen Allianz. Wenn bei der Gelegenheit vielleicht die
drei geistlichen Herren ihre weltliche Herrschaft einbüßten und die Kriegsentschädigung
mit ihren zeitlichen Besitzungen bestritten würde, so mochte eine solche Säcularisation
dem evangelischen Kurfürsten nicht als ein großes Unglück erscheinen. Freilich hätte ihn
das Verfahren des Königs gegen die eigenen reformirten Unterthanen überzeugen können, daß Heinrich II. ein unzuverlässiger Beschützer der „evangelischen Freiheit" des deutschen Volkes sein dürfte; aber eine solche Politik war ja doch möglich und wurde von
Frankreich zu verschiedenen Zeiten unbedenklich verfolgt. So kam denn das Bündniß
zu Stande wider den Rath Melanchthons und wider die Vorstellung der sächsischen
Stände. Ein Manifest in deutscher Sprache von Fontainebleau aus erlassen, verkündete alsbald der Welt, „daß allerlei schwere Klagen vieler Fürsten und andrer trefflichen
Leute deutscher Nation zu dem König gedrungen, wie sie vom Kaiser mit unerträglicher
Tyrannei und Knechtschaft unterdrückt und in ewige Dienstbarkeit und Verderben geführt würden; dies könne nicht ohne Schaden der Krone Frankreichs geschehen, da die
deutsche Nation eine feste Vorburg der ganzen Christenheit sei. Deswegen habe er den
deutschen Fürsten und Ständen seine Hülfe nicht versagen wollen, sondern mit ihnen

aus göttlichem Eingeben und Antrieb einen Bund aufgerichtet und den festen Entschluß
gefaßt, alle seine Macht, Freunde, auch eigene Person mit denselben in Gemeinschaft
einzusetzen.   Dabei habe er keinen andern Zweck, als aus freiem königlichen Gemüthe
die Freiheit der deutschen Nation und des heil. Reiches zu fördern, die Fürsten aus der
erbärmlichen Dienstbarkeit, in welche sie versetzt worden, zu befreien, den Herzog Johann
Friedrich von Sachsen und den Landgrafen Philipp von Hessen ihres langwierigen Gefängnisses zu entledigen und hierdurch einen unsterblichen Namen zu erlangen, wie er
einst dem Flamininus in Griechenland zu Theil geworden.   Niemand solle einiger Gewalt sich befürchten, da er den Krieg blos deshalb unternommen habe, um einem Jeden
seine verlorene Gerechtigkeit, Ehren, Güter und Freiheiten zu verschaffen." Diese feierliche Betheuerung des Königs, der sich sogar auf dem Titel des Manifestes als „Retter
der germanischen Freiheit und der gefangenen Fürsten" bezeichnete, daß er keinen eigenen
Vortheil oder Gewinn suche, war berechnet, den Kurfürsten Moriz und die übrigen
Verbündeten zu täuschen und in Sicherheit einzuwiegen.   Daher wurde dem Könige
auch vertragsmäßig zugestanden, die Städte Metz, Toul und Verdun zeitweilig als Vicarius des heil. Reichs mit Vorbehalt aller dem Reiche zustehenden Rechte zu besetzen.
Zu dieser „einstweiligen" Occupation traf nun der König sofort die nöthigen Anstalten.
Während Moriz gegen den Kaiser zu Felde zog , rückte der Connetable von Montmorency mit einer beträchtlichen Streitmacht von Fußvolk und Reiterei in Lothringen ein,
brachte Toul , Verdun und Nanzig zur Unterwerfung, entzog der Herzogin Christine
von Dänemark, einer Nichte des Kaisers, die vormundschaftliche Regierung, die sie seit
dem Tode ihres Gemahls, des Herzogs Franz († 1545) über ihren minderjährigen
Sohn Karl führte, und übertrug die Verwaltung dem Grafen von Vaudemont, einem
ergebenen Diener Frankreichs. Nanzig erhielt eine französische Besatzung.   Den jungen Fürsten sandte man nach Paris zur Vollendung seiner Erziehung.   Dort wurde
er in der Folge mit des Königs Tochter Margaretha vermählt und damit der Weg zur
Annectirung betreten.   Die Protestation der Herzogin Mutter blieb unbeachtet. Kaiser Karl V. hatte für die bedrohte Landschaft keine Hülfe.   Eine Widerlegung des
französischen Manifests war Alles , was er zum Schutze Lothringens unternahm. —
Der Plan Heinrichs II. war indessen nur unvollkommen erreicht, wenn nicht auch Metz,
die so günstig gelegene feste Moselstadt, in französische Hände kam.   Dazu bedurfte es
aber größerer Anstrengungen und stärkerer Hebel, da die Bürgerschaft treu zum Reiche
hielt und entschlossen war, jeden Versuch einer feindlichen Occupation von sich zu weisen.
Die französische Politik fand jedoch Mittel und Wege, durch Hinterlist und Täuschungen
zum Ziel zu kommen , und erlangte wie ein Jahrhundert später bei dem Anschlag auf
Straßburg ein willfähriges Werkzeug in dem Bischof von Metz, einem Cardinal und
Würdenträger der Kirche.   Denn die römisch-katholische Geistlichkeit fühlte sich zu allen
Zeiten sicherer und wohler unter dem Schutze des „allerchristlichsten Königs" als unter
dem ohnmächtigen Reichsregiment mit Reichstagen, wo protestantische Fürsten und
Stände Sitz und Stimme hatten.   Bischof Robert, „ein unterwürfiger Knecht Frankreichs", verstand es, mit Hülfe einiger Patrizier eine Spaltung im Stadtrathe zu erzeugen und eine französische Partei zu bilden.   Im Vertrauen auf diese Unterstützung
stellte der Connetable von Montmorency das Verlangen eines Durchzugs seiner Armee
durch die Stadt; die Bürgerschaft widersetzte sich der Anmuthung standhaft , wurde
aber allmählich durch die Intriguen und Verführungskünste der französischen Parteigenossen zu dem Zugeständniß gebracht , der Feldherr selbst möge seinen Durchzug durch
die Stadt nehmen, begleitet von einem Fähnlein der Garde und den Cavalieren seines
Stabes, nicht aber das Heer.   Mehr bedurfte man nicht.   Dem Einen Fähnlein folgte
die Garde, und dieser die ganze Armee.   Auf die Vorstellungen der Bürgerschaft stellte

sich der Connetable sehr entrüstet über den Zudrang, meinte aber, die Stadt werde keinen Schaden nehmen, wenn das Heer seinen „Durchzug" durch dieselbe mache. Kaum
aber war der letzte Mann in das Thor eingezogen, so wurden die Truppen bei den
Bürgern einquartiert und von einem Abzug war keine Rede mehr. Die Komödie war
gut gespielt, aber sie sollte mit einem tragischen Ende schließen. Um den Magistrat
zu einem gefügigen Werkzeug der französischen Politik zu machen, lud Montmorency
diejenigen Mitglieder, die nicht von der Partei waren, unter einem erdichteten Vorwand
in sein Zimmer und durchbohrte mit eigener Hand den Aeltesten des Schöppenraths,
während seine Garden über die andern herfielen und sie niedermachten. Wer wollte
nach solchen Vorgängen noch Widerstand wagen? Als der König am 18. April 1552
in Metz einzog, feierte ihn die Inschrift eines Triumphbogens als „Protector des heil.
römischen Reiches", und auf die Bitte des Magistrats, der Stadt ihre Freiheiten und
Privilegien zu erhalten, antwortete er zweideutig: „Ich werde Euch wie die Meinigen
behandeln." Der glückliche Erfolg in Lothringen füllte Heinrich II. mit der Hoffnung,
auch Straßburg zu gewinnen und mit den deutschen Fürsten am Rhein einen Bund unter Frankreichs Protectorat aufzurichten. Dazu war aber die Zeit noch nicht gekommen.
Als die Straßburger Miene machten, den Retter der deutschen Freiheit, der bereits nach
Zabern vorgedrungen war und die Rheinstadt von den Hausbergen aus in Augenschein
nahm, mit den Waffen zu empfangen und die rheinischen Kurfürsten nebst einigen andern Landesherren auf einer Versammlung in Worms das vorgeschlagene Bündniß entschieden von sich wiesen und bei der dem Reiche schuldigen Treue beharren zu wollen
versicherten, stand der König vorerst von seinen weiteren Plänen ab und begnügte sich,
mit einem kleinen Gefolge von Straßburg einzureiten und sich von dem Rathe bewirthen
zu lassen. Der Abschluß des Passauer Vertrags mahnte ihn zur Mäßigung. Er erklärte den Abgesandten des Wormser Fürstentages: da durch ihn das Reich wieder zu
seiner Freiheit gelangt sei, sehe er sein Werk als beendigt an und ziehe sein Heer aus
Lothringen zurück. Doch wurde auf dem Heimweg noch Luxemburg mit Feuer und
Schwert verwüstet und somit dieses Grenzland gleich Anfangs in die Leidensgeschichte
Deutschlands hineingezogen. Die drei Bisthümer aber, deren einstweilige Besitznahme
dem König im Vertrag mit Moriz zugestanden war, wurden nicht geräumt; vielmehr
wurden die Städte Metz, Toul und Verdun dem französischen Reichskörper einverleibt
und damit ein Gebiet von 50 Quadratmeilen mit einer größtentheils deutschen Bevölkerung
von 300,000 Seelen dem Reich entfremdet. Heinrich II. zögerte nicht, sich den Raub
für die Zukunft zu sichern. Hatte sein Gesandter trotz aller „Praktiken" nicht vermocht,
den Passauer Frieden zu hintertreiben, so wollte er doch wenigstens für seine guten
Dienste um die deutsche Freiheit entschädigt sein. Vor Allem lag ihm Metz am Herzen.
An diese Stadt knüpfte sich Verlust oder Gewinn der Bisthümer Lothringens, des Herzogthums Bar und der Champagne, sie war der Schlüssel zu Frankreich selbst, eben so
wie seither zu Deutschland. Darum setzte der König einen Mann zum Befehlshaber
ein, der sich die Stadt nicht leicht entreißen ließ — den Herzog Franz von Guise.
Dieser verbesserte die Festungswerke, legte eine starke und treffliche Besatzung in die Stadt
und traf alle Anstalten zu einer dauerhaften Vertheidigung. Denn als der französische
König sich weigerte, die temporäre Occupation, die er als Reichsvicar unternommen,
vertragsmäßig aufhören zu lassen, rückte ein kaiserliches Heer ein, um die „Vormauer
des deutschen Reichs" wieder mit Gewalt zu gewinnen. Der langsame Zug Karls gab
jedoch dem Herzog Zeit, seine Vertheidigungsanstalten in Metz zu vervollständigen.
Erst im Herbst zog der Kaiser über die Stadt Straßburg, deren gute Haltung bei dem
Einfall der Franzosen er anerkennend rühmte, nach dem lothringischen Gebiet. Der
streitsüchtige Markgraf Albrecht von Brandenburg-Culmbach, der, wie wir wissen, nach

dem Paffauer Vertrag feinen Raub - und Erpreffungskrieg gegen die geiftlichen Herren in Franken und am Rhein fortgeführt hatte und dann mit einem beträchtlichen Heerhaufen von Landsknechten in franzöfifche Dienfte getreten war, konnte dem Fortgang und Erfolg der kaiferlichen Waffen fehr befchwerlich werden. Aber zum Glück für den Habsburger hatte fich der unruhige Mann gerade mit den Franzofen wegen Nichterfüllung der Verträge überworfen und den Herzog von Aumale, den Bruder des Commandanten von Metz überrafcht und als Gefangenen nach feiner Vefte Plaffenburg abführen laffen. Als Sieger wurde er von Alba dem Kaifer im Lager von Metz vorgeftellt, und diefer trug kein Bedenken, denfelben durch große Zugeftändniffe auf feine Seite zu ziehen und gegen Frankreich zu verwenden. Ende October begann der fchwere Belage-

Oct. 1552. rungskrieg vor Metz unter der Leitung des Herzogs von Alba und dauerte in den Winter hinein. Guife hatte nicht nur alle Einwohner, welche bei der Waffenführung und Vertheidigung nicht zu gebrauchen waren, aus der Stadt entfernt, alle Arbeiter mit Gewalt in den Dienft gezogen und unter ftrenges Kriegsgericht geftellt; er hatte auch die umliegenden Dörfer in Brand geftedt, um dem Feind die Annäherung zu erfchweren. So nahm denn die Belagerung, obwohl der Kaifer felbft mit dem Markgrafen von Brandenburg und mit dem Grafen Egmont fich vor Metz einftellte und das Heer auf 40,000 Mann zu Fuß und 10,000 Reiter fich belief, keinen rechten Fortgang. Wie viele Brefchen auch gefchoffen wurden, neue Bruftwehren und Verfchanzungen, in der Eile von dem energifchen Guife errichtet, hinderten das Vordringen. Die naßkalte Witterung des Spätherbftes und dann die ftrenge Winterkälte war den Kaiferlichen, befonders den Spaniern und Italienern verderblich; Taufende erftarrten, die Lagerfeuer konnten aus Mangel an Holz nicht hinlänglich genährt werden; epidemifche Krankheiten forderten zahllofe Opfer. Endlich wurde der Befehl zum Abzug nach Diedenhofen (Thionville) gegeben, nachdem die Armee auf die Hälfte zufammengefchwunden, der

Januar 1553. Reft halb erfroren und ausgehungert war. Marggraf Albrecht leitete den Rückzug, der bald in vollftändige Flucht ausartete. Die ganze Straße war mit todten und fterbenden Menfchen und Pferden, mit Waffen, Kriegsvorräthen und verlaffenen Gepäckwagen bedeckt. Gefangene und Beuteftücke in Menge wurden in die Stadt eingebracht, deren Loos durch diefen Ausgang entfchieden war. Der Bifchof-Cardinal nahm die Macht in geiftlichen wie in weltlichen Dingen in Anfpruch, fetzte einen neuen Stadtrath ein und förderte die Verbindung mit Frankreich aus allen Kräften. Mit der Reichsfreiheit gingen auch die Keime des Proteftantismus in Metz unter; alle lutherifchen Bücher wurden aufgefucht und verbrannt. Auf den Kaifer machte diefer Unfall, den man hauptfächlich dem ftrategifchen Ungefchick des Herzogs von Alba zufchrieb, einen niederfchlagenden Eindruck; und er hatte noch den Verdruß, daß der deutfche Volkswitz feine Schadenfreude in dem Spottliede kund gab: „Die Metz und die Magd (Magdeburg), haben dem Kaifer den Tanz verfagt." So ging das Kleinod von Lothringen für das Reich und für die proteftantifche Kirche verloren. Klerus und Adel frohlockten, aber die Bürger trauerten noch lange um die verlorene Freiheit und ftädtifche Selbftverwaltung; doch was half es, daß Magiftrat und Bürgerfchaft von Metz, trotz der mißtrauifchen Ueberwachung der franzöfifchen Obrigkeit, wiederholt den deutfchen Reichstag mit Bitten um Herftellung ihrer alten Rechte und ihrer Angehörigkeit zum Reich beftürmten; was half es, daß einzelne deutfche Fürften in den Jahren 1559 und 1568 der Reichsverfammlung die warnenden Worte zuriefen, daß die Franzofen die drei lothringifchen Stifter und Städte als „Schlüffel zu Deutfchland" gebrauchen würden, um die, Länder am Rhein unter ihre Gewalt zu bringen; der kurzfichtige Eigennutz der habsburgifchen Kaifer, die mehr Werth auf die Mehrung ihrer Hausmacht und die Erhaltung der katholifchen Kirche als die Wahrung der Integrität des Reiches legten, fo wie die Spaltung und Zwietracht der Fürsten und Stände, die jedes thatkräftige Handeln nach Außen lähmten, ließen Frankreich im Besitze des Raubes. Allerdings blieben die Rechte des Reiches vorbehalten und noch ein Jahrhundert lang staatsrechtlich in Geltung; die Städte und Bischöfe konnten noch immer als Stände und Fürsten des Reiches angesehen werden; die kaiserliche Investitur bestand der Idee nach noch fort; ab und zu wurde auch wohl noch der Reichstag beschickt; aber es war nur eine Fiction, die nicht mehr Bedeutung hatte, als die oberlehnsherrlichen Rechte des Reichs über das Herzogthum Lothringen. „Es mußte sogar als bedenklich erscheinen, Fürsten, die thatsächlich blinde Vasallen der Beherrscher Frankreichs waren, sich rechtlich als deutsche Reichsstände geriren zu lassen." Es war daher für Deutschland kein großes Opfer und kein wirklicher Verlust, als im westfälischen Frieden diese heuchlerische Maske endlich abgerissen und die Besitznahme der drei lothringischen Bisthümer durch Frankreich nachträglich sanctionirt ward.

Auch anderwärts hatten die österreichisch-burgundischen Interessen unter den Wirrnissen des Reichs Schaden genommen. Während der Kaiser seine ganze Kraft und Thätigkeit einsetzte, die religiöse Einheit in Deutschland zurückzuführen, und über den kirchlichen Anliegen, über Interim und Concil die auswärtigen Dinge aus dem Auge verlor; setzten sich die Türken in Temesvar und im Banat fest und drangen erobernd bis Erlau vor. Nur der tapfern Haltung der aus Zipser Landvolk bestehenden Besatzung der Stadt und dem Anrücken des Kurfürsten Moriz mit einem deutschen Hülfsheer war es zu danken, daß Erlau selbst der österreichischen Herrschaft erhalten blieb. Und nicht blos im Osten bedrängten die Türken die Besitzungen der Habsburger, auch zur See wiederholten sie die alten Angriffe gegen die italienischen Küsten und Inseln. Der Wiederausbruch des Krieges zwischen Frankreich und Habsburg gab auch in der apenninischen Halbinsel dem Parteitreiben neues Leben. In Neapel, in Toscana, in Genua regten sich französische Sympathien; Flüchtlinge und Verbannte kehrten zurück und arbeiteten der spanischen Herrschaft entgegen. Siena vertrieb die kaiserliche Besatzung und stellte sich unter Frankreichs Schutz; in Parma und Mirandola gewannen die Parteigenossen Heinrichs II. immer mehr Boden; in Neapel entzweite sich der Herzog von Salerno, das Haupt des einheimischen Adels, mit dem Vicekönig und suchte die altfranzösischen Gefühle wieder zu wecken; im tyrrhenischen Meere kreuzte die französisch-osmanische Flotte und Dragut trieb ungestört sein Piratenwesen. Alles was Karl in früheren Jahren mit Mühe und Anstrengung errungen, gerieth in Unsicherheit und Gefahr; die kaiserlich-spanische Herrschaft und Autorität in Italien schwankte in ihren Grundfesten. Selbst die eifrigsten Werkzeuge der spanischen Politik geriethen in Verdacht; Mendoza, der gewandte Botschafter in Venedig und Rom, fiel in Ungnade und Gonzaga, der Statthalter von Mailand wurde abberufen. Frankreich, noch immer im Besitz von Piemont, schien wieder das alte Uebergewicht in der apenninischen Halbinsel zu gewinnen.

Der Kaiser
und Mark-
graf
Albrecht.
Alle diese Unfälle und Widerwärtigkeiten waren jedoch nicht im Stande, den
Kaiser zu einer ehrlichen und aufrichtigen Friedenspolitik gegenüber Deutschland zu
führen.   Wir wissen, daß er auf seinem Zuge gegen Metz den kriegerischen
Markgrafen von Brandenburg, der an der Spitze von 10,000 Landsknechten
damals eine zweideutige Stellung zwischen den kriegführenden Mächten behauptete, für sich gewonnen. Aber um welchen Preis! Karl mußte die Verträge, die jener den Bischöfen abgetrotzt und der Kaiser selbst in der Passauer
Uebereinkunft verworfen und kassirt hatte, gutheißen und bestätigen, den Besitzstand alles dessen, was der Friedensstörer durch Raub, Brandschatzung und Erpres-
sung an sich gebracht, gewährleisten, eine Rechtsverletzung, wie sie sogar in jenen
treulosen Tagen selten war; der Kaiser selbst konnte zur Entschuldigung eines solchen Verfahrens nur die Noth seiner Lage und die Wichtigkeit des Mannes im
jetzigen Augenblick geltend machen. Durch den Bund mit dem Markgrafen, der in
ganz Deutschland als Reichsfeind und Friedensbrecher betrachtet ward, verwirkte
der Habsburger das Vertrauen der Fürsten.   Man mißtraute seiner Aufrichtigkeit, den Friedstand zu erhalten; aus manchen Aeußerungen glaubte man schließen zu dürfen, daß er nur auf eine Gelegenheit warte, die Pacification von Passau wieder umzustoßen, daß er sich des fränkischen Markgrafen bedienen wolle,
um schließlich doch noch seine Pläne, insbesondere die Succession seines Sohnes
Philipp durchzuführen.   In dem Habsburger Haus trat wieder der alte Zwiespalt zwischen den beiden Linien zu Tage: während Ferdinand und Maximilian
sich enger an Moriz anschlossen und mit ihm ernstlich an der Durchführung des
Passauer Friedenswerks arbeiteten, verfolgte Karl andere politische Zwecke und
suchte die alte Eifersucht unter den deutschen Fürsten wieder zu wecken. Er konnte
es dem sächsischen Kurfürsten nicht vergessen, daß er ihn überlistet, seine Unionspläne zerrissen, ihn zum Frieden gezwungen; daß Moriz ritterlich sein Wort gelöst und für die österreichische Sache einen Feldzug nach Ungarn unternommen,
trug ihm bei Karl wenig Dank ein; denn diesem lag mehr die Erhöhung des
eigenen Geschlechts als die Interessen der Nebenlinie am Herzen.   In Passau
hatte die Friedenspartei im Anschluß an König Ferdinand ihre Zwecke erreicht; wenn
es dem Kaiser nun gelang, in diese Partei einen Keil zu treiben, einzelne Fürsten
durch Sonderinteressen von dem Bunde zu lösen und wieder seiner eigenen Person zu nähern, so konnten die auf dem Augsburger Reichstag gefaßten Beschlüsse
und Entwürfe vielleicht doch noch durchgeführt werden. Markgraf Albrecht war
ein beliebter Schaarenführer, der damals über ein Heer von 10,000 Landsknechten gebot und dem Sachsenfürsten, von dem er sich verrathen glaubte, feindliche
Gesinnung trug. Ein Mann von selbstsüchtiger Natur, der bei allem Thun zunächst
den eigenen Vortheil im Auge hatte, schien er ein geeignetes Werkzeug für des Kaisers Zwecke.

Markgraf
Albrecht.
Als der Markgraf Kasimir, den wir früher bei Gelegenheit des Bauernkriegs ken-
nen gelernt, im fernen Ungarlande starb, zählte sein Sohn Albrecht erst fünf Jahre.

Sein Oheim, Markgraf Georg von Ansbach übernahm die Vormundschaft und verhinderte, daß der Knabe nach Oesterreich zur Erziehung gebracht wurde, wie der Kaiser und Ferdinand beabsichtigten. Vielmehr ließ er den Mündel in dem evangelischen Glauben unterrichten, zu dem er sich selbst bekannte, und gab ihm einen guten Lehrer in dem Philologen Osopäus. Der junge Fürst besaß große Gaben, aber wenig Lust zum Lernen; seinem Sinne sagte es mehr zu, wilde Pferde zu reiten, Tage lang im Forst zu jagen, die Armbrust zu führen. Das kriegerische Leben der Zeit erfaßte ihn frühe. Er trat in die Dienste des Kaisers und focht unter Habsburgs Fahnen gegen die Franzosen und gegen die Schmalkaldener. Die kirchlichen Dinge lagen ihm wenig am Herzen; er hatte keine Bedenken, das kaiserliche Interim anzunehmen; dennoch geht aus manchen Zügen hervor, daß während seines wüsten Kriegslebens manchmal Gewissenszweifel sich zeigten. Als er gegen Magdeburg aufbrach, stellte ihm der Prediger Wolfgang Rupertus vor, daß ein solcher Krieg nicht ohne Schaden der Seele geführt werden könne. Da sagte er „fahren wir zum Teufel, Pfaff, so sollst Du mit uns fahren" und nahm ihn als Feldprediger zu sich. Einst soll er einem Diener Gottes, der ihm das jenseitige Leben in Erinnerung brachte, im soldatischen Uebermuth zur Antwort gegeben haben: „wenn er sterbe, werde sich seine Seele auf den Grenzzaun zwischen Himmel und Hölle setzen, und zusehen, wer der stärkere sei, Gott oder der Satan". Noch auf dem Sterbelager ängstigte ihn diese gottlose Rede. Albrecht war ein geborner Kriegsmann, kurz von Rede, aber resolut im Handeln. Seine Leute, mit denen er Noth und Entbehrung wie Genuß und Ueberfluß kameradschaftlich theilte, waren ihm sehr zugethan. Er sah ihnen manches nach, forderte aber strengen Gehorsam und Subordination. Sein ganzes Auftreten hatte einen Anstrich von Wildheit; wie ein Unwetter fuhr er einher und schwang wohl selbst die Kriegsfackel gegen feindliche Dörfer; wenn er im Panzerhemde mit seinem großen röthlichen Bart und wallenden Haupthaar auf dem Streitroß einherritt, beschlich die Feinde Furcht und Bangen. Er legte großen Werth auf seinen fürstlichen Stand und hielt sich nicht für zu gering, einmal sogar um die Hand der englischen Königstochter Elisabeth zu werben. Jetzt setzte er Alles auf Einen Wurf; stand ihm das Kriegsglück zur Seite, so war ihm der Weg zur kaiserlichen Gnade geöffnet, so konnte sein Abenteurerleben einen glänzenden Abschluß nehmen. — Auch noch andere Fürsten ließen sich vielleicht für den Kaiser gewinnen, wenn man wirksame Hebel einsetzte. Wir wissen, daß Karl sich mit dem Gedanken trug, dem Bruder einen deutschen Reichsrath an die Seite zu stellen: dieser sollte ihm als Mittel dienen, ergebene Männer zu belohnen oder zu gewinnen; zumal wenn der Vorsitz darin, wie er beabsichtigte, dem Cardinal von Trient, Madrucci, zu Theil ward, auf dessen Gesinnung er sich verlassen konnte. Aber auch hierin widerstrebte ihm der Bruder, welcher den Kurfürsten von Mainz, einen Förderer der Passauer Pacification dafür in Vorschlag brachte. Bereits hatte sich der Markgraf Hans von Küstrin wieder dem Kaiser genähert, die Herzoge Christoph von Würtemberg und Albrecht von Baiern suchte er durch Versprechungen und ehrenvolle Auszeichnung zu gewinnen; und stand denn nicht in Sachsen noch immer der „geborne Kurfürst" dem ungetreuen Vetter, der ihn einst verrathen und beraubt, unversöhnt gegenüber?

Die kaiserliche Politik schien zu einem neuen Krieg zu treiben; der streitbare und trotzige Markgraf, der im Vertrauen auf den hohen Schutz und Beistand mit seiner Anmaßung immer schroffer hervortrat, beharrte in seiner kriegerischen Haltung und war stets zum Losschlagen bereit. Allein gerade diese Verbindung mit dem unverträglichen Manne, der in egoistischer Selbstsucht die Ruhe und Wohl-

fahrt der Nation geringer anschlug als das eigene Interesse und mit rechthaberi-
schem Trotz alle Ausgleichungsvorschläge von der Hand wies, entfremdete die
deutschen Fürsten nnd Völker mehr und mehr dem burgundischen Herrscherhaus.
Katholische wie Evangelische kamen zu der Ueberzeugung, daß unter dem spanischen Regiment für Deutschland kein Friede zu erhoffen sei, daß nur auf dem in
Passau betretenen Weg der Selbsthülfe und Selbstverleugnung dem Reiche geholfen werden könne. In diesem Gefühle und zu diesem Zweck wurden im Süden und im Norden Verständigungen und Vereinbarungen eingeleitet, welche
ohne Rücksicht auf Confessionsverschiedenheit die Pacification des Reichs auf
Grund der in Passau aufgestellten Bedingungen herbeiführen sollten. So vereinigten sich im Frühjahr die Herzoge von Würtenberg, Baiern, Jülich und
Kurfürst Friedrich von der Pfalz auf den Fürstentagen zu Wimpfen und zu Heidelberg zu dem Beschluß, mit gemeinschaftlichen Kräften und Anstrengungen für
Wahrung des Friedensstandes zu wirken. Zu dem Zweck bemühten sie sich, die
zwischen den Bischöfen von Würzburg und Bamberg und dem Margrafen Albrecht
obschwebenden Streitigkeiten zu vermitteln und auszugleichen, um die Kriegs-
flamme auf der drohendsten Stelle zu ersticken; als aber ihr Bemühen scheiterte
sowohl an den übertriebenen Forderungen Albrechts als an der Weigerung der
geistlichen Herren insbesondere des Bambergers, die ihnen abgezwungenen Verträge in ihrem ganzen Umfange einzuhalten; so kamen jene und mit ihnen die
Kurfürsten von Mainz und Trier überein, daß sie im Falle eines neuen
Krieges ihre Neutralität wahren und mit vereinten Kräften gegen Jedermann
vertheidigen wollten. Auch wollten sie dahin wirken, die spanische Succession
und die Einmischung Granvella's in die deutschen Angelegenheiten fern zu
halten.

Den Markgrafen verdroß es, daß er in Heidelberg so wenig als früher in
Passau mit seinen Ansprüchen durchzudringen vermochte. Er erhob daher auf's
Neue die Waffen gegen die Bischöfe und die Nürnberger. Sengend und brennend
durchzog er die fränkischen Lande, zerstörte Schlösser und Dörfer, brandschatzte
Stifter und Klöster, bedrängte die Städte mit Erpressungen und versicherte sich
derselben durch Besatzungen. Der größte Theil des würzburgischen und bamberg-
ischen Gebiets kam in seine Hände. Mit seinen Erfolgen stieg sein Uebermuth;
selbst die Reichsstadt Schweinfurt mußte sich ihm ergeben. Gleichzeitig wüthete
ein ähnlicher Krieg im Braunschweigischen. Herzog Heinrich, ein Friedensstörer
wie Albrecht, war ebenfalls unzufrieden mit der Ausgleichung, welche die Passauer
Versammlung zwischen ihm und den braunschweigischen Edelleuten getroffen, und
griff zur Selbsthülfe. Da nahmen die Gegner den Grafen Volradt, einen Verbündeten Albrechts, mit Kriegsvolk in ihre Dienste und brachten den Herzog ins
Gedränge. Vergebens wandte er sich an den Kaiser um Hülfe; dieser wollte sich
mit den Landsknechten und ihren Führern, die er vielleicht bald selbst gebrauchen
konnte, nicht verfeinden, und ließ der Sache ihren Lauf. So war ganz Deutsch-

(Marginalien:) März 1553.

Kriege in Franken und Braun-schweig.

land wieder in kriegerischer Bewegung und die Paffauer Friedenseinigung schien
fruchtlos zu zerrinnen.

Jetzt kam für Moriz abermals die Zeit zum Handeln. Ihm vor Allen Moriz und Heinrich von Braun- schweig.
mußte es darum zu thun sein, den Paffauer Vertrag und Stillstand zur Aner-
kennung zu bringen. Mit Ferdinand, der gleichen Sinnes war, hatte er sich auf
einer Zusammenkunft in Eger verständigt; nun suchte er vor Allem dem wilden
Treiben des Markgrafen und seiner Schaaren und Verbündeten entgegenzutreten.
Es war ihm zu Ohren gekommen, daß Albrecht fort und fort die ehrenrührigsten
Schmähreden gegen ihn ausstieß; sollte es in die Macht eines kleinen Fürsten
gestellt sein, ob die Fridensordnungen des Reichs, die man in Paffau mit so
großer Anstrengung zuwege gebracht, zur Geltung kommen sollten oder nicht?
Sollte Deutschland der Gefahr ausgesetzt werden, daß bei längerer Dauer der
kriegerischen Bewegungen alle revolutionären Elemente, die in der Tiefe schlummerten, auf die Oberfläche getrieben würden und zu einem allgemeinen Bürger-
und Bauerkrieg sich entzündeten? Von dem Kaiser war kein ernstliches Eingreifen
zu erwarten. Denn wenn er auch zuletzt selbst über das wüste Gebahren der
markgräflichen Kriegshaufen Unwillen äußerte, so hatte er sich doch die Hände
gebunden und glaubte wegen des französischen Krieges die Söldnerführer schonen
zu müssen. So fühlte sich denn Moriz durch persönliche Motive wie durch das Wohl
der deutschen Nation aufgefordert, das Schwert zu ergreifen und dem ruchlosen
Treiben des fürstlichen Söldnerhauptmanns entgegenzutreten, dem Paffauer
Friedensvertrag Anerkennung zu verschaffen. Es fiel ihm nicht gar schwer, sich
mit Herzog Heinrich zu verständigen. Darauf brachte er Volradt auf seine Seite.
Der Graf verabschiedete seine Kriegshaufen, die dann größtentheils in Heinrichs
Dienste traten und diesem bald das Uebergewicht über die Gegner verschafften.
Vereint reichten nun beide Fürsten den bedrängten Bischöfen und Städten in
Franken die Hand und bestärkten sie in ihrem Widerstande. Ferdinand und der
Heidelberger Fürstenbund begünstigten ihr Unternehmen; böhmisches Kriegsvolk
vereinigte sich mit den Meißnischen Heerhaufen.

Der Markgraf blickte mit Unruhe auf die wachsende Macht der gegnerischen Albrecht im Braun- schweig'schen.
Fürsten; wenn sie in Franken einrückten, stand er hülflos unter einer erbitterten,
feindlich gesinnten Bevölkerung. Er beschloß daher sich auf den schwächeren seiner
Gegner zu werfen, und rückte in das braunschweigische Gebiet ein. Er mußte, wie
viele Widersacher der streitsüchtige Herzog im eigenen Lande besaß, die bei der
ersten Gelegenheit sich gegen ihn zusammenthun würden. Und in der That, als
Albrecht über Arnstadt, Mansfeld und Halberstadt heranzog, durch Brandschatzungen
Geldmittel herbeischaffend, schloß sich Erich von Kalenberg mit tausend Reitern an
ihn an. Deffen Mutter, eine geborne Markgräfin von Brandenburg, welche von
Heinrich manche Unbill erfahren hatte, vermittelte die Vereinigung. Viele Herren
und Städte folgten dem Beispiel. Der evangelische Glauben, zu dem sich der
Markgraf bekannte und den er jetzt nachdrücklich geltend machte, erwarb ihm in dem

Braunschweiger Lande manche Freunde. Denn Herzog Heinrich hatte sich nicht nur durch sein ruchloses Wesen, sondern auch durch seine Härte und Verfolgungs= sucht gegen die neue Lehre verhaßt gemacht, und dem Kurfürsten Moriz trugen die Evangelischen noch immer seinen Verrath im Schmalkaldischen Krieg nach. Und wie wenig auch bisher der Markgraf in seinen Handlungen durch confessi= onelle Motive geleitet worden war, der brandenburgische Name wies ihm seine Stellung unter den Augsburger Confessionsverwandten an, und daß er haupt= sächlich die Klöster und geistlichen Stifter zum Ziel seiner kriegerischen Angriffe ausersah, verminderte nicht die Sympathie der evangelischen Völker, deren Haß sich in erster Linie gegen diese Diener und Werkstätten des Papismus gerichtet hatte.

Parteistel=
lungen.   Wie zerfahren waren doch damals die öffentlichen Zustände Deutschlands! Der Markgraf, ein Anhänger der Augsburger Confession, der seine Hauptstützen in der popularen und protestantischen Bevölkerung des Nordens suchte, bekämpfte im Einverständniß mit dem Kaiser, dem heftigsten Widersacher des evangelischen Glaubensbekenntnisses, die Passauer Vertragsbestimmungen, welche der protestan= tischen Sache die so lange versagte Anerkennung zusicherten; und Moriz von Sachsen trat im Bunde mit Frankreich, mit Ferdinand von Oesterreich, mit Heinrich von Braunschweig und mit den geistlichen Fürsten am Main als Ver= theidiger derselben Friedensverträge auf! Der Kampf war für die Zukunft Deutschlands von der höchsten Bedeutung. Dieselben Prinzipien, um die man seit dreißig Jahren gestritten, traten jetzt noch einmal in veränderter Gestalt und in verschobenen Parteistellungen einander gegenüber. Es war nur ein Nebenge= fecht, wenn Moriz jetzt gegen Albrecht zu Felde zog; der eigentliche Kampf war gegen den Kaiser gerichtet: die Passauer Friedenseinigung sollte zur Geltung kommen und zugleich die spanisch=burgundische Politik auf immer aus Deutsch= land verdrängt werden. Denn es war kein Geheimniß, daß der Kurfürst, wenn er den Schildträger Karls niedergeworfen haben würde, im Bunde mit Frankreich den Kaiser in seinen niederländischen Erbstaaten befehden würde; daß Verhand= lungen über die künftige Wahl eines römischen Königs zwischen Moriz und Heinrich II. geführt wurden. Wie einst bei Maximilian's I. Tod so traten noch einmal die Valois und die Habsburger als Rivalen um den Ehrenrang in Europa auf den Kampfplatz.

Die Schlacht
bei Sievers=
hausen.
9. Juli
1553.   Aber alle Pläne und Entwürfe wurden verrückt und vereitelt durch den Ausgang der Schlacht von Sievershausen. Als Markgraf Albrecht in der Nähe dieses braunschweigischen Dorfes sich einer Furt bemächtigen wollte, um in das Magdeburgische vorzudringen und den Feind im eigenen Lande zu bekriegen; sah er sich von dem kampfgeübten schlachtmuthigen Kurfürsten, der an der Spitze der thüringischen und meißnischen Ritterschaft vorgedrungen war und sich mit braunschweigischen, fränkischen und böhmischen Kriegshaufen verstärkt hatte, plötzlich angegriffen. Die Streitkräfte waren ziemlich gleich, nur daß Moriz dem Gegner

an Reiterei überlegen war. Es entbrannte ein heißer Kampf, in welchem Führer
und Mannschaften in todesmuthiger Tapferkeit um den Sieg rangen. „Es ist
eine so ernste Schlacht gewesen," sagt ein zeitgenössischer Bericht, „dergleichen
viele alte Kriegsleute nicht gedenken." Wohl hundert und fünfzig Edelleute lagen
auf dem Waffenfelde, unter ihnen die zwei jugendlichen Söhne des Herzogs von
Braunschweig, Philipp und Victor, ferner Bastian von Wallwitz, der einst
Leipzig vertheidigt, der letzte Graf von Beichlingen, ein Miltiz und „andere gute
Gesellen". Die vordern Glieder auf beiden Seiten wurden getrennt und in einander vermengt, „Niemand wußte hier wer Freund, wer Feind sei, wer siegen,
wer verlieren würde". Fürst Ludwig von Lüneburg, der die Fahne von Morizens
Leibwache trug, wurde von einem Landsknecht niedergestoßen. Anfangs waren
die Markgräflichen im Vortheil; da stürzte sich Moriz in das dichteste Schlacht-
getvühl und stellte durch Zuruf und ritterlichen Kampf die weichenden Glieder
wieder her. Aber während er in furchtloser kühner Hast die gebrochenen Reihen
sammelte und ordnete, traf ihn eine Kugel aus einer Feuerbüchse. Schwer verwundet wurde er weggeführt; allein die Seinen setzten dem weichenden Feinde
heftig zu und erfochten einen vollständigen Sieg. Die Zahl der Gefallenen auf
Albrechts Seite soll sich auf zweitausend belaufen haben. Auf seinem Schmerzens-
lager im Zelte fertigte Moriz noch selbst den Siegesbericht an den Bischof von
Würzburg ab.

Die Wunde war gefährlicher als man geglaubt hatte; der tapfere Mann **Morizens Tod und Charakter.**
sollte die Früchte seiner Anstrengungen nicht mehr genießen. Nachdem er das
Abendmahl nach evangelischer Weise genommen und seine letzten Anordnungen
getroffen, schied er am zweiten Tag aus dem Leben. „Gott wird kommen!" sollen
seine letzten Worte gewesen sein. Er stand noch im blühendsten Mannesalter; kaum
hatte er das zwei und dreißigste Lebensjahr zurückgelegt. Moriz war ein Fürst
von der höchsten Begabung; ein längeres Leben würde das räthselhafte Dunkel,
das über seiner geschichtlichen Stellung schwebt, verscheucht haben; jetzt liegen
nur die Anfänge seiner ereignißvollen Regierung, seines eingreifenden Wirkens
zur Beurtheilung vor. Daß er einst in der Entscheidungsstunde die Sache der
Schmalkaldener verlassen und verrathen, und dadurch wesentlich die Niederlage der
Augsburger Confessionsverwandten herbeigeführt, wurde in evangelischen Kreisen
nie vergessen; ein Gefühl des Mißtrauens und der Abneigung blieb auch dann
noch auf ihm haften, als er mit aller Entschiedenheit für die Aufrichtung eines
Friedensstandes auf Grund religiöser Gewissensfreiheit in die Schranken trat
und sein Streben mit einem ehrlichen Reitertod besiegelte. Freilich standen ihm
auch zuletzt meistens katholische Verbündete zur Seite, wodurch das Mißtrauen
der Glaubensgenossen aufs Neue rege ward; aber es ist nicht daran zu zweifeln,
daß er von der festen Absicht geleitet war, den Passauer Stillstand in einen sicher
garantirten Frieden zu verwandeln, die deutsche Nation auf sich selbst zu stellen,
die spanischen Einflüsse abzustoßen. Daß er zur Erreichung dieses Zieles über

die Mittel und Helfer nicht wählerisch war, lag theils in seiner Natur, theils in den Anschauungen der Zeit. Im Gefühl seiner geistigen Kraft und Ueberlegenheit konnte er der Hoffnung leben, unter veränderten Zeitverhältnissen auch der unbequemen Bundesgenossenschaft und unpatriotischen Verpflichtungen sich zu entledigen. Nur ein Mann wie er „so bedächtig und geheimnißvoll, so unternehmend und thatkräftig, mit so vorschauendem Blick in die Zukunft und bei der Ausführung so vollkommen bei der Sache" wäre fähig gewesen, das deutsche Reich aus dem Zustande der Zerrüttung und Zerfahrenheit, in den es nicht ohne Morizens eigene Schuld gerathen war, wieder aufzurichten, es wieder in gesundere Bahnen zu führen. Dazu hätte es vor Allem eines nationalen patriotischen Sinnes bedurft. Ob der sächsische Kurfürst von einem solchen Gefühle beseelt und getragen war, ist durch seinen frühen Tod ein Geheimniß geblieben. Es war ihm vom Schicksal versagt, seine Natur auszuleben, mit seiner ganzen historischen Persönlichkeit vor das Urtheil der Nachwelt zu treten; nur wenige Jahre eines tiefbewegten Daseins bilden die Unterlage zu seinem geschichtlichen Charakterbild; aber was er während dieser kurzen Spanne Zeit unternommen und ausgeführt hat, gibt einen sichern Begriff von seinem Wesen. Es wird berichtet, Kaiser Karl V. habe bei der Nachricht von dem Falle des Wettiners ausgerufen: „Absalon mein Sohn!" Er hat damit das Verhältniß Beider richtig angedeutet. Der deutsche Fürst war der echte Schüler des spanisch-habsburgischen Herrschers. Wie Karl wurde auch Moriz in erster Linie von politischen Motiven geleitet, das religiöse Bekenntniß war für ihn von untergeordneter Bedeutung. Daß er bei seinen Handlungen den Eingebungen seines Ehrgeizes folgte, die eigene Erhöhung und Machtvergrößerung im Auge hatte, wird nicht geleugnet werden können, und war bei einem jungen Manne von so hervorragender geistiger Ueberlegenheit ein natürlicher Zug. Bei diesem ehrsüchtigen Streben dienten ihm persönliche Verhältnisse nur als Mittel und Stufenleiter, die Menschen nur als Werkzeuge. Die sittlichen und gemüthlichen Regungen, die Gefühle von Treue und Loyalität waren in ihm wenig entwickelt und wenig maßgebend. Und gerade darin diente ihm Karl als Vorbild, waren die spanischen und italienischen Fürsten, Staatsmänner und politischen Schriftsteller seine Lehrmeister. Kluge Berechnung menschlicher Triebe, vorsichtige Zurückhaltung mit seinen Plänen und Entwürfen, Verstellung als Maske der Gedanken und Vorsätze und rasche Durchführung seiner Entschlüsse durch muthigen Unternehmungsgeist und kriegerische Tapferkeit, das waren die Mittel und Eigenschaften, denen er seine Erfolge verdankte. Wenn er diese Anfangs für den Kaiser einsetzte, um durch ihn erhöht zu werden, so wandte er sie später gegen denselben, um seine gefährdete Fürstenehre zu retten, um sich den ruhigen Besitz des Errungenen zu sichern, um der Nation Frieden und Freiheit zu geben, welche für seine eigene Sicherheit und Wohlfahrt unabweislich war. In diesem zweiten Auftreten gereichte es ihm zum Ruhme, daß er neben seinen eigenen Interessen die Vortheile des deutschen Volkes im Auge hatte,

indeß der Kaiser dieselben Künste und Wege nur zur Befriedigung der Herrschsucht, zur Verwirklichung seiner weltmonarchischen Ideen, zum eigenen Triumphe
anwendete. Das Schicksal duldet selten das Ueberschreiten natürlicher und gesetz-
mäßiger Grenzlinien. Moriz mußte sein Leben als Sühne seiner Vermessenheit
darbringen und der Kaiser erlitt das tragische Geschick, alle seine Pläne vereitelt
zu sehen und in der Weltflucht den Seelenfrieden zu suchen.

Hätte Moriz den Sieg bei Sieveshausen ausnutzen können, so durften Folgen der
noch große Ereignisse erwartet werden. Heinrich II. war bereits ins Feld gerückt, Sieves-
um auch noch Cambrai, die vierte in dem Vertrage erwähnte Stadt zu erobern. hausen.
Deutsche Landsknechte unter Reiffenberg und dem Rheingrafen begleiteten die
französischen Heere. Wären die sächsischen Kriegshaufen in die Niederlande vorgedrungen und hätten von Osten oder Norden her die Waffen Frankreichs unterstützt, so möchte es dem Kaiser, der sich selbst im Lager von Valenciennes eingefunden hatte, schwer geworden sein, den Feind vom südlichen Flandern abzuhalten.
Nun richtete sich zunächst die Aufmerksamkeit auf den Gang der deutschen Dinge.
Albrecht triumphirte, als er vernahm, daß der Bundeshauptmann „der Pfaffen
und Husaren" aus der Welt gegangen; er hoffte, daß die Söldner, die Herzog
Heinrich doch nicht werde unterhalten können, größtentheils unter seine Fahne
treten würden. Allein die fränkischen Fürsten und Städte, welche den Abzug
des Markgrafen benutzt hatten, um die verlorenen Territorien zurückzuerobern
und an den Besitzungen des Feindes Rache zu nehmen, setzten den Herzog in
Stand, den Kampf gegen den Friedensstörer fortzuführen. Die Nürnberger
stellten sich mit Geldsummen in seinem Lager ein, damit er den Kriegsknechten
die Löhnung entrichte und sie zum weiteren Kampfe willig mache. So kam es,
daß der Markgraf bei Steterburg ein zweites Treffen verlor und nun wieder nach
dem Main zurückkehrte, um seine Erblande zu vertheidigen und die alten Gegner
seinen Arm aufs Neue fühlen zu lassen. Da vermittelte der Abgeordnete von
Nürnberg, Erasmus Ebner, eine Ausgleichung Heinrichs mit den Braunschwei-
gern. Der bejahrte Fürst war durch den Fall seiner beiden Söhne schwer getroffen; eine mildere versöhnlichere Stimmung hatte in seinem Herzen Wurzel
geschlagen. Er willigte ein, daß die Stadt bei ihrem evangelischen Glauben
bleiben dürfe, und erhielt dafür die Anerkennung seiner oberherrlichen Rechte.
Auch mit Herzog Erich von Kalenberg und dem Adel des Landes wurden Verträge geschlossen. Und schon hatte sich auch in andern Gegenden das Verlangen
nach einem geordneten Friedensstand geregt. Die Glieder des süddeutschen Für-
stenvereins von Heidelberg, dem nun auch König Ferdinand beitrat, erneuerten
den Beschluß, daß sie in neutraler Stellung verharren und jeder Störung ihres
eigenen Besitzstandes mit gemeinsamer Abwehr entgegentreten wollten. In Sachsen fand Herzog August, den der Bruder in Staatsgeschäften nach Dänemark
entsandt hatte, bei seiner Rückkehr solche Erschöpfung durch die schweren Kriegs-
opfer, daß er dem Gedanken Raum gab, einen Frieden zu schließen, sobald es

mit Ehren und Sicherheit geschehen könne. Die Landschaft bestärkte ihn in diesem Vorhaben. Als nun der Kaiser auf die Anfrage Johann Friedrichs den
Ausspruch that, daß die Kurwürde bei der Albertinischen Linie verbleiben solle,
da August in Augsburg die Mitbelehnung empfing, willigte der Herzog in
ein durch Brandenburg und Dänemark vermitteltes Abkommen mit dem Markgrafen und trat vom Kriege zurück. Die Erneuerung der alten Erbverbrüderung
zwischen den drei Häusern Sachsen, Brandenburg und Hessen sollte auch im
nördlichen Deutschland die Begründung eines allgemeinen Friedens vorbereiten
und befördern. Da der neue Kurfürst mehr Geneigtheit zeigte, die Ernestinischen Vettern durch Zugeständnisse zufrieden zu stellen, so gelang es dem
König Ferdinand, eine aufrichtige Versöhnung und Ausgleichung der beiden
sächsischen Linien zu bewirken. Johann Friedrich, durch den Hingang seiner
treuen Gemahlin Sibylle tief erschüttert und selbst dem Tode nahe, wurde durch
die Vermehrung der seinem Hause in der Wittenberger Capitulation zugewendeten
Aemter und durch das Zugeständniß, den Titel eines „gebornen Kurfürsten von
Sachsen" bis an das Ende seiner Tage führen zu dürfen, zufrieden gestellt und
fügte sich mit Ergebenheit in sein Schicksal. Die Unterzeichnung der Naum-
burger Uebereinkunft war seine letzte Handlung. Kurz nachher schied er in Weimar aus dem Leben, ein frommer wohlgesinnter Fürst, nicht hervorragend durch
geistige Begabung, aber ein Held in Gesinnung und standhaftem Dulden, dem
Gottesfurcht und ein reines Gewissen über alle anderen Interessen gingen. Das
schöne alte Kirchenlied, das ihm zugeschrieben wird „Wie's Gott gefällt, so g'fällts
mir auch" ist der edle Ausdruck seiner gottergebenen Frömmigkeit.

Die Nürnberger und der fränkische Bund hatten die Aussöhnung des Herzogs Heinrich mit den Städten und Edlen der welfischen Lande darum so eifrig
betrieben, damit derselbe mit seiner Kriegsmacht ihnen zu Hülfe kommen möchte.
Denn der waffenkundige Markgraf war nach seiner unerwarteten Rückkehr in sein
fränkisches Erbland bald wieder Meister im Feld geworden, hatte die Söldner,
die Heinrich von Plauen im Auftrage Ferdinands in die obere Maingegend geführt, überfallen und zersprengt und den Krieg gegen die Bischöfe und die Nürnberger
in der alten verheerenden Weise wieder begonnen. Als aber Herzog Heinrich im
Spätherbst seine Landsknechte durch die Mansfeld'schen und Thüringischen Länder
herbeiführte, nahmen die Dinge rasch eine andere Wendung. Der Markgraf erlitt bei Lichtenfels eine Niederlage; Culmbach, Bayreuth, Hof gingen verloren;
bald war nur noch die Plassenburg in seinen Händen. Er mochte immer noch der
Hoffnung sich hingeben, der Kaiser werde seine Ansprüche, die er einst vor Metz
anerkannt, für gültig erklären und ihm Beistand gewähren; allein Karl hatte mit
Unruhe bemerkt, welchen schlimmen Eindruck seine Verbindung mit dem offenen
Friedensbrecher bei den deutschen Fürsten hervorgebracht. Die Vermählung
seines Sohnes Philipp mit der englischen Königin Maria, welche um diese Zeit
zum Abschluß kam, änderte seine deutsche Politik. Nun traten die Successions-

Marginal notes (left):

11. Sept. 1553.

21. Febr. 1554.

21. Febr. 1554.
3. März 1554.

Albrecht und Heinrich von Braun-schweig.

7 Nov. 1553.

gedanken zurück; der Zwiespalt zwischen den beiden Linien des habsburgischen Hauses wurde ausgeglichen; auch in Brüssel gab man den Friedensgedanken Raum. Der Kaiser zog seine Hand von dem Markgrafen ab und überließ ihn seinem Schicksal. Albrecht wurde von dem Reichskammergericht wegen Landfriedenbruches mit der Acht belegt, sein Leib, Hab und Gut Jedermann preisgegeben. Anfangs spottete er über den Spruch: „Acht und Aber-Acht ist Sechzehn“ sagte er zu seinen Hauptleuten, als ihm die Kunde in Schweinfurt beim Weihnachtsschmause zuging, „die wollen wir mit einander vertrinken. Je mehr Feinde, desto mehr Glück“. Aber bald ging seine Stimmung in Wuth über; er stieß furchtbare Drohungen gegen seine Feinde aus; dem Cardinal Granvella, von dem er sich verrathen glaubte, ließ er vermelden, er werde ihn mit eigener Hand tödten; alle Vermittelungsversuche der süddeutschen Bundesverwandten wies er trotzig zurück. Er wollte weder von seinen Verträgen abgehen, noch Garantien friedlichen Verhaltens geben. Als mit dem neuen Jahr der König von Frankreich abermals zum Krieg rüstete, sah er sich auch in Deutschland wieder nach Verbündeten um. Er ließ an mancher Thüre anpochen, wo alte Beziehungen ihm Gehör verschaffen konnten, und an manchen Orten Werbestätten aufrichten. Da lag es denn nahe, daß man in Paris den Versuch machte, den streitbaren Brandenburger dahin zu bringen, daß er an die Stelle des gefallenen Gegners Moriz trete. Der gefangene Herzog von Aumale, den Albrecht von der Plassenburg gegen Lösegeld in die Heimath ziehen ließ, war ein geeigneter Vermittler. Noch immer hatte der Markgraf einige tausend Kriegsknechte und Reiter in seinem Dienst; wenn der Bund mit Frankreich zum Abschluß kam, konnte sein Aufruf viele Landsknechte und Reisläufer sammeln, denn sein Name hatte für die kriegslustige Jugend eine mächtige Anziehungskraft; er war ein beliebter Feldhauptmann. Aber durch die Thätigkeit des Braunschweigers, welcher die von Moriz betriebene deutsche Friedenspolitik sich zu eigen gemacht und mit allem Eifer die Durchführung des Passauer Vertrags und die Beruhigung des zerrissenen Vaterlandes zu bewirken strebte, wurden die Absichten Heinrichs II. allenthalben vereitelt: die Werbeposten wurden ausgehoben, die Fürsten und Feldobersten, die den französischen Lockungen zu folgen Miene machten, durch Drohungen oder bewaffnetes Einschreiten abgeschreckt. Auf diese Weise wurde Heinrich von Braunschweig, so häufig der Urheber oder Veranlasser kriegerischer Auftritte, am Ende seiner Tage der eifrigste Vollstrecker der Reichsordnungen, der Förderer des deutschen Friedens, der Bekämpfer der französischen Bündnisse und Sympathien.

Und nun konnte auch der Kaiser dem wilden Gebahren des Markgrafen, **Albrechts Ausgang.** der ihm den Dienst aufgekündigt und mit Frankreich Unterhandlungen angeknüpft hatte, nicht länger ruhig zusehen. Er ließ die Mandate zur Vollstreckung der Acht wider ihn ausgehen; gerade als derselbe von einem abenteuerlichen Zug in Niederdeutschland wieder nach Franken zurückgekehrt war, um die von bischöflichem und nürnbergischem Kriegsvolk hart bedrängte, von seinen Besatzungstruppen mühsam vertheidigte Stadt Schweinfurt zu retten. Da wurde er auf einer wüsten, sandigen Haide zwischen Kitzingen und Volkach, als er in Rothenburg neue Streitkräfte zu sammeln gedachte, von überlegenen Heerhaufen bei dem Kloster Schwarzach angegriffen und vollständig besiegt. Mühsam rettete er sich über den Main und suchte, von dem Herzog von Würtemberg und dem Bischof von Augsburg mit seiner Bitte um Aufnahme abgewiesen, Schutz und Zuflucht in Frankreich. Seine Mannschaft wurde gefangen oder zersprengt; sein Geschütz und Heergeräthe fiel in die Hände der Feinde. Schweinfurt und die Kulmbachische Veste Plassenburg wurden erobert und in Brand gesteckt, sein Land in Verwaltung genommen, seine Anhänger schwer gezüchtigt. Aus dem brennenden Schweinfurt flüchtete sich die edle gebildete Fulvia Olympia Morata aus Ferrara halbnackt mit ihrem Gemahle, dem Arzt Andreas Günthler nach Heidelberg, wo ihr nur noch eine kurze Lebensfrist beschieden war.

13. Juni
1554.

In Frankreich fand Albrecht Aufnahme und Unterstützung; er trat in des Königs Dienste und unterhielt Verbindungen mit seinen Freunden in Deutschland, insbesondere mit Erich von Braunschweig und dem fränkischen Ritter Wilhelm von Grumbach, seinem langjährigen treuen Waffengefährten. Er gab den Gedanken nicht auf, an der Spitze neuer Söldnerhaufen, zu deren Anwerbung er von dem französischen Hof die Mittel zu erhalten hoffte, wieder in Deutschland einzuziehen und seine Erblande zurückzuerobern. Aber durch seine Verbindung mit Frankreich mehrte er die Zahl und den Eifer seiner Feinde: der Kaiser und König Ferdinand ließen strenge Verbote ausgehen, ihm irgend Vorschub und Hülfe zu leisten. Vergebens suchte er durch schriftliche Eingaben und Bevollmächtigte auf dem Reichstag zu Augsburg eine Rücknahme der Achtserklärung und Wiedereinsetzung in seine Güter zu erwirken. Der Thätigkeit seiner Gegner gelang es, eine endgültige Entscheidung zu seinen Gunsten zu hintertreiben; seine Sache wurde auf einen weiteren Reichstag verschoben. Erst als der Waffenstillstand von Vaucelles, von dem später die Rede sein wird, auch ihm die Rückkehr und sicheres Geleit verschaffte, durfte er es wagen, den deutschen Boden wieder zu betreten, in der Hoffnung, auf dem Reichstag, der im Jahre 1556 in Regensburg abgehalten ward, einen günstigen Ausspruch zu erzielen. Er nahm seinen Aufenthalt in Pforzheim bei seinem Schwager, dem Markgrafen Karl von Baden. Aber auch diesmal setzten die Gegner alle Hebel ein, um durch Vorstellungen, Einsprachen, Intriguen, Streitschriften die Herstellung des gefürchteten Mannes in seine Besitzungen zu verzögern oder zu vereiteln. Albrecht verlor den Muth nicht; er hatte viele Verwandte und Freunde unter dem deutschen Fürstenstand, die er zu einem Bunde zu vereinigen suchte; Werbungen, die hie und da angestellt wurden, ließen den Ausbruch neuer Unruhen und Fehden befürchten: da trat der Tod als Mittler ein. Schon seit seiner Rückkehr aus Frankreich war Albrecht, sonst ein felsenfester, kraftvoller Mann, von leidender Gesundheit. Eine Cur im Wildbad stärkte ihn ein wenig; aber einige Monate nachher verschlimmerte sich sein Zustand; am 8. Januar 1557 starb er in Pforzheim, und wurde in der Pfarrkirche daselbst begraben. Er hatte noch nicht das 35. Lebensjahr vollendet, als „der Deutschen streitbarer, berühmter Held, der um die Freiheit deutscher Nation mannlich gestritten", wie das Epitaph verkündete, im Grabe die Ruhe fand, die ihm im Leben fremd geblieben. Die Nürnberger triumphirten bei der Kunde von dem Hinscheiden des Todfeindes, und ihr Dichter Hans Sachs gab in einer Satire „die Himmelfahrt Markgraf Albrechts von Brandenburg" diesem Gefühle Ausdruck. Es wurde früher erwähnt, daß unter der rauhen Hülle des Kriegsmannes doch ein religiöses Gemüth wohnte; in der Zeit der Noth und des Unglücks war dieses lebendig hervorgedrungen. Davon gibt das bekannte Kirchenlied Zeugniß, das ihm zugeschrieben wird: „Was mein Gott will, gescheh allzeit". Er soll es als Geächteter in Frankreich verfaßt haben.

Anfangs gewann es den Anschein, als ob Herzog Heinrich und der fränkische Bund an die Stelle des flüchtigen Markgrafen treten und den Raub- und Erpressungskrieg gegen die bisherigen Feinde fortsetzen wollten; wenigstens wurden die Territorien der Grafen von Henneberg, Anhalt, Mansfeld geplündert, gebrandschatzt und mit Kriegsgräueln aller Art heimgesucht; in Würtemberg rief Christoph sein Kriegsvolk unter die Waffen, aus Besorgniß, die Habsburger möchten alte Ansprüche geltend machen. Aber der Wunsch nach einer friedlichen Ausgleichung der politischen und religiösen Streitfragen war in ganz Deutschland so lebhaft, daß kein kriegerisches Vorgehen mehr auf Unterstützung oder Erfolg rechnen konnte. Insbesondere zeigte König Ferdinand, dem der Kaiser mehr und mehr die deutschen Angelegenheiten überließ, und die Glieder des Heidelberger Fürstenbundes den größten Eifer, eine Pacification herbeizuführen, damit der im Passauer Vertrag in Aussicht gestellte Reichstag zusammentreten und eine endgültige Ordnung schaffen möge. Diesen Wunsch theilte auch Karl V.: die Franzosen waren in das Bisthum Lüttich eingefallen und suchten immer mehr Reichsgebiet an sich zu reißen. So lange Deutschland noch nicht beruhigt war, konnten sie stets Verbindungen unterhalten, Feldhauptleute und Landsknechte gewinnen. Des Kaisers persönliches Interesse ging also mit den Friedensbestrebungen in Deutschland Hand in Hand. Darum freute er sich, daß die rheinischen Fürsten auf der Versammlung zu Worms so entschieden Front gegen Frankreich machten (S. 800) und jeder weiteren Verbindung mit dem Reichsfeinde entgegenzuwirken beschlossen; er ließ es gern geschehen, daß der Heidelberger Bund den langen Streithandel mit Katzenelnbogen zum Austrag brachte; Ferdinand handelte ganz in seinem Sinn, als er die sächsischen Linien aussöhnte und durch ein Abkommen mit Würtemberg die Besorgnisse zerstreute, die Habsburger möchten wieder auf die alten noch nicht aufgegebenen Ansprüche zurückkommen. Wo immer noch Zwistigkeiten und Streitsachen bestanden, wie in Mecklenburg, im Bisthum Magdeburg und anderwärts, wurden Vergleiche getroffen. So konnten denn gegen Ende des Jahres 1554 die deutschen Territorien als beruhigt angesehen und die Vorbereitungen zu dem entscheidenden Reichstage getroffen werden, welcher die große Aufgabe der religiösen und politischen Friedensstiftung zur Lösung bringen sollte. Der Kaiser konnte zwar seine Abneigung gegen die Freigebung des religiösen Bekenntnisses noch immer nicht verwinden; daher beschloß er, sich von den Verhandlungen fern zu halten, die Ordnung und Entscheidung der kirchlichen Dinge in des Bruders Hand zu legen. Ferdinand sollte den Reichstag lenken, nicht als Vertreter des Kaisers, sondern aus eigener Macht und

Politische Lage in Deutschland.

Befugniß als römischer König; er sollte alle Verantwortung auf sich nehmen, selbständig und nach eigenem Ermessen mit den Kurfürsten, Fürsten und Stänben „abhandeln und beschließen ohne Hinterbringen, was dem Reiche zu Ehren und Nutzen gereichen würde". Karl vermochte sich nicht zu der Idee religiöser Toleranz aufzuschwingen; die Erhaltung der Autorität und Einheit der Kirche war ein Grund- und Eckstein in seinen politischen Anschauungen. Konnte er dieses Prinzip, wie er klar voraussehen mußte, nicht zur Geltung bringen, so wollte er doch nicht als Urheber und Billiger der Trennung genannt sein, wollte nicht öffentlich eingestehen, daß er den Grundgedanken seines Lebens nunmehr aufgebe. Wenn der Friede, den er selbst wie die ganze Nation wünschte und für nothwendig hielt, nur unter dieser Bedingung zu erzielen war, so wollte er wenigstens die religiöse Verschuldung von seinem Gewissen fern halten. Deutschlands Schicksal und Zukunft war ihm gleichgültiger geworden, seitdem die Erbfolge seines Sohnes Philipp als beseitigt gelten konnte. Mehr als je von körperlichen Leiden heimgesucht und verdüsterten Gemüthes trug er sich schon damals ernstlich mit dem Gedanken, durch Verzichtleistung auf die Kaiserkrone sich der schweren Bürde der Weltherrschaft zu entledigen.

2. Der Religionsfriede von Augsburg.

Charakter der Versammlung.   Am 5. Februar 1555 wurde der im Passauer Vertrag vorgesehene Reichstag, nachdem er während der Unruhen der Zeit mehrmals verschoben worden, endlich in Augsburg durch König Ferdinand eröffnet. Wenn in früheren Jahren gleich zu Anfang der Sitzungen eine schroffe Parteistellung hervorgetreten war zwischen einer katholischen Majorität, die im Bunde mit Kaiser und Papst die bisherigen kirchlichen Zustände gegenüber den Neuerungen durch Gesetz und Gewalt aufrecht erhalten wissen wollte, und einer protestirenden Minorität, welche Freiheit des Gewissens und Glaubens zu erringen bemüht war, so hatten die schlimmen Erfahrungen der jüngsten Vergangenheit diesen Gegensatz ermäßigt und vielfach ausgeglichen. Auf der Fürstenversammlung zu Passau, in den Heidelberger und Braunschweig-fränkischen Friedenseinigungen waren Angehörige beider Confessionen zu gemeinsamen vaterländischen Zwecken zusammengetreten, hatten sich verstehen und vertragen gelernt; von dieser milderen versöhnlichen Stimmung waren auch jetzt viele der Kurfürsten und Fürsten erfüllt, welche in eigener Person oder durch Delegirte an den Verhandlungen des Augsburger Reichstags sich betheiligten. Man war ernstlich entschlossen eine Basis zu schaffen, auf welcher ein friedliches Zusammenleben wenn auch unter verschiedenen Religionsformen in Zukunft ermöglicht sei. Zwar fehlte es auch diesmal nicht an Eiferern, die von keinen Transactionen in Sachen der Religion hören wollten, wie der päpstliche Legat, Kardinal Morone, welcher Alles der Entscheidung

eines Concils anheim geben wollte, wie der Kardinalbischof Otto von Augsburg,
einer der kaiserlichen Commissarien, welcher erklärte, er wolle lieber Leib, Leben
und Alles was er auf dem Erdreich habe, preisgeben, als sich in Traktate über
den Glauben einlassen; wohl versuchten auch die geistlichen Fürsten durch den
Vorbehalt ihrer kirchlichen Amtspflicht das Prinzip des unbedingten Friedstandes abzuschwächen und sich eine Hinterthür offen zu halten, durch welche
die hierarchischen Ansprüche bei günstiger Gelegenheit wieder eindringen könnten;
allein die friedlichen Tendenzen erlangten die Oberhand.   Die beiden Cardinäle
wurden durch den Tod des Papstes Julius III. nach Rom abgerufen, um bei der
Wiederbesetzung des Pontificats mitzuwirken, und die geistlichen Fürsten ließen
sich durch den entschiedenen Widerspruch der evangelischen Stände, insbesondere
der sächsischen Bevollmächtigten überzeugen, daß unter solcher Voraussetzung keine
aufrichtige Pacification möglich sei, und standen von ihrem Vorbehalt ab. Auch
die Falle, welche die kaiserlich-hierarchischen Parteigenossen den unbedingten Frie-
densmännern durch den Antrag zu legen suchten, man solle zunächst einen Landfrieden und eine kräftige Reichsgewalt schaffen und erst dann die Aufrichtung des
Religionsfriedens in Angriff nehmen, wurde glücklich beseitigt: die weltlichen
Stände durchschauten die Absicht und Tragweite des Vorschlags; dem kaiserlichen
und königlichen Reichsregiment wäre vor der Hand mit einem Landfrieden und
einer durchgreifenden Executionsordnung Genüge geschehen, die kirchlichen Fragen
hätten dann immer noch unentschieden bleiben mögen. Nach längeren Verhandlungen einigte man sich daher zu dem Beschluß, daß zunächst über die Herstellung
eines „beharrlichen Religionsfriedens" in Berathung getreten werden solle, wogegen von weltlicher Seite das Versprechen gegeben ward, „daß der Festsetzung des
Religionsfriedens die Berathung über den Profanfrieden unfehlbar folgen
solle".

Da man entschlossen war, nicht über Glaubensartikel zu streiten, die ja so Stellung zur Augsburger Confession.
oft nach allen Seiten erörtert und festgestellt worden, so konnte man hoffen, auf
Grund der Passauer Abmachungen zu einem Resultat zu kommen, auf dem eine
friedliche Lebensgemeinschaft innerhalb der gesetzlichen Schranken des Reichs bestehen möchte. Die Evangelischen, die kurz zuvor auf einem Convent zu Naumburg sich in Betreff einiger in ihrer eigenen Mitte entstandenen Lehrstreitigkeiten über
die Rechtfertigung, über Glauben und gute Werke zwischen den strengen Lutheranern Flacius und Amsdorf und den Anhängern Melanchthons, Major und
Osiander verständigt hatten, gingen über das Interim wieder zur Augsburger
Confession zurück, ohne sich jedoch gegenüber den „Verwandten der alten Religion" ausdrücklich auf die Fassung und Begrenzung des Jahres 1530 zu verpflichten. Hatte doch schon Melanchthon in dem Wortlaut von der Abendmahlslehre eine kleine Veränderung vorgenommen, die kaum einen Widerspruch fand.
Die Augsburger Bekenntnißschrift sollte die Standarte bilden; doch wollte man
nicht von vorn herein sich der Gefahr aussetzen, daß künftige Abänderungen

oder Reformen als Grund und Motiv einer Verwerfung des Religionsfriedens aufgefaßt werden möchten. Dieser sollte unter allen Umständen für das ganze Reich in Kraft stehen; nur unter seinem Panier sollten künftige Streitigkeiten auf dem Wege Rechtens ausgetragen werden. Nach langen heißen Debatten wurde der Beschluß gefaßt und zum Gesetz erhoben, daß Niemand wegen der Augsburger Confession feindlich angegriffen werden sollte, wobei absichtlich jede Zeitbestimmung des Beitritts unerwähnt blieb.

Das Kirchen-
regiment. Nachdem so der in Passau aufgestellte Grundsatz eines unbedingten beharrlichen Reichsfriedens mit gegenseitiger Duldung zur Anerkennung gelangt war, ohne daß darum die Möglichkeit einer künftigen Wiedervereinigung durch ein deutsches Nationalconcil aufgegeben, die Idee der Einheit der christlichen Kirche ausgelöscht worden wäre, galt es nun die Grenzlinien zu ziehen, die Grundbedingungen zu finden, innerhalb deren das staatliche und bürgerliche Zusammenleben seinen ungestörten gesetzlichen Fortgang haben könnte. Daß bei der Voraussetzung der rechtlichen Existenz der Augsburger Confessionsverwandten die bischöfliche Jurisdiction nicht in ihrer früheren Geltung bleiben könne, leuchtete von selbst ein, wie sehr sich auch die Prälaten gegen eine Minderung ihrer Amtsgewalt sträuben mochten. Es ist uns bekannt, daß vor dem schmalkaldischen Kriege in katholischen wie in evangelischen Kreisen die Idee auftauchte, durch zeitgemäße Reformen der bischöflichen Kirchenämter könnte die Episcopaleinrichtung auch in der neuen Kirchenordnung ihre Stelle finden: dieser Gedanke war in Folge der Gewissensbeschwerung durch das Interim zerronnen; man war in protestantischen Kreisen zu der Ueberzeugung gekommen, daß man in Sachen des Glaubens wie des geistlichen Rechts die Scheidewand stärker, die Grenzlinie schärfer machen müsse. Anstatt der bisherigen Bischofsgewalt sollte die in den evangelischen Landen bereits errichtete Consistorialverfassung unter landesherrlicher Hoheit das Regiment in Kirchensachen führen. Demgemäß wurde die Bestimmung getroffen, daß der evangelische Religionstheil der deutschen Nation der Amtsgewalt und Jurisdiction des Episcopats entzogen und unter sein eigenes Kirchenrecht und seine eigene Verwaltung gestellt werde; nur sollten die Kapitel, wo sie in protestantischen Städten noch fortbeständen, nicht vertrieben werden. Damit war auch der Weg angedeutet, wie man die große Streitfrage über die Kirchengüter, die so oft zu gerichtlichen Executionen und kriegerischem Einschreiten Veranlassung gegeben, zu einem Ausgleich bringen könne. Die geistlichen Fürsten und alle Reichsunmittelbaren sollten in Zukunft bei ihrem Besitzstand erhalten werden; hinsichtlich der eingezogenen und säcularisirten Güter sollte der Passauer Fürstentag als Normalzeit gelten; was damals die Verwandten des alten Glaubens und die Bekenner Augsburger Confession in Händen gehabt, sollte ihnen verbleiben und in den Frieden mit eingeschlossen sein. Eine Clausel über die Verwendung, wie sie von Einigen in Antrag gebracht ward, wurde in den Abschied nicht aufgenommen.

Nun erhob sich aber die wichtige Frage, wie es gehalten werden sollte, wenn Der geistliche Vorbehalt. in Zukunft geistliche Reichsstände zu der neuen Lehre übertreten würden. Sollten auch sie in den Religionsfrieden eingeschlossen sein; sollte der Möglichkeit Raum gegeben werden, daß die Fürstbisthümer, ja die Hochstifter des Reichs mit der Zeit dem Papstthum und der römisch-katholischen Kirche entfremdet würden? Jedermann erkannte die hohe Bedeutung dieser Entscheidung für die ganze Zukunft des Reichs. Die Vorgänge in Köln und in Preußen hatten bewiesen, daß auch die ersten geistlichen Reichsfürsten von reformatorischem Geiste ergriffen werden könnten; und was ließe sich bei neuen Prälatenwahlen erwarten, wenn das Bekenntniß keine gesetzliche Schranke aufrichtete? Stand dann nicht zu befürchten, daß bei der großen Anzahl evangelischer Fürsten nach und nach die Bischofssitze in protestantische Hände kämen? Gerade dies war aber der geheime Wunsch der Augsburger Confessionsverwandten; alsdann konnte die kirchliche Einigkeit auf nationaler Grundlage ohne päpstliche Autorität mit der Zeit erhofft werden. Aber wie sehr auch die patriotische Partei den Grundsatz des unbedingten Friedens und gleichen Rechts für alle gegenwärtigen und künftigen Bekenner der Augsburgischen Lehre durchzusetzen bemüht war, wie sehr man das Unrecht hervorhob, Jemand um seines Glaubens willen von Würden und Aemtern auszuschließen; die katholischen Mitglieder beharrten auf der Forderung, der Uebertritt eines geistlichen Reichsstandes zur neuen Lehre müsse Entsetzung von Amt und Würde zur Folge haben und evangelische Bewerber seien von den Bischoffsitzen fernzuhalten. Da die Reichsboten über diese Lebensfrage zu keinem Verständniß gelangen konnten, so wurde die Entscheidung über den „geistlichen Vorbehalt" dem König Ferdinand zugewiesen. Es war aber vorauszusehen, daß dieser nimmermehr einem Reichsbeschluß beitreten würde, welcher die ganze Zukunft der hierarchischen Kirchenverfassung bedrohte. Willigte er doch nur nach langem Bedenken in die schon zu Passau an die Spitze gestellte Grundbedingung eines beständigen, dauernden Friedens, unabhängig von der religiösen Ausgleichung.

Und so kam es auch: Nachdem die Versammlung, wie Anfangs verheißen Reformen in der Reichsverfassung u. Ferdinands Haltung. worden, die weltliche Seite der Aufgabe in Angriff genommen, nachdem sie zur Erhaltung und Handhabung des öffentlichen Landfriedens über Verfassung und Wehrstand der Kreisverbände, über die Stellung der Kreisobersten zu den beigeordneten Räthen aus den Kreisständen, über Schutz und Vertheidigung gegen innere und äußere Feinde zweckmäßige Einrichtungen getroffen; nachdem sie ferner eine neue Kammergerichtsordnung begründet, wonach das Reichsgericht aus Beisitzern der alten und neuen Religion zu gleichen Theilen besetzt und nur auf das kaiserliche Recht und das Wort Gottes beeidigt werden sollte, wurden von Seiten Ferdinands Bedenken und Einwendungen gegen den Reichsabschied erhoben. Am liebsten hätte er die Entscheidung auf einen andern Reichstag verschoben, der im nächsten Frühjahr einberufen und zu dessen Besuch der Kaiser selbst bewogen werden sollte; als aber die weltlichen, vorab die evangelischen Stände sich gegen die Vertagung erklärten, suchte er wenigstens die Beschlüsse zu beseitigen, die ihm am widerwärtigsten waren. Zu diesen gehörte vor Allem der „geistliche Vorbehalt". Unter keiner Bedingung wollte er zugeben, daß die Stifter in die Hände der Protestanten kommen könnten; das gehe gegen sein Gewissen, gegen seine Ehre; eine solche Nachgiebigkeit würde ihn in den Augen auswärtiger Fürsten herabsetzen. Es war Gefahr vorhanden, daß durch das Festhalten an diesem Artikel das ganze Friedenswerk scheitern könnte.

Die evange-lischen Stände unter geistli-cher Hoheit. Da überlegte man in den evangelischen Kreisen, ob man nicht nachgeben sollte, stellte aber dafür eine andere wichtige Gegenforderung auf: den Edelleuten und Städten Augsburger Confession, die unter bischöflicher Oberherrschaft standen, sollte durch einen besondern Artikel ihre Glaubensfreiheit gesichert werden. Die geistlichen Herren widersetzten sich einer solchen Beschränkung ihrer obrigkeitlichen Befugnisse; von ihrem eigenen Willen sollte es abhängen, ob sie innerhalb ihrer Gebiete den neuen Glauben dulden oder untersagen wollten. Es setzte heiße Debatten ab; die Einen wollten die Neuerer um keinen Preis zu den Bischofssitzen und Stiftern zulassen, die Andern ihre Glaubensverwandten vor der Möglichkeit künftiger Gewaltsamkeiten sicher stellen.

Der Aus-gleich. Da schlug sich Ferdinand ins Mittel: er rieth den katholischen Ständen des Friedens halber in die Forderung der Evangelischen zu willigen, wenn diese dafür auch ihrerseits von ihrem Verlangen in Betreff der Stifter abstehen wollten. So gab man endlich auf beiden Seiten nach, doch verlangten die Geistlichen, daß das Zugeständniß nicht in den Reichsabschied aufgenommen werde. Ein ähnlicher Weg wurde auch in Beziehung auf die andere Beschränkung des Reformationsrechts eingeschlagen. Der „geistliche Vorbehalt" wurde zwar in der Urkunde aufgeführt und als Reichsgesetz ausgesprochen, aber mit der ausdrücklichen Erklärung, daß die evangelischen Stände demselben nicht zugestimmt hätten. Vorbehalt und Protest fanden somit in der Friedensurkunde selbst ihren Ausdruck. Dafür gab der König in Betreff einiger Stände, denen die katholische Partei die Religionsfreiheit nicht als Recht zugestehen wollte, durch eine eigene Declaration die Versicherung, er werde darauf sehen, „daß auch der Geistlichen Eigene (Unterthanen), Städte, Ritterschaften, Gemeinden, welche lange dem Bekanntniß anhängig gewesen, nicht davon gedrungen, sondern bis zu endgültiger Vergleichung unvergewaltigt dabei gelassen werden sollten". Durch den geistlichen Vorbehalt blieb somit die Frage über die Zukunft der Bischofssitze unausgetragen, als Aussaat blutiger Kämpfe, und auch die Stellung der evangelischen Confessionsverwandten in den geistlichen Gebieten konnte nicht als für alle Zeiten sicher gestellt angesehen werden.

Beschaffen-heit u. Be-grenzung der Friedens-einung. Der Augsburger Religionsfriede war also keineswegs eine endgültige Lösung der deutschen Frage, er war vielmehr nur ein Compromiß für den Augenblick, berechnet sowohl den bisherigen thatsächlichen Verlauf der Geschichte rechtlich festzustellen, als auch jener gewaltigen Strömung der Nation zu einer Glaubensfestsetzung ohne die alte Kirche einigen Einhalt zu thun, und dem so allgemein gefühlten Bedürfniß nach Ruhe und Frieden Geltung zu verschaffen. Die durch den „geistlichen Vorbehalt" festgesetzte Bestimmung: „wenn ein geistlicher Stand von der alten Kirche zurücktritt, so bleibt er zwar an Ruf und Ehre ungeschmälert, aber seiner Pfründen und Besitzthümer ist er ledig" hemmte die Verbreitung und Mehrung der Reformation; und die Nebendeclaration zu Gunsten der Confessionisten geistlicher Territorien war nicht immer ein sicherer Schutz gegen Druck und Gewaltthätigkeiten. Auch darin zeigte sich der „Augsburger Religionsfriede", welcher durch den Reichsabschied vom 25. September 1555 zum Abschluß kam, als ungenügend, daß er nicht die Gewissensfreiheit Aller als Grundsatz aufstellte, sondern nur den Landesregierungen und reichsunmittelbaren Ständen das Recht zugestand; in religiösen Dingen sich entweder an die Satzungen der alten Kirche oder an die Augsburger Confessionsurkunde zu halten, ohne deshalb in ihrer rechtlichen und politischen Stellung beeinträchtigt oder in ihrem Friedensstand gestört zu werden. Für Unterthanen wurde nur die Forderung aufgestellt, daß ihnen wegen Religionsbedrückung das Recht freien Abzugs zukomme. Auch sollte der Friede nur Geltung haben für die Augsburger Confessionsverwandten und die Bekenner der alten Religion. Wenn Anfangs in liberalen Kreisen die Ansicht herrschend sein mochte, daß alle Protestanten, insbesondere die Anhänger der reformirten Glaubensform nach Zwingli und Calvin, in jener Bezeichnung inbegriffen seien, mithin derselben Duldung, desselben Rechts und Friedens sich zu erfreuen hätten, so wurde diese Auffassung bald beschränkt, als die Spaltung sich erweiterte und der confessionelle Eifer wuchs. Wie alle Sectirer so wurden auch die „Reformirten" vom religiösen Frieden ausgeschlossen. Der schon auf früheren Reichstagen aufgestellte Grundsatz, daß der Herr des Landes auch Herr des Glaubens sei (cujus regio ejus religio) wurde also nach langer Bekämpfung in Augsburg von Neuem bestätigt und damit das Reformationsrecht der Fürsten und Reichsstände anerkannt, obwohl Rom nie aufgehört hat dagegen zu protestiren. Dieses Zugeständniß war ein großer Schritt zur Ausbildung und Mehrung der fürstlichen Territorialgewalt. Auf dem Einverständniß der Landesherren beruhte fortan die Ordnung des Reichs, der Gang der Reichspolitik.

Allein trotz aller dieser Mängel und Unbestimmtheiten war der Augsburger Religionsfriede eine wichtige Errungenschaft für die evangelischen Religionsgenossen und ein großer Segen für die deutsche Nation. Der unbedingte, beständige und ewige Frieden, wonach Reichsstände von wegen des Glaubens, der Kirchengebräuche und Ordnungen, so sie aufgerichtet oder nachmals aufrichten möchten, niemals vergewaltigt, beschwert oder verachtet werden sollten, stellte die Protestanten sicher gegen jede künftige Bedrängniß durch Concilsbeschlüsse, befreite das neue Religionssystem von dem Papst und den römischen Kirchengesetzen und führte zu einer neuen Reichsgerichtsordnung, worin Räthe und Beisitzer beider Confessionen das allen Ständen gemeinsame Recht suchen und finden sollten. Und auch über Kreisverfassung und Landfrieden wurden zweckmäßige Bestimmungen und Einrichtungen getroffen. Der Friedensvertrag von Augsburg bezeichnete den Anfang einer neuen Entwickelung des deutschen Nationallebens, die nach allen Seiten segensreiche Früchte in sich trug. Auf dem Gebiete der geistigen Strömungen öffnete er dem Denken und der freien Wissenschaft neue Wege, in-

Bedeutung des Augsburger Friedenswerks.

52*

dem der Geist aus den Schranken der kirchlichen Autorität herauswuchs und seinen eigenen Gesetzen folgte; in den politischen Bestrebungen erzeugte er eine aufrichtigere Eintracht unter den vorwaltenden Fürsten und gemeinsame nationale Ziele; in dem materiellen Zustande bewirkte er einen mächtigen Aufschwung des Handels und der Industrie und damit allseitig erhöhten Wohlstand, allgemeinere Zufriedenheit. „Es gewöhnten sich die Gegensätze neben einander zu bestehen, die religiös Getrennten friedlich neben und unter einander zu wohnen. Auch in dem streitig gebliebenen Punkte fand sich ein thatsächliches Auskommen. Wollte es nicht anders gehen, so ließ man geistliche Fürstenthümer auch durch weltliche Herren protestantischen Bekenntnisses verwalten, ein kaiserlicher Indult half über alle Schwierigkeiten weg." In Augsburg wurde der Grund zu dem modernen deutschen Staat gelegt, wie er durch die Reformation bedingt war. Seitdem ein so großer Theil der europäischen Menschheit sich von den Fesseln der kirchlichen Autorität losgemacht, die mittelalterlichen Lebensordnungen abgeworfen, mußte eine neue Form der öffentlichen Lebensgemeinschaft der Völker gesucht, mußten andere Organe geschaffen werden, durch welche die idealen Güter der Menschheit zur Entfaltung und Geltung kommen könnten. Mit der Vernichtung der kirchlichen Autorität gelangte der Staat zu seinem Rechte und zu seiner Machtvollkommenheit. Nur in einer organischen Schöpfung, worin alle Factoren und Seiten des Culturlebens zu einem harmonischen Zusammenwirken sich vereinigten, konnten in Zukunft die großen Probleme der Menschheit ihrer Lösung entgegengeführt werden.

3. Karls V. Abdankung, Klosterleben und Ende.

Karl V. in Brüssel. Kaiser Karl V. hatte an den Verhandlungen in Augsburg nicht persönlich Theil genommen. Er war während der Zeit in Brüssel, meistentheils an das Krankenlager gebannt. Nur durch die Briefe seines Bruders Ferdinand und durch die Berichte seiner Commissarien erhielt er Kunde von dem Gange des Reichstages. Was er daraus entnahm, konnte nur die Verstimmung, den Mißmuth, die Weltverachtung bestärken, die schon seit Jahren seine Seele erfüllten. Nicht nur, daß er durch den Religionsfrieden die Früchte seiner Anstrengungen, das Ziel seines Lebens, die Einheit der abendländischen Kirche auf immer zerstört sah; selbst seine niederländischen Erblande, die er sieben Jahre früher als burgundischen Kreis mit besonderen Rechten dem deutschen Reichskörper eingefügt hatte, waren durch die von den deutschen Fürsten und Ständen getroffenen Anordnungen über Verfassung und Landfrieden von allen Vortheilen, die ihnen durch den Bund erwachsen sollten, ausgeschlossen. Die Defensivverfassung im Reich wurde nicht auf den burgundischen Kreis ausgedehnt; von der Kammergerichtsordnung hatte der Kaiser selbst seine Erblande entbunden; somit waren die niederländischen Provinzen ganz an sich selbst gewiesen, wurden von dem Staats- und Gerichtsleben des deutschen Reiches nicht mitberührt. Diese und andere Ursachen wirkten

zusammen, um den von Arbeit aufgeriebenen, von körperlichen Leiden niederge-
beugten, von verdüsterter Seelenstimmung gedrückten Kaiser zu dem Entschluß
zu bringen, die Last der Staatsgeschäfte auf jüngere Schultern zu wälzen.

Schon bei Gelegenheit der Verheirathung seines Sohnes Philipp mit der englischen Das Herr-
Königin, hatte Karl dem Infanten, um ihn seiner Gemahlin an Rang gleichzustellen, die spanische
die spanischen Besitzungen in Ober- und Unteritalien übertragen und ihn zum „Kö- Monarchie.
nig von Neapel" erhoben. Die bisherigen kaiserlichen Großbeamten, der Botschafter
Mendoza und der mailändische Statthalter Gonzaga wurden, wie erwähnt, entfernt
und der Herzog von Alba im Namen des neuen Königs mit der Verwaltung betraut.
Der Kaiser hatte große Freude an diesem Ehebund, der das Habsburgische Haus England,
der Weltherrschaft einen bedeutenden Schritt näher zu führen berufen schien. Daher Niederlande
theilte er auch das hohe Interesse, das sich in den katholischen Kreisen und bei Hofe kund nien.
gab, als Maria sich gesegneten Leibes zu fühlen glaubte. Man erwartete zuversichtlich
einen männlichen Thronerben, der dann als katholischer König über England und die
Niederlande walten, das Haupt einer weiteren Linie des mächtigen, ruhmreichen Geschlechts werden sollte. Wären die Hoffnungen des königlichen Paares in Erfüllung
gegangen, so hätte der Kaiser wohl auch den unbedingten Frieden mit den Augsburgischen Confessionsverwandten zu verhindern gesucht; wissen wir doch, wie glimpflich er
mit dem Markgrafen Albrecht verfuhr, selbst nachdem Moriz bei Sievershausen auf
dem Waffenfelde gefallen. Als aber die Aussicht auf einen englisch-spanischen Stamm-
halter zerrann, kam ein besseres Einvernehmen mit den österreichischen Verwandten zu
Stande, wodurch die Friedensideen festeren Boden gewannen. — Um dieselbe Zeit traten noch andere Ereignisse ein, welche Karls Sorge und Thätigkeit in Anspruch nahmen
und ihn dem Gedanken nahe führten, den Sohn noch mehr zur Theilnahme und Mitwirkung bei den ausgedehnten Regierungsgeschäften heranzuziehen. In Tordesillas
wurde seine Mutter Johanna, die bisher immer noch als Königin von Spanien gegolten, durch den Tod von ihrem langen Seelenleiden erlöst (S. 32). Das große peninsula-
rische Reich mit den auswärtigen Besitzungen konnte aber nicht wohl der Autorität eines
kräftigen monarchischen Regiments entbehren, wie sie nur die persönliche Anwesenheit
eines gekrönten Hauptes zu schaffen vermochte. Es entstand somit die Frage, ob König
Philipp wieder in seine frühere Stellung zurückkehren oder Karl selbst die unmittelbare
Herrschaft der spanischen Reiche übernehmen sollte. Nach reiflicher Ueberlegung der
politischen Sachlage erhielt der letztere Plan den Vorzug. Es schien nicht zweckmäßig
zu sein, den jungen Fürsten, der nur als Gemahl Maria's den Titel eines Königs von
England führte, dauernd aus dem Inselreiche und den burgundischen Erblanden zu entfernen. Denn da die englische Nation, welche der spanischen Heirath von Anfang an
abgeneigt war, sich weigerte, demselben irgend ein von dem Leben der Königin oder dem
Dasein eines Erben unabhängiges Recht zu verleihen oder die Krönung, wie das Ehepaar sie begehrte, zu bewilligen, so konnte bei der schwachen Gesundheit Maria's die
glänzende Zukunft, die man von der Verbindung erwartet hatte, wie ein Luftgebäude
zusammenstürzen.

Dazu kamen noch die unerfreulichen Vorgänge in Italien. Papst Julius III., Italien.
welcher die Heirath gebilligt und aus allen Kräften gefördert hatte, war, wie erwähnt,
während des Augsburger Reichstags aus der Welt gegangen. Durch kaiserlichen
Einfluß wählte das Conclave den Cardinal Cervino, der den Namen Marcellus II. annahm. Allein dem greisen Kirchenfürsten waren nur wenige Tage pontificaler Herrlichkeit gegönnt. Er starb am 1. Mai, und nun gelang es der französischen und nationalen Partei einen Mann auf den Stuhl Petri zu erheben, der von jeher zu den

schärfsten Gegnern des Kaisers und der spanischen Herrschaft zählt — Cardinal Caraffa, aus einem neapolitanischen Adelsgeschlechte entsprossen, an Jahren ein Greis, aber
von leidenschaftlicher Glut der Seele erfüllt und von streng hierarchischer Gesinnung.
Er nannte sich Paul VI. und zeigte sich sofort als Feind der Habsburgischen Politik.
In Augsburg arbeitete er den Friedenstendenzen Ferdinands entgegen, protestirte gegen
das Reformationsrecht der Fürsten und Stände, und rief seinen Nuntius ab, damit er
bei Abschluß des Friedens nicht zugegen sei; in Italien, vorab im Königreich Neapel
trat er an die Spitze aller kaiserfeindlichen Bestrebungen und suchte, wie wir bald erfahren werden, im Bunde mit Frankreich die Herrschaft und den Einfluß Spaniens aus
der ganzen Halbinsel zu verdrängen. Selbst in England machte sich seine feindselige
Gesinnung fühlbar.

Die Abdica-
tion in
Brüssel.
1555.
So vereinigten sich viele Umstände, welche den Kaiser in dem Gedanken
bestärkten, sich von der Regierung zurückzuziehen und einen Entschluß, den er
schon lange in seiner Seele gehegt, nämlich die letzten Jahre in klösterlicher
Umgebung zu verleben, zur Ausführung brachten. Nicht als ob er sich der
Politik hätte ganz entschlagen und von der Welt zurückziehen wollen; seine Ab-
sicht war nur die Geschäfte zu theilen, den jugendlichen Sohn mit den Ideen und
Grundsätzen seiner eigenen Staatskunst vertraut zu machen, die Bürde der
Arbeiten und der Verantwortung in jüngere Hände zu geben und sich nur die
Oberleitung im Großen und Ganzen, den Gang der allgemeinen Politik vorzu-
behalten. Zu dem Zweck berief er zunächst die Ritter des goldenen Vließes zu einem
21. Sept.
1555.
Convent nach Brüssel und übertrug mit ihrer Zustimmung die Würde eines
Hauptes und Souveräns des Ordens auf König Philipp von England. Fünf
25. Oct.
Wochen später versammelte er die Stände und Notabeln sämmtlicher burgundischen Landschaften in dem Prachtsaal seines Palastes, wo er vor vierzig Jahren
für mündig erklärt worden war. Hier erfolgte nun in glänzender Versammlung
jener berühmte Akt der Abdication für die Niederlande, der auf die Zeitgenossen einen so ergreifenden Eindruck hervorbrachte und auch bei der Nachwelt
als Abschluß einer bedeutsamen Regierung unvergessen blieb. Den linken Arm
auf die Schulter Wilhelms von Oranien lehnend, mit der Rechten auf einen
Stab sich stützend, ließ Karl in einer Rede die Hauptmomente seines Lebens
vor der Zuhörerschaft vorübergehen, erwähnte in großen Zügen der Thaten
und Anstrengungen, die er in den vierzig Jahren seines kampferfüllten Daseins
vollbracht, wie er ferne Länder besucht, und Meere befahren, um den Gedanken
seiner Jugend, die Ausbreitung der Christenheit gegen die Ungläubigen, zu
verwirklichen, wie aber durch die Eifersucht der Mächte und durch die religiösen
Streitigkeiten der deutschen Fürsten seine Bestrebungen vereitelt worden seien.
Durch Leiden und Krankheit erschöpft könne er es gegen Gott nicht verantworten, die Regierung noch länger fortzuführen; daher habe er beschlossen,
sie in die kräftigere Hand seines Sohnes niederzulegen. Auf ihn möchten
sie nun die Treue, die er stets in ihnen gefunden, übertragen und vor allen
Dingen an dem alten Glauben festhalten. Sollte er gegen den einen oder

den andern unrecht gehandelt haben, so möchten sie ihm verzeihen und überzeugt sein, daß es nicht aus Absicht sondern in Unwissenheit geschehen. Die Versammlung lauschte den Worten, die Anfangs leise gesprochen im Verlauf der Rede durch die innere Erregung immer kräftiger aus dem Munde des Kaisers hervorquollen, in lautloser Stille. Als er geendigt, ergriff ein Gefühl der Wehmuth und des Schmerzes die Gemüther. Alle empfanden es tief, daß eine bedeutende Persönlichkeit, die aus ihrer Mitte hervorgegangen, deren glänzende Thaten vor Allem auf die niederländische Nation zurückgestrahlt, nunmehr vom Schauplatz der Welt scheide; die Hinfälligkeit und Vergänglichkeit aller irdischen Größe trat vor ihre Seele; eine glänzende Vergangenheit schloß sich, eine dunkle Zukunft lag vor ihnen. Selbst dem Kaiser traten Thränen in die Augen. Darauf legte die Königin Maria die Regentschaft nieder, die sie so lange im Interesse der Dynastie und des Landes geführt, und Philipp empfing die Huldigung der Stände.

Die Abdication sollte sich nur über die italienischen und burgundischen Länder erstrecken. Aber bei dem streng monarchischen Charakter der Regierungsweise Karls, wobei alle Fäden in dem kaiserlichen Cabinet zusammenliefen, trat es bald zu Tage, daß eine Trennung der Staatsgeschäfte große Schwierigkeiten und Nachtheile mit sich führen würde, daß insonderheit die Ausscheidung Spaniens aus dem Reichsverband das bisherige politische System gefährden könnte. Von Neuem drohte der Krieg mit Frankreich, und gerade damals suchte Papst Paul IV. alle feindlichen Kräfte zu einer Liga gegen die spanische Herrschaft zu sammeln. Ein einheitliches Zusammenwirken aller Theile der burgundischspanischen Monarchie schien daher mehr als je geboten. Darum beschloß der Kaiser, der durch widrige Winde an der Abfahrt aus den Niederlanden lange verhindert wurde, die Abdankung vollständig zu machen. Im Januar des folgenden Jahres übertrug er in einer neuen Versammlung zu Brüssel auch die spanischen Königreiche sammt der neuen Welt dem Sohne Philipp. Nun war nur noch die römisch-deutsche Kaiserkrone in seinem Besitz. Diese hatte aber seit dem Augsburger Religionsfrieden allen Reiz in seinen Augen verloren. Absichtlich hatte er sich von der Zeit an aller weiteren Betheiligung an den Reichsgeschäften enthalten, Alles dem Bruder Ferdinand zuweisend, mit dem er wieder das herzliche Einverständniß früherer Jahre herstellte, die freundlichsten Briefe wechselte. Als er endlich sich zur Abreise nach Spanien anschickte, ordnete er eine Gesandtschaft unter Wilhelm von Oranien nach Deutschland ab, um den Kurfürsten die Botschaft seiner Verzichtleistung auf das heilige Reich und römische Kaiserthum zu Gunsten seines Bruders Ferdinand zu überbringen.

In Deutschland ging man mit Bedacht zu Werke; man nahm die Verzichtleistung an, suchte sich aber zugleich sicher zu stellen, daß der Friede, der so mühsam errungen worden, nicht wieder in Frage gestellt werden möchte. Erst im März des Jahres 1558 wurde Ferdinand I. durch einen feierlichen Wahlakt der Kurfürsten in Frankfurt als römischer Kaiser deutscher Nation ausgerufen, nachdem er sich durch eine genau gefaßte

[Marginalien:] Vollständiger Rücktritt des Kaisers. 1556.

15. Jan. 1556.

Sept. 1556.

Das deutsche Reich und Kaiser Ferdinand I. März 1558.

Capitulation verpflichtet, den Religionsfrieden zu beobachten, den Landfrieden nach der erneuerten Kammergerichtsordnung zu handhaben und nie ohne den Rath und Willen der Stände zu regieren. Zu gleicher Zeit schlossen die Kurfürsten einen Verein, daß sie mit gemeinsamen Kräften den Reichsfrieden wahren und schützen wollten gegen Jedermann, der ihn zu stören unternehmen würde, und niemals dulden, daß der deutschen Nation die Würde und Ehre des heiligen römischen Kaiserthums entfremdet werde. Auch über die Lehre vom Abendmahl, in welcher immer wieder neue Spaltungen hervortraten, sprachen sie sich im Sinne der Wittenberger Concordie und der Versöhnung aus. Damit begann eine neue Periode in der Entwickelung der deutsch-römischen Reichsidee. Es war gleichsam eine Erneuerung des Kurvereins zu Rense. Kaiser und Fürsten waren gegenüber dem Papste, der weder den Augsburger Religionsfrieden anerkennen noch die Uebertragung der Reichskrone ohne seine Mitwirkung und Zustimmung gelten lassen wollte, darin einig, die Freiheit und Selbstbestimmung der deutschen Kaiserwürde unabhängig von dem religiösen Bekenntniß zu wahren und zu schirmen. Des Reiches Hoheit und Einheit, die Rechtsgemeinschaft und der Friedensstand aller Stände sollten nunmehr als höchstes Gesetz angesehen werden und die Kurfürsten sich als die festen Säulen dieses Staatsbaues betrachten. „Der Kaiser ward als die Quelle des Rechts, als der Ausdruck und Inbegriff der Würde und Hoheit des Reichs verehrt; die Macht aber sollte allein in der Vereinigung der Stände ihren Sitz haben." Diesem Zusammenwirken von Haupt und Gliedern war es zu verdanken, daß unter Ferdinand I. und seinem Sohne Maximilian II. Deutschland Jahrzehnte hindurch von äußeren Kriegen wenig berührt, seine inneren Lebensordnungen ausbilden konnte.

Kaiser
Karl V. in
San Juste. Als in der alten Reichsstadt am Main die Fundamente des neuen Staatslebens für Deutschland gelegt wurden, befand sich Kaiser Karl V. längst an der Stätte, die er sich zu seinem Aufenthalt erkoren. An einem Abhange des Gebirges, das sich auf der Grenze der Provinz Estremadura hinzieht, lag in stiller Einsamkeit unweit der Vera von Placentia das Hieronymitenkloster San Juste, umgeben von schönen Baumpflanzungen und herrlichen Citronen-, Orangen- und Myrthenhainen. Von den felsigen Gebirgswänden, welche die Nordwinde abhalten, rauschen reichliche Quellen und Bergwasser nieder, die erfrischende Kühle verbreiten und die Anmuth der Gegend, die wegen ihrer gesunden Luft bekannt war, erhöhen. Dort hatte sich Karl neben der Klosterkirche ein schönes Wohnhaus und unweit davon Räumlichkeiten für eine zahlreiche Dienerschaft errichten lassen; denn wir wissen ja, daß er sich schon lange mit dem Gedanken getragen, fern von dem Geräusche der Welt in stiller Abgeschlossenheit den Abend seines Lebens zu verbringen. Dahin war jetzt sein Sinn gestellt, als er in Begleitung seiner beiden Schwestern und eines zahlreichen Gefolges aus dem Hafen 13. Sept.
1556. von Vliessingen auf einer stattlichen Flotte nach dem biscayischen Meerbusen segelte und dann in einer Sänfte die Landreise über Burgos antrat. Nachdem er in Torquemada den aus Peru zurückgekehrten Gasca, nunmehr Bischof von Palencia, und die zu seiner Begrüßung herbeigeeilten Granden empfangen, und in Valladolid sich von den beiden Königinnen verabschiedet, zog er mit dem Gefolge, das er sich zu seiner Unterhaltung und zu seinem Dienste ausersehen, dem neuen Wohnsitz zu, wo nun bald ein bewegteres Leben und ein reger Verkehr die

bisherige Einsamkeit durchbrach. Denn Karls V. Natur war zu sehr auf die
Politik und die großen Staatsactionen gerichtet, als daß er mit einem Male auf
Alles hätte verzichten mögen, was seinen Geist so lange beschäftigt hatte. Er
besaß weder die Resignation eines Diocletian, der in den Gärten und Palästen
von Salona die sturmbewegte Welt unbeachtet ließ, noch die Entsagung eines
Mönchs, der allem Irdischen abgewendet nur den göttlichen Dingen leben wollte;
auch in San Juste hatte er noch eine Art Hofhaltung, die ihn als Kaiser behandelte; Couriere und Gesandte zogen ein und aus, überbrachten Depeschen
und empfingen Bescheide und Antwortschreiben. An dem französischen Krieg
nahm er das größte Interesse; zum künftigen Thronfolger in Portugal empfahl
er seinen Enkel Don Carlos; die Angelegenheiten Westindiens beschäftigten ihn
fortwährend. Philipp unternahm nichts von Bedeutung, ohne zuvor des Vaters
Rath und Willensmeinung eingeholt zu haben; nur von der geschäftlichen
Thätigkeit früherer Jahre, nur von den aufregenden und aufreibenden Regierungs-
sorgen hielt sich Karl fern. Sein Geist wirkte noch fort in allen Angelegenheiten
der hohen Politik, aber die Regierungspflichten und die Verantwortung wies er
dem Sohne und dessen Ministern und Amtleuten zu. Sein Verlangen nach
Ruhe und Einsamkeit konnte er dabei vollständig befriedigen. Von seinem stillen
Wohnzimmer aus, das er mit vielen damals noch seltenen Stand- und Taschen-
uhren und mit mehreren Gemälden von der Hand Tizians ausgeschmückt, über-
schaute er den freundlichen Klostergarten mit seinen Baumgruppen und gern
erging er sich in dem durch eine hohe Mauer abgeschlossenen Gartenfeld, sich
mit der Wartung und Pflege der Pflanzen und Bäume beschäftigend. War
er wohl genug, so wanderte er zu Fuß oder auf einem Saumthier nach
einer nahen Einsiedelei, wo ein dichter Kastanienhain wohlthuenden Schatten
gewährte. Dem Gottesdienst in der Klosterkirche wohnte er fleißig an, hörte
gern dem heiligen Gesange zu, den die Oberen darum auch mit besonderer
Sorgfalt pflegten, und stimmte selbst mit heller klangreicher Stimme in die
Litanei ein. War er durch Krankheit zurückgehalten, so konnte er in seinem
Zimmer aus der nahen Kirche die Gesänge und die Feier der Messe hören. Falsche
Töne entdeckte er sofort und rügte den Fehler. Neben den kirchlichen Uebungen
beschäftigte sich Karl vorzugsweise mit mechanischen Arbeiten, wobei ihm ein bekannter Ingenieur jener Zeit, Torriano, zur Seite stand. Durch viele Geschichtsbücher geht die Sage, er habe die größte Mühe darauf gewendet, die Uhren
seines Zimmers in gleichen Gang zu setzen, und als ihm dies nicht gelungen, habe
er ausgerufen, wie thöricht doch sein Streben gewesen sei, die Menschen in Religionssachen gleichdenkend zu machen, da er nicht einmal die Werke der Menschen-
hand in volle Uebereinstimmung zu bringen vermöge. Allein eine solche Selbsterkenntniß blieb dem Kaiser ferne, vielmehr wissen wir, daß ihn gegen das Ende
seiner Tage nichts so sehr in Unmuth und Verdruß gesetzt, als die Wahrnehmung,
daß auch auf dem heiligen Boden Spaniens, ja sogar in seiner unmittelbaren

Nähe der religiöse Gegensatz, den er sein ganzes Leben lang bekämpft, Wurzel geschlagen habe. Wiesehr auch das katholische Kirchenwesen dem Charakter und den Traditionen des Spaniers entsprach, Reinheit des Glaubens und Reinheit des Bluts als heiliges Erbtheil der Nation galten und der Abfall als eine so hohe Sünde erschien, daß sie selbst durch Brudermord gesühnt werden müßte (S. 721), so waren doch durch den Verkehr mit Deutschland lutherische Lehren und Schriften auch nach der pyrenäischen Halbinsel gedrungen und heimlich verbreitet worden. In Sevilla und Valladolid hatten sich kleine Separatistengemeinden auf evangelischer Grundlage gebildet; in einigen Dörfern, die dem Klosterfrieden benachbart waren, zeigten sich Spuren religiöser Neuerung; selbst der Geistliche Augustin Cazalla, der den Kaiser in dem schmalkaldischen Kriege begleitet und sogar noch in San Juste vor ihm gepredigt hatte, war von lutherischer Ketzerei angesteckt. Solche Wahrnehmungen waren allerdings geeignet, das Gemüth des Monarchen zu erregen und zu erschüttern; schien es doch, als ob die feindlichen Doctrinen, die er so eifrig zu unterdrücken gesucht, ihn noch mit dämonischer Gewalt in seine Einsamkeit verfolgten, um ihm die Eitelkeit seines Ringens und Thuns recht nachdrücklich vor Augen zu stellen. Sie umstanden vielleicht sein Sterbelager; wenigstens wurden neben Cazalla noch zwei andere Geistliche aus seiner nächsten Umgebung in der Folge vor das Inquisitionstribunal gezogen. Aber so standhaft hielt er an der Ansicht fest, die er von Jugend auf bekannt und verfochten hatte, daß er seine Tochter, die Regentin Johanna in Valladolid ermahnte, durch die Inquisition die Ketzerei im Keime auszurotten zu lassen, ehe das Uebel sich weiter verbreite, und daß er seinem Testamente noch einen besondern Nachtrag beifügte, in welchem er dem König Philipp zur Gewissenspflicht machte, jede Spur religiöser Neuerung in der katholischen Monarchie mit aller Strenge zu vertilgen. Nach Sandoval hat er sogar einmal sein Bedauern ausgesprochen, daß er gegen Luther das freie Geleit gehalten.

Karls Tod.   Wenn im Anfang das ruhigere zurückgezogene Leben Karls Kräfte und Gesundheit gestärkt hatte, so hielt diese Besserung nicht lange an. Dabei zeigten sich auch Anwandlungen der trübsinnigen melancholischen Stimmung, die von seiner Mutter Johanna auf ihn übergegangen war. Er glaubte zuweilen ihren Ruf zu vernehmen, daß er nachkommen solle. Der Tod seiner Schwester Eleonore, Febr. 1558. gewesenen Königin von Frankreich, die er besonders geliebt hatte, scheint diese Stimmung noch gesteigert zu haben. „Sie war um fünf Vierteljahre älter als ich", sagte er bei der Nachricht von ihrem Hingang, „und ehe diese Zeit verflossen ist, werde ich wahrscheinlich bei ihr sein." Die Weissagung sollte in Erfüllung gehen. Im August stellte sich sein altes Gichtleiden wieder ein, Unvorsichtigkeit in der Diät steigerte das Uebel und ließ sein nahes Ende voraussehen. Eine alte, aber wenig verbürgte Erzählung meldet, er habe seine eigene Todtenfeier in der Klosterkapelle veranstalten lassen und mit seiner ganzen Umgebung der Trauerceremonie persönlich beigewohnt. Erschüttert durch den Eindruck der ergreifenden Handlung sei er wenige Tage nachher gestorben. Nachdem er am 21. September 1558 die letzte Oelung und das Sacrament empfangen, schied er aus der Zeitlichkeit, den Blick auf das Crucifix geheftet. Seine Leiche wurde hinter dem Hochaltar in der Klosterkirche begraben, aber in der Folge durch Philipp II. nach dem Escorial verbracht und neben seiner Gemahlin Isabella in dem prachtvollen Mausoleum beigesetzt. Auch in Brüssel wurde ein feierliches Todtenamt mit einem glänzenden Trauerzug angeordnet.

In den Tagen seiner Zurückgezogenheit in San Juste sah man häufig einen leb-haften Knaben von zwölf Jahren, der in Valladolid erzogen ward, an seiner Seite. Es war sein natürlicher Sohn Don Juan, den ihm die schöne Regensburger Bürgers-tochter Barbara Blomberg im Jahre 1545 geboren. Karl hatte ihn als Sohn aner-kannt, aber nur sein Hausmeister Quizada und wenige Vertraute wußten um das Ge-heimniß. Erst in der Folge wurde "Johann von Oesterreich" von dem königlichen Halb-bruder zu dem seiner Geburt entsprechenden Rang erhoben. Eine Tochter, Margarethe, die Karl vor der Ehe mit einer Flamänderin erzeugt, haben wir bereits als Gattin Octa-vios Farnese kennen gelernt. Seine rechtmäßige Gemahlin, die schöne und sittsame Isabella von Portugal, die schon im Jahre 1538 aus der Welt geschieden, hatte ihm den Thronfolger Philipp und zwei Töchter geboren, Maria vermählt mit Maximilian von Oesterreich und Johanna, die nach kurzer Ehe mit dem Thronfolger von Portugal als junge Wittwe zur Regentin von Spanien an ihres Bruders Stelle eingesetzt worden war. Seine Schwiegertochter Maria von England starb wenige Wochen nach ihm.

Es ist nicht nöthig, dem Fürsten, der fast ein halbes Jahrhundert lang die Geschicke Europas lenkte, eine ausführliche Charakteristik in sein stilles Grab mit-zugeben. Die Geschichte selbst, die von ihm ihre Impulse und ihre Richtung empfing, ist der treueste Spiegel seiner Persönlichkeit und seiner Eigenschaften. Wie seine körperliche Entwickelung nur langsam vor sich ging, seine physischen Kräfte kurze Zeit in voller Lebensfähigkeit sich zeigten und nur durch außerge-wöhnliche Reizmittel in Spannung gehalten wurden, so daß frühe die Spuren des Alters eintraten, sein hellblondes Haar schon im vierzigsten Jahre grau ward, und Krankheit und leibliche Gebrechlichkeit seine Gestalt verzehrte und zu einer gebeugten Haltung zwang; so reifte auch sein Geist nur langsam zum Wachsthum, drückte dann aber in voller Entfaltung der ganzen Zeit ihr Ge-präge auf. Sein erster Wahlspruch "Noch nicht" (Nondum) wich bald dem andern "Vorwärts" (Plus ultra) und im Vertrauen auf sich selbst und den Glücksstern Habsburgs glaubte er alle Schranken und Hemmnisse überwinden und zu einer Weltherrschaft emporsteigen zu können. Dieser Gegensatz zwischen äußerer Erscheinung und innerer Thatkraft gab sich in sei-nem ganzen Wesen kund: Wenn man den schwächlichen Mann, der sich oft in einer Sänfte mußte tragen lassen, im Felde oder im Heerlager, auf der Jagd oder im Turnier erblickte, erstaunte man über die Behendigkeit und den vorstre-benden Muth, die er im entscheidenden Momente entfaltete, und wenn man die schweigsame, zuwartende, erwägende Haltung beobachtete, mit der er die Vor-

Seine Kin-der.

Karls V. Charakter.

träge der Staatsmänner und Gesandten anhörte, glaubte man geringe Theilnahme oder wenig Verständniß voraussetzen zu müssen. Aber wie sehr erstaunten jene dann wieder, wenn sie fanden, daß er über die Lage der Dinge und die
Zwecke ihrer Sendung so klar unterrichtet war. Er pflegte Alles reiflich zu überlegen, alle Gründe für und wider zu erwägen, bisweilen niederzuschreiben, den
Entschluß möglichst lang hinauszuschieben; er konnte wohl die Couriere ganze
Tage warten lassen, ehe er ihnen Bescheid gab. Aber war der Entschluß
einmal gefaßt, die Entscheidung einmal getroffen, so vermochte Niemand ihn
darin wankend zu machen. Und dabei folgte er, wie wir früher gesehen (S. 771,
ganz seinem eigenen Geist. Hatte er sich in jüngeren Jahren häufig von Anderen leiten und bestimmen lassen, so vertraute er in den Tagen seiner staatsmännischen Reife nur sich selbst. Wenn er bei seinen Plänen seinen Kanzler Granvella und dessen Sohn, den Cardinalbischof von Arras mehr als andere ins
Vertrauen zog, so geschah es nur, um ihre Ansichten zu hören, nicht aber um
sich durch sie bestimmen zu lassen. Nie sah man ihn heiterer und aufgeweckter,
als wo es galt, durch rasche Entschlossenheit und thatkräftiges Handeln sich zum
Meister der Situation zu machen. Alles wollte er selbst sehen und leiten; keine
Anstrengung war ihm zu groß, kein Dienst zu beschwerlich, keine Gefahr vermochte ihn zurückzuschrecken. „Habt ihr jemals gehört, daß ein Kaiser erschossen
worden" erwiderte er den zur Vorsicht Mahnenden. Herrschsucht und Ehrgeiz
waren die Haupttriebfedern seiner Politik; was seine Großeltern Ferdinand und
Isabella angebahnt, suchte er zur Vollendung zu führen: das habsburgische Haus
sollte die Vorherrschaft in der europäischen Völkerfamilie erringen und in alle
Zukunft behaupten; diese Vorherrschaft sollte sich nicht auf das weltliche Regiment beschränken, auch in kirchlichen Dingen sollte es das entscheidende Wort
führen. Politik und Religion standen bei ihm im innigsten Bunde, und wenn
er sich gern das Ansehen gab, daß er für den Sieg des Kreuzes und für die alten
kirchlichen Satzungen das Schwert führe, im Geiste der Kreuzfahrer gegen die
Mohammedaner und die Ketzerei kämpfe; so lagen doch unter dieser christlich-reli-
giösen Hülle weltlich-politische Pläne verborgen, ja diese waren die eigentlichen Motive, die mächtigsten Hebel; sein Religionseifer war wesentlich durch seine politischen Combinationen bedingt. Allgemein menschliche Ideen und Prinzipien
dienten ihm nur dann als Fahne, wenn die Interessen seiner Herrschaft und
seines Geschlechts damit verbunden waren. Zu höheren Gedankenkreisen vermochte er sich nicht aufzuschwingen. Als der Enkel des katholischen Herrscherpaares lag er unter dem Banne der spanisch-hierarchischen Vorstellungen, mit
denen das Pyrenäenreich groß geworden, mit denen das habsburgische Weltreich
fort und fort blühen und wachsen sollte. Von diesem Geiste beherrscht und geleitet, hat er eine wunderbare Thätigkeit entwickelt. Es war kein prahlerisches
Selbstlob, wenn er in der Abschiedsrede zu Brüssel aufzählte, wie oft er die verschiedenen Länder Europas besucht, wie oft die Meere befahren; die Darstellung

der geschichtlichen Begebenheiten in den Blättern dieses Werks gibt Zeugniß von seinem rastlosen Thun und Treiben. Der Fülle seiner Entwürfe und Unternehmungen kam die Beweglichkeit und unermüdliche Thätigkeit gleich, mit der er die Ausführung betrieb. Keine Stelle seines weiten Reiches war ihm zu entlegen; Frankreich und England wurden von ihm besucht; an die Küsten von Afrika trug er sein Banner, in Ungarn hemmte er den Siegeslauf Suleimans. Er schien die Eigenschaft der Allgegenwart zu besitzen. Und es ist nicht zu leugnen, daß er dieser rastlosen Vielgeschäftigkeit und Unternehmungslust einen großen Theil seiner Erfolge verdankte. Sie brachte ihn mit den verschiedensten Menschen in Verbindung und setzte ihn in Stand, die nationalen und persönlichen Eigenschaften zu erforschen und die Wirkungen der Macht und Autorität zu erproben. Seine Menschenkenntniß und der Eindruck seiner Person und Würde boten ihm manche Mittel und Hebel, widerstrebende Kräfte fügsam und unterwürfig zu machen. Daß er dabei mehr auf die Leidenschaften und Schwächen baute, als auf die edlen Triebe und Regungen, zeugt von seiner scharfen Beurtheilung der Welt und Zeitrichtung. Der Glaube an Tugend und Treue in der Menschenbrust lag jenem Geschlechte fern; Eigennutz, Egoismus, Genußsucht waren die herrschenden Mächte des Tages. Und diese hatten auch in Karls Seele ihren Sitz aufgeschlagen. Wer sich gegen seine Autorität auflehnte, seine Pläne durchkreuzte, seinen Geboten ungehorsam war, den betrachtete er als seinen persönlichen Feind, den verfolgte er mit seinem Haß, mit dem versöhnte er sich niemals in Aufrichtigkeit des Herzens. Wurde er durch Zeitverhältnisse genöthigt, die Gefühle des Unwillens und der Rachsucht für den Augenblick zu unterdrücken, so kam er bei veränderten Umständen immer wieder darauf zurück, und kein Mitleid, keine Regungen der Menschlichkeit, keine Rücksichten hielten ihn ab, die Rache auszuüben. Schonungslos warf er den Widersacher nieder und triumphirte über seinen Fall. Niemals vergaß oder verzieh er eine empfangene Beleidigung. Und auch in der sinnlichen Genußsucht war er der Sohn seiner Zeit. Wie wenig immer sein schwächlicher Körper zu Ausschweifungen angethan war, so hat er sich doch denselben häufig genug hingegeben: er verkehrte gern mit schönen Frauen und seine Liebe war nicht platonischer Art; besonders aber huldigte er den Genüssen der Tafel; seine Köche mußten alle Kunst aufbieten, um ihm die ausgesuchtesten Speisen und Leckerbissen zu bereiten, und nicht selten zog er sich durch Unmäßigkeit und Unenthaltsamkeit Uebelbefinden zu. Von den Fastengeboten ließ er sich häufig entbinden. Daß in jener Zeit der geistigen Regsamkeit, des künstlerischen und literarischen Schaffens kein hervorragender Mann gleichgültig gegen die Erzeugnisse der Wissenschaft und Kunst sein konnte, war selbstverständlich. Auch Kaiser Karl erwies den schönen Geistern der Renaissance Aufmerksamkeit und Gunst, wenn auch nicht in so hohem Grade wie Franz I. oder Heinrich VIII. Er war musikalisch und ehrte und begünstigte die edle Tonkunst; er liebte die Malerei und Dichtung: wie oft hat er sich und seine Gemahlin von Tizian, von Lucas

Cranach malen laſſen und noch auf dem Sterbelager waren ſeine Blicke auf die „Gloria“ des Venezianers gerichtet. Sein Kammerherr, der gelehrte Flamänder van Male (Malinäus) meldet, daß ſein Herr einen damals viel geleſenen fran=zöſiſchen Roman, worin Karls des Kühnen Hof gefeiert war, überſetzt habe, eine Arbeit, die dann von Acuña in caſtilianiſche Verſe gebracht worden; auch Denkwür=digkeiten habe der Kaiſer verfaßt, die aber nicht auf die Nachwelt gekommen ſind. Am meiſten liebte Karl politiſche und hiſtoriſche Schriften. Es wurde ſchon mehr=mals erwähnt, wie hoch er die Werke von Comines und Machiavelli hielt. Häu=fig ließ er ſich bei ſeinen Mahlzeiten vorleſen, eine Gewohnheit, die er noch in San Juſte beibehalten hat. Den gelehrten Sepulveda beauftragte er, die Ge=ſchichte ſeines Lebens und ſeiner Thaten zu ſchreiben, wozu er ihm ſelbſt man=cherlei Mittheilungen machte. Den Sleidan nannte er einen Verleumder, den Giovio (Jovius) einen Schmeichler. Großmuth und Freigebigkeit lag nicht in Karls Charakter; mit Belohnungen war er karg, verſprochene Zahlungen hielt er oft lange zurück, zu ritterlicher „Milde“ war er ſelten aufgelegt. Gar manche Charakterzüge erinnern an Ferdinand den Katholiſchen. Es unter Anderm ſein haushälteriſcher Sinn. Sah man doch einſt mit Be=wunderung, wie der mächtige und reiche Kaiſer, vom Regen überraſcht, ſein goldgeſticktes Baret unter dem Mantel barg, um es vor der Näſſe zu be=ſchützen, bis man ſein altes aus der Stadt herbeigeholt. In Deutſchland war er wenig beliebt; er fühlte dies und begegnete den deutſchen Fürſten und Edlen mit mehr Kälte und Zurückhaltung als den Flamändern und den ſpaniſchen Granden. Gegen dieſe zeigte er ſich oft leutſelig und herablaſſend; wenn ſie ihm das Geleite gaben, verabſchiedete er ſich in der Regel von ihnen mit einem Händedruck; wie ganz anders war dagegen ſein Benehmen gegen die ge=fangenen deutſchen Fürſten!

4. Philipps II. Anfänge bis zum Frieden von Chateau-Cambreſis.

^{Der päpſt=
lich=franzöſi=
ſche Kriegs=
bund.} Während Karl V. in den ſtillen Kloſterräumen von San Juſte ausruhte von den Geſchäften und Sorgen des Herrſchens, tobte ein verheerender Krieg an den Grenzen ſeiner Reiche. Ruhig hatte er nach ſeiner Reſignation die Nieder=lande verlaſſen, da der Waffenſtillſtand, der in dem Kloſter Vaucelles bei Cambrai ^{5. Febr.
1556.} zwiſchen Frankreich und Spanien vereinbart worden war, auf fünf Jahre den Frieden ſicher zu ſtellen ſchien. Allein der leidenſchaftliche Greis, der als Paul IV. den päpſtlichen Stuhl inne hatte, wollte nichts hören von Waffenverträgen, welche die ſpaniſche Herrſchaft in Neapel fortbeſtehen ließen. Wir wiſſen, welch tiefen Haß dieſer ſtolze, hochfahrende Kirchenfürſt gegen das Habsburger Haus in ſeiner Seele trug. Der angioviniſchen Partei in Neapel angehörend, hatte er

und alle Glieder der Familie Caraffa von Jugend auf mit grollendem Herzen auf die spanische Herrschaft in Neapel geblickt, die sie als eine widerrechtliche Usurpation ansahen. Dieser Groll war noch gesteigert worden durch persönliche Beleidigungen, indem Karl V. sich der Erhebung des Caraffa auf den erzbischöflichen Stuhl von Neapel widersetzt hatte. Die Vertreibung der „Barbaren" aus diesem Königreiche, das in Rom immer noch als päpstliches Lehn galt, war seitdem der Gedanke seines Lebens. Er trug etwas von dem Geiste Julius' II. in seiner Seele. Die Franzosen ins Land zu rufen, meinte er, habe wenig Gefahr, die könne man später wieder ausquartieren, aber die Spanier seien wie Unkraut, wo man das hinwerfe, schlage es Wurzel. Sein Haß gegen die Habsburger erhielt neue Stärke, seitdem die pontificale Krone sein Haupt schmückte. Er hielt es für einen frevelhaften Eingriff in seine oberkirchlichen Rechte, daß sich Karl und sein Bruder in Friedensunterhandlungen mit den Evangelischen in Deutschland eingelassen, und protestirte gegen die Augsburger Uebereinkunft; er zürnte, daß die kaiserlich gesinnte Familie Colonna, die er mit dem Banne belegt und ihrer Lehen und Aemter im Kirchenstaat beraubt hatte, in Neapel Schutz und Aufnahme fand; er war der Ansicht, daß der spanische Herrscher durch Vorenthaltung des jährlichen Tributs an den heiligen Stuhl alle Rechte und Ansprüche auf das Königreich Neapel verwirkt habe; er sprach in Gegenwart kaiserlicher Gesandten von den Spaniern in den beleidigendsten Ausdrücken und Schmähungen. Von gleicher Gesinnung waren seine Neffen erfüllt, sowohl der älteste, dem er den Titel eines Herzogs von Montebello und die großen Güter der Colonna verliehen, als der jüngere, den er trotz seines unwürdigen Lebenswandels und seiner Ausschweifungen aus der kriegerischen Laufbahn in das Cardinalcollegium berufen hatte. Der letztere war es auch, der die Verbindung mit Frankreich betrieb, wo er an dem Herzog von Guise und dessen Bruder, dem Cardinal von Lothringen, thätige Helfer und Gesinnungsgenossen fand. Diese ehrgeizige Familie, die auf die Geschicke Frankreichs in den nächsten Jahrzehnten einen so unheilvollen Einfluß übte, war durch persönliche Interessen aufs Innigste an das Papstthum geknüpft und mochte sich wohl auch mit der Hoffnung tragen, in das Erbe der Spanier in Unteritalien einzutreten, da sie als Nachkommen von Jolante, König René's I. Tochter, alte Geburtsrechte geltend machen konnte. Durch die Thätigkeit Guise's und Caraffa's kam ein Bündniß zu Schutz und Trutz zwischen Frankreich und dem römischen Hof zu Stande. Nachdem der Papst den französischen König seines Eides entbunden, wurde der Waffenstillstand von Vaucelles aufgelöst und ein neuer Vertrag in Rom abgeschlossen, in welchem die Bedingungen und Leistungen Juli 1556. des Kriegsbundes festgesetzt und die künftigen Geschicke des zu erobernden Königreichs Neapel bestimmt waren. Wie in den Tagen Ludwigs XII. sollte das durch gemeinsame Anstrengungen errungene Land getheilt werden. Es machte dem heiligen Vater wenig Kummer, daß Heinrich II. nach dem Beispiel des Vaters zugleich das Bündniß mit Sultan Suleiman erneuerte, und daß die deutschen

Landsknechte, welche den Kern der päpstlichen Heere bildeten, sich zu Luthers
Lehre bekannten, und ohne Scheu Heiligenbilder, Fasten und Messe verspotteten.
Die Leidenschaft schlug alle Bedenken nieder.

Alba im
Kirchenstaat. So sehr es auch dem spanischen König Philipp II., der an gläubiger Hingebung für die katholische Kirche und ihr Oberhaupt seinen Vater weit übertraf,
zu Herzen ging, daß er seinen Regierungsantritt mit einem Kriege gegen Rom
begehen sollte; Paul IV. zeigte seine feindselige Gesinnung in so rücksichtsloser
Weise, setzte durch beleidigende Aeußerungen und Drohungen und durch Verhaftung des spanischen Gesandten Garcilaso de la Vega so sehr alle Regeln des internationalen Verkehrs und Anstandes bei Seite, daß der König nicht umhin
konnte, den Herzog von Alba, welcher die Statthalterschaft von Mailand mit
der Würde eines Vicekönigs von Neapel vertauscht hatte, in Stand zu setzen,
dem drohenden Kriegssturm durch einen Einmarsch in die päpstlichen Staaten zu
begegnen. Hatten doch selbst die spanischen Prälaten, denen der König auf einer Synode über die Lage der Dinge Mittheilungen gemacht, einem kriegerischen Vorgehen gegen den Beherrscher des Kirchenstaats ihre Sanction ertheilt. Das Heer,
Sept. 1556. mit welchem Alba im Herbst 1556 die Grenzen des neapolitanischen Reichs
überschritt, bestand größtentheils aus frischen einheimischen Truppen zu Roß und
zu Fuß mit einem Geschützzug; allein den Kern bildeten spanische Veteranen,
welche die kaiserlichen Feldzüge durchgemacht und als die geübtesten und abgehär-
tetsten Soldaten angesehen werden konnten. Sie bahnten sich bald einen
siegreichen Weg in den Kirchenstaat. Das Beispiel von Anagni, das wegen Widerstandes erstürmt und der Plünderung preisgegeben ward, schreckte die andern
Städte ab; wenn Alba vor ihren Mauern erschien, erkauften sie sich durch Unterwerfung Sicherheit des Lebens und des Eigenthums. Im October schlug der
Herzog sein Hauptquartier in Tivoli auf und ließ seine Reiterschaaren bis an
die Thore Roms streifen: zitternd forderten die Bewohner den Papst zur Capitulation auf; allein dieser wies jede Nachgiebigkeit, jede Vermittelung des venetianischen
Gesandten entschieden zurück; selbst als die stolze Reiterschaar, die er persönlich
auf dem St. Petersplatz gemustert und sein Neffe ins Feld geführt, in die Flucht
geschlagen, als die Besatzung von Ostia nach tapferster Gegenwehr zur Unter-
19. Nov.
1556. werfung gezwungen ward, ließ er keine Friedensgedanken aufkommen. Sein
Starrsinn hätte der ewigen Stadt schlimme Früchte tragen können, wäre nicht
Alba ein so gläubiger Diener der Kirche gewesen. Es machte seinem Gewissen
Bedenken, daß er das Haupt der Kirche bekriege; sein Oheim, Cardinal Giacomo,
führte ihm zu Gemüthe, wie traurig der Connetable von Bourbon und alle, die
mit ihm wider Rom gestritten, geendigt hätten; er wollte nicht, daß sein Name
unter den Bestürmern der Stadt des heil. Petrus genannt werde; er gewährte
dem Cardinal Caraffa einen Waffenstillstand von zwei Monaten und kehrte als
Sieger nach Neapel zurück. Dadurch erlangten die französischen Hülfstruppen,
die unter der Führung Guise's bereits die Alpen überstiegen hatten, die Mög-

lichkeit, ungehindert vorzudringen, und der Waffengang nahm eine andere Wendung. Kaiser Karl sprach sich in San Juste sehr ungehalten über den spanischen Feldherrn aus.

Mitten im Winter zog der Herzog von Guise über Piemont in die Po-Ebene hinab, um die Waffen Frankreichs abermals in das Herz Italiens zu tragen. Er hatte eine Armee von 12000 Mann Fußvolk, fast zur Hälfte Schweizer Soldknechte und 2000 Reiter schwerer und leichter Armatur. Die adelige Jugend Frankreichs war zahlreich vertreten; den Spuren der Väter unter den früheren Königen folgend, gedachte sie unter dem kriegsgeübten Führer, dem stolzen Haupte des Adels Ruhm und Ehre zu erwerben. Wiederum herrschte in Italien ein aufgeregtes Parteiwesen: die alte Scheidung in Guelfen und Ghibellinen lebte von Neuem auf, wenn auch mit verschiedenen Zielen und unter anderer Führung. Während der Herzog von Ferrara, mit einer Tochter Guise's vermählt, zu Frankreich hielt, wurde Farnese von Parma durch die Rückgabe der Stadt Piacenza auf die kaiserlich-spanische Seite gezogen; er willigte ein, daß sein kleiner Sohn Alexander nach Madrid gebracht ward, um unter den Augen Philipps erzogen zu werden. Herzog Cosimo von Toscana wurde durch die Ueberlassung von Siena für Philipp gewonnen. Die Signoria von Venedig, die vergebens in Rom zu vermitteln und zu versöhnen bemüht gewesen, verhielt sich neutral und suchte ein gewisses Gleichgewicht in der Halbinsel zu bewahren.

Ohne, wie der Herzog von Ferrara rieth, einen Angriff auf Mailand zu unternehmen, drang Guise rasch nach Mittelitalien vor, um den Kirchenstaat zu befreien und den Krieg nach Neapel zu verlegen. Er schlug seinen Weg über Bologna und Ravenna nach der Meeresküste ein, zog über Rimini und Pesaro nach Jesi und eilte dann, seine Leute in guten Quartieren zurücklassend, nach Rom, um mit dem Papste persönlich die weiteren Pläne zu verabreden. Paul empfing den mächtigen Edelmann, der dem heiligen Stuhle so eifrig ergeben war, mit großer Auszeichnung und gab sofort Befehl zur Erneuerung des Krieges; die Städte Tivoli und Ostia wurden zurückerobert. Wie schwoll die Brust des stolzen Caraffa bei dem Gedanken, daß die Herrschaft der Spanier in dem ganzen Apenninenlande nun bald zu Ende sein würde! Durch einige päpstliche Mannschaften verstärkt, setzte darauf der französische Heerführer seinen Marsch fort. Campli, eine wohlhabende Stadt inmitten einer fruchtbaren Landschaft, wohin sich die Bevölkerung aus den offenen Flecken und Dörfern mit ihrer Habe geflüchtet hatte, wurde im Sturm genommen und der Plünderung preisgegeben. Die Besatzung ward niedergemacht, Frauen und Jungfrauen geschändet, die Schätze geraubt, die Häuser verbrannt. Von den rauchenden Trümmern Campli's wendete sich der Herzog gegen Civitella, eine hochgelegene Stadt mit einer festen Citadelle, welche von 1200 Spaniern mit Muth und Tapferkeit vertheidigt wurde. Die Einwohner, männlichen wie weiblichen Geschlechts leisteten kräftigen Widerstand; das Geschick von Campli hatte sie gelehrt, daß bei dem Feinde keine

Gnade, kein Erbarmen zu hoffen sei, sie zogen den Tod der Entehrung vor. Solcher Entschlossenheit und Thatkraft gegenüber waren die Angriffe der Franzosen erfolglos; die Stürme wurden abgeschlagen, die Breschen rasch ausgefüllt, das feindliche Lager durch das Geschützfeuer von der Höhe schwer getroffen. Die Mißerfolge erzeugten Unmuth in den Reihen der Soldaten; eine Verstimmung gegen den Papst, der sich so wenig um sie bekümmerte, so säumig und ungenügend seinen Verpflichtungen nachkam, faßte mehr und mehr Boden in den Gemüthern; der Herzog von Montebello, Pauls Neffe, welcher die päpstliche Hülfsmannschaft befehligte, wurde von Guise bei einem Streit so schwer beleidigt, daß er abzog. Auch eine Erhebung der Angiovinischen Parteigenossen unter dem neapolitanischen Adel, auf welche der französische Heerführer gezählt hatte, blieb aus, vielmehr erklärten sich die von Alba zu einem Parlamente einberufenen Barone bereit, den Vicekönig mit Geld zu unterstützen, und ermächtigten ihn, die Geistlichkeit des Landes zu Beiträgen und Darlehen anzuhalten.

Alba's zweiter Feldzug in den Kirchenstaat. April 1557. Ermuthigt durch solche Beweise von Hingebung und Vertrauen in der Bevölkerung, brach Alba im Frühjahr mit einem aus Eingebornen, aus spanischen Veteranen und aus deutschen Soldknechten bestehenden Heere nach Nordosten auf, um dem Feinde den Einzug in das Königreich zu wehren. Von Pescara, am adriatischen Meer, wo sich die einzelnen Abtheilungen versammelten, rückte er nach Giulia Nuova vor und nöthigte dann die französische Armee, die nochmals einen vergeblichen Sturm gegen Civitella unternommen, zu einem verlustvollen Rückzug. Der heldenmüthigen Stadt verlieh Alba zum Lohn für ihre Tapferkeit und Treue ansehnliche Vorrechte. Am Tronto und bei Ascoli kamen sich die Truppen beider Nationen so nahe, daß man eine Schlacht erwartete; allein der Vicekönig beschränkte sich auf die Vertheidigung der neapolitanischen Grenzen und ließ den Feind ruhig und in guter Ordnung abziehen. Er habe keine Lust, äußerte er, um den gestickten Mantel des Herzogs von Guise das Königreich Neapel aufs Spiel zu setzen. Bald darauf erhielt der französische Befehlshaber ein Gesuch des Papstes, zur Deckung des Kirchenstaats, wo Alba's Verbündeter Antonio Colonna bedenkliche Fortschritte machte, näher nach Rom zu ziehen. Er folgte der Einladung und schlug sein Hauptquartier in Tivoli auf, um dieselbe Zeit als das Schicksal der Stadt Segni, welche von Colonna's Banden erobert und mit empörender Grausamkeit behandelt wurde, die Einwohner der Hauptstadt mit Zittern und Zagen erfüllte. Und wie groß war ihr Schrecken, als Alba, nachdem 26. Aug. 1557. er sich mit Colonna in der Campagna vereinigt hatte, in einer regnerischen Augustnacht bis unter die Mauern von Rom vordrang, in der Absicht, sich der Person des Papstes zu bemächtigen! Wie leicht hätten sich bei einer Ueberrumpelung der Stadt die Auftritte der Bourbonschen Zeit wiederholen können. Von einem solchen Schicksal blieben jedoch auch diesmal die Römer verschont. Sei es, daß der spanische Heerführer sich in seinem Gewissen beunruhigt fühlte, sei es daß er einen Angriff oder Ueberfall der Franzosen fürchtete, er führte seine vor-

geschobenen Mannschaften wieder nach der Campagna zurück. Die geängstigten
Einwohner bestürmten nun den Papst mit Bitten um Frieden; Strozzi, der aus-
gezeichnetste unter den italienischen Feldherren, stellte ihm vor, wie verderblich
die Fortsetzung eines so aussichtslosen Kampfes sei; allein der unbeugsame
Hohepriester konnte es nicht über sich gewinnen, die Pläne seiner rachsüchtigen
Seele aufzugeben. Erst als Guise ihm die Mittheilung machte, daß er von Paris den Befehl erhalten habe, sein Heer schleunig in die Heimath zurückzuführen,
da der Feind von Norden her die Grenzlande bedrohe, beugte er sich grollend
der Nothwendigkeit. Mit dem schweren Vorwurfe, daß der Herzog für den König, für die Kirche und für seine eigene Ehre Nichts gethan habe, verabschiedete
er denselben und sandte darauf seinen Neffen nach Cavi, um mit Alba einen
Frieden zu vereinbaren.

Und auch jetzt noch trat Paul IV. so gebieterisch und hochfahrend auf, als *Frieden zwi-schen dem Papst und Spanien.*
ob das Waffenglück auf seiner Seite gewesen und er das entscheidende Wort zu
führen hätte. Er verlangte vor Allem, der Vicekönig solle öffentlich um Verzeihung bitten, daß er die Waffen gegen den heiligen Stuhl getragen, und reue-
voll die Absolution nachsuchen. Dem stolzen Spanier widerstrebte eine solche
Demüthigung, aber Philipp, der um jeden Preis mit der Kirche in Frieden leben
wollte, übersandte ihm den Befehl, sich zu fügen. „Wäre ich der König“, ließ
sich Alba vernehmen, „so müßte der Papst einen seiner Neffen zur Abbitte nach
Brüssel schicken“. Auch in den übrigen Punkten zeigte sich der spanische Monarch
so nachgiebig gegen das geheiligte Kirchenhaupt, daß, wie der Feldherr bitter bemerkte, der Vertrag nicht von dem Sieger, sondern von dem Besiegten dictirt zu
sein schien. Die französischen Heere durften ungehindert abziehen, über Colonna's Besitzungen sollte ein Schiedsgericht die Entscheidung treffen, in Unteritalien
blieb Alles unverändert. Für die Drangsale und Verheerungen, welche das Land
durch den von dem leidenschaftlichen Kirchenfürsten heraufbeschworenen Krieg zu
dulden hatte, sowohl von Seiten der französisch-päpstlichen Invasion, als von
Seiten der Türken und Corsaren, welche als Verbündete des „allerchristlichsten“
Königs die Küsten und Seestädte mit feindlichen Ueberfällen, mit Raub und
Brand heimsuchten, für die Lasten und Leistungen, welche die Einwohner zu tragen hatten, wurden keinerlei Entschädigungen gewährt. Wie hoch auch Alba
den Segen des heiligen Vaters anschlagen mochte, dennoch fühlte er sich in seiner *27. Sept. 1557.*
militärischen Ehre tief gekränkt, als er nach Abschluß des Friedens seinen Einzug
in die ewige Stadt hielt, um sich im Vatican als reuiger Sohn dem heiligen Vater zu Füßen zu werfen und um Absolution zu bitten. Nur in dem
Jubel des Volkes, das dem Friedenbringer den glänzendsten Empfang bereitete,
konnte er einige Genugthuung finden. Von der Zeit an wurden keine Versuche
mehr gewagt, die spanische Herrschaft in der apenninischen Halbinsel zu brechen.
Unter Paul IV. waren die letzten nationalen Anstrengungen zur Vertreibung der
„Barbaren“ gemacht worden.

Der Krieg in der Picardie.   War der Krieg in Italien weder ehrenvoll noch vortheilhaft für Frankreich, so nahm der gleichzeitige Waffengang in der Picardie eine noch ungünstigere Wendung. Philipp II. war nicht nur durch namhafte Geldbewilligungen der spanischen Cortes in Stand gesetzt, eine beträchtliche Streitmacht von Fußvolk und Reiterei in den Niederlanden um sich zu sammeln; es gelang ihm auch mit Hülfe seiner Gemahlin Maria, die englische Nation zur Theilnahme an dem Krieg wider Frankreich zu bewegen. Er selbst weilte zwar meistentheils in Brüssel, fern von dem Schauplatz des Waffenganges, denn seine Neigungen und geistigen Anlagen waren mehr auf Politik und Staatsgeschäfte gerichtet; aber er besaß in Emanuel Philibert, dem Sohne des vor vier Jahren gestorbenen Herzogs Karl von Savoyen, einen Feldherrn, welcher mit der spanischen Sache zugleich seine eigene verfocht, indem ihm sein väterliches Erbe noch immer von den Franzosen vorenthalten ward. (S. 624). Von Karl V. frühe in das Kriegsleben eingeführt, hatte der Herzog eine erfahrungsreiche Schule hinter sich, und was ihm die Natur an Körperstärke versagt hatte, wußte er durch Abhärtung, Willenskraft und mäßige Lebensweise zu ersetzen. Auch den Wissenschaften, besonders der Geschichte und Mathematik war er zugethan. König Philipp war ihm sehr gewogen; er begünstigte seine Werbung um die Hand der Prinzessin Elisabeth, aber die englische Königstochter wollte nur ihrem Lande und Volke leben. Wohl standen auch an der Spitze des französischen Heeres namhafte Feldherren: mochte auch der Oberbefehlshaber, der uns bekannte Connetable von Montmorency, mehr durch Glanz und Hofgunst als durch wirkliche Verdienste hervorragen, so waren dagegen die ihm untergeordneten Feldherren, der Admiral Coligni und der Herzog von Nevers, Gouverneur der Provinz, Männer von anerkannter Tapferkeit.

Die Schlacht von St. Quentin. 10. Aug. 1557.   Dennoch trat es bald zu Tage, daß die größere Kriegskunst auf Seiten der Spanier sei. Als Montmorency zum Entsatz der hart bedrängten Festung St. Quentin, welche von Coligni mit größter Anstrengung vertheidigt ward, mit seinem Heere herbeizog, wurde er beim Uebersetzen über die Somme auf dem morastigen Boden von dem tapfern Anführer der Reiterei, dem flandrischen Grafen Egmont mit solchem Ungestüm angegriffen, daß, als der Herzog von Savoyen rechtzeitig in den Kampf eintrat und das Reitertreffen zur allgemeinen Schlacht sich erweiterte, die Franzosen trotz der kühnen Gegenwehr der Gasconischen Hakenschützen und Lanzenträger, eine vollständige Niederlage erlitten. Tausende lagen erschlagen oder verwundet auf dem weiten Waffenfelde umher; eine noch größere Zahl wurde auf dem fluchtähnlichen Rückzug durch die Reitergeschwader Egmonts und des Grafen Hoorne in Kriegsgefangenschaft geführt. Unter ihnen befand sich Montmorency selbst, der in das hitzigste Gefecht sich stürzend von dem Pistolenschuß eines schwarzen Reiters getroffen sich ergeben mußte, befanden sich die Herzoge von Montpensier und Longueville, der Marschall St. André und viele andere Edelleute. Unter den Gefallenen war auch ein Prinz von Geblüt,

Jean de Bourbon, Graf von Enghien. Einen Theil des geschlagenen Heeres retteten Revers und der Graf von Condé unter dem Schutze der Nacht nach La Fère. Seit der Schlacht von Azincourt hatte Frankreich keinen solchen Unfall im Felde erfahren; über achtzig Fahnen und alles Gepäck fiel in die Hände der Sieger. Freudig eilte Philipp in das Lager, um dem Oberfeldherrn, mit dem er täglich Briefe gewechselt, dem Grafen Egmont und dem ganzen Heer seinen Dank und seine Anerkennung darzubringen. Dem Vater sprach er in einem Schreiben sein Bedauern aus, daß es ihm nicht vergönnt gewesen, durch persönliche Anwesenheit den Ruhm des Tages zu theilen. Aber an thätiger Fürsorge für alle Bedürfnisse des Krieges und für zweckmäßige Anordnungen hat er es nicht fehlen lassen. Die Gemeinen unter den Gefangenen wurden entlassen mit der Bedingung, ein halbes Jahr lang die Waffen nicht gegen Spanien zu führen; die Hauptleute und Kavaliere mußten ihre Freiheit um hohes Lösegeld erkaufen.

Der Herzog von Savoyen war geneigt, die Bestürzung der Feinde zu einem Einfall in Frankreich selbst zu benutzen; und Kaiser Karl fragte den Boten, der ihm die Nachricht von dem Siege bei St. Quentin nach San Juste brachte, ob sein Sohn schon in Paris sei. Aber solche verwegene Unternehmungen waren nicht nach dem Sinne Philipps; er erwog die Gefahren, welche seinem Heere von der kriegerischen Bevölkerung, von den Festungen, von den schwierigen Märschen, von mangelhafter Verpflegung erwachsen könnten. Es schien ihm zweckmäßiger, sich zunächst in den Grenzlanden festzusetzen, vor Allem die Stadt St. Quentin zu erobern. Hierbei stießen aber die Spanier auf einen Widerstand, den sie nicht erwartet hatten. Coligni und sein Bruder Dandelot, der sich vor der Schlacht mit einiger Mannschaft in die Festung geworfen hatte, bewiesen einen Muth, eine Umsicht, eine Ausdauer, daß trotz des herrschenden Mangels an Lebensmitteln und Streitkräften und trotz der dürftigen und schadhaften Befestigungswerke die Stadt mehrere Wochen allen Stürmen und Angriffen des Feindes erfolgreich widerstand. Als sie endlich der Uebermacht erlag, schändeten die verwilderten Kriegsknechte den Ruhm, den ihnen die Schlacht eingetragen, durch Thaten roher, unbarmherziger Gewalt. Erst als der König selbst in die eroberte Stadt einzog, wurde der Plünderung und Zerstörungswuth Einhalt gethan.

Die Tage von St. Quentin warfen auf die neue Regierung einen glänzenden Schimmer; nach solchen Anfängen erwartete die Welt eine Zeit des Ruhmes und der Erfolge, wie man sie unter dem Vater erlebt hatte. Allein so groß die Errungenschaft an Waffenglanz und Ehre war, so gering waren die materiellen Resultate. Als der Belagerungskrieg gegen einige unbedeutende Grenzfestungen fortgesetzt wurde, trat es bald zu Tage, wie wenig Eintracht und innere Sympathie in dem Heere vorhanden war. Die Flamänder waren neidisch und eifersüchtig auf die übermüthigen Spanier, die Engländer dienten mit Widerstreben

Eroberung der Festung St. Quentin.

28. Aug. 1557.

Die Tage.

War der Krieg in Italien weder ehrenvoll
so nahm der gleichzeitige Waffengang in der Pie
dung.   Philipp II. war nicht nur durch namh
nischen Cortes in Stand gesetzt, eine
Reiterei in den Niederlanden um sich zu samme
seiner Gemahlin Maria, die englische Nation z
der Frankreich zu bewegen.   Er selbst weilte zu
von dem Schauplatz des Waffenganges, denn f
lagen waren mehr auf Politik und Staatsgeschä
Emanuel Philibert, dem Sohne des vor vier J
von Savoyen, einen Feldherrn, welcher mit be
eigene verfocht, indem ihm sein väterliches Erbe
vorenthalten ward. (S. 624).   Von Karl V.
führt, hatte der Herzog eine erfahrungsreiche Sc
die Natur an Körperstärke versagt hatte, wußte e
und mäßige Lebensweise zu ersetzen.   Auch den
Geschichte und Mathematik war er zugethan.
wogen; er begünstigte seine Werbung um die Ha
die englische Königstochter wollte nur ihren S
standen auch an der Spitze des französischen Heer
auch der Oberbefehlshaber, der uns bekannte
mehr durch Glanz und Hofgunst als durch wirk
waren dagegen die ihm untergeordneten Feldher

... be Bourbon, Graf von ...
...eten Revers und der ... von ...
... Seit der Schlacht von ...
... Felde erfahren; über acht ...
... ieger. Freudig eilte Philipp in das ...
... täglich Briefe gewechselt; dem ...
... xank und seine Anerkennung ...
... schreiben sein Bedauern aus, daß es ...
... je Anwesenheit den Ruhm des ...
... alle Bedürfnisse des ...
... cht fehlen lassen. Die ...
... x rt Bedingung, ein halbes ...
... n; die Hauptleute und ...
... aufen.

Der Herzog von ...
... Einfall in Frankreich selbst ...
... nn die Nachricht von ...
... ein Sohn schon in Paris ...
... icht nach dem Sinne ...
... on der kriegerischen ...
... chen, von mangel ...
... mäßiger, sich zunächst ...
... Quentin zu erober ...
... den sie nicht ...
... der Schlacht ...
... einen Muth ...
... an Lebens ...
... Befestigung ...
... Feindes ...
... ten die ...
... durch ...
... die erober ...
... gethan.
D. ...

... e Straße zwischen
... verlegen. Umsonst
... von Diedenhofen in
... Meuterei der deut-
... rzog an einer raschen
... De Termes faßte daher
... ungen Küstenweg nach
... Gegners gewachsen und
... pflust erfüllt. In einem
... tetem Gut folgte, bewegte
... irchen aus auf dem be-
... wegen Fußgicht in einer
... chen Aa sich in den Kanal
... te von Egmont angegriffen.
... diesem Völkerkrieg. Anfangs
... elingen für die Franzosen ein
... prall der kühn vordringenden
... Fußvolks mußten die Reihen
... zurückweichen; Egmonts Pferd
... en stimmten schon den Siegesruf
... hes Streitroß und seinem kühnen
... kenden Glieder wieder herzustellen
... spann sich ein heftiges blutiges
... f welche Seite sich der Sieg neigen
... hes Geschwader der Küste und er-
... Feindes. Die Bestürzung über den
... en der Franzosen; die Unordnung
... te vollständige Niederlage zur Folge
... um, andere ertranken in dem ange-
... hundert wurden von den über die Ver-
... erschlagen. Die Reiterei wurde fast
... rmes und ein großer Theil der Armee
... päck und Geschütz, alles geraubte Gut fiel
... r Sieger.

... war nur ein Nebengefecht zwischen zwei Heer-
... ter Guise und dem Herzog von Savoyen
... Beide Oberfeldherrn rückten jetzt, begleitet
... dle vor, um dort den Entscheidungskampf
... nun auf jene Landschaft gerichtet, wo so
... n. Die Heere standen nur wenige Meilen von
... Spannung einem neuen blutigen Zusammen-

Friedensunterhandlungen eingeleitet.

dem fremden Fürsten, den ihnen ihre Königin zum Herrn gegeben; die Deutschen waren unzufrieden, daß ihnen der Sold so lässig bezahlt wurde und gingen in großer Menge in das französische Heerlager über, wo ihnen reichlicher Sold winkte. Unter solchen Umständen wagte Philipp nicht, bei der vorgerückten Jah-
Ende October 1557. reszeit länger das Feld zu behaupten. Er ließ die Soldaten die Winterquartiere beziehen und begab sich nach Brüssel zurück.

Guise vor Calais. 1558. Frankreich erholte sich bald wieder von dem Schlage, den es bei St. Quentin erlitten. Große Unfälle erzeugen bei dem stark ausgeprägten Nationalgefühl des französischen Volkes stets einen vaterländischen Aufschwung. Unter allen Ständen regte sich ein edler Wetteifer, dem König zu dienen und zu helfen. Der Adel und die streitbare Jugend drängten sich zu den Waffen, die „guten Städte" waren freigebig in Geldbewilligungen, der Clerus wirkte gerne im Sinne einer Regierung, welche der Kirche so eifrig ergeben war. Wie schwer auch das Regiment Heinrichs II. auf dem Lande lastete, in dieser Zeit drohender Kriegsgefahr fügte sich die Reichsversammlung von Paris allen Anforderungen des Königs. Die Hoffnungen und der Kriegsmuth stiegen noch mehr, als der Herzog von Guise, der Sieger von Metz, sein Heer wohlbehalten aus Italien über die Alpen zurückführte und als Generallieutenant an die Spitze der gesammten Heeresmacht trat. Daß sein italienischer Feldzug ihm so wenig Lorbeern eingetragen, wurde nicht in Anschlag gebracht. Hatte er doch dem Papst einen günstigen Frieden und der Armee einen ungefährdeten Rückzug errungen! Und in der That wurden die Erwartungen der Nation nicht getäuscht. Mit welchem Jubel vernahm man,
8. Jan 1558. daß Guise mitten im Winter die Seestadt Calais, die noch als Ueberrest alter Niederlagen aus den Erbfolgekriegen des Mittelalters im Besitze der Engländer war, zur Uebergabe gezwungen und die französischen Fahnen auf den Zinnen der alten Seeburg aufgepflanzt! Die englische Regierung hatte es unterlassen, die Festung durch Ausbesserung der Mauern und Thürme und durch Verstärkung der Besatzung rechtzeitig in guten Vertheidigungsstand zu setzen. Die Nation sah in dem Verluste eine Schädigung der alten Kriegsehre, und ihr Unmuth gegen den fremden Einfluß auf ihrer Insel und gegen eine Königin, welche mehr den Sieg des katholischen Glaubens und den Vortheil seiner spanischen Verfechter als die Wohlfahrt des eigenen Landes im Auge hatte, wuchs durch diesen Unfall. Auch in Flandern war man bestürzt über den Fall von Calais, zumal als einige Zeit nachher der Marschall de Termes, welchen Guise zum Commandanten eingesetzt, die Seestadt Dünkirchen eroberte und von den Soldaten plündern ließ und dann bis Nieuport vordringend in Westflandern festen Fuß zu fassen sich anschickte.

Die Schlacht von Gravelingen 13. Juli 1558. Diese Besorgniß schwand jedoch bald dahin. Die geängstigten und durch die länder- und städteverwüstende Kriegführung der Franzosen empörten Flandrer riefen die Hülfe ihres Statthalters Egmont an und erklärten sich zu jedem Dienst und Opfer bereit. In Kurzem hatte der tapfere Graf eine Streitmacht von

12,000 Man unter seiner Fahne. Mit dieser besetzte er die Straße zwischen Dünkirchen und Calais, um dem Feind den Rückzug zu verlegen. Umsonst wandte sich de Termes an Guise, welcher nach der Eroberung von Diedenhofen in das Luxemburgische vorgedrungen war; durch eine ernstliche Meuterei der deutschen Landsknechte, denen er den Sold schuldete, war der Herzog an einer raschen Bewegung zur Hülfeleistung des Marschalls gehindert. De Termes faßte daher den Entschluß, dicht am Meere auf einem schmalen schlammigen Küstenweg nach Calais zurückzukehren; sein Heer war an Zahl dem des Gegners gewachsen und durch die vorausgegangenen Erfolge von Muth und Kampflust erfüllt. In einem langen Zuge, dem eine endlose Wagenreihe mit erbeutetem Gut folgte, bewegte sich das französische Heer von dem brennenden Dünkirchen aus auf dem beschwerlichen Marsche vorwärts, der Marschall selbst wegen Fußgicht in einer Sänfte getragen. Bei Gravelingen, wo das Küstenflüßchen Aa sich in den Kanal ergießt, wurden sie in der Fronte und auf der Seite von Egmont angegriffen. Und nun ereignete sich die zweite blutige Schlacht in diesem Völkerkrieg. Anfangs hatte es den Anschein, als sollte der Tag von Gravelingen für die Franzosen ein Tag der Rache werden; vor dem ungestümen Anprall der kühn vordringenden Reiterei und der festen Tapferkeit des Gascogners Fußvolks mußten die Reihen der Feinde, die den Angriff begonnen hatten, zurückweichen; Egmonts Pferd wurde unter seinem Reiter getödtet; die Franzosen stimmten schon den Siegesruf an; aber rasch schwang sich der Graf auf ein frisches Streitroß und seinem kühnen Muth und feurigen Zuspruch gelang es, die wankenden Glieder wieder herzustellen und einen neuen Angriff zu bewirken. Nun entspann sich ein heftiges blutiges Ringen und es blieb längere Zeit ungewiß, auf welche Seite sich der Sieg neigen würde; da näherte sich unerwartet ein englisches Geschwader der Küste und eröffnete sein Feuer auf die rechte Flanke des Feindes. Die Bestürzung über den neuen Feind erzeugte Verwirrung in den Reihen der Franzosen; die Unordnung entwickelte sich zur Flucht, welche eine zweite vollständige Niederlage zur Folge hatte. Viele kamen durch das Schwert um, andere ertranken in dem angeschwollenen Fluß oder im Meer; mehrere hundert wurden von den über die Verwüstung ihres Landes erzürnten Bauern erschlagen. Die Reiterei wurde fast gänzlich aufgerieben, Marschall de Termes und ein großer Theil der Armee geriethen in Gefangenschaft, alles Gepäck und Geschütz, alles geraubte Gut fiel wie bei St. Quentin in die Hände der Sieger.

 Die Schlacht bei Gravelingen war nur ein Nebengefecht zwischen zwei Heerabtheilungen; die Hauptarmeen unter Guise und dem Herzog von Savoyen waren davon nicht berührt worden. Beide Oberfeldherrn rückten jetzt, begleitet von ihren Monarchen, in die Picardie vor, um dort den Entscheidungskampf auszufechten. Aller Augen waren nun auf jene Landschaft gerichtet, wo so oft die Völker ihre Kräfte gemessen. Die Heere standen nur wenige Meilen von einander, so daß die Welt mit Spannung einem neuen blutigen Zusammen-

Friedensunterhandlungen eingeleitet.

treffen entgegensah. Aber wie erstaunte man, als die Nachricht erscholl, Bevollmächtigte der kriegführenden Monarchen seien im Kloster Sercamp unweit Cambray zusammengetreten und alle Kriegsunternehmungen vor der Hand eingestellt.
Die Geldnoth war in beiden Reichen auf solche Höhe gestiegen, die Kassen trotz
aller Finanzkünste, Zwangsanleihen, Auflagen jeder Art so erschöpft, daß eine
Weiterführung des kostspieligen Waffenganges und die Unterhaltung so vieler
Soldtruppen als eine Unmöglichkeit erschien. Und sollten die Häupter der
mächtigsten katholischen Staaten durch Verlängerung des Krieges den lutherischen
und calvinischen Lehrmeinungen, die in beiden Ländern in beunruhigender Weise
um sich griffen, Vorschub leisten? Es war besonders Papst Paul IV, welcher
um dieser Ursache willen eifrig zur Friedensschließung rieth.

Am französischen Hof wirkten noch andere Ursachen mit: der Einfluß des Herzogs
von Guise und seiner Brüder war, seitdem ihre Nichte Maria Stuart im April unter
glänzenden Hoffesten mit dem Dauphin Franz vermählt worden war, so bedeutend geworden, daß er die Eifersucht der königlichen Geliebten, Diana von Poitiers und des
gesammten hohen Adels erregte; die Macht des Hauses mußte aber noch steigen, wenn
Guise an der Spitze aller Heere stand und das Schicksal des Reiches in seiner Hand lag.
Namentlich fürchtete Montmorency, der so lange im Rathe und bei Hofe das entscheidende Wort geführt, seine gebietende Stellung einzubüßen, wenn er noch länger durch
seine Kriegsgefangenschaft aus der Nähe des Königs verbannt bliebe. Schon die Wahl
der Bevollmächtigten, die den ersten Hofkreisen angehörten, ließ einen entscheidenden
Austrag erwarten. Von französischer Seite waren neben dem Cardinal von Lothringen
die bei St. Quentin in Gefangenschaft gerathenen Feldherren Montmorency und St.
André zugegen; Philipp II. hatte dem Cardinalbischof von Arras, Granvella, gleichfalls zwei Kriegs- und Staatsmänner ersten Ranges an die Seite gegeben, den Herzog
von Alba und den Fürsten Wilhelm von Oranien. Auch England war durch eine ansehnliche Gesandtschaft vertreten.

Nur die Wichtigkeit der Anliegen, die zur Entscheidung gebracht werden
sollten, nur die hohen Ansprüche, die auf der einen Seite erhoben, auf der andern
bekämpft wurden, verzögerten den Abschluß der Verhandlungen, während deren
Dauer Karl V. aus der Welt ging und die englische Königskrone auf Elisabeths
Haupt gesetzt ward. Calais und das Herzogthum Piemont-Savoyen waren die
großen Objekte, um welche am hartnäckigsten gestritten ward. Zu den vielfachen
Bekümmernissen, welche die letzten Tage der unglücklichen Königin Maria verdüsterten, gehörte in erster Reihe der Verlust der Seestadt. „Wenn ich sterbe,“ sagte
sie, „so wird man Calais in mein Herz geschrieben finden.“ Und sollte die neue
Königin ihren vom Volke so freudig begrüßten Regierungsantritt mit der Abtretung einer zweihundertjährigen Besitzung einweihen? Philipp unterstützte die
Forderung der verbündeten Engländer aus allen Kräften. Hegte er doch die
Hoffnung, die Hand der jungfräulichen Königin zu erlangen, den Bund mit England, welcher durch den Tod der älteren Schwester gelöst worden, durch die
jüngere, die ihre religiöse Ueberzeugung noch nicht öffentlich kund gegeben, zu

erneuern, den spanischen Einfluß über das Inselreich dauernd zu erhalten. Wir
werden bald erfahren, wie eifrig er sich der Prinzessin in den Tagen ihrer Bedrängniß angenommen; er mochte einige Gefühle der Dankbarkeit und Erkennt-
lichkeit in ihrem Herzen voraussetzen; und die kluge Fürstin hütete sich, so lange
die Friedensverhandlungen in der Schwebe waren, das bestehende Bundesverhältniß
durch schroffes Auftreten zu lockern. Der spanische Botschafter, Herzog von Feria,
war am Hofe gern gesehen und benutzte seine vornehmen Verbindungen im
Interesse seines Gebieters. Nicht minder eifrig verfochten die Bevollmächtigten
Philipps die Herausgabe des Herzogthums Savoyen-Piemont an Emanuel
Philibert, den Verwandten des Habsburgischen Hauses, den Oberfeldherrn der
spanischen Heere. Monate lang dauerten die Unterhandlungen, die von der
Abtei Sercamp nach Chateau-Cambresis verlegt worden; unterdessen schwollen
die Ausgaben und die rückständigen Soldzahlungen zu einer unerschwinglichen
Höhe an. Philipp gestand seinen Ministern, „er stände am Rande des Ruins,
wovon ihn nichts als der Friede retten könnte.“ Nicht tröstlicher sah es in
Frankreich aus, und auch in England wünschte die Königin Elisabeth eines
Krieges ledig zu sein, der wie eine dunkle Wolke über dem Morgen ihrer Regierung hing. Es stand zu befürchten, daß die beiden Monarchen auf eigene
Hand sich verständigten; sollte dann England den Krieg allein gegen Frankreich
fortsetzen? Einer solchen Aufgabe war das durch Parteiung, Religionskämpfe
und zerrütteten Staatshaushalt verwirrte und geschwächte Inselreich nicht gewachsen. So einigte man sich denn endlich zu einem Compromiß. Heinrich II.
willigte in die Zurückgabe des transalpinischen Herzogthums an den rechtmäßigen **Anfang**
Erben Emanuel Philibert mit Ausnahme einiger festen Orte, in welchen **April 1559.**
bis zur völligen Ausgleichung noch französische Besatzungen verbleiben sollten;
Philipp dagegen, der bald erkannte, daß Elisabeth andere Wege einzuschlagen
gedenke als er gehofft und gewünscht, ging auf die französischen Forderungen in Betreff der Seestadt Calais ein; um die Abtretung weniger schmerzlich
und ehrenkränkend für England zu machen, wurde noch eine geringe Aussicht auf
Wiedergewinnung der alten Seeburg zugelassen. Die Abtretung sollte nur für
acht Jahre gelten; würde dann Frankreich die Stadt nicht zurückerstatten, so
sollte es fünfhunderttausend Kronen an England entrichten. Nachdem auf diese
Weise die schwierigsten Punkte erledigt waren, wurden die minder wichtigen rasch
ausgeglichen. Philipp gab die Orte, die in der Picardie noch von spanischen
Truppen besetzt waren, an Frankreich zurück, und stand von der Wiedererstattung
der lothringischen Bisthümer an das Reich ab, wogegen Heinrich alle Städte und
Forts in Italien und den Niederlanden räumte, welche sich noch in den Händen
der Franzosen befanden. Der Vortheil war auf Seiten Spaniens; Frankreich
opferte an zweihundert Plätze, die es zum Theil mit großer Anstrengung erworben,
gegen fünf oder sechs, welche die Spanier in der Picardie besatzen.

Bedeutung
des Friedens.

Der Herzog von Guise gab seinen Unwillen über den schimpflichen Frieden
in zürnenden Worten kund; er beschuldigte den Connetable von Montmorency, er
habe aus selbstsüchtigen Motiven den Abschluß betrieben, um von der Kriegsgefangenschaft befreit zu werden und bei Hofe seinen früheren Einfluß wieder zu
gewinnen. König Philipp dagegen erlangte durch den Vertrag nicht blos materielle
Vortheile, er gewann auch großes Ansehen in den Augen der Zeitgenossen. Die
nach seinen Weisungen geführten Unterhandlungen gaben Zeugniß, daß er an
Staatsklugheit und politischer Gewandtheit dem kaiserlichen Vater nicht nachstand.
Ein weiterer Vortheil erwuchs ihm durch die Familienverbindungen, welche dem
Frieden auf dem Fuße folgten. Um die Allianz zwischen Frankreich und Spanien
fester zu begründen, wurde ein Ehebund zwischen beiden Höfen verabredet. Anfangs kam man überein, daß Elisabeth, Heinrichs II. Tochter, mit dem Infanten
Don Carlos verlobt werden sollte; bald aber änderte man dieses Vorhaben dahin,
daß die jugendliche Prinzessin mit dem König selbst vermählt ward. Eine glänzende Gesandtschaft, unter dem Herzog von Alba und dem Fürsten von Eboli, an die
sich noch Oranien, Egmont und andere Edelleute anschlossen, geleitete die liebenswürdige reizende Königstochter, nachdem in Paris die Trauungsceremonie vollzogen worden, in ihre neue Heimath, wo ein trauriges Lebensloos ihrer harrte. Auch
die zweite Heirath, die um dieselbe Zeit am Pariser Hof beschlossen ward, war
ganz nach dem Sinne des spanischen Monarchen und konnte als eine weitere
Bürgschaft des Friedens gelten. Heinrich willigte nämlich ein, daß seine Schwester
Margaretha, Herzogin von Berry innerhalb zwei Monaten mit dem Herzog von
Savoyen-Piemont vermählt werde und ihm außer ihren großen Einkünften eine
bedeutende Mitgift zubringe. Es wurde früher erzählt, welchen Ausgang die
bei Gelegenheit der Vermählungsfeier veranstalteten Festlichkeiten für den König
hatten. Er starb an den Folgen einer Wunde, die er bei dem Turnier durch die
Lanze eines Edelmanns empfing.

Veränderte
Weltlage.

Der Friede von Chateau-Cambresis bildet einen wichtigen Zeitabschnitt in
der Geschichte der europäischen Menschheit während des Reformationsjahrhunderts.
Die großartige, alle Staaten umfassende Politik, wie sie durch Kaiser Karl V.
geübt worden, hörte auf und räumte den Platz einem Regierungssystem, das
mehr die Anliegen des eigenen Landes, mehr die nationalen Interessen eines
jeden Reiches als die Gesammtheit der europäischen Völkerfamilie ins Auge faßte.
Die Kämpfe um Religion und Kirche bildeten auch noch ferner die Ausgangspunkte der geschichtlichen Entwicklungen, der politischen und gesellschaftlichen
Lebensgestaltungen; allein diese Kämpfe trugen einen andern Charakter; der
päpstliche Katholicismus, des feindlichen Gegensatzes sich mehr bewußt, suchte die
Widersacher nicht mehr auf dem Wege der Ausgleichung, der Verständigung, der
Compromisse zu überwinden und zu entwaffnen, sondern durch Verfolgung und
Gewalt niederzuwerfen und auszutilgen; die Schlachtfelder wurden räumlich be-
schränkter und abgegrenzter, aber die Kämpfe selbst wurden feindseliger, in das

Staats- und Gesellschaftsleben tiefer einschneidend, die Resultate schärfer hervortretend. Die Unterdrückung der reformatorischen Bewegungen in Spanien, welche die nachstehenden Blätter darlegen werden, die Inquisitionsgräuel in Italien mit der Thätigkeit des Jesuitenordens, die Hugenottenverfolgungen in Frankreich, welche alle dem Frieden von Chateau-Cambresis auf dem Fuße nachfolgten, waren die Anfänge der „Gegenreformation," deren Wirkungen und Verlauf den Inhalt des nächsten Bandes bilden sollen. Zuvor liegt uns noch die Aufgabe ob, die religiösen Gestaltungen nachzuweisen, welche seit dem Tode Heinrichs VIII. in den britischen Inselreichen zu Tage getreten, und zum Schluß das Culturleben des deutschen Volkes, so weit es in Kunst und Wissenschaft zur Erscheinung gekommen, in allgemeinen Zügen zur Darstellung zu bringen.

5. Reformatorische Bewegungen in Spanien.

M'Crie, history of the progress and suppression of the reformation in Spain. Edinb. and Lond. 1829. Auch deutsch von Gust. Plieninger. Stuttg. 1835. Castro, historia de los protestantes Españoles. Cadiz 1851. Dalton, die evangelische Bewegung in Spanien. Wiesbaden 1872.

Die Schreckmittel der Inquisition waren nicht vermögend, die reformatorischen Lehren gänzlich von dem Boden der pyrenäischen Halbinsel fern zu halten. Schon früh wurden trotz aller Verbote und Ueberwachung Schriften häretischen Inhalts eingebracht und übersetzt; von den Kriegsleuten, welche Karl V. nach Deutschland führte, von den Geistlichen, Gelehrten und Staatsmännern, die ihn nach den Niederlanden oder über den Rhein, seinen Sohn Philipp nach England begleiteten, trugen manche die Doctrinen, zu deren Bekämpfung sie ausgezogen, in die Heimath zurück. Drei Brüder Enzinas (Dryander), welche auf niederländischen und deutschen Universitäten sich der Studien beflissen, nahmen die reformatorischen Lehren in sich auf, und verfaßten religiöse Schriften in castilianischer Sprache. Der älteste Jayme Enzinas, ein Freund und Studiengenosse des unglücklichen Diaz (S. 721), starb in Rom als Märtyrer seiner Ueberzeugung am Pfahle (1546); sein jüngerer Bruder Francisco, welcher in Wittenberg Melanchthons Umgang genossen, ein vielgewanderter und vielverfolgter Gelehrter, übersetzte das Neue Testament, welches in Antwerpen als der „Neue Bund unsers alleinigen Erlösers und Seligmachers Jesu Christi" im Druck erschien (1543) und seinen Weg nach Spanien fand.

Hier hatten sich in Sevilla und Valladolid frühe reformatorische Gemeinden gebildet, welche viele durch Gelehrsamkeit und bürgerliche Lebensstellung angesehene Personen unter ihren Mitgliedern zählten, trotz der Wachsamkeit und des Argwohns der Inquisition im Geheimen fortbestanden und auch in andern Orten Glaubensgenossen gewannen. Wenn gleich Alfonso Valdez, der Verfasser mehrerer Schriften im Geiste Luthers und der älteren Mystiker, der einst den Kaiser nach Worms und Augsburg begleitet und hier mit Melanchthon verkehrt hatte, sich frühzeitig in das Ausland begab, als er die Augen der Ketzerrichter auf sich gewendet sah, und Rodrigo de Valera, der aus einem lebensfrohen Weltmann sich zum eifrigen Verkündiger biblischer Glaubenslehren umgebildet, in dem Klosterkerker der Inquisition als „Apostat und falscher

Apostel" sein Leben beschließen mußte; dennoch fand die Lehre, daß allein der Glaube gerecht mache, nicht die Werke und Gnadenmittel der Kirche, in Sevilla und im nahen Kloster San Isidro standhafte Bekenner. Juan Gil, gewöhnlich Doctor Egidius genannt, ein ob seiner Gelehrsamkeit und Rednergabe vielgefeierter Prediger, der sogar für den reichen Bischofsitz von Tortosa ausersehen war, erklärte vor einem Kreise von Eingeweihten den Römerbrief und gewann dem Evangelium so viele Anhänger, „daß der kleine Verein in Sevilla zu einem mächtigen Stamme heranwuchs, dessen Zweige sich bald in die umliegenden Gegenden verbreiteten" Durch inquisitorische Verfolgungen und Gefängnißstrafen bedrängt, starb er an einem hitzigen Fieber (1555), und als später der Fanatismus mit größerer Heftigkeit erwachte, wurden seine Gebeine ausgegraben und den Flammen übergeben, sein Vermögen eingezogen, sein Name für ehrlos erklärt. Juan Perez, einer seiner Gesinnungsgenossen, entfloh nach dem Auslande und wirkte von Genf, Basel und Ferrara aus für Verbreitung der Bibel und religiöser Schriften in spanischer Sprache, wie schon vor ihm Juan de Baldez gethan, der Bruder des erwähnten Alfonso, dessen „Hundert und zehn göttliche Betrachtungen", die er in Neapel geschrieben, vielen seiner Landsleute Trost und Erbauung gewährten.

Valladolid. In Valladolid wurden die reformatorischen Lehren zuerst verbreitet durch Francisco San-Roman, einen angesehenen Kaufmann, der in den Niederlanden und in Bremen sich mit den lutherischen Ansichten vertraut gemacht hatte. Als er nach seiner Rückkehr offen und rückhaltlos verkündete, daß nur der Glaube an die Erlösung durch Christum die Gnade Gottes und der Seele Heil erwerben könne, Meßopfer, Fegefeuer und Heiligendienst für Gotteslästerung erklärte, wurde er zum Flammentod verurtheilt, den er mit der größten Standhaftigkeit und Glaubenszuversicht erduldete (1544). Gleiche Ansichten hegte Constantin Cazalla, der berühmte Kanzelredner, den, wie wir früher gesehen (S. 826), Kaiser Karl V. in den letzten Jahren als Prediger um sich hatte. Das Haus seiner Mutter in Valladolid war der geheime Versammlungsort der Freunde evangelischer Lehre, die bald in allen Städten und Dörfern der Umgegend, in der Provinz Leon und in den beiden Castilien Gesinnungsgenossen zählten. Wir wissen, wie sehr die Kunde von den Spuren der Ketzerei in dem glaubenseifrigen Spanien die letzten Lebenstage des kaiserlichen Eremiten in San Just verbitterte und welche strenge Mahnungen zu ihrer Ausrottung er an seinen Sohn Philipp und seine Tochter Johanna richtete.

Inquisitionsthätigkeit. Und diese Mahnungen blieben nicht unerhört. Im folgenden Jahre versöhnte sich der König im Frieden von Chateau-Cambresis mit dem Papste und feierte den Bund mit neuen Autos-da-fé, welche die ketzerische Befleckung von dem katholischen Reiche austilgen sollten. Julian Hernandez, der in Genf dem Juan Perez als Schreiber und Corrector diente, hatte bei seiner Rückkehr nach Sevilla zwei Fässer mit spanischen Bibeln und Religionsschriften mitgebracht, die er unter der Hand an Gesinnungsverwandte vertheilte. Nach einiger Zeit kam die Inquisition der Sache auf die Spur; Hernandez wurde in Untersuchung gezogen, und wie standhaft er auch Jahre lang allen Künsten und Listen der heiligen Väter Trotz bot, alle Qualen des Kerkers, der Folter und endlich des Feuertodes erduldete; das Geheimniß kam endlich doch an den Tag. Und nun wurde zu gleicher Zeit in ganz Spanien eine Verfolgungsjagd auf alle der Ketzerei Verdächtigen angeordnet. In Sevilla wurden in wenigen Tagen mehrere Hundert unter Schloß und Riegel gelegt; in Valladolid führte man achtzig Personen in die Inquisitionskerker; in allen Orten sah man die Diener des Schreckensgerichts in Thätigkeit; Furcht und Entsetzen lagerte sich über Stadt und Dorf. Viele ergriffen die Flucht. Aus dem Kloster S. Isidro entflohen zwölf Mönche auf verschiedenen Wegen,

am in Genf wieder zusammenzutreffen. Die übrigen fielen der Inquisition anheim, an
deren Spitze damals der fanatische Ferdinand Valdez als Großinquisitor stand, ein
Prälat, dessen glühende Leidenschaften durch das Greisenalter nicht abgekühlt wurden.
Im Bunde mit Paul IV., welcher alle Entscheidungen der Päpste und Concilien gegen
Ketzer und Schismatiker wieder ins Leben rief, und mit Philipp II., welcher erklärte,
daß er lieber von den Rechten seiner Krone abgehen wollte, als die Autorität des Heil.
Stuhles im mindesten antasten lassen, entwickelte der Vorsitzende des Glaubenstribunals
eine furchtbare Thätigkeit ohne Rücksicht auf Stand und Geburt. Der Besitz eines
verbotenen Religionsbuches wurde mit Todesstrafe und Vermögensverlust bedroht, den
Beichtvätern die genaueste Erforschung und Ausspähung eingeschärft, selbst die höchsten
Würdenträger der Kirche wurden ins Verhör genommen, Angebern ein Theil des confiscirten Gutes verheißen; wer einer Hinneigung zu den Irrlehren der Reformation
beschuldigt ward, konnte sich nicht einmal durch Abschwörung Verzeihung oder Gnade
erkaufen. Was nur jemals in aufgeregten Zeiten der mit Gewalt bekleidete Terrorismus gegen Menschenrecht und Menschenliebe gesündigt hat, wurde von den in Purpur
und Seide prangenden geistlichen Glaubensrichtern in Spanien überboten. Selbst Pedro de la Gasca, welchem Valdez den Vorsitz des Inquisitionshofes in Valladolid verlieh,
schändete den Abend seines Lebens durch schonungslose Verfolgung; noch leidenschaftlicher war die Wuth des Erzbischofs von Tarragona, Gonzalez Munebrega, dem die
Ausrottung der Häresie in Sevilla übertragen war. Papst und König wetteiferten in
Geldbewilligungen, um die Zahl der Richter, Späher und Schergen zu vermehren und
ihren Eifer anzufachen und zu belohnen. Damals starb nach zweijähriger Haft hinter
dumpfen Kerkermauern Constantin Ponce de la Fuente, einer der Kapläne des
verstorbenen Kaisers. Lange hatte der kluge, gewandte und vorsichtige Geistliche die
Anklagen zurückzuweisen, die Beschuldigungen zu widerlegen gewußt, bis ein von ihm
abgefaßtes Manuscript, worin er die religiösen Streitfragen über Glauben und Werke,
über Abendmahl und Messe geprüft und in reformatorischem Sinne entschieden hatte,
durch Verrätherei den Richtern in die Hände gespielt ward. Sein Tod befreite ihn von
dem Scheiterhaufen, dem nur seine Gebeine und sein Bildniß übergeben werden ^{Decbr. 1560.}
konnten.

Zur Schärfung des Eindrucks wurden unter Philipp II. die Ketzerverbrennungen ^{Die Autos}
in öffentliche Schauspiele verwandelt. Wir haben in den früheren Blättern mehrmals ^{da si in Val-}
der Autos-da-fé gedacht, welche in dem spanischen Volksleben eine so tragische Entwicke- ^{ladolid, in}
lung nahmen. Wie die römischen Imperatoren durch die Gladiatorenschlachten und ^{Sevilla und}
Thierkämpfe der rohen Schaulust des Volkes dienten, so feierten die priesterlichen Tyran- ^{a. O.}
nen in dem gräuelvollen Gepränge der „Glaubenshandlungen," worin der Pomp der
altrömischen Triumphe mit den Schrecken des jüngsten Gerichtes vereinigt war, ihre heiligen Orgien. In prunkvollen Prozessionen, die rothseidene Fahne der Inquisition
voraus, wurden die Opfer im gelben Ketzergewand und hoher Ketzermütze, mit höllischen
Flammen und Teufeln bemalt, meistens in größerer Zahl nach dem Richtplatz geführt,
um dort vor den Augen der herbeigeströmten Volksmassen durch die Schergen der weltlichen Gerichtsobrigkeit mit geknebeltem Munde an Pfähle gebunden und durch lodernde
Flammen verzehrt zu werden. Geschmückte Emporbühnen, worauf die Glieder der
Königsfamilie und die Häupter des Adels dem Schauspiele zusahen, umgaben den gräuelvollen Platz. Wenn Rücksichten auf Rang, Stand oder frühere Verdienste bei Einzelnen
die Vollziehung der Todesstrafe als ungeeignet erscheinen ließen, so kamen sie mit dem
Schrecken davon, mußten aber zeitlebens ein Schandkleid, das Sanbenito, tragen oder
durch Klosterhaft oder Landesverweisung für das Verbrechen büßen, den Ruhm der
katholischen Reinheit der spanischen Nation befleckt zu haben. Von diesen letzten Stra-

fen wurden in Valladolid mehrere Glieder der hochansehnlichen Geschlechter de Roxas, de Ulloa Perreira, de Vibera u. a. betroffen. Augustin Cazalla dagegen, seine verheirathete Schwester Beatriz de Vibero, sein Bruder Francisco und mehrere Geistliche, Ritter und edle Frauen derselben Stadt wurden zuerst erdrosselt und dann den Flammen übergeben; das Haus ihrer Mutter wurde niedergerissen und auf der letzten Stätte ein Schandpfahl mit einer Inschrift aufgerichtet. Der freudige Muth, womit Antonio Herezuelo, ein Rechtsgelehrter aus Toro, der den Feuertod bei lebendigem Leibe erleiden mußte, den Schmerzen und Qualen trotzte, erzeugte Bewunderung und Aerger. Nach achtjährigen Kerkerleiden wurde auch seine edle junge Gattin Leonore de Cisneros demselben Schicksal überantwortet. Die Rückkunft des Königs Philipp nach Abschluß des Friedens wurde mit einem zweiten Auto-da-fé in Valladolid gefeiert, dem er selbst mit seinem Sohne Don Carlos, seiner Schwester und mit den Häuptern der angesehensten Adelsfamilien anwohnte. Unter jenen sechszehn Opfern, die bei dieser Gelegenheit dem Fanatismus dargebracht wurden, befand sich Carlos de Seso, ein Edelmann von hohem Rang und Ansehen, den der verstorbene Kaiser zu den wichtigsten Staatsgeschäften verwendet hatte. Kurz vorher waren auch in Sevilla einundzwanzig Häupter und Glieder der heimlichen Gemeinde dem Feuertode übergeben und eine noch größere Zahl mit andern enthrenden Strafen belegt worden. Unter jenen befanden sich angesehene Edelleute wie Ponce de Leon, Sohn des Grafen von Baylen, gefeierte Prediger, wie Juan Gonzalez, der Psalmen singend zur Richtstätte schritt, vier Mönche aus San Isidro, mehrere edle Frauen. Im folgenden Jahr wurde das Schauspiel in der alten Maurenstadt wiederholt und vierzehn Personen den Dienern der Gerechtigkeit zur Verbrennung übergeben. In diesem Akte starb auch der muthige Verbreiter der spanischen Bibeln, Julian Hernandez, der Arzt Christobal de Losada und der Mönch Juan de Leon, den die Häscher an der niederländischen Küste, als er sich nach England flüchten wollte, auf dem Schiffe ergriffen und bei Auto in die Heimath auf die Richtstatt schleppten. Bartolomé de Carranza y Miranda, Erzbischof von Toledo, der lange als Zierde der spanischen Kirche geehrt ward und mit den Cardinälen Pole und Morone in Freundschaft gelebt hatte, wurde beschuldigt, in seinem „Katechismus" und andern religiösen Schriften häretische Lehren vorgetragen zu haben; nach Rom citirt, ward er achtzehn Jahre lang mit Verhören und Untersuchungen bedrängt, bis ihn der Tod erlöste.

Die Schrecken der Inquisition und die Tragik der Autos-da-fé, die unter dem finstern Regiment des zweiten Philipp alljährlich in verschiedenen Städten wiederholt wurden, verfehlten ihre Wirkung nicht: Die reformatorischen Regungen wurden unterdrückt, der Fanatismus der Spanier, durch Religionsdruck und Verfolgung genährt, steigerte sich zum blinden Haß und Abscheu gegen Alle, die von der päpstlich-hierarchischen Kirchengemeinschaft abzuweichen wagten; Lästerungen und böse Nachreden mehrten die Leidenschaften des Volkes. Eine im Jahre 1561 in Valladolid ausgebrochene Feuersbrunst wurde einer Verschwörung der heimlichen Ketzer zugeschrieben und das Andenken an die Rettung durch ein jährliches Dankfest lebendig erhalten. Auch in den überseeischen Besitzungen der Spanier übten Inquisitionshöfe ihr schreckliches Amt; besonders wurden alle fremden Einwanderer auf's schärffte überwacht. Das Jahr 1570, bemerkt M'Crie, kann als der Zeitpunkt betrachtet werden, wo die Unterdrückung der Reformationslehre in Spanien vollendet war. Zwar wurden auch nachher noch von Zeit zu Zeit Protestanten von der Inquisition entdeckt und bei Autos da fé ausgestellt, aber diese waren „wie die stehengebliebenen Trauben, wenn die Weinlese vorüber ist". Manchem war es geglückt, sich der Verfolgung durch die Flucht zu entziehen. In Antwerpen sammelte sich eine Flüchtlingsgemeinde, die aber bald durch den Krieg wieder zerstreut

ard. In Frankfurt am Main legte Casiodoro de Reyna Hand an die Bibelüber-
zung, die 1569 in Basel im Druck erschien. Viele fanden ein Asyl in England und
ienf, wo sie meistens mit italienischen Glaubensgenossen vereinigt kleine Separatistenge-
einden mit Geistlichen ihres Stammes und ihrer Sprache bildeten. Aber ausgestoßen
on der Nation, geächtet und gebannt von der Regierung und Geistlichkeit ihres Lan-
es, gingen sie allmählich zu Grunde und verschwanden unter den Völkern, die ihnen
chutz und Aufnahme gewährt.

XXII. Begründung der anglikanischen und presbyterianischen Kirche in Großbritannien.

1. Die Reformation in England unter Eduard VI.

Heinrich VIII. hatte den päpstlichen Supremat abgeschafft und doch das König
scholastische Lehrgebäude, sein Fundament, stehen lassen. Damit hatte er einen und die Re-
unhaltbaren Zustand geschaffen: entweder kam man mit der Zeit wieder zum gentschaft.
Romanismus zurück, oder die reformirende Hand mußte sich auch über Cultus
und Glaubensbekenntniß erstrecken. So war die Aussaat eines Prinzipienkam-
pfes gestreut, der die beiden folgenden Regierungen durchzieht, bis endlich, als
sich politische und dynastische Interessen den religiösen zugesellten, der Ausschlag
zu Gunsten der Reform erfolgte. Eduard VI. stand in seinem zehnten Lebensjahre, als ihm die Krone von England zufiel. Während seiner Minderjährigkeit sollte nach Heinrichs letztwilliger Bestimmung ein Regentschaftsrath von sechzehn Mitgliedern, unter ihnen der Erzbischof Cranmer, der Kanzler Wriothesley
und der Graf von Hertford, des Königs Oheim, die Leitung der Dinge in
Staat und Kirche übernehmen und in wichtigen Angelegenheiten die Meinung
des Geheimen Raths einholen, in welchem ein anderer Oheim Eduards, Sir
Thomas Seymour, Lordadmiral der Flotte, das meiste Ansehen hatte. Dieser
Regentschaftsrath sollte gemeinschaftlich und solidarisch als Regierungscollegium
die Staatsgeschäfte führen; aber schon in der ersten Sitzung brachte es Graf
Hertford dahin, daß man ihm den Vorsitz und die Präsidentenwürde übertrug,
weil es passender sei, daß nur Einer die Person des Monarchen vertrete. Nun
trat er als Protector des Reichs und Vormund des Königs an die Spitze der
Regierung, und sowohl er selbst als die meisten übrigen Räthe bezeichneten den
Anfang der neuen Herrschaft durch eigene Rangerhöhung. Denn so sei es die
Intention des verstorbenen Königs gewesen. Hertford legte sich den Titel eines
Herzogs von Somerset bei, Viscount Lisle nannte sich Graf von Warwic,
der Kanzler Wriothesley Graf von Southampton u. s. w. Die meisten
Räthe waren der reformatorischen Sache zugethan und entschlossen, den neuen

Kirchenbau über die von Heinrich VIII. festgehaltene Grenzlinie hinauszuführen.
20. Febr. 1547. Diese Absicht trat schon bei der von Cranmer vollzogenen Krönung zu Tage.
Nachdem man die bisherigen Formen und Ceremonien abgekürzt, hielt Cranmer
am Schluß eine Rede an den König, worin er ihn belehrte, daß seine Macht und
Würde nicht erst in Folge dieser herkömmlichen Krönungshandlung ihm zukomme, sondern unmittelbar von Gott herrühre, dessen Stellvertreter und Vicarius
er sei. Wie ein zweiter Josias, der gleichfalls in minderjährigem Alter an
die Regierung gekommen und den Götzendienst abgestellt, müsse auch er vor
Allem bedacht sein, die reine Gottesverehrung einzuführen und Abgötterei und
Bilderdienst zu vernichten. Dann werde der Segen des Herrn über ihn kommen
und sein Ruhm dauern bis an das Ende der Tage. Damit war der Grundsatz
ausgesprochen, daß einem minderjährigen König dasselbe Recht zustehe, kirchliche
Anordnungen in Gemäßheit der Heil. Schrift zu treffen wie einem volljährigen.
Die beiden Bischöfe Gardiner von Winchester und Bonner von London, welche
diese Ansicht bekämpften, wurden entsetzt und in Haft gehalten; Wriothesley,
ihr Gesinnungsgenosse wurde aus dem Regentschaftsrath ausgestoßen und Tonstall, Bischof von Durham zog sich freiwillig zurück. An Bonners Stelle trat
Ridley als Bischof von London; dem Bisthum Winchester wurde ein großer
Theil seiner Güter und Einkünfte entzogen. So erhielten die Männer der kirchlichen Neuerung die Oberhand. Eduard VI., ein frühreifer, talentvoller Knabe
der in seinem achten Jahr schon lateinische Briefe schrieb und dessen noch vorhan-
denes Tagebuch Zeugniß von seiner Einsicht und seinen Kenntnissen gibt, wurde
von seinen Lehrern Cox und Cheek in den reformatorischen Doctrinen erzogen, und
wie wirksam ihr Unterricht war, bewies sein steter Eifer für die neue Kirchenform, ein Eifer, dem die englischen Reformatoren kaum Genüge thaten und der
ihn später zum Hetzer und Begünstiger calvinischer Grundsätze machte.

Die feindli-
chen Brüder. Der Lord-Protector stimmte ganz mit den von Cranmer bei der Krönung
ausgesprochenen Ansichten überein: „daß die religiöse und politische Autorität sich
in der Hand des gesalbten Königs vereinige, kraft seiner göttlichen Rechte"; und
um als würdiger Stellvertreter und Vormund auftreten zu können, ließ er sich
von seinem königlichen Mündel die Vollmacht ertheilen, nach eigenem Ermessen
zu thun, was er der Ehre des Monarchen und der Wohlfahrt des Landes
für zuträglich erachte, ohne an die Zustimmung der anderen Räthe gebunden zu
sein. Diese unbegrenzte Gewalt in den Händen eines herrschsüchtigen barschen
Edelmanns erregte Neid und Mißgunst und erweckte ihm manche Gegner. Besonders fühlte sich der jüngere Oheim des Königs, Lord Seymour durch die
Bevorzugung des Bruders verletzt. Weder die Standeserhöhung noch die großen
Reichthümer, die er durch seine in unschicklicher Eile vollzogene Heirath mit Catharina Parr, der königlichen Wittwe erwarb, waren dem ehrgeizigen Edelmann
ein genügender Ersatz für die untergeordnete Stellung bei der Staatsverwaltung.
Wir werden im nächsten Abschnitt erfahren, daß der Lord-Protector bald nach

dem Tode Heinrichs VIII. einen Feldzug nach Schottland unternahm, um die
Vermählung der königlichen Kinder und damit die Vereinigung der beiden
Königreiche zu bewirken.   Diese Abwesenheit machte sich der Admiral zu
Nutze, um seinen Reffen zu bewegen, die Regentschaft von der Vormund-
schaft zu trennen und die letztere Würde ihm selbst zu übertragen.   Die rasche
Rückkehr des Protektors nach dem siegreichen Treffen bei Pinkey vereitelte das
Vorhaben.   Seymour gab aber seine ehrgeizigen Pläne nicht auf; statt wie der
Protektor verlangte, seine Macht anzuerkennen und sich ihr zu unterwerfen,
fuhr er fort an dessen Sturz zu arbeiten.   Ja er warb sogar nach dem frühen
Tode seiner Gemahlin in anstößiger Vertraulichkeit um die Hand der Königstochter Elisabeth.   Auch wurden ihm Ungesetzlichkeiten bei der Münzverwaltung
zur Last gelegt.   Da er weder seine Schuld bekennen, noch den Bruder
persönlich um Verzeihung und Gnade bitten wollte, wurde er des Hochverraths
angeklagt und zum Tode verurtheilt.   Alle Räthe, mit Einschluß des Protektors
und des Erzbischofs unterzeichneten das Urtheil, das dann öffentlich vollzogen 17. März
wurde.   Vereint hätten Somerset und der Admiral eine unwiderstehliche 1849.
Macht gebildet, getrennt bereiteten sie sich das gewöhnliche Schicksal feindlicher
Brüder.

        Das wichtigste Anliegen des Regentschaftsrathes war die Durchführung der Weiterfüh-
kirchlichen Reformen, wie sie Cranmer und seine Gesinnungsgenossen beabsichtig- kirchlichen
ten.   Als Einleitung diente eine allgemeine Kirchenvisitation, während welcher Reform.
alle bischöfliche Jurisdiction eingestellt und jedes Predigen ohne besondere Erlaubniß untersagt war.   Dies gab dem Erzbischof Gelegenheit, durch geeignete Prediger, unter denen der feurige aus dem Tower entlassene Latimer, der gelehrte
Ridley und mehrere vom Festlande zurückgekehrte Theologen wie Coverdale,
Hooper, Rogers u. a. sich hervorthaten, das Volk für die kirchlichen Neuerungen
vorzubereiten und durch Einführung eines von ihm selbst entworfenen Homi-
lienbuchs, wie durch Verbreitung der Bibel und der ins Englische übersetzten
Paraphrase des Neuen Testaments von Erasmus an den Gebrauch der Landessprache in der Kirche zu gewöhnen.   Nach solchen einleitenden Schritten kamen
im November 1547 die ersten zu einer durchgreifenden Reformation erforderlichen Nov. 1547.
Parlamentsbeschlüsse zu Stande.   In diesen wurden die Ketzergesetze früherer
Jahre, sowie das Statut der sechs „Blutartikel" aufgehoben und der Krone aufs
Neue die Suprematie über die Kirche und das Recht der Einsetzung der Bischöfe
verliehen; eine neue Communionsordnung unter beiderlei Gestalt bereitete die Aufhebung der Messe vor, und die Säcularisation der noch übrigen Stifter, als Frei-
Capellen, Cantoreien, Hospizien, Collegien u. dergl. m. eröffnete den Herren von
der Regentschaft und dem Adel die Aussicht auf neue Beute aus den geistlichen
Besitzungen und Einkünften und stimmte sie günstig für die kirchliche Umgestaltung. Diese letzte Bestimmung wurde denn auch sofort in Ausführung gebracht; eine
große Zahl kirchlicher Stiftungen, Häuser, Liegenschaften, Kapitalien, Einkünfte,

Zehnten wurden der Krone zugesprochen und fielen guten Theils weltlicher Habsucht zur Beute. Auch der Protektor blieb nicht zurück. Der stattliche Palast Somerset-house am Strand, der noch jetzt stolz auf die Themse niederblickt, ist aus dem Material einiger Kirchen, Kapellen und Bischofsgebäude aufgeführt worden.

Das Book of Common Prayer. Kraft seines kirchlichen Suprematsrechts gebot nun der König durch eine Ordonnanz die Entfernung aller dem Aberglauben dienenden Bilder und Reliquien aus den Kirchen, untersagte aber zugleich jede anderweitige Neuerung, um nicht durch voreiligen Eifer die ohnedies schon aufgeregten Gemüther zur Empörung zu treiben. Man hoffte, die Bemühungen der evangelischen Prediger und die unter das Volk geworfenen Religionsschriften, besonders der von dem Erzbischof auf Grundlage des lutherischen bearbeitete Katechismus würden bald mehr Belehrung und guten Willen erzeugen. Unterdessen entwarf unter Cranmers Auspicien eine Commission von zwölf Prälaten eine neue Liturgie in englischer Sprache, indem sie aus den lateinischen Meßbüchern und Breviarien, insbesondere aus dem uralten Ritualbuch von Sarum (Salisbury) die geeignetsten, mit den Worten der H. Schrift und den Gebräuchen der primitiven Kirche am meisten übereinstimmenden Gebete und liturgischen Formen zusammenstellte und in die 1548 Landessprache übersetzte. Um Weihnachten wurde das durch geschickte Auswahl und treffliche Ueberarbeitung der bisher gebrauchten Cultus- und Gebetsformulare ausgezeichnete, durch Kraft, Würde und Adel der Sprache gezierte und durch innere Gleichförmigkeit und harmonische Vollendung hervorragende Buch als Christgeschenk dem König ehrfurchtsvoll überreicht, der die Trost und Beruhigung gewährende Gabe huldreich entgegennahm und sie dem gerade tagenden Parlamente vorlegen ließ. Die Versammlung zollte dem Werk die größte Bewunderung; sie sprach es offen aus, daß dasselbe unter dem Beistande des heil. Geistes zu Stande gekommen sein müsse. Nachdem sie ihre freudige Zustimmung ertheilt und der König seine Bestätigung hinzugefügt, wurde es unter dem Namen Common Prayer book als die von nun an bei allen kirchlichen Handlungen gültige Ordnung und Agende im ganzen Lande eingeführt, das allgemeine Gebet- und Ritualbuch, das bis auf den heutigen Tag die Herzen erhoben und getröstet hat, „ein echtes Denkmal des religiösen Gefühles dieser Zeit, ihrer Gelehrsamkeit und Feinheit, Schonung und Entschiedenheit".

Das Common Prayerbook wurde ohne fremden Einfluß durch den sorgfältigen Fleiß einheimischer Theologen aufgestellt. Nur die unter Mitwirkung Melanchthons und Bucers entworfene Reformationsschrift des Erzbischofs von Köln, Hermann von Wied, die kurz zuvor ins Englische übersetzt worden war, hatte Berücksichtigung gefunden. — Dasselbe Parlament nahm auch das Gesetz über die Priesterehe an, allerdings in einer wenig entgegenkommenden Fassung, fast wie ein nothwendiges Uebel, so daß in der Folge noch eine Ergänzung hinzugefügt werden mußte.

Volksbewegungen. Nicht überall wurden diese Reformen gerne gesehen. Wie unter Heinrich VIII. die „Pilgerfahrt der Gnade" der Neuerung Einhalt thun wollte, so entstanden auch jetzt in verschiedenen Theilen des Landes drohende Volksbewegungen zur Erhaltung oder Wiederherstellung der alten Zustände. Religiöse und sociale Motive wirkten zusammen. Die Säcularisation der Klöster hatte agrarische Veränderungen zur Folge, welche sehr schwer auf dem Pächter- und Bauernstand lasteten. Manche der neuen Besitzer hoben die kleinen Pachtungen auf, vergaben das Land an einzelne Großpächter, welche nicht selten die bisherigen Insassen und Häusler von dem lange besessenen Grundstück vertrieben. Andere umgaben das Eigenthum nebst dem unbebauten Gemeingute mit einem Gehege, verwandelten den größten Theil davon in Weideplätze und hielten beträchtliche Schafheerden, weil die Wolle einträglicher war als das Getreide; noch andere schufen das Ackerland in Gartenanlagen und Jagdreviere um und hegten Wild an der Stätte, die früher manchen armen Familien eine genügsame Existenz gewährt hatte. Die Nothstände erzeugten Unzufriedenheit, welche durch die Altkirchlichen, durch die Anhänger der Prinzessin Maria und des Cardinals Pole, durch ehemalige Mönche und malcontente Geistliche zur Leidenschaft und zum Aufruhr gesteigert ward.

Am stärksten trat die Aufregung hervor in den südwestlichen und nördlichen Landschaften, wo der Einfluß des Klerus noch ungebrochen war. Als in Cornwallis einer der königlichen Commissare ein verehrtes Heiligenbild wegnehmen ließ, wurde er von einem Priester durchbohrt; die Hinrichtung des Mörders durch den Strang vermochte die Bewegung nicht zu unterdrücken. In Devonshire sollte um Pfingsten der Gottesdienst nach der neuen Liturgie gehalten werden; da forderte die versammelte Gemeinde den Rector auf, die Messe lateinisch zu lesen. Dies gab den Anstoß zu einer Volkserhebung. In Kurzem schaarten sich 10,000 Aufständische um Humfred Arundel und andere Führer. Fanatische Geistliche gesellten sich zu ihnen; Weihwasser, Crucifixe, Kerzen wurden den Schaaren vorangetragen; ein Priester auf einem Karren hielt das Ciborium mit dem Hochwürdigsten in Händen. Sie forderten, daß die neue Liturgie, „das Weihnachtsspiel" wieder abgeschafft, das Statut der sechs Artikel, die lateinische Messe, das Abendmahl unter Einer Gestalt und der alte Cultus wieder eingeführt würden, daß man zwei Abteien in jeder Grafschaft herstelle und die Hälfte des eingezogenen Kirchenvermögens zurückgebe. Vergebens suchten königliche Manifeste die Aufständischen von dem ungesetzlichen Verfahren abzubringen; sie rückten vor die Stadt Exeter und bedrängten sie mit einer Belagerung. Die geringe Mannschaft, mit welcher Lord Russel zu ihrer Bekämpfung auszog, reichte nicht hin; erst als man von dem Festlande deutsche und italienische Söldner herübergerufen, gelang es ihm, die schlecht bewaffneten Schaaren, welche Exeter vergebens einzunehmen suchten, in zwei Treffen zu überwinden und durch Strafgerichte die Ruhe wiederherzustellen. Arundel und acht rebellische Priester starben am Galgen, und eine große Zahl geringen Volkes theilte ihr Schicksal.

War der Aufstand im Westen mehr religiöser Natur, so trug die Insurrection un Norfolk wie der deutsche Bauernkrieg einen mehr politischen und socia-

54 *

len Charakter. Hier stellte sich Robert Kett, ein wohlhabender Gerber, an die Spitze der aufrührerischen Haufen, die mit der Zeit auf 20,000 Mann anwuchsen. Auf einem Hügel über der Stadt Norwich nahm er sein Standquartier und umgab sich mit dem Gepränge eines Königs. Unter der „Reformationseiche" stand sein Thron und daneben ein Gerichtsstuhl. Ein Kaplan versah den Gottesdienst mit Messe und römisch=katholischen Ceremonien. Der Rebellenhäuptling ließ Proclamationen ausgehen, daß man die ungerechten Räthe, welche den König verführten, das Volk bedrückten und die heilige Religion verwirrten, verjagen und ein neues Regiment aufrichten müsse. Eine alte Prophezeihung, daß Adel und Königthum vernichtet werden und die Herrschaft an die Gemeinen kommen solle, wurde auf die Gegenwart angewendet. Nur mit Mühe rettete sich Matthias Parker, nachmals Erzbischof von Canterbury, der die Empörer durch Predigt und Ermahnung von ihrem Thun abbringen wollte, durch die Flucht vor dem drohenden Verderben. Schon hatten einige Bauern die Armbrust gegen ihn gerichtet. Aber auch diese Schaaren wurden vor den Mauern und Thürmen von Norwich, die sie nicht zu bezwingen vermochten, so lange aufgehalten, bis Graf Warwic sein Reiterheer mit ausländischen Kriegsknechten verstärkt hatte und den Belagerten zu Hülfe kam. Gedrängt durch Mangel an Zufuhr, stieg Kett in die Ebene hinab und erlitt dann in dem Treffen von Dussingdale eine schwere Niederlage. Die Menge verlief sich bald, als Warwic den ruhig Abziehenden Amnestie verhieß. Die Führer geriethen in Gefangenschaft und büßten mit dem Tode. Kett wurde am Schloß von Norwich, sein Bruder an dem Kirchthurm von Windham, neun andere Hauptschuldige an den Aesten der „Reformationseiche" aufgeknüpft. Noch heute feiern Norwich und Exeter den Tag ihrer Befreiung durch ein Erinnerungsfest. Einen ähnlichen Ausgang nahm der Aufruhr in den andern Grafschaften.

Fall des
Protectors

So ging die Regierung mit Hülfe ausländischer Söldner siegreich aus den inneren Kämpfen hervor und das Reformationswerk konnte sich ruhig entwickeln und festsetzen. Dem Common Prayerbook wurde eine neue Ordinationsform in demselben altkirchlichen Geiste beigefügt und durch Parlamentsbeschluß zur Einführung gebracht und damit der anglikanischen Kirche der episcopale Charakter aufgeprägt. Aber die Lage des Königreichs war keine glückliche. Abgesehen von der unzufriedenen Stimmung des Volkes, war der französisch=schottische Krieg mit manchen Unfällen verknüpft; die Seestadt Boulogne, die Heinrich VIII. erworben, kam in Bedrängniß und Gefahr. Alle diese Schwierigkeiten wurden dem Protector zur Last gelegt und zu seinem Sturze benutzt. Bei Ausbruch der Insurrection hatte er in einer Proclamation den Landadel aufgefordert, die Mißstände abzustellen, welche die Einhegung des Ackerlandes und dessen Verwandlung in Wiesenland hervorgebracht, und die Klagen des Volks für berechtigt erklärt. Dadurch hatte er den Zorn der eigensüchtigen Edelleute auf sich geladen; sie beschuldigten ihn, er habe den Aufruhr begünstigt, ja hervorgerufen. Ihre Vorwürfe fanden starken Anklang bei den Mitgliedern des Regentschaftsrathes, die sich durch seine Herrschsucht, seine Anmaßung, sein eigenmächtiges dictatorisches Vorgehen verletzt fühlten. Eine mächtige Coalition bildete sich gegen ihn; die Altgläubigen haßten ihn als den Hauptförderer der kirchlichen Neuerungen, sein Prachtbau am Strand, durch italienische Künstler aufgeführt, war in ihren Augen eine Verhöhnung aller religiösen Gefühle. Diesen vereinten Angriffen vermochte Somerset nicht zu widerstehen. Er wurde unter Anklage gestellt und in den Tower gebracht. Noch einmal schien sich der Sturm zu verziehen: durch ein demüthiges Schuldbekenntniß, durch Entsagung seiner Protektorwürde, durch Unterwürfigkeit gegen Warwic, das Haupt der Gegenpartei, und durch andere schwere Opfer erkaufte er sich seine Befreiung aus der Haft. Er versöhnte sich mit War- 1550. wic, der als Herzog von Northumberland nunmehr an die Spitze der Regierung trat; die Vermählung von dessen ältestem Sohne mit Somerset's Tochter schien das Band noch fester zu knüpfen. Aber zwei so herrschsüchtige und ehrgeizige Männer, die beide nach dem höchsten Range strebten, konnten nicht lange friedlich neben einander leben. Der Ausgang des schottisch-französischen Kriegs, welcher den Verlust von Boulogne und die Verlobung der Erbtochter von Schottland mit dem Dauphin als Resultat brachte, warf auf das neue Regiment keinen Glanz. In der Brust Somerset's erwachte die Hoffnung, er könne wieder den alten Einfluß gewinnen, über den Fall seines Rivalen noch einmal zu der früheren Protektorwürde emporsteigen. Er unterschätzte aber die Macht und Gewandtheit seines Gegners. Northumberland umstellte ihn mit Spähern und Kundschaftern, bis er die nöthigen Beweisstücke zu einer Anklage zusammengebracht, und erfüllte zugleich das Herz des Königs mit Mißtrauen und Verdacht gegen den Oheim. Darauf wurde Somerset vor dem Pairshof eines Ott. 1551. Anschlags auf das Leben Warwics und anderer staatsgefährlichen Umtriebe beschuldigt, wieder in den Tower abgeführt und durch ein unregelmäßiges Gerichtsverfahren zum Tode verurtheilt. Verlassen von dem königlichen Neffen, dem die feindlich gesinnte Umgebung die frevelhaften Pläne des Gefangenen in den schwärzesten Farben schilderte, wurde der ehemalige Protektor auf dem Towerhill in früher Morgenstunde hingerichtet, zum großen Schmerz des zahlreich versammelten 22. Jan. 1552. Volkes, das ihm stets gewogen war, bis zum letzten Athemzuge seine Treue gegen den König und den evangelischen Glauben betheuernd. Das Volk glaubte an seine Unschuld und ehrte sein Andenken, während es Northumberlands Name mit Haß und Abscheu nannte.

Diese politischen Vorgänge übten auf den Gang der Reformation keinen nachtheili- Fremde gen Einfluß aus; Warwic stimmte mit Somerset in allen kirchlichen Fragen überein; Theologen. zu beiden stand Cranmer in freundschaftlichen Beziehungen, von beiden wurde er in seinem reformatorischen Vorgehen mit gleichem Eifer unterstützt, nur daß Somerset mehr seiner Ueberzeugung und dem Drange seines Herzens folgte, Warwic mehr von politischen und selbstsüchtigen Motiven geleitet ward. Die traurige Lage des Continents zur Zeit des Interims führte eine große Anzahl auswärtiger Protestanten nach England. Unter ihnen befanden sich mehrere gelehrte Theologen von bedeutendem Ruf wie der uns wohlbekannte Martin Buzer aus Straßburg und sein Landsmann Paul Fagius, wie die Italiener Peter Martyr Vermili aus Florenz und seine Gesinnungsgenossen Bernard Ochino von Siena und Em. Tremellius. Diese nahm Cranmer nicht nur gastfreundschaftlich in seinem Hause auf und erleichterte ihnen nach Kräften ihr Loos, sondern er bediente sich ihrer auch, um den Anhängern der alten Kirche, besonders auf den beiden Landesuniversitäten, wo jene angestellt wurden, durch Lehrvorträge entgegen zu wirken. Peter Martyr, dem die altkirchliche Partei in Oxford das Leben sauer genug machte, verfocht in einer öffentlichen Disputation die Abendmahlslehre im Sinne Calvins. Dem Einfluß der deutschen, italienischen und schweizerischen Theologen ist die gänzliche Verdrängung der Transsubstantionslehre aus dem Lehrbegriff der englischen Kirche und die Einfachheit des Glaubensbekenntnisses ohne alle papistische Färbung zuzuschreiben; selbst die lutherische Auffassung von der Coexistenz der Elemente und des Leibes und Blutes Christi oder der wirklichen Gegenwart des Herrn ohne Substanzverwandlung, welcher bisher der Erzbischof und seine Anhänger gehuldigt, trat gegen die Ansicht des Schweizer Reformators zurück, daher bei der späteren Revision der Glaubensartikel die Abendmahlslehre in dieser Richtung eine Umarbeitung erfuhr. Ein anderer Flüchtling von berühmtem Namen, Johann von Lasky (a Lasco), ein polnischer Edelmann von angesehener Familie (geb. in Warschau 1499), der schon als Jüngling die Bewunderung des Erasmus und der Humanisten erregt, dann in Emden eine protestantische Kirche nach dem Vorbild von Genf gegründet hatte, wurde in England, wo er mehreren fremden Kirchengemeinden als Superintendent vorstand, durch seinen strengen Calvinismus Miturheber eines folgenreichen Streits.

Puritanische
Regungen
und Intole-
ranz. Da nämlich sowohl in dem Common Prayerbook als in der beigefügten Ordinationsform der bischöfliche Ornat aus der alten Kirche beibehalten war, so weigerte sich H o o p e r, ein den Ansichten der Schweizer Reformatoren huldigender Theologe, bei seiner Weihe zum Bischof von Glocester die vorgeschriebenen Gewänder anzulegen und regte dadurch einen Streit an, der durch seine spätere mittelst Gefängnißstrafe ihm abgedrungene Nachgiebigkeit keineswegs beendigt wurde, zumal nicht allein Lasky und die ihm untergeordneten Geistlichen diese Ansicht theilten, sondern auch die andern auswärtigen Theologen die „Mummerei“ und den ganzen „Rest des Papismus“, der in den Gläubigen die Erinnerung an den alten Irrthum wach erhalte, entfernt wünschten, wie sehr auch Buzer und Martyr um des Friedens willen Unterwerfung unter die Bestimmungen der englischen Kirche anriethen. Die Ordinationsform fand übrigens auch Gegner bei dem romanisirenden Klerus, insbesondere bei H e a t h, Bischof von Worcester. Noch größern Anstoß nahm der letztere an einer andern Verordnung der regierenden 1550. Herren, nach welcher alle Hochaltäre aus den Kirchen entfernt und hölzerne Tafeln zur Communion an ihre Stelle gesetzt werden sollten. Denn mit dem Altar verknüpfe sich der Begriff eines Opfers. An der Spitze dieser Opposition stand Bischof D a y von Chichester. Er sowohl als Heath büßten ihre Widersetzlichkeit mit dem Verluste ihrer Stellen und ihrer Freiheit. Zugleich wurde durch die Verbrennung zweier Wiedertäufer, der Johanna Bochre genannt Johanna von Kent, und des Holländers Parre, der Grundsatz der religiösen und kirchlichen Uniformität auch gegen die Schwärmereien und häretischen Anschauungen, die aus dem Schooße der deutschen Reformation hervorgegangen, aufrecht erhalten. Das Prinzip der Toleranz fand in jener Zeit bei keiner Religionsgenossenschaft Geltung. Nur bei der Prinzessin Maria mußte man Nachsicht üben, als sie allen Befehlen und Vexationen zum Trotz in ihrem Palaste die Messe nicht mit der englischen Liturgie vertauschen wollte und der Regentschaft das Recht bestritt, von der Kirchenorganisation Heinrichs VIII. abzuweichen. Der Kaiser, damals auf dem Höhepunkt seiner Macht, verwendete sich für sie; Rücksichten der Politik geboten daher in diesem Falle eine Nachsicht, die sonst nirgends geübt ward.

So war innerhalb weniger Jahre der römisch-katholische Kirchenbau, den Heinrich VIII. nur in Beziehung auf Verfassung, Gerichtsgang und Klosterwesen angegriffen hatte, auch hinsichtlich des Cultus und der Gottesdienstordnung umgestaltet worden. Gelang es dem Erzbischof nun noch ein Kirchenrecht nach den neuen Ideen aufzustellen und dem kirchlichen Organismus ein gemeingültiges Glaubensbekenntniß einzufügen, so war die anglikanische Kirche in allen ihren Grundbestandtheilen vollendet. Um dieses Ziel zu erreichen, wurde unter seiner Leitung die Reformation der Kirchengesetze und die Ausarbeitung einer Confession in Angriff genommen und mit großer Thätigkeit fortgeführt. Allein in diesen Gebieten sollte er seine Lebensaufgabe nicht ganz erfüllt sehen. Das Kirchenrecht erfuhr keine weitere Ausbildung, als daß die von Heinrich VIII. begründete Abhängigkeit der Kirche von der Krone und die Unterordnung der Klerus unter die Hoheit des Staats und der weltlichen Gesetzgebung als folgerichtiges Ergebniß seiner Reformen in Geltung blieb, und die „Confession der 42 Artikel" konnte gerade noch durch königliche Verordnung zum Lehrbegriff der anglikanischen Kirche erklärt und der gesammten Geistlichkeit zur Unterschrift empfohlen werden, aber die Bestätigung des Parlaments zu erlangen, war dem Urheber des Werks versagt.

Erst nach der schweren Prüfungszeit unter Maria kam auch dieses Hauptstück der Reformation zur Vollendung. Denn die Bekenntnißschrift der 42 Artikel, die in der neuen unter Elisabeth unternommenen Revision auf 39 Artikel reducirt wurden, ist die bis auf den heutigen Tag gültige Confession der anglicanischen Kirche, neben dem Common Prayerbook und der Episcopalverfassung das wichtigste Kriterium des religiösen und kirchlichen Organismus des Inselreiches, der Grund und Anfang seiner Größe, aber auch die Quelle der hochkirchlichen Starrheit wie der Spaltungen und Sektenbildungen der Dissidenten. Uebrigens sind die Glaubensartikel ein Beweis, wie sehr unter der Regierung Eduards VI. die protestantischen Ansichten des Continents durch die fremden Theologen Eingang gefunden und Wurzel gefaßt haben. Während im Cultus und in der Episcopalverfassung noch katholische Elemente obwalten, bewegt sich die Confession in den Ideenkreisen der calvinischen und lutherischen Dogmatik.

2. Eduards VI. Ausgang und der Kampf um die Herrschaft.

Der Aufbau der neuen Kirche wurde wesentlich gefördert durch den festen Glauben des Königs an die Wahrheit des evangelischen Lehrsystems. Zu dieser Ueberzeugung war er schon durch seine Erziehung geführt worden, und sein eifriger Geist und Forschungstrieb blieb stets auf die religiösen Dinge gerichtet. Es wurde erwähnt, welche Reife der Erkenntniß er schon in seiner Jugend besaß;

seine Lehrer konnten ihm nicht Genüge thun; aus seinen Briefen und Aufzeichnungen ersieht man, mit welchem Eifer er bemüht war, sich die großen Fragen
über Kirche und Staat klar zu machen. Der Herzog von Northumberland hat nur
dadurch sich des Königs Vertrauen und dauernde Gunst zu gewinnen und zu bewahren vermocht, daß er aufrichtig und entschieden in die protestantischen Ansichten einging. Nur mit Mühe wurde Eduard beredet, seiner Schwester Maria die
Ausübung des katholischen Cultus zu gestatten; er hielt es für seine wichtigste
Regentenpflicht, die religiöse Wahrheit, von der er in der Tiefe seiner Seele durchdrungen war, allen seinen Unterthanen zu erschließen. Doch sollte dabei keine
Gewalt, kein Gewissenszwang geübt werden; denn er besaß ein weiches Herz voll
Gutmüthigkeit und Menschenliebe und schreckte vor jeder Verfolgung zurück.
Wenn Bischöfe und Geistliche, welche den kirchlichen Gesetzen und Verordnungen
widerstrebten, ihrer Stellen beraubt oder wegen Auflehnung in Haft gehalten
wurden, so handelte er nur nach der neuen Rechtsanschauung, daß der englische
Klerus der Krone und der Gesetzgebung des Reiches sich zu fügen habe, daß keinem Staatsangehörigen eine Ausnahmsstellung zukomme. Dagegen wurden
fast nie Hinrichtungen um des Glaubens willen vorgenommen; das Todesurtheil
gegen die beiden Wiedertäufer mußte ihm schwer abgerungen werden. Dieser
sanften und duldsamen Gemüthsart des Königs, die auch Erzbischof Cranmer
theilte, war es hauptsächlich zuzuschreiben, daß die Durchführung der Reformation unter Eduard nicht von Gewaltthätigkeit begleitet war; sie vollzog sich wie
ein organisatorischer Akt der Gesetzgebung, dem Alle gehorchen mußten.

Das Episco-
palsystem
bedroht.   Cranmer und die Regierung übersahen es, daß sich eine Flüchtlingsgemeinde von fremden
Reformirten mitten in London bildete, die von ganz anderen Prinzipien ausging. Wir
wissen, daß Lasky an ihrer Spitze stand und im Verein mit andern fremden Theologen die
englische Episcopalkirche einer durchgreifenderen Reformation auf calvinischer Grundlage entgegenzuführen suchte, wozu die Organisation dieser fremden Religionsgemeinschaft als Vorbild dienen sollte. Und wer weiß, wohin es bei längerer Lebensdauer des Königs gekommen
wäre. Alles war noch im Werden und Bilden begriffen; Eduard hat schriftliche Aufzeichnungen über weitere kirchliche Reformen hinterlassen, die dem Episcopat wenig günstig waren;
die Einziehung von Kirchenschätzen und geistlichen Gütern und Einkünften, die noch immer fortdauerte, drohte die materielle Grundlage eines hierarchischen Kirchenregiments zu erschüttern.
Cranmers elastische Natur hätte schwerlich einer durchgreifenderen Umgestaltung große Hindernisse bereitet: die freundliche Aufnahme, die er den flüchtigen Theologen aller Richtungen in seinem Palaste und im ganzen Lande gewährte, gab Zeugniß von seiner Duldsamkeit gegen alle
protestantischen Lehrmeinungen.

Neues
Thronfolge-
gesetz.   Was ließ sich nicht Alles in der gährenden Zeit der fünfziger Jahre erwarten, wenn der mit den herrlichsten Anlagen ausgerüstete, von den edelsten Grundsätzen erfüllte, für Volkswohl und Menschenbeglückung begeisterte König zur
Volljährigkeit und Selbständigkeit gelangte! Auch in den Aeußerlichkeiten des
Herrscheramtes stand er nicht zurück; er zeigte Geschick in ritterlichen Uebungen,
er führte mit Gewandtheit Lanze und Armbrust, er war ein sicherer Reiter; in

der Audienz wie im Parlament betrug er sich mit Würde und Anstand; er fand
Gefallen an glänzendem Auftreten. Und wie Cranmer in geistlichen Dingen ihm
rathend zur Seite stand, zugleich auf die Ansichten des jungen Monarchen eingehend, so kam Warwic seinen andern Neigungen entgegen. Beide besaßen daher auch die unwandelbare Gunst des Königs. Aber sie gewahrten mit banger
Sorge die hinschwindende Gesundheit des königlichen Jünglings, welche von Natur
schwächlich und durch geistige und körperliche Anstrengung überreizt, keine lange
Lebensdauer voraussehen ließ. Wenn er kinderlos aus der Welt ging, so folgte
nach Heinrichs letztwilliger Verfügung die Prinzessin Maria, die strengkatholische
Tochter der aragonischen Katharina, auf dem Throne. Dann war Northumberlands Macht und Ansehen dahin. Er hatte seine Stellung und die Gunst des
Königs zur Befriedigung seiner Habgier und Ehrsucht in unerhörter Weise be-
nutzt. Seit Wolsey waren nicht solche Reichthümer, Aemter und Einkünfte in
Einer Hand vereinigt gewesen. Durch Heirathen waren die angesehensten Familien mit ihm verbunden. Was lag näher, als der Gedanke, durch ein neues
Successionsgesetz dieser Machtstellung Dauer zu verleihen? Die Anordnung des
verstorbenen Königs ließ rechtliche Bedenken zu. Waren denn nicht die beiden
Ehen für ungültig und die Sprößlinge derselben für erbunfähig erklärt worden?
Und nun sollte dennoch die Tochter Katharina's den Thron besteigen und Alles,
was bisher für Kirche und Staat geschaffen worden, wieder in Frage gestellt
werden! Es fiel dem mächtigen Manne nicht schwer, den jungen Fürsten zu
überzeugen, daß er kraft seines geheiligten Charakters als König von Gottes
Gnaden ebensowohl berechtigt sei, wie sein Vater, über die Thronfolge zu bestimmen. Eduard hegte eine große Abneigung gegen die Schwester, die seinen kirchlichen Anordnungen standhaft Trotz geboten. Eine weibliche Succession war
bisher noch nicht vorgekommen. Zum Unglück war in dem Hause Tudor kein
männlicher Sprosse, der als legitimer Erbe hätte aufgestellt werden können. Die
Nachkommen der älteren nach Schottland verheiratheten Schwester Heinrichs VIII.
waren als Fremde in der Thronfolgeordnung übergangen worden; von seiner
jüngeren Schwester Maria, der uns bekannten Herzogin von Suffolk (IX, 879)
waren nur weibliche Descendenten vorhanden: eine Tochter Franciska, Gattin
des Lord Gray, auf den der Titel und Rang eines Herzogs von Suffolk übertragen worden, und deren Töchter, von welchen die älteste, Lady Jane Gray, mit
Northumberlands viertem Sohne Guilford Dudley vermählt war. Die Erbrechte des Geschlechts waren von Heinrich VIII. ausdrücklich anerkannt worden.
In Uebereinstimmung mit dem Herzog traf daher der König die Bestimmung, daß
die englische Krone im Falle seines kinderlosen Ablebens an das Haus Suffolk falle
und Johanna Gray, die Großnichte des verstorbenen Monarchen, die Regentschaft führe, bis ein männlicher Thronerbe in die Rechte eintreten könne. So
hoch verstieg sich der Ehrgeiz Warwics, daß er die Krone Englands für sein eigenes Geschlecht erringen wollte. Ein mit dem Reichssiegel versehenes und von

Eduard an mehreren Stellen unterzeichnetes Document beurkundete seinen königlichen Willen. Die Mitglieder des geheimen Rathes und die Richter der Krone fügten ihre Unterschriften bei; auch Cranmer ertheilte nach einigem Bedenken seine Zustimmung. Auf Grund dieser Urkunde sollte das Parlament ein neues Erbfolgegesetz aufstellen. In einer zweiten Schrift gaben die Räthe dem Herzog die Zusicherung, daß sie die neue Thronfolgeordnung aus allen Kräften gegen Jedermann vertheidigen und durchführen wollten.

Eduard VI.
Tob. Lady
Jane Gray
zur Königin
erklärt.
1553.
Bald darauf nahm die Gesundheit des Königs eine schlimme Wendung. Der Herzog traf daher die geeigneten Vorkehrungen zur Durchführung des Planes. Er ließ durch seine Söhne Reitertruppen ausheben und übertrug den Oberbefehl über den mit Waffen und Kriegsvorrath versehenen Tower einem zuverlässigen Mann, dem Großadmiral Lord Clinton. Zugleich beschied er die beiden Schwestern des Königs an den Hof nach Greenwich zur Pflege des hohen Kranken. Auf diese Weise gedachte er sie in seine Gewalt zu bringen. Maria machte sich auch wirklich auf den Weg, aber ehe sie nach der Hauptstadt gelangte, erhielt sie die Kunde, daß ihr Bruder im Sterben liege. Sie erkannte sofort die ihr drohende Gefahr und eilte nach Kenninghall in Norfolk, wo sie viele Anhän-
6. Juli
1553.
ger zählte. Als es bekannt ward, daß König Eduard am 6. Juli 1553 im sechzehnten Lebensjahre aus der Welt geschieden sei, kündigte sie in einem Schreiben dem geheimen Rath an, daß sie kraft der Anordnung ihres Vaters die Regierung antrete. Dazu war aber im Anfang wenig Aussicht. Noch führte der Herzog das Regiment und eilte, durch eine Huldigungsfeier der neuen Thronfolgeordnung Geltung zu verschaffen. Wie erstaunte die sechzehnjährige Jane Gray, die bisher ihre Tage in stiller Zurückgezogenheit über ernsten Studien verlebt hatte, als sie in die glänzende Versammlung geführt und als Herrscherin begrüßt ward! Sie gerieth bei der unerwarteten Huldigung in solche Aufregung, daß sie mit einem Schrei ohnmächtig zu Boden sank; sie, die junge, schöne Edelfrau von zarter Gestalt und blassem Gesicht, welche bisher über der Lectüre des Plato, den sie in der Ursprache las, über der Erforschung der Bibel und der religiösen Fragen, die damals die Welt bewegten und erschütterten, und über den edlen Genüssen, die eine tiefe gründliche Geistesbildung gewährt, die Vergnügungen ihrer Standes- und Altersgenossen, Spiele und Jagen im Park verschmäht hatte, sie sah sich nun auf einmal fortgerissen in den Strudel eines gefahrvollen, von mächtigen Leidenschaften durchwühlten Lebens, auf einen Posten gestellt, der ihr nach dem Gesetze nicht gebührte und zu dessen Behauptung Eigenschaften erforderlich waren, die sie nicht besaß. Kein Wunder, daß der Huldigungsakt einen überwältigenden Eindruck auf ihre Seele machte. Sie ergab sich in ihr Schicksal, indem sie sagte, Gott möge ihr Kraft verleihen, das Scepter zu seiner Ehre und zum Segen der Nation zu führen. Nach einer raschen Krönungsfeier bezog sie den Tower, der bald ihr Grab werden sollte.

Während dieser Vorgänge weilte Maria in Norfolk in der Nähe des Mee- Maria als Königin an- erkannt.
res, der Hülfe des Kaisers gewärtig. Allein sie bedurfte keines fremden Beistandes. Der Haß gegen den übermüthigen, gewaltthätigen Northumberland
und die angestammte Ehrfurcht vor der gesetzmäßigen Erbfolge wirkten zu ihren
Gunsten. Die Reformation war noch nicht so tief ins Volk gedrungen, daß
eine Spaltung der Nation in zwei Heerlager nach dem religiösen Bekenntniß der
beiden weiblichen Thronbewerber zu befürchten stand; waren ja doch bisher alle
kirchlichen Anordnungen von oben ausgegangen, wie sollte da eine religiöse Ueberzeugung im Volke Wurzel fassen? Auch war Maria klug genug, die Gemüther
durch die Versicherung zu beruhigen, daß Niemand in der Ausübung seines
Glaubens gehindert werden sollte. Uebrigens war Northumberland hinlänglich
gerüstet, um die Ansprüche seiner Schwiegertochter mit dem Schwerte zu verfechten; er konnte mit Mannschaft und Geschütz ins Feld ziehen, und die Glieder
des geheimen Rathes wurden im Tower bewacht, damit sie nicht für Maria
Partei ergreifen möchten. Aber Adel und Volk stellte sich unter die Fahne der
Legitimität; von allen Seiten strömten Edelleute mit bewaffnetem Gefolge nach
Norfolk; da und dort erklärten sich einzelne Befehlshaber für die Königstochter.
Warwic zog gen Cambridge, um den Gegnern den Weg zu verlegen, die Hut
des Towers und der Hauptstadt dem Vater Johanna's überlassend. Er rechnete
auf die Ergebenheit der Räthe. Aber wie bald wurde sein Vertrauen getäuscht!
Unter allerlei Vorwänden entfernten sich die meisten und vereinigten sich im Schlosse
des Grafen von Pembroke zu dem Entschlusse, Maria als Königin von England anzuerkennen. Northumberland wurde aufgefordert, seine Truppen zu
entlassen. Er erkannte bald genug, daß seine Sache verloren sei: der Jubel des
Volkes über die Erklärung des geheimen Raths, der rasche Abfall des Heeres,
die öffentlichen Kundgebungen aller Orten überzeugten ihn, daß er keinen Boden
in der Nation habe. Dazu kamen noch Streitigkeiten in der Familie. Johanna
weigerte sich, die Königswürde mit ihrem Gemahl zu theilen; nur den Herzogs-
titel wollte sie ihm verleihen. Dies zog ihr heftige Vorwürfe und lieblose Behandlung von Seiten der ehrsüchtigen Verwandten zu.

Mit dem Glauben an den Erfolg seiner Sache verlor der Herzog auch alles Einzug in London und Warwics Ausgang.
Selbstvertrauen. Kleinmüthig suchte er einzulenken, indem er selbst auf dem
Marktplatze zu Cambridge unter Thränen der Reue Maria als Königin ausrief. Aber diese verspätete Huldigung rettete ihn nicht. Er wurde verhaftet
und mit mehreren Verwandten und Anhängern in den Tower gebracht. Noch
war der Monat Juli nicht zu Ende, als sich Maria der Hauptstadt näherte.
Elisabeth ritt an der Spitze eines glänzenden Gefolges ihrer Schwester entgegen,
worauf beide auf stolzen Zeltern ihren triumphirenden Einzug in die geschmückte
und von Menschen wogende Stadt hielten. Die einst Heinrich VIII. und Katharina gesehen, sagt Lingard, konnten in der Königin wenig entdecken, das an die
majestätische Haltung ihres Vaters oder an die schönen Züge und das anmuthige

Wesen ihrer Mutter erinnert hätte. Ihre Gestalt war kurz und klein; auf ihrem Angesicht hatte der Kummer tiefe Furchen gegraben und ihre dunkeln stechenden Augen füllten Alle, auf die sie sich richteten, mit Furcht. In der äußeren Erscheinung war Elisabeth im Vortheil. Sie stand in der Blüthe der Jugend. Ohne gerade Anspruch auf Schönheit machen zu können, besaß sie anmuthige Züge, große blaue Augen, eine schlanke, stattliche Gestalt und Hände, deren elegantes Ebenmaß sie bei jeder Gelegenheit zu zeigen beflissen war. Die erste Handlung der neuen Gebieterin war ein Akt der Gnade gegen „ihre Gefangenen". Gardiner, Bonner, Tonstall, Heath und Day erhielten sofort die Freiheit und ihre Kirchenämter zurück und der erste hatte den Triumph, im October die Krönung der neuen Gebieterin nach dem alten Ritus mit einem feierlichen Hochamt vollziehen zu dürfen. Bei dieser Gelegenheit erließ die Königin eine Amnestie, von welcher jedoch zweiundsechzig Personen, die bei dem vorausgegangenen Drama am thätigsten mitgewirkt oder bei der Reformation sich besonders hervorgethan hatten, ausgeschlossen waren. Sie wurden in Haft gehalten und in Untersuchung genommen. Northumberland hoffte vergebens, durch reumüthige Geständnisse seiner Schuld und durch die heuchlerische Versicherung, daß er stets der katholischen Kirche ergeben gewesen und an den kirchlichen Neuerungen keinen Antheil gehabt, Gnade zu finden: sein Kleinmuth und seine Charakterlosigkeit rettete ihn nicht vor dem Tode. Er starb mit einigen seiner Getreuen auf dem Schaffot. Ihre Hinrichtung und die zahlreichen Verhaftungen waren der Anfang der Schreckensherrschaft unter der „blutigen Maria".

3. Die katholische Reaction unter Maria Tudor.

Maria hatte wiederholt die öffentliche Versicherung gegeben, daß sie dem Gewissen ihrer Unterthanen keinen Zwang anthun werde; eine Zusage, die ihre Thronbesteigung wesentlich förderte. Aber es trat bald zu Tage, daß sie die Wiederherstellung der römisch-katholischen Glaubensform, für welche ihre Mutter und sie selbst Schmach und Bedrängniß erlitten, für ihre heiligste Pflicht ansehe. Sie wurde verstimmt, als Kaiser Karl V. und der zum Lordkanzler erhobene Gardiner ihrem Eifer Einhalt thaten und sie vor kirchlichen Neuerungen ohne Beiziehung des Parlaments warnten. Sie wollte sich sogleich des Titels „Haupt der Kirche zunächst unter Gott", der nur dem Papst gebühre, entäußern und behielt ihn auf Zureden des Kanzlers nur darum bei, weil sie kraft desselben freier und ungehinderter in ihren Restaurationsplänen vorgehen konnte. Diese traten denn auch bald genug zu Tage: die von Cranmer ernannten Bischöfe wurden nach und nach entfernt und die altgläubigen wieder eingesetzt; bei Eduards Beerdigung wurde ein Seelenamt gehalten; in einzelnen Kapellen ward die Messe celebrirt; eine Verordnung verbot bei hoher Strafe ohne Ermächtigung von Sei-

Die ersten Symptome der Reaction.

ten der Königin zu predigen, die Heilige Schrift zu erklären oder religiöse Bücher zu drucken; eifrige Förderer der Reformation, wie die Bischöfe Ridley, Latimer, Hooper, Cor und Coverdale kamen in Haft. Cranmer, der Haupturheber des Abfalls von Rom und der Ehescheidung, wurde Anfangs geschont. Erst als ein ohne sein Wissen verbreitetes Schriftstück gegen den Meßdienst den Zorn der Gegner reizte, wurde auch er in den Tower abgeführt. Und schon wurden geheime Fäden mit Rom angeknüpft. Cardinal Pole, der im Benedictiner-Kloster zu Moguzzano am Gardasee seinen wissenschaftlichen Studien oblag, schien die geeignete Persönlichkeit, das Inselreich wieder in den Mutterschoß der römischen Kirche zurückzuführen. Er wurde daher von Papst Julius III. zum Cardinallegaten mit ausgedehnten Vollmachten ernannt. Allein Kaiser Karl V., welcher fürchtete, er möchte die Königin zu voreiligen Dingen fortreißen, und der beabsichtigten spanischen Heirath Schwierigkeiten bereiten, wußte ihn so lange auf dem Continente zurückzuhalten, bis die Dinge in England der Entscheidung näher gerückt waren.

Aller Augen waren nun auf das Parlament gerichtet, welches Maria nach Das erste Parlament. ihrer Krönung einberief. Die vorhergehende Regierung hatte an vielen Uebelständen gelitten: der Staatshaushalt war in Unordnung, das Kirchenvermögen war geschädigt worden, mancherlei Unfälle und Willkürlichkeiten hatten Unzufriedenheit erregt. Bei dieser Stimmung fiel es dem jetzigen Regimente nicht gar schwer, eine starke Majorität zu erlangen, zumal da man durch Wahlbeherrschung, Anklagen, Intriguen alle feindseligen Elemente fern zu halten wußte, und die der Reformation ergebenen Bischöfe vom Oberhaus ausschloß. Maria hoffte, mit Einem Schlag zum Ziele zu kommen: Ein Gesetz sollte die Ehescheidung Heinrichs VIII. von Katharina für ungültig erklären, alle daraus entsprungenen Religionsneuerungen umstoßen und sowohl die alten Gebräuche, Einrichtungen und Dogmen als die päpstliche Autorität in ihrer ursprünglichen Gestalt herstellen. Aber sie erkannte bald, daß ein solcher Gewaltstreich nicht durchzusetzen sei: Gegen das Papstthum waren zu viele Schläge geführt worden, als daß dasselbe so ohne Weiteres wieder aufgerichtet werden konnte; und wäre denn damit nicht auch die Herstellung der Klöster und die Rückerstattung der entfremdeten Kirchengüter verbunden gewesen? In welche Wirrnisse wäre dann aber Staat und Gesellschaft gestürzt worden! Die einzelnen Punkte mußten also getrennt und mit Vorsicht behandelt werden. Der Antrag, daß die Ehe Heinrich VIII. und Katharinas für legal und rechtsgültig erklärt, somit die Legitimität Maria's außer Frage gestellt werde, ging ohne Widerspruch durch. Auf größere Opposition stieß die zweite Bill, nach welcher die kirchlichen Zustände, wie sie bei Heinrichs VIII. Tod bestanden, zurückgeführt werden sollten. Doch siegte auch hier die katholische Majorität: Eine einzige Parlamentsakte stürzte Cranmers kunstvollen Bau zu Boden; die Gesetze, welche die Communion unter beiderlei Gestalt anordneten, das Common Prayerbook und die Landessprache in den

Gottesdienst einführten, die Ehe der Priester gestatteten, wurden außer Kraft ge=
setzt, die neue Ordinationsform aufgehoben, das Verbot der Bilder und Reli=
quien zurückgenommen u. A. m. Es waren große Resultate, welche Maria von
der gesetzgebenden Macht erlangte; auch die Klage wegen Hochverraths gegen den
Erzbischof Cranmer, gegen Johanna Gray, ihren Gemahl und dessen Brüder
fand Billigung; die Verurtheilung Norfolks und des Marquis Courtenay von
Exeter wurde für ungültig erklärt. Dagegen mußte von der Wiederaufrichtung
des Papstthums wie von der Restitution der Klöster und des Kirchenvermögens
zunächst Umgang genommen werden. Die Convocation begrüßte die Königin
als Deborah, welche die wahre Gottesverehrung wieder eingeführt, als zweite
Judith, die dem Feind das Haupt abgeschlagen, als die gebenedeite Jungfrau,
welche die Braut Christi von der Befleckung gereinigt.

Die spanische
Heirath   Aber gerade damals war Maria ernstlich mit dem Gedanken beschäftigt, sich
dieses jungfräulichen Schmuckes zu entledigen. Denn nächst der Restauration
des Katholicismus lag der Königin nichts so sehr am Herzen als die Wahl eines
Gatten. Der Wunsch des Landes war, sie möchte einen Eingebornen als Ehe=
gemahl erkiesen, und es hatte den Anschein als würde Courtenay, den sie zum
Grafen von Devonshire erhoben, ein Abkömmling des Hauses York, der Er=
korne sein. Als aber das Parlament ihr diesen Wunsch vortrug, erfuhr es eine
scharfe Zurückweisung. Denn sie war bereits durch den Kaiser auf ganz andere
Gedanken gelenkt worden: sein eigener Sohn Philipp, noch nicht dreißig Jahre
alt, aber schon seit mehreren Jahren Wittwer, war der ausersehene Bräutigam.
Karl V. gedachte durch diese Vermählung die Macht der spanischen Linie des
habsburgischen Hauses im westlichen Europa zu befestigen und der französisch=
schottischen Verbindung ein Gegengewicht zu schaffen.

Aufstände.   Keine schlimmere Wahl konnte getroffen werden: Nicht bloß die Wiederher=
stellung der päpstlichen Autorität und des gesammten römisch=katholischen Kir=
chenthums stand zu erwarten; welchen Gefahren ging das nationale Freiheit und
Unabhängigkeit, gingen Verfassung und parlamentarisches Staatsleben entgegen,
wenn der zum Absolutismus geneigte Sinn der Tudors und Habsburger vereint
sich gegen die Volksrechte kehrte! Bald wäre England zu einer Provinz des
spanischen Kaiserreichs herabgesunken. Es bedurfte so tiefgreifender Befürchtungen,
um in der zertretenen Nation einige Regungen des Widerstandes hervorzurufen,
und der anspornenden Thätigkeit des französischen Gesandten Noailles, welcher
die Hülfe seines Hofes in Aussicht stellte. Allein die plan= und ziellosen Auf=
stände, die in einzelnen Landschaften, in Cornwallis und Devonshire, in Wales
und Warwickshire sich hervorwagten, wurden unterdrückt; weder Courtenay noch
Elisabeth, deren Verehelichung und Thronbesteigung bewirkt werden sollte, woll=
ten ihre Sicherheit und ihr Leben in Gefahr setzen. Die Führer, unter ihnen der
Herzog von Suffolk, Johannas Grays Vater, wurden in Gefangenschaft und
dann zum Tode geführt; andere retteten sich nach Frankreich. Auch der drohende

Aufstand in Kent unter dem kühnen Sir Thomas Wyat, der sich bis in die Haupt- 6. Febr. 1554.
stadt, bis in die Nähe des königlichen Schlosses St. James verbreitete, wurde
durch die entschlossene Haltung der Königin, welche die Londoner Bürgerschaft
in der Guildhall zur Vertheidigung anfeuerte, überwältigt. Man bewunderte
ihren Muth, daß sie sich weigerte, ihren offenen Palast zu verlassen und den Tower zu beziehen.

Diese Auflehnung reizte die von dem Gefühl ihrer Hoheit und Herrscher- Hinrichtun- gen.
macht durchdrungene Königin zur Wuth und Rache. Was der Aufstand hatte
verhindern wollen, die spanische Heirath und die Herstellung des Katholicismus,
wurde nun um so eifriger ins Werk gesetzt und damit zugleich der Untergang
eines edlen Menschenlebens beschleunigt. Am Tage nach Wyats Verhaftung
unterzeichnete Maria das Todesurtheil der unglücklichen Fürstentochter und ihres
Gemahles. Guilford Dudley und Johanna Gray starben auf dem Schaffot. We- 12. Febr. 1554.
niger die Empörung des Vaters als die unerschütterliche Anhänglichkeit an die
Reformation, welche die Gefangenen in Kerker und Banden unverhohlen kund
gegeben, war die Ursache ihres Todes. Auf einem grünen Rasen innerhalb des
Towerhofes floß das Blut der standhaften edlen Dulderin, die in einem Alter
von siebenzehn Jahren fremder Ehrsucht und grausamer Tyrannei zum Opfer
fiel. Aus dem Seelenfrieden, den sie in klassischen Studien und religiösen Forschungen gefunden, hatte man sie gegen ihre Neigung auf die Höhe des Lebens
gestellt, um nach einem kurzen schweren Traum vor der Zeit in die Grube gestürzt zu werden; eine Lilie, gebrochen vor der Entfaltung. Ihr Schicksal theilte
nicht nur ihr Vater, sondern auch ihr Oheim Thomas Gray, und mit Entsetzen
blickte das englische Volk auf die Menge von Galgen, an denen in den folgenden
Tagen die Häupter und Theilnehmer des mißlungenen Aufstandes, voran Thomas Wyat, ihr grausiges Ende fanden. Courtenay und Elisabeth wurden einer
gerichtlichen Untersuchung unterworfen; da ihnen aber keine Verbindung mit den
Insurgenten nachgewiesen werden konnte, so begnügte man sich mit einer strengen
Ueberwachung.

Noch blickten die Leichen der Gehängten mit höhnendem Grinsen von dem Vermäh- lung.
Hochgerichte herab, als Philipp, „König von Neapel und Sicilien", seinen prunkvollen Einzug in die Hauptstadt Englands hielt und in der Kathedrale von Winchester durch Gardiner mit Maria feierlich vermählt ward. Und um jeder künfti- 25. Juli 1554.
gen Einsprache gegen ihre Hoheitsrechte vorzubeugen, ließ Maria durch ein Statut
erklären, daß dem Inhaber der Krone ohne Unterschied des Geschlechts die ganze
Machtfülle zustehe. Damit sollten alle Zweifel gegen das Recht der Frauen
auf die Regierung eines Landes, die auf Grund biblischer Stellen von protestantischen Schriftstellern erhoben wurden, niedergeschlagen werden.

Der spanische Ehebund brachte der englischen Nation alle die Gefahren, die Katholische Reaction.
man gleich Anfangs befürchtet hatte. Nicht nur, daß das Reich in die Politik
und die Ideenkreise des Habsburgischen Herrscherhauses hineingerissen und in

eine feindselige Stellung zu Frankreich gebracht ward; die innige Verbindung mit
Spanien führte auch nothwendig zu einem vollständigen Bruch mit allen reformatorischen Neuerungen und zur Rückkehr unter die päpstliche Autorität. Dazu wurden
alsbald die einleitenden Schritte gethan. Als Oberhaupt der Kirche bestellte die
Königin eine geistliche Commission unter dem Vorsitz von Gardiner und Bonner,
welche auf Grund der alten Kirchengesetze die Ketzerei ausrotten, alle Priester,
die gegen die Ordnung und löbliche Sitte der Kirche in den Ehestand getreten,
von ihren Aemtern entfernen, die Messe und die alten heiligen Gebräuche wieder
herstellen und alle kirchlichen Neuerungen, die seit dem Tode des Vaters vorgenommen worden, beseitigen sollte. Die aus katholischen Eiferern zusammenge-
setzte Commission kam diesem Auftrag bereitwillig nach. Eduards VI. Leiche
ruhte noch kaum ein Jahr im Grabe, und schon war in allen Kirchen Englands
der reformirte Cultus, der Stolz seines Lebens abgeschafft und der katholische
Gottesdienst in seinem ganzen Umfang hergestellt. Dreizehn Bischöfe, darunter
die Schöpfer der reformirten Religionsform, waren als ungesunde Glieder aus
der Kirche ausgestoßen und schmachteten im Kerker oder aßen das Brod der Trübsal im Exil; über zwölftausend verheirathete Geistliche waren ihrer Stellen entsetzt und wie einst die Mönche der aufgelösten Klöster auf eine ärmliche Unterstützung für ihre eigene Person angewiesen, ohne Rücksicht auf ihre Frauen und
Kinder, die man als Concubinen und Bastarde behandelte.

Wiederher-
stellung des
Papstthums.

Mit größerer Schwierigkeit war die Wiederherstellung des päpstlichen Primats verbunden, wozu man der Mitwirkung der gesetzgebenden Körperschaften
bedurfte. Nicht als ob religiöse Motive die Gewissen bedrängt hätten: die Nation hatte sich längst der eigenen Wahl und Selbstbestimmung in Sachen der Religion begeben und sich gewöhnt, ihren Glauben nach den Zeitumständen und
nach den von Oben ausgehenden Geboten einzurichten; auch sorgte man dafür,
daß nur wenige Bekenner des reformirten Glaubens in die Versammlung gewählt wurden. Der Widerstand hatte hauptsächlich seinen Grund in der Befürchtung, die Wiederaufrichtung des Papstthums möchte auch die Restitution
der alienirten Kirchengüter, wovon fast alle mächtigen und einflußreichen Familien ihren Antheil bekommen hatten, zur Folge haben. Der Lordkanzler Gardiner
suchte daher die Curie zu bestimmen, vor Allem die Säcularisationen gutzuhei-
ßen und von jeder Rückerstattung abzustehen, weil sonst die Restauration der
päpstlichen Autorität nimmermehr auf gesetzlichem Wege zu erzielen sein würde.
In Rom trug man aber Bedenken, ein so gefährliches Beispiel aufzustellen, man
hoffte mit einigen zweideutigen und unbestimmten Zugeständnissen über die
Schwierigkeit hinauszukommen. Kardinal Pole, der noch immer in Brüssel
weilte, erhielt den Auftrag, das Reunionswerk zu vollziehen und nach dem
Vorschlage der Königin sich mit den dermaligen Besitzern ehemaliger Kirchengüter
zu verständigen. Aber dem Kanzler war die unbestimmte Vollmacht nicht genügend. Pole wurde nicht eher zugelassen, als bis eine neue Bulle die volle

Garantie bot, daß keine Rückforderung stattfinden sollte. Wie sehr auch das
Land nach der Versicherung des Kanzlers von der Sehnsucht erfüllt war, mit der
Heil. Kirche ausgesöhnt zu werden, so würde es doch ohne diese Sicherstellung
das Beharren in dem schismatischen Zustand vorgezogen haben. Und so vorsichtig und klug wußte das Parlament, das nach dem prunkvollen Einzug des
Legaten in London und dem glänzenden Empfang durch die Königin im November zusammentrat, die Gesetzgebungsbill abzufassen, daß darin die Wiederherstellung der päpstlichen Jurisdiction und die Erhaltung ehemaliger Kirchengüter
bei den dermaligen Besitzern in einer und derselben Akte verbunden wurden, ein
Document der weltlichen Klugheit wie der religiösen Gleichgültigkeit der Reichsstände. Die kirchliche Suprematie wurde von der Krone getrennt und an den
apostolischen Stuhl zurückgegeben. Freudig entsagte Maria nunmehr dem Titel
eines „obersten Hauptes der Kirche". Mit einer feierlichen Procession verherr- Jan. 1555.
lichte man nach dem Schluß des Parlaments das glückliche Ereigniß der Wiedervereinigung mit der römisch-apostolischen Kirche. Aus den Händen einer glän- Mai 1555.
zenden Gesandtschaft empfing der neue Papst Paul IV. die Restaurationsakte,
die dem englischen Schisma ein Ende machte. Zum Dank bestätigte er den von
Heinrich VIII. der britischen Krone beigelegten Königstitel von Irland.

Das Parlament hatte nicht nur in die Wiedervereinigung der englischen Erneuerung
Kirche mit Rom gewilligt, es hatte auch auf den Antrag der Convocation das gesetze.
alte Gesetz gegen Lollarden und Ketzer erneuert und dadurch der religiösen
Verfolgung ein weites Feld eröffnet. Gardiner, unter Heinrich VIII. ein thätiges Werkzeug bei Begründung des königlichen Supremats, suchte jetzt durch
verdoppelten Eifer die Vergangenheit in Vergessenheit zu bringen. Er meinte,
der Scheiterhaufen sei das wirksamste Bekehrungsmittel und die Furcht vor Folterqualen der überzeugendste Religionsprediger. Die Königin und ihr spanischer
Gemahl theilten diese rigorose Ansicht: Zeichen von Widersetzlichkeit und Trotz,
die hie und da zu Tage traten, steigerten die fanatische Richtung bei der reizbaren
Maria und dem finstern Philipp. Pole war durch seine Studien zu humaneren
Ansichten gelangt.

Die Willfährigkeit, womit das Parlament das Reformationswerk zu Grabe getra- Erulanten.
gen, mochte in der Königin den Glauben erwecken, daß ganze Volk sei von derselben
Gesinnungslosigkeit erfüllt und es bedürfe nur eines festen Willens, um die ganze religiöse Neuerung wie einen wüsten Traum wegzuscheuchen. Da erfuhr sie denn bald
eine arge Täuschung: die abgesetzten und eingekerkerten Prediger blieben ihren Ansichten
treu; auch bei den weltlichen Ständen mehrten sich die Kundgebungen widerstrebender
Richtungen, und Tausende entflohen nach dem Festlande, nach der Schweiz, nach
Deutschland, nach Friesland, wo sie unter dem Schutze der städtischen Obrigkeiten den
Gottesdienst nach der unter Eduard VI. eingeführten Religionsform einrichteten. Sie
sammelten sich in Frankfurt, Straßburg, Wesel, Basel, Genf, Zürich u. a. O., bildeten
eigene Kirchengemeinden und entfalteten, da viele gelehrte Männer sich unter ihnen befanden, eine große literarische Thätigkeit. Durch Flugschriften und lehrhafte Abhand-

lungen suchten sie bei ihren Landsleuten, mit denen die Flüchtlinge in fortwährender Verbindung standen, für das Evangelium zu wirken.

Religions-
verfolgun-
gen. Für die Schmähungen, welche von den Exulanten über die Königin und ihre papistischen Rather und Helfer ausgeschüttet wurden, rächten sich diese durch Verfolgung im Innern. Ein geistlicher Gerichtshof war in fortwährender Thätigkeit. Alle, welche bei den kirchlichen Reformen Cranmers sich hervorgethan, wurden verhört und wenn sie sich weigerten, ihre früheren „Irrthümer" zu widerrufen, den römisch-katholischen Glauben mit Messe und Transsubstantiation zu beschwören, den päpstlichen Primat und den Cölibat anzuerkennen, wurden sie als Häretiker zum Tode verurtheilt. Rogers', der gelehrte Mitarbeiter an Tyndalls Bibelübersetzung, war das erste Opfer. Unter der Menge, die den Schei-
4. Febr.
1555. terhaufen in Smithfield umstand, waren seine Kinder und seine Frau, einen Säugling auf dem Arm. Einige Tage später erlitt Bischof Hooper dasselbe Schicksal; und nun folgten Hinrichtungen auf Hinrichtungen. Nicht mit feierlichem Gepränge, wie die spanischen Autos-da-Fé wurden die tragischen Schauspiele in England vorgeführt, dazu war die Zahl der Opfer zu groß, denn nach authentischen Angaben wurden in den vier letzten Regierungsjahren Maria's 288 Menschen um der Religion willen dem Tode geweiht; die Verurtheilten starben wie die ersten Christen in der römischen Heidenzeit unter Schmach und Hohn, aber auch mit derselben Standhaftigkeit und Hingebung. Die größte Thätigkeit bei dieser entsetzlichen Blutarbeit entfaltete Bischof Bonner von London, dem Gardiner den Vorsitz im Ketzergericht übertrug. Der Name dieses Mannes ist mit blutigen Zügen in Englands Religionsgeschichte gezeichnet, in den Tagen, da das Evangelium unter dem Kreuze lag. Sein hartes Herz fand Wohlgefallen an den Qualen und Leiden der Andersdenkenden. In allen Kirchspielen wurden Aufsichtscommissionen aufgestellt, die in Verbindung mit geheimen Spähern den bischöflichen Gerichtshöfen Schuldige und Verdächtige anzeigten und einlieferten. Es waren Glaubenstribunale, nicht unähnlich den Inquisitionsgerichten Spaniens und Italiens. Aber die Verfolgung stärkte die Gläubigkeit; sie war eine Läuterungsperiode für die reformirte Kirche Englands, deren Ursprung von so manchen unlauteren Elementen umgeben war, daß sie ihre Echtheit und Wahrhaftigkeit zuerst bewähren mußte, ehe sie als Trägerin der Nationalreligion anerkannt werden durfte; die unter den harten Schlägen der Verfolgung erprobte Treue verlieh ihr Stärke und Bestand. Durch Trübsal und Martyrium stieg sie zur Verklärung auf. Die englischen Kirchenhistoriker verweilen mit großer Ausführlichkeit bei den blutigen Scenen der Hinrichtungen, aber unsere Zeit hat das Verständniß verloren sowohl für die Glaubensstärke und die Todesverachtung der Märtyrer als für die intolerante Wuth fanatischer Herrscher. Ein Werk wie das Märtyrerbuch des protestantischen Eiferers John Fox würde das jetzige Geschlecht weder schreiben noch lesen können; aber in jenen Tagen der Gläubigkeit, wo die

Worte der Bibel eine heiligende und stärkende Kraft übten, waren die letzten Reden und Gebete, die Sprüche und Stoßseufzer der Gemarterten von erbauender und erhebender Wirkung.

Unter allen Blutzeugen dieser Jahre nahmen die drei Prälaten, auf deren Todesstätte in Oxford ein milderes Zeitalter ein stattliches Monument errichtet hat, Cranmer, Ridley und Latimer, die größte Theilnahme in Anspruch. Sie waren die thätigsten Werkmeister bei dem neuen Kirchenbau gewesen; wie sollten sie den Untergang ihrer Schöpfung überleben? Man hatte sie aus dem Tower nach Oxford, dem Bollwerke des Conservatismus und Stabilitätsprinzips schaffen lassen, um sie dort durch Disputationen und Verhöre zu bedrängen und wo möglich zum Widerruf zu bringen. Nach einem mehrtägigen Redeturnier über Messe und Abendmahl erklärten die gegnerischen Theologen, daß die drei Reformatoren durch siegreiche Beweisführung widerlegt worden seien, worauf dieselben in verschiedene Gefängnißzellen eingeschlossen wurden. Achtzehn Monate ließ man sie dort schmachten, ohne sich weiter um ihr Schicksal zu bekümmern. Erst als die Reunion mit Rom vollzogen und die Ketzergerichte hergestellt waren, beschloß man, auch die Häupter zu fällen. Wenn es nun gelang, nicht blos ihre Person aus der Welt zu schaffen, sondern auch ihren Namen zu schänden, so war der Triumph der katholischen Sache desto glänzender. Cranmer hatte in so manchen kritischen Lagen sich den königlichen Machtgeboten gefügt und seine Ansichten den herrschenden Richtungen der Regierung anbequemt; sollte er nicht bei seinem schmiegsamen Wesen und seinem Mangel an Charakterstärke und männlichem Muthe auch jetzt zu Schritten gebracht werden können, welche seinen Schöpfungen einen unauslöschlichen Makel anhefteten? Bei Ridley und Latimer waren die Künste der Verführung ohne Wirkung; sie wurden als hartnäckige Häretiker den Flammen übergeben und starben heldenmüthig den Märtyrertod. Minder standhaft zeigte sich Cranmer. Als er seiner erzbischöflichen Würde entkleidet in einsamer Haft den Tod vor Augen sah, entsank ihm der Muth, und die Liebe zum Leben erfaßte ihn mit aller Stärke. Er schrieb an die Königin, an den Kardinal Pole reuevolle Briefe; er verleugnete sein Werk, wie ihm nachgesagt wird, durch sieben Abschwörungsformeln; er löschte seine ganze Vergangenheit aus: aber wie laut er auch um Gnade schrie, Maria's Herz blieb unbeweglich. Die Reue und Entehrung des Reformators war ihr zwar höchst erwünscht, aber der Schöpfer der reformirten Kirche, der Urheber der Ehescheidung ihrer Mutter, wodurch ihre eigene Legitimität in Frage gestellt worden, hatte sich in ihren Augen zu schwer vergangen, als daß er begnadigt werden konnte. Der 21. März war der Tag seiner Hinrichtung. Am Scheiterhaufen sollte er noch einmal öffentlich seine Sinnesänderung und seine Reue ablesen; allein wie erstaunten seine Widersacher und wie freuten sich die Freunde der Reformation, als der Erzbischof eine Schrift vorlas, worin er Alles zurücknahm, was er, geängstigt von Todesfurcht, gegen die Wahrheit und seines Herzens Ueberzeugung nieder-

55 *

geschrieben, die päpstliche Suprematie und die Lehre von der Transsubstantiation verwarf und dann seine Rechte in die Flammen streckend laut ausrief: „Diese hat gesündigt, sie soll zuerst die Strafe erleiden!" Er hielt standhaft aus, bis die rasch emporlodernden Flammen über seinem Haupte zusammenschlugen und seinem Leben ein Ende machten. So starb Thomas Cranmer, der Hauptbegründer der anglikanischen Kirche, aber sein Werk, das die Gegner mit ihm vernichtet wähnten, überdauerte den Schöpfer und ging wie ein Phönix verjüngt aus der Asche des Märtyrers hervor.

12. Nov. 1555.

Gardiner erlebte den Tod seines Feindes nicht mehr. Er war fünf Monate zuvor aus der Welt geschieden; sein Nachfolger im Kanzleramt wurde Nicolaus Heath, Erzbischof von York, unter welchem die Ketzerverfolgungen sich noch mehrten.

Pole Erzbischof von Canterbury.

Auch Reginald Pole, der den erzbischöflichen Sitz von Canterbury bestieg, zeigte als Primas von England mehr Strenge und Unduldsamkeit als zuvor. Gönnte er doch nicht einmal den verstorbenen Reformatoren Bucer und Fagius die Grabesruhe in Cambridge!. Zugleich suchte er in Gemeinschaft mit der Königin der katholischen Kirche neue Hülfsmittel und Arbeiter zu gewinnen, indem er die Restitution der an die Krone gefallenen Zehnten und Annaten und die Wiederherstellung einiger Ordenshäuser betrieb. Nur mit großer Mühe und nicht ohne moralischen Zwang konnte die Zustimmung des Parlaments zu dieser Rückerstattung erlangt werden. Doch erwarb sich Pole mit allen diesen Diensten bei Papst Paul IV. keinen Dank. Dieser trug dem spanischen Hause großen Haß und dehnte seinen Groll auch auf die englische Königin, ihren Gemahl und ihren Rathgeber aus. Wie einst bei Clemens VII. trat auch diesmal das kirchliche Interesse hinter dem politischen zurück. Während sein Verbündeter Heinrich II. mit seiner Einwilligung den deutschen Protestanten die Hand reichte, entzog der leidenschaftliche Papst dem Erzbischof die Legatenwürde, die er einem alten Franciscanermönch Peyto übertrug, und lud jenen vor seinen Richterstuhl nach Rom. Ein ärgerlicher Streit entbrannte, den jedoch bald eine höhere Hand durch den Tod aller Parteien löste.

Maria's letzte Regierungszeit.

Die Geschichte bietet nicht leicht ein freudenloseres Leben dar, als das der englischen Maria. Die Jahre der Jugend vertrauerte sie in stiller Verborgenheit unter dem harten Despotismus eines lieblosen Vaters; die Regierung ihres Bruders brachte ihr neue Leiden, als sie sich weigerte, ihren mütterlichen Glauben gegen die neue Kirchenform zu vertauschen; am freudenleersten aber waren die Jahre ihrer eigenen Regierung. Ihr häusliches Leben war getrübt durch getäuschte Hoffnungen und unerwiederte Liebe: die vermeintliche Schwangerschaft, die man am Hofe und in den katholischen Kreisen als ein wichtiges Staatsereigniß behandelte, erwies sich als eine Täuschung, als die Wirkung krankhafter Zustände; Philipp begab sich im September 1555 nach den Niederlanden, und trat bald nachher, nach der Abdankung seines Vaters, die Herrschaft der gesammten spanischen Monarchie an; er erschien nur noch ein einziges Mal in England, um die Theilnahme der britischen Nation an seinem Krieg wider Frankreich zu erwirken. Mit Hülfe der Königin, welche die erkaltende Zuneigung des Gatten durch verdoppelte Hingebung zu stärken suchte, erreichte er auch wirklich seinen

Zweck. England trat als Verbündeter Spaniens in den Krieg ein; der Graf
von Pembroke half den Sieg von St. Quentin erfechten; aber bald nachher eroberte der Herzog von Guise mitten im Winter Stadt und Gebiet von Calais. Jan. 1558.
Die englischen Einwohner wurden mit der Besatzung vertrieben und eine französische Bevölkerung dahin verpflanzt. In England betrachtete man den Verlust
der wichtigen Seestadt, des letzten Restes der glorreichen Eroberungen alter Zeit,
als ein öffentliches Unglück und Maria betrauerte ihn als die größte Schmach
ihrer Regierung; in Paris aber feierte man das frohe Ereigniß durch die Ver-
mählnng des Dauphin mit Maria Stuart. Die Trauer über diesen Unfall und
über die dauernde Entfernung des Gatten wurde noch gesteigert durch die Wahrnehmung, daß sie sich durch die Religionsverfolgungen den Haß des Volkes zugezogen, wie sie aus vielen Kundgebungen schließen konnte, und daß man sich
nach ihrem Tode sehne, der ihre beneidete Halbschwester Elisabeth auf den Thron
führen würde. Die Flugschriften voll Spott und Hohn gegen die „zweite Je-
zabel", die von den Emigranten massenhaft ins Land geschleudert wurden, gaben
Zeugniß von der öffentlichen Stimmung und den lebhaften Hoffnungen der Reformationspartei und ihrer flüchtigen Wortführer; eine neue Verschwörung, die
gleich der früheren von Frankreich begünstigt die Vermählung Elisabeths mit
Courtenay und ihre Thronbesteigung erwirken sollte, vermehrte den Unmuth und
Verdruß in Maria's Herzen. Sie konnte sich der trüben Ahnung nicht entschlagen, daß der römische Kirchenglauben, für dessen Sieg sie so viele Schlachtopfer
dargebracht, mit ihrem Tod wieder in Staub sinken werde. Courtenay mußte
das Land verlassen und starb in Italien; Elisabeth wurde strenger bewacht. Je
unheilvoller sich der spanische Kriegsbund erwies, desto kühner traten die feindseligen Kundgebungen hervor. Während Thomas Stafford, Enkel des Herzogs
von Buckingham, an der Spitze eines Emigrantenhaufens von Frankreich aus
eine revolutionäre Erhebung hervorzurufen suchte, aber durch die Uebermacht er-
drückt mit zweiunddreißig Gefährten den Tod erlitt; ließen die Exulanten heftige
Flugschriften ausgehen. Unter diesen war keine von so glühenden Leidenschaften
durchweht als der „Trompetenstoß gegen das monströse Weiberregiment", den der
schottische Prediger John Knox von Genf aus ertönen ließ. Es waren die ersten
Kennzeichen jenes schneidende Puritanerthums, welches von da an wie ein scharfes
Schwert in den Leib der anglokatholischen Kirche drang; der erste Schlacht-
gesang des demokratischen Calvinismus gegen die aristokratisch-hierarchische Episcopalkirche.

In demselben Grade, als die Abneigung gegen Maria wuchs, stiegen Elisabeth
die Sympathien für Elisabeth. Die dahinschwindende Gesundheit der Königin im Tower.
und die gescheiterte Hoffnung auf einen katholischen Thronerben lenkten die Blicke
der Nation mehr und mehr auf die Tochter der Anna Boleyn, die während dieser
Jahre der Verfolgung im Tower ein eingezogenes Leben führte, mit ernsten klassischen Studien beschäftigt und in der Schrift und den Kirchenvätern forschend.

Mehr als einmal überlegte Maria, ob sie der Halbschwester nicht das Schicksal der Johanna Gray bereiten sollte. Es fehlte nicht an katholischen Eiferern, welche meinten, jede Religionsverfolgung sei wirkungslos, wenn man nicht die Axt an die Wurzel der Ketzerei lege; denn obgleich Elisabeth sich äußerlich zu dem katholischen Ritus hielt, die Messe besuchte und sorgfältig jede Abweichung von der eingeführten Kirchenordnung vermied, so hegte man doch kein rechtes Vertrauen in ihre Aufrichtigkeit. Sollte in ihr der mütterliche Geist weniger lebendig sein als in Maria? Die Verschwörungen, wobei stets ihr Name genannt wurde, konnten in jenen Tagen der Tyrannei leicht als Vorwand zu einem Justizmord dienen. Philipp verhinderte jedoch einen solchen Gewaltstreich, weil sonst das Thronrecht an Maria Stuart, Gemahlin des Dauphin, übergegangen wäre. Die Gefahren mehrten sich, als der König sich aus dem Reich entfernte und die Parteistellung schärfer hervortrat. Elisabeth wurde aufs Strengste überwacht, mit Spähern und Angebern umstellt, durch verfängliche Fragen über die Abendmahlslehre bedrängt. Es war eine harte Schule der Prüfung, wohl geeignet, ihren Verstand zu schärfen, wie die Kunst der Verstellung und der klugen Selbstbeherrschung auszubilden. Zum Glück und Heil der englischen Nation entging sie allen Schlingen und Fallstricken.

Maria's Tod und Charakter. Als Maria am 17. November 1558 im vierundvierzigsten Lebensjahre unter vielen körperlichen Leiden und Seelenschmerzen während der Feier der Messe aus der Welt ging, war Elisabeth nach der väterlichen Anordnung und nach dem Willen der Nation die rechtmäßige Thronfolgerin. Der sterbenden Schwester gab sie die Versicherung, sie glaube an die katholische Kirche, und ließ dieser somit den Trost, diese Erklärung nach ihren Wünschen zu deuten und mit der Hoffnung zu scheiden, daß das Ziel ihres Daseins kein Danaidenwerk gewesen. Und doch war es ein solches. In der nächsten Nacht schied auch Kardinal Pole aus dem Leben. Das Schicksal selbst schien Raum schaffen zu wollen für neue Ordnungen. Wie sehr auch katholische Schriftsteller den Muth, die Standhaftigkeit, die Aufrichtigkeit Maria's preisen mögen; wie sehr sie hervorheben mögen, daß sie bei ihren Handlungen von keinen unlauteren Motiven geleitet worden, daß sie es für ihre heiligste Regentenpflicht angesehen, den Glauben, von dessen Wahrhaftigkeit und Göttlichkeit sie selbst in der Tiefe ihrer Seele überzeugt gewesen, auch ihrem Volke zu erhalten; es ist ihnen nicht gelungen, die dunkeln Schatten von ihrem Namen zu verscheuchen; denn immer ist es schrecklich, wenn sich der schwache Menschengeist vermißt, den göttlichen Willen richtig und ohne Irren erfaßt zu haben, und zur Ehre Gottes über gebrochene Menschenherzen einherschreitet. Solche Regenten sind eine schwere Ruthe und wirken wie verheerende Sturmfluthen. Daher blieb auch die Regierung der „blutigen Maria" ein schwarzes Blatt in der Geschichte Englands, ein Schreckbild in der Erinnerung des Volks.

4. Herstellung und Vollendung der anglikanischen Kirche durch Elisabeth.

Unter dem Jubel des Volkes wurde Elisabeth als Königin ausgerufen und die frohe Botschaft durch eine Deputation des Staatsrathes der in Hatfield wei= lenden Fürstin mitgetheilt. Am 28. November hielt sie ihren glänzenden Einzug in die freudestrahlende Hauptstadt. Dieser Empfang bestärkte sie in dem Vorsatze, in Uebereinstimmung mit dem Volke zu regieren, sich die Gunst desselben zu erhalten und zu verdienen, nur in der nationalen Sympathie die Wurzeln ihrer Herrschaft und Macht zu suchen. Von dem geheimen Rath behielt sie nur einige der fähigsten und einflußreichsten Mitglieder bei, die andern entließ sie. Unter den Neuberufenen nahm Sir William Cecil, der wegen seiner Hinneigung zur reformirten Kirche von Maria entlassen worden war, den ersten Rang ein. So= fort zeigte die neue Königin ihre Thronbesteigung den europäischen Höfen an. Philipp II. ließ ihr durch seinen Gesandten Feria seine Hand anbieten; wir wissen, daß er unter der vorigen Regierung stets wohlwollend gegen sie gewesen; noch bestand ja der Kriegsbund gegen Frankreich. Elisabeth wies den Antrag nicht entschieden zurück; sie erwiederte, wenn sie sich überhaupt zu einem Ehebündniß entschließen sollte, würde sie keinen andern dem König vorziehen. Denn in dem stolzen Selbstgefühl, das allen Tudors innewohnte, verschmähte sie den Gedanken einer Verbindung mit einem Fürsten von untergeordnetem Range; sie hatte bis= her alle Heirathsanträge von sich gewiesen; und nie hätte sie in eine Ehe mit Courtenay oder einem andern Unterthan gewilligt. Aber auch gegen Philipp sprachen manche Gründe, wie sehr immer die Stellung zu Frankreich-Schottland eine solche Verbindung vortheilhaft erscheinen lassen mochte. Elisabeth kannte die Abneigung des Volkes gegen eine Heirath, welche nicht blos den Fortbestand der römisch-katholischen Kirche in dem Inselreiche herbeigeführt, sondern auch England zu einer Provinz in der weiten spanisch-habsburgischen Monarchie herabgedrückt haben würde. Dazu kam noch die Erwägung, daß eine solche Vermählung auf ähnliche verwandtschaftliche Schwierigkeiten gestoßen sein würde, wie einst die Ehe ihres Vaters mit Katharina von Aragonien, daß dazu eine Dispensation des Papstes erforderlich gewesen wäre, welche nur gegen bedeutende Zugeständnisse hätte erlangt werden können. So war Elisabeth denn gleich Anfangs innerlich entschlossen, diesen so wie jeden andern Ehebund von der Hand zu weisen und sich ganz ihrem Volk und Reich zu widmen; aus politischen Gründen hielt sie aber mit der Entscheidung zurück, bis der Krieg zu einem Austrag gekommen wäre. Um diesen zu beschleunigen, willigte sie im nächsten Jahr in den Frieden von Chateau-Cambresis, so schwer es ihr auch ankam, das Stadtgebiet von Calais in den Händen der Franzosen zu lassen. Die Schmach des Verlustes fiel auf die vorhergehende Regierung. Die an diesen Frieden sich anschließende Ver=

Elisabeth
und
Philipp II.
1558.

mählung Philipps II. mit der französischen Königstochter Elisabeth löste auf
immer das Band zwischen Spanien und England.

Haltung des
Papstes. Wäre Elisabeth nicht schon durch ihre eigene Ueberzeugung auf die Seite
der Reformation gestellt worden, so hätte die Haltung des Papstes sie dahin gedrängt. Als der englische Gesandte in Rom, Carne, dem apostolischen Stuhle
die Thronbesteigung Elisabeths anzeigte und die Versicherung beifügte, daß die
neue Königin, welche ihre bisherige Conformität mit der römisch-katholischen
Kirche noch nicht aufgegeben, dem Gewissen ihrer Unterthanen in keiner Weise
Gewalt anzuthun gedächte, wurde er sehr ungnädig empfangen. Der eigen-
sinnige, leidenschaftliche Greis, der damals als Paul IV. die römische Tiara
trug, ließ sich von dem befreundeten Hofe in Paris zu einer feindseligen
Politik fortreißen. Aus Rücksicht für König Heinrich II., welcher für seine
Schwiegertochter Maria Stuart die Krone von England ansprach und dem heil.
Vater vorstellen ließ, wie seine Anerkennung einer der Häresie verdächtigen
Herrscherin nicht nur die wahre Religion, sondern auch das Ansehen der päpstlichen Curie gefährden müßte, indem man daraus eine Bestätigung der Ehe
Heinrichs VIII. mit Anna Boleyn und eine Verleugnung der von Clemens VII.
und Paul III. gefällten Entscheidungen folgern würde, gab der Papst dem Gesandten zur Antwort, daß er das Thronrecht einer in illegitimer Ehe erzeugten
Fürstin nicht gelten lassen könne, daß die Königin von Schottland, das nächste
legitime Glied der von Heinrich VII. abstammenden Dynastie gegründete Ansprüche
auf die englische Krone habe, daß aber Elisabeth, wenn sie die Streitfrage seiner
schiedsrichterlichen Entscheidung anheimstellen würde, einer gerechten Würdigung
ihrer Sache versichert sein könne. Damit stellte sich der Papst von vorn herein
auf die Seite der Gegner der englischen Königin. Er gab der Mitbewerberin
Maria Stuart, welche bereits Titel und Wappen einer Königin von England
und Irland angenommen, entschieden den Vorzug und beschleunigte dadurch den
zweiten Umsturz der römisch-katholischen Kirche in dem Inselreich. Denn Elisabeth
konnte und wollte einer Kirche, nach deren Grundsätzen sie für illegitim und
regierungsunfähig galt, nicht die Herrschaft lassen, und noch weniger war die
Nation gewillt, der Königin von Schottland, die berufen war, dermaleinst auch
in Frankreich den Thron ihres Gemahls zu theilen, das Nachbarland zu unterwerfen. Als die ersten Tudors die Verbindung der beiden Kronen anstrebten,
waren sie von dem Gedanken geleitet, das größere Königreich würde das kleinere
an sich ziehen; kam aber das Regiment an Maria Stuart und ihre französischen
Verwandten, so stand England in Gefahr, eine überseeische Provinz von Frankreich zu werden.

Elisabeths
Regierungs-
antritt. So wurde Elisabeth durch Gewissen und Ueberzeugung wie durch die politischen Verhältnisse bestimmt, die anglikanische Kirche auf dem unter der Regierung
ihres Bruders gelegten Grund wieder herzustellen. Dabei ging sie mit großer
Vorsicht und Behutsamkeit zu Werke, um nicht den Widerstand der Papisten

hervorzurufen; auch sollte nicht eine einfache Herstellung des früheren Zustandes,
sondern zugleich eine weitere Reform erzielt werden. Ihre ersten Handlungen
dienten nur dazu, die beiden Religionstheile in der Schwebe zu erhalten: wenn
sie die Glaubensgerichte einstellte und den Emigranten die Rückkehr gestattete, so
legte sie andererseits auch der Messe keine Hindernisse in den Weg, nur verbot sie
dem Bischof, in ihrer Gegenwart das Sanctissimum zu erheben und verließ
auf dessen Weigerung die Capelle. Wie unter Eduard und Maria wurde alles
Predigen ohne besondere Erlaubniß verboten. Die katholischen Bischöfe merkten
die Absichten der Königin, sie beriethen sich, ob sie bei der Krönung thätig sein
wollten; es scheint jedoch, daß sie nicht durch einen herausfordernden Schritt den
Gang der Dinge entscheiden wollten. Die Krönungsceremonie wurde nach der
ganzen Formalität des römisch-katholischen Ritus vollzogen und der Krönungs-$^{16.\ Jan.}_{1559.}$
eid von Elisabeth in herkömmlicher Weise geleistet.

Zehn Tage später trat das erste Parlament zusammen. Es wird versichert, $^{Parlaments-}_{beschlüsse.}$
daß auch diesmal die Regierung bei den Wahlen dieselben Mittel in Anwendung
gebracht habe, die sich früher so wirksam gezeigt. Der neue Lordkanzler Nicolaus
Bacon ermahnte die Versammlung, sich nur von Gottesfurcht und Vaterlandsliebe
leiten zu lassen. Daß in Staat und Kirche eine neue Ordnung aufgerichtet werden
müsse, ging aus den ersten Vorlagen hervor. Nachdem man Elisabeths legitime
Abstammung und Thronrecht festgesetzt, wurde durch eine Reihe von Beschlüssen
das unter der vorhergehenden Regierung begründete Kirchensystem umgestürzt.
Alles was unter Maria aufgegeben worden war, die Zehnten und Annaten, die
Patronatsrechte, die kirchliche Suprematie, wurde der Krone wieder zuerkannt.
Doch lehnte Elisabeth den Titel: „Oberstes Haupt der Kirche", welcher einen
priesterlichen Charakter zu involviren schien, von sich ab und begnügte sich mit
der Bezeichnung „oberster Leiter der geistlichen und weltlichen Angelegenheiten".
Demgemäß wurde festgestellt, daß kein auswärtiger Fürst oder Prälat irgend
eine geistliche Autorität oder Jurisdiction innerhalb des Reiches besitzen könne,
sondern daß alle Macht und Hoheit über Kirche und Geistlichkeit der Krone zustehe, mit der Befugniß, diese Macht und Jurisdiction an eine „Hohe Commission"
zu delegiren. Doch sollte diese nicht befugt sein, eine Lehre oder einen Glaubenssatz
für Irrthum oder Ketzerei zu erklären, die nicht durch das ausdrückliche Zeugniß
der h. Schrift oder der vier ersten Concilien als solche erkannt seien. Durch einen
Suprematseid sollten alle Angestellte, geistliche wie weltliche, diesem Gesetz Gehorsam und Treue geloben. Nach einer Conferenz in Westminster, worin Geistliche und Laien beider Religionstheile ihre Ansichten über die gottesdienstlichen
Formen darlegen sollten, wurde dann auch die Messe abgeschafft und durch die
„Uniformitätsakte" das revidirte Common Prayerbook wieder als Norm und Grundlage des öffentlichen Cultus eingeführt. Vergebens strengte die römisch-katholische
Geistlichkeit in der Convocation wie im Oberhaus alle Kräfte an, um die Messe
und den päpstlichen Primat zu retten; sie vermochte den Lauf der Dinge nicht

zu hemmen. Elisabeth war durch das Studium der heil. Schrift und der griechischen und lateinischen Kirchenväter zu festen religiösen Ansichten gelangt, von
denen sie nicht abgebracht werden konnte. Als Erzbischof Heath von York einen
letzten Sturm auf ihr Herz wagte, erwiederte sie, ihre Absicht sei, sich und ihr
Volk an den lebendigen Gott zu knüpfen, nicht an den römischen Stuhl, und
schloß mit den Worten Josuas: „Ich und mein Haus wollen dem Herrn dienen.‟

Der englische
Klerus.

Nach Auflösung des Parlaments wurden die Bischöfe aufgefordert, den
Suprematseid zu leisten. Die Mehrzahl weigerte sich; sie hofften, ihr entschlossener
Widerstand würde der Königin imponiren und sie bewegen, zu Gunsten der bereits
angestellten Bischöfe eine Ausnahme zu gestatten; aber Elisabeths Herscherwille
verlangte unbedingte Folgsamkeit; die Weigerung zog fünfzehn Bischöfen Entsetzung von ihren Stellen zu, manche wanderten aus, andere wurden unter Aufsicht gestellt oder in Haft gebracht; auch mehrere Professoren der Landesuniversitäten
und andere Würdenträger erfuhren dasselbe Schicksal. Dagegen zeigte sich der
niedere Clerus im Allgemeinen der Reformation geneigt und setzte der neuen
Kirchenordnung keinen Widerstand entgegen. Freilich waren nicht alle mit ihrem
Herzen dabei. Wo die Zahl der Geistlichen nicht hinreichte, half man sich durch
Diakone aus dem Laienstand, welche den Gottesdienst nach dem Ritual- und
Gebetbuch abhielten ohne Predigt und Sacramente. Die unter der vorigen Regierung hergestellten Klöster wurden wieder aufgehoben, die Mönche und Nonnen
fanden Schutz und Aufnahme in den spanischen Niederlanden.

Lehrbegriff
der anglica-
nischen
Kirche.

Nachdem so auf dem Wege der Gesetzgebung die alte Kirchenordnung umgestürzt und ihre Träger und Anhänger entfernt waren, erließ die Königin im
Einvernehmen mit den reformirten Theologen und ihren Räthen Vorschriften
über die gleichmäßige Einrichtung des Gottesdienstes und der Sacramente und trug
Sorge für die Wiederbesetzung der verwaisten Bischoffstühle. Matthäus Parker,
früher Caplan bei Anna Boleyn, ein gelehrter und geachteter Mann, wurde zum
Erzbischof von Canterbury gewählt und von einigen anglikanischen Bischöfen
consecrirt, und dieser weihte dann die für die andern Stellen ernannten Prälaten.
Nun fehlte nur noch das Glaubensbekenntniß. Da die Einführung erst vom
nächsten Parlament beschlossen werden konnte, so begnügte man sich einstweilen
mit einem Interim, welches die Fundamentallehren der reformirten Kirche nach
den 42 Artikeln enthielt, und benutzte die Zwischenzeit, um die von Cranmer
veranstaltete Bekenntnißschrift einer gründlichen Revision zu unterwerfen. Daraus
ist durch mancherlei Abänderungen, Zusätze und Auslassungen und durch eine
zeitgemäßere Fassung die noch heut zu Tage als die Standarte der anglicanischen
Kirche geltende Confession der 39 Artikel hervorgegangen, welche dann die Zustimmung der Convocation und des Parlaments erlangte. Jede Abweichung von
diesem Lehrbegriff sollte als Häresie gelten und mit strengen Strafen geahndet
werden.

Diese Strafbestimmung traf weniger die Papisten, die schon durch die Staats-rechtliche Stellung der Episco-palkirche. Suprematsacte hinreichend bedroht waren, als die protestantischen Nonconformisten oder Puritaner, welche gegen den Cultus und die Episcopalverfassung ankämpften und die Kirche nach Calvins Lehre auf dem demokratischen Gemeindeprinzip auf-bauen wollten. Der Kampf gegen diese widerstrebenden Parteien der Noncon-formisten, sowohl der Romanisten, denen der Anglicanismus zu viel entriß, als der Puritaner, die darin noch zu viele Reste des „papistischen Götzendienstes" erblickten, füllt die ganze Regierungszeit der Elisabeth und bewirkte die consequente Ausbildung des strengen Staats-Kirchenrechts, die Quelle künftiger Leiden und Drangsale. Bei dem gouvernementalen Charakter der englischen Reformation waren die Kirchengesetze Bestandtheile der Reichsstatuten und heischten als solche unbedingten Gehorsam von allen Staatsangehörigen; jede Uebertretung derselben trug somit den Charakter eines Landes- und Hochverraths und mußte bei strenger Handhabung der Gesetze den Tod auf das Haupt des Schuldigen herabziehen. Es war daher eine natürliche Folge, daß im Jahre 1563 ein Parlamentsbeschluß die erste Weigerung des Suprematseid als eine Uebertretung des alten Statuts of Prämunire und die zweite als Hochverrath stempelte; aber Elisabeth trug Be-denken, von dem ihr gesetzlich zustehenden Recht gegen die Nonconformisten den vollen Gebrauch zu machen; sie begnügte sich mit Amtsentsetzung, Geldstrafen und Haft; Bluturtheile um des bloßen Glaubens willen dürften während ihrer Regierung keine oder wenige gefällt worden sein. Bei der Vorliebe der Königin für kirchliche Ceremonien und gottesdienstliche Pracht, worin sie ein wirksames Mittel sah, das Volk in heiliger Ehrfurcht vor der Religion und in Gehorsam gegen die Obrigkeit zu erhalten, wären die Katholiken unter ihr weniger gefährdet gewesen als die Puritaner mit ihren Grundsätzen von demo-kratischer Gleichheit und apostolischer Einfachheit, hätten nicht die von den über-seeischen Seminarien zu Gunsten der Maria Stuart angesponnenen und unter-haltenen Verschwörungen den Zorn der strengen Gebieterin geweckt und dadurch den weltlichen Arm gegen die Bekenner des alten Glaubens gewaffnet.

Bei der Wichtigkeit der kirchlichen und religiösen Ansichten für den späteren Gang der Wesen und Charakter der anglika-nischen Epis-copalkirche. englischen Geschichte, scheint es zweckmäßig, das Wesen und den Charakter der angli-kanischen Episcopalkirche in ihren Hauptkriterien zusammenfassend darzustellen nach Verfassung, Cultus und Lehrbegriff: I. Kirche und Klerus. Die anglikanische Kirche be-hielt auch nach der Reformation den Charakter der Katholicität bei, beschränkte aber diesen Begriff dahin, daß in der Wirklichkeit jedes christliche Volk seine eigene National- und Landes-kirche besitze, die für dieses Volk eine universelle oder katholische sei, daß dagegen eine allge-meine katholische Kirche nur in der Idee bestehe; jene sichtbare Kirche könne irren und verbes-sert werden, diese unsichtbare sei unfehlbar. Jede Nationalkirche hat in dem Landesfürsten ihr natürliches und schriftgemäßes sichtbares Oberhaupt, die Lehre vom päpstlichen Primat ist eine menschliche Erfindung; die Aneignung der kirchlichen Suprematie durch eine auswärtige geistliche Macht ist gegenüber dem Landesfürsten eine Usurpation, gegenüber Gott eine Blas-phemie, da nur Christus selbst Oberhaupt der allgemeinen irrthumslosen Kirche sein kann. — Durch die Verbindung von Kirche und Staat unter Einem und demselben Oberhaupte erhält der Staat das charakteristische Kriterion der Christlichkeit; ein solches christliches Staatswesen besteht aus Seele (Kirche) und Leib (weltlicher Staat) und alle ihm angehörenden Glieder müssen das specifische Merkmal an sich tragen oder als ungesunde abgehauen werden. — Jede Nationalkirche ist ein Zweig der von Christus eingesetzten (ideellen) Universalkirche und muß alle Eigenschaften mit dieser gemein haben. Die wesentlichste Eigenschaft aber ist die auf ihrer göttlichen Einsetzung beruhende Heiligkeit, welche durch die Waltung des Heiligen Geistes bei allen Bethätigungen des kirchlichen Lebens erzielt wird. Wie die allgemeine Kirche so ist auch jede Nationalkirche göttlichen Ursprungs; denn der Heilige Geist wurde durch Christus allen seinen Jüngern und durch diese allen von ihnen gegründeten Kirchen verliehen. Dies geschah durch den Akt der Consecration, wodurch die Apostel, vermittelst Auflegung der Hände, den ihnen inwohnenden Heiligen Geist den Bischöfen, als den gesetzmäßigen Hütern des Kirchen- und Religionswesens mittheilten. Wie aber kein Apostel eine höhere Autorität als der andere besaß, so sind auch die von ihnen eingesetzten Bischöfe alle einander gleich und der römische in keiner Weise bevorzugt. Die rechtmäßig consecrirten Bischöfe sind die Inhaber und Verwalter der vom Heiligen Geist ausfließenden heiligen und beseligenden Kräfte, die sie vermittelst der Händeauflegung bei der Ordination dem Priesterstande und durch den Akt der Confirmation allen Gliedern der Kirche zutheilen. Die Rechtmäßigkeit der bischöflichen Consecration beruht auf der ununterbrochenen Succession der Bischöfe von den Zeiten der Apostel bis auf die Gegenwart, eine als Angelpunkt und charakteristisches Kennzeichen des Anglokatholicismus zu bezeichnende Lehre. — Wie für die Römisch-Katholischen gibt es auch für den hochkirchlichen Anglikaner kein Heil außerhalb der Kirche, aber weniger consequent als die Romanisten verwerfen die Anglikaner das unbedingte Mittleramt und die höhere Weihe des Priesterstandes und legen nicht den bloßen Gnadenmitteln beseligende Kraft bei, sondern verlangen auch die Mitwirkung und Sinnesänderung des sündhaften Menschen. Sie suchten also die katholische Ansicht von der beseligenden Kraft der Kirche mit der protestantischen Lehre von der Rechtfertigung durch den Glauben zu vereinigen und legten dadurch den Keim zu großen Spaltungen in ihr Lehrgebäude. — Gemäß der Verbindung von Kirche und Staat zu einem organischen Ganzen sollte auch die gesetzgebende Gewalt einer aus beiden gemischten Körperschaft zufallen; aber hiebei kam die Kirche zu kurz. Die Beschlüsse der Convocationen erhielten nur durch die Bestätigung der Parlamente Gesetzeskraft, dadurch wurde der Keim des Todes in die geistlichen Berathungen gelegt und ihre legislative Function zu einer bloßen Formalität herabgedrückt, so daß ihr endliches Aufhören von keinen wesentlichen Mißständen begleitet war. Man wollte dadurch der englischen Kirche dieselbe Stabilität verleihen, die man an der katholischen Kirche so sehr bewunderte und deren Mangel bei den protestantischen zu so vielen Angriffen dienen mußte, allein man hinderte dadurch ihren Lebensproceß, raubte ihr alle geistige Regsamkeit und bannte sie in eine feste Form, die nur durch den langsamen und schwerfälligen Gang weltlicher Gesetzgebung eine Abänderung erleiden kann. Das Sitz- und Stimmrecht der Bischöfe im Oberhause verleiht dieser Versammlung keineswegs einen geistlichen Charakter, vielmehr erlangen die Prälaten dadurch eine weltliche Stellung, da sie nur vermöge ihrer Temporalien als Lords dieses Recht besitzen. — Die englische Kirche ist mit dem Staat und dessen Oberhaupte auf das Innigste verbunden; die Wahl der Bischöfe ist nur eine Form, da in der königlichen Wahlermächtigung (congé d'élire) der zu Wählende bestimmt ist; durch den Huldigungs- und Suprematseid ist der Klerus eben so enge an den Thron geknüpft, wie die weltlichen Staatsdiener; die strenge Gliederung der Geistlichkeit nach Rangstufen, die Subordination des niedern Klerus unter den höhern, die Abhängigkeit der geistlichen Gerichtshöfe von dem Staatsoberhaupte und geheimen Rathe, dies und anderes verleiht dem anglicanischen Priesterstande ganz den Charakter eines hierarchischen Beamtenstandes unter der Hoheit der obersten Leiter des Staats und unter der bindenden Gewalt weltlicher Gesetzgebung. Dieses Verhältniß hat einen zwiefachen Nachtheil; einmal muß der Geistliche

sich stets nach der Regierung richten und den ihm von dort aus zugehenden Weisungen pflicht-
mäßig nachkommen, dies entfremdet ihn der Gemeinde, deren geistige Pflege und Seelsorge er
nicht unmittelbar nach eigenem Ermessen und eigener Anschauung, sondern nach höheren Vorschriften zu leiten hat, so daß zwischen der Kirchengemeinde und ihrem Seelenhirten kein inniger Bund besteht und der Geistliche häufig die Pfründe, die er nicht selten durch Simonie oder
offenen Kauf an sich gebracht, als Mittel der Versorgung für sich und seine Familie betrachtet.
Ein zweiter Uebelstand ist die gänzliche Unthätigkeit der Gemeinde, wodurch nothwendig Inter-
esselosigkeit und religiöse Gleichgültigkeit entstehen muß. In Folge des gouvernementalen Charakters, der das geistige Leben von den höhern Anordnungen abhängig macht, wird in der englischen Kirche die Gemeinde gar nicht zur Theilnahme und Mitwirkung bei religiösen und kirchlichen Einrichtungen beigezogen; in der englischen Kirche existirt kein Institut, das im entferntesten einer Kirchensession, Presbyterialversammlung oder Synode gliche; die Gemeinde hat
kein Organ, wodurch sie Wünsche für kirchliche Reformen kund geben könnte. War es unter
solchen Umständen zu verwundern, daß die nach religiöser Selbstthätigkeit Strebenden sich als
Sekten ausschieden, daß die anglikanische Kirche immer mehr den Charakter eines aristokratischen Instituts annahm, worin der Geringe und geistig Arme, der der Kirche am meisten bedarf, ohne Trost und Belehrung blieb? Diese Organisation raubte der englischen Kirchengemeinde die geistliche Pflege und eingreifende Seelsorge der katholischen Kirche, ohne ihr dafür
die Selbstthätigkeit und Autonomie der protestantischen Gemeinden zu verleihen; sie brach die
moralische Macht des Klerus über die Gemüther der Laien, aber sie setzte nicht die Freiheit, die
legislative Selbstbestimmung der Gemeinde an die Stelle; das väterliche Regiment des katholischen Klerus wurde vernichtet, aber dafür nicht den Gemeinden die Leitung ihres Kirchen- und
Religionswesens in die eigenen Hände gegeben.

II. Lehrbegriff und Cultus. Hält in den Bestimmungen über Kirche und Kirchenverfassung die anglicanische Kirche die Mitte zwischen der katholischen und der evangelischen
Anschauung, so tritt sie im dogmatischen Theil entschieden auf die Seite der Protestanten. Die
39 Glaubensartikel statuiren einen Unterschied zwischen kanonischen und apokryphischen Büchern
und versagen den letztern legislative Autorität in Glaubenssachen; sie verwerfen die Traditionslehre und halten die Heil. Schrift nicht nur für genügend zur Seligkeit, sondern legen auch
nur denjenigen Kirchensatzungen Gültigkeit bei, die mit den ausdrücklichen Worten der Bibel
übereinstimmen. Demgemäß zerbricht die anglicanische Kirchenlehre alle Schranken, welche
die katholische Kirche zwischen Gott und der Kreatur aufgerichtet, und bringt die Seele in unmittelbare Verbindung mit Christus; die Anrufung der Heiligen wird verworfen; Bilder und Reliquien sind aus der Kirche entfernt, die Rechtfertigung des Menschen ist nicht von seinen Werken,
sondern von seinem Glauben abhängig, die Functionen des Priesters und die Sacramente der
Kirche erhalten ihre Wirksamkeit nicht durch das bloße opus operatum, sondern durch das würdige Verhalten derer, die ihrer segnenden Kraft und heiligenden Weihe theilhaftig werden, die
Vergebung der der menschlichen Natur inwohnenden Erbsünde kann nur bei vorausgehen-
der Reue und Sinnesänderung statt finden. Die Lehre vom Gnadenschatz der Kirche, vom
Sündenablaß durch Werke, vom Fegefeuer u. A. wird verworfen und die katholische Ansicht
von der Messe als einem Sühnopfer für Blasphemie erklärt, weil dadurch die Bedeutung des
Opfertodes Christi herabgewürdigt werde. Von den durch die katholische Kirche aufgestellten
Sacramenten sind nur zwei — Taufe und Abendmahl beibehalten; jene ist das Symbol der
geistigen Wiedergeburt zur Kindschaft Gottes, dieses das Symbol der Versöhnung mit Gott durch
den Erlösungstod Christi; und während nach dem katholischen Lehrbegriff in dem letztern durch
die Consecration des Priesters eine Substanzverwandlung eintritt, wird nach den 39 Artikeln
in den ihre Natur beibehaltenden Elementen „der Leib Christi auf eine himmlische und geistige
Weise vermittelst des Glaubens gegeben, genommen und genossen", und zwar unter beiderlei

Gestalt, nach dem Vorbilde Christi und seiner Jünger, zu deren Gedächtniß und Nachahmung es dienen soll.

Was Cultus und Gottesdienst betrifft, so nimmt die englische Kirche wieder eine mittlere Stellung zwischen der römisch-katholischen und der evangelisch-protestantischen ein, jedoch so, daß von dem römischen Cultus nichts in der ursprünglichen Form und Integrität beibehalten ist und doch die ganze Haltung und Thätigkeit des Geistlichen und der Gemeinde im Gottesdienst an die katholische Kirche erinnert. Der Hauptbestandtheil des Common Prayerbook besteht aus einer Auswahl altkirchlicher Liturgien und Gebete, die man bearbeitete und übersetzte und mit Bibelsprüchen und anderen Zuthaten vermehrte; die Sprache ist ernst, feierlich und alterthümlich und das Ganze in Form und Inhalt ein erhebendes und erbauendes Werk. Die Hochkirchlichen heben als einen Vorzug hervor, daß das liturgische Buch seinen Grund und seine Wurzeln in der alten Kirche hat, eine Eigenschaft, die den Männern der protestantischen Richtung gerade deßhalb anstößig war; der farbige Priesterornat, die Responsen der Gemeinde, die Litaneien und überhaupt das Vorherrschen des Liturgischen beim Gottesdienste erinnern zu sehr an die alte Religionsform, als daß nicht die Bekenner der evangelischen Einfachheit (Purität) daran Aergerniß hätten nehmen sollen, so wenig auch hinwiederum die Katholiken in den schmucklosen Kirchen ohne Altäre, in dem Cultus ohne Ceremonien, Kerzen und Räucherungen, in dem in der Landessprache abgehaltenen Gottesdienste ohne Messe und in der Communion unter beider Gestalt ihre Kirche erkennen wollten.

Rückblick auf Irland.   Wir haben früher die Bemühungen Heinrichs VIII. um die Vereinigung der Nachbarinsel mit dem Staats- und Kirchenwesen Englands kennen gelernt (S. 603). Unter der Regierung Eduards VI. wurden durch John Bale, einen eifrigen Bekenner der evangelischen Lehre, die er während eines mehrjährigen Aufenthaltes in Deutschland in sein Herz aufgenommen, kräftige Versuche gemacht, die irische Geistlichkeit für die Reformation zu gewinnen. Zum Bischof von Ossory ernannt, suchte er den „Götzendienst der Messe" durch die Liturgie des Common Prayerbook zu verdrängen und rief den Schwachen und Schwankenden zu: „Ihr seid theuer erkauft, werdet nicht der Menschen Knechte." Allein was er gepflanzt, wurde unter Maria wieder ausgereutet; Bale mußte fliehen und von der reformirten Kirchenform war bald jede Spur verschwunden. Die Unwissenheit und Trägheit des Priesterstandes, die Anhänglichkeit an die gewohnten Cultusformen, das Mißtrauen und die Abneigung Irlands gegen Alles, was England einführte, verschloß der Reformation den Weg. Die neuen Bischöfe wurden ihrer Stellen beraubt und durch altgläubige ersetzt, welche die Messe und den päpstlichen Primat wieder zur Anerkennung brachten. Unter den Auspicien des neuen Statthalters Lord Fitzwalter, nachmals Graf von Sussex, und des 1556. neuen Erzbischofs von Dublin, Hugh Curwin wurden durch Parlamentsbeschluß alle seit dem zwanzigsten Regierungsjahr Heinrichs VIII. gegen das Pontificat erlassenen Akte und Statuten aufgehoben und die Autorität und Jurisdiction des apostolischen Stuhls nebst der alten kirchlichen Ordnung zurückgeführt. Einige Jahre später erlebten die Irländer das Schauspiel einer neuen kirchlichen Umgestaltung: Im Januar 1560 wurde die englische Kirchengesetzgebung, welche das Suprematsrecht und die Einsetzung der Bischöfe an die Krone zurückgab, jede fremde Kirchenautorität aufhob und die Uniformität des Gottesdienstes nach dem Common Prayerbook gebot, auch in der Nachbarinsel für gültig erklärt; nur sollte bei der Unbekanntschaft des Volks mit der englischen Sprache die Anwendung des Lateinischen bei der Liturgie und der Verwaltung der Sacramente gestattet sein, ein Zugeständniß, das nicht wenig zur Erhaltung des römisch-katholischen Kirchenwesens in Irland beitrug. Denn dadurch blieb dem Volke der Unterschied des neuen Glaubens von dem alten vollends unverstanden und unklar. Aber die auf einem bloßen Akte der Gesetzgebung beruhende Reformation fand auch diesmal wenig Beachtung. Der neue Cultus erlangte nur Eingang, wo die englische Herrschaft anerkannt wurde und die Regierung die Macht besaß, ihren Anordnungen Gehorsam zu verschaffen. Wie sehr auch der neue Erzbischof von Dublin, Loftus, und seine anglikanischen Collegen, denen die Bischoffstühle übertragen wurden, sich bemühten, der englischen Episcopalkirche Anerkennung zu verschaffen, das irische Volk blieb dem römisch-katholischen Religionscultus mit seiner Sinnlichkeit, seinem Aberglauben und seinem unwissenden Klerus treu, und der Nationalhaß der celtischen und germanischen Bevölkerung, der bisher den innigen Bund zwischen England und Irland verhindert hatte, wurde nun noch gesteigert durch kirchlichen Zwiespalt und Religionshader. Man begnügte sich die alte Gesetzeskirche durch neue Kirchengesetze zu verdrängen, ohne für Belehrung des Volkes und für Belebung des religiösen Sinnes Sorge zu tragen. War es unter solchen Umständen zu verwundern, daß die Reformation eine unfruchtbare Saat blieb? daß das Volk lieber bei dem alten ihm durch Gewohnheit und Jugenderinnerungen theuren Cultus beharrte, als sich dem unverstandenen neuen Glauben zuzuwenden, daß es mehr der einheimischen Priesterschaft anhing, die in Freud und Leid mit ihm ausgehalten, als den eingewanderten Bischöfen voll aristokratischen Stolzes und geistlichen Hochmuths? Die englische Kirche hat ihre Mission dem verwilderten und armen Irland gegenüber noch weniger erfüllt als die englische Regierung die ihrige. Nicht mit gesetzgeberischen Machtsprüchen, sondern mit apostolischer Glaubenswärme wird eine Kirche aufgebaut; nicht reiche Bischöfe, die mit weltlichem Glanze und großen Ansprüchen an das Leben und seine Genüsse auftreten, sind die geeigneten Botschafter des Evangeliums, sondern gottbegeisterte und glaubensbeseelte Prediger, die von apostolischem Geiste erfüllt um himmlischen Lohnes willen den Armen und Geringen den Weg der Wahrheit zeigen. Hätten die englischen Bischöfe und Geistlichen nur einen Funken von dem Glaubenseifer und der religiösen Begeisterung der altbritischen Missionäre besessen, die einst unter Noth und Gefahren das Evangelium in Deutschlands dichte Wälder getragen, so wäre das irische Volk dem römischen Klerus nicht als Beute anheimgefallen und die reformirte Lehre würde auf ähnliche Weise die Trägerin und Vermittlerin der Cultur geworden sein, wie einst das Evangelium unter den Heiden. Wie ganz anders würden sich Irlands Zustände gestaltet haben, wenn nicht blos Ein Oberhaupt, sondern auch Ein

Glaube die beiden Länder vereinigt hätte, wenn die Reformation wie in manchen Ländern des Continents, die Begründerin freier geordneter Staatsformen, die Quelle der Bildung und Aufklärung geworden wäre. Das gereinigte Evangelium würde in den Händen frommer gottbegeisterter Glaubensboten das verwilderte Eiland besser colonisirt und der englischen Herrschaft sicherer und dauerhafter unterworfen haben, als Parlamentsstatute, Heere und Kriegsgerichte.

5. Schottland unter der Regentschaft und die Reformationskämpfe.

Macht der Hamiltons. Um die Mitte des sechzehnten Jahrhunderts, als Maria Stuart, die Erbin der schottischen Krone, die Verlobte des Dauphin, in Paris ihre Erziehung empfing (S. 611), hatten die Hamiltons die größte Macht in Schottland. Graf Arran, vom französischen Hof zum Herzog von Chatelherault erhoben, führte das Regiment im Namen der abwesenden unmündigen Königin, nach welcher er die nächsten Ansprüche an die Krone hatte. Sein Bruder war der Nachfolger Beatons auf dem erzbischöflichen Stuhle geworden und beherrschte den Regenten durch seinen überlegenen Geist. Daher machte das Evangelium nur geringe Fortschritte. Der Erzbischof übte strenge Aufsicht über Schriften und Predigten; er ließ ein eigenes Religionsbuch über die wichtigsten Glaubenslehren der katholischen Kirche anfertigen und verbreiten, belegte jede Verspottung und Verunglimpfung kirchlicher Gegenstände und Personen mit schweren Strafen und schreckte die Edinburger noch einmal durch das Schauspiel einer Ketzerverbrennung, indem **1551.** er Adam Wallace zum Flammentod verurtheilte.

Veränderte Politik. Einige Zeit nachher gelang es jedoch der Königin Wittwe, mit französischer Hülfe die Führung der Regentschaft den Händen des schwachen Grafen Arran zu entwinden und Schottland ganz an die Politik des Pariser Hofes zu knüpfen. Diese Politik hatte sich aber in Beziehung auf die religiösen Fragen geändert, seitdem in England die katholische Maria den Thron eingenommen und mit Philipp von Spanien einen Ehebund geschlossen hatte. Jetzt waren die Freunde der englischen Maria die Freunde der schottischen; und manche Prediger des Evangeliums, welche in England ihres Glaubens wegen verfolgt wurden, fanden in Schottland ein sicheres Asyl. So der ehemalige Franciskanermönch John Willock, der bald neben Knox der thätigste Werkmeister der schottischen Kirche werden sollte.

John Knox. In Kurzem stellte sich auch Knox selbst ein. Achtzehn Monate hatte man ihn mit den übrigen Verschworenen von St. Andrews auf französischen Galeeren festgehalten. Noch besitzt man eine religiöse Zuschrift an die Glaubensbrüder in der Heimath aus der Zeit, „da sein Fuß in Eisen lag". Nach seiner Freilassung begab sich Knox nach England. Cranmer übertrug ihm eine Pfarrstelle in Berwick, damit er in den nördlichen Grenz-

nden für die neue Kirchenorganisation wirke. Bei dem Regierungswechsel nahm
ine Thätigkeit in England ein Ende. Mit geringen Mitteln versehen reiste er nun　Aufenthalt in Genf.
ach Genf, wo er in Verbindung mit Calvin ein ärmliches aber durch ernste Studien
nd Schrifterforschung gehobenes und innerlich bereichertes Leben führte. Hatte Knox
on in Berwick mancherlei Bedenken gehabt über die unvollständige Kirchenreforma-
n Cranmers, so trat er während seines Genfer Aufenthaltes ganz in die Anschauungs-
ise der Schweizer Reformatoren ein. Seiner demokratischen Natur sagte die calvini-
e Lehre von der Selbstbestimmung der Gemeinde, von der Gleichheit aller Christen
kirchlichen Leben, von dem allgemeinen Priesterthum der Gläubigen, von der inne-
Weihe der Andacht ohne äußere Hülfsmittel, ohne Ceremonien, ohne gottesdienstli-
n Pomp mehr zu als der aristokratische und hierarchische Charakter des englischen
scopalsystems. Mit dem Genfer Reformator hatte Knox den folgerichtigen Ver-
nd, die unbeugsame Willenskraft und den strengen ernsten Charakter gemein, und
jener entbehrte er der Phantasie und der Empfänglichkeit für Poesie und Kunst.
n Wunder, daß auch ihre Schöpfungen ein ähnliches Gepräge zeigten, nur daß die
ttische Presbyterialkirche noch mehr die Spuren der rauhen Sitten und mangelhaften
ung ihres Begründers in sich trug.

Im November 1554 folgte Knox einem Rufe als Prediger bei der englischen　Knox bei der Flüchtlings-
ttlingsgemeinde, die sich in der deutschen Reichsstadt Frankfurt gebildet hatte.　gemeinde in Frankfurt.
politischen und örtlichen Rücksichten wich diese Emigrantengemeinde in einigen ri-　1554.
n Punkten von der Ordnung des Common Prayerbook ab und schloß sich mehr
e französisch-reformirte Gemeinde an, in deren Kapelle sie ihren Gottesdienst hielt.
aber neue Flüchtlinge anlangten, bestritten diese den älteren Gliedern das Recht
chen Abweichungen. Es entstand eine Spaltung, in Folge deren Knox, dem man
euerung hauptsächlich zuschrieb, Frankfurt verlassen mußte. Die Gegner hatten
Senat aus dessen Schrift „Ermahnung an die Bekenner der Wahrheit in England"
Stellen vorgelegt mit heftigen Ausfällen gegen Maria Tudor, ihren Gemahl und
aiser. Die Stadt fürchtete daher seinetwegen in Ungelegenheiten zu kommen und
te seine Entfernung. Aber viele Gemeindeglieder theilten die Ansichten ihres
ers und zogen, als die hochkirchliche Partei siegte, gleichfalls fort, die Einen nach
, die Andern mit Knox nach Genf. Aus diesen Frankfurter Wirren, bei denen
stenmal der protestantische Grundsatz von der Autonomie der Kirchengemeinde
m anglikanisch-katholischen Prinzip der kirchlichen Autorität in Conflict kam, ent-
sich mit der Zeit das puritanische Dissidententhum.

Nachdem die neue Flüchtlingsgemeinde in Genf ihre Kirchenordnung nach　Erste reformatorische
ischem Muster eingerichtet, verließ Knox die Lemanstadt, um sich über　Thätigkeit in Schottland.
f, wo seine Familie weilte, nach seinem Heimathlande zu begeben. Er　1555. 1556.
er bei Adel und Volk eine große Hinneigung zu reformatorischen Lehren; und　Herbst 1555.
nwesenheit trug wesentlich zu deren Stärkung bei. Da die Königin-Regentin
itischen Rücksichten den Kundgebungen evangelischer Gesinnung nicht feind-
tgegentrat, so gelang es dem thätigen Prediger, eine Anzahl angesehener
e, unter ihnen den natürlichen Sohn des verstorbenen Königs Jacob
später als Graf Murray bekannt, John Erskine, in Folge zum Grafen von
oben, den Earl von Glencairn u. a. m. zu einem evangelischen Bund
tigen. Schon jetzt wurden Verabredungen für den bevorstehenden Kampf
und Knox als der Fahnenträger ausersehen. Bei der in Adel und Volk

kräftig hervortretenden reformatorischen Gesinnung war der Ausgang kaum zweifelhaft; aber daß es dabei nicht ohne tiefgreifende Bewegungen und Erschütterungen abgehen würde, war ebenfalls vorauszusehen.

Rückkehr nach Genf. Juli 1556. Und in diesem wichtigen Moment kehrte Knox noch einmal nach Genf zurück. Man hat viel nach Gründen zu diesem auffälligen Schritt geforscht, der einer Flucht aus dem Heerlager vor der entscheidenden Schlacht nicht unähnlich sah. Die Gegner haben nicht ermangelt, ihm vorzuwerfen, er habe keine große Begierde nach der Märtyrerkrone getragen, er habe lieber ein lauter Rufer im siegreichen Streit sein wollen, als ein Zeuge der Wahrheit in Stürmen und Gefahren. Er sah offenbar ein, daß seine Stunde noch nicht gekommen sei; wozu sollte er seine Kräfte vor der Zeit vergeuden? In der Folge, als er sich von einer tapferen, entschlossenen Glaubensschaar umgeben sah, erwies er sich als muthiger Streiter des Evangeliums ohne Rücksicht und Menschenfurcht.

Die Regentin u. die Reformationspartei. In Genf unterhielt Knox einen ununterbrochenen Verkehr mit den Glaubensgenossen der Heimath. Er war ihr Rather, ihr Tröster, der sie ermahnte und anfeuerte. Seine Sendschreiben gingen von Hand zu Hand; nach seinen Weisungen richtete man die gottesdienstlichen Versammlungen in Privathäusern ein. Die Regentin ließ die Religionsneuerer gewähren, so wenig Gefallen sie auch an ihrer Lehre finden mochte. Sie hegte damals den sehnlichsten Wunsch, daß bei Gelegenheit der Vermählung ihrer Tochter mit dem Dauphin dem französischen Bräutigam die schottische Königswürde als erbliche Auszeichnung beigelegt werden möchte. Dazu bedurfte sie der Hülfe des Adels, wovon ein großer Theil der reformatorischen Partei angehörte, während die Hamiltons, die Beschützer des katholisch-hierarchischen Kirchenwesens, zugleich aus dynastischen Rücksichten diesem Vorhaben entgegenwirkten. Maria von Guise erreichte ihren Zweck. Die Reichsstände legten dem Dauphin den Titel eines Königs von Schottland bei; beide Völker sollten sich in einem wie im andern Reiche staatsbürgerlicher Rechte erfreuen. Die schottische und französische Krone auf einem und demselben Herrscherpaar schien auch eine Vereinigung der beiden Länder und Nationen zu einem politischen Ganzen zur Folge zu haben. Dazu war aber auch die kirchliche und religiöse Uebereinstimmung nothwendig; denn der Begriff eines friedlichen Zusammenlebens verschiedener Confessionen war noch nicht zur Geltung gekommen; der Regentin waren somit nunmehr andere Aufgaben gestellt, andere Tendenzen vorgeschrieben. Und wirklich trat auch von der Zeit an eine andere Haltung zu Tage: sie näherte sich wieder mehr dem katholischen Theile und entzog der Reformationspartei die bisher bewiesene Nachsicht. Knox war nach Dieppe gereist, um den schottischen Glaubensgenossen näher zu sein, und zu ihnen eilen zu können, wenn sie ernstliche Versuche zur Einführung der neuen Lehre vornehmen sollten. Aber December 1557. der Zeitpunkt schien ihm auch jetzt noch nicht geeignet. Er kehrte wieder nach Genf zurück, ohne jedoch den Verkehr mit den evangelischen Brüdern abzubrechen oder zu schwächen. Er blieb ihr Rathgeber und Hohepriester; seine Sendschreiben ertheilten ihnen Weisungen, Vorschriften, Ermahnungen; sie bestimmten das Verhalten in allen Lebensfragen und wurden wie Prophetenworte aufgenommen. Wir wissen, wie zuversichtlich man nun diese Zeit in den Kreisen der Exulanten einer bevorstehenden Aenderung in England entgegensah. Von dem Tode der Maria Tudor erwartete man einen vollständigen Umschwung der Dinge. Dieses Ereigniß sollte auch für die Reformationspartei in Schottland das Zeichen um entscheidenden Handeln, zum aggressiven Vorgehen geben.

Es geschah wohl auf den Antrieb von Knox, daß mehrere evangelisch gesinnte Edelleute, der Graf von Argyle, Glencairn, Morton, Lord Lorne, Erskine von Dun, Jacob Stuart (Murray) u. a. in Edinburg den ersten Bund oder Covenant schlossen und sich verpflichteten, „der Congregation des Antichrist mit allen abergläubischen Gräueln und Götzendienerei zu entsagen und das Evangelium Jesu Christi und seine Gemeinde aufzurichten". Zu den religiösen Motiven gesellten sich politische. Sollten sie ruhig zusehen, wie Schottland nach und nach zu einem Nebenlande Frankreichs, zu einer abhängigen Provinz umgeschaffen ward? In mehreren Schlössern wurde evangelischer Gottesdienst eingeführt und zwar einstweilen nach dem englischen Common Prayerbook. Man wollte mit dem Nachbarlande Hand in Hand gehen; denn in der Emigration lebte man des Glaubens, daß auch in England eine durchgreifende Reformation in calvinischem Sinne treten müßte. Noch einmal waren die Papisten stark genug, einen evangelischen Wanderprediger, Walter Mill in den Flammen sterben zu lassen; aber es war ihr letzter Triumph. Reformatorisch gesinnte Männer forderten die Glaubensgenossen auf, ihren Beitritt zum Covenant und ihre Uebereinstimmung mit den von Mill vorgetragenen Lehren durch ihre Unterschriften zu bezeugen. Taufende leisteten der Aufforderung Folge. Ermuthigt durch solche Kundgebungen richteten die „Lords der Congregation", wie man die Häupter des Covenants nannte, eine „Petition" an die Regentin, daß ihnen gestattet werde, den Gottesdienst einzurichten, wie ihr Gewissen und die Heil. Schrift ihnen gebiete und dazu sorgen, „daß in diesem Lande die würdige und göttliche Gestalt der primitiven Kirche hergestellt werde". Auch an das Parlament wendeten sie sich mit einer „Protestation", worin sie das Recht forderten, in Sachen der Religion und des Gewissens sich so zu halten, wie sie glaubten, es vor Gott verantworten zu können. Ein mächtiger Zug von Selbstvertrauen und Siegesbewußtsein durchdringt die Schriftstücke. Sie glichen einer Kriegserklärung.

Bald darauf erfolgte der Thronwechsel in England, und nun sah sich die Königin-Regentin aus dynastischen und politischen Motiven bewogen, mit dem englischen Klerus gemeinsame Sache wider die Neuerer zu machen. Im nächsten März wurde in Edinburg eine Kirchen- und Reichsversammlung abgehalten. Die evangelischen reichten die „ersten Reformationsartikel" ein, in welchen unter andern Dingen der Gebrauch der Landessprache und des Common Prayerbook bei Cultushandlungen und die Mitwirkung der Gemeinden bei Anstellung von

Marginalien: Erster Covenant. 1557. — 3. Decbr. 1557. — 28. April 1558. — Veränderte Parteistellung. — März 1559.

Geistlichen begehrt ward. Sie wurden mit Entschiedenheit zurückgewiesen und die Beobachtung aller bisherigen Glaubensformen und Gebräuche bei strenger Strafe eingeschärft. Die Regentin, nunmehr im engsten Bunde mit der Hierarchie, war entschlossen, Schottland bei der römisch-katholischen Kirche zu erhalten, damit es als Bollwerk und Angriffspunkt gegen England dienen möge. Nur auf Grund der päpstlichen Entscheidungen konnte Maria Stuart, Königin von Schottland und künftige Königin von Frankreich, auch die Thronfolge in England ansprechen. Dynastisches, politisches und religiöses Interesse bestimmte die Regentin, mit Rom, mit Frankreich, mit Spanien Hand in Hand zu gehen. Und wo hätte die katholische Coalition gegen die kirchlichen Neuerungen Englands einen vortheilhafteren Standpunkt wählen und erfolgreicher die Hebel der Reaction einsetzen können, als in Schottland? Die Natur selbst schien es zum Bollwerk und Heerlager geschaffen zu haben. So erhielt das kleine nordische Königreich eine weltgeschichtliche Bedeutung; die großen religiösen Prinzipien der Zeit sollten dort zu einem Kampf kommen, dessen Ausgang für das ganze Schicksal des westlichen Europa entscheidend werden konnte. Die Reformpartei erkannte die Gefahr und suchte den Bund mit England; und wie groß auch die Antipathie war, welche Elisabeth von Anfang an gegen alles revolutionäre und puritanische Wesen in sich trug; der gemeinsame Feind machte die Vereinigung zu gemeinsamer Abwehr rathsam.

Knox in Schottland. Mai 1559. Und bereits war die Losung zum Kampf gegeben. Am 3. Mai wurde die katholische Geistlichkeit durch die Nachricht erschreckt, John Knox sei in Leith gelandet. Noch schwebte ein früherer Aechtungsspruch über seinem Haupt; aber die Dinge nahmen einen so raschen Verlauf, daß man nicht an die Vollstreckung denken konnte. Wenige Tage nachher hielt er in Perth eine Predigt über die Vertreibung der Käufer und Verkäufer aus dem Tempel des Herrn mit starken Ausfällen auf den „papistischen Götzendienst". Sie war von so gewaltiger Wirkung, daß die aufgeregte Menge nach Beendigung derselben sich an den Heiligenbildern und allen Gegenständen religiöser Verehrung vergriff. Darauf zog der Volkshaufen, durch neuen Anschluß verstärkt, gegen andere Andachtsstätten und zerstörte Kirchen, Klöster und Kapellen. Alles, was dem „Aberglauben" und „Götzendienst" als Stütze und Träger diente, wurde mit rohem Vandalismus zerschlagen und verbrannt. Auch nach Dundee und Dumfries erstreckte sich die Verwüstung. Die Regentin gerieth bei der Nachricht von der „Reformation in Perth" in heftigen Zorn. Sie schickte schottisches und französisches Kriegsvolk nach der Stätte der Zerstörung. Aber auch die „Congregation Jesu Christi" rief ihre Gläubigen unter die Waffen und rechtfertigte ihr Vorgehen in Manifesten, welche die volksthümliche Beredsamkeit und den kühnen demokratischen Geist des Predigers Knox athmeten und auf die Gemüther einen gewaltigen Eindruck machten. Es waren Trompetenstöße, welche durch die begeisterte Sprache, durch den oratorischen prophetenhaften Ton, durch das fromme Pathos, durch die biblischen Be-

weisstellen, ja selbst durch die überraschende Sophistik ihrer Deductionen die
Herzen und die Phantasie des Volks mit unwiderstehlicher Kraft fortrissen. Diese
Ansprachen und Aufrufe tragen in der energischen mit Bibelsprüchen durchflochte-
nen Sprache und Ausdrucksweise schon ganz das Gepräge und den Charakter
der puritanischen Beredsamkeit in Cromwells Tagen.

Bei dem begeisterten Kriegsmuth der Congregationisten war für die Truppen der *Zweiter Covenant.* *1559.*
Regierung, trotz ihrer bessern Bewaffnung ein feindliches Vorgehen eine bedenkliche
Sache. Die Königin gab daher dem Rath einiger vermittelnden Edelleute Gehör.
Perth wurde ihr übergeben, aber nur mit der Bedingung, daß Niemand „wegen Ab-
tellung des Götzendienstes" gestraft und die Predigt des Evangeliums daselbst nicht ge-
indert werde. Ehe die Häupter der Congregation abzogen, wurde auf Knox *31. Mai 1559.*
Betreiben der zweite Covenant geschlossen, „zu gegenseitigem Beistand bei Einführung
der reinen und lauteren Gottesverehrung", und von vielen Edelleuten aller Landschaften
nterzeichnet.

Der Vermittelungsvertrag von Perth war nur ein kurzer Waffenstillstand. *Reformationsstürm:*
Die Königin wurde des Wortbruchs beschuldigt, und die Covenanters zogen
n Neuem ins Feld. Zu Crail, an der äußersten Küste von Fife, forderte Knox
e versammelte Menge auf, die Fremdlinge zu vertreiben und die Ehre Christi
rzustellen. Es dauerte nicht lange, so wurden in Crail und Anstruther alle Ab-
ichen des „Götzendienstes" und des „Antichrists" zerstört, Altäre, Bilder, Orna-
ente aus Kirchen und Kapellen zerschlagen. Darauf suchte Knox den Löwen in
ner Höhle auf. Am 10. Juni hielt er in der Domkirche der erzbischöflichen *10. Juni 1559.*
adt St. Andrews eine feurige Rede über die Vertreibung der Käufer und
echsler aus dem Tempel, welche dieselben Erscheinungen zur Folge hatte. Nicht
r die herrliche Kathedrale selbst mit ihren Gräbern, Monumenten, Säulen und
ldern wurde geschändet und zerstört, auch andere Kirchen und alle Klosterge-
ude der Stadt wurden verwüstet und zum Theil dem Erdboden gleichgemacht.
jnlich erging es der schönen Abtei Lindores, zwölf Meilen von St. Andrews.
ederum bot die Regentin Kriegsvolk auf; aber sie konnte sich nur auf die ge-
je französische Hülfsmannschaft verlassen; alle Eingeborenen, selbst die Hamil-
s waren von unsicherer Treue. Auch die katholischen Edelleute wollten ihr
erland nicht zu einer Provinz Frankreichs herabdrücken. So blieb St. An-
s in den Händen der Covenanters und auch Perth mußte ihnen eingeräumt
en. Drei Meilen oberhalb dieser Stadt lag die berühmte Abtei Scone mit
alterwürdigen Kathedrale, der Krönungsstätte der schottischen Könige seit
rhunderten. Dorthin ergoß sich der fanatische Schwarm gleich einem rasen-
Bergstrom, zerstörte die Heiligenbilder und Ornamente und legte dann Feuer
as stolze Gebäude. In Kurzem war die Abtei ein Raub der Flammen.
Untergang dieses Denkmals mittelalterlicher Pracht und Herrlichkeit bezeich-
das Ende der ritterlichen und hierarchischen Feudalzeit in Schottland mit
reichen Poesie, mit ihren Tugenden und Fehlern. Grollend schritt der

finsterblickende Covenanter über die Stätte der Verwüstung; er sah in der Zerstörung die Hand des Herrn, die da niederreißen wollte die Höhlen des Lasters
und der Gottlosigkeit, und errichtete dann auf den mächtigen Trümmern sein
kleines presbyterianisches Kirchlein, das Sinnbild seines dürftigen und engen
Seelenlebens, wie seines reinen sittlichen Wandels. Die alte Kathedrale war
reich und strebte in hohem luftigen Fluge dem Himmel zu, aber sie war entstellt
mit vielen häßlichen Zuthaten, Winkeln und Anbauten; das presbyterianische
Kirchlein war einfach, sauber und ohne störende Umgebung, aber die Spitze ragte
nicht hoch über das Wohnhaus des Bürgers und Bauers; Kunst und Poesie
fanden keinen Raum darin. Die neue Himmelsleiter war sicher aber kurz angelegt. Auch die schöne Abtei Cambuskenneth wurde dem Erdboden gleich gemacht und die alte Stadt Stirling von „römischem Gottesdienst" gereinigt. Wie
das Thier der Wüste, wenn es Blut gekostet, immer nach neuer Beute lechzet,
so auch die rasenden Schaaren der Congregationisten. Als sie sich den Thoren
von Edinburg näherten, zog die Regentin mit ihrer Leibwache von Holyrood
weg und überließ die Hauptstadt den Bilderstürmern, welche mit dem Stadtpöbel
vereinigt über die Kirchen, Kapellen und Klöster herfielen und Alles ohne Wahl
und Schonung ihrer finstern Religionswuth opferten. Manches werthvolle Kunst-
denkmal ging in den Stürmen dieser Tage zu Grunde. John Knox, welcher dem
Zuge gefolgt war, hielt in St. Aegidien, der Hauptkirche der Stadt, eine feurige
Kanzelrede und wurde dann zum Prediger gewählt. Es wäre ermüdend, den
Scenen der Verwüstung noch weiter nachzugehen: im ganzen Lande fanden die
Beispiele von Perth, St. Andrews, Edinburg Nachahmung; die Kirchengeräth-
schaften, Meßgewänder, Ornamente, Heiligenbilder, Gefäße wurden zerstört, die
Ordenshäuser, sowohl die stolzen Abteien von Scone, Dunfermline, Melrose,
als die dürftigen Herbergen der Bettelmönche der Verödung übergeben, bis sie
einstürzten, die entleerten Gotteshäuser, sofern sie aus dem Ruin unverletzt hervorgingen, nach und nach zum evangelischen Gottesdienst eingerichtet.

Schärfung des reli-
giöspoliti-
schen Partei-
kampfes.
1559.
Das gewaltsame Vorgehen der Neuerer war nicht nach Aller Sinn; daher
machte eine Proclamation der Regentin, die sich nebst ihrem Hof und den französischen Hülfstruppen nach Dunbar begeben hatte, mit der Beschuldigung, das
Ziel der Congregationisten sei nicht die Reformation der Kirche, sondern der Sturz
der legitimen Obrigkeit, einigen Eindruck und schwächte das Ansehen der Häupter des Covenants. Elisabeth hielt mit ihrer Hülfe zurück; Maria konnte noch
einmal ihre Residenz in Holyrood aufschlagen; Knox und seine Genossen suchten
durch Schutzschriften die Vorfälle in einem möglichst harmlosen Lichte darzustellen. Da traf die Nachricht ein, daß König Heinrich II. gestorben und der Ge-

10. Juni
1559.
mahl der Maria Stuart als Franz II. den französischen Thron bestiegen. Diese
überraschende Botschaft änderte mit einem Schlag die Lage der Dinge. Die
Guisen, welche nunmehr den größten Einfluß in Frankreich gewannen, trafen
Anstalten, ihre Schwester mit neuen Hülfstruppen zu stärken; denn von Schott-

land aus sollte ihre Nichte die Krone von England erobern. Die Ankunft eines gelehrten französischen Bischofs, welcher die Messe wieder in der Kathedrale von Edinburg einführte und sich zu einer Disputation erbot, galt als Zeichen des neuerwachten Vertrauens der Altgesinnten. Ein heftiger Kampf stand in Aussicht, der über den künftigen Zustand der schottischen Kirche, über das ganze Schicksal der Nation die Entscheidung bringen mußte. Dies erkannten sowohl die Neuerer, welche sich noch einmal durch den „dritten Covenant" zum treuen und festen Zu-sammenhalten eidlich verbanden, als die englische Königin, die nunmehr offen Partei für die Congregation nahm.   Mehr als je wirkten jetzt politische und re-ligiöse Interessen zusammen.   Selbst die Hamiltons näherten sich den Lords der Congregation, seitdem der junge Graf Arran, der Sohn des früheren Regenten, die neue Lehre angenommen hatte und dem Covenant beigetreten war. Er machte sich Hoffnung auf die Hand der Königin Elisabeth.   Eine englisch-protestantische und eine französisch-katholische Partei traten nunmehr kampfbereit einander ge-genüber.

Die Regentin zog mit ihrer französischen Schutzmannschaft und einigen Bi-schöfen nach der Hafenstadt Leith, die sie hatte befestigen lassen, während die Lords der Congregation wieder Edinburg besetzten.   Sie stellten an Maria die Forderung, die fremden Truppen aus dem Lande zu schicken und die Befestigungs-arbeiten einzustellen; als diese sich weigerte, beschlossen „die Edlen und Gemeinen er protestantischen Kirche in Schottland", ihr die Regentschaft zu entziehen. Die Prediger Knox und Willock, die man um Gutachten anging, bewiesen aus dem Alten Testament, daß es ein gottgefälliges Werk sei, götzendienerische Herrscher ihrer Macht zu entkleiden. Darauf entwarfen die „gebornen Räthe des Reichs" die Suspensions-Akte und wählten eine provisorische Regierung aus weltlichen und geistlichen Mitgliedern, welche bis zum nächsten Parlament die Leitung der Dinge in Staat und Kirche in die Hand nehmen sollte.   Auch Knox war in der Zahl der Räthe, und Niemand kam ihm gleich an Energie und Thatkraft. Ein ächter Volksführer, Prophet und Gottesstreiter war er die Seele der Congrega-tion, der Richter und Hohepriester im Volke des Herrn. Er leitete die Berathun-gen, er führte die Correspondenzen, er entwarf die Proclamationen und Kriegs-manifeste, er vermittelte das Bündniß mit England, er hielt feurige Reden an Adel und Volk.   Ueberall war er zugegen, selbst des Nachts gönnte er sich kaum einige Ruhe.

Die ältere schottische Geschichte hatte von solchen gewaltsamen und stürmischen Auftritten manche Beispiele aufzuweisen. Das königliche Ansehen war nicht so groß, daß man nicht öfters gewagt hätte, die Hand gegen den Gesalbten des Herrn aufzuheben; Verbindungen des Adels gegen die Regierung, gewaltsame Thronwechsel, gesetzwidrige Forderungen, ungestüm begehrt und furchtsam zuge-standen, gehörten zu den gewöhnlichen Erscheinungen; dem Arm der Gerechtigkeit entzog man sich durch bewaffnete Association. Dieser störrische Geist des Adels und

Marginal notes:
1. Aug. 1559.

21. Okt. 1559.

Absetzung der Regentin.

Beurthei-lung dieses Staats-streiches.

der Clanhäupter war unter der schwankenden Regentschaft und der schlaffen Frauenherrschaft erstarkt und der religiöse Fanatismus hatte noch die letzte Spur von Ehrfurcht und Treue gegen die dem „Götzendienst" ergebene und mit den „Baalpfaffen" verbundene Königin aus der Brust der rauhen Kriegsmänner getilgt. Es war daher nach schottischen Ansichten und Gewohnheiten kein so unerhörtes Verfahren, als die zu einem Bund vereinigten Edelleute, die „gebornen Räthe des Reichs" zu der Absetzung der Regentin schritten, zumal als sie dabei die legitime Autorität der Königin Maria Stuart nicht in Frage stellten, vielmehr, deren Einwilligung voraussetzend, in ihrem Namen handelten, und als der nächste Thronberechtigte, dem Maria Guise die ihm gebührende Regentschaft entwunden hatte, an der Spitze der Verbündeten stand. Mit diesen altschottischen Anschauungen und Gewohnheiten verbanden sich jetzt noch die staatsrechtlichen Doctrinen eines Buchanan und anderer Humanisten von der Entstehung eines Staatsorganismus durch einen Gesellschaftsvertrag, vom souveränen Volkswillen und von Gesetzen, welche für Herrscher und Beherrschte gleiche Kraft und Verbindlichkeit hätten, und die theokratischen Ideen des Alten Testaments von einer Gottesherrschaft, die ihren Willen in der Heil. Schrift und in den Aussprüchen der Propheten kund gebe.

Tod der Regentin. 1560. Das revolutionäre Vorgehen der „gebornen Räthe des Reichs" schien übrigens zum Nachtheil der Neuerer auszuschlagen. Manche Edelleute zogen sich zurück; ein Angriff auf Leith wurde abgewiesen; Edinburg und Stirling mußten wieder geräumt werden; da und dort entbrannte ein Partei- und Bürgerkrieg, wobei das schottisch-französische Heer im Vortheil war über die tumultuarischen Kriegshaufen der Covenanters. Selbst als die Königin Elisabeth, gereizt über das feindselige Vorgehen der Guisen und des französischen Hofes, endlich ihre Abneigung gegen Knox und die Congregation überwand und den Schotten zu Land und zur See Hülfe leistete, behaupteten die Royalisten das Feld. Da führte der 11. Juni 1560. Tod der Regentin einen raschen Umschwung herbei. Kummervollen Herzens, aber versöhnt mit der Welt verschied sie in Schlosse von Edinburg, eine Fürstin von hervorragenden Eigenschaften und edler Bildung und Sitte, wenn auch ihr Charakterbild unter der Feder parteiischer Religionseiferer entstellt auf die Nachwelt gekommen ist. Ihre Leiche wurde nach Frankreich geführt und in einer Klosterkirche zu Rheims in die Gruft gesenkt, weil die protestantischen Prediger sich der Beerdigung nach römisch-katholischem Ritus in Edinburg widersetzten.

Der Edinburger Vertrag. 1560. Der Tod der Regentin erzeugte bei aller Theilen den lebhaften Wunsch nach einem friedlichen Abkommen. In Frankreich erkannte man die Schwierigkeit, in dem fernen Land gegen eine feindlich gesinnte von England unterstützte Bevölkerung den Krieg fortzusetzen. Nur mit großen Anstrengungen hätte es geschehen können. Aber auch die Schotten und Engländer erkannten sehr wohl, daß der Vortheil auf ihrer Seite sei, und wußten die französischen Bevollmächtigten zu Zugeständnissen zu bringen, die in Paris übel aufgenommen wurden. Nicht allein, daß die Abgesandten den Congregationisten im Namen des Königs und der Königin

ollkommene Amnestie ertheilten und den Abzug der französischen Truppen zu-
standen, sie willigten auch ein, daß ein Nationalconvent aus den drei Ständen
Edinburg zusammentrete, der von den beiden Majestäten als vollberechtigte
eichsversammlung anerkannt, die Angelegenheiten in Staat und Kirche berathe
nd die Beschlüsse dem König und der Königin zur Bestätigung vorlege, und daß
ittlerweile ein oberster Rath von zwölf Mitgliedern, zum Theil von dem
önigspaar zum Theil von den Lords der Congregation aus Eingebornen er-
nnt, das Regiment führe. Von den englischen Unterhändlern aber wurde
rchgesetzt, daß Franz und Maria das Thronrecht Elisabeths anerkennen und
fernerhin des Wappens und Titels eines Königs von England und Irland
halten sollten. Dies war der berühmte „Edinburger Vertrag", die Quelle
htiger Ereignisse und Verwicklungen für die Betheiligten. Elisabeth gab sofort
e zustimmende Unterschrift, aber die französischen Majestäten, welche darin eine 2. Sept.
isgebung aller Erbansprüche der Stuarts auf den englischen Thron erblickten, ver- 1560.
gerten die Bestätigung und beschuldigten die Gesandten einer Ueberschreitung
r Vollmachten.

Schon im August trat kraft des Edinburger Vertrags der schottische Reichs- Die schotti-
in der Hauptstadt zusammen. Noch niemals war ein Parlament so zahlreich schen Stände
und die neue
cht gewesen. Alle Stände erkannten, daß von den Beschlüssen die ganze Zu- kirchliche
t des Königreichs in Staat und Kirche abhängig sei, und Niemand wollte bei Ordnung.
r Entscheidung säumig erscheinen. Nur wenige Lords und Bischöfe, von der
cht geleitet, daß der Edinburger Vertrag, der von der Krone nicht bestätigt
den, keine hinreichende Rechtsquelle für die Versammlung sei und daß eine
zliche Einberufung vorausgehen müsse, entzogen sich der Theilnahme; dagegen
der niedere Landadel, der sich sonst nur durch gewählte Repräsentanten
eten ließ, in allen Gliedern zugegen. Die Reformer bildeten so sehr die
rzahl, daß die Opposition ganz dagegen verschwand. Ueber das Resultat der
andlungen konnte gar kein Zweifel bestehen. Auf Grund einer der Versamm-
eingereichten Petitionsschrift, die Lehren der römischen Kirche nebst dem Papst-
abzuthun und das ursprüngliche Christenthum zurückzuführen, wurde dem
rmator Knox und einigen andern Predigern der Auftrag ertheilt, ein Glaubens-
ntniß und eine Kirchenordnung zu entwerfen und dem Parlamente zur Be-
ng und Beschlußnahme vorzulegen. In den reformirten Kreisen hatte man
Fall bereits in Aussicht genommen, so daß schon innerhalb vier Tagen
ntwurf eingebracht werden konnte. Das auf calvinischen Grundsätzen auf-
te Glaubensbekenntniß wurde fast einstimmig angenommen. Wer wollte
einen doch nutzlosen Widerspruch den Zorn des fanatisirten Volkes auf sich
? Viele Prälaten hatten sich bereits durch Verträge mit den Lords über das
nvermögen für die Zukunft sicher zu stellen gewußt; eine hervortretende
sition hätte sie leicht um die Früchte bringen können. Um so größer war
iderstand gegen das gleichfalls auf calvinischen Prinzipien beruhende „Buch

von der Verfassung der Kirche", zum Theil wegen der strengen Kirchenzucht, an
welcher die Edelleute Anstoß nahmen, mehr aber noch wegen der Bestimmung,
daß die Güter der katholischen Kirche zum Unterhalt der protestantischen Geistlichkeit, der Schulen und der Armen verwendet werden sollten. Den Lords erschien
diese Forderung als „fromme Schwärmerei". So sehr sie in allen andern Dingen
dem Reformator zu Willen waren; in diesem Punkte blieben sie taub gegen seine
Mahnungen und Strafreden. Noch in höherem Grade als in England kam das
Kirchenvermögen in fremde Hände. Der Adel, durch Verträge mit den Bischöfen
und Aebten schon großentheils im Besitz der geistlichen Güter, bereicherte sich,
während die Kroneinkünfte abnahmen und die reformirte Geistlichkeit der bittersten
Armuth preisgegeben war. Darauf wurden alle zu Gunsten der katholischen
Kirche in früheren Zeiten erlassenen Statute für null und nichtig erklärt, die Autorität
des Papstes und die geistliche Gerichtsbarkeit abgeschafft, die klösterlichen Institute,
so viele deren noch vorhanden waren, aufgehoben und die Messe als „Götzendienst" aufs Strengste verboten. Die Uebertretung des Verbots sollte im ersten
Fall mit Verlust des Vermögens und mit Haft, im zweiten mit Verbannung,
im dritten mit dem Tode bestraft werden. Eine stattliche Gesandtschaft überbrachte der englischen Königin die Nachricht von der Reformation der schottischen
Kirche und den Dank der Nation für die geleistete Hülfe nebst der Bitte, sie möchte
dem Grafen von Arran ihre Hand reichen und dadurch den Bund zwischen den
beiden stamm- und religionsverwandten Staaten noch inniger knüpfen. Dem
französischen Hof machte man die Mittheilung durch einen einzigen Botschafter,
den ehemaligen Malteser-Ritter John Sandilands. Er fand eine ungnädige
Aufnahme. Das Königspaar verweigerte sowohl die Bestätigung des Edinburger
Vertrags als die Anerkennung der Reichstagsbeschlüsse. Die Guisen, damals auf
dem Höhepunkt ihres Einflusses, waren nicht geneigt, die Krone und den Glauben
im Erblande ihrer Nichte in so eigenmächtiger Weise antasten zu lassen. Sie
trafen bereits kriegerische Anstalten, als der Tod des Königs sie von ihrer Machthöhe herabstürzte und die junge Königin einer eifersüchtigen Rivalin und einem
fanatischen Volke schutzlos gegenüberstellte. Siegesfreudig riefen die Führer der
Congregation aus, wie Gottes Hand so sichtlich über der Gemeinde ruhe.

Einführung
der presbyte-
rianischen
Kirche in
In Folge der Reichstagsbeschlüsse wurden nunmehr das Glaubensbekenntniß,
der Ritus und die Synodalverfassung der calvinischen Kirche in Schottland eingeführt, der alte „Götzendienst" bei Strafe an Gut und Leben verboten und Alles,
was an die Herrschaft des „Antichrists" erinnerte, der Zerstörung geweiht. Mit
religiösem Vandalismus wüthete man gegen Klöster, Kunstschätze und Kathedralkirchen. Adel und Volk beugten sich unter die rigorose „Disciplin" der neuen
Theokratie und ihrer unerbittlichen Geistlichkeit, welche zur Entschädigung für
die bettelhafte Armuth, die ihr die Habgier der Edelleute aufdrückte, das Prinzip
völliger Gleichheit aller Glieder durchführte. „Einer ist euer Meister und ihr
alle seid Brüder", war der Grundgedanke der neuen Kirche, die in der Folge von

hren regelmäßigen Versammlungen die „presbyterianische" genannt ward. Ohne
rdisches Oberhaupt und jede Einmischung weltlicher Gewalt von sich weisend,
rat die schottische Kirche als „unabhängige Königin und unbefleckte Braut Christi"
i die Erscheinung, die Heil. Schrift als ihre Grundrechte und den Gottessohn als
ir Haupt und ihren König ehrend. Der herbe Geist des Reformators Knox,
er gefühllos gegen die Leiden und Freuden des irdischen Daseins durch das
eben ging, blieb das Erbtheil der presbyterianischen Kirche und Geistlichkeit,
id der schwere Druck, der in der Folge über sie erging, steigerte den finstern
harakter und die rigorose Lebensanschauung.

XXIII. Das deutsche Literatur- und Culturleben in der Reformationszeit.

Literatur. Die Werke über deutsche Literaturgeschichte von Gervinus (5. Aufl. Leipz.
[1. Bd. 2; 1872 durch K. Bartsch besorgt Bd. 3.); Koberstein (fünfte umgearbeitete
'l. v. K. Bartsch; Leipz. 1872), Goedeke, H. Kurz u. a. m., deren schon V, 413 f. und
, 308, 882, so wie das Sammelwerk von O. Schade, dessen t. X. p. 88 Erwähnung ge-
h, und die Sammlungen von Volksliedern (Historische von Liliencron; Handwerks-
chenlieder von O. Schade u. a. m.) liegen auch der folgenden Uebersicht zu Grunde.
ieben konnten noch die besprochenen Schriften selbst benutzt werden, theils gesammelt in
eren Werken, wie in der „Bibliothek des literarischen Vereins" in Stuttgart und in Schei-
„das Kloster", theils in Einzelausgaben, wie Lappenberg, Thom. Murner's Ulenspiegel
j. 1854. Brants Narrenschiff von Zarncke Leipz. 1854 und in neuhochdeutscher Ueber-
ung mit den alten Holzschnitten von K. Simrock. Berlin 1872, Reinecke Fuchs von
übben. Oldenb. 1867. Dichtungen von Hans Sachs. Herausg. von K. Goedeke.
). 1870 3 Theile, und über das Kirchenlied die Werke von Ph. Wackernagel (das deut-
Kirchenlied von der ältesten Zeit bis zu Anfang des 17. Jahrh. Bd. 1—3. Leipz. 1864
0 von C. E. Koch Gesch. des Kirchenlieds und Kirchengesanges B. 1—3. Stuttg.
. 53.) u. a. Stinzing, Geschichte der popul. Literatur des römisch-kanonischen Rechts
eutschland am Ende des 15. und Anfang des 16. Jahrh. Leipz. 1867. Th. Paur,
Sleidans Commentare über die Regierungszeit Karls V. Leipz. 1843. u. a. m.

1. Charakter und Entwickelungsgang der Literatur und Zeitbildung.

Die Humanisten, deren Bedeutung und Wirksamkeit im neunten Band die-
Werks ausführlicher behandelt (S. 882 ff.), deren Stellung zu den Refor-
ren auch im Verlauf des vorligenden Bandes wiederholt dargethan wurde,
i eine universale weltbürgerliche Bildung erstrebt und eingeleitet, welche die
a Gesellschaftskreise ergriff und durchdrang, welche auf antiker Grundlage
ieue Aristokratie des Geistes zu schaffen beflissen war. Der Humanismus
x seinen siegreichen Lauf durch die germanische, wie durch die romanische

*Volksthüm-
liche Oppo-
sition gegen
Romantik u.
Humanis-
mus.*

Welt; aber während er in der apenninischen und pyrenäischen Halbinsel und in
Frankreich zur Herrschaft gelangte und nicht nur die mittelalterliche Romantik,
sondern auch die nationale Volksdichtung verdrängte oder in Vergessenheit brachte,
stieß er in Deutschland auf eine demokratische und plebejische Opposition, die er
nicht zu bewältigen vermochte, ja in deren Gesichtskreise und Vorstellungsformen
er vielfach einzutreten sich genöthigt sah, wollte er nicht jeder Einwirkung auf
die mittleren Volksklassen verlustig gehen.   Diese Opposition gab sich vor Allem
kund in dem drastischen Gegensatz der Volksliteratur zu der romantischen Ritterdichtung, zu der gespreizten höfischen Kunstbildung. Die epische Poesie des Mittelalters verschwand in Deutschland fast gänzlich aus dem gesellschaftlichen Leben:
mochte man auch am österreichischen oder bayerischen Hofe sich noch an den Gebilden
einer entschwundenen Vergangenheit ergötzen, mochten noch hie und da einzelne Nach-
zügler, wie „der Ritter vom Thurm" oder „der Theuerdank" die verblaßten Gestalten
von ehedem am Leben zu erhalten suchen, mochte noch der „Titurel" auf einigen
von dem großen Weltverkehr entfernten Burgen und Edelsitzen eine Wohnstätte
finden, so waren das nur die letzten flüchtigen Schatten eines zu Grabe gehenden
Geschlechts; selbst die Amadisromane, die noch einige Jahrzehnte unter den romanischen Völkern umherwandelten, fanden auf der deutschen Erde keinen Raum
mehr.   Dagegen sehen wir an der Scheide des Jahrhunderts eine Volksliteratur
emporwachsen und Boden gewinnen, welche aller Kunst, aller Höflichkeit und
Convenienz, aller überlieferten Gesellschaftsformen spottet, in Sprache und Ausdruck den rohen elementaren Charakter der niederen Volksklassen an sich trägt,
mit plebejischer Ironie Alles verhöhnt, was sich als Weisheit und höhere Bildung
geberdet, als Anstand und Sitte Achtung fordert, als Recht und Herkommen sich
brüstet. Wir werden in den Ausführungen diese populäre Literatur, deren bekann-
tester Repräsentant, Till Eulenspiegel, sich Jahrhunderte lang im Volksbewußtsein erhalten, ja der gesammten Gattung seinen Namen als Wahrzeichen
aufgeprägt hat, in einigen der hervorragendsten Erscheinungen näher kennen lernen.   Es war der naturgemäße Rückschlag der ursprünglichen Volkskraft gegen
ungesunde, erstarrte und überlebte Culturzustände, des einfachen Menschen-
verstandes und Mutterwitzes gegen verschrobene, überspannte Richtungen und
Anschauungen, des selbstbewußten praktischen Sinnes der Menge gegenüber der
auserwählten Klasse der Gebildeten und Vornehmen, der plebejischen Ungeschlif-
fenheit und cynischen Derbheit gegenüber einer auf conventionellen Formen und
Ansprüchen beruhenden, gespreizten, innerlich gehaltlosen Bildung und Lebensart.
Nichts vermag die Contraste zwischen der germanischen und romanischen Welt,
die sich in jenem Zeitalter vollziehen, schärfer zu bezeichnen als diese Stellung
zu der mittelalterigen Culturwelt und ihren Vorstellungskreisen wie zu der neuen
Menschenbildung. Während die italienischen Humanisten das alte Wesen, das
in ihrem Lande niemals recht heimisch geworden war, durch die Macht der klassischen Bildung und der schönen Kunstformen überwältigten und Bojardo und

Arioſto mit feiner Ironie und mit allem Zauber der Sprache und äußeren Schönheit die phantaſtiſchen Gebilde einer überreizten und verkehrten Einbildungskraft
in ein neues Gefäß goſſen; zerſchlugen die deutſchen Volksſchriftſteller das thö-
nerne Gebäude mit Kolben und Hämmern, riſſen von der hohlen Geſtalt die
prunkende Hülle und den ſchimmernden Flitter herab und ſtellten den nackten
Naturmenſchen in feiner ganzen Urſprünglichkeit, Unfeinheit und Ungeſchlacht-
heit, mit feinem angebornen Verſtand und Witz in ſelbſtbewußter Ironie mit
plebejiſchem Humor und pöbelhafter Ausgelaſſenheit den Gebilden der Tradition
entgegen, erhoben ſtatt des Edelmanns im Waffenrock und Hofkleide den Landſtreicher, den Strolch im Bauernkittel, den ſcurrilen Kloſterbruder, den Schalksnarren zum Helden der Dichtung. Man liebte es, die Wahrheit und Weisheit im Gewande der Narrheit auftreten zu laſſen, natürliche Einſicht, Takt und überlegenen
Verſtand den Einfältigen und Geringen beizulegen, das gemeine Treiben und
die rohe oft zotenhafte Derbheit der unteren Klaſſen zu Geltung und Ehren zu
bringen. Die Schriftſtellerei der Zeit befaßte ſich am liebſten mit Schwänken
und Schelmenſtreichen; ſelbſt die Humaniſten gingen auf dieſe Richtung ein: die
berühmten Facetien von Heinrich Bebel, die bald auch ins Deutſche überſetzt wurden, entnahmen ihre Stoffe vorzugsweiſe aus dem Kreiſe der Bauern, Faſten-
prediger, fahrenden Schüler, Landsknechte und Bettler. Es gab ganze Sammlungen ſolcher Schwänke und Schnurren voll anſtößiger Ruditäten und Rückſichts-
loſigkeiten, worin die höheren Klaſſen geiſtlichen und weltlichen Standes der Verhöhnung, der Schadenfreude, dem Gelächter preisgegeben ſind, der Witz und die
Liſtklugheit der Schalksnarren aus allen Verwickelungen ſiegreich und triumphirend hervorgehen. Das Buch des Barfüßermönchs Pauli „Schimpf und
Ernſt“ gehörte zu den verbreitetſten Schriften jener Zeit. Der Verfaſſer lebte in
Straßburg, dem Hauptſitz dieſer ironiſchen und polemiſchen Lebensauffaſſung
der Volksliteratur, die nach Stoff und Form eine große Geſunkenheit des Ge-
ſchmacks und Kunſtſinnes verräth. Dort wirkte auch gleichzeitig der Stadtſchrei-
ber und Rechtsgelehrte Sebaſtian Brant, ein ernſter, wohlgeſinnter Mann,
der alle Laſter, Gebrechen und Verirrungen der Zeit wie in einem Spiegel
zuſammenfaßte, indem er die damit Behafteten als Narren behandelte und
einem Schiffe vor den Augen der Leſer vorüberfahren ließ. Das „Narren-
ſchiff“ bekämpfte ſowohl die „grobianiſche“ Schriftſtellerei der Zeit, wie alle andern
Laſter, Verkehrtheiten und Mißſtände des Lebens und der Geſellſchaft; allein ſo
überwiegend war bereits die populare Form und Sprache in der Schriftſtellerei, ſo ſehr die komiſche und humoriſtiſche Behandlung eines Stoffes im Ge-
ſchmacke des Zeitalters, daß ſelbſt Brant für ſein didaktiſch-ſatiriſches Werk die
bürliche Sprache und Einkleidung wählte. Wir wiſſen ja, daß ſogar der
große Humaniſt, Erasmus ſeine Schilderung der Zeitgebrechen in der ironiſchen
Form eines Lobes der Narrheit auftreten ließ. Indem Brant von einem höheren Standpunkt herab alle Erſcheinungen, die nicht mit der Vernunft und

„Lehr" übereinstimmten, mit sittenrichterlicher Schärfe rügt und geißelt, muß er
dennoch eine Form und Darstellungsweise wählen, die selbst von seinem Tadel
getroffen wird.

Satirische
Volks-
literatur.

War diese populare Literatur zunächst der Ausdruck einer muthwilligen
Selbstüberschätzung der natürlichen Anlagen, Kräfte und Rechte, einer mehr instinktiven als bewußten Opposition gegen die Ansprüche der höheren Klassen, der
feineren Bildung, der überlieferten gesellschaftlichen Lebensordnungen, das humoristische, spottsüchtige Anstreben des plebejischen Heerlagers gegen die über-
lebten Formen und Anschauungen der höheren Klassen; so lag doch darin auch
eine satirische Kraft verborgen, die mehr und mehr mit bewußter Keckheit hervortrat und ihre Pfeile gegen die öffentlichen Institute des Staats und der Kirche,
gegen die Hohen und Mächtigen im Regiment richtete. Wir haben in den früheren Blättern der Satiren und Pasquillen gedacht, welche im Anfang des sechzehnten Jahrhunderts in einer Menge von Flugschriften, Reden und Dialogen
zu Tage getreten sind und eine öffentliche Meinung unter allen Schichten des
Volkes erzeugten, die auf den Gang und die Entwickelung der reformatorischen
Bewegung von nicht geringem Einfluß gewesen ist (S. 152 ff., 171 ff.). Auch
an dieser polemisch-satirischen Literatur betheiligte sich der deutsche Humanismus,
wie das Beispiel Ulrichs von Hutten deutlich genug darthut (IX, 924 ff.). Gegenüber einer so gewaltigen Strömung des Volksgeistes in der popularen Literatur konnte die neue auf dem Boden des klassischen Alterthums erwachsene Kunstbildung nur dann zu Einfluß und Bedeutung gelangen, wenn sie sich selbst in
diese Strömung hineinstürzte. Damit stieg aber die humanistische Cultur aus
der Höhe, wo die schönen Formen wohnen, in eine niedrige Region herab; sie
verlor die Herrschaft, die sie in den romanischen Ländern so siegreich behauptete,
sie wurde geschoben, während sie zu schieben vermeinte. Wie scharf auch die
Waffen in Huttens Hand waren, die großen Erfolge verdankte der fränkische Ritter nur den Streitkräften, die zu gleicher Zeit aller Orten sich regten, ihn unterstützten, sich auch wohl unter seine Fahne zu schaaren geneigt waren. Aber seine
Führerschaft wurde ihm bald streitig gemacht durch Mächte, die nicht aus dem
Boden den Humanismus emporstiegen, sondern aus den primitiven Elementen
der germanischen Volksnatur. Wer kennt nicht jenes merkwürdige Buch, Reineke Fuchs, das an dem instinktiven Handeln und Treiben der Thierwelt das
Abbild eines Hof- und Staatslebens mit allen Leidenschaften, Ränken und bösen
Künsten, mit allen Gebrechen, Lastern und gemeinen Trieben darstellt, wie es
durch keine direkte Satire, durch keine offene Polemik schärfer, feiner und eindringlicher hätte gezeichnet und bekämpft werden können? Das Thierepos vom Reineke Fuchs rügt nicht wie Sebastian Brant die Gebrechen der Zeit mit dem
Maßstab eines moralisirenden Sittenrichters, der sich von Narren umgeben sieht,
es ergeht sich nicht, wie der neidische, eingebildete, tadelsüchtige Mönch Thomas
Murner in gehässiger Schmähung und Verunglimpfung gegen die ihm miß-

fälligen Erscheinungen und Persönlichkeiten; indem es in ruhiger Erzählung die
„Heimlichkeiten der Thierwelt" enthüllt, an den Thaten und Listen der Starken
und Klugen die inneren Bosheiten, die selbstsüchtige gemeine Natur, die im Verborgenen wirkenden schlimmen Triebe und egoistischen Impulse durchschauen läßt,
stellt es ein Zeitgemälde auf, in welchem alles Fehlerhafte, Schlechte, Heuchlerische
in Staat und Kirche, bei Hof und Adel, im Klerus und Papstthum mit erschre-
ckender Wahrheit und Klarheit zur Darstellung und Anschauung kommt. Diese satirische Volksliteratur durchzieht die ganze tiefbewegte Reformationszeit; sie wird
theilweise zurückgedrängt, wenn die Volkselemente, wie im Bauernkrieg und in
den wiedertäuferischen Unruhen, zu mächtig emporlodern und eine reactionäre Strömung hervorrufen; sie tritt mit neuer Kraft und Intensität auf, wenn, wie im
Schmalkaldischen Krieg und in der Zeit des Interim, die Freiheit und die heiligsten Güter der Nation gefährdet sind (S. 765). Zwei vielverfolgte Männer,
Burkard Waldis und Erasmus Alberus, beide aus Hessen stammend, haben
im Geiste des Reinexe die Thierfabel zu satirischen und humoristischen Angriffen
auf Vorfälle und Persönlichkeiten ihrer Zeit angewendet; und noch gegen Ende
des Jahrhunderts benützte Georg Rollenhagen, Schulrector in Magdeburg,
in seinem „Froschmäusler" die Thierwelt zur Satire auf kirchliche und gesellschaftliche Verhältnisse.

Mitten in dieser Welt gewaltiger Regungen und ringender Mächte steht Luthers Einfluß auf die Literatur.
Luther wie eine feste Burg im wilden Sturmgebrause, eine eigenartige Natur
und doch von allen Zeitströmungen berührt. Er ist nicht aus dem Humanismus
hervorgegangen, sondern durch selbständiges Ringen und Forschen in der eigenen
Seele zum Manne gereift, und dennoch stand er den humanistischen Kreisen nicht
gleichgültig und theilnahmlos gegenüber; vielmehr erkannte er, daß auch auf diesem Boden ein Lebensbaum mit edlen Früchten grüne, und förderte ihre Wege
und Ziele. Er huldigte nicht der populären Zeitbildung, die sich in der plebejischen und satirischen Literatur des Tages so breit machte; und dennoch bediente auch er sich der volksthümlichen Sprache, Schrift und Denkweise, um auf
die Gemüther der Menschen zu wirken. Waren denn nicht jene Flugschriften und
Ermahnungen, die so gewaltig die Zeitgenossen erfaßten, lehrhafte Moralbücher
im Geiste und in der Sprache eines Brant? Waren denn nicht die Predigten in
feurigen Zungen, worin er seinen Zuhörern die beseligende Kraft des lauteren
Christenglaubens ins Herz zu gießen, die Brunnen der heil. Schrift zu öffnen
suchte, echte Volksreden in gemeinverständlicher Sprache? Athmeten denn nicht
die zornigen Streitschriften voll derber Ausdrücke und Schmähungen, welche er
bald gegen seine geistlichen und gelehrten Widersacher, gegen Eck, gegen Emser
den „Bock", und so viele andere, bald gegen die Mächtigen der Erde, gegen Heinrich VIII. von England, gegen den Herzog von Braunschweig „wider Hanswurst"
ausgehen ließ, den volksthümlichen plebejischen Geist und Ton der populären Polemik, der Satiren und Pasquillen eines „Karsthans" eines „Kunz und Fritz"?

Und hat er nicht auch, wie wir früher gesehen (S. 201 ff.), das lyrische Volkslied erfaßt und als Gefäß benutzt für religiöse Gefühle und Stimmungen, für
fromme Herzensergießungen und gottvertrauenden Muth, und dadurch eine neue
religiöse Lyrik, das Kirchenlied ins Leben gerufen, in welchem die evangelische
Welt je nach der Zeitlage ihrer wechselnden Empfindung der Furcht und Hoffnung, des Trostes und der Trauer Ausdruck gab? Aber darin zeigt sich die
wahre Größe des Mannes, daß er in keiner der herrschenden Richtungen aufging, daß er aus allen Feldern Früchte zu seinem Lebensgarten sammelte, dem
nichts anderes an Reichthum und Schönheit glich. Wir haben S. 185 f. die
Entstehung und Bedeutung der lutherischen Bibelübersetzung kennen gelernt.
Durch sie erhielt die deutsche Volkssprache ihr edelstes Gepräge, sie wurde nicht
nur das Vorbild für die Prosa der Gegenwart und Zukunft, sie wurde das Gesetzbuch der hochdeutschen Sprache für die kommenden Geschlechter; ihre Worte,
ihre Ausdrucksweise, ihre Formen bildeten den Grund- und Eckstein, auf dem in
den folgenden Jahrhunderten der herrliche Sprachbau aufgeführt und zur Entwickelung und Vollendung gebracht ward, wie der prophetische und apostolische
Geist, der das Ganze durchweht, die Seelenspeise des evangelischen Gemüthes
ward in den drangsalvollen Tagen der Trübsal, die so oft die deutsche Nation
heimgesucht haben. Die Kraft und Wärme der Sprache, die Kernhaftigkeit und
Klarheit des Ausdrucks stehen mit dem tiefreligiösen Gepräge und der frommen
Gesinnung und Gläubigkeit in innigster Uebereinstimmung; dies Alles gibt Zeugniß
von der Seelenverwandtschaft des Uebersetzers mit den gottbegeisterten Verfassern
der Heil. Urkunden. Auch seine Briefe und Trostschriften und die trefflichen
Aussprüche und Bemerkungen, die er bei verschiedenen Veranlassungen und Gelegenheiten von sich gegeben und die man unter dem Titel "Tischreden" gesammelt
hat, sind für die Ausbildung und Feststellung der Sprache von hoher Bedeutung
gewesen.

Geschichts-
bücher. Nun fing man an, auch in geschichtlichen Aufzeichnungen und bei wissenschaftlichen Werken die deutsche Sprache anzuwenden; denn das Beispiel Luthers
gab allen geistigen Richtungen und Thätigkeiten Anregung und Sporn. Zwar
hat Johann Philippson, von seinem Geburtsort Schleiden im Kölner Gebiet gewöhnlich Sleidanus genannt, derselbe Rechtsgelehrte und Staatsmann, den
wir bei verschiedenen Gelegenheiten als Abgesandten der Stadt Straßburg kennen gelernt, die Geschichte seiner Zeit (de statu religionis et reipublicae Carolo V. Caesare commentarii) und ein anderes compendiöses Werk über die
vier Monarchien nach dem Muster der Alten in lateinischer Sprache verfaßt mit
Benutzung vieler älterer Werke und Urkunden; dagegen kam bei den Chroniken
einzelner Städte und Landschaften und bei Selbstbiographieen mehr und mehr
die Volkssprache in Gebrauch, wie in der Schweizer Chronik von Aegidius
Tschudi, († 1572), in den früher erwähnten (IX. 920) beiden Chroniken von
Aventinus, in der Chronika, Zeytbuch und Geschichtbibel von Anbegyn bis

zum J. 1531 von dem vielverfolgten Wiedertäufer Sebastian Frank. Die
Aufzeichnungen, welche mehrere Kriegsmänner, deren wir in den vorigen Blättern Erwähnung gethan haben, wie Götz von Berlichingen, Schärtlin, der Rathsherr Sastrow von Greifswalde u. a. von ihren Lebensschicksalen hinterlassen haben, leiden zum Theil an geschwätziger Breite und Unbehülflichkeit der Sprache,
gewähren aber durch die Ursprünglichkeit und lebendige Anschaulichkeit der Erzäh-
ung einen gewissen Reiz. Auch die Verfasser der Magdeburger Centurien,
welche es zuerst unternahmen, in die ältere Kirchengeschichte die Fackel historischer
Kritik und Forschung zu tragen und die Fabeln und Fälschungen nachzuweisen,
welche von Geschlecht zu Geschlecht fortgeführt worden, gingen von Luthers Schule
us. Ihnen setzte Cäsar Baronius seine großen „Kirchenannalen" entgegen,
welche im Sinne des Papstthums und der Tradition gehalten ihren Hauptwerth
 der Mittheilung wichtiger Aktenstücke aus dem vatikanischen Archiv und andern
Quellen haben.

In keinem Schriftsteller spiegelt sich die Reformationszeit nach allen ihren Hans Sachs.
Richtungen so treu und lebendig ab, als in dem Nürnberger Volksdichter Hans
Sachs. Dem ehrlichen Schuhmacher, Bürger und Rathsherrn der gebildeten,
gsamen Reichsstadt stand der Schatz des gesammten Wissens jener Tage, so
eit es in die bürgerlichen Lebenskreise eingedrungen war, zu Gebote und er hat
 in allen Formen zum Nutzen und Besten der Menschen zu verwerthen gewußt.
 den Sagen, Mährchen und Erzählungen, welche aus den vorausgegangenen
ahrhunderten in Büchern und mündlicher Rede auf die Zeitgenossen gekommen
d als bekannte Lehr- und Unterhaltungsstoffe im Volke lebten, war die Litera-
 des Alterthums getreten und durch Uebersetzungen in weite Kreise gedrungen.
eses gesammte reiche Material bildete die Fundgrube, aus welcher die frucht-
re Productionskraft des bürgerlichen Schriftstellers die Nahrung für die viel-
igste literarische Thätigkeit zog; dazu kam noch der große Vorrath religiöser
 kirchlicher Stoffe, welche in Sage, Legende und Heiligengeschichte und in
 dem Sinn und Verständniß des deutschen Volkes und vorab der bürgerlichen
ise erschlossenen Bibel enthalten waren. Diesen unermeßlichen Schatz göttli-
 und menschlichen Wissens verwerthete Hans Sachs zu einer Fülle von dich-
schen Erzeugnissen der mannichfaltigsten Art meistens mit einem lehrhaften
eck, einer moralischen Tendenz. In dem Kreise der Meistersänger sich bewegend,
er diese bürgerliche Dichtung gepflegt, lebendig erhalten und durch geistliche und
liche Lieder und Spruchgedichte eigenen Erfindens gehoben, gemehrt und nutz-
gend gemacht, Unterhaltung und Belehrung vereinigend und religiösen Sinn
christliche Sittlichkeit über das Ganze ausgießend. Den reformatorischen Bestre-
gen seiner Vaterstadt mit Aufrichtigkeit des Herzens zugethan, hat er den Fort-
z und die Ausbildung des evangelischen Glaubens eifrig gefördert, Luthers
treten als den Sieg des Lichts über die alte Finsterniß feiernd. Auch Hans
s schlug in den Ton der herrschenden Volksliteratur ein, indem er in einer

Menge von Schwänken, komischen Erzählungen, Fabeln und Histörchen aus dem
reichen Vorrathshause der übersetzten alter Schriftsteller und der Sagenwelt die mannichfaltigsten Stoffe in volksthümlicher Sprache behandelte zum Nutzen und Frommen der bürgerlichen Kreise, über deren Grenze er sich nicht erhob; allein er vermied den
rohen plebejischen Ton der Narrenbücher und hielt sich fern von dem scharfen satirischen Stachel, wie er im Reineke Fuchs und in Huttens Schriften zu Tage
trat.   Ein nicht geringer Theil seiner Productionen bewegt sich in dramatischer
oder vielmehr in dialogischer Form, in Komödien und Tragödien, in Scherz-
und Schimpfspielen, die er als „Fastnachtsspiele" bezeichnete, allein so wenig war
diese Dichtungsart in Deutschland noch geübt und ausgebildet, daß diese „Spiele"
nur als Schwänke und Historien in Gesprächsform mit eingestreuten Späßen und
in komischer Haltung angesehen werden können, daß sich der Dialog nur mühsam
aus der Erzählung herausarbeitet.   Ohne eigene Erfindungsgabe hat Hans
Sachs den großen Inhalt der Literatur, der ihm zu Gebote stand, in den geläufigen Formen und Einkleidungen, mitunter breit und geschwätzig und in vulgärer
Redeweise dem Gesichtskreise seiner Leser nahe gebracht und zur Unterhaltung
und Belehrung verwerthet.   „Nur da entwickelt er dichterische Gaben, wo er sich
entweder in diesen dichterischen Kreisen schon bewegt, wie in den Schwänken, oder wo er das Anmuthige, Heitere, Unschuldig - sinnliche berührt.   Die
grüne Tiefe der Wälder, die Maienlust der Wiesen, Schönheit und Schmuck der
Jungfrauen weiß er mit unnachahmlicher Anmuth und Zartheit zu schildern."
Der echte Repräsentant des ehrlichen, frommen, fröhlichen Bürgerstandes jener
Tage hat Hans Sachs Alles ergriffen und dichterisch verwendet, was den gesellschaftlichen Kreisen seiner Umgebung nahe stand, ihr Interesse reizte, ihren geistigen und sittlichen Standpunkt berührte.   Was die tiefbewegte Zeit in ihrem
Schooße trug und zur Erscheinung trieb, das Alles spiegelt sich in dem reichen
bunten Blumengarten des Nürnberger Dichters ab.   Diese „poetische Sendung
Hans Sachsens" anerkennend ruft Goethe aus: „Wie er so heimlich glücklich lebt,
Da droben in den Wolken schwebt, Ein Eichkranz, ewig jung belaubt, Den setzt
die Nachwelt ihm aufs Haupt.".

Einfluß der
klassischen
Studien auf
die Gesammt-
bildung.   Wenn aus diesem übersichtlichen Bilde des literarischen Lebens und Treibens
der Reformationszeit das Resultat hervorgeht, daß der Humanismus mit
seiner Wiederbelebung der klassischen Literatur und Dichtungsarten in Deutschland nicht den Herrschersitz im Reiche der Poesie gewann, wie in den romanischen
Ländern, so darf man doch seine Bedeutung und Wirksamkeit für die allgemeine
Culturentwickelung nicht unterschätzen.   Wir haben im vorigen Bande dieses
Werks S. 908 ff. erfahren, wie erfolgreich die Humanisten für Hebung des Un-
terrichtswesens, für die Gründung und Belebung der Schulen und Universitäten
gewirkt haben: Diese Bestrebungen und Thätigkeiten hatten ihren Fortgang und
trugen edle Früchte.   Es ist uns bekannt, daß in Marburg, in Straßburg,
in Königsberg u. a. O. neue Bildungsanstalten ins Leben traten; bald erhob

fich in Jena eine Univerfität, die als Bollwerk des ftrengen Lutherthums gegenüber der Schwefteranftalt in Wittenberg eine bedeutende Einwirkung auf die fäch-
fifchen Lande übte. Andere ältere Hochfchulen erlangten unter dem Impulfe der
fortfchreitenden Wiffenfchaft zeitgemäße Reformen und Erweiterungen. Melanchthon und Zwingli, die aus dem Humanismus hervorgegangen waren, verloren über den kirchlichen Bewegungen, in die fie hineingezogen wurden, die
Studien und Intereffen ihrer Jugend nicht aus dem Auge: Wir wiffen, welche
Verdienfte fich Zwingli um die Züricher Hochfchule erworben hat, und der Einfluß Melanchthons auf die klaffifche Bildung feines Zeitalters war fo allgemein
anerkannt, daß er als Präceptor Germaniae gefeiert werden konnte.

Nicht blos auf dem Gebiete der Theologie und Philologie entfaltete er *Melanchthon*
feine fruchtbare Thätigkeit, auch mit der Philofophie der Alten, insbefondere des *und Witten-*
Ariftoteles hat er fich fein ganzes Leben hindurch eingehend befchäftigt und durch *berg.*
Lehrbücher die philofophifchen Disciplinen zu ordnen, die Ziele und Aufgaben
des denkenden Geiftes feftzuftellen, die Weltweisheit mit dem geoffenbarten Wiffen
von Gott in Uebereinftimmung zu fetzen gefucht. Ueberhaupt kann man gegen
die Wittenberger Hochfchule nicht den Vorwurf erheben, daß fie nur für die
theologifchen Studien Intereffe gezeigt hätte; alle Wiffenfchaften erfreuten fich
gleicher Theilnahme und Pflege. Die hohe Bedeutung, welche die Univerfität
als Hort und Pflanzftätte der neuen Kirche erlangte, erfüllte die ganze akademifche
Körperfchaft mit Selbftgefühl und wiffenfchaftlichem Streben; man wollte fich
in allen Gebieten des geiftigen Lebens auf der Höhe der Zeit halten, in keiner
Richtung zurückbleiben; ein edler Wetteifer durchdrang alle Facultäten. Wir
wiffen, welchen Antheil der junge Wittenberger Profeffor Joachim Rheticus an
der Bekanntmachung des Kopernikanifchen Weltfyftems genommen hat (IX, 934);
Johann Mathefius, der Luthers Leben befchrieben und als Lehrer, Prediger und
Dichter religiöfer Lieder in großem Anfehen ftand, und Johann Wigand, einer
der Magdeburger Centuriatoren, wurden durch ihre kirchliche Thätigkeit nicht abgehalten, fich eingehend mit Metallen, Kräutern und Erdgewächfen zu befchäftigen;
der Theolog Kaspar Crueiger trieb mit Eifer und Erfolg phyfikalifche und
mathematifch-aftronomifche Studien; von dem emfigen Pflanzenfammler Valerius
Cordus wird fogleich die Rede fein. Melanchthon ftand im Mittelpunkt des
gefammten wiffenfchaftlichen Lebens der Nation. Er befreundete die klaffifchen
Studien mit der Reformation, fo daß in den Städten des nördlichen Deutfchlands, wo die humaniftifche Wiffenfchaft erft im Gefolge der kirchlichen Neuerungen Eingang fand, die evangelifchen Lehranftalten die wahren Träger der
klaffifchen Bildung, der lateinifchen und griechifchen Sprachftudien und Alterthumskunde wurden. Wir erinnern nur an die Schule von Goldberg, wo *Philologie.*
Valentin Trotzendorf eine Art „Jugendrepublik" errichtete, in der er felbft als
Dictator" regierte; an Alfeld im Hildesheimfchen, wo Michael Neander, ein
Zögling der Goldberger Schule, eine Pflanzftätte humaniftifcher Wiffenfchaft für

ganz Niedersachsen gründete, zugleich die Kräuterkunde für medicinische Zwecke erforschend; an die fürstliche Landesschule Pforta, welche dem Kurfürsten Moritz 1543 ihre Entstehung verdankte und bis auf unsere Tage so erfolgreich gewirkt hat. Und auch in Süddeutschland, in Straßburg, wo der kraftvolle zugleich als Staatsmann thätige Johann Sturm die adelige und bürgerliche Jugend um sich sammelte, in Heidelberg und Frankfurt, wo der feingebildete als eleganter lateinischer Dichter gefeierte Jacob Micyllus (Molzer) den Sinn für die schönen Wissenschaften und für eine „züchtige Muse" weckte und belebte, fanden die humanistischen Studien in den evangelischen Städten ihre Hauptsitze, ihre liebevollste Pflege. Wie viele Klassiker des Alterthums wurden damals von deutschen Gelehrten edirt, in deutschen Officinen gedruckt! Man suchte durch Textkritik, durch Commentare, durch Uebersetzung griechischer Autoren ins Lateinische auch wohl ins Deutsche, die Schätze antiker Kunst und Weisheit den Zeitgenossen näher zu bringen. Joachim Camerarius, ein Schüler und Freund Melanchthons, der in Nürnberg, Tübingen, Leipzig u. a. O. eine segensreiche Thätigkeit entfaltete und seinen Lehrer auf mehrere Reichstage begleitete, Hieronymus Wolf aus Oettingen, der in Augsburg und anderwärts mit emsigem Fleiß den klassischen Studien oblag und durch seine Uebersetzung des Demosthenes sich im In- und Auslande einen berühmten Namen machte, der gelehrte und thätige Rhodomann und so viele andere durch des Reformators Beispiel angeregte Männer standen an Umfang und Tiefe des Wissens in allen Gebieten der Alterthumskunde nicht hinter den großen Philologen Frankreichs und Italiens zurück (S. 688 ff.). Die klassischen Studien, die Sprachforschung, die Textkritik, die Kunst der Auslegung und Erklärung bildeten damals und noch lange hinaus die Grundlage und den Mutterschooß alles wissenschaftlichen Lebens; in ihnen schärfte man die Waffen, womit die Reiche der alten Erkenntniß erobert und als Fundamente und Bausteine für neue Lehrgebäude verwendet wurden. Wie stürzten vor der klaren Interpretation der Quellen die Truggebilde zusammen, welche die früheren Jahrhunderte geschaffen, die nachfolgenden Geschlechter als heiligen Schatz gehütet und gemehrt hatten! Nicht nur die Theologie empfand die Wohlthat einer gründlichen und richtigen Exegese der Religionsurkunden, so daß auf Grund eingehender Bibelstudien eine neue protestantische Kirchenwissenschaft ausgebildet werden konnte; auch die Jurisprudenz erlebte einen Umschwung.

Jurisprudenz. Wie in der Theologie über den Kirchenvätern und den schalastischen Auslegern die Heil. Schrift selbst zurückgetreten und das „Sentenzbuch" des Petrus Lombardus (VI, 638) Jahrhunderte lang als Lehr- und Glaubensnorm galt, so waren auch die Rechtsquellen durch die Schriften der Glossatoren (VII, 326) verdunkelt und verdrängt worden und die Compilation des Accursius von Bologna, vorzugsweise die „Glossa" genannt, hatte ein gesetzgeberisches Ansehen erlangt. Die beiden Wissenschaften theilten alle äußeren und formalen Erscheinungen. „Der leere Formalismus, der haarspaltende Scharfsinn, die Kunst der unendlichen Distinctionen,

Limitationen und Ampliationen, deren Besitz dem damaligen Gelehrten erst das Meisterrecht gab; alle diese Fertigkeiten bildeten auch in der Jurisprudenz die herrschende Virtuosität." Man stritt nicht um das Verständniß der Quellen, sondern nun die verschiedenen Meinungen über die Quellen. Erst mit B a r t o l u s und seinem Schüler B a l d u s war zu Anfang des vierzehnten Jahrhunderts eine frischere Exegese der Urkunden eingetreten. Seitdem hatte der Besuch der italienischen Hochschulen durch deutsche Rechtsbeflissene immer mehr zugenommen. Jahr aus, Jahr ein zogen deutsche Gelehrte über die Alpen, um auf den berühmten Universitäten Italiens das fremde Recht zu lernen, und kehrten mit der Würde akademischer Grade geschmückt und mit dem Nimbus transalpiner Gelehrsamkeit umgeben, in ihr Vaterland heim, um hier die gewonnenen Schätze des Wissens zu verwerthen. Mehr und mehr war seitdem das römische Recht von den Universitäten und der Gelehrtenstube in die Praxis gedrungen und bei den Gerichten, besonders in den Reichsstädten, zur Anwendung gekommen, mochten auch hier und da die Schöffen über die Umgestaltung der Rechtspflege unter den Händen halbwissender und eigennütziger „Schreiber" sich ereifern und von „Barteln und Balbeln (Bartolus und Baldus) und andern Doctoren" nichts wissen wollen. Populäre Rechtsbücher, unter denen der „Layenspiegel" von Ulrich Tengler und als Ergänzung dazu der „Klagspiegel" des uns wohlbekannten Straßburger Rechtsgelehrten und Volksdichters Sebastian Brant eine große Bedeutung und Verbreituug erlangten, führten die römische Jurisprudenz dem Verständniß näher und dienten der großen Menge halbgelehrter Sachwalter, Notare und Schriftführer als Hülfs- und Handbücher bei allen Rechtsfällen. So war durch populäre Werke und juristische Encyklopädien in der Landessprache wie in lateinischen Texten in der deutschen Nation bereits für die Aufnahme des römischen Rechts der Boden bereitet und der Glaube an dessen Gültigkeit weit verbreitet, als der Humanismus und die Wiederbelebung der antiken Wissenschaften auch in der Jurisprudenz eine neue Epoche begründete. Das Studium der römischen Rechtsquellen, welche unter den Händen der „Glossatoren" durch fremdartige Zusätze entstellt und von einem undurchdringlichen Wald traditioneller Meinungen verdeckt und verdunkelt worden waren, empfing eine neue Gestalt und wissenschaftlichere Bearbeitung, seitdem ein deutscher Gelehrter H o f m a n n (Haloander) die nach italienischen Handschriften verbesserten Pandekten und andere Theile des Corpus Juris in Nürnberg mit Unterstützung des Stadtraths herausgab und das Ansehen der „Glossatoren" erschütterte. Gelehrte Juristen, unter denen der erwähnte französische Rechtsgelehrte Cujacius (S. 691) den ersten Rang einnimmt, verbesserten den Text durch Vergleichung anderer Handschriften, erklärten die dunkeln Stellen, ordneten das reiche Material und legten den Grund zur systematischen Rechtswissenschaft, unbeirrt durch die gegnerischen Bestrebungen der „Anti-Tribanianer" (Hottoman) und der Verfechter der altdeutschen Rechtsgebräuche. Von der Zeit an ging das mit besonderer Vorliebe gepflegte und ausgebildete römische Recht mehr und mehr ins Leben über und kam in den meisten Ländern Europas neben den heimischen Rechtsinstituten zur Anwendung; die volksthümliche Rechtspflege der alten Schöffengerichte, schon seit Jahren nur auf geringfügige Fälle oder auf eine formelle Praxis beschränkt, welkte dahin, bis das ganze Schöffenthum an Entkräftung erstarb. Die rechtsübende und richterliche Autonomie des Volks erlag der erstarkenden Staatsgewalt. Wieviele Uebel auch diese Herrschaft des römischen Rechts und die wachsende Autorität der gelehrten Juristen bei allen wichtigen Rechtsfällen im Gefolge haben mochte; so konnte doch nur auf diesem Wege ein geordneter Gerichtsgang mit Beseitigung so vieler überlieferter Mißbräuche ermöglicht und angebahnt werden. Schon fing man an, die Anwendbarkeit der Folter bei gerichtlichen Untersuchungen in Frage zu ziehen, manche im Herkommen wurzelnde Mißbräuche und Rechtsungleichheiten anzufechten.

Die Carolina. Wie sehr auch die von Kaiser Karl V. als Reichsgesetz erlassene und nach ihm Carolina genannte peinliche Gerichtsordnung noch durch ihre harten Strafbestimmungen und die Zulassung der Torturen ihren mittelalterlichen Ursprung verräth, dennoch war sie im Vergleich zu der grausamen und willkürlichen Gerichtsanarchie früherer Zeit eine wohlthätige, auf juristischen Studien und vernünftigen Anschauungen beruhende Reform des Strafrechts, ein großer Fortschritt zu einem einheitlichen verbesserten Prozeßverfahren auf Grund humanerer wissenschaftlicher Rechtsauffassungen. An der Aufstellung der aus einer Verschmelzung römischer und deutscher Rechtsbestimmungen zusammengesetzten Constitution hatte der in den früheren Blättern mehrfach erwähnte fränkische Freiherr Johann von Schwarzenberg, Landhofmeister des Fürst-Bischofs von Bamberg, den größten Antheil, wenn gleich die aus seinen Arbeiten hervorgegangene Reichscriminalordnung erst einige Jahre nach seinem Tod auf dem Reichstag zu Regensburg im Jahre 1532 zur Annahme gelangte. Der Particularismus der Einzelstaaten widerstrebte lange ihrer Einführung und die sogenannte „Salvatorische Clausel" setzte auch in der Folge der Anwendung Schranken. Wie sehr indessen immer der Zeitgeist versuchte, im Rechts- und Gerichtswesen wie in allen andern Lebensordnungen humanere Sitten und Anschauungen zu erzeugen, den Hexenprozessen vermochte er nicht zu wehren; diese übten noch zwei Jahrhunderte ihre Gräuel.

Medicin und Naturwissenschaften. Auch auf andern wissenschaftlichen Gebieten ließ sich bald der Einfluß der humanistischen Studien bemerken. Die Heilkunde, die unter den Händen der Araber und Juden zu einem System empirischer Lehren und Traditionen geworden war, welches dann durch Vermittelung der Italiener seinen Weg auf die deutschen Universitäten gefunden hatte, lenkte wieder in die von Hippokrates und Galenus vorgezeichnete Bahn der Erforschung und Prüfung des menschlichen Körpers ein. Schon Paracelsus, den wir im vorigen Bande kennen gelernt haben (S. 944), gab den Anstoß zu einer Reform der medicinischen Wissenschaft, wenn gleich der phantastisch angelegte Mann von den Bücherlehren ganz absah und allein in der Beobachtung und Erforschung der Natur und ihrer Kräfte und Elemente die richtige Erkenntniß und Heilkunst suchte. Aber als der Wittenberger Professor Johann Cornarus den Text des Hippokrates herstellte, als die Schriften Galenus in ihrer echten Gestalt bekannt wurden, lenkte die medicinische Wissenschaft in

geſundere Bahnen ein, indem ſie auf die von den Griechen und Römern aufge-
ſtellten Geſetze und Bezeichnungen zurückgriff, deren Syſteme, Erfahrungen und
Terminologien ſich aneignete, damit aber zugleich die von der ſich entwickelnden Natur-
wiſſenſchaft dargebotenen Hülfsmittel und die Reſultate unmittelbarer Beobachtung
und Unterſuchung verband. . Es war ein großer Fortſchritt, daß man in Wittenberg anfing, Leichenſectionen vorzunehmen und dadurch den Weg zu einer wiſſenſchaftlichen Anatomie zu bahnen. Dieſe erhielt dann eine feſte und ſichere Grundlage
durch den kaiſerlichen Leibarzt Andreas Beſalius, geboren zu Brüſſel 1514 aus
einer Familie, die ſich nach ihrer Heimathſtadt Weſel benannte. Derſelbe legte ſeine
vieljährigen ſorgfältigen Erforſchungen in einem Werke über den Bau des menſch-
chen Körpers nieder, das von Johann von Calkar, einem Schüler Tizians,
mit genauen anatomiſchen Tafeln verſehen ward. „Die Vorſtellungen des
griechiſchen Alterthums“, ſagt ein geiſtreicher Fachmann, „ſind ſo ſehr in Blut
und Saft aller ſpäteren mediciniſchen Literatur übergegangen, daß ſogar die
populären Traditionen der meiſten Culturvölker aus dieſer Quelle hervorgingen.
Man kann dreiſt ſagen, daß noch jetzt die Mehrzahl der Aerzte und der Völker
galeniſch denkt.“ Die Beſchäftigung mit den Dingen der Natur, auf welche ſeit
Paracelſus der Sinn der Aerzte gerichtet war, führte zur Erforſchung der Natur-
reiche und zur Eintheilung, Aufzeichnung und Beſchreibung der Thier- und
Pflanzenwelt, der Mineralien und Metalle. Indem man Alles, was in den
Schriften der Alten über die Naturgegenſtände enthalten iſt, zuſammenſtellte,
ordnete und mit den heimiſchen Namen, wie ſie ſich im Volksmund gebildet,
verglich, kam man zu den Anfängen einer Naturgeſchichte der drei Reiche. Wie
Georg Agricola, den wir früher kennen gelernt (IX, 954) durch ſolches Verfahren der Schöpfer der wiſſenſchaftlichen Mineralogie ward, ſo hat Konrad
Gesner, geb. 1516, in Zürich durch ſeine Arbeiten über Zoologie und Botanik,
insbeſondere durch ſeine „Geſchichte der Thiere“ ſich den Namen des deutſchen
Plinius erworben, und Valerius Cordus aus Erfurt, der den Studirenden in
Wittenberg die Pflanzenwelt der Alten erklärte, hat mit ſo unermüdlichem Fleiß
im ſächſiſchen Hochlande und in Italien ſeine botaniſchen Forſchungen betrieben,
daß er ſich darüber einen frühen Tod im ungewohnten Klima zuzog. Er ſtarb in
Rom im J. 1544. Man fand bald, daß die Kenntniſſe der Alten in dieſen Gebieten ſehr mangelhaft und lückenhaft waren, und indem man durch eigenes
Sammeln und Forſchen das Material nach allen Seiten vermehrte und in Klaſſen
und Ordnungen brachte, kam man zu den Anfängen wiſſenſchaftlicher Syſteme
über alle Theile der Naturkunde. Und welche Ausbeute gewährte erſt die neue
Welt, die mehr und mehr der europäiſchen Menſchheit erſchloſſen ward! Schon
wurden auch Beobachtungen über Magnetismus angeſtellt und die Grundgeſetze
und Fundamentallehren der Phyſik entdeckt, auf denen dann die folgende Generation weiter baute. Wir werden ſpäter die großartigen Leiſtungen kennen lernen,
welche durch Kepler, Galilei u. a. auf Grund der Kopernikaniſchen Offenbarung

für die Erkenntniß des gesammten Universum in seiner Ordnung und Gesetzmäßigkeit vollführt wurden. Für alle diese auf Erforschung und Beobachtung,
auf Empirie und Induction beruhenden Wissenschaften schufen die fortdauernden
Entdeckungen jenseits des Oceans eine so reiche Fundgrube von Erfahrungswahr-
heiten, eine so fruchtbare geistige Werkstätte, daß die Errungenschaften der Alten,
von denen man ausging, sehr bald überholt oder als unbrauchbare Resultate
fehlerhafter Voraussetzungen, als unrichtige Hypothesen aufgegeben werden mußten.
Und wie die Entdeckung selbst ihre ersten Impulse und Anregungen von den
kosmographischen Arbeiten und Studien der Zeit empfing, so wurden diese nunmehr auf Grund richtiger Erfassung der Wirklichkeit aus dem Reiche der Ahnungen,
Vermuthungen und Träume herausgerissen und auf den Boden der Realität und
wissenschaftlichen Wahrheit gestellt. Der Compaß wurde verbessert, der Globus
für beide Hemisphären richtig angelegt und die Verhältnisse der Erde erforscht, so
daß Gerhard Mercator aus Flandern, der bei Granvella und Karl V. in hohem
Ansehen stand, in Duisburg die Zeichnungen von See- und Landkarten nach einer
noch bis auf den heutigen Tag als richtig anerkannten Methode anfertigen konnte.
So sehen wir allenthalben eine wunderbare geistige Regsamkeit, die auf dem
Boden des Humanismus und des evangelischen Forschungstriebes erwachsen und
aus den Werken des klassischen Alterthums die Grundrisse und Bausteine ent-
lehnend, bald eine neue Welt von wissenschaftlichen Systemen schuf, den Schein
und die Selbsttäuschung eines dunkeln Zeitalters verscheuchte und Natur, Wahrheit und Vernunft in ihre Rechte einsetzte.

2. Ausführungen.

1. Schwänke
und Volks-
bücher.
Die tiefbewegte Zeit vor und während der Reformation, wo die untern Stände
mit den obern im Kampf lagen, die Handwerkerzünfte dem adeligen Ritterthum
entgegen traten, die Bettelmönche gegen den vornehmen Prälatenstand ankämpften, die
neubearbeiteten Werke des klassischen Alterthums die scholastische Gelehrsamkeit verdrängten, brachte die komische Volksliteratur, die zur Ritterpoesie in geradem Gegensatz
steht, zur Ausbildung. An die Stelle der feinen, auf Convenienz beruhenden Sitte
der vornehmen Welt trat die grobe Ungeschlachtheit des Volksverkehrs, und der verschrobenen Weisheit und Schulgelehrsamkeit dünkelhafter Theologen und Philosophen
gegenüber „bildete man die natürliche Schlauheit, den gesunden Menschenverstand und
den Mutterwitz aus und versteckte ihn verschmitzt hinter Einfalt und Naivetät, hinter
dem Schein von Dummheit oder Thorheit." Sogar an den Höfen machte sich diese
Richtung geltend in den Hofnarren, „den weisen närrischen Leuten aus dem Volke", die
durch ihre Schalkheiten die mittelalterliche Ritterdichtung vollends untergruben und der
steifen Langweiligkeit des höfischen Verkehrs ein populares Element entgegensetzten, „das
an die ursprüngliche Gleichheit der Menschen erinnerte". Eine große Anzahl komischer
Volksbücher, in denen Landstreicher, muthwillige Studenten, Possenreißer und Bauern die
Hauptrollen spielen, suchen die Naturtriebe und die ursprüngliche Rohheit des Menschen
gegen Verfeinerung und Anstand zu Ehren zu bringen und setzen die Lebensweisheit der
Sprichwörter, Volkswitze, Schnurren und Fabeln der hochtrabenden Gelehrsamkeit und

tiefsinnigen Weisheit entgegen. Das Volk, das sich seiner Kräfte bewußt geworden und seinen gesunden Verstand und seine derbe Natur achten gelernt, strebte nach Vereinfachung der verwickelten und unnatürlichen Verhältnisse des Mittelalters, um den Naturzustand, freilich oft in einer allzugroßen Nacktheit und Rohheit, zurückzuführen und auf elementaren Stoffen eine neue Cultur aufzubauen. Die ältesten Bücher der Art sind der Pfaffe Amis von dem erwähnten österreichischen Dichter Stricker (VII, 501) und das auf einer uralten, wahrscheinlich morgenländischen Volkserzählung beruhende und in der Mitte des 15. Jahrhunderts umgearbeitete Gedicht Salomon und Morolf (Marcolf).

In dem Amis wird ein englischer Priester dargestellt, der anfangs ein weiser, freigebiger Mann ist, aber um seiner Tugenden willen Neid und Druck von seinen Obern zu leiden hat. Er muß vor dem Bischof ein Examen bestehen, worin er die ihm vorgelegten Fragen, die unauflösbaren Räthseln gleichen, z. B. wie viele Tage seit Adam verflossen, in Eulenspiegelischer Weise oder wie der Schäfer in Bürger's „Abt von St. Gallen" mit Geschicklichkeit und List löst. Als er aber am Ende einsieht, daß Tugend nur zu Schaden führt, ergiebt er sich der Gaunerei und einem Strolchenleben und betrügt bald als Reliquienkrämer, bald als Kaufmann, bald als Maler durch schalkhafte Streiche hoch und niedrig, bis ihn zuletzt die Reue ergreift und er in ein Kloster geht, um Gott zu dienen und das ewige Leben zu erwerben. — In dem Marcolf (mit welchem Namen man die Hofnarren fortan belegte) wird der bäuerische Mutterwitz als Wahrheit und Weisheit, die sich in Thorheit kleiden muß, der höfischen Bildung, die Salomo repräsentirt, entgegengestellt. Morolf, der häßliche, plebejische Gegensatz zu dem königlichen Weisen Salomo, verspottet dessen Weisheit in schalkhafter und gemeiner Art und macht sie zu Schanden. Dieses Schelmenbuch bildet den zweiten Theil einer ernsten epischen Erzählung von Salomo, der im Krieg mit Pharao, dem Entführer seiner Gattin vermittelst eines Zauberrings, in Gefangenschaft geräth und von Morolf gerettet wird.

Ein anderes vielgelesenes Narrenbuch ist der Pfaffe von Kalenberg, worin die Schwänke eines Mannes geschildert sind, der sich zuerst als Student am Hofe des Herzogs von Oesterreich durch einen Scherz eine Pfarre, dem Thürsteher aber eine Tracht Prügel verschafft, im Verlaufe seines vielgestalteten Lebens Alle, die in seine Nähe kommen, foppt und prellt und zuletzt als Hofnarr Otto's des Fröhlichen († 1339) endet, desselben Enkels Rudolfs v. Habsburg, auf dessen lustigen Rath, Ritter Neidhart Fuchs viele Züge und Gedichte aus der in der Volkssage mythisch gestalteten Lebensgeschichte des alten Minnesängers Rithart (VII, 474) übertragen wurden, die sich als „wunderbarliche Gedichte und Historien" erhalten haben. Peter Leu, der „andere Kalenberger", eine jüngere Nachahmung ähnlichen Inhalts, worin die Streiche, Betrügereien und Narrenpossen eines aus Armuth und Niedrigkeit zum Geistlichen sich aufschwingenden verschlagenen Gesellen dargestellt sind, scheint ebenfalls auf eine wirkliche Persönlichkeit gegründet. — Am bekanntesten aber ist der Till Eulenspiegel, ein Volksbuch, das unzähligemal bearbeitet und gedruckt und in die meisten europäischen Sprachen übersetzt worden ist. Eulenspiegel ist der Vertreter der fahrenden Leute. Er treibt sich als Gaukler, Arzt, Hofnarr, Kriegs- und Dienstmann, Maler, Reliquienhändler, Scholasticus umher und arbeitet auf jedem Handwerke. Er verrichtet alle Aufträge, aber nicht dem Sinne, sonderm dem Wortlaute nach, und macht es dadurch Niemand recht; er parodirt die Sprichwörter, indem er sie nach Art unserer krähwinkler Karikaturen wörtlich nimmt; er ist dreist im Handeln und Disputiren und die Wahrheit sagen ist sein Gewerbe, nur daß es in einer groben Manier und nicht selten mit sichtbarer Schadenfreude geschieht. Sein Witz ist der „Witz der Landfahrer und wandernden Handwerksgesellen, der nicht gemacht und nicht erfunden, sondern mit dem Handwerk selbst erzeugt, wirklich erlebt und erfahren ist". Das Buch, dessen Held zum sprichwörtlichen Gattungsbegriff ward, ist wohl aus den im niederdeutschen Volke heimischen und vielfach umhergetragenen Stoffen durch Thomas Murner zusammengestellt worden. Namen und Oertlichkeit weisen auf das Magdeburger und Braunschweiger Land als ursprüngliche Heimath.

Eine Menge ähnlicher Schwänke, Anekdoten und Schelmenstreiche schrieb man dem griechischen Fabeldichter Aesop zu, dessen erdichtete Lebensgeschichte, die sich selbst zur Fabel gestaltet hatte, im 15. Jahrhundert aus dem Lateinischen übersetzt wurde. An seinem im Narrengewande auftretenden Mutterwitze und natürlichen Verstande, an seiner Schlauheit und Weltkenntniß wird alle Philosophie und Gelehrsamkeit zu Schanden. Auch das weitverbreitete Volksbuch von dem Erzschwarzkünstler Doctor Johann Faust gehört wegen seiner komischen Zauberspäße hierher, wenn gleich die Sage auch eine ernstere, tiefere Bedeutung hat, wie sie Goethe auffaßte, nämlich „neben dem sinnlichen Hang der Lebenslust zugleich die Strebsucht nach erhöhter Einsicht des Geistes". In dem Finkenritter werden wie in unserm Münchhausen Lüge, Märchen und Unsinn aufgetragen; im Grobianus, einer zuerst lateinisch von Dedekind, dann deutsch von Kaspar Scheidt aus Worms bearbeiteten volksthümlichen Dichtung, werden die groben Manieren geschildert, in der Absicht, daß der Leser „das Widerspiel davon thue"; und im Lalenbuch, oder, wie der ursprüngliche Titel lautet, in den „Schildbürgern", einer Sammlung uralter, im Volke lebender und schon frühe lateinisch bearbeiteter Schwänke, werden die Narrheiten einer ganzen Gemeinde dargestellt. Die Lalenbürger sind anfangs so weise, daß sie an alle Höfe berufen werden. Während ihrer Abwesenheit aber sinkt ihr eigenes Gemeindewesen unter den Händen der Frauen, daher ergeben sie sich der Thorheit und begehen eine Menge toller Streiche, wobei der Schultheiß die Hauptrolle spielt. — Ueberall sieht man den Gegensatz gegen die höfische Bildung. Thorheit, Unsitte und Rohheit werden gepriesen und Bauern, Narren und Landstreicher sind die Lieblinge des Volks. Selbst der Teufel macht den Schalksnarren und bildet ebenso den Gegensatz gegen die Heiligengeschichten, wie der Volkswitz gegen das vornehme Ritterwesen.

2. Brants
Narrenschiff. Bisher hatte die didaktische Poesie vorzugsweise die Entartung der höhern Stände, den Verfall des Frauendienstes, die Erwerbsucht des Adels, die Hoffart der Geistlichkeit gerügt. Auch Konrad Vintler aus Tirol hielt sich in seinem einem italienischen Werke nachgebildeten Lehrgedichte „die Blume der Tugend" noch wesentlich in dieser Richtung. Jetzt aber, wo die niedern Stände in die Höhe gekommen waren, wo das Volk die ursprüngliche natürliche Rohheit wieder zur Geltung gebracht hatte, wo die derbe Volksliteratur sich allzu breit machte, mußte dieser hohen Naturkraft ein Damm Seb. Brant
1458—1521. entgegengestellt werden. Dieß that der Rechtsgelehrte Sebastian Brant (Titio) von Straßburg in seinem „Narrenschiff oder Schiff aus Narragonien", das trotz seiner unpoetischen Form ein epochemachendes Werk nicht nur eine Menge Herausgeber, Erklärer und Nachahmer fand, sondern auch in die meisten europäischen Sprachen übersetzt wurde. Brants ganze Natur war wesentlich von dem Streben nach praktischen Zielen durchdrungen. Er stand von Anfang an mitten in der Bewegung seiner Zeit und erfaßte in ihr, im geraden Gegensatze zu Erasmus, die volksthümliche, politische und sittliche Seite. So entstanden sein Narrenschiff als ein echtes volksthümliches Lehrgedicht und sein Carmina an den Kaiser Maximilian voll patriotischen Gefühls. In diesem Sinne war er schon früher bei der Herausgabe und Verbreitung älterer Schriften lehrhaften Inhalts thätig. Zuerst in Basel als Rechtslehrer wirkend, wo auch 1494 sein Narrenschiff erschien, siedelte er, verstimmt daß sich jene Stadt vom Reich getrennt, im J. 1500 nach seiner Vaterstadt Straßburg über und erhielt daselbst

auf die Empfehlung seines Landsmannes Geiler von Kaisersberg das Amt eines Stadtschreibers, das er bis an seinen Tod am 21. Mai 1521 beibehielt, ungeachtet ihn
Kaiser Maximilian zu seinem Rath und zum Pfalzgrafen und Beisitzer des Reichskammergerichts ernannte.   Brant blieb der Jurisprudenz treu und verfaßte mehrere praktische
Rechtsbücher, unter denen sein „Klagspiegel", ein Seitenstück zu Tenglers Laienspiegel,
eine große Verbreitung erlangt hat.   Beide Werke waren durch das ganze sechzehnte
Jahrhundert die bedeutendsten Vertreter der populären Jurisprudenz. — Brant geißelt
mit Ernst und Strenge die Laster und Gebrechen aller Stände, und zwar in Ton
und Manier der Volksdichtung, gegen die er doch zu Felde zieht.   Er bekämpft zuerst
die neue Literatur „des heiligen Grobianus", die da lehre, daß man die höfische Sitte
umstoßen und den Trieben einer ungezähmten Natur freien Lauf lassen solle, was zu
Narrheit und Sünde führe.   Doch will er nicht die früheren Sitten zurückholen, er ist
ein Lobredner des Alten und Tadler des Neuen, sondern er stellt ein höheres Prinzip der
Moral auf, die praktische Tugend der alten Welt, und von diesem Standpunkt aus bekämpft er alle widerstrebenden Richtungen.   Er behandelt die Laster nicht als Sünden,
die Gott strafe, sondern als Thorheiten, die der menschlichen Vernunft widerstreben und
die man daher schon im Gefühl der Menschenwürde ablegen müsse.   Er preist Kirch-
lichkeit, religiöse Gesinnung und Strenggläubigkeit; rügt aber die Entartung des Klerus,
die verderbliche Werkheiligkeit und die träge Zuversicht auf Gottes Barmherzigkeit ohne
eigene Anstrengung.   Er eifert gegen abergläubische Wahrsagerei, gegen die Reiselust,
die nicht die Vermehrung der Kenntnisse zum Zwecke hat, gegen nutzlose Vielwisserei,
gegen Schreib- und Druckwuth und gegen die einreißende Büchermasse — ihm hat nur
die Weisheit Werth, die der Seele Ordnerin ist und den Menschen zum Menschen macht.
Darum ist die Selbsterkenntniß der Mittelpunkt seiner Lehre; darum weist er beständig
auf die Griechen hin, deren praktische Weisheit, vor Selbstsucht und Eigennutz geschützt,
die Freundschaft, gute Kinderzucht und Vaterlandsliebe erzeugt, in Staat und Leben
gute Ordnung, Recht und gesetzliche Freiheit geschaffen habe, indeß jetzt unter dem
herrschenden Egoismus die öffentliche Wohlfahrt zu Grunde gehe.   An den untern
Klassen rügt er den Uebermuth und die Hoffahrt, die Jeden antreibe, sich über seinen
Stand zu erheben, die Kleiderpracht und die Genußsucht, die wieder Habgier, Geiz und
Unmoralität erzeugen, den Verfall der Sitten unter den Bauern, von denen jetzt der
Städter Betrug und Wucher lernen könne.   Er preist die Armuth als die Mutter der
Tugend, stellt das Glück der Zufriedenheit und Bedürfnißlosigkeit dem weltlichen Jagen
und Treiben und der trostlosen Vielgeschäftigkeit der Erwerbsucht gegenüber und weist
auf die Vergänglichkeit alles Irdischen und die Gleichheit aller Menschen im Grabe hin.
Wer wohl gestorben sei, der brauche kein Mausoleum, der Stern, der über ihm leuchtet,
sei das schönste Grabmal.   Wie mächtig der Eindruck des Narrenschiffs trotz seiner unpoetischen Form und Sprache auf die Zeitgenossen war, beweisen die vielen Ausgaben
mit bezeichnenden Holzschnitten, die Brant selbst entworfen, beweisen die zahllosen Nachahmungen und Uebersetzungen, beweist vor Allem der Umstand, daß einer der stärksten **Geiler von**
Redner seiner Zeit, der genannte Geiler von Kaisersberg, geboren in Schaffhausen, **Kaisersberg**
im Elsaß und in Basel erzogen und in Straßburg als vielgefeierter Prediger wirkend, **1445—1510.**
den Inhalt der einzelnen Kapitel des Buches zu Predigttexten benutzte.   Geiler von
Kaisersberg war in Glauben und Lehre conservativ, aber der entarteten Geistlichkeit abhold, ein Sittenverbesserer mit einer Neigung zur Satire und zum volksthümlichen
Humor, geehrt und einflußreich bei Hoch und Nieder, aber auch angefeindet von Allen,
die seine freimüthige Kritik empfindlich traf.   Manches aus Geilers Predigten hat **Pauli**
der Barfüßermönch Pauli in Straßburg, der sie herausgab, bei seinem eigenen Volks- **1455— nach**
buch „Schimpf und Ernst" benutzt, einer Sammlung von Schnurren und Schwänken, **1530.**

„um den geistlichen und weltlichen Sündern in Klöstern, Schlössern und Burgen schimpf-
liche und kurzweilige Exempel zur Belustigung von der Strenge ihres Lebens zu geben,"
Stoffe für „Osterspiele" womit die Predicanten nach der Predigt am Ostermontag die
Zuhörer zu unterhalten pflegten, „um die schläfrigen Menschen zu erwecken".   Paulis
Schimpf und Ernst ist voll Leben und Bewegung.   „Das Lob der Wahrheit die sich
hinter Narrheit verbirgt, die Freude an der natürlichen Einsicht der Einfältigen, an dem
Takte der Naturkinder und dem Treiben der niederen Stände sieht überall hervor;
Mönche, Nonnen, Edelleute, Aerzte, Gelehrte werden aufs Stärkste mitgenommen."

Thomas
Murner.
1475—1536.   Der Franziskanermönch Thomas Murner war ein Landsmann und Nachahmer
von Seb. Brant, stand aber an Charakter und sittlicher Würde demselben weit nach. Murner
war ebenso unbeständig, unruhig und leidenschaftlich, wie Brant ruhig und besonnen,
und während dieser die Ausbrüche einer ungebändigten Natur in Literatur und Leben
zu hemmen suchte, gefiel sich Murner in der Gemeinheit und bereicherte die „grobianische"
Literatur mit rohen, plebejischen Ausdrücken, mit Flüchen und Schimpfwörtern.   Von
vielseitigen Kenntnissen, aber ohne Tiefe und Gründlichkeit, hat er sich in allen Wissenschaften versucht, in Theologie, Philosophie, Jurisprudenz und in Volksdichtung; aber
wie er sich im Leben unstet bald im Elsaß, bald in der Schweiz, bald in England,
bald in Deutschland (Heidelberg und Freiburg) umhertrieb, nirgends geliebt und vielfach verfolgt, so war er auch in seinen Ansichten eine unstete Wetterfahne. Anfangs
galt er, wie Reuchlin, Hutten u. A., für einen Anhänger der neuen Richtung und in
diesem Geiste sind auch seine ersten Werke, die Narrenbeschwörung und die Schelmenzunft (1512), gedichtet.   Später änderte er seine Gesinnung, trat in der Schweiz als
Gegner der Reformation auf, stand im Solde Heinrichs VIII. von England und wurde
ein Feind und Lästerer Luthers und seiner Anhänger, die er nun mit Schmähungen
überschüttete und in Spottgedichten angriff („von dem großen lutherischen Narren, wie
ihn Dr. Murner beschworen hat"). Dafür wurde er denn von seinen ehemaligen
Meinungsgenossen und allen Freunden der neuen Bildung mit gleicher Münze bezahlt.
Der Dr. Murnarr war neben Eck die Hauptfigur der volksthümlichen Polemik und
Satire.   In der Narrenbeschwörung, die Kaiser Max das andere Narrenschiff nannte,
verhöhnt er im Geiste der satirischen Volksliteratur, die wir früher kennen gelernt, aufs
derbste die unpraktische Gelehrsamkeit, die Habsucht, Unwissenheit und Entartung des
Klerus, die Verkehrtheit der Regenten und Fürsten, die Rabulisterei der Advocaten; in der
Schelmenzunft (worin Sprichwörter das Thema zu den Satiren abgeben) züchtigt er die
Laster und Gebrechen des geselligen Verkehrs, die Unsitte der Schlemmerei und Trunk-
sucht, die Thorheit der politischen Kannegießerei. In seiner „geistlichen Badefahrt" geht
er alle einzelnen Badeverrichtungen durch, um das Bild der Abwaschung sündiger
Unreinheit auszuführen.   In der „Mühle von Schwindelsheim oder Gret Müllerin
Jahrzeit", einem Werk, das als Vorläufer seiner „Gäuchmatt" in Prosa mit untermischten
Versen angesehen werden kann, behandelt er das abgemähte Feld von Liebesgeschichten
mit wenig Witz und großem plebejischen Behagen.

3. Reineke
Fuchs.   Am Ende des 15. Jahrhunderts erhielt auch die niederländische allegorisch-epische
Thiersage Willems vom Reineke Fuchs ihre jetzige Gestalt. Wer aber der Bearbeiter
des im Jahre 1498 zum erstenmal in Lübeck gedruckten niederdeutschen Reinke Vos
war, ob Heinrich von Alkmar, Erzieher eines lothringischen Prinzen, oder Nicolaus
Baumann, oder der Drucker Herman Barthusen, ist nicht mit Sicherheit anzugeben.
Hinrik Alkmar, der in der ersten niederdeutschen Vorrede zum Reineke sich den Uebersetzer aus welscher und französischer Sprache in „budische Sprake" nennt, hat das Buch
mit Kapitelüberschriften und einer prosaischen Glosse versehen.   Wir haben die Entstehung und Bedeutung des Thierepos vom Fuchs und Wolf früher (IX. S. 373) kennen

gelernt. In dem merkwürdigen, aus tiefer Welt- und Menſchenkenntniß hervorge-
gangenen Gedichte, der ſatiriſchen Schilderung des Hoflebens, werden die Eigenſchaften
der gemeinen Menſchennatur, Eigennuß, Hab- und Genußgier, Selbſtſucht, woraus
Betrügerei und Uebervortheilung des Einfältigen und Dummen durch den Klugen,
Unterdrückung und Bewältigung des Schwachen durch den Starken hervorgehen, niedrige
Denkart und ungebändigte Triebe und Leidenſchaften verſinnlicht dargeſtellt an dem
Leben und Treiben der Thiere, in deren inſtinktivem Weſen ſich die Naturanlage getreuer
abſpiegelt als bei den Menſchen, und insbeſondere wird an dem Beiſpiel des Fuchſes
(Reineke), der durch ſeine Schlauheit, ſeine Verlogenheit, ſeine Heuchelei und ſeine be-
redte Frechheit über ſeine Feinde, den Wolf (Iſegrim) und den Bären (Braun) ſtets
den Sieg davon trägt, die Lehre begründet, daß geiſtige Ueberlegenheit, Liſt und Talent
in der großen Welt mehr vermögen, als Macht, Stärke, hohe Geburt und andere
Eigenſchaften, und daß Schwachheit und Einfalt ſtets den Kürzeren ziehen. Man
wollte geſchichtliche Beziehungen zu dem herzoglichen Hofe von Lothringen darin finden.

Inhalt: Nobel, der König, hat einen allgemeinen Landfrieden für alle Thiere geboten.
Aber Reineke hat ſich vieler Uebertretungen ſchuldig gemacht; er hat alle Geſetze verachtet, mit
Völkerrecht und Religion ſeinen Spott getrieben, durch Lüge und Heuchelei, durch Liſt und Betrug, durch Falſchheit und Wortbruch die größten Frevelthaten ausgeführt, Mord und Raub
verübt, die Ehe geſchändet, die ärgſten Laſter mit Hohn und Uebermuth begangen. Alle Thiere
treten als Kläger wider ihn auf. Vergebens ſucht Grimbart, der Dachs, ein geſchickter Advo-
cat und Reineke's Verwandter, den Verklagten zu rechtfertigen; kaum hat er ſeine Rede geendigt, ſo wird auf einer Bahre von einem Trauergeleite die Henne herbeigebracht, welche durch
die Nachſtellungen und die Heimtücke Reineke's das Leben verloren. Nun wird der Frevler vor
Gericht geladen. Braun, der Bär, einer ſeiner größten und mächtigſten Widerſacher, über-
bringt die Ladung, Reineke weiß aber ſowohl ihn, als den zweiten Boten, Hinze, den Kater,
durch lügneriſche Vorſpiegelungen ins Verderben zu ſtürzen, indem er ihre Gier und Gefräßigkeit
reizt, ſo daß ſie geſchändet und ſchrecklich zugerichtet nach Hof zurückkehren. Nun übernimmt
Grimbart, der Dachs, die Ladung. Ihm folgt Reineke. Nachdem er dem Begleiter auf dem
Wege ſeine Sünden gebeichtet und eine leichte Abſolution erhalten, trifft er mit dem Reffen bei
Hof ein. Hier wächſt die Zahl der wider ihn vorgebrachten Klagen zu ſolcher Höhe, daß keine
Vertheidigung ſie zu entkräften vermag. Reineke wird zum Tode verurtheilt. Schon ſteht er
auf der Leiter, ſchon ſchickt der Kater ſich an, ihm den Strick um den Hals zu ſchlingen, da ſteht
er, daß ihm noch einmal geſtattet werde, zu reden: Und nun ſchildert er, wie er einſt eine Verſchwörung entdeckt und vereitelt habe, deren Zweck geweſen ſei, den Löwen vom Thron zu ſtoßen
und Braun, den Bären, an deſſen Stelle zu ſetzen. Sein eigener Vater, der alte Reineke, ſei
in die Verſchwörung verflochten geweſen. Er habe ſie belauſcht und das Unternehmen dadurch
vereitelt, daß er den reichen Schatz den König Emerich, worauf die Verſchworenen ihre Hoffnung geſetzt, an eine andere Stelle getragen; ſeinem Vater ſei dies ſo zu Herzen gegangen,
daß er ſich aus Aerger und Scham erhängte. Nun legt die Königin, die lüſtern iſt nach dem
reichen Königsſchatze, Fürbitte für Reineke ein. König Nobel ſpricht ihn frei und läßt ihn
von der Leiter herabſteigen, zum großen Verdruß der übrigen Thiere. Er ſoll nun den König
nach dem verborgenen Schatz geleiten, aber der Bann des Papſtes, den ſich Reineke wegen Iſegrim zugezogen, drückt ihn ſehr, er will ſich ohne Aufſchub als Pilger nach Rom begeben
und die Abſolution erflehen. Der König billigt ſeinen Entſchluß und nimmt ihn wieder zu
Gnaden an; zu ſeiner Pilgerreiſe gibt er ihm ein Ränzel vom Felle des Bären und zwei Paar
Schuhe von dem Wolf und der Wölfin. Mit einem Ehrengeleit verſehen und von dem Widder
Bellyn, dem Kaplan des Königs, geſegnet, zieht Reineke ab; auf ſeine Bitte begleiten ihn
Lampe und Bellyn nach Malepartus. Der letztere bleibt auf der Weide vor der Pforte. Lampe

aber folgt dem Fuchs in die Burg. Dort erwürgt ihn Reineke und verzehrt das Fleisch mit Weib und Kind, den Kopf aber steckt er in das Ränzchen, schließt es fest zu und gibt es Bellyn mit dem Auftrage, es dem König zu überreichen, es seien wichtige Briefe darin; würde Bellyn dem König sagen, daß er dazu seinen Rath gegeben, so würde er sich dadurch in hohe Gunst setzen. Aber er möge ja den Knoten des Täschchens nicht öffnen. Der bethörte Widder richtet den Auftrag aus. Kobel geräth in Zorn und Betrübniß und gibt dann auf den Rath des Leoparden den verrätherischen Diener den gekränkten Baronen Braun und Isegrim zur Sühne. — Wiederum wird ein großes Hoffest gefeiert, wozu alle Thiere geladen sind. Da stören die Klagen des Kaninchens und der Krähe über neue Frevel und Nachstellungen die Tafelfreuden des Königs und seiner Barone. Kobel schwört bei seiner „ehelichen Treue", daß er den Frevler und Heuchler bestrafen werde. Umsonst warnt die Königin vor Uebereilung, das Geschlecht sei groß und angesehen; der König ruft seine Vasallen unter die Waffen; sie wollen Malepartus belagern. Da eilt der Dachs voll Angst zu Reineke, um ihn von dem bevorstehenden Sturm zu unterrichten. Reineke nimmt scheinbar die Sache leicht, beschließt aber doch, mit dem Neffen nach Hof zu gehen, um die drohende Gefahr womöglich abzuwenden. Unterweges beichtet er dem Dachs seine Sünden, meint aber dabei, am Hofe machten sie es eben so, auch der König und seine Barone raubten und mordeten und Niemand wage ihnen die Wahrheit zu sagen, kleine Diebe hänge man, die großen verwalteten Land und Schlösser. Eben so schlimm sehe es in der Kirche aus: die Prälaten suchten ihre unehelichen Kinder zu erhöhen und zu bereichern, in den Klöstern herrsche Wohlleben und Scheinheiligkeit; überall heiße es: Gebt mir das Eure und laßt mir das Meine! Grimbart mahnt ihn, nicht fremde Sünden zu beichten! So treffen Martin, den Affen, der im Begriff ist nach Rom zu reisen; er verspricht Reineken Fürsprache und Beistand, daß er von dem Banne gelöst werde, und verweist ihn an sein Weibchen Riechgenau, welche bei der Königin und bei dem König viel gelte. Unterdessen werde man in Rom, wo Geld Alles vermöge, wo Kardinal Nimmersatt alle Macht in Händen habe, sein Schreiber Johann Partei und der päpstliche Notar Krümmsrecht sammt den Richtern Moneta, Rummus und Denarius im Namen des alten und schwachen Papstes das Recht sprächen und er an seinem Oheim Simon und an einer Freundin des Kardinals einflußreiche Gönner besitze, Reineke's Sache zu einem guten Ende führen. Voll Zuversicht tritt nun Reineke vor den königlichen Richterstuhl, preist die Gerechtigkeit und Weisheit des Königs, weist die Verbrechen, deren man ihn angeklagt, als verleumberische Verdrehungen des wahren Sachverhalts zurück und erbietet sich, durch einen gerichtlichen Zweikampf seine Unschuld zu beweisen. Die Krähe und das Kaninchen, neben dem Wolfe und dem Bären die Hauptkläger, schleichen sich nun vom Hofe weg und wagen nicht in Reineke's Gegenwart, ihre Anklage aufrecht zu halten. Isegrim und Braun verlangen jedoch den Tod des Verräthers und Mörders und der König ist entschlossen ihnen zu willfahren. Er zürnt sehr wegen der Ermordung Lampe's. Riechgenau, die Aeffin, weiß indessen mit kluger Rede seinen Zorn zu beschwichtigen: sie führt dem König zu Gemüthe, wie ihm Reineke durch klugen Rath oft aus der Verlegenheit geholfen, wie groß dessen Anhang und Verwandtschaft seien, die er sich durch seine Bestrafung zu Feinden mache, wie roh, gewaltthätig und eigennützig der Wolf und der Bär bei allen Gelegenheiten zu handeln pflegten. Ist der Löwe schon durch diese Fürsprache milder gestimmt, so weiß Reineke durch neue Lügen und heuchlerische Reden die Umstände noch günstiger zu gestalten. Er jammert über Lampe's schreckliches Schicksal, von dem er jetzt erst Kunde erhalte. Bellyn müsse ihn auf dem Wege ermordet haben, um sich die herrlichen Schätze anzueignen, die Reineke beiden mitgegeben als Geschenke für den König und die Königin. Darunter sei gewesen ein Ring von wunderbaren Kräften und Eigenschaften; Meister Abryon von Trier, der gelehrte Jude, der alle Sprachen kenne, die von Poitou bis Lüneburg gesprochen würden, und alle Kräuter und Steine, habe ihm die Wunderkräfte erklärt; sodann für die Königin ein Kamm, worauf in köstlichen Bildern das Urtheil des Paris dargestellt, und ein Wunderspiegel, der jedem, der sich in demselben besah, volle Schönheit und Klarheit des Angesichts gab und alle Flecken vertilgte und auf dessen Rahmen in trefflicher Bildnerei allerlei Geschichtchen aus dem Thierleben zu schauen gewesen. Er erinnert den König an manche Dienste, die sein Vater und er selbst geleistet. Nobel läßt sich besänftigen und ordnet ein Gericht an, wo die Anklagen durch unbescholtene Zeugen bewiesen werden sollten. Darauf erzählen der Wolf und die Wölfin verschiedene Begebenheiten, wobei Reineke sie geschädigt, beschimpft und ins Verderben geführt; Reineke weiß der Anklage immer eine solche Wendung zu geben, daß die Schuld auf der klagenden Seite liegen bleibt. Da erklärt endlich Isegrim, er sei nun des Lügens und Prahlens müde, nennt Reineke einen Mörder, Verräther und Dieb und fordert ihn zum Kampfe heraus. Dieser nimmt die Forderung an, beide stellen Bürgen, daß sie sich zu rechter Zeit zum Zweikampf einfinden wollen. Frau Rückenau gibt Reineke den guten Rath, mit seinem Wasser des Gegners Augen zu netzen und ihm sein Gesicht zu verdunkeln, ließt ein Zaubergebet über ihn und bestreicht einzelne Theile seines Körpers mit Oel und Fett. So tritt er in die Schranken des Kampfplatzes ein, wo Isegrim ihn erwartet. Dieser hält seine Beschuldigung aufrecht, Reineke sei ein Verräther, Dieb, Mörder, der Fuchs schwört, er sei sich keines Verbrechens bewußt. Nun beginnt der Kampf; Reineke weicht dem stürmischen Anfall des stärkeren Gegners behende aus und schlägt ihm seinen mit dem ätzenden Wasser und mit Sand und Staub bedeckten Schwanz über die Augen, daß ihm Hören und Sehen vergeht. Dies setzt er fort, bis der andere ganz geblendet ist; dann springt er mit heftigen Sprüngen auf ihn und zerkratzt und zerbeißt ihn, reißt ihm ein Auge aus dem Kopfe und richtet ihn arg zu. Endlich faßt ihn der ergrimmte Wolf mit seiner ganzen Stärke, drückt ihn auf den Boden und droht ihn zu tödten, wenn er sich nicht alsbald ergebe. Reineke legt sich aufs Bitten und Schmeicheln. Er will Isegrim's Lehnsmann werden mit Allem, was er besitzt, will für ihn als Pilger ins heil. Land gehen und ihm Ablaß holen, will ihn verehren, als wär' er der Papst, will ihm das Beste bringen von Allem was er erbeute; seine Frau, seine Kinder, seine Verwandten sollten ihm alle Ehrerbietung bezeigen. Der Wolf weist die Anträge mit Verachtung zurück, nur durch den Tod des falschen Verräthers könne er versöhnt werden. Da faßt der Fuchs mit der einen Vordertatze, die er noch frei hat, plötzlich die empfindlichsten Theile des Wolfes zwischen den Schenkeln und zerrt ihn so grausam, daß derselbe vor Schmerzen laut aufschreit. Dadurch bekommt Reineke die Vorderfüße frei und mißhandelt den Gegner entsetzlich, bis dieser vor Pein mit dumpfem Geheul sich im Staube wälzt. Nun gebietet der König, den Kampf aufzugeben. Reineke wird als Sieger erklärt und Alle, auch solche, die ihm früher feind waren, schmeicheln ihm und verherrlichen seinen Sieg. Der König nimmt ihn wieder in seinen Rath auf, macht ihn zum Kanzler und vertraut ihm die Siegel des Reichs. Während der Wolf geblendet, schwer verwundet und beschimpft sich schmerzlich auf seinem Krankenlager umherwälzt, zieht Reineke im Triumph in seine Veste Malepartus, geleitet von großem Gefolge und von dem König mit Zeichen der Gnade und Huld entlassen.

Auch die äsopische Thierfabel, zu deren Bearbeitung Luther aufforderte, wurde in dem Reformationszeitalter gleich dem Reineke Fuchs auf die Zustände der Gegenwart in Kirche und Staat angewendet. Der Erste, der sich mit Glück damit befaßte, war Burkard Waldis, ein gelehrter, in der alten und neuen Literatur belesener und durch große Reisen praktisch gebildeter Mann voll gesunder Ansichten, Charakterstärke und patriotischer Gesinnung, ursprünglich Mönch, dann für die evangelische Lehre wirkend, von Verfolgung und Gefangenschaft vielfach heimgesucht. Er benutzt in seinem „neuen Aesop" die Fabel, um in humoristischem Ton die Selbstsucht, die ihm die Quelle alles Uebels ist, zu bekämpfen, Armuth und Bescheidenheit zu preisen, die Ungerechtigkeit der Mächtigen und die Mißbräuche und Laster in der päpstlichen Kirche und Geistlichkeit zu strafen. Heftiger in seinen Angriffen, aber weniger correct in Form und

4. Fabeln und Sprichwörter.

Burkard Waldis. c. 1530.

Erasmus Alberus † 1553. Darstellung ist der für die Verbreitung der Reformation so thätige Erasmus Alberus, der in seinen Fabeln eben so gegen Ablaßhandel, Klerus und Papstthum, gegen den Heiligendienst, wie gegen Wiedertäufer, Schwärmer, Sectirer und das Interim eifert.

Rollenhagen 1542—1609. — Mehr auf das Weltliche und auf den Staat gerichtet erscheint die Satire in dem der griechischen Batrachomyomachie nachgebildeten Froschmäusler des Georg Rollenhagen (aus dem Brandenburgischen). Sein Vorbild ist der Reineke Fuchs und seine Absicht. mit Lachen die Wahrheit zu sagen. Vorzüglich auf Belehrung ausgehend, braucht Rollenhagen die Thierfabel nur als Rahmen, um darin die verschiedenartigsten Dinge einzufassen.

Bröseldieb, der Sohn des Mäusekönigs Parteckfresser, kommt an den Hof des Froschkönigs Sehbold Bausback, wird freundlich aufgenommen, erzählt den Fröschen Mancherlei vom Treiben der Mäuse und läßt sich von den Fröschen erzählen. Bei einer Wasserfahrt auf dem Rücken des Froschkönigs kommt Bröseldieb ums Leben, was einen blutigen Krieg zwischen den Mäusen und Fröschen verursacht. Das Gedicht ist in drei Bücher getheilt. In dem ersten erzählt die Maus, wie es in ihrem Staat zugehe, und scheint die Lehre begründen zu wollen, daß Alles seine natürlichen Feinde habe. In dem zweiten werden an die Fabel vom Könige der Frösche Untersuchungen über die Vortheile der Republik, Aristokratie und Monarchie angeknüpft und dabei gelehrt, wie nothwendig es sei, einen König zu binden, daß er Freiheit, Religion und Recht schütze und bewahre, und den „Beißkopf" (Papst) mit seinem Gefolge vom weltlichen Regimente fern zu halten. Das dritte Buch behandelt das Kriegswesen in der epischen Darstellung der Kämpfe zwischen den Fröschen und Mäusen. — Anfangs mehr in der Art eines Thierepos gehalten, mit treuem Anschmiegen an die Natur, nimmt das Gedicht im Verlauf immer mehr den Charakter einer politischen Satire an.

Agricola † 1566. Seb. Frank † 1545. Auch die Sammlungen deutscher Sprichwörter nebst Erklärung ihres Sinnes durch Johann Agricola, den Mitverfasser des Interim, und durch Sebastian Frank aus Donauwörth, einen vielseitigen Schriftsteller und Geschichtschreiber von wiedertäuferischen Ansichten („Schöne weise herrliche Klugreden und Hoffsprüch") gehören in die Klasse der Zinkgref 1591—1631. Volksliteratur dieser Zeit. Ihren Fußtapfen folgte der Heidelberger Jul. Wilh. Zinkgref, ein vielbelesener und vielgereister Mann, durch seine Sammlung deutscher Witzreden, Sentenzen und Anekdoten zur Erheiterung und Belehrung („Apophthegmata, scharfsinnige Sprüche der Deutschen"), die von Opitz ihrer vaterländischen Tendenz wegen gepriesen wurden. Auch als lyrischer Dichter hat sich Zinkgref durch seine Lieder ausgezeichnet.

5. Hans Sachs 1494—1576. Hans Sachs, ein Nürnberger Schuster, war einer der fruchtbarsten und vielseitigsten Schriftsteller dieser reichen, regsamen Zeit, der Alles dichterisch darzustellen wußte, was bis dahin im deutschen Volke lebendig gewirkt hatte, der die ganze Geschichte und den Kreis alles Wissens und Handelns in die Poesie zog. Geboren in einer Stadt, die damals der Mittelpunkt des geistigen Verkehrs war, wo Künstler (Albrecht Dürer, P. P. Vischer u. A.) und Dichter (Celtes, Rosenblüt, Folz) lebten und der Meistergesang seine hohe Schule hatte, wo gebildete Patrizier, wie Pirkheimer, gelehrte und talentvolle Männer unterstützten und an sich zogen, wo Handel und Gewerbfleiß Wohlstand schufen und eine gute städtische Verfassung, bürgerliche Freiheit und Selbständigkeit begründete, kann Hans Sachs als Repräsentant des ruhigen, patriotischen und ehrsamen Bürgerstandes angesehen werden. Er war ein Volksdichter, mied aber die plebejische Gemeinheit und den rohen Ton der herrschenden Literatur; er war ein Freund der Kirchenreformation und begrüßte schon um 1523 in der „Wittenberger Nachtigall" Luthers Auftreten als den Anbruch eines neuen Tages, der Religion und Kirche von vielen Mißbräuchen reinigen werde, aber er stimmte nicht in den leidenschaftlichen Ton der him-

meiſtürmenden Neuerer ein und ſprach in der Klagrede über Luthers Tod ſeine Mißbilligung aus über die Streitigkeiten der Theologen und über die „Maulchriſten"; er tadelte
die Gebrechen des deutſchen Reiches, geißelte das Gebahren der Römlinge und
Juriſten, klagte, daß Eintracht und Gemeinſinn, das Fundament der Staaten und
der öffentlichen Wohlfahrt, aus der Welt verſchwunden ſei, und ſtrafte die Selbſtſucht
der obern Stände als die Hauptquelle des Verfalls des Reichs; aber er ſchrieb keine
geharniſchten Reden und Dialoge voll Feuer und Heftigkeit, wie Hutten und verlor nie
ſeine Stellung als bürgerlicher Dichter und Handwerker aus dem Auge. Beſcheiden
und in richtiger Selbſterkenntniß bewegte er ſich ſtets mit demſelben ruhigen Gleichmaß
in der Gedankenwelt und in den Vorſtellungen der mittleren Geſellſchaftskreiſe, denen er
angehörte. Sein Streben iſt vorzüglich auf die Belehrung und Beſſerung ſeiner Stan-
desgenoſſen gerichtet. Er ſtellt eheliche Treue, Nächſtenliebe und häusliche Tugend als
Grundlage jedes bürgerlichen Glücks dar; er eifert gegen Eigennuß, Neid und
Egoismus als die Quelle alles Unheils und preiſt Einfachheit, Ruhe und Zufriedenheit als Gegenſatz gegen die herrſchende Hoffahrt und Erwerbſucht. Als Quelle
der Belehrung dienten ihm die Ueberſetzungen der alten Schriftſteller und die Bibel, deren Verſtändniß er dem Bürgerſtande erſchloß. In populären Erzählungen legte er
dem Volke die kräftigen Züge von Freundſchaft, Vaterlandsliebe, Bürgertugend und
Seelenadel der Griechen und Römer ans Herz, und an die Geſchichten und Gleichniſſe
der Bibel knüpfte er paſſende Lehren fürs Leben. Seine Sprache iſt oft ungebildet und
platt; ſeine Ausdrucksweiſe nachläſſig und ſchwätzig; häufig ſind ſeine Verſe nur gereimte Proſa; ſelten erhebt ſich ſeine Poeſie über die Sphäre des gemeinen Lebens.
„Allein man kann auch dieſer einfältigen Dichterei gut ſein, wo ſie für einen einfältigen
Schlag Menſchen berechnet, anſpruchslos und vergnüglich, und dem inneren Kern
nach burchweg geſund, heiter, verſöhnend und ermuthigend iſt." Beſchäftigte er ſich in
der erſten Zeit ſeiner literariſchen Thätigkeit mehr mit dem öffentlichen Leben, mit Kirche
und Staat, ſo befaßte er ſich ſpäter mehr mit dem Privatleben und zugleich mit dem
Verjüngen altpoetiſcher Stoffe in neuem, in dramatiſchem Gewande. In dieſer zweiten Periode ſeines dichteriſchen Schaffens bildete Hans Sachs mehr die ſpaßhafte Gattung, Schwänke, ſchnurrige Erzählungen, komiſche Novellen und Legenden, Faſtnachtsſpiele aus und traf darin ſo den richtigen Ton, daß er der ganzen folgenden Zeit Muſter
und Vorbild wurde. Unter Scherzen und Späßen, unter Laune und Muthwillen
ſchildert er das Treiben und Thun der untern Volksklaſſen, der Handwerker und Bauern, der Soldaten und Landſtreicher, der Zigeuner und Gauner mit einer Natürlichkeit
und Lebendigkeit, wie ſie in den niederländiſchen Bildern herrſcht; doch überall liegt
eine Lehre, eine Sittenpredigt zu Grunde, überall leuchtet ein ehrſamer Sinn, eine
derbe, aber redliche Natur hervor. Seine zahlreichen Schriften, von denen viele noch
nicht gedruckt ſind, ſetzen durch die Mannichfaltigkeit der Form in Erſtaunen. Erzählungen, Fabeln, Geſchichten, Legenden, Schwänke, Gedichte, dramatiſche Volksſtücke,
Faſtnachtsſpiele u. A. dienten ihm als Formen für ſeine unterhaltende und belehrende
Schriftſtellerei.

Die von ihm ſelbſt in drei Foliobänden veranſtaltete Ausgabe von 1558—1561, denen
nach ſeinem Tod noch zwei weitere beigefügt wurden, enthält Erzählungen aus der Geſchichte und Mythologie (über 480); bibliſche Erzählungen, Legenden und geiſtliche Betrachtungen (210); Fabeln und Schwänke (286); Pſalmen, Spruchgedichte
und Meiſtergeſänge, Geſpräche, Anekdoten, Allegorien, vermiſchte Gedichte und endlich noch
eine große Anzahl dramatiſcher Stücke, Tragödien (58), Komödien (68) und Faſtnachtsſpiele (62).

6. Schau-
spiele und
Fastnacht-
spiele.
Die Poesie des 16. Jahrhunderts mit ihrer Derbheit und ihrem natürlichen Mutterwitz bildet auch darin zu der künstlichen romantischen Ritterdichtung den Gegensatz, daß sie ihren Blick eben so auf die Gegenwart richtete, wie diese
auf die Vergangenheit, und sich darum in demselben Maße dem Drama zuwendet,
wie die Ritterdichtung dem Epos. Wir haben den Ursprung und die Anfänge
des Schauspiels früher kennen gelernt (IX, 349 ff.). Was dort zunächst in
Beziehung auf Frankreich nachgewiesen wurde, hat auch seine Geltung für das deutsche
Mittelalter; auch hier sind die Anfänge des Schauspiels in der kirchlichen Liturgie zu
suchen. Die um Ostern von verschiedenen Personen mit Gesang vorgetragene Leidensgeschichte Jesu führte leicht auf den Gedanken, Action und Dialog damit zu verbinden.
Bald wurden solche Darstellungen (Mysterien) auch an den übrigen Festtagen aufgeführt und sowohl durch Einschaltungen anderer biblischer Geschichten als durch Beifü-
gung redender und erzählender Personen und Lustigmacher (Jocolatoren) erweitert und
belebt. Die letztern führten in der heitern Fastnachtzeit komische Zwischenscenen auf
und bildeten so einen Gegensatz gegen den Ernst der Osterfeier. Mit der Zeit wurden
diese Mysterien aus der Kirche, wo gewöhnlich auch die Spiele und Aufzüge der Gaukler, Seiltänzer und Minstrels stattfanden, auf den Markt und ins öffentliche Leben eingeführt und zum Ergötzen des schaulustigen Volks allerlei Possen und Mummereien
hinzugefügt. Dies erleichterte im 15. Jahrhundert, als man besonders auf Befriedigung der
Lachlust des Volks ausging, die Lostrennung des komischen und spaßhaften Theils der
Mysterien, als Fastnachtspiel, von dem ernsten. Zur Zeit des Carnevals, wo sich
von jeher das Volk dem Scherz und der Laune überließ, sammelten sich einige muthwillige Leute in der Wohnung irgend eines freigebigen Bekannten und setzten durch allerlei Mummereien, derbe Scherze, handgreifliche Späße und lustige Einfälle denselben
in so gute Laune, daß er sie mit einer gastlichen Bewirthung belohnte. Als Bühne
dienten einige über Bänke gelegte Bretter. Was anfangs nur Erguß augenblicklicher
Laune (Improvisation) war, wurde später nach einem gewissen Plan angelegt und in
Dialoge gebracht, wobei Jahrmarktscenen, Prozesse, Ehezwiste u. dergl., in denen sich
derbe Witze, unfeine Späße und Anspielungen anbringen ließen, den Hauptinhalt bildeten. Solche Fastnachtspiele waren besonders in Nürnberg üblich, wo im 15. Jahrhundert die Meistersänger Hans Folz und Rosenblüt eine Reihe solcher Farcen dichteten.
Im Reformationsjahrhundert nahmen dieselben einen polemischen Charakter gegen
den Papst und die römische Kirche an, in welcher Gattung unter andern der Maler
Nicol. Manuel, welcher 1530 als Rathsherr in Bern starb, sich hervorgethan hat.
Seine „sterbende Beichte" ist ein muthwilliges Spiel von Witz und Spott in der Volks-
manier. Auch Hans Sachs und Jac. Ayrer dichteten solche volksthümliche Fastnachtsspiele. — Daneben bildete sich im Laufe des 16. Jahrhunderts durch den Einfluß des
antiken Drama's auch das regelmäßige Schauspiel in Deutschland aus. Nicht nur, daß
die dramatischen Stücke des Alterthums übersetzt und dadurch dem Volke zugänglich gemacht wurden; es kam auch an den humanistischen Lehranstalten die Sitte auf, daß
die Zöglinge zur Einübung der lateinischen Sprache Stücke von Plautus und Terentius
aufführten und zum bessern Verständniß deutsche Einleitungen und Einschaltungen bei-
fügten, bis zuletzt die gelehrte Sprache ganz aufgegeben und so die Verlegung des
Schauspiels aus der Schule unter das Volk herbeigeführt ward. Einen weitern Impuls erhielt die dramatische Dichtung Deutschlands dadurch, daß einige Humanisten,
wie Celtes und Reuchlin, einheimische volksmäßige, oder auch religiöse Stoffe in der gebildeten Sprache und Form des Terenz bearbeiteten und zur Vorstellung brachten, wie
denn bereits im J. 1498 zu Heidelberg im Hause des berühmten Dalberg eine derartige
regelrechte, von Reuchlin bearbeitete lateinische Komödie aufgeführt wurde. Solche

lateinische Stücke, unter denen sich die des Naogeorg aus Straubing (Pammachius) durch satirische Kraft, die des Würtembergers Nicod. Frischlin aus Balbingen, welcher 1590 bei einem Fluchtversuch aus der Bergfestung Hohen-Urach durch einen Sturz über die Felsen seinen Tod fand, durch Reiz der Erfindung und Witz auszeichneten, wurden dann, wie Frischlins Rebecca, Susanna u. a. behufs der Aufführung übersetzt, was endlich die Gelehrten, in deren Hände die Volksliteratur am Ende des Jahrhunderts überging, bewog, sich bei der Abfassung ihrer Schauspiele sogleich der deutschen Sprache zu bedienen. Dies geschah am erfolgreichsten durch Paul Rebhuhn, einen Zögling der Wittenberger Schule zur Zeit Luthers, welcher biblische Stoffe (Hochzeit zu Cana u. a.) in antiker Form behandelte.

Vor Allem aber gab Hans Sachs dem deutschen Volksschauspiele einen großen Aufschwung, indem er sich nicht mehr bloß an religiöse Gegenstände hielt, sondern auch die alte Geschichte und Mythologie, die mittelalterlichen Sagen und Erzählungen, kurz den ganzen Stoff des Lebens und der Geschichte in den Kreis seiner dramatischen Dichtungen zog; und so unvollendet auch noch Form und Anlage der meisten Stücke sind, wo die Erzählung oft nur in einen Dialog umgewandelt erscheint, so ist er doch als der Schöpfer des kunstmäßigen Drama's in Deutschland anzusehen, da er den Dichtern der nächsten Generation, unter denen der Nürnberger Notar Jac. Ayrer (†1606) die erste Stelle einnahm, als Vorbild diente. Die Stücke von Ayrer, wie alle gleichzeitigen dramatischen Produkte, sind zwar in plebejischem Tone gehalten und mit Zügen von roher Grausamkeit und blutiger Barbarei angefüllt, entbehren aber keineswegs tragischer Kraft und dramatischer Anlage. Wäre man auf Hans Sachsens und Ayrers Spur fortgeschritten, so hätte sich im 17. Jahrhundert, wo der Herzog Heinrich Julius von Braunschweig bereits eine Hofbühne hatte und selbst Schauspiele dichtete ("Vincentius Ladislaus Satrapa von Mantua", eine Art Don Quixote), in Deutschland eben so leicht ein Nationaltheater bilden können, wie in England durch Shakespeare und in Spanien durch Lope de Vega; aber theils der niedrige Culturzustand des Volks, theils der Mangel einer gebildeten Hauptstadt und eines bedeutenden Dichters hemmte das Begonnene und hielt den rohen Volkston fest, dessen Organ besonders der Hanswurst oder die "lustige Person", eine Art Eulenspiegel, war.

Es wurde öfters erwähnt, wie in der bewegten Zeit der Glaubenserneuerung das Anstimmen eines neuen Kirchenliedes häufig das Signal zur Einführung der Reformation gegeben hat. Diese tiefe Bedeutung des religiösen Gesanges für das Gemüth der Menschen erkannte der mit poetischer Natur begabte und musikalisch gebildete deutsche Reformator sehr bald; er machte darum, wie früher nachgewiesen worden (S. 200 ff.), den deutschen Kirchengesang zu einem wesentlichen Bestandtheile des evangelischen Gottesdienstes und regte durch That und Wort zur Abfassung geistlicher Lieder an. Er übersetzte ältere lateinische Kirchengesänge, die "Zeugnisse von frommen Christen, die vor uns gewesen in der großen Finsterniß der alten Lehre"; er bearbeitete Psalmen und dichtete geistliche Lieder, wobei er den kühnen Schritt und den gedrungenen Ausdruck des mehr im Süden einheimischen Volkslieds beibehielt und einfache, leicht faßliche Melodien theils selbst componirte, theils den Hussiten entlehnte. Sein Beispiel und seine Anregung erweckte Nacheiferung. Dichter und Sänger, hingerissen von dem gewaltigen Geiste der Zeit, widmeten ihre Kräfte dem geistlichen Liede und bahnten dem Evangelium den Weg zum Volke, dessen Gemüth und Phantasie durch die neuen religiösen Gesänge mächtig ergriffen ward. Während man auf Reichstagen und in Religionsgesprächen über die evangelische Kirchenlehre stritt, führte das deutsche Kirchenlied mit seinen einfachen Chorälen Tausende dem Evangelium zu. In Kirche und Haus, im stillen Kämmerlein und auf der lauten Gasse erschallten Psalmen und geistliche Lieder.

7. Kirchenlied.

Ein neuer Volksgesang, an kunstloser Form und einfachem Bau dem alten Volkslied verwandt, aber mit religiösem Inhalt, in dem sich Zuversicht und heiteres Gottvertrauen aussprach, brach sich breite Bahn. Das Kirchenlied weckte in dem Herzen des Volks religiöse Empfindung, es gab der Stimmung und dem Gefühle Ausdruck, es war der Erguß der Freude und des Dankes über die Erlösung aus den Banden des Aberglaubens und der geistlichen Knechtschaft, es riß die Menge zur Begeisterung hin. Selbst Hans Sachs stimmte in diesen Ton ein. Die ältesten und kräftigsten Lieder waren der Erguß einer augenblicklichen Empfindung, einer herrschenden Stimmung; sie waren Gelegenheitsgedichte, in denen sich häufig die kirchlichen und politischen Zustände der Zeit, die religiösen Meinungen, die geistigen Kämpfe abspiegelten. In der Noth erflehen sie Hülfe vom Himmel; in Kummer und Trübsal gewähren sie Trost durch Erweckung der Hoffnung und Zuversicht in Gott; im Glück athmen sie Gefühle des Dankes. Die ältesten Kirchenlieder ahmten in Ton und Haltung, ja nicht selten auch in der Melodie Volkslieder der Zeit nach (S. 202), z. B.: „O Welt, ich muß dich lassen"; „Herzlich thut mich verlangen"; u. a. m. Anfangs war die geistliche Dichtung vorzugsweise in den Händen der „volksgelehrten" evangelischen Prediger (Erasmus Alberus † 1553; Paul Speratus: „Es ist das Heil uns kommen her!"; Nic. Decius: „Allein Gott in der Höh' sei Ehr!"; Mich. Weiß, † 1540, der die Hussitischen Lieder übersetzte); als aber die religiösen Angelegenheiten so vorherrschend wurden, daß sie alle anderen Interessen und Gefühle zurückdrängten, versuchten sich Leute aus allen Ständen in dieser Dichtung. Hatte dies einerseits die Wirkung, daß der Volksgesang durch das Evangelium geheiligt und geläutert ward, so führte es auch andrerseits eine massenhafte Vermehrung der geistlichen Lieder herbei, wodurch dann bald eine Scheidung in eine gemüthlich-weltliche und eine feierlich-kirchliche Richtung eintrat. — Die eine, mehr weltliche Gattung, als deren Vertreter Nic. Hermann († 1561), Cantor in Joachimsthal, und die fruchtbaren Liederdichter Barthol. Ringwaldt und Ludwig Helmbold gelten können, behielt den Charakter des Volkslieds bei und war mehr für das Haus als die Kirche geeignet, indem sie in traulichem, einfachem Tone und in der Kindlichkeit der lutherischen Bibel die Empfindungen des Menschen bei den Wechselfällen des Lebens aussprach, sich allen Ständen anpaßte, auf alle Lagen einging, die Phantasie mit volksthümlichen Bildern belebte; die zweite, mehr feierliche und darum beim Gottesdienst angewendete Gattung schloß sich an die Psalmen an und wurde vorzugsweise von Gelehrten und Geistlichen gepflegt. Die schlichte und natürliche Uebertragung des ganzen Psalter von Burk. Waldis, die er zum Theil „in schwerem Gefängniß und im Rachen des Todes" vornahm, wurde am Ende des Jahrhunderts durch die mehr kunstgerechte des Königsbergers Lobwasser verdrängt, der zuerst von der lutherischen Bibelsprache abging, die Psalmenübersetzung Marots (S. 694 f.) zum Muster nahm und so den Uebergang zu Opitz und zu der Zeit der französischen Nachahmung bildete.

Druck von Breitkopf und Härtel in Leipzig.

Lightning Source UK Ltd.
Milton Keynes UK
UKHW021515121118
332200UK00013B/835/P